I0132250

DICTIONNAIRE UNIVERSEL

DE LA LANGUE FRANÇOISE, AVEC LE LATIN,

ET

MANUEL D'ORTHOGRAPHE ET DE NÉOLOGIE.

LIVRES QUI SE TROUVENT CHEZ LE MÊME LIBRAIRE :

OISEAUX DORÉS *ou* HISTOIRE NATURELLE ET GÉNÉRALE DES COLIBRIS, OISEAUX-MOUCHES, JACAMARS, PROMEROPS ET GRIMPEREAUX; suivie DES OISEAUX DE PARADIS; par J. B. Audebert et L. P. Vieillot. Ouvrage orné de Figures nouvellement dessinées d'après nature, imprimées en couleur, et imitant (par le moyen des nouveaux procédés inventés par Audebert) les reflets métalliques qui brillent sur le plumage de ces belles Familles. Grand *in-fol.* jésus vélin superfin satiné, la lettre en or au bas des figures, chaque livraison composée de six planches et du texte, à 36 fr.; et l'Ouvrage entier formant trente-deux livraisons, ... 1152 fr.

Idem, gr. *in-4°*. jésus vélin, les livraisons composées comme ci-dessus, à 21 fr., et les 32 livraisons, ... 672 fr.

HISTOIRE NATURELLE DES SINGES, DES MAKIS ET DES GALEOPITHÈQUES, par J. B. Audebert, membre de la Société d'Histoire Naturelle de Paris; ouvrage orné de Figures nouvellement dessinées d'après nature, et imprimées en couleurs. (J. Audebert est auteur du Texte, des Dessins et de la Gravure). Grand *in-folio* papier jésus vélin superfin satiné, chaque livraison composée du texte et de six planches, à 36 fr., et l'Ouvrage entier, en tout dix livraisons, ... 360 fr.

A l'Exposition des produits de l'Industrie française en l'an X, le Jury a décerné une médaille d'argent à l'Editeur.

HISTOIRE NATURELLE DE BUFFON, contenant les Animaux Quadrupèdes, 362 planches coloriées, formant un Atlas en deux volumes *in-4°*. servant à toutes les Editions des Œuvres de cet illustre Auteur. Cet Atlas est précédé de deux tables, l'une par ordres, genres et espèces, suivant l'ordre dans lequel sont classées les différentes familles des Quadrupèdes; l'autre, par ordre alphabétique, à l'aide de laquelle on trouve à l'instant la figure de l'animal que l'on veut étudier, ainsi que sa description dans toutes les éditions des Œuvres de Buffon et de Linnæus. Les 362 figures coloriées, 2 vol. *in-4°*. rel. en dos de maroquin rouge, 210 fr. et brochés, ... 200 fr.

BUFFON, *Castel*, *Patrin*, *Bloch*, *Sonnini*, *Latreille*, *de Tigny*, *Brongniart*, *Bosc*, *Lamarck* et *Mirbel*. Cours complet d'Histoire naturelle, contenant les trois règnes de la nature, édition de Deterville, imprimées par Crapelet sur papier fin d'Angoulême, 80 vol. grand *in-18*. de 360 pages chacun, ornés d'environ 900 planches, représentant plus de 4000 sujets les plus intéressans dans les trois règnes de la nature, dessinés par Desève, et gravés par les plus habiles graveurs de la capitale, les 80 volumes, figures noires, et brochés en carton, étiquet. imp. . . . . 217 fr.

— La même collection, 80 volumes figures coloriées avec soin et brochés en carton, étiquet. imp. . . . . 351 fr.

CRÉBILLON (Œuvres de), nouvelle édition, ornée de figures nouvellement dessinées par Peyron, et gravées sous sa direction par les plus habiles graveurs de la capitale, de l'imprimerie de Didot, 2 vol. *in-8°*. papier ordinaire, br. en carton, ... 15 fr.

— Les mêmes, carré vélin, brochés en carton, ... 30 fr.

— Les mêmes carré vélin, figures avant la lettre, br. en cart. 48 fr.

DES HOULIÈRES (Œuvres de Madame et de Mademoiselle), nouvelle édition : de l'imprimerie de Crapelet, sur ses nouveaux caractères, ornée du portrait de Mad. Des Houlières, gravé par Alex. Tardieu, 2 vol. *n-8°*. sur carré fin, bro. en cart. 36 fr.

DIDEROT (Œuvres de), publiées sur les manuscrits de l'Auteur, par Naigeon, de l'imprimerie de Crapelet, sur carré fin d'Auvergne, 15 gros vol. *in-8°*. fig. br. . . . . 84 fr.

— Les mêmes, 15 gros vol. *in-12*. br. . . . . 36 fr.

FLORIAN (Œuvres de), édition originale, imprimée par Didot aîné, et ornée de 74 fig. 14 vol. *in-18*, sur carré fin, br. 42 fr.

— Les mêmes, 14 vol. *in-18*, papier vélin, br. . . . . 84 fr.

HUME (David). Histoire d'Angleterre, contenant les Maisons de Plantagenet, Tudor et Stuart, trad. de l'Angl. 18 vol *in-12*, br. 45 fr.

LE VAILLANT. Voyage dans l'intérieur de l'Afrique, nouvelle édition, corrigée et considérablement augmentée par l'Auteur, ornée de 20 planches en taille-douce, dont huit sont nouvelles et ne se trouvent que dans cette édition, de l'Imprimerie de Crapelet, sur ses nouveaux caractères, 2 vol. *in-8°*. br. . . . . 18 fr.

LE VAILLANT. Second voyage dans l'intérieur de l'Afrique, seconde édition, augmentée d'une table générale des matières, servant aux deux voyages, de l'imprimerie de Crapelet, Paris, an 11 1803; ornée de 22 planches; 3 vol. *in-8°*. br. . . . . . . 21 fr.

LE VAILLANT. La carte d'Afrique, destinée à servir à ses deux Voyages. (Cette carte a été publiée pour le compte de l'Auteur.) 6 fr.

MAISON (la nouvelle) rustique, ou économie rurale, pratique et générale de tous les biens de la campagne : nouvelle édition, revue, corrigée et considérablement augmentée par J. F. Bastien; ouvrage orné de 60 planches, dont 31 doubles, ce qui équivaut à 91 planches, 3 gros vol. *in-4°*. d'environ 1000 pages chacun, brochés, 39 fr. et rel. . . . . 45 fr.

SOCQUET. Essai sur le Calorique, 1 vol. *in-8°*. fig. b. . . . 5 fr.

ARIOSTE (l'). Roland furieux, poëme traduit par Dussieux, ouvrage orné de 95 figures de Moreau, Cochin, Bartolozi, Ponce, Cypriani, Martini, Delaunay, Eisen, Fiquet et Deghent, 4 vol. *in-4°*. brochés, ... 72 fr.

— Le même ouvrage, 95 figures, 4 vol *in-4°*. br. . . . 48 fr.

ARISTOPHANE (Théatre d'), traduit par Poisinet de Sivry, 4 vol. *in-8°*. br. . . . . 12 fr.

BOCACE. Contes et Nouvelles, ornés de 111 figures, 10 vol. *in-18*, brochés, ... 30 fr.

CONDILLAC (Œuvres complètes de), nouv. édit. 23 vol. *in-8*. br. 90 fr.

CORNEILLE (Chefs-d'œuvre) de Pierre et Thomas, 4 vol. *in-12*, jolie édition, br. . . . . 6 fr.

COTTE. Traité de Météorologie, édit. du Louvre, *in-4°*. fig. br. 12 fr.

CREVIER. Histoire des Empereurs romains, 12 vol. *in-12*, br. 30 fr.

DUBOS. Réflexions sur la poésie et la peinture, septième édition, 3 vol. *in-12*, br. . . . . 7 fr. 50 c.

FALCONNET (Œuvres de), contenant plusieurs écrits relatifs aux beaux arts, 6 vol. *in-8°*. br. . . . . 12 fr.

FOURCROY. Système des connoissances chimiques, avec la table des matières, 6 vol. *in-4°*. br. en carton, ... 72 fr.

— Le même ouvrage avec la table, 11 vol. *in-8°*. br. . . . 50 fr.

— Elémens d'Histoire naturelle et de chimie, cinquième édition, 5 vol. *in-8°*. br. . . . . 20 fr.

GRÉCOURT (Œuvres de), 8 vol. *in-18*, br. . . . . . 6 fr.

LABRUYÈRE (Caractères de) et de Théophraste, 2 vol. *in-12*, p. p. brochés, ... 3 fr.

LAFONTAINE. Contes et Nouvelles en vers, ornés de 84 jolies figures, bonnes épreuves, d'après les dessins d'Eisen, sur l'édition dite des Fermiers-généraux, 2 vol. *in-8°*. cart. . . . 18 fr.

LELONG et FONTETTE. Bibliotèque historique de la France, 5 vol. *in-fol.* br. . . . . 72 fr.

MABLY. Œuvres Philosophiques, Politiques et Morales, dégagées de ses ouvrages historiques, 11 vol. *in-12*, brochés, . . . 22 fr.

PIÈCES (Recueil de) intéressantes sur l'Antiquité, la Mythologie, la Peinture, la Musique, le Geste et l'action théâtrale, les Belles-Lettres, la Philosophie, etc. traduites de différentes langues, et orné de 42 planches en taille-douce, dont 68 figures représentent les costumes et la pantomime théâtrale, 6 vol. *in-8°*. bro. 30 fr.

PERNETTI. Fables égyptiennes, et Dictionnaire mitho-hermétique, 3 vol. *in-8°*. b. . . . . 9 fr.

RAYNAL. Histoire Philosoph. et Politique des établissemens et du commerce des Européens dans les Indes, 22 vol. *in18*, br. 12 fr.

ROLLIN. Histoire Ancienne, 14 vol. *in-12* brochés, . . 35 fr.

ROLLIN. Histoire Romaine, 16 vol. *in-12* brochés, . . 40 fr.

ROUSTAN. Abrégé de l'Histoire universelle, ancienne, moyenne et moderne, jusqu'à la paix de Versailles, 9 vol. *in-12*, br. 18 fr.

STERNE (Œuvres de), contenans la Vie et les Opinions de Tristram-Shandy, Voyage sentimental, Lettres sentimentales et celles d'Yorick à Eliza, ses Sermons, etc. 7 vol. *in-12*, fig. br. 14 fr.

TABLEAU de l'Univers, ou Géographie universelle, contenant la description de chaque pays, ses mœurs, usages, coutumes, religion, gouvernement, productions, commerce, monnoies évaluées à celles de France : ouvrage orné de 18 figures et cartes géographiques, 4 vol. *in-12*, brochés, ... 8 fr.

THAILLÉ. Abrégé de l'Histoire Ancienne de Rollin, 5 vol. *in-12*, brochés, ... 12 fr. 50 c.

— Abrégé de l'Histoire Romaine de Rollin, 5 vol. *in-12*, br. 12 fr. 50 c.

VADÉ. Œuvres complètes, nouv. édit., 6 vol. *in-12*, p. p. br. 6 fr.

VALÈRE-MAXIME, nouvellement traduit par Binet, ancien Recteur de l'université de Paris, 2 vol, *in-8°*. br. . . . . . 6 fr.

VALOIS (Marguerite de), Contes et Nouvelles, ornés de 73 planches, 8 vol. *in-8°*. br. . . . . 48 fr.

— Les mêmes ornés de 73 planches, 8 vol. *in-18*, br. . 24 fr.

VIRGILE (Œuvres de), traduction des quatre professeurs, 4 vol. *in-12*, p. p. brochés, ... 6 fr.

VOYAGES historiques et géographiques des pays situés entre la mer Noire et la mer Caspienne, ouvrage orné de deux grandes cartes de la mer Noire, 1 vol. *in-4°*. gr. papier, br. . . . 12 fr.

N. B. Le C. Boiste, auteur et imprimeur de ce Dictionnaire, se charge particulièrement de l'impression des tableaux et des ouvrages dits à filets, dans lesquels il imite la précision et la régularité de la gravure : il offre pour modèles le tableau qui termine ce Dictionnaire, les belles Tables de Blair, suivies des grandes Cartes de Priestley, imprimées d'après les deux textes gravés en Angleterre (chez Agasse, libraire); les tableaux de l'Histoire des Crimes de la Révolution. Les connoisseurs ont placé ces divers ouvrages aux premiers rangs parmi les chefs-d'œuvre de la typographie françoise.

DICTIONNAIRE UNIVERSEL

DE LA LANGUE FRANÇOISE, AVEC LE LATIN,

ET

MANUEL D'ORTHOGRAPHE ET DE NÉOLOGIE ;

EXTRAIT COMPARATIF DES DICTIONNAIRES PUBLIÉS JUSQU'A CE JOUR,

CONTENANT

1°. Les Nomenclatures, l'Orthographe, l'Analyse et la Comparaison des définitions des Dictionnaires de l'ACADÉMIE FRANÇOISE, édition de 1778, sans citation ; de 1798 (an 6) ; de 1803 (an 11) ; des Dictionnaires de TRÉVOUX, RICHELET, FERRAUD, RESTAUT, ancienne et nouvelle édition ; GATTEL, CORMONT ; WAILLY, *Dictionnaire des Rimes* et *Dictionnaire abrégé de l'Académie* ; CATINEAU, *première et deuxième édition*, *pour l'orthographe de Voltaire* ; avec la citation de leurs noms à chaque mot ;

2°. La Nomenclature et l'Analyse des définitions des Dictionnaires du VIEUX LANGAGE, du MANUEL LEXIQUE, des Dictionnaires de NÉOLOGIE, des Dictionnaires françois et étrangers (BOYER, ALBERTI, COTGRAVE, SCHWAN, etc.), des ENCYCLOPÉDIES Alphabétique et Méthodique ; des DICTIONNAIRES particuliers et TRAITÉS élémentaires d'Agriculture, d'Anatomie, d'Antiquité, d'Architecture, d'Art Militaire, d'Art Vétérinaire, d'Astronomie et d'Astrologie, des Beaux-Arts, de Blason, de Botanique, avec les propriétés des plantes, etc. ; de Chasse ; (de Chimie, Chirurgie, Histoire Naturelle, Médecine, Philosophie, anciennes et nouvelles, et leur Synonymie) ; de Commerce, avec les monnoies, les poids et mesures étrangères et leur valeur ; de Coutumes, des Eaux et Forêts, de Finance, d'Horlogerie, de Jeux, de Jurisprudence, de Manége, de Marine, de Mathématique, de Mécanique, de Musique, de Pêche, de Pharmacie, de Physique, de Théologie, etc. ; des Dictionnaires des Arts, Métiers et Manufactures : la prononciation pour les cas difficiles ;

3°. Des Dictionnaires particuliers des RIMES, des SYNONYMES ou Acceptions, et des HOMONYMES, de MYTHOLOGIE universelle ; des HOMMES CÉLÈBRES jusqu'à nos jours ; de GÉOGRAPHIE, avec l'ancienne et la nouvelle division de l'Europe ;

4°. Des Traités particuliers de VERSIFICATION, de PONCTUATION et de CONJUGAISON DES VERBES et leur régime ; les PRINCIPALES DIFFICULTÉS DE LA LANGUE FRANÇOISE, etc. ; un ABRÉGÉ DE GRAMMAIRE en Tableau.

OUVRAGE CLASSIQUE, POUVANT TENIR LIEU, POUR L'USAGE HABITUEL, DE TOUS LES DICTIONNAIRES.

PAR P. C. V. BOISTE, HOMME DE LETTRES, IMPRIMEUR.

Le premier livre d'une nation est le DICTIONNAIRE de sa langue. VOLNEY.

DEUXIÈME ÉDITION.

A PARIS,

CHEZ DESRAY, LIBRAIRE-ÉDITEUR DES OUVRAGES D'AUDEBERT ET VIEILLOT, RUE HAUTEFEUILLE, N°. 36.

AN XI. — 1803.

A L'INSTITUT NATIONAL DE FRANCE.

J'AI puisé dans les Ouvrages d'un grand nombre de vos Membres la plupart des mots dont j'ai enrichi cette deuxième Edition : votre Commission du Dictionnaire *avoit daigné mettre la première au rang des livres qu'elle consultoit, et prendre communication des bonnes feuilles de celle-ci ; c'est donc un devoir pour moi de vous en offrir l'hommage, et ce sera une bien douce récompense de mon travail si vous daignez l'accueillir.*

BOISTE.

OPINIONS DES JOURNALISTES

SUR LA PREMIÈRE ÉDITION.

Année littéraire, rédigée par Geoffroy, n°. 5. Il suffit de lire le titre de cet ouvrage pour avoir une juste idée des avantages qu'il présente : ce titre seul vaut un extrait. Peu de gens jouissent d'une fortune assez considérable pour surchager leur bibliothèque de ces Dictionnaires volumineux, de ces fastueux *in-folio* où la science est logée fort au large. Ceux qui ont le plus besoin de connoissances, ne sont pas toujours ceux qui ont le moyen de les aller chercher dans ces immenses répertoires. Rendre les lumières accessibles à tout le monde, et donner la science au meilleur marché possible, c'est ce qu'on s'est proposé dans cet Abrégé. On y trouvera rassemblées, pour ainsi dire sous la main, toutes les notions nécessaires sur la Langue françoise et la Géographie, etc. après lesquelles il falloit courir dans une foule de gros vocabulaires d'une acquisition très dispendieuse. Ce livre, rare dans son espèce, ne contient pas un seul mot inutile; c'est peut-être le plus substantiel qui existe, et on peut le regarder comme la solution d'un problême où l'on auroit proposé d'indiquer les moyens de resserrer les sciences dans le plus court espace, et de mettre le plus de choses dans le moins de mots qu'il est possible.

Bibliothèque françoise, rédigée par Ch. Pougens, membre de l'institut, n°. 3, *an* 8. Ce Manuel m'a paru d'un tiers au moins plus considérable que les autres Dictionnaires publiés jusqu'à ce jour..... *Je ne connois aucun Dictionnaire portatif, ni en françois, ni dans les autres langues, aussi complet, aussi commode que celui-ci.* Non-seulement il doit se trouver dans toutes les imprimeries, mais même dans le cabinet de tous ceux qui, désirant lire avec intelligence et écrire avec correction, ont besoin de s'entourer de notions claires et précises sur la véritable signification des mots.

Moniteur, du 8 *vendémiaire an* 9. Il paroît depuis quelque temps un ouvrage excellent pour fixer toutes les incertitudes sur un objet aussi important (l'orthographe); c'est le Dictionnaire universel de la Langue françoise. On y trouve les mots écrits suivant l'ancienne et la nouvelle orthographe, avec la citation des auteurs qui peuvent faire autorité.

Anciennes Petites-Affiches, du 30 *messidor, an* 8. L'annonce de cet ouvrage dans notre feuille du 26 messidor est accompagnée d'une courte notice qui porte principalement sur l'*Abrégé de grammaire*, exposé dans une seule carte placée en tête, abrégé que l'on peut considérer comme une miniature littéraire et typographique.

Relativement au *Dictionnaire*, dire qu'il remplit exactement son titre dans toutes ses parties, c'est en faire le plus bel éloge, mais c'est dire la vérité, et nous devons cette justice à l'auteur.......... Les différens systèmes d'orthographe qui y sont exposés dispensent d'ouvrir plusieurs volumes, et le format de celui-ci permet de le tenir sans cesse ouvert sans y porter la main.

Petites-Affiches des citoyens Aubert et Ducray-Duminil, du 26 *messidor an* 8. Nous ne connoissons point de Dictionnaire plus utile que celui que nous annonçons : il peut suppléer à tous les autres, en ce qu'il indique les diverses variantes que les mots éprouvent dans les différens Dictionnaires publiés jusqu'à ce jour, même dans celui de l'Académie. Sans doute l'accueil que le public doit faire à cet ouvrage sera, pour son auteur, une juste récompense des travaux considérables qu'il a dû lui coûter.

Journal des Débats, du 13 *thermidor an* 8. L'auteur de ce Dictionnaire a parfaitement rempli le but qu'il s'est proposé. L'exécution typographique de cet ouvrage, la modicité de son prix, la commodité du format, ajoutent encore à son utilité. C'est un véritable service rendu à la Langue françoise.

Journal du Commerce, du 23 *thermidor an* 8. Après la quantité que nous avons de Dictionnaires de la Langue françoise, et dont la plupart sont revêtus de noms investis d'une juste réputation, tels que ceux de l'*Académie*, *Richelet*, *Restaut*, *Wailly*, etc., il étoit cependant possible d'en faire encore un très-bon, très-commode, très-utile; c'est la tâche que l'auteur de celui que nous annonçons s'est imposée....... Plus cet ouvrage devoit être utile, et plus il demandoit de travail et d'exactitude; l'auteur paroît y avoir employé des soins et une patience dignes d'éloges; aussi son Dictionnaire nous paroît-il mériter la préférence sur tous les autres..... Nous ne doutons pas que ses différens genres d'utilité ne le fassent accueillir avec empressement par le public, et surtout par les instituteurs et leurs élèves.

Courrier des Spectacles, du 10 *thermidor an* 8. Ce nouveau Dictionnaire réunit tout..... On peut l'avoir devant soi.... Il met sous les yeux cent-vingt mots environ sans qu'on ait besoin de tourner le feuillet : il donne, avec l'orthographe, une définition toujours concise..... La partie littéraire est traitée de manière à mériter l'approbation des gens de lettres.....

N. B. Le citoyen *Champagne*, membre de l'Institut national et directeur du PRYTANÉE FRANÇOIS, a soigneusement examiné cet ouvrage, et le regarde comme très-utile pour l'instruction de la jeunesse.

AVERTISSEMENT

SUR L'USAGE ET L'UTILITÉ DE CE DICTIONNAIRE.

IL est indispensable de donner quelques développemens à ce que j'ai dit du plan de cet ouvrage dans l'avis préliminaire, pour mieux faire connoître le but que je me suis proposé, les moyens que j'ai employés pour y parvenir, et par conséquent les principaux objets de mon travail; ces développemens en montreront l'utilité.

Ces objets principaux et également importans sont 1°. d'ajouter à la nomenclature du DICTIONNAIRE DE L'ACADÉMIE FRANÇOISE, édition de 1778, tous les mots admis par les autres Dictionnaires anciens et modernes, avec l'indication de leurs auteurs, et les termes particuliers aux sciences, arts, manufactures et métiers, etc.

2°. De donner succintement la signification des mots, leurs acceptions différentes et leurs équivalens ou synonymes, en indiquant les différences souvent très-grandes dans la signification, et quelquefois même les sens diamétralement opposés que leur donnent les autres dictionnaires;

3°. De présenter avec clarté le rapprochement et la comparaison des systèmes d'orthographe, c'est-à-dire, les différentes manières d'écrire les mots, lorsqu'ils sont susceptibles de variantes, ce qui est très-fréquent; et toujours avec l'attention de citer les auteurs de ces systèmes.

4°. Enfin, de séparer le *Néologisme* de la *Néologie*, c'est-à-dire de désigner par des indications précises les mots nouveaux, adoptés depuis l'ACADÉMIE, et qui font aujourd'hui partie de la langue; ceux qui ne peuvent être employés qu'avec circonspection, même dans le style familier, et ceux qui doivent être rejetés.

Ce travail présente la langue françoise dans ses quatre grands âges les plus remarquables : le premier, lorsqu'elle fut employée par les auteurs qui essayèrent de la polir en l'enrichissant de tout ce que leur offroient les langues mortes, les idiomes et les langues étrangères; le second, lorsque, sous le règne de Louis XIV, elle servit aux hommes de génie qui firent admirer sa richesse, son étendue, sa douceur, sa souplesse et sa majesté; le troisième, lorsque plus abondante encore, quoiqu'aussi pure, elle fut l'instrument des écrivains qui, dans le milieu du dix-huitième siècle, luttèrent de talens avec ces grands modèles; le quatrième, enfin, telle qu'elle est aujourd'hui, misérablement affoiblie par le *Néologisme*.

Mon but est de lever les difficultés sans nombre qui naissent de la confusion des différens Systèmes d'orthographe, du renouvellement ou de l'oubli d'anciens mots, de l'emploi de mots nouveaux dont les François même, et à plus forte raison les étrangers, ne connoissent pas la signification; et par-là de contribuer à ce que la langue françoise, conservée dans sa pureté, ne puisse pas cesser d'être, en Europe, LA LANGUE UNIVERSELLE. Sous ce point de vue, me sera-t-il permis de dire qu'il devient UN OUVRAGE NATIONAL?

J'ai pris pour base le DICTIONNAIRE DE L'ACADÉMIE, édition de 1778, parce qu'il est l'ouvrage des meilleurs écrivains françois : sa nomenclature, ses définitions seront aisément distinguées des autres, puisqu'elles ne sont accompagnées ni de †, ni de *, ni de petites capitales, telles que A. C., etc.

J'ai conféré sur ce Dictionnaire, l'un après l'autre, et mot par mot, tous les autres Dictionnaires; j'ai fait le relevé des mots qui ne s'y trouvoient pas, et rétabli ceux qu'il avoit omis; noté toutes les différences dans l'orthographe et les définitions; puis, comparant ces Dictionnaires entre eux, j'ai fait le rapprochement des autorités, soit pour l'adoption d'un mot, soit pour la manière de l'écrire, et pour sa définition.

Ce travail m'a procuré une nomenclature infiniment plus abondante que celle de chaque Dictionnaire en particulier, dont il est l'extrait et qu'il supplée, sans que cette extrême abondance puisse occasionner aucune confusion, puisque la nomenclature de l'ACADÉMIE n'a pas de citations, et que les mots ajoutés à cette nomenclature sont accompagnés de la lettre initiale du nom des auteurs qui les ont admis : il en résulte évidemment l'avantage d'avoir tous les Dictionnaires en un seul.

Ces citations, tant pour les mots que pour l'orthographe, étoient d'abord très-nombreuses; mais les nouveaux Dictionnaires ayant été faits sur les anciens, j'ai réduit ces autorités aux noms des Lexicographes les plus connus.

Les premiers Dictionnaires que j'ai conférés sur celui de l'ACADÉMIE, ont été et devoient être les deux NOUVELLES ÉDITIONS de ce Dictionnaire.

Comme ces Dictionnaires ne sont pas le testament de l'Académie françoise, toutes les fois que des mots ne se sont trouvés que dans leur nomenclature, je les ai fait suivre de la lettre A. édition de 1798 (an 6); AL. édition de 1803 (an 11), pour que l'on reconnût que ces mots, quoique pouvant presque toujours être adoptés, appartenoient aux nouveaux éditeurs. Je dois dire qu'ayant lu tous les Dictionnaires, je n'en ai pas trouvé de meilleur que cette deuxième édition, publiée par le citoyen Laveaux.

AVERTISSEMENT.

Après ce Dictionnaire, j'ai employé le DICTIONNAIRE PORTATIF de GATTEL, désigné par un G. Cet ouvrage, d'une réputation justement méritée, m'a fourni une très-abondante récolte de mots nouveaux. Il faut observer en passant que ce lexicographe fait des *adjectifs* de tous les *participes*.

J'ai cité après lui le Dictionnaire de TRÉVOUX; son nom seul m'imposoit l'obligation de le prendre pour autorité; surtout pour les expressions surannées. Un T. l'indique.

RESTAUT, qui a fait son travail sur tous les Dictionnaires existans avant lui, m'a fourni une très-grande quantité de mots omis par les autres Dictionnaires, et son système d'orthographe est adopté par beaucoup d'écrivains et d'imprimeurs. La lettre R. l'indique. La deuxième édition qui renferme beaucoup de termes nouveaux, est désignée par RR.; et j'observe que ces deux ouvrages ne donnant que peu de définitions, celui-ci leur sert de complément, parce que je les ai très-souvent ajoutées.

FERRAUD ayant été analysé par GATTEL, devenoit inutile pour les citations, ainsi que le DICTIONNAIRE françois de l'Encyclopédie méthodique, qui lui servit également de base, et je n'ai en effet trouvé dans ces deux ouvrages que très-peu de mots omis par lui.

WAILLY s'est fait une obligation, dans son DICTIONNAIRE DES RIMES, de rassembler la plus grande quantité possible de mots; la nature de son travail l'exigeoit; on doit par conséquent être très-circonspect dans l'emploi de ceux qui sont suivis d'un V. Quant à l'orthographe, il ne peut faire autorité, puisque son système devoit être de n'en point avoir, et d'adopter toutes les manières d'écrire un mot, de le resserrer ou de l'étendre, pour fournir à la mesure et à la rime. Cet ouvrage et son excellent ABRÉGÉ DE L'ACADÉMIE sont désignés par un V.

RICHELET, ancienne édition, désigné par RICH., n'est cité que par respect pour un auteur qui a le plus travaillé à simplifier et éclaircir l'orthographe françoise. La nouvelle édition est la base du Dictionnaire des Rimes.

J'ai puisé l'étimologie latine dans Boudot; j'ai cru ne devoir citer que les mots qui sont équivalens du françois, sans employer les circonlocutions, encore moins me suis-je permis d'adopter ces mots latins qui n'ont jamais été prononcés par une bouche romaine, et qui appartiennent à la basse latinité. J'en excepte toute fois les termes d'histoire naturelle, dont il étoit indispensable de donner la synonymie latine.

Je finis, attendu la petitesse du format, par le DICTIONNAIRE DE POCHE de CATINEAU qui a donné l'orthographe de Voltaire, et par cela même m'a fourni beaucoup de variantes. Sa nomenclature est à-peu-près la même que celle de GATTEL; et lorsque tous deux ont, avec les nouvelles ACADÉMIES, adopté un mot, on peut l'adopter aussi. La lettre C. désigne les deux éditions.

Outre ces Lexicographes, j'ai souvent cité des auteurs célèbres, tels que Lafontaine, Sévigné, Fontenelle, Voltaire, J.-J. Rousseau, La Harpe, Buffon, etc.

Ce travail terminé, j'ai compulsé les Dictionnaires particuliers, tels que ceux du VIEUX LANGAGE, le MANUEL LEXIQUE, le GLOSSAIRE FRANÇOIS, les DICTIONNAIRES FRANÇOIS ET ÉTRANGERS, les DICTIONNAIRES NÉOLOGIQUES: jai surtout admis des mots précieux par leur énergie, ceux qui évitent des circonlocutions, tels que les mots *accrédité*, *frissement*, *hideur* et une multitude innombrable d'autres qui sont des richesses inconnues de notre langue.

Ce travail offre les pertes que notre langue a faites et ses nouvelles acquisitions.

Après avoir fait le rapprochement, la comparaison des systèmes d'orthographe, et présenté toutes les variantes qu'ils fournissent, je me suis occupé des définitions, acceptions, synonymes ou équivalens: je les ai fidellement extraites des deux ACADÉMIES, de GATTEL, et des autres Dictionnaires; j'ai tâché de les analyser, de les resserrer sans les obscurcir, pour ne pas dépasser les limites prescrites par le format; et ce fut, il faut l'avouer, la partie, sinon la plus pénible, du moins la plus délicate de mon travail.

Certainement il arrivera plusieurs fois au lecteur, comme il m'est très-souvent arrivé à moi-même, de n'être pas d'accord avec le Dictionnaire sur le sens de certains mots, et de s'étonner de celui qu'il leur trouvera; mais j'ai dû suivre mes guides, et ne pas mettre ma façon d'entendre à la place de celles généralement adoptées par eux; je ne citerai pour exemple que le mot *irascible*. Si le lecteur a toujours donné à ce mot un autre sens, il doit se rectifier. Cependant, j'ai cru devoir pour la commodité du lecteur, ajouter ces acceptions avec une * et un B. (voyez ce mot et beaucoup d'autres). Quelquefois je me suis permis de donner des définitions telles que celles de *génie*, *animal*, *végétal*, etc. Je n'ai moi-même créé qu'un seul mot que je crois utile, celui de *convénient*.

Je me suis ensuite occupé des termes de Sciences. Je les ai cherchés dans les deux ENCYCLOPÉDIES, dans les DICTIONNAIRES et les TRAITÉS particuliers des auteurs les plus estimés; tant de personnes s'en occupent aujourd'hui, qu'il est difficile de trouver un livre, une feuille périodique qui n'en renferme quelques-uns dont la signification arrête le lecteur.

L'Académie en avoit donné beaucoup: j'ai suivi sa marche, en tâchant de les donner tous.

Passant ensuite aux termes d'Arts, Manufactures et Métiers, je les ai de même recueillis des livres classiques en ce genre. Plus les hommes sont ignorans, plus ils sont enclins à la raillerie: personne ne pousse plus loin le pédantisme que les artisans et les cultivateurs lorsqu'ils parlent de leur état, et l'homme le plus instruit d'ailleurs est exposé de leur part à des mortifications, s'il hésite sur un mot, ou si le terme qu'il emploie est im-

propre

AVERTISSEMENT.

propre, et sa prononciation vicieuse: d'un autre côté ces mêmes artisans n'obéissent jamais mieux, ne vous trompent jamais moins que, lorsque dans les relations d'intérêt, on se sert de leurs expressions : parler comme eux, les comprendre, c'est les surveiller ; il est donc très-utile, même pour les personnes qui vivent dans les rangs supérieurs de la société, d'avoir sous la main un Dictionnaire qui leur indique l'orthographe et la signification des mots usités par les Cultivateurs, les Artistes, les Artisans, les Ouvriers, qui, eux-mêmes, ne donneront pas une mauvaise opinion de leurs talens, s'il veulent recourir à cet ouvrage pour savoir comment s'écrivent les termes qu'ils emploient dans leurs mémoires.

Cet ouvrage n'eût pas offert *le corps complet de la langue*, si je ne l'avois pas fait suivre de DICTIONNAIRES DES SYNONYMES ou Acceptions de la langue, des RIMES, de MYTHOLOGIE, des PERSONNAGES CÉLÈBRES, de GÉOGRAPHIE UNIVERSELLE, que j'ai analysés des autres Dictionnaires, et des TRAITÉS particuliers de VERSIFICATION, de PONCTUATION, de CONJUGAISON DES VERBES, des PRINCIPALES DIFFICULTÉS DE LA LANGUE FRANÇOISE, et d'un ABRÉGÉ DE GRAMMAIRE en Tableau.

La langue françoise a des termes propres à elle seule pour désigner les êtres dont ils renferment la nomenclature. Les mots Jupiter, Pompée, Londres, ne s'écrivent pas de même dans les autres langues. Leur orthographe même peut embarasser. Dailleurs j'avois l'exemple d'anciens Dictionnaires très-estimés, qui ont incorporé ces nomenclatures dans le corps même de l'ouvrage, ce que l'ordre et l'économie m'ont défendu de faire.

En un mot, je me suis dit, si les Anciens avoient eu des Dictionnaires rédigés sur le plan que j'ai suivi, et qu'un seul eût échappé à la jalousie des fanatiques barbares qui brûlèrent les bibliothèques pour qu'on ne lût que leurs livres religieux, ce Dictionnaire nous offriroit l'état des connoissances humaines à son époque : je suppose que, dans l'avenir, d'autres fanatiques brûlent encore la plupart des livres, et qu'un exemplaire de mon Dictionnaire leur échappe, il faut que la postérité puisse y retrouver l'état des connoissances humaines dans le siècle où je le rédige.

Et dusé-je encourir le reproche d'être enthousiaste des Dictionnaires, parce que j'en ai fait un, j'ose dire que celui qui se feroit une loi de lire chaque matin une page d'un bon Dictionnaire, acquéreroit une grande facilité pour rendre ses pensées et des connoissances très-étendues : quelqu'instruit qu'il pût être, cette lecture lui seroit encore très-utile, car la mémoire est une trésorière infidelle qui dissipe promptement les trésors qu'on lui a confiés, si chaque jour on ne lui en fait pas rendre compte.

J'ai exposé mon but, mes moyens pour y parvenir et les objets principaux de mon travail ; il faut, pour que l'on en connoisse mieux l'utilité, faire quelques applications.

Si, l'orsqu'on veut écrire un mot quelconque, on hésite sur son orthographe, ce qui arrive très-souvent, parce qu'en effet il y a plusieurs manières de l'écrire, par exemple les mots

Câpre, *s. m.* navire de corsaire. * Capre. A. C. Coiffe, *s. f. Capitis tegmen.* couverture de tête ; membrane ; t. de bot. calice ; filet évasé, emmanché, à grandes mailles. * Coêfe. R. Coëffe. C. Coiffe. G. Coiffe *ou* Coeffe. A.

Coéfficient, *s. m.* quantité connue qui multiplie. * Coëfficient. R. Coefficient. A. G. C. V. Ermite, *s. m.* qui vit dans un désert ; solitaire. * (*abusivement*) Hermite. *Eremus.*

Exempt. exente. *adj. Immunis.* qui n'est point sujet à. * *f.* Exempte. A. C. G. R. V. CO. Foerre, Foarre, Feurre, *s. m.* (*vieux*) longue paille du blé. * Foere *ou* Foare. G. RR.

on voit, pour le mot *câpre*, qu'il ne faut pas mettre un *â*; pour le mot *coiffe*, que cette manière est préférable, puisqu'il y a deux autorités; pour le mot *coéfficient*, que l'*é* est inutile; pour le mot *ermite*, qu'il ne faut point d'*h*, etc. Les autorités ordinaires qui ne sont pas citées sont d'accord avec l'ACADÉMIE ; ainsi, au mot *foerre*, l'ACADÉMIE, nouvelle édition, est seule d'avis différent.

Lorsque les auteurs sont partagés d'opinion, l'origine servira de guide.

Avoine, *s. f. Avena.* sorte de grain. -blanche. -noire. *pl.* avoines sur terre. * Aveine. G. V. *ou* Aveine. R.

Hippogriffe, *s. m. Hyppogryphus.* t. d'antiq. cheval ailé. * Hippogriphe. R.

Prostaphérèse, *s. f. Prosthaphæresis.* t. d'astronomie, différence entre le lieu moyen et le vrai. * Prosthaphérese. R.

Ces différences souvent très-grandes dans la manière d'écrire sont embarrassantes pour un étranger qui s'étant aperçu que le changement d'une seule lettre dans un mot, lui donne souvent un sens tout différent, et venant à trouver des mots écrits d'une manière autre que celle qu'il connoît, se trouve arrêté, ne supposant pas que ce soit le même : ici ces difficultés disparoissent ; les mots *anégyraphe*, *anépigraphe ; beloeder*, *belvédère*, *belveder ; beril*, *bérylle ; moelle*, *moëlle*, *mouelle*, sont les mêmes, écrits différemment.

Le poëte, embarrassé pour la rime ou la mesure, trouve des ressources dans ces différentes manières ; un mot y a plus ou moins de pieds, et la rime y est tour-à-tour masculine et féminine. Les autres objets d'utilité relatifs à la poësie sont exposés à l'article WAILLY. J'ai rejeté le Néographisme inutile et bizarre de plusieurs lexicographes qui prétendent écrire comme on prononce, système qui nous rendroit illisibles tous les auteurs.

Après ce premier aperçu, je suppose que, sentant toute l'importance d'une orthographe régulière, basée sur les vrais principes, on désire s'en faire une, pour n'être pas en contradiction avec soi-même ; on en trouve un moyen facile dans ce Dictionnaire. On devra prendre, comme je l'ai fait, l'ACADÉMIE, ancienne

* * *

AVERTISSEMENT.

édition, pour base, avec les restrictions indiquées par la citation de tous les auteurs; restrictions qui sont très-faciles à reconnoître, par exemple :

Anégyraphe, *adj.* 2 *g. s. m.* sans titre. * Anépigraphe. A. R. G. C. AL.

Amphithéatre, *s. m. Amphitheatrum.* portion d'un théâtre; vaste enceinte pour les fêtes publiques; lieu garni de gradins. * Amphithéâtre. A. R. G. C. AL.

Archaisme, *s. m.* mot antique, tour de phrase suranné. * Archaïsme. A. R. G. C. *prononcez* arkaïsme.

On voit que j'ai opposé toutes les autorités à celle de l'ACADÉMIE, et qu'il faut la rectifier. Si on veut suivre les origines, RESTAUT les indique très-souvent; si l'on préfère la prononciation, l'ACADÉMIE, nouvelle édition, ce même RESTAUT, GATTEL et CATINEAU la suivent ordinairement. Le choix entre les systèmes devient facile; avec un peu d'attention, on reconnoîtra ces nuances et l'on ne variera plus dans l'ortographe. (1) En général, quelqu'assuré que l'on puisse être de l'exactitude de son ortographe et du sens des mots, il faut, au moindre doute, consulter le Dictionnaire; on s'étonnera souvent de se trouver dans l'erreur.

Des François, et à plus forte raison les étrangers, sont souvent arrêtés dans la lecture de nos anciens auteurs par les mots surannés; cette nomenclature présente tous ces mots : *chevance*, *déduit*, *engeigner*, *gorgerin*, *hoc*, *pantois*, *plévir*, *pourchas*, *proufasse*, etc. employés par eux, s'y trouvent avec leurs explications.

Les difficultés augmentent pour une quantité innombrable de mots nouveaux, composés ou rarement employés; les plus instruits y éprouvent de l'embarras : ces mots s'y trouvent avec leurs explications.

Il y a plusieurs expressions très-usitées qui ont été omises par tous les Dictionnaires, tels que *graduellement*, *insurrection*, *répression*, *rocailleux*, *sentimental*, *surveillance*, etc.; je les rapporte, en les accompagnant d'une observation à cet égard.

Enfin, comme je l'ai observé, lorsque les définitions présentoient des significations différentes ou contraires dans différens auteurs, ce qui est très-fréquent, j'ai noté ces différences avec les autorités; ainsi les mots

Continence, *s. f. Continentia.* vertu de s'abstenir du plaisir de la chair. * *capacité; étendue.* A. V.

Décapitation, *s. f.* action de décaper. G. * de décapiter. A. voy. Décollation.

Empiéter, *v. a.* té, e, *p.* usurper; entreprendre sur. * arrêter avec les serres. A. V. poser une base à. G.

Métaphraste, *s. m.* qui traduit littéralement. G. C. V. * *qui ne traduit pas littéralement.* R.

Porte, *s. f. Porta.* ouverture pour entrer ou sortir, assemblage de bois, etc. qui la ferme; défilé, moyen d'arriver; la cour de Constantinople. * cour orientale. VOLTAIRE.

Ruche, *s. f. Alveus.* panier où l'on met des abeilles; t. d'anatomie, cavité. * habitations des insectes, des vers qui vivent en société. A. — marine, *ou* aquatique, éponge habitée par des animaux aquatiques. B.

Stratografie, *s. f.* gouvernement milit. C. * -phie. T. G. *par erreur; le vrai sens est*; description d'une armée, de tout ce qui la compose. A. R. C. G.

et une foule d'autres, qui se présenteront en parcourant ce Dictionnaire.

Nous arrivons à la partie la plus intéressante, à la *Néologie*, ou l'art de créer ou d'employer des mots nouveaux, et au *Néologisme*, qui est l'abus de cet art, ou une affectation vicieuse et fréquente de se servir de mots nouveaux et de donner aux mots anciens des significations autres que celles qui sont reçues.

Les expressions créées par la *Néologie* sont indiquées par un grand nombre d'autorités, et par celles de l'ACADÉMIE, nouvelles éditions; ainsi les mots *activer*, *agglutiner*, *argutie*, *constructeur*, *impénétrabilité*, *insession*, *posé*, *postdate*, *réélection*, *scintiller*, *scruter* peuvent être employés.

Les expressions forgées par le *Néologisme* sont ordinairement accompagnés d'une seule autorité; quelquefois deux et même trois de ces autorités sont réunies, mais sans la citation des ACADÉMIES, nouvelles éditions; ainsi les mots *déconfiancer*, *privilégier*, *décrochement*, *déconcert*, *disceptation* pour *discussion*, *ingénérable*, *innovateur* pour *novateur*, ne doivent pas être employés; mais beaucoup d'écrivains en ayant fait usage, il étoit indispensable d'en donner le sens aux lecteurs.

On peut en général adopter tous les mots nouveaux recueillis dans ce Dictionnaire, lorsqu'ils ont un rapport, une ressemblance marqués avec des substantifs, des adjectifs, des verbes ou des adverbes reçus, ou bien lorsqu'ils tiennent d'un mot latin, pourvu qu'ils n'aient point un air étrange et une prononciation difficile. Ainsi les mots *astucieux*, d'*astuce*; *indicateur*, d'*indication*; *insurrection*, d'*insurger*; *répression*, de *réprimer*; *indemne*, d'*indemniser*, ont à côté d'eux des mots connus, leur prononciation est facile, et l'on croiroit qu'ils ont toujours été françois.

Au contraire, les mots forgés par le *Néologisme* ont quelque chose d'étrange; leur prononciation est dure, leur origine souvent peu connue, et leurs équivalens sont toujours préférables : *amadouement*, *annexion* pour

(1) Cet ouvrage est particulièrement utile aux imprimeurs sur lesquels les écrivains se reposent trop souvent du soin de rectifier leur orthographe. Ils peuvent, en pâlissant sur une épreuve, éviter les fautes ordinaires, mais on n'obtiendra pas encore la correction, parce que les systèmes d'orthographe se trouveront confondus pêle-mêle et les mots écrits tour-à-tour conformément à chacun d'eux, et dans ce sens rigoureux, il n'y a que très-peu d'éditions correctes.

Les systèmes d'orthographe étant réunis et comparés dans cet ouvrage, il est le MANUEL d'un correcteur d'épreuves qui doit non-seulement le consulter, mais le lire, bien plus, qui doit l'étudier. Il en retirera un très-grand avantage, celui de pouvoir, sans perte de temps, suivre au gré des auteurs, le système de *Restaut*, ceux de l'*Académie*, de *Gattel*, avec ou sans restriction; et si, lorsqu'il aura saisi les nuances principales, il se présente à lui quelques difficultés, il pourra recourir à son MANUEL. En outre, l'immense quantité de mots ajoutés, les nomenclatures particulières de sciences, etc. lui sont absolument nécessaires.

Mais en parlant de correction, l'ai-je obtenue? certes, je n'offrirai point une prime aux lecteurs qui trouveront des fautes dans ce Manuel, encore moins me permetrai-je de présenter le relevé de celles que j'ai pu rencontrer dans les Dictionnaires; je dirai que tous les soins ont été pris pour obtenir, du moins dans la Nomenclature, cette correction si difficile, je dirai même presque impossible.

AVERTISSEMENT.

union, *impeccance*, *ingénérable*, *innovateur* pour *novateur*, *rebaptisation*, ont ces défauts; par conséquent on ne doit pas les employer.

Il faut surtout écarter ces mots qu'il est si facile de forger en ajoutant à un mot *anti*, *des*, *in*, *ir*, *re*, tels que *antimonarchique*, *antinational*; *désassocier*, *dévouloir*, *déverser*, *décesser*; *inaccordable*, *incontradiction*; *irramenable*, *irrassasiable*; *réinfecter*, *remmaillotter*. On voit que ces mots, qui fourmillent dans les auteurs modernes, ont plus que tous les autres les caractères de proscription. Ces observations s'appliquent même aux mots surannés, tels que *colliger* pour *recueillir*. Ceux qui écrivent de nos jours sont réduits à être imitateurs ou bizarres, et trop souvent leur vanité les force à préférer le deuxième rôle.

Il faut être très-circonspect dans l'emploi des mots; et cette réserve est, avec la régularité de l'orthographe, beaucoup plus importante qu'on ne pense : c'est à la pureté du style et du langage, à cette régularité de l'orthographe, qu'on distingue infailliblement dans la société, les personnes qui ont profité d'une éducation soignée, de celles qui ne doivent qu'à d'heureuses circonstances le rang qu'elles y occupent.

Il est d'ailleurs un moyen très-simple d'acquérir ce tact qui proscrit les mots bizarres; c'est de ne lire, surtout dans la jeunesse, que des livres écrits purement, comme il n'y a pas de moyen plus sûr d'apprendre à bien parler françois, que de n'entendre que des personnes dont l'élocution soit pure, élégante et facile.

J'aurois pu augmenter considérablement le nombre des mots forgés par le *Néologisme*, en les cherchant dans les ouvrages de plusieurs auteurs modernes; mais j'ai cru qu'il suffisoit de recueillir ceux déjà trop nombreux qu'ont admis les nouveaux Dictionnaires : il ne peut être permis de créer des mots nouveaux que pour énoncer de nouveaux rapports entre les choses, ou des découvertes nouvelles; et la punition de l'écrivain qui en emploie trop doit être de rester inintelligible.

D'ailleurs, ces mots nouveaux ou surannés proscrits par l'usage, arbitre suprême, ne nous paroissent avoir plus de force que parce que l'habitude ne les a pas affoiblis pour nous; mais à peine auroient-ils été employés quelques fois, qu'ils perdroient cette force apparente et n'auroient plus que leur bizarrerie, leur inutilité. Les mots *sentimental*, *romantique*, pris de l'anglois, ont d'abord paru très-énergiques; mais on les a tant employés, qu'aujourd'hui l'œil les lit sans que l'esprit soit arrêté, sans que l'ame soit émue. C'est par la même raison que les langues étrangères paroissent quelquefois préférables à la nôtre; leur nouveauté, pour celui qui vient de les apprendre, rend en apparence leurs expressions plus énergiques.

Tout l'art de l'écrivain se réduit à cet égard à ne se servir jamais que de termes propres à l'idée qu'il veut exprimer. Il accoutume son lecteur à la modération de style et retrouve toute la force de la langue lorsqu'il en a besoin. Les beaux tableaux tracés par les grands écrivains nous étonnent, nous émeuvent, quoiqu'écrits avec des mots très-usités; et si le lecteur s'avisoit de les parsemer de ces mots abandonnés par l'usage, ou forgés par le Néologisme, ils perdroient toute leur beauté.

Je n'ai indiqué la prononciation que dans les cas difficiles, parce que l'usage seul l'enseigne, et qu'aucun assemblage de voyelles et de consonnes ne peut la rendre; ainsi *é-gri-gli-oar* pour *égrilloir*, *Boa-me* pour *Bohême*, font rire les François, et l'étranger le prononce comme un mot de sa langue.

J'espère que ces différens genres d'utilité feront accueillir cet ouvrage, surtout par les instituteurs et leurs élèves.

Je crois devoir répéter que mon plan est de présenter la Langue françoise, non-seulement avec tous les mots, toutes les expressions et les locutions dont elle se sert pour rendre toutes les pensées, exprimer tous les sentimens, peindre toutes les images, mais encore avec tous les termes qu'elle emploie pour désigner les êtres physiques et métaphysiques en général; que je n'ai rien négligé pour que ce Dictionnaire pût être considéré comme renfermant le CORPS COMPLET DE LA LANGUE FRANÇOISE, et comme une ENCYCLOPÉDIE PORTATIVE.

ADDITIONS ET CORRECTIONS.

Accinite, *s. f. lisez* Axinite.
†Aquarelle, *s. f.* peinture en couleurs à l'eau.
†Baritone, *s. 2 g.* espèce de ténore.
Déverser, *v. a.* é. e, *p.* voyez les *Difficultés de la Langue françoise.*
†Disphorie, *s. f.* anxiété.
†Hivernade, *s. f.* action de passer l'hiver.
†Impressionné, e, *adj.* qui a reçu une impression (sens, organe, ame).
†Pélagoscope, *s. m.* instrument d'optique pour voir au fond de l'eau.
†Préavis, *s. m.* note, avertissement, signal qui précède l'avis.
†Racheveur, *s. m.* ouvrier qui termine l'ouvrage des fondeurs.

TABLE DES ABRÉVIATIONS LES PLUS USITÉES.

AUTEURS *dont les noms sont abrégés.*

N. B. L'Académie de 1778 n'a pas de citation.

ACADÉMIE, nouvelle édition de 1798.	A.
Idem. de 1801.	AL.
BOISTE.	B.
CATINEAU, orthographe de Voltaire.	C.
CORMONT.	CO.
GATTEL, dictionnaire portatif.	G.
KANT.	K.
LINNÉ.	L.
MULLER.	M.
RESTAUT, traité d'orthographe.	R.
Idem. deuxième édition.	RR.
RICHELET (abrégé de).	RICH.
TRÉVOUX (dictionnaire de)	T.
WAILLY, dictionnaire des rimes. *Idem.* abrégé de l'Académie.......	V.

Les † précèdent les mots ajoutés.
Les * indiquent les augmentations et les variantes de définitions et d'orthographe.
Le — remplace le mot. Le - en remplace le commencement ou la fin.

Abréviations du Dictionnaire de la langue françoise.

abusiv.ement.
adj.ectif.
admir ation.
adv.erbe.
affirm.atif.
agricul.ture.
alchim.ie.
alg.èbre.
allégor.ique.
anat.omie.
antiq.uité.
apérit.ive.
archit.ecture.
ardois.ier.
arith.métique.
arom.atique.
art.icle.

artil.lerie.
astrol.ogie.
astron.omie.
augm.entatif.
auxil.iaire.
blas.on.
botan.ique.
bur.lesque.
cuis.ine.
chancel.lerie.
chas.se.
chim.ie.
chirom.ancie.
chir.urgie.
claus.tral.

com.merce.
compar.aison.
conj.onction.
cout.ume.
crit.ique.
devot.ion.
didact.ique.
dimin.utif.
diplom.atie.
distil.lateur.
divin.ation.
dogmat.ique.
droit can.on.
eaux et for.êts.
ecclés.iastique.

émoll.iente.
épingl.ier.
escr.ime.
exclam.ation.
ex.emple.
expr.ession.
famil.ier.
fauc.onnerie.
f.éminin.
féod.alité.
fin.ance.
fortif.ication.
généal.ogie.
g.enre.
géogr.aphie.
géom.étrie.
gnom.onique.
gram.maire.
hist.oire.
horl.ogerie.
hydraul.ique.
impér.atif.
imper.sonnel.
impréc.ation.
imprim.erie.
indéclin.able.
indéf.ini.
injur.ieux.
instrum.ent.
interj.ection.
interrog.ation.
inus.ité.
iron.ique.
jard.inage.

juris.prudence.
lapid.aire.
laxat.ive.
littér.ature.
lit.urgie.
log.ique.
man.ège.
manuf.acture.
mar.ine.
marit.ime.
m.asculin.
math.ématique.
méc.anique.
méd.ecine.
mépr.is.
métal.lurgie.
métaph.ysique.
météor.ologie.
mét.iers.
milit.aire.
minér.alogie.
monast.ique.
mon.noie.
mus.ique.
myst.icité.
mythol.ogie.
natur.elle.
négat.ive.
nég.oce.
néol.ogique.
n.eutre.
nouv.eau.
numér.al.
opt.ique.
part.icipe.
pas.sif.

peint.ure.
pers.onnel.
pharm.acie.
philos.ophie.
phys.ique.
pl.uriel.
poës.ie.
poët.ique.
polit.ique.
popul.aire.
pos.sessif.
prat.ique.
prép.osition.
prés.ent.
pron.om.
prov.erbial.
réci.proque.
relat.if.
relat.ion.
renouv.elé.
rhét.orique.
sing.ulier.
so.rte.
s.ubstantif.
t.erme.
théol.ogie.
triv.ial.
vén.erie.
v.erbe.
ver.rerie.
vétér.inaire.
vi.eux.
voy.ez.
vuln.éraire.

Abréviations du Dictionnaire de Mythologie.

Afric.aine.
Arab.e.
Celt.ique.
Egyp.tienne.
Iconol.ogie.

Ind.ienne.
Jap.onnoise.
Lap.one.
Mah.ométane.
Méx.icaine.

Pers.anne.
Péruv.ienne.
Scand.inave.
Slav.onne.
Tart.are.

Abréviations du Dictionnaire des Personnages célèbres.

acad.émicien.
allem.and.
anat.omiste.
angl.ois.
ar.abe.
arch.itecte.
art.iste.
astrol.ogue.
astron.ome.
aut.eur.
bibliot.hécaire.
biog.raphe.
coméd.ien.
comment.ateur.
compil.ateur.
dan.ois.
écos.sois.

édit.eur.
esp.agnol.
flam.mand.
fr.ançois.
gén.éral.
géogr.aphe.
grav.eur.
hol.landois.
irl.andois.
ital.ien.
jurisc.onsulte.
lat.in.
lexic.ographe.
libr.aire.
maréch.al.
méd.ecin.
minér.alogiste.

min.istre.
mus.icien.
nat.uraliste.
orat.eur.
peint.re.
polit.ique.
port.ugais.
prédic.ateur.
prof.esseur.
proph.ète.
rab.in.
rom.ain.
satir.ique.
sav.ant.
sculpt.eur.
théol.ogien.
trad.ucteur.

Abréviations du Dictionnaire de Géographie.

Af.rique.
Allem.agne.
Am.érique.
Angl.eterre.
Autr.iche.
baill.age.
b.ourg.
chât.eau.
contr.ée.
duc.hé.
Danem.arck.
dép.artement.

Esp.agne.
Eur.ope.
fort.eresse.
Fr.ance.
gr.and.
h.aute.
heur.euse.
Holl.ande.
Irl.ande.
Ital.ie.
Méditerr.anée.
mér.idional.

mont.agne.
Port.ugal.
prov.ince.
républ.ique.
r.ivière.
roy.aume.
(S.aint)
septent.rional.
vil.lage.
v.ille.
voy.ez

ORDRE DES MATIÈRES.

DICTIONNAIRE

DICTIONNAIRE UNIVERSEL

DE LA LANGUE FRANÇOISE, AVEC LE LATIN,

ET

MANUEL D'ORTHOGRAPHE ET DE NÉOLOGIE;

EXTRAIT COMPARATIF DES DICTIONNAIRES PUBLIÉS JUSQU'A CE JOUR.

A, *s. m. indécl.* première lettre de l'alphabet. * sixième son de la gamme diatonique et naturelle. B.

A, *troisième personne du sing. du prés.* d'avoir.

À, *prép. art.* après, avec, dans, sur, pour, par, selon, suivant, vers, entre ou environ. *marque* le lieu, la situation, la posture, la qualité, la quantité, le prix, la cause, l'état, l'usage. *in*, *ad*, *ab*.

† Aaisier, *v. a.* sié. e, *p.* mettre quelqu'un à son aise. (*vieux*).

† Aam *ou* Ham, *s. m.* mesure de liquides en Perse; cent soixante pintes de Paris.

Abaca, *s. m.* platane des Indes. * sorte de chanvre. C. de lin des îles Manilles. R.

Abaco *ou* abacot, *s. m.* table, buffet. t. d'archit. couronnement du chapiteau d'une colonne. G. C. * ou abaque. G.

Abacot, *s. m.* table de nombres, table de Pythagore. G. C. * ornement de tête des rois en Angleterre. t. d'antiq. * ou abaque G.

† Abaiser, *v. a.* sé. e, *p.* apaiser (*vieux*).

Abaisse, *s. f.* t. de pâtis. pâte de dessous. * de dessus. B.

Abaissement, *s. m.* diminution de hauteur. * état de ce qui est abaissé. R. humiliation volontaire ou forcée. A. diminution de crédit, d'honneur. G. *depressio*.

Abaisser, *v. a.* sé. e, *p.* mettre plus bas; faire aller en bas, plus bas; diminuer de hauteur, déprimer, ravaler, humilier, avilir. (s'), *v. r.* *deprimere*.

Abaisseur, *s. m.* muscle qui sert à abaisser l'œil, etc. *depressor*.

Abalourdir, *v. a.* di. e, *p.* rendre lourd, balourd, stupide. (*familier*). G. V.

Abandon, *s. m.* délaissement; négligence aimable; oubli de soi; résignation; état de ce qui est abandonné. *derelictio*.

Abandon (à l'), *adv.* * à-l'abandon. C.

Abandonné. e, *adj.* inhabité, détruit, désert, délaissé. *desertus*. *subst.* perdu de débauche; livré à une passion avec excès. *perditus*. * abandoné. R.

† Abandonnée, *s. f.* prostituée. *prostituta*.

Abandonnement, *s. m.* abandon, délaissement entier de la personne, de la chose. *derelictio*. déréglement excessif, prostitution. *effrænatio*. * abandonement. R.

Abandonner, *v. a.* né. e, *p.* quitter, délaisser, livrer à. *relinquere*. (s'), *v. r.* se livrer, se laisser aller à; se prostituer. * abandoner. R.

Abannation, *s. f.* exil d'un an. C.

Abaque, *s. m.* table couverte de sable pour tracer des plans; espèce de buffet, de tuile de bronze; partie supérieure d'un chapiteau. *abacus*. voy. abaco. G. ou tailloir. A.

† Abarrer, *v. a.* ré. e, *p.* s'opposer à quelque chose commencée (*vieux*).

† Abarticulation, *s. f.* diarthrose.

Abas, *s. m.* poids de Perse pour les perles. G. R. V.

† Abashée, *s. f.* monnoie de Perse, 1 liv. 12 s.

Abasourdir, di. e, *p.* étourdir, consterner, accabler. *perturbare*.

Abassi, *s. m.* sorte de monnoie orientale. G. C. V.

Abatage, *s. m.* coupe des arbres; peine et frais pour abattre les arbres. *arborum dejectus*. * et abattage. R.

Abatant, *s. m.* dessus de table mobile. * t. de métiers, pièce qui descend les platines. voy. abattant. B. * t. de commerce. G.

Abâtardir, *v. a.* di. e, *p.* faire dégénérer; corrompre, altérer le naturel, la nature de. * limer avec la bâtarde, t. de coutel. B. (s'), *v. r.* *depravare*.

Abâtardissement, *s. m.* altération de nature; déchet, diminution. *depravatio*.

Abat-chauvée, *s. f.* laine inférieure. G.

Abatée, *s. f.* t. de mar. mouvement du vaisseau en panne. B. G. C. V. * de rotation. AL.

Abatellement, *s. m.* sentence des consuls du Levant. * abatélement. R. G.

Abat-faim, *s. m.* grosse pièce de viande. (*familier*). R. G. V.

† Abat-foin, *s. m.* ouverture au-dessus du ratelier pour y mettre le foin.

Abatis, *s. m.* choses abattues; la tête, les pieds, le cou, les ailerons de volailles. * petit chemin des jeunes loups; les bêtes tuées par les vieux loups; le cuir, la graisse, etc. de bêtes tuées; pierres détachées des carrières. G. échaudoir. A. * t. milit. retranchemens avec des arbres abattus. B. * abattis. R. *strages*.

Abat-jour, *s. m.* fenêtre en soupirail. *caligans fenestra*.

† Abattant, *s. m.* châssis qui se lève et s'attache au plancher.

Abattement, *s. m.* accablement, langueur; diminution de force, de courage (*au fig.*). * abatement. R. *defectio*.

Abatteur, *s. m.* qui abat. *eversor*. qui fait beaucoup de besogne. *laboriosus*. * abateur. R.

Abattre, *v. a.* tu. e, *p. adj.* jeter par terre, renverser; affoiblir; vaincre. * *v. n.* t. de mar. s'écarter de l'aire du vent, obéir au vent. G. (s'), *v. r.* s'abaisser, tomber, s'apaiser, cesser, * perdre courage. G. * abatre. R. *evertere*.

Abattures, *s. f. pl.* broussailles que le cerf abat avec son ventre; ou foulures. * abatures. R. *virgultorum dejectus*.

Abat-vent, *s. m.* sorte de toit en saillie qui garantit du vent; paillasson. *tectoriolum testudineatum*.

Abat-voix, *s. m.* le dessus d'une chaire. R. V.

† Abayer, *v. a.* yé. e, *p.* écouter bouche béante. (*vieux*).

Abbatial. e, *adj.* qui appartient à l'abbé, ou à l'abbesse. *abbati attributus*.

† Abbatte, *s. m.* lieu inaccessible (*vieux*)

Abbaye, *s. f.* monastère gouverné par un abbé; les bâtimens de ce monastère. *abbatia*.

Abbé. sse, *s.* chef d'une abbaye ecclésiastique; celui qui porte l'habit ecclésiastique. *abbas*. *abbatissa*.

A b c, *s. m.* petit livret qui contient l'alphabet; les premiers élémens; le commencement d'une affaire. * abécé. C. abc. G. *elementa*.

Abcéder, *v. n.* se tourner en abcès. * abscéder. R.

Abcès, *s. m.* tumeur pleine d'humeur, apostème. * abscès. R. abcès. V. *abscessus*.

Abcisse, *s. f.* partie de l'axe ou du diamètre entre le sommet de la courbe et l'ordonnée. voy. abscisse.

Abdalas, *s. m.* moine persan.

Abdication, *s. f.* renoncement volontaire à une dignité; chose abdiquée. *abdicatio*.

Abdiquer, *v. a.* qué. e, *p.* se dépouiller d'une dignité. *abdicare*.

Abdomen, *s. m.* bas-ventre. * abdômen. R. *abdomen*.

Abdominal. e, *adj.* du bas-ventre. *abdominalis*.

Abdominaux, *s. m. pl.* poissons à squelette osseux, qui ont des nageoires sous l'abdomen, en arrière des pectorales. L.

Abducteur, *adj. s. m.* ou dédaigneux, (muscle) qui meut l'œil en dehors.

Abduction, *s. f.* mouvement en dehors; objection, manière d'argumenter.

Abe, *s. m.* habit des Orientaux. V.

† Abec, *s. m.* amorce, appât (*vieux*).

Abécédaire, *s. m.* livre d'a b c. * *adj.* 2 g. qui n'est qu'à l'a b c. (*inusité*). MONTAIGNE. G. (ordre) alphabétique. V. *elementarius*.

† Abécédaires, *s. m. pl.* secte d'anabatistes qui se vouent à la plus profonde ignorance.

† Abéchement, *s. m.* action de donner la becquée. (*vieux*)

Abée, *s. f.* ouverture de l'eau qui fait tourner un moulin.

abéchir (*vieux*) G. * abecquer. G. *aviculæ escam ingerere.*
† Abeillage, *s. m.* droit seigneurial sur les abeilles.
Abeille, *s. f.* mouche à miel, insecte ailé. * constellation près du caméléon. B. *apis.*
† Abeillon, *s. m.* essaim de mouches à miel.
† Abélir, *v. récip.* plaire, être agréable à quelqu'un. (*vieux*)
† Abéliser, *v. a.* sé. e, *p.* charmer, enchanter. MAROT.
† Abel-mosc, *s. m.* ambrette.
† Abélonites, *s. m. pl.* sectaires qui permettoient le mariage et prohiboient ses droits.
Abénévis, *s. m.* concession des eaux, des ruisseaux, etc. G. V.
Abéône et adéône, *s. m.* divinité des voyageurs. R.
Abéquer (un oiseau), *v. a.* qué. e, *p.* donner la becquée. A. G. R. V. abécher (*inusité*). R.
† Abéquiter, *v. a.* s'enfuir à cheval. (*néol.*)
† Aber, *s. m.* chute d'un ruisseau. (*vieux*)
† Abéréme, *s. m.* arbre de la Guiane. *aberemoa.*
Aberration, *s. f.* mouvement apparent dans les étoiles fixes. * dispersion des rayons; t. de chir. déplacement des parties solides. B. * t. d'opt. iris. A. erreur. (*néol.*) G.
Abêtir, *v. a.* ti. e, *p.* ôter l'esprit, rendre stupide, bête. (s'), devenir bête, stupide. * abêtir. R. *hebetem reddere.*
Ab hoc et ab hac, *adv.* sans ordre, sans raison; confusément; à tort et à travers. (*familier*) * ab-hoc-et-ab-hac. C. *confusè.*
Abhorrer, *v. a.* ré. e, *p.* avoir en horreur, en aversion. (s'), *v. récip. abhorrere.*
† Abianneur, *s. m.* commissaire séquestre d'un immeuble.
Abigeat, *s. m.* vol d'un troupeau. * abigéat. A.
Ab intestat, *adv.* mort sans tester. * ab-intestat. A. G. R. *adj.* G. *subs.* T.
Ab irato, *adv.* (testament) fait par un homme irrité. A. C. R.
† Abiss, *s. m.* monnoie d'Arabie; 1 l. 11 s. 5 d.
Abject. e, *adj.* vil, bas, méprisable, dont on ne fait nulle estime, (homme, emploi). *abjectus.*
Abjection, *s. f.* (état d'), de mépris, humiliation, abaissement, rebut. *abjectio.*
Abjuration, *s. f.* renoncement à une fausse religion, acte qui la certifie. *ejuratio.*
Abjurer, *v. a.* ré. e, *p.* renoncer à une erreur, à une mauvaise doctrine; faire abjuration; quitter, laisser, renoncer à. *ejurare.*
Ablactation, *s. f.* action de sevrer des enfans. V.
Ablais, *s. m.* dépouille de blé. V. G. blés coupés encore sur le sol. R.
† Ablanier, *s. m.* arbre de la Guiane, à baies rouges.
Ablaque, *adj.* (soie) de Perse. voyez ardassines. R.
Ablaquéation, *s. f.* ouverture autour des racines pour les exposer à l'air. AL.
Ablatif, *s. m.* sixième cas dans le latin. *ablativus.*
† Ablation, *s. f.* enlèvement, action d'emporter; t. de méd. *ablatio.*
Ablativo, *adv.* (mis) ablativo, tout en un tas.
Able, *s. m.* ablette, poisson de rivière, petit, plat et mince; la pellicule de ses écailles sert à faire des fausses perles. * âble ou âblete. R. *alburnus.*
† Ablectes, *s. m. pl.* soldat romain d'élite. (*vi.*)
Ablégat, *s. m.* vicaire du légat. R. G. C. V.
Ablégation, *s. f.* bannissement prononcé par le père de famille. V.
Ableret, *s. m.* filet de pêche pour prendre des ables, etc. * âbleret. R.
Ablette, *s. f.* able, poisson de mer, du genre du persègue, du salmone, du cyprin. * âblete. R.

† Abluant. e, *adj. s.* délayant; t. de médecine. *abluans.*
Abluer, *v. a.* blué. e, *p.* faire revivre l'écriture avec une liqueur de noix de galle; laver.
Ablution, *s. f.* action de laver; de blanchir, de nettoyer; la liqueur qui sert à laver. *ablutio.*
Abnégation, *s. f.* renoncement à soi. * mépris de soi-même. R. renonciation à ses privilèges. G. *abnegatio.*
Aboi, aboiement, *s. m.* voix, cris du chien. * aboîment. R. *latratus.*
Abois (aux), *s. m. pl.* se dit du cerf réduit, près de la mort; dernière extrémité. *ultima necessitas.*
Abolir, *v. a.* li. e, *p.* casser, annuller; mettre hors d'usage, au néant. (s'), *v. r.* * effacer, ôter entièrement. G. *abolere.*
Abolissement, *s. m.* anéantissement. * abrogation. R. extinction, action d'abolir. A. *extinctio.*
Abolition, *s. f.* anéantissement; pardon; extinction d'une loi. * anéantissement d'un impôt. G. *abolitio.*
† Abolla, *s. m.* t. d'antiq. casaque militaire pour l'hiver.
Abomasus, *s. m.* l'un des estomacs des animaux ruminans. G. * abomâsus ou abomâsum. R.
Abominable, *adj. 2 g.* exécrable; horrible; détestable; très-mauvais. *abominandus.*
Abominablement, *adv.* d'une manière abominable, très-mal. *abominandum.*
Abomination, *s. f.* horreur, détestation, exécration; chose, action abominable; objet de l'abomination. *abominatio.*
Abominer, *v. a.* né. e, *p.* (*vieux*) détester, avoir en horreur. A. G.
Abondamment, *adv.* en abondance. * abondament. R. *abundanter.*
Abondance, *s. f.* grande quantité de. *abundantia.*
Abondant. e, *adj.* qui abonde. *abundans.*
Abondant (d'), *adv.* de plus, outre cela. *insuper.*
Abonder, *v. n.* être ou avoir en abondance; venir en foule. *abundare.*
Abonnement, *s. m.* marché à prix fixe pour un temps. * abonement. R. *venditio.*
Abonner, *v. a.* né. e, *p.* (s'), *v. r.* faire un abonnement. né. e, *subs.* qui a fait un abonnement. * aboner. R. *vendere.*
Abonnir, *v. a.* ni. e, *p.* améliorer. * t. de potier, sécher à demi. B. (s'), *v. r.* * abonir. R. *meliorare.*
† Abonnissement, *s. m.* amélioration.
Abord, *s. m.* accès. *accessus.* * affluence de monde, de marchandises. *concursus.*
Abord (d', tout d', de prime-), *adv.* dès le premier instant, sur le champ. A. R. *primò.*
Abordable, *adj. 2 g.* accessible. *aditu facilis.*
Abordage, *s. m.* choc, heurt de vaisseaux. *navium conflictio.*
Aborder, *v. a.* dé. e, *p.* accoster, prendre terre, aller à bord. *accedere.*
† Abordeur, *s. m.* t. de mar. qui fait un abordage.
Aborigène, *s. m.* premier habitant. * *pl.* aborigènes. A. aborigenes. R. G. *aborigenes.*
Abornement, *s. m.* limite; action d'aborner, son effet.
Aborner, *v. a.* né. e, *p.* limiter, donner des bornes. *terminos pangere.*
Abortif. ve, *adj.* avorté. V. * qui fait avorter. AL.
Abouchement, *s. m.* entrevue, conférence, entretien. *colloquium.* t. d'anat. rencontre.
Aboucher, *v. a.* ché. e, *p.* rapprocher pour parler. *ad colloquium congregare.* (s'), *v. r. in colloquium venire.*
Aboucouchou, *s. m.* so. de drap de France. R. G.
Abouement, *s. m.* assemblage de menuiserie. * aboument ou boument. R. bouement. CO.

† Abouffer, *v. a.* et *pers.* ôter ou perdre la respiration. (*vieux*)
Abougri. e, *adj.* trapu. C. * rabougri. R.
Abouquement, *s. m.* addition de sel. R. G. C. V.
Abouquer, *v. a.* qué. e, *p.* ajouter du sel sur du vieux. R. G. C. V.
About, *s. m.* extrémité du bois.
Abouté. e, *adj.* t. de blas. se répondant par les pointes.
† Abouter, *v. a.* té. e, *p.* joindre, toucher, mettre bout à bout. (*vieux*) (s'), *v. r.* t. de mar. se joindre par les bouts. * ou abuter. AL.
Aboutir, *v. a.* ti. e, *p.* toucher d'un bout; tendre à; crever, suppurer, boutonner, s'épanouir. * raccorder, t. de plomb. AL. *terminari.*
Aboutissant. e, *adj.* qui aboutit. * *s. m. pl.* les tenans et aboutissans de. B. *vicinitates.*
Aboutissement, *s. m.* se dit d'un abcès qui aboutit. *suppuratio.* * t. de tailleur, alonge. AL.
Ab ovo, *adverbial.* dès l'origine. A. V.
Aboyant. e, *adj.* qui aboie.
Aboyer, *v. n.* yé. e, *p.* japper; médire; pester. *latrare.* * aspirer avidement à. V. *inhiare.*
Aboyeur, *s. m.* médisant; avide; braillard; chien qui aboie sans approcher du gibier. *latrator.* * satirique; qui aspire à. V.
† Abra, *s.* monnoie polonoise; 3 s. 6 d.
Abracadabra, *s. m.* t. de magie, mot magique. A.
Abrahamites, *s. m. pl.* martyrs du culte des images. V.
Abraquer, *v. a.* é. e, *p.* hâler sur un cordage. AL.
† Abrasin, *s. m.* arbre du Japon.
Abrasion, *s. f.* rasement, irritation, t. de méd. V.
† Abrass, *s. m.* monnoie de Brandebourg, 1 s. 4 d.
Abraxas, *s. m.* amulette, mot mystérieux.
Abrégé, *s. m.* précis; sommaire; raccourci; abréviation. *epitome.*
Abrégement, *s. m.* (*vieux*) raccourcissement, accourcissement. V. *compendium.*
Abréger, *v. a.* gé. e, *p.* accourcir, rendre court. *contrahere.*
Abreuver, *v. a.* vé. e, *p.* faire boire, humecter profondément. (s'), *v. r. adaquare.*
Abreuvoir, *s. m.* lieu où l'on abreuve. *aquarium.* * creux intérieur dans un arbre. AL.
† Abréveter, *v. a.* té. e, *p.* tromper, amuser; guetter, épier pour surprendre. (*vieux*)
Abréviateur, *s. m.* qui abrège un ouvrage. * abbréviateur. R. rédacteur des bulles. AL. *epitomæ scriptor.*
Abréviation, *s. f.* retranchement de lettres; signe qui l'indique. * abbréviation. R. *arctatio.*
Abri, *s. m.* couvert. * ou abrit. V. *suffugium.*
Abri (à l'), *adv.* à couvert. * à-l'abri. C.
Abricot, *s. m.* fruit à noyau. *armeniacum malum.*
Abricoté, *s. m.* dragée. * ou abricotié. G.
Abricotier, *s. m.* arbre qui porte les abricots. *armeniaca malus.*
Abrié. e, *adj.* (*vieux*) mis à l'abri. R. G. C.
† Abrier, *v. a.* rié. e, *p.* protéger; dire, apprendre à quelqu'un; t. de jard. voy. abriter. (*vieux*) * abreyer. AL.
Abriter, *v. a.* té. e, *p.* mettre à l'abri. * abrier. V. abreyer. B. *defendere.*
Abrivent, *s. m.* ce qui garantit du vent. * abrivent. R.
Abriver, *v. a.* vé. e, *p.* aborder au rivage. C.
Abrogation, *s. f.* t. de prat. suppression, cessation. voy. abolition. *abrogatio.*
Abroger, *v. a.* gé. e, *p.* détruire, annuller, mettre hors d'usage. * (s'), *v. r.* s'abolir. G. *abrogare.*
Abrohani, *s. m.* ou mallemolle, mousseline des Indes. R.
† Abrolhos, abrolles, *s. m. pl.* écueils, t. de marine.

† Abrotanoïde, *s. m.* corail perforé, ou madrépore gris-jaunâtre. *abrotanoïdes.*
† Abrotone mâle, *s. m.* aurone.
† Abrotone femelle, *s. f.* santoline, petit cyprès.
Abrouti. e, *adj.* bois brouté par les bêtes.
† Abrupt, *adj.* (style) ex abrupto. DIDEROT.
† Abruption, *s. f.* fracture. *abruptio.*
Abrupto (ex), *adv.* tout d'un coup. * ex-ab. C.
Abrutir, *v. a.* ti. e, *p.* rendre stupide, hébéter. *hebetem reddere.* (s'), *v. r.* devenir stupide, hébêté. *obbrutescere.*
Abrutissement, *s. m.* stupidité grossière. *stupor.*
† Abrutisseur, *s. m.* (en parlant des Turcs) qui abrutit. VOLTAIRE.
† Abscision, *s. f.* t. de médec. retranchement. *abscisio.*
Abscisse, *s. f.* portion de l'axe d'une courbe entre son sommet et l'ordonnée.
Absence, *s. f.* éloignement. *absentia.* distraction. *evagatio.* manque, privation. *privatio.*
Absent. e, *adj. s.* éloigné, non présent. *absens.*
Absenter (s'), *v. r.* té, e, *p.* s'éloigner d'un lieu. *abesse.*
Abside, *s. f.* t. d'archit. de lithur. de géom. R. C. voy. apside.
Absinthe, *s. f.* plante vivace, d'une odeur forte, cordiale, stomachique, fébrifuge, emménagogue. * absynthe. R. C. *absinthium.*
Absolu. e, *adj.* souverain; indépendant; impérieux; opposé de relatif. *absolutus.*
Absolument, *adv.* sans restriction; impérieusement; tout-à-fait. *absolutè.*
Absolution, *s. f.* rémission, jugement, acte qui l'opère. *absolutio.*
Absolutoire, *adj.* 2 *g.* qui absout. *absolutorius.*
Absorbant. e, *adj.* qui absorbe. *s. m.* substance qui s'unit aux acides.
Absorber, *v. a.* bé. e, *p.* engloutir; occuper fortement; t. de chim. neutraliser. (s'), *v. r.* s'enfoncer, se perdre. *absorbere.*
Absorption, *s. f.* action d'absorber.
Absoudre, *v. a.* sout. e, *p.* décharger du crime, remettre les péchés. * absoûdre. R. *absolvere.*
Absoute, *s. f.* absolution publique. * absoûte. R. *lustratio.*
Abstème, *adj.* 2 *g. s.* qui ne boit pas de vin. * abstême. R. *abstemius.*
Abstenir (s'), *v. r.* se priver, s'empêcher de. *abstinere.*
† Abstention, *s. f.* action d'un juge qui se récuse lui-même. * abstension. AL.
Abstergent. e, *adj. s.* émollient. voy. abstersif. G.
Absterger, *v. a.* gé. e, *p.* nettoyer une plaie, t. de chir. *abstergere.*
Abstersif. ve, *adj.* propre à nettoyer, à absterger. *smecticus.*
Abstersion, *s. f.* action d'absterger, t. de méd.
Abstinence, *s. f.* privation, action de s'abstenir, ses effets. * vertu. G. *abstinentia.*
Abstinent. e, *adj.* sobre, tempérant A. *abstinens.*
† Abstracteur, *s. m.* qui déduit quelque chose d'une autre.
Abstractif. ve, *adj.* qui exprime les abstractions. G.
Abstraction, *s. f.* séparation en idée. *præcisio.* *pl.* distraction. *evagatio.*
Abstractivement, *adv.* par abstraction. A. C. V.
Abstraire, *v. a.* trait. e, *p.* séparer par la pensée. *abstrahere.*
Abstract *pour* abstrait. V.
Abstrait. e, *adj.* vague; distrait; métaphysique. *abstractus.*
Abstraitement, *adv.* d'une manière abstraite, vague. G. C. CO.
Abstrus. e, *adj.* difficile à entendre, à pénétrer. *abstrusus.*

Absurde, *adj.* 2 *g.* ridicule, déraisonnable; impertinent. *absurdus.* * *s. m.* absurdité. AL.
Absurdement, *adv.* d'une manière absurde, impertinente. *absurdè.*
Absurdité, *s. f.* chose absurde; défaut de ce qui est absurde. *insulsitas.*
† Abuissonner, *v. a.* né. e, *p.* abuser, tromper, séduire. (*vieux*)
† Abulleter, *v. a.* té. e, *p.* donner ou recevoir un bulletin. (*vieux*)
Abus, *s. m.* mauvais usage; erreur; tromperie; désordre. *abusus.*
Abuser, *v. a.* sé. e, *p.* tromper; faire mauvais usage. *abuti.* (s'), *v. r.* se tromper. *errare.*
Abuseur, *s. m.* (*familier*) vieux routier; trompeur; fourbe achevé.
Abusif. ve, *adj.* contraire aux règles, à l'usage. *abusu admissus.*
Abusivement, *adv.* d'une manière abusive; à tort et sans cause. *abusivè.*
Abuter, *v. a.* té. e, *p.* jeter au but, tirer au but. G. V. * toucher par le bout, t. de mar. B.
Abutilon, *s. m.* plante de la famille des mauves.
Abyme, *s. m.* profondeur sans fin; t. de blason, le milieu de l'écu. * cuve pour le suif fondu. B. * abîme. A. G. R. *abyssus.*
Abymer, *v. a.* mé. e, *p.* tomber dans l'abyme, périr; faire périr. (s'), *v. r.* * abimer. R. abîmer. C. V. *in voraginem demergere.*
Acabir, *s. m.* qualité bonne ou mauvaise. *natura.*
Acacia, *s. m.* ou acacie. *pl.* acacias. arbre, plantes à fleurs légumineuses, de la famille des sensitives. * suc gommeux du Levant. B. *acacia.*
Académicien, *s. m.* philosophe sectateur de Platon; membre d'une académie. *academicus.*
Académie, *s. f.* lieu d'assemblée de savans; secte de savans, leur réunion, son local; école d'équitation, d'escrime; figure dessinée sur un modèle vivant; maison de jeu. *academia.*
Académique, *adj.* 2 *g.* qui tient de l'académie. *academicus.*
Académiquement, *adv.* (*ironique*) d'une manière académique. *academicorum ritu.*
† Académiser, *v. a.* sé. e, *p.* t. de peint. travailler d'après le modèle.
Académiste, *s. m.* qui apprend les armes, etc. *ephebii alumnus.*
Acagnarder (s'), *v. r.* s'accoutumer à l'oisiveté. *otio tabescere.*
† Acaja, *s. m.* arbre de Ceylan, à bois rouge et léger.
Acajou, *s. m.* arbre d'Amérique dont le bois est très-employé dans la marqueterie.
† Acalat, *s. m.* espèce de courlis.
Acalifourchonné. e, *adj.* à cheval sur. (*fam.*) C.
† Acampte, *adj.* 2 *g.* corps poli qui ne réfléchit pas la lumière.
† Acamusé. e, *adj.* (*vieux*) trompé par des flatteries.
Acanacé. e, *adj.* (plante) épineuse. * acanthacé. e. G. R. V.
† Acange, *s. m.* volontaire turc qui vit de butin.
† Acanor, *s. m.* fourneau de chimie.
Acantabole, *s. m.* pince pour enlever les esquilles, les échardes. * acanthabole. C.
Acanthe, *s. f.* branche-ursine, plante émolliente; ornement qui imite ses feuilles. *acanthus.*
† Acanthies, *s. f. pl.* insectes hémiptères, très-plats, de l'espèce des punaises.
† Acantophage, *adj.* 2 *g.* qui ne vit que de chardons.
† Acarde, *s. f.* mollusque acéphale, à coquille bivalve. *acardo.*
Acare, *s. m.* ciron. C. *acarus.*
Acariâtre, *adj.* 2 *g.* d'une humeur fâcheuse, aigre. *morosus.*

† Acariâtreté, *s. f.* caractère de l'acariâtre.
Acarnar, *s. m.* étoile de la première grandeur.
Acarne, acarnan, *s. m.* poisson du genre du rouget; chardon à fleurs jaunes.
† Acarona, *s. m.* poisson du genre du chétodon, dont la moitié du corps et la queue sont blancs, et le reste du corps brun.
Acarus, *s. m.* ver qui vit dans le fromage. B.
Acatalecte. tique, *adj.* 2 *g.* t. de poësie latine.
Acatalepsie, *s. f.* impossibilité de savoir une chose. * maladie qui prive de l'intelligence. V.
Acataleptique, *adj.* 2 *g.* philosophe sceptique. A. C.
† Acatechili, *s. m.* tarin du Bengale.
Acaule, *adj.* 2 *g.* ou intigée. (plante) sans tige, à feuilles contre la terre. AL.
À cause de, *conj.* * à-cause-de. C. *ob. quia.*
† Acazement, *s. m.* t. de coutume.
† Acazer, *v. a.* zé. e, *p.* donner en fief.
Accablant. e, *adj.* qui accable, peut accabler; incommode, importun. * accâblant. R. acablant. RICH. *intolerabilis.*
Accablement, *s. m.* état de celui qui est accablé; surcharge d'affaires. * accâb. R. acab. RICH. *oppressio.*
Accabler, *v. a.* blé. e, *p.* abattre, faire succomber sous le poids; surcharger. * accâbler. R. acabler. RICH. *opprimere.*
† Accalmie, *s. f.* calmie, calme d'un instant, t. de marine.
Accaparement, *s. m.* monopole sur les denrées. * acaparement. R. et accaration. B.
Accaparer, *v. a.* ré. e, *p.* faire un accaparement. * acaparer. R.
Accapareur, *s. m.* celui qui accapare, monopoleur. * acapareur. R.
† Accaration, *s. f.* (*vieux*) confrontation de témoins. * accariation. AL.
Accarement, *s. m.* confrontation des accusés. C. * acarement. R.
Accarer, *v. a.* ré. e, *p.* confronter. C. V. * acarer. R.
Accastillage, *s. m.* château d'avant et d'arrière d'un vaisseau. G. C. V. CO. * acastillage. R.
Accastiller, *v. a.* lé. e, *p.* garnir d'un accastillage. G. C. V. CO. * acastiller. R.
Accéder, *v. n.* entrer dans un traité; accéder à, *v. auxil.* avoir. *accedere.*
Accélérateur, *s. m.* (muscle) qui accélère.
Accélération, *s. f.* prompte expédition; (de vîtesse), mouvement plus rapide. *acceleratio.*
Accélérer, *v. a.* ré. e, *p.* augmenter la vîtesse; hâter, presser. *accelerare.*
Accens, *s. m. pl.* sons, chants. G. V. *sonus.*
Accense, *s. f.* dépendance d'un bien. A. V.
Accenser, *v. a.* sé. e, *p.* joindre un bien, un objet d'administration à un autre; réunir sous la même division. A. V.
Accenses, *s. m.* officiers publics à Rome G. RR.
Accent, *s. m.* ton, marque, prononciation, modification de la voix parlante; agrément du chant; marque qui indique l'accent. *plur.* plaintes. *accentus.*
Accentuation, *s. f.* manière d'accentuer. A. R. C.
Accentuer, *v. a.* tué. e, *p.* marquer l'accent. *accentu notare.*
Acceptable, *adj.* 2 *g.* qu'on peut accepter. *accipiendus.*
Acceptant. e, *s.* qui accepte, reçoit, agrée. G. *accipiens.*
Acceptation, *s. f.* action de recevoir; promesse de payer une lettre de change. *acceptatio.*
Accepter, *v. a.* té. e, *p.* recevoir, agréer. *suscipere. accipere.*
Accepteur, *s. m.* t. de banq. celui qui accepte.
Acceptilation, *s. f.* quittance feinte.

Acception, *s. f.* égard, préférence, distinction; sens d'un mot. *ratio.* * ce que le corps reçoit. AL.
Accès, *s. m.* abord; émotion; retour périodique de la fièvre. * mouvement passager qui fait agir. *accessus.*
Accessible, *adj. 2 g.* abordable, dont on peut approcher. *aditu facilis.*
Accession, *s. f.* action d'approcher; consentement; accroissement. *accessio.*
Accessit, *s. m.* t. de col. récompense de celui qui approche d'un prix.
Accessoire, *s. m.* dépendance du principal. *accessio. adj. 2 g.* qui accompagne. *adscitus.*
† Accessoire, *s. m.* péril. MAROT.
Accessoirement, *adv.* d'une manière accessoire, par suite. AL.
Accessoires, *s. m. pl.* nerfs qui naissent de la moelle du cou.
† Accidence, *s. f.* qualité, état, possibilité d'être de l'accident. KANT.
Accidens, *s. m. pl.* figure, couleur, saveur.
Accident, *s. m.* malheur, événement imprévu; symptôme; effet de lumière. *casus.* * *pl.* B.
Accident (par), *adv.* par hasard. * par-accident. C. *forte.*
Accidentel. le, *adj.* qui arrive par accident; t. de mus. * accidentel. tele. R. *fortuitus.*
Accidentellement, *adv.* par accident. A. V. * accidentélement. R. *fortuitò.*
† Accinite, *s. f. ou* yanolite, schorl violet.
Accipenser, *s. m.* poisson; reptile.
Acciper, *v. a.* pé. e, *p.* prendre. V.
† Accipitre, *s. m.* ordre des oiseaux de proie.
Accise, *s. f.* taxe sur les boissons en Angleterre.
Accisme, *s. m.* refus simulé. V.
Acclamateur, *s. m.* qui fait des acclamations. C. V. G. CO.
Acclamation, *s. f.* cri de joie, approbation; nomination à l'unanimité. *acclamatio.*
Acclamper, *v. a.* pé. e, *p.* fortifier un mât, t. de mar. * aclamper. R.
Acclimater, *v. a.* té. e, *p. adj.* accoutumer à un nouveau climat. A. (s'), *v. r.* * aclimater. R.
† Accoinçons, *s. m. pl.* charpentes ajoutées à un toit pour le rendre égal des deux bouts.
Accointable, *adj. 2 g.* avec qui on peut se lier. V.
Accointance, *s. f.* (*vieux*) habitude, familiarité. * acointance. R.
Accointer (s'), *v. r.* (*vi.*) hanter, fréquenter. G.
Accoisement, *s. m.* t. de méd. calme. * acois. R.
Accoiser, *v. a.* sé. e, *p.* calmer les humeurs. * rendre coi. B. * acoiser. R.
Accolade, *s. f.* embrassement; signe d'union; cérémonie pour la réception d'un chevalier; trait qui embrasse plusieurs articles. * acol. R. *amplexus.*
Accolage, *s. m.* action d'accoler la vigne aux échalas. C.
Accolé. e, *adj.* t. de blason. * acolé. R.
† Accolement, *s. m.* espace entre le pavé et les fossés d'un chemin.
Accoler, *v. a.* lé. e, *p.* embrasser, lier ensemble; unir par un trait. * acoler. R. *circumplicare.*
Accolure, *s. f.* t. d'agr. lien de paille. G. C. * assemblage des premières mises des bûches du train. B. * acolure. R.
† Accommettre, *v. a.* mis. e, *p.* exciter les chiens les uns contre les autres. (*vieux*)
Accommodable, *adj. 2 g.* (différent) qui se peut accommoder. *placabilis.*
Accommodage, *s. m.* apprêt de mets; coiffure. *apparatus.*
Accommodant. e, *adj.* complaisant, facile, traitable. *commodus.*
Accommodation, *s. f.* t. de prat. accord. C. R.
Accommodé. e, *adj.* ajusté; propre, en ordre, *ornatus.* terminé. *compositus.* * riche. G. *dives.*
Accommodement, *s. m.* ajustement. *accommodatio.* accord, moyen de conciliation; réconciliation. *compositio.*
Accommoder, *v. a.* dé. e, *p.* ajuster, arranger; rendre propre; procurer de la commodité; convenir à; mener avec soi; rétablir; concilier, traiter favorablement; maltraiter, *ironique*; apprêter. *componere. accommodare. apparare.* (s'), *v. r.* se conformer; se servir de; user; prendre ses aises. *ad se convertere.* s'accorder, se réconcilier. *transigere.*
Accompagnateur, *s. m.* qui accompagne avec un instrument. * acompagnateur. R.
Accompagnement, *s. m.* action d'accompagner; exécution d'une harmonie; ce qui est joint à quelque chose, ce qui accompagne. * acompagnement. R. *comitatus.*
Accompagner, *v. a.* gné. e, *p.* aller avec; suivre; joindre; assortir; ajouter à; convenir; jouer les parties de l'accompagnement. *comitari.* se dit du cerf qui en met un autre à sa place pour donner le change. (s'), *v. r.* * acompagner. R.
† Accomparager, *v. a.* gé. e, *p.* (*vieux style*) comparer.
Accompli. e, *adj.* achevé, parfait. * acompli. R. *perfectus.*
Accomplir, *v. a.* pli. e, *p.* achever tout-à-fait, effectuer, exécuter. *perficere.* (s'), *v. r.* s'effectuer. * acomplir. R.
Accomplissement, *s. m.* exécution entière, achèvement parfait. * acomplissement. R. *perfectio.*
Accon, *s. m.* petit bateau plat sur mer. G. V. * acon. R. * chalan. B.
Accord, *s. m.* consentement; union; convention. *consensus. concordia.* union de plusieurs sons entendus à-la-fois et formant une harmonie. *commodulatio.* * acord. R.
Accord (d'), *int.* j'y consens. * d'acord. R.
Accordable, *adj. 2 g.* qui se peut, se doit accorder. C. CO. V. * acordable.
Accordailles, *s. f. pl.* (*popul.*) articles de mariage. * acordailles. R. *sponsalia.*
Accordant. e, *adj.* t. de mus. qui s'accorde bien. * acordant. R. *consonans.*
† Accorde, *s. f.* commandement aux rameurs pour aller d'accord. * acorde. R.
Accordé. e, *adj. s.* accommodé, pacifié. *pactus.* engagés l'un à l'autre pour le mariage. * acordé. R. *sponsus.*
Accorder, *v. a.* dé. e, *p.* concéder, donner. *concedere.* concilier, mettre d'accord. *conciliare.* reconnoître pour vrai, convenir. *annuere.* (s'), *v. r.* être d'accord, s'entendre avec. *convenire.* * acorder. R.
† Accordeur, *s. m.* qui accorde les clavecins, etc.
† Accordo, *s. m.* amphicordum ou lyre barberine, instrument à quinze cordes, du genre des basses; espèce de basse italienne.
Accordoir, *s. m.* instrument de luthier pour accorder. * acordoir. R.
† Accore, *adj. f.* (côte) escarpée. *s. m.* étaie.
Accorer, *v. a.* ré. e, t. de marine, appuyer. C. * acorer. R.
Accorné. e, *adj.* t. de blas. qui a des cornes d'une couleur différente de celle du corps. * t. de fortification, qui a des cornes. V. * acorné. R.
Accort. e, *adj.* complaisant; adroit. T. * acort. R.
† Accortesse, *s. f.* circonspection.
Accortise, *s. f.* (*vieux*) douceur. A. C. V.
Accostable, *adj. 2 g.* facile à aborder. *comis.* * acostable. R.
Accostement, *adv.* commodément. V.
Accoster, *v. a.* té. e, *p.* aborder, approcher pour parler. (s'), *v. p.* fréquenter. * acoster. R. *aggredi.*
Accottar, *s. m.* t. de mar. pièce du bordage. G. * acorar. R. accottar. C.
† Accottement, *s. m.* frottement, t. d'horl. espace entre le ruisseau et la maison, ou berme, t. de paveur.
Accotter, *v. a.* té. e, *p.* appuyer de côté. (s'), *v. r.* * acoter. R. V. accoter. C. *fulcire.*
Accottoir, *s. m.* appui. * acotoir. R. accotoir. C. V. voy. accoudoir. *fulcrum.*
Accouchée, *s. f.* femme qui vient d'accoucher. * acouchée. R. *puerpera.*
Accouchement, *s. m.* enfantement. * acouchement. R. *puerperium.*
Accoucher, *v. n.* mettre au monde, enfanter, mettre au jour. *parere. v. a.* aider à accoucher. *partu levare.* * acoucher. R.
Accoucheur. se, *s.* qui accouche une femme. *m. partûs adjutor.* sage-femme. *f. obstetrix.* * acoucheur. R.
Accouder (s'), *v. r.* s'appuyer du coude. * acouder. R.
Accoudoir, *s. m.* appui pour s'accouder. * acoudoir. R. voy. accottoir. G. *cubitale.*
Accouer, *v. a.* coué. e, *p.* blesser le cerf à l'épaule, lui couper le jarret. V. G. CO. * aco-. R.
† Accoulins, *s. m. pl.* atterrissemens de rivières pour faire la brique.
Accouple, *s. f. mieux* couple, t. de chasse, liens pour les chiens. * acouple. R.
Accouplement, *s. m.* assemblage par couple, coït. *copulatio.* * support du palonnier du bluteau. B. * acouplement. R.
Accoupler, *v. a.* plé. e, *p.* joindre par couple, apparier pour la génération. *copulare.* (s'), *v. r. coïre.* * acoupler. R.
Accourcir, *v. a.* ci. e, *p.* rendre plus court. *resecare.* (s'), *v. r.* devenir plus court. *decrescere.* * acourcir. R.
Accourcissement, *s. m.* diminution des jours, d'un chemin, de longueur. * acourcissement. R. *decrescentia.*
Accourir, *v. a. n.* ru. e, *p.* venir à la hâte pour; aller promptement vers. * acourir. R. *accurrere.*
† Accourres, *s. m. pl.* plaines entre deux bois.
Accourse, *s. f.* t. de mar. C. * accourcie, passage à fond de cale. B.
Accoutrement, *s. m.* vêtement; parure ridicule. acoutrement. B.
Accoutrer, *v. a.* tré. e, *p.* ajuster; parer d'une manière ridicule. (s'), *v. r.* * acoutrer. R.
Accoutumance, *s. f.* habitude, coutume. * acoutumance. R. *consuetudo.*
Accoutumé. e, *adj.* habitué, ordinaire. *assuetus.* (être, avoir accoutumé), avoir coutume. *solere.* (à l'), *adv.* à l'ordinaire. *de more.* * acoutumé. R. à-l'accoutumée. C.
Accoutumer, *v. a.* mé. e, *p.* donner une habitude, habituer à. *assuefacere ad.* (s'), *v. r.* prendre l'habitude. *assuefieri.* * acoutumer. R.
Accouvé. e, *adj.* qui garde le coin du feu. G. V.
† Accouver, *v. a.* se dit d'un oiseau qui commence à couver ses œufs.
Accravanter, *v. a.* té. e, *p.* (*vieux*) accabler, écraser.
† Accrédité. e, *adj.* qui a du crédit, du pouvoir; (ambassadeur) reconnu. *conspicuus.*
Accréditer, *v. a.* té. e, *p.* donner du crédit, mettre en crédit. *commendare.* (s'), *v. r.* s'acquérir du crédit. G. C. *sibi laudes comparare.* * accréditer. R.
Accrétion, *s. f.* t. de méd. accroissement. C. RR.
Accroc, *s. m.* déchirure. *laceratio.* obstacle. *mora.* * acroc. R.
Accroche, *s. f.* difficulté, embarras, obstacle. CO. G. * acroche. R. *impedimentum.*
Accrochement, *s. m.* action d'accrocher. * acrochement

chement. R. *unci immissio.* * vice de l'échappement, t. d'horl. B.

Accrocher, *v. a.* ché. e, *p.* attacher, suspendre à un crochet. *uncino suspendere.* joindre à l'abordage. *harpagonem injicere in.* retarder, arrêter. *moram afferre.* (s'), *v. r. pron.* s'attacher à. G. *adhærere ad.* * acrocher. R.

Accroire (faire), *v. n.* faire croire ce qui n'est pas. *verba dare.* (en faire), tromper. *fingere.* (s'en faire), *v. r.* s'enorgueillir. *sibi arrogare.* * acroire. R.

Accroissement, *s. m.* augmentation. *accretio.*

† Accroît, *s. m.* augmentation d'un troupeau.

Accroître, *v. a.* cru. e, *p.* augmenter, rendre plus grand. *augere.* *v. n.* (s'), *v. r. pro.* devenir plus grand. *accrescere.*

Accroupir (s'), *v. r.* pi. e, *p.* se baisser sur le derrière. * acroupir. R. *subsidere.*

Accroupissement, *s. m.* (état d'une personne accroupie. * acroupissement. R. *incubitio.*

Accrue, *s. f.* terre sur laquelle un bois limitrophe s'est étendu. * maille ajoutée à un rang de mailles. B.

† Accubiteur, *s. m.* qui couche auprès du prince.

Accueil (*prononc.* aqueil), *s. m.* réception. *acceptio.* * acueil. R.

Accueillir, *v. a.* li. e, *p.* recevoir quelqu'un qui vient à nous. *recipere.* (s'), *v. r.* * acueillir. R.

Accul, *s. m.* lieu étroit, sans issue; piquet pour retenir; anse. *angiportus.* * le fond des terriers des renards. B. * acul. R.

Acculement, *s. m.* t. de mar. C. courbure des varangues. AL. * aculement. R.

Acculer. *v. a.* lé. e, *p.* pousser dans un coin. *arctè premere.* (s'), *v. r.* se ranger dans un coin. *in angustum se reddere.* * aculer. R.

Accumulateur, *s. m.* qui accumule. V.

Accumulation, *s. f.* amas de choses, réunion. *accumulatio.*

Accumuler, *v. a.* lé. e, *p.* mettre en monceau, en tas. *accumulare.* (s'), *v. r.* s'augmenter.

Accurbitaire, *s. m.* sorte de ver. V.

Accusable, *adj.* 2 *g.* (*peu usité*) qu'on peut accuser. G. C. A. V. *accusabilis.*

Accusataire, *adj.* 2 *g.* qui accuse. C. -toire. R.

Accusateur. trice, *s.* qui accuse quelqu'un. *accusator. -trix.*

Accusatif, *s. m.* t. de gram. quatrième cas. *accusativus.*

Accusation, *s. f.* plainte en justice; reproche, imputation. *accusatio.*

Accusé. e, *adj. s.* traduit en justice, inculpé. *accusatus.*

Accuser, *v. a.* sé. e, *p.* découvrir le crime; charger d'une accusation; annoncer; t. de peint. faire sentir les formes recouvertes. *accusare.* (s'), *v. r.* confesser, avouer. *confiteri.*

Accuts. voy. accul. AL.

† Acémètes, *s. m. pl.* religieux qui ne dormoient pas.

Acense, *s. f.* ferme tenue à cens et rente. RR. acens, *s. m.* A. V. voy. accense. *mancipatum.*

Acensement, *s. m.* t. de prat. don à cens.

Acenser, *v. a.* sé. e, *p.* donner ou prendre à cens. *locare. conducere.*

Acéphale, *adj.* 2 *g.* sans tête; qui méconnoît l'autorité de son supérieur, t. de théol. anciens hérétiques. *s. m. pl.* * mollusques à tête cachée sous le manteau. B. *acép-. A. V. G. C. RR. acephalus.*

Acérain, *adj.* (fer) qui tient de l'acier. C.

Acerbe, *adj.* 2 *g.* sûr, âpre, dur. * milieu entre l'aigre, l'acide et l'amer. AL. *acerbus.*

Acerbité, *s. f.* qualité de ce qui est acerbe. A. C. CO. V. *acritudo.*

Acéré, e, *adj.* rendu tranchant; astringent.

Acérer, *v. a.* ré. e, *p.* mettre de l'acier après le fer pour le faire mieux couper. *ferrum indurare.*

Acérides, *s. m. pl.* emplâtre sans cire. R. * *sing.* V.

† Acerra, *s. f.* cassolette antique pour les parfums.

† Acersocome, *adj.* 2 *g.* à longue chevelure.

Acertener, *v. a.* né. e, *p.* affirmer. V. * acertainer. RR.

Acérure, *s. f.* morceau d'acier pour acérer le fer. C.

† Acescense, *s. f.* disposition à l'acide.

Acescent, *adj. s.* t. de méd. qui tend à l'acidité. V.

† Acesmé. e, *adj.* embelli.

† Acesmer, *v. a.* mé. e, *p.* (*vieux*) habiller; embellir.

† Acesmeresse, *s. f.* coiffeuse. (*vieux*)

† Acesmes *ou* achesmes, *s. m. pl.* (*vieux*) atours de femme.

Acétabule, *s. m.* fiole de vinaigre; androsace de mer, espèce de polypier; cavité des os; mesure de capacité; petit vase. *acetabulum.*

Acétates, *s. m. pl.* sels formés par l'union de l'acide acétite avec différentes bases. *acetas.*

Acété. e, *adj.* aigrelet, acide. C.

Acéteux. se, *adj.* qui a le goût du vinaigre. *acetosus.*

Acétique, *s. m.* acide concentré de vinaigre. * *adj.* 2 *g.* V.

Acétite, *s. m.* sel formé par l'union de l'acide acéteux avec différentes bases; sel de vinaigre.

Acétum, *s. m.* vinaigre. R. [*acetis.*

Achaisonner, *v. a.* né. e, *p.* exiger. V.

Achalander, *v. a. pron. récip.* dé. e, *p.* donner des pratiques. A. CO. *ad tabernam allicere.*

Achaler, *v. a.* lé. e, *p.* ennuyer. V.

Acharnement, *s. m.* fureur, animosité; poursuite opiniâtre. *sæva libido. effrænus impetus.*

Acharner, *v. a.* né. e, *p.* exciter, animer, irriter. *irritare.* donner le goût de la chair. (s'), *v. r.* s'attacher à nuire avec excès. *vexare.*

Achat, *s. m.* emplette, acquisition à prix d'argent, chose achetée. *emptio.*

Ache, *s. m.* ache d'eau, berle; ache de montagne, livêche. * sorte de persil. R. C. *apium.*

Achée, *s. m.* vers de terre pour pêcher. G. *lumbricus.* * *s. f. pl.* ou laiches. C. R.

Achemens, *s. m. pl.* lambrequins découpés. * achements. V.

Acheminé. e, *adj.* t. de man. presque dressé. G. V. *ferè domitus.*

Acheminement, *s. m.* disposition, moyen pour arriver, préparation. *preparatio, via.*

Acheminer, *v. a.* né. e, *p.* mettre en état de réussir, en train, en bon train. *perducere ad.* (s'), *v. r.* se mettre en chemin. *iter facere.*

Achéron, *s. m.* un des fleuves des enfers; l'enfer. *acheron.*

† Achérontique, *adj.* 2 *g.* de l'Achéron. *acherontricus.*

Acheter, *v. a.* té. e, *p.* acquérir à prix d'argent, etc. se procurer, obtenir avec peine. *emere.*

† Achètes, *s. m. pl.* insectes orthopthères de l'espèce des locustes.

Acheteur. se, *s.* qui achète. *emptor. -trix.*

† Achevé. e, *adj.* accoutumé au travail; parfait, accompli. *finitus.* * (cheval) B.

Achèvement, *s. m.* fin, exécution entière; événement; perfection; l'action d'achever. * achèvement. A. V. achevement. C. *perfectio.*

Achever, *v. a.* vé e, *p.* finir, terminer; *perficere.* porter le coup mortel. *occidere.* ruiner, enivrer complétement (s'), *v. r.*

Achevoir, *s. m.* lieu où l'on achève. V.

Achille (tendon d'), *s. m.* formé par l'union des tendons des quatre muscles extenseurs du pied.

Achillée, *s. f.* plante radiée des montagnes. * *pl.* fêtes en l'honneur d'Achille. B.

Achilléïde, *s. m.* poëme de Stace. V.

† Achiote, *s. m.* arbre.

† Achire, *s. m.* poisson d'Amérique, du genre du pleuronecte.

† Achit. *ou* achith, *s. m.* vigne de Madagascar. *achissus.*

† Achnide, *s. f.* genre de plantes de la famille des arroches. *achnida.*

† Achoiser, *v. a.* sé. e, *p.* (*vieux*) apaiser, tranquilliser.

Achoppement, *s. m.* écueil, obstacle. * achopement. R. *offendiculum.*

Achores, *s. m. pl.* petits ulcères à la tête, aux joues. *achor.*

Achromatique, *s. m.* (verre) sans iris. G. * acromatique. R.

Achronique, *adj.* 2 *g.* opposé au soleil. G. * achronyque. R. C.

† Achronyches, *s. m. pl. adj.* temps où les quatre planètes supérieures se trouvent dans le méridien à minuit.

Achthéographie, *s. f.* description des poids. V.

† Aciculaire, *adj.* 2 *g.* (cristal) semblable à des aiguilles. *acicularis.*

Acide, *s. m.* sel primitif, combinaison de l'air vital avec un combustible; substance d'une saveur aigre. -acéteux, du vinaigre. -acétique, de vinaigre oxigéné. -aérien, carbonique. -benzoïque, de benjoin. -bombique, du ver à soie. -boracin ou boratique. -concret, du borax. -camphorique, du camphre combiné avec l'oxigène. -carbonique, du carbone combiné avec l'oxigène. -chromique, qui a pour base le chrome. -citrique, du citron. -crayeux ou carbonique. -fluorique, tiré du spath fluor. -formicin ou formique, de fourmi. -galactique, de petit lait. -gallique, de la noix de galle. lactique, de petit lait. -lignique, pyro-ligneux. -lithiasique ou lithique, extrait de l'urine et du calcul. -malique ou malusien, de fruits à pepins. -marin ou muriatique. -molybdique, du molybdène. -muriatique, qui, combiné avec la soude, forme le sel marin. -nitrique ou nitreux, tiré du nitrate de soude ou du salpêtre. -nitromuriatique, eau régale. -ourétique, tiré de l'urine. -oxalin ou oxalique, obtenu de l'oseille. -phosphoreux, de phosphore oxigéné. -phosphorique, de phosphore oxigéné jusqu'à saturation. -prussique, composé de carbone et d'azote. -pyro-ligneux, obtenu par la distillation du bois à feu nu. -pyro-muqueux, des corps sucrés distillés à feu nu. -pyro-tartareux, du tartre purifié par distillation. -régalin, nitro-muriatique. -saccarin, du sucre. -saccharin ou oxalique. -saclactique du sucre et du lait. -sacchla- ou saccholactique, du sucre, du lait. -sébacé ou sébacique, tiré du suif. -sidéritique, de pyrite phosphorique. -spathique ou fluorique. -succinique, du succin. sulfurique, formé par la combinaison du soufre avec l'oxigène jusqu'à saturation. -tartareux ou naturel du tartre. -tungstique ou tunstique, qui a pour base le tunstène. -vitriolique ou sulfurique. -urique ou lithique. -zoonique, tiré des substances animales.

† Acide pneum, *s. m.* acide nouvellement découvert.

Acide, *adj.* 2 *g. s.* saveur aigre; liqueur qui rougit le bleu végétal. G. *acidus.*

Acidie, *s. m.* vers mollusque acéphale. L.

† Acidifère, *adj.* 2 *g.* (substance) composée d'un acide uni à une terre, à un alcali.

Acidifiable, *adj.* 2 *g.* disposé à l'acide. V.

Acidité, *s. f.* qualité de l'acide. *acor.*

Acidule, *adj.* 2 *g.* tenant de l'acide, de sa nature. *acidulus.*

Aciduler, *v. a.* lé. e, *p.* (*vieux*) rendre acide. C. CO. V.
Acier, *s. m.* fer raffiné, très-pur, très-cassant, naturel ou artificiel; combinaison du fer avec le charbon pur ou carbone. *chalybs.*
Aciérie, *s. f.* manufacture d'acier. A. * acierie. C.
† Acinésie, *s. f.* repos du pouls. *acinesia.*
† Aciniforme, *adj.* 2 *g.* en grappe (l'uvée). *aciniformis.*
† Acinteli, *s. m.* espèce de poule sultane d'Amérique.
† Acipe, *s. m.* poisson de l'ordre des cartilagineux, 6ᵉ. genre, 1ʳᵉ. classe, deux nageoires sous le ventre, gueule sans dents placée en dessous, à barbillons.
† Acipencère, *s. m.* 9ᵉ. genre des poissons.
† Aclaste, *adj.* 2 *g.* qui laisse passer la lumière sans réflexion.
† Acmé, *s. m.* le fort d'une maladie.
Acmelle, *s. f.* plante annuelle du genre des bidens, pour la pleurésie, la colique, la néphrétique, la pierre et les fièvres. G. C. V.
† Acocats, *s. m. pl.* t. de manuf. liteaux. AL.
Acœmête, *s. m.* (religieux) qui psalmodie nuit et jour. * qui ne se couche pas. R. * acémètes. [B.
Acoint, *s. m.* ami familier. V.
† Acolin, *s. m.* caille aquatique.
Acolytat, *s. m.* le plus haut des quatre ordres mineurs, t. de lith. * acolythat. R. G. V.
Acolyte, *s. m.* ministre ecclésiastique. * acolythe. RR. *acolytus.*
Acomas, *s. m.* arbre des Antilles, à bois jaunâtre et propre à la construction.
Acon, *s. m.* t. de mar. C. R. voy. accon.
Aconit, *s. m.* plante vénéneuse à fleurs bleues; napel. *aconitum.*
† Acopis, *s. m.* pierre précieuse, transparente, à taches d'or.
Acopum, *s. m.* fomentation de drogues émollientes. R.
Acoquinant, e, *adj.* (*poët.*) qui attire. * accoquinant. C. V. *attrahens.*
Acoquiner, *v. a.* né. e, *p.* accoutumer à la paresse, au repos. *otio tradere.* attirer, attacher. *allicere.* (s'), *v. r.* s'abandonner à l'oisiveté. *desidiæ se dedere.* * accoquiner. C. V.
† Acordement, *s. m.* t. de coutume. RR.
Acorer, *v. a.* té. e, *p.* appuyer. V.
Acorus, acore, *s. m.* plante aquatique, alexipharmaque, hystérique, cordiale; de beaucoup d'espèces. G. C. V.
† Acotay, *s. m.* pied de chèvre, t. de papetier.
† Acottoir, *s. m.* égouttoir, t. de papetier.
† Acotylédone, *adj. f.* (plante) dont le germe n'a pas de lobes.
† Acouchi, *s. m.* quadrupède de la Guiane, olivâtre, qui ressemble à l'agouti.
Acoupie, *s. f.* cocue. V.
Acousmate, *s. m.* bruit imaginaire de voix et d'instrumens dans les airs.
Acoustique, *s. f.* théorie de l'ouïe, des sons et de leurs propriétés. *adj.* 2 *g.* qui concerne l'ouïe, qui l'augmente.
Acouti, voy. agouti.
† Acoutreur, *s. m.* ouvrier qui arrange les trous des filières.
† Acqueraux, *s. m.* machine pour lancer des pierres.
Acquéreur, *s. m.* qui acquiert, qui a acquis. *emptor.*
Acquérir, *v. a.* quis. e, *p.* acheter; se procurer. *acquirere.* (s'), *v. r.* mériter, se concilier. *sibi conciliare.*
Acquêt, *s. m.* gain; bien acquis en communauté. *bona parta.*
Acquêter, *v. a.* té. e, *p.* t. de prat. acquérir un immeuble. G. V. *bona parare.*
Acquiescement, *s. m.* consentement, adhésion. *assensus.*
Acquiescer, *v. n.* consentir à; déférer; se soumettre; adhérer. *assensu suo comprobare.*
Acquis, *s. m.* savoir, connoissances, talens. G.
Acquisition, *s. f.* action d'acquérir; chose acquise. *adeptio.*
Acquit, *s. m.* quittance, décharge. *solutio.*
Acquit-à-caution, *s. m.* billet qui exempte de visite pendant la route. * aquit-à-caution. R. *apocha.*
Acquit-patent, *s. m.* patent. * aquit-patent. R.
† Acquit (par manière d'), *adv.* nonchalamment. *negligenter.*
Acquitement, *s. m.* action d'acquitter. C. G.
Acquitter, *v. a.* té. e, *p.* payer, rendre quitte, libérer. *liberare.* (s'), *v. r.* * remplir son devoir, payer ses dettes. *explere.* B. * aquiter. R.
† Acratie, *s. f.* impossibilité de se mouvoir. *acratia.*
Acre, *s. m.* mesure de terre, un arpent et demi. *acra.*
Âcre, *adj.* 2 *g.* piquant, mordicant, corrosif. *acer. acerbus.*
Âcrement, *s. m.* sorte de peaux de Turquie. C.
Âcreté, *s. f.* qualité de ce qui est âcre. *acritudo.*
Acridophage, *adj.* 2 *g.* mangeur de sauterelles. C. R.
Acrimonie, *s. f.* âcreté. *acrimonia.*
Acrimonieux. se, *adj.* qui a de l'acrimonie. A. C.
Acrisie, *s. f.* crudité des humeurs. AL. * fin d'une maladie sans crise. B. *acrisia.*
† Acritique, *adj.* 2 *g.* qui n'est pas critique.
† Acroatique, *adj.* 2 *g.* (ouvrage) qui ne peut être entendu qu'avec des explications.
Acrobate, *s. m.* t. d'antiq. danseur de corde. G. CO. V.
† Acrobatique, *adj.* premier genre des machines à monter des fardeaux.
Acrochordon, *s. m.* verrue. C.
Acrocome, *s.* 2 *g.* chevelu, qui a les cheveux longs. R. C.
† Acrocorde, *s. m.* serpent noir vêtu d'une peau tuberculeuse.
Acromatique, *adj.* 2 *g. s.* voy. achromatique.
Acromion, *s. m.* le haut de l'épaule. C. * tubérosité à laquelle s'attache la clavicule. B.
† Acronique, *adj.* 2 *g.* t. d'astron. l'opposé de cosmique. * acronyque. CO. voy. achronique.
Acrostiche, *adj.* 2 *g. s. m.* mot dont chaque lettre commence ou finit un vers; l'ensemble de ces vers. *acrostichis.* * t. de prat. cens. B.
† Acrostique, *s. f.* genre de plantes de l'ordre des criptogames. *acrosticum.*
Acrotères, *s. m. pl.* piédestaux dans la balustrade. * promontoire (*vieux*). B. * acroteres. R. *acroteria.*
Acrouptons, *adj.* (*famil.*) sur la croupe.
Acte, *s. m.* action, opération. *factum.* thèse, décision. *publicæ tabulæ.* partie d'une pièce dramatique. *actus.*
† Actée, *s. f.* genre de plantes de la famille des pavots. *actea.*
Actéon, *s. m.* insecte. L. être fabuleux. R.
Acteur. trice, *s.* qui joue un rôle; qui a part à une action. *actor.* m. *mima.* f.
Actiaque, *adj.* 2 *g.* d'Actium. G. V. * actiatique. V.
† Actif, *s. m.* cloporte de mer, insecte aquatique très-vorace et très-agile.
Actif. tive, *adj.* qui agit, a la vertu d'agir, vif. *actuosus. acer.*
Actinie, *s. f.* insecte. L. * zoophyte coriace, adhérent aux rochers; anémone, ortie de mer. *actinia.* B.
† Actinote, *s. m.* pierre primitive, dure, en prismes, fusible, divisible transversalement.
Action, *s. f.* mouvement; fait; geste; manière de se mouvoir; maintien, contenance; événement, sujet principal. *actio.* demande en justice; droit de la faire. *lis.* combat. *prælium.* somme; effet de commerce. *ratio.* véhémence. *ardor.* -de grâces, remercîment. *gratiarum actio.*
Actionnaire, *s. m.* porteur d'actions. * actionaire. R. *rationum possessor.*
Actionner, *v. a.* né. e, *p.* intenter une action en justice contre quelqu'un. * actioner. R. *litem intendere.*
Activement, *adv.* d'une manière active. *activè.*
Activer, *v. a.* vé. e, *p.* accélérer. C. mettre en activité. AL.
Activité, *s. f.* force, diligence; action, vertu d'agir. *vis agendi. celeritas.*
Actrice, *s. f.* comédienne. *mima.*
† Actricisme, *s. m.* art de jouer sur la scène.
† Actuaire, *s. m.* bâtiment ancien, t. de mar.
Actuel. le, *adj.* effectif; réel; présent. * actuel. ele. R. *existens. præsens.*
Actuellement, *adv.* à présent. * actuélement. R actuelement. RR. *reapsè.*
† Acubitoire, *s. m.* (*vieux*) salle à manger des anciens.
† Acudia, cucuju *ou* cocojus, *s. m.* insecte volant et lumineux des Indes occidentales.
† Aculs, *s. m.* pointe au bout des forêts, t. de chasse.
† Acuminé, e, *adj.* qui se rétrécit tout-à-coup en pointe, t. de botan. AL.
† Acupuncture, *s. f.* piqûre avec des aiguilles, t. de chir. *acupunctura.*
† Acurnier, *s. m.* cornouiller. RR.
Acut. e, *adj.* aigu; t. de géom. C.
Acutangle, *adj.* 2 *g.* à angle aigu. V. CO. G. C.
Acutangulaire, *adj.* (figure) à angles aigus. C.
† Acutangulé. e, *adj.* à angles aigus, t. de botanique. AL.
† Acute, *adj. f.* (vue) perçante.
Adage, *s. m.* proverbe, maxime. *adagium.*
Adagio, *adv.* t. de mus. lentement. * *s. m.* air lent. A. V.
† Adaigner, *v. a.* (*vieux*) aimer, complaire, prévenir.
† Adaimonie, *s. f.* anxiété, inquiétude, angoisse.
† Adamagier, *v. a.* gié. e, *p.* nuire, endommager.
† Adambé, *s. m.* arbrisseau du Malabar, à feuilles terminées par des panicules de fleurs pourpres. *adambea.*
Adamique, *s. f.* alluvion formée par le reflux. V.
Adamites, *s. m. pl.* sectaires qui étoient nus. G. V. CO.
† Adane, *s. m.* esturgeon.
† Adanne, *s. m.* poids de l'Amérique espagnole; un demi-gros.
Adaptation, *s. f.* (*inus.*) action d'adapter.
Adapter, *v. a.* té. e, *p.* appliquer, approprier. *accommodare ad.*
Adarca, *s. f.* écume salée, ou coton des roseaux. B.
Adarais, *s. m.* toile de coton des Indes. * adatis. A.
Addition, *s. f.* augmentation; t. d'impr. ligne marginale. *adjectio.* opération de calcul. *additio.*
Additionnel. le, *adj.* qui est ou doit être ajouté. A. C. V.
Additionner, *v. a.* né. e, *p.* calculer, ajouter des nombres l'un à l'autre. * additioner. R. *summam facere.*
Adducteur, *s. m. adj.* (muscle) de l'œil qui le tourne vers le nez; qui meut en dedans.

Adduction, *s. f.* action des muscles adducteurs. G. V.

† Adélie, *s. f.* genre de plantes de la famille des euphorbes. *adelia.*

Ademption, *s. f.* révocation d'un legs; retranchement. T. V.

† Adène, *s. m.* arbrisseau d'Arabie, grimpant, vénéneux; son antidote est le câprier épineux. *adenia.*

† Adénographie, *s. f.* adénologie; description des glandes. AL. *adenographia.*

† Adénoïdes, *adj. f. pl.* (prostates), corps glanduleux, glandiformes. AL. *adenoïdes.*

Adénologie, *s. f.* traité des glandes. *adenologia.*

† Adéno-méningée, *adj. f.* (fièvre) muqueuse.

† Adéno-nerveuse, *adj. f.* (fièvre) peste.

† Adenos, *s. m.* coton d'Alep ou de marine. * adénos. R.

† Adénotomie, *s. f.* dissection des glandes. AL. *adenotomia.*

Adent, *s. m.* t. de menuis. entaille en dent. R. G. C. V.

Adéône et abéône, *s. f.* divinités des voyageurs. R.

† Adéphagie, *s. f.* appétit vorace; boulimie. *adephagia.*

Adepte, *s. m.* initié aux mystères d'une secte, etc. *adeptus.*

Adéquat. e, *adj.* entier, plein, parfait, total. prononcez adécouat.

† Adès, *adv.* aussitôt. ALAIN CHARTIER.

† Adestre, *adj. 2 g.* (*vieux*) adroit, habile.

Adextré. e, *adj.* t. de blas. à droite d'un autre.

† Adhaler, *v. a.* lé. e, *p.* pousser son haleine sur quelque chose; ahaler. D'OMERGUE.

Adhérence, *s. f.* union intime, attachement à. *adhærentia*

Adhérent. e, *adj.* fortement attaché à. *adhærens.*

Adhérer, *v. n.* tenir fortement à; acquiescer. *adhærere.*

Adhésion, *s. f.* union, jonction; consentement. *adhæsio.*

Ad honores, *adv.* honorifique. v. CO. * ad-honores. C.

Adiante, *s. m.* capillaire. *adianthum.*

Adiaphore, *s. m.* esprit de tartre. R. G. C.

Adiaphoriste, *adj. 2 g.* luthérien mitigé. R. G. C. V.

† Adiapneustie, *s. f.* défaut de transpiration. *adiapneustia.*

† Adiarrhée, *s. f.* suppression de toutes les évacuations. *adiarrhæa.*

Adieu, *int.* salut en se quittant. *vale.* * c'en est fait de. V.

Adieu, *s. m.* congé.

† Adieu-tout, *s. m.* t. de tireur d'or pour faire marcher le moulinet. AL.

† Adieu-va, *s. m.* avis à l'équipage de se tenir prêt à virer. AL.

Adimain, *s. m.* brebis d'Afrique, grande, à poils rudes, cornes courtes, oreilles pendantes; mouflon.

Adinérer, *v. a.* ré. e, *p.* hypothéquer sur l'air. V.

Adipeux. se, *adj.* (vaisseaux et veines) gras.

† Adipocire, *s. f.* substance grasse tirée des substances animales par macération.

Adirer, *v. a.* ré. e, *p.* perdre, égarer. * ou adhirer. B.

Adition, *s. f.* acceptation d'un héritage.

Adive, *s. m.* adil, adires, loup-doré, animal carnassier qui se prive aisément; chacal privé.

Adjacent. e, *adj.* proche, contigu, situé auprès. *adjacens.*

Adjectif, *s. m.* qui indique le mode, la quantité. *nomen adjectivum.*

Adjection, *s. f.* jonction d'un corps à un autre. TREV. *adjectio.*

Adjectivement, *adv.* en maniere d'adjectif.

Adjoindre, *v. a.* joint. e, *p.* joindre à, avec. (s'), *v. pers. adjungere.*

Adjoint, *s. m.* associé à un autre. *socius.* * *pl.* t. de réthor. circonstances. G. V.

Adjonction, *s. f.* jonction de juges; addition. *adjunctio.*

Adjudant, *s. m.* t. milit. qui aide. *adjutor.*

Adjudicataire, *s. m.* à qui l'on a adjugé. *cui res adjudicata est.*

Adjudicatif. ve, *adj.* qui adjuge. TRÉV. R. A. V.

Adjudication, *s. f.* acte qui adjuge. *adjudicatio.*

Adjuger, *v. a.* gé. e, *p.* vendre en adjugeant, attribuer. *adjudicare.*

Adjuration, *s. f.* t. de litur. formule d'exorcisme. * action d'adjurer. B. *adjuratio.*

Adjurer, *v. a.* ré. e, *p.* commander au nom de Dieu; sommer de dire. *adjurare.*

† Adjutatoire, *s. m.* (*vieux*) aide, secours.

Adjutoir, *s. m.* secours. V.

Admettre, *v. a.* mis. e, *p.* recevoir; reconnoître pour vrai. * admetre. R. *admittere.*

Adminicule, *s. m.* qui aide à prouver; t. de méd. qui facilite un effet.

Administrateur. trice, *s.* qui administre, régit. *administrator.* m. *administra.* f.

† Administratif. ve, *adj.* (acte) de celui qui administre.

Administration, *s. f.* direction, gouvernement; les administrateurs; lieu de leur assemblée. *administratio.*

Administrer, *v. a.* tré. e, *p.* gouverner, régir. (la justice), la rendre. (les sacremens), les conférer. *administrare.*

Admirable, *adj. 2 g.* beau, bon, qui se fait admirer. *mirabilis.*

† Admirable (l'), *s. m.* le merveilleux des choses. *admirabilitas.*

Admirablement, *adv.* d'une manière admirable. *admirabiliter.*

Admirateur. trice, *s.* qui admire, a coutume d'admirer. *admirator.*

Admiratif. ve, *adj.* qui marque l'admiration. *mirationem sonans.*

Admiration, *s. f.* sentiment de celui qui admire; objet de l'admiration. *admiratio.*

Admirer, *v. a.* ré. e, *p.* considérer avec étonnement, surprise; trouver admirable; trouver étrange (*iron.*) être surpris. *mirari.* (s'), *v. r.*

† Admiromane, *adj. s. 2 g.* qui a la manie de l'admiration. RÉTIF.

Admissible, *adj. 2 g.* recevable, valable. *idoneus.*

Admission, *s. f.* action d'admettre, par laquelle on est admis; réception des preuves. *admissio.*

Admittatur, *s. m.* t. de litur. billet pour faire recevoir.

† Admonestement, *s. m.* avis, avertissement.

Admonété, *s. m.* t. de litur. réprimandé. * action d'admonéter. V. *admonitus.*

Admonéter, *v. a.* té. e, *p.* faire une réprimande en justice. * -nêter. R. V. *admonere.*

Admoniteur. trice, *s.* qui avertit, surveillant. T. V. *admonitor.*

Admonition, *s. f.* avertissement, action d'admonéter. *admonitio.*

† Adné. e, *adj.* immédiatement attaché; paroissant faire corps.

† Adole, *s. f.* genre de plantes de la famille des nerpruns. *adolia.*

† Adoler, *v. a.* lé. e, *p.* (*vieux*) chagriner, affliger quelqu'un; se plaindre.

Adolescence, *s. f.* âge depuis quatorze ans jusqu'à vingt-cinq ans. A. G. *adolescentia.*

Adolescent, *s. m.* (*badin*) jeune garçon. *adolescens.* * *adj.* (vigne) jeune. V.

Adonide, *s. f.* plante annuelle, vivace, d'ornement. *adonis.*

† Adonien, *s. m.* vers grec ou latin composé d'un dactyle et d'un spondé. * -nique. G. -nion. C.

Adonies, *s. f. pl.* fêtes d'Adonis. V.

Adonion. C. adonique. G. C. voy. adonien.

Adonis, *s. m.* plante de la famille des renoncules, polypétalée; très-beau garçon. *adonis.*

Adoniser, *v. a.* sé. e, *p.* (*famil.*) parer, ajuster avec affectation. (s'), *v. r.*

Adoniseur, *s. m.* qui pare, qui ajuste. C.

Adonner, *v. n.* t. de mar. devenir favorable, en parlant du vent.

Adonner (s'), *v. r.* né. e, *p.* s'attacher à; s'appliquer avec passion à; voir souvent. *se dedere.*

Adopter, *v. a.* té. e, *p.* prendre pour fils ou pour sien. *adoptare.* * s'approprier. G. préférer. V.

Adoptif. ve, *adj.* qui est adopté. *adoptivus.*

Adoption, *s. f.* action d'adopter. * préférence. V. choix. AL. *adoptio.*

Adorable, *adj. 2 g.* digne d'être adoré. *adorandus. venerabilis.*

Adorateur. trice, *s. adj. poët.* qui adore, aime avec passion. *cultor.* -*trix.*

Adoratif. ve, *adj.* à adorer. V.

Adoration, *s. f.* action d'adorer; estime, amour extrême; cérémonie religieuse. *adoratio.*

Adorer, *v. a.* ré. e, *p.* rendre un culte; se prosterner devant avec respect; aimer passionnément. *adorare.*

Ados, *s. m.* t. d'agric. terre en talus contre un mur; ou côtière, terrain en pente au midi.

Adosser, *v. a.* sé. e, *p.* placer contre, dos à dos. *applicare.* (s'), *v. r.*

Adouber, *v. a.* bé. e, *p.* t. de jeu d'échecs, etc. toucher sans jouer. voy. radouber. A.

† Adoucer, *v. a.* cé. e, *p.* (*vieux*) pacifier, tranquilliser. [taux. AL.

† Adouci, *s. m.* poliment d'une glace, des métaux. AL.

Adoucir, *v. a.* ci. e, *p.* rendre plus doux, apaiser, soulager. *lenire. temperare.* (s'), *v. r.* devenir plus doux, s'apaiser. *mitescere.*

Adoucissage, *s. m.* action d'adoucir une couleur. G. C. V. * eau de savon, t. de teint. B.

Adoucissant. e, *adj. s.* remède qui adoucit. CO. V. *mitigans.*

Adoucissement, *s. m.* correctif, action d'adoucir; ce qui adoucit. *lenimentum.* * t. d'archit. liaison par un congé. B.

Adoucisseur, *s. m.* t. d'arts et mét. qui polit les glaces. G. V.

Adoué. e, *adj.* t. de vén. accouplé, apparié.

† Adouloir, *v. pers.* (*vieux*) se chagriner.

† Adoux, *s. m.* pastel qui commence à jeter une fleur bleue dans la cuve, t. de teint.

Ad patres (aller), vers ses pères; mourir. A.

† Adrachne, *s. f.* plante dont on fait du papier à la Chine.

Adragant, *s. m.* gomme de la barbe de renard de Crète, humectante, rafraîchissante, agglutinante, calme la colique, la toux, l'ardeur d'urine; elle sert à lustrer. — astragale, plante. *tragacantha.* * adraganth. R. adraganthe. RR.

† Ad rem, *adv.* (répondre) cathégoriquement. B. * convenablement. AL.

Adressant. e, *adj.* t. de prat. qui s'adresse, est adressé. G. *missus ad.*

Adresse, *s. f.* indication du domicile. *indicium.* lettre à un supérieur; mémoire. *libellus.* dextérité, ruse. *dexteritas. astutia.*

Adresser, *v. a.* sé. e, *p.* envoyer directement à. *mittere ad.* dédier. *dedicare.* *v. n.* toucher au but. *attingere.* (s'), *v. r.* parler à, attaquer de paroles. *affari.* avoir recours à. *confugere ad.*

Adriatique, *adj.* (mer). R.

† Adrogation, *s. f.* adoption à l'égard d'un homme libre. *adoptio.*

Adroit. e, *adj.* habile, fin, rusé, qui a de l'adresse. *industrius.*

Adroitement, *adv.* avec adresse. *industriè.*

† Adulaire, *s. f.* feld-spath nacré, pierre de lune, argentine. *adularia.*

Adulateur. trice, *s.* qui flatte bassement, par intérêt. *adulator. -trix.*

Adulatif. ve, *s.* flatteur. v.

Adulation, *s. f.* flatterie basse et lâche, intéressée. *adulatio.*

Aduler, *v. a.* lé. e, *p.* (*néolog.*) flatter bassement. DIDEROT. *adulari.*

Adulte, *adj. s.* 2 *g.* qui a l'âge de raison. *adultus.*

Adultération, *s. f.* altération des monnoies. A. V. * sophistication. B.

Adultère, *adj.* 2 *g. s.* commerce illégitime entre personnes mariées et non mariées; celui ou celle qui l'a eu; violation de la foie conjugale. * mélange vicieux. B. * adultere. R. *adulterium.*

Adultérer, *v. a.* ré. e, *p.* commettre un adultère. B. * falsifier. A.

Adultérin. e, *adj.* né d'un adultère. *adulterio natus.*

† Adurent. e, *adj.* brûlant, caustique.

Aduste, *adj.* 2 *g.* (sang) brûlé, t. de médecine. *adustus.*

Adustion, *s. f.* état de ce qui est brûlé. *adustio.*

† Adventice, *adj.* 2 *g.* t. de jard. qui croît par hasard dans un endroit. * t. de prat. voy. adventif.

Adventif. ve, *adj.* de succession collatérale.

† Adventureur. se, *s.* (Robinson), homme sujet aux aventures. MERCIER.

† Adverbe, *s. m.* t. de gram. partie indéclinable du discours. *adverbium.*

Adverbial. e, *adj.* qui tient de l'adverbe. *adverbialis.*

Adverbialement, *adv.* d'une manière adverbiale. *adverbialiter.*

Adverbialité, *s. f.* qualité d'un mot, forme adverbiale. A. C. V.

Adversaire, *s.* 2 *g.* opposé à un autre. *adversarius. -ria.*

Adversatif. ve, *adj.* t. de gram. qui marque l'opposition.

Adverse, *adj.* 2 *g.* contraire, (partie) contre qui l'on plaide. *adversus.*

Adversité, *s. f.* mauvaise fortune; accident fâcheux. *adversitas.*

† Advertance, *s. f.* attention à. * (*vieux*) avertissment. B. réflexion sur. C. G.

† Adynamie, *s. f.* foiblesse causée par maladie. *adynamia.*

† Adynamique, *adj.* (fièvre) putride.

† Ædœagraphie, *s. f.* description des parties de la génération. *ædœagraphia.*

† Ædœalogie, *s. f.* traité sur l'usage des parties de la génération. *ædœalogia.*

Ædœatomie, *s. f.* dissection des parties. *-mia.*

† Ædosophie, *s. f.* tympanite passagère. *-phia.*

Ægilops, *s. m.* tumeur à l'angle de l'œil. R. voy. égilops. *ægilops.*

Ægyptiac, *s. m.* onguent détersif. R. voy. égyp-.

Aérer, *v. a.* ré. e, *p.* donner de l'air; mettre en bel air; chasser le mauvais air. *perflatibus aperire.*

Aérien. ne, *adj.* d'air, qui tient de l'air, qui lui appartient. *aereus.*

† Aérier *ou* airier. voy. aérer.

† Aérification, *s. f.* action de convertir en air. *aerificatio.*

Aériforme, *adj.* 2 *g.* comme l'air. v.

† Aëriser, *v. a.* sé. e, *p.* rendre subtil comme l'air.

Aérographie, *s. f.* description de l'air. A. R. C. G. CO. RR.

† Aërole, *s. f.* t. de méd. petite pustule pleine d'air. * fiole transparente. MERCIER.

Aérologie, *s. f.* traité sur l'air. A. V.

Aéromancie, *s. f.* divination par l'air. T.

Aéromètre, *s. m.* instrument pour mesurer la densité de l'air. * aerometre. R. *aerometrum.*

† Aérométrie, *s. f.* art de mesurer l'air; science, connoissance de l'air. *aerometria.*

Aéronaute, *s. m.* qui voyage dans les aérostats. CO. C. V. * dans les airs. B. * aëronaute. RR.

Aérophobe, *adj. s.* 2 *g.* qui craint l'eau. * l'air. B. * aërophobe. RR. *aerophobos.*

† Aérophobie, *s. f.* crainte de l'air. *aerophobia.*

Aérostat, *s. m.* machine ou ballon plein de fluide plus léger que l'air.

Aérostateur, *s. m.* (*inus.*) aéronaute. C.

† Aërostathonion, *s. m.* espèce de baromètre. *aërostathonio.*

Aérostatique, *adj.* 2 *g.* des aérostats. * aër-. RR.

Aérostiers (les), *s. m. pl.* compagnie militaire d'aéronautes.

† Aërter, *v. a.* té. e, *p.* arrêter un cheval par le frein. (*vieux*)

Ærugineux. se, *adj.* qui tient de la rouille. R.

Æschyéromène, *s. f.* plante.

Æthiologie, *s. f.* traité des causes des maladies. R.

Ætite, *s. f.* concrétion. * aétite, pierre précieuse. V.

Affabilité, *s. f.* manières douces; honnêteté du parler. *affabilitas.*

Affable, *adj.* 2 *g.* doux, prévenant; qui a de l'affabilité. *affabilis.* * affâble. R.

Affablement, *adv.* (*inus.*) avec affabilité. * affâblement. R *blandè.*

Affabulation, *s. f.* morale d'une fable. V. A.

Affadir, *v. a.* di. e, *p.* rendre fade; causer une sensation désagréable par sa fadeur. * afadir. R. *saporem infuscare.*

Affadissement, *s. m.* effet désagréable de la fadeur. * afadissement. R.

Affaire, *s. f.* chose à faire, à achever; querelle; besoin; convention; empêchement; procès; soin, peine, embarras; marche; combat; ce qui regarde les intérêts. * nécessités naturelles. G. * afaire. R. *negotium. res civilis, militaris, forensis, &c.*

Affairé. e, *adj.* qui a beaucoup d'affaires. * afairé. R. *negotiis plenus.*

Affaissement, *s. m.* abaissement par pesanteur; accablement, foiblesse. * afaissement. R. *depressio. labes.*

Affaisser, *v. a.* sé. e, *p.* abaisser dessous; accabler sous le poids; affoiblir. *deprimere.* (s'), *v. r.* s'abaisser sous, s'affoiblir. *desidere. subsidere.* * afaisser. R.

Affaitage, *s. m.* éducation d'un oiseau de proie. * afaitage. R.

Affaitement, *s. m.* manière d'affaiter. G. * afait-. R.

Affaiter, *v. a.* té. e, *p.* dresser, élever un oiseau de proie. * afaiter. R. *accipitrem cicurare.*

Affaiteur, *s. m.* qui dresse un oiseau de proie. C. G. V. * afaiteur. R.

Affaler, *v. a.* lé. e, *p.* t. de mar. faire baisser. * (s'), *v. r.* s'approcher trop de la côte. AL. * afaler. R.

† Affamé. e, *adj.* pressé de la faim. * (écriture) déliée; (habit) trop étroit. B.

Affamer, *v. a.* mé. e, *p.* causer la faim; ôter les vivres, la nourriture. * afamer. R. *fame necare. consumere.*

Affaneures, *s. f. pl.* salaire de ceux qui font la récolte, * affanures, R. CO.

Afféagement, *s. m.* action d'afféager. * aféa-. R.

Afféager, *v. a.* gé. e, *p.* donner à féage, en fief. * aféager. R.

Affectation, *s. f.* manière singulière dans le parler, les actions; prétention. *affectatio.* * hypothèque. V.

Affecter, *v. a.* té. e, *p.* prétendre à; faire ostentation; marquer de la prédilection pour; rechercher avec ambition. *affectare.* attacher, destiner à; hypothéquer, obliger, engager. *assignare.* toucher, faire impression. *movere.* * t. de méd. faire une impression fâcheuse. V. (s'), *v. r.* être sensible à.

Affectif. ve, *adj.* qui affecte, touche, émeut.

Affection, *s. f.* amour, attachement. *amor.* ardeur à faire ou dire. *studium.* t. de méd. état de mélancolie. *commotio.* goûts. *propensio.* t. de mathém. propriété; de philos. qualités. *affectio.* * impression fâcheuse. V.

Affectionément, *adv.* avec affection. R. * affectionnement. RR.

Affectionné. e, *adj.* attaché à. * affectioné. R. *deditus. studiosus.*

Affectionner, *v. a.* né. e, *p.* aimer, avoir de l'affection pour. *diligere.* (s'), *v. r.* s'attacher à. *studio ardere.* * affectioner. RR.

Affectueusement, *adv.* d'une manière affectueuse. *ardenter.*

Affectueux. se, *adj.* qui marque beaucoup d'affection. * *ne se dit que des choses.* G. *amantissimus.*

† Afférence, *s. f.* (*vieux*) rapport, produit.

Afférent. e, *adj.* (part) qui revient à. A. V.

Affermer, *v. a.* mé, e, *p.* donner ou prendre à ferme un bien rural. G. C. T. * afermer. R. *locare agros.* * appuyer, consolider. (*vieux*) B.

Affermir, *v. a.* mi. e, *p.* rendre ferme, assuré, stable, inébranlable. *consolidare.* (s'), *v. r.* devenir plus ferme. *solidescere.*

Affermissement, *s. m.* action d'affermir, ses effets; état d'une chose affermie. *solidatio.* — appui, sûreté. (*figuré*) *firmitudo.*

† Afféron, *s. m.* morceau de fer blanc au bout d'un lacet.

Affété. e, *adj.* trop recherché, qui a de l'afféterie. *nimis exquisitus.*

Afféterie, *s. f.* excès d'art, manière affectée. *affectatio.*

Affetto, *adv.* t. de musique. C. G. * affectuoso, *adv.* avec grâce et tendresse. G. C. A. V.

Affeurage, *s. m.* prix des denrées. C. * afeu-. R.

Affeurer, *v. a.* ré. e, *p.* priser les denrées. C. * afeurer. R.

Affiche, *s. f.* placard pour être affiché. *libelli.* * t. d'épingl. broche. B.

Afficher, *v. a.* ché. e, *p.* attacher une ou plusieurs affiches. *parieti affigere.* montrer publiquement. *ostendere.* * t. de cord. couper sur la forme les bouts du cuir. B. (s'), *v. r.* se donner, se faire passer pour. *se jactare.*

Afficheur, *s. m.* qui met les affiches. *qui affigit.*

Affidé. e, *adj. s.* à qui on se fie. *fidus.*

† Affides, *s. m. pl.* académiciens de Pavie.

† Affier, *v. a.* fié. e, *p.* confier. J.-B. ROUSSEAU.

† Affile, *s. m.* lard ou graisse dans un nouet pour graisser le fil de fer.

Affilé. e, *adj.* grêle, sans consistance.

† Affilée *ou* filée, *s. f.* maladie des agneaux après le premier lait.

Affiler, *v. a.* lé. e, *p.* aiguiser, donner le fil. *acuere.*

Affiliation, *s. f.* espèce d'adoption. *adoptatio.*

Affilier, *v. a.* lié. e, *p.* adopter, associer d'une communauté à l'autre. *associare.* (s'), *v. r.*

Affiloir, *s. m.* t. de parcheminier, pince. * pierres pour donner le fil à un outil. B.

† Affiloire, *s. f.* affiloir, *s. m.* pinces; assortiment de pierres à aiguiser fixées dans du bois. B.

Affinage, *s. m.* art d'affiner, de purifier. * afinage. R. *metallorum purgatio.*

Affinement

Affinement, *s. m.* G. V. T. * afinement. R. voy. affinage.
Affiner, *v. a.* né. e, *p.* rendre plus fin, plus pur; donner la perfection. *expurgare.* * (*marotique*) surprendre par finesse. *os sublinire.* * assurer, soutenir, affirmer. ABLANCOURT. * (*vieux*) blesser. *v. n.* t. de mar. devenir plus serein, s'éclaircir. * *v. pers.* devenir plus subtil, plus fin. MONTAIGNE. * afiner. R.
Affinerie, *s. f.* lieu où l'on affine. * forge pour filer le fer; fer affiné en rouleau. B. * afinerie, R.
Affineur, *s. m.* qui affine. * afineur. R. *auri excoctor.*
Affinité, *s. f.* alliance; rapport; liaison; tendance à se réunir; conformité. * afinité. R. *affinitas.*
Affinoir, *s. m.* instrument pour passer le chanvre, pour affiner, t. de mét. * afinoir. R.
Affiquet, *s. m.* bâton creux pour tricoter. *pl.* parures, petits ajustemens de femme. * afiq-. R. *muliebris ornatus.*
Affirmatif. ve, *adj.* qui affirme une chose comme vraie. *affirmans.*
Affirmation, *s. f.* expression qui affirme; assurance avec serment. *affirmatio.*
Affirmative, *s. f.* proposition qui, ou par laquelle on affirme. *assertio.*
Affirmativement, *adv.* d'une manière affirmative. *affirmatè.*
Affirmer, *v. a.* mé. e, *p.* assurer qu'une chose est vraie; assurer avec serment. *affirmare.*
Affixe, *adj.* 2 g. t. de gramm. attaché à la fin. C. G. V.
† Afflaquir, *v. n.* qui. e, *p.* (*vi.*) devenir flasque.
Affleurage, *s. m.* bonne mouture. C. CO. * action de délayer la pâte du papier. B.
† Affleurant. e, *adj.* (pile à maillet nu, cylindre), t. de pap.
† Affleurée, *s. f.* pâte fournie par la pile affleurante.
† Affleurement, *s. m.* extrémité d'une veine de houille.
Affleurer, *v. a.* ré. e, *p.* toucher; mettre de niveau deux choses contiguës. * conduire le travail de la pile affleurante. B. * afleurer. R.
Afflictif. ve, *adj.* (peine) corporelle. *supplicium.*
Affliction, *s. f.* douleur, malheur, déplaisir. *afflictio. afflictatio.*
Affligeant. e, *adj.* qui afflige, cause de la peine. *molestus.*
Affliger, *v. a.* gé. e, *p.* causer de la douleur; désoler, tourmenter; mortifier. *affligere.* (s'), *v. r.* avoir du chagrin, s'attrister. *afflictari.*
Affluence, *s. f.* concours; abondance de choses, de personnes. *affluentia.*
Affluent, e, *adj.* (rivière) qui tombe dans une autre. T. * (électricité) communiquée. AL.
Affluer, *v. n.* se rendre au même canal; abonder. *affluere.*
Affoiblir, *v. a.* bli. e, *p.* ôter la force, la vivacité; débiliter. *debilitare.* (s'), *v. r.* diminuer de force. *vires amittere.* * affaiblir. C. afoiblir. R.
Affoiblissant. e, *adj.* qui affoiblit. * affaiblissant. C. afoiblissant. R. *debilitans.*
Affoiblissement, *s. m.* diminution de force, de vivacité, de vigueur; débilitation. *debilitatio.* * affaiblissement. C. afoiblissement. R.
Affoler, *v. a.* lé. e, *p.* rendre fou, passionné. *mentem exturbare.* (s'), *v. r.* devenir fou. *mentem amittere.* * afoler. R.
† Affolir (s'), *v. pers.* devenir plus fou. CHARON. *in insaniam incidere.*
† Affonder, *v. a.* dé. e, *p.* (*vieux*) enfoncer dans l'eau.
Afforage, *s. m.* t. de féod. droit pour la vente du vin.

Afforer, *v. a.* ré. e, *p.* (*vieux*) afeurer, apprécier. T.
Affouage, *s. m.* droit de coupe. C. * afouage. R.
Affouagement, *s. m.* dénombrement des feux. C. * afouagement. R.
Affourche, *s.* (ancre d'), t. de mar. G. * afo- R.
Affourcher, *v. a.* ché. e, *p.* t. de mar. disposer les ancres en croix. *alteram anchoram decussatim jacere.* * t. de charp. joindre par un double assemblage. B. * afourcher. R.
Affranchi. e, *adj. s.* délivré de quelque chose. *solutus.* tiré de l'esclavage. *manumissus. libertus. liberta.* * afranchi. R.
Affranchir, *v. a.* chi. e, *p.* délivrer; libérer; décharger; exempter. *liberare. solvere.* rendre libres des esclaves. *manumittere.* (s'), *v. r.* secouer le joug, s'exempter. * afranchir. R.
Affranchissement, *s. m.* action d'affranchir, son effet; exemption, décharge. * afranchissement. R. *immunitas. manumissio.*
Affre, *s. f.* grande peur, frayeur extrême. *terror. pl.* (*plus usité*) (de la mort). *pavores.* * âfre. R. âffre. C.
Affrétement, *s. m.* prix convenu du louage d'un navire sur l'Océan. * afrétement. R. afrétement. RR.
Affréter, *v. a.* té. e, *p.* prendre à louage un vaisseau. * afréter. R. *navem conducere.*
Affréteur, *s. m.* qui prend à louage un vaisseau. * afréteur. R. *navis conductor.*
Affreusement, *adv.* d'une manière affreuse, horrible. * afreusement. R. *horridè.*
Affreux. se, *adj.* qui donne de l'effroi. * afreux. R. *horrendus.*
Affriander, *v. a.* dé. e, *p.* (*famil.*) rendre friand. *gulam subtiliorem facere.* attirer par l'agréable ou l'utile. *allectare.* * (s'), *v. r.* s'accoutumer à la friandise. B. * afriander. R.
† Affricher, *v. a.* ché. e, *p.* laisser en friche. (s'), devenir en friche.
Affrioler, *v. a.* lé. e, *p.* (*famil.*) *pour* affriander; attirer. * (*vieux*) accoutumer à la friandise; rendre délicat. MOLIÈRE. * afrioler. R.
† Affriter, *v. a.* té. e, *p.* (une poêle), y fondre du beurre avant de frire dedans. * afriter. R.
Affront, *s. m.* injure, outrage. *injuria.* honte. *dedecus.* * afront. R.
† Affrontailles, *s. f. pl.* (*famil.*) limites. * afrontailles. R.
† Affrontation, *s. f.* confrontation des accusés.
Affronté. e, *adj.* t. de blas. en regard. * afr-. R.
Affronter, *v. a.* té. e, *p.* attaquer avec hardiesse; braver. *pericula audere.* tromper par hypocrisie. *fraudare. dolis ludere.* * afronter. R.
† Affronterie, *s. f.* tromperie. * afronterie. R.
Affronteur, *s. m.* (*vieux*) trompeur. * afronteur. R. *fraudator.* affronteuse, *s. f. fraudulenta.*
Affublement, *s. m.* habillement, ce qui couvre la tête, le corps. * afublement. R.
Affubler, *v. a.* blé. e, *p.* vêtir, couvrir, envelopper. *velare. involvere.* (s'), *v. r.* * afub-. R.
† Affusion, *s. f.* action de verser une liqueur chaude sur un médicament.
† Affustage, *s. m.* façon pour rendre le lustre aux vieux chapeaux.
Affût, *s. m.* t. de vén. lieu où l'on se cache. *insidiæ.* t. milit. machine pour soutenir le canon. *bellici tormenti compages.* * afût. R.
Affûtage, *s. m.* outils de menuisier, etc. *artis instrumenta.* aiguisement; peine, soin pour affûter. *instrumentorum apparatio.* * afûtage. R.
Affûter, *v. a.* té. e, *p.* aiguiser, donner le tranchant. *aciem exacuere.* mettre un canon sur son affût, en mire. *tormentum bellicum disponere.* * afûter. R.
† Affutiau, *s. m.* (*vieux*) bagatelle, brimborion, affiquet. * tous les outils, etc. B.

Afilager, *s. m.* qui préside aux ventes à Amsterdam. C. G. V. * afilagers. R.
Afin de, *conj. ou* afin que, *ut.*
† Afiourme, *s. m.* lin d'Egypte. * afiourme. AL.
† Afistoler, *v. a.* lé. e, *p.* (*vieux*) orner, embellir, parer.
Afouguer, *v. a.* qui exprime les effets de la fougue. R.
Afouragement, *s. m.* action d'afourager. R.
Afourager, *v. a.* gé. e, *p.* donner du fourrage aux bestiaux. R. * ou affourager. B.
Africain. e, *adj.* qui est d'Afrique. R. *africanus.*
Aga, *s. m.* officier, commandant turc.
Agaçant. e, *adj.* qui agace, excite. *se dit des choses.*
Agace, *s. f.* une pie. * agasse. A.
Agacement, *s. m.* irritation; impression d'un fruit acide sur les dents. *dentium stupor.*
Agacer, *v. a.* cé. e, *p.* irriter les nerfs, causer un agacement. *dentes hebetare.* picoter, exciter par des regards, des gestes; animer, provoquer; attaquer. *irritare. lacescere.* * tirailler, pincer, jouer. MOLIÈRE.
Agacerie, *s. f.* gestes, discours séducteurs.
† Agacin, *s. m.* cor aux pieds.
† Agaillardir (s'), *v. r.* devenir plus gaillard. MERCIER.
† Agalactie, *s. f.* défaut de lait. *agalaxis.*
† Agalloche, *s. f.* plante de la famille des euphorbes. *excæcaria.* * agallochum, bois d'aloès. RR.
Agama, *s. m.* agame, lézard d'Amérique, du 4e. genre, à écailles pointues sur la queue.
† Agamaltolithe, *s. m.* talc glaphique, compacte, onctueux, translucide; pierre de lard.
† Agami, *s. m.* oiseau d'Amérique, de rivage, noirâtre, long de deux pieds. *psophia crepitans.*
† Agamis, *s. m. pl.* 54e. genre des oiseaux aquatiques à bec voûté, narines ovales.
† Aganter *ou* enganter, *v. a.* té. e, *p.* t. de mar. joindre de vitesse.
Agapes, *s. f. pl.* repas que faisoient les premiers chrétiens dans les églises. *pia charistia.*
Agapètes, *s. f. pl.* t. d'antiq. vierges qui vivoient en communauté. * agapetes. R. G. V. agapètes. RR.
Agaric, *s. m.* plante parasite qui s'attache latéralement aux arbres, vénéneuse, purgative; excellent astringent. — amadouvier, dont on fait l'amadou. — genre de champignon à chapiteau doublé de lames. chaux. L. *agaricum.*
† Agarice, *s. f.* polypier à rayons pierreux. *agaricia.*
Agasillis, *s. m.* arbrisseau qui donne la gomme ammoniaque. A.
Agate, *s. f.* pierre précieuse demi-transparente; cristal de stalactites quartzeuses; ouvrage en agate. *achates.* * outil de tireur d'or. B. * -the. R.
† Agathifié. e, *adj.* converti en agate.
† Agathine, *s. f.* perdrix; mollusque céphalé, gastéropode, à coquille ovale, oblongue. *agathina.*
Agatis, *s. m.* t. de prat. dommage causé par les bêtes. G. V.
Agaty, *s. m.* grand arbre du Malabar. G. V.
† Agaves, *s. f. pl.* plantes liliacées. *agave.*
Âge, *s. m.* durée de la vie; temps; siècle; vieillesse. *ætas.*
Âgé. e, *adj.* -de, qui a tel âge. *natus.* vieux. *annosus.*
Âge-d'or, d'argent, d'airain, de fer. R.
† Agémoglans. voy. agiamoglans.
Agence, *s. f.* charge, fonction d'agent; son bureau.
Agencement, *s. m.* union combinée de parties;

manière d'arranger. *compositio.*
Agencer, *v. a.* cé. e, *p.* arranger; parer; approprier; ajuster. (*famil.*) *componere.* (s'), *v. r.*
Agenda, *s. m.* notes de choses à faire; petit livret de ces notes. *memorialis liber.*
Agenouiller (s'), *v. r.* se mettre à genoux. *genua submittere.*
Agenouilloir, *s. m.* prié-dieu; ce sur quoi on s'agenouille. T.
Agent, *s. m.* qui agit, qui opère; puissance active; celui qui fait les affaires d'un corps, etc. *procurator.*
Agent de change, *s. m.* entremetteur entre les banquiers et les négocians. * agent-de-ch. C.
† Agéométrie *ou* agiométrésie, *s. f.* ignorance des élémens de la géométrie. AL.
† Agérasie, *s. f.* verte vieillesse. *agerasia.*
Agerat, *s. m.* plante composée, flosculeuse. * agerate. R. *ageratum.*
Ageustie, *s. f.* défaut de goût, maladie. L. * agneustie. *agneustia.* B.
Agglomération, *s. f.* réunion en masse de parties isolées. G. C. V. * aglomération. A.
Agglomérer, *v. n.* s'assembler, se réunir en masse. G. C. V. * aglomérer. A.
Agglomérés, *adj. pl.* amoncelés, réunis. G. C. V. * aglomérés. A.
Agglutinant. e, *adj. s.* t. de méd. qui agglutine. A. C. V.
Agglutinatif, *adj. m.* t. de méd. qui réunit, colle les chairs. C. V.
Agglutination, *s. f.* réunion des chairs. A. C. V.
Agglutiner, *v. a.* né. e, *p.* réunir les chairs, les peaux. A. C. V. *agglutinare.*
Aggravant. e, *adj.* qui rend plus grief.
† Aggravanter, *v. a.* té. e, *p.* aggraver, opprimer. MAROT.
Aggrave, *s. m.* t. de litur. seconde fulmination solennelle d'un monitoire. *comminatio.*
Aggraver, *v. a.* vé. e, *p.* rendre plus grief, plus grave. *culpam augere.* (s'), *v. r.* * agraver. A.
† Agiamoglans, *s. m.* jeunes esclaves que les Turcs enlèvent à la guerre et qu'ils adoptent.
Agiau, *s. m.* pupitre, t. de doreur. C.
Agile, *adj.* 2 *g.* souple, léger, dispos. *agilis.*
† Agile, *s. m.* serpent du 3ᵉ. genre, à bandes brunes et blanches.
Agilement, *adv.* avec agilité. *celeriter.*
Agilité, *s. f.* souplesse, légéreté. *agilitas.*
Agio, *s. m.* intérêt d'argent; excédent d'une somme pour se dédommager. * spéculations sur la hausse et la baisse des effets publics. * agiot. T. C.
Agiographe, *adj. s. m.* qui écrit sur les saints. C. V. * hagiographe. G. RR.
† Agiographie, *s. m.* traité des choses saintes.
Agiologique, *adj.* agiographe. C.
† Agiosimandre, *s. m.* instrument de bois qui supplée aux cloches.
Agiotage, *s. m.* commerce usuraire. * action d'agioter. A. C. G. T. V. * trafic sur les effets publics. AL.
Agioter, *v. a.* té. e, *p.* faire l'agiotage. * vendre, acheter à profit, de l'argent, des billets. G. C. V.
Agioteur, *s. m.* qui fait l'agiotage.
Agir, *v. n.* faire, opérer; produire une impression, un changement; négocier, attaquer en justice. — en, se conduire. * en agir. (*barbarisme*) *agere.* (s'), *v. r.*
Agissant. e, *adj.* qui se donne beaucoup de peine; qui agit, qui opère; actif. *actuosus.*
Agitateur, *s. m.* qui cherche à soulever le peuple. C. CO.
Agitation, *s. f.* mouvement, trouble, ébranlement. *agitatio.*
Agiter, *v. a.* té. e, *p.* mouvoir, ébranler, secouer; troubler, soulever. *agitare.* discuter. *aliquid disputare.* (s'), *v. r.* se tourmenter, s'inquiéter. *se cruciare.*
† Agnans, *s. m. pl.* fer pour river les cloux des bateaux foncets.
† Agnanthe, *s. f.* genre de plantes de la famille des verveines, dont les fleurs ressemblent à celles de l'agnus-castus. *cornutia.* * agnante, *s. m.* B.
Agnat, *s. m.* t. de droit, collatéraux par mâles. *prononcez* aguenat.
† Agnathes, *s. m. pl.* insectes névroptères, à mâchoires pourvues de palpes articulées, sans mandibule.
Agnation, *s. f.* parentée d'une même souche. *agnatio.*
Agnatique, *adj.* 2 *g.* qui appartient aux agnats.
Agneau, *s. m.* petit d'une brebis; personne douce. *agnus.*
Agneler, *v. n.* mettre bas, en parlant des brebis. *agnum procreare.*
Agnelet, *s. m.* (*vieux*) petit agneau. *agnellus.* * monnoie d'or. B.
Agneline, *adj. f.* (laine) des agneaux. G. C. V.
Agnelins, *s. m. pl.* peaux, laines des agneaux. G. C. V.
Agnels, *s. m.* ancienne monnoie d'or de France.
Agnès, *s. f.* jeune fille très-innocente. * âgnès. R.
† Agnoétes *ou* agnoïtes, *s. m. pl.* secte d'hérétiques qui nient la science de Dieu.
Agnus, *s. m.* t. de litur. agneau de cire; figure d'un agneau sur la cire, etc. * âgnus. R.
Agnus-castus *ou* vitex, *s. m.* arbuste d'ornement; sa graine calme les maladies hystériques; rafraîchissante. * vitex. V. G. CO. R. *vitex.*
Agnus-dei, *s. m.* cire bénite par le pape, sur laquelle est imprimée la figure d'un agneau. *agnus ex cerâ sacrâ.*
† Agoge, *s. m.* conduite; subdivision de l'ancienne Mélopée.
Agon, *s. m.* t. d'antiq. combat, jeu public. G.
Agonales, *s. f. pl.* fêtes de Janus. R.
Agone, *s. m.* sacrificateur. R.
Agonie, *s. f.* lutte contre la mort; vive angoisse. *extrema cum morte luctatio.*
† Agoniolytes, *s. m. pl.* hérétiques qui défendoient de se prosterner.
Agonisant. e, *adj.* qui est à l'agonie. *animam efflans. s. m. pl.*
Agoniser, *v. n.* être à l'agonie. *cum morte luctari.*
Agonistarque, *s. m.* t. d'antiq. président des combats, des gymnases. G. C.
† Agonistique, *s. m.* t. de théol. missionnaire des donatistes.
Agonostique, *adj. s. f.* t. d'antiq. gymnastique. * agonistique. G. *agonisticus.*
Agonothete, *s. m.* t. d'antiq. président des jeux sacrés. * agonothète. A. C. G. V. CO.
Agonyclite, *adj.* 2 *g.* qui ne fléchit pas le genou. R.
† Agoranomie, *s. f.* justice des juges entre marchands.
† Agouti, *s. m.* quadrupède de l'Amérique méridionale; il ressemble un peu au lapin.
Agrafe, *s. f.* crochet, crampon; osier tortillé en attache. *fibula.* * t. d'archit. de jard. ornemens qui unissent les parties entre elles; t. de botan. poils rudes en hameçon. AL.
Agrafer, *v. a.* fé. e, *p.* attacher avec une agrafe. *fibulare vestem.* * (s'), *v. r.* (*vieux*) s'attacher à. G.
Agraire, *adj. f.* (loi) pour le partage des terres. *leges agrariæ.*
Agrandir, *v. a.* di. e, *p.* faire, rendre plus grand. *augere.* (s'), *v. r.* étendre son logement, sa fortune. *crescere. ascendere.*
Agrandissement, *s. m.* accroissement; augmentation d'étendue, de fortune. *incrementum.*
† Agravé. e, *adj.* (chien) dont les pieds fatigués sont douloureux.
† Agréable, *s. m.* qui affecte de belles manières.
Agréable, *adj.* 2 *g.* qui plaît, agrée. *gratus.*
Agréablement, *adv.* d'une manière agréable. *jucundè.*
Agréer, *v. a.* gréé. e, *p.* accueillir, trouver bon. *probare.* t. de mar. fournir d'agrès. *navem armare.* *v. n.* plaire à. *placere.*
Agréeur, *s. m.* qui fournit les agrès d'un vaisseau. * courtier pour le commerce d'eau-de-vie; ouvrier qui fait passer le fil de fer par la filière. B.
Agrégat, *s. m.* t. didactique, assemblage.
Agrégation, *s. f.* association à un corps; assemblage de parties homogènes; union. * aggrégation. R. *adjunctio.*
Agrégé, *s. m.* amas de choses. t. d'école, -en droit, -en médecine; suppléant du professeur. * *adj.* t. de botan. fleurs qui naissent d'un même point de la tige. B.
Agréger, *v. a.* gé. e, *p.* associer; recevoir. *aggregare.* (s'), *v. r.*
Agrément, *s. m.* grâces. *lepor.* avantage, plaisir. *voluptas.* ornement. *ornatus.* cadence; *numerus.* approbation, consentement. *assensus, approbatio.*
Agrès, *s. m. pl.* t. de mar. voiles, cordages, etc. * et agrêts. R. *navium armamenta.*
Agresseur, *s. m.* qui attaque le premier. * aggresseur. R. *aggressor.*
Agression, *s. f.* action de l'agresseur. * aggression. R. *aggressio.*
Agreste, *adj.* 2 *g.* champêtre, sauvage; rustique, impoli. *aggrestis.*
† Agreste, *s. m.* papillon de jour, brun-clair.
† Agréver, *v. a.* vé. e, *p.* (*vieux*), fouler, vexer, abattre.
† Agreyeur, *s. m.* ouvrier qui fait le fil de fer.
Agricole, *adj.* 2 *g. s. m.* adonné à l'agriculture. G. C. *agricola.*
Agriculteur, *s. m.* cultivateur. A. C. G. CO. * *néologique et barbare; dites* agricole. B.
Agriculture, *s. f.* art de cultiver la terre. *agricultura.*
Agrie, *s. f.* dartre corrosive.
Agrier, ère, *s.* t. de prat. redevance foncière, terrage, champart. G. C.
Agriffer (s'), *v. r.* fé. e, *p.* s'attacher avec les griffes à. * agrifer. R. *unguibus stringere.*
† Agrimensation, *s. f.* arpentage des terres.
† Agriministe, *s. m.* ouvrier qui fait les agrémens pour robes, meubles, etc. B.
† Agrion, *s. m.* insecte névroptère du genre des demoiselles.
Agrionies, *s. f. pl.* fêtes de Bacchus. V.
† Agriophage, *s. m.* qui mange des bêtes féroces.
† Agriote, *s. f.* espèce de cerise sauvage.
Agripaume *ou* cardiaque, *s. m.* plante qui vient dans les décombres, les lieux incultes; elle guérit la cardialgie, tue les vers plats et les lombrics. *cardiaca.*
† Agripenne, *s. m.* ortolan de riz.
† Agripnocome, *s. m.* coma-vigil. *agripnocoma.*
Agripper, *v. a.* pé. e, *p.* (*familier*) prendre, saisir avidement. * agriper. R. *harpagare.*
Agronome, *s. m.* qui écrit sur l'agriculture. A. C. G.
Agronomie, *s. f.* théorie de l'agriculture. A.
Agronomique, *adj. m.* (auteur). voy. agronome.
Agropyle, *s. m.* bézoard des chamois, etc. * agropile. AL.
† Agrostis, *s. m.* genre de plantes unilobées.
† Agrouelles *ou* écrouelles, *s. f. pl.* petits vers aquatiques, courts, qui causent des ulcères dans la bouche.
Agrouper, *v. a.* pé. e, *p.* voy. grouper. G.

Agrypnie, *s. f.* insomnie. L.
Aguerrir, *v. a.* ri. e, *p.* accoutumer à la guerre, à la fatigue. *assuefacere armis, etc.* (s'), *v. r.*
Aguets, *s. m. pl.* (être aux), épier l'occasion. *insidiari et observare.*
† Aguigner, *v. a.* gné. e, *p.* (*vieux*) faire signe des yeux.
Aguilles, *s. f. pl.* toiles de coton d'Alep. R.
† Aguillot, *s. m.* cheville pour épisser deux cordes. voy. épissoir.
Aguimper, *v. a.* pé. e, *p.* voy. guimpe. V.
† Agustine, *s. f.* terre non soluble qui forme avec des acides des sels sans saveur.
Ah! *interj.* qui marque la joie, l'amour, l'admiration, la douleur. *ah! heu! proh!*
Ahan, *s. m.* effort, peine de corps.
Ahaner, *v. n.* (*expr. basse*) haleter en travaillant; travailler avec peine, fatigue.
Aheurtement, *s. m.* obstination, opiniâtreté. *pertinacia animi.*
Aheurter (s'), *v. r.* té. e, *p.* s'obstiner, s'opiniâtrer. *mordicùs tenere.*
Ahi! *interj.* cri de douleur. *aï. R.
† Ahoua, *s. m.* (graisse d') qui vient d'orient et sert pour les couleurs.
† Ahouai, *s. m.* genre de plantes de la famille des apocins. *cerbera.*
† Ahu, *s. m.* grande espèce de gazelle. *capria.*
Ahuri. e, *adj.* interdit, stupéfait; brouillon. G. C.
Ahurir, *v. a.* ri. e, *p.* (*popul.*) étourdir, étonner, interdire.
Aï, *s. m.* animal. *ou* hay, unau, paresseux. L.
Aianties, *s. f. pl.* fêtes d'Ajax. V.
Aidant. e, *adj. p. act.* qui aide, qui assiste.
Aide, *s. f.* secours, assistance. *adjutorium.* * succursale. V.
Aide (à l'), *adv.* au secours; au moyen de; à la faveur de. * à-l'aide. C. G.
Aide, *s. m.* celui qui aide à un autre. *adjutor.*
Aideau, *s. m.* outil de charretier. R.
Aider, *v. a.* dé. e, *p.* secourir, servir, assister. *adjuvare.* (s'), *v. r.* se servir, faire usage. *uti.*
Aides, *s. f. pl.* impositions, subsides. *vectigal.* t. de man. ce dont le cavalier s'aide. *adjumenta.* * t. d'archit. pièce de décharge. AL.
Aidoialogie, *s. f.* traité des parties de la génération. * aidoïalogie. AL.
Aïe! *interj.* exclamation de douleur, ou pour faire marcher.
Aïeul. e, *s.* aïeux. *pl.* père du père, de la mère * ayeul. R. *avus. avia.*
Aigail, *s. m.* t. de vénerie; rosée sur l'herbe. * égail. V.
Aigayer, *v. a.* yé. e, *p.* laver, baigner dans l'eau. * aiguayer. A.
Aigle, *s. m.* oiseau de proie; on en compte jusqu'à 11 espèces; homme supérieur; sorte de papier. *s. f.* t. de blas. étendard, enseigne. *aquila.* celui qui la portoit. *aquilifer.* constellation composée de trois étoiles en ligne droite. *aquila.* * pupitre d'église. * *s. m.* et *f.* R.
Aiglon, *s. m.* ou aiglette, *s. f.* petit aigle; t. de blason. * aiglete. RR. aiglat. V. *aquilæ pullus.*
Aiglûre, *s. f.* t. de fauc. taches rousses sur le dos. G. CO. * aiglure. R.
Aigre, *adj.* 2 *g. s. m.* piquant, mordant, acide; fâcheux, *acerbus.* petit lait aigri. (fer) dont les parties sont mal liées. *asper.*
Aigre-de-cédre, *s. m.* jus de citron ou de cédrat avec du sucre; liqueur. * aigre-de-cèdre. A. G. C. V.
Aigre-doux. ce, *adj.* saveur, ton composé d'aigre et de doux. *dulcedine temperatus.*
Aigrefin, *s. m.* escroc; poisson marin. * aigrefin. C.
Aigrelet. te, *adj.* un peu aigre. * aigrelet, lete. R.
Aigrement, *adv.* d'une manière aigre. *acerbè.*
Aigremoine, *s. f.* plante médicinale, détersive, apéritive, rafraîchissante et vulnéraire. *inguinaria.*
Aigremore, *s. m.* charbon pulvérisé pour l'artifice.
Aigret. te, *adj.* aigrelet, un peu aigre. *acidulus.* * aigret. ete. R.
Aigrette, *s. f.* oiseau blanc, du genre du héron, à aigrette blanche, à plumage très-estimé. *ardea.* ornement. *crista.* espèce de coquillage; t. de botan. brosse en couronne au haut des graines des acanthacées; panache; pièce d'artifice. * aigrete. R.
† Aigretté. e, *adj.* t. de botan. terminé par une aigrette.
Aigreur, *s. f.* qualité aigre; haine, amertume; disposition à piquer. *asperitas. s. f. pl.* rapports d'indigestion. * t. de graveur à l'eau forte, tailles trop profondes. B.
Aigrir, *v. a.* gri. e, *p.* rendre aigre. *acorem afferre.* irriter contre. *irritare.* (s'), *v. r.* s'irriter; se gâter. *coacescere.*
Aigu. ë, *adj.* aigre, piquant, perçant, terminé en pointe. *acutus.*
Aiguade, *s. f.* eau douce et fraîche pour les vaisseaux; lieu où on la puise. * distribution des pacages. B. * aigade. R. *aquatio.*
† Aiguaille, *s. f.* aiguail, *s. m.* rosée. voy. aigail.
Aigue-marine, *s. f.* ou béril, pierre précieuse, polygone, transparente, éclatante, bleue, mêlée de vert; cristal quartzeux. *gemma.*
Aiguière, *s. f.* vase fort ouvert où l'on met de l'eau. * aiguiere. R. *aqualis.*
Aiguiérée, *s. f.* plein une aiguière. *aqualis plenus.*
Aiguillade, *s. f.* gaule pour piquer les bœufs. A. R.
† Aiguillat, *s. m.* poisson de la section des chiens de mer; il a deux aiguillons sur le dos. *galeus acanthias.*
Aiguille, *s. f.* outil d'acier long et pointu; clocher, obélisque; bâtiment pour la pêche; t. d'arts et mét. aiguille d'essai, ou touchaux, alliage d'or et d'argent; poisson de mer, du genre du trompette, de l'ésoce, du cheval marin, allongé, se termine en pointe; pistil. -d'ensuble, pointes d'aiguilles cassées. *acus.*
Aiguille (de fil en), *adv.* d'un bout à l'autre, par suite.
Aiguille-de-berger, *s. f.* plante, peigne de Vénus. C.
† Aiguillé. e, *adj.* t. de botan. en forme d'aiguille.
Aiguillée, *s. f.* longueur de fil, de soie pour l'aiguille, etc. *acia.*
Aiguiller, *v. a.* lé. e, *p.* ôter la cataracte de l'œil. G.
Aiguillette, *s. f.* tresse, ruban ferré par le bout; long morceau de chair. * aiguillete. R. aiguillette. V. *ligula.*
Aiguilletter, *v. a.* té. e, *p.* (*vieux*) attacher avec des aiguillettes. *ligulis vincire.* * joindre, lier bout à bout, t. de mar. B. * aiguilleter. R. V.
Aiguillettier, *s. m.* qui ferre les aiguillettes, les lacets. * aiguilletier. R. *ligularius.*
Aiguillier, *s. m.* petit étui. *acuum vagina.* celui qui fait des aiguilles. B.
† Aiguillière, *s. f.* filet que l'on tend entre deux eaux.
Aiguillon, *s. m.* bâton pointu; dard des abeilles et de plusieurs insectes; piquans des hérissons, des oursins, des poissons, de l'écorce des plantes. *aculeus.* ce qui excite. *stimulus.*
† Aiguillonné. e, *adj.* t. de vén. (fumée) de cerf terminée par un aiguillon et en nœuds.
Aiguillonner, *v. a.* né. e, *p.* piquer avec l'aiguillon; exciter, animer. * aiguilloner. R. *stimulare. excitare.*
Aiguisement, *s. m.* action d'aiguiser. R. T. *exacutio.*
Aiguiser, *v. a.* sé. e, *p.* rendre pointu, tranchant, plus pénétrant, plus subtil, plus aigu, plus vif. *acuere.*
Aiguiseur, *s. m.* qui aiguise. V.
Aigument, *adv.* rudement. R.
† Aiguyer. voy. aigayer.
Ail, *s. m.* aux, *pl.* sorte d'oignon à fleurs à bouquets, spécifique contre le mauvais air, les tranchées, les vents. *allium.* * *pl.* ou aus. G.
Aile, *s. f.* membre des oiseaux, des animaux, des insectes, garni de plumes ou de membranes pour voler; parties des fleurs légumineuses; partie de l'oreille; dents d'un pignon; protection; côté. *ala. penna.* bière faite sans houblon.
Ailé. e, *adj.* qui a des ailes. *alatus.* * et ailité. V.
† Aile-de-mouche, *s. f.* sorte de clou à latte.
† Aile-de-papillon, *s. f.* cornet univalve.
† Aile-marine, *s. f.* zoophyte à tête semblable au prépuce, à queue en deux ailes, lumineux la nuit.
Aileron, *s. m.* extrémité de l'aile; nageoire. *pinnula.* planche de la roue d'un moulin.
† Ailete, *s. f.* t. de cordon. cuirs cousus latéralement à l'empeigne. * ou alette.
Aillade, *s. f.* sauce à l'ail. *alliatum.*
Ailleurs, *adv.* en un autre lieu, d'un autre côté. *alibi.* d'ailleurs, *adv.* d'un autre lieu, de plus, pour un autre sujet. *prætereà.*
† Ailure, *s. f.* solive qui entre dans la charpente d'un vaisseau.
† Allures, *s. f. pl.* voy. hiloires.
Aimable, *adj.* 2 *g.* digne d'être aimé. *amabilis.*
Aimant, *s. m.* pierre, minéral ferrugineux, électrique, qui a subi l'action du feu, qui attire le fer. *magnes.*
Aimant. e, *adj.* (*renouv.*) porté à aimer, qui aime. *amans.* G.
Aimanter, *v. a.* té. e, *p.* frotter avec l'aimant. *vi magneticâ imbuere.*
Aimantin. e, *adj.* (*inus.*) qui tient de l'aimant. ou magnétique. G.
Aimer, *v. a.* mé. e, *p.* avoir de l'affection, de l'amour. *amare.* (s'), *v. r.* se plaire, se chérir soi-même. *sibi favere.*
† Aimoscopie, *s. f.* inspection du sang.
† Ainard, *s. m.* gance pour attacher le filet à la corde.
Aine, *s. f.* partie du corps entre le haut de la cuisse et le bas-ventre. *inguen.* * brochette pour fumer le hareng. G.
Aîné. e, *adj. s.* premier né, né avant l'autre. *primogenitus.*
Aînesse, *s. f.* primogéniture, priorité d'âge. *antecessio ætatis.*
Ains, *conj.* (*vieux*) mais. *prononcez* ainse.
Ainsi, *adv.* de la sorte, de cette façon. *ita.* c'est pourquoi. *itaque.*
Ainsi que, *adv.* de même que. * ainsi-que. C. G. *ita ut.*
Ainsi soit-il! *adv.* je le souhaite. * ainsi-soit-il. C. G. *amen.*
† Aiolé, *s. m.* poisson du genre de l'able.
Air, *s. m.* l'un des quatre élemens; fluide inodore, bleu, transparent, pesant, élastique, l'un des principaux agens de la nature; vent. *aer.* manière, façon. *modus. urbanitas.* ressemblance. *similitudo.* taille, mine, port, (elle a l'air méchant, bon, noble, etc.); allure du cheval. *conformatio. facies. vultus.* chant et paroles. *modulatio.* t. de mar. aire, erre, vîtesse. *velocitas. fig.* en l'air, *adv.* sans effet.

Airain, *s. m.* métal composé de cuivre et de calamine ou d'étain. *æs.* * dur, impitoyable. G.

Aire, *s. f.* place pour battre le blé. *area.* t. de géom. place unie, capacité, étendue, espace terminés par des lignes. *area.* nid des oiseaux de proie. *nidus aquilæ, etc.* * t. de salines, petit bassin, œillettes. B.

Aire de vent, *s. f.* t. de mar. espace dans la boussole pour chaque vent. * aire-de-vent. C.

Airée, *s. f.* t. d'agr. gerbes dans l'aire.

Airelle *ou* mirtille, *s. f.* arbrisseau, raisin des bois; on en tire une liqueur fort agréable. *vitis idæa.* * airele. R.

Airer, *v. n.* t. de fauc. faire son nid. G. *nidificare.*

† Airier, *v. a.* rié. e, *p.* voy. aérer. RR.

† Airure, *s. f.* de veine métallique, sa fin.

Ais, *s. m.* établi de boucher; planche. *assis.*

Aisade *ou* aissade, *s. f.* t. de mar. l'endroit où sont les radières. R.

Aisance, *s. f.* facilité. *facilitas.* aise; biens. *divitiæ. opes.*

Aisance, *s. f.* (lieux d'), latrines. * *pl.* A. G. C.

† Aisceau, *s. m.* outil courbé de tonnellier pour polir.

Aise, *s. f.* contentement, joie. *lætitia.* commodité. *commodum. adj.* 2 *g.* qui a de la joie, qui est content. *lætus.*

Aise (à l'), *adv.* sans peine, commodément. *facilè.* * à-l'aise. G. C.

Aisé. e, *adj.* facile. *facilis.* libre, commode. *commodus.* riche. *fortunatus.*

Aisement, *s. m.* lieu de commodité; aisance. * aisément. RR.

Aisément, *adv.* facilement, commodément, d'une manière aisée. *facilè. facillimè.*

† Aissantes, aissis *ou* bardeaux, *s. m. pl.* planches pour couvrir les chaumières.

Aisselier, *s. m.* t. de charp. pièce de bois pour cintrer. G. C. V. * bras saillant d'une roue. B.

† Aissélière, *s. f.* pièce du fond d'une futaille.

Aisselle, *s. f.* creux sous le bras; angle formé par la queue d'une feuille avec la tige. *axilla.*

Aissette, *s. f.* ou aisceau, petite hache de tonnelier. G. C. V. * aissete. R.

† Aisson, *s. m.* petite ancre à quatre bras.

† Aistetère, *s. m.* point auquel se rapportent toutes les sensations. *sensorium commune.*

Aitiologie, *s. f.* traité des causes des maladies. * aïtiologie. B.

† Aitone, *s. f.* genre de plantes de la famille des joubarbes. *aytonia.*

† Aitres, *s. m. pl.* coins et recoins d'une maison. voy. êtres.

† Ajo, *s. m.* espèce de narcisse. RR.

† Ajonc, *s. m.* genêt épineux; jonc marin, arbrisseau toujours vert, à longues épines.

Ajouré. e, *adj.* t. de blas. percé à jour. G.

Ajourné. e, *adj.* assigné ou remis à jour fixe. *citatus. vocatus hâc die.*

Ajournement, *s. m.* assignation, remise à un autre jour. *vadimonium.*

Ajourner, *v. a.* né. e, *p.* assigner, renvoyer à jour fixe; différer. *citare, vadari.*

Ajoutage, *s. m.* t. de fondeur; chose ajoutée. * adjonction. T.

Ajoutée, *s. f.* t. de géom. ligne prolongée. G.

Ajouter, *v. a.* té. e, *p.* joindre à; amplifier; faire une addition. *addere.*

† Ajoutoir, *s. m.* pièce ajoutée au jet d'eau. * ajutage.

† Ajouve, *s. f.* genre de plantes de la Guiane. *ajouvea.* * ajouvée.

† Ajoux, *s. m. pl.* lames de fer qui retiennent les filières.

† Ajust, *s. m.* t. de mar. action d'ajuster.

Ajustage, *s. m.* action d'ajuster les monnoies; * ajoutoir. B.

† Ajuste, *s. f.* t. de mar. nœud de deux cordes attachées ensemble. RR.

Ajustement, *s. m.* action d'ajuster un poids, etc. *compositio.* parure. *ornatus.* * tempérament, accommodement. *temperamentum.* B.

Ajuster, *v. a.* té. e, *p.* rendre juste. *probare ad modulum.* accommoder, rendre propre à. *aptare ad.* concilier. *conciliare.* parer. *concinnare.* viser. *ferire certo ictu.* (s'), *v. r.* se préparer à; convenir; concerter. *accommodari ad.* se parer. *corpus colere.* cadrer.

Ajusteur, *s. m.* qui ajuste les flancs des monnoies.

Ajustoir, *s. m.* balance où l'on pèse les monnoies. *trutina.*

Ajutage, *s. m.* sorte de tuyau à l'ouverture d'un jet d'eau. * ajoutoir. G. ajutoir. R. V.

† Akanticône, akanticonite, *s. m. f.* épidote; schorl vert.

† Alabandine, almandine, *s. f.* quartz-hyalin; rouge-noirâtre, entre le rubis et l'améthiste.

† Alabastrite, *s. f.* faux-albâtre, pierre gypseuse, blanche, transparente comme la cire; on en fait des vases. *pseudo-alabastrum.*

† Alactaga, *s. m.* petit quadrupède de Tartarie. *mus jaculus.*

Alais, alèthe, *s. m.* oiseau de proie du Pérou pour la perdrix. C. R.

† Alaise, *s. f.* allonge d'osier pour fixer une branche; planche ajoutée. voy. alèze.

† Alaizer, *v. a.* zé. e, *p.* t. de tourneur, polir. * ou aléser.

Alambic, *s. m.* vaisseau pour distiller. *cucumella stillatoria.*

† Alambiqué. e, *adj.* trop subtil, trop raffiné.

Alambiquer, *v. a.* qué. e, *p.* fatiguer l'esprit. *animum contendere.* (s'), *v. r.* s'épuiser l'esprit, se tourmenter. *mentem torquere.*

Alan, *s. m.* espèce de dogue pour la chasse du sanglier. *molossus.*

† Alangouri, *adj.* (*vieux*) affoibli, défaillant.

† Alanguir (s'), *v. pers.* perdre son énergie. J.-J. ROUSSEAU.

† Alanguissement, *s. m.* action d'alanguir, ses effets.

† Alapi, *s. m.* espèce de fourmillier-rossignol.

Alaque, *s.* t. d'archit. ce qui porte la base. C.

† Alaquéca, *s. f.* pierre des Indes qui arrête le sang. RR.

Alarguer, *v. n.* t. de mar. se mettre au large; s'éloigner de la côte. *littus fugere.*

Alarme, *s. f.* cri, signal pour faire courir aux armes. *conclamatio.* émotion causée par l'approche de l'ennemi; frayeur subite, inquiétude; crainte, souci. *pavor. consternatio.*

Alarmer, *v. a.* mé. e, *p.* donner l'alarme; causer de l'inquiétude, de l'épouvante. *terrorem injicere.* (s'), *v. r.* s'épouvanter, prendre l'alarme, être ému. *animo consternari.*

Alarmiste, *s. m.* (*nouveau*) qui répand de mauvaises nouvelles. C. * allarmiste. RR.

† Alas, *s. m.* t. de pêche, partie des ailes du boulier.

Alaterne, *s. m.* arbrisseau à feuilles alternées, astringentes, rafraîchissantes. *alternus.*

† Alatli, *s. m.* grande espèce de martin-pêcheur du Mexique.

† Alb, *s. m.* monnoie de Mayence. 1 s. et plus.

† Albation. voy. déalbation.

Albâtre, *s. m.* espèce de marbre; substance gypseuse, espèce de plâtre très-dur et très-blanc. blanc pur. *alabastrites.* * (*fig.*) grande blancheur. * boîte à parfum, t. d'antiq. T.

† Albatros, *s. m.* le plus gros des oiseaux palmipèdes; mouton du Cap. *albatrus.*

Albe *ou* albete, *s. m.* poisson de rivière. R.

Alberge, *s. f.* sorte de pêche jaune précoce. *persicum duracinum.*

Albergeage, albergement, *s. m.* bail emphytéotique. G. CO.

† Albergie, *s. f.* ou ébergement, *s. m.* logement.

Albergier, *s. m.* arbre qui porte les alberges. *malus persica duracina.*

† Albergume de mer, *s. m.* zoophite de mer avec des apparences de feuilles ou plumes, semblable aux pommes d'amour, en œuf. *malum insanum.*

Albernus, *s. m.* camelot du Levant. RR.

† Albertus, *s. m.* monnoie d'or flamande.

Alberzarin, *s.* laine d'Espagne. R.

Albicante, *s. f.* espèce d'anémone. RR.

Albicore, *s. m.* poisson de l'Océan.

† Albification, *s. f.* voy. déalbation.

Albigeois, *s. m. pl.* sectaires. G.

Albique, *s. f.* craie, terre blanche. G.

Albora *ou* albaras, *s. f.* espèce de lèpre. RR.

Albornoz, *s. m.* manteau de poil de chèvre. R. * albornos. G.

Albran, *s. m.* canard sauvage. *anaticula.* * petit du canard. G. C. * halbran. A. R. V.

Albrené, *adj.* déplumé. voy. halbrené. A. G. R. V.

Albrener, *v. n.* chasser aux albrans. * halbrener. A. G.

Albuginé. e, *adj.* (membrane), blanche. *s. f.* membrane de l'œil qui tapisse l'intérieur des paupières.

Albugo, *s. f.* tache blanche sur l'œil, à la cornée.

† Albugue, *s. f.* instrument moresque de cuivre. voy. zil.

Albula, albule, *s. f.* poisson du genre du mugile.

Album, *s. m.* cahier de papier blanc; tablettes de voyageur.

Albumine, *s. f.* substance concrescible par le feu. V.

† Albumineux. se, *adj.* qui ressemble au blanc d'œuf. *albuminosus.*

† Albunée, *s. f.* espèce de cancre. *albunea.*

Alca, *s. f.* famille des pingoins. L.

Alcade, *s. m.* juge en Espagne.

Alcahest, *s. m.* t. d'alch. dissolvant universel. G. * alcaest. V.

Alcaïque, *adj.* 2 *g.* (vers) grec ou latin.

† Alcalescence, *s. f.* état des alcalescens. *alcalescentia.*

† Alcalescent. e, *adj.* qui contient ou tient de l'alcali.

Alcali, *s. m.* sel tiré de la soude; sel fossile, minéral, caustique, fétide, faisant effervescence avec les acides. * alkali. C. G. R.

† Alcalicité, *s. f.* naissance de la propriété alcaline. * ou alcalinité. B.

Alcaligène, *s. m.* principe des alcalis. V.

Alcalin. e, *adj.* (substance), qui a des propriétés de l'alcali. * alkalin. C. R.

† Alcalisation, *s. f.* opération qui développe, extrait l'alcali. * alkalisation. C.

Alcaliser, *v. a.* sé. e, *p.* tirer l'alcali d'un sel neutre. * alkaliser. C.

† Alcana, *s. f.* racine de buglose pour teindre en rouge.

Alcancali, *s. m.* antidote. RR.

Alcantara, *s. m.* ordre militaire d'Espagne.

Alce *ou* alcée, *s. f.* animal sauvage, élan. T.

Alcée, *s. f.* plante, mauve sauvage.

† Alchéron, *s. m.* pierre dans la vésicule du fiel de bœuf.

Alchimie, *s. f.* philosophie hermétique; art chimérique de la transmutation des métaux. *chymia, ars chymica.*

Alchimille, *s. f.* plante. voy. pied de lion. *alchimilla.*

Alchimique, *adj.* 2 *g.* d'alchimie. R. G. C.

Alchimiste, *s. m.* qui exerce l'alchimie. *chymicus.*
Alcohol, *s. m.* poudre très-fine; esprit de vin pur.
† Alcoholisation, *s. f.* action de pulvériser.
Alcoholiser, *v. a.* sé, e, *p.* réduire en poudre impalpable. * réduire à l'état d'alcohol. V.
Alcoran, *s. m.* livre de la loi de Mahomet. *alcoranum.*
† Alcoraniste, *adj. 2 g.* qui suit l'Alcoran.
Alcove, *s. f.* enfoncement dans une chambre pour placer un lit; ce qui la forme. *zeta.* * alcôve. A. V.
† Alcyon, *s. m.* polypier; substance marine creuse et spongieuse; ruche de polypes de forme et de substance très-variées; 13ᵉ. genre des zoophytes.
Alcyon, *s. m.* oiseau de mer qui ressemble à l'hirondelle; son nid est un mets délicat, très-recherché. *alcedo.*
Alcyonien, ne, *adj.* d'Alcyon. *alcyonius. pl.* (jours), les sept jours avant et après le solstice d'hiver. *alcyonides dies.* * -nien. ene. R.
† Alcyonite, *s. m.* alcyon fossile.
Aldébaram, aldébaran, *s. m.* étoile fixe de la première grandeur, près des hyades, dans l'œil du taureau. * aldebaram. R.
† Aldée, *s. f.* village arabe.
Alderman, *s. m.* officier municipal en Angleterre. * officier de police. G. V.
Ale, *s. m.* bière forte. voy. aile. G. C.
Aléatoire, *adj. 2 g.* (convention) qui repose sur un événement incertain. AL.
† Alectoire, *s. f.* pierre alectorienne. *alectoria.*
Alectorienne, *s. f.* pierre de coq. G. C. V. * alectoriene. R.
Alectoromancie, *s. f.* divination par le coq. G. C. * ou alectryomancie. R.
† Alectorophomène, *s. m.* chant du coq.
† Alégate, *s. f.* pince d'émailleur.
† Alége, *s. m.* petit mur d'appui sous une fenêtre. voy. allège.
Alégre, *adj. 2 g.* gai, vif, dispos, agile. *alacer.* * alegre. R. alègre. A. C. G. V.
Alégrement, *adv.* avec agilité. *alacriter.* * alègrement. G. C. V.
Alégresse, *s. f.* joie qui éclate au dehors, joie publique, gaieté. * allégresse. A. V. *alacritas.*
† Aleiron *ou* aleron, *s. m.* pièce du métier d'étoffe en soie.
À l'encontre, *adv.* contre. G. * à-l'encontre. C.
† Aléné, e, *adj.* t. de bot. terminé en pointe.
Alêne, *s. f.* outil de cordonnier. *subula.*
Alênier, *s. m.* qui fait et vend des alênes. * sorte de crible. G. * alénier. C. V.
Alénois, *adj. s. m.* (cresson), plante. * alenois. R. CO. *nasturtium.*
Alentir, *v. a.* ti, e, *p.* retarder, adoucir. R. V.
À l'entour, *adv.* aux environs. *circà.* * à-l'entour. C. alentour. R. V.
Alentours, *s. m. pl.* les environs. C. V. *campi circumjacentes.* * ceux qui vivent habituellement avec quelqu'un. B.
À l'envi, *adv.* G. * à-l'envi. C. voy. envi.
Alepines, *s. f. pl.* voy. noix de galle d'Alep. C.
Alérion, *s. m.* t. de blas. petit aiglon sans bec ni pieds.
Alerte, *adj. 2 g.* vigilant, vif, gai. *alacer.*
Alerte, *s. f.* alarme subite. *pavor.*
Alerte! *interj.* ou *adv.* debout! sur vos gardes!
Aléser, *v. a.* sé, e, *p.* t. de mon. redresser les bords; polir, limer. G. V.
Alésoir, *s. m.* t. d'horl. foret, broche; machine pour forer les canons. R.
† Alester (s'), *v. r.* t. de mar. se disposer à.
† Alésures, *s. f. pl.* métal détaché par l'alésoir. * alésure. *sing.*

Alèthe, *s. m.* oiseau de proie pour la perdrix. voy. alais. T. * alethe. R.
† Aléthides, *s. m. pl.* sacrifices des Athéniens aux mânes d'Erygone.
† Aléthologie, *s. f.* discours sur la vérité.
† Alétres, *s. m. pl.* genre de plantes exotiques, unilobées, qui ont beaucoup de rapport avec les aloès et les jacinthes.
Alette, *s. f.* t. d'arch. petite aile, côté, jambage. * alete. R.
Aleuromancie, *s. f.* divination par la farine. T.
Alevin, *s. m.* menu poisson pour peupler les étang. *piscis sobolescens.*
Alevinage, *s. m.* petits poissons, fretin. G.
Aleviner, *v. a.* né. e, *p.* repeupler un étang avec l'alevin. *piscium fetu stagnum instruere.*
† Alévrit, *s. m.* arbre des îles du sud. *alevrites.*
Alexandrin, *adj.* (vers) françois de douze syllabes.
† Alexien, *s. m.* ou cellite, religieux de Saint-Augustin.
Alexipharmaque *ou* alexitère, *adj. 2 g. s. m.* remède contre le venin. * alexitere. R. *alexipharmacum. alexiterius.*
† Alexipyrétique, *adj. 2 g.* fébrifuge. *alexipyreticus.*
† Aleyrode, *s. m.* insecte hémiptère, phalène de la chélidoine. *aleyrodes.*
Alezan. e. alzan, *adj. s. m.* (cheval) bai, tirant sur le roux, t. de man. *rufus.*
Alèze, *s. f.* petit drap pour les malades. *linteum.* * petite planche. * aleze. R. alaise. RR.
Alezé. e, *adj.* t. de blas. accourci à l'extrémité.
Alfane, *s. f.* cavale, jument. G. V.
Alfange, *s. f.* sorte de laitue. G. V.
Alfénic, *s. m.* sucre tors. C. V. * ou alphénic. G.
Alfier, *s. m.* porte-enseigne. C. G. V. * alfière. T.
Alfonsin, *s. m.* instrument de chirur. G. * alphonsin. G. ou alfontin. V.
Alfos, *s. m.* t. de méd. tache de la peau. C. V. * ou alphos. G.
Algalie, *s. f.* sorte de sonde. voy. cathéter. G. V.
Alganon, *s. m.* petite chaîne pour les forçats.
Algarade, *s. f.* sortie brusque; insulte avec bravade. * ou mépris. T. *procacitas.*
Algarot, *s. m.* poudre émétique; régule d'antimoine. G. R. V.
† Algarrobale, *s. m.* haricot résineux du Pérou.
† Algatrane, *s. f.* poix pour calfater les vaisseaux.
Algazel, *s. f.* gazelle d'Arabie. * algazelle. V.
Algèbre, *s. f.* science du calcul des grandeurs représentées par des lettres; chose incompréhensible. * algebre. R. *algebra.*
Algébrique, *adj. 2 g.* de l'algèbre.
Algébriser, *v. n.* (*famil.*) étudier l'algèbre, en parler, l'employer. T. V.
Algébriste, *s. m.* qui sait l'algèbre, qui s'en sert. *algebræ peritus.*
Algédo, *s. f.* t. de méd. accident dans la gonorrhée. G. V. R.
Algénir, *s. m.* étoile fixe de Persée. G. V. * algeneb ou algenib. AL.
Algérien, ne, *adj.* d'Alger. G. V. * algérien. algériene. R. *algeriensis.*
Algéroth, *s. m.* antimoine et mercure sublimé. G. V.
Alges, *s. m. pl.* t. de botanique. L.
Algete, *s. f.* plante qui ressemble à l'ail. RR.
† Algie, *s. f.* t. de méd. douleur.
† Algire, *s. m.* lézard du 2ᵉ. genre, à 4 lignes jaunes sur le corps, queue étagée. *algiras.*
Algonquin. e, *s.* sauvage du Canada. G. V.
Algorithme, *s. m.* science du calcul. G. V.
Alguazil, *s. m.* archer, sergent, exempt espagnol.

Algue, *s. f.* plante marine, incorruptible, élastique, vulnéraire, dessiccative; sert à envelopper les bouteilles et à garnir les digues; de beaucoup d'espèces. *alga.*
† Alguette *ou* zannichelle, *s. f.* plante aquatique à fleurs sans pétales. *zannichellia.*
† Algutrane, *s. f.* pois de la baie de Saint-Hélène.
† Alhagie, *s. f.* plante.
Aliaire, *s. f.* herbe des aulx, plante, espèce de julienne; en cataplasme contre la gangrène. *alliaria.* * alliaire. A. V. RR.
Alibanies, *s. f. pl.* toile de coton. R. G. C. V.
Alibi, *s. m. sans pl.* t. de prat. absence d'un lieu.
Alibiforain, *s. m.* vaine défaite. G. V. * alibiforain. R. *tergiversatio.*
Aliboron, *s. m.* ignorant qui se mêle de tout; fertile en alibiforains. * aliborum. T.
† Aliboufier, *s. m.* arbre qui ressemble au coignassier. *styrax.*
Alica, *s. m.* sorte de froment. R. G. V.
† Alicate, *s. f.* pinces d'émailleur, ou bruxelles.
Alichon, *s. m.* t. de meunier, planche qui reçoit l'eau. G. V. * voy. aluchon. R.
† Aliconde, *s. m.* arbre de Nigritie dont on file l'écorce.
Alidade, *s. f.* règle mobile placée sur un centre. *dioptra.* * aiguille du cadran à canneler. B.
† Alidre, *s. m.* serpent blanc du 2ᵉ. genre. *alidras.*
Aliénable, *adj. 2 g.* qui peut être aliéné. *abalienationi obnoxius.*
Aliénation, *s. f.* vente. *alienatio.* -de l'esprit, folie. *insanitas.* -des esprits, haine. *dissidium.*
Aliéner, *v. a.* né. e, *p.* vendre. *alienare.* -les cœurs, donner de l'aversion. *disjungere.* -l'esprit, rendre fou. *de mente deturbare.* * (s'), *v. r.* quitter le parti. G. *alienari ab.*
Alignement, *s. m.* ligne droite; action d'aligner. *amussis applicatio. descriptio.*
Aligner, *v. a.* gné. e, *p.* ranger sur une même ligne droite. *adamussim dirigere.* ajuster; polir; rendre régulier. * t. de vén. couvrir une femelle. G. V.
Alignoir ou alignonet, *s. m.* petit coin. CO. V.
† Alignole, *s. f.* filet en nasse lestée et flottée; filet pour le gros poisson. * alignosle.
† Alimello, *s. m.* testicule d'agneau.
Aliment, *s. m.* ce qui nourrit, entretient; tout ce qu'il faut pour la nourriture, l'entretien. *alimentum.*
Alimentaire, *adj. 2 g.* destiné pour les alimens. *alimentarius.*
Alimenter, *v. a.* té. e, *p.* nourrir; fournir à. *nutrire. alere.*
Alimenteux. se, *adj.* t. de méd. qui nourrit. *alibilis.*
Alimua, *s. m.* sorte d'arbrisseau. V.
Alinea, *s. m.* commencement d'une suite de phrases, d'un article. *adv. interj.* à la ligne. * alinéa. R. G. C.
Alinger, *v. a.* gé. e, *p.* donner du linge. (s'), se fournir de linge. C. G. RR. V.
† Aliptes, *s. m. pl.* ceux qui frottoient d'huile les athlètes; ceux qui pansent les chevaux.
† Aliptique, *s. f.* pansement des chevaux; manière d'oindre, de frotter le corps. *aliptice.*
Aliquante, *adj. f.* t. de mathém. (partie) qui n'est pas exactement contenue dans un tout.
Aliquier, *s. m.* mesure. V.
Aliquote, *adj. s. f.* t. de mathém. (partie) contenue dans un tout.
Alisma, *s. m. pl.* plantes, doronic à doubles feuilles.
† Alite, *s. m.* oiseau qui indiquoit l'avenir par sa façon de manger.
Aliter, *v. a.* té. e, *p.* réduire à garder le lit. *affi-*

gere lecto. (s'), *v. r.* garder le lit, se mettre au lit. *in lecto jacere.* tomber malade. *morbum contrahere.*

Alivrer, *v. a.* vré. e, *p.* mettre par livres; t. de cirier. V.

Alize, *s. f.* petit fruit aigret et rouge de l'alizier.

Alizé, *adj. m.* (vent). *etesias.* * *pl.* alizés (vents) réguliers. C. G. *etesiæ.*

Alizier *ou* alisier, *s. m.* arbre de forêt, à fleurs en roses, en bouquets; fruit astringent. *lotos.*

Alkekenge, alkekengi, coqueret, *s. m.* coquerelle, herbe à cloches. *s. f.* plante à graine antinéphrétique, antihydropique, diurétique; sert à jaunir le beurre. * alkékengi. R.

† Alkekengère, *s. f.* plante du Pérou dont le fruit est un poison. L. 260. *atropa.*

Alkermès, *s. m.* confection de kermès, d'aloès, de perle, d'or, de pomme, de santal, d'azur, etc.

† Allâcher, *v. n.* (*vieux*) devenir lâche.

† Allaises, *s. f. pl.* barres placées en travers des rivières.

† Allaite *ou* brane, *s. f.* tette de la louve.

Allaitement, *s. m.* action d'allaiter. * alaitement. G. C. V. *lactatus.*

Allaiter, *v. a.* té. e, *p.* nourrir de son lait. *lactare.* * alaiter. G. C. V.

† Allangourir (s'), *v. r.* être languissant, triste, amoureux.

† Allanguissement, *s. m.* état de langueur. J.-J.

Allant, *s. m.* qui va, qui vient. *pl.* les allans et venans, qui vont, qui viennent. *prætereuntes.*

Allant. e, *adj.* qui aime à aller, à courir; alerte.

Allantoïde, *s. f.* t. d'anat. (membrane); (sac) de l'urine. * (sac) du fœtus. V. *allantois.*

† Allayer, *v. a.* yé. e, *p.* fondre l'or, l'argent avec d'autres métaux. voy. aloyer.

† Allebaté *ou* vergeron, *s. m.* sorte de fauvette.

Allèchement, *s. m.* (*vieux*) attrait, amorce. *illecebra.* * allèchement. A. V.

Allécher, *v. a.* ché. e, *p.* attirer par le plaisir, par la douceur, la séduction. *allicere.*

Allée, *s. f.* passage entre deux murs. *mesaula.* passage entre deux rangs d'arbres. *ambulatio.* galerie. *porticus.* action d'aller. *itus.*

Allées et venues, *s. f. pl.* démarches. *obambulatio.* * allées-et-venues. C.

† Allégance, *s. f.* (*vi.*) allégation pour prouver.

Allégateur, *s. m.* qui allègue. G. CO. V.

Allégation, *s. f.* citation. *appellatio.* proposition mise en avant.

Allége, *s. m.* t. de mar. petit bateau à la suite d'un plus grand. *subsidiaria linter.* * partie de croisée. G. * allege. R. allège. V.

† Allégeance, *s. f.* adoucissement, soulagement; fidélité, obéissance; t. d'hist.

† Allégéas *ou* allégias, *s. m.* étoffe des Indes.

Allégement, *s. m.* soulagement. * allègement. V. CO. *levamentum.*

Alléger, *v. a.* gé. e, *p.* décharger; soulager; adoucir le mal; soulever. *levare.* t. de man.

Allégerir, *v. a.* ri. e, *p.* t. de man. rendre plus léger. R. * allégérir. RR. ou allégir. AL.

Allégir, *v. a.* gi. e, *p.* diminuer en tous sens. G. C.

Allégorie, *s. f.* figure, tableau qui exprime ou représente une chose et en fait entendre une autre. *allegoria.*

Allégorique, *adj.* 2 *g.* d'allégorie. *allegoricus.*

Allégoriquement, *adv.* d'une manière allégorique. *per allegorias.*

Allégoriser, *v. a.* sé. e, *p.* expliquer selon le sens allégorique; donner un sens allégorique. * se servir d'allégories. R. *allegoriis uti.*

Allégoriseur, *s. m.* (*en mauvaise part*) qui allégorise.

Allégoriste, *s. m.* qui explique dans le sens allégorique. *qui allegorias adhibet.* * qui explique les allégories. R.

† Allègre, *adj.* 2 *g.* qui a le visage riant.

Allegro, *s. m.* t. de mus. air vif et gai. *adv.* gaiement. * allégro. C. G. R. V. CO.

Alléguer, *v. a.* gué. e, *p.* citer, avancer, mettre en avant. *afferre autorem, causam, etc.*

Alleluia, *s. m.* louez le seigneur. * surelle, plante, petalée, excellente dans les maladies inflammatoires. *oxys.* * alléluia. R. G. C. alléluya. V.

Allemand. e, *adj. s.* né en Allemagne. *allemannus. germanus.*

Allemande, *s. f.* pièce de musique à 4 temps; danse à 2 temps.

† Allemanderie, *s. f.* attelier où l'on prépare le fer pour la filière. * ou alemandries, *s. f. pl.* AL.

† Allemazarron, *s. m.* terre rouge que les Espagnols mêlent au tabac.

Aller, *v. n.* marcher. *ire.* se mouvoir. *moveri.* avancer. *progredi.* convenir à. *convenire ad.* passer de l'un à l'autre, d'un lieu à l'autre; s'évaporer. *proficisci.* chier. *cacare.* vomir. *vomere.* (s'en), *v. pron.* quitter, partir. *abire.* couler par dessus. *effluere.*

Aller (au pis), *adv.* au plus grand mal. l'Aller et le venir, *s. m.* chemin en allant et revenant.

Alleser, *v. a.* sé. e, *p.* t. d'artil. agrandir le calibre. * nettoyer. R. alléser. C. G. R. V. allezer. V.

Allesoir, *s. m.* t. d'artil. châssis de charpente; outil. * allésoir. C. G. R. V. * allezoir. V.

Allesure, *s. f.* t. d'artil. partie de métal enlevée en allesant. * allésure. C. G. R. V. * allezure. V.

Alleu, *s. m.* t. de féod. (franc), bien franc de tous droits. * aleu. R. *a vectigali immunitas.*

† Allevure, *s. f.* denier de Suède.

† Alliacé. e, *adj.* (odeur) de l'ail.

Alliage, *s. m.* mélange, union de métaux, de matières. *metallorum concretio.*

† Alliaire, *s. f.* herbe des aulx; plante de la famille des juliennes, qui a une odeur d'ail. *alliaria.*

Alliance, *s. f.* union; confédération. *fœdus.* affinité. *affinitas.* bague.

Allié, *s. m.* joint par affinité. *affinis.* confédéré. *fœderatus.*

† Alliement, *s. m.* nœud de la corde d'une grue.

Allier, *v. a.* lié. e, *p.* mêler, incorporer ensemble; joindre. *sociare. conjungere.* (s'), *v. r.* s'unir, se liguer; se combiner. *fœdus inire.*

Allier, *s. m.* t. de vén. filet pour les oiseaux. * alier. R.

Alliés, *s. m. pl.* (peuples) confédérés. *socii.*

† Alligator, *s. m.* crocodile.

† Allingue, *s. m.* pieu pour l'assemblage des trains de bois.

† Allione, *s. f.* genre de plantes dipsacées. *allionia.*

† Allioth, *s. m.* t. d'astron. étoile de la grande ourse.

Allitération, *s. f.* figure; consonnance de mots. G. C. V.

Allobroge, *s. m.* de la Savoie; grossier, rustre. *allobrox.*

Allocation, *s. f.* action de passer en compte un article.

Allocution, *s. f.* harangue; t. d'antiq. médaille qui représente un général qui harangue. *allocutio.*

Allodial. e, *adj.* se dit d'une terre en franc-alleu. *immunis.*

Allodialité, *s. f.* t. de droit, qualité de ce qui est franc, libre de droits.

† Allonyme, *adj. s.* 2 *g.* auteur qui prend le nom d'un autre.

† Allophile, *s. m.* arbrisseau de Ceilan. *allophilus.*

Allouable, *adj.* 2 *g.* qui se peut allouer. G. V.

Alloué, *s. m.* juge; compagnon ouvrier qui ne peut devenir maître.

Allouer, *v. a.* loué. e, *p.* accorder, approuver; passer en dépense. *ratum habere.*

Alluchon, *s. m.* t. de mécan. pointe ou dent qui fait tourner la roue.

† Allume *ou* flambart, *s. m.* morceau de bois allumé.

Allumé. e, *adj.* t. de blas. d'un émail différent; flambant. * alumé. R.

† Allumelle, *s. f.* fourneau commencé de charbonnier.

Allumer, *v. a.* mé. e, *p.* mettre le feu à; exciter. *accendere.* (s'), *v. r.* prendre feu. *inflammari.* * alumer. R.

Allumette, *s. f.* brin de bois soufré. * alumete. R. *sulphuratum.*

Allumeur, *s. m.* qui allume. C. * alumeur. R.

Allure, *s. f.* démarche, manière d'agir, de marcher. *incessus.* t. de manége.

Allusion, *s. f.* figure de rhétor. indication du rapport, de la convenance. *annominatio.*

Alluvion, *s. f.* accroissement du sol par le dépôt des eaux. *alluvio.*

Almadie, *s. f.* barque des nègres, des sauvages, des Indiens.

Almageste, *s. m.* recueil d'observations astronomiques.

Almanach, *s. m.* calendrier. *calendarium.* * ou almana, *au pl.* C. *au sing. avant un mot.* G.

Almandine *ou* alabandine, *mieux* albandine, *s. f.* sorte de rubis. *albandina.*

† Almargen, *s. m.* corail; t. d'alchimie.

Almélanchier, *s. m.* C. * voy. amélanchier. B.

Almicantarat *ou* almucantarat, *s. m.* cercle parallèle à l'horizon. G. V. * ou almicantarath.

Almonde, almude, *s. f.* mesure d'huile en Portugal. C. * almoude. G. V.

Almoradin, *s. m.* faction chez les Maures. C.

† Almugie, *s. f.* état de deux planètes qui se regardent du même aspect que leurs maisons.

Aloès, *s. m.* arbre, plante, végétal vivace, exotique; il y en a de beaucoup d'espèces; son suc est vermifuge, purgatif, vulnéraire; on tire de la soie de ses feuilles. * aloé. R. V. *aloe.*

† Aloëtique, *adj.* 2 *g.* de l'aloès, qui en est composé.

† Aloges *ou* alogiens, *s. m. pl.* secte d'hérétiques qui nioient l'éternité du Verbe.

Alogne, *s. f.* bonneau *ou* bouée, cordage. G. V. * aloigne.

† Alogotrophie, *s. f.* nutrition inégale; t. de méd. *allogotrophia.*

Aloi, *s. m.* valeur, qualité d'une drogue, etc. titre des métaux. *probitas metallorum, etc.*

† Aloïde, *s. f.* plante à feuilles d'aloès, à fleurs blanches, vulnéraire. *aloe palustris.*

† Alomancie, *s. f.* divination par le sel.

Alonge, *s. f.* morceau, bout pour alonger. *accrementum.* nerf pour suspendre la viande; t. de chim. tuyau entre le récipient et le chapiteau. * allonge. A. V.

Alongement, *s. m.* augmentation de longueur; action d'étendre, d'alonger. *extensio.* lenteur affectée. * allongement. A. V.

Alonger, *v. a.* gé. e, *p.* rendre ou faire paroître plus grand. *trahere. extendere.* (s'), *v. r.* s'étendre. *excrescere in longitudinem.* -comme pour dormir. *pandiculari.* * allonger. A. C. V.

Alopecie, *s. f.* pelade; maladie qui fait tomber le poil. *alopecia.* * alopécie. C. G. R. V. AL.

† Alopécure, *s. f.* queue de renard. RR.

Alors, *adv.* en ce temps-là, en ce cas-là. *tum.*

Alose, s. f. poisson de mer, du genre du clupe ; très-bon à manger; il remonte les rivières. * alôse. C. *alosa.*

Alouate, s. m. sapajou à queue prenante ; hurleur roux.

Alouchi, s. m. gomme du cannelier; substance résineuse, aromatique, qui découle d'un arbre à Madagascar.

Alouette, s. f. oiseau pulvérateur, qui chante très-bien ; de plusieurs espèces. *alauda.* -de mer, oiseau du genre du bécasseau. *schæniclos.* - de mer ou bayeuse, poisson. * alouete. R. ou alouëte. A.

† Alourder, v. a. dé. e, p. importuner ; assommer. RÉGNIER.

Alourdir, v. a. di. e, p. rendre lourd ; appesantir. (s'), v. r. devenir lourd.

Alouvi. e, adj. insatiable, affamé. R. G. C.

Aloyage, s. m. mélange des métaux. R. G. C. V.

Aloyau, s. m. pièce le long du dos du bœuf. *bubula costa.*

Aloyer, v. a. yé. e, p. t. d'orf. donner l'aloi. R. G. C. A.

† Alpagas, s. m. grosse étoffe de laine.

Alpagne, s. m. animal, espèce de vigogne. G. V.

Alpam, s. m. plante à feuille odorante, inodore. *alpama.*

Alpen, alpage, s. m. (vieux) terre non labourée. G.

† Alpes, s. f. pl. montagnes intérieures qui coupent les continens.

† Alpestre, adj. 2 g. (nouv.) des Alpes, de leur nature.

Alpha, s. m. première lettre de l'alphabet grec ; premier ; commencement.

Alphabet, s. m. ensemble des lettres ; livret qui les contient ; élémens ; commencement. *elementa.*

Alphabétique, adj. 2 g. de l'alphabet.

Alphabétiquement, adv. d'une manière alphabétique. C. R. *litterarum ordine.*

Alphanet, s. m. oiseau de proie. * alfanet. G. *tuneranus accipiter.*

† Alphanette, s. f. espèce de faucon d'Afrique pour la perdrix. * ou tunisien. V.

Alphitomance ou aleutomance, s. f. divination par la farine. V.

† Alphœnix, s. m. sucre d'orge blanc ou tors.

† Alphus, s. m. tache de la peau. *vitiligo.*

Alpiou, s. m. t. de jeu de bassette, (faire un), doubler sa mise après l'avoir gagnée. * alpion. T. V.

Alpiste, s. m. graine de Canarie ; sorte de chiendent. *phalaris.*

† Alque, s. m. oiseau palmipède, de rivage, à bec comprimé en lame, ailes très-courtes. *alca.*

† Alquier, s. m. mesure portugaise ; 19 septiers.

Alquifoux, s. m. plomb minéral, ou galène. G. V.

† Alrunes, s. m. pl. pénates des Germains.

† Alsebran, s. m. électuaire purgatif d'ésule.

† Alstone, s. m. arbrisseau d'Amérique. *alstonia.*

Alte (faire). voy. halte.

Altérable, adj. 2 g. qui peut être altéré, qui s'altère.

Altérant. e, adj. s. m. qui cause la soif ; t. de méd. qui change les humeurs, les esprits.

Altératif. ve, adj. qui altère. v. peut altérer. R.

Altération, s. f. changement en mal ; émotion ; grande soif, falsification de métal. *adulteratio.*

Altercas, s. m. (burl.) altercation. V. C. * altercat. G.

Altercation, s. f. débat, dispute, contestation. *altercatio.*

Altérer, v. a. ré. e, p. changer en mal ; troubler ; détourner le sens ; causer une grande soif ; falsifier. *adulterare.* (s'), v. r. se corrompre. *vitiari.*

Alteres, s. m. pl. passions véhémentes ; inquiétudes. R.

† Alternante, s. f. plante de la famille des amaranthes. *alternantera.*

Alternat, s. m. action, liberté d'alterner. voy. alterner. C.

Alternatif. ve, adj. se dit de choses agissantes l'une après l'autre. *alternus.*

† Alternation, s. f. changement opéré en alternant. AL.

Alternative, s. f. initiative ; choix ; option. *optio.*

Alternativement, adv. tour à tour, l'un après l'autre. *alternatim.*

Alterne, adj. 2 g. t. de géom. (angle) formé par une ligne qui coupe deux parallèles. *alternus.*

Alterné. e, adj. t. de blas. qui se correspond.

Alterner, v. a. né. e, p. faire à deux, tour à tour ; placer l'un après l'autre ; t. d'agric. varier la culture.

Altesse, s. f. titre d'honneur des princes. *celsitudo.*

Althæa, voy. guimauve. A. * althéa. R. V.

Althéa frutex, s. m. arbrisseau.

Altier. ère, adj. fier, superbe, orgueilleux. *superbus.* * altier. ere. R.

Altièrement, adv. avec fierté. C.

† Altimètre, s. m. instrument pour mesurer la hauteur des objets sur l'horizon.

Altimétrie, s. f. mesure de ligne. G. V. * de hauteur. R. CO.

† Altin, s. m. monnoie russe ; 3 s. 2 d. ½.

† Altingat, s. m. vert-de-gris, t. d'alchimie.

† Altise ou sauteur, s. m. insecte, scarabée. *altica.*

† Altises, s. f. pl. puces de terre ; insectes coléoptères, de l'espèce des chrysomèles et qui font beaucoup de dégat. *altisca.*

Alto, s. m. ou quinte, gros violon.

† Alto-basso, s. m. instrument à cordes, carré, que l'on frappe avec des baguettes.

Aluchon, s. m. partie d'un moulin ; pointe, cheville. C.

Alucites, s. m. pl. insectes ; teignes à deux palpes. L.

Aluco, s. m. espèce de hibou.

Alude, s. f. basane colorée.

Aludel, s. m. t. de chim. chapiteau sans fond.

Aluine, s. f. voy. absinthe. A.

† Alume, s. f. petit bois pour allumer la forge.

Alumelle, s. f. (vieux) lame de couteau. * alumele. R. soutane sans manches. G. * fourneau commencé, t. de charb. B.

Alumine, s. f. l'une des sept terres primitives ; argile pure ; base de l'alun.

Alumineuses, s. f. pl. ardoises. L. V.

Alumineux. se, adj. qui est d'alun, de sa nature. *aluminosus.*

Alun, s. m. sel neutre composé d'acide vitriolique et de terre argileuse ; sulfate acide d'alumine ; minéral. *alumen.*

† Alunage, s. m. action d'aluner, ses effets. CO.

Aluner, v. a. né. e, p. tremper dans l'eau d'alun. *aquâ aluminosâ imbuere.*

Alunière, s. f. où l'on travaille l'alun. G. * aluniere. R. ou alumière. C. T.

† Alvarde, s. f. genre de plantes graminées. *lygeum.*

Alvéolaire, adj. 2 g. des alvéoles. *alveolaris.*

Alvéole, s. f. cavité où est la dent ; creux intérieur de l'oreille ; cellule de l'abeille. *alveolus.*

† Alvéolé. e, adj. qui ressemble à une alvéole ; t. de botan.

† Alvéolite, s. m. polypier pierreux, à rayons, cellule prismatique. *alveolites.*

† Alver, v. a. vé. e, p. (vieux) commencer, établir ; imputer une faute.

† Alviez, s. m. espèce de pin.

† Alvin, s. m. voy. alevin.

† Alype, s. f. turbith blanc.

Alypum, s. m. plante très-purgative. G

† Alysmon, s. m. anxiété, adaimonie.

Alysson, s. m. plante des montagnes de Suisse. R.

† Alytarque, s. m. qui commande les archers.

Amabilité, s. f. qualité de ce qui est aimable. *amabilitas.*

Amadéiste, s. m. religieux franciscain. R.

Amades, s. m. pl. t. de blas. listes plates. G. V.

Amadis, s. m. bout de manche ; cornet ou coquille univalve des Indes.

Amadote, s. f. poire ; poirier. G. V.

Amadou, s. f. mèche d'agaric de chêne séché. *igniarium.*

Amadouement, s. m. action d'amadouer, ses effets. C.

Amadouer, v. a. doué. e, p. flatter, caresser pour attirer à soi. *delinire.*

Amadoueur, s. m. fabricant d'amadou. C.

† Amadouri ou amandouri, s. m. coton d'Alexandrie. RR.

† Amadouvier, s. m. agaric de chêne, de bouleau ; on en fait l'amadoue.

Amaigrir, v. a. gri. e, p. rendre maigre. *macerare.* v. n. devenir maigre. *macie extabescere.* * (s'), v. r. en parlant d'une figure de terre qui se sèche. G.

Amaigrissement, s. m. diminution d'embonpoint. *maceratio.*

† Amairade ou armaillade, s. f. filet en tramail.

Amalgamation, s. f. union de métaux avec le mercure. C. V. * et amalgame. G. CO.

Amalgame, s. f. union d'un métal avec le mercure. *amalgama.*

Amalgamer, v. a. mé. e, p. mêler du mercure avec des métaux fondus ; mélanger. (s'), v. r. s'unir.

† Amanblucée, s. f. toile de coton d'Alep.

Amande, s. f. fruit de l'amandier ; dedans, chair du noyau ; dragée ; partie de la garde d'une épée. *amygdala.*

Amandé, s. m. boisson ; lait avec des amandes. *amygdalatum.*

Amandier, s. m. arbre qui donne les amandes. *amygdalus.*

† Amanglucée, s. f. toile de coton du Levant.

† Amanite, s. f. plante cryptogame de la famille des champignons. *amanita.*

† Amanoyer, s. m. arbre de la Guianne. *amanoa.*

Amant. e, s. qui aime avec passion. pl. unis par l'amour. *amator, amatrix.*

Amaranthe, s. f. plante très-belle de parterre ; sa fleur ; d'automne. s. m. bois violet. *amaranthus.* adj. 2 g. couleur d'. *amaranthinus.* * amarante. A. R. V.

Amaranthine, s. f. espèce d'amaranthe ; anémone. * amarantine. A. R. V. *gomphrena.*

Amaranthoïde, s. f. fleur.

Amariner, v. a. né. e, p. faire passer une partie de son équipage sur un vaisseau pris. * accoutumer à la mer, aux manœuvres. B. (s'), v. r.

Amarque, s. f. balise, bouée, tonneau flottant. G. V.

Amarrage, s. m. ancrage, attache des agrès aux cordages. *navale.*

Amarre, s. f. cordage pour attacher le vaisseau, etc. *funis nauticus.*

Amarrer, v. a. ré. e, p. attacher, lier avec une amarre. *navale retinere.*

Amaryllis, s. f. plante de la famille des narcisses, sa fleur ; joli papillon de jour.

Amas, *s. m.* assemblage de choses. -de personnes (*inusité*). * amâs. R. *cumulus.*

† Amasemens, *s. m. pl.* manoirs.

† Amasonie, *s. f.* plante herbacée de Surinam. *amasonia.*

Amasser, *v. a.* sé. e, *p.* faire un amas; assembler du monde; accumuler. *colligere.* relever de terre. (*vieux*) (s'), *v. r.* s'accumuler; s'assembler. *confluere.* * amâsser. R.

Amassete, *s. f.* t. de peintre, palette, lame pour amasser les couleurs. *radula.* G. * amâssete. R. amassette et amassète. V.

Amasseur, *s. m.* qui amasse. V.

† Amastiner, *v. a.* né. e, *p.* faire couvrir une chienne par un loup.

Amateloter, *v. a.* té. e, *p.* mettre les matelots deux à deux. G. V.

Amateur, *s. m.* qui a beaucoup de goût pour. *amator.* * amatrice, *s. f.* (*nouv.*) *amatrix.* J.-J. C. A. V. CO.

† Amâtiner (s'), *v. r.* se prostituer à tous venans.

Amatir, *v. a.* ti. e, *p.* ôter le poli. A. C. V. CO.

† Amatote, *s. m.* genre de vermiculaire ou de tubulaire. *amatotus.*

Amaurose, *s. f.* cécité par obstruction des nerfs. * amaurôse. R. V. amauroce. CO. voy. goutte sereine.

Amazone, *s. f.* femme guerrière, courageuse. *amazon.* espèce de bruant, de perroquet de la rivière des Amazones. *psittacus amazonicus.*

Ambact, *s. m.* territoire d'un haut et bas justicier.

Ambages, *s. f. pl.* (*vieux*) circuit, amas confus de paroles obscures, entortillées; circonlocutions. *ambages.* prononcez ambagès.

† Ambare, *s. m.* grand et gros arbre des Indes; poisson.

Ambarvales, *s. f. pl.* fêtes de Cérès. V.

Ambassade, *s. f.* mission auprès d'un gouvernement; charge, fonction d'ambassadeur; message. *legatio.*

Ambassadeur, *s. m.* envoyé d'une puissance auprès d'une autre; messager. *legatus.*

Ambassadrice, *s. f.* femme d'ambassadeur; envoyée. *legata.*

Ambe, *s. m.* t. de loterie, deux numéros pris et sortans. A. V.

† Ambélanier, *s. m.* petit arbre laiteux de la Guiane; son fruit se mange. *ambelania.*

Ambesas, *s. m.* t. de jeu de trictrac, deux as. * beset. V. *canis.*

Ambi, *s. m.* instrument de chirurgie pour réduire la luxation. G. V.

Ambiant. e, *adj.* (fluide), t. de phys. qui entoure, qui environne.

Ambidextre, *adj. 2 g.* qui se sert de ses deux mains. *utrâque manu utens pariter.*

† Ambigène, *adj. f.* (hyperbole) qui a l'une des branches infinies inscrite et l'autre circonscrite à son asymptote.

Ambigu, *s. m.* repas de viandes et de fruits; service de mets froids. *epulæ carne et bellariis distinctæ.* mélange.

Ambigu. ë, *adj.* à double sens, douteux. *ambiguus.*

Ambiguité, *s. f.* défaut d'un discours équivoque. *ambiguitas.*

Ambigument, *adv.* d'une manière ambiguë. *ambiguè.* * ambiguëment. R. ambigûm. C. RR. V.

† Ambité. e, *adj.* (verre) mou par défaut de sable ou qui a perdu sa transparence.

Ambitieusement, *adv.* avec ambition, avec pompe. *ambitiosè.*

Ambitieux. se, *adj. s.* qui a de l'ambition; qui l'annonce. *ambitiosus.*

Ambition, *s. f.* désir immodéré de gloire, etc. *ambitio.*

Ambitionner, *v. a.* né. e, *p.* désirer avec ambition; rechercher avec ardeur. *appetere.* * ambitioner. R.

† Amblant. e, *adj.* t. de man. qui va l'amble.

Amble, *s. m.* t. de man. allure du cheval entre le pas et le trot. *tolutaris incessus.*

Ambler, *v. n.* (*vieux*) aller l'amble. *tolutim equitare.*

Ambleur, *s. m.* officier de la petite écurie. *adj.* (cerf) dont le pied de derrière surpasse la trace du pied de devant. R. G. C.

† Amblosie, *s. f.* avortement.

† Amblotique, *adj. 2 g.* (remède) qui fait avorter.

Amblygone, *s. m.* angle obtus. G. *adj.* obtusangle. G. V. * amblygône. R.

Amblyopie, *s. f.* affoiblissement de la vue; éblouissement continuel. G. V. * amblyôpie. R.

Ambon, *s. m.* jubé, tribune d'église; arbre des Indes.

† Ambouchoirs *ou* embouchoirs, *s. m. pl.* moule des bottes.

Amboutir, *v. a.* ti. e, *p.* faire bomber. C. R. G. V. CO.

Amboutissoir, *s. m.* outil d'orfévre, d'artisans. R. G. V.

† Ambracan, *s. m.* poisson de mer. RR.

Ambre, *s. m.* substance résineuse, odorante. *electrum.*

Ambréade, *s. f.* ambre jaune, faux. R.

† Ambre gris, *s. m.* bitume imprégné des parties odorantes des résines, aromatique, déposé par la mer, très-recherché par les animaux. -jaune ou succin. *succinum.*

Ambrer, *v. a.* bré. e, *p.* parfumer avec de l'ambre. *ambaro perfundere.*

Ambresin, *adj.* d'ambre. V.

Ambrette, *s. f.* graine de musc; petite fleur; elle sent le musc. * ambrete. R. *ambreta.*

Ambroisie, *s. f.* mets des dieux; mets exquis; plante, espèce d'armoise maritime. * ambrosie. A. R. *ambrosia.*

† Ambrome, *s. f.* plante de la famille des cacaoyers. *ambroma.*

† Ambrosiaque, *adj. 2 g.* qui répand une odeur d'ambre.

† Ambrosinie, *s. f.* plante de la famille des gouets. *ambrosinia.*

† Ambubage, *s. m.* flûte des Syriens.

† Ambulacre, *s. m.* membrane qui sert aux zoophytes pour marcher.

Ambulance, *s. f.* t. milit. hôpitaux ambulans. C.

Ambulant. e, *adj.* non fixé. *non addictus.* * (commis) à cheval. R.

Ambulatoire, *adj. 2 g.* changeant, qui va et vient; (jurisdiction). voy. ambulant.

† Ambulie, *s. f.* plante aromatique du Malabar. *ambulia.*

† Ambulon, *s. m.* arbre; espèce de café.

† Amburbales, *s. f. pl.* processions autour de la ville.

Ame, *s. f.* principe de la vie; cœur; conscience; sens; sentiment; base; noyau; principe d'activité; mobile principal; milieu; soupape. *pl.* individus. * âme. R. *anima.*

Amé. e, *adj.* (*vieux*) aimé; t. de chancellerie. *dilectus.*

† Amebée, *adj.* (poëme) où l'on introduit deux interlocuteurs.

† Ameiva, *s. m.* lézard du 2e. genre, marbré de blanc, vert, bleu et noir, à queue étagée.

† Amélanche, *s. f.* fruit de l'amélanchier. RR.

Amélanchier, *s. m.* arbrisseau. * amelanchier. R.

Améléon, *s. m.* cidre de Normandie. R.

Amelete, *s. f.* voy omelete. R.

Amélioration, *s. f.* action d'améliorer, ses effets. *melior status.*

Améliorer, *v. a.* ré. e, *p.* rendre meilleur. *melius facere.*

Améliorissement, *s. m. se dit pour* amélioration à Malte. V.

† Amelle, *s. m.* genre de plantes composées. *amellus.*

† Amélotte, *s. f.* trou en pyramide, t. de mar. B.

Amen, *mot hébreu.* ainsi soit-il.

Aménage, *s. m.* t. de voit. voiture. R. G. C. V.

Aménagement, *s. m.* t. d'eaux et forêts, action d'aménager. RR. AL.

Aménager, *v. a.* gé. e, *p.* débiter le bois pour le chauffage, etc. AL.

Amendable, *adj.* qui a encouru l'amende; qui peut s'amender.

Amende, *s. f.* peine pécuniaire. *mulcta.* (honorable), aveu public d'un crime.

Amendement, *s. m.* changement en mieux; engrais. * modification à une loi. CO. AL. *correctio.*

Amender, *v. a.* dé. e, *p.* rendre meilleur; corriger. *v. n.* devenir meilleur; payer l'amende; baisser de prix. (s'), *v. r.* se corriger. *melius reddere*, *vivere.*

Amené, *s. m.* ordre d'amener, t. de juridiction ecclésiastique.

Amener, *v. a.* né. e, *p.* faire venir au lieu où l'on est; tirer à-soi; introduire. * *v. n.* baisser pavillon, se rendre; t. de jeu. *adducere.*

Aménité, *s. f.* agrément d'un lieu, de l'air; douceur d'une personne, des mœurs, du style. *amœnitas.*

† Aménorrhée, *s. f.* diminution, suppression de l'écoulement périodique. *amenorrhea.*

† Amentacées, *s. f. pl.* plantes dont les fleurs portent sur des chatons.

Aménuiser, *v. a.* sé. e, *p.* rendre plus menu, moins épais. *minuere.*

Amer, *s. f.* le fiel d'une carpe, etc.; remède amer. *fel.*

Amer. ère, *adj.* qui a une saveur désagréable. (*figuré*) triste, douloureux; dur, piquant. * amer. ere. R. *amarus.*

Amèrement, *adv.* (*figuré*) avec amertume. * amérement. R. amerement. RR. *amarè.*

Américain. e, *adj. s.* d'Amérique. * et américquain. R. *americanus.*

† Amers, *s. m. pl.* t. de marine, indices d'un écueil.

Amertume, *s. f.* saveur amère; peine, affliction. *amaritudo.*

Amestrer, *v. a.* tré. e, *p.* t. de teinturier. C. R.

Amesurement, *s. m.* t. de coutume. RR.

Amesurer, *v. a.* ré. e, *p.* réduire à sa juste valeur. R.

† Amete, *s. f.* (*vieux*) ame foible, petite.

Ameté, *pour* aboné. R. V.

Amethyste, *s. f.* pierre précieuse, pourpre-violet; cristal de roche teint de violet ou de pourpre; oiseau-mouche. * améthyste. G. *amethystus.*

† Améthystée *s. f.* genre de plantes labiées. *amethystea.*

Ameublement, *s. m.* assortiment de meubles. *supellex.*

Ameubler, *v. a.* blé. e, *p.* (*inusité*) fournir de meubles. C. R. voy. meubler.

Ameublir, *v. a.* bli. e, *p.* rendre une terre meuble; rendre meuble.

Ameublissement, *s. m.* action d'ameublir, ses effets; ce qui est ameubli.

Ameuloner *ou* amuloner, *v. a.* né. e, *p.* (*inus.*) mettre en meule. C. G. V.

Ameutement, *s. m.* action d'ameuter. R.

Ameuter, *v. a.* té. e, *p.* mettre en meute; soulever, attrouper le peuple. *concitare.* (s'), *v. r.* se se réunir séditieusement. C. t. de vén. marcher ensemble.

Amfigouri, *s. m.* phrase, discours sans ordre. *amphigouri. A. R. voy. amphigourique.

Ami, e, *s.* avec qui on est lié d'une affection mutuelle; amant; correspondant. *adj.* propice, favorable. *amicus. amica.*

À mi, *adv.* à moitié; au milieu. *à-mi. G. C.

Amiable, *adj.* 2 *g.* doux, gracieux (*vieux*). (nombre), comme 284 et 220. (-compositeur), celui qui accommode un différend.

Amiable (à l'), *adv.* par la douceur; sans procès. *à-l'amiable. C. *placatè.*

Amiablement, *adv.* avec douceur, d'une manière amiable. *placidè.*

Amiante, *s. m.* matière minérale incombustible; modification du mica. *amiantus.*

† Amianthoïde, *s. m.* asbestoïde byssolite; minéral par touffes de filamens, vert d'olive. *amianthoïdes.*

Amical. e, *adj.* qui part de l'amitié. (*se dit des choses*) *amicus.*

Amicalement, *adv.* d'une manière amicale, avec amitié. *amicè.*

Amict, *s. m* t. de litur. linge bénit mis sur les épaules. *amiculum.*

Amidon, *s. m.* pâte de fleur de blé dont on fait la poudre. *amylum.*

Amidonier, *s. m.* marchand, fabricant d'amidon. *amydonier. R. V. ou amidonnier. A.

Amie, *s. f.* poisson du genre du scombre, à tête dure, osseuse et nue; ou boniton du 2e. genre de la 5e. classe; il ressemble au saumon. L.

Amiettes, *s. f. pl.* toiles de coton des Indes. R.

† Amiesties, *s. f.* toile de coton des Indes.

† Amigdalite, *s. f.* pierre qui ressemble à une amande.

Amignarder, *v. a.* dé. e, *p.* caresser. C. R.

Amignoter, *v. a.* té. e, *p.* flatter. C. R.

A-mi-la, *s. m.* note qui donne le ton à tous les instrumens, branche d'acier qui le sonnent.

† Amilacée, *adj. f.* (matière), d'amidon, de sa nature.

Amincir, *v. a.* ci. e, *p.* rendre plus mince.

Amineur, *s. m.* t. de gabelle, mesureur de sel. C. R. G.

Amiral, *s. m.* commandant d'une flotte; le vaisseau qu'il commande. *maris præfectus.* * cornet, coquille univalve; beau papillon de jour. amiral. e, *adj.* R.

Amirale, *s. f.* galère de l'amiral. CO. * femme de l'amiral. G. V.

Amirante, *s. m.* dignité en Espagne. G. V.

Amirauté, *s. f.* office d'amiral; son tribunal. *maris præfectura.*

Amiré-joannet, *s. m.* poirier.

Amissibilité, *s. f.* qualité de ce qui est amissible. C. R.

Amissible, *adj.* 2 *g.* qu'on peut perdre. C. R.

Amitié, *s. f.* affection mutuelle; grâce, faveur; plaisir; moiteur du grain. *pl.* caresses, paroles d'amitié; amis; t. de peint. accord; t. de métallurgie, état du métal maniable. *amicitia.*

Amman, *s. m.* dignité suisse; chef de canton.

† Ammane, *s. f.* genre de plantes exotiques de la famille des salicaires. *ammania.*

Ammeistre, *s. m.* échevin de Strasbourg.

Ammi, *s. m.* plante annuelle, ombellifère; sa graine.

† Ammignoner (s'), *v. pers.* devenir gentil, mignon.

† Ammite *ou* ammonite, *s. m.* petits grains pierreux; stalactite globuliforme.

† Ammochosie, *s. f.* voy. insolation.

† Ammochryse, *s. f.* pierre précieuse; mica brillant, jaune; or de chat.

† Ammodyte, *s. m.* poisson du genre des apodes, du 5e. genre; anguille de sable; serpent à verrue sur le nez, du 3e. genre. * ammodite. RR. *ammodites.*

Ammon (corne d'), *s. f.* coquille en spirale, fossile.

Ammoniac, que, *adj.* (sel) blanc, presque transparent, composé de l'acide marin et de l'alcali volatil; (gomme) qui découle d'une plante de Lybie; puissant hystérique, apéritif dans l'asthme, résolutif pour les loupes. Combinaison d'oxigène et d'azote. *ammoniacum.*

Ammonites, *s. m. pl.* cornes d'Ammon; vers pétrifiés. L.

† Ammorosite, *adj.* 2 *g.* (*vieux*) qui a les yeux toujours chassieux.

† Amnastomatique, *s. m.* médicament qui dilate les vaisseaux du sang.

† Amnésie, *s. f.* perte de la mémoire.

† Amniomantie, *s. f.* divination par l'amnios.

Amnion *ou* amnios, *s. m.* membrane de la matrice qui enveloppe le fétus.

Amnistie, *s. f.* pardon général aux rebelles ou déserteurs. *abolitio.*

Amodiateur, *s. m.* qui prend à ferme.

Amodiation, *s. f.* bail à ferme.

Amodier, *v. a.* dié. e, *p.* affermer en grain ou en argent.

† Amogabare, *s. f.* milice espagnole renommée par sa bravoure.

Amoindrir, *v. a.* dri. e, *p.* diminuer, rendre moindre. *iminuere.* *v. n.* devenir moindre.

Amoindrissement, *s. m.* diminution. *imminutio.*

À moins de, que, *conj.* * à-moins-de. C.

Amoises, *s. f. pl.* pièces de bois qui embrassent les sous-faîtes. G. V. * *sing.* RR.

Amolettes, *s. f. pl.* t. de mar. trous pour les barres. G. V.

Amollir, *v. a.* li. e, *p.* rendre mou, adoucir. *mollire.* (s'), *v. r.* s'affoiblir, devenir plus mou. *mollescere.* * amolir. R.

Amollissement, *s. m.* action d'amollir; ses effets. * amolissement. R. *mollitudo.*

Amome, *s. m.* fruit d'une plante du genre des balisiers, qui entre dans la thériaque. C. drogue. G. R. *amomum.*

Amomi, *s. m.* poivre de la Jamaïque. R. G. V.

Amonceler, *v. a.* lé. e, *p.* mettre en monceaux, entasser. *coacervare.*

Amonêter. voy. admonêter. R.

Amont, *adv.* t. de batel. en remontant; d'orient. *sursùm versùs.*

† Amonter, *v. a.* té. e, *p.* (*vi.*) parvenir à un but.

Amorce, *s. f.* poudre dans le bassinet du fusil; appât, ce qui attire. *illicium. illecebra.* * mèche pour faire partir plusieurs coups de canons à-la-fois. AL.

Amorcer, *v. a.* cé. e, *p.* garnir d'amorce; attirer avec l'amorce. *illicere.* * préparer pour souder; percer, commencer un trou.

Amorçoir, *s. m.* t. de charp. tarière, trépan à vis. *terebella.*

† Amorphe, *adj.* (polype) irrégulier, sans bras rayonnans, sans roues, microscopique, ou des infusions. (substance) qui offre le dernier degré de la cristallisation.

Amortir, *v. a.* ti. e, *p.* rendre moins violent, moins ardent, moins fort, moins âcre; payer l'amortissement; permettre de posséder en fief; éteindre en remboursant. *extinguere.* (s'), *v. r.* s'éteindre.

Amortissable, *adj.* 2 *g.* qui peut être amorti. G. CO.

Amortissement, *s. m.* rachat d'une rente, d'un droit; t. d'archit. ce qui termine. *extinctio.*

† Amouillante, *adj.* (vache) qui a, ou qui va vêler.

† Amouille, *s. f.* premier lait de la vache qui a vêlé.

Amour, *s. m.* passion d'un sexe pour l'autre; vif attachement, son objet; divinité; t. d'arts, désir et satisfaction du succès. *amor.*

Amour (m'), *s. f.* (*famil.*) t. de caresse.

Amours, *s. f. pl.* objets aimés avec passion.

Amouracher (s'), *v. pron.* ché. e, *p.* s'engager dans de folles amours; aimer un objet qui ne le mérite pas. *insanire amore.*

Amourette, *s. f.* attachement passager; morceau délicat; plante du genre des solanums; bois étranger, dur et pesant, rougeâtre, veiné de brun. * amourete. R. *amatio.*

Amoureusement, *adv.* avec amour. *amanter.*

Amoureux. se, *adj.* qui aime d'amour, enclin à aimer; qui marque l'amour; amant. *amans.*

† Amour-propre, *s. m.* sentiment de préférence pour soi; trop grand attachement à ses intérêts; opinion trop avantageuse de soi-même. V. G. A. CO. *amor sui.*

† Amovibilité, *s. f.* propriété d'être amovible.

Amovible, *adj.* 2 *g.* qui peut être changé, destitué. *revocabilis.*

† Ampac, *s. m.* gomme de plantes des Indes. *ampacus.*

Ampasteler, *v. a.* lé. e, *p.* donner le bleu aux laines. C.

† Ampechoné, *s. m.* t. d'antiq. manteau léger.

Ampelis, *s. m.* oiseau. L.

Ampelite, *adj.* 2 *g.* t. de teint. crayon noir ou terre de vigne; concrétion argileuse formée dans la glaise; sa poudre avec de l'huile préserve la vigne des insectes. * ampélite. G. *pharmacitis.*

Amphiartrose, *s. f.* t. d'anat. articulation mixte. G. V. * amphiarthrôse. R. amphiarthrose. AL.

Amphibie, *adj.* 2 *g. s. m.* qui vit sur terre et dans l'eau. * qui a des professions, des mœurs disparates. V. *amphibius.*

Amphibiolites, *s. m. pl.* amphibie ou partie d'amphibie pétrifié. L. * amphibiolithe. *sing.* AL.

† Amphibiologie, *s. f.* partie de la zoologie qui traite des amphibies. *amphibiologia.*

Amphiblesthroïde, *s. f.* tunique de l'œil. G. C. * amphiblestrôide. V. -troïde. AL.

† Amphibole, *s. m.* schorl opaque, rhomboïdal.

† Amphibolie, *s. f.* erreur dans le rapport d'une représentation à la faculté de l'âme à laquelle elle appartient. K.

Amphibologie, *s. f.* ambiguïté d'une phrase. *amphibologia.*

Amphibologique, *adj.* 2 *g.* à double sens, ambigu. *ambiguus.*

Amphibologiquement, *adv.* d'une manière amphibologique. *ambiguè.*

Amphibranchies, *s. f. pl.* t. d'anat. espaces autour des glandes. * amphibrancies. V.

Amphibraque, *s. m.* t. de poësie latine, pied simple d'une longue entre deux brèves. R.

† Amphicordum, *s. m.* voy. accordo.

Amphictyons, *s. m. pl.* t. d'antiq. députés des villes grecques au conseil général.

Amphidromie, *s. f.* fêtes pour la naissance des enfans. R.

† Amphigène, *s. f.* ou leucite, grenat blanc.

Amphigourique, *adj.* 2 *g.* obscur, burlesque. A.

† Amphihexaèdre, *adj.* 2 *g.* hexaèdre dans deux sens.

Amphimacre, *s. m.* t. de poësie latine. R.

† Amphimelle, *s. m.* habit d'hiver des Romains.

† Amphimérine, *s. f.* fièvre quotidienne, continue, putride, maligne, hémitritée.

† Amphinomes, *s. m. pl.* vers à deux rangées de soies. *terebella.*

Amphipole, *s. m.* archonte à Syracuse. G. V.

Amphiptere, *s. m.* serpent à deux ailes. R.

Amphisbene, *s. m.* double marcheur; serpent à deux têtes. R. *amphisbène. V.

Amphisciens, *s. m. pl.* habitans de la zone torride. *amphiciens. R.

Amphismèle, *s. f.* instrument pour disséquer les os. G. C. V.

Amphithéatre, *s. m.* portion d'un théâtre; vaste enceinte pour les fêtes publiques; lieu garni de gradins. *amphithéâtre. A. R. G. C. AL. *amphitheatrum.*

† Amphithéâtrique, *adj.* (papier) d'Egypte.

Amphithete, *s. m.* grand vase à boire. R. *amphitete. RR.

† Amphitrites, *s. m. pl.* vers qui ont deux rangées de houpes de soie, à panaches grands et composés. *amphitrites.*

Amphore, *s. f.* vase antique; mesure italienne des liquides, 252 pintes. *amphora.*

† Amphotides, *s. f. pl.* large calotte pour le pugilat, t. d'antiq.

Amphyprostyle, *s. m.* temple qui avoit quatre colonnes à la façade et quatre à l'autre bout. *amphiprostyle. C. AL. G. V. CO.

Ample, *adj.* 2 *g.* long, large, étendu; hors de la mesure commune. *amplus.*

Amplement, *adv.* d'une manière ample, abondament. *amplè.*

Ampleur, *s. f.* étendue d'étoffe, d'un habit. *amplitudo.*

† Amplexicaule, *s. f.* feuille, pétiole ou membrane qui embrasse le tour de la tige par la base.

Ampliatif. ve, *adj.* qui étend, ajoute, augmente.

Ampliation, *s. f.* extension; augmentation; double d'un acte. *ampliatio.*

Amplier, *v. a.* plié. e, *p.* t. de prat. différer. (un prisonnier), le tenir moins resserré; t. de mar. occuper beaucoup de place. R. G. C. *augmenter. AL.

Amplificateur, *s. m.* qui amplifie, exagère. *amplificator.*

Amplification, *s. f.* extension oiseuse d'un discours; exagération; discours sur un sujet donné; propriété d'amplifier, t. d'opt. *-ficatio.*

Amplifier, *v. a.* fié. e, *p.* augmenter, étendre par le discours. *amplificare.*

Amplissime, *adj.* très-ample; titre d'honneur.

Amplitude, *s. f.* t. d'astr. arc de l'horizon entre le point du lever et du coucher de deux astres; t. d'artil. cercle que décrit la bombe.

Ampoule, *s. f.* enflure sur la peau; fiole; (bulle). *ampulla.*

Ampoulé. e, *adj.* (style, discours) enflé. *turgescens.*

Ampoulette, *s. f.* t. de mar. horloge de sable; t. d'artil. cheville sur la lumière d'une bombe. *ampoulete. R. *horologium arenarium.*

† Ampullaire, *s. f.* idole, mollusque céphalé, gastéropode, fluviatile, à coquille globuleuse. *ampullaria.*

† Ampusser ou empusser, *v. a.* sé. e, *p.* faire venir à suppuration.

Amputation, *s. f.* retranchement d'un membre. *amputatio.*

Amputer, *v. a.* té. e, *p.* retrancher, couper un membre. *amputare.*

† Amsterdam, *s. m.* papier de Hollande. *stradam.

Amulette, *s. m.* remède, prétendu préservatif, figure gravée ou sculptée que l'on porte sur soi. *amuletum.*

Amurer ou amuler, *v. a.* é. e, *p.* t. de mar. bander les cordages. C. G.

Amures, *s. f. pl.* trous pour amurer.

† Amurgue, *s. f.* marc d'olive. AL.

Amusant. e, *adj.* qui amuse, qui divertit. *jucundus.*

Amusable, *adj.* 2 *g.* (*nouveau*) qui peut être amusé. C. G. V.

Amusement, *s. m.* ce qui amuse; tromperies. *nugæ.*

Amuser, *v. a.* sé. e, *p.* faire perdre le temps; donner de fausses espérances; divertir, distraire; tromper. *delectare.* (s'), *v. r.* perdre son temps; se divertir. *delectari.*

Amusette, *s. f.* bagatelle; petit amusement. amusete. R. *pl.* G. *crepundia.*

Amuseur, *s. m.* qui trompe, qui amuse; étalon. T. V.

Amusoire, *s. m.* (*popul.*) ce qui amuse. R. C. C. *moyen d'arrêter, de distraire.

Amygdales, *s. f. pl.* glandes près la racine de la langue. *amigdales. C. RICH. *tonsillæ.*

Amygdaloïde, *s. f.* pierre figurée comme une amande, qui renferme des noyaux. G. V.

† Amymone, *s. f.* crustacé sessiliocle; monocle. *amymona.*

An, *s. m.* période du cours du soleil dans le zodiaque; douze mois. *annus.*

Ana, *s. m.* recueil de traits d'histoire, d'esprit; de pensées; monnoie des Indes, 15 s.

Anabaptisme, *s. m.* hérésie. R. G. C. *et anabatisme. V.

Anabaptistes, *s. m. pl.* sectaires qui ne baptisent qu'à l'âge de raison.

† Anabase, *s. m.* plante de la famille des arroches; couverture fabriquée à Rouen. *anabasis.*

† Anablépes, *s. m. pl.* 51ᵉ. genre des poissons à corps cylindrique, bouche munie de dents.

† Anabrochisme, *s. m.* opération du poil des paupières qui offense les yeux. RR.

† Anabrose, *s. f.* corrosion des solides par une humeur âcre. *anabrosis.*

Anabrôsis, *s. m.* t. de chirurgie. R.

† Anaca, *s. m.* periche à queue longue et égale du Brésil.

† Anacalife, *s. m.* millepied, insecte de Madagascar; sa piqûre est mortelle.

† Anacamptique, *adj.* 2 *g.* (corps) qui réfléchit les sons. voy. catoptrique.

† Anacandef, *s. m.* ou le fil, petit serpent de la grosseur d'un tuyau de plume.

† Anacara, *s. m.* tambour en forme de tymbale.

Anacarde, *s. m.* fève des Moluques; noix de marais; fruit de l'anacardier, grand arbre des Indes. *anacardium.*

† Anacatharse, *s. f.* expectoration de la lymphe. *anacatharsis.*

† Anacatharsie, *s. f.* purgation par les crachats.

Anacathartique, *adj.* 2 *g.* qui produit l'expectoration. R.

† Anacau, *s. m.* cyprès de Madagascar.

Anacéphaléose, *s. f.* récapitulation. R. *anagé-.

Anachorète, *s. m.* prononcez -ko-. qui vit dans un désert. *et anacorète. V. anachorete- R. *sing.* -chorette. *pl.* -chorètes. G. *anachoreta.*

† Anachoste, *s. f.* étoffe de laine croisée. RR.

Anachronisme, *s. m.* prononcez anakro-. erreur de date. *anachronismus.*

† Anaclastique, *s. m.* dioptrique. *adj.* (point) ou le rayon se réfracte.

Anacréontique, *adj.* 2 *g.* du genre d'Anacréon.

† Anacollémates, *s. m. pl.* remèdes agglutinans. *anacollemata.*

† Anacollème, *s. m.* topique sur le front. *anacollema.*

† Anacycle, *s. m.* plante composée, flosculeuse. *anacyclus.*

† Anadrome, *s. m.* transport des matières morbifiques aux parties supérieures. *adj.* 2 *g.* (poisson) qui remonte les fleuves.

Anagallis, *s. m.* t. de botan. mouron. R. G.

† Anagéphaléose, *s. m.* sommaire des principales parties du discours; épilogue. *anacé-. R.

Anagiris, *s. m.* bois puant; joli petit arbrisseau, efficace contre les vapeurs, étant pris comme le café. *anagyris. R. G.

† Anagnoste, *s. m.* esclave qui lisoit pendant les repas.

Anagogie, *s. f.* t. de théol. élévation de l'esprit aux choses célestes. C. RR.

Anagogique, *adj.* 2 *g.* mystique.

Anagrammatiser, *v. a.* sé. e, *p.* faire des anagrammes. T. V. RR. * ou anagrammer. R. V.

Anagrammatiste, *s. m.* qui fait des anagrammes. T. V. G. RR.

Anagramme, *s. f.* sens offert par la transposition des lettres d'un mot. *anagramma.*

† Anagrammer, *v. a.* mé. e, *p.* faire l'anagramme d'un nom.

† Anagros ou anagras, *s. m.* mesure de grains espagnole; demi-septier.

† Analabe, *s. m.* étole.

Analectes, *s. m. pl.* fragmens choisis d'un auteur. *analecta.*

† Analecteur, *s. m.* qui fait un recueil d'analectes.

† Analcime, *s. m.* zéolithe dure, cubique.

Analême, *s. m.* projection orthographique de la sphère sur les colures des solstices.

† Analepsie, *s. f.* emploi des restaurans.

Analeptique, *adj.* 2 *g.* restauratif, qui fortifie. C. G. V. * *s. f.* partie de l'hygiène. G.

Analogie, *s. f.* conformité; rapport; proportion. *analogia.*

Analogique, *adj.* 2 *g.* qui a du rapport. (certitude) appuyée sur les faits. *affinis.*

Analogiquement, *adv.* d'une manière analogique. *per analogiam.*

Analogisme, *s. m.* argument de la cause à l'effet; comparaison d'analogie. R. G. C. V. RR. CO.

Analogue, *adj.* 2 *g.* qui a de l'analogie avec. *conveniens.* * *s. m.* AL.

Analyse, *s. f.* réduction, résolution d'un corps, d'une chose dans ses principes, t. de chimie; art de résoudre les problêmes par l'algèbre. *analise. A. V. *analysis.*

Analyser, *v. a.* sé. e, *p.* faire l'analyse. *analiser. A. V.

Analyste, *s. m.* versé dans l'analyse. *analiste. A. V.

Analytique, *adj.* 2 *g.* de l'analyse. *analitique. A. V.

Analytiquement, *adv.* par analyse. *analitiquement. A. V.

† Anamnétique, *s. m.* remède qui fortifie la mémoire.

† Anamorphique, *adj.* 2 *g.* (cristal) à forme renversée.

Anamorphose, *s. f.* tableau changeant suivant les points de vue; art de les faire. *anamorphôse. R.

Ananas, *s. m.* fruit des Indes; plante qui le produit.

† Ananchite, *s. m.* radiaire échinide, irrégulier. *ananchites.*

Anapeste, *s. m.* t. de poësie latine, pied de deux brèves et d'une longue. *anapæstus.*

Anapestique, *adj.* 2 *g.* (vers) de deux brèves et d'une longue, t. de poësie latine.

† Anapétie, *s. f.* dilatation des viscères.

Anaphore, *s. f.* répétition de mots, t. de rhétor. *anaphora.*

† Anaphorèse, *s. f.* exercice du chant.

Anaplérétique, *adj.* 2 *g.* t. de méd. remède externe. G. G. *anaplérotique. R. AL.

Anaplérose, *s. f.* t. de chir. art de reproduire les parties qui peuvent renaître. AL.

Anarchicas, *s. m. pl.* poissons qui ont des dents incisives, arrondies. L.
Anarchie, *s. f.* désordre, confusion de pouvoirs; état sans chef, sans gouvernement. *anarchia.*
Anarchique, *adj.* 2 *g.* sans chef, qui tient de l'anarchie.
Anarchiste, *s. m.* partisan de l'anarchie. A. * *adj.* V.
Anargyre, *s. m.* sans argent. R.
† Anarrhiques, *s. m. pl.* poissons à corps rond, tête ronde, dents grosses et nombreuses.
Anas, *s. m.* pigeon fuyard. C.
Anasarque, *s. f.* espèce d'hydropisie du tissu cellulaire. *anasarca.*
† Anaspe, *s. m.* genre d'insectes qu'on trouve dans les fleurs. *anaspis.*
† Anastaltique, *adj.* 2 *g.* styptique.
Anastomatique, *adj.* médicament contre la rupture, l'engorgement des veines. R. *s. m.* anastomotique. RR. *anastomotica.* RR. V. G.
Anastomose, *s. f.* t. d'anat. confluent des veines. * anastomôse. R.
Anastomoser (s'), *v. r.* s'emboucher, se joindre par les bouts. *anastomôser. R. *copulari.*
† Anatase, *s. m.* schorl octaèdre; octaédrite; oisanite. *anatasa.*
Anate, *s. f.* teinture rouge de l'anate, arbrisseau des Indes. R. C. * ou attole. G. V.
Anathématiser, *v. a.* sé. e, *p.* frapper d'anathême; excommunier. *diris devovere.*
Anathématisme, *s. m.* canon portant anathême. R.
Anathême, *s. m.* excommunication; excommunié. * anatheme. R. *anathema.*
Anatifère, *adj.* 2 *g.* t. de conchiologie fabuleuse, qui porte un canard. G. C. V.
† Anatifes, *s. m. pl.* 28e. genre des mollusques acéphales, ou pousse-pieds. *anatifa.*
† Anatine, *s. f.* (claudication), dandinement.
Anatocisme, *s. m.* retenue de l'intérêt de l'intérêt. *anatocismus.*
Anatomie, *s. f.* dissection du corps; art de disséquer; discussion exacte et particulière; analyse. *anatomia.*
Anatomique, *adj.* 2 *g.* de l'anatomie. -*tomicus.*
Anatomiquement, *adv.* d'une manière anatomique. *anatomicè.*
Anatomiser, *v. a.* sé. e, *p.* faire l'anatomie, disséquer; examiner en détail, voir avec soin. *dissecare. perscrutari.*
Anatomiste, *s. m.* savant dans l'anatomie. *cadaverum sector.*
Anatron, *s. m.* soude blanche; sel volatil; sel nitreux; nitre; écume du verre; natron. voy. natron.
† Anatrope, *s. f.* inappétence; vomissement et nausées.
† Anavingue, *s. m.* genre de plantes à fleurs incomplètes.
† Anazé, *s. m.* arbre de Madagascar dont le tronc est en cône.
† Ancelle, *s. f.* petite servante. *ancilla.*
Ancêtres, *s. m. pl.* ceux de qui l'on descend; aïeux. *patres.*
† Ancette, *s. f.* bout de corde terminé par un œil.
† Ancharer, *v. a.* ré. e, *p.* (*vieux*) mettre les fers aux pieds.
† Anchau, *s. m.* vase pour détremper la chaux; t. de métiers.
Anche, *s. f.* t. de luth. petit tuyau de cuivre ou de bois pour l'air; t. de meun. conduit pour la farine dans la huche; gouttière des archures. *lingula. canaliculus.*
Anché, *adj.* t. de blas. (cimeterre) recourbé.
Ancher, *v. a.* ché. e, *p.* garnir de hanches. R. G. C. CO.
† Anchiflure, *s. f.* trou de ver dans une douve.
† Anchilopie, *s. f.* abcès près de l'œil.
Anchilops, *s. m.* tumeur dans l'angle interne de l'œil.
Anchois, *s. m.* petit poisson de mer, du genre du clupe, très-bon à manger. *encrasicholus.*
Anchue, *s. f.* trame de l'étoffe. V.
Anchylose, *s. f.* relâchement des articulations. L.
Ancien. ne, *adj.* qui est depuis long-temps, qui a été reçu avant; qui a occupé une place, etc. *subs.* personnage de l'antiquité; *s. m. pl.* ceux qui vivoient long-temps avant nous. * ancien. ciene. R. *antiquus.*
Anciennement, *adv.* autrefois, dans les siècles passés. * anciénement. R. *antiquitùs.*
Ancienneté, *s. f.* antiquité; priorité de réception; qualité de ce qui est ancien. *antiquitas.* * ancieneté. R.
† Ancierre, *s. f.* corde pour le barrage des bateaux. AL.
Anciles, *s. m. pl.* t. d'antiq. boucliers sacrés, à Rome.
† Ancillaire, *adj.* 2 *g.* des serviteurs.
Ancillariole, *s. m.* amoureux des servantes. R. V.
† Ancille, *s. f.* mollusque céphalé à coquille oblongue. *ancilla.*
† Ancipité, *adj.* t. de botan. comprimé par deux bords opposés et tranchans.
† Ancistre, *s. m.* plante qui a du rapport avec la pimprenelle. *ancistrum.*
Ancolie, *s. f.* plante vivace, très-belle. * ou colombine. R. *aquilegia.*
Ançon, *s. m.* armure ancienne. R.
Ancone, *s. m.* muscle du coude. G. C. V. * anconé, *adj.* du coude. R. AL. WINSLOW. *anconeus.*
Ancrage, *s. m.* lieu où l'on peut jeter l'ancre.
Ancre, *s. f.* instrument de fer pour arrêter les vaisseaux; t. d'archit. fer pour consolider les murs; t. de métiers. *anchora.* * recours; réfuge, asile. T. mesure hollandoise, 40 pintes.
Ancrer, *v. n.* cré. e, *p. adj.* jeter l'ancre, *mieux* mouiller. *anchoram jacere.* (s'), *v. r.* s'établir avec ténacité.
† Ancroisinal, *adj. m.* (bandage), espèce de brayère.
Ancrure, *s. f.* petit plis à l'étoffe tondue. R. G. C. V. CO.
† Ancyle, *s. m.* espèce de lépas fluviatile.
Ancyloblépharon, *s. m.* maladie des yeux. V.
Ancylomèle, *s. m.* sonde courbe, t. de chir. R. * ancycomèle. AL.
Ancylotome, *s. m.* t. de chir. bistouri courbe. R. * ancyclotome. AL.
Ancyroides, *adj. s. f.* d'anat. en forme d'ancre. R.
Andabate, *s. m.* t. d'antiq. gladiateur qui combattoit les yeux fermés.
Andaillots, *s. m. pl.* anneaux pour amarrer la voile.
Andain, *s. m.* ce que l'on fauche d'un seul coup.
Andante, *adj.* t. de mus. du lent au vif; air dans ce mouvement. * andanté. A. RR. V.
† Andarèse, *s. f.* genre de plantes personnées, exotiques, médicinales. *prenna.*
† Andarini, *s. m.* pâte de vermichel en grains, comme l'anis.
† Andelle, *s. f.* voy. bois de hêtre. A.
† Anders, *s. m. pl.* dartre laiteuse des veaux.
Andouille, *s. f.* boyau de cochon farci. * pâtons adhérens au papier. B. *hilla.*
Andouiller *ou* cors, *s. m.* petite corne du bois du cerf. *cervini cornu.*
Andouillette, *s. f.* chair de veau hachée et roulée en andouille. * andouillete. R.
Andratomie, *s. f.* dissection du corps de l'homme. * androtomie. AL.
† Andrachné, *s. m.* genre de plantes de la famille des euphorbes. *andrachne.*
† Andrènes, *s. m.* insecte hyménoptère; petites abeilles qui vivent sur les fleurs.
† Andréolite, *s. f.* hyacinthe blanche, cruciforme.
Andriague, *s. m.* animal fabuleux. R.
† Andriale, *s. f.* genre de plantes chicoracées. *andriala.*
Andrienne, *s. f.* robe de femme abattue, avec des paremens. C. G. * andriene. R.
† Androciniens, *s. m. pl.* sectaires qui croient que la partie supérieure des femmes est l'ouvrage de Dieu, et la partie inférieure celui du Diable.
Androgénies, *s. f. pl.* fêtes d'Androgée; succession de mâle en mâle. V.
Androgyne, *s. m.* des deux sexes, hermaphrodite. * *s. f.* T.
Androïde, *s. m.* automate à figure humaine qui parle et agit.
† Andromanie, *s. f.* amour insensé des hommes.
Andromède, *s. f.* constellation septentrionale, composée de trois étoiles de la seconde grandeur, en ligne droite; genre d'arbrisseaux. * andromede. R.
† Andronitides, *s. m. pl.* appartemens des hommes chez les Grecs.
Andropodocapèle, *s. m.* trafiquant. V.
Androsacé, *s. m.* plante de la famille des lysimachies; monopétale, puissant apéritif. * androsace. C. G. V. CO.
† Androtomie, *s. f.* dissection du corps humain. *androtomia.*
Âne. nesse, *s.* quadrupède plus petit que le cheval, à longues oreilles, gris de souris, brun, roux ou noir. -rayé, voy. zèbre. -sauvage, onagre. stupide, ignorant. *asinus.* t. de métiers. * coffre de relieur. G.
Anéantir, *v. a.* ti. e, *p.* reduire au néant, détruire entièrement. *delere.* (s'), *v. r.* se dissiper, se détruire. *in nihilum interire.*
Anéantissement, *s. m.* privation de l'être; renversement; réduction au néant; humilité mépris de soi-même. *extinctio.*
Anecdote, *s. f. adj.* particularité historique, secrète. *anecdota.*
Anecdotier, *s. m.* qui fait des anecdotes. A. V.
Ânée, *s. f.* charge d'un âne; mesure de grains.
Anegyraphe, *adj.* 2 *g. s. m.* sans titre. * anépygraphe. A. R. G. C. AL.
† Anélectrique, *adj.* 2 *g.* qui ne peut être électrisé par frottement.
† Anémase, *s. f.* défaut de sang. *anæmasis.*
† Anémie, *s. f.* privation de sang après l'hémorragie.
† Anémométographe, *s. m.* anémomètre adapté à une pendule.
Anemometre, *s. m.* machine qui mesure le vent. * anémomètre. A. C. G. V. anémometre. R.
Anémométrie, *s. f.* art de mesurer le vent. C.
Anemone, *s. f.* plante d'agrément, de la famille des renoncules, à fleurs en rose, d'une très-grande variété. -de mer, animal marin, nu, membraneux, charnu, à base circulaire, ressemble à l'anemone, a des couleurs très-belles; espèce de zoophyte. * anémone. A. C. G. V. anémône. R. *anemone.*
Anémoscope, *s. m.* machine qui indique le poids de l'air. R.
† Anépithymie, *s. f.* perte de l'appétit sensitif.
Ânerie, *s. f.* grande ignorance; faute grossière. *asinina stupiditas.*
† Anesthésie, *s. f.* privation du tact. *anesthesia.*
Anet, *s. m.* plante à feuilles résolutives, graine carminative. * aneth. R. *anethum.*
† Anétiques, *s. m. pl.* t. de méd. calmans.
Anévrismal, *adj.* de l'anévrisme.

Anévrisme, *s. m.* tumeur sanguine contre nature. * anevrisme. v. aneurisme. R.

† Anfardéler, *v. a.* lé. e, *p.* (*vieux*) lier, garotter.

Anfractueux. se, *adj.* plein d'inégalités, de détours. *sinuosus.*

Anfractuosité, *s. f.* détours et inégalités. *pl.* t. d'anat. inégalités sur les os.

† Angaha, *s. m.* serpent du genre des cécilies, à ventre garni de bandes écailleuses.

† Angala-dian, *s. m.* grimpereau d'un très-beau plumage.

Angar, *s. m.* toit sur des piliers. voy. hangar. A.

† Angarie, *s. f.* obligation d'un navire, même neutre, de charger pour le gouvernement.

† Angarier, *v. n.* persécuter, oppresser.

Ange, *s. m.* esprit céleste; homme très-pieux; femme qui réunit toutes les qualités; enfant très-sage; boulet ramé. *angelus.* poisson de mer cartilagineux qui tient le milieu entre les chiens de mer et les raies. *squalus.*

† Angéiographie, *s. f.* description des poids et mesures, des instrumens aratoires.

† Angéiondrographie, *s. f.* description des vaisseaux lymphatiques.

† Angéiondrotomie, *s. f.* dissection des vaisseaux lymphatiques.

† Angéiotomie, *s. f.* t. de méd. dissection des vaisseaux.

† Angel, *s. m.* oiseau de la grosseur de la perdrix en Languedoc.

† Angelin à grappes *ou* andira, *s. m.* grand arbre du Brésil, à bois noir, rougeâtre, feuilles de laurier, fleurs en grappes, fruit noir de la grosseur d'un œuf.

Angélique, *adj.* 2 *g.* de l'ange; excellent. *-cus.*

Angélique, *s. f.* plante ombellifère, stomachique, cordiale, sudorifique, vulnéraire, alexipharmaque, contre la peste. *angelica.* * instrument à seize cordes en guitarre. B.

Angéliquement, *adv.* (*inus.*) d'une manière angélique. G. CO. RR.

† Angélite, *s. m.* sectaire adorateur des anges.

Angélolatrie, *s. f.* culte des anges. R. V.

Angelot, *s. m* fromage de Normandie; monnoie angloise, 96 grains.

Angelus, *s. m.* prière, heure de la réciter. * angélus.

Angême, angêne, angenin, *s. m.* t. de blas. fleur à six feuilles. G.

† Angevin. e, *adj. s.* de l'Anjou; monnoie d'argent. *andegavensis.*

Angine, *s. f.* esquinancie, maladie de la gorge.

† Angineux. se, *adj.* de l'angine.

† Angiographie, *s. f.* t. d'anat. description des vaisseaux.

Angiologie, *s. f.* traité des vaisseaux du corps humain. * angéologie. v. angéiologie. R.

† Angioscope, *s. m.* microscope. *angioscopium.*

Angiosperme, *adj.* 2 *g.* plante à semence dans une capsule. *angiospermos.*

Angiospermie, *s. f.* 2e. ordre de la 14e. classe des végétaux (semences cachées). L.

† Angioténique, *adj. f.* (fièvre) inflammatoire.

Angiotome, *s. f.* t. d'anat. dissection des vaisseaux du corps. * angiotomie. A. R. G. C. V. CO.

† Angirolle, *s. f.* t. de mar. palan de galère.

† Angiscope *ou* engiscope, *s. m.* espèce de microscope.

Angle, *s. m.* espace entre deux lignes qui se coupent, se joignent; leur rencontre; coin. *angulus.*

Anglé. e, *adj.* t. de blas. (croix) en sautoir avec figures aux angles.

Anglet, *s. m.* t. d'archit. cavité entre les bossages.

Angleux. se, *adj.* (noix) qui adhère à sa coque.

Anglican. e, *adj. s.* de la religion anglicane.

Anglicisme, *s. m.* locution angloise.

Angloir, *s. m.* instrument pour prendre toutes sortes d'angles. AL.

Anglois. se, *adj.* d'Angleterre. *anglus. s. m.* langage anglois. *s. f.* danse, son air. * anglais. C.

† Angloiser, *v. a.* sé. e, *p.* couper la queue d'un cheval à l'angloise. * anglaiser.

Anglomane, *adj. s.* 2 *g.* imitateur, admirateur des Anglois. G. C. V. CO. RR.

Anglomaniaque, *adj. s.* 2 *g.* qui a l'anglomanie. LINGUET.

Anglomanie, *s. f.* affectation à imiter, à admirer les Anglois. G. RR. C. V. CO.

† Anglomaniser, *v. a.* sé. e, *p.* imiter les Anglois.

† Angnel, *s. m.* monnoie de Thor.

Angoisse, *s. f.* douleur amère, grande affliction. *angor.* (poire) d'angoisse, espèce de baillon; poire âpre.

Angoisser, *v. a.* sé. e, *p.* affliger, pénétrer vivement. MONTAIGNE. V.

Angoisseux, *s. m.* dur; fâcheux. V.

† Angola. voy. angora.

† Angolan, *s. m.* arbre toujours vert du Malabar; sa racine en poudre contre le poison. *alangium decapitatum.*

† Angoli, *s. m.* espèce de poule sultane de Madras.

Angon, *s. m.* t. d'antiq. javelot des Francs; crochet pour pêcher les crustacés.

† Angora, *adj. s.* (chat, lapin, etc.) blanc, à longs poils.

Angouria, *s. m.* sorte de melon d'eau; angourie.

† Angrec, *s. m.* genre de plantes de la famille des orchides; vanille. *epidendrum.*

Angrois, *s. m.* petit coin pour fixer le manche d'un marteau. AL.

Anguichure, *s. f.* baudrier pour porter le cor.

Anguillade, *s. f.* coup de peau d'anguille, de fouet.

† Anguillard, *s. m.* espèce de goujon de la Chine, du genre du gobie.

Anguille, *s. f.* poisson d'eau douce, alongé comme le serpent, du genre des murènes. *anguilla.* -de sable, petit poisson long de dix pouces, bleu, à ventre argenté. *prononcez* anghille. * coites, t. de marine.

Anguillers, *s. f. pl.* canaux à fond de cale pour les eaux. R. * anguilliers. G. V. et -lées. C. CO.

Anguilleuse, *s. f.* larronesse. V.

Anguillière, *s. f.* lieu où l'on met les anguilles; t. de mar. entailles aux varangues. G. C. V.

† Anguilliforme, *adj.* 2 *g.* qui ressemble à l'anguille.

† Anguillomeux. se, *adj.* (*vieux*) d'un caractère fin, rusé.

† Anguina, *s. f.* genre de plantes cucurbitacées. *trichosantoïs.*

Anguinée, *adj. f.* (ligne), hyperbole du troisième ordre. AL.

Angulaire, *adj.* 2 *g.* à angles. *angularis. s. f.* artère, veine de l'œil.

Angulairement, *adv.* avec des angles. C.

Anguleux. se, *adj.* à plusieurs angles. *s. m.* serpent du troisième genre, brun-clair, à bandes noires.

Angusticlave, *s. m.* t. d'antiq. bande de pourpre des chevaliers romains.

† Angustie, *s. f.* inquiétude des malades; resserrement des vaisseaux. *angustia.*

Angustié. e, *adj.* (chemin) étroit, serré.

† Anhélation, *s. f.* t. de méd. courte-haleine.

Anheller, *v. n.* entretenir le feu de verrerie dans une chaleur convenable. AL.

Anhima, *s. m.* ou camichi. voy. kamichi, oiseau de proie aquatique, à corne sur la tête, du Brésil.

† Anhinga, *s. m.* oiseau aquatique qui ressemble par la tête à un serpent.

† Anicéron, *s. m.* emplâtre pour les achores.

Anicroche, *s. f.* obstacle; vaine défaite; embarras. *impedimentum.*

† Anienter, *v. a.* té. e, *p.* (*vieux*) anéantir, détruire.

Ânier. ère, *s.* qui conduit les ânes. *asinarius.* * ânier. niere. R.

Anil, *s. m.* plante du Brésil dont on fait de l'indigo.

Anille, *s. f.* t. de blas. fer de moulin.

† Anilles, *s. f. pl.* béquilles de vieilles femmes.

Animadversion, *s. f.* improbation, censure, correction en paroles. * notes critiques. G. C. V. *animadversio.*

Animal, *s. m.* être organisé et sensible, doué d'instinct, qui a des viscères, se meut spontanément de lui-même, choisit sa nourriture et le sol qui lui conviennent, n'est pas essentiellement adhérent au sol et n'en tire pas sa substance. * stupide, grossier. G. *animal.*

Animal. e, *adj.* purement matériel, sensuel, qui appartient à l'animal. *animal.*

Animalcule, *s. m.* animal microscopique d'espèces et de formes très-variées, nombreux à l'infini, vivant dans les fluides, ovipare, vivipare, ou se propageant par division, dont les germes répandus par tout sont indestructibles, même par le feu. *animalculum.*

† Animalisation, *s. f.* changement des alimens en la substance de l'animal. *animalisatio.*

† Animaliser, *v. a.* sé. e, *p.* (*nouv.*) rabaisser au rang des animaux.

Animalité, *s. f.* état de l'animal C. * ce qui constitue l'animal. AL.

† Animateur, *s. m. adj.* qui donne l'ame, la vie, l'existence.

Animation, *s. f.* moment de l'union de l'ame au corps. *animatio.*

† Animelles, *s. f. pl.* testicules du bélier; t. de cuisine.

Animer, *v. a.* mé. e, *p.* donner la vie, l'ame, la force, l'action. *animare.* exciter, encourager, irriter. (s'), *v. r.* s'encourager; prendre de l'éclat. *sese adhortari.*

† Animo-corde, *s. m.* instrument à vent et à cordes.

Animosité, *s. f.* haine, aversion, ressentiment. *offensio.*

Anis, *s. m.* plante annuelle, à semences cordiales, stomachiques, digestives, propres à chasser les vents, à guérir la toux; dragée de cette graine. *anisum.*

Anis *ou* anil, *s. m.* bois étranger, grisâtre. G.

Aniser, *v. a.* sé. e, *p.* mettre de l'anis, couvrir d'anis.

Anisette, *s. f.* liqueur faite avec de l'anis. V.

† Anisocycle, *s. m.* machine en spirale pour lancer des flèches.

† Ankiloblépharon, *s. m.* maladie des paupières adhérentes à la cornée.

Ankiloglosse, *s. m.* vice dans le ligament ou filet trop court de la langue.

Ankilose, *s. f.* privation du mouvement des articulations. * ankilôse. R.

† Annabasse, *s. f.* couverture de laine de Hollande.

Annal. e, *adj.* qui ne dure qu'un an. *annuus.*

Annales, *s. f. pl.* histoire d'une année; l'histoire; récit d'événemens année par année. *annales.*

Annaliste, *s. m.* qui écrit des annales. *annalium scriptor.*

Annate, *s. f.* droit du pape sur les bulles des bénéficiers.

Anneau, *s. m.* cercle de matière; bague; boucle de cheveux; mesure de bois de chauffage. -de Saturne, bande solide, lumineuse, fort mince autour de Saturne. *annulus.*

Année, *s. f.* temps du cours apparent du soleil dans le zodiaque; revenu d'une année. *annus.*

† Annelé, *s. m.* serpent du 3e. genre, à bandes noires et transversales sur le dos.

Anneler, *v. a.* lé. e, *p.* boucler les cheveux. * entretenir la chaleur d'un four de verrerie. B.

Annelet, *s. m.* t. de blas. petit anneau. *pl.* t. d'architecture, petits listels. *annulus.*

Annelure, *s. f.* frisure en boucles, en anneaux.

Annexe, *s. f.* bien uni à un autre, dépendant d'un autre; église qui dépend d'une cure. *appendix.* * prénom des mesures. *ex.* kilo, etc. AL.

Annexer, *v. a.* xé. e, *p.* joindre, attacher, unir. *annectere.*

Annexion, *s. f.* t. de lithur. union. C. G.

Annihilation, *s. f.* (*pédantesque*) anéantissement.

Annihiler, *v. a.* lé. e, *p.* (*pédantesque*) anéantir. *ad nihilum redigere.*

Annille, *s. f.* t. de blason. RR. * voy. anille. B.

Annion, *s. m.* délai d'un an accordé par la chancellerie à un débiteur. RR.

Anniversaire, *adj.* 2 *g.* jours correspondans d'une année à l'autre; qui se fait le même jour chaque année. *s. m.* service annuel pour un mort. *anniversarius.*

Annoise, *s. f.* herbe de la St-Jean.

Annonaire, *adj.* 2 *g.* (ville, pays) qui étoient obligés de fournir des vivres à Rome. * t. de géographie. V.

Annonce, *s. f.* avis au public, verbal ou écrit; ban de mariage. *denuntiatio.*

Annoncer, *v. a.* cé. e, *p.* faire savoir, prédire; avertir de. *annuntiare.*

Annonceur, *s. m.* comédien qui annonce les pièces. G.

Annonciade, *s. f.* ordre militaire, ordre religieux. C.

Annonciateur, *s. m.* qui annonce les fêtes. V.

Annonciation, *s. f.* fête des catholiques en l'honneur de la Vierge; message de l'ange Gabriel à la Vierge; sa représentation. * mystère. R. *annuntiatio.*

Annone, *s. f.* provision de vivres pour un an. R. V.

Annotateur, *s. m.* qui fait des notes, des remarques.

Annotation, *s. f.* remarque, note sur un livre; état des biens saisis. *annotatio.*

Annoter, *v. a.* té. e, *p.* prendre note, prendre date; décrire les biens saisis.

Annotine, *s. f.* (Pâques), anniversaire.

† Annuaire, *adj.* 2 *g.* qui se fait annuellement. *s. m.* livre publié tous les ans.

† Annualité, *s. f.* qualité de ce qui est annuel. MIRABEAU.

Annuel. le, *adj.* d'un an, qui revient tous les ans. *s. m.* impôt. * annuel. nuele. R. *annuus.*

Annuellement, *adv.* par chaque année. * annuélement. R. *annuatim.*

† Annuir, *v. a.* (*vieux*) consentir, accéder.

Annuité, *s. f.* remboursement annuel ajouté aux intérêts; rente annuelle; t. de commerce.

Annulaire, *adj.* 2 *g.* en forme d'anneau. *s. m.* 4e. doigt. *annularis.* *s. f.* ou livrée, chenille dont la peau imite un ruban de livrée. *annularia.*

Annulatif. ve, *adj.* qui annule. C. V.

Annulation, *s. f.* action d'annuler. A. * anula-. R.

† Annulé. e, *adj.* qui a un anneau.

Annuler, *v. a.* lé. e, *p.* rendre nul; casser; abolir. * annuller. G. CO. voy. anuler. R. *rescindere.*

Annus, *s. m.* racine du Pérou. RR.

Anoblir, *v. a.* bli. e, *p. s.* rendre noble. * ennoblir. (*fig.*) G. *nobilitare.*

Anoblissement, *s. m.* action d'anoblir, ses effets. *in nobiles cooptatio.*

Anoche, *s. m.* bonne-dame, plante. voy arroche.

Anodin. e, *adj.* adoucissant. * anodyn. R. *anodynus.*

† Anodontites, *s. m. pl.* 13e. genre des mollusques acéphales, fluviatiles.

† Anodynie, *s. f.* insensibilité; absence de la douleur.

Anœsthésie, *s. f.* défaut de sensibilité. L.

Anolis, *s. m.* sorte de petit lézard fort vif, fort leste, très-privé et très-aimable, des Antilles.

Anomal. e, *adj.* (conjugaison, verbe) irrégulier. *inæqualis.*

Anomalie, *s. f.* t. de gram. irrégularité; t. d'astr. distance angulaire d'une planète à son aphélie ou à son apogée; t. d'hist. nat. monstruosité; t. de botan. irrégularité.

Anomalistique, *adj.* 2 *g.* t. d'astron. (année) terrestre; révolution de la terre.

† Anomalopède, *adj.* 2 *g.* qui a cinq doigts réunis par une membrane.

† Anoméen, *s. m.* arien pur.

Anomie, *s. f.* testacée; 6e. genre des mollusques acéphales, à valves irrégulières. *anomia.* L.

Anomien. e, *adj.* sans loi. V. R.

Anomies, *s. f. pl.* coquilles fossiles sans analogues vivans.

Anomite, *s. f.* pétrification sans analogue vivant. L.

Ânon, *s. m.* petit âne; poisson du genre du gade. *asellus.*

† Anone, *s. m.* genre d'arbres et d'arbrisseaux qui comprend les tulipiers, cachimentiers, etc.

Ânonnement, *s. m.* action d'ânonner. C. G. V.

Ânonner, *v. n.* lire, parler en hésitant. * mettre bas un ânon, en parlant de l'ânesse. G. * ânoner. R. *hæsitare. asinum edere.*

Anonyme, *adj.* 2 *g.* sans nom d'auteur. *anonymus.* * sans nom de baptême. AL. * anonime. A. V. *s. m.* quadrupède singulier de Lybie; il vit sur les palmiers.

Anordie, *s. f.* tempête de vent de nord. R. G. C. V.

† Anordir, *v. a.* t. de mar. approcher du nord, en parlant du vent.

Anorexie, *s. f.* dégoût des alimens. R. G. C.

Anormal. e, *adj.* déréglé. RR. contraire aux règles. MAROT.

Anosmie, *s. f.* défaut d'odorat. L. V.

† Anostome, *s. m.* poisson du genre du salmone. *anostomus.*

† Anpan, *s. m.* coquillage bivalve de sept pouces de long, très-fragile.

† Anquitranade, *s. f.* prélart goudronné d'une galère, t. de mar.

† Anramatique, *s. f.* plante de Madagascar dont la feuille imite un vase avec son couvercle et est remplie d'eau.

Anse, *s. f.* ce qui sert à porter un vase, etc. t. de mét. *ansa.* petit golfe. * et ance. R.

Anse-de-panier, *s. f.* t. d'archit. courbure d'une arcade.

Anséatique, *adj.* (villes) unies ensemble pour le commerce. * voy. hanséatique. A.

Anser, *v. a.* sé. e, *p.* garnir d'une anse. AL.

† Ansères, *s. m. pl.* ordre des oiseaux qui comprend les oies, les canards, etc.

† Anserine, *s. f.* genre de plantes de la famille des arroches. *chenopodium.*

Ansette, *s. f.* t. de mar. petite anse; ourlet des voiles. G. V. * ansete. R.

† Ansière, *s. f.* filet que l'on tend dans les anses.

Anspect, *s. m.* lévier, t. de mar. G. V.

Anspessade, *s. m.* bas officier d'infanterie. * ou ansepesade. R.

Anta *ou* tapir, *s. m.* animal du Paraguai qui a une trompe.

† Antacées, *s. m. pl.* grands poissons à museau long, pointu, gueule ronde et placée dessous, de la famille des esturgeons.

† Antacide, *adj.* 2 *g.* t. de méd. anti-acide.

Antagoniste, *s. m.* opposé à un autre dans la même carrière, la même prétention; muscle. * *adj.* 2 *g.* G. C. V. *adversarius.* -*ria.*

† Antal, *s. m.* mesure allemande, 72 pintes.

Antale, *s. m.* coquille en tuyau courbé et conique.

Antalgique, *adj. s.* anodin. C.

Antan, *s. m.* (*vieux*) année précédant celle qui court.

Antanaclase, *s. f.* répétition d'un même mot en sens différens.

† Antanagoge, *s. f.* récrimination.

Antanaire, *adj. m.* t. de fauc. qui n'a pas mué. G. * antannaire. V.

† Antaphroditique, *s. m.* anti-vénérien.

† Antaphrosidiaque, *s. m.* remède qui calme l'amour.

† Antapodose, *s. f.* première partie d'une période, t. de rhétor.

Antarctique, *adj.* 2 *g.* (pôle) méridional. *antarcticus.*

Antarès, *s. m.* étoile fixe dans le cœur du scorpion.

† Ante, *s. f.* pièce de bois attachée aux volans des moulins à vent. RR. * pilier saillant sur la face d'un mur.

Antécédemment, *adv.* précédemment. R. G. C.

† Antécédence, *s. f.* état d'une planète qui paroît se mouvoir contre l'ordre des signes.

Antécédent. e, *adj. s. m.* qui précède; premier terme d'un rapport; première proposition. *antecedens.*

Antécesseur, *s. m.* professeur en droit. (*vieux*) T. *antecessor.*

Antechrist, *s. m.* séducteur, ennemi du Christ. *antichristus.*

Antédiluvien. ne, *adj.* qui a précédé le déluge. G. C. V.

† Antémétique, *adj.* 2 *g.* contre le vomissement, contre l'émétique. *antemeticus.*

Antenale, *s. m.* oiseau de mer. * anténale. RR. V.

Antenne, *s. f.* t. de mar. longue vergue qui soutient les voiles. *antenna.*

Antennes, *s. f. pl.* cornes, aigrettes des insectes. *antennæ.*

† Antenniste, *adj.* 2 *g.* à antennes.

† Antenois, *s. m.* agneau d'un an révolu.

† Antenolle, *s. f.* petite antenne, t. de marine.

† Antennulle, *s. f.* petite antenne, antenolle.

Antépénultième, *adj.* 2 *g.* avant l'avant-dernier, ou le pénultième. * antépénultieme. R. *antepenultimus.*

Antéphialtique, *adj.* 2 *g.* contre le cauchemar. G. V.

† Antépileptique, *adj.* 2 *g.* contre l'épilepsie.

Antérieur. e, *adj.* qui est devant, qui précède en ordre de temps. *anterior.*

Antérieurement, *adv.* précédemment. *priùs.*

Antériorité, *s. f.* priorité de temps. *antecessio.*

† Anternons, *s. m. pl.* levées qui traversent les marais salans.

Antes, *s. m. pl.* pilastres au coin des murs. G. V.

Antesciens, *adj. s. m.* espèce d'antipodes qui ont les ombres opposées. G. C. * voy. antisciens. R. V.

Antesphories, *s. f. pl.* fêtes de Junon et de Proserpine. V.

Antestature, *s. f.* retranchement avec des gabions. G. C. V. CO. RR.

† Anthélix, *s. m.* éminence du cartilage de l'oreille.
Anthelmentique, *adj.* 2 *g. s. m.* remède contre les vers. * anthelmintique. C. G. R. V. anthelminthique. RR.
Anthera, *s. f.* jaune du milieu de la rose. G. V.
Anthère, *s. f.* t. de botan. sommet des étamines, capsules qui constituent les organes mâles des fleurs. * anthere. R. *anthora.*
† Anthéric, *s. m.* genre de plantes de la famille des asphodèles. *anthiricum.*
Antherine, *s. f.* poisson qui a une ligne latérale argentée.
Anthèse, *s. f.* temps où tous les organes d'une fleur ont pris leur parfait accroissement. AL.
Anthestéries, *s. f. pl.* fêtes de Bacchus. V.
Anthias, *s. m.* poisson. * antia. C.
† Anthocère, *s. m.* plante de la famille des algues. *anthoceros.*
Antholite, *s. f.* sorte de blé des Canaries; phalaris pétrifiés dans le schite. L.
Antholyse, *s. f.* plante de la famille des iris. *antholysa.*
Anthora, *s. m.* antore, aconit salutaire, maclou, plante à fleur en casque, bonne contre le cyclamen et le venin. * antora. T.
† Anthosperme, *s. m.* genre de plantes rubiacées. *anthospermum.*
† Anthracite, *s. m.* plombagine charbonneuse, charbon de terre incombustible, houillite, anthracolite. * pierre qui a la couleur d'un charbon allumé. L.
Anthracoce, *s. m.* ulcère dans les os; anthrax. L.
Anthracôse, *s. f.* t. d'oculiste. R.
Anthrax, *s. m.* bubon enflammé, très-douloureux; insecte diptère de la famille des mouches.
† Anthrène, *s. f.* petite espèce de coléoptères fort jolis qui habitent les fleurs. *anthrenus.*
† Anthribes, *s. m. pl.* insectes coléoptères, à antennes terminées par une masse foliée. *anthribus.*
† Anthromancie, *s. f.* divination par l'apparition d'un homme mort.
† Anthropoforme, *adj. s.* 2 *g.* qui a la figure humaine.
† Anthropogénie, *s. f.* connoissance de la génération de l'homme. *anthropogenia.*
† Anthropographie, *s. f.* description de l'homme. *anthropographia.*
Anthropologie, *s. f.* discours figuré qui attribue à Dieu des membres, des organes; t. d'anat. discussion sur l'homme, t. de philos. traité sur la morale.
Anthropomantie, *s. f.* divination par l'inspection des entrailles des victimes humaines. * anthropomancie. RR.
† Anthropométrie, *s. f.* espèce d'anatomie.
† Anthropomorphisme, *s. m.* erreur des anthropomorphites.
Anthropomorphite, *s. m.* hérétique partisan de l'anthropologie, qui attribue à Dieu une figure humaine. * *pl.* antropomorphites. G.C. anthropomorphytes. V.
Anthropopathie, *s. f.* discours qui attribue à Dieu ce qui ne convient qu'à l'homme. C. V.
Anthropophage, *s. m. adj.* mangeur d'hommes, de chair humaine. *anthropophagus.*
Anthropophagie, *s. f.* action de manger les hommes. V.
Anthroposomatologie, *s. f.* description du corps humain. AL.
† Anthroposophie, *s. f.* connoissance de la nature de l'homme. *anthroposophia.*
† Anthropotomie, *s. f.* dissection anatomique de l'homme.
† Anthyllide, *s. m.* genre de plantes légumineuses. *anthyllis.*
Anthynoptique, *adj.* 2 *g. s. m.* remède contre l'hydropisie, le sommeil involontaire.
Anti, *prép.* d'*opposition.* avant. *antè.*
Antia, *s. m.* espèce de poisson. CO.
Antiacide, *adj.* 2 *g. s. m.* opposé à l'acide. C.
Antiapoplectique, *adj.* 2 *g. s. m.* contre l'apoplexie. G. * anthiapoplectique. R.
Antiarthritique, *adj.* 2 *g. s. m.* contre la goutte. G.
Antiasthmatique, *adj.* 2 *g. s. m.* contre l'asthme. G.
Antibacchique, *s. m.* t. de poësie latine. R.
† Antiborie, *s. f.* cadran équinoxial des anciens.
Anticabinet, *s. m.* pièce avant le cabinet. G. V. RR.
† Anticachectique, *adj.* 2 *g. s.* remède contre la cachexie.
† Anticacochimique, *adj. s.* remède contre la cacochimie.
† Anticausotique, *adj. s.* remède contre le causus.
Antichambre, *s. f.* pièce avant la chambre. *antithalamus.*
† Antichore, *s. m.* genre de plantes d'Arabie. *antichorus.*
Antichrèse, *s. f.* convention par laquelle on abandonne les fruits d'un bien pour les intérêts d'un emprunt. * antichrese. R.
Antichrétien, ne, *adj.* opposé au christianisme. C. G. RR. V.
Antichristianisme, *s. m.* religion opposée au christianisme. RR.
Antichthone, *s. m.* antipode. R. * antichthones. V.
Anticipant, *adj. m.* (paroxisme) qui vient avant le temps auquel a commencé le précédent. AL.
Anticipation, *s. f.* action d'anticiper; usurpation; réfutation anticipée. *anticipatio.* * expédient pour se procurer des fonds sur des rentrées. AL.
Anticiper, *v. a.* pé. e, *p.* prévenir, dévancer; usurper. *anticipare.*
Anticœur, *s. m.* maladie du cheval. G. V. RR.
Anticonstitutionnaire, *adj. s.* opposé à la constitution *unigenitus.* C. G.
Anticonstitutionnel, le, *adj.* contraire à la constitution. A. C.
Anticonstitutionnellement, *adv.* d'une manière anticonstitutionnelle. C.
Anticonvulsionnaire, *adj. s.* contraire aux convulsions. C. G.
Anticour, *s. f.* première cour. R. G. C.
† Antidactyle, *s. m.* anapeste.
Antidate, *s. f.* date antérieure, d'un jour antérieur à celui auquel elle est apposée.
Antidater, *v. a.* té. e, *p.* mettre une antidate.
† Antidesme, *s. m.* contre-venin, plante à fleurs en épi, baies ovales. *antidesma.*
† Antidinique, *adj. s.* remède contre le vertige.
Antidosaire, *s. m.* recueil de remèdes. G. C. * antidotaire. R. V. *antidotarium.*
Antidote, *s. m.* contrepoison, qui préserve du poison. *antidotum.*
Antidoter, *v. a.* té. e, *p.* donner de l'antidote. V.
Antidyssentérique, *adj.* 2 *g. s. m.* contre la dyssenterie. G. C. * antidissentérique. CO.
† Antiennaèdre, *adj. f.* (tourmaline) qui a neuf faces de deux côtés opposés.
Antienne, *s. f.* t. de lithur. début du chant; nouvelle. * antiene. R. *antiphona.*
Antiépileptique, *adj.* 2 *g. s. m.* contre l'épilepsie. G. C.
Antiétique, *adj.* 2 *g. s. m.* contre l'étisie. G. C.
† Antifarcineux, *adj. s.* remède contre le farcin.
Antifébrile, *adj.* 2 *g. s. m.* contre la fièvre. G. C. V.
Antigéomètre, *s. m.* V.
† Anti-glaucome, *s. m.* maladie de l'œil dans laquelle le cristallin forme une élévation.
Antigorium, *s. m.* gros émail des faïenciers. G. V.
† Antihectique, *s. m.* remède contre l'étisie; oxide d'antimoine et d'étain préparé par la détonation du nitre.
† Antihydrophobique, *adj. s.* remède contre la rage.
Antihydropique, *adj.* 2 *g. s. m.* contre l'hydropisie. G. C.
Antihypocondriaque, *adj.* 2 *g. s. m.* contre les hypocondres. G. C.
Antihystérique, *adj.* 2 *g. s. m.* contre les vapeurs. G. C.
† Antilaiteux *ou* lactifuge, *s. m.* remède qui fait évacuer le lait.
Antillis, *s. m.* plante.
† Antilobe, *s. f.* partie de l'oreille opposée au lobe. *antilobium.*
Antilogarithme, *s. m.* t. de mathématiques. R.
Antilogie, *s. f.* t. didactique, contradiction dans un discours.
† Antiloïmique, *adj.* 2 *g. s.* antipestilentiel.
Antilope, *s. f.* quadrupède.
Antimélancolique, *adj.* 2 *g. s. m.* contre la mélancolie. C. * antimélancholique. R.
Antimense, *s. f.* nappe d'autel. R.
Antiméphytique, *adj.* 2 *g. s. m.* contre la mauvaise odeur, le méphytisme. C.
† Antimérabole, antimétathèse, antimétalepse, *s. f.* sorte de répétition.
Antimoine, *s. m.* demi-métal composé de soufre et de mercure. *stibium.*
Antimonarchique, *adj.* 2 *g.* contre la monarchie. C.
Antimonial, e, *adj.* de l'antimoine. C. * *s. m.* G. V.
† Antimonié, e, *adj.* mêlé, chargé d'antimoine.
† Antimorveux, *adj. s.* qui guérit la morve.
Antinales, *s. m.* oiseau de mer. V.
Antinational, e, *adj.* opposé au goût national. G. C.
Antinéphrétique, *adj.* 2 *g. s. m.* contre la colique néphrétique. C.
Antinomie, *s. f.* contradiction entre deux lois.
† Antinomien *ou* anomien, *s. m.* ennemi de la loi. * antinomien, ne, *adj.* C.
† Antinoüs, *s. m.* constellation septentrionale, près de la voie lactée, sur l'équateur.
† Antioccupation, *s. f.* voy. prolepse.
Antiope, *s. f.* insecte. L.
† Antiorgastique, *adj.* 2 *g. s.* qui calme l'effervescence des humeurs. *antiorgastica.*
Antipape, *s. m.* faux pape. *pseudo-pontifex.*
Antiparallèle, *s. f.* t. de géométrie. RR.
Antiparalytique, *adj.* 2 *g. s. m.* contre la paralysie. G. C.
† Antiparastase, *s. f.* figure de rhétorique par laquelle un accusé veut prouver qu'il mérite la louange plutôt que le blâme.
Antipaste, *s. m.* pied d'un vers latin. V.
† Antipate, *s. m.* corail noir; 8ᵉ. genre de zoophytes à tige simple, cornée, demi-transparente, écorce gélatineuse. *antipates.*
Antipathie, *s. f.* répugnance naturelle, aversion. *antipathia.* * opposition désagréable de couleurs. AL.
Antipathique, *adj.* 2 *g.* opposé, contraire. *repugnans.*
Antipéristaltique, *adj.* 2 *g.* (mouvement) irrégulier des intestins.
Antipéristase, *s. f.* action de deux qualités contraires qui s'aident mutuellement.
Antipestilentiel, le, *adj. s.* t. de méd. contre la peste. G. V. * antipestilentiel. ele. R.
Antiphate, *s. m.* corail noir. G. V.
† Antiphlogistique, *adj.* 2 *g. s.* qui calme l'ardeur de la fièvre.
Antiphonaire, *s. m.* livre d'antiennes notées. G. C. V. CO.

† Antiphonie, *s. f.* simphonie de diverses voix ou instrumens à l'octave ou double octave.
Antiphrase, *s. f.* contre-vérité ; ironie. *antiphrasis.*
† Antiphraser, *v. a.* faire des phrases contraires à la grammaire.
Antiphthisique, *adj.* 2 *g.* contre la phthisie. C.
† Antiphysique, *adj.* 2 *g.* carminatif ; contre la nature.
† Antipleurétique, *adj.* 2 *g.* contre la pleurésie.
Antipodagrique, *adj.* 2 *g.* *s. m.* remède contre la goutte. C. V.
Antipodal, e, *adj.* qui est antipode. G. C.
Antipode, *s. m.* lieux, habitans diamétralement opposés. *antipodes.* (*fig.*) contraire, opposé.
† Antipraxie, *s. f.* variété des symptômes dans les hypocondriaques. *antipraxia.*
Antiprostate, *s. m.* t. d'anatomie. V.
† Antipsorique, *adj.* 2 *g.* contre les maladies de la peau.
Antiptose, *s. f.* t. de gramm. position d'un cas pour un autre. C. V. * antiptôse. R.
Antiputride, *adj.* 2 *g.* contre la putridité. C. CO.
† Antipyique, *adj.* 2 *g. s.* qui supprime la suppuration. *antipyica.*
Antipyrétique, *adj.* 2 *g.* contre la fièvre. C.
Antipyrotiques, *adj.* 2 *g. pl.* contre les caustiques. C.
Antiquaille, *s. f.* chose antique, de peu de valeur. *vilia et antiquitate obsoleta.*
Antiquaire, *s. m.* qui connoît les antiquités. *antiquarius.*
Antiquariat, *s. m.* connoissance de l'antiquité. C. R.
Antique, *adj.* 2 *g.* vieux, ancien. *s.* 2 *g.* monument, médaille, statue de l'antiquité. *antiquus. priscus.*
Antique (à l'), *adv.* d'une manière antique. * à-l'antique. C. *priscè.*
Antiquer, *v. a.* qué. e, *p.* t. de relieur, enjoliver la tranche. A. V.
Antiquité, *s. f.* ancienneté reculée ; les anciens peuples ; ce qui reste d'eux ; monument antique. *antiquitas.*
† Antirachitique, *adj.* 2 *g. s.* contre le rachitisme.
Antisalle, *s. f.* pièce avant la salle. C. G.
Antisciens, *s. m. pl.* dont les ombres ont à midi des directions contraires. voy. antesciens. * antœciens. R.
Antiscorbutique, *adj.* 2 *g. s. m.* contre le scorbut. G. V. RR.
† Antiscrophuleux, se, *adj. s.* contre les écrouelles.
Antiseptique, *adj.* 2 *g.* contre la gangrène. G. V.
† Anti-sigma, *s. f.* deux sigma adossés.
Antispase, *s. f.* t. de méd. révulsion. G. C. V. *antispasis.*
Antispasmodique, *adj.* 2 *g. s. m.* remède contre le spasme. C. G.
† Antispaste, *s. m.* t. de poësie, pied de quatre syllabes.
Antispastique, *adj.* 2 *g.* qui opère par révulsion. C. G. * antispatique. V.
Antispode, *s. m.* t. de chim. faux spode ; cendre d'une plante aquatique. G. V.
† Antistrepte, *s. f.* roulette sous les pieds d'un lit, d'un fauteuil.
Antistrophe, *s. f.* stance de poësie lyrique ; t. de gramm. renversement, *ex.* le serviteur du maître, ou le maître du serviteur.
Antisyphilitique, *adj.* 2 *g.* contre le mal vénérien. C.
Antithées, *s. m. pl.* mauvais génies. V.
Antithénar, *s. m.* muscle. R. V.
Antithèse, *s. f.* opposition de pensées, de mots. * antithese. R. *antithesis.*
† Antithéraire, *s. m.* accusé qui se décharge d'un délit par récrimination.
Antithétique, *adj.* 2 *g.* de l'antithèse. C. G.
† Antitrague, *s. m.* éminence du cartilage de l'oreille. *antitragus.*
Antitrinitaire, *s. m.* contre la trinité. C. V.
Antitype, *s. m.* figure, type. C. G.
Antivénérien. ne, *adj. s. m.* contre le mal vénérien. * antivénérien. riene. R.
† Antivermiculaire, *adj.* 2 *g. s.* antipéristaltique.
Antivermineux, se, *adj.* contre les vers. A. V.
Antivérolique, *adj.* 2 *g.* contre la petite vérole. G.
Antiversificateur, *s. m.* (*burlesque*). V.
Antoiser, *v. a.* sé. e, *p.* mettre en pile. R. G. C. V.
Antoit, *s. m.* t. de mar. instrument de fer pour plier les bordages. R. G. C.
† Antolfe, *s. m.* fruit du gérofle. * antofle.
† Antologe, *s. m.* auteur d'une antologie.
Antologie, *s. f.* choix de fleurs, de poësies, d'épigrammes grecques. RR. G. * anthol-. A. V. C.
Antonin, *s. m.* moine de St.-Antoine. C. G. * on antoniste. R.
Antonomase, *s. f.* t. de rhétor. emploi de l'épithète pour le nom. * antonomaze. G. *antonomasia.*
Antora, antore *ou* antitoré, *s. f.* plante. * anthora. A. T.
Antoxa, *s. f.* plante, contre-poison. C.
† Antracite, *s. f.* charbon minéral, incombustible ; espèce de houille.
† Antraconistre, *s. m.* instrument pour évaluer la quantité d'acide carbonique contenu dans l'air atmosphérique.
Antre, *s. m.* caverne obscure ; grotte naturelle ; + maxillaire, cavité de l'os de la mâchoire supérieure. *antrum.*
† Antribe, *s. m.* insecte du genre des coléoptères ; il hache les fleurs en morceaux. *antribus.*
Antrisque, *s. m.* plante apéritive. G. C. V.
† Antropoglyphites, *s. m. pl.* corps fossiles qui représentent quelques parties du corps humain.
† Antropolites, *s. m. pl.* ossemens humains, fossiles, pétrifiés, minéralisés, vitriolisés.
† Antropomorphe, *adj.* 2 *g.* t. d'hist. nat. à face humaine.
† Antropomorphite, *s. m.* crustacée pétrifié qui représente d'un côté la face de l'homme.
† Anuer, *v. a.* nué. e, *p.* choisir le moment favorable pour tirer au vol.
Anuiter (s'), *v. r.* se laisser surprendre par la nuit. *nocti se credere.*
Anus, *s. m.* le fondement ; t. d'anat. ouverture du cerveau ; t. de botan. * ânus. R. *anus.*
Anxiété, *s. f.* peine, travail, tourment d'esprit. * grand mal-aise. V. *anxietas.*
† Aodon, *s. m.* 4ᵉ. genre de poissons à mâchoires sans dents.
Aonides, *s. f. pl.* les Muses. V.
Aorant, *adj.* (*vieux*) suppliant. V.
Aoriste, *s. m.* t. de gramm. prétérit simple, *ex.* je fus. *prononcez* oriste. *aoristus.*
Aorte, *s. f.* t. d'anat. artère ; canal qui part du cœur et porte le sang dans toutes les parties du corps. *aorta.* * vaisseau ; coffre. G.
† Aourou-couraou, *s. m.* très-beau perroquet de la Guianne.
Août, *s. m.* huitième mois de l'année grégorienne ; moisson. *mensis augustus.*
Aoûter, *v. a.* té. e, *p.* t. de jard. faire mûrir au soleil d'août. (*le participe seul est usité*).
Aoûteron, *s. m.* moissonneur.
Apagogie, *s. f.* démonstration *ab absurdo*, par l'absurdité du contraire. C. G. RR. CO. V.
Apaisanteur, *s. m.* qui apaise. V.
Apaiser, *v. a.* sé. e, *p.* adoucir, calmer. *sedare.* (s'), *v. r.* *mitescere.* * et appaiser. G. R.
Apalachine, *s. f.* ou cassine, plante, thé des Apalaches.
† Apalanche, *s. m.* plante de la famille des sapotilles. *prinos.*
Apalath, *s. m.* plante médicinale. voy. aspalathe.
† Apalike, *s. f.* poisson du genre du clupe. *apalika.*
Apanage, *s. m.* (terres en) données par un souverain à ses puînés ; suite, dépendances. *fiduciaria possessio.*
Apanager, *v. a.* gé. e, *p.* donner un apanage. *fiduciariam possessionem dare.*
Apanagiste, *s. m.* qui a un apanage.
Apantropie, *s. f.* misantropie par maladie. * apanthropie. A. C. G. R. CO. V. *apantropia.*
† Apar, *s. m.* espace de tatou dont la cuirasse est de trois bandes.
† Aparine, *s. f.* famille de plantes qui comprend la garence, le caille-lait, etc. *aparina.*
A part, *adv.* séparément. * à-part. C.
Aparté, *s. m. sing.* et *pl.* paroles dites à part soi. *seorsùm.*
† Apates, *s. m. pl.* insectes coléoptères de l'espèce des bostriches. *apatus.*
Apathie, *s. f.* indolence, insensibilité. *affectuum vacuitas.*
Apathique, *adj.* 2 *g.* insensible à tout ; indolent.
Apathiste, *s. m.* partisan de l'apathie. C.
† Apatite, *s. f.* pierre qui contient de l'acide phosphorique et de la chaux ; phosphate calcaire ; chrysolithe, *s. m.* phosphate calcaire cristallisé régulièrement.
Apaturies, *s. f. pl.* fêtes de Bacchus à Athènes.
Apéchême, *s. m.* fracture du crâne, contre-coup. V.
Apedeute, *s. m.* ignorant. * apédeute. R. G. C. apédente. V.
Apédeutisme, *s. m.* ignorance par défaut d'instruction. * apédeutisme. R. G. C. CO. apédentisme. V.
† Apenienrisme, *s. m.* exil ou absence d'une année entière.
Apens, voy. guet-apens. * guet-appens. R. G.
Apepsie, *s. f.* indigestion continuelle, habituelle, t. de médec.
Aperception, *s. f.* (de soi-même), conscience immédiate ; sentiment intérieur, intime de sa propre conscience. K.
Apercevable, *adj.* 2 *g.* qui peut être aperçu. *aspectabilis.*
Apercevance, *s. f.* faculté d'apercevoir. A.
Apercevoir, *v. a.* çu. e, *p.* commencer à voir ; découvrir ; comprendre. *perspicere.* (s'), *v. r.* connoître ; remarquer. *animadvertere.* * appercevoir. V.
Apercher, *v. a.* ché. e, *p.* remarquer l'endroit où un oiseau passe la nuit, t. d'oisel. AL. R. V.
† Aperçoir, *s. m.* plaque de la meule d'épinglier.
Aperçu, *s. m.* première vue ; exposé sommaire. A. C. V. * apperçu. V. *perspectus.*
Apéréa, *s. m.* quadrupède du Brésil qui tient du rat et du lapin.
Apéritif. ve, *adj.* qui ouvre, facilite les sécrétions. *meabilis.*
Apéritoire, *s. f.* t. d'épinglier, plaque du tour pour faire la pointe.
Apertement, *adv.* manifestement, ouvertement. V.
† Apertise, *s. f.* (*nouv.*) dextérité, capacité.
Apétale, *adj.* sans pétale, voy. pétale. A.
Apetissement, *s. m.* diminution, affoiblissement par l'éloignement ; exténuation. G. C. V. * appetissement. V. *imminutio.*

Apetisser, *v. a.* sé. e, *p.* rendre plus petit. *imminuere.* (s'), *v. r.* devenir moindre, plus petit. *imminui.*

À peu près, *adv.* environ; presqu'entièrement. * à-peu-près. C.

Aphanes, *s. m. pl.* plantes. L.

Aphelie, *s. m.* le plus grand éloignement d'un corps céleste d'un autre. * aphélie. A. C. R. G. V. CO. AL.

†Aphellan, *s. m.* la plus belle étoile des gémeaux.

Apherèse, *s. f.* t. de gramm. suppression de la première syllabe. * aphérese. R. aphérèse. A. C. G. V.

†Aphidivore, *adj.* 2 *g.* qui mange les pucerons.

†Aphilanthropie, *s. f.* premier degré de la mélancolie. *aphilantrophia.*

Aphis, *s. m.* espèce d'insecte. L.

†Aphitée, *s. f.* plante parasite qui n'a que les parties de la fructification. *aphyteia.*

Aphonie, *s. f.* extinction de voix.

Aphorisme, *s. m.* sentence, maxime générale en peu de mots. *aphorismus.*

Aphoristique, *adj.* 2 *g.* de l'aphorisme. C. G.

†Aphracte, *s. m.* navire à un seul rang de rames.

†Aphrizit, *s. m.* tourmaline.

Aphrodisiaque, *adj.* 2 *g.* de Vénus; de perle; qui excite à l'amour. B.

†Aphrodisiasme, *s. m.* coït. *aphrodisiasmus.*

Aphrodisies, *s. f. pl.* fêtes de Vénus. V.

Aphrodite, *s. f.* insecte. L. * *adj.* plante; animal qui se reproduit sans acte extérieur de génération. — espèce de chenille de mer, ou ver, zoophite en œuf, à pointes pourpres et poils jaune-verts. (Vénus) née de l'écume.

†Aphronatron, *s. m.* sel mural.

Aphrouille, *s. f.* plante, sa racine qui fait uriner.

Aphronitre, *s. m.* écume subtile de nitre. G.

†Aphtartes, *s. m. pl.* ou incorruptibles, hérétiques du 6e. siècle.

Aphte, *s. m.* petit ulcère, mal dans la bouche * *pl.* aphtes. R. aphthes. RR.

†Aphteux. se, *adj.* (fièvre) de l'exanthême.

†Aphye, *s. m.* très-petit poisson du genre du cyprin.

Aphylle, *adj.* 2 *g.* ou infeuillé, qui n'a pas de feuilles. AL.

Api, *s. m.* (pomme d'), rouge et blanche, petite. *malum apiolum.* espèce d'ache. *apium.*

À pic, *adv.* perpendiculaire. * à-pic. C.

Apiétrir, *v. a.* tri. e, *p.* décroître, dépérir. V.

†Apilepsie, *s. f.* apoplexie.

†Apinel, *s. m.* racine d'Amérique qui fait fuir les serpens et les tue quand ils la mordent.

Apiquer, *v. a. n.* qué. e, *p.* le cable d'un vaisseau apique quand il est au-dessus de l'ancre. G.

Apis, *s. m.* bœuf adoré par les Egyptiens.

†Apiter, *v. a.* té. e, *p.* (*vieux*) attendrir.

Apitoyer, *v. a.* yé. e, *p.* affecter de pitié, exciter la pitié. A. (s'), *v. r.* V.

†Aplaigner, *v. a.* gné. e, *p.* tirer les poils du drap avec les chardons.

Aplaigneur, *s. m.* celui qui aplaigne. AL.

Aplaner, *v. a.* né. e, *p.* t. de manuf. faire venir la laine. R. G. C. V. * applaner. V.

Aplaneur, *s. m.* qui aplane. G. C. V. * applaneur. V.

Aplanir, *v. a.* ni. e, *p.* mettre de niveau, unir, égaler; lever les obstacles. *explanare.* (s'), *v. r. æquari.* * applanir. V.

Aplanissement, *s. m.* action d'aplanir, ses effets. * applanissement. V. *complanatio.*

Aplanisseur, *s. m.* t. de manuf. qui aplanit. R. G. C. * applanisseur. V.

Aplatir, *v. a.* ti. e, *p.* rendre plat. *complanare.* (s'), *v. r.* devenir plat. *complanari.* * applatir. V.

Aplatissement, *s. m.* action d'aplatir, ses effets. * applatissement. V.

Aplester, *v. a.* té. e, *p.* déployer, étendre les voiles. R. G. C. V. CO.

†Aplestie, *s. f.* insatiabilité. *aplestia.*

Aplets, *s. m. pl.* filets pour le hareng. G. C. V.

Aplomb, *s. m.* ligne perpendiculaire à l'horizon. *perpendiculum.*

†Aplome, *s. m.* substance minérale peu connue, brune, différente du grenat.

†Aplude, *s. f.* genre de plantes graminées. *apluda.*

†Aplysies, *s. f. pl.* 3e. genre de mollusques gastéropodes. *aplysiæ.*

Apnée, *s. f.* défaut de respiration. G. CO. V. RR. *apnœa.*

Apobomies, *s. f. pl.* fêtes grecques. V.

Apocalypse, *s. f.* révélation; livre du Nouveau-Testament; obscurité, mystère. *apocalypsis.*

Apocalyptique, *adj.* 2 *g.* de l'apocalypse.

†Apocénose, *s. f.* évacuation contre nature. *apocenosis.*

†Apocinées, *s. f. pl.* famille de plantes analogues à l'apocyn.

Apoco, *s. m.* inepte et babillard. A. V.

A-poco, *s. m.* mal habillé. V.

Apocope, *s. f.* t. de gramm. retranchement à la fin du mot. * t. de chirur. fracture avec esquille. G.

Apocrisiaire, *s. m.* agent d'un prince; trésorier d'un monastère. G. V.

Apocroustique, *s. m.* t. de méd. qui chasse les humeurs malignes. G. V. RR.

Apocryphe, *adj.* 2 *g.* inconnu; caché; supposé; suspect. *apocryphus.*

Apocyn, *s. m.* plante, ouate, herbe à la houette; son fruit gros comme le poing, oblong, en gaîne, renferme de la ouate qu'on peut filer. *apocynum.* -gobemouche; lorsqu'une abeille pénètre au fond de sa fleur en cloche, les pétales se ferment et la retiennent. * ou apocin. A. R.

Apodacrytique, *adj. s.* 2 *g.* faux critique. V.

Apode, *s. m.* hirondelle de mer. * *pl.* poissons à squelette osseux, sans nageoires ventrales, du 3e. genre. L.

Apodictique, *adj.* (certitude) qui repose sur les raisonnemens, les principes; t. de log. démonstratif, convaincant, évident; t. didactique.

†Apodioxis, *s. f.* tour par lequel on rejette avec indignation un argument comme absurde.

†Apodose, *s. f.* seconde partie d'une période.

Apogée, *s. m.* le plus grand éloignement d'un astre de la terre; le plus haut degré d'élévation. *apogeum.*

Apographe, *s. m.* copie d'un livre, d'un original.

Apointisser, *v. a.* sé. e, *p.* (*popul.*) rendre pointu. R.

†Apojove, *s. m.* point du plus grand éloignement d'un satellite de Jupiter, de cet astre.

Apollinaire, *adj.* 2 *g.* en l'honneur d'Apollon. G. V.

Apollinaristes, *s. m. pl.* sectaires qui ne croient pas à l'incarnation du Christ. G. C. V.

†Apollo, apollon, *s. m.* espèce de théorbe à 20 cordes.

Apollon, *s. m.* dieu du Parnasse. *Apollo.* * *fig.* grand poëte; robe de chambre très-courte. G. * insecte; l'un des plus grands papillons de jour, papillon des Alpes. *alpicola.* L.

Apollonies, *s. f. pl.* fêtes d'Apollon. V.

Apologétique, *adj.* 2 *g. s.* qui contient une apologie. *defensio.*

Apologie, *s. f.* éloge; justification. *defensio.*

Apologique, *adj.* 2 *g.* qui tient de l'apologie. R.

Apologiste, *s. m.* qui prend la défense, qui justifie. *defensor.*

Apologue, *s. m.* fable morale et instructive. *apologus.*

Apoltronir, *v. a.* ni. e, *p.* t. de fauc. couper les serres. R. G. C. * apoltronnir. V.

†Apolytique, *s. m.* refrain qui termine des parties de l'office.

Apomécométrie, *s. f.* art de mesurer les objets éloignés. R.

†Apomytose, *s. m.* ébrouement.

†Aponévrographie, *s. f.* description des aponévrôses. *aponeurographia.*

†Aponévrologie, *s. f.* traité sur les aponévroses.

Aponevrose, *s. f.* expansion d'un muscle. * aponévrose. A. G. V. C. aponeurôse. R. *aponeurosis.*

Aponévrotique, *adj.* 2 *g.* de l'aponévrose. G. C. * aponeurotique. R. *aponeuroticus.*

†Aponévrotomie, *s. f.* dissection des aponévroses.

†Aponoget, *s. m.* genre de plantes de la famille des gouets. *aponogeton.*

†Apophane, *adj.* (cristal) dont les facettes ou les arêtes indiquent le noyau.

†Apophlegmatisante, *adj. f.* (plante) masticatoire, évacuant le phlegme.

Apophlegmatisme, *s. m.* t. de méd. salivant. R.

Apophthegme, *s. m.* dit notable, sentence, maxime. *apophthegma.*

Apophyge, *s. f.* t. d'archit. sortie de la base. R. G. C.

Apophyse, *s. f.* t. d'anat. saillie d'un os. *apophysis.*

Apoplectique, *adj. s.* 2 *g.* de l'apoplexie, qui en est attaqué. *attonitus.*

Apoplexie, *s. f.* privation du mouvement et du sentiment. * apoplexie. A. R. G. C. *apoplexia.*

†Apopsychie, *s. f.* opsychie.

Apore, *s. m.* problème difficile à résoudre. R. G. V.

†Aporie, *s. f.* dubitation.

†Aporisme. voy. apore.

†Aposcepsie, *s. f.* transmigration des humeurs. *aposcepsis.*

Aposiopèse, *s. f.* t. de rhétor. ellipse, réticence, omission, prétérition. * aposiopèse. R. *aposiopesis.*

†Apositie, *s. f.* anorexie. *apositia.*

†Apostase, *s. m.* amas de pus sans inflammation. *apostasia.*

Apostasie, *s. f.* action d'apostasier. *religionis suæ desertio.*

Apostasier, *v. n.* renoncer à sa religion, à ses vœux. *religionem suam deserere.*

Apostat, *adj. s. m.* qui a apostasié. *religionis suæ desertor.* * apostat. e. G.

Apostème (*abusivem.* apostume), *s. m.* enflure avec putréfaction. G. C. * apostême. R. apostume. V. *apostema.*

Aposter, *v. a.* té. e, *p.* mettre quelqu'un pour épier, observer, surprendre, tromper ou insulter. G. C. V. *adornare.*

Apostillateur, *s. m.* qui apostille. G. C. V.

Apostille, *s. f.* petite note, addition marginale; addition. * recommandation en marge d'un mémoire. *annotatio.*

Apostiller, *v. a.* lé. e, *p.* mettre une apostille. *notas apponere.*

Apostis, *s. m.* t. de mar. pièces de bois sur les côtés d'une galère. G. C.

Apostolat, *s. m.* ministère d'un apôtre. *apostolatus.*

Apostole, *s. m.* (*vieux*) apôtre. V.

†Apostolin, *s. m.* religieux. RR.

Apostolique, *adj.* 2 *g.* qui tient de l'apôtre. *apostolicus.*

Apostoliquement, *adv.* à la manière des apôtres. *apostolorum more.*
†Apostoliser, *v. n.* prêcher pour convertir.
†Apostolorum, *s. m.* sorte d'onguent.
Apostrophe, *s. f.* indice d'élision; partie de discours adressée à quelqu'un; reproche, réprimande. *apostrophus.*
Apostropher, *v. a.* phé. e, *p.* se détourner de son discours pour adresser la parole à quelqu'un; insulter, faire des reproches. *compellare aliquem.*
Apostume. voy. apostème.
Apostumer, *v. n.* mé. e, *p.* se former en apostème. *suppurare.*
†Apotactites ou apotactiques, *s. m. pl.* sectaires qui renonçoient à tous les biens.
†Apothême, *s. f.* perpendiculaire menée du centre d'un polygone régulier sur un de ses côtés.
Apothéose, *s. f.* déification; éloge outré, honneurs excessifs. * apothéôse. R. *apotheosis.*
Apothéoser, *v. a.* sé. e, *p.* mettre au rang des dieux. V. * apothéôser. R.
†Apothèse, *s. f.* action de bien replacer un membre rompu. *apothesis.*
Apothicaire, *s. m.* celui qui prépare et vend les remèdes. * *f.* apothicaresse. R. C. apothicairesse. RR. G. *medicamentarius. -ria.*
Apothicairerie, *s. f.* magasin de drogues. *pharmacopolium.* art de l'apothicaire.
Apotome, *s. m.* t. d'alg. différence de quantités incommensurables, additionnées; t. de mus. ce qui reste d'un ton majeur, le limma retranché. R. G. C. V.
Apôtre, *s. m.* disciple du Christ; missionnaire; prédicateur zélé. *apostolus.*
Apotropéen. péene, *adj.* qui détourne le mal. R.
Apozème, *s. m.* décoction d'herbes médicinales. * apozême. G. apozeme. R. *apozema.*
†Appaillarder (s'), *v. pers.* devenir paillard.
†Apparager (s'), *v. pers.* (*nouv.*) se comparer à quelqu'un.
Apparat, *s. m.* pompe, éclat d'un discours, d'une action. *apparatus.* * dictionnaire latin et françois, et françois et latin. C.
Apparaux, *s. m. pl.* agrès, artillerie d'un vaisseau. *armamenta.*
Appareil, *s. m.* apprêt, préparatif; emplâtre; collection de machines; hauteur d'une pierre. *apparatio.*
Appareillage, *s. m.* t. de marine. R.
Appareillée, *s. f.* voile mise au vent. AL.
Appareiller, *v. a.* lé. e, *p.* apprêter; assortir; joindre ensemble. *parem pari jungere.* * t. de manuf. faire le mélange des laines; égaliser. AL. *v. n.* t. de mar. mettre à la voile; t. d'arch (s'), *v. r.* se joindre. * voy. apareiller. R.
Appareilleur, *s. m.* qui trace les pierres; qui apprête les bas; outil de fabricant de peignes. *s. f.* qui débauche les filles.
Apparemment, *adv.* selon les apparences, vraisemblablement. *probabiliter.*
Apparence, *s. f.* extérieur, dehors des choses; probabilité, vraisemblance. *species.*
Apparence (en), *adv.* au dehors. * en-apparence. C. *in speciem.*
Apparent. e, *adj.* visible, évident, manifeste, remarquable, considérable; spécieux. *apertus.*
Apparenté. e, *adj.* allié. G. C.
Apparenter, *v. a.* té. e, *p.* donner des parens. A. V. (s'), *v. réc. pron.* s'allier à. *cognatione conjungi.* * aparenter. R.
Apparesser, *v. a.* sé. e, *p.* rendre paresseux. G. C. (s'), *v. pron.* devenir paresseux. T. * aparesser. R.
Appariement, *s. m.* action d'apparier, d'assortir, * apariment. R. ou appariment. A.
Apparier, *v. a.* tié. e, *p.* assortir, unir par paires; accoupler. *par pari jungere.* (s'), *v. r.* s'accoupler. *copulari.* * aparier. R.
Apparieuse, *s. f.* qui fait des mariages. V.
Appariteur, *s. m.* sergent ecclésiastique, bedeau. * officier dans les fêtes publiques (*nouveau*). *apparitor.*
Apparition, *s. f.* manifestation d'une chose invisible; d'esprit, d'une comète. *visio.* * séjour d'un moment. B.
Apparitoire, *s. f.* pariétaire. V. * aparitoire. R.
Apparoir, *v. n.* être évident, manifeste; t. de prat. il appert. (*seul usité.*)
Apparoître, *v. n.* ru. e, *p.* devenir visible, se montrer, se faire voir. *apparere.* (s'), *v. imp.* s'imaginer, trouver que, notifier. G. * apparaître. C.
Apparoner, *v. a.* né. e, *p.* jauger, mesurer. C. * aparoner. R.
Appartement, *s. m.* portion de maison; ensemble de pièces; étage. * apartement. R. *ædium pars.*
Appartenance, *s. f.* ce qui appartient à, dépend de. *accessio. pl.* les droits de quelqu'un. * apartenance. R.
Appartenant. e, *adj.* qui appartient de droit à.
Appartenir, *v. n.* être de droit à quelqu'un; avoir une relation; être parent, allié, domestique de. *v. impers.* être de droit, de devoir. *pertinere.*
Appas, *s. m. pl.* charmes puissans. *illecebræ.* * ce qui plaît, attire. CO. * apas. R.
Appât, *s. m.* morceau d'aliment mis dans un piége; ce qui attire, engage. *illex.* -de vase, poisson du genre de l'ammodyte. * apât. R.
Appâteler, *v. a.* (*vieux*) voy. appâter. G. C. * apâteler. R.
Appâter, *v. a.* té. e, *p.* attirer avec l'appât; donner à manger aux animaux, à celui qui ne peut se servir de ses mains. * apâter. R. *ingerere cibum.*
Appaumé. e, *adj.* t. de blas. (main) vue en dedans.
Appauvrir, *v. a.* vri. e, *p.* rendre pauvre, moins fertile, moins vigoureux. *depauperare.* (s'), *v. r.* * apauvrir. R.
Appauvrissement, *s. m.* indigence; état progressif de pauvreté. * apauvrissement. R. *bonorum jactura.*
Appeau, *s. m.* oiseau qui appelle les autres; petit instrument pour imiter leur cri; feuille mince d'étain; petite cloche. *allector.*
Appel, *s. m.* recours à un juge supérieur; défi; cartel; signal pour appeler; appellation à haute voix. *provocatio.* * arbre du Malabar. B.
Appelant. e, *adj. s.* qui appelle, qui sert d'appeau. *provocator.*
Appeler, *v. a.* lé. e, *p.* nommer à haute voix; faire l'appel; mander, faire venir; faire un appel; exciter; citer; destiner; faire monter à. *appellare.* *v. n.* interjeter un appel. (s'), *v. pers.* porter un nom.
†Appelet, *s. m.* corde garnie de lignes et d'hameçons.
Appellatif, *adj.* t. de gramm. (nom) qui convient à toute une espèce.
Appellation, *s. f.* appel; action d'épeler.
Appelles, *s. m. pl.* t. de fleuriste. RR.
†Appendances, *s. m. pl.* héritage nouvellement acquis.
Appendice, *s. m.* supplément; ce qui tient à. * intestin. *sing. m. pl. f.* * ou appendix. A. *appendix.*
†Appendicule, *s. m.* petit appendice. *-dicula.*
†Appendiculé, *adj.* (pétiole) terminé par des appendices.
Appendre, *v. a.* du. e, *p.* attacher à, suspendre à. *appendere.*
†Appenser, *v. a.* sé. e, *p.* (*nouv.*) méditer avant d'agir.
Appentis, *s. m.* petit toit contre un mur. *appendix ædium.*
Apperception, *s. f.* acte de l'ame qui se considère comme le sujet qui a telle perception. AL.
Appert (il), *v. impers.* il est manifeste. R. *constat.*
Appesantir, *v. a.* ti. e, *p.* rendre plus lourd. *aggravare.* (s'), *v. r.* devenir moins vif; s'arrêter long-temps sur. *ingravescere.*
Appesantissement, *s. m.* état d'une personne appesantie.
Appétence, *s. f.* désir violent et naturel par instinct.
Appéter, *v. a.* té. e, *p.* désirer vivement par instinct, par besoin physique. *appetere.*
Appétibilité, *s. f.* t. de philosophie. R. C.
Appétible, *adj.* 2 *g.* désirable. C.
Appétis, *s. m. pl.* petits oignons. C.
Appétissant. e, *adj.* qui excite l'appétit, le réveille. *palatum acuens.*
Appétit, *s. m.* désir de manger; inclination de l'ame pour satisfaire les sens; désir ardent; goût. *appetentia. appetitus.*
Appétit de (à l'), *adv.* par envie d'épargner.
Appétitif. ve, *adj.* concupiscible. C. R.
Appétition, *s. f.* passion de l'ame. R.
Appiécement, *s. m.* rapiécetage. C.
Appiécer, *v. a.* cé. e, *p.* rapiéceter. C.
Appiétrir, *v. pron.* perdre de sa bonté, de sa qualité, t. de commerce. AL.
†Applatisserie, *s. f.* atelier où l'on prépare les barres de fer.
†Applatissoir, *s. m.* voy. laminoir.
†Applatissoires, *s. f. pl.* cylindre pour applatir le fer.
Applaudir, *v. a.* di. e, *p.* battre des mains pour approuver; approuver. *plaudere.* (s'), *v. r.* se féliciter, se glorifier. *sibi plaudere.*
Applaudissement, *s. m.* grande approbation exprimée hautement; battemens de mains. *applausus.*
Applaudisseur, *s. m.* qui applaudit beaucoup. V. C.
Applicable, *adj.* qui doit ou peut être appliqué à. *attributus.*
Application, *s. f.* action d'appliquer une chose à, sur une autre; adaptation d'une maxime; attention. *applicatio.*
Applique, *s. f.* ornement de pierres précieuses; t. d'orf. tout ce qui s'applique, s'assemble. R. G. C.
Appliquée, *s. f.* ligne droite terminée par une courbe dont elle coupe le diamètre. AL.
Appliquer, *v. a.* qué. e, *p.* mettre une chose sur une autre; adapter; donner; conférer, consacrer; destiner; attacher l'esprit à. *applicare.* * placer une ligne dans le périmètre d'une figure. AL. (s'), *v. r.* s'attacher, s'approprier; s'attribuer; se poser sur. *sibi attribuere.*
Appoint, *s. m.* complément d'une somme, t. de finance. * apoint. R.
Appointé, *s. m.* qui a plus forte paye. *duplicarius.* -té. e, *adj. s.* t. de prat. à juger sur rapport; t. de blas. placé pointe contre pointe. * apointé. R.
Appointement, *s. m.* salaire annuel. *stipendium.* règlement en justice sur un appointé. * apointement. R.
Appointer, *v. a.* té. e, *p.* accommoder à l'amiable; régler par un appointement. *litem ampliare.* donner des appointemens; t. de métiers, fouler, plier. * apointer. R.
Appointeur, *s. m.* juge qui fait appointer pour

prévariquer. G. C. V.

Appondure, *s. f.* perche qui entre dans la composition d'un train de bois. AL.

Apport, *s. m.* marché; concours de marchands. *mercatus.*

Apportage, *s. m.* peine, salaire du porteur. T. V. *circumvectionis portorium.*

Apporter, *v. a.* té. e, *p.* porter au lieu où l'on est; causer; produire; employer; alléguer, annoncer. *apportare.*

Apports, *s. m. pl.* ce qu'une femme apporte en mariage. AL.

Apposer, *v. a.* sé. e, *p.* appliquer, mettre dessus. *apponere.*

Apposition, *s. f.* action d'apposer; t. de phys. jonction; t. de gramm. et de rhétor. union de deux substantifs. *appositio.*

Apprébender, *v. a.* dé. e, *p.* assurer une prébende. A.

†Appréciables, *adj. pl.* (sons) dont on peut sentir l'unisson et calculer l'intervalle.

Appréciateur, *s. m.* (juste), qui apprécie. *æstimator.*

Appréciatif. ve, *adj.* t. didact. avec choix; de préférence. G. * qui marque l'appréciation. V.

Appréciation, *s. f.* estimation de la valeur. *æstimatio.*

Apprécier, *v. a.* cié. e, *p.* estimer la valeur de. *æstimare.*

Appréhender, *v. a.* dé. e, *p.* prendre, saisir. *apprehendere.* craindre. *timere.*

Appréhensibilité, *s. f.* qualité de ce qui peut être saisi. V.

Appréhensif. ve, *adj.* (*vieux*) timide, craintif. G. V. RR. CO.

Appréhension, *s. f.* crainte; idée qu'on prend de... *timor.*

Apprendre, *v. a.* pris. e, *p. adj.* acquérir une connoissance; découvrir, pénétrer. *discere.* enseigner; confier à la mémoire, instruire; publier. *docere.*

Apprenti. e, *s.* qui apprend un métier; novice en quelque chose. * apprentif. ve. (*vieux*). *tirunculus. -cula.*

Apprentissage, *s. m.* état, occupation de celui qui apprend; durée de cet état; épreuve, essai. *tirocinium.*

Apprêt, *s. m.* préparatif; assaisonnement; affectation; manière d'apprêter, ce que l'on y emploie; t. d'arts, peinture sur verre; t. de métiers. *apparatio.*

Apprête, *s. f.* (*peu usité*) mouillette de pain.

Apprêter, *v. a.* té. e, *p.* préparer; assaisonner; dresser; mettre en état; donner l'apprêt. *parare.* *v. n.* prêter à rire. *risum concitare.* (s'), *v. r.* se préparer. *se parare.*

Apprêteur, *s. m.* t. d'arts, qui apprête; qui donne l'apprêt; peintre sur verre.

†Apprêtoir, *s. m.* selle pour apprêter l'étain.

Apprise, *s. f.* t. de prat. prisé, apprécié. G. C.

Apprivoisement, *s. m.* (*inus.*) action d'apprivoiser. G. C. * aprivoisement. E.

Apprivoiser, *v. a.* sé. e, *p.* rendre doux, moins farouche, plus traitable. *mansuefacere.* (s'), se rendre plus familier, s'accoutumer. *mansuefieri.* * aprivoiser. R.

Approbateur, *s. m.* (*peu usité*), qui approuve. *approbator.* * approbatrice, *s. f.* A. G. R. V. (*inusité.*)

Approbatif. ve, *adj.* qui marque l'approbation.

Approbation, *s. f.* consentement à; jugement, témoignage favorable. *approbatio.*

Approchant. e, *adj.* qui est peu différent de... *accedens.*

Approchant, *adv. prép.* environ, à peu près.

Approche, *s. f.* mouvement par lequel on avance vers; t. d'impr. écart de deux lettres d'un même mot, contact de deux mots; t. de métiers. *approximatio.* *pl.* préparatifs pour un siége.

Approcher, *v. a.* ché. e, *p.* avancer vers, mettre proche; t. de mon. donner le poids légal: être en faveur; atteindre. *appropinquare.* *v. n.* devenir proche; avancer; avoir du rapport, ressembler. *accedere.* (s'), *v. r.* s'avancer auprès.

Approfondir, *v. a.* di. e, *p.* rendre plus profond, creuser; examiner à fond; pénétrer plus avant. *excavare.* * aprofondir. R.

Approfondissement, *s. m.* (*inus.*) action d'approfondir. G. C. *excavatio.* * aprofondissement. R.

Appropriance, *s. f.* t. de prat. prise de possession. G.

Appropriation, *s. f.* action de s'approprier; t. de chim. union de deux corps par l'addition d'un troisième. *vindicatio.*

Approprier, *v. a.* prié. e, *p.* proportionner, conformer, ajuster, agencer; faire cadrer; marquer la propriété. *concinnare.* (s'), *v. r.* usurper la propriété; se rendre propre. *usurpare.* * s'accommoder. (*inus.*) G.

Approuver, *v. a.* vé. e, *p.* agréer, donner son consentement, son approbation à; juger louable, autoriser. *approbare.*

Approvisionnement, *s. m.* fourniture des choses nécessaires à une armée, etc. * aprovisionement. R. *rerum comparatio.*

Approvisionner, *v. a.* né. e, *p.* faire, fournir un approvisionnement. *res comparare.* * aprovisioner. R.

Approvisionneur, *s. m.* qui fait l'approvisionnement. C.

Approximation, *s. f.* t. de mathém. calcul, valeur approchée.

Approximer, *v. a.* mé. e, *p.* être très-voisin. A.

Appui, *s. m.* soutien, support; aide, secours, protection; faveur; protecteur; t. de manége. * apui. R. *fulcrum.*

Appui-main, *s. m.* baguette de peintre. * apui. R.

†Appulse, *s. m.* proximité de la lune à une étoile.

Appuyer, *v. a.* yé. e, *p.* soutenir avec un appui; poser sur; aider, protéger, favoriser; insister, peser sur. *fulcire.* (s'), *v. r.* se soutenir sur, se reposer sur. *niti.* *v. n.* être posé sur. *— les chiens, t. de vén. les suivre, les diriger, les encourager. B. * apuier. R.

†Appuyoir, *s. m.* outil de bois pour souder le fer blanc.

Âpre, *adj. 2 g.* rude au goût, au toucher; raboteux; ardent; violent; incommode, difficile; désagréable; avide. *asper.* *s. m.* serpent du 3ᵉ. genre, à tache noire et fourchue sur la tête.

Apre, *s. m.* petit poisson à écailles rudes. *asper.* * monnoie de Turquie. G.

Aprêle, *s. f.* sorte d'herbe.

Âprement, *adv.* d'une manière âpre, violente, ardente, rude. *asperè.*

Après, *adv. prép. d'ordre et de lieu.* ensuite; sur; contre; à la poursuite. * aprés. V. *post.*

Après (ci-), *adv.* ensuite, dans la suite. *infrà.*

Après coup, *adv.* trop tard. après tout, *adv.* tout bien considéré. * après-coup. C. RR.

Après-demain, *adv.* le 2ᵉ. jour après le jour présent. *perendinâ die.*

Après-dînée, *s. f.* depuis le dîner jusqu'au soir. * et après dîner, *s. m.* R.

Après-midi, *s. f.* depuis midi jusqu'au soir. * *s. m.* CO.

Après-que, *conj.* après-quoi, *adv.* C. R.

Après-soupée, *s. f.* le temps entre le souper et le coucher. * et après-souper. R. G.

Après tout, *adv.* cependant. * après-tout. C.

Âpreté, *s. f.* qualité de tout ce qui est âpre. *asperitas.*

Apron, *s. m.* poisson d'eau douce, du genre du persègue, espèce de petite perche. *asper.*

Aproxit, *s. f.* plante.

†Apsichet, *s. m.* languette saillante pour retenir les glaces des voitures.

Apsides, *s. m. pl.* points de l'orbite d'un astre le plus près et le plus loin d'un autre. * absides. T. *s. f.* RR.

†Apsychie, *s. f.* lipothymie.

Apte, *adj. 2 g.* propre à quelque chose; t. de pratique. *aptus.*

Aptères, *s. m. pl.* insectes sans ailes. L.

Aptitude, *s. f.* disposition naturelle pour quelque chose; t. de prat. capacité, habileté, droit. *habilitas.*

†Aptumiste, *adj. s.* (*nouv.*) propre à tout.

Apurement, *s. m.* reddition finale et solde d'un compte. *rationum confectio.*

Apurer, *v. a.* ré. e, *p.* rendre un compte net. *rationes conficere.* lever les charges; t. de doreur, affiner, purifier.

†Apus, *s. m. pl.* insectes crustacés qui n'adhèrent que par la partie antérieure au bouclier.

†Aputé-juba, *s. m.* 3ᵉ. espèce de perruche à queue longue et inégale.

Apyre, *adj. 2 g.* qui résiste au feu, ne s'y altère pas; réfractaire. * *s. f.* argile, terre à porcelaine. L.

†Apyrectique, *adj. 2 g.* sans fièvre.

Apyrexie, *s. f.* intermission, cessation de la fièvre. G. V. CO. RR.

Aquador, *s. m.* poisson volant. R.

†Aquariens, *s. m. pl.* hérétiques qui n'employoient que l'eau dans l'Eucharistie.

†Aquart, *s. m.* genre de plantes de la famille des solanum. *aquartia.*

Aquatile, *adj. 2 g.* qui naît et vit dans l'eau. G. RR. *aquatilis.*

Aquatique, *adj. 2 g.* plein d'eau; qui habite l'eau. *aquaticus.*

†Aque ou acque, *s. m.* bateau du Rhin.

Aqueduc, *s. m.* canal pour conduire les eaux. * aquéduc. A. *aquæductus.*

†Aquerestes, *s. f. pl.* ouvrières qui mettent l'apprêt, réparent les lignes.

†Aquette, *s. f.* eau aromatique d'Italie.

Aqueux. se, *adj.* plein d'eau, de la nature de l'eau, qui a trop d'eau. *aquosus.*

Aquila-alba, *s. f.* t. de chim. sublimés blancs; mercure sublimé doux; muriate de mercure sublimé.

†Aquilice ou aqualice, *s. m.* sureau des Indes. *aquilicium.*

Aquilin, *adj.* (nez) en bec d'aigle. *aquilinus.*

Aquilon, *s. m.* vent du nord. * *pl.* vents froids. *aquilo.*

Aquilonaire, *adj. 2 g.* d'aquilon, boréal. * aquilonnaire. AL. *aquilonaris.*

†Aquiqui, *s. m.* grand sapajou à barbe fort longue, arrangée comme au ciseau.

Ara ou aras, *s. m.* perroquet à forte taille et grande queue; il y en a de bleux, de noirs très-rares, de rouges, de verts et de variés. voy. hara.

†Arabara, *s. m.* grand sapajou rouge.

Arabe. sse, *s.* langue, peuple d'Arabie. * dur, avare. *arabs.*

Arabesque, *adj. 2 g.* à la manière des Arabes. *arabicus.*

Arabesques, *s. m. pl.* t. de peint. ornemens en rinceaux et feuillages.

†Arabette, *s. f.* genre de plantes crucifères. *arabis.*

Arabique, *adj. 2 g.* (gomme, golfe) d'Arabie.

Arable, *adj.* 2 g. labourable. A. V.
†Araboutan, *s. m.* grand arbre qui donne le bois de Brésil pour teindre en rouge.
†Aracaris, *s. m. pl.* toucan de la petite espèce.
†Arachide, *s. m.* genre de plantes légumineuses. *arachis.*
†Arachnéides *ou* arachnides, *s. m. pl.* insectes crustacés, à huit pieds, sans métamorphose, yeux à la tête immédiatement. *unogata.*
†Arachnéololites, *s. m. pl.* cancre ou araignée de mer.
Arachnéosites, *s. m. pl.* fossiles. A. V.
Arachnoïde, *adj.* 2 g. (tunique) qui enveloppe le cristallin, t. d'anat. -*deus.* R.
Arack, *s. m.* tafia, liqueur faite avec du lait de cavale ou d'ânesse. * arac. A. ou arak. R.
†Arada, *s. m.* musicien de Cayenne, oiseau qui approche du fourmillier.
Araignée, *s. f.* insecte très-commun et d'espèces très-variées. -de mer, crustacée; poisson ou vivé; coquillage univalve, du genre du murex; t. de mine, travail par rameaux; platine de l'astrolabe; poulies. *araneus.*
†Araines, *s. f. pl.* trompettes anciennes.
Araires, *s. m. pl.* instrumens d'agriculture; charrue, etc. R.
Aralia, *s. f.* plante du Canada. *pl.* famille de plantes.
†Aralie, *s. f.* genre de plantes de la famille des vignes. *aralia.*
†Aramaque, *s. m.* poisson du genre du pleuronecte.
†Arambage, *s. m.* abordage d'un bâtiment ennemi.
Aramber, *v. a.* bé. e, *p.* accrocher un vaisseau pour venir à l'abordage. R. G. C. V. CO.
Aramer, *v. a.* mé. e, *p.* t. de manuf. mettre le drap sur un rouleau pour l'alonger. C. G. V.
†Aranée, *s. f.* minéral d'argent du Potose.
Aranéeux. se, *adj.* couvert de toiles d'araignée. DOMERGUE.
Arang, *s. m.* t. d'impr. ouvrier lent. G. C. * arrang. V.
Arantèles, *s. f. pl.* t. de vén. filandres aux pieds. * aranteles. R. arantiles. V.
Arasement, *s. m.* se dit de pièces de niveau.
Araser, *v. a.* sé. e, *p.* bâtir, conduire de niveau.
Arases, *s. f. pl.* pierres hors du niveau. G.
†Arate *ou* arobe, *s. m.* mesure d'Espagne, 29 livres.
Aratoire, *adj.* 2 g. de l'agriculture. A.
†Arauna, *s. m.* poisson du genre du chétodon.
Arbalestrille, *s. f.* instrument pour mesurer la hauteur des astres. * arbalêtille. R. ou arbalète. G.
Arbalète, *s. f.* arme de trait; arc d'acier monté sur un fût; arbalestrille. * arbalête. R. *balista.*
Arbaléter, *v. a.* té. e, *p.* t. d'archit. V. * arbalêter. R.
Arbalétrier, *s. m.* soldat armé d'une arbalète; t. d'archit. pièce de charpente. * arbalêtrier. R. *manubalistarius.*
Arbalétrière, *s. f.* poste d'un soldat sur une galère. G. * arbalêtiere. R.
†Arbelay, *s. m.* fer large de 4 pouces sur 13 de long.
†Arbenne, *s. f.* perdrix blanche des Alpes.
Arbitrage, *s. m.* jugement par arbitre; t. de commerce, comparaison des changes. *arbitrarium.*
Arbitraire, *adj.* 2 g. dépendant de la volonté. * (outil) à contre-sens pour former la même moulure. B. *arbitrarius.*
Arbitrairement, *adv.* d'une manière arbitraire. *arbitrio.*
Arbitral. e, *adj.* (sentence) d'arbitre. *arbitrorum judicium.*
Arbitralement, *adv.* par arbitres.
Arbitrateur, *s. m.* t. de droit, qui peut s'écarter des lois; amiable compositeur. G. C.
Arbitration, *s. f.* liquidation, estimation. V. G. RR.
Arbitre, *s. m.* juge choisi par les parties; maître absolu; faculté libre de choisir et de se déterminer. *arbiter.*
Arbitrer, *v. a.* tré. e, *p.* juger en qualité d'arbitre. *arbitrari.*
Arbolade, *s. f.* ragoût. G. RR. V.
†Arboradure, *s. f.* manœuvre pour élever les chèvres; t. de mécan.
Arborer, *v. a.* ré. e, *p.* planter haut et droit; se déclarer ouvertement pour un parti. *signum attollere.*
Arboribonze, *s. m.* bonze errant. R.
Arborisée, *adj. f.* (pierre) qui représente des feuilles. G. V. RR. * *s. f.* AL.
Arbouse, *s. f.* fruit de l'arbousier, semblable à la cerise. *arbutum.*
Arbousier, *s. m.* arbrisseau qui croît aux lieux pierreux et montagneux, dans le midi. *arbutus.*
Arbre, *s. m.* plante boiseuse; le plus grand des végétaux; axe. *arbor.* -de Judée *ou* gainier, à fleurs légumineuses, purpurines, gousses en gaines. *siliquastrum.* -poison. voy. bohonupas.
Arbre de Diane, *s. m.* arbre métallique, philosophique; mercure et argent arborisés par l'acide nitreux.
Arbrisseau, *s. m.* végétal au-dessous de l'arbre. *frutex.*
Arbrot, *s. m.* arbre garni de gluaux. RR. * arbret.
Arbuste, *s. m.* végétal au-dessous de l'arbrisseau. *arbuscula.*
Arc, *s. m.* arme; cintre; portion de courbe. *arcus.*
Arcade, *s. f.* longue voûte en arc; ouverture en arc. *fornix.*
Arcane, *s. m.* t. d'alch. opération mystérieuse. — corallin, préparation de mercure; cuivre mêlé à l'étain pour l'étamage. G.
Arcane, arcanée, *s. f.* craie rouge. * arcanne, *s. m.* V. R. *arcanum.*
Arcanson, *s. m.* ou bray sec, colophane, térébenthine. G. C. V.
†Arcassant, *s. m.* drogue médicinale de la Chine.
Arcasse, *s. f.* culasse de navire; mouffle. G. V. RR.
†Arcaune, *s. f.* minéral; sorte de craie rouge.
Arc-boutant, *s. m.* pilier en demi-arc; chef d'un parti; principal soutien; petit mât; t. de carrossier. *anteris.*
Arc-bouter, *v. a.* té. e, *p.* appuyer, soutenir.
Arc de triomphe *ou* arc triomphal, *s. m.* construction en arcade ornée d'inscriptions, de bas-reliefs. RR.
Arc-doubleau, *s. m.* arcade en saillie sur le creux d'une voûte.
Arceau, *s. m.* arc d'une voûte; anse de cordage. *arculus fornicis.*
Arc-en-ciel, *s. m.* arcs-en-ciel, *pl.* iris; météore composé de plusieurs bandes de couleurs formées par la réflexion des rayons du soleil dans les nuages. *arcus cœlestis.* * *pl.* arc-en-ciels. A. V. G. R. *indécl.* FÉRAUD.
†Arc-en-queue, *s. m.* oiseau.
†Arc-en-terre, *s. m.* iris formé sur la terre par la rosée, la pluie.
Archaïsme, *s. m.* mot antique, tour de phrase suranné. * archaïsme. A. R. G. C. *prononcez* arkaïsme.
Archal (fil d'), *s. m.* fil de métal. * fil-d'archal. *æs ductile.*
Archange, *s. m.* ange d'un ordre supérieur. *prononcez* arcange. *archangelus.*
Archangélique, *adj.* 2 g. de l'archange. C. V. * *s. f.* plante de plusieurs espèces.
Arche, *s. f.* voûte de pont. *arcus.* * -d'alliance, vaisseau de Noë; fourneau; coffre mystérieux. * coquille. L. 20ᵉ. genre des mollusques acéphales.
Archée, *s. f.* t. de physique générale, feu central; chaleur de la terre; principe de la vie. *arcus.*
†Archegaye, *s. f.* ancienne machine de guerre.
Archelet, *s. m.* petit archet; t. de métiers. G. V. * branche qui fixe le verveux. B.
Archéologie, *s. f.* traité sur les antiquités. V.
Archer, *s. m.* homme de guerre, soldat de police. *sagittarius.*
Archerot, *s. m.* (*vieux*) petit archer; cupidon.
Archet, *s. m.* arc de bois, de métal tendu par du crin ou une corde; châssis en arc; t. de métiers. *plectrum.*
Archétype, *s. m.* original, patron, modèle, étalon. *archetypum.*
†Archeure, *s. f.* courbure de l'encoulure, t. de manége.
Archevêché, *s. m.* juridiction de l'archevêque; son palais. *archiepiscopatus.* * archevêché. R.
Archevêque, *s. m.* prélat au-dessus de l'évêque, métropolitain. *archiepiscopus.*
Archi, *prép.* très, fort, grand; indice de supériorité. *archi.*
†Archiatre, *s. m.* médecin par excellence. *archiater.*
Archiacolythe, *s. m.* le premier acolythe. RR.
Archibigote, *s. f.* très-bigote. V.
Archicamérier, *s. m.* dignité à la cour de Rome. RR.
†Archicembalo, *s. m.* instrument de musique.
Archichambellan, *s. m.* grand chambellan.
Archicœur, *s. m.* cœur généreux. V.
Archiconfraternité, *s. f.* première confraternité. R. V.
Archidiaconat, *s. m.* grade ecclésiastique, office d'archidiacre. *archidiaconatus.*
Archidiaconé, *s. m.* juridiction ecclésiastique, partie d'un diocèse soumise à l'archidiacre.
Archidiacre, *s. m.* officier ecclésiastique. *archidiaconus.*
Archidiocésain, *adj.* qui dépend d'un archevêché. RR.
Archiduc. hesse, *s.* titre, le premier duc. *archidux.* -*ducissa.*
Archiduché, *s. m.* domaine de l'archiduc. *archiducatus.*
†Archie, *s. f.* principe, règle fondamentale.
Archiéchanson, *s. m.* dignité, grand échanson.
Archiépiscopal. e, *adj.* de l'archevêque. *archiepiscopalis.*
Archiépiscopat, *s. m.* dignité de l'archevêque. *archiepiscopatus.*
Archiérarque, *s. m.* le pape comme chef de la hiérachie de l'Eglise.
Archifou. folle, *adj.* extrêmement. fou. V.
Archifripon, *s. m.* fripon insigne. *insignis nebulo.*
†Archigrelin, *s. m.* cordage commis trois fois.
Archiligueur, *s. m.* ligueur zélé. V.
†Archiloquien, *adj. m.* (vers) inventé par Archiloque.
†Archiluth, *s. m.* grand luth pour l'accompagnement.
†Archimage, *s. m.* chef de la religion des Perses.
Archimandritat, *s. m.* dignité d'archimandrite.
Archimandrite, *s. m.* chef de troupeau; supérieur; abbé supérieur. *archimandrita.*
Archimaréchal, *s. m.* dignité; grand maréchal. G. V.
†Archimie, *s. f.* chimie appliquée aux métaux.
Archimime, *s. m.* maître-bouffon. R.

Archipatelin, *s. m.* fourbe très-adroit et très-exercé. V.

Archipédant, *s. m.* voy. pédant. C.

Archipel, *s. m.* endroit de la mer où il y a beaucoup d'îles; ces îles. *archipelagus.*

†Archipélage, *s. m.* ou archipelague, archipel.

Archipoète, *s. m.* (*terme burlesque*). V.

Archipompe, *s. f.* t. de mar. retranchement carré à fond de cale pour conserver les pompes.

Archipresbitéral. e, *adj.* de l'archiprêtre. * archipresbytéral. e. R. G. C.

Archipresbitérat, *s. m.* dignité de l'archiprêtre. R. G. C.

Archiprêtre, *s. m.* premier curé, premier prêtre. *archipresbiter.*

Archiprêtré, *s. m.* juridiction de l'archiprêtre.

†Archisynagogue, *s. m.* assesseur du patriarche grec.

Architecte, *s. m.* qui possède et exerce l'art de bâtir. *architectus.*

Architectonique, *s. f.* l'art de la construction. A.

Architectonographe, *s. m.* qui décrit un bâtiment. G.

Architectonographie, *s. f.* description d'un édifice; art de décrire les édifices. G.

†Architectoral. e, *adj.* de l'architecture.

Architecture, *s. f.* art de bâtir; disposition, ordonnance d'un bâtiment. *architectura.*

†Architoux, *s. f.* toux violente, coqueluche.

Architrave, *s. f.* t. d'archit. principale partie de l'entablement; t. de mar. base des termes. * *s. m. epistylium.*

Architravé. e, *adj.* t. d'archit. sans frise. G. C. V.

†Architravée, *s. f.* entablement dont on a supprimé la frise.

Architriclin, *s. m.* t. d'antiq. chargé de l'ordonnance d'un festin.

Architrône, *s. m.* le trône des trônes. V.

Archives, *s. f. pl.* anciens titres; dépôt d'actes, de lois. *tabularium.*

Archi-vilain, *s. m.* très-avare. A. G.

Archiviole, *s. f.* sorte de clavecin. G.

Archiviste, *s. m.* garde des archives. * ou archivaire. V. *chartophylax.*

Archivolte, *s. f.* arc couronné; ornement d'une arcade.

Archontat, *s. m.* dignité d'archonte.

Archonte, *s. m.* magistrat d'Athènes.

†Archoyer, *v. a.* tirer de l'arc.

Archures, *s. f. pl.* pièces d'un moulin devant les meules. * *sing.* R. G. C.

Arco, *s. m.* partie de métal dans les cendres. AL.

†Arçon, *s. m.* partie principale de la selle; archet de chapelier. *ephippii arculus.*

Arçonner, *v. a.* né. e, *p.* t. de chapelier, battre la laine avec l'arçon. G. C. V. CO. * arçoner. R.

Arçonneur, *s. m.* qui prépare la laine avec l'arçon; t. de manuf. V. CO. * arçoneur. R.

Arcot, *s. m.* scorie du cuivre; t. de fondeur, potin.

Arc-rampant, *s. m.* courbe dont les impostes ne sont pas de niveau. AL.

†Arctier, *s. m.* fourbisseur qui fait des arcs.

†Arctione, *s. m.* genre de plantes de la famille des cynarocéphales. *arctio.*

Arctique, *adj.* (pôle, cercle) septentrional. *arcticus.*

Arctitude, *s. f.* t. d'anatomie. R. V.

Arctium, *s. m.* bardane, plante médicinale.

†Arctolide, *s. m.* genre de plantes composées, exotiques. *arctolitis.*

†Arctopithèque, *s. m.* aï, ou grand paresseux. *arctopithecus.*

†Arctopsis, *s. m.* espèce de cancre.

Arcturus, *s. m.* constellation de 14 étoiles au bout d'une traînée d'étoiles, en arc de cercle. — étoile fixe du bouvier. * ou arcture. G. V.

Ardasses, *s. f. pl.* soies de Perse de qualité inférieure. G. C. V.

Ardassines, *s. f. pl.* soies de Perse de première qualité. R. C. C. V. * voy. ablaques.

Ardée, *s. f.* famille des grues, cygognes, hirondelles. L. V.

Ardélion, *s. m.* (*famil.*) celui qui fait le bon valet.

†Ardelle, *s. f.* (eau d'), liqueur spiritueuse de girofle.

Ardemment, *adv.* (*figuré.*) avec ardeur. *ardenter.*

Ardent. e, *adj.* en feu, de feu, allumé, qui brûle; actif, violent; roux (poil). *ardens.*

Ardent, *s. m.* exhalaison enflammée, feu follet. malade, (fièvre des ardens).

†Ardept, *s. m.* mesure de grains en Egypte, 2 septiers.

Arder, *v. a.* ars. arse, *p.* brûler. * ou ardre. G. A. R. V.

Ardeur, *s. f.* chaleur véhémente, âcre; vivacité, grande activité; action vive. *ardor.*

†Ardier, *s. m.* ou ardière, *s. f.* grosse corde autour de l'ensouple.

Ardillon, *s. m.* pointe de métal d'une boucle, etc. *clavus fibulæ, etc.*

Ardoise, *s. f.* pierre bleuâtre et par feuilles; schiste fin, argile durcie, mêlée de bitume et de mica; sert à couvrir les toits. *ardosia.*

Ardoisé. e, *adj.* couleur d'ardoise.

Ardoisière, *s. f.* carrière d'ardoises. * ardoisiere. R. ardoisure. V. *ardosiarum lapidicina.*

†Ardre, *v. a.* (*vieux*) brûler.

Ardu. e, *adj.* (*vieux*) difficile, épineux, escarpé. G.

Arduosité, *s. f.* difficultés, choses difficiles à concevoir, leur qualité. K.

Ardure, *s. f.* fureur, désespoir d'amour. ROMAN DE LA ROSE. * brûlure. V.

Are, *s. m.* unité dans les nouvelles mesures de surface, 2 perches carrées et 92 centièmes.

Aréa, *s. f.* maladie qui fait tomber les cheveux. R.

Aréage, *s. m.* mesure des terres par ares. AL.

Arec, *s. m.* fruit des Indes; noix d'une espèce de palmier, grosse comme un œuf; la gomme extraite de cette noix, mêlée d'aromates, donne le cachou.

†Aréfaction, *s. f.* exsiccation, dessiccation.

Aréger, *v. a.* gé. e, *p.* s'arranger. V.

†Arégon, *s. m.* onguent pour la paralysie.

†Areignol, *s. m.* espèce de filet.

†Arénation, *s. f.* bain de sable.

†Arendateurs, *s. m. pl.* fermiers, cultivateurs dans les colonies.

†Arendation, *s. f.* bail à ferme.

Arène, *s. f.* sable, gravier; amphithéâtre, place où combattoient les gladiateurs; canal dans une mine pour l'écoulement des eaux. *arena.* * arêne. R.

Aréner, *v. n.* t. d'archit. baisser, s'affaisser par le poids. R. G. C. V. CO.

Aréneux. se, *adj.* (*vieux*) sablonneux (*poët.*) *arenosus.*

†Arénicole, *s. f.* lombric marin. *arenicola.*

Aréniforme, *adj. s.* en forme de sable. L.

Aréole, *s. f.* cercle qui entoure les mamelons; petite aire; petite surface. *areola.*

Aréolé. e, *adj.* (réceptacle) des fleurs applani et marqué d'inégalités. AL.

Aréomètre, *s. m.* pèse-liqueur. * aréometre. R.

Aréopage, *s. m.* tribunal d'Athènes; réunion de sages, de magistrats intègres. *areopagus.*

Aréopagite, *s. m.* juge de l'aréopage. R. G. C. V. * aréopagiste. CO. *areopagites.*

Aréostatique, *adj.* 2 *g.* en équilibre avec l'air. A. voy. aérostatique.

Aréostyle, *s. m.* t. d'archit. édifice à colonnes séparées. T.

Aréotectonique, *s. f.* art des attaques et des combats; partie de l'architecture militaire qui regarde l'attaque et la défense. G. V. RR.

†Aréotique, *adj. s.* 2 *g.* sudorifique, anodin, qui facilite la transpiration. R. G. C. V.

Arèque, *s. m.* ou aréquier, espèce de palmier. R.

Arer, *v. n.* chasser sur les ancres. R. G. C. V. CO.

†Arère, *s. m.* axe de la roue et du rouet d'un moulin.

Arestographe, *s. m.* compilateurs d'arrêts. RR.

Arête, *s. f.* toutes les parties dures et piquantes des poissons; partie angulaire; saillie; bord, partie élevée, extrémité; gale sur les nerfs; queue épilée; t. de manége. *spina.*

†Aréthuse, *s. f.* genre de plantes de la famille des brehides. *arethusa.*

Arêtier, *s. m.* pièce de la charpente d'un toit, plomb qui la revêt.

Arêtières, *s. f. pl.* enduits de plâtre aux angles d'un comble. G. C. V.

Arétologie, *s. f.* partie de la philosophie qui traite de la vertu. AL.

†Argagis, *s. m.* taffetas des Indes.

Argali ou moufflon, *s. m.* quadrupède, souche primitive des moutons; il vit en Sibérie.

†Argan, *s. m.* genre de plantes de la famille des sapotiles. *sideroxilon.*

Arganeau, *s. m.* gros anneau de fer pour attacher les cordages. * voy. organeau. A. R. V.

Argemon, *s. m.* maladie de l'œil. R. * ou argema. AL.

Argemone, *s. f.* espèce de pavot épineux. * argémone. R. G. C.

Argent, *s. m.* métal blanc, le plus beau, le plus ductile, le plus fixe après l'or; monnoie; richesses; trésor. *argentum.*

†Argenté, *s. m.* poisson argenté du genre du polymène. — du chétodon.

Argenter, *v. a.* té. e, *p.* couvrir de feuilles d'argent. *argenteâ bracteâ obducere.*

Argenterie, *s. f.* vaisselle et meubles d'argent. *argentea supellex.*

Argenteur, *s. m.* celui qui applique l'argent sur les autres matières. AL.

Argenteux. se, *adj.* pécunieux, qui a beaucoup d'argent. *pecuniosus.*

Argentier, *s. m.* qui garde l'argenterie, qui distribue l'argent. *dispensator.*

Argentifique, *adj.* 2 *g.* t. d'alchimie. R.

Argentin. e, *adj.* qui tient de l'argent par le son ou la couleur. *argenteus.*

Argentine, *s. f.* plante astringente, vulnéraire, détersive; son suc puissant lithontriptique; espèce d'opale. — poisson du genre du persègue, du 10e. genre, 6e. classe. — espèce de girasol blanc. *argentina.*

†Argentum musivum, *s. m.* couleur argentine.

Argenture, *s. f.* argent appliqué sur un ouvrage. A. * art, action d'argenter. V.

Argile, *s. f.* terre grasse, glaise; produit de la décomposition des matières vitreuses dissoutes par l'eau. * argille. V. *argilla.*

Argileux. se, *adj.* qui tient de l'argile. *argillosus.* qui est d'argile. *argillaceus.*

Argo, *s. m.* insecte. L. * t. d'antiq. navire; constellation. R.

Argon, *s. m.* bâton en demi-cercle pour prendre des oiseaux. AL.

Argonaute, *s. m.* coquille; nautile papyracée. L. mollusque céphalopode.

Argonautes, *s. m. pl.* t. d'antiq. R.

†Argophylle, *s. m.* arbrisseau de la Nouvelle-Ecosse.

Ecosse. *argophyllum.*
Argot, *s. m.* langage des filoux; t. de jard. bois au-dessus de l'œil.
Argoter, *v. a.* té. e, *p.* t. de jard. couper les argots. G. C.
†Argoudan, *s. m.* coton de la Chine.
Argoulet, *s. m.* carabin; homme de néant; ancien cavalier armé.
Argousin, *s. m.* chef des forçats; officier de galère.
†Argoussier, *s. m.* genre d'arbres de pleine terre. *hippophae.*
Argue, *s. f.* t. de tireur d'or, son atelier; machine pour tirer l'or; bureau pour la perception des droits sur l'or en lingot. G.C.V.RR.CO. * bâtiment de mer. R.
Arguer, *v. a.* gué. e, *p.* accuser, reprendre. * arguër. C. *arguere.*
Argument, *s. m.* raisonnement par lequel on tire une conséquence; indice, preuve, conjecture; sujet d'un livre. *argumentum.* * arc qui sert à connoître un arc proportionnel. AL.
Argumentant, *s. m.* qui argumente dans une thèse.
Argumentateur, *s. m.* qui aime à argumenter.
Argumentation, *s. f.* action, manière d'argumenter. *argumentatio.*
Argumenter, *v. n.* tirer des conséquences; faire un argument; prouver par argument. *argumentari.*
Argus, *s. m.* homme fabuleux; espion, domestique très-clairvoyant. *argus.* — poissons de différens genres. — ou luen, faisan de la Chine. — fort jolis papillons qui ont la figure d'yeux sur les ailes. — coquillage univalve du genre des porcelaines. — serpent du Brésil, du 9e. genre, à taches formées par des cercles blancs et rouges. — mollusque gastéropode. — faisan de Junon : homme très-clairvoyant.
Argutie, *s. f.* petite subtilité d'esprit. R. G. C. V. RR. A.
†Arguze, *s. f.* genre de plantes borraginées, exotiques.
Argyraspides, *s. m. pl.* élite de l'armée d'Alexandre. RR. G. * argiraspydes. A. V.
†Argyrite, *s. f.* marcassite d'argent.
†Argyrocome, *adj. f.* comète de couleur argentine.
Argyrodamas, *s. m.* sorte de talc blanc, apyre. G.
Argyrogonie, *s. f.* t. d'alch. pierre philosophale. R.
Argyropée, *s. f.* art de faire de l'argent. RR. G. *argyropœa.*
Ariadne, *s. f.* étoile dans la couronne boréale.
Arianisme, *s. m.* secte, hérésie d'Arius.
Aridas, *s. m.* taffetas des Indes. R.
Aride, *adj.* 2 *g.* sec, stérile. *aridus.*
Aridité, *s. f.* sécheresse; stérilité; insensibilité; dégoût. *ariditas.*
Aridure, *s. f.* maigreur, consomption. G. C. V. *aridura.*
Ariens, *s. m. pl.* sectaires d'Arius.
Ariette, *s. f.* air détaché, léger et vif; petit air. * ariete. R.
Arigot, *s. m.* fifre. R. G. C. V. RR.
Arille, *s. m.* partie charnue d'un fruit distincte du péricarpe. AL.
Arillée, *adj. f.* (graine) revêtue d'un arille. AL.
†Arimanon, *s. m.* 10e. espèce de perruche, à queue courte.
†Arimer, *v. a.* mé. e, *p.* ajuster le poinçon sur l'enclume; t. d'épinglier.
Ariser, *v. a.* sé. e, *p.* t. de mar. abaisser. R. V.
Aristarque, *s. m.* critique sévère, mais équitable. *aristarchus.*
Aristé. e, *adj.* t. de botan. garni d'une ou de plusieurs arrêtes. AL.
Aristide, *s. f.* genre de plantes graminées. *aristida.*
Aristocrate, *s. m.* membre ou partisan d'un gouvernement aristocratique. (*nouv.*)
Aristocratie, *s. f.* gouvernement de plusieurs voy. oligarchie. *aristocratia.*
Aristocratique, *adj.* 2 *g.* qui tient de l'aristocratie, qui lui appartient.
Aristocratiquement, *adv.* d'une manière aristocratique.
Aristocratiser, *v. a.* (*nouv.*) professer l'aristocratie, l'exercer. C.
Aristodémocratie, *s. f.* gouvernement de la noblesse et du peuple. G. C. V.
Aristodémocratique, *adj.* 2 *g.* de l'aristodémocratie. G. C. V.
Aristoloche, *s. f.* plante très-utile, à racines tubéreuses, d'espèces différentes. *pl.* famille de plantes. *aristolochia.*
†Aristolochique, *adj.* 2 *g.* (remède) qui provoque les lochies.
Aristotélicien. e, *adj. s.* partisan de la philosophie d'Aristote. A. R. V.
Aristotélisme, *s. m.* philosophie d'Aristote. A. V.
Arithmancie, *s. f.* divination par les nombres. * ou arithomancie. G.
Arithméticien. ne, *s.* qui sait l'arithmétique. *arithmeticus.*
Arithmétique, *s. f. adj.* 2 *g.* (science) des nombres; art de calculer. *arithmetica.*
Arithmétiquement, *adv.* selon l'arithmétique.
Arlequin, *s. m.* bateleur dont l'habit est bigarré. A. *mimus.*
Arlequine, *s. f.* bouffonnerie d'arlequin. A. R. * danse propre à l'arlequin. AL.
Arlet, *s. m.* espèce de cumin. V.
Armadille ou tatou. voy. tatou. *dasypus.*
Armand, *s. m.* t. de vétér. sorte de bouillie. C.
Armandille, *s. f.* t. de mar. flottille espagnole. * frégate légère. RR. * armadille. T. R. G. C. V.
Armarier, *s. m.* officier d'abbaye. V.
Armarinthe *ou* cachris, *s. f.* plante vivace, ombellifère. * armarinte. R.
Armateur, *s. m.* celui qui arme un vaisseau; le capitaine. * le vaisseau même. V.
Armature, *s. f.* garniture de fer dans le moule d'une statue de bronze; liens de fer; croute métallique des pierres figurées.
Arme, *s. f.* ce qui sert à attaquer ou à se défendre. *telum. pl.* profession de la guerre; armure; t. de blas. écu. *arma.*
†Armé (l'), *s. m.* poisson du genre du cotte; du genre du silure. *adj.* t. de blason.
†Armech *ou* armet, *s. m.* les ancres, câbles et grelins, etc.
Armée, *s. f.* nombre de troupes sous un général, de vaisseaux sous un amiral. *exercitus.*
Armée (à main), *adv.* de vive force. R.
†Armejer, *v. a.* jé. e, *p.* travailler à s'amarrer dans un port.
Armeline, *s. f.* peau très-fine, très-blanche de Laponie.
Armement, *s. m.* équipage d'un soldat, d'un vaisseau; appareil de guerre. *belli apparatus.*
Arménien. ne, *adj. s.* qui est né en Arménie. (pierre) précieuse qu'on trouve dans les mines de cuivre. * arménien. niene. R. *armenius.*
†Arménistaire, *s. f.* espèce d'ortie marine.
Armenteux. se, *adj.* qui possède de nombreux troupeaux. DOMERGUE.
Armer, *v. a.* mé. e, *p.* fournir, revêtir d'armes; lever des troupes; exciter à combattre; garnir d'une chose qui fortifie. *armare.* (s'), *v. r.* prendre les armes, se munir d'armes; se précautionner contre; se fortifier; t. de manége, résister au mors. *armari.*
Armet, *s. m.* casque, armure de tête. * la tête. G. *galea.*
Armillaire, *adj.* 2 *g.* (sphère) vide, composée de cercles. *sphera armillaris.*
Armilles, *s. f. pl.* petites moulures en anneaux.
†Armilustre, *s. f.* t. d'antiq. revue des troupes romaines dans le champ de Mars.
Arminianisme, *s. m.* hérésie d'Arminius. V.
Armistice, *s. m.* suspension d'armes. *induciæ.*
†Armites, *s. m. pl.* soldats armés pesamment.
Armogan, *s. m.* temps propre pour la navigation.
Armoire, *s. f.* sorte de meuble pour serrer des habits, etc. *armarium.*
Armoiries, *s. f. pl.* attributs distinctifs des familles nobles; livre d'armoiries. *gentilicia.*
Armoise, *s. f.* plante, herbe de la St.-Jean, utérine, antihystérique, antispasmodique. *artemisia.*
Armoisin, *s. m.* taffetas peu lustré, ou armosin.
Armon, *s. m.* t. de charron, partie du train, pièces qui aboutissent au timon.
Armoniac. R. C. voy. ammoniac.
Armorial, *s. m.* livre d'armoiries. *gentilitiorum insignium index.*
Armorial. e, *adj.* des armoiries. *gentilitius.* V. G. C.
Armorier, *v. a.* rié. e, *p.* peindre des armes sur. *gentilitium insigne signare.*
Armorique, *adj.* 2 *g.* maritime. G.
Armoriste, *s. m.* qui sait le blason, l'enseigne.
†Armoselle, *s. f.* genre de plantes corymbifères. *scriphium.*
Armure, *s. f.* armes défensives; ce qui défend, garantit, fortifie, soutient. *armatura.* revêtement en fer; enveloppe d'une rame de papier; plaques en fer sur l'aimant. *pl.* R.
Armurier, *s. m.* qui fait et vend des armes. *armorum faber.*
†Arnaldistes, *s. m. pl.* sectaires qui défendoient aux moines de posséder des terres.
†Arnique, *s. f.* plante, ou arnica.
†Aroïdes, *s. f. pl.* familles de plantes analogues au pied de veau.
Aromate, *s. m.* drogue odoriférante, stomacale. *aromata.*
Aromatique, *adj.* 2 *g.* de la nature des aromates, qui en a l'odeur. *aromaticus.*
Aromatisation, *s. f.* t. de pharm. mélange avec des aromates. G.
Aromatiser, *v. a.* sé. e, *p.* mêler avec des aromates.
Aromatite, *s. f.* pierre précieuse d'une substance bitumineuse, ressemblante à la myrrhe, en Egypte.
Arôme, *s. m.* esprit recteur; principe odorant d'une plante. V. * arome, *s. f.*
Aronde, *s. f.* hirondelle; 10e. genre de mollusques acéphales à charnières sans dents. *avicula.* queue d'aronde, entaille en queue d'hirondelle. * ou arondelle, brigantin. V.
Arondelat, *s. m.* petit de l'hirondelle. R. G. C. T.
Arondelle *pour* hirondelle, *s. f.* V. * ou harouelle, corde fixe garnie d'hameçons.
†Arounier, *s. m.* arbre de la Guiane. *arouna.*
†Aroure, *s. f.* mesure de terre. RR.
†Arpager, *v. a.* gé. e, *p.* faire un roulement mélodieux avec l'archet. (*vieux*) voy. arpeger.
Arpailleur, *s. m.* qui cherche de l'or. G. C. V.
Arpége, *s. m.* arpegement, t. de musique. A.
Arpegement, *s. m.* t. de mus. manière de frapper successivement les sons d'un accord. * arpégement. R. G. C. C, arpègement. CO.
Arpeger, *v. n.* faire une suite d'arpéges. * arpéger. R. G. C. A.
Arpent, *s. m.* mesure de terre, 100 perches car-

rées; 51 ares 1-26e. *jugerum.*

Arpentage, *s. m.* action d'arpenter; art de mesurer; mesure par arpens. *agrorum mensio.*

Arpenter, *v. a.* té. e, *p.* mesurer un terrain; parcourir; marcher vite. *agros metiri.*

Arpenteur, *s. m.* qui mesure les terres. *metator.*

†Arqué (l'), *s. m.* poisson des Indes du genre du chétodon. *adj.* courbé en arc, en cintre.

Arquebusade, *s. f.* coup d'arquebuse. *sclopeti ictus.* (eau d'), vulnéraire pour les coups de feu.

Arquebuse, *s. f.* arme à feu et à rouet. *sclopetus.*

Arquebuser, *v. a.* sé. e, *p.* tuer avec l'arquebuse.

Arquebuserie, *s. f.* métier d'arquebusier.

Arquebusier, *s. m.* qui tire ou fait l'arquebuse, les fusils. *sclopetorum faber.*

Arquer, *v. n.* qué. e, *p. adj.* se courber en arc. G. CO. *arcuari.* * *v. a.* courber en arc. C. V.

†Arquet, *s. m.* châssis de corde, t. de pap.

Arrachement, *s. m.* action d'arracher. (*inus.*) t. d'archit. commencement d'une voûte; pierres en saillie au bout d'un mur. *avulsio.*

Arrache-pied (d'), *adv.* sans discontinuer, sans quitter. *continuò.*

Arracher, *v. a.* ché. e, *p.* détacher, tirer, séparer par force; avoir avec peine, tirer adroitement. *avellere.* (s'), *v. r.* se tirer avec effort, se déchirer.

Arracheur, se, *s.* qui arrache les dents, les cors; t. de métiers. *avulsor.*

Arrachis, *s. m.* t. d'eaux et forêts, enlèvement frauduleux du plant. G. V. RR.

†Arrafler, *v. a.* flé. e, *p.* (*vieux*) égratigner, écorcher.

†Arragonite, *s. m.* spath calcaire d'Arragon.

Arraisonner, *v. a.* né. e, *p.* (*vieux*) entrer en explication; faire entendre raison. A. G. V.

†Arramer, *v. a.* mé. e, *p.* mettre une pièce de drap sur un rouleau.

Arrangement, *s. m.* ordre, état de ce qui est arrangé; économie; conciliation. * arangement. R. *dispositio.*

Arranger, *v. a.* gé. e, mettre en ordre, établir, accommoder. *componere.* (s'), *v. r.* disposer ses meubles; disposer ses actions pour; s'accorder. * aranger. R.

Arrentement, *s. m.* bail à rente; action de donner ou prendre à rente. *locatio.* * arentement. R.

Arrenter, *v. a.* té. e, *p.* donner ou prendre à rente. *locare.* * arenter. R. *prononcez* aran-.

Arrérager, *v. n.* gé. e, *p.* laisser courir les arrérages. A. G. V. * arérager. R.

Arrérages, *s. m. pl.* intérêts, revenus arriérés d'une rente.

Arrestation, *s. f.* action d'arrêter quelqu'un. A. C. V. CO. RR.

Arrestographe, *s. m.* voy. arrêtiste. G. V.

Arrêt, *s. m.* jugement sans appel; décision, résolution prise; saisie. *decretum.* action du cheval qui s'arrête, du chien qui arrête; pièce qui arrête un ressort, etc. t. de mét. gances. *mora.*

†Arrêtant, *s. m.* pièce de bois pour arrêter, t. de métiers.

Arrêté, *s. m.* résolution de plusieurs personnes. *statutum.* (de compte), réglement définitif.

Arrête-bœuf, *s. m.* plante dont les racines difficiles à rompre arrêtent la charrue, antiscorbutique. bugrande *ou* bugrane. * ou bugrand. V. *ononis. anonis.*

Arrêter, *v. a.* té. e, *p.* empêcher d'avancer, de couler, de se mouvoir; saisir; engager pour servir; retenir; fixer; conclure; saisir en justice; régler; t. de jard. briser le bout des branches. (s'), *v. r.* cesser d'aller, de marcher; s'amuser; rester; tarder; se contenir; se fixer; avoir égard, faire attention. *morari. stare.*

Arrêtiste, *s. m.* compilateur d'arrêts. * ou arrestographe. G. C. V.

Arrhement, *s. m.* action d'arrher. A. R. * ou enharrement (*vieux.*)

Arrher, *v. a.* rhé. e, *p.* s'assurer par des arrhes. *arrham dare.*

Arrhes, *s. f. pl.* gages d'un marché, assurances. *arrha. arrhabo.*

Arriéré, *s. m.* t. de fin. paiement retardé. G. C.

Arrière, *s. m.* poupe. (en), *adv.* en demeure, en retard. *interj.* loin d'ici. * arriere. R.

Arrière-ban, *s. m.* assemblée de nobles feudataires. *nobilium evocatio.* * arriere-ban. R.

Arrière-bec, *s. m.* partie de la pile sous le pont, du côté d'en bas. AL.

Arrière-boutique, *s. f.* 2e. boutique derrière la 1re. * arriere-boutique. R. *interior officina.*

Arrière-change, *s. m.* intérêt des intérêts. G. V. RR. * arriere-change. R.

Arrière-corps, *s. m.* t. d'archit. bâtiment derrière un autre. * arriere-corps. R.

Arrière-cour, *s. f.* 2e. cour, petite cour. * arriere-cour. R.

Arrière-faix, *s. m.* masse spongieuse dans la matrice, ou tunique qui enveloppoit le fœtus; délivre. * arriere-faix. R. *secundæ.*

Arrière-fermier, *s. m.* sous-fermier. G. * arriere-fermier. R.

Arrière-fief, *s. m.* fief mouvant d'un autre. * arriere-fief. R. *prædium translatitium.*

Arrière-fleur, *s. f.* reste de la fleur des peaux; fleurs qui viennent hors de la saison. * arriere-fleur. R.

Arrière-garant, *s. m.* garant du garant. V.

Arrière-garde, *s. f.* portion d'une armée marchant la dernière. * arriere-garde. R. *postrema acies.*

Arrière-goût, *s. m.* goût d'une liqueur, etc. différent de celui qu'elle a d'abord. AL.

Arrière-ligne, *s. f.* seconde ligne d'une armée séparée de la première. AL.

Arrière-main, *s. f.* t. de jeu, coup du revers de la main. * arriere-main. R. *retorta manus.*

Arrière-neveu. -nièce, *s.* fils ou fille du neveu ou de la nièce. * arriere-. R. *nepos.*

Arrière-panage, *s. m.* temps après l'expiration du panage. voy. panage. G. * arriere-. R.

Arrière-pensée, *s. f.* pensée secrète qui détermine. V.

Arrière-petit-fils. petite-fille, *s.* fils ou fille du petit-fils ou de la petite-fille. * arriere-. R. *pronepos. proneptis.*

Arrière-point, *s. m.* rang de points sur le poignet de la chemise. * arriere-point. R.

Arrière-pointeuse, *s. f.* ouvrière qui fait l'arrière-point. G.

Arriérer, *v. a. n.* ré. e, *p.* (s'), *v. r.* différer, rester en arrière.

Arrière-saison, *s. f.* la fin de l'automne. *sera tempestas.* * arriere saison. R.

Arrière-vassal, *s. m.* qui relève d'un vassal. *secundarius cliens.* * arriere-vassal. R.

Arrière-voussure, *s. f.* voûte derrière une porte. * arriere-voussure. R.

Arrimage, *s. m.* t. de mar. arrangement de la cargaison. * arimage. R. et arrumage. A.

Arrimer, *v. a. n.* mé. e, *p.* arranger la cargaison. * arimer. R. et arrumer. A.

Arrimeur, *s. m.* celui qui arrange la cargaison. * arimeur. R. et arrumeur. A.

†Arrioller (s'), *v. r.* se dit de la mer que le vent couvre de vagues.

Arriser, *v. a. n.* sé. e, *p.* t. de mar. abaisser, descendre, amener. * ariser. R. arrisser. T. CO.

Arrivage, *s. m.* abord du vaisseau, des marchandises dans le port; arrivée. * arivage. R.

Arrivée, *s. f.* venue dans un lieu, dans un temps. * arivée. R. *adventus.*

Arriver, *v. n. impers.* vé. e, *p.* aborder à, approcher de la rive; parvenir; survenir; avoir lieu. * ariver. R. *advenire.*

Arrobe, *s. f.* ou ers, t. de mar. poids de 31 ou 32 livres.

Arroche, *s. f.* plante potagère, rafraîchissante, émolliente. — blanche *ou* bonne-dame. — rouge. — puante, ou vulvaire, antihystérique. *atriplex.* * voy. aroche. R.

Arrogamment, *adv.* avec arrogance. * arrogament. R. *arroganter.*

Arrogance, *s. f.* orgueil, fierté, présomption exprimée par les paroles. *arrogantia.*

Arrogant. e, *adj. s.* fier, superbe, vain, orgueilleux. *arrogans.*

Arroger (s'), *v. r.* s'attribuer mal à propos. *sibi arrogare.*

Arroi, *s. m.* (*vieux*) équipage, train.

Arrondir, *v. a.* di. e, *p.* rendre rond. *rotundare.* donner du nombre, du relief, de la rondeur; t. de man. de blason. (s'), *v. r.* augmenter son bien. * arondir. R.

Arrondissement, *s. m.* action d'arrondir, son effet; état d'une chose arrondie; portion d'un pays. *rotundatio.* * ordre, arrangement des mots. G. * arondissement. R.

†Arrondisseur, *s. m.* couteau de tabletier; ouvrier qui arrondit.

Arrosage, *s. m.* action d'arroser; l'eau qui arrose; canal pour arroser. * arosage. R.

Arrosement, *s. m.* action d'arroser. * arosement. R. *irrigatio.*

Arroser, *v. a.* sé. e, *p.* humecter, mouiller en versant dessus; passer ou faire passer à travers, en parlant de l'eau; payer. * aroser R. *irrigare.*

†Arrosion, *s. f.* action, effet de ce qui ronge les os.

Arrosoir, *s. m.* vase pour arroser. *vas irriguum.* coquille. * arosoir. R.

†Arroue *ou* arone. voy. arrobe.

†Arrudir, *v. n.* devenir rude, incivile, barbare.

Arrugie, *s. f.* t. de mines, canal pour faire écouler les eaux. A. V.

Ars, *s. m. pl.* membres, veines, jambes du cheval. * arts. R.

†Arschin, *s. m.* mesure d'aunage à la Chine; 7 font 40 aunes.

†Arschine, *s. f.* mesure d'aunage en Russie, 26 pouces 6 lignes 3-10e.

†Arsée, *s. f.* violent accès de passion.

Arsenal, *s. m.* magasin d'armes. *armamentarium.* * voy. arcenal. R. G.

Arséniate, *s. m.* sel formé par la combinaison de l'acide arsénique avec différentes bases.

†Arseniaté. e, *adj.* combiné avec l'acide arsenique.

Arsenic, *s. m.* minéral, demi-métal; sel métallique; poison violent lorsqu'il est sublimé; le lait, l'huile sont le contrepoison. *arsenicum.*

Arsenical. e, *adj.* -caux, *pl.* de l'arsenic.

†Arsénié. e, *adj.* (substance) combinée avec l'arsenic.

Arsenieux. se, *adj.* (oxide) d'arsenic. V.

Arsenique, *s. m. adj.* acide arsenical. V.

†Arsénite, *s. m.* (sels) formés par l'acide arsénieux et les terres, les métaux, les alcalis.

Arsi, *adj.* brûlé. V.

Arsin, *s. m.* bois où le feu a pris par accident. V. G.

Arsis, *s. m.* t. d'agric. vin trop ardent; t. de gram. élévation de la voix en commençant. G. C.

Art, *s. m.* méthode pour faire un ouvrage selon certaines règles; méthode; adresse; industrie.

ars. boulier. *pl.* les lettres, la philosophie, t. d'université. La peinture, etc.

†Artédie, *s. f.* genre de plantes ombellifères. *artedia.*

Artémisies, *s. f. pl.* fêtes de Diane. V.

Artémon, *s. m.* t. de mécan. 3e. moufle de la polypaste. G. V.

Artenna, *s. f.* oiseau aquatique palmipède. G. V.

Artère, *s. f.* vaisseau qui porte le sang du cœur aux veines. * artere. R. *arteria.*

†Artériaque, *adj.* 2 *g.* remède contre l'atonie. *arteriacus.*

Artériel. le, *adj.* qui appartient à l'artère. * artériel. riele. R.

†Artérieux. se, *adj.* de la nature de l'artère.

†Artériographie, *s. f.* description des artères. *arteriographia.*

Artériole, *s. f.* petite artère. A. C. V.

Artériologie, *s. f.* traité des artères * artéorilogie. CO.

Artériotomie, *s. f.* ouverture d'une artère. * ou artéréotomie.

†Arthanite, *s. m.* pain de pourceau, plante pour les écrouelles, le squirre.

†Arthrocrace, *s. f.* douleur très-aiguë à l'extrémité des os longs.

†Artholite *ou* pain du diable, *s. m.* pierre figurée qui ressemble à du pain d'épice ou à un pâté.

Arthrite, *s. f.* douleur externe. L.

Arthritique, *adj.* 2 *g.* qui attaque les jointures. *arthriticus* * *s. f.* plante bonne pour les maux de jointure.

Arthrodie, *s. f.* articulation lâche des os. * arthrôdie. R.

†Arthrodynie, *s. f.* espèce de rhumatisme. *arthrodynia.*

Arthron, *s. m.* jonction naturelle des os. G. C. V.

Artialiser, *v. a.* sé. e, *p.* soumettre aux règles de l'art. MONTAIGNE.

Artichaut, *s. m.* plante potagère, vivace, dont la tête est écailleuse. — sauvage *ou* cardonnette. — de terre, espèce de topinambour. *cinara.* * pointes de fer sur une seule tige.

Article, *s. m.* t. d'anat. jointure des os; t. de gramm. partie d'un discours; d'un traité; d'un contrat, etc. *articulus.*

Article de la mort (à l'), *adv.* à l'instant de la mort. *extremâ in morte.*

Articulaire, *adj.* 2 *g.* qui a rapport aux articles.

Articulation, *s. f.* jointure des os; t. de gramm. prononciation nette; déduction de faits; t. de botan. jonction de parties bout à bout. *articulatio.*

Articuler, *v. a.* lé. e, *p.* prononcer nettement; *articulatim dicere.* déduire par article. (s') *v. r.* t. d'anat. se joindre.

Artien, *s. m.* étudiant en philosophie. R. G. C. V.

Artifice, *s. m.* art, industrie; ruse, fraude; déguisement. *artificium. pl.* machines; bâtimens à roues, etc. sur l'eau. G.

Artifice (feu d'), *s. m.* composition de matières inflammables. *ignes artificiosi.*

Artificiel. le, *adj.* qui se fait par art, avec art, par convention; t. d'astron. * artificiel. ciele. R. *artificiosus.*

Artificiellement, *adv.* avec art, d'une manière artificielle. * artificiélement. R. *artificiosè.*

Artificier, *s. m.* qui fait des feux d'artifice. *missilium ignium artifex.*

Artificieusement, *adv.* avec ruse, fourberie. *solerter.*

Artificieux. se, *adj.* plein de ruses, d'artifices, de finesses. *dolosus.*

Artillé. e, *adj.* t. de mar. garni d'armes, armé. G.

Artiller *ou* artillier, *s. m.* ouvrier d'artillerie. R. G.

Artillerie, *s. f.* canons et tout ce qui y a rapport. *res tormentaria.* ceux qui les dirigent; canon.

Artilleur, *s. m.* qui sert à, ou dans l'artillerie.

Artimon, *s. m.* t. de mar. mât de l'arrière, arbre de poupe. *artemon.*

Artisan, *s. m.* qui travaille dans un art mécanique; l'auteur, la cause de. *opifex.*

Artison, *s. m.* ver qui perce le bois. * ou artuson. G. artoison ou arteson. AL. *blatta.*

Artisonné. e, *adj.* rongé par les vers. * artisoné. A. ou artusonné. G.

Artiste, *adj. s.* 2 *g.* qui réunit le génie au travail des mains; un peintre, un architecte, etc. *artifex peritus.*

Artistement, *adv.* avec art et industrie. *solerter.*

†Artogyrites, *s. m. pl.* hérétiques qui offroient du fromage et du pain dans leurs mystères.

Artolâtre, *s. m.* hérétique. V.

Artoméli, *s. m.* cataplasme de pain et de miel. R.

†Artophage, *adj.* 2 *g.* qui vit de pain; t. d'ant.

†Arube, *s. m.* arbrisseau de la Guiane. *aruba.*

†Arum, *s. m.* plante. voy. pied-de-veau. Elle a les propriétés de la serpentine.

Arure, *s. f.* mesure égyptienne. * arrure. V. et aroure. G.

Aruspice, *s. m.* prêtre qui consultoit les entrailles. *aruspex.*

Aruspicine, *s. f.* art de deviner par les entrailles. V. *aruspicinia.*

Arvalée, *adj.* 2 *g.* champêtre. V.

Arvienne, *adj.* (plante) qui croît dans les champs moissonneux. AL.

Arythénoépliglottique, *adj.* 2 *g.* qui a rapport aux arythénoïdes. *s. m.* muscle. *-ticus.*

Arythénoïdes, *s. m. pl.* t. d'anat. petits cartilages du larynx. * aryténoïdes. R. aryténoïde. CO.

†Arythénoïdien. ne, *adj.* des arythénoïdes.

Arytme, *s. m.* défaillance du pouls. * arythme. R. G. C. V. arithme. CO.

†Arzegaie, *s. f.* espèce de lance, de pique contre la cavalerie. * arzegaye.

Arzel, *adj. m.* t. de manége, qui a une marque blanche au pied de derrière. R. G. C. V.

As, *s. m.* carte; face d'un dé marqué d'un seul point; monnoie des Romains; mesure hollandoise, 4-5e. du grain. *monas.* * âs. R.

†Asangue, *s. m.* lyre; constellation.

†Asaphat, *s. m.* gratelle entre cuir et chair causée par des vers.

†Asaphie, *s. f.* enrouement.

Asarine, *s. f.* plante apéritive.

Asarum, asaret *ou* cabaret, *s. m.* plante. * voy. azarum. G.

Asbeste, *s. m.* sorte d'amiante, modification du mica; sorte de lin des Pyrénées.

†Ascalaphes, *s. m. pl.* insectes névroptères, à grosse tête velue; ils ont l'air de papillons. ou hibou, espion nocturne. *ascalaphus.*

Ascalonite, *s. f.* sorte d'échalotte. V.

Ascarides, *s. m. pl.* vermines; petits vers ronds, courts et menus qui s'attachent aux intestins, à la matrice; tués par les clystères mercuriels, etc. * ascaride. R. *ascarides.*

†Asçavanter, *v. a. n.* té. e, *p.* (*vieux*) rendre et devenir savant.

Ascendance, *s. f.* supériorité. J.-J.

Ascendant, *s. m.* pouvoir, empire, autorité, supériorité; bonheur au jeu; aïeul. *auctoritas.* t. d'astr. point du ciel, signe qui monte sur l'horizon.

Ascendant. e, *adj.* qui monte, va en montant.

Ascension, *s. f.* action de monter, son effet; t. d'astron. élévation; fête des catholiques. *ascensus.*

Ascensionnel. le, *adj.* t. d'astron. (différence) entre l'ascension droite et l'ascension oblique d'un astre. G. C. * ascensionel. èle. A. ascensionel. onele. R.

Ascète, *s. m.* celui qui s'est consacré aux exercices de piété. * ascete. R.

Ascétere, *s. m.* monastère. R.

Ascétique, *adj.* 2 *g.* de la vie spirituelle. *s. m.* auteur. *asceticus.*

†Aschariens, *s. m. pl.* sectaires musulmans.

†Aschemie, *s. m.* petit chien de Procyon.

†Aschère, *s. m.* grand chien de Syrius.

†Ascidie, *s. f.* 1er. genre de mollusques acéphales, à manteau en forme de sac. *ascidia.*

Asciens, *s. m. pl. adj.* sans ombre; habitans de la zone torride.

†Ascior, asor, asur, hasur, *s. m.* espèce de cithare des Hébreux.

Ascite, *s. f.* hydropisie du bas-ventre. *ascites.* — *s. m.* poisson du genre du silure.

Ascitique, *adj.* 2 *g.* malade d'une hydropisie ascite. C. *asciticus.*

Asclepiade, *adj. s. m.* t. de poësie, sorte de vers grec ou latin. * asclépiade. A. R. G. C. T.

Asclepias, *s. m.* dompte-venin. * asclépias. R. G. C.

Asclépies, *s. f. pl.* fêtes d'Esculape. V.

Ascolie, *s. f.* jeu qui consistoit à se tenir ferme sur une outre huilée. * ascôlies, *s. f. pl.* fêtes de Bacchus. R. ascolies. V.

†Ascyre, *s. m.* genre de plantes de la famille des cistes. *ascyrum.*

Aséité, *s. f.* t. de scholastique. V.

†Aselle, *s. m.* cloporte aquatique, semblable au cloporte ordinaire. *oniscus.* squille. *squillus.*

Asiarchat, *s. m.* magistrature sacerdotale en Asie.

Asiarque, *s. m.* président des jeux sacrés, magistrat romain en Asie.

Asiatique, *adj.* 2 *g.* qui est d'Asie; (luxe, style, mœurs). *asiaticus.*

Asile, *s. m.* refuge, retraite, secours, protection, protecteur. * asyle. R. V. *asylum.* * insecte diptère sans trompe; il suce les insectes L. *asylus.*

Asine, *adj.* (bête), âne, ânesse; butor.

†Asitie, *s. f.* aposirie, abstinence des alimens solides.

Asodès, *s. f.* fièvre continue. G. C. V. * asodes. AL. assode. *asodes.*

†Asorra, *s. f.* trompette hébraïque longue d'une coudée.

†Asote, *s. m.* poisson du genre du silure. *asotus.*

Aspalathe, *s. m.* ou aspalat, bois odoriférant, de la famille des légumineuses; il ressemble aux genêts, aux cytises. *aspalathus.*

†Aspe, *s. m.* poisson du genre du cyprin. *aspius.*

Aspect, *s. m.* vue d'un objet, cet objet; perspective; situation d'un astre, d'une maison, etc. l'un à l'égard de l'autre. *aspectus.* * ou solage, exposition. B.

Asperge, *s. f.* plante potagère, à racines apéritives; l'odeur de l'urine se détruit avec de l'esprit de sel dans le vase. *asparagus.*

Asperger, *v. a.* gé. e, *p.* arroser par petites gouttes. *aspergere.*

Aspergès, *s. m.* t. de lithur. goupillon pour asperger; moment, chant de l'aspersion.

Aspergoute, *s. f.* plante rafraîchissante, pour l'inflammation de la gorge.

Aspérité, *s. f.* rudesse, dureté, âpreté.

†Aspermalisme, *s. m.* émission difficile de la semence.

Aspersement, *s. m.* aspersion. V.

Aspersion, *s. f.* action d'asperger; aspergès. *aspersio.*

Aspersoir, *s. m.* goupillon, aspergès. *aspergillum.*

Aspérule, *s. f.* plante rubiacée. *asperula.*

Asphalite, *s. m.* 5e. vertèbre des lombes. G. V.

Asphalte, *s. m.* bitume des Indes, liquide, grossier; karabé de Sodome. *asphaltus.*

Asphodèle, *s. m.* plante à fleurs en lis. — *adj.* (lin). — blanc. — jaune, ou verge de Jacob. * asphodele. R. *asphodelus.*

Asphyxié *ou* asphyctique, *adj. s. 2 g.* attaqué d'asphyxie. V. * asphixique. R.

Asphyxie, *s. f.* privation subite de tous les signes de la vie.

Aspic, *s. m.* serpent de France sans venin, du 3e. genre, à cou étroit. *aspis.* plante, espèce de lavande; homme dangereux par ses propos.

†Aspidisque, *s. m.* sphincter de l'anus. *-discus.*

Aspini, *s. m.* drogue médicinale. RR.

Aspirant. e, *adj. s.* qui aspire. *aspirans.*

Aspiration, *s. f.* action d'aspirer; désir de parvenir; élévation à Dieu; t. de gramm. manière de prononcer. *aspiratio.*

Aspiraux, *s. m. pl.* trous de fourneau recouverts d'une grille. AL.

Aspirer, *v. a.* ré. e, *p.* attirer l'air avec la bouche; attirer. *aspirare.* (à), *v. n.* prétendre à; désirer; prononcer de la gorge, t. de gramm.

†Aspiure, *s. f.* (de houille), houille en poudre.

†Asple, *s. m.* sorte de rouet à dévider. * ou aspe. AL.

Aspre, *s. m.* monnoie turque, 1 s. 2 d. 2-5e.

†Asprède, *s. m.* poisson du genre du silure. *aspredo.*

Assa, *s. m.* suc médicinal, plante.

†Assablement, *s. m.* tas de sable.

Assabler, *v. a.* blé. e, *p.* ensabler, remplir de sable. *sabulo complere.* (s'), *v. r.* se remplir de sable; demeurer arrêté dans le sable. *vado hærere.* * assâbler. R. G. C.

Assa fœtida, *s. m.* espèce de gomme-résine, de mauvaise odeur, excite une forte transpiration, délivre de la suffocation hystérique, bonne pour les nerfs. * assa-fétide, merde du diable, assa dulcis, assa-doux, benjoin. R.

Assagir, *v. n.* (*vieux*) devenir sage. * *v. a.* gi. e, *p.* instruire. V.

Assaillant. e, *s. 2 g.* qui attaque; agresseur. *aggressor.*

Assaillir, *v. a.* li. e, *p.* attaquer vivement. *aggredi.*

Assainir, *v. a.* ni. e, *p.* rendre sain. A. G. V.

†Assainissement, *s. m.* action d'assainir, ses effets.

Assaisonnement, *s. m.* apprêt, mélange d'ingrédiens. *condimentum.* * *fig.* ce qui rend agréable. V. * assaisonement. R.

Assaisonner, *v. a.* né. e, *p.* accommoder, accompagner d'ingrédiens, de choses agréables au goût, à l'esprit. *condire.* * assaisoner. R.

Assaisonneur, *s. m.* qui assaisonne. R. V. G. * assaisoneur. RR. *conditor.*

Assaki, *s. f.* titre de la sultane favorite du sultan.

†Assaliment, *s. m.* action d'assalir. * défense de faire boire les bestiaux dans les marais salans.

†Assalir, *v. a.* li. e, *p.* donner un goût de sel.

Assassin. e, *adj. s. m.* qui tue par trahison, de guet-apens. *sicarius.*

Assassinant. e, *adj.* qui assassine; ennuyeux, fatigant. G. C.

Assassinat, *s. m.* meurtre commis en trahison. *meditata cædes.*

Assassinement, *s. m.* assassinat. V.

Assassiner, *v. a.* né. e, *p.* tuer par trahison, excéder de coups. *per insidias interficere.* outrager; importuner, nuire.

Assation, *s. f.* t. de pharm. coction dans son suc, sans addition. G. C. V.

Assaut, *s. m.* attaque de vive force; sollicitation vive; combat au fleuret. *oppugnatio.*

Assazoé, *s. f.* herbe d'Abyssinie contre le poison des serpens.

†Asseau, *s. m.* assette *ou* hachette, *s. f.* marteau de couvreur pour tailler l'ardoise.

†Assécher, *v. n.* se dit d'un rocher que la mer laisse à découvert. * *v. a.* ché. e, *p.* faire sécher, mettre, laisser à sec. C.

Assécution, *s. f.* t. de droit canon, obtention d'un bénéfice. G. V. * assectition. V.

†Asséieur, *s. m.* officier qui fait les rôles dans un village. * asséeur. G. et asseyeur. R.

Assemblage, *s. m.* réunion de plusieurs choses, mélange; manière, action d'assembler, ses effets; choses, feuilles assemblées. *compages.*

Assemblée, *s. f.* nombre de personnes réunies, lieu de leur réunion; bal; rendez-vous. *congregatio.* batterie du tambour pour assembler.

Assemblement, *s. m.* (*vieux*) action d'assembler. G.

Assembler, *v. a.* blé. e, *p.* mettre ensemble; convoquer, réunir, ramasser en un même lieu, un même tas, un même corps. *congregare.* (s'), *v. r.* se réunir dans un lieu. *convenire in.*

Assembleur, *s. m.* celui qui assemble. V.

Assener, *v. a.* né. e, *p.* porter un coup violent. *ictum certo dirigere.*

Assentateur, *s. m.* (*vieux*) flatteur. V.

Assentiment, *s. m.* approbation, consentement volontaire. A. * odeur qui frappe le nez du chien. B.

Assentir à, *v. n.* donner son assentiment, approuver. A. * (la voie), t. de vén. la goûter. B.

Asseoir, *v. a.* sis. e, *p.* mettre sur un siége, poser sur; fonder, établir. *collocare.* (s'), *v. r.* se poser sur. *sedere.*

Assermenter, *v. a.* té. e, *p. adj.* exiger le serment, faire prêter serment. (s'), *v. r.* prêter serment. A.

†Asserter, *v. a.* té. e, *p.* défricher les bois.

Asserteur, *s. m.* (*inusité*) qui défend la vérité, la liberté. G. C. V.

Assertion, *s. f.* proposition qu'on soutient vraie; affirmation en justice. *assertio.*

Assertivement, *adv.* affirmativement. C. V. T.

Asservir, *v. a.* vi. e, *p.* assujettir, rendre esclave, réduire sous sa puissance. *in servitutem adducere.* (s'), *v. r.* s'assujettir. *se addicere.*

Asservissement, *s. m.* servitude, esclavage, sujétion. G. C. V. *servitus.*

Assesseur, *s. m.* adjoint à un juge. *assessor.*

Assessorial. e, *adj.* de l'assesseur. RR.

Assette, *s. f.* marteau de couvreur; petite hache de tourneur. * assete. R.

†Asseuler, *v. a.* lé. e, *p.* laisser seul, solitaire; abandonner.

Assez, *adv.* autant qu'il faut, suffisamment. *sat.*

†Assident. e, *adj.* (symptôme) qui accompagne une maladie.

Assidu. e, *adj.* qui est exact à se trouver où le devoir l'appelle; qui a une application continuelle; continu. *assiduus.*

Assiduité, *s. f.* application; présence continuelle. *assiduitas.*

Assidument, *adv.* avec assiduité. A. G. C. * assidûment. R. V. assiduement. (*vieux*) *assiduè.*

Assie, *s. f.* pierre qui conserve les corps. V.

Assiégeans, *s. m. pl.* les troupes qui assiégent. *obsessores.*

Assiégeant. e, *adj.* qui assiége. *obsessor.*

Assiéger, *v. a.* gé. e, *p.* faire le siége; enfermer, environner; importuner par sa présence continuelle. *obsidere.*

Assiégés, *s. m. pl.* ceux qui défendent une place. *obsessi.*

Assienne, *s. f.* pierre spongieuse parsemée de veines jaunes. * assieme. R.

Assiente, *s. f.* compagnie de commerce espagnole pour la vente des nègres. * *s. m.* collége de marchands. V.

Assientiste, *s. m.* membre de l'assiente. G. V.

Assiette, *s. f.* situation, disposition d'esprit, de corps. *situs.* vaisselle plate. *orbis.* imposition. *tributorum descriptio.* * pièce de laiton sur la tige d'un pignon; t. d'horl. fonds d'une rente. B. * assiete. R.

Assiettée, *s. f.* plein l'assiette. (*popul.*) * cuve de teinturier; t. de doreur, mordant. B. * assiétée. R.

Assignable, *adj. 2 g.* t. de mathém. qui peut être déterminé avec précision. A. V.

Assignat, *s. m.* contrat de rente; billet hypothéqué sur un bien. * *pl.* V.

Assignation, *s. f.* destination de fonds; constitution de rente; citation devant le juge; rendez-vous. *assignatio.*

Assigner, *v. a.* gné. e, *p.* placer un paiement sur un fonds; indiquer; appeler devant le juge. *assignare.*

Assimilation, *s. f.* t. de phys. action d'assimiler, de comparer, de rendre semblable.

Assimiler, *v. a.* lé. e, *p.* rendre semblable, comparer. *assimilare.* (s'), *v. r.*

Assiminier, *s. m.* arbrisseau d'ornement, espèce de corossolier de l'Amérique septentrionale. R. *anona triloba.*

Assimulation, *s. f.* t. rhétor. feinte. R.

Assis, *s. m.* drogue pour rendre gai. V.

Assise, *s. f.* t. de maçon, rang de pierres horizontales. *lapidum ordo.* t. de bonneterie, soie étendue sur les aiguilles. *s. f. pl.* juridiction, séances d'un juge supérieur. *judicum conventus.*

Assistance, *s. f.* présence; aide, secours. *præsidium.* assemblée de personnes, auditoire. *cœtus.* territoire de l'assistant.

Assistant. e, *adj.* qui assiste, qui aide, personne présente. *præsens.* *s. m.* aide du général d'un ordre. *adjutor.*

Assister, *v. a.* té. e, *p.* aider, secourir, seconder. *adjuvare.* *v. n.* être présent à, spectateur de. *adesse.*

Asso, *s. m.* pierre qui consume les chairs. V.

Association, *s. f.* union de plusieurs personnes. *consociatio.*

Associé. e, *adj. s.* qui est en société avec quelqu'un. *consociatus.*

Associer, *v. a.* cié. e, *p.* donner, prendre pour compagnon. *associare.* (s'), *v. r.* prendre pour compagnon, faire une société; fréquenter, hanter; se lier. *sibi sociare.*

†Assode, *s. m. adj.* (*nouv.*) (homme) rompu de maladies et découragé.

Assogue, *s. f.* galion espagnol chargé de mercure; vif-argent.

†Assoler, *v. a.* lé. e, *p.* diviser les champs en soles.

Assommer, *v. a.* mé. e, *p.* tuer avec quelque chose de pesant; tuer; battre; fatiguer; affliger; chagriner; ennuyer à l'excès. * assomer. R. *enecare.*

Assommeur, *s. m.* qui assomme. V.

Assommoir, *s. m.* piége pour assommer des bêtes. * bâton plombé. G. V. * assomoir. R.

Assomption, *s. f.* fête des catholiques; apothéose de la Vierge, sa représentation. *assumptio.* mineure ou 2e. proposition d'un syllogisme.

Assonnance, *s. f.* ressemblance imparfaite de sons

sons qui terminent les mots. * assonance. A. R. V.
Assonnant, e, *adj.* (mots) qui ont un son final approchant. G. * assonant. R.
Assorath, assonach, *s. m.* livre de lois turques. * sonna. A. V. assonath. CO.
Assortiment, *s. m.* union de choses en rapport entre elles; assemblage complet; convenance. *instructus.*
Assortir, *v. a.* ti. e, *p.* joindre ensemble pour un but; fournir de choses convenables. *munire.* *v. n.* convenir à. (s'), *v. r.* se convenir.
Assortissant, e, *adj.* qui assortit bien, qui convient à.
†Assortissoir, *s. m.* t. de confiseur, crible pour les dragées.
†Assortissoire, *s. f.* boîte; caisse qui contient un assortiment, t. de métiers.
Assoter, *v. n.* té. e, *p. adj.* infatuer de. A. (s'), *v. r.* raffoler. V. * assotter. AL. (*vieux*)
Assoupir, *v. a.* pi. e, *p.* endormir à demi. *sopire.* adoucir; empêcher l'éclat, les progrès; suspendre; calmer pour un temps. (s'), *v. r.* s'endormir d'un léger sommeil. *soporari.*
Assoupissant, e, *adj.* qui assoupit. *soporifer.*
Assoupissement, *s. m.* sommeil léger, nonchalance extrême. *sopor.*
Assouplir, *v. a.* pli. e, *p.* (*propre et fig.*) rendre souple. *flexibilem reddere.*
Assourdir, *v. a.* di. e, *p. adj.* rendre sourd. *exsurdare.* diminuer la lumière; t. de peinture. (s'), *v. r.* devenir sourd. *obsurdescere.*
Assouron, *s. m.* bois des Indes. V.
Assouvir, *v. a.* vi. e, *p.* rassasier pleinement. *satiare.* (s'), *v. r.* de sang, etc. *se saturare.*
Assouvissement, *s. m.* (*fig.*) action d'assouvir, ses effets. *satietas.*
Assujettir, *v. a.* ti. e, *p.* soumettre, vaincre, astreindre à; t. de mécan. arrêter, fixer. *subigere.* (s'), *v. r.* * ou assujétir. A. R. V.
Assujettissant, e, *adj.* qui rend sujet; gênant. * assujétissant. A. R.
Assujettissement, *s. m.* sujétion, soumission; contrainte, gêne extrême. *submissio.* * assujétissement. A. R. V.
Assurance, *s. f.* certitude; hardiesse; fermeté; sang-froid; forte probabilité; sécurité; promesse; nantissement; obligation. *fiducia.*
†Assure, *s. f.* fil dont on couvre la chaîne de haute-lice.
Assuré, e, *adj.* hardi, sûr, certain. *certus.* * *s.* t. de mar. qui a un contrat d'assurance. G.
Assurément, *adv.* certainement. *certè.*
Assurement, *s. m.* assurance. G. C.
Assurer, *v. a.* ré. e, *p. adj.* affirmer, attester; *asserere.* rendre ferme, sûr, hardi; garantir. (s'), *v. r.* se rendre sûr de; se confier; arrêter; emprisonner.
Assureur, *s. m.* qui assure un vaisseau, une maison. *sponsor.*
†Astacolite, *s. f.* pétrification d'écrevisse. *astacolitus.*
†Astacopodium, *s. m.* bras d'écrevisse pétrifié.
†Astarotites, *s. m. pl.* adorateurs d'Astaroth ou de la lune.
Astéisme, *s. m.* t. de rhétor. ironie délicate. V. G.
Astelle, *s. f.* t. de chirur. appui pour les fractures. G. V.
†Astenance, *s. f.* (*vieux*) sensibilité, impression; pouvoir.
Aster, *s. m.* plante à fleur radiée, de beaucoup d'espèces.
†Astéréomètre, *s. m.* instrument pour calculer le lever et le coucher des astres.
Astérie, *s. f.* ou pierre du soleil, pierre précieuse, chatoyante; sorte d'opale, variété du saphir et du rubis d'orient; zoophytes échinodermes. * insecte, vers. L.
Astérisme, *s. m.* constellation, assemblage d'étoiles.
Astérisque, *s. m.* étoile (*), signe qui indique; plante. *asteriscus.*
Astéroïde, *s. f.* plante à fleur radiée.
†Asterote, *s. f.* filet de pêche. * *s. m.*
Asthénie, *s. f.* défaillance extrême. L.
Asthmatique, *adj. s.* 2 *g.* qui a un asthme. *asthmaticus.*
Asthme, *s. m.* respiration très-pénible, courte haleine. *asthma.*
†Asthmé, e, *adj.* t. de vén. attaqué de l'asthme.
Astic, *s. m.* gros os pour lisser. C. V. CO. * astie. G.
Asticoter, *v. a.* té. e, *p.* contrarier, tourmenter pour des bagatelles. A.
†Astine, *s. f.* sotte querelle.
Astragale, *s. m.* ornement d'architecture, moulure ronde; baguette; os du tarse; plante légumineuse, à racine vulnéraire. *astragalus.*
†Astragalée, *s. f.* profil d'une corniche terminée par un astragale.
Astral, e, *adj.* qui appartient aux astres. A. G. V. RR. *sidereus.*
†Astrance, *s. f.* genre de plantes ombellifères.
Astre, *s. m.* soleil, étoile, corps céleste, plus ordinairement ceux qui sont lumineux par eux-mêmes. (*fig.*) beauté éclatante. *astrum.*
Astrée, *s. f.* nom poétique de la Justice; polype à rayons et étoiles séparées.
Astreindre, *v. a.* treint. e, *p.* (à), assujettir. *astringere.*
Astriction, *s. f.* effet d'un astringent. R. V.
†Astrild, *s. m.* sénégali rayé.
Astringent, e, *adj. s.* (remède) qui resserre. *astringens.*
Astroc, *s. m.* t. de mar. grosse corde; pierre. G. V.
†Astrocynologie, *s. f.* traité sur les jours caniculaires.
Astroïte, *s. f.* madrépore étoilé, pétrifié. * ou astroïle, pierre. *astroïtis.*
Astrolabe, *s. m.* instrument pour prendre la hauteur des astres. * astrolâbe. R. *astrolabium.*
†Astrolépas, *s. m.* lépas ou patelle dont la base a sept angles.
Astrologie, *s. f.* art chimérique de lire l'avenir dans les astres. *astrologia.*
Astrologique, *adj.* 2 *g.* qui tient de l'astrologie.
Astrologue, *s. m.* qui pratique l'astrologie. *astrologus.*
†Astromètre, *s. m.* voy. héliomètre.
Astronome, *s. m.* qui sait l'astronomie. *astronomiæ peritus.*
Astronomie, *s. f.* science du cours, de la grandeur et de la position des astres. *astronomia.*
Astronomique, *adj.* 2 *g.* qui tient de l'astronomie. *astronomicus.*
Astronomiquement, *adv.* d'une manière astronomique. *astronomicè.*
†Astrophyte, *s. f.* étoile de mer, arborescente.
Astropole, *s. m.* t. de fleuriste. V.
Astuce, *s. f.* mauvaise finesse.
†Astucier, *v. n.* être astucieux.
Astucieusement, *adv.* d'une manière astucieuse. C.
Astucieux, se, *adj.* qui a de l'astuce. A. C.
Astymonie, *s. f.* police. V.
Asymétrie, *s. f.* t. de mathém. impossibilité de trouver la racine carrée d'un nombre. G. V. * défaut de proportion entre les parties d'une chose. B. * asymmétrie. R.
Asymptote, *adj. s. f.* ligne droite dont une courbe s'approche sans la toucher. * voy. asimptote. A.
Asymptotique, *adj.* 2 *g.* de l'asymptote. V.
Asyndéton, *s. m.* t. de rhétor. figure d'élocution qui retranche les conjonctions. G. C. V.
Atabale, *s. m.* sorte de tambour dont se servent les Maures. G. C. V. *atabalus.*
Atabule, *s. m.* vent fâcheux dans la Pouille. R. G. V. *atabulus.*
Atalante, *s. f.* insecte. L.
†Atalenter, *v. a.* té. e, *p.* (*vieux*) se mettre en train.
†Atanaire, *adj.* 2 *g.* qui a le pennage d'antan.
Ataraxie, *s. f.* tranquillité parfaite de l'ame.
Ataxie, *s. f.* irrégularité dans les crises de la fièvre. * défaut d'ordre. V.
†Ataxique, *adj. f.* (fièvre) maligne.
Atecnie, *s. f.* impuissance. L. * défaut d'art. B.
Atelier, *s. m.* lieu où travaillent les ouvriers; leur réunion. * âtelier. R. *officina.*
Atellanes, *s. f. pl.* farces romaines. * atelanes. V.
Atemadoulet, *s. m.* premier ministre en Perse. * atémadoulet. R. V. atamadaulet, etmadaulet. T.
Atenanche, *s. f.* (*vieux*) trève. V.
Atermoiement, *s. m.* accommodement avec des créanciers pour les payer à termes. * atermoiment. R. ou atermoîment. A.
Atermoyer, *v. a.* yé. e, *p.* prolonger les termes des paiemens. (s'), *v. r.* s'arranger avec ses créanciers.
†Athamante, *s. f.* genre de plantes ombellifères. *athamanta.*
†Athanasie, *s. f.* genre de plantes corymbifères. * fameux antidote des anciens. *athanasia.*
Athanor, *s. m.* t. de chim. fourneau. * -ner. CO.
Athée, *adj.* 2 *g. s.* qui nie l'existence de Dieu. *atheus.*
Athéisme, *s. m.* opinion des athées. *atheismus.*
Athéistique, *adj.* 2 *g.* des athées. VOLTAIRE.
Athénienne, *s. f.* espèce de cassolette, de console, de vase à fleurs. AL.
†Athérine, *s. m.* poisson du 11e. genre, de la 5e. classe, à bande argentée sur chaque côté du corps; en petit, comme le hareng.
†Athermasie, *s. f.* excès de chaleur; t. de méd. chaleur morbifique. *athermasis.*
†Athéromateux, se, *adj.* de l'athérome. *atheromatodes.*
Athérome, *s. m.* abcès ou apostême. * atherôme. R. *atheroma.*
Athlante, *s. f.* t. d'archit. figure qui porte des fardeaux; statue qui tient lieu de colonne. * *pl.* athlantes. G. C. atlantes. A. T.
Athléte, *s. m.* qui combattoit dans les jeux; homme robuste. * athlete. R. athlète. A. G. C. V. CO. *athleta.*
Athlétique, *s. f.* art des athlétes. A. * *adj.* 2 *g.* des athlétes. B. *athleticus, -tica.*
Athlotète, *s. m.* président des jeux gymniques. A. G. * athlotete. R.
†Athroïsme, *s. m.* conglobation.
†Athymie, *s. f.* t. de méd. pusillanimité. -*mia.*
†Atiche, *s. f.* bandelette autour du tranchant du haim.
Atinter, *v. a.* té. e, *p.* parer avec affectation. (s'), *v. r.* se parer. (*popul.*)
Atlas, *s. m.* recueil de cartes géographiques; vertèbre du cou; personnage fabuleux; deux beaux papillons de Surinam; étoffe des Indes. * insecte. L. *atlas.*
†Atmidomètre, *s. m.* t. de méd. vase pour faire évaporer l'eau. *atmidometrum.*
†Atmomètre, *s. m.* vase pour calculer l'évaporation de l'eau.
Atmosphère, *s. f.* masse d'air ou d'autre fluide léger qui entoure la terre ou d'autres corps célestes. * atmosphere. R. *atmosphera.*
Atmosphérique, *adj.* 2 *g.* qui tient, qui a rap-

port à l'atmosphère. AL.

†Atocalt, *s. m.* araignée du Mexique dont la toile est composée de fils rouges, jaunes, noirs, entrelacés avec art.

†Atocie, *s. f.* stérilité. *atocia.*

Atole, *s. f.* sorte de bouillie de maïs. *atolle. V.

Atome, *s. m.* corpuscule invisible, insécable; poussière. — le plus petit des animaux microscopiques. *atôme. V. *abusiv.* RR. *atomus.* o bref.

Atomiste, *s. m.* partisan des atomes. V.

Atonie, *s. f.* foiblesse; relâchement des fibres, des solides du corps.

À tort et à travers, *adv.* inconsidérément. G.

Atour, *s. m.* parure de femme. *ornatus.*

Atournance, *s. f.* t. de coutume. RR.

Atournaresse, *s. f.* femme de chambre. V.

Atournement, *s. m.* action de parer. V. *t. de coutume. R.

Atourner, *v. a.* né. e, *p.* orner, parer une femme.

À-tout, *s. m.* t. de jeu de triomphe, etc. *a-tout. C. G. RR. CO. atout. A. V.

Atrabilaire, *adj.* 2 *g.* qu'une bile noire et aduste rend triste. *s. m.* mélancolique. *atrâ bile percitus.*

Atrabile, *s. f.* bile noire, mélancolie; t. de méd. T. CO. *t. de phys. R. *atra bilis.*

†Atrabilieux. se, *adj.* (constitution) que donne l'atrabile.

Atramentaire, *s. f.* pierre de vitriol, sulfate de fer.

†Atrape, *s. f.* pince coudée de fondeur en cuivre.

†Atraphace, *s. f.* genre de plantes polygonées. *atraphaxis.*

Âtre, *s. m.* foyer, lieu où l'on fait le feu. *atre. G. *caminus.*

†Atrice, *s. f.* tubercule autour de l'anus.

Atroce, *adj.* 2 *g.* (crime) énorme; excessif; inhumain, cruel. *atrox.* serpent du 3e. genre, blanc, à écailles relevées en arêtes.

Atrocement, *adv.* (*peu usité*) d'une manière atroce. A. V. *atrociter.*

Atrocité, *s. f.* énormité; cruauté; caractère noir. *atrocitas.*

Atronchement, *s. m.* t. de féodalité. R.

Atrophie, *s. f.* consomption; extrême maigreur; desséchement d'un membre, du corps. *-phia.*

Atrophié. e, *adj.* amaigri. C. R. *atrophus.*

Atropos, *s. f.* l'une des trois parques. — serpent blanchâtre d'Amérique, à cercles bruns, du 3e. genre et très-dangereux.

Attabler, *v. a.* blé. e, *p.* mettre à table. (s'), *v. r.* se mettre à table. *ad mensam assidere.* *atabier. R. CO.

Attachant. e, *adj.* (*incorrect.* A.) qui attache, qui fixe l'attention; assujettissant. *qui plaît, touche, intéresse. G. *placens.* *atachant. R.

Attache, *s. f.* lien, courroie; application; ardeur; affection; muscles qui attachent les os; ce qui sert à attacher, t. de métiers. *ligamen.* *ordonnance pour faire exécuter un ordre. B.

†Attache-bossette, *s. m.* fer conique, t. d'éperonnier.

Attachement, *s. m.* attache; sentiment d'amour ou d'amitié. *amor.* grande application à.

Attacher, *v. a.* ché. e, *p.* joindre, lier une chose à; appliquer. *alligare.* (s'), *v. r.* s'appliquer; prendre du goût, de l'affection pour. *adhærere.* *atacher. R.

†Attagas, *s. m.* espèce de francolin.

†Attainture, *s. f.* voy. tendon-féru, t. de vétér.

Attaquable, *adj.* 2 *g.* t. milit. qui peut être attaqué. A. *ataquable. R.

Attaquant. e, *adj. s.* qui attaque. (*usité au pl.*)

Attaque, *s. f.* choc; assaut; travaux du siége; action de sonder; atteinte d'une maladie; reproche couvert. *oppugnatio.*

Attaquer, *v. a.* qué. e, *p.* assaillir; commencer l'attaque; offenser. *provocare.* (s'), *v. r.* offenser, se prendre à quelqu'un. *lacescere.* *ataquer. R.

Attédier, *v. a.* dié. e, *p.* (*inus.*) ennuyer. G. C.

Atteindre, *v. a. n.* teint. e, *p.* frapper; saisir; toucher de loin; attraper en chemin; parvenir à; égaler. *attingere.*

Atteinte, *s. f.* coup qui atteint; vive impression; attaque. *ictus.*

Attel, *s. m.* partie d'un harnois. voy. attelle. V. G.

Attelabe, *s. m.* espèce d'insecte aquatique, amphibie, qui a la tête de la sauterelle et le corps de l'araignée. L. *attelabus.*

Attelage, *s. m.* bêtes de somme attelées ensemble.

Atteler, *v. a.* lé. e, *p.* attacher des bêtes de somme à une voiture. *ateler. R. *jungere boves, equos, &c. currui.*

Attelle, *s. f.* instrument de potier de terre; t. de chirur. écorces, bandes pour maintenir les fractures; t. de sellier, aileron du collier; t. de vitrier. *atélée. *pl.* ateles. R. *ferulæ.*

Atteloire *et* attelloire, *s. f.* pièces pour atteler; t. d'artil. cheville; t. de mét. poignée. G. C. *atéloir. B.

Attenant. e, *adj.* contigu, tout proche. *attingens. continens.*

Attenant, *adv. prép.* tout proche, joignant, contre.

Attendant (en), *adv.* cependant, jusqu'à ce que. *donec.*

Attendre, *v. a.* du. e, *p.* être dans l'attente; espérer; compter sur. *expectare.* (s'), *v. r.* être assuré de. *sperare.* *atendre. R.

Attendrir, *v. a.* dri. e, *p.* rendre tendre, sensible. *mollire.* (s'), *v. r.* devenir tendre, s'émouvoir. *miserescere.* *atendrir. R.

Attendrissant. e, *adj.* qui attendrit. *atend-. R.

Attendrissement, *s. m.* sentiment de tendresse, de compassion. *teneritas.* *atend-. R.

Attendu, *conj.* eu égard à. (-que), vu que, puisque. *quandoquidem.* *atendu. B.

†Atténérir, *v. a.* ri. e, *p.* (*vieux*) atténuer, rendre mince.

Attentat, *s. m.* entreprise grave contre les lois. *crime. R. *immane scelus.*

Attentatoire, *adj.* 2 *g.* qui attente, va contre l'autorité.

Attente, *s. f.* état de celui qui attend; temps employé à attendre; espérance; opinion conçue de. *expectatio.* *pistil du safran. B. *atente. R

Attenter, *v. a.* té. e, *p.* entreprendre contre les lois, la vie, etc. *attentare.*

Attentif. ve, *adj.* qui a de l'attention, de l'application, des égards. *attentus.* *s. m.* (*nouv.*) B.

Attention, *s. f.* application d'esprit; soin, égard. *attentio.*

Attentivement, *adv.* avec attention. *attentè.*

Atténuant. e, *adj.* qui rend la fluidité. (circonstance) qui diminue la faute. *attenuans.*

Atténuatif. ve, *adj.* atténuant. R. V.

Atténuation, *s. f.* affoiblissement, diminution. *extenuatio.*

Atténuer, *v. a.* nué. e, *p.* affoiblir, diminuer les forces; diviser, rendre fluide, t. de méd. *attenuare.*

Attérage *s. m.* t. de mar. où l'on prend terre. *aterrage. R.

Attereau, *s. m.* t. de traiteur. V. *atéreau. R.

Attérir, *v. n.* prendre terre. *aterrir. R.

Atterrer, *v. a.* ré. e, *p.* abattre, renverser par terre, terrasser; accabler; ruiner. *sternere.* *rapprocher les meules du moulin; prendre terre. B. ou attérer. A. V. aterrer. R.

Atterrissement, *s. m.* dépôt de terre fait par les eaux sur leurs bords. *ou attérissement. A. V. aterrissement. R.

Attestation, *s. f.* certificat, témoignage par écrit. *testificatio.*

Attester, *v. a.* té. e, *p.* certifier, assurer; prendre à témoin. *attestari.*

Atticisme, *s. m.* finesse, délicatesse de goût des Athéniens.

Atticurges, *s. f. pl.* t. d'arch. colonnes carrées. R. G. C. V.

Attiédir, *v. a.* di. e, *p.* rendre tiède ce qui étoit chaud; rendre moins fervent, plus froid. *tepefacere.* (s'), *v. r.* de chaud devenir tiède. *tepescere.* *atiédir. R.

Attiédissement, *s. m.* tiédeur; relâchement. *atiédissement. R. *tepor.*

Attifer, *v. a.* fé. e, *p.* orner, parer avec trop de soin. *comere.* (s'), *v. r.* *atifer. R.

Attifet, *s. f.* (*vieux*) parure de tête des femmes. *pl.* attifets. G.

†Attinter, *v. a.* té. e, *p.* t. de mar. assujettir des futailles.

Attique, *s. m.* t. d'arch. petit étage sur les autres. *adj.* 2 *g.* qui vient des Athéniens. *atticus.*

Attique-faux, *s. m.* piédestal, t. d'archit.

Attiquement, *adv.* à l'attique. R. C. *atticè.*

Attirage, *s. m.* poids dans les rouets de fileurs d'or.

Attirail, *s. m.* attirails. *pl.* grande quantité de choses. *bagage superflu. V. *apparatus.*

Attirant. e, *adj.* qui attire; engageant; (manières, charmes). *blandosus.*

Attirer, *v. a.* ré. e, *p.* tirer à soi; gagner par adresse. *attrahere.* (s'), *v. r.* gagner, obtenir, se causer.

†Attise, *s. f.* t. de brasseur, bois sous la chaudière.

Attiser, *v. a.* sé. e, *p.* rapprocher les tisons; exciter, allumer, (la discorde). *promovere ignem languidum, iras, &c.* *atiser. R.

Attiseur, *s. m.* qui attise. T. V.

†Attisoir, *s. m.* barre pour attiser le feu.

Attisonnoire, *s. f.* t. de fondeur, outil pour attiser. *attisonoire. V. *s. m. attisonoir. R. atisonnoir. V. attisonnoir. AL.

†Attitré. e, *adj.* ordinaire, habitué.

Attitrer, *v. a.* tré. e, *p.* aposter, suborner; charger d'un emploi. *apponere.* *atitrer. R.

Attitude, *s. f.* posture, situation, position. *situs.* *atitude. R.

†Attlas, *s. m.* satin des Indes.

Attole, *s. f.* anate, teinture. *atole. R.

†Attoles, *s. m. pl.* amas d'îles dans un archipel.

Attombisseur, *s. m.* t. de fauc. oiseau pour attaquer le héron dans son vol. *atombisseur. R.

Attouchement, *s. m.* action de toucher. *tactus.*

Attoucher, *v. n.* (*vieux*) appartenir par consanguinité. R. C.

Attractif. ve, *adj.* qui attire.

Attraction, *s. f.* action d'attirer; puissance qui attire; état de ce qui est attiré. *attractio.*

Attractionnaire, *s. m.* t. de phys. partisan de l'attraction de Newton. *attractionaire. R.

Attractrice, *s. f.* force d'attraction. R.

Attraire, *v. a.* attirer par ce qui plaît. R. G. C. V. CO.

Attrait, *s. m.* penchant, inclination. *pl.* appas, charmes, beautés; ce qui attire. *blanditiæ.*

Attrape, *s. f.* tromperie, apparence trompeuse; t. de métiers, pince; t. de mar. corde retenue. *atrape. R. *decipulum.*

†Attrape-minon, *s. m.* (*famil.*) hypocrite, cagot, filou.

†Attrape-mouche, *s. m.* saillie d'une croisée pour arrêter le passage des mouches. — muscipula, *s. f.* jolie petite plante dont la tige et les branches sont visqueuses.
Attraper, *v. a.* pé. e, *p.* prendre à une trape, au piége; surprendre, tromper. *fallere.* recevoir; saisir les traits; obtenir par industrie; pénétrer le sens; atteindre; exprimer. (s'), *v. r.* * atraper. R.
Attrapette, *s. f.* (*inus.*) tromperie légère. A. V.
Attrapeur. se, *s.* qui attrape. C. * atrapeur. R.
Attrapoire, *s. f.* piége pour les animaux; tour pour attraper, pour tromper. *decipulum.* * attrapoir. V. atrapoire. R.
Attrayant. e, *adj.* qui attire par ses charmes. *illecebrosus.*
Attrempage, *s. m.* chauffe réglée d'un four à glaces. AL.
Attrempance, *s. f.* modération des passions. V.
Attrempé. e, *adj.* t. de fauc. ni gras ni maigre.
Attremper, *v. a.* pé. e, *p.* tremper. * (*vieux*) modérer, se modérer; conduire au plus fort degré de feu. G. * atremper. R. V.
Attribuer, *v. a.* bué. e, *p.* annexer, attacher à; rapporter à; accorder. *attribuere.* (s'), *v. r.* s'approprier. *sibi arrogare.*
Attribut, *s. m.* propriété d'une chose; symbole; perfection de Dieu; ce que l'on affirme ou nie d'un sujet. *attributum.* * *pl.* t. de peint. R.
Attributif. ve, *adj.* t. de prat. qui attribue.
Attribution, *s. f.* pouvoir d'un juge; privilége. *attributio.*
Attristant. e, *adj.* qui attriste. * atristant. R.
Attrister, *v. a.* té. e, *p.* rendre triste, affliger. *contristare.* (s'), *v. r.* s'affliger. * atrister. R.
Attrition, *s. f.* remords; frottement de deux corps; t. de méd. atteinte. *attritio.*
Attroupement, *s. m.* assemblée tumultueuse et illégale. *coïtio.* * atroupement. R.
Attrouper, *v. a.* pé. e, *p.* assembler en troupe. *in turbas cogere.* (s'), *v. r.* s'assembler tumultueusement. *coïre.* * atrouper. R.
†Atypique, *adj.* 2 *g.* (maladie) à périodes irrégulières.
†Atzebéroscine, *s. f.* espèce de cloche de bois chez les Hébreux. * atzeberoscim, *s. m.*
Au, *particule.* signe du datif. *pl.* aux.
Aubade, *s. f.* concert sous les fenêtres, avant l'aube du jour. *antelucanus concertus.* insulte; vacarme.
Aubain, *s. m.* étranger non naturalisé.
Aubaine, *s. f.* succession d'un aubain; avantage inattendu. *caduca hereditas.*
Auban, *s. m.* t. de féod. droit sur les boutiques. G.
†Aubarestrière, *s. f.* pièce d'une galère.
Aube, *s. f.* pointe du jour; vêtement en toile pour les prêtres; t. de mar. après souper; *diluculum.* * palette inclinée sur la jante d'une roue de moulin.
Aubenage, *s. m.* droit seigneurial. G. C.
Aubépine, noble épine, *s. f.* aubépin, *s. m.* arbrisseau très-commun, épineux, à petites fleurs odorantes, baies rouges. * aube-épine. R. *spina alba.*
Aubere, *adj.* 2 *g.* (cheval) couleur de la fleur du pêcher. * aubère. A. C. G. V. CO.
Auberge, *s. f.* maison où logent les voyageurs. *diversorium.* habitation commune à plusieurs chevaliers à Malte. * espèce de pêche.
†Aubergine, *s. f.* voy. mélongène, plante d'Amérique.
Aubergiste, *s.* 2 *g.* qui tient auberge. *caupo.*
Auberon, *s. m.* fer rivé au moraillon. R. G. V. CO.
Auberonière, *s. f.* t. de serrurier, moraillon. G. V. * auberoniere. R.
Aubervilliers, *s. m.* laitue fort dure. RR.
†Aubète, *s. f.* espèce de corps-de-garde des bas-officiers.
Aubier, *s. m.* couche circulaire de bois imparfait entre l'écorce et le vrai bois dans tous les arbres. *alburnum.* * voy. obier. A. V. aubour. R. G.
Aubifoin ou bluet, *s. m.* plante qui vient dans les blés. *cyanus.*
Aubin, *s. m.* t. de man. allure qui tient de l'amble et du galop. * blanc d'œuf. R. G. C.
Aubinet ou (St.-), *s. m.* t. de mar. pont de cordes. R. V.
Aubours, *s. m.* arbre, ébénier des Alpes, à feuilles antiasthmatiques. * aubour. R. G.
†Auche, *s. f.* cavité hémisphérique qui enchâsse la tête de l'épingle dans le métier, t. d'épingl.
Auctuaire, *s. m.* t. de biblioth. supplément. R.
Aucun. e, *adj.* pas un, nul. *nullus.* * *pl.* quelques-uns. B.
Aucunement, *adv.* nullement, en aucune manière. *minimè.* * t. de prat. à certains égards. B
Audace, *s. f.* hardiesse excessive. *audacia.* * gance de chapeau. G.
Audacieusement, *adv.* avec audace. *audacter.* * insolemment. V.
Audacieux. se, *adj.* extrêmement hardi. *audax.*
Au deçà, *prép.* en deçà, de ce côté-ci. * au-deçà. C. *citrà.*
Au delà, *prép.* par delà, de l'autre côté. * au-delà. C. *ultrà.*
Au devant, *prép.* à la rencontre. * au-devant. C. *obviàm.*
Audience, *s. f.* attention pour celui qui nous parle; séance des juges; lieu de la séance; auditoire. *audientia.* * province de l'Amérique espagnole. B.
Audiencier, *s. m.* (huissier) qui appelle les causes, t. de prat. *præco forensis.*
Auditeur, *s. m.* celui qui écoute; disciple; t. de prat., de litur. *auditor.*
Auditif. ve, *adj.* qui appartient ou sert à l'ouïe.
Audition, *s. f.* (de témoins, de compte), action d'entendre les témoins, d'examiner un compte; action d'ouïr. *auditio.*
Auditoire, *s. m.* assemblée d'auditeurs; tribunal. *concio.*
†Auffe, *s. f.* espèce de jonc.
Auge, *s. f.* pièce de bois ou de pierre creuse; vase, vaisseau, huche, canal, rigole. *alveus.* t. d'antiq. genre de supplice; t. de man. partie inférieure au-dessous de la ganache.
Augée, *s. f.* ce que contient l'auge.
Augelots, *s. m.* t. de vigneron. * *pl.* cuillers de fer pour écumer le sel.
†Auger, *v. a.* gé. e, *p.* creuser en auget.
Auget, *s. m.* petite auge; t. d'arts, t. milit. petit canal. *alveolus.*
Augite, *s. m.* pierre précieuse vert-pâle. G.
Augment, *s. m.* supplément au douaire. * t. de gramm. addition d'une syllabe, allongement d'une voyelle. G.
Augmentateur, *s. m.* qui augmente un livre. T.
Augmentatif. ve, *adj.* t. de gramm. qui augmente.
Augmentation, *s. f.* accroissement, addition. *incrementum.*
Augmenter, *v. a.* té. e, *p.* agrandir, accroître. *augere.* *v. n.* croître. *crescere.*
Auguet, *s. m.* petit creux. V.
Augural. e, *adj.* qui appartient à l'augure. *auguralis.*
Augure, *s. m.* qui lisoit l'avenir dans le vol des oiseaux; celui qui annonce. *augur.* présage; divination; ce qui présage. *augurium.*
Augurer, *v. a.* ré. e, *p.* tirer un présage, un augure, une conjecture. *augurari.*
Augustat, *s. m.* dignité chez les Romains. RR.
Auguste, *adj.* 2 *g.* grand, digne de vénération, respectable. *augustus.* * *s. m.* papier d'Egypte apprêté à Rome.
Augustement, *adv.* (*inus.*) d'une manière auguste. T. *augustè.*
Augustin, *s. m.* moine. *augustinianus.* (Saint-) caractère d'imprimerie. G. V. * format de carton.
Augustine, *s. f.* religieuse. G. V. RR.
Augustinien, *s. m.* hérétique sectaire d'Augustin. G. V. RR.
Aujourd'hui, *adv.* ce jour, à présent. *hodiè.*
Aulique, *adj.* 2 *g.* t. diplomatique, (conseil), tribunal suprême de l'Empire. *s. f.* (thèse) de théologie; t. de collége. * insecte. L.
Au-lof, *s. m.* t. de mar. ordre au timonier. C. * au lof. G. voy. lof.
†Auloffée, *s. f.* action de venir au lof.
Aumailles, *adj. s. f. pl.* bêtes à cornes, t. d'eaux et forêts.
†Aumée, *s. f.* grande maille du tramail.
Aumelette. voy. omelette. A.
Aumône, *s. f.* ce qu'on donne par charité; peine pécuniaire ordonnée par la justice. *eleemosina*
Aumônée, *s. f.* pain donné aux pauvres. R.
Aumôner, *v. a.* né. e, *p.* condamner à payer l'aumône; donner par aumône.
Aumônerie, *s. f.* bénéfice claustral; charge d'aumônier. *munus eleemosinarii.*
Aumônier. ère, *adj.* qui fait souvent l'aumône. *beneficus in pauperes.* * *s. m.* prêtre attaché à un corps, à une habitation. * -nier. -niere. R.
Aumusse, *s. f.* fourrure des chanoines, t. de liturgie. * aumuce. A. R. T. V. *villosum amiculum.*
Aumussier, *s. m.* bonnetier. G. * aulmulcier.
Aunage, *s. m.* ce qui est mesuré à l'aune, mesurage à l'aune. *ad ulnam admensio.*
Aunaie, *s. f.* lieu planté d'aunes. *alnetum.*
Aune, *s. f.* arbre de bois rougeâtre, tendre, à fleurs à chatons. — bourdaine. *alnus.* — *s. f.* mesure de longueur, chose mesurée sur l'aune. *ulna.*
Aunée, *s. f.* plante médicinale, énule campane, béchique, diurétique, sudorifique, apéritive, stomachique, guérit les moutons du claveau. *inula. enula campana.*
Auner, *v. a.* né. e, *p.* mesurer à l'aune. *ulnâ metiri.*
†Aunette, *s. f.* jeune plantation d'aulnes.
Auneur, *s. m.* qui mesure à l'aune. *ulnâ mensor.* inspecteur de l'aunage.
Auparavant, *adv.* avant toutes choses, premièrement. *priùs.* (-lui), avant lui. (*barbar.*)
Au pis aller, *adv.* en mettant les choses au pire état. R. * au pis-aller. G. au-pis aller C.
Auprès, *adv.* tout contre. * par auprès, un peu à côté. (*popul.*) *propè.* *prép.* au prix de, en comparaison de.
†Auray, *s. m.* bloc de pierre, pièce de bois, ou canon pour amarrer.
†Aureillon, *s. m.* partie du métier pour les étoffes de soie.
†Aurélie, *s. f.* chrysalide. *chrysalis.*
Auréole, *s. f.* t. de peint. cercle lumineux autour de la tête des saints. *corolla radiosa.* * (*inus.*) degré de gloire.
Auriculaire, *adj.* 2 *g.* qui regarde l'oreille; t. d'anat. (doigt), le plus petit de la main; t. de litur. (confession). *auritus.*
†Auricule, *s. f.* mollusque céphalé, à coquille ovale. *auricula.*
†Auriculée, *adj. f.* (feuille) qui a à sa base deux lobes séparés du disque. AL.
Aurifique, *adj.* 2 *g.* (vertu), puissance de faire

de l'or, de changer en or. C. G. V. RR.
Auriga, *s. m.* bandage pour les côtés; lobe du foie. G. V.
Aurillas, *adj.* t. de man. qui a de grandes oreilles mobiles. *aurillard. voy. orillard. A. oreillard. CO.
†Auripeau, *s. m.* ou clinquant, cuivre jaune battu en feuilles minces. *aurichalcum.*
†Aurique, *adj.* (voile) dont un côté est attaché au mât.
†Aurislage, *s. m.* droit sur les ruches à miel.
†Aurite, *s. m.* poisson du genre du labre. *auritus.*
Aurone, *s. f.* plante vivace, mâle ou femelle, de la famille des absinthes; elle a leurs propriétés. *abrotanum.*
Aurore, *s. f.* lumière qui précède le lever du soleil; le levant; personnage fabuleux. *aurora.* — beau papillon de jour. — serpent du 3e. genre. — ou cardamine, plante. *adj.* couleur. *subflavus.*
Aurore boréale, *s. f.* météore lumineux, nuée lumineuse qui paroît la nuit du côté du nord, attribuée à l'atmosphère solaire, ou à l'électricité accumulée sur les glaciers du nord.
†Aurum-musivum, *s. m.* composition d'étain et de soufre qui augmente la force des appareils électriques.
Auschois, se, *s.* qui est d'Ausch. RR.
Auspice, *s. 2 g.* augure par le vol des oiseaux, leur chant, etc. augure; protection, présage *auspicium.*
Auspicine, *s. f.* divination par les oiseaux. R. V.
Aussi, *conj.* autant, de même, pareillement, encore, c'est pourquoi. G. C. * *adv.* A. *etiam.*
Aussi-bien-que, *adv.* autant que, de même que. *aussi bien que. G. *non secus ac.*
Aussière, *s. f.* t. de mar. grosse corde à trois tourons; faisceaux de fil qui bordent les filets.
Aussi-peu-que, *adv.* pas plus que. *aussi peu que. G.
Aussitôt, *adv.* dans le moment, sur l'heure. -que, dans le même moment. *aussi-tôt. R. C. *statim.*
Auster, *s. m.* vent très-chaud du midi. G.
Austère, *adj. 2 g.* rigoureux, sévère, rude, dure, sec et âpre. *austere. R. *austerus.*
Austèrement, *adv.* avec austérité. *austérement. R. *austerè.*
Austérité, *s. f.* mortification des sens et de l'esprit; rigueur; sévérité; âpreté. *austeritas.*
Austral. e, *adj.* méridional, du midi. *australis.*
Austregue, *s. m.* juge en Allemagne. RR.
Autan, *s. m.* vent du midi. *altanus.* * *pl.* (*poët.*)
Autant, *adv. qui marque l'égalité.* d'autant, (boire) beaucoup. *tantùm.*
Autant mieux, -moins, -plus (d'), *adv.* t. de comparaison. *d'autant-mieux, etc. C.
Autant que (d'), *adv.* selon que, parce que.
†Autarcie, *s. f.* t. de méd. contentement de son état. *autarcia.*
Autel, *s. m.* table pour les sacrifices; religion chrétienne. *ara.* constellation méridionale.
†Autelage, *s. m.* droit sur les offrandes.
Auteur, *s. m.* la première cause de quelque chose; inventeur; écrivain qui a fait un livre; autorité; vendeur; ancêtre. *auctor.*
Authenticité, *s. f.* qualité de ce qui est authentique. *certa fides.*
Authentique, *adj. 2 g.* qui a l'autorité et les les formes exigées par la loi; célèbre, notable, qui fait preuve. *authenticus.* * *s. f.* t. de droit, lois romaines.
Authentiquée, *s. f.* femme convaincue d'adultère. R.
Authentiquement, *adv.* d'une manière authentique. *insigniter.*

Authentiquer, *v. a.* qué. e, *p.* rendre authentique. * déclarer convaincue d'adultère. G.
Autocéphale, *s. m.* évêque grec indépendant du patriarche.
Autocrate, *s. m.* autocrator (de Russie). G.
†Autocratie, *s. f.* gouvernement absolu d'un despote.
Autocrator. trice, *s.* souverain absolu. A. V.
Autocthone, *s. m.* aborigène. *autochtones. R.
Auto-da-fé, *s. m.* acte de foi; jugement de l'Inquisition; exécution solennelle de ce jugement.
Autographe, *adj. 2 g. s. m.* écrit de la main de l'auteur. *autographus.*
Autographie, *s. f.* connoissance des autographes. C.
†Autoir ou autois, *s. m.* voile de femme en Picardie.
†Automalité, *s. m.* immobilité de l'automate.
Automate, *s. m.* machine qui imite le mouvement des corps animés; stupide. *automata.*
†Automatique, *adj. 2 g.* (mouvement) auquel la volonté n'a point de part.
†Automatisme, *s. m.* mouvement machinal auquel l'ame participe sans y faire attention; art des automates. R. * état des bêtes. V.
Automnal. e, *adj.* de l'automne. *autumnalis.*
Automne, *s. f.* 3e. saison de l'année. * autone. R. *autumnus.*
Autonome, *adj. 2 g.* (ville) qui se gouverne par ses propres lois.
Autonomie, *s. f.* droit d'être autonome, sa jouissance.
Autopsie, *s. f.* (contemplation) de la divinité, initiation à cette contemplation. * action de voir une chose de ses propres yeux. B.
Autorisation, *s. f.* permission, pouvoir; action d'autoriser. *auctoritas.*
Autoriser, *v. a.* sé. e, *p.* donner l'autorité, le pouvoir; appuyer de son pouvoir. *confirmare.* (s'), *v. r.* se donner le pouvoir, en acquérir.
Autorité, *s. f.* puissance légitime; crédit, considération; opinion citée d'un auteur. *auctoritas, pondus.*
Autorité (d'), *adv.* d'une manière impérieuse.
Autothétique, *adj. 2 g.* (métaphysique) transcendantale; science des apparences, du monde sensible; savoir humain. K.
Autour, *adv. prép.* aux environs. * tout autour. A. *circùm.*
Autour, *s. m.* oiseau de proie, plus grand que l'épervier auquel il ressemble. *astur.* * écorce qui entre dans le carmin et semblable à la cannelle. B.
Autourserie, *s. f.* art d'élever et de dresser les autours.
Autoursier, *s. m.* qui élève et dresse les autours.
Au-travers, à-travers, *prép.* * au travers, à travers. G.
Autre, *pron. adj. désigne la différence, la ressemblance.* meilleur; plus considérable, plus important. *alias, alter.*
À d'autres, *marque l'incrédulité.* * à-d'autres. C.
Autrefois, *adv.* anciennement. (d'). *olim.*
Autrement, *adv.* d'une autre manière; sinon; sans quoi; pas trop, guères. *aliter.*
Autre-part (d'), *adv.* ailleurs, d'ailleurs, de plus.
Autruche, *s. f.* le plus grand des oiseaux; il ne se sert de ses ailes que pour prendre le vent en courant. *struthiocamelus.* — homme grand, lourd et stupide.
Autrui, *s. m. sans pl.* les autres personnes, *alienus. alter.*
Auvent, *s. m.* petit toit en saillie contre un mur, etc. *umbraculum.*

Auvernat, *s. m.* gros vin d'Orléans; sorte de raisin.
Auvesque, *s. m.* sorte de cidre très-estimé. G. V.
Aux, *art.* signe du datif pluriel.
†Auxèse, *s. f.* exagération.
†Auxi, *s. m.* laine filée en Picardie.
Auxiliaire, *adj. 2 g.* qui aide, qui secoure. *auxiliarius.*
†Auzomètre, *s. m.* instrument pour connoître la force des lunettes.
Avachir (s'), *v. r.* devenir mou, lâche, sans vigueur; trop grasse, en parlant d'une femme.
Avage, *s. m.* droit du bourreau sur les denrées.
Aval, *adv.* t. de batelier, par en bas, en descendant, du couchant. *lapsus.* (vent d'), vent du couchant. *corus.* — t. de commerce, souscription d'un billet; promesse de le payer; caution.
Avalage, *s. m.* (*popul.*) action d'avaler, de descendre du vin à la cave. G. C.
Avalaison, *s. f.* chute d'un torrent. voy. avalasse.
Avalanche, *s. f.* avalange, masse de neige qui roule des montagnes. *avalanges. *pl.* R. lavanche. V. *nivium lapsus.*
Avalant. e, *adj.* t. de batelier, qui descend, qui suit le cours de l'eau. G. * en avalant. V.
Avalasse, *s. f.* torrent, chute impétueuse d'eau de pluie. G. C.
Avalé. e, *adj.* qui pend un peu en bas.
†Avalée, *s. f.* t. de manuf. d'étoffe, ce que fait un ouvrier à-la-fois. V. * levée. R.
Avaler, *v. a.* lé. e, *p.* faire entrer dans l'estomac. *haurire.* * couper, enlever. G. V. *n.* t. de batelier, faire descendre, descendre, suivre le cours. (s'), *v. récipr.* pendre.
†Avalette, *s. f.* morceau de bois du libouret.
Avaleur. se, *s.* qui avale. *helluo.* * glouton; fanfaron. G. V. RR.
Avalies, *s. f. pl.* laine des moutons tués. G. V.
Avaloire, *s. f.* grand gosier. *fauces.* partie du harnois qui pose sur la croupe. * outil de chapelier.
Avalure, *s. f.* t. de maréchal, bourrelet; défectuosité du sabot. G. V. * maladie des oiseaux de volière. B.
Avance, *s. f.* espace de chemin que l'on a devant quelqu'un. *antecessio.* ce qui se trouve déjà fait, préparé; paiement anticipé; t. d'arch. saillie.
Avance (d'), *adv.* par anticipation, avant le temps.
Avancement, *s. m. sans pl.* progrès; établissement. *progressio.* ce qu'on donne par avance à un héritier.
Avancer, *v. a.* cé. e, *p. adj.* pousser, porter en avant; prévenir le temps de; faire aller plus vîte; faire des progrès; expédier; payer par avance; mettre en avant; procurer de l'avancement. *eminere.* *v. n.* aller en avant; anticiper; sortir de l'alignement; faire des progrès; croître. *progredi.* (s'), *v. r.* se mettre en avant; marcher à la fortune. *accedere in.* t. de tireur d'or.
Avanceur, *s. m.* celui qui donne le quatrième tirage à l'or.
Avanie, *s. f.* affront; vexation exercée par les Turcs sur les chrétiens; mauvais traitement. *injuria.*
†Avano, *s. m.* filet à mailles serrées en poche.
Avant, *s. m.* (du vaisseau), la proue.
Avant, *prép.* priorité de temps, de lieu, d'ordre. *adv.* marque le mouvement, les progrès. *antè.*
Avant (en), *adv.* plus loin, plus tard; ensuite.
Avant que, *conj.* * avant-que. C.
Avant (d'), *prép.* marque l'antériorité.

Avantage, *s. m.* ce qui est utile, profitable; supériorité; don; excédant le partage; facilité accordée pour rendre la partie égale. *commodum.* * t. de mar. poulaine, éperon et cap. G. t. d'ardoisière, veine étrangère inclinée.

Avantager, *v. a.* gé. e, *p.* donner des avantages à quelqu'un.

Avantageusement, *adv.* d'une manière avantageuse. *affatim.*

Avantageux. se, *adj. s.* profitable, utile; présomptueux. *fructuosus.*

Avant-bec, *s. m.* angle des piles d'un pont de pierres. *anteris.*

Avant-bras, *s. m.* partie du bras du poignet au coude.

Avant-chemin, *s. m.* chemin couvert en avant, t. milit. G. C.

Avant-cœur, *s. m.* tumeur au poitrail du cheval. G. C. V.

Avant-corps, *s. m.* bâtiment en saillie sur la face. *domus anterior.*

Avant-cour, *s. f.* la première cour d'une maison. *prius atrium.*

Avant-coureur, *s. m.* qui précède quelqu'un, qui annonce quelque chose, une personne. *antecursor.*

Avant-courière, *s. f.* l'aurore, t. de poësie.

Avant-dernier. ère, *adj.* avant le dernier; pénultième. *penè ultimus.*

Avant-duc, *s. m.* t. d'arch. pilotis pour commencer un pont. G. C.

†Avant-faire-droit, *s. m.* t. de prat. jugement interlocutoire.

Avant-fossé, *s. m.* fossé autour de la contrescarpe. R. G. C.

Avant-garde, *s. f.* première division d'une armée en marche, en bataille. *prima acies.*

Avant-goût, *s. m.* goût qu'on a par avance. *prægustatio.*

Avant-hier, *adv.* le jour qui précédoit hier. *nudius tertius.*

Avantin, *s. m.* petit sarment. voy. crossette. *tradux.*

Avant-jour, *s. m.* avant le lever du soleil. G. C.

Avant-logis, *s. m.* premier logis. R. C.

Avant-main, *s. f.* le dedans de la main étendue; t. de man. coup du devant d'une raquette. *adversa manus.*

Avant-mur, *s. m.* mur placé devant un autre. G. C. *prætensus murus.*

Avant-part, *s. f.* préciput. G. C.

Avant-pêche, *s. f.* pêche hâtive. A. G. R. V. CO.

Avant-pied, *s. m.* partie la plus avancée du pied. G. C.

Avant-pieu, *s. m.* bout de poutre; pinces de fer.

†Avant-plancher, *s. m.* faux plancher sur la huche.

Avant-poignet, *s. m.* t. d'anatomie. R.

Avant-portail, *s. m.* premier portail. G. C.

Avant-propos, *s. m.* préface, introduction préliminaire d'un discours. *antiloquium.*

Avant-quart, *s. m.* coup avant l'heure ou la demie; petite cloche qui le sonne. *signum prænuncium.*

Avant-scène, *s. f.* partie en avant du théâtre et de la toile où les acteurs paroissent. A. G. V.

Avant-toit, *s. m.* toit avancé en saillie. *compluvium.*

Avant-train, *s. m.* les roues de devant et le timon d'un carrosse, etc. *priores rotæ.*

Avant-veille, *s. f.* jour avant la veille, surveille.

Avare, *adj.* 2 g. *s.* qui aime trop l'or et ne le dépense pas. *avarus.*

Avarement, *adv.* avec avarice. G. C. V. *avarè.*

Avarice, *s. f.* soif, amour de l'or sans en jouir; attachement excessif aux richesses. *avaritia.*

Avaricieux. se, *adj.* qui donne rarement et peu.

Avarie, *s. f.* droit de mouillage; frais extraordinaires pour la cargaison et le navire; dommage arrivé au vaisseau, aux marchandises. *damnum. jactura.*

Avarié. e, *adj.* gâté, endommagé en voyage.

Avaste! *interj.* t. de mar. c'est assez, arrêtez-vous. G. C. V. * *s. f.* R.

À-vau-l'eau, *adv.* au cours de l'eau. * à vau-l'eau. G.

Avé, *s. m. sans pl.* ou avé-maria, salutation de l'Ange à la Vierge; invocation à la Vierge; grains de chapelet.

Avec, *prép. conj.* ensemble, conjointement, contre. * (*vieux*) avecque. (*poët.*) A. R. V. *cum. unà.*

Aveindre, *v. a.* aveint. e, *p.* (*famil.*) tirer une chose d'où elle étoit serrée. *promere ex.*

Avelanède, *s. f.* cosse de gland, ou valanède. A.

Aveline, *s. f.* grosse noisette. *avellana.*

Avelinier, *s. m.* arbre qui porte les avelines, noisetier, coudrier.

Avé-maria, *s. m.* société religieuse; point d'un sermon. RR.

Avénage, *s. m.* redevance d'avoine. G. C. * avenage. V.

Avenant. e, *adj.* qui a bonne grâce, gracieux. *concinnus.*

Avenant (à l'), *adv.* (*famil.*) à proportion. R. A. * à-l'avenant. C.

Avénement, *s. m.* élévation à une dignité suprême; venue, arrivée. * avènement. G. C. V. CO. *adventus.*

Avénerie, *s. f.* lieu semé d'avoine. RR.

Avenir, *v. n.* nu. e, *p. adj.* arriver par accident. *evenire.*

Avenir, *s. m.* le temps à venir. *futurum tempus.* t. de prat. assignation.

Avenir (à l'), *adv.* désormais. * à-l'avenir. C. *deinceps.*

Avent, *s. m.* t. de litur. temps avant Noël.

Aventure, *s. f.* accident, événement inopiné; leur récit; hasard; entreprise hasardeuse. *eventum.*

Aventure (à l', à la grosse), *adv.* à tout hasard; t. de mar. sans garantie. * à-l'aventure. C.

Aventure (d'), *adv.* par aventure, par hasard.

Aventurer, *v. a.* ré. e, *p. adj.* hasarder, exposer au péril. *committere ad.* (s'), *v. r. tentare fortunam.*

Aventureux. se, *adj.* (*vieux*) qui hasarde ou aventure.

Aventurier. ère, *s.* intrigant; qui court les aventures, qui vit d'intrigues; pirate; soldat de fortune. *adj.* (vaisseau) qui trafique sans permission.

Aventurine, *s. f.* pierre précieuse, rouge, brillante, semée de paillettes; stalactite de feldspath. — composition de verre ou émail et laiton fondus ensemble, parsemée de points brillans.

Avenue, *s. f.* endroit par où l'on arrive; allée d'arbres. *aditus.*

†Avérage, *s. m.* t. de comm. année moyenne.

†Avérano, *s. m.* espèce de cotinga de la grosseur du pigeon.

Avérer, *v. a.* ré. e, *p. adj.* vérifier; prouver la vérité de. *proferre in lucem.*

Averlant, *s. m.* ivrogne. RABELAIS.

Averne, *s. m.* l'enfer; t. d'hist. nat. grotte ou fosse d'où sortent des vapeurs empoisonnées. R. G. C. V. *avernus.*

Averse, *s. f.* pluie abondante et subite. * voy. verse. V.

À verse, *adv.* (il pleut) abondamment. (*famil.*) * à-verse. C. voy. verse. A.

Aversion, *s. f.* dégoût, antipathie, haine. (*se dit aussi de son objet*). *alienatio.*

Avertin, *s. m.* maladie de l'esprit qui rend furieux. *morositas.* * celui qui a cette maladie.

Avertineux. se, *adj.* attaqué de l'avertin. T.

Avertir, *v. a.* ti. e, *p. adj.* informer de, donner avis. *admonere.*

Avertissement, *s. m.* espèce de préface; avis, conseil; t. de prat. écritures ou résumé des pièces. *monitum.*

Avertisseur, *s. m.* officier qui avertit de l'approche du roi. G.

Avet, *s. m.* espèce de sapin. RR.

Aveu, *s. m.* reconnoissance d'avoir dit ou fait; approbation; témoignage et opinion. * *pl.* aveux. R. *assensus. confessio.*

Aveuer, avuer, *v. a.* ué. é, *p.* t. de fauc. garder à vue, suivre le gibier de l'œil.

Aveugle, *adj. s.* 2 g. privé de la vue. *cæcus.* * ou anvoie. voy. orvet. B.

Aveugle (à l'), *adv.* sans connoissance, sans intelligence. A. R. * à-l'aveugle. C.

Aveuglement, *s. m.* cécité; erreur, égarement. *cæcitas.*

Aveuglément, *adv.* sans réflexion, sans examen. *cæco impetu.*

Aveugler, *v. a.* glé. e, *p.* priver de la vue, de la raison; éblouir. *cæcare.* (s'), *v. r.* se tromper soi-même.

Aveuglette (à l'), *adv.* à tâtons et sans lumière. * à-l'aveuglette. C. à l'aveuglete. R.

†Avi, *s. m.* action de la chaleur qui saisit le four.

†Avicenne, *s. f.* genre de plantes de la famille des gattiliers. *avicennia.*

Avictuaillement, *s. m.* provision de victuailles mises sur un vaisseau. G. voy. avituaillement.

Avictuailleur, *s. m.* qui fournit l'avictuaillement. G.

†Avicule, *s. f.* mollusque acéphale, bivalve. *avicula.*

Avide, *adj.* 2 g. qui a un désir immodéré; intéressé. *avidus.*

Avidement, *adv.* avec avidité. *avidè.*

Avidité, *s. f.* désir insatiable, immodéré, ardent. *aviditas.*

†Avignon (graine d'), du nerprun dont on fait un stil-de-grain.

Avilir, *v. a.* li. e, *p.* rendre vil, méprisable. *in contemptum adducere.* (s'), *v. r.* faire quelque chose de vil, de méprisable. * *v. n.* devenir vil, à bas prix. G. *se abjicere.*

Avilissant. e, *adj.* qui avilit. G. C. V.

Avilissement, *s. m.* état d'une personne, d'une chose avilie. *contemptio.*

Avilisseur, *s. m.* qui cherche à avilir. V.

Avillonner, *v. a.* né. e, *p.* t. de fauc. donner des serres de derrière. G. C.

Avillons, *s. m. pl.* t. de fauc. serres de derrière. G.

Aviner, *v. a.* né. e, *p. adj.* imbiber de vin.

†Avir, *v. a.* vi. e, *p.* t. de chaudron. rabattre des bords pour assembler.

†Aviraison, *s. f.* détour de l'eau dans les salines.

Aviron, *s. m.* sorte de rame de batelier. *remus.*

Avironer, *v. a.* né. e, *p.* faire avancer avec l'aviron. R. G. C.

†Avironerie, *s. f.* atelier où l'on fait les avirons.

†Avironier, *s. m.* celui qui fait les avirons.

Avis, *s. m.* opinion; délibération; conseil; sentiment; avertissement. *monitio.*

Avisé. e, *adj.* sage, prudent, circonspect. *prudens. consideratus.*

Avisement, *s. m.* opinion, pensée. R. V.

Aviser, *v. a.* sé. e, *p.* (*vieux*) donner avis, prévenir; apercevoir. *deliberare.* *v. n.* faire réflexion, attention, prendre garde. (s'), *v. r.*

imaginer, penser, songer. *videre.*
Avisse, *s. f.* fer, cuivre, etc. à vis. T.
†Avisure, *s. f.* rebord pour avir.
Avitaillement, *s. m.* fourniture de vivres dans un camp, une place. * ou avictuaillement. R. V. G.
Avitailler, *v. a.* lé. e, *p.* faire l'avitaillement. * avictuailler. R.
Avitailleur, *s. m.* qui fait l'avitaillement. G. C. * avictuailleur. R. V. G.
Avivage, *s. m.* première façon du teint des glaces. G. V.
Aviver, *v. a.* vé. e, *p.* donner de la vivacité, du lustre, du brillant.
Avives, *s. f. pl.* glandes des chevaux enflées près la ganache; maladie de ces glandes. *vivulæ.*
Avivoir, *s. m.* outil de doreur pour étendre l'or. G. C.
Avocasser, *v. n.* (*t. de mépris.*) faire le métier d'avocat. *causas agere.*
Avocasserie, *s. f.* (*famil.*) métier d'avocat. *patrocinium.*
Avocat. e, *s.* qui défend en justice, défenseur. *patronus, -na.*
†Avocatier, *s. m.* grand et bel arbre fruitier d'Amérique. *palsifera.*
†Avocatoire, *adj.* 2 g. (lettre) par laquelle un souverain revendique un sujet passé sous une domination étrangère. * t. de jurispr. V.
Avocette, *s. f.* oiseau aquatique, gros comme le pigeon, plumage blanc, bec tendre et long de cinq doigts; il vit de frai. *avocetta.*
Avoine, *s. f.* sorte de grain. -blanche. -noire. *pl.* avoines sur terre. * aveine. G. V. ou aveine. R. *avena.*
Avoinerie, *s. f.* terre semée d'avoine. V. * avénerie. RR.
Avoir, *v. a.* eu. e, *p.* posséder. *habere.* être le sujet de; *ex.* avoir des pensées; devoir être. *v. impers. auxil.* être.
Avoir, *s. m. sans pl.* ce qu'on possède. * l'opposé de dette ou de doit; t. de commerce. V.
Avoisinement, *s. m.* projet de réunion des catholiques et des protestans. RR.
Avoisiner, *v. a.* né. e, *p.* être voisin. *contingere.* * (s'), *v. r.* A.
Avortement, *s. m.* accouchement avant terme. *abortus.*
Avorter, *v. n.* accoucher avant terme; échouer. *abortare.*
Avorton, *s. m.* né avant terme; chose, personne avortée; petit, mal fait, mal bâti. * avortin. V. *abortivus.*
Avoué, *s. m.* (*renouvelé*) défenseur, procureur. * (*vieux*) seigneur qui protège une église, etc.
Avouer, *v. a.* oué. e, *p.* confesser, reconnoître; approuver; autoriser. *fateri.* — (un enfant, un livre), s'en déclarer le père, l'auteur. (s'), *v. r.* se reconnoître; se confesser; s'autoriser de quelqu'un.
†Avouerie, *s. f.* profession d'avoué.
Avoutre *ou* avouëtre, *s. m.* (*vieux*) bâtard adultérin. A. V. CO.
Avoyer, *v. a.* (*inus.*) t. de mar. commencer à souffler. G. * (s'), *v. r.* se mettre dans le bon chemin. B.
Avoyer, *s. m.* magistrat suisse. G. * ou avoué.
Avril, *s. m.* 4e. mois de l'année. *aprilis.*
Avuste, *s. f.* nœud de deux cordes bout à bout. * voy. ajuste. G.
Avuster, *v. a.* té. e, *p.* t. de mar. nouer bout à bout. G. C. V.
Axe, *s. m.* ligne droite qui passe par le centre d'un corps. *axis.*
Axifuge, *adj.* 2 g. qui s'éloigne d'un axe centre du mouvement. R. V. RR.
Axillaire, *adj.* 2 g. qui appartient à l'aisselle.

†Axinite, *s. f.* schorl violet, pierre de thum.
Axinomancie, *s. f.* divination par la hache. R. * axinomantie. C.
Axiome, *s. m.* proposition générale, claire, évidente, incontestable. * axiôme. R. *axioma.*
Axipète, *adj.* 2 g. qui s'approche de l'axe centre du mouvement. G. V. * axipete. R.
†Axiris, *s. m.* genre de plantes de la famille des arroches. *axyris.*
†Axis, *s. m.* animal qui a le bois du cerf, la taille, la forme et la légèreté du daim, le corps marqueté de taches blanches. — cerf du Gange, daim de Bengale, biche de Sardaigne.
Axomètre *ou* axiomètre, *s. m.* machine pour connoître la position de la barre du gouvernail. C. * qui mesure l'axe. G.
†Axones, *s. f. pl.* lois de Solon.
Axonge, *s. f.* graisse condensée dans les follicules adipeux; écume de verre. * axunge. G. *axungia.*
†Axumique, *adj.* (alphabet) éthiopien.
Axur *ou* anxur, *adj.* (Jupiter) sans barbe. R.
†Aya, *s. m.* poisson du genre du bodian.
Ayant-cause, *s. m.* héritier, représentant. G.
†Aye-aye, *s. m.* animal grand comme un lapin, du genre de l'écureuil, à Madagascar.
†Ayène, *s. f.* genre de plantes malvacées, *-nia.*
Aynet, *s. m.* instrument de pêche; baguette pour enfiler le hareng. G. V.
Ayri, *s. m.* arbre du Brésil. G.
†Azala, *s. m.* garance de Smyrne.
†Azalée, *s. f.* genre d'arbustes exotiques, de la famille des bruyères. *azalea.*
Azamoglan, *s. m.* enfant étranger, barbare; *mot turc.* A. G. V. RR. CO.
†Azarinit, *s. m.* pierre médicinale de Cananor.
Azarum, *s. m.* voy. asarum. G.
Aze, *s. m.* âne. C.
Azèbro, *s. m.* cheval d'Éthiopie. RR.
Azedarac, *s. m.* sorte d'arbre ou d'arbrisseau, à feuilles apéritives, brout pulpeux, tue les chiens et les poux; acacia d'Egypte; faux sycomore. * azédarac. A. R. G. C.
Azerbe, *s. m.* muscade mâle. RR.
Azerole, *s. f.* petit fruit rouge et acide. * ase-. G.
Azerolier, *s. m.* arbre qui porte l'azerole. * aserolier. G.
Azi, *s. m.* présure de petit lait et de vinaigre. V. * asi. G.
Azigos, *s. m.* 3e. rameau de la veine cave. V. * asigos. G. voy. azygos. B.
Azimut, *s. m.* cercle qui coupe l'horizon, et le point vertical. * asimut. G. azimuth.
Azimutal, *adj.* qui représente ou mesure les azimuts. * asimutal. G.
†Azolle, *s. f.* genre de plantes de la famille des nayades. *azolla.*
†Azones, *s. m. pl.* dieux adorés par tous les peuples.
†Azorelle, *s. f.* genre de plantes ombellifères.
Azote, *s. m.* (gaz), fluide élastique qui compose l'atmosphère.
Azoth, *s. m.* principe des métaux. G. RR. CO. * mercure. * asoth. G.
†Azoufa, *s. m.* bête du Casouri qui déterre et dévore les morts.
Azur, *s. m.* minéral, cobalt; (couleur bleue). t. de blason. * asur. G. *cæruleum.*
†Azuré, *s. m.* lézard du 2e. genre, à manteau bleu, queue étagée. — gobe-mouche bleu. — poisson du genre du cyprin.
Azuré. e, *adj.* couleur d'azur. * asuré. G.
Azurer, *v. a.* ré. e, *p.* mettre de l'azur. * asurer. G.
Azurin, *s. m.* oiseau, merle de la Guyane; espèce de fourmillier. * asurin. G.

†Azuroux, *s. m.* bruant bleu du Canada.
†Azygos, *s. m.* veine dans le côté droit de la poitrine.
Azyme, *adj. s. m.* sans levain. *azymus.* * genre d'arbustes toujours verts. *azyma.* * azime. G. A. asime. G.
Azymite, *s. m.* qui se sert de pain azyme. R. * asymite. G.

B A C C

B, *s. m.* seconde lettre de l'alphabet.
Baal, *s. m.* dieu des Orientaux. R. V.
Baalite, *s. m.* adorateur de Baal. V.
†Baazar, *s. m.* espèce de guitare d'Amérique.
Babau, *s. m.* fantôme, ombre. V.
Babel, *s. m.* (tour de) confusion de langues et d'opinions. *Babel.*
Babeurre, *s. m.* lait de beurre. * ba-beurre. R. ou babeurre. A. T. et babeûre. V.
Babiche, *s. f.* petite chienne. G. C.
Babichon, *s. m.* chien. C.
Babil, *s. m.* caquet, superfluité de paroles, d'aboiement. *loquacitas.*
Babillard. e, *adj. s.* qui a du babil. *loquax.* * pièce d'un moulin. B.
†Babillement, *s. m.* t. de méd. babil.
Babiller, *v. n.* avoir du babil, caqueter. *garrire.*
Babine, *s. f.* lèvre des animaux. *labrum.*
Babiole, *s. f.* jouet d'enfant, chose de peu de valeur, puérile. * *pl.* G. V. *crepundia.*
Babion, *s. m.* petit singe. *simiolus.*
Babiroussa, *s. m.* espèce de cochon, faux sanglier des Indes orientales, de la grandeur du cerf auquel il ressemble. * et barbiroussa.
Bâbord, *s. m.* côté gauche du navire. * babord, vaisseau à bordage bas. G.
†Baboucard, *s. m.* martin-pêcheur du Sénégal.
Babouches, *s. m. pl.* pantoufles de Siamois. G. * *sing.* RR.
Babouin, *s. m.* famille de singes, gros, à queue courte, face allongée, museau large et relevé; papion, mandrille, ouanderou. * ou babou. G. *simius.*
Babouin. e, *s.* enfant badin, étourdi. * figure ridicule dans un corps-de-garde. V. CO.
Babouiner, *v. a.* (*famil.*) faire le bouffon. RR.
Bac, *s. m.* sorte de bateau plat. *ponto.* grand baquet. * voy. traille. G.
Bacalas, *s. m.* t. de mar. pièce de bois. * ou bacalab. A. G. V.
Bacaliau, *s. m.* morue sèche. G. V. RR. CO.
Bacassas, *s. m.* sorte de pirogue. G. V.
Baccalauréat, *s. m.* premier degré dans une faculté; titre de bachelier. *baccalaureatus.*
Bacchanale, *s. f.* tableau d'une danse de bacchantes et de satyres; débauche bruyante; tapage. *pl.* fêtes de Bacchus. *bacchanalia.*
Bacchanaliser, *v. n.* se débaucher, boire complétement. R. V. C.
Bacchante, *s. f.* prêtresse de Bacchus. *baccha.* femme furieuse; papillon brun qui vole par bonds. — genre de plantes corymbifères.
Baccharis, *s. m.* plante. G. V.
Bacchas, *s. m.* sorte de lie du jus de citron. G. V.
Bacche, bacchique, *s. m.* t. de poésie ancienne, pied de vers. G. C.
Bacchionites, *s. m. pl.* philosophes qui méprisoient les choses du monde. G. C. V.
Bacchus, *s. m.* dieu du vin, des ivrognes. *Bacchus. liber.*
Baccifère, *adj.* 2 g. t. de botan. qui porte des baies. G. C. V.
†Baccillaire, *s. f.* zoophyte; petites baguettes animées, unies en carré long, avançant par

paire, ou comme par évolution militaire. *baccillaria.*

Bacelle, *s. f.* jeune et jolie fille. V. * bachelette. (*vieux*) A. V.

†Bacelote, *s. f.* (*vieux*) jeune fille.

Bacha, *s. m.* dignité turque; pacha.

Bachalie, *s. m.* gouvernement de province. V.

Bachasson, *s. m.* t. de mar. C. * caisse qui donne l'eau aux piles, t. de papeterie. B.

Bachat, *s. m.* t. de papet. cavité sous le pilon. C.

Bachat-long, *s. m.* t. de papet. gouttière. C.

Bache, *s. f.* grosse toile pour couvrir les marchandises; fruit du latanier; abri artificiel. * *s. m.* palmier de la Guiane. B.

Bachelard, *s. m.* ami, mignon. V.

Bachelier, *s. m.* promu au baccalauréat; jeune homme; t. milit. chevalier du second ordre. *baccalaureus.*

Bacher, *v. a.* é. e, *p.* couvrir avec une bache. C.

†Bâche-traînante, *s. f.* filet que l'on traîne sur le sable.

†Bachiner, *v. a.* né. e, *p.* frapper sur un bassin pour annoncer quelque chose.

Bachique, *adj. 2 g.* qui appartient à Bacchus. *bacchicus.*

Bacholle, *s. f.* t. de papet. casserole. C.

Bachot, *s. m.* petit bateau. *cymbula.*

Bachotage, *s. m.* conduite d'un bachot. R. G. V.

Bachoteur, *s. m.* batelier, passeur d'eau.

Bachoue, *s. f.* vase de bois. G. V. * bachou, *s. m.* AL.

Bacile, *s. m.* fenouil marin, salicot, plante.

Baclage, *s. m.* arrangement des bateaux dans le port. * bâclage. AL.

Bacler, *v. a.* clé. e, *p.* expédier; fermer avec une barre; ranger un bateau pour le charger et le décharger. * bâcler. A.

†Bacope aquatique, *s. f.* herbe aux brûlures, plante de la famille des lysimachies, à Cayenne. *bacopa.*

Bactréole, *s. f.* rognure de feuilles d'or. R.

Bacule, *s. f.* croupière. V.

Baculer, *v. a.* lé. e, *p.* bâtonner. R. V.

†Baculite, *s. f.* mollusque céphalé, à coquille cylindrique. *bacalites.*

Baculométrie, *s. f.* mesure avec des bâtons. R.

†Badail, *s. m.* drague emmanchée que l'on traîne au fond de l'eau.

†Badamier, *s. m.* badanier, genre de plantes à fleurs incomplètes, de la famille des chalefs. *terminalia.*

Badaud. e, *adj. s.* niais, qui admire tout, s'amuse à tout. *stolidus.*

Badaudage, *s. m.* action, discours de badaud. R. G. C.

Badauder, *v. n.* niaiser, s'amuser à tout. *ineptire.*

Badauderie, *s. f.* action, discours de badaud. *stoliditas.*

Badaudisme, *s. m.* défaut du badaud. G. C.

†Badé, *s. m.* poisson du genre du pleuronecte.

Badelaire, *s. m.* épée courte et courbée, t. de blason.

†Baderne, *s. f.* petit cordage tressé.

Badian, *s. m.* ou badiane, *s. f.* ou anis de la Chine, fruit d'une plante de la Chine, de la famille des anones.

Badigeon, *s. m.* couleur jaune ou blanche dont on enduit les murs.

Badigeoner, *v. a.* né. e, *p.* peindre avec du badigeon. * badigeonner. V.

Badin. e, *adj. s.* folâtre, qui s'amuse à des bagatelles. *nugax.*

Badinage, *s. m.* action du badin; chose aisée; bagatelle; manière agréable de faire ou de dire. *nugæ.*

Badinant. e, *s.* surnuméraire; t. de prat. (juge); t. de manége, (cheval).

Badine, *s. f.* petite canne. * *pl.* pincettes légères. A. V.

Badinement, *adv.* d'un air badin. C. T. *nugatoriè.*

Badiner, *v. n.* faire le badin; folâtrer; se jouer agréablement; voltiger; se mouvoir. *nugari.*

Badinerie, *s. f.* bagatelle, frivolité. *ineptiæ.*

Baducka, *s. m.* câprier des Indes. C. * badukka. G. V.

Bafetas, *s. m.* toile de coton blanc des Indes. V. G.

Bafouer, *v. a.* foué. e, *p.* traiter injurieusement et avec mépris. *vexare.*

Bâfre, *s. f.* (*expression popul.*) repas abondant. * action de manger. A. CO.

Bâfrer, *v. n.* manger extrêmement. *helluari.*

Bâfrerie, *s. f.* bâfre. *helluatio.*

Bâfreur. se, *s.* gourmand, goinfre, grand mangeur. *helluo.*

Bagace, *s. f.* canne à sucre passée au moulin. V.

Bagadais, *s. m.* sorte de pigeon mondain. V.

Bagage, *s. m.* équipage de guerre ou de voyage. *sarcina.*

Bagarre, *s. f.* tumulte, bruit, querelle de plusieurs personnes. * bagâre. R. *tumultus.*

Bagasse, *s. f.* femme de mauvaise vie.

†Bagassier, *s. m.* genre de plantes de la famille des orties. — très-grand arbre de la Guianne, dont le fruit est très-bon. *bagassa.*

Bagatelle, *s. f.* chose de peu de prix; minutie; petit ouvrage d'esprit. *nugæ. interj.* point du tout. * bagatele. R.

Bagaud, *s. m.* rebelle, révolté. RR.

†Baglafecht, *s. m.* espèce de gros-bec d'Abyssinie.

†Baglama, *s. m.* instrument arabe à trois cordes.

Bagne, *s. m.* prison des forçats, des esclaves. * tonneau pour la terre à pots tamisée. B.

Bagnolet, *s. m.* coiffure de femme, bagnolette. G. C.

Bagnolette, *s. f.* coiffure de femme. A. C. V. * bagnolete. R.

†Bagre, *s. m.* poisson du genre du silure.

Bague, *s. f.* anneau de métal, etc. *annulus.*

Baguenaude, *s. f.* petit fruit du baguenaudier. *halicacabus.*

Baguenauder, *v. n.* s'amuser à des frivolités. *nugari.*

Baguenaudier, *s. m.* arbre à fleurs légumineuses; les gousses ou vessies pressées éclatent avec bruit. *coluteum.* celui qui baguenaude. *nugator.* jeu d'enfant.

Baguer, *v. a.* gué. e, *p.* faire tenir des plis. * t. de prat. donner des bagues, des joyaux à sa future. T.

Baguette, *s. f.* bâton long et délié; moulure; verge; houssine. *virga.* -divinatoire, branche d'arbre avec laquelle les empiriques prétendent découvrir les sources, les mines. * baguete. R.

Baguier, *s. m.* sorte d'écrin; coffret pour les bagues.

†Bahar, *s. m.* poids à Sumatra, 405 livres.

Bahut, *s. m.* coffre recouvert de cuir et de clous. *riscus.*

Bahutier, *s. m.* faiseur de bahuts, coffretier. *arcarum opifex.*

Bai. e, *adj.* (cheval) rouge-brun. *badius.*

†Baical, *s. m.* poisson du genre du callionyme.

Baie, *s. f.* graine, petit fruit mol, pulpeux, succulent, isolé. *bacca.* ouverture, plage, rade, bras de mer entre deux terres terminé par un cul-de-sac, golfe. *æstuarium.* épaisseur du tableau d'une porte; tromperie pour rire. * et baye. B.

Baiette, *s. f.* sorte d'étoffe. G. C. V.

Baigner, *v. a.* gné. e, *p.* mettre dans le bain; couler auprès; arroser; mouiller; être plongé dans; tremper. *lavare.* (se), *v. r.* prendre le bain, se mouiller; se plaire dans la joie, dans le sang.

Baigneur. se, *s.* qui se baigne; qui tient des bains. *balneator.* -*trix.*

Baignoir, *s. m.* lieu où l'on va se baigner. R. T. *lavacrum.*

Baignoire, *s. f.* vaisseau dans lequel on se baigne, bain d'étuviste. *labrum.*

Baigu ou bégu, *s. m.* t. de manége. R.

†Baikalite, *s. f.* espèce de grammatite.

Bail, *s. m.* baux, *pl.* contrat de louage d'un immeuble; engagement. *locatio.*

Baile, *s. m.* dignité à Venise; ambassadeur à la Porte. * juge royal. V.

Baillarge, *s. m.* sorte de blé. R.

Baille, *s. f.* baquet fait de la moitié d'un tonneau.

†Baille-blé, *s. m.* tringle qui fait tomber le grain sur la meule.

Bâillement, *s. m.* action de bâiller; hiatus. *oscitatio.*

Bâiller, *v. n.* ouvrir involontairement la bouche. *oscitare.* s'entrouvrir, être mal joint. *hiare.*

Bailler, *v. a.* lé. e, *p.* donner, livrer, mettre en main. *tradere.*

†Baillère, *s. f.* genre de plantes flosculeuses, de la famille des corymbifères. *bailleria.*

Bailler, *s. m.* cheval à poil roux, tirant sur le blanc.

Bailleul, *s. m.* qui remet les os cassés. *ossium restitutor.*

Bâilleur. se, *s.* qui bâille, sujet à bâiller. *oscedine laborans.*

Bailleur. lleresse, *s.* qui donne à bail.

Bailli, *s. m.* lis, *pl.* officier de justice; dignité à Malte. *ballivius.*

Bailliage, *s. m.* tribunal, jurisdiction, maison du bailli. *ballivii jurisdictio, domus.*

Baillive, *s. f.* la femme du bailli.

Bâillon, *s. m.* ce qu'on met dans la bouche pour empêcher de parler, de crier, de mordre.

Bâillonner, *v. a.* né. e, *p. adj.* mettre un bâillon. * bâilloner. R.

Bailloque, *s. f.* plume d'autruche mêlée de blanc et de brun.

Baillotte, *s. f.* baquet de bois. AL.

Bain, *s. m.* où l'on se baigne; baignoir; eau de bain; état de parfaite fusion du métal; ce dans quoi on baigne; cuve. *balneum.*

Bain-marie, *s. m.* eau chaude dans laquelle est un autre vase; le vaisseau qui la contient.

Baïonnette, *s. f.* espèce d'épée au bout du fusil. * baïonete. R. bayonnette. C. *sica.*

Baïoque, *s. f.* ou bajoque, petite monnoie d'Italie.

Bairam, *s. m.* fête turque. * ou beiram. A. G. C. V.

†Bai-rouge, *s. m.* serpent du 3e. genre, bai-rouge, à taches blanches.

Baisemain, *s. m.* hommage du vassal. * offrande au curé en baisant la paix. T. * *pl.* complimens; recommandation. * baise-main. V.

Baisement, *s. m.* (*inus.*) action de baiser (*se dit de la mule du pape*).

Baiser, *v. a.* sé. e, *p.* appliquer ses lèvres ou sa bouche sur. *osculari.* (se), *v. r.* se toucher, se joindre, se donner un baiser.

Baiser, *s. m.* action de celui qui baise. *basium.*

Baiseur. se, *s.* qui baise volontiers. *basiator.*

Baisotter, *v. a.* té. e, *p.* (*famil.*) baiser souvent, sans cesse. A. C. * baisoter. R. ou baisoter. V. *oscula ingeminare.*

Baisse, *s. f.* déchet, diminution.

Baisser, *v. a.* sé. e, *p.* mettre, rendre plus bas. *deprimere.* * marcotter. B. *v. n.* devenir plus bas, décroître. *decrescere.* (se), *v. r.* se courber, s'affoiblir, diminuer.

Baissière, *s. f.* reste du vin près de la lie. *vinum feculentum.* * baissiere. R.

†Baissoirs, *s. m. pl.* réservoirs de salines.

Baisure, *s. f.* endroit des pains qui se sont touchés dans le four.

Bajoire, *s. f.* médaille à deux têtes en profil, l'une sur l'autre. G. C.

Bajou, *s. m.* la plus haute partie des planches du gouvernail. G. * d'un bateau foncet. V.

Bajoue, *s. f.* depuis l'œil jusqu'à la mâchoire; *se dit du cochon*: grosses joues pendantes. * éminence qui tient aux jumelles d'une machine. AL. *pl.* t. de vitrier, éminences au tire-plomb; coussinets.

†Bajoyères, *s. m. pl.* murs latéraux d'une écluse.

Bajule, *s. m.* officier grec. V.

†Bajurac, *s. m.* étendart du grand seigneur.

Bal, *s. m.* bals, *pl.* assemblée de danse; son local. *celebres choreæ.*

Balade, *s. f.* voy. ballade. V.

Baladin, e, *s.* farceur. *saltator. -trix.* * voy. balladin. R.

Baladinage, *s. m.* plaisanterie bouffonne et de mauvais goût. AL.

Baladines, *adj.* des fêtes de paroisse. R.

Balafre, *s. f.* cicatrice, estafilade au visage. *luculenta cicatrix.*

Balafrer, *v. a.* fré. e, *p.* faire des balafres. *cicatricare.*

Balai, *s. m.* instrument de ménage pour ôter les ordures. *scopæ.* queue des oiseaux, des chiens.

Balais, *adj. m.* (rubis) couleur de vin fort paillet. *pretiosior carbunculus.*

†Balalarka, *s. m.* instrument de musique russe.

Balancé, *s. m.* pas de danse.

Balance, *s. f.* instrument pour peser; incertitude, irrésolution; solde; constellation; parallèle. *libra.*

Balancement, *s. m.* mouvement alternatif; action de se balancer; t. de mus. tremblement. *libramen.*

Balancer, *v. a.* cé. e, *p.* tenir en équilibre; faire mouvoir en balançant. *librare.* examiner; peser le pour et le contre; t. de peint. distribuer également. *v. n.* être en suspens, irrésolu, indéterminé. *fluctuare in.* (se), *v. r.* pencher d'un côté et d'un autre. *oscillare.*

Balancier, *s. m.* pièce d'une pendule. *libramentum.* ouvrier, machine pour battre monnoie; celui qui fait et vend des balances; bâton de danseur de corde pour garder l'équilibre.

Balancine, *s. f.* corde qui va du mât à la vergue; sa manœuvre. * *pl.* R.

Balançoire, *s. f.* pièce de bois en équilibre, ou corde pour se balancer. *libratilis tabula.*

Balançons, *s. m. pl.* bois de sapin débité en petit.

Balandran, balandras, *s. m.* (*vieux*) sorte de casaque de campagne. *gausapa.*

Balandre, *s. f.* sorte de bâtiment de mer.

†Balanite, *s. f.* gland de mer fossile.

†Balanites, *s. m. pl.* 29ᵉ. genre des mollusques acéphales. *balanus.*

Balant, *s. m.* t. de mar. corde non tendue.

Balanus, *s. m.* tête du membre viril, ou gland. V.

Balaou, *s. m.* petit poisson de la Martinique; navire. G. V.

†Balard, balafeu, balafo, *s. m.* espèce de claquebois; instrument des nègres garni de callebasses. * balafa.

†Balasée, *s. f.* toile de coton de Surate.

Balasse, *s. f.* couette de lit de balle d'avoine. G.

Balassor, *s. m.* belle étoffe des Indes. G. C. * ou balaçor.

Balast, *s. m.* t. de mar. lest ou last. G. V.

†Balastris, *s. m. pl.* draps d'or de Venise.

Balatas, *s. m.* arbre d'Amérique, de la Guyanne.

Balauste, *s. f.* fruit ou fleurs doubles du grenadier sauvage. *balaustus.*

Balaustier, *s. m.* grenadier sauvage.

Balayer, *v. a.* yé. e, *p.* ôter les ordures avec le balai; nettoyer; chasser, purger. *verrere.*

Balayeur. se, *s.* qui balaye. *scoparius. -ria.*

Balayures, *s. f. pl.* ordures amassées avec le balai. *sordes.* * balayure, *sing.* V.

Balazée, *s. f.* toile de Surate. R.

Balbusard, *s. m.* ou balbuzard, oiseau de proie, aigle de mer, craupecherot, corbeau-pêcheur; il vit de poisson. *aquila marina.*

Balbutiement, *s. m.* action de balbutier.

Balbutier, *v. n.* prononcer en hésitant, sans articuler, sans connoissance. *prononcez -sier.* * *v. a.*

Balcon, *s. m.* saillie d'une fenêtre, sa grille de fer, etc. grille d'appui à une fenêtre. *podium.*

Baldaquin, *s. m.* sorte de dais. *umbella.* t. d'arch. ouvrage à colonnes au-dessus des autels. V.

Baleine, *s. f.* le plus gros des poissons de mer; il n'a de poisson que l'enveloppe, tout l'intérieur est du quadrupède; ses fanons; constellation méridionale près les poissons. *balæna.*

Baleiné, e, *adj.* garni de fanons de baleine. V. *balænatus.*

Baleineau, baleinon, *s. m.* petit d'une baleine. *balænæ vitulus.*

Baleinier, *adj. s. m.* (navire) pour la pêche. C.

Balenas, *s. m.* le membre de la baleine.

†Baleston, *s. m.* ou livarde, *s. f.* perche qui traverse une voile.

†Balestrille, *s. f.* instrument pour prendre les hauteurs.

Balèvre, *s. f.* lèvre d'en bas; t. d'archit. barbures, inégalités, débord. * balevre. R.

Bali, *s. m.* balie, *s. f.* langue savante des Brames. *s. m.* poisson du 3ᵉ. genre; serpent du 3ᵉ. genre, à quatre lignes de points bruns sous le corps. *picatilis.*

Bali-cassio, *s. m.* ou balicasse, oiseau des Philippines.

Balin, *s. m.* t. d'agric. drap qui reçoit le grain vanné. G. V. RR.

Baline, *s. f.* grosse étoffe de laine pour emballer. G. V. RR.

†Balisage, *s. m.* nettoyement d'une rivière et de tout ce qui peut nuire à sa navigation.

†Baliscorne ou bassiconde, *s. f.* pièce de fer sur la caisse d'un soufflet de forge. * basseconde.

Balise, *s. f.* t. de mar. pieu, fascine ou tonneau pour indiquer les écueils.

Baliser, *v. a.* sé. e, *p.* mettre des balises. G. C. V.

Baliseur, *s. m.* inspecteur des rives. A. G. V. RR.

Balisier, *s. m.* canne d'Inde; très-belle plante des Indes, à racines diurétiques, détersives, naturalisée en France. *arundo.*

Balistaire, *s. m.* t. d'antiq. qui avoit soin des armes. G. V.

Baliste, *s. f.* t. d'antiq. machine de guerre pour lancer des pierres. *balista.* * 7ᵉ. genre de la 1ʳᵉ. classe des poissons cartilagineux. L.

†Balistique, *s. f.* art de calculer le jet d'un projectile.

Balivage, *s. m.* ou baillivage, compte, marque des baliveaux à conserver.

Baliveau, *s. m.* ou bailliveau, jeune arbre qu'on laisse à la coupe; chêne au-dessous de 40 ans. *pl.* perches pour attacher les boulins.

Baliverne, *s. f.* sornette; discours frivole. *nugæ.*

Baliverner, *v. n.* s'occuper de balivernes. *nugas agere.*

Ballade, *s. f.* ancienne poësie françoise. A. R. * balade. C.

Balladoire, *adj.* (fêtes, danses.) R. V.

Ballarin, *s. m.* sorte de faucon.

Balle, *s. f.* pelotte ronde, boule de plomb. *pila.* paquet de marchandises; coffre. *sarcina.* outil d'imprimeur. t. de botan. espèce de calice composé de deux ou trois valvules dans les graminées. *gluma.*

Baller, *v. n.* (*vieux*) danser.

Ballet, *s. m.* danse figurée, espèce d'opéra. *chorea dramatica.*

†Ballin, *s. m.* emballage. (*gasconisme*).

Ballon, *s. m.* vessie pleine d'air et couverte de cuir. *follis.* vaisseau à rames; matras. voy. aérostat.

Ballonier, *s. m.* faiseur ou guide de ballon. G. C. RR. * ballonnier. A. V. voy. aérostatier.

Ballot, *s. m.* gros paquet de marchandises, etc. * balot. C. *sarcina.*

Ballotation, *s. f.* agitation. V.

Ballottage, *s. m.* action de ballotter. * ballotage. R. balotage. C.

Ballotte, *s. f.* balle pour les scrutins. *calculus.* vaisseau pour les vendanges; marrube noir et puant. * ballote. R. balote. G. C.

Ballotter, *v. a. n.* té. e, *p.* donner, compter des scrutins; discuter; se jouer de; peloter; t. de métiers, mettre en paquet. * balloter. R. baloter. G. C. *illudere. pilam agitare.*

Ballottin, *s. m.* petit ballot; enfant qui reçoit les ballottes. * balotin. G. C.

Balnéable, *adj.* 2 *g.* (*inus.*) propre pour les bains. T. V.

Baloche, *s. m.* religieux qui ne prêche ni ne confesse.

Baloire, *s. f.* t. de mar. longue pièce de bois. G. V. RR.

Baloise, *s. f.* tulipe rouge-colombin et blanc. G.

†Balon, *s. m.* espèce de galère de Siam.

Balotade, *s. f.* t. de man. saut les quatre pieds en l'air. * ballotade. R. ballottade. A. V.

Balotement, *s. m.* action de ballotter. C.

Balotin, *s. m.* sorte d'oranger. G. V.

Balourd. e, *s.* butor; personne grossière, stupide. *stupidus.*

Balourdise, *s. f.* caractère du balourd; stupidité; chose dite ou faite mal-à-propos et sans esprit. *stupiditas.*

†Balsameloeon, *s. m.* baume par excellence; huile balsamique.

†Balsamier, *s. m.* genre de plantes polypétales. *amyris.*

Balsamine, *s. f.* plante annuelle, cultivée, dont les siliques s'ouvrent et lancent la graine. *balsamina.*

Balsamique, *adj.* 2 *g.* qui tient du baume.

Balsamite, *s. f.* voy. tanaisie. A. V.

Balsamum, *s. m.* arbre qui produit le baume. R. V.

Balse, *s. f.* sorte de radeau du Pérou. R. V.

Baltadgi, *s. m.* chef des bostangis. G. V.

Baltimore, *s. m.* oiseau siffleur, du genre des troupiales; plante composée, voisine des millères. *icterus.*

Baltracan, *s. m.* herbe de Tartarie. G. V.

†Baluettes, *s. f. pl.* baguettes ajustées aux bordures d'un filet.

Balustrade, *s. f.* assemblage de balustres; clôture basse et à jour. *clathri.*

Balustre, *s. m.* petit pilier façonné qui sert d'appui; petite colonne; balustrade. *columnella.*

Balustré. e, *adj.* orné d'une balustrade. T. R.

Balustrer, *v. a.* tré. e, *p.* orner de balustrades. A. V.

†Balux, *s. m.* sable dans lequel on trouve de l'or.

Balzan, *adj.* (cheval) noir ou bai, à pieds blancs.

Balzane, *s. f.* marque blanche aux pieds des chevaux. G. Y.

Bambiaie, *s. m.* oiseau de Cuba. G. V.
Bambin, *s. m.* enfant à la mamelle, petit enfant.
†Bambla, *s. m.* espèce de grive très-petite.
†Bambo, *s. m.* mesure de Sumatra, 2 pintes.
Bambochade, *s. m.* tableau dans le genre grotesque ou bas.
Bamboche, *s. f.* marionnette; personne de petite taille; canne à nœuds; bois de bambou.
Bambochon, *s. m.* diminutif de bamboche. V.
Bambou, *s. m.* arbre des Indes, espèce de roseau dont toutes les parties sont utiles.
Ban, *s. m.* convocation de la noblesse; proclamation de mariage; exil, bannissement; t. de com. dehors, public, extérieur. *evocatio. exilium.*
Banal. e, *adj.* à l'usage duquel le seigneur asservit; commun; qui sert à tout le monde; trivial. *bannal. V.
Banalité, *s. f.* droit seigneurial. *bannalité. V.
Banane, *s. f.* fruit du bananier.
Bananier, *s. m.* arbre des Indes, sans bois ni branches, dont le fruit est très-bon; figuier d'Adam. *musa.*
Bananiste, *s. m.* oiseau.
†Banatte, *s. f.* corbeille d'osier pour passer le suif, t. de mét.
Banc, *s. m.* long siége. *scamnum.* écueil; lits de pierres horizontaux ou inclinés. *pl.* lits des chiens de chasse. — à-river, outil d'horloger pour river; t. de métiers.
Bancalle, *s. f.* (*popul.*) femme qui a les jambes tortues. *bancale. R. bancal, *s. m.* bancroche. A. C. V.
†Bancasse, *s. f.* caisson servant de lit et de banc, t. de marine.
Bancelle, *s. f.* petit banc. C. *bancele. R.
Banche, *s. f.* fond de roches tendres; pierre tendre et feuilletée, glaise durcie par la viscosité des eaux de la mer; planche qui sert de moule au pisé.
†Banchée, *s. f.* matières employées en une fois dans le pisé.
Banco, *s. f.* banque. (*mot italien*). AL.
Bancroche, *s. m.* tortu, qui a les jambes tortues.
†Bancsie, *s. f.* genre de plantes à fleurs agrégées. *banksia.*
Bandage, *s. m.* bandes de linge, de cuir, de fer; manière de bander les plaies; assemblage de bandes. *deligatio.*
Bandagiste, *s. m.* qui fait des bandages. A.
Bande, *s. f.* long morceau d'étoffe; lien de fer. *fascia.* ornement; rebords du billard; ligne; troupe, compagnie, ligue, parti, côté; t. de mar. -blanche, *s. f.* espèce de tortue. -d'argent, *s. f.* poisson du genre du clupe. -noire, *s. f.* serpent esculape, du 3ᵉ. genre, à bande noire entre les yeux. — poids de Guinée, 2 onces.
Bandeau, *s. m.* bande qui ceint le front, qui couvre les yeux. *pittacium.* médicament; architrave ou moulure.
Bandée, *s. f.* annonce des vendanges. V.
Bandége, *s. m.* petite table à rebords, sans pieds. G. V.
Bandelette, *s. f.* petite bande; ornement d'architecture. *bandelete. R. *fasciola.*
Bander, *v. a.* dé. e, *p.* lier avec une bande; tendre avec force. *fasciare.* *v. n.* être tendu. (se), *v. r.* s'opposer, se roidir, se soulever contre. *resistere.*
Bandereau, *s. m.* sorte de cordon, ou bandoulière pour pendre les trompettes. *funiculi.*
Banderet, *s. m.* chef de troupe. V.
Banderole, *s. f.* sorte d'étendard, d'enseigne. *vexillum.*
Bandière, *s. f.* bannière; t. milit. (en front de), en ligne avec les drapeaux. *bandiere. R.
†Bandingues, *s. m. pl.* lignes attachées à la tête d'un filet.
Bandins, *s. m. pl.* t. de mar. appuis dans la poupe. R. G. C. V.
Bandit, *s. m.* vagabond, banni, libertin, homme sans aveu. *latro.*
Bandoir, *s. m.* t. de mar. roue ou poulie. G. C. V. * t. de passementier, bâton qui passe dans la noix du bandage du battant. AL.
†Bandora, *s. f.* luth russe.
Bandoulier, *s. m.* brigand des montagnes; mauvais garnement; fripon, gueux.
Bandoulière, *s. f.* bande de cuir, etc. espèce de baudrier. *bandouliere. R. *balteus.*
Bandure, *s. f.* plante d'Amérique; espèce de gentiane.
Baneau, *s. m.* vase de bois. R.
Bang, *s. m.* arbre d'Afrique dont on tire du vin. G. V.
Bangemer, *s. m.* camelot façonné. G. C. V.
†Bangue, *ou* banque, *ou* chanvre des Indes, *s. m.* plante dont la graine donne une ivresse gaie, et les feuilles excitent l'appétit. *cannapis.*
Bangue-de-Bourgogne, *s. f.* sorte d'étoffe. G. C. *bange-de-Bourgogne. RR.
†Baniahbou, *s. m.* merle de la Chine, d'un chant agréable.
Banians, *s. m. pl.* idolâtres indiens et pythagoriciens.
†Banistère, *s. f.* genre de plantes à fleurs polypétalées, de la famille des malpigies. -*teria.*
Banlieue, *s. f.* étendue de juridiction.
†Bannasse, *s. f.* civière, t. de salines.
Banne, *s. f.* grande toile tendue pour garantir du soleil, etc. *velum.* manne; étoffe; voiture en tombereau, à fond mobile. *bane. R.
†Banneau, *s. m.* tombereau que l'on traîne à bras.
Banner, *v. a.* né. e, *p.* couvrir d'une banne. *baner. R.
Banneret, *adj.* t. de féod. qui avoit le droit de bannière à la guerre. *baneret. R.
Banneton, *s. m.* coffre pour garder le poisson; panier d'osier. *baneton. R.
Bannette, *s. f.* panier de petites branches. G. C. *t. de comm. peaux. B.
Banni. e, *adj. s.* qui est banni, en exil. *exul.*
Bannie, *s. f.* (*vieux.*) promulgation. V.
Bannière, *s. f.* enseigne, drapeau. *baniere. R. *vexillum.*
Bannir, *v. a.* ni. e, *p.* chasser d'un pays; éloigner de soi; exclure, chasser. *expellere.* (se), *v. r.* se retirer. *banir. R.
Bannissable, *adj.* 2 *g.* qui doit être banni. G. V. C. *banissable. R.
Bannissement, *s. m.* jugement qui bannit, son effet. *banissement. R. *exilium.*
Banque, *s. f.* commerce d'argent, lieu où il se fait; état de celui qui le fait; caisse publique; paye des ouvriers; t. de jeu, fonds ou mise. *argentaria.* *banc de tabletier. B.
Banqué, *adj.* (vaisseau) qui va à la pêche de la morue. G. C. V.
Banquereau, *s. m.* petit banc de mer. V.
Banqueroute, *s. f.* insolvabilité feinte ou véritable, faillite, abandon de ses biens. *creditorum fraudatio.*
Banqueroutier. ère, *s.* qui fait banqueroute. *decoctor.*
Banquet, *s. m.* festin, repas magnifique. *epulum.* branche de la bride au-dessous de l'œil.
Banqueter, *v. n.* faire un banquet.
Banquette, *s. f.* banc rembourré; t. de fortif. marche du parapet. *graminea crepido.* *banquete. R.
Banquier, *s. m.* qui fait la banque, qui la tient; qui fait commerce d'argent; t. de jeu. *nummularius. mensarius.*
†Banquise, *s. f.* amas de glaces en pleine mer.
†Banquiste, *s. m.* celui qui va de ville en ville pour vivre aux dépens du public qu'il attrape.
Bans, *s. m. pl.* lits des chiens de chasse.
Banse, *s. f.* grande manne carrée. G.
†Bantame, *s. f.* poule de Java.
†Bantiale, *s. f.* genre de plantes parasites. -*lâ.*
Banvin, *s. m.* t. de féod. droit de vente du vin de son crû.
†Bapaume, *s. m.* état d'un vaisseau en calme plat ou dégréé.
Baptême, *s. m.* sacrement des catholiques qui rend chrétien; sa cérémonie vraie, ou feinte en mer. *batême. R. *baptismus.*
Baptes, *s. m. pl.* prêtres de Cotyto, déesse de l'impureté. V.
Baptiser, *v. a.* sé. e, *p.* donner le baptême, un nom. *baptizare.* t. de mar. arroser d'eau. *batiser. A.
Baptismal. e, *adj.* qui appartient au baptême. *batismal. A. *baptismalis.*
Baptistère, *adj.* 2 *g.* (registre ou extrait), liste des baptisés, extrait de cette liste. *s. m.* local où l'on baptise. *baptistere. R. baptistaire ou batistère. A. *baptisterium.*
Baquet, *s. m.* petit cuvier de bois; bourriquet de carrier. *et bacquet. R.
Baqueter, *v. a.* té. e, *p.* ôter l'eau avec une pelle. R. G. C. V.
Baquetures, *s. m. pl.* t. de vign. vin qui tombe dans le baquet en vidant. R. G. C. V.
Baquier, *s. m.* arbre à coton; coton, goupillon. R. V.
†Baquois, *s. m.* genre de plantes qui ont du rapport avec les ananas et les palmiers. *pandanus.*
†Bar, *s. m.* caisse pour porter le ciment; civière.
†Baracan, *s. m.* forte étoffe de laine. voy. bouracan.
†Baradas, *s. m.* œillet rouge-brun.
Baragouin, *s. m.* langage corrompu, étranger; inintelligible. * *ou* baragouinage, *s. m.* élocution embrouillée. *baragoin. CO. *inexplicitus sermo.*
Baragouiner, *v. a.* parler mal une langue. *parler une langue étrangère. G. (*abusiv.*)
Baragouineur. se, *s.* qui baragouine. *baragouineux. R. V.
Baralipton, *s. m.* t. de logique, argument. V.
†Barallots, *s. m. pl.* hérétiques d'Italie qui mettoient en commun leurs biens, leurs femmes et leurs enfans.
Barandage, *s. m.* sorte de pêche défendue. G. V.
†Barange, *s. m.* officier du Bas-Empire; mur du fourneau, t. de salines.
†Barangues, *s. m. pl.* gardes anglois des empereurs grecs.
Baraque, *s. f.* hutte des soldats; petite boutique. *mauvaise maison. *casa.*
Baraquer (se), *v. r.* qué. e, *p.* se faire des baraques.
Baraquille, *s. f.* pâtisserie de farce de perdrix, de poulardes, etc. AL.
Barat, *s. m.* t. de mar. malversation, larcin. G. C.
†Baratas, *s. m.* espèce de rat.
†Barathre, *s. m.* abyme, gouffre.
Baratte, *s. f.* sorte de baril pour battre le beurre. *barate. R. C.
Baratter, *v. a.* té. e, *p.* (du lait), l'agiter dans la baratte. *barater. RR.
Baratterie, *s. f.* voy. barat. G. V. *baraterie. R. C.
Barbacane, *s. f.* ouverture dans le mur pour faire écouler l'eau. *spiramentum.* meurtrière.
Barbacole, *s. m.* jeu de hasard, hoca, pharaon.
Barbagant, *s. m.* t. de vign. dernière façon. V.

Barbare, *adj.* 2 *g. s. m.* cruel, inhumain, sauvage, grossier, ignorant; de gramm. impropre. *pl.* (peuples) non civilisés; étrangers, t. d'antiq. *barbarus.*
Barbarement, *adv.* d'une manière barbare, cruelle, *barbarè.*
Barbaresque, *adj.* 2 *g. s. m.* se dit des peuples de la Barbarie.
†Barbaricaire, *s. m.* brodeur en tapisserie qui emploie du fil d'or et de soie.
Barbarie, *s. f.* cruauté, inhumanité; manque de politesse, de culture d'esprit; t. de gramm. *barbaria.*
†Barbarins, *s. m. pl.* petits barbeaux, surmulets.
Barbariser, *v. n.* pécher contre la langue. R. V.
Barbarisme, *s. m.* faute contre la pureté de la langue. *barbarismus.*
†Barbarou, *s. m.* raisin de Maroque.
†Barbastelle, *s. f.* espèce de chauvesouris.
Barbe, *s. f.* poil du visage, du menton, des joues; bande d'une cornette. *barba.* fanons de baleine; maladie des chevaux; filets de l'épi, de la plume. * rayons d'une comète. *pl.* t. de mar. partie du bordage. G.
Barbe, *s. m.* cheval de Barbarie. *equus punicus.*
Barbe de bouc, *s. f.* plante, salsifis sauvage. * barbe-de-bouc. C. V.
Barbe de chèvre, *s. f.* plante à fleurs blanches, qui ressemble à l'ulmaire. * -chevre. R. barbe-de-chèvre. C. A. G.
Barbe de Jupiter, *s. f.* petit arbrisseau à fleurs légumineuses. * barbe-de-Jupiter. C. V.
Barbe de moine, *s. f.* ou cuscute, plante pour les maux de rate. * barbe-de-moine. C. V. G.
Barbe de renard, *s. f.* plante de la famille des astragales; gomme du Levant. *tragacantha.* * barbe-de-renard. A. G. C. V.
†Barbe-espagnole, *s. f.* ou caragate musciforme, espèce de gui ou de liane à filamens.
Barbe (sainte-), *s. f.* t. de marine, soute aux poudres.
Barbé, *adj.* t. de blas. barbu.
Barbeau, *s. m.* ou bluet, fleur; ou barbot, poisson du genre du cyprin. *barbus.* insecte. — de mer, rouget.
Barbéier. *v. n.* se dit du vent qui rase la voile. G. * barbeyer. R. CO. ou barboter. A. V. fasier. CO.
Barbelé, e, *adj.* (flèche, trait) denté, garni de poils. G. V. CO. RR.
†Barbelet, *s. m.* outil pour faire les hameçons.
Barbelo, *s. m.* divinité des Nicolaïtes.
Barberie, *s. f.* art de raser. * lieu où l'on rase. G.
Barberot, *s. m.* mauvais barbier. V.
Barbes, *s. f. pl.* ou barbillons, *s. m. pl.* maladie des chevaux. *ranæ.*
Barbet. te, *s.* chien à poil long et frisé. * barbet. barbete. R. *canis cirratus.*
Barbets, *s. m. pl.* brigands, habitans des Pyrénées. R.
Barbette, *s. f.* guimpe; plate-forme. * barbete. R.
Barbichon, *s. m.* petit barbet; gobe-mouche de Cayenne.
†Barbiconi ou barbican, *s. m.* oiseau qui tient du barbu et du toucan.
Barbier, *s. m.* qui fait la barbe. *tonsor.* poisson du genre du labre. *anthias.*
Barbifier, *v. a.* fié. e, *p.* raser la barbe. V.
†Barbille, *s. f.* filament au flanc des monnoies.
Barbillon, *s. m.* petit poisson à moustaches, ses moustaches. — ou dardillon, *s. m.* languette du hameçon.
Barbinade, *s. f.* petit livre. V.
†Barbi-roussa. voy. babiroussa.
†Barbiton, *s. m.* espèce de lyre inventée par Alcée.
Barbon, *s. m.* vieillard sévère. *senex severior.* — genre de plantes unilobées, de la famille des graminées. *andropogon.*
Barbonnage, *s. m.* qualité du barbon. C. T. * barbonage. R.
Barbonne, *s. f.* poisson de mer semblable à la perche.
Barbote, *s. f.* poisson d'eau douce.
Barboter, *v. n.* fouiller dans l'eau bourbeuse; agiter l'eau avec les mains; marcher dans la boue liquide.
Barboteur, *s. m.* canard privé. *anas.*
Barboteuse, *s. f.* prostituée. A. V.
†Barbotine, *s. f.* pâte de porcelaine délayée, partie fine de l'argile colorée; remède, poudre pour les vers.
Barbouillage, *s. m.* peinture ou écriture mauvaise; discours, récit embrouillé, mal fait. *pictura rudior.*
Barbouiller, *v. a.* lé. e, *p.* salir, gâter; peindre, écrire ou imprimer mal. *deturbare.* (se), *v. r.* manquer de mémoire, balbutier; nuire à sa réputation.
Barbouilleur. se, *s.* peintre à la brosse; mauvais peintre. *rudis pictor.* mauvais auteur. * bavard inintelligible. V.
Barbouillon, *adj. s.* mauvais musicien. J.-J.
Barboute, *s. f.* moscouade chargée de sirop; gros grains de sucre à refondre. R.
Barbu, *s. m.* genre d'oiseau à quatre doigts, deux à deux, bec convexe et comprimé, avec de la barbe à sa base. — espèce de chien de mer.
Barbu. e, *adj.* qui a de la barbe. *barbatus.*
Barbue, *s. f.* poisson de mer du genre de la donzelle. *rhombus.* — marcotte; sarment qui a sa racine. *viviradix.* — nielle sauvage.
Barbuquet, *s. m.* maladie, gale, écorchure des lèvres. T. V.
†Barbure, *s. f.* balèvre, inégalité, t. de fondeur.
Barcallao, *s. m.* ou bacliau, morue. G. C.
Barcalon, *s. m.* premier ministre à Siam.
Barcarolle, *s. f.* danse vénitienne. C. * chanson italienne. A.
†Barce, *s. f.* t. de mar. espèce de canon.
Barcel, *s. m.* sorte de canon. G. C.
†Barcelonnette, *s. f.* lit d'enfant.
Bard, *s. m.* civière à bras, à coffre; t. de blas. poisson courbé et adossé. G. * ou bar. B.
Bardache, *s. m.* sodomite qui se livre au pédéraste. A. G. C. V.
†Bardachiser, *v. a.* commettre le crime de sodomie.
Bardane, *s. f.* plante, glouteron, herbe aux teigneux; sa racine est un excellent sudorifique; ses feuilles sont résolutives, vulnéraires; sa graine est un puissant diurétique; elle guérit de la gale. *lappa.*
Barde, *s. f.* tranche de lard. *è lardo tegumentum.* armure du cheval. *phaleræ.* *s. m.* poëte et prêtre gaulois, ou celte.
Bardeau, *s. m.* petit ais de couvreur. *scandulæ.* — mulet provenant du cheval et de l'ânesse. * vieilles douves; merrain debité en long. — t. d'imprim. casseau de décharge. B.
Bardées, *s. f. pl.* t. de salp. eau pour laver les terres. G. V.
†Bardelle, *s. f.* sorte de selle de toile et de bourre. *pl.* bras du banc du verrier. * bardele. R.
Bardenoche, *s. f.* étoffe. G.
Barder, *v. a.* dé. e, *p.* couvrir un cheval de bardes; une viande de lard. *tegere.* charger sur un bard.
†Bardesianistes, *s. m. pl.* hérétiques du 2e. siècle.
Bardeur, *s. m.* porteur de bard.
Bardis, *s. m.* t. de mar. bâtardeau; cloison. G. C.
Bardit, *s. m.* chant de guerre des Germains. G. V.
Bardot, *s. m.* petit mulet; celui qui supporte la charge, le travail ou les injures des autres.
†Bardou, *s. adj.* (*vieux*) lourdeau.
Barer, *v. n.* t. de vén. balancer sur la voie. V. G.
Baret, *s. m.* cri d'un éléphant ou d'un rhinocéros. G. V. RR. CO.
Barette, *s. f.* t. d'horl. pièce dans le bariller. * barete. R.
†Barfouls, *s. m. pl.* étoffe des nègres pour les pagnes.
Bargache, *s. m.* moucheron. G. V.
Barge, *s. f.* oiseau maritime, de passage, commun en Egypte, semblable au courlis. *capriceps.* * pile de foin; monceau de menu bois. V.
Bargelach, *s. m.* oiseau de Tartarie. G. V.
Barguette, *s. f.* sorte de bateau pour passer les chevaux. AL.
Barguignage, *s. m.* irrésolution. (*famil.*)
Barguigner, *v. n.* hésiter, ne pas prendre de parti. *dubitare.*
Barguigneur. se, *s.* qui barguigne, qui hésite. *hæsitabundus. -bunda.*
Baricot, *s. m.* fruit et boisson de Madagascar. V.
Baricotier, *s. m.* arbre fruitier. G. V.
†Bariga, *s. f.* soie des Indes orientales.
Barigel, barisel, *s. m.* chef de sbires. G. C. V.
†Barigue, *s. f.* nasse conique.
Baril, *s. m.* petit tonneau; son contenu. *cadus.*
Barillage, *s. m.* mise du vin en bouteilles. G. V.
Barillari, *s. m.* officier de galère qui a soin du vin et de l'eau.
†Barille, *s. f.* plante des Indes, dont on tire la soude d'Alicante; soude de Valence.
Barillet, *s. m.* petit baril. *doliolum.* t. d'horlog. tambour du grand ressort; corps de pompe dans lequel joue le piston.
†Barillon, *s. m.* t. de fayencier, petit baril à l'extrémité d'un bâton.
Bariolage, *s. m.* réunion bizarre de couleurs.
Bariolé. e, *adj.* bigarré. *discolor.*
Barioler, *v. a.* lé. e, *p.* bigarrer, peindre de plusieurs couleurs. *colorum varietate inficere.*
Bariolure, *s. f.* moucheture. V.
Bariquaut, *s. m.* petite futaille. G. CO.
†Barite ou baryte, *s. f.* ou barote, la plus pesante des bases salifiables.
†Baritoner, *v. a.* (*vieux*) danser.
†Baritoniser, *v. a.* chanter.
Barleria, *s. m.* plante d'Amérique. G. * barléria. V.
†Barlin, *s. m.* nœud à l'extrémité de la soie.
Barlong. ue, *adj.* d'une longueur mal proportionnée.
†Barlotière, *s. f.* traverse en fer des châssis de verre.
Barnabite, *s. m.* clerc régulier de Saint-Paul. G.
Barnache, *s. m.* sorte d'oie de mer, de passage.
†Barnadez, *s. m.* genre de plantes à fleurs composées, corymbifères. *barnadezia.*
Barnage, *s. m.* les grands. V.
Barne, *s. f.* t. de salines. RR.
Baroco, *s. m.* (argument en), t. de logique.
†Barométographe, *s. m.* instrument qui indique les variations du baromètre.
Baromètre, *s. m.* instrument qui marque la pesanteur de l'air. * barometre. R. *barometrum.*
†Barométrique, *adj.* 2 *g.* du baromètre.
†Barométrographe, *s. m.* baromètre adapté à une pendule.
Baron. ne, *s.* titre de noblesse; qui a une baronnie. *baro.*
Baronnage, *s. m.* (*burl.*) qualité de baron. G. V. * baronage. R.
Baronnet, *s. m.* dignité en Angleterre. * baronet. R.
Baronnie, *s. f.* terre d'un baron. * baronie. R. *baronia.*
Baroque, *adj.* 2 *g.* bizarre, inégal, irrégulier.

ambiguus. (perle) informe, *uniones rudes.*
Barosanème, *s. m.* machine pour connoître la force du vent. G. V.
Baroscope, *s. m.* baromètre. R. V. *baroscopium.*
†Barot, *s. m.* t. de marine. voy. barots.
Baroté. e, *adj.* t. de marine. R. V.
Barotiers, *s. m.* voiturier. B.
Barots, *s. m. pl.* t. de mar. pièces de bois qui soutiennent les ponts. G. V.
Barque, *s. f.* petit bateau. *cymba.*
Barquette *ou* barquerolle, *s. f.* petite barque; petit bâtiment sans mât. * pâtisserie; armoire. G. C. V. R. * barquete, barquerole. R.
†Barra, *s. m.* ardoise longue d'un pied, large de sept pouces.
Barrage, *s. m.* droit de péage. * linge ouvré. * barage. RR.
Barrager, *s. m.* celui qui perçoit le droit de barrage. * barager. R.
Barras, *s. m.* gomme. voy. galipot. R.
Barre, *s. f.* pièce de fer, de bois, etc. longue et étroite. *vectis.* trait de plume. *linea.* entrée intérieure d'une audience, d'un tribunal, d'une assemblée. *repagula.* amas de sable; flux de la Seine lorsque la mer monte; écueil en travers d'un port. *æstuarium.* t. blas. pièce honorable de l'écu. *pl.* jeu de course. *palestra.* t. de vétérinaire, partie sur laquelle pose le mors. * bâre. R.
†Barré, *s. m.* poisson du genre du silure. *fasciatus.*
Barreau, *s. m.* sorte de barre. *cancelli.* lieu où se mettent les avocats; leur profession; leur corps. *forum.* * bâreau. R.
†Barrelière, *s. f.* genre de plantes personnées qui ont du rapport avec les acanthes. *barleria.*
Barrer, *v. a.* ré. e, *p.* fermer avec une barre; clôre; garnir d'une barre. *vecte occludere.* raturer. *expungere.* * bârer. R.
Barrétone, *s. f.* bonnet du grand maître de Malte. V. * barétone. R.
Barrette, *s. f.* petit bonnet rouge des cardinaux, du doge. *biretum.* t. de mét. petite barre; t. d'horl. petite plaque. * barete. R.
Barreur, *s. m. adj.* (chien) pour le chevreuil. C. G. V. * bâreur. R.
Barricade, *s. f.* retranchemens avec du bois, des arbres, des barils, des charrettes, des chaînes tendues. * baricade. R.
Barricader, *v. a.* dé. e, *p.* faire des barricades. fermer une porte en mettant quelque chose par derrière qui résiste. *aditus viarum intercludere.* (se), *v. r.* s'enfermer; se garantir avec des barricades. * baricader. R.
Barrier, *s. m.* t. de monn. ouvrier qui tourne la barre du balancier. G. V. * barier. R.
Barrière, *s. f.* pieux enfoncés en terre et garnis de traverses. *obex.* lieu couvert pour les sergens. *apparitorum officina.* porte de ville où se payent les entrées; enceinte. *septum.* obstacle; borne. * bariere. R.
†Barrillat, *s. m.* t. de mar. ouvrier qui travaille aux futailles.
†Barrillet, *s. m.* tambour qui renferme le ressort d'une montre.
Barrique, *s. f.* sorte de gros tonneau. * barique. R. *dolium.*
†Barroir, *s. m.* tarière étroite de tonnelier.
†Barrolement, *s. m.* délai des procédures. (*vi.*)
†Barroter, *v. a.* ou *n.* té. e, *p.* remplir la cale de marchandises.
Barrure, *s. f.* barres du corps du luth. * barure. R.
†Barrutines, *s. f. pl.* soies de Perse.
Barses, *s. f. pl.* boîtes d'étain à thé de la Chine.
Barravelle, *s. f.* grosse perdrix rouge. * bartavele. R.
Barthélémite, *s. m.* moine. V.
†Barul, *s. m.* mesure pour le poivre dans les Indes, 54 livres.
†Barules, *s. m. pl.* hérétiques qui croyoient que Jésus-Christ n'avoit qu'un corps fantastique.
†Barycoie, *s. f.* dureté de l'ouïe.
†Baryphonie, *s. f.* foiblesse de la voix.
Baryte, *s. f.* l'une des sept terres primitives; terre pesante. V. voy. barite.
Baryton, *s. m.* t. de mus. voix entre la taille et la basse-taille; espèce de basse-de-viole; t. de gramm. accentué. G. V.
Bas, *s. m.* vêtement des jambes. *tibiale.* — d'étame, de laine filée non cardée. — drapé ou foulé. * barres de fer pour tenir les membres liés. B. * bâs. R.
Bas. se, *adj.* sans hauteur, qui n'est pas élevé; inférieur. *depressus.* vil; grave. *s. m.* la partie inférieure. * bâs. R.
†Bas, *adv.* doucement, à voix basse; par terre; en bas, là bas, ici bas, à bas. * en-bas. là-bas. par-bas. ici-bas. C. bâs. R.
Basaal, *s. m.* arbre des Indes. G.
†Basal, *s. m.* genre de plantes polypétalées. *basaal.*
Basalte, *s. m.* sorte de marbre noir attirable à l'aimant, fusible, produit par les matières volcaniques en fusion et refroidies par l'eau, pavé des géants. *basaltes.*
Basane, *s. f.* peau de mouton tannée. * bâsane. R. *aluta.*
Basané. e, *adj.* hâlé, noirâtre. * bâsané. R. *subniger.*
†Basbordois, *s. m.* celui qui sert à bas-bord.
Basconade, *s. f.* langue basque. T. V.
Bascule, *s. f.* levier dont le point d'appui est au milieu; contre-poids; jeu. *tollonus.*
†Bas-de-casse, *s. m.* la partie inférieure d'une casse d'imprimerie.
Base, *s. f.* tout ce qui soutient; principe; fondement; principal ingrédient; bas. * bâse. R. *basis.*
†Baselle, *s. f.* genre de plantes à fleurs incomplettes, de la famille des arroches. *basella.*
Baser, *v. a.* sé. e, *p.* (*nouv.*) appuyer sur une base. G. C. V.
Bas-fond, *s. m.* t. d'agric. terrain bas; t. de mar. où il y a peu d'eau; écueil. * bas-fonds. A. bâs-fond. R. *vadum.*
Basilaire, *adj.* 2 *g.* (os, artère, apophyse), de la tête; t. de botan. de la base.
†Basile à épi couronné, *s. m.* plante du Cap de Bonne-Espérance, du genre des fritillaires. *basillæa.* * *s. f.* inclinaison du fer d'un rabot. B.
Basilic, *s. f.* plante indigène aux Indes, naturalisée en France, odorante, cordiale, céphalique. *ocymum.* serpent, lézard à crête en éventail de l'Amérique septentrionale. — lézard du 4e. genre, à membrane sur le dos, soutenue par des aiguillons. — étoile fixe. *basiliscus.*
Basilicaire, *s. m.* qui assistoit le pape ou l'évêque. G. V.
Basilicon, *s. m.* onguent suppuratif.
Basilidion, *s. m.* cérat pour la gale. G. V.
Basilique, *s. f.* temple avec un dôme. *basilica.* veine du bras.
Basiliques (les), *s. f. pl. adj.* (lois) de l'empereur Basile. A. G. V.
Basin, *s. m.* sorte de toile de coton très-forte. *xylinum.*
Basioglosse, *s. m.* t. d'anat. muscle abaisseur de la langue. * basiglosse. R. bâsiglosse. RR.
†Basistan, *s. m.* lieu où sont les boutiques des Turcs.
†Bas-métier, *s. m.* petit métier que l'on pose sur les genoux.
Basoche, *s. f.* juridiction, corps des clercs, t. de palais. * bazoche. R.
Basochien, *s. m.* (*inus.*) de la basoche. C.
Basque, *s. f.* partie ou pan d'un vêtement. *vestis lacinia.* pieu de plomb, lanusure. *s. m.* langages des Basques. *s. adj.* né en Biscaye.
†Basquine, *s. f.* robe très-ample soutenue par un cercle.
Bas-relief, *s. m.* t. d'archit. sculpture à foible saillie. * bâs-relief. R.
†Bassanello, *s. m.* espèce de hautbois vénitien.
†Bassat, *s. m.* t. d'ardois. sarrau à dos matelassé.
Basse, *s. f.* les tons les plus bas; instrument. *gravis sonus.* musicien. * poisson du genre du persègue. — mesure de sel, 70 livres. * bâsse. t. de manége. R.
Basse-contre, *s. f.* instrument de musique, basse proprement dite. *gravior sonus.* musicien. * bâsse-contre. R.
Basse-cour, *s. f.* endroit où est la volaille; cour des écuries. *chors.* * bâsse-cour. R.
Basse-de-viole, *s. f.* basse de la viole. AL.
Basse-de-violon, *s. f.* espèce de gros violon. AL.
Basse-fosse, *s. f.* sorte de cave. voy. fosse. A. *crypta.* * bâsse-fosse. R.
Basse-lisse, *s. f.* sorte de tapisserie. A. * bâsse-lice. R.
Basse-lissier, *s. m.* (ouvrier) en basse-lisse. V. * bâsse-licier. R.
Bassement, *adv.* d'une manière basse, vile. *abjecté.* * bâssement. R.
Basser, *v. a.* sé. e, *p.* détremper la laine de colle. G. V.
Basses, *s. f. pl.* bancs de sable; rochers sous l'eau. * bâsses. R. *vadosum mare.*
Basses-voiles, *s. f.* t. de mar. la grande voile et celle de misaine. * bâsse-voile. R.
Bassesse, *s. f.* sentimens, inclinations, actions, manières méprisables. * bâssesse. R. *ignobilitas, obscuritas.*
Basset, *s. m.* chien à jambes courtes et torses. *canis vestigator.* petit homme à jambes courtes. * bâsset. R.
Basse-taille, *s. f.* t. de mus. voix entre la basse et la taille ordinaire; bas-relief. * bâsse-taille. R.
Bassette, *s. f.* sorte de jeu de cartes. * bâssete. R.
†Basse-tube, *s. f.* basse de clarinette.
Basseur, *s. m.* bassesse. V.
Bassi, *s. m.* arbre roussâtre d'Afrique. G. V.
Bassi-colica, *s. m.* médicament de miel et d'aromates. G. V.
Bassicot, *s. m.* t. d'ardoisière, caisse de charpente. G. V.
†Bassiers, *s. m. pl.* amas de sable dans les rivières.
Bassile, *s. f.* plante à feuilles comme le pourpier.
Bassin, *s. m.* grand plat; pierre creuse; pièce d'eau; sorte de port; plats des balances. *pelvis, lanx, labrum.* plaine entourée de montagnes; t. d'anat. partie inférieure du tronc; t. de métiers.
†Bassinage, *s. m.* droit sur le sel et autres denrées.
Bassine, *s. f.* sorte de grand bassin pour les chimistes, etc.
Bassiner, *v. a.* né. e, *p.* chauffer avec une bassinoire; fomenter en mouillant. *fovere.*
Bassinet, *s. m.* partie d'un chandelier, d'une arme à feu; cavité du rein. *alveolus.* fleur, plante, renoncule. *ranunculus.* — du gland. *caliculus.*
Bassin-oculaire, *s. m.* instrument de chirur. A.
Bassinoire, *s. f.* sorte de bassin pour chauffer les

lits. *ignitabulum.*
†Bassinot, *s. m.* petit bassin.
†Bassiot, *s. m.* petit baquet de bois, t. de distil.
Bassissime, *adj.* 2 *g.* très-profond. V.
Basson, *s. m.* instrument à vent; celui qui en joue. * bâsson. R.
†Bassove, *s. m.* genre de plantes monopétales. *bassovia.*
Bastage; *s. m.* droit sur les bats. V.
Bastant. e, *adj.* (*vieux*) qui suffit. (*famil.*) *sufficiens.*
Baste, *interj.* (*vieux*) soit, passe. C. * *s. m.* as de trèfle. * cylindre cerclé pour mettre le lait. B. *s. f.* étoffe d'écorce. R.
Baster, *v. n. impers.* (*vieux*) suffire. — baste! *impératif*, passe pour cela.
Basterne, *s. f.* char gaulois attelé de bœufs.
†Bastian, *s. m.* frayon de moulin.
Bastide, *s. f.* maison de plaisance en Provence. *villa.*
Bastille, *s. f.* château fort, flanqué de tours; prison. *propugnaculum.*
Bastillé. e, *adj.* t. de blas. garni de créneaux.
Bastinguage, *s. m.* t. de mar. action de bastinguer; ce qui sert à bastinguer. C.
Bastingue, *s. f.* t. de mar. toiles matelassées autour du plat-bord.
Bastinguer (se), *v. r.* tendre les bastingues.
Bastion, *s. m.* t. de fortif. ouvrage avancé.
Bastionné. e, *adj.* qui tient du bastion, de la tour. G.
Bastir, *v. a.* ti. e, *p.* former le chapeau avec des capades. G. V.
Bastoner, *v. a.* né. e, *p.* donner la bastonnade. R.
Bastonnade, *s. f.* coups de bâton. * bastonade. R. *fustuarium.*
Bastringue, *s. m.* (*popul.*) bal de guinguette. AL.
Bastude, *s. f.* filet de pêche dans les étangs salés.
Bas-ventre, *s. m.* partie basse du ventre. * bâs-ventre. R.
Bat, *s. m.* queue de poisson.
Bât, *s. m.* sorte de selle des bêtes de somme. *clitellæ.*
†Bat-à-beurre, *s. m.* instrument pour battre et préparer le beurre.
Bâtage, *s. m.* t. de féod. droit seigneurial; déquipage des blés. G. * barage. V.
Bataille, *s. f.* combat général de deux armées. *pugna.* jeu de cartes. * batâille. R.
Bataillé. e, *adj. s.* t. de blas. (cloche) avec le battant d'une autre couleur.
Batailler, *v. n.* contester, disputer. *pugnare.* * (*vieux*) donner bataille. B. * (se), *v. r.* R. C.
Batailleur, *s. m.* qui bataille. V.
Bataillière, *s. f.* corde qui fait aller le traquet d'un moulin.
Bataillon, *s. m.* troupe de 3 à 600 hommes d'infanterie. *agmen.*
†Batalogue, *s. m.* (*vieux*) auteur ennuyeux, insipide. * battalogue.
Batanomes, *s. f. pl.* toiles du Caire. G. V.
Bâtard. e, *adj. s.* né hors mariage. *nothus.* t. didactique, faux; sorte de papier; sauvage (*parlant des plantes*). *silvestris.*
Bâtarde, *s. f.* (écriture) entre la ronde et l'italienne; voile; pièce d'artillerie.
Batardeau, *s. m.* cloison, digue contre l'eau. * bâtardeau. V. *pulvinus.*
Batardière, *s. f.* plants d'arbres greffés. * batardiere. R. bâtardière. G. C. V. *seminarium.*
Bâtardise, *s. f.* état, qualité du bâtard.
Batatafe, *s. f.* rave d'Afrique. V.
Batate, *s. f.* ou patate, sorte de rave, de pomme de terre; racine d'un convolvulus, naturalisé en Suède.
†Bataule, *s. f.* beurre de bambou.
Batave, *s. adj.* 2 *g.* de Hollande. R. V.
†Batavique, *adj.* 2 *g.* (larme) de verre noir.
Batayoles, *s. f. pl.* t. de mar. garde-fou. R.
†Bâte, *s. f.* partie polie et luisante d'un corps d'épée; plaque d'étain. * grand cercle d'une boîte de montre. V.
Bâté. e, *adj.* lourdeau. *clitellarius.*
Bateau, *s. m.* barque. *navicula.* corps du carrosse.
†Bateau-mère, *s. m.* bateau principal pour remonter le sel.
†Batée, *s. f.* quantité de terre qu'on pétrit en une fois.
Batelage, *s. m.* singerie, badinage, tour de bateleur. *histrionia.* * conduite d'un bateau.
Batelée, *s. f.* charge d'un bateau. *navigii onus.* multitude de gens.
Bateler, *v. a.* lé. e, *p.* conduire un bateau. R.
Batelet, *s. m.* petit bateau. *navigiolum.*
Bateleur. se, *s.* charlatan qui amuse le peuple; danseur de corde; faiseur de tours. *histrio.*
Batelier. ère, *s.* qui conduit les bateaux. * batelier. -teliere. R. *navicularius. -laria.*
Bâter, *v. a.* té. e, *p.* mettre un bât. *clitellas imponere.*
Bâti, *s. m.* fil qui unit les étoffes; châssis d'une machine pour fendre les roues d'horloge; t. de tailleur, première façon. * t. de menuisier, assemblage de pièces; fond préparé pour le placage. G.
Bâtier, *s. m.* qui fait des bâts, etc. * et battier. G.
†Batifodage, *s. m.* plafond de terre grasse et de bourre.
Batifoler, *v. n.* badiner, jouer comme les enfans; jouer l'un avec l'autre.
Bâtiment, *s. m.* édifice. *ædificium.* navire en général. *navis.*
†Batine ou tarche, *s. f.* torche; selle très-simple en toile.
Bâtir, *v. a.* ti. e, *p.* édifier; construire; établir; disposer. *ædificare.* t. de tailleur, coudre à grands points. *aptare.*
†Batis, *s. m.* plante apétale, peu connue.
Bâtisse, *s. f.* entreprise d'un bâtiment quant à la maçonnerie. *ædificatio.*
Bâtisseur, *s. m.* (*famil.*) qui aime à faire bâtir. *ædificator.*
†Bâtissoir, *s. m.* cercle de fer pour réunir les douves.
Batiste, *s. f.* toile de lin très-fine.
Batiture d'airain, *s. f.* t. de forge, écaille du métal. R. * battiture. AL. *battitura.*
Bâton, *s. m.* morceau de bois long et maniable; tout ce qui en a la forme. *baculus.* t. d'archit. gros anneau en saillie. -royal, pâtisserie autour du bouilli.
Bâtonnée d'eau, *s. f.* ce qu'en fournit un coup de piston. G. CO.
Bâtonner, *v. a.* né. e, *p.* donner des coups de bâton. *fuste percutere.* biffer; rayer. *cancellare.* * bâtoner. R.
Bâtonnet, *s. m.* t. de jeu d'enfans; petit bâton. * bâtonet. R. *bacillum.*
Bâtonnier, *s. m.* porteur du bâton d'une confrérie; chef des avocats. * bâtonet. R.
†Batourner, *v. a.* né. e, *p.* mesurer les douves, les comparer pour les rendre égales.
Batrachite, *s. f.* pierre verte, creuse, représentant dans le milieu un œil. * batracite. V.
Batrachomyomachie, *s. f.* guerre des grenouilles et des rats. R. G. V. * batrachomiomachie. V.
Batrachus, *s. m.* tumeur inflammatoire sur la langue. G. V.
Battage, *s. m.* action et temps de battre le blé, la poudre. * action de battre les laines sur une claie. B.
Battant, *s. m.* fer suspendu qui frappe la cloche. *tudicula.* l'un des deux côtés d'une porte. *foris.* t. d'arts et métiers, châsse; qui bat. *pl.* les deux valves d'une coquille. * batail. T.
†Battant-l'œil, *s. m.* coiffure négligée de femmes.
Batte, *s. f.* massue pour pulvériser le plâtre, etc. ou rouelle, plaque d'étain plate *pavicula.* sabre de bois; banc; battoir. * bate. R.
Battée, *s. f.* t. de relieur, papier que l'on bat en une fois. A. * batée. R.
†Batteler ou bavasser, *v. n.* parler sans rien dire.
Battellement, *s. m.* extrémité, égoût du toit, dernier rang de tuiles. * batélement. R. G. C.
Battement, *s. m.* action de battre; mouvement précipité. * batement. R. *verberatio.*
Batterie, *s. f.* querelle avec coups. *rixa.* plusieurs canons réunis; moyen de succès; pièces d'un fusil, d'un moulin; ustensiles de cuisine; t. de mus. arpége continué, à notes détachées; atelier de forgeron. * baterie. R.
Batteur. se, *s.* qui aime à battre, qui bat. -en grange, qui bat le blé. *frumenti tritor.* -de pavé, oisif, vagabond. *erro.* * bateur. R.
†Battin, *s. m.* sparte, jonc d'Espagne; bastin.
†Battiture, *s. f.* t. de pharm. partie qui se sépare de la substance que l'on agite. voy. batiture.
Battoir, *s. m.* palette pour battre le linge. *palmula.* pour jouer à la paume. *pilaris clavula.* * batoire, *s. f.* R.
†Battoire, *s. f.* vase conique pour battre la crême.
Battologie, *s. f.* t. de gramm. rédondance, répétition inutile. *battologia.*
†Battorée, *s. f.* comptoir des villes anséatiques chez l'étranger.
Battre, *v. a.* tu. e, *p.* donner des coups, frapper. *percutere.* vaincre. *v. n.* remuer, se mouvoir; locher. (se), *v. récipr.* combattre, se frapper. * batre. R.
Battu. e, *adj.* frappé; frayé; défait; saccagé. *percussus.* — *s.* -de feutre, nébulosité sur le papier; qui a été battu. *s. m.* trait de métal écaché. * batu. e. R.
†Battude, *s. f.* filet pour les étangs salés. voy. bastude.
Battue, *s. f.* nombre de chasseurs qui entourent le gibier, qui battent les bois. * batue. B.
Batture, *s. f.* sorte de dorure; mordant composé d'huile, de cire et de térébenthine. * de miel, d'eau, de colle et de vinaigre. G. * bature. R.
Battures, *s. f. pl.* t. de mar. bancs mêlés de sable et de roches à la surface de l'eau.
Battus, *s. m. pl.* pénitens qui se frappent rudement. G.
†Batz, *s. m.* monnoie allemande.
Bau, *s. m.* ou barrot, solive qui affermit le bordage d'un navire. G. C. V.
Baubi, *s. m.* chien de chasse anglois pour le lièvre, le renard, etc. G. C. V.
†Bauche ou bauge, *s. m.* enduit sur les murs.
Bauciant, *s. m.* (*vieux*) espion. V.
Baud, *s. m.* chien courant de Barbarie.
Baudement, *adv.* gaiement, joliment, plaisamment. RABELAIS.
Baudes, *s. f. pl.* parties attachées aux filets des madragues. G. V. RR.
Baudet, *s. m.* petit âne. *asellus.* ignorant; stupide; tréteau.
Baudets, *s. m. pl.* tréteaux des scieurs de long. G. V.
Baudir, *v. a.* di. e, *p.* exciter les chiens, les oiseaux à la chasse.
Baudose, *s. f.* instrument de mus. à cordes. V.

Baudouinage, *s. m.* accouplement des ânes. V. R.
Baudouiner, *v. n.* engendrer un âne. V.
Baudrier, *s. m.* large bande pour porter l'épée. *balteus.*
†Baudroie, *s. m.* poisson du 5ᵉ. genre, de la 1ʳᵉ. classe, à évent près des ouïes, deux nageoires ventrales, et dents. *lophius.*
Baudruche, *s. f.* G. C. V. RR. voy. bodruche.
†Bauffe, *s. f.* grosse corde garnie d'hameçons.
Baufrer, *v. n.* manger avidement. G. CO. voy. bâfrer.
Baufreur, *s. m.* qui mange avidement. G. CO. voy. bâfreur.
Bauge, *s. f.* lieu fangeux fréquenté par les sangliers, leur lit. *volutabrum.* sorte de mortier; droguet. (à bauge), *adv.* en abondance.
Baugue, *s. f.* herbe maritime, algue. * bauque. G. C.
†Bauhine, *s. f.* plante polypétalée, légumineuse, de douze espèces. *bauhinia.*
Baume, *s. m.* arbre d'où découle le baume; herbe odorante; onguent, pâte, liqueurs qui ont les vertus balsamiques; consolation; soulagement; grotte. *balsamum.*
Baumier, *s. m.* ou balsamier, arbre, plante exotique, dont le suc est résineux, coloré, odorant. *amyris.*
Bauque, *s. f.* algue à feuilles droites; on s'en sert pour fumer les terres et emballer. G. C.
†Bauquière, *s. f.* bordage de tribord et babord.
Bauquin, *s. m.* t. de verrerie, bout de la canne à souffler. A. G. V.
†Bavang, *s. m.* arbre des Moluques.
Bavard. e, *adj. s.* (*famil*) qui parle sans mesure ni discrétion. *insulsè loquax.*
Bavardage, *s. m.* action de bavarder, discours de celui qui bavarde; propos insignifians. V. G.
Bavarder, *v. n.* parler beaucoup et indiscrettement. *insulsè garrire.*
Bavarderie, *s. f.* (*famil.*) caractère du bavard; bavardage. *insulsa garrulitas.*
Bavardin. e, *s.* babillard. V.
Bavardise, *s. f.* (*famil.*) propos de bavard. G. C.
Bavaroise, *s. f.* infusion de thé avec du sirop de capillaire.
Bave, *s. f.* salive qui découle de la bouche; écume; liqueur visqueuse du limaçon. *saliva effluens.* * bâve. R. V.
Baver, *v. n.* jeter de la bave. *ne pas couler droit; t. de métiers. B. *salivare.*
Bavette, *s. f.* pièce de toile sur l'estomac; bande de plomb sur les couvertures. * bavete. R.
Baveur, *s. m.* babillard. V.
Baveuse, perce-pierre, *s. f.* poisson de mer, enduit de bave gluante, du genre du blenne.
Baveux. se, *adj.* qui bave; qui bave en parlant, qui bredouille. * *substantif.* G.
†Bavière, *s. f.* pièce de taffetas qui ornoit l'armet.
Bavoché. e, *adj.* t. d'arts, contour, trait qui n'est pas net et pur. A. CO. V. RR. * bavoché, *adj. m.* G.
Bavocher, *v. a.* ché. e, *p.* imprimer sans netteté.
Bavochure, *s. f.* défaut de ce qui est bavoché.
Bavois, *s. m.* t. de monnoie; tableau des droits seigneuriaux. * ou bavouer. G. C.
Bavolet, *s. m.* coiffure pendante de paysanne. *rica.*
Bavure, *s. f.* traces des joints des pièces du moule.
†Bayart, *s. m.* instrument pour porter des fardeaux.
Bayer, *v. n.* regarder la bouche béante. * désirer ardemment. (*famil.*) béer. (*vieux*) B.
Bayette, *s. f.* sorte de flanelle.
Bayeur. se, *s.* qui baye, qui regarde avec avidité.
Bayoque, *s. f.* monnoie d'Italie, 1 s. 4 d. 4-5ᵉ.
Bazac, *s. m.* sorte de toile de coton de Syrie. G.
Bazar, *s. m.* marché public; lieu où l'on enferme les esclaves. * bazard. R. G. C. ou bazarie. B.
†Bazat, *s. m.* coton de Leyde.
Bazzo, *s. m.* monnoie d'Allemagne, 2 s.
†Bdelle, *s. f.* arachnide palpiste à huit pattes. *bdella.*
Bdellium, *s. m.* arbre d'Arabie, gomme qui en découle, bonne contre la toux. * bdellia.
Béant. e, *adj.* qui a la bouche ouverte. *hians.*
Béat. e, *adj. s.* (*iron.*) dévot; t. de jeu, exempt de jouer, qui ne paye pas.
Béatification, *s. f.* action de béatifier, ses effets. * expérience d'électricité par laquelle on entoure la tête d'une auréole. B.
Béatifier, *v. a.* fié. e, *p.* mettre au rang des bienheureux.
Béatifique, *adj.* 2 *g.* qui rend bienheureux; (vision).
Béatilles, *s. f. pl.* petites choses délicates et friandes; agnus; pelotes. *cupedia.*
Béatitude, *s. f.* bonheur; vision de Dieu. *beatitudo.*
Beau. bel. belle, *adj.* qui a les formes et la couleur, les sons, l'état qui plaisent; bon, favorable, heureux. *pulcher. -chra.*
Beau, *s. m.* tout ce qui est excellent dans son genre.
Beau, *adv.* *désigne des efforts inutiles*; *ex.* il a beau faire.
Beau (tout), *interj.* doucement, arrêtez. * tout-beau. C.
Beaucoup, *adv.* plusieurs; en quantité, en grand nombre; extrêmement; long-temps. *multùm.*
†Beaucrier, *s. m.* sorte de raisin.
Beau-fils, *s. m.* fils de gens remariés. *privignus.* * gendre. G. V. *gener.* * élégant à prétention. B.
Beau-frère, *s. m.* frère du mari ou de la femme; mari de la belle-sœur. * beau-frere. R. *levir.*
†Beaumarquet, *s. m.* moineau de la côte d'Afrique, dont le plumage est de couleurs fort brillantes.
Beau-père, *s. m.* qui a épousé notre mère, ou de qui on a épousé l'enfant. * beau-pere. R. *socer.*
Beaupré, *s. m.* mât couché sur l'éperon à la proue.
Beau-revoir, *s. m.* t. de vén. se dit du limier qui bande sur la bête.
Beau-semblant, *s. m.* feinte. V.
Beauté, *s. f.* belle proportion dans les formes; mélange agréable de couleurs; qualité qui rend une chose aimable. *pulchritudo.* belle femme. *pl.* réunion de belles choses.
†Beauture, *s. f.* t. de mar. disposition au beau temps.
Beauvaisin. e, *adj. s.* de Beauvais. RR.
Beauveau, *s. m.* ou biveau. voy. beveau.
†Beby, *s. m.* toile de coton d'Alep.
Bec, *s. m.* d'oiseau, composé de deux mandibules de corne; pointe; outil; angle saillant. *rostrum.*
Bec à bec, *adv.* nez à nez. * bec-à-bec. C.
Bec-courbé, *s. m.* oiseau aquatique.
†Bec-croisé, *s. m.* genre d'oiseaux dont les mandibules du bec sont courbées, croisées. — -alongé, poisson du genre du chétodon.
Bec-d'âne, *s. m.* outil de menuisier pour faire les mortoises.
Bec-de-canne, *s. m.* instrument de chirurgie; clou à crochet; crochet; t. de serrurier.
†Bec-de-corbin, *s. m.* voy. bec-de-grue.
Bec-de-corbin, *s. m.* instrument de chirurgie; canne; crochet de chapelier; outil de calfat. espèce de hallebarde.
Bec-de-cuillier, *s. m.* prolongement osseux au fond de la caisse de l'ouïe. G. C. RR. V. CO.
Bec-de-cygne, *s. m.* instrument de chirurgie pour dilater une plaie. G. C. V.
Bec-de-grue, *s. m.* plante de beaucoup d'espèces; géranium; instrument de chirurgie pour ôter les esquilles. * bec-de-cigogne. R.
Bec-de-hache, *s. m.* oiseau. voy. pied-rouge.
Bec-de-lézard, *s. m.* tire-balle. G. V.
Bec-de-lièvre, *s. m.* qui a les lèvres fendues. G. C. V. chauve-souris à museau fendu, garni de verrues. *leporinus.*
†Bec d'oiseau, *s. m.* raisin.
Bec-de-perroquet, *s. m.* tenaille de chirurgien. G. V.
Bec-de-pigeon, *s. m.* espèce de géranium. RR.
Bec-en-ciseaux, *s. m.* ou coupeur d'eau, oiseau qui plonge son bec dans l'eau en volant.
Bec-figue, *s. m.* oiseau de la grosseur de la linotte, à plumage sombre. * becfigue. A. *ficedula. melancoryphus.*
†Bec-scie, *s. m.* oiseau aquatique de la Louisiane.
Becabunga, *s. m.* plante, véronique aquatique; excellent antiscorbutique très-utile aux tempéramens secs et chauds. * bécabunga. ou beccabunga. A.
Bécarde, *s. f.* pie-grièche de Cayenne.
Bécarre, *s. m.* t. de mus. caractère carré. * bécâre. R.
Bécasse, *s. f.* oiseau de passage, à long bec obtus, à plumage roux, noir et cendré. *rusticula.* poisson de mer, du genre du centrisque. *stolopax.* outil de vannier; sorte de balance de forge. *s. m.* raisin.
Bécasseau, *s. m.* petite bécassine; oiseau différent de la bécasse. *tringa.* * bécassau. G.
Bécassine, *s. f.* oiseau de passage, gros comme la caille, le dos couleur de l'alouette, la gorge blanche, entremêlée de noir, pattes vert-pâles. *gallinago.*
†Beccade, *s. f.* t. de fauc. action de manger.
Beccard, *s. m.* femelle du saumon. * bécard. A. R. V. *salmo femina.*
Bécharu, *s. m.* phénicoptère; flamant, flambant, oiseau rouge, aquatique, à bec en manche de charrue, ailes d'un rouge très-vif, gros comme l'oie, de passage.
†Bec-hauchant, *s. m.* oiseau aquatique d'Yorck.
Bêche, *s. f.* outil de jardinier; coupe-bourgeon, insecte; beige. * bèche. V. *ligo.*
Bechen, *s. m.* plante. C. voy. béhen.
Bêcher, *v. a.* ché. e, *p.* couper et retourner la terre avec la bêche. * bècher. G. C. *ligone vertere.*
Bechet, *s. m.* sorte de chameau. * bêchet. R. bèchet. G. C.
Béchique, *adj.* 2 *g.* ou pectoral, bon pour la poitrine, t. de méd.
†Béchotter, *v. a.* té. e, *p.* donner un petit labour.
†Becmare, *s. m.* insecte coléoptère, ressemblant au charançon. *rhinomacer.*
Becquée, *s. f.* ce qu'un oiseau porte à ses petits; ce qu'il leur donne à-la-fois. * béquée. A. R. V. béchée. (*vieux*) G. *esca.*
Becqueter, *v. a.* té. e, *p.* donner des coups de bec. *rostro pinsere.* (se), *v. r.* se battre, se caresser avec le bec. * béqueter. R. et béqueter. V.
†Becquillon, *s. m.* t. de fauc. bec d'un jeune oiseau.
Bécu. e, *adj.* t. d'oiselier. RR.
†Bécuant, *s. m.* t. d'ardois. délit en pente.
†Béculs, *s. m. pl.* t. d'ardois. pièces qui soutiennent l'échafaud.

Becune, *s. f.* poisson de mer. * bécune. A. G. C. R. V.
Bedaine, *s. f.* (*comique*) gros ventre. *abdomen.*
Bedats, *s. m. pl.* t. de coutume. RR.
†Bédaude, *s. f.* chenille épineuse de l'orme, de deux couleurs.
Bedeau, *s. m.* officier dans les églises, les universités. *apparitor.*
Bédégar, *s. m.* plante; éponge de l'églantier; épine sauvage; gale du rosier. * bédégard. R. bedégard. V.
Bédelin, *s. m.* coton du Levant. RR.
Bedier, *s. m.* (*vieux*) âne, ignorant.
Bedon, *s. m.* (*inus.*) homme gras; tambour de basque.
Bédonique, *s. m.* poëte. C.
Bédouin, bédun, *s. m.* Arabe sectaire d'Haly. V.
Bée (à gueule), *adj. f.* à gueule ouverte.
Béenel, *s. m.* arbre du Malabar, toujours vert
†Béer, *v. n.* voy. bayer.
†Béfar, *s. m.* plante de la famille des rosages. *befaria.*
Bé-fa-si, *t. de mus. qui distingue le ton de si.*
Beffler, *v. a.* insulter. V.
Beffroi, *s. m.* tour en clocher, sa cloche; charpente qui porte les cloches. * béfroi. *jadis* béffroy. R. *specula.*
Beffroi-de-vair, t. de blas. trois rangs de vair. G.
†Béfroi, *s. m.* oiseau du genre des fourmiliers.
Bégaiement, *s. m.* vice de la parole; action de bégayer. * begaiment. R. *balbuties.*
Bégault, *s. m.* stupide. V.
Bégayer, *v. n.* parler en hésitant involontairement sur les syllabes. *balbutire.* t. de man. battre la main.
†Bégone, *s. f.* genre de plantes incomplètes, irrégulières. *begonia.*
Bégu. ë, *adj.* (cheval) qui marque toujours.
Bègue, *adj.* 2 *g. s.* qui bégaye. *balbus.* * begue. R. bégue. CO.
†Béguettes, *s. f. pl.* petites pinces de serrurier.
Bégueule, *s. f.* femme prude, sotte, ridicule, impertinente.
Bégueulerie, *s. f.* caractère de la bégueule. A.
Béguin, *s. m.* coiffe de toile pour les enfans. *calyptra.* * moine. V.
Béguinage, *s. m.* couvent de béguines. G. V. RR.
Béguine, *s. f.* bigote, fausse dévote; religieuse en Flandres.
Bégum, *s. m.* princesse de l'Indostan. A. G. V. RR
Bégune, *s. f.* poisson. A.
Béhen, *ou* ben, *ou* béchen, *s. m.* plante du Liban, alexitère, racine cardiaque. — blanc, *ou* carnillet.
†Behourder, *s. m.* exercice militaire avec des lances sans pointes, et des boucliers.
Beige, *s. f.* serge de laine; ou bêche, laine sans préparation.
Beignet, *s. m.* pâte frite à la poêle. *laganum.*
Beiram. voy. bairam. A.
Béjaune, *s. m.* niais; oiseau jeune et niais; niaiserie; ânerie. * bec-jaune. V. béjaune. RR.
Bel. voy. beau.
Bel et beau, *adv.* entièrement. RR.
†Belame, *s. m.* poisson du genre du clupe.
Bélamie, *s. f.* tunique de moine. RR.
†Belande, *s. f.* petit bâtiment à mâts et à voiles.
Belandre, *s. f.* petit bâtiment de transport. * bélandre. V. RR. *s. m.* dommage, perte. V.
Bêlant. e, *adj.* qui bêle. V.
Belbach, *s. m.* dieu des Vandales. V.
Belchite, *s. f.* laine tirée d'Espagne. RR.
Beledin, *s. m.* coton du Levant. * bédelin. RR.
†Beledines, *s. f. pl.* espèce de soie.
†Bélée, *s. f.* corde lestée, garnie de hameçons.
†Belelacs, *s. m. pl.* étoffes de soie du Bengale.
Bêlement, *s. m.* cri des moutons. *balatus.*
Bélemnite, *s. f.* pierre de lynx; corps fossile, dur, pierreux, calcaire, conique; coquillage fossile; pierre de foudre.
Bêler, *v. n.* faire un bêlement. *balare.*
Bel-esprit, *s. m.* qui affecte l'esprit, ou affiche celui qu'il a; écrivain très-spirituel. G.
Belette, *s. f.* joli petit animal sauvage et carnassier, très-agile, très-vif; il vit d'oiseaux et de volaille. *mustela.* poisson du genre du blenne. * belete.
†Belfait, *s. m.* (*vieux*) belle action.
†Belfroi *ou* bedfroi, *s. m.* charpente d'un moulin à eau.
Bélier, *s. m.* mâle de la brebis. *aries.* poutre armée de fer ou d'airain pour renverser des murailles, enfoncer des portes. * bélier. R. G. * insecte. L.
Belière, *s. f.* anneau qui porte le battant d'une cloche, d'une pendeloque ou d'une lampe. * béliere. R.
Béliner, *v. a.* se dit de l'accouplement des brebis. B.
Beliner, *v. a.* prendre son plaisir entre les bras d'une femme. RABELAIS.
Bélisame, *s. f.* t. de mythologie. RR.
Belitraille, *s. f.* troupe de belîtres. T.
Belître, *s. m.* coquin, gueux, misérable, homme de néant. G. C. V. *balatro.*
Belitrerie, *s. f.* (*inus.*) gueuserie. V.
Bella-dona, *s. f.* plante médicinale, vénéneuse; belle-dame. * belladone. C.
†Bellagines, *s. f. pl.* recueil des lois municipales des Goths.
Bellâtre, *adj.* 2 *g. s. m.* qui a un faux air de beauté; beauté fade.
Belle, *adj. f.* voy. beau.
Belle, *s. f.* belle femme; maîtresse; partie du pont d'en haut.
Belle-dame, *s. f.* plante qui ressemble à la morelle des jardins; ses baies sont un poison; on en fait un fard. — belladone, bella-donne, papillon d'été, remarquable par la beauté de ses couleurs et l'élégance de sa forme.
Belle-de-jour, *s. f.* sorte de lis, ou hémérocale; espèce de convolvulus à fleurs bleues. A. V.
Belle-de-nuit, *s. f.* plante à racines très-purgatives; sa racine se nomme *mirabilis*; jalap.
Belle-et-bonne, *s. f.* espèce de poire. G.
Belle-feuille *ou* phylis, *s. f.* plante. G.
Belle-fille, *s. f.* fille d'homme ou de femme remariée, ou femme du fils; bru. *privigna.*
Belle-mère, *s. f.* mère de la femme; seconde femme du père. *noverca.* * -mere. R.
Belle-sœur, *s. f.* sœur du mari, de la femme du frère, du beau-frère. *glos.*
Bellement, *adv.* (*famil.*) doucement, modérément.
Bellerie, *s. f.* espèce de mirobolans. V.
†Bellicule, *s. m.* coquillage, ombilic marin.
Belligérant. e, *adj.* qui est en guerre, qui la fait. *bellum gerens.*
Bellique, *adj.* belliqueux. V.
Belliqueux. se, *adj.* guerrier, martial, valeureux. *bellicosus.* * belliqueur. V.
Bellissime, *s. f.* poire; tulipe. G. * *adj.* (*inus.*) très-beau. A. G.
Bellon, *s. m.* grand cuvier des pressoirs; arbrisseau de Saint-Domingue. *bellonia.* maladie causée par la mine de plomb.
Bellonaire, *s. m.* prêtre de Bellone. R. V.
Bellone, *s. f.* déesse de la guerre. R.
Bellot. te, *adj.* gentil; diminutif de beau. * bellot. e. R. *bellulus.*
†Belnaux, *s. m.* espèce de tombereau.
Belovder *ou* belveder, *s. m.* t. d'archit. lieu d'où l'on a une belle vue; terrasse sur une maison. — plante; belle-à-voir; elle ressemble à la linaire; elle est d'ornement, apéritive, détersive, atténuante, contre l'obstruction du foie et de la rate. *chenopodium.* * belvéder. R. G. C. CO. ou belvédère. A. V.
Bélomancie, *s. f.* divination par les flèches. R. V.
†Belone, *s. f.* espèce d'anguille de mer, ou orphie, du genre de l'ésoce.
Belouse, *s. f.* pièce d'étain sur le tour. * belouze. V. voy. blouse.
†Belouser (se), *v. r.* (*famil.*) se tromper, se méprendre.
†Bel-outil, *s. m.* petite enclume d'orfèvre.
†Belutta, *s. m.* arbre du Malabar.
Belvédère, *s. m.* plante. * belvéder. R. G. C.
†Belzébut, *s. m.* singe de la famille des sapajous; il se prive aisément.
†Belzoé, *s. m.* arbre de Siam qui donne le benjoin.
†Bembèces, *s. m. pl.* insectes hyménoptères qui ne diffèrent des guêpes que par la tête. -*bex.*
Bémol, *s. m.* caractère de musique qui abaisse la note d'un semi-ton mineur.
Bémolisé. e, *adj.* (*inus.*) marqué d'un bémol. C.
†Bémoliser, *v. a.* sé. e, *p.* marquer une note d'un bémol.
Ben, *s. m.* ou behen, arbre d'Arabie; son fruit (noix de).
Ben-album, *s. m.* plante alexitère.
†Benar, *s. m.* gros charriot à quatre roues.
Bénarde, *s. f.* serrure qui s'ouvre des deux côtés. G. V. * besnarde. R.
Bénari, *s. m.* ortolan passager en Languedoc.
†Bénatage, *s. m.* fonction des bénatiers.
†Bénate, *s. f.* caisse d'osier pour le sel; douze pains de sel.
†Bénatier, *s. m.* qui fait des bénates.
†Bénaton, *s. m.* panier d'osier, t. de salines.
Bendidies, *s. f. pl.* fêtes de Diane. V.
Bénédicité, *s. m.* prière avant le repas.
Bénédicte, *s. m.* électuaire purgatif. — laxative. *s. f.* électuaire préparé.
Bénédictin. e, *s.* religieux de Saint-Benoit.
Bénédiction, *s. f.* action de bénir; paroles pour bénir; grâce, faveur du ciel; vœu pour le bonheur. *benedictio.*
Bénédictionnaire, *s. m.* livre d'église qui contient les bénédictions. V. * bénédictionaire. R.
Bénéfice, *s. m.* privilège accordé; profit, avantage; titre avec honneur; résidence du titulaire. *beneficium.* * dévoiement. (*famil.*) B.
Bénéficence, *s. f.* bienfaisance. G. C. V.
Bénéficiaire, *adj.* 2 *g.* t. de prat. (héritier) par bénéfice d'inventaire. *beneficiarius.*
Bénéficial. e, *adj.* qui concerne le bénéfice.
Bénéficiature, *s. f.* bénéfice de chantre. V.
Bénéficier, *s. m.* qui a un bénéfice.
Bénéficier, *v. a.* cié. e, *p.* tirer profit; t. de mines, exploiter, travailler le minerai. G. C.
Benêt, *adj. s. m.* niais, badaud, sot. *bardus.* voy. fou, oiseau.
Bénévole, *adj.* 2 *g.* (*badin*) bien disposé. *benevolus.*
Bengali, *s. m.* oiseau du Bengale, du genre du moineau, brun, à ventre bleu; on en apporte en France; plante du Brésil.
Béni. e, *adj.* favorisé de dieu, comblé de ses bienfaits. C. V. * bénit. e. R. G. *benedictus.*
Benibel, *s. m.* mercure hermétique. G.
Béniçon, *s. m.* (*vieux*) bénédiction. V.
Bénignement, *adv.* favorablement, avec bonté. *benignè.*
Bénignité, *s. f.* douceur, humanité, indulgence. *benignitas.*
Bénin. bénigne, *adj.* doux, humain, favorable,

propice ; t. de méd. qui purge doucement. *benignus.*
Bénir, *v. a.* ni. e. nit. e, *p.* consacrer au culte ; donner la bénédiction ; louer ; remercier ; rendre heureux. *benedicere.*
Bénitier, *s. m.* vase à l'eau bénite. — coquille de la famille des peignes.
Benjamin, *s. m.* enfant préféré. A. V.
Benjoin, *s. m.* gomme ou résine aromatique, sèche, dure, fragile, inflammable ; elle est bonne pour la phthisie, elle fond les ulcères du poumon ; dissoute dans l'esprit-de-vin et mêlée à l'eau, elle donne le lait virginal, cosmétique. *benzoinum.* — françois, impératoire.
Benne, bane, *s. f.* vase, hotte pour les vendanges. *benna.* * espace clos pour arrêter le poisson. G.
Benoite, *s. f.* galiote ou recize, plante très-salutaire dont la racine est bonne pour les obstructions de tête ; l'infusion de cette racine pour les fièvres intermittentes ; tisane vulnéraire. * bénoite. R. benoîte. G. C. *cariophyllata.*
†Bentèque, *s. m.* arbre du Malabar. *benteka.*
Benzoate, *s. m.* sel formé par l'union d'acide benzoïque avec différentes substances. * *pl.* AL.
Benzoïque, *adj.* (acide) tiré du benjoin.
†Beole, *s. f.* plante qui se rapproche des calcéolaires. *boea.*
Béquarre, *s. m.* t. de mus. voy. bécarre.
Béquenaude, *s. f.* injure. V.
†Béquet, *s. m.* petit bec ; petite pièce ; t. de verrier, de cordon. ; de potier, plans inclinés.
Béquettes, *s. f. pl.* t. de serrurerie, d'épinglier, de fondeur ; tenailles. C. CO.
Béquillard, *s. m.* qui se sert de béquilles. A. G. C. V. CO. RR.
Béquille, *s. f.* sorte de bâton pour les boiteux.
Béquiller, *v. a.* t. de jard. faire un petit labour. *v. n.* se servir de béquilles.
Béquillon, *s. m.* t. de fleuriste, petite feuille pointue ; instrument pour sarcler. * *pl.* feuilles d'anemone ; t. de fauc. bec.
Béquot, *s. m.* bécassine.
Bérams, *s. m. pl.* grosses toiles de coton. RR.
†Berane, *s. f.* toile de coton de Surate.
Berberis, *s. m.* épine-vinette. * berbéris. R.
Bercail, *s. m.* bergerie.
Berce, *s. m.* petit oiseau. *s. f.* fausse branc-ursine, plante émolliente. *spondilium.* — grande berce *ou* panacée, plante de la Grèce, qui fournit l'opopanax.
Berceau, *s. m.* lit d'enfant à la mamelle. *cunabula.* commencement d'une chose ; bas âge ; treillage ; voûte ; outil de graveur pour grener.
Bercelles, *s. f. pl.* pincettes d'émailleur. G. * *sing.* AL.
Bercer, *v. a.* cé. e, *p.* mouvoir dans et avec le berceau ; amuser par des promesses. (se), *v. r.* se nourrir d'espérances vaines.
Berche, *s. f.* t. de mar. petite pièce de canon.
†Berdindin, *s. m.* palan simple.
Bergame, *s. f.* espèce de tapisserie de peu de valeur. *aulæum levidense.*
Bergamote, *s. f.* orange ; sorte de poire. *pirum syrium.*
Berge, *s. f.* bord escarpé de la rivière, d'un chemin. *moles.* rochers élevés à pic sur l'eau : les berges d'Olonne ; chaloupe étroite. voy. héron.
Berger, ère, *s.* qui garde les moutons ; amant. *pastor.* * berger. gere. R.
Bergère, *s. f.* fauteuil ; coiffure de femme. * bergere. R.
Bergerette, *s. f.* vin mêlé avec du miel. ou bergeronnette, oiseau. * bergerete. R.
Bergerie, *s. f.* lieu où l'on enferme les moutons. *ovile.* * *pl.* poësies pastorales.
Bergeronnette, *s. f.* oiseau très joli ; il suit les troupeaux, est très-familier, habite les rivages ; petite bergère. * bergeronete. R. bergeronette. V. *motacilla.*
Bergerot, *s. m.* (*inus.*) petit berger. G. * *s. f.* bergerote. R. bergerotte. V.
†Bergforelle, *s. f.* poisson du genre du salmone.
†Bergie, *s. f.* plante de la famille des caryophillées. *bergia.*
†Berglax, *s. m.* poisson à longue queue.
†Bergot, *s. m.* espèce de nasse.
†Bergsniltre, *s. m.* poisson du genre du labre.
†Béribéri, *s. m.* maladie spasmodique dans laquelle les jambes s'élèvent involontairement.
Bérichot, *s. m.* sorte de moineau. C. * béricot. R.
Beril, *s. m.* pierre précieuse ; aigue-marine. *berilus.* * béryl. R. A. béril. C. bérylle. G. béryl. V.
†Berkovitz, *s. m.* poids russe, 328 livres.
Berle, *s. f.* plante ombellifère ; ache d'eau, plante aquatique. *laver.*
Berline, *s. f.* espèce de carrosse. *berlinensis rheda.*
Berlingot, *s. m.* berline coupée. * brelingot. G.
Berlingue, fiquette, *t. de jeu d'enfans.* A.
Berlue, *s. f.* éblouissement passager ; bluettes dans les yeux ; méprise ; aveuglement ; suffusion. *caligatio.*
Berme, *s. f.* pente, chemin au pied d'un fossé ou des remparts.
†Bermier. ère, *s.* ouvrier de salines qui tire la muire.
Bermudienne, *s. f.* plante des Bermudes, de la famille des iris. * bermudiene. R. bermudiane. *bermudina.*
Bernable, *adj.* 2 *g.* qui mérite d'être berné.
Bernacle, *s. f.* coquillage, conque anatifère ; oiseau de mer, macreuse. * ou bernache, *s. f.* espèce d'oie des mers du nord. *bernicla.*
Bernardière, *s. f.* sorte de poire. V.
Bernardin, e, *s.* religieux de Saint-Benoît, réformés.
Bernard l'hermite, *s. m.* insecte de mer, ou le soldat, espèce de cancre qui se retire pour un an dans une coquille vide, univalve. L. *cancellus.*
†Bernaudoir, *s. m.* grand panier pour laver la laine.
Berne, *s. f.* t. de mar. jeu ; saut sur une couverture ; tonneau des amidonniers.
Bernement, *s. m.* action, manière de berner.
Berner, *v. a.* né. e, *p.* faire sauter sur une couverture ; se mocquer de quelqu'un.
Berneur, *s. m.* celui qui berne.
Bernicles, *s. f. pl.* sornettes. *adv.* rien ! (*popul.*)
Berniesque, *adj.* 2 *g. s. m.* (style) du Berni, qui approche du burlesque. G. RR. * *mieux* bernesque. A. V.
Bernique, *adverbial.* ne tenir rien. A. V.
Berniquet, *s. m.* (être au), à la besace. (*popul.*)
Bernous, *s. m.* manteau à capuchon. V.
†Béroé, *s. m.* famille de zoophytes mous, gélatineux, sillonnés, phosphoriques, ciliés.
†Béron, *s. m.* endroit du sommier par où le cidre coule.
Berretin, *s. m.* religieux. V.
†Bers, *s. m.* électuaire narcotique, stimulant.
Bertaud, *s. m.* castrat. V.
Bertauder, *v. a.* dé. e, *p.* tondre inégalement. V.
†Bertaule, bertoulette, *s. f.* bertoulens, bertoulonnet, *s. m.* verveux.
†Bertavelle, *s. f.* nasse de jonc.
†Berthelot, *s. m.* éperon des bâtimens de la Méditerranée.
†Bertos, *s. m.* anse de bassicot.
Bérubleau, *s. m.* cendre verte, ou vert de terre. G. V.
Béruse, *s. f.* sorte d'étoffe de Lyon. G. V.
Berytion, *s. m.* collyre pour les yeux ; pastille contre la dyssenterie. G.
Besace, *s. f.* sorte de sac à deux poches. *mantica.*
Besacier, *s. m.* (*t. de mépris*) celui qui porte la besace.
†Besaguë, *s. f.* hache à deux tranchans.
Besaigre, *adj.* 2 *g.* (vin) qui s'aigrit.
Besaiguë, *s. f.* outil de charpentier, de vitrier. *bipennis.*
Besant, bezant, *s. m.* monnoie d'or ancienne.
Beset, *s. m.* t. de trictrac, deux as.
Besi, *s. m.* sortes de poires.
Besicles, *s. f. pl.* lunettes à branches ; masque avec deux verres. *conspicillum.*
†Beslère, *s. f.* genre de plantes monopétales. *besleria.*
Besoche, *s. f.* espèce de bêche de pépiniériste ; hoyau. R.
Besogne, *s. f.* ouvrage, travail ; effet du travail ; affaire embarrassante. *labor.* * ou bisogne, *s. m.* mauvais soldat. B.
Besogner, *v. n.* (*vieux*) faire de la besogne. A. V.
Besoin, *s. m.* manque de choses nécessaires ; nécessité ; indigence ; nécessité naturelle. *opus.*
Besongner, *v. n.* faire le déduit ; caresser une femme. CORNEILLE.
†Bessi, *s. m.* genre de plantes qui ont du rapport avec les caneficiers. *metrosideros.*
Besson, ne, *adj.* (*vieux*) jumeau.
Besson, *s. m.* t. de mar. rondeur des bancs ; mesure allemande, 171 pintes 2 tiers.
†Beste, bette *ou* cuine, *s. f.* vase de grès pour la distillation des eaux-fortes.
Bestiace, *s. f.* (*popul.*) pécore ; dépourvu d'esprit. C. * bestiasse. A.
Bestiaire, *s. m.* qui combattoit contre les bêtes dans le cirque.
Bestial. e, *adj.* qui tient de la bête. *ferinus.*
Bestialement, *adv.* en vraie bête. *ferino more.*
Bestialité, *s. f.* commerce charnel avec les bêtes.
Bestiaux, *s. m. pl.* ou bétail. *sing.*
†Bestic, *s. m.* monnoie turque, 6 s.
Bestiole, *s. f.* petite bête.
Bestion, *s. m.* t. de mar. pointe de l'éperon ; tapisserie à figures de bêtes. G. V.
Bestourner, *v. a.* né. e, *p.* troubler. V.
Bêta, *s. m.* (*famil.*) bête, très-bête.
Bétail, *s. m.* troupeaux de bêtes à cornes. *pecus.*
Bête, *s. f. adj.* animal irraisonnable ; stupide, sans esprit. *bestia.* sorte de jeu de cartes ; somme perdue à ce jeu. voy. cuine. -puante, *s. f.* petit quadrupède noir qui lance en fuyant une urine dont l'odeur suffoque. -rouge, *s. f.* très-petit insecte rouge dont la piqûre cause de vives démangeaisons, très-nombreux dans les îles du vent.
Betel, *s. f.* bétre *ou* temboul, plante des Indes, de la famille des convolvulus ; les Indiens mâchent sans cesse de ses feuilles. * bétel. R. *betela.*
Bêtement, *adv.* en bête, stupidement, sottement. *stolidè.*
Bethléémite, *s. m.* religieux qui servent les malades aux Canaries. V. * bethléhémites, *pl.* RR.
Bétille, *s. f.* sorte de mousseline des Indes.
Bêtise, *s. f.* sottise, stupidité, ignorance, défaut d'intelligence ; action, discours d'un sot. *stupor mentis.*
†Betlion, *s. m.* bec de l'éperon.
Bétoine, *s. f.* plante annuelle qui fait éternuer ; elle est apéritive, résolutive, céphalique, vulnéraire ; sa racine est purgative ; son odeur

enivre. *betonica.*

†Bétoires, *s. m. pl.* trous dans les champs pour absorber l'eau de pluie.

Béton, *s. m.* sorte de mortier qui se pétrifie en terre. *lait trouble après l'accouchement. B. *protagala.*

Bétonisme, *s. m.* V.

Bêtre, *s. m.* betel. C. *betre. RR.

Bette, *s. f.* plante potagère, de la famille des arroches; ou poirée; ses feuilles sont émollientes. *beta.* voy. cuine.

Betterave, *s. f.* plantes, bette à grosses racines de rave; l'une rouge, l'autre blanche; on en tire du sucre. -champêtre, racine de disette. *beta rubra. alba.*

Bétune, *s. f.* carrosse à un cheval. R. V.

Bétusés, *s. f. pl.* tonneaux à demi-ouverts pour transporter le poisson. *béthuse, *s. f.* tonneau à avoine. V.

Bétyle, *s. m.* pierre employée à faire des idoles.

Beuglement, *s. m.* cri du bœuf, de la vache; mugissement; meuglement. *boatus.*

Beugler, *v. n.* mugir; meugler. *boare.*

Beurre, *s. m.* crême épaissie en l'agitant. *butyrum.* combinaison chimique; muriates métalliques sublimés. *beure. R.

Beurré, *s. m.* (poire de). *beuré. R.

Beurrée, *s. f.* morceau de pain avec du beurre. *beurée. R.

Beurrer, *v. a.* ré. e, *p.* mettre du beurre sur. G. C. *faire tremper dans du beurre. AL. *beurer. R. *illinere butyro.*

Beurrier. ère, *s.* qui vend du beurre. *beurier. ere. R.

†Beuse, *s. f.* boite verticale pour les bandes de cuivre à laiton.

†Beuvailler, *v. a.* ou beuvasser, boire avec excès, sans discontinuer.

Beuvante, *s. f.* droit du maître de navire donné à frêt. G. *bévante. R. V.

†Beuvotter, *v. a.* boire peu et souvent avec délectation.

†Beuvrines, *s. f. pl.* grosses toiles d'étoupes de chanvre ou de lin.

†Bevande, *s. f.* boisson, bierre.

Beveau, *s. m.* fausse équerre qui a une branche mobile; instrument de mathématiques, équerre stable. *béveau. R. ou biveau. V. beuveau. beauveau. B.

Bévue, *s. f.* méprise, erreur. *erratum.*

Bey, *s. m.* dignité turque; gouverneur d'une ville.

†Bez, *s. m.* stalactite salin.

Bezans, *s. m. pl.* toiles de coton du Bengale. RR.

†Bezeau, *s. m.* bois coupé obliquement.

Bezestan, *s. m.* marché en Turquie, ou halles couvertes. *bézestan. R. bezestin. T. V.

Bezi, *s. m.* poirier de plusieurs espèces.

Bézier, *s. m.* poirier sauvage. A. R. *bézier. V.

Bézoard, *s. m.* (pierre de), ou calcul d'animal, concrétion pierreuse dans le corps de certains animaux; elle est sudorifique, bonne contre le venin. — fossile, concrétion pierreuse autour d'un grain de sable, d'une coquille. *bezoar. A. bésoard. G. V. *lapis bezohar.*

†Bézoardique, bézoartique, *adj.* 2 *g.* du bézoard. *bezoardicus.*

†Bezoche, *s. f.* bêche pour couper les racines des arbres.

†Biain ou bian, *s. m.* corvée d'hommes et d'animaux.

Biais, *s. m.* ligne oblique; travers; moyen détourné de succès, de conciliation. *obliquitas.*

Biais (de), *adv.* de travers, obliquement. *de-biais. C.

Biaisement, *s. m.* détour pour tromper. *simulatio.* marche en biaisant.

Biaiser, *v. n.* être, aller, mettre de biais; prendre un biais, l'employer, en user. *obliquari.*

Biaiseur, *s. m.* qui biaise.

Biambonées, *s. f. pl.* étoffes d'écorce des Indes. G. *biambionées. R.

Biaris, *s. m.* baleine qui a des dents. R.

Biarque, *s. m.* intendant des vivres chez les empereurs grecs. G. V.

Biasse, *s. f.* soie crue du Levant. G. V. *biasle. R.

†Bibaux, *s. m. pl.* ou petaux, brigands armés de piques.

†Bibe, *s. m.* poisson du genre du gade. *gadus.*

Biberon, *s. m.* qui aime le vin. *potator.* vase à bec pour boire ou faire boire. *f.* biberone. R.

†Bibions, *s. m. pl.* insectes diptères, de la famille des mouches. *bibio.*

Bible, *s. f.* livre de l'ancien et du nouveau Testament. *biblia.* *sorte de carton. B.

†Bibliognosie, *s. f.* science des livres.

†Bibliognoste, *s. m.* qui connoît les livres, leurs titre, date, édition, lieu de leur impression.

Bibliographe, *s. m.* qui connoît les livres, leur prix et leurs éditions. *bibliographus.*

Bibliographie, *s. f.* science du bibliographe; description des livres. *bibliographia.*

†Bibliolathe, *adj. s.* qui possède beaucoup de livres sans les connoître.

†Bibliolites, *s. f. pl.* pierres qui portent l'empreinte de feuilles.

Bibliomane, *s. m.* qui a la passion des livres et les entasse. *bibliomanus.*

Bibliomanie, *s. f.* manie des livres, de les entasser. *bibliomania.*

Bibliophile, *s. m.* celui qui aime les livres.

†Bibliopole, *s. m.* marchand de livres.

Bibliotaphe, *s. m.* qui ne communique pas ses livres. A. * . . . . ses livres rares. V.

Bibliothécaire, *s. m.* garde d'une bibliothèque.

Bibliothèque, *s. f.* lieu où il y a beaucoup de livres; recueil; armoire; amas de livres. *bibliotheque. B. *bibliotheca.*

†Biblistes, *s. m. pl.* hérétiques qui n'admettent que le texte pur de la Bible.

Bibus, *t. de mépris.* riens, choses de nulle valeur. *nihilum.*

Bica, *s. f.* poisson de la côte de Biscaye. G. V.

†Bicapsulaire, *adj.* 2 *g.* à deux capsules.

Biceps, *s. m.* muscle à deux branches, à deux têtes.

†Bicêtre, *s. m.* malheur, disgrâce, infortune. MOLIÈRE.

†Bicêtreux, *adj. s.* (*vieux*) infortuné, malheureux.

Biche, *s. f.* femelle du cerf. *cerva.*

†Bicheries, *s. f. pl.* bordage de galère.

Bichet, *s. m.* mesure de grains, un minot de Paris.

Bichetage, *s. m.* droit sur le grain dans un marché. G. *bichenage. R. V.

Bichette, *s. f.* traveneau monté sur deux perches courbes; insecte. L.

Bicho, bichios, *s. m.* ver qui s'engendre sous la peau. *ou bicios. G. C. R. V.

Bichon. e, *s.* petit chien de Malte, à long poil, à nez court. *cheveux de derrière, courts et frisés. B.

Bichot, *s. m.* mesure de grains.

†Bicongé, *s. m.* mesure de liquides.

†Biconjuguée, *adj. f.* (feuille) dont le pétiole commun se divise en deux rameaux chargés de deux folioles.

Bicoq ou pied-de-chèvre, *s. m.* t. de charpentier, 3°. pied de la chèvre. G.

Bicoque, *s. f.* petite maison; petite ville mal fortifiée. *oppidulum.*

Bicornis, *s. m.* muscle extenseur du bras. G. V.

†Bicornu. e, *adj.* t. de botan. garni de deux cornes.

†Bicotylédone, *adj. f.* (plante) qui a deux lobes.

†Bicuspidé. e, *adj.* (feuille) fendue au sommet et terminée par deux pointes.

†Bidanet, *s. m.* suie pour la teinture. *bidauct.

Bidauct, *s. m.* t. de teint. suie de cheminée. G. C. *bidauet. V.

Bidens, *s. m.* bident, plante. voy. tête-cornue.

†Bidenté, *adj. m.* (calice) dont le bord a deux dents.

Bidet, *s. m.* petit cheval. *mannulus.* meuble pour la toilette; outil de cirier.

Bidon, *s. m.* vase, broc de bois; balle alongée; filandre sur le fer.

Bidoris, *s. m.* monture des officiers d'infanterie. V.

†Biécharié, *s. m.* ou bicharrière, *s. f.* tramail.

†Bief, *s. m.* t. d'hydraulique. voy. biez.

†Bielle, *s. f.* perche de la bascule dans une forge.

Bien, *s. m.* ce qui est bon, utile, avantageux, convenable; religion, vertu, probité; fortune. *pl.* meubles et immeubles. *bonum.*

Bien, *adj.* beaucoup, extrêmement, environ, à-peu-près.

Bien-aimé. e, *adj. s.* fort chéri, préféré.

Bien-aise, *adj. s.* 2 *g.* content, satisfait.

Bien-dire, *s. m.* (*famil.*) belles paroles. *facundia.*

Bien-disant. e, *adj.* qui parle bien. *l'opposé de* médisant. *biendisant. V. *disertus*

Bien-être, *s. m.* subsistance, fortune aisée. *commodum.*

Bienfaicteur. trice, *s.* qui fait du bien à quelqu'un. *bienfaiteur. R. G. C.

Bien-faire, *v. a.* s'acquitter de son devoir; réussir; faire de bonnes œuvres; pratiquer la vertu — bien fait. e, *p. adj.* beau; honnête agréable. G. *egregius.*

Bienfaisance, *s. f.* inclination à faire du bien; pratique des bienfaits. *bienfesance. C. V. *beneficentia.*

Bienfaisant. e, *adj.* qui aime à faire, qui fait du bien; qui soulage. *bienfesant. C. *beneficus.*

Bienfait, *s. m.* faveur, bon office; grâce; plaisir. *beneficium.*

Bien-fonds, *s. m.* immeuble.

Bienheureux. se, *adj.* fort heureux; béatifié; saint. *beatus.*

Bien-loin, *conj.* au lieu de, tant s'en faut que.

Bien-loin-de, *prép. qui marque l'opposition.* C.

Biennal. e, *adj.* qui dure deux ans. *biennial. V.

†Bienne, *adj.* 2 *g.* bisannuel.

Bien-que, *conj.* encore que, quoique.

Bienséament, *adv.* avec décence. R.

Bienséance, *s. f.* convenance de ce qu'on dit ou fait par rapport aux personnes, aux temps, aux lieux. *decentia.*

Bienséant. e, *adj.* conforme à la bienséance; ce qu'il sied de dire ou de faire; ce qui convient. *decorus.*

Bien-tenant. e, *adj.* t. de prat. qui possède; détempteur.

Bien-tenue, *s. f.* t. de prat. RR.

Bientôt, *adv.* dans peu de temps, dans peu.

Bienvégner, *v. n.* féliciter; saluer. MAROT.

Bienveigner, *v. a.* gné. e, *p.* recevoir avec amitié. SCARON.

Bienveillance, *s. f.* disposition favorable envers quelqu'un; affection; bonne volonté. *benevolentia.*

Bienveillant. e, qui veut du bien à quelqu'un. *benevolus.*

Bienvenu. e, *adj.* bien reçu, regardé de bon œil. *bien-venu

* bien-venu. R.

Bienvenue, *s. f.* heureuse arrivée; entrée dans un corps; arrivée dans un lieu. * bien-venue. R. *adventus.*

Bienvoulu. e, *adj.* qui est désiré, aimé, estimé, vénéré. * reconnoissant. V. * bien-voulu. R. *acceptus.*

Bière, *s. f.* cercueil. *sandapila.* boisson faite avec de l'orge, du houblon, etc. *cervisia.* * fonds de forêt. A. * biere. R.

Bierkne, *s. m.* poisson du genre du cyprin.

Bièvre, *s. m.* oiseau de rivière palmé; quadrupède, sorte de castor. * bievre. R.

Biez, *s. m.* canal qui conduit l'eau sur la roue du moulin.

Bifère, *adj.* 2 *g.* (cristal) dont chaque arête et chaque angle solide subit deux décroissemens.

†Bifeuille, *s. m.* espèce de zoophyte qui imite une rosette transparente, d'un beau blanc.

†Biffage, *s. m.* t. de finance, examen d'un compte. * rature. V.

Biffer, *v. a.* fé. e, *p.* rayer, effacer l'écriture. *delere.* * t. de finance, examiner un compte. B.

†Bifide, *adj.* 2 *g.* découpé profondément en deux parties.

†Biflore, *adj.* 2 *g.* (tige) qui porte deux fleurs.

†Biforme, *adj.* 2 *g.* de deux formes.

Bifurcation, *s. f.* division en deux branches.

†Bifurqué. e, *adj.* qui se divise en fourche.

Bifurquer (se), *v. pron.* (*inus.*) se diviser en deux. G. C. V.

Biguille, *s. f.* les insectes volatils. G. V.

Bigame, *adj.* 2 *g. s.* marié à deux personnes, ou deux fois. *bigamus.*

Bigamie, *s. f.* mariage avec deux personnes; état du bigame. *iteratæ nuptiæ.*

Bigarade, *s. f.* grosse orange aigre.

Bigarreau, *s. m.* grosse cerise en cœur, à chair ferme, indigeste. * bigâreau. R. *cerasum apronianum.*

Bigarreautier, *s. m.* espèce de cerisier qui donne le bigarreau. G. C. V. * bigâreautier. R. bigareautier. RR. *cerasus duracina.*

Bigarrer, *v. a.* ré. e, *p.* rassembler des couleurs mal assorties. * bigârer. R. *variare.*

Bigarrure, *s. f.* variété de couleurs tranchantes, mal assorties. * bigârure. R. bigarure. RR. *varietas.*

†Bige, *s. m.* t. d'antiq. char à deux chevaux.

†Bigearreyns, *s. m.* filet de l'espèce des demi-folles.

Bigéminé. e, *adj.* (feuille) dont le pétiole soutient deux folioles.

†Bigerique *ou* bigerrique, *s. m.* manteau de laine velu.

Bigle, *s. m.* chien de chasse anglois. *adj.* 2 *g.* louche. *strabo.*

Bigler, *v. n.* avoir la vue de travers, loucher. *oculos distorquere.*

Bigne, *s. f.* tumeur au front. (*vieux*) G. V.

†Bignone, *s. f.* genre de plantes à fleurs monopétales qui ont des rapports avec la digitale et la gratiole. *bignonia.*

Bigorne, *s. f.* sorte d'enclume qui finit en pointe, cette pointe; enclume à deux bouts. *incus bicornis.*

Bigorneau, *s. m.* petite bigorne.

Bigorner, *v. a.* né. e, *p.* arrondir sur la bigorne. G. V.

Bigot. e, *adj.* hypocrite, faux dévot, dévot outré. *pietatis simulator.*

Bigot, *s. m.* t. de mar. pièce de bois trouée pour les cordages.

Bigotelle *ou* bigotère, *s. f.* pièce de cuir pour tenir la moustache. V. * bigotele *ou* bigotere. R.

Bigoterie, *s. f.* dévotion outrée, fausse piété, hypocrisie. *pietas simulata.*

Bigotisme, *s. m.* caractère du bigot.

Biguer, *v. a.* gué. e, *p.* changer, troquer au jeu. R. G. C.

Bigues, *s. f. pl.* t. de mar. pièces de bois pour soulever le vaisseau. * mât de la machine à mâter. B.

†Bihai, *s. m.* plante d'Amérique, de la famille des bananiers. * bihui. V. *helidonia.*

†Bihoreau, *s. m.* espèce de héron de moyenne taille, triste, erratique, dont le cri imite le bruit du vomissement. *pseudo-ageticorax.*

Bijon, *s. m.* baume résineux des pins et sapins.

Bijou, *s. m.* chose jolie. *pl.* bijoux, petits ouvrages curieux en métaux; diamans montés. *lapilli.*

Bijouterie, *s. f.* fabrique, commerce de bijoux.

Bijoutier, *s. m.* qui fait ou vend des bijoux; celui qui aime les bijoux.

†Bijugué. e, *adj.* (feuille) composée de quatre folioles deux à deux sur un pétiole commun.

Bilan, *s. m.* compte de trois mois; état de l'actif et du passif; état du doit et avoir.

Bilboquet, *s. m.* instrument de jeu; petite figure; ouvrage léger d'imprimerie; t. de dor. morceau d'écarlate pour poser l'or. — petits carreaux de pierre; outil de perruquier.

Bile, *s. f.* humeur du corps animal séparée dans le foie. (*figuré*) humeur, colère. *bilis.*

Biliaire, *adj.* 2 *g.* (conduits) de la bile. *biliaris.*

Bilieux. se, *adj. s.* qui abonde en bile; colérique. *biliosus.*

Bilimbi, *s. m.* arbre du Malabar toujours chargé de fleurs et de fruits.

Bill, *s. m.* projet de loi en Angleterre. * ou bil. G.

Billard, *s. m.* jeu de billes sur une table drapée; instrument pour pousser les billes; masse de fer emmanchée.

Billarder, *v. n.* toucher deux fois sa bille; t. de man. jeter ses jambes de devant en dehors.

Bille, *s. f.* boule d'ivoire. *globulus.* gros bâton pour serrer les ballots. *clava.* branche coupée; tronçon de bois non travaillé; morceau d'acier carré.

Billebarrer, *v. a.* ré. e, *p.* bigarrer par un mélange bizarre de différentes couleurs. (*famil.*) * billebârer. R.

Billebaude, *s. f.* (*famil.*) confusion, désordre.

Billebaude (à-la-), *adv.* sans ordre. * à la billebaude. A. R.

Biller, *v. a.* lé. e, *p.* serrer un ballot; atteler les chevaux. G. V.

Billet, *s. m.* petite lettre; missive. *schedula.* promesse par écrit; marque pour entrer; rouleau de papier pour tirer la loterie.

Billeter, *v. a.* attacher des étiquettes. -té. e, *p. adj.* t. de blas. chargé de billettes; étiqueté. G.

†Billeteur, *s. m.* t. de mar. qui reçoit la paye pour les autres.

Billetier, *s. m.* commis qui expédie les billettes. R.

Billette, *s. f.* t. de mar. pièce de bois; bois pour le four à glaces; outil de rondeur de draps; t. de blas. figure carrée dans l'écu. *scheda.* petit baril en enseigne; acquit. * billete. R.

Billevesée, *s. f.* balle enflée, pleine de vent; discours frivole.

Billion, *s. m.* mille millions.

Billon, *s. m.* monnoie d'alliage ou défectueuse; verge de vigne; sillons en dos; petite racine de garance.

Billonnage, *s. m.* altération de la monnoie. * billonage. R.

Billonnement, *s. m.* action de billonner. G.

Billonner, *v. n.* substituer de mauvaise monnoie à la bonne; l'altérer; recueillir les billons; labourer en billons. * billoner. R.

Billonneur, *s. m.* qui altère la monnoie et la distribue; qui billonne. * billoneur. R.

Billot, *s. m.* morceau de bois; coin; souricière.

†Biloculaire, *adj.* 2 *g.* (fruit) à deux loges.

Bimacule, *s. m.* insecte. L.

Bimauve, *s. f.* espèce de guimauve, d'Althéa.

Bimbelé, *s. m.* ou fausse linotte, oiseau brun qui a le chant doux et moëlleux.

Bimbelot, *s. m.* jouet d'enfant. *crepundia.*

Bimbeloterie, *s. f.* fabrique, commerce de jouets.

Bimbelotier, *s. m.* qui fait des jouets d'enfant.

†Bimédial. le, *adj.* la première de deux lignes jointes, commensurables en puissance.

Binage, *s. m.* labour léger.

Binaire, *adj.* 2 *g.* composé de deux unités. *binarius.*

Binard, *s. m.* gros chariot à quatre roues égales.

†Bindely, *s. m.* petit passement de soie et d'argent, d'Italie.

†Binée, *adj.* (feuille) divisée en deux folioles.

Binement, *s. m.* seconde façon qu'on donne à la terre. R. G. C. *repastinatio.*

Biner, *v. a.* né. e, *p.* (une vigne), donner une seconde façon. *repastinare.* *v. n.* t. de litur. dire deux messes le même jour; desservir deux cures.

Binet, *s. m.* petit chandelier; ressort dans la bobèche.

Binette, *s. f.* instrument pour labourer légérement. G. V.

Bini, *s. m.* compagnon d'un religieux qui sort. RR.

†Binné. e, *adj.* ou géminé, (feuille) à pétiole chargé de deux folioles.

†Binochon, *s. m.* outil pour sarcler les oignons.

Binocle, *s. m.* lunette pour voir des deux yeux; insecte aquatique qui s'attache aux poissons; poux de poissons; il ressemble à une punaise vide et très-plate.

†Binoculaire, *adj.* 2 *g.* qui sert aux deux yeux. G.

Binome, *s. m.* quantité algébrique composée de deux termes: *ex.* A + B. * binôme. A.

Bintambaru, *s. m.* plante du Malabar et de Ceylan. V.

Biographe, *s. m.* auteur d'une vie particulière.

Biographie, *s. f.* histoire de la vie des particuliers.

Biographique, *adj.* 2 *g.* qui tient de la biographie.

†Bion, *s. m.* outil de verrier pour inciser la bosse.

Biothanate, *adj. s.* mort d'une mort violente. V.

†Bipastible, *adj.* 2 *g.* (ovaire) qui peut être divisé en deux parties.

Bipedal. e, *adj.* long de deux pieds. * bipédal. A. R. G. C. V. CO. *bipedalis.*

Bipede, *adj.* 2 *g. s.* qui a deux pieds, qui marche sur deux pieds. * bipède. A. G. C. *bipes.*

Bipenne, *s. f.* t. d'antiq. double hache. R.

†Biphores, *s. m. pl.* 2e. genre des mollusques acéphales, nus, à manteau ouvert par les deux bouts. *salpa.*

†Bipinné. e, *adj.* (feuille) dont le pétiole soutient d'autres pétioles.

Bique, *s. f.* chèvre qui allaite; femelle du bouc. *capra.*

Biquet, *s. m.* chevreau; trébuchet pour peser l'or.

Biqueter, *v. a.* té. e, *p.* t. de monn. peser avec le biquet. *v. n.* mettre bas, en parlant de la chèvre. *hædulum parere.* R. G. C. V.

†Biquintile, *adj.* 2 *g.* (aspect) de deux planètes éloignées de 144 degrés.

Birambrot, *s. m.* sorte de soupe avec de la bière, du sucre, de la muscade, du beurre et du pain. A. R. G. C. V.

Bire, *s. f.* ou bure, bouteille en osier, instrument de pêche.

Birême, *s. f.* vaisseau ancien, à deux rangs de rames de chaque côté. * birème. A.
Birette, *s. f.* bonnet. C. * birete. R.
Biribi, *s. m.* jeu de hasard.
Birloir, *s. m.* tourniquet qui tient élevé un châssis de fenêtre.
Birotine, *s. f.* sorte de soie du Levant. G. V.
†Birouche, *s. f.* voiture légère pour la chasse.
†Birrette, *s. f.* bonnet des novices jésuites.
Bis. e, *adj.* brun. *leucophæus.*
Bis! *interj.* encore une fois.
Bisaco, *s. m.* animal du Pérou.
Bisage, *s. m.* teinture d'une autre couleur que la première. R. G. C. V.
Bisaïeul. e, *s.* père, ou mère de l'aïeul. *proavus.*
Bisaigue, *s. f.* outil de bois, de cordonnier pour polir. * biseigle. G. V.
†Bisaille, *s. f.* la dernière des farines.
Bisannuel. le, *adj.* t. de botan. qui dure deux ans. * bisannuel. ele. R.
†Bisarme, *s. f.* espèce d'arme offensive.
Bisbille, *s. f.* (*famil.*) querelle, dissention. *jurgium. dissidium.*
Bis-blanc, *adj. m.* (pain) moitié blanc; seconde farine. A. C.
Biscaïen, *s. m.* sorte de fusil. * biscayen. R. V.
Biscapit, *s. m.* t. de fin. double emploi. R. G. C. V.
Bisché, *adj. m.* (œuf) couvé. G. C. V. CO.
Biscornu. e, *adj.* irrégulier; mal bâti, mal fait. *incompositus.*
Biscotin, *s. m.* sorte de biscuit dur et rond.
Biscotter, *v. a.* baiser; chevaucher; flamber. RABELAIS.
Biscuit, *s. m.* pain cuit deux fois; sorte de pâtisserie; sorte de porcelaine; pâte de porcelaine; fausse teinture. *biscoctus.*
Bise, *s. f.* vent sec et froid du nord. *aquilo.* poisson de mer, semblable au thon. * ou vise, poids au Pégu.
Biseau, *s. m.* extrémité, ou bois en talus; baisure; outil de tourneur, de menuisier, d'impr.
†Bisée, *adj. f.* (étoffe) reteinte, t. de teint.
Biser, *v. a.* sé. e, *p.* t. de manuf. reteindre et repasser. *v. n.* devenir bis; dégénérer. A. R. G. C.
Bis-ergot, *s. m.* oiseau, espèce de francolin du Sénégal, à deux ergots ou tubercules à chaque pied.
Biset, *s. m.* pigeon sauvage. *palumbus.* — *adj.* (caillou) noirâtre.
Bisette, *s. f.* sorte de dentelle. * bisete. R.
Bisettière, *s. f.* qui fait de la bisette. C. G. CO.
Biseur, *s. m.* teinturier du petit teint. R.
†Bisexé, *adj.* 2 *g.* t. de botan. qui a les deux sexes.
Bismuth, *s. m.* marcassite d'étain; étain de glace; demi-métal très-fusible. * ou bismut. A. *bismuthum.*
Bisogne, *s. m.* (*vieux*) nouveau soldat. V.
Bison, *s. m.* bœuf à bosse, très-beau et très-gros. *bos jubatus.* bœuf sauvage; buffle; t. de blason.
Bisouard, *s. m.* sorte de colporteur. G. C. V.
Bisquain, *s. m.* peau de mouton en laine. R. G. C. V. CO.
Bisque, *s. f.* sorte de potage; purée. *unctiusculum pulmentum.* t. de jeu de paume, avantage de 15.
Bissac, *s. m.* besace. *mantica.*
Bisse, *s. f.* serpent, ou vise. voy. bise et bysse.
Bissexre, *s. m.* jour ajouté au mois de février tous les quatre ans. *bissextus.*
Bissextil. e, *adj.* (année) où se rencontre le bissexte. *intercalaris annus.*
†Bissolite, *s. f.* substance minérale soyeuse. * byssolithe.
†Bissus *ou* poil de nacre, *s. m.* filamens d'une espèce de soie brune, longs de six pouces, avec lesquels la pinne-marine s'attache aux corps. — plante, genre de cryptogames de la famille des algues.
†Bisti, *s. m.* monnoie de Perse, 3 s. 2 d. 2-5e.
Bistoquet, *s. m.* sorte de queue de billard.
Bistorte, *s. f.* plante médicinale dont la racine repliée sur elle-même, est vulnéraire, astringente, alexipharmaque. *bistorta.*
Bistortier, *s. m.* pilon de buis. G. V. * bistotier. R.
Bistouri, *s. m.* instrument de chirurgie pour faire des incisions. *scalpellus.*
Bistourner, *v. a.* né. e, *p.* tordre les testicules d'un cheval. * contourner, défigurer. V.
Bistre, *s. m.* suie cuite et détrempée pour laver des dessins.
Bisulque, *adj.* 2 *g.* ou bisulce, t. de naturaliste, fendu en deux. *bisulcus.*
†Bit, *s. m.* monnoie des Barbades, 10 s. 8 d.
†Bitchemare, *s. m.* poisson de la Cochinchine.
†Biterné. e, *adj.* (feuille) dont le pétiole a trois parties terminées par un foliole.
†Biternée, *adj. f.* (fleur) dont le pétiole se partage en trois rameaux portant chacun trois folioles.
Biti, *s. m.* arbre du Malabar, toujours vert.
Bitonieres, *s. f. pl.* t. de marine. R.
Bitord, *s. m.* t. de mar. menue corde; fil retors en deux brins. * bitort. CO.
Bitter, *v. a.* té. e, *p.* t. de mar. rouler le câble autour des bittes. G. C. V. CO. * biter. R.
Bittern, *s. m.* eau-mère qui a déposé du sel. G. C.
Bittes, *s. m. pl.* pièces de bois pour amarrer. * bites. R.
Bitton, *s. m.* pièce de bois pour amarrer une galère. G. C. V. * biton. R.
Bitume, *s. m.* limon gras, visqueux, adhérent; huile végétale ou animale, altérée par les acides. *bitumen.*
†Bituminer, *v. a.* né. e, *p.* enduire de bitume.
Bitumineux. se, *adj.* du bitume, qui en contient. *bituminosus.*
Bivalve, *s. f.* coquillage à deux parties. *bivalvium.* * *adj.* 2 *g.* (fruit) à deux battans. G. C.
Biveau, *s. m.* équerre stable. voy. beveau. R. G. C.
Biventer, *s. m.* muscle de la mâchoire inférieure. G.
Biviaire, *adj.* 2 *g.* place où deux chemins aboutissent. R. G. C. V. CO. *bivius.*
Bivie, *s. f.* déesse des carrefours. R.
Bivoie, *s. f.* chemin fourchu. R. G. C. V. *bivium.*
Bivouac, *s. m.* t. milit. garde extraordinaire de nuit dans un camp et en plein air. * bivac. C. ou bivac. A. G. V. bihouac. biouac. *castrenses vigiliæ.*
Bivouaquer, *v. n.* t. milit. passer la nuit à l'air. * bivaquer. C. ou bivaquer. A.
Bizarre, *adj.* 2 *g.* extraordinaire, singulier, fantasque, capricieux, extravagant. * bizâre. R. *morosus.*
Bizarrement, *adv.* d'une manière bizarre. * bizârement. R. *morosè.*
Bizarrerie, *s. f.* caprice, humeur, action bizarre; singularité excessive. * bizârerie. R. *morositas.*
Bizart, *s. m.* oiseau de passage. * bisert. RR.
†Bizé, *s. m.* outil de buis, de cordonnier.
†Bizègle, *s. m.* voy. bisaigue.
†Blacouel, *s. m.* nouveau genre de plantes qui a du rapport avec l'acomas. *blakwellia.*
Blafard. e, *adj.* d'une couleur blanche-terne; pâle. *pallidus.*
†Blaffart, *s. m.* ou plapert, monnoie de Cologne, 4 s. 3 d.
Blaireau, *s. m.* taisson, animal sauvage, carnassier; il ressemble au chien par le museau. *taxo.*
†Blairie, *s. f.* plante de la famille des bruyères. *blaeria.* * droit sur les pâturages.
Blairier, *s. m.* sorte de canard sauvage.
Blâmable, *adj.* 2 *g.* qui doit être blâmé. *vituperabilis.*
Blâme, *s. m.* discours par lequel on blâme; réprimande infamante. *vituperatio.*
Blâmer, *v. a.* mé. e, *p.* condamner, désapprouver, reprendre. *vituperare.*
Blamuse *ou* plamuse, *s. m.* coup avec la main. V.
†Blanc, *s. m.* monnoie, 3 d. — première farine du gruau; poisson du genre des quatre-dents; t. d'imprim. réglette, espace entre les lignes; maladie des plantes, rouille blanche.
Blanc. he, *adj. s.* réunion de toutes les couleurs; contraste du noir; pur; fard; but. *albus.*
Blanc (en), *adv.* sans écriture. * en-blanc. C.
Blancs-battus, *s. m. pl.* pénitens. V.
Blanc-bec, *s. m.* jeune homme sans expérience.
†Blanc-bourgeois, *s. m.* farine du premier gruau.
Blanc-de-baleine, *s. m.* t. de méd. cervelle de baleine, bonne pour la poitrine; cosmétique pour adoucir la peau. A. R.
†Blanc-d'Espagne, *s. m.* bismuth dissout par l'acine nitreux, et précipité par l'eau. — craie très-friable.
†Blanc-en-bourre, *s. m.* enduit de terre, de chaux, mêlé de bourre.
†Blanc-étoc *ou* blanc-être, *s. m.* t. d'eaux et forêts, action de raser un bois.
Blanc-être, *s. m.* voy. blanc-étoc. R.
†Blanc-jaune, *s. m.* poisson du genre du salmone.
Blanc-manger, *s. m.* ragoût de blancs de chapon avec des amandes, du lait, du riz, du sucre et de l'eau rose. V.
Blanc-manteau, *s. m.* moine bénédictin. V.
†Blanc-nez, *s. m.* guenon noire-brune, à nez blanc. *nictitans.*
†Blanc-raisin, *s. m.* blanc de Rhazis, onguent de cire, d'huile et de céruse.
Blanc-signé, *s. m.* papier signé sur lequel on n'a pas écrit. G. * ou blanc-seing. V.
Blanchaille, *s. f.* menu poisson, fretin.
†Blanchards, *s. m. pl.* toiles blanches de Normandie. * toile de lin. RR.
Blanchâtre, *adj.* 2 *g.* tirant sur le blanc. *albicans.* *s. m.* serpent du 2e. genre, blanchâtre, à taches brunes.
Blanche, *s. f.* note de musique qui vaut deux noires ou la moitié d'une ronde.
Blanchement, *adv.* en linge blanc, proprement. *nitidè.*
Blancher, *s. m.* tanneur des petits cuirs. G. C. V.
Blancherie, *s. f.* lieu où l'on blanchit les toiles; où l'on blanchit le fer pour le fer blanc. C. G. * ou blanchisserie. G. *officina albaria.*
Blanchet, *s. m.* camisolle; t. d'imprim. morceau de drap ou de molleton; t. de métiers. — poisson du genre du silure. — du salmone. — serpent du 5e. genre, blanc, nué de rose.
Blancheur, *s. f.* couleur blanche. *albor.*
Blanchiment, *s. m.* action de blanchir; ses effets; atelier où l'on blanchit; baquet pour blanchir la vaisselle. * blanchiment. R. V. *albarium.*
Blanchir, *v. a.* chi. e, *p.* laver; rendre blanc. *dealbare.* acquitter; faire paroître innocent; donner du lustre au métal. *v. n.* devenir blanc. *albescere.* vieillir; être inutile.
Blanchissage, *s. m.* action de blanchir; ses effets. *linteorum purgatio.*
Blanchissant. e, *adj.* qui blanchit, qui paroît blanc.
†Blanchisserie, *s. f.* lieu où l'on blanchit. CO. RR. voy. blancherie.
Blanchisseur. se, *s.* qui blanchit la toile, le linge.

†Blanchoyer, *v. n.* (*vieux*) paroître blanc.
Blandices, *s. f. pl.* (*vieux*) flatteries pour gagner le cœur. R. C. G.
Blandir, *v. a.* di. e, *p.* (*vieux*). caresser. G. V.
Blandissant. e, *adj. s.* trompeur, flatteur. V.
†Blanditeur, *s. m.* (*vieux*) séducteur.
Blanque, *s. f.* *Ludicra sortitio.* jeu de hasard avec des feuillets noirs et blancs.
Blanquette, *s. f.* poire; petit vin de Languedoc; fricassée blanche; bière foible. * Blanquete. R. * soude inférieure. B.
†Blanquil, *s. m.* monnoie de Maroc, d'Alger, etc. 4 sous.
†Blaps, *s. m. pl.* insectes coléoptères, du genre des ténébrions.
Blaque, *s. f.* vessie à tabac. R.
Blaser, *v. a.* sé. e, *p.* user, brûler, émousser les sens. (se), *v. r.* s'user les sens par des excès.
†Blasie, *s. f.* *Blasia.* plante cryptogame, de la famille des algues.
Blason, *s. m.* *Scuti figura.* art héraldique; armoirie. * description, éloge, censure. (*vi.*). G.
Blasonnement, *s. m.* blason. C.
Blasonner, *v. a.* *Figuras in scuto pingere.* né. e, *p.* peindre, déchiffrer les armoiries; médire, critiquer, blâmer. * Blasoner. R.
Blasonneur, *s. m.* qui peint ou explique les armoiries. V. C. G. * médisant. (*famil.*), qui blâme, qui loue. G.
Blasphémateur, *s. m.* *Obtrectator.* celui qui blasphème.
Blasphématoire, *adj.* 2 *g.* *Contumeliosus.* qui contient des blasphèmes, des outrages.
Blasphème, *s. m.* *Verborum impietas.* parole impie; outrage à la divinité, à la religion, aux saints, aux grands hommes. * Blasphême. R.
Blasphémer, *v. n.*, *v. a.* mé. e, *p.* proférer un blasphème.
Blassonner, *v. a.* né. e, *p.* louer, amadouer. MOLIÈRE.
Blatier, *s. m.* *Frumentarius.* marchand de blé. * et Blastier. B.
†Blâtrer, *v. a.* tré. e, *p.* apprêter le grain par des préparations dangereuses.
†Blattaire, *s. f.* herbe aux mittes.
Blatte, *s. f.* *Blata.* insectes. L. * *pl.* Blates. R. — de Constantinople, employé comme suppositoire. B.
Blaude, *s. f.* sorte de surtout. * ou Blouse. A.
†Blazir, *v. a.* zi. e, *p.* flétrir, meurtrir.
Blé, *s. m.* *Frumentum.* plante de la famille des graminées, grain. * ou Bled. V. — de mars, petit froment qui se sème au printemps; — barbu, dont l'épi carré est armé de longues barbes; — noir, rouge, voy. Sarrazin; — de Turquie, d'Inde, voy. Maïs. — de vache, mélampirum, plante dont les bestiaux sont avides.
Blêche, *adj.* 2 *g. s.* homme mou, timide, fourbe. * Blèche. V.
Blêchir, *v. n.* (*inus.*) mollir. R. A. * Bléchir. V.
†Blechne, *s. m.* plante cryptogame, de la famille des fougères.
Bléer, *v. a.* (*inus.*) ensemencer de blé. R.
†Blégne, *s. f.* *Blechnum.* plante de la famille des fougères.
Bleime, *s. f.* maladie du cheval, inflammation du sabot. G. V.
Blême, *adj.* 2 *g.* *Pallidus.* pâle.
Blémir, *v. n.* *Pallescere.* pâlir, devenir blême. * Blêmir. A. R. G.
Blêmissement, *s. m.* pâleur R.
Blémitif, *s. m.* qui pâlit. V.
†Blende, *s. f.* *Galena.* substance minérale; vraie mine de zinc; sulfure de zinc, zinc sulfuré.
Blenne, *s. m.* *Blennius.* nom d'un genre de poisson, du 5ᵉ. genre, de la 3ᵉ. classe.
†Blennorrhagie, *s. f.* catharre de l'urètre.
†Blépharique, *adj.* 2 *g.* *Blépharicus.* (collyre) pour les paupières.
†Blépharoptose, *s. m.* *Blepharoptosis.* maladie de l'œil; éraillement.
†Blésité, *s. f.* *Blæsitas.* parler gras.
Blesser, *v. a.* *Vulnerare.* sé. e, *p.* donner un coup qui cause une vive douleur, qui fait une plaie, une contusion; incommoder; faire du tort. (se), *v. r.* se faire du mal; accoucher avant terme.
Blessure, *s. f.* *Vulnus.* plaie; violente impression; vive atteinte.
†Blestrisme, *s. m.* inquiétude vague et continuelle dans le corps.
Blet. te, *adj.* (*m. inusité*). (fruit) trop mûr.
Blette, *s. f.* *Blitum.* plante très-commune, potagère, humectante, émolliente, rafraîchissante. * Blete. R.
Bleu. e, *adj. s. m.* *Cæruleus.* couleur du ciel sans nuages. * *pl.* Bleus, *et non* Bleux. G. — de montagne, minéral bleuâtre, tendre, léger, poreux et cassant; terre colorée par un ocre cuivreux. — de Prusse naturel, fer uni avec l'alcali minéral et le principe inflammable. — de Prusse artificiel, composition de fer dissout par un acide et l'alcali fixe végétal. *s. m.* poisson du genre des chiens de mer.
†Bleu de marine, *s. m.* terrain gras, bleu, impénétrable à l'eau. G.
Bleuâtre, *adj.* 2 *g.* *Subcæruleus.* presque bleu. * *s. m.* poisson du 3ᵉ. genre, bleuâtre.
Bleuir, *v. a.* i. e, *p.* rendre, devenir bleu.
†Bleuissoir, *s. m.* outil d'horloger. voy. Revenoir.
†Bliaux, *s. m.* sorte de juste-au-corps ancien.
Blin, *s. m.* pièce de bois pour assembler les mâts.
Blindage, *s. m.* t. de guerre, action de blinder. * les blindes. G.
Blinder (se), *v. r.* se couvrir de blindes, t. milit.
Blindes, *s. f. pl.* arbres, pièces de bois pour couvrir la tranchée. * *sing.* G. C.
Bloc, *s. m.* *Massa.* amas, assemblage; billot de sculpteur. * sorte de presse de tabletier. B.
Bloc (en), *adv.* sans compter. R. * en-bloc. C.
Blocage, *s. m.* *Cæmentum.* menu moilon; t. d'imprim. lettre retournée ou mise pour une autre.
Blocaille, *s. f.* petit moilon * ou Blocage de moilon. B.
Blochet, *s m.* t. de couvreur, pièce de bois sur les sablures. G. V. RR.
Blocus, *s. m.* état d'une ville cernée, action de la cerner, t. de guerre. * campement qui la cerne. B.
Blond. e, *adj. s. m.* *Flavus.* entre le doré et le châtain clair. * couleur blonde. B.
Blonde, *s. f.* sorte de dentelle de soie.
Blondin. e, *adj.* qui a les cheveux blonds; jeune homme qui fait le beau.
Blondir, *v. n.* *Flavescere.* di. e, *p.* devenir blond; jaunir.
Blondissant. e, *adj.* (épis) blondissans, jaunissans.
†Blondoyement, *s. m.* action de devenir blond.
†Blondoyer, *v. n.* blondir.
†Blongios, *s. m.* espèce de héron de Barbarie.
Bloquer, *v. a.* *Intercludere præsidiis.* qué. e, *p.* t. de guerre, faire le blocus; d'imprim. mettre une lettre renversée pour une autre; de billard, pousser de force dans la blouse; de faucon. se soutenir sans battre de l'aile; de maçon. construire sans aligner, remplir les vides sans ordre. voyez Blocage.
Blot, *s. m.* instrument pour mesurer la marche d'un vaisseau; t. de fauc. perchoir. R. G. C.
Blottir (se), *v. r.* *Contrahere se.* ti. e, *p.* se ramasser en un tas, s'accroupir. * Blotir. R.
Blouse, *s. f.* *Cavus.* trous du billard.
Blouser, *v. a.* sé. e, *p.* faire entrer dans la blouse. (se), *v. r.* se tromper, se méprendre. (*famil.*)
Blousse, *s. f.* laine courte qu'on ne peut carder. R. G. C. V. CO.
Bluet ou Barbeau, *s. m.* *Cyanus.* fleur; aubifoin, jacée des blés, casse-lunette; plante des blés, à fleurs bleues; son eau distillée, bonne pour les yeux. — serpent du 3ᵉ. genre, à écailles mi-partie bleu et blanc.
Bluette, *s. f.* *Scintilla.* petite étincelle; petit trait d'esprit. * Bluete. R. Bluète. G.
Bluteau, *s. m.* *Farinæ incerniculum.* instrument pour passer la farine. * ou Blutoir. B.
Bluter, *v. a.* *Farinam incernere.* té. e, *p.* passer la farine au bluteau.
Bluterie, *s. f.* lieu où l'on blute.
Blutoir, *s. m.* bluteau.
Boa, *s. m.* sorte de serpent aquatique, très-gros, du 2ᵉ. genre, à plaques sous le corps et sous la queue.
†Bobancé, *s. m.* homme vain. ROMAN DE LA ROSE.
Bobaque, *s. m.* *Arctomys.* animal qui ressemble à la marmote dans le nord.
†Bobart des Indes orientales, *s. m.* *Bobartia.* plante du genre des graminées, qui ressemble au souchet.
Bobèche, *s. f.* *Candelabri tubulus.* partie du chandelier; cylindre creux où se met la chandelle. * Bobêche. R.
Bobelin, *s. m.* sorte de chaussure. V.
Bobelineur, *s. m.* faiseur de bobelins. V.
†Bobille, *s. f.* cylindre de bois avec un axe de fer; t. d'épinglier.
Bobine, *s. f.* *Fusus.* fuseau pour dévider.
Bobiner, *v. a.* né. e, *p.* dévider du fil, de la soie sur une bobine. G. C. A. V. RR.
Bobineuse, *s. f.* qui dévide. V. RR.
†Bobinière, *s. f.* partie supérieure du moulin à filer l'or.
Bobo, *s. m.* (*enfantin*), petit mal; petite douleur.
Bocage, *s. m.* *Silvula.* bosquet, petit bois.
Bocager. ère, *adj.* (*vieux*). *Silvestris.* qui hante les bois, couvert de petits bois. * *f.* Bocagère. R.
Bocal, *s. m.* *Lagena.* sorte de vase de verre ou de cristal. * embouchure d'une trompette. B.
†Bocambre, *s. m.* bocard.
Bocan, *s. m.* danseur. V.
Bocane, *s. f.* danse grave. R. G. C. V. CO.
Bocard, *s. m.* machine pour écraser la mine, t. de forge.
Bocarder (la mine), *v. a.* dé. e, *p.* passer au bocard, pulvériser.
Bocardo, *s. m.* terme de logique. V.
Bocas, *s. m.* toile de coton de Surate. V.
†Boccone, *s. m.* *Bocconia.* arbrisseau d'Amérique, qui a des rapports avec les chélidoines.
Bochet, *s. m.* *Bochetum.* t. de médec. seconde décoction des bois sudorifiques. G. V. RR. CO.
†Boddart, *s. m.* poisson du genre du gobie.
†Bodée, *s. f.* banc pour soutenir les outils du verrier.
†Bodians, *s. m. pl.* *Bodianus.* poissons thoraciques, à piquans, sans dentelures aux opercules.
Bodine, *s. f.* quille d'un navire. G. C. V. RR.
Bodinerie, *s. f.* prêt à grosse aventure. R. C. V. * voyez Bomerie. G.
Bodinure, *s. f.* petite corde autour de l'arganeau. G. V. RR.
†Bodrat, *s. m.* étoffe d'Egypte.

Bodruche, *s. m.* pellicule de boyau de bœuf apprêtée. * Baudruche. A. C. G. R. V.

†Boësle, *s. f.* voyez Gratte-boësse.

Boësse, *s. f.* instrument de sculpteur, de ciseleur, de monnoyeur. G. CO. RR. * ou Gratte-boësse. V.

Boësser, *v. a.* sé. e, *p.* ébarber les métaux, nettoyer la ciselure. G. CO. * ou Gratte-boësser. V.

Bœuf, *s. m.* Bœufs, *pl. Bos.* taureau châtré, sa chair; gros homme stupide. * *pl.* Beufs. G. *pron.* beu. (œil de bœuf), lucarne ronde.

Boffumer, *v. a.* se fâcher; enfler ses joues. V.

†Bogarmites, *s. m. pl.* hérétiques qui se confient à la miséricorde de Dieu.

Bogue, *s. f.* couverture piquante de la châtaigne. G. V. RR. CO. *s. m.* poisson de mer, du genre du spare.

†Bohade, *s. f.* droit seigneurial. RR.

Bohé ou Bou, *s. m.* thé de la Chine. R.

Bohémien. ne, *adj.* vagabond, qui dit la bonne aventure. * ou Bohême. A. G. Bohême. V.

Bohémillon, *s. m.* petit bohémien.

†Bohon-upas, arbre-poison, *s. m.* la gomme de cet arbre est (dit-on) le poison le plus subtil.

Boïard, *s. m.* civière à bras pour porter la morue; seigneur russe. G. * et Boyard. R.

†Boie, *s. f.* étoffe d'Amiens.

†Boiga, *s. m.* serpent du 3e. genre, vert doré, à écailles noires au bout.

†Boïquira, *s. m.* espèce de serpent-sonnette, à chaîne de taches noirâtres, bordées de blanc.

Boire, *v. a. Bibere.* bu. e, *p.* buvant. e, *p. présent.* avaler une liqueur; s'enivrer; souffrir sans murmure; attirer; s'imbiber; absorber. *v. n.* faire tremper.

Boire, *s. m. Potus.* le breuvage. * décharge d'eaux. B.

Boirin, *s. m.* terme de marine, cordage de la bouée. R.

Bois, *s. m. Lignum.* substance dure d'un arbre; lieu planté d'arbres, *Silva.* cornes de cerf, *Cervi cornua.* t. d'arts et métiers. * (mal de-) maladie des bêtes à cornes; quille, dame, t. de jeu.

Bois canars, *s. m. pl.* qui restent au fond de l'eau. * Bois canard, *sing.* A.

†Bois de Brésil ou Brésillet, *s. m.* plante de la famille des légumineuses; son bois rouge sert pour la teinture. — de campêche, grand arbre épineux dont le bois rouge sert à teindre en rouge, en violet. — de fer, arbre dont le bois très-pesant est dur comme le fer. — marie, des Antilles. — de palixandre ou violet, arbre des Indes dont le bois odorant sert à la marquéterie. — de rose, arbre de Rhodes ou de Chypre, dont le bois sent la rose.

Bois de Sainte-Lucie ou Mahaleb, *s. m.* * Bois-de-Sainte-Lucie. C.

Bois gentil, *s. m.* plante, espèce de lauréole. * Bois-gentil. C. R. V. * mézéréon. V.

Bois marmentaux, *s. m. pl.* ou de touche, bois qui ornent un château. * marmenteaux. A.

Bois puant ou Anagiris, *s. m.* * Bois-puant. C. R.

Bois-punais, *s. m.* t. de botanique. R.

Boisage, *s. m.* t. de menuis. le bois d'une boiserie.

Boiser, *v. a. Tabulis vestire.* sé. e, *p. adj.* garnir de bois.

Boiserie, *s. f.* revêtissement d'un mur en bois plat.

Boiseux. se, *adj. Lignosus.* qui tient du bois, ligneux.

Boisilier, *s. m.* t. de mar. coupeur de bois. R. G. C. V. * Boisillier. V.

†Boisivrant, *s. m. Piscidia.* arbre d'Amérique, à fleurs légumineuses.

Boisseau, *s. m. Modius.* mesure pour le grain ou le sel. * boîte de cuivre dans laquelle tourne la clef du robinet; coussin pour les tresses; cylindre de terre cuite. B.

Boisselée, *s. f.* contenu d'un boisseau.

Boisselerie, *s. f.* métier, commerce de boisselier. A.

Boisselier, *s. m.* qui fait et vend des boisseaux.

Boisson, *s. f. Potio.* ce qu'on boit; vin, etc.

Boîte, *s. f. Pyxis.* ustensile creux à couvercle pour serrer; son contenu; mortier d'artillerie. * Boëte. C. R.

Boite, *s. f. Vini maturitas.* état du vin bon à boire.

†Boîte-à-rappel, *s. f.* pièce principale de l'établi allemand, t. d'ébénist.

†Boitement, *s. m. Claudicatio.* ou Boiterie, *s. f.* irrégularité dans la marche d'un animal, t. de vétérin.

Boiter, *v. n. Claudicare.* ne pas marcher droit, clocher.

Boiteux. se, *adj. s. Claudus.* qui boite.

Boîtier, *s. f.* terme de chirur. coffre à onguent. * Boëtier. C.

†Boitillon, *s. m.* panneaux, t. de meunier.

Boitout, *s. m.* (*famil.*) verre à patte cassée. C. G.

Boiture, *s. f.* débauche. V.

†Bojobi, *s. m. Ahætulla.* serpent vert, affreux, du 2e. genre, très-familier, mais venimeux.

Bokas, *s. f. pl.* toile de coton de Surate. G. RR.

†Bokking, *adj.* (hareng) salé et fumé, t. de com.

Bol ou Bolus, *s. m. Bolus.* boule composée de drogues.

Bol (de ponche), *s. m.* mesure de ponche. C.

Bol, *s. m.* terre friable, grasse, miscible à l'eau. * concrétion grossière de la terre végétale réduite en limon. * Bol d'Arménie. C.

Bolaire (terre), *adj. f. Bolaris.* de la nature du bol; (terre) ou sigillée, argile poreux, friable, autrefois très-employée en médecine.

Bolet, *s. m. Boletus.* champignon à chapeau sessile ou pédiculé, poreux en dessous. L.

Bolétite, *s. f.* pierre représentant une morille. G. V.

†Bolzas, *s. m.* coutil des Indes. RR.

†Bom, *s. m. Boma.* grand serpent d'Amérique.

Bombakin, *s. m.* étoffe de laine et soie. V.

Bombance, *s. f. Luxu paratæ epulæ.* (*familier*). somptuosité en bonne chère.

Bombarde, *s. f.* machine de guerre; gros canon; jeu de l'orgue; gueule d'un four à brique; instrument à vent.

Bombardement, *s. m. Tormentorum jactus.* action de bombarder.

Bombarder, *v. a.* dé. e, *p.* jeter des bombes.

Bombardier, *s. m.* qui tire des bombes. * — ou Canonnier, espèce de bupreste de l'espèce des vers luisans, qui fait par l'anus une explosion semblable à un coup de feu, et tire sur l'ennemi qui le poursuit. B.

Bombasin, *s. m.* futaine à 2 envers, étoffe de soie.

Bombax, *s. m.* arbrisseau.

Bombe, *s. f.* t. de guerre, boule de fer creuse remplie de poudre, machine de guerre.

Bombement, *s. m. Convexitas.* convexité. * curvité, renflement. G.

Bomber, *v. a. In gibbum flectere.* bé. e, *p. adj.* rendre convexe. *v. n.* être, devenir convexe.

Bombiate, *s. m.* sel formé par l'union de l'acide bombique avec différentes substances. * *pl.* AL.

Bombique, *s. m.* (acide) extrait de la chrysalide du ver à soie.

†Bombyles, *s. m. pl. Bombylus.* insectes diptères à longue trompe, qui sucent le miel.

†Bome, *s. f.* grande voile d'un bot.

Bomerie, *s. f.* prêt à la grosse aventure. G. RR. V. CO. voyez Bodinerie.

Bon. ne, *adj. Bonus.* qui a de la bonté; qui a les qualités convenables à sa nature; excellent, exquis dans son genre; fort; subtil; plaisant; utile; remarquable; clément, indulgent, humain, simple, complaisant; propre à. *adv.* bien.

Bon, *s. m. sing.* bonnes qualités; garantie; espèce de mandat; profit, bénéfice; principal; agrément, consentement.

Bon! *int.* voilà qui va bien! c'est bien!

Bon (tout de), *adv.* sérieusement. * tout-de-bon. C.

Bonace, *s. f. Malacia.* calme sur mer; tranquillité. (*familier*).

†Bonana, *s. m.* espèce de pinson de la Jamaïque.

†Bonard, *s. m.* ouverture des arches; t. de verr.

Bonasse, *adj. 2 g. Simplex.* sans malice, simple.

†Bonbalon, *s. m.* trompette des nègres.

Bonbanc, *s. m.* sorte de pierre fort blanche. G. V. RR.

Bonbon, *s. m.* pâte avec du sucre, friandise.

Bonbonière, *s. f.* petite boîte. * Bonbonnière. A.

Bon-chrétien, *s. m.* sorte de poire.

Boncore, *s. m.* sorte de narcisse. G. V.

Bond, *s. m. Saltus.* rejaillissement, saut.

Bonda, *s. m.* le plus gros des arbres d'Afrique.

Bonde, *s. f. Obturamentum.* (d'étang, de barrique), trou, ouverture, passage; pièce de bois qui le ferme.

Bondir, *v. n. Subsilire.* faire un ou plusieurs bonds.

Bondissant. e, *adj. Subsiliens.* qui bondit.

Bondissement, *s. m. Subsultus.* mouvement de ce qui bondit.

Bondon, *s. m. Dolii obturamentum.* grosse cheville de bois qui ferme une futaille, etc.

Bondonner (une futaille), *v. a. Dolium obturare.* né. e, *p.* boucher avec un bondon. * percer le trou du bondon. B. * Bondoner. R.

Bondonnière, *s. f.* outil pour percer le trou du bondon. C. G. V. CO. * Bondonier, *s. m.* R.

Bondrée, *s. f. Buteo.* oiseau de proie qui ressemble beaucoup à la buse.

Bonduc ou Chicot, *s. m. Guilandina.* arbre, plante des Indes, de la famille des légumin.

†Bongeau, *s. m.* deux bottes de lin liées ensemble.

†Bongomils, *s. m. pl.* hérétiques anti-trinitaires.

Bon-henri, *s. m. Chenopodium.* t. de botaniq. plante; épinard sauvage: ses feuilles écrasées cicatrisent les plaies. A. R. voy. Patte-d'oie.

Bonheur, *s. m. Felicitas.* état heureux, prospérité, félicité, bonne fortune.

Bonheur (par-), *adv.* heureusement. R. CO.

Bonhomie, *s. f.* bonté naturelle et simplicité.

Bon-homme, *s. m.* vieillard. V. * qui a de la bonhomie; outil de verrier. B.

†Bonichon, *s. m.* petit canal de la lunette, t. de verrier.

†Bonier, *s. m.* mesure de terre.

Bonification, *s. f.* amélioration. A. V.

Bonifier, *v. a. Meliorare.* fié. e, *p.* améliorer, mettre en meilleur état. * *v. n.* faire bon, suppléer. B.

Bonite, *s. f.* poisson de mer de la couleur et de même goût que le maquereau, mais beaucoup plus gros.

†Bonjon, *s. m.* t. de manufacture.

Bonjour! *s. m.* salut du matin.

Bon mot, *s. m.* facétie, répartie fine. * Bon-mot. C.

Bonne, *s. f.* gouvernante d'enfant. (*famil.*)

Bonne aventure, *s. f.* vaine prédiction; aventure heureuse. * Bonne-aventure. C. V. Bonne-avanture. R.

Bonne-dame, *s. f.* arroche, plante potagère.

Bonne fois (une), *adv.* sérieusement. * une-bonne-fois. C.

Bonne fortune, *s. f.* ce qui arrive inopinément d'avantageux;

d'avantageux; faveurs d'une femme. * Bonne-fortune. C. R. CO.
Bonne grace, *s. f.* t. de tapissier, ornement; bon air, bonne tournure. * Bonne-grâce. R.
Bonneau, *s. m.* ce qui flotte au-dessus de l'ancre. G. V. * Boneau. R.
Bonnement, *adv. Bona fide.* de bonne foi, simplement, naïvement; précisément.
Bonnet, *s. m. Pileus.* vêtement de tête. * pot à tulipe; 2e. ventricule des ruminans. G. Bonet. R. — de Neptune, *s. m.* fongipore arrondi; espèce d'éponge qui lui ressemble. B.
Bonnet chinois, *s. m.* coquille. L.
Bonnet-chinois, *s. m. Sinensis.* espèce de guenon; variété du malbrouck.
†Bonnet-de-prêtre, *s. m. Evonimus.* fusain.
Bonnetade, *s. f.* (*ironique*). salut, révérence, coup de bonnet.
†Bonnetage, *s. m.* papier qui couvre l'amorce d'un artifice.
Bonneter, *v. a.* saluer bassement. C. G. V. * rendre des respects assidus et intéressés. A. Boneter. R.
†Bonneter, *v. a.* couvrir l'amorce de bonnetage.
Bonneterie, *s. f.* fabrique, commerce de bonnets. * Boneterie. R.
Bonneteur, *s. m.* filou poli avec bassesse. * Boneteur. R.
Bonnetier. ère, *s. Pileorum artifex.* marchand, faiseur de bonnets, de bas, de chaussons, etc. * Bonetier. ere. R.
Bonnette, *s. f.* t. de fortif. ouvrage à deux faces, petit ravelin. *pl.* petites voiles. * Bonetes. R.
Bonne voglie, *s. m.* t. de mar. volontaire sur une galère. A. R. G. (de bonne voglie), *adv.*
Bonse, *s. m.* prêtre japonois, chinois. * Bonze. C. R. A. G. CO.
Bonsoir! *int. s. m.* salut du soir.
†Bontalon, *s. m.* tambour des nègres.
†Bontant, *s. m.* couverture de coton deCanton.
Bonté, *s. f. Bonitas.* qualité de ce qui est bon e simplicité; pente à faire du bien; trop grand; facilité, foiblesse.
†Bon-tour, *s. m.* évolution d'un vaisseau qui défait les tours des câbles.
Boope, *s. m.* poisson de mer du Brésil, sorte de thon.
Boot, *s. m.* chaloupe dans la Baltique. G. V.
Bootès, *s. m.* constellation près le pôle arctique.
†Boquet, *s. m.* outil de saulnier, ou écope.
Boqueteau, *s. m.* petit bois. R.
Boquillon, *s. m* (*vieux*). bûcheron.
Boracique (acide), *s. m.* tiré du borax. * Boracin. (*vieux*).
†Borasseau, *s. m.* boîte qui contient le borax.
Borate *pour* Borax, *s. m.* sel formé par la combinaison de l'acide boracique avec différentes bases.
†Boraté. e, *adj.* combiné avec l'acide boracique.
Borax, *s. m. Chrysocolla.* sel minéral, d'origine et fabrication inconnues; il vient d'Asie, et sert à fondre les métaux. * combinaison de l'alcali minéral avec le sel sédatif, très-employée en médecine. B.* pierre dans la tête du crapaud. R.
†Borbone, *s. f. Borbonia.* plante légumineuse.
†Borborites, *s. m. pl.* hérétiques qui nient le jugement dernier.
Borborygme, *s.m. Borborigmus.* t. de méd. vents dans les intestins. * *ou* Borborisme. A. V. G. R.
Bord, *s. m. Ora.* extrémité d'une chose, d'une surface; rive, rivage; vaisseau, *Navis*; ruban pour border.
Bord à bord, *adv.* qui touche les deux bords. A. R. * Bord-à-bord. CO.
Bordage, *s. m. Navium margines.* revêtement d'un vaisseau en planches.
†Bordaille, *s. f.* planches pour les bordages.
Bordat, *s. m.* étoffe d'Egypte. R. G. C. V.
Bordayer, *v. n.* t. de mar. aller d'un côté, d'un autre, louvoyer.
Bordé, e, *s. m. adj. Limbo prœtextus.* galon d'or ou d'argent; poisson du genre du labre.
Bordée, *s. f. Omnia tormenta.* décharge de tous les canons d'un bord; t. de mar. marche en louvoyant.
Bordel, *s. m.* lieu de débauche, de prostitution.
†Bordelage, *s. m.* droit seigneurial, RR.
Bordelier, *s. m.* débauché. V.
Bordelière, *s. f.* poisson du genre du cyprin. * Bordeliere. R.
Bordement, *s. m.* t. de peinture en émail, filet autour de la plaque, emploi des émaux à plat. G.
†Bordeneau, *s.m.* coulisse de l'écluse des salines.
Border, *v. a.* dé. e, *p. Limbo prœtexere.* garnir le bord; être au bord; suivre la côte; côtoyer un vaisseau. * t. d'arts; mettre au bord par ordre ou suite; mettre le bordage; côtoyer; faire le bord, t. de métier. B.
Bordereau, *s. f. Scheda.* état, mémoire en plusieurs articles.
Borderie, *s. f.* petite métairie ou ferme. R.
Bordier, *adj.* 2 *g.* vaisseau à bords inégaux.**m.* G.
Bordier. ère, *s.* petit fermier. C. G.**f.* Bordiere. R.
†Bordière, *s. f.* champ près des villes.
Bordigue, *s. f.* palissade de roseaux sur le rivage, pour prendre du poisson.
Bordoyer, *v. a.* yé. e, *p.* coucher l'émail à plat.* *v. pers.* se border de noir. G. C. V.
Bordure, *s. f. Limbus.* ce qui borde; cadre; ornement qui entoure.
Boréal. e, *adj. Boreus.* septentrional.
Borée, *s. m. Boreas.* vent du nord, bise. * papillon de jour. B.
Borgne, *adj.* 2 *g. Cocles.* qui a perdu un œil; (lieu) obscur.
Borgnesse, *s. f.* (*popul.*) femme borgne.
†Borigue, *s. m. Sessa.* t. de pêche.
†Borins, *s. m. pl.* ouvriers des mines du charbon.
Bornage, *s. m.* plantation de bornes. t. de prat.
Bornager, *v. n.* t. de batelier. B.
Borne, *s. f. Limes.* pierre qui marque les limites au pied, ou devant un mur, un édifice; limite, fin, terme.
Borné. e, *adj. Definitus.* médiocre, sans lumières; qui a des bornes.
Borner, *v. a.* né. e, *p. Terminis circumscribere.* mettre des bornes; limiter; modérer. (se), *v. r.* se contenter de, se modérer.
Bornoyer, *v. a.* aligner en regardant avec un seul œil. C. R. G. CO. V. A.
Bornoyeur, *s. m.* qui bornoye. C. R. G.
Borozail, *s. m.* maladie des Africains, causée par l'usage immodéré des femmes. R. G. C. V. CO.
†Borraginé. e, *adj. Borraginea.* (plante) du genre des bourraches.
Borrou, *s. m.* arbre des Indes à écorce purgative.
†Bortingle, *s. m.* hausse au bord d'un bateau trop chargé.
Bosan, *s. m.* so. de breuvage fait de millet bouilli.
†Bosé, *s. m. Bosea.* genre de plantes de la famille des arroches ou des poivres.
Bosel, *s. m.* membre rond qui est la base des colonnes.
Bosphore, *s. m. Bosphorus.* canal qui sépare deux continens.
Bosquet, *s. m. Nemus.* petite touffe de bois; petit bois.
Bossage, *Eminentiæ.* t. d'archit. saillie. * cintre des bois. G.
Bosse, *s. f. Tumor.* grosseur au dos, à l'estomac; enflure; élevure; relief d'une figure; tonneau de sel. * *pl.* t. de mar. bouts de cordes avec des nœuds aux bouts.
Bosselage, *s. m.* t. d'orf. travail en bosse sur la vaisselle.
Bosseler, *v. a.* lé. e, *p. adj.* t. de bot. d'orf. travailler en bosse. * bossuer la vaisselle. A.
Bosselure, *s. f.* ciselure sur les feuilles; t. d'orfévre. G. R. C. V. CO.
Bosseman, *s. m.* t. de mar. second contre-maître.
Bosser, *v. a.* sé. e, *p.* t. de marine, mettre l'ancre sur ses bois. C. G. R. V. CO.
Bossetier, *s. m.* t. de verrerie, qui souffle la boule, fondeur en bosse et bossettes. R. G. C. V.
Bossette, *s. m.* ornement du mors. * Bossete. R.
†Bossier, *s. m.* t. de salines, qui fait les bosses. voy. Paraisonier.
Bossoir, *s. m.* t. de mar. voy. Bossoirs. R. V.
Bossoirs, *s. m. pl.* poutres qui soutiennent l'ancre. V. G. * ou Bosseurs. R. G.
†Bossolant, *s. m.* huissier de la chambre du pape.
Bossu. e, *adj. s. Gibbus.* qui a une bosse; inégal; montueux; poisson du genre du saumone.
Bossuel, *s. m.* tulipe, la seule qui soit odoriférante. * Bosuel. A. C. R.
Bossuer, *v. a.* sué. e, *p. Lacunas facere.* faire des bosses.
Bossy, *s. m.* arbre d'Afrique.
Bostangi, *s. m.* jardinier turc.
Bostangi-bachi, *s. m.* intendant des jardins.
†Boston, *s. m.* sorte de jeu de cartes.
†Bostriche, *s. m. Bostricus.* insecte coléoptère à antennes en masse.
Bostrychite, *s. f.* pierre figurée qui imite la chevelure d'une femme. *Prononcez* kite.
Bot (pied), *adj. m. Pes in obtusum contractus.* contrefait.
Bot, *s. m.* chaloupe, bateau flamand, navire des Indes. G. V.
Botal, *adj. m.* trou, canal pour le passage du sang dans le fœtus. G. V. RR.
†Botane, *s. f.* étoffe étrangère. RR.
Botanique, *s. f. Ars herbaria.* science qui traite des plantes considérées comme êtres naturels.
†Botaniser, *v. a.* chercher des plantes.
†Botaniseur, *v. a.* chercheur de plantes.
Botaniste, *s. m. Herbarius.* qui s'applique à la botanique.
†Botanologie, *s. f. Botanologia.* traité raisonné sur la botanique.
†Botanomancie, *s. f.* art de prédire par les végétaux.
Bothrion, *s. m.* sorte de petit ulcère creux dans la cornée. C. C. V.
Botiche, *s. f.* vase du Chili, 32 pintes. G. C. V.
Botrylles, *s. m. pl. Botryllus.* hydres ou polypes à bras, à tête sessile.
Botrys, *s. m.* plante antihystérique, espèce de patte-d'oie. G. V. RR.
Botryte, *s. m.* sorte de cadmie imitant le raisin. G. V.
Botte, *s. f. Ocrea.* chaussure; faisceau; choses liées; coup; longe; manche; tonneau; amas; collier de limier; sorte de muid; mesure de liquide portugaise, 468 pintes; marche-pied, *pl.* terre, boue attachée au soulier. * Bote. R.
Bottelage, *s. m. Alligatio.* action de botteler. Botelage. R. G.
Botteler, *v. a.* lé. e, *p. Colligare.* lier en bottes. * Boteler. R. V.
Botteleur, *s. m.* qui met en bottes. * Boteleur. V.
Botter, *v. a.* té. e, *p. Ocreas induere.* faire ou mettre des bottes. (se), *v. r.* mettre ses bottes; amasser de la terre en marchant. * Boter. R.
Bottier, *s. m.* cordonnier qui fait des bottes,

* Botier. R.

Bottine, *s. f. Ocreæ leviores.* petite botte. * Botine. R.

Bouard, *s. m.* t. de monnoyeur, marteau pour bouer. G. V. R.

Boubak, *s. m.* animal quadrupède du nord.

Boubie, *s. m.* oiseau aquatique d'Amérique.

†Boubil, *s. m.* oiseau de la Chine, du genre du merle, et le seul qui chante dans cette vaste contrée.

Bouc, *s. m. Hircus.* mâle de la chèvre, sa peau; homme très-puant. * poisson, mâle de la mendole. * peau de bouc pleine de vin. B.

Boucachard, *s. m.* chanoine régulier réformé. R.

Boucage, *s. m. Tragoselinum.* plante ombellifère contre la pierre. * *ou* Bouquetine, *s. f.* persil de bouc, apéritif, détersif, vulnéraire, sudorifique. B.

Boucan, *s. m.* lieu où l'on fume la viande; gril pour boucaner; lieu de débauche, (*expres. basse.*) * (bois), *adj.* vermoulu, vieux. B.

Boucaner, *v. a.* né. e, *p. Fumo exsiccare.* faire fumer et griller la viande. *v. n.* aller à la chasse des bœufs sauvages. * répandre beaucoup de fumée. B.

Boucanier, *s. m.* chasseur des bœufs sauvages en Amérique.

†Boucarde, *s. f. ou* Cœur-de-bœuf, *s. m.* coquille bivalve.

†Boucardite, *s. f.* genre de coquillage bivalve.

Boucaro, *s. m.* sorte de terre sigillée rougeâtre.

Boucassin, *s. m.* futaine, toile gommée, bougran.

Boucassiné. e, *adj.* imitant le boucassin. R. G.

Boucaut, *s. m.* tonneau moyen.

†Bouchage, *s. m.* terre détrempée pour la coulée, t. de forge.

Boucharde, *s. f.* ciseau de sculpteur. G. V.

Bouche, *s. f. Os, rictus.* la partie inférieure de la tête; ouverture; entrée; organe du goût, composé des lèvres, des gencives et des dents, du dedans des joues et du palais; embouchure.

Bouche (de) *adv.* de vive voix. * de-bouche. C.

Bouchée, *s. f. Buccea.* plein la bouche; petit morceau à manger.

Boucher, *v. a. Obturare.* fermer une ouverture; t. d'orf. réparer. (se), *v. r.* se fermer. -ché. e, *p. adj.* (esprit) sans intelligence.

Boucher. ère, *s. Lanius.* qui tue et débite les bestiaux; homme féroce, sanguinaire; chirurgien maladroit. * *f.* Bouchere. R.

Boucherie, *s. f. Laniena.* lieu où l'on tue les bestiaux, où l'on débite la viande; tuerie, carnage, massacre.

Bouchet, *s. m.* breuvage, hypocras d'eau, de sucre et de canelle. R. G. C. * corde au bord des dreiges. V. CO.

Bouche-trou, *s. m.* t. de théâtre, remplaçant. C.

Boucheture, *s. f.* barrière, fossé, t. d'agric. G. R. * pour arrêter les bestiaux. RR.

Bouchin, *s. m.* t. de mar. endroit où se mettent les côtes du navire. R. G. C. V.

Bouchoir, *s. m.* plaque de tôle qui ferme le four. G. V. RR.

Bouchon, *s. m. Obturamentum.* ce qui sert à boucher une bouteille; poignée de paille pour bouchonner; cabaret. * rameau pendu en enseigne, t. de caresse enfantine. B. * laine d'Anglet. G.

Bouchonne, *adj. f.* chérie. V. * Bouchon. one. R.

Bouchonner, *v. a.* né. e, *p. Defricare.* caresser; mettre en bouchon; enfermer; frotter avec de la paille; chiffonner du linge. * Bouchoner. R.

Bouchot, *s. m.* pêcherie sur la grève. G. V. RR.

†Bouclée, *s. f. Orneus.* poisson du genre de la raie.

†Bouclé, *s. m.* espèce de chien de mer, à peau lisse, recouverte de tubercules.

Boucle, *s. f. Annulus.* so. d'anneau de métal, etc.

Bouclement, *s. m.* action de boucler. R. G. C. * infibulation. -v. *Infibulatio.*

Boucler, *v. a.* clé. e, *p. Fibulare.* mettre en boucle, mettre une boucle, fermer avec une boucle. * investir. (*vieux*).

Bouclette, *s. f.* petit anneau. G. C. V.

Bouclier, *s. m. Clypeus.* arme défensive; défense, défenseur, protecteur. * genre de poisson à nageoires cartilagineuses, 11e. genre 1ère. cl. *Cyclopterum.* — genre d'insectes coléoptères, qui ont la forme d'un bouclier ancien. *Peltis.*

Boucon, *s. m.* morceau empoisonné.

Bouder, *v. a. n. Turgere.* faire la mine par humeur ou caprice.

Bouderie, *s. f. Animi tumor.* action de bouder; mauvaise mine.

Boudeur. se, *adj. Tacitâ ira tumidus.* qui boude.

Boudin, *s. m. Botulus.* boyau rempli de sang; fusée; cordon de la base d'une colonne; t. de métiers. — de mer, *s. m.* animal du genre des mollusques, très-singulier; son enveloppe a la forme et la couleur du boudin blanc. — contre-chevalet, ressort en spirale. R.

†Boudinade, *s. f.* boudin d'agneau.

Boudine, *s. f.* nœud du plateau de verre. G. V.

Boudinier, *s. m.* qui fait et vend des boudins. V.

Boudinière, *s. f.* entonnoir pour faire du boudin. G. V. * Boudiniere, *adj.* R.

†Boudinure, *s. f.* ou Meule embougissante, enveloppe de cordages, t. de mar.

Boudoir, *s. m.* petit cabinet pour être seul.

Boue, *s. f. Lutum.* fange des rues; pus d'un abcès.

Bouée, *s. f.* chose flottante, ou petit baril au-dessus d'une ancre, d'un écueil, t. de mar.

Bouement *pour* Bouillonnement, *s. m.* état d'une liqueur qui boue. C. (*inus.*). voy. Bouvement.

Bouer, *v. a.* ué. e, *p* de mon. donner de la ductilité. V. G.

Boueur, *s. m. Qui purgat.* qui ôte la boue dans les rues. * qui fait nettoyer les ports. G.

Boueux. se, *adj. Lutosus.* plein de boue.

Bouffant. e, *adj.* qui bouffe, qui paroît gonflé. * Boufant. R.

Bouffée, *s. f. Inflatus.* halenée; coup de vent; masse de fumée; boutade; accès de fièvre. * Boufée. R.

Bouffement, *s. m.* (*vieux*). souffle, haleine; exhalaison. V.

Bouffer, *v. n. Buccas inflare.* enfler les joues; bomber, *v. a.* être enflé; souffler une bête morte. * (*expr. popul.*) manger. C. Boufer. R.

†Bouffer, *v. per.* être en colère, tempêter, gronder secrètement.

Bouffette, *s. f. Floccus.* houppe; sorte d'ornement; voile du grand mât de galère. * Boufete. R.

Bouffir, *v. a. n. Tumidum facere.* enfler. -fi. e, *adj. p.* enflé, ampoulé, orgueilleux; bouffi de. * Boufir. R.

Bouffissure, *s. f. Tumor.* enflure des chairs, du style. * Boufisure. R.

Bouffoir, *s. m.* instrument de boucher pour bouffer la viande. G. V. * Boufoir. R.

Bouffon. ne, *adj. Mimus.* plaisant, facétieux. *s.* personnage qui fait rire. * Boufon. one. R.

Bouffonner, *v. n. Scurrari.* faire le bouffon. * Boufoner. R.

Bouffonnerie, *s. f. Scurrilis jocus.* ce que dit ou fait un bouffon pour faire rire. * Boufonerie. R.

Bouge, *s. m. Cellula.* petit réduit; logement sale. * t. de mét. ciselet; rebord; étamine fine; partie la plus élevée du moyeu; milieu d'une feuille; renflement. *adj.* (bois) courbé.

Bougeoir, *s. m. Candelabrum humile.* sorte de chandelier sans pied.

Bouger, *v. n.* gé. e, *p. Se movere.* se mouvoir de sa place.

Bougette, *s. f. Hippopera.* petit sac de voyage. * Bougete. R.

Bougie, *s. f. Candela cerea.* chandelle de cire. t. de chirurgie, *Virga cereata.* petite verge introduite dans l'urètre.

Bougier, *v. a.* gié. e, *p. Cerâ illinere.* arrêter les effilures avec de la cire. t. de mar.

†Bougironner, *v. n.* commettre le crime de sodomie.

†Bougon. ne, *s.* qui bougonne souvent.

Bougonner, *v. n.* (*familier*). murmurer entre ses dents. A. V.

Bougran, *s. m. Carbasus lita gummi.* grosse toile gommée.

Bougranée (toile), *adj. f.* apprêtée, mise en bougran. R. G. C.

†Bouguière *ou* Bougière, *ou* Buguière, *s. f.* filet de pêche très-délié.

†Bouillaison, *s. f.* fermentation du cidre.

Bouillant. e, *adj. Fervens.* qui bout; vif, ardent, prompt. * *s. m. pl.* petits pâtés de hachis de volaille.

Bouillard, *s. m.* t. de mar. nuage qui donne du vent ou de la pluie. C. * Bouillar. RR. G. C.

†Bouille-charmai, Bouille-cotonis, *s. m.* espèces de satins des Indes. RR.

Bouille, *s. f.* t. de pêche, longue perche. * masse; mesure de charbon de terre; marque des laines; -cotonis, -charmai. voy. Atlas.

†Bouilleau, *s. m.* gamelle pour les forçats.

Bouiller, *v. a.* lé. e, *p.* troubler l'eau avec la bouille; marquer les étoffes à la ferme. G. V.

†Bouilleur *ou* Brûleur, *s. m.* qui convertit le vin en eau-de-vie.

Bouilli, *s. m. Elixus.* viande bouillie.

Bouillie, *s. m. Puls.* lait et farine cuits ensemble.

Bouillir, *v. n.* li. ie, *p. adj. Bullire.* se dit du liquide agité par le feu; fermenter; écumer; faire cuire.

Bouillitoire, *s. m.* t. de mon. R. G. C. * opération par laquelle on fait bouillir le métal avec de l'eau, du sel et du tartre. B.

Bouilloir, *s. m.* t. de mon., vase de cuivre pour faire bouillir l'eau.

Bouilloire, *s. f. Cucuma.* vase pour faire bouillir.

Bouillon, *s. m. Unda.* se dit d'une liqueur agitée par le feu; ardeur, impétuosité; eau d'infusion; replis; bulle d'air; trait de métal; excroissance charnue. * gros plis d'une étoffe. B.

Bouillon-blanc, *s. m. Verbascum.* plante à tige, et feuilles cotonneuses, fleurs jaunes ou roses, adoucissante, vulnéraire, détersive. — noir, plante. * *ou* Molène. A. G. CO.

Bouillonnant. e, *adj.* qui bouillonne. G.

Bouillonnement, *s. m. Undarum globi.* état d'une liqueur qui bouillonne. * Bouillonement. R.

Bouillonner, *v. a. Ebullire.* né. e, *p.* s'élever par bouillons. * mettre des bouillons à une étoffe; nourrir de bouillons. G. * Bouilloner. R.

†Bouillotte, *s. f.* jeu de cartes.

Bouin, *s. m.* t. de teinturier. C.

Bouis, *s. m.* ou Bouisse, *s. f.* t. de cordonnier; bois concave pour bomber les semelles. voy. Buis.

†Bouis, *s. m.* façon donnée aux vieux chapeaux.

Boujon, *s. m.* t. de manuf. de laine. R.

Boulaie, *s. m.* lieu planté de bouleaux.

Boulanger, *v. a.* gé. e, *p. Panem conficere.* faire du pain. A. G. V. RR. CO.

Boulanger. ère, *s. Pistor.* qui fait et vend du pain. * Boulangere. R.

Boulangerie, *s. f. Pistrina.* art de faire du pain; ce qui concerne cet art; lieu où il se fait. V. G.

Bouldure, *s. f.* fosse sous la roue du moulin à eau. G. V.

Boule, *s. f. Globus.* globe, corps rond, t. de métiers. * tout ce qui en a la forme. B.

Bouleau, *s. m. Betula.* arbre à bois blanc, tronc nu, cime ovale, feuilles un peu triangulaires, fleurs en chatons.

†Boulée, *s. f.* résidu du suif fondu.

†Boulées, *s. f. pl.* ratissures des caques, t. de cretonier.

Bouler, *v. n.* enfler sa gorge, en parlant du pigeon; enfler de la racine. G. V. R. CO. * enfler en parlant du pain. B.

†Boulereau, *s. m.* espèce de goujon du genre du gobie.

Boulet, *s. m. Globus ferreus.* t. de guerre, globe de métal; jointure à la jambe du cheval. * — de canon, fruit d'un arbre de la Guyane. B.

Bouleté. e, *adj.* cheval dont le boulet est mal placé.

Boulette, *s. f.* petite boule. voyez Globulaire. * Boulete. R.

Bouleux, *s. m.* cheval trapu, fort et robuste.

Boulevart, *s. m. Propugnaculum*, rempart; promenade plantée d'arbres autour d'une ville; terrain d'un bastion, d'une courtine. * Boulevard. G. R. A. V.

Bouleversement, *s. m. Eversio*, renversement avec désordre.

Bouleverser, *v. a. Evertere*, sé. e, *p.* ruiner; abattre; renverser entièrement; déranger.

Boulevue (à la), *adv.* vaguement, sans attention. V. A.

Bouli, *s. m.* pot à thé des Siamois. C. G. V.

Bouliche, *s.* vase de terre. t. de mar. G. C. * *s. f.* A. V.

†Boulièche *ou* Trahine, *s. f.* grande seine.

Boulier, *s. m.* filet de pêche; pot de terre. t. d'archit.

†Bouligou, *s. m.* filet à mailles très-étroites.

Boulimie, *s. f. Bolimia.* maladie, grande faim.

Boulin, *s. m. Columbaria.* trou de colombier. t. de mar. * pot à pigeon. B.

Bouline, *s. f. Velum obliquè obtentum.* corde amarrée au milieu de la voile.

Bouliner, *v. n.* prendre le vent de côté. t. de mar. *v. a.* voler dans un camp.

Boulineur, *s. m.* soldat qui vole dans un camp. * Boulineux. R. V.

Boulingrin, *s. m.* tapis, pièce de gazon.

Boulingue, *s. f.* petite voile au haut du mât.

Boulinier, *s. m.* vaisseau qui va à boulines hâlées. G.

†Boullier, *s. m.* Bouillère, Boulliche, Boulèche, *s. f.* filet en deux bras et à manche.

Bouloir, *s. m.* instrument à manche et bout arrondi pour remuer la chaux, les peaux.

Boulon, *s. m. Cnodax.* cheville de fer pour arrêter une poutre, un sommier, etc. * *pl.* t. d'artillerie. R.

Boulonner, *v. a.* né. e, *p.* arrêter avec un boulon. * Bouloner. R.

Bouque, *s. f.* t. de mar. passage étroit. * *adj. f.* chagrine, triste. V.

Bouquer, *v. n. Vi cedere. v. a.* faire céder, faire baiser par force. * en parlant du singe, baiser; céder à la force. B.

†Bouquer, *v. p.* gronder, être de mauvaise humeur.

Bouquet, *s. m. Serta.* assemblage de fleurs ou de choses liées ou réunies ensemble; petite touffe; parfum du vin; petite pièce de vers. * *ou* Noir-museau, maladie des bêtes à laine.

Bouquetier, *s. m.* vase à fleurs.

Bouquetière, *s. f. Coronaria.* celle qui fait et vend des bouquets. * Bouquetiere. R.

Bouquetin, *s. m. Ibex.* bouc sauvage. * bouc des rochers; il habite les Alpes, il est plus grand que le bouc domestique. B.

†Bouquetine, *s. f.* voyez Boucage.

†Bouquetout, *s. m.* petit bouteux, filet de pêche.

†Bouquette, *s. f.* petite bouche. (*vieux*)

Bouquin, *s. m. Ibex.* vieux bouc; satyre; mâle des lièvres et des lapins; vieux livre. *Vilis codex.*

Bouquiner, *v. n.* en parlant des lièvres en coït; chercher ou lire de vieux livres. *Codices scrutari.*

Bouquinerie, *s. m.* amas, commerce de bouquins.

Bouquineur, *s. m.* qui cherche de vieux livres.

Bouquiniste, *s. m.* marchand de livres vieux ou de hasard.

†Bour *ou* Bourmio, *s. m.* soie de Perse, 2ᵉ. qualité.

Boura, *s. f.* étoffe de laine et soie. G. V. * Bouras. R.

Bouracan, *s. f. Pannus cilicinus.* étoffe, gros camelot.

Bouracanier, *s. m.* fabricant de bouracan C. G.

†Bouraginées, *s. f. pl. Asperifoliæ.* nom d'une famille de plantes qui comprend la bourache, la consoude, etc.

†Bouraque, bourache, cage, *s. f.* bourrague, panier, cazier, *s. m.* claie, *s. f.* nasse d'ozier en souricière.

†Bourasseau, *s. m.* boîte au borax.

Bourbe, *s. f. Cœnum.* fange, boue, terre molle.

Bourbelier, *s. m.* poitrine du sanglier. R. V.

Bourbeux. se, *adj. Cœnosus.* plein de bourbe.

Bourbier, *s. m. Lutum.* lieu creux plein de bourbe; mauvaise affaire.

Bourbillon, *s. m. Pus.* t. de vétérin. pus d'un apostème.

†Bourbon, *s. m.* t. de salines, pièce qui soutient les poëles.

†Bourbonniste, *adj. s.* 2 *g.* partisan des Bourbons. (*vieux*)

Bourbotte *ou* Barbotte, *s. f.* poisson.

Bourcer, *v. a.* trousser, carguer un peu les voiles. G. CO. V. RR.

Bourcet, *s. m.* voile et mât de misaine. G. V. RR.

Bourcette, *s. f.* plante que l'on mange en salade. * Bourcete. R. voy. Mâche. G.

Bourdaigne, *s. f.* sorte de pastel bâtard. C. G.

Bourdain, *s. m.* sorte de pêche. * Bourdin. V.

Bourdaine, *s. f. Rhamnus frangula.* arbrisseau. * *s. m.* L.

Bourdaloue, *s. m.* pot de chambre oblong. *s. f.* tresse, étoffe, linge. * Bourdalou, *s. m.* R. V. T. G. * sorte de laine de chapeau. CO.

Bourde, *s. f. Fabula.* fausse nouvelle, défaite, mensonge. * t. de mar. voile; soude de qualité inférieure. B.

†Bourdelage, *s. m.* droit seigneurial. RR.

Bourdelai, *s. m.* gros raisin de treille. V. C. G.

Bourdelier, *s. m.* t. de jurisprudence. V.

†Bourdelois. e, *s. adj.* de Bourdeaux. R. * ou Bordelois.

Bourder, *v. n.* (*popul.*) mentir, se moquer. G. A.

Bourdeur. se, *adj.* (*popul.*) menteur, qui donne des bourdes G. A. V. RR.

†Bourdigue, *s. m.* enceinte de filets, ou parc, ou gord.

Bourdillon *ou* Merrain, *s. m.* bois refendu pour les futailles.

Bourdin, *s. m.* espèce de pêche. R. G. V.

†Bourdine, *s. f.* soupe à l'ail.

Bourdon, *s. m. Peregrinorum baculum.* bâton de pélerin; grosse mouche, *Fucus.* t. de pêcheur; cloche; jeu d'orgue, de musette; omission, t. d'imprimerie. * fil tourné sur l'autre. t. d'épinglier.

Bourdon (faux-), *s. m.* pièce de musique dont les parties se chantent note contre note.

†Bourdonnasse, *s. f.* grosse lance creuse.

Bourdonné. e, *adj.* t. de blas. terminé en boule. * (papier) ridé. B.

Bourdonnement, *s. m. Bombus.* bruit sourd, confus; cris des bourdons, des abeilles; bruit dans les oreilles.

Bourdonner, *v. n. Bombum facere.* bruire, faire un bruit sourd, confus, un bourdonnement; se dit du cri des bourdons. * Bourdoner. R.

Bourdonnet, *s. m. Pulvillus.* charpie en noyau. G. A. * Bourdonet. R.

Bourdonnier, *s. m.* qui porte un bourdon. V. * *s. f.* support de la poutre d'un moulin. B.

†Bourdonnière, *s. f.* t. de serrurier; arrondissement au haut du chardonnet.

Bourg, *s. m. Pagus.* village considérable.

Bourgade, *s. f.* petit bourg.

†Bourgène, *s. m.* aune noir, du genre du nerprun, croît dans les taillis, les lieux humides.

Bourgeois. e, *s. Civis.* habitant d'une ville; roturier; chef d'atelier. *adj.* du bourgeois; *s. f.* tulipe; monnoie d'argent.

Bourgeoisement, *adv. More civico.* d'une manière bourgeoise.

Bourgeoisie, *s. f. Cives.* qualité, réunion des bourgeois.

Bourgeon, *s. m. Gemma.* bouton ouvert et développé, qui renferme les branches, les feuilles et les fruits; jeune pousse de l'année; bois tendre et jeune; bubes au visage. *Papula.* * *pl* ou Escouailles, laines en brin. G.

Bourgeonné. e, *adj.* qui a des bourgeons. G. (nez)

Bourgeonner, *v. n. Gemmare.* né. e, *p.* boutonner, jeter des bourgeons. * Bourgeoner. R.

Bourgmestre, *s. m. Consul.* magistrat de police en Hollande. * Bourg-mestre. R. Bourgue-mestre. V.

†Bourgne, *s. f. ou* Bourgnon, *s. m.* nasse.

Bourgogne, *s. m.* (vin de) * *s. f.* sainfoin.

Bourguépine, *s. f.* voy. Nerprun. * Bourg-épine. R.

Bourguignon. ne, *adj. s. Æduus Burgundio.* de Bourgogne.

Bourguignote, *s. f.* casque; bonnet militaire garni d'étoffe. * Bourguignotte. G. C.

Bouriquet, *s. m.* sorte de tourniquet. G. * Bourriquet. V.

Bourjassotte, *s. f.* figue d'un violet obscur. G. C. CO. * Bourjassote. RR. V.

†Bourleur, *s. m.* enjoleur, séducteur.

†Bourme, *s. f.* soie inférieure de Perse. RR.

Bourrache, *s. f. Buglossus.* plante potagère, annuelle, très-employée; elle divise les humeurs, rétablit les sécrétions; diurétique, adoucissante, béchique et très-sudorifique, cordiale. * Bourache. R. *Borago.* Bourroche. R.

Bourrade, *s. f. Pulsatio.* atteinte donné par le chien au lièvre; coup de crosse ou du bout du fusil; attaque ou répartie vive. * Bourade. R.

†Bourrage, *s. m.* ce qui sert à remplir un vide.

Bourras, *s. m.* gros drap, bure. * Bouras, gros plis. R.

Bourrasque, *s. f. Procella.* tourbillon de vent impétueux; caprice; accès; accident; vexation. * mal imprévu et passager. B. * Bourasque. R.

Bourre, *s. f. Tomentum.* poil d'animaux quadrupèdes, tels que le taureau, le cheval, le cerf, etc. — d'une arme à feu; graine d'anemone; bouton de la fleur; remplissage dans un livre. — de soie, filoselle ou fleuret. * Boure. R.

Bourre-lanisse, *s. f.* bourre de laine. * Bourrelanise. V. Bourlanice. — -tontice, *s. f.* tonture de drap. R.

Bourreau, relle, *s. Carnifex.* exécuteur de la justice criminelle; inhumain; dissipateur. * *f.* femme qui maltraite ses enfans; sac garni de paille, mis sur l'épaule, pour porter un fardeau. * Boureau. rele. R.

Bourrée, *s. f. Fasciculus.* fagot de branchages; danse, son air à deux temps gais. * Bourée. R.

Bourreler, *v. a. Cruciare.* maltraiter, tourmenter. -lé, e, *p.* et *adj.* déchiré, tourmenté de remords. * Boureler. R.

Bourrelerie, *s. f.* métier, commerce de bourrelier.

Bourrelet ou Bourlet, *s. m. Circulus tomento fartus.* coussin rond; enflure circulaire. t. de mar. cordes tressées; saillie en rond. t. d'agr. grosseur à la greffe. * Bourelet. R. C.

Bourrelier, *s. m. Helciorum opifex.* faiseur d'harnois. * Bourelier. R.

Bourrer, *v. a. tomento farcire.* ré. e, *p.* mettre de la bourre; porter des coups; frapper, quereller; réprimander; pousser vivement; maltraiter; arracher du poil au gibier. B. * Bourer. R.

Bourriche, *s. f.* sorte de panier. * Bouriche. R.

Bourriers, *s. m. pl.* paille dans le blé battu. G. V. * Bouriers. R.

Bourrique, *s. f. Asinus.* ânesse; mauvais cheval; tourniquet; civière de couvreur. * Bourique. R.

Bouriquet, *s. m. Asellus.* petit ânon; ou chat, t. de couvr. chevalet pour poser l'ardoise. * Bouriquet. RR.

†Bourir, *v. n.* t. de chasse. RR. * Bourrir. B.

†Bourrir, *v. a.* se dit du bruit que fait la perdrix en prenant son vol.

†Bourroche, *s. f.* voy. Bourrache.

Bourru, e, *adj. Morosus.* bizarre, capricieux; qui a de la bourre. * (vin) doux et trouble. B. * Bouru. R.

†Boursal, *s. m.* sorte de filet conique.

Boursault, *s. m.* sorte de saule. * batte de plombier. B. * Boursaut. V. R.

Bourse, *s. f. Crumena.* petit sac pour mettre l'argent, les cheveux; filet; pension; maison de change. *pl.* t. d'anat. vessie. t. de jardin. enveloppe. * espèce de poisson. t. de bot. partie membraneuse qui se déchire pour former un anneau. *Bursa.* — t. de com. monnoie de compte turc, 1500 fr. B.

Bourse à pasteur, ou Tabouret, *s. m.* plante astringente, dont le filet aplati a la forme d'une bourse. * Boursette B.

Bourseau, *s. m.* enfaîtemement de plomb. C. G. V. * outil pour arrondir le plomb. B.

†Bourseau, *s. m.* t. de charpentier et de plombier. RR.

Boursette, *s. f.* bourse à pasteur. * Boursete. R.

†Boursette, *s. f.* petite partie du sommier d'un orgue.

Boursier. ère, *s. In gymnasio alimentarius.* qui a une bourse ou pension; qui fait ou vend des bourses; celui qui fait la dépense. * *f.* Boursiere. R.

Boursiller, *v. n. Pecunias in commune conferre.* contribuer pour une petite dépense.

†Boursin, *s. m.* voy. Bousin.

†Boursin, *s. m.* t. de maçonnerie. RR.

Bourson, *s. m. Loculus.* petite bourse. * et Bourseron. G.

†Boursouflade, *s. f.* enflure; vanité ridicule.

Boursouflage, *s. m.* enflure. A. V.

†Boursouflement, *s. m.* t. de chimie, augmentation de volume par le feu.

Boursoufler; *v. a.* flé. e, *p. Tumefacere.* enfler la peau. * Boursouffler. CO.

Boursouflure, *s. f.* enflure. A. V.

†Bousard, *s. m.* fiente molle du cerf.

Bousculer, *v. a.* lé. e, *p.* renverser, pousser. A. V.

Bouse ou Bouze *s. f. Bubulum.* fiente de vache, de bœuf.

†Bouser ou Bouzer, *v. a.* é. e, *p.* enduire de bouse.

†Bousier ou Bouzier, *s. m. Copris.* genre d'insectes qui n'ont pas d'écusson entre les étuis à leur origine, vivent dans les immondices.

Bousillage, *s. m. Lutea constructio.* chaume et terre détrempée; ouvrage mal fait.

Bousiller, *v. a. Luto construere.* lé. e, *p.* construire avec du bousillage; travailler mal.

Bousilleur. se, *s. Structor luteus.* celui qui fait du bousillage; celui qui travaille mal.

Bousin ou Boursin, *s. m.* croûte tendre de la pierre.

Bousquier, *v. n.* t. de mar. butiner. G. C. V.

Boussoir, *s. m.* pièce de bois pour lever l'ancre. G. V.

Boussole, *s. f. Notica pyxis.* aiguille aimantée avec une rose des vents; sa boîte; modèle, guide, conducteur.

Boustrophedon, *s. m.* sorte d'écriture de droite à gauche et de gauche à droite. * Boustrophédon. R. G. C. Boustrophe. V. et Bustrophe. A. G.

†Bousure, *s. m.* composition pour blanchir les pièces, t. de mon.

Bout, *s. m. Extremum.* extrémité d'un corps, d'une espace en long; fin d'un temps; reste, t. de métiers.

†Bout-avant, *s. m.* inspecteur qui fait remplir le faxel, t. de salines.

Bout-au-vent, *adv.* t. de mar. contre le vent. V.

Bout à bout, *adv.* les extrémités jointes. * Bout-à-bout. C. G.

†Bout-à-port, *s. m.* celui qui fait ranger les bateaux.

Bout (à) *adv.* au terme, au but. * À-bout. C.

Bout d'aile, *s. m.* extrémité des ailes, plume. * Bout-d'aile. C. R.

†Bout-d'argent, d'or, *s. m.* t. de tireur d'or; bâton d'argent, d'argent doré.

†Bout de l'an, *s. m.* service pour un défunt un an après sa mort. G.

†Bout de quièvre, *s. m.* grand haveneau à perches croisées, t. de pêche. * de quèvre. G. R.

†Bout de pétun ou Ani, *s. m.* oiseau d'Amérique, à plumage noir avec des reflets violets, ou verts-dorés.

Bout du compte (au), *adv.* tout considéré, après tout. * Au-bout-du-compte. C. G.

Bout portant (à) *adv.* le bout de l'arme posé sur celui qu'on attaque. * À-bout-portant. C.

Boutade, *s. f. Impetus.* caprice; vers faits par caprice; danse, petit ballet impromptu. * saillie d'esprit ou d'humeur. B.

Boutadeux. se, *adj.* qui a l'esprit vif. V. C. * capricieux, chagrin, morose, fantasque, bizarre et quinteux. B.

†Boutane, *s. f.* étoffe de Montpellier. RR.

†Boutanes, *s. f. pl.* toiles de coton de Chypre.

Boutant, *adj.* t. d'archit. en demi-arc.

†Boutargne ou Poutargne, *s. f.* voy. Caviar.

Boutargue, *s. f.* œufs de poisson salés, confits dans le vinaigre; caviar.

†Boutasse, *s. f.* bordage des bacalas.

Boute, *s. f.* futaille, t. de marine. R. C. G. V.

Bouté. e, *adj.* cheval qui a les jambes droites, du genou à la couronne.

Bouteau, *s. f.* petit filet de pêche. * ou Bout de quèvre. G. V. * *pl.* RR.

Boutée, *s. f.* ouvrage qui soutient une poussée. G. V. RR.

Boute-en-train, *s. m. Jocosus.* celui qui excite au plaisir, etc.; tarin, oiseau qui excite les autres à chanter.

Boute-feu *s. m. Incendiarius.* querelleur, incendiaire; bâton, fourchette avec un manche pour le canon; canonnier.

Boute-hors, *s. m.* sorte de jeu. * loquacité. V. t. de mar. petite vergue pour les bonnettes. * Boute-dehors. AL.

†Boute-lof, ou Boute-de-lof, *s. m.* pièce de bois qui tient les amures de misaine.

Boute-selle, *s. m.* t. milit. signal pour monter à cheval.

Boute-tout-cuire, *s. m.* (*familier*) dissipateur, goinfre.

†Bouteillage, *s. m.* ancien droit seigneurial.

Bouteille, *s. f. Lagena.* vase de verre à goulot, son contenu; ampoule; vessie pleine d'air. *pl.* t. de mar. saillie en charpente sur les côtés de l'arrière.

†Bouteiller, *v. a.* é. e, *p.* goder, former des ampoules.

Bouteillier, *s. m.* boutillier, qui a soin des bouteilles. * pâtre qui trait les vaches. B.

Bouter (*vieux*), *v. a.* té. e, *p.* mettre; *v. n.* pousser le vin au gras. * ôter la chair d'une peau, t. de mét. G. * (de lof) venir au vent, bouliner. B.

†Bouterfan, *s. m.* outil d'épinglier.

Bouterolle, *s. f. Munimentum.* outil de lapidaire; poinçon acéré; garniture de fourreau; * fente de clef, cercle de fer qui entre dans cette fente. B. * Bouterole. R.

†Bouterot, *s. m.* burin de cloutier.

†Bouteroue, *s. f.* borne, garde-fou.

†Bouteuse, *s. f.* ouvrière qui boute, ou place les épingles sur le papier.

†Bouteux, *s. m.* grande truble à manche. * ou Bout-de-quèvre. AL.

†Bouticlar, *s. m.* bateau dans lequel on transporte et nourrit le poisson.

Boutillier, *s. m.* échanson, intendant du vin.

Boutiquage, *s. m.* vente, commerce en boutique. (*ironique*). C.

Boutique, *s. f. Taberna.* lieu au rez-de-chaussée, où l'on vend, où l'on travaille. * bateau, réservoir en bois pour le poisson. B.

Boutiquier, *s. m.* (*ironique*). marchand tenant boutique. A. C.

Boutis, *s. m. Rostri vestigium.* lieu où les bêtes noires fouillent.

Boutisse, *adj. s. f.* pierre placée en long dans l'épaisseur d'un mur; parpeigne, pamieresse.

Boutoir, *s. m. Apri rostrum.* outil de maréchal, de corroyeur; grouin du sanglier; couteau pour écharner.

Bouton, *s. m. Gemma.* bourgeon des arbres; bube; boule de métal; instrument de chirurgie; arme des Caraïbes; t. d'arts et mét. * résidu après l'affinage; -d'argent, d'or, parmique à fleurs doubles, plante d'ornement. — gris, corps marin et animal que son nom seul définit.

Boutonner,

Boutonner, *v. a. Globulis astringere.* né, e, *p.* mettre, passer les boutons. *v. n.* pousser des bourgeons. (se), *v. r.* mettre ses boutons. * *p. adj.* (homme) caché, mystérieux. B. * Boutoner. R.

Boutonnerie, *s. f.* fabrique, marchandise, commerce de boutons. * Boutonerie. R.

Boutonnier, *s. m.* qui vend ou fabrique des boutons. * Boutonier. R.

Boutonnière, *s. f. Fissura.* entaille pour passer le bouton. * Boutoniere. R.

†Boutriot, *s. m.* burin de cloutier.

†Boutrolle, *s. f.* extrémité arrondie de la détente, t. d'armur.

Bout-saigneux, *s. m.* collet de veau, de mouton, t. de boucher.

†Bout-salick, *s. m.* coucou du Bengale.

Bouts-rimés, *s. m. pl.* rimes à remplir. * *sing.* sonnet de bouts-rimés. B.

Bouture, *s. f. Talea.* branche garnie de boutons séparée et replantée, t. d'arts. t. d'orf. eau pour blanchir, lessive.

Bouvard, *s. f.* marteau pour frapper la monnoie. * Bouvart. R.

Bouveau, *s. m.* jeune bœuf. * *et* Bouvart. R. V.

Bouvement, *s. m.* outil de menuisier, sorte de rabot. * monture en portion de cercle inverse, faite par le bouvement. * *ou* Bouement. R. G.

Bouverie, *s. f. Bubile.* étable à bœufs dans un marché.

Bouveron, *s. m.* espèce de bouvreuil. B.

Bouvet, *s. m.* sorte de rabot pour faire des rainures.

Bouvier. ère, *s. Bubulcus.* qui garde ou conduit les bœufs; rustre, grossier (*figuré*); petit poisson de mer; constellation septentrionale, qui suit la grande ourse. * *f.* Bouviere. R.

Bouvillon, *s. m. Juvencus.* jeune bœuf.

Bouvreuil, *s. m. Pyrrhula.* Bouvret, Bouveron *ou* Pivoine, oiseau.

†Bouzars, *s. m. pl.* fiente ronde et molle que le cerf jette au printemps.

†Bouzin, *s. m.* masse de glace remplie de sable, d'herbes, de terre; enveloppe tendre des pierres de taille.

†Bovello, *s. m.* monnoie de Perse, 19 liv. 4 s.

†Boxer, *v. a.* se battre à coups de poings.

†Boxeur, *adj.* qui se bat souvent à coups de poings.

Boyau, *s. m. Intestinum.* intestin, conduit sinueux; conduit de cuir; lieu étroit et long.

Boyaudier, *s. m.* qui prépare et file des cordes à boyau.

Boyau-entier, *s. m.* intestin droit. V.

Boyé, *s. m.* prêtre des peuples de l'Amérique. G. * Boyer. R. V.

Boyer, *s. m.* espèce de chaloupe. G.

†Bozel, *s. m.* t. d'archit. RR.

†Brabante, *s. f.* toile d'étoupe de lin, fabriquée à Gand. RR.

†Brace *ou* Sarabale, *s. f.* sorte de casaque antique.

Bracelet, *s. m. Armilla.* bijou que l'on porte au bras. t. d'art et métiers. * lingot d'or alongé et roulé. B. * *ou* Brasselet. G.

†Brache, *s. f.* mesure allemande, 20 pouces 3 lignes. * *ou* Brasse.

Bracher, Brasséier, *v. a.* t. de mar. tendre et détendre les branles. G. V. CO. * crier de toutes ses forces. V. * Brâcher. R.

Brachet, *s. m.* sorte de chien de chasse. G. V. RR. * Brâcher. B.

Brachial, e, *adj.* qui a rapport au bras. * *s. m.* muscle. B. *Prononcez* ki.

Brachio, *s. m.* petit d'un ours. G. V. RR.

Brachion, *s. m. Brachionnus.* vers infusoire qui ressemble au rotifère, et qui a une écaille sur le dos. M.

Brachycataleptique, *adj.* terme de poësie ancienne. V.

Brachygraphe, *s. m.* qui écrit par abréviations. A. V.

Brachygraphie, *s. m.* art d'écrire par abréviations.

†Brachylogie, *s. f.* manière de s'exprimer par sentence. *Prononcez* ki.

†Brachyogle, *s. m. Brachyoglotis.* genre de plantes radiées.

Brachypnée, *s. f.* respiration courte et lente. G. G. RR. *Prononcez* ki.

†Brachypote, *s. m.* frénétique.

†Brachystères, *s. m. pl. Brachyosterum.* insectes coléoptères à antennes perfoliées.

†Brachystochrone, *s. f.* cycloïde; courbe dénommée par Bernoulli.

Bracmane, Bramin, Bramine, *s. m.* prêtre ou philosophe indien. * Brachmanes. R.

†Bracon, *s. m.* appui d'une porte d'écluse.

Braconner, *v. n.* chasser furtivement. * Braconer. R.

Braconnier, *s. m.* celui qui braconne; qui tue beaucoup de gibier. * Braconier. R.

†Bractéate, *s. f.* médaille faite avec des feuilles de métal.

†Bractée, *s. f.* expansion qui accompagne les fleurs à la base des péduncules. *adj. f.* voyez Bractéifère.

†Bractée, *adj.* ou Florale, (feuille) qui naît avec la fleur.

†Bractéifère *ou* Bractété. e, *adj.* qui porte des bractées, t. de bot.

Bractéole, *s. f.* feuille d'or; lame d'or.

Bradypepsie, *s. m.* t. de méd. digestion lente et imparfaite. R. G. C.

†Bragot, *s. m.* pendeur de galère.

Brague, *s. f.* ce qui cache les éclisses du luth. G. V. RR. * cordage passé par les affuts du canon, t. de mar. B.

Braguer, *v. n.* (*burlesque*). mener une vie joyeuse; faire le fanfaron. C. G. V.

Bragues, *s. f. pl.* divertissemens en amour. (*burlesque*). C.

†Braguette, *s. f.* cordage du mât de hune.

Brai, *s. m.* sorte de goudron, matière résineuse. * piége ou lacet pour les petits oiseaux. B.

Braïe, *s. f.* (*vieux*). *Panniculus.* devant de culotte, haut de chausse; linge. * Braie *ou* Braguette. V.

Braie, *s. f.* t. de mar. cuir ou toile poissée. t. d'impr. peau qu'on met sur le tympan; frisquette qui n'est pas montée. *pl.* pièces pour soulager les meules.

Braillard. e, *s. adj.* qui aime à crier sans sujet, qui parle haut, beaucoup et mal-à-propos.

†Braille, *s. f.* pelle pour remuer les harengs.

Brailler, *v. n. Clamitare.* crier, parler mal-à-propos. * saupoudrer le hareng, le remuer à la pelle. B.

Brailleur. se, *s.* qui ne fait que brailler, qui braille. * *adj.* CO.

†Braime, *s. f.* femme stérile.

Braiment, *s. m. Ruditus.* cri des ânes, braire. Braiement. V.

Braire, *v. n. Rudire.* crier, braire en parlant de l'âne; chanter, plaider en braillant.

Braire, *s. m.* cri de l'âne. C. G.

Braise, *s. f. Pruna.* charbon ardent ou éteint.

†Braiser, *v. a.* é, e, *p.* faire cuire à la braise.

Braisier, *s. m.* huche où l'on met la braise.

Braisière, *s. f.* grand étouffoir pour la braise. G. V.

†Braisine, *s. f.* mélange d'argile et de boue pour enduire les moules.

†Brak, *adj.* (hareng) à moitié salé, t. de commerce.

Bramer, *v. r.* le cerf brame. G. V. RR. CO.

†Bramie, *s. f. Bramia.* plante rampante des Indes qui tient des gratioles.

Bramin. e, *s. m.* prêtre. voy. Bracmane.

Bran, *s. m.* matière fécale. — de Judas, taches de rousseurs.

Bran de scie, *s. m.* poudre de bois scié. G. V. * Bran-de-cie. C.

Bran de son, *s. m.* le plus gros du son. * Bran-de-son. C.

Brancades, *s. f. pl.* chaînes des forçats. G. V.

Brancard, *s. m. Arcera.* (de carrosse); litière à bras; grosse civière.

Brancardier, *s. m.* qui porte, conduit un brancard. G.

Branchage, *s. m. Ramalia.* toutes les branches d'un arbre.

Branche, *s. f. Ramus.* brin; morceau de bois que pousse le tronc; t. d'arts et métiers. * petite veine; rameau; l'une des deux parties d'une chose en long. B.

Branche-ursine. *s. f.* plante. voy. Acanthe.

Brancher, *v. a. Arbori suspendere.* ché. e, *p.* pendre à un arbre, *v. n.* se percher sur une branche.

†Branchiale, *s. m.* poisson du genre de la lamproie.

Branchide, *s. m.* prêtre d'Apollon. R.

Branchier, *adj.* jeune oiseau qui ne fait que voltiger de branche en branche. V. G.

Branchies, *s. f. pl.* ouïes de poissons. * *ou* Bronchies. A.

†Branchiopode, *s. m. Branchiopoda.* espèce de cancer.

†Branchiostège, *adj. f.* (membrane) des ouïes des poissons, *s. m. pl.* 2e. genre des poissons à squelette cartilagineux, branchies fixes.

Branchu. e, *adj. Ramosus.* qui a des branches.

†Brandade, *s. m.* ragoût provençal pour la merluche.

Brande, *s. f.* arbuste qui croît dans les Landes; lieu où il croît. * terre de peu de valeur. B.

Brandebourg, *s. f. Penula.* sorte d'habillement. *s. m.* boutonnière avec ornement.

†Brandebourgeois, *s. adj.* de Brandebourg. B.

Branderie, *s. f.* manufacture de brandevin. G.

Brandevin, *s. m.* sorte d'eau-de-vie; eau-de-vie.

Brandevinier, ère, *s.* qui fait ou vend l'eau-de-vie.

Brandillement, *s. m. Libramen.* mouvement en brandillant.

Brandiller, *v. a. Jactare crura.* lé. e, *p.* mouvoir de çà et de là. (se), *v. r.* se balancer.

Brandilloire, *s. f.* balançoire de cordes ou de branches. * *pl.* AL.

Brandir, *v. a. Hastam coruscare.* (di. e, *p. adj. vieux*) secouer, balancer dans sa main, t. de charp.; arrêter, affermir.

Brandon, *s. m. Fax.* flambeau ou poignée de paille, tison. * paille entortillée au bout d'un bâton. *pl.* corps enflammés qui s'élèvent d'un incendie. B.

Brandonner, *v. a.* né. e, planter des brandons dans un champ. * Brandoner. R.

Branlant. e, *adj.* qui branle, qui penche d'un côté, de l'autre. * *s. m.* croix sans coulant, terminée par une pendeloque, t. de joail. B.

Branle, *s. m. Vacillatio.* agitation de ce qui branle; danse gaie; espace parcouru en branlant. * premier mouvement; incertitude; lit de vaisseau. B.

Branle-bas, *s. m.* t. de mar. ordre de détendre les branles ou lits suspendus. * Branlebas. R.

Branlement, *s. m. Motio.* mouvement de ce qui branle.

Branler, *v. a. n. Commovere.* lé. e, *p.* agiter, mouvoir, remuer. (se), *v. r.* s'agiter, se remuer. *v. n.* être agité; pencher de côté et d'autre.

Branleur. se, *s.* qui agite. C. G. T. V.

Branloire, *s. f.* planche en bascule, t. de forge. t. de mét. corde pour branler; chaîne de lévier.

Branta, *s. f.* sorte d'oie d'Angleterre.

Braque, *s. m. Canis sagax.* chien de chasse. *adj.* étourdi. * *ou* Brac. A. V.

Braquemart, *s. m.* épée courte et large, sabre, cimeterre. * Braquemar.

Braquement, *s. m.* action de braquer, ses effets. * situation de ce qui est braqué. B.

Braquer, *v. a. Librare.* qué. e, *p.* tourner, diriger d'un certain côté, en mirant, en ajustant.

Braques, *s. f. pl.* pinces d'écrevisse. G. V.

Bras, *s. m. Brachium.* membre humain qui tient à l'épaule; puissance; canal. t. de mét. outil de lapidaire. * appui du bras; vaillance; branche. B.

Bras (à), *adv.* à force de bras. * À-bras. C.

†Bras (à plein bras) *adj.* à la brassée.

†Bras (à tour de) *adv.* de toute sa force.

Bras dessus, Bras dessous, *adv.* avec amitié; A. * en s'embrassant. B.

Braser, *v. a. Ferruminare.* sé. e, *p.* souder; t. de brasseur, travailler.

Brasier, *s. m. Ardentes prunæ.* feu de charbons ardens; feu d'amour; bassin pour la braise. * voy. Braisier. G.

Brasiller, *v. a.* lé. e, *p.* faire griller promptement sur la braise. * *v. a.* se dit de la lumière que la mer jette la nuit. T.

Brasque, *s. f.* t. de fondeur. *ou* Brasse, enduit d'argile et charbons pilés.

†Brassade, *s. f.* espèce de filet à grande mailles.

Brassage, *s. m.* t. de mon. droit de fabrication.

Brassard, *s. m. Brachiale.* sorte d'armure, de garniture pour couvrir le bras.

Brasse, *s. f. Orgia.* mesure, deux bras étendus, 5 à 6 pieds. 2 mètres.

Brassée, *s. f.* contenu entre les deux bras.

Brasséier, *v. a.* faire la manœuvre des cordages. G. voy. Bracher. C. * Brasseier. V.

Brasser, *v. a. Subigere.* sé. e, *p.* remuer, mêler avec les bras; tramer, machiner, comploter.

Brasserie, *s. f. Cervisiæ officina.* lieu où l'on fait la bière.

Brasseur. se, *s. Qui cervisiam coquit.* qui brasse, fait brasser la bière.

†Brasseyage, *s. m.* effet d'être brassé pour la route du plus près, t. de mar.

†Brassiage, *s. m.* quantité de brasses qui mesurent la profondeur de la mer.

†Brassiage, *s. m.* mesurage à la brasse. V.

Brassicaires, *s. m. pl.* insectes. L. * *sing.* papillon de chou. B.

Brassicourt, *s. m.* cheval à jambes arquées. G. V. R. *ou* Brachicourt. RR.

Brassières, *s. f. pl. Subucula brevior.* petite camisole. * Brassières. R.

Brassin, *s. m.* cuve de brasseur, son contenu. * quantité de savon fait à-la-fois. B.

†Brassin, *s. m.* t. de brasseur, la bière faite en une fois.

Brassoir, *s. m.* t. de monn. canne de terre cuite ou de fer pour brasser le métal en bain. G. V. R.

†Brassour, *s. f.* petit canal, t. de salines.

†Brasure, *s. f.* endroit où deux pièces de métal sont brasées.

Brathite, *s. f.* pierre qui représente des feuilles de sabine. * *ou* Sabinite. V. G.

†Braults, *s. m. pl.* toiles rayées des Indes. RR.

Bravache, *s. m.* fanfaron, faux brave.

Bravacherie, *s. f.* jactance frivole. V.

Bravade, *s. f. Tumentes minæ.* action, parole, manière par laquelle on brave.

Brave, *adj.* 2 *g. s. Eximius.* vaillant, courageux; honnête; bien vêtu.

Bravement, *adv. Fortiter.* vaillamment, avec bravoure; habilement, adroitement.

Braver, *v. a. Contemnere.* vé. e, *p.* affronter, narguer; regarder avec hauteur, avec morgue ou mépris.

Braverie, *s. f.* (*familier*). *Nimius cultus.* magnificence en habits.

Bravo, *adv. s. m. pl.* terme pour applaudir. A. V.

Bravoure, *s. f. Magnanimitas.* valeur éclatante. *pl.* actions de valeur.

Brayer, *v. a. Resina inducere.* yé. e. *p.* enduire de braie.

Brayer, *s. m. Subligamen.* sorte de bandage pour les hernies; cul d'oiseau; cordage, t. d'arts et mét. bandage.

Brayes, *s. f. pl.* torchons. C.

Brayette, *s. f.* fente du devant du haut de chausse. * Brayete. R. Braiette. C. Braïette. G.

Brayon, *s. m.* t. de chasse, piége. G. V. RR.

Bréane, *s. f.* toile de lin de Normandie. C. G. V.

Bréant, *s. m.* bruant, petit oiseau de la grosseur du moineau, d'un très-beau vert.

Bréaune, *s.* toile. V.

Brébiage, *s. m.* tribut sur les brebis. * Brebiage. R.

Brebiette, *s. f.* petite brebis. V.

Brebis, *s. f. Ovis.* femelle du belier. * sommier du pressoir à cidre. — galeuse, personne dont la société est dangereuse.

Brèche, *s. f. Ruina.* ouverture faite à un mur, à une haie; dommage; diminution; fracture au tranchant; sorte de marbre.

Brèche-dent, *s.* 2 *g. Dentium parte minutus.* qui a perdu des dents de devant.

Brechet, *s. m.* creux de l'estomac. * Bréchet. V.

Brécin, *s. m.* croc de fer. R.

†Brède, *s. f.* espèce d'amaranthe.

Bredi-breda, *expression adverbiale*, verbiage précipité. G. * Bredi, Breda. A.

Bredindin, *s. m.* t. de mar. petit palant.

†Bredir, *v. n.* coudre ensemble des cuirs.

†Brédissure, *s. f.* impossibilité d'écarter.

Bredouille, *s. m.* t. de trictrac. partie double, marquée de deux jetons. * *s. f.* T.

†Bredouillé, *adj.* honteux, confus, dupe.

Bredouillement, *s. m. hæsitantia.* action de bredouiller.

Bredouiller, *v. n. Balbutire.* lé. e, *p.* parler d'une manière peu distincte, sans articuler.

Bredouilleur. se, *s. Verbos qui frangit.* qui bredouille.

†Brée, *s. f.* (la) *ou* l'Abras, *s. m.* garniture en fer du manche d'un marteau de forge.

Bref, *s. m.* t. de litur. lettre, rescrit du pape; livre de prières; calendrier. t. de mar. permission de naviguer.

Bref, brève, *adj. Contractus.* court, de peu d'étendue, de durée. * *f.* Breve. R.

Bref, *adv. Deniquè.* enfin, en un mot, en peu de mots.

Bref (en-) *adv.* (*familier*). Brièvement. * en peu de temps. G.

†Brège, *s. m.* sorte de tramail.

Bregin, Bergin, Bourgin *ou* Bregier, *s. m.* filet à mailles étroites, t. de mar.

Bréhaigne, *adj.* 2 *g. s. f. Sterilis.* stérile. * Brehaigne. R.

Bréhis, *s. f.* licorne, quadrupède de Madagascar. G.

Brelan, *s. m. Ludus.* jeu de cartes. * lieu d'assemblée de jeu. G.

Brelander, *v. n.* jouer sans cesse. * fréquenter les brelans. G.

Brelandier. ière, *s. Aleator.* joueur de profession.

Brelandinier. ère, *s.* marchand qui étale dans les rues. G. V.

Brelée, *s. f.* fourrage d'hiver pour les moutons. V.

Brelic-breloque, *adv.* sans ordre, témérairement. C. * Brelique breloque. V.

Brelingot, *s. m.* C.

Brelle, *s. f.* bois attachés en forme de radeau.

Breloque, *s. f.* bijoux, curiosité sans valeur.

Breloquet, *s. m.* assemblage de petits bijoux. A.

Breluche, *s. f.* droguet de fil et laine. * *ou* Berluche. B.

Brème, *s. f. Brema.* poisson du genre du cyprin. * Brême. R. *et* Brame. G.

Brenache, *s. f.* conque.

†Brenèche, *s. f.* poiré nouveau.

Breneux. se, *adj.* sali de bran.

†Brenne, *s. f.* étoffe fabriquée à Lyon. RR.

†Brenta, *s. f.* mesure italienne, 52 pintes.

†Brentes, *s. m. pl. Brentus.* insectes coleoptères à antennes en chapelet; mesure de liquides à Rome. RR.

Brequin, *s. m.* outil de menuisier, mèche. R.

†Brésicate, *s. f.* espèce d'étoffe. RR.

Brésil, *s. m. Brasilia.* bois très-dur, rougejaunâtre pour la teinture.

†Bresillat, *s. m. Basiliastrum.* genre de plantes exotiques de la famille du balsamier.

Brésiller, *v. a.* lé. e, *p.* rompre par petits morceaux. * teindre avec du brésil. T.

Brésillet, *s. m. Hæmatoxilum.* bois inférieur de Brésil. * genre de plantes légumineuses exotiques. *Cæsalpina.*

†Bresseaux, *s. m. pl.* petites lignes attachées à la maîtresse corde, t. de pêche.

Bressin, *s. m.* t. de mar. cordage pour hisser. G. V. RR.

Breste, *s. f.* chasse à la glue et à l'appât. G. V.

Brétailler, *v. n.* fréquenter les salles d'armes; tirer souvent l'épée.

Brétailleur, *s. m.* qui ferraille, qui brétaille.

Bretauder, *v. a.* dé. e, *p.* couper les oreilles d'un cheval; tondre inégalement; tondre trop court.

†Breté, *adj.* (fer) de rabot, dentelé.

†Bretèche, *s. f.* forteresse. ROMAN DE LA ROSE.

Bretelle, *s. f. Loramentum.* sangle, courroie, corde. * Bretele. R.

Bretessé. e, *adj.* t. de blas. crénelé haut et bas.

Breton, *s. m. adj. Brito.* de Bretagne; coquille blanche et inégale. G. V.

Bretonne, *s. f.* capote. V.

Brette, *s. f. Romphæa.* (*comique*) longue épée. * Brete. R.

Bretté. e, *adj. Denticulatus.* (outil) denté. C. G. V. * Breté. R.

Bretteler, *v. a.* lé. e, *p.* gratter avec un outil dentelé. V. * Brételer *ou* Bréter. R. *ou* Bretter. C.

†Bretter, *v. a.* chercher noise; faire le bretteur. HAUTEROCHE.

Brettesses, *s. m. pl.* t. de blas. rang de crénaux.

Bretteur, *s. m. Machærophorus.* ferrailleur; celui qui aime à se battre, qui porte une longue épée. * Bréteur. R.

Bretture, *s. f.* dents d'instrumens pour tracer; leurs traces sur le bois, etc.; dentelure. G. V. * Bréture. R.

Breuil, *s. m.* taillis, buisson fermé de haies. * *s. m. pl.* t. de mar. petits cordages pour carguer les voiles; boyaux de poisson. G. * Breuilles, *s. f. pl.* R.

Breuiller, *v. n.* carguer les voiles. R. V.

†Breuilles, *s. m. pl.* entrailles du hareng.

Breuvage, *s. m. Potio.* boisson, liqueurs à boire, médecine.

Brève, *s. f.* syllabe, mesure de vers courte; note qui passe deux fois plus vîte que la précédente.

Brève, *s. f.* oiseau; t. de mon. flan.

Brevet, *s. m. Diploma.* expédition non scellée. — d'apprentissage, traité entre le maître et l'apprentif. — d'invention, privilége accordé à un inventeur. * acte sous seing-privé; bain d'une cuve de teinturier. B.

Brevetaire, *s. m. Diplomate munitus.* porteur d'un brevet. * Brévetaire. R.

Breveter, *v. a.* té. e, *p.* donner le brevet d'un office; accorder un privilége. * Bréveter. R. Brèveter V.

†Breveux, *s. m.* crochet de fer pour tirer les homards et les crabes.

Bréviaire, *s. m. Breviarium.* livre d'office, ce qu'il contient.

†Bréviateur, *s. m.* qui écrit les brefs du pape. RR.

†Brezole, *s. f.* ragoût de filets de viande et de volaille.

Bribe, *s. f. Frustum.* gros morceau de pain. *pl.* restes des repas; citations sans choix.

†Briber, *v. a.* manger avidement, bouffer. RABELAIS.

†Briberesse, *s. f.* mendiante, gueuse.

Bricole, *s. f.* partie du harnois; filet; bande de cuir pour porter un fardeau; t. de jeu, rebond d'une balle. * menterie, gasconnade, raillerie; puissance des poids placés au-dessus du métacentre du vaisseau armé. B.

Bricoler, *v. n.* lé. e, *p.* jouer de bricole, tergiverser. * *v. a.* manger goulument en se brûlant; coucher avec une femme; accomoder, mettre en œuvre. POISSON.

†Bricolier, *s. m.* cheval attelé à côté du brancard.

Bricoteaux, *s. m. pl.* t. de tisserand, pièces de bois. G. V.

Bride, *s. f. Habenæ.* partie du harnois, rènes; cordon; anneaux; liens; saillies; bouts pour maintenir, t. de mét.

†Bridé, *s. m.* (le) poisson du genre du chétodon et du spare.

Brider, *v. a. Frenare.* dé. e, *partic.* mettre la bride; ceindre, lier, arrêter, serrer étroitement. * toucher la potence au jeu de bague. B.

Bridoir, *s. m.* bande de linge d'une coiffe. G. V. * mentonière. RR.

†Bridole, *s. f.* appareil pour faire plier et ranger les bordages sur les couples.

Bridon, *s. m. Habenula.* petite bride sans branches; petit mors brisé; t. de litur. partie du voile.

†Brie, *s. f.* barre de bois pour brier, pour battre la pâte.

†Brié. e, *adj.* battu avec la brie.

Brief. ève, *adj.* court, de peu de durée, prompt; t. de prat. * *f.* Brieve. R.

†Brier, *v. a.* é. e, *p.* battre fortement la pâte de vermichel.

†Brieux, *s. m.* t. de mar. voyez Bref.

Brievement, *adv. Breviter.* d'une manière prompte, succinctement. * Brièvement. A. V. Briévement. C. G. R. CO.

Brieveté, *s. f. Brevitas.* courte durée d'une chose. * Briéveté. G. C. R. V. Brièveté. A. CO.

†Brifauder, *v. a.* donner le premier peignage aux laines.

Brifaut, *s. m.* chien; t. de chasse. R.

Brife, *s. f.* (*popul.*) morceau de pain. A.

Brifer, *v. a. Vorare.* fé. e, *p.* (*pop.*) manger avidement.

Brifeur. se, *s.* qui brife, grand mangeur.

†Brifier, *s. m.* bande de plomb, partie de l'enfaîtement.

Brigade, *s. f. Turma.* troupe de soldats; division d'une armée.

Brigadier, *s. m. Agminis ductor.* chef d'une brigade.

Brigand, *s. m. Prædator.* voleur sur les grands chemins; concussionnaire.

Brigandage, *s. m. Latrocinium.* vol sur les routes; concussion, rapine; exaction violente.

Brigandeau, *s. m.* (*familier*) petit brigand. G.

Brigander, *v. n. Latrocinari.* vivre en brigand, voler.

Brigandine, *s. f.* cotte de mailles, haubergeon. G. V. RR. CO. * Brigantine. V.

Brigantin, *s. m. Myoparo.* petit vaisseau à voiles et à rames pour la course; lit de campagne portatif.

Brigittin, *s.* religieux. V. * *f.* ine. R.

Brignole, *s. f.* prune de Brignole en Provence.

Brigue, *s. f. Ambitus. Factio.* cabale; poursuite vive par le moyen d'agens; faction, parti.

Briguer, *v. a. Ambire.* gué. e, poursuivre pour obtenir par brigue; rechercher avec ardeur.

Brigueur, *s. m.* (*inusité*) celui qui brigue.

Brillamment, *adv.* d'une manière brillante. A. V.

Brillant. e, *adj. Fulgens.* qui a de l'éclat, qui brille, *s. m.* éclat, lustre; diamant à facettes.

Brillanter, *v. a. Lapillum scalpere.* tailler à facettes; * semer de faux brillans. té. e, *p. adj.* plein de faux éclat (*nouveau*).

†Brillanter (se), *v. p.* se donner de l'éclat.

Briller, *v. n. Fulgere.* avoir de l'éclat, reluire, jeter une lumière étincelante; t. de chasse, quêter.

Brimbale, *s. f. Anthliæ manubrium. ou* Brinquebale, lévier d'une pompe.

Brimbaler, *v. a. Agitare.* lé. e, *p.* agiter, secouer par branle; sonner, mouvoir des cloches.

Brimborion, *s. m. Apinæ.* colifichet, babiole, chose de néant (*famil.*). * *pl.* C. G.

Brimboter, *v. a.* (*vieux*) parler entre ses dents. V.

Brin, *s. m. Ramulus.* premier jet d'un végétal, scion, tige; chose menue, chose longue et fluète.

Brin-à-brin, *adv.* successivement, un brin après l'autre.

Brin-blanc, *s. m.* espèce de colibri.

Brin-bleu, *s. m.* espèce de colibri.

Brin-d'estoc, *s. m.* long bâton ferré. * Brin-d'estoc. C.

Brinde, *s. f.* toast ou santé, ce qu'on boit à la santé (*vieux*).

Brindille, *s. f.* petite branche chiffonne. C. G. R. V.

†Brindones, *s. m.* fruit des Indes-Orientales.

†Bringue, *s. m.* cheval petit et mal-fait.

†Brinqueballe, *s. f.* pièce d'une machine qui maintient les seaux, t. d'ardois.

Brioche, *s. f. Libum.* sorte de gâteau de fleur de farine.

Brioine, *s. f.* plante, coulevrée. * Bryoine *ou* Couleuvrée. R.

Brion, *s. m.* mousse sur l'écorce des chênes, des arbres. C. G. V. * Bryon. R.

†Brion, Ringo *ou* Ringeau, *s. m.* pièce de bois qui finit la quille.

Briotte, *s. f.* anemone à peluche. C. G. V.

Brique, *s. f. Later.* terre argilleuse, moulée et cuite ou séchée.

†Briquaillons, *s. m. pl.* morceaux de brique pour les moules.

Briquet, *s. m.* outil d'acier pour tirer du feu d'un caillou.

Briquetage, *s. m.* ouvrage de briques; briques imitées.

Briqueter, *v. a.* té. e, *p.* peindre en brique; imiter la brique avec un enduit de plâtre et d'ocre.

Briqueterie, *s. f. Lateraria.* lieu où se fait la brique. * Briquéterie. R.

†Briqueteur, *s. m.* principal ouvrier briquetier.

Briquetier, *s. m. Figulus laterarius.* qui fait la brique.

Bris, *s. m. Fractura.* rupture; évasion; débris de vaisseau; bande de fer; t. de blas.

Brisable, *adj.* 2 *g.* qui peut être brisé. V.

Brisans, *s. m. pl. Scopuli.* rochers à fleur-d'eau; vagues qui heurtent la côte. * Brisants. V. *sing.* rejaillissement de l'eau de la mer se heurtant contre un rocher. G.

Briscambille, *s. f.* sorte de jeu de cartes. A.

†Briscan, *s. m.* jeu de cartes avec le jeu de piquet.

Brise, *s. f.* petits vents frais et périodiques, t. de mar. poutre en bascule, t. de charp.

Brise-cou, *s. m.* lieu, escalier dangereux, roide.

Brise-glace, *s. m.* pieux pour arrêter les glaçons. G. V.

Brise-image, *s. m.* iconoclaste. V.

†Brise-motte, *s. m.* gros cylindre pour briser les mottes.

Brise-raison, *s. m.* qui parle sans suite. A. V.

Brise-scellé, *s. m.* voleur. A.

Brise-vent, *s. m.* clôture pour garantir du vent. A. V.

Brisées, *s. f. pl. Sparsa ramalia.* t. de chasse, branches rompues servant d'indices; exemple, suite. * *sing.* t. de mét. rupture. B.

Briséis, *s. f.* papillon. L.

Brisement, *s. m.* choc violent des flots contre la côte, etc. vif repentir, attrition. * fracture. R.

Briser, *v. a. Frangere.* sé. e, *p.* rompre, fatiguer. *v. n.* heurter avec violence; t. de mar. de blas. (se), *v. r.* se casser, être mis en pièces.

Briseur, *s. m.* qui brise, qui rompt. — (d'images), iconoclaste.

Brisis, *s. m.* angle d'un comble brisé.

Brisoir, *s. m.* instrument pour briser le chanvre.

Brisou (feu), Terou *ou* Feu grieux, *s. m.* gaz inflammable. V. * exhalaison mortelle qui sort des mines de charbon, de métal, de sel gemme. B.

Brisque, *s. m.* jeu de cartes. G.

Brisse, Brissus, *s. m.* sorte d'oursin; zoophyte échinoderme.

†Brissoïdes *ou* Brissites, *s. m.* genre d'oursins fossiles.

Brisure, *s. f. Fractura.* partie fracturée détachée; terme de fortification, pièce d'armoiries des cadets.

Britannique, *adj.* 2 *g. Britannicus.* d'Angleterre. R.

†Britinniens, *s. m. pl.* hermites d'Italie.

†Brize, *s. f. Briza. ou* Amourette, genre de plante unilobée de la famille des graminées, qui diffère peu des paturins.

†Brizomancie *ou* Onirocritique, *s. f.* divination par les songes.

Broc, *s. m. Œnophorum.* vase garni de cercles

pour le vin ; broche (*vieux*).
Brocanter, *v. a. Negotiari.* té. e, *p.* acheter, vendre, troquer des curiosités.
Brocanteur, *s. m. Negotiator.* qui vend, achète, troque.
Brocard, *s. m. Cavillum.* (*familier*). raillerie, mot piquant. * chevreuil à son premier bois. B.
Brocarder, *v. a.* dé. e, *p.* (*familier*) piquer par des railleries, des paroles piquantes.
Brocardeur. se, *s.* (*fam.*) qui lance des brocards.
Brocart, *s. m. Attalicum textile.* étoffe brochée de soie, d'or ou d'argent.
Brocatelle, *s. f. Textile.* étoffe qui imite le brocart ; marbre nuancé de gris, jaune, rouge et isabelle.
Broceus, *s. m.* coquillage. G. * Broccus. V.
Brochant, *adj. indéclin.* t. de blas. peint par-dessus.
Brochant sur le tout, *adv.* par-dessus le tout ; remarquable. * Brochant-sur-le-tout. C.
Broche, *s. f. Veru.* verge de fer pointue ; outil ; cheville, fer délié, t. de mét.
Brochée, *s. f.* ce que peut enfiler à-la-fois une broche ; mèches de chandelles sur une broche.
Brocher, *v. a. Intexere.* ché. e, *p.* passer les fils de côté et d'autre ; ébaucher, percer ; t. d'agric. d'arts et métiers. * mettre les tuiles en pile sur des lattes, t. de maréch. enfoncer les broches : coudre un livre sans nervures ; composer à la hâte ; tricoter. B.
Broches, *s. f. pl.* défenses du sanglier.
Brochet, *s. m. Lucius.* poisson d'eau douce très-vorace, du genre de l'ésoce.
Brocheton, *s. m.* petit brochet.
Brochette, *s. f. Veruculum.* petite broche ; échelle campanaire ; t. d'arts et métiers, de cuisine ; petite brochée ; foie gras, riz de veau à la broche ; fiches ; petite spatule. * Brochete. R.
Brochetter, *v. a.* té. e, *p.* mettre des brochettes ; mesurer les membres, les bordages d'un vaisseau.
Brocheur. se, *s.* qui broche les livres. * qui tricote. G. C.
Brochoir, *s. m.* marteau de maréchal.
Brochure, *s. f. Libellus.* livre broché ; petit ouvrage de peu de feuilles, broché. * action de brocher. A. V. son prix. B.
†Brochurier, *s. adj.* qui fait des brochures. LINGUET.
Brocoli, *s. m. Cyma.* sorte de chou qui vient d'Italie ; chou en fleur, chou-fleur. * rejeton de chou. R. * tige de chou, de plante, CO. * Broccoli. T.
†Brocotte, *s. f.* partie caseuse et butireuse dans le petit-lait. * *pl.* A.
Brodequin, *s. m. Cothurnus.* chaussure antique ; demi-botte. * *pl.* torture ou question.
Broder, *v. a. Acu pingere.* dé. e, *p.* tracer des figures à l'aiguille ; embellir un récit, l'amplifier. * coudre autour. G.
Broderie, *s. f. Acu pictum opus.* ouvrage de celui qui brode ; ornemens, circonstances ajoutées au discours ; serpent à taches irrégulières en broderie.
Brodeur. se, *s. Acu pictor.* celui ou celle qui brode.
Brodoir, *s. m.* petit fuseau ou bobine pour broder.
†Brome *ou* Droue, *s. m. Bromus.* plante qui a des rapports avec l'avoine. voy. Bromos.
†Bromographie, *s. f. Bromographia.* description des alimens solides.
Bromos, *s. m.* plante. * Bromot. V. *ou* Bromot, A. * Brome. B.
Bronchade, *s. f. Prolapsio.* faux pas d'un cheval.
Bronchement, *s. m.* action de broncher. R.
Broncher, *v. n. Cespitare.* faire un faux pas, une faute ; faillir.
Bronches, *s. f. pl.* t. d'anatom. vaisseaux du poumon qui reçoivent l'air.
Bronchial. e, *adj.* qui appartient aux bronches.
Bronchique, *adj.* 2 *g.* t. d'anat. R.
†Bronchoir, *s. m.* instrument sur lequel on plie des draps.
Broconcele, *s. m.* t. de méd. tumeur du cou, goître. * Broconcèle. A. G. C. *ou* Bronchocèle. V. Bronchocele. R. Bronocèle. V.
Broncotomie *ou* Laryngotomie, *s. f.* ouverture faite à la trachée artère. * Bronchotomie. R.
Bronze, *s. m. Æs.* mélange de cuivre, d'étain et de zinc ; figure de bronze.
Bronzer, *v. a. Æris colore imbuere.* zé. e, *adj. p.* peindre en bronze ; teindre en noir.
Broque, *s. f.* brocoli, pousse du brocoli. C. * tête d'un rejeton. R.
Broque *ou* Broquedent, *adj.* dent courbée. V.
†Broquelines, *s. f. pl.* bout des manoques ; bottes de feuilles de tabac.
Broquette, *s. f. Clavulus.* sorte de petit clou. * Broquete. R.
Brossailles, *s. f. pl. Virgulta.* voyez Broussailles.
Brosse, *s. f. Scopula.* planche garnie de faisceaux de crin, etc. gros pinceau.
†Brossé, *s. m. Brossæa.* sous-arbrisseau exotique de la famille des bruyères.
Brosser, *v. a. Detergere.* sé. e, *p.* frotter, nettoyer avec une brosse. * *v. n. v. a.* courir les bois. T.
Brossier, *s. m.* qui fait ou vend des brosses.
Brossures, *s. f.* t. de peaussier, teinture à la brosse. V. G.
Brou, *s. m. Gullioca.* écale verte de noix. * *ou* Brout. G. *Corium.*
Brouailles, *s. f. pl.* intestins de volaille, de poisson. G. voy. Breuilles.
†Broualle, *s. f. Browallia.* genre de plante de la famille des scrofulaires.
Brouas, *s. m.* brouillard. V.
Brouée, *s. f. Nimbus.* bruine, brouillard, pluie passagère.
Brouet, *s. m.* sorte de bouillon au lait et au sucre ; mauvais ragoût.
Brouette, *s. f. Trusatile vehiculum.* petit tombereau à une roue ; chaise à deux roues, *ou* Vinaigrette (*popul.*) * Brouete. R.
Brouetter, *v. a.* té. e. *p.* traîner, transporter en brouette. * Brouéter. B.
Brouetteur, *s. m.* qui traîne des personnes en brouette. * Brouéteur. R.
Brouettier, *s. m.* qui transporte des terres, etc. dans une brouette. * Brouétier. R.
†Brougnée, *s. f.* longue nasse.
Brouhaha, *s. m. Plausus.* bruit confus d'applaudissemens de spectateurs.
Brouhi, *s. m. Adustus.* tuyau pour souffler l'émail. V. G. Broui. R. * Brouï. AL.
Brouillamini, *s. m.* désordre ; obscurité ; confusion (*familier*) ; emplâtre de bol d'Arménie. t. de vétér.
Brouillard, *s. m. Nebula.* vapeur dans l'air. * sorte de registre. C.
Brouillard, *adj. Bibula charta.* (papier) gris et qui boit.
Brouille, *s. f.* (*populaire*) brouillerie. G. querelle.
Brouillement, *s. m.* (*peu usité*). mélange, action de brouiller. G. V. RR.
Brouiller, *v. a. Confondere.* lé. e, *p.* mettre pêle-mêle, mettre du désordre ; remuer ; causer du trouble, des brouilleries, *v. n.* en désordre. (se), *v. r.* se troubler en parlant ; cesser d'être amis ; se couvrir de nuages ; t. de manège, se traverser ; se désunir.
Brouillerie, *s. f. Confusio.* querelle, dissention.
Brouillon. ne, *adj. Turbator.* qui brouille ou qui s'embrouille.
Brouillon, *s. m. Palimpsestus.* papier, registre sur lequel on écrit d'abord ; ébauche ; celui qui sème la discorde, la confusion.
Brouir, *v. a. Urere.* i. e, *p.* t. d'agr. gâter, griller, brûler.
†Brouis, *adj.* (arbre) dont les pousses sont frappées par le nord-est.
Brouissure, *s. f. Adusta folia.* dommage fait aux végétaux par la gelée. * état d'un arbre brouis ; effet du nord-est. B.
†Broune, *s. m. Coccinea.* arbrisseau d'Amérique de la famille des légumineuses.
Brounisme, *s. m.* secte de Brown, médecin ; ses opinions. V.
Broussailles, *s. f. pl.* ronces, épines, menus bois.
Broussin (d'érable), *s. m.* touffe, excroissance sur l'érable ; branches chiffonnées en tas.
Brout, *s. m. Fera pascens.* pousse de taillis au printemps ; écale de noix.
Brout (de noix), *s. m.* voy. Brou, liqueur.
Broutant. e, *adj.* des bêtes fauves. A. G. R.
Brouter ; *v. a. Pasci.* té. e, *p.* manger les végétaux, rompre le bout des branches. * sautiller en parlant du rabot.
Broutilles, *s. f. pl. Ramusculi.* menues branches ; riens, babioles.
Broye, *s. f. Tudes. ou* Maque, instrument pour broyer le chanvre ; t. de blas. *ou* Broie. G. C. V.
Broyement, *s. m.* action de broyer ; réduction en poudre ; t. de blas. feston. C. * Broiement. V. G. A. *ou* Broiment. A. broiment. R.
Broyer, *v. a. Terere.* yé. e, *p.* piler, réduire en poudre, casser menu.
Broyeur, *s. m. Tritor.* celui qui broye les couleurs, le chanvre.
Broyon, *s. m.* instrument qui sert à broyer ; piége pour les fouines, etc. molette.
Bru, *s. f. Nurus.* belle-fille, femme du fils.
Bruant, *s. m.* Bréant. *Authus.* oiseau vert qui tient du pierrot. * *ou* Bruand. G.
†Brucé, *s. m. Brucea.* arbrisseau d'Abyssinie, de la famille des térébinthes, antidyssentérique.
†Brucelles, *s. m. pl.* petites pincettes très-flexibles.
†Bruches, *s. m. pl. Bruchus.* genre d'insectes coléoptères à antennes filiformes ; elles attaquent les collections d'insectes.
†Brucher, *s. m. pl. Bruchus.* insectes coléoptères à antennes filiformes.
Brucolaque, *s. m.* cadavre d'un excommunié ; revenant, * *ou* Broucholaque. R.
†Bruée, *s. f.* évaporation de l'humidité de la pâte du pain. voyez Buée.
Bruesme-d'auffe, *s. m.* cordage de sparterie, qui garnit la chûte de la voile.
Brugnon, *s. m. Persicum duracinum.* fruit, sorte de pêche. * *ou* Brignon.
†Bruime, *s. f.* corde qui borde la tête du filet.
Bruine, *s. f. Pruina.* petite pluie très-fine qui tombe lentement.
Bruiner, *v. imp.* né. e, *p.* se dit de la bruine qui tombe.
Bruir (une étoffe), *v. a.* ui. e, *p.* la pénétrer de vapeurs. G C.
Bruire, *v. n. Strepere.* rendre un son confus. * Bruir. CO.
†Bruisiner, *v. a.* é. e, *p.* moudre en gros e grain germé, t. de brasseur.
Bruissement, *s. m. Fremitus.* bruit sourd et confus.
Bruit, *s. m. Sonus.* son ou assemblage de sons ; nouvelle ;

nouvelle ; renom ; querelle ; sédition ; réputation ; murmure.

Brûlable, *adj.* 2 *g.* qui peut ou doit être brûlé. V.

Brûlant, e, *adj. Urens.* qui brûle ; (*figuré*) vif, animé.

Brûlé, *s. f. Ustus.* odeur d'un corps brûlant. * *adj.* et *p.* trop cuit. G. — de colle, tache huileuse de colle sur le papier.

†Brûle-queue, *s. m.* fer que l'on applique chaud sur la queue coupée d'un cheval.

Brûlée, *s. f.* coquillage de mer. G. V.

Brûlement, *s. m.* (*nouveau*). *Ustio.* action de brûler, ses effets. A. G. (*inusité*) (d'assignats) ; embrâsement.

Brûler, *v. a. Urere.* lé, e, *p.* consumer par le feu ; échauffer vivement. *v. n.* être consumé par le feu, par un désir ; être chaud, passionné. (se), *v. r.* être brûlé.

†Brûlerie, *s. f.* atelier où l'on fait l'eau-de-vie.

Brûleur, *s. m.* celui qui brûle ; incendiaire.

Brûlot, *s. m. Navis incendiaria.* navire plein de matières inflammables ; morceau trop salé, poivré ; boute-feu. * polissoir pour les glaces ; baliste, t. d'antiq. homme ardent, inquiet. B.

Brûlure, *s. f. Adustio.* action du feu suivie de décomposition.

Brumaire, *s. m.* 2ᵉ. mois, moitié d'octobre et de novembre.

Brumal. e, *adj.* qui vient l'hiver, lui appartient.

Brume, *s. f. Atra nebula.* brouillard épais. * neige très-fine suspendue dans l'air qu'elle obscurcit près des pôles. B.

Brumeux. se. *adj.* couvert de brumes. A.

†Brumie, *s. f. Brumia.* plante qui a du rapport avec les nerpruns.

Brun. e, *adj. s. Fuscus.* tirant sur le noir. *s. m.* couleur brune.

†Brun-rouge, *s. m.* ocre ferrugineux qui sert à la peinture ; ocre jaune du Berry, calciné.

Brune (sur la) *adv. Vesper.* à la chute du jour. (*famil.*)

†Brune, *s. f.* poisson du genre du persègue.

Brunelle, *s. f. Brunella.* plante à fleurs en gueule ; son infusion pour les maux de gorge, raffermit les dents ; vivace, vulnéraire.

Brunet. te, *adj.* diminutif de brun. * *f.* Brunete. R.

Brunette, *s. f.* chanson ; coquillage de la famille des rouleaux ; sorte de bécassine. * Brunete. R.

†Bruni, *s. m.* t. d'orf. partie polie et brillante.

Brunir, *v. a. Polire.* ni. e, *p.* rendre brun ; polir, lisser, éclaircir, t. de relieur. *v. n.* devenir brun.

†Brunis, *s. m.* brunissoir.

Brunissage, *s. m.* action de brunir, ses effets.

Brunisseur, se, *Politor.* qui brunit l'argent. G.

Brunissoir, *s. m. Radula.* instrument pour brunir. * *ou* Brunis. B.

Brunissure, *s. f. Politura.* façon donnée aux étoffes. * t. de chasse, poli des bois de cerf, etc.

†Brusc *ou* Bruse, *s. m.* espèce de bruyère.

Bruse, *s. m. Bruscus.* arbrisseau. Brusc. G. R. C. CO. V.

Brusque, *adj.* 2 *g. Vehemens.* vif, rude et prompt.

Brusquembille, *s. m.* jeu de cartes. * *ou* Bruscambille. V. G. RR.

Brusquement, *adv. Præcipitanter.* d'une manière brusque.

Brusquer, *v. a. Offendere* qué. e. *p.* agir vivement ; faire une brusquerie, offenser par des paroles rudes ; emporter d'emblée ; terminer promptement.

†Brusquer, *v. a.* ée, *p.* chauffer un bâtiment pour le caréner.

Brusquerie, *s. f. Incitatio.* action de brusquer ; caractère d'un homme brusque ; insulte.

Brusquet, Brusquin, *adv.* (à brusquin brusquet) paroles et reponses brusques. G.

†Brusquiaire, *s. m.* cajoleur de filles qui les baise brusquement.

†Brussoles, *s. f. pl.* mets de la nature des farces et des ragoûts.

Brut. e, *adj. Asper.* raboteux, qui n'est pas poli ou achevé. * Brute, *adj. m.* G.

†Brut-ingénu, *s. m.* diamant poli naturellement.

Brutal. e, *adj. s. Durus.* qui tient de la brute ; farouche, rustre, féroce, impertinent.

Brutalement, *adv. More belluino.* avec brutalité.

Brutaliser, *v. a. Contumeliosè facere injuriam.* sé. e, *p.* traiter brutalement.

Brutalité, *s. f. Feritas.* passion, action brutale ; vice du brutal.

Bruta-manna, *s. f.* sorte de poire. G. V.

Brute, *s. f. Brutum animal.* animal irraisonnable qui n'a ni esprit, ni raison.

Brute-bonne, *s. f.* poire du pape. G. V.

Brutier, *s. m.* oiseau de proie. * espèce de butor. B. * Buse.

Brutification, *s. f.* action d'abrutir. V.

Brutifié. e, *adj.* devenu brute. R.

Brutifier, *v. n.* fié. e, *p.* devenir brute. V.

†Bruxelles, *s. f. pl.* pince d'argenteur, d'horloger. * *et* Brucelle.

Bruyamment, *adv.* (*nouveau*) avec grand bruit. C. G. V.

Bruyant. e, *adj. Stridens.* qui fait grand bruit.

Bruyère, *s. f. Myrica.* sorte d'arbuste à fleurs monopétales, feuilles très-petites ; lieu, landes où il croît.

†Bruyéreux. euse, *adj.* couvert de bruyères.

Bryé, *s. f. Brium.* plante cryptogame de la famille des mousses. L.

Bryone *ou* Couleuvrée, *s. f. Brionia.* vigne blanche ; plante grimpante, à feuilles à peu près comme la vigne, vrilles en spirales, fleurs monopétales blanches, croît dans les haies ; racine en navet ; purgatif violent, donne une espèce de manioc.

†Buade, *s. f.* bride à longues branches.

Buanderie, *s. f. Officina.* lieu où l'on fait la lessive.

Buandier. ère, *s. Qui lentea mundat.* qui fait la lessive des toiles neuves. * *f.* Buandiere. R.

Bubale, *s. m. Bubalus.* quadrupède qui tient du cerf et de la vache, de la famille des antilopes en Barbarie. * Bufle. CO.

Bube, *s. f. Pustula.* pustule, élevure sur la peau.

†Buberon, *s. m.* voy. Biberon. G.

Bubon, *s. m. Tumor pestilens.* tumeur maligne. A. C. *. plante ombellifère. *Bubo.* B. * tumeur à l'aine. G. V.

Bubonocele, *s. m.* tumeur à l'aine. * hernie par la chûte de l'épiploon. B. * Bubonocèle. A. G. G.

Bucardes, *s. m. pl.* 16ᵉ. genre des mollusques acéphales.

†Bucardite, *s. f.* coquille bivalve appelée cœur de bœuf, devenue fossile.

Buccale, *adj. f.* t. d'anat. qui a rapport à la bouche. * Buccal. *m.* R.

†Buccellaires, *s. m. pl.* troupes de la garde des empereurs grecs.

Buccellation, *s. f.* division en gros morceaux. C. V. G.

Bucchanthe, *s. f.* plante. * Buccanthe. R.

Buccin, *s. m.* genre de coquilles univalves en forme de trompettes contournées en volutes ; l'animal qui l'habite donne une liqueur rouge, ou la pourpre. * -marin *ou* Bouret, instrument à vent. B.

Buccinateur, *s. m.* muscle entre les deux mâchoires. * qui joue de la trompette, t. d'antiq. B.

Buccine, *s. f.* (*vieux*) trompette. V. R.

†Buccinite, *s. f.* buccin devenu fossile.

Buce, *s. f.* bussard, petite barrique. G.

Bucentaure, *s. m.* vaissseau du doge de Venise.

Bucéphale, *s. m.* cheval d'Alexandre, de parade. * rosse (*ironique*) ; papillon. L.

Bucéros, *s. m.* oiseau. L.

Buche, *s. f. Truncus.* morceau de bois pour le chauffage ; homme stupide ; flibot ; établi d'épinglier ; instrument à cordes.

Bûcher, *s. m. Rogus.* pile de bois pour brûler un corps ; lieu où l'on met le bois.

Bûcher, *v. a.* ché. e, *p.* faire des bûches. R.

Bûcheron, *s. m. Qui ligna cædit.* qui coupe le bois dans les forêts.

Bûchette, *s. f. Cremium.* petite bûche. * Buchete. R.

Buchnère, *s. f. Buchnera.* genre de plantes de la famille des personnées.

Bucioche, *s. m.* drap de Provence. RR.

†Buck-bean, *s. m.* trèfle aquatique ; plante qui pourroit remplacer le houblon pour faire la bière.

†Bucoliasme, *s. m.* ancienne chanson des bergers.

Bucolique, *adj. Bucolicus.* poësie pastorale. *s. f. pl.* ramas de nippes, de papiers.

†Bucrane, *s. m. Bucranium.* casque fait en tête de bœuf.

†Budget, *s. m.* état de l'actif et du passif.

Buée, *s. f.* (*vieux*). lessive. * évaporation, t. de boulanger.

Buffet, *s. m. Abacus.* armoire pour le linge, l'argenterie ; menuiserie de l'orgue ; table de salle à manger ; vaisselle. * espèce de jets d'eaux. * Bufet. R.

Buffet d'orgues, *s. m.* petit orgue, menuiserie d'un orgue. * Buffet-d'orgues. C. Bufet. R.

Buffeter, *v. a.* té. e, *p.* percer les tonneaux avec un foret pour voler le vin, boire au tonneau. V. G. * battre, étriller, maltraiter. B. * Bufeter. R.

Buffeteur, *s. m.* qui boit au tonneau. * Bufeteur. R.

Buffetier, *s. m.* parasite, écornifleur.

Buffetin, *s. m. Buffetus.* peau de buffle.

Buffle, *s. m. Urus.* animal, son cuir ; quadrupède bifulce, de la grosseur, de la forme et des mœurs du taureau, domestique en Europe, originaire des pays chauds ; justaucorps de son cuir ; homme stupide. * Bufle. R.

Buffletin, *s. m.* jeune buffle, sa peau. A. C.

†Bufone, *s. f. Bufonia.* plante de la famille des morgelines.

Buffonites, *s. f. pl.* dents molaires pétrifiées. L.

†Bugadière, *s. f.* cuvier en maçonnerie pour faire le savon.

†Bugalet, *s. m.* petit bâtiment ponté servant d'allége.

Bugle, *s. f. Bugula.* Bugrande, Bugrane, Bugronde ; plante de la famille des labiées ; excellent vulnéraire astringent, bonne pour les maux de gorge, l'hémorragie, la dyssenterie, les fleurs blanches, dissout le sang grumelé.

Buglosse, *s. f. Buglossum.* plante de la famille des boraginées ; a les vertus de la bourrache. * Buglose. A. *ou* Buglose. V.

Bugrane, *s. f. Ononis. ou* Arrête-bœuf,

plante de la famille des légumineuses.
Bubots, *s. m. pl.* plumes d'oie peintes. R. G. C. V.
Buie, *s. f.* cruche. V.
Buire, *s. f.* flacon, grand vase, pot à anse.
Buis *ou* Bouis, *s. m. Buxus.* arbrisseau toujours vert à petites feuilles, baies à trois pointes; son bois très-dur, est très-utile.
†Buisart *ou* Busart, *s. m.* oiseau de proie.
†Buisse, *s. f.* instrument de tailleur pour contenir les coutures.
Buisserie, *s. f.* merrain pour la tonnelerie. G.
Buisson, *s. m. Dumus.* touffe d'arbrisseaux, petit bois, arbre nain.
Buisson ardent, *s. m.* arbre de Moyse *ou* Pyracanthe, arbuste. * Buisson-ardent. C. G.
Buissonnet, *s. m.* petit buisson. * Buissonet. R.
Buissonneux. se, *adj.* couvert de buisson. A. V.
Buissonnier. ère, *adj.* des buissons, t. de chasse. * *f.* Buissoniere. R. t. d'école * *s. m.* maître d'écriture qui n'a pas été reçu maître. B.
Buissonnier, *s. m.* garde de la navigation. C. G.
†Buissure, *s. f.* ordures sur le métal cuit.
†Bulafo, *s. m.* tuyau de bois que l'on frappe en mesure.
Bulbe, *s. f. Bulbus.* sorte d'oignon de plante.
Bulbeux. se, *adj. Bulbosus.* de la nature des bulbes.
†Bulbifère, *adj. Bulbifera.* (plante) qui porte des cayeux sur ses feuilles, ses branches, etc.
†Bulbiforme, *adj.* 2 *g.* qui a la forme d'une bulbe.
Bulbo-caverneux, *s. m.* muscle. V.
†Bulbocode, *s. m. Bulbocodium.* genre de plantes liliacées, voisines des colchiques.
Bulbonac, *s. m. Lunaria. ou* Lunaire, plante de la famille des crucifères; semences diurétiques, antiépileptiques.
†Bulèje, *s. m. Budleia.* plantes de la famille des gatiliers.
Bulgare, *s. adj.* 2 *g.* peuple de Bulgarie. RR.
†Bulimes, *s. m. pl. Bulimus.* 7ᵉ. genre des mollusques gastéropodes testacées.
†Bulithe de bœuf, *s. m.* égagropile qui se trouve dans l'estomac de cet animal.
Bullaire, *s. m.* t. de liturgie, recueil de bulles.
†Bullatique, *s. f.* grosse lettre employée dans les bulles.
Bulle, *s. f. Diploma.* constitution d'un empereur; lettre du pape; petit globule de fluide; boule de métal. * limace. t. 7ᵉ. genre des mollusques gastéropodes testacées. *Bulla.* muscades; 3ᵉ. lot de chiffons; papier.
Bullé. e, *adj.* t. de litur. en forme, muni de bulles. t. de botan. (feuille) bosselée en dessus, creuse en dessous.
†Bullète, *s. f.* t. de coutume. RR.
Bulletin, *s. m. Scheda.* petit billet, suffrage par écrit.
Bulliarde, *s. f.* tache de la lune. T. V.
Bulliste, *s. m.* congrégation. V.
Bulteau, *s. m.* arbre en boule. G. V. * arbre. RR.
†Bumalde, *s. m. Bumalda.* arbrisseau très-rameux.
†Bune, *s. f.* maçonnerie au-dessus du massif de la forge.
Bunette, *s. f.* fauvette d'hiver. * Bunete. R.
Bunias, *s. m.* navet sauvage qui entre dans la thériaque. V. G.
†Bunode, *s. m.* tuyau vermiculaire.
†Buonaccordo, *s. f.* petite épinette italienne.
Buphonies, *s. f. pl.* fêtes à Athènes. V.
Buphthalmum, *s. m.* t. de botan. genre de plantes voisin des verberines. R. A. * Buphthalme. B.
Buplèvre, *s. m.* bec-de-lièvre, plante; genre de plante à fleurs polypétales, de la famille des ombellifères.
Buplevrum, *s. m.* plante; oreille de lièvre. * Buplévrum. R.
Bupreste, *s. f. Buprestus* ou *Buprestis.* insecte ailé à aiguillon; genre de coléoptères très-voraces; quelques-uns sont très-brillants, mais dangereux. * enfle-bœuf, petite araignée rouge qui fait aussi mourir le bœuf. B.
†Buquet, *s. m.* instrument pour remuer l'herbe dans la cuve.
Burail, *s. m.* étoffe de laine, espèce de serge ou de ratine. G. V.
Buraliste, *s. m.* qui tient un bureau.
Burat, *s. m.* bure grossière. G. * Burate, *s. f.* RR.
†Buraté. e, *adj.* qui imite la burate. RR.
Buratine, *s. f.* étoffe, papeline. * *et* Burate. R.
Bure, *s. f. Pannus rudiore lanâ contextus.* grosse étoffe; puits profond des mines.
Bureau, *s. m. Abacus.* bure; table, comptoir; lieu de travail; compagnie, lieu de son assemblée; le président et les sécrétaires, etc.
Bureaucratie, *s. f.* influence illégale des gens de bureau. C.
Bureaucratique, *adj.* (influence, régime) des gens de bureau. V.
Burelé. e, *adj.* t. de blas. composé de fasces d'émail différent. G. V.
Burèles, *s. f. pl.* fasces diminuées en nombre pair.
Buret, *s. m.* poisson qui donnoit la pourpre.
Burette, *s. f. Urceolus.* vase à petit gouleau. * Burete. R.
Burettier, *s. m.* qui porte les burettes. * Buretier. R.
Burgalèse, *s. f.* laine de Burgos. * Burgaleses. *pl.* R.
Burgande, *s. m.* poisson testacée.
†Burgandine, *s. f.* nacre très-brillante tirée du burgau et d'autres coquilles.
Burgau, *s. m.* limaçon à bouche ronde, commun aux Antilles.
†Burgeage, *s. m.* ébullition du verre fondu causée par des baguettes de bois vert que l'on y plonge.
†Burger, *v. a.* é. e, *p.* occasionner le burgeage.
Burgrave, *s. m.* seigneur d'une ville en Allemagne.
Burgraviat, *s. m.* dignité du burgrave.
Burin, *s. m. Cœlum.* pointe d'acier pour graver. * l'art de graver. B.
Buriner, *v. a. Cœlare.* né. e, *p.* graver, nettoyer au burin; écrire.
Burlesque, *adj.* 2 *g. s. m. Jocularis.* bouffon, facétieux; risible, extravagant. * *s. m.* style bouffon. B.
Burlesquement, *adv. Jocosè.* d'une manière burlesque.
†Burmane, *s. f. Burmannia.* genre de plantes unilobées.
†Buron, *s. m.* cabane, vacherie où l'on fait des fromages.
Bursaire, *s. m.* ver infusoire. M. * trichocerque à corps en sac. B.
Bursal, *adj. Pecuniarius.* (édit) pour tirer de l'argent.
Busard, *s. m. Circus.* oiseau de proie, dont il y a plusieurs espèces; il chasse les oiseaux aquatiques, et prend le poisson. * Busart. R. A. V. *ou* Buisard. G.
Busc, *s. m. Asula.* bâton de baleine, de bois, etc. dans le corset. * assemblage de charpente aux portes d'une écluse. B.
†Busche, *s. f. ou* Buse, bâtiment pour la pêche du hareng.
Buse, *s. f. Buteo.* oiseau de proie de la grosseur du faisan, à plumage mêlé de rouille et de noir; vit de gibier, dévaste les nids. *ou* Beuse, coffre qui conduit l'eau sur la roue du moulin; tuyau ou ventouse dans les mines; ignorant. * flûte en Hollande. B.
†Bushel, *s. f.* mesure anglaise de capacité, 55 livres.
Busquer, *v. a. Tentare.* qué. e, chercher, tenter la fortune (*bas. populaire*). mettre un busc.
Busquière, *s. f.* t. de toilette, où se met le busc; petit crochet; pièce d'estomac. * Busquiére. R. Busquière. V.
Bussard *ou* Buce, *s. m. ou* Buse *s. f.* petite barrique.
†Busseroles, *s. f.* Busserolle, Bousserole *ou* Uvaursi, arbuste. RR. voyez Raisin d'ours, espèce d'arbousier.
Buste, *s. m. Statua.* représentation d'une tête.
Bustrophe, *s. f.* voy. Boustrophedon. G. A. V.
Bustuaire, *s. m.* gladiateur. C. G. R. V.
But, *s. m. Meta.* point où l'on vise; fin proposée.
But en blanc (de), *adv.* inconsidérément, sans réflexion. * de But-en-blanc. C.
But à but, *adv.* également. * But-à-but. C.
Butage, *s. m.* droit de corvée. RR.
Bute, *s. f.* t. de blas.; outil de maréchal pour couper la corne.
Buté. e, *adj.* fixe, arrêté. G. * (chien) qui a une buture. B.
Buteau, *s. m.* grossier. R.
Butée, *s. f.* massif de pierre aux deux extrémités d'un pont pour soutenir la poussée des arcades. G. V.
Buter, *v. n. Metam attingere.* té. e, *p.* frapper, toucher au but; broncher, trébucher; tendre à une fin. (se), *v. r.* se fixer, se déterminer; être contraires, opposés l'un à l'autre.
Butin, *s. m. Præda.* ce qu'on prend à l'ennemi; ce que les soldats pillent.
Butiner, *v. n. Prædari.* faire du butin.
Butireux. se, *adj. Butyrosus.* qui est de la nature du beurre. * Butyreux. R. V.
†Butoir, *s. m.* couteau de corroyeur.
†Butome, *s. m. Butomus.* plante de la famille des joncs.
†Butonic, *s. m. Butonica.* grand arbre des Indes, de la famille des myrtes, beau port, ombre épaisse, fleurs d'un blanc éclatant; le fruit en noix pyramidale se mange.
Butor, *s. m. Asterias.* oiseau du genre du héron, de marais, de proie; (*fig.*) sot, stupide, grossier, mal-adroit.
Butorde, *s. f.* femme stupide.
Butte, *s. f. Tumulus.* tertre, motte de terre élevée. * Bute. R.
Butter, *v. a.* té. e, *p.* t. de maçon. soutenir avec un arc-boutant; t. de jardin. garnir de terre.
Buttière, *s. f.* grande arquebuse. * Butiere. *adj. f.* R.
†Buttnère, *s. f. Buttneria.* genre de plantes polypétalées de la famille des cacaoyers.
Buture, *s. f.* grosseur à la jointure du pied d'un chien.
Buvable, *adj.* 2 *g.* qui peut être bu. (*mieux*) potable.
Buvande, *s. f.* liqueur exprimée du marc. R. petit vin. V.
Buveau, *s. m.* instrument pour tracer des angles. voyez Biveau. G. RR. V.
Buvetier, *s. m.* qui tient buvette.
Buvette, *s. f. Locus potationi destinatus.* lieu

où déjeûnent les juges. * repas. G. Buvete. R.

Buveur, *s. m. Potator.* celui qui boit; qui boit beaucoup de vin. * muscle de l'œil qui le tourne vers le nez, abducteur.

Buvotter, *v. n. Sorbillare* (*familier*). boire souvent et à petits coups. * Buvoter. C. G. R. CO.

†Buxbaume, *s. f. Buxbaumia.* espèce de mousse du nord qui sort de terre sous la forme d'un petit œuf garni de fibres.

Buze, *s. f.* tuyau d'un soufflet. R. voy. Busche.

By, *s. m.* fossé qui traverse un étang. G. V. CO.

Byrrhus, *s. m. Byrrhes.* insecte coléoptère, vivant sous le gazon, petit, à corps oval. L.

Bysse, *s. m.* soie venant de coquillages; tissu précieux, t. d'antiq.

†Byssus, *s. m.* plante de la famille des algues, espèce de mousse.

CABA

C, *s. m.* troisième lettre de l'alphabet, lettre numérale.

Çà, *adv. de lieu.* ici (*int. pour commander*).

Çà, *pro.* (*populaire*) cela, cette chose-là.

Çà (de), de là, de de çà, ça et là. * de-çà. B.

Çà et là, *adv.* de côté et d'autre. * Çà-et-là C.

Çà (or-), *int.* maintenant, à présent.

Çà (par de), *adv. prépos.* * par de-çà. A. T.

Çà (qui); qui est-ce? qui là? *int.* d'un côté, de l'autre. * qui-çà? qui-là? C.

Caablé, Cablé *ou* Chablis, *adj.* bois versé. G. V.

†Caachira, Coachira *ou* Couchira, *s. m.* plante qui produit l'indigo. RR. V.

Cabacet, *s. m.* voy. Cabasset. G.

Cabal, Caban, *s. m.* marchandise prise avec profit de moitié, du quart, t. de commerce. G. V.

†Caban, *s. m.* manteau contre la pluie; marchandise prise au-dessous du prix.

Cabalant, e, *adj.* (*nouveau*) qui cabale. G.

Cabale, *s. f. Cabala.* tradition juive; commerce avec des êtres imaginaires; complot; ceux qui en sont.

Cabalé, e, *adj.* (réputation). (*mot hasardé*). V.

Cabaler, *v. n. Conspirare.* intriguer; former des cabales.

Cabaleur, *s. m. Factiosus.* qui cabale, intrigant.

Cabalezet, *s. m.* Basilic *ou* Cœur de lion, étoile fixe.

Cabaliste, *s. m.* savant dans la cabale juive.

Cabalistique, *adj. 2 g.* (science), qui appartient à la cabale des Juifs.

Caballéros, *s. m.* laine d'Espagne. R.

†Caballin, *s. m.* substance médicinale tirée de l'aloës vulgaire.

Cabanage, *s. m.* lieu où campent les sauvages. C. G.

Cabane, *s. f. Casa.* petite loge, petite maison; cage pour faire couver les serins.

Cabaner, *v. n.* faire des cabanes. V. (se), *v. r.* loger dans des cabanes. C. G. * retourner un bâtiment sens dessus dessous, t. de mar. B.

Cabanon, *s. m.* petite cabane, petite hutte.

†Cabarer, *v. a.* é. e, *p.* t. de brasseur, jeter l'eau d'un vase dans autre.

Cabaret, *s. m. Caupona.* taverne, lieu où se vend le vin; plateau; table. * *ou* Oreille d'homme, rondelle (*Asarum*), plante, les feuilles ressemblent à une oreille, les feuilles et les racines excitent le vomissement et les selles, la feuille en poudre guérit les maux de tête; excellent fébrifuge, guérit le farcin. * petite linote dont le chant est agréable, le dessus de la tête et la poitrine rouge. voyez Sizerin, Picaveret. B.

Cabaretier, ère, *s. Caupo.* qui tient cabaret, * *f.* ere. R.

Cabarétique, *adj. 2 g.* (*comique*) de cabaret. C. G.

†Cabaretter, *v. n.* fréquenter les cabarets.

†Cabarnes, *s. m. pl.* offrandes; noms des prêtres de Cérès à Samos.

Cabas, *s. m. Fiscina.* petit panier de jonc; vieille voiture.

†Cabasser, *v. a.* (*vieux*) machiner. V. * machiner, tromper, entasser sottise sur sottise; tendre des embuches. RABELAIS.

Cabasset, *s. m.* casque ancien; morion.

Cabassou, *s. m.* animal. voy. Armadille. L.

†Cabeça *ou* Cabesse, *s. f.* soies fines d'Espagne.

†Cabesas; *s. m.* laine d'Espagne. R. V.

Cabestan, *s. m Ergata.* tourniquet pour rouler le câble.

†Cabesterre, *s. f.* partie orientale des îles en Amérique. V.

Cabiai, *s. m. Cavia.* animal. L. * porc de rivière, quadrupède demi-amphibie, fissipède irrégulier, vit de poisson, de plantes aquatiques, s'apprivoise; dans l'Amérique méridionale. B.

†Cabido, Cavido, *s. m.* mesure portugaise, 7 font 4 aûnes.

Cabillaud, *s. m.* sorte de petite morue fraîche d'un goût exquis. * Cabéliau. R.

Cabille, *s. f.* tribu des Arabes. C. R. * *ou* Cabilah. G. V.

†Cabillet, *s. m.* outil de paumier pour faire, pour roidir les raquettes.

Cabillots, *s. m. pl.* t. de mar. bouts de bois, chevilles.

Cabinet, *s. m. Conclave.* lieu de travail, de retraite; buffet; conseil intime; petit réduit. * secrets de la cour. V. * —d'histoire naturelle, où l'on réunit et expose les diverses productions de la nature.

†Cabires, *s. m.* nom donné à des dieux, des prêtres, des mystères, en Samothrace.

Câble, *s. m. Funis.* grosse corde; mesure, 120 brasses.

Câblé. e, *adj.* t. de blas. fait de câbles tortillés. * Cablé. V.

Câbleau, *s. m.* petit câble. C. * *et* Câblot. R. *ou* Cablot. AL.

Câbler, *v. a.* faire des câbles.

†Cablière, *s. f.* pierre percée pour maintenir le filet au fond.

Câblot, *s. m.* sorte de corde. RR.

†Cabochard *ou* Cabocheux, *adj.* entêté, fantasque (*vieux*).

Caboche, *s. f. Caput.* grosse tête; tête; poisson de Siam; clou à grosse tête.

Cabochon, *s. m.* petit clou; pierre précieuse polie sans être taillée.

†Cabombe, *s. m. Cabomba.* genre de plantes de la famille des joncs.

Cabosse, *s. f.* gousse du cacao. G. V.

Cabotage, *s. m.* navigation le long des côtes.

Caboter, *v. n.* naviguer le long des côtes.

Caboteur, *s. m.* navigateur côtier. C.

Cabotier *ou* Caboteur, *s. m.* bâtiment pour caboter.

Cabotière, *s. f.* petit bâtiment. C.

†Caboudière *ou* Cabusière, *s. f.* sorte de tramail.

Cabre, *s. f.* bouton rond, t. de mar. chèvre pour tirer les fardeaux. * Câbre. R. V.

Cabré, e, *adj.* t. de blas. cheval acculé. G. * Câbré. R.

Cabrer, *v. n.* bré. e, *p.* effaroucher. (se), *v. r.* se lever sur les pieds de derrière; s'emporter de dépit, de colère. * Câbrer. R.

Cabri *ou* Cabril, *s. m. Capreolus.* chevreau mâle ou jeune bouc.

†Cabrillet, *s. m. Chretia.* genre de plantes monopétalées, exotiques, fleurs en entonnoir, fruit baccifère.

Cabriole, *s. f. Levis saltus.* saut d'un danseur, saut en un temps.

Cabrioler, *v. n. Saltare.* faire des cabrioles.

Cabriolet, *s. m.* voiture légère à deux roues.

Cabrioleur, *s. m.* faiseur de cabrioles.

Cabrions, *s. m. pl.* cale pour les canons, t. de mar. G. V. RR.

†Cabris, *s. m. pl.* petites chèvres qui soutiennent la tente d'une galère.

Cabron, *s. m.* peau de cabri. G. G. V.

†Cabrouet, *s. m.* charrette pour porter les cannes à sucre.

†Cabure, *s. m.* oiseau nocturne du Brésil.

Cabus, *adj. m. Capitatus.* (chou) pommé.

†Cabuser, *v. a.* tromper, séduire.

Caca, *s. m.* (*popul.*) excrément d'enfant.

Cacaber, *v. n.* crier, en parlant des perdrix. C. G. V. RR. CO.

Cacade, *s. f.* (*popul.*) décharge du ventre; mouvement d'impétuosité inutile; folle entreprise. * *ou* Cagade. V.

Cacagoghe, *s. adj. m.* onguent qui provoque les selles. C. G.

†Cacagogne, *s. m. ou* Cacagogue, onguent appliqué à l'anus pour provoquer les selles.

Cacalia *ou* Cacalie, *s. f.* plante médicinale corymbifère, de la famille des flosculeuses, a beaucoup de rapport avec les sénecons, *ou* Pas-de-cheval.

Cacao, *s. m.* amande du fruit du cacaoyer.

Cacaoyer *ou* Cacao, *s. m. Theobroma.* arbre du nouveau monde, fruit de la grosseur d'un concombre, roussâtre; ses semences, semblables aux amandes, font la base du chocolat. * Cacaoïer. R. Cacaotier. T.

Cacaoyère, *s. f.* plant de cacaoyer. * Cacaoïer. R.

†Cacarder, *v. a.* se dit du cri de l'oie.

†Cacastol, *s. m.* espèce d'étourneau.

Cachalot, *s. m.* sorte de petite baleine, poisson cétacée.

†Cachatin, *s. m.* sorte de gomme laque.

Cache, *s. f.* (*familier*) *Latebra.* lieu secret pour cacher. * monnoie chinoise, 1 den. 13-15e, *ou* Chasse, filet tendu en palis. B.

†Cache-entrée, *s. f.* pièce qui couvre l'entrée d'une serrure.

†Cache-platine, *s. f.* t. de guerre. RR.

Cachectique, *adj. 2 g.* d'une mauvaise santé. G.

Cachement, *s. m.* (*inusité*) manière de cacher, de se cacher. G. C.

†Cachemire, *s. m.* grand fichu de laine des Indes.

Cacher, *v. a. Occultare.* ché. e, *p.* mettre où l'on ne peut voir; couvrir, céler, dissimuler. (se), *v. r.* se retirer, se couvrir pour n'être pas vu.

†Cachère, *s. f.* plans inclinés près du four, t. de verrier.

Cachet, *s. m. Sigillum.* empreinte; petit sceau. * (lettres de) ordre secret du roi. B.

Cacheter, *v. a. Obsignare.* té. e, *p.* mettre le cachet.

Cacheter (pain-à-), *s. m.* rond de pâte pour cacheter. * pain à chanter.

Cachette, *s. f. Latebra.* petite cache (*famil.*). (en), *adv.* à la dérobée, en secret. * Cachere. R.

†Cacheur, *s. m.* voyez Cacheux.

†Cacheux, *s. m.* outil pour raccommoder les formes du sucre. * Chassoir. CO.

Cachexie, *s. f.* effet de la dépravation des humeurs. * Cachéxie. R. (*pron.* Cakexie).

Cachicame, *s. m.* animal; espèce de tatou dont la cuirasse a neuf bandes.

Cachiment, *s. m.* fruit du cachimentier.

Cachimentier, *s. m.* arbre. voy. Corossolier.
†Cachioura, *s. m.* toile de coton des Indes.
†Cacholong, *s. m.* quartz-agathe, calcédoine blanche, espèce d'agate blanche de couleur d'opale, à peine demi-transparente, très-dure, très-compacte, dans le Nord.
†Cachondé, *s. m.* pâte faite de cachou, de graine de bangue, calamus et de terre argileuse: agréable au goût; elle donne une bonne haleine.
Cachos, *s. m.* plante du Pérou contre la pierre.
Cachot, *s. m. Arca.* prison souterraine; petite loge obscure.
†Cachotte *ou* Cajotte, *s. f.* pipe sans talon.
Cachotterie, *s. f.* manière mystérieuse; action de cacher. * Cachoterie. R. CO.
Cachou, *s. m.* arbre et son fruit. — *improprement* Terre du Japon. *Catechu.* suc gommorésineux, opaque, roux-noirâtre marbré, extrait d'arec rendu solide. B.
†Cachoutchou, *s. f.* bitume élastique.
Cacique, *s. m.* prince dans l'Amérique méridionale. * espèce d'oiseaux du genre des passereaux, vivant d'insectes et de fruits, font des nids suspendus. B.
Cacis, *s. m.* sorte de groseiller à fruits noirs. * Câcis. * R. Cassis. G.
Caciz, *s. m.* docteur de la loi mahométane. G. V.
†Cacocholie, *s. f.* dépravation de la bile.
Cacochylie, *s. f. Cacochilia.* mauvaise digestion. G. C. V. CO.
Cacochyme, *adj.* 2 *g.* d'une mauvaise complexion; bizarre, bourru, fantasque.
Cacochymie, *s. f. Cacochymia.* abondance de mauvaises humeurs.
Cacodémon, *s. m.* démon, mauvais esprit. C. G. V.
†Cacoërgete *ou* Cacergete, *adj.* (chose) malfaisante.
Cacoethe, *adj. Cacoethes.* (ulcère) malin. * Cacoëthe. A. G. C. CO. V. Cacoëthe. R.
†Cacolin, *s. m.* espèce de caille du Mexique.
†Cacologue, *s. f.* mauvais propos, médisance, reproches.
†Cacopathie, *s. f.* mauvaise affection.
Cacophonie, *s. f. Sonus asper.* sons discords, désagréables. * voix viciée. V.
†Cacopragie, *s. f. Cacopragia.* dépravation des viscères.
†Cacositie, *s. f. Cacosigia.* dégoût des alimens.
†Cacosphixie, *s. f. Cacosphixia.* irrégularité du pouls.
†Cacothymie, *s. f.* disposition vicieuse de l'esprit.
Cacotrophie, *s. f. Cacotrophia.* nutrition dépravée. G. V. RR. CO. C.
†Cacoucier, *s. m. Cacoucia.* genre de plantes de la famille des myrthes.
†Cacozèle, *s. m.* zèle indiscret (*vieux*).
Cacrel blanc, *s. m.* poisson de la Méditerranée. G. V.
†Cacte, *s. m.* plante, cierge ou nopal, famille de plantes.
†Cactier, *s. m. Cactus.* genre de plante d'Amérique à fleurs polypétalées, munies d'aiguillons, épaisses, succulentes, dépourvues de feuilles.
†Cactonite, *s. f. Cactonites.* sarde jaunâtre ou cornaline.
†Cacumine, *s. f.* faîte, cîme, sommet, extrémité. MAROT.
†Cadaba, *s. m.* plantes de la famille des capriers.
Cadamomi, *s. m. ou* Graine de perroquet, drogue. G.
Cadastre, *s. m.* état des biens-fonds d'un pays.
Cadavereux, se, *adj.* qui tient du cadavre. * Cadavéreux. A. G. R. V. CO.
Cadavre, *s. m. Cadaver.* corps d'un homme mort. * Cadâvre. R.
Cade, *s. m. Juniperus.* espèce de grand genevrier; on en retire une huile féride; cette huile est détersive.
Cadeau, *s. m.* présent, don; repas (*familier*). * trait de plume. G. R.
†Cadélari, *s. m. Achyranthes.* genre de plantes très-nombreux.
Cadeler, *v. a.* faire des cadeaux. R.
Cadenas, *s. m. Catenata sera.* sorte de serrure mobile; petit coffret doré.
Cadenasser, *v. a. Serâ catenare.* sé. e, *p.* fermer au cadenas.
Cadence, *s. f. Numerus.* mouvemens, sons harmonieux; passage d'un accord dissonant à un accord; mesure du son; tremblement soutenu; terminaison, chûte, fin, t. de man. action du cheval qui a les mouvemens égaux.
†Cadencé. e, *adj.* où la cadence est sensible.
Cadencer, *v. a. n.* cé. e, *p.* faire des cadences; rendre une période nombreuse, agréable. *v. a.* mettre en vers.
Cadène, *s. f. Catena.* t. de mar. chaîne de fer, chaîne des forçats. * tapis du Levant. G. * Cadêne. R.
Cadenette, *s. f.* longue tresse de cheveux. * Cadenete. R.
Cadet. te, *s. Natu minor.* puîné, le plus jeune de deux frères, de deux personnes; t. milit. jeune gentilhomme soldat. * *f.* Cadete. R.
Cadette, *s. f.* pierre à paver. C. G. V. * Cadete. R.
Cadetter, *v. a.* té. e, *p.* paver avec la cadette. C. G. V. CO. * Cadeter. R.
Cadi, *s. m.* juge turc.
Cadilesquer *ou* Cadilesquier, *s. m.* juge militaire. R. * Cadilesker. G.
Cadis, *s. m.* serge de laine. * Câdis. R.
Cadisé, *s. m.* sorte de droguet. G. V.
†Cadites, *s. f. pl.* vertèbres des étoiles de mer arbreuses, fossiles, en forme de petits barils.
Cadmie, *s. f. Cadmia.* minéral fossile ou naturel; calamine pure, ou pierre calaminaire qui contient du zinc, du fer, etc.; sublimation métallique ou suie qui s'attache aux fourneaux dans lesquels on fond le bronze; * *ou* Tutie. B.
Cadogan, *s. m.* nœud qui attache les cheveux. A. V. * *ou* Catogan. V.
Cadole, *s. f.* loquet d'une porte. G. C.
Cadran, *s. m. Horologium.* surface divisée par heures. * coquille du genre du limaçon, dont la surface offre un cadran; maladie des arbres; étau de joaillier. B.
†Cadrannerie, *s. f.* dépôt des boussoles et autres instrumens marins.
†Cadrant, *s. m.* instrument de lapidaire pour tenir les pierres sur la roue.
Cadrature, *s. f.* t. d'horlogerie, assemblage de pièces qui forment la répétition, leur place. R. G. C.
†Cadraturier, *s. m.* ouvrier qui fait les cadratures.
Cadre, *s. a. Tabulæ margo.* sorte de bordure. * Câdre. R.
Cadrer, *v. n.* convenir, avoir du rapport, s'ajuster avec. *v. a.* dré. e, *p.* faire un carré proportionnel. G. * Câdrer. R.
Caduc. uque, *adj. Caducus.* cassé, vieux, sans force, qui tombe avant les autres, t. de bot. (mal) épilepsie, se guérit par le sel mis dans la bouche. (voix) qui ne compte pas.
Caducéateur, *s. m.* héraut qui annonce la paix.
Caducée, *s. m. Caduceus.* verge accolée de deux serpens; bâton des hérauts-d'armes.
Caducité, *s. f. Imbecillitas.* vieillesse débile; état de ce qui est caduc.
Cæcilie, *s. f.* serpent. L.
Cafard. e, *adj. Hypocrita.* bigot, hypocrite. *pron.* cafar. * *s. m.* (damas) mêlé de fleuret. B.
†Cafarder, *v. n.* faire le cafard (*vieux*).
Cafarderie, *s. f. Hypocrisis.* hypocrisie, dévotion affectée.
†Cafardise *ou* Cafardie, *s. f.* hypocrisie du cafard.
Café, *s. m. Cafæum.* féve du cafier, sa liqueur, lieu où elle se prend.
Caféier. ère, *s.* propriétaire d'une cafeirie. C.
Cafeirie, *s. f.* terre plantée de café. C. * Caféière *ou* Caféyère. G.
Cafetan, *s. m.* robe de distinction turque.
Cafetier. ère, *s.* qui tient café, qui en vend.
Cafetière, *s. f. Cucuma.* vase pour le café. * Cafetiere. R.
†Caffe, *s. f.* toile bigarrée du Bengale.
Caffila, *s. f.* caravanne au Mogol. R.
Cafier, *s. m.* arbre qui porte le café, toujours vert. Il croît dans les deux Indes, ressemble au jasmin d'Espagne, fleur monopétalée, fruit gros comme le bigarreau, renfermant deux demi-féves. * *ou* Cafeyer. C.
Cage, *s. f. Cavea.* petite loge en fil de fer ou d'osier pour les oiseaux; les quatre murs; t. d'arts et métiers; prison; maison étroite; treillis; boîte; filet; treillage en cage.
Cagée, *s. f.* cage pleine d'oiseaux. C. G. V.
Cagier, *s. m.* qui porte les oiseaux à vendre, t. de fauconnerie. R. G. C. V.
Cagnard. e, *adj. s.* paresseux, fainéant; fourneau de cirier.
Cagnarder, *v. n.* (*familier*) vivre dans la paresse, dans la fainéantise.
Cagnardise, *s. f.* (*famil.*) fainéantise, paresse.
Cagneux. se, *adj. Valgus.* qui a les jambes et les genoux tournés en dedans.
†Cagnot, *s. m.* poisson cartilagineux, de la famille des chiens-de-mer.
Cagot. e, *adj. s.* hypocrite, faux dévot.
Cagoterie, *s. f. Pietatis simulatio.* action, manière du cagot.
Cagotisme, *s. m.* esprit, caractère, opinions du cagot.
Cagou, *s. m.* (*popul.*) avare insociable.
Gagouille, *s. f.* ornement de l'éperon. A. C. G. V.
Cague, *s. f.* sorte de navire de Hollande.
Cahier, *s. m. Chartæ.* feuilles de papier ou de parchemins réunies; résultat; délibérations
Cahimitier, *s. m. Chrysophyllum.* arbre d'Amérique. R. * genre de plantes de la famille des sapotiliers. R.
Cahin-caha, *adv.* (*famil.*) tant bien que mal. * de mauvaise grâce. G.
†Cahis, *s. m.* mesure espagnole, 8 boisseaux 9 litrons.
Cahoane, *s. f.* sorte de tortue. RR.
Cahot, *s. m. Succussus.* saut d'une voiture en marche. * accident; chose imprévue; événement. AL.
Cahotage, *s. m.* mouvement causé par les cahots.
Cahotant. e, *adj.* qui fait faire des cahots. R. V.
Cahoter, *v. a. Succutere.* té. e, *p.* causer des cahots.
Cahute, *s. f. Casula.* petite loge; cabane. * et Cahutte. A. V. * Cahuette (*vieux*). B.
Caïc *ou* Caïque, *s. m.* esquif d'une galère; petite barque; rocher à fleur-d'eau. G.
†Caïca, *s. m.* seconde espèce de perroquet de la Guianne.
†Caïe, *s. m.* canot d'une galère, petit bâtiment des

des Cosaques.

†Caiche, *s. f.* voy. Quaiche.

Caïeu, *s. m. Bubulus.* rejeton d'un oignon à fleur, sa fleur.

†Caïorne, *s. f.* voy. Caliorne.

Caille, *s. f. Coturnix.* oiseau de passage, d'un ramage agréable, semblable à la perdrix, mais plus petit.

Caillé, *s. m. Coagulatus.* lait tourné ou caillé.

†Caillé-blanc, *s. m.* précipité de dissolution d'argent et d'acide marin.

†Caillebotin, *s. m.* corbeille de cordonnier.

Caillebotte, *s. f.* masse de lait caillé. * obier des bois. B. * Caillebote. R.

Caillebotté. e, *adj.* coagulé. C. G. * Cailleboté. R.

Caillebottis, *s. m.* terme de mar. treillis. C. V. * Caillebotis. R.

Caille-lait, *s. m.* petit muguet, plante. * *ou* Gallium, petit-muguet. A. * la racine donne un aussi beau rouge que la garance; les sommités fleuries caillent le lait. B.

Caillement, *s. m.* état de qui se caille; le poil, maladie des femmes.

Cailler, *v. n. Densari.* lé. e, *p.* coaguler, figer, épaissir.

Cailletage, *s. m.* discours, action, ouvrage de caillette. G.

Cailleteau, *s. m. Coturnix junior.* jeune caille.

Caillerot, *s. m.* petit turbot fort délicat. V.

Caillette, *s. f.* quatrième ventricule; babillard et frivole. * Caillete. R.

Cailletter, *v. a.* babiller.

†Cailleu-tassart, *s. m.* poisson du genre du clupe.

Caillot, *s. m. Sanguinis globus.* masse de sang caillé. *Grumus.*

Caillot-rosat, *s. m.* poire pierreuse qui sent la rose.

Caillotis, *s. m.* sorte de soude très-dure en cailloux. G.

Caillou, *s. m. Silex.* pierre très-dure qui peut étinceler sous le briquet. * argile condensée que l'air et l'eau rendent à son premier état. — de Médoc, du Rhin, sorte de cristal. — d'Egypte, sorte de jaspe arborisé. — outil de fondeur.

Cailloutage, *s. m. Scruporum acervus,* amas de cailloux; ouvrage en cailloux.

Caïmacan, *s. m.* lieutenant du grand visir. V.

Caïmacani, *s. m.* toile fine de Smyrne. C. G.

Caïman *ou* Cayman, *s. m.* espèce de crocodile.

Caïmand. e, *s. Mendiculus.* gueux; mendiant (*vieux*).

Caïmander, *v. n. Mendicare.* dé. e, *p.* gueuser; mendier. * voyez Quémander. A. et Quémander. V. (*familier*).

Caïmandeur. se. *s.* qui caïmande. * Quémandeur. A.

†Caïmites, *s. m. pl.* secte de gnostiques.

†Caïmitier, *s. m. Chrysophillum.* genre de plantes exotiques, à fleurs monopétalées, de la famille des sapotiliers.

Caïque, *s. m.* t. de mar. esquif d'une galère. * Caïc. R. voy. Caïc. G. rochers à fleur d'eau. V.

Caisse, *s. f. Capsa.* coffre; trésor; tambour; t. d'anat. cavité du trou auditif.

Caissetin, *s. m.* sorte de petite caisse. C. G.

Caissier, *s. m. Mensarius.* celui qui tient la caisse. * celui qui fait des caisses. G.

Caisson, *s. m. Carrus.* sorte de caisse sur des roues pour les vivres, les munitions, t. de mar. coffre.

†Cajan, *s. m.* arbre des Indes. RR.

Cajeput, *s. m.* huile aromatique. R.

Cajoler, *v. a. Blandiri.* lé. e, *p.* flatter, louer pour obtenir, pour séduire. * aller contre le vent. *v. n.* se dit du cri des geais. G. V.

Cajolerie, *s. f. Blanditiæ.* flatterie, louange intéressée.

Cajoleur. se, *s. Blandiloquus.* celui qui cajole, qui séduit.

†Cajot, *s. m.* cuve pour tirer l'huile des foies de morue.

Cajute, *s. f.* lits dans un navire. * *pl.* G.

Cal, *s. f. Callus.* durillon aux mains, aux genoux, aux pieds.

†Calaba, *s. m. Calophyllum.* genre de plantes exotiques polypétalées à fruit en noix, sphérique, charnu, noyau globuleux.

†Calabure, *s. m. Muntingia.* arbre exotique de la famille des tilleuls.

†Calac, *s. m. Carissa.* genre de plantes de la famille des apocins, exotique, monopétale, épineux, à fleurs comme le jasmin, baies biloculaires.

Caladaris, *s. f.* toile de coton du Bengale. R.

Calade, *s. f.* t. de manége; terrain en pente.

†Calais, *s. m.* plaque de tôle pour fixer les lisses du tapis.

Calaison, *s. f.* profondeur d'un navire. G. C. V.

Calamba, *s. m.* Calampart *et* Calambouc, bois d'aloès. G. * Calambac *ou* Agallochum. CO.

Calambour, *s. m.* bois des Indes, verdâtre, odoriférant; sert aux tabletiers. Bois d'aloès. A. R. * Calambac. CO.

Calamédon, *s. f.* t. de chirurgie. R.

Calamendrier, *s. m.* petit chêne. R.

Calament, *s. m. Calamintha.* plante céphalique à feuilles rondes, fleurs en gueule, pourpres, verticillées, étamines égales, odeur aromatique, incise les humeurs visqueuses.

Calamenté, *s. f. Nepeta.* plante. * Calament. C.

Calaminaire, *adj.* 2 g. *Calaminaris.* qui appartient à la calamine. * (cadmie) mine de zinc, cadmie fossile. B.

Calamine, *s. f. Calaminaris lapis.* pierre bitumineuse, cadmie fossile, astringente, dessiccative; oxide de zinc.

Calamistrer, *v. a.* tré. e, *p.* friser, poudrer.

Calamite, *s. f.* pierre d'aimant; boussole. * polypites en groupe à tuyaux cylindriques, terminés en étoile. — *adject.* du storax en larmes. B.

Calamité, *s. f. Calamitas.* malheur commun, misère.

Calamiteux. se, *adj. Tempus miserum.* (*vieux*) malheureux, misérable (temps).

Calamus, *s. m.* t. d'anat. G. C. * pointe du 4ᵉ. ventricule de la tête. V.

Calandre, *s. f. Calendra.* ver *ou* insecte; grosse grive ou grosse alouette qui imite différens chants d'oiseaux et différens sons. * *ou* Alouette, machine pour lustrer les draps.

Calandrer, *v. a. Prelo densare.* dré. é, *p.* lustrer avec la calandre.

†Calandrette, *s. f.* petite grive de vignes.

Calandreur, *s. m.* celui qui calandre. R. G. C.

†Calandrone, *s. f.* chalumeau italien à deux clefs, t. de mus.

†Calangage, *s. m.* (aller en) maraudage. (*vi.*)

†Calange, *s. f.* amende.

†Calanger, *v. a.* faire payer l'amende.

†Calangue *ou* Carangue, *s. f.* petite baie à l'embouchure d'une rivière.

†Calantique, *s. f.* ornement de tête des dames romaines.

Calao, *s. m. Buceros.* oiseau à bec courbé comme une faux, dentelé le long des bords, très-gros, très-lourd quoique foible; vit de fruits. L.

†Calappe, *s. f. Calappa.* espèce de cancre.

Calasie, *s. f.* relâchement des fibres, t. d'ocu-liste.

Calastique, *adj.* qui relâche. voy. Chalastique. C.

†Calasyries *ou* Hermotybies, *s. f. pl.* familles guerrières en Egypte.

Calatrava, *s. m.* ordre militaire en Espagne.

Calbas, *s. m.* t. de mar. cordage. G. V. * Calebas. R.

Calcaire *adj.* 2 g. (pierre, terre) que le feu change en chaux; produit du détriment des coquillages, madrépores, coraux, etc. et des animaux qui les habitoient.

†Calcalantile, *s. f.* pierre mêlée de cuivre.

Calcamar, *s. m.* oiseau du Brésil qui ne vole pas.

Calcanéum, *s. m.* le plus grand os du tarse. G.

Calcanthum, *s. m.* vitriol rubifié. C. * Calcanthe, cuivre sulfaté. B.

†Calcarifère, *adj.* 2 g. (argile) marne chargée de matières calcaires.

Calcédoine, *s. f. Lapis chalcedonium.* agate blanche, ou blanc-bleuâtre, de la nature d'un beau caillou; pierre fine demi-transparente. * Chalcédoine. R.

Calcédoineux. se, *adj.* (pierre) qui a des taches. G. Chalcédoineux. R.

†Calcéolaire, *s. f. Calceolaria.* genre de plantes de la famille des scrophulaires.

†Calcéole, *s. f. Calceola.* mollusque acéphale, bivalve, turbiné.

†Calcet, *s. m.* t. de mar. RR. * assemblage de planches au haut d'un mât pour renfermer les poulies. B.

†Calcin, *s. m.* fragment de verre calciné.

Calcination, *s. f.* action de calciner, ses effets.

Calciner, *v. a. Torrere.* né. e, *p.* réduire en chaux, en cendres par le feu; subir un feu violent. C. C. V.

Calcis, *s. m.* sorte de faucon de nuit. G. V.

Calcite, *s. m.* vitriol calciné. G. voy. Chalcite.

Calcographe, *s. m.* voy. Chalcographe.

Calcul, *s. m. Calculus.* supputation, compte; pierre, nom générique de toutes les pierres qui se trouvent dans les animaux. — concrétion pierreuse, inorganique dans le corps humain; gravelle.

Calculable, *adj.* 2 g. qui peut se calculer.

Calculateur, *s. m. Calculator.* qui calcule. * *f.* Calculatrice. R.

†Calculatoire, *adj.* 2 g. du calcul.

Calculer, *v. a. Computare.* lé. e, *p.* compter, supputer. * réfléchir; méditer; peser; juger.

Calculeux. se, *adj.* graveleux, pierreux. G.

†Calculifrage, *s. adj.* 2 g. qui résout le calcul.

†Calderon, *s. m. Calderonus.* animal de mer, le plus gros après la baleine, de la classe des souffleurs.

Cale, *s. f. Infimum navis.* le fond d'un navire; abri contre des rochers, des pointes de terre; supplice; support; plomb de l'hameçon; talus sans marches. * bonnet de paysanne. G.

Calé. e, *adj.* (*popul.*) dans l'aisance. C.

†Calea, *s. m.* genre de plantes qui ont du rapport avec la santoline.

Cale-bas, *s. m.* cordage pour amener les vergues. CO.

†Calebas, *s. m.* t. de mar. RR.

Calebasse, *s. f. Cucurbita.* courge vide. * prunes avortées. G.

Calebasse de bois, *s. m.* fruit d'une espèce de concombre; bouteille faite avec ce fruit sec. * espèce de prune. G. V.

Calebassier, *s. m. Crescentia.* arbre qui porte la callebasse de bois. * genre de plantes à fleurs monopétalées, de la division des personnées, à fruits charnus, à écorce dure. B. * Callebassier. G. C.

Calebotin, *s. m.* fond de chapeau; panier. B.

Calèche, *s. f. Pilentum.* carrosse; coiffe de toile. * Caleche. R.

Caleçon, *s. m.* *Subligaculum.* sorte de culottes de toile.
Caleçonnier, *s. m.* qui fait les caleçons. C. G. * Caleçonier. R.
Caléfaction, *s. f.* action du feu qui échauffe.
†Calefreter, *v. a.* prendre, piller; emprunter de quelqu'un. RABELAIS.
Cale-hauban, Calhauban *ou* Galhauban, *s. m.* cordage qui appuye le mât de hune. CO.
Calemar, *s. m.* *Theca.* étui d'écritoire (*vieux*). voy. Calmar. R.
Calemare, *s. f.* calemar. G.
Calembourg, *s. m.* (*nouv.*) quolibet; jeux de mots. AL. C. * Calambourg. G. Calembour. A. G. V. * Calambour de *calamajo burlare.* B.
Calembredaine, *s. f.* (*famil.*) bourde, vains propos, faux-fuyans. A. V.
Calement, *s. m.* plante aromatique. voy. Calament. G.
Calencar, *s. m.* toile peinte des Indes. * Calencas. T.
Calendaire, *s. m.* registre d'église. R.
Calender, *s. m.* religieux persan ou turc.
Calendes, *s. f. pl.* *Calendæ.* premier jour d'un mois romain; assemblée de curés.
Calendrier, *s. m.* *Calendarium.* ordre des jours, livre ou table qui le contient.
†Calengier, *v. a.* quereller. ALAIN CHARTIER. louer, flatter. ROMAN DE LA ROSE.
Calenture, *s. f.* fièvre chaude commune sur mer.
Calepin, *s. m.* recueil de notes, de mots, d'extraits.
Caler, *v. a.* lé. e, *p.* assurer une table avec une cale, etc. *v. n.* baisser la voile. *Vela contrahere.* * céder; se soumettre. G. V.
†Calésan, *s. m.* *Calesjam.* arbre du Malabar.
Calfat, *s. m.* étoupe goudronnée; celui qui calfate, son outil, son ouvrage. *Stipatio.* outil pour calfater. * oiseau de l'Ile de France qui approche de l'ortolan. B. * Calfât, Calfâs. C. *et* Calfas. G.
Calfatage, *s. m.* calfat; étoupes employées au calfat. * Calfâtage. C.
Calfater, *v. a.* *Stipare.* té. e, *p.* boucher avec le calfat. * Calfâter. C.
Calfateur, *s. m.* *Stipator.* qui calfate. G. * Calfâteur. C. Calfat. B.
Calfatin, *s. m.* valet du calfat, G. R. V. * Calfâtin. C.
Calfeutrage, *s. m.* ouvrage de celui qui calfeutre.
Calfeutrer, *v. a.* *Stipare.* tré. e, *p.* boucher les fentes d'une fenêtre, d'une porte, etc. avec du papier, etc.
Calibé. e, *adj.* voy. Chalibé. * *s. m.* oiseau de paradis vert. B.
†Calibey, *s. m.* oiseau de paradis de la Guyanne.
Calibre, *s. m.* *Amplitudo.* proportion; grandeur; volume; qualité; état; outil; instrument pour fixer des dimensions.
Calibrer, *v. a.* bré. e, *p.* t. d'artil. et d'horlog. passer au calibre, mesurer, égaler.
†Cali-calic, *s. m.* espèce d'écorcheur de Madagascar.
Calice, *s. m.* *Calix.* vase, coupe, t. de bot. enveloppe extérieure de la fleur.
†Calicinal. e, *adj.* qui appartient au calice.
†Calicule, *s. f.* petite coupe; gobelet.
†Calicule, *s. m.* double calice; rang de petites écailles au calice caliculé.
†Caliculé. e, *adj.* qui a un petit calice, t. de botan.
†Caliduc, *s. m.* tuyau de chaleur. *-ducs. *pl.* AL.
Caliette, *s. f.* champignon du genièvre.
Califat, *s. m.* dignité du calife. G. V. RR.
Calife, *s. m.* souverain mahométan. R. G. C.
Califourchon, *s. m.* jambe de çà, jambe de là. * monture ordinaire; objet d'un goût, d'un travail particulier, d'une manie. (*nouv.*) B.
Califourchon (à), *adv.* * à-califourchon. C.
†Calige, *s. f.* chaussure des soldats romains.
Caligineux. se, *adj.* *Caliginosus.* sombre. C.
†Caligo, *s. m.* ulcère très-superficiel.
†Caligni, *s. m.* *Calicania.* arbuste de la Guyanne.
Calin, *s. m.* métal chinois composé de plomb et d'étain. G.
Câlin. e, *s.* indolent, niais. (*famil.*)
Câliner, *v. n.* vivre dans l'inaction. (se), *v. r.* prendre ses aises; être indolent.
Calingue, *s. f.* t. de mar. R.
Caliorne, *s. f.* t. de mar. cordage de moufle.
†Calippique, *adj.* 2 *g.* (période) de 76 ans pour corriger l'erreur du cycle lunaire, t. de chronologie.
†Calissoire, *s. f.* poêle de feu pour lustrer les étoffes.
†Callapatis, *s. m.* toile de coton des Indes.
†Calle, Choucalle, *s. f.* *Calla.* genre de plante unilobée, qui a du rapport avec les genêts. * pièce de bois qui en soutient une autre; machine pour tirer les vaisseaux hors de l'eau. B.
†Callée (cuirs de-), *s. f.* cuirs de Barbarie.
Calleux. se, *adj.* *Callosus.* où il y a des cals, dur. * Caleux. R.
†Callicarpe, *s. m.* *Callicarpa.* genre d'arbustes qui ont du rapport avec les vitex.
†Callicte, *s. m.* poisson du genre du silure.
†Callides, *s. m. pl.* *Callidium.* insectes coléoptères qui ressemblent aux saperdes.
†Calligan, *s. m.* toile de coton des Indes.
†Calligon, *s. m.* *Calligonum.* genre d'arbrisseaux polygonés.
Calligraphe, *s. m.* copiste.; qui a une belle écriture. R. V.
†Calligraphie, *s. f.* connoissance, description des anciens manuscrits.
†Callimus, *s. m.* noyau détaché dans la pierre d'aigle, les géodes.
†Calliongis, *s. m.* soldat de marine turc.
Callionyme, *s. m.* *Callionymus.* genre de poisson jugulaire, 1er genre, 3e classe. R.
†Callipédie, *s. f.* art de faire de beaux enfans.
†Callise, *s. f.* *Callisia.* genre de plantes de la famille des joncs.
†Callitric, *s. m.* *Callitriche.* genre de plante aquatique, d'Europe, de la division du nayades.
Callitriche, *s. m.* *Callitrix.* singe vert de la famille des guenons.
Callosité, *s. f.* *Callus.* petit calus; chair durcie.
Callyrinche, *s. m.* poisson. L.
Calmande, *s. f.* étoffe de laine lustrée. * *et* Callemandre. R.
Calmant, *s. m.* remède qui calme les douleurs.
Calmar, *s. m.* *ou* Cornet, *ou* Ecritoire. *Loligo.* poisson, animal marin du genre des sèches, dans la classe des vers zoophytes, a la forme d'une écritoire, et fournit une espèce d'encre noire. — *ou* Calemar, serpent d'Amérique, du 3e genre, livide, à lignes et points bruns. * Calemare, *s. f.* T. G.
Calme, *s. m.* *Malacia.* bonace; tranquillité, repos.
Calme, *adj.* 2 *g.* *Tranquillus.* tranquille.
Calmer, *v. a.* *Sedare.* mé. e, *p.* rendre calme, apaiser.
Calobre, *s. m.* vêtement par-dessus un habit. RR. * *s. f.* belouse de charretier. B.
†Caloméllas, *s. m.* mélange noirâtre de mercure et de soufre.
Calomniateur. trice, *s.* *Calumniator.* qui calomnie.
Calomnie, *s. f.* *Calumnia.* fausse imputation injurieuse.
Calomnier, *v. a.* *Calumniari.* nié. e, *p.* attaquer, blesser par des calomnies.
Calomnieusement, *adv.* *Per calumniam.* avec calomnie.
Calomnieux. se, *adj.* *Calumniosus.* qui contient des calomnies.
†Calorimètre, *s. m.* *Calorimetrum.* instrument pour mesurer le calorique spécifique.
†Calorimétrie, *s. m.* méthode pour se servir du calorimètre.
†Calorique, *s. m.* feu fluide, très-subtil, très-rare, très-élastique, non pesant, répandu dans tout l'espace; principe de la chaleur. * chaleur latente, fixée. (*nouv. chimie.*)
Calot (figure à), grotesque. G. V. * *s. m.* Cale. R. * fond de chapeau. B.
Calotin, *s. m.* extravagant. C. * Calottin. G. V.
Calotine, *s. f.* vers badins. C. * Calottine. G.
Calots, *s. m. pl.* pierres d'ardoisières. * *ou* Callots. R. G. V.
Calotte, *s. f.* *Pileolus.* petit bonnet hémisphérique, sa figure. * Calote. R.
Calottier. ère, *s.* qui fait et vend des calottes. * Calotiere. R.
Caloyer, *s. m.* religieux grec de St.-Basile. * *pl.* G.
Calque, *s. m.* copie sur un transparent, t. de dessein.
Calquer, *v. a.* *Imitari.* qué. e, *p.* contre-tirer un dessein avec un transparent; imiter.
†Calqueron, *s. m.* partie du métier des étoffes en soie.
†Calquier, *s. m.* satin des Indes.
†Calquoir, *s. m.* poinçon émoussé pour calquer.
†Calumbé, *s. m.* racine des Indes, jaune, amère, sans odeur, spécifique contre la colique, les indigestions; racine de colombo.
Calumet, *s. m.* pipe de sauvage à tige ornée. * plante de St.-Domingue, dont la tige creuse sert de tuyau de pipe. B. * Chalumet. R.
Calus, *s. m.* *Callus.* nœud des os fracturés; endurcissement de l'esprit, du cœur.
Calvaire, *s. m.* *Calvarius.* lieu du supplice de la croix.
Calvairiene, *s. f.* religieuse. R.
Calvanier, *s. m.* t. d'agricult. homme de journée. G. V. RR.
Calville, *s. f.* pomme. C. * *et* Calleville. R. Calvile. CO.
Calvinisme, *s. m.* secte de Calvin; ses opinions.
Calviniste, *s. m.* *Calvini sectator.* sectateur de Calvin.
Calvitie, *s. f.* *Calvities.* état d'une tête chauve, t. de méd. C. G.
Calybite, *s.* 2 *g.* habitant d'une cabane. R.
†Calycant, *s. m.* *Calycanthus.* genre de plantes exotiques, polypétales, qui a du rapport avec le rosier.
†Calyges, *s. m. pl.* insectes crustacés, adhérens au bouclier.
†Calyptrée, *s. f.* *Calyptræa.* bonnet de Neptune; mollusque céphalé à coquille conoïde.
Camaïeu, *s. m.* *Monochroma.* tableau d'une seule couleur; pierre de deux couleurs; pierre figurée. * *et* Camayeu. G.
Camail, *s. m.* *Epomis.* t. de litur. petit manteau. *pl.* Camails.
Camaldules, Camaldoli, *s. m. pl.* religieux. R.
Camanioc, *s. m.* espèce de manioc salubre et doux de Cayenne.

Camara, *s. f. Cantana.* la calotte du crâne. G. C. * genre de plante monopétale qui a du rapport avec la verveine, exotique.

Camarade, *s.* 2 *g. Socius.* compagnon de profession.

Camaraderie, *s. f.* (*burl.*) familiarité de camarades. G.

Camard, e, *adj. s. Simus.* qui a le nez plat et écrasé.

†Camarigne ou Camarine, *s. f. Empetrum.* plante qui approche de la bruyère, à baies perlées, agréable au goût.

†Camarre, *s. f.* cavesson. ou *s. m.* cavesson armé de pointes.

Cambage, *s. m.* droit sur la bière; lieu où on la fait. V. C. G.

Cambayes, *s. f, pl.* toiles de coton du Bengale. RR.

Cambiste, *s. m.* qui accepte ou fournit des lettres de change.

†Camboge, *s. m. Cambogia.* arbre qui donne la gomme gutte.

Camboüis, *s. m. Axungia.* vieux-oing d'une roue.

†Cambracine, *s. f.* toile du Levant.

†Cambrasines, *s. f. pl.* toiles fines du Caire.

†Cambre, *s. m.* cambrure.

†Cambrement, *s. m.* éboulement de terre, t. d'ardois.

Cambrer, *v. a. Camerare.* bré. e, *p.* courber en arc, voûter.

†Cambresine, *s. f.* toile de Cambrai.

†Cambrique, *s. adject. f.* langue du pays de Galles.

Cambrure, *s. f. Concameratio.* courbure en arc.

Came, *s. f. Chama.* nom de coquillages bivalves, à deux pièces convexes, égales, sans oreilles: le poisson se sert d'une valve comme de voile; dent d'un arbre tournant. * seconde feuille du bivalve. V. * Chame. R.

Caméade, *s. f,* poivre sauvage. G.

Camée, *s. m.* pierre composée de couches, sculptée en relief.

Camélée, *s. f. Camælea.* Garoupe, olivier nain; arbrisseau toujours vert; purgatif violent. * Chamelée. R.

Caméléon, *s. m. Cameleo.* reptile, lézard du 3ᵉ. genre qui change de couleurs selon l'impression de la chaleur et de la lumière; homme changeant; plante; constellation méridionale. * Chaméléon. R.

†Caméléontroïde, *s. f.* plante dont les couleurs changent au soleil.

Caméléopard, *s. m. Camelo-pardalis,* ou Girafe, animal, l'un des plus grands, des plus doux des animaux terrestres, à peau tigrée, la tête élevée de seize pieds, dos incliné, croupe basse, vit d'herbes et rumine; constellation septentrionale.

Cameline, *s. f. Camyagrum.* plante à fleurs polypétalées, de la famille des crucifères; l'huile de sa graine, bonne pour la lampe, adoucit la peau. * sauce avec pain et vinaigre. B. robe de camelot. R.

Camelot, *s. m. Contextum caprinum.* sorte d'étoffe de poil et de laine.

Camelote, *s. f.* mauvais ouvrage. * mauvaise impression. B. * Camelotte. AL.

Cameloté. e, *adj.* ondé en camelot. G.

Cameloter, *v. a.* té. e, *p.* imiter le camelot. R.

Camelotier, *s. m.* papier très-commun. G. C.

Camelotine, *s. f.* étoffe ondée comme le camelot.

†Camérale, *adj.* 2 *g.* du camérier.

Camérier, *s. m.* officier de la chambre du pape. * *Cameraria.* genre de plantes exotiques, monopétales, de la famille des apocins. B.

†Camérines, *s. f. pl.* 3ᵉ. genre de fossiles céphalopodes, lenticulaires.

Camériste, *s. f.* suivante; femme du palais. A. R.

Camerlingat, *s. m.* dignité de camerlingue.

Camerlingue, *s. m.* cardinal présidant la chambre apostolique; intendant des finances en Bohême.

Cames, *s. pl.* t. de papeterie. C.

Camion, *s. m.* petit haquet. * *Acicula.* petite épingle; petite tête de chardon. B. voyez Rondelle. G.

Camisa, *s. f.* vêtement des Caraïbes. G. V.

Camisade, *s. f. Antelucana impressio.* t. milit. attaque nocturne.

Camisard. e, *s.* fanatique des Cevennes; calviniste.

Camisole, *s. f. Inducula.* petit vêtement; chemisette.

†Camme, *s. m.* t. de forge, mentonnet de l'arbre.

Camoïard, *s. m.* étoffe de poil de chèvre. G. C. V. * Camoyard. RR.

Camomille, *s. f. Anthemis.* plante odoriférante, sa graine. * genre de plantes; infusion des fleurs fébrifuges, stomachiques, anti-spasmodiques, anodines, hystériques, carminatives, diurétiques; plante résolutive en cataplasme; son huile bleu de saphir a les mêmes propriétés. B.

Camouflet, *s. m.* affront; mortification; bouffée de fumée.

†Camourlot, *s. m.* espèce de vernis; mastic pour enduire les navires, joindre des dalles de pierre.

†Camoyard, *s. m.* espèce d'étoffe. RR.

Camp, *s. m. Castra.* lieu où séjourne une armée sous la tente, cette armée; lice des champions. — volant, corps de troupes pour une expédition.

Campagnard, e, *adj. s. Rusticanus.* qui demeure aux champs; qui n'a pas la politesse d'usage dans le monde.

Campagne, *s. f. Campus.* plaine, pays plat, champs; saison de la guerre; mouvement, campement, suite d'opérations de troupes.

Campagnole, *s. m. Mus agrestis.* animal très-commun, petit, vit de grains, mange son semblable. * — volant, espèce de chauve-souris. B.

†Campan, *s. m.* marbre de Tarbes.

Campanaire, *s. f.* t. de fondeur. R.

Campane, *s. f. Fimbria serica.* ornement de chapiteau; crépine; espèce de narcisse sauvage à racine purgative; chaudière pour le savon.

Campanelle, *s. f.* fleur de plusieurs variétés. G.

Campanette, *s. f.* fleur du narcisse. voyez Bulbocode. G.

†Campaniforme, *adj.* 2 *g. s. f.* en forme de cloche.

Campanille, *s. f.* partie supérieure d'un dôme; tour ouverte et légère; clocher. * *s. m.* et *f.* A. Campanile. R.

Campanini, *s. m.* marbre de Carrare.

Campannier, *s. m.* sonneur. V.

Campanule, *s. f. Campanula.* ou Gantelée, plante laiteuse. * genre de plantes monopétales à fleurs en cloche. B.

†Campanulé. e, *adj.* fleur monopétale en cloche.

Campe, *s. m.* espèce de droguet croisé et drapé du Poitou.

Campêche, *s. m. Hæmatoxilon.* arbre d'Amérique à fleurs légumineuses; bois pour la teinture noire.

Campement, *s. m. Castrorum metatio.* action de camper, le camp même.

Camper, *v. a. Castra ponere.* pé. e, dresser un camp. (se), *v. r.* asseoir son camp. *v. n.* se placer, se mettre en garde, en certaine posture ou position; s'y arrêter.

Camperche, *s. f.* t. de manuf. perche de bois. G.

Campestre, *s. m.* caleçon des soldats romains. G.

Camphorata, *s. f.* plante médicinale.

†Camphorate, *s. m.* sel formé par l'union de l'acide camphorique avec différentes bases.

†Camphorique, *adj.* 2 *g.* (acide) extrait du camphre.

†Camphou, *s. m.* thé de la Chine.

Camphre, *s. m. Camphora.* gomme orientale; résine végétale blanche, transparente, friable, concrète, très-volatile, brûle sur l'eau; découle d'une espèce de laurier aux Indes; calmant, sédatif, anti-putride; bon pour les nerfs.

Camphré. e, *adj.* où l'on a mis du camphre.

Camphrée, *s. f.* plante médicinale de Provence, de la famille des arroches; vulnéraire, apéritive, céphalique, sudorifique; excite les règles, bonne contre l'hydropisie.

†Campier, *v. a.* mener paître les bestiaux. (*vi.*)

Campine, *s. f.* sorte de petite poularde fine.

Campo, *s. m.* laine de Séville. G. V.

†Campogne, *s. f.* flûte de Pan.

Campos, *s. m.* congé, relâche, repos, t. de collége.

†Campote, *s. m.* drap de coton des Indes.

†Campulote, *s. m. Campulotus.* tuyau de mer en tire-bourre.

Camus. e, *adj. s. Simus.* qui a le nez court et plat; trompé dans son attente. * *s. m.* serpent du 3ᵉ. genre, à croix blanche sur la tête, point noir au milieu. B.

Camusete, *s. f.* petite camuse. R.

Canabassete, *s. f.* sorte d'étoffe. RR.

Canabil, *s. m.* terre médicinale. G. V.

Canacopole, *s. m.* catéchiste des missionnaires. * Canatopole. B.

†Canada, *s. m.* mesure portugaise, une pinte 1-2.

Canade, *s. m.* très-bel oiseau d'Amérique. * poisson du genre du gastré. B.

Canaille, *s. f. Plebecula.* vile populace; gens que l'on méprise; enfans bruyans.

Canal, *s. m. Canalis.* conduit de l'eau; pièce d'eau; mer resserrée; entremise; voie longue et étroite; t. de métier, partie du chapiteau ionique.

†Canaliculé. e, *adj.* t. de botan. creusé en gouttière.

Canamelle, *s. f.* canne à sucre. R.

†Canan, *s. m.* mesure de Siam, 2 pintes.

†Canang, *s. m. Canuvaria.* genre de plantes exotiques, monopétales, de la famille des anonnes.

†Canap, *s. m.* t. de raffinerie, chevalet des bassins.

Canapé, *s. m. Bissellium.* long siége à dossier. * pain grillé avec du fromage, des anchois ou des cornichons. B.

Canapsa, *s. m.* sac de cuir d'un artisan qui voyage. * celui qui le porte. A.

Canard, *s. m. Anas.* oiseau aquatique, à quatre doigts, trois antérieurs, bec denticulé, convexe en dessus, plane en dessous, plus large qu'épais, bout de bec onguiculé, obtus. — grand filet pour les prendre; chien barbet. * *adj.* (bois) flotté, resté dans l'eau. B.

Canarder, *v. a.* dé. e, *p.* tirer étant à couvert, t. milit.

†Canarderie, *s. f.* où l'on élève des canards.

Canardière, *s. f.* où l'on prend des canards; t. de fortif. meurtrière. * Canardiere. R.

Canari, *s. m. Canarium.* serin; vase dans lequel

on donne à boire aux oiseaux. — arbre résineux de la famille des balsamiers, aux Indes.
Canarie, *s. f.* danse; espèce de gigue. G. V.
Canarin, *s. m.* passereau de Canarie. G. V.
†Canarine, *s. f.* *Canarina.* plante qui tient de la campanule.
Canasse, *s. m.* tabac menu. G. * Carnasse. V.
Canastre, *s. m.* coffre. R.
†Canatopole, *s. m.* missionnaire catéchiste aux Indes. * Canacopole.
†Cancame, *s. m.* espèce de gomme ancienne.
Cancan, *s. m.* (*popul.*) plainte bruyante. C. G. * voyez Quanquan. A.
Cancanias, *s. m.* étoffe de soie des Indes. G. V.
Cancel, *s. m.* t. de litur. partie du chœur; lieu où est le sceau. * Chancel *ou* Chanceau. R.
†Cancellaire, *s. f.* *Cancellaria.* mollusque céphalé à coquille ovale.
Cancellation, *s. f.* acte qui en annulle un autre, t. de jurisprud. G. C. V.
Cancelle, *s. m.* petit cancre roux. * Cancele. R.
Canceller, *v. a.* *Delere.* lé. e, *p.* annuller, barrer, biffer, rayer, t. de prat. * Canceler. R.
Cancer, *s. m.* *Cancer.* tumeur maligne qui ronge; 4e. signe du zodiaque ♋; 4e. partie de l'écliptique * insecte. L.
Cancer de Galien, *s. m.* bandage pour la tête. G.
†Cancéreux, euse, *adj.* de la nature du cancer.
†Cancerille, *s. m.* garou des bois.
†Canche, *s. f.* *Canchaira.* *ou* Foin, genre de plantes graminées de beaucoup d'espèces.
Cancre, *s. m.* *Cancer.* vil, avare; écrevisse de mer; animal crustacé qui a le corps cordiforme; pauvre hère.
†Cancrite, *s. f.* cancre fossile ou pétrifié.
Cancrome, *s. m.* oiseau. L.
†Candale, *s. f.* jupe des nègres en toile.
Candelabre, *s. m.* *Candelabrum.* sorte de chandelier; t. d'archit. balustre. * Candélabre. A. Candelâbre. R.
Candelbéri, *s. m.* espèce de piment royal. RR.
Candelette, *s. f.* t. de mar. corde avec un crampon. V. G. * Candeléte. R. Candelete. RR.
Candeur, *s. f.* *Ingenuitas.* bonne foi; sincérité; pureté d'ame.
Candi, *s. m.* sucre cristallisé; bateau de Seine. G.
Candi. e, *adj.* cristallisé.
Candidat, *s. m.* *Candidatus.* aspirant; prétendant.
Candide, *adj.* *Candidus.* qui a de la candeur. * *s. m.* *Phicomene.* papillon blanc bordé de vert avec une tache jaune.
Candidement, *adv.* *Candidè.* (*inus.*) avec candeur. A. C. G. R. V.
†Candil, *s. m.* mesure au Bengal, 14 boisseaux.
Candiotte, *s. f.* anemone à peluche. G. * Candiote. R.
Candir, *v. n.* di. e, *p.* (se). *v. r.* se durcir comme la glace.
Candou, *s. m.* arbre des Maldives.
Cane, *s. f.* *Anas femina.* oiseau aquatique. * femelle du canard. G. V.
†Canelas, *s. m.* pâtisserie de farine, sucre, citron et œufs.
Canepetière, *s. f.* oiseau de la grosseur du faisan, espèce d'outarde. * Canepetiére. R.
†Canéphores *ou* Kistophores, *s. m. pl.* jeunes gens riches qui portoient les corbeilles sacrées.
†Canéphories, *s. f. pl.* fêtes de Diane.
Canepin, *s. m.* peau de mouton très-fine.
Canequin, *s. m.* toile de coton des Indes. G. V.
Caner, *v. a.* né. e, *p.* chier. (*vieux*). V.
Caneter, *v. n.* marcher comme un canard. G. C.
Caneton, *s. m.* *Anaticula.* petit d'un canard.
Canette, *s. f.* roseau; pot; petite cane sans pieds, t. de blas. * Canete. R. Cannete. RR.
Canevas, *s. m.* *Cannabis.* grosse toile claire; projet; plan.
Cangé, *s. m.* eau de riz épaisse. R.
†Cangette, *s. f.* petite serge de Caen.
†Cangrène, *s. f.* voyez Gangrène.
Caniart, *s. m.* oiseau. R.
†Canica, *s. f.* canelle sauvage de Cuba.
Caniche, *s. f.* chienne, femelle du barbet. G. V.
Caniculaire, *adj. 2 g.* *Canicularis.* (jour) de la canicule.
Canicule, *s. f.* *Canicula.* signe céleste; constellation; étoile de la constellation du chien, la plus brillante des étoiles; temps de son influence supposée.
Canide, *s. m.* perroquet des Antilles. G. V.
Canif, *s. m.* *Cultellus.* petite lame pour tailler les plumes.
Canin. e, *adj.* *Caninus.* qui tient du chien. * *f.* (*seul usité*) G. (dent, faim.)
Caninana, *s. m.* serpent d'Amérique très-privé.
Caniram, *s. m.* arbre du Malabar à racine pour la colique.
†Canistre, *s. f.* mesure de thé du poids de 75 à 100 livres.
†Canitie, *s. f.* *Canitia.* couleur grise ou blanche des cheveux.
Caniveaux, *s. m. pl.* gros pavés du milieu, des bords. G. V. C. RR. * Canivaux. CO.
Canna, *s. m.* espèce de gazelle de l'Afrique méridionale. G.
†Cannabine, *s. f.* *Datisca.* genre de plantes à fleurs incomplètes, qui a du rapport avec le chanvre.
Cannage, *s. m.* mesurage des étoffes à la canne.
†Cannaie, *s. f.* lieu planté de cannes et de roseaux.
†Cannamelle, *s. f.* voy. Canne à sucre.
Canne, *s. f.* *Canna.* mesure; bâton; roseau; tringle. — à sucre. *Arundo saccharifera.* espèce de roseau articulé, dont la moelle succulente fournit un sel essentiel, doux, nommé sucre; ses fleurs en épis, blanchâtres, soyeuses, sont sans pétales.
Canneberge, *s. f.* *Vaccinionum.* cousinet, plante de marais rampante, à tiges filiformes, feuilles comme le serpolet, fleurs purpurines, baies bonnes à manger; du genre des airelles.
Cannéficier, *s. m.* arbre. voyez Cassier. * Canéficier. R.
Cannelade, *s. f.* t. de fauconnerie, curée pour les oiseaux. G. V.
Cannelas, *s. m.* dragée de cannelle. * Canelas. R.
Canneler, *v. a.* *Striare.* creuser des cannelures. * lé. e, *p. adj.* avec des cannelures. G.
Cannelle, *s. f.* *Casia.* seconde écorce du cannellier, cordiale, stomachique; corrige le mauvais goût d'une médecine; robinet; cannelure; cavité; couteau d'épinglier.
Cannellier, *s. m.* *Cinnamomum.* arbre qui donne la cannelle; toutes ses parties sont utiles; on en fait du sirop, des pastilles, des essences, de l'huile, du camphre, des sels. * Cannelier *et* Canellier. G. Canellier. R.
†Cannelon, *s. m.* moule de fer-blanc cannelé, pour les glaces.
Cannelure, *s. f.* *Striatura.* creux le long des colonnes.
†Cannequins, *s. m. pl.* toiles de coton du Bengale. RR.
Canner, *v. a.* mesurer avec la canne. C. G.
Cannetille, *s. f.* *Filum aureum.* fil d'or, d'argent tortillé. * Canet. G.
†Cannette, *s. f.* robinet de bois. * *ou* Cannelle. A.
†Cannevette, *s. f.* mesure de liquides en Hollande.
Cannibale, *s. m.* qui mange de la chair humaine; homme féroce.
†Cannier, *s. m.* ouvrier qui emploie la canne dans la carrosserie.
Canon, *s. m.* *Tormentum.* pièce d'artillerie; décret; règle; caractères d'imprimerie; catalogue des livres inspirés; tableau mobile sur l'autel; prière; t. d'arts et métiers; os du pied des ruminans; fugue perpétuelle; cylindre; vase.
Canonage, *s. m.* science du canon. R.
Canoniale. e, *adj.* t. de liturgie; réglé par les canons.
Canonicat, *s. m.* *Canonici munus.* t. de liturg. bénéfice de chanoine; emploi facile.
Canonicité, *s. f.* qualité de ce qui est canonique.
Canonique, *adj. 2 g.* *Canonicus.* conforme aux canons.
Canoniquement, *adv.* *Canonicè.* selon les canons.
Canonisation, *s. f.* *In sanctorum numerum relatio.* acte qui déclare saint.
Canoniser, *v. a.* *Inter sanctos referre.* sé. e, *p.* mettre au rang des saints. * (*figuré*) louer avec excès. V.
Canoniste, *s. m.* *Canonici juris professor.* savant en droit canon.
Canonnade, *s. f.* *Tormento bellici emissio.* décharge de canons. * Canonade. R.
Canonner, *v. a.* *Bellicis tormentis quatere.* né. e, *p.* battre à coups de canon. * Canoner. R.
Canonnier, *s. m.* *Tormenti librator.* qui sert le canon. * Canonier. R.
Canonnière, *s. f.* *Fenestra jaculatoria.* tente; embrâsure pour le canon; ouverture; bâton de sureau, jouet. * Canoniere. R.
Canope, *s. f.* étoile.
Canot, *s. m.* *Cymbula.* pirogue, petit bateau.
†Canothe, *s. m.* *Canothus.* arbrisseau du Canada pour les gonorrhées.
†Canque, *s. f.* toile de coton de la Chine.
Canqueter, *v. n.* se dit du cri du canard. R.
Canschy, *s. m.* arbre du Japon: on fait du papier avec l'écorce.
†Cantaar, *s. m.* quintal en turquie, 110 liv.
†Cantabile, *adj. 2 g.* propre à chanter. *pron.* lé.
Cantal, *s. m.* fromage estimé.
†Cantalabre, *s. m.* chambranle.
†Cantaloupe, *s. m.* petit melon de Florence.
†Cantanette, *s. f.* petit compartiment dans les chambres, t. de mar.
Cantanettes, *s. f. pl.* t. de marine, ouvertures qui éclairent le gavon. G. * Cantanetes. R. Cantanelles. V.
†Cantarelle, *s. f.* proscarabée.
Cantate, *s. f.* sorte de poëme lyrique en musique.
Cantatille, *s. f.* petite cantate.
Cantatrice, *s. f.* chanteuse. G. V. C.
Canterme, *s. m.* (*vieux*) maléfice. V.
Cantharide, *s. f.* *Cantharides.* (mouche) venimeuse. * scarabée oblong à ailes membraneuses dans un étui vert doré; la poudre de ces scarabées séchée, est la base des vésicatoires; poison violent pris intérieurement; le camphre en est le contre-poison. B.
Canthène, *s. m.* poisson, sorte de spare. G. C.
Canthus, *s. m.* coin de l'œil. G. V.
Cantibai, *s. m.* t. de charp. pieds de bois fendus. *adj.* défectueux d'un côté. G. V. RR.
Cantine, *s. f.* *Arcula.* coffret de voyage; cabaret, lieu où se distribue le vin.
Cantinier, *s. m.* qui tient une cantine.
Cantionnaire, *s. m.* livre des cantiques. V.
Cantique, *s. m.* *Canticum.* chant, poëme à la gloire de Dieu.

Canton, *s. m. Regio.* étendue de pays, d'espace. t. de blas. carré dans l'écu.
Cantonade, *s. f.* coin du théâtre.
Cantonné, e, *adj* accompagné, fixé; orné de colonnes aux angles; t. milit. et de blas. * Cantoné. R.
Cantonnement, *s. m.* séjour de troupes dans un village; quartier; action de les cantonner. * Cantonement. R.
Cantonner, *v. a.* né. e, *p.* être, mettre en cantonnement. (se), *v. r.* se réfugier dans un canton. * Cantoner. R.
Cantonnière, *s. f.* tenture, t. de tapiss. *ou* Cornière, t. d'imprim. fers aux coins du marbre; garniture en tôle, t. de bahutier. * Cantonière. R.
†Cantre, *s. f.* deux montans fixes sur une planche. t. de peignier.
Canule, *s. f.* sorte de tuyau. CO. G. V. C. R. * *et* Cannule. RR.
†Canus *ou* Canude, *s. m.* poisson de mer du genre du labre.
Canut, *s. m. Canutus.* oiseau aquatique du Nord, bon à manger.
Caos. *s. m.* voy. Cahos. G.
†Caouane, *s. f.* voy. Kahouane, tortue de mer.
Cap, *s. m. Cromontorium.* promontoire; tête; éperon du vaisseau.
Cap-de-more, *s. m.* cheval de poil rouan. R. A.
Cap-mouton, *s. m.* t. de mar. billot de bois ferré. * Caps de mouton. G.
Capable, *s. m. adj.* 2 *g. Capax.* qui a les qualités requises; habile, intelligent; propre à; susceptible de.
Capacité, *s. f. Capacitas.* habileté; suffisance; étendue d'une chose, d'une figure de géométrie; intelligence.
Capade, *s. f.* t. de chapelier, laine de vigogne. * *pl.* pièces pour former le chapeau. CO.
Capage, *s. m.* capitation. RR.
Caparaçon, *s. m. Phalera.* t. de man. couverture de toile pour le cheval.
Caparaçonner, *v. a. Equum tapetis insternere.* né, e, *p.* mettre un caparaçon. * Caparaçoner. R.
Cape, *s. f. Bardocucullus.* vêtement; la grande voile d'un vaisseau.
Capéer, *v. n.* t. de mar. aller à la cape. R. G. C.
Capelage, *s. m.* t. de mar. action de capeler. C.
Capelan, *s. m.* pauvre prêtre peu respecté; poisson fort ressemblant au merlan, le plus petit du genre du gade. * Caplan G.
Capeler, *v. a.* lé. e, *p.* t. de mar. attacher les haubans, etc. à la tête du mât. R. C.
Capelet, *s. m.* enflure au train de derrière du cheval, t. de vétérin. * Capler. B.
Capeline, *s. f.* coiffure; petit chapeau, * bouquet de plumes; casque. B. bandage.
Capeluche, *s. f.* chaperon. G. V.
Capendu, *s. m.* pomme rouge fort douce. G. V.
†Capide *ou* Capéde, *s. f.* tasse antique à deux anses.
Capigi, *s. m.* portier du sérail. G. *—Bassi, chef des portiers du sérail. B.
Capilament *ou* Capillament, *s. m. Capillamentum.* ramification du chevelu des plantes. G. C.
†Capillacé. e, *adj. Capillaceus.* capillaire.
Capillaire, *adj.* 2 *g. Capillaris.* délié comme les cheveux. * *s. m. ou* Adiante, *Adiantum.* genre de plante, dont les parties de la fructification sont dans le replis des feuilles; astringente. incisive, aide à expectorer, détersive, etc.
†Capillariste, *adj.* 2 *g.* dont les cheveux blanchissent.
Capillature, *s. f.* t. de botan. chevelu. G. *ou* Capilament. G.
Capilotade, *s. f. Minutum miscellaneum.* sorte de ragoût; morceaux découpés.
Capioglan, *s. m.* valet du sérail. G.
Capion, *s. m.* t. de mar. chave; étambord. B.
Capiscol, *s. m.* doyen, dignité ecclésiastique.
†Capistré. e, *adj.* attaqué de la bredissure.
Capitaine, *s. m. Dux.* chef d'une compagnie; commandant d'un navire; général. * coquille. L. *adj. f.* (chaloupe). C.
Capitainerie, *s. f. Præfectura.* charge, juridiction, logement du capitaine; t. de chasse.
Capitainesse. *s. f.* voy. Capitane. G.
Capital, *s. m. Caput.* somme constituée; essentiel.
Capital. e, *adj. Primarius.* principal.
Capitale, *s. f. Litteræ majusculæ.* lettre majuscule; ville principale.
Capitalement, *adv.* d'une manière capitale. C.
Capitaliste, *s. m.* qui possède des capitaux placés.
†Capitalité, *s. f.* qualité de ce qui est capital dans une chose.
Capitan, *s. m. Thraso.* fanfaron, faux brave.
Capitan-bacha, *s. m.* amiral, dignité turque.
Capitane, *s. f. Navis prætoria.* galère du commandant; réale.
Capitanie, *s. f.* gouvernement au Brésil. RR.
Capitation, *s. f. Capitum exactio.* taxe sur chaque tête.
Capitel, *s. m.* lessive très-claire de chaux et cendres. C. G. V. RR. CO.
Capiteux. se, *adj.* qui porte à la tête (vin).
Capitole, *s. f. Capitolium.* temple, forteresse de Rome.
Capiton. *s. m. Tomentum bombycinum.* soie grossière, coque, bourre.
Capitoul, *s. m.* échevin de Toulouse.
Capitoulat, *s. m.* dignité du capitoul.
Capitulaire, *adj.* 2 *g. Canonicorum decretum* qui appartient au chapitre (acte).
Capitulaire, *s. m.* ordonnance de nos rois.
Capitulairement, *adv. In canonicorum concessu.* en chapitre.
Capitulant. e, *adj. s. Cui jus est suffragii.* qui a voix au chapitre.
Capitulation, *s. f. Conditiones.* traité des assiégés avec les assiégeans; convention; conditions proposées.
Capitule, *s. m.* t. de liturg. petite leçon. * t. de botan. assemblage terminal et globuleux, de fleurs, de fruits. B.
†Capitulé. e, *adj.* ramassé en capitule.
Capituler, *v. a. Transigere.* traiter de la reddition d'une place; entrer en négociation.
Capiverd, *s. m.* voy. Cabiai. * Capivert. A. *ou* Capivard. G.
Cap-more, *s. m.* oiseau. L. * troupiale du Sénégal, de la grosseur du gros-bec, à capuchon mordoré. B.
Capnomance, *s. m.* divination par la fumée. C. G. V. * Capnomancie. R.
Capoc, *s. m.* ouate du capoquier. G. C. V.
Capolin, *s. m.* cerisier du Mexique. G. C. V.
Capon, *s. m.* joueur rusé; hypocrite. * chrochet de fer pour lever l'ancre, t. de mar. G. V. * (*populaire*). lâche.
Caponner, *v. n.* user de finesse au jeu; mettre un capon; (*popul.*) montrer de la lâcheté. * caponer. R.
Caponnière, *s. f. Crypta.* logement sous terre; double chemin couvert. * Caponiere. R.
Capoquier, *s. m.* arbre qui fournit le capoc, aux Indes.
Caporal, *s. m. Optio.* chef d'une escouade.
Caposer, *v. n.* amarrer le gouvernail; mettre à la cape. G.
Capot, *s. m. Sagum.* vêtement, grand manteau. t. de jeu, (faire-) faire toutes les levées; (être-) perdre toutes les levées; être honteux, frustré.
Capote, *s. f.* espèce de manteau, vêtement de femme.
†Capoulière, *s. f.* nappe de filets à larges mailles.
†Cappe, *s. m.* croûte à la surface du cidre.
†Capraire, *s. f. Capria.* genre de plantes de la famille des scrophulaires.
Câpre, *s. m.* navire de corsaire. * Capre. A. C.
Câpre, *s. f. Capparis.* bouton du câprier.
†Capréolé. e, *adj.* t. de bot. (plante) pourvue de mains, de vrilles.
Caprice, *s. m. Morositas.* fantaisie; boutade; saillie. * ouvrage du génie sans règles. B. * bizarrerie. R.
Capricieusement, *adv. Morosè.* par caprice.
Capricieux. se. *adj. Morosus.* fantasque. * Sujet au caprice. R.
Capricorne, *s. m. Capricornus.* insecte, genre de scarabée dont les longues antennes sont rejetées en arrière. — bleux, verts, sentant la rose, noirs, veloutés, à étuis rouges; signe du zodiaque.
Caprier, *s. m. Capparis.* arbuste du genre des polipétalées; ses boutons donnent les câpres; l'écorce puissant apéritif.
†Caprification, *s. f.* manière de rendre les figues sauvages bonnes à manger. V.
†Caprifiguier, *s. m.* figuier sauvage dont les fruits servent à la caprification.
Caprimulgue, *s. m* oiseau. L.
†Capripède, *adj.* 2 *g.* à pieds de chèvre.
Caprizant, *adj.* (pouls) dur et inégal. * Caprisant. A. V.
Capron, *s. m.* grosse fraise. * vêtement de novice capucin. C. G.
†Capronier, *s. m.* fraisier qui porte le capron.
†Capros, *s. m.* genre de poissons.
Capse, *s. f. Pixis.* boîte des scrutins; mollusque acéphale, à coquille transverse; zoophytes à tige papyracée, terminée par des capsules habitées par une corine.
Capsulaire, *adj.* en capsule, t. de botan. d'anat.
Capsule, *s. f. Capsula.* membrane, t. d'anat. ce qui renferme la graine, t. de botan. enveloppe composée de panneaux élastiques, qui renferme la graine.
Captal, *s. m.* (*vieux*) Capoudal, Captaut, chef.
Captateur, *s. m.* t. de prat. qui surprend par adresse. RR. V. G.
Captation, *s. f.* t. de prat. insinuation artificieuse et intéressée; action de capter. A. C.
†Captatoire, *adj.* 2 *g.* provoqué par l'artifice d'un héritier ou légataire.
Capter, *v. a.* té. e, *p.* attirer, gagner, obtenir par insinuations.
Captieusement, *adv. Captiosè.* d'une manière captieuse.
Captieux. se, *adj. Captiosus.* qui tend à tromper.
Captif. ve, *adj. Captivus.* esclave pris à la guerre; esclave.
Captiver, *v. a. Arcte habere.* vé. e, *p.* rendre captif; assujettir; se rendre maître. (se), *v. r.* se gêner beaucoup.
Captiverie, *s. f.* prison des nègres. R. G. C. V.
Captivité, *s. f. Captivitas.* privation de la liberté; sujétion.
Capture, *s. f. Comprehensio.* butin; prise au corps; saisie.
Capturer, *v. a.* ré. e, *p.* prendre au corps, saisir; butiner. A. V.
Capuce, *s. f. ou* Capuchon, vêtement de moine.

Capuchon, *s. m. Cucullus.* vêtement de tête. t. de botan. allongement à la fleur de capucine, etc.
Capuchoné, *adj. m.* couvert d'un capuchon. R.
Capucin. e, *s. Capucinus.* religieux de Saint-François. * insecte coléoptère de l'espèce des bostriches. B.
Capucinade, *s. f.* plat discours de dévotion.
Capucine, *s. f. Nasturtium.* fleur; pièce de fusil. * écuelle. G. insecte. L. genre de plante grimpante à fleurs polypétales; cresson du Pérou; la fleur lance des éclairs après le coucher du soleil. B.
Capucinière, *s. f.* maison de capucins, (*iron.*)
†Capuk, *s. m.* coton très-doux, très-court.
†Capure, *s. m.* arbre des Indes. B.
†Capurion, *s. m.* officier de paix.
Caput mortuum, *s. m.* résidu terreux. voyez Tête-morte. * Caput-mortuum. A. C. G.
Caquage, *s. m.* façon donnée aux harengs. * *ou* Cacage. R.
Caque, *s. f. Cadus.* sorte de baril; fourneau de cirier.
Caque-denier, *s. m.* avare. C.
†Caquepire, *s. m. Berkias.* bel arbuste à fleur hermaphrodite, fruit ovoïde, charnu.
Caquer, *v. a.* qué. e, *p.* apprêter pour mettre en caque; préparer le poisson. * voy. Encaquer. R. G.
Caquerole, *s. f.* pot de cuivre. C. * Caquerolle. G. V. *ou* Caquerolier. R.
Caquesangue *ou* Caquesange, *s. f.* dyssenterie.
Caquet, *s. m. Loquacitas.* babil. * *pl.* propos futiles, médisance. G. V.
Caquetage, *s. m.* action de caqueter, caquets. V.
Caquete, *s. f.* sorte de baquet pour les carpes. * Caquète. A. C. G.
Caqueter, *v. n. Glocire.* babiller. * se dit du cri des poules. R.
Caqueterie, *s. f.* action de caqueter. * Caquéterie. R. Caquèterie. G. Caquetage. B.
Caqueteur. se, *s. Garrulus.* qui babille beaucoup.
Caquetoire, *s. f.* bâton de la charrue; siége. C. G. RR. CO.
Caqueur, *s. m.* celui qui caque le hareng. R. C.
†Caquille, *s. m. Bunias.* plante crucifère naturalisée en France.
Car, *conj. Nam.* à cause que; parce que.
Carabé, *s. m.* ambre jaune, succin. * insecte. L. Carabi. V.
†Carabes, *s. m. pl. Carabus.* genre d'insectes coléoptères, puants, habiles coureurs, volant peu.
Carabin, *s. m. Carabinus.* fanfaron; soldat armé d'une carabine; frater, élève en chirurgie. * celui qui se mêle au jeu, à la conversation, à la dispute sans se hasarder. B.
Carabinade, *s. f.* (*familier*) tour de carabin. * coup de carabine. V.
Carabine, *s. f. Carabina.* sorte d'arquebuse de cavaliers.
Carabiner, *v. a.* né. e, *p.* tracer des lignes creuses dans le canon du fusil. *v. n.* combattre, jouer en carabin; hasarder un coup.
Carabinier, *s. m.* cavalier armé d'une carabine.
†Carabos, *s. m.* petite barque des Africains.
Caracal, *s. m.* animal, guide du lion, qui ressemble au loup cervier; il a un pinceau de poils à la pointe des oreilles.
Caracale, *s. f.* plante.
†Caracalle, *s. f.* vêtement romain.
†Caracara, *s. m.* très-beau faisan des Antilles.
Carache *ou* Carag, *s. m.* tribut des chrétiens, des juifs au grand turc.
†Caraco, *s. m.* grand rat domestique, à la Chine, gris-roux.
Caracol, *s. m.* escalier en limaçon.
Caracole, *s. f. In gyrum procursus.* t. de manége, mouvement en rond.
Caracoler, *v n. Equum circumagere.* faire des caracoles. —
Caracoli, *s. m.* métal d'or, d'argent et de cuivre; sorte de tombac. * Caracoly. G. V.
Caracore, *s. f.* t. de mar. navire. R. * espèce de galère longue et étroite des Indes. B.
Caracouler, *v. n.* crier; le pigeon Caracoule. R.
Caractère, *s. m. Character.* empreinte; marque; qualité; signe; lettre; titre, mission, etc. * disposition habituelle de l'ame. B. * Caractere. R.
Caractériser, *v. a. Adumbrare.* sé. e, *p.* marquer le caractère. (se), *v. r.* montrer sa qualité, ce que l'on est. t. de méd.
Caractérisme, *s. m.* t. de botan. ressemblance, conformité des plantes, de leurs parties. G.
Caractéristique, *adj.* 2 *g. Characteristicus.* qui caractérise, t. de gram. * t. de géom. A.
Carafe, *s. f. Lagena.* vase de verre ou de cristal à goulot.
Carafon, *s. m.* vaisseau pour mettre rafraîchir l'eau. * grosse bouteille. R.
Caragach, *s. m.* coton de Smyrne. G. V.
†Caragan *ou* Caragogne, *s. m. Caraganna.* genre de plantes polipétales, de la famille des légumineuses.
†Caragate, *s. f. Tillandsia.* genre de plante d'Amérique, unilobée à fleurs en épis, parasite comme le gui.
Caragne, *s. f. Caranna.* Careigne *ou* Résine aromatique, d'un vert noirâtre; elle entre dans le faux vernis de la Chine, résout, déterge, consolide les plaies, fortifie puissamment les nerfs. — vaisseau portugais. G.
Carague, *s. m.* animal du Brésil, semblable au renard, mais plus petit; porte ses petits dans un sac sous le ventre; vit d'oiseaux. * *ou* Caraque. G. voy. Sarigue.
Caraïte, *s. m.* juif qui rejette les traditions.
Carambolier, *s. m. Averhoa.* arbre des Indes; genre de plantes à fleurs monopétales.
Caramel, *s. m. Saccharum percoctum.* sucre fondu, durci, brûlé.
Caramoussats, *s. m. pl.* vaisseau turc. G. V. * Caramoussat, Caramoussal, Caramoussail. AL.
†Carancre, *s. m.* vautour de la Louisiane.
Carangue, *s. f.* poisson blanc et plat. * Caranque. B.
Caranguer, *v. n.* gué. e, *p.* agir, t. de mar. G.
Carangueur, *s. m.* agissant. R. G. G.
Carapace, *s. f.* écaille de tortue. R. G. C. V.
†Carapat, *s. m.* huile de la graine du palmachristi.
†Carape, *s. m. Carapo.* poisson du genre du gymnote.
†Caraphyloïde, *s. f.* pierre figurée; t. d'hist. naturelle. V.
†Carapiche, *s. m. Carapichea.* arbrisseau monopétale, exotique.
Caraque, *s. f.* navire portugais. * renard du Brésil. B. * *ou* Carague. CO.
Caraquon, *s. m.* vaisseau renforcé. R.
Carat, *s. m. In auro bonitas.* t. de mon. titre de l'or; diamant au poids.
†Carature, *s. m.* mélange d'or, d'argent, de cuivre, pour les essais.
Caravane, *s. f. Euntium congregata manus.* troupe de marchands en voyage; vaisseaux de conserve. * *pl.* courses en mer. A.
Caravaneur, *s. m.* vaisseau marseillois. G. V.
Caravanier, *s. m.* qui conduit les bêtes de somme dans les caravanes. C. G. V.
Caravanserail, *s. m.* hôtellerie des caravanes. * Caravanserai. A. C. V. *ou* Caravansera. G.
Caravelle, *s. f.* navire rond des portugais.
Carbatine, *s. f.* peau de bête fraîchement écorchée.
Carbet, *s. m.* case de sauvage. G. V.
†Carbonate, *s. m.* sel formé par la combinaison de l'acide carbonique avec différentes bases.
Carboncle, *s. m.* rubis, flegmon enflammé. G. G. Carboucle. CO.
†Carboné. e, *adj.* 2 *g.* qui tient du carbone pur en dissolution.
†Carbone, *s. m.* charbon pur, que l'on ne peut décomposer.
†Carbonique, *adj.* (acide) résultat de la combinaison du carbone avec l'oxigène.
†Carbonisation, *s. f.* action de réduire en charbon, ses effets.
†Carboniser, *v. a.* é. e, *p.* réduire en charbon.
Carbonnade, *s. f. Ofella.* viande grillée. * Carbonade. R. V.
Carbouillon, *s. m.* droit de salines. G. * *et* Quarbouillon. R.
†Carbure, *s. f.* combinaison du carbone non oxigéné avec différentes bases. * *s. m.* composé chimique, dont le carbone tout entier fait partie.
Carcailler, *v. n.* t. de fauc. se dit du cri des cailles. G. V.
Carcaise, *s. f.* four à verrerie. * fourneau pour les frites des glaces. B. voy. Carquèse. G.
Carcajou, *ou* Quincajou, *ou* Glouton. *s. m.* animal très-rusé qui se jette d'un arbre sur sa proie; en Amérique.
Carcan, *s. m. Collaria.* collier de fer; chaîne de pierreries.
Carcasse, *s. m. Larva.* ossemens dépouillés; bombe; corps de bâtiment; personne très-maigre.
Carcinomateux. se, *adj. Carcinodes.* de la nature du cancer. * Carcinômateux, R. Carcinômateux. RR.
Carcinome, *s. m.* t. de méd. cancer. * Carcinôme. R.
Cardamine, *s. f.* plante. voy. Cresson.
Cardamome, *s. m. Cardamomum.* graine aromatique; puissant alexipharmaque et carminatif. * Cardamone. C. Cardamôme. R.
Cardasse, *s. f.* plante; carde; peigne; cactier en raquette.
Carde, *s. f. Cinaræ colis.* côte de plante; sorte de peigne pour carder.
†Carde-poirée, *s. f.* variété de la bette commune.
Cardée, *s. f.* morceau de laine cardée; ce qu'on carde à la fois.
Carder, *v. a.* dé. e, *p. Carminare.* peigner avec la carde.
†Cardère, *s. f. Dipsacus.* genre de plantes voisines des scabieuses.
†Cardères, *s. f. pl.* tige de chardon à bonnetier pour carder.
Cardeur. se, *s. Qui carminat.* qui carde.
†Cardia, *s. f.* orifice d'entrée de l'estomac.
†Cardiagraphie, *s. f. Cardiagraphia.* description du cœur.
Cardiaire, *adj.* 2 *g.* (ver) qui naît dans le cœur. G. C. V.
Cardialgie, *s. f. Cardialgia.* picotement dans l'estomac.
Cardialogie, *s. f.* traité des parties du cœur. G.
Cardiaque, *adj.* 2 *g.* cordial, qui fortifie le cœur. * *s. f.* agripaume, plante.
†Cardiatomie, *s. f. Cardiatomia.* dissection du cœur.

Cardier, *s. m.* qui fait des cardes. R. G. C. V.
Cardinal, *s. m.* *Cardinalis.* prélat de la cour de Rome; oiseau d'Amérique moins gros qu'un merle, d'un roux éclatant ou pourpré, brillant, à capuchon, bec gros et noir, chante et siffle très-bien; papillon de la famille des argentés. * petite carde de fer. B.
Cardinal. e, *adj.* *Præcipuus.* principal.
Cardinalat, *s. m.* *Cardinalatus.* dignité du cardinal.
Cardinale, *s. f.* *Rapuntium.* plante à fleur monopétale, écarlate; insecte coléoptère d'un beau rouge de feu, à antennes pectinées, noires ainsi que les pattes. *Pyrochroa.*
Cardinaliser, *v. a.* sé. e, *p.* t. de peint. G. * faire cardinal. C. V. rendre rouge. R.
Cardiogme, *s. m.* picotement à l'estomac. G.
Cardiosperme, *s. m.* plante. L.
†Cardites, *s. f. pl.* coquilles bivalves, fossiles, du genre du cœur.
†Carditie, *s. f.* inflammation du cœur.
Cardon, *s. m.* *Cardunculus.* plante potagère vivace, diffère des artichauts par les épines; on mange les cardes ou côtes de ses feuilles.
Cardouzile, *s. f.* étoffe de laine. R.
Câre, *s. f.* haut d'habit. R.
†Careiche, *s. f.* *Careix.* genre de plante de l'ordre des monogynies.
Carême, *s. m.* *Quadragesima.* les six semaines avant Pâques; sermons prêchés pendant ce temps.
Carême-prenant, *s. m.* les trois jours gras; mardi gras.
Carénage, *s. m.* action de caréner, son lieu, son effet.
Carènce, *s. f.* t. de prat. (procès-verbal de) qui constate qu'un défunt ne laisse aucun bien.
†Carené. e, *adj.* (partie) de la plante creusée en gouttière.
†Caréné, *s. m.* poisson du genre du silure; serpent du 3e. genre à dos d'âne.
Carène, *s. f.* *Carina.* partie du vaisseau qui plonge dans l'eau. t. de botan. pétale inférieure des papillonnacées. * Carêne. R.
Carener, *v. a.* né. e, *p.* donner le suif. * radouber, raccommoder. R. Caréner. C. A.
Caressant. e, *adj.* *Blandiens.* qui caresse, qui aime à caresser.
Caresse, *s. f.* *Blanditiæ.* geste qui témoigne l'affection.
Caresser, *v. a.* *Blandiri.* sé. e, *p.* faire des caresses à. (se), *v. r.* se baiser. C.
Caret, *s. m.* *Caretta.* sorte de tortue. * *ou* Carret. G. Câret, t. de mar. R. fil de trois lignes de tour. * monnoie arabe. B.
†Carette, *s. f.* cadre qui fait partie du métier pour les étoffes.
Cargaison, *s. m.* *Navis onus.* charge d'un vaisseau.
Cargamon, *s. m.* épice. R.
Cargue, *s. f.* *Funes.* corde pour plier, trousser les voiles. * embarcation hollandoise à fond plat. B.
Carguer, *v. a.* *Velum colligere.* gué. e, *p.* trousser, accourcir les voiles. * *v. n.* pencher d'un côté. C. G. V.
Cargueras *ou* Calbas, *s. m.* t. de mar. R.
Cargueur, *s. m.* poulie pour guinder. R. G. C. V.
†Cariama, *s. m.* très-beau camichi d'Amérique.
Cariatide, *s. f.* *Cariatides.* figure de femme soutenant une corniche. * Caryatides. *pl.* R.
Caribou, *s. m.* animal sauvage, renne du Canada, extrêmement léger.
Caricature, *s. f.* charge en peinture.
†Caricoïde, *s. f.* fossile polypier, sphérique, parsemé de trous; masse de tuyaux cylindrique.
Carie, *s. f.* *Caries.* pourriture des os, des dents, des blés.
Carier, *v. a.* *Carie infestari.* rié. e, *p.* gâter, pourrir. (se), *v. r.* se gâter, se pourrir.
Carifet *ou* Rarese, *s. m.* étoffe de laine. RR.
†Carigue, *s. m.* voy. Sarigue.
†Carillonneur, *s. m.* petit oiseau de la Guyanne, du genre des fourmilliers; réunis, ils forment un bruit semblable au carrillon de trois cloches de tons différens.
†Carinaire, *s. f.* *Carinaria.* mollusque céphalé à coquille univalve.
†Carinde, *s. m.* très-bel oiseau d'Amérique.
† Cariné. e, *adj.* (feuille) creusée en gouttière.
Carine, *s. f.* pleureuse dans les funérailles. R.
†Cariqueuse, *adj. f.* tumeur qui a la forme d'une figue.
Carisel, *s. m.* grosse toile, canevas. * *ou* Creseau. G.
Caristade, *s. f.* aumône. (*familier*).
†Carla, *s. m.* toile peinte des Indes.
Carlette, *s. f.* ardoise d'Anjou. G. V.
Carlin, *s. m.* monnoie. R. * petit chien, doguin à museau noir. (*nouveau*).
Carline, *s. f.* *Carlina.* Caméléon blanc, Chardonnerelle; plante très-singulière, bisannuelle, à fleurs et fleurons; feuilles chatoyantes sans tige; on mange la tête, la racine; la feuille apéritive, hysterique, fébrifuge, contre les contusions. R. C. * *ou* Caroline. G.
Carlingue, *s. f.* t. de mar. grosse pièce de bois le long d'un vaisseau.
†Carloek, *s. m.* colle faite avec la vessie de l'esturgeon.
Carmagnole, *s. m.* (*nouv.*) vêtement; (*injurieux*) soldat françois; danse, air. C.
†Carmantine, *s. f.* *Justicia.* genre de plantes monopétales, exotiques, à fleurs axillaires ou terminales, fruit en capsule.
Carme, *s. m.* *Carmelitanus.* moine. G. V. * vers; acier (*vieux*).
Carmeline; *adj. f.* (laine) du vigogne.
Carmelite, *s. f.* religieuse du Mont-Carmel. * Carmélite. RR.
†Carmentales, *s. f. pl.* fêtes de Carmenta à Rome.
Carmes, *s. f.* t. de trictrac, double-quatre.
Carmin, *s. m.* *Minium.* couleur d'un rouge vif.
Carminatif. ve, *adj. s.* *Flatus discutiens.* t. de méd. contre les vents de l'estomac, des intestins.
Carnage, *s. m.* *Cœdes.* massacre, tuerie; chair (vivre de).
†Carnali, *s. m.* extrémité inférieure d'une antenne. *s. f.* palan à l'extrémité d'un mât.
Carnassier, ère, *adj.* *Carnivorus.* qui ne se repaît que de chair crue; carnivore. * *f.* Carnassière. R.
Carnassière, *s. f.* sorte de sac pour le gibier. * Carnassiere. R.
Carnation, *s. f.* *Carnis color.* chairs peintes, leur coloris. t. de blas. parties du corps humain.
Carnau, *s. m.* t. de mar. R.
Carnaval, *s. m.* *Bacchanalia.* depuis les rois jusqu'au carême.
Carne, *s. f.* *Mucro.* angle extérieur d'une pierre, d'une table.
Carné. e, *adj.* couleur de chair vive; t. de fleuriste.
†Carneau, *s. m.* voy. Créneau; angle de la voile vers la proue.
†Carnées, *s. f. pl.* fêtes d'Apollon à Lacédémone. V.
Carnèle, *s. f.* t. de monn. bordure. G. V. * Carnele. R.
Carnelé. e, *adj* t. de blas. bordé, entouré. G.
Carneler, *v. a.* lé. e, *p.* faire la carnèle. G. V.
†Carnéole, *s. f.* (*vieux*) cornaline.
Carner, *v. n.* né. e, *p.* devenir couleur de chair, t. de fleuriste. G. C.
Carnet, *s. m.* *Adversaria.* petit livre de marchand.
†Carnier, *s. m.* carnassière.
Carnification, *s. f.* changement des os en chair. A.
Carnifier (se), *v. pron.* se changer en chair. R.
†Carniforme, *adj.* qui a la forme, l'apparence, la nature de la chair.
Carnivore, *adj.* 2 *g.* qui se nourrit principalement de chair A. C. V.
Carnosité, *s. f.* *Caro excrescens.* excroissance charnue.
†Caroche, *s. f.* mitre chargée de figures de diables sur la tête des victimes de l'inquisition.
Carogne (*exp. basse*), femme méchante; débauchée.
Caroline, *s. f.* *Carolina.* plante vivace; poisson du genre de l'argentine, ressemble au hareng, à chair estimée; aux Lucaies. * *ou* Carline. G.
Carolus *et* Carolin, *s. m.* monnoies d'or de France.
Caron, *s. m.* nautonier des enfers. * pièce de lard à larder. B. * *ou* Charon. G.
Caronade, *s. f.* machine de guerre. * espèce de gros canon sans chambre sphérique. B.
Caroncules, *s. f. pl.* *Caruncula.* chairs glanduleuses et spongieuses, t. d'anat.
†Carophiloïde, *s. f.* pierre qui représente le clou de gérofle.
Carosse, *s. m.* fruit du carossier. G. * logement du capitaine d'une galère; instrument de cordier. B.
Carossier, *s. m.* palmier d'Afrique. G. V.
Carotidal, e, *adj.* qui a rapport aux carotides. C. G. V. CO.
Carotides, *s. f. pl.* *Carotides.* artères du cerveau. * *s. adj.* CO.
Carotique, *adj.* 2 *g.* qui a rapport au carus. *s. m.* trou de l'os temporal; celui qui a le carus.
Carotte, *s. f.* *Pastinaca.* racine; tabac ficelé. * espèce de daucus cultivé; on tire de sa racine un vrai sucre; en cataplasme pour le cancer ouvert; plante polypétale de la famille des ombellifères. B. * Carote. R.
Carotter, *v. n.* hasarder peu. t. de jeu.
Carottier. ère. *s.* qui carotte, t. de jeu. * Carotier. ere. R.
Caroube, Carouge, *s. m.* *Siliqua.* fruit du caroubier en gousse applatie, semence plate, pulpe succulente dont on tire du miel.
Caroubier, *s. m.* *Aratonia.* arbre d'Italie; *ou* Carouge, de moyenne grandeur, cime étalée.
Carouge, *s. m.* *Xanthornus.* oiseau d'Amérique, gros comme la grive; ramage fort doux, dos noir de velours, marron foncé.
†Caroxylon, *s. m.* genre de plantes de la famille des arroches.
†Carpasum, *s. m.* t. de botan. plante très-vénéneuse.
†Carpat, *s. m.* bonnet des Grecs de l'Archipel.
Carpe, *s. f.* *Cyprinus.* poisson d'eau douce très-commun, du genre du cyprin; vit d'herbes, d'insectes, de frai.
Carpe, *s. m.* *Carpus.* partie entre le bras et la paume.
Carpeau, *s. m.* carpillon, petite carpe; es-

pèce de carpe qui n'a point de parties de la génération; poisson d'Amérique du genre du salmone, bleu argenté.

†Carpesie, *s. f. Carpesium.* genre de plantes voisines des tanaisies.

Carpettes, *s. f. pl.* gros draps d'emballage. G. C. V.* Carpetes. R.

†Carphologie, *s. f.* Crocidisme, *s. m.* espèce de convulsion ou délire dans lequel on semble vouloir ôter, arracher, prendre de la laine, de la paille.

†Carpie, *s. f.* hachis de carpes. V.

†Carpière, *s. f.* lieu où l'on nourrit des carpes.

Carpillon, *s. m.* très-petite carpe.

Carpio, *s. m.* poissson du genre du salmone.

†Carpobasalme, *s. m.* fruit du baumier.

†Carpocraciens, *s. m. pl.* hérétiques qui nient la création.

†Carpolithe, *s. m.* fruit dans le charbon de terre; fruits pétrifiés.

†Carpologie, *s. m.* maladie convulsive.

†Carpomorphytes, *s. m. pl.* pierres des fleuves qui ont pris la figure de fruits.

†Carpophage, *adj.* 2 *g.* frugivore.

†Carpot, *s. m.* quart de la vendange due au propriétaire de la vigne.

†Carpteur, *s. m.* esclave à Rome chargé de couper les viandes.

Carquèse, *s. m.* t. de verrerie; le four de frite. V. G. * Carquese. R.

Carquois, *s. m. Pharetra.* étui à flèches.

Carrare, *s. m.* marbre de la côte de Gênes.

Carre, *s. f.* t. de chapellier, de tailleur, de cordonnier; haut, bout. * Căre. R.

Carré, *s. m. Quadratum.* figure, forme, nombre, membre, figure à 4 angles droits, à 4 côtés carrés. * Căré. R.

Carré, e, *adj. Quadratus.* qui a 4 côtés et 4 angles droits. * *s. f.* espèce d'ardoise. B. Căré. R.

Carreau, *s. m. Later.* pavé plat; verre carré; maladie des enfans; obstruction. *pl.* ceintes, t. de mar. flèche à quatre pans; foudre, etc. * Căreau. R.

Carrefour, *s. m. Compitum.* où les rues, les chemins se croisent. * Carefour. R.

Carreger, *v. n.* t. mar. louvoyer. * *ou* Louvier. R. Carréger. A. R.

Carrelage, *s. m. Stratura.* ouvrage du carreleur; les carreaux, leur prix. * Carelage. R.

Carreler, *v. a. Conclave laterculis sternere.* lé, e, *p.* poser des carreaux. * raccommoder de vieux souliers. G. * Careler. R.

Carrelet, *s. m. Quadrata acus.* aiguille carrée; filet de pêche; poisson; sorte de chassis; étoffe. * *ou* Carreau, poisson de mer du genre du pleuronecte en forme de losange à angles arrondis; on le croit le turbot des anciens. B. * Carelet. R.

Carrelettes, *s. f. pl.* limes. R. * Careletes. R.

Carreleur, *s. m.* qui pose les carreaux. * Careleur. R.

†Carrelier, *s. m.* celui qui façonne et cuit les carreaux.

Carrelure, *s. f.* semelle neuve. * Carelure. R.

Carrément, *adv. In quadrum.* à angles droits * Cărément. R.

Carrer, *v. a. Quadrare.* ré. e, *p.* donner une figure carrée; trouver le carré d'une surface curviligne. (se), *v. r.* marcher d'un air fier. (*famil.*) * Cărer. R.

†Carret, *s. m.* gros fil propre à faire les cordages, voy. Caret.

Carrier, *s. m. Sapicida.* qui travaille dans les carrières; le propriétaire d'une carrière. * Cărier. R.

Carrière, *s. f.* lieu creusé en terre d'où l'on tire la pierre; lice; espace de temps; la vie; tâche. * pierres dans les poires. B. * Cariere. R.

Carrillon, *s. m. Campani sonitus.* coups précipités sur les cloches; crierie; tapage; barre de fer. * Carillon. A. V. C. AL. R.

Carrillonner, *v. a.* né. e, *p.* sonner le carrillon. * Carillonner. A. G. V. Carilloner. R.

Carrillonneur, *s. m.* qui carrillonne. * Carillonneur. A. C. V. Carilloneur. R. voy. Carillonneur.

Carriole, *s. f. Minor rheda.* petite charrette couverte et suspendue. * Cariole. R.

Carrosse, *s. m. Rheda.* voiture fermée, à quatre roues. * Carosse. R.

Carrossée, *s. f.* les personnes que contient un carrosse. AL.

Carrossier, *s. m. Rhedarum opifex.* qui fait des carrosses; cheval de carrosse. * Carossier.

Carrousel, *s. m. Ludus equestris et curulis.* sorte de tournois, sa place. * Cârousel. R.

Carrousse, *s. f.* (*vieux*) *Compotatio.* débauche. * Cârousse. R.

†Carroy, *s. m.* grand chemin. RABELAIS.

Carrure, *s. f. Quadrati spatium.* largeur du dos, aux épaules. * Cârure. R.

Carsaie *ou* Créseau, *s. m.* étoffe d'Angleterre. RR.

†Cartager, *v. a.* donner la 4e. façon à la vigne.

†Cartahu, *s. m.* manœuvre passée dans une poulie au haut du mât.

Cartame. *s. m.* voy. Carthame. genre de plante à fleurs composées, flosculeuses. * Cartamy. R.

Cartaux, *s. m. pl.* cartes maritimes. G. * Carteaux. R.

Cartayer, *v. n.* éviter les deux ornières.

Carte, *s. f. Charta.* plusieurs cartes collées; carton peint; mémoire de dépense; carte; coussin; fer de tailleur; planche de jardin; lime carrée; lame pour faire le flan; t. d'arts et métiers. — géographique, *s. f.* coquillage univalve de la famille des porcelaines. — papillon de jour qui offre l'image d'une carte géographique. *ou* Carde, espèce de peigne fixe. — blanche, permission de se conduire comme on voudra.

Cartel, *s. m. Provocatoria charta.* défi par écrit; traité d'échange des prisonniers.

Cartelade, *s. f.* mesure pour l'arpentage. G. V.

Cartelet, *s. m.* étoffe de laine. G. V.

Cartelette, *s. f.* (ardoise) fort petite. G. V. * Cartelete. R.

Cartelle, *s. f.* t. de meunier, de charpent. manière de débiter le bois par planches. G. V. * peau préparée qui sert de brouillon pour écrire et effacer après. B. * Cartele. RR.

Cartero, *s. m.* porte-feuille, porte-lettre. C. G.

Carteron, *s. m.* voy. Quarteron.

Cartésianisme, *s. m.* philosophie de Descartes.

Cartésien, *s. m.* partisan de la philosophie de Descartes.

Carthame, *s. m. Carthamus. ou* safran bâtard, plante annuelle, qui vient d'Egypte; fleurs à fleurons fibreux, rouge foncé, que l'on fait sécher pour en tirer le rouge végétal. * Cartame. V.

Cartier, *s. m. Foliorum lusoriorum opifex.* qui fait et vend les cartes. * papier d'enveloppe des cartes. B.

Cartilage, *s. m. Cartilago.* t. d'anat. partie blanche du corps, dure, élastique, uniforme, polie, moins compacte que l'os; croquant.

Cartilagineux, se, *adj. Cartilaginosus.* de la nature, ou composé de cartilages.

Cartisane, *s. f.* t. de manufacture, rouleaux entourés de fils. G. V.

Carton, *s. m. Charta spissior.* grosse carte; feuillet ajouté à un livre; porte-feuille de dessein en grand. * t. d'imprim., feuille chargée de hausses; boîte en carton. B.

Cartonner, *v. a.* né. e, *p.* mettre, faire un carton; revêtir d'un carton. G. V. C.

†Cartonnerie, *s. f.* manufacture, art du cartonnier.

Cartonnier, *s. m. Chartarum spissiorum opifex.* qui fait et vend le carton. G. * Cartonier. R.

Cartonnières, *s. f. pl.* guêpes dont le nid ressemble à une boîte de carton. G. C.

Cartouche, *s. m. Voluta.* ornement de peint. de sculpt. * *s. f.* charge d'une arme à feu; congé, t. milit. R. G. C.

Cartouchien, *s. m.* voleur. RR.

Cartouchier, *s. m.* coffret aux cartouches. R. G.

Cartulaire, *s. m. Codex.* recueil de chartres, de titres.

†Carude, *s. m.* poisson de Norwège du genre du labre.

Carus, *s. m.* affection soporeuse; assoupissement profond.

Carvi, *s. m. Careum.* Cumin des prés, plante bisannuelle, sa graine est une des quatre semences chaudes; l'huile pour la surdité; plante stomachique.

Carybde, *s. m.* gouffre sur les côtes de Sicile. A G V.

Caryocostinum, *s. m.* électuaire purgatif. * Caryocostin. B.

Caryophillata *ou* Cariophillata, *s. f.* benoite. A.

†Caryophillée, *adj.* 2 *g. s.* en œillet, t. de bot.

Caryophilloïde, *s. f. Caryphilloides.* pierre figurée, calcaire, conique, striée, cellulaire; analogue inconnue. G. V.

†Caryote à fruits brûlans, *s. m. Cariota.* espèce de palmier des Indes à fruits très-caustiques.

Cas, *s. m. Casus.* fait; accident; aventure; événement; conjoncture; excrément; désinence.

Cas que (au), *conj.* si, en ce cas, alors; en tout cas; au moins, quoiqu'il arrive. * Aucas-que. C.

Cas. se, *adj.* (*vieux*) qui sonne le cassé. (voix).

Casanier. ère. *adj. s. Desidiosus.* qui sort rarement. * poltron, fainéant. * *f.* Casaniere. B.

Casaque, *s. f. Sagum.* vêtement à larges manches.

Casaquin, *s. m. Sigulum.* déshabillé court de femme.

†Casau, *s. m.* maison (*vieux*).

Cascade; *s. f. Aquæ lapsus.* chute d'eau; discours sans ordre.

Cascanes, *s. f. pl.* puits sur les mines, t. milit. G.

Cascarille *ou* Chacril, *s. f. Caricalla.* écorce d'une espèce de ricin aromatique; poudre enivrante, fébrifuge; arrête le vomissement, les lochies; se mêle au tabac; on tire de l'arbrisseau le plus beau noir.

†Caschive, *s. m.* poisson du Nil, du genre du mormyre.

Case, *s. f. Casus.* maison; t. de jeu; caré, place. R.

†Caséation, *s. f.* caillement du lait.

†Caséiforme, *adj.* 2 *g.* en forme de fromage.

Casemate, *s. f. Ima crypta.* lieu voûté; * puits, rameau pour éventer les mines; plate-forme. G.

Casematé, *adj.* (bastion) avec casemates, t. de fortification.

Caser, *v. a.* sé. e, *p.* t. de trictrac, faire une case. (*nouv.*) mettre en ordre. * (se), *v. per.* s'établir. A. * Câser. R.

Caserette, *s. f.* moule à fromage. C. V. * Caserete. R. *ou* Chaserette. G.

Caserne, *s. f. Contubernium.* logement de soldats.

Casernement, *s. m.* action de caserner.
Caserner, *v. a. n.* né, e, *p.* loger dans des casernes.
†Casernet ou Cazernet, *s. m.* registre pour les maîtres, t. de mar.
Caseux, se, *adj.* de la nature du fromage.
†Casiasquier, *s. m.* surintendant de justice turc.
†Casier, *s. m.* celui qui fait les fromages de Parmesan.
†Casière, *s. f.* où l'on conserve le parmesan.
Casilleux, se, *adj.* t. de vitrier, très-cassant. (verre).
Casoar, *s. m.* *Casuarius.* oiseau. L.
Casque, *s. m.* *Galea.* armure de tête; coquille univalve de la famille des murex; t. de botan. de blas. — ou Casqué, poisson du genre du silure.
Casqué, e, *adj.* t. de blas. avec casque. C. G.
Cassade, *s. f.* *Ludificatio.* mensonge pour rire ou s'excuser (*famil.*) t. de jeu, renvi. * moquerie. V.
Cassaille, *s. f.* première façon à la terre.
Cassant, e, *adj.* *Fragilis.* fragile, sujet à se rompre. * Cāssant. R.
Cassation, *s. f.* *Dissolutio.* acte juridique qui annulle un jugement, une procédure.
Cassave, *s. f.* pain, farine de manioc.
Casse, *s. f.* *Cassia.* gousse d'un arbre exotique qui ressemble au noyer. voy. Cassier. —plante à fleurs polypétales de la famille des légumineuses, de 48 espèces; moelle d'arbre médical; caisse à petits carrés, t. d'arts et métiers; monnoie indienne, 1 den. 1-15e.; entre-deux des modillons; vase pour affiner l'or; bassin pour la fonte; t. milit. action de casser un officier. * Câse. R.
Cassé, e, *adj.* *Confectus.* rompu; brisé; vieux; infirme; affoibli. * Cāssé. R.
Casseau, *s. m.* moitié de la casse, partagée dans sa longueur, t. d'imp. * Câsseau.
†Casse-bouteille, *s. m.* récipient de cristal pour faire le vide sous une bouteille, t. de phys.
Casse-cou, *s. m.* endroit dangereux. * ceux qui montent les jeunes chevaux vicieux. V. échelle double. AL. troupes de cavaliers intrépides. B. (*nouveau*).
†Casse-croûte, *s. m.* instrument pour casser les croûtes pour les vieillards.
Casse-cul, *s. m.* (*popul.*) chute sur le derrière. * Câsse-cul. R.
Casse-lunette, *s. f.* plante. voy. Bleuet.
†Casse-motte, *s. m.* outil de jardinage.
Casse-museau, *s. m.* choc sur le nez. * sorte de pâtisserie. B. * Câsse-museau. R.
Casse-noisette, *s. m.* *Nucifrangibulum.* instrument pour casser les noisettes. * oiseau blanc d'Amérique gros comme le tarin. L. Câsse-noisette. R.
Casse-noix, *s. m.* instrument pour casser les noix. * oiseau d'Europe gros comme la pie. *Graculus alpinus.* L. Câsse-noix. R.
Casse-nole, *s. f.* noix de galle. G. V. * Casse-nolle. AL. Câsse-nole. R.
Casse-pierre, *s. f.* plante, saxifrage, pariétaire. CO.
Casser, *v. a.* *Frangere.* sé, e, *p.* briser, rompre; affoiblir; annuller; licencier. (se), *v. pers. récipr.* * Câsser. R.
Casserole, *s. f.* *Paropsis.* ustensile de cuisine, sorte de poêlon. * Câsserole. R.
Casseron, *s. m.* *Loligo.* poisson volant. G. V. * Câsseron. B.
Cassetée, *s. f.* t. d'imp. plein une casse. V.
Casse-tête, *s. m.* massue de sauvage, de bois, de jade, etc. espèce de jade; grand bruit; contention d'esprit; vin fumeux. * Casse-tête. R.
Cassetin, *s. m.* t. d'impr. compartiment de la casse. * Câssetin. R.
Cassette, *s. f.* *Arcula.* petit coffre; boîte avec des cases; trésor. * Câssete. R.
Casseur, *s. m.* fier-à-bras; homme robuste. * Câsseur. R.
†Casse-vessie, *s. m.* récipient de cristal pour faire le vide sous une vessie.
Cassi-ascher, *s. m.* grand prévot chez les Turcs. V.
†Cassican, *s. m.* oiseau qui a le corps des cassiques, la tête et le bec des toucans, noir en dessus, blanc en dessous.
Casside, *s. f.* *Cassida.* insecte coléoptère à corselet alongé en casque, larve à une queue fourchue, nymphe en écusson d'armoiries couronné. L.
Cassidoine, *s. f.* *Murrha.* pierre précieuse.
†Cassidule, *s. f.* *Cassidulus.* radiaire échinide, irrégulier.
Cassie, *s. f.* arbre des Indes, naturalisé en Provence.
Cassier ou Canneficier, *s. m.* arbre qui porte la casse. * t. d'imp. C.
Cassin, *s. m.* chassis au-dessus du métier. G.
Cassine, *s. f.* *Villa.* petite maison de campagne; plante exotique à fleurs polypétales, de la famille des nerpruns.
†Cassinoïde, *s. f.* courbe proposée par Cassini, pour représenter le mouvement du soleil.
Cassiopée, *s. f* constellation composée de 5 étoiles en M.
†Cassipourier, *s. m.* *Cassipourea.* genre de plantes qui ont des rapports avec les salicaires.
†Cassique, *s. m.* *Cassicus.* famille d'oiseaux d'Amérique à bec en cône alongé, droit et très-pointu.
Cassis, *s. m.* voy. Cacis. G. * espèce de groseillier à fruit noir, employé contre la morsure des vipères. B. * Câsis. R.
†Cassite ou Cassute, *s. f.* *Cassytha.* genre de plantes incomplètes, qui ont des rapports avec les baselles.
Cassolette, *s. f.* *Authepsa.* vase à parfum, son odeur. * Cassolete. R.
†Casson, *s. m.* morceau de cacao brisé, t. de confiseur.
Cassonade, *s. f.* *Saccharum crudum.* du mot portugais *Casses* pour *Caisses*, sucre non préparé. * Cassonnade. R.
†Cassons, *s. m. pl.* pains informes de sucre fin.
†Cassot, *s. m.* t. de papet. caisse à compartiment.
Cassure, *s. f.* *Abruptio.* fracture, rupture; endroit de la rupture. * Câssure. R
Castagnette, *s. f. pl.* *Crumata.* instrument de musique; étoffe. * Castagnete. R.
Castagneux, *s. m.* *Mergus.* oiseau, petit plongeon. * ou Zouchet, vit dans l'eau douce et l'eau salée, de petits poissons. B.
Castanite, *s. f.* pierre argileuse qui imite la châtaigne. G. V.
Caste, *s. f.* tribu d'Indiens; tribu; classe.
Castelane, *s. f.* espèce de prune verte. G. V.
†Castellan, *s. m.* grand de Pologne.
Castelogne, *s. f.* couverture de laine fine. G. V.
Castillan, *s. m.* monnoie de Castille. R.
Castille, *s. f.* *Rixa.* démêlé, petite querelle. * fruit. C.
†Castillée, *s. f.* *Castillea.* genre de plantes monopétales de la famille des pédiculaires.
Castine, *s. f.* *Castina.* Erbue ou Arbue, pierre calcaire d'un gris blanchâtre, marneuse; fondant pour les mines.
Castor, *s. m.* *Fiber.* animal amphibie qui ressemble un peu à la loutre; dents très-tranchantes, queue plate, ovale, écailleuse; construit sa retraite, en société, sur des pilotis au milieu de la rivière; chapeau de son poil.
Castor et Pollux, *s. m.* météore igné; feu-St.-Elme; constellation, les gémeaux; papillon de jour. G. R.
Castoréum, *s. m.* liqueur onctueuse tirée sous les intestins du castor. G.
†Castoyement, *s. m.* précepte (*vieux*).
Castramétation, *s. f.* *Castrametatio.* art de placer un camp.
Castrat, *s. m.* chanteur châtré. * Castrât. RR.
Castration, *s. f.* *Castratio.* amputation des testicules.
Castrense (couronne) *adj.* t. d'ant. donnée à celui qui pénétroit le premier dans un camp. G.
Casualité, *s. f.* qualité de ce qui est fortuit.
Casuel, *s. m.* *Fortuitus.* revenu fortuit d'un bénéfice, etc.
Casuel, le, *adj.* *Fortuitus,* fortuit. * fragile. * Casuele. *f.* R. V.
Casuellement, *adj.* (*inusité*) *Fortuito.* fortuitement, par hasard. * Casuélement. R.
Casuiste, *s. m.* *Theologus moralis.* qui décide des cas de conscience.
†Catabaptiste, *s. m. pl.* hérétiques qui nient la nécessité du baptême.
†Catabibazone, *s. m.* nœud descendant de la lune.
Catachrese, *s. f.* *Catachresis.* t. de réth. métaphore. *exemple* : ferré d'argent. * Catachrêse. R.
Cataclisme, *s. m.* déluge, grande inondation. V.
Catacombes, *s. f. pl.* *Catacumbæ.* grottes; carrières; tombeaux.
†Catacoustique ou Cataphonique, *s. f.* science des sons réfléchis.
†Catadioptrique, *s. f.* science qui a pour objet les effets de la catoptrique et de la dioptrique.
Catadoupe ou Catadupe, *s. f.* *Catadupa.* chute d'un fleuve. * *pl.* RR.
Catafalque, *s. m.* *Feretrum funebrem.* décoration funèbre.
Cataglotisme, *s. m.* baiser sur la bouche. R.
Catagmatique, *adj.* 2 g. qui soude les os brisés. G. V. RR.
Cataire, *s. f.* *Cataria.* herbe-au-chat, t. de botan. * chataire, plante à tige velue, feuilles lanugineuses, fleurs pourpres verticillées en épis : les chats l'aiment passionément, se roulent dessus et la mangent; hystérique, vulnéraire, alexipharmaque, en infusion théiforme.
†Catalecte ou Catalectique, *adj.* (vers) imparfait.
Catalectes, *s. m. pl.* fragmens d'auteurs anciens. G. C.
Catalepsie, *s. f.* espèce d'apoplexie.
Cataleptique, *adj.* 2 g. *s.* attaqué de la catalepsie. * t. de botan. qui reste toujours détourné. B.
Catalogue, *s. m.* *Index.* liste, dénombrement avec ordre.
Catalotique, *s. m.* qui efface les cicatrices. G.
†Catamite, *s. m.* jeune libertin.
Catanance ou Cupidone, *s. f.* plante médicinale, sémi-flosculeuse.
Catapan, *s. m.* officier grec. B.
†Catapasme, *s. m.* *Catapasma.* remède en poudre.
Catapelte, *s. f.* instrument de supplice. R.
†Cataphonique, *s. f.* ou Catacoustique.
†Cataphora, *s. m.* espèce de coma; sommeil profond. * Cataphore.

†Cataphore, *s. f. Cataphora.* maladie soporeuse.

†Cataphractaire, *s. m.* cavalier armé de toutes pièces.

†Cataphracte, *s. m.* vaisseau de guerre long et ponté, t. d'antiq.

Cataplasme, *s. m. Cataplasma.* remède, emplâtre adoucissant.

Catapléxie, *s. f. Cataplexis.* engourdissement soudain. C. V.

Catapuce, *s. f.* (grande) *ou* Ricin commun. (petite) *ou* Epurge, violent purgatif, plantes.

Catapulte, *s. f.* machine de guerre, t. d'antiq.

Cataracte, *s. f. Cataracta.* chute des eaux d'un fleuve, d'une rivière, occasionnée par une pente très-brusque du sol; pluies excessives; oiseau marin qui tient du moucher; tache sur le cristallin, t. d'oculiste.

Cataracter (se), *v. pron. Suffundi.* é. e, *p.* se couvrir d'une cataracte, t. d'oculiste. G. C.

†Catarmatique, *adj.* 2 *g.* Cathartiques.

Catarre, *s. m. Epiphora.* fluxion d'humeurs. * Catarrhe. V.

Catarreux. se, *adj. Epiphoris obnoxius.* qui tient du catarre; sujet aux catarres. *. Catarrheux. A. *et* Catereux. T.

Catarrhal. e, *adj.* sujet au catarre. A. * avec fluxion. V.

†Catarrhectique, *adj.* 2 *g. s.* pénétrant, dissolvant.

Catartique. voy. Carhartique. G.

†Catartisme, *s. m. Catartismus.* réduction d'un os luxé.

†Catastaltique, *adj.* 2. *g. s.* styptique, astringent, répercussif, qui augmente le mouvement des intestins.

†Catastase, *s. f. Catastasia.* ponction de l'œil; acte qui renferme le nœud de l'intrigue; nature, état habituel d'une chose.

Catastrophe, *s. f. Catastrophe.* événement qui termine une tragédie. * déplacement de la pupille de l'œil. B.

Catau, *s. f.* femme débauchée. C.

Catéchèse, *s. f.* catéchisme. G.

Catéchiser, *v. a. Erudire.* sé. e, *p.* tâcher de persuader; exhorter; endoctriner; instruire des mystères.

Catéchisme, *s. m. Catechismus.* instructions sur les mystères; livre qui les contient.

Catéchiste, *s. m.* qui enseigne le catéchisme.

Catéchistique, *adj.* 2 *g.* t. de litur. en forme de catéchisme. R. G. C.

Catéchuménat, *s. m.* temps d'instruction du catéchumène. G.

Catéchumene, *s. adj.* 2 *g. Catechumenus.* que l'on dispose au baptême. * Catéchumène. A.

Catégorie, *s. f. Categoria.* ordre; rang. * sorte; qualité. G.

Catégorique, *adj.* 2 *g. Categoricus.* à propos; dans l'ordre.

Catégoriquement, *adv. Pracisè.* avec précision, clairement.

†Caté-indien, *s. m. Lycium indicum.* pâte de l'extrait d'un arbre, astringente, pour la rage, l'ophtalmie, les gencives.

Catéroles, *s. f. pl.* nids de lapins. V. G. * Ca-teroles. R.

†Caterrheux, *adj.* voyez Catarrheux. V. Catéreux. G.

†Caterve, *s. f.* troupe, bande de gens à pied, de soldats. RABELAIS.

†Catesbée, *s. f. Catesbæa.* genre de plantes de la famille des rubiacées.

†Cathares, *s. f.* (sectaires) purs.

†Catharmes, *s. m. pl.* sacrifice d'hommes pour se délivrer de la peste.

†Catharse, *s. f.* action des purgatifs.

Cathartique, *adj.* 2 *g. s.* purgatif. * *et* Catartique. G. V.

Cathédrale, *adj. s. f. Cathedralis.* église principale d'un évêché.

Cathédrant, *s. m. Præses.* qui préside à une thèse, à un acte.

Cathédratique, *adj.* 2 *g.* (droit) des évêques. G.

Cathédrer, *v. n.* (*inusité*) présider à une thèse. R. G.

†Cathémérine, *adj. f.* amphimérine.

†Cathérèse, *s. f. Catheresis.* diminution par évacuation.

Cathérétique, *adj.* 2. *g. s. m.* qui ronge les chairs.

Cathéser, *s. m.* sonde creuse et recourbée, instrument de chirurgie. * Cathétèr. R. Cathéter. A. C. G. CO. V.

†Cathète, *s. m.* petit carré sur l'angle duquel sont les points de la voûte conique; côté d'un triangle rectangle perpendiculaire à l'autre; rayon ou ligne perpendiculaire à la surface qui réfléchit; axe.

Cathéterisme, *s. m.* opération de chirurgie. * Cathétérisme. R. CO. AL.

Catholicisme, *s. m.* religion catholique.

Catholicité, *s. f.* pays, opinions des catholiques. * personnes catholiques. R.

Catholicon, *s. m.* (simple et double), remède électuaire purgatif. * sorte de carton. B.

Catholique, *s. Catholicus.* qui professe le catholicisme. *adj.* 2 *g.* universel, répandu partout.

Catholiquement, *adv.* conformément au catholicisme.

†Catholisation, *s. f.* action de devenir catholique.

†Catholiser, *v. a.* se faire catholique; fréquenter les catholiques.

Cati, *s. m.* apprêt des étoffes; poids à Sumatra, 28 onces 2 gros.

Catiches, *s. f. pl.* t. de chasse. R. * terriers de loutre. B.

†Catilinaire, *s. f.* discours de Cicéron contre Catilina; faction.

†Catillac, *s. m.* genre de poire en calebasse.

†Catimaron, *s. m.* navire indien.

Catimini (en) *adv.* en cachette. (*famil.*)

Catin, *s. f.* prostituée. (*famil.*)

Catin, *s. m.* bassin de fondeur qui reçoit la fonte.

†Catingue, *s. m. Catinga.* genre de plantes de la famille des napthes.

Catir, *v. a. Panno nitorem inducere.* ti. e, *p.* donner le cati, le lustre; t. de doreur, appliquer l'or dans les filets.

Catisseur, *s. m.* qui donne le cati. C. G.

†Catissoir, *s. m.* poêle de feu pour catir. * Catissoire, *s. f.* AL.

†Cato-cathartique, *ou* Catotérique, *adj.* 2 *g.* qui purge par en bas.

Catoche, *s. f.* t. de médecine. R. * *s. m.* catalepsie. B.

Catochite, *s. f.* pierre visqueuse de Corse. G.

Catodon, *s. m.* sorte de baleine. G. V.

Caton, *s. m.* sage ou qui affecte de l'être. * anneau pour étirer le fil de fer; *pl.* tringles, t. de forge. B.

Catoptrique, *adj. s. f. Catoptrica.* science de la réflexion de la lumière.

Catoptromancie, *adj. s. f.* divination par le miroir. R.

†Catoque, *s. m.* tétanos tonique et de longue durée.

Catorchite, *s. m.* espèce de vin. V.

†Catotérique, *adj.* 2 *g.* purgatif.

†Catotol, *s. m.* espèce de tarin du Mexique.

†Catrée, *s. f.* monnoie de compte au Japon, 1638 francs.

†Catulotique, *adj.* 2 *g. ou* Catalotique, cicatrisant.

†Cature, *s. m. Caturus.* genre de plantes de la famille des euphorbes.

Caucalis, *s. m.* Caucalier, Caucalide, plante.

†Caucanthe, *s. m. Caucanthus.* genre de plantes à fleurs polypétales.

Cauchemar, *s. m. Nocturna suppressio.* oppression en dormant. * Cochemar. R.

†Caucher, *s. m.* assemblage de vélin pour battre l'or.

Cauchois. e, *adj.* de Caux. *s. m.* (gros pigeon).

Caudataire, *s. m.* qui porte la queue de la robe du pape, etc.

Caudé. e, *adj.* (étoile), comète à queue, t. de blason.

Caudebec, *s. m.* chapeau de laine.

†Caudimane, *s. m. adj. Caudimanus.* animal qui peut saisir avec sa queue comme le singe; t. d'histoire naturelle.

†Caudrette, Caudelette, Chaudière, Chaudrette, *s. f.* truble ou filet suspendu en balanciers.

†Cauledon, *s. m.* fracture transversale de l'extrémité d'un os long.

†Caulescente, *adj. f.* (plante) qui forme une tige qui s'élève comme un arbrisseau.

Caulicoles, *s. f. pl.* petites tiges en volutes.

†Caulifère, *adj.* 2 *g.* (plante) qui porte une tige.

†Caulinaire, *adj.* 2 *g.* qui appartient à la tige, qui naît sur elle.

†Caurale, Petit Paon des roses, *s. m.* bel oiseau de la Guiane, du genre du râle, à plumage varié et soyeux comme les ailes des phalènes.

Cauriole, *s. f.* t. d'archit. R.

Cauris, Coris, *s. m. Cypraea.* coquille univalve du genre des porcelaines, qui sert de monnoie aux Indes.

Causal. e, *adj.* t. de gram. R. A. V. voyez Causatif.

Causalité, *s. f.* qualité, manière d'agir d'une cause.

Causant. e, *adj.* (*famil.*) qui aime à causer. SÉVIGNÉ.

Causatif. ve, *adj.* qui rend raison de ce qui a été dit. * *ou* Causale, t. de gram. (particule). B.

†Causativement, *adv.* en litige; par la cause.

Cause, *s. f. Causa.* principe; motif; sujet; occasion; parti; raison; intérêt; procès qui se plaide.

Cause de (à), *prép.* * À-cause-de. C.

Cause que (à), *prép.* pour cause. *adv.*

Causer, *v. a. Creare.* sé. e, *p.* être cause de *v. n.* s'entretenir familièrement; parler trop; critiquer. *Garrire.*

Causerie, *s. f. Garrulitas.* action de causer, babil. (*fam.*)

Causeur. se, *adj. s. Garrulus.* qui cause, qui aime à parler; indiscret.

†Causos *ou* Causus, *s. m.* fièvre continue et aiguë.

†Caussiné, *adj.* (bois) déjeté après avoir été travaillé.

Causticité, *s. f.* (*fig.*) penchant à mordre, à critiquer. * qualité de ce qui brûle. G. C. V.

Caustique, *adj.* 2 *g.* corrosif; brûlant, mordant.

Caustique, *s. f.* t. de géom. courbe sur laquelle se rassemblent les rayons réfléchis.

Cautèle, *s. f.* précaution; finesse. (*vieux*)

* Cautèle. CO. C. G. V.

†Cautelée, *adj. f.* (femme) pleine d'artifice et de ruse. MAROT.

Cauteleusement, *adv.* avec ruse, finesse. (*ironique*). * Cautéleusement. V.

Cauteleux, se, *adj. Versutus.* fin, rusé. (*en mauvaise part*).

Cautère, *s. m. Cauterium.* ulcère artificiel, caustique pour le faire; bouton de feu. * Cautère. R.

†Cautérétique, *adj. 2 g. s. m.* qui brûle les chairs.

Cautérisation, *s. f. Caustica adustio.* action de faire un cautère.

Cautériser, *v. a. Inurere cauterio.* sé. e, *p.* brûler comme font les caustiques; appliquer un cautère; brûler les chairs.

†Cautiban, *adj.* (bois) qui n'a du flache que d'un côté.

Caution, *s. f. Cautio.* répondant, qui s'oblige pour quelqu'un.

Cautionage, *s. m.* action de cautionner. R.

Cautionnement, *s. m. Satisdatio.* acte par lequel on cautionne quelqu'un. * somme qui sert de caution. B. * Cautionement. R.

Cautionner, *v. a. Spondere.* né. e, *p.* se rendre caution pour quelqu'un. * Cautioner. R.

Cavagnole, *s. m.* jeu de hasard, sorte de biribi.

Cavalage, *s. m.* tortues accouplées. G. V.

Cavalcade, *s. f. Equestris procursio.* marche pompeuse à cheval; course à cheval.

Cavalcadour (écuyer), *adj. m.* qui a soin des chevaux. * *et* Cavalcadeur. RR.

Cavale, *s. f. Equa.* femelle du cheval, jument.

Cavalerie, *s. f. Equitatus.* troupe de soldats à cheval.

†Cavalet, *s. m.* t. de verrerie, couvert de la lunette.

Cavalier, *s. m. Eques.* homme, soldat à cheval; terre élevée pour l'artillerie; homme; sorte de papier. * militaire gentilhomme. B.

Cavalier. ère, *adj. Liberior.* aisé, libre; brusque, hautain. * *f.* Cavaliere. R.

Cavalière (à la), *adv.* en cavalier; librement, brusquement. * A-la-cavalière. C. A la Cavaliere. R.

Cavalièrement, *adv. Comiter.* lestement; avec hauteur, hardiesse, témérité. * Cavaliérement. R. G.

Cavalot, *s. m.* t. d'artill. R. * monnoie milanoise d'argent.

Cavalquet, *s. m.* son de la trompette en traversant une ville. G. V. RR.

†Cavatine, *s. f.* air court, sans reprise ni seconde partie.

Cave, *s. m. Cella,* lieu souterrain; caisse de liqueurs; mise au jeu. * flacon de toilette. B.

Cave (veine), *adj. s. f.* t. d'anat. *Vena cava,* le plus gros vaisseau du sang; t. d'astron. (lune), mois lunaire de 29 jours.

Caveau, *s. m. Crypta.* petite cave; souterrain d'église.

Cavecé. e, *adj.* qui a la tête noire. A.

Cavée, *s. f. Cavatus.* chemin creux.

Caver, *v. a. Cavare.* vé. e, *p.* creuser, miner; faire fonds; t. d'escrime, retirer le corps en avançant la tête; (au plus fort) porter à l'extrémité. (*famil.*) t. de jeux, t. de doreur, imprimer un cuivre.

Caverne, *s. f. Specus.* grotte, antre. * lieu de réunion de bandits. AL.

Caverneux. se, *adj.* plein de cavernes; t. d'anat. creux.

Cavernosité, *s. f.* vide d'un corps caverneux. G. R.

†Cavestine, *s. f.* sorte de cavesson.

Cavesson, *s. m.* fer pour dompter les chevaux, t. de manège. * Caveçon. A. *ou* Caveçon. V.

Cavet, *s. m.* t. d'archit. moulure rentrante.

Caviar, *s. m.* œufs d'esturgeon salés. * sorte d'esturgeon. L.

Cavidos, *s. m.* mesure de longueur en Portugal. RR.

Cavier, *s. m.* t. de coutume. RR.

Cavillation, *s. f. Cavillatio.* sophisme, subtilité; mauvaise chicane; dérision, moquerie.

†Cavillements, *s. m. pl.* ruse, finesse, détours, fraudes.

Cavin, *s. m.* défilé, lieux creux, t. milit. G.

Cavité, *s. f. Caverna.* creux, vide dans un solide.

†Cavoirs, *s. m. pl.* petits grésoirs pour rogner le verre.

†Cayasse, *s. f.* barque égyptienne à voiles et à rames.

†Cayenne, *s. f.* cuisine; caserne des matelots.

†Cayes, *s. f. pl.* roches sous l'eau, peu éloignées des côtes.

†Cayman, *s. m.* voy. Caïman. * poisson d'Amérique du genre de l'ésoce. B.

Cayopollin, *s. m. Philander.* petit animal qui se rapproche beaucoup du sarigue et de la marmose, en Amérique, didelphe, fauve-brun.

†Cazelle, *s. f.* bobine de tireur d'or.

†Cazier *ou* Casiar, *s. m.* espèce de nasse.

Ce, Cet, *m.* Cette, *f. pronom démonstratif. Hic, Hæc, Hoc.* qui indique. *adj. s.*

C'est pourquoi, *conj. Quapropter.* * C'est-pourquoi. C.

Ce n'est pas que, *conj.* * Ce-n'est-pas-que. C.

Ce que, *conj.* * Ce-que. C.

†Céanore, *s. f. Ceanothus.* genre de plantes polypétales, de la famille des nerpruns.

Céans, *adv. Hic intùs.* ici, dedans.

†Cébathe, *s. f. Cebathæ.* genre de plantes qui ont des rapports avec les ignames.

Ceci, *pron. démonstratif. Hoc.* cette chose ci.

†Cécilies, *s. f. pl.* serpens dépourvus d'écailles, à peau ridée sur les côtés.

Cécité, *s. f.* état d'un aveugle; (*figuré*) aveuglement.

Cédant. e, *adj. s.* qui cède son droit, t. de pratique.

Céder, *v. a. Cedere.* dé. e, *p.* laisser, abandonner; transporter à quelqu'un; s'affaisser, rompre. *v. n.* acquiescer; céder le dessus.

Cédille, *s. f. Virgula suscripta.* virgule qui adoucit le C. (Ç).

†Cedo nulli, *s. m.* très-belle came à base ovale, régulière, marbrée par zones fauves, couleur de chair et aurore.

Cédon, *s. m.* plante; (arborescent) arbuste. G.

Cédrat, *s. m.* sorte de citronnier, son fruit.

Cèdre, *s. m. Cedrus.* arbre; pin du liban, arbre conifère, toujours vert, de forme pyramidale, à bois rougeâtre, odoriférant. * Cedre. C. G.

†Cédrel, *s. m. Cedrela.* genre de plantes de la famille des azédarachs.

Cédrie, *s. f.* résine du cèdre. G. * Cédria, manne mastichine; baume dessiccatif. B.

Cédrite, *s. m.* vin de cèdre. V.

Cédule, *s. f. Cedrus.* petit billet, écrit.

†Ceiba *ou* Seiba, *s. m.* arbre d'Afrique, de la famille des mauves, d'une grosseur énorme.

Ceignant. e, *adj.* qui ceint. R.

Ceignante, *s. f.* douzième vertèbre du dos. G.

Ceindre, *v. a. Cingere.* ceint. e, *p.* entourer, environner.

Ceintes, *s. f. pl. Cinctæ.* cordons autour du navire. G. C. V.

Ceintrage, *s. m.* cordages qui ceignent le tour des tranches, t. de mar. C. V. G. RR. CO.

Ceintrer, *v. a. Arcuare.* tré. e, *p.* t. de mar. faire le ceintrage. G.

Ceinture, *s. f. Cingulum.* ruban, cordon, litre; bord; partie du corps où s'attache la ceinture. — d'argent, poisson du genre du trichiure; t. d'archit. petit liteau. — de Vénus, ligne dans la main, t. d'astrologie.

Ceinturette, *s. f.* sorte de petite bande de cuir. G. V.

Ceinturier, *s. m. Zonarius.* qui fait et vend des ceintures.

Ceinturon, *s. m. Cingulum.* sorte de ceinture à pendant.

Ceinturonnier, *s. m.* qui fait et vend des ceinturons. C.

Cela, *pronom démonstratif. Id.* cette chose-là.

Céladon, *s. m. Color thalassinus.* vert pâle; * amant délicat. (*dans l'Astrée.*) B.

Céladonisme, *s. m.* style de Céladon. RÉTIF.

Célastre, *s. m. Celastrus.* arbrisseau; genre de plantes polypétales, de la famille des nerpruns.

†Célate, *s. f.* salade, armure de tête.

Célébrant, *s. m.* qui officie, qui dit la messe.

Célébration, *s. f. Celebratio.* action de célébrer.

Célèbre, *adj. 2 g. Celeber.* renommé, fameux; moindre qu'illustre. * Celebre. R. Célèbre. G. C. A. V.

Célébrer, *v. a. Celebrare.* bré. e, *p.* louer avec éclat; exalter; solenniser.

Célébrité, *s. f. Celebritas.* solennité; grande réputation.

Célep, *s. m.* breuvage oriental. RR.

Celer, *v. a. Celare.* lé. e, *p.* cacher, taire. * Céler. G.

Céleri, *s. m. Apium.* herbe; ache, plante potagère, en parasol, sa racine est l'une des 5 grandes apéritives. * *ou* Sceleri. G.

Célerin, *s. m. ou* Harengage, poisson de mer, espèce de grosse sardine.

Célérité, *s. f. Celeritas.* promptitude, diligence, vîtesse.

Céleste, *adj. 2 g. Cœlestis.* qui appartient au ciel; divin; excellent, extraordinaire. (*style exagéré*).

†Célestes, *s. f. pl.* (Annonciades) ordre de religieuses.

Célestine (à la) *adv.* à la manière des célestines. R.

Célestins, *s. m. pl. Cœlestini.* moines de St-Benoît. G.

Céliaque, *s. f. Cœliacus.* flux de ventre. *adj. 2 g.* du canal alimentaire (artère). * *ou* Cœliaque. A. V.

Célibat, *s. m. Vita cœlebs.* état d'une personne non mariée.

Célibataire, *s. m.* nubile et qui vit dans le célibat.

†Célidée, *s. f.* anémone à peluche céladon et couleur de rose.

†Cellaire, *s. f. Cellaria.* polypier dont les articulations sont garnies de cellules.

Celle, *pronom f. Illa.* voyez Celui.

Cellépore, *s. m. Cellepora.* lithophyte; polypier à rayons. * *s. m. pl.* L.

Cellerage, *s. m.* droit seigneurial. RR. * droit sur le vin dans le cellier. B.

Cellererie, *s. f.* emploi claustral. G. * Cellérerie. R.

Cellerier. ere, *s. Cellarius.* religieux qui a soin des provisions; titre claustral. R. G. C. * Cellérier. V. *f.* Celleriere. R.

Cellier, *s. Cella.* où l'on serre le vin et les provisions.

Cellite, s. m. ordre religieux. R.
Cellulaire, adj. 2 g. *Cellularia*. (partie) du corps qui a des cellules; t. d'anat. * 3ᵉ. genre de zoophytes à tige branchue, articulée, cellule à cube pour base. B.
Cellule, s. f. petit logis; retraite; cavité; loge, alvéole, séparation.
†Celluleux, se, adj. *Cellulosus*. cellulaire.
†Célotomie, s. f. opération de l'hernie.
†Celsie, s. f. *Celsia*. genre de plantes de la famille des solanum.
Celtique, adj. 2 g. *Celtiqua*. langue des Celtes.
Celui, Celle, pron. démonst. s. Is. Ceux, Celles. pl.
Celui-ci, Celle-ci, *pronom démonstratif*.
Celui-là, Celle-là, *pronom démonstratif*.
Cément, s. m. mélange de métaux, sels et soufre, exposé au feu pour faire l'acier.
Cémentation, s. f. action d'exposer au feu les métaux dans un mélange de sel, soufre, etc.
Cémentatoire, adj. 2 g. (cuivre) précipité.
Cémenter, v. a. té. e, p. purifier l'or, etc.
Cémétérial, adj. qui concerne le cimetière, qui y est situé. V. C. G. * f. Cémétériale. R.
Cénacle, s. m. *Cenaculum*. salle à manger. *style sacré*.
†Cenchris, s. f. *Cenchria*. serpent du 2ᵉ. genre à Surinam, de couleur jaunâtre.
Cenchrite, s. f. pierre composée d'un assemblage de grains pétrifiés. G. V.
Cenco, s. m. *Cenchoa*. serpent du 3ᵉ. genre, au Brésil, le plus mince des serpens, brun avec des taches pâles.
†Cendale, s. f. étoffe pour les bannières.
Cendre, s. f. *Cinis*. poudre qui reste des matières brûlées. pl. cendres bénites; cérémonie de leur distribution.
Cendré. e, adj. *Cineraceus*. couleur de cendre. s. m. serpent du 3ᵉ. genre, cendré en dessus, blanc en dessous.
Cendrée, s. f. *Pulvis plumbeus*. petit plomb, écume de plomb. * mélange de pierre à chaux calcinée, et de cendres de charbon de pierre qui sert de ciment, — bleues, s. f. pl. pierre bleue, tendre, grénelée, dans les mines de cuivre, sert pour la peinture en détrempe. B.
Cendreux. se, *Cinere aspersus*. couvert, plein de cendres. * (fer) qui se polit mal. B.
Cendrier, s. m. où tombe la cendre; celui qui en vend.
†Cendriette ou Cinéraire, s. f. *Cineraria*. genre de plantes à fleurs composées.
†Cendrures, s. f. pl. petites veines dans l'acier.
Cène, s. f. *Ultima cœna*. souper du Christ; communion des calvanistes; communion; cérémonie, t. de litur. * Cene. R.
Cénelle, s. f. *Aquifolia bacca*. fruit du houx, petit et rouge.
Cénisme, s. m. vice d'élocution en employant tous les dialectes. G. V.
Cénobiarque, s. m. supérieur de monastère. voy. Cœnobiarque. R.
†Cénobie, s. f. maison de retraite volontaire.
Cénobite, ou Cœnobite, s. m. *Cænobita*, moine vivant en communauté.
Cénobitique, adj. 2 g. du cénobite. * Cœnobitique. R.
†Cénobitophile, s. adj. 2 g. ami des cénobites.
†Cénoptère, s. m. *Coenopteris*. genre de fougères.
Cénotaphe, s. m. *Cenotaphium*. tombeau vide, en mémoire de quelqu'un.
†Cénotique, adj. s. 2 g. fort évacuant.
Cens, s. m. redevance en argent, t. d'antiq. déclaration des biens.
Censal, s. m. courtier dans le Levant. R. C.
Cense, s. f. ferme, métairie.
Censé. e, adj. *Habitus*. réputé. * estimé. G.
Censerie, s. f. a le même sens que courtage. C.
Censeur, s. m. *Censor*. garde des mœurs; critique; chargé d'examiner les livres.
Censier. ère. s. (adj.) qui tient une ferme à cens, t. de prat. propriétaire du cens. * f. Censiere. R.
Censitaire, s. m. tenancier, qui doit cens et rente.
Censite, adj. 2 g. sujet au cens. R.
Censive, s. f. *Vectigal*. redevance; étendue d'un fief.
Censivement, adv. avec droit de cens. R.
Censuel. le. adj. qui a rapport au cens. * f. Censuele. R.
Censurable, adj. 2 g. *Reprehendendus*. qui mérite la censure.
Censure, s. f. *Censura*. v. a. dignité de censeur; blâme, correction. * répréhension; excommunication; interdiction, suspension, jugement qui la prononce; examen d'un livre; action de censurer.
Censurer, v. a. *Reprehendere*. té. e, p. reprendre, blâmer; déclarer erroné.
Cent, adj. s. *Centum*. dix fois dix; une centaine. pl. cents. * pl. Cens. R.
Centaine, s. f. nombre de 100; brin de fil ou de soie qui lie l'écheveau.
Centaure, s. m. *Centaurus*. monstre fabuleux; constellation méridionale.
Centaurée, s. f. *Centaurium*. plante médicinale; genre de plantes composées, flosculeuses. Petite Centaurée, plante vulnéraire.
Centenaire, adj. 2 g. *Centenarius*. qui a cent ans. * qui contient cent ans. CO.
Centene, s. f. charge de centenier. C. * Centène. G.
Centenier, s. m. *Centurio*. capitaine de cent hommes.
†Centenille, s. f. *Centunculus*. genre de plantes de la famille des gentianes.
Centi, nom générique qui signifie la 100ᵉ. partie.
Centiare, s. m. 100ᵉ. partie de l'are; 9 pouces carrés 83062ᵉ.
Centième, adj. 2 g. s. *Centesimus*. nombre ordinal de 100. * Centieme. R.
Centigramme, s. m. 100ᵉ. partie du gramme; 0 grain 18841ᵉ.
Centilitre, s. m. 100ᵉ. partie du litre; 871 lignes cubes 987646ᵉ.
Centime, s. m. 100ᵉ. partie du franc.
Centimètre, s. m. 100ᵉ. partie du mètre; 4 lignes 43441952ᵉ.
Centinode, s. m. plante à nœuds. voy. Renouée.
Centistère, s. m. 100ᵉ. partie du stère.
Centon, s. m. *Cento*. rapsodie de poësie; fragmens de poëtes. * ouvrage plein de morceaux pillés. B.
†Centoniser, v. a. sé. e, p. composer un chant de traits recueillis.
Cent-pieds, s. m. serpent de Siam, très-venimeux. V. G.
Cent-Suisse, s. m. soldat de la garde du roi. A. R.
Central. e, adj. *Centralis*. qui est dans le centre.
Centralisation, s. f. réunion au centre. C. CO. V.
Centraliser, v. a. sé. e, p. réunir au centre. C. V.
Centre, s. m. *Centrum*. point du milieu d'un cercle, d'un globe, d'une figure; milieu; point de tendance.
†Centrer, v. a. travailler un verre de lunettes de manière qu'il soit plus épais au centre.
Centrifuge, adj. 2 g. *Centrifugus*. qui tend à s'éloigner du centre.
Centrine, s. f. poisson de mer. G. V.
Centripete, adj. 2 g. *Centripetus*. qui tend à gagner le centre. * Centripète. A. C. G.
Centrisque, s. m. *Centriscus*. poisson. L. * genre de poissons à nageoires cartilagineuses, 12ᵉ. genre, 1ʳᵉ. classe. B.
Centrobarique, adj. (méthode) pour mesurer une surface ou un solide. R.
†Centrolophe, s. m. genre de poissons à crête longitudinale.
†Centropomes, s. m. pl. 114ᵉ. genre de poissons.
Centroscopie, s. f. traité des centres. R. G. C. V.
Centumvir, s. m. *Centumvir*. magistrat romain. pl. Centumvirs.
Centumviral, adj. qui vient des centumvirs. C. G. * f. Centumvirale. A. R.
Centumvirat, s. m. dignité du centumvir; les centumvirs.
Centuple, adj. 2 g. s. m. *Centuplicatò*. cent fois autant.
Centupler, v. a. plé. e, p. répéter cent fois. A. C. * rendre cent fois plus grand. G.
Centuriateur, s. m. historien qui divise son ouvrage par siècles. * pl. G. C. V.
Centurie, s. f. *Centuria*. centaine; t. d'antiq. cent Romains d'une même classe. * pl. prédictions de Nostradamus. B.
Centurion, s. m. *Centurio*. commandant de cent hommes.
Centusse, s. f. cent sous de monnoie romaine. G.
Cep, s. m. *Vitis*. pied de vigne. pl. Ceps, *Compedes*, chaîne.
Cépæa, s. f. espèce de joubarbe. G. * Cépœa. V.
Cépeau, s. m. souche de bois pour frapper, t. de monnoie. G. V. RR.
Cépée, s. f. touffe de bois sortant d'une souche. * cette souche; terrain qui en est couvert, ou de buissons. B.
Cependant, adv. *Interim*. pendant cela, pendant ce temps-là, néanmoins, toutefois, nonobstant cela.
Céphalalgie, s. f. douleur de tête. G. CO. V.
Céphalalogie, s. f. traité du cerveau. G. C. V.
†Céphalante, s. f. *Cephalanthus*. genre de plantes de la famille des rubiacées.
Céphalatomie, s. f. description des parties de la tête. V. G.
†Céphale, s. f. petit papillon de jour qui ne marche que sur quatre pattes.
Céphalée, s. f. douleur de tête invétérée. G. * adj. (mollusque) qui a une tête. B.
Céphalique, adj. 2 g. *Cephalica*. qui appartient à la tête; pour le mal de tête.
†Céphalocle, s. m. *Cephaloculus*. crustacée sessiliocle, monocle, aquatique.
†Céphalopodes, s. m. pl. mollusques à manteau en forme de sac, tête couronnée de grandes tentacules.
†Céphalopome, s. f. *Cephaloponia*. douleur, vice, mal de tête.
†Céphalotte, s. f. espèce de chauve-souris; espèce de fourmi.
Céphée, s. m. t. d'astron. constellation septentrionale, composée de trois étoiles en ligne droite.
Cépole, s. m. *Cepola*. poisson du 1ᵉʳ. genre, 4ᵉ. classe. L. * nom d'un genre de poissons épineux, pectoraux. B.
†Céracée, s. f. voyez Broçotte.
†Céraiste, Céreste, s. f. *Cerestium*. oreille de souris, plante.
Cerambyx, s. m. insecte. voyez Capricorne. L.
Céramique, s. m. lieu des funérailles publiques à Athènes.
†Cérancoline, s. f. voyez Brèche, Coraline.
Céraste, s. m. *Cerastes*. serpent du 3ᵉ. genre, à

à dent saillante au-dessus de chaque œil; plante. L.
Cérat, s. m. *Ceratum.* onguent, pommade de cire, etc.
Cération, s. f. préparation à la fusion. G. V.
†Cératocarpe, s. m. *Ceratocarpos.* genre de plantes de la famille des arroches.
†Cératocèle, s. f. hernie de la cornée; espèce de staphylôme.
Cératoglosse, s. m. *Ceratoglossus.* muscle de la langue. G. V.
†Cératoïde, adj. 2 g. *Ceratoïdes.* qui ressemble à une corne.
†Cératophytes, s. f. pl. zoophytes ou polypes dont l'axe est solide.
†Cératosperme, s. m. *Ceratospermum.* genre de plantes de la famille des algues.
†Cératostaphylin, s. m. *Ceratostaphylinus.* muscle qui tient à l'os hyoïde et à la luette.
†Cératotome, s. m. scapel pour inciser la cornée.
†Céraunias, s. m. pierre de foudre, pierre de tonnerre. s. f. pyrite pyramidale très-dure, dont les anciens garnissoient leurs piques.
Cerbère, s. m. *Cerberus.* chien des enfers; portier brutal. * salpêtre, t. de chimie. G. Çerbere. R.
Cercaire, s. m. ver infusoire; zoophyte microscopique, ovale, à queue. M.
†Cerce, s. f. courbe d'une voussure; t. de menuis. archure.
Cerceau, s. m. *Circulus.* cercle de bois, de fer, etc.; filet de chasse.
Cerceaux, s. m. pl. plumes du bout de l'aile d'un oiseau de proie.
Cercelle, s. f. *Querquedula.* oiseau aquatique. * Cercele. R. ou Cercerelle. G. voy. Sarcelle. A.
Cerche, s. f. trait de quelque figure tracée par des points. * Cerce. C. Cherche. R. ou Cherche. G. A.
Cercle, s. m. *Circulus.* suite de points à égale distance d'un seul centre; cerceau; assemblée; états d'Allemagne. * ou Anneau magique, trace circulaire de gazon pelé, soit par l'effet du tonnerre, soit par les fourmis. B.
Cercler, v. a. clé, e, p. mettre des cercles. * entourer. (*vieux*). A.
Cerclier, s. m. qui fait des cercles. R. G. C.
†Cercodée, s. m. *Cercodea.* genre de plantes de la famille des onagres.
Cercopitheque, s. m. *Cercopithecus.* R. * singe à longue queue non prenante. B.
Cercôsis, s. f. t. de méd. excroissance polypeuse. R.
Cercueil, s. m. *Sandapila.* bière. * (*figuré*) le tombeau, la mort. G.
Céréales, s. f. pl. fêtes de Cérès. R. * *adj. f.* (graine) farineuse. B.
Cérébral. e, adj. qui appartient au cerveau.
†Cérébrite, s. f. méandrite fossile.
Cérémonial, s. m. *Ritualis liber.* livre, usage des cérémonies.
Cérémonial. e, adj. qui concerne les cérémonies.
Cérémonie, s. f. *Cæremonia.* acte mystérieux, t. de litur. formalités; façons civiles. *Affectata urbanitas.* (en), avec appareil. * difficultés, (*ironique*).
Cérémonieux. se, adj. *In urbanitatem effusior.* qui fait trop de cérémonies.
Cérès, s. f. déesse de l'agriculture. R. (*poétiq.*), le blé.
Cerf, s. m. *Cervus.* quadrupède fauve, *pron.* cer.
Cerfeuil, s. m. *Cærefolium.* plante potagère, annuelle, fleurs en ombelle, feuilles comme celles du persil; apéritif, rafraîchissant, antiscorbutique, son suc bon contre l'hydropisie. — musqué, vivace, odeur agréable, ressemble à la fougère; carminatif, désopilatif. * voyez Myrrhis. R.
†Cerf-cochon, s. m. quadrupède d'Afrique qui approche du cerf. *prononcez* cer.
Cerf-volant, s. m. *Scarabeus lucanus.* insecte coléoptère, le plus grand de France, qui a deux grandes cornes mobiles et branchues, noir-rougeâtre. * ou Escarbot. A. machine de papier tendu sur des baguettes; cuir tanné à fort, sans ventre. G. *prononcez* cer.
Cériaca, s. m. arbre à fleurs blanches. * Ceriaca. R.
†Céries, s. f. pl. *Ceria.* espèce de mouches à antennes en fuseau.
Cerinthée ou Mélinet, s. f. plante vulnéraire. A.
†Cérique, s. m. espèce de crabe de l'Amérique.
Cerisaie, s. f. lieu planté de cerisiers. * Cérisaie R.
Cerise, s. f. *Cerasum.* fruit rouge à noyau; couleur de ce fruit. * t. de maréchaux, mal à la fourchette. G.
†Cérisette, s. f. petite prune rouge.
Cerisier, s. m. *Cerasum.* arbre qui porte la cerise. * — capitaine ou Bois capitaine, arbrisseau dont les feuilles ont des aiguillons, à baie rouge, à Saint-Domingue. B.
†Cérithes, s. m. pl. murex à coquille turriculée; canal court.
Cerne, s. m. *Circulus.* cercle tracé sur le sable; t. de méd. rond livide autour d'une plaie, autour des yeux.
Cerné. e, adj. des yeux battus. C. G.
Cerneau, s. m. *Juglandium nucleus.* moitié de noix verte sans la coque.
Cerner, v. n. *Enucleare.* né, e, p. couper en rond, entourer. * détacher de ce qui environne. A.
†Cernuateur, s. m. espèce de sauteur chez les Romains.
†Cérocome, s. m. *Cerocoma.* insecte coléoptère, rare, ressemble à la cantharide, aux lyttes, antennes à 11 anneaux en S.
†Céroène, s. m. emplâtre résolutif, fortifiant. * Cerouène, Cirouène. AL. Céroéne. B.
Céroféraire, s. m. celui qui porte un cierge. C. G.
Céromance, Céromancie, s. f. divination par des figures de cire. R. C. G. V.
†Céromel, s. m. onguent de miel et de cire.
Ceron, Suron, s. m. sorte de ballot de marchandises couvert de peau de bœuf fraîche. R. G. C. V.
†Céropège, s. m. *Ceropegia.* genre de plantes monopétales, de la famille des apocins.
Céropisse, s. f. emplâtre de poix et de cire. C. G. * Céropiste. V.
Cerquemanage, s. m. office de cerquemaneur. C.
Cerquemanement, s. m. action de cerquemaner, t. de coutume. C. G.
Cerquemaner, v. a. né. e, p. régler l'arpentage, t. de coutume. C. G.
Cerquemaneur, s. m. juré arpenteur. C. R. V.
Cerre, s. m. espèce de chêne. G. V.
Certain. e, adj. *Certus.* sûr, vrai, indubitable; quelque.
Certain, s. m. chose certaine, que l'on possede.
Certainement, adv. *Certè.* en vérité, assurément.
†Certainer, v. a. faire savoir à quelqu'un. voy. Acertener.
Certeau, s. m. sorte de poire. R. G.
Certes, adv. *Sanè.* certainement; sans mentir; en vérité.
Certificat, s. m. *Testificatio.* écrit faisant foi de quelque chose.
Certificateur, s. m. *Consposor.* qui certifie une caution, un billet, une promesse, (des criées), qui atteste leur légalité.
Certification, s. f. assurance par écrit, t. de pratique.
Certifier, v. a. *Affirmare.* fié. e, p. assurer qu'une chose est vraie.
Certitude, s. f. assurance pleine et entière; stabilité.
Cérumen, s. m. l'humeur jaune des oreilles.
Cérumineux. se, adj. qui tient de la cire.
Céruse, s. f. *Cerussa.* blanc, chaux ou oxidé blanc de plomb, plomb dissous par la vapeur du vinaigre. * (*fig.*) faux brillant. *latinisme.* G.
Cervaison, s. f. temps où le cerf est bon à chasser.
Cerveau, s. m. *Cerebrum.* substance molle dans le crâne; esprit; entendement; partie d'une cloche. * — de mer, fongipore compacte qui ressemble au cerveau.
Cervelas, s. m. *Hilla.* petit saucisson. * instrument à vent. G.
Cervelet, s. m. *Cerebellum.* partie postérieure du cerveau.
†Cervelière, s. f. espèce de casque.
Cervelle, s. f. *Cerebrum.* partie blanche et molle du cerveau; esprit; entendement; jugement; partie supérieure d'une cloche. * — de palmier, moelle de son tronc. * Cervele. R.
Cervical. e, adj. qui appartient au cou.
Cervier, adj. m. (loup). R. * lynx. B.
Cervoise, s. f. *Cervisia.* boisson faite avec du grain et des herbes; boisson des anciens.
Cervoisier, Cervisier, s. m. marchand de cervoise; brasseur. V.
César, s. m. *Cæsar.* empereur; titre; homme très-brave. G. V.
Césarienne, adj. f. *Cæsarea incisio.* (opération) accouchement artificiel par incision.
Cessant. e, adj. qui cesse. (toute affaire). *adverbial.*
Cessation, s. f. *Cessatio.* discontinuation, intermission.
Cesse (sans), adv. *Sine ullâ intermissione.* continuellement. * sans-cesse. C. * *s. f.* discontinuation. V.
Cesser, v. a. n. *Cessare.* sé. e, p. discontinuer; interrompre.
Cessible, adj. 2 g. qui peut être cédé.
Cession, s. f. *Cessio.* démission; abandon; transport.
Cessionnaire, adj. 2 g. celui à qui on cède; celui qui accepte la cession. * celui qui cède. G. Cessionaire. R.
Cessite, s. f. pierre qui représente des feuilles de lierre. V.
C'est fait, C'en est fait, adv. la chose est finie; la chose est faite! le malheur est arrivé! il est perdu! il est mort! A. G. V.
C'est pourquoi, conj. ainsi. * C'est-pourquoi. C.
Ceste, s. f. *Cestus.* gantelet; ceinture de Vénus, t. d'antiq.
Cestiphores, s. m. pl. combattans avec le ceste. R.
†Cestreau, s. m. *Cestrum.* genre de plantes exotiques, monopétales, de la famille des solanum.
Césure, s. f. *Cæsura.* repos dans un vers, t. de poësie.
Cet, Cette, adj. pronom démonstratif. *Hic, Hæc, Hoc.* voyez Ce.
Cetacée, adj. 2 g. s. *Cetacei.* les grands animaux plagiures, vivipares, pisciformes, à nageoires, sans écailles, à mamelles, (la baleine, etc.) * Cétacée. C. R. Cétacé. e. A.
Ceterac, s. m. Doradilla, Scolopendre vraie, Doradille vulgaire; espèce de capillaire, bonne pour les maladies de la rate, facilite l'expectoration; l'infusion des feuilles, excellent diurétique. * Cétérac. A. Cétérach. R. Cete-

rach. G. C.

†Cétoines, *s. m. pl. Cetonia.* insectes coléoptères qui vivent sur les fleurs.

Cette-ci (*vieux*). celle-ci. G. C.

Cettui-ci (*vieux*). celui-ci. G. C.

Cettuy (*vieux*). ce. G. C.

Cevadille, *s. f. Cevadilla.* plante du Sénégal, petite orge caustique, brûlante, fait mourir les poux et les punaises; mange les chairs baveuses. C. * *ou* Sibadille. G. V.

†Ceylanite, *s. m.* pléonaste, schorl, grenat; pierre de Ceylan, espèce de grenat brun.

Cha, *s. m.* étoffe de soie de la Chine. C. G. V.

†Chabasie, *s. f.* zéolithe cubique.

Chabec *ou* Chébec, *s. m.* bâtiment de guerre dans la Méditerrannée.

†Chabin, *s. m.* espèce de chèvre.

Chablage, *s. m.* travail du chableur. G. C. * Châblage. R.

Châbleau, *s. m.* corde. R.

Chabler, *v. a.* blé. e, *p.* attacher un câble à une pièce de bois pour l'élever. G. C. V. * Châbler. R.

Chableur, *s. m.* qui aide les voituriers par eau. C. G. V. * Châbleur. R.

Chablis, *s. m.* bois abattu par le vent. * Châblis. R.

Chabnam, *s. m.* ou Rosée, *s. f.* mousseline très-fine du Bengale. R.

Chabot, *s. m. Gobius.* poisson d'eau douce, du genre du cotte.

Chabots, *s. m. pl.* menus cordages, t. de maçonnerie. G.

†Chabrillon, *s. m.* fromage de lait de chèvre, en Auvergne.

Chacal, *s. m. Lupus aureus.* animal qui tient le milieu entre le chien et le loup; en Afrique, carnassier, très-vorace. R.

Chacamel, *s. m.* oiseau des Antilles, vit dans les montagnes, a le cri de la poule. * marail des montagnes. B.

Chacart, *s. m.* toile de coton des Indes. RR.

Chaconne, *s. f.* air, danse à mesure modérée et mouvement bien marqué. * ruban. G. Chacone. R.

Chacril, *s. m.* écorce du ricinoïde. voy. Cascarille. C.

Chacun. chacune, *pronom distributif, sans pl. Quisque.* chaque personne, chaque chose.

Chacunière, *s. f.* (*vieux*) maison. V.

Chadec, *s. m.* citronnier de la Barbade. G. C. V.

Chafaudrier, *s. m.* t. de mar. B.

Chafée, *s. f.* écorce du grain, t. d'amidonnier. G. V.

Chaferconées, *s. f. pl.* toiles peintes des Indes. R.

Chafouin. e, *adj. s.* (*famil.*) qui est maigre, petit et a la mine basse.

Chafourer, *v. a.* ré. e, *p.* défigurer, barbouiller. R.

Chafoureur, *s. m.* grifonneur. R.

Chagrin, *s. m. Mœror.* peine; déplaisir; dépit; cuir de cheval pris sur la croupe, préparé en Perse; étoffe de soie qui a des grains.

Chagrin. e, *adj. Mœstus.* triste, mélancolique, fâcheux.

Chagrinant. e, *adj. Molestus.* qui afflige, donne du chagrin.

Chagrinement, *adv.* avec chagrin. R.

Chagriner, *v. a. Mœrorem afferre.* né. e, *p.* causer du chagrin, attrister. (se), *v. r.* prendre du chagrin, s'affliger.

†Chahi, *s. m.* monnoie de Perse, 6 s.

Chaîne, *s. f. Catena.* lien composé d'anneaux; continuité; (*fig.*) servitude; enchaînement; suite: mesure; les galères, les galériens; fils tendus; pile de pierres. * serpent du 3ᵉ. genre, noir-bleuâtre, avec des lignes jaunes. B.

†Chaîné. e, *adj.* t. de bot. formé de parties attachées bout-à-bout.

Chaîneau, *s. m.* canal de plomb ou de bois. R.

Chaînetier, *s. m.* qui fait des chaînes. C. R. G.

Chaînette, *s. f. Catella.* petite chaîne, petit tissu; courbe décrite par une chaîne suspendue par ses extrémités. * Chaînetre. R.

Chaînon, *s. m. Catenæ annulus.* anneau ou boucle de chaîne.

Chair, *s. f. Caro.* substance molle du corps organique; viande; la peau; concupiscence; l'humanité, les sens; t. d'écriture. — fossile, espèce d'amiante à feuillets épais et solides. B.

Chaire, *s. f. Suggestum.* tribune, siége; charge de professeur.

Chaise, *s. f. Sella.* siége à dos; voiture; stalle. * *pl.* ancienne monnoie. R.

†Chalamide, *s. f.* pièce qui soutient le mât d'une galère.

Chaland. e, *s.* acheteur; pratique.

Chaland, *s. m.* bateau plat. * Chalan. R.

Chaland, *adj.* (pain) gros, blanc et massif. * *ou* Chalant. G.

Chalandise, *s. f. Emptorum frequentia.* habitude d'acheter; chaland. * concours de chalands. R. T.

Chalasie, *s. f.* relâchement des fibres de la cornée. G. V. *pronon.* ka.

Chalastisque, *adj.* 2 *g.* (remède) relâchant. A. R. * voy. Calastique. G. G. *pronon.* ka.

†Chalazes, *s. m. pl. Chalazæ.* glaires de l'œuf.

†Chalcas, *s. m.* genre de plantes de la famille des citronniers.

†Chalcide, *s. m. Chalcis.* lézard du 4ᵉ. genre, à jambes très-courtes, vert, venimeux: insecte hyménoptère, petit, à aiguillon; espèce d'ichneumon.

Chalcite, *s. m.* minéral. voy. Colcotar fossile, sulfate de cuivre. * voy. Calcite. G. C. *pr.* kal.

Chalcographe, *s. m.* graveur sur métaux. * Calcographe. G. G. *pron.* kal.

Chalcographie, *s. m.* art de graver sur les métaux. * Calcographie. G. C. imprimerie du pape. *pron.* kal.

Chaldaïque, *adj.* 2 *g. Chaldaicus.* des Chaldéens. *pron.* kal.

Chaldéen, *s. m.* langue chaldaïque. R. *pr.* kal.

†Chale, *s. f.* pile de bois, t. de salines.

Châle, *s. m.* vêtement de femme, grand fichu. C.

†Chalef, *s. m. Elæagnus.* genre de plantes à fleurs incomplètes, axillaires, odorantes, fruit ou noix ovale.

Chalémie, *s. f.* chalumeau de berger, cornemuse, hautbois. V.

Châlet, *s. m.* sorte de hutte en Suisse. G. C. V.

Chaleur, *s. f. Calor.* qualité de ce qui est chaud; grande affection; vive ardeur; feu; véhémence; amour des animaux; calorique.

Chaleureux. se, *adj. Fervidus.* (*inusité*) qui a beaucoup de chaleur naturelle.

Chalibé. e, *adj. Chalybeatus.* t. de médecine, préparation avec l'acier. * Calibé. G. C. *pron.* ka.

†Chalingue, *s. f.* petit bâtiment de mer indien.

Challir, *v. a.* écorcer (*vieux*). V.

Châlit, *s. m. Lectus.* (*vieux*) bois de lit.

Challula, *s. m.* poisson sans écailles du Pérou.

†Chalmer, *v. a.* danser au son de la flûte.

Chaloir, *v. n. impers.* (*inusité*) importer. il ne m'en chaut, peu m'importe.

Chalon, *s. m.* grand filet de pêche. * Châlon. R.

Chaloupe, *s. m. Scapha.* petit bâtiment de mer fort léger.

†Chaloureux. se, *adj.* chaud, chaleureux.

Chalumeau, *s. m. Calamus.* tuyau de paille; tuyau creux; flûte, flageolet, instrument à vent; tige.

Chalumer, *v. a.* boire. R.

Chalumet, *s. m.* bout de pipe. R.

†Chalut, *s. m.* filet ou chausse de pêcheur.

Chamade, *s. f. Signum tympani.* son du tambour pour parlementer.

Chamailler, *v. n. Confligere.* (se), *v. r.* se battre pêle-mêle; disputer avec bruit.

Chamaillis, *s. m. Conflictatio* (*famil.*) mêlée, combat avec bruit.

Chamarier, *s. m.* dignité ecclésiastique à Lyon. G.

Chamarré. e, *adj. Segmentatæ vestes.* (habit) orné de broderie. G.

Chamarrer, *v. a. Vestem segmentis variare.* ré. e, *p.* orner, garnir de passemens, de broderies. * Chamarer *et ses dériv.* RICHELET.

Chamarrure, *s. f. Segmentum.* passemens; galons prodigués; manière de chamarrer.

Chambellage, *s. m.* droit en argent, term. de féodalité.

Chambellan, *s. m. Cubiculo regio præpositus.* officier de la chambre. * sa table. G.

Chambourin, *s. m.* pierre dont on fait le faux cristal; verre vert commun.

Chambranle, *s. m. Antepagmenta.* ornement d'architecture autour des portes, des fenêtres, des cheminées.

Chambre, *s. f. Conclave.* pièce d'une maison; bureau; tribunal; t. de métiers; creux; vide; fente; boîte; piége; lieu de repos du cerf.

Chambre obscure, *s. f.* dans laquelle les objets extérieurs sont réfléchis; t. d'opticien.

Chambrée, *s. f. Contubernium.* soldats, ouvriers qui logent ensemble; t. de théâtre, les spectateurs. * produit de la recette du spectacle. V.

Chambrelan, *s. m.* (*popul.*) ouvrier en chambre; celui qui occupe une seule chambre.

Chambrer, *v. a. Eodem contubernio uti.* bré. e, *p.* être dans la même chambre. *v. a.* tenir enfermé, à l'écart, à part.

Chambrerie, *s. f.* office de chambrier.

Chambrette, *s. f. Cellula.* petite chambre. * Chambrete. R.

Chambrier, *s. m. Camerarius.* officier claustral; (grand) officier de la cour.

Chambrière, *s. f. Ancilla cubicularia.* servante; fouet; support d'une charrette; meuble de charron; ruban qui tient la quenouille. * Chambriere. R.

†Chambrillon, *s. m. Ancillula.* petite bonne d'enfant.

Chame, *s. f.* coquille, moule. * *ou* Came. R. G. *pron.* kame.

Chameau, *s. m. Camelus.* quadrupède plus grand que le cheval, à long col, et à deux bosses sur le dos; son poil. * caisse vide, espèce de bâtiment hollandois en ponton, dont on se sert pour mettre un vaisseau à flot, et pour soulever un vaisseau submergé.

†Chamecisse, *s. f.* sorte de lierre terrestre, bonne pour le foie et la sciatique.

Chamélée, *s. f.* plante. L. R.

Chaméléon, *s. m.* coquille; plante; constellation. L. R.

†Chameleucée, *s. f.* plante dont les fleurs ont la forme de la rose.

Chamelier, *s. m. Camelarius.* qui conduit et soigne les chameaux.

†Chamire, *s. f. Chamira.* plante crucifère qui tient de la giroflée.

†Chamites, *s. f. pl.* cames pétrifiées. *pron.* ka.

Chamois, *s. m. Rupicapra.* quadrupède; sa peau. * ysard, chèvre des Alpes, quadrupède ruminant, du genre des chèvres, vit dans les

hautes montagnes; couleur nuancé du jaune.
Chamoiserie, *s. f.* où l'on prépare le chamois. G.
Chamoiseur, *s. m.* qui prépare la peau du chamois.
Champ, *s. m. Ager.* pièce de terre; lieu; espace; occasion; matière; étendue; fond; sujet. *pl.* la campagne.
Champ (sur le), *adv. Extemplò.* sur l'heure même, sans délai. * Sur-le-Champ. A. C. G.
Champ (à tout bout de), *adv. Assiduè.* à chaque bout, à tout propos. A. G. R. Champ (à), *adv.* à la volée. G.
†Champac *ou* Champé, *s. m. Michelia.* plantes de la famille des anonnes.
†Champacam, *s. m.* arbre des Indes.
†Champada, *s. m.* espèce de châtaignier de Malaca.
Champagne, *s. m.* vin; cercle de fer pour soutenir l'étoffe dans la cuve du teinturier. * *s. f. ou* Plaine, t. de blas. G. * *ou* Champan, vaisseau du Japon. B.
†Champan, *s. m.* voyez Champagne.
Champart, *s. m. Jus agrarii solarii legendi.* droit d'enlever des gerbes.
†Champartel. elle, *adj.* sujet au champart.
Champarter, *v. a.* té. e, *p.* exercer le champart.
Champarteresse, *s. f.* grange pour le champart.
Champarteur, *s. m.* commis ou fermier du champart.
Champé, *adj.* t. de blas. champ ou fond de l'écu. G. * *ou* Champac. voyez Champac. B.
Champeaux, *s. m. pl.* prairies, prés. G.
†Champer, *v. a.* é. e, t. de salines, jeter le bois sur la grille.
Champêtre, *adj.* 2 *g. Campester.* des champs, éloigné des villes. *s. m.* pays champêtre.
†Champeur, *s. m.* ouvrier qui entretient le feu, t. de salines.
†Champfrain, *s. m.* arme défensive; pièce de l'armure de tête du cheval.
Champi, *s. m.* sorte de papier pour les chassis.
Champignon, *s. m. Fungus.* genre de plantes spongieuses en chapiteau, poisons pour la plupart, sans branches ni feuilles; les bons peuvent devenir poison, sont indigestes. t. de médec. bouton; excroissance spongieuse; t. d'architect. coupe renversée : bouton de feu à une mèche. * — marin, animal marin, rouge, zoophyte ou anémone de mer : polypier de la nature des madrépores, lamelleux, pierreux, conique.
Champignonnière, *s. f.* couche où croissent les champignons. C. G. V. * Champignoniere. R.
Champion, *s. m. Bellator.* combattant en champ clos; défenseur; brave, vaillant.
Championne, *s. f.* femme de courage; femme de moyenne vertu. MOLIÈRE.
†Champ-lever, *v. a.* vé. e, *p.* faire une rainure dans la plaque à émailler, t. de grav. creuser et découvrir au burin, t. d'orfév. surbaisser.
†Champonnier *ou* Chaponnier, *s. m.* cheval qui a les paturons longs, effilés et trop pleins.
Chance, *s. f. Fortuna.* hasard; fortune; heureuse fortune; événemens probables; malheurs; aventures (*fig.*); jeu de dés. * cucurbite d'épinglier. B.
Chancel *ou* Chanceau, *s. m.* t. d'archit. R.
Chancelade, *s. f.* congrégation. R.
†Chancelague, *s. m. Chancelagua.* espèce de petite centaurée du Chili, apéritive, emménagogue, excellent fébrifuge, anti-vermineuse.
Chancelant. e, *adj. Titubans.* qui chancelle, qui vacille; irrésolu.
Chanceler, *v. n. Titubare.* vaciller, n'être pas ferme.
Chancelier. ère, *s. Cancellarius.* officier, chef de la justice; celui qui a le sceau; *f.* sa femme. * Chanceliere. R.
Chancelière, *s. f.* sorte de meuble fourré pour mettre sous les pieds; nombreuse variété du pêcher. * Chanceliere. R.
Chancellement, *s. m. Titubatio.* (*inus.*) action de chanceler. G. * Chancélement. R.
Chancellerie, *s. f. Cancellarii prætorium.* tribunal, maison du chancelier. * Chancélerie. R.
Chanceux. se, *adj. Felix.* qui est en chance, en bonheur. * heureux ou malheureux. T.
†Chanci, *s. m.* fumier blanchi où se forme les filamens des champignons; t. de salines, charbon éteint. *adj.* moisi.
†Chancique, *s. f.* langue parlée dans la Frise orientale.
Chancir, *v. n.* ci. e, *p. adj.* commencer à moisir. (se), *v. r.* moisir.
Chancissure, *s. f.* moisissure.
Chancre, *s. m. Cancer.* ulcère malin; pustule; crasse des dents. * maladie des arbres. B.
Chancreux. se, *adj. Cancro corrosus.* qui tient du chancre. *Carcinodes.*
Chandeleur, *s. f.* fêtes des catholiques, de la présentation.
Chandelier, *s. m. Candelarum opifex.* qui fait et vend la chandelle; ustensile pour la mettre; * machine pour couvrir contre la mousquerie; jet d'eau élevé. B. *f.* Chandeliere. R.
Chandelle, *s. f. Candela.* mèche recouverte de suif. * Chandele. R. * bois jaune des Antilles; poteau debout. B.
†Chanfrain, *s. m.* arme défensive; pièce de l'armure de tête du cheval.
Chanfrein, *s. m.* creux en cône, t. d'horlog. face du cheval, des salières à l'os du nez; coiffure en plumes; biseau; chanfrain.
Chanfreindre, *v. a.* faire un trou en cône; ébiseler. G. V.
Chanfreiner, *v. a.* né. e, *p.* faire un chanfrein; t. de menuisier, couper de biais. C. G.
†Chanfrer, *v. a.* é. e, *p.* voy. Chanfreiner.
Change, *s. m. Commutatio.* troc, ruse; banque; lieu d'escompte; prix de l'escompte; intérêts d'argent; assemblée de banquiers, son local.
Changeant. e, *adj. Mobilis.* muable, qui change, variable.
Changement, *s. m. Mutatio.* action de changer; mutation.
Changeotter, *v. a.* té. e, *p.* (*popul.*) changer souvent. C.
Changer, *v. a. Mutare.* gé. e, *p. adj.* quitter un lieu, une chose pour en prendre d'autres; transmuer, métamorphoser. (se), *v. r. v. n.* quitter pour un autre.
Changeur, *s. m. Mensarius.* qui fait le change des monnoies.
Chanlatte, *s. f.* chevron refendu. G. V. * Chanlate. R.
†Channe, *s. f. Channa.* poisson, variété de l'hépate.
Chanoine. sse, *s. Canonicus.* qui a un canonicat, une prébende.
Chanoinie, *s. f.* canonicat.
Chanson, *s. f. Cantilena.* vers que l'on chante; sornette.
Chansonner, *v. a.* né. e, *p.* faire des chansons contre quelqu'un. * Chansoner. R.
Chansonnette, *s. f. Cantiuncula.* petite chanson. * Chansonete. R.
Chansonnier. ère, *s.* faiseur de chansons. *m.* recueil de chansons. * Chansonier. ere. R.
Chant, *s. m. Cantus.* inflexion de voix avec modulation; ramage; division d'un poëme moderne; air de chanson; manière de chanter.
Chantant. e, *adj.* propre au chant; facile à chanter.
Chanteau, *s. m. Frustum deciduum.* morceau de pain, d'étoffe. * t. de tonn. pièce du fond. *pl.* jantes du rouet. B.
Chantepleure, *s. f. Infundibulum.* fente dans un mur pour l'écoulement des eaux; entonnoir. * Arrosoir. R.
Chanteplure, *s. f.* chantepleure. V.
Chanter, *v. a. Canere.* té. e, *p.* former des sons variés et modulés; célébrer; louer; publier; dire.
Chanterelle, *s. f. Corda cantatrix.* corde la plus déliée, la plus aigue; oiseau qui sert d'appelant. * champignon jaunâtre, bon à manger en juillet et août, dans les bois et les prés secs; bouteille de verre à fond ouvert et très-mince, dont on tire des sons agréables; petite bobine. B. * cheville. G. * Chanterele. R.
Chanteur. se, *s. Cantator.* qui chante. * *ou* Pouillot, oiseau. G.
Chantier; *s. m. Tignum.* magasin de bois en pile; atelier; pièce de bois servant de base. * remise. G.
Chantignole, *s. f.* pièce de bois carré par un bout, en angle de l'autre. * brique pour les âtres. C. G.
†Chantonné, *adj.* (papier) défectueux.
Chantourné, *s. m.* pièce de lit entre le chevet et le dossier.
†Chantournement, *s. m.* sinuosité du ceintre, t. de menuisier.
Chantourner, *v. a.* né. e, *p.* couper en suivant un dessein, un profil, t. d'arts.
Chantre, *s. m. Cantor.* qui chante à l'église; qui chante; poëte; oiseau ou pouillot, voy. ce mot.
Chantrerie, *s. f. Chori præfectura.* dignité du chantre, t. de liturg. G. C.
Chanvre, *s. m. Cannabis.* plante annuelle de deux espèces, mâle et femelle; sa tige donne les filamens dont on fait le fil; sa graine ou chenevis donne une huile spécifique contre la gonorrhée; filasse. * — bâtard, *s. m.* plante. B.
Chanvrier, *s. m.* qui habille le chanvre. G.
Chaomancie, *s. f.* divination par l'air. G.
Chaos, *s. m. Chaos.* confusion de toutes choses; état de ténèbres; mélange confus de particules de la matière, sans ordre ni régularité. *pron.* kao. * zoophite. L.
Chape, *s. f. Sacra trabea.* vêtement; couvercle; pièce de boucle; moule; t. de mét. bouton creux pour l'aiguille de la boussole; filet; terre, fiente et bourre pour les moules de fondeur; terme de monnoie, dessous du fourneau. * double baril à poudre. B. Châpe. R. Chape-chute, *s. f.* mécompte. B.
Chapé, *adj.* t. de blas. (écu) en chape. G. V.
Chapeau, *s. m. Petasus.* coiffure; bouquet; liaison, trait; t. d'arts et métiers; — d'évêque, *Epimedium.* plante vivace, croît dans les forêts des montagnes; humectante, rafraîchissante. (*fig. famil.*) homme; cardinalat. * filet, bobine. B.
Chapelain, *s. m. Sacello præpositus.* qui dessert une chapelle.
Chapeler, *v. a. Crustas decutere.* lé. e, *p.* (du pain), en ôter la superficie de la croûte.
Chapelet, *s. m. Globulorum series.* grains enfilés; pustules; machine hydraulique; t. de manége, étrier avec ses étrivières; d'architecture, baguette en grains ronds; sorte de papier.
Chapelier. ère, *s. Petasorum opifex.* qui fait

et vend des chapeaux. * *f.* Chapeliere. R.

Chapellade, *s. f.* coup de chapeau, salutation. V.

Chapelle, *s. f. Sacellum.* petite église, partie d'église; bénéfice; argenterie d'une chapelle; corps des chantres, des musiciens. * concours d'ouvriers imprimeurs; t. de mét. voûte de four. G.

Chapellenie, *s. f.* bénéfice d'un chapelain.

Chapelure, *s. f. Crustula decussa.* croûte du pain haché en chapelant.

Chaperon, *s. m. Capitium.* vêtement; ornement; couverture; coiffe; camails; dessus de mur; femme qui accompagne une demoiselle; dessus de potence; feuilles de passe, t. d'imprimerie; partie de l'escache, t. d'arts et mét.

Chaperonné, *p. pass. adj.* couvert de chaperon. G.

Chaperonner, *v. a.* né. e, *p.* couvrir d'un chaperon. * Chaperoner. R.

Chaperonnier, *s. m.* t. de fauconn. oiseau qui porte aisément le chaperon. G. V. * Chaperonier. R.

Chapier, *s. m. Trabeatus sacerdos.* qui porte chape; armoire pour les chapes, etc. * Châpier. R.

Chapin, *s. m.* chaussure espagnole. RR.

Chapiteau, *s. m. Capitulum.* haut de colonne; ornement, t. d'archit. t. d'artill. ais sur la lumière; t. de chimie, vaisseau sur la cucurbite.

Chapitre, *s. m. Caput.* partie d'un livre; sujet; assemblée, corps de chanoines; t. de liturg. * réprimande. G.

Chapitrer, *v. a. Reprehendere.* tré. e, *p.* réprimander, tancer.

Chapon, *s. m. Capus.* jeune coq coupé; sarment de l'année. * morceau de pain bouilli dans le pot, ou frotté d'ail; (vol du) terres autour de la seigneurie. G. V.

Chaponneau, *s. m.* jeune chapon. * Chaponeau. R.

Chaponner, *v. a. Castrare.* né. e, *p.* châtrer un coq. * Chaponer. R.

Chaponnière, *s. f.* vase de cuisine. G. C. V. * Chaponière. R.

†Chapoter, *v. a.* té. e, *p.* dégrossir avec une plane.

†Chappe, *s. f.* poignée du moule.

†Chapperonade, *s. f.* vomissement cruel, à Carthagène d'Amérique.

†Chaput, *s. m.* billot pour tailler l'ardoise.

Chaque, *Quisque. pronom distributif, adj. 2 g.*

Char, *s. m. Currus.* sorte de voiture; chariot; beau carrosse.

†Char-à-banc, *s. m.* voiture à quatre roues, à bancs en long ou en travers * Charabas. (*populaire.*)

Chara, *s. f.* constellation sous la queue de l'ourse. V. G.

†Characher, *s. m. Charachera.* plante d'Egypte de la famille des verveines.

†Characins, *s. m. pl.* poissons abdominaux, à quatre rayons aux membranes de l'ouïe.

Charade, *s. f.* sorte de logogryphe. * (*popul.*) mensonge. C. secte indienne. V.

Charadrios, *s. m.* oiseau de fauconnerie. R.

Charag, *s. m.* tribut payé aux Turcs par les chrétiens. R. V. G.

†Charagne, *s. m. Charagna.* plante de la famille des nayades.

†Charamais ou Charamei, *s. m. Ambela.* arbre des Indes, à racine purgative.

Charançon, *s. m. Curculio.* scarabée. * Calandre, Chate-peleuse, Cosson, petit coléoptère à étui, ovipare, à bec pointu; la larve vit dans le blé qu'elle ronge. B. * ou Charençon. G.

Charbon, *s. m. Carbo.* bois pénétré de feu et éteint, ou sans flammes; furoncle. * carie et nielle, t. d'agricult. A. * maladie contagieuse des plantes, dans le genre de la nielle, causée par des nids d'animalcules. B.

Charbon de terre, *s. m.* minéral fossile formé par la décomposition des végétaux mêlés au bitume; noir foncé, feuillete. * Charbon-de-terre. A.

Charbonnée, *s. f.* grillade de bœuf ou de porc; petit aloyau ou côte de bœuf rôtie. * couche de charbon dans un four. B. Charbonée. R.

Charbonner, *v. a. Carbone denigrare.* né. e, *p.* noircir, écrire avec du charbon. * Charboner. R.

Charbonneux. se, *adj.* qui tient du furoncle, t. de méd. C. G. V. * Charboneux. R.

Charbonnier. ère, *s. Carbonarius.* qui fait ou vend le charbon. *m.* où on le met. *f.* où il se fait. — *Anthracodes.* rossignol de muraille. — *ou* Serpent nageur ou à collier, du 3e. genre, non venimeux, et se prive aisément; t. de mét. celui qui conduit le fourneau. *f.* four pour brûler la houille. *f.* t. de chasse; terre rouge. B. * Charbonier. ere. R.

†Charbonnière, *s. f.* four pour retirer le soufre de la houille.

†Charbouglion, *s. m.* espèce de fluxion catarrale.

Charbouiller, *v. a.* lé. e, *p.* se dit de l'effet de la nielle sur le blé.

Charbucle, *s. f.* nielle qui gâte le blé. G.

Charcanas, *s. f.* étoffe des Indes de soie et coton.

Charcuter, *v. a.* té. e, *p.* tailler, couper malproprement; découper de la chair (*inusité*).

Charcuterie, *s. f.* état du charcutier. A. V.

Charcutier. ère, *s. Porcinarius.* qui vend la chair du porc. * *f.* Charcutiere. * Chaircutier (*vieux*).

Chardon, *s. m. Carduus.* genre de plantes à fleurs composées. * pointe de fer. V. G. * poisson du genre de la raie. B. — bénit, *s. m.* bon sudorifique, puissant alexitère et fébrifuge. — de N.-D. Chardon-marie *ou* Marbré, a les caractères du cartame, bon sudorifique et fébrifuge. — étoilé *ou* Chausse-trape, son calice fleuri ressemble aux chausse-trapes, sudorifique, fébrifuge, anti-néphrétique. — à bonnetier, ses têtes hérissées ou cardères, servent à peigner les draps, antiputride, diurétique. — échinope, diffère des chardons. — à foulon. — roland *ou* Panicaut. — à cent têtes, à fleurs blanches, racines diurétiques, antinéphrétiques, excite les règles et l'amour; en confiture contre l'impuissance. * crochet aux balustrades. B.

Chardonerete *ou* Cardonerete, *s. f.* sauce. R.

Chardonner, *v. a.* né. e, *p.* carder le drap avec le chardon G. C. V.

Chardonneret, *s. m. Carduelis.* très-joli petit oiseau qui a du rouge autour du bec et les pennes jaunes; très-vif, d'un chant très-agréable, se prive aisément et s'accouple avec le serin. * Chardoneret. R.

†Chardonnet, *s. m.* fort montant de bois aux portes.

Chardonnette *ou* Cardonnette, *s. f. Cinaria.* artichaut sauvage; cardon d'Espagne. * Chardonete *ou* Cardonete. R.

Chardonnière, *s. f.* champ plein de chardons. * Chardoniere. R.

†Charetin, *s. m.* espèce de charrette sans ridelle.

Charge, *s. f. Onus.* fardeau; emploi; imposition; depense; obligation; condition; office; ordre; soin; choc. — d'arme à feu; preuve; carricature; cataplasme; mesure; base de l'aire.

Charge de *ou* que (à la), *conj.* à condition.

Chargé. e, *adj. Onustus.* qui a trop, enflé; t. de blas.

Chargeant. e, *adj. Gravis.* qui charge. V.

Chargement, *s. m.* cargaison, acte qui la constate.

Chargeoir, *s. m.* instrument d'artillerie, de jardinage; selle à trois pieds pour poser la hotte. G. V. RR.

Charger, *v. a. Oncrare.* gé. e, *p.* mettre une charge; peser sur; mettre trop; imposer; attaquer; accuser; donner ordre; donner la conduite de; enregistrer; exagérer. (se), *v. r.* se mettre un fardeau; s'obliger à.

Chargeur, *s. m.* celui qui charge le canon; qui entretient le fourneau de fontes; propriétaire de la cargaison.

Chargeure, *s. f.* t. de blas. pièces sur d'autres. * Chargeuse. CO.

Chariage, *s. m. Vectura.* action de charier, d'entraîner; salaire du voiturier. * Charriage. A.

†Charientisme, *s. m.* espèce d'ironie agréable et délicate.

Charier, *v. a. Carro vehere.* rié. e, *p.* voiturer; entraîner. * Charrier. A. V.

Chariot, *s. m. Carrus.* sorte de voiture à quatre roues; mesure pour les pierres; planche montée pour le cordier; char; constellation; petite ourse. * Châriot. R. Charriot. A.

†Charisticaire, *s. m.* commendataire qui jouissoit des revenus des hôpitaux.

Charitable, *adj. 2 g. Beneficus.* qui a de la charité; qui part de la charité.

Charitablement, *adv. Officiosè.* avec ou par charité.

Charitatif, *adj.* t. de droit canon. R. *pron.* ka.

Charité, *s. f. Charitas.* amour de Dieu, de son prochain; vertu; aumône; société, assemblée de personnes, de religieux qui font ou distribuent les aumônes, qui soignent les malades; hôpital.

Charivari, *s. m. Nocturnæ vociferationes.* bruit confus, tumultueux de poëles, etc. crierie. * mauvaise musique. V.

Charlatan, *s. m. Agyrta.* vendeur de drogues; médecin hableur; imposteur. * *f.* Charlatane. R. G.

Charlataner, *v. a. Insidiose capere.* né. e, *p.* (*fam.*) amadouer; mentir; enjoler; tromper.

Charlatanerie, *s. f. Callida assentatio.* hablerie; flatterie pour tromper.

Charlatanesque, *adj. 2 g.* de charlatan. R.

Charlatanisme, *s. m. Fraus.* caractère du charlatan. * action de charlatan. B.

Charmant. e, *adj. Jucundus.* qui plaît, qui ravit; agréable.

Charme, *s. m. Cantio.* sortilége; enchantement. *pl.* appas. *Carpinus.* arbre dont le bois est très-dur, et dont le feuillage se prête à toutes les formes par la tonte.

Charmer, *v. a. Incantare.* mé. e, *p.* user de charme; plaire beaucoup; ravir; entraîner; suspendre le sentiment de la douleur.

Charmeur. se, *s.* qui charme; sorcier. G. C. * *m.* R.

Charmille, *s. f. Carpinea virgulta.* petits charmes. * palissades. G. * *pl.* allées en charmille. AL.

Charmoie, *s. f.* plantation de charmes.

†Charmuth, *s. m.* poisson du genre du silure.

Charnage, *s. m.* temps où l'on mange de la viande.

Charnaigre, *s. m.* chien courant ou métif. G. V. R.

Charnel. le, *adj. Voluptuarius.* sensuel, voluptueux;

luptueux; de la chair. * *f.* Charnele. R.
Charnellement, *adv. Libidinosè.* selon la chair. * Charnélement. R.
Charneux. se, *adj. Carnosus.* composé de chair; tout en chair.
Charnier, *s. m. Ossuaria.* cimetière; amas d'os de morts; galerie autour d'une église. * garde-manger pour les viandes salées; botte d'échalas. G. barrique pour l'eau. B. échalas. V. G.
Charnière, *s. f. Commissura.* pièces enclavées et mobiles; outil de graveur sur pierres; t. de faucon. place du leurre. * Charniere. R.
†Charnon, *s. m.* anneau d'une charnière; anneau soudé à la boîte, t. d'horlog.
Charnu. e, *adj. Carnosus.* bien fourni de chair.
Charnure, *s. f. Caro.* la chair; qualité de la chair; la chair de l'homme.
Charogne, *s. f. Cadaver.* cadavre de bête corrompu.
†Charoi, *s. m.* bateau armé pour la pêche de la morue.
Charpente, *s. f. Materiatio.* grosses pièces de bois assemblées. * assemblage des os, structure du corps. B.
Charpenter, *v. a.* té. e, *p.* tailler, équarrir; couper grossièrement.
Charpenterie, *s. f. Materiatura.* art du charpentier; charpente.
Charpentier, *s. m. Materiarius.* qui travaille en charpente. * espèce de capricorne. B.
†Charpi, *s. m.* billot de tonnelier.
Charpie, *s. f. Linamentum.* filamens de linge usé.
Charrée, *s. f. Lixivius cinis.* cendre lessivée. * Frigane *ou* Phrygane, *s. f. Phrygamum.* insecte aquatique, qui se fait un tuyau avec des brins d'herbes ou des petites pierres unies par un fil mucilagineux; donne la mouche papilionacée. B. * Chârée. R. G.
Charretée, *s. f. Vehes.* plein une charrette. * Charetée. R. Châretée. G.
Charretier, *Carri ductor. s. m.* qui conduit une charrette, une charrue. * Charretière, *adj. f.* (porte) où passent les charrettes. Charetier. ère. R. Châretier. G. constellation. voy. le Cocher.
Charrette, *s. f. Carrus.* chariot à deux roues, ridelles et timons. * Chârette. G. Chârete. R.
Charrier, *s. m.* grosse toile pour les cendres dans le cuvier. * Chârier. R. G.
Charroi, *s. m.* chariage; action de charrier, son salaire; voiture, charrette. * Châroi. R. G.
Charron, *s. m. Curruum faber.* qui fait les chariots, etc. * Châron. R. G.
Charronnage, *s. m.* travail du charron. * Châronnage. G. Châronage. R. Charronage. C.
Charroyer, *v. a.* yé. e, *p.* charrier. C. V.
Charroyeur, *s. m.* qui charrie. C.
Charruage, *s. m.* t. de coutume. C. * Charuage. R.
Charrue, *s. f. Aratrum.* instrument aratoire; étendue de terre labourée par elle en un an; outil de jardinier. * *et* Chârue. G. Charue. R.
†Chartagne, *s. f.* retranchement caché dans les bois.
Charte-partie, *s. f.* acte d'affrétement, de nolissement, d'association de commerce maritime, *ou* Chartre-partie.
Chartil, *s. m.* grande charrette; remise; corps de charrette. G. C. V.
Chartre *ou* Charte, *s. f. Veteres membranæ.* anciens titres; prison. * maladie de langueur des enfans. (*inusité*) G. V. R. *Tabes.*
Chartreuse, *s. f. Carthusia.* couvent de chartreux; maison isolée dans la campagne.
Chartreux. se, *s. Cartusianus.* religieux de St.-Bruno.
Chartrier, *s. m.* gardien, dépôt de chartres,
Chartulaire, *s. m.* recueil de chartres. R. *p.* kar.
Chas, *s. m.* trou d'aiguille. * colle d'amidon. G. V.
Chaseret, *s. m.* petit châssis à fromage. R.
Chasse, *s. f. Venatio.* poursuite; équipage de chasse, les chasseurs, la meute; poursuite du gibier; air de chasse; t. de jeu de paume; marteau.
Châsse, *s. f. Theca.* sorte de coffre pour les reliques; tout ce qui tient enchâssé; t. d'arts et métiers.
Chassé, *s. m.* pas de danse.
Chasse-avant, *s. m.* chef d'atelier.
†Chasse-bondieu, *s. m.* bois pour enfoncer le coin ou bondieu des scieurs de long.
Chasse-bosse, *s. f. Lysimachia.* Lysimachie, Perce-bosse, Corneille; plante renommée pour l'hémorragie; elle teint en jaune.
†Chasse-carrés, *s. f.* marteau à têtes carrées.
Chasse-chien, *s. m.* portier. C.
Chasse-coquin, *s. m.* bedeau qui chasse les mendians. V. G.
Chasse-cousin, *s. m.* méchant vin. * t. d'escrime, fleuret qui ne fléchit pas. G. V.
†Chasse-fleurée, *s. f.* planche pour écumer la teinture.
Chasse-marée, *s. m.* navire, voiturier qui apporte la marée.
Chasse-morte, *s. f.* coup perdu; affaire qui ne finit pas. V.
Chasse-mouche, *s. m.* petit balai, filet pour chasser les mouches. A.
Chasse-mulet, *s. m.* valet de meunier. G.
Chasse-poignée, *s. m.* outil de fourbisseur, *ou* Chasse-pommeau, *ou* Boule. C. G. V. RR.
†Chasse-pointe, *s. f.* broche en équerre pour chasser les clous.
†Chasse-punaise, *s. f. Cimifuga.* plante de la famille des renoncules, d'une odeur insupportable, en Sibérie.
†Chasse-rivet, *s. m.* fer creux pour river, t. de chaudronnier.
Chasselas, *s. m.* sorte de raisin. * Chacelas. G. R.
Chasser, *v. a. Pellere.* sé. e, *p.* forcer de sortir, mettre dehors par force; congédier; renvoyer; ôter; éloigner; faire marcher devant soi; pousser en avant; poursuivre. *v. n.* t. d'imprim. occuper de la place; t. de mar. ne pas tenir à l'ancre.
Chasseur. se, *s. Venator.* celui ou celle qui chasse, qui aime à chasser; soldat armé à la légère; domestique qui chasse pour son maître. * *f.* Chasseresse. (*en poësie.*)
Chassie, *s. f. Lema.* humeur gluante ou séchée des yeux.
†Chassieuseté, *s. f.* état du chassieux.
Chassieux. se, *adj. Lippus.* qui a de la chassie aux yeux.
Châssis, *s. m. Replum.* ce qui enchâsse, enferme; châsse; papier découpé pour un chiffre; cadre, t. de métiers.
Chassoir, *s. m.* outil de tonnelier pour enfoncer les cerceaux. G. V.
Chassoire, *s. f.* baguette, t. de fauc. G. V. C.
Chaste, *adj.* 2 *g. Castus.* pur, modeste; qui s'abstient des plaisirs de la chair.
Chastement, *adv. Castè.* d'une manière chaste.
Chasteté, *s. f. Castitas.* vertu de celui qui est chaste; continence perpétuelle.
Chasuble, *s. f. Casula.* ornement de prêtre.
Chasublier, *s. m. Casularum artifex.* qui fait et vend des chasubles.
Chat. te, *s. Feles catus.* animal domestique; vaisseau à un pont. * crochets pour découvrir les chambres; terme d'arts et métiers, de blason; garance de Coromandel. — haret *ou* sauvage, tige primitive des chats; poisson du genre du silure. — de rocher, espèce de chien de mer. — tigre, voy. Serval. — cervier, lynx. B. *pl.* folles fleurs. * *f.* Chate. R.
†Chat-bizaam, *s. m.* joli quadrupède d'Afrique, du genre du chat, gris-cendré.
Chat-huané. e, *p.* t. de blas. qui a le pennage du chat-huant. C. G.
Chat-huant, *s. m. Strix tridula.* sorte de hibou à bec couleur de chair et plumage roux, rayé transversalement de lignes en ondes brunes et étroites, ongles noirs; il vit d'oiseaux.
Chat-pard, *s. m. Catus pardus.* quadrupède féroce d'Afrique; la peau du corps est tachetée de plaques noires et longues.
Châtaigne, *s. f. Castanea.* fruit du châtaignier. * — de mer, oursin; fruit du liane à bœuf. B.
Châtaigne d'eau, *s. f.* Tribule aquatique, plante aquatique.
Châtaigné. e, *adj.* châtain. R.
Châtaigneraie, *s. f. Castanetum.* lieu planté de châtaigniers.
Châtaignier, *s. m. Fagus castanea.* grand arbre qui donne les châtaignes.
Châtain, *adj. m. Ex rutilo nigrescens.* couleur de châtaigne.
†Chataire *ou* Cataire, *s. f. Nepeta.* herbe aux chats.
Château, *s. m. Castellum.* forteresse; maison de seigneur. * — d'avant, logement sur la proue. — d'arrière, logement sur la poupe. B.
Chatée, *s. f.* portée d'une chatte. R.
Châtelain, *s. m. Castellanus.* seigneur propriétaire ou commandant d'un château, t. de féodalité.
Châtelé. e, *adj.* chargé de châteaux, t. de blason.
Châtelet, *s. m. Castellana curia.* juridiction à Paris, sa prison (*vieux*); petit château; t. de rubanier.
Châtellenie, *s. f. Castellani ditio.* terre, seigneurie, juridiction d'un châtelain. * Châtélenie. R.
Chatepeleuse, *s. f. Centipeda.* charençon. V. RR. * Chate-peleuse. B.
Châtiable, *adj.* 2 *g.* qui doit être châtié. R. C.
Châtier, *v. a. Castigare.* tié. e, *p.* corriger, punir les fautes; polir, retoucher. * Chatier. RR.
Chatière, *s. f.* passage, piège pour les chats. * Chatiere. R.
Châtiment, *s. m. Castigatio.* punition, correction.
Chaton, *s. m.* petit chat; t. d'orfév. partie de la bague qui enchasse le diamant. *Pala.* * t. d'agric. ce qui renferme la coquille du gland, de la noix, et la graine de tulippe. *Julus.* * *et* Chatton. R.
Chatons, *s. m. pl. Juli.* fleurs d'arbres comme le noyer, le saule et le noisetier.
Chatouillement, *s. m. Titillatio.* action de chatouiller, ses effets; impression agréable que l'on sent quelquefois.
Chatouiller, *v. a. Titillare.* lé. e, *p.* causer par le toucher un tressaillement qui excite à rire; flatter.
Chatouilleux. se, *adj. Titillationis impatiens.* sensible au chatouillement; susceptible; délicate, critique (chose).
Chatoyant. e, *adj.* dont la couleur varie; t. de lythologiste, dont les rayons colorés partent d'un point et s'étendent. G. C.
Chatoyer, *v. n.* yé. e, *p.* t. de lapidaire, rayonner. C. G.
Châtré, *adj. s. m. Castratus.* privé de ses testicules, etc.

Châtrer, *v. a. Castrare.* tré, e, *p.* ôter les testicules; retrancher le superflu, le mauvais; tailler les melons; lever du plant.

Châtreur, *s. m.* qui châtre les animaux.

Chats, *s. m. pl.* folles fleurs des coudriers.

†Chatte, *s. f.* espèce de gabare pour charger les vaisseaux.

†Chattement, *adv.* à la manière des petits chats.

Chattemite, *s. f.* hypocrite, qui a l'air doux pour tromper. * Chatemite. R.

Chatter, *v. n.* faire des petits, en parlant de la chatte. * Chater. R.

†Chatton, *s. m.* (de l'humeur vitrée) cavité creuse dans laquelle est le crystallin.

†Chatzolzeroth, *s. m.* trompette juive.

Chauche-branche, *s. f.* levier. R.

Chaud. e, *adj. Calidus.* qui a, qui procure de la chaleur; prompt, ardent; récent; (femelle) en amour.

Chaud, *s. m. Æstus.* chaleur. *adv.* étant chaud.

Chaud (tout), *adv.* tout de suite. * tout-chaud. C.

Chaude, *s. f.* feu violent, chaleur vive, t. d'arts; dégré de feu. G. C.

Chaude (à la), *adv.* de premier abord, sur l'heure (*famil.*) A. R. V. * trop vivement. R.

Chaude-chasse, *s. f.* poursuite d'un prisonnier. R.

†Chaude-colle, *s. f.* action faite en colère (*vi.*).

†Chaude-hoie, *s. f.* houille grasse.

†Chaude-pisse, *s. f.* gonorrhée, maladie causée par une matière virulente qui attaque les parties de la génération.

Chaude-suante, *s. f.* t. de serrurier, degré de feu. R.

Chaudeau, *s. m.* sorte de bouillon, de brouet.

Chaudement, *adv. Ardenter.* avec chaleur, pour conserver la chaleur; (*fig.*) avec ardeur, promptement.

†Chauderet, *s. m.* t. de batteur d'or, 3ᵉ. moule.

Chaudier, *v. n.* en parlant des chiennes qui entrent en chaleur, t. de chasse. R. C. G.

Chaudière, *s. f. Cortina.* grand vase pour faire chauffer ou cuire; filet de pêche. * Chaudiere. R.

†Chaudret, *s. m.* livre de feuilles de vélin pour battre l'or.

Chaudron, *s. m. Lebes.* petite chaudière.

Chaudronnée, *s. f.* contenu d'un chaudron. * Chaudronée. R.

Chaudronnerie, *s. f.* marchandise de chaudronnier. * Chaudronerie. R.

Chaudronnier. ère, *s. Lebetum faber.* qui fait et vend des chaudrons. * Chaudronier. ere. R.

Chauf, Chouf, *s. m.* chaufete. *s. f.* soie de Perse. B.

Chauffage, *s. m. Lignatio.* provision de bois; droit de coupe pour cette provision. * Chaufage. R.

Chauffe, *s. f. Focus.* lieu où se place le bois dans les fourneaux; cheminée, t. de fonderie. * Chaufe. R. Chauffé, *s. m.* B.

Chauffe-chemise, *s. m.* machine d'osier pour faire chauffer une chemise. G. C. * Chaufe-chemise. R.

Chauffe-cire, *s. m.* employé à la chancellerie pour chauffer la cire des sceaux. * Chaufe-cire. B.

Chauffe-lit, *s. m.* ce qui chauffe le lit. G. * Chaufe-lit. R.

Chauffe-pied, *s. m.* chaufferette. G. * Chaufe-pied. R.

Chauffer, *v. a. Calefacere.* fé, e, *p.* donner de la chaleur. *v. n.* recevoir de la chaleur. (se), *v. r.* être auprès du feu pour recevoir de la chaleur. * Chaufer. R.

Chaufferette, *s. m. Foculus.* ustensile en bois doublé de tôle pour chauffer les pieds. * Chauferete. R.

Chaufferie, *s. f.* forge; voûte d'un four * Chauferie. R.

Chauffeur, *s. m.* t. de forge, qui souffle le feu. * brigand qui brûle les pieds pour faire déclarer où est l'or. (*nouv.*) * Chaufeur. R.

Chauffoir, *s. m.* lieu de réunion pour se chauffer; poêle pour faire sécher le linge; linge de propreté ou pour essuyer. * Chaufoir. R.

Chauffure, *s. f.* défaut du fer qui s'écaille, t. de forge. G. C. * Chaufure. R.

Chaufour, *s. m. Fornax.* grand four à chaux. (*vieux*).

Chaufournier, *s. m. Calcarius.* faiseur de chaux.

Chaulage, *s. m.* action de chauler le blé. A. V.

Chauler, *v. a.* lé, e, *p.* passer le blé à l'eau de chaux.

Chaulier, *s. m.* chaufournier. R.

Chaumage, *s. m.* action, temps de couper le chaume. A.

Chaume, *s. m. Culmus.* tuyau de blé; champ couvert de chaume; paille du toit.

Chaumer, *v. a. Culmum avellere.* mé. e, *p.* couper le chaume, l'arracher, le ramasser. * *v. n.* G.

†Chaumier, *s. m.* monticule de chaume.

Chaumière, *s. f. Casa.* petite maison couverte de chaume. * Chaumiere. R.

Chaumine, *s. f.* petite chaumière.

Chaussage, *s. m.* entretien de la chaussure. (*vi.*) * droit de péage. R.

Chaussant. e, *adj.* qui se chausse aisément (bas).

Chausse, *s. f. Tibiale.* t. de collége, étoffe que portent les docteurs; filet de pêche; chausses.

Chausse-pied, *s. m.* morceau de cuir pour mettre les souliers, t. de cordonnier; moyen de succès.

Chausse-trape, *s. f. Murex.* pointes de fer qui se tiennent debout par terre; cheval de frise; piége; chardon étoilé. * coquillage de mer d'un blanc sale, couvert de rides, de bossages, univalve, de la famille des pourpres. B.

Chaussé. e, *adj. Calceatus.* t. de blason, *l'opposé de* chapé.

Chausséage, *s. m.* droit de péage. G. * Chaussage. R.

Chaussée, *s. f. Moles.* chemin élevé; levée; digue; pièce de la cadrature; sac dans la huche du moulin.

Chausser, *v. a. n. Calceare.* sé. e, *p.* revêtir les jambes; faire la chaussure pour. (se), *v. r.* mettre ses bas, ses souliers.

Chausses, *s. f. pl.* vêtement; tuyau de latrines; poche de drap pour clarifier. * *sing.* V.

Chaussetier, *s. m. Tibialium sarcinator.* qui fait et vend des bas, etc.

Chaussette, *s. f. Tibiale interius.* sorte de bas sans pied, bas étrier. * Chaussete. R.

Chausson, *s. m. Udo.* chaussure de feutre, de linge; soulier plat à semelles de feutre, etc. pâtisserie de pommes.

Chaussure, *s. f. Calceamen.* ce qui chausse le pied.

Chauve, *adj. 2 g. Calvus.* qui a peu ou point de cheveux.

Chauve-souris, *s. f. Vespertilio.* animal quadrupède, dont le corps est couvert de poils et qui a des membranes pour voler, vivipare. * poisson du genre de la baudroie; putain qui court le soir dans les rues. B.

Chauveté, *s. f. Calvitie.* état d'une tête chauve. G. C.

Chauvir, *v. n.* dresser les oreilles, t. de manége.

Chaux, *s. f. Calx.* métaux, pierres calcaires calcinées; terre primitive; terre alcaline.

Chaveri, *s. m.* halle aux Indes. V.

Chavirer, *v. a.* ré. e, *p.* renverser, mettre le dessus dessous. C. V. * *ou* Trévirer. R. G.

Chavonis, *s. m.* mousseline des Indes. R.

†Chayque, *s. m.* (le) serpent d'Amérique, du 3ᵉ. genre, venimeux, à deux bandes blanches sur un fond gris.

†Chê, *s. m.* instrument chinois à 25 cordes.

Chéance, *s. f.* (*vieux*) utilité. V.

Cheaus, *s. m. pl.* t. de chasse. *pron.* chaux. R.

†Chebec *ou* Chabec, *s. m.* bâtiment de guerre à voile et à rame sur la Méditerranée.

Chef, *s. m. Caput.* tête d'homme; qui est à la tête de; général; article; point; bandage; t. de blas. pièce au haut.

Chef (de son), *adv.* de sa tête; de son autorité; de son côté, t. de pratique. * de-son-chef. C.

Chef-d'œuvre, *s. m. Specimen.* ouvrage qui fait preuve de la capacité de l'ouvrier. (*fig.*) ouvrage parfait. *pl.* Chefs-d'œuvres. * *pl.* Chef-d'œuvres. R. Chefs-d'œuvre. C. G. V. *pro. noncez* ché.

Chef-lieu, *s. m.* lieu principal.

Chefecier. *s. m.* voy. Chevecier. * Chéfecier *ou* Chévecier. RR.

Chégros, *s. m.* bouts de filet, t. de bourrelier. R.

Cheik *ou* Cheick, *s. m.* chef arabe. A. * Cheq. R.

†Cheilion, *s. m.* genre de poissons très-longs.

†Cheiroptères, *s. f. pl.* mammifères carnassiers volans.

Chelidoine, *s. f. Chelidonia.* genre de plantes polypéralées, de la famille des pavots; ont un suc très-coloré.— grande, diurétique, contre la jaunisse, suc très-âcre, poison violent; la racine fraîche, frottée sur les verrues, les détruit. — petite, antiscorbutique; pilée, appliquée sur les hémorroïdes, les écrouelles, les verrues, a un effet salutaire. — pierres rondes, aplaties, dans l'estomac des hirondelles. voy. Eclaire. * Chélidoine. B.

Chelin, *s. m.* monnoie angloise. R.

Chelingue, *s. f.* bâtiment sur la côte de Coromandel. * *ou* Chalingue. AL.

†Chellen, *s. f.* toile de coton à carreaux des Indes.

Chélonite, *s. f.* pierre d'hirondelle. R.

Chémage, *s. m.* t. de coutume. R.

Chembalis, *s. m.* cuir du Levant. R.

Chêmer (se), *v. pronom.* maigrir beaucoup, tomber en chartre; se dit des enfans.

Chemin, *s. m. Via.* route, voie, moyen de parvenir; moyen, conduite qui mène à une fin. — couvert. — des rondes, t. milit. * t. de tonnelier, solives pour débarquer le vin. — de St.-Jaques, la voix lactée. B.

Chemin-couvert, *s. m.* t. de fortification. RR.

Chemin-des-rondes, *s. m.* t. de fortification. RR.

†Cheminaux, *s. f. pl.* cheminée portative en terre cuite.

Cheminée, *s. f. Caminus.* le foyer et le tuyau pour la fumée.

Cheminer, *v. n. Incedere.* marcher, aller; faire du chemin.

†Chemineux. euse, *adj.*, qui fait beaucoup de chemin.

Chemise, *s. f. Subucula.* vêtement de toile, t. de fortification, revêtement. * feuille de papier qui en renferme d'autres; moule sur un autre; parois de fourneau. B.

Chemisette, *s. f. Inducula.* vêtement qui se met sur la chemise.

Chémoisie, *s. f. Chemosis.* maladie de l'œil. G.

v. * Chémoisie. AL.

Chênaie, *s. f. Quercetum.* lieu planté de chênes. * Chenaie. V.

Chenal, *s. m.* courant d'eau; canal qui peut recevoir un vaisseau. * Chêneau. A.

Chenaler, *v. n.* t. de mar. chercher un passage. V. R. G. C.

Chenapan, *s. m.* vaurien, bandit. (*mot allemand*).

Chêne, *s. m. Quercus.* grand arbre qui porte le gland.—Robre *ou* Rouvre, à feuilles garnies de duvet. — vert, à feuilles de houx; genre de plante à fleurs incomplètes.

Chêne-vert, *s. m.* yeuse, espèce de chêne.

Chêneau, *s. m. Quercus junior.* jeune chêne.

Chéneau, *s. m. Colliquiæ.* conduit de plomb ou de bois pour les eaux du toit; canal, t. de mar.

Chenet, *s. m. Fulcimentum.* ustensile de cheminée qui porte le bois.

Chêneteau, *s. m.* jeune chêne en baliveau. G.

†Chenette, *s. f. Drias octapela.* plante vivace, astringente.

Chenevière, *s. f.* champ semé de chenevis. * Chènevière. A. Chéneviere. R.

Chenevis, *s. m. Cannabis.* graine de chanvre. * Chènevis. A. V. Chénevis. R.

Chénevotte, *s. f. Cannabinus calamus.* tuyau du chanvre; parcelle de ce tuyau. * Chénevote. R. Chènevotte. A.

Chenevotter, *v. n.* pousser du bois foible comme une chenevotte. * Chénevoter. R. Chènevotter. A.

†Cheng, *s. m.* instrument chinois à vent.

Chenil, *s. m. Stabulum.* logement des chiens; logement sale et vilain. * Chénil. R.

Chenille, *s. f. Eruca.* insecte dont le corps est partagé en douze anneaux, non compris la tête, et qui n'a que de 8 à 16 pattes. — arpenteuse. — cloporte. — épineuse. — maçonne. — processionnaire. — sphinx, etc. — plante. *ou* Chenillette, plante rampante dont les fruits ont la forme d'une chenille roulée, scorpioïdes ou scorpioïde; méchant, importun; tissu de soie.

†Chenillette, *s. f. Scorpiurus.* genre de plante légumineuse. voyez Scorpioïde.

†Chénolite, *s. f.* voy. Brontias.

Chénon, *s. m.* t. de vitrier. R.

Chenu. e, *adj. Canus.* blanc de vieillesse; couvert de neige.

Cheptel *ou* Chepteil, *s. m.* bail de bestiaux. * Chetel. R.

Chepu, *s. m.* t. de tonnelier. R.

Cher. ère, *adj. Charus.* tendrement aimé; qui coûte beaucoup; qui vend à haut prix. * *f.* Chere. R.

Cher, *adv. Carè.* à haut prix.

†Cherançoir, *s. m.* voy. Maque.

Cherche *ou* Cerche, *s. f.* t. d'archit. trait d'un arc surbaissé; pourtour du dessus d'une boîte. voy. Cerce *de l'italien Cerchio.*

Cherche, *s. f.* action de chercher (*inusité*). R.

Cherche-fiche, *s. f.* outil pour placer les fiches, t. de serrurier. R.

†Cherche-pointe, *s. m.* espèce de poinçon de serrurier.

Chercher, *v. a. Quærere.* ché. e, *p.* se donner du mouvement, de la peine pour trouver; — à, tâcher de.

Chercheur. se, *s. m. Investigator.* qui cherche. (*en mauvaise part.*) * lunette attachée au télescope. B.

Cherconée, *s. f.* étoffe des Indes. G. * Chercolée. R.

Chère, *s. f. Victus.* régal, bon repas, mets; accueil, réception * qualité, quantité, apprêt des mets. B. * Chere. R.

Chèrement, *adv. Carè.* tendrement, avec affection; à haut prix. * Chérement. B.

Chérer, *v. a.* (*vieux*) traiter avec bonté. V.

Chérif, *s. m.* descendant de Mahomet; prince arabe ou maure.

Chérik, *s. m.* Petit figuier de Madagascar, oiseau. L.

Chérir, *v. a. Diligere.* ri. e, *p.* aimer tendrement.

Chérissable, *adj. 2 g.* digne d'être aimé, chéri *mieux*, aimable. G. C.

†Cherlerie, *s. f. Cherleria.* petite plante de la famille des sablines, qui vient en gazon dans les montagnes.

Cherlesker, *s. m.* lieutenant-général des armées ottomanes. * *ou* Cherlesquier. R.

Cherme, *s. m.* insecte. L.

†Cherquemole, *s. f.* étoffe des Indes.

Chersonèse, *s. f.* t. de géogr. presqu'île. A. G. V.

Cherté, *s. f. Annonæ caritas.* prix excessif des choses.

Chérubin, *s. m. Cherub.* ange du second ordre.

†Cherubique, *s. f.* hymne grecque en l'honneur des Chérubins.

Chervis *ou* Gyrole, *s. m. Siser.* plante potagère, racine vivace en tubercules, bonne à manger, vulnéraire, remède contre le pissement et le crachement de sang; on en retire du sucre. * *ou* Chirouí. A. V. *ou* Chervi. G.

†Chesnée, *s. f.* mesure à la chaîne.

Chétif. ve, *adj. Vilis.* mauvais; malade; vil, méprisable.

Chétivement, *adv. Miserè.* d'une manière chétive.

†Chétiveté, *s. f.* état, qualité de ce qui est chétif, misérable.

†Chétodiptère, *s. m.* genre de poissons.

†Chétodon, *s. m. Chætodon.* genre de poissons épineux, de la famille des pectoraux, à longues dents effilées; 24e. espèce, 4e. genre, 8e. classe.

Chétolier, *s. m.* qui prend des bestiaux à cheptel. G. V. R.

Chétron, *s. m.* t. de bahutier, tiroir d'un coffre. R.

Chevage, *s. m.* droit sur les étrangers. G. V.

Cheval, *s. m. Equus. pl.* Chevaux, quadrupède du genre des solipèdes, domestique; homme dur, robuste, grossier, brutal.

Cheval de bois, *s. m.* figure en bois pour le voltige; tréteau pour le supplice. * Cheval-de-bois. R. C.

Cheval de frise, *s. m.* pièce de bois hérissée de pointes; coquille. voy. Chausse-trape. * Cheval-de-frise. R. C.

Cheval fondu, *s. m.* jeu d'enfans. * Cheval-fondu. R.

Cheval marin, *s. m.* animal fabuleux. * voyez Hippocampe, poisson du 13e. genre, de la 1re. classe, à corps composé d'articulations, ouverture de l'ouïe sur la nuque. B. * Cheval-marin. R. C.

Chevalement, *s. m.* sorte d'étaie pour reprendre en sous-œuvre. G. C.

Chevaler, *v. n. Tibicine fulcire.* se servir du chevalet; étayer; aller et venir (*vieux*); croiser, t. de couvreur.

Chevaleresque, *adj. 2 g.* de la chevalerie. A.

Chevalerie, *s. f. Equitum ordo.* dignité, grade, ordre des chevaliers.

Chevalet, *s. m. Equuleus.* supplice sur le cheval de bois; support; étaie, t. d'arts et métiers. * constellation septentrionale. B.

Chevalier, *s. m. Eques.* dignité; titre; membre d'un ordre militaire; défenseur, protecteur d'une femme; t. de jeux. * oiseau aquatique du genre du bécasseau, de passage; vit de vers, d'insectes, etc. B.

Chevalier d'industrie, *s. m.* escroc qui vit d'adresse.

Chevaliers, *s. m. pl.* insectes.

Chevaline (bête), *adj. f.* cheval ou jument.

Chevalis, *s. m.* t. de navigat. passage pratiqué dans une rivière. R.

Chevance, *s. f.* (*vieux*) le bien qu'on a.

†Chevanne *ou* Chevesne, *s. f.* poisson du genre du cyprin. voy. Meunier.

Chevauchable, *adj. 2 g.* nubile. V. * sur qui l'on peut chevaucher. R.

†Chevauchantes, *adj. f. pl.* (feuilles) en gouttières, appuyées les unes sur les autres.

Chevauchée, *s. f. Equitatio.* tournée à cheval des officiers de justice.

Chevaucher, *v. n. Equitare.* ché. e, *p.* aller à cheval; aller, être de travers; t. de couvreur, se croiser.

Chevaucheur, *s. m.* cavalier; maître de poste. RR.

Chevauchons (à), *adv.* à califourchons, jambe de-çà, jambe de-là. * À-Chevauchons. C.

Chevau-legers, *s. m. pl.* compagnie militaire. *sing.* Chevau-leger. *Levis eques.*

Chevaux, *s. m. pl.* soldats à cheval.

†Chevecaille, *s. m.* monture; cheval, âne. ROMAN DE LA ROSE.

Chévecerie, *s. f.* dignité de chevecier. R. * Chévécerie. RR.

†Chevêche, *s. f.* oiseau. voyez Chouette.

Chevecier, *s. m.* dignité ecclésiastique, t. de liturgie. * Chévecier. R. C. *ou* Chéfecier. G.

Chevelé. e, *adj.* t. de blas. qui a les cheveux d'un autre émail; t. de jard. qui a des racines chevelues. * Chévelé. R.

Chevelu. e, *adj. Comatus.* qui a de longs cheveux, des petites racines; t. d'astron. qui répand beaucoup de rayons. * Chévelu. R.

Chevelu, *s. m.* filamens attachés aux racines.

Chevelure, *s. m. Capillus.* ensemble des cheveux; rayons des comètes; feuilles, racines. — de Bérénice, constellation septentrionale, amas de petites étoiles entre la queue de l'ourse et celle du lion. * Chévelure. R.

Chever, *v. a.* vé. e, *p.* creuser une pierre en dessous, t. de joaillier. G. V. * polir sur une roue convexe; attacher avec des chevilles. P.

Chevet, *s. m. Pulvinus.* traversin; partie d'église derrière le maître-autel; billot qui soutient la culasse.

†Chevetaine, *s. m.* capitaine, connétable. (*vi.*)

Chéveteau, *s. m* partie de moulin.

Chevêtre, *s. m. Capistum.* (*vieux*) licou; pièce de bois autour de l'âtre; bandage.

Cheveu, *s. m. Capillus.* poil de la tête de l'homme.

†Chevillage, *s. m.* art de cheviller les vaisseaux.

†Chevetsier, *s. m.* support du tourillon.

Cheville, *s. f. Clavus.* morceau pointu de fer ou de bois; mot inutile dans un vers. *pl.* andouillers; bois, etc. pour tendre les cordes; saillie pour suspendre quelque chose, t. de jeu.

Chevillé. e, *adj. Clavatus.* t. de blas. des ramures du bois du cerf; (cheval) à jambes serrées; (vers) plein de chevilles.

Cheviller, *v. a. Clavis affigere.* lé. e, *p.* mettre des chevilles; attacher avec des chevilles. * *v. n.* t. de teint. C.

Chevillette, *s. f.* t. de relieur, petite cheville; cuivre sous le cousoir. G. RR. Chevillere. R.

Chevillon, *s. m.* bâton au dos d'une chaise; bâton de ferrandinier; t. de marine, bois pour lancer les manœuvres. C. G. V. RR.

Chevillots, *s. m. pl.* t. de mar. R.

Chevillure (d'un daim) *s. f.* t. de vénerie. R.

Chevir, *v. n.* (*vieux*) t. de prat. venir à bout de quelqu'un; composer, traiter. * transiger. G. V.

Chevissance, *s. f.* accord. C. V. * traité. C.

Chevissement, *s. m.* t. de prat. chevissance. V. C. * convention. R. G.

Chèvre, *s. f. Capra.* femelle du bouc; machine pour lever des fardeaux; table; outil; constellation septentrionale; étoile du cocher. (prendre la) se fâcher, se dépiter. * — bleu. — dansante, matière lumineuse composée d'ondes, accident de l'aurore boréale. B. Chevre. R.

Chèvre-feuille, *s. m. Caprifolium.* arbrisseau du genre des plantes monopétales, à feuilles simples, opposées, fleurs en bouquets terminaux, souvent d'une odeur exquise. * Chévre-feuille. R.

Chèvre-pied, *adj. Capripes. s.* satyre, faune, à pied de chèvre, t. de mythol. * Chévre-pied. R.

Chevreau, *s. m. Hœdus.* petit de la chèvre, cabri.

Chevrette, *s. f. Caprea.* femelle du chevreuil; petit chenet; *ou* Crevette, *ou* Salicoque, *Squilla.* petit crustacée de mer, armé d'une grande corne; insecte aquatique. * pot d'apothicaire; machine pour soulever; outil de cirier; chenêt. B. Chevrete. R.

Chevreuil, *s. m. Capreolus.* bête fauve, quadrupède sauvage, ruminant, de l'ordre des cerfs, à pelage brun ou roux, à bois garni de cinq andouillers au plus.

Chevreuse, *s. f.* pêche, fruit. R.

Chevrier, *s. m. Caprarius.* pâtre des chèvres. * Chevrié. G.

Chevrillard, *s. m.* petit chevreuil, faon de chevrette, t. de blas.

†Chevrolle, *s. f. Caprella.* espèce de cancre.

Chevron, *s. m. Canterius.* bois équarri. * laine noire de Perse. B.

Chevroné. e, *adj.* avec des chevrons, t. de blason.

Chevrotage, *s. m.* droit sur les chèvres. C. G.

†Chévrotain, *s. m.* joli petit animal des Indes, qui ressemble en petit au cerf.

Chevrotement, *adv.* cadence formée en tremblottant. AL.

Chevroter, *v. n.* faire des chevreaux, en parlant des chèvres; perdre patience. *Stomachari.* aller par sauts et par bonds; chanter en tremblottant. * Chevroté. e, *p.* R.

Chevrotin, *s. m. Pellicula hœdina.* peau de chevreau corroyée.

Chevrotine, *s. f.* plomb pour tirer le chevreuil.

Chez, *prop. Ubi.* en la maison de; parmi. * *s.* domicile.

†Chezanance, *s. f.* chose qui cause une nécessité pressante d'aller à la selle.

Chiautzolli, *s. f.* herbe rafraîchissante d'Amérique. G.

Chiaoux, *s. m.* huissier turc.

Chiasse, *s. f.* écume des métaux; excrémens d'insecte.

Chibout, *s. m.* sorte de résine résolutive d'Amérique. G. V.

†Chic, *s. m.* nom de plusieurs espèces d'oiseaux.

Chicambault, *s. m.* t. de mar. éperon ou poulain. G. * *ou* Chicabaut. R. Chicambaut. G. V.

Chicane, *s. f. Legum laquei,* subtilité captieuse; contestation mal fondée. * t. de jeu. A.

Chicaner, *v. a. Fraudulenter litigare.* né. e, *p.* faire un procès. *v. n.* user de chicane; critiquer, reprendre; chagriner.

Chicanerie, *s. f.* mauvaise difficulté; tour de chicane.

Chicaneur. se, *s. Fraudulentus litigator.* qui chicane. (*familier*)

Chicanier. ère, *s. Vitiligator.* qui chicane; vétilleux, qui vétille. *adj.* * *f.* Chicaniere. R.

†Chicar *ou* Talent, , *s. m.* ancienne monnoie.

Chiche, *adj.* 2 *g. Parcus.* trop ménager, avare; chétif. * *s. m. Cicer.* plante légumineuse, sorte de pois. B.

Chiche-face, *s. m.* maigre et chagrin. R.

Chichement, *adv. Parcè.* avec avarice.

Chicheté, *s. f.* (*inusité*) avarice. R.

Chicon, *s. m.* laitue romaine, plante potagère.

Chicoracée, *adj.* 2 *g.* qui tient de la chicorée. * Chicoracé. *m.* cée. *f.* A.

Chicorée, *s. f. Intubus.* herbe rafraîchissante, de la famille des endives, de plusieurs espèces.

Chicorée de mer, *s. f.* coquille. L.

Chicot, *s. m.* (*populaire.*) *Coliculus.* reste d'un arbre, d'une chose rompue. * arbre du Canada, à fleurs légumineuses, fruit en gousses. B. * maladie du cheval. G.

Chicoter, *v. n.* contester sur des bagatelles. (*populaire*)

Chicotin, *s. m.* herbe, suc, poudre très-amers.

Chien, ne, *s. Canis.* quadrupède domestique très-docile, très-intelligent; il y en a de beaucoup d'espèces. — des bois *ou* Raton, quadrupède de la Guiane. — crabe *ou* Crabier, quadrupède de la Guiane, qui vit de crabes; il ressemble au basset. — de mer, famille de poissons vivipares, cétacées. — volant, espèce de grosse chauve-souris; terme injurieux; t. d'art. piece de fusil; constellation. * *f.* Chiene. R.

†Chien-céleste, *s. m.* constellation.

Chien-marin, *s. m.* poisson de mer, 3e. genre, 1re. classe; sa peau, qui sert à polir le bois.

Chiendent, *s. m. Gramen.* herbe de la famille des graminées, vivace, à racines apéritives; les chiens se purgent en la mangeant. — fossile, amiante. — marin, espèce de fucus qui ressemble à la barbe de baleine.

Chienner, *v. n. Catulos edere.* faire des chiens. * Chiéner. R.

Chier, *v. a. Cacare.* chié. e, *p.* rendre les gros excrémens.

Chiermée, *s. f.* colchique. V.

Chieur. se, *s.* qui chie. * *f.* Chieuze. G.

Chiffe, *s. f.* étoffe mauvaise et foible; chiffon. * Chife. R.

Chiffler, *v. a.* (*vieux*) siffler. G. C. * boire largement (*populaire*). G.

Chiffon, *s. m. Panniculus.* mauvais morceau d'étoffe, de papier sans valeur. * *pl.* petits ajustemens. G. Chifon. R.

Chiffonner, *v. a. Deterere.* né. e, *p.* bouchonner; froisser. * inquiéter; badiner brusquement. G. C. Chifoner. R.

Chiffonnier. ère, *s.* qui ramasse des chiffons; conteur; vétilleux; meuble pour serrer les chiffons. * Chifonier. foniere. R.

Chiffre, *s. m. Nota.* caractère qui marque un nombre; écriture, langage secret; lettres des noms entrelacées. * Chifre. R.

Chiffrer, *v. a. Computare.* fré. e, *p.* exprimer, écrire, compter par des chiffres. *v. n.* compter. * Chifrer. R.

Chiffreur, *s. m.* qui chiffre bien avec la plume.

Chifon. ne, *adj.* (branche) inutile. G. G.

†Chignolle, *s. f.* dévidoir de passementier à 3 ailes.

Chignon, *s. m. Cervix.* le derrière du cou, des cheveux.

†Chigomier, *s. m. Combretum.* genre de plantes de la famille des myrtes.

Chiliade, *s. f* choses réunies mille par mille. C. G. V. *pronon.* ki.

Chiliarque, *s. m.* chef de mille hommes, t. d'antiquité. G. C. V. *pronon.* ki.

†Chiliombe, *s. m.* sacrifice de mille bœufs. *pr.* ki.

Chillas, *s. m.* toile de coton. R.

Chiller, *v. a.* lé. e, *p.* t. de fauc. R.

†Chilones, *s. adj.* 2 *g.* qui a de grosses lèvres.

†Chim, *s. m.* nid d'oiseau de la Chine, d'un goût excellent.

Chimère, *s. f. Chimœra.* monstre fabuleux; imaginations vaines. * *ou* Roi des harengs, poisson. L. * Chimere. R.

Chimérique, *adj.* 2 *g.* visionnaire; sans fondement; plein de chimères. G.

Chimériquement, *adv.* d'une manière chimérique. C. G.

Chimériser, *v. n.* se repaître de chimères. R.

†Chimiatrie, *s. f.* chimie médicale.

Chimie, *s. f. Chymia.* art de décomposer, purifier et recomposer les corps.

Chimique, *adj.* 2 *g.* de la chimie.

Chimiste, *s. m.* qui sait et exerce la chimie.

†Chimpansé, *s. m. Troglodytes.* jocko, singe à poil brun.

†China, *s. f.* plante.

†Chinage, *s. m.* t. de coutume.

Chincapin, *s. m.* sorte de châtaignier. R.

†Chinche, *s. m. Mephitis.* animal, moufette, blanche en dessus, noire en dessous.

Chincilla, Chincille *ou* Chinchille, *s. m.* animal du Pérou. * Chinche. B.

†Chine, *s. m.* Serpentin, bois dur, rougeâtre, à taches noires.

†Chiner, *v. a.* né. e, *p.* disposer les fils de manière à former un dessein, t. de manuf.

Chinfreneau, *s. m.* (*popul.*) coup d'épée, de bâton à travers le visage.

†Chinois. e, *adj. s.* de la Chine.

Chinquer, *v. n.* (*popul.*) boire avec excès.

Chinquis, *s. m.* Paon du Thibet, très-bel oiseau de la grosseur d'une pintade, cendré avec des yeux changeant en violet et or sur les plumes. * Paon de Junon. B.

†Chint, *s. f.* toile indienne.

†Chinte-seronge, *s. f.* toile de coton des Indes.

†Chio, *s. m.* ouverture du fourneau pour les scories.

†Chiocoque, *s. f. Chiococca.* plante rubiacée qui tient des caféyers.

†Chionante, *s. m. Chionantus.* genre de plantes monopétales de la famille des jasmins.

Chiourme, *s. f. Remiges.* les forçats d'une galère.

Chipage, *s. m.* apprêt des peaux. RR.

†Chipeau *ou* Ridenne, *s. m. Strepora.* espèce de canard de l'Amérique septentrionale.

Chiper, *v. a.* pé. e, *p.* t. de tanneur. R. * voler, dérober (*populaire*). B.

†Chipolin, *s. m.* détrempe vernie, polie de Cipolla.

Chipoter, *v. n.* té. e, *p.* barguigner; faire peu à peu; chicaner, vétiller. (*famil.*)

Chipotier, ère, *s.* vétilleur, qui chipote * *f.* Chipotiere. R.

Chique, *s. f. Pulea.* Ciron, espèce de tabac à mâcher; Pou de Pharaon, qui se loge dans la peau

peau des hommes et des animaux, venimeux, tué par le tabac; cocon défectueux; petite tasse; petite boule de marbre pour jouer.
Chiquenaude, *s. f. Talitrum.* coup du doigt replié, roidi et détendu.
†Chiquenauder, *v. a.* donner des chiquenaudes.
Chiquer, *v. a.* qué. e, *p.* mâcher du tabac. C.
Chiquet, *s. m.* petite parcelle. (*famil.*)
Chiqueter, *v. a.* té. e, *p.* t. de cardeur, démêler la laine; t. de pâtissier, faire des raies sur la pâte. R.
Chiragre, *s. m. Chiragra.* (*inusité*) attaqué de la goutte aux mains. *s. f.* goutte aux mains (*inusité*). *prononcez* ki.
Chirite, *s. f.* stalactite, pierre qui représente une main. G. V. *pronon.* ki.
Chirographaire, *s. m. Chirographarius.* créancier en vertu d'un billet. *pronon.* ki.
†Chirole *ou* Balon, *s. f.* petit dôme au milieu du balon ou bateau.
Chirologie, *s. f.* art de s'exprimer par des signes. *pronon.* ki. G.
Chiromancie, *s. f. Chiromantia.* divination par l'inspection des mains. *pronon.* ki.
Chiromancien. ne, *s. Chiromantis.* qui exerce la chiromancie.
†Chiron, *s. m.* ver des olives.
†Chirone, *s. f. Chironia.* genre de plantes de la famille des gentianes.
†Chironien, *adj. m.* (ulcère) malin et invétéré.
†Chironomie, *s. f.* espèce de pantomime; art de faire les gestes, t. d'antiquité. *pro.* ki.
†Chirotonie, *s. f.* imposition des mains. *pr.* ki.
Chirurgical. e, *adj.* de la chirurgie.
Chirurgie, *s. f. Chirurgia.* art d'opérer sur le corps de l'homme.
Chirurgien, *s. m. Chirurgus.* qui exerce la chirurgie. * poisson de mer qui a près des ouïes deux arêtes en lancettes tranchantes. B.
Chirurgique, *adj.* 2 *g.* de la chirurgie.
†Chise, *s. f.* poivre du Mexique.
Chiste, *s. m.* capsule membraneuse. * Kiste. G. *prononcez* ki.
†Chitarrone, *s. f.* espèce de théorbe.
†Chiterne, *s. f.* guitare à 5 rangs de cordes.
Chites, *s. f. pl.* toiles des Indes bon teint. R.
Chitome, *s. m.* chef de la religion des nègres. * *ou* Chitombe. R.
Chiton, *s. m.* coquille. L.
†Chitonisque, *s. m.* tunique de laine des Grecs et des Romains.
Chiûre, *s. f. Excrementum.* excrémens de mouches. * Chiure. R.
Chlamyde, *s. f.* manteau des anciens. * Chlamide. G. *prononcez* kla.
†Chleuasme, *s. m.* espèce d'ironie par laquelle on paroît se charger de ce qui doit retomber sur l'adversaire. *prononcez* kleu.
†Chlore, *s. f. Chlora.* genre de plantes monopétales de la famille des gentianes. *pro.* klore.
Chloris, *s. m.* oiseau, sorte de pinson. A. V. R. *prononcez* klo.
†Chlorite *ou* Terre-verte, *s. f.* substance pulvérulente. * *adj. s.* (talc). *pronon.* klo.
†Chlorophane, *s. f.* substance violette qui répand une lumière verte, en Sibérie.
Chlorose, *s. f. Chloris.* jaunisse, pâles couleurs. * Chlorôse. R. *prononcez* klo.
Choc, *s. m. Conflictus.* heurt de deux corps; rencontre avec heurt; malheur; combat; * *ou* Choque, outil de chapellier. B.
Chocailler, *v. n.* s'enivrer au tonneau. C. G. (*bas*).
Chocaillon, *s. f.* ivrognesse. G. C. (*bas et pop.*)
†Chocard, *s. m. Pyrrhocorax.* corbeau noir des Alpes, à bec et pieds jaunes.

Chocolat, *s. m. Chocolatum.* cacao, canelle, sucre, etc. en pâte.
Chocolatier, *s. m.* qui fait et vend du chocolat. C. G. * *f.* Chocolatiere. R.
Chocolatière, *s. f.* vase à faire le chocolat. * Chocolatiere. R.
Chœur, *s. m. Chorus.* troupe de musiciens, d'acteurs, de prêtres, d'anges; morceau de musique; partie d'une église. *pronon.* keur.
†Chogramme, *s. m.* serrure mécanique à combinaison. *prononcez* ko.
Choin, *s. m.* pierre dure. R. * *Schœnus.* genre de plantes à fleurs incomplètes, de la famille des graminées. B.
Choir, *v. n. Cadere.* chu. e, *p.* (*vieux*) tomber.
Choisir, *v. a. Eligere.* si. e, *p.* élire; faire un choix; préférer une chose à une autre après l'examen.
Choix, *s. m. Optio.* action de choisir, préférence, élection.
Cholagogue, *s. m.* remède qui fait couler la bile par bas. * *s. adj.* 2 *g.* Cholalogue. AL. *prononcez* ko.
Cholédologie, *s. f.* traité de la bile. *pronon.* ko.
Cholédoque, *adj.* 2 *g. Choledocus.* canal de la bile. G. * Cholidoque. A. *pron.* ko.
Chômable, *adj.* 2. *g. Festus dies.* (fête) qui doit se chômer.
Chômage, *s. m.* repos, temps d'oisiveté.
†Chomar, *s. m.* cep de drisse.
Chômer, *v. a. n. Cessare.* mé. e, *p.* se reposer faute de travail; manquer de quelque chose; solenniser.
Chomet, *s. m.* oiseau fort gras, en Normandie.
Choncar *ou* Chungar, *s. m.* oiseau de proie qui tient du héron et du butor. G. V.
Chondrille, *s. f.* plante apéritive, rafraîchissante. C. * Chondrillé. CO. *pronon.* kon.
†Chondrographie, *s. f. Chondrographia.* description des cartilages. *pronon.* kon.
Chondrologie, *s. f.* traité des cartilages. *prononcez* kon.
†Chondroptérygiens, *s. m.* 1er. genre de poissons à squelettes cartilagineux ou sans arêtes, ouïes fixes. *pronon.* kon.
†Chondrotomie, *s. f. Chondrotomia.* dissection des cartilages. *pronon.* kon.
Chopine, *s. f.* mesure de liquides, son contenu.
Chopiner, *v. n. Potitare.* (*familier*) boire à la chopine; boire souvent.
Chopinette, *s. f.* cylindre de pompe. G. V * Chopinete, contenu d'une chopine. R.
Choppement, *s. m. Offensio.* action de chopper. C. G. * Chopement. R.
Chopper, *v. n. Offendere.* (*vieux*) faire un faux pas en heurtant le pied; faire une grande faute. * Choper. R.
Choquant. e, *adj. Contumeliosus.* offensant, désagréable.
Choquer, *v. a. Offendere.* qué. e, *p.* donner un choc; déplaire; heurter; offenser; blesser; être contraire à. * larguer une manœuvre en filant un peu. B.
Choraïque, *adj.* 2 *g.* (vers) grec ou latin. G. V. *prononcez* ko.
Choraux, *s. m. pl.* enfans de chœur. R. *prononcez* ko.
Chordapse, *s. m.* tension de l'intestin. G. V. *prononcez* ko.
Chorée, *s. m.* pied de vers, t. de poésie ancienne. G. V. *prononcez* ko.
Chorége, *s. m.* qui présidoit aux frais des spectacles. G. * Chorège. A. G. V. *pronon.* ko.
Chorégraphie, *s. f.* art de noter les pas. * *ou*

Choréographie. A. V. *pronon.* ko.
Chorévêque, *s. m.* (*vieux*) prélat; doyen rural. *pronon.* ko.
Choriambe, *s. m.* pied de vers, t. de poësie. R. G. C. *pronon.* ko.
Chorion, *s. m.* membrane du fœtus. G. *pr.* ko.
Choriste, *s. m. Chorista.* chantre de chœur, ou dans les chœurs. *pronon.* ko.
Chorobate, *s. m.* niveau des anciens fait en T. G. V. *prononcez* ko.
Chorographie, *s. f. Chorographia.* description d'un pays. *prononcez* ko.
Chorographique, *adj. Chorographicus.* de la chorographie. *prononcez* ko.
Choroïde, *s. f.* tunique de l'œil, portion de l'uvée. * *adj.* 2 *g.* qui ressemble au chorion. B. *pronon.* ko.
Chorus, *s. m.* chœur: (faire), chanter ensemble. * instrument à vent. B. *pronon.* ko.
Chose, *s. f. Res.* ce qui est; être en général; possession; bien; affaire. * *s. m.* chose (quelque).
†Choser, *v. a.* sé. e, *p.* se divertir avec une femme. CABINET SATYRIQUE.
Choter, *v. n.* té. e, *p.* du blé, chauler. R.
Chou, *s. m. Brassica.* plante potagère, polypétale, de la famille des crucifères. — brocolis. voy. Chou-fleurs. — cabu *ou* pommé. — caraïbe, répond à la colocasie d'Egypte. — cavalier, chou vert en arbre. — colsa. voy. Colsa. — fleur, à tige en masse, mamélonnée, granulée, charnue, tendre; elle s'alonge et fleurit; formée par surabondance de séve. — coquillage bivalve de la famille des cœurs. *pl.* Choux.
Chou, *s. m.* (petit) sorte de pâtisserie ou de gâteau.
Chou cabus, *s. m.* plante. * Chou-cabus. A. C.
†Chou-croute, *s. f.* (*abusivement.*) voy. Sour-crout, Souer-kraute.
Chou de chien, *s. m. Cinocrambe.* Mercuriale sauvage; plante purgative. * cynocrambé. A.
Chou fleur, *s. m. Cauli-flora.* plante dans laquelle la surabondance de séve transforme la tige en protubérance mamelonnée. * Chou-fleur. A. C. G. R.
Chou-là! Chou-pille! *interj.* pour exciter un chien.
Chou navet, *s. m. Napo-brassica.* plante, espèce de chou qui tient de la nature des navets. * Chou-navet. A. G. G. R.
Chou-palmiste, *s. m.* moelle, fruit d'une sorte de palmier.
Chou-rave *ou* Chou de Siam, *s. m.* plante potagère.
†Chouan, *s. m.* semence inconnue du Levant, ressemble au semen-contra, entre dans le carmin; nom donné aux insurgés des départemens de l'Ouest de la France; hibou en Bretagne.
†Choucari, *s. m.* espèce de choucas de la Nouvelle Guinée.
Choucas, *s. m. Graculus.* corneille grise à pieds rouges, de passage, de plusieurs espèces.
Chouette, *s. f. Noctua saxatilis.* oiseau de nuit, du genre du chat-huant. * (faire) la chouette, t. de jeu, tenir contre plusieurs. * Chouete. R.
†Chouguet, *s. m.* billot pour rabattre les filières de la tréfilerie.
†Choupille, *s. m.* chien pour la chasse au vol.
Chouquet, *s. m.* t. de mar. billot de bois pour emboîter les mâts. * pour couper la tête. G.
Chousset, *s. m.* boisson turque. G. V.

Choyer, *v. n. Tractare cautè.* yé, e, *p.* conserver, ménager avec grand soin (*familier*). (se) *v. r.* se ménager.

†Choyné, *s. m.* arbre du Brésil qui ressemble au laurier.

Chrême, *s. m. Chrisma.* t. de liturgie, huile sacrée. *prononcez* krême.

Chrémeau, *s. m. Chrismatis fascia.* t. de liturgie, petit bonnet sur la tête de l'enfant après l'onction. * Chrêmeau. R. *pronon.* kré.

†Cresmeler, *v. a.* oindre du saint chrême. *prononcez* kré.

Chrétien (bon), *s. m.* poire. *prononcez* kré.

Chrétien. ne, *adj. Christianus.* qui adore le Christ; qui professe la religion catholique; qui lui appartient. * *f.* Chrétiene. R. *prononcez* kré.

Chrétiennement, *adv. Christiano more.* d'une manière chrétienne. * Chretiénement. R. *pr.* kré.

Chrétienté, *s. f. Orbis christianus.* les chrétiens, leurs pays. *pron.* kré.

Chrie, *s. f.* narration, amplification, t. de collége. *pron.* krie.

Chrismation, *s. f.* action d'imposer le chrême. G. V. *pron.* kris.

Christ, *s. m. Jesus. Christi effigies.* oint; le Messie; sa figure. *pron.* kriste.

Christe-marine, *s. f.* Salicot, Bacile, Fenouil-marin. * Christe-marine. C. *pron.* kri.

Christianiser, *v. a.* sé. e, rendre, supposer chrétien. B. G. C. *pron.* kris.

Christianisme, *s. m. Christiana religio.* religion du Christ. *pron.* kri.

†Christiaque, *adj.* 2 *g.* chrétien. VOLTAIRE. *pron.* kri.

†Christicole, *adj.* 2 *g.* adorateur du Christ. VOLTAIRE. *pr.* kri.

Christodin, *s. m.* calviniste; nouveau chrétien; pauvre chrétien; simple chrétien. V. *pron.* kris.

†Christolites, *s. m. pl.* hérétiques qui séparent la divinité de Jésus de son humanité. *pron.* kris.

†Chrokiel, *s. m.* grande caille de Pologne. *pr.* kro.

†Chromate, *s. m.* combinaison de l'acide chrômique avec différentes substances. *pr.* kro.

Chromatique, *adj.* 2 *g. s. m. Croma.* qui procède par semi-tons, t. de musique; t. d'opt. coloré. *pron.* kro.

†Chrome, *s. m.* raison spécieuse. *pr.* kro.

†Chrôme, *s. m.* métal très-fragile, infusible, fixe, qui se cristallise en aiguilles; substance métallique qui colore vivement les substances avec lesquelles on le combine; qui donne au rubis, à l'émeraude, leur couleur. *pr.* kro.

†Chrômique, *adj.* 2 *g.* du chrôme. *pr.* kro.

Chronique, *s. f. Annales.* histoire selon l'ordre des temps. *adj.* 2 *g.* (maladie) de longue durée. (— scandaleuse), mauvais bruits, médisances. B. *pron.* kro.

Chroniqueur, *s. m.* (*vieux*) auteur de chronique. *pron.* kro.

†Chroniser, *v. a.* écrire des chroniques. (*vi.*) *pron.* kro.

Chronogramme, *s. m.* inscription en chiffres, où dont les lettres initiales font la date. * (*abusivement*) Chronographe, *selon* R. *pronon.* kro.

Chronographe, *s. m.* écrivain sur la chronologie. R. *pr.* kro.

Chronographie, *s. f.* description qui caractérise l'époque. G. C. * Chronologie. R. *pron.* kro.

†Chronoguinée, *s. f.* règle des femmes. *pron.* kro.

Chronologie, *s. f. Chronologia.* science, doctrine des temps. *pron.* kro.

Chronologique, *adj.* 2 *g. Chronologicus.* de la chronologie. *pron.* kro.

Chronologiste, *s. m. Chronographus.* qui sait la chronologie. *pron.* kro.

Chronologue, *s. m.* chronologiste. *pr.* kro.

Chronomètre, *s. m.* instrument pour mesurer les temps dans la musique, les tierces en astronomie. * Chronometre. R. *pr.* kro.

†Chronoscope, *s. m. Chronoscopium.* chronomètre; pendule pour mesurer le temps. *pr.* kro.

Chrysalide, *s. f. Chrysalis.* état de la chenille qui passe du ver au papillon; cette chenille ressemblant à une fève. *pron.* kry.

†Chrysalider (se), *v. n.* se changer en chrysalide. *pron.* kry.

Chrysanthemum, *s. m.* plante à très-belles fleurs jaune-doré, etc. * Chrysanthémum. R. G. C. *ou* Chrysanthème. G. *pron.* kry.

†Chrysantin, *s. m.* bourre de soie. *pr.* kry.

Chrysis, *s. m. Chrysides.* guêpe dorée. L. *pr.* kry.

†Chrysites, *s. m.* nom ancien de la pierre de touche; litharge d'or. *pr.* kry.

†Chrysobate, *s. f.* dendrite artificielle, formée par une végétation d'or entre deux crystaux soudés. *pron.* kry.

†Chrysobéril, *s. m. Chrysoberyllus.* pierre précieuse, un peu chatoyante, d'une teinte formée de jaune, de vert et de bleu. *pron.* kry.

†Chrysobolan, *s. m.* arbrisseau. *pr.* kry.

Chrysocolle, *s. f. Chrysocolla.* matière que l'eau détache des mines de cuivre, d'or, etc. Bleu, Vert de montagne. * pierre précieuse. R. *et* borax. A. *pron.* kry.

†Chrysocome, *s. m.* nom de plantes exotiques, à fleurs composées, flosculeuses, ayant des rapports avec les conises. *pron.* kry.

†Chrysographe, *s. m.* écrivain en lettres d'or, t. d'antiq. *pron.* kry.

Chrysolite, *s. f. Chrysolithus.* pierre précieuse jaune, mêlée d'un peu de vert; cristal-topaze; chez les anciens, topaze orientale. * Chrysolithe. R. *pron.* kry.

Chrysomèle, *s. m. Chrysomela.* insecte coléoptère, à antennes en collier, articles globuleux. L. *pron.* kry.

Chrysopée, *s. f. Chrysopæa.* science de faire de l'or. R. G. V. C. *pron.* kry.

Chrysophrase, *s. f. Chrysophrasius.* émeraude, vert de poireau, qui contient des paillettes d'or. * *et* Chrysoptères. B. Chrysoprase. A. R. T. *pron.* krysopraze.

†Chrysophylle, *s. m.* arbrisseau. *pr.* kry.

Chrysoprasin, *s. m.* pierre précieuse verdâtre. C. R. *pron.* kry.

†Chrysoptère, *s. f.* voy. Chrysophrase.

†Chrysostrome, *s. m.* genre de poissons à corps comprimé. *pron.* kry.

†Chrysotose, *s. m.* genre de poissons. *pron.* kry.

Chrysulée, *s. f.* eau régale qui dissout l'or. G. *pron.* kry.

Chucheter, *v. n.* crier comme le moineau. G. C.

Chuchotement, *s. m.* chuchoterie. V.

Chuchoter, *v. n. Insusurrare.* parler tout bas à l'oreille. * *ou* Chucheter. A. V.

Chuchoterie, *s. f.* (*familier*) action de chuchoter.

Chuchoteur, se, *s.* qui chuchote. * *ou* Chucheteur. A.

†Chungar, *s. m.* oiseau de proie qui tient du héron et du butor, voyez Choncar.

†Chuquelas, *s. f.* étoffe de soie et coton des Indes.

†Churge, *s. m.* outarde moyenne des Indes.

Chut! *interj.* paix! silence! (*fam.*)

Chûte, *s. f. Casus.* mouvement, action de ce qui tombe; malheur; faute; cadence finale; mauvais succès; fin; ce qui termine une fable, une épigramme.

Chyle, *s. m. Chylus.* t. d'anat. suc blanc, extrait des alimens.

Chyleux, *adj. Chylosus.* du chyle. V.

Chylifère, *adj.* 2 *g. Chylifer.* vaisseaux du chyle. * Chylifere. R.

Chylification, *s. f.* formation du chyle.

Chylôse, *s. f.* chylification. R. *pron.* ky.

†Chymie, *s. f. et ses dérivés.* voy. Chimie.

Chymose, *s. f.* inflammation des paupières, t. d'oculiste. * Chymôse. R. Chémose. CO. *pr.* ky.

†Chytre, *s. m.* espèce de marmite antique.

†Chytropode, *s. m.* grande marmite antique avec des pieds.

Ci, ci-joint, ci-après, ci-contre, ci-devant, ci-derrière, ci-dessus, ci-dessous, *adverbe de lieu, de temps qui indique la proximité.*

Ciacale, *s. m.* animal qui tient du loup et du renard. G. C. V.

Cibage, *s. m.* sorte de pin des Indes. G. C. V.

†Cibation, *s. f. Cibatio.* t. de chimie, manière de consolider une substance molle.

†Cibaudière, *s. f.* espèce de filet. * *pl.* AL.

†Cibe *ou* Cible, *s. f.* planche ou but contre lequel on tire.

Ciboire, *s. m. Pixis sacra.* vase sacré pour les hosties.

Ciboule, *s. f. Cepula.* petit oignon.

Ciboulette, *s. f. Cepitium.* petite ciboule. * Ciboulete. R.

†Cicadelles, *s. f. pl. Cicada.* insectes hémiptères, semblables en petit aux cigales.

Cicatrice, *s. f. Cicatrix.* marque des plaies et des ulcères.

Cicatricule, *s. f. Cicatricula.* petite cicatrice. R. G. C. * petite tache blanche sur le jaune de l'œuf. B.

Cicatrisant. e, *adj. s. Cicatrisans.* cicatrisatif, tive, *adj.* qui cicatrise. G. C.

Cicatrisatif. ive, *adj.* AR. qui opère la cicatrisation. B.

Cicatriser, *v. a. Cicatricare.* sé. e, *p.* faire des cicatrices. (se), *v. r.* se former en cicatrice.

Ciccus, *s. m.* sauterelle; oie sauvage. G.

†Cicendèle *ou* Cicindelle, *s. f. Cicendela.* insecte, le plus beau des coléoptères, du genre du ver luisant, à antennes cétacées, appendices rouges qui s'enflent.

Cicero, *s. m.* caractère d'imprimerie. * Cicéro. G. C.

Cicerole, *s. f. Cicercula.* pois-chiche.

†Cicérone, *s. m.* guide des étrangers en Italie. G. V.

Cicéronien. ne, *adj.* (style) riche et pathétique. G. V.

†Ciche, *s. m. Cicer.* genre de plantes légumineuses.

Ciclamen, *s. m.* plante odoriférante. voy. Pain de pourceau. * Cyclamen. R.

Ciclamor, *s. m.* t. de jardin. bordure, orle. G. Cyclamor. R.

Cicutaire, *s. f.* plante, ciguë aquatique.

Cid, *s. m.* chef arabe; commandant.

†Cidare, *s. f.* tiare des rois de Perse.

†Cidaris, *s. m.* tiare du grand-prêtre des Hébreux.

†Cidrailler, *v. a.* boire souvent et long-temps

du cidre (*vieux*).
Cidre, *s. m.* boisson faite de jus de pommes.
†Cie, *s. f.* gomme de la Chine.
Ciel, *s. m. Cœlum.* cieux, *pl.* l'espace qui contient les astres; les astres, leur influence; l'atmosphère, l'air, les nues; séjour de Dieu; climat; dais, haut du lit.
Ciels, *s. m. pl.* t. de peint. la représentation de l'air; t. de tapissier, le haut d'un lit.
Cierge, *s. m. Cereus.* grande chandelle de cire. — pascal, coquille univalve, du genre des cornets, blanche, pointe violette; onix.
Cierge du Pérou, *s. m.* plante, t. de botan. — épineux, Cactite, *Cactus.* plante sans feuilles, à tige cannelée par côtés renflées, obtuses, terminées par une épine. * Cierge-du-Pérou. C.
Ciergier, *s. m.* qui fait et vend des cierges.
Cigale, *s. f. Cicada.* insecte, mouche hémiptère à quatre ailes et à scie, chant aigu. — de mer, squille ciselée, semblable à la cigale; elle est bonne à manger. B.
†Cigaler, *v. n.* chanter comme la cigale.
Cigare, *s. f.* tabac de Cuba; feuille de tabac roulée, propre à fumer. G. V.
Cigogne, *s. f. Ciconia.* oiseau de passage à longues jambes, au rang des scolopaces, blanc, plumes scapulaires noires. * Cicogne. R.
Cigogneau, *s. m.* petit de la cigogne. G. * Cicogneau *et* Cicognat. R.
Ciguë, *s. f. Cicuta.* plante froide et vénéneuse; son suc. Grande— Petite— elles ressemblent au persil: le vinaigre est l'antidote; feuilles adoucissantes, résolutives à l'extérieur pour la sciatique. — aquatique *ou* Cicutaire; plus venimeuse que la ciguë. B.
Cil, *s. m. Cilium.* poil des paupières. *pl.* cils. (*plus usité*).
Ciliaire, *adj.* 2 *g.* t. d'oculiste, (partie) qui soutient le cristallin. C. G. V.
Cilice, *s. m. Cilicium.* tissu de crin, de poil rude et piquant.
†Ciliée (la), *s. f.* poisson du genre du persègue. *adj.* t. de botanique, garni de poils comme les cils.
†Cilier, *s. m. Ciliris.* poisson du genre du chétodon.
Cillement, *s. m. Nictatio.* action de ciller.
Ciller, *v. a. Nictare.* fermer les yeux et les rouvrir. *v. n.* se dit des chevaux dont le sourcil blanchit. * t. de fauconn. coudre les paupières. G.
†Cimaise, *s. f.* membre de corniche.
Cimbalaire, *s. f. Cimbalaria.* espèce de linaire à fleur purpurine, en muffle; elle arrête les pertes de sang. * voy. Cymbalaire. R.
†Cimbalée, *s. f.* partie du plein jeu de l'orgue.
†Cimbre, *s. m. Cimbrino.* poisson du genre du gade: peuple.
Cime, *s. f. Vertex.* sommet d'un arbre, d'une plante, d'un rocher, d'une montagne. * voy. Cyme. R.
Ciment, *s. m. Arenatum.* sorte de mortier; lien d'amitié.
Cimenter, *v. a. Firmare.* té. e, *p.* joindre avec du ciment; lier; confirmer; affermir.
Cimentier, *s. m.* faiseur de ciment. G. C.
Cimeterre, *s. m. Acinaces.* grand coutelas recourbé. * Cimetere. B.
Cimetière, *s. m. Cœmeterium.* lieu destiné à la sépulture; lieu dont l'air est mortel. * Cimetiere. R.
†Cimeux, euse, *adj.* t. de botanique, disposé en cime.
†Cimicaire, *s. f. Cimicifuga.* plante exotique de la famille des renoncules.

Cimier, *s. m. Lumbus.* ornement du casque, t. de blason; croupe, chair de la croupe, t. de boucher.
†Cimmérique, *adj.* (ténèbre) profonde, perpétuelle.
Cimolie *ou* Cimolis, *s. f. Cimolea.* sorte d'argile; terre bolaire, blanchâtre et rougeâtre, tirée de l'île de l'Argentière. *adj.* dépôt des meules à aiguiser. * Cimolée. V. Cimolite. B.
†Cimosse, *s. f.* lisière en gros-de-tour des Gênois.
Cinabre, *s. m. Cinabaris.* minéral rouge, composé de soufre et de mercure. * voy. Cinnabre. R.
†Cinanchine, *s. f.* petite garance.
†Cinarocéphales, *s. f. pl.* famille des artichauts; section de plantes composées, fleurs flosculeuses.
†Cinat, *s. m.* flûte indienne.
Cincenèle, *s. f.* corde de batelier. G. C. V. * Cincenèle. R. Cincenelle. AL.
†Cincle, *s. m. Cinclos.* oiseau de passage, alouette de mer à collier.
Cindre, *s. m.* instrument de charpentier. R.
Cinéfaction, *s. f.* action de réduire en cendres. T.
Cinéfier, *v. a. Cinefacere.* fié, e, *p.* réduire en cendres. T.
Cinéraire, *adj.* 2 *g.* (urne) qui renferme les cendres. * *s. f. Cineraria.* genre de plantes corymbifères. B.
Cinération, *s. f.* réduction en cendres.
Cinglage, *s. m.* chemin d'un vaisseau en vingt-quatre heures. * loyer de gens de mer. G. V.
Cingleau, *s. m.* cordeau pour mesurer les colonnes. G. V.
Cingler, *v. n.* glé. e, *p.* voguer à pleines voiles. *v. a. Cædere.* frapper avec quelque chose qui plie. * t. de forge, forger, étirer. * sangler. G.
†Cinips *ou* Cynips, *s. m.* genre d'insectes intéressans par leurs mœurs, leur instinct, et qui forment des excroissances sur les feuilles.
Cinnamome, *s. m. Cinnamum.* aromate, la cannelle. * voy. Cannellier. A. Cinnamôme. R.
Cinq, *adj.* 2 *g. Quinque.* nombre ordinal. *s. m.* carte, dés, chiffre (5).
†Cinq-épines, *s. m.* poisson du genre du labre.
†Cinq-lignes (la), *s. f.* poisson du genre du persègue.
†Cinq-taches, *s. m.* poisson du genre du coryphène.
Cinquain, *s. m.* ordre de cinq bataillons. C. G.
Cinquantaine, *s. f. Quinquagenarius numerus.* nombre de cinquante.
Cinquante, *adj.* 2 *g. Quinquaginta.* cinq dixaines.
Cinquantenier, *s. m.* qui commande cinquante hommes.
Cinquantième, *adject.* 2 *g. Quinquagesimus.* nombre ordinal. *s.* 50ᵉ. partie. * Cinquantieme. R.
Cinquenelle, *s. f.* t. d'artillerie. R. * voy. Cincenèle.
Cinquième, *adj.* 2 *g. Quintus.* nombre ordinal; écolier de la cinquième classe. *f.* cette classe. *s. m.* 5ᵉ. partie. * Cinquieme. R.
Cinquièmement, *adv.* en 5ᵉ. lieu. * Cinquiemement. R. Cinquiémement. G.
†Cintrage, *s. m.* toutes les cordes qui ceignent quelque chose, t. de mar.
Cintre, *s. m.* courbure d'une voûte; arcade de bois pour soutenir une voûte; règle pour cintrer.
†Cintré. e, *adj.* entouré d'un demi-cercle, t. de blas.
Cintrer, *v. a Arcuare.* tré. e, *p.* faire un cintre; bâtir en cintre.

†Ciocoque, *s. m. Chiococca.* genre de plantes rubiacées.
Cion, *s. m.* t. d'anat. luette enflée; solide entre les amygdales; excroissance à la matrice.
Cioutat, *s. m.* raisin, espèce de chasselas.
Cipollini, Cipolin, *s. m.* marbre vert ondé de blanc, d'Italie. G. V.
Ciporème, *s. f.* arbre du Brésil. * Ciporeme, espèce d'ail. R. Ciporême. V.
Cippe, *s. m.* demi-colonne sans chapiteau. * t. d'ant. instrument de supplice. G.
†Cipure *ou* Cipre, *s. f. Cipura.* plante herbacée, de la famille des iris, des savanes de la Guiane.
Cirage, *s. m.* action de cirer, ses effets; mélange de cire, etc. t. de peinture, tableau en camaïeu et en jaune.
†Circateur, *s. m.* sorte d'inspecteur dans les couvens.
Circée, *s. f. Circæa.* herbe de St. Etienne, résolutive, vulnéraire, très-tenace.
†Circio, *s. m.* oiseau babillard des Indes.
Circompolaire, *adj.* 2 *g.* qui entoure le pôle. A. * Circonpolaire. B.
†Circoncellions, *s. m. pl.* fanatiques errans carthaginois.
Circoncire, *v. a. Circumcidere.* couper la peau du prépuce.
Circoncis, *s. adj. Circumcisus.* qui a le prépuce coupé.
Circonciseur, *s. m.* celui qui circoncit. C. G.
Circoncision, *s. f. Circumcisio.* action de circoncire; fête des catholiques; tableau de la circoncision de J. C.
Circonférence, *s. f. Circumductio.* enceinte; circourbe; tour d'un cercle.
Circonflèxe, *adj.* 2 *g. Circumflexus.* accent (^). * Circonflexe. C. R. G.
Circonlocution, *s. f. Circuitio.* circuit de paroles; périphrase.
†Circonscisse, *adj.* 2 *g.* t. de bot. qui s'ouvre transversalement.
Circonscription, *s. f. Circumscriptio.* ce qui limite la circonférence.
Circonscrire, *v. a. Circumscribere.* crit. e, *p.* mettre des limites; tracer dans un cercle.
Circonspect. e, *adj. Prudens.* prudent, discret, retenu.
Circonspection, *s. f. Circumspectio.* prudence, retenue, discrétion.
Circonstance, *s. f. Adjunctum.* particularité d'un fait; occasion; occurrence; conjoncture; t. de prat. ce qui est autour.
Circonstanciel, *adj. m.* qui indique les modifications du verbe, t. de grammairien. G. V.
Circonstancier, *v. a.* cié. e, *p.* dire, marquer les circonstances.
Circonvallation (ligne de), *s. f. Circummunitio.* fossé autour d'un camp, t. de fortification. (*singulier usité*).
Circonvenir, *v. a. Circumvenire.* venu. e, *p.* tromper artificieusement par des détours.
Circonvention, *s. f. Circumventio.* tromperie artificieuse.
Circonvoisin. e, *adj.* (*pluriel usité*) *Vicinus.* environnant.
Circonvolant, *adj. s.* qui vole autour. V.
Circonvolution, *s. f.* tours faits autour d'un centre.
†Circuire, *v. a.* tourner tout au tour. (*vi.*)
Circuit, *s. m. Circuitus.* enceinte, tour, préambule.
Circulaire, *adj.* 2 *g. Rotundus.* qui va en rond. *s. f.* lettre par laquelle on informe plusieurs

personnes d'une même chose.
Circulairement, *adv. In orbem.* en rond.
Circulant. e, *adj. verbal.* (billet) qui circule. V. G.
†Circulateur, *s. m.* bateleur, charlatan (*vieux*).
Circulation, *s. f. Circulatio.* mouvement de ce qui circule; distillation réitérée.
Circulatoire, *adj. 2 g.* (vaisseau) pour la circulation, t. de chimie. R. G. C. V.
Circuler, *v. n. Circulare.* se mouvoir en rond; passer de main en main. * *v. a.* lé. e, *p.* distiller plusieurs fois. G. C.
†Circumambiant. e, *adj.* environnant, ambiant, qui entoure.
Circumincession, *s. f.* existence commune de la Trinité, t. de théologie. G. V.
†Circus, *s. m.* oiseau de proie qui vole en rond. G.
Cire, *s. f. Cera.* matière produite par les abeilles; bougie; sceau; humeur des oreilles; luminaire, son prix.
Cirer, *v. a. Incerare.* ré. e, *p.* enduire de cire; appliquer le cirage. G.
Cirier, *s. m. Cerarius.* ouvrier en cire. * *f.* Ciriere. R. arbrisseau d'Amérique septentrionale. L.
Ciroëne, *s. m.* emplâtre pour les contusions. * Ciroène. CO.
Ciron, *s. m. Acarus.* genre d'insecte aptère, sans ailes, très-petit, à corps rond, tête pointue; s'insinue dans la peau des animaux, attaque les végétaux; l'ampoule qu'il occasionne; chose très-petite.
Cirque, *s. m. Circus.* lieu destiné aux jeux publics, t. d'antiquité.
Cirquinçon, *s. m.* espèce de tatou dont la cuirasse a dix-huit bandes.
†Cirrhe, *s. m.* t. de bot. *ou* Vrille, filament de la vigne.
†Cirrhé. e, *adj.* qui a la forme, qui fait les fonctions du cirrhe.
†Cirrheux. euse, *adj.* t. de botan. terminé en cirrhe.
†Cirrhifère, *adj. f.* (feuille) vrillée.
Cirsakas, *s. m.* étoffe de soie et coton des Indes. G. V.
†Cirse, *s. m.* plante rangée parmi les chardons.
Cirsion *ou* Cirse, *s. m. Cirsium.* chardon qui calme la douleur des varices. G. V.
Cirsocele, *s. f.* dilatation des veines spermatiques. * Cirsocèle. G. C. CO. V.
†Cirsophtalmie, *s. f. Cirsophtalmia.* opthalmie visqueuse.
Cirure, *s. f. Ceratura.* enduit de cire préparée.
Cisailler, *v. a. Forfice incidere.* lé. e, *p.* couper avec des cisailles.
Cisailles, *s. f. pl. Forfices.* t. de monnoie, gros ciseaux à longues branches.* *sing.* rognures de métal. G.
Cisalpin. e, *adj. s. Cisalpinus.* qui est en deçà des Alpes.
Ciseau, *s. m. Scalprum.* instrument d'arts et métiers. * *pl.* ciseaux, instrument à deux branches.
Ciseler, *v. a. Cælare.* lé e, *p.* faire des ornemens au métal, aux étoffes.
Ciselet, *s. m. Cælum.* petit outil pour ciseler les métaux.
Ciseleur, *s. m. Cælator.* ouvrier qui cisèle.
Ciselure, *s. f. Cælatura.* ouvrage du ciseleur; chose ciselée; trait du ciseau.
Cismontain, *adj.* d'en deçà les monts. V.
Cisoir, *s. m.* espèce de gros ciseaux montés en pied. G. V. *pl.* ou Cisoires. *s. f. pl.* AL.
Cisoire, *s. f.* outil pour graver les poinçons, couper les clous. G. V.
Cissite, *s. f.* pierre qui représente des feuilles de lierre. G. V.
Cissoïdal. e, *adj.* qui appartient à la cissoïde. RR. G. V.
Cissoïde, *s. f.* ligne courbe imitant la feuille de lierre, t. de géométrie. G. V. RR.
Cissotomies, *s. f. pl.* fêtes de Cérès. V.
Ciste, *s. m. Cistus.* arbrisseau qui donne le laudanum. * arbrisseau. G. C.
†Cistele, *s. f. Cistela.* genre d'insectes coléoptères, à antennes grossissantes de la base, à corselet conique sans rebord.
Cistercien, *s. m.* moine de Citeaux. R.
Cistophore, *s. m.* médailles où l'on voit des corbeilles, t. d'antiquité. G. V.* Cistephore. CO.
†Cistre, *s. m.* instrument à cordes. voyez Sistre.
Citadelle, *s. f. Arx.* forteresse qui commande une ville. * Citadele. R.
Citadin. e, *s. Civis.* bourgeois, habitant d'une cité.
Citation, *s. f. Prolatio.* allégation d'un passage; ajournement.
Citatoire, *adj. 2 g.* qui concerne la citation.
Cité, *s. f. Civitas.* ville murée; principale partie d'une ville; collection des citoyens.
Citer, *v. a. Diem dicere.* té. e, *p.* ajourner; nommer; alléguer.
Citérieur. e, *adj. Citerior.* en deçà, de notre côté.
Citerne, *s. f. Cisterna.* réservoir d'eau de pluie.
Citerneau, *s. m.* petite citerne où l'eau s'épure.
†Cithare, *s. f.* lyre à 7 ou 9 cordes.
†Citharistique, *s. f.* genre de musique et de poësie approprié à la cithare.
†Cithéréique, *adj.* de Cithère.
Citise, *s. m. Citisus.* arbrisseau à fleurs légumineuses, fruits en cosse, feuilles en trèfle de trois folioles; fleurs et semences apéritives, résolutives. * Cytise. A. R. V.
Citole, *s. m.* instrument de musique. G. V.
Citoyen. ne, *adj. s. Civis.* habitant d'une cité. * *f.* Citoyene. R.
Citragon, *s. m.* mélisse. G.
†Citrate, *s. m.* sel d'acide de citron.
†Citre, *s. m.* instrument à cordes. voy. Sistre.
Citrin. e, *adj. Citrinus.* couleur de citron.
†Citrique, *adj.* (acide) extrait du citron.
Citron, *s. m. Citreum.* fruit du citronnier, d'une grande utilité, alexipharmaque, antiscorbutique, fébrifuge, antiputride, rafraîchissant, fortifiant, écorce vermifuge, cordiale; son jus. * papillon de jour, couleur citrine verdâtre; couleur de citron. B.
Citronnat, *s. m.* confiture d'écorces de citron. * Citronat. R.
Citronné. e, *adj.* qui sent le citron. * Citroné. e. R.
Citronnelle, *s. f.* sorte de liqueur; plante. voy. Mélisse.* Citronelle. R.
Citronner, *v. a.* né. e, *p.* imbiber de citron. V.
†Citronnien, *adj.* (acide) de citron.
Citronnier, *s. m. Citrus.* petit arbre toujours vert qui porte le citron, bois blanc et dur, fleur en rose et en bouquet, fruit jaune, ovale. * Citronier. R.
Citrouille, *s. f. Cucurbita.* plante rampante, son fruit; classe particulière de plantes cucurbitacées.
Civade, *s. f.* poisson, espèce de petite squille, sans cornes, à chair fade. G. V.
Civadière, *s. f.* voile du mât de beaupré. * Civadiere. R.
Cive *ou* Civette, *s. f. Cepa.* plante potagère à fleurs purpurines, en paquet, racines en bulbes. * petites pièces de verre assemblées. B.
Civet, *s. m.* ragoût de lièvre.
Civette, *s. f. Zibetta.* ou Cive, plante potagère; Chat musqué, animal odorant, ressemble au renard; la robe est marquée de bandes et de taches; liqueur tirée de cet animal, et contenue dans une poche. *Zibethicum.* * Civete. R.
Civière, *s. f. Brachiata crates.* sorte de brancard à bras. * Civiere. R.
Civil. e, *adj. Civilis.* qui concerne les citoyens; honnête, poli; l'opposé de criminel, t. de pratique.
Civilement, *adv. Urbanè.* en matière civile; avec civilité.
Civilisation, *s. f.* action de civiliser, ses effets. A. V. C. * t. de jurisprudence. R.
Civiliser, *v. a.* sé. e, *p.* rendre civil; polir les mœurs; rendre sociable; rendre civile une affaire criminelle.
Civilité, *s. f. Humanitas.* manière honnête; compliment; honnêteté; courtoisie; paroles, actions honnêtes, livre qui les prescrit.
Civique, *adj. 2 g. Civicus.* (couronne) pour avoir sauvé la vie à un citoyen. * qui concerne le citoyen. G.
Civisme, *s. m.* zèle dont le citoyen est animé. RR. C. V.
Clabaud, *s. m.* chien de chasse criard; homme stupide et bavard; chapeau à bords pendans.
Clabaudage, *s. m.* criaillerie; bruit des chiens.
Clabauder, *v. n. Allatrare.* aboyer souvent; crier sans sujet.
Clabauderie, *s. f. Vociferatio.* criaillerie importune et sans sujet.
Clabaudeur. se, *s. Oblatrator.* qui crie beaucoup, qui clabaude.
Cladentéries *ou* Cladeutéries, *s. f. pl.* fêtes de Bacchus. V.
Claie, *s. f. Crates.* tissu plat, large, d'osier, de branchages. * plancher sous l'établi des orfèvres. B.
†Claimer, *v. a.* se plaindre, demander et appeler.
†Clain, *s. m.* t. de coutume; t. de tonnelier; biseau.
Clair. e, *adj. Clarus.* éclatant, lumineux; luisant; transparent; foible, peu foncé; pur et serein; sonore; intelligible; évident; net et aigu. *s. m.* clarté, lumière. *adv.* distinctement, nettement. *pl.* t. de peinture, les jours, les parties éclairées.
Clair (à, au), *adv.* sans rien de trouble. * à-clair. C.
Clair-obscur, *s. m.* science de distribuer le jour et les ombres, t. de peinture. G. V.
Clair-semé. e, *adj. Rarus.* qui n'est pas près-à-près. * *pl.* clair-semés. B.
Clair-soudure, *s. f.* sorte d'étain. R.
Clair-voie, *s. f.* t. d'archit. espace trop large des solives; t. de jardin. ouverture dans le mur.
†Clairvoir, *s. m.* sculpture à jour aux buffets d'orgue.
Clair-voyance, *s. f. Perspicacitas.* pénétration d'esprit dans les affaires; sagacité (*vieux*). * Clairvoyance. A.
Clair-voyant. e, *adj. Perspicax.* éclairé; qui a l'esprit fin, pénétrant. * Clairvoyant. e. A. V.
†Clairan, *s. m.* voyez Clarine.
†Clairce *ou* Clairée, *s. f.* sucre clarifié pour être cuit.
Claire, *s. f.* t. d'affineur, cendres lavées; os calcinés.
Claire-voie (à), *adv.* loin l'un de l'autre.

†Clairée,

†Clairée, *s. f.* réservoir des marais salans; sucre raffiné. voy. Claircé.
Clairement, *adv. Clarè.* d'une manière claire; évidemment.
Clairet. te. *adj. s. Rubellum.* (vin) rouge; (eau), liqueur. * *f.* Clairete. R.
Clairet, *s. m. Claretum.* sorte de vin; pierre d'une couleur trop foible. * t. de joaillier; maille de filet. B.
†Clairettes, *s. f. pl.* religieuses de l'ordre de Cîteaux.
†Clairier, *s. m.* levain couvert de mousse, t. de brasseur.
Clairière, *s. f. Vacuus.* espace dégarni d'arbres; t. de lingère, endroit plus clair. * Clairiere. R.
Clairon, *s. m. Lituus.* trompette, jeu de l'orgue. * genre d'insecte coléoptère qui ressemble au bostriche, d'une très-belle couleur; il attaque les abeilles maçonnes. *Clerus.*
Clamer, *v. a.* appeler, nommer. (*vieux*). V.
Clamesi, *s. m.* sorte d'acier du Limousin. G. RR.
Clameur, *s. f. Clamor.* cri public; grand cri.
Clameuse, *adj.* (chasse) a grand bruit. G. V.
Clamour, *s. f.* clameur. V.
Clamp, *s. m.* t. de marine, pièce de bois pour étayer. G. V.
Clamponier *ou* Claponier, *adj. s. m.* (cheval) long-jointé, à paturons longs. G. V. RR.
Clan, *s. m.* tribu en Ecosse, en Irlande. * t. de charpenterie, pièces assemblées dans les liûres. B.
†Clanculaires, *s. m. pl.* anabaptistes qui s'assemblent secrétement.
Clandestin, e, *adj. Clandestinus.* secret; contre les lois.
Clandestine, *s. f. Clandestina.* Herbe cachée, Herbe à la matrice, à fleur monopétale, en masque, pourpre bleuâtre, parasite, suc apéritif, tonique; détruit, prise en substance, les causes de la stérilité.
Clandestinement, *adv. Clàm.* d'une manière clandestine.
Clandestinité, *s. f. Quod est clàm.* vice de ce qui est clandestin.
†Clanpin. e, *s.* boiteux (*vieux*).
Clans, *s. m. pl.* t. de charp. bouts des pièces de liûres. G. C. V.
Clapet, *s. m.* sorte de soupape à charnières. G.
Clapier, *s. m. Latibulum.* lapin; cabanes de lapins.
Clapir, *v. n.* parlant du cri du lapin. C. G. V. (se), *r. pron.* pi. e, *p.* se cacher dans un trou de lapin.
†Claporage, *s. m.* effet de la mer clapoteuse.
Clapoteux, se, *adj.* t. de mar. houlleux. C. voy. Clopoteux.
Claquade, *s. f.* coups répétés. V.
Claque, *s. f. Manus percussio.* coup du plat de la main; sorte de sandale. * *s. m.* oiseau de la grosseur du mauvis. G.
Claque-oreille, *s. m.* sorte de chapeau à bords pendans; celui qui le porte (*bas*).
Claquebois, *s. m.* instrument de musique à clavier. G. V.
Claquedent, *s. m.* gueux qui tremble de froid; braillard, babillard (*familier*).
Claquement, *s. m. Crepitus.* bruit des dents, des mains qui s'entre-choquent.
Claquemurer, *v. a. Includere.* ré. e, *p.* renfermer, resserrer dans une prison étroite. (*famil.*) (se) *v. r.*
Claquer, *v. n. Crepitare.* faire un bruit aigu et éclatant. (faire claquer son fouet), faire valoir son autorité, son crédit, etc.
Claquet, *s. m. Crepitaculum.* petite latte qui bat sur la meule du moulin. * voyez Cliquet. R. G.
Claqueter, *v. n.* se dit du cri de la cigale. R.
†Clarcétaire, *s. m.* paquet de clefs attachées avec une chaîne (*vieux*).
†Clarencieux, *s. m.* second héraut d'armes en Angleterre.
†Clarequet, *s. m.* pâte transparente de pommes, coins, etc.
†Claricorde, Manicorde, Manichordion, *s. m.* instrument à cordes et à touches.
Clarification, *s. f.* action de clarifier une liqueur.
Clarifier, *v. a. Diluere.* fié. e, *p.* rendre clair et net ce qui est trouble. * (se), *v. r.* C.
Clarine, *s. f. Tintinnabulum.* clochette pendue au cou des animaux.
Clariné. e, *adj.* t. de blas. portant une clochette.
Clarinette, *s. f.* instrument de musique, sorte de hautbois; celui qui en joue. * Clarinete. R.
Clarissime, *s. m.* titre d'honneur. R.
Clarté, *s. f. Claritas.* lumière; transparence; netteté de l'esprit, du style; splendeur.
Clâs, *s. m.* son de cloche après la mort. G. C. * Clas. R. *et* Glas. G.
Classe, *s. f. Classis.* ordre, rang; salle de collège; temps de la leçon; nombre d'écoliers sous un maître; nombre d'individus du même ordre. * Clâsse. R.
Classement, *s. m.* distribution par ordre. V. état de ce qui a été, est, ou doit être classé. RR. * action de classer. B.
Classer, *v. a.* sé. e, *p.* ranger, distribuer par classes (*nouveau*). * Clâsser. R.
Classification, *s. f.* (des lois), ordre, distribution par classes. C. V.
Classique, *adj.* 2 g. *Classicus.* auteur, livre qui fait autorité. * qui a rapport aux classes des colléges. B.
†Clathre, *s. m. Clathrus.* genre de champignon à tissu fin, réticulé, poreux.
Clatir, *v. n. Clamitare.* t. de chasse, aboyer en poursuivant.
Claude, *s. adj. m.* sot, imbécille. V.
Claudication, *s. f.* action de boiter.
†Claudien, *adj.* (papier) d'Egypte.
Clause, *s. f. Clausula.* disposition, article d'une convention.
†Clausion, *s. f.* appointement, t. de jurisprud.
†Clausoir, *s. m.* t. de maç. petit carreau ou boutisse.
Claustral. e, *adj. Cœnobiticus.* appartenant au cloître.
Clavaire, *s. f. Clavaria.* plante, genre de champignons sans chapeau ni chapiteau. L. * *s. m.* gardien de titres. R.
†Clavalier, *s. m. Zanthoxylum.* genre de plantes à fleurs incomplètes, de la famille des pistachiers.
†Clavatule, *s. f. Clavatula.* mollusque céphalée.
Claveau, *s. m. Pusula.* maladie contagieuse des brebis. * pièces du milieu d'une arcade en menuiserie. B.
Claveaux, *s. m. pl.* pierres qui ferment les voûtes. G. V.
Clavecin, *s. m.* instrument de musique. * *et* Clavessin. R.
Claveciniste, *s. m.* qui touche du clavecin. G.
†Clavé. e, *adj.* fait en massue; claviforme, massetté, t. de botan.
†Clavel, *s. m.* soude inférieure.
Clavelé. e, *adj.* qui a le claveau; atteint d'une maladie contagieuse.
Clavelée, *s. f.* claveau.
†Clavellaire, *s. f. Clavellaria.* insecte hyménoptère, espèce de tenthrède.
Clavette, *s. f. Clavicula.* sorte de clou; petite cheville. * Clavete.
†Clavicorde, *s. m.* espèce de clavecin.
Clavicule, *s. f. Claviculæ.* petite clef; os de la poitrine.
Clavier, *s. m. Pinnæ.* t. de musique, rang de touches; chaîne pour tenir les clefs; t. de métiers.
†Clavière, *s. f.* poisson du genre du labre.
†Claydas, *s. m.* barrières ou portes treillissées.
Clayer, *s. m.* grosse claie. G. C.
Clayon, *s. m.* petite claie; claie ronde.
Clayonnage, *s. m.* t. de jard. pieux et branches entrelacées. * Clayonage. R. A.
†Claytone, *s. f. Claytonia.* genre de plantes exotiques, de la famille des pourpiers.
Cleché, e, *adj.* t. de blas. ouvert à jour. * Cléché. RR. CO.
†Cledomance *ou* Cledomantie, *s. f.* divination par des clefs. * Clidomancie. A.
Cledonisme, *s. m.* divination par les paroles. R.
Clef, *s. f. Clavis.* instrument pour ouvrir et fermer une serrure; t. de musique; marque; explication; grosse cheville; pierre qui ferme une voûte; place forte sur les frontières; introduction. *pl.* l'autorité de l'Eglise. G.
Clef (à), *adv.* avec la clef. * A-clef. C.
†Cleisagre, *s. f. Cleisagra.* goutte à l'articulation des clavicules et du sternum.
Clématis. *s. m.* voy. Pervenche. G.
Clématite, *s. f. Clematitia.* Herbe aux gueux, Viorne des pauvres, Herbe à pauvre homme, plante à fleurs en rose, odorante, de la famille des renoncules, grimpante; le suc cause une ulcère que guérit l'eau fraîche ou la feuille de poirée; les sarmens servent à faire des liens.
Clémence, *s. f. Clementia.* vertu qui porte à pardonner.
Clément. e, *adj. Clemens.* qui a de la clémence.
Clémentines, *s. f. pl.* décrétales de Clément V, lettres apocryphes de St.-Clément.
Clenche, *s. f.* loquet de porte. V. C. * Clinche. G.
Clepsydre, *s. f. Clepsydra.* horloge d'eau; machine hydraulique.
Cléragre, *s. f.* mal aux ailes, t. de fauc. G. V.
Clerc, *s. m. Clericus.* tonsuré; étudiant en pratique.
Clergé, *s. m. Clerus.* ordre, corps d'ecclésiastiques.
Clergeot, *s. m.* (*vieux*) petit clerc. R.
†Clergeresse, *s. f.* lingère chargée des affaires de sa communauté.
Clergie, *s. f.* (*vieux*) science, doctrine. G.
Clérical. e, *adj. Ecclesiasticus.* qui appartient aux clercs.
Cléricalement, *adv.* d'une manière cléricale.
Cléricat, *s. m.* office de clerc.
Cléricature, *s. m.* état du clerc.
Cléromancie, *s. f.* divination par les dés, les osselets. A.
†Clibade, *s. f. Clibadinus.* genre de plantes corymbifères.
†Clicher, *v. a.* é. e, *p.* tirer une empreinte sans moule, t. de fondeur.
Clidomancie, *s. f.* divination par les clefs. A.
Client. e, *s. Cliens.* celui que défend un avocat, un procureur; protégé.
Clientele, *s. f. Clientela.* les clients; protection. * Clientèle. A. G. C. CO. V. * Clientelle. R.

Clifoire, *s. f.* seringue de sureau. G. C. V.
†Clifforte, *s. f. Cliffortia.* genre de plantes de la famille des pimprenelles.
Clignement, *s. m. Nictatio.* mouvement des paupières.
Cligne-mussette, *s. f.* jeu d'enfans. * Cligne-musette. V. C. Cligne-mussete *ou* Climussete. R.
Cligner, *v. a. Nictare.* gné. e, *p.* (les yeux), remuer les paupières.
†Clignot, *s. m.* Traquet à lunettes, oiseau d'Amérique méridionale, à plumage noir, à peau sèche, ridée autour des yeux.
Clignotement, *s. m.* mouvement rapide des paupières.
Clignoter, *v. n. Perpetuò nictare.* remuer les paupières coup sur coup.
Climat, *s. m. Clima.* région; espace entre deux parallèles.
Climatérique, *adj. 2 g. Climactericus.* t. d'astron. tous les sept ans de la vie. * Climactérique. R.
Climax, *s. m.* figure de rhétor., gradation. G.
Clin d'œil, *s. m. Nictatio.* mouvement subit des paupières. * Clin-d'œil. C. V.
Clin d'œil (en un), *adv.* en un moment. * En-un-clin-d'œil. C.
Clincart, *s. m.* bateau plat du Nord. G. V.
Clinche, *s. f.* pièce d'une serrure. G. V. voy. Clenche.
Clinique, *adj. 2 g.* qui reçoit le baptême en mourant. * t. de méd. (observations) sur un moribond. B.
Clinoïdes, *adj. f. pl.* apophyses de l'os sphéroïde du crâne. G. V.
Clinopodium, *s. m.* Clinopode, Faux basilic, plante monopétale de la famille des labiées.
Clinquant, *s. m. Aurichalcum.* faux brillant; petite lame d'or, d'argent ou de cuivre.
Clinquanter, *v. a.* té. e, *p.* charger de clinquant; broder. R. G. C. CO.
Clio, *s. f.* l'une des Muses. R. * coquille. L. mollusque céphalée. B.
Cliquart, *s. m.* pierre à bâtir très-estimée.
Clique, *s. f.* gens réunis pour cabaler, tromper.
Cliquet, *s. m. Crepitaculum.* claquet, pièce qui empêche une roue dentée de retourner.
Cliqueter, *v. n.* imiter le bruit d'un cliquet.
Cliquetis, *s. m. Conflictus.* bruit d'armes qui se choquent. * pierre attachée au verveux. B.
Cliquette, *s. f. Crumata.* instrument fait de deux os ou planchettes. * *s. f. pl.* t. de pêche, cailloux troués. G. * Cliquete. R.
Cliqueur, *s. m.* filou; bréteur. R.
Clisse, *s. f.* petite claie, clayon; bande solide, t. de chirurgie.
Clissé. e, *adj.* garni de clisses.
Clisser, *v. a.* sé. e, *p.* garnir de clisses. V. R.
†Clisson, *s. m.* toile de lin de Bretagne.
†Clissus de nitre, *s. m.* potasse chargée d'acide carbonique.
†Clister, *v. a.* té. e, *p.* t. de salines, garnir le fourneau, les platines. * Clistrer. AL.
†Clistrer, *v. a.* voy. Clister.
†Clitie, Clytie, *s. f.* anemone peluchée.
†Clitore, *s. f. Clitoria.* genre de plantes légumineuses.
Clitoris, *s. m.* partie proéminente et supérieure de la vulve.
Clitorisme, *s. m.* maladie. L.
†Clivage, *s. m.* action de cliver.
Cliver, *v. a.* vé. e, *p.* t. de lapidaire, fendre avec adresse un diamant.
Cloaque, *s. m. Cloaca.* ancien aqueduc souterrain; égoût. *s. f.* maison infecte; personne puante; t. d'anat.

Cloche, *s. f. Tintinnabulum.* calotte profonde de métal, de verre; vessie, pustule; vase; calice de fleur. *Campana.*
Cloche-pied, *s. m.* sorte d'organsin. G. V.
Cloche pied (à) *adv.* sur un seul pied. * à-cloche-pied. C. à cloche-pied. A. R.
†Cloché. e, *adj.* t. de jard. garni de cloches de verre.
Clocheman, *s. m.* bélier qui conduit le troupeau. V.
Clochement, *s. m.* action de boiter.
Clocher, *s. m. Campani turris.* bâtiment élevé pour les cloches; paroisse. * — chinois, coquillage bivalve, de la famille des vis. B.
Clocher, *v. n.* boiter en marchant * *v. a.* ché. e, *p.* t. de jard. mettre sous cloche; sonner. *v. n.* ne pas aller droit; trébucher; agir sans sincérité. G.
Clocheton, *s. m.* petite cloche. G. G. * voy. Clocher. R.
Clochette, *s. f. Minus tintinnabulum.* petite cloche; fleur jaune. * Clochetes. *s. f. pl.* t. d'architecture. R.
Cloison, *s. f. Sepimentum.* séparation dans une chambre, etc.
Cloisoner, *v. a.* né. e, *p.* séparer par une cloison. R.
Cloisonnage, *s. f.* ouvrage de cloison. * Cloisonage. R.
Cloisonné. e, *adj.* avec une séparation intérieure. G. * Cloisoné. e. R.
Cloître, *s. m. Peristylium.* galerie d'un monastère; couvent; enceinte des maisons des chanoines. *Claustrum.*
Cloîtrer, *v. a. In claustrum compingere.* tré. e, *p.* enfermer dans un cloître.
Cloîtrier, *s. m.* religieux fixé dans un cloître.
†Clonique; *adj. 2 g. Clonodes.* t. de méd. tumultueux, plein de trouble.
†Clonisse *ou* Coutoir, *s. m.* coquillage bivalve de la famille des cames, à coque épaisse.
†Clopeux, *s. m.* battoir, t. d'affineur de sucre.
Clopin-clopant, *adv.* (*familier*) en clopinant.
Clopiner, *v. n. Claudicare.* (*famil.*) marcher en clochant.
Cloporte, *s. m. Multipeda.* insecte aptère à plusieurs pieds, corps plat, ovale, peau écailleuse en huit anneaux, lisse et lustrée; excellent remède très-usité, fondant, antiscorbutique, antiasthmatique, contre l'hydropisie, les squires, cancers, etc. en cataplasme pour l'esquinancie. * coquille à robe graveleuse, du genre des porcelaines. B.
Clopoteux, se, *adj.* t. de mar. très-agité. C. * *ou* Clapoteux. C.
Cloque, *s. f.* maladie du pêcher.
†Cloquetier, *s. m.* bois pour attacher l'archet du briquetier.
Clorre, *v. a. Claudere.* clos. e, *p.* *adj.* fermer; enfermer; entourer; terminer. * Clôre, R. Clore. V.
Clos, *s. m. Septum.* espace de terre entouré de murs; enclos. * Clôs. R. Clore. A.
Closeau, *s. m.* jardinet de paysan; métairie. * Clôseau. R.
Closerie, *s. f.* closeau. * Clôserie. R.
†Closets *ou* Cubaussets, *s. m. pl.* filet.
†Closoir, *s. m.* planche qui soutient les banches.
Clossement, *s. m.* cri de la poule. * Glousse-ment. A. V.
Closser, *v. n.* crier, en parlant de la poule. * Glousser. V. A.
Clôtoir, *s. m.* outil de vanier. G. R. * Clotoir. V.
Clôture, *s. f. Sepimentum.* enceinte de murailles; arrêté de comptes, etc. fin d'une séance; action de clorre; vœu de clôture religieuse.

Clôturer, *v. a.* ré. e, *p.* clorre, fermer. G.
Clôturier, *s. m.* vannier. G. V.
Clou, *s. m. Clavus.* clous, *pl.* morceau de métal pointu; furoncle.
Clou de girofle, *s. m. Caryophyllum.* épicerie des Moluques. * Clou-de-girofle. C.
Cloucourde, *s. f.* herbe qui vient dans les blés. G. V.
Clouer, *v. a. Clavo figere.* oué. e, *p.* fixer avec des clous.
Clouere, *s. f.* petite enclume. R.
†Clouet, *s. m.* petit ciseau mousse de tonnelier.
†Clouière, *s. f.* voy. Cloutière.
Clouter, *v. a.* té. e. *p.* garnir de clous.
Clouterie, *s. f. Clavorum officina.* fabrique; commerce de clous.
Cloutier, *s. m. Clavorum faber.* fabricant et marchand de clous. * *f.* Cloutiere. R.
Cloutière, Clouvière, Clouière, *s. f.* moule pour faire la tête des clous. * Cloutiere. R. Clouière. AL.
†Cloyère, *s. m.* panier tenant 26 douzaines d'huîtres.
Club, *s. m.* (*nouveau*) assemblée politique, philantropique, etc. C. RR. V. *pronon.* clob.
Clubiste, *s. m.* membre d'un club. C. RR. V. *pronon.* clo.
Clupea, *s. m.* genre de poissons épineux et abdominaux du 16ᵉ. genre, 5ᵉ. classe. * Clupe. G. V.
Cluse, *s. f.* cri du fauconnier, en parlant aux chiens.
Cluser, *v. a.* sé. e, *p.* t. de fauc. exciter les chiens. R. G.
†Clusier, *s. m. Clusia.* genre de plantes polytalés de la famille des cistes.
†Clutelle, *s. f. Clutia.* genre de plantes de la famille des euphorbes.
†Clutre, *s. f.* houille de qualité inférieure.
Clymène, *s. f.* plante qui tient de l'épurge. * Climène. G. Clymene. R.
†Clypéastre, *s. m. Clypeaster.* radiaire échinide, irrégulier.
†Clypéiforme, *adj. 2 g. Clypeiformis.* en forme de bouclier.
†Clypéole, *s. f.* genre de plantes crucifères.
†Clysse, *s. f.* esprit acide tiré de l'antimoine.
Clystère, *s. f. Clysterium.* lavement; remède. * *ou* Clistère. G. Clystere. R.
†Clystériser, *v. a.* é. e, *p.* donner des lavemens.
†Clytres, *s. m. pl. Clytra.* insectes coléoptères de l'espèce des gribouris.
Coaccusé, *s. m.* accusé avec d'autres, t. de prat. * Co-accusé. e. R.
†Coacteur, *s. m.* commis de la douane.
Coactif. ve, *adj.* qui a le droit de contraindre. G.
Coaction, *s. f.* contrainte, violence. A. G. C.
Coadjuteur. trice, *s. f. Adjutor.* adjoint à un prélat; aide.
Coadjutorerie, *s. f. Adjutoris munus.* charge, dignité de coadjuteur.
†Coadnées, *adj. f. pl.* (feuilles) en paquet.
Coagis, *s. m.* t. de négociant, commissionnaire au Levant. R.
Coagulation, *s. f.* action de se coaguler, ses effets.
Coaguler, *v. a.* lé. e, *p.* figer, cailler. (se), *v. récip.*
Coagulum, *s. m.* t. de chim. coagulation. A.
Coaille ou Quoaille, *s. f.* laine grossière. R.
Coaillier, *v. n.* t. de chasse, quêter la queue haute. C. V.

Coaïta, *s. m. Paniscus.* Couata, Cuoata, sorte de sapajou, grande espèce, à face nue et tannée, oreilles nues comme celles de l'homme; vit d'huîtres qu'il brise, de poissons, de fruits.

†Coalescence, *s. f.* coalition, t. de phys.

Coaliser, *v. n.* sé. e, *p.* soulever contre. (se), *v. r.* se réunir plusieurs pour s'opposer à. A.

Coalition, *s. f.* réunion d'opposans, de choses. A. V. * réunion des parties séparées auparavant; action de coaliser; état des parties qui ont une nourriture, une croissance commune. B.

Coase, *s. m.* animal, première espèce de mouffettes.

Coassement, *s. m. Coaxatio.* cri des grenouilles.

Coasser, *v. n. Coaxare.* exprime le cris des grenouilles.

Co-associé. e, *adj. s.* associé avec d'autres. C.

Coati, *s. m.* quadrupède assez petit, roux, à queue touffue, annelée, très-mobile; vit d'oiseaux et d'œufs. * Coati-mondi. L.

Cobalt *ou* Cobolt, *s. m. Cobaltum.* demi-métal dont on tire l'arsenic; substance minérale, dure, pesante, friable; étant calciné, il fournit le soufre; dissout dans l'eau régale, il donne une encre sympathique.

Cobe, *s. f.* t. de mar. bouts de cordes à la ralingue. G. V.

†Cobel, *s. m. Cobella.* serpent du 3e. genre, en Amérique, brun, avec deux lignes blanches en long.

Cobite, *s. m. Cobitis.* poisson d'eau douce de la nature du goujon; genre de poissons abdominaux, du 1er. genre, 5e. classe.

Co-bourgeois, *s. m.* t. de commerce de mer. R.

†Cobra-capello, *s. m.* poisson des Indes très-venimeux.

†Cobre, *s. m.* mesure indienne, 17 pouces.

Cobrisso, *s. m.* mine d'argent du Pérou. R.

†Coca, *s. m.* arbrisseau odoriférant du Pérou.

Cocagne, *s. f.* pains de pastel; mât frotté de graisse. G. C.

Cocagne (pays de) abondant en toutes choses. * pays-de-Cocagne (*familier*). C.

Cocaote, *s. f.* pierre qui, étant échauffée, imite le bruit du tonnerre.

Cocarde, *s. f.* nœud rond de rubans au chapeau.

Cocasse, *adj.* 2 *g.* plaisant, ridicule. (*pop.*) G.

Cocatrix, *s. m.* basilic.

Coccinelle, *s. f. Coccinella.* scarabée, Bête *ou* Vache à Dieu, insecte coléoptère, à corps court, lisse, hémisphérique, lenticulaire, étuis rouges ou blancs, avec des points noirs, antennes en gros articles noueux.

Coccix, *s. m.* os à l'extrémité du sacrum.

†Coccolithe, *s. f.* pierre à noyaux.

Coccothrauste, *s. m.* oiseau d'Allemagne et d'Italie, bon contre l'épilepsie, excite l'urine.

Coccus, *s. m.* kermès, chêne vert qui le produit.

†Coccygien. ne, *adj.* (vertèbre) du coccix, près du coccix.

Coche, *s. m. Rheda.* grand carrosse ou bateau de messager; leur contenu.

Coche, *s. f. Crena.* entaille; grosse femme; truie.

†Coché, *adj.* t. de peinture, (ombre) trop profonde.

†Cochée, *adj. f. Cocceïa.* (pilule) purgative résineuse.

†Cochelite, *s. f.* pierre figurée en cuiller.

†Cochelivier *ou* Cujelier, *s. m.* alouette des bois.

Cochène, *s. m.* sorte de cormier.

Cochenillage, *s. m.* décoction de cochenille. G.

Cochenille, *s. f. Coccinella.* Progalle, insecte d'un blanc sale, qui, desséché, ressemble à la punaise sèche, et donne une teinture d'un rouge vif. *— de Pologne, *ou* Kermès du Nord, insecte hémiptère, sur la centinode; sert pour la teinture. B. * graine. R.

Cocheniller, *v. a.* lé. e, *p.* teindre avec la cochenille. G. C.

Cochenillier, *s. m.* arbre qui porte la cochenille. voy. Opuntia.

Cocher, *s. m. Auriga.* qui mène un carrosse, un coche; t. d'astron. constellation septentrionale.

Cocher, *v. a.* ché. e, *p.* en parlant des oiseaux, couvrir sa femelle. * t. de peint. R. Côcher. A.

Cochet, *s. m.* petit coq; sorte de robinet.

Cochevis, *s. m. Galerita.* alouette huppée ou cornue. G. C.

†Cochicat, *s. m.* toucan à collier du Mexique.

Cochlearia, *s. m.* herbe aux cuillers, premier antiscorbutique. * Cochléaria. A. G.

†Cochlites, *s. f. pl.* coquilles univalves, fossiles, du genre des limaçons.

Cochoir, *s. m.* outil de tonnelier pour faire les coches.

Cochois, *s. m.* outil de cirier pour équarrir. G.

Cochon, *s. m. Porcellus.* porc, pourceau, animal domestique, à pied fourchu, qui ne rumine pas; sale, mal-propre; glouton, fainéant; mélange de métal et de scorie.

Cochon-d'Inde, *s. m.* animal domestique gros comme un rat, noir, jaune et blanc. — de la Chine ou de Siam, ressemble en petit au sanglier.*— marron, devenu sauvage.— de mer, espèce de phoque. B.

Cochonnée, *s. f. Porcinus fetus.* portée d'une truie. * Cochonée. R.

Cochonner, *v. n. Fetum edere.* parlant de la truie qui fait ses petits. * faire mal, salement. A. V. Cochoner. R.

Cochonnerie, *s. f.* (*pop.*) mal-propreté. * Cochonerie. R.

Cochonnet, *s. m.* t. de jeu; solide à douze faces; petite boule; but. * Cochonet. R.

Coco, *s. m. Cocos.* fruit du cocotier, d'un genre de plantes de la famille des palmiers; sa coque ligneuse se travaille; cette noix donne une liqueur, une huile et de la bourre que l'on file. * Cocos. V.

†Cocombre, *s. m.* arbre odoriférant de Madagascar.

Cocon, *s. m. Bombycis folliculus.* coque du ver à soie.

Cocotier, *s. m.* arbre qui produit le coco, de la famille des palmiers; le bourgeon principal se nomme chou, et se mange; les feuilles du cocotier tressées, servent de nattes, de voiles, de papier; la sciûre sert à faire de l'encre; il en découle une liqueur ou vin de palmier, dont on fait de l'eau-de-vie ou arack, du sucre noir; le bois sert à la construction des maisons et des navires.

†Cocotzin, *s. m.* très-petite tourterelle du Mexique.

†Cocrète, *s. f. Rhinanthus.* genre de plantes pédiculaires à fleurs monopétales, de la division des personnées.

†Coc-sigrue, *s. m.* sauterelle aquatique.

Coction, *s. f. Coctio.* digestion des alimens; cuisson, ses effets.

Cocu, *s. m.* celui dont la femme est infidelle.

Cocuage, *s. m.* état du cocu (*t. de dérision*).

Cocufier, *v. a.* faire quelqu'un cocu. C.

Cocyte, *s. m.* fleuve des enfers. R. * douleur causée par un animalcule logé dans une partie du corps.

†Cocytide, *adj.* du cocyte; (homme) féroce, diabolique.

Codaga-pala, *s. m.* arbre médicinal du Malabar. G.

Code, *s. m. Codex.* recueil, compilation de lois, d'ordonnances.

Codécimateur, *s. m.* qui partage les dixmes avec un autre. * Co-décimateur. R.

Codétenteur, *s. m.* détenteur avec un autre. G.

Codicillaire, *adj.* 2 *g.* contenu dans un codicille.

†Codicillant, *adj.* qui a fait un codicille.

Codicille, *s. m. Codicilli.* addition, disposition écrite ou changement à un testament, t. de pratique.

†Codie, *s. f. Codia.* genre de plantes exotiques, polypétales.

Codille, *s. f.* t. de jeu de quadrille, (gagner) sans jouer.

†Codon, *s. m.* genre de plantes de la famille des solanées.

Codonataire, *adj.* 2 *g.* associé dans une donation. * Co-donataire. R.

Cœcale, *adj.* (veine) qui porte le sang au rameau mésentérique. G.

Cœcum, *s. m.* le premier des gros intestins.

Coéfficient, *s. m.* quantité connue qui multiplie. * Coëfficient. R. Coefficient. A. G. C. V.

Coégal, e, *adj.* entièrement égal avec un autre. C. G. * Co-égal. e. R.

†Cœlicole, *s. adj.* 2 *g.* qui adore le ciel et les astres.

Coemption, *s. f.* achat réciproque.

Coendou, *s. m.* animal hérissé de piquans, carnassier, d'Amérique. L.

†Cœnologie, *s. f.* consultation de médecins.

Coercible, *adj.* 2 *g.* qui peut être contraint. A.

Coercitif. ve, *adj.* qui a le pouvoir de contraindre. * Coërcitif. R.

Coercition, *s. f.* pouvoir, action de contraindre. * Coërcition. R.

Co-état, *s. m.* pays dont la souveraineté est partagée.

†Coète, *s. f.* chantiers sur lesquels on dépose la glace en sortant du four.

Coéternel. le, *adj.* éternel avec un autre, t. de litur. * *f.* Coéternele. R.

Cœur, *s. m. Cor.* muscle creux qui imprime le mouvement au sang; ame; principe de la vie; inclination de l'ame; estomac; courage; affection; milieu; intérieur; force, vigueur; (mon), t. de tendressse; étoile; carte; coquillage; bijou, etc. * — de bœuf, fruit du corossolier. — coquille, genre de coquillages bivalves, qui ont la vraie forme d'un cœur. — unis, *s. m. pl.* groupe mamelonné de deux animaux marins qui ressemblent à deux cœurs réunis. — ce qui a la forme d'un cœur, t. d'arts. B.

Cœur (par), *adv.* (savoir) de mémoire; (de bon cœur) volontiers; (à contre cœur) malgré soi.

Coexistence, *s. f.* existence dans le même temps, t. de théol. G. * Co-existence. C.

Co-évêque, *s. m.* évêque avec un autre. G.

Coexister, *v. n.* exister dans le même temps qu'un autre, t. de théol. G. * Co-exister. C.

Coffin, *s. m. Cophinus.* petit panier d'osier. G. V. C. * Cofin. R.

Coffine, *s. f. adj.* (ardoise) voûté. G. C. V.

Coffiner (se), *v. r.* t. de jardin. se friser; t. de menuisier, se courber, se voûter. G. C. * Cofiner. R. *et* Caussiner. B.

Coffre, *s. m. Arca.* meuble à couvercle pour serrer; capacité d'un corps, etc. t. d'arts et mét. * poisson du 7e. genre, à enveloppe

osseuse, sans nageoires sous le ventre, dents cylindriques. B. * Cofre. R.
Coffre-fort, *s. m.* coffre pour serrer l'argent. * Cofre fort. R.
Coffrer, *v. a.* fré. e, *p.* (*familier*) mettre dans un coffre, en prison. * Cofrer. R.
Coffret, *s. m. Arcula.* petit coffre. * Cofret. R.
Coffretier, *s.* faiseur de coffres. * Cofretier. R.
Cogitation, *s. f.* méditation. MONTAIGNE.
Cognasse, *s. m.* fruit, coin sauvage.
Cognassier, *s. m.* gros arbre qui porte les coins, du genre du poirier, tronc tortu, noueux, feuilles blanchâtres, cotoneuses. * Cognassier *ou* Coignier. R. T.
Cognat, *s. m.* parent; allié par les femmes.
Cognation, *s. f. Cognatio.* parentée.
Cognatique, *adj.* 2 *g.* de la cognation. G. C. V.
Cognée, *s. f. Securis.* outil de fer pour fendre, trancher.
Cogne-fétu, *s. m.* qui se donne beaucoup de peine pour ne rien faire.
Cogner, *v. a. n. Tundere.* gné. e, *p.* frapper pour enfoncer; heurter; battre. (se), *v. r.* se heurter contre.
Cognet, *s. m.* rôle de tabac en cône. G. V.
†Cogneux, *s. m.* outil de fondeur pour frapper le sable à moule.
Cognitif. ve, *adj. s. m.* (être, *s. m.*) capable de connoître les objets, les choses. K.
Cognition, *s. f.* faculté de connoître. K.
Cognoir, *s. m.* outil d'imprimeur pour mouvoir les coins. C. * Coignoir. R. Décoignoir. G. V.
†Cognomer, *v. a.* surnommer quelqu'un.
†Cograin, *s. m.* grain arrêté à la filière, t. de métier.
Cohabitation, *s. f.* état des époux vivant ensemble.
Cohabiter, *v. n.* té. e, *p.* vivre comme époux.
†Cohercion, *s. f.* droit de punir.
Cohéremment, *adv.* avec cohérence. V.
Cohérence, *s. f.* liaison entre les parties; cohésion.
†Cohérent. e, *adj.* (pétiole) qui s'empare sur la tige. * se dit des parties d'un tout lié entre elles. B.
Cohéritier. ère, *s. Coheres.* héritier avec un autre. * *f.* Cohéritiere. R.
Cohésion, *s. f.* adhérence; force qui unit les corps.
Cohier, *s. m.* espèce de chêne. G. C. V.
Cohobation, *s. f.* distillation réitérée.
Cohober, *v. a.* bé. e, *p.* distiller plusieurs fois. G. C.
Cohorte, *s. f. Cohors.* troupe de gens armés ou non; corps d'infanterie romaine. * *pl.* troupes B.
Cohue, *s. f.* assemblée tumultueuse; petite justice.
†Cohyne, *s. m.* arbre d'Amérique à feuilles de laurier.
Coi. Coie, *adv.* tranquille, calme, paisible. * *adj.* G. C. R. RR. CO. *adj.* Coi. Coite. V. A.
†Coï, *s. m.* bois pour vider et nettoyer le marais salant.
†Coïaux, *s. m. pl.* pièces de bois au pied des chevrons d'un comble.
†Coïer, *s. m.* pièce de bois qui va du poinçon à l'arbalêtrier.
Coiffe, *s. f. Capitis tegmen.* couverture de tête; membrane; t. de bot. calice; filet évasé, emmanché, à grandes mailles. * Coëfe. R. Coëffe. C. Coiffe. G. Coiffe *ou* Coeffe. A.
Coiffer, *v. a. Comam concinnare.* fé. e, *p.* couvrir, orner la tête; arranger les cheveux; t. de mar. se dit de la voile qui se colle contre le mât. (se), *v. r.* se couvrir; s'orner la tête; s'entêter de. * *ou* Coeffer. A. Coëffer. C. Coiffer. G. Coëfer. R.
Coiffeur. se, *s. Concinnator.* celui, celle qui coiffe. * *ou* Coeffeur. A. Coëffeur. C. Coiffeur. G. Coëfeur. R.
Coiffure, *s. f. Integumentum.* couverture; ornement de tête; manière de l'orner. * *ou* Coeffure. A. Coëffure. C. Coiffure. G. Coëfure. R.
†Coignages, *s. m. pl.* portion de la maçonnerie d'un fourneau de forges.
†Coille, *s. f.* tabac en poudre tamisé.
Coin, *s. m.* angle; portion de logis; réduit; outil pour fendre; t. d'arts et métiers. * *Cydoneum malum.* fruit du coignassier, astringent; on en fait le cotignac, des liqueurs, un sirop acide, bon pour l'hémorragie, les diarrhées. * voyez Coing. R. A. meuble qui remplit un coin de chambre; fer gravé pour frapper la monnoie; t. de manège, angle de la volte; t. de maréchal, dents; t. de fauconnier, côte de la queue. B. tresse de faux cheveux; 11e. casse du trictrac. V.
†Coincer *ou* Coinser, *v. a.* é. e, *p.* mettre des coins, t. de marine.
Coïncidence, *s. f.* état de choses coïncidentes. * Coincidence. CO. RR.
Coïncident. e, *adj.* qui tombe au même point. * Coincident. e. CO. RR.
Coïncider, *v. n.* dé. e, *p.* s'ajuster l'un sur l'autre; arriver en même temps. * Coincider. CO. RR.
Coïndicans, *adj. m. pl.* (signes) qui concourent avec les signes de la maladie, t. de médecine.
Coïndication, *s. f.* connoissance de signes qui autorisent l'indication qu'on a prise. * concurrence des signes coindicans. V.
†Coïnquination, *s. f.* action de polluer, de souiller, de diffamer.
†Coïnquiné, *adj.* pollué, souillé, diffamé.
Coint. te, *adj.* prévenant, affable. ROMAN DE LA ROSE.
†Cointerie, *s. f.* afféterie; manières élégantes et recherchées (*vieux*).
†Cointie, *s. f.* agrément; élégance; grâces; goût (*vieux*).
Cointise, *s. f.* gentillesse; mignardise; parure galante. SARAZIN.
†Cointiser, *v. p.* (se) s'ajuster, se parer comme une coquette (*vieux*).
Coïon, *s. m.* (*familier*) poltron, lâche; servile (*bas*).
Coïonner, *v. a.* né. e, (*familier*) traiter en coïon; se moquer. * *v. n.* dire des coïonneries. V. Coïoner. R.
Coïonnerie, *s. f.* (*familier*) bassesse de cœur; lâcheté; sottise; impertinence; badinerie; raillerie. * Coïonerie. R.
Coït, *s. m. Coitus.* accouplement des sexes.
Coite, *s. m. Culcita.* (*vieux*) lit. R. * voyez Couette. A.
†Coïtion, *s. f.* jonction de plusieurs pour une même action.
Col, *s. m. Collum.* ou Cou, partie qui unit la tête aux épaules; canal; passage; goulot; sorte de cravate.
Colachon, *s. m.* instrument de musique, sorte de luth.
Colao, *s. m.* ministre d'état chinois. V.
Colaphiser, *v. a.* sé. e, *p.* souffleter. C. G. V.
Colarin, *s. m.* t. d'archit. frise du chapiteau de la colonne toscane et dorique.
Colature, *s. f.* filtration; liqueur filtrée.
†Colchicon, *s. m.* bulbe sauvage dont le lait est un poison.
Colchique, *s. m. Colchicum.* Tue chien, plante à oignons; elle sort de terre sous la forme de quatre tuyaux blanchâtres qui s'épanouissent en fleurs liliacées; la racine est un poison intérieurement; extérieurement, elle est spécifique contre la peste; puissant diurétique; guérit l'hydropisie.
Colcotar, *s. m.* résidu de l'huile de vitriol. — fossile *ou* Calchites. *Calchitis.* terre dure, rouge, styptique, vitriolique, martiale; décomposition des pyrites sulfureuses; astringent, entre dans la thériaque.
†Colenicui, *s. m.* espèce de tétras de la grosseur d'une caille. voyez Colenicul.
†Colenicul, *s. m.* caille de la Louisiane.
Coléoptères, *s. m. pl. Eleutherata.* classe des insectes à étuis, ou ailes couvertes de fourreaux, ovipares.
Colera-morbus, *s. m.* t. de médecine, Trousse-galant; épanchement de bile. * Choléra-morbus. R.
Colère, *s. f. Ira.* ire; violente émotion de l'ame offensée; mouvement impétueux; irritation causée par une offense, un coup. *adj.* sujet à la colère. * Colere. B.
Coleret, *s. m.* t. de mar. filet étroit par les bouts. V. G.
†Colerettes, *s. f. pl.* courtines volantes, t. de pêche.
†Coleripe, *s. m.* liqueur corrosive pour éprouver les métaux.
Colérique, *adj.* 2 *g. Irritabilis.* enclin à la colère. * Colerique. RR.
†Coletans, *s. m. pl.* franciscains réformés.
Colètes, *s. f. pl.* toiles de Hollande. G. V.
Colétite, *s. m.* t. de chimie, liqueur préparée de la partie corrosive des métaux pour éprouver l'or. * *ou* Coléritum. G.
Colia, *s. m.* poisson de mer qui ressemble beaucoup au maquereau.
Coliart, *s. m.* poisson, espèce de raie cendrée.
Colibri, *s. m.* très-petit oiseau; petit homme frivole. * *Polythmus.* genre de petits oiseaux d'Amérique, qui ne diffèrent des oiseaux mouches, que par un bec courbé en axe, et plus alongé; tous paroissent des pierreries vivantes.
Colifichet, *s. m. Nugæ.* babiole; ornemens mesquins; pièce de bâtis de parquet. *pl.* t. de monnoie, instrument pour écouaner.
Colimaçon, voyez Limaçon. A.
Colimb, Colimbe, Colin, *s. m. Colimbus.* oiseau aquatique, plongeur, de France. R.
†Colin, *s. m. ou* Morue noire, poisson du genre du gade.
Colin-maillard, *s. m.* jeu les yeux bandés.
Colin-tampon, *s. m.* son du tambour des Suisses. G. V.
†Colinil, *s. m.* plante d'Amérique.
†Coliou, *s. m.* oiseaux d'Amérique, de la grosseur du pinson, qui ont à la queue deux plumes plus longues que les autres.
Colique, *s. f. Colum.* maladie qui cause des tranchées. * coquille du genre des porcelaines. *adj.* 2 *g.* du colon. B.
Colir *ou* Coli, *s. m.* censeur universel en Chine.
Colisée, *s. m. Amphitheatrum.* amphitéâtre à Rome.
Collabescence, *s. f.* affaissement. R. V.
Collaborateur. trice, *s.* qui travaille de concert avec un autre.
†Collage, *s. m.* dernière préparation du papier.
Collataire, *s. m.* à qui on a conféré. A. V.
Collatéral. e, *adj.* hors de la ligne directe. *s.* parent; (point) entre deux points cardinaux.
Collateur, *s. m. Collator.* qui a droit de conférer.

Collatif. ve, *adj.* qui se confère.
Collation, *s. f. Collatio.* droit, action de conférer; repas léger. * Colation. G. C.
Collationner, *v. a.* né. e, *p.* conférer, vérifier. *v. n.* faire collation. * Collationer. R. G. Colationner, faire un repas. G. C.
Collauder, *v. a.* dé. e, *p.* louer avec. V.
Colle, *s. m. Gluten.* matière tenace pour coller. bourde, menterie. (*popul.*) — animale ou végétale. * — de poisson. voyez Esturgeon. dessiccative, incarnative, anodine, émolliente, sert pour éclaircir les liqueurs. — à bouche *ou* de Poisson. B.
Collecte, *s. f. Collecta.* levée de deniers; oraison avant l'épître.
Collecteur, *s. m. Coactor.* qui recueille les impositions. * instrument pour recueillir et condenser l'électricité. B.
Collectif. ve, *adj. Collectivus.* qui présente l'idée d'un tour.
Collection, *s. f. Collectanea.* recueil, compilation.
Collectivement, *adv. Conglobatim.* dans un sens collectif.
Collégataire, *s. m.* qui a part aux legs. * Colégataire. A. CO. Co-légataire. R. G. C.
Collége, *s. m. Collegium.* compagnie de personnes de même dignité; lieu destiné pour enseigner les sciences.
Collégial. e, *adj.* d'un chapitre, de collége. * Collégiate, *s. f.* V.
†Collégiat, *s. m.* boursier dans un collége.
Collégue, *s. m. Collega.* confrère; compagnon en dignité, en fonction. * Collègue. A. V. Collegue. R.
†Collement, *s. m.* des paupières, t. de médecine.
Coller, *v. a. Glutinare.* lé. e, *p.* faire tenir avec de la colle, enduire de colle; placer contre. (se), *v. r.* s'attacher par la colle; se joindre; s'adapter.
Collerage, *s. m.* droit sur le vin. * Collérage. RR.
†Colleret, *s. m.* filet de pêche que deux hommes traînent.
Collerette, *s. f.* sorte de collet de linge; t. de bot. enveloppe propre aux fleurs en ombelle. * Collerete. R.
Collet, *s. m. Amictus.* vêtement autour du col. (petit), petit abbé; lacs; petit filet; petite couronne; t. d'arts et métiers; t. de bot. pied de la plante à l'insertion de la racine.
Colleté. e, *adj.* t. de blas. avec un collier.
Colleter, *v. a. Luctari complexu.* té. e, *p.* prendre au collet. (se), *v. r.* se battre. *v. n.* tendre des collets.
Colleteur, *s. m.* qui tend des collets. G.
Colletier, *s. m.* faiseur de collets. G.
Colletin, *s. m. Thorax.* pourpoint sans manches.
†Colletique, *adj. s.* 2 *g. Colleticum.* agglutinant. *s. m.* médicament qui réunit les plaies.
Colleur, *s. m.* qui colle, t. de métiers. G. C. V.
Collier, *s. m. Torques.* ornement; cercle autour du col; chaîne pour le col, etc. partie du harnois; t. d'arts et métiers. * serpent du 3e. genre, à trois points bleus sur le col. B.
†Collière, *s. f.* perche qui sert de fondement aux trains de bois.
Colliger, *v. a. Colligere.* gé. e, *p.* (*vieux*) faire des recueils.
†Collimation, *s. f.* ligne par laquelle on vise à un objet par les pinnules d'un graphomètre.
Colline, *s. f. Collis.* éminence de terre ordinairement labourable.
†Collinsone, *s. f. Collinsonia.* genre de plantes d'ornement, de la famille des labiées.
Colliquatif. ve, *adj.* qui résout ou est résout en liqueur, t. de médecine. G. C. * qui indique la décomposition du sang. V.
Colliquation, *s. f.* résolution, décomposition du sang.
Collision, *s. f. Collisus.* choc de deux corps.
†Collitigants, *adj. m. pl.* ceux qui plaident l'un contre l'autre.
†Collobe, *s. f.* tunique antique des moines d'Egypte.
Collocasie, *s. f. Collocasia.* Arum, plante. * Colocasie, pied de veau. R.
Collocation, *s. f.* action de ranger les créanciers.
Colloque, *s. m. Colloquium.* entretien entre deux ou plusieurs.
Colloquer, *v. a. Colloquare.* qué. e, *p.* ranger les créanciers.
†Colludant, *adj.* qui prend part à une collusion, une fourberie.
Colluder, *v. n. Colludere.* dé. e, *p.* tromper un tiers.
†Collumelle, *s. f.* t. de bot. axe vertical de quelque fruit.
†Collumellé. e, *adj.* pourvu d'une collumelle.
Collusion, *s. f. Collusio.* action de colluder.
Collusoire, *adj.* 2 *g.* fait par collusion.
Collusoirement, *adv.* par collusion.
†Collutoire, *s. m.* liqueur pour laver la bouche.
Collyre, *s. m. Collyrium.* remède extérieur pour les yeux.
†Collyridien, *s. m.* hérétique adorateur superstitieux de la Vierge.
†Collytique, *adj. s.* 2 *g.* agglutinatif.
Colnud, *s. m.* oiseau de Cayenne, du genre du cotinga, la tête noir de velours, col nu, bec blanc, pieds noirs, plumage noir.
†Colocasie, *s. f.* plante étrangère qui ressemble à l'arum; la racine se mange.
†Colombage, *s. m.* rang de solives, à plomb.
Colombe, *s. f. Colomba.* femelle du pigeon; espèce particulière de pigeon; constellation méridionale. * t. de tonnelier, varlope en forme de banc; t. de charp. solive placée à plomb. B.
Colombeau, *s. m.* pigeon. R.
†Colombelle, *s. f.* jeune colombe (*vieux*). t. d'imprim. filet; mollusque céphalé, gastéropode, à coquille ovale.
Colombier, *s. m. Colombarium.* pigeonnier. * *pl.* t. d'imprim. trop grands espaces; sorte de papier; t. de charp. pièce pour mettre un navire à l'eau; espèce d'açores, t. de mar. B.
Colombin, *s. m.* pierre minérale tirée du plomb.
Colombin. e, *adj.* couleur gorge-de-pigeon. G. C. V. * *s. m.* bassin de la fritte, t. de faïencier. B.
†Colombine, *s. f. Stercus colombinum.* fiente de pigeon. * *adj.* (douceur, etc.) de la colombe. CHARON.
†Colomnée, *s. f. Columnea.* genre de plantes personnées, exotiques.
Côlon, *s. m. Colon.* le 2e. des gros intestins.
Colon, *s. m. Colonus.* cultivateur des colonies.
Colonage, *s. m.* exploitation d'un colon. R.
†Colonaille, *s. f.* montant, t. de vannier.
Colonel, *s. m. Chiliarcus.* qui commande un régiment.
Colonel. le, *adj. s. Primipilus.* 1re. compagnie. * *f.* Colonele. R.
Colonial. e, *adj.* des colonies. (*nouv.*) G. C.
Colonie, *s. f. Colonia.* peuplade d'émigrés, leur pays.
Colonisation, *s. f.* action de coloniser. C.
Coloniser, *v. a.* établir une colonie. G. V.
Colonnade, *s. f. Perystilium.* rangée de colonnes.
Colonne, *s. f. Columna.* pilier rond; appui; soutien. (*figuré*) son effigie, t. d'arts et métiers; division d'une armée en ligne; masse de fluide en forme de cylindre.
Colophane, *s. f. Terebintina.* sorte de résine. * Colophône. R.
†Coloquinelle, *s. f.* fausse coloquinte.
Coloquinte, *s. f. Colocynthis.* citrouille, plante cucuméracée, à tige rampante, fruit sphérique, purge violemment; bonne dans l'apoplexie; le meilleur vermifuge.
Colorant. e, *adj.* qui colore.
Colorer, *v. a. Colorare.* ré. e, *p.* donner de la couleur; donner une belle apparence.
Colorier, *v. a. Colores inducere.* rié. e, *p.* les couleurs.
Coloris, *s. m. Harmoge.* mélange, fonte des couleurs; manière de les employer.
Colorisation, *s. f.* changement de couleurs. G. V. * forme de la vision. K.
Coloriste, *s. m. Peritus nectendi colores.* qui entend bien le coloris.
Colossal. e, *adj. Colosseus.* de grandeur démesurée.
Colosse, *s. m. Colossus.* homme ou statue gigantesque.
†Colostration, *s. f. Colostratio.* indigestion de lait, de colostre.
Colostre, *s. m. Colostrum.* premier lait des femmes; maladie qu'il cause.
Colportage, *s. m.* emploi, fonction de colporteur.
Colporter, *v. a. Gestare.* té. e, *p.* porter çà et là pour vendre.
Colporteur, *s. m. Propola.* qui porte de côté et d'autre pour vendre. * *f.* Colporteuse. R.
Colti, *s. m.* petit retranchement; petit cabinet; t. de mar. G. * *ou* Coltic. G. V. Coltie. R.
†Colubrin, *s. m.* serpent du 4e. genre, panaché de blanc et de roux.
†Colubrine, *s. f.* espèce de pierre ollaire; serpentaire de Virginie.
Columella, *s. f.* axe intérieur d'une coquille. G.
†Columnifère, *adj.* 2 *g.* malvacées.
Colure, *s. f. Colurus.* cercle qui coupe l'équateur à angles droits.
†Coluvrine de Virginie, *s. f. Pistolochia.* espèce d'aristoloche; la racine est un puissant alexipharmaque.
Colybes, *s. m. pl.* pâte de légume et de grains; offrandes de froment et de légumes cuits. C. G. V.
†Colydin, *s. m. pl. Colydium.* insectes coléoptères, très-petits, vivant dans le bois.
Colza *ou* Colsa, *s. m. pl. Brassica campestris.* espèce de chou sauvage très-utile, cultivé en Flandre; on fait de l'huile de sa graine; les grains dont elle a été exprimée nourrissent les bestiaux. * Colzat. C. G.
Coma, *s. m.* maladie soporeuse.
†Comandise, *s. f.* dépôt (*vieux*).
Comateux. se, *adj. Comatodes.* qui produit ou annonce le coma.
Combat, *s. m. Certamen.* action de combattre; état d'agitation; lutte; opposition; dispute; jeux publics.
Combattable, *adj.* 2 *g.* qui peut être combattu. V.
Combattant, *s. m. Pugnator.* soldat à l'armée; tenant d'un tournois; paon de mer. * Combatant. R.
Combattre, *v. a. Certare.* tu. e, *p.* attaquer ou se défendre; lutter; résister à. * Combatre. R.

Combe, *s. m.* mesure de grains en Angleterre. * *s. f.* vallée, grotte (*vieux*). B.
Combien, *adv. de quantité. Quantùm.*
Combien (le), *s. m.* le prix de. (*famil.*)
Combien que, *conj. Quamvis.* encore que, bien que.
Combinaison, *s. f. Compositio.* disposition de choses d'après un plan; union intime des parties, t. de chimie.
Combinatoire, *s. f.* art de comparer. V.
Combiné, *s. m.* mélange, composition, t. de chimie. G. C.
Combiner, *v. a. Disponere.* né. e. *p.* disposer deux à deux; arranger d'après un plan; mélanger, t. de chimie.
Comble, *s. m.* ce qui dépasse une mesure, un vase plein; faîte; surcroît.
Comble (mesure), *adj.* 2 *g.* bien remplie; t. de blas. (chef) rétréci; t. de manége (sole) arrondie.
Combleau, *s. m.* cordage pour le canon. C. * *ou* Comblan. G. V.
Comblement, *s. m.* action de combler. A. V.
Combler, *v. a. Cumulare.* blé. e, *p.* remplir par-dessus les bords; remplir un creux, un vide.
Comblete, *s. f.* fente du pied du cerf. * Comblète. A. Comblette. C. G. CO.
Combourgeois, *s. m.* co-propriétaire d'un navire; dignité en Suisse. G. V. * Co-bourgeois. R.
†Combrecelle, *s. f.* le dos qu'on tend à quelqu'un pour l'aider à monter.
Combrière, *s. f.* filet pour les thons. * Combriere. R. Combiere. RR.
Combuger, *v. a.* gé. e, *p.* (des futailles) les remplir d'eau pour les imbiber.
Combustible, *adj.* 2 g. disposé à brûler. * *s.* tout ce qui sert à entretenir le feu. (*nouveau*). B.
Combustion, *s. f.* action de brûler entièrement. (*figuré plus usité*). *Rerum perturbatio.* grand désordre. * combinaison de l'oxigène avec le corps combustible. B.
Comédie, *s. f. Comædia.* pièce de théâtre qui peint la vie privée; pièce de théâtre; théâtre; action plaisante; feinte; art de composer des comédies.
Comédien. ne, *s. Comœdus.* qui joue la comédie; hypocrite qui affecte des sentimens qu'il n'a pas. * *f.* Comédiene. R.
Comessation, *s. f.* débauche. V. * festin. B.
Comestible, *adj. Edulis.* bon à manger. *pl.* vivres. A. V. CO.
Comète, *s. f. Cometa.* corps sphérique, cru solide, opaque, de la nature des planètes, lumineux par réflexion, suivie d'une queue lumineuse, et qui s'écarte de l'écliptique; étoile; fusée volante à queue; jeu; ruban. * Comete. R.
Cometé. e, *adj.* t. de blason, avec des rayons ondoyans. * Comété. A. RR.
†Cométites, *s. f. pl.* astroïtes fossiles et à étoiles chevelues.
†Cométographie, *s. f.* traité sur les comètes.
Comices, *s. m. pl.* assemblées du peuple romain; lieu de leur assemblée.
Cominge, *s. m.* sorte de grosse bombe.
Comique, *adj.* 2 *g. Comicus.* de la comédie; plaisant, risible. *s. m.* genre; style; acteur comique.
Comiquement, *adv. Comicè.* d'une manière comique.
Comirs, *s. m. pl.* espèce de farceurs. V.
Comite, *s. m. Remigum præfectus.* officiers, chiourme des galères, *Remiga.*

Comité, *s. m.* assemblée de gens commis pour...
Comitial. e, *adj.* épileptique (mal). R.
Comitive, *adj. f.* noblesse. R.
Comma, *s. m.* deux points (:); t. de musique; petit-que, t. d'impr. oiseau d'Afrique à cou vert, aile rouge, queue noire.
Command, *s. m.* celui qui a chargé un autre d'acheter pour lui. AL.
Commandant. e, *s. Præfectus.* qui commande des troupes.
Commande, *s. f. Jussus.* ouvrage, chose ordonnée. * commission pour négocier, acheter. A.
Commandement, *s. m. Præceptum.* ordre du commandant; pouvoir de commander; loi; précepte; exploit.
Commander, *v. a. Imperare.* dé. e, *p.* prescrire, ordonner; être chef; conduire; avoir l'autorité, le pouvoir; gouverner; dominer sur.
Commanderie, *s. f.* bénéfice affecté à un ordre militaire.
Commandeur, *s. m. Commendator.* chevalier pourvu d'un bénéfice. * oiseau de l'Amérique, du genre du troupiale, gros comme un merle, noir lustré, rouge, cramoisi sur l'aile; vit d'insectes et de fruits; chef des nègres. B.
Commanditaire, *s. m.* qui a une commandite. * Commenditaire. R.
Commandite, *s. f.* société de commerce dans laquelle l'un donne son industrie, l'autre une somme de. * Commendite. R.
Comme, *adv. de comparaison, conj. Ut.* de même que; ainsi que; par exemple; presque; à cause que; en quelque sorte; lorsque; puisque.
Commeline, *s. f. Commelina.* genre de plante exotique, unilobée, de la famille des joncs.
Commémoraison *ou* Commémoration, *s. f. Mentio.* mémoire; mention; souvenir de; t. de liturgie.
Commémoratif. ve. *adj.* qui rappelle le souvenir.
Commençant. te, *s. Elementarius.* qui commence; qui est aux premiers élémens d'un art.
Commencement, *s. m. Principium.* première partie; cause première; premier temps; principe. *pl.* premières leçons.
Commencement (au), *adv.* dans le premier temps.
Commencer, *v. a. Incipere.* cé. e, *p.* donner commencement à; être au commencement; faire ce qui doit être fait d'abord. *v. impers. n.* prendre commencement.
Commendataire, *adj. m.* (abbé) qui possède en commende. * Commandataire. G.
Commende, *s. f.* titre d'un bénéfice donné à un ecclésiastique séculier. * Commande. G.
Commensal, *adj. m. Convictor.* Commensaux, *pl.* qui mange à la même table; domestiques du roi nourris par lui.
Commensalité, *s. f.* droit des commensaux.
Commensurabilité, *s. f.* rapport entre deux grandeurs qui ont une mesure commune.
Commensurable, *adj.* 2 *g.* de deux grandeurs en rapport, ou qui ont une mesure commune.
†Commensuration, *s. f.* action de mesurer deux choses ensemble.
Comment, *adv. interrog. Quomodò.* de quelle sorte, de quelle manière; pourquoi.
Commentaire, *s. m. Commentarius.* interprétation; addition; éclaircissement. *pl.* histoire; mémoires historiques.

Commentateur, *s. m. Interpres.* qui fait un commentaire. * *f.* commentatrice. C. G.
Commenter, *v. a. n. Explanare.* té. e, *p.* faire un commentaire; ajouter à un récit; tourner en mauvaise part.
Commer, *v. n.* (*familier*) faire des comparaisons.
Commérage, *s. m.* propos; conduite de commère. G. V.
Commerçable, *adj.* qui peut être commercé.
Commerçant. e, *adj. s. m. Negociator.* qui commerce, qui trafique en gros.
Commerce, *s. m. Commercium.* négoce; trafic; fréquentation; correspondance; société.
Commercer, *v. n. Negotiari.* cé. e, *p.* trafiquer, négocier.
Commercial. e, *adj.* du commerce. A.
Commère, *s. f.* qui tient ou a tenu sur les fonts; femme curieuse et bavarde; (bonne) maîtresse femme; femme hardie, rusée. * Commere. R.
†Commesture, *s. m.* inoculation par le moyen des alimens.
†Commettage, *s. m.* art de réunir plusieurs fils en les tortillant.
Commettant, *s. m.* qui a confié ses intérêts à quelqu'un.
Commettre, *v. a. Committere.* mis. se, *p. adj.* faire (une faute); employer; confier; compromettre; exposer; brouiller. * réunir plusieurs fils en les tortillant. B. (se), *v. r.* s'exposer à; se mesurer avec.
†Commigration, *s. f.* voy. Transmigration.
Commination, *s. f.* figure de rhétorique, pour intimider. G. V.
Comminatoire, *adj.* 2 *g.* qui contient une menace.
Comminer, *v. n.* menacer; censurer. V. R.
†Comminution, *s. f.* action, art de concasser.
Commis, *s. m. Præpositus.* aide subalterne; employé.
Commise, *s. f.* confiscation d'un fief, t. de féodalité.
Commisération, *s. f. Commiseratio.* pitié, compassion.
Commissaire, *s. m. Recuperator.* commis par un supérieur.
Commission, *s. f.* action, faute, chose commise; action; charge; emploi; commandement. *Mandatum.*
Commissionnaire, *s. m. Institor.* qui trafique par commission; qui fait des commissions. * Commissionaire. R.
Commissoire, *adj.* t. de prat. dont l'inexécution annulle un contrat. G. CO. V. RR.
Commissure, *s. f.* jonction des parties, t. d'anatomie.
†Committant. te, *adj. s.* 2 *g.* qui envoie des ministres.
Committimus, *s. m.* (lettres de), qui attribuent des causes à un tribunal, t. de prat.
Committitur, *s. m.* ordonnance pour commettre un rapporteur, t. de prat.
Commodat, *s. m.* prêt gratuit d'une chose qu'il faut rendre en nature; prêt à usage.
Commodataire, *s.* 2 *g.* qui a reçu le prêt. R.
Commode, *adj.* 2 *g. Commodus.* d'un usage utile et facile; trop indulgent; relâché; sans gêne; doux et aisé.
Commode, *s. f.* meuble à plusieurs tiroirs.
Commodément, *adv. Commodè.* d'une manière commode.
Commodité, *s. f. Commodum.* chose, situation commode; occasion; temps propre à; voiture pour le voyage ou le transport. *pl.* aisances, privés d'une maison.

Commotion, *s. f. Commotio.* secousse, ébranlement violent.

Commuable, *adj.* 2. g. qui peut être changé. C.

Commuer, *v. a. Commutare.* mué. e, *p.* échanger, changer.

Commun. e, *adj. s. m. Communis.* d'un usage général ; général, universel ; ordinaire ; abondant ; vulgaire ; de peu de valeur ; la plupart ; office.

Commun (en), *adv.* en société. * en-commun. C.

Communal. e, *adj.* de commune. A. R.

Communaliste, *s. m.* membre de certaine société. R.

Communauté, *s. f.* société de personnes religieuses ou laïques ; corps d'habitans. *Commune.* biens commun entre des époux.

Communaux, *s. m. pl.* pâturages communs.

Commune, *s. f. Plebs.* corps d'habitans. * leurs habitations. B.

Communément, *adv. Vulgò.* ordinairement, généralement.

Communes, *s. f. pl.* biens d'une commune ; milices.

Communiant, *s. m.* qui communie ; en âge de communier, t. de liturgie.

Communicabilité, *s. f.* disposition à communiquer. T.

Communicable *adj.* 2 *g. Contagiosus.* qui peut se communiquer.

Communicatif. ve, *adj.* 2 *g. Facilis aditu.* qui se communique aisément.

Communication, *s. f. Communicatio.* action, moyen de communiquer, ses effets ; commerce ; figure de rhétorique par laquelle on prend l'auditoire pour juge.

Communicativement, *adv.* V.

Communier, *v. a. Eucharistiam sumere.* ié. e, *p.* administrer. *v. n.* recevoir l'Eucharistie. * *adj.* G.

Communion, *s. f. Communio.* union dans une même foi ; action de communier ; verset ou antienne.

Communiquant. e, *adj.* qui communique. C. G.

Communiquer, *v. a. Communicare.* qué. e, *p.* rendre commun à ; faire part de ; transmettre ; donner communication de. *v. n.* avoir relation, commerce. (se), *v. r.* être familier ; se découvrir à.

Commutatif. ve, *adj.* qui peut être changé, échangé.

Commutation, *s. f. Commutatio.* changement ; métaplasme.

†Comoclade, *s. f. Comocladia.* genre de plantes de la famille des balsamines, exotiques.

Compacité, *s. f.* qualité de ce qui est compacte.

Compact, *s. m.* t. de droit ; convention. G. C.

Compacte, *adj.* 2 *g. Spissus.* serré, condensé ; pesant et peu poreux.

Compagne, *s. f. Comes.* femme qui accompagne ; épouse ; femelle d'oiseau.

Compagnie, *s. f. Cœtus.* deux ou plusieurs individus ; société ; corps ; troupe.

Compagnie (de), *adv.* ensemble. G. * de-compagnie. C.

Compagnon, *s. m. Socius.* qui accompagne ; associé ; égal : (bon-) gaillard : drôle ; ouvrier ; fleur.

Compagnonnage, *s. m.* temps que l'on est compagnon. * société d'ouvriers. C. * Compagnonage. A.

†Compair, *adj.* t. de musique, ton qui en accompagne un autre.

Compan, *s. m.* monnoie des Indes. G. G. V.

Comparable, *adj.* 2 *g. Comparabilis.* susceptible de comparaison.

Comparager, *v. a.* (*vieux*) comparer. V.

Comparaison, *s. f. Comparatio.* similitude ; parallèle ; action de comparer ; discours par lequel on compare.

Comparaison (en), *adv.* au prix de ; à l'égard. * en-comparaison. C.

Comparant e, *adj.* qui comparoît. *s.* t. de prat.

Comparatif. ve, *adj. Comparativus.* de comparaison. *s. m.* qui compare, t. de grammaire. * qui établit la comparaison, le parallèle ; qui met en parallèle. A. AL.

Comparativement, *adv. Comparativè.* par comparaison (*didactique.*).

Comparer, *v. a. Æquiparare.* ré. e, *p.* examiner, établir les rapports, la comparaison ; égaler ; confronter.

Comparoir, *v. n.* comparoître en justice.

Comparoître, *v. n. Ad judicium adesse.* se rendre, paroître devant les juges. * Comparaître. C. Comparu. e, *p.* B.

Comparse, *s. f.* entrée des quadrilles ; figurans.

Compartageant. e, *adj.* (*mieux*) Copartageant. R.

Compartiment, *s. m. Dimensio.* assemblage symétrique.

Compartir, *v. a. Describere.* ti. e, *p.* (*inus.*) faire des compartimens. G. C.

Compartiteur, *s. m.* juge d'avis opposé à celui du rapporteur, et qui partage les opinions.

Comparuit, *s. m.* acte qui certifie la comparution, t. de pratique. V.

Comparution, *s. f. Obitum vadimonium.* action de comparoître en justice.

Compas, *s. m. Circinus.* instrument de mathématiques à deux branches mobiles ; boussole.

Compassage, *s. m.* division au compas, t. de cartier. CO.

Compassement, *s. m.* action de compasser.

Compasser, *v. a. Circino describere.* mesurer au compas (*inusité*) ; bien proportionner ; régler. sé. e, *p.* exact jusqu'à l'affectation. * *adj.* G.

Compassion, *s. f. Miseratio.* pitié, commisération.

†Compassionnaire, *adj.* compatissant, qui a compassion.

Compassure, *s. f.* enclos d'une maison. ROMAN DE LA ROSE.

Compaternité, *s. f.* alliance spirituelle. C. * t. de droit, compérage. G.

Compatibilité, *s. f. Convenientia.* qualité, état de ce qui est compatible ; convenance ; accord.

Compatible, *adj.* 2 *g. Sociabilis.* qui peut compatir, convenir avec.

Compatir, *v. n. Condolere.* être touché de compassion ; s'accorder avec quelqu'un ; être compatible avec.

Compatissant. e, *adj.* humain ; porté à la compassion ; sensible.

Compatriote, *s.* 2 *g. Conterraneus.* qui est du même pays.

†Compeller *ou* Compellir, *v. a.* forcer, contraindre ; compulser, examiner. (*vieux*).

Compendium, *s. m.* abrégé.

Compensation, *s. f. Compensatio.* action de compenser ; dédommagement. * mécanisme pour remédier à l'effet de la chaleur sur le spiral d'une montre. B.

Compenser, *v. a. Compensare.* sé. e, *p. adj.* balancer ; réparer ; dédommager ; faire une compensation.

Compérage, *s. m.* (*famil.*) qualité de compère. * compaternité. G.

Compère, *s. m.* qui a tenu un enfant sur les fonts ; gaillard, éveillé, fin, adroit. * Compere. R.

Compersonniers, *s. m. pl.* t. de droit, associés en ménage, en biens. G. V.

Compétant. e, *adj. Competens.* qui est dû, qui appartient ; capable ; suffisant. * Compétent. A. R. G. CO.

Compétemment, *adv.* d'une manière compétante ; suffisamment. (*inusité*) * *et* Compétamment. RR.

Compétence, *s. f. Judicis potestas.* droit de connoître, de juger de ; concurrence ; prétention d'égalité.

Compéter, *v. n. Pertinere.* appartenir.

Compétiteur, *s. m. Competitor.* concurrent, qui brigue avec un autre.

Compilateur, *s. m. Eclogarius.* qui compile.

Compilation, *s. f. Collectanea.* recueil de morceaux épars et réunis.

Compiler, *v. a. Colligere.* lé. e, *p.* faire une compilation.

†Compisser, *v. a.* pisser par tout comme un chien (*vieux*).

Compitales, *s. f. pl.* fêtes en l'honneur des Pénates.

Compitalices, *adj.* 2 *g.* (jeux) des fêtes compitales.

Complaignant. e, *s. Petitor.* qui se plaint en justice. * *adj.* CO.

Complaindre (se), *v. pers.* se plaindre à quelqu'un. RR.

Complainte, *s. f.* plainte en justice ; chanson plaintive. *pl.* lamentations.

Complaire, *v. n. Indulgere.* s'accommoder, se conformer au goût de. (se), *v. r.* se plaire, se délecter ; s'admirer.

Complaisamment, *adv.* avec complaisance (*inus.*).

Complaisance, *s. f. Indulgentia.* douceur d'esprit ; condescendance ; satisfaction de soi-même. *pl.* amours. * marques de complaisance, d'affection. B.

Complaisant. e, *adj. s. Indulgens.* qui a de la complaisance.

Complant, *s. m. Plantaria.* terres plantées de vigne et d'arbres.

Complanter, *v. a.* té. e, *p.* planter un complant. G.

Complanterie, *s. f.* droits sur les complants. G.

Complantier, *s. m.* t. d'agric. qui peut planter sur les terres d'un autre.

Complément, *s. m. Complementum.* ce qui termine, perfectionne, rend complet ; t. de géométrie, portion d'un arc de 90°. qui manque à un angle.

†Complémentaires, *adj. pl.* (jours) qui complettent l'année françoise ; t. de gram.

Complet. ète, *adj. Completus.* entier ; achevé ; parfait ; fini. *s. m.* complément. * Complete. R.

Complétement, *s. m.* action de compléter. C. * Complètement. T. G. C.

Complétement, *adv.* d'une manière complète. * Complètement. G. Completement. R.

Compléter, *v. a. Complere.* té. e, *p.* rendre complet.

Complétif. ve, *adj.* qui fait ou annonce le complément ; t. de grammaire. G. V.

Complèxe, *adj.* 2 *g. Complexus.* composé de ; l'opposé de simple. * Complexe. A. G. R.

Compléxion, *s. f. Constitutio.* tempérament, constitution du corps ; humeur ; inclination. Complexion. A. G. R.

Compléxionné. e, *adj.* qui a telle compléxion, t. de méd. * Complexioné. R. Complexionné. A.

†Compléxionner, *v. a.* V. * former le tempérament ; donner une compléxion. B.

Complexité, *s. f.* qualité de ce qui est compléxe. G. C. V.

Complication, *s. f. Complexio.* concours de

choses différentes.
Complice, *adj.* 2 *g.* *s.* *Conscius.* qui a part au crime d'un autre.
Complicité, *s.* *f.* *Societas.* participation au crime d'un autre.
Complies, *s.* *f.* *pl.* *Completorium.* dernière partie de l'office divin.
Compliment, *s.* *m.* *Gratulatio.* paroles civiles, obligeantes, affectueuses; éloges; cérémonies; politesse.
Complimentaire, *s.* *m.* associé au nom duquel on négocie, on opère, t. de commerce.
Complimenter, *v.* *a.* *Gratulari.* té. e, *p.* faire compliment.
Complimenteur. se, *s.* qui fait trop de complimens.
Compliqué. e, *adj.* *Implicitus.* mêlé avec d'autres, embrouillé.
Complot, *s.* *m.* *Conjuratio.* mauvais dessein formé par plusieurs.
Comploter, *v.* *a.* *Conspirare.* té. e, *p.* faire un complot; conspirer; se liguer.
Componction, *s.* *f.* *Peccatorum dolor.* douleurs, regrets, remords des péchés.
Componé. e, *adj.* t. de blas. composé de carrés. G. C. V.
Componende *s.* *f.* composition sur les droits de Rome; bureau pour ces droits, t. de liturgie.
Compons, *s.* *m.* *pl.* t. de blason. G. voyez Componé.
Comportement, *s.* *m.* conduite; manière d'agir (*vieux*).
Comporter, *v.* *a.* *Ferre.* té. e, *p.* permettre; souffrir. (se) *v.* *r.* se conduire, t. de prat. être.
Composant, *adj.* t. de chimie, qui compose. V.
Composé, *s.* *m.* *Permistio.* corps formé de parties mixtes.
Composer, *v.* *a.* *Componere.* sé. e, *p.* faire un tout de plusieurs parties, un ouvrage d'esprit, un air; t. d'impr. arranger les lettres; *v.* *pers.* (se) donner un air à son visage. *v.* *n.* s'accorder; capituler. *v.* *récipr.* prendre un air grave, gai, triste.
Composeur, *s.* *m.* (*ironique*) qui compose. G.
Composite, *adj.* 2 *g.* *s.* *Ordo mistus.* ordre d'architecture composé de l'ionique et du corinthien.
Compositeur, *s.* *m.* *Typorum dispositor.* qui arrange les lettres, t. d'imprimerie; qui compose en musique; (amiable —), arbitrateur.
Composition, *s.* *f.* *Compositio.* action de composer, ses effets; mélange, t. d'arts et mét. * art de composer; thême d'écolier; arrangement des lettres; exécution de dessein; accommodement par des sacrifices mutuels; conventions pour rendre une ville. * jonction de mots, *comme* chef-d'œuvre. B.
†Compost, *s.* *m.* voy. Comput.
†Composte, *s.* *m.* science de compter les temps. voyez Comput.
Composteur, *s.* *m.* outil d'imprimeur. * compositeur de manufacture de soie. B.
Compotateur, *s.* *m.* qui boit avec d'autres. V.
Compote, *s.* *f.* *Conditura.* fruits cuits; ragoût de pigeons. * (en —) bouilli, meurtri. B.
†Compotier, *s.* *m.* vase pour mettre les compotes.
Compréhensible, *adj.* 2 *g.* *Comprehensibilis.* qui peut être compris.
Compréhension, *s.* *f.* *Comprehensio.* faculté de comprendre; connoissance parfaite.
Comprendre, *v.* *a.* *Complecti.* pris. e, *p.* contenir; renfermer en soi; faire mention; concevoir.
Compressif. ve, *adj.* t. de chir. ce qui sert à comprimer. AL.
Compresse, *s.* *f.* *Penicillum.* linge en double sur une plaie.
Compressibilité, *s.* *f.* qualité de ce qui est compressible.
Compressible, *adj.* 2 *g.* qui peut être comprimé.
Compression, *s.* *f.* *Compressio.* action de comprimer, ses effets.
Comprimer, *v.* *a.* *Comprimere.* mé. e, *p.* presser avec violence; resserrer.
†Comprimeur, *s.* *m.* qui comprime, oppresse.
Compris (non, y), *adv.* *Comprehensus.* telle chose à part ou non.
Compromettre, *v.* *a.* *Compromittere.* mis. e, *p.* *adj.* exposer à des chagrins, etc. commettre. *v.* *n.* convenir d'arbitres. (se), *v.* *r.* s'exposer inconsidérément.
Compromis, *s.* *m.* *Compromissum.* soumission à l'arbitrage.
Compromissaire, *s.* *m.* arbitre. G. C.
Comprotecteur, *s.* *m.* protecteur avec un autre. T.
Comprovincial. e, *adj.* de la même province. R.
Comptabilité, *s.* *f.* obligation de rendre compte. V. * bureau dans lequel ils se reçoivent. A. CO. ordre dans les comptes. B. *prononcez* kon. *et les dérivés.*
Comptable, *adj.* *s.* *Rationarius.* assujetti à rendre compte.
Comptant, *adj.* *s.* *m.* *adv.* *Præsens pecunia.* (argent) en espèce.
Compte, *s.* *m.* *Numerus.* supputation, calcul; profit; rapport. * à —, en déduction. au bout du —, sans s'inquiéter des suites; après tout. *adv.* B.
Compte-pas, *s.* *m.* instrument. * voyez Odomètre. A.
Compter, *v.* *a.* *Numerare.* té. e, *p.* nombrer, calculer; payer; croire, supputer; estimer; réputer; rendre compte. *v.* *n.* croire, se proposer; venir à compte; faire fonds sur.
Compteur, *s.* *m.* qui compte, t. d'horl. détente; roue dont l'axe porte une aiguille. G. V. * Compteuse, *s.* *f.* celle qui arrange les mains de papiers. B.
Comptoir, *s.* *m.* *Mensa.* table pour compter; bureau. * établissemens européens dans les Indes. B.
Compulser, *v.* *a.* sé. e, *p.* parcourir un registre, un livre.
Compulseur, *s.* *m.* qui compulse. R. V.
Compulsoire, *s.* *m.* ordre à un officier public de communiquer des pièces, t. de prat.
†Compurgateur, *s.* *m.* témoin à décharge; un de ceux qui se justifient mutuellement.
Comput, *s.* *m.* *Computum.* supputation des temps. * *ou* Compost. G.
Computiste, *s.* *m.* qui travail au comput. * officier qui reçoit les revenus du sacré collège à Rome. B.
Comtal. e, *adj.* qui appartient à un comte. G.
Comtat, *s.* *m.* comté; (— Vénaissin), état d'Avignon. V.
Comte. sse, *s.* *Comes.* qui possède un comté.
Comté, *s.* *m.* *Comitatus.* titre d'une terre.
†Conassière; *s.* *f.* penture du gouvernail.
Concapitaine, *s.* *m.* capitaine avec un autre. A.
Concassé, *s.* *m.* (poivre) brisé par morceaux
Concasser, *v.* *a.* *Conterere.* sé. e, *p.* réduire en petits morceaux.
Concaténation, *s.* *f.* enchaînement, liaison. G. C. RR. V. * figure de rhétorique, gradation. G.
Concave, *adj.* 2 *g.* *Concavus.* creux et rond en dedans.
Concavité, *s.* *f.* *Caverna.* creux rond; cavité d'un corps; état de ce qui est concave.
Concéder, *v.* *a.* *Concedere.* dé. e. *p.* *adj.* accorder; octroyer.
Concélébrer, *v.* *a.* bré. e, *p.* célébrer conjointement. G.
Concentration, *s.* *f.* action de concentrer, de réduire à un moindre volume; ses effets.
Concentrer, *v.* *a.* *Ad centrum compellere.* tré, e, *p.* réunir au centre. (se), *v.* *r.* être triste, mélancolique, méditatif.
Concentrique, *adj.* 2 *g.* qui a le même centre.
Concept, *s.* *m.* idée; simple vue de l'esprit.
Conception, *s.* *f.* *Conceptio.* action, faculté de concevoir, de comprendre, ses effets; fête des catholiques.
Conceptionnaire, *s.* 2 *g.* partisan de l'immaculée conception. G. C. V.
Concernant, *prép.* qui concerne; sur; touchant.
Concerner, *v.* *a.* *Pertinere ad.* né. e, *p.* avoir rapport à; regarder, appartenir.
Concert, *s.* *m.* *Symphonia.* harmonie de voix, d'instrumens; lieu où on l'entend; union, bonne intelligence.
Concert (de), *adv.* unanimement. * de-concert. C.
Concertant. e, *s.* qui fait sa partie dans un concert.
Concerté. e, *p.* *adj.* résolu; étudié, affecté.
Concerter, *v.* *a.* *Componere.* chanter. (se), *v.* *r.* conférer ensemble, faire un concert.
Concerto, *s.* *m.* pièce de symphonie exécutée par un orchestre.
Concession *s.* *f.* *Concessum.* don, octroi; terres cédées dans une colonie; figure de rhétorique par laquelle on accorde un point, pour en retirer un plus grand avantage.
Concessionnaire, *s.* 2 *g.* qui a obtenu une concession dans une colonie. * Concessionaire. R.
Concetti, *s.* *m.* pensées brillantes, mais fausses.
Concevable, *adj.* 2 *g.* qui peut se concevoir.
†Conceveibe, *s.* *f.* *Conceveiba.* genre de plantes exotiques de la famille des euphorbes.
Concevoir, *v.* *a.* *Concipere.* çu. e, *p.* devenir féconde, grosse; entendre bien. *v.* *n.* comprendre, exprimer.
Conche, *s.* *f.* réservoir des marais salans; tenue; état des vêtemens. G. C. CO. V. * bonne ou mauvaise fortune. RR.
Conchi, *s.* *m.* sorte de canelle. G. V.
Conchile, *s.* *adj.* *f.* ligne courbe. G. V. *pronon.* conkile.
Conchites, *s.* *f.* coquilles bivalves, fossiles, pétrifiées. * Conchytes. A. *pronon.* conki.
Conchoïdal. e, *adj.* de la conchoïde. G. *prononcez* conko.
Conchoïde, *s.* *f.* ligne courbe. *pronon.* conko.
†Concholépas, *s.* *m.* mollusque céphalée, gastéropode, à coquille univalve, ovale. *prononcez* conko.
Conchyle, *s.* *m.* *Conchylium.* poisson qui fournit l'écarlate. G. *pronon.* conki.
Conchyliologie, *s.* *f.* science qui traite des coquillages. *pronon.* conki.
Concierge, *s.* *Custos.* garde d'un édifice, d'une prison. * *m.* G.
Conciergerie, *s.* *f.* *Custodia.* charge, logement de concierge; prison.
Concile, *s.* *m.* *Concilium.* assemblée de prélats; son local; ses décrets.
Conciliable, *adj.* 2 *g.* qui peut se concilier avec. C. G.
Conciliabule, *s.* *m.* *Conciliabulum.* assemblée illégale, ou de gens qui complotent.
Conciliant. e, *adj.* propre à la conciliation.

Conciliateur,

Conciliateur, trice, *s. adj. Conciliator.* qui concilie.

Conciliation, *s. f. Conciliatio.* action de concilier; concordance.

Concilier, *v. a. Conciliare.* lié. e, *p.* accorder ensemble ce ou ceux qui étoient contraires; acquérir; attirer. (se), *v. r.* se gagner; s'acquérir.

Concion, *s. f.* assemblée. V.

Concis. e, *adj. Concisus.* court, resserré.

Concision, *s. f.* qualité de ce qui est concis.

Concitoyen. ne, *s. Civis.* citoyen d'une même ville. * *f.* Concitoyene, R.

Conclamation, *s. f.* appel d'un mort à grands cris, et au son de la trompette. G. V.

Conclave, *s. m. Conclave.* assemblée de cardinaux, son local.

Conclaviste, *s. m.* qui suit un cardinal au conclave.

Concluant. e, *adj. Decretorius.* qui conclut, qui prouve.

Conclure, *v. a. n. Concludere.* clu. e, *p.* terminer; tirer une conséquence; faire sa demande; juger.

†Conclusif. ve, *adj.* qui termine, conclut, finit.

Conclusion, *s. f. Conclusio.* fin d'une affaire, d'un discours; conséquence. *pl.* t. de prat. demande. *adv.* enfin.

Concoction *ou* Coction, *s. f. Coctio.* première digestion.

Concombre, *s. m. Cucumis.* genre de plantes de la famille des cucurbitacées, rampantes, à vrilles, fruit charnu, gros et long, froid, indigeste, donne le cornichon. — sauvage, la graine évacue les eaux de l'hydropisie.

Concomitance, *s. f. Concomitantia.* union, accompagnement.

Concomitant. e, *adj. Concomitans.* qui accompagne; (grâce) t. dogmatique.

Concordance, *s. f.* rapport; convenance; index de la bible; accord des mots.

Concordanciel. le, *adj.* qui contient des concordances. C. G. * Concordantiel. V.

Concordant. e, *adj.* (vers) qui ont des mots communs; t. de rhétorique. G. C.

Concordant, *s. m.* (voix) entre la taille et la basse-taille, baryton, t. de musique.

Concordat, *s. m. Pactum.* transaction; convention; accord.

Concorde, *s. f. Concordia.* union de volontés, de cœurs; paix.

†Concorder, *v. n.* être d'accord.

Concourir, *v. n. Concurrere.* ru. e, *p.* coopérer, agir conjointement; être en concurrence; se rencontrer.

Concourme, *s. f.* drogue propre à teindre en jaune. G. V.

Concours, *s. m. Concursus.* rencontre; affluence; action de concourir pour une chaire, un bénéfice.

†Concréer, *v. a.* faire, créer, composer deux choses en même temps. (se), *v réc.* être fait, composé en même temps; s'unir, se congeler.

Concret. ète, *adj.* joint; composé; fixé. * *f.* Concrete. R.

†Concrétation, *s. f.* condensation, coagulation.

Concrétion, *s. f. Concretio.* amas de parties en masse solide.

Concubinage, *s. m. Concubinatus.* commerce illégitime des deux sexes.

Concubinaire, *s. m.* qui a une concubine.

Concubine, *s. f.* qui cohabite avec un homme sans être sa femme. * tulipe, G.

†Conculquer, *v. a.* fouler aux pieds, terrasser, anéantir. RABELAIS.

Concupiscence, *s. f. Cupiditas.* pente aux plaisirs sensuels et illicites.

Concupiscible, *adj.* 2 *g.* qui porte à désirer un bien. G. V.

Concurremment, *adv. Conjuncte.* conjointement, ensemble; par concurrence. * Concuremment. RR.

Concurrence, *s. f. Contentio.* prétention de plusieurs à la même chose. * réunion de deux fêtes. B.

Concurrent. e, *s. Competitor.* qui concourt pour la même chose, compétiteur.

Concussion, *s. f. Peculatus.* exaction par un supérieur; vexation.

Concussionnaire, *s. m. Exactor.* qui exerce des concussions. * Concussionaire. R.

Condamnable, *adj.* 2 *g. Damnandus.* qui mérite d'être condamné.

Condamnation, *s. f. Damnatio.* jugement qui condamne; ce à quoi on est condamné.

Condamner, *v. a. Damnare.* né. e, *p.* donner un jugement contre; blâmer; rejeter; fermer pour toujours. (se), *v. réfléchi*, avouer sa faute.

Condemnade, *s. f.* ancien jeu de cartes. V.

†Condemnatoire, *adj.* qui condamne, qui entraîne condamnation.

†Condensabilité, *s. f.* t. de phys. propriété du corps qui peut être condensé.

†Condensable, *adj.* 2 *g.* t. de phys. qui peut être condensé.

†Condensateur, *s. m.* machine pour condenser l'air.

Condensation, *s. f. Densatio.* action de condenser, son effet.

Condenser, *v. a. Densare.* sé. e, *p.* rendre plus compacte.

Condescendance, *s. f. Indulgentia.* complaisance qui fait qu'on se rend aux sentimens, à la volonté d'autrui.

Condescendant. e, *adj. Commodus.* qui a de la complaisance.

Condescendre, *v. n. Concedere.* se rendre à la volonté, aux sentimens d'autrui; compatir aux foiblesses.

Condiction, *s. f.* réclamation d'une chose volée ou donnée mal à propos. G. V.

Condigne, *adj.* 2 *g.* (satisfaction) égale à la faute. G. V.

Condignement, *adv.* d'une manière condigne. G.

Condignité, *s. f.* qualité de ce qui est condigne. G. V.

Condisciple, *s. m. Condiscipulus.* compagnon d'étude.

Condit, *s. m.* confitures au miel ou au sucre. G.

Condition, *s. f. Conditio.* nature ou état des personnes, des choses; état de vie; domesticité; noblesse; clause; charges; obligations; parti; formule.

Condition que (à), *conj.* à la charge que, pourvu que. * à-condition-que. C.

Conditionné. e, *adj. Probus.* qui a les qualités requises, t. de commerce. * Conditioné. R.

Conditionnel. le, *adj.* qui renferme une condition, une clause. * Conditionel. ele, R.

Conditionnellement, *adv. Cum conditione.* avec condition, avec clause. * Conditionélement. R.

Conditionner, *v. a.* né. e, *p.* donner les qualités requises. G. * charger de clauses. R. G. Conditioner. R.

Condoléance, *s. f.* témoignage de douleur, de regrets.

†Condoma *ou* Coudous, *s. m. Strepsiceros.* espèce d'antilope d'Afrique, qui ressemble au cerf, a des cornes, très-grand, brun, marqué de grandes lignes blanches.

Condonat, *s. m.* espèce de moine. R. * espèce de monnoie. RR.

Condor, Contour *ou* Cuntur, *s. m.* le plus grand des oiseaux; il a quinze pieds d'envergure, attaque les troupeaux, enlève un mouton et même un homme; il habite les montagnes.

†Condori, *s. m. pl. Adenanthera.* plantes légumineuses.

Condormant. e, *s.* sectaires qui couchoient ensemble sans distinction de sexe. G. V.

Condouloir (se), *v. r.* (*vieux*) partager la douleur.

†Condrille, *s. f. Chondrilla.* genre de plantes à fleurs composées, de la famille des demi-flosculeuses, humectante, adoucissante, apéritive.

Conducteur. trice, *s. Dux.* qui conduit, t. de physique.

Conduction, *s. f.* action de prendre à loyer. A.

Conduire, *v. a. Ducere.* duit. e, *p.* mener; guider, accompagner; diriger, gouverner, régir. (se), *v. r.* marcher, agir sans guide; se comporter.

Conduiseur, *s. m.* commis à la vente des bois. G.

Conduit, *s. m. Canalis.* canal, tuyau.

Conduite, *s. f. Ductus.* action de conduire, mener, diriger, gouverner; direction; manière d'agir, de se gouverner; suite de tuyaux, d'aqueducs; partie d'une horloge.

Condyle, *s. m. Condylus.* éminence; articulation des os; jointure des doigts. * mesure ancienne, 1 pouce 3 lignes. B.

Condyloïde, *adj.* 2 *g. Condyloïdes.* qui a la forme d'un condyle. G. V.

†Condyloïdien. ne, *adj. Condyloïdeus.* des condyles.

Condylome, *s. m. Condyloma.* excroissance de chair ridée, t. d'anatomie. * Condylôme. R.

Cône, *s. m. Conus.* pyramide ronde; moule pomme de pin; t. de marine. * mollusque céphalé, gastéropode, à coquille turbinée. B.

†Conepate, *s. m. Putida.* mouffette noire, à cinq lignes parallèles, blanches.

Conessi, *s. m.* sorte d'écorce. G. V.

Confabulateur, *s. m.* qui s'entretient familièrement. C. G. RR.

Confabulation, *s. f.* entretien familier.

Confabuler, *v. n.* s'entretenir familièrement.

†Confarréation, *s. f. Confarreatio.* cérémonie de noces dans laquelle les époux mangeoient du même pain.

†Confecteur, *s. m.* jeune gladiateur qui égorgeoit les martyrs à Rome.

Confection, *s. f. Confectio.* t. de chimie, composition de drogues; de prat. action de faire achèvement.

†Confectionner, *v. a.* faire, achever.

Confédératif. ive, *adj.* de la confédération, (*nouveau*). G. V.

Confédération, *s. f. Fœdus.* ligue, alliance des états, des peuples.

Confédéré. e, *s. adj. Fœderatus.* uni par alliance.

Confédérer (se), *v. r. Sancire.* ré. e, *p.* se liguer ensemble.

Conférence, *s. f.* comparaison de deux choses; assemblée ecclésiastique; entretien de plusieurs. *Colloquium.*

Conférencier, *s. m.* celui qui préside à une conférence. G. C. V. RR.

Conférer, *v. a. Conferre.* ré. e, *p.* comparer; donner; pourvoir à un bénéfice; raisonner ensemble; collationner.

Conferve, *s. m. Conferva.* filets verts et déliés soutenus sur l'eau par des bulles d'air, qui se contournent lorsqu'on les rompt; regardés

comme plante aquatique, et comme animal.
Confesse, *s.* confession faite à un prêtre. * *f.* CO. RR. V.
Confesser, *v. a. Confiteri.* sé e, *p.* avouer, déclarer ses fautes; ouïr une confession. (se), *v. r.*
Confesseur, *s. m. Conscientiæ arbiter.* qui entend une confession; qui confesse la foi de J.C. saint qui n'est ni apôtre, ni martyr; directeur.
Confession, *s. f. Confessio.* aveu de ses fautes; figure de rhétorique; déclaration de la foi.
Confessionnal, *s. m. Pœnitentiæ tribunal.* siége du confesseur, t. de litur. * Confessional. R.
Confessionniste, *s.* luthérien d'Ausbourg. G. C. V.
Confiance, *s. f. Fiducia.* assurance, espérance en quelqu'un, en quelque chose; liberté honnête; hardiesse; présomption.
Confiant. e, *adj.* qui a confiance; présomptueux.
Confidemment, *adv. Confidenter.* en confidence.
Confidence, *s. f. Communicatio.* communication d'un secret; possession simulée d'un bénéfice.
Confident. e, *s. Consiliorum particeps.* à qui l'on confie ses secrets.
Confidentiaire, *s. m. Fiduciarius.* qui possède un bénéfice en confidence, t. de liturg. * Confidenciaire. V. Confidentaire. RR.
Confidentiel, le, *adj.* en confidence. A. * *f.* Confidentiele. R.
Confidentiellement, *adv.* d'une manière confidentielle. A. * Confidentiélement. R.
Confier, *v. a. Committere.* fié. e, *p.* commettre à la garde, à la fidélité de. (se), *v. r.* s'assurer; prendre confiance en; faire fond sur.
Configuration, *s. f. Figura.* forme extérieure; ordre des surfaces.
Configurer, *v. a.* ré. e, *p.* figurer l'ensemble. A.
Confiner, *v. v. Confinem esse.* né. e, *p.* se toucher par les limites. *v. a.* reléguer dans un lieu. (se), *v. r.* se retirer dans un lieu, dans une solitude.
Confins, *s. m. Fines. pl.* limites, extrémités d'un pays.
Confire, *v. a. Condire.* fit. e, *p. adj.* assaisonner, faire cuire dans un suc, une liqueur. * accomoder les cuirs. G.
Confirmatif. ve, *adj. Fidem faciens.* qui confirme.
Confirmation, *s. f. Confirmatio.* ce qui rend plus ferme, plus sûr, plus certain; preuves; sacrement de l'église.
Confirmer, *v. a. Firmare.* mé. e, *p.* rendre stable, sûr; prouver davantage; donner la confirmation. (se), *v. r.* se rendre plus assuré, plus ferme.
Confiscable, *adj.* 2 *g. Fisco addicendus.* qui peut être confisqué.
Confiscant, *adj.* sur qui peut écheoir la confiscation, t. de pratique.
Confiscation, *s. f. Confiscatio.* action de confisquer, ses effets.
†Confiserie, *s. f.* art, état du confiseur.
Confiseur, *s. m. Qui concit.* qui fait et vend des confitures.
Confisquer, *v. a.* qué. e, *p. adj.* adjuger au fisc par condamnation. * s'emparer pour punir, t. de collége (*familier*). B.
Confit, *s. m.* t. de pelletier, cuve; excrément du chien. G. V.
Confiteor, *s. m.* prière. * Confitéor. C. G. V.
Confiture, *s. f. Conditi.* fruits confits, racines confites.
Confiturier. ère, *s. Qui fructus condit.* qui fait et vend des confitures. * *f.* Confiture. R.

Conflagration, *s. f.* grand embrâsement; incendie.
Conflit, *s. m. Conflictio.* choc, combat. (*vi.*) contestation entre les juridictions sur le droit de juger une cause.
Confluent, *s. m. Confluens.* jonction de deux rivières.
Confluente, *adj. f.* fort abondante (petite vérole), t. de médecine. * (feuilles) qui paroissent se toucher sur la tige. B.
Confondre, *v. a. Commiscere.* du. e, *p.* mêler ensemble; troubler; ne pas distinguer; convaincre en couvrant de honte. * (se), *v. r.* se couvrir de honte. A. R. V.
Conformaliste, *adj. s.* V.
Conformation, *s. f. Conformatio.* manière dont un corps est formé; arrangement des parties. * rétablissement des os fracturés. B.
Conforme, *adj.* 2 *g. Consentaneus.* semblable, qui a la même forme.
Conformément, *adv. Convenienter.* d'une manière conforme.
Conformer, *v. a. Accommodare.* mé. e, *p. adj.* rendre conforme. (se), *v. r.* se soumettre, se rendre conforme.
Conformiste, *s.* 2 *g.* sectaire de la religion dominante en Angleterre.
Conformité, *s. f. Convenientia.* rapport entre des choses conformes; soumission (à la volonté de Dieu).
Conformité (en), *adv.* conformément à. * en-conformité. C.
Confort, *s. m.* (*vieux*) consolation, secours.
Confortatif, *adj. s. Corroborans.* qui corrobore.
Confortation, *s. f.* corroboration.
Conforter, *v. a. Corroborare.* té. e, *p.* fortifier, corroborer, encourager.
Confraternité, *s. f. Sodalitium.* relation ou qualité de confrères.
Confrère, *s. m. Sodalis.* d'un même état, d'une même compagnie. * Confrere. R.
Confrérie, *s. f. Sodalitas.* association religieuse, t. de liturgie. * *et* Confrairie. R.
†Confrication, *s. f. Confricatio.* action de pulvériser, d'exprimer le jus avec les doigts.
Confrontation, *s. f. Collatio.* action de confronter; examen de deux écritures.
Confronter, *v. a. Conferre.* té. e, *p.* comparer les choses entre elles; opposer les témoins à l'accusé.
Confus. e, *adj. Confusus.* confondu; mêlé; brouillé; obscur; sans ordre; honteux; incertain.
Confusément, *adv. Confusè.* d'une manière confuse.
Confusion, *s. f. Confusio.* mélange confus; désordre; honte; ignorance; grand nombre.
Confusion (en), *adv.* en abondance; sans ordre. * en-confusion. C.
Confutation, *s. f.* voyez Réfutation. A. G. C. V.
Confuter, *v. a.* té. e, *p.* réfuter. C. G. V.
Conge, *s. m. Congius.* ancienne mesure de liquide. * panier pour transporter la mine, t. de forges. B.
Congé, *s. m. Licentia.* permission, ordre de s'en aller, de se retirer; exemption de classe; permis. * quart de rond; moulure creuse en quart de cercle; outil qui la forme. B.
Congéable, *adj.* 2 *g.* (domaine) où l'on peut rentrer, t. de pratique.
Congédier, *v. a. Dimittere.* dié. e, *p.* licencier; donner congé, permission ou ordre de se retirer.
†Congéer, *v. a.* donner congé.
†Congélable, *adj.* 2 *g.* qui peut être congelé.

Congélation, *s. f. Congelatio.* action du froid qui gèle les liquides, ses effets; état d'un fluide gelé.
Congeler, *v. a. Congelare.* lé. e, *p.* coaguler, figer; convertir en glace. (se), *v. r.*
†Congémination, *s. f.* formation double et simultanée.
Congénére, *adj.* t. de botan. du même genre; t. d'anat. qui concourent au même mouvement. * Congénere. R. Congénère. A. C. G. V.
Congestion, *s. f.* amas d'humeurs dans une partie.
Congiaire, *s. m.* distribution d'argent à Rome.
†Conglaciation, *s. f. Conglaciatio.* conversion en glace, en gelée.
Conglobation, *s. f.* réunion de preuves; t. de rhétorique.
Conglobé. e, *adj.* plusieurs (glandes) réunies en une. * (feuilles) ramassées en boule. B.
Conglomérer, *v. a.* ré. e, *p. adj.* réunir, mettre ensemble; amasser en pelotons. A.
Conglutinatif, *adj.* qui rend visqueux. V.
Conglutination, *s. f. Conglutinatio.* action de rendre visqueux et gluant, ses effets.
Conglutiner, *v. a. Conglutinare.* né. e, *p.* rendre gluant et visqueux.
Congratulation, *s. f. Gratulatio.* félicitation.
†Congratulatoire, *adj.* 2 *g.* de la congratulation.
Congratuler, *v. a. Gratulari.* lé. e, *p.* féliciter quelqu'un.
Congre, *s. m. Conger.* poisson de mer, du genre de la murène, semblable à l'anguille.
†Congréage, *s. m.* ligne tournée en hélice pour fortifier le hauban, etc.
†Congréer, *v. récipr.* agréer ensemble. *v. a.* faire le congréage.
Congréganiste, *s.* 2 *g.* qui est membre d'une congrégation laïque.
Congrégation, *s. f. Cœtus.* confrérie; compagnie; salle, chapelle des congréganistes; assemblée de prélats.
Congrès, *s. m. Congressus.* assemblée d'ambassadeurs; t. de médecine, épreuve de la puissance ou de l'impuissance des époux. * assemblée des représentans des Etats-Unis d'Amérique. B.
Congru. e, *adj. Congruens.* suffisant; convenable; précis; correct.
Congruaire, *s. m.* (curé) à portion congrue. G. V.
Congruent. e, *adj.* convenable, t. de médecine. R. G. C. V.
Congruisme, *s. m.* opinion sur la grâce efficace. C. V. G.
Congruiste, *s. m.* partisan du congruisme. G. * singe. R.
Congruité, *s. f.* convenance, efficacité de la grâce.
Congrûment, *adv. Congruenter.* correctement; suffisamment. * Congrument. RR.
Conifère *ou* Strobilifère, *adj.* 2 *g. Coniferæ.* porte-cône, t. de botanique. G. * Conifere. R.
Conille, *s. f.* espace aux côtés d'une galère. G. V.
†Conin, Conille, *s. m.* (*vieux*) lapin. * Conil *et* Connil. RR.
Conique, *adj. Turbinatus.* en forme de cône, du cône.
Conjectural. e, *adj. Conjecturalis.* fondé sur des conjectures.
Conjecturalement, *adv. Ex conjecturâ.* par conjecture.
Conjecture, *s. f. Conjectura.* jugement probable, conjectural.
Conjecturer, *v. a. Conjecturam capere.* ré. e, *p.* former des conjectures; juger par conjecture.

Conjectureur, *s. m.* qui conjecture. T. V.

Conjoindre, *v. a. Conjungere.* joint. e, *p.* unir, joindre ensemble.

Conjoint. e, *adjectif.* uni, joint. *plur.* époux. *Conjuges.*

Conjointement, *ad. Conjunctim.* ensemble; l'un avec l'autre; de concert.

Conjonctif. ve, *adj. Conjunctio.* qui conjoint, t. de gram. * *s. m.* G. V.

Conjonction, *s. f. Conjunctio.* union; t. de gram. rencontre apparente des astres, t. d'astronomie.

Conjonctive, *s. f.* (membrane) le blanc de l'œil.

Conjoncture, *s. f. Occasio.* occasion; rencontre d'affaires; circonstances; disposition, état de plusieurs choses.

Conjouir (se), *v. r. Gratulari.* (*vieux*) se réjouir avec quelqu'un du bonheur qui lui est arrivé.

Conjouissance, *s. f.* (*vieux*) félicitation, congratulation.

†Conjouissement, *s. m.* congratulation, félicitation mutuelle.

†Conjoyer, *v. pers.* se réjouir; faire fête à quelqu'un.

Conjugaison, *s. f. Conjugatio.* manière de conjuguer les verbes; t. d'anat. conjonction des nerfs.

Conjugal. e, *adj. Conjugialis.* qui concerne le mariage.

Conjugalement, *adv.* selon l'union conjugale.

Conjugué. e, *adj.* (nerfs) qui ont le même effet. G. * t. de botanique, (feuille) ailée, en deux folioles. B.

Conjuguer, *v. a. Declinare.* gué e, *p.* marquer les inflexions et les terminaisons des verbes. (se), *v. r.*

Conjungo, *s. m.* écritures sans espaces. (*familier*). G. V.

Conjurateur, *s. m. Conjurationis dux.* qui conspire; prétendu magicien.

Conjuration, *s. f. Conjuratio.* conspiration, complot contre l'état; paroles magiques. *pl.* prières, instances.

†Conjure, *s. f.* t. de coutume. R.

Conjuré, *s. m. Conjuratus.* conspirateur. (*pl. seul usité*). C. G. V.

Conjurer, *v. a. Conjurare.* ré. e, *p.* prier instamment; exorciser; écarter par des conjurations; conspirer.

†Connare, *s. m. Connarus.* genre de plantes de la famille des balsamiers.

†Connecter, *v. a.* être en connexion.

†Connée, *adj.* (feuille) qui embrasse la tige par sa base. * *s.* AL.

Connétable, *s. m. f. Stabuli comes.* dignité militaire.

Connétablie, *s. f.* tribunal des maréchaux de France.

Connexe, *adj. Connexus.* qui a de la liaison avec.

Connexion, Connexité, *s. f. Connexio.* liaison, rapport. * articulation des os. B.

Connexité, *s. f.* disposition de deux choses à être jointes. * rapport. B.

†Connifle, *s. f.* poisson à coquille, bon à manger.

Connil, *s. m.* (*vieux*) lapin. * *ou* Conil. R.

Conniller, *v. n.* (*vieux*) chercher des subterfuges, des détours. C. G. * Conillier. R.

Connillière, *s. f.* subterfuge. * Conilliere. R.

Connivence, *s. f. Conniventia.* complicité par tolérance et dissimulation du mal qu'on peut empêcher.

†Connivente, *adj. f.* (feuilles) qui paroissent unies entre elles. * *m.* AL.

Conniver, *v. n. Connivere.* participer au mal en le dissimulant.

Connoissable, *adj.* 2 *g.* qui est aisé à connoître. * Connaissable. C.

Connoissance, *s. f. Cognitio.* idée, notion de; savoir; liaison; habitude que l'on a avec quelqu'un; personne que l'on connoît; exercice des facultés de l'ame. *pl.* traces, t. de chasse. * Connaissance. C.

Connoissement, *s. m.* reconnoissance sous seing privé, contenant la déclaration de la charge d'un vaisseau, t. de commerce. * Connaissement. C.

Connoisseur. se, *adj. s. Intelligens.* qui se connoît à, ou en quelque chose. * Connaisseur. C.

Connoître, *v. a. n. Noscere.* nu. e, *p.* avoir une notion, une idée de, une habitude, un usage, une liaison avec; discerner; savoir; sentir; cohabiter; juger. (se), *v. r.* * Connaître. C.

†Connotatif, *adj.* qui sert à marquer avec, en même temps.

Connotation, *s. f.* signification confuse d'un mot, outre sa signification distincte. G.

†Conobe, *s. f. Conobea.* genre de plantes exotiques personnées.

†Conocarpe, *s. m. Conocarpus.* nom d'un genre de plantes, de la famille des chalefs.

Conoïdal. e, *adj.* qui appartient au conoïde. G.

Conoïde, *s. m.* corps en forme de cône, t. de médecine.

†Conops, *s. m. pl.* genre d'insectes diptères, sans trompe, qui sucent les animaux.

†Conquassation, *s. f. Conquassatio.* réduction en pulpe par le broiement.

Conque, *s. f. Concha.* grande coquille concave; nom donné aux coquilles bivalves, du genre de l'huître. * — anatifère, qui porte un canard, parce que l'on croit que des oiseaux aquatiques pondent leurs œufs dedans. — exotique, coquille bivalve, presque sphérique, de la famille des cœurs. — de Vénus, coquille bivalve, de la famille des cames tronqués, représentant une vulve. * — cavité externe de l'oreille. — mesure de sel, 167 livres. B.

Conquérant, *s. m. Domitor.* qui fait, a fait des conquêtes.

Conquérir, *v. a. In ditionem redigere.* quis. e, *p.* acquérir par les armes; gagner les cœurs.

Conques, *s. f. pl.* cavités de l'oreille.

Conquêt, *s. m.* biens acquis en communauté. * tout ce que l'on acquiert par son travail. G.

Conquête, *s. f.* action de conquérir, ses effets; chose conquise. *Bello parta.*

Conquêter, *v. a.* té. e, *p.* (*vieux*) conquérir.

Conquette, *s. f.* espèces d'œillets. G. CO. * Conquete. R.

†Conroi, *s. m.* soin; détour (*vieux*).

Conroyer, *v. a.* régaler quelqu'un; lui faire du bien (*vieux*). ROMAN D'ATYS.

Consacrant, *s. m.* évêque qui en sacre un autre.

Consacrer, *v. a. Consecrare.* cré. e, *p.* dédier; dévouer; destiner; prononcer une consécration. (se), *v. r.* se dévouer, se donner tout entier à. * employer. CO.

Consanguin. e, *adj. Consanguineus.* (parent) du côté paternel.

Consanguinité, *s. f. Consanguinitas.* parenté du côté du père.

Conscience, *s. f. Conscientia.* sentiment du bien et du mal; connoissance d'une vérité par le sentiment intérieur; scrupule.

Conscience (en), *adv. Profectò.* en vérité; t. d'impr. (être), travailler à tant par jour. * en-conscience. C.

Consciencieusement, *adv. Bonâ fide.* en conscience.

Consciencieux. se, *adj. Religiosus.* qui a la conscience délicate.

Conscripteur, *s. m.* docteur qui vérifie les avis. G. C.

Conscription, *s. f.* enrôlement fixé par la loi. V.

Conscrits, *adj. m. pl.* sénateurs. *s. m.* porté au rôle militaire depuis 20 ans jusqu'à 25. *Conscriptus.*

Consécrateur, *s. m. Consecrator.* consacrant, t. de liturgie.

Consécration, *s. f. Consecratio.* action de consacrer.

†Consection, *s. f.* action de mettre en pièces.

Consécutif. ve, *adj. Sequens.* qui se suit immédiatement.

Consécution, *s. f.* espace de 29 jours entre les deux conjonctions de la lune et du soleil. G. V.

Consécutivement, *adv. Continenter.* tout de suite.

†Conseigle, *s. m.* mélange de froment et de seigle.

Conseil, *s. m. Consilium.* avis; résolution; parti; celui qui conseille; assemblée de gens qui délibèrent, son local.

Conseiller, *s. m. Consiliarius.* qui donne conseil; juge. * *f.* Conseillere. R.

Conseiller, *v. a. Consilio juvare.* lé. e, *p.* donner conseil. (se), *v. r.* (*vieux*) prendre des avis.

†Conséminé. e, *adj.* (terre) ensemencée de plusieurs choses (*vieux*).

Consens, *s. m.* approbation de la résignation d'un bénéfice, t. de litur. (jour du).

Consentant. e, *adj. Consentiens.* qui acquiesce; consent.

Consentement, *s. m. Consensus.* action de consentir, d'acquiescer à.

Consentir, *v. n. Assentire.* acquiescer à, trouver bon; adhérer, tomber d'accord. *v. a.* ti. e, *p.* t. de pratique.

Conséquemment, *adv. Igitur.* d'après les principes admis; par une suite naturelle.

Conséquence, *s. f. Consecutio.* ce qui résulte, ce qui suit de; importance. *pron.* —kance.

Conséquence (en), *adv.* conséquemment. * en-conséquence. C.

Conséquence (sans), *adv.* sans suite; sans importance. * sans-conséquence. C.

Conséquent, *s. m.* 2e. proposition, t. de log. 2e. terme d'un rapport, t. de mathémat.

Conséquent (par), *adv.* donc; par une suite naturelle et nécessaire. * par-conséquent. C.

Conséquent. e, *adj.* qui raisonne, agit conséquemment. *s. f.* t. de musique, 2e. partie de la fugue. * *pour* considérable, important (*barbarisme*).

Conservateur, trice, *s. Conservator.* qui conserve.

Conservation, *s. f. Conservatio.* action de conserver, ses effets. * état de ce qui est conservé; juridiction. C.

Conservatoire, *s. m.* maison où l'on élève des femmes; école de musique, de peinture, etc. *adj.* (acte, cour) qui conserve. A. G. V.

Conserve, *s. f. Conserva.* confiture; t. de mar. route avec un autre, vaisseau qui la fait; t. d'archit. réservoir. *s. f. pl. Conspicilla.* lunettes planes, colorées; parallèles au bastion, t. de fortification.

Conserver, *v. a. Conservare.* vé. e, *p.* garder avec soin; ne pas renvoyer; ne pas se défaire de. (se), *v. pron.* ne point vieillir ou se gâter. *v. r.* avoir soin de soi; se ménager.

Considence, *s. f. Sedimentum.* affaissement de choses posées les unes sur les autres. C. G. V.
Considérable, *adj.* 2 *g. Magni momenti.* remarquable; important; qui doit être considéré. voyez Conséquent.
Considérablement, *adv. Valdè.* beaucoup, notablement.
Considérant, *s. m.* motifs d'un jugement, d'une loi. A. V.
Considérant. e, *adj.* circonspect. * qui considère. B.
Considération, *s. f. Consideratio.* action de considérer; motif; égard; importance; estime. * *pl.* observations. B.
Considérément, *adv. Consideratè.* discrétement. R. G. C. V.
Considérer, *v. a. Considerare.* ré. e, *p.* regarder, examiner attentivement; avoir égard; estimer; apprécier.
Consignataire, *s. m. Sequester.* dépositaire de consignation.
Consignation, *s. f. Depositum.* dépôt juridique. * bureau qui les reçoit. B.
Consigne, *s. f.* ordre à une sentinelle; celui qui tient registre des étrangers; punition militaire, défense de sortir.
Consigne, *adj.* 2 *g.* qui a les mêmes signes. G.
Consigner, *v. a. Deponere.* gné. e, *p.* déposer juridiquement; désigner quelqu'un à une sentinelle. *v. n.* donner une consigne; défendre ou permettre que quelqu'un entre. * t. de commerce, remettre, adresser. B.
†Consimilitude, *s. f.* concurrence; égalité; convenance mutuelle.
†Consire *ou* Consyre, *s. m.* consoude.
Consistance, *s. f. Consistentia.* épaississement; contenu; stabilité.
Consistant. e, *adj. Consistens.* qui consiste en. * solide; fixe. B.
Consister, *v. n. Consistere.* se dit de l'état d'une chose considérée dans son être; être composé de.
Consistoire, *s. m. Sacrum consilium.* assemblée du pape et des cardinaux; assemblée de ministres protestans; leur local.
Consistorial. e, *adj.* du consistoire.
Consistorialement, *adv.* en consistoire, selon ses formes.
†Consistorialité, *s. f.* qualité de ce qui est consistorial.
†Consistorier, *v. n.* considérer, décider en consistoire.
Consolable, *adj.* 2 *g. Consolabilis.* qui peut être consolé.
Consolant. e, *adj. Solatio plenus.* qui console.
Consolateur. trice, *s. Consolator.* celui ou celle qui console.
Consolatif. ve, *adj.* propre à consoler. (*familier*). A. V.
Consolation, *s. f. Consolatio.* soulagement donné à l'affliction; ce qui console.
Consolatoire, *adj.* 2 *g.* (*vieux*) consolant.
Console, *s. f. Prothyris.* pièce d'architecture en saillie; meuble.
Consoler, *v. a. Consolari.* lé. e, *p.* adoucir, diminuer l'affliction. (se), *v. person.* avoir moins d'affliction.
Consolidant, *s. m.* remède qui affermit et cicatrise les plaies. * qui purifie et nourrit. G.
Consolidation, *s. f. Vulneris glutinatio.* t. de chirur. état d'une plaie qui se cicatrise; t. de jurisprud. réunion de l'usufruit à la propriété; état d'une chose consolidée.
†Consolide, *s. m.* consoude.
Consolider, *v. a. Solidescere.* dé. e, *p.* rendre ferme, affermir; t. de droit, réunir l'usufruit à la propriété. * assigner un fonds au paiement d'une dette publique. B.
Consommateur, *s. m.* celui qui consomme; qui perfectionne (la foi).
Consommation, *s. f. Consumptio.* action de consommer; achèvement; perfection; grand usage; débit.
Consommé, *s. m. Consummatum.* bouillon succulent.
Consommer, *v. a. Perficere.* mé. e, *p.* achever, accomplir; détruire par l'usage. * (*mieux*) Consumer par l'usage. G.
Consomptif. ve, *adj. s. m.* qui consume les humeurs, les chairs.
Consomption, *s. f. Consumptio.* état des choses qui se consument. *ou* Spleen, sorte de phthisie en Angleterre.
Consonnance, *s. f. Consonantia.* t. de mus. accord de deux sons; ressemblance de deux mots. * Consonance. R.
Consonnant. e, *adj.* (accord) formé par des consonnances. * Consonant. R.
†Consonnante, *s. f.* instrument qui tient du clavecin et de la harpe.
Consonne, *s. f. Consonans.* lettre qui n'a point de son sans le secours d'une voyelle, t. de grammaire. * Consone. R.
†Consort, *s. m.* terre vague sur les confins de deux pays.
Consorts, *s. m. pl. Socii.* qui ont un même intérêt. * Consort. e, *s.* 2 *g.* BOUDOT.
Consoude, *s. f. Symphytum.* ou Consolida, Oreille d'âne, Consire. L. 195. plante de la famille des boraginées, très-usitée en médecine; incrassante, vulnéraire; bonne pour les hernies, les pertes de sang.
Conspirant. e, *adj.* qui concourt au même effet, t. de physique. A. G. C. V.
Conspirateur, *s. m. Conjuratus.* qui conspire, qui a conspiré. * *f.* Conspiratrice. R.
Conspiration, *s. f. Conspiratio.* conjuration contre le pouvoir légitime, ou contre quelqu'un.
Conspirer, *v. n. Conspirare.* ré. e, *p.* être unis pour un même dessein; contribuer, concourir à; faire une conspiration.
Conspuer, *v. a.* pué. e, *p.* cracher sur; mépriser.
†Constabulaire, *s. m.* gouverneur d'un château; châtelain.
Constamment, *adv. Constanter.* avec constance, fermeté; certainement; invariablement. * Constament. R.
Constance, *s. f. Constantia.* persévérance; fermeté d'ame.
Constant. e, *adj. Certus.* qui a de la constance; persévérant; ferme; solide; certain; indubitable; (quantité) qui reste la même.
Constater, *v. a. Probare.* té. e, *p.* établir la vérité d'un fait.
Constellation, *s. f. Constellatio.* assemblage d'étoiles; étoile représentée par une figure. * *ou* Astérisme. G.
Constellé. e, *adj.* fait sous certaine constellation. * qui a la forme d'une étoile. B.
Conster, *v. n. impers.* être certain, constant, t. de pratique.
Consternation, *s. f. Consternatio.* étonnement avec abattement.
Consterner, *v. a. Consternare.* né. e, *p.* étonner et abattre.
Constipation, *s. f. Alvi astrictio.* difficulté de chier.
Constipé. e, *adj. s.* qui chie difficilement. C. G.
Constiper, *v. a. Alvum astringere.* pé. e, *p.* resserrer le ventre; empêcher de chier.
Constituant. e, *adj.* qui constitue. * *s. m.* membre de l'assemblée constituante. C.
Constituer, *v. a. Constituere.* tué. e, *p. adj.* composer un tout; faire consister en; mettre; établir; créer. (se), *v. r.*
†Constitut, *s. m.* reconnoissance de l'usufruitier qu'il n'est pas propriétaire.
Constitutif. ve, *adj.* qui constitue essentiellement.
Constitution, *s. f. Compositio.* composition; lois fondamentales; loi; création; tempérament; construction.
Constitutionnaire, *s.* 2 *g.* soumis à la constitution *unigenitus*, à une constitution. * Constitutionaire. R.
Constitutionnalité, *s. f.* qualité de ce qui est constitutionnel. V.
Constitutionnel. le, *adj. s. m.* de la constitution; conforme à la constitution. A. C.
Constitutionnellement, *adv.* selon la constitution. V. C.
Constricteur, *s. m.* muscle qui resserre.
Constriction, *s. f.* resserrement des parties.
Constringent, *adj. s.* qui lie, serre, presse. G.
Construction, *s. f. Constructio.* arrangement des parties d'un tout, des mots, des figures; action de construire. * bâtisse. B.
Constructeur, *s. m.* celui qui construit. A.
Construire, *v. a. Construere.* truit. e, *p.* bâtir; élever; arranger, disposer les parties.
†Constuprer, *v. a.* violer, déflorer.
Consubstantialité, *s. f.* unité et identité de substance, t. de théologie. * consubstantiation. V.
Consubstantiel. le, *adj. Consubstantialis.* de même substance, t. de théolog. * Consubstantiel. ele. R.
Consubstantiellement, *adv.* d'une manière consubstantielle, t. de théologie. * Consubstantiélement. R.
Consuétudinaire, *adj. s.* 2 *g.* V.
Consul, *s. m. Consul.* magistrat romain; envoyé pour le commerce; juge du commerce. *pl.* les juges du commerce; leur tribunal. * *pl.* première magistrature en France. B.
Consulaire, *adj.* 2 *g. Consularis.* du consul, des consuls. *s. m. pl.* ceux qui ont été consuls romains.
Consulairement, *adv.* à la manière des juges-consuls.
Consulat, *s. m. Consulatus.* dignité, charge de consul, sa durée. * palais des consuls. B.
Consultant, *s. adj. m. Consultor.* qui donne des consultations.
Consultat, *s. m.* conseiller du pape. C. G. V. compte du travail des conseils en Espagne. G.
Consultation, *s. f. Consultatio.* conférence pour consulter; avis d'un consultant. *pl.* chambre des consultans.
Consultative, *adj. f.* (voix), droit de dire son avis.
Consulter, *v. a. Consulere.* té. e, *p.* prendre avis ou instructions. *v. n.* délibérer. * (se), *v. n.* délibérer. C. G.
Consulteur, *s. m.* docteur commis par le pape. * qui conseille. *f.* Consultrice. T.
Consumant. e, *adj. Consumptor.* qui consume.
Consumer, *v. a. Consumere.* mé. e, *p.* dissiper; détruire; réduire à rien; employer sans réserve. (se), *v. r.* détruire sa santé, dépérir.
Contact, *s. m. Contactus.* attouchement de deux corps.
Contadin, *s. m.* paysan; campagnard. C. G. V.

Contagieux, se, *adj. Contagiosus.* qui se communique par contagion ; qui gâte l'esprit, les mœurs.
Contagion, *s. f. Contagio.* communication d'une maladie, d'un vice, d'une hérésie ; peste.
Contailles, *adj. f. pl.* (soies) bourre de soie. R.
Contamination, *s. f.* souillure. (*vieux*).
Contaminer, *v. a.* né. e, *p.* souiller. (*vieux*).
Contaut, *s. m.* le dessus d'un cordon de galère.
Conte, *s. m. Fabula.* narration ; récit plaisant, fabuleux.
Contemner, *v. a.* mépriser. V.
Contemplateur, trice, *s. Contemplator.* qui contemple. (*peu usité*).
Contemplatif, ve, *adj. Contemplativus.* adonné à la contemplation.
Contemplation, *s. f. Contemplatio.* action de contempler.
Contemplation (en), *adv.* en considération. * en-contemplation. C.
Contempler, *v. a. Contemplari.* plé. e, *p.* considérer attentivement. *v. n.* méditer.
Contemporain, e, *adj. Æquævus.* du même temps.
Contemporanéité, *s. f.* existence dans le même temps. A. V.
Contempteur, *s. m. Contemptor.* qui méprise.
Contemptible, *adj.* 2 *g.* (*vieux*) méprisable.
Contenance, *s. f. Capacitas.* capacité ; étendue ; maintien.
Contenant, e, *s. m. adj.* qui contient.
Contendant, e, *s. Competitor.* concurrent, compétiteur. * *sans féminin.* C. G.
Contendre, *v. a.* (*vieux*). V. concourir.
Contenir, *v. a. Continere.* nu, e, *p.* retenir ; comprendre ; renfermer. (se), *v. r.* se retenir, se modérer, s'abstenir des plaisirs.
†Contens, *s. m.* procès. (*vieux*).
Content, e, *adj. Contentus.* qui a l'esprit satisfait.
Contentement, *s. m. Delectatio.* joie, satisfaction, plaisir.
Contenter, *v. a. Satisfacere.* té. e, *p.* satisfaire, rendre content ; apaiser. (se), *v. r.* se satisfaire ; s'en tenir à.
Contentieusement, *adv. Pertinaciter.* avec contention ; dispute, débat.
Contentieux, se, *adj. Litigiosus.* qui est, ou peut être disputé ; qui aime à disputer ; litigieux.
Contentif, *adj. m. Continens.* (bandage) sur les topiques, t. de chirurgie.
Contention, *s. f. Contentio.* dispute, débat ; véhémence dans la dispute ; application.
Contenu, *s. m.* ce qui est renfermé, compris dans ; capacité.
Conter, *v. a. Narrare.* té. e, *p.* narrer, dire, raconter.
Conterie, *s. f.* grosse verroterie de Venise. G.
Contestable, *adj.* 2 *g. Litigiosus.* qui peut être contesté.
†Contestablement, *adv.* avec contestation. (*vi.*)
Contestant, e, *s. m. adj.* qui conteste en justice.
Contestation, *s. f. Contensio.* débat, dispute.
Conteste, *s. f.* procès, contestation. A.
Contester, *v. a. Contendere.* té. e, *p.* disputer, débattre. * Contesté. e, *adj.* (cause) qui n'est point entamée. B.
Conteur, se, *adj. Narrator.* (*familier*) qui conte, aime à conter.
†Contexte, *s. m.* texte de l'écriture ; ce qui précède ou suit un passage du texte.
Contexture, *s. f. Contextus.* tissu, enchaînement de plusieurs parties ; tissure.
†Conticinie, *s. f.* temps calme et doux pendant la nuit. (*vieux*).
Contignation, *s. f.* assemblage de bois pour soutenir. V.
Contigu, ë, *adj. Contiguus.* touchant immédiatement.
Contiguité, *s. f. Continuitas.* état des choses contiguës. *pronon.* guï.
Continence, *s. f. Continentia.* vertu de s'abstenir du plaisir de la chair. * capacité ; étendue. A. V.
Continent, *s. m.* terre ferme qui n'est pas toute entourée d'eau.
Continent, e, *adj. Continens.* qui a la vertu de la continence.
Continentes, *s. f. pl.* fièvres. L.
Contingence, *s. f. Eventus fortuitus.* casualité ; t. de géomét. (angle de —) fait par une ligne droite et une courbe. * l'opposé de nécessité. B.
Contingent, *adj. Fortuitus.* casuel, éventuel. *s. m.* part de partage ou de fourniture, t. militaire.
Continu, *s. m.* t. de philosophie, ce qui est divisible.
Continu, e, *adj. Continuus.* dont les parties s'entre-tiennent.
Continuateur, *s. m.* auteur qui continue l'ouvrage d'un autre. * *ou* celui qui continue. B.
Continuation, *s. f. Perseverantia.* action de continuer, ses effets, sa durée ; chose continuée.
Continue, *s. f.* durée, sans interruption. CO.
Continue (à la), *adv.* à la longue. * à-la-continue. C.
Continuel, le, *adj. Continuus.* qui ne cesse point ; qui est assidu. * *f.* Continuele. R.
Continuellement, *adv. Assiduè.* sans cesse, toujours, sans interruption. * Continuélement. R.
Continuement, *adv.* sans interruption, sans cesse. * Continûment. R. G. C. Continument. RR.
Continuer, *v. a. n. Pergere.* nué, e, *p.* poursuivre ce qui est commencé ; prolonger ; persévérer ; durer. (se), *v. r.* être continué.
Continuité, *s. f. Continuatio.* liaison non interrompue des parties ; durée continuelle. *prononcez* continuïté.
Contondant, e, *adj. Contundens.* qui blesse par contusion.
Contorniate, *adj. f.* (médaille) entourée d'un anneau continu dont le bord semble travaillé au tour. * *ou* Contourniate. G.
Contorsion, *s. f. Distorsio.* mouvement violent des membres et des muscles ; grimace ; geste, attitude forcée.
Contour, *s. m. Circuitus.* trait qui termine ; circuit, enceinte.
†Contournable, *adj.* 2 *g.* qui se replie sur elle-même (ame). MONTAIGNE.
Contourné, e, *adj. Flexus.* qui est de travers.
Contourner, *v. a. Flectere.* né. e, *p.* donner, marquer les contours, t. d'arts, et métiers. * scruter ; chercher à deviner quelqu'un. G.
Contrabout, *s. m.* t. de coutume. R. V. * héritage d'un preneur à cens hypothéqué au bailleur. B.
Contractant, *adj. s. m.* qui contracte.
Contracte, *s. f.* qui abrège une syllabe. G. C. * *adj. m.* t. de gram. ~~RR. adj.~~ 2 *g.* raccourci par la contraction.
Contracter, *v. a. Pacisci.* té. e, *p.* faire des dettes, une convention ; acquérir une habitude ; former des liaisons sociales ; s'engager, gagner. (se), *v. r.* se resserrer, se raccourcir.
†Contracteur, *s. m.* espèce de chenet qui sert de tourne-broche.
†Contractif, ve, *adj. Contrahens.* astringent.
†Contractilité, *s. f. Contractilitas.* faculté de se contracter.
Contraction, *s. f. Contractio.* t. de phys. raccourcissement ; t. de gram. réduction de deux syllabes en une. *exemple.* (faon). *pron.* fan.
Contractuel, le, *adj.* stipulé par contrat, t. de pratique. * *f.* Contractuele. R.
Contracture, *s. f.* rétrécissement du haut des colonnes.
Contradicteur, *s. m. Refragator.* qui contredit.
Contradiction, *s. f. Contradictio.* action de contrarier ; opposition.
Contradictoire, *adj.* 2 *g. Secum pugnans.* opposé, qui contredit entièrement ; rendu les parties ouïes (jugement).
Contradictoirement, *adv. Contrario sensu.* d'une manière contradictoire ; en présence des parties.
Contraignable, *adj.* 2 *g.* qui peut être contraint.
Contraindre, *v. a. Cohere.* obliger par force, par justice à ; gêner ; serrer, presser. (se), *v. r.* se forcer.
Contraint, e, *adj. p. Coactus.* gêné, serré, mis à l'étroit.
Contrainte, *s. f. Vis.* violence, retenue, gêne, leur effet ; acte pour contraindre.
Contraire, *adj.* 2 *g. Contrarius.* opposé ; nuisible. *s. m.* chose contraire, opposée. * *pl.* lieu commun, t. de rhétor. B.
Contraire (au) *adv. Contrà.* tout autrement ; bien loin de cela. * au-contraire. C.
Contrariant, e, *adj. Repugnax.* qui contrarie, aime à contrarier.
Contrarier, *v. a. Contradicere.* ré. e, *p.* contredire ; dire ou faire le contraire d'un autre ; faire obstacle. *v. n.* s'opposer à. (se), *v. r.* être opposé ; se contredire.
Contrariété, *s. f. Repugnantia.* opposition ; obstacle ; difficulté.
Contraste, *s. m. Discrimen.* opposition de caractère ; différence.
Contraster, *v. a.* té. e, *p.* faire un contraste, t. de peint. t. de poësie. *v. n.* être en opposition.
Contrat, *s. m. Pactum.* t. de prat. convention notariée ; pacte ; convention. * Contract. R.
Contravention, *s. f. Violatio.* infraction à une loi ; un contrat.
Contrayerva, *s. f.* Contre-poison, plante d'Amérique, à fleurs sans pétales ; la partie tubéreuse de la racine est un sudorifique et un alexipharmaque puissant, excellent antidote, bon contre la peste. * Contra-yerva. C. G. V. Contra-ierva. R.
Contre, *s. m. Contra.* ce qui est contraire. *prép. marque l'opposition, la proximité, la contiguité ;* malgré, sans avoir égard ; auprès, proche. *Juxta.*
Contre (ci-), *adv. marque la proximité* R.
Contre-allée, *s. f.* allée latérale et parallèle, à l'allée principale. * Contr'allée. R.
Contre-amiral, *s. m.* troisième officier d'une armée navale ; son vaisseau. * Contr'amiral. R.
Contre-appel, *s. m.* le contraire de l'appel, t. d'escrime.
Contre-approches, *s. f. pl.* travaux des as-

siégés opposés à ceux des assiégeans. G.

Contre-balancer, *v. a. Compensare.* cé. e, *p.* compenser, égaler. G.

Contre-bandé. e, Contrebarré. e, Contrefascé. e, *adj.* t. de blason, marquent l'opposition des parties. * Contre-bandé. Contre-barré. Contre-fascé. R.

Contre-bas, *adv. Deorsùm.* du bas en haut, t. de maçon. * Contre-bâs. R.

Contre-basse, *s. f.* grosse basse de violon. * la voix la plus basse. V. * Contre-bâsse. R.

Contre-batterie, *s. f.* batterie opposée à une autre; moyens de résistance. * Contre-baterie. R.

Contre-biais (à-), *adv.* à contre-sens.

†Contre-biseau, *s. m.* pièce du tuyau d'orgue.

†Contre-brasser, *v. a.* brasser au vent des voiles orientées au plus près.

†Contre-calquer, *v. a.* tracer une seconde fois les traits d'un dessein calqué.

†Contre-capion, *s. m.* t. de mar. doublage du capion.

Contre-carêne, *s. f.* pièce opposée à la carêne. C. G.

†Contre-chant, *s. m.* contre-point.

†Contre-charge, *s. f.* pierre qui sert de contre-poids.

Contre-charme, *s. m.* charme qui en détruit un autre.

Contre-châssis, *s. m.* châssis devant un autre.

Contre-chevron, *s. m.* chevron opposé à un autre et d'émail différent, t. de blason. C. G.

Contre-chevroné, *adj.* qui a des contre-chevrons. G.

Contre-clef, *s. f.* voussoir qui joint la clef. G.

Contre-cœur, *s. m.* (de cheminée) où se met la plaque; la plaque même.

Contre-cœur (à) *adv.* malgré soi, à regret.

Contre-compone, *adj.* t. de blas. les compons répondant aux fasces. C. * Contrecompone. G.

Contre-coup, *s. m. Repercussus.* répercussion d'un corps sur un autre; impression d'un coup à la partie opposée; suite, effet d'un événement

Contre-danse, *s. f.* danse vive et légère de plusieurs personnes ensemble.

†Contre-dégagement, *s. m.* t. d'escrime, action de contre-dégager.

Contre-dégager, *v. a.* gé. e, *p.* dégager en même temps que l'adversaire, t. d'escrime. G.

†Contre-émailler, *v. a.* é. e, *p.* mettre de l'émail en dessous du métal.

†Contre-estampe, *s. m.* voyez Contre-moule.

Contre-extension, *s. f.* action de retenir une partie luxée ou fracturée. G.

Contre-fanons, *s. m. pl.* cordes amarrées à la vergue.

Contre-fendis, *s. m.* division des blocs d'ardoise. B. CO.

Contre-fenêtre, *s. f.* contrevent; double fenêtre.

Contre-fente, *s. f.* fente opposée, t. de chirurgie. G.

Contre-fiches, *s. f. pl.* t. de charp. pièces d'assemblages qui en tiennent d'autres. * *singulier.* AL.

Contre-finesse, *s. f.* finesse opposée à une autre.

†Contre-fissure, *s. f.* fracture des os du crâne par un contre-coup.

Contre-flambant. e, *adj.* qui jette des flammes opposées.

Contre-fleuré. e, *adj.* à fleurs alternes opposées.

Contre-fleuronné. e, *adj.* à fleurons alternes opposés, t. de blason.

†Contre-forger, *v. a.* é. e, *p.* dresser le fer en le frappant des deux côtés.

Contre-fort, *s. m. Antèris.* mur contre-boutant. * *pluriel.* BR.

†Contre-fossé, *s. m.* (*vieux*) avant-fossé.

†Contre-foulement, *s. m.* mouvement des eaux qui remontent dans un tuyau.

†Contre-fraser, *v. a.* é. e, *p.* donner le 3e. tour à la pâte.

Contre-fruit, *s. m.* addition faite à un mur. G.

Contre-fugue, *s. f.* fugue dont la marche est contraire à celle établie; fugue renversée.

Contre-gage, *s. m.* sureté donnée à un créancier. G.

Contre-gager, *v. a.* gé. e, *p.* donner, prendre des suretés. R. G. C.

Contre-garde, *s. f.* fortification devant un ouvrage. * *s. m.* officier de monnoie. G.

Contre-hacher, *v. n.* ché. e, *p.* t. de dessinateur et de graveur, renforcer les ombres par des diagonales.

Contre-hachure, *s. f.* t. de graveur. R.

†Contre-harmonique, *adj.* (proportion) comme 3, 5, 6, t. de musique.

Contre-hâtiers, *s. m. pl.* chenets de cuisine. * *s. m.* BR.

Contre-haut, *adv.* de haut en bas, t. d'architecture.

Contre-hermine, *s. f.* t. de blas. champ de sable moucheté d'argent. G.

Contre-herminé. e, *adj.* R.

Contre-heurtoir, *s. m.* fer qui accompagne le heurtoir, t. de serrurier.

Contre-indication, *s. f.* indices contraires aux précédens, dans une maladie, t. de médecine.

Contre-issant. e, *adj.* (animaux) adossés, t. de blason.

Contre-jauger, *v. a.* gé. e, *p.* t. de charpent. comparer la mortaise avec le tenon.

†Contre-jet, *s. m.* t. de potier d'étain.

Contre-jour, *s. m. Adversum lumen.* endroit opposé au jour; jour opposé à celui du tableau.

Contre-jour (à), *adv.* opposé au grand jour.

Contre-jumelles, *s. f. pl.* pavés des ruisseaux. G.

Contre-lames, *s. f. pl.* tringles de bois, t. de gazier. G.

Contre-latte, *s. f.* latte qui soutient les autres. * Contre-late. R.

Contre-latter, *v. a.* té. e, *p.* mettre des contre-lattes. * Contre-later. R.

Contre-lattoir, *s. m.* outil pour contre-latter. G. * Contre-latoir. R.

Contre-lettre, *s. f. Contra-scriptum.* acte secret qui déroge à un acte public.

†Contre-maille, *s. f.* filet du tramail.

Contre-mailler, *v. a.* lé. e, *p.* doubler les mailles.

Contre-maître, *s. m. Proreta.* qui commande sous le maître, t. de mar. inspecteur, t. de manufacturier.

Contre-manché. e, *adj.* t. de blason, à pointes opposées.

†Contre-mand, *s. m.* raison proposée pour différer une assignation; excuse.

Contre-marche, *s. f. Regressus.* marche contraire; évolution de la tête à la queue.

Contre-marque, *s. f. Nota priori addita.* seconde marque; second billet; fausse marque, t. de manége. * marque ajoutée à une médaille. B.

Contre-marquer, *v. a.* qué. e, *p.* mettre une contre-marque. * mettre une fausse marque aux dents du cheval. B.

Contre-mine, *s. f. Adversus cuniculus.* mine pour en éventer une autre. * mine sous les bastions. CO.

Contre-miner, *v. a.* né. e, *p.* faire des contre-mines; s'opposer à des menées.

Contre-mineur, *s. m.* qui fait des contre-mines.

Contre-mont (à), *adv. Sursùm.* en haut, en montant. C. RR.

†Contre-mot, *s. m.* seconde consigne dans les temps d'alarme; mot que l'on demande à celui qui vient donner le mot, t. militaire.

†Contre-moule, *s. m.* Contre-estampe, second moule en creux, t. de doreur.

Contre-mur, *s. m. Murus muro appositus.* mur d'appui contre un autre.

Contre-murer, *v. a.* ré. e, *p.* faire un contre-mur.

Contre-ongle, *s. m.* erreur sur les allures d'un cerf, t. de chasse. * Contr'ongle. R.

Contre-ordre, *s. m. Contrarium mandatum.* révocation d'un ordre. * Contr'ordre. R.

Contre-ouverture, *s. f.* opération de chirurgie pour nettoyer les plaies. G.

Contre-pal, *s. m.* pal divisé en deux, t. de blason. G. C.

Contre-palé. e, *adj.* avec pals opposés.

Contre-partie, *s. f.* partie opposée à une autre; t. de musique, une partie d'un duo, second dessus. * t. de comptabilité, registre tenu par le directeur. C. G. t. de marqueterie, reste d'un dessin évidé. B.

Contre-passant, *adj.* t. de blason, (animaux) l'un sur l'autre, à têtes opposées. G. CO.

†Contre-passation, *s. f.* action de passer à l'ordre de quelqu'un.

Contre-pente, *s. f.* pente qui en coupe une autre; interruption du niveau. CO. C. G.

Contre-percer, *v. a.* cé. e, *p.* percer en sens contraire.

Contre-peser, *v. a. Æquare.* sé. e, *p.* contre-balancer.

Contre-pied, *s. m. Contrarium.* t. de chasse, erreur sur la voie; (*figuré*) le contraire de quelque chose.

Contre-pleige, *s. m.* certificateur pour la caution. G. C.

Contre-pleiger, *v. a.* gé. e, *p.* certifier pour la caution, t. de pratique. G. C.

Contre-poids, *s. m. Sacoma.* poids qui en contre-balance d'autres; perche de danseur de corde; qualités qui en contre-balancent d'autres.

Contre-poil, *s. m.* le rebours, le sens contraire du poil.

Contre-poil (à), *adv.* en sens contraire du poil.

Contre-poinçon, *s. m.* empreinte du poinçon; poinçon; t. d'arts et métiers. G. C.

†Contre-poinçonner, *v. a.* enfoncer le contre-poinçon dans le poinçon.

Contre-point, *s. m.* point opposé; accord de différens chants.

Contre-pointe, *s. f.* couverture piquée. R. *abusivement, dites* Courte-pointe. B.

Contre-pointé. e, *adj.* qui a pointe contre pointe. G. V.

Contre-pointer, *v. a.* té. e, *p.* piquer des deux côtés une étoffe; opposer une batterie à une autre; contredire; contrecarrer.

Contre-poison, *s. m. Antidotus.* antidote qui détruit l'effet du poison.

Contre-porte, *s. f.* seconde porte devant la première. G. V.

Contre-porter, *v. a.* té. e, *p.* colporter. C. G.

Contre-porteur, *s. m.* corroyeur qui colporte sa marchandise. G. C.

Contre-posé. e, *adj. p.* posé dans un sens différent, t. de blason. G. C.

Contre-poser, *v. a.* mal poser, mal porter un article sur un livre de marchand. G. C.

Contre-poseur, *s. m.* celui qui reçoit et place les pierres de la grue, t. de maçon. G. C.

Contre-position, *s. f.* faute en contre-posant. G.

†Contre-potence, *s. m.* petit pilier qui supporte le pivot, t. d'horloger.

Contre-potencé. e, *adj.* à potences opposées. G.

†Contre-pouce, *s. m.* levier, t. de métiers.

†Contre-profiler, *v. a.* é. e, *p.* creuser des moulures qui entrent les unes dans les autres.

Contre-promesse, *s. f.* promesse opposée. R.

Contre-queue-d'aronde, *s. f.* t. de fortific. ouvrages de dehors. G.

Contre-quille, *s. f.* pièce opposée à la quille. G. V.

Contre-rampant. e, *adj.* rampant face à face. G.

Contre-regarder, *v. a.* dé. e, *p.* regarder du côté opposé. V.

Contre-retable, *s. m.* fond de l'autel, t. d'architecture. G. V.

Contre-révolution, *s. f.* retour à un gouvernement détruit par une révolution. V. G. C.

Contre-révolutionnaire, *adj.* contre la révolution. *s.* partisan d'une contre-révolution. C. V. G.

Contre-ronde, *s. f.* seconde ronde, t. mil. G. V. C.

Contre-ruse, *s. f.* ruse opposée à une autre. G. V.

Contre-sabord, *s. m.* fermeture du sabord. V. C. G.

†Contre-saison, *s. f.* pousse hors de la saison, t. d'agriculture.

Contre-salut, *s. m.* salut rendu, t. de mar. G. V.

Contre-sanglon, *s. m.* bout de courroie qui tient la sangle de la selle.

Contre-scel, *s. m. Adversum sigillum.* petit sceau à côté du grand.

Contre-sceller, *v. a.* lé. e, *p.* apposer le contre-scel. * Contre-scéler. R.

Contre-seing, *s. m.* seing à côté d'un autre ; signature pour contre-signer.

†Contre-sempler, *v. a.* transporter un dessein d'un semple sur un autre.

Contre-sens (à-), *adv.* en sens contraire. C.

Contre-sens, *s. m. Contrarius sensus.* sens contraire au sens naturel.

Contre-signer, *v. a.* gné. e, *p.* signer comme secrétaire ; mettre sur une adresse le nom d'un ministre, etc. comme venant de lui.

Contre-sommation, *s. f.* action en recours d'un garant, t. de pratique. G. V.

Contre-sommer, *v. a.* mé. e, *p.* dénoncer à son garant, t. de pratique. G. V.

Contre-sommier, *s. m.* peau de parchemin en cosse, derrière celui que l'on ratisse, t. de parcheminier. G.

†Contre-taille, *s. f.* t. de graveur, seconde taille qui coupe la première.

†Contre-tailler, *v. a.* faire des contre-tailles.

Contre-temps, *s. m. Alienum tempus.* obstacle, accident imprévu ; pas de danse qui coupe la mesure, t. de musique. (à —), *adv. Intempestivè.* mal-à-propos. * Contre-tems. C.

Contre-tenant, *s. m.* champion dans un tournoi. G.

†Contre-tenir, *v. a.* nu. e, *p.* soutenir par derrière, avec le marteau, l'ouvrage sur lequel on frappe.

Contre-terrasse, *s. f.* terrasse au-dessus d'une autre, t. d'architect. t. de fortific. G. C.

Contre-tirer, *v. a. Pingendo imitari.* ré. e, *p.* tirer une estampe sur une autre ; calquer ; t. de dessein, copier trait pour trait.

Contre-tranchée, *s. f.* t. de fortific. tranchée contre les assiégeans.

Contre-vair, *s. m.* pièce à vairs opposés, t. de blason. G. V.

Contre-vairé. e, *adj.* t. de blason, à vairs opposés. * Contre-varié. C. G.

†Contre-verge, *s. f.* baguette qui sert à apprêter les verges, t. de manufacture.

Contre-vérité, *s. f. Ironicè dicta.* paroles, propositions à prendre en sens contraire ; ironie.

Contre-visite, *s. f.* seconde visite, t. d'aides. C.

Contrebande, *s. m. Merces interdictæ.* chose, commerce de choses dont la vente est défendue. * t. de blason, barre. G. (personne de—) suspecte. B. * Contre-bande. R.

Contrebandier. ère, *s.* qui fait la contrebande. * *m.* Contre-bandier. R.

Contrebittes, *s. f.* courbes qui affermissent les bittes, t. de mar. C. G. V. * Contre-bittes. AL.

Contreboutant, *s. m.* pilier qui arcboute. G. C. * Contre-boutant. R. V.

Contrebouter, *v. a.* té. e, *p.* mettre un pilier, une étaie. G. C. * Contre-bouter. R. V.

Contrebretesse, *s. f.* t. de blas. rangée de créneaux d'émail différent. C. G. * Contre-bretesse. V.

Contrebretessé. e, *adj.* t. de blas. qui a des contrebretesses.

Contrebrodé, *s. m.* rassade blanche et noire. C. G. * Contre-brodé. V.

Contrecarrer, *v. a. Obsistere.* ré. e, *p.* s'opposer directement à. * Contre-carrer. A. Contre-cârrer. RR.

Contredater, *v. a.* té. e, *p.* mettre une autre date. V.

Contredire, *v. a. Repugnare.* dit. e, *p.* dire le contraire ; t. de prat. faire des écritures en réponse. (se), *v. r.* dire ou écrire des contradictions. * Contre-dire. R.

Contredisant, *s. m.* t. de prat. qui fournit des contredits. G. * Contre-disant. R.

Contredisant. e, *adj. Oblocutor.* qui contredit. * Contre-disant. R.

Contredit, *s. m. Controversia.* réponse à ce qui a été dit. *pl.* t. de prat. écritures pour contredire les raisons de l'adversaire.

Contredit (sans), *adverbial.* certainement, assurément, sans difficulté. * sans-contredit. C. sans-contre-dit. RR.

Contrée, *s. f. Regio.* étendue de pays ; région.

Contr'écaille, *s. f.* dessous, envers d'écaille. G.

Contr'écart, *s. m.* partie d'un écu contr'écartelé.

Contr'écarteler, *v. a.* lé. e, *p.* diviser en quatre quartiers un quartier de l'écu, t. de blason.

Contr'échange, *s. m. Permutatio.* change mutuel. G. C. CO. * Contre-échange. R. A. V.

Contr'enquête, *s. f.* enquête opposée, t. de pratique. C. G. RR. * Contre-enquête. A. V.

Contr'espalier, *s. m.* arbres en espalier sur des treillages sans murs. * espalier opposé. RR.

Contr'étambord, *s. m.* pièce qui lie l'étambord, t. de marine. G. * Contr'étambort. R. Contr'étambot. RR.

Contr'étrave, *s. f.* pièce qui lie l'étrave à la quille, t. de mar. G. * Contre-étrave. C.

Contrefaçon, *s. f.* fraude en contrefaisant un livre, une étoffe, etc. ; le livre, l'étoffe qu'elle produit. * Contre-façon. R. G.

Contrefacteur, *s. m.* qui contrefait un livre, des étoffes, etc. * Contre-facteur. G.

Contrefaction, *s. f. Adulterina editio.* ou contrefaçon d'un livre. * Contre-faction. R. G.

Contrefaire, *v. a. Imitari.* fait. e, *p.* imiter, représenter ; dégénérer ; rendre difforme ; déguiser ; faire une contrefaçon, une contrefaction. (se), *v. r.* dissimuler, feindre. * Contre-faire. R.

Contrefaiseur, *s. m.* qui imite, qui contrefait les paroles, les gestes, etc. A. G. * Contre-faiseur. R. Contrefeseur. G.

Contrefait. e, *adj. Adulteratus.* imité ; difforme. * Contre-fait. R.

Contrefasce, *s. f.* fasce divisée en deux, t. de blason. * Contre-fasce. C. G.

Contrefascé. e, *adj.* à pièces opposées, t. de blason. * Contre-fascé. C. G.

Contremandement, *s. m. Mandati revocatio.* ordre contraire à un autre. G. CO. C. * Contre-mandement. R. V.

Contremander, *v. a. Revocare.* dé. e, *p.* révoquer un ordre. * Contre-mander. R. V.

Contremarée, *s. f.* marée opposée à la marée. G.

†Contrepenser, *v. n.* changer d'opinion.

†Contrepenseur, *s. m.* qui change d'opinion.

Contrepèse, *adv.* à poids égal. V.

Contrepetter, *v. a.* té. e, *p.* contrefaire. V.

Contrépreuve, *s. f.* image tirée sur une autre. * Contre-épreuve. A. C. V. Contr'épreuve. R. CO.

Contrépreuver, *v. a.* vé. e, *p.* faire une épreuve sur une autre, t. de graveur. * Contre-épreuver. A. C. Contr'épreuver. R. Contre-éprouver. B.

Contrescarpe, *s. f.* pente du mur extérieur ; chemin couvert ; glacis. * Contr'escarpe. R. CO.

Contrescarper, *v. a.* pé. e, *p.* faire une contrescarpe, t. de fortification. C. G.

†Contretasseau, *s. m.* bois qui supporte le chevalet.

Contreval (à), *adv.* en descendant. V.

Contrevallation, *s. f. f.* lignes contre les sorties des assiégés. * Contre-vallation. R.

Contrevenant. e, *s. Violator.* qui contrevient. * Contrevenant. R.

Contrevenir, *v. n. Violare.* nu. e, *p.* agir contre une loi, un contrat, une ordonnance. * Contre-venir. R.

Contrevent, *s. m. Exterius ostium.* volet en dehors. * *pl.* pièces au grand comble ; parement du creuset. B. Contre-vent. R.

Contreventer, *v. n.* té. e, *p.* t. d'architecture, mettre des pièces obliques pour résister aux vents. C. G.

†Contrevue, *s. f.* fable, imagination. (*vieux*).

Contribuable, *adj.* 2 *g. s.* qui doit contribuer aux impositions.

Contribuer, *v. a. Contribuere.* bué. e, *p.* aider au succès ; payer les contributions, les impôts.

Contribution, *s. f. Collatio.* levée de deniers ; impôts. G. C. V.

Contrister, *v. a. Contristare.* té. e, *p.* fâcher, donner du chagrin.

Contrit. e, *adj. Dolens.* affligé de ses fautes ; triste, affligé.

Contrition, *s. f. Dolor de peccatis.* douleur du repentir ; du remords.

Contrôle, *s. m.* registre de vérification ; registre double ; droit ; office du contrôleur, son bureau ; marque.

Contrôler, *v. a.* lé. e, *p.* mettre le, ou sur le contrôle ; critiquer, censurer.

Contrôleur, *s. m. Inspector.* officier qui contrôle ; censeur malin. * *f.* Contrôleuse, critique. R. A. G. V. CO.

Controuver, *v. a. Fingere.* vé. e, *p.* inventer une fausseté pour nuire.

Controverse, *s. f. Controversia.* débat ; dispute ; contestation sur la foi.

Controversé. e, *adj.* discuté, contesté.

Controversiste, *s. m.* qui s'occupe de controverses.

Contumace, *s. f. Contumacia.* refus de répondre en justice.

Contumacer, *v. a.* cé. e, *p.* juger par contumace.

Contumax, *s. adj.* accusé qui ne comparoît point. * Contumace, *s. adj.* G. R. A. V. *et* Contumax. CO.
Contumélie, *s. f.* outrage. C.
Contumélieusement, *adv.* C. avec outrage.
Contumélieux. se, *adj.* C. qui contient un outrage.
Contus. se, *adj. Contusus.* meurtri, froissé, t. de chirurgie.
Contusion, *s. f. Contusio.* meurtrissure.
Convaincant, e, *adj.* qui a la force de convaincre.
Convaincre, *v. a. Convincere.* cu. e, *p.* persuader, réduire par des preuves évidentes. (se), *v. r.*
Convalescence, *s. f. Restauratio.* passage de la maladie à la santé.
Convalescent. e, *adj. Convalescens.* qui relève de maladie.
Convenable, *adj. 2 g. Aptus.* propre; sortable; qui convient; conforme et proportionné; décent; expédient.
Convenablement, *adv. Consentaneè.* d'une manière convenable.
Convenance, *s. f. Convenientia.* rapport, conformité; bienséance, décence; accord des parties, t. de peinture.
†Convenancer, *v. a.* demeurer d'accord. (*vi.*).
Convenant, *s. m.* ligue solennelle; confession de foi.
Convenant. e, *adj.* (*vieux*) sortable, bienséant.
†Convénient, *s. m.* l'opposé d'inconvénient.
Convenir, *v. n. Convenire.* nu. e, *p.* demeurer d'accord; être conforme; avoir du rapport. *v. imp.* être expédient, propre à; être expédient, à propos. *v. récipr.* (se).
Conventicule, *s. m.* petite assemblée secrète et illicite; petite assemblée.
Convention, *s. f. Conventum.* accord; pacte; assemblée de représentans d'une nation, son local; ce dont on convient.
Conventionnel, *s. m.* membre de la convention. C.
Conventionnel. le, *adj.* de convention. * *f.* Conventionele. R.
Conventionnellement, *adv* sous ou par convention. G. C.
Conventualité, *s. f.* état d'un couvent.
Conventuel, *s. m.* moine qui peut se fixer dans un couvent. * *pl.* RR.
Conventuel. le, *adj.* du couvent; composé de toute la communauté. * *f.* Conventuele. R.
Conventuellement, *adv.* en communauté, et selon les règles. * Conventuélement. R. Conventuelement. RR.
Convergence, *s. f.* état de lignes qui vont en s'approchant, t. de géométrie.
Convergent. e, *adj. Congregatus.* des lignes qui convergent.
Converger, *v. n. Adunare.* se réunir au même point. G. C. V.
Convers. e, *adj.* religieux servant; t. de logique, (propositions) dont les attributs deviennent les sujets.
Conversable, *adj.* agréable dans la conversation. V.
Conversation, *s. f. Colloquium.* entretien familier.
Converseau, *s. m.* pièces de moulin. * planches au-dessus des archures. G. V.
Converser, *v. n. Colloqui.* s'entretenir familièrement avec.
Conversible, *adj. 2 g.* qui peut être converti.
Conversion, *s. f. Conversio.* changement de forme, de foi, de mœurs avec amélioration; transmutation; mouvement.
Converso, *s. m.* partie du tillac où l'on cause. G.
Converti. e, *adj. s.* qui a réformé sa vie ou embrassé une religion. * *s. pl.* V. G.
Convertible, *adj.* 2 g. qui peut être changé contre, converti en un autre; équivalent.
Convertir, *v. a. Convertere.* ti. e, changer une chose en une autre; faire changer de mal en bien. (se), *v. r.* changer de mal en bien; être équivalent.
Convertissable, *adj. 2 g.* qui peut être converti. V.
Convertissement, *s. m.* changement d'une obligation, etc., t. de commerce.
Convertisseur, *s. m.* qui réussit à convertir les infidelles.
Convexe, *adj. 2 g. Convexus.* courbé à l'extérieur.
Convexité, *s. f. Convexitas.* rondeur extérieure d'un corps.
Conviction, *s. f. Probatio.* preuve évidente, son effet.
Convié, *s. m. Conviva.* prié à un festin. R. G. C.
Convier, *v. a. Invitare.* vié. e, *p.* prier de, inviter à; exciter.
Convis, *s. m. pl.* festins. V.
Convive, *s. 2 g. Conviva.* qui se trouve à un repas.
Convocation, *s. f. Convocatio.* action de convoquer.
Convoi, *s. m. Funus.* cortége d'une sépulture; transport de provisions; ces provisions, leur escorte, t. de marine; t. militaire.
Convoitable, *adj.* 2 g. (*vieux*) désirable.
Convoiter, *v. a. Appetere.* té. e, *p.* désirer avec avidité.
Convoiteux. se, *adj. Cupidus.* (*vieux*) désireux; qui convoite, qui désire ardemment.
Convoitise, *s. f. Cupiditas.* désir ardent, immodéré; cupidité.
†Convol, *s. m.* second mariage.
Convoler, *v. n. Convolare.* (en 2e noce) se remarier.
Convoquer, *v. Convocare.* qué, e, *p.* faire assembler par autorité juridique.
Convoyer, *v. a. Comitari.* yé. e, *p.* escorter, accompagner pour défendre, t. de marine.
Convulsé. e, *adj. Convulsus.* attaqué de convulsions. C. G.
Convulsif. ve, *adj. Spasticus.* qui se fait avec convulsion; qui donne des convulsions.
Convulsion, *s. f. Convulsio.* mouvement violent et forcé.
Convulsioniste, *adj. 2 g.* partisan des convulsions. R.
Convulsionnaire, *adj. 2 g.* qui a des convulsions. *s. pl.* fanatiques qui ont des convulsions. * Convulsionaire. R.
Conyse, *s. f. Conyza.* Herbe aux puces, genre de plantes à fleurs composées, de la division des flosculeuses, corymbifère. voyez Conise. G.
Conzélateur, *s. m.* arc-boutant d'un parti. V.
Coobligé, *s. m. Cum alio obligatus.* obligé avec un autre, t. de pratique.
Coopérateur. trice, *s. Adjutor.* qui coopère avec quelqu'un.
Coopération, *s. f. Mutua opera.* action de coopérer.
Coopérer, *v. n. Adjuvare.* ré. e, *p.* opérer conjointement avec.
Cooptation, *s. f.* action d'agréger, d'associer. G.
Coopter, *v. a.* té. e, *p.* agréger, associer. C. V.
†Co-ordonnées, *s. f. pl.* les abscisses et les ordonnées d'une courbe.
Co-ordonner, *v. a.* né. e, *p.* combiner l'arrangement, les rapports. C.
†Copaginaire, *s. m. pl.* co-tenancier d'un même héritage.
Copahu, *s. m.* baume du Copaïba.
†Copaïba, *s. m.* arbre du Brésil, d'un rouge foncé, pour la teinture.
†Copaier, *s. m. Copaifera.* genre de plantes légumineuses.
Copal, *s. m.* gomme d'une odeur agréable, d'Amérique.
†Copalme, *s. m.* styrax d'Amérique.
Copalxocotl, *s. m.* arbre de la nouvelle Espagne. G. V.
Copartageant. e, *adj. s.* qui partage avec un autre.
Copeau, *s. m. Assula.* éclat du bois enlevé en le coupant.
†Copeck, *s. m.* monnoie de compte russe, 1 s. 1 d.
Copermutant, *s. m.* qui permute un bénéfice.
Copernic, *s. m.* t. d'astronomie, tache dans la lune. G.
†Copernicien, *s. m.* partisan du système de Copernic.
†Cophose, *s. f. Cophosis.* surdité par affection nerveuse.
Copiate, *s. m.* fossoyeur. R.
Copie, *s. f. Exemplum.* écrit transcrit d'un autre; imitation; t. d'imprim. ce sur quoi on compose.
Copier, *v. a. Describere.* pié. e, *p.* faire une copie; imiter, contrefaire.
Copieusement, *adv. Copiosè.* abondamment, beaucoup.
Copieux. se, *adj. Copiosus.* abondant.
Copique, *s. m.* monnoie de Moscovie. G.
Copiste, *s. m. Librarius.* qui copie, imite.
Copou, *s. m.* toile très-estimée de la Chine. G. V.
Copreneur, *s. m.* qui prend à loyer avec un autre. G. V. * Co-preneur. AL.
†Coprocritique, *adj. 2 g. Coprocriticum.* qui évacue par les intestins.
†Coprophorie, *s. f. Coprophoria.* évacuation par les intestins.
Copropriétaire, *adj. 2 g. s.* qui possède avec un autre, t. de pratique. * Co-propriétaire. AL.
†Coprosme, *s. m. Coprosma.* genre de plantes de la famille des gentianes.
†Coprostasie, *s. f. Coprostasia.* constipation.
Copte *ou* Copthe, *s. m.* chrétien, langue d'Egypte. * Copte. Cophte. A. G. R.
Copter, *v. a.* té. e, *p.* faire battre le battant d'une cloche d'un seul côté.
†Copulasse, *s. f.* exercice entre les écoliers pour obtenir la première place.
Copulatif. ve, *adj. Connexivus.* t. de grammaire, qui lie les mots, etc.
Copulation, *s. f.* union des sexes.
Copulative, *s. f.* conjonction, t. de gram. C. G.
Copule, *s. f.* ce qui joint l'attribut au sujet. * copulation. AL.
Coq, *s. m. Gallus.* mâle de la poule. — d'Inde, voyez Dindon. — des rochers, oiseau de la Guyanne, plus petit que le pigeon, à plumage d'une couleur d'orange éclatant, huppe couleur de feu, habite les rochers, vit de fruits. — maron *ou* Colin, à l'île de France, de la grosseur du rouge-gorge, à tête et huppe bleu-foncé; le dessus du corps cannelle, le dessous gris-de-fer. — des bruyères, voyez Tétras: le plus grand est de la grosseur du paon, il est sauvage, habite les forêts, vit de feuilles; le petit est plus gros que le faisan, il habite les montagnes, se nourrit du bouleau et de ses feuilles. — canard à longue queue, *ou* Pilet. — poisson du genre du doré. — de mer, poisson, quatre-dents *ou* le Hérissé. — des jardins; grand baume,

baume, Herbe du coq, plante à tige velue, cannelée, feuilles pétiolées, fleurs jaunes; alexipharmaque, vermifuge, excite les mois. * premier chef; pièce d'une montre, t. d'horl. pièce d'une serrure; figure de coq au haut d'un clocher. B.

Coq-à-l'âne, *s. m. indécl.* discours sans suite. * ancien poëme françois sans liaison. G.

Coqualin, *s. m.* quadrupède de l'Amérique méridionale, qui ressemble un peu à l'écureuil. * Coquallin. v. Coquallin. G.

†Coquantototl, *s. m.* petit oiseau huppé, de la figure du moineau.

Coquard, *s. m.* sot, bénêt; vieillard qui fait le coquet. * *f.* Coquarde, voy. Cocarde. A. — *Phasianus ubridus.* Faisan bâtard, mulet du faisan et de la poule commune, tient beaucoup du père. B.

Coquardeau, *s. m.* imbécille. V.

Coquâtre, *s. m.* jeune coq à demi-châtré. G. C.

Coque, *s. f. Putamen.* enveloppe de graines; écale; enveloppe; faux pli, t. de mar. * *ou* nid formé par des insectes, de soie ou de poils; ou de parties de plantes. B.

†Coque-mollier, *s. m.* espèce de petit palmier d'Amérique.

Coque-plumet, *s. m.* qui a des plumes au chapeau. V.

Coquefredouille, *s. m.* (*vieux*) railleur. V.

Coquelicot, *s. m. Papaver.* fleur; pavot des champs. * Coqueliquot. R.

Coqueliner, *v. n.* parlant du chant du coq. R. G.

Coquelourde, *s. f. Pulsatilla.* Pulsatille, Passe fleur, Herbe du vent, plante sauvage et cultivée, incisive, vulnéraire, feuilles sternutatoires.

Coqueluche, *s. f. Cucullatus morbus. Pertussis.* rhume; capuchon; qui est en vogue. * oiseau, ortolan de roseaux de Sibérie, dont la tête est recouverte d'un beau coqueluchon noir.

Coquelucher, *v. a.* ché. e, *p.* avoir la coqueluche. V.

†Coqueluchioles, *s. f. pl. Cornupiæ.* genre de plantes graminées.

Coqueluchon, *s. m. Cucullus.* capuchon.

Coquemar, *s. m. Cucuma.* vase pour faire bouillir.

Coquereau, *s. m.* petit navire.

Coquerelles, *s. f. pl.* noisettes vertes et en fourreau; t. de blas. * Coquereles. R.

Coqueret, *s. m. Halicacabum. ou* Alkekengi, plante à fleurs monopétales, à fruits baccifères; il y en a plusieurs espèces; somnifère; on se sert des baies pour colorer le beurre.

Coquerico, *s. m.* chant du coq. G. C.

Coqueriquer, *v. n.* chanter, en parlant du coq. C. G.

†Coqueron, *s. m.* petite chambre, ou retranchement à l'avant d'un bateau. * t. de navigation. RR.

Coques, *s. f. pl.* partie d'une serrure. * — du levant, baies grosses comme des pois, sèches, brunes, font mourir les poux, endorment les poissons, et rendent leur chair dangereuse. B.

Coquesigrue, *s. f.* oiseau aquatique; choses frivoles; contes. G. C. * Coquecigrue. A. V.

Coquet, *s. m.* petit bateau de la Seine. G.

Coquet. te, *adj. s. Mulierosus.* galant qui cherche à plaire, qui fait l'agréable. * *f.* Coquete. R.

Coqueter, *v. n.* être coquet, faire le coquet. * faire aller avec un aviron; faire aller un bateau au vent. B.

Coquetier, *s. m.* marchand d'œufs; vase de table pour manger les œufs à la coque.

Coquetterie, *s. f. Lenocinium.* afféterie de coquette; manière de coquet; parure affectée. * Coquéterie. R.

†Coquillade, *s. f.* allouette huppée de Provence; poisson du genre du blenne.

Coquillage, *s. m. Concha.* coquille; amas de coquilles. * *Conchylium.* ver testacée, mou, sans articulation sensible, recouvert d'une écaille. B.

Coquillarde, *s. f.* poisson.

Coquillart, *s. m.* pierres remplies de coquillages. G. C.

Coquille, *s. f. Concha. Testa.* coque ou enveloppe des testacées, des œufs, des noix; outil, t. de métiers; t. d'anat. limaçon de l'oreille.

†Coquiller, *v. a.* lé. e, *p.* se dit de la croûte qui se boursoufle.

†Coquilleux. se, *s. adj.* (pierre) remplie de coquilles.

Coquillier, *s. m.* armoire, collection de coquilles. * boîte pour les coquilles à couleur, t. de métiers; boîte aux couleurs. B.

Coquillière, *adj. s.* qui renferme des coquilles.

Coquillon, *s. m.* petite coquille, t. de monnoie. G.

Coquin. e, *s. Nequam.* fripon, maraut et infâme. * *f.* femme de mauvaise vie. B.

Coquinaille, *s. f.* troupe de coquins. C. G. R.

†Coquinbat, *s. m.* jeu de dames, à qui perd gagne.

Coquiner, *v. n.* (*vieux*) gueuser; fainéanter. R. G. C.

Coquinerie, *s. f. Facinus.* action de coquin.

Coquiole, *s. f. Festuva ovina.* sorte de chiendent.

Cor, *s. m. Gemursa.* durillon; instrument à vent. * trompe de chasse. B.

Cor et à cri (à), *adv.* à grand bruit; à toute force.

Cor de mer, *s. m.* coquille. * Cor-de-mer. C.

†Coraces, *s. m. pl.* ordre d'oiseaux qui comprend les corbeaux, les perroquets, etc.

Coracite, *s. f.* pierre figurée, couleur de corbeau.

†Coracias, *s. m. Coracia.* oiseau moins gros qu'une corneille, noir changeant, habite les Alpes, a les mœurs de la pie.

†Coracobrachiale, *s. m. Coracobrachialis.* muscle attaché au bec coracoïde.

†Coracohyoïdien, *adj. s. m. Coracohyoideus.* muscle entre l'omoplate et l'hyoïde.

Coracoïde, *s. f. Coracoïdes.* apophyse en bec de corbeau

†Coracoradial *adj. s. m. Coracoradialis.* muscle de l'apophyse coracoïde.

Coraignes *ou* Cors, *s. m. pl.* petites boules de pastel.

Corail, *pl.* Coraux, *s. m. Corallum.* sorte de plante ou de ruche marine produite par le suintement des gorgones qui l'habitent.

Corailler, *v. n.* se dit du cri du corbeau. C. *mieux* croasser.

Corailleur, *s. m.* qui pêche du corail. G. C. V.

†Coral, *s. m.* couleuvre amphibie d'Amérique méridionale, de 25 à 30 pieds de long.

†Coralicide, *s. m.* semence de corail. *adj.* 2 *g.* du corail.

Coraline, *s. f. Muscus marinus.* plantes ou productions marines qui ont la forme de plantes ou de mousses, formées par les polypes qui les habitent. * coquillage bivalve, de la famille des peignes. *ou* Cérancoline, brèche, marbre à taches corallines. B. Coralline. C. zoophite. L.

Corallé. e, *adj.* où il entre du corail, t. de pharmacie. C. G. V.

†Coralligènes, *adj. m. pl.* (polypes) à corps fixé dans une substance dure qui transsude de lui. *s. adj.* 2 *g.* (polypes) qui forment le corail.

Corallin. e, *adj. Corallinus.* couleur de corail. * *s. m.* serpent venimeux du 3ᵉ. genre, en Asie, à 16 bandes rouges en long. B.

†Corallinites, *s. f. pl.* genre de polypiers finement branchus et ramifiés, ou coralines devenus fossiles. F

†Corallites, *s. f. pl.* coraux devenus fossiles.

Coralloïde, *adj.* 2 *g.* qui ressemble au corail. G. V. * *pl.* RR.

Coralloïde, *s. f.* semence du corail; production marine en forme d'arbrisseau.

†Coraya, *s. m.* espèce de grive.

†Corban, *s. m.* oblation au seigneur.

Corbeau, *s. m.* oiseau à plumage noir, omnivore, de passage, recherche les pays froids. — de nuit, Bihoreau, Hulotte, Crapaud volant, voy. ces mots: poisson, voyez Ombre de mer. t. d'architecture, soutien en saillie; croc de fer; machine; constellation méridionale; pont mobile. * *pl.* ceux qui enlèvent les pestiférés. A.

Corbeille, *s. f. Corbis.* panier d'osier; t. d'architecture, ornement. * beau coquillage bivalve, de la famille des cœurs, à grosses stries longitudinales, larges, aplaties, bords intérieurs profondément découpés. B. *pl.* t. d'artil. gabions pleins de terre. RR.

Corbeillée, *s. f.* contenu d'une corbeille. C. V.

†Corbeiller, *s. m.* officier de l'église d'Angers.

Corbillard, *s. m.* bateau; sorte de voiture, de coche; grand carosse pour les enterremens.

Corbillat, *s. m.* petit corbeau. G. C. V.

Corbillon, *s. m. Corbula.* petit panier; jeu. * petite gamelle. B.

Corbin, *s. m.* (*vieux*) corbeau. * *s. f.* corbine, corbeille noire. L.

†Corbule, *s. f. Corbula.* mollusque acéphale, bivalve, fossile.

†Corcerons, *s. m. pl.* liéges attachés aux empiles, t. de pêche.

†Corchore potagère, *s. f. Corchorus.* Corvette commune, Mauve des Juifs, plante d'Asie, fort jolie, à feuilles alternes, fleurs jaunes en rose; elle a la propriété de la guimauve.

Cordage, *s. m. Funes.* cordes; mesure de bois, corde.

Cordager, *v. n.* faire du cordage. C. G.

†Cordats, *s. m. pl.* grosse toile d'emballage.

Corde, *s. f. Funis.* fils entortillés; la potence (*figuré*); t. d'arts et métiers. * ligne droite dont les deux bouts touchent les deux points d'une courbe; note ou ton, t. de musique. B. Chorde d'instrument, *s. f.* R.

Corde à violon, *s. f. Periploca.* plante de St.-Domingue, à racine traçante, tiges cylindriques, feuilles droites. B.

Cordeau, *s. m. Funiculus.* petite corde. * *pl.* lisière de draps. B.

Cordelat, *s. m.* étoffe de laine d'Albi. R.

Cordeler, *v. a.* lé. e, *p.* tresser en forme de corde.

Cordelette, *s. f.* petite corde. * Cordelete. R.

Cordelier. ère. *s. Franciscanus.* religieux. * *f.* Cordeliere. R.

Cordelière, *s. f. Funiculi.* t. de blason; t. d'architecture, petit ornement ou listeau; collier; corde à nœuds; petite tresse; cadre en vignettes. * Cordeliere. R.

†Cordeline, *s. f.* baguette de fer pour prendre le verre fondu, pour faire le cordon du goulot.

Cordelle, *s. f.* petit cordeau, petite corde. * Cordele. R.

Corder, *v. a. Torquere.* dé. e, *p.* faire de la corde; lier avec des cordes; mesurer le bois. (se), *v. r.* se former en corde, t. de jardinier, se dit des racines.

Corderie, *s. f.* où on fait les cordes; art de les faire.

Cordial, e, *adj. Cordi utilis.* qui conforte le cœur; affectueux.

Cordial, *s. m.* portion propre à fortifier.

Cordialement, *adv. Ex animo.* tendrement; de tout son cœur.

Cordialité, *s. f. Sincerus amor.* affection sincère et tendre.

Cordier, *s. m. Restiarius.* qui fait et vend la corde.

†Cordiforme, *adj.* 2 *g.* t. de botan. qui a la forme d'un cœur.

Cordillas, *s. m.* bure. C. C. V. * Cordilias. R.

Cordille, *s. m.* jeune thon qui sort de l'œuf. G. C. V.

Cordon, *s. m. Funiculus.* brin d'une corde, corde; tresse; ruban; rang de pierres; lien; suite de postes; bande; frête; bord façonné; boyau adhérent à l'arrière-faix; t. de métiers. * — bleu, sorte de décoration; coquille ombiliquée, de la famille des limaçons à bouche demi-ronde; oiseaux, l'un est le cotinga du Brésil, l'autre est une espèce de bengali. B.

Cordonner, *v. a. Torquere.* né. e, *p.* tortiller en cordon; entourer d'un ruban. * Cordoner. R.

Cordonnerie, *s. f. Sutrina.* métier, commerce, magasin de cordonnier. * Cordonerie. R.

Cordonnet, *s. m.* petit cordon; tresse, ruban. * Cordonet. R.

Cordonnier. ère. *s. Sutor.* qui fait et vend des souliers. * Cordonier. ere. R.

Cordouan, *s. m.* cuir tanné de Cordoue. C. G.

Cordouanier, *s. m.* qui travaille le cordouan. C. G.

Cordyle, *s. m.* reptile, lézard d'Afrique et d'Asie, du 2ᵉ. genre, à écailles bleues, rayées de châtain.

†Coréal, *s. m.* théâtre espagnol pour les comédies.

Corée, *s. m.* pied de vers. * *ou* Chorée. R. A. V. * *s. m. pl. Coreas.* insectes hémiptères de l'espèce des punaises. B.

†Corette, *s. f. Corchorus.* genre de plantes à fleurs polypétales, de la famille des tilleuls.

Cori, *s. m. Corius.* animal d'Amérique, * genre de plante de la famille des euphorbes. B.

Coriace, *adj.* 2 *g. Durus.* dur comme le cuir; difficile; avare.

Coriacée, *adj.* 2 *g.* qui a la consistance du cuir. A. V.

†Coriaire, *adj.* 2 *g.* qui peut être employé à la tannerie.

Coriambe, *s. m.* pied de vers. * voy. Choriambe. R.

Coriandre, *s. f. Coriandrum.* plante annuelle, originaire d'Italie, à fleurs en ombelle, odeur forte, sentant la punaise; la graine est aromatique, carminative, stomachale; on en fait des liqueurs, des dragées. * *et* Coriande. G.

Coridale, *s. f. ou* Fumeterre. * Corydale. R. Coridiale. C. G.

†Coridon, *s. m.* nom de deux sortes de papillons, l'un Mirtil et l'autre Argus.

†Corinde, *s. m. Curiospermum.* genre de plante de la famille des savonniers. Corindum, voyez Pois merveille.

†Corindon, *s. m.* spath adamantin, diamant spathique.

Corine, *s. f. Corine.* gazelle du Sénégal, espèce d'antilope. * polype à bras. B.

Corinthie, *s. f.* t. de fleuriste. R.

Corinthien, *adj. m. Corinthius.* 4ᵉ. ordre d'architecture.

†Coriope *ou* Coréope, *s. f. Coreopsis.* genre de plantes à fleur composées, de la famille des corymbifères.

Coris, *s. f.* plantes de la famille des lysimachies. * monnoie à Siam. B. coquille. R.

†Corise, *s. f. Corixa.* insecte aquatique qui ressemble à la punaise à avirons.

Corisperme, *s. m. Corispermum.* plante de la famille des arroches. L.

Corize, *s. f.* écoulement muqueux du nez. L.

†Coriphène, *s. m.* poisson du 3ᵉ. genre, de la 4ᵉ. classe. voyez Coryphène.

Corlieu, *s. m.* oiseau aquatique. voy. Courlis.

Corme *ou* Sorbe, *s. m. Sorbum.* fruit très-acide du sorbier.

Cormier *ou* Sorbier, *ou* Cochêne, *s. m. Sorbus.* arbre, l'un des plus beaux des forêts, de plusieurs espèces; le bois est le plus dur de tous; fruit petit, rouge, en forme de poires rondes, astringent, nourrit les bestiaux.

Cormière, *s. f.* pièce de bois, t. de marine. * *ou* Cornière. G.

Cormoran, *s. m. Phalacrocorax.* oiseau aquatique, gros comme une oie; il vit de poissons; il le lance en l'air pour l'avaler par la tête; plumage d'un noir vert; il a une sorte de huppe et de mentonnière. * injure. V.

Cornac, *s. m.* conducteur d'éléphans. G. C. V.

Cornachine, *s. f.* poudre purgative.

Cornailler, *v. n.* t. de charpentier, ne pas entrer carrément. C. G. V.

Cornaline, *s. f. Onyx cornéola.* pierre précieuse, rouge ou blanche. * agate d'un rouge pur, ou couleur de chair; pierre de sarde. B.

Cornage, *s. m.* t. de coutume. R.

†Cornandise, *s. f.* état humiliant des cocus (*vieux*).

Cornard, *s. m.* (*popul.*) cocu; outil dont se servent les fondeurs pour ouvrir le four à glaces. * *ou* Cornaret, genre de plantes à fleurs polypétales, de la division des personnées. *Martynia.* B.

Corne, *s. f. Cornu.* partie dure, pointe de la tête. *pl.* partie dure du pied des animaux; t. d'arts et métiers: corps organisé, dur et solide, qui croît sur la tête des animaux; plantes; pointe; angle.

Corne d'Ammon, *s. f.* coquille fossile en spirale, aplatie, semblable à la corne de bélier. R. Corne-d'Ammon. BR.

Corne de cerf, *s. m.* t. de botan. et de pharmacie, plantes dont l'une est sauvage, l'autre cultivée, vulnéraires, apéritives, arrêtent l'hémorragie. * Corne-de-cerf. R. drogue. B.

†Corné. e, *adj.* qui a le luisant et la dureté de la corne, t. de botan.

Cornée, *s. f. Cornea.* tunique la plus épaisse, la plus forte de l'œil et qui en renferme toutes les parties; pierre précieuse.

Corneille, *s. f. Cornix. ou* Lysimachie, plante; oiseau du genre du corbeau, plus petit, se prive aisément; il aime à dérober et à cacher.

Cornement, *s. m.* maladie d'oreille. R. * bruit d'un tuyau dont la soupape est ouverte. B.

Cornemuse, *s. f. Symphoniacus.* instrument à vent de musique champêtre.

†Cornéole *ou* Coronéole, *s. f.* plante pour la teinture, qui ressemble au lin.

Corner, *v. n. Cornu canere.* né. e, *p.* sonner d'une corne; parler dans un cornet. *v. a.* publier. * se dit de la viande qui se corrompt. G.

Cornet, *s. m. Cornu.* petit cor; vase pour l'encre; papier roulé; coquille univalve, operculée, du genre des volutes en forme de cône, à spires comprimées et roulées les unes sur les autres; instrument pour les ventouses; jeu de l'orgue; essai d'or; pâtisserie; sorte de papier, t. d'arts et métiers.

Cornetier, *s. m.* qui travaille la corne. R. G. C.

Cornette, *s. f. Linea calantica.* coiffe; étendard; fleur; pavillon; t. de faucon. huppe. *s. m.* qui porte l'étendard. * Cornete. R.

Corneur, *s. m.* celui qui corne. A. R. V.

Corniche, *s. f. Corona.* ornement en saillie.

Cornichon, *s. m. Corniculum.* petite corniche; petite corne; petit concombre à confire dans le vinaigre.

Cornier. ère, *adj. Angularis.* t. d'archit. dans un angle; (arbres) qui servent de bornes. *s.* t. de sellier, piliers de l'impériale. *f.* fers aux coins du coffre. * *f.* Corniere. R.

Cornière, *s. f. Commissura.* t. de couvreur, canal; t. de blason, anse de pot; t. de marine, pièce de bois. *s. f. pl.* t. d'imprimerie, équerres du coffre.

†Cornifle, *s. m. Ceratophillum.* genre de plantes de la division des nayades.

Cornillas, *s. m.* petit d'une corneille.

†Cornillon, *s. m.* espèce de nasse.

†Cornion, *s. m.* nasse à l'extrémité des digniaux, t. de pêche.

Cornouille, *s. f. Cornum.* fruit rouge du cornouiller, en forme d'olive.

Cornouiller, *s. m. Cornus.* arbre qui porte la cornouille, de la famille des chèvre-feuilles, à fleurs jaunes en ombelle. * *ou* Cornier. B. Cornouiller. V.

Cornu. e, *adj. Cornutus.* qui a des cornes, des angles. * *s. m.* poisson du genre du blenne. — poisson du genre du chetodon. B.

Cornuau, *s. m.* poisson de mer qui ressemble à l'alose.

†Cornuchet, *s. m.* petit cornet (enter en) t. de jardinier.

†Cornud, *s. m.* broc de bois de savonnier.

†Cornude, *s. f.* seau de bois, t. de savonnerie.

Cornue, *s. f. Cornuta. ou* Retorte, vase pour distiller.

†Cornupède, *adj.* 2 *g. Corniger ou Cornifer.* quadrupède armé de deux cornes.

Cornuet, *s. m.* sorte de pâtisserie en cornes. G. C. V.

Corolitique, *adj.* 2 *g.* orné de feuillages, de fleurs, t. d'architecture. R. G. C.

Corollaire, *s. m. Corollarium.* t. didactique, proposition, suite d'une précédente.

†Corolle, *s. f. Corolla.* la partie la plus apparente des fleurs; ensemble des pétales.

†Corollifère, *adj.* 2 *g.* qui porte une corolle.

Coronaire, *adj.* 2 g. (artère) du cœur, de l'estomac.

Coronal. e, *adj.* (os) antérieur de la tête, frontal.

Coronasolis, *s. f.* tournesol. * Corona-solis. C.

†Coronat, *s. m.* monnoie de billon sous Louis XII.

Coroné, *s. m.* t. d'anat. éminence pointue de l'os. G.

†Coronelle, *s. m.* tringle de métal, t. de peignier.

†Coroner, *s. f.* officier de justice angloise, qui prend des informations sur les suicides.

Coronille, *s. f Coronilla.* arbuste des pays chauds; genre de plantes de la famille des légumineuses.

Coronoïde, *adj. 2 g.* semblable à une couronne. C.

†Corossolier *ou* Corossol, *s. m. Anona.* genre de plantes exotiques, à fleurs polypétales, qui a des rapports avec le magnolier.

†Corp, *s. m.* poisson du genre du sciène.

Corporal, *s. m. Corporale.* t. de litur. linge carré d'église.

Corporalier, *s. m. Corporalium theca.* étui du corporal. C. R. CO. * bourse. G.

Corporalité, *s. f.* état d'un corps. V.

Corporation, *s. f.* association autorisée de gens du même état. G. C. V.

Corporéité, *s. f.* qualité de ce qui est corporel. C. G. de ce qui constitue un corps. AL.

Corporel. le, *adj. Corporeus.* qui a un corps, qui tient du corps. * *f.* Corporele. R.

Corporellement, *adv.* d'une manière corporelle. * Corporélement. R. Corporelement. RR.

Corporification, *s. f. ou* Corporisation; action de rendre le corps aux esprits, t. de chimie. C. G.

Corporifier, *v. a.* fié. e, *p.* donner, supposer un corps à ce qui n'en a pas; mettre, fixer en corps.

Corporifier (se), *v. r.* prendre un corps.

Corps, *s. m. Corpus.* substance; t. d'arts et métiers, capacité; recueil; partie de l'animal composée d'os, de muscles, de canaux, de liqueurs, de nerfs; cadavre; assemblage de parties; union de plusieurs individus; épaisseur; vêtement.

Corps-de-garde, *s. m.* poste militaire.

Corps-de-logis, *s. m.* partie de maison.

†Corps-de-voix, *s. m.* nombre des degrés de la voix, quant à la force.

Corps perdu (à), *adv.* sans crainte de danger; avec ardeur. * à-corps-perdu. R.

Corps-saint, *s. m.* le corps d'un saint.

Corpulence, *s. f. Corpulentia.* volume d'un corps, grosseur.

†Corpulent. e, *Corpulentus.* gros et gras.

Corpusculaire, *adj. 2 g.* relatif aux corpuscules.

Corpusculaire, *s. m.* partisan du système des atômes. V.

Corpuscule, *s. m. Corpusculum.* petit corps, atome. V.

Corpusculiste, *s. m.* partisan des corpuscules. V.

Corradoux, *s. m. ou* Couradoux, t. de mar. espace entre les deux ponts.

†Corre *ou* Corret, *s. m.* rets de picots à poche ou sac.

Correct. e, *adj. Emendatus.* où il n'y a pas de fautes; exact.

Correctement, *adv. Emendatè.* selon les règles; sans fautes.

Correcteur. trice, *s. Corrector.* celui ou celle qui corrige.

Correctif, *s. m. Temperamentum.* ce qui a la vertu de corriger; adoucissement. * *f.* Corrective. R.

Correction, *s. f. Correctio.* action de corriger; réprimande; observation des règles; faute indiquée; peine; châtiment; figure de rhétorique. * qualité de ce qui est correct; pureté de langage. B.

Correctionnel. le, *adj.* qui appartient à la correction. C. G. V. * Correctionel, ele. R.

Correctoire, *s. m.* livre de pénitence, t. de liturgie. C. G. V.

Corrégence, *s. f.* dignité du corrégent. C. G.

Corrégent, *s. m.* régent avec un autre. C. G. V.

Corrégidor, *s. m.* sénéchal; bailli en Espagne.

Corrélatif. ve, *adj.* qui marque la corrélation.

Corrélation, *s. f.* relation réciproque.

†Correso, *s. m.* oiseau d'Amérique bon à manger.

Correspondance, *s. f. Mutua ratio.* action de correspondre; relation; liaison; lettres; conformité.

Correspondant, *s. m.* qui a des relations.

Correspondant. e, *adj.* qui se correspond.

Correspondre, *v. n. Respondere.* répondre par sentimens, par actions, par symétrie. (se) *v. r.* se rapporter symétriquement.

Corridor, *s. m.* passage, galerie.

Corriger, *v. a. Corrigere.* gé. e, *p.* ôter les défauts; réparer; châtier; punir; tempérer; indiquer les fautes; réprimander. (se) *v. r.* s'amender.

Corrigible, *adj. 2 g. Emendabilis.* qui peut se corriger; être corrigé.

†Corrigiole, *s. f. Corigiola.* plante de la famille des pourpiers. voy. Renouée.

Corrival, *s. m.* compétiteur. C. G. V.

†Corroborant, *adj. s.* corroboratif.

Corroboratif. ve, *adj. s. m. Corroborans.* qui corrobore, fortifie.

Corroboration, *s. f.* action de corroborer, ses effets.

Corroborer, *v. a. Corroborare.* ré. e, *p.* fortifier.

Corrodant. e, *adj.* qui corrode, ronge, perce.

Corroder, *v. a. Corrodere.* dé. e, *p.* ronger peu à peu; percer; consumer.

Corroi, *s. m. Argilla subacta.* préparation du cuir; terre glaise pour retenir l'eau du bassin, etc.

Corrompre, *v. a. Corrumpere.* pu. e, *p.* gâter, altérer; débaucher; gagner à prix d'argent, t. d'arts et métiers; tronquer. (se), *v. r.* se gâter.

Corrompu. e, *adj. s. Corruptus.* gâté; altéré.

Corrosif. ve, *adj. s. m. Exedens.* qui ronge, qui corrode.

Corrosion, *s. f.* action et effet du corrosif.

†Corrosiveté, *s. f.* qualité des corrosifs; corrosion.

Corroyer, *v. a. Concinnare.* yé. e *p.* apprêter le cuir; battre le fer chaud; joindre, raboter la superficie du bois; mêler la chaux et le sable; adoucir, t. d'arts et métiers.

Corroyeur, *s. m. Coriarius.* qui apprête le cuir.

Corrude, *s. f.* plante, asperge sauvage.

†Corrugateur, *s. m.* muscle qui ride le front.

†Corrugation, *s. f. Corrugatio.* froncement, ride.

Corrupteur. trice, *s. adj. Corruptor.* qui corrompt les mœurs, etc.

Corruptibilité, *s. f.* qualité de ce qui est corruptible.

Corruptible, *adj. 2 g. Dissolubilis.* qui peut être corrompu.

†Corrupticole, *s. m.* hérétique qui croyoit que le corps du Christ étoit corruptible.

Corruptif, *adj. 2 g.* qui corrompt. V.

Corruption, *s. f. Corruptio.* altération des qualités, de la substance; putréfaction; action de corrompre, ses effets.

Cors (du cerf), *s. m. pl. Ramuli.* cornes de ses perches ou bois.

Corsage, *s. m. Statura.* la taille du corps de l'homme, du cheval, etc.

Corsaire, *s. m. Pirata.* commandant d'un vaisseau armé en course, son vaisseau; pirate; méchant, dur (*figuré*).

Corselet, *s. m. Lorica.* petite cuirasse. * t. de naturaliste, partie du corps des insectes, placée entre la tête et le ventre, leur poitrine. B.

Corset, *s. m. Thorax.* corps de jupe; petit corps; vêtement.

†Corsoïde, *s. f.* pierre figurée.

Cortége, *s. m. Comitatus.* suite de ceux qui accompagnent. * Cortège. CO.

†Cortelet, *s. m. Cytarexillum.* genre de plantes de la famille des gatiliers. *et* Cotelet.

Cortès, *s. m.* assemblée des états d'Espagne. G.

Cortical. e, *adj.* qui appartient à l'écorce; t. d'anatomie, (partie) du cerveau; tissu de vaisseaux. G. V.

Cortine, *s. f.* trépied d'Apollon. G. V. C. * peau de Pithon. B.

†Cortiqueux, *adj. m.* (fruit) à peau coriace, charnu.

Cortuse, *s. f. Cortusa.* plante odorante, à fleurs semblables à celles de l'oreille d'ours, astringente, vulnéraire. voy. Oreille d'ours.

Corus, *s. f.* l'un des principaux vent. RR.

Coruscation, *s. f.* éclat de lumière, t. de phys.

Corvéable, *adj. 2 g.* sujet à la corvée.

Corvée, *s. f. Opus tributarium.* travail gratuit, forcé, ingrat; fatigue.

Corveieur, *s. m.* ouvrier pour la corvée. R.

Corvette, *s. f. Navis speculatoria.* vaisseau pour aller à la découverte. * Corvete. R.

Corybante, *s. m.* prêtre de Cybelle.

†Corybanter, *v. n.* imiter le chant et la danse des Corybantes.

†Corybantiasme, *s. m. Corybantiasmus.* frénésie pendant laquelle on croit voir des phantômes.

†Corycomachie, *s. f.* jeu de balon, t. d'antiq.

Corymbe, *s. m.* fleurs en bouquet.

†Corymbeux. euse, *adj.* t. de botanique, en corymbe.

Corymbifère, *adj. 2 g.* qui porte des corymbes. * Corymbifere. R.

†Corymbiole, *s. m. Corymbium.* genre de plantes de la famille des armoselles.

†Coryphe, *s. f. Coripha.* genre de plantes de la famille des palmiers.

Coryphée, *s. m. Coriphæus.* chef des chœurs; chef d'une secte, etc.

Coryphene, *s. m. Coryphæna.* nom d'un genre de poissons pectoraux; il y en a de six espèces. L.

Coryse, *s. m. Corisa.* écoulement d'une humeur âcre de la tête dans les narines, t. de médecine.

Cosaques, *s. m. Cosaci.* milice polonoise, venant de l'Ukraine.

Coscinomancie, *s. f.* divination par le crible. R.

Co-sécante, *s. f.* t. de géometrie, sécante de complément.

Coseigneur, *s. m.* seigneur avec un autre. * Co-seigneur. RR.

Co-sinus, *s. m.* t. de géométrie, sinus de complément.

†Cosinus-verse, *s. m.* sinus-verse d'un arc ou d'un angle qui vaut 90°. avec un autre arc ou un autre angle.

Cosmétique, *adj. s. m.* qui sert à embellir la peau.

†Cosmimétrie, *s. f.* science du globe.

Cosmique, *adj. m.* de l'aspect des planètes. C. G.

Cosmiquement, *adv.* quand le soleil se lève et se couche. C. G. V.
Cosmogonie, *s. f.* système de la formation du monde, t. de géographie.
Cosmographe, *s. m. Qui mundum describit.* qui sait la cosmographie.
Cosmographie, *s. f. Mundi descriptio.* description du monde.
Cosmographique, *adj.* 2 *g.* de la cosmographie.
Cosmolabe, *s. m.* instrument de mathématiques pour mesurer le monde. G. C. V. * *ou* Pantocosme. G. Cosmolâbe. R.
Cosmologie, *s. f.* sciences des lois du monde.
Cosmologique, *adj.* 2 *g.* de la cosmologie.
Cosmopolitain. e, *s.* citoyen de l'univers.
Cosmopolite, *s. m.* qui n'adopte pas de patrie; citoyen du monde.
†Cossart-brun, *s. m.* toile de coton des Indes.
Cossas, *s. m.* mousseline très-fine des Indes. R.
Cosse, *s. f.* t. de botan. enveloppe; gousse. * t. de mar. anneau; t. de tanneur, peau sans poil. C. G. algèbre (*vieux*). B.
Cosser (se), *v. r. n. Coniscare.* en parlant des béliers qui se battent. C. G. V.
†Cossigné, *s. f. Cossignia.* genre de plantes de la famille des balsamiers.
†Cossique, *adj.* 2 *g.* algébrique.
Cosson, *s. m. Curculio.* charençon qui attaque les fèves, les pois, et même le blé. *bouton de vigne; nouveau sarment. A. G. V.
Cossu. e, *adj.* qui a beaucoup de cosses; riche (*figuré*).
†Cossus, *s. m. pl.* papillons ou bombix sans trompe.
†Cossyphe, *s. m. Cossyphus.* insecte coléoptère à antennes en massue.
Costal. e, *adj.* qui appartient aux côtes. A. C. G.
†Costière, *s. f.* t. de mécan. bandes sur les madriers; pierres latérales dans le fourneau de forges.
Coston, *s. m.* pièce pour fortifier le mât. R. G. C.
Costume, *s. m.* usages; habillemens.
Costumer, *v. a.* mé. e, *p.* habiller selon le costume. (se), *v. r.* A.
†Costus, *s. m.* arbrisseau des Indes qui ressemble au sureau; sa racine est un excellent antidote; elle est céphalique, elle entre dans la thériaque.
†Costus-odorant, *s. m.* racine aromatique.
Cotangente, *s. f.* tangente du complément, t. de géométrie. * Co-tangente. R. Co-tangeante. RR. V.
†Cotardie, *s. f.* espèce de pourpoint.
Cote, *s. f.* marque numérale pour l'ordre des pièces.
Côte, *s. f. Costa.* os courbé et plat, placé obliquement sur les côtés du thorax; rive qui s'étend au loin le long du bord de la mer; penchant d'une colline; extraction, t. d'arts et métiers. * *s. m. Costatus.* poisson du genre du silure aux Indes. — de vache, fer en verge refendu. B.
Côte à côte, *adv.* à côté de l'un de l'autre. * Côte-à-côte. R.
Côte (à mi-), *adv.* au milieu de la pente.
Côté, *s. m. Pars.* partie gauche ou droite d'une chose; endroit; ligne de parenté; parti.
Côté (à), *prép. adv.* auprès; à droite ou à gauche. * à-côté. B.
Côté (de), par côté, *adv.* de biais, obliquement. * à-côté; par-côté. C.
Côte-blanche, *s. m.* fromage.
Côte-rouge, *s. m.* fromage.
Côte-rôtie, *s. m.* sorte de vin. C.
Coteau, *s. m. Collis.* penchant d'une colline, colline.
†Cotelet, *s. m. Cytarexillum.* genre de plantes de la famille des gatiliers. *et* Cortelet.
Côtelette, *s. f. Costa.* petite côte. * Côtelete. R. Cotelete. V.
Coter, *v. a. Notare.* té. e, *p.* marquer par lettres, numéroter.
†Coteraux, *s. m. pl.* soldats aventuriers. (*vi.*)
†Coterel, *s. m.* espèce de sabre court.
Coterie, *s. f. Sodalitium.* société de quartier; de plaisir, de famille.
Coteron, *s. m.* cotillon. V.
Cothurne, *s. m. Cothurnus.* chaussure antique.
Cotice, *s. f.* t. de blason, bande étroite. C. G. V.
†Coticé. e, *adj.* chargé de cotices.
Côtier, *adj. s. m. Littorum peritus.* pilote qui connoît les côtes.
Côtière, *s. f.* t. de marine, suite de rivages; t. de jardinier, planche en talus; t. de fondeur, les deux parties du moule.
Cotignac, *s. m.* confiture de coins. * Cotigniac. C. G. *prononcez* gna.
†Cotiléphore, *s. m.* poisson du genre du platyste.
Cotillon, *s. m. Tunicula.* jupe; danse.
Cotinga, *s. m. Ampelis.* oiseau d'Amérique, du même ordre que le merle, il a des couleurs très-brillantes.
Cotir, *v. a. Cotundere.* ti. e, *p. adj.* meurtrir en les frappant, parlant des fruits.
Cotisation, *s. f.* action de cotiser; impôt par cote.
Cotiser, *v. a.* sé. e, *p.* taxer par cote. (se), *v. r.*
Cotissure, *s. f. Contusio.* meurtrissure des fruits.
Coton, *s. m. Xilinum.* bourre du cotonnier, de la vigne, etc. duvet, poil folet. * arbre qui le produit. R. *pl.* t. de mar. pièce qui fortifie un mât. B.
Cotonis, *s. m.* satin des Indes. R.
Cotonné, e, *adj.* (cheveux) courts et crépus comme ceux des nègres.
Cotonner (se), *v. r.* né. e, *p.* se couvrir de coton; devenir mol et spongieux.* Cotoner. R.
Cotonneux. se, *adj. Lanuginosus.* fruit mollasse et spongieux. * Cotoneux. R.
Cotonnier, *s. m. Gossypium.* arbuste qui porte le coton, de l'ordre des mauves; le fruit, gros comme une noix, contient des graines environnées de duvet ou coton; de plusieurs espèces, l'une herbacée. * Coton. Cotonier. R.
Cotonnine, *s. f.* toile de coton. * Cotonine. R. pierre précieuse. V.
Côtoyer, *v. a. Latus tegere.* yé. e, *p.* aller côte à côte, le long de. * Cotoyer. C. G.
Cotret, *s. m. Fasciculus.* fagot; petit faisceau.
†Cottabe, *s. m.* sorte de jeu grec avec des bassins en équilibre.
Cotte, *s. f. Tunica.* jupe. * *s. m.* genre de poissons pectoraux, 5e. genre, 4e. classe. *Cottus.*
Cotte d'armes, *s. f.* casaque militaire. * Cotte-d'armes. C.
Cotte de mailles, *s. f.* chemise de mailles.
Cottée, *s. f.* espèce de canard. R.
Cottemorte, *s. f.* défroc d'un religieux défunt. R. * Cotte-morte. RR.
Cotteron, *s. m.* petite cotte. * *et* Cotron. R.
†Cottière, *s. f.* t. de forge, barre plus large que les autres.
Cotula, *s. f.* genre de plante qui a des rapports avec les camomilles. * Cotule. R. G.
Cotuteur, *s. m.* chargé d'une tutelle avec un autre. * Co-tuteur. R. V.
Cotyle, *s. f.* mesure romaine pour les liquides; cavité d'un os. * *s. m.* A.
Cotylédon, *s. m. Cotyledones. ou* Nombril de Vénus, plante; ou lobe d'une semence.
Cotylédones, *s. f. pl.* feuilles séminales; lobes.
†Cotylet *ou* Cotylier, *s. m. Cotyledon.* plantes de la famille des joubarbes.
Cotyloïde, *adj.* 2 *g.* cavité de l'os des îles. * Cotyloide. RR.
Cotyties, *s. f. pl.* fêtes de l'Impureté ou de Cotyto.
Cou, *s. m. Collum.* partie qui joint la tête au corps. * *ou* Col (*en poësie*).
†Coua, *s. m.* espèce de coucou de Madagascar.
†Couac, *s. m.* cassave boucanée.
†Couagga, *s. m. Quagga.* espèce de zèbre, brun, à raies sur la partie antérieure, en Afrique.
Couan, *s. m.* plante.
Couard. e, *adj.* (*vieux*) poltron, sans courage.
†Couardement, *adj.* timidement, lâchement.
Couardise, *s. f.* poltronnerie, lâcheté.
†Coubais, *s. m.* bâtiment au Japon pour la navigation intérieure.
†Coublande, *s. f. Coublandia.* arbrisseau de la Guiane, légumineux.
Couchant, *s. m. Occidens.* l'occident. *adj.* qui se couche.
†Couchart, *s. m.* celui qui reçoit les formes chargées de la pâte du papier.
Couche, *s. f. Partus.* lit; enfantement; linge; enduit, t. d'arts et métiers; lit de fumier.
†Couché, *s. m.* point de broderie.
Couchée, *s. f. Mansio.* lieu où l'on couche en voyage.
Coucher, *s. m.* lit, usage du lit; action de se coucher; garniture d'un lit.
Coucher, *v. a. Cubare.* ché. e, *p.* mettre au lit; étendre; renverser; incliner; mettre au jeu; loger la nuit. *v. n.* être couché. (se), *v. r.* se mettre au lit, s'étendre; descendre sous l'horizon.
Couchette, *s. f. Lectulus.* petit lit sans ciel ni rideaux. * Couchete. R.
Coucheur. se, *s. Lecti socius.* avec qui l'on couche. * ouvrier briquetier; second ouvrier de la cuve du papier. B.
Couchis, *s. m.* ce qui porte le pavé d'un pont. * couche pour l'aire; nouvelle pousse couchée en terre. B.
Couchoir, *s. m.* t. de relieur, morceau de bois pour dorer. C. G. V.
†Couchure, *s. f.* espèce de broderie; couronne des dents d'un peigne.
Couci-couci, *adv.* à peu-près; tellement quellement. A. C. V. * Coussi-coussi. R.
Coucou, *s. m. Cululus.* genre d'oiseaux dont il y a plusieurs espèces; fraisier qui ne donne pas de fruits; sorte de jeu de cartes. * celui qui fait un mari cocu (*populaire*). B.
Coude, *s. m. Cubitus.* pli du bras; angle des outils, etc.
Coude-pied, *s. m.* passage du pied à la jambe. G.
Coudée, *s. f. Sesquipes.* depuis le coude jusqu'au bout du doigt; mesure.
Coudelattes, *s. f. pl.* pièces d'une galère. C. G. V. Coudelates. R.
Couder, *v. a. Flectere.* dé. e, *p. adj.* plier en forme de coude.
Coudonnier, *s. m.* espèce de cognassier. R. Coudounier. RR.
Coudous, *s. m.* quadrupède.
Coudoyer, *v. a. Pulsare cubito.* yé. e, *p.* heurter du coude.
Coudraie, *s. f. Coryletum.* lieu planté de coudriers. * Coudrette. V.
Coudran, *s. m.* Coudron. Coudraner, *v. a.* né. e, *p.* coudraneur, *s. m.* R. * voyez Goudron, Goudronner.
Coudre, *v. a. Suere.* su. e, *p.* joindre des étoffes, etc. avec du fil passé; rassembler.
Coudre, *s. m. ou* Coudrier, noisetier.

Coudrement, *s. m.* action de coudre ensemble les cuirs. C. G. V.

Coudrer, *v. a.* dré. e, *p.* brasser les cuirs. C. G.

Coudrette, *s. f.* coudraie. * Coudrete. R.

Coudrier, *s. m. Corylus.* Coudre, noisetier, à fleurs en chatons, à houppes de filets rouges pour pistils.

Couenne, *s. f. Suilla cutis.* peau de pourceau. * *et* Coine. V. croûte blanche et cendrée sur le sang dans les maladies inflammatoires. B.

Couenneux. se, *adj. Cutaneus.* de la nature de la couenne.

Couet, *s. m.* cordes amarrées à la voile. C. G. V.

Couette, *s. f.* (*vieux*) lit de plume. * voyez Coite. R. grenouille, crapaudine d'un pivot. B.

†Couffe, *s. m.* mesure égyptienne, 183 liv.

Coufle, *s. f.* t. de commerce, balle de séné du Levant. C. G. V.

Couguard, *s. m.* animal de proie de l'Amérique méridionale, à poil d'un roux vif, mêlé de teintes noirâtres.

Couhage, *s. m.* fève puante contre l'hydropisie.

†Couin, *s. m.* chariot armé de couteaux et de rasoirs, t. d'antiquité.

†Cou-jaune, *s. m.* très-joli petit oiseau de Saint-Domingue, un peu analogue au chardonneret, intelligent, d'un chant agréable; vit d'insectes, fréquente les ruisseaux.

†Coukéels, *s. m.* oiseau du genre des coucous.

Couillaud, *s. m.* homme gai, gaillard, sans souci. PARNASSE DES MUSES.

Couillaut, *s. m.* valet de chanoine. R.

Couillard, *s. m.* corde qui tient la grande voile. * pièce d'un moulin. C. G. V.

†Coulacissi, *s. m.* troisième espèce de perruche à queue courte.

Couladoux, *s. m.* cordages qui remplacent les rides, t. de marine. C. G. V.

Coulage, *s. m.* perte par écoulement. * t. de commerce. RR.

Coulamment, *adv. Fluidè.* d'une manière coulante. * Coulament. R.

Coulant, *s. m.* diamant enfilé; anneau.

Coulant. e, *adj. Fluens.* qui coule aisément.

†Couldre, *v. a.* couper, pourfendre, sabrer. (*vieux*).

Coule, *s. f.* habit de religieux, scapulaire. C. R.

Coulé, *s. m.* t. de musique, passage; pas de danse. * t. de salines, issue de l'eau; ouvrage monté; première teinte; t. de brodeur. B.

Coulée, *s. f.* (écriture). * t. de marine, adoucissement. G. ouverture d'un fourneau de forge, etc. B.

Coulement, *s. m. Fluxio.* flux d'un liquide; t. d'escrime, glissé en avançant. C. G. V.

†Coulequin, *s. m. Cecropia.* genre de plantes qui ont des rapports avec les mûriers et les orties.

Couler, *v. n. Fluere.* en parlant du liquide qui suit sa pente; fluer; glisser; passer; être aisé, *v. a.* lé. e, *p.* passer à travers; fondre; faire glisser, passer. (se), *v. r.* se glisser.

†Couleresse. *s. f.* bassin de raffineur de sucre.

†Coulette, *s. f.* truble montée comme une raquette.

Couleur, *s. f. Color.* impression de la lumière; drogue pour peindre; teinte; teint; apparence, prétexte; t. d'arts et métiers. *pl.* t. de blason, livrées. * *s.* et *adj.* G.

Couleuvre, *s. f. Coluber.* serpent du 3e. genre, non venimeux, vit de grenouilles, de lézards, d'insectes, de souris, aime passionnément le lait, et s'apprivoise. * panier pour exprimer le manioc. B.

Couleuvreau, *s. m.* petite couleuvre.

Couleuvrée, *s. f.* ou Brioine, plante sarmenteuse. * Coulevrée. R.

Coulevrine, *s. f.* canon très-long (*figuré*); dépendance.

†Coulière, *s. f.* fer applati en verge.

Coulis, *s. m. Succus colatus.* suc de viande consommée: plâtre gâché clair. *adj.* qui se glisse (vent).

Coulisse, *s. f. Canalis.* rainure de volet; volet; décorations, lieu où elles sont. — de galée, planchette, t. d'imprimerie.

†Coulisseau, *s. m.* languette qui tient lieu de rainure. *pl.* bâtis pour placer des tiroirs.

†Coulisseur, *s. m.* outil de faiseur de coulisses.

†Coulissoire, *s. f.* écouenne de facteur de musette, pour faire les coulisses.

Couloir, *s. m. Colum.* long passage; canal; t. d'anatomie. * écuelle de bois dont le fond percé est garni d'un linge pour passer. B.

†Couloire, *s. f. ou* Couloir, *s. m.* vase pour passer; panier sous la cuve; filière pour le laiton.

†Coulombe, *s. f.* gros poteau dans les cloisons.

Coulon, *s. m.* (*vieux*) pigeon. V.

†Goulon-chaud, Tourne-pierre, *s. m. Arenaria.* genre d'oiseaux de rivage, qui retournent les pierres pour saisir les insectes; gros comme le merle.

†Coulotte, *s. f.* t. de plombier, bois pour enlever la lame; t. de scieur de long, pièce qui soutient le bois à refendre.

Coulpe, *s. f.* t. de liturgie, faute, tache du péché.

†Coult, *s. m.* bois d'Amérique, médicinal et de marqueterie.

Coulure, *s. f. Roratio.* mouvement de ce qui coule; t. d'agriculture, maladie des plantes causée par les pluies ou le vent qui enlèvent les étamines et empêchent la fécondation; t. de fondeur, ce qui coule du moule. *pl.* t. de pêcheur, cordes de crin.

Coup, *s. m. Ictus.* choc, son impression; blessure; marque; éclat; événement; jet; mouvement; essai; action; orbe; charge; une fois; ce qui se fait, se dit en une fois; t. d'arts et métiers.

†Coup (tout d'un), *adv.* tout en une fois.

Coup sûr (à), *adv.* certainement. * à-coup-sûr. C.

Coup (à ce), *adv.* cette fois.

Coup (après coup), *adv.* quand il n'est plus temps.

Coup (pour le), *adv.* pour cette fois.

Coup sur coup, *adv.* tout de suite.

Coup (tout à), *adv.* soudainement. * tout-à-coup. G.

Coup (encore un), *adv.* encore une fois.

†Coup-de-poing, *s. m.* vrille pour percer les tonneaux d'un seul coup.

Coupable, *adj.* 2 *g. s.* qui a commis une faute, un crime; criminel.

Coupans, *s. m. pl.* bords de l'ongle du sanglier. G. V.

Coupant. e, *adv.* qui coupe. G. V.

Coupaut, *s. m.* voyez Copeau. V.

Coupe, *s. f.* action, manière de couper; figure; distribution; vase; *Patera.* communion sous l'espèce du vin; section perpendiculaire d'un corps; constellation méridionale.

Coupe-bourgeon, *s. m.* insecte qui ronge les bourgeons. * *ou* Bêche, *ou* Lisette. B.

Coupe-cercle, *s. m.* t. de cartonnier, instrument pour couper en cercle.

†Coupe-cou, *s. m.* instrument à lame courbe et longue.

Coupe-cu, *s. m.* terme de jeu. * à coupe-cu, *adv.* G.

Coupe-gorge, *s. m. Locus cædibus infamis.* passage dangereux; lieu où l'on assassine, où l'on rançonne; t. de jeu, académie où l'on trompe; t. de marine, courbe de la gorge du vaisseau.

Coupe-jarret, *s. m. Sicarius.* assassin de profession. * Coupe-jaret. R.

†Coupe-paille, *s. m.* instrument pour hacher menu la paille.

Coupe-pâte, *s. m.* t. de boulanger, de patissier, moule, emporte-pièce. C. G. V.

†Coupe-queue, *s. m.* outil de chandellier.

Coupe-rose, *s. f. Chalcantum.* vitriol martial ou de fer. * cristal vitriolique, produit par le fer dissout par l'acide vitriolique; sulfate de fer. *Gutta rosa.*

Coupe-tête, *s. m.* sorte de jeu d'enfans. * et *adj.* assassin. B.

Coupé, *s. m.* pas de danse.

Coupeau, *s. m. Cacumen.* (*vieux*) sommet d'une montagne. * *ou* Coupon, bande de carton de la largeur de la carte. B.

Coupeler, *v. a.* lé. e, *p.* essayer l'or, passer à la coupelle. C. R. * Coupeller. G. V.

†Coupellation, *s. m.* action de purifier à la coupelle.

Coupelle, *s. f. Cupella.* vase fait de cendres pour purifier les métaux, t. de chimie. * *s. m.* pelle pour remuer la poudre à canon. Examen sévère, sujétion; (être sous la coupelle, *expression vicieuse*, *pour* la coupe). B. Coupele. R.

Couper, *v. a. Secare.* pé. e, *p.* trancher; diviser; traverser; tailler; faire fermer; châtrer. *v. n.* séparer en deux, abréger, etc. (se), *v. r.* s'entamer la chair, se croiser, se contredire.

Couperet, *s. m. Securicula.* sorte de couteau; outil d'acier d'émailleur.

Couperosé, e, *adj. Pustulis aspersus.* bourgeonné.

†Couperu, *s. m.* Truble *ou* Nasse.

Coupeur. se, *s. Sector.* qui coupe; t. de métiers; joueur.

Coupeur de bourse, *s. m.* filou. * Coupeur-de-bourse. C.

†Coupeur-d'eau, *s. m.* oiseau aquatique, noir.

Coupis, *s. m. pl.* toile de coton des Indes. C. G.

Couple, *s. f. Copula.* deux choses de même espèce réunies; lien. *s. m.* amans, époux. *s. m. pl.* côtes de navire.

Coupler, *v. a. Copulare.* plé. e, *p.* attacher deux à deux; loger deux ensemble.

Couplet, *s. m. Cantiuncula.* stance; t. de serrurier, pattes unies par une charnière; fusil à canon brisé.

Coupleter, *v. a.* té. e, *p.* (*familier*) faire des couplets contre quelqu'un.

†Couplière, *s. f.* assemblage de huit rouettes.

Coupoir, *s. m.* outil pour couper et rogner.

Coupole, *s. f. Tholus.* intérieur d'un dôme.

Coupon, *s. m. Recisamentum.* reste d'étoffe; partie de; papier portant intérêt. * 18e. partie d'un train de bois. B.

Coupure, *s. f. Incisio.* séparation, blessure faite en coupant; retranchement; fossés; palissades.

Coups (à tous), *adv.* à tout instant, à chaque fois.

Cour, *s. f. Area.* espace entouré de murs, de bâtimens; résidence d'un souverain; le souverain et ses officiers, leurs manières; respects, assiduités; siége de justice, les juges.

Courable, *adj.* 2 *g.* qui peut être couru, t. de chasse. C. G. V.

Couradoux, *s. m.* t. de marine. voyez Corradoux.

Courage, *s. m. Animus.* valeur; ferme résolution; fermeté dans le péril; dureté de cœur; passion.
Courage! *interjection*, ou *particule d'exhortation.*
Courageusement, *adv. Fortiter.* avec courage.
Courageux, se, *adj. Magnanimus.* qui a du courage.
Couramment, *adv. Facilè.* rapidement; facilement.* Courament. R.
Courant, *s. m. Profluens.* le fil de l'eau. *pl.* mouvement progressif de la mer en plusieurs endroits; le cours des choses; le taux; la suite.* — d'air, t. de charpentier. G. souffle régulier, ordinairement produit par l'art. B.
Courant (tout-), *adv.* sans hésiter. * tout courant. G.
Courant, e, *adj. Currens.* qui court.
Courante, *s. f.* danse remplie d'allées et de venues; écriture cursive par abréviation; chant. * diarrhée. A.
Courantin, *s. m.* fusée sur une corde. C. G. V.
†Courbaril, *s. m. Hymenoea.* genre de plantes légumineuses; arbre.
Courbaton, *s. m.* pièces servant de contreforts. C. G. V.
Courbatu, e, *adj. Impeditus.* qui a la courbature.
Courbature, *s. f. Lassitudo.* maladie de l'homme, du cheval, provenant de fatigue; lassitude douloureuse.
Courbe, *adj.* 2 *g. Curvus.* en arc, qui n'est pas droit.
Courbe, *s. f.* ligne courbe; bois courbé; enflure aux jambes des chevaux. * attelage de deux chevaux pour les bateaux. G.
Courbement, *s. m.* (*inusité*) action de courber. R. C. G.
Courbement, *adv.* d'une manière courbe. R.
Courber, *v. a. Curvare.* bé. e, *p. adj.* rendre courbe; plier; céder. (se), *v. r.* devenir courbe; se plier.
Courbet, *s. m.* partie d'un bât. C. G. * grande serpe pour tailler les arbres. B.
Courbette, *s. f. Crurum glomeratio.* parlant d'un cheval qui se cabre un peu. — *pl.* (faire des), ramper. * Courbete. R.
Courbetter, *v. n.* té. e, *p.* faire des courbettes. G. C. * Courbeter. R.
†Courbotte, *s. f.* balancier pour les soufflets de forge.
Courbure, *s. f. Curvatura.* état d'une chose courbée; inflexion; pli.
Courcaillet, *s. m.* appeau, cri des cailles.
†Cource, *s. f.* bois qu'un vigneron laisse à la taille.
Courcele, *s. f.* petite cour. R. * Courcelle. V.
†Courcet, *s. m.* grande serpe pour tailler les arbres.
Courcier, *s. m.* partie d'une chaloupe, t. de marine. C. G. * voyez Coursie. G.
Courcive, *s. f.* demi-pont, t. de marine.
Courçon, *s. m.* t. d'artillerie, bande pour serrer les moules. C. G. V. * pieu caché dans l'eau. B.
Coureau, *s. m.* bateau. C. * *pl.* coureaux. G. V.
Courée, *s. f.* suif, soufre, résine, etc. mêlés, pour enduire les navires.
Couret, *s. m.* t. de marine. R. voyez Courée. G.
Coureur, se, *s. Cursor.* léger à la course; qui va et vient; jeune libertin; cheval de selle; vagabond; valet qui court devant la voiture. *pl.* cavaliers en détachement. *s. f.* prostituée. *s. m.* oiseau palmé, du même genre que l'avocette. *Corira.*
†Coure-vite, *s. m.* oiseau qui tient le milieu entre le râle et la perdrix de mer.
Courge, *s. f. Cucurbita.* plante rampante, de la famille des cucurbitacées, qui a beaucoup de rapport avec les concombres; de beaucoup d'espèces; corbeau de fer.
†Couricaca, *s. m.* espèce de cigogne du Brésil et de la Guiane.
Courir, *v. a. Currere.* ru. e, *p.* aller avec vîtesse; errer; faire trop vite; coûler; circuler; s'étendre; poursuivre; voyager, etc. t. de marine, faire route; t. militaire, ravager, piller. * *v. n.* ou Courre, *v. a.*
†Courliri *ou* Courlan, *s. m.* espèce de héron de Cayenne.
Courlis, Courli, Courly, *s. m. Clorius.* oiseau de plusieurs espèces; habite les rivages. * *ou* Courlieu.
Couronne, *s. f. Corona.* ornement de tête; souveraineté; tonsure; météore ou anneaux lumineux autour des astres; t. de vétérinaire, t. d'arts et métiers. * — du nord, constellation formée par sept étoiles en demi-cercle. — boréale, constellation de huit étoiles. — méridionale, constellation de seize étoiles. — d'Ethiopie, coquillage univalve. — impériale, plante du genre de la fritillaire, émolliente, racine digestive; coquille univalve, du genre des volutes. — sorte de papier. * Courone. R.
Couronnée, *s. f.* rime ancienne, formée par la répétition de la dernière syllabe de chaque vers; *exemple*, la blanche colombelle, belle.
Couronnement, *s. m. Coronæ impositio.* cérémonie pour couronner; partie supérieure; tableau; ornement; accomplissement, perfection d'une chose; t. d'anatomie, d'architecture, de marine. * Couronement. R.
Couronner, *v. a. Coronare.* né. e, *p.* mettre une couronne sur la tête; perfectionner; récompenser; honorer; achever; environner. * Couroner. R.
Couronnure, *s. f.* couronne du cerf. * Couronure. R.
Couroucou, *s. m. Trogon.* oiseau d'Amérique, du genre des grimpeurs. L.
†Couroupite, *s. f. Couroupita.* grand arbre de la Guiane, à belles fleurs en épi.
†Courre, *s. f.* endroit où l'on place les lévriers en chassant le loup, etc.
Courrier, *s. m. Cursor.* qui porte les dépêches; qui court la poste. * Courier. R. * oiseau, chevalier à pieds rouges. B.
Courrière, *s. f.* se dit de la lune et de l'aurore, t. de poësie. * Couriere. R.
Courroie, *s. f. Corrigia.* lien de cuir. * *pl.* supplice militaire. B.
Courroucer, *v. a. Bilem commovere.* cé. e, *p.* irriter, mettre en colère. (se), *v. r.*
Courroux, *s. m. Ira.* colère (*style noble*).
Cours, *s. m. Cursus.* flux; course, marche naturelle; progrès; durée; vogue; promenade; traité; étude; leçons publiques, etc.
Course, *s. f. Cursus.* action de courir; voyage; incursion; carrière.
Coursier, *s. m. Equus bellator.* grand et beau cheval; t. de marine, canon; partie de galère. * *et* Coursie, t. de marine. G. A. passage pour l'eau des moulins de forge. B.
Coursière, *s. f.* t. de marine, pont-levis couvert. * Coursiere. R.
Courson, *s. m. Resex.* branche taillée tout court. * *ou* Crochet. G. fer très-doux du Berry. B.
Court, e, *adj. Brevis.* qui a peu de longueur, de durée.
Court (de), *adv.* avec peu de liberté, d'étendue.
Court (tout), *adv.* sans addition, aussitôt.
Court-bâton, *s. m.* courbe de charpente, t. de marine. R. G. C. * tirer au — disputer. RR.
Court-bouillon, *s. m. Garum.* sauce pour le poisson.
Court-bouton, *s. m.* pièce de l'attelage des bœufs.
†Court-carreau, *s. m.* ou Poupée, *s. f.* bloc de bois du marteau de forge.
†Court-jointé, e, *adj.* (cheval) dont le paturon est court.
†Court-mancher, *v. a.* é. e, *p.* t. de boucher, fixer l'épaule près du corps.
†Court-monté, e, *adj.* (cheval) bas des reins.
Court-pendu, *s. m.* Capendu, pomme. G.
Courtage, *s. m. Proxenetarum munus.* entremise, négociation de courtier.
†Courtaille, *s. f.* épingle manquée.
Courtaud, *s. m.* garçon de boutique; instrument de musique. *adj.* écourté, de taille courte. C. G.
Courtauder, *v. a.* dé. e, couper la queue d'un cheval, t. de manége.
†Courtaut, *s. m.* basson; basse de musette.
Courte-botte, *s. m.* (*populaire*) petit homme. C. V. * Courte-bote. R.
Courte-boule, *s. f.* t. de jeu de boule. R. G.
†Courte-épine, *s. m.* poisson du genre des deux-dents.
Courte-haleine, *s. f.* asthme.
Courte-paille, *s. f.* pailles inégales pour tirer au sort.
Courte-paume, *s. f.* t. de jeu de paume avec des raquettes.
Courte-pointe, *s. f. Stragulum acu pictum.* couverture. * Contre-pointe. R.
Courte-pointier, *s. m.* qui fait et vend des courte-pointes. C. G.
†Courte-queue, *s. f.* tortue à queue très-courte.
Courtement, *adv.* (*inusité*) d'une manière courte. R.
†Courtes-lettres, *s. f. pl.* lettres dont le corps doit être coupé des deux côtés, t. de fondeur.
†Courtibaut, *s. m.* sorte de tunique dans le Berry.
Courtier, *s. m. Proxeneta.* entremetteur dans les ventes. * Couratier (*vieux*). RR.
†Courties *ou* Courtil, *s. m.* champ propre à mettre du chanvre.
Courtilière, *s. f.* insecte, larve du hanneton. * Courtiliere. R.
†Courtillage, *s. m.* petit jardin (*vieux*).
Courtille, *s. f.* jardin. V. * *ou* Gourtiliere, insecte dévastateur. R.
Courtine, *s. f.* rideau de lit; mur; t. de fortification. *Aggeris frons.* espèce de gord. * façade de bâtimens entre deux pavillons. B.
Courtisan, ne, *adj. Aulicus.* attaché à la cour; qui courtise, cherche à plaire. *s. f.* femme prostituée.
Courtiser, *v. a. Gratiam venari.* sé. e, *p.* (*familier*) faire la cour; être assidu auprès de; chercher à plaire.
Courtois, se, *adj. Urbanus.* (*vieux*) civil, affable, gracieux.
Courtoisement, *adv.* (*vieux*) d'une manière courtoise.
Courtoisie, *s. f. Urbanitas.* civilité; honnêteté; bon office.
Courton, *s. m.* filasse de la 3e. sorte. C. G. V.
Courts-jours (à), *s. m. pl.* t. de négoce. R.
Cous, *s. m.* pierre à aiguiser. V. * *ou* Coyer. G. poisson du genre du silure. B.
Couseuse, *s. f.* qui coud les livres. RR.
Cousin, *s. m. Culex.* moucheron, maringouin incommode par son bruit et ses piqûres; insecte à longues pattes, deux ailes, deux balanciers, tête armée d'un aiguillon, à antennes, à panaches; sa larve habite l'eau, a la tête très-

grosse : elle est très-vive ; pâtisserie. * — plante d'Amérique, qui a le port de la guimauve, astringente. B.

Cousin. e, *s. Patrueles.* issu de frères ou de sœurs.

Cousinage, *s. m. Cognatio.* parentée entre cousins ; famille ; amis.

Cousiner, *v. n. Cognatum dicere.* appeler quelqu'un cousin. * vivre comme cousins. RR. faire le parasite chez de prétendus parens. V. G.

Cousinete *ou* Cousinote, *s. f.* pomme. R.

Cousinière, *s. f.* rideau de gaze contre les cousins. * Cousiniere. R. parentée nombreuse et à charge. AL.

Cousoir, *s. m.* table pour coudre, t. de relieur. C. G. V.

†Coussapier, *s. m. Coussapoa.* genre de plantes de la famille des figuiers.

†Coussecaye *ou* Coussecaille, *s. f.* ragoût de manioc.

†Cousse-couche *ou* Couche-couche, *s. f.* racine potagère des Antilles, de la forme d'un gros navet, chair blanche, farineuse.

Coussi-coussi, *adv.* (*populaire*) tellement quellement. RR. voyez Couci.

Coussin, *s. m. Pulvinus.* sac rembouré ; oreiller.

Coussinet, *s. m.* petit coussin. * *ou* Canneberge, plante. B.

Cousson, *s. m.* t. d'agriculture. R.

†Coustement, *s. m.* frais, loyaux-coûts.

†Coustières, *s. f. pl.* gros cordages qui soutiennent les mâts d'une galère.

Coût, *s. m. Sumptus.* ce qu'une chose coûte. * Coûtage. V.

Coûtant (prix), *adj. m.* ce qu'il en a coûté. * Coutant. R.

†Coutarde épineuse, *s. f. Hydrolea spinosa.* plante aquatique de Cayenne, à fleurs monopétales, en roue, bleues. * espèce de pâtisserie de lait, d'œufs, de miel et de farine. B.

Couteau, *s. m. Culter.* lame emmanchée ; petite épée ; coquille.* poisson du genre du cyprin. B.

Coutelas, *s. m. Acinaces.* épée large et plate ; cimeterre.* outil de papetier. B. petite voile le long de la grande. V.

Coutelier. ère, *s. Cultrorum faber.* faiseur de couteaux. * Couteliere. R. *ou* Manche de couteau, genre de coquillage univalve, de la famille des tellines, ainsi nommé à cause de sa forme. *Solen.*

Coutelière, *s. f. Cultrorum theca.* étui à couteaux. * Couteliere. R.

Couteline, *s. f.* indienne. * grosse toile de Surate. B.

Coutellerie, *s. f.* métier, commerce, atelier, magasin de coutelier. * Coutélerie. R.

Coûter, *v. a.* être difficile. *v. n. imp.* être acheté à prix d'argent, de fatigue, de soins, etc. *Constare.* * Couter. R.

Coûteux. se, *adj.* qui cause de la dépense. * Couteux. R.

Coutier, *s. m.* faiseur de coutil. G. C.

Coutières, *s. f. pl.* gros cordages. G. V. * Coutieres. R.

Coutil, *s. m. Tela fili densioris.* toile forte. * *ou* Coutis. G.

Coutillade, *s. f.* balafre d'une coutille. C. G. V.

Coutille, *s. f.* dague ancienne. C. G. V.

Coutillier, Coustilier *ou* Coutilier, *s. m.* soldat armé d'une coutille. G. C. V.

Couton, *s. m.* arbre du Canada, à suc vineux.

†Coutoubée, *s. f. Coutoubea.* genre de plantes exotiques, monopétales.

Coutre, *s. m. Culter.* fer de charrue ; t. de litur. serviteur d'église. * Coûtre. R. outil tranchant à manche ; t. de métiers. B.

Coutrie, *s. f.* place de service d'église. R. * Couterie. V.

†Coûtrier, *s. m.* charrue de Provence pour labourer profondément.

Coutume, *s. m. Consuetudo.* habitude dans les mœurs, etc. usage ; droit ; livre des coutumes.

Coutumerie, *s. f.* levée des impôts. V.

Coutumier, *s. m. Codex.* livre de droit.

Coutumier. ère, *adj. Solitus.* selon la coutume ; qui a coutume de. * *f.* Coutumiere. R.

Coutumiérement, *adv.* par coutume. R. * Coutumièrement. V.

Couture, *s. f. Sutura.* rang de points à l'aiguille ; art, action, manière de coudre ; lieu où l'on coud ; cicatrice ; t. d'arts et métiers. * Couturerie. R.

Couture (à plate), *adv.* complétement (battre).

Couturé. e, *adj.* marqué de coutures. A. V.

Couturier. ère, *s. Sarcinator.* qui coud. * *f.* Couturiere. R.

Couturier, *s. m.* muscle de la jambe.

Couvain, *s. m.* semence d'insectes. * *ou* Couvein. G.

†Couvaison, *s. m.* saison où couvent les oiseaux de basse-cour.

Couvée, *s. f. Incubatio.* œufs couvés à la fois ; les petits qui en sont éclos ; engeance.

Couvent, *s. m. Cœnobium.* maison de religieux, ses habitans.

Couver, *v. a. Incubare.* vé. e, *p.* en parlant de l'oiseau qui échauffe ses œufs ; tenir caché. *v. n.* être caché. (se), *v. r.* se former.

Couvercle, *s. m. Operculum.* ce qui est fait pour couvrir, fermer.

Couverseau, *s. m.* planche de moulin. V. voyez Converseau.

Couvert, *s. m.* ce qui couvre une table ou sert à table ; logement ; toit ; ombre ; enveloppe ; lieu couvert d'arbres. CO. * couteau, cuiller et fourchette dans un étui ou sur une table. B.

Couvert (à), *adv. Tutè.* en sûreté ; garanti par.

Couvert. e, *adj. Tectus.* caché ; obscur ; vêtu ; défendu ; dissimulé.

Couverte, *s. f.* t. de marine, pont ; t. de fauc. plume ; t. de manufact. émail sur la terre cuite. * (*populaire*) couverture.

Couvertement, *adv. Occultè.* secrétement, en cachette.

Couverture, *s. f. Tegmen.* ce qui sert à couvrir ; prétexte.

Couverturier, *s. m. Propola.* qui fait et vend des couvertures.

Couvet, *s. m.* pot plein de feu et de cendres. G. C. V.

Couveuse, *s. f.* poule qui couve.

Couvi, *adj. Ovum corruptum.* œuf à demi-couvé, gâté.

Couvre-chef, *s. m. Rica.* coiffe, bandage de tête.

†Couvre-face, *s. m.* contre-garde.

Couvre-feu, *s. m. Foci operculum.* ustensile ou signal pour couvrir le feu.

Couvre-pied, *s. m. Tegumentum.* petite couverture.

Couvre-plat, *s. m.* ce qui couvre un plat. G.

Couvreur. se, *s. Ædium tector.* qui couvre les bâtimens.

Couvreuse, *s. f.* femme du couvreur ; celle qui couvre les chaises. G.

Couvrir, *v. a. Tegere.* vert. e, *p.* mettre dessus ; revêtir ; cacher ; dissimuler ; défendre. (se), *v. r.* s'accoupler ; mettre son chapeau ; s'obscurcir ; acquérir.

†Covado, *s. m.* mesure portugaise, 300 livres.

Covenant, *s. m.* t. de l'histoire d'Angleterre, ligue solennelle. V.

Covendeur, *s. m.* qui vend avec un autre, t. de pratique. C. G. * Co-vendeur. V. R.

†Co-verse, *s. adj. m.* (sinus) reste du diamètre, le sinus verse étant ôté.

Coyau, *s. m. Deliquium.* t. de charpentier, pièce entaillée sur la roue d'un moulin ; bout de chevron. R.

†Coyer, *s. m.* pièce de charpente qui s'assemble au pied du poinçon. * *pl.* pièce qui va d'un poinçon à l'arrêtier. R.

†Coyolcos, *s. m.* oiseau.

Crabe, *s. m. Cancer.* animal du genre des crustacées, amphibie ou de terre ; il a beaucoup de conformité avec le cancre.

Crâbe, *s. m.* bois d'Amérique. R.

Crabier, *s. m. Carcinophaga.* oiseau d'Amérique, espèce de petit héron qui vit de crabes. * — didelphe, jaune, nuancé de brun, qui vit de crabes. B.

†Crabites, *s. f. pl.* crabes fossiles. voyez Gammarolites.

†Crabotage, *s. m.* commencement de l'ouverture d'une carrière.

†Crabrons, *s. m. pl. Crabro.* insectes hyménoptères, très-communs sur les fleurs ; ressemblent aux petites guêpes.

Crac, *s. m.* maladie des oiseaux de proie. *interj.* qui exprime le bruit, la soudaineté. (*fam.*)

Crachat, *s. m. Sputum.* salive, flegme.

Crachement, *s. m. Exscreatio.* action de cracher.

Cracher, *v. a. Despuere.* ché. e, *p.* jeter dehors la salive. * jaillir hors du moule. B.

Cracheur, *s. m. Sputator.* qui crache souvent. * *f.* Cracheuse. G.

Crachoir, *s. m.* vase pour cracher.

Crachotement, *s. m.* action de crachoter.

Crachoter, *v. n. Sputare.* cracher peu et souvent.

†Craffe, *s. f.* banc de pierre, de terre, t. d'ardoisier.

Craie, *s. f. Creta.* pierre blanche et tendre. * terre calcaire, friable, farineuse, sans saveur, ni odeur, calcinable, etc., débris de coquilles pulvérisées, réunis par l'eau ; carbonate. B.

Craignant, *s. adj. p.* (Dieu) religieux ; pieux.

†Craillement *ou* Croaillement, *s. m.* cri du corbeau. voyez Croassement.

Craindre, *v. a. Timere.* craint. e, *p.* redouter appréhender ; avoir peur ; respecter.

Crainte, *s. f. Timor.* appréhension ; peur ; respect.

Crainte de, que, *conj.* de peur que, de peur de. * de-crainte-que, de-crainte-de. C.

Craintif. ve, *adj. Timidus.* peureux, sujet à la crainte.

Craintivement, *adv.* (*inusité*) avec crainte.

†Cramailler, *s. m.* rateau denté aux répétitions, t. d'horloger.

Cramani, *s. m.* premier juge d'une ville aux Indes. G. V.

†Crambé, *s. m. Crambe.* genre de plantes à fleur polypétales, de la famille des crucifères.

Cramoisi, *adj. s. m. Chremesinus.* rouge foncé ; teinture.

Crampe, *s. f. Crampus.* sorte de contraction convulsive et douloureuse.

Crampe (goutte-), *s. f.* goutte subite qui dure peu.

Crampon, *s. m. Ansa.* morceau de métal courbé ; cuir en anneau, t. d'arts. * *s. m. pl.* vers intestins à bouche entourée de crochets. *Hæruca.* B.

Cramponner, *v. a. Fibulare.* attacher avec des

crampons. (se), *v. r.* s'attacher fortement à. -né, e, *p. adj.* t. de blason. * Cramponer. R.
†Cramponnet, *s. m.* petit crampon; partie d'une serrure.
Cran, *s. m. Incisio.* coche; entaille; sillon, t. d'arts et métiers. * *ou* Raifort, plante. CO. *pl.* replis de la chair dans la bouche du cheval; t. de tailleur. B.
Crancelin, *s. m. Crancelinium.* portion de couronne, t. de blason. C.-G. V.
Crâne, *s. m. Calva.* boîte osseuse du cerveau: fou, écervelé; tête.
†Cranequin, *s. m.* fer pour tendre l'arbalète.
†Cranequinier, *s. m.* qui se servoit du cranequin.
†Crangon, *s. m. Crango.* le cardon, espèce de cancre.
†Cranie, *s. f. Crania.* mollusque acéphale, bivalve.
Craniolaire, *s. f.* coquille qui représente un crâne. L.
†Cranson, *s. m.* Cochlearia, herbe aux cueillers.
Craonnois. e, *s. adj.* de Craon. V.
Crapaud, *s. m. Bufo.* animal venimeux, amphibie, reptile, ovipare, à corps tuméfié, arrondi, tuberculeux et sale, à la différence des grenouilles; il vit long-temps quoiqu'enfermé hermétiquement; homme laid. * — de mer, poisson du genre du scorpène. — volant, voyez Tette-chèvre. B.
Crapaudaille *et* Crépodaille, *s. f.* crêpe fort délié. * Crépodaille. RR.
Crapaudière, *s. f.* retraite des crapauds; lieu bas, sale et humide. * Crapaudiere. R.
Crapaudine, *s. f. Batrachites.* pierre précieuse, Buffonite; plante à fleurs monopétales, de la famille des labiées, vulnéraire, excellente dans les bains pour faire décrasser, *ou* Sidéritis: maladie du cheval, ulcère au paturon; fer creux qui reçoit un pivot; t. d'arts et métiers, t. d'imprimerie. * dent de poisson fosille ou pétrifiée. — espèce de loup marin. B.
Crapaudine (à la), *adv.* (pigeon) en forme de crapaud, t. de cuisine. * à-la-crapaudine. C.
Crapone, *s. f.* t. d'horloger, lime bâtarde.
Crapoussin. e, *s.* personne petite et contrefaite.
†Crappe, *s. f.* graisse de la meule du moulin.
Crapule, *s. f. Crapula.* vile et continuelle débauche.
Crapuler, *v. n. Perpotare.* être, vivre dans la crapule.
Crapuleux. se, *adj. Ganeo.* qui aime la crapule.
†Craquelée *ou* Truitée, *adj. f.* (porcelaine) fendillée.
Craquelin, *s. m. Crustulum.* pâtisserie qui craque sous la dent. * *ou* Craquelot, crabe qui a quitté sa robe. B.
Craquelot, *s. m.* ou Craquelin, hareng saur nouveau. C. G. V.
Craquement, *s. m. Crepitus.* son de ce qui craque.
Craquer, *v. n. Crepare.* (*familier*) faire du bruit en se rompant; hâbler; mentir.
Craquerie, *s. f.* hâblerie, menterie.
Craquetement, *s. m.* convulsion qui fait craquer les dents. C. * Craquètement. V. G. Craquement. A.
Craqueter, *v. n.* craquer souvent et à petit bruit. * la cigogne craquète. A. R.
†Craquette, *s. f.* t. de tailleur, fer pour repasser les boutonnières.
Craqueur. se, *s.* menteur.
Crâse, *s. f. ou* Synérèse (l'a pour le a) figure de grammaire. A. C. G. V.
Craspédon, *s. m.* maladie de la luette qui pend. G. * Craspedon. AL.
Crassane, *s. f.* sorte de poire. G.
†Crassatelle, *s. f. Crassatella.* mollusque acéphale, à coquille.
Crasse, *s. f. Squalor.* ordure attachée au corps; avarice; rusticité; ordure. * *pl.* écaille des métaux. B.
Crasse, *adj. f. Crassus.* épaisse, grossière (ignorance).
Crasseux. se, *adj. s. Squalidus.* qui a de la crasse; avare.
†Crassule, *s. f. Crassula.* plante d'Afrique, de la famille des joubarbes.
Cratère, *s. m. Crater.* bouche d'un volcan; tasse ancienne. * Crater. CO. Cratere. R.
†Craticulaire, *adj.* 2 *g.* (prototype) modèle d'une anamorphose; anamorphose.
Craticuler, *v. a.* lé. e, *p.* t. de peintre, réduire par les carreaux pour copier.
Cravan, *s. m. Brenta.* oiseau aquatique, cane à collier blanc, plus petite que l'oie; coquillage.
Cravate, *s. m. Croata.* cheval de Croatie. *s. f.* linge qu'on met et noue autour du cou; nom de plusieurs oiseaux. * *pl.* milice, milicien à cheval.
Crave *ou* Coracias, *s. m.* oiseau.
†Crayer, *s. m.* cendre du charbon de terre vitrifiée; bâtiment du nord à trois mâts.
Crayon, *s. m. Graphium.* substances terreuses, pierreuses, minérales ou colorées, dont on se sert pour dessiner; dessein; portrait fait avec du crayon; ébauche. * — noir, voy. Ampelite, Plombagine, Molybdene. — rouge *ou* Sanguine. B.
Crayonner, *v. a. Tabellam delineare.* né. e, *p.* tracer, dessiner au crayon; esquisser; mettre le premier trait. * Crayoner R.
Crayonneur, *s. m.* qui crayonne. C. G. * Crayoneur. R.
Crayonneux, se, *adj.* de la nature du crayon. * Crayoneux. R.
†Créadier, *s. m.* espèce de traîneau, de tramail; filet.
Créance, *s. f.* dette active; instruction secrette. *Mandatum.* confiance, sureté, t. de vénerie.
†Créancer, *v. a.* promettre (*vieux*).
Créancier. ère, *s. Creditor.* à qui on doit. * *f.* Créanciere. R.
†Créantation, *s. f.* passation d'un acte chez un notaire.
†Créanter, *v. a.* promettre; consentir; cautionner; passer, expédier un acte. (*vieux*)
Créat, *s. m.* sous-écuyer dans une académie.
Créateur, *s. adj. m. Creator.* qui crée, qui tire du néant.
Création, *s. f. Molitio.* action de créer, ses effets. * nouvel établissement. B.
Créature, *s. f. Res creata.* être créé; protégé.
Crebebe, *s. m.* arbre, fruit de Java. * Crebeb. V. A. Crébebe. R. Crébèbe. C. G.
Crécelle, *s. f. Crepitaculum.* moulinet de bois très-bruyant qui tient lieu de cloche. * Crecelle. R.
Crécerelle, *s. f. Tinnunculus. ou* Cresserelle, *ou* Emouchet, oiseau de proie, diurne, habite les masures, vit de petits oiseaux.
Crèche, *s. f. Præsepe.* mangeoire des bœufs, etc. t. d'agric. de litur. berceau de J. C.; avant bec de la pile; t. d'archit. éperon. * Crêche. G. R.
Crédence, *s. f. Mensula.* table des burettes, t. de liturgie.
Crédencier, *s. m.* panetier. V.
Crédibilité, *s. f.* (motifs de) raisons pour croire.
Crédit, *s. m.* réputation de solvabilité; autorité; pouvoir; considération.
Crédit (à), *adv.* sans payer; inutilement, vainement. * à-crédit. C.
Créditer, *v. a.* té. e, *p.* inscrire une dette; (être crédité) avoir du crédit sur une place. C. V.
Créditeur, *s. m.* créancier. C. G. V.
Crédo, *s. m.* symbole de la foi. * Credo. R.
Crédule, *adj.* 2 *g. Credulus.* qui croit facilement.
Crédulité, *s. f. Credulitas.* facilité à croire.
Créer, *v. a. Creare.* éé. e, tirer du néant; faire; inventer.
Crémaillère, *s. f. Lamina denticulata.* fer à crans pour supporter; ustensile de ménage. * pièce qui fait mouvoir la répétition; rateau, t. d'horlogerie. * Crémaillere. R. Crémilliere. V.
Crémaillon, *s. m.* petite crémaillère attachée à la grande.
Crémastères, *adj. pl.* muscles des testicules. G.
†Crémayoles, *s. m. pl.* bonnet ancien.
†Crembale, *s. f.* castagnette des Romains.
Crème, *s. m. Lactis spuma.* partie épaisse du lait; le meilleur. * liqueurs extraites des meilleurs fruits, etc. B. * Crême. R. voyez Chrême. G.
Crémeau, *s. m.* V.
Crément, *s. m.* t. de grammaire, augmentation des syllables. * accroissement de terrain. B.
Crèmer, *v. n.* se dit du lait qui fait de la crême. * Crêmer. R. G. V.
Crèmer, *s. m.* maladie endémique en Hongrie. V. * Crémer. G.
Crémière, *s. f.* qui vend de la crême. * Crémier. ère. C. Crêmiere. R.
Crémillée, *s. f.* garde de serrure. T. RR. V.
†Cremnobate, *s. m.* danseur de corde
†Crémone, *s. f.* sorte de fichu frisé.
Créneau, *s. m. Pinna.* dents au haut des murs.
Crénelage, *s. m.* cordon, t. de monnoie.
†Crénelée, *s. f. Crenela.* poisson du genre du persègue.
Créneler, *v. a. Pinnis distinguere.* lé. e, *p. adj.* faire des créneaux, t. d'archit. denteler, t. d'horlogerie. * Creneler. RR. Crèneler. V.
Crénelure, *s. f. Denticuli.* dentelure. * Crènelure. V.
Créner, *v. a.* né. e, *p.* t. de fondeur, évider les traits saillans. C. G.
Crénerie, *s. f.* action de créner; saillie de la fonte sur la tige d'une lettre. C. G.
†Crénio, *s. m.* auge de maçonnerie, t. de verrerie.
†Crenon, *s. m.* 1re. division d'un bloc d'ardoise.
Créole, *s.* 2 *g.* né dans les colonies d'Amérique.
Créolisé, e, *adj.* habitué aux colonies. C.
Crépage, *s. m.* apprêt du crêpe. G. V. * Crêpage. R.
Crêpe, *s. m.* étoffe claire; morceau de crêpe en signe de deuil; cheveux nattés, tortillés et frisés par le bout.
Crêpe, *s. f.* pâte frite. A. C.
Crêpé, *s. m. Crispatus.* frisure. * Crépé. G.
Crêper, *v. a. Crispare.* pé. e, *p.* friser en crêpe. (se), *v. r.* * Créper. G.
Crépi, *s. m. Arenatum.* enduit de mortier, de plâtre.
†Crépide *ou* Crépole, *s. f. Crepis.* nom d'un genre de plantes semi-flosculeuses.
†Crépidule, *s. f. Crepidulla.* sandale; mollusque céphale,

céphale, à coquille ovale.
Crépin, *s. m.* (saint-), avoir; argent comptant.
Crépine, *s. f. Reticula.* frange; toile de graisse sur la panse.
†Crépinette, *s. f.* espèce de cervelat plat, entouré de crépine.
Crépir, *v. a. Trullissare.* pi. e, *p.* enduire de mortier, t. de maçon; faire venir le grain, t. de tanneur.
Crépissure, *s. f. Trullissatio.* crépi; action de crépir.
Crépitation, *s. f. Crepitatio.* bruit du feu qui pétille. * bruit des os fracturés. B.
Crépodaille, *s. f. mieux que* crapaudaille, crépon.
Crépon, *s. m. Pannus.* étoffe de laine non croisée.
†Creps, *s. m.* jeu de hasard en Angleterre avec des dés.
Crépu, e, *adj. Crispus.* très-frisé.
†Crépusculaire (cercle), *s. m.* abaissé à 18°, au-dessous de l'horizon auquel il est parallèle; limite du crépuscule. *adj.* 2 *g.* du crépuscule.
Crépuscule, *s. m. Crepusculum.* lumière qui précède le soleil levant, ou suit le soleil couchant, et produite par la réfraction de ses rayons dans l'atmosphère.
†Crépusculin. e, *adj.* du crépuscule.
Créquier, *s. m. Prunus silvestris.* prunier sauvage: chandelier à 7 branches, t. de blas.
Crês, *s. f.* toile de Morlaix. RR.
Créseau, *s. m.* grosse serge de laine croisée.
†Creson *ou* Courson, *adj. s.* bois fendu avec le coûtre.
†Cressée, *s. f.* plante de la famille des liserons.
Cresson *ou* Cardamine, *s. m. Nasturtium.* herbe antiscorbutique, de la famille des crucifères, pour les esquinancies, les ulcères de la gorge, de la bouche. * — alénois ou des jardins. B.
Cressonnière, *s. f.* où croît le cresson. * Cressoniere. R.
†Crétacé. e, *adj.* de la nature de la craie, qui en contient.
Crête, *s. f. Apex.* excroissance charnue sur la tête des oiseaux; huppe; arrêtes; terre relevée; cime; tas.
Crêté. e, (coq), *adj. partic.* de crêter, *v. inusité*, qui a une crête.
Crête de coq, *s. f. Crista galli. ou* Pédiculaire, plante excellente pour la fistule; éminence de l'os ethmoïde. * Crête-de-coq. C.
Crête marine, *s. f. Critmum.* Criste, Bacile, Passe-pierre, plante. * Crête-marine. C.
Crêteler, *v. n.* se dit du cri de la poule quand elle a pondu. G.
†Cretelle *ou* Cynosure, *s. f. Cretellerus.* plante de la famille des graminées.
Crêtes, *s. f. pl.* arêtières de plâtre, t. de couvreur.
†Crétinage *ou* Crétinisme, *s. m.* maladie du cretin.
†Cretins, *s. m. pl.* habitans du Valais, imbécilles et difformes.
†Crétique, *adj.* (pied) amphimacre.
Cretonne, *s. f.* toile blanche. * Cretone. R.
†Cretonier, *s. m.* qui fait du suif avec le croton.
Cretons, *s. m. pl.* sorte de mets. V.
†Creusage, *s. m.* action de graver les lointains sur le bois.
Creusement, *s. m.* (*inusité*) action de creuser. G. V.
Creuser, *v. a. n. Cavare.* sé. e, *p.* caver; approfondir; rendre creux. (se). *v. r.*
Creuset, *s. m. Tigillum.* vase pour fondre les métaux.
†Creusoir, *s. m.* outil de luthier pour creuser la table.
†Creusure, *s. f.* creux, cavité, t. d'arts.
Creux. se, *adj. Cavus.* vide; profond; creusé; visionnaire; chimérique.
Creux, *s. m. Cavum.* cavité; voix; moule.
Creux, *adv.* profondément. C. G.
Crevaille, *s. f.* (*popul.*) repas où l'on mange trop.
†Crévale, *s. m. Carolina.* poisson du genre du gastré.
Crevasse, *s. f. Rima.* fente; maladie du cheval; t. de graveur.
Crevasser, *v. a.* sé. e, *p. Dehiscere.* faire des crevasses. (se), *v. r.* se fendre, s'entrouvir.
Crêve-cœur, *s. m. Acerbissimus dolor.* grand déplaisir. * Creve-cœur. R.
Crever, *v. a. Rumpere.* rompre avec effort; fatiguer; soûler. *v. n.* se rompre; mourir. -vé. e, *p. adj.* gros.
†Crevet, *s. m.* lacet de tresses.
Crevette, *s. f. ou* Salicoque, *ou* Chevrette, écrevisse de mer, insecte aquatique. * Crevete. R.
Cri, *s. m. Clamor.* son aigu ou élevé; clameur; voix; proclamation; ton; vœux; mot de guerre.
Criage, *s. m.* clameur. V.
Criailler, *v. n. Clamitare.* (*familier*) crier souvent et pour rien.
Criaillerie, *s. f. Clamitatio.* (*familier*) cris répétés.
Criailleur. se, *s. Clamator.* (*familier*) qui criaille.
Criant. e, *adj. Atrox.* qui excite à se plaindre hautement, à crier.
Criard. e, *adj. Clamator.* qui crie souvent, gronde sans sujet; (avocat) braillard. *Rabula.*
Criarde, *s. f.* toile gommée et bruyante. C. G.
†Cribation, *s. f. Cribatio.* cribration.
Crible, *s. m. Cribrum.* instrument pour nettoyer le grain; faux sommier. * coquille. L.
Cribler, *v. a. Cribrare.* blé. e, *p.* nettoyer avec le crible; percer. * prendre la meilleure partie d'un négoce. V.
Cribleur, *s. m.* qui crible.
Cribleux, *adj. m.* os du nez criblé de trous. G. C. V.
Criblier, *s. m.* qui fait et vend des cribles. V.
Criblure, *s. f. Excretum.* reste du grain criblé.
Cribration, *s. f.* séparation; triage, t. de chim.
Cric, *s. m.* instrument à roue de fer pour lever. * poignard des Malais. B.
Cric-crac, *mot qui exprime le bruit d'une fracture.*
†Cricoarytenoïde, *adj.* 2 *g. Cricoarytenoideus.* muscle qui ouvre la glotte.
Cricoïde, *adj.* 2 *g. Cricoidcus.* cartilage du larynx. C. G. V.
Crico-pharyngien, *s. m. Crico-pharyngeus.* muscle. V.
†Cricothyroïdien, *adj.* 2 *g. Cricothyroideus.* muscle qui ferme la glotte.
Criée, *s. f. Promulgatio.* publication judiciaire.
Crier, *v. a. Clamare.* ié. é, *p.* jeter des cris; rendre un son aigre; parler; demander; se plaindre, blâmer à haute voix; proclamer; aboyer.
Crierie, *s. f. Vociferatio.* (*familier*) bruit fait en criant.
Crieur. se, *s. Clamator.* qui crie; qui fait du bruit. * marchand ambulant. B.
†Crik *ou* Crick, *s. m.* perroquets d'Amérique qui diffèrent de l'amazone, en ce qu'ils n'ont pas de rouge au fouet de l'aile.
Crime, *s. m. Crimen.* action punissable par les lois; péché mortel; faute énorme; grave infraction des lois.
Criminaliser, *v. a.* sé. e, *p.* rendre criminel, t. de pratique. * convertir le procès-civil en criminel. B.
Criminaliste, *s. m.* auteur, homme instruit sur les matières criminelles.
†Crimination, *s. f.* accusation.
†Criminatoire, *adj.* 2 *g.* de l'accusation criminelle.
Criminel. le, *adj. Criminalis.* qui a rapport au crime, condamnable. *s. m.* coupable d'un crime. * *f.* Criminele. R.
Criminellement, *adv. Criminaliter.* d'une manière criminelle; au criminel. * Criminélement. R. Criminelement. RR.
†Crimnon, *s. m.* grosse farine de froment.
Crin, *s. m. Juba.* poil long et rude. * t. de minéralogie, interruption du filon par un banc de pierre. G. (le—) poisson du genre du labre. *Trichopterus.* B.
†Crin-crin, *s. m.* (*populaire*) mauvais instrument à cordes; mauvais violon.
Crinal, *s. m. Crinale.* instrument de chirurgie. C. G. V.
Crinier, *s. m.* qui accommode le crin. G.
Crinière, *s. f. Juba.* tous les crins du cou; chevelure; vilaine chevelure. * treillis de la tête du caparaçon. G. * Crinière. R.
†Crinole, *s. f. Crinonum.* genre de plantes unilobées, exotiques, de la famille des narcisses.
Crinon, *s. m. Crino.* ver capillaire ou filiforme qui vient sous la peau, tué par les frictions mercurielles.
Criobole, *s. m.* sacrifice d'un mouton. C. G. V.
†Criocère *ou* Porte-croix, *s. f. Crioceris.* genre d'insectes coleoptères dont les antennes sont composées d'articles globuleux.
Crique, *s. f.* petit port naturel, petite baie, anse. * fossé autour des places fortes. B.
Criquet, *s. m. Mannulus.* cheval foible et de vil prix. * insecte. L.
Crise, *s. f. Crisis.* effort violent et involontaire; péril. * changement subit dans une maladie. B.
†Criselafie, *s. f.* jeu grec avec un cercle de fer garni d'anneaux.
†Crisite, *s. f. Chrysitrix.* genre de plantes qui ont du rapport avec les choins.
†Crisocome, Chrysocome, *s. f. Crisocoma.* plantes exotiques qui ont des rapports avec les conises.
†Crisogone, *s. m. Chrysogonum.* plante exotique, herbacée, à feuilles velues.
Crispation, *s. f. Contractio.* resserrement dans les parties, dans les nerfs, etc.
Crisper, *v. n.* pé. e, *p.* causer la crispation. A. R. * (se) *v. pers.* V.
†Crissement, *s. m.* action de crisser les dents.
Crisser, *v. n.* les dents crissent en les grinçant.
†Crissure, *s. f.* rides sur le fil-de-fer.
Cristal, *pl.* -taux. *s. m. Cristallus.* verre fin; pierre transparente. * substances minérales ou salines, etc. qui prennent d'elles-mêmes dans un fluide une figure constante et déterminée. B. * Crystal. *Crystallus.* R.
†Cristal de roche, *s. m.* stalactite la plus transparente des matières vitreuses, en prisme hexaèdre régulier, inutile en médecine, astringent dans les diarrhées opiniâtres, étant

calciné et porphyrisé.
†Cristallerie, *s. f.* fabrication des cristaux.
Cristallin, *s. m. Humor crystallinus.* humeur de l'œil; ciel de cristal; verre de soude d'alicante et de sablon. * Crystallin. R.
Cristallin. e, *adj. Crystallinus.* transparent comme le cristal, de sa nature. * Crystallin. R.
Cristalline, *s. f.* t. de chirurgie. C.
Cristallisation, *s. f. Cristallisatio.* action de cristalliser, ses effets; chose cristallisée. G. C. * Crystallisation. R.
Cristalliser, *v. a.* sé. e, *p.* congeler, réduire en cristal. (se), *v. r.* * Cristalliser. R.
†Cristallographe, *s. m.* qui sait la cristallographie.
†Cristallographie, *s. f.* connoissance, description des cristaux.
†Cristallomancie *ou* Cristallomance, *s. f.* divination par les surfaces polies.
†Cristatelle, *s. f. Cristatella.* polype coralligène à polypier pierreux. *pl.* polypes à plumets.
†Cristelle, *s. f.* instrument de faiseur de lice.
†Criste-marine, *s. f.* voy. Passe-pierre.
Crit, *s. m.* poignard. R. * Cric. A.
†Crite, *s. f.* tumeur semblable à un grain d'orge sur le bord des paupières.
Critérium, *s. m.* t. dogm. A. * marque de la vérité. V.
Crithomancie, *s. f.* divination par la pâte. R.
Crithophage, *adj. 2 g. Crithophagus.* mangeur d'orge. R.
Critiquable, *adj. 2 g.* qui peut être critiqué.
Critique, *s. f.* art de juger; étude de la littérature; dissertation; censure maligne. *s. m. Criticus.* censeur qui juge les ouvrages. *adj. 2 g.* de la critique; dangereux; qui amène une crise, t. de médecine.
Critiquer, *v. a. Vellicare.* qué. e, *p.* examiner un ouvrage; reprendre; censurer.
†Crivé, *s. m.* grand-prêtre des Prussiens idolâtres.
Croassement, *s. m. Crocitus.* cri du corbeau. * *ou* Croacement. R.
Croasser, *v. n. Crocire.* parlant du cri du corbeau. * criailler, chanter mal. G. * *ou* Croacer. R.
†Croate, *s. adj. 2 g. Croatinus.* de la Croatie. * *et* Cravate (*inusité*).
Croc, *s. m. Uncus.* instrument à pointes; harpon; perche; dent; cheville; bruit sous la dent; suppôt de jeu. *pl.* moustaches recourbées. G. C.
Croc-en-jambe, *s. m.* tour de lutte pour faire tomber. * manière adroite de supplanter. B.
†Croche, *adj. 2 g.* courbé et tourtu. *s. f.* note de musique qui a un crochet. * *s. f. pl.* tenailles ployées en équerre. B.
Crochet, *s. m. Uncinus.* petit croc; tige courbée; agrafe; instrument de chirurgie; peson; dent; espèce d'accolade, t. d'imprimerie. *pl.* dents aigues; machine pour porter; outil ou burin en échope, t. d'arts et métiers.
Crochetage, *s. m.* droit. R.
Crocheter, *v. a. Uncino aperire.* té. e, *p.* ouvrir une serrure avec un crochet * pour voler, etc. V.
Crocheteur. se, *s.* qui crochette; porte-faix. *Bajulus.*
†Crochetier, *s. m.* ouvrier qui ne fait que des crochets, t. d'épinglier.
Crocheton, *s. m.* petit crochet. C. *pl.* branches des crochets. C. R. V.
Crochetoral. e, *adj.* (*burlesque*) incivil, grossier. T.

†Crocheu, *s. m.* instrument de faiseur de carde.
Crochu. e, *adj. Aduncus.* recourbé; croche; tortu. * (cheval) qui a les jarrets trop près. B.
Crochue, *s. f.* croche, t. de musique.
†Crochuer, *v. a.* rendre crochu (*vieux*).
†Crocidisme, *s. m.* carphologie.
Crocodile, *s. f. Crocodilus.* le plus grand des lézards, amphibie, à cou couvert de tubercules, et le corps de segmens, pieds palmés; vit d'animaux, de poissons, d'oiseaux.
Crocomagma, *s. m.* t. de pharm. trochisqué. G.
Crocote *ou* Crocoton, *s. m.* habillement ancien. G. C. V.
Crocotte, *s. m.* métis d'une chienne et d'un loup. C. G. V.
Crocus, *s. m.* safran; fleur.
Croie, *s. f.* gravelle des oiseaux. C. G. V. * Croye. R.
Croiler *ou* Croler, *v. n.* t. de faucon. se vider par le bas. C. G. V.
Croire, *v. a. Credere.* cru. e, *p.* juger vrai; ajouter foi; estimer; présumer; suivre l'avis; penser. *v. n.* avoir la foi.
Croisade, *s. f.* expédition pour la Terre-Sainte; t. de mar. constellation.
Croisat, *s. m.* monnoie d'argent à Gênes, 4 liv. 10 sous.
Croisé, *s. m.* qui partoit pour la Terre-Sainte; pas de danse. * étoffe croisée. B.
Croisée, *s. f. Fenestra.* fenêtre; ouverture; menuiserie; bâtons pour les abeilles; t. d'arts et métiers, outil d'horloger.
Croisel *ou* Croisete, *s. m.* sorte de papier. R.
Croisement, *s. m.* action de croiser, de se croiser.
Croiser, *v. a. Decussare.* sé. e, *p.* mettre, disposer en croix; traverser; rayer; marquer d'une croix; serrer. *v. n.* passer l'un sur l'autre; aller et venir, t. de marine. (se), *v. r.* se couper, se traverser; s'engager dans une croisade.
†Croiserie, *s. f.* ouvrage fait de brins d'osier croisés.
†Croisière, *s. f.* ouvrage de vanier à jour.
Croisette, *s. f. Cruciata.* ou Crucianelle, genre de plante de beaucoup d'espèce; sorte de papier; t. de marine, clef, cheville; t. de blason, petite croix; t. de manufacture. * constellation australe de quatre étoiles en croix. B. * Croisete. R.
Croiseur, *s. m.* capitaine ou vaisseau qui croise.
Croisie, *s. f.* (*vieux*) croix. V.
†Croisier, *s. m.* ordre de chanoines réguliers. RR.
Croisière, *s. f.* action de croiser; espace de mer dans lequel on croise. * Croisiere. R.
Croisille, *s. f.* pièce de bois, t. de cordier. * Croisille. V.
Croisillon, *s. m. Bacillum crucis.* traverse d'une croix, d'une croisée. * Croisillon. V.
†Croisoire, *s. m.* instrument de boulanger sur mer; peigne pour tracer des façons sur le biscuit.
Croissance, *s. f. Accretio.* augmentation en grandeur.
Croissant, *s. m. Luna crescens.* figure de la nouvelle lune (☾); outil de jardinier; fer recourbé; t. d'arts et métiers. * poisson du genre du labre. B. l'empire turc. V.
Croissant, e, *adj.* qui croît. A. V.
Croisure, *s. f. Transversa positio.* tissure. * — des vers, t. de poësie. C. G. levée des marais salans. B.
Croît, *s. m.* augmentation; croissance du bétail.

Croître, *v. n. Crescere.* cru. e, *p.* devenir plus grand; augmenter; multiplier; venir; être produit. *v. a.* accroître, t. de poësie.
Croix, *s. f. Crux.* lignes formant quatre angles; gibet; choses croisées; affliction; décoration. * — de Jérusalem *ou* de Malte, espèce de lychnis, à racines vivaces, à fleurs en ombelle. B.
†Croix *ou* Pile, *adv.* t. de jeu avec une monnoie que l'on jette en l'air.
Croix de par Dieu, *s. f.* alphabet.
†Croker, *s. m.* poisson du genre du persègue.
Cromenare, *s. f.* salut à la japonoise. V.
Cromorne, *s. m.* jeu de l'orgue à l'unisson de la trompette.
Cron, *s. m.* amas de petites coquilles. V. CO. G.
Crone, *s. m.* bas-fonds plein d'herbes; sorte de cric. CO. V. G.
†Cronhyomètre, *s. m.* machine pour mesurer la quantité de la pluie.
Croone, *s. m.* monnoie de compte à Berne. RR.
Croquant, *s. m.* homme de néant; misérable. * paysans révoltés sous Henri IV. B.
Croquant. e, *adj.* qui croque sous les dents.
Croquante, *s. f.* pâtisserie. V. RR.
Croque (au sel), *s. f.* avec du gros sel. * *adv.* A. V.
Croquelardon, *s. m.* écornifleur. R.
Croquenote, *s. m. ou* Croque-sol, t. de musique, musicien inepte qui exécute sans expression, sans goût. A. * *s. 2 g.* G.
Croquer, *v. a. Crepitare.* qué. e, *p.* manger en croquant, avec avidité; dérober; dessiner, travailler promptement. *v. n.* faire du bruit sous la dent.
Croquet, *s. m. Crustulum.* pain d'épice croquant. * pâte croquante qui renferme du hachi. B.
Croqueur, *s. m.* (*burlesque*) qui attrape, qui croque. G. V.
Croquignole, *s. f. Talitrum.* sorte de dragées; chiquenaude, nasarde.
Croquignoler, *v. a.* donner des croquignoles. T.
Croquis, *s. m. Adumbratio.* esquisse; première pensée; ouvrage d'esprit resté imparfait.
Crosse, *s. f. Pedum pontificium.* bâton pastoral courbé; courbe du fût d'un fusil, t. de métiers; anse.
Crossé. e, *adj.* qui a, qui porte crosse.
Crosser, *v. n. Baculo recurvo pellere.* sé. e, *p.* pousser avec une crosse; maltraiter. (*pop.*)
Crossette, *s. f. Malleolus.* branche de vigne taillée. * Crossete. R. *pl.* RR. — oreillons aux coins des chambranles B.
Crosseur, *s. m.* qui crosse.
†Crossillon, *s. m.* bout recourbé de la crosse.
†Crostyle, *s. m. Crossostylis.* genre de plantes exotiques.
Crotalaire, *s. f. Crotalaria.* plante légumineuse, à semence purgative. G. V.
Crotale, *s. m.* tambour, t. d'antiquité. G. V. CO.
Crotophage, *s. m.* oiseau. L.
Crotaphite, *adj. Crotaphites.* muscle des tempes. G. V. CO.
†Croton, *s. m.* genre de plantes exotiques, de la famille des euphorbes.
†Crotte, *s. f. Lutum.* boue; fiente d'animal, etc. * Crote. R.
Crotté (auteur), *adj.* mauvais auteur. * Croté. R.
Crotter, *v. a. Luto inficere.* té. e, *p. adj.* couvrir de crotte. (se), *v. r.* se salir. * Croter. R.
†Crottifier, *v. a.* fié. e, *p.* couvrir de boue. (se), se crotter jusqu'à l'échine (*vieux*). SCARON.
Crottin, *s. m.* excrémens d'animaux. * Crotin. R.

Crottons, *s. m. pl.* morceaux de sucre qui n'ont pu passer par le sas ; écume et débris du suif fondu. * Crotons. R. CO.

†Crouchaut, *s. m.* pièce de bois, t. de marine. * Crouchant. V. G.

Croulant. e, *adj.* qui croule, qui tombe.

Croulement, *s. m. Succussus.* éboulement.

Crouler, *v. n. Tremere.* lé. e, *p.* tomber en s'affaissant. *v. a.* rouler ; lancer un vaisseau ; t. de chasse, fuir.

Croulier. ère, *adj.* t. d'agriculture, mouvant. * *f.* Crouliere.

Croulière, *s. f.* terrain, sable mouvant. G. C. * Crouliere. R.

†Crouma, *s. f.* crotale espagnol.

Croupade, *s. f.* t. de manége, saut les quatre pieds levés.

Croupe, *s. f. Tergum.* cime ; partie postérieure du corps ; intérêt de finance. * charpente d'un pavillon carré, t. d'architecture. B.

Croupé. e, *adj.* qui a une belle croupe. A. V.

Croupetons (à), *adv.* d'une manière accroupie. R. * à-crouperons. C. à crouperons. G.

Croupiader, *v. a.* t. de marine, mouiller en croupière. R. G. C. V.

Croupiat, *s. m.* nœud sur le cable, t. de marine. G. V.

Croupier, *s. m. Ludenti adjunctus.* associé de jeu, d'usure.

Croupière, *s. f. Postilena.* longe de cuir sur la croupe ; terme de marine, câble, pièce d'un train. * Croupiere. R.

Croupion, *s. m. Uropygium.* le bas de l'échine, le bout du dos, particulièrement des oiseaux.

Croupir, *v. n. Stagnare.* pi. e, *p.* parlant du liquide en repos qui se corrompt, du solide qui se corrompt dans le liquide ; demeurer.

Croupissant. e, *adj. Stagnans.* qui croupit.

†Croupissement, *s. m.* état des matières qui croupissent dans le corps humain.

Croupon, *s. m.* cuir tanné, sans tête ni ventre. G. V.

†Crousillé, *s. f.* espèce de filet.

Croustille, *s. f. Crustula.* petite croûte de pain ; ornement. * Croustille. V.

Croustiller, *v. n. Crustas pitissare.* (*familier*) manger des croustilles. * Crousriller. V.

Croustilleusement, *adv.* (*populaire*) plaisamment, d'une manière bouffonne. * Crous-tilleusement. V.

Croustilleux. se, *adj. Facetus.* (*popul.*) bouffon ; plaisant ; gaillard ; drôle. * Croustilleux. V.

Croûte, *s. f. Crusta.* partie solide du pain ; surface durcie ; mauvais tableau. * dentelle éraillée, inégale. B.

Croûtelette, *s. f. Crustula.* petite croûte. * Croûtelete. R. Croutelette. V.

Croutier, *s. m.* brocanteur de mauvais tableaux. G. C. * Croûtier, mauvais peintre. A. V.

Croûton, *s. m. Crustum.* morceau de pain avec beaucoup de croûte. * Crouton. R. V.

†Crown, Croone, Couronne, *s. f.* monnoie d'argent angloise, 1 liv. 4 s.

†Crown-glass, *s. m.* verre d'Angleterre pour les lunettes achromatiques.

Croyable, *adj.* 2 *g. Credibilis.* digne d'être crû.

Croyance, *s. f. Fides.* sentiment ; opinion ; pleine confiance ; religion.

Croyant. e, *s.* qui croit sa religion.

Cru, *s. m. Fundus.* terroir ou croît quelque chose. * Crû. R. V. ce qu'on dit de soi-même. B. accroissement. A. augmentation. V.

Cru. e, *adj. Crudus.* qui n'est pas cuit. * *et* Crud. A.

Cru (à), *adv.* sur la peau nue.

Cruauté, *s. f. Crudelitas.* inhumanité, férocité ; action cruelle ; chose fâcheuse ; rigueur.

Cruche, *s. f. Hydria.* vase de terre ; sot ; stupide.

Cruchée, *s. f.* plein une cruche.

†Crucher, *v. a.* é. e, *p.* se dit du son du cromorne.

Crucherie, *s. f.* folie ; bêtise. R. G. C.

Cruchon, *s. m.* petite cruche.

Cruciade, *s. f.* bulle du pape au roi d'Espagne. C. G. V.

Crucial. e, *adj. Crucialis.* fait en croix.

†Crucianelle, *s. f. Crucianella.* ou Croisette, genre de plantes de la famille des rubiacées.

Cruciata, *s. f.* plante. RR.

Crucifère, *adj.* 2 *g. Crucifera.* ou Cruciforme. qui porte une croix ; t. d'architecture, en croix ; t. de botanique, dont les quatre pétales sont disposés en croix.

Crucifiement, *s. m.* t. de liturgie, action de crucifier ; supplice ; mortification. * Crucifiment. R. *ou* Crucifîment. A. Crucifixion. V. RR.

Crucifier, *v. a. Crucifigere.* fié. e, *p.* attacher à une croix. * mortifier sa chair, ses passions. G.

Crucifix, *s. m.* croix ; tableau, statue, estampe qui représente le Christ mis en croix.

Crucifixion, *s. f.* action de crucifier. R.

†Cruciforme, *adj. Cruciformis.* crucifère.

Crudité, *s. f. Cruditas.* qualité de ce qui est cru ; indigestion ; humeurs crues ; discours durs ; couleurs trop fortes. *pl.* mêts crus et indigestes. B.

Crue, *s. f. Accretio.* augmentation ; croissance ; cinquième denier au-dessus de la prisée.

Cruel. le, *adj. s. Crudelis.* inhumain, qui aime le sang ; sévère ; fâcheux ; insupportable. * *f.* Cruele. R.

Cruéliser, *v. a.* agir avec cruauté. V. * traiter inhumainement. B.

Cruellement, *adv. Crudeliter.* avec cruauté. * Cruélement. R.

†Cruménopthalme, *s. m.* poisson du genre du scombre.

Crument, *adv. Rigidè.* sans ménagement, d'une manière dure. * Cruement. R. Crûment. A. C.

Crupellaire, *s. m.* soldat gaulois armé de toutes pièces. V. G.

Crural. e, *adj. Cruralis.* muscle, artère de la jambe.

Crustacée, *adj.* 2 *g. s. m. Crustacea.* couvert d'écailles ou d'une croûte dure par elle-même, comme l'ecrévisse, etc. * Crustacé. e. A. — genre d'insectes. B.

†Crustacites, *s. f. pl.* crustacées fossiles, pétrifiés ou empreints sur la pierre.

Cruzade, *s. f.* monnoie portugaise, 2 fr. * *ou* Crusade. G.

†Cruzite, *s. f. Cruzita.* genre de plantes exotiques, de la famille des arroches.

Crypte, *s. f. Crypta.* souterrain ; petite fosse d'église où l'on enterre ; t. d'anatomie, petite fosse.

†Cryptogame, *adj.* 2 *g.* (plante) dont les organes sexuels sont cachés.

Cryptogamie, *s. f. Cryptogamia.* (noces cachées) ; 24e. classe des végétaux. L.

Cryptogamiser, *v. n.* chercher des plantes cryptogames. AL.

Cryptographie, *s. f.* écriture de convention. * voyez Sténographie. A. V. R.

Cryptographique, *adj.* 2 *g.* de la cryptographie. C. G.

Cryptonyme, *adj. s.* qui cache ou déguise son nom. V. (*vieux*).

Crypto-portique, *s. m.* arc pris sous œuvre. G. C. R. * décoration de l'entrée d'une grotte. B.

Crystallomancie, *s. f.* divination par les miroirs. V.

C-sol-ut, t. de musique, désigne l'ut.

†Cubation, *s. f.* art de mesurer la solidité des corps.

Cubature, *s. f.* méthode pour trouver le cube.

Cube, *adj.* 2 *g. Cubus.* Cubique, *s. m.* solide à six faces carrées égales. * produit carré d'un nombre multiplié par ce même nombre. B.

Cubèbe, *s. f. Cubebae. ou* Quabebes, plante médicinale, son fruit ; il vient des Indes ; stomacal, fortifiant, excite l'appétit et à l'amour.

†Cuber, *v. a.* réduire en cube.

Cubiculaire, *s. m.* valet de chambre. R. V.

Cubique, *adj.* 2 *g. Cubicus.* du cube, t. de mathématique.

†Cubistétaire, *s. m.* histrion qui dansoit les pieds en haut et la tête en bas.

Cubital, *s. m.* banquette pour appuyer les bras. C.

Cubital. e, *adj.* du coude, t. d'anatomie.

Cubitus, *s. m.* os de l'avant-bras.

Cublanc, *s. m.* oiseau.

Cuboïde, *s. m. Cuboïdes.* os du pied en forme de cube. * (cristal) dont la forme diffère peu du cube.

†Cuceron, *s. m.* insecte qui se met dans les légumes.

†Cuci, *s. m.* fruit d'un palmier des Indes, semblable à une petite orange, à noyau, cordial, délicieux et restaurant.

Cucubale, *s. m. Cucubalus. ou* Couchée, *ou* Paresseuse, plante de la famille des œillets, qui arrête les pertes de sang.

†Cucujo, *s. m. Noctilucus.* insecte coléoptère, de l'espèce du taupin, luisant, sert pour parer les dames espagnoles au Pérou.

†Cucuju, Cocojus *ou* Richard, *s. m.* insecte vert-doré, coléoptère, désigné sous le nom de bupreste.

Cucullaire, *adj.* muscle entre l'occiput et la nuque.

†Cucullan, *s. m. Cucullanus.* ver qui se loge dans les intestins.

†Cuculle, *s. f. Notoxus.* insecte qui porte à la partie antérieure de son corcelet une appendice en forme de coqueluchon. * *m. et f.* espèce de capé de voyageur. B.

†Cucullée, *s. f. Cucullœa.* mollusque acéphale, à coquille bombée.

Cucupha, Cucufe, *s. f.* calotte pleine de poudres céphaliques. C. G. V.

Cucurbitacée, *adj.* 2 *g.* de la forme de la courge, du melon, etc. * Cucurbitacé. e. A. famille de plantes qui ont de grands rapports avec les courges. *Cucurbitaceæ.* B.

Cucurbitains, *s. m.* vers en forme de pepin de courge. * Cucurbitin. V. *ou* Cucurbitaire. G.

Cucurbite, *s. f.* vaisseau pour distiller, partie de l'alambic.

†Cueillage, Cueillement, *s. m.* t. de métiers, action de cueillir ; t. de verrier, action de cueillir du verre dans le pot.

Cueille, *s. f.* t. de marine, lé de toile. C. G. V.

†Cueillée, *s. f.* faisceau de fil de laiton, t. d'épinglier.

†Cueillement, *s. m.* action de cueillir, de recueillir (*vieux*).

Cueilleret, *s. m.* état des cens et rentes. G. V.

Cueillette, *s. f.* récolte ; produit d'une quête. * Cueillete. R. amas de différentes marchandises pour former la charge d'un vaisseau. B.

Cueilleur. se, *s.* qui cueille. * pièce du rouet

du tireur d'or; apprentif verrier. B.

†Cueillie, *s. f.* plâtre dressé pour servir de repaire.

Cueillir, *v. a. Colligere.* li. e, *p.* détacher des fleurs, des fruits, des légumes, t. de métiers. * prendre le verre avec la canne, t. de verrier. B.

Cueilloir, *s. m.* panier pour cueillir les fruits.

Cuença, *s. f.* laine de Cuença en Espagne. RR.

†Cugelier, Cocheliyier, *s. m.* alouette des bois.

Cuider, *s. m.* panier long pour cueillir et porter. G. V.

Cuider, *v. a.* (*vieux*) croire; penser; s'imaginer. G. V.

†Cuil, *s. m.* espèce de coucou de Madagascar.

Cuiller, *s. f. Cochlear.* ustensile de table; t. d'arts et métiers; fer qui embrasse l'essieu. * Cuillere. R. *ou* Cuillère. A. V.

Cuiller, *s. m.* Savacou, oiseau; *ou* Spatule, poisson; coquille. * Cuillier. C. G.

Cuillerée, *s. f. Cochlear cumulatum.* plein une cuiller.

Cuilleron, *s. m.* partie creuse de la cuiller; t. de botanique, pétale en cuiller.

Cuine, *s. f.* t. de chimie, vase pour distiller. G. V.

Cuir, *s. m. Corium.* peau d'un animal, de l'homme.

Cuir-bouilli, *s. m.* t. de gaînier et de bourrelier. RR.

†Cuir-de-montagne, *s. f. Aluta montana. ou* Cuir fossile, substance mince, légère, modification du mica; espèce d'amiante à filets flexibles.

†Cuiracantara, *s. m.* coucou huppé du Brésil.

Cuirasse, *s. f. Lorica.* principale partie de l'armure.

Cuirassé. e, *adj.* qui porte la cuirasse; préparé à tout. * *Loricaria. s. m.* genre de poissons abdominaux, 5ᵉ. genre, 4ᵉ. classe. — (le), poisson du genre du centrisque. — poisson du genre du silure.

Cuirasser, *v. a.* sé. e, *p.* revêtir d'une cuirasse. (se), *v. p.* se fortifier, s'armer contre.

Cuirassier, *s. m. Thoracatus.* militaire armé d'une cuirasse. * poissons. L.

Cuire, *v. a. Coquere.* préparer par le moyen du feu. *v. n.* se préparer au feu; causer une douleur âcre.

†Cuiret, *s. m.* morceau de cuir entre la chanterelle et la montre de l'arçon, t. de chapelier.

†Cuisage, *s. m.* cuisson, t. de métiers.

Cuisant. e, *adj. Acerbus.* âpre; aigu; piquant. * qui cuit aisément. C.

†Cuiseur, *s. m.* celui qui dirige le feu d'un fourneau.

Cuisine, *s. f. Culina.* lieu où l'on apprête les mets; art, manière, fonction de les apprêter; boîte pour les mets; chère; ceux qui font la cuisine.

Cuisiner, *v. n.* né. e, *p.* (*familier*) faire la cuisine.

Cuisinerie, *s. f.* manière d'apprêter les mets. V.

Cuisinier. ère, *s. Coquus.* qui fait la cuisine. *s. f.* ustensile pour faire rôtir la viande. * *f.* Cuisiniere. R.

Cuissart, *s. m.* armure de la cuisse. * Cuissard. A.

Cuisse, *s. f. Femur.* depuis la hanche jusqu'au jarret. * *ou* Equerre, coquille bivalve du genre des huîtres. B.

†Cuissette, *s. f.* la moitié d'une portée de laine, t. de manufacture.

Cuisson, *s. f. Coctura.* action, façon de cuire; douleur du mal qui cuit.

Cuissot, *s. m. Femur.* cuisse d'une bête fauve.

Cuistre, *s. m. Gymnasii mediastinus.* pédant; valet de collége.

Cuit. e, *adj. p. Coctus.* qui a été cuit.

Cuite, *s. f. Coctura.* t. d'arts; cuisson; ce que l'on cuit en une fois.

Cuivré. e, *adj.* de la couleur du cuivre. C.

Cuivre, *s. m. Cuprum.* métal imparfait, rougeâtre, approchant le plus de l'or et de l'argent, très-sonore, très-dur, ductile, fusible et malléable. * — de Corinthe, composition métallique, préférée à l'or même; le secret en est perdu. B.

†Cuivrer, *v. a.* imiter la dorure avec du cuivre.

Cuivrette, *s. f.* anche de cuivre. G. V. * Cuivrete. R.

†Cuivrot, *s. m.* poulie de laiton, t. d'horloger.

Cul, *s. m. Culus.* l'anus; le fondement; les deux fesses; fond ou derrière; extrémité d'une chose. * — blanc, *ou* Motteux, *ou* Vitrée, petit oiseau très-commun, à plumage gris, de passage. — d'âne, de cheval, zoophite appelé ortie de mer. — jaune, carouge d'Amérique. — rouge, Epeiche.

Cul de basse-fosse, *s. m.* cachot dans la basse-fosse. * Cul-de-basse-fosse. C. G.

Cul de jatte, *s. m.* qui a les jambes et le cul dans une jatte. * Cul-de-jatte. A. C. G. V.

Cul de lampe, *s. m.* ornement qui pend de la voûte; fleuron. *pl.* culs de lampe. * Cul-de-lampe. C.

†Cul-de-port, *s. m.* nœud au bout d'une corde.

Cul de sac, *s. m. Angiportus.* rue sans issue; fond du filet. * Cul-de-sac. A. C. G.

†Cul-de-verre, *s. m.* brouillard verdâtre au fond de l'œil du cheval.

†Culaignon, *s. m.* fond du filet.

†Culart, *s. m.* bois de la queue du ressort d'un marteau de forge.

Culasse, *s. f. Postica pars.* le fond d'une arme à feu. * la partie du tronc d'où partent les racines. B.

†Culave, *s. m.* vase pour faire recuire le verre. * *ou* Quilave. AL.

†Culbas, *s. m.* jeu de cartes.

Culbute, *s. f.* chute; saut cul par-dessus tête.

Culbuter, *v. a. Pronum in caput volvi.* té. e, *p.* renverser cul par-dessus tête. *v. n.* tomber en faisant la culbute.

Culbutis, *s. m.* amas de choses culbutées. A.

Cule, *s. f.* t. de marine. R.

Culée, *s. f.* t. d'architecture, masse qui soutient la dernière arche; t. de marine, coup de la quille; rang de pieux pour soutenir des terres. * cuir de la queue. G.

Culer, *v. n.* t. de marine, aller en arrière. G. V.

Culeron, *s. m.* partie de la croupière, t. de manége. G. V.

Culier, *adj. s. m. Jejunum intestinum.* boyau qui se termine à l'anus.

Culière, *s. f.* pierre creusée et percée pour recevoir l'eau d'un tuyau. G. * sangle. A. Culiere. R.

†Culinaire, *adj. s.* (art) de la cuisine, de l'apprêt des alimens.

Cullage *ou* Culliage, *s. m.* droit. RR.

†Culmifère, *adj.* 2 *g. Culmifer.* qui porte du chaume.

Culminant, *adj. m.* (point) le plus haut sur l'horizon, t. d'astronomie. C. G. V.

Culmination, *s. f.* passage d'un astre par le méridien, t. d'astronomie.

Culminer, *v. n.* passer par le méridien. C. G. V.

Culot, *s. m.* dernier né; dernier éclos; dernier reçu; reste au fond du creuset; plateau; bout de lampe; entonnoir de chandellier; escabelle de miroitier.

Culoter, *v. a.* mettre en culotte; t. de batelier. R.

Culotte, *s. f. Femoralia arctiora.* vêtement de la ceinture jusqu'aux genoux. * Culote. R. partie inférieure; calotte au bout du pistolet. G.

Culottin, *s. m.* sorte de culotte. G. V. * enfant. C. G. Culotin. K.

Culte, *s. m. Veneratio.* honneur rendu à une divinité. * vénération excessive. B.

Cultellation, *s. f.* manière de mesurer. C. G. V.

Cultivable, *adj.* 2 *g.* propre à la culture. A. C. V.

Cultivateur, *s. m. Agricola.* qui cultive la terre.

Cultivation, *s. f.* culture. V.

Cultiver, *v. a. Colere.* vé. e, *p.* donner la façon, les soins nécessaires.

Culture, *s. f. Cultura.* travaux, soins nécessaires pour cultiver.

Cumin, *s. m. Cuminum.* plante ombellifère, dont la graine est digestive, l'une des quatre grandes semences chaudes; elle tient de l'anis. * — cornu, plante narcotique. *Hypecoon.* B. Cumain. R.

Cumulatif. ve, *adj.* qui se fait par accumulation.

Cumulativement, *adv.* par accumulation.

Cumuler, *v. a.* lé. e, *p.* assembler; réunir.

Cunctateur, se, *adj.* temporiseur. VOLTAIRE.

Cunéiforme, *adj. s.* (os) en forme de coin. G. V.

Cunette, Cuvette, *s. f.* fossé dans le milieu d'un autre. C. G. CO. * Cunete, Cuvete. R.

†Cunile, *s. f. Cunila.* genre de plante de la famille des labiées, a des rapports avec le thym.

†Cunolite, *s. f. Cunolites.* fossile à base elliptique, ornée d'une feuille qui représente une vulve.

†Cunone, *s. f. Cunonia.* genre de plantes de la famille des saxifrages.

Copayba, *s. m. ou* Copaïba, arbre qui fournit le baume vulnéraire de copahu.

†Cupide, *adj.* 2 *g.* plein de cupidité. (*vieux; renouvellé.*)

Cupidique, *adj.* 2 *g.* désireux. MAROT.

Cupidité, *s. f. Cupiditas.* convoitise; désir immodéré; concupiscence, avidité.

Cupidon, *s. m. Cupido.* l'Amour; joli enfant.

Cupidone *ou* Catanance, *s. f.* genre de plantes de la famille des semi-flosculeuses, a des rapports avec les chicorées.

†Cuprification, *s. f.* conversion d'un corps en cuivre.

†Cupule, *s. f.* petite coupe; fleur mâle du lichen; godet du gland.

Curable, *adj.* 2 *g. Sanabilis.* (*inusité*) qui peut être guéri.

Curage, *s. m. Purgatio.* action de curer, de nettoyer * *s. f. ou* Persicaire âcre, poivre d'eau, plante contre l'hydropisie. T. *s. m.* A. C. R.

Curatelle, *s. f. Pupilli curatio.* charge de curateur. * arbre de la Guiane qui a le port du raisinier. B. Curatele. R.

Curateur. trice, *s. Curator.* administrateur des biens d'un mineur émancipé, d'un interdit, etc. t. de pratique.

Curatif. ve, *adj. Curativus.* (remède) appliqué pour guérir.

Curation, *s. f. Curatio.* traitement d'une maladie, d'une plaie.

Curcuma, *s. f.* Souchet *ou* Safran d'Inde, plante.

Cure, *s. f. Curatio.* soins pour guérir; remède; soin; souci; bénéfice; fonctions, logement d'un curé. * t. de fauc. peloton de plumes pour purger les oiseaux. B.

Curé, *s. m. Curio.* prêtre pourvu d'une cure. *s. f.* tulipe gris de lin fort pâle; t. de métiers.

Cure-dent, *s. m. Dentiscalpium.* instrument pour curer les dents.

†Cure-feu, *s. m.* outil pour ôter le mâche-fer.
†Cure-langue, *s. m.* instrument pour gratter la langue.
†Cure-môle, *s. m.* machine pour curer les ports.
Cure-oreille, *s. m. Auriscalpium.* instrument pour nettoyer les oreilles.
Cure-pied, *s. m.* instrument pour curer les pieds. G. V.
Cureau, *s. m.* t. de rondeur de draps. R.
Curée, *s. f. Esca prædacea.* morceaux de la bête donnés aux chiens.
Curer, *v. a. Purgare.* ré. e, *p.* t. de fauc. purger par la cure; nettoyer quelque chose de creux.
†Curet, *s. m.* peau sur laquelle on frotte la sanguine.
Curette, *s. f.* instrument de chirurgie, de couverturier. G. V. CO.* Curete. R. fer emmanché pour nettoyer les pompes. B.
Cureur, *s. m. Qui purgat.* qui cure, qui nettoie.
Curial. e, *adj.* qui concerne une cure, ou le curé.
†Curialiste, *s. m.* courtisan (*vieux*).
†Curicule, *s. m.* petit chariot (*vieux*).
Curie, *s. f. Curia.* subdivision d'une tribu romaine.
Curieusement, *adv. Curiosè.* avec curiosité; soigneusement.
Curieux. se, *adj. Curiosus.* qui a de la curiosité; rare; extraordinaire; nouveau. *s.* qui aime à voir.
†Curimate, *s. m.* poisson du genre du saumon.
Curion, *s. m.* prêtre d'une curie.
Curionies, *s. f. pl.* sacrifice et festin des curies. G. V.
Curiosité, *s. f. Curiositas.* désir de voir, de connoître; boîte d'optique. *pl.* choses rares, curieuses.
†Curle *ou* Molette, *s. f.* rouet de cordier pour le filet à caret.
Curmi, *s. m.* boisson, bière. R.
Curoir, *s. m.* bâton pour nettoyer la charrue. V. * *et* Curon. G. R.
Curon, *s. m.* t. de labourage. RR. *. Curoir. B.
Curseur, *s. m.* corps qui glisse dans une fente sur une ligne. * t. de marine, pièce de bois. G.
Cursive, *adj. s. f.* écriture, lettre courante.
†Curtation, *s. f.* différence entre la distance réelle d'une planète au soleil, et sa distance réduite au plan de l'écliptique.
†Curticône, *s. m.* cône tronqué.
†Curucucu, *s. m.* serpent du Brésil, long de 15 pieds.
Curule, *adj. Curulis.* (chaise) d'ivoire à Rome.
Curupicaïba, *s. m.* arbre qui fournit un baume vulnéraire.
Curures, *s. f. pl.* ordures d'un égoût, d'une mare qui ont été curés. G. V. CO. RR.
†Cururyva, *s. m.* serpent du Brésil.
†Cururzeti, *s. m.* plante à racines antinéphrétiques.
†Curvateur, *s. m. Curvator.* muscle du coccix.
Curvature, *s. f.* courbure. V.
Curviligne, *adj. 2 g. Curvilineus.* formé par des lignes courbes.
Curvité, *s. f.* courbure (*inusité*).
Cuscute, *s. f. ou* Barbe de Moine, plante parasite, à racines et tige en filets ou cheveux, à tubercules adhérens aux plantes et feuilles en écailles.
†Cussone, *s. f. Cussonia.* genre de plantes ombellifères, exotiques.
Cussoné. e, *adj.* mangé des cossons. G. V.
Custode, *s. f. Pyxis.* t. de liturgie; rideau; pavillon; fond de carrosse; chaperon; couverture du ciboire. *s. m.* dignité claustrale; président de l'académie des Arcades.
Custodial. e, *adj.* d'une custodie. R. C. G.
Custodie, *s. f.* province chez les moines. G. V.
Custodinos, *s. m.* confidentiaire, qui garde pour un autre un office, etc. * Custodi-nos. A. R.
Cutambules, *adj. pl. Cutambuli.* vers sur ou sous la peau; douleurs scorbutiques errantes. C. G. V.
Cutanée, *adj. 2 g. Cutaneus.* maladie de la peau.
Cuticule, *s. f. Cuticula.* épiderme, peau très-fine des semences.
Cutter, *s. m.* bâtiment anglois à une voile. G. V.
Cuvage, *s. m.* où l'on met les cuves. R.
Cuve, *s. f. Cupa.* sorte de grand tonneau.
†Cuve-guilloire, *s. f.* cuve pour l'eau et le levain, t. de brasseur.
†Cuve-matière, *s. f.* cuve pour le grain moulu, t. de brasseur.
†Cuve-montoire, *s. f.* cuve pour faire germer le grain, t. de brasseur.
Cuveau, *s. m. Labellum.* petite cuve.
Cuvée, *s. f.* contenu d'une cuve.
Cuvelage, *s. m.* action d'étayer le puits d'une mine. G. C.
Cuveler, *v. a.* lé. e, *p.* t. de mineur, revêtir un puits de planches. G. C.
Cuver, *v. a.* vé. e, *p.* dormir après avoir bu. *v. n. Fervefacere.* se dit du vin qui se fait dans la cuve.
Cuvette, *s. f. Labellum.* petite cuve; entonnoir, t. de fortif. voyez Cunette. * Cuvete. R. garniture du bout d'un couteau. B.
Cuvier, *s. m. Labrum lixivium.* cuve où l'on fait la lessive.
†Cyame, *s. m. Cyamus.* squille de la baleine.
†Cyanelle, *s. f. Cyanella.* genre de plantes de la famille des asphodèles.
†Cyanithe, Schorl bleu *ou* Sappare *s. f.* pierre à lames bleues ou verdâtres, ou jaunes ou blanches, d'un éclat nacré.
†Cyanomètre, *s. m.* appareil pour déterminer l'intensité de la couleur bleue du ciel.
Cyathe, *s. m. Cyathus.* mesure romaine. G. C. V.
†Cybistique, *s. f.* art de faire des sauts périlleux.
†Cycas, *s. m.* genre de plantes exotiques unilobées; espèce de fougère de la 3e. section.
†Cyclade, *s. m. Cyclas.* mollusque acéphale, fluviatile; came. *s. f.* vêtement ancien.
Cyclamen, *s. m. Cyclaminum.* Pain de pourceau. RR. voyez Ciclamen.
Cycle, *s. m. Cyclus.* cercle; période. * *et* Cicle. C. révolution perpétuelle d'un certain nombre d'années. — lunaire, de 19 années solaires. — solaire, de 28 années solaires. — de l'indiction romaine, de 15 années. B.
Cyclide, *s. m.* ver infusoire à corps plat et ovale. M.
Cyclique, *adj. 2 g.* des cycles; (poëte), qui compose des chansons. * Ciclique. G.
Cycloïdal. e, *adj.* de la cycloïde. R.
Cycloïde, *s. f.* courbe en volute circulaire, t. de géométrie. * Cicloïde. G.
†Cyclolite, *s. m. Cyclolites.* Cunolite, polypier libre, en étoile lamelleuse.
†Cyclométrie, *s. f.* art de mesurer les cercles et les cycles.
Cyclope, *s. m. Cyclops.* qui n'a qu'un œil; t. de naturaliste. * insecte crustacée, monocle, aquatique, à grapes d'œufs près la queue. B.
†Cyclopique, *adj. 2 g.* qui n'a qu'un œil; cruel; furieux.
Cycloptère, *s. m. Cyclopterus.* poisson branchiostège, à nageoire ventrale, circulaire. L.
†Cyclostome, *s. f. Cyclostoma.* mollusque céphalé à coquille conique.
†Cydonite, *s. f.* pierre blanche et friable qui a l'odeur du coignassier.
Cygne, *s. m. Cycnus.* oiseau du genre de l'oie, le plus grand des palmipèdes, à plumage blanc éclatant: qui a les cheveux blancs; grand poëte; constellation septentrionale, composée de cinq étoiles principales en croix. * Cigne. R. G. CO.
†Cylindracé. e, *adj.* t. de botanique, en forme de cylindre.
Cylindre, *s. m. Cylindrus.* solide rond, long et droit. * *ou* Rouleau, coquille univalve. *Rhombe. et* Cilindre. G.
Cylindrique, *adj. 2 g. Cylindraceus.* qui a la forme du cylindre. * *et* Cilindrique. G.
†Cylindrite, *s. f.* cylindre fossile.
†Cylindroïde, *s. m.* solide qui approche de la forme du cylindre; solide formé par la révolution d'une hyperbole autour de son second axe.
Cymaise, *s. f. Cymatium.* ce qui termine la corniche.
†Cymbaire, *s. f. Cymbaria.* genre de plantes exotiques.
Cymbale, *s. f. Cymbalum.* t. d'antiquité, de musique, instrument d'airain, triangle de fer.
†Cyme, *s. f. Cyma.* sommet. voyez Cime.
†Cymette, *s. f.* rejetton de chou (*vieux*).
†Cymophane, *s. f.* (lumière flottante) pierre gemme. Chrysobéril, Chrysolite orientale.
†Cymothoès, *s. m. pl. Cymothoa.* insectes marins, parasites, du genre du cloporte, sans mandibules.
†Cynamoge, *s. m.* oiseau d'Arabie.
†Cynanche *ou* Cynancie, *s. f. Cynanche.* squinancie inflammatoire.
†Cynanque, *s. m. Cynanchum.* genre de plantes étrangères, de la famille des apocins.
†Cynanthropie, *s. f. Cynanthropia.* délire mélancolique qui fait croire que l'on est chien; sorte de frénésie.
†Cynégétique, *adj. 2 g.* (loi) grecque concernant la chasse et les chiens.
Cynips, *s. m.* insecte hyménoptère qui forme la noix de galle. L.
Cynique, *adj. 2 g. Cynicus.* secte de philosophes; impudent; obscène. * Cinique. G.
Cynisme, *s. m.* doctrine, caractère des cyniques. * Cinisme. G.
Cynocéphale, *s. m. Cynocephalus.* singe sans queue. * *ou* Magot, dont le museau est alongé comme celui d'un chien. B.
Cynoglosse, *s. f. Cynoglossum. ou* Langue de Chien, plante de la famille des borraginées; narcotique, anodine. * Cynoglose. RR.
†Cynomètre, *s. f. Cynometra.* genre de plantes légumineuses.
†Cynomoir, *s. m. Cynomorium.* genre de plantes parasites, exotiques.
†Cynorexie, *s. f.* faim canine.
†Cynorrhodon, *s. m.* conserve de rose de chien.
Cynosure, *s. f. Cynosurus.* la petite ourse; constellation. — *ou* Cretelle, genre de plantes de l'ordre des graminées. B.
†Cyphome, *s. m. ou* Cyphose, *s. f. Cyphosis.* courbure contre nature à l'épine du dos.
†Cyphonisme, *s. m.* supplice qui consistoit à frotter de miel et à exposer aux mouches.
Cyprès, *s. m. Cupressus.* arbre toujours vert, sombre, consacré aux tombeaux; le bois est incorruptible; il prend un beau poli * symbole de la mort. B. * Ciprès. G.
Cyprès-petit, *s. m. ou* Garderobe, plante.
†Cyprin, *s. m. Cyprinus.* nom d'un genre de poissons abdominaux.
†Cyprinoïde, *s. m.* poisson du genre du gobie.

— du genre du mormyre.

†Cyproyer, *s. m. Cyprhœdia.* arbre de la grosseur et du port du pommier, à baies de la grosseur d'une prune, succulentes, aigrelettes; fleurs blanches en rose, rafraîchissantes, à St.-Domingue. *ou* Cyroyer.

†Cyrbasie, *s. f.* bonnet pointu des anciens Perses.

†Cyrbes, *s. f. pl.* parties des lois de Solon.

†Cyrille, *s. f. Cyrilla.* genre de plantes de la famille des bruyères.

†Cyrographe, *s. m.* seing, signature.

†Cyropédie, *s. f.* histoire de la jeunesse de Cyrus, par Xénophon.

†Cyrtandres, *s. m. pl. Cyrtander.* plantes qui tiennent des bestères.

†Cyssotis, *s. m.* inflammation du fondement.

†Cystephlogie, *s. f.* cystitie.

†Cysthéolithe, *s. m. Cystheolitheus.* pierre marine dans les grosses éponges, *ou* Cysthéolithre.

Cysthépatique, *adj. 2 g.* conduit de la bile, t. d'anatomie. * Cysthépathique. V.

†Cystilome, *s. m.* instrument pour ouvrir la capsule du cristallin de l'œil.

Cystique, *adj. 2 g. Cysticus.* (artères) de l'hépatique, t. d'anatomie. * *ou* Cistique. G. *pl.* RR.

†Cystirragie, *s. f.* hémorrhoïdes de la vessie.

†Cystitie, *s. f.* inflammation de la vessie.

†Cystitôme, *s. m.* instrument pour l'opération de la taille latérale.

†Cystobubonocèle, *s. f. Cystobubonocela.* hernie unguinale de la vessie.

†Cystocèle, *s. f.* hernie de la vessie.

†Cystolitique, *adj. 2 g.* (ischurie), causée par le calcul de la vessie.

†Cystomérocèle, *s. f.* pincement de la vessie.

†Cystophlégique, *adj. 2 g.* (ischurie) causée par la paralysie de la vessie.

†Cystospatique, *adj. 2 g.* (ischurie) causée par le spasme du sphincter.

†Cystotomie, *s. f. Cystotomia.* section de la vessie.

Cythérée, *adj. s. f.* Vénus.

†Cytise, *s. m. Cytisus.* arbrisseau. RR. voyez Citise.

†Cyzagan, *s. m.* séchoir de savonnerie.

Cyzicène, *s. f.* grande salle à manger. * Cyzicene. R. Cyzirene. V.

Czar, *s. m.* souverain de Russie. *f.* Czarine, sa femme.

Czarienne, *adj. f.* (majesté). A. V.

Czarowitz, *s. m* fils du czar.

†Czigithai, *s. m.* mulet fécond de l'âne et du cheval, onagre de Tartarie, à poil ondé de brun et de blanc.

DACT

D, *s. m.* consonne; quatrième lettre de l'alphabet; 500 en chiffres romains.

D-la-ré, t. de musique.

Da (oui-), nenni-da, *interj. Sane.*

†Daalder, *s. m.* monnoie hollandoise. 3 liv. 5 s.

D'abord, *adv.* voyez Abord.

Dabouir, *s. m.* toile de coton des Indes. R. * Dabouis. RR. Dabonis. V.

†Dacryodes, *s. m.* état des yeux larmoyans; ulcère humide et sanieux.

†Dacryon, *s. m.* excrétion lymphatique des yeux; larme.

†Dactilytes, *s. f. pl.* dattes de mer fossiles.

Dactyle, *s. m. Dactylus.* pied de vers grec ou latin; herbe; plante graminée. *Dactylis.* * — Bélemnite, — Antale, — Dentale fossile, — Tuyaux cloisonnés. — mesure ou doigt, 7 lignes 59-100e. B.

Dactyliomance, *s. f.* divination par l'inspection des doigts. V.

Dactyliomancie, *s. f.* divination par les anneaux. R.

†Dactylion, *s. m.* intestin rectum; trochisque.

Dactylique, *adj. 2 g.* du dactyle. * (rhythme) à mesure partagée en temps égaux. B.

Dactylolalie, Dactylologie, *s. f.* discours par signes.

Dactylonomie, *s. f.* art de compter par les doigts.

Dada, *s. m.* (*enfantin*) cheval; califourchon.

Dadais, *s. m.* niais, nigaud.

†Daelder, *s. m.* monnoie d'argent françoise.

Dagorne, *s. f.* vache qui n'a qu'une corne; vieille femme laide et chagrine. C. G. V. CO.

Dague, *s. f. Sica.* sorte d'épée longue et courte; bout de corde pour battre. *pl.* premier bois du cerf.

Daguer, *v. a.* gué. e, *p.* (*vieux*) frapper d'une dague; voler à tire d'ailes; se dit du cerf qui s'accouple.

Daguet, *s. m. Subulo.* jeune cerf qui porte des dagues.

Daigner, *v. a. Dignari.* avoir pour agréable; vouloir bien; s'abaisser, condescendre à.

D'ailleurs, *adv.* voyez Ailleurs.

Daillots, *s. m. pl.* anneaux pour amarrer. C. G. V.

†Dails, *s. m. pl.* espèce de folade; coquillage multivalve.

Daim, *s. m. Dama.* bête fauve, plus petit que le cerf, à queue plus longue, pelage plus clair, bois larges et plats par le bout.

Daine, *s. f.* femelle du daim. * poisson du genre du sciène.

Daintiers, *s. m. pl.* testicules du cerf. C. G. V. * *et* Dintiers. R.

Dais, *s. m. Umbella.* poêle en ciel-de-lit, t. de litur. * genre de plantes de la famille des thymélées, des garous. B.

†Dalberg, *s. f. Dalbergia.* genre de plantes légumineuses.

†Daleau, *s. m.* ouverture à une cuve pour l'écoulement.

†Daléchampe, *s. f. Dalechampia.* genre de plantes de la famille des euphorbes.

†Dalême (machine de), *s. m.* assemblage de tuyaux pour empêcher la fumée.

Daler, voyez Taler. A.

Dalle, *s. f.* tablette de pierre; tranche de poisson. *Offula.* voyez Darne. canal, t. de mar. t. de forges, bassin. * pierre à aiguiser. G.

†Daller, *s. m.* monnoie allemande. 5 liv. 10 s.

Dalmatique, *s f. Dalmatica.* tunique du diacre.

Dalots, *s. m. pl.* t. de mar. canal de bois pour les eaux. * *sing.* Dalot. A. R. V.

Dam, *s. m. Damnum.* dommage, damnation. (*vieux*). *prononcez* dan.

Dama, *s. m.* animal. voyez Nanguer.

Daman, *s. m. Hyrax.* quadrupède d'Afrique, Blaireau des roches.

Damas, *s. m.* étoffe de soie; prune; acier; sabre ou lame de Damas.

Damasonium, *s. m.* Flûte de berger, plante aquatique.

Damasquete, *s. f.* étoffe de Venise. R. * Damasquette. AL.

Damasquine, *s. f.* ce qui est damasquiné. C. G.

Damasquiner, *v. a. Encausto variare.* né. e, *p.* incruster l'or ou l'argent dans le fer.

Damasquinerie, *s. f.* art de damasquiner. A.

Damasquineur, *s. m.* qui damasquine. G. C.

Damasquinure, *s. f.* travail du damasquineur. * Damasquinière. V.

Damassé, *s. m.* linge fait en façon de damas, * Damassée, *s. f.* V. *adj.* (acier) veiné. B.

Damasser, *v. a.* sé. e, *p.* faire en façon de damas; t. de marine.

Damasseur, *s. m.* qui travaille le damassé. R.

†Damassin, *s. m.* petit damas, étoffe.

Damassure, *s. f.* travail du damassé.

†Damavars, Damaras, *s. m. pl.* armoisin des Indes.

Dame, *s. f. Domina.* titre d'honneur; femme; pièce ronde et plate, t. de jeux; pièce de la porte d'un creuset.

Dame! *interj. adv. d'exclamation.*

Dame-dame, *s. m.* fromage. G.

Dame-damée, *s. f.* femme de qualité. G. * Dame damée, pièce à dame. C.

Dame-jeanne, *s. f.* sorte de grosse bouteille.

†Dame-lopre, *s. m.* bâtiment hollandois sur les canaux.

Damer, *v. a. Srupum geminare.* mé. e, *p.* t. de jeu, mettre une dame sur l'autre. * t. d'architecture, donner de la pente. G.

Dameret, *s. m.* jeune homme qui fait le beau.

Dames, *s. f. pl.* t. d'agriculture, digue d'un canal; bande de gazon. C. G. V.

Damier, *s. m. Alveolus.* jeu, échiquier, table; tablier à carreaux noirs et blancs; coquille univalve du genre du cornet, ornée de taches noires sur un fond blanc. * oiseau maritime du genre du pétrel, de la grosseur du pigeon romain; papillon de jour.

Damnable, *adj. 2 g. Damnandus.* qui mérite damnation; pernicieux, méchant.

Damnablement, *adv.* d'une manière damnable.

Damnation, *s. f.* condamnation à l'enfer.

Damné. e, *adj. s. m.* qui est en enfer.

Damner, *v. a. Æternis suppliciis addicere.* né. e, *p.* punir de l'enfer; causer la damnation. (se), *v. r.* mériter l'enfer.

Damoiseau, Damoisel, *s. m. Trossulus.* titre; jeune gentilhomme (*vieux*); homme efféminé qui fait le beau. A. R. V.

Damoiselle, *s. f.* demoiselle, t. de pratique.

†Danaïde, *s. f. Pæderia.* nom d'un genre de plantes étrangères de la famille des rubiacées; insectes lépidoptères.

Danché. e, *adj.* dentelé en forme de scie, t. de blason.

Dandin, *s. m.* (*familier*) *Longurio.* niais; nigaud; décontenancé. * Dandain. dine. R.

Dandinement, *s. m.* action de dandiner.

Dandiner, *v. a. Ineptè corpus librare.* branler le corps en décontenancé. (se), *v. r.*

Danger, *s. m. Periculum.* péril; risque; inconvénient.

Dangereusement, *adv. Periculosè.* d'une manière dangereuse.

Dangereux. se, *adj.* qui met en danger.

Danois. e, *adj. s. Danus.* du Danemarck. R.

Dans, *prép. de temps et de lieu. In.* en, avec, selon.

Danse, *s. f. Saltatio.* mouvement cadencé; air à danser; manière de danser; réunion de personnes qui dansent, le local. — de St.-Vite, convulsion des enfans qui attaque un bras, etc. *Viti saltus.* * — -de-St.-Vit, en Souabe. B.

Danser, *v. a. Saltare.* sé. e, *p.* mouvoir le corps en cadence.

Danseur. se, *s. Saltator.* qui danse.

†Dansoyer, *v. a.* danser mal, avec mauvaise grâce (*vieux*).

Dante, *s. m. ou* Lant, *ou* Tapir, animal d'Afrique à une corne.

†Dantzicois. e, *adj. s.* de Dantzic.

†Danzé, *s. m.* outil de verrier.

Daphnégories, *s. f. pl.* fêtes d'Apollon. V.

Daphnéphages, *s. m. pl.* devins qui mangeoient du laurier.
†Daphnie, *s. f. Daphnia.* crustacée sessiliocle, monocle.
Daphnite, *s. f.* pierre figurée qui imite la feuille du laurier. V.
Daphnomancie, *s. f.* divination par le laurier d'Apollon. G. V.
†Daphnot, *s. m. Bontia.* genre de plantes de la famille des solanées.
Daraises. *s. f. pl.* déchargeoirs des étangs. G. V.
Dard, *s. m. Jaculum.* bois ferré en pointe; demi-pique; mamelon de fleur; pistil; trait malin. * poisson de mer du 3ᵉ. genre. — *ou* Vandoise, poisson d'eau douce: rapide comme l'éclair. — serpent du 3ᵉ. genre, à corps cendré, bandes noires. B.
Dardanaire, *s. m.* (*vieux*) monopoleur, usurier.
†Dardenne, *s. m.* monnoie françoise de cuivre.
Darder, *v. a. Vibrare.* dé. e, *p.* lancer, frapper, blesser avec un dard, comme un dard. * (*famil.*) se dit d'une douleur lancinante. B.
Dardeur, *s. m.* qui darde. C. G. R. V.
Dardille, *s. f.* queue d'un œillet. C. G. * Dardille. V.
Dardiller, *v. a.* pousser son dard; t. de fleuriste. C. G. * Dardiller. V.
†Dardillon, *s. m.* languette piquante de l'hameçon.
Dariabadis, *s. m.* toile de coton de Surate. V. R.
Daridas, *s. m.* taffetas des Indes. V.
Darins, *s. m. pl.* toile de chanvre en Champagne. V.
Dariole, *s. f. Parva scriblita.* sorte de pâtisserie de lait, de beurre, etc.
Dariolette, *s. f.* (*vieux*) confidente d'une héroïne de roman. G. V. * Dariolete. R.
Darique, *s. f.* monnoie ancienne des Perses.
†Darivette, *s. f.* perches pour construire un train.
Darnamas, *s. m.* toile de coton de Surate. R.
Darnavéou, *s. m.* Porte-chapeau, arbrisseau. R. * Darnaveou. RR.
Darne, *s. f. ou* Dalle, rouelle, tranche de poisson.
†Daron, *s. m.* vieillard rusé (*vieux*).
Darse, *s. f. ou* Darsine, partie du port la plus avancée dans la ville, t. de marine.
Dartos, *s. m. Dartus.* muscle cutané du scrotum.
Dartre, *s. f. Lichen.* maladie de peau. * ulcère à la croupe, à la tête du cheval. B.
Dartreux. se, *adj. Impetiginosus.* de la nature des dartres.
†Dartrier, *s. m. Vatairea.* Herbe à dartres; arbre de la Guianne, de la famille des légumineuses, à fruit en gousse: la semence pilée donne une pommade qui guérit les dartres.
†Dasimètre, *s. m.* instrument pour mesurer la densité des couches de l'atmosphère.
Dasseri, *s. m.* prêtre indien. A. G. R. V. CO.
†Dasyures, *s. m. pl.* didelphe de la nouvelle Hollande.
Dataire, *s. m. Diarius ascriptor.* chancelier de Rome.
Date, *s. f. Dies ascripta.* époque, chiffre qui l'indique.
Dater, *v. a. Diem ascribere.* té. e, *p.* (un écrit), mettre une date.
Daterie, *s. f.* office du dataire, son bureau.
Datif, *s. m. Dativus.* 3ᵉ. cas en grec et en latin.
Dation, *s. f.* action de donner non gratuite. R. G. V. CO.
Datisme, *s. m.* emploi fatigant des synonymes.
Dative, *adj.* (tutelle) donnée par le juge.
Datte, *s. f. Palma.* sorte de prune oblongue, fruit du palmier. * — de mer, fruit de l'algue, à feuilles étroites; coquille bivalve, du genre des moules. *Dactyli.* B.
Dattier, *s. m.* palmier qui porte les dattes; oiseau de Tunis. *Phœnix.*
Dature, *s. f.* plante très-belle et dangereuse, espèce de stramonium.
Daube, *s. f.* sorte de ragoût de volaille, son apprêt.
Dauber, *v. a.* bé. e, *p.* faire une daube; railler; battre à coups de poings. *Pugnis conscendere.*
Daubeur, *s. m.* (*familier*) railleur, médisant.
Daucus, *s. m.* carotte. * — de Candie, semence lithontriptique, hystérique, carminative. B.
Daugrebot, *s. m.* petit vaisseau de pêche hollandois. R. voyez Dogrebot.
Daulonte, *s. m.* arbrisseau à baies médicinales. * Daullonte. V.
Daumur, *s. m.* serpent qui entre dans la thériaque.
Dauphin, *s. m. Delphinus.* poisson du genre de la baleine et son ennemi; constellation septentrionale composée de quatre étoiles en losange serrée et une cinquième au sud, toutes de la 3ᵉ. grandeur; fils aîné du roi de France. *pièce d'artifice qui entre dans l'eau et en sort. B.
Dauphine, *s. f.* femme du dauphin; étoffe.
†Dauphinelle, *s. m. Delphinium.* genre de plantes de la famille des renoncules.
Daurade, *s. f.* voyez Dorade.
†D'autant, voyez Autant.
Davantage, *adv. Magis.* plus; plus long-temps.
Davéridion, *s. m.* huile d'aspic. G. * Daveridion. V.
Davier, *s. m. Forfex.* intrument de dentiste, de tonnelier; t. de métiers.
Davisies, *s. f. pl.* fêtes à Athènes. V.
De, *prép. de rapport, de lieu, adv., partitif.* pendant, sur, par, depuis, quelque.
Dé, *s. m. Digitale.* instrument pour coudre, pour jouer; solide cube.
Déalbation, *s. f.* changement de noir en blanc par l'action du feu, t. de chimie.
†Déambulation, *s. f.* promenade.
Débâclage, *s. m.* action de débâcler. A. R. V.
Débâcle, *s. f.* débarrassement d'un port; rupture et écoulement des glaces; révolution. * reste de train dans la rivière. B.
Débâclement, *s. m.* débâcle.
Débâcler, *v. a.* clé. e, *p.* débarrasser un port; ouvrir. *v. n.* parlant des glaces qui se rompent.
Débâcleur, *s. m.* qui fait débâcler.
Débadiner, *v. n.* démarquer les points, t. de jeu. G.
Débagouler, *v. a.* lé. e, *p.* (*bas*) vomir; dire tout ce qui vient à l'esprit.
Débagouleur, *s. m.* (*bas*) qui parle indiscrettement.
Déballage, *s. m.* action de déballer. R.
Déballer, *v. a. Sarcinas explicare.* lé. e, *p.* défaire une balle.
Débandade, *s. f.* action de débander. G.
Débandade (à la), *adv.* confusément, sans ordre.
Débandement, *s. m. Relaxatio.* action de se débander, t. militaire.
Débander, *v. a.* dé. é, *p.* détendre; ôter une bande. (se), *v. r.* se détendre; se répandre en désordre; fuir.
Débanquer, *v. a.* gagner toute la banque, t. de jeu.
Débaptiser, *v. a.* sé. e, *p.* renoncer au baptême; changer de nom.
Débarbouiller, *v. a. Sordes eluere.* lé. e, *p.* nettoyer le visage. (se), *v. r.*
Débarbouilleur. se, *s.* qui débarbouille. C.
Débarcadour, *s. m.* lieu marqué pour débarquer.
Débardage, *s. m. In terram exportatio.* action de débarder.
Débarder, *v. a. In terram exportare.* tirer hors de la rivière, d'un bois, etc.
Débardeur, *s. m.* qui décharge des bateaux.
Débarqué, *s. m.* étranger nouvellement arrivé.
Débarquement, *s. m. Exscensio.* action de débarquer.
Débarquer, *v. a. In terram exponere.* qué. e, *p.* faire sortir d'un vaisseau. *v. n.* sortir d'un vaisseau.
Débarras, *s. m.* cessation d'embarras. G. C. V. * Débaras. R.
Débarrassement, *s. m.* action de débarrasser. A.
Débarrasser, *v. a. Expedire.* sé. e, *p.* tirer d'embarras, l'ôter; délivrer de ce qui nuit ou empêche; dégager. (se), *v. r.* * Débarasser. R.
Débarrer, *v. a.* ré. e, *p.* ôter la barre. C. * se ranger à l'opinion d'une personne opposée à une autre; opposer deux voix à une. V. * Débârer. R. Débarer. RR.
Débat, *s. m. Contentio.* contestation; différent.
†Débatable, *adj. 2 g.* incertain; sujet aux débats. MONTAIGNE.
Débatelage, *s. m.* décharge des navires. R.
Débâter, *v. a.* té. e, *p. Clitellas demere.* ôter le bât.
Débattre, *v. a. Contendere.* tu. e, *p.* contester; disputer. (se) *v. r.* se démener; se défendre. * Debatre. R.
Débauche, *s. f. Licentia.* déréglement; excès dans le boire et le manger; libertinage; usage déréglé.
Débauché. e, *adj. s. Libidinosus.* abandonné à la débauche.
Débaucher, *v. a. Depravare.* ché. e, *p.* jeter dans la débauche; corrompre; détourner de. (se) *v. r.*
Débaucheur. se, *s.* qui débauche. A. R. V.
Débellatoire, *adj. 2 g.* victorieux. V.
Débeller, *v. a.* lé. e, *p.* combattre. V.
Débentur, *s. m.* quittance. G. V. * Debentur. R.
Débet. *s. m.* dû par arrêté de compte, t. de finance.
Débiffer, *v. a. Dissolvere.* fé. e, *p.* (*famil.*) affoiblir; déranger; gâter. * Débifer. R.
Débile, *adj. 2 g. Debilis.* foible, affoibli.
Débilement, *adv. Debiliter.* d'une manière débile.
Débilitation, *s. f. Debilitatio.* affoiblissement.
Débilité, *s. f. Debilitas.* foiblesse.
Débiliter, *v. a. Debilitare.* té. é, *p.* affoiblir.
Débillardement, *s. m.* t. de charpentier.
Débillarder, *v. a.* dé. e, *p.* dégrossir, t. de charpentier. G. V. * ôter la pierre qui tenoit une caisse en équilibre. B.
Débiller, *v. a.* détacher les chevaux de trait. * Débiller. V.
Débit, *s. m.* vente; trafic; exploitation; facilité de chant ou d'élocution. * côté d'un livre où est le doit. B.
Débitant. e, *s.* qui débite la marchandise.
Débiter, *v. a. Particulatim vendere.* té. e, *p.* vendre; distribuer; répandre; déclamer; exploiter; marquer; scier; refendre.
Debiteur. se, *s.* qui débite des nouvelles. (*iron.*)
Débiteur. trice, *s. Debitor.* qui doit à un autre.
Débitis, *s. m.* ordonnance qui permet de saisir le débiteur. G. V.
Déblai, *s. m. Expeditio ab.* enlèvement de terre; débarras. G. C. V.
†Déblanchir, *v. a.* chi. e, *p.* t. de fond. ôter la croûte d'étain des tables.

Déblatérer, *v. n.* déclamer contre. A.
Déblayer, *v. a. Expedire ab.* débarrasser; se défaire de.
†Débléé, Debleur *ou* Embleur, *s. m.* blé pendant par les racines.
Débloquer, *v. a.* qué. e, *p.* ôter les lettres bloquées. A. V.
†Déboiradour, *s. m.* instrument pour écorcer les châtaignes.
Déboire, *s. m. Ingratus sapor.* mauvais goût: chagrin; dégoût.
Déboîtement, *s. m. Depulsio.* dislocation.
Déboîter, *v. a.* té. e, *p.* disloquer un os; disjoindre.
Debonder, *v. a. Obturamentum tollere.* dé. e, *p.* lâcher la bonde d'un étang. *v. n.* sortir avec impétuosité. (se), *v. r.* s'épancher; se répandre avec violence.
Débondonner, *v. a.* né. é, *p.* ôter le bondon. * Débondoner. R.
Débonnaire, *adj. Mitis.* bienfaisant; doux; trop bon. * Débonaire. R.
Débonnairement, *adv.* (*vieux*) d'une manière débonnaire. * Débonairement. R.
Débonnaireté, *s. f.* (*vieux*) douceur, bonté excessive. * Débonaireté. R.
Débord, *s. m.* débordement; t. de monnoie, élévation au bord. * passage du pavé aux bas côtés. B.
Débordé. e, *adj. Exundans.* déréglé; débauché, dissolu.
Débordement, *s. m. Exundatio.* action de déborder; épanchement; irruption; dissolution; débauche.
Déborder, *v. a. Exundare.* dé. e, *p.* ôter le bord, la bordure. *v. n.* passer le bord; dépasser; t. de mar. se détacher. *v. réc.* sortir de son lit et se répandre; faire une irruption.
Débordoir, *s. m.* plane de plombier, de tonnelier. * *m.* bassin de lunetier. B.
Débosser, *v. a.* sé. e, *p.* démarrer la bosse qui retient le câble, t. de mar. G. V.
Débotter, *v. a.* té. e, *p.* tirer les bottes à quelqu'un. (se), *v. r.* ôter ses bottes. * Déboter. R.
Débotter (le), *s. m.* moment où l'on ôte les bottes. * Débotté. A. Déboter. R.
Débouchement, *s. m. Apertio.* action de déboucher; passage.
Déboucher *ou* Débouché, *s. m.* moyen de se défaire des marchandises; expédient; voie pour arriver; moyen; extrémité. * Débouchement. B. (*vieux*).
Déboucher, *v. a. Relinere.* ché. e, *p.* ôter ce qui bouche; t. de médecine, évacuer, ôter les obstructions. *v. n.* sortir d'un défilé.
†Débouchoir, *s. m.* outil de lapidaire pour déboucher la coquille.
Déboucler, *v. a. Diffibulare.* clé. e, *p.* ôter, défaire les boucles.
Débouilli, *s. m.* opération pour éprouver la teinture ou l'ôter.
Débouillir, *v. a.* li. e, *p.* faire bouillir pour éprouver la teinture ou l'ôter.
Débouquement, *s. m.* sortie du vaisseau d'un détroit.
Débouquer, *v. a.* qué. e, *p.* sortir d'un détroit.
Débourber, *v. a. Cœno educere.* qué. e, *p.* ôter la bourbe.
Débourgeoiser, *v. a.* sé. e, *p.* (*inusité*) ôter les manières bourgeoises. T. R.
Débourrer, *v. a.* ré. e, *p.* ôter la bourre; façonner quelqu'un. (se), *v. r.* se façonner. * Débourer. R.
Débours, *s. m.* avance, déboursé. G. G. V.
Déboursé, *s. m.* argent déboursé.
Déboursement, *s. m. Pecuniæ numeratio.* action de débourser.
Débourser, *v. a. Pecuniam numerare.* sé. e, *p.* tirer de sa bourse pour payer.
Debout, *adj. Stans.* sur ses pieds; t. de mar. se dit du vent contraire. *interj.* levez-vous.
Débouter, *v. n. Excludere.* té. e, *p.* déclarer déchu d'une demande, t. de pratique.
Déboutonner, *v. a. Globulos laxare.* né. e, *p.* ôter les boutons des boutonnières. (se), *v. r.* parler librement, à cœur ouvert. * Déboutoner. R.
Débrailler (se), *v. r.* lé. e, *p. adj.* se découvrir la poitrine avec indécence.
†Débraisage, *s. m.* action de débraiser.
†Débraiser, *v. a.* sé. e, *p.* nettoyer l'âtre de la braise, des cendres.
†Débrayer, *v. a.* yé. e, *p.* t. de menuisier, serrer la barre sur la croisée.
Débredouiller, *v. a.* lé. e, *p.* ôter la bredouille. * améliorer sa fortune. G. * Débrédouiller. C.
Débridé. e, *adj. Frenis solutus.* sans bride. *s. f.* prix du dîner d'un cheval. R.
Débridement, *s. m.* action de débrider. V.
Débrider, *v. a. Frenos detrahere.* dé. e, *p.* ôter la bride; faire précipitamment. * ôter le câble de dessus la pierre, t. de carrier. B.
Débrider (sans), *adv.* tout de suite; sans ôter la bride. * sans-débrider. C.
Débrideur, *s. m.* expéditif. R.
Débris, *s. m. Ruinæ.* reste après la ruine; dégât.
Débrouillement, *s. m. Explicatio.* action de débrouiller.
Débrouiller, *v. a. Extricare.* lé. e, *p.* démêler; éclaircir; remettre en ordre.
Débrutaliser, *v. a. humanitatem componere.* sé. e, *p.* (*inusité*) faire cesser d'être brutal. R. C. G.
Débrutir, *v. a. Asperitates complanare.* ti. e, *p.* dégrossir; commencer à polir. * *ou* Débroutir. G.
†Débrutissement, *s. m.* art, opération de débrutir.
Débucher, *s. m.* sortie du bois; * son du cor pour en avertir. B. * Débûcher. R.
Débucher, *v. n.* sortir du bois, de la forêt, ou du fort, t. de chasse. * Débûcher. R.
Débusquement, *s. m.* action de débusquer. A. C. G. V.
Débusquer, *v. a.* qué. e, *p.* chasser d'un poste avantageux; déposséder d'un emploi.
Début, *s. m. Initium.* t. de jeu, 1er. coup; commencement.
Débutant. e, *s.* qui débute.
Débuter, *v. a.* té. e, *p.* ôter du but. *v. n.* jouer le premier coup. *Initium facere.* commencer; faire le premier pas.
Deçà, *prép. Citra.* de ce côté-ci.
Deçà (au), en deçà, par deçà, *prép.* * audeçà, en-deçà, par-deçà. C.
Deca, *nom générique qui signifie dix fois une chose.* voyez décagramme; décalitre; décamètre; décare; décastère.
Décacheter, *v. a. Resignare.* té. e, *p.* ouvrir ce qui est cacheté.
Décadaire, *adj. 2 g.* de dix jours; (histoire) en dix livres. C. de la décade. V.
Décade, *s. f. Decas.* nombre de dix; espace de dix jours. * ouvrage en dix livres. B.
Décadence, *s. f. Occasus.* disposition à la ruine; déclin.
Décadi, *s. m.* dixième jour de la décade.
Décagone, *adj. s. m. Decagonus.* à 10 angles et 10 côtés. * Décagône. R.
†Décagrame, *s. m.* 2 gros, 44 gr. 41e.; dix grammes.
Décaisser, *v. a.* sé. e. *p.* tirer d'une caisse.
†Décalitre, *s. m.* 504 pouces cubes, 622480e.; dix litres.
Décalogue, *s. m. Præcepta.* les dix commandemens, t. de liturgie.
†Décalotter, *v. a.* té. e, *p.* t. de mét. ôter le dessus, la calotte.
Décalquer, *v. a.* qué. e, *p.* t. de dessein, tirer une contre-épreuve.
†Décaméríder, *v. a.* mesurer le rapport des sons (*vieux*).
Décameron, *s. m.* ouvrage contenant les événemens de dix jours. * Décaméron. A. R.
†Décamètre, *s. m.* 30 pi. 79458e.; dix mètres.
Décampement, *s. m. Castrorum motio.* levée d'un camp; action de décamper.
Décamper, *v. a. Castra movere.* pé. e, *p.* lever le camp; déloger.
Décamyron, *s. m.* cataplasme composé de dix aromates. G. V.
Décanal. e. *adj.* qui appartient à un décanat. G.
Décanat, *s. m. Decani munus.* dignité de doyen; sa durée.
†Décandre, *adj. 2 g.* (fleur) à dix étamines.
Décandrie, *s. f.* (dix époux) dixième classe des végétaux.
Décaniser, *v. n.* tenir la place d'un doyen. G.
Décanoniser, *v. a.* sé. e, *p.* rayer de la liste des saints. V.
Décantation, *s. f.* action de verser en inclinant.
Décanter, *v. a.* té. e, *p.* verser en inclinant doucement, t. de chimie.
†Décapeler, *v. a.* lé. e, *p.* ôter les hunes, les haubans, etc. d'un vaisseau.
Décaper, *v. a.* pé. e, *p.* enlever le vert-de-gris; nettoyer dans l'eau seconde. *. t. de marine. R. * *v. n.* sortir d'entre les caps. B.
Décapitation, *s. f.* action de décaper. G. de décapiter. A. voy. Décollation.
Décapiter, *v. a. Collum secare.* té. e, *p.* couper la tête.
†Décaptiver, *v. a.* délivrer, mettre en liberté. (*vieux*).
Décardinaliser, *v. a.* sé. e, *p.* ôter de la liste des cardinaux. V.
†Décare, *s. m.* 9583 pieds carrés, 061574e.; dix ares.
†Décarneler, *v. a.* couper la chair au vif.
Décarreler, *v. a. Nudare laterculis.* lé. e, *p.* ôter les carreaux. * Décâreler. R.
†Décarver, *v. a.* doubler les écarts, t. de mar.
Décastile, *s. m. Decastylus.* édifice à dix colonnes de face. C. G. V. * Décastyle. B.
Décasyllabe, *adj. 2 g.* vers de dix syllabes.
Décasyllabique, *adj. 2 g.* de dix syllabes. R.
Décéder, *v. n. Mori.* dé. e, *p.* mourir de mort naturelle.
Déceindre, *v. a.* ceint. e, *p.* (*vieux*) ôter la ceinture. R. G. C.
†Déceintroir, *s. m.* marteau à deux taillans.
Decelement, *s. m. Patefactio.* (*inusité*) action de déceler. * Décélement. R. V. Décèlement. C. A. V.
Déceler, *v. a. Patefacere.* lé. e, *p.* découvrir ce qui est caché. * Décéler. RR.
Décembre, *s. m. December.* dernier mois de l'année.
Décemment, *adv. Decorè.* d'une manière décente.
†Décempède, *s. m.* perche romaine, 90 pieds, 8 pouces, 3 lignes.
Décemviral. e, *adj.* des décemvirs.

Décemvirat, *s. m. Decemviratus.* dignité des décemvirs.
Décemvir, *s. m. Decemvir.* magistrat de Rome. * *s. m. pl.* V.
Décence, *s. f. Decentia.* bienséance; honnêteté.
Décennaire, *adj.* 2 *g.* qui procède par dix. R.
Décennal. e, *adj. Decennalis.* de dix en dix ans. * *s. f. pl.* fêtes qui durent dix ans. V.
Décent. e, *adj. Decens.* conforme à la décence.
†Décentoir, *s. m.* outil de carreleur pour préparer l'aire.
Déceptif, *adj. s. m.* trompeur. V.
Déception, *s. f.* tromperie, séduction, t. de pratique.
De ce que, *conj. Eò quòd.* à cause que; parce que. G.
Décerner, *v. a. Decernere.* né. e, *p.* ordonner juridiquement.
Décès, *s. m. Obitus.* mort naturelle.
Décevable, *adj.* 2 *g.* (*vieux*) sujet à être trompé.
†Décevance, *s. f.* déception; tromperie. (*vi.*).
Décevant. e, *adj. Fallax.* trompeur.
Décevoir, *v. a. Decipere.* çu. e, *p.* tromper; séduire.
Déchagriner, *v. a.* né. e, *p.* (*familier*) égayer. G. RR.
Déchaînement, *s. m. Maledicendi licentia.* emportement extrême.
Déchaîner, *v. a.* né. e, *p.* ôter; détacher la chaîne; exciter; animer; irriter contre. (se), *v. r.* rompre sa chaîne; s'emporter contre.
Déchalander, *v. a.* dé. e, *p.* ôter, faire perdre les chalands. R. C. * *ou* Désachalander. G. V.
†Déchalasser, *v. a.* ôter les échalas.
Déchant, *s. m.* second dessus, t. de mus. R.
Déchanter, *v. n.* (*familier*) changer de ton, d'avis; rabattre de ses prétentions.
Déchaperonner, *v. a. Cucullum detrahere.* né. e, *p.* ôter le chaperon. * Déchaperoner. R.
Décharge, *s. f. Detractio.* action de décharger; écrit de décharge; soulagement, t. d'arts et métiers. * t. d'imp. feuille sous la retiration: lieu de dépôt; canal pour le trop plein; écoulement. B.
Déchargement, *s. m.* action de décharger.
Déchargeoir, *s. m.* t. de tisserand. C. G. V. * cuvier de décharge, t. de vigneron. B.
Décharger, *v. a. Levare.* gé. e, *p.* ôter la charge; vider; tenir quitte; soulager; rayer; dispenser; donner, tirer un coup; diminuer le poids; délivrer d'une commission, d'une affaire. (se) *v. r.* mettre bas un fardeau; se reposer sur; entrer; se jeter dans.
Déchargeur, *s. m. Exemptor.* celui qui décharge; officier de port.
Décharmer, *v. a. Fascinationem amovere.* -mé. e, *p.* ôter un charme jeté sur. (*inusité*). R. G. C.
Décharné. e, *adj. Carne nudatus.* fort maigre; trop sec.
Décharner, *v. a. Carnibus nudare.* né. e, *p.* ôter la chair, l'embonpoint; amaigrir. * t. de fauconier. A.
Décharpir, *v. a.* pi. e, *p.* (*bas*) séparer de force ceux qui se battent. G. R. V.
Déchasser, *v. a.* sé. e, *p.* (une cheville), la faire sortir de force; t. de danse, faire un chassé. G. V.
Déchaumer, *v. a.* mé. e, *p.* labourer un chaume, une friche.
Déchaussement, *s. m. Ablaqueatio.* labour au pied des arbres.
Déchausser, *v. a. Excalceare.* sé. e, *p. adj.* mettre les jambes et les pieds à nu; dégarnir le pied, la base. (se), *v. r.* ôter sa chaussure.
Déchaussés *ou* Déchaux, *adj. pl.* (carmes), moines.
†Déchaussière, *s. f.* lieu où le loup a gratté. * Déchaussure. AL.
Déchaussoir, *s. m.* instrument de dentiste pour déchausser les dents. *Dentiscalpium.*
Déchaussures, *s. f. pl.* gîte du loup, où il a gratté. G. V.
Déchaux, *adj. m. pl.* (carmes) Déchaussés. R.
Déchéance, *s. f. Decessio.* perte d'un droit.
Déchet, *s. m. Imminutio.* diminution en qualité, en valeur.
Décheveler, *v. a. Comam deturbare.* lé. e, *p. adj.* décoiffer; déranger les cheveux. * Déchéveler. R.
Déchevêtrer, *v. a.* tré. e, *p.* ôter le licou. G.
Déchiffrable, *adj.* 2 *g.* que l'on peut déchiffrer. * Déchifrable. R.
Déchiffrement, *s. m. Explicatio.* action de déchiffrer; chose déchiffrée. * Déchifrement. R.
Déchiffrer, *v. a. Explicare.* fré. e, *p.* expliquer un écrit en chiffres, ce qui est obscur; lire une écriture difficile; pénétrer; démêler. * Déchifrer. R.
Déchiffreur, *s. m.* qui déchiffre, explique un chiffre. * Déchifreur. R.
Déchiqueter, *v. a. Concidere.* té. e, *p.* découper en petits morceaux.
Déchiqueteur, *s. m.* qui déchiquette. C. R.
Déchiqueture, *s. f. Concisio.* découpure; moucheture; taillade sur une étoffe.
Déchirage, *s. m.* action de déchirer, de défaire un bateau, un train. C. G.
Déchirant. e, *adj.* (*nouveau*) qui déchire le cœur. CO. G. V.
Déchirement, *s. m. Laceratio.* action de déchirer. * douleur vive et amère. B.
Déchirer, *v. a. Lacerare.* ré. e, *p.* rompre; mettre en pièces sans trancher; offenser; outrager par paroles; ruiner. (se), *v. r.*
Déchireur, *s. m.* qui déchire. R. * qui déchire les bateaux. B.
Déchirure, *s. f. Laceratio.* rupture faite en déchirant.
Déchoir, *v. n. Decidere.* chu. e, *p.* chéant. e, *p. prés.* tomber dans un état pire; diminuer peu à peu; devenir infirme; dériver, sortir de sa route, t. de mar.
Déchouer, *v. a.* choué. e, *p.* t. de mar. relever un navire échoué.
Déci, *nom générique qui signifie la dixième partie d'une chose.*
†Déciare, *s. m.* 10ᵉ. de l'are; 94 pouces carrés 830616ᵉ.
Décidé. e, *adj. Fixum.* résolu.
Décidément, *adv.* d'une manière décidée. G. C.
Décider, *v. a. Decidere.* dé. e, *p.* porter son jugement sur une personne; résoudre une difficulté; déterminer; terminer un différent. *v. n.* ordonner; disposer. (se), *v. r.* prendre son parti.
†Décideur, *s. adj.* homme tranchant. VOLTAIRE.
†Décidu. e, *adj.* t. de botan. qui tombe après la fécondation.
†Décigramme, *s. m.* 10ᵉ. du gramme; 1 grain 8841ᵉ.
†Décile *ou* Dextil, *adj.* 2 *g.* (opposition) aspect de deux planètes distantes de la 10ᵉ. partie du zodiaque, ou 36°.
†Décilitre, *s. m.* 10ᵉ. du litre; 5 pouces carrés 048225ᵉ.
Déciller, *v. a.* ouvrir les cils des yeux. RR. V. * Dessiller. G.
Décimable, *adj.* 2 *g.* sujet aux décimes.
Décimal. e, *adj.* 2 *g.* composé de 10ᵉˢ, 100ᵉˢ, etc. * *s. f.* fraction décimale. B.
Décimateur, *s. m.* qui peut lever les dîmes.
Décimation, *s. f.* action de décimer les soldats.
Décime, *s. m.* impôt, contribution de la dixième partie des biens ecclésiastiques. * *Decumæ, pl.* RR. V. *s.* dixième partie d'un franc. (*nouvelle monnoie*).
Décimer, *v. a.* mé. e, *p.* punir un soldat sur dix.
†Décimètre, *s. m.* 10ᵉ. du mètre; 44 lignes 3441952ᵉ. * Décimetre. RR.
Décintrer, *v. a. Arcus subducere.* tré. e, *p.* ôter les cintres d'une arche, d'une voûte.
Décintroir, *s. m.* outil de maçon à deux taillans. G. V.
Décirer, *v. a.* sé. e, *p.* ôter la cire. R. T. V.
Décis, *adj. m.* (*vieux*) décidé. V.
Décisif. ve, *adj. Decretorius.* qui détermine, résout, décide.
Décision, *s. f. Decisio.* résolution; jugement; action de décider.
Décisionaire, *s. m.* qui décide avec assurance. R.
Décisivement, *adv. Modo decretorio.* d'une manière décisive.
Décisoire, *adj.* 2 *g.* décisif; serment qui vide le procès. R. C.
†Décistère, *s. m.* 10ᵉ. du stère; 3 pieds carrés 920269ᵉ. * Décistere. RR.
Décizeler, *v. a.* lé. e, *p.* t. d'eaux et forêts. R.
Déclamateur, *s. m. Declamator.* qui déclame, qui exagère; qui récite en public.
Déclamation, *s. f. Declamatio.* action, art de déclamer; discours déclamé; exagération; invective contre quelqu'un. * affectation de termes pompeux, figurés, déplacés. G. CO.
Déclamatoire, *adj.* 2 *g. Declamatorius.* de la déclamation; qui ne renferme que des déclamations.
Déclamer, *v. a. Declamare.* mé. e, *p.* réciter à haute voix, d'un ton oratoire. *v. n.* invectiver; parler contre.
Déclaratif. ve, *adj.* qui déclare la volonté, t. de pratique.
Déclaration, *s. f. Declaratio.* action de déclarer; acte, discours pour déclarer; loi; ordonnance; dénombrement; aveu.
Déclaratoire, *adj.* 2 *g.* qui déclare juridiquement.
Déclarer, *v. a. Declarare.* ré. e, *p.* manifester; faire connoître; nommer publiquement; révéler. (se), *v. r.* se montrer; prendre parti; s'expliquer.
Déclaver, *v. a.* vé. e, *p.* ôter une clef, t. de musique. G. V.
Déclencher, *v. a.* ché. e, *p.* (une porte), ôter la clenche pour l'ouvrir. G. V. R.
Déclic, *s. m.* bélier pour enfoncer les pieux. G. V. R.
†Déclimater, *v. a.* deshabituer une plante d'un climat.
Déclin, *s. m. Inflexio.* état de ce qui penche vers sa fin; ressort d'une arme à feu; décadence, fin.
Déclinable, *adj.* qui peut être décliné.
Déclinaison, *s. f. Declinatio.* t. de grammaire, action de faire passer par les cas; distance d'un astre à l'équateur; mesure de la hauteur des astres; éloignement de l'aimant du pôle: t. d'arts et métiers.
Déclinant, *adj.* (cadran) non dirigé vers un point cardinal. R. C. A. V. CO.
†Déclinateur *ou* Déclinatoir, *s. m.* instrument

pour déterminer la position d'un plan.
Déclination, *s. f.* éloignement; détour; pente. V.
Déclinatoire, *s. m. Fori exceptio.* acte par lequel on décline.
Déclinatoire, *adj.* (exceptions, fins) pour décliner, t. de pratique.
Décliner, *v. n. Declinare.* né. e, *p.* déchoir, pencher vers sa fin; s'éloigner de; t. de gnom. *v. a.* t. de gram. faire passer par tous les cas : ne pas reconnoître une jurisdiction, t. de prat.
†Décliqueter, *v. n.* dégager le cliquet des dents de son rochet.
Déclive, *adj. 2 g. Declivis.* qui penche. R.
Déclivité, *s. f.* situation de ce qui est en pente.
Décloîtré. e, *adj.* sorti du cloître. C.
Déclorre, *v. a. Recludere.* clos. ose, *p.* ôter, rompre une clôture. * Déclore. -ôse, *p.* R. A.
Déclouer, *v. a. Refigere.* -oué. e, *p.* détacher en ôtant les clous.
Décochement, *s. m. Sagittæ emissio.* (*inus.*) action de décocher une flèche.
Décocher, *s. f. Sagittam emittere.* ché. e, *p.* tirer, lancer une flèche.
Décoction, *s. f. Decoctum.* bouillon de plantes et drogues, sa cuisson; ébullition d'un fluide.
Décognoir, *s. m.* t. d'imprimerie, outil pour chasser les coins. * Décoignoir. R.
Décoiffer, *v. a. Tegmen detrahere.* fé. e, *p.* défaire la coiffure, l'enveloppe du bouchon, le couvercle. * Décoëfer. R. Décoëffer. C. Décoïffer. G. *ou* Décoëffer. A.
Décollation, *s. f.* action de couper le cou; martyr de St.-Jean; fête; tableau. * Décolation. R.
Décollement, *s. m.* action de décoller ce qui étoit collé; t. de charp. entaille. V. T. C. * Décolement. R.
Décoller, *v. a.* lé. e, *p.* couper le cou. *Deglutinare.* détacher ce qui étoit collé; t. de jard. (se), *v. r.* se détacher. * Décoler. R.
Décolleter, *v. a.* té. e, *p.* découvrir la gorge. * Décoleter. R.
Décolleur, *s. m.* celui qui coupe la tête des poissons. G. V. * Décoleur. R.
†Décoloré, *s. m.* serpent du 3e. genre, cendré bleuâtre.
Décolorer, *v. a. Colorem eluere.* ré. e, *p. adj.* effacer, ôter la couleur. (se), *v. r.* se ternir; perdre sa couleur.
Décombrer, *v. a. Rudera asportare.* bré. e, *p.* ôter les décombres, les immondices, les débris.
Décombres, *s. m. pl. Rudera.* plâtras; menues pierres; débris.
Décomposer, *v. a. Dissolvere.* sé. e, *p.* réduire un corps à ses principes; séparer ses parties; diviser un tout par parties.
Décomposition, *s. f. Dissolutio.* résolution d'un corps dans ses principes; action de décomposer.
Décompoter, *v. a.* té. e, *p.* changer l'ordre de la culture. R. V.
Décompte, *s. m. Subductio.* retenue sur un compte.
Décompter, *v. a. Subducere.* té. e, *p.* faire le décompte; rabattre sur une somme. *v. n.* rabattre de l'opinion sur une personne, une chose.
Déconcert, *s. f.* mésintelligence. G. C.
Déconcerter, *v. a. Perturbare.* troubler un concert, une personne; rompre ses mesures, lui faire perdre contenance. (se), *v. r.* se troubler. déconcerté. e, *p. adj.* décontenancé.
†Déconfé, *adj. s.* excommunié auquel on refusoit la sépulture.
Déconfiancer, *v. a.* (*vieux*) ôter la confiance. C.
Déconfire, *v. a.* fit. e, *p. adj.* défaire entièrement; tailler en pièces; embarrasser.
Déconfiture, *s. f.* déroute; entière défaite; ruine; banqueroute.
Déconfort, *s. m.* (*vieux*) désolation; découragement; abattement.
Déconforter, *v. a. Animum debilitare.* té. e, *p.* décourager. (se), *v. r.* se désoler, perdre courage.
Déconseiller, *v. a. Dissuadere.* lé. e, *p.* dissuader.
Déconsidérer, *v. a.* ôter la considération, l'estime. C.
Déconstruire, *v. a.* truit. e, *p.* désassembler les parties. A. V.
Décontenancer, *v. a. Perturbare.* cé. e, *p. adj.* faire perdre contenance; rendre interdit.
Déconvenue, *s. f.* malheur, mauvais succès.
Décorateur, *s. f. Instructor.* faiseur de décorations.
Décoration, *s. f. Apparatio.* embellissement, ornement; marque de dignité.
Décorder, *v. a. Retexere.* dé. e, *p.* détortiller une corde.
Décorer, *v. a. Decorare.* ré. e, *p.* orner; parer; embellir; conférer une dignité.
Décortication, *s. f.* action d'enlever l'écorce.
†Décortification, *s. f.* voy. Decortication.
Décorum, *s. m.* bienséance; apparences. * Décorum. C. G.
Découcher, *v. n. Abnoctare.* ché. e, *p.* coucher hors de chez soi. *v. a.* faire découcher.
Découdre, *v. a. Dissuere.* su. e, *p.* défaire la couture. * (se), aller mal. V. déclouer, t. de mar. B.
Découdre (en), *v. n.* (*fam.*) en venir aux mains. * fendre la foule. B.
Découlant. e, *adj.* qui découle; d'où coule.
Découlement, *s. m. Defluvium.* flux; mouvement de ce qui découle lentement.
Découler, *v. n. Effluere.* couler de haut en bas, peu à peu, goutte à goutte.
Découpé, *s. m.* sorte de parterre. *adj.* t. de blas. pièce de l'écu. * t. d'art, trop détaché du fond. G.
Découper, *v. a. Concidere.* pé. e, *p.* couper en petites parties; couper en suivant un trait.
Découpeur. se, *s.* qui découpe. * qui figure les étoffes avec un fer. G. matelot qui dépèce les baleines. B.
Découplé. e (bien) *adj.* de belle taille. * séparé. B. *Abjunctus.*
Découpler, *v. a. Abjungere.* plé. e, *p.* détacher ce qui est couplé; lâcher après; délier.
Découpler (le), *s. m.* l'instant où l'on découple les chiens. * *ou* Découple, action de découpler. A. V.
†Découpoir, *s. m.* ciseaux pour découper.
Découpure, *s. f. Incisio.* taillade; chose découpée; action de découper.
†Découráble, *adj. 2 g.* qui s'échappe du lieu où il a été placé (*vieux*).
Décourageant, *adj. verbal.* qui décourage. G. V.
Découragement, *s. m. Animi debilitatio.* perte de courage; abattement de cœur.
Décourager, *v. a. Animum frangere.* gé. e, *p.* ôter, abattre le courage; faire perdre l'envie, le courage de.
†Découber, *v. a.* dételer les chevaux attachés aux cordages.
†Décourent. e, *adj.* (feuilles) dont les bords se prolongent sur la tige; (partie) qui forme un prolongement sous celle qui la porte.
Décours, *s. m. Decrescentia.* décroissement de la lune, t. d'astr. * déclin d'une maladie. B.
Décousure, *s. f. Disjunctio.* endroit décousu. * blessure du chien faite par le sanglier. B.
Découvert (à), *adv.* sans être couvert, ou à couvert; sans voile ou déguisement; manifestement. * à-découvert. C.
Découverte, *s. f. Inventio.* action de découvrir; invention; chose découverte.
Découvreur, *s. m.* auteur d'une découverte. V. A. * t. milit. qui va à la découverte. B.
Découvrir, *v. a. Detegere.* vert. e, *p. adj.* ôter ce qui couvroit; laisser voir; dégarnir; parvenir à connoître; révéler; commencer à voir; faire la découverte de. (se), *v. r. récipr.* ôter la couverture, son chapeau; se faire connoître; se montrer; s'offrir au coup.
Décrasser, *v. a. Detergere.* sé. e, *p.* ôter la crasse; polir; épurer.
Décréditement, *s. m.* action de décréditer.
Décréditer, *v. a.* té. e, *p.* ôter, faire perdre le crédit, la considération. (se) *v. r.* perdre son crédit.
Décrépit. e, *adj. Decrepitus.* fort vieux et cassé.
Décrépitation, *s. f.* bruit du sel dans le feu, sa calcination.
Décrépiter, *v. a.* té. e, *p.* pétiller; calciner. G. C. V. * faire sécher le sel. AL. faire enrager quelqu'un. B.
Décrépitude, *s. f. Ætas decrepita.* vieillesse extrême et infirme.
Décret, *s. m. Decretum.* décision; ordonnance; loi; recueil de canons.
Décrétale, *s. f. Decretales.* lettre des papes pour faire réglement.
†Décrétaliarche, *s. m.* chef absolu.
Décréter, *v. a. Decernere.* té. e, *p.* décerner un décret contre; ordonner par une loi. *v. n.* faire un décret, une loi.
Décrétiste, *s. m.* canoniste qui expliquoit le décret de Gratien. AL.
†Décrétoire, *adj. 2 g. Decretorius.* t. de méd. critique.
Décreuser, *v. a.* té. e, *p.* préparer la soie, t. de teinturier. voy. Décruser. G. V. AL.
Décri, *s. m. Interdictio.* perte du crédit; mauvaise réputation; cri public pour défendre le débit, le cours d'une monnoie.
Décrier, *v. a. Usum prohibere.* crié. e, *p.* ôter l'honneur, la réputation; défendre par un cri public.
Décrire, *v. a. Describere.* crit. e, *p.* peindre par les paroles, le discours; t. de géom. tracer.
Décrochement, *s. m.* action de décrocher. T.
Décrocher, *v. a. Uncino expedire.* ché. e, *p.* ôter; détacher.
Décrochoir, *s. m.* outil pour décrocher. V.
Décroire, *v. a.* (*inusité*) ne pas croire.
Décroissement, *s. m. Diminutio.* diminution.
Décroître, *v. n. Decrescere.* cru. e, *p.* diminuer. * décrû. e, *p.* R.
Décrotter, *v. a. Decutere.* té. e, *p.* ôter a crotte. * Décroter. R.
Décrotteur, *s. m. Calceorum detersor.* qui décrotte. * Décroteur. R.
Décrottoire, *s. f. Peniculus asper.* brosse pour décrotter. * Décrotoire. R.
Décrouter, *v. a.* té. e, *p.* t. de vénérie, frotter son bois contre un arbre. R. G. * Décroûter. AL. ôter la croûte. V.
Décruer, *v. a.* rué. e, *p.* lessiver du fil cru.
Décrûment, *s. m.* action de décruer. * *et* Décruement. V.
Décrusement, *s. m.* action de décruser.

Décruser, *v. a.* sé. e, *p.* mettre les cocons dans l'eau bouillante pour pouvoir les dévider.
Décuire, *v. a.* cuit. e, *p.* rendre les sirops plus liquides. (se), *v. récipr.* se liquéfier; remédier à l'excès de cuisson.
†Décumaire, *s. f. Decumaria.* genre de plantes de la famille des myrthes.
Décupeler, *v. a.* lé. e, *p.* verser doucement, par inclination, t. de chimie. C. G. V. * Décupler. V.
Décuple, *s. m. Decuplus.* dix fois autant. *adj.* 2 g. dix fois plus grand.
Décupler, *v. a.* plé. e, *p.* rendre dix fois plus grand. G. C. V.
†Décurent. e, *adj. f.* (feuille, pédoncule) dont la base se prolonge sur la tige.
Décurie, *s. f. Decuria.* troupe de dix hommes.
Décurion, *s. m. Decurio.* chef de dix hommes. * écolier qui en surveille d'autres. B.
†Décursif, *adj. m.* (styles) qui descendent en rampant sur un des côtés de l'ovaire, t. de botanique.
†Décurtation, *s. f.* maladie des végétaux qui fait périr le sommet des nouveaux jets.
Décussation, *s. f.* t. de géométrie, point où les lignes se croisent; t. d'opt. foyer. G. C. V. CO.
†Décussis, *s. m.* monnoie romaine.
Décussoire, *s. m.* instrument de chirurgie pour faire sortir le pus. C. G. V.
Décuver, *v. a.* tirer le vin du tonneau. R.
Dédaigner, *v. a. Fastidire.* gné. e, *p.* mépriser; marquer du dédain. *v. n.* ne pas vouloir par mépris.
Dédaigneur, *s. m. ou* Abducteur, muscle de l'œil qui le fait tourner du côté opposé au nez.
Dédaigneusement, *adv. Fastidiosè.* avec dédain.
Dédaigneux. se. *adj. s. Fastidiosus.* qui marque du dédain.
Dédain, *s. m Fastidium.* sorte de mépris exprimé par le ton, les gestes.
Dédale, *s. m. Labyrinthus.* labyrinthe; embarras.
†Dédalé, *adj.* compliqué, embarrassé.
†Dédaler, *v. a.* faire un labyrinthe, un dédale.
Dédamer, *v. n.* déplacer une dame, t. de jeu.
Dedans, *s. m. Pars interior.* intérieur, *adv.* dans l'intérieur, dans. *Intus.*
Dedans (en), *Intrà.* dans l'intérieur: ici dedans, se dit étant dedans: là dedans, se dit du dehors; par dedans. *adv.* R.
Dédicace, *s. f. Consecratio.* consécration; fête; épître pour dédier. R. V.
Dédicateur, *s. m.* R. V. auteur qui dédie son ouvrage, et qui adule pour recevoir un présent. B.
Dédicatoire, *adj.* 2 g. *Nuncupatorius.* (épître) contenant la dédicace.
Dédier, *v. a. Dedicare.* dié. e, *p.* consacrer au culte; adresser un livre par une dédicace. * destiner à quelque chose de saint; (se) consacrer. T.
Dédire, *v. a. Discedere à pactione.* dit. e, *p.* désavouer. (se), *v. récipr.* se rétracter.
Dédit, *s. m. Retractatio.* rétractation, sa peine.
Dédition, *s. f.* reddition. V.
Dédommagement, *s. m. Reparatio.* compensation; réparation de dommage; indemnité. * Dédomagement. R.
Dédommager, *v. a. Damna præstare.* gé. e, *p.* compenser; indemniser d'une perte. * Dédomager. R.

Dédorer, *v. a.* ré. e, *p.* effacer, ôter la dorure. (se) *v. r.* perdre sa dorure.
Dédormir (de l'eau), *v. n.* la dégourdir au feu. C. G.
†Dédortoir, *s. m.* manche du fouet dont on se sert pour parer les gaulis dans les bois. B.
Dédoubler, *v. a.* blé. e, *p.* ôter la doublure; partager en deux.
Déduction, *s. f. Deductio.* soustraction; rabais; énumération * narration; récit. T. V. suite de notes qui montent par degrés conjoints. B.
Déduire, *v. a. Deducere.* duit. e, *p.* rabattre; énumérer; narrer.
Déduit, *s. m.* (*vieux*) plaisir; passe-temps. *adj.* dérivé. *Expositus.*
Dédurcir, *v. a.* ci. e, *p.* empêcher d'être dur.
Déesse, *s. f. Dea.* divinité féminine; très-belle femme.
Défâcher (se), *v. récipr.* ché. e, (*familier*) s'apaiser après la colère.
Défaillance, *s. f. Defectio.* foiblesse; évanouissement; pamoison; t. de chimie, liquéfaction.
Défaillant. e, *adj. Desertor.* qui dépérit, qui s'affoiblit. *s.* qui ne comparoît point, t. de pratique. * (ligne), manquant. AL.
Défaillir, *v. n. Animo linqui.* manquer; dépérir; s'affoiblir; se pâmer.
Défaire, *v. a. Destruere.* fait. e, *p.* détruire ce qui est fait; faire mourir; mettre en déroute; délivrer; débarrasser; maigrir; exténuer; effacer par un plus grand éclat. (se), *v. recipr.* vendre; se débarrasser; tuer; se tuer; se corriger; se troubler; s'affoiblir.
Défaite, *s. f. Strages.* déroute; débit, vente; excuse artificieuse.
†Défaix, Deffaix, Défoix, *s. m.* lieux en défense, t. d'eaux et forêts.
Défalcation, *s. f.* déduction; soustraction.
Défalquer, *v. a. Deducere.* qué. e, *p.* déduire; soustraire.
Défausser, (se), *v. r.* t. de jeu, jeter une carte. A.
Défaut, *s. m. Vitium.* imperfection; t. de prat. manquement à l'assignation; absence; interstice.
Défaut de (au), *adv.* en place de. * au-défaut-de. C.
Défaveur, *s. f.* cessation de faveur.
Défavorable, *adj.* 2. g. qui n'est point favorable.
Défavorablement, *adv.* d'une manière défavorable. A. C. G. V.
Défécation, *s. f.* dépuration d'un liquide.
Défectif. ve, *adv. Defectivum.* verbe qui n'a pas tous ses modes et temps, t. de grammaire. * t. d'arith. déficient; t. de mathémat. B.
Défection, *s. f. Defectio.* abandonnement d'un parti; désertion; rébellion.
Défectueusement, *adv. Vitiosè.* d'une manière défectueuse.
Défectueux. se, *adj. Vitiosus.* qui a des défauts; défectif.
Défectuosité, *s. f. Vitium.* défaut; manquement.
†Défédation, *s. f.* action de salir, de gâter.
Défendable, *adj.* 2 g. qu'on peut défendre. A. V. défensable. V.
Défendeur. dresse, *s.* qui se défend en justice.
Défendre, *v. a. Defendere.* du. e, *p. adj.* (de) protéger; garder; garantir; empêcher; prohiber. (se), *v. r.* repousser par la force; s'excuser, se disculper.
Défends, *s. m.* bois, etc. dont la coupe ou l'entrée est défendue, t. d'eaux et forêts.

* *ou* Défens. A. V. Défend. R.
†Défensable, *adj.* voy. Défendable.
Défense, *s. f. Defensio.* protection; soutien; justification; prohibition; t. d'arts et métiers. *pl.* réponse en justice: dents du sanglier; t. de fortification. * t. de couvreur, corde pour se soutenir, ou suspendre une croix pour avertir les passans. B.
Défenseur, *s. m. Defensor.* celui qui défend, protège.
†Défenseur officieux, *s. m.* avocat. (*nouv.*)
Défensible, *adj.* 2 g. qui sert à défendre. V.
Défensif. ve, *adj. Defensivus.* pour défendre; qui défend.
Défensif, *s. m.* bandage sur les yeux; ce qui garantit une plaie; topique.
Défensive, *s. f.* état de défense, t. militaire.
Déféquer, *v. a. Defecare.* qué. e, *p.* ôter les féces, les impuretés d'une liqueur.
Déférant. e, *adj.* qui défère, qui condescend.
Déférence, *s. f. Reverentia.* condescendance; respect; égard.
Déférent. e, *adj.* t. d'astron. cercles portans la planète; t. d'anat. vaisseaux qui portent la liqueur séminale. G. C. V.
Déférent, *s. m.* t. de mon. marque de la fabrique. C. G. V. CO.
Déférer, *v. n. Deferre.* condescendre par égard; céder. *v. a.* ré. e, *p.* donner; dénoncer; décerner.
Déferler, *v. a. Vela explicare.* lé. e, *p.* déployer les voiles.
Défermer, *v. a.* mé. e, *p.* (*inusité*) mettre dehors, en liberté. R. G. C.
Déferrer, *v. a. Ferramenta detrahere.* ré. e, *p.* ôter le fer; rendre muet, interdit. (se), *v. récipr.* perdre son fer; se déconcerter.
Défet, *s. m.* feuille isolée et surperflue, t. de libraire. * imperfection. R. Défets, *pl.* V.
†Défeuillaison, *s. m.* chute des feuilles, son temps.
Défeuiller, *v. a.* lé. e, *p.* ôter les feuilles R.
Déffais, *s. m. pl.* pêcheries particulières. C.
†Defferger, *v. a.* défrayer; récompenser; secourir. ROMAN DE LA ROSE.
Deffubler, *v. a.* blé. e, *p.* ôter ce qui enveloppe. V.
Défi, *s. m. Provocatio,* provocation; appel pour combattre.
Défiance, *s. f. Diffidentia.* soupçon; crainte d'être trompé.
Défiant. e, *adj. Diffidens.* soupçonneux; qui craint qu'on le trompe.
†Déficient. e, *adj.* (nombre) que ses parties aliquotes n'égalent pas.
Déficit, *s. m.* (*sans pl.*) ce qui manque. * Deficit. R.
Défiement, *s. m.* t. de coutume. RR.
Défier, *v. a. Provocare.* fié. e, *p.* provoquer; faire un défi. * t. de mar. garantir le bord contre le choc de l'ancre. B. (se), *v. récipr.* avoir de la défiance; suspecter; se douter; prévoir.
Défigurer, *v. a. Deformare.* ré. e, *p.* rendre difforme; gâter la figure.
Défilé, *s. m. Angustia.* passage étroit; situation embarassante.
†Défilement, *s. m.* t. milit. méthode pour préserver un ouvrage de l'enfilade.
Défiler, *v. a. Filum detrahere.* lé. e, *p.* ôter le fil; aller à la file. (se), *v. récipr.* quitter le fil; se découdre; se dissoudre.
Défiment, *s. m.* provocation. V. * Défiement. RR.
Definer, *v. a.* né. e, *p.* aller à sa fin. V.
Défini, *s. m.* chose définie. G.

Définir, *v. a. Definire.* ni. e, *p.* déterminer le temps, le lieu ; expliquer la nature de ; faire connoître ; décider ; t. de grammaire.

Définiteur, *s. m.* titre claustral. * conseiller du général des moines. B.

Définitif. ve, *adv. Definitivus.* qui décide, qui juge le fond.

Définitif. ve (en), *adv.* par jugement définitif ; enfin. * en-définitif. C.

Définition, *s. f. Definitio.* explication de la nature d'une chose ; décision ; réglement.

Définitivement, *adv.* tout-à-fait ; en jugement définitif ; au fond ; enfin.

Définitoire, *s. m.* lieu d'assemblée claustrale. C. G. V.

Déflagration, *s. f.* opération par laquelle un corps est brûlé. * combustion avec flammes. B.

†Défléchir, *v. a.* arrêter ; intimider ; détourner du but. J.J.

Déflegmation, *s. f.* action de déflegmer, t. de chimie. * (*mieux*) Déphlegmation. R.

Déflegmer, *v. a.* mé. e *p.* ôter la partie aqueuse. * Déphlegmer. R.

Défleurir, *v. a. Deflorescere.* ri. e, *p.* ôter la fleur. *v. n.* perdre sa fleur.

Déflexion, *s. f.* détour de sa route naturelle.

Défloration, *s. f. Devirginatio.* dépucellement ; t. de pratique.

Déflorer, *v. a. Deflorare.* ré. e, *p.* ôter la virginité.

Défluer, *v. a.* s'éloigner de plus en plus, t. d'astronomie. G. V.

Défoncement, *s. m. Fundi exemptio.* action de défoncer. G. G V.

Défoncer, *v. a. Fundum eximere.* cé. e, *p.* ôter le fond ; fouiller un terrain ; fouler un cuir. (se), *v. r.* perdre son fond.

Déformer, *v. a. Deformare.* mé. e, *p.* ôter, gâter la forme.

Défouetter, *v. a.* té. e, *p.* ôter la ficelle qui serre un livre, t. de relieur. G. C. * Défouéter. R.

†Défouler, *v. a.* fouler aux pieds (*vieux*).

Défourner, *v. a.* né. e, *p.* ôter du four. (se), *v. r.* t. de billard.

†Défourrer, *v. a.* té. e, *p.* retirer les cauchers de l'enveloppe.

Défrai, *s. m.* payement de la dépense.

Défrayer, *v. a. Sumptus suppeditare.* payer la dépense ; entretenir ; amuser une société.

Défrayeur, *s. m.* qui défraye. V.

Défrichement, *s. m.* action de défricher ; terrain défriché.

Défricher, *v. a.* ché. e *p.* cultiver une terre inculte ; éclaircir ; débrouiller une affaire.

Défricheur, *s. m.* qui défriche une terre.

Défriser, *v. a. Cirros replicare.* sé. e *p.* ôter, défaire la frisure.

Défroncer, *v. a. Rugas explanare.* cé. e, *p.* ôter, défaire les plis ; se dérider.

Défroque, *s. f. Spolium.* dépouille de moine ; biensm eubles dont on profite.

Défroquer, *v. a.* qué. e, *p.* ôter le froc ; faire quitter le froc. * prendre le bien de. G. (se), *v. r.* quitter le froc.

Défructu, *s. m.* reste de la table. V. * fourniture de table. G.

†Défruiter, *v a.* se dépouiller de fruits.

Défuner, *v. a.* né. e, *p.* t. de mar. ôter le funin, les cordages, etc.

Défunt. e, *adj. s. Mortuus.* mort, décédé.

Dégagé. e, *adj. Solutus.* bien disposé ; libre. C.

Dégagement, *s. m. Libertas.* action de dégager ; issue secrète. * t. de graveur, action de repasser. B.

Dégager, *v. a. Repignerare.* gé. e, *p.* retirer ce qui étoit engagé ; débarrasser ; délivrer ; obtenir le congé ; rendre libre. (se), *v. r.* se retirer d'un pas difficile.

Dégaine, *s. f.* façon, manière. * Dégaîne. G. C. RR. V.

Dégainer, *v. a. Ensem distringere.* né. e, *p.* tirer de la gaîne. *v. n.* tirer l'epée. * Dégaîner. C. G. RR. V.

Dégaineur, *s. m.* bretteur, spadassin, ferrailleur. * Dégaîneur. C. G. RR. V.

Déganter, *v. a. Digitalia exuere.* té. e, *p.* ôter les gants. (se), *v. r.* ôter ses gants.

Dégarnir, *v. a. Denudare.* ni. e, *p.* ôter ce qui garnit. (se), *v. r.* se garnir moins ; perdre sa garniture.

Dégasconner, *v. a.* né. e, *p.* defaire de l'accent gascon. G. * Dégasconer. R.

Dégât, *s. m. Vastatio.* ravage ; perte par une cause violente ; ruine ; désordre ; grande consommation.

Dégauchir, *v. a.* chie. e, *p.* ôter l'irrégularité.

Dégauchissement, *s. m.* action de dégauchir.

Dégel, *s. m. Glaciei solutio.* relâchement, adoucissement de l'air qui fond la glace ; fonte des neiges, de la glace.

Dégeler, *v. a. Regelari.* lé. e, *p.* fondre la glace, la neige. (se), *v. r.* cesser d'être gelé, de geler. * rompre un long silence. G.

Dégénération, *s. f.* dépérissement ; action de dégénérer, T. ses effets. V.

Dégénérer, *v. n.* ré. e, *p.* s'abâtardir ; perdre de la vertu de ses pères ; changer de bien en mal, de mal en pis ; ne pas se soutenir dans le bien.

†Dégénérescence, *s. f.* propension à la dégénération. BUFFON.

Dégingandé. e, *adj.* disloqué ; sans contenance.

†Déglavier, *v. a.* vié. e, *p.* faire mourir par le glaive. ROMAN DE LA ROSE.

Dégluer, *v. a.* glué. e, *p.* débarrasser de la glu. (se), *v. r.*

Déglutinateur, *s. m.* muscle du pharinx. V.

Déglutition, *s. f.* action d'avaler.

Dégobiller, *v. a.* lé. e, *p.* (*bas*) vomir. * Dégobiller. V.

Dégobillis, *s. m.* (*bas*) chose dégobillées. * Dégobillis. V.

Dégoiser, *v. a. Modulari.* sé. e, *p.* (*famil.*) chanter ; parler mal à propos, indiscrétement. *v. n.* faire parler.

†Dégor, *s. m.* tuyau de décharge, t. de distil.

Dégorgement, *s. m. Effusio.* épanchement de liquides, de la bile.

Dégorgeoir, *s. m.* instrument pour dégorger la lumière du canon, t. d'artillerie ; t. de serrurier. R. C. V.

Dégorger, *v. a. Purgare.* gé. e *p.* déboucher ce qui étoit engorgé. *v. n.* se déboucher ; laver dans l'eau. (se), *v. r. récipr.* s'épancher ; se décharger. * se dit du poisson vivant qui perd son goût de boue, de marée. B.

Dégoter, *v. a.* te. e, *p.* (*familier*) chasser d'un poste ; l'emporter sur.

Dégourdi. e, *adj. s. m.* expérimenté.

Dégourdir, *v. a. Torporem discutere.* di. e, *p.* ôter l'engourdissement ; faire chauffer un peu ; façonner ; polir. (se), *v. récipr.* se défaire de son engourdissement, de sa maladresse, de sa simplicité.

Dégourdissement, *s. m. Torporis discussio.* cessation d'engourdissement.

Dégoût, *s. m. Fastidium.* manque de goût, d'appétit ; aversion ; déplaisir ; chagrin ; répugnance. * jus qui tombe des viandes en rôtissant. B.

Dégoûtant. e, *adj. Fastidiosus.* qui donne du dégoût ; sale.

Dégoûté. e, *adj. Satietate affectus.* difficile ; délicat.

Dégoûter, *v. a. Satietatem afferre.* té. e, *p.* ôter le goût, l'appétit ; donner du dégoût, de l'aversion. (se), *v. r.* prendre du dégoût.

Dégouttant. e, *adj. Stillans.* qui tombe goutte à goutte. * Dégoutant. R.

Dégouttrer, *v. n. Stillare.* té. e, *p.* tomber goutte à goutte. * Dégouter. R.

Dégradation, *s. f. Gradu depulsio.* action de dégrader ; destitution honteuse ; dégât ; dépérissement ; avilissement ; affoiblissement.

Dégrader, *v. a. De gradu dejicere.* dé. e, *p.* démettre d'un grade ; déshonorer, avilir ; faire du dégât ; affoiblir insensiblement les couleurs.

Dégraffer, *v. a. Uncinum solvere.* fé. e, *p.* détacher une agraffe. * Dégrafer. R. A. V.

Dégraissement, *s. m.* action de dégraisser, T. * *ou* Dégraissage. A. V.

Dégraisser, *v. a. Adipem tollere.* sé. e, *p.* ôter la graisse, les taches de graisse, les richesses.

Dégraisseur, *s. m. Qui illuviem purgat.* qui dégraisse les étoffes, etc.

Dégraissoir, *s. m.* instrument pour tordre la laine savonnée. G. V.

Dégrappiner, *v. a.* né. e, *p.* t. de mar. ôter de dessus la glace. G. V. * Dégrapiner. R.

Dégras, *s. m.* huile de poisson qui a servi à passer les peaux, t. de chamoiseur.

Dégravance, *s. f.* dommage. ROMAN DE LA ROSE.

Dégravoiment, *s. m.* effet de l'eau qui dégrade un mur. * Dégravoîment. C. G. V. *et* Dégravoiement. RR.

Dégravoyer, *v. a.* yé. e, *p.* déchausser, dégrader des murs, des pilotis, etc.

Degré, *s. m. Gradus.* marche, escalier ; parentage ; moyen d'élévation ; grade ; suite d'emplois, de qualités prises séparément ; portion de cercle ; division d'une ligne ; quantité ; perfection ou imperfection graduée ; augmentation ou diminution graduée ; marque de la division d'une ligne. * Dégré (*vi.*). R.

†Dégréement, *s. m.* perte accidentelle d'une partie du gréement.

Dégréer, *v. a.* gréé. e, *p.* ôter les agrès, *ou* Désagréer. R. G.

Dégringoler, *v. a.* lé. e, *p.* (*familier*) sauter ; descendre vîte.

Dégrossage, *s. m.* action de diminuer le lingot, t. d'arts et métiers. G. V.

Dégrosser, *v. a. Attenuare.* sé. e *p.* amincir ; faire, rendre plus petit ; t. de tireur d'or. G. V. RR.

Dégrossi, *s. m.* presse pour rendre unies les monnoies. G. C. RR.

Dégrossir, *v. a. Deformare.* si. e, *p.* ôter le plus gros ; t. de menuisier ; commencer à éclaircir ; t. d'imprimerie, lire une première épreuve.

†Deguelleux, *s. m.* masque qui vomit l'eau. * Degueuleux. AL.

Déguenillé. e, *adj.* dont les habits sont en lambeaux.

Déguerpir, *v. a. Cedere possessione.* pi. e, *p.* abandonner un héritage. *v. n.* sortir d'un lieu par crainte.

Déguerpissement, *s. m. Derelictio.* abandonnement d'un héritage.

Dégueuler,

Dégueuler, *v. n.* (*bas*) vomir par suite d'excès.
Déguignonner, *v. a.* né. e, *p.* ôter le guignon, le malheur. * Déguignoner. A. R. V.
Déguisement, *s. m. Habitûs mutatio.* état d'une personne déguisée; dissimulation; artifice.
Déguiser, *v. a. Speciem inducere.* sé. e, *p.* travestir à ne pas reconnoître; cacher sous des formes trompeuses. (se), *v. r.* se travestir; feindre; se cacher, se montrer autre que l'on est.
Dégustation, *s. f.* essai d'une liqueur en la goûtant.
Déhait, *s. m.* maladie. V.
Déhaité. e, *adj.* t. de fauconnerie. R. V.
Déhâler, *v. a.* lé. *p.* ôter le hâle. (se), *v. r.* perdre le hâle.
Déhanché, *adj. Delumbis.* qui a les hanches rompues.
Déharder, *v. a.* dé. e, *p.* lâcher les chiens liés ensemble, t. de chasse. C. G. RR. CO.
Déharnachement, *s. m.* action de déharnacher.
Déharnacher, *v. a.* ché. e, *p.* ôter le harnois.
Déhérence, *s. f.* voy. Déshérence. A. R.
Déhonté, *adj.* voy. Éhonté. C.
Dehors, *s. m. Foris.* la partie extérieure. *pl.* fortifications extérieures; apparences. *adv. prép.* hors de. * en-dehors, dans l'extérieur. ici-dehors, se dit étant dehors: là-dehors, se dit étant dedans; par-dehors, de dehors. B.
Déhouser, *v. a.* sé. e, *p. adj.* (*burl.*) dépuceler. V.
†Déhousser, *v. a.* sé. e, *p.* débotter; mourir (*vieux*).
Déicide, *s. m.* crime des Juifs en faisant mourir le Christ; ceux qui le commirent. * Déicide. A. C. G. R. CO.
Déification, *s. f.* apothéose.
Déifier, *v. a. Deorum in cœtus collocare.* fié. e, *p.* mettre au rang des dieux; louer à l'excès.
Déifique, *adj.* 2 *g.* qui fait un dieu. V.
†Déinclinant *ou* Déincliné, *adj.* (cadran) qui décline et incline.
Déisme, *s. m.* croyance à l'existence d'un seul dieu.
Déiste, *adj. s. Dei.* qui reconnoît un dieu sans la révélation.
Déité, *s. f. Deitas.* t. de poésie, divinité, déesse.
Déiviril. e, *adj.* 2 *g.* divin et humain. R.
Déjà, *adv. Jam.* dès cette heure; auparavant. * Déja. R.
Déjection, *s. f. Dejectio.* évacuation d'excrémens, excrémens, selles, t. de médecine; t. d'astrologie judiciaire.
Déjeter (se), *v. r. Incurvari.* té. e, *p.* se dit du bois, etc. qui travaille, qui se courbe.
Déjeûné *ou* Déjeûner, *s. m.* repas du matin. * Déjeuner, plateau garni de tasses. A. V.
Déjeûner, *v. n. Jentare.* manger le matin. * Déjeuner. A. RR.
Déjoindre, *v. v. Disjungere.* joint. e, *p.* séparer ce qui étoit joint. (se), *v. r.* se séparer, se désunir.
Déjouer, *v. a.* joué. e, *p.* nuire à l'effet, l'empêcher, le détruire. * *v. n.* jouer mal. A. V. t. de marine, se dit du pavillon que le vent agite. G.
Déjuc, *s. m.* (*vieux*) temps du lever des oiseaux.
Déjucher, *v. a.* ché. e, *p.* chasser d'un lieu élevé. *v. n.* se dit des poules qui quittent le perchoir.
De-là, *adv. Ultrà.* de ce lieu, de cela. * Delà. G.
Delà, *prépos. Trans.* de l'autre côté de.
Delà (au-), *adv. prépos.* par-delà. * en-delà, *adv.* G.

Délabrement, *s. m. Laceratio.* état d'une chose délabrée. * Délâbrement. R.
Délabrer, *v. a. Lacerare.* bré. e, *p.* déchirer, mettre en désordre, en lambeaux, en mauvais état. * Délâbrer. R.
Délacer, *v. a. Laxare.* cé. e, *p.* défaire le lacet. * Délâcer. R.
Délai, *s. m. Mora.* remise; retardement.
Délaissement, *s. m. Derelictio.* manque de secours; abandonnement * t. de négociant, abandon à l'assureur. B.
Délaisser, *v. a. Destituere.* sé. e, *p.* abandonner une personne, une possession; t. de pratique, quitter.
Délardement, *s. m.* t. d'architect. amaigrissement. G. C.
Délarder, *v. a.* dé. e, *p.* t. de charpentier, rabattre les arêtes; t. de maçon, piquer la pierre.
Délassement, *s. m. Refectio.* repos, relâche du travail. * Délâssement. R.
Délasser, *v. a. Reficere.* sé. e, *p.* ôter la lassitude; récréer. (se), *v. r.* prendre du repos. * Délâsser. R.
Délateur. trice, *s. Delator.* dénonciateur; accusateur.
Délation, *s. f. Delatio.* dénonciation, accusation.
Délatter, *v. a.* té. e, *p.* ôter les lattes. * Délater. R.
Délavé. e, *adj.* t. de joaillier, d'une couleur foible.
Délaver, *v. a.* vé. e, *p.* délayer trop une couleur. C. G. V. CO. RR.
Délayant, *adj. s. m. Diluens.* qui rend fluide.
Délayement, *s. m.* action de délayer. * Délaîment. V.
Délayer, *v. a. Diluere.* yé. e, *p.* détremper dans un liquide. * user de délai; traîner en longueur (*vieux*). *et* Dilayer, t. de pratique. B.
Déléatur, *s. m.* signe pour supprimer, t. d'imprimerie. G. C.
Délectable, *adj.* 2 *g. s. m. Jucundus.* (*vieux*) qui donne du plaisir.
Délectation, *s. f. Delectatio.* (*familier*) plaisir qu'on savoure.
Délecter, *v. a. Delectare.* té. e, *p.* réjouir, causer du plaisir. (se), *v. r.* prendre plaisir à.
Délégation, *s. f. Delegatio.* commission, transport, acte qui le donne.
Délégatoire, *adj.* 2 *g.* contenant délégation. G.
Délégué, *s. m. Legatus.* député; porteur d'une délégation.
Déléguer, *v. a. Delegare.* gué. e, *p.* députer; commettre; assigner des fonds.
Délestage, *s. m.* décharge du lest, t. de marine.
Délester, *v. a. Saburram ejicere.* té. e, ôter le lest.
Délesteur, *s. m.* chargé de faire délester.
Délétère, *adj.* 2 *g.* mortel, t. de médecine. A. * Délétaire. V.
Déliaison, *s. f.* arrangement des pierres. R. G. C.
Délibation, *s. f.* action de goûter. V. * t. de jurisprudence. R.
Délibérant. e, *adj.* qui délibère; irrésolu.
Délibératif. ve, *adj. Deliberativus.* (genre) qui persuade ou dissuade.
Délibération, *s. f. Deliberatio.* consultation; résolution.
Délibéré, *s. m.* ordonnance pour délibérer.
Délibérément, *adv. Audacter.* hardiment; résolument.
Délibérer, *v. n. Deliberare.* ré. e, *p.* consulter; résoudre; examiner; mettre en délibération.
Délicat. e, *adj. Delicatus.* agréable au goût, exquis; fin; sensible; scrupuleux; foible; délié; difficile à contenter; difficile.

Délicatement, *adv. Delicatè.* avec délicatesse.
Délicater, *v. a. Curare molliter.* té. e, *p.* traiter avec mollesse, avec des soins trop délicats. (se), *v. r.*
Délicatesse, *s. f. Subtilitas.* état de ce qui est délicat; mollesse. *pl.* finesses; mets délicats.
Délices, *s. f. pl. Deliciæ.* volupté, plaisir. * *s. m.* C. G. V.
Délicieusement, *adv. Delicatè.* avec délices.
Délicieux. se, *adj. Delicatus.* extrêmement agréable. * qui aime les délices (*vieux*). B.
Délicoter (se), *v. pers.* té. e, *p.* défaire son licou.
Délié. e, *adj. s. Tenuis.* grêle; mince; menu; fin; subtil; pénétrant. * t. d'écriture, l'opposé de plein. B.
Déliennes, *s. f.* fêtes d'Apollon. * Délienes. R. Délies. V.
Délier, *v. a. Exsolvere.* lié. e, *p.* défaire le nœud, le lien; absoudre.
†Déligation, *s. f.* opération de chirurgie pour comprimer les parties.
†Délime, *s. m. Delima.* arbrisseau sarmenteux de Ceylan.
Délinéation, *s. f.* représentation au trait. * Description. RR.
Délinquant, *s. m. Noxius.* qui a commis un délit.
Délinquer, *v. a. n. Peccare.* (*n'est usité qu'au prétérit*) faillir; contrevenir à la loi.
†Délique, *s. m.* t. de chimie, défaillance.
Déliquescence, *s. f.* t. de chimie. V. voyez Déliquium.
†Déliquescent. e, *adj.* (substance) qui s'imprègne de l'humidité de l'air et se fond.
†Déliquium, *s. m.* (tomber en) se fondre à l'humidité.
Délire, *s. m. Delirium.* égarement d'esprit.
Délirer, *v. pers.* être en délire. (*nouv.*) B.
†Délisser, *v. a.* sé. e, *p.* trier le papier. *ou* Délire.
†Délisseuse, *s. f.* celle qui fait le choix, le triage du papier.
Délit, *s. m. Delictum.* crime; t. d'architecture, côté de pierre, joint, veine.
Déliter, *v. a.* té. e, t. d'archit. ne pas poser une pierre dans le sens naturel. * *v. r.* se plaire, se délecter, se réjouir. ROMAN DE LA ROSE.
Délitescence, *s. f.* t. de médecine; reflux d'humeurs morbifiques. * retraite; solitude. (*vieux*).
Délivrance, *s. f. Liberatio.* action de mettre en liberté, de livrer; affranchissement.
Délivre, *s. m. Secundinae.* arrière-faix; enveloppe du fœtus.
Délivrer, *v. a. Liberare.* vré. e, *p.* mettre en liberté; affranchir du mal; accoucher; livrer, mettre entre les mains. (se), *v. r.* se débarrasser; accoucher.
Délivreur, *s. m.* libérateur. V. * qui rend un dépôt. C. qui distribue les vivres. A. V.
Délogement, *s. m. Migratio.* action de déloger; départ.
Déloger, *v. a. Depellere.* gé. e, *p.* faire quitter un logis, une place, un poste. *v. n.* quitter un logement, un lieu, une place; décamper.
†Déloi, *s. m.* désobéissance à la loi. (*vieux*).
†Déloir, *v. a.* retarder; temporiser. (*vieux*).
Délonger, *v. a.* gé. e, *p.* ôter la longe. G. V.
Délot, *s. m.* t. de marine, anneau de fer dans une boucle de corde. G. V.
Déloyal. e, *adj. Perfidus.* perfide; sans foi,

Déloyalement, *adv. Infideliter.* d'une manière déloyale.
Déloyauté, *s. f. Infidelitas.* infidélité; perfidie.
Delphinal. e, *adj.* du dauphin. V. RR.
†Delphinium, *s. m.* Pied d'alouette, plante.
Delta, *s. f.* lettre grecque (Δ). voyez double C, papillon.
Deltoïde, *adj. Deltoides.* muscle qui fait lever le bras. * *adj.* 2 g. qui a la forme d'un delta. *adj. f.* (feuille) en losange, à pointe prolongée. B.
Deltoton, *s. m. ou* Triangle, constellation du Nord. * Delloton. AL.
Déluge, *s. m. Diluvium.* cataclysme, débordement universel des eaux; inondation; grand nombre de.
Déluter, *v. a.* té. e, *p.* ôter le lut, t. de chim.
Démacher, *v.* ché e, *p.* restituer. V.
†Démaclage, *s. m.* action de remuer le verre fondu.
†Démacler, *v. a.* clé. e, *p.* exécuter le démaclage.
Démagogie, *s. f.* faction populaire, ambition d'y dominer. V.
Démagogue, *s. m.* chef, membre d'une faction populaire. *pl.* ses partisans.
Démaigrir, *v. a.* gri. e, *p.* retrancher. * *v. n.* devenir moins maigre. A. V.
Démaigrissement, *s. m.* action de démaigrir; côté démaigri.
Démaillotter, *v. a. Fasciis evolvere.* té. e, *p.* ôter du maillot. C. R. CO. V. * Démailloter. R.
Demain, *adv. s. m. Crastinò.* le jour après celui où l'on est
Demain (après), *adv.* dans deux jours. * aprèsdemain. C.
Démainer, *v. a.* né. e, *p.* (*vieux*) traiter. V.
Démanchement, *s. m.* action de démancher, ses effets; t. de musique. A.
Démancher, *v. a. Manubrium detrahere.* ché. e, *p.* ôter le manche; t. de musique, avancer la main au plus aigu. (se), *v. pers.* aller mal; sortir du manche.
Demande, *s. f. Petitio.* action de demander; chose demandée; question; action en justice. * t. de mathémat. supposition très-simple. B.
Demander, *v. a. n. Petere.* dé. e, *p.* prier quelqu'un d'accorder; questionner; s'adresser à la justice; désirer voir; désirer; exiger; chercher quelqu'un; quêter.
Demandeur. se, *s. Flagitator.* qui demande souvent; importun.
Demandeur. deresse, *s.* qui demande en justice.
Démangeaison, *s. f. Pruritus.* picotement entre cuir et chair; grande envie.
Démanger, *v. n. Prurire.* gé. e, *p.* avoir, exciter la démangeaison; avoir grande envie.
Démantelement, *s. m.* action de démanteler. * Démantèlement. A. V. Démantêlement. R. C.
Démanteler, *v. a. Propugnacula diruere.* lé. e, abattre les fortifications.
Démantibuler, *v. a.* lé. e, *p.* rompre la mâchoire, les meubles, etc.
Démarcation, *s. f.* ligne servant de limite. * ce qui sépare les droits. V.
Démarche, *s. f. Incessus.* manière de marcher, d'agir; allure; pas; procédé; conduite.
†Démarger, *v. a.* gé. e, *p.* nettoyer les marges, les bords, t. de métier; déboucher l'orifice d'un four de verrerie.
Démariage, *s. m.* divorce. V.
Démarier, *v. a. Matrimonium dirimere.* rié. e, *p.* séparer deux époux en justice. (se), *v. r.* divorcer.
Démarquer, *v. a. Notam demere.* qué. e, *p.* ôter la marque. * *v. n.* n'avoir plus de marque; t. de manége. C. G.
Démarquiser, *v. a.* sé. e, *p.* (*familier*) ôter le titre de marquis. V. C. G.
Démarrage, *s. m.* action d'ôter les amarres. G. * se dit des vaisseaux qui rompent leurs câbles ou chassent sur leurs ancres. B. * Démarage. R.
Démarrer, *v. a. Anchoras solvere.* ré. e, *p.* quitter l'ancrage; changer de place. * Démarer. R.
Démasquer, *v. a. Larvam demere.* qué. e, *p.* ôter le masque; faire connoître. (se), *v. réc.*
Démastiquer, *v. a.* qué. e, *p.* ôter le mastic; détacher ce qui tenoit par le mastic.
†Démâtage, *s. m.* action de perdre ses mâts, ses effets.
Démâter, *v. a. Malo exarmare.* té. e, *p.* abattre ou rompre les mâts, t. de marine.
Dématérialiser, *v. a.* sé. e, *p.* séparer de la matière, t. de chimie. V.
†Dembe, *s. m.* tambour de nègres.
Démêlé, *s. m. Contentio.* querelle; dispute.
†Démêlée, *s. f.* ardoise de 11 pouces sur 6.
Démêler, *v. a. Explicare.* lé. e, *p.* séparer ce qui est mêlé; apercevoir; débrouiller; distinguer; contester. (se), *v. r.* se débrouiller, se tirer de.
†Démêleur, *s. f.* ouvrier briquetier.
†Démêloir, *s. m.* machine à dévider; peigne pour démêler.
Démembrement, *s. m. Laceratio.* action de démembrer, ses effets; division; partage; chose démembrée.
Démembrer, *v. a. Membra dilaniare.* bré. e, *p.* séparer les membres; diviser un état, etc.
Déménagement, *s. m. Supellectilis exportatio.* transport des meubles d'un logis à l'autre; sortie d'un lieu.
Déménager, *v. a. n. Migrare.* gé. e, *p.* transporter des meubles d'un logis à l'autre; sortir d'un lieu.
Démence, *s. f. Dementia.* folie, aliénation d'esprit.
Démener (se), *v. r. Se se agitare.* se débattre; s'agiter.
Dementer, *v. a.* tomber en démence; gémir. ROMAN DE LA ROSE.
Démenti, *s. m. Mendacii exprobatio.* action de nier ce qui a été dit; désagrément de ne pas réussir.
Démentir, *v. a. Mendacii arguere.* ti. e, *p* dire que quelqu'un a menti: prouver le contraire; agir contre. (se), *v. r.* se dédire; se relâcher; s'écarter de; se déjoindre.
Démérite, *s. m.* ce qui attire l'improbation, fait perdre l'estime.
Démériter, *v. n.* té. e, *adj.* agir de manière à perdre la bienveillance, l'estime.
Démesuré. e, *adj. Immodicus.* hors de mesure; extrême.
Démesurément, *adv. Immodicè.* sans mesure; avec excès.
Démettre, *v. a.* mis. se, *p.* déposer; destituer: disloquer. *Luxare.* (se), *v. r.*
Démeublement, *s. m. Supellectilis asportatio.* action d'ôter ce qui meuble.
Démeubler, *v. a. Supellectilem auferre.* blé. e, *p.* ôter les meubles.
Demeurance, *s. f.* habitation. V.
Demeurant. e, *adj.* qui demeure à.
Demeurant (au), *adv.* au surplus, au reste. * au-demeurant. C.
Demeure, *s. f. Domicilium.* habitation; domicile; gîte; temps de l'habitation; état de consistance; retard.
Demeurer, *v. a. In loco habitare.* ré. e, *p.* faire sa demeure; loger; tarder; rester; être; s'arrêter.
Demi, *adv.* presque.
Demi (à), *adv.* à moitié. * à-demi. C.
Demi. e, *adj. sing. Dimidium.* moitié: demi-arpent. — aune. — cent. — diamètre. — douzaine. — fleuron. — heure. — gros. — métope, — montre, moitié de la solde. — muid. — once. — pied. — toise, etc. *pour* moitié d'un arpent, etc. * moitié de. RR.
†Demi-aigrette, *s. f.* héron bleuâtre, à ventre blanc.
†Demi-amazone, *s. f.* amazone à tête jaune.
†Demi-ange, monnoie d'or. — écu, sol d'argent. — Henri, monnoie d'argent. — franc, monnoie d'argent. — gros de Nesle, monnoie d'argent. — royal, monnoie d'or. — teston, monnoie d'argent.
†Demi-battoir, *s. m.* espèce de battoir.
†Demi-ceintier, *s. m.* (*vieux*) chaînetier.
†Demi-chemise, *s. m.* sarraut de verrier.
†Demi-deuil, *s. m. Galathea.* papillon de jour à six pattes.
Demi-fin, *s. m.* espèce d'oiseaux à bec plus gros que celui des fauvettes.
†Demi-folle, *s. f.* filet moins étendu que les folles.
†Demi-laine, *s. f.* fer demi-méplat, en bandes.
Demi-lune, *s. f.* ouvrage extérieur, t. de fortification; t. d'architecture.
†Demi-mesure, *s. f.* moitié de la mesure.
Demi-métal, *s. m.* substance minérale moins pesante, moins solide que les métaux, et qui n'en ont pas la fixité, la malléabilité, ni la ductilité.
†Demi-paon, *s. m.* papillon de l'ordre des sphinx, à ailes festonnées; la chenille vit sur le saule.
†Demi-parallèle, *s. f. ou* Place d'armes, partie de la tranchée parallèle au front de l'attaque.
†Demi-paume, *s. f.* raquette légère.
†Demi-pause, *s. f.* marque de silence, t. de musique.
†Demi-revêtement, *s. m.* revêtement qui soutient les terres du rempart.
Demi-setier, *s. m.* mesure de liquides.
†Demi-sextile, *adj. f.* (opposition) semi-sextile.
†Demi-triquet, *s. m.* petit battoir.
Demie, *s. f.* pour demi-heure.
†Démieller, *v. a.* lé. e, *p.* ôter le miel de la cire.
Démis. e, *adj. Luxus.* déposé; disloqué.
Démission, *s. f. Abdicatio.* acte par lequel on se démet d'une charge.
Démissionnaire, *adj.* 2 g. *s.* qui se démet d'un emploi. *subst.* celui en faveur de qui on se démet. * Démissionaire. R.
Démissoire. voyez Dimissoire. R. C.
Démittes, *s. f. pl.* toile de coton. R.
†Démittons, *s. m. pl.* espèces de démittes.
†Demiurge, *s. m.* souverain magistrat d'une ville grecque.
Démocrate, *s.* 2 g. attaché au gouvernement populaire.
Démocratie, *s. f. Democratia.* gouvernement populaire.
Démocratique, *adj.* 2 g. de la démocratie.
Démocratiquement, *adv.* d'une manière démocratique.
Demoiselle, *s. f. Femina nobilis.* fille de famille: oiseau; insecte, espèce de mouches à grandes ailes; outil de paveur, hie; pinceau; lucarne; ustensile; moule à gants; verge de fer; brosse. * Démoiselle. C.
Demoiselle de Numidie, *s. f.* oiseau d'Afrique.

du genre de la cicogne.
Démolir, *v. a. Demoliri.* li. e, *p.* abattre pièce à pièce; détruire; ruiner.
Démolition, *s. f. Demolitio.* action de démolir. *pl.* décombres.
Démon, *s. m. Diabolus.* diable; esprit infernal; génie; méchant; passion.
†Démonétisation, *s. f.* acte qui ôte à un papier, à une monnoie sa valeur.
†Démonétiser, *v. a.* ôter à une monnoie, à un papier sa valeur.
Démoniaque, *adj.* 2 *g. s. Dæmone correptus.* possédé du démon; passionné; colère.
Démonographe, *s. m.* qui a écrit sur les démons.
Démonomanie, *s. f.* traité sur les démons; magie.
Démonstrateur, *s. m.* celui qui démontre.
Démonstratif. ve, *adj. Demonstrativus.* qui démontre, t. de rhétorique, de grammaire.
Démonstration, *s. f. Demonstratio.* preuve évidente; marque; témoignage extérieur; leçon.
Démonstrativement, *adv. Evidenter.* d'une manière évidente.
Démonter, *v. a. Dissolvere.* té. e, *p.* ôter la monture; désassembler; mettre en désordre; renverser.
Démontrable, *adj.* 2 *g.* qui peut être démontré. * Démonstrable. V. RR.
Démontrer, *v. a. Demonstrare.* tré. e, *p.* prouver évidemment; témoigner; montrer aux yeux; faire une leçon.
Démoralisation, *s. f.* (*nouveau*) action de démoraliser. CO.
Démoraliser, *v. a.* sé. e, *p.* corrompre les mœurs. V. RR.
Démoraliseur, *s. m.* qui corrompt la morale. RR.
Démorance *ou* Démorée, *s. f.* retardement; absence. MAROT.
Démordre, *v. a. Remittere.* lâcher ce qu'on tient avec les dents; quitter prise; se départir.
Démosthénique, *adj.* 2 *g.* (orateur) qui a les talens de Démosthène. FÉNÉLON.
†Démouler, *v. a.* lé. e, *p.* ôter les moules.
Démourée, *s. f.* (*vieux*) absence; retard. V.
Démourer, *v. a.* (*vieux*) rester. V.
Démouvoir, *v. a.* mu. e, *p.* (*vieux*) désintéresser d'une demande, t. de pratique.
Démunir, *v. a. Spoliare munitionibus.* ôter les munitions.
Démurer, *v. a.* ré. e, *p.* ouvrir ce qui étoit muré.
Dénaing, *s. m.* petite monnoie de Russie. RR.
Dénaire, *adj.* 2 *g.* qui a rapport au nombre dix.
Dénantir (se), *v. r.* abandonner ses assurances, se dépouiller, t. de pratique. A.
Dénatter, *v. a. Mattam tolere.* té. e, *p.* défaire ce qui étoit natté. * Dénater. R.
Dénaturaliser, *v. a.* sé. e, *p.* priver du droit de régnicole. R.
Dénaturé. e, *adj.* contraire à la nature, à ses affections.
Dénaturer, *v. a.* ré. e, *p.* changer la nature d'une chose, changer l'acception. * Dénaturaliser. R.
†Dénéantise, *s. f.* état vil qui approche du néant (*vieux*).
Denché. e, *p. adj.* qui a de petites dents, t. de blason. * *ou* Endenché. R.
†Dendragate, *s. f.* agate herborisée.
Dendrite, *s. f. Dendrites.* pierre chargée d'empreintes de végétaux.
†Dendroïde, *adj.* 2 *g. Dendroides.* arborescent.
Dendroïtes, *s. f. pl.* fossiles ramifiés.
Dendrolites, *s. f. pl.* végétaux ou parties de végétaux en arbre et pétrifiés.
†Dendromètre, *s. m.* machine pour mesurer les arbres; instrument qui réduit la trigonométrie à une opération purement méchanique.
Dendrophore, *s. m.* médaille où l'on voit des arbres. voyez Dendrite.
Dénégation, *s. f. Inficiatio.* action de nier en justice.
Dénéral, *s. m.* plaque ronde pour servir de modèle, t. de monnoie. G. V. * Denéral. V.
†Denevaux, *s. m. pl.* poids étalonnés, t. de monnoie.
Déni, *s. m.* refus d'une chose due
Déniaisé, *s. m.* homme fin et rusé.
Déniaisement, *s. m.* action de tromper les niais. G. C. V.
Déniaiser, *v. a.* sé. e, *p.* (*familier*) rendre moins niais; tromper.
Déniaiseur, *s. m.* (*fam.*) qui déniaise, trompe. G
Dénicher, *v. a. Nido detrahere.* ché. e, *p.* ôter du nid, de la niche; chasser d'un poste. *v. n.* s'enfuir, s'évader.
Dénicheur, *s. m.* (*familier*) qui déniche le oiseaux.
Denier, *s. m. Denarius.* monnoie. *pl.* intérêt; argent; part. * (fort —), fraction modique. B.
Dénier, *v. a. Denegare.* nié. e, *p.* nier; refuser.
Denier à dieu, *s. m. Arrhabo.* arrhes. * Deniers-à-dieu. R. Denier-à-dieu. RR.
Denier-de-fin *ou* de-loi, *s. m.* titre de l'argent, scrupule, t. de monnoie. — de poids. RR.
†Denier de St.-Pierre, *s. m.* tribut d'Angleterre. B.
Dénigrement, *s. m.* action de dénigrer. * état de mépris. CO. G.
Dénigrer, *v. a. Deprimere.* gré. e, *p.* diminuer la réputation, le prix.
Dénoi, *s. m.* (*vieux*) déni. V.
Dénombrement, *s. m. Enumeratio.* compte en détail; déclaration.
Dénominateur, *s. m.* nombre inférieur d'une fraction, t. d'arithmétique.
Dénominatif. ve, *adj.* qui marque le nom propre.
Dénomination, *s. f. Denominatio.* désignation par la qualité principale.
Dénommer, *v. a. Denominare.* mé. e, *p.* désigner par le nom. * Dénomer. R.
Dénoncer, *v. a. Denuntiare.* cé. e, *p.* déclarer, publier; déférer en justice.
Dénonciateur, *s. m. Delator.* qui dénonce, accuse; délateur. * *f.* Dénonciatrice. C.
Dénonciation, *s. f. Denuntiatio.* délation; publication; accusation.
Dénotation, *s. f.* désignation par certains signes.
Dénoter, *v. a. Denotare.* té. e, *p.* désigner; indiquer; marquer.
Dénouement, *s. m. Enodatio.* solution, fin d'une intrigue, d'une action, d'une pièce. * Dénoûment. A. R. V.
Dénouer, *v. a. Nodum solvere.* noué. e, *p.* défaire un nœud; démêler; développer; rendre plus souple. (se), *v. r.* se défaire; devenir plus souple; se démêler.
Denrée, *s. f. Commeatus.* tout ce qui se vend pour la nourriture; marchandise.
Dense, *adj.* 2 *g. Densus.* épais; compacte.
Densité, *s. f. Densitas.* qualité de ce qui est dense.
Dent, *s. f. Dens.* petit os de la mâchoire; ce qui y ressemble, t. d'arts et métiers.
Dent de chien, *s. f.* plante à racines émollientes et résolutives. * Dent-de-chien. A. C. G. R.
Dent-de-lion, *s. f. ou* Pissenlit, plante très-commune, astringente; racine et feuilles vulnéraires, fébrifuge, apéritive, pour les obstructions, la jaunisse.
Dent-de-loup, *s. f.* cheville de fer qui arrête la soupente, t. de carrossier. A.
Dentaire, *s. f. Dentaria.* genre de plantes de la famille des crucifères; carminative, vulnéraire. *adj.* 2 *g.* qui a rapport aux dents, t. de médecine.
Dentale, *s. f. Dentalium.* coquillage univalve qui a la forme d'une dent, de la famille des tuyaux; vers à corps allongé, articulé, logé dans un fourreau, avec des organes extérieurs. * — *s. m. ou* Denté, *ou* Marmot, poisson, synodon, du genre du spare. B.
Dentale, *adj. f.* (lettre) qui se prononce à l'aide des dents, *ex.* D. T. * Dental. e, *adj.* C.
Denté. e, *adj. Dentatus.* qui a des dents; découpé en pointes. * — (le), poisson du genre du salmone, du genre du spare, du genre du bouclier. *Dentex.*
Dentée, *s. f.* coup de dent.
Dentelaire, *s. f. Dentelaria.* Herbe aux cancers, Malherbe, Plaubage, plante bonne pour le mal de dents, les cors, les durillons; puissant caustique; guérit les cancers invétérés.
Dentelé. e, *adj. Denticulatus.* en forme de dents.
Dentelé, *s. m.* (grand et petit) muscles.
Dentelée, *s. f.* sorte de tulipe. * tortue de Virginie, à carapace dentelée. B.
Denteler, *v. a.* lé. e, *p.* faire des entailles en forme de dents.
Dentelet, *s. m.* voyez Denticule, t. d'archit.
Dentelle, *s. f. Textum denticulatum.* ouvrage à jour de fil, de soie, etc. ornement; t. d'arts et métiers. * genre de plantes rubiacées. B. Dentele. R.
Dentelure, *s. f. Denticuli.* ouvrage de sculpture dentelée.
Denticule, *s. f.* ornement d'architecture en dents équarries. * *ou* Dentelet. G.
Denticulé. e, *adj.* bordé de denticules, t. de blas. G.
Dentier, *s. m.* rang de dents (*familier*).
Dentifrice, *s. m. Dentificium.* remède pour les dents. * Dentifique. B.
Dentiste, *s. m. Dentium curator.* qui arrache ou soigne les dents.
Dentition, *s. f.* sortie naturelle des dents.
Denture, *s. f.* ordre des dents, t. de médecine; dents d'une roue, t. d'horloger.
Dénudation, *s. f.* état d'un os à découvert. * état de nudité. B.
Dénuement, *s. m. Privatio.* dépouillement; privation. * Dénûment. A. R.
Dénuer, *v. a. Nudare.* dégarnir; dépouiller; priver; ôter. dénué. e, *p. adj.* dépourvu.
Dépaqueter, *v. a. Fascem solvere.* té. e, *p.* défaire un paquet.
Déparager, *v. a.* gé. e, *p.* marier des gens de condition inégale. C. G. V.
Dépareiller, *v. a. Disjungere.* lé. e, *p.* séparer deux choses pareilles.
Déparer, *v. a.* ré. e, *p.* rendre moins agréable; ôter ce qui pare.
Déparier, *v. a.* rié. e, *p.* ôter une chose de la paire; séparer le mâle de la femelle.
Déparler, *v. n.* (*familier*) cesser de parler.
Départ, *s. m. Discessus.* action de partir; séparation des métaux.
Départager, *v. a.* gé. e, *p.* faire cesser le partage.
Département, *s. m. Distributio.* distribution, ses effets; division de pays, d'administration; distribution de pièces dans un palais; genre; partie.
†Départemental. e, *adj.* du département, qui y a rapport.
Départie, *s. f.* (*vieux*) départ.
Départir, *v. a. Partiri.* ti. e, *p.* distribuer; donner; partager. (se), *v. r.* s'écarter; se désister.

Dépasser, *v. a. sé. e, p.* retirer ce qui étoit passé; passer au-delà; devancer; dégager les fils des lices.
Dépaver, *v. a. vé. e, p.* ôter le pavé.
Dépayser, *v. a. sé. e, p.* changer de pays, de logis, d'habitude; dérouter; donner le change ou des idées fausses.
Dépécement, *s. m.* action de dépécer.
Dépécer, *v. a. Discerpere. cé. e, p.* mettre en morceaux. * Dépecer. A. R.
Dépeceur, *s. m.* (de bateaux), qui les met en pièces. T. V.
Dépêche, *s. f. Litteræ.* lettre d'affaires importantes; correspondance.
Dépêcher, *v. a. Expedire.* ché. e, *p.* expédier; hâter, faire promptement; tuer. (se), *v. r.* se hâter.
†Dépeçoir, *s. m.* outil pour dépécer, t. de mét.
Dépédantiser, *v. a.* sé. e, *p.* ôter la rusticité. V.
Dépeindre, *v. a. Pingere.* peint. e, *p.* représenter par le discours.
Dépenaillé. e, *adj.* déguenillé, couvert de haillons.
Dépenaillement, *s. m.* état d'une personne dépenaillée. A. V.
Dépendamment, *adv.* d'une manière dépendante. * Dépendament. R.
Dépendance, *s. f.* sujétion; subordination, *pl.* parties d'un héritage.
Dépendant. e, *adj.* qui dépend, qui relève.
Dépendeur, *s. m.* qui dépend. V.
Dépendre, *v. a. Rem suspensam demittere.* du. e, *p.* détacher une chose pendue. *v. impers.* relever, provenir de; s'ensuivre; être sous l'autorité de. * dépenser (*vieux*). à vendre et à dépendre (*proverbial*).
Dépens, *s. m. pl. Sumptus.* frais, t. de pratique.
Dépense, *s. f. Sumptus.* argent dépensé; office de dépensier, sa demeure; office, lieu où se distribuent les vivres.
Dépenser, *v. a. n. Impensas facere.* sé. e, *p.* acheter.
Dépensier. ère, *adj.* qui fait, qui aime la dépense. *f.* Dépensiere. R.
Dépensier, *s. m. Promus.* emploi claustral; t. de marine, celui qui distribue les vivres.
Déperdition, *s. f.* perte avec dépérissement; dissipation.
Dépérir, *v. n. Deperire.* ri. e, *p.* déchoir, diminuer; devenir plus foible; tomber en ruine.
Dépérissement, *s. m. Detrimentum.* état de ce qui dépérit; altération.
Dépêtrer, *v. a.* tré. e, *p.* débarrasser les pieds empêtrés; débarrasser. (se), *v. r.*
Dépeuplement, *s. m. Regionis vastatio.* action de dépeupler, ses effets.
Dépeupler, *v. a. Depopulari.* plé. e, *p.* dégarnir d'habitans.
Dépié, *s. m.* démembrement de fief. G. V.
Dépiécer, *v. a.* cé. e, *p.* démembrer.
Dépilatif. ve, *adj.* qui fait tomber le poil. G. C. V.
Dépilation, *s. f.* action de dépiler, ses effets.
Dépilatoire, *s. m. Depilatorium.* drogue pour dépiler.
Dépiler, *v. a. Extirpare.* lé. e, *p.* faire tomber le poil. * (se), perdre son poil. V.
†Dépingler, *v. a.* glé. e, *p.* ôter les épingles, t. de cartier.
Dépiquer, *v. a.* qué. e, *p.* défâcher.
Dépister, *v. a.* té. e, *p.* découvrir à la piste, ou ce qu'on veut savoir. A. R. V.
Dépit, *s. m. Indignatio.* chagrin avec colère; fâcherie.
Dépit de (en), *conj.* malgré. * en-dépit-de. C.
Dépiter, *v. a.* té. e, *p.* mutiner; causer du dépit. R. C. (se), *v. r. Stomachari.* se fâcher; se mutiner; agir par dépit.

Dépiteux. se, *adj. Stomachosus.* (*vieux*) qui se dépite. G. CO.
Déplacé. e, *adj. Loco expulsus.* ôté de sa place; mal placé; peu convenable. G.
Déplacement, *s. m.* action de déplacer.
Déplacer, *v. a. E loco movere.* cé. e, *p.* ôter de sa place, de son emploi.
Déplaire, *v. n. Displicere.* ne plaire pas; fâcher; être désagréable; donner du chagrin. (se), *v. r.* se chagriner; s'ennuyer.
Déplaisance, *s. f.* répugnance; dégoût.
Déplaisant. e, *adj. Injucundus.* qui déplaît ou chagrine.
Déplaisir, *s. m. Molestia.* chagrin; affliction; mécontentement; injure.
Déplanter, *v. a. Deplantare.* té. e, *p.* arracher pour planter ailleurs.
Déplantoir, *s. m.* instrument pour déplanter.
Déplâtrer, *v. a.* tré. e, *p.* ôter le plâtre. C.
†Déplayer, *v. a.* couvrir de plaies. (*vieux*).
†Déplétion, *s. f. Depletio.* t. de médecine, action de la saignée qui désemplit les veines.
Déplier, *v. a. Explicare.* plié. e, *p.* étendre ce qui étoit plié.
Déplisser, *v. a. Sinus replicare.* sé. e, *p.* ôter les plis.
Déplorable, *adj. 2 g. Deplorandus.* à déplorer; à plaindre.
Déplorablement, *adv. Miserabiliter.* d'une manière tragique. * très-mal. V.
Déploration, *s. f.* regrets; pleurs; lamentation. THOMAS.
Déplorer, *v. a. Deplorare.* ré. e, *p.* plaindre beaucoup; avoir pitié.
Déployement, *s. m.* action de déployer, ses effets. A. *ou* Déploiement. V.
Déployer, *v. a. Deducere.* yé. e, *p.* étendre; développer; déplier; faire parade.
Déplumé. e, *adj.* qui n'a plus de plumes.
Déplumer, *v. a.* mé. e, *p.* ôter les plumes. (se), *v. r. Pennas amittere.* perdre ses plumes; muer.
Dépointer, *v. a.* té. e, *p.* couper les points qui tiennent les plis. t. de marine. G. C.
Dépolir, *v. a. Inquinare.* li. e, *p.* ôter, faire perdre le poli.
Déponent, *adj.* (verbe) qui a la signification active et la terminaison passive.
Déponible, *adj. 2 g.* qui peut être déposé. V.
Dépopulariser, *v. a.* sé. e, *p.* ôter la faveur du peuple. V. RR. * (se), *v. pers.* AL.
Dépopulation, *s. f.* état d'un pays dépeuplé.
Déport, *s. m.* droit de jouir du revenu de la première année; refus de juger pour prévenir la récusation.
Déport (sans), *adv.* sans délai; sur le champ; tout de suite. A. R. G. V.
Déportation, *s. f.* sorte de bannissement dans un lieu fixe; exil.
Déporté, *s. m.* banni. C. V. CO. G. RR.
Déportement, *s. m. Vitæ ratio.* conduite; mœurs; manière de vivre (*pris en mauvaise part*).
Déporter (se), *v. r. Discedere.* se désister; se départir. * *v. a.* té. e, *p.* bannir; exiler. A. V. CO.
Déposant. e, *adj. s.* qui dépose et affirme en justice. * Dépôsant. RR.
Déposer, *v. a. Deponere.* sé. e, *p.* destituer; ôter d'un emploi; quitter; confier; remettre; mettre au dépôt; laisser un dépôt. *v. n.* dire en témoignage. * Dépôser. R.
Dépositaire, *s. 2 g. Sequester.* à qui on a confié un dépôt; terme claustral, qui garde l'argent. * Dépôsitaire. R.
†Dépositer, *v. n.* donner un dépôt, un gage.

Déposition, *s. f. Testimonium.* destitution d'une charge; ce qu'un témoin dépose. * Dépôsition. R.
Déposséder, *v. a. Ex possessione dimovere.* dé. e, *p.* ôter à quelqu'un ce qu'il possède, ou la possession de.
Dépossession, *s. f.* action de déposséder.
Déposter, *v. a. Ex loco ejicere.* té. e, *p.* chasser d'un poste.
Dépôt, *s. m. Depositum.* action de déposer, ses effets; ce qui est mis à la garde de; lieu où l'on dépose; coffre. * sédiment, t. d'histoire naturelle, substance terreuse ou minérale, chariée par l'eau et précipitée sous différentes formes: amas d'humeurs. *Stasis.* B.
Dépoter, *v. a.* té. e, *p.* ôter d'un pot. G. V.
Dépoudrer, *v. a.* dré. e, *p.* ôter la poudre.
Dépouille, *s. f. Spolium.* peau; butin; hardes; récolte.
Dépouillement, *s. m. Spoliatio.* privation volontaire; action de se dépouiller; extrait d'un acte.
Dépouiller, *v. a. Spoliare.* lé. e, *p.* ôter l'habit, la peau, les pièces d'un moule; quitter; recueillir; extraire; priver. (se), *v. r.* se priver.
Dépourvoir, *v. a.* vu. e, *p. adj.* dégarnir de provisions, de ce qui est nécessaire; priver de.
Dépourvu (au), *adv.* inopinément. * au-dépourvu. C.
Dépravation, *s. f. Depravatio.* corruption; déréglement.
Dépravé. e, *adj. Depravatus.* gâté, corrompu.
Dépraver, *v. a. Depravare.* vé. e, *p.* corrompre; pervertir.
Déprécatif. ve, *adj.* en forme de prière, t. de liturgie. G. V.
Déprécation, *s. f.* t. de rhétorique, figure contenant un souhait; t. de liturgie, prière de pardon.
Dépréciation, *s. f.* état d'une chose dépréciée. V.
Déprécier, *v. a.* cié. e, *p.* estimer au-dessous de sa valeur.
Déprédateur, *s. m.* qui fait ou tolère les déprédations. G.
Déprédation, *s. f. Expilatio.* vol; ruine avec dégât.
Dépréder, *v. a.* dé. e, *p. adj.* piller avec dégât.
Déprendre, *v. a.* pris. e, *p.* détacher. (se), *v. r.*
Dépréoccuper, *v. a.* pé. e, *p.* ôter la préoccupation. R. voyez Préoccuper.
De près, *adv.* tout proche; exactement. R. G.
Dépresser, *v. a.* sé. e, *p.* ôter le lustre; ôter de la presse. G. V.
Dépression, *s. f. Abjectio.* abaissement de ce qui est pressé. * abattement. V. humiliation, abaissement. B.
Déprévenir, *v. a.* nu. e, *p.* faire quitter une prévention, ôter les préventions. (se), *v. personnel.*
Dépri, *s. m.* demande en réduction; déclaration. * Dépris. V.
Déprier, *v. a.* prié. e, *p.* demander; faire le dépri; révoquer une invitation, une prière; contremander.
Déprimer, *v. a. Deprimere.* mé. e, *p.* rabaisser; avilir. G. C. V.
Dépriser, *v. a. Despicere.* sé. e, *p.* ôter du prix. * témoigner peu de cas. V.
Dépromettre (se), *v. r.* se désespérer. V. * *v. a.* révoquer une promesse. R.
Dépropriement, *s. m.* testament des chevaliers de Malte. G. V. * Dépropriment. V.
Dépucelage, *s. m.* action de dépuceler. V.
Dépuceler, *v. a* lé. e, *p.* ôter le pucelage. G. V.
Dépucellement, *s. m.* action de dépuceler, ses effets.

effets. G. V. * Dépucélement. R.
Depuis, *prép. Abhinc. adv. de temps*, *de lieu.*
Depuis peu, *adv.* depuis quand, *interj.* depuis que, *conjonct.* * Depuis-peu. depuis-que. depuis-quand. C. depuis que, *conj.* depuis le temps que. B.
Dépuratif. ve, *adj. s.* propre à dépurer le sang. G. C. V.
Dépuration, *s. f.* action d'épurer, ses effets.
Dépuratoire, *adj.* 2 *g.* qui sert à dépurer.
Dépurer, *v. a.* ré. e, *p.* rendre pur; clarifier.
†Dépurgatoire, *adj.* 2 *g.* qui sert à dépurer.
Députation, *s. f. Legatio.* envoi de députés, leur réunion.
Député, *s. m. Legatus.* envoyé par un corps.
Députer, *v. a. n. Legare.* té. e, *p.* envoyer avec commission. G. C. V.
Déracinement, *s. m. Extirpatio.* action de déraciner, ses effets.
Déraciner, *v. a. Extirpare.* né. e, *p.* arracher de terre avec des racines; extirper; ôter entièrement. * cerner, couper autour. AL.
Dérader, *v. n.* quitter la rade.
Déraison, *s. f.* jugement déraisonable. RR.
Déraisonement, *s. m.* pensée déraisonnable. RR.
Déraisonnable, *adj.* 2 *g. Rationis expers.* qui manque de raison. * Déraisonable. R.
Déraisonnablement, *adv. Iniquè.* d'une manière déraisonnable. * Déraisonablement. R.
Déraisonner, *v. n. Aliena loqui.* tenir des discours déraisonnables. * Déraisoner. R.
†Déralinguer, *v. a.* gué. e, *p.* ôter les ralingues.
†Dérangé. e, *adj. Dissolutus.* qui a une mauvaise conduite; dont les affaires sont en mauvais état; déréglé.
Dérangement, *s. m. Perturbatio.* état de choses dérangées; désordre.
Déranger, *v. a. Ordinem invertere.* gé. e, *p.* ôter de son rang; déplacer; troubler; brouiller; incommoder.
Dérapé. e, *adj.* (ancre) qui ne tient pas au fond. G. V.
Déraper, *v. a.* pé. e, *p.* t. de marine. R. * quitter le fond en parlant de l'ancre. B.
Dératé. e, *adj.* (*familier*) gai, éveillé, rusé; alerte; sans rate; très-léger à la course.
Dérater, *v. a.* té. e, *p.* ôter la rate. R. G. C. V.
Dérayure, *s. f.* raie qui sépare les sillons. R. G. C.
Derechef, *adv.* de nouveau; une autre fois. * De rechef. RR.
Déréglé. e, *adj. Inordinatus.* contraire aux règles, à la morale.
Dérèglement, *s. m. Dissolutio.* état de choses déréglées; désordre. * Dèrèglement. C. G.
Déréglément, *adv. Immoderatè.* sans ordre; d'une manière déréglée.
Dérégler, *v. a. Ordinem invertere.* glé. e, *p.* troubler; mettre dans le désordre. (se), *v. r.*
Dérester, *v. a.* té. e, *p.* t. de finance. C. * laisser en reste, ou de moins dans une caisse. T.
†Déribands, *s. m. pl.* toile de coton des Indes.
Dérider, *v. a. Frontem exporrigere.* dé. e, *p.* ôter les rides; réjouir. (se), *v. r.*
Dérision, *s. f. Irrisio.* moquerie.
Dérisoire, *adj.* 2 *g.* avec dérision. C.
†Dértoir, *s. m.* madrier de moulin à olives.
Dérivatif. ve, *adj. Derivatus.* qui sert à détourner.
Dérivation, *s. f. Derivatio.* t. de grammaire, origine d'un mot; t. d'hydraulique, détour des eaux, des humeurs, t. de médecine.
Dérive, *s. f.* sillage d'un vaisseau détourné de sa route.
Dérivé, *s. m.* mot qui tire son origine d'un autre.

Dériver, *v. n. Deducere.* vé. e, *p.* venir, tirer son origine de; t. de marine, s'écarter de la route, du rivage. *v. a.* ôter la rivure; tirer d'une source.
†Dérivoir, *s. m.* outil pour dériver.
†Dermatode, *adj. f. Dermatodes.* (dure-mère) qui ressemble à du cuir.
Derme, *s. m.* le cuir de la peau de l'homme. C. G.
Dermeste, *s. m.* genre d'insectes coléoptères, scarabées disséqueurs. L.
†Dermographie, *s. f.* description de la peau.
Dermologie, *s. f.* traité de la peau. G. V.
†Dermotomie, *s. f.* dissection de la peau.
Dernier. ère, *adj. s. Ultimus.* qui est après tous les autres; extrême. * *f.* Derniere. R.
Dernier lieu (en), *adv.* dernièrement; enfin; pour conclusion. G.
Dernièrement, *adv. Nuper.* il n'y a pas longtemps; depuis peu. * Derniérement. R. Dernierement. RR.
Dérobée (à la), *adv. Furtim.* furtivement, en cachette. * à-la-dérobée. C.
Dérobement, *s. m.* t. d'architecture, voûte; manière de tailler la pierre. G. V.
Dérober, *v. a. Furari.* bé. e, *p.* ôter la robe; voler; soustraire. (se), *v. r.* se sauver de; éviter. * t. de marine, couvrir et priver du vent. B.
Dérocher *ou* Déroquer, *v. a.* ché. e, *p.* se précipiter d'un roc; t. de fauc. * décrasser l'or, les métaux, l'émail à l'eau forte. V. G.
Dérogation, *s. f. Derogatio.* action de déroger; acte qui l'annonce.
Dérogatoire, *adj.* 2 *g. s. m. Derogans.* acte qui déroge.
Dérogeance, *s. f.* action par laquelle on déroge.
Dérogeant, *adj.* qui déroge.
Déroger, *v. n. Derogare.* faire quelque chose de contraire à un acte, une obligation, un devoir; changer.
†Déroi, *s. m.* paye pour le logement des officiers de la bouche du roi, en voyage.
Déroidir, *v. a.* di. e, *p.* ôter la roideur.
†Dérompoir, *s. m.* table pour couper les chiffons.
Dérompre, *v. a.* pu. e, *p.* mutiler un oiseau. G. V. * couper le chiffon, t. de papetier. B.
Dérougir, *v. a. n. Ruborem tollere.* gi. e, *p.* ôter la rougeur.
Dérouillement, *s. m.* action de dérouiller, ses effets. C.
Dérouiller, *v. a. Rubiginem detergere.* lé. e, *p.* ôter la rouille; polir; façonner. (se), *v. r.*
Déroulement, *s. m.* t. de géométrie, production d'une courbe par l'arrangement des rayons d'une autre courbe. V.
Dérouler, *v. a. Evolvere.* lé. e, *p.* étendre ce qui étoit roulé. * t. de géométrie, former une courbe par déroulement. B.
Déroute, *s. f. Clades.* fuite de troupes; désordre; ruine.
Dérouter, *v. a. A viâ deducere.* té. e, *p.* ôter de la route; déconcerter; troubler, rompre les mesures de.
Derrière, *s. m. Tergum.* partie postérieure; les fesses et le fondement. *adv. prépos.* * Derriere. R.
Derviche, *s. f.* danse. G.
Dervis *ou* Derviche, *s. m.* religieux turc.
Des, *particule, art. partitif. prépos.* plusieurs.
Dès, *prép. Ab.* depuis; dès que; aussitôt que; puisque.
Désabusement, *s. m.* (*nouveau*) action de désabuser, de détromper, ses effets. G. V. CO. RR.
Désabuser, *v. a. Ab errore avertere.* sé. e, *p.* détromper; faire connoître l'erreur, en retirer. (se), *v. personnel.*

Désaccord, *s. m.* désunion des esprits, des sentimens. T.
Désaccorder, *v. a. Fides disturbare.* dé. e, *p.* détruire l'accord d'un instrument. * Désacorder. R.
Désaccoupler, *v. a.* plé. e, *p.* détacher des choses accouplées. * Désacoupler. R.
Désaccoutumance, *s. f. Desuetudo.* (*vieux*) perte d'une habitude. * Désacoutumance. R. *prononcez* Désacoutumance.
Désaccoutumer, *v. a. Desuefieri.* mé. e, *p.* faire perdre l'habitude, la coutume. (se), *v. r.* * Désacoutumer. R.
Désachalander, *v. a.* dé. e, *p.* faire perdre les pratiques.
†Désacointer, *v. n.* cesser d'être l'ami de quelqu'un (*vieux*).
Désaffamé, *adj.* 2 *g.* dont la faim est apaisée. LA HARPE.
Désafleurer, *v. a.* ré. e, *p.* donner à deux corps une saillie différente. C. G. * déborder. V. Désaffleurer. V. A.
Désafourcher, *v. n.* ché. e, *p.* t. de marine, lever l'ancre d'afourche. R. C. * Désaffourcher. V. A.
Désagencer, *v. a.* cé. e, *p.* déranger ce qui est agencé; défaire les agencemens. C. G. RR.
Désagréable, *adj.* 2 *g. Injucundus.* qui n'est point agréable.
Désagréablement, *adv. Injucundè.* d'une manière désagréable.
Désagréer, *v. a. Instructu nudare.* gréé. e, *p.* ôter les agrès d'un vaisseau. *v. n.* déplaire; n'agréer pas.
Désagrément, *s. m. Injucunditas.* chose désagréable; défaut; sujet de chagrin, d'ennui, de dégoût.
Désaigri. e, *adj.* qui n'a plus d'aigreur. R. C.
Désairer, *v. a.* t. de fauconnier, tirer de l'aire. G. V. RR.
†Désaisonner, *v. a.* né. e, *p.* changer les terres labourables en prairies, les prairies en terres labourables.
Désajuster, *v. a. Composita turbare.* té. e, *p.* déranger ce qui est ajusté; défaire.
Désallier (se), *v. r.* lié. e, *p.* se marier sans convenance de mœurs, etc. C. G. (*nouveau*).
Désaltérer, *v. a. Sitim restinguere.* ré. e, *p.* ôter la soif. (se), *v. r.*
Désancher, *v. a.* ché. e, *p.* ôter l'anche d'un hautbois, t. de musique.
Désancrer, *v. a. Anchoras vellere.* cré. e, *p.* lever l'ancre.
Désapointer, *v. a.* rayer du rôle; ôter les points. * Désapointé. e, *p. adj.* dérouté, trompé, contrarié, (*pris de l'anglois*). Désappointer. *Stipendio privare.* A. C. G. V. RR.
Désappareiller, *v. a.* lé. e, *p.* dépareiller. * lier les voiles. G. * Désapareiller. R.
Désapparier, *v. a.* rié. e, *p.* séparer une paire. A.
Désappétiser, *v. a.* sé. e, *p.* ôter l'appétit. (*inusité*). C. G.
Désappliquer, *v. a.* qué. e, *p.* détacher de l'application; appliquer moins. R. G.
Désapprendre, *v. a.* pris. e, *p.* oublier ce qu'on avoit appris. * Désaprendre. R.
Désapprobateur, *s. m. adj.* qui désapprouve. A.
Désapprobation, *s. f.* action de désapprouver. A.
Désappropriation, *s. f.* renoncement à la propriété. G. C. * *et* Désappropriment, *s. m.* V.
Désapproprier (se), *v. r.* prié. e, *p.* renoncer à la propriété. G. G.
Désapprouver, *v. a. Improbare.* vé. e, *p.* trouver

ver mauvais ; blâmer, condamner, ne pas approuver.
Désaranger, *v. n.* gé. e, *p.* mettre hors du rang. V. * *et* Désarranger. R.
Désarborer, *v. a.* ré. e, *p.* (*inusité*) t. de mar. abattre le pavillon. G. C.
Désarçonner, *v. a.* né. e, *p.* mettre hors des arçons ; confondre dans une dispute ; mettre à quia. * Désarçoner. R.
Désargenter, *v. a. Argentum detrahere.* té. e, *p.* ôter l'argent d'une chose argentée. * dégarnir d'argent. G. V.
†Désarmé, *s. m.* poisson du genre du silure.
Désarmement, *s. m.* action de désarmer ; licenciement.
Désarmer, *v. a. Exarmare.* mé. e, *p.* calmer ; ôter les armes. *v. n.* poser les armes ; t. de manége.
Désarrimer, *v. a.* mé. e, *p.* t. de mar. changer l'arrimage. T. V.
Désarroi, *s. m. Perturbatio.* ruine, désordre dans la fortune.
Desassaisonnement, *s. m.* action d'ôter l'assaisonnement. V.
Désassembler, *v. a. Disjungere.* blé. e, *p.* séparer ce qui étoit assemblé.
Désassiégement, *s. m.* levée d'un siége. V.
Désassocier, *v. a.* cié. e, *p.* rompre une société. (se), *v. r.* C. G.
Désassortir, *v. a.* ti. e, *p. adj.* déplacer des choses assorties.
Désassurer, *v. a.* ré. e, *p.* (*inusité*) ôter la certitude. G. C. R.
Désastre, *s. m. Calamitas.* malheur ; accident funeste.
Désastreusement, *adv.* d'une manière désastreuse. V.
Désastreux. se, *adj. Calamitosus.* funeste, malheureux (*poëtique*).
Désattrister, *v. a.* té. é, *p.* dissiper la tristesse. T. * Désatrister. R.
Désautoriser, *v. a.* sé. e, *p.* ôter l'autorité. V.
Désavantage, *s. m. Damnum.* infériorité ; dommage ; préjudice.
Désavantager, *v. a. Detrimentum afferre.* gé. e, *p.* (*inusité*) ôter l'avantage ; causer du dommage. R. G. C.
Désavantageusement, *adv. Incommodè.* avec désavantage.
Désavantageux. se *adj. Incommodus.* qui cause du dommage, de la perte.
Désaveu, *s. m. Negatio.* dénégation ; acte par lequel on désavoue.
Désaveugler, *v. a.* glé. e, *p.* tirer de l'aveuglement ; détromper.
Désavouer, *v. a. Denegare.* voué. e, *p.* nier ; méconnoître.
†Desbléer, *v. a.* déblaver ; couper les blés.
Desceller, *v. a.* lé. e, *p.* ôter le scellé, le sceau ; défaire ce qui est scellé. * dégrossir une glace. B. Descéler. R.
Descendance, *s. f. Propago.* extraction.
Descendans, *s. m. pl.* postérité. * *sing.* t. de marine. C.
Descendant. e, *adj.* qui descend ; qui a rapport à la partie inférieure.
Descendement, *s. m.* t. de coutume. R.
Descendre, *v. n. Descendere.* du. e, *p.* se mouvoir de haut en bas ; s'abaisser ; pendre ; être issu ; décheoir ; faire une irruption ; baisser ; aller sur les lieux, t. de prat. *v. a.* transporter en bas ; mettre plus bas.
Descension, *s. f.* t. d'astronomie. R.
Descente, *s. f. Descensus.* action de descendre ; pente ; irruption ; visite des lieux ; sapes ; tuyaux ; figure ; hernie ; voûte inclinée à l'horizon.
Descriptif. ve, *adj.* qui décrit, t. de rhétor. G.
Description, *s. f. Descriptio.* discours qui peint ; définition imparfaite ; inventaire ; ouvrage dans lequel on décrit ; action de décrire.
Déseingaigner, *v. p.* (se), s'étonner ; être surpris. SCARON.
Désemballage, *s. m.* ouverture d'un ballot, etc. * Désembalage. R.
Désemballer, *v. a.* lé. e, *p.* défaire une balle, etc. * Désembaler. R.
Désembarquement, *s. m.* action de désembarquer.
Désembarquer, *v. a.* qué. e, *p.* tirer hors du vaisseau avant le départ ou l'arrivée ce qui étoit embarqué.
Désembarrassé. e, *adj.* délivré, exempt d'embarras. A. V.
Désembarrasser, *v. a.* sé. e, *p.* tirer d'embarras. voy. Débarrasser. C. G.
Désembourber, *v. a.* bé. e, *p.* tirer de la bourbe.
Désemparement, *s. m.* action de désemparer. G.
Désemparer, *v. a. Locum deserere.* ré. e. *p.* quitter ; abandonner le lieu où l'on est ; t. de mar. rompre les manœuvres. * détruire ; ruiner ; désunir ; rompre ; briser. RABELAIS.
Désempenné. e, *adj.* dégarni de plumes.
Désempeser, *v. a.* sé, *p.* ôter l'empois du linge.
Désemplir, *v. a. Deplere.* pli. e, *p.* vider en partie. *v. n.* n'être pas toujours plein. (se), *v. pers.* se vider.
Désemplotoir, *s. m.* t. de faucon. fer pour tirer ce que les oiseaux ne peuvent digérer. G. V.
Désemprisonner, *v. a. Vinculis levare.* né. e, *p.* tirer de prison. G. C. * Désemprisoner. R.
Désenchaîner, *v. a.* né. e, *p.* ôter les chaines. T.
Désenchantement, *s. m.* action de désenchanter, de détruire le prestige.
Désenchanter, *v. a. Incantamenta solvere.* té. e, *p.* rompre, détruire l'enchantement ; guérir d'une passion.
Désenclouer, *v. a.* cloué. e, *p.* tirer un clou.
Désendormi. e, *adj.* C. à demi éveillé. V.
Désendormir, *v. a.* mi. e, *p.* faire lever. V.
Désenfler, *v. a. Tumorem discutere.* flé. e, *p.* ôter l'enflure. *v. n.* cesser d'être enflé.
Désenflure, *s. f. Tumoris solutio.* dissipation d'enflure.
†Désenforester, *v. a.* séparer d'une forêt royale une terre qui y étoit engagée.
Désenger, *v. a.* gé. e, *p.* faire périr l'engeance. C. G. V.
Désengrener, *v. a.* né. e, *p.* dégager ce qui est engrené. G. V. RR.
Désenivrer, *v. a. Ebrietatem solvere.* vré. e, *p.* ôter l'ivresse. *v. n.* cesser d'être ivre.
Désenlacement, *s. m.* action de désenlacer. R.
Désenlacer, *v. a.* cé. e, *p.* tirer des lacets. (se), *v. r.* V. G.
Désennuyer, *v. a. Tædium levare.* yé. e, *p.* chasser, ôter l'ennui. (se), *v. r.* se divertir.
Désenrayer, *v. a.* yé. e, *p.* ôter ce qui empêchoit la roue de tourner.
Désenrhumer, *v. a. Gravedine liberare.* mé. e, *p.* chasser, ôter le rhume. (se) *v. réfl.*
Désenrôlement, *s. m.* action de désenrôler. R. G. C.
Désenrôler, *v. a. Missum facere.* lé. e, *p.* ôter du rôle. G. V. (se), *v. r.* se dégager. T.
Désenrouer, *v. a. Raucitatem pellere.* roué. e, *p.* ôter l'enrouement. (se), *v. réfl.* cesser d'être enroué.
Désenseigner, *v. a. Dedocere.* gné. e, *p.* (*inus.*) enseigner le contraire de ce qu'on avoit enseigné. R. G. G.
Désensevelir, *v. a. Fasciis solvere.* li. e, *p.* ôter ce qui ensevelissoit. * Désensévelir. B. G.
Désensorceler, *v. a. Fascinatione liberare.* lé. e, *p.* guérir de l'ensorcellement.
Désensorcellement, *s. m.* action de désensorceler, ses effets. * Désensorcélement. R. Désensorcelement. RR.
Désentêter, *v. a. Dissuadere.* té. e, *p.* faire cesser l'entêtement ; détromper. (se), *v. r.*
Désentortiller, *v. a.* lé. e, défaire ce qui est entortillé. T. RR.
Désentraver, *v. a. Compedes detrahere.* vé. e, *p.* ôter les entraves à un cheval. R. G. C. V.
Désenvenimer, *v. a. Venenum hebetare.* mé. e, *p.* ôter le venin. R. G. C.
Déséquipper, *v. a. Exarmare.* pé. e, *p.* désarmer un vaisseau. C. G. * Déséquiper. R.
Désergoter, *v. a.* té. e, *p.* fendre l'ergot d'un cheval, t. de vétérinaire. C. G. V.
Désert, *s. m. Solitudo.* terre inculte ; pays inhabité.
Désert. e, *adj. Desertus.* dépeuplé, abandonné.
Déserter, *v. a. Deserere.* té. e, *p.* abandonner un lieu. *v. n.* quitter le service sans congé.
Déserteur, *s. m. Desertor.* qui déserte, qui a déserté.
Désertion, *s. f. Desertio.* abandonnement, action de déserter.
†Désertres *ou* Bortres, *s. f. pl.* forces peu tranchantes pour tondre les draps.
Désespérade (à la), *adv.* (*familier*) en désespéré. * à-la-désespérade. C.
Désespérant. e, *adj.* qui jette dans le désespoir. A. V.
Désespéré. e, *adj. s. Desperatus.* qui ne donne aucune espérance ; qui se désespère ; furieux.
Désespérément, *adv.* éperdûment, avec excès.
Désespérer, *v. a. Desperare.* ré. e, *p.* tourmenter ; affliger vivement. *v. n.* perdre, faire perdre l'espérance. (se), *v. r.* se livrer au désespoir.
Désespoir, *s. m. Desperatio.* perte de toute espérance ; abattement ; chagrin violent ; ce qui cause le désespoir. * chose parfaite et inimitable, chef-d'œuvre : *exemp.* l'Iliade. B.
Désétourdir, *v. a.* di. e, *p.* ôter l'étourdissement. V.
Désétriner, *v. a.* ôter les pieds de l'étrier. V.
Désevrer, *v. a.* discontinuer ; abandonner. PERCEVAL.
Désexcommunier, *v. a.* nié. e, *p.* remettre dans la communion. V.
Déshabillé, *s. m. Vestis cubicularia.* vêtement de chambre, vie privée.
Déshabiller, *v. a. Vestem detrahere.* lé. e, *p.* ôter les habits. (se), *v. r.* ôter ses vêtemens.
Déshabité. e, *adj. Vacuus.* où l'on a cessé d'habiter.
Déshabiter, *v. a.* té. e, *p.* (*vieux*) abandonner une demeure. R. C.
Déshabituer, *v. a.* tué. e, *p.* faire perdre une habitude. (se), *v. r.*
†Desharnacher, *v. a.* ché. e, *p.* ôter le harnois.
Déshérence, *s. f.* t. de féodalité, droit sur une succession vacante. G. C.
Déshériter, *v. a. Exheredare.* té. e, *p.* exhéréder.
Désheurer, *v. a.* changer les heures de travail. A. V.

†Déshommé, *adj.* qui a perdu ses qualités d'homme. RÉTIF.
Déshonnête, *adj.* 2 *g.* *Inhonestus.* contraire à la pudeur, à la bienséance. * Déshonête. R.
Déshonnêtement, *adv.* *Inhonestè.* d'une manière déshonnête. * Déshonêtement. R.
Déshonnêteté, *s. f.* *Fœditas.* (*inusité*) action qui choque la pudeur. * Déshonêteté. R.
Déshonneur, *s. m.* *Dedecus.* honte; opprobre; infamie. * Déshoneur. R.
Déshonorable, *adj.* 2 *g.* *Turpis.* qui cause du déshonneur. G. C.
Déshonorant. e, *adj.* qui déshonore. G. V.
Déshonorer, *v. a.* *Dedecorare.* ré. e, *p.* perdre d'honneur et de réputation; diffamer; abuser d'une femme.
Déshumaniser, *v. a.* sé. e, *p.* dépouiller de ses sentimens humains, naturels. R. T.
Désignatif. ve, *adj.* qui désigne, spécifie. A.
Désignation, *s. f.* *Designatio.* dénotation par des signes précis. * nomination et destination expresse. B.
Désigner, *v. a.* *Designare.* gné. e, *p.* dénoter par des signes précis; marquer; nommer; destiner.
†Désimbrinquer, *v. a.* décharger de l'hypothèque.
Désincamération, *s. f.* acte par lequel on désincamère, t. de droit. T.
Désincamérer, *v. a.* ré. e, *p.* démembrer les terres apostoliques. T. V.
Désincorporer, *v. a.* ré. e, *p.* séparer d'un corps.
Désinence, *s. f.* terminaison des mots, t. de grammaire.
Désinfatuer, *v. a.* *Errorem eripere.* tué. e, *p.* désabuser un homme infatué.
Désinfecter, *v. a.* té e, *p.* ôter l'infection. G.
Désinfection, *s. f.* action d'ôter l'infection. G.
Désintéressé. e, *adj.* qui ne fait rien par intérêt.
Désintéressement, *s. m.* *Utilitatis oblivio.* détachement de son propre intérêt.
Désintéressément, *adv.* sans vue d'intérêt. V. * Désintéressement. C.
Désintéresser, *v. a.* sé. e, *p.* mettre hors d'intérêt. * (se), *v. p.* cesser de prendre de l'intérêt. B.
Désinviter, *v. a.* té. e, *p.* révoquer une invitation. C. G.
Désir, *s. m.* *Desiderium.* souhait. * (*abusiv.*) desir.
Désirable, *adj.* 2 *g.* *Optandus.* qui mérite d'être désiré.
Désirer, *v. a.* *Desiderare.* ré. e, *p.* souhaiter; avoir envie. (de et que).
Désireux. se, *adj.* *Cupidus.* qui désir avec ardeur.
Désistement, *s. m.* *Discessio.* action de se désister.
Desister, *v. n.* se départir. (se), *v. r.* renoncer à. *Desistere.*
Desliage, *s. m.* t. de coutume. R.
Dès-lors, *adv.* dès ce moment-là. * dès-lors. A.
Desman, *s. m.* rat musqué de Laponie.
†Desmographie, *s. f.* description des ligamens.
Desmologie, *s. f.* traité des ligamens.
†Desmotomie, *s. f.* dissection des ligamens.
Désobéir, *v. n.* *Non obedire.* béi. e, *p.* ne pas obéir.
Désobéissance, *s. f.* *Contumacia.* défaut d'obéissance.
Désobéissant. e, *adj.* *Inobsequens.* qui désobéit.
Désobligeamment, *adv.* *Parùm officiosè.* d'une manière désobligeante. * Désobligeament. R.
Désobligeance, *f.* disposition à désobliger. A.
Désobligeant. e, *adj.* *Inofficiosus.* qui désoblige. * *f.* voiture pour une seule personne. B.
Désobliger, *v. a.* *Malè mereri.* gé. e, *p.* faire du déplaisir; rendre un mauvais service.
Désobstructif, *s. m.* qui guérit les obstructions. * Désobstruant. B.
Désobstruer, *v. a.* *Desobstruere.* trué. e, *p.* détruire les obstructions. A. V. * dégager ce qui embarrasse. B.
Désoccupation, *s. f.* état d'une personne qui n'a point d'occupation.
Désoccupé. e, *adj.* désœuvré. C. G.
Désoccuper (se), *v. r.* pé. e, *p.* se défaire de ce qui occupoit.
Désœuvré. e, *adj.* *Iners.* qui n'a rien à faire, ne sait pas s'occuper.
Désœuvrement, *s. m.* *Inertia.* état d'un désœuvré. * action de désœuvrer le papier, ses effets. B.
†Désœuvrer, *v. a.* vré. e, *p.* séparer les feuilles de papier.
Désolant. e, *adj.* *Luctuosus.* qui désole, afflige.
Désolateur, *s. m.* qui désole, détruit. * *f.* Désolatrice. C.
Désolatif, *adj.* malheureux. V.
Désolation, *s. f.* *Ægritudo.* affliction; ruine; destruction.
Désolé. e, *adj.* *Afflictus.* triste; affligé; ruiné; ravagé.
Désoler, *v. a.* *Mœrore afficere.* lé. e *p.* affliger; ravager; attrister.
Désopilatif. ve, *adj.* *Obstructiones discutiens.* propre à désopiler, t. de méd. * Désoppilatif. R.
Désopilation, *s. f.* débouchement d'une obstruction. * Désoppilation. R.
Désopiler, *v. a.* lé. e, *p.* ôter les obstructions, les opilations. * Désoppiler. *Oppilare.* R.
Désordonné. e, *adj.* *Inordinatus.* déréglé; démesuré; excessif. * Désordoné. R.
Désordonnément, *adv.* *Inordinate.* avec désordre; excessivement. * Désordonément. R.
Désordre, *s. m.* *Perturbatio.* défaut d'ordre; confusion; pillage.
Désorganisateur, *s. m.* qui renverse l'ordre. A. RR. CO.
Désorganisation, *s. f.* action de désorganiser. A.
Désorganiser, *v. a.* sé. e, *p.* détruire les organes. A. V. * détruire l'organisation. (*nouv.*) B.
Désorienter, *v. a.* *Perturbare.* té. e, *p.* faire perdre la connoissance du lieu où l'on est; déconcerter.
Désormais, *adv.* *Post hac.* à l'avenir, dorénavant.
Désorner, *v. a.* né. e, *p.* ôter l'ornement. C.
Désossement, *s. m.* action de désosser. A. V.
Désosser, *v. a.* *Exossare.* sé. e, *p.* ôter les os, les arêtes. * Désôsser. R.
Désourdir, *v. a.* *Redordiri.* di. e, *p.* (*inusité*) défaire ce qui a été ourdi.
†Déspendre, *v. a.* dépenser; employer. BELLE-ISLE.
Desponsation, *s. f.* fiançailles. R. G. C. V.
Despotat, *s. m.* état gouverné par un despote. R. G. V.
Despote, *s. m.* *Dominator.* dont la volonté fait la loi. * prince de Servie. B.
Despoticité, *s. f.* (*inusité*) despotisme. R. V.
Despotique, *adj.* 2 *g.* *Dominans.* absolu, arbitraire.
Despotiquement, *adv.* d'une manière despotique, tyrannique.
Despotisme, *s. m.* *Potentatus.* pouvoir absolu, arbitraire; autorité qu'on s'arroge.
Despumation, *s. f.* action de despumer. R. G.
Despumer, *v. a.* mé. e, *p.* ôter l'écume, t. de chimie. R. G. C. V.
Desquamation, *s. f.* action d'ôter les écailles, t. de chirurgie. R. C. V.
†Desrochier, *v. a.* tomber du haut d'un rocher; t. de chasse.
†Desrumer, *v. a.* renverser une chose bien arrangée. (*vieux*).
Dessaigner, *v. a.* gné. e, *p.* ôter le sang, t. de tanneur. C. G. V.
Dessaisir (se), *v. r.* *De manu amittere.* si. e, *p.* relâcher ce qu'on avoit; se défaire de quelque chose.
Dessaisissement, *s. m.* *È manibus demissio.* action de dessaisir.
†Dessaisme, *s. f.* dépossession. (*vieux*).
Dessaisonner, *v. a.* né. e, *p.* changer l'ordre de la culture. G. C. * Dessaisoner. R.
Dessalé. e, *adj.* moins salé.
Dessalé, *s. m.* (*familier*) fin, rusé.
Dessaler, *v. a.* *Salem eximare.* lé. e, *p.* ôter la salure; rendre moins salé.
Dessangler, *v. a.* *Cingulam solvere.* glé. e, *p.* défaire, lâcher les sangles, t. de manége.
Dessaouler, *v. a.* lé. e, *p.* ôter l'ivresse. *v. n.* cesser d'être soûl. * Dessouler. A. R.
Desséchant. e, *adj.* qui dessèche.
Dessèchement, *s. m.* *Siccatio.* action de dessécher, ses effets. * Dessèchement. V.
Dessécher, *v. a.* *Exsiccare.* ché. e, *p.* rendre plus sec; mettre à sec; t. d'affineur.
Dessein, *s. m.* *Consilium.* intention; projet; résolution.
Dessein, *s. m.* *Adumbratio.* plan; projet; représentation; art de les faire; contours. * Dessin. A. C. G. R. V.
Dessein (à), *adv.* tout exprès, avec intention. * à-dessein. C.
Desseller, *v. a.* lé. e, *p.* ôter la selle.
†Dessémestrement, *s. m.* interruption du semestre employé dans une cour.
Desserre, *s. f.* (dur à la) qui a peine à donner de l'argent. * Débâcle. G.
Desserrer, *v. a.* *Laxare.* ré. é, *p.* relâcher ce qui est serré; donner un coup avec violence.
†Desserroir, *s. m.* outil, t. de métiers.
Dessert, *s. m.* *Bellaria.* fruits, etc. servis sur table.
Desserte, *s. f.* t. de cuisine, restes d'un repas; t. de liturgie, service. * action de desservir. RR.
Dessertir, *v. a.* ti. e, *p.* t. de joaillier. R. A. V. * couper la sertissure; ôter de la monture. B.
Desservant, *s. m.* qui dessert un bénéfice.
Desservice, *s. m.* (*inusité*) mauvais office. R.
Desservir, *v. a.* vi. e, *p.* faire le service d'une cure, etc. ôter les mets. *Mensam auferre.* nuire à.
Desservitorerie, *s. f.* bénéfice qui oblige à desservir une église, un chœur; t. de prat. C. G.
Dessiccatif. ve, *adj.* *Dessiccativus.* qui dessèche. * Dessicatif. C. G. RR.
Dessiccation, *s. f.* *Dessiccatio.* action de dessécher, ses effets. * Dessication. C. G. RR. V.
Dessiller, *v. a.* *Osculos aperire.* lé. e, *p.* ouvrir les yeux; détromper. * Déciller. R. V.
Dessin, *s. m.* t. d'arts. A. C. G. R. V. * représentation. RR. voyez Dessein.
Dessinateur, *s. m.* *Graphidos peritus.* qui sait dessiner.
†Dessoiver, *v. a.* désaltérer (*vieux*).

Dessoler, *v. a.* lé. e, *p.* t. de manége, ôter la sole; t. d'agric. changer les soles.

†Dessonger, *s. m.* réveiller quelqu'un qui rêve.

Dessouder, *v. a. Dissolvere.* dé. e, *p.* ôter, défaire la soudure. (se), *v. r.*

†Dessoufragé, *s. m.* action d'enlever le soufre du charbon minéral.

Dessous, *s. m. Infrà.* partie inférieure. *adv. préposition.*

Dessous (au-, par-), *adv. prép.*

†Dessuintage, *s. m.* premier dégraissage des laines.

Dessus, *s. m.* partie supérieure; avantage. *adv. prép.* * petite glace scellée sur une pierre, t. de glacier; sorte de viole. B.

Dessus (au-, par-) *adv. prép.*

Dessus (là-) sur cela, à ces mots, dans le moment.

Dessus (par-), *s. m.* instrument de musique.

Destin, *s. m. Fatum.* destinée; fatalité; sort; divinité qui le fixe.

Destination, *s. f. Destinatio.* disposition projetée; but proposé. G. C.

Destinée, *s. f. Fatum.* destin; effet du destin.

Destiner, *v. n. Destinare.* né. e, *p.* disposer en idée de. *v. n.* projeter; se disposer à.

Destituable, *adj.* 2 *g. Repellendus.* qui peut être destitué. V. CO.

Destitué. e, *adj. Destitutus.* dépourvu; privé de. C. G.

Destituer, *v. a. Munere depellere.* tué. e, *p.* déposer; priver de; ôter.

Destitution, *s. f. Muneris ademptio.* déposition, privation d'un emploi.

Destrier, *s. m.* (*vieux*) cheval de main, de bataille.

Destructeur, *s. m. Eversor.* qui détruit, fait du ravage. * *f.* Destructrice. R. G. C. *adj. m.* (système) A.

Destructibilité, *s. f.* qualité de ce qui peut être détruit.

Destructif. ve, *adj.* qui a détruit, qui cause la destruction.

Destruction, *s. f. Eversio.* ruine totale.

†Desturbation, *s. f.* endommagement. (*vi.*).

Désuétude, *s. f.* anéantissement par le non-usage. *prononcez* zué.

†Désulteur, *s. m.* sauteur qui passe d'un cheval sur un autre (*vieux*).

†Désulturation, *s. f.* art de voltiger sur un cheval (*vieux*).

Désunion, *s. f. Disjunctio.* séparation des parties; mésintelligence; division; démembrement.

Désunir, *v. a. Disjungere.* ni. e, *p.* disjoindre; démembrer. (se), *v. r.* se séparer; galoper faux; rompre l'union.

†Détaché, *s. m.* genre d'exécution dans lequel on sépare les notes par des silences.

Détache-chaîne, *s. m.* pétard pour rompre une chaîne, t. d'artillerie. C. G.

Détachement, *s. m.* action de détacher, ses effets; troupe de soldats.

Détacher, *v. a. Solvere.* ché. e, *p.* séparer ce qui étoit attaché ou joint; dégager; ôter les taches; prononcer les contours; défiler. (se) *v. r.* se séparer.

Détacheur, *s. m.* dégraisseur. C. G.

Détail, *s. m. Singula.* parties; circonstances; particularités.

Détail (en), *adv.* par les menus détails. * en-détail. C.

Détailler, *v. a. Singillatim enarrare.* raconter en détail; couper en pièces; vendre.

Détailleur, *s. m. Propola.* qui vend en détail. * *s. f.* Détailleresse. R.

Détailliste, *s. m.* qui aime les détails. R. V.

Détalage, *s. m.* action de détaler. G. C.

Détaler, *v. a. Merces colligere.* lé. e, *p.* ôter l'étalage; resserrer ce qui étoit étalé. *v. n.* s'enfuir.

Détalinguer, *v. a.* gué. e, *p.* ôter le câble d'une ancre, t. de marine.

Détaper, *v. a.* pé. e, *p.* déboucher un canon. C. G. * t. de raffineur, ôter les tapes. B.

†Détéce, *s. f.* défaut de service du fief (*vi.*).

Déteindre, *v. a. Decolorare.* teint. e, *p.* ôter la teinture, la couleur. (se), *v. r.* perdre sa couleur, t. de métiers.

Dételer, *v. a. Abjungere.* lé. e, *p.* détacher les chevaux attelés.

†Détendoir, *s. m.* instrument de tisserand pour détendre la chaîne.

Détendre, *v. a. Detendere.* du. e, *p.* détacher; lâcher ce qui étoit tendu.

Détenir, *v. a. Detinere.* retenir injustement. détenu. e, *p. adj. s.* prisonnier; malade au lit.

Détente, *s. f. Lingula.* ressort; levier; son action.

Détenteur. trice, *s.* qui retient, possède sans droit, t. de prat. * qui possède. V.

†Détentillon, *s. m.* détente qui lève la roue des minutes.

Détention, *s. f. Possessio.* possession sans droit; état d'une chose saisie; captivité, prison. *Captivitas.*

Déterger, *v. a.* gé. e, *p.* nettoyer, t. de méd.

Détérioration, *s. f. Depravatio.* action de détériorer, ses effets.

Détériorer, *v. a. Deterius facere.* ré. e, *p.* gâter; rendre pire.

Déterminant. e, *adj.* qui détermine; qui sert à déterminer. A. C. G. V.

Déterminatif. ve, *adj.* qui détermine la signification, t. de grammaire.

Détermination, *s. f. Propositum.* action de déterminer; résolution; application d'un mot. * tendance vers un côté. B.

Déterminé. e, *adj. Statutus.* résolu; fini; adonné; hardi. *s. m.* méchant; capable de tout; adonné à.

Déterminément, *adv. Certò.* résolument; hardiment; expressément; précisément.

Déterminer, *v. a. Statuere.* né. e, *p.* décider; conclure; arrêter. *v. n.* faire prendre une résolution; donner à un corps des qualités, une manière d'être, à un mot une signification précise. (se), *v. person.* se décider; prendre un parti (à, de).

Déterré. e, *adj. s. Effossus.* corps retiré de terre.

Déterrer, *v. a. Effodere.* ré. e, *p.* retirer de terre; découvrir ce qui étoit caché.

Déterreur, *s. m.* qui exhume. R. V.

Détersif. ve, *adj. Detergens.* qui nettoie, purifie.

Détestable, *adj.* 2 *g. Detestabilis.* qui doit être détesté; exécrable; très-mauvais.

Détestablement, *adv.* d'une manière détestable.

Détestation, *s. f. Detestatio.* témoignage d'horreur; horreur.

Détester, *v. a. Detestari.* té. e, *p.* avoir en horreur.

†Dététer, *v. a.* té. e, *p.* t. de perruquier, séparer les cheveux en petites portions.

Détignonner, *v. a.* né. e, *p.* décoiffer; arracher la coiffure. T. V.

Détirer, *v. a. Detendere.* ré. e, *p.* étendre en tirant.

Détiser, *v. a.* sé. e, *p.* ôter les tisons du feu, le couvrir de cendres.

Détonation, *s. f. Deflagratio.* action de détoner, t. de musique, inflammation avec éclat, t. de chimie.

Détoner, *v. n.* né. e, *p.* sortir du ton, t. de musique. * Détonner. C. A. V.

Détoner, *v. n.* né. e, *p.* t. de chimie, s'enflammer subitement, avec éclat. A. C. V. * Détonner. C.

Détordre, *v. a. Detorquere.* tors. e, *p.* * du. e, *p.* A. déplier ce qui est tors. (se), *v. pers.* se faire mal par la tension d'un nerf.

Détorquer, *v. a.* qué. e, *p.* éluder un raisonnement; donner un sens forcé.

Détors. e, *adj.* arraché; tiré; enlevé. A. V. * (soie) qui est détorse. AL.

Détorse, *s. f. Distortio.* t. de chirurgie, violente extension d'un nerf. voy. Entorse.

Détortiller, *v. a.* lé. e, *p.* défaire ce qui étoit tortillé.

Détouper, *v. a.* pé. e, *p.* t. de mar. ôter le bouchon d'étoupes. R. G. C. V.

Détoupilloner, *v. a.* né. e, *p.* t. de mar. ôter les toupillons, t. de jard. * Détoupillonner. C. G. V. Détoupillonner. V.

Détour, *s. m. Flexus.* sinuosité; circuit; subtilité; subterfuge.

Détourbier, *s. m.* empêchement. V.

Détournement, *s. m.* (*inusité*) action de détourner. R. V. * de détourner la tête. MOLIERE.

Détourner, *v. a. Avertere.* né. e, *p.* éloigner; dissuader; soustraire; distraire; écarter; tourner vers un autre côté. * t. de chasse, découvrir le lieu du repos du cerf, en marquer l'enceinte. B. *v. n.* quitter le droit chemin. (se), *v. r.*

Détractation, *s. m.* médisance.

Détracter, *v. n.* té. e, *p.* médire.

Détracteur, *s. m.* médisant.

Détrancher, *v. a.* ché. e, *p.* disséquer. V.

Détranger, *v. a.* gé. e, *p.* chasser les animaux nuisibles. A. V.

Détrape, *s. f.* débarras. R.

Détraper, *v. a.* pé. e, débarrasser. R. V.

Détraquer, *v. a.* qué. e, *p.* dérégler; déranger; faire perdre les bonnes allures, la justesse des mouvemens; détourner d'une vie réglée. (se), *v. r.*

Détrempe, *s. f. Colores diluti.* couleur délayée; peinture.

Détrempe (mariage en), *s. f.* (*popul.*), concubinage. * mariage clandestin. C.

Détremper, *v. a. Aquâ macerare.* pé. e, *p.* délayer dans une liqueur; ôter la trempe de l'acier.

Détresse, *s. f. Angor.* affliction; besoin; extrême danger; grande peine d'esprit; angoise.

Détressser, *v. a.* sé. e, *p.* faire un tissu. V.

†Détrichage, *s. m.* premiere opération avant de peigner la laine.

Détriment, *s. m. Detrimentum.* perte; dommage; préjudice; t. d'astr. (en) dans un signe opposé; débris, t. d'hist. nat.

Détripler, *v. a.* plé. e, *p.* t. milit. de trois files en ôter une. G. C. R.

†Détriter, *v. a.* té. e, *p.* (les olives), les passer sous la meule.

†Détritoir, *s. m.* madriers du moulin à olives.

Détroit, *s. m. Fretum.* passage étroit; bras de mer entre deux terres; juridiction. voy. District.

Détromper, *v. a. Errorem depellere.* pé. e, *p.* désabuser, tirer d'erreur. (se), *v. r.*

†Détrônement, *s. m.* action de chasser du trône, ses effets; état d'un roi détrôné. VOLTAIRE.

Détrôner,

Déttrôner, *s. m. Dimovere de throno*, né, e, *p.* chasser du trône.
Détrousser, *v. a. Demittere.* sé. e, *p.* défaire ce qui étoit troussé: voler avec violence.
Détrousseur, *s. m.* (*vieux*) voleur qui détrousse les passans.
Détruire, *v. a. Destruere.* truit. e, *p.* démolir; ruiner; renverser; abattre. (*se*), *v. r.* se tuer; tomber en ruine.
Dette, *s. f. Debita.* ce qu'on doit; devoir.
†Détumescence, *s. f. Detumescentia.* désenflure.
Deuil, *s. m. Luctus.* habits, cortége, frais de deuil, sa durée; longue douleur; affliction. * Deuil (petit-) poisson du genre du chétodon. B.
Deutéro-canonique, *adj. s.* 2 *g.* livre de l'écriture sainte.
Deutéronome, *s. m.* 5ᵉ. livre du Pentateuque.
†Deutéropathie *ou* Deutéropathique, *s. f. Deuteropathia.* maladie causée par une autre.
†Deutéropatique, *s. f.* deutéropathie.
†Deutérose, *s. f.* seconde loi des Juifs.
†Deuve, *s. f.* espèce de satinade.
Deux, *adj.* 2 *g. s. m.* nombre double de l'unité.
Deux à deux, *adv.* par deux; deux ensemble. * Deux-à-deux. C.
†Deux-dents, *s. m.* 10ᵉ. genre de poissons hérissés d'épines, une large dent à chaque mâchoire, sans nageoire sous le ventre. *Diodon.*
†Deux-doigts, *s. m.* filet du bouillier.
Deuxième, *adj.* 2 *g.* nombre ordinal; second. * Deuxieme. R.
Deuxièmement, *adv.* (*vieux*) en second lieu. * Deuxiémement. R. G.
Dévaler, *v. a. n.* lé. e, *p.* descendre, baisser.
Dévaliser, *v. a. Spoliare.* sé. e, *p.* voler, ôter la valise. * ruiner au jeu. T.
Dévancer, *v. a. Antecedere.* cé. e, *p.* gagner le devant; précéder; surpasser, avoir l'avance, l'avantage.
Dévancier. ère, *adj. Decessor.* qui a précédé. * *s. m. pl.* ancêtres. * *f.* Devanciere. R.
Devant, *s. m. Pars prior.* partie antérieure.
Devant, *adv. prép. Antè.* en présence; vis-à-vis; avant.
Devant (au-, par-) *adv. prép.*
Devant (ci-) *adv.* précédemment. * *s.* 2 *g.* noble. (*ironique*). B.
Devant-que, *conj.* C.
†Devanteau, *s. m.* devantier.
Devantier, *s. m.* (*vieux*) tablier de femme.
Devantière, *s. m.* tablier, jupe pour aller à cheval. * Devantiere. R.
Devanture, *s. f.* devant d'un siége, d'une mangeoire, t. de menuisier. *pl.* joints en plâtre. G. V.
Dévastateur. trice. *s. adj.* qui dévaste. G. C.
Dévastation, *s. f. Devastatio.* désolation, ruine d'un pays.
Dévaster, *v. a. Devastare* té. e, *p.* ruiner; désoler; saccager; piller.
Développable, *adj.* 2 *g.* t. de géom. explicable. V.
Développée, *s. f.* courbe qui en forme une autre, t. de géométrie. * Dévelopée. R.
Développement, *s. m. Evolutio.* action de développer, ses effets; t. de géom. * Dévelopement. R.
Développer, *v. a. Evolvere.* pé. e, *p.* ôter l'enveloppe; étendre ce qui étoit enveloppé; éclaircir; expliquer; découvrir. (*se*), *v. r.* * Déveloper. R.
Devenir, *v. n. Fieri.* nu. e, *p.* commencer à être ce qu'on n'étoit pas.
Déventer, *v. a.* té. e, faire biaiser les voiles. R. G. C. V.
†Devergogner, *v. a.* fouler la honte aux pieds. SCARON.
Dévergondé. e, *adj. Inverecundus.* sans honte; sans pudeur.
Dévergonder (se) *v. r.* (*familier*) perdre toute pudeur. G. C.
Deverguer, *v. a.* C. ôter les vergues. B.
Déverrouiller, *a. a.* lé. e, *p.* ôter les verroux. G. V.
Devers, *prép. Versùs.* du côté de; vers. * *s.* pente, gauchissement. B.
Devers (par), *prép. marque la possession.* * par-devers. C. pardevers. A.
Devers. e, *adj.* qui n'est pas d'aplomb.
†Devers, *s. m.* instrument pour manier le fer dans le fourneau; t. d'ardois. écroulement des couches.
Déverser, *v. n. Proclinari.* sé. e, *p.* jeter; répandre; pencher; incliner; verser sur. * *adj.* (bois) gauchi. B.
Déversoir, *s. m.* où se perd l'excédent de l'eau d'un moulin.
Dévêtir (se), *v. pers.* tu. e, *p.* se dépouiller, ôter ses vêtemens; se dessaisir. * *v. a.* A.
Dévêtissement, *s. m.* dépouillement; démission, t. de jurisprudence.
Déviation, *s. f.* détour de son chemin; détour; écart.
Dévidage, *s. m.* action de dévider. C.
Dévide, *s. m.* t. de billard. V.
Dévider, *v. a. Evolvere.* dé. e, *p.* mettre le fil en peloton, en écheveau. * t. de manége. G.
Dévideur. se, *s.* qui dévide.
Dévidoir, *s. m. Girgillus.* instrument pour dévider. * *ou* Bistournée, coquille bivalve de la famille des huitres, très-rare. B.
Dévier, *v. a.* vié. e, *p.* détourner, écarter. (*se*), *v. r.* A. C. V.
Dévigo, *s. m.* sorte d'emplâtre. * Devigo. C. G.
Devin. eresse, *s. Vates.* qui prédit l'avenir, ou découvre les choses cachées. * — *ou* Serpent étouffeur, du 2ᵉ. genre. B.
Deviner, *v. a. Divinare.* né. e, *p.* prédire l'avenir; conjecturer; découvrir.
Devineur, *s. m.* (*familier*) devin. G. C.
Dévirer, *v. n.* t. de mar. R. C. * reculer au lieu d'avancer, se dit d'un câble. B.
Devis, *s. m. Operis descriptio.* état de dépenses: propos; entretien familier.
Dévisager, *v. a. Vultum deformare.* gé. e, *p.* défigurer; déchirer le visage; considérer attentivement.
Devise, *s. f. Symbolum.* figure allégorique, accompagnée de paroles, ces paroles; mot choisi que l'on s'applique.
Deviser, *v. n. Sermocinari.* (*vieux*) s'entretenir familièrement.
Dévoiement, *s. m. Ventris dissolutio.* flux de ventre. * Dévoiment. R. Dévoîment. V.
Dévoilement, *s. m.* action d'ôter les voiles, ses effets.
Dévoiler, *v. a. Detegere.* lé. e, *p.* ôter le voile; découvrir ce qui étoit caché.
Devoir, *s. m. Munus.* ce à quoi on est obligé par la loi, etc. * ouvrage d'un écolier. B.
Devoir, *v. a.* dû. e, *p.* être obligé à payer, à faire, à dire par la loi, etc. * *indique* l'avenir, l'intention, la justice.
Dévole, *s. f.* t. de jeu de cartes; l'opposé de vole.
Dévolu. e. *adj. Devolutus.* acquis, échu par droit.
Dévolu, *s. m. Devolutum.* provisions pour un bénéfice vacant; prétention sur. * Dévolut. R. *ou* Dévolut. G.
Dévolutaire, *s. m.* qui a obtenu un dévolu.
Dévolutif. ve, *adj.* (appel) qui saisit un tribunal supérieur.
Dévolution, *s. f.* acquisition d'un droit dévolu.
Dévorant. e, *adj.* qui dévore.
Dévorateur, *s. m.* (*familier*) qui dévore. R. G. C. V. * Dévoreur. V. G.
Dévorer, *v. a. Devorare.* ré. e, *p.* déchirer sa proie avec les dents; consumer; détruire; manger avidement. * *v. n.* G.
Dévot. e, *adj. s. Religiosus.* qui a de la dévotion, excite à la dévotion.
Dévotement, *adv. Piè.* avec dévotion.
Dévotieusement, *adv.* (*vieux*) dévotement.
Dévotieux. se, *adj.* (*vieux*) dévot, qui en a les manières.
Dévotion, *s. f. Pietas.* piété envers Dieu et les saints; religion; dévouement; exercice de piété; communion.
Dévoué. e, *adj. Deditus.* donné sans réserve. G.
Dévouement, *s. m. Consecratio.* abandonnement aux volontés, au service d'un autre; t. d'antiquité, action de se dévouer aux dieux infernaux. * Dévoûment. R. V.
Dévouer, *v. a.* voué. e, *p.* dédier; consacrer, donner sans réserve. (*se*), *v. r. Se devovere.* se consacrer entièrement.
Dévouloir, *s. m.* cessation de volonté. V.
Dévoyer, *v. a. A viâ deducere.* détourner du chemin; déranger l'estomac; causer le flux de ventre. Dévoyé. e, *p. s.*
Dextérité, *s. f. Dexteritas.* adresse des mains, de l'esprit.
Dextre, *s. f. Dextera.* main droite. *adj.* côté droit; t. de blason.
Dextrement, *adv.* (*familier.*) avec dextérité.
Dextribord, *s. m.* côté droit du vaisseau. G. C. * Destribord. V. voyez Stribord.
Dextrochère, *s. m.* t. de blason, bras droit peint dans l'écu. * Dextrochere. R.
Dey, *s. m.* chef du gouvernement de Tunis, etc.
Dia! *interj.* terme de charretier pour faire aller à gauche.
†Diabète, *s. f.* machine hydraulique avec un siphon.
Diabetès, *s. m.* fréquence, flux involontaire d'urine. * Diabétès. A. R. V.
Diabétique, *adj.* 2 *g.* qui a le diabetès.
Diable, *s. m. Diabolus.* démon; esprit malin; mauvais ange; méchant; déterminé. *interj.* * — des bois, espèce de singe à queue longue et traînante. — de mer, voyez Macroule, Baudroie. —, insecte qui mange les feuilles du coton, Proscarabées, *ou* Cigales bédaudes. — *ou* Chat, outil de fondeur: espèce de voiture; très-gros levier, t. de métiers. * Diâble. R.
Diable (en), *adv.* fort; extrêmement; beaucoup. * en-diable. C.
Diablement, *adv.* (*familier*) excessivement; avec profusion. * Diâblement. R.
Diablerie, *s. f. Incantamentum.* sortilége; maléfice; mauvais effet dont la cause est inconnue. * Diâblerie. R.
Diablesse, *s. f. adj. Megæra.* femme méchante, acariâtre. * Diâblesse. R.
Diablezot, *exclamation.* * *ou* Diablerot. V.
Diablotin, *s. m.* petit diable, sa figure. *pl.* petits bonbons. * Diâblotin. R. *et* Diableteau. V. voile d'étai du perroquet de fougue. voyez Diable, insecte. — oiseaux voyageurs d'Amérique. B.
Diabolique, *adj.* 2 *g. Diabolicus.* du diable; très-méchant.

Diaboliquement, *adv.* d'une manière diabolique.
Diabotanum, *s. m.* emplâtre pour les loupes. C. G. V.
Diacadmias, *s. m.* emplâtre de cadmie, etc. C. G.
Diacalutéos, *s. m.* emplâtre pour le cancer. C. V.
Diacarcinon, *s. m.* antidote contre la rage. C. G. V.
Diacartame, *s. m.* électuaire purgatif, t. de médecine. G. C. * Diacarthame. R.
†Diacatholicon, *s. m.* électuaire, purgatif universel.
†Diacausie, *s. f. Diacausis.* chaleur excessive; échauffement.
†Diacaustique, *s. f.* caustique par réfraction.
Diachilon, *s. m.* emplâtre composé de mucilages. * Diachylon. R. C. G. V.
†Diaciminon, *s. m.* composition de simples pour dissiper les vents de l'estomac.
Diaco, *s. m.* chapelain de Malte. R. G. C. V.
Diacode, *s. m.* sirop de pavots blancs.
Diaconat. e, *adj.* qui appartient à l'ordre de diacre. *s. m. Diaconatus.* le second des ordres sacrés, t. de liturgie.
Diaconesse, *s. f.* t. d'antiquité, fille ou veuve destinée aux ministères ecclésiastiques. * Diaconisse. G.
†Diaconicon, *s. m.* (*vieux*) sacristie.
Diaconie, *s. f.* chapelle, bénéfice de diacre. G. C.
†Diaconique, *s. f.* sacristie.
Diacopée, *s. f.* fracture du crâne. G. C. V. * incision. B.
†Diacoprégie, *s. f. Diacopregia.* médicament composé de fiente de chèvre.
Diacoustique, *s. f. Diacustice.* connoissance des sons et de leur réfraction. C. G. V.
Diacre, *s. m. Diaconus.* promu au diaconat, t. de liturgie.
†Diacrèse, *s. f. Diacresis.* crise.
†Diacriser, *v. a.* faire un diacre.
Diaculum, *s. m.* drogue. V.
†Diadelphes, *adj. f. pl.* (étamines) réunies en deux corps par les filets.
Diadelphie, *s. f.* (deux frères), seconde classe des végétaux. L
†Diadelphique, *adj.* 2 *g.* (fleur) dont les étamines sont diadelphes; (étamines) à deux filamens.
Diadème, *s. m. Diadema.* bandeau royal; la royauté. * Diadême. R. G.
†Diadêmé, *adj.* (aigle) qui a un petit cercle sur la tête, t. de blason.
Diaglaucium, *s. m.* collyre pour les yeux. G. C. V.
†Diagnose, *s. f. Diagnosis.* connoissance des choses dans leur état actuel.
Diagnostique, *adj.* 2 *g. s. m. Diagnosticus.* signes, symptômes de maladies.
Diagonal. e, *adj. Diagonalis.* qui appartient à la diagonale.
Diagonale, *s. f.* ligne qui va d'un angle à l'autre.
Diagonalement, *adv.* d'une manière diagonale.
†Diagramme, *s. m. Diagramma.* poisson du genre du persègue: construction de lignes servant à une démonstration; table de l'étendue des tons.
Diagrède, *s. m.* scammonée préparée. * Diagrede. R.
†Diahexaple, *s. m.* breuvage à six ingrédiens pour les chevaux.
†Diaire, *s. f. Diaria.* (fièvre) d'un jour.
Dialecte, *s. m. Dialectus.* idiome; langage d'un pays, d'une ville.
Dialecticien, *s. m. Dialecticus.* qui enseigne la dialectique.
Dialectique, *s. f. Dialectica.* art de raisonner; logique.
Dialectiquement, *adv. Dialecticè.* en dialecticien; logiquement.
†Dialelle, *s. m.* argument des Pyrrhoniens.
†Diallage, *s. m.* Smaragdite, Eméraudite, Feld-spath vert, Schorl feuilleté.
Dialogique, *adj.* 2 *g.* en forme de dialogue. A. V.
Dialogiser, *v. a.* sé. e, *p.* mettre en dialogue. G. C. * *v. n.* R.
Dialogisme, *s. m.* art du dialogue. * longue dispute. B.
Dialogiste, *s. m.* qui fait un dialogue. T.
Dialogue, *s. m. Dialogus.* entretien de deux ou plusieurs.
Dialoguer, *v. a.* gué. e, *p.* faire parler entre elles plusieurs personnes, t. de littérature.
Dialogueur, *s. m.* verbeux. V.
Dialthée, *s. f.* onguent composé de racine de guimauve.
†Dialyse, *s. f.* caractère placé sur deux voyelles pour les diviser en deux syllabes.
Diamant, *s. m. Adamas.* pierre précieuse, la plus fine, la plus pure, la plus dure, la plus pesante et la plus diaphane, la plus brillante et la plus précieuse de toutes les matières connues; produit de la terre végétale et limoneuse: outil.
Diamantaire, *s. m.* qui travaille et qui vend le diamant.
†Diamanter, *v. a.* couvrir de diamans; convertir en diamant.
Diamargariton, *s. m.* médicament fait avec des perles. G. C.
Diamétral. e, *adj. Diametros.* du diamètre.
Diamétralement, *adv.* directement, les diamètres étant sur une même ligne.
†Diamétraler, *v. n.* correspondre diamétralement.
Diamètre, *s. m. Diametros.* ligne qui coupe le cercle en deux parties égales. * Diametre. R. (*Diameter, Diametron*).
Diamorum, *s. m.* sirop de mûres.
†Dianacardion, *s. m.* antidote d'anacarde.
†Diandre *ou* Diandrique, *adj.* 2 *g.* (fleur) qui a deux étamines.
Diandrie, *s. f.* (deux époux), seconde classe des végétaux. L.
Diane, *s. f. Quarta vigilia.* batterie du tambour au point du jour. * papillon de jour à six pattes, *ou* Polixène. B. Diâne. R.
†Dianelle *ou* Reine des bois, *s. f. Dracæna.* plante des Indes, de la famille des asperges.
Diantre, *interj.* (*familier*) *au lieu de* diable.
Dianucum, *s. m.* rob de suc de noix vertes et de miel. R. G. C. V.
Diapalme, *s. m.* emplâtre dessiccatif pour les fluxions.
Diapasme, *s. m. Diapasma.* parfums pour le corps. G.
Diapason, *s. m. Diapason.* étendue de sons du bas en haut; échelle campanaire; outil de musicien.
Diapedèse, *s. m.* éruption de sang par les pores des vaisseaux. * Diapédèse. A. Diapédêse. R.
Diapenté, *s. m.* quinte de musique. V. * Diapente. B.
†Diapenze, *s. f.* plante de Laponie.
†Diapère, *s. m. Diaperis.* insecte coléoptère à antennes en anneaux enfilés par le centre.
Diaphane, *adj.* 2 *g. Perlucidus.* transparent.
Diaphanéité, *s. f. Diaphaneitas.* transparence.
Diaphénie, *s. m.* sorte d'électuaire de dattes pour les sérosités. C. G. V. * Diaphénic. AL. Diaphœnic. *diaphœnicum.* R.
†Diaphonie, *s. f.* accord dissonant par le choc des deux sons.
†Diaphore, *s. f. Diaphora.* genre de plantes graminées.
Diaphorèse, *s. f.* évacuation par les pores; t. de médecine. C. G. V. * Diaphorêse. R.
Diaphorétique, *adj.* 2 *g. Diaphoreticus.* qui purge par les sueurs.
†Diaphose, *s. f.* évacuation par les pores.
Diaphragmatique, *adj.* 2 *g.* du diaphragme, des artères et veines répandues. C. G.
Diaphragme, *s. m. Diaphragma.* t. d'anatomie, muscle nerveux entre la poitrine et le ventre; t. d'opticien, cercles intérieurs; t. de botanique, cloisons des fruits.
†Diaphyse, *s. f. Diaphysis.* t. de médecine, séparation en deux.
†Diapnoïque, *adj. s.* 2 *g.* diaphorétique doux.
Diapnotique, *adj.* 2 *g.* remède qui fait transpirer. V.
Diapré. e, *adj.* varié de plusieurs couleurs. *participe* de diaprer, *v. a.* (*inusité*).
Diaprée, *s. f.* prune violette. C. G. V.
Diaprun, *s. m.* électuaire de prunes.
Diaprure, *s. f.* (*vieux*) variété de couleurs; dévoiement.
Diarrhée, *s. f. Alvi profluvium.* flux de ventre.
Diarrhodon, *s. m.* composition de roses rouges. V.
Diarthrose, *s. f.* articulation relâchée d'un os. C. G. V. * Diarthrôse. R.
Diascordium, *s. m.* opiat de scordium.
Diasebeste, *s. m.* électuaire de sebeste. C. G. * Diasébeste. R.
Diasene, *s. m.* électuaire de séné. G. Diasène. G. Diaséné. R.
Diasies, *s. f. pl.* fêtes de Jupiter Propice. V.
Diasostique, *s. f. Diasostica.* traité de la conservation de la santé; médecine préservative.
†Diasporamètre, *s. m.* instrument pour fixer la proportion de l'aberration de réfrangibilité, t. d'optique.
†Diaspore, *s. m.* minéral en lames curvilignes gris, nacré; pétille au feu.
†Diaspre *ou* Diapre, *s. m.* marbre diapré de Sicile.
†Diaptose, *s. f.* intercidence; petite chute; sorte de périélèse.
†Diapyétique, *adj. s.* 2 *g.* médicament qui fait suppurer les abcès.
Diastase, *s. f. Diastasis.* espèce de luxation.
Diastême, *s. m.* t. de musique, intervalle. R.
Diastole, *s. f. Diastole.* dilatation du cœur.
Diastyle, *s. m.* édifice dont les colonnes sont éloignées de trois diamètres, t. d'architecture.
Diasyrme, *s. m.* ironie dédaigneuse. V. C. G.
Diatessaron, *s. m.* intervalle, quarte, t. de musique. * t. de médecine. A. R. remède contre les maladies froides du cerveau, de l'estomac.
Diatesseron, *s. m.* sorte de thériaque, t. de médecine. * Diatessaron. T. R. AL. t. de musique, quarte. B.
Diathèse, *s. m. Diathesis.* affection de l'homme, naturelle ou non. G.
Diatonique, *adj.* 2 *g.* qui procède par les tons naturels, t. de musique.
Diatoniquement, *adv.* dans le genre diatonique. C. G.
Diatragacante, *s. m.* électuaire de gomme adragant. * Diatragacanthe. R.
Diatribe, *s. f.* critique amère; dissertation.
†Diatypose, *s. f.* voyez Hypothypose.
†Diaule, *s. f.* flûte double des anciens.
†Dicacité, *s. f.* caractère mordant.
Dicastérique, *adj.* 2 *g.* de deux castes. VOLT.
Dicélies, *s. f. pl.* t. d'antiquité, farces, scènes libres. V. G. C.
Dicélistes, *s. m. pl.* t. d'antiq. farceurs. G. C.

†Dichondre, *s. m. Dichondra.* genre de plantes borraginées.
Dichorée, *s. m.* t. de gramm. pied de vers. A. * ou Ditrochée, t. de poësie latine, v. *pr.* dico.
†Dichotomale, *adj. m.* (péduncule) qui naît de l'angle de deux rameaux. *prononcez* dico.
Dichotome, *adj.* lune dont on ne voit que la moitié. * Dicothome. R. Dichotôme, *adj.* qui fait la fourche. B. *prononcez* dico.
Dichotomie, *s. f.* état de la lune vue à la moitié. * Dicothomie. R. t. de botanique, fourche. B. *prononcez* dico.
†Dicline, *adj. f.* t. de botanique, (plante) dont les organes sexuels ne sont pas dans la même fleur.
†Dicorde, *s. m.* instrument à deux cordes.
†Dicotylédone ou Bicotylédone, *adj.* (graine) qui a deux lobes.
Dicrote, *adj. Dicrotus.* (pouls) récurrent. v.
Dictame blanc, *s. m. Dictamnus.* Fraxinelle, herbe vulnéraire très-usitée en médecine, sudorifique, hystérique, vermifuge, fébrifuge. — de Crète, espèce d'origan; les feuilles provoquent les régles et l'accouchement. — faux, espèce de marrube qui a du rapport avec le dictame de Crète. — de Virginie, pouliot. B.
Dictamen, *s. m.* sentiment intérieur de la conscience. G. C. AL.
Dictateur, *s. m. Dictator.* souverain magistrat de Rome.
Dictature, *s. f. Dictatura.* dignité de dictateur, t. d'antiquité. * assemblée de secrétaires de légation. AL.
Dictée, *s. f. Dictata.* ce qu'on dicte à celui qui écrit.
Dicter, *v. a. Dictare.* té. e, *p.* prononcer mot à mot pour faire écrire; suggérer; prescrire; inspirer.
Diction, *s. f. Dictio.* élocution; choix des mots.
Dictionnaire, *s. m. Dictionarium.* recueil de mots; vocabulaire alphabétique avec des définitions. * Dictionaire. R.
Dictionnariste, *s. m.* lexicographe. v.
Dicton, *s. m. Proverbium.* proverbe; mot sentencieux. * raillerie. v.
Dictum, *s. m. Scitum.* dispositif d'un jugement.
Didactique, *adj. 2 g. Ad docendum aptus.* propre à instruire, enseigner.
Didactique, *s. f.* art d'enseigner; genre didactique. * *s. m.* T. G. V.
†Didactyle, *adj. 2 g.* qui a deux doigts.
Didascal, *s. m.* docteur. v.
Didascalique, *adj.* qui concerne la doctrine. v.
Didelphe, *s. m.* animal. voyez Sarigue R. (*double matrice*). B.
Didragme ou Didrachme, *s. m.* demi-sicle de cuivre chez les Hébreux. G. V.
†Didyme, *adj. 2 g. Dydimi.* géminé, qui a la même origine.
†Didyname, *adj. f.* (étamine) disposée en deux paires inégales.
Didynamie, *s. f.* (deux puisssances), quatorzième classe des végétaux. L.
†Didynamique, *adj. 2 g.* qui a les étamines didynames.
Diedeau, *s. m.* filet pour barrer les rivières, t. de batelier. * Dideau. R. Diédeau. V.
Dieppois, se, *s. adj.* de Dieppe. R.
Dierèse, *s. f. Diæresis.* t. de chirur. division de parties; t. de gramm. division d'une diphtongue; signe (¨). * Dièrese. R. Dièrese. A. G. C.
Dierville, *s. m. Diervilla.* plante, arbrisseau. * chèvre-feuille d'Acadie : il ressemble au syringa, fait de jolis bosquets. B.

Dièse ou Diesis, *s. m. Diesis.* double croix en sautoir pour faire élever le son, t. de musique. * Diese. R.
Diésé. e, *adj.* qui porte un dièse. R.
Diéser, *v. a.* sé. e, *p.* conserver le dièse, marquer d'un dièse. A. V.
Diète, *s. f. Dieta.* régime de vie pour la nourriture; abstinence; assemblée. * Diete. R.
†Diétètes, *s. m. pl.* arbitres à Athènes.
Dietetique, *adj. 2 g. Diæteticus.* qui est relatif à la diète; sudorifique et dessiccatif. *s. f. Diætetica.* traité du régime. * Diététique. A. C. G. R.
Diétine, *s. f.* diète particulière. A. V.
Dieu, *s. m. Deus.* le souverain être; divinité. *exclamation.*
Dieutelet, *s. m.* petit dieu. v.
Diffamant. e, *adj. Infamiam inferens.* qui diffame, déshonore.
Diffamateur, *s. m. Obtrectator.* celui qui diffame, qui décrie.
Diffamation, *s. f. Obtrectatio.* action de diffamer, ses effets.
Diffamatoire, *adj. 2 g. Probrosus.* fait pour diffamer; diffamant; calomnieux.
Diffamé. e, *adj. Infamis.* t. de blason, sans queue.
Diffamer, *v. a. Infamiam inferre.* mé. e, *p.* déshonorer; décrier; calomnier; perdre de réputation.
†Diffaréation, *s. f.* sacrifice qui opéroit le divorce; divorce.
Différemment, *adv. Diversè.* d'une manière différente.
Différence, *s. f. Differentia.* distinction; dissemblance; attribut distinctif; excès de quantité, t. de géométrie.
Différencier, *v. a. Distinguere.* cié. e, *p.* marquer la différence; t. de mathémat., prendre la plus petite partie.
Différend, *s. m.* contestation. * ou Différent. A.
Différent. e, *adj. Differens.* qui diffère; distingué; divers.
Différentiel. le, *adj. s. f.* t. de mathématique, quantité infiniment petite. * *f.* Differentiele. R.
Différer, *v. a. Differre.* ré. e, *p.* retarder, remettre à un autre temps. *v. n.* être différent, divers.
Difficile, *adj. 2 g. Difficilis.* pénible; mal-aisé; peu facile à contenter.
Difficilement, *adv. Difficilè.* avec difficulté.
Difficulté, *s. f. Difficultas.* ce qui rend une chose difficile; obstacle; objection; doute; contestation.
Difficulté (sans), *adv.* sans doute. * sans-difficulté. C.
Difficultueux. se, *adj. Scrupulosus.* qui se rend difficile sur tout; qui allègue ou fait des difficultés.
Difforme, *adj. 2 g. Deformis.* laid; défiguré; mal fait.
Difformer, *v. a.* mé. e, *p.* ôter la forme.
Difformité, *s. f. Deformitas.* défaut dans la forme, dans les proportions.
Diffraction, *s. f.* inflexion, détour des rayons en rasant une surface, t. d'optique.
†Diffuge, *s. m.* chicane; subterfuge.
Diffus. e, *adj. Diffusus.* prolixe; trop étendu; étalé; confus.
Diffusément, *adv. Fusè.* d'une manière diffuse.
Diffusion, *s. f.* action de ce qui s'épand, s'étend, ses effets, trop grande abondance. * Difusion. RICHELET.
Diffusif, *adj.* (bien). v.
Digame, voyez Bigame. G.
Digastrique, *adj. 2 g.* muscle de la mâchoire à deux ventres, t. d'anatomie.

Digérer, *v. a. Digerere.* ré. e, *p.* faire la digestion; cuire; souffrir patiemment; examiner; discuter.
Digeste, *s. m. Digesta.* recueil de décisions.
Digesteur, *s. m.* (de Papin), vase pour faire cuire, à couvercle fermé par une vis.
Digestif. ve, *adj.* qui a la vertu de faire digérer; qui fait suppurer.
Digestion, *s. f. Digestio.* coction des alimens; action de faire digérer; disposition à suppurer; cuisson.
Digitale, *s. f. Digitalis.* plante à fleurs en dé à coudre, monopétale, de la division des personnées.
†Digitation, *s. f.* manière dont deux muscles s'endentent l'un dans l'autre.
Digités, *s. m. pl.* premier ordre de la première classe des animaux. L. * *adj.* disposé comme les doigts de la main. B.
Diglyphe, *s. m.* Console ou Corbeau à deux gravures, t. d'architecture. G. C.
Digne, *adj. 2 g. Dignus.* qui mérite quelque chose.
Dignement, *adv. Dignè.* selon ce qu'on mérite.
†Digniaux, *s. m. pl.* grands filets en forme de manche.
Dignitaire, *s. m.* qui possède une dignité.
Dignité, *s. f. Dignitas.* mérite; charge; élévation; bénéfice.
†Digon, *s. m.* dard pour le poisson plat.
Digression, *s. f. Digressio.* ce qui est hors du sujet principal; changement de propos. * *pl.* distances apparentes des planètes inférieures au soleil. B.
Digue, *s. f. Moles.* chaussée contre l'eau; obstacle.
Diguer, *v. a.* gué. e, *p.* donner de l'éperon. C.
Diguon, *s. m.* bâton d'une banderolle, t. de marine. G. C. * Digon. R.
†Digyne, *adj. 2 g.* qui a deux pistils, ou deux styles, ou deux stygmates.
Digynie, *s. f.* (deux épouses) second ordre des treize premières classes des végétaux. L.
†Dihélie, *s. f.* ordonnée de l'ellipse passant par le foyer du soleil.
†Dihexaèdre, *adj. 2 g.* (corps) qui forme un prisme hexaèdre à sommets trièdres.
Diipolies, *s. f. pl.* fêtes de Jupiter. V.
Dilacération, *s. f.* action de dilacérer, ses effets; déchirement.
Dilacérer, *v. a.* ré. e, *p.* mettre en pièces avec violence, déchirer.
Dilaniateur. trice, *adj.* t. de mineur; (effort), force de la poudre. G. C. V.
Dilapidation, *s. f.* dépense folle, désordonnée.
Dilapider, *v. a.* dé. e, *p.* dépenser follement, avec désordre. * voler les deniers publics. B.
Dilatabilité, *s. f.* propriété de ce qui est dilatable.
Dilatable, *adj. 2 g.* qui peut être dilaté, étendu.
†Dilatant, *s. m.* corps pour dilater une plaie.
Dilatateur, *s. m.* nom de deux muscles qui dilatent.
Dilatation, *s. f.* extension; relâchement; diastole, t. de médecine.
Dilatatoire, *s. m.* t. de chirurgie, instrument pour dilater.
Dilater, *v. a. Dilatare.* té. e, *p.* étendre; élargir. (se), *v. pers.* occuper un plus grand espace.
†Dilateur, *s. m.* instrument pour l'opération de la taille.
Dilatoire, *adj. 2 g. Dilatorium.* qui tend à différer.
†Dilatoirement, *adv.* avec les délais ordinaires.

†Dilatris, *s. m.* genre de plantes de la famille des iris.
Dilayer, *v. a.* yé. e, *p.* (*vieux*) différer; ajourner.
Dilection, *s. f.* amour, charité, t. de théolog.
Dilemme, *s. m.* *Complexio.* argument qui laisse le choix de deux propositions contraires.
Diligemment, *adv.* *Diligenter.* promptement; avec diligence.
Diligence, *s. f.* *Diligentia.* activité; promptitude; poursuite; soin; voiture.
†Diligent, *s. m.* machine pour dévider l'or.
Diligent. e, *adj.* *Diligens.* expéditif; prompt; soigneux.
Diligente, *s. f.* tulipe printanière. v.
Diligenter, *v. a. n.* *Accelerare.* té. e, *p.* faire; agir diligemment. (se), *v. r.* (*familier*).
Dille, *s. m.* fausset. v.
Diluvien, ne, *adj.* qui a rapport au déluge. G. V.
Dimachère, *s. m.* gladiateur armé de deux épées. * Dimachere. R.
Dimanche, *s. m.* *Dies dominica.* premier jour de la semaine.
†Dîme, *Decuma.* voyez Disme, Dixme.
Dimension, *s. f.* *Dimensio.* étendue des corps; mesure.
Dîmerie, *s. f.* étendue de territoire sur laquelle on dîme. v. * Dîme, *s. m.* G.
Dimètre, *adj.* 2 *g.* t. de poësie, de deux mesures. G. C. V. * Dimetre. R.
Diminuer, *v. a.* *Minuere.* nué. e, *p.* amoindrir; rendre plus petit. *v. n.* devenir moindre.
Diminutif. ve, *adj. s. m.* *Diminutivus.* qui diminue la force d'un mot; chose qui est en petit ce qu'une autre est en grand.
Diminution, *s. f.* *Diminutio.* amoindrissement; figure de rhétorique; t. de musique, roulade.
Dimissoire, *s. m.* *Dimissoriæ litteræ.* t. de liturgie, lettre pour conférer ses pouvoirs à un autre.
Dimissorial. e, *adj.* contenant un dimissoire.
†Dimmites, *s. m. pl.* toile de coton de St.-Jean-d'Acre.
†Dinamomètre, *s. m.* machine pour comparer la force des hommes et des bêtes de trait.
Dinanderie, *s. f.* ustensiles de cuivre.
Dinandier, *s. m.* qui fait et vend des ustensiles de cuivre. G.
Dinandois. se, *s.* de Dinant. R.
Dinatoire, *adj.* 2 *g.* (déjeûner), qui tient lieu du dîner. C. R.
Dindan, *s. m.* son des cloches. v. * Din-dan. R.
Dinde, *s. f.* poule d'Inde.
Dindon, *s. m.* *Pullus galli indici.* coq d'Inde.
Dindonneau, *s. m.* petit dindon. * Dindoneau. R.
Dindonnière, *s. f.* gardeuse de dindons; fille de campagne. * Dindonnier. v. Dindonier. ere. R.
Dîné, Dîner, *s. m.* *Prandium.* repas fait au milieu du jour. * Diner. R.
Dînée, *s. f.* *Locus pransorius.* repas, dépense, lieu du dîné dans les voyages. * Dinée. R.
Dîner, *v. n.* *Prandere.* né. e, *p.* prendre le dîner. * Diner. R.
Dînette, *s. f.* petit dîner. v.
Dîneur, *s. m.* (*familier*) qui dîne beaucoup; grand mangeur. * Dineur. R.
Dintiers, *s. m. pl.* rognons du cerf. RR. voyez Daintiers.
Diocésain. e, *adj.* *Diocesanus.* du diocèse.
Diocèse, *s. m.* *Diocesis.* étendue d'un évêché. * Diocêse. R.
†Diode, *s. f.* genre de plantes qui approchent de l'hédyote.
†Diodons, *s. m. pl* hérissons de mer, poissons à corps oval, hérissé d'épines, branchiostèges.
Diœcie, *s. f.* (deux maisons) vingt-deuxième classe des végétaux. L.
†Dioïque, *s. f.* genre de plantes dans lesquelles des individus sont mâles et d'autres femelles, comme le chanvre. L. voyez Diœcie.
Diois. e, *s.* de Die. R.
Diomédée, *s. f.* oiseau. L.
†Dioncose, *s. f.* *Dioncosis.* tuméfaction; enflure.
†Dionée, *s. f.* attrape-mouche, espèce de sensitive.
Dionysia, *s. f.* pierre précieuse. R.
Dionysiaque, *s. f.* danse qui exprime les actions de Bacchus. *pl.* fêtes de Bacchus.
†Dioptase, *s. f.* émeraude, éméraudine.
†Dioptre, *s. m.* instrument des anciens propre à niveler; instrument de chirurgie pour découvrir l'anus.
Dioptres, *s. m. pl.* trous des pinnules de l'alidade. * *sing.* instrument pour découvrir le vagin, la vulve. B. Dioptus. Y.
Dioptrique, *s. f.* *Dioptrica.* traité de la réfraction de la lumière, t. d'optique.
†Diorchyte, *s. m.* priapolite à deux testicules.
†Diorrhose, *s. f.* changement des humeurs en eau.
Dioscures, *s. m. pl.* constellation, les gémeaux.
†Diosma, *s. f.* genre de plantes de la famille des rues.
Diospyre, *s. f.* arbrisseau à fruit stomacal et cordial.
†Dioxie, *s. f.* Diapente.
†Diphise, *s. f.* *Diphisa.* genre de plantes légumineuses.
Diphryges, *s. m.* marc de bronze. G. V. * Diphriges. R.
Diphthongue, *s. f.* *Diphthongus.* réunion de sons en une syllabe. * *et* Diphtongue. A.
†Diphylle, *adj.* 2 *g.* (calice) composé de deux parties.
Diploé, *s. m.* *Meditullium.* substance spongieuse du crâne. * Dioploé. R.
†Diploïde, *s. f.* robe fourrée des anciens orientaux.
†Diplolepe, *s. m.* *Diplolepis.* genre d'insectes ressemblans au cynips.
†Diplomate, *adj. m.* (*familier*) qui sait la diplomatie.
Diplomatie, *s. f.* science des rapports entre les pays. A.
Diplomatique, *adj.* 2 *g.* *s. f.* connoissance des diplomes; traité du droit des gens.
Diplome, *s. m.* *Diploma.* chartre; acte public. * Diplôme. A. G. V. R.
†Diplopie, *s. f.* *Diplopia.* bévue; double vue.
†Dipnosophiste, *s. m.* banquet de savans; livre grec rempli de recherches curieuses.
†Dipsacées, *s. f. pl.* famille de plantes qui comprend la cardère ou cardiaire.
Dipsas, Dipse, *s. m.* serpent noirâtre du 3ᵉ. genre, très-venimeux : il vit en Asie et en Afrique. * Dipsade, *s. f.* T. V.
†Dipsétique, *adj. s. m.* altérant.
Diptère, *s. m.* temple entouré de deux rangs de colonnes. *adj.* 2 *g.* insecte à deux ailes nues. * poisson du genre du cuirassé, triangulaire, à Surinam. B. Diptere. R.
†Diptérodons, *s. m. pl.* 112ᵉ. genre de poissons.
Diptyques, *s. m. pl.* registre des noms des magistrats, des morts. A. C. R. * Diptiques. G. V. tablettes de deux feuilles. B. voyez Dyptiques.
†Dipyre, *s. m.* leucolithe de Mauléon, minéral fusible, blanchâtre.
†Dipyrriche *ou* Dipyrrique, *s. m.* pied composé de quatre brèves.
Dire, *s. m.* t. de pratique, ce qu'une partie avance. * le discours. R.
Dire, *v. a.* *Dicere.* exprimer par la parole; réciter; juger; chanter; célébrer; reprendre; signifier; offrir; prédire. Dit. e, *adj. p.* surnommé.
Direct. e, *adj.* *Directus.* qui va tout droit; droit.
Directe, *s. f.* fief de suzerain immédiat.
Directement, *adv.* *Directò.* en ligne directe; entièrement.
Directeur. trice, *s.* *Rector.* qui conduit, règle; dirige.
Directif, *adj.* qui dirige. v.
Direction, *s. f.* *Rectio.* conduite; emploi de directeur; tendance vers.
†Directité, *s. f.* qualité d'un droit direct.
Directoire, *s. m.* *Libellus divini officii.* petit livre d'office, t. de liturgie; t. de pratique, tribunal; corps chargé d'une direction publique.
†Diribiteurs, *s. m. pl.* distributeurs des tablettes pour les suffrages à Rome.
Diriger, *v. a.* *Dirigere.* gé. e, *p.* conduire; régler; tourner vers; ajuster.
Dirimant, *adj. m.* *Dirimans.* qui rend nul.
†Disandre, *s. f.* *Disandra.* genre de plantes exotiques.
Disant (bien-), *adj. m.* (*vieux*) éloquent; disert.
Disant (soi-), se prétendant, se donnant pour.
Discale, *s. m.* déchet dans le poids.
†Discaler, *v. n.* se dit du déchet des marchandises au poids.
†Discant *ou* Déchant, *s. m.* contrepoint des parties supérieures.
†Disceptateur, *s. m.* qui dispute, argumente; plaide.
Disceptation, *s. f.* discussion; dispute. G. C. V.
†Discepter, *v. n.* disputer; débattre; plaider.
Discernement, *s. m.* *Judicium.* action de discerner; distinction; jugement.
Discerner, *v. a.* *Discernere.* né. e, *p.* distinguer; voir; faire la différence.
Disciple, *s. m.* *Discipulus.* qui apprend d'un autre; qui suit la doctrine de.
Disciplinable, *adj.* 2 *g.* *Docilis.* capable d'être discipliné.
†Disciplinaire, *adj.* 2 *g.* qui appartient à la discipline.
Discipline, *s. f.* *Disciplina.* instruction; éducation; institution; réglement; fouet, coups de discipline.
Discipliner, *v. a.* *Instituere.* né. e, *p.* régler; instruire; tenir dans l'ordre; donner la discipline.
Discobole, *s. m.* athléte qui se servoit du disque.
Discontinuation, *s. f.* *Intermissio.* interruption; cessation.
Discontinuer, *v. a.* *Intermittere.* nué. e, *p.* interrompre une chose commencée. *v. n.* cesser.
Disconvenable, *adj.* 2 *g.* inconvenant. v.
Disconvenance, *s. f.* *Discrepantia.* disproportion; inégalité.
Disconvenir, *v. n.* *Discrepare.* ne pas convenir; n'être pas d'accord.
Discord, *s. m.* (*vieux*) discorde.
Discord, *adj.* qui n'est pas d'accord. * *f.* Discorde. C.
†Discordamment, *adv.* d'une manière discordante, désagréable : avec répugnance; sans ordre, sans harmonie.
Discordance, *s. f.* qualité de ce qui est discordant. AL.
Discordant. e, *adj.* *Discors.* qui n'est point, ne peut être d'accord.
Discorde, *s. f.* *Discordia.* dissention; division; divinité

divinité fabuleuse.
Discorder, *v. n. Discordare.* être discordant, t. de musique.
Discoureur. se, *s. Loquax.* grand parleur.
Discourir (de ou sur), *v. n. De re sermonem habere.* parler avec étendue.
Discours, *s. m. Sermo.* propos; asssemblage de paroles; harangue; oraison; ouvrage oratoire; entretien.
Discourtois. e, *adj.* (*vieux*) sans courtoisie.
Discourtoisie, *s. f.* manque de civilité.
Discrédit, *s. m. Fidei lapsus.* perte, diminution de crédit.
Discrédité. e, *adj.* qui est tombé en discrédit. C. AL. * Décrédité. G.
Discréditer, *v. a.* té. e, *p.* faire perdre le crédit. C.
Discret. ète, *adj. Consideratus.* avisé; prudent; retenu; fidelle au secret. *subst.* t. de liturgie, membre d'un corps et qui le représente. * *f.* Discrete. R.
Discrète, *adj. f.* t. de mathématique, à parties séparées (quantité, proportion).* Discrete. R.
Discrétement, *adv. Consideratè.* avec discrétion, prudence. * Discrètement. C. G. V. CO. Discretement. RR.
Discrétion, *s. f. Prudentia.* prudence; retenue; conduite discrète; gage de jeu; merci; volonté.
Discrétion (à), *adv.* à volonté. * à-discrétion. C.
Discrétoire, *s. m.* t. de liturgie, lieu d'assemblée des supérieurs.
Discrimen, *s. m.* bandage pour le front. G. C. V.
Disculpation, *s. f.* action de disculper, ou de se disculper. A.
Disculper, *v. a. Liberare.* pé. e, *p.* justifier d'une faute imputée. (se), *v. r.*
Discursif. ve, *adj.* t. de logique, qui tire une proposition d'une autre.
Discursion, *s. f.* course; écart. V.
Discussif. ve, *adj.* qui dissipe les humeurs.
Discussion, *s. f. Consideratio.* examen; contestation; recherche.
Discuter, *v. a. Agitare.* té. e, *p.* examiner; voir; rechercher; contester.
Disert. e, *adj. Disertus.* qui parle aisément, élégamment.
Disertement, *adv. Disertè.* d'une manière diserte, aisée.
†Disésée, *s. f.* dureté d'oreille.
Disette, *s. f. Penuria.* manque de vivres, de choses nécessaires. * Disete. R.
Disetteux. se, *adj.* (*vieux*) qui éprouve la disette. * Diséteux. R.
Diseur. se, *s.* qui dit, qui gronde.
Disgrace, *s. f. Offensio.* privation des bonnes grâces; infortune. * mauvaise grâce. Disgrâce. A. V.
Disgracier, *v. a. Gratiâ privare.* cié. e, *p.* priver de ses bonnes grâces.
Disgracieusement, *adv.* d'une manière désagréable.
Disgracieux. se, *adj. Injucundus.* désagréable.
Disgrégation, *s. f.* action de fatiguer la vue, ses effets; t. d'optique.
Disgréger, *v. a.* gé. e, *p.* séparer. R. * fatiguer la vue. G.
Disjoindre, *v. a. Disjungere.* joint. e, *p.* séparer ce qui est joint.
Disjonctif. ve, *adj. Disjunctivus.* t. de gram. (particule) qui exprime l'alternative ou la négative.
Disjonction, *s. f. Disjunctio.* séparation.
Dislocation, *Ossis motio.* déboîtement d'un os. * (d'une armée), distribution de ses corps dans les places. V.

Disloquer, *v. a. Luxare.* qué. e, *p. adj.* démettre; déboîter. (se), *v. r.*
Disparade, *s. f.* disparition; absence subite. T. V.
Disparate, *s. f.* écart, inégalité. *adj.* 2 *g.* (choses) contraires.
Disparité, *s. f.* différence; inégalité.
Disparition, *s. f.* action de disparoître.
Disparoître, *v. a. Evanescere.* ru. e, *p.* cesser de paroître; se cacher; ne pas se trouver. * Disparaître. C.
Dispaste, *s. f.* machine à deux poulies. C. T. V. * Dispate. RICH. Disparte. AL.
Dispendieux. se, *adj. Sumptuosus.* très-coûteux, très-cher.
Dispensaire, *s. m.* traité de la préparation des remèdes. A. * lieu où on les prépare. B.
Dispensateur. trice, *s. Dispensator.* celui qui distribue.
Dispensatif, *adj.* qui dispense. V.
Dispensation, *s. f. Dispensatio.* distribution; exemption; permission. * t. de pharmacie, préparation. AL.
Dispense, *s. f. Immunitas.* exemption de la règle; permission.
Dispenser, *v. a. Dispensare.* sé. e, *p.* départir; distribuer; mettre en ordre; exempter. (se), *v. pers.* * t. de pharmacie, préparer. AL.
†Disperme, *adj.* 2 *g.* (fruit) qui renferme deux semences.
Disperser, *v. a. Dispergere.* sé. e, *p.* répandre; distribuer; dissiper.
Dispersion, *s. f. Dispersus.* action de disperser, ses effets.
Dispondée, *s. m.* double spondée, t. de poës. G.
Disponible, *adj.* 2 *g.* dont on peut disposer.
Dispos, *adj. m.* léger; agile.
Disposer, *v. a. Disponere.* sé. e, *p. adj.* arranger; préparer. *v. n.* faire ce que l'on veut de; vendre, aliéner. (se), *v. r.* se préparer à.
Dispositif, *s. m.* prononcé d'une sentence. * projet de jugement. B.
Dispositif. ve, *adj.* qui dispose, prépare.
Disposition, *s. f. Dispositio.* arrangement; action, pouvoir de disposer, ses effets; aptitude; inclination; génie; préparatifs; dessein. * sentiment à l'égard de quelqu'un; acheminement à l'arrangement des parties d'un discours. B.
Disproportion, *s. f. Inæqualitas.* manque de proportion.
Disproportionner, *v. a.* né. e, *p. adj.* ôter les proportions. * Disproportioner. R.
Disputable, *adj.* 2 *g. Controversus.* qui peut être disputé.
Disputaillerie, *s. f.* discussion désagréable. R.
Dispute, *s. f. Contentio.* débat; querelle; contestation. * exercice dans les écoles. V.
Disputer, *v. a. Disputare.* té. e, *p.* être en débat; contester. *v. n.* agiter une question; égaler. (se), *v. r.* prétendre concuremment à.
Disputeur, *s. m. Rixosus.* qui aime à disputer; querelleur.
Disque, *s. m. Discus.* t. d'antiq. palet; t. d'astronomie, corps d'un astre; t. de botan. centre d'une fleur radiée; t. d'opt. grandeur d'un verre: plaque, t. de métiers.
Disquisition, *s. f. Disquisitio.* examen; recherche exacte.
†Dissecteur, *s. m. Scissor.* disséqueur.
Dissection, *s. f. Sectio.* action de disséquer; ses effets.
Dissemblable, *adj.* 2 *g. Dispar.* qui n'est pas semblable.

Dissemblablement, *adv.* avec dissemblance. V.
Dissemblance, *s. f.* manque de ressemblance. V.
†Dissémination, *s. f.* semis naturel par la chute des graines.
Disséminer, *v. a.* né. e, *p.* éparpiller. G. C.
Dissention, *s. f. Dissensio.* discorde. * Dissénsion. A. R. V.
Disséquer, *v. a. Dissecare.* qué. e, *p.* faire l'anatomie d'un corps.
Disséqueur, *s. m.* celui qui dissèque. * *et* Dissecteur. C. G. R. V.
Dissertateur, *s. m.* qui disserte.
Dissertation, *s. f. Dissertatio.* examen d'une question.
Disserter, *v. n. Dissertare.* té. e, *p.* faire une dissertation.
Dissidence, *s. f.* scission (*nouv.*). G. C. V. CO.
Dissident, *s. m.* sectaire, non conformiste.
Dissimilaire, *adj.* 2 *g.* t. didactique, qui n'est pas de même nature.
Dissimilitude, *s. f.* différence; diversité. G. C. V.
Dissimulateur. trice, *s. Dissimulator.* (*inusité*) qui dissimule.
Dissimulation, *s. f. Dissimulatio.* art de cacher; déguisement.
Dissimulé. e, *adj. Tectus.* fin; artificieux.
Dissimuler, *v. a. Dissimulare.* cacher sa pensée, ses projets, ses sentimens; feindre; déguiser; cacher.
Dissipateur. trice, *s. Prodigus.* qui dissipe, prodigue.
Dissipation, *s. f. Dissipatio.* action de se dissiper; ses effets.
Dissiper, *v. a. Dissipare.* pé. e, *p.* consumer; détruire; dissiper; chasser, détourner l'esprit de; distraire. (se), *v. r.*
Dissolu. e, *adj. Dissolutus.* débauché; libertin; impudique.
Dissoluble, *adj.* 2 *g. Dissolubilis.* qui peut se dissoudre.
Dissolument, *adv. Licenter.* d'une manière dissolue, licencieuse. * Dissolûment. C. V. Dissoluement. R.
Dissolutif. ve, *adj.* qui a la vertu de dissoudre, dissolvant.
Dissolution, *s. f. Dissolutio.* séparation des parties; débauche; action d'un dissolvant.
Dissolvant. e, *s. m. adj.* qui a la vertu de dissoudre, dissolutif.
Dissonance, *s. m. Tonus dissonus.* faux accord, ton dissonant.
Dissonant. e, *adj.* qui n'est pas d'accord.
†Dissoner, *v. a.* né. e, *p.* se dit d'un son qui forme une dissonance avec un autre son.
Dissoudre, *v. a. Dissolvere.* sout. e, *p.* pénétrer et diviser un corps solide; détruire; abolir; déclarer nul; liquéfier; fondre; rompre. (se), *v. r.*
Dissuader, *v. a. Dissuadere.* dé. e, *p.* détourner d'un dessein.
Dissuasion, *s. f. Dissuasio.* effet des discours qui dissuadent.
Dissyllabe, *adj.* 2 *g. s. m. Dissyllabus.* mot de deux syllabes.
Dissyllabique, *adj.* 2 *g.* du dissyllabe. V.
Distance, *s. f. Distantia.* éloignement, espace entre les objets; différence.
Distant. e, *adj. Distans.* éloigné.
Distendre, *v. a. Distendere.* du. e, *p.* causer une tension violente, t. de chirur. G. C.
Distention, *s. f. Distensio.* état des nerfs trop tendus, t. de méd. * Distension. A. V.
†Disthène, *s. m.* talc bleu; schorl bleu.
†Distichiasis, *s. m.* maladie causée par la naissance d'un double rang de paupières.
Distillateur, *s. m.* qui distille.

Distillation, *s. f. Distillatio.* action de distiller ; chose distillée.
Distillatoire, *s. m.* propre à distiller. A. V.
Distiller, *v. a. Stillare.* lé. e, *p.* tirer le suc par l'alambic ; verser. *v. n.* tomber goutte à goutte. (se), *v. r.*
Distillerie, *s. f.* où se font les distillations. A.
Distinct. e, *adj. Diversus.* différent, séparé ; clair, net.
Distinctement, *adv. Distinctè.* clairement ; nettement.
Distinctif. ve, *adj. Proprius.* qui distingue.
Distinction, *s. f. Distinctio.* division ; différence ; séparation ; préférence ; égard ; mérite ; noblesse ; explication ; titre.
Distinguer, *v. a. Discernere.* gué. e, *p.* mettre de la différence entre ; séparer ; discerner ; caractériser ; marquer les sens. (se), *v. r.* se signaler.
Distinguo, *s. m.* mot usité dans l'école, la dispute pour marquer la distinction. RR.
Distique, *s. m Distichum.* phrase en deux vers. * *adj.* 2 *g.* t. de botan. feuilles, fleurs, rameaux disposés des deux côtés opposés. B.
†Distique, *adj.* (topaze) à deux rangées de facettes autour de chaque base et plusieurs pans.
Distorsion, *s. f.* contorsion d'une partie du corps.
Distraction, *s. f. Distractio.* inapplication ; démembrement.
Distraire, *v. a. Distrahere.* trait. e, *p.* séparer ; détourner de. (se) *v. r.* se divertir.
Distrait. e, *adj. s. m.* qui a peu d'attention.
Distribuer, *v. a. Distribuere.* bué. e, *p.* départir ; ranger ; mettre en ordre ; partager entre plusieurs.
Distributeur. trice, *s. Distributor.* qui distribue, qui partage.
Distributif. ve, *adj. Distribuens.* qui distribue.
Distribution, *s. f. Distributio.* action de distribuer, ses effets ; figure de rhétorique, rétablissement par ordre.
Distributivement, *adv.* dans le sens distributif ; séparément ; seul à seul.
District, *s. m. Jurisdictio.* étendue de juridiction. *prononcez* trik.
Dit, *s. m. Dictus.* bon mot ; maxime ; sentence. * dit. e, *adj.* surnommé. B.
†Ditellet, *s. m* petit ouvrage, pamphlet ; petit traité.
Dithyrambe, *s. m.* sorte de poësie en l'honneur de Bacchus, sur le mode phrygien.
Dithyrambique, *adj.* 2 *g.* du dithyrambe.
†Dito *ou* Ditto, t. de négoce, susdit.
Diton, *s. m.* intervalle de deux tons, t. de musique.
Ditriglyphe, *s. m.* t. d'archit. espace entre deux triglyphes. G. C. V. * Distriglyphe. R.
†Diurèse, *s. f.* excrétion et séparation de l'urine.
Diurétique, *adj.* 2 *g. s. m.* apéritif, qui fait uriner.
Diurnaire, *s. m.* officier qui écrivoit jour par jour les actions du prince. C. G. V. RR.
Diurnal, *s. m.* livre d'église pour chaque jour.
Diurne, *adj.* 2 *g. Diurnus.* d'un jour, de vingt-quatre heures.
Divaguer, *v. n. Vagari.* s'écarter de son objet, de son but.
Divan, *s. m. Turcarum forum.* conseil du grand seigneur.
†Divarication, *s. f.* t. de médecine, action d'étendre, écarter, ouvrir, élargir.
Dive, *adj. f.* (*vieux*) divine ; déesse.
Divergence, *s. f.* t. de géom. état de lignes qui s'écartent, de rayons qui divergent.
Divergent. te, *adj.* qui s'écarte l'un de l'autre, t. de géom. * t. de bot. (tiges, etc.) qui s'écartent d'un point d'insertion commun. B.
Divers. e, *adj. Diversus.* différent ; plusieurs.
Diversement, *adv. Diversè.* en diverses manières ; différemment.
Diversifiable, *adj.* 2 *g.* qui peut se varier ; se diversifier. C. G. V.
Diversifier, *v. a. Variare.* fié. e, *p.* varier ; changer.
Diversion, *s. f. Distractio.* action de détourner.
Diversité, *s. f. Diversitas.* variété ; différence.
Divertir, *v. a. Delectare.* ti. e, *p.* récréer ; réjouir ; détourner ; voler ; distraire ; désennuyer. (se), *v. r.*
Divertissant. e, *adj.* qui réjouit, divertit. C. G.
Divertissement, *s. m. Oblectatio.* plaisir honnête ; récréation. * danse après l'opéra ; vol ; vol de deniers publics. B.
Dividende, *s. m.* nombre à diviser ; produit d'une répartition, d'une action, t. de com.
Divin. e, *adj. Divinus.* de Dieu ; excellent en son genre (*abusiv.*), au-dessus de la nature.
Divination, *s. f. Divinatio.* art de prédire l'avenir.
Divinatoire, *adj.* de la divination.
Divinement, *adv. Divinè.* par la vertu divine ; excellemment (*abusivement*), au-dessus du naturel.
Diviniser, *v. a.* sé. e, *p.* reconnoître pour divin.
Divinité, *s. f. Divinitas.* nature divine ; Dieu ; belle femme.
Divis, *s. m.* t. de droit, par parts.
Divise, *adj. f.* t. de blas. (bande) qui n'a que sa moitié. C. G. V.
Diviser, *v. a. Dividere.* sé. e, *p.* partager ; rompre ; désunir ; mettre en discorde. (se), *v. r.* être divisé.
Diviseur, *s. m. Divisor.* nombre par lequel on divise.
Divisibilité, *s. f.* qualité de ce qui peut être divisé.
Divisible, *adj.* 2 *g. Dividuus.* qui peut être divisé.
Divisif, *adj. Dividens.* qui divise, t. de méd. V.
Division, *s. f. Distributio.* séparation, désunion ; partage ; règle d'arithmétique ; distribution ; t. d'arts et métiers ; partie d'un tout, d'une armée, d'un livre ; tiret.
Divorce, *s. m. Divortium.* rupture de mariage ; dissention.
Divorcer, *v. n.* faire divorce. C. V. * -cé. e, *p. s.* qui a fait divorce. RR.
†Divulgateur, *s. m.* qui divulgue, publie, proclame.
Divulgation, *s. f.* action de divulguer, ses effets.
Divulguer, *v. a. Vulgare.* gué. e, *p.* découvrir à d'autres, rendre public.
Divulsion, *s. f.* t. de méd. séparation. C.
Dix, *s. m. adj. numéral. Decem.* nombre pair.
Dix-huit (in-), *s. m.* format, t. de librairie.
Dixième, *s. m. adj. ordinal. Decimus.* dixième partie. * t. de mus. dix sons diatoniques. B. * Dixieme. R.
Dixièmement, *adv. Decimò.* en dixième lieu. * Dixiémement. R. G. CO.
Dixme, *s. f.* 10e. partie des fruits. * Dîme. A. C. G. R. V.
Dixme (le), *s. m.* canton sur lequel on dixme. * Dîme. A. C. G. R. V. CO.
Dixmer, *v. a.* mé. e, *p.* lever la dixme. * Dîmer. A. C. G. R. V. CO.
Dixmerie, *s. f.* territoire sujet à la dixme. * Dîmerie. A. C. G. R. V.
Dixmeur, *s. m.* fermier qui recueille la dixme. * Dîmeur A. C. G. R. V. CO.
Dixmier, *s. m.* ouvrier qui lève la dixme. * Dîmier. A. C. G. R. V.
Dizain, *s. m. Decem versus.* ouvrage composé de dix vers, t. de poësie ; sorte de chapelet de dix grains.
Dizaine, *s. f. Decem.* choses au nombre de dix ; décurie.
Dizeau, *s. m.* dix gerbes, dix bottes de foin.
Dizenier, *s. m.* chef d'une dizaine. * Dizainier. V.
Dobule, *s. m. Dobula.* poisson du genre du cyprin. L.
Docètes, *s. m. pl.* anciens hérétiques. V.
Docile, *adj.* 2 *g. Docilis.* doux, soumis ; facile à gouverner.
Docilement, *adj. Cum docilitate.* avec docilité.
Docilité, *s. f. Docilitas.* qualité qui rend docile, soumis.
Docimasie *ou* Docimastique, *s. f. Docimasia.* art d'essayer les mines. * — pulmonaire, expérience sur les poumons. B. * Docismastique, *adj.* 2 *g.* V.
Docte, *adj.* 2 *g. s. m. Doctus.* savant ; habile ; qui contient beaucoup de doctrine.
Doctement, *adv. Doctè.* d'une manière docte.
Docteur, *s. m. Doctor.* savant ; habile ; promu au doctorat.
Doctoral. e, *adj. Doctoris propria.* du docteur, qui lui appartient.
Doctorat, *s. m. Doctoris gradus.* degré, qualité de docteur.
Doctorerie, *s. f.* acte pour être reçu docteur. G. V.
†Doctoresse, *s. f.* femme savante. JJ.
Doctrinaire, *s. m.* prêtre de la doctrine chrétienne. G. C.
Doctrinal. e, *adj.* (avis) des docteurs.
Doctrine, *s. f. Doctrina.* maxime, sentiment ; savoir ; érudition.
Document, *s. m. Documentum.* titres ; preuves ; enseignement.
†Dodart, *s. m. Dodartia.* genre de plantes étrangères de la famille des personnées.
Dodécagone, *s. m.* à douze côtés et douze angles. * Dodécagône, R.
†Dodécagyne, *adj.* qui a 12 pistils, styles ou stygmates sessiles.
Dodécahèdre, *s. m.* t. de géom. formé de douze pentagones réguliers * Dodécahedre. R. Dodécaèdre. A. G. V.
Dodécandrie, *s. f.* (douze époux) douzième classe des végétaux. L.
Dodécatemorie, *s. f.* douzième partie d'un cercle. G. C. V.
†Dodéchedron, *s. m.* figure à 12 angles.
Dodeliner, *v. a.* né. e, *p.* traiter mollement. V.
†Dodinage, *s. m.* appareil du second bluteau.
Dodine, *s. f.* t. de cuisine, sauce aux canards. G. V.
Dodiner (se), *v. pers.* se dorloter. *v. n.* remuer, t. d'horlog.
Dodo, (faire), *s. m.* (*enfantin*) dormir. * cygne encapuchonné. B.
†Dodonée, *s. f. Dodonaea.* genre de plantes étrangères de la famille des balsamiers.
†Dodrentale, *s. m. f.* poids qui pèse 9 onces.
Dodu. e, *adj. Corpulentior.* (*familier*) gras, potelé.
†Doff, *s. m.* tambour de basque turc.
†Dofin, *s. m.* poisson du genre du coryphène ; de la couleur de la dorade.

Dogât, *s. m.* dignité de doge, sa durée.
Doge, *s. m. Dux.* chef de Venise. * Dogesse, *s. f.* T. BR.
†Doglinge, *s. m.* espèce de baleine dont la graisse fétide est extrêmement pénétrante.
Dogmatique, *adj.* 2 *g. s.* qui regarde le dogme; sentencieux. * *adj. s. f.* méthode d'enseigner, fondée sur la raison et l'expérience. B. *s. m.* le style dogmatique. G.
Dogmatiquement, *adv.* d'une manière dogmatique, d'après la raison et l'expérience.
Dogmatiser, *v. n.* sé. e, *p.* enseigner une doctrine fausse ou dangereuse; parler par sentences.
Dogmatiseur, *s. m.* qui prend un ton dogmatique, qui dogmatise.
Dogmatiste, *s. m.* qui dogmatise, établit des dogmes.
Dogme, *s. m. Dogma.* point de doctrine servant de règle.
Dogre, *s. m.* vaisseau hollandois. * Dogrebot. R. Dogrue. AL.
Dogue, *s. m. Molossus.* chien de forte race à grosse tête et museau court, lèvres pendantes. *pl.* t. de mar. trous dans les plats bords.
Doguer (se), *v. r.* se heurter; les moutons se doguent. T.
Dogues-d'Amures, *s. m. pl.* pièce pour amarrer la grande voile. CO.
Doguin. e, *s.* petit dogue; carlin (*nouveau*).
Doigt, *s. m. Digitus.* partie de la main ou du pied; mesure, douzième partie du diamètre d'un astre. *s. m. pl.* pointes émoussées d'oursin; t. d'horl. pièce de la quadrature.
Doigté, *s. m.* manière, action de doigter, t. de musique. G. C. V.
Doigter, *v. a.* t. de musique, hausser et baisser les doigts sur un instrument à clavier en le touchant.
Doigtier, *s. m. Digitale.* ce qui couvre le doigt; dé de cuivre.
Doit-et-avoir, *s. m.* t. de commerce, actif et passif. C.
Doite, *s. f.* grosseur des écheveaux.
Doitée, *s. f.* petite quantité de fil. * aiguillée. G. C.
†Dol, *s. m.* gros tambour.
Dol, *s. m. Dolus.* tromperie, fraude.
†Dolabelle, *s. f. Dolabella.* mollusque céphalée, rampant.
†Doleau, *s. m.* outil d'ardoisier.
Doléance, *s. f. Conquestio.* (*familier*) plainte. * *pl.* représentation au roi. B.
Dolemment, *adv.* d'une manière dolente. * Dolentement. V.
Dolent. e, *adj. Dolens.* triste; plaintif; affligé.
Doler, *v. a. Dolare.* lé. e, *p.* t. de tonnelier, unir avec la doloire, ébaucher à la hache.
†Dolie, *s. m.* genre de plantes étrangères, de la famille des haricots.
Doliman, *s. m.* habit turc de théâtre.
Dollar, *s. m.* monnoie d'or, 5 liv. 8 sous. R.
Doloire, *s. f. Dolabra.* outil pour polir; bandage, hache.
†Dolomie, *s. f.* chaux carbonatée, granuleuse; pierre calcaire primitive.
†Dolon, *s. m.* dard dans un bâton creux.
†Doloser, *v. n.* plaindre; fatiguer; tourmenter; inquiéter (*vieux*).
Dom, *s. m. Dominus.* titre claustral, *ou* Don, titre de noblesse.
Domaine, *s. m. Possessiones.* biens fonds; héritages. * patrimoine royal; biens nationaux, leur régie. B.
Domanial. e, *adj.* du domaine.
†Dombey, *s. m. Dombeya.* grand arbre du Chili.
Dôme, *s. m.* sorte de voûte en coupe renversée; vase pour distiller.
Domenger, *s. m.* t. de cout. gentilhomme. R.
Domerie, *s. f.* titre d'abbaye; bénéfice.
Domesticité, *s. f.* état du domestique. G. C. V.
Domestique, *s.* 2 *g. Domesticus.* serviteur; servante; le ménage. *adj.* 2 *g.* de la maison; apprivoisé; civil. * serpent du 3ᵉ. genre, à deux taches noires entre les yeux. B.
Domestiquement, *adv.* à la manière d'un domestique (*inusité*); familièrement; dans son domestique.
Domestiquer, *v. a.* qué. e, *p.* apprivoiser. V.
Domicellaire, *s. m.* (*nouv.*) grand officier en Allemagne. V.
Domicile, *s. m. Domicilium.* demeure; habitation; résidence.
†Domiciliaire, *adv.* (*nouv.*) de domicile.
Domicilier (se), *v. r.* lié. e, *p. adj.* s'habituer; se fixer dans un domicile.
Domifier, *v. a.* fié. e, *p.* t. d'astrol. partager le ciel en douze maisons. V. R.
Dominant. e, *adj. Dominans.* qui domine.
Dominante, *s. f.* note qui fait la quinte.
Dominateur, *s. m. Dominator.* qui domine. * *f.* Dominatrice. R. G. C.
Domination, *s. f. Dominatio.* puissance; empire; autorité suprême; ordre d'anges.
Dominer, *v. a. n. Dominari.* né. e, *p.* commander; avoir autorité, pouvoir absolu sur; être au-dessus de.
Dominicain. e, *s.* religieux de St.-Dominique.
Dominical. e, *adj. Dominicus.* t. de litur. du seigneur. *s. m.* voile. *s. f.* sermons des dimanches.
Dominicalier, *s. m.* t. de litur. prédicateur. R. V.
Domino, *s. m.* camail; habit de bal; sorte de jeu. * oiseaux. L.
Dominoterie, *s. f.* papiers colorés, marbrés.
Dominotier, *s. m.* marchand de dominoterie.
Dommage, *s. m. Damnum.* perte; dégât; préjudice; détriment. * Domage. R.
Dommageable, *adj.* 2 *g. Noxius.* qui cause du dommage. * Domageable. R.
Domptable, *adj.* 2 *g. Domabilis.* qui peut être dompté. * *ou* Domtable. A. V.
Dompter, *v. a. Domare.* té. e, *p.* subjuguer, réduire à l'obéissance. * *ou* Domter. A. V.
Dompteur, *s. m. Domitor.* celui qui dompte. * Domteur. A. V.
Dompte-venin, *s. m. Vince-toxicum.* plante antivénéneuse; *ou* Asclepias, plante suspecte, approchant des apocins; racine sudorifique, alexipharmaque, feuilles et graines pilées pour monder les ulcères sordides des mamelles.
Don, *s. m. Donum.* présent; faveur; largesse; talent; aptitude; avantage; grâce.
†Donacies, *s. m. pl. Donacia.* insectes coléoptères plus larges que les leptures.
Donataire, *s.* 2 *g. Munere donatus.* à qui on fait une donation.
Donateur. trice, *s. Dator.* celui qui fait une donation.
Donatif, *s. m.* don fait aux troupes, t. d'ant. G. C.
Donation, *s. f. Donatio.* don fait par acte.
Donatisme, *s. m.* t. de liturgie, hérésie de Donat. R. V.
Donatiste, *s. m.* sectateur de Donat. V.
Donc, *partic. pour conclure. Ergo.* * Doncques (*vieux*). R.
Dondaine, *s. f.* machine ancienne. R.
Dondon, *s. f.* (*famil.*) grosse femme fraiche.
†Dongris, *s. m.* toile de coton des Indes.
Donjon, *s. m. Turricula.* partie la plus haute d'un château. * Dongeon. R.
Donjonné. e, *adj.* avec des donjons, t. de blason. * Donjoné. R.
Donnant. e, *adj.* qui aime à donner.
Donne, *s. f.* distribution des cartes, t de jeu. A.
Données, *s. f. pl.* t. de mathém. quantités connues. * *sing.* largesse. V. base. B.
Donner, *v. a. Donare.* né. e, *p.* faire don de; livrer; présenter; apporter; payer; causer; accorder; attribuer; octroyer; rapporter. *v. a.* avoir vue sur; dominer; heurter; frapper. (se), *v. r.* se livrer.
Donneur. se, *s. Dator.* qui donne.
Donnola, *s. f.* t. de foureur. R.
Dont, *particule*, de, de quoi, avec lequel.
Donte, *s. f. Dondium.* le corps du luth. G. C. V.
Donzelle, *s. f.* fille de mœurs suspectes. * poisson du genre des apodes; *ou* Girelle, poisson du genre du labre. B. * Donzele. R.
Dorade, *s. f. Aurata.* poisson du genre du spare; constellation méridionale. * — chinoise, petit poisson rouge d'eau douce, du genre du cyprin. B.
Doradilla, *s. f. Asplenium.* genre de plantes criptogames, de la famille des fougères. voy. Cétérac. A.
†Doradon, *s. m. Dorado.* poisson du genre du coryphène.
Dorage, *s. m.* t. de chapel. de pâtis. R. * action de parer son ouvrage. G. C. V.
†Doré (le), *s. m.* lézard du 4ᵉ. genre, à taches rondes; poisson du 6ᵉ. genre de la 4ᵉ. classe. — (la), *s. f.* poisson du genre du persègue. *Chrysoptera.*
†Doréas, *s. m.* mousseline des Indes.
†Dor-émulé, *s. m.* mousseline à fleurs des Indes.
Dorénavant, *adv. Deinceps.* désormais, à l'avenir.
Dorer, *v. a. Inaurare.* ré. e, *p.* enduire, couvrir d'or ou de jaune.
Doreur. se, *s. Inaurator.* qui dore.
Doria, *s. f.* plante, excellent vulnéraire.
Dorien, *adj. m.* mode de musique; dialecte. * *f.* Doriene. R.
†Dorine, *s. f. Dorina.* genre de plantes qui approchent du saxifrage.
†Doripe, *s. m.* espèce de cancre.
†Doriphores, *s. m. pl.* gardes des rois Perses, t. d'antiquité.
Dorique, *adj. m. Doricus.* le 2ᵉ. des ordres d'architecture.
†Doris, *s. m. pl.* 4ᵉ. genre des mollusques gastéropodes.
Dorloter, *v. a.* té. e, *p.* (*familier*) traiter délicatement. (se), *v. r.*
†Dormant, *s. m.* partie fixe d'une manœuvre courante.
Dormant. e, *adj. s. Dormiens.* qui dort, ne coule pas, ne s'ouvre pas, fixe. *s. m.* t. d'architecture, frise: surtout en cristal, etc. garni de gobelets, etc. * martyr, les sept dormants. B.
Dormeur se, *s. Dormitator.* qui dort ou aime à dormir. *f.* voiture de voyage; figure.
Dormir, *v. v. Dormire.* être dans le sommeil; agir lentement; ne pas couler.
Dormir, *s. m. Somnus.* sommeil, action de dormir.
Dormitif. ve, *adj. s. m. Soporifer.* qui fait dormir.
Dormition, *s. f.* apothéose de la Vierge. V.
Doroir, *s. m.* balai pour enduire le pain, la pâte. V.
Doronic, *s. m.* Doronice, *s. f. Doronicum.* plante vénéneuse, radiée. * *ou* Doronique. A.
Dorophage, *s. m.* qui vit de présens. R. G. C. V.
Dorsal. e, *adj.* qui appartient au dos.

†Dorsifère, *adj.* 2 *g.* qui porte sur le dos de la feuille, qui porte sur son dos (fougère), t. de botanique.
†Dorstène, *s. f. Dorstena.* nom d'un genre de plantes d'Amérique, herbacées, de la famille des orties.
Dortoir, *s. m. Dormitorium.* grande salle où l'on couche.
Dorure, *s. f. Auratura.* or appliqué; jaune; art de dorer.
Doryclinium, *s. m.* plante détersive, astringente. * Dorycnium. CO.
Dos, *s. m. Dorsum.* toute la partie postérieure du corps. * Dôs. R.
Dos à dos, *adv.* dos contre dos. * Dos-à-dos. C. Dôs-à-dôs. R.
Dos d'âne, *s. m.* chose en talus des deux côtés, t. de manufac. * espèce de tortue à dos bombé. B. * Dôs-d'âne. R. Dos-d'âne. G. V.
Dose, *s. f. Potio.* mesure de drogues, de plusieurs autres choses; prise. * Dôse. R.
Doser, *v. a.* sé. e, *p.* régler, mettre les doses. * Dôser. R.
†Dosithéens, *s. m. pl.* sectaires qui restoient immobiles tout le jour du sabat.
†Doshoyer, *v. a.* tuer le temps, s'ennuyer. (*vieux*).
Dosse, *s. f.* grosse planche pour soutenir les terres. * première et dernière planche d'une pièce sciée. G. C. V.
Dosseret, *s. m.* petit pilastre saillant. C. G. V. * pièces qui soutiennent une scie. B.
Dossier, *s. m. Dorsum.* partie d'une chaise, d'un lit, d'un carrosse; liasse de papiers. * t. de serrurier, chape. B.
Dossière, *s. f.* partie du harnois. * Dossière. R.
Dot, *s. f. sans plurièl. Dos.* bien apporté par la femme en mariage, ou par une religieuse au couvent. * *s. m.* G. C.
Dotal. e, *adj.* de la dot.
Dotation, *s. f.* action de doter.
Doter, *v. a. Dotare.* té. e, *p.* donner; établir une dot; assigner un revenu.
Douaire, *s. m.* don à la veuve.
Douairier, *s. m.* enfant qui se tient au douaire. *s. f.* Douairière, veuve qui jouit du douaire. * *f.* Douairiere. R.
Douane, *s. f. Portorium.* bureau de visite et d'acquit des droits; les droits.
Douaner, *v. a.* né. e, *p.* mettre le plomb de la douane. R. G. C. V.
Douanier, *s. m. Portitor.* fermier; commis de la douane.
Doubla, *s. m.* monnoie d'Alger, de Tunis. C. G. V.
Doublage, *s. m.* t. de mar. second bordage; double droit. * t. d'imprimerie, lettres marquées doubles. B.
Double, *adj.* 2 *g. Duplex.* qui vaut, pèse ou contient deux. *s. m.* traître; dissimulé; monnoie; copie. *s. adv.* une fois autant.
†Double, *s. f.* panse des animaux qui ruminent.
†Double C *ou* Gamma, *s. m.* papillon qui porte sur ses ailes un V, un C ou un G.
Double (arc), *s. m.* voûte qui joint les piliers.
Double-canon, *s. m.* caractère d'imprimerie.
†Double-croche, *s. f.* note qui vaut la moitié d'une croche.
Double-feuille, *s. f. Ophris ovata.* plante à fleurs en épis, vulnéraire, détersive.
Double-fleur, *s. f.* poire et poirier.
†Double-louis, *s. m.* monnoie d'or, 48 liv.
†Double-marcheur *ou* Amphisbène, *s. m.* genre de serpent qui marche en avant et en arrière, dont on ne distingue pas aisément la tête de la queue.
†Double-mouche, *s. f.* poisson du genre du salmone.
†Double-quarte, *s. f.* fièvre intermittente.
†Double-raie, *s. f.* lézard du 4ᵉ. genre à points noirs sur le dos, entre deux raies jaunes.
†Double-tache, *s. m.* poisson du genre du labre.
Doubleaux, *s. m. pl.* solives pour soutenir les planchers.
Doublement, *adv. Dupliciter.* pour deux raisons; en deux manières; au double.
Doublement, *s. m.* action de doubler; t. de pratique, t. militaire.
Doubler, *v. a. Duplicare.* blé. e, *p.* mettre le double, une doublure; donner le doublage; jouer pour un autre.
Doublet, *s. m.* cristaux imitant les pierreries, t. de verrerie; t. de billard, de trictrac, etc.
Doublette, *s. f.* jeu de l'orgue. * Doublete. R.
Doubleur, se, *s. f.* qui double la laine. G. C. V.
†Doubleur, *s. m.* instrument pour connoître l'état de l'air d'une chambre.
†Doubleuse, *s. f.* machine qui engage la canne à sucre entre les cylindres.
†Doublis, *s. m.* t. de couvreur, rang de tuiles au-dessus de la chanlatte.
†Doublois, *s. m.* machine pour soutenir les rochets à dévider la soie.
Doublon, *s. m.* t. d'imprimerie, mot, phrase répétée mal-à-propos; pistole d'Espagne.
Doublure, *s. f. Pannus intrinsecùs.* ce qui sert à doubler : acteur qui en double un autre.
Douc, *s. m.* espèce de singe. C. G. * grand singe de la Cochinchine; espèce de guenon qui n'a point de callosités sur les fesses. B.
Douçain, *s. m.* pommier.
Douceâtre, *adj.* 2 *g. Subdulcis.* un peu doux; d'un doux fade. * Douçâtre. R.
Douce-amère, *s. f. Dulcamara. ou* Vigne de Judée, Vigne sauvage, Morelle grimpante, Loque; plante sudorifique, anodine, bonne contre la pulmonie, la fièvre, les vers.
Doucement, *adv. interj. Suaviter.* d'une manière douce; sans bruit; délicatement; lentement; médiocrement; commodément; sagement.
Doucerette, *s. f.* (*familier*) qui fait la douce. G. C. * Doucerete. R.
Doucereux. se, *adj. s. m. Dulciculus.* doux sans être agréable.
Doucet. te. *adj. s. Mellitus.* doucereux. * *f.* Doucete. R.
Doucette *ou* Roussette, *s. f.* herbe; voyez Mâche *et* Miroir de Vénus; chien marin; mauvaise soude du Languedoc; sirop de sucre. * Doucete. R.
Doucettement, *adv.* tout doucement. A. V.
Douceur, *s. f. Dulcedo.* saveur douce; qualité de ce qui est doux; vertu; plaisir; aises; friandises; petits profits. *pl.* cajoleries amoureuses. * parties délicates d'une gravure. B.
Douche, *s. f. Cataclysmus.* bain; épanchement d'eau pour guérir. * Douge. T.
Doucher, *v. a.* ché. e, *p.* baigner; donner la douche.
†Douchi *ou* Douci, *s. m.* poli des glaces au moëlon ou avec le sable doux.
Doucin, *s. m.* eau douce mêlée d'eau de la mer. G. V.
Doucine, *s. f. Cymatium.* moulure ondoyante, convexe et concave. * rabot pour les pousser. B.
Doué. e, *adj.* orné, pourvu.
Douegne, *s. f.* gouvernante d'une fille. * entremetteuse. * Duègne. A. Duegne. V. *ou* Duegne. G.
Douelle, *s. f.* douve; t. d'archit. coupe; courbure. * Douele (*abusivement*) pour Douvelle. R.
Douer, *v. a. Instruere.* doué. e, *p.* donner un douaire; favoriser; orner; pourvoir; avantager.
†Douillage, *s. m.* mauvaise fabrication d'étoffe.
Douille, *s. f.* manche de fer creux.
Douillet. te, *adj. s. Delicatus.* délicat; mollet; trop délicat. * *f.* Douillete. R.
Douillettement, *adv.* d'une manière douillette. * Douillètement. R. Douillètement. RR.
Douilleux. se, *adj.* (étoffe) qui n'est pas carré ou égal. G. C. V.
Doulebsais, *s. m.* mousseline des Indes orientales. RR.
Douleur, *s. f. Dolor.* mal du corps ou de l'esprit.
Douli, *s. m.* espèce de voiture aux Indes. RR.
Douloir, *s. m.* voyez Doloir.
Douloureusement, *adv. Mœstè.* avec douleur.
Douloureux. se, *adj. Acerbus.* qui cause ou marque de la douleur.
Doulouzé. e, *adj.* triste; chagrin; inquiet; pensif. PARNASSE DES MUSES.
Dourder, *v. a.* donner des coups. CHOLIER.
Doutance, *s. f.* doute avec crainte. V.
Doute, *s. m. Dubium.* incertitude; crainte; scrupule; dubitation.
Doute (sans), *adv.* assurément. * sans-doute. C.
Douter, *v. n. Dubitare.* être en doute, incertain, irrésolu. (se), *v. pers.* soupçonner; pressentir; prévoir.
Douteusement, *adv. Dubitanter.* avec doute.
Douteux. se, *adj. Dubius.* incertain; sur qui on ne peut compter; ambigu; t. de gramm.
†Doutis, *s. m.* toile de coton de Surate.
Douvain, *s. m.* bois pour faire des douves.
Douve, *s. f. Asser doliaris.* planche de tonneau; renoncule des prés, plante vénéneuse. * fossé. G. vers applatis, ovipares, dans les animaux. *Fasciola.* B.
Douvé, *adj.* (foie) corrompu. V.
Douvele, *s. f.* petite douve. R. voyez Douelle.
Doux. ce, *adj. Dulcis.* d'une saveur agréable; sans aigreur, sans amertume ni sel; tempéré; tranquille; affable; humain; agréable; galant; flexible.
Doux (tout)! *interj.* ne vous emportez pas. * tout-doux. C.
Doux, *adv.* doucement.
Douzain, *s. m.* pièce de douze vers; monnoie.
Douzaine, *s. f. Duodeni.* nombre de douze.
Douze, *adj. numéral* 2 *g. Duodecim.* nombre de 2 fois 6.
Douze (in-), *s. m.* format de livre.
Douzième, *adj.* 2 *g. s. m. Duodecimus.* nombre ordinal de 2 fois 6. * Douzieme. R. t. de marine, intervalle de 11ᵉ. conjoints. B.
Douzièmement, *adv. Duodecimo.* pour la 12ᵉ. fois; en 12ᵉ. lieu. * Douziémement. R. G.
Douzil, *s. m.* fausset, t. de tonnelier. R. V.
Doxologie, *s. f.* t. de liturgie, dernier verset d'un hymne.
Doyen, *s. m. Decanus.* le plus ancien d'un corps ou d'âge; dignité; titre. * *f.* Doyenne. C.
Doyenné, *s. m. Decanatus.* dignité, maison, juridiction du doyen; poire. * Doyéné. R.
Drachme, *s. f.* monnoie ancienne; 8ᵉ. partie de l'once, ou gros. * *et* Dragme. A. R. V.
†Dracocéphale, *s. m. Dracocephalum.* nom d'un genre de plantes herbacées, de la famille des labiées.
†Draconcule *ou* Dragonneau, *s. m.* poisson du genre du callionyme.
†Draconte, *s. m. Dracontium.* genre de plantes étrangères de la famille des gouets.

†Dracontique, *adj. m.* (mois) temps que la lune employe à aller de son nœud ascendant au même point.

Dracuncule, *s. m. Gordius medinensis.* ou Crinon, petit ver sous la peau.

Dragan, *s. m.* extrémité de la poupe d'une galère.

†Drage, *s. f.* t. de brasseur, grain braisiné.

Dragée, *s. f.* amande, etc. entourée de sucre; menu-plomb; mélange de grains pour les chevaux.

Drageoir, *s. m.* boîte à dragées.

Drageoire, *s. f.* t. d'horloger, rainure qui tient le verre; couvercle. * t. de chaudronnier. G.

Drageon, *s. m. Stolones.* petite branche qui part du pied. * ou Petreaux. B.

Drageonner, *v. a.* né. e, *p.* pousser des drageons. * Drageoner. R.

†Dragme, *s. m. Drachma.* voyez Drachme.

Dragoire, *s. f.* couteau à revers, t. de corroyeur. V.

Dragon, *s. m. Draco.* monstre fabuleux; malin; mutin et méchant; tache dans la prunelle, dans le diamant; constellation septentrionale, composée de 31 étoiles; cavalier; serpent; lézard volant; poisson du genre du pégase. * — de mer, ou Vive, poisson du genre du trachine; t. de marine, grain blanc qui frappe en tourbillon. B.

Dragonaire, *s. m.* soldat romain. C. G. V.

†Dragonier, *s. m. Dracoena.* genre de plantes de la famille des asperges.

Dragonnade, *s. f.* persécutions des Cévennes. A.

Dragonne, *s. f.* batterie du tambour; ornement de la poignée d'une épée. * lézard d'Amérique, du 1er. genre. B. Dragone. R.

Dragonné, *adj.* t. de blason, avec une queue de dragon.

Dragonneau, *s. m.* voyez Draconcule, poisson du genre du callionyme. * Dragoneau. R.

Drague, *s. f.* pelle recourbée; t. de marine, cordage; t. de brasseur, orge cuit dont on a tiré la bierre; t. de vitrier, pinceau. * — filet que l'on traîne. B.

Draguer, *v. n.* pêcher dans la mer; curer avec la drague. G. V.

Dragueur, *s. m.* qui tire du sable. V.

†Draille, *s. f.* manœuvre sur laquelle passent les bagues.

Draine ou Drenne, *s. m.* oiseau, grande grive du Gui.

†Drainette, Drivonette, Drouillette, *s. f.* filet dont on se sert à la dérive pour les petits poissons.

Dramatique, *adj. 2 g. Dramaticus.* du drame. *s. m.* genre dramatique.

Dramatiste, *s. m.* (auteur) pour le théâtre. A.

Dramaturge, *s. m.* (*ironique*) auteur de drames. G. C. V.

Drame, *s. m.* poëme pour le théâtre; tragédie bourgeoise.

Dranet, *s. m.* ou Coleret, filet de pêche; petite seine. G. C.

†Dranguette, *s. f.* drague qu'on traîne avec un bateau.

Drap, *s. m. Pannus.* étoffe de laine, etc. linceul; pièce de toile. * — d'or, sorte de coquillage univalve. — mortuaire, scarabée; coquille du genre des olives. B.

†Drapades, *s. f.* espèce de serge.

Drapeau, *s. m. Vexillum.* haillon; enseigne; membrane sur la cornée. *pl.* drapeaux; maillot; lange; chiffon pour le papier.

†Drapelet, *s. m.* petit drapeau; enseigne.

†Drapelière, *s. f.* qui rassemble les chiffons.

Draper, *v. a. Panno tegere.* pé. e, *p.* couvrir de drap; vêtir; censurer; railler; t. de peinture, peindre, disposer les étoffes.

Drappé. e, *adj.* qui imite le drap; velu; épais, à tissu serré. G. C.

Draperie, *s. f. Pannorum textura.* manufacture, commerce de draps; draps; vêtemens; ornemens d'étoffes; représentation des habits.

Drapier, *s. m. Pannorum propola.* fabricant, marchand de draps. * *f.* Drapière. V. martin-pêcheur. B.

†Drapière, *s. f.* grosse épingle pour les drapiers.

Drastique, *adj. 2 g.* remède violent.

†Draulée, *s. f.* pot-de-vin; menue réserve d'un bail.

Drave, Draba, *s. f.* plante apéritive, carminative, incisive; genre de plantes de la famille des crucifères.

Drayer, *v. n.* yé. e, *p.* t. de tanneur, travailler avec la drayoire. R. G. C. V.

Drayoire, *s. f.* t. de tanneur, couteau à revers pour enlever la peau. R. G. C. V.

Drayure, *s. f.* morceau de cuir tanné. G. C. V.

Drêche, *s. f.* marc de l'orge; grains germés.

Drége, *s. f.* filet de pêche; peigne pour séparer le lin de sa graine. * Drege. G. et Dreige. B.

†Dréger, *v. a.* séparer le lin de sa graine avec la drège.

Drelin, *s. m.* son de sonnette. R. G. C. V.

Dresse, *s. f.* morceau de cuir entre les semelles. G. V.

†Dressées, *s. f. pl.* couches de pierres qui servent d'âtre, t. de métiers.

Dresser, *v. a. n. Porrigere.* sé. e, *p.* lever; tenir droit; ériger; applanir; composer, mettre par écrit; instruire; façonner; construire, t. d'arts et métiers.

†Dresseur, *s. m.* tuyau de fer creux pour redresser les cardes; celui qui dresse, prépare, t. de métiers.

Dressoir, *s. m.* buffet à découvert; outil pour le teint, pour dresser, redresser. R. C. G. V.

†Dreyer, *s. m.* monnoie allemande, 10 d. 4-5.

†Driade, *s. f. Drias.* genre de plantes qui approchent de la benoite.

†Driandre, *s. f. Driandra.* genre de plantes de la famille des euphorbes.

†Driff, *s. f.* pierre de Butler, composée d'usnée humaine, de sel marin, de vitriol cuivreux, empâtés avec la colle de poisson; prétendu remède universel.

†Driles, *s. f. pl. Drilus.* insectes coléoptères, à antennes en peigne, sur le chêne.

Drille, *s. m.* (*vieux*), soldat; compagnon.

Drille, *s. f.* chiffon pour faire le papier; outil pour forer, t. d'horloger; outil de lapidaire. * ou Trépan. B. Drille. V.

Driller, *v. n.* (*populaire*) s'enfuir; aller vite. * Driller. V.

Drilleux, *adj.* couvert de haillons. V.

Drillier, *s. m.* chiffonnier. G. C. * Drilleur. se. R.

†Drimis, *s. m. Drymis.* genre de plantes de la famille des annones.

Drisse, *s. f.* cordage pour hisser, t. de marine.

Drogman, *s. m.* interprète dans le Levant. * et Dragoman. A. Drogueman. V.

Drogue, *s. f. Res cathartica.* ingrédiens pour purger ou teindre; chose mauvaise. * (hareng de) de rebut. B.

Droguer, *v. a. Medicamenta dare.* gué. e, *p.* donner trop de médicamens; falsifier. (se), *v. pers.* se médicamenter.

Droguerie, *s. f.* toute sorte de drogues. * pêche et préparation du hareng. B.

Droguet, *s. m.* étoffe de laine, fil et soie.

Drogueur, *s. m.* marchand de drogues; apothicaire. V. * médecin qui drogue. B.

Droguier, *s. m.* cabinet, boîte pour les drogues. * collection de substances tirées des trois règnes. B.

Droguiste, *s. 2 g. Pharmacopola.* qui vend des drogues.

Droit, *s. m. Jus.* ce qui est juste; jurisprudence; justice; loi; autorité; prétention fondée; prérogative; privilége; imposition; salaire. *adv.* directement.

Droit. e, *adj. Rectus.* qui n'est pas courbé, couché, ou à gauche; judicieux; juste; sincère.

Droite, *s. f.* le côté droit; la main droite.

Droite (à), *adv.* à main droite; du côté droit.

Droitement, *adv. Justè.* équitablement; judicieusement.

Droitier. ère, *s.* qui se sert ordinairement de la main droite. * *f.* Droitiere. R.

Droiture, *s. f. Æquitas.* équité; rectitude; justice.

Droiture (en), *adv. Rectà.* directement.

†Drolatique, *adj. 2 g.* badin; plaisant; risible; divertissant.

Drôle, *adj. 2 g. Lepidus.* plaisant; gaillard. *s. m.* rusé; fin; insolent; maraud; homme de néant.

Drôlement, *adv. Lepidè.* d'une manière drôle.

Drôlerie, *s. f. Vernilitas.* chose drôle, bouffonnerie.

Drôlesse, *s. f.* (*familier*) femme de mauvaise vie.

Dromadaire, *s. m. Dromas camelus.* espèce de chameau à deux bosses.

†Drome, *s. f.* assemblage de mâts, vergues, etc. que l'on tient à flots; charpente qui soutient le marteau de forge.

Dronte, *s. m. Drophus.* oiseau, cigne encapuchonné.

Dropax, *s. m.* emplâtre de poix et d'huile. C. G. V.

Drossart, *s. m.* chef de justice en Hollande.

Drosse, *s. f.* corde pour mouvoir le canon. C. G. V. * ou Drousse. CO.

†Drosser, *v. n.* entraîner, en parlant d'un courant.

†Drosseur ou Drousseur, *s. m.* celui qui donne l'huile aux draps; ouvrier qui carde les laines.

†Drouilles ou Dreuilles, *s. f. pl.* droits pour la mise en possession.

†Drouillet, *s. m.* filet que l'on oppose à la marée.

Drouine, *s. f.* havresac de chaudronnier. R. G. C.

Drouineur, *s. m.* qui porte la drouine. R. G. C. V. * chaudronnier ambulant. B.

Drousser, *v. a.* sé. é, *p.* carder la laine en long avec les droussettes. CO.

Droussettes, *s. f. pl.* cardes pour la laine. CO.

Dru. e, *adj. Pressus.* fort; vif; gai; touffu; épais.

Dru, *adv.* en grande quantité et fort près-à-près.

Druérie ou Druiderie, *s. f.* don d'amitié; amitié; galanterie; droit seigneurial. ROMAN DE LA ROSE.

Druide, *s. m. Druida.* prêtre gaulois; homme âgé, expérimenté.

†Druidiser, *v. a.* parler en druide, en homme expert (*vieux*).

Druidisme, *s. m.* doctrine des druides. R. V.

†Drupacé. e, *adj.* (fruit) à noyau et couvert d'une pulpe charnue et succulente.

†Drupe, *s. m.* fruit qui ressemble à la baie, mais dont la chair est plus dense.

†Druse, *s. f. Drusen.* t. de minér. amas de cristallisations minérales ou spathiques qui tapissent les cavités des filons; filons poreux et spongieux.

Dryade, *s. f. Dryas.* nymphe des bois. * plante qui a des rapports avec la benoite.
†Drylle, *s. m.* chêne femelle; gland.
†Dryops, *s. m.* insecte coléoptère, aquatique, à crochet aux antennes.
Dryoptéride, *s. f.* fougère, plante.
†Drypis épineuse, *s. f.* plante de la famille des œillets.
Du, *article, particule, pour* de le.
Dû, *s. m. Debitus.* ce qui est dû; devoir.
†Dualisme, *s. m.* manichéisme; système de ceux qui admettent un monde corporel, régi par un esprit.
Dub, *s. m.* lézard d'Afrique. G.
Dubitatif. ve, *adj.* qui sert à exprimer le doute. A. * *adj. f.* conjonction qui marque la suspension, le doute. G. C.
Dubitation, *s. f.* doute feint; figure de rhétorique. A. C. V.
Dubitativement, *adv.* avec doute. R. V.
Duc, *s. m. Bubo.* oiseau de nuit, du genre du hibou.
Duc. hesse, *s. Dux.* dignité. * *f.* ruban, siége. G.
Ducal. e, *adj. Ducalis.* qui appartient au duc, à la duchesse.
Ducale, *s. f.* décision du sénat de Venise. C. G. * *pl.* V.
Ducat, *s. m. Ducatus.* monnoie d'or ou d'argent.
Ducaton, *s. m.* demi-ducat.
Ducénaire, *s. m.* chef de deux cents hommes. V.
Duché, *s. m. Ducatus.* terre, titre d'un duc.
Duché pairie, *s. f.* titre de duc et pair. R.
Ductile, *adj.* 2 *g. Ductilis.* (métal) qui peut s'étendre sous le marteau.
Ductilité, *s. f.* propriété de ce qui est ductile.
Duel, *s. m. Singulare certamen.* combat singulier; t. de grammaire grecque, temps.
Duelliste, *s. m.* qui se bat souvent, qui aime à se battre en duel.
†Dugon, *s. m.* ours marin.
†Dugong, *s. m.* espèce de phoque des Indes, à deux défenses droites et courtes.
Duire, *v. n.* (*vieux*) plaire; convenir.
Duisant. e, *adj. p.* convenable. V.
Duisible, *adj.* 2 *g.* convenable. V.
†Duite, *s. f.* jet de trame de chaque coup de navette.
†Duiter, *v. a.* faire pour son projet; convenir.
Dulcarama, *s. f.* plante. voyez Douce-amère, Solanum.
Dulcificatif, *adj.* qui adoucit. V.
Dulcification, *s. f.* action d'adoucir. A. V.
Dulcifier, *v. a.* fié. e, *p.* tempérer un acide; rendre doux (*vieux*). G. C.
†Dulcimer, *s. m.* guitare dans le nord.
Dulcinée, *s. f.* (*burlesque*) maîtresse. V. R.
Dulcoré. e, *adj.* dulcifié. B.
Dulie, *s. f.* (culte de) que l'on rend aux saints.
Dûment, *adv. Ritè.* selon la raison, les formes, le devoir.
†Duméteux. se, *adj.* plein de buissons (*vieux*).
†Dumplers, *s. m. pl.* sectaires en Pensylvanie qui ne donnent le baptême qu'aux adultes.
†Dun, *s. m.* fort, forteresse (*vieux*).
Dune, *s. f. Terreni aggeres.* colline, monticule sablonneuse le long des côtes. * Dunes, *s. f. pl.* C.
Dunette, *s. f.* l'étage le plus élevé de la poupe. * Dunete. R.
†Dungarres, *s. f. pl.* toiles de coton blanches de Surate.
Dunkerquois. se, *s.* de Dunkerque. R.
Duo, *s. m.* morceau de musique pour deux voix, deux instrumens.
†Duobole, *s. f.* double obole, monnoie grecque.
Duodenum, *s. m.* le premier des intestins grêles. * Duodénum. C.
†Duodi, *s. m.* 2e. jour de la décade.
Dupe, *s. f. Insulsus.* qui est trompé, est aisé à tromper; jeu de cartes.
Duper, *v. a. Deludere.* pé. e, *p.* tromper; en faire accroire.
Duperie, *s. f. Fraus.* tromperie; filouterie.
Dupeur, *s. m.* (*inusité*) trompeur. T. V.
Duplicaire, *s. m.* (*inusité*) t. d'histoire. R. T.
Duplicata, *s. m.* seconde expédition d'un acte, d'une dépêche, repli, t. de pratique. *pl.* Duplicata.
Duplication, *s. f.* opération de géométrie.
Duplicature, *s. f.* parties repliées doubles, t. d'anatomie.
Duplicité, *s. f.* état de ce qui est double; mauvaise foi.
Dupliquer, *v. a.* fournir des dupliques.
Dupliques, *s. f. pl.* écritures contre les répliques. * Duplique. A. V. RR.
Dupondius, *s. m.* t. d'antiquité, poids de deux livres; monnoie de deux as.
Duquel, de laquelle, *indéclinable.* R.
Dur. e, *adj. Durus.* ferme; solide; fâcheux; rude; inhumain; austère; difficile. *adv.* se dit de l'ouïe dure; entendre dur.
†Dur-bec, *s. m.* bouvreuil du Canada.
Durable, *adj.* 2 *g. Durabilis.* qui doit durer long-temps.
Duracine, *s. f.* espèce de pêche.
Dural, *adj.* t. de musique. R.
Durant, *prép. qui marque la durée. Per.*
Durante, *s. f. Duranta.* plante de la famille des gatiliers.
†Durbekke, *s. m.* tambour égyptien en terre cuite.
Durcir, *v. a. Indurare.* ci. e, *p.* faire devenir dur. *v. n.* devenir dur. (se), *v. r.*
Durcissement, *s. m.* état de ce qui est durci. C.
Dure, *s. f.* terre, planche sur laquelle on dort.
Dure-mère, *s. f. Dura meninx.* membrane qui enveloppe le cerveau. * Dure-mere. R.
Durée, *s. f. Longinquitas.* temps que dure une chose.
Durement, *adv. Durè.* avec dureté, rudesse.
Durer, *v. n. Durare.* continuer d'être.
Duret. te, *adj.* un peu dur; ferme. * *f.* Durete. R.
Dureté, *s. f. Duritia.* fermeté; solidité; insensibilité; rudesse; tumeur; adhérence avec résistance des parties. *pl.* discours durs, offensans.
Durillon, *s. m. Calli.* petit calus, ou dureté.
Durillonner, *v. a. Callere.* né. e, *p.* devenir dur, ferme. T. * Durillonner. R.
†Durion, *s. m. Durio.* arbre des Indes, qui a des rapports avec le caprier.
Durissus, *s. m.* serpent. L.
Duriuscule, *adj.* 2 *g. Duriusculus.* un peu dur.
Dusil, *s. m.* cheville de tonneau. C. V. * *ou* Dusi. G. V. Duzil *ou* Douzil. R.
†Dute, *s. m.* monnoie allemande.
Dutroa, *s. m.* plante qui, mêlée dans le vin, cause une joie insensée et l'oubli.
Duumvir, *s. m.* t. d'antiquité, magistrat.
Duumviral. e, *adj.* des duumvirs. R.
Duumvirat, *s. m.* qualité du duumvir, sa durée.
Duvet, *s. m. Pluma mollior.* menue plume douce, molle, courte et délicate; premier poil; coton des fruits.
Duveteux. se, *adj.* qui a beaucoup de duvet.
Dyadique, *s. f.* t. d'arithmétique, binaire. V.
†Dyasrophie, *s. f.* luxation d'un muscle, d'un tendon.
Dyasyrme, *s. m.* ironie dédaigneuse ou maligne qui dévoue au mépris. AL.
†Dynamètre, *s. m.* instrument pour mesurer l'amplification du télescope.
Dynamique, *s. f. Dynamis.* science du mouvement, t. de physique. * Dinamique. A. G.
†Dynamomètre, *s. m.* machine pour comparer la force des hommes et des bêtes de trait.
Dynaste, *s. m.* t. d'antiquité, petit souverain dépendant. * Dinaste. A. G.
Dynastie, *s. f. Regum series.* suite de rois, suite de souverains d'une même famille. * Dinastie. A. G.
†Dyphorie, *s. f. Dyphoria.* t. de médecine, anxiété.
Dyptique, *s. m. Diptycha.* (*abusivement*) voyez Diptyque.
†Dysanagogue, *adj.* 2 *g. Dysanagogos.* (matière) qu'on ne peut expectorer.
†Dyscinésie, *s. f.* difficulté de se mouvoir.
Dyscole, *adj.* 2 *g.* qui s'écarte de l'opinion reçue; insociable, difficile et dédaigneux.
†Dyscrasie, *s. f. Dyscrasia.* mauvais mélange des fluides.
†Dysécée, *s. f.* dureté de l'ouïe.
†Dysépulotique, *adj.* (ulcère) qui ne se cicatrise pas.
†Dysesthésie, *s. f.* privation des sensations.
†Dysodie, *s. f. Dysodia.* puanteur, exhalaison de matières fétides du corps.
†Dysorexie, *s. f.* mauvais ou foible appétit.
Dyspepsie, *s. f.* digestion laborieuse, t. de médecine. G. C. V. R.
†Dyspermatisme, *s. m. Dyspermatismus.* impuissance par l'émission de la semence goutte à goutte.
†Dysphagie, *s. f. Dysphagia.* difficulté d'avaler.
†Dysphonie, *s. f. Dysphonia.* difficulté de parler.
Dyspnée, *s. f.* difficulté de respirer, t. de médecine. G. C. V. R.
Dyssenterie, *s. f. Dysenteria.* dévoiment; flux de sang.
Dyssentérique, *adj.* 2 *g.* de la dyssenterie.
†Dystémie, *s. f.* anxiété (*vieux*).
†Dysthésie, *s. f. Dysthesia.* impatience des malades.
†Dysthimie, *s. f. Dysthimia.* tristesse des malades.
†Dystochie, *s. f. Dystochia.* accouchement qui demande le secours de l'art.
Dysurie, *s. f.* difficulté d'uriner.
†Dytique *ou* Ditique, *ou* Plongeur, *s. m. Dystiscus.* insecte coléoptère, aquatique, ou scarabée d'eau, à antennes sétacées, pieds sans poils.

EAUX

E, *s. m.* cinquième lettre de l'alphabet.
Eau, *s. f. Aqua.* l'un des quatre élémens, corps sans couleur, volatile, transparent, raréscible, insipide, inodore, qui mouille ce qu'il touche, ordinairement fluide, composé d'oxigène et d'hydrogène; pluie; mer; lac; rivière, etc. humeur; suc; sueur; urine; lustre. * — sûre, mélange d'eau et de farine de seigle fermenté: t. de métiers. B.
Eau-de-vie, *s. f.* liqueur forte, extraite du vin, des grains, etc. R.
Eau-forte, Eau-seconde, *s. f.* t. de chimie; acide nitreux. * — régale, acide nitro-muriatique; gravure à l'eau-forte. B.
†Eau-grasse, *s. f.* eau dont le sel est imbibé.
†Eau-mère, *s. f.* liqueur qui reste de l'affinage du salpêtre, du sel.
Eaux et forêts, *s. f. pl.* juridiction qui con-

noissoit de la chasse, de la pêche, etc. * Eaux-et-forêts. C.

Ébahir (s'), *v. r.* hi. e, *p.* (*vieux*) s'étonner.

Ébahissement, *s. m.* (*vieux*) étonnement; admiration subite.

†Ébannoy, *s. m.* joie; allégresse (*vieux*).

†Ébannoyer (s'), *v. p.* se réjouir; s'égayer.

Ébarber, *v. a.* *Tondere.* bé. e, *p.* ôter l'excédent, les inégalités du bord, les bavures.

Ébarboir, *s. m.* outil pour ébarber. G. C.

†Ébarbure, *s. f.* barbe formée sur le cuivre par le burin.

†Ébardoir, *s. m.* grattoir à quatre côtés.

Ébaroui. e, *adj.* t. de marine, desséché par le soleil. G. C. V. R.

Ébat, Ébattement, *s. m.* *Lusio.* divertissement; plaisir. * Ébats. C.

Ébattement, *s. m.* (*vieux*) ébat. * Ébatement. V. RR.

Ébattre (s'), *v. r.* se divertir; se réjouir. * Ébatre. R.

Ébaubi. e, *adj.* (*populaire*) étonné; surpris.

Ébauche, *s. f.* *Adumbratio.* esquisse; premier trait; modèle.

Ébaucher, *v. a.* *Adumbrare.* ché. e, *p.* commencer; faire l'épreuve.* passer par l'ébauchoir, t. d'arts et métiers. B.

Ebauchoir, *s. m.* outil pour ébaucher.* ciseau à deux biseaux. B.

Ébaudir, *v. a.* di, e, *p.* (*vieux*) récréer. (s') , *v. r.*

†Ébaudise, *s. f.* humeur gaie (*vieux*).

Ébaudissement, *s. m.* (*vieux*) récréation.

Ebe, *s. f.* reflux de la mer. V. G. CO. * Ébe. C. R.

Ébène, *s. f.* *Ebenus.* bois noir très-dur, très-pesant. * — noir, vient de Madagascar. — rouge *ou* Grenadille. — verte, vient des Antilles. B. Ébene. R.

Ébener, *v. a.* né. e, *p.* donner la couleur de l'ébène. G. C. * Ébéner. A. R.

Ébenier, *s. m.* *Ebenus.* arbre.* Ébénier. A. R. V.

Ébeniste, *s. m.* qui travaille et vend l'ébène, etc. * Ébéniste. A. R. V.

Ébénisterie, *s. f.* ouvrage, commerce de l'ébéniste. A. R. V.

†Ébergémuire, *s. m.* action de faire couler dans la poêle, t. de salines.

Éberlué. e, *adj.* étonné; ébahi. CHOLET.

Ébertauder, *v. a.* dé. e, *p.* tondre un drap. G. C. V. R.

Ébêtir, *v. a.* rendre bête, stupide. VOLTAIRE.

†Ébétude, *s. f.* pesanteur d'esprit (*vieux*).

Ébionite, *s. m.* hérétique. V.

†Ébizeler, *v. a.* é. e, *p.* chanfreiner, t. d'horloger; faire un trou en entonnoir. * Ébizoler. AL.

Éblouir, *v. a.* *Caliginare.* oui. e, *p.* priver de la vue par trop d'éclat; blesser à l'œil; surprendre l'esprit par l'apparence brillante; tenter; séduire.

Éblouissant. te, *adj.* qui éblouit.

Éblouissement, *s. m.* *Caligo.* état de l'œil ébloui.

Éborgner, *v. a.* *Eluscare.* gné. e, *p.* crever un œil; rendre borgne; ôter une partie du jour.

†Ebotter, *v. a.* é. e, *p.* étêter, t. d'horloger.

Ébouffer (s'), *v. r.* (de rire). C. * voyez Pouffer. B.

†Ébougeuse, *s. f.* ouvrière qui ôte les nœuds du drap.

Ébouillir, *v. n.* li. e, *p.* diminuer à force de bouillir.

Éboulement, *s. m.* *Ruina.* chute de ce qui s'éboule.

Ébouler, *v. n.* lé. e, *p.* tomber en s'affaissant. (s'), *v. r.* *Corruere.*

Éboulis, *s. m.* chose éboulée.

Ébouqueuse, *s. f.* t. de manufacture, femme qui ôte les bourrats. G. V.

Ébourgeonnement, *s. m.* *Pampinatio.* action d'ébourgeonner. * Ébourgeonement. R.

Ébourgeonner, *v. a.* *Pampinare.* né. e, *p.* ôter les bourgeons. * Ébourgeoner. R.

Ébourgeonneurs, *s. m. pl.* oiseaux qui mangent les bourgeons. G. C. * *sing.* Ebourgeoneur. R.

Ébouriffé. e, *adj.* dont la coiffure, la chevelure est en désordre. * Ébourifé. R.

Ébourrer, *v. a.* ré. e, *p.* ôter la bourre. G. C. V.

Ébouziner, *v. a.* né. e, *p.* ôter le bouzin, t. de maçon. * Ébousiner. A. V.

†Ébraisoir, *s. m.* pelle de fer pour tirer la braise des fourneaux; voûte d'un chaufour pour le charbon.

Ébranchement, *s. m.* action d'ébrancher, ses effets.

Ébrancher, *v. a.* *Interlucare.* ché. e, *p.* dépouiller de ses branches.

Ébranlement, *s. m.* *Concussio.* action d'ébranler; secousse.

Ébranler, *v. a.* *Quatere.* lé. e, *p.* donner des secousses; rendre moins ferme; frapper; toucher; émouvoir; attendrir. (s'), *v. r.* branler; commencer à se mouvoir.

Ébrasement, *s. m.* élargissement, t. d'architecture. C. G. V.

Ébraser, *v. a.* sé. e, *p.* t. d'archit. élargir une porte, etc. G. C. V.

Ébrécher, *v. a.* ché. e, *p.* faire une brèche.

Ébrener, *v. a.* né. e, *p.* (un enfant), ôter les matières fécales. * Ébréner. RR.

Ébrillade, *s. f.* secousse avec la bride. G. V.

†Ébroudage, *s. m.* action de passer le fil de fer dans la filière; travail de la 3e. machine de tréfilerie.

†Ébroudeur, *s. m.* ouvrier qui est chargé de l'ébroudage.

†Ébroudi, *adj.* (fil de fer) réduit par la filière au dernier degré de finesse.

†Ébroudin, *s. m.* fil qui a subi l'ébroudage.

Ebrouement, *s. m.* ronflement du cheval qui a peur.

Ébrouer, *v. a.* oué. e, *p.* t. de teinturier, laver, passer dans l'eau. G. C. V. (s'), *v. pers.* se dit du cheval qui ronfle par frayeur, qui souffle avec force.

Ébruiter, *v. a.* té. e, *p.* rendre public; divulguer. (s'), *v. r.*

Ébuard, *s. m.* coin de bois dur pour fendre.

†Ébudes, *s. m. pl.* champs incultes (*vieux*); champ dépouillé de blé.

Ébullition, *s. f.* *Ebullitio.* t. de médecine, élevure sur la peau; t. de chimie, action de bouillir, de fermenter. * Ébulition. RICHELET.

†Éburne, *s. f.* *Eburna.* ivoire; mollusque céphalé à coquille ovale.

Écachement, *s. m.* froissure d'un corps dur; contusion. R. C. G. V.

Écacher, *v. a.* *Oblidere.* ché. e, *p.* écraser; aplatir en pressant; froisser; briser; pétrir.

Écacheur, *s. m.* qui écache l'or. R. G. C.

Écafer, *v. a.* fé. e, *p.* t. de vannier, partager l'osier pour ourdir. C. G. V.

†Écagne, *s. f.* portion d'un écheveau de soie.

†Écaillage, *s. m.* défaut de la fayence qui se lève en écaille; action d'enlever les croûtes de sel, t. de salines.

Écaille, *s. f.* *Squama.* membrane, coque, coquille, substance dure qui couvre les poissons, etc. et se détache par pièce. * — de mer, espèce de grès de montagne qui sert à broyer les couleurs; t. de botan. B.

Ecaillé. e, *adj.* *Desquamatus.* privé, ou couvert d'écailles. G. C. V.

†Écaillement, *s. m.* écaille de cuivre.

Écailler, *v. a.* lé. e, *p.* ôter les écailles. (s'), *v. n. v. récipr.* tomber par écailles.

Écailler, ère, *s.* qui vend des huîtres, les ouvre. * *f.* Écaillere. R. Écaillier, *s. m.* V.

Écailleux. se, *adj.* *Squamosus.* qui se lève par écailles; composé d'écailles. * *s. m.* chien de mer. B. * Écailleur. R.

Écaillon, *s. m.* croc ou crochet d'un cheval. G. * principal ouvrier, t. d'ardoisier. B.

Écale, *s. f.* *Cortex.* coque; écorce des noix, peau des pois. * port de mer. G. V. t. de monnoyeur, place de celui qui pose le flanc; t. de mar. arrivée au port. B.

Écaler, *v. a.* *Decorticare.* lé. e, *p.* ôter l'écale. (s'), *v. pers.*

Écalot, *s. m.* noix. V.

†Écang, *s. m.* morceau de bois pour écanguer le lin.

†Écanguer, *v. a.* faire tomber la paille du lin avec l'écang.

†Écangueur, *s. m.* celui qui écangue.

Écarbouiller, *v. a.* lé. e, *p.* (*populaire*) écraser; briser; écacher.

Écarlate, *s. f.* *Color coccineus.* couleur rouge fort vive; étoffe de cette couleur.

Écarlatin, *s. m.* cidre de Cotentin. R. G. C.

Écarlatine, *adj. s.* (fièvre) qui rend la peau rouge. * scarlatine (*populaire*).

Écarner, *v. a.* né. e, *p.* échancrer. C. G.

Écarquillement, *s. m.* action d'écarquiller.

Écarquiller, *v. a.* lé. e, *p.* (*familier*) écarter trop les jambes; ouvrir trop les yeux. * Écarquiler. V.

†Écarrissoir, *s. m.* outil de vannier pour équarrir l'osier. * Écarissoir. AL.

Écart, *s. m.* *Declinatio.* action de s'écarter; t. de jeu, cartes écartées; t. de marine.

Écart (à l'), *adv.* *Seorsùm.* à part; en particulier; dans un lieu détourné. * à-l'écart. C.

Écartable, *adv. 2 g.* t. de fauc. qui s'élève très-haut. C. G. V.

Écartelé. e, *adj.* t. de blas. divisé en quatre. G. C. V.

Ecarteler, *v. a.* lé. e, *p.* mettre un criminel en quartiers. *v. n.* t. de blas. partager l'écu en quatre.

Écartelure, *s. f.* division de l'écu en quatre, t. de blason. R. G. C.

Écartement, *s. m.* action d'écarter. G. C. * son effet. T.

Écarter, *v. a.* *Amovere.* té. e, *p. adj.* éloigner; disperser; détourner; éparpiller. (s'), *v. r.* se détourner.

Écartiller. voy. Écarquiller. A.

†Écatoir, *s. m.* ciselet pour sertir, t. de fourb.

Écaveçade, *s. f.* secousse donnée à la tête du cheval. V.

†Écarver *ou* Décarver, *v. a.* vé. e, *p.* t. de mar. travailler les écarts.

Ecbolique, *adj. 2 g.* (remède) qui précipite l'accouchement.

Eccanthis, *s. m.* excroissance de chair au coin de l'œil, t. de médecine. G.

Eccathartique, *adj. 2 g.* désobstruant, t. de médecine. G. C.

Ecce homo, *s. m.* tableau du Christ. G. V. Ecce-Homo. C.

Ecchymose, *s. f.* *Ecchymosis* contusion légère. * Ecchymôse. R. Échymose. A.

†Ecclatisme, *s. m.* éclampsie.

†Ecclésiarque, *s. m.* espèce de marguiller.

Ecclésiaste, *s. m.* livre de l'ancien testament.

Ecclésiastique, *s. m.* livre de l'ancien testament.

adj. 2 *g.* *Clericus.* qui appartient à l'église. *prononcez* éclé.
Ecclésiastiquement, *adv.* en ecclésiastique.
Ecclésiens, *s. m. pl.* partisans de l'église. R.
†Eccopée, *s. f.* fracture du crâne faite par un instrument tranchant.
Eccoprotique, *s. adj.* 2 *g.* *Eccoprotica.* remède purgatif, doux et laxatif.
Eccorthatique, *adj.* 2 *g.* t. de méd. voy. Eccathartique.
Eccrinologie, *s. f.* traité des excrétions. * Eccrimologie. RR. Ecrinologie. CO.
Ecdémique, *adj. f.* maladie de certains pays. R.
Écervelé. e, *adj. s. m.* *Cerebrosus.* sans jugement, étourdi.
Échafaud, *s. m.* *Tabulatum.* assemblage de bois, de charpente pour porter; théâtre. * petite échelle de marinier. B. * Échafaut. RICHELET.
Échafaudage, *s. m.* *Tabulati constructio.* construction des échafauds pour bâtir.
Échafauder, *v. n.* *Tabulata extruere.* dé. e, *p.* dresser des échafauds pour bâtir.
Échalas, *s. m.* *Palus.* bois pour soutenir la vigne, t. de vigneron. * Échalâs. R.
Échalassement, *s. m.* *Palatio.* action d'échalasser, t. d'agriculture. * Échalâssemennt. R.
Échalasser, *v. a.* *Impedare.* sé. e, *p.* garnir d'échalas, t. d'agriculture. * Échalâsser. R.
Échalier, *s. m.* *Septum.* haie, clôture de branches.
Échalote, *s. f.* *Cepa ascalonica.* sorte d'ail, originaire du Levant, à racine bulbeuse: elle excite la soif et l'appétit; bon vermifuge, alexipharmaque; petite lame de laiton. * Échalotte. C.
Échampeau, *s. m.* bout de ligne pour prendre la morue. G. V.
†Échamper, *v. a.* pé. e, *p.* déracher les objets d'avec le fond, t. d'arts.
Échampir, *v. a.* pi. e, *p.* contourner une figure, un ornement.
Échancrer, *v. a.* *Emarginare.* cré. e, *p.* tailler en arc, en demi-cercle.
Échancrure, *s. f.* *Incisura.* coupure en demi-cercle.
Échandole, *s. f.* petit ais de merrain pour couvrir les toits. G. V.
Échange, *s. m.* *Permutatio.* troc; change d'une chose pour une autre.
Échange (en), *adv.* à la place de; en remplacement; d'un autre côté. * en-échange. C.
Échangeable, *adj.* 2 *g.* qui peut être échangé. A.
Échanger, *v. a.* *Permutare.* gé. e, *p.* changer une chose pour une autre. * mouiller le linge pièce à pièce. A. V.
†Échangiste, *s. m.* celui qui affecte un échange.
Échanson, *s. m.* *Pincerna.* qui sert à boire.
Échansonnerie, *s. f.* lieu où est la boisson d'un roi; corps des échansons. * Échansonerie. R.
†Échantignolle, *s. f* pièce qui soutient un tasseau. * Échantignole. AL.
Échantiller, *v. a.* lé. e, *p.* conférer un poids avec la matrice. R.
Échantillon, *s. m.* *Specimen.* modèle; partie, passage pour faire connoître le tout. * outil pour égaliser les dents, t. d'horlogerie. B.
Échantillonner, *v. a.* né. e, *p.* conférer un poids, etc, avec la matrice; couper des échantillons. * Échantilloner. R. Échantillonner. V.
Échanvrer, *v. a.* vé. e, *p.* ôter les plus grosses chenevottes. G. G. V.
Échanvroir, *s. m.* instrument pour échanvrer. G. C. V.
Échappade, *s. f.* t. de grav. trait prolongé mal-à-propos. * t. de mét. manière d'enfourner. B. * Échapade. R.
Échappatoire, *s. f.* *Effugium.* (*familier*) défaite, subterfuge. * Échapatoire. R.
Échappe, *s. f.* t. de fauc. mise en liberté du gibier. G. V. * Échape. R.
Échappé. e, *adj. s. m.* jeune inconsidéré; emporté. * né de race mêlées. C. G. V.
Échappée, *s. f.* action imprudente; t. d'arts. * ce que l'on ne fait qu'entrevoir, qu'effleurer; passage. B. * Échapée. R.
Échappement, *s. m.* t. d'horl. palettes de la roue de rencontre; mécanique. * Échapement. R.
Échapper, *v. a.* *Evadere.* pé. e, *p.* éviter, se tirer de. *v. n.* pousser des branches inutiles, se sauver de. (s'), *v. r. pers.* s'oublier; s'emporter; s'écarter; se sauver.
Écharbot, *s. m.* châtaigne d'eau; plante. G.
Écharde, *s. f.* *Aculeus.* épine; éclat de bois dans la chair. * piquant de chardon. B.
Échardonner, *v. a.* né. e, *p.* ôter les chardons. * Échardoner. R.
Échardonnoir, *s. m.* outil pour échardonner. G. C. V. * Échardoner. R.
Écharner, *v. a.* né. e, *p.* t. de tanneur, ôter la chair du cuir. G. G.
Écharnoir, *s. m.* outil pour écharner. G. C.
Écharnure, *s. f.* reste de chair enlevé du cuir. G. C. * action d'écharner. V.
Écharpe, *s. f.* *Mitella.* large bande d'étoffe en baudrier; bandage; vêtement; t. d'arts et métiers. * machine pour enlever des fardeaux. B. poisson. L.
Écharper, *v. a.* pé. e, *p.* donner un coup; tailler en pièces; faire une large blessure; attaquer en biais; t. de maçon, lier.
Écharpillerie, *s. f.* (*vieux*) brigandage. V.
Échars. e, *adj.* (*vieux*) avare, chiche; t. de monn. (aloi) au-dessous du titre; de bas aloi.
Échars, *adj. m. pl.* (vents) foibles et très-changeans.
Écharsement, *adv.* (*vieux*) d'une manière avare.
Écharseté, *s. f.* défaut d'une pièce de monnoie qui n'a pas le poids.
†Écharseter, *v. a.* té. e, *p.* tromper par un faux aloi.
Échasse, *s. f.* règle pour tracer. G. V. *pl.* longs bâtons avec des étriers pour marcher; *Grallæ.* t. de maçon, pièce pour l'échafaudage; règle pour jauger. * oiseau *ou* Hymantope. *Hymantopus.* B.
†Echassiers, *s. m. pl.* oiseaux.
Échauboulé. e, *adj.* qui a des échauboulures.
Échauboulure, *s. f.* *Papulæ.* élevure sur la peau; bube.
Échaudé, *s. m.* pâtisserie de pâte échaudée. * siége pliant. B.
Échauder, *v. a.* dé. e, *p. adj.* laver; mouiller avec de l'eau chaude. (s'), *v. r.* être attrapé.
Échaudoir, *s. m.* lieu où l'on échaude; vase.
Échaudole, *s. m.* (*vieux*) bardeau. V.
Échauffaison, *s. m.* *Æstus gravior.* légère ébullition; mal causé par une vive chaleur. * Échaufaison. R.
Échauffant. e, *adj.* qui augmente la chaleur. V.
Échauffé (sentir l'), le brûlé, *s. m.* * Echaufé. R.
†Échauffée, *s. f.* première opération des sauniers pour chauffer le fourneau.
Échauffement, *s. m.* *Excalfactio.* action d'échauffer, ses effets. * Échaufement. R. Échauffaison, (*vieux*) V.
Échauffer, *v. a. n.* *Calefacere.* fé. e, *p.* rendre chaud; animer. (se), *v. r.* devenir chaud; s'animer; se mettre en colère. * Échaufer. R.
Échauffourée, *s. f.* (*familier*) entreprise téméraire et sans succès; rencontre imprévue à la guerre. * Échaufourée. R.
Échauffure, *s. f.* rougeur, élevure sur la peau. * Échaufure. R.
Échauguette, *s. f.* *Specula.* guérite élevée. * Échauguete. R.
Échauler, voyez Chauler.
†Échaux, *s. m. pl.* fossé pour recevoir les eaux d'une forêt, d'une prairie.
Échéance, *s. f.* *Dies solutionis.* terme de payement d'une dette, etc.
Échec, *s. m.* *Infortunium.* perte, t. de jeu. *pl.* jeu. *prononcez* échet. A. R. V. G.
Échec et mat, t. du jeu des échecs; perte.
†Échée, *s. f.* quantité de fil sur le dévidoir.
Écheler, *v. a.* lé. e, *p.* appliquer l'échelle. V.
Échelette, *s. f.* petite échelle d'un bâtiment. * grimpereau de muraille; claquebois. B. Échelete. R.
Échelier, *s. m.* échelle à une seule branche. G. C. V. * *ou* Ranchier. B.
Échelle, *s. f.* *Scalæ.* deux branches unies par des bâtons pour monter; ligne divisée par degrés; succession des sons de la gamme. * *pl.* *Portus.* ports de la Méditerranée sous la domination des Turcs. B. * Échele. R.
†Écheller, *v. a.* monter par degré. MONTAIGNE.
Échelon, *s. m.* *Gradus.* degré d'échelle; moyen pour s'élever; étage.
Échenal, Écheneau, Echenet, Écheno, *s. m.* goutière. G. V.
†Échène, *s. f.* *Echeneis.* nom d'un genre de poissons pectoraux, du genre du cépole, deuxième genre, quatrième classe.
Écheniller, *v. a.* *Erucis purgare.* lé. e, *p.* ôter les chenilles; enlever, détruire leurs nids. * Écheniller. V.
†Échenilloir, *s. m.* outil pour écheniller.
Écheno *ou* Échenal, *s. m.* t. de fond. bassin de terre pour couler le métal fondu. G. V.
Écherpiller, *v. a.* (*vieux*) voler. V.
Échette, *s. f.* (*vieux*) événement, casualité. V.
Écheveau, *s. m.* *Filum convolutum.* fil, soie, laine pliés et repliés.
Échevelé. e, *adj.* qui a les cheveux en désordre. * *participe* d'écheveler, *v. a.* (*inusité*). V. * Échévelé. RR.
Échever, *v. a.* (*vieux*) fuir. V.
Échevin, *s. m.* *Ædilis.* officier municipal.
Échevinage, *s. m.* *Ædilitas.* charge d'échevin, sa durée.
Échif. ve, *adj.* t. de chasse, gourmand; vorace. C. G. V. * Échif, *adj. m.* R.
Échiffre, *s. m.* *Scalarum scapus.* mur rampant d'escalier, t. d'archit. G. V. * charpente d'escalier. B. * Échifre. R.
Échignole, *s. f.* fuseau de bouronnier. G. V.
Échillon, *s. m.* t. de mar. nuée noire ou trombe. G. V.
†Échimose, *s. f.* mort violente.
Échin, *s. m.* médecin du sérail. G. V. RR.
Échine, *s. f.* *Dorsi spina.* épine du dos; t. d'architecture. voyez Ove.
Échinée, *s. f.* partie du dos d'un cochon.
Échiner, *v. a.* *Delumbare.* né. e, *p.* rompre l'échine; tuer dans une mêlée. * Échigner. RR.
†Échinides, *s. m. pl.* radiaires échinodermes à corps court, anus distinct de la bouche.
Échinite, *s. f.* oursin de mer pétrifié. G. V.
†Échinodermes, *adj. s. m. pl.* vers marins, ovipares, crustacées; 1er. genre de zoophites à enveloppe coriace, organe respiratoire distinct, pieds rétractiles.
†Échinoïdes, *s. m.* plante. *prononcez* éki.
†Échinoné, *s. m.* *Echinoneus.* radiaire échinide,

nide, ovale.

Échinophora, *s. f.* échinophore, plante ombellifère. *prononcez* éki.

Échinophthalmie, *s. f. Echinophthalmia.* inflammation des paupières. G. V.

Échinopus *ou* Échinopode, *s. m.* chardon sphérique, bon contre la pleurésie; plante. *prononcez* éki.

†Échinothynques, *s. m. pl. Echinorhynchus.* vers intestins à trompe, à aiguillons.

†Échioïdes, *s. m.* sorte de buglose. V. G.

Échiqueté. e, *adj.* rangé en forme d'échiquier.

Échiquier, *s. m. Alveolus.* table divisée par carrés; filet; tribunal; papillon. * Carreau *ou* Hunier; écu divisé en carré. B.

†Échite, *s. f. Echites.* genre de plantes étrangères à fleurs monopétales axillaires, du genre des apocins.

Échium, *s. m.* plante. * voy. Vipérine. *prononcez* éki.

Écho, *s. m. Echo.* réfléchissement et répétition du son, lieu où il se fait. *s. f.* personnage fabuleux. * voûte elliptique, parabolique qui fait écho. *pronon.* éko. B.

Échoir, *v. n. Advenire.* chu. e, *p.* arriver par sort, par succession ou rencontrer. * Écheoir. A.

Échomes, Scalmes, Tolets, *s. m. pl.* t. de mar. chevilles pour tenir la rame. G. C. V. * *sing.* AL.

Échomètre, *s. m.* règle pour mesurer la durée des sons, t. d'arts. G. C. V.

Échométrie, *s. f.* art de faire les échos. R. G. C.

Échoppe, *s. f.* petite boutique; pointe de graveur; burin. * Échope. R.

Échopper, *v. a.* pé. e, *p.* graver avec l'échoppe. C. G. V. * ôter les jets, t. de doreur. B. * Échoper. R.

Échouement, *s. m.* choc contre un rocher, etc. C. V. G. * Échoûment. R.

Échouer, *v. a. n.* oué. e, *p.* se briser; donner contre un écueil, sur le sable; ne pas réussir.

Échroïdès, *s. m.* plante qui a les vertus de la vipérine. * Échroïdes. AL.

Ecimer, *v. a. Decacuminare.* mé. e, *p.* couper la tête, la cime.

Éclabousser, *v. a.* sé. e, *p.* faire jaillir de la boue sur.

Éclaboussure, *s. f. Lutum injectum.* boue que l'on fait rejaillir.

Éclaffer, *v. n.* (*vieux*) éclater. V.

Éclair, *s. m. Fulgur.* éclat subit et passager de lumière; éclat du métal fondu. * t. de chimie, fulguration; coruscation; marque brillante du métal purifié. B.

Éclairage, *s. m.* illumination habituelle d'une ville. A. V.

Éclaircie, *s. f.* t. de mar. endroit clair du ciel.

Éclaircir, *v. a. Dilucidare.* ci. e, *p.* rendre clair ou plus clair, moins épais; diminuer le nombre; rendre évident, intelligible; instruire; donner le lustre; polir.

Éclaircissement, *s. m.* explication de ce qui est obscur; explication dans une querelle.

†Éclaircisseur, *s. m.* ouvrier qui nettoie, éclaircit, t. de métiers.

Éclaire, Chélidoine *ou* Felougne, *s. f. Chelidonia.* plante.

Éclairer, *v. impers. Illuminare.* ré. e, *p. adj.* faire des éclairs. *v. a.* illuminer; répandre de la clarté; instruire; épier; observer; distribuer les jours. *v. n.* donner de la lumière; étinceler; briller.

Éclaireur, *s. m.* qui va à la découverte. V.

Éclamé, *adj. m.* (serin) qui a l'aile ou la patte rompue. G. V.

†Éclampsie, *s. f.* convulsion des parties inférieures.

Éclanche, *s. f. Vervecis coxa.* cuisse de mouton; gigot.

Éclancher, *v. a.* ché. e, *p.* effacer les faux plis. V.

Éclat, *s. m. Fragmen.* partie rompue: lueur brillante; splendeur; gloire; rumeur; grand bruit; scandale.

Éclatant. e, *adj. Splendidus.* qui jette de l'éclat; qui brille; qui éclate; qui fait un grand bruit. * *s. f.* pierre de composition très-tendre et très-brillante; fusée très-éclatante. B.

Éclater, *v. a. Dissilire.* té. e, *p.* se rompre par éclats: avoir de l'éclat; faire grand bruit; s'emporter; devenir public; enlever l'émail.

†Éclèche *ou* Éclichement, *s. m.* démembrement d'un fief.

Éclectique, *adj.* (philosophe) qui adopte les meilleures opinions.

Éclectisme, *s. m.* philosophie éclectique. A. V.

Éclegme, *s. m.* médicament pectoral.

†Écli, *s. m.* languette de bois éclatée.

Eclipse, *s. m. Eclipsis.* obscurcissement d'un astre par l'interposition d'un autre; obscurcissement passager.

Éclipser, *v. a. Obscurare.* sé. e, *p.* empêcher de paroître; effacer. (s'), *v. r.* souffrir l'éclipse; s'absenter; disparoître.

†Éclipte, *s. f. Eclipta.* genre de plantes à fleurs radiées, semences nues, feuilles opposées, tiges velues.

Écliptique, *s. f. Eclipticus.* ligne que le soleil ne quitte pas. *adj. 2 g.* des éclipses.

†Éclise, *s. f.* abaissement; altération dans le genre enharmonique.

Éclisse, *s. f. Ferula.* t. de vanier, rond d'osier; t. de chirurgie, bâton plat pour les fractures. * second rang de bois dans le four à charbon B.

Éclisser, *v. a.* sé. e, *p.* mettre des éclisses, t. de chirur. * éclabousser. (*vieux*) G. diviser; rompre; partager. B.

Écloppé. e, *adj. Claudus.* (*famil.*) qui marche avec peine; infirme et languissant. * Éclopé R.

Éclore, *v. n. Nasci.* clôs. e, sortir de la coque; s'épanouir; naître; se manifester; paroître au jour. * cesser de moudre. G. * Éclore. R.

Éclosion, *s. f.* action d'éclore A. V.

Écluse, *s. f. Cataracta.* clôture; porte pour l'eau.

Éclusée, *s. f.* l'eau d'une écluse lâchée.

Éclusier, *s. m.* qui gouverne une écluse. A. V.

Écobans, *s. m. pl.* écubier.

†Écobuage, *s. m.* action d'écobuer, ses effets.

†Écobuer, *v. a.* enlever la superficie d'un terrain avec l'herbe, la brûler et répandre les cendres sur le sol.

†Écobure, *s. f.* pièce recourbée comme une houe.

Écofrai, *s. m.* table d'artisan. * *ou* Écofroi. A. V. *ou* Écofrat. AL.

Écoinson, *s. m.* pierre de l'encoignure. * bureau pour mettre dans un coin. B. * *ou* Écoinçon. A. V.

Écolâtre, *s. m.* professeur de théologie.

École, *s. f. Scola.* lieu où l'on enseigne; secte; manière d'un peintre fameux; nombre d'écoliers; faute.

Écoleté. e, *adj. 2 g.* t. d'orf. échancré, étréci. * Écoletré. G.

Écolette, *s. f.* diminution dans la circonférence, t. d'orfèvre. V.

Écolier. ère. *s. Discipulus.* qui va à l'école, qui apprend. * *f.* * Écoliere. R.

†Écolleter, *v. n.* té. e, *p.* t. d'orf. élargir sur la bigorne.

Éconduire, *v. a. Repellere.* duit. e, *p.* conduire dehors; refuser avec ménagement; se défaire adroitement. G. C. V.

Économat, *s. m. Curatio.* charge d'économe; administration.

Économe, *adj. 2 g.* ménager. ère. *s. m. Curator.* sorte de régisseur.

Économie, *s. f. Curatio.* ordre, règle dans la dépense; épargne; harmonie des parties; distribution.

Économique, *adj. 2 g.* de l'économie. *s. f.* partie de la philosophie morale. * *s. m.* exécuteur testamentaire en Angleterre. G.

Économiquement, *adv.* avec économie.

Économiser, *v. a.* sé. e, *p.* épargner; ménager; gouverner avec économie.

Écope, *s. f.* pelle creuse pour ôter l'eau, t. de marine.

Écoperche, *s. f.* machine pour soulever des fardeaux.

Écorce, *s. f. Cortex.* partie des végétaux qui enveloppe leurs racines, leurs tiges, leurs fruits; superficie.

Écorcer, *v. a. Decorticare.* cé. e, *p.* ôter l'écorce.

Écorche-cu (à), *adv.* (*populaire*) en glissant sur le cul; par force, de mauvaise grâce.

†Écorché, *s. m.* figure, homme, animal dépécé, t. d'arts.

Écorchée, *s. f.* coquillage de mer univalve, operculé, du genre des rouleaux.

Échorcher, *v. a.* ché. e, ôter la peau, la déchirer; faire payer trop cher; parler mal. (s'), *v. r.*

Écorcherie, *s. f. Laniarium.* lieu, hôtellerie où l'on écorche.

Écorcheur, *s. m.* qui écorche; exige trop: oiseau, petite pie-grièche qui vit d'insectes. *Lacrius minor.*

Écorchure, *s. f. Cutis revulsio.* endroit de la peau écorchée.

Écorcier, *s. m.* bâtiment d'un moulin à tan. R.

Écore, *s. f.* t. de mar. escarpement d'une côte. G.

Écorner, *v. a.* né. e, *p.* rompre la corne; les angles.

Écornifler, *v. a. Parasitari.* flé. e, *p.* (*famil.*) manger aux dépens d'autrui.

Écorniflerie, *s. f. Parasitatio.* (*famil.*) action d'écornifler.

Écornifleur. se, *s. Parasitus.* qui mange chez autrui sans en être prié. (*familier*).

Écornure, *s. f.* éclat d'un angle brisé, t. d'arts.

Écosser, *v. a.* sé. e, *p.* tirer de la cosse.

Écosseur. se, *s.* qui écosse.

Écossois. se, *s.* d'Écosse. R.

Écot, *s. m. Collecta.* portion de dépenses de table; compagnie de table; tronçon d'arbre. * petit bloc d'ardoise. B.

†Écotage, *s. m.* fil de fer travaillé dans la seconde machine de tréfilerie; action d'ôter les côtes du tabac.

Écotard, *s. m.* t. de mar. pièce de bois qui porte et conserve les haubans. G. V.

Écoté. e, *adj.* dont les menues branches sont coupées; t. de blason. G. V.

†Écoter, *v. n.* couper la tête d'un arbre. (*vi.*).

†Écoteur, *s. m.* ouvrier chargé de faire l'écotage.

Écouane, *s. f.* sorte de lime en rape. * *ou* Écouenne *ou* Écouaine. B.

Écouaner, *v. a.* né. e, *p.* t. de monnoie, réduire au poids prescrit. * limer avec l'écouane. B.

Écouanette, *s. f.* outil. C.

†Écouène, *s. f.* lime dentelée.

Écouer, *v. a.* oué. e, *p.* couper la queue à

quelqu'animal. R. C. V.
Écouet, *s. m.* t. de mar. corde pour amurer la voile. G. V.
Écoufle, *s. m. Milvus.* milan, cerf volant. G. V.
†Écouine, *s. f.* écouane.
Ecoulement, *s. m. Fluxio.* mouvement de ce qui s'écoule.
Écouler (s'), *v. pers.* lé. e, *p.* couler d'un lieu dans un autre; passer. *v. n.* couler hors d'un endroit.
Écoupée, *s. f.* balai, t. de mar. C. * *ou* Écoupé, *m.* G. *ou* Écoupe. A. V.
Écourgée, *s. f.* sorte de fouet. B.
Écourgeon, *s. m.* orge carrée. A. R. V.
Écourter, *v. a. Decurtare.* té. e, *p.* rogner court; écouer.
†Écoussage, *s. m.* tache noire, saleté sur la faïence.
Écoutant. e, *adj.* qui écoute (*familier*). G. C.
Écoute, *s. f.* tribune fermée par des jalousies. R. V.
Écoute, *s. f.* lieu où l'on écoute sans être vu; compagne de parloir; t. de mar. cordage.
Écouter, *v. a. Audire.* té. e, *p.* prêter l'oreille pour ouïr; donner audience, croyance; suivre; obéir. (s'), *v. r.* avoir trop soin de soi.
Écoutes (être aux), *s. f. pl.* (*famil.*) être attentif, espionner.
Écouteur, *s. m.* qui écoute. C. G.
Écouteux, *adj. m.* cheval distrait, t. de manége.
Écoutille, *s. f.* t. de mar. trappe dans le tillac. * Écoutille. V.
Écoutillon, *s. m.* ouverture dans les écoutilles. C.
Écouvette, *s. f.* vergette; balai. * Ecouvete. R.
Écouvillon, *s. m.* t. d'artillerie, linge à un bâton, outil pour nettoyer.
Écouvillonner, *v. a.* né. e, *p.* t. d'artil. nettoyer avec l'écouvillon. * Écouvilloner. R.
Ecphractique, *adj.* 2 *g. s. m.* apéritif. G. V.
Écraignes, *s. f. pl.* veillées de village. A. * *s. v.* AL.
Écran, *s. m.* sorte de meuble pour garantir de la chaleur du feu.
Écrancher, *v. a.* ché. e, *p.* effacer les faux plis. G. C. V.
†Écrasement, *s. m.* action d'écraser. HELVÉTIUS.
Écraser, *v. a. Obterere,* sé. e, *p.* aplatir et briser par le poids, par un effort; ruiner; vaincre; surpasser.
Écrêmer, *v. a.* mé. e, *p.* lever la crême sur le lait; prendre ce qu'il y a de meilleur. * Écrémer. R. G. V.
Écrémoire, *s. f.* instrument d'artificier. G. V.
Écrénage, *s. m.* action d'écréner. G. C.
Écréner, *v. a.* né. e, *p.* t. de fondeur; évider les saillies. G. C.
Écrénoir, *s. m.* instrument pour écréner. G. C.
Écrêter, *v. a.* té. e, *p.* enlever la crête; le sommet d'un mur; t. de guerre. * Écréter. R.
Écrevisse, *s. f. Astacus.* poissons crustacés; signe du zodiaque. * — pierre à chaux, rouge et non calcinée. B.
Écrier (s') *v. pers. Exclamare.* faire un grand cri. * *v. n.* é. e, *p.* nettoyer le fil de fer avec du grès. B.
†Écrieur, *s. m.* ouvrier qui écrie le fil de fer.
Écrille, *s. f.* claie pour arrêter le poisson, t. de pêche. G. C. * Écrille. V.
Écrin, *s. m. Scripium.* coffret où l'on met des pierreries.
Écrire, *v. a. Scribere.* crit. e, *p.* tracer des caractères; composer; ortographier; faire une lettre; s'engager.
Écrisée, *s. f.* poudre de diamans noirs pour user les autres. V. G. C. voyez Égrisée.
Écrit, *s. m. Scriptum.* ce qui est écrit; acte portant promesse ou convention; livre. * *adj.* décidé; marqué; couvert d'écriture. *pl.* ouvrages d'un auteur. B.
Écriteau, *s. m. Inscriptio.* avis; sorte d'inscription en grosses lettres pour l'écriture.
Écritoire, *s. f. Atramentarium.* encrier; boîte, vase pour l'écriture.
Écriture, *s. f. Scriptura.* caractères écrits; manière de former les lettres; écrit; parole de Dieu; les livres de négoce, leur tenue. * *ou* Écrivain, poisson du genre du persègue, — arabique ou chinoise, coquillage de la famille des cames. B.
†Écrivaillerie, *s. f.* manie de publier de mauvais livres.
Écrivailleur, Écrivassier, *s. m.* mauvais écrivain. * *ou* Écrivassier. V. G.
Écrivain, *s. m. Scriptor,* maître à écrire; celui qui écrit, qui tient registre; auteur.
†Écrivassier, *s. m.* qui écrit beaucoup et très-mal.
Écriveur, *s. m.* copiste. C.
†Écrotage, *s. m.* t. de salines; enlèvement de la superficie de la terre des ouvroirs; cette terre.
Écrou, *s. m.* trou de la vis, t. d'arts et métiers; acte d'emprisonnement, t. de pratique.
Écroue, *s. f.* rôle de la dépense de la bouche. G * *pl.* V.
Écrouelles, *s. f. pl. Struma.* humeurs froides. (*popul.*) * Écrouëles. V.
†Écrouelleux, se, *adj. Strumosus.* qui appartient aux écrouelles.
Écrouer, *v. a.* oué. e, *p.* inscrire sur le registre des prisons.
Écrouir, *v. a.* oui. e, *p.* battre un métal à froid.
Écrouissement, *s. m.* action d'écrouir; ses effets.
Écroulement, *s. m. Ruina.* éboulement de terres, de murs, d'édifices, etc. action de s'écrouler.
Écrouler (s'), *v. r.* s'ébouler, tomber en s'affaissant. * lé. e, *p. adj.* B.
Écroûter, *v. a. Crustam detrahere.* té. e, *p.* ôter la croûte. * Écrouter. R.
Écru. e, *adj. Crudus.* cru, fil qui n'a pas été lavé.
Écrues, *s. f. pl.* bois nouvellement crus. G. V.
Ecsarcome, *s. m.* excroissance charnue, t. de chirurgie. * Ecsarcôme. R.
†Ecstase, *s. f. Ecstasis.* privation du sens; délire. voyez Extase.
Ecthèse, *s. f.* profession de foi d'Héraclius. G. V.
Ecthlipse, *s. f.* élision d'un *m* final, t. de poésie. G. V.
Ecthymose, *s. f.* agitation, dilatation du sang. G.
†Ectrolique, *adj. s.* 2 *g.* qui fait avorter.
Ectropion, *s. m. Ectropium.* éraillement de la paupière inférieure, t. de médecine. G. V.
Ectylotique, *adj.* 2 *g.* (remède) qui consume les durillons. G. V.
Ectype, *s. f.* copie; empreinte d'une médaille.
Écu, *s. m. Scutum,* bouclier; armoirie; monnoie.
Écu-quart, *s. m.* monnoie de compte.
†Écuage, *s. m.* droit de se servir de l'écu; t. de chevalerie.
Écubier, *s. f.* trou du câble de l'ancre.
Écueil, *s. m. Scopulus.* rocher dans la mer; chose dangereuse pour la vertu, les talens, etc.
Écuelle, *s. f. Scutella.* pièce de vaisselle. * plaque du pivot du cabestan. B. — d'eau. L. 338. plante aquatique, détersive, vulnéraire, apéritive. *Hydrocotile.* Écuele. R.
Écuellée, *s. f.* plein une écuelle. * Écuélée. R.
Écuisser, *v. a.* sé. e, *p.* t. d'agriculture; rompre un arbre en l'abattant.
Éculer, *v. a. Obterere.* lé. e, *p.* (des souliers) plier les quartiers en dedans. * t. de cirier; former en pains. B. (s'), *v. r.*
Éculon, *s. m.* t. de cirier; vase à deux becs. B.
Écumant. e, *adj.* qui écume. G. V.
Écume, *s. f. Spuma.* scorie des matières fondues; bave; sueur; mousse sur l'eau. * — de mer, merde de cormoran, *s. f.* voyez Alcyon, polypier. — printanière, formée sur les plantes par un petit insecte vert. B.
†. Écuménicité, *s. f.* voyez Œcuménicité.
Écumer, *v. n. Spumare.* mé. e, *p.* jeter l'écume. *v. a.* l'ôter. * t. de chasse, dépasser sa proie. B.
†Écumeresse, *s. f.* écumoire de raffineur de sucre.
†Écumette, *s. f.* petite écumoire; t. de mér.
Écumeur, *s. m. Pirata.* pirate; corsaire; parasite; qui écume.
Écumeux. se, *Spumosus. adj.* plein d'écume.
Écumoire, *s. f. Cochleare.* ustensile pour écumer.
Écurage, *s. m.* nettoyement. V.
Écurer, *v. a. Mundare.* ré. e, *p.* nettoyer, curer, frotter.
†Écurette, *s. f.* grattoir de luthier.
Écureuil, *s. m. Sciurus.* petit animal fort vif. * — volant *ou* Polatouche; sa peau lui sert à s'élancer. — poisson du genre du persègue. B.
Écureur. se, *s.* qui écure la vaisselle, etc.
Écurie, *s. f. Equile.* lieu où on loge les chevaux; train, équipage; officiers de l'écurie.
Écusson, *s. m. Scutum.* écu des armoiries; t. de serrurier, platine; t. de jardinier, morceau d'écorce avec un œil pour greffer.
†Écussonnable, *adj.* 2 *g.* qui peut être greffé en écusson.
Écussonner, *v. a. Emplastrare.* né. e, *p.* enter en écusson, greffer. * Écussoner. R.
Écussonnoir, *s. m.* couteau pour écussonner. G. C. * Écussonoir. R.
Écuyage, *s. m.* (*vieux*) V. * office d'écuyer B.
Écuyer, *s. m. Armiger.* servant d'un chevalier; titre; qui enseigne à monter à cheval, qui dresse les chevaux; qui donne la main à une dame. * tuteur d'un arbre; faux bourgeon. V. * — tranchant qui coupe les viandes. B.
†Édacité, *s. f.* se dit du temps qui ronge et consume tout.
Edda, *s. f.* recueil mythologique des peuples du Nord. V.
Édémateux. se, *adj.* attaqué, *ou* de la nature de l'édème.
Édème, *s. m.* tuteur molle, blanche, sans douleur. G. C. V. voyez Œdème.
†Édémère, *s. m. Œdemera.* insecte coléoptère.
Éden, *s. m.* paradis terrestre.
Édenté, e, *adj. Edentulus.* qui n'a plus de dents. * *s. m.* genre de quadrupèdes sans incisives. B.
Édenter, *v. a. Edentare.* té. e, *p.* rompre, arracher les dents.
†Édère, *s. f. Œdera.* genre de plantes composées. B.
†Édictal. e, *adj.* qui appartient aux édits, aux ordonnances.
Édifiant. e, *adj.* qui porte à la vertu par l'exemple, les discours.
Édificateur, *s. m. Ædificator.* qui fait un édifice.
Édification, *s. f. Ædificatio.* action de bâtir, d'édifier, de donner le bon exemple.
Édifice, *s. m. Ædificium.* bâtiment public, palais.
Édifié. e, *adj.* touché; bâti. G.
Édifier, *v. a. Ædificare.* fié. e, *p.* bâtir; porter à la vertu; satisfaire; s'attirer le respect par sa conduite.
Édile, *s. m. Ædilis.* magistrat romain, inspecteur des jeux.
Édilité, *s. f. Ædilitas.* magistrature de l'édile.
Édit, *s. m. Edictum.* loi, ordonnance, constitution du souverain.

†Éditer, *v. n.* proclamer, publier une ordonnance. (*vieux*).
Éditeur, *s. m. Editor.* qui fait imprimer l'ouvrage d'autrui.
Édition, *s. f. Editio.* publication d'un livre; impression.
Édôsser *ou* Dossoyer, *v. a.* sé. e, *p.* t. de parcheminier. B.
Édredon, *s. m.* duvet d'oiseaux. voy. Eider. * *ou* Eiderdon, duvet de l'eider. *et non* Aigledon. B.
Éducation, *s. f. Educatio.* soin pour instruire, former le corps et l'esprit.
Édulcoration, *s. f.* action d'édulcorer.
Édulcorer, *v. a.* ré. e, *p.* enlever les sels des poudres en les lavant. t. de chimie; adoucir avec du sucre.
†Éduquer, *v. a.* élever, instruire les enfans.
Éfaufiler, *v. a.* lé. e, *p.* tirer le fil du bout coupé d'un ruban, etc. * Effaufiler. V.
Effaçable, *adj.* 2 *g. Delebilis.* (*inusité*). qui peut être effacé. * Éfaçable. R.
Effacer, *v. a. Delere.* cé. e, *p.* rayer, ôter les marques, les traits; surpasser. * Éfacer. R.
Effaçure, *s. f. Litura.* ce qui est effacé, biffé; rature. * Éfaçure. R.
Effaner, *v. a.* né. e, *p.* ôter la fane. * Éfaner. R.
Effarer, *v. a.* ré. e, *p. adj.* troubler quelqu'un, le mettre hors de lui. (s') *v. r.* * Éfarer. R.
Effaroucher, *v. a. Efferare.* ché. e, *p.* épouvanter; effrayer; faire fuir; éloigner; dégoûter. (s'), *v. r.* * Éfaroucher. R.
Effectif. ve, *adj. Verus.* qui est réellement et de fait. * *s.* B.
†Effection, *s. f.* construction des équations.
Effectivement, *adj. Reipsâ.* en effet; réellement.
†Effectrice, *adj. f.* (cause) qui produit un effet.
Effectuer, *v. a. Perficere.* tué. e, *p.* mettre à effet, en exécution; réaliser.
Effémination, *s. f.* manières des femmes. R. V.
Efféminé. e, *adj. Effeminatus.* voluptueux, amolli par les plaisirs.
†Efféminément, *adj.* d'une manière efféminée.
Efféminer, *v. a. Effeminare.* né. e, amollir; rendre foible comme une femme. * (s'), *v. r.* G.
Effendi, *s. m.* homme de loi chez les Turcs.
Effervescence, *s. f. Effervescentia.* mouvement intestin; émotion vive dans les ames; émotion vive occasionnée par le mélange.
Effet, *s. m. Effectus.* résultat d'une cause; exécution; chose effective; t. de commerce, billet. — (en); effectivement; réellement; * *pl.* portion des propriétés. B.
†Effeuillaison, *s. f.* temps où les feuilles tombent.
Effeuiller, *v. a. Frondes detrahere.* lé. e, *p.* dépouiller de feuilles. (s'), *v. pers.* * Éfeuiller *ou* Effaner. B.
Efficace, *adj.* 2 *g. Efficax.* qui produit son effet. *s. f.* vertu; efficacité.
Efficacement, *adj. Efficienter.* d'une manière efficace.
Efficacité, *s. f. Efficacitas.* efficace, *s. f.* force, vertu pour produire un effet.
Efficient. e, *adj. Efficiens.* (cause) qui produit certain effet.
†Effigial. le, *adj.* qui appartient à l'effigie.
Effigie, *s. f. Effigies.* figure, représentation d'une personne.
Effigier, *v. a.* gié. e, *p.* exécuter en effigie.
Effilé, *s. m.* linge bordé de frange. * Éfilé. R.
Effilé. e, *adj. Longurio.* grand et mince: étroit, délié, menu, long. * Éfilé. R.
Effiler, *v. a.* lé. e, *p.* défaire un tissu fil à fil. (s'), *v. r.* s'en aller par fils. * Éfiler. R.
†Effiloquer, *v. a.* qué. e, *p.* effiler de la soie pour faire de la ouate. A. V. * Éfilocher. R.
Effiloques, *s. f. pl.* soies non torses; petits brins sur les lisières, le ruban, etc.
†Effiloqueur, *adj.* (cylindre) pour effiloquer, t. de papeterie.
Effilure, *s. f.* fils ôtés d'un tissu. G. C. V. * Éfilure. R.
Effioler, *v. a.* lé. e, *p. adj. subst.* ôter la fiole, la fane. G. C. V. * Éfioler. R.
Efflanquer, *v. a.* qué. e, *p. adj. subst.* rendre maigre; amincir; t. d'astronomie.
Effleurage, *s. m.* action d'effleurer la peau, t. de tanneur. G. C. V. * Éfleurage. R.
Effleurer, *v. a. Perstringere.* ré. e, *p.* enlever la superficie; toucher légérement; ôter les fleurs. V. * Éfleurer. R.
Effleurir, *v. a.* ri. e, *p.* tomber en efflorescence, t. de chim. * Éfleurir. R.
Effleuroir, *s. m.* t. de parchem. V. * Éfleuroir. R.
†Effleurure, *s. f.* tache sur une peau effleurée.
Efflorescence, *s. f. Efflorescentia.* t. de chimie; enduit salin, semblable à la moisissure, ou matière en floccons qui se forme sur les corps qui se décomposent à l'air. * Éflorescence. R.
Efflotter, *v. n.* se séparer d'une flotte. V. * Effloter. AL.
Effluence, *s. f.* t. de physique; émanation des corps. A. V.
Effluent. e, *adj.* de l'émanation des corps. A. V.
†Effluvium, *s. m.* évaporation des corpuscules d'un corps.
†Effluxion, *s. f.* avortement du fœtus avant trois mois; écoulemens d'une fausse couche.
Effondrement, *s. m.* action de creuser la terre. * Éfondrement. R.
Effondrer, *v. a. Effringere.* dré. e, *p.* fouiller et remuer la terre; enfoncer, briser, rompre; vider. (s'), *v. r.* * Éfondrer. R.
Effondrilles, *s. f. pl. Sordes.* ordures restées au fond d'un vase. * Éfondrilles. R.
Efforcer (s'), *v. n. Eniti.* cé. e, *p.* employer toutes ses forces, son industrie à; tâcher de. * Éforcer. R.
Efformier, *v. a.* sourdre; sortir de terre. V.
Effort, *s. m. Conatus.* action faite en s'efforçant; ses effets. * Éfort. R.
Effraction, *s. f. Effractura.* fracture faite par un voleur.
Effraie, *s. f.* oiseau. L. voy. Fresaie.
Effrayant. e, *adj. Terribilis.* qui effraye. * Éfrayant. R.
Effrayer, *v. a. Terrere.* yé. e, *p.* donner de la frayeur. (s'), *v. r.* prendre de la frayeur. * Éfrayer. R.
Effréné. e, *adj. Effrenus.* sans frein, sans retenue. (licence).
Effrénément, *adv.* sans retenue. R. V.
Effriter, *v. a.* té. e, *p.* user, épuiser une terre; t. de jardinier. * Éfriter. R.
Effroi, *s. m. Terror.* frayeur, épouvante. * Éfroi. R.
Effronté. e, *adj. Impudens.* impudent, hardi. * Éfronté. R.
Effrontément, *adv. Impudenter.* impudemment. * Éfrontément. R.
Effronterie, *s. f. Impudentia.* impudence, hardiesse. * Éfronterie. R.
Effrouer, *v. a.* V. voy. Frouer.
Effroyable, *adj.* 2 *g. Terribilis.* épouvantable; qui cause de la frayeur; très-laid; excessif; prodigieux. * Éfroyable. R. *trop usité.* B.
Effroyablement, *adv. Supra modum.* d'une manière effroyable. * Éfroyablement. R.
†Effruiter, *v. a.* cueillir, amasser les fruits.
Effumer, *v. a.* mé. e, *p.* peindre légérement. G. C. V. * Éfumer. R.
Effusion, *s. f. Effusio.* épanchement. * Éfusion. R.
Éfourceau, *s. m.* sorte de voiture pour les gros fardeaux.
Égagropile, *s. f. Ægagro-pileus.* pelote de poils dans les intestins. G. V.
Égaiment *ou* Égaiement, *s. m.* gaieté. R.
Égal. e, *adj. Æqualis.* pareil; semblable; uni; uniforme; toujours le même.
Égal. *pl.* égaux, *s. m.* de même qualité ou condition.
Égal de (à l'), *adj.* autant que, aussi bien que.
Égalé. e, *adj.* t. de fauc. moucheté.
Également, *s. m. Æquabiliter.* autant; pareillement. *s. m.* égalisation. * distribution avant partage aux héritiers qui ont moins reçu. V.
Égaler, *v. a. Æquare.* lé. e, *p.* rendre égal, uni; être égal à. (s'), *v. r.* s'assimiler, prétendre être égal à. * *ou* Égalir, t. d'arts. B.
Égalisation, *s. f.* action d'égaliser les lots.
Égaliser, *v. a.* sé. e, *p.* égaler le partage des lots; rendre égal, uni.
Égalité, *s. f. Æqualitas.* conformité; uniformité; parité.
Égalures, *s. f. pl.* t. de faucon. mouchetures blanches. G. V.
Égard, *s. m. Ratio.* considération; déférence; attention. * tribunal à Malte pour les chevaliers. B.
Égard (à l'), *adv.* pour ce qui concerne; par proportion; par comparaison.
Égard (à cet), *adv.* sous ce rapport.
Égarement, *s. m.* écart de son chemin; erreur. *pl.* désordres.
Égarer, *v. a.* ré. e, *p.* détourner du droit chemin; jeter dans l'erreur. (s'), *v. r. Deerrare.* se fourvoyer; errer.
Égaroté. e, *adj.* blessé au garot, t. de manége. G. * Égarroté. V.
Égaudir (s'), *v. r.* (*inusité*) se réjouir. R.
Égayer, *v. a. Hilarare.* yé. e, *p.* réjouir; t. de jardinier, ébrancher. * (du linge). voyez Aigayer. G. *et* Aiguayer. A.
†Égée, *adj. f. Ægæum mare.* (mer) Archipel.
Égide, *s. f. Ægis.* bouclier; défense.
†Égilope, *s. f.* genre de plantes de la famille des graminées.
Égilops, *s. m.* ulcère au grand angle de l'œil. G. V.
Églantier, *s. m. Cynosbatos.* rosier sauvage.
Églantine, *s. f. Aquilegia.* fleur de l'églantier; prix des jeux floraux.
Eglise, *s. f. Ecclesia.* les fidelles, leur temple, leur clergé. * assemblée de chrétiens. B.
Églogue, *s. f. Egloga.* poëme champêtre. * Éclogue. A.
Égoger, *v. a.* gé. e, *p.* t. de tanneur, ôter les oreilles, la queue. G. V.
Égohine, *s. f.* scie à main. G. V.
Égoïser, *v. n.* parler trop de soi, ne s'occuper que de soi.
Égoïsme, *s. m.* amour-propre qui rapporte tout à soi.
Égoïste, *s. m.* qui ne s'occupe, ne parle que de soi. * *pl.* Pyrrhoniens outrés. B.
†Égorgeoir, *s. m.* cargue particulière aux huniers.
Égorger, *v. a. Jugulare.* gé. e, *p.* couper la gorge; tuer, massacrer; ruiner.
Égorgeur, *s. m.* assassin. C.
Égosiller, *v. a.* lé. e, *p.* (*vieux*) tuer. (s'), *v. r. Ad ravim clamare.* se faire mal au gosier en criant; chanter beaucoup et très-haut. (*familier*). * Égosiller. V.
†Égougeoire, *s. f.* crévasse par laquelle l'eau se perd dans les mines.
Égout, *s. m. Stillicidium.* chute, écoulement, conduit des eaux; cloaque; plaie; ville corrompue.

Égoutter, *v. n. Stillare.* té. e, *p.* faire écouler l'eau goutte à goutte. (s'), *v. r.* * Égouter. R.
Égouttoir, *s. m.* ais, ustensile pour faire égoutter. G. C. * Égoutoir. R. * conduit pour l'écoulement des eaux. B.
†Égraffigner, *v. a.* écrire mal; barbouiller; déchirer; égratigner; écorcher.
Égrapper, *v. a.* pé. e, *p.* ôter la grappe du raisin. * Egraper. R.
†Égrappoir, *s. m.* outil pour égrapper le raisin; lavoir pour séparer le sable de la mine.
Égratigner, *v. a. Cutem lacerare.* gné. e, *p.* déchirer un peu la peau, la superficie; t. d'arts et métiers.
Égratigneur. se, *s.* qui égratigne. C. R.
†Égratignoir, *s. m.* fer à découper.
Égratignure, *s. f. Cutis laceratio.* légère blessure faite en égratignant, sa marque.
†Égravillonner, *v. a.* né. e, *p.* t. de jardinier, lever en mottes; ôter la terre engagée entre les racines. * Égravilloner. R.
†Égravoir, *s. m.* outil de paumier pour percer.
†Égrène, *s. f.* ferrement pour empêcher l'écart des pièces assemblées, t. de métiers.
Égrené. e, *adj.* t. d'oiseleur, accoutumé à la graine.
Égrenée, *adj. f.* étoffe qui n'est pas emballée. V.
Égrener, *v. a. récipr. Grana excutere.* né. e, *p.* faire sortir la graine de l'épi. (se), *v. pers. et* Égrainer. A.
Égrenoire, *s. f.* sorte de cage pour accoutumer un oiseau à la graine. G. V. * Égrainoire. V.
Égrillard. e, *s. adj. Promptus.* (*familier*) vif; gaillard; éveillé.
Égrilloir, *s. m.* grille pour arrêter le poisson. R. G. C. V.
†Égrisée, *s. f.* poudre de diamans noirs pour user les diamans, voyez Ecrisée.
Égriser, *v. a.* sé. e, *p.* t. de lapidaire, ôter les parties brutes avec l'égrisée, ou en frottant.
Égrisoir, *s. m.* boîte pour égriser les diamans, en recevoir la poudre. G. V.
Égrugeoir, *s. m. Radula.* instrument pour briser le sel.
Égruger, *v. a. Friare.* gé. e, *p.* briser dans l'égrugeoire.
Égrugeûre, *s. f.* parties séparées en égrugeant. C. * Égrugeure. R. G.
Égueulé. e, *s.* qui dit des grossièretés. V.
†Égueulement, *s. m.* altération à la bouche des pièces d'artillerie.
Égueuler, *v. a.* lé. e, *p.* casser le goulot d'un vase. (s'), *v. r.* s'égosiller; s'user au goulot, à l'ouverture.
Éguilleter, *v. a.* té. e, *p.* t. de marine. R. V. * Aiguilleter. B.
†Éguillette *ou* Aiguillette, *s. f.* pièce pour renforcer, t. de marine; menu cordage.
Égyptien. ne, *s. Ægyptius.* bohémien; vagabond. * Égyptien. e, d'Égypte. R.
Eh! *interj. de surprise et d'admiration. Eheu!*
Éhanché. e, *adj.* déhanché; à hanches étroites.
Éherber, *v. a.* bé. e, *p.* sarcler.
Éhonté. e, *adj.* déhonté; sans pudeur.
Éhouper, *v. a.* pé. e, *p.* écimer. * Ehoupper. V.
†Ehrharte, *s. f. Ehrharta.* plante de la famille des graminées.
†Eicètes, *s. m. pl.* moines hérétiques qui adoroient Dieu en dansant.
†Eider, Canard à duvet, Oie à duvet, *s. m.* oiseau qui fournit l'édredon.
Eisétéries, *s. f. pl.* fêtes à Athènes. V.
Éjaculateur, *s. m.* muscle pour l'éjaculation. G. V.
Éjaculation, *s. f.* t. de phys. émission de la semence; prière fervente, t. de mysticité.
Éjaculatoire, *s. adj. m.* conduit des vésicules séminales, t. d'anatomie. G. C. V.
†Éjamber, *v. a.* ôter la côte du tabac.
†Éjarrer, *v. a.* ôter les poils jarreux des peaux.
Éjection, *s. f.* expulsion; évacuation. V.
Éjouir, *v. a.* (*vieux*) réjouir. V.
Éjouissance, *s. f.* joie. V.
Élaboration, *s. f.* action d'achever, de perfectionner; t. de physique. G. C. V.
Élaborer (s'), *v. r.* t. de médec. préparer, perfectionner les sucs. * *v. a.* A. V.
Élabouré. e, *adj. p.* d'élabourer (*inusité*), travaillé. G.
Élagage, *s. m.* action d'élaguer. A. V.
Élaguer, *v. a. Interputare.* gué. e, *p.* éclaircir; ébrancher.
Élagueur, *s. m.* qui élague. A. V.
†Élais, *s. m.* Arachnide palpiste, rouge, aquatique; araignée rouge.
Élaiser, *v. a.* sé. e, *p.* t. de monnoie. R.
†Élambication, *s. f. Elambicatio.* analyse des eaux minérales.
Élan, *s. m. Alces.* animal du nord, quadrupède bisulce, plus fort que le cerf; mouvement subit avec effort. * Élans. *s. m. pl.* sauts. R.
Élancé. e, *adj.* t. de blason, effilé; courant; t. de manége, efflanqué. * *s. m.* t. de marine, couple dévoyé de l'avant.
Élancement, *s. m. Acrior impetus.* impression d'une douleur subite; mouvement affectueux et subit, t. de dévotion. * longueur du vaisseau excédant celle de la quille. B.
Élancer, *v. n.* cé. e, *p.* produire des élancemens. (s'), *v. r. Irruere.* se jeter en avant, se lancer. * prendre le large. B.
Élaphébalies, *s. f. pl.* fêtes de Diane à Athènes. V.
†Élaphres, *s. m. pl. Elaphrus.* insectes coléoptères qui ne diffèrent des cicindelles, que par la lèvre inférieure entière.
Élargir, *v. a. n. Dilatare.* gi. e, rendre plus large; mettre en liberté; étendre. (s'), *v. r.* devenir plus large.
Élargissement, *s. m. Amplificatio.* augmentation de largeur; mise en liberté.
Élargissure, *s. f.* largeur ajoutée à un habit, etc.
Élasticité, *s. f. Renixus.* qualité de ce qui a du ressort.
Élastique, *adj.* 2 *g. Elasticus.* qui a du ressort.
†Élastostême, *s. m. Elastostema.* genre de plantes qui se rapprochent des dorstènes.
Élatche, *s. f.* étoffe des Indes de soie et coton. R.
†Élatérie, *s. f. Elaterium.* genre de plantes exotiques.
Élatérium, *s. m.* suc de concombres sauvages. G.
†Élatéromètre, *s. m.* instrument pour mesurer la condensation de l'air, voyez Éprouvette.
Élatine, *s. f.* velvote, plante aquatique, à fleurs polypétales, feuilles lancéolées sur l'eau et capillaires dans l'eau.
†Élavé. e, *adj.* 2 *g.* t. de chasse; (poil) mollasse et blafard en couleur, marque de la foiblesse.
Elbeuf, *s. m.* drap fabriqué à Elbeuf. R.
†Élcose, *s. f. Elcosis.* ulcération; ulcère.
†Éléagnus, *s. m.* arbrisseau.
Électeur. trice, *s. Elector.* qui élit.
Électif. ve, *adj.* qui se fait par élection.
Élection, *s. f. Electio.* action d'élire; choix; tribunal, son ressort.
Électoral. e, *adj.* (corps, collége) des électeurs; de l'électeur.
Électorat, *s. m.* dignité, qualité d'électeur, son territoire.
Électricité, *s. f. Electricitas.* propriété d'attraction des corps frottés; t. de physique, fluide; feu. * Électron. B.
Électrique, *adj.* 2 *g. Electricus.* de l'électricité.
Électrisable, *adj.* 2 *g.* qui peut être électrisé. C. G.
Électrisation, *s. f.* action d'électriser. C. G.
Électriser, *v. a.* sé. e, *p.* développer la faculté électrique.
Électromètre, *s. m.* machine pour mesurer l'électricité. A.
†Électron, *s. m.* matière électrique; soleil.
Électrophore, *s. m.* instrument chargé de matières électriques. V.
†Électroscope, *s. m.* instrument pour connoître l'électricité de l'air.
Électuaire, *s. m. Ecligmas.* opiat fait d'ingrédiens choisis.
Élégamment, *adv. Eleganter.* avec élégance. * Élégament. R.
Élégance, *s. f. Elegantia.* choix, politesse du langage; goût fin et délicat dans les arts; recherche, grâces et noblesse dans la parure. * simplicité et facilité, t. de mathématique. A.
Élégant. e, *adj. Elegans.* choisi; poli; qui a de l'élégance.
Élégiaque, *adj.* 2 *g.* qui appartient à l'élégie.
Élégie, *s. f. Elegia.* poëme tendre et triste. * nome pour les flûtes. B.
Élégiographe, *s. m.* qui fait des élégies. R. V.
Élégir, *v. a.* gi. e, *p.* t. de menuisier. R. * diminuer. B.
Élément, *s. m. Elementum.* corps simple qui compose les mixtes; chose qui plaît le plus. *pl.* principes d'un art, d'une science. * articles principaux de la théorie d'une planète. B.
Élémentaire, *adj.* 2 *g.* qui appartient à l'élément.
Élémentatif, *adj.* V.
Élémi, *s. m.* résine d'Amérique. G. V.
Élenchtique, *adj.* 2 *g.* t. de théologie. * ce qui tombe en controverse. B.
Élénophories, *s. f. pl.* fêtes grecques. V.
†Éléoméli, *s. m.* baume fort huileux, plus épais que le miel, doux au goût, il coule du tronc d'un arbre près de Palmyre, il évacue les humeurs par les selles.
Éléosaccharum, *s. m.* huile essentielle de sucre. G.
†Éléotre, *s. m.* poisson du genre du gobie.
Éléphant, *s. m. Elephas.* le plus grand et le plus intelligent des quadrupèdes. * — de mer, Morse *ou* Vache marine, sorte de papier. B.
Éléphantiasis, *s. f.* lèpre qui ride la peau.
Éléphantin. e, *adj.* livre de lois romaines. G. V. * de l'éléphant. R.
Éléphantique, *adj.* 2 *g.* qui a rapport à l'éléphant. * infecté de lèpre. B.
†Éléphantope, *s. m. Elephantopus.* genre de plantes étrangères à fleurs composées, flosculeuses.
Éléphas, *s. m.* plante. * Élephas. G.
Éleuthéries, *s. f. pl.* fêtes de Jupiter-Libérateur. V.
Élévation, *s. f. Elevatio.* action d'élever, ses effets; représentation de la face, t. d'archit. constitution en dignité; grandeur, mouvement de l'ame; grandeur de courage; noblesse de sentimens.
Élévatoire, *s. m.* instrument de chirurgien pour relever les os.
Élève, *s.* 2 *g. Discipulus.* disciple d'un maître. * Éleve. R.
Élever, *v. a. Tollere.* vé. e, *p.* hausser; construire; instruire; nourrir. (s'), *v. r.* acc[u]ser; s'enorgueillir; se porter plus haut; survenir; se déclarer contre.
Élevure, *s. f. Tuberculum.* sorte de pustule; bube; bouton.
Élictroïde, *adj.* membrane des testicules. * ou Élytroïde. G.

Elider, *v. a.* dé. e, *p.* faire une élision. (s'), *v. pronom.* V.
Éligibilité, *s. f.* capacité d'être élu.
Éligible, *adj. 2 g.* qui peut être élu.
Élimer, *v. a.* mé. e, *p.* purger et rétablir un oiseau. G. V. (s'), *v. r.* s'user par l'usage.
†Élimination, *s. f.* action d'éliminer.
Éliminer, *v. a.* né. e, *p.* (*inusité*) chasser. A. V.
Élingue, *s. m.* t. de marine, corde pour soulever. G. V. * fronde sans bourse. G. *pl.* papillons. B.
†Élinguer, *v. a.* é. e, *p.* mettre les élingues.
Élinguet, *s. m.* pièce qui arrête le cabestan. G. V.
Élire, *v. a. Eligere.* lu. e, *p.* choisir; marquer; préférer.
Élisant. e, *s.* qui élit. R.
Élision, *s. f. Elisio.* suppression d'une lettre. *exemple*, l'on.
Élire, *s. f. Delectus.* choix; ce qu'il y a de meilleur.
†Éliter, *v. a.* prendre le meilleur (*vieux*).
Élixation, *s. f.* action de faire bouillir lentement.
Élixir, *s. m. Succus subtilissimus.* extrait des liqueurs, des substances. * ce qu'il y a de meilleur dans un ouvrage, etc. B.
Élixivation, *s. f.* t. de chimie. V.
Elle, *pl.* Elles, *pron. pers. à la 3e. personne. f. Illa.*
Ellébore, *s. m. Helleborum.* plante médicinale. * — blanc. — noir, racine purgative, sternutatoire, bon pour l'apoplexie, la galle; guérit le farcin. B.
Elléborine, *s. f. Scrapias.* plante sans vertus, de la famille des orchides.
Elléboriné. e, *adj.* mêlé, préparé avec l'ellébore. G. V.
†Elléborisme, *s. m. Elleborismus.* traitement par l'ellébore.
Ellipse, *s. f. Ellipsis.* suppression d'un mot, t. de gram.; ovale, t. de géométrie.
†Ellipsoïde, *s. m.* solide formé par la révolution d'une ellipse.
Elliptique, *adj. 2 g.* qui tient de l'ellipse.
Elliptoïde, *adj. 2 g.* t. de géométrie et d'analyse.
†Ellise, *s. f. Ellisia.* genre de plantes exotiques, borraginées.
Elme (feu-St.-), *s. m. Helena.* t. de marine, feu sur l'eau. *ou* Castor et Pollux.
Élocher, *v. a.* ché. e, *p.* ébranler ce qui tient par les racines; détacher, enlever de dessus, t. de métiers (*vieux*). G. C.
Élocution, *s. f. Elocutio.* manière de s'exprimer, choix des mots, t. de rhétorique.
†Élodès, *s. f.* fièvre continue putride.
Éloge, *s. m. Elogium.* louange; panégyrique.
Élogiste, *s. m.* auteur d'éloges. R. V.
Éloignement, *s. m. Distantia.* action d'éloigner, de s'éloigner, ses effets; antipathie; aversion; absence; distance; lointain.
Éloigner, *v. a. Removere.* gné. e, *p.* écarter; retarder; différer; aliéner. (s'), *v. r.* s'absenter; manquer à; avoir de la répugnance.
Éloise, *s. f.* (*vieux*) éclair. V.
Élongation, *s. f.* (d'une planète) différence entre le lieu vrai du soleil et le lieu d'une planète, t. d'astronomie. G. C. V. * t. d'anatomie. R.
Élonger, *v. a.* gé. e, *p.* t. de marine, se mettre de long en long, à côté de. G. C. V.
Élope, *s. m.* poisson à corps en fer de lance, seul de son genre, 9e. genre, 4e. classe. * Élops. L.
†Élophores, *s. m. pl. Elophorus.* insectes coléoptères de l'espèce des silphes.
Éloquemment, *adv. Oratoriè.* avec éloquence.
Éloquence, *s. f. Eloquentia.* art de bien dire, de persuader, d'émouvoir.
Éloquent. e, *adj. Eloquens.* qui a de l'éloquence; choisi; noble; plein d'expression; disert.
†Élotéromètre, *s. m.* instrument pour mesurer la condensation sous la machine pneumatique.
Élu, *s. m.* t. mystique, prédestiné à la gloire éternelle; officier de l'élection. * Élue, *s. f.* G.
Élu. e, *adj. Electus.* choisi. G. C.
Élucidation, *s. f.* explication; éclaircissement.
†Élucider, *v. a.* éclaircir; rendre brillant, rendre manifeste.
Élucubration, *s. f.* ouvrage fait à force de veilles.
Éluder, *v. a. Eludere.* dé. e, *p.* rendre vain, sans effet; éviter avec adresse; s'échapper.
†Éludorique, *s. f.* peinture qui se fait sous l'eau avec des couleurs à l'huile.
†Élutriation, *s. f. Elutriatio.* action de transvaser, t. de chimie.
†Élyme, *s. m. Elymus.* genre de plantes de l'ordre des graminées.
Élysée, *s. m.* séjour des héros, des hommes vertueux, etc. après leur mort, t. de myth.
Élysée. Élysien (champ), *adj. Elysium.* l'élisée; promenade.
†Élytroïde, *s. f. adj.* (tunique) gaîne, enveloppe des testicules.
†Émaciation, *s. f.* amaigrissement.
Émacié. e, *adj.* déformé par la maigreur. V.
Émail, *s. m. Encaustum.* composition de verre, de sels et de métaux; ouvrage en émail; variété de couleurs, de fleurs. *pl.* émaux; t. de blason, couleurs des métaux.
Émailler, *v. a. Pingere.* lé. e, *p.* orner d'émail; embellir, orner, décorer de fleurs, de traits d'esprits.
Émailleur, *s. m. Encaustes.* qui travaille en émail.
Émaillure, *s. f. Encaustice.* ouvrage, art de l'émailleur; tache sur le plumage.
Émanation, *s. f. Emanatio.* action d'émaner; ce qui émane.
Émanché. e, *adj.* t. de blas. enclavé en pyramides.
Émancipation, *s. f.* acte qui émancipe.
Émanciper, *v. a. Emancipare.* pé. e, *p.* mettre hors de tutelle. (s'), *v. r.* prendre trop de liberté.
Émaner, *v. n. Oriri.* né. e, *p.* tirer son origine; sortir; découler.
Émargement, *s. m.* action d'émarger; ce qui est émargé.
Émarger, *v. a.* gé. e, *p.* porter en marge.
†Émarginé. e, *adj. 2 g.* t. d'histoire naturelle, dont les arêtes sont abattues.
†Émarginule, *s. f. Emarginula. ou* Entaille, mollusque céphalé à coquille en bouclier conique.
Émariner, *v. a.* t. de pêcheur. R. V.
†Émasculation, *s. f.* action d'émasculer.
Émasculer, *v. a. Evirare.* lé. e, *p.* ôter les parties de la génération; châtrer. R. C.
Émayer, *v. a.* yé. e, *p.* (*vieux*) admirer, être étonné. V.
†Embabillé. e, *adj.* qui a une mauvaise langue, babillard.
Embabouiner, *v. a. Allicere.* né. e, *p.* (*familier*) engager par caresses.
†Embadurnoser, *v. n. s.* embarrasser; se nuire à soi-même. (*vieux*).
Embâilloner, *v. a.* né. e, *p.* mettre un bâillon.
Emballage, *s. m. Consarcinatio.* action d'emballer. * Embalage. R.
Emballer, *v. a. Colligare.* lé. e, *p.* mettre dans une balle; empaqueter. * Embaler. R.
Emballeur, *s. m. Consarcinator.* qui emballe; hableur (*populaire*). * Embaleur. R.
Embâmer, *v. a.* mé. e, *p.* (*vi.*) embaumer. V.
Embandé, *adj.* entouré de bandes. J. J.
†Embannir, *v. n.* proclamer un ban ou défense. (*vieux*).
†Embanqué. e, *adj.* (vaisseau) entré sur un grand banc.
†Embanquer, *v. a.* passer les canons d'organcin pour ourdir.
Embarbe, *s. f.* ficelle bouclée pour le lisage des desseins. G. C.
Embarbé. e, *adj.* qui a de la barbe. R.
†Embarber, *v. n.* passer sous un pont (*vieux*).
Embarcadaire, *s. m.* lieu propre pour embarquer. C. * Embarcadère, Embarquadère. G.
Embarcation, *s. f.* petit bâtiment. G. C.
Embarder (s'), *v. pers.* dé. e, *p.* se jeter d'un côté ou d'un autre. R. G. C.
Embârer, *v. a.* ré. e *p.* embarrasser dans une barre. R.
Embargo, *s. m.* défense de sortir du port.
Embariller, *v. a.* lé. e, *p. adj.* mettre en baril. C.
Embarquement, *s. m. Conscensio.* action d'embarquer; engagement.
Embarquer, *v. a.* qué. e, *p.* mettre dans un navire, une barque; engager. (s'), *v. r.* entrer dans un navire; se lier; s'engager.
Embarras, *s. m. Impedimentum.* obstacle; confusion; irrésolution. * commencement d'obstruction. B. * Embaras. R.
Embarrassant. e, *adj. Molestus.* qui cause de l'embarras, de la gêne. * Embarassant. R.
Embarrasser, *v. a.* sé. e, *p. Impedire.* causer de l'embarras. (s'), *v. r.* s'inquiéter; s'emplir. * Embarasser. R.
†Embarrer, *v. a.* ré. e, *p.* prendre avec les barres, les tenailles, etc. t. de métiers.
Embarrure, *s. f. Engisoma.* fracture du crâne, t. de chirurgie. * Embârure. R.
Embâse, *s. f.* t. d'horloger, assiette sur l'arbre d'une roue. * partie renflée d'une lame. B. * Embasse. AL.
Embasement, *s. m.* base continue, t. d'architecture. * Embâsement. R.
†Embassure, *s. f.* parois du four.
Embatage, *s. m.* application de bandes sur la roue.
Embatailloner, *v. a.* né. e, *p.* t. militaire. R. V.
Embâter, *v. a.* té. e, *p.* mettre le bât.
Embâtonner, *v. a.* né. e, *p. adj.* (*vieux*) armer de bâtons. V. * Embâtoné. e, *adj.* R.
Embatre, *v. a.* tu. e, *p.* couvrir une roue de bandes de fer. * Embattre. G.
Embattes, *s. m. pl.* vents réglés sur la Méditerranée. * Embates. R.
†Embattoir, *s. m.* fosse pour mettre les roues et les embatre.
Embauchage, *s. m.* action, crime d'embaucher. C.
Embaucher, *v. a.* ché. e, *p.* prendre un ouvrier; enrôler.
Embaucheur, *s. m.* (*famil.*) qui enrôle, engage.
†Embauchoir, *s. m.* moule de bottes, voyez Ambauchoir et Embouchoir.
†Embauchure, *s. f.* fourniture générale de tous les ustensiles d'une saline.
Embaumement, *s. m.* action d'embaumer; composition balsamique qui sert à embaumer.
Embaumer, *v. a.* né. e, *p.* remplir un corps de baume; parfumer.
Embéguiner, *v. a.* né. e, *p.* mettre un béguin; entêter; persuader. (s'), *v. r.* s'entêter de.
Embelle, *s. f.* milieu du vaisseau en long. G. C.
Embellie, *s. f.* t. de marine. C.
Embellir, *v. a. Ornare.* li. e, *p.* rendre beau; parer. *v. n.* devenir beau. (s'), *v. r.* * Embélir. R.
Embellissement, *s. m. Ornatus.* action d'embellir; ornement. * Embélissement. R.

†Embenater, *v. a.* lier les pains de sel avec des osiers.
Embérise, *s. f.* ortolan jaune; traquet blanc; bruant.
Emberlucoquer (s') *v. r.* (*populaire*) s'entêter d'une opinion.
Embesas, *s. m.* t. de jeu de dés. R.
Embesogné. e, *adj.* (*familier*) affairé; occupé à. * *particip.* d'embesogner. (*inus.*) R.
Embesogner, *v. a.* (*vi.*) donner de l'ouvrage. V.
Embichetage, *s. m.* t. d'horloger, mesure de la platine. G. C. V.
†Embistage, *s. m.* situation respective des platines d'une montre.
Emblaver, *v. a.* *Sementem facere.* vé. e, *p.* semer en blé.
Emblavure, *s. f.* terre ensemencée de blé.
Emblée (d'), *adv.* *Primo aditu.* d'abord, tout d'un coup.
Emblématique, *adj.* 2 *g.* qui tient de l'emblème.
Emblème, *s. m.* *Emblema.* figure symbolique avec des paroles. * Emblême. R. G.
Embler, *v. a.* blé. e, *p.* (*vieux*) enlever avec violence, t. de chasse; éviter de payer les droits. (*vieux*).
Emblier, *v. a.* lié. e, *p.* t. de marine, occuper beaucoup de place. R.
†Embloquer, *v. a.* qué. e, *p.* applatir la corne entre deux blocs. * comprendre, renfermer; mettre au rang. CHOLET.
Emblure, *s. f.* t. d'agr. R. * action d'emblaver. B.
Embobliner, *v. a.* né. e, *p.* séduire, tromper.
Embodinure, *s. f.* t. de mar. R. * bouts de cordes autour de l'arganeau. B.
Emboire (s'). *v. r.* bu. e, *p.* s'imbiber.
Emboiser, *v. a.* sé. e, *p.* (*populaire*) engager par cajoleries.
Emboiseur. se, *s.* qui emboise.
Emboîtement, *s. m.* *Commissura.* se dit d'un rang inséré dans le précédent, t. milit.; d'un os qui s'enchâsse dans un autre.
Emboîter, *v. a* *Commissurâ componere.* té. e, *p.* enchâsser. (s'), *v. r.*
Emboîture, *s. f.* *Acetabula.* action d'emboîter, ses effets.
Embolisme, *s. m.* intercalation.
Embolismique, *adj.* 2 *g.* intercalaire; (mois) intercalé dans l'année lunaire.
Embonpoint, *s. m.* *Habitus optimus.* état d'une personne en bonne santé et un peu grasse.
Emborderer, *v. a.* ré. e, *p.* mettre en bordure.
Embosser, *v. a.* sé. e, *p.* amarrer; fixer contre le vent, le courant. G. C.
Embossure, *s. f.* nœud sur une manœuvre. T. * t. de sculpture. R.
†Embothrion, *s. m.* *Embothrium.* *s. m.* genre de plantes de la famille des protés.
†Embotteler, *v. a.* mettre en bottes.
Embouché. e, *adj.* t. de blason. A.
Embouchement, *s. m.* action d'emboucher. R. T.
Emboucher, *v. a.* *Inflare.* ché. e, *p.* mettre à la bouche; instruire de ce qu'il faut dire. * (s'), *v. r.* t. de mar. se dit d'une rivière qui se jette dans une autre, ou dans la mer. B.
Embouchoir, *s. m.* instrument pour élargir les bottes. * le bout d'un cor, t. d'arquebu. R.
Embouchure, *s. f.* *Fauces.* partie que l'on embouche; manière d'emboucher; ouverture; entrée d'une rivière.
Embouclé. e, *adj.* t. de blason. R.
†Emboucler, *v. a.* attacher avec une boucle. (*vieux*).
Embouer, *v. a.* boué. e, *p.* couvrir, salir de boue. A. R. V.
†Embouffeter, *v. a.* té. e, *p.* assembler des planches à rainures et languettes.
Embouquer, *v. a.* qué. e, *p.* entrer dans un détroit, dans un canal.
Embourber, *v. a.* bé. e, *p.* mettre, jeter quelqu'un dans la bourbe; engager dans une mauvaise affaire. (s'), *v. r.* s'emplir de bourbe; s'engager dans.
Embourrer, *v. a.* *Tomento infarcire.* ré. e, *p.* garnir de bourre. *mieux* rembourrer. * t. de potier, cacher les défauts. B. * Embourer. R.
Embourrure, *s. f.* action d'embourrer. C. * Embourure. R.
Emboursement, *s. m.* action d'embourser. C. R.
Embourser, *v. a.* sé. e *p.* mettre en bourse.
Emboussure, *s. f.* t. de marine. R. G. voyez Embossure.
Embouté. e, *adj.* t. de blason, terminé par une virole, un cercle. G. V.
Emboutir, *v. a.* ti. e, *p.* t. d'orf. creuser avec la bouterole. R. * *et* Amboutir. G.
†Emboutissoir, *s. m.* plaque pour emboutir.
†Embranchement, *s. m.* ce qui lie les empannons avec les coyers.
Embraquer, *v. a.* qué. e, *p.* tirer à force de bras une corde dans un vaisseau. G. V.
Embrasement, *s. m.* *Incendium.* grand incendie; sédition; combustion; trouble dans un état; embrasure. * Embrâsement. R.
Embraser, *v. a.* *Incendere.* sé. e, *p.* allumer, mettre en feu. (s'), *v. r.* prendre feu. * Embrâser. R.
Embrassade, *s. f.* *Amplexus.* (*familier*) embrassement.
†Embrassant. e, *adj.* amplexicaule.
Embrassement, *s. m.* action d'embrasser. *pl.* conjonction de l'homme et de la femme.
Embrasser, *v. a.* *Amplecti.* sé. e, *p.* serrer; étreindre dans ses bras; environner; ceindre; renfermer; prendre; contenir; entreprendre, se charger de; se déclarer pour. (s'), *v. r.*
Embrasseur, *s. m.* t. de fondeur. R.
Embrassure, *s. f.* t. de charpentier; assemblage des raies; t. de fondeur, bandes de fer autour du mur de la galerie, autour d'une cheminée, d'une poutre, t. de maçon.
Embrasure, *s. f.* *Fenestra.* ouverture pour le canon; biais d'une fenêtre, trou du fourneau. * Embrâsure. R.
Embrenement, *s. m.* action d'embrener. C. * Embrénement. G. Embrènement. V.
Embrener, *v. a.* né. e, salir de bran.
†Embrescher, *v. n.* mettre des fers aux pieds et aux mains (*vieux*).
Embrévement, *s. m.* t. de charp. entaillure. R. G. C. * Embrévement. V.
Embréver, *v. a.* vé. e, *p.* faire entrer une pièce de bois dans une autre. G. C. * Embrever. R. V.
Embriconner, *v. a.* mé. e, *p.* (*vi.*) tromper. V.
†Embriothlaste, *s. m.* instrument pour rompre les os du fœtus.
Embriulkie, *s. f.* opération de l'accouchement contre nature. G. V.
Embrocation, *s. f.* arrosement; fomentation.
Embrocher, *v. a.* *Veru transfigere.* chié. e, *p.* mettre en broche.
Embronché. e, *adj.* fâché; chagrin. C. voy. Embruncher. G.
Embronchier, *v. a.* chié. e, *p.* (*vieux*) offenser. V.
Embrouillement, *s. m.* *Confusio.* embarras; confusion.
Embrouiller, *v. a.* *Implicare.* lé. e, *p.* mettre de l'embarras, de l'obscurité. (se), *v. r.* s'embarrasser.
Embrouilleur, *s. m.* qui embrouille. V.
Embruiner, *v. a.* né. e, *p.* *adj.* V. (*vieux*) gâter par la bruine. V.
†Embruir, *v. a.* se mettre en colère; menacer des yeux (*vieux*).
Embrumé. e, *adj.* chargé de brouillards.
Embruncher, *v. a.* ché. e, *p.* attacher les solives ensemble; couvrir de tuiles, etc. R. G.
Embrunir, *v. a.* ni. e, rendre brun. R. G. C. V.
†Embrunois. se, *s.* 2 *g.* d'Embrun.
†Embryographie, *s. f.* description du fœtus dans la matrice.
Embryologie, *s. f.* traité sur l'embryon.
Embryon, *s. m.* *Embryo.* fœtus dans la matrice; petit homme. * rudiment du jeune fruit. B.
Embryotomie, *s. f.* dissection ou extraction de l'embryon.
Embryulque, *s. m.* t. de chirurgie. R.
†Embuber, *v. a.* infuser; pénétrer; faire couler.
Embûche, *s. f.* *Insidiæ.* piége; entreprise secrette pour surprendre.
Embûchement, *s. m.* piége tendu dans les bois; trahison ténébreuse. BOREL.
†Embucher, *v. n.* infuser; pénétrer; faire couler; être en embuscade (*vieux*).
Embucher (s'), *v. pers.* ché. e, *p.* t. de vén. rentrer dans le bois. G. V. * Embucher. R.
Embuffler, *v. a.* flé. e, *p.* tromper; amuser. V. * Embufler. R.
Emburelicoquer, *v. p.* (s'), s'embarrasser, se brouiller. RABELAIS.
Embuscade, *s. f.* *Insidiæ.* embûche dans un lieu couvert.
Embusquer (s'), *v. pers.* qué. e, *p.* se cacher pour surprendre; se mettre en embuscade.
Émender, *v. n.* dé. e, *p.* t. de pratique, corriger; réformer.
Émeraude, *s. f.* *Smaragdus.* pierre précieuse d'un beau vert, resplendissante. * cristal de quartz mêlé de schorl. — améthyste, *s. m.* oiseau mouche à gorge verte, de Cayenne. B.
Éméraudine, *s. f.* insecte coléoptère du genre des scarabées. L.
Émergent, *adj.* (rayon) qui traverse et sort d'un milieu, t. de physique.
Éméri, *s. m.* *Smyrites.* pierre dure, brune, réfractaire, pour polir les métaux * quartz *ou* jaspe mêlé de particules de fer. B.
Émérillon, *s. m.* *Æsalon.* oiseau de proie d'une petite taille; outil de cordonnier; canon; * hameçon à tête. — Asalon, le plus petit des oiseaux de proie. *Accipiter.* B.
Émérillonné. e, *adj.* *Alacer.* vif; éveillé. * Émerilloné. R.
Émérite, *adj.* (professeur) pensionné après vingt ans d'exercice.
Émersion, *s. f.* action de reparoître en sortant de l'ombre qui éclipsoit; élévation d'un solide au-dessus d'un fluide dans lequel il étoit plongé.
†Émerus, *s. m.* plante, séné bâtard.
Émerveillable, *adj.* 2 *g.* admirable. V.
Émerveillement, *s. m.* état de celui qui est émerveillé. VOLTAIRE.
Émerveiller, *v. a.* lé. e, *p.* étonner, donner de l'admiration. (s'), s'étonner de.
Éméticité, *s. f.* vertu émétique; forte purgation. T.
Émétique, *adj.* *s. m.* *Vomitorium.* antimoine préparé; tartrite d'antimoine.
Émétisé. e, *adj.* *s. m.* mêlé d'émétique. C.
Émétiser, *v. a.* sé. e, *p.* mêler avec l'émétique. A. V.
Éméto-cathartique, *s.* *adj.* remède qui purge

par haut et par bas. G. C.
†Émétologie, *s. f.* traité des vomitifs.
Émettre, *v. a.* mis. e, *p.* produire; publier; faire circuler.
†Éméu ou Émé, *s. m.* nom donné au touyou et au casoar.
Émeut, *s. m.* *Fimum.* excrémens de l'oiseau. C. G. V.
Émeute, *s. f.* *Seditio.* sédition populaire.
†Émeuter, *v. a.* éternuer. RABELAIS.
Émeutir, *v. n.* *Fimum reddere.* ti. e, *p.* t. de fauconnier, fienter. * requérir une dignité à Malte. C. G. V.
Émeutition, *s. f.* action de requérir une dignité. C. G. V.
Émier, *v. a.* *Friare.* ié. e, *p.* réduire en miettes.
Émietter, *v. a.* té. e, *p.* émier. * Émiéter. R.
Émigrant. e, *adj. s.* qui émigre. G. C. V.
Émigration, *s. f.* action d'émigrer, son effet. G. C. V.
Émigré. e, *adj. s.* qui a abandonné son pays. A. C. G. V.
Émigrer, *v. a.* gré. e, *p.* abandonner son pays pour se fixer dans un autre. A. G. C. V.
Émincée, *s. f.* viande coupée par tranches.
Émincer, *v. a.* cé. e, *p.* couper par tranches minces.
†Émine, *s. f.* mesure de grains en France, voyez Mine.
Éminemment, *adv.* par excellence, au plus haut point.
Éminence, *s. f.* *Collis.* petite hauteur; titre.
Éminent. e, *adj.* *Editus.* élevé; excellent; imminent.
Éminentissime, *adj.* *Eminentissimus.* titre des cardinaux.
Émir, *s. m.* descendant de Mahomet.
†Émiralem, *s. m.* gonfalonier, général des Turcs.
Émissaire, *s. m.* *Emissarius.* envoyé secret pour épier, sonder.
Émission, *s. f.* action d'émettre, de pousser dehors, ses effets.
†Émissole, *s. m.* chien de mer.
†Émite, *s. f.* pierre tendre et blanche. ou Alabastrine.
Emmagasiner, *v. a.* né. e, *p.* mettre en un magasin.
Emmaigrir, *v. a. n.* gri. e, *p.* amaigrir. (s'), *v. pers.* devenir maigre.
Emmaillotter, *v. a.* *Pannis involvere.* té. e, *p.* mettre en maillot. * Emmailloter. R.
†Emmaladir, *v. n.* devenir malade. (*vieux*).
†Emmaller, *v. a.* remplir une malle de hardes. (*vieux*).
Emmanchement, *s. m.* jointure des membres.
Emmancher, *v. a.* *Manubrio instruere.* ché. e, *p.* mettre un manche; ajuster. * *v. n.* entrer dans la Manche, t. de marine. C.
Emmanches, *s. f.* t. de blason. R.
Emmancheur, *s. m.* celui qui emmanche un instrument.
Emmanequiner, *v. a.* né. e, *p.* mettre en mannequins, t. de jard. G. * Emmannequiner. A V.
Emmanné. e, *adj.* rempli de manne. V.
Emmantelé. e, *adj.* (corneille) gris cendré et noir. C. V. * et Emmentelé. e, enveloppé d'un manteau. R.
Emmanteler, *v. a.* lé. e, *p.* entourer d'un mur. V.
Emmanuel, *s. m.* Dieu soit avec nous. G. V.
†Emmarchement, *s. m.* entaille pour recevoir les marches.
†Emmarer, *v. n.* tomber, enfoncer dans un marais (*vieux*).

Emmariné. e, *adj.* accoutumé à la mer. G.
Emmariner, *v. a.* né. e, *p.* amariner; garnir de l'équipage.
Emmarquiser (s'), *v. pers.* sé. e, *p.* prendre le titre, les manières d'un marquis. R. G. C.
Emménagement, *s. m.* action de s'emménager.
Emménager (s'), *v. pers.* acheter, mettre, transporter des meubles. * *v. a.* gé. e, *p.* R.
Emménagogues, *s. m. pl.* *Emmenagoga.* qui provoquent les règles.
†Emménagologie, *s. f.* dissertation sur les emménagogues.
Emmener, *v. a.* *Abducere.* mener d'un lieu dans un autre.
Emménologie, *s. f.* t. de médecine, traité des menstrues. G. C. V. * Emménalogie. AL.
Emmenotter, *v. a.* té. e, *p.* mettre des fers, des menottes. * Emmenoter. R.
Emmeublement, *s. m.* R. voy. Ameublement.
Emmeubler, *v. a.* blé. e, *p.* vendre, louer des meubles. R.
Emmi, *prép.* (*vieux*) au milieu de, dans. G. V.
Emmieller, *v. a.* *Melle illinere.* enduire; mêler de miel. -lé. e, *p. adj.* d'une douceur affectée. * Emmiéler. R.
Emmiellure, *s. f.* cataplasme pour les chevaux. * Emmielure. R.
Emmineur, *s. m.* qui mesure le sel. V.
Emmitoufler, *v. a.* flé. e, *p.* (*familier*) envelopper de fourrures.
Emmitrer, *v. a.* tré. e, *p.* (*vieux*) mettre une mitre à un évêque. C. C.
Émoeller, *v. a.* lé. e, *p.* C. ôter la moelle. R. * Emoëler. G. RR. T.
Emmortaiser, *v. a.* sé. e, *p.* faire entrer dans une mortaise.
Emmotté. e, *adj.* (arbres) à racines entourées de mottes. G. C. * Emmoté. R.
Emmurer, *v. a.* environner de murs. MAROT.
Emmuseler, *v. a.* *Feram capistare.* lé. e, *p.* mettre une muselière.
†Emmusquer, *v. a.* parfumer de musc. (*vi.*)
Émoi, *s. m.* (*vieux*) souci; émotion; inquiétude. * ou Maie, *s. f.* plancher sur le sommier d'un pressoir. B.
†Émoï, *s. m.* poisson du genre du polinème.
Émollient. e, *adj. s.* *Anodynus.* qui amollit, adoucit.
Émolument, *s. m.* *Emolumentum.* gain; profit; gages; casuel.
Émolumenter, *v. n.* té. e, *p.* gagner. (*iron.*)
Émonctoire, *s. m.* *Glandulæ.* glandes; ouvertures pour la décharge des humeurs, des excrémens. * *pl.* G. C.
Émonde, *s. f.* fiente d'oiseau de proie. G. V. *pl.* branches superflues coupées.
Émonder, *v. a.* *Interlucare.* dé. e, *p.* couper les branches superflues d'un arbre.
Émorceler, *v. a.* lé. e, *p.* réduire en morceaux. R.
†Émorfiler, *v. a.* lé. e, *p.* ôter le morfil, t. de métiers.
Émotion, *s. f.* *Commotio.* agitation; mouvement, trouble.
Émotter, *v. a.* *Terram occare.* té. e, *p.* rompre les mottes d'un champ. G. C. * Émoter. R.
Émoucher, *v. a.* *Muscas abigere.* ché. e, *p.* chasser les mouches.
Émouchet, *s. m.* *Accipitris mas.* mâle de l'épervier; femelle de la cresserelle.
Émouchette, *s. f.* caparaçon pour les mouches. * Emouchete. R.
Émoucheur, *s. m.* qui chasse les mouches. R. G C.
Émouchoir, *s. m.* *Muscarium.* queue de cheval pour émoucher.
Émoudre, *v. a.* *Acuere.* moulu, e, *p.* aiguiser; passer sur la meule.
Émouleur, *s. m.* qui aiguise les couteaux, etc.
Émousser, *v. a.* *Hebetare.* sé. e, *p.* ôter la pointe, le tranchant, la mousse; hébêter; ôter la force.
Émoustiller, *v. a.* donner de la vivacité. J. J.
Émouvoir, *v. a.* *Movere.* mu. e, *p.* mettre en mouvement; exciter; agiter, soulever. (s'), *v. r.* se sentir ému; s'agiter.
Émoyer, *v. a.* yé. e, *p.* émouvoir. V.
Empailler, *v. a.* *Paleâ instruere.* lé. e, *p.* garnir, envelopper, remplir de paille.
Empailleur, *s. m.* qui empaille.
†Empakasse, *s. f.* vache sauvage du Gange.
Empalement, *s. m.* sorte de supplice chez les Turcs. * ou Empèlement, anse fermée par une pelle ou palée pour faire couler l'eau, t. de forges; petite vanne. B.
Empaler, *v. a.* lé. e, *p.* percer le corps dans sa longueur avec un pal.
Empaletoquer, *v. p.* (s') se vêtir; s'envelopper. RABELAIS.
Empan, *s. m.* *Dodrans.* sorte de mesure de la longueur d'une main étendue.
Empanacher, *v. a.* ché. e, *p.* garnir d'un panache.
†Empanné. e, Empenné. e, *adj.* ailé.
Empanner, *v. a.* né. e, *p.* mettre en panne, t. de mar. G. C. V. * Empaner. R.
Empanon, *s. m.* chevron de croupe. R. G. C. V. * Empannon. A.
Empaqueter, *v. a.* té. e, *p.* mettre en paquet; envelopper; serrer; presser. (se), *v. pers.*
†Emparagement, *s. m.* mariage convenable.
Emparer (s'), *v. r.* *Occupare.* ré. e, *p.* se saisir; asservir; dominer; envahir.
†Emparlier, *s. m.* avocat plaidant (*vieux*).
Empasme, *s. m.* poudre parfumée. G. V.
Empasteler, *v. a.* lé. e, *p.* t. de teint. donner le bleu avec le pastel. G. V.
Empatement, *s. m.* base; pied.
Empâtement, *s. m.* action d'empâter, ses effets.
Empater, *v. a.* té. e, *p.* t. de charron, faire les pattes des roues. C. * ou Empatter. V.
Empâter, *v. a.* té. e, *p.* rendre pâteux; remplir, couvrir de pâte; engraisser.
Empatronner, *v. a.* V.
Empature, *s. f.* t. de marine. R. * jonction de deux pièces de bois. B. Empâture. RR.
Empaumer, *v. a.* *Manu capere.* mé. e, *p.* recevoir avec la paume; prendre; s'emparer de l'esprit de. * Empaûmer. R.
Empaumure, *s. f.* partie d'un gant; t. de vénerie, haut de la tête du vieux cerf, dont le bas imite la main et les doigts. * Empaûmure. R.
Empeau, *s. m.* ente en écorce. R. G. C. V.
Empêchement, *s. m.* *Impedimentum.* obstacle; opposition.
Empêcher, *v. a.* ché. e, *p. adj.* apporter, faire, mettre obstacle à; embarrasser. (s'), *v. r.* s'abstenir.
Empeigne, *s. f.* *Obstragulum.* tout le dessus du soulier.
Empellement, *s. m.* bonde d'un étang. G. C. V. * Empélement. R. ou Empalement. B.
Empeloté, *adj. m.* t. de fauconnerie, qui ne digère pas. R. G. C. V.
†Empeloter (s'), *v. pers.* se dit de l'oiseau dont la nourriture se met en pelotons.
Empenneler, *v. a. a.* lé. e, *p.* t. de marine R. * mouiller une ancre à la suite d'une autre. B.
Empennelle, *s. f.* t. de marine, petite ancre qui tient à la grosse. G. V. * Empennele. R.
Empenner, *v. a.* né. e, *p.* garnir une flèche de plumes.

†Empenoir, *s. m.* ciseau de menuisier recourbé par les deux bouts.
Empereur, *s. m. Imperator.* monarque; chef d'un empire. * *au lieu* d'Imperator, titre donné aux généraux romains. — grand poisson à museau en épée. — très-beau papillon. — grand serpent du Mexique, adoré comme devin par les sauvages. B.
Empérière, *s. f.* (*vieux*) impératrice. V.
Empesage, *s. m.* action, manière d'empeser.
Empeser, *v. a.* sé. e, *p.* (du linge) y mettre de l'empois; mouiller une voile trop claire, t. de marine.
Empeseur. se, *s.* qui empèse.
Empester, *v. a. Peste inficere.* té. e, *p.* infecter de peste, de mal contagieux; répandre une odeur fétide.
Empêtrer, *v. a. Intricare.* tré. e, *p.* lier la jambe; embarrasser le pied; t. d'agriculture. (s'), *v. r.*
Empetrum, *s. m.* plante médicinale. * Empétrum. G. C. V.
Emphase, *s. f. Emphasis.* pompe affectée dans les discours, les écrits, la prononciation. * Emphâse. R.
Emphasé. e, *adj.* enflé. R.
Emphatique, *adj.* 2 *g. Emphasim habens.* qui a de l'emphase.
Emphatiquement, *adv. Magnificè.* d'une manière emphatique.
Emphractique, *adj.* 2 *g. Emphracticum.* visqueux, qui bouche les pores. *ou* Emplastique.
†Emphraxie, *s. f.* obstruction.
†Emphysémateux. se, *adj.* de la nature de l'emphysème.
Emphysème, *s. m. Emphysema.* maladie qui fait enfler; tumeur pleine d'air. * Emphysême. R.
Emphytéose, *s. f. Emphyteusis.* bail à longues années. * Emphythéose. C. G. Emphytéôse. R.
Emphytéote, *s.* 2 *g. Emphyteutes.* qui jouit de l'emphytéose, t. de jurisprudence. * *ou* Emphyteutaire. R R.
Emphytéotique, *adj.* 2 *g. Emphyteuticus.* qui appartient à l'emphytéose, t. de pratique.
Empiégé. e, *adj.* pris dans un piége. (*inus.*) R.
Empième, *s. m. Empyema.* sang épanché, amas de pus dans une cavité; l'opération de son ouverture. * Empyême. R.
†Empiéner, *v. a.* obliger quelqu'un à marcher. (*vieux*).
Empiétant. e, *adj.* t. de vénerie, qui a les pieds bons et beaux. R. G. C.
Empiéter, *v. a.* té. e, *p.* usurper; entreprendre sur. * arrêter avec les serres. A. V. poser une base à. G.
Empiffrer, *v. a.* fré. e, *p.* (*familier*) faire manger excessivement; rendre gras. (s'), *v. r.* devenir excessivement replet; manger beaucoup, avec excès. * Empifrer. R.
†Empiger, *v. a.* enduire de poix (*vieux*).
†Empile *ou* Pile, *s. f.* ligne déliée, double, garnie d'un hameçon.
Empilement, *s. m.* action, manière d'empiler; t. d'artillerie.
Empiler, *v. a. Struere.* lé. e, *p.* mettre en pile. * attacher à une empile. B.
Empirance, *s. f.* déchet; altération. R. G. C. V.
Empire, *s. m. Imperium.* commandement; monarchie; l'empire d'Allemagne; autorité; domination, son étendue, sa durée, ses sujets.
Empirement, *s. m.* état pire. MONTAIGNE.
Empirer, *v. n. Ingravescere.* ré. e, *p.* devenir pire. *v. a.* rendre pire.
Empirique, *adj.* 2 *g. Empiricus.* médecin qui n'a que l'expérience; charlatan. ' expérimental, reconnu par le fait. K.
Empirisme, *s. m.* médecine pratiquée d'après la seule expérience; médecine empirique. * métaphysique qui considère les objets en tant qu'ils existent. K.
†Empis, *s. m. pl.* insectes.
Emplacement, *s. m.* lieu, place d'une maison; action d'emplacer.
Emplacer, *v. a.* cé. e, *p.* mettre en place. R. V.
Emplage, *s. m.* action d'emplir. V.
†Emplaigner, *v. a.* garnir les draps aux chardons. voyez Lainer.
†Emplanture, *s. f.* trou qui sert de carlingue aux mâts des bateaux.
Emplastique, *adj.* voyez Emphractique. * topique obstruant. G.
Emplastration, *s. f.* action de mettre une emplâtre; ente en écusson. R. G. C. V.
Emplâtre, *s. m. Emplastrum.* onguent étendu sur du linge; personne inutile, incapable d'agir; mauvais expédient.
Emplâtrer, *v. a.* tré. e, *p.* t. de doreur sur cuir, étendre le vernis. R.
Emplâtrier, *s. m. Emplatrarium.* lieu où l'on met les emplâtres, t. de pharmacie. R. G. C.
Emplette, *s. f. Coëmptio.* achat de marchandises. * Emplete. R.
†Emplèvre, *s. m. Empleurum.* bel arbrisseau d'Amérique.
†Empli, *s. m.* 2e. cuite du sucre; où l'on met les formes.
Emplir, *v. a. Implere.* pli. e, *p.* rendre plein. (s'), *v. r.* devenir plein.
Emplocies, *s. f. pl.* jeux à Athènes. V.
Emploi, *s. m. Usus.* usage que l'on fait d'une chose; fonction; occupation; placement d'argent.
Employé, *s. m.* qui a un emploi; commis de bureau.
Employer, *v. a. Impendere.* yé. e, *p.* mettre en usage; se servir de; donner un emploi, de l'occupation. (s'), *v. r.* s'occuper à, s'amuser à.
Emplumer, *v. a.* mé. e, *p.* garnir de plumes. * (s'), réparer ses pertes; s'enrichir. V.
†Emplure, *s. f.* premier vélin pour battre l'or.
Empocher, *v. a. Condere.* ché. e, *p.* mettre en poche.
Empointer, *v. a.* té. e, *p.* faire quelques points. V. * aiguiser en pointe. B.
Empoigné. e, *adj.* t. de blason, liés ensemble par le milieu. A. V. * *pl.* Empoignés. nées. G. C.
Empoigner, *v. a. Comprehendere.* gné. e, *p.* prendre et serrer avec la main.
†Empointeur, *s. m.* ouvrier qui aiguise, t. de métiers.
Empois, *s. m. Amylum.* sorte de colle d'amidon.
Empoisonnement, *s. m. Veneficium.* action d'empoisonner, ses effets. * Empoisonement. R.
Empoisonner, *v. a. Venenum dare.* né. e, *p.* donner du poison; infester de poison; corrompre; donner un tour malin, défavorable. * *v. n.* répandre une odeur infecte, morbifique. B. Empoisoner. R.
Empoisonneur. se, *s. Veneficus.* qui empoisonne. * Empoisoneur. R. mauvais cuisinier; qui débite une morale dangereuse. B.
Empoisser, *v. a. Pice linere.* sé. e, *p.* enduire de poix. voyez Poisser.
Empoissonnement, *s. m.* action d'empoissonner. * Empoissonement. R.
Empoissonner, *v. a.* né. e, *p.* peupler de poissons. * Empoissoner. R.
†Emporétique, *adj.* (papier) gris pour filtrer.
Emporté. e, *adj. s. Ablatus.* violent; colère.
Emporte-pièce, *s. m.* instrument pour découper; satyrique très-mordant.
Emportement, *s. m.* mouvement violent causé par une passion; colère.
Emporter, *v. a. Asportare.* té. e, *p.* enlever, ôter d'un lieu; entraîner; gagner; attirer; prévaloir; jeter dans un excès; avoir le dessus. *v. pron. pers.* peser d'avantage. (s'), *v. r.* se fâcher violemment; se mettre en colère.
Empoter, *v. a.* té. e, *p.* mettre dans un pot. R. G. C. V.
Empouille, *s. f.* fruits pendans; moisson sur pied, t. de pratique. G. C. V.
Empoulette, *s. f.* Ampoulette. * Empoulete. R.
Empoupper, *v. a.* pé. e, *p.* (*vieux*) t. de marine. R.
Empourprer, *v. a.* pré. e, *p.* (*vieux*) colorer de rouge ou de pourpre, t. poëtique.
†Empoutrerie, *s. f.* poutres du plancher du beffroi.
Empreindre, *v. a. Imprimere.* preint. e, *p. adj.* imprimer.
Empreinte, *s. f. Impressio.* impression; marque; figure empreinte. * *pl.* pierres chargées d'empreintes. *Typolithi.* B.
Empressé. e, *adj. s. m.* qui agit avec ardeur, qui veut tout faire.
Empressement, *s. m. Diligentia.* action de s'empresser; soins empressés.
Empresser (s'), *v. r.* sé. e, *p.* agir avec ardeur, diligence, empressement; se hâter; s'inquiéter.
†Emprimerie, *s. f.* grande cuve de tanneur.
Empris. e, *adj.* (*vieux*) entrepris. V.
Emprisonnement, *s. m. Inclusio.* action d'emprisonner, son effet. * Emprisonement. R.
Emprisonner, *v. a. Includere.* né. e, *p.* mettre en prison. * Emprisoner. R.
Emprisonnerie, *s. f.* (*vieux*) incarcération. V.
†Emprosthotonos, *s. m.* convulsion qui fait pencher le corps en avant.
Emprunt, *s. m. Mutuatio.* action d'emprunter; chose empruntée.
Emprunter, *v. a. Mutuum sumere.* demander et recevoir un prêt; se servir de. emprunté. e, *adj. p.* déguisé; faux.
Emprunteur. se, *s.* qui emprunte, a l'habitude d'emprunter.
Empuantir, *v. a. Inficere.* ti. e, *p.* remplir de puanteur; infecter. (s'), *v. r.* commencer à puer.
Empuantissement, *s. m.* état de ce qui s'empuantit.
†Empuse, *s. m.* fantôme produit par une imagination échauffée.
†Empyocèle, *s. f. Empyocele.* espèce de fausse hernie.
†Empyomphale, *s. f. Empyomphalus.* hernie ombilicale.
Empyrée, *adj. s. m. Cœlestis sedes.* séjour des bienheureux; la partie la plus élevée des cieux. * Empirée. C.
Empyreumatique, *adj.* 2 *g.* qui tient de l'empyreume. G. C. V. * Empyreûmatique. R.
Empyreume, *s. m. Empyreuma.* huile brûlée, son goût. * Empyreûme. R.
†Empys, *s. m. pl.* genre d'insectes diptères, à trompe grêle; ils sucent les vipères.
Emrakhor, *s. m.* grand écuyer en Turquie. G. V.
†Emsalmittes, Empsalmistes *ou* Ansalmistes, *s. m. pl.* médecins qui prétendent guérir avec des paroles mystérieuses.
Émulateur, *s. m. Æmulator.* touché d'émulation; qui excite l'émulation; imitateur; envieux; rival; concurrent. * *f.* Émulatrice. R. G.
Émulation, *s. f. Æmulatio.* désir noble d'égaler ou surpasser.

Émulatrice,

Émulatrice, *s. f.* concurrente. RR.
Émule, *s. m.* *Æmulus*, concurrent; antagoniste; rival.
Émulgent. e. *adj.* qui porte le sang dans les reins.
Émulsion, *s. f.* potion rafraîchissante.
Émulsionner, *v. n.* né. e, *p.* mettre des quatre semences froides dans une potion. * Émulsioner. R.
En, *préposition qui marque le rapport au lieu, au temps, l'état, le motif, l'occupation.* selon, avec, pour, dans, durant, pendant. *pronom relatif*, de là, de cela, de.
Énallage, *s. m.* t. de grammaire latine, changement des modes, des temps.
†Énamérer, *v. a.* rendre amer (*vieux*).
Énamouré. e, *adj.* amoureux. G. C.
†Énarbrer, *v. a.* é. e, *p.* faire tenir une roue sur son arbre.
Énarrhement, *s. m.* action de donner des arrhes. V. G. R.
Énarrher, *v. a.* rhé. e, *p.* donner des arrhes. R. G. V.
Énarthrose, *s. f.* cavité d'un os. G. V. * Énarthrôse. R.
Énas, *s. m.* pigeon sauvage. C. * *ou* Anas. G.
†Énaser, *v. a.* couper le nez (*vieux*).
†Énaucher, *v. a.* é. e, *p.* t. d'épinglier, former la place de la branche de l'épingle.
Encabanement, *s. m.* t. de marine. R. * partie du vaisseau qui se rétrécit vers le plat-bord. B.
Encablure, *s. f.* t. de marine, distance de cent vingt brasses. G. C. V.
Encadrement, *s. m.* action d'encadrer, ses effets. * Encâdrement. R.
Encadrer, *v. a.* *In quadrum includere.* dré. e, *p.* mettre dans un cadre. * Encâdrer. R.
Encager, *v. a.* *Includere.* gé. e, *p.* mettre en cage, en prison. A. G. R. V. CO.
†Encaissage, *s. m.* encaissement; art d'encaisser.
Encaissement, *s. m.* action d'encaisser. * charpente en caisse; encaissage; mise en caisse; emploi de caisse pour les piles des ponts. B.
Encaisser, *v. a.* sé. e, *p.* mettre en caisse.
Encan, *s. m.* *Auctio.* cri public pour vendre.
Encanailler (s'), *v. r.* lé. e, *p.* fréquenter de la canaille. * *v. a.* A. C. G. CO.
Encanthis, *s. m.* tumeur de la caroncule lacrymale.
†Encantrer, *v. a.* ranger les canons dans le cantre, t. de marine.
Encapelé. e, *adj.* t. de marine, arrêté; attaché. G. C. V.
Encappé. e, *adj.* t. de marine, qui est entre les capes. V. * Encapé. R. AL.
Encapuchonner (s'), *v. r.* né. e, *p.* se couvrir la tête d'un capuchon. * t. de manufacture, ramener sa tête vers le col. B. Encapuchoner. R.
Encaquer, *v. a.* *Condere.* qué. e, *p.* mettre dans une caque; presser, entasser dans une voiture.
†Encaqueur, *s. m.* celui qui met les harengs en caques.
†Encardites, *s. f. pl.* coquilles fossiles, bivalves, qui tiennent des cœurs, des oursins.
†Encassure, *s. f.* entaille au lissoir de derrière; t. de manufacture.
Encasteler (s'), *v. r.* lé. e, *p.* se dit des chevaux qui ont le talon trop serré.
Encastelure, *s. f.* t. de vénerie, douleur dans le pied de devant. G. V. * *ou* Encastélement. R.
†Encaster, *v. a.* té. e, *p.* disposer les pièces à enfourner.
Encastillage, *s. m.* partie du vaisseau hors de l'eau.
Encastillement, *s. m.* action d'encastiller, son effet.
Encastiller, *v. a.* lé. e, *p.* enchâsser. R. G. C. V.
Encastrement, *s. m.* action d'encastrer, ses effets.
Encastrer, *v. a.* *Includere.* tré. e, *p.* enchâsser; joindre, unir par le moyen d'une entaille.
Encaume, *s. m.* *Encauma.* pustule, marque d'une brûlure. G. V. * ulcère de la cornée. B.
Encaustique, *adj. s. f.* peinture en couleurs préparées avec la cire.
Encavement, *s. m.* action d'encaver.
Encaver, *v. a.* vé. e, *p.* mettre en cave.
Encaveur, *s. m.* qui encave.
Enceindre, *v. a.* *Cingere.* ceint. e, *p.* environner; entourer.
Enceinte, *adj.* *Gravida.* (femme) grosse d'enfant. *s. f.* tour; clôture; circuit.
Enceinturer, *v. a.* ré. e, *p.* (*vieux*) engrosser. V.
†Encélie, *s. f.* *Encelia.* genre de plantes exotiques, composées.
Encénies, *s. f. pl.* fêtes juives de la purification du temple.
Encenquesta, *s. m.* (*vieux*) aveuglement. V.
Encens, *s. m.* *Thus.* parfum; gomme aromatique; louange. voyez Oliban.
Encensement, *s. m.* *Suffimentum.* action d'encenser.
Encenser, *v. a.* sé. e, *p.* donner de l'encens, des louanges; flatter.
Encenseur, *s. m.* louangeur (*figuré*).
Encensoir, *s. m.* *Thuribulum.* cassolette pour encenser; l'église. *ou* l'Autel, constellation australe.
Encéphale, *adj.* 2 *g.* vers engendrés dans la tête.
Encéphalite, *s. f.* pierre imitant le cerveau. G. V.
†Encéphalocèle, *s. m.* hernie du cerveau.
†Encéphaloïdes, *s. f.* *Encephaloides.* astroïte ou coralloïde en forme de champignon ondulé.
Enchaînement, *s. m.* *Series.* liaison; connexion.
Enchaîner, *v. a.* *Constringere.* né. e, *p.* lier; attacher; captiver. * (s'), *v. pron.* V.
Enchaînure, *s. f.* enchaînement, t. de manuf.
†Enchalage, *s. m.* action d'empiler le bois, t. de saline.
†Enchaleur, *s. m.* celui qui empile le bois, t. de saline.
Enchanteler, *v. a.* lé. e, *p.* mettre sur des chantiers; ranger dans un chantier. G. C. V.
Enchantement, *s. m.* *Cantatio.* effet des charmes; ravissement; ce qui est surprenant, merveilleux. *pl.* actions pour enchanter.
Enchanter, *v. a.* *Incantare.* charmer, ensorceler par la magie; surprendre; séduire; ravir. -té. e, *p. adj.* fait par enchantement; merveilleux; très-beau.
Enchanterie, *s. f.* effet d'une science magique. R. G. C.
Enchanteur. teresse, *adj. s.* *Magus.* qui enchante; qui séduit.
†Enchapeler, *v. a.* mettre un chapeau sur la tête (*vieux*).
Enchaper, *v. a.* pé. e, *p.* enfermer un baril dans un autre. G. C. V.
Enchaperonner, *v. a.* né. e, *p.* couvrir d'un chaperon. * Enchaperoner. R.
Encharboté. e, *adj.* (*vieux*) embarrassé. V.
Encharger, *v. a.* gé. e, *p.* recommander fortement. R.
†Encharner, *v. a.* né. e, *p.* mettre les charnières en place.
Encharté. e, *adj.* (*vieux*) emprisonné. V.
Enchâsser, *v. a.* sé. e, *p.* encastrer; faire tenir dans; faire entrer.
Enchâssure, *s. f.* *Inclusio.* action d'enchâsser, ses effets. * ce qui enchâsse. B.
Enchaussé, *adj.* t. de blason.
Enchausser, *v. a.* sé. e, *p.* t. de jardinier, couvrir de paille.
†Enchaussumer, *v. a.* répandre de la chaux sur quelque chose (*vieux*).
†Enchélydes, *s. f. pl.* vers infusoires à corps cylindrique. *pron.* ké. M.
Enchenots, *s. m. pl.* t. d'ardoisier. R. * rigoles en bois. B.
Enchère, *s. f.* *Licitatio.* offre au-dessus d'un autre. (folle), offre excédant la valeur, t. de pratique. * Enchere. R. folle-enchère. C.
Enchérir, *v. a.* *Liceri.* ri. e, *p.* mettre une enchère sur; rendre plus cher; surpasser. *v. n.* devenir plus cher.
Enchérissement, *s. m.* haussement de prix.
Enchérisseur, *s. m.* *Licitator.* qui met une enchère.
†Enchevalement, *s. m.* étai pour reprendre en sous-œuvre.
Enchevauchure, *s. f.* t. d'arts et métiers, jonction par recouvrement, par feuillure. G. V.
Enchevêtrer, *v. a.* *Capistrare.* tré. e, *p.* mettre un chevêtre, un licou. (s'), *v. r.* t. de manége, s'embarrasser.
Enchevêtrure, *s. f.* *Funda.* t. de charpentier, cadre de l'âtre; t. de vétérinaire, mal fait en s'enchevêtrant.
Enchevillé. e, *adj.* t. de chirurgie. R.
Enchifrenement, *s. m.* *Gravedo.* embarras dans le nez causé par un rhume.* Enchifrénement. R. Enchifrènement. V.
Enchifrener, *v. a.* né. e, *p.* causer un rhume de cerveau.
Enchymose, *s. f.* effusion subite du sang sous la peau, t. de médecine. * Enchymôse. R.
Encirer, *v. a.* ré. e, *p.* enduire de cire. V. R.
Enclave, *s. f.* *Fines.* chose enclavée; limite. * Enclâve. R.
Enclavement, *s. m.* action d'enclaver, son effet. * Enclâvement. R.
Enclaver, *v. a.* *Includere.* vé. e, *p.* enclorre; fermer. * Enclâver. R.
Enclavure, *s. f.* action d'enclaver. V.
Enclictage, *s. m.* t. d'horloger, action d'un cliquet et de son ressort, pour qu'une roue ne puisse tourner que d'un côté. G. V. * Encliquetage. AL.
Enclin. e, *adj.* *Propensus.* porté de son naturel à.
Encliner, *v. a.* R. V. voyez Incliner.
†Encliqueter, *v. a.* té. e, *p.* se dit du cliquet qui s'engage dans les dents du rochet.
Enclitique, *s. f.* union de deux mots. G. C.
Encloîtrer, *v. a.* tré. e, *p.* mettre dans un cloître. R. V.
Enclorre, *v. a.* *Cingere.* clos. e; *p. adj.* clorre de murs, etc. enclaver. * Enclore. A. Enclôre. clôs. e, *p.* R.
Enclos, *s. m.* *Septum.* enceinte, espace qu'elle renferme. * Enclôs. R.
Enclotir (s'), *v. r.* ti. e, *p.* t. de vénerie; se terrer. V. R.
Enclôture, *s. f.* tour de la broderie. * Encloture. R.
Enclouer, *v. a.* oué. e, *p.* piquer le cheval en le ferrant; enfoncer un clou dans la lumière du canon.
Encloues, Enclouses, *s. f. pl.* t. de papeterie. R.
Enclouure, *s. f.* t. de vétérinaire, blessure faite en enclouant. *Obstructio.* obstacle; difficulté. * Enclouûre. C.
Enclume, *s. f.* *Incus.* masse de fer sur laquelle

ou bat les métaux ; osselet de l'ouïe.
Enclumeau, *s. m.* petite enclume portative. G. C. RR. * *ou* Enclumot. A. V.
†Enclumette, *s. f.* outil de boisselier pour river les clous.
†Encoche, *s. f.* établi de sabotier. *ou* Coche, t. de serrurier.
Encochement, *s. m.* action d'encocher, son effet. G. RR.
Encocher, *v. a.* ché. e, *p.* mettre la corde de l'arc dans sa coche. * t. de vannier, planter des chevilles. B.
Encochure, *s. f.* t. de marine, où l'on amarre le bout des voiles. G. V. RR
Encoffrer, *v. a. Arcâ condere.* fré. e, *p.* (*familier*) serrer, mettre dans un coffre, en prison. * Encofrer. R.
Encogner, *v. a.* gné. e, *p.* t. de marine, faire couler un anneau le long de la vergue. C. G. Encoquer. T.
Encoignure, *s. f. Angulus.* coin, angle de deux murailles; meuble qu'on y place. * *et* Encognure. A. V.
Encolage, *s. m.* t. de doreur sur cuir. R.
Encoler, *v. a.* lé. e, *p.* t. de doreur. R.
†Encollage, *s. m.* couche de colle très-chaude pour recevoir les apprêts.
†Encoller, *v. a.* lé. e, *p.* souder, t. de forge; couvrir de colle.
†Encollure, *s. f.* t. de forge, soudure; réunion.
Encolure, *s. f. Colli species.* partie du corps depuis la tête jusqu'aux épaules; mine, air, apparence.* réunion de pièces soudées. B.
Encombomate, *s.* t. d'antiquaire. V.
Encombre, *s. m.* empêchement ; embarras. * ruines entassées. B.
Encombrement, *s. m.* action d'encombrer, ses effets ; embarras.
Encombrer, *v. a. Vias impedire.* bré. e, *p.* embarrasser de décombres, de gravois, etc.
Encombrier, *s. m.* (*vieux*) détriment. V.
Encomédienner, *v. a.* né. e, *p.* prendre l'état de comédien. V.
Encomiaste, *s. m.* panégyriste. V. RR.
Encontre, *s. f.* (*vieux*) aventure.
Encontre (à l'), *prép.* contre. * à-l'encontre. C.
Enconvenancer, *v. a.* cé. e, *p.* faire un accord. V.
†Encoquer, *v. a.* faire rouler un anneau de fer le long de la vergue; capeler.
Encoquure, *s. f.* t. de marine, entrée du bout de la vergue dans un anneau. R. * Encoqûre. AL.
Encorbellement, *s. m.* t. d'archit. saillie portant à faux; console; corbeau. G. V. * Encorbélement. R. Encorbelement. RR.
Encore, *adv. de temps. Adhuc.* de nouveau ; du moins; de plus. * *et* Encor (*en poësie*).
Encore que, *conj.* bien que, quoique. * Encore-que, bien-que. C.
Encornail, *s. m.* t. de marine, trou, mortaise au haut du mât. G. V. RR.
Encornailler (s'), *v. pers.* (*burlesque*) épouser une femme peu chaste. C. G.
Encorné. e, *adj.* qui a des cornes ; sous la corne.
Encorner, *v. a.* né. e, *p.* revêtir un arc de cornes. G. V.
Encorneter, *v. a.* té. e, *p.* mettre dans un cornet de papier. (s'), *v. pers.* prendre une cornette de femme. T. R. G. * Encornetter. C.
Encoubert, *s. m.* animal, espèce de tatou à cuirasse à six bandes.
Encoulper, *v. a.* pé. e, *p.* rendre coupable. V.
Encouragement, *s. m. Incitamentum.* ce qui encourage.
Encourager, *v. a. Excitare.* gé. e, *p.* animer; exciter; donner du courage.
Encourement, *s. m.* t. de coutume. RR.
Encourir, *v. a. Incurrere.* ru. e, *p.* attirer sur soi ; mériter; tomber en.
Encourtiner, *v. a.* né. e, *p.* fermer de courtines, de rideaux. R. G. C. RR. * Environner. C. T.
†Encouturé, *adj.* (bordages) qui passent l'un sur l'autre.
Encrasser, *v. a. Sordidare.* sé. e, *p.* rendre crasseux. (s'), *v. r.* se remplir de crasse ; se mésallier ; se rouiller.
†Encratites, *s. m. pl.* sectaires qui observoient une abstinence outrée.
Encre, *s. f. Atramentum.* liqueur, pâte colorée pour écrire, imprimer.
†Encrénée, *s. f.* état du fer sous le marteau ; *adj. f.* t. de forge (pièce).
†Encréner, *v. a.* né. e, *p.* faire des entailles aux créneaux (*vieux*).
Encrêper (s'), *v. r.* pé. e, *p.* prendre un crêpe. R.
†Encrinites, *s. m. pl.* zoophites; encrine fossile.
Encrier, *s. m. Atramentarium.* vase ; planche, etc. où l'on met l'encre.
†Encrine, *s. m. Encrinus.* polypier libre à rayons, tige osseuse.
Encroué, *adj.* (arbre) tombé et embarrassé dans un autre, t. d'eaux et forêts.
Encroûter, *v. a. Incrustare.* té. e, faire un enduit. (s'), *v. r.* se couvrir d'une croûte. R.
Encuirasser (s') *v. r. Loricare.* sé. e, *p.* se couvrir d'une crasse épaisse.
Enculasser, *v. a.* sé. e, *p.* mettre la culasse au canon, t. d'artillerie. R. G. C. V.
Encuvement, *s. m.* action d'encuver. R. G. C.
Encuver, *v. a.* vé. e, *p.* mettre en cuve.
†Encyclie, *s. f. Encycles.* cercle qui se forme dans l'eau lorsqu'il y tombe un corps.
Encyclique, *adj.* (lettre) circulaire. A. R. V.
Encyclopédie, *s. f. Encyclios disciplina.* enchaînement de toutes les sciences ; science universelle; livre qui les contient.
Encyclopédique, *adj.* 2 *g.* qui comprend toutes les sciences; de l'encyclopédie.
Encyclopédiste, *s. m.* auteur encyclopédique. A.
Endécader (s'), *v. r.* s'endimancher. C.
Endécagône, *adj. s. m.* à onze angles et onze côtés. R.
Endécassyllabe, *s. m.* à onze syllabes. R.
Endémené, *adj. m.* lascif. V.
Endémique, *adj.* 2 *g.* particulier à un peuple. *pron.* in.
Endente, *s. f.* liaison de deux pièces de bois, t. de charp. G. V. * *ou* Endante. R.
Endenté. e, *adj.* composé de triangles alternes; garni de dents; t. de blason.
Endenter, *v. a.* té. e, *p.* mettre des dents.
Endenture, *s. f.* V. * charte-partie coupée en zig-zag; actes doubles; écrit à deux colonnes torses. B.
Endetter, *v. a.* té. e, *p.* causer des dettes ; charger de dettes. (s'), *v. r.* faire des dettes. * Endéter. R.
Endêvé. e, *adj. s.* mutin ; impatient ; emporté.
Endêver, *v. n. Furere.* (*popul.*) enrager ; avoir grand dépit.
Endiablé. e, *adj. s.* enragé ; furieux ; très-méchant.
Endiabler, *v. n.* (faire). tourmenter. A. * enrager ; endêver. V.
†Endicter, *v. a.* dénoncer quelqu'un. (*vieux*).
Endimancher (s'), *v. r.* ché. e, *p.* (*familier*). mettre ses beaux habits.
Endiomètre, *s. m.* machine pour connoître la pureté de l'air. V.
Endive, *s. f. Intubus.* plante potagère.
†Endizeter, *v. a.* mettre par dixaines.
Endoctriner, *v. a. Erudire.* né. e, *p.* instruire.
Endolori. e, *adj.* qui ressent de la douleur. J. J.
Endommagement, *s. m.* détérioration, dépérissement. V. * Endomagement. R.
Endommager, *v. a. Nocere.* gé. e, *p.* apporter, causer du dommage. * Endomager. R.
Endormeur, *s. m.* enjôleur, flatteur.
†Endormie, *s. f.* pomme épineuse.
Endormir, *v. a. Sopire.* faire dormir ; engourdir ; amuser pour tromper. (s'), *v. r.* commencer à dormir ; négliger une affaire ; croupir dans. -mi. e, *p. s.*
Endormissement, *s. m.* assoupissement. R. V.
Endosse, *s. f.* (*familier*). le faix et toute la peine d'une chose. * Endôsse. R.
Endossement, *s. m.* t. de commerce, écrit au dos d'un acte, d'un billet. * Endôssement. R.
Endosser, *v. a. Induere.* sé. e, *p.* mettre sur son dos, au dos ; charger de. * Endôsser. R.
Endosseur, *s. m.* celui qui a endossé. * Endôsseur. R.
†Endouairer, *v. a.* assurer un douaire. (*vieux*).
†Endouziner, *v. n.* tourner en rond et par douzaine les cordes à boyau.
†Endoyer, *v. a.* montrer au doigt. (*vieux*).
Endroit, *s. m. Locus.* lieu, côté, place, partie d'espace.
Endroit (en), *adv.* (*vieux*) t. de prat. à l'endroit. * en-endroit. C.
Enduire, *v. a. Inducere.* duit. e, *p.* couvrir d'un enduit. * digérer, t. de chasse. B.
Enduisson, *s. f.* action d'enduire. R.
Enduit, *s. m. Tectorium.* couche de chaux, de plâtre, etc.
Endurant. e, *adj. Patiens.* patient, qui souffre aisément.
Endurcir, *v. a. Indurare.* ci. e, *p.* rendre dur, fort ; accoutumer à la peine. (s'), *v. r.* devenir dur ; s'accoutumer à la peine.
Endurcissement, *s. m. Induratio.* dureté de cœur; opiniâtreté.
Endurer, *v. a. Ferre.* ré. e, *p.* souffrir ; supporter patiemment.
Énéide, *s. f. Æneis.* poëme héroïque de Virgile. R.
Énéléum, *s. m.* mélange de vin et d'huile rosat. G. G.
Énéorème, *s. f. Enæorema.* substance qui nage dans l'urine. * Énéorême. R. G. V.
Énergie, *s. f. Vis.* force efficace; vertu; courage.
Énergique, *adj.* 2. *g. Vim habens.* qui a de l'énergie.
Énergiquement, *adv. Magnâ vi.* avec énergie.
Énergumène, *s.* 2 *g. dæmone insessus.* possédé du démon ; enthousiaste ; colère à l'excès. * Énergumene. R.
Énervation, *s. f.* (*vieux*). t. d'anat. R. * affoiblissement. AL. supplice. V.
Énerver, *v. a. Debilitare.* vé. e, *p.* affoiblir beaucoup. * arracher les nerfs. B.
†Éneyer, *v. a.* é. e, *p.* ôter les nœuds du bois.
Enfagoter, *v. a.* enrôler, mettre au rang de. CHOLIER.
Enfaîteau, *s. m. ou* Oreille de chat, tuile courbe pour le faîte.
Enfaîtement, *s. m.* table de plomb sur le faîte.
Enfaîter, *v. a.* té. e, *p.* couvrir le faîte. * arrêter les faîtières. B.
Enfance, *s. f. Infantia.* depuis la naissance jusqu'à douze ans ; puérilité ; commencement.
Enfançon, *s. m.* (*vieux*) petit enfant. V.
Enfant, *s.* 2 *g. Infans.* qui est dans l'enfance, fils ou fille.
Enfanteau, *s. m.* (*vieux*) petit enfant. V.
Enfantement, *s. m. Partus.* action d'enfanter.
Enfanter, *v. a. Parere.* té. e, *p.* mettre au jour ; accoucher d'un enfant.

Enfantillage, *s. m. Puerilitas.* paroles, manières enfantines.
Enfantin, e, *adj. Puerilis.* qui est d'enfant.
Enfariner, *v. a.* poudrer de farine. né. e, *p. adj.* légérement imbu, prévenu. (s'), *v. r.* se poudrer; s'entêter.
†Enféer, *v. a.* enchanter. (*vieux*).
Enfer, *s. m. Inferi.* lieu du supplice des damnés; les démons; vacarme; lieu où l'on se déplaît; désordre; t. de chim. vase pour calciner. *pl.* séjour des morts.
Enfermé (sentir l'), *s. m. Inclusus.* sentir mauvais faute d'air. * *mieux* renfermé. G.
Enfermer, *v. a. Includere.* mé. e, *p.* mettre en un lieu d'où l'on ne peut sortir; serrer sous fermeture; environner; contenir; comprendre. (s'), *v. r.*
Enfermeté, *s. m.* (*vieux*) infirmité. V.
Enferrer, *v. a. Ferro transfigere.* ré. e, *p.* percer avec un fer, etc. (s'), *v. r.* se jeter sur le fer; se nuire à soi-même; se contredire, se couper.
†Enfeuiller, *v. pers.* (s'), se couvrir de feuilles.
Enficeler, *v. a.* lé. e, *p.* ficeler. R. G. C.
Enfieller, *v. a.* lé. e, *p.* teindre de fiel. V.
†Enfiellir, *v. n.* devenir amer comme du fiel. (*vieux*).
Enfiérir (s'), *v. r.* ri. e, *p.* (*vieux*) devenir fier. V.
Enfilade, *s. f.* longue suite de chambres, de raisonnemens, de mots, etc. t. milit. t. de jeu.
Enfiler, *v. a.* lé. e, *p.* passer un fil par un trou; passer de part en part; traverser; engager dans la perte. (s'), *v. r.* s'enferrer, s'engager; t. de jeu.
Enfileur, *s. m.* qui passe le fil dans l'aiguille. V. * ouvrier chargé d'enfiler. B.
Enfin, *adv. Denique.* en un mot; après tout; à la fin; pour conclure; bref.
Enflammer, *v. a. Inflammere.* mé. e, *p.* allumer; mettre en feu; embraser. (s'), *v. réfl.* échauffer; exciter; donner de l'amour; irriter. * Enflamer. R.
†Enfle-bœuf, *s. m.* faux proscarabée; bupreste.
Enfléchures, *s. f.* échelle de cordes; t. de mar.
Enflement, *s. m.* enflure. RR.
Enfler, *v. a. Inflare.* flé. e, remplir de vent; augmenter de volume; enorgueillir. *v. n.* (s'), *v. r.*
Enflure, *s. f. Tumor.* tumeur; bouffissure; grosseur; orgueil; style empoulé. *Inflatio.*
†Enfolier, *v. a.* é. e, *p.* faire détacher les feuilles de métal du creuset.
Enfonçage, *s. m.* action de mettre des fonds aux tonneaux. R. G. C. * *ou* Enfoncer. B.
Enfoncement, *s. m. Recessus.* action d'enfoncer; ce qui va en enfonçant; ce qui paroît au loin.
Enfoncer, *v. a. n. Defigere.* cé. e, *p.* mettre, aller au fond; fondre sur sa proie, t. de fauc. briser, rompre en poussant; faire plus creux. (s'), *v. r.* pénétrer plus avant; aller au fond.
Enfonceur (de portes ouvertes), *s. m.* faux brave.
Enfonçure, *s. f. Recessura.* (d'un lit, d'un tonneau), pièces du fond. * affaissement du crâne par un coup. B.
Enfondre, *v. a. Perrumpere.* du. e, *p.* (*vieux*) briser, rompre. V.
Enforcir, *v. a. n. pron.* ci. e, *p.* rendre, devenir plus fort.
Enforesté. e, *adj.* (*vieux*) caché dans la forêt. V.
†Enforester, *v. a.* planter un terrain en bois. (*vi.*)
Enformer, *v. a.* mé. e, *p.* mettre en forme. G. C. * donner la forme convenable. B.
Enfouir, *v. a. Defodere.* foui. e, *p.* cacher en terre; cacher.
Enfouissement, *s. m.* action d'enfouir. R.
Enfouisseur, *s. m.* qui enfouit. V.
Enfourchement, *s. m.* t. de jard. sorte de greffe; t. d'archit. retombées des angles. R. G. C. V.
Enfourcher, *v. a.* ché. e, *p.* monter à cheval, jambe de-çà, jambe de-là.
Enfourchure, *s. f.* t. de chasse; tête de cerf à bois fourchu; t. de manége; partie du corps entre les cuisses. G. V. RR.
†Enfourer, *v. a.* é. e, *p.* envelopper, t. de métiers.
Enfournée, *s. f.* action de mettre le pain au four. V.
†Enfournement, *s. m.* suite d'opérations pour affiner le verre.
Enfourner, *v. a. Furno mergere.* né. e, *p.* mettre dans le four, dans les creusets. *v. n.* commencer.
Enfourneur, *s. m.* qui enfourne. V.
†Enfourrer, *v. a.* t. de batteur d'or; renfermer le vélin dans son enveloppe.
Enfreindre, *v. a. Perfringere.* freint. e, *p.* violer; transgresser; contrevenir à.
†Enfréner, *v. a.* mettre un frein; un mors à un cheval. (*vieux*).
Enfroquer, *v. a.* qué. e, *p.* faire moine.
Enfuir (s'), *v. pers. Fugere.* fui. e, *p.* s'en aller; s'écouler; fuir de.
†Enfumé, *s. m.* poisson stercoraire, du genre du chétodon; serpent du cinquième genre, nué de gris et noirâtre.
Enfumer, *v. a. Infumare.* mé. e, *p.* noircir; incommoder par la fumée; remplir de fumée.
Enfutailler, *v. a.* lé. e, *p.* mettre en futaille.
Engagé, *s. m.* qui est, ou qui s'est engagé.
Engageant, e, *adj. Alliciens.* attrayant; qui flatte; attire.
Engagement, *s. m. Obligatio.* action d'engager, ses effets; prix; obligation; promesse; enrôlement, son prix.
Engager, *v. a. Pignerare.* gé. e, *p.* donner, mettre en gage; déterminer, provoquer. (s'), *v. r.* s'obliger à; s'emplir; s'enrôler; s'enfoncer; s'embarrasser.
Engagiste, *s. m.* qui tient un domaine par engagement, t. de pratique.
Engainer, *v. a. In vaginâ condere.* né. e, *p.* mettre dans une gaine. * Engaîner. R. G. C.
Engallage, *s. m.* teinture avec la noix de galle. G. C. V. * Engalage. R.
Engaller, *v. a.* lé. e, *p.* teindre avec la noix de galle. G. C. V. * Engaler. R.
Enganner, *v. a.* né. e, *p.* (*vieux*) tromper. V.
Engarant, *s. m.* t. de marine. R.
Engarder, *v. a.* dé. e, *p.* prohiber. V. * *v. a. et pers.* empêcher ou s'empêcher de faire. (*vieux*). B.
Engarrotté. e, *adj.* t. de man. blessé au garrot. V.
Engastrilloque, *s. m.* qui parle de l'estomac. R. V. *pron.* in.
Engastrimandre, *s. m.* qui parle du ventre. B.
†Engastrimythe, *s. m. adj. Engastrimythus.* ventriloque. voy. Engastrimandre.
Engastronyme, *s. m.* qui parle de l'estomac. V.
Engeance, *s. f. Gens.* race en parlant des volatiles; et des hommes, *par ironie.*
Engeancer, *v. a.* cé. e, *p.* embarrasser de quelqu'un. V.
Engeigner (s'), voyez Ingénier. A.
Engelure, *s. f. Pernio.* sorte d'enflure aux mains ou aux pieds causée par le froid.
Engendrer, *v. a. Generare.* dré. e, *p.* produire son semblable; être cause de; produire. (s'), *v. r.* être produit.
†Engens, *s. m. pl.* équipages de chasse. (*vieux*).
Enger, *v. a.* gé. e, *p.* (*vieux*) embarrasser, charger.
Engerber, *v. a. Colligere.* bé. e, *p.* mettre en gerbe; l'un sur l'autre.
Engin, *s. m. Organum.* sorte de machine; outil compliqué en général, t. de métiers; machine de guerre; industrie (*vieux*). * filet, piége. LAFONTAINE.
Enginer, *v. a.* né. e, *p.* (*vieux*) tromper. V.
Engingnier, Engignour, *s. m.* qui fait des engins. V.
Englanté, *adj. m.* t. de blason. R.
†Englestre, *s. m.* partie du filet de la tartanne.
Englober, *v. a. Inglomerare.* bé. e, *p.* réunir plusieurs choses en un tout.
Engloutir, *v. a. Vorare.* ti. e, *p.* absorber; consumer; dissiper; avaler en glouton; infecter; remplir de.
Engluer, *v. a. Visco oblinere.* lué. e, *p.* enduire de glu. (s'), *v. r.* se prendre à la glu.
†Engonate, *s. m.* cadran tracé sur des superficies angulaires.
Engoncement, *s. m.* (*vieux*). V.
Engoncer, *v. a.* cé. e, *p.* rendre la taille gênée, contrainte.
Engorgement, *s. m. Interclusio.* embarras dans un canal; un tuyau.
Engorger, *v. a. Intercludere.* gé. e, *p.* boucher le passage d'un fluide. (s'), *v. r.* se boucher, se remplir. * garnir de toile, t. de coffretier. B.
Engouement, *s. m.* état de celui qui est engoué; entêtement. * Engoument. R.
Engouer, *v. a. Præfocare.* goué. e, *p.* embarrasser le gosier. (s'), *v. r.* s'entêter; se passionner pour; s'enthousiasmer.
Engouffrer (s'), *v. r. Gurgite hauriri.* fré. e, *p.* parlant d'un fluide qui entre, se perd dans une ouverture. * Engoufrer. R.
Engoulé. e, *adj.* t. de blason; qui entre dans la gueule. A.
Engouler, *v. a.* lé. e, *p.* (*popul.*) ravir, saisir avec la gueule.
Engoulevent, *s. m.* oiseau. voy. Tette-chèvre.
Engourdir, *v. a. Stupefacere.* di. e, *p.* rendre comme perclus, sans mouvement, sans sentiment.
Engourdissement, *s. m. Torpor.* état de ce qui est engourdi.
†Engrainer, *v. a.* né. e, *p.* donner du grain aux chevaux; verser du grain dans la trémie.
Engrais, *s. m.* pâturage gras; ce qui engraisse; fumier.
Engraissement, *s. m.* action d'engraisser, ses effets; t. de charpentier, joindre en forçant dans les mortoises. G. C. V. RR.
Engraisser, *v. a. n. Saginare.* sé. e, *p.* rendre ou devenir gras, fertile; épaissir; souiller de graisse. (s'), se graisser; s'encrasser; s'épaissir; s'enrichir.
Engranger, *v. a. Recondere.* gé. e, *p.* mettre en grange.
Engravement, *s. m.* état d'un bateau engravé. G.
Engraver, *v. a.* vé. e, *p.* engager un bateau dans le sable.
Engreger, *v. a.* gé. e, *p.* (*vieux*) irriter; aigrir. V.
Engrêlé. e, *adj.* t. de blason, dentelé tout autour.
Engrêler, *v. a.* lé. e, *p.* faire une engrêlure.
Engrêlure, *s. f.* petit point à une dentelle; petite bande; t. de blason.
Engrenage, *s. m.* Engrenure, *s. f.* t. d'arts; disposition des roues qui s'engrènent.
Engrener, *v. a.* né. e, *p.* mettre le blé dans la trémie; pomper; nourrir de bons grains; commencer; se dit des dents qui entrent l'une dans l'autre. * t. de métiers, garnir; couvrir de grès. B.
Engrenure, *s. f.* t. d'horlogerie. RR.

Engri, *s. m.* espèce de tigre, de léopard d'Éthiopie ; il attaque les nègres de préférence aux blancs.
Engrois, *s. m.* t. de carrier. R. * petit coin. B.
Engrosser, *v. a. Gravidare.* (*familier*) rendre une femme enceinte.* Engrossé. e, *p. adj. f.* R.
Engrosseur, *s. m.* qui engrosse. V.
Engrôssir, *v. a. n.* si. e, *p.* rendre, devenir gros. R.
Engrumeler (s'), *v. pers. Concrescere.* lé. e, *p.* se mettre en grumeaux.
Enguenillé. e, *adj.* couvert de guenilles. G. C.
Engueniller, *v. a.* lé. e. *p.* V.
†Enguerrant, *v. a.* soldat équippé et soldé par un vassal.
Enguiché. e, *adj.* t. de blason. R.
Enguichure, *s. f.* t. de chasse, entrée de la trompe du cor de chasse.
Engyscope, *s. m.* t. d'optique, microscope. V.
†Enhacher, *v. a.* se dit des terrains dont les extrémités rentrent les unes dans les autres. -é. e, *p. adj.* (*vieux*).
†Enhaillonné, *adj.* vêtu de loques, de haillons (*vieux*).
†Enhaïr, *v. a.* haïr fortement (*vieux*).
Enhardir, *v. a.* di. e, *p.* rendre hardi ; encourager.
Enharmonique, *adj.* 2 *g.* t. de mus. qui procède par quarts de ton.
Enharnachement, *s. m.* action d'enharnacher ; harnois R. G. C.
Enharnacher, *v. a.* ché. e, *p.* mettre les harnois ; vêtir ; habiller.
†Enhaür, *v. a.* percer d'une lance (*vieux*).
†Enhayeur, *s. m.* qui pose les briques en haies.
Enhazé. e, *adj.* (*bas*) embarrassé d'affaires. R.
Enhendé. e, *adj.* t. de blason. R. * (croix) dont le pied est refendu. B.
Enherber, *v. a.* bé. e, *p.* mettre en herbe. A. V. * empoisonner (*vieux*). R.
Enhortement, *s. m.* exhortation. V.
Enhorter, *v. a.* té. e, *p.* (*vieux*) exhorter. V.
†Enhuché, *adj.* (vaisseau) haut sur l'eau.
†Enhuiler, *v. a.* administrer les saintes-huiles. (*vieux*).
Enhydre, *s. m. Enhydrus.* serpent. L. * géode ou morceau de cristal rempli d'eau. B.
†Enhydrer, *v. n.* causer plusieurs maux par la réforme d'un seul (*vieux*).
Énigmatique, *adj.* 2 *g. Ambagiosus.* qui tient de l'énigme.
Énigmatiquement, *adv. Obscurè.* d'une manière énigmatique.
Énigme, *s. f. Ænigma.* définition en termes métaphoriques ; discours obscur.
Enivrant. e, *adj.* qui enivre. G. C. V.
Enivrement, *s. m. Ebrietas.* état d'une personne ivre. (*figuré*).
Enivrer, *v. a. Inebriare.* vré. e, *p.* rendre ivre ; aveugler ; étourdir ; éblouir. (s') *v. r.*
Enjabler, *v. a.* blé. e, *p.* mettre les fonds dans les rainures, t. de tonnelier. R. G. C. V.
†Enjaler, *v. n.* mettre le jas à une ancre.
†Enjalouser, *v. a.* donner de la jalousie. (*vi.*)
Enjambée, *s. f. Gradus.* espace enjambée. * action d'enjamber. G.
Enjambement, *s. m.* sens qui porte sur deux vers.
Enjamber, *v. a. n. Transcendere.* bé. e, *p.* faire un grand pas ; marcher à grands pas ; avancer sur ; empiéter.
Enjarreté. e, *adj.* qui a les pieds liés. V.
Enjauler, Enjaller, *v. a.* lé. e, *p.* joindre deux pièces de bois à l'ancre. G. * Enjauler *ou* Enjaler. R.
Enjaveler, *v. a.* lé. e, *p.* mettre en javelles.
Enjeu, *s. m. Pignus.* mise au jeu.
Enjoindre, *v. a. Imperare.* joint. e, *p.* ordonner expressément ; commander.
Enjointé. e, *adj.* (court-), (oiseau) à courtes jambes. G. C. V.
Enjôler, *v. a.* lé. e, *p.* cajoler, attraper par de belles paroles. * Engeôler. A. Enjoller. V.
Enjôleur. se, *s. Delinitor.* qui enjôle. * Engeoleur. A. Enjolleur. V.
Enjolivement, *s. m. Ornamentum.* joli ornement ; ce qui enjolive.
Enjoliver, *v. a. Ornare.* vé. e, *p.* rendre joli ; orner.
Enjoliveur, *s. m.* qui enjolive ; qui fait et vend des enjolivures.
Enjolivure, *s. f.* petits enjolivemens à des choses de peu de valeur.
Enjoué. e, *adj.* gai, badin.
Enjouement, *s. m. Festivitas.* gaieté douce ; badinage léger. * Enjoument. R.
†Enjuvencer, *v. pers.* (s'), faire le jeune homme, l'aimable ; affecter la force et la gaieté (*vieux*).
Enkiridion, *s. m.* livret de remarques. G. V. C.
Enkisté. e, *adj. Crystide obductus.* enfermé dans une membrane.
Enlacement, *s. m.* action d'enlacer, ses effets. * Enlâcement. R.
Enlacer, *v. a. Implicare.* cé. e, *p.* passer des lacets l'un dans l'autre. * Enlâcer. R. *et* Enlasser. B.
Enlaçure, *s. f.* trou pour placer la cheville, t. de charpentier. G. C. V. * Enlâçure R. *et* Enlassure. B.
Enlaidir, *v. a. n. Deformare.* di. e, *p.* rendre, devenir plus laid.
Enlaidissement, *s. m.* action d'enlaidir. T. R.
Enlangagé. e, *adj.* éloquent, qui parle bien. G.
Enlangouré. e, *adj.* languissant. V.
Enlarme, *s. m.* branchage, mailles ajoutées au filet. G. V.
Enlarmer, *v. a.* mé. e, *p.* ajouter de grandes mailles au filet. R. G. C. V.
Enlèvement, *s. m. Raptus.* rapt ; action d'enlever, ses effets. * Enlévement. R.
Enlever, *v. a. Auferre.* vé. e, *p.* lever en haut ; emmener ; prendre par force ; acheter à la hâte ; ravir ; ôter sans laisser de traces ; transporter d'admiration ; charmer.
Enleveurs (de quartiers), *s. m. pl.* soldats qui forcent un quartier ennemi. G.
Enlevure, *s. f.* vessie ; bube sur la peau. * portion enlevée, t. de métiers ; pièce forgée, séparée de sa barre. B.
†Enlier, *v. a.* lié. e, *p.* bien engager les pierres.
Enlignement, *s. m.* état de ce qui est enligné. R.
Enligner, *v. a.* gné. e, *p.* placer sur une même ligne, mettre en ligne, t. d'arts et métiers.
Enluminer, *v. a. Colorare.* né. e, *p.* colorier ; rendre rouge, enflammé.
Enlumineur. se, *s.* qui enlumine les estampes.
Enluminure, *s. f.* art, ouvrage de l'enlumineur. * ornement recherché dans les ouvrages d'esprit. V.
†Ennéacontaèdre, *adj.* (cristal) dont la surface est composée de 90 faces.
Ennéadécaétéride, *s. f.* espace de dix-neuf ans. R.
Ennéagone, *s. m.* figure de neuf côtés et de neuf angles. * Ennéagône. R.
Ennéandrie, *s. f.* (neuf époux) neuvième classe des végétaux. L.
Ennemi. e, *adj. s. Inimicus.* qui veut du mal à ; qui hait ; contraire ; antipathique ; parti opposé.
Ennoblir, *v. a.* blie. e, *p.* rendre plus noble, plus illustre.
Ennoie, *s. m.* serpent amphisbène, à deux têtes, à queue aussi grosse que la tête. G. V.
†Ennolier, *v. a.* donner les saintes-huiles à un malade (*vieux*).
Ennui, *s. m. Fastidium.* lassitude, langueur d'esprit ; chagrin ; déplaisir ; souci.
Ennuiter (s'), *v. a.* té. e, *p.* tarder. R.
Ennusure *ou* Annusure, *s. f.* t. d'archit. R.* *ou* Anusure. RR.
Ennuyant. e, *adj.* qui cause de l'ennui, ennuyeux.
Ennuyer, *v. a.* yé. e, *p.* causer de l'ennui. (s'), *v. r.* éprouver de l'ennui.
Ennuyeusement, *adv.* d'une manière ennuyeuse, avec ennui.
Ennuyeux. se, *adj. Molestus.* qui ennuie. * *s.* G.
†Énodé *ou* Énoué. e, *adj.* t. de botanique, qui n'a pas de nœuds.
Énoiseler, *v. a.* lé. e, *p.* instruire l'oiseau, t. de fauconnier. G. C. V. * Énoiseler. R.
†Énomotie, *s. f.* corps de quinze soldats grecs.
Énoncé, *s. m. Enunciatum.* chose avancée, énoncée.
Énoncer, *v. a. Enunciare.* cé. e, *p.* exprimer sa pensée ; avancer (s'), *v. a. pron.* s'énoncer.
Énonciatif. ve, *adj. Enunciativus.* qui énonce, fait mention de.
Énonciation, *s. f. Enunciatio.* ce qui est énoncé ; expression ; manière de s'exprimer ; proposition.
†Énoplose, *s. m.* genre de poissons.
Énoptiomancie, *s. f.* sorte de divination. R.
†Énoptromantie, *s. f.* divination par le moyen d'un miroir.
†Enorchite, *s. f.* espèce de géode.
†Enorchyte, *s. f.* priapolite à cinq testicules.
Énorgueillir, *v. a. Inflare.* li. e, *p.* rendre orgueilleux. (s'), *v. pers.* devenir orgueilleux.
Énorme, *adj.* 2 *g. Enormis.* démesuré, excessif en grandeur et grosseur.
Énormément, *adv. Enormiter.* d'une manière excessive.
Énormité, *s. f.* excès de grandeur ; atrocité. *Immanitas.*
Énossé. e, *adj.* qui a un os dans la gorge. V. * Énôssé. V.
Énouer, *v. a.* oué. e, *p.* ôter les nœuds du drap.
Enquadrupéder, *v. a.* dé. e, *p.* mettre au rang des quadrupèdes. V.
Enquérant. e, *adj. Curiosus.* trop curieux ; qui s'enquiert.
Enquérir (s'), *v. r. Sciscitari.* quis. e, *p.* faire recherche ; s'informer.
Enquerre, *v. a.* t. de blason, enquérir.
Enquerre, *s. m.* (*inusité*) recherche.
Enquestante, *adj. f.* qui exprime l'interrogation, le doute. MONTAIGNE.
Enquête, *s. f. Inquisitio.* recherche judiciaire.
Enquêter (s'), *v. r.* té. e, *p.* s'enquérir ; se soucier.
Enquêteur, *s. m. Inquisitor.* juge commis pour les enquêtes.
Enquinauder, *v. a.* (mot de LAFONTAINE) faire imiter Quinaut. T. V.
Enraciner, *v. a.* né. e, *p.* (s'), *v. r.* prendre racine.
Enragé. e, *adj. Rabidus.* qui a la rage. *s.* fougueux ; impétueux.
Enrageant. e, *adj.* qui fait enrager, qui cause un chagrin violent.
Enragement, *adv.* avec rage. V.
Enrager, *v. n. Rabie corripi.* être saisi de rage, de colère ; avoir du dépit, une grande douleur,

douleur, un pressant besoin.
Enragerie, *s. f.* tout ce que la colère inspire. R.
†Enrayement, *s. m.* action d'enrayer les roues. (*vieux*).
Enrayer, *v. a. Sufflaminare.* yé. e, *p.* garnir une roue de raies, l'arrêter par les raies; tracer le premier sillon.* (*figuré*) s'arrêter. B.
Enrayure, *s. f.* ce qui sert à enrayer; première raie. * assemblage des pièces d'une ferme, t. de charpentier. B.
Enrégimenter, *v. a.* té. e, *p.* former un régiment de plusieurs hommes, de plusieurs compagnies. * incorporer dans un régiment. B.
Enregistrement, *s. m. Perscriptio.* action d'enregistrer. *et* Enregitrement. * impôt sur les actes; bureau, administration pour sa recette. B.
Enregistrer, *v. n.* tré. e, *p.* mettre sur un registre. *et* Enregitrer.
†Enrêner, *v. a.* nouer les rênes des chevaux. (*vi.*)
Enrhumer, *v. a. Inducere gravedinem.* mé. e, *p.* causer du rhume. (*s'*), *v. r.* gagner un rhume.
Enrhumure, *s. f.* état de celui qui est enrhumé. R.
Enrhuner, *v. a.* né. e, *p.* t. d'épinglier, faire la tête. * Enrhuher. AL.
Enrichir, *v. a. Locupletare.* chi. e, *p.* rendre riche; orner. (*s'*), *v. r.* devenir riche, plus orné. * Enrichie. e, *p. adj. s.* qui a fait fortune; nouveau riche. B.
Enrichissement, *s. m. Ornamenta.* ornement qui enrichit.
†Enrimer, *v. a.* mé. e, *p.* pousser le poinçon au-dessus de l'enclume, t. d'épinglier.
Enrôlement, *s. m.* action d'enrôler; acte qui la constate.
Enrôler, *v. a. Conscribere.* lé. e, *p.* mettre, écrire sur le rôle. (*s'*), *v. r.* se faire soldat.
Enrôleur, *s. m.* qui enrôle.
†Enromancer, *v. a.* mettre en roman. (*vi.*)
†Enroncé, *adj.* plein de ronces; plein de soucis (*vieux*).
Enrouement, *s. m. Raucitas.* état de ce qui est enroué. * Enroument. R.
Enrouer, *v. a. Raucum efficere.* oué. e, *p.* rendre la voix rauque. (*s'*) *v. r.* perdre la netteté de sa voix.
Enrouiller, *v. a.* lé. e, *p.* rendre rouillé. (*s'*), *v. r.* devenir rouillé.
Enroulement, *s. m.* ce qui est tourné en spirale.
Enrouler, *v. a.* lé. e, *p.* rouler une chose dans une autre. R. G. C. CO.
Enrue, *s. f.* sillon fort large.
Ensablement, *s. m.* amas de sable formé par l'eau, le vent. * Ensâblement. R.
Ensabler, *v. a.* blé. e, *p.* faire échouer sur le sable. (*s'*), *v. pers.* échouer sur le sable. * Ensâbler. R. tendre un filet sur un fond de sable. B.
Ensacher, *v. a.* ché. e, mettre en sac.
Ensacheur, *s. m.* qui met dans les sacs. V.
†Ensade, *s. m.* espèce de figuier de la Basse Éthiopie.
Ensafraner, *v. a.* né. e, *p.* teindre en safran. G.
Ensaisinement, *s. m.* prise de possession.
Ensaisiner, *v. a.* né. e, *p.* mettre en possession d'un immeuble.
Ensanglanter, *v. a. Cruentare.* té. e, *p.* souiller, remplir, couvrir de sang.
Enseigne, *s. f. Signum.* marque; indice; tableau. *s. m.* drapeau, celui qui le porte, sa charge.
Enseignement, *s. m. Documentum.* instruction; précepte. * action d'enseigner *pl.* pièces, titres qui établissent un droit. B.
Enseigner, *v. a. Edocere.* gné. e, *p.* instruire; indiquer; donner des connoissances; montrer une science.
Enseigneur, *s. m.* index. V.
†Ensel, *s. m.* t. de chirurgie, cautère en pointe d'épée.
Ensellé, e, *adj.* (cheval) à dos creux; (vaisseau) à ventre creux.
†Enseller, *v. a.* mettre la selle à un cheval. (*vi.*).
Ensemble, *adv. Simul.* l'un avec l'autre. *s. m.* réunion; harmonie; unisson.
Ensemencement, *s. m.* action d'ensemencer. T.
Ensemencer, *v. a. Semen committere.* cé. e, *p.* jeter la semence en terre; semer.
Ensépulturer, *v. a.* ré. e, *p. adj.* (*vieux*) ensevelir. V.
Enserrer, *v. a.* ré. e, *p.* enfermer; (*poët.*). mettre dans la serre. * mettre dans la terre. G.
Enseuillement, *s. m.* t. d'archit; appui d'une fenêtre au-dessus de trois pieds. R.
Ensevelir, *v. a. Sepelire.* li. e, *p.* envelopper un corps mort dans un drap. (*s'*), *v. r.* se plonger; se livrer tout entier. * Ensévelir. R.
Ensevelissement, *s. m.* action d'ensevelir, ses effets. * Ensévelissement. R.
†Ensifère, *adj. s. m.* porte-glaive.
†Ensiforme, *adj. 2 g.* en forme de glaive, d'épée.
Ensimage, *s. m.* action d'ensimer. R. G. G.
Ensimer, *v. a.* mé. e, *p.* t. de manuf. humecter le drap avec les mains pour le tondre. R. G. C. V. CO.
Ensorceler, *v. a. Incantare.* lé. e, *p.* jeter un sort sur quelqu'un.
Ensorceleur, *s. m. Incantator.* qui ensorcèle; qui enchante. V.
Ensorcellement, *s. m. Incantatio.* charme; maléfice; enchantement. * Ensorcélement. R.
†Ensouaille, *s. f.* corde qui retient le bout de la crosse du gouvernail d'un bateau.
Ensoufrer, *v. a. Sulphurare.* fré. e, *p.* enduire de soufre; soufrer.
Ensoufroir, *s. m.* lieu où l'on ensoufre. G. C. V.
Ensouple, Ensuble, *s. f.* rouleau sur le devant du métier. B. G. V. * Ensuple, Enselle. C.
†Ensoupleau, *s. m.* petit cylindre de bois pour rouler la toile.
†Ensourdir, *v. a.* rendre sourd (*vieux*).
Ensoyer, *v. a.* yé. e, *p.* t. de cordonnier, garnir le fil de soie. R. G. C. V.
†Ensuifer, *v. a.* fé. e, p. frotter, enduire de suif, t. de métiers.
Ensuite de, *conj. prép.* après, par suite. * ensuite-de. C.
Ensuite, *adv.* après, à la suite.
Ensuivant, *adv.* t. de pratique, suivant, qui suit.
Ensuivre (*s'*), *v. r.* vi. e, *p.* suivre; dériver; venir de; être après; suivre immédiatement.
†Entablé, *adj.* (cheval) dont les hanches devancent les épaules.
Entablement, *s. m. Coronis.* t. d'architecture, saillie; l'architrave, la frise et la corniche réunies.
Entabler (*s'*), *v. pers.* blé. e, *p.* t. de man. se dit du cheval dont les hanches devancent les épaules.
Entacher, *v. a.* ché. e, *p.* infecter; gâter.
Entaille, *s. f. Incisio.* incision faite dans du bois; coupure.
Entailler, *v. a. Incidere.* lé. e, *p.* faire une entaille.
†Entailloir, *s. m.* outil de facteur de musettes; petite écouenne de luthier.
Entaillure, *s. f.* entaille; coche.
†Entalenter, *v. a.* inspirer un désir ardent de faire quelque chose (*vieux*).
Entame, *s. f.* premier morceau d'un pain, etc. A.
Entamer, *v. a.* mé. e, *p.* faire une petite déchirure, une petite incision; ôter une petite partie; commencer (*figuré*).
Entamure, *s. f.* petite déchirure; petite incision; entame. * premières pierres d'une carrière B.
En tant que, *conj. Quatenus.* comme, en qualité de; autant que. * En-tant-que. C.
Entassement, *s. m.* amas de choses entassées.
Entasser, *v. a. Coacervare.* sé. e, *p.* mettre en tas; amasser; accumuler. * *adj.* (homme) dont la tête est enfoncée dans les épaules. V.
Ente, *s. f. Insitum.* t. d'arts, pilastre, pièce de bois; t. de jardinier, greffe, arbre greffé. * peau d'oiseau empaillé; manche du pinceau. B.
†Entées, *s. f. pl.* fumées qui tiennent ensemble et qu'on ne peut séparer sans les rompre.
Entéléchie, *s. f.* t. didactique, perfection d'une chose. G. V.
Entement, *s. m.* action d'enter. T.
Entenal, *s. m.* t. d'agriculture. R.
Entendement, *s. m. Mens.* faculté de l'ame de concevoir; sens; jugement; bon esprit.
Entendeur, *s. m.* (*familier*) qui conçoit bien.
Entendre, *v. a. Audire.* du. e, *p.* être frappé de sons; ouïr; comprendre; concevoir; être habile; savoir. *v. n.* prétendre; vouloir; avoir intention; consentir; avoir connoissance et pratique d'un état. (*s'*), *v. r.* (avec) être d'intelligence; se connoître.
Entendu. e, *adj. Auditus.* ouï; conçu; intelligent; habile; ordonné; assorti. (*familier*) capable.
Entendu que (bien), *conj.* à condition pourtant. * bien-entendu-que. C. entendu (bien), assurément. B.
Entendu (bien), *adv.* sans doute; assurément. * bien-entendu. C.
Entente, *s. f.* interprétation d'un mot équivoque; disposition; ordonnance. * intelligence dans la distribution. B.
Ententif. ve, *adj.* attentif. V.
Enter, *v. a. Inserere.* greffer; joindre deux pièces de bois bout à bout; t. de blason, prendre le nom, les armes. enté. e, *p. adj.*
Entérin, *adj.* (*vieux*) entier; intègre. V.
Entérinement, *s. m. Approbatio.* t. de prat. action d'entériner; homologation; vérification; admission d'une requête.
Entériner, *v. a. Approbare.* né. e, *p.* approuver judiciairement.
†Entérite, *s. f.* phlegmasie des intestins.
Entéritis, *s. m.* inflammation des intestins. L.
†Entéro-épiplocèle, *s. f.* hernie dans laquelle l'épiploon et l'intestin sont tombés dans l'aîne.
†Entéro-épiplomphale, *s. f.* hernie dans laquelle l'intestin et l'épiploon sortent par le nombril.
†Entéro-hydromphale, *s. f.* hernie de l'intestin par le nombril, avec épanchement dans le sac herniaire.
Entérocele, *s. f.* descente des intestins dans l'aîne. * Entérocèle. C. G. V.
†Entérocystocèle, *s. f.* hernie de la vessie.
†Entérographie, *s. f.* description des intestins.
†Entérohydrocèle, *s. f.* hydropisie du scrotum avec descente de l'intestin.
Entérologie, *s. f.* traité des viscères. C. G. V. CO. RR.
†Entéromérocèle, *s. f.* hernie crurale.
†Entéromphale, *s. f.* hernie de l'intestin par le nombril.
†Entérophlogie, *s. f.* inflammation des intestins.

†Entérorhaphé, *s. f.* suture des intestins.

†Entérosarcocèle, *s. f.* hernie de l'intestin avec excroissance charnue.

†Entéroschéocèle, *s. f.* hernie de l'intestin qui tombe dans le scrotum.

†Enterrage, *s. m.* massif de terre autour du moule.

Enterrement, *s. m. Humatio.* funérailles; inhumation.

Enterrer, *v. a. Humare.* ré. e, *p.* mettre en terre; tenir caché; enfouir.

†Enterver, *v. a.* s'opposer fortement (*vieux*).

Entes, *s. f. pl.* peaux d'oiseaux empaillées pour attirer les autres. G. C. V.

Entêté. e, *adj. s. Pertinax.* qui a de l'entêtement; têtu.

Entêtement, *s. m. Obstinatio.* attachement obstiné à son opinon, son goût; préoccupation.

Entêter, *v. a. Caput tentare.* té. e, *p.* faire mal à la tête par des vapeurs; donner de la vanité (*figuré*); préoccuper; prévenir en faveur de. (se), *v. r.* s'opiniâtrer; se mettre dans la tête; s'obstiner; se prévenir; se préoccuper. * t. d'épinglier. B.

Enthousiasme, *s. m. Afflatus.* exaltation de l'ame préoccupée; admiration outrée; feu; transport; vive émotion.

Enthousiasmer, *v. a.* mé. e, *p.* ravir en admiration. (s'), *v. pers.* devenir enthousiaste.

Enthousiaste, *s. m. Fanaticus.* qui s'enthousiasme; admirateur outré; fanatique; visionnaire. * *pl.* sectaires qui se croyoient inspirés. B.

Enthymème, *s. m. Enthymema.* argument composé de l'antécédent et du conséquent. * Enthimême. R. C. Enthymême, Enthymêne. B.

†Enthyrser, *v. a.* orner comme un thyrse; entourer de lierre.

Entiché. e, *adjectif.* entaché; opiniâtrément attaché. à.

Enticher, *v. a.* ché. e, *p.* commencer à gâter.

†Entichites, *s. m. pl.* sectaires qui pratiquoient des sacrifices abominables.

Entier. ère, *adj. s. m. Integer.* complet, qui a toutes ses parties; opiniâtre; obstiné. * *f.* Entiere. R.

Entièrement, *adv. Omninò.* en entier; tout-à-fait; totalement. * Entiérement. R. G.

Entiléchie, *s. f.* perfection d'une chose. V.

Entitatule, *s. f.* petite entité. V. * *et* Entitule.

Entité, *s. f. Entitas.* ce qui constitue l'être.

Entoilage, *s. m.* toile qui tient la dentelle, qui l'imite.

Entoiler, *v. a.* lé. e, *p.* attacher de la toile à; coller sur toile.

Entoir, *s. m.* couteau pour enter. R. G. C. V.

Entoiser, *v. a.* sé. e, *p.* mettre en tas carré pour toiser, t. d'architecture. R. G. C.

Entomolithes, *s. m. pl. Entomoliti.* pierres qui renferment des insectes. *singul.* insecte pétrifié. C. G. V.

Entomologie, *s. f.* traité des insectes. B.

Entomophage, *s. m.* qui vit d'insectes. R.

Entonation, *s. f.* t. de musique. V.

Entonnement, *s. m.* action d'entonner. G. C. * Entonement. R.

Entonner, *v. Præcinere.* né. e, *p.* verser avec un entonnoir; t. de musique, mettre sur le ton; chanter le commencement d'un air. (s'), *v. r.* s'engouffrer, en parlant d'un fluide. * Entoner. R.

†Entonnerie, *s. f.* où sont les tonneaux sous les cuves, t. de brasseur.

Entonnoir, *s. m. Infundibulum.* vase pour entonner; instrument de chirurgie, d'arts et métiers. * trou d'une mine qui a sauté. B. * Entonoir. R.

Entorse, *s. f. Distortio.* détorse, relâchement des nerfs d'un muscle du pied, t. de chirurgie. * résidu de la cire fondue. B.

Entortillement, *s. m. Circumplexus.* action d'entortiller, son effet; embarras du style.

Entortiller, *v. a. Convolvere.* lé. e, *p.* envelopper en tortillant dans ou autour; embarrasser. (s'), *v. r.* s'attacher par des tours.

Entour, *s. m.* environs; circuit. * *s. m. pl.* société intime. G. C. V.

Entour (à l'), *adv.* aux environs; autour. R.

Entourage, *s. m.* tout ce qui entoure; ornement autour. G. C. V.

Entourer, *v. a. Cingere.* ré. e, *p.* ceindre; environner.

Entourner, *v. a.* né. e, *p.* (*vieux*) entourer. V.

Entournure, *s. f.* t. de tailleur, échancrure d'une manche.

†Entours, *s. m. pl.* secrétaires, commis, domestiques (*vieux*).

Entourtiner, *v. a.* né. e, *p.* garnir d'un pavillon. V.

Entr'accuser (s'), *v. r.* sé. e, *p.* s'accuser réciproquement.

Entr'acte, *s. m.* t. de théâtre, intervalle entre les actes, ce qui le remplit.

Entrage, *s. m.* t. de cout. prise de possession. RR.

Entr'aider (s'), *v. r. Juvare.* dé. e, *p.* s'aider mutuellement.

Entrailles, *s. f. pl.* intestins; boyaux. *Viscera.* parties intérieures; abymes; affection, tendresse; compassion.

Entr'aimer (s'), *v. r.* mé. e, *p.* s'aimer l'un l'autre.

Entraînant. e, *adj.* qui entraîne. G. V. CO.

†Entraînement, *s. m.* action d'entraîner; force, effet de ce qui entraîne; état de ce qui est entraîné, t. de littérature. LAHARPE.

Entraîner, *v. a. Abripere.* né. e, *p.* traîner avec soi.

Entrait, *s. m.* pièce de traverse, t. de charpentier. G. V.

Entrant. e, *adj. Insinuans.* (*inus.*) insinuant; engageant.

Entrapeté. e, *adj.* t. d'architecture.

Entr'appeler (s'), *v. r.* lé. e, *p.* s'appeler l'un l'autre.

Entravaillé. e, *adj.* t. de blason, oiseau qui a un bâton entre les ailes ou les pieds.

Entraver, *v. a.* vé. e, *p.* mettre des entraves; des obstacles; arrêter le mouvement; t. de blason; t. de manége; t. de fauconnier.

Entr'avertir (s'), *v. r.* ti. e, *p.* s'avertir mutuellement.

Entr'avertissement, *s. m.* R. * avis mutuel. B.

Entraves, *s. f. pl.* obstacle; t. de manége, liens aux pieds. * Entrâves. R.

Entravon, *s. m.* t. de manége. R. * pièce qui entoure le paturon. RR.

†Entre, *prép.* au milieu, parmi, dans, en.

Entre-baillé. e, *adj. Semiapertus.* qui n'est pas tout-à-fait fermé. * Entre-bâillé. R.

Entre-bailler, *v. a.* lé. e, *p.* entr'ouvrir légérement. A. V.

Entre-baiser (s'), *v. r.* sé. e, *p.* se baiser l'un l'autre.

Entre-brouiller (s'), *v. r.* lé. e, *p.* se brouiller. V.

Entre-choquer, (s'), *v. r.* qué. e, *p.* se choquer l'un l'autre; se contredire avec aigreur.

Entre-colonne, Entre-colonnement, *s. m.* espace entre les colonnes.

Entre-communiquer (s'), *v. r.* qué. e, *p.* se communiquer l'un l'autre. R.

Entre-connoître (s'), *v. r.* nu. e, *p.* se connoître mutuellement. R.

Entre-côte, *s. m.* morceau entre les côtes. B.

†Entre-coupe, *s. m.* intervalle entre deux voûtes l'une sur l'autre.

Entre-couper, *v. a. Interscindere.* pé. e, *p.* couper en divers endroits. (s'), *v. r.* se blesser les pieds en marchant.

Entre-cours, *s. m.* t. de coutume. R. * droit réciproque sur des terres voisines. B.

Entre-croiser (s'), *v. r.* sé. e, *p.* se croiser l'un l'autre. R.

Entre-défaire (s'), *v. r.* fait. e, *p.* se défaire l'un l'autre. C.

Entre-détruire (s'), *v. r.* truit. e, *p.* se détruire l'un l'autre. C.

Entre-deux, *s. m.* ce qui est entre deux choses.

Entre-dire (s'), *v. r.* dit. e, *p.* se dire l'un à l'autre. C.

Entre-donner (s'), *v. r.* né. e, *p.* se donner l'un à l'autre. G. V.

Entre-fâcher (s'), *v. r.* ché. e, *p.* se fâcher mutuellement. C.

Entre-fouetter (s'), *v. r.* pé. e, *p.* se fouetter l'un l'autre. C.

Entre-frapper (s'), *v. r.* pé. e, *p.* se frapper l'un l'autre. A. C. * Entre-fraper. R. Entrefrapper. G. V.

Entre-gronder (s'), *v. r.* dé. e, *p.* se gronder l'un l'autre. G. C.

Entre-haïr (s'), *v. r.* haï. e, *p.* (*vieux*) se haïr mutuellement. V.

Entre-heurter (s'), *v. r.* té. e, *p.* se heurter l'un contre l'autre. C.

Entre-hiverner, *v. a.* né. e, *p.* donner un labour l'hiver. G. C.

Entre-ligne, *s. f.* écrit, espace entre les lignes; t. d'imprimerie; * *et* Interligne, la lame qui le remplit. B.

Entre-lire, *v. r.* lu. e, *p.* lire l'un après l'autre. G. C.

Entre-louer (s'), *v. r.* loué. e, *p.* se louer mutuellement. C.

Entre-luire, *v. n.* luire à demi. R. A. V.

Entre-manger (s'), *v. r.* gé. e, *p.* se manger l'un l'autre.

†Entre-modillon, *s. m.* espace entre deux modillons.

†Entre-moquer (s'), *v. n.* se moquer l'un de l'autre.

Entre-mordre (s'), *v. r.* du. e, *p.* se mordre l'un l'autre. C.

Entre-nerfs, *s. m. pl.* t. de relieur, espace entre les nervures. R.

†Entre-nœud, *s. m.* espace entre deux nœuds d'une tige.

Entre-nuire (s'), *v. r.* se nuire l'un l'autre.

Entre-parler (s'), *v. r. Colloqui.* se parler l'un après l'autre. C.

Entre-parleur, *s. m.* interlocuteur. R. * *pl.* V.

Entre-percer (s'), *v. r.* cé. e, *p.* se percer l'un l'autre.

Entre-pointé. e, *adj.* t. de chirurgie. R.

Entre-pousser (s'), *v. r.* sé. e, *p.* se pousser mutuellement. C.

Entre-quereller (s'), *v. r.* lé. e, *p.* se quereller mutuellement. * Entre-queréler. R. Entre-quereler. RR.

Entre-regarder (s'), *v. r.* dé. e, *p.* se regarder mutuellement. C.

Entre-regne, *s. m.* interrègne. R.

†Entre-regretter (s'), *v. r.* se regretter mutuellement, se désirer passionnément.

Entre-répondre (s'), *v. r.* du. e, *p.* se répondre l'un à l'autre.

Entre-sabords, *s. m. pl.* bordages entre les sabords.

Entre-saluer (s'), *v. r.* lué. e, *p.* se saluer

mutuellement. C.

Entre-secourir (s'), *v. r.* ru. e, *p.* se secourir mutuellement.

Entre-sourcil, *s. m.* espace entre les sourcils. R. C.

Entre-suite, *s. f.* (*vieux*) disposition de ce qui se suit. R.

Entre-suivre (s'), *v. r.* vi. e, *p.* aller de suite, l'un après l'autre.

Entre-tailler (s'), *v. r.* lé. e, *p.* se heurter les jambes en marchant.

Entre-toucher (s'), *v. r.* ché. e, *p.* se toucher légérement.

Entre-tuer (s'), *v. r.* tué. e, *p.* se tuer l'un l'autre. R. C.

Entrebandes, *s. f. pl.* le bout d'une pièce d'étoffe. G. C. * *ou* Entrebates. G.

Entrebas, *s. m.* distance inégale de fils, t. de manufacture. G.

Entrechamailler (s'), *v. r.* lé. e, *p.* se disputer. V.

Entrechat, *s. m.* saut en croisant les jambes, t. de danse. * Entrechas. V.

Entrée, *s. f. Aditus.* lieu par où l'on entre; action d'entrer; droit de séance; premiers mets; partie de ballet; droit. * réception solemnelle; séance; commencement; ouverture. B.

Entrée (d'), *adv.* d'abord; premièrement.

Entrefaites (sur ces), *s. f. pl. Intereà.* pendant ce temps-là. * *et singulier.* AL.

Entregent, *s. m.* manière adroite de se conduire dans le monde.

Entr'égorger (s'), *v. r.* gé. e, *p.* se tuer l'un l'autre. R. G. C. CO.

Entrelacement, *s. m. Implicatio.* état des choses entrelacées. * Entrelâcement. R.

Entrelacer, *v. a. Implicare.* cé. e, *p.* mettre, enlacer l'un dans l'autre. * Entrelâcer. R.

Entrelacs, *s. m. pl.* cordons, chiffres enlacés; ornemens.

Entrelarder, *v. a.* dé. e, *p.* piquer de lard une viande; mêler.

†Entrelas, *s. m. pl.* traits d'écriture qui se lient et se croisent.

Entremain, *s. m.* jeu; t. de musique. V.

Entremêler, *v. a.* lé. e, *p.* mêler parmi. (s'), *v. r.* s'entremettre. * Entre-mêler. G. C. RR. V.

Entremets, *s. m. Media fercula.* t. de cuisine, ce qu'on sert avant le dessert.

Entremetteur. se, *s. Sequester.* qui s'entremet. *f.* femme qui se mêle d'un commerce illicite.

Entremettre (s'), *v. r.* mis. e, *p.* se mêler de; s'employer pour l'intérêt d'un autre.

Entremise, *s. f. Interventus.* aide; moyen; secours; ministère; médiation; action de s'entremettre. * *pl.* t. de marine, pièces pour assujettir les autres. B.

Entr'empêcher (s'), *v. r.* ché. e, *p.* s'empêcher mutuellement. C.

Entr'obliger (s'), *v. r.* gé. e, *p.* s'obliger mutuellement. C.

Entr'ouïr, *v. a.* ouï. e, *p.* R. * ouïr foiblement. B.

†Entr'ouverture, *s. f.* t. de vétérinaire, maladie du cheval qui résulte d'un violent écart.

Entr'ouvrir, *v. a.* vert. e, *p.* ouvrir un peu.

Entrepas, *s. m.* t. de manége, amble rompu, allure défectueuse.

Entrepasser, *v. a.* sé. e, *p.* t. de médecine. R.

†Entrepied, *s. m.* d'une meule, t. de meûnier.

Entreposer, *v. a.* sé. e, *p.* t. de commerce, mettre dans un entrepôt.

Entreposeur, *s. m.* commis à l'entrepôt.

Entrepôt, *s. m.* lieu de dépôt.

Entreprenant. e, *adj. Audax.* qui entreprend; hardi.

Entreprendre, *v. a. Moliri.* pris. e, *p.* prendre la résolution de faire; attaquer; poursuivre; persécuter; usurper; s'engager à; attenter à.

Entrepreneur. se, *s. Redemptor.* qui entreprend.

Entrepris. e, *adj. Susceptus.* embarrassé; perclus.

Entreprise, *s. f. Susceptio.* ce qu'on a entrepris; dessein formé; usurpation; violence; attentat.

Entrer, *v. n. imp. Intrare.* tré. e, *p.* passer du dehors au dedans; s'engager à; commencer; pénétrer.

Entresol, *s. m. Interstitium.* étage entre le rez-de-chaussée et le premier. * Entre-sol. R. A.

Entretaille, *s. f.* pas de danse; t. de graveur, taille légère. * Entre-taille. R.

Entretaillure, *s. f. Intertrigo.* blessure faite en s'entre-taillant. * Entre-taillure. V.

Entretemps, *s. m.* intervalle de temps entre deux actions. * Entretems. C. Entre-temps. A. R. V.

Entretenement, *s. m. Victus et cultus.* t. de pratique, entretien, subsistance. * entreprise du pavé des rues, des grandes routes. B. Entreténement. R. G. Entretènement. A. V.

Entreteneur, *s. m.* qui entretient une femme. V.

Entretenir, *v. a. Conservare.* nu. e, *p.* tenir ensemble; tenir en bon état; faire subsister; fournir à; parler à. (s'), *v. r.* converser; se conserver; se fournir; se tenir.

Entretien, *s. m. Victus ac vestitus.* action d'entretenir; subsistances et vêtemens; dépense pour entretenir; conversation.

Entretoile, *s. f.* sorte de parure en dentelle.

Entretoise, *s. f.* t. de charpentier, pièce de bois qui soutient. * Entre-toise. R.

Entrevêcher (s'), *v. r.* ché. e, *p.* (*vieux*) s'embarrasser. R. V.

Entrevoir, *v. a.* vu. e, *p.* voir imparfaitement ou en passant. (s'), *v. r.* avoir une entrevue; se rendre visite.

Entrevous, *s. m.* intervalle entre les solives, les poteaux. * *et* Entrevoux. RR.

Entrevue, *s. f. Congressus.* visite; rencontre concertée.

Entroques, *s. m. pl.* pétrifications. V.

Enture, *s. f.* où l'on place une ente, t. de jardinier.

Entures, *s. f. pl.* t. de charpentier, pièces de traverse.

†Énucléation, *s. f.* séparation de l'amande du noyau.

Énule, *s. f.* Aunée, Énula-campana, plante.

Énumérateur, *s. m.* qui fait l'énumération. R.

Énumératif. ve, *adj.* qui énumère. A.

Énumération, *s. f.* dénombrement, figure de rhétorique. G. C.

Énumérer, *v. a.* ré. e, *p.* dénombrer. A. C. V.

†Énurésie, *s. f. Enuresis.* écoulement involontaire des urines.

Envahir, *v. a. Invadere.* hi. e, *p.* usurper; prendre par force.

Envahissement, *s. m.* action d'envahir. A. C. V.

Envahisseur, *s. m.* qui envahit. V.

Envaler, *v. a.* lé. e, *p.* t. de pêcheur, tenir le verveux ouvert. G. C. V.

†Envasement, *s. m.* amas de vase sur la côte.

Envélioter, *v. a.* té. e, *p.* t. de faucheur, mettre en véliotes, en petits tas. R. G. C. V.

Enveloppe, *s. f. Involucrum.* ce qui enveloppe, garantit, défend. * t. de botanique, involucre ou tégument. B. Envelope. R.

Enveloppement, *s. m.* action d'envelopper. C. V. * Envelopement. R.

Envelopper, *v. a. Involvere.* pé. e, mettre quelque chose autour, dans une enveloppe; cacher; déguiser; comprendre; entourer; environner. (s'), *v. r.* * Enveloper. R.

Envelopeur, *s. m.* qui enveloppe. V. * Envelopeur. R.

Envenimer, *v. a. Infestare.* mé. e, *p.* infecter de venin. * donner un sens, un motif, un but odieux. B.

Enverger, *v. a.* gé. e, *p.* garnir, enlacer d'osier. G. C. V. * faire couler la pâte sur les verjures, t. de papetier; faire croiser les fils. B.

Enverguer, *v. a.* gué. e, *p.* attacher les voiles aux vergues.

Envergure, *s. f.* manière d'enverguer; étendue des ailes d'un oiseau. * oiseau de mer, voyez Frégate. R. G.

Enverjure, *s. f.* t. de papeterie. R.

†Enverrer, *v. a.* ré. e, *p.* t. de verrier, enlever les crasses avec du verre fondu.

Envers, *s. m.* le côté le moins beau; sens contraire. *prép. Erga.* à l'égard de.

Envers (à l'), *adv.* en sens contraire. * à-l'envers. C.

†Enversan, *s. m.* petite étoffe de laine.

Enverzer, *v. a.* zé. e, *p.* façonner une étoffe en la tirant. G. C.

Envi, *s. m.* (à l'), *adv. Certatim.* avec émulation. * à-l'envi. C.

Envie, *s. f. Invidia.* chagrin causé par le bien d'autrui; désir; volonté; besoin; filets de la peau, *Nævus*; signe.

Envieilli. e, *adj.* qui a vieilli. G. C.

Envieillir, *v. a.* li. e, *p.* faire paroître vieux. A. V.

Envier, *v. a. Invidere.* vié. e, *p.* porter envie; être envieux de; désirer.

Envieux. se, *adj. Invidus.* qui porte envie; qui a de l'envie.

Envilasse, *s. f.* ébène de Madagascar. G. C. V.

Enviné. e, *adj.* qui sent le vin. G. C. V.

Environ, *adv. prép. Circum.* à-peu-près; presque; un peu moins.

Environner, *v. a. Circumdare.* né. e, *p.* entourer; enfermer. * Environer. R.

Environs, *s. m. pl.* lieux d'alentour.

Envis, *adv.* (*vieux*) malgré soi. V.

Envisager, *v. a. Intueri.* *p.* regarder en face; considérer, fixer. (*fig.*) considérer en esprit.

Envitailler, *v. a.* lé. e, *p.* t. de marine. R.

Envoi, *s. m. Missio.* action d'envoyer; choses envoyées; t. de poësie, vers qui accompagnent un envoi.

Envoiler (s'), *v. r.* lé. e, *p.* t. de serrurier, se courber à la trempe; t. de métiers, se déjeter, se tourmenter.

Envoisiné. e, *adj.* (*famil.*) qui a des voisins. G. C.

Envoler, *Avolare.* s'envoler, *v. pers.* lé. e, *p.* fuir en volant; passer rapidement.

Envoûtement, *s. m.* (*vi.*) prétendu maléfice. G. C.

Envoûter, *v. a.* té. e, *p.* prétendre tuer en perçant l'effigie de quelqu'un. G. C. V. RR.

Envoyé. e, *s. Legatus.* ministre député; député.

Envoyer, *v. a. Mittere.* yé. e, *p.* dépêcher à ou vers; faire porter.

†Envulter, *v. a.* faire l'effigie de quelqu'un en cire pour servir à des sortilèges. Envoûter.

Énydre, *s. m. Enydris.* serpent d'Afrique, du 2e. genre.

†Éolides, *s. f. pl. Æolidia.* mollusques gastéropodes.

Éolien, Éolique, *adj. Æolius.* dialecte grec, l'un des cinq modes principaux de la musique grecque. A. G.

Éolipyle, *s. m. Æolipyla.* boule creuse et percée, sur des roues, garnie d'un bec, remplie d'eau que l'on fait bouillir pour prouver la résistance de l'air; t. de phys. * Éolipile, *s. f.* R.

Éories *ou* Alétides, *s. f. pl.* fêtes d'Erigone. V.

†Épacris, *s. m.* genre de plantes de la famille des liserons.

Épacte, *s. f. Epacta.* supplém. à l'année lunaire.

Épagneul. e, *s.* sorte de chien d'Espagne, à longs poils et grands yeux.
Épagomène, *s. m.* t. de chronologie. V.
†Épailler, *v. a.* é. e, *p.* enlever les saletés de l'or avec l'échoppe.
Épais, *s. m.* épaisseur, *adv.* avec épaisseur.
Épais. se, *adj. Densus.* qui a de l'épaisseur; dense; grossier; pesant; sans intelligence; dru, serré.
Épaisseur, *s. f. Crassitudo.* densité; profondeur d'un solide.
Épaissir, *v. a. Densare.* si. e, *p.* rendre épais. *v. n.* (s'), *v. r.* devenir épais.
Épaississement, *s. m. Densatio.* condensation; état de ce qui est épaissi.
Épamprement, *s. m. Pampinatio.* action d'épamprer la vigne.
Épamprer, *v. a. Pampinare.* pré. e, *p.* ôter les pampres.
†Épanadiplose, *s. f.* répétition anti-parallèle.
†Épanalepse, *s. f.* répétition d'un mot; répétition après une longue parenthèse; action de résumer.
†Épanalepse *ou* Épanaplèse, voy. Épanadiplose.
†Épanaphore, voyez Anaphore.
Épanchement, *s. m. Effusio.* effusion; action de s'épancher.
Épancher, *v. a. Effundere.* ché. e, *p.* verser doucement. (s'), *v. r.* se confier.
Épanchoir, *s. m.* issue pour épancher. T. V.
Épandre, *v. a.* du. e, *p.* jeter çà et là, éparpiller. (s'), *v. r.* s'étendre; se répandre; verser. CORNEILLE.
†Épanneler, *v. a.* lé. e, *p.* couper à pans, t. de sculpteur.
†Épanode, *s. m.* retour; renouvellement; répétition.
Épanorthose, *s. f.* rétractation feinte pour augmenter l'expression, la force, t. de rhétor. * Epanorthose. V. Epanorthrôse. RR.
Épanouir, *v. a.* noui. e, *p.* (la rate), réjouir. (s'), *v. a.* se dérider; se déplier, s'ouvrir. *Dehiscere.*
Épanouissement, *s. m. Explicatio.* action de s'épanouir.
Éparcet, *s. m.* sorte de foin à grosse graine.
Éparer (s'), *v. pers.* se dit du cheval qui rue.
Épargnant, e, *adj. Parcus.* qui use d'épargne.
Épargne, *s. f. Parcimonia.* économie de l'argent, du temps, etc. trésor public.
Épargner, *v. a. Parcere.* gné. e, *p.* user d'économie; avoir du ménagement. (s'), *v. r. pers.* se ménager, s'éviter de la peine, etc.
Éparpillement, *s. m.* action d'éparpiller; ses effets. G. C.
Éparpiller, *v. a. Dispergere.* lé. e, *p.* épandre çà et là; disperser. (s'), *v. pers.* s'étendre. * Éparpiller. V.
Épars. e, *adj. Dispersus.* dispersé; épandu çà et là.
Épars, *s. m.* t. de charron, pièce de bois; t. de mar. bâton du pavillon. G. C.
Épart, *s. m.* jonc dont on fait des paniers; traverse qui tient les limons. * *pl.* AL.
Éparvin, *s. m. Suffrago.* maladie du cheval. * *ou* Épervin. A. G. CO. V.
Épaté. e, *adj. Patulus.* (verre) à pied cassé; (nez) gros, court, large. G. * (ancre) qui a perdu une patte. B.
Épaufrure, *s. f.* éclat du bord d'une pierre, t. de maçon. G. C. * Épaufure R.
Épaulard, *s. m. Epaulorla.* poisson de mer; cétacée, espèce de baleine et son ennemi.
Épaule, *s. f. Humerus*, partie du corps après le cou.
Épaulée, *s. f.* effort de l'épaule; coup d'épaule. * se dit d'un bâtiment repris par redens; telline cambrée. B.
Épaulement, *s. m. Fulcrum.* t. de fortification, rempart de terre, fascines, etc.
Épauler, *v. a. Auxiliare.* lé. e, *p.* aider; assister: disloquer l'épaule; t. de guerre, mettre à l'abri du canon.
†Épaulétier, *s. m.* mauvais officier; officier; t. de mépris. (*nouveau*).
Épaulette, *s. f. Humerale.* bande de toile, couture, galon sur l'épaule. * Epaulete. R.
Épaulière, *s. f.* armure de l'épaule. G. V. * Epauliere. R.
Épaure, *s. f.* t. de batelier; solive. G. C. V.
Épautier, *v. a.* tié. e, *p.* ôter les menues ordures du drap. V.
Épave, *adj.* 2 *g.* t. d'agriculture; chose égarée. *s. f.* t. de marine; chose jetée sur la côte par la mer, telle que ses productions et des débris. * Espave. RR. *s. f. pl.* G. V.
Épavité, *s. f.* droit sur les épaves. R.
Épeautre, *s. m.* sorte de froment à semence menue, rougeâtre, petit, adhérent aux balles. * Épautre. R.
Épée, *s. f. Gladius.* sorte d'arme offensive, profession des armes. * outil de cordier, de diamantaire, etc. — de mer, *s. f.* espèce de petite baleine. B.
Épeiche, *s. f. Picus virus*, pic rouge, oiseau de la famille des pics, de beaucoup d'espèces.
†Épeigné. e, *adj.* (douve) rompue dans le jâble.
Épeler, *v. a. Litteras appellare.* lé. e, *p.* nommer les lettres qui composent un mot.
Épellation, *s. f.* art, action d'épeler. A. V.
Épenthèse, *s. f.* insertion d'une lettre dans un mot. G. C. V. * Épenthese. R.
Éperdu. e, *adj. Attonitus.* troublé par une passion, par la crainte.
Éperdument, *adv. Perditè.* passionnément. * Éperduement. R. Éperdûment. C. V.
Éperlan, *s. m. Epernus.* petit poisson de mer, du genre du salmone, d'une blancheur argentine comme la perle.
Éperon, *s. m. Calcar.* branche de fer armée de pointes pour piquer le cheval; ride au coin de l'œil; ergot; proue, fortification; ouvrage en pointe; pointe de fleurs. * coquillage univalve de la famille des limaçons. B.
Éperonné, *s. m.* poisson de mer, du genre du spare, aux Indes. * Éperoné. R.
Éperonné. e, *adj.* qui a des éperons. * Eperoné. R.
Éperonner, *v. a.* né. e, *p.* donner de l'éperon. C. * Éperoner. R.
Éperonnier, *s. m.* qui fait des éperons; oiseau, paon de la Chine, couvert d'yeux très-brillans, du genre du paon. * Eperonier. R.
Éperonnière, *s. f.* * Éperoniere. R.
Épervier, *s. m. Accipiter.* oiseau de proie; furet *ou* risseau pour la chasse; filet; bandage pour le nez. * *pl.* papillons bourdonneurs. B.
†Épervière, *s. f. Hieracium.* genre de plantes sémiflosculeuses.
Épervin, *s. m.* voyez Éparvin.
Épéter, *v. a.* té. e, *p.* empiéter sur le chemin. R.
†Épetil, *s. m.* plante, espèce de hallier qui croît dans les savannes de Cayenne.
Éphèbe, *s. m.* jeune homme de quatorze ans. G. C. V. CO. * Ephèbe, R.
†Éphectite, *adj.* se dit de ce qui, après une longue recherche, une longue étude, est plus douteux qu'auparavant.
Éphèdre, *s. f.* sorte d'arbrisseau. * *s. m.* athlète sans antagoniste. G. C. V. * Éphèdre. R.
Éphélides, *s. f. pl.* taches larges, rudes et noirâtres sur la peau.
Éphémère, *adj.* 2 *g. s. Diarius*, qui ne dure qu'un jour; insectes ailés; leurs larves habitent les eaux et les gouttes de rosée. * Éphémere. R.
Éphémérides, *s. f. pl. Ephemerides.* tables astronomiques, qui déterminent chaque jour le lieu des planètes.
Éphémérine, *s. f. Tradescantia.* plante herbacée, exotique, de la famille des joncs.
Éphestrie, *s. f.* habit grec, t. d'antiq. R. G. C. V. * *pl.* fêtes. V.
Éphètes, *s. m. pl.* magistrats athéniens, t. d'antiquité. G. C. V. * Éphetes. R.
Éphi, *s. m.* mesure hébraïque pour les grains. R.
Éphialtes, *s. m. Ephialtis.* cauchemar, asthme nocturne. G. C. CO. V. * Éphialte. R.
†Éphidrose, *s. f.* sueur morbifique.
Éphippium, *s. m. ou* Pelure d'oignon, coquillage.
Éphod, *s. m.* t. d'antiq. ceinture de prêtres hébreux.
Éphores, *s. m. pl. Ephorus.* juges à Sparte, qui réprimoient l'autorité royale.
Épi, *s. m. Spica.* tête du tuyau du blé, etc. amas de fleurs en épi; sa figure; marque sur le front du cheval; bandage. * voy. Spica. A.
Épi-d'eau, *s. m. Potamogeton.* plante aquatique, astringente, rafraîchissante, à l'extérieur pour les dartres, les démangeaisons.
†Épi-de-bled, *s. m.* bois dur de la Chine, rayé, d'un noir rougeâtre et de couleur de chair.
Épiale, *adj. f. Epiala.* (fièvre) continue avec chaleur et frisson.
Épian, *s. m.* espèce de mal vénérien. * voyez Pian. A. V.
†Épibatériens, *s. m.* action de grâces en vers pour un heureux retour.
†Épicaïser, *v. n.* juger conformément à l'équité; mitiger la rigueur de la loi.
Épicarpe, *s. m. Epicarpium.* cataplasme autour du poignet.
Épicaume, *s. m.* ulcère sur le noir de l'œil. C. G. V.
Épice, *s. f. Aromata.* drogue aromatique. *pl.* dragées; confitures; droits payés aux juges.
Épicea, Épicia, *s. m.* sapin commun en Europe.
Épicède, Épicédion, *s. m.* oraison funèbre. G. V.
Épicène, *adj. s. m.* t. de gram. mot commun aux deux sexes. C. G. V. * Épicène. R.
Épicer, *v. a.* cé. e, *p.* assaisonner avec de l'épice.
Épicérastique, *adj.* 2 *g. Epicerasticus.* médicament qui adoucit. * *s. m.* remède qui tempère l'acrimonie des humeurs. B.
Épicerie, *s. f. Aromataria.* toutes les épices; substances végétales, aromatiques, venant des Indes; leur commerce. * — quatre-épices, girofle, muscade, poivre noir, canelle ou gingembre en poudre. B.
Épichérème, *s. m.* t. dialectique, sillogisme où chaque premisse à sa preuve. A. V.
Épicier. ère, *s. Aromatarius.* qui vend des épices. * *f.* -ciere. R.
Épicin, *s. m.* t. de botan. espèce de sapin. R.
Épicrâne, *s. m.* ce qui environne le crâne.
Épicrase, *s. m. Epicrasis.* amélioration d'humeurs. V.
Épicurien, *s. m. Epicureus.* sectateur d'Epicure; voluptueux.
Épicurisme, *s. m.* système, morale, mœurs, doctrine d'Epicure; vie voluptueuse.
Épicycle, *s. m.* t. d'astronomie, petit cercle dans lequel on suppose que le soleil se meut, ou dont le centre est sur la circonférence d'un autre plus grand.
Épicycloïde, *s. f.* ligne courbe, t. de géom.
Épicyèse, *s. m.* superfétation. V.
Épidémie, *s. f.* maladie contagieuse, générale, populaire. * *s. f. pl.* fêtes pour le retour d'un ami. V.

Épidémique, *adj.* 2 *g.* qui tient de l'épidémie.
†Épidémium, *s. m.* plante.
Epiderme, *s. m. Cuticula.* première peau; surpeau.
†Épidèse, *s. f.* action d'arrêter le sang en formant une plaie.
†Épidesme, *s. m.* bandage.
Épididyme, *s. m. Epididymus.* éminence autour des testicules.
†Épidote, *s. m.* schorl vert du Dauphiné.
†Épié, e, *adj.* (chien) dont le poil forme un épi sur le front.
Épier, *v. a.* pié. e, *p.* observer les actions, être attentif à. *v. n.* monter en épi.
Épierrer, *v. a. Elapidare.* ré. e, *p.* ôter les pierres, les gravois.
Épieu, *s. m. Venabulum.* espèce de hallebarde pour la chasse.
Épigastre, *s. m.* partie supérieure du bas-ventre.
Épigastrique, *adj.* 2 *g.* qui tient, appartient à l'épigastre.
†Épigée, *s. f. Epigœa.* plante de la famille des bruyères.
†Épigénème, *s. m.* symptôme d'une maladie.
†Épigénèse, *s. f. Epigenesis.* système de la formation du fœtus par dépôts successifs ou juxta-position.
Épigénésie, *s. f.* système sur la formation des corps par juxta-position, ou aggrégation de molécules. G. C. V.
Epigeonner, *v. a.* né. e, *p.* t. de maçon, employer le plâtre serré. G. V. * Épigeoner. R.
†Épiginomènes, *s. m. pl. Epiginomena.* symptômes accidentels, t. de médecine.
Épiglotte, *s. f. Epiglottis.* luette, languette de la glotte.
†Épigonion, Épigonium, *s. m.* instrument à cordes.
Épigrammatique, *adj.* 2 *g.* qui tient de l'épigramme.
Épigrammatiste, *s. m.* qui fait des épigrammes.
Épigramme, *s. f. Epigramma.* poësie terminée par une pointe; trait piquant; bon mot rimé.
Épigraphe, *s. f.* inscription d'un édifice; sentence, devise à la tête d'un livre.
†Épigyne, *adj.* 2 *g.* (étamines, pétales, etc.) insérées sur l'ovaire ou le pistil.
Épikie, *s. f.* tempérament qui modère la loi. R.
Épilance, *s. f.* épilepsie, haut-mal; t. de fauconnier. G. C.
Épilatoire, *adj.* 2 *g.* (pâte) qui sert à épiler. A. V.
Épilepsie, *s. f. Sonticus morbus.* mal caduc, haut-mal; (*en t. déguisé*), attaque de nerf.
Épileptique, *adj. s.* 2 *g. Comitialis.* de l'épilepsie; qui a l'épilepsie; qui tombe du haut-mal.
Épiler, *v. a.* lé. e, *p.* arracher le poil. voyez Dépiler. * Ébarber, t. de métiers. B.
†Épillet, *s. m. ou* Épilet, petit épi propre aux graminées.
Épilobe, *s. m. Epilobium.* plante herbacée, à fleurs polypétales, de la famille des onagres.
Épilogue, *s. m. Epilogus.* fin d'un discours, d'un ouvrage. * t. d'antiquité, ce que l'acteur disoit au peuple. B.
Épiloguer, *v. a. n.* gué. e, *p.* censurer, trouver à redire.
Épilogueur, *s. m. Censor.* (*familier*) qui aime à épiloguer.
Épilotique, *adj.* 2 *g.* V.
†Épimane, *adj.* 2. *g.* insensé furieux.
†Épimède, *s. f. Spinacia.* chapeau d'évêque; plante des Alpes.
Épinards, *s. m. pl. Spinacium.* herbage que l'on mange cuit, facile à digérer, laxatif; plante herbacée, de la famille des arroches. * Épinard, *s. m.* R. G. A.

Épinceler, voyez Epoutier. G.
Épinceter, *v. a.* té. e, *p.* t. de fauc. aiguiser le bec et les serres. G. V.
†Épincette, *s. f.* petite pince pour ôter les nœuds du drap.
Épinçoir, *s. m.* gros marteau de paveur. C. G. V. * Espinçoir. R.
Épine, *s. f. Spina.* arbrisseau qui a des piquans; le piquant; corps aigu et adhérent à la plante; embarras, obstacle, difficulté; *vertèbres du dos. pl.* t. de chimie, cuivre hérissé de pointes. * *pl.* V. G.
Épine-arabique, *s. f.* plante astringente. A. R.
Épine-blanche, *s. f.* arbrisseau. R. * — sauvage, chardon commun. B.
Épine-jaune, *s. f.* plante qui a beaucoup de rapports avec le chardon à fleur dorée.
Épine-vinette, *s. f. Berberis. ou* Vinétier, arbrisseau épineux, à fruits astringens, rafraîchissans, calmans, bons pour le flux de ventre, la dyssenterie; fortifient l'estomac, excitent l'appétit. * Épine-vinete. R.
Épinette, *s. f.* instrument de musique; cage pour engraisser les poulets. * *ou* Sapinette du Canada, espèce de sapin d'où découle le baume de Canada.—hameçon d'épines. B. Épinete. R.
Épineux, se, *adj. Spinosus.* qui a des épines; plein de difficultés, d'obstacles; qui fait des difficultés. *—*s. m.* poisson du genre du baliste. —poisson du genre du pleuronecte. B.
Épingare, *s. m.* sorte de très-petit canon. * Épingard. T.
Épingle, *s. f. Spina ferrea.* bout de fil de laiton ou de fer à tête et pointe. *pl.* présens, gratifications. (*fig.*) parts, portions.
†Épingler, *v. a.* é. e, *p.* passer des épingles dans les étresses, t. de cartier.
Épinglete, *s. f.* t. de mineur. R. * Épinglette, longue épingle. B. Épinglette. AL.
Épinglier, ère, *s.* qui fait, vend des épingles. * *f.* Épingliere. R.
Épinière, *adj. f.* (moelle) de l'épine du dos. * Épiniere. R.
Épiniers, *s. m. pl.* bois d'épines, t. de chasse.
Épinoche, *s. m.* café de la première qualité. C. G.
Épinoche, *s. f. Aculeatus. ou* Épinocle, petit poisson qui a le dos hérissé d'épines, du genre du gastré, sans écailles, à la couleur du hareng. * *ou* Savetier. B.
Épinocher, *v. a.* ché. e, *p.* manger lentement et sans faim. V.
Épinyctides, *s. f. pl. Epinyctis.* pustules nocturnes. R. G. C. V.
Épiphanie, *s. f. Epiphania.* fêtes des catholiques, *ou* les Rois.
†Épiphénomènes, *s. m. pl. Epiphenomena.* symptômes accidentels étrangers à la maladie.
Épiphonème, *s. m. Epiphonema.* réflexion vive et profonde, t. de rhétor. * exclamation sentencieuse. V. Épiphonême. R.
Épiphore, *s. m. Epiphora.* flux continuel des larmes. R. G. C. V.
†Épiphore *ou* Épistrophe, *s. f.* conversion, (figure de réthorique).
†Épiphylospermes, *s. m. pl.* fougères.
Épiphyse, *s. f. Epiphysis.* éminence cartilagineuse. R. G. C. V.
Épiplérose, *s. f. Epiplerosis.* réplétion excessive des artères. G. C. V.
Épiplocèle, *s. f.* hernie causée par la chute de l'épiploon. * Épiplocele. A. R.
†Épiploentérocèle, *s. f.* hernie intestinale, épiploïque de l'aine.
Épiploïque, *adj.* 2 *g. Epiploicus.* (hernie) de l'épiploon.
†Épiploïtie, *s. f.* inflammation de l'épiploon.

†Épiplomérocèle, *s. f.* sortie d'une partie de l'épiploon.
Épiplomphale, *s. f. Epiplomphalus.* hernie de l'ombilic.
Épiploon, *s. m.* membrane qui couvre les intestins.
†Épiploschéocèle, *s. f.* chute d'une partie de l'épiploon.
Épique, *adj.* 2 *g. Epicus.* (poëme, poëte) qui raconte un fait historique, embelli d'épisodes et de fictions.
†Épiquie, *s. f.* interprétation de la volonté du supérieur.
Épiscaphies, *s. f. pl.* fêtes à Rhodes. V.
Épiscopal, e, *adj. Episcopalis.* qui appartient à l'évêque.
Episcopat, *s. m. Episcopatus.* dignité de l'évêque.
Épiscopaux, *s. m. pl.* partisans de l'épiscopat.
Épiscopisant, *s. m.* qui aspire à l'épiscopat. G.
Épiscopiser, *v. n.* aspirer à l'épiscopat; prendre des airs, des manières d'évêque. (*familier*). G. C. V.
†Épiseire, *s. m.* jeu de longue paume chez les Grecs.
Épisode, *s. m.* partie d'un poëme; action incidente à l'action principale.
Épisodier, *v. n.* dié. e, *p.* étendre par des épisodes, t. de rhétorique. T.
Épisodique, *adj.* 2 *g.* de l'épisode; accessoire.
Epispastique, *adj.* 2 *g.* topique qui attire les humeurs.
Épisser, *v. a.* sé. e, *p.* entrelacer les fils de deux cordes, t. de marine.
Épissoir, *s. m.* instrument pour épisser. R. G. C.
Épissure, *s. f.* entrelacement, t. de marine. R. G.
†Épistaphylin, *s. m.* muscle de la luette.
Épistate, *s. m.* chef du sénat d'Athènes. G. C.
Épistemonarque, *s. m.* t. de liturgie, préposé à la doctrine. * Épistémonarque. G. R. V. CO.
†Épister, *v. a.* té. e, *p.* réduire en pâte, t. de confiseur, etc.
†Épistographe, *s. m.* porte-feuille (*vieux*).
Épistolaire, *adj.* 2 *g. Epistolaris.* (style), de l'épître. * *s. m. pl.* auteurs de recueils de lettres. G. C.
Épistolier, *s. m.* qui chante les épîtres. R. V.
Épistyle, *s. f.* architrave.
†Épit, *s. m.* manche d'une pelle, t. de salines.
Épitaphe, *s. f. Epitaphium.* inscription d'un tombeau. * Épitafe. R.
Épitase, *s. f.* t. de rhétorique, ce qui suit l'exposition. * commencement du paroxisme; substance qui surnage sur l'urine. B.
Épite, *s. f.* t. de marine, cheville dans une autre. G. C. V.
Épithalame, *s. m.* poëme, estampes à l'occasion d'un mariage.
Épithème, *s. m. Epithema. s. m.* topique spiritueux sur l'estomac. * Épithême. G.
Épithète, *s. f. Epithetum.* adjectif, nom qui qualifie, t. de rhétor. * Épithete. R.
Épithyme, *s. m.* fleur médicinale de Candie.
Épitié, *s. m.* t. de mar. retranchement en planches. R. G. C. V.
Épitoge, *s. f.* manteau romain; capuce des présidens. G.
Épitoir, *s. m.* t. de marine, outil pour faire entrer l'épite. G.
Épitome, *s. m. Epitome.* abrégé d'un livre, d'une histoire.
Épitomer, *v. a.* mé. e, *p.* (*vieux*) abréger un livre. G. C. V. RR.
Épître, *s. f. Epistola.* lettre missive; missive; discours adressé en vers à quelqu'un; partie de l'évangile.

Épitrite, *s. t.* de poësie latine. V.
Épitrope, *s. m.* arbitre des Grecs chrétiens. *s. f.* consentement à dessein, pour obtenir, figure de rhétorique.
Épizootie, *s. f.* contagion sur les animaux. A. R.
Épizootique, *adj.* 2 *g.* qui tient de l'épizootie. A. R. V.
Éplaigner, *v. a.* gné. e, *p.* (du drap) y faire venir le poil. C. G. V. * *ou* Emplaigner. R.
Éplaigneur, *s. m.* qui éplaigne. G. * *ou* Emplaigneur. R.
Éploré. e, *adj. Lacrymabundus.* tout en pleurs. * *ou* Épleuré. R.
Éployé. e, *adj.* t. de blas. les ailes étendues.
Épluchement, *s. m.* action d'éplucher.
Éplucher, *v. a. Purgare.* ché. e, *p.* examiner, trier, nettoyer les graines, etc. ôter la mauvais; ôter la vermine, les ordures, les nœuds, les superfluités; (*figuré*) rechercher avec malice et curiosité les défauts.
Éplucheur, *s. m.* qui épluche.
Épluchoir, *s. m.* couteau pour éplucher, t. de vanier. G. C. V.
Épluchures, *s. f. pl.* ordures ôtées en épluchant. * Épluchure. *sing.* A. R. V.
Épode, *s. f.* t. de poësie, troisième et dernière partie d'un chant.
Époinçonner, *v. a.* né. e, *p.* stimuler. V.
Époindre, *v. a.* piquer, blesser. SCARON.
Épointé. e, *adj.* qui a la hanche démise ou inégale. R. G. G. V.
Épointer, *v. a.* té. e, *p.* ôter la pointe.
Épointure, *s. f.* mal qui arrive aux chiens épointés. G.
Épois, *s. m.* cors du sommet de la tête du cerf.
Épomide, Épomis, *s. f.* t. d'anat. partie supérieure de l'épaule. G. C. V. * *ou* Épomide, V.
Épomide, *s. m.* chaperon; scapulaire. G. C. (*vieux*).
Éponge, *s. f. Spongia,* plante marine, substance légère, molle, élastique, très-poreuse, ouvrage des polypes; 15e. genre des zoophytes. — de rivière, espèce de byssus; talon des animaux; extrémité d'un fer de cheval.
Éponger, *v. a.* gé. e *p.* nettoyer avec l'éponge; passer l'éponge sur.
Épongier, *s. m.* chargé d'éponges. LAFONT.
†Éponte *ou* Ponte, *s. f.* enveloppe des veines d'un minéral.
Épontilles, *s. f. pl.* t. de mar. soutiens des ponts. G. C. V. * *ou* Pontilles. G.
Épopée, *s. f. Epos.* genre, fable, caractère du poëme épique.
Époque, *s. f. Epocha.* date, point fixe de l'histoire. * — chrétienne, de la naissance de J. C. -Dioclétienne, l'an 283. -Julienne, l'an 46. B.
Époudrer, *v. a.* dré. e, ôter la poudre des hardes.
Épouffer (s'), *v. réfl.* (*popul.*) s'esquiver.
Épouiller, *v. a.* lé. e, *p.* ôter les pous.
† Époulardage, *s. m.* séparation des feuilles de tabac.
Époulle, *s. f.* t. de manufacture, fil de la trame sur l'époullin. G. G.
Époulleur, *s. m.* t. de manufac. qui charge les époullins. G. C.
Époullin *ou* Époullet, *s. m.* roseau, navette qui porte la trame. G. C. * *ou* Épolet. G.
Époumonner, *v. a.* né. e, *p.* fatiguer les poumons. (s'), *v. r.* * Époumoner. R. A.
Épousailles, *s. f. pl* (*familier*) célébration du mariage.
Épouse, *s. f. Sponsa.* qui a épousé un homme.
Épousée, *s. f.* celle qu'on a, ou qui doit être bientôt épousée.
Épouser, *v. a.* sé. e, *p.* prendre pour femme ou pour mari; s'attacher par choix à. (s'), *v. r.* se marier.
Épouseur, *s. m.* (*familier*) qui est connu pour vouloir se marier.
Épousseter, *v. a.* té. e, *p.* secouer, ôter la poussière; battre (*familier*).
†Époussetoir, *s. m.* pinceau pour nettoyer les diamans.
Époussettes, *v. a. Scopula.* (*vieux*) vergette. * Époussete. R.
Épouti, *s. m.* ordure dans le drap. G. C. V.
Époutier, *v. a.* tié. e, *p.* nettoyer le drap. G. C. V.
Époutieuse, *s. f.* qui nettoie les draps. G. C.
Épouvantable, *adj.* 2 *g. Horrendus.* qui cause de l'épouvante.
Épouvantablement, *adv.* d'une manière épouvantable; excessivement.
Épouvantail, *s. m. Terriculum.* Épouvantails, *pl.* haillon pour épouvanter les oiseaux; chose, personne qui fait peur. * *ou* Guiffette noire, oiseau. B.
Épouvante, *s. f. Terror.* terreur soudaine, causée par quelque chose d'imprévu.
Épouvanter, *v. a. Terrere.* té. e, *p.* causer de l'épouvante. (s'), *v. récipr.* prendre l'épouvante.
Épouvantement, *s. m.* action d'épouvanter. R.
Époux, se, *s. Sponsus.* conjoints par le mariage. *pl.* mari et femme.
Épreindre, *v. a. Exprimere.* preint. e, *p.* exprimer le jus, le suc en pressant.
Épreinte, *s. f. Doloris morsus.* douleur du ventre causée par une matière âcre; fausse envie de chier. * t. de chasse, fiente de loutre, etc. G.
Éprendre (s'), *v. pers.* pris. e, *p. adj.* se laisser surprendre par une passion.
Épreuve, *s. f. Tentatio,* essai, expérience; première feuille tirée d'une planche.
Éprouver, *v. n. Experire.* vé. e, *p.* expérimenter; essayer; ressentir. * faire épreuve. R.
Éprouvette, *s. f. Specilium.* sonde; machine pour éprouver la poudre, la machine pneumatique, etc. cuiller; chaîne pour éprouver; t. d'arts et métiers. * Éprouvete. R.
Eps, *s. m.* (*vieux*) abeille. R.
†Epsom (sel d'), *s. m.* combinaison de l'acide vitriolique avec la magnésie.
Éptacorde, *s. m.* lyre à sept cordes. * Eptachorde. R.
Éptagone, *s. m.* t. de géom. figure à sept angles; place à sept bastions. * Éptagône. R.
Épucer, *v. a.* cé. *p.* ôter, chasser les puces.
†Épuche *ou* Épuchette, *s. f.* pelle pour enlever la tourbe brisée.
Épuisable, *adj.* 2 *g.* (*vieux*) qui peut être épuisé. C. V.
Épuisement, *s. m.* état de ce qui est épuisé; perte des forces.
Épuiser, *v. a. Exinanire.* sé. e, *p.* tarir; mettre à sec; ne rien oublier. (s'), *v. pers.* détruire son tempérament par des excès; finir.
Épuisette, *s. f.* t. d'oiseleur, filet. G. C. V. * Épuisete. R.
†Épulide, *s. m.* tubercules aux gencives.
Épulie, *s. f. Epulis.* excroissance aux gencives.
Épulons, *s. m. pl.* prêtres qui présidoient aux festins, t. d'antiquité. * convives. G.
Épulotique, *adj.* 2 *g. Epuloticum.* qui cicatrise les plaies.
Épure *s. f.* dessein en grand, t. d'architecture.
Épurer, *v. a. Expurgare.* ré. e, *p.* rendre pur, ou plus pur. (s'), *v. pers.* devenir plus pur; se perfectionner.
Épurge, *s. f. Latyris.* petite catapuce, herbe qui purge violemment.
Épurgement, *s. m.* (*vieux*) excuse, prétexte.
†Équant, *adj. m.* (cercle) égal au déférent. V.
Équarrir, *v. a. Quadrare.* ri. e, *p.* tailler à angles droits. * Équârir. R.
†Équarrissage, *s. m.* état de ce qui est équarri, peine et frais pour équarrir. * Équârissage. R.
Équarrissement, *s. m.* état de qui est équarri, action d'équarrir. * Équarrissement. R.
†Équarrisseur. se, *s.* qui tue, écorche et dépèce les chevaux. *et* Écarrisseur. (*omis dans les dictionnaires*).
Équarrissoir, *s. m.* verge pour percer les métaux. * Équârrissoir. R. Écarrissoir. B.
Équateur, *s. m.* un des grands cercles de la sphère qui la divise en deux parties égales. *prononcez* écouateur.
Équation, *s. f.* t. d'astronomie, manière de réduire à un moyen terme les mouvemens inégaux; formule qui indique l'égalité de valeur des quantités d'algèbre. *pronon.* écoua.
†Équatorial, *s. m.* instrument pour suivre les mouvemens diurnes des astres. *pronon.* écoua.
Équerre, *s. f. Norma.* instrument pour tracer des angles droits. *prononcez* ékère.
†Équerve, *s. f.* empâture.
Équestre, *adj.* 2 *g. Equestris.* de chevalier; (statue), d'un homme à cheval.
Équiangle, *adj.* 2 *g.* figure à angles égaux.
†Équiaxe, *adj.* 2 *g.* dont les axes sont égaux.
†Équidifférent. e, *adj.* (cristal) dont les faces du prisme et des sommets forment une suite arithmétique, comme 6, 2, 4.
Équidistant. e, *adj.* également éloigné l'un de l'autre. *prononcez* éki.
†Équiers, *s. m. pl.* anneaux de la scie des scieurs de long.
Équilatéral. e, *adj.* qui a ses côtés égaux.
Équilatère, *adj.* 2 *g.* figure à côtés égaux, t. de géométrie. * Équilatere. R.
Équilboquet, *s. m.* instrument pour vérifier les calibres, t. de charpentier. G. C. V.
Équilibre, *s. m. Æquilibrium.* état des choses pesées et d'un poids égal; égalité de forces, de poids. *prononcez* éki.
†Équille, *s. f.* croûte blanche au fond de la cuve, t. de salines.
†Équillette, *s. f.* t. de mar. pièce de bois pour soutenir les girouettes. *ou* Équinette.
Équimultiple, *adj.* 2 *g.* nombre à sous-multiples de même nombre.
†Équinette, *s. f.* voyez Équillette.
Équinoxe, *s. m. Æquinoctium.* temps où les jours sont égaux aux nuits. *prononcez* éki.
Équinoxial. e, *adj. Æquinoctialis.* de l'équinoxe. *s. m.* l'équateur.
Équipage, *s. m. Instrumentum.* suite de valets; de chevaux; carrosses, hardes etc. ceux qui montent un vaisseau. * tous les outils et engins d'un maçon. B. *prononcez* éki.
Équipe, *s. f.* bateau d'un voiturier. T.
Équipée, *s. f.* action, entreprise; démarche indiscrète, sans succès.
Équipement, *s. m. Commeatus.* action d'équiper.
Équiper, *v. a. Instruere.* pé. e, *p.* pourvoir de ce qui est nécessaire. (s'), *v. r.* se pourvoir; se parer.
Équipette, *s. f.* tablette. C.
†Équipeur-monteur, *s. m.* qui ajuste les pièces du fusil.
Équipollence, *s. f. Vis æqualis.* égalité de valeur. * Équipolence. R. *prononcez* éki.
Équipollent. e, *adj. s. m. Pretio æqualis.* qui

vaut autant que. * Équipolent. R.
Équipollent (à l'), *adv.* à proportion, à l'avenant. * à-l'équipollent. C.
Équipoller, *v. a. n.* être de pareil prix; valoir autant, t. de pratique. équipollé. e, *p. adj.* compensé.
†Équipondérance, *s. f.* égalité de tendance vers un centre commun.
Équiries, *s. f. pl.* fêtes romaines. R. V.
Équitable, *adj.* 2 *g.* *Æquus.* conforme à l'équité; qui a de l'équité. *prononcez* éki.
Équitablement, *adv.* *Æquè.* avec équité.
Équitation, *s. f.* art de monter à cheval.
Équité, *s. f.* *Æquitas.* justice tempérée, droiture.
Équivalemment, *adv.* d'une manière équivalente; au même prix. T. R. *prononcez* éki.
Équivalence, *s. f.* égalité de valeur. T. R.
Équivalent. e, *adj. s. m.* *Æqualis.* qui équivaut; de même prix, de même valeur.
Équivaloir, *v. a.* être de même prix ou valeur.
Équivoque, *s. f.* *Ambiguitas.* quolibet; mot à double sens. *prononcez* éki.
Équivoque, *adj.* 2 *g.* à double sens, à double entente.
Équivoquer, *v. a.* parler à double sens. (s'), *v. r.* (*familier*) dire un mot pour un autre.
Érable, *s. m.* *Acernus.* grand arbre. * — blanc, de montagne *ou* Sycomore. — à sucre, petit érable de l'Amérique septentrionale. B.
Érablie, *s. f.* (*vieux*) troupe. V.
Éradicatif. ve, *adj.* *Æradicativus.* qui emporte la maladie et ses causes, t. de méd.
Éradication, *s. f.* action d'arracher par la racine. G. C.
Érafler, *v. a.* *Perstringere.* flé. e, *p.* écorcher légèrement la peau.
Éraflure, *s. f.* *Vellicatio.* légère écorchure, * hachure, t. de métiers. B.
Éraillement, *s. m.* renversement de la paupière inférieure. * voyez Ectropion. B.
Érailler, *v. a.* *Lacerare.* (une étoffe) la tirer en faisant relâcher les fils. -lé. e, *p. adj.* (œil) avec des filets rouges.
Éraillure, *s. f.* chose éraillée.
†Éranthème, *s. m.* *Eranthemum.* arbuste exotique, voisin des verveines.
Ératé. e, *adj.* fin, rusé. V.
Érater, *v. a.* té. e, *p.* ôter la rate.
†Erbue, *s. f.* voyez Castine.
Ère, *s. f.* *Æra.* point fixe d'où l'on compte les années. * Ére. C. G.
Érecteur, *s. m. adj.* muscle qui élève.
Érection, *s. f.* *Constitutio.* institution; établissement; action d'élever, d'ériger.
Éreinter, *v. a.* *Delumbare.* té. e, *p.* fouler ou rompre les reins.
Éreinter (s'), *v. r.* se rompre les reins; se fatiguer.
Érémitique, *adj.* 2 *g.* qui tient du solitaire.
†Érémodicie, *s. f.* solitude profonde.
†Érémonts, *s. m.* bois qui embrassent le timon.
Érésie, *s. f.* plante.
Érésipélateux, voyez Érysipélateux.
Érésipèle, voyez Érysipèle.
Éréthisme, *s. m.* tension violente des fibres.
†Ergastule, *s. f.* maison de force pour les esclaves, t. d'antiquité.
Ergo, *s. m.* donc; conclusion; argument. R. G. C. V.
·Ergo-glu (*ironique*) grand raisonnement qui ne conclut rien.
Ergot, *s. m.* *Calcar.* corne de l'oiseau, etc. éperon; bout de branche morte; maladie du seigle qui change le grain en une espèce de gros ergot noir. * — *ou* Clou, corne molle ou tumeur sans pus aux jambes des animaux à pieds fourchus. B.
Ergoté. e, *adj.* qui a des ergots, ou l'ergot.
Ergoter, *v. a. n.* *Vitilitigare.* té. e, *p.* pointiller; chicaner; disputer sur tout; t. de jardinier, couper l'extrémité.
Ergoterie, *s. f.* chicane sur des riens. T. R.
Ergoteur, *s. m.* *Vitilitigator.* pointilleux, qui dispute.
Ergotisme, *s. m.* chicane. V.
Éridan, *s. m.* constellation méridionale; le Pô.
Ériger, *v. a.* *Erigere.* gé. e, *p.* élever; consacrer; affecter un titre à. (s'), *v. r.* s'attribuer un titre, un droit que l'on n'a pas.
Érigère, *s. f.* plante.
Érigne, Érine, *s. f.* instrument pour disséquer. voyez Érigue.
Érigone, *s. f.* constellation de la Vierge.
†Érigue *ou* Airigue, *s. m.* crochet pour disséquer. *ou* Érigne.
†Érinace, *s. m.* *Hydnum.* genre de champignons à pointes.
Érinacée, *s. f.* arbrisseau épineux. voyez Hydne.
†Érine *ou* Mandeline, *s. f.* *Erinus.* genre de plantes herbacées, de la famille des personnées.
†Ériocéphale, *s. m.* *Eriocephalus.* genre de plantes composées, radiées.
†Ériox, *s. m.* poisson du genre du salmone.
Érisson, *s. m.* t. de marine. R.
†Érithal, *s. m.* *Erithalia.* arbrisseau épineux de la famille des rubiacées.
Érix *ou* Eryx, *s. m.* serpent du 4ᵉ. genre, à Surinam, cendré, à trois raies noires en long.
Ermailli, *s. m.* fabricant de fromage de Gruyère. G. C. V. RR.
†Ermes *ou* Hermes, *adj.* (terres) incultes.
Ermin, *s. m.* droit de douane au Levant.
Erminette, *s. f.* outil de charpentier. * Erminete. R.
Ermitage, *s. m.* habitation d'un hermite; maison écartée et champêtre. * (*abusivement*) Hermitage.
Ermite, *s. m.* qui vit dans un désert; solitaire. * (*abusivement*) Hermite. *Eremus.*
Érosion, *s. f.* *Rosio.* action de l'acide qui ronge.
†Érodé. e, *adj.* dont le bord est dentelé, t. de botanique.
†Érodies, *s. m. pl.* *Erodius.* insectes coléoptères de l'espèce des ténébrions.
†Éroticomanie, *s. f.* érotomanie.
Érotidies *ou* Éroties, *s. f. pl.* fêtes en l'honneur de Cupidon. V.
Érotique, *adj.* 2 *g.* qui porte à l'amour, qui en procède.
Érotomanie, *s. f.* mal, délire d'amour.
†Érotyle, *s. m.* *Erotylus.* chrysomèle géant, insecte coléoptère.
Errament, *adv.* (*vieux*) tout d'un coup. V.
†Errandoner, *v. a.* marcher sans ordre et avec confusion (*vieux*).
Errant. e, *adj.* *Errabundus.* vagabond; qui est dans l'erreur. * *s.* qui erre dans la foi. AL.
Errata, *s. m.* *Errata.* t. de librairie, liste des fautes.
Erratique, *adj.* 2 *g.* t. de médecine, irrégulier. * t. d'histoire naturelle, (oiseau) voyageur, mais non de passage. B.
Erre, *s. f.* *Gressus.* train, allure. *pl.* voies; erremens; t. de chasse, traces.
Erremens, *s. m. pl.* *Institutum.* erres; voies; traces. R. Errements. V.
Errementer, *v. n.* t. de coutume. R.
Erréner, *v. a.* né. e, *p.* (*vieux*) éreinter. R. * Erener. V.
Errer, *v. n.* *Errare.* aller çà et là; se tromper; avoir une opinion fausse.
Erreur, *s. f.* *Error.* fausse opinion; déréglement; faute; méprise. * *pl.* voyage long et périlleux. A. G. V.
Errine, *s. f.* *Errhinus.* remède introduit dans les narines. * Erthine. A. V. V.
Erroné. e, *adj.* *Errans.* faux; qui contient des erreurs.
Erronément, *adv.* d'une manière erronée. C.
Ers, *s. m.* *Ervum.* vesce noire, plante.
†Erse, *s. adj.* 2 *g.* langue des montagnards d'Ecosse; mélange de celtique et de runique.
†Érubescence, *s. f.* action de rougir de honte; rougeur de la honte.
Érucague, *s. f.* plante contre la pituite. * *et* Érucage. A. V.
†Érucir, *v. a.* t. de chasse, se dit du cerf qui suce une branche.
Éructation, *s. f.* éruption des rots, t. de méd.
Érudit, *adj. s.* qui a beaucoup d'érudition; savant. * Érudit. e, *adj.* A. V.
Érudition, *s. f.* *Eruditio.* connoissances étendues; remarque savante.
Érugineux. se, *adj.* qui tient de la rouille de cuivre.
Éruption, *s. f.* *Eruptio.* évacuation subite; sortie prompte et subite; t. de médecine.
Érynge, *s. m.* Panicaut, plante, antidote.
Érysime, *s. m.* Vélard, Tourtelle, plante.
Érysipélateux. se, *adj.* *Erysipelatodes.* qui tient de l'érysipèle. * *et* Érésipélateux. A. G.
Érysipèle, *s. m.* *Erysipela.* maladie de la peau. * Érésipele. R. *s. f.* et Érésipèle. A. G. Érysipele. RR.
†Érythrine, *s. f.* *Erythrina.* genre de plantes de la famille des légumineuses.
Érythrocéphale, *s. m.* insecte. T.
Érythroïde, *s. f.* première membrane des testicules. G. C.
†Érythroptère, *s. m.* poisson du genre du silure.
†Érythroxilon, *s. m.* genre de plantes exotiques, de la famille des nerpruns.
Ès, *prép.* dans les. * Es. R.
Ès-arts (maître), *s. m.* qui a reçu les degrés. * maître-ès-arts. C.
Esbanoyer (s'), *v. r.* yé. e, *p.* se livrer à la volupté. V.
Escabeau, *s. m.* *Scabellum.* siége de bois sans dossier ni bras.
Escabelle, *s. f.* escabeau.
Escabelon, *s. m.* sorte de piédestal. C. * Escabellon. V. Escablon. R.
Escache, *s. m.* mors ovale de cheval. * *s. f.* R.
Escacher, Escacheur, voyez Écacher, Écacheur, Écachement. R.
Escafe, *s. f.* coup de pied. V.
Escafer, *v. a.* fé. e, *p.* donner un coup de pied. V.
Escadre, *s. f.* *Classis.* plusieurs vaisseaux réunis; division navale.
Escadrille, *s. f.* petite escadre. C.
Escadron, *s. m.* *Turma.* troupe de cavalerie; quatre compagnies.
Escadronner, *v. n.* se ranger en escadrons. * Escadroner. R.
Escalade, *s. f.* *Scalis eruptio.* assaut avec des échelles.
Escalader, *v. a.* *Ascendere.* dé. e, *p.* emporter par escalade; monter avec une échelle sur.
†Escaladou, *s. m.* moulin pour dévider la soie.
Escale, *s. f.* (faire), mouiller; relâcher, t.

de marine. * machine faite en forme de brancard. B.

†Escalemberg, s. m. ou Coton de montagnes, coton de Smyrne.

†Escalette, s. f. parallélipipède pour la lecture du dessein; espèce de peigne de bois; cabriole (*vieux*).

Escalier, s. m. *Scala*. degré pour monter; * ou Scalata, coquille univalve, de la famille des vis, rare et chère. B.

Escalin, s. m. monnoie des Pays-bas, 7 sols. * 12 sols. R.

†Escamette, s. f. toile de coton du levant.

Escamote, s. f. balle de liége. G.

Escamoter, v. a. té. e, p. faire disparoître par un tour de main; dérober subitement.

Escamoteur, s. m. *Præstigiator*. qui escamote; filou.

Escampative, s. f. échappée. MOLIERE.

Escamper, v. n. s'enfuir habilement et vîte.

Escampette, s. f. prendre de la poudre d'escampette (*pour dire*) s'enfuir (*populaire*). * Escampete. R.

Escandole, s. f. chambre de l'argousin, t. de marine. G. V.

Escap, s. m. (faire), faire connoître le gibier. G. V.

Escapade, s. f. *Licentius factum*. t. de manége, échappée.

Escape, s. f. fût d'une colonne.

Escarballe, s. f. petite dent d'éléphant. * Escarbeille. T. et Escarbelle. V.

†Escarbeille, s. f. quatre dents d'éléphant qui ne pèsent pas 100 livres.

Escarbillard. e, adj. s. éveillé; gai; joyeux. * Escarbillat. e. T. Escarbillard. V.

Escarbit, s. m. outil de calfateur. R. G. C.

Escarbitte, s. f. vase pour tremper l'étoupe du calfateur. AL. voyez Escarbit.

Escarbot, s. m. *Scarabæus*. insecte volant et coléoptère; Fouille-merde ou Scarabée-pilulaire, scarabée onctueux.

Escarboucle, s. f. rubis rouge foncé; espèce de grenat. s. m. oiseau mouche de Cayenne.

Escarbouiller, v. a. lé. e, p. (*populaire*) écraser. V.

Escarcelle, s. f. grande bourse.

Escargot, s. m. *Cochlea*. limaçon terrestre à coquille.

Escarlingue, s. f. contre-quille, voyez Carlingue.

Escarmouche, s. f. *Levis pugna*. t. militaire, combat de partis.

Escarmoucher, v. n. combattre par escarmouche. * contester; disputer; ergoter. B.

Escarmoucheur, s. m. *Veles*. qui va à l'escarmouche.

Escarner, v. a. né. e, p. dorer du cuir. R. * amincir le cuir pour y mettre une pièce. B.

Escarotiques, s. f. pl. *Escarotica*. t. de méd. ou Escharotiques, remèdes caustiques. * s. singulier. RR.

Escarpe, s. f. pente du fossé du côté d'une place. * outil de maçon; talus d'un mur jusqu'au cordon. B.

Escarpé. e, adj. *Abruptus*. qui a une pente rapide.

Escarpement, s. m. pente; t. de fortific. C. C.

Escarper, v. a. pé. e, p. couper droit de haut en bas.

Escarpin, s. m. *Socculus*. soulier à simple semelle. pl. sorte de torture qui serre les pieds.

†Escarpine, s. f. arquebuse sur les galères.

Escarpiner, v. a. courir légèrement. R. V.

Escarpolette, s. f. *Oscillatio*. siége suspendu, vacillant. * Escarpolete. R.

†Escare, s. f. *Eschara*. 7e. genre de zoophites solitaires, à tige mince, foliacée, cellules tubulées.

†Escarites, s. f. pl. rétépores ou escares fossiles.

Escarre, s. f. *Crusta*. croûte sur la peau, les plaies, etc. ouverture dans un corps avec fracas; t. de chirurgie, remèdes caustiques. * pl. espèce de polypiers. B. * Eschare. R.

†Escarts, s. m. pl. cuirs d'Alexandrie.

Escaude, s. f. petite barque. R.

†Escaupilles, s. f. pl. casaques piquées.

†Escave, s. m. espèce de seine.

Escavessade, s. f. secousse du caveçon.

Escharnir, v. a. railler; blâmer; réprimander. ROMAN DE LA ROSE.

Escharpe, s. f. saillie, rebord intérieur. V.

Escharper, v. a. pé. e, p. V. * Écharper. B.

Escharre, s. m. *Escharra*. zoophite polypier à rayons, presque pierreux.

†Eschaucer, v. a. éteindre une chandelle en la souffiant (*vieux*).

†Eschernir, v. a. se moquer de quelqu'un à son nez (*vieux*).

†Eschevinage, s. m. lieu, commerce de prostitution (*vieux*).

Eschillon, s. m. météore; trombe; siphon. * et Échillon. G.

Escient, s. m. *Sciens*. connoissance de ce que l'on fait.

Escient (à bon), adv. tout de bon, sans feinte. * à-bon-scient. C.

Escient (à son), adv. sciemment. * à-son-escient. C.

Esclafer, v. a. rire, ou parler haut. RABELAIS.

Esclaire, s. m. oiseau d'une belle longueur.

†Esclame, s. m. oiseau bien fait, t. de faucon.

Esclandre, s. f. malheur; accident qui fait de l'éclat.

Esclavage, s. m. servitude.

Esclave, adj. 2 g. s. *Servitus*. qui a perdu sa liberté. * espèce de tangara. B. Esclâve. R. f. Esclavine (*vieux*). V.

Escocher, v. a. ché. e, p. t. de boulanger, battre du plat de la main. G. C. V.

Escoffion, s. m. (*populaire*) coiffure de femme. * Escofion. R.

Escogriffe, s. m. (*familier*) homme de grande taille et mal bâti; hardi; qui prend hardiment sans demander. * Escogrife. R.

Escompte, s. m. *De summâ decessio*. remise, retenue sur un payément.

Escompter, v. a. té. e, p. faire l'escompte.

†Esconcerie, s. f. action de cacher les preuves d'un procès (*vieux*).

Escondire, v. a. di. e, p. (*vieux*) excuser. V.

Escoperche, s. f. t. d'archit. machine, perche. R. G. C. V.

Escopette, s. f. espèce de carabine. * Escopete. R.

Escopetterie, s. f. (*vieux*) décharge de fusils. * Escopéterie. R.

Escortable, adj. 2 g. oiseau sujet à s'écarter. G. C. V.

Escorte, s. f. *Præsidium*. troupe; suite de gens qui accompagnent.

Escorter, v. a. *Comitari*. té. e, p. accompagner; conduire.

†Escot, s. m. angle inférieur d'une voile latine. pl. morceaux d'ardoise attachés à un banc.

Escotard, s. m. t. de mar. R.

Escouade, s. f. *Militum manipulus*. le tiers d'une compagnie d'infanterie.

Escoup, s. m. t. de marine, petite pelle creuse. G. C. V.

Escoupe, s. f. pelle de mineur, de chaufournier. G. C. V.

†Escoupeler, v. a. couper l'extrémité des branches d'un arbre.

Escourgée, s. f. *Scurica*. sorte de fouet de cuir. * Écourgée. T.

Escourgeon, s. m. *Halicastrum*. espèce d'orge d'automne, à épi carré ou déprimé; lanière de cuir.

Escourre, v. n. t. de marine. *employé à l'impératif*. R.

Escousse, s. f. *Impetus*. pas en arrière pour s'élancer.

Escravanter, s. m. étouffer; crever, écraser. SCARON.

Escrime, s. m. art de faire des armes.

Escrimer, v. n. mé. e, p. faire des armes; disputer sur une science. (s') v. r. savoir se servir de. * se défendre avec ardeur. B.

Escrimeur, s. m. qui entend l'art d'escrimer.

Escroc, s. m. *Æruscator*. fripon; fourbe.

Escroquer, v. a. qué. e p. attraper, voler par fourberie.

Escroquerie, s. f. action d'escroc.

Escroqueur. se, s. qui escroque.

†Esculape, s. m. reptile de l'ordre des serpens. (*familier*) médecin.

†Escupir, v. n. cracher du bout des lèvres.

†Escurial, s. m. palais du roi d'Espagne.

†Escurica, s. m. (*vieux*) écureuil.

Esgarder, v. a. dé. e, p. considérer une personne. V.

Esguiller, v. n. enfiler une aiguille, un chemin; s'enfuir adroitement. ROMAN DE LA ROSE.

E-si-mi, terme de musique, *désigne le* mi.

†Esmard ou Esnard, s. m. pl. lignes attachées à la tête d'un filet.

†Esmilier, v. a. lié. e, p. écarrir et piquer les moellons.

Ésophagien, adj. m. t. d'anat. de l'œsophage.

†Ésotérique, adj. (doctrine) de Pythagore. R.

Ésox, s. m. poisson. L. * ou Ésoce, du 8e. genre, 4e. classe. B.

Espace, s. m. *Spatium*. étendue de lieu et de temps. s. f. t. d'imprimerie, petite lame entre les mots.

Espacement, s. m. distance entre les objets séparés.

Espacer, v. a. cé. e, p. mettre de la distance entre.

Espade, s. m. ou Espadon, sabre de bois, t. de cordier. G. V.

†Espader, v. a. donner l'espade au chanvre sur le chevalet.

Espadeur, s. m. qui affine le chanvre. G.

Espadon, s. m. *Romphæa*. sorte d'épée à deux mains. * ou Tronchon, poisson apode du genre du glaive; petit Espadon, poisson du genre de l'ésoce. B.

Espadonner, v. n. se servir de l'espadon. * Espadoner. R.

†Espadot, s. m. crochet ferré pour atteindre le poisson.

†Espadrille, s. m. espèce de sandale.

†Espagnol. e, adj. d'Espagne; sorte de papier.

Espagnolette, s. f. ratine fine, ferrure de fenêtre. * Espagnolete. R.

Espagnoliser, v. a. sé. e, p. rendre espagnol, R. * v. n. parler espagnol; imiter les Espagnols. C.

Espale, s. f. *Remigum ordo*. espace de la poupe aux bancs des rameurs.

Espalement, s. m. jaugeage. R.

Espalier, s. m. arbre en éventail; suite de ces arbres; mur qu'ils garnissent; t. de marine, le

le premier rameur.
Espalouco, *s. m.* espèce de singe de Siam. G.
†Esparcet, *s. m. ou* Esparcette, *s. f.* espèce de foin.
Espargoutte, *s. f.* petit muguet, plante. * Espargoute. R. *ou* Sperjule. B.
†Espart, *s. m.* un des morceaux de la civière des carriers.
†Espatard, *s. m.* morceaux de fonte moulés en cinq parties.
Espatule, *s. f. Spathula.* Glayeul puant, plante purgative; instrument de chirurgie. G. C. voyez Spatule.
†Espaure, *s. f.* solive pour la construction des bateaux.
Espèce, *s. f. Species.* division après le genre; sorte; cas particulier; t. de liturgie, apparence; image, t. de phil. *pl.* diverses pièces de monnoie; denrée; poudre composée. * Espece. R.
†Espens, *s. m. pl.* pièces du filet du sardinal.
Espérable, *adj.* 2 g. qu'on peut espérer. R. V.
Espérance, *s. f. Spes.* attente de ce qu'on désir; espoir; l'objet de qui l'on espère; vertu théologale.
Espérer, *v. a. n. Sperare.* ré. e, *p.* avoir espérance. * *Exemples*, espérer de la bonté du prince; espérer en Dieu; espérer que *et non* espérer de, *qui est neutre.* B.
Esperlucat, *s. m.* (*populaire*) avisé. V.
†Esphlase, *s. f.* fracture du crâne avec esquilles et enfoncement.
Espiègle, *adj.* 2 *g. s. Alacer.* jeune, vif et malin; fin; subtil; éveillé. * Espiégle. R. G.
Espièglerie, *s. f. Jocosa astutia.* action d'espiègle. * Espiéglerie. R. G.
Espinçoir, *s. m.* marteau de paveur. R.
Espingard, *s. m.* t. d'artillerie. R.
Espingole, *s. f.* t. de marine, sorte de fusil à canon court et évasé. * Espingale. C. V.
Espinguer, *v. a.* trépigner des pieds. ROMAN DE LA ROSE.
Espion, *s. m Speculator.* qui épie, observe pour redire. * *f.* Espionne. G. C. Espione. R.
Espionnage, *s. m.* action, métier d'espion. * Espionage. B.
Espionner, *v. a. Expiscari.* né. e, *p.* épier; servir d'espion. * Espioner. R.
†Espiotte, *s. f.* (pain d') de seigle ou d'une espèce de seigle.
Esplanade, *s. f. Planities.* lieu applani; passage; t. de fortification. * route de l'oiseau qui plane. B.
†Esplandian, *s. m. ou* Toile d'araignée, coquille univalve de la famille des cornets.
Espoir, *s. m. sans pl. Spes.* espérance fondée sur de grands objets.
†Espolin *ou* Espoulin, *s. m.* petite navette pour brocher les étoffes.
Espontilles, *s. f. pl.* voyez Pontilles. RR.
Esponton, *s. m. Hasta brevior.* demi pique, arme d'hast.
Espringalle, *s. f.* fronde ancienne. * Espringale. A. V.
†Espringardien, *s. m.* soldat armé d'une espringalle.
Esprit, *s. m. Spiritus.* substance incorporelle; âme; conception; revenant; motif; sens; fluide très-subtil; signe d'aspiration, etc. conception facile; imagination vive; art de saisir les rapports entre les objets ordinaires; pensées ingénieuses; vertu surnaturelle, inspiration; aptitude à; choix de pensées. *pl.* anges; corps subtils. * — de nitre, acide nitrique. — de sel, acide muriatique. — de vin, alcohol, liqueur extraite des substances qui ont subi la fermentation vineuse, puissant anti-putride, coagule le sang. — de vitriol, acide sulfurique. B.
Esprité. e, *adj.* qui a de l'esprit. V. RR.
†Espriter, *v. a.* té. e, *p.* donner de l'esprit.
†Esquain, *s. m.* planche qui borde l'acastillage.
†Esquiavine, *s. f.* ancien vêtement d'esclave, d'ouvrier; châtiment long et sévère infligé à un cheval pour le dompter.
Esquicher, *v. a.* ché. e, *p.* esquiver, t. de jeu. A. V.
Esquif, *s. m. Scapha.* petit canot.
Esquille, *s. f. Fragmentum.* éclat d'un os. * éclat de bois. R. Esquille. V.
Esquiman, *s. m.* t. de marine, quartier-maître. C. G. V. RR.
Esquinancie, *s. f. Angina.* inflammation violente du gosier. * *et* Squinancie. R.
Esquine, *s. f.* t. de manége, rein; plante, voyez Squine.
Esquipot, *s. m.* sorte de tirelire. * Esquibot. C.
Esquisse, *s. f. Adumbratio.* ébauche; premier crayon; premier modèle.
Esquisser, *v. a. Adumbrare.* sé. e, *p.* faire une esquisse.
†Esquive, *s. f.* terre dont on couvre les formes de sucre.
Esquiver, *v. a. n. Declinare.* vé. e, *p.* éviter adroitement. (s'), *v. pers.* fuir adroitement un coup, un embarras, etc.
Essai, *s. m. Periclitatio.* épreuve; expérience; première production; premier essai; portion qui sert à juger.
Essaie, *s. f.* racine des Indes pour l'écarlate.
Essaim, *s. m. Examen.* volée de jeunes abeilles; multitude.
Essaimer, *v. n.* faire, produire un essaim.
†Essaler, *v. a.* lé. e, *p.* t. de saline, enduire la poêle de muite gluante.
Essanger, *v. a.* gé. e, *p.* laver le linge avant la lessive.
Essart, *s. m.* terre défrichée. R.
Essarter, *v. a. Exstirpare.* té. e, *p.* défricher en arrachant les bois, les épines.
†Essaugue, *s. m.* filet qui a une grande bourse et deux ailes.
Essayer, *v. a. Tentare.* yé. e, *p.* éprouver; faire un essai. (s'), *v. pers.* s'éprouver. *v. n.* tâcher; faire ses efforts.
Essayerie, *s. f.* lieu où l'on fait l'essai, t. de monnoie. G. C. RR.
Essayeur, *s. m. Explorator.* officier de monnoie qui fait l'essai.
Esse, *s. f. Subscus.* t. de charron, de maçon, morceau de fer, porte-vis en forme d'S; crochet de balance. * calibre pour le fil de fer. B.
Esseau, *s. m. Scandula.* petite ache; ais pour les toits. G. C. V.
†Essedaires, *s. m. pl.* gladiateurs qui combattoient sur des chars.
Esseliers, *s. m. pl.* goussets, t. de charpentier. R. * pièce du faux fond d'une cuve. B.
Essemer, *v. n.* t. de pêche. R.
Essence, *s. f. Essentia.* ce qui constitue la nature d'une chose; huile aromatique très-subtile.
Essencé. e, *adj.* parfumé d'essence. R. V.
Essencier, *v. a.* cié. e, *p.* parfumer d'encens. V.
Essencifié. e, *adj.* t. de philos. hermétique. R.
Esséniens, *s. m. pl.* secte de philosophes juifs.
Essentiel. le, *adj.* qui est de l'essence; nécessaire; important; solide. *s. m.* le principal. * *f.* Essentiele. R.
Essentiellement, *adv. Naturâ.* par son essence; en matière importante; solidement. * Essentiélement. R.
†Esser, *v. a.* sé. e, *p.* calibrer le fil de fer, t. d'épinglier.
Essera, Sora, *s. f.* pustule écailleuse sur la peau.
†Esseret, *s. m.* outil de charron pour percer les gros bois; très-grosse vrille.
†Esserné. e, *adj.* (papier) incomplet, tronqué.
Essette, *s. f.* voyez Aissette. * Essete. R. outil. B.
Esseulé. e, *adj.* solitaire; abandonné. (*fam.*)
Essieu, *s. m. Axis.* pièce qui traverse les roues. G. C. V.
Essimer, *v. a.* mé. e, *p.* t. de fauc. amaigrir.
Essivé. e, *adj.* t. de fauconnier. R.
†Essogne, *s. f.* droit seigneurial du double du cens annuel.
Essonnier, *s. m.* t. de blason, double orle. * Essonier. R.
Essor, *s. m. Volatus.* vol en montant; action de prendre son vol.
Essorant. e, *adj.* t. de blason, qui prend l'essor.
Essorer, *v. a.* ré. e, *p.* exposer à l'air pour sécher. (s'), *v. r.* prendre l'essor.
Essoriller, *v. a. Præcidere.* lé. e, *p.* couper les oreilles, les cheveux trop courts.
Essoucher, *v. a.* ché. e, *p.* arracher des souches. G. V.
Essoufler, *v. a. Anhelitum movere.* flé. e, *p.* mettre hors d'haleine. * Essouffler. A.
Essour, *s. m.* (*vieux*) source. V.
Essourisser, *v. a.* sé. e, *p.* t. de manége, couper aux naseaux le cartilage nommé souris. G. V. RR.
Essucquer, *v. a.* qué. e, *p.* tirer le moût d'une cuve. C. G. V. * Essuquer. R.
Essui, *s. m.* place pour faire sécher. * émail terne. B.
Essuie-main, *s. m. Mantilium.* linge pour essuyer les mains. * Essui-main. R.
Essuie-pierre, *s. m.* linge pour essuyer la pierre. G.
Essuyer, *v. a. Tergere.* yé. e, *p.* ôter l'eau, la poussière, etc. en frottant; sécher; être exposé à; endurer.
Est, *s. m. Oriens.* le levant, l'orient. * — nord-est, entre l'est et le nord-est. — quart-nord-est, entre l'est et l'est-nord-est. — sud-est, *idem.* — quart-sud-est, *idem.* B.
Estacade, *s. f.* t. de marine, digue de pieux; palissade.
Estaches, *s. m. pl.* poteaux sous un pont. R. V.
†Estadou, *s. m.* scie à deux lames pour faire des dents de peigne.
Estafe, *s. f.* t. de grivois. V. * droit des gardes d'une maison de jeu. B.
Estaffette, *s. f.* courier d'une poste à l'autre. * Estafete. R.
Estaffier, *s. m. Stipator.* valet de pied à livrée. * Estafier. R. Estafier, souteneur de mauvais lieux. AL.
Estafilade, *s. f. Scissura.* taillade; balafre; coupure.
Estafilader, *v. a.* dé. e, *p.* faire une estafilade.
†Estaillier-pierrier, *s. m.* (*vieux*) lapidaire.
Estains, *s. m. pl.* t. de marine. R. * pièces qui forment la rondeur de l'arrière d'un vaisseau. B.
Estame. *s. f.* laine tricotée avec des aiguilles.
Estamene, *s. f.* petite estame. R.
Estamet, *s. m.* petite étoffe de laine. A.
Estaminet, *s. m.* tabagie; assemblée de buveurs; son local.
Estaminois, *s. m.* ais de vitrier. G. C.
Estampe, *s. f. Imago.* image imprimée; planche. * *pl.* t. de serrurier, outil pour river, estamper; t. de métiers. * t. de raffineur, mastic au fond d'une forme. B.
Estamper, *v. a. Excudere.* pé. e, *p.* faire une empreinte; creuset. * t. de raffineur, masti-

quer le fond d'une forme. B.
†Estampeur, s. m. outil pour estamper, t. de raffineur.
Estampille, s. f. sorte de timbre, de seing. * Estampille. V.
Estampiller, v. a. lé. e, p. marquer avec une estampille.
†Estampure, s. f. trou des fers du cheval.
Estanc, adj. m. t. de marine, bien clos. C. G. V.
Estance, s. f. t. de marine, piliers le long des hiloires. G. V. RR.
†Estanques, s. m. pl. Estanquarii. tenailles de monnoyeur.
†Estaquet, s. m. attache d'un filet.
†Estase, s. f. pièce de bois qui fixe les pieds du métier.
Estateur, s. m. qui fait abandon de ses biens. G. C.
†Estavillon, s. m. cuir disposé pour faire un gant.
†Estelaire, adj. m. (cerf) apprivoisé.
†Estéminaire, s. f. pièce aux bouts des madriers, t. de marine.
†Ester, s. m. lit des Orientaux en natte de paille.
Ester, v. n. comparoître en justice. G. C. V. RR.
Estere, s. f. natte de jonc. * Estère. A. G. C. V. CO.
Esterlet, s. m. oiseau aquatique.
Esterlin, s. m. poids de vingt-huit grains et demi.
†Esterre, s. m. embouchure de rivière, d'anse, de petit port.
†Estétique, s. f. science des sensations.
†Esthiomène, adj. voyez Estiomène.
Esthuir, v. a. (vieux) ôter. V.
†Estibois, Estibot, s. m. voyez Étibot, billot.
†Esticeux, s. m. pl. triangles qui retiennent les roquetins, t. de manufacture.
†Estier, s. m. conduit de communication des lacs aux rivières ou à la mer.
Estimable, adj. 2 g. Æstimabilis. qui mérite l'estime.
Estimateur, s. m. Æstimator. qui donne un juste prix.
Estimatif. ve, adj. t. de pratique, (acte) d'estimation. G. V. RR.
Estimation, s. f. Æstimatio. jugement de la valeur de.
Estimative, s. f. faculté de l'ame pour juger. R.
Estime, s. f. sans pluriel. Existimatio. cas, état que l'on fait de; t. de marine, calcul de la route d'un navire.
Estimer, v. a. Æstimare. mé. e, p. faire cas de; priser; fixer la valeur; présumer; croire; penser.
Estiomène, adj. 2 g. Estiomenus. t. de méd. qui ronge, qui corrode. * adj. (membre) gangrené; (dartre, ulcère) qui ronge. s. m. feu St.-Antoine. B. * Estiomene. R.
†Estioméné, adj. infecté du feu de St.-Antoine.
†Estioméner, v. a. couper un membre infecté du feu de St.-Antoine.
†Estire, s. f. instrument pour corroyer.
Estival. e, adj. de l'été. V. * qui paroît en été. B.
Estive, s. f. contrepoids du vaisseau. G. V. RR. * s. m. T.
†Estiver, v. a. demeurer dans un endroit pendant l'été.
Estoc, s. m. Acies. épée ancienne; pointe d'épée; tronc d'arbre; ligne d'extraction; imagination. * (brin d'estoc) bâton ferré. G. outil de faïencier. B.
Estocade, s. f. épée ancienne; coup d'épée; emprunt fait par un escroc. * requête en vers. SCARON.
Estocader, v. n. dé. e, p. porter des estocades; se presser par de vives raisons; disputer vivement. * v. a. braver; brusquer. B.
Estocage, s. m. droit seigneurial. R.
†Estoir, s. m. Estouyère, s. f. tramail.
Estomac, s. m. Stomachus. partie du corps qui reçoit et digère les alimens, sa partie extérieure.
Estomaquer (s'), v. r. (familier) qué. e, p. se scandaliser; s'offenser.
Estomir, v. a. mi. e, p. (vieux) troubler. V.
Estompe, s. f. rouleau de peau pour estomper. V.
Estomper, v. a. pé. e, p. dessiner à l'estompe avec des couleurs en poudre ou pastels.
Estoquiau, s. m. t. de serrurier, anneau d'une cheville. R. G. C.
Estor, s. m. (vieux) embarras. V.
Estorée, s. f. (vieux) flotte. V.
†Estou, s. m. table de boucher à claire-voie.
Estoufade, s. f. façon d'accomoder le gibier. RR.
†Estoupin, s. m. pelote d'étoupes pour bourrer le canon.
Estrac, adj. t. de manége, étroit, mince de corps.
Estrade, s. f. Via. chemin; lieu élevé pour un lit. (battre l'estrade), battre la campagne avec de la cavalerie.
†Estradiots, s. m. pl. troupes légères en France. (vieux).
Estragale, s. f. outil de tourneur. R.
Estragon, s. m. Dracunculus. herbe odoriférante, potagère, très-âcre, puissamment apéritive, incisive et digestive; excite l'appétit, les règles, la salivation, dissipe les vents; son eau distillée empêche la contagion; on le met dans du vinaigre.
Estrain, s. m. (vieux) trame de fil ou de soie. V.
Estramaçon, s. m. ancienne épée.
Estramaçonner, v. a. né. e, p. (vieux) se servir de l'estramaçon, frapper avec l'estramaçon. * Estramaçoner. R.
Estrangel, adj. m. t. de grammaire syriaque. V.
Estrapade, s. f. sorte de potence pour le supplice; lieu où elle est; supplice qui consiste à enlever le patient et à le laisser retomber.
Estrapader, v. a. dé. e, p. donner l'estrapade.
Estrapasser, v. a. sé. e, p. t. de manége, excéder par le travail.
Estraper, v. a. pé. e, p. (le chaume), le scier après la moisson. G. C. V.
Estrapoire, s. f. sorte de faucille pour estraper. G. C.
Estrapontin, s. m. Sedecula. petit siége; petit lit. voyez Strapontin.
†Estraquelle, s. f. pelle pour enfourner le verre.
Estrasse, s. f. cardasse; bourre de soie; strasse. G.
†Estrelage, s. m. t. de gabelle. RR.
†Estriper, v. a. déchirer à coups de dents, à coups de bec (vieux).
†Estrique, s. m. fourneau pour recuire les glaces; outil de verrier pour développer les manchons. * ou Estrigue.
†Estriquer, v. a. qué. e, p. boucher les fentes des formes à sucre.
†Estriqueur, s. m. crochet de bois pour estriquer.
†Estriqueux, s. m. outil pour ôter les bavures de la pipe.
†Estrivières, s. f. pl. cordes attachées aux arbalètes des lisserons.
Estrope, s. f. t. de marine. R. * lignes latérales attachées à une corde. B.
Estropiat, s. m. gueux de profession, estropié ou qui feint de l'être. R. T. V.
Estropier, v. a. Mutilare. pié. e, p. mutiler blesser fortement. * faire ou parler mal. B.
Esturgeon, s. m. Tursio. Adane, poisson de mer, du genre de l'acipe; on fait de sa vessie la vraie colle de poisson.
Ésule, s. f. plante qui purge la bile et la pituite; voyez Tithymale.
Et, conjonction qui lie les parties du discours. Et. * Et cætera, s. m. etc., etc.; et autres, et le reste.
Établage, s. m. louage d'une étable; droit sur la vente. * entre-deux des limonières. B.
Étable, s. f. Stabulum. lieu où l'on met les bestiaux. * courbure prolongée de la quille. B.
Établer, v. a. blé. e, p. mettre dans une étable.
Étableries, s. f. pl. diverses étables dans un même corps-de-logis. R. T.
Établi, s. m. Tabulatum. table d'artisan.
Établir, v. a. Stabilire. bli. e, p. rendre stable, fixe; donner, mettre dans un état, une condition stable; donner commencement à; prouver; fonder; régler; nommer; instituer; exposer. (s'), v. r. se faire un établissement; passer en usage.
Établissement, s. m. Constitutio. action d'établir; poste; état; institution; exposition; condition.
Établure, s. f. t. de marine. * voyez Étrave. G. ou Étable. RR.
Étadou, s. m. outil de faiseur de peignes. G. V.
Étage, s. m. Contabulatio. espace entre deux planchers; degré d'élévation; état.
Étager, v. a. gé. e, p. couper, ranger par étages.
Étagères, s. f. pl. tablettes par étages. * Étageres. R.
†Étagne, s. f. femelle du bouquin.
Étague, s. f. action de hisser les vergues. C. G. V.
Étai, s. m. t. de marine, grosse corde. G. RR. V.
Étaie, s. f. Fultura. t. de maçon, bois pour soutenir; t. de blason, chevron. * ou Etai. V. A.
†Étaiement, s. m. plancher pour soutenir les voûtes en plafond.
Étaim, s. m. la partie la plus fine de la laine cardée.
Étain, s. m. Plumbum album. métal blanc, peu ductile, peu sonore, ne se rouillant pas; très-fusible.
Étains, s. m. pl. t. de marine, pièces de bois qui forment l'arcasse. G. C.
Étal, pl. Étaux, s. m. Lanii mensa. table; boutique de boucher.
Étalage, s. m. Ostentus. exposition de marchandises; droit d'étaler; parure. * ou Échelage, partie du fourneau de forge. B.
Étale (mer), adj. qui ne monte ni ne baisse. C. V.
Étaler, v. a. Exponere. lé. e, p. exposer en vente; montrer avec ostentation; étendre; déployer; faire parade. * t. de marine, mouiller, la marée étant contraire. G.
Étaleur, s. m. marchand qui étale. R. G. C.
Étalier, s. m. boucher qui a un étal.
†Étalières, s. f. pl. filets circulaires tendus sur des perches.
Étalinguer, Talinguer, v. a. gué. e, p. amarrer les cables.
Étalon, s. m. Equus admissarius. cheval entier choisi pour saillir les jumens et faire race; modèle de poids et de mesures fixé par la loi. * baliveau de l'âge de la dernière coupe. B.
Étalonnement, s. m. action d'étalonner. * Étalonement. R. ou Étalonnage. A. V.
Étalonner, v. a. né. e, p. marquer les poids et mesures. * couvrir une jument. A. V. réduire à la même distance. B. Étaloner. R.
Étalonneur, s. m. officier qui étalonne les poids et mesures. * Étaloneur. R.
Étamage, s. m. action d'étamer, ses effets. G. C.
Étambot, s. m. pièce qui soutient le gouver-

nail. G.C. V. * *ou* Étambord. B.

Étambraie, *s. m.* pièce qui affermit le mât. G. V. * ouverture au pont; toile poissée autour du mât. B. Étambrai. R.

Étamer, *v. a.* mé. e, *p.* enduire d'étain fondu. * mettre le tain. V.

Étameur, *s. m.* celui qui étame.

Étamine, *s. f.* étoffe de laine claire pour passer; bluteau; passoire. * tissu peu serré. B.

Étamines, *s. f. pl. Stamina.* t. de botanique, filets chargés des poussières fécondantes; organe sexuel mâle de la plante.

†Étamineuse, *adj. f.* (plante) apétale qui n'offre que des étamines.

Étaminier, *s. m.* qui fait de l'étamine. A. V.

†Étamoir, *s. m.* plaque sur laquelle le vitrier soude; planche ferrée pour fondre la soudure et la poix-résine.

†Étampe, *s. m.* poinçon pour former la tête du clou d'épingle. *s. f.* batte pour battre la terre à pipe.

Étamper, *v. a.* pé. e, *p.* percer un fer de cheval. * t. de métier, former. B.

†Étampeux, *s. m.* poinçon pour faire une pipe.

†Étampoir, *s. m.* outil de facteur d'orgues.

†Étampure, *s. f.* trous du fer du cheval.

Étamure, *s. f.* étain pour étamer.

Étanchement, *s. m. Restinctio.* action d'étancher, ses effets.

Étancher, *v. a.* ché. e, *p.* arrêter l'écoulement des liquides, des fluides; apaiser; satisfaire. * t. de métiers. B.

Étanchoir, *s. m.* couteau pour enfonçer les étoupes. CO.

Étançon, *s. m. Fulcimentum.* pièce pour soutenir; étaie.

Étançonner, *v. a. Fulcire.* né. e, *p.* soutenir avec des étançons. * Étançoner. R.

Étanfiche, *s. f.* hauteur des lits de pierre, t. de carrier.

Étang, *s. m. Stagnum.* grand amas d'eau sans cours dans les terres.

Étangue, *s. f.* grande tenaille, t. de monnoie. * *pl.* RR.

Étant, *s. m.* bois vivant et sur pied.

Étape, *s. f.* lieu où l'on dépose des marchandises. *Cibaria.* t. militaire, distribution de vivres, lieu où elle se fait; portion de vivres. * *ou* Étable, enclume de cloutier. B.

Étapier, *s. m.* qui fournit et distribue l'étape.

†Étapliau, *s. m.* chevalet de l'ardoisier.

État, *s. m. Status.* disposition; registre; liste; mémoire; inventaire; livre; manière de vivre; train; dépense; situation; profession; condition; cas; gouvernement. *s. m. pl.* assemblée d'ordres; empire; royaume. * (faire état) faire cas; penser. B.

État-major, *s. m.* corps des principaux officiers. RR.

Étater, *v. a.* té. e, *p.* tenir compte de deniers. G. V. C.

États-généraux, *s. m. pl.* assemblée des députés de tous les ordres et de toutes les provinces. RR.

Étau, *s. m.* instrument pour serrer. G. V. C.

†Étaupinier, *s. m.* qui est chargé de tuer les taupes (*vieux*).

Étavillon, *s. m.* cuir coupé pour faire un gant. G.

Étayement, *s. m.* action d'étayer; état de ce qui est étayé. G. C. V. * Étaiement. G.

Étayer, *v. a. Suffulcire.* yé. e, *p.* appuyer avec des étaies.

Été, *s. m. Æstas.* saison la plus chaude de l'année. * la belle moitié de l'année. AL.

†Éteignarie, *s. f.* femme qui éteint la braise, t. de saline.

Éteignoir, *s. m.* instrument pour éteindre.

Éteindre, *v. a. Extinguere.* teint. e, *p. adj.* faire mourir; amortir; détruire; étouffer le feu; affoiblir; abolir; faire cesser; anéantir; détruire; étancher. (*s'*), *v. pers.*

Ételes, *s. f. pl.* copeaux. R. V.

†Etelon, *s. m.* aire sur lequel on trace le plan d'un bâtiment; épure des fermes de l'enrayure d'un comble.

Étemper, *v. a.* pé. e, *p.* t. d'horloger, faire prendre à une pièce la figure d'une autre. G. C.

Étendage, *s. m.* cordes, perches pour étendre. * action d'étendre. B.

Étendard, *s. m. Vexillum.* enseigne de cavalerie; drapeau. * sorte de papier. B.

†Étendelle, *s. f.* division du bloc d'ardoise.

Étendeur, *s. m.* t. de médecine, qui étend. V. * t. de botanique, *ou* Pavillon, pétale supérieur. B.

Étendoir, *s. m.* planche emmanchée. * local, cordes pour étendre. B.

Étendre, *v. a. Extendere.* du. e, *p.* déployer; alonger; augmenter; agrandir; exposer, suspendre à l'air. (*s'*), *v. pers.* tenir un espace; s'agrandir; durer.

Étendue, *s. f. sans pluriel. Spatium.* dimension en longueur, largeur et profondeur; longueur; durée; pouvoir.

Étentes, États, *s. f. pl.* Palis, *s. m. pl.* filets.

†Éternals, *s. m. pl.* hérétiques qui croyoient à l'éternité du monde après la résurrection.

Éterne, (*vieux*) éternel. V.

Éternel, *s. m.* Dieu, l'être suprême.

Éternel. le, *adj. Æternus.* sans commencement ni fin; sans fin. * *f.* Éternele. R.

Éternelle, *s. f.* Bouton blanc, Immortelle blanche, plante à fleurs durables. * Éternele. R.

Éternellement, *adv. Æternùm.* sans commencement ni fin; sans fin; sans cesse; long-temps; pour toujours. * Éternélement. R.

Éterniser, *v. a. Æternum facere.* sé. e, *p.* rendre éternel; faire durer long-temps.

Éternité, *s. f. Æternitas.* durée sans commencement ni fin, sans fin; un fort long-temps.

†Éternue, *s. f.* plante de l'ordre des graminées.

Éternuer, *v. a. Sternutare.* faire un éternument.

Éternueur. se, *s.* qui éternue souvent. C.

Éternument, *s. m. Sternutatio.* mouvement convulsif des muscles de l'aspiration.

Étersillon, *s. m.* t. de min. bois pour soutenir les terres. G. C. V.

Étésies, Étésiens, *adj. s. m. pl.* (vents) réguliers.

Étêtement, *s. m.* action d'étêter. G. C.

Étêter, *v. a. Decacuminare.* té. e, *p.* couper la tête d'un arbre. C. * *et* Étester. G.

Éteuf, *s. f. Pila.* balle de paume.

Éteule, Esteuble, *s. f. Stipula,* chaume.

Éther, *s. m.* fluide très-subtil qu'on suppose remplir l'espace et mouvoir les astres; liqueur très-spiritueuse, tirée de l'esprit-de-vin. * — minéral fossile, le naphte le plus pur. B.

Éthéré. e, *adj. Æthereus.* qui appartient à l'éther, d'éther.

†Éthiopien. enne. *s. Æthiops.* d'Éthiopie. * *f.* Éthiopiene. RR.

Éthiopiene, *s. f.* plante. RR.

†Éthiopique, *adj.* 2 *g. Æthiopicus.* d'Éthiopie.

Éthiops, *et* Éthiops minéral, *s. m.* mercure et soufre mêlés. * — martial, oxide de fer noir. — minéral, oxide de mercure sulfuré noir. — *per se*, oxide de mercure noirâtre. B.

†Éthiostiche, *s. m.* vers grecs qui indiquoient le quantième du mois.

Éthique, *s. f. Moralis.* science des mœurs; morale.

Ethmoïdal. e, *adj.* qui appartient à l'os ethmoïde.

Ethmoïde, *adj. s. m. Ethmoides.* l'un des huit os du crâne.

Ethnarchie, *s. f.* commandement d'une province, t. d'antiquité.

Ethnarque, *s. m.* commandant d'une province.

Ethnique, *adj.* 2 *g.* gentil; idolâtre; (mot) qui désigne l'habitant d'un pays.

†Ethnophrones, *s. m.* hérétiques qui prétendoient concilier le christianisme et le paganisme.

†Éthocratie, *s. f.* gouvernement imaginaire fondé sur la morale.

Éthologie, *s. f.* traité sur les mœurs, les manières.

Éthopée, *s. f. Ethopœia.* peinture des mœurs, des passions.

†Éthulie-nodiflore, *s. f. Ethulia.* plante composée, flosculeuse, exotique.

Étibois, *s. m.* t. d'épinglier. R. * planche pour empointer. *ou* Étibeau. B.

Étier, *s. m.* canal qui conduit à la mer, t. de salines.

Étincelant. e, *adj.* qui étincelle; pétillant.

Étinceler, *v. n. Scintillare.* briller, jeter des éclats de lumière.

Étincellé. e, *adj.* t. de blas. semé d'étincelles. * Étincelé. R. G. C. A. V.

Étincelle, *s. f. Scintilla.* petite bluette de feu. * Étincele. R.

Étincellement, *s. m. Scintillatio.* éclat de ce qui étincelle. * Étincélement. R.

Étincelette, *s. f.* petite étincelle. G. V. * Étincelete. R.

Étiolé. e, *adj.* (branche) foible, longue et menue.

†Étiolement, *s. m.* altération des plantes qui s'étiolent.

Étioler (*s'*), *v. pers.* lé. e, *p.* t. de botanique, s'alonger faute d'air. * *v. a.* mettre à l'abri du soleil. V.

Étiologie, *s. f.* t. de médecine, traité des causes des maladies. * Ætiologie. RR.

Étique, *adj.* 2 *g. Hecticus.* maigre, decharné; attaqué d'étisie.

Étiqueter, *v. a. Inscribere.* té. e, *p.* mettre une étiquette.

Étiquette, *s. f. Inscriptio.* petit écriteau; cérémonial de cour. * Étiquete. R. couteau de pêcheur. B. formule dans les lettres, les pétitions. AL.

Étire, *s. f.* t. de corroyeur, masse de fer plate. G. C. V.

Étirer, *v. a.* ré. e, *p.* t. de manuf. étendre, alonger en tirant. C. G. RR.

Étisie, *s. f.* Phtisie, maladie qui dessèche le corps. A. R. V.

Étites, *s. f. pl. Ætitæ.* (pierres) ferrugineuses, d'une forme peu constante, avec des cavités. G. C.

†Etnet, *s. m.* Etnette, *s. f.* Tenette, pince pour arranger le creuset dans le fourneau.

Étoffe, *s. f. Pannus.* tissu de coton, laine, fil, soie, etc. mérite; condition; nature; talent. * composion d'étain. B. Étofe. R.

Étoffé. e, *adj.* à son aise; bien garni; bien vêtu. * orné, rempli de beautés. B. Étofé. R.

Étoffer, *v. a. Intertexere.* fé. e, *p.* garnir d'étoffe, de tout ce qui est nécessaire. * donner l'épaisseur, les qualités convenables. B. Étofer. R.

Étoile, *s. f. Stella.* astre, corps lumineux, sa figure, son influence prétendue; fortune; météore; pièce d'artifice; signe; astérique.

Étoilé, *s. m.* sorte de bandages. G.

Étoilé. e, *adj. Stellatus.* semé d'étoiles, en

forme d'étoile.
†Étoilée, *s. f.* tulipe violette et blanche. *pl.* genre de plantes. voyez Rubiacées. G.
Étoiler (s'), *v. pers.* lé. e, *p.* t. de monnoie, s'ouvrir par les carnes; se fêler en étoile.
Étole, *s. f.* *Stola.* ornement de prêtre sur le col.
Étonnamment, *adv.* (*familier*) d'une manière étonnante. G. C. V. * Étonament. R.
Étonnant. e, *adj.* *Mirabilis.* qui étonne, qui surprend. * Étonant. R.
Étonnement, *s. m.* *Admiratio.* surprise causée par une chose inattendue; admiration; ébranlement. * Étonement. R.
Étonner, *v. a.* *Obstupefacere.* né. e, *p.* causer de l'étonnement; ébranler; faire trembler par commotion. (s'), *v. r.* être étonné, surpris, touché; trouver étrange. * Étoner. R. fêler, t. de lapidaire. B.
†Étoqueresse, *s. f.* longue carde pour le drap.
†Étoquiau, Étoteau, *s. m.* voyez Étouteau, cheville.
Étou, *s. m.* table de boucher. G. * Éton. V.
Étouffade, *s. f.* sorte de sauce. G * Estoufade. R.
Étouffant. e, *adj.* qui fait que l'on étouffe, que l'on respire mal; qui étouffe. * Étoufant. R.
Étouffement, *s. m.* *Suffocatio.* difficulté de respirer; sorte de suffocation. * Etoufement. R.
Étouffer, *v. a.* *Præfocare.* fé. e, *p.* ôter la respiration; tuer en suffoquant; supprimer; cacher; dompter; dissiper; détruire. *v. n.* respirer avec peine. * Étoufer. R.
Étouffeur, *s. m.* serpent. voyez Giboya.
Étouffoir, *s. m.* ustensile pour étouffer le charbon. * Étoufoir. R. petite soupape; drap pour tempérer les sons. B.
Étoupade, *s. f.* quantité d'étoupes. R.
Étoupage, *s. m.* t. de chapelier, le reste de l'étoffe. G. V.
Étoupe, *s. f.* *Stupa.* rebut de filasse, de lin, etc.
Étouper, *v. a.* *Stupare.* pé. e, *p.* boucher avec des étoupes; presser avec des tampons; fortifier, garnir d'étoupes, t. de métiers.
Étouperie, *s. f.* toile d'étoupe. G. C.
Étoupières, *s. f.* t. de marine, celle qui met les cordes en étoupes. G. * Étoupière. R. Étoupières, *pl.* C.
Étoupille, *s. f.* t. d'artillerie, mêche roulée dans la poudre. G. C. * Étoupille. V.
Étoupiller, *v. a.* lé. e, *p.* garnir d'étoupilles. G. C. * Étoupiller. V.
Étoupin, *s. m.* t. de marine, peloton pour bourrer. G. C. V.
Étourdeau, *s. m.* jeune chapon. V.
Étourderie, *s. f.* *Temeritas.* action, caractère de l'étourdi.
Étourdi. e, *adj.* *Inconsultus.* imprudent; précipité; qui agit inconsidérément.
Étourdiment, *adv.* *Inconsideratè.* par étourderie. * à l'étourdi. C.
Étourdir, *v. a.* *Stupefacere.* di. e, *p.* causer de l'ébranlement dans le cerveau; causer de l'étonnement, de l'embarras; rompre la tête; cuire à demi; calmer, dissiper la douleur. (s'), *v. r.* se préoccuper; s'entêter; s'empêcher de réfléchir à.
Étourdise, *s. f.* stupeur. V.
Étourdissant. e, *adj.* qui étourdit.
Étourdissement, *s. m.* *Stupor.* ébranlement du cerveau; vertige; trouble d'esprit.
Étourneau, *s. m.* *Sturnus.* ou Sansonnet, oiseau; jeune présomptueux; t. de manège, cheval gris-jaunâtre.
Étouteau, *s. m.* t. d'horloger, cheville attachée à la roue. G. V. RR.
Étrange, *adj.* 2 *g.* *Inusitatus.* qui n'est pas dans l'ordre et l'usage commun. (*en mauvaise part*).
Étrangement, *adv.* *Mirificè.* d'une manière étrange.
Étranger. ère, *adj. s.* *Advena.* qui n'est pas du pays, de la famille, n'a pas de rapport à, etc. contre la nature d'une chose. * *f.* Étrangere. R.
Étranger, *v. a.* gé. e, *p.* chasser d'un lieu, en écarter. (s'), *v. pers.* s'éloigner pour ne pas revenir.
†Étrangeté, *s. f.* caractère étrange. MONTAIG.
Étranglement, *s. m.* resserrement excessif. * filet délié du corselet B.
Étrangler, *v. a.* *Suffocare.* glé. e, *p.* faire perdre la respiration ou la vie en serrant ou bouchant le gosier; resserrer trop; juger trop à la hâte.
Étranguillon, *s. m.* esquinancie des chevaux; sorte de poire âpre.
Étrape, *s. f.* petite faucille.
Étraper, *v. a.* pé. e, *p.* couper le chaume.
Étraque, *s. f.* largeur du bordage, t. de marine. R. G. C. V.
†Étraquer, *v. a.* qué. e, *p.* suivre sur la neige les traces d'un animal jusqu'à son gîte.
Étrasse, Cardasse, *s. f.* bourre de soie. G. C.
Étrave, Établure *ou* Etable, *s. f.* pièce qui forme la proue d'un navire.
Être, *s. m.* *Ens.* ce qui est; l'existence. *pl.* local; degrés; corridors, etc.
Être, *v. auxiliaire. imperson.* *Esse.* exister; appartenir; avoir; faire partie; aller; se trouver; se rendre.
Étrécir, *v. a.* *Coarctare.* ci. e, *p.* rendre plus étroit. (s'), *v. pers.* devenir plus étroit; se resserrer sur soi-même.
Étrécissement, *s. m.* *Contractio.* action de rendre plus étroit, ses effets.
Étrécissure, *s. f.* état de ce qui est étréci. R. G.
Étreignoirs, *s. m. pl.* outil de menuisier. T. V. G.
Étrein, *s. m.* litière des chevaux. T. V. G.
Étreindre, *v. a.* *Stringere.* treint. e, *p.* serrer fortement en liant.
Étreinte, *s. f.* *Adstrictio.* serrement; action d'étreindre.
Étrenne, *s. f.* *Strena.* présent au commencement de l'année; premier débit ou premier usage.
Étrenner, *v. a.* né. e, *p.* donner des étrennes; acheter, faire usage le premier. *v. n.* recevoir le premier argent.
†Étreper, *v. a.* extirper, arracher (*vieux*).
Étrésillon, *s. m.* appui; arc-boutant; bois en travers; goberge.
Étrésillonner, *v. a.* né. e, *p.* mettre des étrésillons. * Étrésilloner. R. soutenir avec des dosses. B.
Étresse, *s. f.* t. de papetier; t. de cartier. R. * deux feuilles collées; papier gris, collé. B.
Étrier, *s. m.* *Staphia.* anneau qui pend à la selle; t. de chirurgie, bandage; osselet dans la caisse du tambour de l'oreille. * ou Jambier, sorte d'étrier de couvreur. B.
Étrière, *s. f.* bande qui attache et relève l'étrier. * Étriere. R.
Étrigué, e (chien), *adj.* haut sur pattes et fluet. B.
Étrille, *s. f.* *Strigilis.* instrument pour gratter la peau des chevaux; cabaret où l'on paye cher. * Étrille. V.
Étriller, *v. a.* *Defricare.* lé. e, *p.* frotter avec l'étrille; battre; rosser. (*familier*) faire payer trop cher.
Étripper, *v. a.* *Eviscerare.* pé. e, *p.* ôter les trippes. * Étriper. R. mutiler, t. de jard. B.
Étriqué. e, *adj.* qui n'a pas assez d'ampleur. A. V.
Étristé. e, *adj.* t. de vénerie, qui a les jarrets bien formés. R. G. C.
Étriver, *v. a.* lutter. AMYOT.
Étrivière, *s. f.* *Lorum.* courroie qui porte l'étrier. *pl.* coups de cette courroie; fouet. * Étriviere. R.
Étroit (à l'), *adv.* *Angustè.* étroitement; dans un espace étroit; à la rigueur. * à l'étroit. C.
Étroit. e, *adj.* *Angustus.* qui a peu de largeur, borné; intime; stricte.
Étroitement, *adv.* *Arctè.* dans un espace étroit; à l'étroit; extrêmement; à la rigueur; expressément; sur toutes choses.
Étroitesse, *s. f.* t. de chirurgie. R.
Étron, *s. m.* (*populaire*) matière fécale solide.
Étronçonner, *v. a.* né. e, *p.* (un arbre), n'y laisser que le tronc. * Étronçoner. R. Étronsonner. G.
Étrope, Herse de poulie, *s. f.* t. de marine, corde qui suspend le moufle. G. C. V.
Étrousse, *s. f.* adjudication en justice. R.
Étrousser, *v. a.* sé. e, *p.* (*vieux*) t. de prat. adjuger en justice.
Étruffé. e, *adj.* t. de chasse, devenu boiteux. G. V. * Étrufé. R.
Étruffure, *s. f.* maladie des chiens étruffés. G. * Étrufure. R.
†Étuaille, *s. f.* magasin à sel, t. de salines.
Étude, *s. f.* *Studium.* application d'esprit pour apprendre; connoissances acquises; dessein d'un grand maître; dessein; artifice; dissimulation; t. de prat. lieu de travail; dépôt de minutes; cabinet; pratique de notaire, etc.
Étudiant, *s. m.* qui étudie; écolier.
Étudié. e, *adj.* *Elaboratus.* fait avec soin; feint, affecté.
Étudier, *v. a.* *Discere.* appliquer son esprit pour apprendre; faire ses études; méditer; composer; préparer; observer; tâcher d'apprendre par cœur. (s'. à) *v. pers.* s'attacher, s'appliquer, s'exercer à. * -dié. e, *p. adj.* fait avec soin; feint, affecté. B.
Étudiole, *s. m.* sorte de buffet à tiroir pour le papier.
Étui, *s. m.* *Theca.* boîte pour serrer, conserver une chose.
Étuve, *s. f.* *Thermæ.* lieu qu'on échauffe pour faire suer; petit four.
Étuvée, *s. f.* manière de faire cuire le poisson, la viande, etc. * mets à l'étuvée. B.
Étuvement, *s. m.* action d'étuver. G. C. V.
Étuver, *v. a.* *Fovere.* vé. e, *p.* laver en frottant doucement.
Étuviste, *s. m.* *Balneator.* qui tient des étuves; baigneur.
Étymologie, *s. f.* *Etymon.* origine d'un mot, sa dirivation.
Étimologique, *adj.* 2 *g.* qui regarde l'étymologie.
Étymologiser, *v. a.* sé. e, *p.* donner l'étymologie. V.
Étimologiste, *s. m.* qui cherche l'origine des mots.
Eu. e, *participe d'avoir.*
Eubages, *s. m. pl.* druides savans. G. C. V. RR.
†Euboïque, *s. m.* ancienne monnoie grecque.
†Eucères, *s. m. pl.* *Eucera.* insectes hyménoptères, à langue en sept brins, ressemblans aux abeilles.
Eucharistie, *s. f.* *Eucharistia.* sacrement du corps et du sang de Jésus-Christ sous le pain et le vin.
Eucharistique, *adj.* 2 *g.* de l'eucharistie.

†Euclase, *s. m. Euclasia.* gemme très-dure et très-friable en lames, du Pérou.
†Euclé, *s. m. Euclea.* plante de la famille des nerpruns.
Euclidien, *s. m.* partisan d'Euclide. V.
Eucologe, *s. m.* livre de prières pour les dimanches et les fêtes. * Euchologe. R.
Eucrasie, *s. f. Eucrasia.* bon tempérament.
†Eudiomètre, *s. m.* instrument pour mesurer la pureté de l'air.
Eudistes, *s. m. pl.* congrégation de prêtres séculiers. R. V.
†Euexie, *s. f. Euxia.* bonne habitude du corps.
Eufraise, *s. f. Euphrasia.* plante bonne pour les yeux, céphalique. * genre de plantes herbacées, de la division des personnées. B. * Euphraise. R.
†Euillette, *s. f.* petite graine d'une espèce de pavot.
†Euloge, *s. m.* prière, bénédiction; rapport; témoignage; épitaphe, testament.
Eulogies, *s. f. pl.* t. de liturgie, mets, viandes, choses bénites.
†Eulophe, *s. m. Eulophus.* genre d'insectes hyménoptères, espèce d'ichneumon, voisins des cinips et des diplolèpes.
†Eumédon, *s. m. Esper.* argus très-rare.
Euménides, *s. f. pl.* furies. * *sing.* A. R. V.
Euménidies, *s. f. pl.* fêtes des Euménides. V.
Eunomiophronien, *s. m.* secte. V.
Eunuque, *s. m.* homme privé des parties de la génération, ou de la faculté d'engendrer.
†Eupathie, *s. f.* douceur, résignation dans les souffrances.
Eupatoire, *s. m. Eupatorium.* genre de plantes flosculeuses, à feuilles vulnéraires, bonnes pour le foie, la cachexie, l'hydropisie, les maladies de peau; la racine bouillie procure des évacuations abondantes. * Aigremoine. — Aya-pana, plante d'Amérique, excellent antidote, antihydropique. B.
Euphémie, *s. f.* prière des Lacédémoniens. G.
Euphémisme, *s. m.* trope qui sert à adoucir les expressions, t. de rhétorique. G. C.
Euphonie, *s. f. Vocalitas.* son agréable d'une voix, d'un instrument; prononciation facile, coulante.
Euphonique, *adj. 2 g.* de l'euphonie, qui la produit. G. C.
Euphorbe *ou* Euphorbier, *s. m. Euphorbia.* arbisseau de Mauritanie, du genre des tithymales, le plus rare et le plus ardent des hydragogues, dangereux intérieurement; la poudre très-incisive s'emploie pour la gale et le farcin.
Euphorie, *s. f.* évacuation facile. V.
Euphraise, *s. f.* plante. voyez Eufraise. RR.
Euripe, *s. m. Euripus.* canal pour embellir un lieu. R.
Européen, ne, *adj. 2 g. Europæus.* qui appartient à l'Europe. * *f.* Européene. R. (*abusivement* Europèan). B.
Europome, *s. m. ou* le Solitaire, papillon de jour. G. C.
Eurus, *s. m.* vent du Midi. R.
Euryalique, *adj. 2 g.* d'Euryal, t. d'antiquité. V.
†Eurychores, *s. m. pl. Eurychora.* insectes coléoptères de l'espèce des ténébrions.
Eurythmie, *s. f. Eurythmia.* t. d'arts, belle ordre, belle proportion. G. C.
Eusébien, *s. m.* hérétique, arien. V.
†Eustache, Eustache de bois, *s. m.* t. de coutel. couteau à un seul clou, et à manche de bois.
Eustyle, *s. m.* espace convenable entre deux colonnes, t. d'architecture. G. C.

†Euthanasie, *s. f.* mort en état de grâce; mort heureuse, sans douleur, crainte, ni regret.
†Euthésie, *s. f.* vigueur naturelle du corps.
†Euthymie, *s. f.* contentement et tranquillité de l'esprit.
Eutrapélie, *s. f.* gaieté facétieuse; manière agréable, enjouée. R. V.
†Eutrophie, *s. f.* bonne nourriture.
Eutychite, *s. 2 g.* secte. V.
Eux, *pronom personnel. pl. de* lui. *Illi.*
Évacuant. Évacuatif. ve, *adj. s.* qui fait évacuer.
Évacuation, *s. f. Detractio.* action d'évacuer, ses effets; matière évacuée.
Évacuer, *v. a. Exinanire.* cué. e, *p.* vider; faire sortir; sortir. * *v. n.* chier. B.
Évader (s'), *v. r. Evadere.* dé. e, *p.* s'enfuir furtivement.
Évagation, *s. f. Evagatio.* t. de dévotion, suite de distractions. G. C. V.
Évaltonner (s'), *v. r.* né. e, *p.* (*familier*) abuser de ses forces; prendre des airs trop libres. * Évaltoner. R.
Évaluation, *s. f. Æstimatio.* estimation; appréciation.
Évaluer, *v. a. Æstimare.* lué. e, *p.* réduire à un prix certain.
†Évan, *s. m.* cri des bacchantes.
Évangélique, *adj. 2 g. Evangelicus.* de ou selon l'Évangile.
Évangéliquement, *adv.* d'une manière évangélique.
Évangéliser, *v. a. n. Prædicare.* sé. e, *p.* annoncer, prêcher l'évangile.
Évangélisme, *s. m.* fête. R. * morale évangélique. B.
Évangéliste, *s. m. Evangelista.* auteur d'un évangile. * t. de palais, conseiller qui tenoit l'inventaire des pièces pendant le rapport; t. de littérature, scrutateur. B.
Évangile, *s. m. Evangelium.* doctrine, loi, histoire du Christ; partie de l'évangile. * t. de pratique, vérification des pièces. B.
†Évanies, *s. f. pl. Evania.* insecte hyménoptère, à antennes en soie.
Évanouir (s'), *v. r. Evanescere.* noui. e, *p.* tomber en foiblesse, disparoître. * *v. n.* t. de mathémat. écarter, chasser, faire disparoître. B. * Évanoüir. A.
Évanouissement, *s. m. Deliquium.* défaillance, foiblesse; disparition. * Évanoüissement. A.
Évantiller, *v. a.* lé. e, *p.* détailler la valeur d'un héritage. G. C. * Éventiler. V.
†Évanture, *s. f.* crevasse dans un canon de fusil.
Évaporatif. ve, *adj.* qui fait évaporer. V.
Évaporation, *s. f. Vaporatio.* exhalation de vapeurs, de fluides; légèreté d'esprit.
Évaporé. e, *adj. Levis.* trop dissipé.
Évaporer, *v. a.* ré. e, *p.* (son chagrin), le soulager. (s'), *v. pers.* se résoudre en vapeurs; se dissiper.
Évasement, *s. m.* état de ce qui est évasé. A. V.
Évaser, *v. a. Diducere.* sé. e, *p.* élargir une ouverture. (s') *v. r.* s'ouvrir.
Évasif, ve, *adj.* qui sert à éluder. A. V.
Évasion, *s. f. Fuga.* fuite secrète; action de s'évader.
Évasure, *s. f.* ouverture d'un vaisseau trop évasé. RR.
Évaté, *s. m.* bois noir qui ressemble à l'ébène. R.
Évêché, *s. m. Diœcesis.* juridiction, dignité, maison d'un évêque. * Évéché. R.
Évêchesse, *s. f.* femme qui avoit des fonctions dans la primitive église. V.
†Évection, *s. f.* seconde inégalité de la lune, produite par le soleil.

Éveil, *s. m.* (*familier*) avis sur une chose oubliée.
Éveillé. e, *adj. s. Exporrectus.* gai; vif; ardent; attentif. * *f.* coquette. B.
Éveiller, *v. a. Exsuscitare.* lé. e, *p.* rompre le sommeil; rendre plus vif, plus actif; égayer. (s'), *v. pers.* cesser de dormir.
†Éveillure, *s. f.* petits trous dans la meule du moulin.
Événement, *s. m. Eventus.* issue; succès d'une chose; fait remarquable; aventure remarquable; dénouement.
Évent, *s. m.* altération des alimens, des liqueurs; l'air agité; ouverture du canon. *pl.* trous de l'ouïe des poissons, *Expiracula*, conduits pour l'air. * t. de commerce, excédent de la mesure. B.
Éventail, *s. m.* ce qui sert à éventer. * — zoophite, poisson testacée, espèce de coquille bivalve du genre des piques, *ou* Sole, — espèce d'ais pour couvrir les tireurs, t. militaire. B.
Éventailler, *s. m.* marchand d'éventailles. R.
Éventailliste, *s. m.* qui fait et vend des éventails.
Éventaire, *s. m.* plateau en osier pour les fruitières, etc. * *et* Évantaire. R. CO.
Évente, *s. f.* pannier de chandellier. R.
Éventé. e, *adj. Divulgatus.* léger, évaporé.
Éventement, *s. m.* action d'éventer. R.
Éventer, *v. a. Exponere vento.* té. e, *p.* faire du vent; exposer au vent; donner de l'air; ouvrir; découvrir. (s'), *v. r.* se donner de l'air; se gâter à l'air; faire échouer.
Éventeur, *s. m.* qui évente. V.
Éventiller (s'), *v. pers.* t. de fauconnier, se secouer en volant. R. G. C. V.
Éventoir, *s. m.* éventail de cuisinier. * t. de mineur, ouverture pour l'air. RR. t. de métiers, évacuation d'une étuve. B.
†Éventration, *s. f.* sortie accidentelle des viscères après une blessure.
Éventrer, *v. a. Eviscerare.* tré. e, *p.* fendre le ventre, en tirer les intestins. (s'), *v. pers.* (*populaire*) faire les derniers efforts.
Éventuel. le, *adj.* fondé sur un événement incertain. * *f.* Évantuele. R.
Éventuellement, *adj.* par événement. * Éventuélement. R.
Évêque, *s. m. Episcopus.* prélat, chef d'un diocèse. (in partibus) dont le territoire est au pouvoir des infidèles. * *ou* Bluet, oiseau de la Guianne, du genre du tangara. B.
Éverdumer, *v. a.* mé. e, *p.* t. de confiseur; donner une couleur verte; tirer une liqueur verte. G. V.
Éverrer, *v. a.* ré. e *p.* t. de meute, ôter un nerf sous la langue. C. G. CO. RR.
†Éversif. ve, *adj.* qui renverse. RŒDERER.
Éversion, *s. f. Eversio.* renversement, ruine d'un état, d'une ville.
Évertuer (s'), *v. r. Excitare.* tué. e, *p.* s'efforcer à une action louable.
Éveux, *adj.* (terrain) qui retient l'eau, t. d'agriculture. G. C. V. * Éveux. se. R.
Éviction, *s. f. Evictio.* action d'évincer.
Évidemment, *adv. Evidenter.* d'une manière évidente.
Évidence, *s. f. Evidentia.* qualité de ce qui est évident.
Évident. e, *adj. Evidens.* clair; manifeste; visible.
Évider, *v. a.* dé. e, *p.* faire sortir l'empois du linge; faire, tailler à jour une cannelure; échancrer. * *et* Évuider. R.
†Évidoir, *s. m.* outil, machine pour évider.

Évier, *s. m. Emissarium.* conduit pour les eaux de cuisine.
Évilasse, *s. m.* sorte d'ébène de Madagascar. G. C. V.
Évincer, *v. a. Evincere.* cé. e, *p.* déposséder juridiquement.
Éviré. e, *adj.* t. de blason, sans marque de sexe.
Évitable, *adj.* 2 *g. Evitabilis.* qui peut être évité.
Évitée, *s. f.* largeur suffisante d'un canal pour un vaisseau.
Éviter, *v. a. Vitare.* té. e, *p.* fuir, esquiver; épargner. *v. n.* t. de mar. changer de position. (s'), *v. r.* se fuir l'un l'autre.
Éviternité, *s. f.* (*vieux*) âge. V.
Évocable, *adj.* 2 *g.* qui se peut évoquer.
Évocation, *s. f. Evocatio.* action d'évoquer.
Évocatoire, *adj.* 2 *g.* qui sert à évoquer.
Évohé, *s. m.* cri des Bacchantes. R.
Évolage, *s. m.* étang poissonneux. V.
Évolé. e, *adj.* inconsidéré. V.
Évolution, *s. f. Evolutio.* mouvement de troupes. * développement des corps lors de leur formation. G.
†Évonimoïde, *s. f. Celastrus.* ou Bourreau des arbres, espèce de célastre, arbrisseau grimpant, sans vrilles, qui étouffe les arbres.
Évoquer, *v. a. Evocare.* qué. e, *p.* appeler, faire venir à soi; t. de pratique, tirer et porter d'un tribunal à un autre.
Évuider, *v. a.* R. voyez Évider.
Évulsion, *s. f.* action d'arracher, t. de chir. C.
Ex, *prép.* ci-devant; qui a été; ex-Jésuite, etc.
Ex-assistant. e, *s.* qui a assisté; assesseur. G.
Ex-définiteur, *s. m.* t. claustral, qui a été définiteur. G. C.
Ex-gardien, *s. m.* t. claustral, qui a été gardien. C.
Ex-général, *s. m.* qui a été général. G. C.
Ex-oratorien, *s. m.* qui a été oratorien. G.
Ex-parlementaire, *s. m.* qui a été du parlement. C.
Ex-professo, *adv.* exprès; avec attention. * Ex-professo. A. V.
Ex-provincial, *s. m.* qui a été provincial. C. G.
Ex-recteur, *s. m.* qui a été recteur. C. G. RR.
Ex-voto, *s. m.* offrande promise, chose offerte par un vœu.
Exacerbantes, *s. f. pl.* (fièvres). L.
†Exacorde, *s. m.* instrument à six cordes; système composé de six sons.
Exacountien, *s. m.* nom d'une secte. V.
Exact. e, *adj. Accuratus.* qui a de l'exactitude.
Exactement, *adv. Diligenter.* avec exactitude.
Exacteur, *s. m. Exactor.* percepteur qui exige au-delà de ce qui est dû.
Exaction, *s. f. Exactio.* action d'exiger, de recevoir plus qu'il n'est dû.
Exactitude, *s. f. Diligentia.* attention ponctuelle et régulière; précision; justesse.
Exagérateur, *s. m.* qui exagère, menteur.
Exagératif. ve, *adj. Exagerans.* qui tient de l'exagération.
Exagération, *s. f. Auxesis.* discours, expression qui exagère.
Exagéré, e, *s. adj.* qui outre, qui exagère; enthousiaste, fanatique. AL.
Exagérer, *v. a. Amplificare.* ré. e, amplifier, grossir les récits.
Exalcéation, *s. f.* action de chausser. R. * de déchausser. RR.
Exaltation, *s. f. Exaltatio.* élévation au pontificat; exagération; chaleur d'imagination; t. de chimie, épuration; t. d'astrol.
Exalter, *v. a. Tollere.* té. e, *p.* louer; vanter; augmenter la force; élever; porter à l'enthousiasme. * t. de chimie, purifier autant que possible. B.
†Exaluminеuse, *adj.* (perle) brillante, étincelante, d'Orient.
Examen, *s. m. Inquisitio.* recherche exacte; discussion soigneuse; question.
Examinateur, *s. m. Inquisitor.* qui examine, interroge.
Examination, *s. f.* action d'examiner. V. RR.
Examiné. e, *adj. Examinatus.* usé. G. V.
Examiner, *v. a. Examinare.* né. e, *p.* rechercher exactement; faire l'examen; regarder attentivement; discuter avec soin; interroger. (s'), *v. réc.* s'user.
†Exangue, *adj.* (poëte) futile. MONTAIGNE.
†Exanie, *s. f. Exania.* chute de l'anus.
†Exanthémateux. se, *adj.* de l'exanthême.
Exanthême, *s. m. Exanthema.* éruption à la peau, t. de médecine. * Exanthème. A C.
Exantlation, *s. f.* action de faire sortir par le jeu de la pompe. G. C. V.
Exarchat, *s. m.* commandant en Italie pour les empereurs grecs; dignité dans l'église grecque; t. d'histoire.
†Exarthrème, *s. m. Exarthrema.* luxation.
†Exarthrose, *s. f. Exarthrosis.* luxation.
Exaspération, *s. f.* action d'exaspérer, ses effets. A. V.
Exaspérer, *v. a.* ré. e. *p.* aigrir; irriter à l'excès. A. V.
†Exastyle, *s. m.* portique qui a six colonnes de front.
Exaucement, *s. m.* action d'exaucer. T.
Exaucer, *v. a. Exaudire.* cé. e, *p.* écouter favorablement une prière; accorder la demande.
†Excalfactif. ve, *adj.* qui chauffe, qui brûle.
†Excarner, *v. a.* né. e, *p.* t. de peignier, ôter le bois des dents.
Excavation, *s. f. Excavatio.* action de creuser; creux.
Excaver, *v. a.* vé. e, *p.* creuser. R. C.
Excédant. e, *adj. Reliquus.* qui excède. *s. m.* ce qui reste après une soustraction.
Excédation, *s. f.* action d'excéder. V.
Excéder, *v. a. Excedere.* dé. e, *p.* outre-passer; aller au-delà; traiter avec excès; porter à l'excès; fatiguer; importuner. (s'), *v. r.* faire quelque chose jusqu'à l'excès, l'extrême fatigue.
Excellemment, *adv. Eximiè.* d'une manière excellente.
Excellence, *s. f. Præstantia.* degré éminent de perfection; titre.
Excellence (par), *adv.* excellemment.
Excellent. e, *adj. Excellens.* qui excelle; supérieur.
Excellentissime, *adj.* (*famil.*) très-excellent.
Exceller, *v. n. Præstare.* surpasser; avoir un degré éminent de perfection au-dessus de.
Excentricité, *s. f.* distance entre les centres des cercles excentriques.
Excentrique, *adj.* 2 *g.* (cercles) engagés à centres différens.
Excepté, *prép.* hormis, à la réserve de.
Excepter, *v. a. Excipere.* té. e, *p.* ne pas comprendre dans.
Exception, *s. f. Exceptio.* action d'excepter, moyens qui exemptent de répondre. *pl.* t. de pratique.
Exception de (à l'), *prép.* excepté, hormis. * à-l'exception. C.
Excès, *s. m. Immoderatio.* ce qui passe les bornes; débauche; outrage. * excédent d'une quantité sur une autre. G. V.
Excès (à l'), *adv.* outre mesure. * à-l'excès. C.
Excessif. ve, *adj. Immodicus.* qui excède la règle, la mesure.
Excessivement, *adv. Immoderatè.* d'une manière excessive.
Exciper de, *v. n.* t. de prat. fournir des exceptions.
†Excipient, *s. m.* t. de méd. substance qui sert de base aux médicamens, *par ex.* l'eau.
Excise, *s. m.* impôt sur les boissons; bureau de sa recette. A.
Excision, *s. f.* action de couper. V.
Excitateur. trice, *s.* emploi claustral de celui qui éveille les autres. G. C. * instrument pour exciter les étincelles électriques. V.
Excitatif. ve, *adj.* qui excite, propre à exciter.
Excitation, *s. f.* (*inusité*) action de ce qui excite. C. V.
Exciter, *v. a. Concitare.* té. e, *p.* faire naître; émouvoir; provoquer; encourager; causer, etc.
Exclamatif. ve, *adj.* propre à l'exclamation. G. C.
Exclamation, *s. f. Exclamatio.* cri fait par admiration, surprise, joie, indignation ou fureur, etc.
Exclure, *v. a. Excludere.* clus. e, *p.* empêcher d'être admis; obtenir; chasser; expulser; priver; retrancher.
Exclusif. ve, *adj. Excludens.* qui exclut ou peut exclure. * *s.* patriote par excellence. (*ironique*). B.
Exclusion, *s. f. Exceptio.* acte par lequel on exclut.
Exclusivement, *adv. Exclusoriè.* à l'exception, en excluant.
Excommunication, *s. f. Excommunicatio.* t. de liturgie, censure qui excommunie.
Excommunié. e, *adj. Excommunicatus.* retranché du nombre des fidelles, t. de liturgie.
Excommunier, *v. a. Excommunicare.* nié. e, *p.* séparer des fidelles.
Excoriation, *s. f.* écorchure.
Excorier, *v. a. Pellem lacerare.* rié. e, *p.* écorcher.
†Excortication, *s.* action d'ôter l'écorce.
†Excréation, *s. f.* crachement.
Excrément, *s. m. Excrementum.* ce qui sort du corps de l'animal; t. de physique, ongles, cheveux, cornes, etc.
Excrémenteux, se, Excrémentiel. le, Excrémentitiel. le, *adj. Excrementitius.* qui tient de l'excrément, t. de méd. * *f.* Excrémentiele, titiele. R.
†Excréteur; *adj. m.* (canal) des excrétions.
Excréteur. trice, *adj.* t. d'anatomie, voyez Excrétoire.
Excrétion, *s. f.* sortie naturelle des humeurs, ces humeurs.
Excrétoire, *adj.* 2 *g.* vaisseaux, glande pour l'excrétion.
Excroissance, *s. f. Excrescentia.* superfluité de chair, de matière. * Excressence. G. R. V.
Excru, *adj.* (arbre) cru hors du bois. G. RR.
†Excrucier, *v. a.* tourmenter; affliger vivement.
Excubiteur, *s. m.* t. d'ant. garde du palais. G.
Excursion, *s. f. Excursio.* course sur le pays ennemi; écart; digression.
Excusable, *adj.* 2 *g. Excusatione dignus.* qui peut être excusé; digne d'excuse.
Excusation, *s. f.* t. de pratique, motif de démission, ou de décharge d'une tutelle, d'une charge.
Excuse, *s. f. Excusatio.* raison pour excuser, ou s'excuser; prétexte spécieux pour ne pas faire.

Excuser, *v. a.* sé. e, *p.* justifier ; pardonner ; tolérer ; admettre les excuses. (s'), *v. r.* se justifier ; se dispenser de faire.
Excuseur, *s. m.* qui excuse. R.
Excussion, *s. f.* secousse. C. T. V.
Exéat, *s. m.* pouvoir de sortir. * Exeat. R.
Exécrable, *adj.* 2 *g.* *Execrandus.* détestable, horrible, abominable, affreux ; extrêmement mauvais.
Exécrablement, *adv.* *Execrandum.* d'une manière exécrable.
Exécration, *s. f.* *Execratio.* horreur extrême ; impiété ; profanation des choses sacrées. * imprécation avec blasphême. RR.
Exécratoire, *adj.* 2 *g.* (morale) de l'exécration. G.
Exécrer, *v. a.* cré. e, *p.* (*vieux*) avoir en exécration ; détester.
Exécuter, *v. a.* *Exequi.* té. e, *p.* mettre à exécution, à effet ; accomplir ; saisir les biens immeubles ; faire mourir par ordre de justice. (s'), *v. r.* vendre pour se libérer ; faire les sacrifices nécessaires ; prévenir les décisions en s'y soumettant d'avance.
Exécuteur. trice, *s.* qui exécute. *s. m.* bourreau.
Exécutif. ve, *adj.* qui fait exécuter.
Exécution, *s. f.* *Executio.* action d'exécuter. * — militaire, peine de mort ; peine contre ceux qui ne contribuent pas. B.
Exécutoire, *adj.* 2 *g.* *s. m.* t. de pratique, qui donne pouvoir d'exécuter.
Exèdre, *s. m.* t. d'antiquité, lieu d'assemblée de savans. G. C. V.
Exégèse, *s. f.* explication, exposition claire. G.
Exégète, *s. m. pl.* t. d'antiquité, jurisconsultes, conseils des juges. G. V.
Exégétique, *s. f.* t. d'algèbre, opération. C. G. V. * *adj.* qui explique. R.
Exemplaire, *s. m.* *Exemplum.* livre imprimé ; modèle ; original (*vieux*). *adj.* 2 *g.* qui donne l'exemple, peut en servir.
Exemplairement, *adv.* *Ad exemplum.* d'une manière exemplaire.
Exemple, *s. m.* *Exemplum.* action à imiter ou à fuir. *s. f.* modèle, patron ; lignes, caractères imités.
Exemple (par), *adv. qui confirme, ou de comparaison.* * par-exemple. C.
Exempt, *s. m.* sorte d'officier. *pl.* t. de litur.
Exempt. exente, *adj.* *Immunis.* qui n'est point sujet à. * *f.* Exempte. A. C. G. R. V. CO. *prononcez* exant.
Exempter, *v. a.* *Liberare.* té. e, *p.* rendre exempt ; affranchir ; dispenser de.
Exemption, *s. f.* *Immunitas.* droit ; grâce ; privilége qui exempte.
Exercer, *v. a.* *Exercere.* cé. e, *p.* dresser ; instruire ; former ; user de ; pratiquer ; faire mouvoir ; agir. (s'), *v. pers.* s'appliquer à.
Exercice, *s. m.* *Exercitium.* action par laquelle on s'exerce ; pratique ; fonctions ; travail ; fatigue ; embarras. *pl.* ce qu'on apprend à l'académie ; thèse ; conférences.
Exercitant, *s. m.* qui fait l'exercice de la retraite. V.
Exercitation, *s. f.* exercice, dissertation ; fatigue. R. V.
Exercite, *s. f.* armée. V.
Exerciter, *v. a.* té. e, *p.* (*vieux*) exercer. V. * faire marcher une armée. B.
Exérèse, *s. f.* *Exaeresis.* t. de chir. suppression d'un corps étranger. * Exérese. A. R.
Exergue, *s. m.* (d'une médaille) petit espace pour la devise, etc.
Exfoliatif. ve, *adj.* propre à faire exfolier l'os.
Exfoliation, *s. f.* division de l'os par feuilles.
Exfolier (s'), *v. r.* lié. e, *p.* t. de méd. s'enlever par feuilles.
Exfumer, *v. a.* mé. e, *p.* t. de peint. adoucir ce qui a trop d'éclat. R. G. C. V.
Exhalaison, *s. f.* *Exhalatio.* fumée, vapeur qui s'exhale d'une substance.
Exhalation, *s. f.* t. de chimie, opération pour faire évaporer. * action d'exhaler. A. V.
†Exhalatoire, *s. f.* machine pour les salines.
Exhaler, *v. a.* *Exhalare.* lé. e, *p.* pousser des vapeurs, des odeurs hors de soi ; manifester. (*fig.*) soulager, faire dissiper. (s'), *v. r.* s'évaporer.
Exhaussement, *s. f.* *Altitudo.* hauteur, élévation.
Exhausser, *v. a.* *Exstruere.* sé. e, *p.* élever plus haut ; élever.
†Exhaustion, *s. f.* (méthode d'), manière de prouver l'égalité de deux grandeurs.
Exhérédation, *s. f.* *Exheredatio.* action de déshériter, son acte.
Exhéréder, *v. a.* *Exheredare.* dé. e, *p.* déshériter.
Exhiber, *v. a.* *Exhibere.* bé. e, *p.* montrer, présenter en justice.
Exhibition, *s. f.* *Exhibitio.* représentation juridique.
Exhortatif. ve, *adj.* qui contient une exhortation. V.
Exhortation, *s. f.* *Hortatio.* discours par lequel on exhorte.
Exhorter, *v. a.* *Hortari.* té. e, *p.* exciter, engager, porter au bien.
Exhumation, *s. f.* action d'exhumer un corps.
Exhumer, *v. a.* *È terrâ eruere.* mé. e, *p.* déterrer un corps par ordre du juge.
Exigeant. e, *adj.* qui exige trop de devoirs, d'attention.
Exigence (du cas), *s. f.* besoin, force de ce qui exige.
Exiger, *v. a.* *Exigere.* gé. e, *p.* demander avec le droit ou la force ; faire payer ; obliger à, astreindre.
Exigible, *adj.* 2 *g.* qu'on peut exiger.
Exigu. ë, *adj.* *Exiguus.* (*familier*) fort petit, modique.
†Exiguë, *s. f.* bail à cheptel.
Exiguer, *v. a.* gué. e, *p.* partager le bétail donné à cheptel. R.
Exiguité, *s. f.* petitesse, modicité. R. * Exiguïté. A.
Exil, *s. m.* *Exilium.* bannissement ; lieu d'exil.
Exile, *adj.* maigre, élancé. MONTAIGNE.
Exilé. e, *adj.* *Exul.* envoyé en exil. *s. m.* qui est en exil ; éloigné, absent à regret.
Exiler, *v. a.* lé. e, *p.* envoyer en exil ; reléguer. (s'), *v. r.* s'absenter, se retirer, s'éloigner.
Exilité, *s. f.* petitesse, foiblesse. T. R. V.
†Exillon, *s. m.* pièce mobile sur le pallier du moulin.
Existant. e, *adj.* qui existe.
Existée, *s. f.* sorte d'anemone à peluche. G. V.
Existence, *s. f.* *Existentia.* état de ce qui existe.
Existentialité, *s. f.* qualité, état de l'être existant. KANT.
Exister, *v. n.* *Existere.* avoir l'être ; être actuellement.
Existimateur, *s. m.* qui estime. V. RR. * (*mieux*) Estimateur. B.
†Exitial. e, *adj.* mortel, empoisonné.
†Exiture, *s. f.* *Exitura.* excrément putride.
Ex-jésuite, *s. m.* qui a été jésuite. G. C. RR.
Ex-laquais, *s. m.* qui a été laquais. G. C. RR.
Ex-lecteur, *s. m.* qui a été lecteur. G. C. RR.
Ex-noble, *s. m.* qui a été noble. C.
†Exocet, *s. m.* *Exocaetus.* poisson à tête écailleuse, 13ᵉ. genre, 5ᵉ. classe.
Exocete, *s. f.* poisson du genre des abdominaux.
†Exocyste, *s. m.* renversement de la vessie urinaire.
Exode, *s. m.* livre de la Bible, 2ᵉ. du Pentateuque ; sortie.
Exoine, *s. f.* *Ejuratio vadimonii.* t. de prat. certificat d'impossibilité de présence.
Exoiner, *v. a.* né. e, *p.* excuser l'absence. R. G. C.
Exoineur, *s. m.* celui qui excuse. R. G. C.
†Exomide, *s. f.* manteau des anciens philosophes cyniques.
Exomologèse, *s. f.* *Exomologesis.* confession, pénitence, t. de liturgie. C. G. V. * Exomologese. R.
Exomphale, Omphalocèle, *s. f.* hernie du nombril.
Exophtalmie, *s. f.* sortie de l'œil de son orbite. * Exophthalmie. RR.
Exorable, *adj.* 2 *g.* *Exorabilis.* qui peut être fléchi.
Exorbitamment, *adv.* *Immodice.* avec excès ; excessivement. * Exhorbitament. R.
Exorbitant. e, *adj.* *Immanis.* excessif. * Exhorbitant. R.
Exorciser, *v. a.* sé. e, *p.* user d'exorcisme, chasser les démons ; exhorter, presser fortement.
Exorcisme, *s. m.* *Exorcismus.* paroles et cérémonies pour chasser le démon.
Exorciste, *s. m.* *Exorcita.* qui exorcise. * troisième ordre mineur. G.
Exorde, *s. m.* *Exordium.* première partie d'un discours oratoire.
Exostose, *s. f.* tumeur osseuse sur l'os. * -tôse. R.
Exotérique, *adj.* 2 *g.* vulgaire, public, commun.
Exotique, *adj.* 2 *g.* étranger, qui n'est pas du pays.
Expansibilité, *s. f.* faculté de se dilater. A. V.
Expansible, *adj.* 2 *g.* qui peut se dilater, s'étendre.
Expansif. ve, *adj.* qui a la force de s'étendre ou d'étendre ; qui aime à s'épancher.
Expansion, *s. f.* action, état d'un corps qui se dilate ; t. d'anat. de botan. prolongement.
Expatriation, *s. f.* (*vieux*) action de s'expatrier ; état de celui qui est expatrié. G. C.
Expatrier, *v. a.* trié. e, *p.* obliger à quitter sa patrie. (s'), *v. pers.* quitter sa patrie.
Expectant, *s. m.* qui a une expectative ; qui attend pour agir.
Expectatif. ve, *adj.* (*vieux*) qui autorise à espérer.
Expectation, *s. f.* attente d'un événement. R. G. C.
Expectative, *s. f.* *Expectatio.* espérance, attente fondée ; droit de survivance ; t. de liturgie ; bref ; acte de théologie.
Expectorant. e, *adj.* qui fait expectorer. G. C. V.
Expectoration, *s. f.* action d'expectorer.
Expectorer, *v. a.* ré. e, *p.* cracher, chasser de la poitrine.
Expédient, *s. m.* *Ratio.* moyen de terminer. * *adj. m.* convenable ; à propos. G. V.
Expédier, *v. a.* *Celeriter conficere.* dié. e, *p.* terminer promptement ; finir ; dépêcher ; tuer promptement ; envoyer ; revêtir un acte des formalités.
Expéditif. ve, *adj.* qui dépêche, expédie ; habile.
Expédition, *s. f.* *Expeditio.* action d'expédier ; entreprise militaire ou hostile ; copie légale d'un acte ; diligence. *pl.* dépêches.
Expéditionnaire, *s. m.* commis-écrivain, copiste. *adj. m.* (banquier) qui fait venir des expéditions de Rome. * Expéditionaire. R.
Expeller, *v. a.* lé. e, *p.* chasser ; repousser. V.
Expérience, *s. f.* *Experimentum.* action d'expérimenter ; épreuve ; essai ; connoissances acquises par l'usage.
Expérimental. e, *adj.* *Usu comparatus.* fondé sur, ou acquis par l'expérience.
Expérimenté. e, *adj.* *Expertus.* connu, éprouvé par l'expérience ; qui a de l'expérience.
Expérimenter, *v. a. n.* *Experiri.* té. e, *p.* éprouver ;

faire l'expérience de.
Expert, e, *adj. s. m. Experiens.* versé dans un art par la pratique ; nommé pour faire un rapport.
Expertise, *s. f.* visite, opération, procès-verbal des experts. A. V.
Expertisme, *s. m.* visite et rapport d'experts. A.
Expiation, *s. f. Expiatio.* action d'expier.
Expiatoire, *adj. 2 g. Piacularis.* qui sert à expier ; qui expie.
Expier, *v. a. Expiare.* pié. e, *p.* réparer un crime, une faute par une peine.
Expilation, *s. f.* spoliation d'une succession vacante, t. de jurisprudence. R. G. C. V.
Expiration, *s. f. Exitus.* action d'expirer ; échéance ; évaporation ; fin.
Expirer, *v. n. Animam efflare.* ré. e, *p.* mourir ; finir ; échoir. *v. a.* rendre l'air aspiré.
Explétif. ve, *adj.* (mot) inutile au sens.
Explicable, *adj. 2 g. Explicabilis.* qui peut être expliqué.
Explicatif. ve, *adj.* qui explique le sens.
Explication, *s. f. Explicatio.* discours qui explique ; interprétation ; renseignement ; éclaircissement.
Explicite, *adj. 2 g.* clair ; formel ; distinct ; développé ; précis.
Explicitement, *adv. Expressè.* en termes clairs et précis.
Expliquer, *v. a. Explanare.* qué. e, *p.* interpréter ; faire comprendre ou connoître ; éclaircir ; déclarer ; enseigner. (s'), *v. r.* dire ; s'énoncer ; expliquer sa pensée.
Exploit, *s. m. Facinus.* action de guerre mémorable ; t. de pratique, assignation, saisie.
Exploitable, *adj. 2 g.* qui peut être débité, exploité, cultivé ; t. de pratique, qui peut être saisi.
Exploitant, *adj.* (huissier) qui exploite.
Exploitation, *s. f.* action d'exploiter des terres, des bois, etc. t. de pratique.
Exploiter, *v. a.* té. e, *p.* abattre, façonner, débiter les bois ; faire valoir. *v. n.* donner ou faire des exploits, des assignations.
Exploiteur, *s. m.* qui exploite. R. T.
Explorateur, *s. m.* qui va à la découverte d'un pays ; espion près d'une cour étrangère.
†Explorer, *v. a.* examiner, chercher avec beaucoup d'attention. (*vieux*).
Explosion, *s. f.* éclat, bruit, mouvement subit.
†Expoliation, *s. f.* t. de jardinier ; séparation de la partie morte de la partie vive.
Expolition, *s. f.* différentes expressions d'une idée. G. C.
Exponce, *s. f.* abandon volontaire. G. C.
Exponentiel. le, *adj.* t. d'algèbre ; qui a un exposant ; élevé par un exposant. G. C. V. * *f.* Exponentiele. R.
Exportateur, *s. m.* qui exporte. C.
Exportation, *s. f.* transport hors d'un pays.
Exporter, *v. a.* té. e, *p.* transporter au dehors. G. C.
Exposant. e, *adj. s.* qui expose un fait. *s. m.* t. de mathématiques, nombre qui expose le rapport de deux autres.
Exposé, *s. m. Expositus.* ce que l'on expose dans une requête.
Exposer, *v. a. Exponere.* sé. e, *p.* mettre en vue ; débiter ; placer ; tourner vers ; expliquer ; déclarer ; déduire ; faire connoître ; mettre en péril ou dans le cas de. (s'), *v. pers.* se hasarder.
Expositeur. trice, *s.* qui distribue la fausse monnoie. R.
Exposition, *s. f. Expositio.* action d'exposer, ses effets ; explication ; abandonnement d'un enfant ; situation ; récit ; narration. * tableaux exposés. B.
Exprès, *s. m.* messager envoyé à dessein.
Exprès, *adv.* à dessein.
Exprès. se, *adj. Exploratus.* précis, formel.
Expressément, *adj. Expressè.* en termes formels.
Expressif. ve. *adj. Expressus.* énergique ; qui exprime bien.
Expression, *s. f. Expressio.* action d'exprimer en serrant ; manière d'exprimer, de s'exprimer, de peindre. * suc exprimé. AL.
Exprimable, *adj. 2 g.* qui peut être dit, exprimé.
Exprimer, *v. a. Exprimere.* mé. e, *p.* tirer le suc en pressant ; énoncer ; peindre, représenter. (s'), *v. pron.* s'énoncer.
Exprimitif. ve, *adj.* qui exprime. V.
†Exprobation, *s. f.* action de reprocher.
†Expropriation, *s. f.* privation ; exclusion de la propriété.
†Exproprier, *v. a.* é. e, *p.* priver, exclure de la propriété.
Expulser, *v. a. Expellere.* sé. e, *p.* chasser ; déposséder ; t. de médecine, pousser dehors, faire évacuer.
Expulsif. ve, *adj.* qui pousse dehors.
Expulsion, *s. f. Expulsio.* action d'expulser, de chasser, ses effets. RR.
Expultrice, *adj. f. Expultrix.* qui a la vertu d'expulser. G. RR.
Expurgation, *s. f.* émersion, t. d'astronomie. G. C. V.
Expurgatoire, *adj.* (index), liste de livres défendus.
Exquima, Quima, *s. m.* singe, sapajou ; variété du coaita.
Exquis. e, *adj. Exquisitus.* excellent, très-bon.
Exquisement, *adj.* (*inus.*) d'une manière exquise. G.
Exsiccation, *s. f.* desséchement. G. C. V.
Exsuccion, *s. f.* action de sucer, t. de méd. A. V.
Exsudation, *s. f.* action de suer ; suppuration, t. de médecine.
Exsuder, *v. n.* t. de médecine ; sortir en forme de sueur.
Extant. e, *adj.* t. de prat. qui est en nature.
Extase, *s. f. Mentis excessus.* admiration ; ravissement. * maladie qui prive du mouvement et du sentiment. AL.
Extasié. e, *adj.* qui est en extase.
Extasier (s'), *v. pers. Extra se rapi.* sié. e, *p.* tomber en extase ; être ravi d'admiration.
Extatique, *adj.* causé par l'extase ; qui en tient.
†Extemporané. e, *adj.* (médicament, formule) qui s'exécute sur-le-champ.
Extenseur, *adj. s. m.* muscle qui sert à étendre.
Extensibilité, *s. f.* qualité de ce qui peut s'étendre.
Extensible, *adj. 2 g.* qui peut s'étendre.
Extension, *s. f. Extensio.* étendue ; augmentation ; explication ; action de ce qui s'étend ; relâchement.
Exténuation, *s. f. Extenuatio.* diminution des forces, d'embonpoint ; affoiblissement ; t. de pratique. * figure de rhétorique, le contraire de l'hyperbole. AL.
Exténuer, *v. a. Extenuare.* nué. e, *p.* affoiblir ; amaigrir.
Extérieur (à l'), *adverbial*, au dehors ; en apparence. R.
Extérieur. e, *adj. Externus.* au dehors. *s. m.* mine, apparence, dehors.
Extérieurement, *adv. Extrinsecus.* à l'extérieur.
†Extériorité, *s. f.* état, qualité de ce qui est extérieur ; superficie, partie supérieure.
Exterminateur, *adj. s. m. Extinctor.* qui extermine, détruit.
Exterminatif. ve. *adj.* qui extermine. V.
Extermination, *s. f. Extinctio.* destruction entière, anéantissement.
Exterminer, *v. a. Exterminare.* né. e, *p.* détruire, faire périr entièrement.
Externe, *adj. 2 g. s. m. Externus.* qui est du dehors ; extérieur. *pl.* non résidens.
Extinctif. ve, *adj.* qui éteint.
Extinction, *s. f. Extinctio.* action d'éteindre, ses effets ; abolition ; rémission ; cessation ; remboursement, amortissement.
Extirpateur ; *s. m.* qui extirpe.
Extirpation, *s. f. Extirpatio.* action d'extirper ; destruction totale.
Extirper, *v. a. Extirpare* pé. e, *p.* arracher jusqu'à la racine ; détruire entièrement ; exterminer.
Extispice, *s. m.* augure qui consultoit les entrailles. G. C. R. * Extirpice. V.
Extispiscine, *s. f.* art de l'extispice. G. C.
Extoller, *v. a.* lé. e, *p.* élever, lever. V.
Extorquer, *v. a. Extorquere.* qué. e, *p.* tirer, obtenir, arracher, saisir par force ou menaces.
Extorsion, *s. f. Rapina.* action d'extorquer ; concussion, exaction violente.
Extrac, *adj. m.* t. de manége, qui a peu de corps, de ventre.
Extractif. ve, *adj.* (particule). A. * *s. m. ou* Extrait, principe des végétaux. V.
Extraction, *s. f. Origo.* naissance, race, origine ; action d'extraire ; t. de chimie, action de tirer les principes ; t. d'arithmétique, action de tirer les racines.
Extradition, *s. f.* remise des prisonniers au souverain. A. V.
Extrados, *s. m.* côté intérieur d'une voûte opposé à la douelle, t. d'architecture. * Extradôse. R.
Extradossé. e, *adj.* (voûte) dont le dehors n'est pas brut. * Extradôssé. R.
Extraire, *v. a. Extrahere.* trait. e, *p.* tirer de ; faire l'extrait.
Extrait, *s. m. Expressio.* ce qu'on extrait d'un livre ; abrégé, sommaire, etc. t. de chim. sel, esprit produit d'une dissolution ; t. de loterie, mise sur un numéro, ce numéro.
Extrajudiciaire, *adj. 2 g.* hors des formes.
Extrajudiciairement, *adv.* sans osbserver les formes.
†Extranéiser, *v. a.* bannir dans une contrée lointaine.
Extraordinaire, *adj. 2 g. Extraordinarius. s. m.* qui n'est pas commun ou selon l'usage ordinaire ; singulier ; ridicule ; choquant ; bizarre ; extravagant. * *s. m.* nouvelle fraîche ; fonds pour des dépenses extraordinaires. B.
Extraordinairement, *adv. Extra modum.* d'une façon extraordinaire ; bizarrement ; ridiculement ; extrêmement.
Extrapassé. e, *adj.* t. de peint. hors des bornes de la nature. * *et* Strapassé. A. V.
Extravagamment, *adv. Inepte.* avec extravagance. * Extravagament. R.
Extravagance, *s. f. Insulsitas.* folie ; bizarrerie ; action, discours extravagant.
Extravagant. e, *adj. s. Delirus.* fou ; bizarre ; fantasque.
Extravagantes, *s. f. pl.* constitutions des papes ajoutées au droit canon.
Extravagation, *s. f.* éruption. V.
Extravaguer, *v. n. Delirare.* penser, parler sans raison ni sens.
Extravasation, *s. f.* sortie des liquides de leurs vaisseaux. * *et* Extravasion. A. R. V.
Extravaser (s'), *v. r. pron.* sé. e, *p. Effusus.* sortir des vaisseaux, des veines. * *v. a.* C.
†Extraversion, *s. f.* t. de chimie, action de rendre manifeste ce qu'il y a de salin, d'acide

cide dans un corps mixte.
†Extraxillaire, *adj.* 2 *g.* qui ne naît pas sous l'aisselle des fleurs.
Extrême, *adj.* 2 *g. Summus.* hors de raison; outre mesure; excessif au dernier point. *s. m.* l'opposé, le contraire.
Extrême-onction, *s. f.* sacrement conféré avant la mort. * Extréme-onction. R.
Extrêmement, *adv. Valdè.* grandement, beaucoup; au dernier point.
†Extrémiser, *v. a.* administrer l'extrême-onction (*vieux*).
Extrémité, *s. f. Extremitas.* le bout; fin de temps, de lieu, d'espace, d'un corps; excès, emportement; le pire état.
Extrinsèque, *adj.* 2 *g. Extraneus.* qui vient du dehors; qui n'est pas inhérent. * Extrinseque. R.
†Extumescence, *s. f.* commencement d'enflure.
Exubérance, *s. f.* abondance inutile; surabondance.
†Exubérant, *adj.* rédondant.
†Exuder, *v. a.* dé. e, *p.* voyez Exsuder.
Exulcératif. ve, *adj. Exulceratorius.* qui forme des ulcères. C. G. V. RR.
Exulcération, *s. f. Exulceratio.* commencement d'ulcère. C. G. V. RR.
†Exulcératoire, *adj.* 2 *g.* qui blesse, qui exulcère.
†Exulcérer, *v. a.* blesser; piquer fortement.
Exulcérer, *v. a. Exulcerare.* ré. e. *p.* causer des ulcères.
Exultation, *s. f.* (*vieux*) tressaillement de joie.
Exulter, *v. a.* té. e, *p.* (*vieux*) tressaillir de joie. G. RR.
Ezan, *s.* proclamation de la prière en Turquie. R. G.
Ézotérique, *adj.* 2 *g.* caché, obscur. R.
Eztéri, *s. m.* sorte de jaspe sanguin d'Amérique méridionale.

FABU

F, *s. m.* et *f.* sixième lettre de l'alphabet.
Fa, *s. m.* note de musique.
†Fabagelle, *s. f. Fabago.* plante de Mauritanie, excellent vermifuge. *Zigophyllum.*
Fabago, *s. m.* faux câprier. * Fabâgo. R.
Fabaries, *s. f. pl.* calendes de juin. V.
†Fabel, *s. m.* fable, fabliau (*vieux*).
Faber, *s. m. ou* Forgeron, poisson de mer. G.
Fable, *s. f. Fabula.* fiction; narration fabuleuse; mythologie; conte; fausseté; fables de l'antiquité; risée. * Fâble. R.
Fabliau, *s. m.* ancien conte mis en vers. * Fâbliau. R.
Fablier, *s. m.* fabuliste. V.
Fabre, *s. m.* ouvrier. V.
Fabrègue, *s. m.* plante antidote. * Fabregue. R. Fabrigue. V.
Fabricant, *s. m.* qui tient fabrique. * *et* Fabriquant. A. V.
Fabricateur, *s. m. Fabricator.* qui fabrique.
Fabrication, *s. f. Fabricatio.* action de fabriquer.
Fabricien, *s. m.* marguiller. * *ou* Fabricier. A. V. Fabriqueur. RR.
Fabrique, *s. f. Fabricatio.* construction; façon; manufacture; biens d'une église. *pl.* édifices; t. de peint. ruines.
Fabriquer, *v. a. Fabricari.* qué. e, *p.* faire un ouvrage manuel; forger; inventer; controuver.
Fabriqueur, *s. m.* officier dans un chapitre. V.
Fabulateur, *s. m.* (*vieux*) qui fait des fables. R.

Fabuleusement, *adv. Fabulosè.* d'une manière fabuleuse.
Fabuleux. se, *adj. Fictus.* feint; controuvé; inventé.
Fabuliser, *v. a.* sé. e, *p.* ajouter des commentaires, des fables à une histoire. R. V.
Fabuliste, *s. m.* qui écrit des fables.
Façade, *s. f. Frons.* face d'un grand bâtiment.
Face, *s. f. Facies.* visage; superficie; devant; côté; état.
Face à face, *adv.* l'un devant l'autre. * faire face; tourner vers. RR. de prime face; d'abord. (*vieux*) B. Face-à-face. C.
Face (en), *adverbial.* en présence.
Facé. e, *adj.* en parlant de la figure. (bien).
Facer, *v. a.* cé. e, *p.* t. de jeu de bassette, amener la bonne carte.
Facétie, *s. f. Facetiæ.* plaisanterie; bouffonnerie.
Facétieusement, *adv. Festivè.* d'une manière facétieuse.
Facétieux. se, *adj. s. Facetus.* plaisant; bouffon; qui fait rire.
Facette, *s. f. Latusculum.* petite face, ou superficie d'un corps taillé. * Facete. R.
Facetter, *v. a.* té. e, *p.* tailler à facettes, t. de lapidaire. G. C. V. CO. * Facéter. R.
Fâcher, *v. a. Movere.* ché. e, *p.* mettre en colère; causer du déplaisir. (se), *v. pers.* prendre du chagrin, se mettre en colère. *impers.* être chagrin.
Fâcherie, *s. f. Molestia.* (*vieux*) déplaisir; douleur, regret.
Fâcheux. se, *adj. Molestus.* qui chagrine; pénible; difficile; malaisé; douloureux. *s.* importun; qui ennuie.
†Facial. e, *adj. Facialis.* de la face; du visage.
Faciendaire, *s. m.* t. de religieux. R.
Faciende, *s. f.* (*vieux*) intrigue, cabale.
Facile, *adj.* 2 *g. Facilis.* aisé; naturel; commode; complaisant; condescendant.
Facilement, *adv.* avec facilité; aisément.
Facilité, *s. f. Facilitas.* moyen ou manière aisée de faire; foiblesse; indulgence excessive; promptitude dans l'exécution.
Faciliter, *v. a. Explanare.* té. e, *p.* rendre facile et aisé.
Façon, *s. f. Modus.* manière dont une chose est faite; sa forme; travail; labour; air, mine; manière d'agir; sorte; espèce; afféterie; soin; attention; invention; manières contraintes.
Façon (mal-), *s. f.* façon ou construction mauvaise, t. d'arts et métiers. G.
Façon que (de), tellement que, de sorte que. * de-façon-que. C.
Faconde, *s. f.* (*vieux*) éloquence.
Façonner, *s. f. Concinnare.* né. e, *p.* donner la façon; orner; labourer; former; instruire; polir; accoutumer à. *v. n.* faire des façons. (*familier*) * Façoner. R.
Façonnerie, *s. f.* manière de façonner les étoffes; t. de manufacture. T. * Façonerie. R.
Façonnier. ère, *adj.* qui fait des façons, des cérémonies. * Façonier. ere. R.
Facteur, *s. m. Institor.* celui qui fait; commis; faiseur; celui qui porte les lettres, les paquets; partie d'un tout, quantité dont un produit est formé, t. d'algèbre.
Factice, *adj.* 2 *g. Factitius.* fait par art.
Factieux. se, *adj.* 2 *g. s. m. Factiosus.* séditieux, qui aime à remuer.
Factif, *adj. m.* V.
Faction, *s. f. Factio.* guet d'une sentinelle; parti; cabale; parti dans les jeux du cirque.

Factionnaire, *s. m.* qui fait faction. * qui étoit d'une faction dans les jeux. B. Factionaire. R.
Factorerie, *s. f.* bureau des compagnies de commerce dans les Indes.
Factoton, *s. m.* qui se mêle de tout dans une maison. * Factotum. A. R. V.
Factum, *s. m.* t. de prat. mémoire qui contient les faits. *pl.* factums. *prononcez* facton.
Facture, *s. f. Index.* mémoire d'un marchand. * façon de faire, t. d'arts; t. d'organiste, capacité. A.
Facturer, *v. a.* ré. e, *p.* fabriquer. BUFFON.
Facturier, *s. m.* t. de manufac. de toiles. R. V.
Facule, *s. f.* tache lumineuse sur le soleil. G. V. R.
Facultatif. ve, *adj.* qui donne la faculté.
Faculté, *s. f. Facultas.* puissance; vertu naturelle; talent; droit; moyen de faire; corps de savans de l'Université. *pl.* biens, talens et moyens; ressources; t. de théologie.
Fadaise, *s. f. Ineptiæ.* bagatelle, niaiserie; chose inutile.
†Fadasse, *adj.* 2 *g.* plein de fadeur.
Fade, *adj.* 2 *g. Fatuus.* insipide; qui n'a point de goût.
Fadeur, *s. f. Fatuitas.* qualité de ce qui est fade; louange fade.
Fagara *ou* Fagarier du Japon, *s. m.* arbrisseau, son fruit est fortifiant et réchauffant. G.
Fagone, *s. f.* glande conglomérée; ris de veau. G. C. V. * voyez Fagoue. B.
Fagot, *s. m. Fascis.* faisceau de menu bois; paquet de souches. (*vieux*) sornette, fadaise. * basson que l'on démonte. B.
Fagotage, *s. m.* travail du fagoteur.
Fagotaille, *s. f.* t. d'agriculture, garniture d'une chaussée d'étang avec des fagots. R. G. C.
Fagoter, *v. a. Colligare.* té. e, *p.* mettre en fagots, en mauvais ordre; mal arranger.
Fagoteur, *s. m.* qui fait des fagots.
Fagotin, *s. m.* singe habillé; valet d'opérateur; mauvais plaisant.
†Fagotines, *s. f. pl.* soies travaillées par différentes mains.
Fagoue, *s. f.* ris ou glandule de la poitrine
Faguenas, *s. m.* odeur fade et corrompue.
Faide, *s. m.* droit de venger un meurtre. V.
Faïence, *s. f. Vas fictile.* sorte de poterie de terre vernissée. * *et* Fayence. R.
Faïencé. e, *adj.* qui a un air de faïence, qui l'imite. C. * *et* Fayencé. R.
Faïencerie, *s. f.* fabrique, commerce de faïence. * *et* Fayencerie. R.
Faïencier. ère, *s.* marchand, fabricant de faïence. * *et* Fayencier. ere. R.
†Failine, *s. f.* serge de Bourgogne.
Faille, *s. f.* faute. V. * roche qui interrompt le filon; filet pour la morue. B.
Failli, *s. m.* qui fait, a fait banqueroute.
Faillibilité, *s. f.* possibilité de se tromper, de faillir. V.
Faillible, *adj.* 2 *g.* qui peut se tromper.
Faillir, *v. n. Peccare.* li. e, *p.* agir contre le devoir; se tromper; finir; manquer; faire faillite; être sur le point de.
Faillite, *s. f.* banqueroute non frauduleuse.
Failloise, *s. f.* t. de marine. RR. lieu du coucher du soleil. G.
Faim, *s. f. sans pl. Fames.* désir et besoin de manger; avidité; désir ardent.
Faim-valle, *s. f.* maladie d'épuisement des chevaux.
Faîne *ou* Fouesne, *s. f. Nux fagina.* fruit du hêtre.
Fainéant. e, *adj. s. Iners.* paresseux, qui ne veut rien faire.

Fainéanter, *v. a. n.* (*familier*) être fainéant, ne vouloir rien faire.
Fainéantise, *s. f. Desidia.* paresse lâche; vie de fainéant.
Faire, *v. a. Facere.* fait. e, *p.* agir; travailler, venir à bout; créer, produire, fabriquer; composer; construire; exécuter; tâcher de; susciter; exciter; causer; raconter; amasser; constituer; disposer; être; donner, entreprendre; faire faire; commander; donner ordre que l'on fasse; opérer; pratiquer; commettre; observer; mettre en pratique; façonner, former; représenter; attirer; suppléer; remplacer, etc. *v. n.* être convenable; bienséant. (se), *v. réciproque.* être praticable, produit, formé, arriver; s'habituer; devenir. *v. person.* s'excepter; s'accomplir; embrasser un état.
Faire, *s. m.* t. d'arts, manière de faire.
Faire à col, *s. m.* t. d'eaux et forêts; fardeau. V.
Faisable, *adj.* 2 *g. Factu facilis.* permis; qui peut être fait. V. G. * Fesable. C.
Faisan, *s. f. Phasianus.* coq sauvage, genre d'oiseau.
Faisances, *s. f. pl.* ce qu'un fermier s'oblige, par bail, de faire ou de fournir.
Faisandeau, *s. m.* jeune faisan.
Faisander, *v. a.* dé. e, *p.* faire acquérir du fumet. (se), *v. r.* acquérir du fumet.
Faisanderie, *s. f. Chors phasianaria.* lieu où l'on élève des faisans.
Faisandier, *s. m. Phasianarius.* qui élève des faisans.
Faisane, *adj. f.* (poule), femelle du faisan. * poule-faisane. C.
†Faisannier, *s. m.* petit faisan.
Faisceau, *s. m. Fasces.* amas de certaines choses liées. * hache entourée de verges. B.
†Faiseau, *s. m.* ardoise irrégulière. * Faisceaux. AL.
†Faiseleux, *s. m.* qui enlève les décombres; t. d'ardois.
Faiseur. se, *s. Qui facit.* qui fait quelque chose. R. V. CO. * Feseur. C.
†Faisse, *s. m. pl.* cordons pour fortifier, t. de vanniers.
Faisselle, *s. f.* vase à fromages. C. V. * *ou* Fesselle. G.
Faisserie, *s. f.* ouvrage à claire-voie, t. de vannier. C. V. * *ou* Fesserie. G.
Faissier, *s. m.* vannier. V. * *ou* Fessier. G.
Fait, *s. m. Factum.* action; événement; chose faite; cas; chose; espèce; ce qui convient; reproches fondés ou vérités. *adj.* (homme) dans l'âge mûr.
Fait (en), *adv.* en matière de.
Fait (de), en effet, certainement, en fait, *adv.* en matière de.
Fait (si), *adv.* excusez-moi.
Fait (tout-à-) *adv.* entièrement.
Faitage, *s. m. Culmen.* toit; table de plomb; couverture, ce qui la termine. * droit de couper dans un bois une pièce pour le faîte. B. * Faîtage. R.
Faitard, *s. m.* (*inusité*) paresseux. C. G.
Faitardise, *s. f.* (*vieux*) paresse, lâcheté.
Faîte, *s. m. Fastigium.* comble d'un édifice; sommet d'un arbre. * (*au figuré*) le plus haut point. B.
Faîtière *ou* Tuilée, *s. f. Imbrex.* tuile courbe sur le faîte; coquillage bivalve du genre des cames tronquées, de la famille des cœurs; perche de tente. * Faitiere. R. Fétière. V.
Faix, *s. m. Pondus.* charge, fardeau. * *pl.* planches sur les baux. B.

Fakir, Faquir, *s. m.* religieux mahométan.
Falaca, *s. f.* bastonnade; instrument de supplice. G. V. RR. * Falacque. B.
†Falacque, *s. f.* bastonnade sur la plante des pieds. voyez Falaca.
Falaise, *s. f. Situs prominens.* côte, terre escarpées et garnies de landes à leur base.
Falaiser, *v. n.* se dit de la mer qui se brise sur une falaise.
Falarique, *s. f.* arme antique.
Falbala, *s. m.* bande d'étoffe plissée. * pipe courbe. B.
Falcade, *s. f.* t. de manége, espèce de courbette. G. RR.
Falcaire, *s. m.* soldat armé d'une épée courte. G.
Falcidie (quarte-), *s. f.* droit de compléter le quart d'une succession, t. de jurisprudence.
†Falciforme, *adj.* 2 *g.* en forme de faux.
†Falcorde, *s. f.* poule-d'eau.
†Falibourde, *s. f.* menterie; imposture. (*vi.*)
Faligoterie, *s. f.* sottise. V. niaiserie. R.
Falisque, *adj.* (vers) latin de quatre pieds. C. * *ou* Phalisque. G.
Fallace, *s. f.* tromperie; fraude.
Fallacieusement, *adv.* (*vieux*) frauduleusement.
Fallacieux. se, *adj.* (*vieux*) trompeur; frauduleux.
Falloir, *v. impers. Oportere.* être de devoir, de nécessité, de bienséance; manquer.
†Fallorder, *v. a.* tromper quelqu'un (*vieux*).
Falot, *s. m. Laterna.* sorte de grande lanterne.
Falot. e, *adj. s. m.* plaisant; grotesque; drôle; ridicule.
Falotement, *adv.* d'une manière falote.
Falotier, *s. m.* qui porte ou place les falots. C. G.
Falourde, *s. f. Virgultorum fascis.* gros fagot; t. de jeu.
Falquer, *v. n.* t. de manége, faire couler deux ou trois temps sur les hanches en formant un arrêt.
Falques, *s. f. pl.* t. de marine, petits panneaux en coulisses pour élever les bords. G. C. V.
Falsifiant. e, *adj.* t. dialectique. R.
Falsificateur, *s. m. Corruptor.* qui falsifie.
Falsification, *s. f. Depravatio.* action de falsifier; chose falsifiée.
Falsifier, *v. a. Corrumpere.* fié. e, *p.* contrefaire pour tromper; altérer par un mauvais mélange.
Faltranck, *s. m.* vulnéraires suisses.
Falun, *ou* Crou *ou* Crau, *s. m.* masse de coquilles brisées.
†Faluner, *v. a.* répandre du falun sur une terre.
Falunières, *s. f. pl.* amas de coquilles en fragmens: on s'en sert pour engrais. A. V.
†Falseté, *s. f.* fausseté; fourberie (*vieux*).
Fâme, *s. f.* (*vieux*) renommée; t. de pratique.
Fâmé. e (bien, mal), *adj.* qui a bonne ou mauvaise réputation. * Famé. A. R. V.
Famélique, *adj.* 2 *g. s. m. Esuritor.* pressé par la faim.
Fameux. se, *adj. Illustris.* renommé; fort connu; célèbre.
Famil, *adj. m.* t. de fauconnier, familier, domestique. G.
Familiariser (se), *v. Familiariter agere.* sé. e, *p.* se rendre familier; s'accoutumer; (avec un auteur), l'entendre.
Familiarité, *s. f. Familiaritas.* manière familière; privauté.
†Familier. e, *adj.* fréquent.
Familier. ère, *adj. s. m. Familiaris.* qui vit librement avec; devenu facile par l'usage; naturel; aisé. * *f.* Familiere. R. *s. m. pl.* officiers de l'inquisition. B.

Familièrement, *adv. Familiariter.* d'une manière familière. * Familiérement. R.
Famille, *s. f. Familia.* plusieurs personnes d'un même sang; race; maison; commensaux; toutes les personnes d'une même maison; assemblage de genres et d'espèces, t. d'histoire naturelle. * Famille. V.
Familleux. se, *adj.* t. de fauc. qui veut toujours manger. G. C. V.
Famine, *s. f. Fames.* disette extrême de vivres dans un pays.
Famis, *s. m.* (*vieux*) famélique. V.
Fanage, *s. m. Coma.* action de faner, son salaire; feuillage.
Fanaison, *s. m.* temps de faner. * voyez Fenaison. G. C.
Fanal, *s. m. Fax.* grosse lanterne; feux pour éclairer le port; t. de marine.
Fanatique, *s.* 2 *g. Fanaticus.* zélé, passionné jusqu'à la fureur; fou par religion; qui a des apparitions. * furieux qui se croit inspiré. B.
Fanatiser, *v. a.* sé. e, *p.* rendre fanatique. C. V. CO. RR.
Fanatisme, *s. m.* erreur du fanatique; zèle; entêtement outré.
Fane, *s. f.* feuille de la plante. * enveloppe de la corolle des anémones. B.
Fanègue, *s. f.* mesure espagnole pour les grains et les terres, 4 boisseaux. RR.
Faner, *v. a.* né. e, *p.* étendre l'herbe pour la faire sécher; flétrir. (se), *v. r. Flaccescere.* se flétrir.
Faneur. se, *s.* qui fane le foin.
Fanfan, *s. m.* (*enfantin et caressant*) petit enfant.
Fanfare, *s. f. Clangor tubarum.* concert de musique militaire.
Fanfarer, *v. n.* faire un concert militaire. R. V. * *v. a.* se panader. RABELAIS.
Fanfaron. ne, *s. adj. Thraso.* celui qui se vante trop, qui fait le brave sans l'être. * *f.* Fanfarone. R.
Fanfaronnade, *s. f. Venditatio.* rodomontade; vanterie; fausse bravoure. * Fanfaronade. R.
Fanfaronnerie, *s. f.* habitude des fanfaronnades. * Fanfaronerie. R.
Fanfreluche, *s. f.* ornement frivole; bagatelle.
Fange, *s. f. Cœnum.* boue; bourbe; vie honteuse, déréglée. * basse extraction. B.
Fangeux. se, *adj. Lutosus.* plein de fange.
Fanion, *s. m.* étendard des équipages des troupes. R. G. C.
Fanon, *s. m. Palearia.* peau qui pend sous la gorge du taureau, etc. barbes de baleine; crins sur le boulet; manipule. *pl.* t. de chirurgie, appareil; t. de liturgie, pendant d'une mitre.
Fantaisie, *s. f. Voluntas.* imagination; esprit; idée; humeur; désir; opinion; caprice; boutade; chose inventée, faite à plaisir.
Fantasier, *v. a.* sié. e, *p.* (*vieux*) irriter. V.
†Fantasmagorie, *s. f. Fantasmagoria.* art de faire apparoître des spectres par le moyen d'une illusion d'optique; ce spectacle.
Fantasque, *adj.* 2 *g. Morosus.* capricieux; bizarre; extraordinaire; qui a des fantaisies.
Fantasquement, *adv. Morosè.* d'une manière fantasque.
Fantassin, *s. m. Pedes.* soldat à pied.
Fantastique, *adj.* 2 *g. Fictus.* chimérique; imaginaire.
Fantastiquement, *adv.* d'une manière fantastique, * *ou* Fantasque. G.
Fantastiquer, *v. n.* (*inusité*) suivre sa fantaisie; imaginer. R. V.
†Fantine, *s. f.* partie du chevalet pour devider

la soie, t. de manufacture.

Fantôme, *s. m. Spectrum.* spectre; vision; chimère; ce qui n'a que l'apparence. *pl.* t. didactique, images dans le cerveau.

†Fanton, *s. m.* fer applati en verge carrée pour les tuyaux de cheminée.

Fanum, *s. m.* temple en l'honneur d'un homme déifié, t. d'antiquité.

Faon, *s. m. Hinnulus.* petit d'une biche, d'un chevreuil. *pron.* fan.

Faonner, *v. n. Partum edere.* mettre bas, parlant des biches, des chevrettes. * Faoner. R. prononcez fanner.

Faquin, *s. m. Fatuus.* (*terme de mépris*) homme de néant; homme de bois qui sert de bût. * (*abusivement*) fat, élégant. G.

Faquinerie, *s. f.* (*familier*) action de faquin. * (*abusivement*) fatuité. G.

Faquir, *s. m.* voyez Fakir.

†Farafes, *s. m. pl.* animaux sauvages de Madagascar, semblables aux loups.

Faraillon, *s. m.* petit banc de sable. G. C. V. * tour sur le rivage. R.

†Faraire *ou* Ferrare, *s. m. Ferraria.* genre de plantes exotiques, de la famille des iris.

Farais, *s. m.* filet de pêche pour le corail. G. C. V.

Faraison, *s. f.* t. de verrerie, première figure donnée par le soufle.

†Faramier, *s. m. Faramea.* arbrisseau de la famille des rubiacées.

†Farandoule, *s. f.* danse provençale en rond. (*vieux*).

Farats, *s. m.* amas de plusieurs choses. T.

Farce, *s. f. Farcimen.* viande, herbes hachées; comédie bouffonne; chose plaisante.

Farcer, *v. a.* faire des farces. V. RR.

Farcereau, *s. m.* (*vieux*) farceur. V.

Farceur, *s. m. Mimus.* qui joue ou fait des farces; bouffon.

Farcin, *s. m. Scabies.* tumeur avec ulcère, t. de vétérinaire.

Farcineux, *adj. s.* qui a le farcin. R. V.

Farcir, *v. a. Farcire.* ci. e, *p. adj.* remplir de farce; remplir, t. de cuisine. (se), *v. r.* se remplir avec excès.

Farcisseur, *s. m. Fartor.* qui farcit; pâtissier. R.

Farcissure, *s. f.* action de farcir. T.

Fard, *s. m. Fucus.* poudre, pâte pour peindre la peau; faux ornemens dans le discours; dissimulation; feinte. * Fard blanc, bismuth dissout, en poudre. B.

Fardage, *s. m.* fagots mis à fond de cale. R. G. C.

Fardeau, *s. m. Onus.* faix; charge; chose, personne incommode; emploi pénible. * terres, rocher prêts à s'ébouler, t. de mineur. B.

Fardelier, *s. m.* (*vieux*) porte-faix. V.

Fardement, *s. m.* action de farder. R. V.

Farder, *v. a. Fucare.* dé. e, *p.* mettre du fard; déguiser, donner un faux lustre. * *v. n.* s'abaisser sous son propre poids. A. V.

†Fardier, *s. m. ou* Gabrielle, *s. f.* chariot pour les blocs de pierre.

Fare, *s. m.* pêche. R.

†Farêne, *s. m.* poisson du genre du cyprin.

Farfadet, *s. m. Larva.* esprit follet; homme frivole.

Farfouiller, *v. a. n.* lé. e, *p.* fouiller en brouillant. * chiffonner. G.

Fargues, *s. f. pl.* planches élevées sur le plat-bord. G.

Faribole, *s. f. Nugæ.* (*familier*) chose frivole et vaine.

†Farillon, *s. f.* réchaud allumé pour attirer le poisson.

†Farinacé, e, *adj.* réductible en farine, de sa nature.

Farine, *s. f. Farina.* grain réduit en poudre. * — empoisonnée, arsenic en fleur, attaché aux voûtes des mines, farine arsenicule. — fossile ou minérale, substance crétacée, Stalactite décomposé, *ou* Gurh de craie desséchée. B.

Fariner, *v. a.* né. e, *p.* (le poisson), le saupoudrer de farine. G. G.

Farinet, *s. m.* dé à une seule face marquée. G. C. V.

Farineux, se, *adj.* blanc de farine, de la nature de la farine; couvert d'une poussière blanche; t. d'arts et métiers.

Farinier, *s. m. Farinarius.* marchand de farine.

Farinière, *s. f.* lieu où l'on sert la farine. G. C.

†Fario, *s. m. Farionus.* poisson du genre du salmone.

Farlouze, *s. f.* alouette des prés. * Farlouse. R.

Farouche, *adj. 2 g. Immanis.* sauvage; insociable; rude; misanthrope; peu traitable; difficile à vivre.

†Farrage, *s. m.* mélange de plusieurs graines.

†Farsange *ou* Pharsange, *s. f.* mesure de chemins en Perse.

Farsanne, *s. m.* chevalier, cavalier arabe. G.

†Farthing, *s. m.* liard anglois.

Fasce, *s. f. Fascia.* t. de blason, pièce honorable qui occupe le milieu de l'écu.

Fascé, e, *adj.* chargé de fasces égales.

†Fasceaux, *s. m. pl.* savattes garnies de pierres pour caler le sac du chalut.

Fascicule, *s. m.* ce qu'on peut porter d'herbes sous le bras, t. de médecine. G. C. V. * petit faisceau. B.

†Fasciculé, e, *adj.* (racine) en faisceau; ramassé en faisceau.

Fascié, e, *adj. Fasciatus.* marqué de bandes; t. de conchyologie. G.

Fascies, *s. f. pl.* bandes, cercles sur la coquille. G. V.

Fascinage, *s. m.* ouvrage de fascines; action d'en faire.

Fascination, *s. f. Fascinatio.* charme qui fascine les yeux.

Fascine, *s. f. Fascis.* fagot de branchages.

Fasciner, *v. a. Fascinare.* né, e, *p.* ensorceler par une sorte de charme, d'éclat; éblouir; tenter; tromper.

†Fasciolaire, *s. f. Fasciolaria.* mollusque céphalée, à coquille en fuseau.

†Fasciole, *s. f. Fasciola.* sang-sue limace, espèce de ver du genre du ténia; douve du foie.

Faséole, *s. f. Phaseolus.* espèce de haricot.

Fasier, *v. n.* se dit de la voile qui ne prend pas bien le vent. G. C. V. RR.

†Fasin *ou* Fazin, *s. m.* cendres mêlées de terre, de brindilles, etc. pour couvrir le fourneau, t. de forge.

Fasquier, *s. m.* t. de marine. R.

Fassari, *s. f.* t. de saline. R.

†Fassure, *s. f.* partie de l'étoffe fabriquée.

Faste, *s. m. sans pluriel. Fastus.* vaine affectation de parure, ostentation. *pl.* livre du calendrier; registres historiques des Romains. * l'histoire. B.

Fastidieusement, *adv. Fastidiosè.* d'une manière fastidieuse.

Fastidieux, se, *adj. Fastidiosus.* qui cause de l'ennui, du dégoût.

†Fastigié, e, *adj.* qui s'élève en pointe pyramidale.

Fastueusement, *adv.* avec faste.

Fastueux, se, *adj. Fastuosus.* qui a du faste, qui l'aime.

Fat, *s. m. Fatuus.* impertinent; complaisant pour lui-même.

Fatal, e, *adj. sans pluriel. Fatalis.* qui porte avec soi une destinée inévitable; funeste; malheureux; qui entraîne une suite d'événemens importans, décisifs.

Fatalement, *adv. Fataliter.* par fatalité; par un malheur étonnant.

Fataliser, *v. a.* sé. e, *p.* abandonner au destin. V.

Fatalisme, *s. m.* doctrine du fataliste.

Fataliste, *s. m.* qui attribue tout au destin. * Fatiste. V.

Fatalité, *s. f. sans pluriel. Fatum.* destinée inévitable; hasard; hasard malheureux.

Fatidique, *adj. 2 g. Fatidicus.* t. de poësie, qui déclare la volonté du destin.

Fatigant, e, *adj. Operosus.* qui donne de la fatigue, de l'ennui; importun.

Fatigue, *s. f. Fatigatio.* travail pénible; lassitude.

Fatigué, e, *adj. Fatigatus.* t. d'arts et métiers, sans légéreté, sans fraîcheur ou netteté.

Fatiguer, *v. a. Defatigare.* donner de la fatigue; ennuyer; importuner; changer, retoucher plusieurs fois, t. d'arts. -gué, e, *p. adj.* usé, sans fraîcheur. (se), *v. réciproque.* se lasser.

Fatisme, *s. m.* caractère, esprit d'un fat. V.

Fatras, *s. m.* amas confus, ou de choses inutiles.

Fatrasser, *v. n.* s'occuper de bagatelles. R.

Fatrasseur, *s. m.* qui fatrasse. R.

Fatuaire, *s. m.* enthousiaste qui prédisoit l'avenir. G. C. V. RR. CO.

Fatuisme, *s. m.* esprit, caractère du fat. T.

Fatuité, *s. f. Fatuitas.* caractère du fat, ses manières, son impertinence.

Fatum, *s. m.* le destin des fatalistes. C. G. R.

Fatuosité, *s. f.* fatuisme. V.

Fau, *s. m.* arbre, voyez Hêtre. R.

†Fauber, *s. m.* voyez Faubert.

Faubert, *s. m.* balai pour nettoyer un navire. R. G. C. V.

Fauberter, *v. a.* té. e, *p.* balayer, t. de marine. G. C.

†Faubloyer, *v. a.* faire des contes sans suite. (*vieux*).

Faubourg, *s. m. Suburbium.* faubourgs, *plur.* partie d'une ville au-delà de ses portes; les habitans du faubourg. * *et* Faux-bourg. R.

Fauchage, *s. m. Fenisecium.* temps et peine employés à faucher.

Fauchaison, *s. f.* temps où l'on fauche.

Fauchard, *s. m.* petit faucillon à long manche. R.

Fauche, *s. f.* action de faucher.

Fauchée, *s. f.* ce qu'un faucheur coupe de foin, etc. en un jour.

Faucher, *v. a. Demetere.* ché. e, *p.* couper avec la faux. *v. n.* t. de manége, traîner en demi rond une des jambes de devant.

Fauchet, *s. m. Rastellum.* rateau pour ramasser ce qui est fauché.

Faucheur, *s. m. Feniseca.* qui fauche. * poisson du genre du chétodon. — du genre du labre. B.

Faucheux, *s. m.* sorte d'araignée. * *et* Faucheur. G.

†Fauchon, *s. m.* voyez Faucheur.

Faucille, *s. f. Falcula.* instrument pour scier le blé. * Faucille. V.

Faucillon, *s. m.* instrument en forme de faucille, t. de métiers.

Faucon, *s. m. Falco.* oiseau de proie. * espèce de petit canon. B.

Fauconneau, *s. m. Falcunculus.* pièce d'artillerie; pièce de bois au sommet d'un engin. * Fauconeau. R.

Fauconnerie, *s. f.* art de dresser les oiseaux de proie; lieu où on les dresse; chasse au faucon. * Fauconerie. R.

Fauconnier, *s. m.* qui dresse et soigne des oiseaux de proie. * Fauconier. R.

Fauconnière, *s. f. Hippopera.* gibecière. * Fauconiere. R.

Faudage, *s. m.* t. de corroyeur de laine, marque. G.

Fauder, *v. a.* plier une étoffe, la marquer. G. V. -dé. e, *p. adj.* RR.

Faudet, *s. m.* t. de manuf. gril de bois. G. C. CO.

Faufiler, *v. a.* lé. e, *p.* faire une fausse couture à longs points. (se), *v. r.* s'insinuer. *v. pron.* se lier d'intérêt. * Faux-filer. R.

Fauldes, *s. f. pl.* fossés où l'on fait le charbon.

Faunales, *s. f. pl.* fêtes de Faune. G. C.

Faune, *s. m. Faunus.* dieu champêtre. * papillon de jour à quatre pattes. — des bois, homme sauvage; Malbrouck, singe. B.

Fau-perdrieu, *s. m.* Busard de marais, oiseau de proie. G. C.

†Fauque, *s. m.* t. de savonn. petit chevron.

†Faurrade, *s. f.* gord, enceinte de filets.

Faussaire, *s. m. Falsarius.* qui fait de faux actes, de faux seings.

¶ Fausse alarme, *s. f.* épouvante prise sans sujet. A.

†Fausse-améthiste, *s. f.* Spath fluors, cubique, de couleur violette.

Fausse attaque, *s. f.* attaque feinte pour tromper. G. A.

Fausse-braie, *s. f.* chemin couvert; terrasse. G. C. A. RR.

Fausse branche, *s. f.* t. d'eaux et forêts; faux bois. A.

Fausse clef, *s. f.* clef contrefaite. A.

Fausse corde, *s. f.* corde qui n'est pas au ton. G. C.

Fausse couche, *s. f.* accouchement avant terme. A.

Fausse-coupe, *s. f.* t. d'arts et métiers, assemblage inégal. * coupe à contre-sens. B.

Fausse équerre, *s. f.* équerre à bras mobiles. G. C.

Fausse étrave, *s. f.* pièce appliquée sur l'étrave. G.

Fausse fleur, *s. f.* t. de botanique, qui ne tient pas à l'embryon. G.

†Fausse-galène, *s. f.* substance minérale, à tissu écailleux, brillant métallique, avec l'apparence du plomb.

†Fausse-gourme, *s. m.* mal plus dangereux que la gourme.

†Fausse-guimauve *ou* Mauve jaune des Indes, *s. f.* plante des jardins, diurétique, pectorale, agglutinante et consolidante.

†Fausse-malachite, *s. f.* jaspe vert clair de Sibérie.

Fausse marche, *s. f.* marche déguisée. C. RR.

Fausse monnoie, *s. f.* monnoie contrefaite.

Fausse page, *s. f.* première page d'un livre. G. C.

Fausse pleurésie, *s. f.* demi-pleurésie. A.

Fausse porte, *s. f. Pseudothyrum.* porte feinte. A.

Fausse position, *s. f.* t. d'arithmétique.

Faussement, *adv. Falsè.* à faux, contre la vérité.

Fausser, *v. a. n. Distorquere.* sé. e, *p.* faire plier, courber; enfreindre; violer.

Fausses enseignes, *s. f. pl.* marques supposées.

Fausses-lances, *s. f. pl.* canons de bois bronzé, t. de marine. G.

Fausses manches, *s. f.* manches par-dessus les autres.

Fausset, *s. m.* t. de tonnelier, brochette de bois; t. de musique, dessus aigre et forcé, celui qui le fait, *Vox acuta.* * bec de plume terminé en pointe. B.

Fausseté, *s. f. Falsum.* qualité de ce qui est faux; duplicité; hypocrisie; chose fausse.

Faussissime, *adj.* 2 g. très-faux. V.

Faussure, *s. f.* (d'une cloche), endroit de sa courbure où cesse la même convexité. G. V.

Faut, *s. m.* t. de coutume. R.

Faute, *s. f. Peccatum.* manquement contre le devoir, les règles; imperfection; manque; disette.

Faute (sans), *adv. Certò.* immanquablement; sans faillir.

†Fauteau, *s. m.* espèce de bélier, machine de guerre.

Fauteuil, *s. m. Cathedra.* grande chaise à bras et à dossier.

Fauteur. trice, *s. Fautor.* qui favorise un parti, une opinion; complice.

Fautif. ve, *adj. Mendosus.* sujet à faillir, à manquer; plein de fautes.

Fautrage, *s. m.* t. de coutume. R.

Fauve, *adj.* 2 g. *s. m. Fulvus.* t. de chasse, qui tire sur le roux. *pl.* cerfs, daims, biches, etc. * *s. m.* le fou, oiseau. — poisson du genre du labre. B.

Fauvet, *s. m.* mâle de la fauvette. V. RR.

Fauvette, *s. f. Curruca.* oiseau de passage, du genre du bec-figue, qui chante agréablement. * — des Alpes *ou* Begot. — babillarde. — des roseaux. — à tête noire. B. Fauvete. R.

Faux, *s. f. Falx.* instrument pour faucher. * hameçons réunis par les branches. B. Faulx (*vieux*). R.

Faux (à), *adv.* injustement; en vain.

Faux, *s. m.* le contraire du vrai.

Faux. sse, *adj. Falsus.* contraire au vrai; supposé; altéré; feint; contrefait; irrégulier; discordant; infidelle; qui n'a pas les qualités requises; imité; trompeur.

¶ Faux accord, Faux ton, *s. m.* fausse corde. *s. f.* dissonance, t. de musique. G.

†Faux-asbeste, Faux-alun de plume, *s. m.* espèce de gipse fibreux.

Faux bois, *s. m.* branche mal placée. G. C.

Faux bond, *s. m.* bond oblique; manquement. G.

Faux bourdon, *s. m.* musique à plusieurs parties, simple et sans mesure. G. C.

Faux brillant, *s. m.* ce qui a plus d'apparence que de beauté réelle. G. C. R.

Faux comble, *s. m.* petit comble au-dessus du brisis, t. d'architecture. G. C.

Faux coup, *s. m. ou* Coup faux, coup qui n'a pas réussi; porté à faux. G. C.

†Faux-dictame, *s. m.* espèce de marrube cultivé, dessiccatif, inférieur au dictame.

Faux étai, *s. m.* t. de marine, étai ajouté au grand. G. C.

Faux étambord, *s. m.* pièce contre l'étambord.

Faux feu, *s. m.* amorce qui brûle sans que le coup parte. G. C. * *pl.* t. de mar. signaux. G.

Faux-filer, *v. a.* lé. e, *p.* t. de tailleur. RR.

Faux-foureau, *s. m.* fourreau faux. C. R.

Faux frais, *s. m. pl.* frais inutiles; petites dépenses.

Faux frère, *s. m.* frère infidelle, traître. * Faux-frere. R.

Faux-fuyant, *s. m.* subterfuge; prétexte; détour. * petit sentier dans les bois. B.

Faux germe, *s. m.* conception d'un fœtus informe. A.

Faux incident, *s. m.* t. de pratique, incident pour faire déclarer une pièce fausse. G. C.

Faux indigo, *s. m.* galéga des teinturiers. C. G.

Faux jour, *s. m.* petite clarté; clarté indirecte; lueur fausse. G. C.

Faux lapis, *s. m.* émail bleu du cobalt. C. G.

Faux manteau, *s. m.* t. d'architecture. R.

Faux-marcher, *s. m.* marche en biaisant, t. de vénerie.

†Faux-marqué, *s. m.* tête de cerf dont le nombre de cors sont inégaux.

Faux monnoyeur, *s. m.* qui fait la fausse-monnoie. G. C.

Faux pas, *s. m.* pas mal assuré.

†Faux-pistachier, Nez coupé, Staphilier, *s. m.* arbrisseau d'Europe.

†Faux-plancher, *s. m.* cloison horizontale; aire de lambourdes.

Faux pli, *s. m.* pli déplacé.

†Faux-pont, *s. m.* le haut de la montée d'un moulin, t. de marine.

Faux prêtre, *s. m.* qui se dit prêtre sans l'être.

Faux prophète, *s. m.* qui se donne pour un prophète.

†Faux-ras, *s. m.* plaque pour laisser passer l'or de la filière.

Faux rembûchement, *s. m.* t. de vénerie. R.

†Faux-repaître, *s. m.* se dit du cerf qui paît et n'avale pas.

†Faux-santal, *s. m.* grand et bel arbre de Candie.

Faux-saunage, *s. m.* vente, débit de sel, défendu. A. G.

Faux-saunier, *s. m.* qui fait le faux-saunage. A. G.

Faux sel, *s. m.* sel vendu en fraude. C. G. R.

Faux-semblant, *s. m. Simulatio.* apparence trompeuse. A. G. R.

Faux témoin, *s. m.* témoin qui dépose faux.

†Favagite *ou* Favonite, *s. f.* astroïte fossile.

†Favelle, *s. f.* fable, conte en l'air (*vieux*).

Faveur, *s. f. Gratia.* recommandation; bienfait; bonnes grâces; crédit; grâce; divinité. *pl.* marques d'amour d'une femme; rubans.

Faveur (à la, en), *adv.* par le moyen de; en considération de; au profit de.

†Favisses, *s. f. pl.* grands vases remplis d'eau lustrale.

Favorable, *adj.* 2 *g. Favorabilis.* propice; avantageux; qui mérite indulgence.

Favorablement, *adv. Auspicatò.* d'une manière favorable.

Favori. te, *adj.* qui plaît plus que toute autre chose. *s.* qui tient le premier rang dans les faveurs. * *s. f.* espèce de poule-sultane de Cayenne. B.

Favoriser, *v. a. Favere.* sé. e, *p.* aider, appuyer de son crédit; être favorable; traiter favorablement.

Favouille, *s. f.* féverolle. V.

†Fax *ou* Faix, *s. m.* division d'un bloc d'ardoises.

Féable, *adj.* 2 g. fidelle. V.

Féage, *s. m.* héritage tenu en fief; contrat d'inféodation.

Féal. e, *adj. Fidelis.* féaux. *pl.* fidelle. *s. m.* intime.

Féauté, *s. f.* fidélité. V.

Fébricitant. e, *adj. s. Febricitans.* qui a la fièvre.

Fébrifuge, *s. m.* qui chasse la fièvre.

Fébrile, *adj.* 2 g. qui a rapport à la fièvre.

Fécale, *adj. f. Egeries.* (matière), qui est de l'excrément.

Fécer, *v. n.* se dit des liqueurs où il y a de la lie. G. C.

Féces, *s. f. pl. Fex.* lie, sédiment, dépôt. * Feces. A.

Féciaux, *s. m. pl.* prêtres romains. * Fécial, *singulier.* A.

Fécond. e, *adj. Fecundus.* qui produit beaucoup; fertile; abondant.

Fécondant. e, *adj.* qui rend fécond. A. V.

Fécondation, *s. f.* action de féconder. A. V.

Féconder, *v. a.* dé. e, *p.* rendre fécond.

Fécondité, *s. f. Fecunditas.* abondance; fertilité; qualité de ce qui est fécond.

¶ *N. B.* Les lexicographes écrivent avec une division (-) tous les composés de *fausse* et de *faux*.

Fécule, *s. f.* partie farineuse; sédiment.
Féculence, *s. f. Feculencia.* sédiment des urines.
Féculent. e, *adj.* qui dépose une lie; chargé de lie.
Fédéral (gouvernement), *adj.* c. * Fédératif. A. G. V.
Fédéraliser, *v. a.* sé. e, *p.* faire adopter le régime fédératif. (se), *v. r.* G. C. V. CO. RR.
Fédéralisme, *s. m.* système du gouvernement fédéral. G. C. V. RR.
Fédéraliste, *s. m.* qui est partisan du gouvernement fédéral. G. C. V. CO. RR.
Fédératif. ve, *adj.* (gouvernement), de la fédération. A. G. C. V. CO. RR.
Fédération, *s. f.* alliance, union. A. C. G. V. CO. RR.
Fédéré. e, *adj. s. m.* allié par fédération, qui y assiste. G. V. V. RR.
Fée, *s. f. Fatidica.* divinité imaginaire dans les contes.
Féer, *v. a.* féé. e, *p.* (*vieux*) enchanter; charmer.
Féerie, *s. f.* art des fées; enchantement; très-beau spectacle.
Feindre, *v. a. Fingere.* feint. e, *p.* simuler; faire semblant; inventer. *v. n.* dissimuler; craindre; hésiter; boiter.
Feinte, *s. f. Simulatio.* dissimulation; déguisement; artifice; *t.* de musique, altération d'une note; t. d'escrime; t. d'imprimerie, manque de couleur.
†Feintiers, *s. m. pl.* Alosières, *s. f. pl.* filet à aloses.
Feintise, *s. f.* (*vieux*) déguisement; feinte.
†Feintiser, *v. a.* diminutif de feindre.
Feiture, *s. f.* (*vieux*) forme. V.
Félapton, *mot de logique.* V.
Félatier, *s. m.* ouvrier de verrerie, *ou* Fératier. G.
†Feld-spath, Spath des champs, *s. m.* quartz irrégulier, lamelleux ou feuilleté.
Fêle, *s. f. ou* Canne, t. de verrerie, barre de fer creuse pour souffler le verre. * Felle *ou* Fesle. V.
Fêler, *v. a. Findere.* lé. e, *p.* fendre un vase, etc. sans que les parties se séparent. (se), *v. personnel.*
Félicitation, *s. f. Gratulatio*, action de féliciter.
Félicité, *s. f. Felicitas.* bonheur; béatitude extrême.
Féliciter, *v. a. Gratulari.* té. e, *p.* complimenter. (se), *v. pers.* s'applaudir; se savoir gré.
†Félin, *s. m.* 640ᵉ. partie du mât.
Félon. ne, *adj.* (*vieux*) traître; rebelle; cruel, barbare (*vieux*); colère. * Félone. R.
Félonie, *s. f. Perfidia.* action de félon; cruauté.
Felouque, *s. f. Phaselus.* petit bâtiment à rames.
Felunières, *s. f. pl.* coquillages de terre. G. C. voyez Falunières.
Fêlure, *s. f. Fissura.* fente d'une chose fêlée.
Femelle, *s. adj. f. Femina.* animal qui porte les petits; t. de botanique, qui n'a pas d'étamine. * *adj.* 2 *g.* un serin femelle. AL. *pl.* t. d'arts et métiers. B. Femele. R.
Femelot, *s. m.* t. de marine. R. * Fémelot. RR.
†Fémier, *s. m.* mauvais chemin rempli de boue.
Féminaux, *adj. pl.* adonnés aux femmes. V.
Féminin. e, *adj. s. m. Femineus.* qui tient à la femme ou lui appartient.
Féminiser, *v. a.* sé. e, *p.* t. de gram. donner le genre féminin; faire de ce genre.
Femme, *s. f. Mulier.* femelle de l'homme; épouse.

Femmelette, *s. f. Muliercula.* (*terme de mépris*) femme très-simple, très-bornée; homme foible, mou ou fat. * Femmelete. R.
Fémur, *s. m.* os de la cuisse.
Fenaison, *s. f. Fenisecium.* action, temps de couper les foins.
Fendace, *s. f.* grande fente. V.
Fendant, *s. m.* coup du tranchant d'une épée; fanfaron; faux brave.
Fenderie, *s. f.* (*vieux*) art, action de fendre le fer, machine, atelier pour le fendre.
Fendeur. se, *s.* qui fend le bois, l'ardoise.
†Fendillée, *adj. f.* (écorce) qui a beaucoup de petites crevasses, de petites fentes.
†Fendiller, *v. pers.* (se), se couvrir de petites fentes ou fêlures ou gerçures, t. de métiers.
Fendis, *s. m.* t. d'ardoisière. R. * dernière division. B.
Fendoir, *s. m.* instrument pour fendre. * outil de vannier. B.
Fendre, *v. a. Findere.* du. e, *p.* diviser, séparer, couper en long. (se), *v. r.* s'entr'ouvrir, se diviser.
Fêne. voyez Faîne, fruit du hêtre. V.
Fener, *v. a.* né. e, *p.* sécher le foin. V.
†Fénérateur, *s. m.* usurier.
†Fénération, *s. f.* usure.
†Fénératoire, *adj.* 2 *g.* usuraire.
†Fenestré. e, *adj.* (feuille, tige) percé à jour.
†Fénestrer, *v. a.* faire le galant sous les fenêtres de sa maîtresse (*vieux*).
Fenêtrage, *s. m. Fenestræ.* les fenêtres d'un bâtiment; ce qui les concerne.
Fenêtre, *s. f. Fenestra.* ouverture pour donner le jour, sa fermeture. * trou à jour, t. de métiers. B. t. d'anatomie, cavités des os pierreux. A.
Fenêtrer, *v. a.* tré. e, *p. adj.* percer de fenêtres.
Fenil, *s. m. Fenile.* lieu où l'on serre les foins.
†Fening, *s. m.* monnoie allemande, 2 à 3 deniers.
†Fennec, *s. m. Canis cerdo.* quadrupède du désert de Zara, qui vit d'insectes et aboye comme un jeune chien.
Fenouil, *s. m. Feniculum.* plante aromatique, de la famille des ombellifères; la racine est l'une des cinq grandes apéritives; le suc guérit les fièvres intermittentes, sudorifique, carminatif; la graine est l'une des quatre grandes semences chaudes, digestive, spécifique dans les fièvres putrides, malignes, les coliques venteuses; sa graine.
Fenouillette, *s. f.* pomme; eau-de-vie de fenouil. * Fenouillete. R. *ou* Fenouillet, fruit. *s. m.* A. T. V.
Fente, *s. f. Rima.* ouverture faite en fendant; greffe. *pl.* gerçures des mines.
†Fentoir, *s. m.* couperet à lame large et aiguë.
Fenton *ou* Fanton, *s. m.* t. de serrur. ferrure qui soutient les plâtres; t. de charpentier, bois pour les chevilles.
Fenu-grec, *s. m. Fœnum græcum. ou* Senegré, plante légumineuse, graine émolliente; excellent anodin dans le flux de ventre, les inflammations des intestins. * Fenugrec. A.
Féodal. e, *adj. Fiduciarius.* qui concerne les fiefs.
Féodalement, *adv. Fiduciario.* en vertu du droit de fief.
Féodalité, *s. f.* qualité de fief; foi et hommage.
Fer, *s. m. Ferrum.* métal fort dur, peu malléable, compacte, solide, sonore, ductile, le plus élastique, le plus tenace après l'or: ses particules entrent dans la composition de beaucoup de corps naturels; instrument; arme aiguë ou tranchante. *pl.* chaînes; menottes; captivité; outils.

Fer à cheval, *s. m.* t. d'architect. de fortific. pente douce en demi-cercle. * grande chauve-souris. — merle à collier, d'Amérique; serpent du 3ᵉ. genre, à bande brune et courbe entre les yeux. B.
†Fer-à-croc, *s. m.* hameçon.
Fer-blanc, *s. m.* fer en lames recouvertes d'étain.
Fer-chaud, *s. m.* chaleur violente de l'estomac jusqu'à la gorge. * Ferchaud. R.
Fer de cheval, *s. m.* fer qui garnit la corne du pied. * plante des pays-chauds, vulnéraire, stomachique, alexipharmaque.
†Fer-de-lance, *s. m.* espèce particulière de chauve-souris.
†Férage, *s. m.* t. de monnoie. RR.
†Férales, *s. f. pl.* fêtes romaines en l'honneur des morts.
†Féramine, *s. f.* pyrite ferrugineuse.
†Férandinier, *s. m.* coffre pour l'armée.
Ferblantier, *s. m.* qui travaille en fer-blanc.
†Feredgie, *s. m.* manteau fourré des Turcs.
Féremente, *s. f.* t. de marine. RR.
Ferentaire, *s. m.* soldat armé d'une fronde. - * *s. m. pl.* soldats romains armés à la légère. B.
†Féréol, *s. m.* bois de Cayenne, à fond blanc, veiné, tacheté de rouge.
Férer, *v. a.* ré. e, *p.* (*vieux*) frapper. V.
Feret, *s. m.* t. de verrerie, tige de fer. *pl.* t. de cirier, tuyaux de fer-blanc. * *et* Ferret. C. G. V.
Feret-d'Espagne, *s. m.* Hématite, sorte de mine de fer. * Feret d'Espagne. A. V. *et* Ferrette. C. G. V.
Férétier, *s. m.* outil de maréchal. RR.
Fériable, *s. m.* de fête; réjouissant; agréable. V.
†Fériage, *s. m.* féage.
Férial. e, *adj.* de férie.
Férie, *s. f. Feria.* t. d'église, jours de la semaine; fête; jour de repos.
Férin. e, *adj. Ferinus.* d'un mauvais caractère. T.
Férir, *v. a.* ru. e, *p.* (*vieux*) frapper. (sans coup férir), sans combat.
Férison, *mot artificiel de logique.* V.
Ferler, *v. a. Vela legere.* lé. e, *p.* plier et trousser les voiles.
Ferlet, *s. m.* t. de papeterie, outil à long manche pour étendre, en forme de T.
Ferlin, Fellin, *s. m.* étoffe de laine angloise. G. C.
Fermage, *s. m. Conductio.* prix du loyer d'une ferme.
Fermail, *s. m.* (*vieux*) agraffe; t. de blason.
Fermaillé (écu), *adj.* t. de blason. *s. m.* treillis de fer. G.
Fermant. e, *adj.* qui ferme, (à jour), (à porte).
Fermation, *s. f.* clôture. V.
Ferme, *s. f. Villa.* bail ou louage d'un bien, etc. domaine, bâtimens loués à ferme; décoration du fond d'un théâtre; assemblage de bois, partie d'un comble; sorte de jeu de hasard. *adj.* 2 *g.* qui tient, se tient fixement à; fixe, assuré; fort, robuste; compact et solide; constant, inébranlable, invariable. *adv.* fortement, d'une manière ferme, avec assurance, invariablement. *interj.* courage!
Fermement, *adv. Firmè.* avec fermeté.
Ferment, *s. m. Fermentum.* levain.
Fermentatif. ve, *adj.* qui a la vertu de fermenter.
Fermentation, *s. f. Fermentatio.* mouvement interne d'un liquide qui se décompose; agitation, division des esprits.
Fermenter, *v. a. Effervescere.* té. e, *p.* causer la fermentation; s'agiter; se diviser; se décomposer.
Fermentescible, *adj.* 2 *g.* disposé à fermenter. R.
Fermer, *v. a. Claudere.* mé. e, *p.* clorre ce qui

est ouvert ; terminer ; plier ; lier ; arrêter ; enclorre. *v. n.* être clos.
Fermeté, *s. f. Firmitas.* état de ce qui est ferme ; assurance, constance, courage.
Fermeture, *s. f. Claustrum.* ce qui sert à fermer. * action de fermer. A.
†Fermeur, *s. m.* muscle qui tire en bas la paupière supérieure.
Fermier. ère, *s. Villicus.* celui qui prend à ferme. * *f.* Fermiere. R.
Fermoir, *s. m. Uncinus.* t. de menuisier, ciseau ; agraffes ; attaches. * couvercle pour fermer le four ; outil d'artisans. B.
†Fermure, *s. m.* bordage par couples entre les précintes.
†Fernambouc, *s. m.* bois dur, rouge-jaunâtre.
Féroce, *adj.* 2 *g. Ferus.* dur, cruel, farouche.
Férocité, *s. f. Immanitas.* caractère de ce qui est féroce.
Férocosse, *s. m.* arbrisseau de Madagascar. G. V.
Ferrage, *s. m.* t. de monnoie, droit payé aux tailleurs. G. C. V. * Férage. R.
Ferragut, *s. m.* t. provincial. V.
Ferraille, *s. f. Scruta.* vieux fers. * Féraille. R.
Ferrailler, *v. n.* s'escrimer ; disputer ; bretailler. * Férailler. R.
Ferrailleur, *s. m. Gladiator.* qui aime à se battre, bretteur. * serrurier qui fait des grils, etc. marchand de ferrailles. B. Férailleur. R.
Ferrandine, *s. f.* (*vieux*) étoffe de soie et laine. * Férandine. R.
Ferrandinier, *s. m.* ouvrier en ferrandine. * Férandinier. R.
Ferrant, *adj. m.* (maréchal) qui ferre les chevaux. * Férant. R.
†Ferrasse, *s. m.* coffre de tôle, t. de verrier.
†Ferrasse, *s. f.* porte du fourneau en tôle.
†Ferre, *s. f.* pince pour faire l'embouchure de la bouteille de verre.
Ferrement, *s. m. Ferramentum.* outil de fer. * tout ce qui est en métal, t. de marine. V. Férement. R.
Ferremente, *s. f.* t. de marine, tout ce qui est en métal. C. G. * Ferrement. V. Féremente. R.
Ferrer, *v. a.* ré. e, *p.* garnir de fer ; mettre le fer ; mettre le ferret à l'aiguillette. * Férer. R.
Ferret, *s. m. Stylus.* fer d'aiguillette ; t. d'architecture, noyau dur dans la pierre ; outil de verrier. * Féret. R.
Ferretier, *s. m.* instrument de maréchal. G. V. * Féretier. R.
Ferrette, *s. f.* (*vieux*) épée. V. voy. Féret.
Ferreur, se, *s.* qui ferre les aiguillettes ; qui pose les ferrures. * Féreur. R.
Ferreux, *adj.* ferrugineux ; qui contient du fer, t. de mét. V. * Féreux. RR.
Ferrière, *s. f.* sac de cuir de maréchal. * Fériere. R.
Ferrification, *s. f.* changement en fer, sa production. T.
Ferron, *s. m.* marchand de fer. G. C. * Féron. R.
Ferronnerie, *s. f. Ferraria officina.* fabrique, lieu du débit du fer ou du cuivre. * Féronerie R. Ferronerie. C.
Ferronnier. ère, *s. Ferrarius.* qui vend des ouvrages en fer. * Ferronier. C. Féronier. ere. R.
†Ferronier, *s. m.* compagnon verrier.
Ferrugineux. se, *adj. Ferrugineus.* de la nature du fer, qui contient de ses particules.
†Ferrumination, *s. f.* soudure du fer.
Ferrure, *s. f. Ferramenta.* garniture en fer ; action, manière de ferrer ; fers. * Férure. R.
Ferté, *s. f.* (*vieux*) forteresse. G. C. RR.
Fertile, *adj.* 2 *g. Fertilis.* abondant, fécond, très-productif.
Fertilement, *adv.* avec fertilité.
Fertiliser, *v. a. Fecundare.* sé. e, *p.* rendre fertile.
Fertilité, *s. f. Fertilitas.* qualité de ce qui est fertile.
Férule, *s. f. Ferula.* t. de collége, palette de bois pour frapper dans la main ; coups de férule ; plante ombellifère à moelle astringente, sudorifique, semence carminative.
Fervemment, *adv.* avec ferveur. *pron.* vament.
Fervent. e, *adj. Fervidus.* qui a de la ferveur. R. G. C. V. *pron.* vant.
Ferveur, *s. f. Ardor.* ardeur, zèle pour la religion, etc.
Ferze, *s. f.* t. de marine, lé de toile. * Ferse. B.
†Fescelle, *s. f. Fiscellum.* moule à fromage.
Fescennins, *adj. pl.* (vers) libres et grossiers.
†Fesour, *s. m.* bêche de saulnier.
Fesse, *s. f. Clunis.* partie charnue du derrière.
Fesse-cahier, *s. m.* qui fait des rôles d'écriture.
Fesse chambrière, *s. m.* voy. Ancillariole. V.
Fesse-mathieu, *s. m.* (*fam.*) prêteur sur gage. * homme ladre, avare. B.
Fessée, *s. f.* (*familier*) coups sur les fesses.
Fesser, *v. a.* sé. e, *p.* fouetter.
Fesseur. se, *s.* (*familier*), qui fouette, aime à fouetter. * ouvrier qui tourne les têtes d'épingles. B.
Fessier, *s. m. Gluteus.* (*fam.*) les fesses. *pl.* muscle.
Fessiers, *adj. pl.* (muscle) des fesses.
Fessu. e, *adj.* qui a des grosses fesses.
†Festage, *s. m.* droit de festin à l'avénement.
Festal, *vieux mot.* V.
Festin, *s. m. Epulæ.* banquet, repas splendide.
Festiner, *v. a.* né. e, *p.* faire un festin ; régaler.
Feston, *s. m. Encarpus.* faisceau de branches ornées de fleurs et de fruits ; ornement qui l'imite ; t. d'arts.
Festonner, *v. a.* né. e, *p.* découper en festons. * Festoner. R.
Festoyer, *v. a.* yé. e, *p.* (*famil.*) fêter, régaler. * Fétoyer. A. C. V.
†Fétardise, *s. f.* lâcheté. (*vieux*).
Fête, *s. f. Feriæ.* jour consacré au culte ; bon accueil ; réjouissance.
Fête-Dieu, *s. f.* fête du Saint-Sacrement. RR.
Fêté. e (bien), *adj.* bien reçu par tout.
Fêter, *v. a.* té. e, *p.* chômer, célébrer une fête ; accueillir avec empressement ; féliciter.
Fetfa, *s. m.* mandement du muphti.
Fétiche, *s. f.* idole des nègres ; poisson d'Afrique adoré par les nègres. * *adj.* AL.
Fétichisme, *s. m.* culte des dieux tutélaires. V.
Féride, *adj.* 2. *g. Fetidus.* qui a une odeur forte et désagréable ; qui la répand.
Fétu, *s. m. Festuca.* brin de paille.
Fétu-en-cu, *s. m.* Paille-en-cu, Paille-en-queue, oiseau des tropiques.
†Fétuque, *s. f. Festuca.* genre de plantes, de la famille des graminées.
†Fétus, *s. m.* G. voy. Fœtus.
Feu, *s. m. Ignis.* élément chaud, sec et lumineux ; matière simple, fluide, imperceptible dans son état naturel, d'une ténuité inexprimable, soumise aux lois de la pesanteur, et très-compressible ; principe de la lumière et de la chaleur ; calorique ; cheminée ; ménage ; flambeaux ; fanaux ; coup d'arme à feu ; météore brillant ; ardeur ; inflammation ; brillant, éclat ; amour. *pl.* Feux. * Électron. — persique *ou* Ceinture, dartre qui entoure le corps. B.
Feu. e, *adj.* défunt depuis peu : *exemple*, feu ma mère ; la feue reine.
Feu-Saint-Elme, *s. m.* t. de marine, météore ; petites flammes que l'on voit aux extrémités des parties supérieures des vaisseaux. *—follet, petites flammes foibles, gaz enflammés qui volent à la surface de la terre, de l'eau. B.
Feudataire, *s.* 2 *g.* vassal, qui possède un fief.
Feudiste, *s. adj.* versé dans la matière des fiefs.
†Feuillade, *s. f.* expansion laminée ou foliacée de certaines plantes.
Feuillage, *s. m. Frondes.* toutes les feuilles, les branches d'un arbre, ce qui les imite ; t. d'arts.
†Feuillaison, *s. f. Frondescentia.* renouvellement annuel des feuilles.
Feuillans, *s. m. pl.* religieux de Saint-Bernard. * Feuillants. V.
Feuillantine, *s. f.* sorte de pâtisserie ou chausson. *pl.* religieuses de Saint-Bernard.
Feuillard, *s. m.* t. de blason. V. * fer en feuilles. B.
Feuille, *s. f. Frons.* partie de la plante ; corps large, très-mince ; partie mince ; lame ; châssis ; liste ; journal ; t. d'arts, de pratique, etc. * chauve-souris. — coquille bivalve, du genre des huîtres. — ambulante, insecte de Surinam. — indienne *ou* Malabatre, feuille d'un arbre des Indes ; elle entre dans la grande thériaque. — morte, papillon qui a l'apparence d'une feuille morte.
Feuillé. e, *adj.* t. de blas. à feuilles d'un émail différent. G. * garni de feuilles. A. V.
Feuille-morte, *s. m. adj.* couleur de feuilles sèches.
Feuillée, *s. f.* feuillage ; branches coupées ; couvert en feuillages.
Feuiller, *s. m.* t. de peint. manière de représenter les feuilles.
Feuiller, *v. n.* lé. e, *p.* représenter les feuilles ; garnir de feuilles, t. de métiers.
Feuilleret, *s. m.* rabot pour les feuillures. R. * Feuilletet. B.
Feuillet, *s. m. Folium.* partie d'une feuille de papier ; deux pages ; petite réglette très-mince, t. d'imprim. bordure très-déliée, t. de menuis.
Feuilletage, *s. m.* pâtisserie, pâte feuilletée * défaut dans le verre. B.
Feuilleter, *v. a. Pervolutare.* é. e, *p.* tourner les feuillets ; étudier ; mettre, faire lever la pâte en feuillets.
†Feuilletis, *s. m.* endroit où l'ardoise est en feuillet ; défaut dans l'ardoise. Fileti, Feuilleti, angle du milieu d'un diamant.
Feuilleton, *s. m.* t. d'imprim. réglette mince de bois. * petite feuille. V. coupon de journal. B.
Feuillette, *s. f.* sorte de tonneau contenant un demi-muid ; mesure. * Feuillete. R.
Feuillière, *s. f.* veine de terre. V.
Feuillir, *v. n.* avoir des feuilles. V.
Feuillu. e, *adj. Frondosus.* plein de feuilles.
Feuillure, *s. f.* t. de menuiserie, bords qui s'emboîtent.
Feurre, *s. m. Stramen.* paille de toute sorte de blé. * Foarre. (*vieux*) G. Fourre. (*vieux*) V.
Feurs, *s. m. pl.* frais pour la culture des terres. G.
Feutrage, *s. m.* préparation du feutre. A. V.
Feutre, *s. m. Subcoacta.* étoffe non tissue faite en foulant ; mauvais chapeau ; bourre. * Feûtre. R.
Feutrement, *s. m.* t. de teinturier. V.
Feutrer, *v. a.* tré. e, *p.* mettre du feutre ; façonner le poil à chapeau. * Feûtrer. R.
Feutrier, *s. m.* qui prépare le feutre. G. C. * Feûtrier. R.
Feutrière, *s. f.* morceau de toile pour fabriquer le chapeau. G. C. * Feûtriere. R.
Féve, *s. f. Faba.* légume long et plat qui vient dans des gousses, la plante légumineuse qui le produit ; haricot ; chrysalide de chenille. * maladie de la bouche du cheval. — de marais, plante légumineuse. B. Fève. A.
Féverole, *s. f. Fabula.* petite féve de marais plus garni de feuilles, excellent pour les bestiaux et pour amender les terres.
†Févier, *s. m. Gleditsia.* genre de plante exotique, de la famille des légumineuses, comprend des

arbres épineux.

†Févre, *s. m.* forgeron. (*vi.*) * ouvrier chargé de l'entretien des chaudières des salines.

†Fèvre-maréchal, *s. m.* maréchal ferrant. (*vi.*)

Février, *s. m.* second mois de l'année.

Fez, *s. m.* t. de marine. R.

Fi! *interj.* *Apage.* marque le mépris, le blâme.

Fi, *s. m.* lèpre des bœufs.

Fiacre, *s. m.* *Rheda.* cocher, carrosse de place; mauvais carrosse.

Fiamete, *s. f.* *Flammeus.* couleur rouge qui imite celle du feu. R.

Fiançailles, *s. f. pl.* *Sponsalia.* promesse de mariage en présence d'un prêtre.

Fiancé. e, *s.* *Sponsus.* qui a fait promesse de mariage.

Fiancer, *v. a.* *Spondere.* cé. e, *p.* engager sa foi; faire les fiançailles.

Fiardel, *s. m.* réforme de chanoine régulier. V.

Fiarnaud, *s. m.* novice à Malte. V.

Fiasque, *s. m.* bouteille. V.

Fiat! *interj.* soit! que cela se fasse. G. * *s. m.* confiance. (*populaire*). RR.

Fiatole, *s. m.* *Fiatola.* poisson de mer du genre du stromate. G.

Fibre, *s. f.* *Fibra.* t. d'anatomie, filamens déliés; t. de botanique, filet des racines. * fente dans les filons. B.

Fibreux. se, *adj.* qui a des fibres.

Fibrille, *s. f.* petite fibre. G. C.

Fibrine, *s. f.* substance animale, flocons blancs et déliés dans la chair musculaire et le sang. V.

†Fibule, *s. f.* bouton, t. d'antiquité.

Fic, *s. m.* excroissance de chair, verrue.

Ficeler, *v. a.* *Colligare.* lé. e, *p.* lier de ficelle.

†Ficeleur, *s. m.* celui qui ficèle, t. de métiers.

Ficelle, *s. f.* *Funiculus.* petite corde de fils. * Ficele. R.

Ficellier, *s. m.* dévidoir pour la ficelle. * Ficelier. R.

Fichant. e, *adj.* (feu) qui va d'un bastion à l'autre.

Fiche, *s. f.* *Fibula.* morceau de fer pour unir; outil; marque de jeu. * *ou* Fichenard, *s. m.* clou de bateau. B.

Fiché. e, *adj.* fixé; t. de blas. à pieds aiguisés.

Ficher, *v. a.* *Figere.* ché. e, *p.* faire entrer par la pointe. * remplir de mortier les joints. B.

Ficheron, *s. m.* sorte de cheville endentée.

Fichet, *s. m.* t. de trictrac, morceau d'ivoire, etc. pour marquer.

Ficheur, *s. m.* t. de maçon, qui fait entrer le mortier. C. G. * qui fait des fiches. R.

Fichoir, *s. m.* morceau de bois fendu pour fixer une estampe, du linge sur une corde. R. G. C. V.

Fichon, *s. m.* stylet. V.

Fichu, *s. m.* sorte de mouchoir de cou.

Fichu. e, *adj.* mal fait; perdu; impertinent.

Fichument, *adv.* (*bas*) ridiculement. R. V.

Fichure, *s. f.* trident pour darder le poisson. G. V. CO. RR.

Ficoïdes, *s. f. pl.* *Ficoïdes.* plantes exotiques; figue de mer; poire marine; corps marins, de la famille des cactiers. * Ficoïde. *sing.* R.

†Ficoïte, *s. f.* poire de mer fossile.

†Ficteur, *s. m.* t. d'antiquité, sculpteur en cire.

†Fictice, *adj. 2 g.* produit par l'art.

Fictif. ve, *adj.* *Fictus.* qui n'existe que par supposition.

Fiction, *s. f.* *Commentum.* invention fabuleuse; mensonge.

Fictionnaire, *adj. 2 g.* fondé sur une fiction de droit. T. * Fictionaire. R.

Fidéicommis, *s. m.* *Fideicommissum.* legs confié en dépôt à l'héritier.

Fidéicommissaire, *adj. s. m.* *Fideicommissarius.* chargé d'un fidéicommis.

Fidéjusseur, *s. m.* qui s'oblige de payer pour un autre s'il ne paie pas; caution, t. de pratique.

Fidéjussion, *s. f.* voyez Cautionnement.

Fidélité, *s. f.* *Fides.* foi; exactitude; vérité; loyauté; attachement à ses devoirs; régularité à remplir des engagemens; exacte conformité.

Fidelle, *s.* *Fidelis.* vrai croyant. *adj. 2 g.* qui garde sa foi; exact; conforme à la vérité, à la vraie religion. * Fidèle. A. C. V. Fidele. R.

Fidellement, *adv.* *Fideliter.* d'une manière fidelle. * Fidélement. R. Fidèlement. A. C. V.

Fiduciaire, *s. m.* t. de prat. chargé de remettre une succession à un autre.

Fiducie, *s. f.* t. de prat. confiance. V. * vente simulée. B.

Fiduciel. le, *adj.* t. d'horl. point de la division d'un limbe qui guide. * *f.* Fiduciele. R.

Fief, *s. m.* domaine noble.

Fieffal. e, *adj.* appartenant à un fief. C. G.

Fieffant, *s. m.* qui donne à fief, à rente. * Fiéfant. R.

Fieffataire, *s. 2 g.* qui prend à fief, à rente. G. C. * Fiéfataire. B.

Fieffé. e, *adj.* (*en mauvaise part*) au suprême degré. * Fiéfé. R.

Fieffer, *v. a.* donner en fief. -fé. e, *p. adj.* qui a un fief; qui en dépend. (*désigne le suprême degré.*) *exemple*, fripon fieffé. * Fiéfer. R.

Fiel, *s. m.* *Fel.* liqueur jaunâtre et amère près du foie; haine, aigreur, animosité, ressentiment. * — de terre, fumeterre. Fiel-de-verre. *s. m.* suin provenant de la composition du verre. B.

Fiente, *s. f.* *Stercus.* excrément d'animaux. *pron.* fiante.

Fienter, *v. n.* jeter son excrément.

†Fienteux. euse, *adj.* plein de fiente.

Fier, *v. a.* *Credere.* fié. e, *p.* commettre à la fidélité. (se), *v. r.* avoir de la confiance.

Fier. ère, *adj.* *Superbus.* altier; hautain; audacieux; orgueilleux; noble; grand; fort; vain. * *f.* Fière. R.

Fier-à-bras, *s. m.* (*populaire*) fanfaron.

Fièrement, *adv.* *Superbè.* d'une manière fière; avec orgueil. * Fiérement. R. G.

†Fierliage, *s. m.* action de remplir exactement les tonneaux, t. de saline.

†Fiertable, *adj.* (crime) dont on obtenoit le pardon en levant la fierte. G.

Fierte, *s. f.* châsse de saint Romain à Rouen.

Fierté, *s. f.* *Arrogantia.* caractère de celui qui est fier; orgueil.

Fierté. e, *adj.* (poisson) dont on voit les dents, t. de blason. A.

†Fiertonneur, *s. m.* inspecteur des monnoyeurs.

Fieu, *s. m.* *pour* fils (*familier*). V.

Fièvre, *s. f.* *Febris.* mouvement déréglé du sang; inquiétude, émotion violente. * Fievre. R. *pl.* (*populaire*). B.

Fiévreux. se, *adj.* *Febriculosus.* qui cause la fièvre.

Fiévrotte, *s. f.* petite fièvre. * Fiévrote. R.

Fifre, *s. m.* *Fistula.* instrument de musique, à vent, celui qui en joue.

Figale, *s. f.* sorte de navire. G. C. V. * Figal. A. * bâtiment des Indes à voiles et à rames. B.

Figement, *s. m.* *Concretio.* action de se figer.

Figer, *v. a.* *Congelare.* gé. e, *p.* congeler, épaissir par le froid. (se), *v. person.* se coaguler.

Fignoler, *v. n.* (*populaire*) rafiner. G. C. * *ou* Finioler. R. G.

Figue, *s. f.* *Ficus.* fruit du figuier, pectoral, adoucissant. * coquillage univalve. — d'Adam, bananier. B.

Figuerie, *s. f.* *Ficetum.* lieu planté de figuiers.

Figuier, *s. m.* *Ficus.* arbre qui donne la figue; son suc laiteux est très-corrosif; il détruit les verrues, sert d'encre sympathique. * oiseau fort petit; il y en a de beaucoup d'espèces. — d'Adam, figuier bananier. B.

†Figule, *s. m.* sphex à étui fendu, langue courte, tronquée, divisée en trois.

†Figurabilité, *s. f.* propriété des corps d'avoir ou de recevoir une figure.

Figurant. e, *s.* t. de théâtre, qui figure dans les pièces, les ballets.

Figuratif. ve, *adj.* qui est la figure, le symbole de quelque chose. *s. f.* t. de grammaire grecque.

Figurativement, *adv.* d'une manière figurée.

Figure, *s. f.* *Figura.* forme extérieure d'un corps; représentation; symbole; visage; t. de grammaire; t. de rhétorique, tour qui anime, qui orne: bon ou mauvais état du crédit, des affaires, etc. t. de musique, notes formant un sens; note décomposée.

Figurées, *s. f. pl.* (pierres) qui ont une figure singulière.

Figurément, *adv.* par métaphore.

Figurer, *v. a.* *Delineare.* représenter comme symbole. *v. n.* avoir de la symétrie; faire figure. (se), *v. pers.* s'imaginer. -ré. e, *p. adj.* *s.* fait trait pour trait; composé de figures; métaphorique; plein d'images.

Figurines, *s. f. pl.* t. de peinture, figures très-petites.

Figurisme, *s. m.* secte des figuristes.

Figuriste, *s. 2 g.* sectaire qui croit que l'ancien Testament est une figure du nouveau. G.

Fil, *s. m.* *Filum.* brin long et délié de chanvre, de lin, de soie, de métal, etc. tranchant d'un outil; fibre; courant d'eau; suite de choses, d'un discours. * serpent du 3e. genre. — de la Vierge, filamens blancs. B.

†Filadière, *s. f.* bateau plat sur la Garonne.

Filage, *s. m.* manière de filer la laine, etc.

†Filagore, *s. f.* ficelle pour serrer des cartouches d'artifice.

Filagramme, *s. m.* t. de papetier, figures tracées dans le papier. G. C. * Filigrane. RR.

†Filaire, *s. f.* *Filaria.* ver intestin, cylindrique, filiforme, du cheval.

Filament, *s. m.* *Fibra.* petit filet long et délié.

Filamenteux. se, *adj.* qui a des filamens.

Filandière, *s. f.* *Fili artifex.* qui file par métier. * Filandiere. R.

Filandre, *s. f.* plante marine. *pl.* filets longs et déliés qui voltigent; fibres; filets blancs; petits vers qui attaquent les oiseaux.

Filandreux. se, *adj.* rempli de filandres.

†Filao, *s. m.* *Casuarina.* genre de plantes de la famille des conifères.

Filardeau, *s. m.* petit brochet; jeune arbre droit. G. C. V.

Filardeux. se, *adj.* pierre, marbre traversé par des fils. G. C. CO. RR.

†Filaret, *s. m.* arrête angulaire d'une pièce de bois, t. de marine. * *pl.* AL.

†Filaria *ou* Phylaria, *s. m.* *Phyllyrea.* arbrisseau toujours vert.

Filasse, *s. f.* filamens tirés du lin, du chanvre, etc.

Filassier. ère, *s.* qui façonne ou vend la filasse. * *f.* Filassiere. R.

Filature, *s. f.* lieu où se préparent la soie, le coton, où l'on file.

File, *s. f.* *Ordo.* suite, rangée de choses l'une après l'autre; ordre; rang.

†File (demi-), *s. f.* t. militaire, la moitié de la file.

Filé, *s. m.* or, argent, tiré à la filière. G. C.

Filer, *v. a. n. Nere.* lé. e ; *p.* faire du fil ; lâcher peu à peu ; s'étendre en filets ; couler ; agir, parler lentement ; aller de suite, t. de jeu.

Filerie, *s. f.* lieu où l'on file le chanvre. * bande de fer plat pour passer le fil de fer. B.

Filet, *s. m. Filum.* fil délié ; petit fil ; ligamens sous la langue ; fibre ; partie charnue du dos ; rets ; bride ; trait ; ligne ; petite lame ; petite quantité. *pl.* piéges ; embuches. * t. de botanique, petit corps cylindrique qui fait partie des étamines ; traquet de Madagascar. B.

Fileur. se, *s. Nens.* qui file.

Fileux, *s. m.* t. de marine. R. * taquet à deux branches. B.

Filial. e, *adj.* du fils, de l'enfant.

Filialement, *adv.* d'une manière filiale.

Filiation, *s. f. Genus.* généalogie ; descendance ; dépendance. * adoption. A.

Filicite, *s. f. Filicites.* pierre figurée imitant la fougère, ou portant son empreinte. G. C. V.

Filicule, *s. f.* plante capillaire, pectorale, apéritive.

Filière, *s. f.* outil d'acier troué pour filer les métaux, t. d'arts et métiers ; t. de naturaliste, veine de métal. * Filiere. R.

†Filiforme, *adj.* 2 *g.* en forme de fil, délié comme le fil.

Filigrane, *s. m.* t. d'orfèvre, ouvrage à jour en filets. * Filigramme. RICHELET.

Filipendule, *s. f. Filipendula.* plante très-commune, astringente, antinéphrétique ; racine pour les hémorrhoïdes, les fleurs blanches, les maladies scrofuleuses. * *adj.* qui pend comme par un fil. B. voyez Philipendule.

Fillage, *s. m.* état de fille. V.

Fillâtre, *s. m.* (*vieux*) beau fils. V.

Fille, *s. f. Filia.* enfant, personne du sexe féminin ; femme non mariée ; prostituée. * plaque de laiton. — d'artichaut, œilleton pris au pied de l'artichaut. B.

Fille (petite-), *s. f.* jeune fille ; fille du fils.

Fille (belle-), *s. f.* fille d'un autre lit ; femme du fils ; bru.

Fillette, *s. f. Puella.* (*familier*) petite fille. * Fillete. R.

Filleul. e, *s.* la personne qu'on a tenue sur les fonts baptismaux.

Filoche, *s. f.* câble de moulin, t. de pêche, tissu.

Filon, *s. m.* veine métallique qui court sous terre dans les scissures des montagnes.

Filoselle, *s. f.* grosse soie.

Filotier. ère, *s.* brocanteur de fil. T. * *f.* Filotiere. R.

Filotières, *s. f. pl.* bordures d'un panneau de vitre. G. C. * Filotieres. R.

Filou, *s. m. Fur.* qui vole par adresse ; qui trompe au jeu.

Filouse, *s. f.* t. de cordier. R.

Filouter, *v. a. n. Subripere.* té. e, *p.* voler avec adresse ; tromper.

Filouterie, *s. f. Fraus.* action de filou.

Fils, *s. m. Filius.* enfant mâle. (petit-fils), fils du fils.

Fils (beau-), *s. m.* fils par alliance ; jeune fat.

Filtration, *s. f. Purgatio.* action de filtrer ; passage à travers un filtre.

Filtre, *s. m.* organes qui filtrent ; t. de distillateur, ce qui sert à filtrer. * breuvage. voyez Philtre. A.

Filtrer, *v. a.* tré. e, *p.* clarifier en passant à travers un filtre. (se), *v. r.*

Filure, *s. f.* qualité de ce qui est filé.

Fin, *s. f. Finis.* ce qui termine ; but ; intention ; motif ; mort.

†Fin (à la), *adverbial.* enfin.

Fin, *s. m.* t. de prat. le point décisif et principal. * finesse dans le style, dans la composition, dans les pensées. B.

Fin. e, *adj. Subtilis.* délié ; menu ; subtil ; délicat ; excellent en son genre ; rusé ; adroit ; habile.

Finage, *s. m.* étendue et bornes d'un territoire.

Final. e, *adj.* sans *pl. m. Ultimus.* qui finit, termine, dure jusqu'à la fin ; qu'on a pour but.

Finalement, *adv. Tandem.* enfin ; à la fin.

Finance, *s. f. Ærarium.* argent comptant ; les financiers. *pl.* trésor public ; art de le régir, d'asseoir les impôts. * prix d'une charge. B.

Financer, *v. a. n.* cé. e, *p.* payer la finance ; payer.

Financier. ère, *s.* qui manie les finances ; versé dans les finances. *s. f.* caractère d'imprimerie. *adj. f.* (écriture) de lettres rondes. * Financiere. R.

Finasser, *v. n. Vulpinari.* (*familier*) user de mauvaises finesses.

Finasserie, *s. f.* petite ou mauvaise finesse.

Finasseur. se, *s.* qui use de finasserie.

Finassier, *s. m.* qui use de finasserie. G. C.

Finâtre, *s. f.* mauvaise soie. G. C.

Finaud. e, *adj. s.* (*famil.*) fin ; rusé.

Finement, *adv. Callidè.* avec finesse ; délicatement.

Finesse, *s. f. Tenuitas.* qualité de ce qui est fin ; ruse, artifice.

Finet. te, *adj. s. diminutif de* fin. * *f.* Finete. *Capreolus.* R.

†Fingah, *s. m.* pie-grièche des Indes.

Fingard, *adj.* (*vieux*) rétif. V.

Fini (le), *s. m.* t. d'arts, la perfection.

Fini. e, *adj.* terminé ; parfait ; achevé.

Finiment, *s. m.* t. de peinture, se dit des ouvrages bien finis.

†Finer, *v. n.* finir ; mourir ; venir à bout de quelque chose (*vieux*).

Finir, *v. a. Finire.* ni. e, *p.* terminer ; mettre fin à ; achever ; perfectionner ; prendre fin. *v. n.* cesser ; mourir. (en-) mettre fin, prendre un parti.

Finissement, *s. m.* achèvement. R. V.

Finisseur, *s. m.* t. d'épinglier. R. * ouvrier qui polit la pointe ; ouvrier qui finit l'ouvrage. B.

†Finiteur, *s. m.* horizon.

Finitif, *adj. m.* définitif. V.

Finito, *s. m.* arrêté ; état final. R. G. C.

Finlandois. se, *s.* de Finlande. R.

†Finne, *s. f.* veine de matières étrangères, t. d'ardoisier.

Fiole, *s. f. Ampulla.* petite bouteille de verre. * Phiole. (*v.*) *Phiala.* R.

Fiolent, *vieux mot.* V.

Fioler, *v. a.* (*populaire*) boire. R.

Fiquette *ou* Fique (par ma), *s. f.* (*popul.*) par ma foi. V.

Firmament, *s. m. Cœlum stellatum.* le ciel ; sphère bleue où les étoiles fixes paroissent attachées.

Firman, *s. m.* ordre du Grand-Seigneur ; permission de trafiquer. AL.

Firmien, *s. m.* nom de secte. V.

†Firoles, *s. f. pl.* mollusques céphalées.

Fisc, *s. m.* trésor public ; ses agens.

Fiscal. e, *adj. Fiscalis.* qui concerne, défend le fisc.

†Fiscalin, *s. m.* classe des Plébéiens.

Fiscalin. e, *adj.* du fisc. R.

Fiscelle, *s. f.* petit panier. V.

Fisolère, *s. f.* bateau de Venise fort léger. G. G. V.

†Fisolière, *s. f.* voyez Fisolère.

†Fissiculation, *s. f.* ouverture avec le scalpel.

Fissipède, *adj.* 2 *g. Fissus pes.* qui a plusieurs doigts aux pieds. * Fissipede. R.

†Fissule, *s. f. Fissula.* vers cylindrique, nu, à tête bifide, queue pointue. *s. m.* vers qui se loge dans les intestins.

Fissure, *s. f.* division des viscères en lobes ; fêlure d'un os ; fracture longitudinale d'un os.

†Fissurelle, *s. f. Fissurella.* mollusque céphalée, gastéropode.

†Fist de Provence, *s. m.* oiseau du genre du bec-figue.

Fistulaire, *s. m. Fistularia.* poisson abdominal, du 5ᵉ. genre, à tête en museau.

†Fistulane, *s. m. Clava.* espèce de taret.

Fistule, *s. f. Fistula.* ulcère ; humeur. * petite flûte, t. d'antiquité. B.

Fistuleux. se, *adj.* de la nature de la fistule ; t. de botanique, fait en tuyau, en flûte.

†Fistulides, *s. m. pl.* radiaires échinodermes.

Fixatif, *adj. m.* qui fixe, détermine. V.

Fixation, *s. f.* détermination du prix ; t. de chimie, opération qui fixe un corps volatile.

Fixe, *adj.* 2 *g. Fixus.* qui ne se meut point, ne varie point ; certain ; arrêté ; déterminé. *s. f. pl.* les étoiles fixes.

†Fixe-fruit, *s. m.* petit coin de piseur.

Fixement, *adv. Fixis oculis.* d'une manière fixe. * action de fixer. B.

Fixer, *v. a. Stabilire.* xé. e, *p.* coaguler ; arrêter ; regarder avec attention. (se), *v. r.* s'arrêter ; se borner ; se déterminer.

Fixité, *s. f. Coagulatio.* propriété de n'être point dissipé par le feu, t. de chimie.

†Flabellation, *s. f.* renouvellement de l'air sur une partie fracturée.

†Flabeller, *v. a.* vaner ; aérer ; souffler sur.

†Flaccidité, *s. f. Flacciditas.* état des fibres relâchées ; relâchement.

Flache, *s. f.* t. de charp. pavé rompu. G. G. * *Lagena.* t. de marine, creux où l'eau séjourne ; V. *ou* Flache, moins dans le bois. B.

Flacheux. se, *adj.* (bois) mal équarri.

Flacon, *s. m. Lagena.* sorte de bouteille.

Flaconner, *v. a.* vider des flacons. RABELAIS.

†Flaeller, *v. a.* battre avec un fléau. (*vieux*).

†Flagellaire, *s. m. Flagellaria.* plante des Indes de la famille des asperges.

Flagellans, *s. m. pl.* sorte de fanatiques. * Flagellants. V.

Flagellation, *s. f.* action de fouetter ; sa représentation, t. de liturgie, t. de médecine.

Flageller, *v. a. Flagellare.* gé. e, *p.* fouetter, t. de liturgie.

Flagéol, *s. m.* (*vieux*) canal, fistule. V.

Flageoler, *v. a.* se dit des jambes qui tremblent. J. J.

Flageolet, *s. m. Fistula.* instrument à vent.

Flageoleur, *s. m.* qui joue du flageolet. R. T.

Flâgner, *v. n.* (*populaire*) niaiser. C.

Flâgneur. se, *s.* qui niaise. C.

Flagorner, *v. n.* né e, *p.* (*familier*) flatter souvent et bassement par de faux rapports.

Flagornerie, *s. f.* flatterie basse, accompagnée de faux rapports.

Flagorneur. se, *adj. s.* (*famil.*) qui flagorne.

†Flagrance, *s. f.* (*vieux*) qualité, état de ce qui est flagrant.

Flagrant délit (en), *adj. m.* sur le fait. * en-flagrant-délit. C.

Flaine, *s. f.* espèce de coutil, étoffe. G. C. V.

Flaire, *s. m.* odorat subtil des animaux.

Flairer, *v. a. Odorari.* ré. e, *p.* sentir par l'odorat ; pressentir ; prévoir.

Flaireur, *s. m.* (*familier*) parasite.
†Flamand. e, *s. adj. Flander.* de Flandre.
Flamande, *adj. f.* t. de menuisier. R.
Flamangel, *s. m.* (*vieux*) trompeur de filles. V.
Flamant, *s. m.* Bécharu, Phénicoptère, Oiseau du Tropique, voyez Bécharu. * — Courlis rouge de la Guyanne. B.
Flambant. e, *adj. Ardens.* qui jette de la flamme.
Flambart, *s. m.* charbon à demi-consumé; t. de marine, météore qui s'attache aux mâts. R. G. C. V.
Flambe, *s. f. Iris.* Iris, plante. * *pour* flamme. (*vieux*). V.
Flambé. e, *adj.* ruiné, perdu. G. C.
Flambé, *s. m.* coquillage de mer. * papillon de jour de l'ordre des grands porte-queues. B.
Flambeau, *s. m. Funale.* torche, chandelle de cire; chandelier; astre. * chaudière de raffineur. B.
†Flambelot, *s. m.* petit flambeau.
Flamber, *v. a. Ardere.* bé. e, *p.* passer par le feu; passer sur la flamme. *v. n.* jeter de la flamme. * arroser de lard fondu. B.
Flamberge, *s. f.* (*familier*) épée.
†Flambillon, *s. m.* petite flamme.
Flamboyans, *adj. m. pl.* t. de peint. contours légers, souples comme la flamme. * *m.* V.
Flamboyant. e, *adj. Coruscus.* qui flamboie.
Flamboyante, *s. f.* fusée volante; tulipe. * coquille de la classe des univalves, du genre des volutes.
Flamboyer, *v. n.* jeter un grand éclat, briller, t. de poësie.
†Flambures, *s. f. pl.* taches d'une étoffe teinte inégalement.
†Flamet, *s. m.* oiseau, *probablement* le flamant.
†Flamiche, *s. f.* espèce de pain plus délicat que l'autre; pâtisserie de fromage, beurre, œufs mêlés, etc.
†Flamière, *adj.* (meule) courante et concave.
Flamine, *s. m.* t. d'antiquité, prêtre de Jupiter, de Mars ou de Romulus.
Flamme, *s. f. Flamma.* partie subtile et lumineuse du feu; vapeur embrâsée; amour; banderole; instrument pour saigner; poisson. *pl.* tourmens de l'enfer. * *ou* Ténia, poisson du genre du cépole, étroit et flexible comme un ruban, transparent. — ciseau d'ardoisier, t. d'arts et métiers. B.
Flammèche, *s. m. Scintilla.* étincelle de chandelle, etc. * Flammeche. R. *pron.* flamèche.
†Flammèque, *s. f.* filet pour le hareng.
Flammerole, *s. f.* feu folet. R. * dragon volant, espèce de météore. B.
Flammette, *s. f.* instrument de chirurgie. G. C. * *adj.* couleur de feu. V. espèce de came, sorte de lavignon dont l'animal enflamme la bouche. B. Flammete. R.
†Flammule, Clématite droite, *s. f. Flammula.* plante qui ressemble à la clématite, à feuilles et fleurs caustiques; la poudre ou l'infusion s'emploie contre les ulcères vénériens.
Flan, *s. m. Scriblito.* tarte, métal taillé en rond.
Flanc, *s. m. Latus.* depuis les côtes jusqu'aux hanches; côté. *pl.* sein (*en poësie*).
Flanchet, *s. m.* partie de la morue sous les ailes; — du bœuf, surlonge. G.
Flanchis, *s. m.* t. de blason, petit sautoir. G.
†Flançois, *s. m.* pièce de l'armure qui couvroit les flancs du cheval.
Flanconnade, *s. f.* botte de quarte forcée, t. d'escrime. * Flanconade. R. A. V.
Flandrin, *s. m.* (*familier*) homme fluet et élancé.
Flanelle, *s. f. Pannus.* étoffe légère de laine. * Flanele. R.
†Flanière, *adj.* (meule) courante et concave.
Flanquant. e, *adj.* (ouvrage) avancé, t. de fortification.
Flanqué. e, *adj.* t. de blason, pals ou paux, arbres accolés de figures.
Flanquer, *v. a. Munire.* qué. e, *p.* t. de fort. se dit de la partie qui en défend une autre; appliquer un coup. (se), *v. r.* se mettre. (*pop.*)
Flaque, *s. f.* petite mare pleine d'eau.
Flaquée, *s. f.* liqueur jetée avec impétuosité.
Flaquer, *v. a.* qué. e, *p.* (*familier*) jeter une liqueur avec impétuosité contre. * s'affaisser dans la chaudière, t. de savonnier. B.
Flaquière, *s. f.* partie du harnois d'un mulet. G. C. * Flaquiere. R.
†Flascopsaro, *s. m.* poisson du genre du tétrodon.
Flasque, *adj.* 2 *g. Mollis.* mou et sans force. *s. f.* petite poudrière; bouteille de cuir pour la poudre. *s. m.* t. d'artillerie, madrier pour l'affût. * *pl.* AL.
†Flater, *v. a.* battre les flans sur le tas, t. de monnoyeur.
Flatin, *s. m.* couteau de poche. R.
Flatir, *v. a.* ti. e, *p.* t. de monnoie, battre avec le flatoir. R. G. C. V. * *et* Flattir. B.
Flatoir, *s. m.* instrument de monnoie. R. G. C. V.
Flâtrer, *v. a.* tré. e, *p.* (un chien) lui appliquer un fer chaud sur le front pour éviter la rage. * s'arrêter. B.
Flatrure, *s. f.* lieu de repos du gibier poursuivi. G. C.
†Flatte, *s. f.* agrément dans le chant françois.
Flatter, *v. a. Adulari.* té. e, *p.* louer pour séduire; peindre en beau; excuser pour plaire; tromper; caresser; délecter; faire espérer. (se), *v. pers.* se donner du mérite; se vanter; se persuader; espérer. * Flater. R.
Flatterie, *s. f. Adulatio.* louange fausse pour plaire, séduire. * Flaterie. R.
Flatteur. se, *adj. Assentator.* qui flatte; caressant; adulateur. * Flateur. R.
Flatteusement, *adv.* avec flatterie. * Flateusement. R.
Flatueux. se, *adj. Spiritu plenus.* qui cause des flatuosités.
Flatulence, *s. f.* maladie causée par les flatuosités. V.
†Flatulente, *adj. f.* (maladie) de vents, t. de médecine.
Flatuosité, *s. f. Clusus spiritus.* vent qui sort du corps.
†Flauber, *v. a.* battre, étriller, rosser.
†Flavéole, *s. f.* Embérize grise, oiseau.
Fléatite, *s. f.* pierre brune. V.
Fléau, *s. m. Flagellum.* instrument pour battre le grain; verge d'une balance; barre de porte; maux; châtiment du ciel. * — *ou* Fléole, genre de plantes de la classe des étamineuses. B.
Flèche, *s. f. Sagitta.* trait qui se décoche; partie d'une voiture; aiguille de clocher; constellation septentrionale; t. d'arts et métiers. * poisson à tête en triangle aigu, du genre du callionyme; ouvrage en terre, t. de fortification; partie du creuset. — d'eau, Fléchière aquatique, plante aquatique, de la famille des ronces. B. Fléche. R.
Flécher, *v. n.* t. d'agriculture, pulluler. R. V.
†Fléchier, *s. m.* ouvrier qui fait et vend des flèches.
†Fléchière, *s. f. Sagittaria.* genre de plantes de la famille des joncs.
Fléchir, *v. a. Flectere.* chi. e, *p.* ployer, courber; adoucir; attendrir. *v. n.* se ployer; se courber; se désister.
Fléchissable, *adj.* 2 *g.* qui peut être fléchi. C.
Fléchissement, *s. m. Flexio.* action de fléchir; ses effets.
Fléchisseur, *s. adj. m. Flexor.* muscle destiné à fléchir.
Flegmagogue, *adj.* 2 *g. s. m.* qui purge la pituite. * Phlegmagogue. R.
Flegmatique, *adj.* 2 *g. s. m.* qui abonde en flegme; difficile à émouvoir; qui est toujours de sang-froid. * Phlegmatique. R.
Flegme, *s. m.* tumeur pleine de sang, partie aqueuse; pituite; qualité du flegmatique. * Phlegme. R.
Flegmon, *s. m.* tumeur pleine de sang, t. de médecine. * Phlegmon. R.
Flegmoneux. se, *adj.* de la nature du flegmon. * Phlegmoneux. R.
†Fléole, *s. f. Phleum.* fléau, genre de plantes graminées.
†Flertoir *ou* Flestoir, *s. m.* outil de ciseleur.
Flet, Flez, *s. m.* poisson de mer fort plat, du genre du pleuronecte.
†Flételet *ou* Fleton, *s. m.* poisson du genre des pleuronectes; il ressemble beaucoup à la plie.
Flétrir, *v. a.* tri. e, *p.* faner; sécher; ternir; diffâmer; déshonorer; décourager; chagriner. (se), *v. r. Flaccessere.*
Flétrissure, *s. f. Marcor.* état d'une chose flétrie; tache à la réputation; marque du fer chaud; condamnation emportant infamie.
†Flette, *s. f.* bateau de transport.
Fleur, *s. f. Flos.* partie des végétaux composée d'étamines, de pistils; plante qui fleurit, fraicheur; velouté des fruits, de la peau; lustre; éclat; première vue; premier usage; élite, ce qu'il y a de meilleur; choix; ornement; embellissement. *pl.* t. de chimie, substances élevées par le feu; t. d'anat. *pour* flueurs, règles des femmes (*vieux*), t. d'arts et métiers. * — du ciel *ou* Nostoch. — du parnasse, plante annuelle à fleur blanche, rosacée. — de la passion, voyez Grenadille. B.
Fleur (à), *adv.* au niveau de.
†Fleurage, *s. m.* issue de la mouture du gruau; son de gruau, voyez Remoulage.
Fleuraison, *s. f. Florescentia.* formation des fleurs, son époque. * Fleurison. T. *et* Floraison. RR.
Fleurdeliser, *v. a.* sé. e, *p.* marquer d'une fleur de lis avec un fer chaud; semer de fleurs de lis.
Fleuré, Fleureté, Fleuronné, e, *adj.* t. de blason, bordé de fleurs, terminé en fleurs.
†Fleurée, *s. f.* écume légère du bleu, t. de teinturier.
Fleurer, *v. n.* ré. e, *p.* répandre, exhaler une odeur.
Fleuret, *s. m. Gladius præpilatus.* sorte d'épée terminée par un bouton; sorte de ruban de fil. * pas de danse. G.
Fleuretis, *s. m.* chant sur le livre, t. de musique. G. C. voyez Fleurtis. B.
Fleurettes, *s. f. pl. Blanditiæ.* galanteries; cajoleries; petites fleurs (*poëtique*). * *sing.* A. V. Fleurete R.
Fleureur, *s. m.* (de cuisine) parasite. MOLIERE.
Fleuri. e, *adj. Floridus.* qui est en fleurs; orné de fleurs; frais; orné.
†Fleuri-lardé, *s. m.* zoophite couleur de perdrigon violet, à tubercules.
Fleurir, *v. a. Florere.* ri. e, *p.* pousser des fleurs; être en fleurs, en vogue, en crédit.

(*au figuré*) florissoit, florissant.
Fleurisme, *s. m.* curiosité, goût et manie des fleurs. C. G. V.
Fleurissant. e, *adj. Florens.* qui pousse des fleurs.
Fleuriste, *s. m. Florum studiosus.* amateur, cultivateur de fleurs. *adj.* de fleurs; qui peint des fleurs.
Fleuron, *s. m.* privilége, prérogative, (*figuré*); t. d'imprimerie, vignette; t. d'archit. ornement en forme de fleurs: petites fleurs; fleurs composées. *Flosculus.*
†Fleuronnée *ou* Flosculeuse, *adj. f.* à fleurons.
Fleuronner, *v. a.* né. e, *p.* fleurir. V.
Fleurs blanches, *s. f. pl. Menstrua.* certaine maladie des femmes. * Fleurs-blanches. C.
†Fleurtis, *s. m.* contrepoint figuré, fleuretis.
Fleuve, *s. m. Fluvius.* grande rivière qui se rend de sa source à la mer; abondance; constellation.
†Flexeux. euse, *adj.* compliqué; tortueux.
Flexibilité; *s. f. Flexibilitas.* qualité de ce qui est flexible. * Fléxibilité. A.
Flexible, *adj. 2 g. Flexibilis.* souple; qui se plie aisément. * Fléxible. A.
Flexion, *s. f.* état de qui est fléchi; mouvement des muscles fléchisseurs. * Fléxion. A.
†Flexuosité, *s. f.* qualité, état de ce qui est flexueux.
†Flez, *s. m. ou* Flet, poisson de mer qui remonte les rivières.
Flibot, *s. m. Myoparo.* petit navire. * *et* Phlibot. R.
Flibustier, *s. m. Pirata.* pirate de l'Amérique, boucanier.
Flic-flac, *adv. pour imiter le coup de fouet.* C.
Flin, *s. m.* sorte de pierre pour fourbir. G. C.
†Flinquer, *v. a.* qué. e, *p.* rayer le métal pour que l'émail y tienne.
†Flint-glass, *s. m.* cristal blanc dont on fait les verres et les caraffes en Angleterre, pour les lunettes achromatiques.
Flion, *s. m.* moulette de mer; coquillage univalve du genre des cames. G. C.
Flipot, *s. m.* t. de charpentier, pièce de rapport. G. C. * bois entaillés dans les barres du sommier de l'orgue. B.
†Floche, *adj.* (chose) velue; (étoffe) veloutée.
Flocon, *s. m. Floccus.* petite touffe, petite pelotte.
†Floflottement, *s. m.* bouillonnement.
†Floflotter, *v. n.* flotter; couler; avoir le mouvement des vagues; murmurer comme l'eau; gronder comme la tempête.
Floiriture, *s. f.* (*vieux*) splendeur. V.
Floraison, *s. m.* état des arbres en fleurs, voyez Fleuraison. V.
†Floral. e, *adj.* (feuille) qui avoisine la fleur.
Florales, *s. f.* fêtes en l'honneur de Flore. A.
Floran, *s. m.* B. (pile) où l'on raffine la pâte du papier. B.
Floraux, *adj. m. pl.* (jeux) en l'honneur de Flore.
Flore, *s. m.* t. de marine, suif. * ouvrage qui traite des plantes d'un pays. B.
Floréal, *s. m.* huitième mois.
Florée, *s. f.* indigo moyen. G. C. V.
Florence, *s. m.* (*ou* Taffetas de), étoffe de soie. G. V.
Florencé. e, *adj.* t. de blason, terminé de fleurs de lis.
†Florentine, *s. f.* satin façonné de Florence.
Florer, *v. a.* ré. e, *p.* t. de marine, donner la flore ou le suif. R. G. C.
Florès (faire), *v. a.* faire une dépense d'éclat.

* Flores. R.
†Florétones, *s. f. pl.* laines d'Espagne. * Florétonne. *sing.* AL.
†Floriforme, *adj. 2 g.* qui a la forme d'une fleur.
Florin, *s. m.* pièce de monnoie; monnoie de compte.
†Floripore, *adj.* (bourgeon) qui ne produit que des fleurs.
Florir, voyez Fleurir. R. * être dans un état heureux. B.
Florissant. e, *adj. Florens.* en vogue, en honneur, en crédit. * qui fleurit. V.
†Floriste, *s. m.* auteur d'une flore.
†Flosculaires, *s. f. pl. Floscularia.* zoophytes en tube, habités par un rotifère.
†Flosculeuse, *adj. f.* à fleurons, t. de botan. voyez Fleuronnée.
Flot, *s. m. Fluctus.* onde, vague; flux et reflux, marée; train de bois. *pl.* foule, grande quantité. * houppes de laine. B.
Flotres, *s. m. pl.* t. de papeterie, blanchets, morceaux d'étoffe de laine. G. C.
Flots (à), *adv.* en abondance, en foule. G.
Flottable, *adj. 2 g.* sur lequel on peut flotter. * Flotable. R.
Flottage, *s. m.* conduite du bois sur l'eau; bois abandonnés au cours de l'eau. * Flotage. R.
Flottaison, *s. f.* partie qui est à fleur d'eau, t. de marine. * Flotaison. R.
Flottant. e, *adj. Fluitans.* qui flotte; irrésolu; incertain. * Flotant. R.
Flotte, *s. f. Classis.* grand nombre de vaisseaux réunis. * liége à la tête d'un filet. B. * Flote. R.
Flotté. e, *adj. Fluctivagum.* (bois) venu en flottant. * Floté. R.
Flottement, *s. m.* ondulation du front d'une troupe en marche, t. milit. * Flotement. R.
Flotter, *v. n. Fluctuare.* être porté sur un fluide; être irrésolu, agité; balancer. * *v. a.* té. e, *p.* (du bois), l'abandonner au courant. C. G. CO. V.
†Flotteur, *s. m.* celui qui fait les trains de bois.
Flottille, *s. f.* petite flotte. * Flotille. R.
Flottiste, *s. m.* qui commerce par le flotté. V.
Flou, *adv. Fluidus.* (*vieux*) t. de peinture, d'une manière tendre, légère, etc. * *adj. m.* (plâtre) gras. B.
Flouette, *s. f.* girouette. G. V. * Flouete. R.
Flouin, *s. m.* vaisseau. G. V.
Flouve des Bressans, *s. f.* plante graminée, les bestiaux l'aiment beaucoup. G. * Flouve-des-Bressans. C.
Fluant, *adj. m.* (papier) qui n'est pas collé, ou qui l'est mal. R. G. C. V.
Fluate, *s. m.* sel formé par l'acide fluorique avec différentes bases.
†Fluaté. e, *adj.* combiné avec l'acide fluorique.
Fluctuation, *s. f.* variation; mouvemens des fluides, des opinions, des effets publics; t. de chirurgie.
Fluctueux. se, *adj.* agité de mouvemens violens et contraires. C. V. RR. * (*inusité*). G.
†Fluctuosé, *adj.* porté et entraîné par les flots.
†Flue, *s. f.* nappe fine du tramail.
Fluer, *v. n. Profluere.* couler.
Fluet. te, *adj. Tener.* mince, délicat; de foible complexion. * *f.* Fluete. R.
†Flueurs, *s. f. pl.* règles des femmes.
Fluide, *adj. s. m. Fluidus.* qui coule aisément, qui coule.
†Fluidement, *adj.* en coulant, circulant, à la manière des fluides.
Fluidité, *s. f.* qualité de ce qui est fluide.
Fluorique, *adj.* (acide) qui dissout le verre.

Fluors, *s. m. ou* Flueurs, cristaux de couleurs spathiques; Fluates, Spaths vitreux dans les mines, dans les volcans, à la voûte des grottes primitives. *adj.* t. de chimie.
†Flustres, *s. m. pl. Flustra.* polypes du genre des escares, à cellules en rayons comme les abeilles.
Flûte, *s. f. Tibia.* instrument de musique; navire; greffe; jeu de l'orgue. * espèce de poissons, Murène, Hélène: joint des bois; navette pour la basse-lice. B. *pl.* jambes maigres. G. C. moyens de succès. V.
Flûté. e, *adj.* (voix) douce, agréable.
†Fluteau, *s. m. Alisma.* genre de plantes de la famille des joncs.
†Flûtencul, *adj. m.* apothicaire. (*comique*).
Flûter, *v. n.* boire (*populaire*). jouer de la flûte.
Flûteur. se, *s.* (*t. de mépris*) qui joue de la flûte. * *s. g.* raine dite la flûteuse. B.
Fluviatile, *adj. 2 g.* (coquille) d'eau douce. A. C. G. V.
Flux, *s. m. Æstus.* mouvement alternatif et réglé d'élévation de la mer; t. de chirur. de chim. matière qui facilite la fusion des métaux, ou fondant, t. de jeu, suite de cartes de même couleur.
Fluxion, *s. f. Fluxio.* t. de médecine, écoulement d'humeurs; enflure; t. de mathém. (méthode des) calcul différentiel.
Fluxionnaire, *adj. 2 g. Rheumaticus.* qui est sujets aux fluxions. * Fluxionaire. R.
Focale, *s. m.* t. d'antiq. mouchoir de cou des anciens. G. C. V.
†Focarieur, *s. m.* qui entretient les forces.
Focile, *s. m.* os du bras et de la jambe. G. C. V.
†Focillateur, *s. m.* qui augmente les forces.
Foène, *s. m.* trident pour la pêche. C. C. V. * Foesne, Foïne, Fouane. B.
Foerre, Foarre, Feurre, *s. m.* (*vieux*) longue paille du blé. * Foere *ou* Foare. G. RR.
Fœtus, *s. m. Fetus.* embrion formé dans la matrice. * Fétus. C. G.
Fofe, *s. m.* animal de la Chine. G. V.
Foi, *s. f. Fides.* religion, dogme; croyance; probité; témoignage, assurance; vertu.
Foi-menteur, *s. m.* qui manque de fidélité. R. G. C.
Foi-mentie, *s. f.* violation de la foi. G. C.
Foi-mentir, *v. n.* manquer de fidélité. G. C.
Foiblage, *s. m.* t. de monnoie, poids foible. R. G. C. *prononcez* féblage.
Foible, *adj. 2 g. Debilis.* qui manque de force; débile. *s. m.* ce qu'il y a de moins fort; défaut principal; penchant défectueux. * Faible. C. *prononcez* féble.
Foiblement, *adv. Infirmè.* avec foiblessse. * Faiblement. C. *prononcez* féble.
Foiblesse, *s. f. Infirmitas.* manque de force, de puissance; défaillance; grand penchant pour. * Faiblesse. C. *prononcez* féblesse.
Foiblir, *v. n.* perdre de sa force, de son courage, de son ardeur. * Faible. C. *pro.* féblir.
Foie, *s. f. Jecur.* viscère; t. de chimie, combinaison.
†Foie-de-soufre, *s. m.* produit par l'eau chargée d'acide vitriolique et putréfiée; sulfure.
Foin, *s. m. Fenum.* herbes graminées des prés, ces plantes sèches: partie de l'artichaut * — *ou* Canche, genre de plantes graminées à fleurs en panicules. *Aira.*
Foin! *interjection qui marque le mépris, la colère* (*populaire*).
Foire, *s. f. Nundinæ.* marché public à époque fixe; présent au temps de la foire; t. de médecine, cours de ventre.

Foirer, *v. n.* (*bas*) chier quand on a la foire.
Foireux, se, *adj.* (*bas*) qui a la foire.
Fois (deux, trois), *s. f. Semel. qui désigne le nombre, la quantité, le temps*: à la fois, tout à la fois. *adv.* en même temps : de fois à autre, *adv.* de temps en temps : par fois, *adv.* quelquefois. * à fois du corps, *adv.* tout d'un coup par le milieu du corps. RR.
Foison, *s. f. sans pl. Copia.* abondance, grande quantité.
†Foisonnement, *s. m.* renflement du volume de la chaux.
Foisonner, *v. n. Abundare.* abonder; multiplier; produire plus. * Foisoner. R.
†Foitable, *adj.* 2 *g.* qui mérite d'être cru sur sa parole (*vieux*).
Fol *ou* Fou, Folle, *adj. s. Insanus.* qui a perdu le sens, l'esprit; gai, badin; simple, crédule; bouffon. * pièce des échecs. B. *f.* Fole. R.
Folâtre, *adj.* 2 *g. s. Lasciviens.* badin; qui aime à folâtrer.
Folâtrement, *adv.* d'une manière folâtre. T. * Folâtrément. V.
Folâtrer, *v. n. Jocari.* badiner, dire et faire des choses plaisantes.
Folâtrerie, *s. f. Hilaritas.* (*inus.*) badinage.
Foler, *v. a.* (*vieux*) folâtrer. V.
Foles, *s. f. pl.* filet de pêcheur. R.
†Foliacé, e, *adj.* de la nature des feuilles.
†Foliaire, *adj.* qui naît de la feuille.
†Foliation, *s. f.* assemblage des feuilles, des pétales.
Folichon, ne, *adj. s.* folâtre, badin. * *f.* Folichone. R.
†Folichonner, *v. a.* folâtrer.
Folie, *s. f. Insania.* aliénation d'esprit; démence; défaut de jugement; passion excessive. *pl.* divertissemens; réjouissances; excès, écarts de conduite.
Folie (à la), *adv.* éperdument. * à-la-folie. C.
Folié, e, *adj. Foliatus.* réduit, préparé en feuilles, t. de chimie.
†Foliiforme, *adj.* 2 *g.* qui ressemble à une feuille.
†Foliipare, *adj.* 2 *g.* qui ne produit que des feuilles.
Folilet, *s. m.* t. de vénerie, morceau le long des épaules d'un cerf, etc. R. G. C.
Folio, *s. m.* numéro d'une page, page, t. d'imprimerie. * In-folio, *s. m.* livre plié en deux par feuilles entières. B.
Folioles, *s. f. pl.* petites feuilles posées sur une côte commune.
†Foliot, *s. m.* balancier d'une horloge; t. de serrurier.
†Folle, *s. f.* filet à larges mailles, tendu lâche.
Folle-enchère, *s. f.* voyez Enchère. * Fole-enchère. R.
Folle-femme, *s. f.* (*vieux*) prostituée. V.
†Follée, *s. f.* bourse que forme le filet tendu.
Follement, *adv. Dementer.* d'une manière folle. * Folement. R.
†Foller, *v. n.* faire le fou (*vieux*).
Follet, e, *adj.* un peu fou, badin. * Folet, ete. R.
Follet (poil), *s. m. Lanugo.* duvet, premier poil du menton. * Folet. R. poil-follet. C.
Follet (esprit), *s. m.* sorte de lutin. * Folet. R. esprit-follet. C.
Follet (feu), *s. m.* sorte de météore; faux brillant. * Folet. R. feu-follet. C.
†Follette, *s. f.* plante, arroche.
Folliculaire, *adj. s.* 2 *g.* auteur de feuilles périodiques. G. C. * de la follicule, t. de botanique. B.
Follicule, *s. m. Folliculus.* membrane. *f.* enveloppe des graines.
†Folliculeux, euse, *adj.* de la nature du follicule.
†Folliner, *v. n.* jouer à des jeux lascifs; folâtrer (*vieux*).
Fomalhant, Fomahant, *s. m.* étoile dans la bouche du poisson, t. d'ast. * Fomachant. G.
Fomentatif, *adj. m.* qui fomente. V.
Fomentation, *s. f. Fotus.* remède appliqué extérieurement.
Fomenter, *v. a. Fovere.* té. e, *p.* appliquer une fomentation; entretenir sourdement; faire durer.
Fonçailles, *s. f. pl.* (d'un lit), pièces qui portent la paillasse d'un lit. R. G. C.
Foncé, e, *adj.* riche; habile; (couleur) chargée. *Surdus.*
Fonceau, *s. m.* t. de manuf. bout d'une embouchure. G. * table de verrier. B.
Foncée, *s. f.* creux dans une carrière d'ardoises. G. V.
Foncer, *v. n.* mettre un fond. *v. n.* fondre sur; charger. cé. e, *p. adj.* riche; consommé. * faire les fonds. A. V.
Foncet, *s. m.* le plus grand des bateaux. R. * pièce sur laquelle se monte le canon d'une serrure, t. de serrurier. B.
Foncier. ère, *adj. Solarium.* qui regarde le fond, qui en provient. *s. m. adj.* habile. *s. f.* lit de l'ardoise. * *f.* Fonciere. R.
Foncièrement, *adv. Funditùs.* à fond, dans le fond. * Fonciérement. R.
Fonction, *s. f. Functio.* action pour s'acquitter du devoir, d'une charge; action des viscères. *pl.* t. d'imprimerie; mise en page, etc.
Fonctionnaire, *s. m.* qui exerce une fonction. A. C. V. RR.
Fond, *s. m. Fundus.* profondeur; l'endroit le plus bas, le plus creux, le plus éloigné; l'essentiel; la base; le sujet; l'objet principal; ce sur quoi on travaille; t. d'arts.
Fond (à), *adv.* profondément; tout-à-fait; jusqu'au fond.
Fond (au); *adv.* dans le principal.
Fondalité, *s. f.* t. de coutume. R. V.
Fondamental, e, *adj.* qui sert de fondement.
Fondamentalement, *adv.* d'une manière fondamentale; en principe.
Fondant, e, *adj.* qui se fond. *s. m.* qui sert à fondre, qui accélère la fusion. voyez Flux.
Fondateur, trice, *s. Fundator.* qui a fondé un établissement.
Fondation, *s. f. Ædificatio.* action de fonder, ses effets. * fonds légués. B.
Fonde, *s. f. opposé à* pleine mer. G. RR.
Fondé, e, *adj. Fundatus.* chargé de, t. de pratique.
Fondement, *s. m. Fundamentum.* fossé pour bâtir; fondation; base; principe; assurance; l'anus; cause; sujet.
Fonder, *v. a. Fundare.* dé, e, *p.* faire les fondations, les fondemens; établir, appuyer sur; donner des fonds. (se), *v. pron.* faire fond sur.
Fonderie, *s. f.* lieu où l'on fond les métaux; art de fondre.
Fondeur, *s. m.* qui fond les métaux.
†Fondique, *s. m.* maison commune des marchands.
Fondis, *s. m.* abyme sous un édifice; terre éboulée dans une carrière. R. G. C. * Fontis *ou* Fonte. T.
Fondoir, *s. m.* lieu où les bouchers fondent leurs graisses. G. C.
Fondre, *v. a. Liquefacere.* du. e, *p.* rendre fluide par le feu; mêler ensemble. *v. n.* tomber impétueusement sur. (se), *v. pers.* se liquéfier; diminuer; maigrir; pourrir; s'abymer; se perdre; se dissiper.
†Fondrier, *s. m.* mur qui termine le foyer d'un fourneau de saline; train de bois qui ne peut plus flotter.
Fondrière, *s. f. Gurges.* ouverture dans la superficie de la terre; terrain marécageux. * espèce de goufre plein d'eau et de boue. B. Fondriere. R.
Fondrilles, *s. f. pl. Fex.* ordures; sédiment. G. C.
Fonds, *s. m. Solum.* le sol d'un champ, d'un héritage; argent; capital d'un bien; biens; marchandises d'une boutique.
Fonger, *v. n.* emboire, en parlant du papier. G. C.
Fongible, *adj.* 2 *g.* qui se consomme, se pèse, se mesure, t. de jurisprudence.
†Fongie, *s. f. Fungia.* polypier pierreux en étoile lamelleuse, libre.
†Fongineux, *adj. m.* (terrain) rempli de champignons (*vieux*).
†Fongipore, *s. m. Fongipora.* production marine à polypier, lamelleuse.
Fongite, *s. f. Fungites.* pierre figurée imitant le champignon. * corps marin ou polypier devenu fossile. B.
†Fongosité, *s. f.* substance molle, élastique, comme la chair du champignon.
Fongueux, se, *adj. Fongosus.* t. de médecine, qui est de la nature du fongus.
Fongus, *s. m.* t. de médecine, excroissance molle et spongieuse sur une plaie.
†Fonsoir, *s. m.* outil de forgeron.
Fontaine, *s. f. Fons.* eau vive qui sort de terre; ornement, édifice pour les eaux; vase pour l'eau; robinet; canal. * — de mer, animal testacé, à coquille vert-d'eau, qui lance des jets d'eau lorsqu'on le touche. B.
Fontanelle, *s. f. Fontanella. ou* Fontaine, ouverture au crâne; ulcère; fracture. * petite fontaine. V.
Fontange, *s. f.* nœud de rubans.
Fonte, *s. f. Fusura.* action de fondre; métal fondu; t. de peinture; t. d'imprimerie, corps complet de caractères; t. d'arquebusier, le canon du pistolet; fourreau de cuir.
Fontenier, *s. m. Aquilex.* qui a soin des fontaines, les fabrique. * Fontainier. R.
Fonticule, *s. f. Fonticulus.* ulcère artificiel; cautère.
†Fontinale, *s. f. Fontinalis.* genre de plantes de l'ordre des mousses.
Fonts (de baptême), *s. m. pl. Fontes.* vaisseau pour baptiser. * *ou* Fonts baptismaux. G.
†Foot, *s. m.* pied anglois, 11 pouces 3 lignes 25-100ᵉ.
Foque, *s. m.* t. de marine. R. voyez Phoque.
For, *s. m. Forum.* tribunal de justice; tribunal; juridiction.
Forage, *s. m.* taxe sur le vin. C. * ouverture d'une culée pour tirer l'ardoise. *et* Forerie, action de percer les canons de fusil. B.
Forain, e, *adj. s. Advena.* marchand du dehors.
†Forants, *s. m. pl.* t. de marine, matériaux.
Forban, *s. m. Prædo.* corsaire sans commission; pirate.
Forbannir, *v. a.* ni. e, *p.* (*vieux*) reléguer; exiler. G. C. * Forbanir. R.
Forbannissement, *s. m.* exil; bannissement. G. C. * Forbanissement. R.
†Forbicine, *s. m. Forbicina.* insecte très-commun, ressemblant à un petit poisson.
Forçage, *s. m.* t. de monnoie, excédant du poids.
Forçat, *s. m. Remex.* galérien.

Force, *s. f. Vis.* vigueur; énergie; pénétration d'esprit; puissance; impétuosité; violence; pouvoir; t. d'arts et métiers; solidité, grandeur et fermeté; équivalent. * *pl.* les troupes d'un pays. B.
Force, *adv.* (*familier*) beaucoup.
Force (à, de, par), *adv. qui expriment la violence.*
Forceau, *s. m.* piquet qui retient un filet. B.
Forcément, *adv. Vi.* par force, par contrainte.
Forcené. e, *adj. s. Furiosus.* furieux et hors de sens. * Forsené. RR.
Forcener, *v. a.* né. e, *p.* se mettre en fureur. V.
Forcénerie, *s. f.* folie d'un furieux. V.
Forceps, *s. m.* t. de chirurgie, pincettes, ciseaux, etc.
Forcer, *v. a. Cogere.* cé. e, *p.* contraindre; violenter; prendre par force; rompre, conduire, pousser avec violence. (se), *v. pers.* faire avec trop de force.
Forces, *s. f. pl. Forfices.* ciseaux pour tondre les draps.
Forcettes, *s. f. pl.* petites forces, t. de manufacture. G. C.
†Forcière, *s. f.* étang où l'on met le poisson pour multiplier.
Forcine, *s. f.* t. de bûcheron, renflement au pied d'une branche. R. G. C.
Forclorre, *v. a.* clos. e, *p.* t. de pratique, déclarer non recevable. * Forclôre. clôs. e. R. Forclore. A. V.
Forclusion, *s. f.* exclusion.
†Forconseiller, *v. a.* donner de mauvais conseils (*vieux*).
Forer, *v. a. Forare.* ré. e, *p.* percer.
Forésien. ne, *s. adj.* du Forez. * *f.* Forésiene. R.
†Forestage, *s. m.* péage dans les forêts; droit des usagers.
Forestier. ere, *adj.* qui tient des forêts, les concerne. *s. m.* employé dans les forêts. * Forêtier. ère. V. Forêtier. ere. R.
Foret, *s. m. Terebra.* instrument pour percer un tonneau; * cheville pour en boucher le trou. B.
Forêt, *s. f. Silva.* grande étendue de bois. * t. d'imprimerie, tablettes pour les bois. B.
Forfaire, *v. n.* prévariquer; t. de féodalité, rendre confiscable.
Forfait, *s. m. Flagitium.* crime énorme, atroce; marché.
Forfaiture, *s. f.* prévarication d'un magistrat.
Forfante, *s. m. Vaniloquus.* (*familier*) charlatan; hâbleur; fanfaron.
Forfanterie, *s. f. Vaniloquentia.* hâblerie; charlatannerie.
†Forficule, *s. m.* insecte.
†Forgager, *v. a.* racheter un gage (*vieux*).
Forge, *s. f. Fabrica.* lieu où l'on fond, où l'on forge et travaille le fer. * fourneau, enclume pour forger. B.
Forgeable, *adj.* 2 *g.* qui peut être travaillé à la forge. T. * qui peut se forger. V.
Forger, *v. a. Cudere.* gé. e, *p.* donner la forme au métal; controuver; inventer; supposer. (se), *v. pers.* se former des idées, des chimères.
Forgeron, *s. m. Faber.* qui forge, travaille aux forges; poisson.
Forget, Forjet, *s. m.* saillie hors d'alignement.
Forgeter, *v. n.* t. d'architect. s'avancer hors d'alignement. * Forjeter. A. T. RR. V.
Forgeture, ou Forjeture, *s. f.* voy. Forget. G. C.
Forgeur, *s. m. Fabricator.* qui forge le métal; qui invente.
†Forgis, *s. m* barre de fer forgée pour être filée.
Forhuir, *v. n.* appeler les chiens au son du cor. * Forhuer. T.
Forhus, *s. m.* son du cor pour appeler les chiens. G. * plusieurs parties internes du cerf. B.
†Forjugement, *s. m.* jugement, condamnation injuste.
†Forjuger, *v. a.* juger injustement (*vieux*).
†Forlâchure, *s. f.* défaut dans les ouvrages de haute-lisse.
Forlancer, *v. a.* cé. e, *p.* faire sortir du gîte. G. C.
†Forlançure, *s. f.* défaut d'une étoffe mal ourdie.
Forlane, *s. f.* sorte de danse très-gaie des gondoliers vénitiens.
Forligner, *v. a.* gné. e, *p.* dégénérer de la vertu de ses ancêtres; perdre sa virginité.
Forlonger, *v. n.* t. de chasse, fuir au loin.
†Formaire, *s. m.* ouvrier qui construit les formes pour le papier.
Formaliser (se), *v. r.* sé. e, *p.* s'offenser, se fâcher, se choquer de; trouver à redire.
Formaliste, *s.* 2 *g. Formularius.* attaché aux formes; façonnier; vétilleux.
Formalité, *s. f. Formula.* formule de droit; manière expresse de procéder en justice.
For-mariage, *s. m.* mariage contre la loi, t. de jurisprudence. * Formariage. R. G. C.
Formarier (se), *v. r.* rié. e, *p.* épouser quelqu'un de meilleure condition que soi. G. C.
Format, *s. m.* dimensions d'un volume.
Formation, *s. f. Conformatio.* action de former, t. de gram. de se former, t. de mathémat. d'élever à une puissance.
Formatrice, *adj. f.* t. de physique. R.
Forme, *s. f. Forma.* ce qui détermine la matière à être telle chose; figure extérieure; manière d'être; règle; modèle; banc. * stale; moule; fromage; tumeur au paturon, t. d'arts et métiers; femelle d'oiseau de proie; t. de chasse, place d'un piége; gîte; t. d'imprimerie, planche, pages imposées dans un chassis; t. de marine, bassin pour recevoir des vaisseaux de tous rangs: libage dur. B.
†Forme de (en), *adv.* avec la figure, la forme de.
†Forme de (par), *adv.* par manière.
†Forme (pour la), *adv.* pour les formalités.
Formées, *s. f. pl.* t. de chasse. R.
Formel, *s. m.* t. de théologie (du péché). G. C.
Formel. le, *adj.* exprès, précis. * *f.* Formele. R.
Formellement, *adv. Expressè.* en termes exprès; t. de philosophie, l'opposé de matériellement. * Formélement. R.
Formener, *v. a.* né. e, *p.* (*vieux*) vexer. V.
Former, *v. a. Formare.* mé. e, *p.* donner l'être et la forme; produire; composer; façonner; concevoir; proposer; faire; instruire; prendre pour modèle. (se), *v. pers.* être produit; prendre, recevoir la forme; s'instruire.
Formeret, *s. m.* t. d'archit. nervure d'une voûte gothique. G. C. V.
Formez, *s. f.* femelle des oiseaux de proie, t. de fauconnier. G. C, * Formés. R.
Formi, *s. m.* maladie qui attaque le bec des oiseaux. G. C.
Formiate, *s. m.* sel formé par l'acide formique avec différentes bases.
†Formica-léo, *s. m.* voy. Fourmi-lion. Formica-vulpès, espèce plus petite de formica-léo.
Formicant, *adj. m. Formicans.* (pouls) petit, foible et fréquent.
Formidable, *adj.* 2 *g. Formidabilis.* qui est à craindre.
Formier, *s. m.* qui fait des formes de souliers. G. C. * ouvrier qui fait et vend des formes, des moules de bois. B.
Formigue, *s. f.* t. de marine. RR.
Formique, *adj. m.* (acide) tiré des fourmis. * *s. m.* rocher caché sous l'eau. B.
Formuer, *v. a.* mué. e, *p.* faire passer la mue.
Formulaire, *s. m. Formularum.* livres, recueil de formules.
Formule, *s. f. Formula.* forme prescrite; modèle des actes; ordonnance de médecins, les signes qu'ils emploient; t. de mathém.
Formuler, *v. n. Formulas indicare.* composer les formules des remèdes. T.
Formuliste, *s. m.* attaché aux formules. C. G.
Fornicateur. trice, *s. Stuprator.* coupable de fornication.
Fornication, *s. f. Stuprum.* commerce illégitime entre un garçon et une fille.
Forniquer, *v. a.* (*inusité*) commettre le péché de fornication. A. C. V.
†Fornites, *s. f. pl.* figues d'automne habitées par de petits vers, qui servent à la caprification dans le Midi.
†For-nouer, *v. a.* t. de tisserand, faire un nœud.
Forpaître, Forpaiser, *v. n.* t. de chasse, chercher sa pâture au loin. * Forpayser, *v. r.* R.
Forpasser, *v. n.* sortir des limites. R. T.
Forpayser (se), *v. r.* t. de chasse. RR. voyez Forpaître.
Fors, *prép.* (*vieux*) hormis, excepté, à la réserve de.
Forsenant, *adj.* chien courant très-ardent.
†Forskale, Forskole, *s. f. Forskalea.* genre de plantes qui se rapportent aux pariétaires.
†Forstère, *s. f. Forstera.* genre de plantes qui se rapproche du chèvre-feuille.
Fort, *s. m. Castellum.* lieu fortifié; le plus épais du bois; force; vigueur; l'endroit le plus fort; le plus haut degré; ce en quoi on excelle; milieu. *adv.* beaucoup, extrêmement; avec force; vigoureusement.
Fort et ferme, *adv.* avec force, vigueur. * Fort-et-ferme. C.
Fort. e, *adj. Fortis.* robuste, vigoureux; touffu; épais; rude; difficile; pénible; grand; âcre; piquant; puissant; violent; impétueux; considérable; extrême; énergique; dur; offensant; habile; expérimenté; courageux; magnanime.
Fort (esprit), *s. m.* qui traite de chimères les articles de foi. * faux philosophe sans principes; athée; matérialiste. B. esprit-fort. C.
Fortement, *adv. Validè.* avec force, vigueur, véhémence.
Forte-piano. voyez Piano-forte. A. * Piano-forté. V.
Forteresse, *s. f. Arx.* petite place très-bien fortifiée.
Fortifiant. e, *adj. Corroborans.* qui fortifie, augmente les forces.
Fortificateur, *s. m.* qui écrit sur les fortifications, qui les bâtit. T. R.
Fortification, *s. f.* action, art de fortifier; ouvrages pour fortifier.
Fortifier, *v. a. Firmare.* fié. e, *p.* rendre fort; donner plus de force, de grosseur; entourer de fortifications. (se), *v. r.* devenir plus fort; s'affermir.
Fortin, *s. m.* petit fort. * mesure de grains au Levant. B.
Fortitrer, *v. n.* t. de chasse, éviter les relais.
Fortraire, *v. a.* trait. e, *p.* (*vieux*) voler, prendre le bien d'autrui.
Fortrait. e, *adj.* t. de manége, excédé de fatigue.
Fortraiture, *s. f.* fatigue d'un cheval excédé; mal

mal de mère; colique utérine.

Fortuit. e, *adj. Fortuitus.* qui arrive par hasard.

Fortuitement, *adv. Fortuitò.* par un heureux hasard; par hasard.

Fortuites, *s. f. pl.* lois non indiquées, sur lesquelles on interroge le récipiendiaire. G.

Fortunal, *s. m.* tempête; coup de mer. R. V. G.

Fortune, *s. f. Fortuna.* cas fortuit: hasard; bonheur; malheur; péril; risque; danger; avancement; état; biens, richesses; condition; divinité du bien et du mal. * — de mer *pour* cas fortuit. B.

Fortuné. e, *adj. Fortunatus.* heureux. * riche. (*abusivement*). G.

†Fortuner, *v. n.* prospérer (*vieux*).

Fort-vêtu, *s. m.* homme travesti au moyen d'un costume fort au-dessus de son état. * Forvétu. R. T.

Forum, *s. m.* marché, place publique à Rome.

Forure, *s. f.* trou de foret.

Fossane, *s. f.* Berbé, Genette de Madagascar, animal, * espèce de fouine qui vit de fruits. B.

Fosse, *s. f. Fossa.* creux fait en terre; endroit où l'on enterre; tombeau.

Fosse (basse-), *s. f.* cachot obscur et profond. * bâsse-fosse. R.

Fossé, *s. m.* fossé en long.

Fosset, *s. m.* t. de tonnelier. R. * cheville. B.

Fossette, *s. f. Fossula.* creux au menton, aux joues; petite fosse. * chasse aux oiseaux. B. Fossere. R.

Fossile, *adj.* 2 *g. s. m. Fossilia.* substance du règne minéral, tirée de la terre: terres, pierres, coquilles, ossemens, polypiers, végétaux qu'on trouve ensevelis dans le sein de la terre.

Fossoyage, *s. m.* travail du fossoyeur. A.

Fossoyer, *v. a. Fodere.* yé. e, *p.* fermer avec des fossés. * fouir, creuser la terre; faire des fossés. G.

Fossoyeur, *s. m. Fossor.* qui fait les fosses pour les morts. * *ou* Point d'Hongrie, insecte coléoptère, du genre des silphes, de l'espèce des porte-morts. *Fossor-vespillo.* B.

†Fottalonge, *s. f.* étoffe rayée des Indes.

†Fottes, *s. m. pl.* toiles de coton des Indes, à carreaux.

Fou, Fol, le, *adj. s. Stultus.* voyez Fol.

Fou, *s. m.* oiseau palmipède des Antilles. * *ou* Bénêt. B.

Fouace, *s. f.* sorte de gros gâteau, de galette.

Fouacier, *s. m.* marchand de fouaces. T.

Fouage, *s. m.* droit seigneurial sur chaque feu.

Fouaille, *s. f.* curée du sanglier.

Fouailler, *v. a.* lé. e, *p.* (*familier*) donner souvent des coups de fouet.

†Fouang, *s. m.* poids de Siam.

Fouber, *s. m.* espèce de balai. voy. Faubert. G.

†Foudi-jala, *s. m.* rossignol de Madagascar.

Foudre, *s.* 2 *g. Fulmen.* matière électrique enflammée avec détonnation; arme des Dieux; colère des souverains; excommunication.

Foudre (de guerre; d'éloquence), *s. m.* grand général; grand orateur.

Foudre, *s. m.* grand tonneau d'Allemagne.

Foudroiement, *s. m.* action par laquelle on est foudroyé. * Foudroîment. R. V.

Foudroyant. e, *adj. Fulminans.* qui foudroie; terrible.

Foudroyante, *s. f.* fusée qui imite la foudre. G. C.

Foudroyer, *v. a. Fulminare.* yé. e, *p.* frapper de la foudre; battre à coups de canon. *v. n.* tonner.

Fouée, *s. f.* chasse nocturne aux oiseaux. * feu du four (*populaire*). RR.

Fouène, *s. f.* instrument de pêche en fer de lame emmanché. * Faîne, fruit du hêtre. G. Fouene. R. Foène. C. Fouanne. B.

Fouet, *s. m. Flagrum.* corde pour fouetter; verges; coups de fouet; lanière de cuir; queue; partie de l'aile. * ouvrier qui arrange les bouteilles dans le four; t. d'arts et métiers. B.

†Fouette-queue, *s. f. Lacerta.* espèce de lézard qui agite sa queue comme un fouet, du premier genre.

Fouetter, *v. a. n Cædere.* donner le fouet; battre de verges; jeter, frapper, pousser contre; lier. -té. e, *p. adj.* gâté par le vent; rayé par des coups. * t. de relieur, marquer les nervures. B. Fouéter. R.

Fouetteur, *s. m. Virgator.* qui fouette, qui aime à fouetter. * Fouéteur. R.

Fougade, Fougasse, *s. f. Cuniculus.* petite mine sous une muraille.

Fougade, *s. f.* effort violent. V.

Fouger, *v. n.* se dit du sanglier qui arrache des plantes avec son boutoir.

Fougeraie, *s. f.* lieu où croît la fougère. R. G. C.

Fougère, *s. f. Filix.* genre de plantes; sa cendre mêlée avec le sable, sert à faire le verre. * Fougere. R.

Fougon, *s. m.* cuisine d'un vaisseau, d'une galère.

Fougue, *s. f. Impetus.* mouvement violent et colérique; emportement; verve; transport. * petite fusée volante; fourche de pêcheur. B.

Fougue (mât de, perroquet de), *s. m.* vergue d'artimon. * mât-de-fougue, perroquet-de-fougue. C.

Fougues, *s. f. pl.* fusées volantes sans baguettes. G.

Fougueux. se, *adj. Vehemens.* sujet à entrer en fougue; violent, emporté.

Fouie, *s. m.* arbrisseau qui sert à teindre en noir. G. C.

Fouille, *s. f. Fossio.* travail fait en fouillant la terre.

Fouille-au-pot, *s. m.* marmiton.

Fouille-merde, *s. m.* scarabée pilulaire qui vit d'ordures. * pro-scarabée de fumier. B.

Fouiller, *v. a. n. Fodere.* lé. e, *p.* sonder; pénétrer; creuser pour chercher. * t. d'arts, creuser, fortifier les ombres. B.

†Fouillot, *s. m.* (ressort à) pièce qui renvoie l'effet du ressort, t. de mécanique. CO.

Fouillouse, *s. f.* (*vieux*) bourse, sac, besace. V.

†Fouillures, *s. f. pl. ou* Boutis, *s. m. pl.* travail du sanglier.

Fouine, *s. f. Mustela.* sorte de grosse belette. * espèce de fourche de fer; espèce de trident. voyez Fouenne. B.

Fouir, *v. a. n. Fodere.* foui. e, *p.* creuser en terre.

†Fouissement, *s. m.* action de fouir, de creuser.

†Fouisseur, *s. m. pl.* sphex à étui et langue alongés et grêles, tête plate.

Foulage, *s. m.* action de presser, ses effets; t. d'imprimerie. G. C. V.

Foulant. e, *adj.* qui foule.

†Foulard, *s. m.* étoffe de soie peinte des Indes.

Foule, *s. f. Turba.* presse, multitude, grand nombre. * oppression, vexation indue. (*inus.*) G. préparation aux étoffes; action de fouler; partie du métier de peignier. B.

Foule (à la, en), *adv.* en grand nombre, à la fois.

Foulées, *s. f. pl.* légères traces du pied du gibier. *et* Foulures, t. de chasse; t. d'arch. marche, dessus de. * *sing.* quantité de peaux pilées à la fois. B.

Fouler, *v. a. Proterere.* lé. e, *p.* presser quelque chose qui cède; opprimer; blesser; traiter avec mépris; surcharger; donner un apprêt aux étoffes; t. d'arts et métiers; t. de vénerie, faire battre un terrain par les chiens.

Foulerie, *s. f. Calcatorium.* où l'on foule les draps, etc.

Fouleur, *s. m.* qui foule le raisin dans la cuve. G. C. * qui foule les draps. R. V.

Fouloir, *s. m.* foulerie. R. * outil pour nettoyer le canon, battre la poudre et pour fouler. B.

Fouloire, *s. f.* instrument, table pour fouler les étoffes. G.

Foulon, *s. m. Fullo.* qui foule les draps.

Foulon, *s.* (terre à, moulin à) pour fouler.

Foulon, *s. m. Fullo.* très-beau et très-gros insecte volant, du genre des coléoptères; il ronge la racine des arbres.

Foulonnier, *s. m.* ouvrier qui apprête les draps. V. * Foulonier. R.

Foulque, *s. f. Fulica.* Morelle, Judelle, Poule d'eau, oiseau aquatique, plongeur.

Foulure, *s. f. Contusio.* contusion, blessure d'un membre foulé. * *pl.* marques du pied d'un cerf; action de fouler. B.

Foupir, *v. a.* pi. e, *p.* (une étoffe), ôter son lustre en la maniant. R. G. C.

†Fouquet, *s. m.* nom de deux oiseaux marins, nocturnes, de l'île de France.

Four, *s. m. Furnus.* lieu voûté en rond pour cuire le pain, la pâtisserie, etc. son local; prison pour les enrolés par force; t. de comédie, (faire four) ne pas jouer faute de spectateurs en nombre suffisant.

Fourbandrée, *adj. f.* (laine) mêlée de différentes laines. CO.

Fourbe, *adj.* 2 *g. s. m.* trompeur, adroit. *s. f.* fourberie, tromperie.

Fourber, *v. a. Fallere.* bé. e, *p.* tromper par de mauvaises finesses.

Fourberie, *s. f. Fraus.* tromperie, fourbe.

Fourbir, *v. a. Tergere.* bi. e, *p.* (du fer), polir, nettoyer, rendre clair.

Fourbisseur, *s. m. Politor.* qui fourbit, garnit et vend des épées.

Fourbissime, *adj.* 2 *g.* très-fourbe. V.

Fourbissure, *s. f. Politura.* action de fourbir des armes. * fabrique d'armes blanches. B.

Fourbu. e, *adj. Labans.* (cheval) attaqué d'une fourbure.

Fourbure, *s. f.* maladie aux jambes du cheval; perte des jambes par fatigue. * tromperie. (*vieux*) V.

Fourçat, *s. m.* C. Fourcat. R. voyez Fourque.

†Fourçats, *s. m. pl.* pièces triangulaires à l'extrémité de la quille.

Fourchage, *s. m.* t. de généalogie. R. V.

Fourche, *s. f. Furca.* instrument à deux ou trois branches.

Fourche (à la) *adv.* négligemment, grossièrement. * à-la-fourche. C.

Fourché. e, *adj.* (cheveux, pieds) fendus. G. C.

Fourche-fière, *s. f.* outil de jardinier. R.

Fourchée, *adj.* (croix) terminée par trois pointes, t. de blason.

†Fourchément, *adv.* en manière de fourche; avec courbure.

Fourcher, *v. n.* ché. e, *p.* se séparer par l'extrémité. (se), *v. r.* finir en fourche.

Fourcheret, *s. m.* autour de moyenne taille. R. G. C.

Fourches patibulaires, *s. f. pl.* piliers qui forment un gibet.

Fourchet, *s. m.* t. de méd. apostème entre les doigts; t. de jard. division d'une branche en

deux parties. R. G. C. V.
Fourchette, *s. f. Fuscina.* ustensile de table; espèce de fourche à plusieurs dents; brechet. t. d'arts et métiers. * Fourchete. R.
Fourchon, *s. m. Dens.* branche d'une fourche ou fourchette; t. de jard. endroit d'où sortent les branches.
Fourchu. e, *adj. Bifidus.* en fourche. G. V. RR.
Fourchure, *s. f.* endroit où une chose se fourche. G. RR.
Fourg, *s. m.* t. de mar. RR.
Fourgon, *s. m. Rutabulum.* grande charrette couverte; instrument pour remuer le feu, t. de boulanger.
Fourgonner, *v. n.* né. e, *p.* remuer avec le fourgon; fouiller mal-adroitement. * Fourgoner. R.
Fourmi, *s. f. Formica.* insecte qui vit en société. très-commun, très-industrieux, corps alongé. Les fourmis sont très-fortifiantes; on en retire une huile, un acide, une teinture pourpre.
Fourmilière, *s. f.* retraite des fourmis; grand nombre d'individus, d'insectes. * Fourmilliere. R.
Fourmi-lion, *s. m. Formica-leo.* insecte de l'ordre des névroptères, qui chasse aux fourmis; il se creuse une fosse dans le sable pour les y faire tomber. * Formica-léo. G.
Fourmillant, *adj. m.* (pouls) très-foible, très-bas, imitant la marche d'une fourmi. G. C.
Fourmillement, *s. m. Formicatio.* picotement sur la peau comme si des fourmis y courroient.
Fourmilier *ou* Fourmilier, *s. m.* quadrupède qui vit de fourmis. * *ou* Tamanoir: oiseaux de Cayenne, espèce de brèves. (*Myrmecophaga*). B.
Fourmiller, *v. n. Affluere.* abonder; picoter entre cuir et chair.
†Fourmillère, *s. f.* vide entre la chair et le sabot.
Fournage, *s. m.* frais de la cuite du pain. R. G. C. * droit de four. B.
Fournaise, *s. f. Fornax.* sorte de grand four.
†Fournaliste, *s. m.* ouvrier qui fait des fourneaux de terre.
Fourneau, *s. m. Caminus.* sorte de vaisseau pour mettre le feu; four de verrerie, etc. mine ou creux plein de poudre à tirer. * constellation australe. B.
Fournée, *s. f. Coctura.* le contenu d'un four à pain, à chaux, etc.
Fourneladoux, *s. m.* t. de marine. R.
Fournette, *s. f.* petit four de faïencier. * -nete. R.
Fourni. e, *adj.* touffu, garni. G. C.
Fournier. ère, *s. Furnarius.* qui tient un four public; t. de billard. * oiseau qui a du rapport avec le promerops. B. *f.* Fourniere. R.
Fournil, *s. m.* lieu où est le four, où l'on pétrit. *prononcez* fourni.
Fourniment, *s. m. Instructus.* t. milit. étui pour la poudre à tirer.
Fournir, *v. a. Suppeditare.* ni. e, *p.* pourvoir, garnir; livrer, donner; parfaire, achever. *v. n.* subvenir, contribuer; suffire.
†Fournissement, *s. m. Suppeditatio.* t. de commerce, fonds de chaque associé; séquestre. * t. de gabelle, approvisionnement. B.
Fournisseur, *s. m. Præbitor.* qui entreprend la fourniture.
Fourniture, *s. f. Instructus.* provision; ce qui est fourni; herbes dans la salade. * renflement t. de fondeur; jeu de l'orgue. B.
Fourque, *s. f.* t. de mar. pièce de charpente.
†Fourquefile, *s. f.* arme en forme de fourche.
†Fourquet, *s. m.* pelle de fer ovale, t. de brasseur.
†Fourquette, *s. f.* croix de métal garnie de hameçons.

Fourrage, *s. m. Pabulum* grain, herbage servant de pature aux bestiaux; action de le couper; escorte de ceux qui le coupent. * foin, herbes dans le canon. B. * Fourage. R.
Fourrager, *v. a.* gé. e, *p.* ravager. *v. n.* couper, amasser du fourrage. *Pabulari.* * Fourager. R.
Fourrageur, *s. m. Pabulator.* qui va au fourrage; * qui ravage. C. Fourageur. R.
Fourreau, *s. m. Vagina.* gaine, étui, enveloppe; robe d'enfant, robe; aile d'insecte. * t. de mét. t. de man. B. Foureau. R.
Fourreau (faux-), *s. m.* d'une épée, enveloppe du fourreau * faux-foureau. R.
Fourrée, *s. f.* soude d'Espagne. G. * Fourée. R.
†Fourrée, *s. f.* bas-parc pour la pêche.
Fourrelier, *s. m.* qui fait et vend des fourreaux. G. C. * Fourelier. R.
Fourrer, *v. a.* mettre parmi; insérer; introduire. * t. de mon. revêtir d'une feuille d'or pour contrefaire. B. garnir de fourrures, de toile, de cordes, etc. *Pelliculare.* (se), *v. r.* s'engager dans; se garnir, se couvrir d'habits chauds. -ré. e, *p. adj.* garni, couvert, entremêlé. * Fourer. R.
Fourreur, *s. m. Pellio.* qui fait et vend des fourrures. * Foureur. R.
Fourrier, *s. m.* t. milit. qui marque les logemens; * le premier des caporaux. B. Fourier. R.
Fourrière, *s. f.* lieu où l'on met le bois, le charbon; t. de jurisprudence, lieu de détention des bestiaux saisis. * office de fourrier. V. Fouriere. R.
Fourrure, *s. f. Pellis.* peau qui sert à fourrer; robe fourrée; t. de blas. * t. de critique. G. pile de chaudrons les uns dans les autres. t. de fond. ce qui enveloppe une corde pour la garantir. B. Fourure. R.
Fourvoiement *s. m.* (*vieux*) égarement de la route. * Fourvoiment. R. Fourvoîment. V.
Fourvoyer, *v. a.* yé. e, *p.* égarer; détourner du chemin. (se). *v. r.*
Fouteau, *s. m.* Fau *ou* Fayard, hêtre, voyez ce mot.
Foutelaie, *s. f.* lieu planté de hêtres.
Foyer, *s. m. Focus.* âtre; chauffoir; fourneau; pointe du cône lumineux; fanal; chaleur interne qui cause la fièvre; siége principal, centre; *pl.* maison; domicile; patrie. B.
Fracas, *s. m. Fragor.* rupture avec bruit et violence; ce qui se fait avec éclat; désordre; bruit.
Fracasser, *v. a. Frangere.* sé. e, *p.* rompre; briser en pièces; casser; mettre en désordre.
Fraction, *s. f. Fractura.* action de rompre, t. de litur. t. d'arith. partie de l'unité, parties égales de l'unité.
Fractionnaire, *adj.* (nombre) qui contient des fractions. * Fractionaire. R.
Fracture, *s. f.* rupture avec effort; t. de chirur.
Fracturé. e, *adj.* (os) où il y a fracture.
Fragile, *adj. 2 g. Fragilis.* aisé à rompre, à se détruire; sujet à tomber en faute.
Fragilité, *s. f. Fragilitas.* qualité de ce qui est fragile; instabilité.
Fragment, *s. m. Fragmentum.* partie d'une chose brisée, d'un livre, d'un discours.
†Fragon, *s. m. Ruscus.* plante de la famille des asperges.
Frai, *s. m.* t. de monnoie, altération par le frottement: t. de natural. *Ova piscium.* multiplication des poissons, son temps; œufs fécondés; petit poisson; action de frayer. * et Fraie, *s. f.* A. T.
Fraîchement, *adv.* avec fraîcheur; *Proximè.* depuis peu de temps.

Fraîcheur, *s. f.* frais agréable; froidure; coloris, éclat; maladie causée par un froid humide.
Fraîchir, *v. n.* t. de mar. se dit du vent, devenir fort.
Frairie, *s. f.* divertissement, débauche, fête. * *ou* Frérie. G. V.
Frais. îche, *adj. Frigidus.* médiocrement froid; récent; coloré et vif; qui n'a pas été salé; délassé.
Frais, fraîche, *adv.* fraîchement, nouvellement, récemment.
Frais, *s. m. Frigus.* froid agréable, *pl. Sumptus.* dépense; dépens.
Fraise, *s. f. Fraga.* fruit du fraisier: collet plissé; mésentère et boyaux; outil pour fraiser; terme d'arts et mét. * t. de chasse; cercle raboteux qui entoure la meule du cerf; -coquille bivalve de la famille des cœurs. -ou Caille de la Chine; foret, lime. B.
†Fraisé, *adj.* (bataillon), qui présente la pique ou la bayonnette.
Fraisement, *s. m.* pieux autour des piles. G. C.
Fraiser, *v. a. Crispare.* sé. e, *p.* plisser à la manière d'une fraise; écosser; t. d'arts et métiers. * t. milit., garnir de piquiers ou de bayonnettes; faire un enfoncement pour cacher la tête d'un clou; élargir; garnir de pieux; bien pétrir. B.
Fraisette, *s. f.* petite fraise ou collet; drap froncé. * -sete. R.
Fraisier, *s. m. Fragaria.* plante qui produit la fraise, polypétale, de la famille des rosiers. B.
Fraisil, *s. m.* cendres du charbon de terre. * Frasil, Frasier. B.
Fraisoir, *s. m.* villebrequin; foret. G. C. RR.
Framboise, *s. f.* fruit du framboisier.
Framboiser, *v. a.* sé. e, *p.* accommoder avec du jus de framboises.
Framboisier, *s. m. Idæus Rubus.* arbrisseau épineux.
†Framée, *s. f.* arme de jet et de main.
Franc. he, *adj. Immunis.* libre; sincère, loyal, vrai; entier, complet; t. de jard. qui porte du fruit doux: exempt de charges, de droits, de dettes.
Franc, *adv. Liberè.* sans déguiser, sans biaiser; entièrement.
Franc, *s. m.* t. de monnoie, une livre.
Franc-alleu, *s. m.* voyez Alleu. * Franc-aleu. R.
Franc-archer, *s. m.* soldat. R.
Franc-comtois. e, *adj. s.* de Franche-Comté. R.
Franc-devoir, *s. m.* t. de jurisprudence. R.
Franc-étable, *s. m.* (s'aborder de), s'enferrer par les éperons, t. de mar.
Franc-fief, *s. m.* voy. fief.
Franc-funin, *s. m.* t. de marine. R. * forte corde pour les plus rudes manœuvres. B.
†Franc-maçon. e, *s.* membre de la société dite franc-maçonnerie.
†Franc-maçonnerie, *s. f.* espèce d'affiliation prétendue cabalistique, et qui n'a de but qu'une union de jeux entre les membres.
Franc-quartier, *s. m.* t. de blas. premier quartier de l'écu.
Franc-réal, *s. m.* poire.
Franc-salé, *s. m.* privilége de prendre du sel sans payer, t. de coutume.
†Franc-taupin, *s. m.* soldat qui travailloit à creuser la terre.
Franc-tenancier, *s. m.* t. de prat. C.
Franc-tillac, *s. m.* t. de marine. R. * le pont le plus proche de l'eau. B.
Francatu, *s. m.* sorte de pomme.
†Franche-barbotte *ou* Lotte-franche, *s. f.* poisson du genre du cobite.
Franchement, *adv. Liberè.* avec franchise, sin-

cérité; avec exemption.

†Franchiman, *s. m.* qui parle naturellement bien le françois (*vieux*).

Franchir, *v. a. Transilire.* chi. e, *p.* sauter par-dessus; passer au-delà; passer hardiment; surmonter.

Franchise, *s. f. Immunitas.* exemption; sincérité, candeur; asile; immunité; privilége; (*vieux*) liberté.

†Franciade, *s. f.* poëme. * nouvelle période de 4 années bissextiles. RR.

Francinade, *s. f.* (*vieux*). V.

†Francisation, *s. f.* acte qui constate qu'un navire est françois.

Franciscain, *s. m.* religieux de St-François.

Franciser, *v. a.* sé. e, *p.* donner une terminaison, une inflexion françoise. (se), *v. r.* prendre le ton et les manières françoises.

†Francisque, *s. f.* hache d'armes des Francs à 2 tranchans.

François. e, *adj. s. Gallus.* qui est de France; la langue françoise. * Français. C. *pron.* çais. (*en bon*) *adv.* franchement. RR.

Francolin, *s. m. Attagen.* oiseau qui diffère peu de la perdrix.

†Francomate, *s. m.* affranchi. (*vieux*)

Frange, *s. f. Fimbria.* tissu d'où pendent des filets.

Frangeon, *s. m.* petite frange. R.

Franger, *s. m.* qui fait et vend de la frange. * Frangier. T.

Franger, *v. a.* gé. e, *p.* garnir de frange.

Frangible, *adj. m.* capable d'être rompu. R.

Frangipane, *s. f.* pâtisserie; parfum.

Frangipanier *ou* Franchipanier, *s. m. Plumeria.* arbre d'Amérique, monopétale, suc laiteux, brûlant, guérit les verrues, les dartres et même le pian; racine apéritive.

Frangule, *s. f.* arbrisseau dont l'écorce est purgative. G. C.

Franque, *adj.* jargon dans le Midi, mêlé de langues d'Europe.

†Franquenne, *s. m. Frankenia.* genre de plante de la famille des œillets.

Franquette (à-la-bonne), *adv.* franchement, ingénument. * Franquete. R.

Frappant. e, *adj.* qui fait une impression vive. * (portrait) très-ressemblant. B. Frapant. R.

Frappart, *s. m.* (frère), moine libertin. C. G. * Frapart. R.

Frappe, *s. f.* t. de monnoie, de graveur; marque. * assortiment complet de matrices, terme de fondeurs; empreinte; gros bord de la cloche. B. Frape. R.

†Frappe-main, *s. m.* jeu d'enfant. * Frape-main. RR.

†Frappe-plaque, *s. m.* plaque de fer pour donner le contour; outil d'orfèvre.

Frappement, *s. m.* action de Moïse frappant le rocher. * Frapement. R.

Frapper, *v. a. Percutere.* pé. e, *p. adj.* donner un ou plusieurs coups. *v. n.* faire impression sur les sens ou l'esprit. * Fraper. R.

Frapper, *s. m.* mouvement pour battre la mesure. * *ou* Frappé. AL.

Frappeur. se, *s.* (*famil.*) qui frappe. *Frapeur. R.

Fraque, *s. m.* habit. R.

Frarage, *s. m.* partage d'un fief. R.

Frarager, *v. a.* gé. e, *p.* partager par frarage. R.

Frarécheur, *s. m.* t. de coutume. RR.

Frase, *s. m.* outil d'acier. R.

†Fraser, *v. a.* é. e, *p.* (la pâte), y mettre de la farine.

†Frasil *ou* Frasin, *s. m.* poussier et menue braise.

Frasque, *s. f.* action extravagante faite avec éclat. * tour malin. T.

Frater, *s. m.* perruquier, garçon chirurgien.

Fraternel. le, *adj. Fraternus.* propre aux frères. * *f.* - nele. R.

Fraternellement, *adv. Fraternè.* d'une manière fraternelle. * Fraternélement. R.

Fraterniser, *v. n.* vivre fraternellement.

Fraternité, *s. f. Fraternitas.* relation de frère à frère. * union, amitié, liaison fraternelle. B.

Fratricide, *s. m. Fratricida.* meurtre, meurtrier de son frère.

Fratrisée, *adj. f.* t. de poësie, rime répétée. C. G. * *ou* Fraternisée. G.

Fraude, *s. f. Fraus.* tromperie; action faite de mauvaise foi; supercherie. (en) frauduleusement.

Frauder, *v. a. Fraudare.* dé. e, *p.* tromper, décevoir; frustrer par fraude.

Fraudeur. se, *s.* qui fraude.

Frauduleusement, *adv. Fraudulenter.* avec fraude.

Frauduleux. se, *adj. Fraudulentus.* enclin à la fraude; fait avec fraude.

†Fraux *ou* Frèches, *s. m. pl.* friches.

Fraxinelle, *s. f.* plante à feuilles semblables à celles du frêne. * Fraxinele. R.

†Fray, *s. m.* déchet des monnoies par le frottement. voyez Frai.

Frayant. e, *adj.* coûteux (*vieux*). A. V.

Frayer, *v. a. Sternere.* yé. e, *p.* tracer, marquer; frôler; toucher légèrement; s'user par le frottement; t. de mét. frotter. *v. n. Affricari.* se dit des poissons qui s'approchent pour la multiplication. *v. pers.* s'accorder, se convenir.

†Frayer, *s. m.* raînure au bord du dos d'une lame.

Frayeur, *s. f. Pavor.* épouvante, crainte, terreur.

Frayoir, *s. m.* t. de chasse, marque qui reste aux baliveaux contre lesquels le cerf a frotté son bois.

†Frayon, *s. m.* bois faisant chapeau sur le gros fer du moulin.

Frayure, *s. f.* action du cerf qui frotte son bois. G. C. RR.

Fredaine, *s. f. Petulantia.* folie de jeunesse; trait de libertinage.

Fredon, *s. m. Modulatus.* tremblement dans le chant. * t. de jeu; cartes pareilles. B.

Fredonnement, *s. m.* action de fredonner. C. G.

Fredonner, *v. a. Modulari.* faire des fredons. * Fredoner. R.

†Fredonneux, euse, *adj.* (chant *ou* voix) qui fredonne.

Frégate, *s. f. Lembus.* vaisseau de guerre. *Hirundo major.* oiseau de mer, il vit de poissons, * insecte de la grosseur d'un œuf de poule, en forme de barque. B.

†Frégater, *v. a.* é. e, *p.* donner à un vaisseau l'apparence et les qualités d'une frégate.

Fregaton, *s. m.* bâtiment de mer vénitien. R.

Frein, *s. m. Frænum.* mors; ce qui retient, ce qui bride.

Freindre, *v. a.* (*vieux*) rompre. V.

†Frelampe, Frolande *ou* Falande, *s. f.* sol marqué, en Anjou.

Frelampier, *s. m.* gredin, homme de néant.

Frelater, *v. a. Concinnare.* té. e, *p.* falsifier le vin.

Frelaterie, *s. f.* drogues mélangées, altérées. A. C.

Frêle, *adj.* 2 *g. Fragilis.* fragile; aisé à casser, à rompre. * *s. f.* demoiselle, jeune fille. G. RR.

Frêler, *v. a.* t. de marine. R.

Frêlet, *s. m.* t. de papeterie. R.

Frelon, *s. m. Crabro.* grosse mouche qui ressemble à la guêpe, mais plus vénimeuse et plus grosse. * Frêlon. RR.

Frelore, *adj.* (*vieux*) perdu. V.

Freluche, *s. f.* houppe de soie; touffe.

Freluquet, *s. m.* damoiseau; homme léger, frivole et sans mérite. * petit plomb de rubanier. B.

Frémir, *v. n. Fremere.* être ému et trembler.

Frémissement, *s. m. Fremitus.* émotion; tremblement.

Frêne, *s. m. Fraxinus.* sorte de fort grand arbre de futaie à bois blanc; le feuillage est bon pour les bestiaux, le sel des cendres est apéritif, sudorifique.

Frénésie, *s. f.* aliénation d'esprit avec fureur; fureur violente; emportement, excès de passion.

Frénétique, *adj.* 2 *g. s. m. Phrenesis.* atteint de frénésie; furieux.

Fréouer, *s. m.* t. de chasse. R. * voy. Frayoir. G.

Fréquemment, *adv. Sæpè.* souvent.

Fréquence, *s. f.* réitération fréquente. * vîtesse de batement. RR.

Fréquent. e, *adj. Frequens.* qui arrive souvent; (pouls) plus vif.

Fréquentant, *adj.* t. de nég., qui fréquente. RR.

Fréquentatif, *adj. s.* (verbe) qui marque l'action répétée, t. de grammaire.

Fréquentation, *s. f. Consuetudo.* commerce d'habitude; hantise.

Fréquenter, *v. a. n. Frequentare.* hanter, voir souvent; aller souvent à, ou dans. -té. e, *p. adj.* hanté.

Frère, *s. m. Frater.* né d'un même père, d'une même mère; nom d'amitié; titre de religieux. * (faux-frère), *s. m.* qui trahit une société, ou l'un de ses membres. B. Frere. R.

Frère-chapeau, *s. m.* t. de poësie, mauvais vers. V.

Fresaie, *s. f. Strix.* Effraie, Hibou de clocher, oiseau nocturne, très-laid. *Aluco minor.*

†Fresange, *s. f.* droit de port dû au propriétaire d'une forêt.

†Fresniau, *s. m.* voyez Menole.

Fresque, *s. f.* sorte de peinture sur la muraille.

Fressure, *s. f. Exta.* le cœur, la rate, le foie et les poumons.

Fret, *s. m.* t. de commerce, louage d'un vaisseau. * transport par mer. G.

†Fretel *ou* Fretiau, Frétele *ou* Freteau, *s. m.* flûte de Pan à 7 tuyaux.

Fréter, *v. a. Conducere.* té. e, *p.* donner ou prendre un vaisseau à louage. * charger, équiper. V.

Fréteur, *s. m.* propriétaire d'un vaisseau, qui le loue, * qui le prend à louage. C.

Frétillant. e, *adj. Inquies.* qui frétille. * Fretillant. R.

Frétillard. de, *adj.* inquiet. R. V. * Fretillard. R.

†Frétillard, *adj.* gai, passionné.

†Frétillarde *ou* Serpentine, *adj. f.* (langue) toujours en mouvement, t. de manége.

†Frétillardement, *adv.* gentiment, agréablement, en parlant du baiser. PARNASSE DES MUSES.

Frétille, *s. f.* paille, bagatelle. * Fretille. R.

Frétillement, *s. m. Motus.* mouvement de ce qui frétille.

Frétiller, *v. n. Agitare.* se remuer, s'agiter par des mouvemens vifs et courts. * Fretiller. R.

Fretin, *s. m.* menu poisson; *Quisquiliæ.* choses de peu de valeur; bagatelle.

Frette, *s. f. Fretum.* lien de fer, virole; t. de serrurerie, barreaux entrelacés, t. de blason. * Frete. R.

Fretté. e, *adj.* t. de blas. couvert de bâtons en sautoir. * Freté. R.

Freux, *s. m.* Frayonne *ou* Graie. *Cornix frugilega. ou* Grolle, oiseau qui tient du corbeau et de la corneille.

Friabilité, *s. f.* qualité de ce qui est friable.

Friable, *adj.* 2 *g. Friabilis.* qui se peut aisément

réduire en poudre.

Friand. e, *adj. s. Delicatus.* qui aime et connoît les bons morceaux; délicat.* (*figuré*) avide. v.

†Friander, *v. n.* manger avec délicatesse.

Friandise, *s. f. Cupedia.* amour des bons morceaux. *pl.* sucreries, pâtisseries, etc.

Fribourgeois. e, *adj. s.* de Fribourg. R.

Fribust, *s. m.* t. de marine. R.

Fric-frac, *t. populaire pour exprimer le bruit.* V.

Fricandeau, *s. m.* tranche de veau lardée.

Fricarelle, *s. m. mot obscène.* V.

Fricassée, *s. f. Frixus.* viande fricassée.* t. de guerre; coups de tambour précipités. B.

Fricasser, *v. a. Frigere.* sé. e, *p.* faire cuire par morceaux.* dépenser l'argent follement et promptement. B.

Fricasseur, *s. m.* qui fait des fricassées; mauvais cuisinier.

Friche, *s. f.* terre inculte. (en), *adv.* inculte.

Friction, *s. f. Frictio.* frottement d'une partie du corps.

†Frigaler, *v. a.* gratter avec les ongles.

Frigaler, *v. a.* lé. e, *p.* (*vieux*) frotter. V.

Frigéfier, *v. a.* fié. e, *p.* refroidir. C. G.

Frigidité, *s. f. Impotentia.* état d'un homme impuissant.

Frigorifique, *adj.* 2 *g.* qui cause le froid.

Frigotter, *v. n.* parlant du chant du pinçon. G. C.

Frileux. se, *adj. Alsiosus.* fort sensible au froid.

†Friller, *v. a.* se dit d'un frétillement dans la cuve d'un teinturier.

†Friloseté, *s. f.* trop grande sensibilité au froid. (*vieux*).

Frimaire, *s. m.* troisième mois.

Frimas, *s. m. Pruina.* grésil, brouillard froid et épais.* (*poëtique*) tous les signes, les météores de l'hiver. B.

Frime, *s. f.* mine, semblant, feinte.

Fringant. e, *adj. Petulans.* fort alerte, fort éveillé.

†Fringille, *s. f.* oiseau.

Fringuer, *v. a.* gué. e, *p.* (un verre), le rincer. R. G. C. *v. n.* danser, sautiller en dansant. V. * *et* Fringotter. V.

Friolet, *s. m.* poire. G. V.

Frion, *s. m.* petit fer au côté de la charrue. G. C. V.

Friou, *s. m.* canal, passage pour les barques. G.

Fripe, *s. f.* (*bas*), tout ce qui se mange. G.

Fripe-lippe, *s. m.* (*vieux*) gourmand. V.

Fripe-sauce, *s. m.* (*burlesq.*) goulu, goinfre.

Friper, *v. a. Deterere.* pé. e, *p.* chiffonner; user; gâter; manger goulument; dissiper en débauches.

Friperie, *s. f.* négoce de vieilles hardes, lieu où il se fait; boutique de fripier; meubles, habits usés.

Fripier. ère, *s.* qui vend et qui achète de vieux habits. * *s. f.* coquille du genre du limaçon. B. *f.* Fripiere. R.

Fripon. ne, *s. Nebulo.* voleur adroit; fourbe. *adj.* qui a l'air coquet, éveillé. * *f.* Fripone. R.

Friponnable. *adj.* 2 *g.* qui peut être volé. V.

Friponneau, *s. m.* (*familier*) diminutif de fripon. * Friponeau. R.

Friponner, *v. a. Subripere.* né. e, *p.* escroquer; dérober; attraper par fourberie. * Friponer. R.

Friponnerie, *s. f. Dolus.* action de fripon. * Friponerie. R.

Friponnier, *s. m.* filou. V. * Friponier. R.

Friquier, *v. a.* faire la fricarelle. V.

Friquet, *s. m.* moineau. * ustensile de cuisine pour frire. B.

Frire, *v. a. Frigere.* frit. e, *p.* faire cuire dans la friture. G. * *v. n. ou* Cuire. B.

†Frisage, *s. m.* treillage en lattes.

Frise, *s. f.* toile; étoffe; t. de manufac. machine pour friser la laine. *Zophrorus.* t. d'archit. pièce entre l'architrave et la corniche; t. de guerre, pièce de bois garnie de pieux ferrés.

Friser, *v. a. Crispare.* sé. e, *p.* crêper, boucler les cheveux; anneler; être frisé, etc. toucher superficiellement. *v. n.* t. d'impr. doubler sur soi-même, papillotter: échapper de très-peu.

Friseson, *mot artificiel de logique.* V.

Friseur. se, *s.* qui frise les cheveux. C.

Frisoir, *s. m.* sorte de ciselet, instrument de manufacture. G. C.

Frison, *s. m.* jupe courte; pot. *adj. s.* 2 *g.* de la frise. G. C. * boucles, ronds, t. de mét. *pl.* ondulation en couleur sur le papier marbré. B.

Frisotter, *v. a.* té. e, *p.* friser souvent; friser menu, par petites boucles. * Frisoter. R.

Frisque, *adj.* 2 *g.* (*burlesque*) joli, mignon; délibéré. C. C. V.

Frisquette, *s. f.* t. d'imprimerie, sorte de châssis plat et cartonné qui recouvre la garniture. * Frisquete. R.

†Frissement, *s. m.* sifflement d'une flèche.

Frisson, *s. m. Horror.* tremblement causé par le froid, la peur.

Frissonnement, *s. m.* léger frisson. * Frissonement. R.

Frissonner, *v. n. Horrere.* avoir le frisson. * Frissoner. R.

Frisure, *s. f. Cirri.* état de ce qui est frisé; façon de friser.

Fritillaire, *s. m. Fritillaria.* plante liliacée à fleurs tachetées en échiquier, racine résolutive.

Fritte, *s. f.* matière du verre, sa cuisson; calcination; matière calcinée. * Frite. R.

†Fritter, *v. a.* té. e, *p.* faire calciner.

†Frittier, *s. m.* ouvrier chargé de faire calciner.

†Frittole, *s. f.* gâteau de froment, de raisains de Corinthe, frits avec de l'huile de noix.

Friture, *s. f. Frictus.* action et manière de frire; ce qui sert à frire; chose frite.

Frivole, *adj.* 2 *g. Frivolus.* vain, léger, sans solidité.

Frivolité, *s. f.* caractère de ce qui est frivole.

Froc, *s. m. Cucullus.* partie de l'habit monacal, cet habit. *prononcez* froque.

Frocard, *s. m.* moine. R.

Froid, e, *adj. Frigidus.* privé de chaleur; sérieux; modéré; posé; réservé; que rien n'émeut; plat; sans sel, sans intérêt; qui ne garantit pas du froid. *s. m.* absence de la chaleur; sérieux; indifférence.

Froid (à), *adv.* sans mettre au feu. * de sang froid. B. à-froid. R.

Froidement, *adv. Frigidè.* en exposition froide; d'une manière sérieuse.

Froideur, *s. f.* qualité de ce qui est froid; indifférence; accueil froid; sécheresse dans les paroles.

Froidir, *v. n.* di. e, *p.* devenir froid, *mieux* refroidir. (se), *v. r.*

Froidure, *s. f.* froid de l'air. * (*poët.*) hiver. B.

Froidureux. se, *adj.* sujet à avoir froid; frileux (*familier*).

Froissement, *s. m. Attritus.* action de froisser.

Froisser, *v. a. Confringere.* meurtrir par une impression violente; chiffonner.

Froissure, *s. f.* impression à la partie froissée.

Frôlement, *s. m.* action de frôler, effet de ce qui frôle.

Frôler, *v. a.* lé. e, *p.* toucher légèrement en passant.

Fromage, *s. m. Caseus.* lait caillé, égoutté et salé.

Fromager. ère, *s.* qui fait et vend des fromages. *s. m.* vase pour faire égoutter le fromage. * *ou* Bois des Antilles, monopétale. *Bombax.* genre de plantes de la famille des malvacées. *f.* Fromagere. R.

Fromagerie, *s. f.* endroit où l'on fait, où l'on garde les fromages.

Fromageux. se, *adj.* qui tient du fromage. T.

Froment, *s. m. Triticum.* la meilleure espèce de blé. * nom générique des grains à épi, des graminées. B.

Froment locar, *Triticum spelta.* froment rouge, blé locular, voyez Epeautre. A.

Fromentacée, *adj. f.* (plante) qui tient du froment.

Fromentage, *s. m.* t. de coutume. R.

†Fromental, *s. m.* faux froment, ray-grass.

Fromentée, *s. f.* farine de froment. R.

†Fronce, *s. m.* pli du papier, t. de métiers.

Froncement, *s. m. Corrugatio.* action de froncer les sourcils.

Froncer, *v. a. Contrahere.* cé. e *p.* plisser; rider.

Froncis, *s. m. Ruga.* plis à une étoffe.

Froncle, *s. m.* tumeur, voyez Furoncle.

Fronçure, *s. f.* plis, voyez Froncis. V. R. G. * Froncure. RR.

Fronde, *s. f. Funda.* tissu de cordes pour lancer des pierres. * bandage, mentonnière; t. d'histoire, parti contre la cour, sous la minorité de Louis XIV. B.

Fronder, *v. a. n.* dé. e, *p.* jeter avec une fronde; jeter avec violence; parler contr; blâmer, critiquer.

Frondeur, *s. m. Funditor.* qui fronde, qui blâme; critique. B.

Frondipore, *s. m.* sorte de polypier millépore à rameaux. G. V.

Fronron, Frotton, *s. m.* outil de cartier.

Front, *s. m. Frons.* le dessus des yeux; le visage; la face; audace; impudence; le devant, face.

Front (de), *adv.* par devant; côte à côte; en ligne.

Front-de-bandière, *s. m.* les drapeaux à la tête des corps, en ligne. * Front-de-bandière. R.

Frontail, *s. m. ou* Fronteau, étoffe qui couvre le front des chevaux; t. d'artillerie.

Frontal, Fronteau, *s. m. Frontale.* bandeau pour le front.

Frontal. e, *adj. s. m.* du front (os, nerf); torture; ornement du front; outil.

†Fronteau de mire, *s. m.* morceau de bois pour pointer le canon.

Fronteval, *s. m.* tulipe rouge, rose et blanche.

Frontière, *s. f. adj. Fines.* limites, confins d'un état. *adj.* limitrophe. * Frontiere. R.

Frontignan, *s. m.* vin muscat. G.

Frontispice, *s. m. Frons.* face de bâtiment; titre de livre.

Fronton, *s. m. Fastigium.* t. d'architecture, ornement; t. de mar. *ou* Miroir, cadre de la poupe.

Froqué, *adj.* qui a un froc. R.

Froqueur, *s. m.* t. de coutume. R.

Frot, *s. m.* t. de coutume. R.

Frottage, *s. m. Politura.* action, travail de celui qui frotte. * Frotage. R.

Frottée, *s. f.* pain frotté; coups. V. * Frotée. RR.

Frottement, *s. m. Frictio.* collision de deux corps qui se frottent. * Frotement. R.

Frotter,

Frotter, *v. a. Fricare.* té. e, *p.* toucher en passant et repassant ; nettoyer ; enduire ; oindre ; battre ; frapper. (se), *v. r.* s'attaquer à ; avoir commerce avec. * Froter. R.

Frotteur, *s. m. Perfrictor.* celui qui frotte. * Froteur. se. R. Frotteur. se. G. C.

Frottoir, *s. m. et* Frottoire, *s. f. Sudarium.* brosse, outil pour frotter, polir ou essuyer. * Frotoir. R.

†Frotton, *s. m.* balle de drap pour frotter le papier ou les cartes.

Frouer, *v. a.* siffler pour attirer les oiseaux à la pipée.

Fructidor, *s. m.* douzième mois.

†Fructifère, *adj.* 2 *g.* qui porte ou peut porter du fruit.

Fructification, *s. f. Fructificatio.* production des fruits. * ensemble des parties qui composent la fleur et le fruit. G. CO.

Fructifier *v. n.* rapporter du fruit, du bénéfice.

†Fructiforme, *adj.* 2 *g.* qui a la forme d'un fruit.

Fructueusement, *adv. Fructuosè.* utilement, avec fruit.

Fructueux, se, *adj. Fertilis.* utile, lucratif, profitable.

Frugal. e, *adj. Frugalis.* qui se contente de peu pour sa nourriture ; (repas) simple.

Frugalement, *adv. Sobriè.* avec frugalité.

Frugalité, *s. f. Frugalitas.* qualité de ce qui est frugal.

Frugivore, *adj.* 2 *g.* qui vit de végétaux, de fruits, de graines. G. C.

Fruit, *s. m. Fructus.* partie réproductive des végétaux ; dessert, service ou mets en fruits ; effet, résultat ; utilité, profit ; enfant ; t. de maçon, diminution d'épaisseur en élévation. *pl.* revenus d'une terre, d'une charge, d'un immeuble.

Fruitage, *s. m.* toutes sortes de fruits.

Fruité, *adj. m.* t. de blason, chargé de fruits.

Fruiterie, *s. f. Pomaria.* lieu où l'on garde le fruit ; office.

Fruitier, *s. m. Pomarius.* jardin, lieu où l'on recueille et conserve le fruit. * traité sur les fruits. *adj. m.* (arbre) qui porte du fruit. G.

Fruitier. ère, *s. Pomarius.* qui vend des fruits. * *f.* Fruitiere. R.

Fruition, *s. f.* jouissance. V.

†Frumentacé. e, *adj.* qui tient du froment.

Frusquin, *s. m.* l'argent, les nippes d'un homme. (*popul.*) *prononcez* fruskin.

Fruste, *adj.* (médaille) effacée, usée par le frottement.

Frustratif, *adj.* frustratoire. V.

Frustratoire, *adj.* 2 *g.* vain et inutile ; fait pour frustrer. *s. m.* vin sucré avec de la muscade.

Frustrer, *v. a. Frustrari.* tré. e, *p.* priver d'une chose due ou attendue.

†Fruticuleux. se, *adj.* (tige) qui forme un très-petit arbrisseau.

†Frutiqueux. se, *adj.* (plante) qui forme un arbrisseau.

Fuca, *s. m.* poisson de mer.

Fucus, *s. m. ou* Varec, plante marine, ramifiée ; on en fait la soude.

†Fuent, *s. m.* plante.

†Fugace, *adj.* 2 *g. Fugax.* t. de médecine, passager.

†Fugares, *s. f. pl. ou* Régifuges, fêtes chez les Romains.

Fugitif. ve, *adj. s. Fugitivus.* qui est en fuite, qui fuit. * (pièce) opuscule ; qui court toujours (onde).

Fugue, *s. f.* t. de musique, répétition du même sujet.

Fuie, *s. f.* petit colombier. * *et* Fuye. G.

Fuir, *v. a. Fugere.* fui. e, éviter. *v. n.* courir pour se sauver ; se mettre en fuite ; prendre la fuite ; différer ; couler par une félure. (se), *v. pron.* (*style figuré*) vouloir éviter ses remords, ses ennuis.

Fuite, *s. f. Fuga.* action de fuir, d'éviter ; échappatoire, délai.

†Fulgere, *s. m.* insecte.

†Fulgores, *s. m. pl. Fulgora.* insectes hémiptères, de l'espèce des cigales.

Fulguration, *s. f.* t. de chimie, éclair de la coupelle.

Fuligineux. se, *adj. Piceus.* (vapeur) chargée de suie.

Fuliginosité, *s. f.* qualité de ce qui est fuligineux. R.

Fulgruiser, *v. a.* sé. e, *p.* foudroyer. SCARON.

†Fulgurateurs, *s. m. pl.* devins qui indiquoient les moyens de prévenir les effets de la foudre.

†Fullomanie *ou* Fullotomie, *s. f.* maladie des plantes qui poussent trop de feuilles.

†Fulmar, *s. m.* pétrel-puffin, gris blanc, de Sinkilda.

Fulminant, *adj. Fulminans.* qui fulmine, éclate avec bruit.

Fulmination, *s. f.* t. de droit canon, promulgation, exécution d'un monitoire, etc. t. de chimie, explosion par le feu.

Fulminer, *v. a.* né. e, *p.* t. de droit canon, publier avec des formalités. *v. n.* s'emporter ; t. de chimie, parlant de l'explosion faite par le feu.

†Fumade, *s. f.* portion de pâturage.

Fumage, *s. m.* action d'exposer à la fumée ; fausse couleur d'or donnée à l'argent.

Fumant. e, *adj.* qui jette de la fumée.

Fumée, *s. f. Fumus.* vapeur épaisse que le feu fait exhaler. *pl.* vapeurs qui s'élèvent au cerveau ; fiente des bêtes fauves.

Fumer, *v. a. Fumare.* mé. e, *p.* exposer à la fumée ; prendre du tabac en fumée ; épandre du fumier. *v. n.* jeter de la fumée, exhaler des vapeurs ; être de mauvaise humeur.

Fumeron, *s. m.* charbon qui jette de la flamme, de la fumée.

Fumet, *s. m. Nidor.* odeur agréable du vin, des viandes qui flatte l'odorat. * ragoût. C.

Fumeterre, *s. f. Capnos.* Coridale, Fiel de terre, plante épurative, donne la fluidité au sang, excite les règles, les urines ; très-bonne dans les fièvres, la jaunisse, le scorbut, les maladies de peau.

Fumeur, *s. f.* qui prend du tabac en fumée.

Fumeux. se, *adj. Fumosus.* qui envoie des vapeurs à la tête.

†Fumiaire, *adj.* 2 *g.* qui croît sur le fumier.

Fumier, *s. m. Stercus.* paille mêlée de fiente ; excrémens.

Fumigation, *s. f. Suffitus.* action de brûler des aromates, des parfums ; fumage.

Fumigatoire, *adj.* propre à produire la fumée. V.

Fumiger, *v. a.* gé. e, *p.* t. de chimie, exposer aux vapeurs. A. G. C. CO.

Fumiste, *s. m.* qui empêche les cheminées de fumer.

†Fumure, *s. f.* engrais des moutons parqués.

Funambule, *s.* 2 *g.* t. d'antiquité, qui danse sur la corde.

Funèbre, *adj.* 2 *g. Funebris.* des funérailles, qui les concerne ; triste, lugubre, effrayant ; (oiseau) nocturne. * Funebre. R.

†Funébrement, *adv.* d'une manière funèbre.

Funer, *v. a.* t. de marine, équiper. C.

Funérailles, *s. f. pl. Funus.* obsèques et cérémonies d'un enterrement.

Funéraire, *adj.* 2 *g.* qui regarde les funérailles.

Funère, *s. f.* t. d'ant. pleureuse. V. * Funere. R.

Funeste, *adj.* 2 *g. Funestus.* malheureux, sinistre, fatal.

Funestement, *adv. Infeliciter.* d'une manière funeste.

Funeur, *s. m.* t. de marine, qui fournit ou met les funins. G. C.

Fungus, voyez Fongus.

Funiculaire, *adj.* 2 *g.* composé de cordes. G. C. * (machine) assemblage de cordes pour soutenir, enlever un poids. B.

Funin, *s. m.* cordage d'un vaisseau.

Fur, au fur et à mesure, *adv.* à mesure que. (*familier*).

Furet, *s. m. Viverra.* joli petit animal du genre des belettes, qui ressemble au putois, ennemi des lapins : curieux, qui s'enquiert de tout ; remède qui cherche les humeurs.

Fureter, *v. n. Scrutari.* té. e, *p.* chasser avec un furet ; fouiller ; chercher par tout, avec soin.

Fureteur, *s. m. Scrutator.* qui furète, qui chasse aux lapins.

Fureur, *s. m. Furor.* manie, frénésie, rage, colère ; passion démesurée ; transport de l'esprit.

†Furfuracé. e, *adj. Furfuraceus.* t. de méd., qui ressemble à du son.

†Furfure, *s. f.* ordure de la tête ; teigne ; galle.

Furibond. e, *s. m. adj. Furens.* sujet à la fureur ; furieux.

Furie, *s. f. Furia.* emportement de colère ; impétuosité de courage ; divinité ; femme très-méchante ; l'état le plus violent. * — infernale, ver filiforme, hérissé de poils, qui pénètre dans les chairs, et fait mourir promptement dans des douleurs aiguës ; le fromage appliqué est l'antidote. B.

Furieusement, *adv. Furiosè.* avec furie. * excessivement ; extrêmement. (*fam. trop usit.*) B.

Furieux, se, *adj. s. Furiosus.* en furie ; véhément ; excessif ; impétueux ; violent ; extraordinaire ; prodigieux.

Furin, *s. m.* t. de marine, pleine mer. R.

Furolles, *s. f. pl.* exhalaisons enflammées sur la mer. * Furoles. R.

Furoncle, *s. m. Furunculus.* froncle, flegmon enflammé ; clou.

Furtif. ve, *adj. Furtivus.* qui se fait à la dérobée.

Furtivement, *adv. Furtim.* à la dérobée.

Fusain, *s. m. Evonymus.* arbrisseau ; genre de plantes polypétales, de la famille des nerpruns. * *ou* Fusin. R.

Fusarolle, *s. f.* t. d'architecture, collier sous l'ove des chapiteaux. * Fusarole. R.

†Fuschsie, *s. f. Fuschsia.* genre de plantes de la famille des myrtes.

Fuseau, *s. m. Fusus.* petit instrument pour filer, faire de la dentelle. * espèce de buccin terminé par deux pointes. B.

Fusée, *s. f.* fil autour du fuseau ; pièce d'artifice ; t. d'horloger, cône cannelé ; t. de maréchal, suros contigus. *adj. f.* (chaux) amortie sans eau.

Fuselé. e, *adj.* t. de blason, chargé de fusées ; t. d'architecture, qui ressemble à un fuseau.

Fuselier, *s. m.* joueur de flûte. V.

Fuser, *v. n.* s'étendre, se répandre, t. de chim.

Fuserole, *s. f.* t. de tisserand, brochette de

fer dans l'épouillin. R. G. C.
Fusibilité, *s. f.* disposition à se fondre.
Fusible, *adj.* 2 *g.* *Fusilis.* qui se peut fondre. * *et* Fusile. RR.
†Fusiforme, *adj.* 2 *g.* *Fusiformis.* en forme de carotte, de fuseau.
Fusil, *s. m.* *Igniarium.* arme à feu; pièce d'acier pour battre le caillou, boîte qui la renferme; acier pour aiguiser
†Fusile. e, *adj.* *Fusilis.* t. de méd. fusible.
Fusilier, *s. m.* fantassin armé d'un fusil.
Fusillade, *s. f.* plusieurs coups de fusils tirés à la fois. AL. * action de fusiller. B.
Fusiller, *v. a.* lé. e, *p.* tuer à coups de fusil.
†Fusillette, *s. f.* très-petite fusée.
Fusin, *s. m.* crayon. V.
Fusion, *s. f.* *Fusura.* fonte, liquéfaction; division des parties par le calorique, le feu.
†Fusot, *s. m.* sorte de bois jaune très-foible.
Fustal. e, *adj.* (*vieux*) à coups de bâtons. V.
Fuste, *s. f.* *Liburna.* navire de bas-bord.
Fuster, *v. a.* té. e, *p.* battre à coups de bâton. V. * éviter un piége. B.
Fustet, *s. m.* arbre qui sert à teindre. * *ou* Fuste. C.
†Fustibules, *s. f.* machine pour lancer des traits et des pierres.
Fustigation, *s. f.* *Verberatio.* action de donner le fouet.
Fustiger, *v. a.* *Fustibus cædere.* gé. e, *p.* battre à coups de fouet.
Fustoc, *s. m.* bois de teinture et de marquéterie. G. C.
Fût, *s. m.* *Hastile.* bois sur lequel on monte diverses machines; le bois du tonneau; carcasse; t. d'architecture, partie entre la base et le chapitau.
Futaie, *s. f.* *Silva alta.* bois, forêt composée de grands arbres.
Futaille, *s. f.* *Dolium.* vaisseau à mettre des liqueurs.
Futaine, *s. f.* *Pannus xylinus.* étoffe de coton et de fil.
Futainier, *s. m.* qui fait la futaine. R. G. C.
Futé. e, *adj.* *Cautus.* fin, rusé, adroit. (*fam.*)
Futée, *s. f.* mastic de menuisier. R. V. G.
F-ut-fa, t. de musique.
†Futier, *s. m.* qui assemble les ais d'un coffre.
Futile, *adj.* 2 *g.* *Futilis.* frivole, sans importance.
Futilité, *s. f.* *Futilitas.* frivolité, chose futile.
Futur. e, *adj.* *Futurus.* à venir. *s. m.* que l'on doit éprouver; avenir. t. de gram. de logique, ce qui doit arriver.
Futurition, *s. f.* t. didactique, qualité de ce qui doit arriver.
Fuyant. e, *adj.* *Fugiens.* t. de peint. qui fuit, se perd dans le lointain. * *s. pl.* contours ou tournans. B.
Fuyard. e, *adj.* *Fugiens.* qui fuit. *s. m.* soldat qui s'enfuit du combat.
Fuyasser, *v. a.* agir frauduleusement. V.
†Fy, *s. m.* ladrerie apparente des animaux.

GABA

G, *s. m.* septième lettre de l'alphabet.
G-ré-sol, *s. m.* t. de musique. R.
Gaar, *s. m.* poisson de Tabago. G. C.
Gaban, *s. m.* (*vieux*) vêtement. V.
Gabare, *s. f.* *Corbita.* bateau; bâtiment; filet. * *m.* manteau. R.
†Gabaréer, *v. a.* travailler des pièces de charpentes sur des gabarits.
†Gabarer, *v. n.* faire aller un petit canot avec un seul aviron sur la poupe.
Gabari, Gabarit, *s. m.* t. de marine, modèle de construction; contour de la carène; couple.
Gabarier, *s. m.* conducteur d'une gabare; porte-faix qui la décharge.
†Gabarote, *s. f.* petit bateau de pêcheur sur la Gironde.
Gabatine, *s. f.* promesse ambiguë; (donner de la), en faire accroire.
Gabelage, *s. m.* séjour du sel dans le grenier. G. C. * impôt sur le sel. V.
Gabeler, *v. a.* *Salem insolare.* lé. e, *p.* faire sécher le sel dans le grenier. G. C. * *v. pers.* (se), se divertir. RABELAIS.
Gabeleur, *s. m.* employé dans la gabelle. C. G.
Gabelle, *s. m.* impôt sur le sel; lieu où on le vend. *Cella salaria.* * Gabele. R.
Gabellum, *s. m.* entre-deux des sourcils. G. C. V.
†Gabeloux, *s. m.* railleur, insolent; agent de la gabelle; commis de barrière.
†Gaber, *v. pers.* (se) gabeler.
Gabet, *s. m.* girouette.
Gabie, *s. m.* *Corbis.* hune ou cage au haut du mât. R. G. C. * Gabié. RR.
Gabier, *s. m.* matelot qui fait le quart R. G. C.
Gabieu, *s. m.* *ou* Toupin, t. de cordier. RR.
Gabillaud, *s. m.* morue verte. * Gabillau. V. Cabillau. R.
Gabion, *s. m.* t. de guerre, grand pannier plein de terre pour couvrir les travailleurs.
Gabionnade, *s. f.* ouvrage de gabions, t. de fortification. G. C. * Gabionade. B.
Gabionner, *v. a.* né. e, *p.* couvrir avec des gabions. * Gabioner. R.
Gabords, *s. m. pl.* t. de marine, premières planches d'en bas. R. G. C. V.
†Gabre, *s. f.* cristallisation pierreuse, volcanique; serpentine dure et solide.
Gaburon, *s. m.* t. de marine, pièce pour fortifier le mât. G. C. V.
Gâche, *s. f.* *Retinaculum.* t. de serru. pièce qui retient le pène; anneau de fer scellé. * t. de pâtissier, spatule. G.
Gâcher, *v. a.* *Diluere.* délayer, détremper du plâtre, etc.; vendre à vil prix. * remuer la rame. G.
†Gachet, *s. m.* *Sterna atra capilla.* hirondelle de mer, à tête noire.
Gâchette, *s. f.* petite pièce d'une serrure, d'un fusil. * Gachete. R.
Gâcheur, *s. f.* marchand qui vend à vil prix. R. G. * qui gâche le plâtre. A.
Gâcheux. se, *adj.* *Limosus.* bourbeux, détrempé. * *s. m.* précepteur. B.
Gâchis, *s. m.* saleté causée par de l'eau.
†Gade, *s. m.* *Gadus.* genre de poissons jugulaires, 4ᵉ. genre, 3ᵉ. classe.
Gadèle, *s. f.* sorte de groseille. G. C. V.
Gadelier, *s. m.* arbrisseau qui porte les gadèles. G.
†Gadolinite, *s. f.* pierre noirâtre, semblable à une substance volcanique.
†Gadote, *s. f.* matière fécale.
Gadouard, *s. m.* vidangeur.
Gadoue, *s. f.* matière fécale tirée d'une fosse.
Gaffe, *s. f.* t. de marine, perche armée d'un croc. * grande morue verte; vaisseau pour transporter le sel. B. Gafe. R.
Gaffer, *v. a.* fé. e, *p.* accrocher avec la gaffe. * Gafer. R.
Gagate, *s. f.* pierre noire, dure et bitumineuse. G. C.
Gage, *s. m.* *Pignus.* nantissement; dépôt; assurance, preuve. *pl.* salaire, appointemens.
Gage-mort, voyez Mort-gage. A.
Gager, *v. a.* gé. e, *p.* donner des gages, des appointemens. *v. n.* parier; faire une gageure.
Gagerie, *s. f.* t. de pratique, simple saisie privilégiée.
Gageur. se, *s.* qui gage souvent, qui gage.
Gageure, *s. f.* *Sponsio.* promesse des gageurs, chose gagée. * Gageûre. G.
Gagier, *s. m.* marguillier de village. R.
Gagiste, *s. m.* qui est gagé sans être domestique.
Gagnable, *adj.* que l'on peut gagner. * et *subst.* friches; marais cultivés. G. Gâgnable. R.
Gagnage, *s. m.* pâturage; pâtis du cerf, terres ensemencées où il paît. * *pl.* fruits des terres emblavées. G. Gâgnagé. R.
Gagnant, *s. m.* qui gagne au jeu, à la loterie. * *pl.* Gagnans. C. Gâgnant. e. Gâgneur. se. R.
†Gagné, *s. m.* gain de cause. *exemple*, je vous donne gagné.
Gagne-denier, *s. m.* *Bajulus.* qui gagne sa vie par le travail sans avoir un métier. * Gâgne-denier. R.
Gagne-pain, *s. m.* ce qui fait gagner la vie à quelqu'un. * Gâgne-pain. R.
Gagne-petit, *s. m.* remouleur ambulant. * Gâgne-petit. R.
Gagner, *v. a.* *Lucrari.* gné. e, *p.* faire quelque gain; obtenir; remporter, attirer à un parti; etc. avancer; acquérir, faire des progrès; mériter; corrompre; arriver, parvenir à. * Gâgner. R.
Gagnerie, *s. f.* t. de coutume. V. * *ou* Gaignerie. R.
Gâgneur. se, *s.* qui gagne. RR.
Gagou, *s. m.* arbre de la Guyanne.
Gagui, *s. f.* (*familier*) femme qui a beaucoup d'embonpoint et de gaieté; grosse réjouie.
Gai. e, *adj.* *Lætus.* joyeux, qui réjouit; clair; bien situé.
Gai, *adv.* gaiement. * *interjection.* C.
Gaïac, *s. m.* *ou* Bois saint, arbre médicinal, d'un bois très-dur; très-actif, bon dans les maladies vénériennes, légères, chroniques, œdème, fleurs blanches, rhumatismes, vieux ulcères humides et sanieux; son huile empyreumatique facilite l'exfoliation des os.
Gaiement, *adv.* *Hilarè.* avec gaieté, de bon cœur. * Gaîment. R. A. V.
Gaieté, *s. f.* *Hilaritas.* joie; belle humeur; allégresse; paroles, actions folâtres. * Gaîté. R. A. V.
Gaigne, *s. f.* t. de coutume. RR.
Gaignières, *s. f. pl.* espèce d'abeilles. G.
Gaillard. e, *adj.* *s.* *Festivus.* joyeux; gai; un peu libre; évaporé; hardi, éveillé; sain; dispos; un peu ivre; périlleux.
Gaillard, *s. m.* élévation sur le tillac.
Gaillarde, *s. f.* caractère d'imprimerie; danse.
Gaillardelettes, *s. f. pl.* pavillons. * Gaillardelete. R.
Gaillardement, *adv.* *Hilarè.* joyeusement; hardiment.
Gaillardet, *s. m. pl.* pavillon échancré de misaine. G. V. RR.
Gaillardise, *s. f.* *Jucunditas.* gaieté gaillarde; paroles, actions un peu libres.
†Gaillet, *s. m.* *Galium.* voyez Caille-lait.
Gain, *s. m.* *Lucrum.* profit, lucre; succès; avantage.
Gaîne, *s. f.* *Vagina.* étui; t. d'architecture, scabellon; t. de botanique, pétale en fourreau. voyez Spathe.
Gaînier, *s. m.* *Vaginarum opifex.* qui fait et

vend des gaînes. * arbre ; genre de plantes légumineuses. *Ceris.* B.
†Gaiter, *v. a.* se garder bien de faire une chose défendue (*vieux*).
†Gal, *s. m. Zeus gallus.* poisson du genre du doré. — varié, galéopithèque brun. B.
Gala, *s. m.* fête, festin à la cour. * *ou* Gale. G.
†Galactique, *adj.* 2 *g.* (acide) de petit lait.
†Galactirrhée, *s. f. Galactirrhea.* écoulement du lait.
Galactit, *s. m. Galaxias.* argile blanchâtre, endurcie, veinée de rouge, bonne pour dégraisser. voyez Galaxie.
Galactite, *s. f.* sorte de jaspe. * argile. C.
†Galactode, *s. m. Galactodes.* lait chaud. *adj.* couleur de lait.
†Galactographie, *s. f.* description des sucs laiteux.
†Galactologie, *s. f.* traité sur l'usage des sucs laiteux.
Galactophage, *s. Galactophagus.* qui vit de lait. R.
†Galactophore, *adj.* 2 *g. Galactophoros.* qui fournit du lait aux nourrices. *ou* Galactopée, qui fait couler le lait.
†Galactopoélique, *adj. s.* 2 *g.* qui engendre le lait.
†Galactopole, *s.* buveur de lait. * Galactopote RR. AL.
†Galactoposie, *s. f.* régime par la diète du lait.
†Galactose, *s. f.* changement du chyle en lait.
†Galago, *s. m.* maki à longue queue touffue.
Galamment, *adv. Urbanè.* de bonne grâce ; d'une manière galante ; adroitement ; finement. * Galament. R.
†Galandage, *s. m.* cloison de briques posées de champ. voyez Galandise.
Galande, *s. f.* sorte de pêche.
†Galandise, *s. f.* cloison de briques. voyez Galandage.
†Galane *ou* Tortue, *s. f. Chelone.* genre de plantes polypétales.
Galanga, *s. m. Maranta.* plante à racines céphaliques, cardiaques, stomachiques et aromatiques ; elle vient des Indes ; sa racine.
Galant. e, *adj. Amator.* galant homme, probe, civil ; homme galant qui cherche à plaire aux dames ; agréable ; de bon goût. *f.* femme qui a des intrigues. *s. m.* amant, amoureux. * *pl.* t. de mar. R.
Galanterie, *s. f. Lepos.* agrément, politesse, douceur ; commerce amoureux et criminel ; coquetterie ; petit présent. * maladie vénérienne. G. V.
Galantin, *s. m.* (*ironique*) ridiculement galant. A. V.
Galantise, *s. f.* (*vieux*) galanterie. V.
Galantiser, *v. a.* sé. e, *p.* (*vieux*) courtiser les dames.
†Galathée, *s. f. Galathea.* langouste à courtes antennes et longues serres.
Galaubans, *s. m. pl.* t. de marine R. * cordes pour affermir les mâts. B.
†Galaverne, *s. f.* garniture des avirons d'une galère.
Galaxie, *s. f. Galaxia.* t. de physique, voie lactée. * Galactit, pierre de lait ; lait de lune : genre de plantes de la famille des iris. B. *pl.* fêtes d'Apollon. V.
Galbanoner, *v. a.* t. de vitrier. R.
Galbanum, *s. m. Galbanus.* gomme résolutive très-employée en médecine. * prison. *et* Calbanon. A. *ou* Galbanon. G. voyez Cabanon.
Galbe, *s. m.* t. d'architecture, élargissement fait avec grâce.

Galbule, *s. f.* tête ou noix de cyprès. G. C.
Gale, *s. f. Scabies.* maladie de peau des animaux et des végétaux. * t. de métier, ordure, inégalité. B.
Galé, *s. m. Myrica.* genre de plantes à fleurs incomplètes.
Galéace, *s. f.* grosse galère. * *ou* Galéasse. A. V.
Galéanthropie, *s. f.* délire. V.
Galebans, *s. m. pl.* t. de marine. RR.
Galée, *s. f.* t. d'imprimerie, ais à rebords. * (*vieux*) Galère. R. V.
Galefretier, *s. m.* homme de néant, mal vêtu. * Galefrétier. RR.
Galega, *s. m. ou* Galec, Rue de chèvre, plante pectorale. * Galéga. V. RR. *ou* Lavanèse. B.
Galène, *s. f.* mine de plomb. * espèce de pyrite composée de chaux, de plomb et d'acide uni au feu fixe. B. Galene. R.
Galénique, *adj.* 2 *g.* selon le système de Galien.
Galénisme, *s. m.* doctrine de Galien.
Galéniste, *s. m.* médecin attaché au galénisme.
†Galéode, *s. m. Galeodes.* arachnide palpiste, velu, à deux yeux.
†Galéopithèque, *s. m. pl. Galeopithecus.* chats-volans, espèce de chauve-souris.
Galéopsis, *s. m.* chanvre bâtard, plante labiée.
†Galéote, *s. f.* lézard du 4e. genre, il a l'occiput et le dos dentelés.
Galer, *v. v.* lé. e, *p.* (*populaire*) gratter. (se), *v. r.*
Galère, *s. f. Biremis.* bâtiment à la voile et à la rame ; punition des malfaiteurs ; état, travail pénible. * zoophite ou mollusque ; crustacée de mer : très-bel insecte aquatique, verdâtre, à nageoires en plumules sur le ventre ; fourneau de distillateur ; herse ; rabot de facteur d'orgues. B. Galere. R.
Galéricule, *s. m.* t. d'antiq. tour de cheveux. V.
Galerie, *s. f. Porticus.* longue pièce d'un bâtiment ; corridor ; allée ; ceux qui y sont ; t. militaire ; t. de mineur, route souterraine ; t. de fondeur, espace autour du moule.
Galérien, *s. m. Remex.* forçat condamné à ramer.
†Galérité, *s. m. Galerites.* radiaire échinide.
Galerne, *s. f. Cæcias.* vent froid, nord-ouest.
†Galéruque, *s. f. Galeruca.* genre d'insecte qui diffère de la chrysomèle.
Galet, *s. m. Lapillus.* jeu ; cailloux arrondis, plats ou ovales, de diverses couleurs, sur les grèves, les rivages.
Galetas, *s. m.* dernier étage ; logement pauvre.
Galette, *s. f. Crustulum.* sorte de gateau plat. * Galete. R.
Galeux. se, *adj. s. Scabiosus.* qui a la gale.
†Galgale, *s. f.* mastic composé de chaux, d'huile et de goudron.
Galia, *s. f.* noix de galle et dattes vertes, etc. ; mélange de parfums. G. C.
†Galiffre, *s. m.* gros mangeur.
†Galiffrer, *v. n.* dévorer, manger beaucoup, ou gloutonnement.
Galiléen. enne, *s. adj.* de Galilée. * *f.* Galiléene. RR.
Galimafrée, *s. f.* fricassée de restes de viande.
Galimatias, *s. m. Sonitus inanis.* discours confus, inintelligible. * Galimathias. R. G. *gallus Mathiæ.* quiproquo d'un avocat. B.
†Galin, *s. m.* ergot de bœuf brut.
Galion, *s. m. Gaulus major.* vaisseau des Indes espagnoles.
Galioniste, *s. m.* qui commerce par les galions. V.
Galiote, *s. f. Lembus.* petite galère ; bateau couvert. * lézard du 4e. genre, en Asie et en Afrique, presque domestique. *Galiotes.* B.

Galipot, *s. m. Thus album. ou* Encens blanc, résine du pin.
†Gallates, *s. m. pl.* sels formés par les combinaisons de l'acide gallique avec différentes bases.
Galle, *adj. Galla.* excroissance sur les végétaux, formée par l'extravasation de la sève par un trou que font des insectes ; insecte qui l'habite. * *s. m.* prêtre de Cybèle. B.
Gallée, *s. f.* (*vieux*) compagnie. T.
Galliambe, *s. m.* vers en l'honneur de Cybèle. G. V.
Galliambique, *adj.* 2 *g.* du galliambe. V.
Gallican. e, *adj.* françois, qui concerne l'église de France.
Gallicisme, *s. m.* expression, tour propres à la langue française, ou consacrés par l'usage, t. de grammaire.
Gallinacées, *s. f. pl.* (oiseaux) du genre des poules, granivores. * Galinacées. V.
†Gallinaparte, *s. f.* oiseau d'Amérique.
Gallinasse, *s. f.* sorte de corbeau. * Galinasse. V.
†Gallinaze, *s. m.* corbeau du Pérou.
†Gallinsecte, *s. m.* insecte qui ressemble à une galle, noir. voyez Kermès.
Gallique, *adj.* 2 *g.* tiré de la noix de galle ; gaulois. V.
Gallium, *s. m.* caille-lait, t. de botan. A. R. V.
†Galloglasses, *s. m. pl.* corps de cavalerie irlandoise.
†Gallon, *s. m.* mesure angloise.
Galoche, *s. f. Gallicæ.* chaussure ; t. de mar. trou à l'écoutille ; soupape ; poulie à mouffle plat. * coin de doreur. B.
Galon, *s. m. Limbus.* tissu de soie, etc. en ruban épais.
†Galonné, *s. m.* espèce de chien de mer ; lézard de Guinée, du 4e. genre.
Galonner, *v. a.* né. e, *p.* orner, border de galons. * Galoner. R.
†Galonnier, *s. m.* fabricant de galons.
Galop, *s. m. Cursus.* allure d'un cheval qui court très-vîte.
Galopade, *s. f.* action de galoper ; espace parcouru en galopant.
Galoper, *v. a.* pé. e, mettre un cheval au galop ; poursuivre quelqu'un. *v. n.* aller le galop ; aller de côté et d'autre.
Galopin, *s. m. Vernula.* petit marmiton, petit commissionnaire ; homme de néant.
†Galoubé, Galoubet, *s. m.* flûte provençale à trois trous.
†Galupse, *s. f.* bateau. voyez Accon.
†Galvanique, *adj.* 2 *g.* du galvanisme.
†Galvanisme, *s. m.* système de Galvani ; suites d'expériences nouvelles sur l'électricité.
†Galvanoscope, *s. m.* instrument pour connoître la force du galvanisme.
Galvardine, *s. f.* habillement. G. C.
Galvauder, *v. a.* dé. e, *p.* injurier, maltraiter de paroles. * poursuivre avec ardeur. V.
†Galvette, *s. f.* petit bâtiment corsaire d'Angria.
†Galvise, *s. f.* grosse réjouie (*vieux*).
Gamache, *s. f. Ocreæ lanæ.* guêtres de laine. R. V.
Gamahé *ou* Gamaheu, *s. m.* pierre figurée. R. C.
Gambade, *s. f. Exultatio.* saut sans art ; mauvaise défaite.
Gambader, *v. n. Exultare.* faire des gambades.
Gambage, *s. m.* droit sur la bière. R. G. C.
Gambes de hunes, *s. f. pl.* t. de marine. R. * petites cordes du mât de hune ; crochet, bande des haubans de hune. B.
†Gambeson, *s. m.* vêtement militaire qui descendoit jusqu'aux cuisses.
†Gambeter, *v. n.* gambader, sauter (*vieux*).
†Gambier, *s. m.* longue barre de fer pour

faire tourner un outil.
Gambiller, *v. n. Pedibus argutari.* remuer sans cesse ou de côté et d'autre les jambes ; gambader.
Gambis, *s. m.* t. de jeu d'échecs.
†Gamelion, *s. m.* mois athénien dans lequel on célébroit les noces.
Gamelle, *s. f. Gamella.* grande écuelle de bois. * Gamele. R.
Gamin, *s. m.* marmiton. V. * apprentif; enfant. B.
†Gamma-doré, *s. m.* papillon nocturne.
Gammarolithe, *s. f. Gammarolithus.* pierre figurée. V. * *ou* Crabites crustacés, ensevelis dans la terre et qui y ont changé de nature. *ou* Gammarolite. B.
Gamme, *s. f. Diagramma.* table des notes de musique.
Gamologie, *s. f.* traité sur le mariage, les noces. R. C. RR.
†Gamuto, *s. m.* chanvre de palmier des Indes.
Ganache, *s. f.* mâchoire inférieure du cheval. * sorte de potence, d'estrapade en Turquie. V. voyez Ganche. B.
†Gancette, *s. f.* maille de trois pouces carrés.
Ganche, *s. f.* sorte de potence en Turquie ; t. de marine. R. G. C. CO. * Ganache. V.
Gandine, *s. f.* (*vieux*) forêt. V.
Ganer, *v. n.* t. du jeu de l'hombre, laisser aller la main.
Ganerbinat, *s. m.* union de familles nobles allemandes, pour se défendre contre les brigands. AL.
†Ganga, *s. m.* gélinote des Pyrénées.
Gangliforme, *adj. 2 g. Gangliformis.* t. de médecine, qui a la forme, la figure d'un ganglion. G. C.
Ganglion, *s. m. Ganglium.* t. de médecine, tumeur sans douleur sur les nerfs. * assemblage de nerfs entrelacés. B.
Gangrène (*prononcez* Cangrène), *s. f. Gangræna.* mortification totale d'une partie du corps. * Gangrene. R. Cangrène. G. CO.
Gangrener (se), *v. r.* né, e, *p.* se corrompre. * Cangrener. G. CO.
Gangréneux, se, *adj.* de la nature de la gangrène. * Cangréneux. G. CO.
Gangue, *s. f.* t. de naturaliste, roche à laquelle adhère un métal minéral, tel que l'antimoine.
†Ganguiel, *s. m.* petit ganguy. * Gangui. AL.
†Ganguy, *s. m.* filet plus petit et plus serré que le brégin. * Gangui. AL.
Ganif. G. voyez Canif.
†Ganitre, *s. m. Elæocarpus.* genre de plantes de la famille des tilleuls.
Ganivet, *s. m.* instrument de chirurgie ; petit canif.
†Gannegard, *s. m.* étoffe de toile pour l'Afrique.
Gano, *s. m.* t. du jeu de l'hombre, *pour dire* : laissez venir la main.
Ganse, *s. f. Ansula.* cordonnet de soie, de laine, d'or, etc. * Gance. G.
Gant, *s. m. Digitale.* ce qui couvre la main et chaque doigt. * Gand. V.
Gante, *s. m.* faux bords de bois des chaudières de brasseur. G. * *pl.* AL.
Gantelée, *s. f.* plante. voyez Campanule.
Gantelet, *s. m.* t. de guerre, gant revêtu de fer ; t. de chirurgie, bandage ; * t. d'arts et métiers, tout ce qui garnit, garantit la main. B.
Ganter, *v. a. n.* té, e, *p.* mettre des gants. (se), *v. r.*
Ganterie, *s. f.* fabrique et commerce de gants.
Gantier, ère, *s.* qui fait et vend des gants. * *f.* Gantiere. R.
Garade, *s. f.* espèce de sac des Maures. G.

Garaguai, *s. m.* oiseau de proie d'Amérique. G.
Garajiau, *s. m.* oiseau d'Afrique. G.
Garamantite, *s. f.* pierre précieuse et figurée.
Garançage, *s. m.* teinte, bouillon de garance. R. G. C.
Garance, *s. f. Rubia.* plante apéritive qui teint en rouge.
Garancer, *v. a.* cé, e, *p.* teindre en rouge. G. V.
Garanciere, *s. f.* lieu où croît la garance. R.
Garant, *s. m. Sponsor.* pleige, caution du fait d'un autre ou du sien propre ; autorité ; auteur dans lequel on a puisé un fait, un passage ; celui de qui on tient une nouvelle. *s. f.* t. de diplomatie. * cordage pour hâler B.
Garanti. e, *s. m. adj.* t. de pratique, qui est garanti.
Garantie, *s. f. Auctoritas.* obligation de garantir ; caution. * dédommagement promis. AL.
Garantir, *v. a.* ti. e, *p.* se rendre garant, répondre de ; assurer la bonté ; préserver. (se) *v. r.*
Garas, *s. m.* toile des Indes. G. C. V.
Garbe, *s. f.* enjouement. V.
†Garbelage, *s. f.* droit sur les marchandises envoyées dans le Levant.
Garbin, *s. m. Africus.* t. de marine, vent de sud-ouest. G. C. V. RR.
Garbon, *s. m.* t. de fauconnier, mâle de la perdrix. G. V. RR.
Garbure, *s. f.* potage de pain de seigle, choux et lard. A. V.
Garçailler, *v. a.* (*vieux*) hanter les garces. V.
Garce, *s. f.* prostituée ; *en quelques pays*, fille.
Garcette, *s. f.* (de cheveux), enveloppe des crins. V.
Garcettes, *s. f. pl.* t. de marine, cordes, courroies. * Garcetes. R. V. AL.
Garcier, *s. m.* qui hante les mauvais lieux. G. C.
Garçon, *s. m. Mas.* enfant mâle ; célibataire ; valet ; ouvrier. * bas-officier ; soldat. B.
Garçon major, *s. m.* qui fait le détail du régiment. G. * garçon-major. C.
Garçonet, *s. m.* petit garçon. R.
Garçonner, *v. a.* fréquenter les garçons. V.
Garçonnière, *s. f.* (*bas*) (fille) qui fréquente les garçons, qui en a les manières. * Garçoniere. R.
Garde, *s. m. Conservatio.* guet ; action de garder, d'observer ; commission de garder ; charge ; protection ; homme destiné pour faire la garde, pour garder, conserver ; t. d'arts et métiers, ce qui garantit. * gens de guerre qui font la garde. *s. f.* celle qui garde un malade. B.
Garde (corps-de-), voyez Corps-de-garde.
Garde (grand'), *s. f.* garde en avant d'un camp. A.
Garde avancée, *s. f.* t. de guerre, corps en avant de la grand'garde.
Garde-bois, *s. m.* qui garde les bois.
Garde-bourgeoise, *s. f.* t. de coutume ; t. de pratique, droit d'un époux veuf de jouir du bien du décédé.
Garde-boutique, *s. m.* ce qui reste long-temps en boutique.
Garde-chaîne, *s. f.* t. d'horloger. R. V.
Garde-chasse, *s. m.* qui veille sur la chasse. A. RR. CO. G.
†Garde-corde *ou* Guide-chaîne, *s. m.* t. d'horloger, pièce qui empêche la fusée de tourner.
Garde-côte, *s. m. adj.* qui garde les côtes.
Garde des sceaux, *s. m.* qui garde les sceaux. G. * Garde-des-sceaux. R. C.
Garde du corps, *s. m.* qui garde la personne. * Garde-du-corps. R. G.

Garde-feu, *s. m.* grille que l'on met autour du feu. * cylindre qui contient une gargousse. B.
Garde-fou, *s. m. Lorica.* balustrade sur les quais, etc. pour empêcher de tomber.
†Garde françoise, *s. f.* régiment de la garde du roi ; soldat de ce régiment. * Garde-française. C.
Garde-magasin, *s. m.* qui garde les magasins.
Garde-malade, *s. 2 g.* qui a soin d'un malade. * *et* Garde. B.
Garde-manger, *s. m. Penarium.* lieu, armoire en châssis de toile pour garder les alimens.
Garde-marine, *s. m.* garde de l'amiral.
Garde-marteau, *s. m.* t. d'eaux et forêts. A.
Garde-meuble, *s. m.* lieu où l'on serre les meubles.
Garde-nationale, *s. f.* garde composée des citoyens. G. C. RR.
Garde-national. *s. m.* Gardes-nationaux. *pl.* G. C. RR. citoyen armé.
Garde-noble, *s. m.* t. de coutume, droit des époux veufs de jouir du bien de leurs enfans.
Garde-note, *s. m.* titre des notaires. C.
†Garde-platine, *s. f.* pièce de métier à bas.
Garde-robe, *s. f. Vestiarium.* où l'on serre les hardes, ces hardes ; lieux d'aisance. * cyprès, plante vivace qui tue les vers. B.
Garde-rôle, *s. m.* qui garde les rôles. R. V. CO.
†Garde-suisse, *s. f.* régiment suisse de la garde du roi ; soldat de ce régiment.
Garde-vaisselle, *s. m.* qui garde la vaisselle. C. * Garde-vaissele. R.
Garde-vente, *s. m.* t. d'eaux et forêts. R.
†Gardene, *s. f. Gardenia.* genre de plantes de la famille des rubiacées.
Garder, *v. a. Servare.* dé, e, *p.* conserver ; retenir ; veiller ; prendre soin ; protéger ; défendre ; préserver, garantir ; observer ; réserver. (se), *v. r.* se conserver ; se défier ; se préserver.
Gardeur, se, *s. Custos.* qui garde.
Gardien, *s. m.* emploi claustral.
Gardien, ne, *s. Custos.* qui garde, qui a en dépôt. * *f.* Gardiene. R.
†Gardiennage, *s. m.* emploi de gardien.
Gardiennat, *s. m.* charge de gardien, sa durée. * Gardiénat. R. *ou* Gardianat. V.
Gardiennerie, *s. f.* t. de marine, chambre des canonniers. G. C. * Gardiénerie. R.
†Gardier, *s. m.* sujet aux droits de garde.
Gardon, *s. m. Gobio. ou* Rosse, poisson d'eau douce, du genre du cyprin.
Gare ! *impératif de* garer. *interjection* pour faire ranger. * Garre. RR.
Gare, *s. f.* abri pour les bateaux.
Garenne, *s. f. Vivarium.* lieu peuplé de lapins. * Garene. R.
Garennier, *s. m. Vivarii custos.* qui a soin d'une garenne. G. C. * Garénier. R.
Garer, *v. a.* ré, e, *p.* (un bateau) l'attacher dans une gare. (se), *v. réfléc.* (*familier*) se preserver.
†Gargalisme, *s. m. Gargalisma.* t. de médec. chatouillement.
Gargamele, *s. f.* (*pop.*) gosier, gorge. R. V.
Gargariser (se), *v. r. Gargarizare.* sé, e, *p.* se laver la gorge.
Gargarisme, *s. m. Gargarizatio.* action de se gargariser ; liqueur pour se gargariser.
Gargotage, *s. m.* mets mal apprêtés, mal propres.
Gargote, *s. f. Popina.* cabaret, auberge où l'on sert mal-proprement.
Gargoter, *v. n. Popinari.* hanter les gargotes ; manger, boire sans propreté.
Gargotier, ère, *s.* qui tient gargote ; mauvais cuisinier.

cuisinier. * *f.* Gargotiere. R.
†Gargouche, *s. m.* papier gris d'une pâte très-commune.
Gargouillade, *s. f.* pas de danse. * verre à boire. V.
Gargouille, *s. f. Canalis.* gouttière de pierre; mascaron; rigole; t. d'éperonnier, anneau.
Gargouillée, *s. f.* chute d'eau d'une gargouille. R.
Gargouillement, *s. m. Murmur.* bruit de l'eau dans la gorge.
Gargouiller, *v. n.* barboter dans l'eau.
Gargouillis, *s. m.* bruit de l'eau qui tombe d'une gargouille.
Gargoulette, *s. f.* pot à l'eau; bouteille. G. T. * Gargoulete. R.
Gargousse, *s. f* charge de poudre pour un canon. * *et* Gargouche. V.
Gargoussière, *s. f.* sorte de gibecière. C. G. * Gargoussiere. R.
Garieur, *s. m.* t. de coutume. V. R.
Garigue, *s. f.* lande, terre inculte. V. * espèce de champignon qui naît sur le sommet du pin blanc d'Acadie. B.
Gariment *ou* Cariment, *s. m.* (*vieux*) garantie. V. RR.
Garites, *s. f. pl.* t. de marine. R.
Garnement, *s. m. Nebulo.* (*bas*) vaurien, libertin.
Garniment, *s. m.* garniture. R. G. C.
Garnir, *v. a.* ni. e, *p.* pourvoir de tout ce qui est nécessaire; assortir; meubler; ajuster. (*se*), *v. pers.* se saisir, se munir.
†Garniser, *s. m.* homme en garnison chez les contribuables en retard (*nouveau*), * Garnisaire. V. AL. RR.
Garnison, *s. f. Præsidium.* t. militaire, soldats qui gardent une place; t. de pratique, qui gardent une maison. * sergens, archers chez un débiteur. B.
Garnisonnaire, *s. m.* soldat en garnison chez un débiteur. V.
Garnisseur, *s. m.* celui qui garnit. R. G. C.
Garniture, *s. f. Supellex.* ce qui sert à garnir; assortiment; ornement; t. d'arts et métiers. * t. d'imprimerie, bois autour des pages. B.
†Garochoir, *s. m.* sorte de cordage.
Garou, *s. m. ou* Lauréole, arbrisseau toujours vert.
Garou (loup-), *adj. m.* voyez Loup. * *s.* arbrisseau. B.
Garouage (aller en), *s. m.* aller en mauvais lieux. * en partie de plaisir. V.
†Garouenne, *s. f.* pièce de bois qui soutient une poulie.
†Garras, *s. m.* toile blanche de coton, de Surate.
†Garrière, *s. f.* rigole qui cache un ressort, t. de chassse.
Garrot, *s. m. Armus.* t. vétérin. partie du cheval; bâton court pour serrer les liens; oiseau. * dard. V. Gârot. R.
Garrotter, *v. a. Constringere.* té. e, *p.* attacher fortement par des liens, des actes. * Gâroter. R. Garroter. C.
†Garrulité, *s. f.* bavardage, babillage, défaut du bavard.
Gars, *s. m.* (*familier*) garçon. A. C. V.
Garum, *s. m.* saumure pour garder le poisson. G. C. V.
†Garunille, *s. f.* drogue pour teindre en fauve ou en gris.
Garus, *s. m.* élixir pour l'estomac.
Garzette, *s. f. ou* Jarsette, héron blanc. G. C.
Gas. voyez Gaz. A.
Gascon. ne, *adj. s.* fanfaron; hâbleur; poltron. * *f.* Gascone, de Gascogne. R. — *ou* Saurel, poisson du genre du scombre. B.

Gasconisme, *s. m.* façon de parler gasconne.
Gasconnade, *s. f. Jactatio.* fanfaronnade; vanterie outrée. * Gasconade. R. vol. RR.
Gasconner, *v. n.* (*familier*) dire des gasconnades. A. V. G. C. * Gasconer. R. voler. RR.
†Gaser, *v. pers.* se dit de la cire dont les rubans se collent.
†Gasfots, *s. m. pl.* crocs de fer pour pêcher les crustacés.
Gasparot, *s. m.* poisson. V.
Gaspillage, *s. m.* action de gaspiller.
Gaspiller, *v. a. Profundere.* lé. e, *p.* faire des dépenses inutiles; gâter.
Gaspilleur. se; *s.* qui gaspille.
†Gassefat, *s. m.* vaisseau persan dans la mer des Indes.
Gassendiste, *s. m.* sectaire de Gassendi. V.
Gastadour, *s. m.* pionnier qui applanit les chemins. G. C. RR.
Gaster, *s. m.* t. de médecine, le bas-ventre; l'estomac.
†Gastéropodes, *s. m. pl.* mollusques à tête libre, glissans sur le ventre.
†Gastine, *s. f.* désert, solitude; terre stérile et inculte.
†Gastis, *s. m.* dégât arrivé aux biens de la terre (*vieux*).
†Gastré, *s. m. Gasterosteus.* nom d'un genre de poissons pectoraux, couverts de lames osseuses, 14e. genre, 4e. classe.
Gastriloque, *adj.* 2 *g. Gastriloquus.* qui parle de l'estomac. R.
Gastrique, *adj.* 2 *g.* stomacal, de l'estomac.
†Gastrite, *s. f.* douleur vive à l'épigastre; phlegmasie de l'estomac.
†Gastritis, *s. m.* inflammation de l'estomac. * Gastritie.
†Gastrobranche, *s. m.* genre de poissons dont les ouvertures des branchies sont situées sous le ventre.
†Gastrocèle, *s. f. Gastrocele.* hernie de l'estomac.
Gastrocnémiens, *s. m. pl. Gastrocnemii.* t. d'anatomie, muscles du gras de la jambe.
†Gastrocolique, *adj.* 2 *g.* qui a rapport à l'estomac et au colon.
†Gastrodynie, *s. f.* colique, douleur d'estomac.
†Gastroépiploïque, *adj.* veines, artères de l'épiploon, t. d'anatomie. G. C. * *adj.* 2 *g.* qui a du rapport avec l'estomac et l'épiploon. B. Gastro-épiploïque. AL.
Gastrolâtre, *s. m.* glouton, qui se fait un dieu de son ventre. G. C. voyez Gastromythe.
Gastromancie, *s. f.* sorte de divination par des vases pleins d'eau, placés entre des bougies. R. V.
Gastromanie, *s. f.* passion pour la bonne chère. G. C. RR.
†Gastromythe, *s. m.* glouton qui se fait un dieu de son ventre. voyez Gastrolâtre.
Gastroraphie, *s. f.* art de coudre le ventre. G. C.
Gastrotomie, *s. f.* ouverture faite au ventre.
†Gat, *s. m.* grand escalier pour descendre à la mer.
Gâteau, *s. m. Placenta.* espèce de pâtisserie, ce qui en a la forme; gaufre d'une ruche; t. d'arts et métiers. * — feuilleté, coquille bivalve; portion de métal. B.
Gâte-bois, *s. m.* mauvais menuisier. G.
Gâte-enfant, *s.* 2 *g.* qui a trop d'indulgence pour les enfans; qui les gâte. A.
Gâte-ménage, *s. m.* qui fait diminuer la dépense du ménage. R.
Gâte-métier, *s. m.* (*famil.*) qui vend ou travaille à trop bon marché.
Gâte-papier, *s. m.* mauvais auteur. G. C.

Gâte-pâte, *s. m.* mauvais pâtissier, ou boulanger.
Gâter, *v. a. Nocere.* té. e, *p.* endommager; salir; tacher; corrompre; ne pas corriger ou reprendre. (*se*), *v. pers.*
Gâteur, *s. m.* (de papier), mauvais peintre. V.
†Gatilier, *s. m. Vitex.* genre de plantes à fleurs monopétales.
Gâtine, *s. f.* terre inculte. R. voyez Gastine. B.
Gatte, *s. f.* t. de mar. R. enceinte de planches. B.
†Gattorugine, *s. m.* poisson du genre du blenne.
†Gauche (à), *adv.* du côté gauche; de travers; à contre sens; hors de la bonne voie.
Gauche, *s. f. Sinister.* le côté gauche. *adj.* 2 *g.* opposé à droit; ridicule; mal-adroit; mal fait; mal tourné.
Gauchement, *adv.* (*fam.*) avec mal-adresse. G. V.
Gaucher. ère. *adj. s.* qui se sert de la main gauche. * *f.* Gauchere. R.
Gaucherie, *s. f.* action d'un homme gauche.
†Gauchi, *s. m. ou* Saricovienne, quadrupède.
Gauchir, *v. n. Declinare.* biaiser; se détourner pour éviter. * perdre sa forme, son niveau. B.
Gauchissement, *s. m.* action de gauchir, ses effets.
†Gaucourte, *s. f.* espèce de robe courte.
†Gaudage, *s. m.* teinture avec la gaude.
Gaude, *s. f. Luteola.* Herbe à jaunir, plante qui teint en jaune. * sorte de bouillie de blé de Turquie. B.
†Gaudéamus, *s. m.* divertissement. RR.
†Gaudebillaux, *s. m. pl.* boyaux de bœufs. RABE.
Gauder, *v. a.* dé. e, *p.* teindre avec la gaude. R. G. C.
Gaudir (se), *v. pers.* (*v.*) se réjouir; se moquer de.
Gaudisseur, *s. m.* qui gaudit. V.
†Gaudivis, *s. m.* espèce de taffetas des Indes.
†Gaudronner, *v. a.* é. e, *p.* tourner les têtes sur le moule; t. d'épinglier.
†Gaudronnoir, *s. m.* outil de ciseleur pour faire la bosse.
Gaufre, *s. m. Collyra.* pâtisserie. *Favus.* rayon, gâteau de miel. * (être la) être la dupe, ou entre deux feux. AL.
Gaufrer, *v. a.* fré. e, *p.* t. de manuf. imprimer des figures sur une étoffe avec des fers.
Gaufreur, *s. m.* qui gaufre les étoffes.
Gaufrier, *s. m.* ustensile pour cuire des gaufres.
Gaufrure, *s. f.* empreinte faite en gaufrant.
Gaulade, *s. f.* coup de gaule. R. V.
Gaule, *s. f. Pertica.* perche, houssine.
Gauler, *v. a.* lé. e, *p.* battre avec une gaule.
Gaulettes, *s. f. pl.* petites gaules. * Gaulete. R.
Gaulis, *s. m.* t. de chasse, branches de taillis; branches d'un bois de 20 ans. G. C. V.
Gaulois. e, *adj. s. Gallus.* des Gaules; franc, droit. A. G. R. V. * vieux françois. B.
Gaupe, *s. f.* (*bas*) salope; femme mal-propre.
Gauperie, *s. f.* saloperie. R.
Gaures, *s. m. pl.* guèbres, adorateurs du feu. * (infidelles). B.
Gausser (se), *v. r. Irridere.* sé. e, *p.* railler, se moquer.
Gausserie, *s. f.* (*popul.*) moquerie, raillerie.
Gausseur. se, *s.* moqueur, railleur, qui gausse.
Gautier, *s. m.* habitant des bois. R.
†Gauzape, *s. m.* ancien vêtement.
Gavache, *s. m.* lâche et sans honneur. T. V.
†Gavassine, *s. f.* ficelle du métier d'étoffes de soie.
†Gavassinière, *s. f.* partie du métier des étoffes de soie.
Gavelles, *s. f. pl.* t. d'orf. ouvrage en argent, ou en argent doré. G. C. * Gaveles. R.
†Gavet, *s. m.* espèce de latte pour calfater les bateaux.
†Gavette, *s. f.* lingot d'or préparé pour le filer; léger ouvrage en argent.
†Gavial, *s. m.* crocodile du Gange.

Gavidelle, *s. f.* plante. * Gavidele. R. G. C.
Gavion, *s. m.* (*popul.*) gosier. * et Gaviot. B.
Gaviteau, *s. m.* t. de marine. R. bouée. B.
Gavon, *s. m.* petit cabinet vers la poupe. G.C.RR.
Gavotte, *s. f.* danse gaie, son air à deux temps. * Gavote. R.
Gayac. voyez Gaïac. R. *Gayacum.* Bois-saint.
†Gayette, *s. f.* petit pain de savon; petit charbon de terre.
Gaz, *s. m.* émanation invisible des substances; fluide aériforme; air factice. * *ou* Gas. G. *prononcez* gaze.
Gazaille, *s. f.* louage de bestiaux pour labourer. V.
Gaze, *s. f.* étoffe très-claire; voile; adoucissement.
†Gazé, *s. m.* papillon diurne.
Gazelle, *s. f. Dorcas.* bête fauve; famille de quadrupèdes. * Gazele. R.
Gazer, *v. a.* zé. e, *p.* couvrir avec une gaze; adoucir; voiler ce qui est trop libre.
Gazetier, *s. m.* qui fait ou distribue la gazette.
Gazetin, *s. m.* petite gazette manuscrite.
Gazette, *s. f.* feuille volante qui contient les nouvelles; nouvelliste; bavard, médisant. * Gazete. R.
†Gazettes, *s. f. pl.* étuis de porcelaine dans le fourneau de cuisson.
Gazeux. se, *adj.* de la nature du gaz. A.
Gazier, *s. m.* ouvrier en gaze.
†Gazifère, *s. m.* appareil pour dégager le gaz inflammable de l'air atmosphérique.
†Gazolitre, *s. m.* appareil pour connoître la quantité de gaz contenu dans un corps.
†Gazomètre, *s. m.* instrument pour fixer la quantité de gaz employé dans une opération.
Gazon, *s. m. Cespes.* terre couverte d'herbe. *pl.* mottes de gazon.
Gazonnement, *s. m.* action de gazonner, emploi des gazons. * Gazonement. R.
Gazonner, *v. a.* né. e, *p.* garnir de gazons, t. de jard. * Gazoner. R.
†Gazonneux. euse, *adj.* (plante) qui forme gazon.
†Gazouillard, *s. m.* qui chante, qui gazouille comme un oiseau.
Gazouillement, *s. m. Garritus.* ramage des oiseaux; murmure des ruisseaux.
Gazouiller, *v. n. Susurrare.* faire un petit bruit doux, agréable.
Gazouillis, *s. m.* ramage (des oiseaux). R.
Geai, *s. m. Graculus.* oiseau.
Géant. e, *s. Gigas.* d'une grandeur extraordinaire, colossale.
†Géantiser, *v. n.* contrefaire, imiter les manières des géants; donner des formes gigantesques.
†Gébecier, *v. a.* s'avanturer mal à propos. (*vi.*).
†Gécote, *s. f.* lézard de Mauritanie, du 2e. genre.
†Gédéon, *s. m.* insecte.
Géhenne, *s. f.* enfer. C.
Géhir, *v. a.* (*vieux*) extorquer la vérité. V.
Geindre, *s. m.* maître garçon boulanger. G. C.
Geindre, *v. n.* (*famil.*) *Gemiscere.* se plaindre sans sujet grave.
†Gélasin, *s. f. Lacuna.* fossette au milieu de la joue.
Gélasines, *s. f. pl.* dents du milieu. V.
Gélatine, *s. f.* substance animale gélatineuse. V.
Gélatineux. se, *adj.* qui ressemble à une gelée. *s. m.* poisson du genre du bouclier.
Gelbum, Gelfum, *s. m.* pyrite; pierre philosophale.
†Gélaudar, *s. m.* valet de pied en Perse. V.
Gelée, *s. f. Gelu.* grand froid qui glace; suc, jus coagulé. * -minérale, espèce de guhr rougeâtre, luisant, très-tendre. B.
Geler, *v. a. Congelare.* lé. e, *p.* endurcir par le froid; causer un grand froid. *v. n.* s'endurcir par le froid, se glacer. *v. impers.* faire froid. *v. pers.* avoir très-froid. (se), *v. récipr.*
Gélif *ou* Gélis, *adj. m.* t. de forêt. R. gercé. B.
Géline, *s. f.* (*vieux*) *Gallina.* jeune poule grasse. * Geline. A.
Gélinotte, *s. f. Bonasa.* jeune poule. * oiseau métis de perdrix rouge et de perdrix grise. B. Gélinote. R. Gelinotte. A. *Attagen.* Gélinotte de bois. G.
†Gelisse, *adj. f. ou* Verte, (pierre) encore humide, qui ne résiste pas à la gelée. BUFFON.
Gélivure, *s. f.* maladie des arbres gelés. G. V. * fente du bois. B. * *ou* Gélissûre. R. *ou* Gélissure. RR. *de* Gélif *ou* Gélis.
Géloscopie, *s. f.* divination par le ris. R. V.
Gématrique, *adj.* 2 *g.* V.
†Gembin *ou* Gombin, *s. m.* nasse cylindrique.
Gémeaux, *s. m. pl. Gemini.* signe du zodiaque, jumeaux.
Gemelle *ou* Jumelle, *s. f.* t. de mar. pièce qui fortifie le mât. * Gemele. R. Gemeau. *sing.* voyez Jumeau. RR.
Géminé. e, *adj.* t. de prat. réitéré. * t. d'hist. nat. double, qui a la même origine. B.
Gémir, *v. n. Gemere.* se plaindre, soupirer et pleurer.
Gémissant. e, *adj. Gemens.* qui gémit.
Gémissement, *s. m. Gemitus.* plainte douloureuse.
†Gemmation, *s. f.* ce qui concerne le bourgeonnement des plantes vivaces et ligneuses; époque du développement des bourgeons.
Gemme, *adj.* (sel) fossile; combinaison de l'acide marin avec l'alcali minéral; sel marin qui se trouve dans les terres. * *s. f.* pierre précieuse. C. Gême. G.
†Gemmés, *s. m. pl.* insectes.
†Gemmipare, *adj.* 2 *g.* qui produit ou peut produire des bourgeons.
Gémonies, *s. f. pl.* lieu de supplice et d'exposition.
Génal. e, *adj.* qui appartient aux joues.
Gênant. e, *adj. Molestus.* qui gêne, qui contraint.
Gencive, *s. f. Gingiva.* chair qui entoure les dents.
Gendarme, *s. m. Miles.* homme d'arme; cavalier. *pl.* point dans les diamans; tache dans l'œil; dragon; bluettes qui sortent du feu. * -national, archer. RR.
Gendarmer (se), *v. r. Furere.* mé. e, *p.* (*famil.*) s'irriter; se fâcher; se piquer de; s'emporter mal à propos.
Gendarmerie, *s. f.* le corps des gendarmes. * -nationale, maréchaussée. RR.
Gendre, *s. m. Gener.* qui a épousé la fille de quelqu'un.
Gêne, *s. f. Tormenta.* question, torture. *Molestia.* peine d'esprit: violence pour extorquer de l'argent; situation pénible, état violent; contrainte fâcheuse. B.
Généalogie, *s. f.* suite et dénombrement d'aïeux.
Généalogique, *adj.* 2 *g.* qui tient de la généalogie.
Généalogiste, *Genealogus.* qui dresse des généalogies.
†Genepi, *s. m.* petite absinthe de Savoie; bon sudorifique pour la pleurésie; spécifique pour les maladies inflammatoires de poitrine; Panacée des savoyards.
†Genequin, *adj.* (coton) filé de mauvaise qualité.
Gêner, *v. a. Vexare.* né. e, *p.* incommoder; contraindre les mouvemens; tenir en contrainte; embarrasser.
Général. e, *adj. Generalis.* universel; commun à un grand nombre. *s. m. Dux.* qui commande en chef; supérieur d'un ordre monastique; le plus grand nombre.
Général (en), *adv.* d'une manière générale.
Généralat, *s. m. Præfectura.* dignité de général.
Générale, *s. f.* batterie de tambour dans le péril.
Généralement, *adv. Generatim.* universellement; en général.
Généralisation, *s. f.* action de généraliser. A. V.
Généraliser, *v. a.* sé. e, *p.* rendre général; étendre à tous.
Généralissime, *s. m.* qui commande aux généraux.
Généralité, *s. f. Universitas.* qualité de ce qui est général; jurisdiction des trésoriers de France. * *pl.* discours qui n'ont pas un rapport précis au sujet. G. V.
Générateur. trice, *s.* t. de géom. qui engendre une ligne, une surface, en se mouvant.
Génératif. ve, *adj.* qui appartient à la génération; (principe) d'où découlent les conséquences.
Génération, *s. f. Generatio.* action d'engendrer; postérité; production; peuple, nation; ordre naturel de la génération; chose engendrée; filiation; formation d'une ligne etc. t. de géométrie.
Généreusement, *adv. Generosè.* avec générosité; vaillamment.
Généreux. se, *adj. Generosus.* magnanime; libéral; hardi; noble; de bonne qualité, (vin).
Générique, *adj.* 2 *g.* qui regarde le genre.
Générosité, *s. f. Excelsitas.* grandeur d'ame, libéralité; magnanimité.
Genèse, *s. f.* partie de la Bible. * Genese. R.
†Génésie, *s. f. Genesis.* t. de méd. génération.
Genestrale, *s. f.* arbrisseau à fleurs et à fruits purgatifs. G. C.
Genestrolle, *s. f.* Herbe des teinturiers, petite espèce de genêt; plante qui teint en jaune. * Génestrole. R. Genestrole. G. C.
Genêt, *s. m. Genista.* arbuste à fleurs papillonacées. * -d'Espagne. -épineux. voyez Ajonc.
Genet, *s. m.* cheval d'Espagne entier. * Genêt. C.
Genète, *s. f.* plante à fleurs comme celles du lin.
Genete, *s. f.* chat sauvage, plus petit que la civette, à parfum plus foible. * à la genete, *adv.* avec des étriers très-courts. RR. Genette. G. C. A.
†Geneter, *v. a.* é. e, *p.* (un fer de cheval), en courber les éponges en contre-haut.
Genethliaques, *adj. pl.* (poësie) sur la naissance. *s. m.* qui dresse les horoscopes. * Généthliaques. A. R. V. Genéthliaques. V.
Généthliologie, *s. f.* art d'expliquer l'horoscope. R.
Genetin, *s. m.* sorte de vin blanc d'Orléans. G. C. * Génetin. R.
Genette, *s. f.* espèce de mors qui assure la tête du cheval. (à la), *adv.* avec des étriers fort courts.
†Genevois. e, *adj. s.* de Genève. R.
Genévrette, *s. f.* infusion de genièvre. V. * Genévrete. R.
Genevrier, *s. m. Juniperus.* arbrisseau odoriférant, toujours vert, conifère; son fruit. * Genévrier. A. R. V. genèvre; fruit. G.
†Géni, *s. f.* oiseau.
†Géniculé, *adj.* (cristal) composé de deux prismes réunis en forme de genou.
Génie, *s. m. Genius.* esprit bon ou mauvais; ange tutélaire; penchant; talent de l'esprit; qui a du génie; art de fortifier, son exercice, corps du génie. * art de trouver les rapports entre les grands objets, ou les rapports éloignés entre les choses ordinaires. *pl.* figures de génies
Genièvre, *s. m.* arbuste, graine du genevrier, stomach. carminat. diurét. extrait alexiphat. sa liqueur ou vin de genièvre, fortifie l'estomac, guérit les coliques venteuses, les diarrhées, les obstructions; les baies brûlées purifient l'air. B. * *et* Genèvre, fruit. G. Genievre. R. *ou* Génévrier. RR.
Génioglosse, *s. m. Genioglossus.* muscle. V.

†Géniohyoïdien. ne, *adj. Geniohydeus.* qui a rapport au menton et à l'os hyoïde.
†Géniopharyngien. ne, *adj. Geniopharingeus.* qui a rapport au menton, au pharynx.
Genipa, *s. m.* arbre bon contre la dyssenterie.
Génisse, *s. f. Junix.* jeune vache. * Genisse. R.
†Genistelle *ou* Spargelle, *s. f. Genistella.* espèce de petit genêt, détersive, apéritive.
Génital. e, *adj. Genitalis.* qui sert à la génération.
Géniteur, *s. m.* (*vieux*) qui engendre. V.
Génitif, *s. m. Genitivus.* t. de gram. le second cas.
Génitoires, *s. m. pl.* testicules, membre viril.
Géniture, *s. f.* (*vieux*) les enfans; enfant.
†Génois. e, *s. adj.* de Gênes. R.
†Genope, *s. f.* amarrage de bitord.
†Genoper, *v. a.* appliquer la genope.
Genou, *s. m. Genu.* jonction de la cuisse et de la jambe; t. de mécan. boule emboîtée. * (à), *adv.* sur les genoux. *et* Genouil. V.
†Genouillé. e, *adj.* articulé, joint bout à bout; t. de botanique.
Genouiller, *s. m.* t. de liturgie, ornement des prêtres grecs. R. G. C. * Genouillet. T
Genouillère, *s. f.* pièce qui couvre le genou. * Genouillere. R. Genouillière. G.
Genouillet, *s. m.* Sceau de Salomon, plante.
Genouilleux. se, *adj.* qui a des nœuds. G. C. RR.
Génovéfain, *s. m.* chanoine régulier de Ste.-Geneviève. R. V.
Genre, *s. m. Genus.* ce qui est commun à plusieurs espèces; divisé en espèces; espèce; sorte; manière; style; assemblage, ensemble; t. d'anatomie, de grammaire, de botanique.
Gens, *s. pl. féminin après l'adjectif, masculin avant. Homines.* domestiques mâles; personnes d'un même pays, d'un même parti; *désigne la profession.*
Gent, *s. f. Gens.* (*vieux*) nation; famille.
Gent. e, *adj.* joli, bien fait, propre. (*marotique*)
Gentiane, *s. f. Gentiana.* plante vivace qui entre dans la thériaque; racine vulnér. fébrifuge, stomachique; lève les obstructions, provoque les menstrues, vermif. excite l'appétit, digestif, résiste à la peste, la gangrène; mondifie les plaies, dilate les ulcères fistuleux.
†Gentianelle, *s. f. Exacum.* genre de plantes de la famille des gentianes.
Gentil. e, *adj. s.* payen, idolâtre. * *m.* A. V.
Gentil. le, *adj. Venustus.* joli, gracieux, agréable, mignon. * *ou* Genti. V.
Gentile, *s. f.* sorte de marbre. G. C. RR.
†Gentilé, *s. m.* nom des habitans par rapport à leur pays. *exemple.* Lorain, de la Loraine.
Gentilhomme, *s. m. Nobilis.* noble de race. t. de forge, canal des scories. *pron.* gentillehomme.
Gentilhommeau, *s. m.* diminutif de gentilh- R. V.
†Gentilhommer, *v. a.* faire le gentilhomme. CO.
Gentilhommerie, *s. f.* (*ironique*) qualité de gentilhomme.
Gentilhommière, *s. f. Villa.* (*ironique*) petite maison de gentilhomme. * Gentilhommiere. R.
Gentilisme, *s. m.* religion des gentils. G. C. RR.
Gentilité, *s. f. Gentilitas.* nations payennes; profession d'idolâtrie.
Gentillâtre, *s. m.* (*ironique*) petit gentilhomme.
Gentillesse, *s. f. Elegantia.* agrément, grâce. *pl.* jolies bagatelles; tours agréables.
Gentiment, *adv. Venustè.* (*familier*) d'une manière gentille. * Gentiment. V.
Génuflecteur, *s. m.* qui fléchit le genou. G. C.
Génuflexion, *s. f. Genuum flexio.* action de fléchir le genou jusqu'à terre. * Génuflexion. A. G. R. V. Génuflection. C.
Géocentrique, *adj.* 2 g. qui appartient à une planète vue de la terre.
†Géocyclique, *s. m.* machine qui représente le mouvement de la terre autour du soleil.
Géode, *s. f. Lithotomi.* Pierre d'aigle *ou* Élite, caverneuse, contenant un noyau mobile ou de l'eau.
Géodésie, *s. f.* art de mesurer et diviser la terre.
Géodésique, *adj.* 2 g. de la géodésie.
†Géogénie, *s. f.* étude, science, connoissance de la terre.
Geographe, *s. m. Geographus.* qui sait la géographie, fait des cartes géographiques.
Géographie, *s. f. Geographia.* science de la position des pays. * coquillage. B.
Géographique, *adj.* 2 g. de la géographie.
†Géohydrographie, *s. f.* description de la terre et des eaux.
Geolage, *s. m.* droit dû au geolier. * Geôlage. A. R. V.
Geole, *s. f. Carcer.* prison. * Geôle. A. R. V.
Geolier. ère, *s.* qui a la garde d'une prison. * Geôlier. ere. R. Geôlier. ère. A. V.
†Géologie, *s. f.* description de la terre, de ses couches.
†Géologique, *adj.* 2 g. de la géologie.
Géomance, Géomancie, *s. f.* divination au moyen de points, * par la terre. V.
Géomancien. ne, *s.* qui pratique la géomancie. * *f.* Géomanciene. R.
Géomantique, *adj.* 2 g. de la géomancie. R.
Géométral. e, *adj. Ichnographicus.* (plan) dont toutes les lignes sont développées.
Geomètre, *s. m. Geometres.* qui sait, exerce la géométrie. * Géometre. R. insecte. B.
Géométrie, *s. f. Geometria.* art de mesurer la terre; science des mesures.
Géométrique, *adj.* 2 g. *Geometricus.* qui procède géométriquement; de la géométrie; (esprit) juste, méthodique * *s. f.* tortue dont l'écaille offre des figures géométriques. B.
Géométriquement, *adv. Geometricè.* d'une manière géométrique.
Géoponique, *adj.* 2 g. qui a rapport à l'agriculture. G.
Géorgique, *s. f. Georgica.* ouvrage qui a rapport à la culture de la terre. * *s. f. pl.* G. C. V.
Géoscopie, *s. f.* connoissance des qualités de la terre. R. G. C.
†Géostatique, *s. f.* statique de la terre.
†Géraines, *s. m. pl. Geranium.* famille de plantes.
Gérance, *s. f.* machine pour décharger les vaisseaux. R. G.
Géranis, *s. m.* bandage pour les luxations. G. C.
Géranium, *s. m.* Bec de grue, plante. * Géranion. B.
†Gérarde, *s. f. Gerardia.* genre de plantes monopétales, de la famille des personnées.
†Gératien, *s. m.* espèce de pierre noire.
Gerbe, *s. f. Fascis.* faisceau de blé coupé; jet d'eau; fusées réunies.
Gerbée, *s. f.* botte de paille à-demi battue.
Gerber, *v. a. Colligare.* bé. e, *p.* mettre en gerbe; mettre des pièces de vin l'une sur l'autre; t. d'artillerie.
Gerbiere, *s. f.* charrette. R.
Gerbillon, *s. m.* petite gerbe. R. V.
Gerbo *ou* Gerboise, *s. f.* quadrupède de la taille d'un rat.
Gerce, *s. f. Teredo.* vermine qui ronge les habits, les meubles. voyez Teigne.
Gercer, *v. a. n. Secare.* cé. e, *p.* faire de petites crevasses.
Gerçure, *s. f. Scissura.* petite crevasse.
Gérer, *v. a. Gerere.* ré. e, *p.* administrer; conduire; gouverner.
Gerfaut, *s. m. Gyro-falco.* oiseau de proie, le plus grand et le plus fort de ceux que l'on dresse.
Gerlon *ou* Gerlot, *s. m.* t. de papeterie. R.
Germain. e, *adj. Germanus.* issu de frère ou de sœur. * allemand. R.
Germandrée, *s. f. Chamaedrys.* Petit-chêne, plante médicinale; feuilles incisives, fortifiantes, provoquent les urines, les menstrues, les sueurs, les vents, les obstructions, sont bonnes contre le scorbut, l'hydropisie. * — d'eau, Chamarras, Vrai-scordium, plante aquatique, vulnéraire, alexipharmaque, détersive, vermifuge et diurétique; l'infusion théïforme, sudorifique, fébrifuge, bonne pour les ulcères internes, résiste à la gangrène. B.
Germanique, *adj.* 2 g. des Allemands. A. R. V.
Germanisme, *s. m.* façon de parler propre à la langue allemande. R. C. V.
Germe, *s. m. Germen.* partie dont se forme la plante; première pointe de verdure; semence; cause.
Germer, *v. n. Germinare.* mé. e, pousser le germe au dehors.
Germinal, *s. m.* septième mois.
Germination, *s. f. Germinatio.* premier développement du germe.
Germoir, *s. m.* cellier pour l'orge germée. V.
Germure, *s. f.* végétation. C.
†Gérocomie, *s. f. Gerocomia.* régime des vieillards.
†Gérofles, *s. m. pl. Caryophilloeus.* vers intestins dans les poissons d'eau douce.
Gérondif, *s. m. Gerundium.* temps de l'infinitif, t. de grammaire.
†Gérovin, *s. m.* quintal au Caire.
†Gerres, *s. m. pl. Gerris.* insectes hémiptères, de l'espèce des punaises, marchent sur l'eau.
Gerseau, *s. m.* t. de marine. R. corde qui enveloppe le moule de la poulie. B.
Gersée, *s. f.* céruse pour blanchir la peau. C. G.
Gerzeau, *s. m.* mauvaise herbe dans le blé. G. * Gezzeau. V.
†Gésate, *s. m.* soldat armé du gèse.
†Gèse, *s. m.* javelot des Celtes.
Gésier, *s. m. Ventriculus.* second ventricule de certains oiseaux.
Gésine, *s. f.* (*vieux*) les couches, leur durée.
Gésir *ou* Gir, *v. irrég.* (*vieux*) il gît, ci-gît, ici est.
†Gesnère, *s. f. Gesneria.* genre de plantes de la famille des campanules.
†Gésole, *s. f.* armoire de l'aiguille aimantée. voyez Habitacle.
Gesse, *s. f. Cicercula.* plante à fleurs légumineuses, bonne pour les bestiaux.
Gestation, *s. f.* t. d'anatomie, temps de la portée des femelles; t. d'antiquité, exercice pour rétablir la santé.
Gestatoire, *adj. f.* (*familier*) chaise à porteurs. G. C.
Geste, *s. m. Gestus.* mouvement de la main, des bras.
Gesté, *adj.* celui dont les mouvemens sont nobles. V.
Gestes, *s. f. pl.* (*vieux*) actions grandes et mémorables.
Gesticulateur, *s. m. Gesticulator.* qui fait trop de gestes.
Gesticulation, *s. f. Gesticulatio.* action de gesticuler.
Gesticuler, *v. n. Gesticulari.* faire trop de gestes.
Gestion, *s. f. Gestio.* action de gérer; administration.

†Géthilide, *s. f.* *Gethylis.* genre de plantes de la famille des narcisses.
†Gétif, *adj.* (bois) garni de fentes, de gerçures. voyez Gélif.
Géum, *s. m.* Sanicle des montagnes, jolie plante détersive et bon vulnéraire.
Gévaudan. e, *s. adj.* du Gévaudan. R.
Gèze, *s. m.* angle entre deux combles. G. C.
†Giare, *s.* Juif né de parens l'un israélite, l'autre prosélyte. voyez Giore.
†Giarende, Gerende *ou* Gorende, *s. m.* nom de trois magnifiques serpens; le 1er. du Japon, le 2e. d'Afrique, le 3e. du Brésil.
†Giarole, *s. f.* espèce de perdrix de mer en Italie.
†Gibbasse, *s. f.* espèce de bourse.
Gibbeux. se, *adj.* *Gibbosus.* bossu, élevé.
Gibbon, *s. m.* *Gibblar.* singe à face humaine, à longs bras, traînans par terre.
Gibbosité, *s. f.* courbure de l'épine du dos; bosse. * élévation sur les plantes. B.
Gibecière, *s. f.* *Marsupium.* bourse; bourse pour la chasse. * coquilles du genre des peignes. B. Gibeciere. R. *et* Gibbeciere. RR.
Gibelet, *s. m.* *Terebellum.* petit foret pour percer un tonneau. * (coup de gibelet), grain de folie. B.
Gibelins, *s. m. pl.* faction attaché aux empereurs contre les Guelfes. G. RR.
Gibelot, *s. m.* t. de marine, pièce de bois. G. C. * Giblot. R.
Gibelotte, *s. f.* fricassée de poulets, de lapins, etc. * Giblote. R.
Giberne, *s. f.* boîte aux cartouches, t. milit.
Gibet, *s. m.* *Patibulum.* potence pour pendre; fourches patibulaires.
Gibier, *s. m.* *Preda venatoria.* animaux bons à manger que l'on prend à la chasse; proie.
†Gibles, *s. m. pl.* manière d'arranger les briques.
†Gibon, *s. m.* serpent du 3e. genre.
Giboulée, *s. f.* *Nimbus.* ondée de pluie froide et de grêle.
Giboya, *s. m.* serpent sans venin, du Brésil, le plus grand de tous et fort beau. G. C.
Giboyer, *v. n.* chasser avec l'arquebuse; prendre du gibier.
Giboyeur, *s. m.* qui chasse beaucoup.
Giboyeux. se, *adj.* abondant en gibier. G. C.
Gigante, *s. f.* figure de l'arrière des galères. G. C.
Gigantesque, *adj. 2 g.* *Giganteus.* qui tient du géant.
Gigantin, *adj. m.* gigantesque. V.
Gigantine, *s. f.* Farnésienne, très-grande plante.
Gigantomachie, *s. f.* combat des géants et des dieux, son récit.
Gigot, *s. m.* *Femur.* éclanche, cuisse de mouton. *pl.* jambes de derrière du cheval.
Gigotté, e, *adj.* t. de chasse. (cheval) qui a de l'étoffe et les membres forts. A. C. G. Gigoté. RR.
Gigotter, *v. n.* secouer les jarrets en mourant; remuer les jambes. * Gigoter. R. *ou* Gigoter. A. V.
Gigue, *s. f.* t. de musique, air, danse; grande fille dégingandée. * Gigot de mouton. RR. Gigot. G. jambe (*populaire*). V.
Giguer, *v. n.* (*bas*) danser, sauter. R. C.
Gilet, *s. m.* sorte de veste courte; camisole.
Gilla, *s. m.* vitriol; vomitif préparé. G. C.
Gille, *s. m.* niais, personnage d'une farce; t. de pêche, filet en chausse; (faire gilles) s'enfuir.
†Gillette, *s. f.* femme parée qui fait l'importante.
Gillit, *s. m.* gobe-mouche, pie de Cayenne.

Gilotin, *s. m.* écolier du collége de Sainte-Barbe, à Paris. RR.
Gimblette, *s. f.* pâtisserie dure et sèche en anneau. * fraude. V. Gimblete. R.
Gindant, *s. m.* t. de marine. R.
†Gindre, *s. m.* maître garçon boulanger.
†Gingas, *s. m.* toile de fil de Caux.
Gingembre, *s. m.* *Zimgiberi.* plante des Indes; sa racine aromatique, très-fortifiante et très-échauffante, stomachique, digestive, fortifie la mémoire et le cerveau; bon carminatif et alexipharmaque; puissant prolifique; la plante est une espèce d'amomum.
Gingeole, *s. f.* place de la boussole d'une galère. G. C. V.
Gingeolier, *s. m.* arbre. G. C.
†Gingibrine, *s. f.* poudre de gingembre.
Gingidum, *s. m.* plante apéritive dont on fait des cure-dents. G. C. V.
†Gingiras, *s. m.* étoffe de soie des Indes.
Gingiyme, *s. m.* *Ginglymus.* charnière, articulation; t. d'anatomie. G. C. V. RR.
Gingrine, *s. f.* flûte antique fort courte. C. C. V.
Ginguer, *v. n.* donner des coups de pied. R. G. C.
Ginguet, *s. m.* petit vin sans force.
Ginguet, te, *adj.* qui a peu de force, de valeur; court. * *f.* Ginguete. R. *s. m.* AL.
Ginseng, *s. m.* *Panax.* plante de la chine, dont la racine subtilise le sang et ranime les esprits vitaux : prétendue panacée universelle.
†Gionnulles, *s. m. pl.* volontaires turcs extrêmement braves.
Giore, *s. 2 g.* juif né d'israélite et de prosélyte. R. G. V. voyez Giare.
†Gip-gip, *s. m.* martin-pêcheur d'Amérique.
Gipe, *s. f.* souquenille de grosse toile. G. C. RR.
Gipon, *s. m.* sorte de houppe, t. de cordonnier; lavette ou éponge, t. de corroyeur. G. C * éponge pour suiver les peaux. B.
Girafe, *s. f.* *Giraffa.* quadrupède d'Afrique. voyez Caméléopard. * Giraffe. G. C.
Girande, *s. f.* t. de fontainier, amas de jets d'eau; t. d'artificier, fusées volantes réunies.
Girandole, *s. f.* girande; chandelier; assemblage de diamans; pendans d'oreille; plante, lis narcisse. * — d'eau, Lustre d'eau, Charagne, plante aquatique : il y en a de plusieurs espèces. B.
Girasol, *s. m.* *Solis gemma.* sorte d'opale, pierre précieuse. * tube de verre de la couleur du girasol. B.
Giraumont, *s. f.* plante des Indes; espèce de citrouille bonne pour la poitrine et le crachement de sang.
Girel, *s. m.* t. d'arts, cabestan; haut de l'arbre de la roue; pièce du harnois. R. G. C. V.
Girel, *s. f.* Demoiselle, Julis, poisson saxatile, du genre du labre, vivant en troupe. * arbre du tour du potier. B.
†Giroflade de mer, *s. f.* zoophyte rouge, trouée.
Girofle, *s. m.* *Garyophillum.* épicerie; embryon desséché de fleurs du giroflier; échauffant, dessiccatif, bon pour le vertige, la foiblesse d'estomac, l'impuissance, les suppressions, les maladies hystériques; préserve de la contagion; l'huile calme le mal de dents, est bonne pour la pituite; son esprit arrête la gangrène.
Giroflée, *s. f.* *Leucoïon.* fleur très-belle; la plante qui la porte. * *ou* Violier. A.
Giroflier, *s. m.* arbre qui donne le girofle, de la famille des myrtes, de la hauteur du cerisier. * *ou* Giroflée, violier jaune, plante qui donne la giroflée. G.

†Girole, *s. f.* espèce d'alouette.
Giron, *s. m.* *Gremium.* depuis la ceinture jusqu'aux genoux étant assis; t. de liturgie, communion; t. de blason, triangle; t. d'architecture, où pose le pied sur la marche.
Gironné, *adj.* t. de blason. * (tuile) plus étroite par un bout. B. Gironé. R.
Gironner, *v. a.* né, e, *p.* t. d'orfév. donner de la rondeur. G. C. * Gironer. R.
†Gironomique, *adj. 2 g.* circulaire.
Girouette, *s. f.* banderolle, plaque que fait tourner le vent; personne légère. * Girouete. R.
†Girouetteux, *adj.* flottant; inconstant, volage; étourdi; irrésolu (*vieux*).
†Giroyer, *v. a.* pirouetter (*vieux*).
Gisant. e, *Jacens.* *adj. partic.* de gésir. couché, étendu.
Gisement, *s. m.* situation des côtes de la mer.
†Gisent, *s. m.* morceaux de bois qui tiennent les ais d'un tombereau.
†Gissement, *s. m.* situation des couches de la terre, des pierres, etc.
†Gistes, *s. m. pl.* pièces de bois pour la construction des batteries.
Gît (ci-gît), *du verbe* gésir ou gir, être couché.
Gîte, *s. m.* *Hospitium.* où l'on couche; où le lièvre repose; meule immobile d'un moulin; bas de la cuisse du bœuf. * *pl.* pièces de bois, bases des plate-formes. B.
Gîter, *v. n.* *Diversari.* té. e, *p.* demeurer, coucher (*bas*).
Giupon, *s. m.* habillement des femmes turques. V.
Givre, *s. f.* *Glacies nivalis*, *ou* Primat, gelée blanche qui s'attache aux corps.
Givre, *s. f.* t. de blason, serpent.
Glabre, *adj. 2 g.* *Glaber.* t. de botanique, (feuille) lisse et sans poil. G. C. V.
†Glabréité, *s. f.* état d'une feuille glabre.
†Glabriuscule, *adj. 2 g.* presque glabre.
Glaçant. e, *adj.* qui glace. A. V.
Glace, *s. f.* *Glacies.* eau durcie par le froid; air de froideur; indifférence; plaque de cristal; lame dans le diamant; t. de pâtisserie, liqueur, fruit glacés.
Glacée, *s. f.* Glaciale, Ficoïde, plante. A.
Glacer, *v. a.* *Glaciare.* cé. e, *p.* congeler; durcir; causer un froid très-vif; intimider. *v. n.* se durcir par le froid, (se), *v. récip.* se prendre par le froid. * t. d'arts, revêtir d'un enduit luisant; lustrer; t. de tailleur, cacher adroitement les coutures. B.
Glacerie, *s. f.* art de fabriquer les glaces. AL.
Glaceux, se, *adj.* t. de bijoutier, qui n'est pas absolument net. * *adj. m.* glacé, caillé. V.
Glacial. e, *adj.* sans *pl. m.* *Glacialis.* qui glace, est glacé.
Glaciale, *s. f.* *ou* Glacée, plante.
†Glacier, *s. m.* (*nouveau*) limonadier qui vend et prépare la glace; fabricant de glaces de verre.
Glacière, *s. f.* *Glaciaria.* lieu où l'on conserve la glace; endroit très-froid. * Glaciere. R.
Glaciers, *s. m. pl.* amas de montagnes ou de lits de glaces.
Glacis, *s. m.* *Geclivitas.* t. de fortification, esplanade; pente insensible; t. de tailleur, rang de points; t. de peinture, couleur transparente et légère.
Glaçon, *s. m.* *Glaciei frustrum.* morceau de glace. * personne très-froide. V. ornement de sculpture en glaçons. B.
Gladiateur, *s. m.* *Gladiator.* t. d'antiquité, qui se battoit sur l'arène. * bretteur. G.
†Gladié. e, *adj.* t. de botanique, ensiforme.
†Glaie *ou* Glaise, *s. f.* voûte du four de verrerie.

Glaïeul,

Glaïeul, *s. m. Gladiolus.* plante à feuilles étroites et pointues en forme d'épée, racines digestives, apéritives, excitent la suppuration. * — puant *ou* Espatule, du genre de l'iris, sa racine évacue les eaux, guérit l'atrophie la plus rebelle. B.

Glaire, *s. f. Pituita.* humeur visqueuse; blanc d'œuf cru.

Glairer, *v. a.* ré. e, *p.* t. de relieur, frotter de glaire. G. C.

Glaireux. se, *adj.* plein de glaire.

†Glais, *s. m.* décharge de canons; honneur funèbre; convoi militaire d'un souverain.

Glaise, *adj. s. f. Argilla.* terre forte et grasse; argile impure, composée de plusieurs matières hétérogènes, mêlées par l'eau, et particulièrement de débris de pierres calcaires. voyez Glaie.

Glaiser, *v. a. Argillâ inducre.* sé. e, *p.* enduire de glaise. * engraisser avec la glaise. V.

Glaiseux. se, *adj.* de la nature de la glaise. G. C.

Glaisière, *s. f.* lieu d'où l'on tire la glaise. * Glaisiere. R.

†Glaiteron, Petit Glouteron, *s. m.* Petite bardane, Grappelle, *s. f. Strumarium.* plante aquatique; le suc des feuilles guérit les écrouelles, les dartres, la gratelle, purifie le sang; la semence infusée débarrasse le gravier des reins.

Glaive, *s. m. Gladius.* épée tranchante. * poisson apode, l'espadon, 8ᵉ. genre, 2ᵉ. classe. *Syphias.* B.

Glama *ou* Lhama, *s. m.* mouton du Pérou.

†Glame, *s. f.* ordure aux yeux.

†Glammer, *s. m.* espèce de mouette.

Glanage, *s. m. Spicilegium.* action de glaner.

Gland, *s. m. Glans.* fruit du chêne; sorte d'ornement qui l'imite; t. d'anatomie, extrémité de la verge.

Gland-de-mer, *s. m.* coquille multivalve. A. * Gland de mer. RR. V.

Gland-de-terre, *s. m. ou* Gesse sauvage, plante. * Gland de terre. RR. V.

†Glandage, *s. m.* droit de mener paître les porcs dans les forêts (*vieux*).

Glande, *s. f. Glandula.* partie molle, spongieuse, qui sert à la sécrétion des humeurs; tumeur.

Glandé. e, *adj.* (cheval) qui a les glandes enflées; t. de blason, chargé de glands.

Glandée, *s. f.* récolte de glands, des fruits des forêts.

Glandule, *s. f. Glandula.* petite glande.

Glanduleux. se, *adj. Glandulosus.* qui a des glandes, composé de glandes.

Glane, *s. f. Spicæ.* poignée d'épis ramassés; grouppe de poires ou d'oignons.

†Glanée, *s. f.* espèce de chasse aux canards; piège.

†Glanement, *s. m.* action de glaner.

Glaner, *v. a. n. Spicas derelictas legere.* né. e, *p.* ramasser les épis après la moisson; faire de petits gains après les premiers; traiter un sujet après d'autres auteurs.

Glaneur. se, *s. Spicilegus.* qui glane.

Glanis, *s. m.* poisson des grands fleuves. G. C.

Glanure, *s. f.* ce que l'on glane après la moisson.

†Glaphique, *adj.* 2 *g.* t. de minéral. propre pour la sculpture. voyez Graphique.

Glapir, *v. n. Gannire.* se dit des renards et des petits chiens qui glapissent, d'une personne qui a la voix aigre.

Glapissant. e, *adj.* qui glapit.

Glapissement, *s. m. Gannitus.* cri en glapissant; cri perçant.

†Glaréole, *s. f.* perdrix de mer.

Glaris, *s. m.* poisson. voyez Glanis.

Glas, *s. m.* son funèbre de cloche après la mort de quelqu'un. * *ou* Glais. G. voyez Clas. R.

†Glauber (sel de), *s. m.* combinaison de l'acide minéral ou marin avec l'acide vitriolique.

Glaucium, *s. m.* Pavot cornu, plante.

Glaucome, *s. m. Glaucoma.* maladie des yeux. * Glaucôme. R.

†Glaue, *s. m.* tronçon raccourci, t. de bûcheron.

†Glauque, *s. m.* chien de mer, poisson du genre du scombre. *adj.* d'un vert blanc et farineux.

Glaux, *s. m.* plante qui augmente le lait. * arbre au lait. B.

†Glayes, *s. m. pl.* tonnelles d'un four de verrier. *s. f.* ouverture du fourneau du glacier.

Glèbe, *s. f. Gleba.* t. de chimie, motte de terre qui renferme du métal; t. de jur. le fonds, le sol. * Glebe. R.

Glène, *s. f.* cavité externe et moyenne d'un os. * partie de cordage cueilli en rond. B. Glêne. R.

†Glener, *v. a.* cueillir les manœuvres.

Glénoïdale, *adj. f.* t. d'anat. (cavités) qui servent à emboiter.

Glénoïde, *adj. f. Glenoïdes.* cavité de l'omoplate.

Glette, *s. f.* litarge, chaux, oxide de plomb; t. d'affineur. * Glete. R.

†Glinole, *s. f. Glinonus.* genre de plantes de la famille des sablines.

Glissade, *s. f. Prolapsio.* mouvement du pied qui glisse.

Glissant. te, *adj. Lubricus.* sur quoi l'on glisse aisément, sans pouvoir se tenir ferme.

Glissé, *s. m.* pas de danse.

Glissement, *s. m.* action de glisser. * t. de physique. R.

Glisser, *v. a. Labi.* sé. e, *p.* mettre, couler adroitement; insinuer. *v. n.* parlant du pied qui coule sur un corps gras ou uni; passer légérement. (se), *v. r.* s'insinuer, se couler.

Glisseur, *s. m.* qui glisse. C. V.

Glisseurs, *s. m. pl.* amphibies. L.

Glissoire, *s. f.* chemin sur la glace pour y glisser.

Globe, *s. m. Globus.* corps rond et solide, sphérique. * la masse de la terre et des eaux. B.

†Globbée, *s. f. Globba.* genre de plantes de la famille des balisiers.

†Globeux. euse, *adj.* arrondi en globe, t. de botanique.

†Globosites *ou* Tonnites, *s. f. pl.* coquilles fossiles, univalves.

Globulaire, *s. f. Globularia. ou* Boulette, plante de la famille des agrégées; Turbith blanc, Alypum, Sené des Provençaux, arbrisseau; violent purgatif, émétique dangereux. * *adj.* Globuleux. B.

Globule, *s. m. Globulus.* petit corps sphérique, t. de physique.

Globuleux. se, *adj.* composé de globules; globulaire.

†Glocop, *s. m.* oiseau de la Nouvelle-Zélande, de la taille de la pie.

Gloire, *s. f. Gloria.* honneur; estime; louange; réputation; éclat; splendeur; béatitude céleste; orgueil; sotte vanité; auréole. *pl.* t. de peinture, t. de théâtre, ange, divinité.

†Gloméré. e, Glomérulé. e, *adj.* congloméré, t. de botanique, ramassé en tête sur une même tige.

†Gloriette, *s. f.* petite maison de plaisance.

Glorieusement, *adv. Egregiè.* avec gloire, avec honneur.

†Glorieuseté, *s. f.* défaut, conduite, manières du glorieux.

Glorieux. se, *adj. s. Gloriosus.* qui s'est acquis, qui mérite de la gloire; qui jouit de la gloire céleste; glorifié; superbe; vain.

Glorification, *s. f.* élévation à la gloire céleste.

Glorifier, *v. a. Laudare.* fié. e, *p.* rendre honneur et gloire; donner part à la béatitude, à la gloire. (se), *v. r.* faire gloire d'une chose, en tirer vanité.

Gloriole, *s. f.* petite gloire; petite vanité. G. C.

†Gloriolette, *s. f.* fausse gloire; gloire de poëte (*vieux*).

Glose, *s. f. Interpretatio.* commentaires; explication du texte obscur; parodie; sorte d'ouvrage en vers. * Glôse. R.

Gloser, *v. a. Interpretari.* sé. e, *p.* faire une glose. *v. n.* critiquer, censurer. * Glôser. R.

Gloseur. se, *s. Reprehensor.* qui glose sur tout. * Glôseur. R.

Glossaire, *s. m. Glossarium.* dictionnaire qui explique les mots peu connus.

†Glossalgie, *s. f.* douleur de la langue.

†Glossanthrax, *s. m.* douleur de la langue.

Glossateur, *s. m. Interpres.* qui explique un texte.

Glossocatoche, *s. m. Glossocatochus.* instrument de chirurgie pour abaisser la langue. V. G. C. * Glossocatoché. B.

†Glossocèle, *s. f.* chute de la langue.

Glossocome, *s. m. Glossocomum.* instrument de chirurgie pour les fractures; machine pour soulever les fardeaux; étui. R. V. C.

Glossographe, *s. m.* qui écrit sur les langues. C.

†Glossographie, *s. f.* description de la langue.

†Glossologie, *s. f.* traité sur la langue.

Glossomanie, *s. f.* (*néologique*).

†Glossopalatin. e, *adj. Glossopalatinus.* qui appartient à la langue et au palais.

Glossopètres, *s. m. pl. Glossopetræ.* dents de poisson pétrifiées, *improprement*, voy. Odontopètres. (langue pétrifiée). * Glossopètre, *sing.* A. V. Glossopetres. R. Glossepètres. T.

Glosso-pharyngien, *adj. s. m.* muscle du pharinx.

†Glossotaphylin, *s. m.* qui appartient à la langue et à la luette.

†Glossotomie, *s. f.* dissection de la langue.

†Glotrupe, *s. m. Glotrupes.* insecte coléoptère de l'espèce du pillulaire.

Glotte, *s. f. Glottis.* fente du larinx.

Glouglou, *s. m.* bruit d'une liqueur versée dans une bouteille.

Glouglouter, Glouglotter, *v. n.* en parlant des dindons. G. C. V. RR. * Gougloter. A.

Gloussement, *s. m. Singultus.* cri de la poule.

Glousser, *v. n. Glocire.* se dit du cri de la poule qui veut couver; la poule glousse.

†Glout, *s. f.* poule d'eau, brune.

Glouteron, *s. m. Persolata.* plante, voyez Bardane.

Glouton. ne, *adj. s. Helluo.* qui mange avec avidité et excès. * *f.* Gloutone. R. Glout. (*vieux*). V.

Glouton, *s. m. ou* Goulu, quadrupède. * Carcajou du Canada. B.

Gloutonnement, *adv. Voraciter.* d'une manière gloutonne. * Gloutonement. R.

Gloutonnerie, *s. f. Ingluvies.* vice du glouton; avidité dans le manger. * Gloutonerie. R.

Gloutonnie, *s. f.* gourmandise, vice du glouton. v. * Gloutonie. R.

Glu, s. f. *Viscum.* composition visqueuse et tenace, tirée de l'écorce du houx, de la racine de la viorne, du fruit du gui et des sébestes. * *et* Glue. G.

Gluant, te, *adj. Viscosus.* visqueux.

Gluau, s. m. branche frottée de glu.

Glucine, s. f. genre de plantes légumineuses.

Gluer, v. a. glué. e, p. enduire de glu, rendre gluant.

Glui, s. m. paille de seigle pour couvrir les toits.

†Glumacées, *adj. f. pl.* (fleurs) qui ont une balle comme l'avoine.

Gluten, s. m. matière qui lie les parties des solides. * premier état du fluide qui passe à la solidité; principe des semences graminées. B.

Glutinant, s. m. qui attache comme la glu; t. de médecine. G. C.

Glutinatif, *adj. s. m. Glutinans.* t. de méd. qui lie les parties divisées. R. G. C.

Glutineux. se, *adj. Glutinosus.* gluant, visqueux.

†Glutinosité, s. f. qualité de ce qui est gluant; viscosité.

†Gluttier, s. m. *Sapium.* genre de plantes de la famille des euphorbes.

†Glycimère, s. f. *Glycimeris.* mollusque acéphale.

†Glycine, s. f. terre simple; base des sels sucrés.

Glyconien, ne, *adj.* sorte de vers grec ou latin. * *ou* Glyconique, *adj.* 2 g. A. R. G. V.

Glyphe, s. m. canal qui sert d'ornement, t. d'architecture.

†Glyphisodon, s. m. genre de poissons.

Glyptique, s. f. art de graver sur les pierres précieuses. AL.

Glyptographie, s. f. connoissance des gravures sur les pierres précieuses. G. C. * Glyplographie. R.

Gnaphalium, s. m. plante pour la dyssenterie. * Cotonnière *ou* Gnaphale, corymbifère. B.

†Gnavelle, s. f. *Scleranthus.* genre de plantes de la famille des sablines.

Gnemon, s. m. plante exotique dont on fait du papier. CO.

†Gnidie *ou* Gnidienne, s. f. *Gnidia.* genre de plantes de la famille des garous.

Gnome, s. m. (*t. de cabale*) génies habitant la terre. * Gnôme. R.

Gnomide, s. f. femelle d'un gnome.

Gnomique, *adj.* 2 g. *Gnomone.* sentencieux. * Gnômique. R.

Gnomon, s. m. style de cadran solaire; style pour connoître la hauteur du soleil; t. d'arithmétique, progression. * Gnômon. R.

Gnomonique, s. f. *Gnomonice.* art de tracer les cadrans solaires, *adj.* t. d'archit. (colonne) chargée d'un cadran. * Gnômonique. R.

Gnostiques, s. m. pl. hérétiques. A.

Gnou, s. m. quadrupède d'Afrique, du genre de l'antilope; il tient du cheval, du taureau et du cerf. G. C.

Go (tout de), *adv.* sans façon, d'un seul trait, librement. * tout-de-go. G.

Goazil, s. m. chatelain, capitaine d'un fort. G. C.

Gobbe, s. f. composition pour empoisonner. * Gobe. R.

Gobe-mouche, s. m. *Musci-capa.* lézard, variété du lézard vert : genre d'oiseaux; niais, crédule; qui s'occupe de riens, n'a pas d'opinion fixe.

Gobeau, s. m. (*vieux*) gobelet. v.

Gobelet, s. m. *Gulullus.* vase rond à boire; office; officier de bouche pour le vin et le fruit.

†Gobeleterie, s. f. fabrication de gobelets de verre.

†Gobeletier, s. m. qui fabrique les gobelets.

Gobelins, s. m. pl. manufacture de tapisserie à Paris. * *et* Goblins. R. *et* Gobelin RR.

Gobelotter, v. n. (*familier*) boire souvent et à petits coups. * Gobeloter. R.

Gober, v. a. *Vorare.* bé. e, p. (*familier*) avaler avec avidité; niaiser, fainéanter; croire légérement; saisir quelqu'un à l'improviste.

Goberge, s. m. *Gobergus.* morue la plus large et la plus grande de l'Océan. s. f. pl. ais qui soutiennent la paillasse; t. de menuisier, perches, lattes pour tenir l'ouvrage colé.

Goberger (se), v. refl. gé. e, p. (*populaire*) se moquer, se réjouir; prendre ses aises.

Gobet, s. m. (*familier*) morceau que l'on gobe. * grosse cerise. A. V.

Gobeter, v. a. té. e, p. faire entrer le plâtre dans les joints, t. de maçon. * battre le terreau sur la terre. B.

Gobeur, s. m. gourmand. * Gobeur. se, s. qui gobe. R. qui conduit et décharge les bateaux. B.

†Gobie, s. m. nom d'un genre de poissons pectoraux, 4e. genre, 4e. classe.

†Gobillard, s. m. planche pour faire les cuves.

†Gobille, s. f. outil de bonnetier; petite bille de pierre, jeu d'écolier.

Gobin, s. m. bossu; injure.

Goblin, s. m. *Lemur.* esprit familier. * Féerie. v. *et* Gobelin. R.

†Godage, s. m. *ou* Godée, s. f. forme défectueuse du papier.

Godaille, s. f. ivrognerie. C.

Godailler, v. n. (*familier*) boire à plusieurs reprises et avec excès.

Goddon, s. m. (*vieux*) homme riche. v.

Gode, s. m. *ou* Tacaud, poisson de mer. G. C.

Godelureau, s. m. jeune homme qui fait le galant.

Godenot, s. m. petit homme malfait; marionnette.

Goder, v. n. faire de faux plis.

Godet, s. m. *Caliculus.* sorte de vase à boire sans pied et sans anse; sorte de goutière; entonnoir.

Godiche, Godichon, s. f. diminutif de Claude. RR.

Godin, s. m. veau déjà fort. v.

Godinette, s. f. (*vieux*) maîtresse, amante. G. C. V.

Godiveau, s. m. pâté chaud de hachis de veau, etc.

Godron, s. m. moulure en œuf; plis rond.

Godronner, v. a. né. e, p. faire des godrons. * Godroner. R.

†Godronnoir, s. m. ciselet creux, d'orfèvre pour bosseler.

Goëland, s. m. *Goelarus.* oiseau de mer. * Goiland; goeland. G.

Goëlette, s. m. bâtiment à deux voiles. * Goëlete. R. Goëlette. G. Goëlette. v. Goelette. AL.

Goémon, s. m. Varec et Sart, plante marine qui arrête la marche des vaisseaux. * Goëmon. C. V. *ou* Goesmon. G. *et* Gouesmon. B.

†Goertan, s. m. pic-vert du Sénégal.

Goet, s. m. sorte de raisin. C. * *ou* Gouet. G.

Goétie, s. f. évocation des mauvais génies pour nuire aux hommes.

Goétien. ne, s. qui exerçoit la goétie. G. C. * f. Goétiene. R.

Goétique, *adj.* 2 g. de la goétie. G. C.

Goffe, *adj.* mal bâti; grossier; mal-adroit. * Gofte. V.

Gogaille, s. f. repas joyeux (*populaire*).

Gogo (vivre à), (*famil.*) dans l'abondance.

Gogue, s. f. (*vieux*) t. de cuisine. R. * — au-sang, foie de veau avec du sang de porc. B. gaieté. V.

Goguelu, s. m. fier de ses richesses. V.

Goguenard. e, *adj. s.* mauvais plaisant, railleur.

Goguenarder, v. n. *Jocari.* plaisanter, railler.

Goguenarderie, s. m. *Jocatio.* mauvaise plaisanterie. B. V.

Goguenettes, s. f. pl. bagatelles. V.

Goguer (se), v. r. se réjouir. (*popul.*) R. V.

Goguettes, s. f. pl. (*familier*) propos joyeux. * Goguetes. R.

Goinfrade, s. f. (*populaire*) repas de goinfre. R. V. G. C.

Goinfre, s. m. *Helluo.* qui met tout son plaisir à manger.

Goinfrer, v. n. *Helluari.* (*popul.*) manger beaucoup et avidement.

Goinfrerie, s. f. *Helluatio.* (*popul.*) gourmandise sans goût.

Goître, s. m. *Bronchocele.* tumeur grosse et spongieuse à la gorge. * Goêtre. C. *ou* Gouêtre. R. V.

Goîtreux. se, *adj. Gutturosus.* de la nature du goître, qui y est sujet. * lézard d'Amérique du 4e. genre, qui a un goître rose couvert de petits grains : pélican, oiseau. B. Goêtreux. C.

†Golange, s. m. daim d'Éthiopie.

Golfe, s. m. *Sinus.* mer qui avance dans les terres. * *et* Golphe. RICHELET.

Golfiche, s. f. coquille qui a l'éclat du nacre. G.

Goliard, s. m. railleur. V.

†Goliath, s. m. *Goliathus.* insecte coléoptère à antennes en massue.

Golile, s. f. collet espagnol.

Golis, s. m. arbre de dix-huit à vingt ans. R. G. C. V.

†Gollère, s. f. cotte de maille.

†Gomart d'Amérique, s. m. arbre résineux, de la famille des balsamiers.

†Gombette, s. f. code des lois de Gombaud, roi de Bourgogne.

Gomène, s. f. câble de l'ancre. G. C. * Goumenes. R.

†Gomgon, s. m. instrument de musique des Hottentots, en arc.

Gomme, s. f. *Gummi.* substance qui découle des arbres; suc végétal, concret, transparent, douceâtre, composé de soufre, de terre, d'eau et de sel; maladie des arbres. — arabique, de l'acacia d'Egypte pour le cours de ventre, la dyssenterie, adoucissante, agglutinante. — cancame, mélange naturel de différentes gommes, chère et recherchée pour les maux de dents. — élastique, voyez Résine. — élémi, voyez Résine. — laque, voy. ce mot. — monbain, se tire de l'acacia. B.

†Gomme-adragant, s. f. gomme de l'épine de bouc, humectante, rafraîchissante.

Gomme-gutte, s. f. substance résineuse, violent purgatif; on en tire un tres-beau jaune. A. V.

Gomme-résine, s. f. composé de gomme et de résine, t. de pharmacie. * un des matériaux immédiat des végétaux. B.

†Gommement, s. m. action de gommer, d'enduire de gomme.

Gommer, v. a. mé. e, p. enduire, mêler de gomme.

Gommeux. se, *adj. Gummosus.* qui jette ou contient de la gomme; plein de gomme.

Gommier, s. m. *Gummis.* grand arbre d'Amé-

rique qui jette de la gomme ; blanc, veiné de gris.
†Gomorrhéen, *s. m.* sodomite.
Gomphose, *s. f. Gomphosis.* articulation immobile ; t. d'anatomie. * Gomphôse. R.
Gonagre, *s. f. Gonagra.* goutte aux genoux. G. C. V.
†Gonambouch, *s. m.* espèce de bruant du Sénégal.
†Gonargue *ou* Gonatque, *s. m.* cadran solaire tracé sur des surfaces anguleuses.
Gond, *s. m. Cardo.* morceau de fer qui soutient la penture.
Gondole, *s. f. Cymba.* bateau ; bassin oculaire ; vase à boire. * coquillage univalve ; très-grande voiture. B.
Gondolier, *s. m.* qui conduit les gondoles.
Gone, *s. m.* ver infusoire à corps plat et anguleux. M.
Gonelle, *s. f.* casaque pour la chasse. V. * espèce de cotte de laine. B.
Gonfalon *et* Gonfanon, *s. m. Vexillum.* t. de blason, bannière à fanons.
Gonfalonier *et* Gonfanonier, *s. m. Vexillarius.* qui portoit le gonfalon ; magistrat d'Italie.
Gonfle, *adj. pour* gonflé. (*barbarisme*). G. * cavité dans le fil d'argent, dans l'or. B.
Gonflé, e, *adj.* enflé.
Gonflement, *s. m. Inflatio.* enflure.
Gonfler, *v. a. Tumefacere.* flé, e, *p.* enfler. *v. n.* faire devenir enflé. (se), *v. r.* s'enfler.
†Gongon, *s. m.* espèce de cloche des nègres.
†Gongrone, *s. f. Gongorana.* tubercule rond sur le tronc des arbres ; tumeur des nerfs.
Gonin (un maître), *adj. m.* fripon fin et rusé.
†Goniomètre, *s. m.* instrument pour mesurer les angles des cristaux naturels.
Goniométrie, *s. f.* art de mesurer les angles.
Gonne, *s. f.* futaille à bière, à saumon. R. G.
†Gonne, Gonnelle *ou* Gonnette, *s. f.* cotte d'armes blasonnée.
†Gonolek, *s. f.* pie-grièche rouge du Sénégal.
†Gonomphe, *s. m.* espèce de bois.
Gonorrhée, *s. f. Gonorrhæ.* flux involontaire de la semence.
†Gonorrhoïque, *adj.* 2 *g.* qui a rapport à la gonorrhée.
†Gonyalgie, *s. f.* Gonagre.
Gor, *s. m.* arbre qui croît sur les bords du Niger et donne des châtaignes. G. C.
†Gorao, *s. m.* belle étoffe de soie de la Chine.
Gord, *s. m.* pêcherie construite dans une rivière. * grand entonnoir, formé de pieux ou de filets, et terminé par un verveux. B.
†Gordien, *adj.* (nœud) très-difficile à dénouer ; difficulté insurmontable en apparence.
Gordius, *s. m.* crin de mer, soie de mer, fil de serpent ; vers.
†Gordon, *s. m. Gordonis.* genre de plantes qui approchent des stuarts.
Goret, *s. m.* petit cochon. * premier compagnon cordonnier ; t. de mar. balai plat. G.
Goreter, *v. a.* té, e, *p.* t. de mar. nettoyer avec le goret. R. G. C.
†Gorfou, *s. m.* oiseau aquatique.
Gorge, *s. f. Fauces.* la partie de devant du cou ; le gosier, le cou et le sein d'une femme ; détroit ; t. de fortific. t. d'archit. bois auquel on attache une carte ; moulure creuse, concave, t. d'arts et mét. * — blanche, *Albecula.* oiseau de passage. — bleue, du genre du bec-figue. — nue, oiseau peu connu. B.
Gorgé, e, *adj.* t. de blas. * plein, rempli, enflé. G.
Gorge chaude, *s. f.* t. de chasse, chair des animaux vivans. (faire une), se moquer ; s'approprier, profiter de. * Gorge-chaude. C.
Gorge-de-pigeon, *s. f.* couleur de la gorge du pigeon ardoise. * embouchure de cheval. G.
†Gorge-fouillée, *s. f.* outil de menuisier en bec de canne.
Gorgée, *s. f. Haustus.* quantité de liqueur qu'on peut avaler à la fois.
Gorger, *v. a.* gé, e, *p.* soûler ; remplir, combler. (se), *v. pers.* se remplir jusqu'à la gorge.
Gorgère, *s. f.* collet antique. C. G. * pièce de l'éperon. B. Gorgere, t. de marine. R.
Gorgeret, *s. m. Canalis.* instrument de chirur.
Gorgerette, *s. f.* ajustement qui couvre la gorge. * Gorgerete. R.
Gorgerin, *s. m.* t. d'archit. petite frise ; t. milit. pièce de l'armure. * collier garni de pointes. LAFONTAINE.
†Gorget, *s. m.* rabot pour les gorges des moulures.
Gorgias, *s. m.* (*vieux*) galant. V. * *adj.* somptueux, affecté ; brave ; galant ; gai ; fin, etc. B.
†Gorgiaser, *v. p.* (se) faire le magnifique, le brave, le galant, etc.
†Gorgiaseté, *s. f.* somptuosité, galanterie, bravoure, etc.
†Gorgiasse, *adj. f.* femme très-grasse.
†Gorgiassement, *adv.* somptueusement, etc.
†Gorgone, *s. f. Gorgonia.* personnage fabuleux ; zoophyte du 7e. genre.
Gorgonelle, *s. f.* toile de Hollande. G. C.
†Gortère, *s. f. Gorteria.* genre de plantes corymbifères.
Gosier, *s. m. Guttur.* partie intérieure du cou ; voix ; canal de la voix, des alimens.
Gosier (grand-), *s. m.* pélican des Antilles. G.
†Gosiller, *v. a.* é, e, *p.* passer mêlée de vin, se dit de l'eau de vie.
Gossampin, *s. m. ou* Fromager, arbre des deux Indes ; le fruit produit une espèce de coton. G. C. * Gessompin. V.
Gosse, *s. f.* t. de marine. R.
†Goth, e, *adj.* de la Gothie.
Gothique, *adj.* 2 *g. ; s. m. Gothicus.* qui vient des Goths ; ancien, hors de mode.
Goton, *s. m.* t. de marine. R. anneau de fer qui sert au tinron. B.
Gouache, *s. f.* peinture avec des couleurs délayées dans de l'eau. * *ou* Gouasse. A. V. *ou* Gouazze. de *Guazzo.*
Gouais, *s. m.* raisin. * Gouas. R. voyez Goet. B.
Goualette, *s. f.* navire d'Amérique. V.
†Gouane, *s. f. Gouania.* genre de plantes qui ressemblent aux nerpruns.
†Gouarona, *s. m.* courlis brun-maron du Brésil.
†Goudok, *s. m.* violon informe des Russes.
†Goudoler, *v. a.* donner une tournure agréable, t. de marine.
Goudran, *s. m.* t. militaire. R.
Goudron, *s. m. Pix.* composition de gomme, de poix, etc. * — minéral, extrait du charbon de terre. B.
Goudronner, *v. a.* né, e, *p.* enduire de goudron. * Goudroner. *et* Godroner. R.
†Goué *ou* Gouet, *s. m.* serpe de bûcheron.
†Gouet *ou* Aroïde, *s. m.* famille des arum, plante.
Gouffre, *s. m. Gurges.* abyme, malheur ; trou creux et profond ; tournoiement d'eau causé par deux courans opposés. * ce qui entraîne beaucoup de dépense ; grand dissipateur. B. Goufre. R.
Gouge, *s. f.* instrument d'arts et métiers ; ciseau à biseau concave pour creuser en rond ; outil de maréchal. (*vieux*) prostituée.
†Gougère, *s. f.* gâteau de mie de pain, d'œufs et de fromage.
†Gougette, *s. f.* petite gouge.
Gouine, *s. f.* coureuse, prostituée de la plus vile espèce.
†Goujard, *s. m.* ouvrier ferblantier.
Goujat, *s. f. Calo.* valet de soldat, de maçon ; injure.
Goujon, *s. m. Gobio.* petit poisson de mer, noir. * *ou* Boullereau, du genre du gobie. -de rivière, *ou* Bouillerot, du genre du cyprin-blanc ; du genre du gobie : cheville de fer, ciseau de sculpteur. B.
Goujoner, *v. a.* né, e, *p. adj.* lier avec des goujons, t. d'arts et mét. R. G. C. * Goujonner. AL.
Goujure, *s. f.* t. de mar. entaille faite à une poulie. R. G. C.
Goulée, *s. f.* (*bas*) grosse bouchée.
Goulet, *s. m.* (*vieux*) cou d'un vase ; entrée étroite d'un port, d'un filet.
Goulette, *s. f.* t. d'archit. petit canal pour le jeu des eaux ; pierre plate, t. de chaufournier. G. C. Goulete. R.
Gouliafre, *adj.* 2 *g. s.* glouton. (*populaire*) * Gouillafre. RR.
†Goulin, *s. m.* oiseau.
Goulot, *s. m. Os.* cou d'un vase. * entonnoir d'un filet. B. * Goulet. (*vieux*) RR.
Goulotte, *s. f.* petite rigole pour l'écoulement des eaux. * Goulote. R.
Goulu, *s. m.* oiseau, espèce de cormoran privé ; animal sauvage ; espèce de mouette ou de goiland. voyez Glouton de mer, le requin.
Goulu, e, *adj. Helluo.* glouton, qui mange beaucoup et vîte.
Goulument, *adv. Avidè.* avidement. * Goulûment. A. C.
†Goumenes, *s. f. pl.* t. de mar. R. * grappins pour le mouillage des galères. B.
†Goupi, *s. m. Goupia.* genre de plantes de la famille des nerpruns.
Goupille, *s. f. Acicula.* clavette, cheville ; clou sans tête ni rivûre.
Goupiller, *v. a.* lé, e, *p.* mettre une goupille. R. G. C.
Goupillon, *s. m. Aspergillum.* aspersoir ; brosse à long manche ; outil de métiers.
Goupillonner, *v. a.* né, e, *p.* nettoyer avec un goupillon. G. C. * Goupillоner. R.
Gour, *s. m.* creux produit par une chute d'eau, ou plein d'eau.
Gourd, e, *adj. Torpens.* engourdi par le froid.
Gourde, *s. f. Cucurbita.* calebasse. * menterie. V. t. de chir. hydrocèle à deux tumeurs ; piastre. voyez Bourde et Goure. B.
Gourdin, *s. m. Fustis.* bâton gros et court ; quart de piastre ; t. de marine.
Gourdiner, *v. a.* né, e, *p.* (*pop.*) donner des coups de gourdin. R. G. C.
Gourdinière, *s. f.* t. de marine. R. manœuvre de galère. B.
Goure, *s. f.* drogue falsifiée. * (*bas*) attrape. V.
Goureau, *s. f.* sorte de figue. G. V.
Gourer, *v. a.* ré, e, *p.* (*bas*) attraper. V.
Goureur, *s. m.* qui falsifie les drogues ; celui qui trompe. * *pl.* RR.
Gourgandine, *s. f. Meretrix.* coureuse. * coquille bivalve, de la famille des cames tronquées. B.
Gourgane, *s. f.* petite féve de marais.
Gourgouran, *s. m.* étoffe de soie des Indes.
Gourlu, *s. m.* purification chez les Turcs. V. G.
Gourmade, *s. f. Pugni ictus.* coup de poing.
Gourmand, e, *adj. s. Helluo.* glouton, goulu ; qui mange avidement et avec excès.
Gourmander, *v. a. Objurgare.* réprimander avec dureté ; manier rudement ; t. de man. * -dé, e, *p. adj.* lardé. A.
Gourmandine, *s. f.* sorte de poire. G. C.
Gourmandise, *s. f. Ingluvies.* vice du gourmand.
†Gourmas, *s. m.* tuyau de bois fermé d'un

tampon : t. de salines.
Gourme, *s. f. Struma.* maladie des jeunes chevaux, etc. gale des enfans.
Gourmé, e, *adj.* guindé. v.* qui a le maintien trop grave. A.
Gourmer, *v. a.* mé. e, *p.* t. de man. mettre la gourmette; battre à coups de poing.* (se), *v. r.* C.
Gourmet, *s. m.* qui sait goûter et connoître le vin.
Gourmette, *s. f.* chaînette de fer attachée à la bride.* valet de vaisseau; garde. AL. Gourmete. R.
Gournable, *s. m.* t. de mar. cheville de bois. B. G. C. V.
Gournabler, *v. a.* blé. e, *p.* t. de mar. garnir le bordage de chevilles. G.
Gournal, *s. m.* poisson très-délicat. G. C.
†Gousli, *s. m.* harpe horizontale des Russes.
Gouspin, *terme de mépris.* V.
Goussaut, Goussant, *s. m.* cheval fort et trapu.
Goussaut, *s. m.* t. de fauc. oiseau trop lourd.
Gousse, *s. f. silica.* enveloppe sèche de graines de pois, etc.* *pl.* ornemens du chapiteau, t. d'archit. R. (-de plomb) plombs pour arrêter les filets. B.
Gousset, *s. m.* creux de l'aisselle. *Marsupium.* petite poche de culotte, son odeur; t. de menuisier, support de tablettes; t. de lingère, petit morceau aux fentes.* siége à la portière; barre du gouvernail. B.
†Goustose, *adj.* indique un faire badin et facile; t. d'arts.
Goût, *s. m. Gustus.* le sens qui discerne la saveur; saveur; odeur; appétence des alimens; sentiment du beau; discernement; finesse de jugement; inclination pour; opinion; manière de faire; caractère; genre d'un artiste, etc.
Goûter, *v. a. Gustare.* té. e, *p.* discerner les saveurs, les odeurs; essayer, éprouver; approuver; sentir; jouir; essayer d'un mets, etc. *v. n.* manger après le dîner.
Goûter, *s. m.* repas entre le dîner et le souper.
Goutte, *s. f.* petite partie d'une chose liquide. *Arthritis.* maladie qui attaque les jointures, les articulations, les nerfs; mesure.* Goute. R.
Goutte à goutte, *adv.* une goutte après l'autre.* Goutte-à-goutte. C. Goute à goute. RR.
Goutte-crampe, *s. f. ou* Crampe, convulsion du nerf de la jambe. A. C.
Goutte gypseuse, *s. f.* goutte aux articles. A. G.
Goutte-rose, *s. f.* maladie de peau avec pustules, démangeaisons et difformité. AL.
Goutte-sciatique, *s. f. ou* Sciatique, goutte à l'emboîture de la cuisse. A. G.
Goutte-sereine, *s. f. Amorosis.* obstruction subite du nerf optique. A. G.
Gouttelette, *s. f. Guttula.* petite goutte. (*inusité*) * jet d'eau en filet. B. Goutelete. R.
Goutteux, se, *adj. s. Arthriticus.* qui a la goutte, qui y est sujet.* Gouteux. R.
Gouttière, *s. f. Collicia.* canal pour les eaux de pluie; t. d'arts et métiers; raies creuses, creux, *pl.* t. de mar.* Goutiere. R.
Gouvernail, *s. m. Gubernaculum.* timon pour gouverner un navire.
Gouvernance, *s. f.* jurisdiction dans les Pays-Bas; dignité.
†Gouvernans, *s. m. pl.* (*nouv.*) ceux qui gouvernent.* Gouvernants. V. RR.
Gouvernante, *s. f.* femme d'un gouverneur. *Educatrix.* qui gouverne, a soin d'un enfant, d'un ménage de garçon, etc.
Gouvernement, *s. m. Administratio.* constitution d'un état; ceux qui gouvernent; manière de gouverner; charge, territoire, hôtel de gouverneur.
Gouverner, *v. a. Gubernare.* régir; conduire avec autorité; administrer, régir; élever; nourrir, avoir soin de; avoir du crédit sur; t. de géométrie, de grammaire. (se) *v. r.* se conduire, conduire sa santé. né. e, *p.* * *adj. s. pl.* ceux qui sont gouvernés. B.
†Gouvernés, *s. m. pl.* (*nouveau*) ceux qui sont gouvernés.
Gouvernesse, *s. f.* institutrice. V.
Gouverneur, *s. m. Gubernator.* qui gouverne; intendant; administrateur; commis à l'éducation d'un jeune homme riche.
Goyave, *s. f.* fruit du goyavier, rond, jaune, pulpe délicieuse; astringent; on en fait des compotes.
Goyavier, *s. m. Psidium.* poirier des Indes,
Gra, *s. m.* lieu où les poules grattent. G.* Grat. R.
Grabat, *s. m. Grabatus.* petit et méchant lit.
Grabataire, *adj.* 2 g. habituellement alité. *pl.* t. de lit. ceux qui ne recevoient le baptême qu'au lit de la mort.
Grabeau, *s. m.* t. d'épicier, fragmens, poussière, criblure, rebut. G. C.
†Grabelage, *s. m.* action de briser, pulvériser.
†Grabeler, *v. a.* examiner, éplucher.
Grabuge, *s. m. Rixæ.* désordre, trouble, vacarme, noise, querelle. (*famil.*)
Grâce, *s. f. Lepor.* faveur volontaire; faveur, crédit; secours de la divinité; agrément; aisance; souplesse, légéreté agréable.* bonne grâce, rideau au chevet du lit; bonne mine, bon air: pardon, amitié, bienveillance. G. *pl.* remercîment. déesses. B. Grace. G. V.
Grâce (de), *adv.* par grâce, par pure bonté.
Graciable, *adj.* 2. *g.* qui peut être pardonné.
Gracieusement, *adv. Urbanè.* d'une manière gracieuse.
Gracieuser, *v. a.* sé. e, *p.* faire des démonstrations d'amitié, de bienveillance. (*famil.*)
Gracieuseté, *s. f. Comitas.* honnêteté, civilité; gratification.
Gracieux, se, *adj. Gratus.* civil; agréable; doux; honnête; plein de grâces et d'agrémens.
Gracilité, *s. f.* se dit d'une voix grêle.
Gradation, *s. f. Gradatio.* t. de réth. augmentation successive;* t. de peint. *mieux* dégradation, diminution des teintes, des nuances. G.
Grade, *s. m. Gradus.* dignité; degré d'honneur, de science; lettre qui le constate.* centième partie du quart du méridien. G.
Gradeau, *s. m.* poisson de mer très-délicat. G.
Grader, *v. a.* (*nouv.*) conférer un grade, une dignité. gradé. e, *p.* * *adj.* qui a un grade. B.
Gradin, *s. m.* petits degrés; bancs au-dessus les uns des autres.
Gradine, *s. f.* ciseau de sculpteur, dentelé et fort acéré. G. C. RR.
Graduation, *s. f.* division en degrés; t. de salines.* bâtimens pour faire évaporer l'eau du sel. B.
Gradué, *s. m. Graduatus.* t. de collége, qui a obtenu un degré.
Gradué. e, *adj.* divisé en degrés; t. de collége, qui a pris un degré; t. de chim. augmenté par degrés.
Graduel. le, *adj.* qui va par degrés. *s. m. Graduale.* versets, livre d'église.* Graduel. ele. R.
†Graduellement, *adv.* par degrés. (*mot usité, quoiqu'omis dans les dictionnaires.*)
Graduer, *v. a.* dué. e, *p.* diviser en degrés; t. de collége, conférer les degrés; t. de chim. augmenter par degrés.
Grafigner, *v. a.* gné. e, *p.* égratigner. R.
Grage, *s. m.* rape de cuivre pour le manioc. V.
Grager, *v. a.* se servir de la grage. V.
Grague, *s. m.* rateau de pêcheur. V.
Graillement, *s. m.* son cassé, enroué.
Grailler, *v. n.* t. de chasse, rappeler les chiens écartés, avec le cor.
Graillon, *s. f.* les restes d'un repas.* reste des marbres. G.
Grain, *s. m. Granum.* semence du blé, etc. sa figure; inégalités de la surface d'un cuir, d'une étoffe, etc. poids; petite parcelle; t. de mar. tourbillon de vent.
†Grain-d'orge, *s. m.* outil de tourneur.
Graine, *s. f. Semen.* semence des plantes, pepins.
†Grainer, *v. a.* mettre la poudre en grains.
Grainette, *s. f.* fruit du lycium.
Grainier. ère, *s. Frumentarius.* détaillant les grains.* collection de graines, de fruits. B. Grenier. RR.
†Grainoir, *s. m.* crible pour la poudre; attelier où on la grène. voyez Grenoir. B.
Grairie, *s. f.* t. d'eaux et forêts, bois commun, G. V. RR.* droit du roi sur les bois. T.
Graissage, *s. m.* action de graisser. A. R. V.
Graisse, *s. f. Adeps.* substance animale, onctueuse, molle, de la nature des huiles grasses; émolliente, adoucit à l'extérieur.
Graisser, *v. a.* sé. e, *p.* frotter avec de la graisse.
Graisset, *s. m. Rubeta.* petite grenouille verte qui monte le long des corps polis.
Graisseux. se, *adj. Adipalis.* de la nature de la graisse.
Graissier, *s. m.* marchand épicier. C.
Graissoir, *s. m.* auge pour graisser la laine. CO.
Gramen, *s. m. Gramen.* plante fromentacée ou graminée. *prononcez* gramenne.
Graminées, *adj.* 2 *g. Gramineus.* (plantes) de la nature du gramen.* t. de blas. RR. *sing.* A. R. V.
Grammaire, *s. f. Grammatica.* art de parler et d'écrire; livre qui en renferme les préceptes.
Grammairien, *s. m. Grammaticus.* qui sait, enseigne la grammaire.
Grammatical. e, *adj. Grammaticus.* de la grammaire.
Grammaticalement, *adv. Grammaticè.* selon la grammaire.
Grammatiste, *s. m.* t. d'antiquité, qui enseigne ou apprend la grammaire.
Gramme, *s. m.* (*nouvelle mesure*) un peu moins de dix-neuf grains, unité des poids.
†Grammites, *s. f. pl.* agate ou jaspe rouge marqué de raies blanches, en forme de lettres.
Grammont. *s. m.* ordre religieux. RR. *pro.* gran-
†Grammontin, *s. m.* de l'ordre de grammont.
Grampé, *s. m.* instrument à deux branches. R.
Granadille, *s. f.* fleur. G. C. voyez Grenadille, fleur de la passion.
†Granal, *s. m.* plante de l'Amérique.
Grand. e, *adj. Magnus.* fort étendu dans ses dimensions; qui commence à croître; qui surpasse les autres; principal; considérable; remarquable; noble; élevé; important; illustre. *s. m.* titre, titré; majestueux, sublime. (en), *adv.* de grandeur naturelle; ou à la grande, avec grandeur.
Grand (en), *adv.* de grandeur naturelle, d'une manière grande.* En-grand. C.
Grand-bâtier, *s. m.* stupide. V.
†Grand-blanc, *s. m.* monnoie d'argent françoise.
Grand-chantre, *s. m.* t. de liturgie, dignité, celui qui la possède. R.
Grand conseil, *s. m.* tribunal supérieur.* Grand-conseil. A.
Grand-maître, *s. m.* chef d'un ordre militaire.
Grand-merci, *adv.* je vous rends grâce.* *s. m.* R.
†Grand-montain, *s. m.* pinçon de montagne.
Grand-œuvre, *s. m.* la pierre philosophale.
Grand père, *s. m.* père de la mère ou du père.* Grand-père. A. Grand-pere. R.
Grand-prévôt, *s. m.* titre d'officier, grand juge militaire. R.

Grand-prieur,

Grand-prieur, *s. m.* titre d'office de Malte, etc. R.

Grandat, *s. m.* dignité. V.

Grande (à la), *adv.* à la manière des grands.

†Grande-berce *ou* Panacée, *s. f.* *Spondilium.* plante exot. ombellif. dont on tire l'opoponax.

Grand'chambre, *s. f.* première chambre d'un parlement. R.

†Grande-écaille, *s. m.* poisson du genre du chétodon.

Grand'garde, *s. f.* cavalerie à la tête d'un camp.

Grandelet. te, *adj. Majusculus.* un peu grand. * *f.* Grandelete. R.

Grandement, *adv. Magnoperè.* avec grandeur, extrêmement.

Grand'mère, *s. f.* mère de la mère ou du père. * outil de glacier, de verrier, crochet pour travailler dans les fours. B. Grand'mere. R.

Gand'messe, *s. f.* messe chantée avec cérémonie. R.

Gand'rue, *s. f.* rue principale. R.

Grandesse, *s. f. Majoratus.* qualité d'un grand d'Espagne.

Grand'tante, *s. f.* tante de l'oncle ou de la tante.

Grandeur, *s. f. Magnitudo.* qualité de ce qui est grand; excellence, sublimité; énormité; dignité, titre d'honneur; t. de mathém. tout ce qui peut être diminué ou augmenté.

Grandiose, *adj.* 2 *g.* grand, sublime, t. d'arts.

†Grandiosité, *s. f.* (*néologique*) qualité de ce qui est grandiose.

Grandir, *v. n. Grandescere.* di. e, *p.* croître, devenir grand.

Grandissime, *adj. superlatif.* (*familier*) très-grand.

Grandolin, *s. m.* fade, impertinent. V.

Grand oncle, *s. m.* oncle de l'oncle ou de la tante. * Grand-oncle. A. R.

Grands jours, *s. m. pl.* assemblée extraordinaire de juges supérieurs. * Grands-jours. A.

Grange, *s. f. Horreum.* bâtiment où l'on serre les gerbes.

Grangeage, *s. m.* manière de donner à ferme. R.

Granger, *s. m.* métayer. R. * *Grangeria.* arbre d'Afrique. B.

Granit, *s. m. Granitum.* pierre fort dure; substance vitreuse, composée d'un mélange irrégulier de quartz, de feld-spath, de schorl, de mica. * ou Granite. A. G. V.

Granitelle, *adj.* (marbre) qui ressemble au granit. * Granitele. R.

Granulation, *s. f.* réduction des métaux en grenailles, t. de chimie.

Granuler, *v. a.* lé. e, *p.* mettre le métal en petits grains.

Granuleuses, *s. f. pl.* (terres). L.

†Granuliforme, *adj.* 2 *g.* en petits grains.

†Graon, *s. m.* sorte de bon pois carré.

†Graphide, *s. f.* description, délinéation.

Graphie, *s. f.* description.

Graphique, *adj.* 2 *g.* de la graphie. * (pierre) qui présente des caractères, des lettres; propre pour la sculpture; t. de minéralogie. B.

Graphiquement, *adv.* d'une manière graphique.

Graphomètre, *s. m.* instrument pour mesurer les angles. * Graphometre. R.

†Grapioïde, *s. f.* apophise styloïde.

Grappe, *s. f. Uva.* grains en bouquets pendans; gale aux pieds des chevaux. * sable dans la mine; petit lait aigri dans lequel ont trempé des estomacs d'animaux pour la présure. *Acinus*; de Hollande, garance de Zélande en poudre. B. * Grape. R. V.

†Grapper, *v. a.* é. e, *p.* réduire la garance en poudre. (se) *v. pers.*

Grappeter, *v. a.* recueillir les restes. V. * Grapiller. B.

Grappeux, *adj. m.* (*vieux*) fécond. V.

Grappillage, *s. m.* action de grappiller. C.

Grappiller, *v. a. v. n.* lé. e, *p.* cueillir les grappes qui restent; faire un petit gain. * Grapiller. R. V.

Grappilleur. se, *s.* qui grappille. * Grapilleur. R. V.

Grappillon, *s. m.* petite grappe. * Grapillon. R. V.

Grappin, *s. m. Uncus.* ancre à quatre becs; instrument à crochets; outil de mét. * Grapin. R. V.

Grappiner, *v. a.* né. e, *p.* accrocher avec le grappin. G. C. * Grapiner. R.

†Grappineur, *s. m.* ouvrier qui nettoie le verre en fusion.

†Grapse, *s. m. Grapsus.* espèce de cancre plat.

Grapu. e, *adj.* chargé de grappes. R.

Gras. se, *adj. Pinguis.* qui a beaucoup de graisse; sali, imbu, enduit de graisse; épais; sale; obscène. (trait) trop large. *s. m.* viande, graisse, endroit charnu. *adv. faire* gras, *parler* gras. * Grâs. R.

†Gras-cuit, *adj.* (pain) pâteux faute de cuisson.

†Gras-de-galle, *s. m.* arbrisseau épineux, espèce d'acacia.

Gras-double, *s. m. Omentum.* membrane de l'estomac du bœuf. * Grâs-double. R.

Gras-fondure, *s. f.* t. de vétérinaire, inflammation du bas-ventre. * Grâs-fondure. R. Gras-fondu. A. C. T. V. AL.

Grason, *s. m.* craie. R.

Grassais, *s. m. pl.* oiseaux de passage. V.

Grassari, *s. m.* oiseau de passage très-frileux. G.

Grassement, *adv. Opiparè.* à son aise; généreusement. * Grâssement. R.

Grasset. te, *adj. Subpinguis.* (*famil.*) un peu gras. *s. f.* jointure de la cuisse à la jambe. * *f.* Grassete. R.

†Grassette, *s. f. Pinguicula.* Herbe grasse, Herbe huileuse, à fleur violette, vulnéraire, consolidante; suc onctueux pour les gercures des mamelles; laxative; racine pilée pour les sciatiques, les hernies; tue les moutons. L. 25.

Grasseyement, *s. m. Sonus blæsus.* prononciation en grasseyant. * Grâsseyement. R.

Grasseyer, *v. n.* parler gras, mal prononcer l'R. * Grâsseyer. R.

Grasseyeur. se, *s.* qui grasseye. C. G. V.

Grassin, *s. m.* milice de troupes légères. R. V.

Grassouillet. te, *adj.* diminutif de grasset. * *f.* Grassouillete. R.

Grat, *s. m.* (*vieux*) reconnoissant. V.

Grateau, *s. m.* instrument de doreur. * Gratteau. V.

†Gratellier, *s. m. Enestis.* genre de plantes de la famille des balsamiers.

Grateron, *s. m. Aparine.* plante pour la pleurésie, la poitrine. *ou* Rièble, muguet des bois, glouteron. * Gratteron. G. C.

†Gratgal, *s. m. Randia.* genre de plantes rubiacées.

Graticuler, *v. a.* lé. e, *p.* prendre les proportions d'un tableau par des carrés, t. de peinture.

†Gratienne, *s. f.* toile de lin de Bretagne.

Gratification, *s. f. Munus.* don, libéralité.

Gratifier, *v. a.* fié. e, *p.* favoriser par des libéralités.

Gratin, *s. m. Crassamen.* ce qui demeure attaché au fond du poêlon. * Grattin. V.

Gratiole, *s. f. Gratiola.* Petite digitale, Herbe à pauvre homme, plante hydragogue, purgative, vermifuge, fébrif. émétique dangereux. L. 24.

Gratiou, *s. m.* t. de marine. R.

Gratis, *adv. s. m. Gratis.* sans frais, sans preuves. * droit de ne pas payer; ceux qui l'ont. B.

Gratitude, *s. f.* reconnoissance d'un bienfait.

†Graton, *s. m.* petit râble de glacier.

Gratte, *s. f.* (*vieux*) coup. V. * outil pour sarcler, pour gratter les ponts des vaisseaux. B. Grate. R.

Gratte-boësse, *s. f.* brosse de fil de laiton. C. V. * Gratte-boesse. G. *et* Gratte-bosse. AL.

Gratte-boësser, *v. a.* sé. e, *p.* frotter la dorure avec la gratte-boësse. C. * Gratte-boesser. G. Gratte-bosser. AL.

Gratte-cu, *s. m.* fruit du rosier, de l'églantier. * Gratte-cul. A. V. Grate-cul. R.

Gratte-papier, *s. m.* celui qui gagne sa vie dans la basse pratique. AL.

†Gratteau, *s. m.* outil d'acier carré, pour gratteler et polir.

†Gratteler, *v. a.* é. e, *p.* gratter légèrement pour polir.

Gratteleux. se, *adj.* qui a la gratelle. * Grateleux. R.

Grattelle, *s. f. Impetigo.* petite gale. * Gratele. R.

Gratter, *v. a. Scalpere.* té. e, *p.* frotter, remuer avec les ongles, les doigts, etc. ratisser; heurter doucement; râcler; adoucir au grattoir. * Grater. R.

Grattoir, *s. m. Radula.* outil pour gratter. * Gratoir. R.

Grattoire, *s. f.* t. de dentiste, voyez Rugine. G. C. * Gratoire. R.

Gratuit. e, *adj. Gratuitus.* fait ou donné gratis; sans fondement, sans motif.

Gratuité, *s. f.* caractère de ce qui est gratuit; t. de mysticité.

Gratuitement, *adv. Gratuitò.* d'une manière gratuite; sans fondement.

Gravas, *s. m.* G. C. * Gravats. A. voyez Gravois. V.

Gravatier, *s. m.* qui enlève les gravois.

Grave, *adj.* 2 *g. Gravis.* pesant; sérieux; important; plein; accent (è); bas et profond, t. de musique * qui peut avoir des suites dangereuses. *s. m.* corps pesant. B.

Gravé. e, *adj. Incisus.* marqué de petite vérole. G. C.

Gravelée, *adj.* (cendre) de lie de vin; (chandelle) inégale. * *s. f.* lie brûlée. G. C.

Graveleux. se, *adj. Calculosus.* mêlé de gravier; sujet à la gravelle; trop libre. *s. m.* attaqué de la gravelle.

Gravelle, *s. f. Calculus.* petites pierres dans les reins. * lie de vin qui a été passée; marc séparé de la lie de vinaigre. B. *ou* Gravèle. A. Gravele. R.

Gravelure, *s. f.* (*famil.*) discours approchant de l'obscénité.

Gravement, *adv. Graviter.* avec gravité, lenteur.

†Gravéolence, *s. f.* puanteur, mauvaise odeur.

Graver, *v. a. Insculpere.* vé. e, *p.* tracer un trait sur un solide; imprimer fortement.

Graveur, *s. m. Cælator.* artiste qui grave.

Gravier, *s. m. Glarea.* sable mêlé de cailloux; sable dans l'urine.

†Gravimètre, *s. m.* pèse-liqueur.

Gravir, *v. n.* grimper avec peine un endroit rude et escarpé. * *v. a.* AL.

Gravitation, *s. f.* t. de physique, faculté, action de graviter attribuée à la matière.

Gravité, *s. f. Gravitas.* pesanteur; importance; qualité d'un personage grave, réservé.

Graviter, *v. n.* t. de phys. tendre et peser vers un point.

Gravoir, *s. m.* t. d'art. outil de métiers pour faire des rainures; couper le fer. G. C. * outil de cirier. V.

Gravois, *s. m. Rudera.* partie grossière du plâtre; débris de mur.

Gravure, *s. f. Scalptura.* art de graver; ouvrage du graveur.

Gré, *s. m. Volontas.* bonne volonté de faire; reconnoissance; de gré à gré, *adv.* à l'amiable.

Gré (bon gré, malgré) *adv.* de gré ou de force. de gré (à gré), d'un commun accord. de gré (ou de force), *adv.* volontiers ou malgré. * gré (avoir en), prendre plaisir. RR.

Gréage, *s. m.* t. de coutume. R.
Grèbe, *s. m. ou* Colimbe, oiseau aquatique. *Colymbus.* * Grebe. R.
Grec, que, *adj. s. Græcus.* écrit en grec, de Grèce ; habile. * *f.* Greque. R.
Grécaliser, *v. a.* t. de marine. V.
†Grécaniser, *v. a.* mêler du grec dans ses écrits (*vieux*).
Gréciser, *v. n.* user d'hellénisme. V. * suivre les cérémonies grecques. R.
Grécisme, *s. m.* tour de phrase grecque. G. C.
†Grecque, *s. f.* scie à main de relieur. AL.
Gredin, e, *adj.* gueux. * mesquin. G. C.
Gredinerie, *s. f.* misère ; mesquinerie ; gueuserie. * action de gredin. B.
Gredins, *s. m. pl.* petits chiens à longs poils. G. C. V.
Gréement *ou* Grément, *s. m.* ce qui sert à gréer un vaisseau. *prononcez* gré.
Gréer, *v. a.* gréé, e, *p.* munir un vaisseau de manœuvres, etc. préparer, mettre en place. * promettre, agréer. B.
Greffe, *s. m.* t. de prat. bureau où l'on expédie les jugemens, etc. où l'on garde les registres ; droits. *s. f.* t. de jard. ente. * Grefe. R.
Greffer, *v. a. Inserere.* fé, e, *p.* enter, faire une greffe. * engager un brin de jeune branche dans le bois d'un autre arbre. B. * Gréfer. R.
Greffeur, *s. m.* qui greffe. V. * Gréfeur. R.
Greffier, *s. m. Scriba.* qui expédie et garde les actes de justice ; qui tient un greffe. * Gréfier. R. G.
Greffoir, *s. m.* instrument de jardinier pour greffer. * Gréfoir. R.
Grégal *ou* Grec, *adj. m.* (*vieux*) de nord-est. V.
Grège, *adj. s. f.* soie sortant de dessus le cocon. *s. m.* peigne pour avoir la graine du lin ; t. d'agriculture. * Grége. R.
Grégeois, *adj. m.* (artifice, feu) qui brûle dans l'eau.
Grégorien, ne, *adj.* (chant, calendrier) de Grégoire. * Gérgorien. G. C. *f.* Grégoriene. R.
Grègue, *s. f.* culotte, haut-de-chausse. * Gregue. R. Grègues. C.
Greigneur, *s. m.* (*vieux*) maître. V.
Grêle, *adj. 2 g. Gracilis.* long et menu. *adj. f.* (voix), aiguë et foible.
Grêle, *s. f. Grando.* pluie gelée ; grande quantité ; tumeur blanche à l'œil ; outil pour grêler ; petite écouenne. * — *ou* Grelette, écouenne de tourneur. B.
Grêlé, e, *adj.* marqué de la petite vérole. G. C. V.
Grêler, *v. a. Grandinare.* lé, e, *p.* frapper de la grêle. *v. impers.* parlant de la grêle qui tombe. * Gréler. G. *ou* Rubanner, réduire la cire fondue en rubans, rendre grêle. B.
Grelet, *s. m.* marteau de maçon. R. C. * Gurlet *ou* Têtu. G.
Grelin, *s. m.* t. de marine, cordage jeté pour venir à bord ; petit câble ; poisson. R. G. C.
Grêloir, *s. m. ou* Grêloire, *s. f.* outil de cirier pour grêler. R. V.
Grêlon, *s. m.* gros grain de grêle.
Grelot, *s. m. Cymbalum.* boule de métal creuse et bruyante. * fil très-fin pour broder. B.
Grelotter, *v. n.* trembler de froid. * Greloter. R.
Grelou, *s. m.* vaisseau pour grener la cire. G. C. * Greloué. V.
Grelouage, *s. m.* action de mettre la cire en grains. G. C.
Grelouer, *v. a.* loué, e, *p.* grener la cire. G. C. V.
Greluchon, *s. m.* (*familier*) amant secret d'une prostituée.
Grémial, *s. m.* ornement pontifical sur les genoux. * Grémail. V.
Grémil, *s. m. Lithospermum.* Herbe aux perles, plante boraginée, diurétique, anodine, chasse le gravier, arrête la gonorrhée, facilite l'accouchement. L. 189.
†Grémillet, *s. m. ou* Scorpionne, *s. f.* voyez Myosote.
Grenade, *s. f. Grenatum.* fruit du grenadier ; le suc précipite la bile ; sirop cordial astringent ; t. militaire, boule de métal pleine de poudre.
Grenadier, *s. m. Malus punica.* arbre du Midi. L. 676. t. milit. soldat qui jette les grenades ; soldats d'élite les plus grands. * grand bouteux pour les chevrettes. Cardinal du Cap de Bonne-Espérance, oiseau. B.
Grenadière, *s. f.* gibecière pour les grenades, t. de guerre ; petite seine ; t. d'arquebusier, anneau. * Grenadiere. R.
Grenadille, *s. f. Granadilla.* Fleur de la passion, exotique, cultivée en France ; les styles ont la forme de clous. * voyez Granadille. A.
Grenadin, *s. m. Granatinus.* petit oiseau fort vif, d'Afrique, du genre du moineau, à joli plumage. * petit fricandeau. A. V.
Grenage, *s. m.* action de former le grain de la poudre. G. C.
Grenaille, *s. f. Pulvis.* métal réduit en grain. * rebut de grains. RR.
Grenailler, *v. a.* lé, e, *p.* mettre un métal en grains. G. C. RR.
Grenaison, *s. f.* récolte des graines. V.
†Grenasse, *s. f.* petit grain de pluie ou de vent, t. de marine.
Grenat, *s. m. Carchedonius.* pierre précieuse, rouge, de la nature du schorl, mêlée de fer. * colibri de grande taille ; fruit. B.
Grenaut, *s. m.* poisson à grosse tête.
Greneler, *v. a.* lé, e, *p.* faire paroître des grains sur le cuir.
Grenelie, *s. f.* ordre des grains. V.
Grener, *v. a.* né, e, *p.* réduire en grains. *v. n.* produire de la graine, beaucoup de grains. * *et* Grainer. G.
Greneterie, *s. f.* commerce du grenetier. * Grèneterie. A. V. Grenéterie. R. Grenetterie. G.
Grenetier, ère, *s.* qui vend des graines. *s. m.* officier au grenier à sel. * Grènetier. ère. A. V. Grénetier. ere. R. Grainetier. A. R.
Grenetis, *s. m.* t. de monnoie, tour de petits grains au bord des médailles * poinçon pour le faire. B. Grènetis. A. Grénetis. R.
†Grenette, *s. f.* voyez Semen-contra.
Grenettes, *s. f. pl.* graines d'Avignon ; t. de peint. petites graines pour la couleur jaune. * Grenetes. R.
Grenge, *s. m.* AL. voyez Grenage.
Grenier, *s. m. Granarium.* lieu où l'on serre les grains, etc. ; dernier étage ; pays fécond en blé.
Grenier à sel, *s. m.* dépôt de sel ; juridiction.
Grenoir, *s. m.* instrument pour grêner la poudre ; crible ; lieu où l'on grène la poudre. R. G.
Grenon, *s. m.* (*vieux*) poil. V.
Grenot, *s. m.* poisson bon à manger. G.
Grenouillard, *adj.* des grenouilles. V.
Grenouille, *s. f. Rana.* animal aquatique ; t. d'imprimerie, fer carré qui reçoit le pivot, et renferme le grain ; t. de méd. tumeur sur la langue. * — poisson, *s. m. ou* la Jackie ; animal fabuleux. B.
Grenouiller, *v. n.* (*populaire*) ivrogner.
†Grenouiller, *s. m.* poisson du genre du blenne. *Raninus.* — du genre du silure. *Batrachus.*
Grenouillère, *s. f.* lieu où les grenouilles se retirent ; lieu humide et mal-sain. * Grenouillere. R.
Grenouillet, *s. m.* Sceau de Salomon, plante.
Grenouillette, *s. f. Ranunculus.* plante de marais, renoncule-tubéreuse. * *ou* Grenouille, tumeur pleine de salive sous la langue. B. Grenouillete. R.
Grenu, e, *adj. Granosus.* plein de grains ; bien grenelé. * (liquide) figé en grains. AL.
Grèque, *s. f.* t. de relieur, petite scie. * petite sauterelle ; (à la-) comme les Grecs. B. Gréque. R. *ou* Grecque G. AL.
Gréquer, *v. a.* qué, e, *p.* (un livre) le couper sur le dos. R. G. C. * Grèquer. RR. Greqquer. AL.
Grès, *s. m. Silex.* pierre ignescente, débris de quarts agglutinés par l'eau, elle sert à paver ; poterie de glaise mêlé de sable ; t. de chasse, dents supérieures du sanglier. * *et* Grais. G. V.
Grésil, *s. m. Pruina.* menue grêle très-blanche et fort dure. * verre réduit en parcelles. B.
Grésillement, *s. m.* action de raccornir, ses effets. * Gresillemenr. R.
Grésiller, *v. a.* lé, e, *p.* faire qu'une chose se raccornisse. *v. impers.* parlant du grésil qui tombe. * Gréser *ou* Groiser, rogner le verre. B. Gresiller. R.
†Grésillon, *s. m.* troisième farine.
Grésillonner, *v. n.* parlant du cri du grillon. G.
Grésoir, *s. m.* outil de vitrier pour rogner le verre. G. C. V. * *ou* Grugeoir. B.
†G-ré-sol, *s. m.* terme qui désigne le sol.
Gresserie, *s. f.* pierres, mines, pot, cruche, vases de grès.
†Greuvier, *s. m. Greuvia.* genre de plantes de la famille des tilleuls.
Grévance, *s. f.* (*vieux*) chagrin, peine. V.
Grève, *s. f. Arena.* plage unie et sablonneuse. * *et* Grêve, peine, fatigue. (*vi.*) V. pièce de l'armure pour la jambe. B. *pl.* AL. Greve. R.
Grever, *v. a. Gravare.* vé, e, *p. adj.* chargé : t. de jurisprud. faire tort et dommage ; léser, charger d'une condition. * Gréver. R. Grèver. RR.
Grévière, *s. f.* t. de médecine, blessure sur l'os de la jambe. V.
Grianneau, *s. m.* jeune coq de bruyère. A. V.
Gribanne, *s. f.* navire sans quille. G. C. * Gribane. R.
Griblette, *s. m.* morceau mince de porc rôti. * Griblete. R.
Gribouillage, *s. m.* (*populaire*) mauvaise peinture ; mauvaise écriture.
Gribouille, *s. m.* imbécille. R. V.
Gribouiller, *v. a.* lé, e, *p.* faire du gribouillage. V.
Gribouillette, *s. f.* jeu d'enfans qui se disputent une chose qu'on leur a jetée. * Gribouillete. R.
Gribouillette (à la), *adv.* négligemment. V.
Gribouri, *s. m. Cryptocephalus.* scarabée coléoptère qui attaque les plantes.
Grièche (pie-), *adj. 2 g. Pica græca.* sorte de pie ; femme criarde. (ortie) très-piquante. * importun. RR. Grieche. R.
Grief, *s. m. Damnum,* dommage reçu ; plainte pour ce dommage.
Grief. ève, *adj. Gravis.* grand et fâcheux ; énorme (*en mauvaise part*). * Grief. eve. R.
Grièvement, *adv. Graviter.* d'une manière griève, fâcheuse. * Griévement. R.
†Grièvener, *s. m.* monnoie russe, 10 sous, 8 deniers.
Griéver, *v. a.* vé, e, *p.* (*vieux*) molester. V.

Grièveté, *s. f. Gravitas.* atrocité; énormité. * Griéveté. R. G.
Griffade, *s. f.* coup de griffe. * Grifade. R.
Griffe, *s. f. Unguis.* ongle crochu, pointu et mobile; empreinte d'un nom, instrument pour la faire. (*figuré*) pouvoir injuste, rapacité. * t. de botan. caïeu de renoncule, anemone, etc. *ou* Grille, machine de forge; outil de graveur à cinq pointes; t. de métiers, marque, outils. B. Grife. R.
Griffer, *v. a.* fé. e, *p.* t. de fauc. prendre avec la griffe. * Grifer. R. (*fam.*) Egratigner. B.
Griffon, *s. m. Gryphus.* oiseau de proie: animal fabuleux moitié aigle, moitié lion. * lime de tireur d'or. B. Grifon. R.
Griffonnage, *s. m.* mauvaise écriture; mauvais dessin. * Grifonage. R.
Griffonner, *v. a. n.* né. e, *p.* mal écrire, mal dessiner. * Grifoner. R.
Griffonnie, *s. f.* petite écriture. V.
Grifonement, *s. m.* t. d'arts. R.
Grigallus *ou* Tétrax, *s. m.* oiseau des pays chauds. G. C.
Grignard, *s. m.* espèce de plâtre aux environs de Paris. G. C.
Grignon, *s. m.* (de pain), morceau de croûte bien cuite. * marc des olives; arbre de la Guyanne, dont le bois incorruptible est très-employé. B.
Grignoter, *v. n.* (*popul.*) manger doucement en rongeant; faire quelques petits profits. * Grinotter. C.
†Grignotis, *s. m.* Grignoté. e, *adj.* 2 *g.* tailles courtes, tremblées, entremêlées de points, t. d'arts.
Grigou, *s. m.* (*familier.*) avare; gredin, misérable.
Gri-gri, *s. m.* palmier des îles Caraïbes; oiseau, émérillon des Antilles. * fétiche. B.
Gril, *s. m. Craticula.* ustensile pour faire griller. * *ou* Grille, plancher d'un four, t. de métiers. B. *prononcez* gri.
†Grilagine, *s. f. Grilagine.* poisson du genre du cyprin, de mer et de rivière.
Grillade, *s. f.* viande grillée; manière d'apprêter en grillant.
Grillage, *s. m.* opération de métallurgie pour fondre; garniture de fil de fer, sa figure. * cuisson à un feu vif. B.
Grille, *s. f. Clathri.* assemblage de barreaux formant une clôture; plaque trouée; treillis; sorte de paraphe; t. de blason, barreaux; t. de métiers. * laine d'Espagne. B.
Griller, *v. a.* faire cuire sur le gril; brûler; fermer une grille; faire religieuse. *v. n.* se rôtir sur le gril; se brûler. (*figuré*) brûler d'impatience. grillé. e, *p. adj.*
Grillet. te, *s.* t. de blason, sonnette au cou, à la patte. * Grillet *ou* Grillete. R.
Grilleté. e, *adj.* t. de blason, qui a des sonnettes au cou et à la patte. * entouré de grilles. B.
†Grilletier, *s. m.* qui fait des grilles.
Grillon, *s. m. Grillus. ou* Cri-cri, Cigale de nuit, insecte. * — taupe, courtille, courtilière, insecte hideux. — criquet, ressemble à la sauterelle, *Acrydia. pl.* liens, menottes. B. Gryllon. R.
†Grillot, *s. m.* outil pour appuyer sur la tête de la glace.
†Grillotter, *v. n.* se dit du grillot qui crie.
Grills, *s. m. pl.* petits saumons. G. C.
Grimace, *s. f.* contorsion du visage; feinte; mauvais plis; boîte de toilette à dessus en pelotte à épingles.
Grimacer, *v. n.* faire des grimaces, des faux plis. * cé. e, *adj.* t. d'arts. B.
Grimacerie, *s. f.* dissimulation. V. action de faire des grimaces. R.
Grimacier. ère. *s. adj.* qui fait des grimaces. *Simulator.* hypocrite; faux dévôt. * *f.* Grimaciere. R.
Grimaud, *s. m. Pusio.* t. de collége, écolier de basse classe. (*t. de mépris*).
Grimauder, *v. a.* (*vieux*) élever de petits enfans. V.
Grime, *s. m.* petit écolier. (*famil.*)
Grimelin, *s. m.* (*ironique*) petit garçon; joueur mesquin.
Grimelinage, *s. m.* jeu mesquin; grapillage; petit profit.
Grimeliner, *v. n.* jouer mesquinement; grapiller. *v. a.* faire de petits gains, de petits profits. * épeler. V.
†Grimer *ou* Grincher, *v. a.* mé. e, *p.* se dit de la croûte du pain inégale, éraillée.
Grimme, *s. f.* chèvre du Sénégal, qui a un bouquet de poils sur la tête. G. C.
Grimoire, *s. m. Liber magicus.* livre des magiciens; discours obscur; écriture difficile à déchiffrer.
†Grimpant. te, *adj.* (plante) qui grimpe après les objets voisins.
Grimper, *v. a. Ascendere.* pé. e, *p.* monter en s'aidant des pieds et des mains.
Grimpereau, *s. m. Falcinellus.* genre d'oiseaux qui grimpent le long des arbres pour trouver des insectes.
†Grimpeurs, *s. m. pl. Scansores.* genre d'oiseaux conformés pour grimper aux arbres.
Grincement, *s. m. Stridor.* action de grincer les dents.
Grincer, *v. a. Stridere.* (les dents), les frotter les unes contre les autres par rage, menace, douleur, etc.
†Grinette, *s. f.* poule sultane tachetée.
Gringolé. e, *adj.* t. de blason, terminé en tête de serpent.
Gringottée, *s. f.* mis en musique. V.
Gringotter, *v. n. Fringultire.* parlant des petits oiseaux, fredonner. (*figuré*) fredonner mal. * Gringoter. R.
Gringuenaude, *s. f.* petite ordure attachée aux émonctoires.
Gringuenotter, *v. n.* se dit du ramage du rossignol. G. C. * Gringuenoter. R.
Grinon, *s. m.* dracuncule, t. de médecine. voyez Crinon.
†Griot, *s. m.* recoupe du blé, t. d'amidonnier. * *pl.* AL.
Griotte, *s. f.* cerise ferme; marbre taché de rouge et de brun. * Griote. R.
Griottier, *s. m.* arbre qui porte la griotte. * Griotier. R.
Grippe, *s. f.* fantaisie; caprice. (*popul.*) * espèce de rhume. C. pièce de moulin à papier; prévention, haine; aversion (prendre en- *ou* se prendre en-) B. Gripe. R.
Grippe-sou, *s. m.* (*famil.*) qui reçoit pour les rentiers. * Gripe-sou. R.
Grippeler (se), *v. pers.* t. de tisserand, se froncer, se crêper. G. C. * Gripeler. R.
Gripper, *v. a. Subripere.* pé. e, *p.* attraper subtilement, en parlant du chat. (se), *v. r.* se froncer; s'entêter; se prévenir contre. C. V. * se mettre une fantaisie dans la tête. AL. * Griper. R.
Gris. e, *adj. Cinereus.* de couleur grise; paillet; à demi-ivre.
Gris, *s. m.* couleur grise.
Gris-de-fer. *adj. s. m.* couleur.
Gris de lin. *s. m. adj.* couleur tirant sur le rouge. G. * Gris-de-lin. C. RR.
Gris de perle, *adj. s. m.* couleur. * Gris-de-perle. C.
Gris (petit-), *s. m.* fourrure dont la couleur est grise; écureuil. * plume de dessous l'aile, le ventre de l'autruche. B.
Grisaille, *s. f.* t. de peint. peinture avec deux couleurs brune et claire; t. de perruquier, mélange de cheveux bruns et blancs.
Grisailler, *v. a.* lé. e, *p.* peindre, barbouiller de gris.
Grisâtre, *adj.* 2 *g.* qui tire sur le gris.
Griser, *v. a.* sé. e, *p.* faire boire jusqu'à rendre demi-ivre. (se), *v. r.*
Griset, *s. m.* jeune chardonneret avant la mue. * espèce de chien de mer. B.
Grisette, *s. f.* étoffe grise; oiseau diurne; fauvette grise; papillon; jeune ouvrière. * Grisete. R.
Grisoller, *v. n.* parlant du chant de l'alouette. G. A. V. * Grisoler. R. C.
Grison, *s. m. Asinus.* (*popul.*) un âne. * lézard du 3e. genre; poisson du genre du chétodon. — du genre du labre; quadrupède de Surinam qui tient de l'hermine. B.
Grison. ne, *adj. s.* 2 *g. Canescens.* qui grisonne; gris; homme de livrée deguisé pour des commissions secrettes. * Grisone. R.
Grisonner, *v. n. Canescere.* né. e, *p.* devenir grison. * Grisoner. R.
Grive, *s. f. Turdus.* oiseau qui tient beaucoup du merle, a le plumage jaune, tacheté de brun. * — de mer, poisson. B.
Grivelé. e, *adj.* (oiseau) tacheté de gris et blanc.
Grivelée, *s. f.* concussion; profit illicite et secret. * Grivellerie. AL.
Griveler, *v. a. Compilare.* lé. e, *p.* faire des grivelées (*populaire*).
Grivelerie, *s. f. Compilatio.* action de griveler. (*pop.*) * Grivélerie. R. Grivèlerie. A. *et* Grivelée. G. Grivellerie. AL.
Griveleur, *s. m. Æris peculator.* qui fait des grivelées (*populaire*).
†Grivelin, *s. m.* gros bec du Brésil; moineau de paradis.
Grivois, se, *adj. s.* (soldat) éveillé, alerte; bon drôle. *s. f.* vivandière d'humeur libre et hardie.
†Grivoise, *s. f.* râpe à tabac.
†Grivoiser, *v. a.* s'amuser à râper du tabac.
†Groche, *s. m.* petite monnoie de billon.
Groenlandois. se, *adj.* du Groenland. R.
Grognard, *s. m.* qui gronde sans cesse; chagrin. G. C. RR. * *ou* Grognar, poisson. B.
Grogne, *s. f.* chagrin, mécontentement. R. G. C.
Grognement, *s. m. Grunnitus.* cri des pourceaux; action de grogner.
Grogner, *v. n. Grunnire.* crier comme les pourceaux; gronder.
Grogneur. se, *s.* (*familier*) qui grogne. * *ou* Grondeur, poisson du genre du cotte. B.
Grogneux, *adj. m.* qui grogne. V.
Grognon, *s. m.* coup. R.
Groin, *s. m. Rostrum.* museau de cochon. * serpent du 2e. genre. B.
Groinson, *s. m.* craie blanche en poudre; t. d'arts. * Groizon. R.
†Groisil, *s. m.* voyez Grasil, morceaux de glace de verre.
Grolle, *s. m.* voyez Freux, *Graculus.* espèce de corneille. * Grole. R.
Grommeler, *v. n. Mutire.* (*famil.*) gronder sourdement; murmurer sourdement. * Gromeler. R.

Grommeleux, *adj.* qui gronde. V.
†Grommer, *v. a.* chagriner; duper; déniaiser. CHOLET.
Grondable, *adj.* 2 g. qui mérite d'être grondé. R. G. C.
†Grondeler, *v. n.* murmurer, faire un bruit sourd.
Grondement, *s. m.* bruit sourd. G. C. V. RR.
Gronder, *v. a. Increpare.* dé. e, *p.* gourmander de paroles. *v. n.* se plaindre entre ses dents; faire un bruit sourd.
Gronderie, *s. f. Reprehensio.* criaillerie; réprimande avec colère.
Grondeur. se, *adj. s. Morosus.* qui gronde.
†Grondin, *s. m. Gurnadus.* poisson du genre du trigle.
†Groneau *ou* Grognaut, *s. m.* poisson du genre du trigle.
Gros, *s. m.* la partie principale, la partie la plus forte, la plus épaisse; huitième d'une once, *Drachma.* revenu fixe; droit; étoffe. * Grôs. R.
Gros. se, *adj. Crassus.* qui a beaucoup de circonférence et de volume; épais; considérable; (temps) mauvais; enflé; bouffi. (tout en gros) seulement. (*populaire*). * Grôs. R
†Gros-bec, *s. m. Cocothraustes.* pinçon d'une forte taille.
†Gros-blanc, *s. m.* mastic fait de blanc et de colle.
Gros-canon, *s. m.* caractère d'imprimerie.* Grôs-canon. R.
Grôs de Naples, *s. m.* étoffe de soie. R.
†Gros-dénome, *s. m.* morceau de la cuisse du cerf.
Grôs de Tours, *s. m.* étoffe de soie. R.
Gros (en), *adv.* le contraire de *en détail.* * en-gros. C. en Grôs. R.
†Gros-noir, *s. m.* espèce d'ardoise.
Gros-parangon, *s. m.* caractère d'imprimerie. R.
Gros-romain, *s. m.* caractère d'imprimerie. * Grôs-romain. R.
Grôs-temps, *s. m.* temps orageux. R.
Gros-texte, *s. m.* caractère d'imprimerie. * Grôs-texte. R.
†Gros-ventre, Orbis, *s. m.* poisson de Cayenne, regardé comme poison.
†Gros-yeux, *s. m. Anableps.* poisson du genre du cobite.
Groseille, *s. f.* fruit acide à grappe rouge ou blanche, de la grosseur d'un petit pois.
Groseiller, *s. m. Grossularia.* arbrisseau épineux, qui donne la groseille. * Grôseiller. R.
Grosil, *s. m.* gros verre cassé.
Grosse, *s. f.* t. de commerce, douze douzaines; t. de pratique, rôles d'écriture. * expédition en forme exécutoire; t. d'imprimerie, lettre double en force. B. * Grôsse. R.
Grosse, *adj. f.* (femme) enceinte.* Grôsse. R.
Grôsse-nompareille, *s. f.* caractère d'imprim. R.
Grôsse-queue, *s. f.* poire. R. * Grosse-queue. RR.
Grosserie, *s. f.* gros ouvrages de taillandiers; commerce en gros. * Grôsserie. R.
Grosses-de-fonte, *s. f. pl.* gros caractère d'imprimerie. * Grôsses-de-fonte. R.
Grossesse, *s. f. Graviditas.* état d'une femme qui est enceinte, sa durée.* Grôssesse. R.
Grosseur, *s. f. Crassitudo.* volume de ce qui est gros; tumeur. * Grôsseur. R.
Grossier. ère, *adj. s. Crassus.* épais, qui n'est pas délié ou délicat; mal travaillé; mal poli; peu civilisé; grave (faute); marchand en gros; ouvrier en gros. * Grôssier. ere. R.
Grossiérement, *adv. Rusticè.* d'une manière grossière; sommairement; en gros. * Grôssiérement. R.
Grossièreté, *s. f. Crassitudo.* caractère de ce qui est grossier; manque de délicatesse, de civilité; impolitesse; parole grossière, malhonnête. * Grôssiéreté. R.
Grossir, *v. a. Augere.* si. e, *p.* rendre gros, exagérer. *v. n.* devenir gros. (se), *v. pers.* s'enfler, s'enorgueillir. * Grôssir. R.
Grossoyer, *v. a.* yé. e, *p.* t. de pratique, faire la grosse d'un acte.* Grôssoyer. R.
Grotesque, *adj.* 2 g. *Ridiculus.* ridicule; extravagant; bizarre. *s. m. pl.* t. de peint. figures bizarres et chargées.
Grotesquement, *adv. Absurdè.* d'une manière grotesque.
Grotte, *s. f. Spelunca.* sorte de caverne naturelle ou factice. * Grote. R.
†Grou, *s. f.* matière pierreuse sous la terre végétale; tuf.
†Grou-grou, *s. m.* petit palmier épineux d'Amérique.
Grouéteux. se, *adj.* pierreux, t. de jardinier. R. G. C.
Grouillant. e, *adj.* (*populaire*) qui grouille; qui a vie.
Grouillement, *s. m.* bruit, mouvement de ce qui grouille. A.
Grouiller, *v. a.* lé. e, *p.* remuer (*populaire*). *v. n.* fourmiller. (se), *v. r.* se remuer.
†Grouiner, *v. a.* exprime le cri du cochon. (*vieux*).
Groupe, *s. m. Glomeratio.* t. de peinture, assemblage combiné de plusieurs objets. * réunion de plusieurs personnes. B.
Groupé. e, *adj.* t. d'architecture, deux à deux.
Grouper, *v. a.* pé. e, *p.* mettre en groupe, deux à deux. *v. n.* former un groupe.
†Grout, *s. m.* monnoie anglaise, 8 sous.
Gruage, *s. m.* manière d'exploiter les bois. R. C. G.
Gruau, *s. m. Polenta.* orge, avoine mondée, sa bouillie. * et Gruon, petit de la grue. G. C. machine, espèce de grue; vase pour transporter le sel. *pl.* grains concassés. B.
Grue, *s. f. Grus.* oiseau de passage; niais, sot; machine; constellation; instrument de supplice.
†Grueau, *s. m.* petite grue, t. de maçon.
Gruerie, Grairie, *s. f.* juridiction; droit de justice pour les forêts.
†Grugeoir, *s. m.* voyez Grésoir.
Gruger, *v. a. Corrodere.* gé. e, *p.* briser avec les dents; manger; manger le bien de.
Grugerie, *s. f.* action de gruger. R.
Grume (bois en), *s. f.* coupé, qui a son écorce.
Grumeau, *s. m. Grumus.* portion de sang, de lait caillé.
Grumel, *s. m.* fleur d'avoine pour fouler les étoffes. G. C.
Grumeler (se), *v. pers. Grumescere.* devenir en grumeaux.
Grumeleux. se, *adj. Grumosus.* qui a de petites inégalités dures. * fruit qui a la chair cassante. B.
†Grumelure, *s. f.* t. de métiers, petits trous dans le métal.
Gruon, *s. m.* petit de la grue. G. C. voyez Gruau.
Gruyer. ère, *adj.* qui a rapport à la grue. (juge) des eaux et forêts. * *f.* Gruyere. R.
Gruyer, *s. m.* t. d'eaux et forêts, officier, juge. * oiseau pour la chasse aux grues. B.
Gruyère, *s. m.* (fromage de) en Suisse. * Gruyere. R.
Gryllon *ou* Calepin, *s. m.* R. voyez Grillon. *Gryllus.*
†Gryphe, *s. m.* proposition mystérieuse.
†Gryphée, *s. f. Gryphoes.* genre de mollusques acéphales.
Gryphite, *s. m.* coquille fossile en bateau, du genre des huîtres.
†Grypose, *s. f. Gryposis.* courbure des ongles.
†Guacari, *s. m.* poisson du genre du cuirassé.
†Guacco, *s. m.* petit crabier d'Italie.
Guaheux, *s. m.* Zébu, vache sauvage.
Guairo! *interjection.* cri de fauconnerie pour lâcher l'oiseau. * mesure d'Agra, 34 pouces 8 lignes. B.
†Guajacana, *s. m.* arbre d'Afrique.
†Guan, *s. m. Penelope.* oiseau qui tient du hocco.
†Guaperve, *s. f. Guaperva.* poisson d'Afrique, du genre du chétodon.
†Guaral, *s. m.* insecte qui ressemble à la Tarentule.
†Guare, *s. m. Cordila.* poisson du genre du scombre.
†Guarouba, *s. m.* perruche jaune.
†Guayara, *s. m.* arbre des Indes.
†Guaze, *s. m. Guaza.* poisson du genre du labre.
†Guba, *s. m.* étoffe de laine de Hongrie.
Gué, *s. m. Vadum.* endroit d'une rivière où l'on passe à pied.
Guéable, *adj.* 2 g. *Vadosus.* (rivière) où l'on passe à gué.
Guèbres, *s. m. pl.* restes des anciens Perses, sectateurs de Zoroastre. voyez Gaures. * Guebres. R.
Guède, *s. f.* plante pour teindre; pastel. * Guede. R.
Guèder, *v. a.* dé. e, *p.* (*populaire*) soûler. * teindre avec la guède. G. Guéder. V.
Guéer, *v. a.* guéé. e, *p.* laver, baigner dans la rivière. * et Aigayer. G.
Guelfes, *s. m. pl.* partisans des papes, ennemis des Gibelins. AL.
Guémanter, *v. a.* té. e, *p.* (*vi.*) chercher. V.
Guembe, *s. f.* fruit du Paraguai. G. C.
Guenille, *s. f. Cento.* haillon, chiffon; vieilles hardes.
Guenillon, *s. m.* petite guenille.
Guenipe, *s. f.* (*familier*) coureuse; femme mal-propre, maussade.
Guenon, *s. f. Simia.* singe femelle; (*familier*) laide femme; prostituée. * espèce de singe à queue plus longue que le corps. B.
Guenuche, *s. f. Simiola.* petite guenon; femme laide et fort parée. * femelle de guenon. B.
Guépard, *s. m. ou* Loup-tigre, quadrupède.
Guêpe, *s. f. Vespa.* mouche carnassière dont le corps ne tient au corcelet que par un filet bien fin.
Guêpier, *s. m. Apiastra.* nid, gâteau de guêpes; oiseau. * — de mer, Alcyon, en forme de ruche. B. Guépier. A.
Guêpière, *s. f.* nid de guêpes. V. Guêpiere. R.
Guerdon, *s. m.* loyer, salaire; récompense. (*vieux*).
Guerdonner, *v. a.* né. e, *p.* (*vieux*) récompenser. G. * Guerdoner. R.
Guerdonneur, *s. m.* (*vieux*) qui récompense. V. G. C.
Guère, Guères, *adv. Parùm.* pas beaucoup; presque pas; peu. * Guere. R.
Guéret, *s. m. Novalis.* terre labourée non ensemencée; t. de poësie, terres à blé.
Guéridon, *s. m.* porte-chandelier; t. de marine, écope. * table de manufacturier. B.
Guérir, *v. a. Sanare.* ri. e, *p.* délivrer de maladie;

maladie; rendre la santé. *v. n.* recouvrer la santé. (*se*), *v. r.*
Guérison, *s. f. Sanatio.* recouvrement de la santé; cure.
Guérissable, *adj.* 2 *g. Sanabilis.* qui n'est pas incurable.
Guérisseur, *s. m.* qui guérit. R. G. C.
Guérite, *s. f. Specula.* loge d'une sentinelle; donjon. * petit cabinet élevé. B.
Guerlande, *s. f.* pièce qui fortifie la proue. G. V.
Guerlin, *s. m.* moyen câble pour remorquer. G. C. V.
†Guermanter, *v. a.* tourmenter; inquiéter. (*vieux*).
Guernon, *s. m.* la barbe qui est sous le nez. R. G. C.
Guerpie, *s. f.* t. de coutume, abandon. V. R.
Guerpir, *v. a.* pi. e, *p.* t. de coutume, abandonner, délaisser. R. V.
Guerre, *s. f. Bellum.* différend entre deux pays, deux états; lutte à main armée; querelle. * jeu au billard. AL.
Guerrier, ere, *adj. s. Bellicus.* qui appartient à la guerre, qui l'aime, qui la fait, y est propre. * *f.* Guerriere. R. *s. m. pl.* papillons les plus beaux de tous. B.
Guerroyer, *v. n.* (*vieux*) faire la guerre.
Guerroyeur, *s. m.* (*vieux*) qui fait la guerre.
†Gueste béruzim, *s. m.* instrument antique de musique, en forme de pilon et de mortier de bois.
Guet, *s. m. Excubiæ.* action d'épier; soldats qui épient.
Guet-apens, *s. m.* embûche dressée; dessein prémédité pour nuire. * Guet-appens. *appensus.* R. *et* Guet-à-pan. *ou* Guet-à-pens. V.
Guétable, *adj.* 2 *g.* sujet au guet. R.
Guêtre, *s. f. Pero.* sorte de chaussure. * *ou* Guette, demi-croix de St.-André. B.
Guêtrer, *v. a.* tré. e, *p.* mettre des guêtres. (*se*), *v. pers.* se chausser avec des guêtres.
Guette, *s. f.* bois oblique, t. de charpent. V. * Guete. R.
Guetter, *v. a. Observare.* té. e, *p.* épier à dessein de surprendre; attendre quelqu'un, une occasion. * Guéter. R.
Guetteur, *s. m.* qui épie. G. C. * Guéteur. R.
†Guetton, *s. m.* petite guêtre.
†Guettrons, *s. m. pl.* t. de charpentier. voyez Guette.
Gueulard, *s. m.* qui parle haut et beaucoup. A. V.
Gueule, *s. f. Gula.* bouche des animaux; bouche, ouverture; t. de botanique. * *adj.* 2 *g.* gourmand et vorace. B.
Gueule-bée, *s. f.* futaille défoncée par un bout. R.
Gueulée *ou* Goulée, *s. f.* (*familier*) grosse bouchée. *pl.* paroles sales et obscènes.
Gueuler, *v. a.* lé. e, *p.* t. de chasse, saisir avec la gueule. *v. n.* (*bas*) parler beaucoup et fort haut.
Gueules, *s. m.* t. de blason, couleur rouge.
†Gueulette, *s. f.* ouverture du four de recuisson, du bluteau. * *pl.* AL.
Gueusaille, *s. f.* canaille, multitude de gueux.
Gueusailler, *v. n.* faire métier de gueux. (*pop.*)
Gueusant. e, *adj.* qui gueuse actuellement.
Gueuse, *s. f. Porca.* pièce prismatique de fer non purifié, t. de métallurgie; prostituée; t. de jeu. * *ou* Plicole, dentelle, étoffe. B.
Gueuser, *v. n. Mendicare.* sé. e, *p.* (*fam.*) mendier; demander sa vie; faire métier de gueuser.
Gueuserie, *s. f.* indigence; chose de vil prix.
Gueuset, *s. m.* petite gueuse; t. d'arts et métiers. G.

Gueusette, *s. f.* outil de cordonnier. G. * Gueusete. R.
†Gueusillon, *s. m.* petite gueuse, t. de forge.
Gueux, se, *adj. s. Mendicus.* nécessiteux; mendiant; vagabond; coquin, fripon. * t. d'architecture, (corniche) trop nue. B.
Guhr, *s. m.* terre chargée de minéral dans les fentes des rochers.
Gui, *s. m. Viscum.* plante parasite, ou petit arbrisseau, bois anti-épileptique, sudorifique, vermifuge; baies purgatives, font mûrir les abcès. L. 145. * t. de marine. R.
†Guib, *s. m.* sorte de chèvre du Sénégal.
†Guibert, *s. m.* toile de lin de Louviers.
Guichet, *s. m. Ostiolum.* petite porte dans une grande; fenêtre; grille; volet; porte d'armoire.
Guichetier, *s. m.* valet de geolier; portier de guichet.
Guide, *s. m. Dux.* qui accompagne pour guider; qui donne des avis, des instructions. * première partie d'une fugue; t. de métiers. B.
Guide, *s. f.* t. de manége, lanière attachée à la bride; t. de musique, partie qui commence la fugue; t. de liturgie, la guide du pêcheur, sa conduite prescrite.
Guide-âne, *s. m.* bref pour le bréviaire: t. d'horloger. * outil pour faire les peignes; tout ce qui guide l'ignorance. B. Guid'âne. R.
Guideau, *s. m.* filet de pêche. R. G. C.
Guider, *v. a. Ducere.* dé. e, *p.* conduire dans un chemin; diriger dans une affaire; diriger.
Guidon, *s. m. Vexillum.* enseigne d'une compagnie, officier qui le porte; t. de musique, note, marque, croix. * point de mire. B.
Guidonner, *v. a.* né. e, *p.* t. de filou. V.
Guier, *v. a.* (*vieux*) conduire. V.
†Guifette, *s. f.* hirondelle de mer, tachetée.
Guignard, *s. m.* sorte de petit pluvier à chair très-délicate.
Guigne, *s. f. Dulce cerasum.* sorte de grosse cerise.
Guigneaux, *s. m. pl.* t. de charpentier, pièces de bois formant cadre pour les cheminées. * Guignaux. R.
Guigner, *v. a. Collimare.* né. e, *p.* regarder du coin de l'œil. (*figuré, familier*) lorgner; regarder de côté; former un dessein sur.
†Guignette, *s. f. Guignetta.* petite alouette de mer.
Guignier, *s. m. Cerasus.* arbre qui porte les guignes.
Guignole, *s. f.* t. de monnoie, bâton qui porte les balances. R. G. C.
Guignon, *s. m.* (*familier*) malheur, *surtout* au jeu.
†Guilboquet, *s. m.* outil pour tracer des parallèles. voyez Bilboquet.
†Guilder, *s. m.* monnoie allemande, 2 l. 14 s.
Guildive, *s. f.* Eau-de-vie, Esprit de sucre, Tafia. G. * fabrique de rum. C. *ou* Guildille, Guildre, appât fait avec des petits poissons, des chevrettes, du poisson cuit. B.
Guilée, *s. f.* giboulée; pluie soudaine et passagère.
Guillage, *s. m.* t. de brasseur, fermentation de la bière qui s'épure.
Guillante, *adj. f.* (bierre) qui jette sa levure. CO.
†Guillau deuchaye, *s. m.* toile des Indes.
Guillaume, *s. m.* sorte de rabot à large fer.
Guilledin, *s. m.* cheval hongre qui va l'amble. G. C.
Guilledou, *s. m.* (courir le), aller la nuit dans des lieux de débauche.
Guillemets, *s. m. pl.* double virgule. (») * *singulier*. R.

Guillemette, *adj. f.* sotte; étourdie; impertinente. V.
Guillemetter, *v. a.* té. e, *p.* t. d'imprimerie, mettre des guillemets. C.
Guillemins, mines, *s. pl.* 2 *g. ou* Blanc-manteaux, religieux. R.
Guillemot, *s. m. Uria.* oiseau aquatique, du genre de l'alque.
Guiller, *v. n.* parlant de la bierre qui fermente. G. C. V.
Guilleres, *s. f. pl.* t. de papeterie. R.
Guilleret, te, *adj.* gai, gaillard; éveillé; léger en parlant d'un habit; peu solide. * *f.* Guillerete. R.
Guilleri, *s. m.* chant du moineau. R. G. C.
Guillocher, *v. a.* ché. e, *p.* faire du guillochis.
Guillochis, *s. m.* compartimens pour orner, t. d'arts et métiers. * *ou* Entrelacs, compartimens d'un parterre en buis, etc. B.
†Guilloire, *s. f.* cuve de brasseur pour faire guiller.
Guillotine, *s. f.* (*nouveau*) machine pour trancher la tête. V. G. C. RR.
Guillotiné, *s. m.* qui a été ou va être guillotiné. G. V. C. RR.
Guillotiner, *v. a.* né. e, *p.* trancher la tête avec la guillotine. V. G. C. RR.
Guimauve, *s. f. Althæa.* espèce de mauve, émolliente, laxative, adoucissante, apéritive, béchique, très-employée.
Guimaux, *s. m. pl.* prés fauchés deux fois l'an. R. G. C.
Guimbarde, *s. f.* danse; jeu; charriot. * outil de menuisier; espèce d'instrument d'acier que l'on tient et frappe entre les dents. B.
Guimberge, *s. f.* cul-de-lampe aux clefs de voûte. R. G. C.
Guimées, *s. f. pl.* t. de papeterie. R. * bâton de l'étendoir. CO.
Guimpe, *s. f. Amictorium.* sorte de vêtement de religieuse pour le col. * *s. m.* serpent du Brésil, du 3e. genre. B.
†Guimpée *ou* Guimbée, *adj.* (doucine) t. de menuisier.
Guimper (se), *v. pers.* se faire religieuse. G. C.
†Guinche, *s. m.* outil de cordonnier pour polir les talons de femmes.
Guinçoneau, *s. m.* t. de marine. R.
Guindage, *s. m.* t. de marine, action d'élever les fardeaux.
Guindal, *s. m. Tolleno.* machine pour élever de lourds fardeaux. C. * *ou* Guindas. G. Guinda. AL.
Guindant, *s. m.* hauteur d'un pavillon de vaisseau. G. RR.
Guinde, *s. f.* t. de tondeur de draps, presse à moulinet. G. C.
Guindé. e, *adj. Inflatus.* t. de littérature, (style) affecté, toujours grave. G. C.
Guindeau, *s. m.* Cabestan, Virevau. C. * *ou* Gindeau. *et* Guinde. G.
Guinder, *v. a. Sursùm tollere.* hausser par le moyen d'une machine. dé. e, *p. adj.* affecté, contraint. * (se), *v. récipr.* se porter en haut. G.
Guinderesse, *s. f.* t. de marine, cordage pour guinder. R. G. C.
Guinderie, *s. f.* gêne, contrainte. R. G. C.
Guindoule, *s. f.* t. de marine, machine pour décharger un vaisseau. G. C. * machine de mathématiques. RR.
Guindre, *s. m.* petit métier pour la soie.
Guinée, *s. f.* monnoie d'or d'Angleterre; sorte de mousseline.
Guingans, *s. m. pl.* toile de coton et d'écorce. R.
Guingois, *s. m.* travers, ce qui n'est pas droit.

Guingois (de), *adv. Obliquè.* de travers. * de-guingois. C.
Guinguet, *adj. m.* étroit. V. * camelot d'Amiens. B.
Guinguette, *s. f. Caupona.* petit cabaret hors de la ville; petite maison de campagne; sorte de voiture. * Guinguete. R. *ou* Repaton, troisième brin du chanvre; pipe à petit godet. B.
†Guinguin, *s. m.* petit panneau de parquet.
†Guipé, *s. m.* point de broderie sur le vélin.
Guiper, *v. a.* pé. e, *p. t.* de rubanier, passer la soie sur ce qui est déjà tors. R. G. C.
Guipoir, *s. m.* outil pour les franges torses. G. C.
Guipure, *s. f.* dentelle de fil et soie.
†Guira-deraba, *s. m.* motacille du genre des pitpits.
†Guira-panga, *s. m.* cotinga blanc.
†Guirarou, *s. m.* pie-grièche de Cayenne.
†Guiriot, *s. m.* instrument de musique, balafo; musicien, tambour nègre.
Guirlande, *s. f. Sertum.* couronne, chapeau, festons de fleurs; t. d'architecture.
†Guirnegat, *s. m.* Moineau paille, Bruant du Brésil et de l'Amérique méridionale.
†Guiron, *s. m.* pièces du filet appelé tartane.
Guisarme, *s. f.* hache à deux tranchans. G. C. V. * Guisarmes. R.
†Guisarmier, *s. m.* soldat armé d'une guisarme.
Guise, *s. f. Modus.* manière, façon. (en-), *adv.* à la façon, au lieu de.
Guispon, *s. m.* t. de marine, brosse pour suiver. G. * *ou* Guipon. AL.
Guitare, *s. f. Cithara.* instrument de musique.
Guitariser, *v. a.* jouer de la guitare. V. G. C.
Guiterne, *s. f.* t. de marine. R. * arc-boutant des antennes d'une machine à mâter. B.
†Guit-guit, *s. m.* grimpereau d'Amérique.
Guitran, *s. m.* sorte de bitume pour enduire les navires. G. C. V. RR.
Guivré, *adj.* t. de blason. voyez Vivré. C. CO.
Gule, *s. f.* (*vieux*) gueule. V.
†Gulden, *s. m.* florin de Hollande, 2 liv. 4 s.
Gulpe, *s. m.* t. de blason. B. * tourteau de pourpré. B.
Gumène, *s. f.* t. de blason; t. de marine, câble d'un ancre. * *et* Gume. G. Gumenes. R.
†Gundun, *s. m.* grosse fourmi d'Éthiopie, marchant par corps d'armée, perçant et dévorant tout ce qu'elle peut attaquer.
†Gunnel, *s. m. Gunnellus.* poisson du genre du blenne.
†Gunnère, *s. f. Gunnera.* plante voisine des poivres.
Gur, *s. m.* toile de coton blanche. R.
†Guraes, *s. m.* toile peinte du Bengale.
Gurlet, *s. m.* t. de maçon. C.
Gusbabul, *s. m.* pierre fine. R.
Guse, *s. m.* t. de blason. R.
Gustatif, *s. adj. m.* nerf qui sert au goût. G.
Gustation, *s. f.* perception des saveurs; sensation du goût. G. C.
Guttural. e, *adj Gutturalis.* du gosier; (lettre) qui se prononce du gosier. * *f.* G.
†Guzenis, *s. m.* toile des Indes.
Gymnase, t. d'antiquité, lieu d'exercice grec.
Gymnasiarque, *s. m.* chef du gymnase.
Gymnaste, *s. m.* officier du gymnase.
Gymnastique, *s. f.* art d'exercer le corps. * *adj.* de la gymnastique. A. V.
Gymnique, *adj.* 2 *g.* (jeux) combats d'athlétes nus. * *pl.* C.
Gymnique, *s. f.* science des exercices propres aux athlétes.
†Gymnocéphales, *s. m. pl.* 45ᵉ. genre des poissons à tête sans écailles, opercules extérieures et dentelées.
Gymnopédie, *s. f.* t. d'antiquité, danse à nu des jeunes Lacédémoniennes.
Gymnosophistes, *s. m. pl. Gymnosophistæ.* anciens philosophes indiens qui menoient une vie très-austère.
Gymnospermie, *s. f.* (semences nues), premier ordre de la quatorzième classe des végétaux. L.
Gymnote, *s. f. Gymnotus.* genre de poissons apodes, 2ᵉ. genre, 2ᵉ. classe.
†Gymnothorax, *s. m. pl.* 2ᵉ. genre des poissons à poitrine sans nageoires.
Gynandrie, *s. f.* (femme mari), vingtième classe des végétaux. L.
†Ginandryque, *adj. s.* de la gynandrie.
†Gynanthrope, *s. Gynanthropos.* hermaphrodite qui tient plus de la femme: l'opposé d'Androgyne.
Gynécée, *s. m.* t. d'antiquité, retraite des femmes; garde meuble. * manufactures. G. Gynecée. RR.
Gynéciaire, *s. m.* t. d'antiquité, qui travailloit en soie ou en laine dans le gynécée. G. C.
Gynécocrate, *s. m.* (*néologique*) partisan de la gynécocratie. T.
Gynécocratie, *s. f.* état où les femmes peuvent gouverner. * Gynécocracie. G. C.
Gynécocratique, *adj.* 2 *g.* qui a rapport à la gynécocratie.
†Gynécomaste, *s. adj. m. Gynæcomastus.* homme qui a les mammelles grosses comme une femme.
Gynéconome, *s. m.* t. d'antiquité, censeur des femmes à Athènes. G. C.
†Gynécosmes, *s. m. pl.* magistrats chargés de faire exécuter par les femmes les lois somptuaires.
Gynide, *s. m.* androgyne, hermaphrodite. R. V.
†Gyntel, *s. m.* espèce de pinson d'Alsace.
†Gypnopogon, *s. m.* genre de plantes monopétales.
Gypsé. e, *adj.* rempli de plâtre. R.
Gypse, *s. m. Gypsum.* pierre calcaire, transparente, calcinable; espèce de vitriol calcaire; pierre à plâtre; moellon de plâtre; plâtre, t. de naturaliste.
Gypseux. se, *adj. Gypsosus.* de la nature du gypse.
†Gypsophyle, *s. m. Gypsophila.* plante de la famille des œillets.
†Gyrin, *s. m. Gyrinus.* nom de plusieurs insectes coléoptères; Scarabées sauteurs, Tourniquets, aquatiques, qui tournoyent sur l'eau.
†Gyrocarpe, *s. m. Gyrocarpus.* grand arbre d'Amérique.
†Gyrogonite, *s. m. Gyrogonites.* mollusque céphalé, très-petit.
†Gyrole, *s. f.* voyez Chervi.
Gyromantie, *s. f.* divination pratiquée en marchant en rond. * Gyromance. Gyromancie. R. G. C.
†Gyroselle, *s. f.* lysimachie de Virginie.
Gyrovague, *s. m.* moine errant. * *pl.* G. C.

HABA

N. B. *Les* H *aspirés sont marqués ainsi* (:).

H, *s. m.* huitième lettre de l'alphabet. *f.* (*vieux*). * *ou* Porte-fraise, *s. m.* machine à fendre les roues, t. d'horloger. B.
:Ha! *interj. de surprise, d'étonnement, de douleur. Ah.*
Habascon, *s. m.* racine apéritive de Virginie. G.
†Habassis, *s. m.* toile des Indes pour la traite.
Habe, *s. f.* habit des Arabes. G. V.
Habeas-corpus, *s. m.* G. C. V. loi commune à tous les Anglois, qui donne à un prisonnier la facilité d'être élargi sous caution. B.
†Habesch, *s. m.* espèce de linotte de Syrie.
Habile, *adj.* 2 *g. Peritus.* t. de jurisprudence, capable, qui a droit; adroit; savant; intelligent; alerte; expéditif.
Habilement, *adv. Eruditè.* d'une manière habile.
Habileté, *s. f. Scientia.* capacité; intelligence; science; adresse.
Habilissime, *adj. sup.* (*familier*) très-habile.
Habilitation, *s. f.* sorte d'émancipation, t. de jurisprudence. G. C.
Habilité, *s. f.* t. de pratique, aptitude.
Habiliter, *v. a.* té. e, *p.* t. de jurisprudence, rendre habile à, capable de.
Habillage, *s. m.* préparation du gibier, etc. pour le mettre à la broche.
Habillement, *s. m. Vestis.* habit, vêtement.
Habiller, *v. a. n.* lé. e, *p.* vêtir; mettre, faire, donner un habit; donner les mœurs, le costume, la forme, la préparation, l'apprêt, etc. t. de métiers. (s'), *v. r.* se vêtir; se donner un habit.
Habilleur, *s. m.* qui habille les peaux. R. G. C.
†Habillot, *s. m.* pièce de bois qui sert à la continuation du train de bois flotté.
†Habillure, *s. f.* joint de treillage en flûte.
Habit, *s. m. Vestis.* habillement; vêtement.
Habitable, *adj.* 2 *g. Habitabilis.* qui peut être habité.
Habitacle, *s. m.* t. d'écriture sainte, demeure, habitation; t. de marine, armoire de la boussole.
Habitant, *s. m.* qui demeure, qui réside.
Habitant. e, *s. Incola.* t. de pratique, qui fait sa demeure à.
Habitation, *s. f. Habitatio.* demeure; héritage; métairie; t. de pratique, compagnie charnelle; établissement aux colonies.
Habiter, *v. a. n. Habitare.* té. e, *p.* faire sa demeure; t. de pratique, connoître charnellement.
Habituation, *s. f.* place de desservant dans une paroisse. R. G. C.
Habitude, *s. f. Usus.* connoissance; fréquentation; coutume; disposition acquise par la coutume; commerce de galanterie.
Habitué, *s. m.* prêtre qui a une habituation.
Habituel. le, *adj.* tourné, passé en habitude. * *f.* Habituele. R.
Habituellement, *adv. Persæpè.* par habitude, de coutume. * Habituélement. R. Habituelement. RR.
Habituer, *v. a. Assuefacere.* tué. e, *p. adj.* accoutumé à. Accoutumer, faire prendre une habitude. (s'), *v. pers.* s'accoutumer à; s'établir, se fixer dans un lieu.
:Hable, *s. m.* port. V.
:Habler, *v. n. Mentiri.* parler beaucoup avec vanterie et exagération; mentir. * Hâbler. R. A. V.
:Hablerie, *s. f. Mendacium.* vanterie; exagération; mensonges. * Hâblerie. A. R. V.
:Hableur. se, *Mendaciloquus.* qui hable. * Hâbleur. A. R. V.
:Hache, *s. f. Ascia.* coignée; instrument tranchant; son effigie; t. d'arts et métiers; outil. * Hâche. V.
†:Hachée, *s. f.* peine militaire qui consistoit à porter une selle ou un chien sur son cou.
:Hachement, *s. m.* t. de blason. R.
:Hacher, *v. a. Minutè Secare.* ché. e, *p.* couper en petits morceaux, ou mal-proprement.

* donner de l'effet en ombrant; taillader, couvrir de traits. B. Hâcher. RR. V.

:Hachereau, *s. m.* petite coignée. * Hâchereau. V. *ou* Hachot. AL.

:Hachette, *s. f. Ascia.* petite hache. * Hachete. R. Hachète. G. Hâchette. V.

:Hachie, *s. f.* (*vieux*) peine. V.

:Hachis, *s. m. Minutal.* ragoût de viande hachée.

:Hachoir, *s. m.* table sur laquelle on hache les viandes. * grand couteau pour hacher. V.

†:Hachotte, *s. f.* outil pour tailler la lave pour les toits.

:Hachure, *s. f.* t. de graveur, traits croisés; traits qui marquent les couleurs; t. de blason.

†:Hacleret, *s. m.* cotte de mailles. (*vieux*)

:Hagard, e, *adj. Truculentus.* farouche; insociable; rude.

Hagiographe, *adj.* (livre) de l'ancien Testament qui ne contient ni Moyse ni les prophètes. *s. m* qui écrit sur les saints. * *adj. m. pl.* R.

Hagiologique, *adj.* qui concerne les saints, les choses saintes.

Hagiosidere, *s. m.* fer qui remplaçoit les cloches. R

Hagleure, *s. f.* t. de fauconnerie, tache sur les pennes. G. C.

:Ha! ha! *interjection de surprise.* R.

:Haha, *s. m.* ouverture au mur d'un jardin avec un fossé en dehors.

:Hahalis, *s. m.* t. de chasse. R. V.

:Hahé, *interj.* cri de chasse pour arrêter les chiens.

:Haie, *s. f. Sepes.* clôture de ronces, d'épines, etc. * *s. m.* serpent du 3e. genre, en Egypte. B.

:Haïe, *interj.* cri des charretiers pour animer les chevaux. * *adv.* — au bout, quelque chose en sus. *s. m.* serpent du 3e. genre. B.

Hailer, *v. n.* rappeler à haute voix. G. * Héler. A. Heuler. V.

:Haillon, *s. m. Cento.* guenillon, vieux lambeaux de toile. *pl.* petite hutte; t. d'ardois.

†:Haim *ou* Hain., *s. m.* crochet de l'hameçon.

:Haine, *s. f. Odium.* inimitié; répugnance; aversion; passion qui fait haïr. (en-) *adv.* par vengeance, par animosité.

:Haineux, se, *adj.* naturellement porté à la haine, rancuneux.

:Haïr, *v. a. Odisse.* haï. e, *p.* vouloir du mal; avoir de la haine, de la répugnance; avoir en horreur.

:Haire, *s. f.* chemisette de crin ou de poil de chèvre. * *s. m.* cerf d'un an. B.

:Haireux, *adj. m.* (temps) froid, humide. * *ou* Héreux. T. V. G. R.

:Haïssable, *adj.* 2 *g. Odiosus.* odieux; qui mérite d'être haï.

:Hait, *s. m.* bonne santé et gaieté habituelle. V.

:Halage, *s. m.* action de haler, de tirer un bateau. * Hâlage. C.

:Halbran, *s. m. Anaticula fera.* jeune canard sauvage.

:Halbrené. e, *adj.* t. de fauc. dont les pennes sont rompues; déguenillé, mouillé, fatigué.

:Halbrener, *v. a.* né. e, *p.* chasser aux halbrans.

†:Halbreu, *s. m.* manœuvre courante passée dans une petite poulie.

Halcyon, *s. m.* oiseau. voyez Alcyon. G. C.

:Hâle, *s. m. Solis æstus.* impression de l'air qui jaunit, flétrit; effet du vent, de la chaleur et de la sécheresse.

:Hâle-à-bord, *s. m.* t. de mar. corde pour haler la chaloupe. G. C.

:Hâle-bas, *s. m.* manœuvre pour amener la vergue. G. C. * Hâle-bâs. R.

†:Hale-bouline, *s. f.* méchant matelot.

†:Halebi, *s. m.* mesure turque d'aunage, 27 pas.

†:Halecret, *s. m.* corselet de fer battu.

Haleine, *s. f. Anhelitus.* faculté de respirer; air attiré et repoussé par les poumons. (courte-) *s. f.* asthme.

Haleine (en), *adv.* en exercice, en habitude; en incertitude; en train.

:Hâlement, *s. m.* nœud d'un câble pour lever un fardeau. C. * marque sur le plomb du câble qui le soulève. B. Halement. R. G.

Halenée, *s. f. Halitus.* respiration accompagnée d'odeur. * Halénée. V.

:Halener, *v. a. Odorari.* t. de chasse, sentir l'haleine, l'odeur; reconnoître le foible, la pensée de. * Haléner. V.

:Hâler, *v. a. Adurere.* lé. e, *p.* rendre basané; hâlé. *v. pers.* être noirci par le hâle; t. de chasse, exciter les chiens. * (se), *v. r.* être noirci.

:Haler, *v. a.* lé. e, *p.* t. de mar. enlever, soulever, tirer avec une corde; exciter. * Hâler. G. C.

†:Halésier, *s. m. Halesia.* genre de plantes monopétales.

:Haletant. e, *adj.* essoufflé, qui halète.

:Haleter, *v. n.* respirer fréquemment en soufflant.

:Haleur, *s. m. Helcuarius.* qui remonte un bateau avec un câble. * Hâleur. G. C.

†Halicatique, *s. f.* art de pêcher.

Halies, *s. f. pl.* fêtes d'Apollon. V.

†Haligourde, *s. m.* pain de farine de gruau.

Halinatron, *s. m. Halinatrum.* sel alcali naturel sur les vieux murs.

†Halins, *s. m. ou* Bras, corde pour traîner les filets.

†Haliothis, *s. m.* Haliothide, Oreille de mer, *s. f.* coquille fossile, univalve, contournée.

†Halitueux. se, *adj.* qui s'élève en vapeur comme l'haleine.

:Hallage, *s. m.* droit de halle.

Hallali, cri de chasse au cerf.

:Halle, *s. f. Forum.* place publique pour le marché. * atelier où se fait la fusion du verre, la coulée des glaces. B.

:Hallebarde, *s. f. Hasta.* pique avec un croissant de fer.

:Hallebardier, *s. m. Spiculator.* qui porte la hallebarde.

:Hallebreda, *s.* 2 *g.* homme ou femme grands et mal bâtis.

Hallecret, *s. m.* corselet. R. * *f.* Hallecrète. AL.

†Halles-crues, *s. f. pl.* toiles de Bretagne.

:Hallier, *s. m. Dumetum.* buisson épais; garde d'une halle; marchand des halles. * filet. V.

†:Hallucination, *s. f.* t. de méd. illusion des yeux.

Halo, *s. m.* couronne lumineuse autour des astres.

:Haloir, *s. m.* lieu où l'on sèche le chanvre. * Hâloir. G. C.

†:Halosuchné, Sel d'écume, *s. m. Spuma maris.* sel déposé sur le bord de la mer, en forme d'écume durcie.

:Halot, *s. m.* trou de lapins dans une garenne.

:Halotechnie, Halurgie, *s. f.* t. de chim. traité des sels. *prononcez* haloteknie.

†:Halourgide, *s. f.* habit des anciens teint en pourpre.

:Halte, *s. f. Mora.* pause de gens de guerre; repas pendant cette pause; lieu où l'on s'arrête.

:Halte! Halte-là! *interjection pour faire arrêter.*

:Halter, *v. n.* faire halte. T.

Halurgie, *s. f.* voyez Halotechnie.

:Hamac, *s. m.* sorte de lit suspendu; branle.

Hamade, Hameyde, *s. f.* t. de blas. face formée de trois pièces alésées. * *ou* Haméide. A.

Hamadryade, *s. f. Hamadryas.* nymphe fabuleuse des bois.

†Hamans, *s. m.* toile de coton des Indes.

Hamanthus, Hamagogue, *s. m.* plante des Pyrénées qui fait sortir le sang par les pores.

†:Hamaux, *s. m. pl.* nappe de tramaux à larges mailles. * Hameaux. AL.

†Hambourgeois. e, *adj.* de Hambourg.

†:Hambouvreux, *s. m.* espèce de bouvreuil de Hambourg.

†:Hambre, *s. m.* grand arbre du Japon, toujours vert.

†:Hamburge, *s. m. Carassius.* poisson du genre du cyprin.

:Hameau, *s. m. Viculus.* petit nombre de maisons champêtres, écartées l'une de l'autre et de la paroisse. * *pl.* nappe à larges mailles.

Hameçon, *s. m.* Haim *ou* Hain. *Hamus.* petit crochet pour prendre le poisson; appât. * archet. B.

†Hameçonné. e, *adj.* aigu et courbé comme un hameçon; t. de bot.

†Hamedes, *s. f.* toile de coton blanche du Bengale.

Hamée, *s. f.* t. d'artil. manche de l'écouvillon. G. C.

†Hamel, *s. m. Hamelia.* genre de plantes rubiacées.

†Hamiplante, *adj.* 2 *g.* qui s'attache aux habits. (le gratteron).

Hammite, Hamnite, *s. f.* espèce de pierre. V. voyez Ammité. B.

†Hammonite, *s. f.* petite corne d'Ammon. * Ammite.

:Hampe, *s. f. Hastile.* bois de hallebarde; manche de pinceau; d'un épieu. * t. de chasse, poitrine du cerf. G. *Scapus.* t. de bot. tige simple, grêle, sans feuilles, ni branches; tige florale, ou scape. B.

†Hamster, *s. m. Cricetus.* rat très-nuisible.

:Han, *s. m.* sorte de caravansérail.

:Hanap, *s. m.* (*vieux*) grand vase à boire. R. G. C.

:Hanche, *s. f. Coxa.* partie du corps de l'homme, du cheval, etc. où s'emboite la cuisse. * t. de mar. union du fond d'un vase aux parois, t. de métiers. B.

:Hanebane *ou* Henebane, *s. f.* plante. voyez Jusquiame. * Hannebane. C. *ou* Hennebanne. G.

:Hangar, *s. m. Appendix.* remise pour les charrettes. * Angar. R.

Hanicroche. voyez Anicroche. R.

:Hanneton, *s. m. Melolontha.* insecte coléoptère. * jeune étourdi. V. Haneton. R.

†:Hannetonner, *v. n.* é. e, secouer les arbres pour faire tomber les hannetons.

Hannicheur, *s. m.* bourrelier. V.

Hanouards, *s. m. pl.* officiers porteurs de sel. G. CO.

†Hanovrien. ne, *adj. s.* de Hanovre. * *f.* ene. R. *et* Hanovérien. RR.

Hansard, *s. m.* espèce de serpe. V.

:Hanscrit, *s. m.* langue savante des Indiens.

:Hanse (teutonique), *s. f.* les villes anséatiques. G. A. V. RR. CO.

:Hanséatique, *adj.* villes unies par le commerce. G. A. V. RR.

:Hansière, *s. f.* cordage pour faire venir à bord, t. de marine. Hansiere. R.

†:Hante, *s. f.* pique ornée d'un gonfanon.

:Hanter, *v. a. n. Frequentare.* té. e, *p.* fréquenter; visiter souvent, familièrement.

:Hantise, *s. f. Consuetudo.* fréquentation; commerce familier.

†:Hapas, *s. m.* pain des Persans.

:Happe, *s. f. Armilla ferrea.* cercle qui garnit l'essieu; crampon. * t. de mét. chaînon; pinces; presse à main. * *s. m.* G. C.

:Happe-foie, *s. m.* oiseau. C.

:Happée, *s. f.* t. de coutume, saisie. R.

:Happelopin, *s. m.* terme de chasse; (*vieux*) gourmand (*bas*). G. C.

:Happe'ourde, *s. f. Falsa gemma.* pierre fausse; personne, chose qui n'a que de l'éclat.

:Happer, *v. a. Prehendere.* pé. e, *p.* saisir, prendre avidement avec la gueule; saisir, attraper à l'improviste.

†:Haquebute, *s. f.* espèce d'arquebuse très-pesante.

†:Haquebutier, *s. m.* soldat armé d'une haquebute.

:Haquenée, *s. f. Asturco.* cavale, petite jument qui va l'amble.

:Haquet, *s. f. Carruca.* sorte de charrette longue et sans ridelles.

:Haquetier, *s. m.* conducteur d'un haquet. G.RR.

:Harame, *s. m.* arbre qui fournit la gomme tacamaque. G. C.

†:Haranes, *s. m. pl.* milices hongroises.

:Harangue, *s. f. Oratio.* discours à une assemblée, à un prince, etc. * discours ennuyeux. (*familier*) V.

:Haranguer, *v. a. n.* gué. e, *p.* prononcer une harangue; parler beaucoup et avec emphase.

:Harangueur, *s. m. Concionator.* qui harangue; grand parleur.

:Haras, *s. m.* lieu où logent les étalons et les jumens; ces animaux réunis. *Grex proletarius.* * gros perroquet. voyez Aras. B.

:Harasser, *v. a. Fatigare.* sé. e, *p.* lasser, fatiguer à l'excès.

†:Harassier, *s. m.* qui a soin d'un haras.

†:Harauder, *v. a.* poursuivre quelqu'un en l'injuriant. CHOLET.

†:Haraux, *s. m.* (donner le) ruse pour prendre les chevaux au fourage.

:Harceler, *v. a. Lacessere.* lé. e, *p.* provoquer, agacer; importuner; fatiguer par des attaques réitérées.

†:Harcourt, *s. m.* qui a des haras; escarmoucheur. (*vieux*).

:Hard, *s. f.* t. de gantier, outil pour adoucir la peau.

:Harde *s. f.* troupe de bêtes fauves. *Sarcinæ. pl.* tout ce qui sert à l'habillement; lien pour attacher les chiens.

:Hardeau, *s. m.* gourmand. V. * corde au bout du frein d'un moulin. B.

:Hardelle, *s. f.* (*vieux*) troupe. V.

:Harder, *v. a.* dé. e, *p.* attacher les chiens ensemble, t. de chasse. * passer sur la hard. G.

†:Harderie, *s. f.* préparation métallique, ferret, chaux de mars, de fer.

:Hardi. e, *adj. Fortis.* courageux; assuré; effronté; téméraire; imprudent; grand, extraordinaire. * *s. m.* monnoie de cuivre. B.

:Hardiesse, *s. f. Animus.* courage, assurance, témérité; licence, impudence, insolence, etc.

Hardilliers, *s. m. pl.* t. de manuf. fiches de fer. G. C.

:Hardiment, *adv. Audacter.* avec hardiesse; librement, sans hésiter.

Hardois, *s. m. pl.* bois que le cerf touche de sa tête. G. C.

Hare! cri de chasse pour exciter les chiens. G. C.

:Hareng, *s. m. Harengus.* poisson de mer du genre du clupe. — saur, ou fumé. — peck ou pec, nouvellement salé, sans être encaqué; apéritif; la saumure déterge les ulcères fétides, arrête la gangrène. * — des Tropiques, de la Chine, poissons du genre du clupe. B.

:Harengaison, *s. f.* pêche du hareng, son temps, son lieu. * Harengeaison. V.

:Harengère, *s. f.* poissarde, marchande de poissons; femme querelleuse et insolente. *-gere. R.

:Harengerie, *s. f.* marché aux harengs. R. G. C.

†:Harenguière, *s. f.* filet à petites mailles.

:Harer, *v. a.* ré. e, *p.* exciter contre quelqu'un. V.

†:Harfang, *s. m.* grande chouette blanche de Suède.

†.Hargne, *s. m.* déplaisir, chagrin. CHOLET.

:Hargner (se), *v. réc.* se gronder, se quereller. R.

†:Hargnerie, *s. f.* dispute de gens hargneux. J. J.

:Hargneux. se, *adj. Amarior.* querelleur; insociable; mutin.

†:Harguere, *s. f.* brasse de filet qui termine la seine.

†:Hargouler, *v. a.* prendre quelqu'un à la gorge et le secouer. (*vieux*).

:Haricot, *s. m. Phaseolus.* plante légumineuse, son fruit; ragoût de mouton et de navets.

:Haridelle, *s. f. Strigosus equus.* méchant cheval maigre. * Haridele. R.

Harle, *s. m.* ou Herle. *Merganser.* oiseau aquatique, huppé.

Harlequin, *s. m.* farceur. R. * voyez Arlequin.

Harmale, *s. f. Harmala.* plante ou Rue odorante et médicinale d'Égypte.

Harmatan, *s. m.* vent froid d'Afrique, très-salubre, suspend les épidémies. G. C. V.

†Harmonica, *s. m.* verres dont on tire des sons. RR.

Harmonie, *s. f. Harmonia.* accord de différens sons entendus en même temps; concert de parties; mesure et cadence; accord parfait; t. d'anatomie, articulation par dentelures imperceptibles.

Harmonieusement, *adv. Modulatè.* avec harmonie.

Harmonieux. se, *adj. Musicus.* qui a de l'harmonie.

Harmonique, *adj. 2 g.* qui produit de l'harmonie.

Harmoniquement, *adv.* selon les lois de l'harmonie.

Harmoniste, *s. m.* qui possède l'harmonie, savant dans l'harmonie. A.

†Harmonomètre, *s. m.* instrument propre à mesurer les rapports harmoniques.

†Harmotome, *s. m.* hyacinthe blanche cruciforme.

:Harnachement, *s. m. Equi stratum.* action de harnacher. R. G. C.

:Harnacher, *v. a. Sternere.* ché. e, *p.* mettre le harnois à un cheval.

:Harnacheur, *s. m.* ouvrier pour les selliers. R. C.

:Harnois, *s. m. Armatura.* équipage de cheval, de carrosse; attelage complet; armure complette. * engins, filets, etc. pour la chasse et la pêche. B. t. de manége. Harnais. C. V. CO.

:Haro, *s. m. Quæritatio.* t. de prat. clameur pour arrêter quelqu'un, ou quelque chose; *composé* de ha! Raoul, duc de Normandie très-équitable.

:Harpagon, *s. m.* avare. V.

:Harpail, *s. m.* t. de chasse. voyez Harde. R. G.

:Harpailler (se), *v. r.* se quereller (*familier*).

†:Harpailleur, *s. m.* gueux, mendiant. (*vieux*).

†:Harpaye, *s. m.* oiseau de proie. *f.* busard de marais.

:Harpe, *s. f. Cithara.* instrument de musique; pierre d'attente ou dans les chaînes; pont-levis. * ou Cassandre, coquillage univalve, du genre des conques. B.

:Harpé. e, *adj.* t. de chasse, chien qui a le ventre coupé en dessus de harpe.

:Harpeau, *s. m.* grappin pour l'abordage. G. C.

Harpégement, *s. m.* t. de mus. touche délicate. R.

:Harper, *v. a.* pé. e, *p.* prendre et serrer fortement avec les mains. *v. n.* t. de manége, hausser beaucoup les jambes. (se), *v. r.* (*familier*).

†:Harpeste, *s. m.* jeu de balon des anciens.

:Harpie, *s. f. Harpyia.* monstre fabuleux; homme avide; femme criarde et méchante. * -pyes. R.

†:Harpier, *v. a.* enlever de force comme les harpies. CHOLET.

:Harpigner (se), *v. pers.* (*vieux*) se battre, se quereller. R. G. C.

:Harpin, *s. m. Contus.* croc de batelier. G. V.

:Harpon, *s. m. Harpago.* t. de pêche, dard pour lancer; t. de charpentier, pièce de fer; scie.

:Harponner, *v. a.* né. e, *p.* darder, accrocher avec le harpon. * Harponer. R.

:Harponneur, *s. m.* qui harponne. * Harponeur. R.

†:Harponnier, *s. m.* oiseau semblable au héron.

:Hart, *s. m. Laqueus.* lien d'osier pour les fagots; corde pour pendre. * et Hares. R. *s. f.* G.

Haruspice, Haruspicine. voyez Aruspice. A. R.

†:Harviau, *s. m.* corde pour attacher les grands filets aux arches d'un pont.

:Hasard, *s. m.* fortune, sort, cas fortuit, destin aveugle; risque, péril. * Hazard. R.

Hasard (par), *adv.* par accident; fortuitement.

:Hasarder, *v. a.* dé. e, *p.* mettre, exposer au hasard. (se), *v. r.* * Hazarder. R.

:Hasardeusement, *adv.* d'une manière hasardeuse; avec péril. * Hazardeusement. R.

:Hasardeux. se, *adj.* hardi, courageux; périlleux. * Hazardeux. R.

:Hase, *s. f. Cuniculus.* femelle du lièvre et du lapin. * Hâse. R. Haze. V.

†Hassequis, *s. m.* garde du palais ottoman.

Hast (arme d'), *s. m.* arme emmanchée.

Hastaire, *s. m.* soldat armé d'une pique.

Haste, *s. f.* t. d'antiq. javelot sans fer; sceptre. G. C.

†Hasté. e, *adj.* en fer de pique.

:Hâte, *s. f. Festinatio.* vîtesse; diligence; précipitation. (faire —) se hâter.

†Hatelet, *s. m.* petite broche.

†Hatelettes, *s. f. pl.* mets rôtis avec le hatelet.

:Hâter, *v. a. Maturare.* té. e, *p. adj.* (qui a hâte) presser; diligenter. (se), *v. r.* s'empresser, se dépêcher.

:Hâtereau, *s. m.* t. de traiteur, tranche de foie. R.

Hâteur, *s. m.* officier des cuisines royales.

:Hâtier, *s. m.* sorte de chenet de cuisine à chevilles.

:Hâtif. ve, *adj. Properus.* précoce, formé avant l'âge.

:Hâtille, *s. f.* morceau de porc frais. V.

:Hâtiveau, *s. m.* fruit précoce, sorte de poire.

:Hâtivement, *adv. Præmaturè.* d'une manière hâtive; t. de jardiniers.

:Hâtiveté, *s. f.* précocité des fleurs, des fruits.

†:Hâture, *s. f.* espèce de verrou dormant. CO.

:Haubaner, *v. a.* né. e, *p.* t. de maçon, attacher des cordages. G. C.

:Haubans, *s. m. pl.* cordages qui tiennent les mâts.

Haubart, *s. m.* poisson.

†:Haubelonne, *s. f.* fromage de Hollande.

:Haubère, *adj.* t. de manége. V.

Haubereau, *s. m. Dendro falco.* oiseau de proie. * ou Hobereau. R. V.

:Haubergenier, *s. m.* qui fait des hauberts, ou chaînetier. C.

:Haubergeon, *s. m.* petit haubert.

:Haubergier, *s. m.* qui a un fief de haubert. G. C.

:Haubert, *s. m.* cuirasse ancienne, cotte de maille.

:Haubitz, *s. m.* pièce d'artillerie. R.

†Haulée, *s. f.* filet de pêche plus grand que la bastave.

:Hausse, *s. f.* ce qui sert à hausser; t. d'imprimerie; augmentation de valeur, t. de commerce, d'arts et métiers.

:Hausse-col, *s. m. pl.* Hausse-cols. plaque d'officier sous le col, t. milit. * Hausse-cou. T.

:Hausse-pied, *s. m.* t. de fauc. sorte de sacre.

:Haussement, *s. m. Elatio.* action de hausser; élévation.

:Hausser, *v. a. Tollere.* sé. e, *p.* rendre plus haut; élever; augmenter. *v. n.* devenir, être plus haut. (se), *v. r.* s'élever, se mettre plus haut. * t. de mar. approcher pour reconnoître le pavillon. B.

:Haussoires, *s. m. pl.* t. d'hydraulique, palettes qui retiennent l'eau aux écluses de moulin.

:Haut, *s. m. Vertex.* hauteur; faîte; élévation; sommet.

:Haut. e, *adj. Altus.* élevé; éclatant; éminent; excellent; profond; sublime; magnanime; grand;

grand; fier; excessif.
:Haut, *adv. Altè.* hautement; à haute voix.
:Haut-à-bas, *s. m.* porte-balle. * haut-à-bâs. R.
:Haut-à-haut, *s. m.* cri de chasse pour appeler.
:Haut-bord, *s. m.* (vaisseau de) grand, t. de mar.
:Haut-côté, *s. m.* t. de cuisine. C.
†:Haut-de-casse, *s. m.* partie supérieure de la casse, t. d'imprimerie.
:Haut-de-chausses *ou* Haut-de-chausse, *s. m. Bracæ.* partie du vêtement de l'homme, de la ceinture aux genoux.
†:Haut-dessus, *s. m.* partie supérieure des dessus chantans.
:Haut fond, *s. m.* où la mer est peu profonde. G. * Haut-fond. C. RR.
†:Haut-goût, *s. m.* goût relevé, piquant; ce qui le donne.
†:Haut-juré, *s. m.* magistrat. RR.
:Haut justicier, *s. m.* qui a la haute justice. * Haut-justicier. G. C.
:Haut-le-corps, *s. m.* saut. C.
:Haut-le-pied, *s. m.* officier d'équipage. G. C.
:Haut-mal, *s. m. Morbus comitialis.* mal caduc, épilepsie. G. C. V.
†:Haut-somme, *s. m.* apoplexie.
:Hautain. e, *adj. Superbus.* orgueilleux, fier, superbe.
:Hautainement, *adv.* d'une manière hautaine.
:Hautbois, *s. m. Major tibia.* instrument de musique, à vent; celui qui en joue. * Haut-bois. RR.
:Haute-contre, *s. f.* voix entre la taille et le dessus; celui qui l'a, * *s. m.* T.
†:Haute-cour, *s. f.* tribunal suprême.
:Haute futaie, *s. f.* bois dans toute sa hauteur. * Haute-futaie. R. G. C.
:Haute justice, *s. f.* juridiction très-étendue. * Haute-justice. G. C.
:Haute-lice, *s. f.* tapisserie à chaîne tendue de haut en bas.
:Haute-liceur, Haute-licier, *s. m.* qui travaille à la haute-lice, qui la vend. G. C.
:Haute-lutte (de), *adv.* d'autorité, de supériorité. * *s. f.* autorité. RR. Haute-lute. R. de-Haute-lutte. C.
:Haute-marée, *s. f.* le plus haut point du flux. C.
:Haute-paye, *s. f.* t. milit. solde plus forte; celui qui la reçoit.
:Haute-taille, *s. f.* voix entre la taille et la haute-contre; celui qui l'a.
:Hautement, *adv. Apertè.* hardiment; avec hauteur; librement; résolument; avec vigueur; à force ouverte.
†:Hautes-puissances, *s. f. pl.* états-généraux de Hollande. RR.
:Hautesse, *s. f. Celsitudo.* titre du grand seigneur.
:Hauteur, *s. f. Altitudo.* étendue en élévation; éminence; colline, profondeur; fermeté; arrogance; fierté, orgueil; élévation; grandeur de courage.
Hautin, *s. m. Sphyræna.* petit poisson de mer du genre de l'argentine.
:Hauturier, *s. m.* pilote qui observe la hauteur des astres. G. C. RR.
:Hauturière, *adj. f.* (navigation) en haute mer. G. C. V.
:Havage, *s. m.* (*vieux*) ancien droit. * voyez Avage. G.
:Hâve, *adj.* 2 *g. Horridus.* pâle, maigre, défiguré.
†:Haveau, *s. m.* outil de saunier pour unir l'aire.
†:Havelée, *s. f.* sillon dans l'aire, t. de saunier.
:Haveneau, *s. m.* Havenet, filet de pêche monté sur un cerceau ou des perches. R. G. C. V.
†:Havenet, *s. m.* filet pour le poisson plat.
:Haveron, *s. m. Ægilops.* sorte d'avoine sauvage et velue. G. V.
:Havet, *s. m.* crochet en fer, outil de fondeurs. R.
:Havir, *v. a. n. Adurere.* vi, e, *p.* dessécher la viande à un grand feu. (se), *v. r.* * Hâvir. V.
:Havre, *s. m. Portus.* port de mer, petit golfe, anse. * Hâvre. C. G. V.
:Havre-sac, *s. m. Saccipērium.* sorte de sac en peau pour le soldat. * Havresac. R. G.
†Hayon, *s. m.* espèce de chandelier; t. de mét. tente d'étaleur.
†Haysuen, *s. m.* thé de la Chine.
†Hayve, *s. f.* éminence du panneton; t. de serrur.
†Hazur, *s. m.* lyre des Hébreux.
:Hé! *interjection pour appeler.*
: Héaume, *s. m.* timon de vaisseau; casque. * Heaume. A. C. G.
: Heaumer, *v. a.* faire des héaumes. V.
: Heaumerie, *s. f.* endroit où l'on fait et vend des héaumes. G. C.
: Heaumier, *s. m.* titre des armuriers. G. C.
†Héban, *s. m.* cri public.
Hebdomadaire, *adj.* 2 *g. Hebdomadarius.* de chaque semaine.
Hebdomade, *s. f.* bénéfice d'un hebdomadier. R.
Hebdomadier, *s. m.* titre claustral; qui est de semaine pour officier.
†Hébdomanier, *s. m.* semainier.
†Hébenstrète, *s. f. Hebenstretia.* genre de plantes monopétales.
Héberge, *s. f.* hauteur d'un bâtiment. G. RR.
Hébergement, *s. m.* logement. G. * *et* Herbergement. R.
Héberger, *v. a. Recipere.* gé, e, *p.* loger quelqu'un chez soi.
Hébété. e, *adj. s. Hebes.* stupide. * Hêbêté. R.
Hébéter, *v. a. Obtundere.* té, e, *p.* rendre bête et stupide. * Hébêter. R.
Hébichet, *s. m.* crible fait avec des roseaux.
Hébraïque, *adj.* 2 *g. Hebraicus.* qui concerne l'hébreu. * *s. f.* coquille du genre des cornets. B.
Hébraïsant, *s. m.* qui s'attache à l'étude de l'hébreu.
Hébraïsme, *s. m. Hebraismus.* locution hébraïque.
Hébreu, *s. adj. m. Hebreus.* langue hébraïque; juif.
†Hec, *s. m.* pièce du pressoir appliquée sur le marc.
Hécatésies, *s. f. pl.* fêtes d'Hécate. V.
Hécatombe, *s. f. Hecatombe.* sacrifice de cent victimes.
Hécatomphonie, *s. f.* t. d'antiquité, sacrifice de cent hommes. * sacrifice après avoir tué cent ennemis. G.
†Hèche, *s. f.* barrière sur les côtés d'une charette.
†Hécote, *s. f.* espèce de tortue.
Hectare, *s. m.* nouvelle mesure de superficie, cent ares, 94830 pieds carrés, 617738ᵉ.
Hectogramme, *s. m.* mesure de pesanteur, cent grammes, 3 onces 2 gros, 12 grains.
Hectolitre, *s. m.* mesure de capacité, cent litres, 2 pieds cubes, 920269ᵉ.
Hectomètre, *s. m.* mesure de longueur, cent mètres, 307 pieds, 9458ᵉ.
Hectostère, *s. m.* mesure de solides, cent stères.
Hédard, *s. m.* (*vieux*) espèce de cheval. V.
Hédérée, *s. f.* résine de lierre. G. C. * (*adj.*) AL.
†Hédériforme, *adj.* (veine) qui a la forme du lierre.
Hédyosmum *ou* Hédiosmos, *s. m.* plante à parfum agréable. RR.
†Hédyote, *s. f. Hediotis.* genre de plantes rubiacées.
†Hédypnoïs, *s. m. Hedypnois.* plante détersive et vulnéraire.
Hédysarum, *s. m.* plante bonne contre les ulcères.
†Hégésiaques, *s. m. pl.* secte de philosophes partisans du suicide.
Hégire, *s. f.* ère des Mahométans. (fuite).
†Hégummène, *s. m.* supérieur d'un monastère grec.
Heiduque, *s. m.* fantassin hongrois; valet vêtu à la hongroise. * Heyduc. V.
Hélas! *s. m. Heu.* ! *interjection de plainte.*
†Hélénie, *s. f.* plante.
†Heléophage, *adj.* 2 *g.* (ver) qui séjourne dans les ulcères, les bubons.
Hélépole, t. d'antiquaire. V. * machine pour battre les murs. B.
: Héler, *v. a.* lé. e, *p.* t. de mar. appeler. * voyez Haïler. G.
†Hélianthe, *s. m. Helianthus.* genre de plantes corymbifères.
: Hélianthème, *s. m. Helianthemum.* plante vulnéraire; arrête le flux. * Herbe d'or, Fleur du soleil, Ciste bas, Hysope de garrigue, du genre des cystes. B. * Hélianthème. R.
Héliaque, *adj.* 2 *g.* t. d'astron. qui se lève ou se couche dans les rayons du soleil. *s. m. pl.* t. d'antiquité, sacrifices en l'honneur du soleil.
Héliastes, *s. m. pl.* membres d'un tribunal athénien.
Hélice, *s. f. Helix.* ligne en vis autour d'un cylindre; colimaçon. * *pl.* volutes, caulicole du chapiteau. B.
†Hélicien, *adj.* qui appartient à l'hélice.
†Hélicine, *s. f. Helicina.* mollusque céphalé à coquille globuleuse.
Hélicites, *s. f. pl.* coquille fossile en vis. G. C.
Hélicoïde, *adj.* 2 *g.* semblable à l'hélice. G. C.
Hélicon, *s. m. Helicon.* le Parnasse.
Héliconides, *s. f. pl.* les Muses. C. * *ou* Héliconiades. R. G.
Héliconiens, *s. m. pl.* papillons étrangers à ailes longues et étroites. L.
Hélicosophie, *s. f.* art de tracer les spirales. G.
†Hélictère, *s. f. Helicteres.* genre de plantes polypétales.
Hélingue, *s. m.* bout de grosse corde. G.
Héliocentrique, *adj.* 2 *g.* dont le centre est le soleil. V.
†Héliocomète, *s. f.* colonne de lumière après le soleil couchant, ressemblant à une comète.
Héliognostique, *s.* 2 *g.* adorateur du soleil. R.
†Héliolithe, *s. m.* polypite branchu avec des étoiles rondes.
†Héliomètre, *s. m.* instrument pour mesurer le diamètre des astres.
†Héliophile, *s. m. Heliophila.* plantes crucifères.
Hélioscope, *s. f. Helioscopium.* lunette pour regarder le soleil. * *s. m.* A. G. G. R.
†Héliostate, *s. m.* instrument pour introduire un jet de lumière dans un lieu obscur; instrument pour observer les astres.
Héliotrope, *s. m. Heliotropium.* Herbe aux verrues, plante qui tourne son disque vers le soleil; tournesol. * *adj.* AL.
†Héliotrope, *s. f.* sorte de jaspe, pierre précieuse, vert-bleuâtre.
†Hélix, *s. m.* rebord plié autour de l'oreille.
Hellanodices, Hellanodiques, *s. m. pl.* présidens des jeux olympiques. * *ou* Hellaniques. G. C.
†Hellebore, voyez Ellébore.
Hellènes, *s. m. pl.* t. d'antiq. Grecs du corps hellénique. * Hellênes. R.
Hellénique, *adj.* 2 *g.* (corps) t. d'antiq. Grecs

confédérés ; corps des hellènes.
Hellénisme, *s. m. Hellenismus.* tour, locution grecque.
Helléniste, *s. m.* t. d'antiq. juif grec d'Alexandrie. * versé dans la langue grecque. B.
Hellénistique, *adj. f.* (langue) des juifs grecs.
Hellοties, *s. f. pl.* fêtes grecques. V.
†Helmintagogue, *s. m.* vermifuge.
Helminthiques, *s. m. pl.* vermifuges ; contre les vers, t. de médecine. G. C. * Helmintagogue. B. *f. adj. s.* AL.
†Helminthocorton, Vermifuge de Corse, *s. m.* fucus cryptogame, il tue les lombrics.
†Helmintholite, *s. f.* vers de terre ou de mer changés en pierre ou minéralisés.
Helminthologie, *s. f.* traité des vers. V.
†Hélode, *adj.* (fièvre) avec sueur ; la suette.
†Hélonias, *s. m.* genre de plantes ; joncs.
†Hélopes, *s. m. pl. Helops.* insectes de l'espèce des ténébrions.
Hélose, *s. f.* rebroussement des paupières.
†Helvelle, *s. f. Helvella.* plantes cryptogames.
†Helvétien, ne, *s.* d'Helvétie. * *f.* Helvétiene. R.
Helvétique, *adj.* 2 *g.* des Suisses. A. V.
Helxiné, *s. f.* plante. voyez Pariétaire. * Helxine. G. C. — cissampelos, liseron, plante. B.
: Hem! *Hem! interjection pour appeler.*
Hémagogue, *s. m.* antidote pour provoquer les règles et le flux hémorrhoïdal. G. C.
†Hémalopie, *s. f.* épanchement de sang dans le globe de l'œil.
Hémanthe, *s. f. Hemanthus.* plante de la famille des narcisses.
†Hémaphobe, *adj. s.* 2 *g.* que la vue du sang, fait tomber en sincope.
†Hémastatique, *s. f.* science de l'équilibre du sang de ses parties.
†Hématide, *adj.* (pierre) sanguine ; hématite.
Hématite, *s. f. Hæmatites.* sanguine à brunir, pierre précieuse.
Hématocèle, *s. f.* hernie de sang extravasé, t. de médecine. * Hématocêle. R.
†Hématographie, *s. f. Hæmatographia.* description du sang.
†Hématoïde, *adj.* 2 *g.* couleur de foie, t. d'histoire naturelle.
†Hématologie, *s. f. Hæmatologia.* traité sur le sang.
†Hématomphale, *s. f.* hernie sanguine du nombril.
Hématose, *s. f.* conversion du chyle en sang, t. de médecine. * Hématôse. R.
†Héméolie, *s. f.* proportion arithmétique.
†Héméralope, *s.* 2 *g. Hemeralops.* qui voit mieux le jour que la nuit.
†Héméralopie, *s. f. Hemeralopia.* foiblesse de la vue qui ne permet de voir qu'au grand jour.
†Hémérobe, *s. m. Hemerobius.* genre de mouches.
Hémérocale, *s. f. Hemerocallis. ou* Fleur d'un jour, plante d'agrément, lis à fleurs jaunes ; Martagon. L. 462. * Hémérocalle. R. G.
Hémérodrome, *s. m.* t. d'antiquité, garde d'une place ; courrier. G. C.
†Hémétritée, *adj. f.* (fièvre) composée d'une quotidienne continue, et d'une tierce intermittente.
Hémi, *terme de science pour* demi.
Hémicarde, *s. f.* coquille.
Hémicycle, *s. m. Hemicyclus.* demi-cercle en amphithéâtre.
†Hémiéranie, *s. m. Hemierania.* douleur externe de la tête.
†Hémiméride, *s. m. Hemimeris,* genre de plantes personnées.
Hémine, *s. f. Hemina.* t. d'antiquité, vaisseau servant de mesure.
†Hémiolie, *s. f.* proportion arithmétique.
Hémionite, *s. f. ou* Emionite, capillaire, plante semblable à la langue-de-cerf, purifie le sang, excellent béchique, bon vulnéraire.
Hémiope, *s. f. adj.* instrument de musique. R.
Hémiplégie *ou* Hémiplexie, *s. f.* paralysie de la moitié du corps. * *ou* Hémiplexie. A. G. C.
Hémiptères, *s. f. pl. Hemiptera.* genre d'insectes. G. C.
Hémisphère, *s. m Hemisphærium.* moitié du globe ; demi-globe. * Hémisphère. R.
Hémisphéroïde, *adj. s. f.* de la figure de l'hémisphère. R.
Hémistiche, *s. m.* moitié d'un vers alexandrin
†Hémitritée, *adj. f.* (fiévre) composée d'une quotidienne continue et d'une tierce intermittente.
†Hémitrope, *adj.* 2 *g.* (cristal) dont les plans sont à demi-retournés.
†Hémitropie, *s. f.* état du cristal hémitrope.
Hémocerchne, *s. m.* t. de médecine, éruption de sang par la gorge. G. C.
†Hémodie, *s. f.* engourdissement des dents.
†Hémoïotéleuton, *s. m.* figure de réthorique par laquelle les membres d'une période se terminent de la même manière.
†Hémophobe, *adj. s.* 2 *g.* qui a peur du sang, qui n'ordonne pas la saignée.
Hémoptyique, *adj.* 2 *g. s.* qui crache le sang. * Hémoptyque. A. G. C. V. CO.
Hémoptysie, *s. f.* crachement de sang par rupture.
Hémorragie, *s. f. Hæmorrhagia.* perte de sang par le nez, par une plaie. * Hémorrhagie. R. V.
Hémorroïdal, e, *adj.* qui a rapport aux hémorroïdes. * Hémorrhoïdal. R.
Hémorroïdale, *s. f. Hemorrhoïdes.* Petite Chélidoine, plante contre les hémorroïdes. * Hémorrhoïdale. R.
Hémorroïdes, *s. f. pl. Hemorrhoïdes.* dilatation de la veine hémorroïdale de l'anus. * Hémorrhoïdes. R. *sing.* A.
Hémorroïsse, *s. f. Hemorrhoissa.* femme qui a un flux de sang. * *ou* Hémorrhoïsse. R.
†Hémorroscopie, *s. f. Hemorroscopia.* connoissance des maladies par l'inspection du sang, t. de médecine.
Hémostasie, *s. f.* stagnation universelle du sang causée par la pléthore. G. C.
Hémostatiques, *adj. s.* qui arrête les hémorragies. * Hémostatique. V.
Hen, *mot pour faire répéter.* R.
Hendécagone, *s. m. adj.* figure à onze côtés. * Hendécagône. R.
Hendécasyllabe, *adj. s. Hendecasyllabus.* vers qui a onze syllabes.
†Henné *ou* Mindi, *s. m. Lausonia.* genre de plantes polypétalées.
†Hennéhémimère, *adj.* (césure) composée de neuf parties.
†Henner, *v. a.* peiner, incommoder, fatiguer. (*vieux style*).
†Hennin, *s. m.* coiffure colossale des françoises au quinzième siècle.
: Hennir, *v. n. Hinnire.* faire un hennissement. * Hannir. G.
: Hennissement, *s. m. Hinnitus.* cri naturel du cheval. * Hannissement. R. *pron.* hannis.
†Hénotique, *s. m.* édit de Zénon pour réunir les schismatiques.
†Henri, *s. m.* monnoie d'or françoise.
: Henriade, *s. f.* poëme de Voltaire. V.
Hépar, *s. m.* t. de chimie, foie de soufre.
†Hépatalgie, *s. f.* douleur du foie, colique hépatique.
†Hépatalgique, *adj.* 2 *g.* du foie.
†Hépate, *s. m. Hepatus.* poisson de mer, du genre du labre.
†Hépaticogastrique, *adj.* 2 *g.* qui appartient au foie et à l'estomac.
Hépatique, *adj.* 2 *g.* du foie, qui le concerne.
Hépatique, *s. f. Hepatica.* plante commune, rampante, pour les maladies du foie et du poumon, de la peau. — de jardin, pour les maladies du foie, vulnéraire, astringente, rafraîchissante, pour les inflammations de la gorge.
Hépatite, *s. f.* pierre précieuse, ollaire, roux-brunâtre, ferrugineuse. * t. de méd. inflammation du foie. * *s. f.* phlegmasie du foie. A. G. C. R.
†Hépatocèle, *s. f.* hernie du foie.
†Hépatocystique, *adj.* 2 *g.* qui appartient au foie et à la vésicule du fiel.
†Hépatographie, *s. f.* description du foie.
†Hépatologie, *s. f.* traité sur le foie.
Hépatoscopie, *s. f.* divination par les entrailles. R.
†Hépatotomie, *s. f.* dissection du foie.
†Hépiales, *s. m. pl.* phalènes.
Heptacorde, *adj.* qui se chante ou se joue sur un instrument à sept cordes. * *et* Eptacorde. A.
Heptagone, *adj. Heptagona.* qui a sept côtés et sept angles. *s. m.* défendu par sept bastions. G. C. * *et* Eptagone. A.
Heptaméron, *s. m.* ouvrage divisé par sept journées. A. V.
Heptandrie, *s. f.* (7 époux) 7e. classe des végétaux. L.
†Heptapétalée, *adj. f.* (corolle) qui a sept pétales, t. de botanique.
†Heptaphylle, *adj.* 2 *g.* à sept folioles.
Heptarchie, *s. f.* gouvernement de sept individus.
†Hepthémimère, *adj.* (cesure) qui a la moitié de sept parties.
†Heptomagène, *s. m.* le septième enfant mâle.
Héraldique, *adj.* (science) du blason ; qui le concerne.
Hérauderie, *s. f.* office du héraut. R.
: Héraut, *s. m. Fecialis.* officier chargé des cris publics, etc.
Herbacé, e, *adj.* (plante), tendre, grêle, non ligneuse. * *ou* Herbeux. B. Herbacée. G. C.
Herbage, *s. m. Olera.* toutes sortes d'herbes ; prés qu'on ne fauche pas ; prés.
Herbault, *s. m.* t. de chasse. R. * chien trop violent. B.
Herbe, *s. f. Herba.* plante d'une foible consistance, qui perd sa tige en hiver.
†Herbé, *adj. m.* (cheveux) rendus blonds en les exposant sur l'herbe.
Herbe à coton, aux cancers, *s. f.* dentelaire *ou* Plaubage, *ou* Cotonnière, annuelle, dessiccative, astringente.
Herbe à la coupure, au charpentier, *s. f.* mille-feuille.
Herbe à la femme battue, *s. f.* couleuvrée.
Herbe à la reine, au grand prieur, à l'embassadeur, nicotiane, *s. f.* pétun, *s. m.* tabac.
Herbe à l'épervier *ou* Épervière, *s. m.* voy. Hiéracium.
Herbe à Paris, *s. f.* raisin de renard.
Herbe au chat, *s. f.* cataire.
Herbe au lait, *s. f.* glaux, plante maritime qui donne du lait aux nourrices.
Herbe au pauvre homme, *s. f.* gratiole.

†Herbe aux ânes, *s. f.* exotique, acclimatée en France. L. 492. — aux aulx, voyez Alliaire. — à balai, espèce de mauve des Antilles. — blanche, pied de chat maritime. — aux brûlures, bacope. — aux charpentiers, *ou* Ste.-Barbe, espèce de vélar, détersive, vulnéraire. — à chique, liane à chique, liane dont les feuilles tuent les chiques. — à l'esquinancie, petite garance. — à éternuer, ptarmique. — aux goutteux, rosée du soleil, pectorale pour l'asthme et l'ulcère des poumons. — aux hémorroïdes, scrofulaire. — aux mammelles, lampsane. — au nombril, petite bourrache, astringente, agglutinante. — aux poumons, pulmonaire. — à la paralysie, voyez Prime-vère. — aux punaises, grande verge d'or. — aux rhagades, apéritive, détersive et diurétique. — aux tanneurs, rédoul. — aux trachées. — aux varices, chardon hermorroïdal. — aux vers, tanaisie. — aux vipères, humectante, pectorale, adoucissante.

Herbe aux cuillers, *s. f. ou* Cranson, cochléaria, puissant antiscorbutique.

Herbe aux épices, de toutes les épices, *s. f.*

Herbe aux gueux, *s. f.* clématite.

Herbe aux mites, *s. f.* blattaire du genre du verbascum, elle tue les mites.

Herbe aux patagons, *s. f.* écuelle d'eau, hydrocotyle.

Herbe aux perles, *s. f.* grémil.

Herbe aux poux, *s. f.* staphisaigre.

Herbe aux puces, *s. f.* psillium, plantain.

Herbe aux teigneux, *s. f.* glouteron, bardane.

Herbe aux verrues, *s. f.* héliotrope.

Herbe de la St.-Jean, *s. f.* armoise.

Herbe de St.-Barthelemy, du Paraguay, *s. f.*

Herbe de St.-Christophe, *s. f.* christophoriane. * Christophoriane. RR.

Herbe de St.-Jacques, *s. f.* jacobée.

Herbe du siége, *s. f.* scrofulaire.

Herbe du turc, *s. f.* herniole.

Herbeiller, *v. n.* se dit du sanglier qui va paître.

Herbeline, *s. f.* brebis étique. R. V.

Herber, *v. a.* bé. e, *p.* exposer sur l'herbe. * t. de maréchal, employer de l'ellébore. B.

Herberie, *s. f.* lieu où l'on fait blanchir la cire à l'air. G.

Herbette, *s. f.* herbe courte et menue. * Herbete. R.

Herbeux, se, *adj. Herbosus.* où il croît de l'herbe, herbacé.

Herbier, *s. m. Herbarium.* collection de plantes desséchées; histoire de plantes; premier ventricule des ruminans.

Herbière, *s. f.* vendeuse d'herbes. * Herbiere. R.

†Herbivore, *adj.* 2 *g. Herbivorus.* qui mange de l'herbe.

Herbon, *s. m.* couteau rond de tanneur. CO. * *ou* Bouloir. B.

Herborisation, *s. f.* action d'herboriser. * état d'une pierre herborisée. B.

†Herborisé. e, *adj.* qui offre des figures de plantes.

Herboriser, *v. n.* chercher des herbes, des plantes.

Herboriseur, *s. m.* qui herborise. V.

Herboriste, *s.* 2 *g. Herbarius.* qui connoît, vend des simples.

Herbu. e, *adj. Herbidus.* couvert d'herbe.

†Herbue, *s. f.* t. de fondeur de fer, terre limoneuse sous le gazon.

Herco-tectonique, *s. f.* art de fortifier les places.

Hercule, *s. m.* constellation de l'hémisphere boréal. * homme robuste. V.

: Hère (pauvre), *s. m.* se dit d'un homme sans mérite, sans fortune; jeu. * jeune cerf qui cesse d'être faon.

†Hérédie, *s. f.* mesure romaine de superficie.

Héréditaire, *adj.* 2 *g. Hereditarius.* qui vient par succession.

Héréditairement, *adv. Jure hereditario.* par droit de succession.

Hérédité, *s. f. Hereditas.* droit de succession; héritage.

†Hergne, *s. f.* voyez Hernie.

Hérésiarque, *s. m.* auteur d'une hérésie; chef de secte hérétique.

Hérésie, *s. f. Hæresis.* erreur condamnée par l'église.

Hérésiologue, *s. m.* qui écrit sur les hérésies. G.

Héréticité, *s. f.* qualité d'une proposition hérétique, t. de droit canon.

Hérétique, *adj. s.* 2 *g.* qui appartient à l'hérésie, qui en est partisan.

Heridele, *s. f.* R. ardoise plus longue que large. B. * Héridelle. CO.

Hérigoté, *adj. m.* chien marqué aux pattes de derrière. R. G. C. V.

Hérigoture, *s. f.* t. de chasse, marque aux jambes de derrière. R. G. C.

†Hérissé (le), *s. m. Hispidus.* poisson du genre du baliste. — du genre du quatre-dents, en forme de ballon. — *s. f.* chenille velue de l'artichaut.

†Hérissement, *s. m.* hérissonnement.

:Hérisser (se), *v. pers.* parlant des cheveux, des poils qui se dressent; *ou* Hérissonner, *v. a.* né. e, *p.* t. de maçon, recrépir. * Hérésisoner. R.

:Hérisson, *s. m. Herinaceus.* animal; t. de mécanique, roue dentelée; t. de guerre, poutre hérissée de pointes. * — blanc, ver qui mange les pucerons. — fruit, poire hérissée des Indes. B.

:Hérissonne, *s. f.* femme fâcheuse. V. * chenille velue *ou* martre. B.

:Hérissonné. e, *adj.* t. de blas. ramassé et accroupi. * t. de botan. couvert d'épines longues et hérissées. B.

†Hérissonnement, *s. m.* action des poils qui se hérissent.

†Hérissonner, *s. m.* maladie des oiseaux de proie.

†Héritablement, *adv.* à titre, à droit de succession (*vieux*).

Héritage, *s. m. Hereditas.* ce qui vient par succession; champ, bien, domaine, patrimoine.

Héritance, *s. f.* (*vieux*) hérédité. V.

Hériter, *v. n.* recueillir une succession.

Héritier. ère, *s. Heres.* qui hérite. * *f.* Héritiere. R.

Héritier, *s. m.* t. de couvreur, morceau d'ouvrage en pointe. G. C.

Héritinandel, *s. m.* serpent très-dangereux de Madagascar. L.

†Hermane, *s. f. Hermania.* genre de plantes polypétales.

†Hermaphrodisme, *s. m.* état de l'hermaphrodite.

Hermaphrodite, *s. m. adj.* 2 *g. Hermaphroditus.* qui a les deux sexes.

†Hermas, *s. m.* genre de plantes ombellifères.

†Hermeline, *s. f.* martre-zibeline.

†Herméneutique, *s. adj. f.* règle pour expliquer l'écriture sainte.

Hermes, Hernes, *s. f. pl.* terres désertes, sans culture. G. C.

†Hermès, *s. m.* statue en forme de gaîne, surmontée d'une figure humaine.

Hermétique, *adj.* 2 *g.* t. d'alchimie, qui a rapport au grand œuvre; t. d'architecture, (colonne) qui a une tête d'homme pour chapiteau.

Hermétiquement, *adv. Hermeticè.* parlant d'un vaisseau fermé de sa propre matière par le feu; bien fermé.

Hermin, *s. m.* plante labiée, stomachique, qui ranime.

Hermine, *s. f. Mustela alba.* animal blanc à queue noire, du genre de la belette, carnassier; sa peau est très-recherchée; t. de blason, fourrure.

Herminé. e, *adj.* t. de blason, moucheté.

Herminette, *s. f.* t. de charpentier, outil pour planer. * Herminete. R.

Hermite. voyez Ermite *et les dérivés.* * papillon de jour. B.

Hermodacte *ou* Hermodatte, *s. f. Hermodactylus.* plante à racine bulbeuse, qui vient d'orient; purge la pituite. * Hermodate. R. Hermodactes, Hermodates, *s. f. pl.* G. C.

†Hernandier, *s. m. Hernandia.* genre de plantes à fleurs incomplètes.

:Herniaire, *adj.* (chirurgien) qui panse les hernies. * qui a rapport aux hernies. AL.

:Hernie, *s. f. Hernia.* descente de boyaux. * *et* Hergne. R.

:Hernieux. se, *adj.* qui a une descente. R. G. C.

Herniole, Herniaire, Turquette, Herbe du turc, *s. f.* plante qui guérit les hernies, les plaies.

Hérodiens, *s. m. pl.* juifs sectaires.

Héroïcité, *s. f.* caractère de ce qui est héroïque; se dit des saints, t. de liturgie. G. C. * fait héroïque. V.

Héroï-comique, *adj.* 2 *g.* qui tient de l'héroïque et du comique.

Héroïde, *s. f.* épître sous le nom d'un héros.

Héroïfier, *v. a.* fié. e, *p.* mettre au rang des héros. R. V.

Héroïne, *s. f. Herois.* femme courageuse et au-dessus de son sexe.

Héroïque, *adj.* 2 *g. Heroicus.* qui tient du héros; noble, élevé.

Héroïquement, *adv. Heroum more.* d'une manière héroïque.

Héroïsme, *s. m.* caractère du héros; grandeur d'ame.

:Héron, *s. m. Ardea.* genre d'oiseaux scolopaces et imantopèdes, aquatiques et erratiques, qui vivent de poissons.

:Héronneau, *s. m.* petit héron. * Héroneau. R. G. C.

:Héronner, *v. n.* t. de fauconnerie, voler le héron. G. C. * Héroner. R.

:Héronnier. ère, *adj.* qui chasse au héron; qui tient de lui, de sa nature. * héronier. ere. R.

:Héronnière, *s. f.* lieu où les hérons font leurs petits, où on les élève. * *adj. f.* maigre, sec. V. Héroniere. R.

:Héros, *s. m. Heros.* homme illustré par une suite de grandes actions; principal personnage d'un récit; fils d'un dieu, d'une déesse. * papillon diurne. B.

†Herpaille, *s. f.* troupe de cerfs et de biches.

Herpes-marines, *s. f. pl.* productions précieuses que la mer jette sur les côtes. * Herpes, *Herpes.* t. de médecine, dartre. R. *sing.* AL. voyez Épaves de mer.

†Herque, *s. m.* rateau en fer, de charbonnier.

:Hersage, *s. m. Occatio.* action de herser.

†Herschell, *s. m.* planète nouvellement découverte, qui tourne autour du soleil.

:Herse, *s. f. Occa.* instrument de laboureur; t. militaire, grille qui s'abaisse; t. de mar. corde. * travée hérissée de fer; barrière; grand châssis; cordages; instrument d'arts et métiers. B.
:Hersement, *s. m.* action, peine de herser. R.
:Herser, *v. a. Occare.* sé. e, *p.* passer la herse dans un champ.
:Herseur, *s. m.* qui herse.
†Hersillières, *s. f. pl.* pièces qui ferment un bateau à l'avant ou à l'arrière.
†Hersillon, *s. m.* planche hérissée de pointes, t. militaire.
†Herviler, *s. m.* grand-maître des eaux et forêts en Champagne.
†Hesche, *s. f.* planche qui garantit contre le frottement des roues.
Hésitation, *s. f.* action d'hésiter; embarras; incertitude en parlant.
Hésiter, *v. n. Hæsitare.* être embarrassé à parler; être incertain, indécis.
†Hespéries, *s. f. pl. Hesperia.* famille de papillons à ailes horizontales.
Hespéris, *s.* Giroflée, Julienne.* Hespéri. RR.
†Hestoudeau, *s. m.* gros poulet.
Hétéroclite, *adj. 2 g. Heteroclitus.* qui s'écarte des règles, de l'analogie grammaticale; irrégulier, bizarre.
Hétérodoxe, *adj.* contraire à la vraie doctrine.
Hétérodoxie, *s. f.* opposition à l'ortodoxie.
†Hétérodrome, *adj. 2 g.* (levier) dont le point d'appui est entre le poids et la puissance.
Hétérogène, *adj. 2 g.* de différentes natures. * Hétérogene. R.
Hétérogénéité, *s. f.* qualité, état de ce qui est hétérogène.
†Hétérophylle, *adj. f.* (plante) qui porte des feuilles dissemblables.
Hétérosciens, *s. m. pl.* habitans des zônes tempérées qui ont leurs ombres contraires à midi.
Hétérothétique, *adj.* (métaphysique) transcendante; science des choses absolues, du monde réel en soi; savoir divin. K.
†Hétich, *s. f.* racine du Brésil, qui y sert de principale nourriture. V. G.
;Hêtre, *s. m. Fagus.* Fau, Fouteau, Fayard, arbre qui porte la faîne, l'un des plus beaux et des plus grands des forêts d'Europe.
Heu! *interj. qui exprime l'admiration.* G. C.
Heu, *s. m. Orca.* bâtiment de 300 tonneaux. R. G. C.
†Heuchère, *s. f. Heuchera.* plante de la famille des saxifrages.
Heudrir, *v. n.* (*vieux*) pourrir. V.
Heuler, voyez Hailer. G.
Heur, *s. m.* (*vieux*) bonne fortune.
Heure, *s. f. Hora.* vingt-quatrième partie d'un jour; temps convenable à; espace de temps. * à cette heure, *adv.* présentement. à la bonne heure, *adv.* soit, bien. tout à l'heure, *adv.* dans un moment. — d'heure en heure, *adv.* dernière heure, la mort. B
Heures, *s. f. pl.* livre de prières. (petites —), prime, tierce, sexte et none.
Heureusement, *adv. Feliciter.* d'une manière heureuse.
Heureux. se, *adj. Beatus.* qui a ou jouit du bonheur; propice, favorable; qui fait le bonheur; excellent; rare; extraordinaire; d'un bon présage; justifié par le succès.
;Heurt, *s. m. Conflictus.* choc, secousse en heurtant. * le plus haut du pavé d'un pont. B.
Heurte, *s. f.* t. de blason, tourteau d'azur. R. G. C. * amas pyramidal de matière fécale dans les latrines. B.

:Heurtequin, *s. m.* pièce de fer de l'affût. R. G. C.
:Heurter, *v. a. Offendere.* té. e, *p.* choquer; renverser durement; contrarier; blesser; contredire; t. de peint. mettre les couleurs avec dureté. *v. n.* frapper; frapper à la porte.
:Heurtoir, *s. m.* marteau pour heurter à la porte. * pièce d'un moule, d'une plate-forme, d'un moulin; grosse cheville. B.
Heuse, *s. f.* t. de marine, piston de la pompe. G. C.
Hexacorde, *s. m.* intervalle de musique. G. C. * Hexachorde. R.
Hexaèdre, *s. m.* corps régulier à six faces. * Hexaedre. R. *et* Exaèdre. A.
Hexagone, *s. m. adj. 2 g. Sexangulus.* à six angles et six côtés. * Hexagône. R. *et* Exagone. A.
†Hexagynie, *s. f.* (six femmes), 6ᵉ. classe des végétaux. L.
Hexaméron, *s. m.* ouvrage divisé en six parties. G. C.
Hexamètre; *adj. s. m. Hexameter.* vers latin de six pieds. * Hexametre. R.
Hexandrie, *s. f.* (six époux), sixième classe des végétaux. L.
†Hexapétalée, *adj. f.* qui a six pétales.
†Hexaphylle, *adj. 2 g.* qui a six feuilles ou folioles.
Hexaples, *s. m. pl.* livre qui contient six versions de la Bible.
†Hexaptère, *adj. 2 g.* qui a six ailes.
Hexastyle, *adj. 2 g.* t. d'architecture, qui a six colonnes de front. R. G.
†Hexodon, *s. m. Hexodum.* insectes coléoptères à antennes en massue lamellée.
†Hiatule, *s. f. Hiatula.* poisson du genre du labre.
Hiatus, *s. m. Hiatus.* prononciation gênée par le choc de deux voyelles.
†Hiberline, *s. f.* sorte d'étoffe pour les tapisseries.
:Hibou, *s. m. Bubo.* oiseau nocturne, chat-huant cornu, il vit de souris; homme mélancolique.
Hibride, *adj.* né de deux espèces; tiré de deux langues; *exemple*, *cholera morbus.* G. C. CO. * voyez Hybride. RR.
:Hic, *s. m.* (*familier*) nœud, principale difficulté.
Hicard, *s. m.* oiseau de rivière du Canada.
Hidalgue, *s. m.* titre de certains nobles d'Espagne. * Hidalgo. A. noble de race pure, sans mélange. B.
:Hideur, *s. f.* horreur, qualité de ce qui est hideux. ROUCHER, RÉTIF.
:Hideusement, *adv. Horridè.* d'une manière hideuse.
:Hideux. se, *adj. Horridus.* horrible à voir; dégoûtant; affreux.
†Hidrophanes, *s. f. pl.* pierres opaques qui deviennent transparentes dans l'eau comme le cristal.
Hidrotique, *s. m.* t. de méd. sudorifique. R.
:Hie, *s. m. Fistuca.* Demoiselle, *ou* Mouton pour enfoncer les pavés.
Hieble, *s. f. Ebulus.* espèce de sureau, plante. * Hièble. A. G.
Hiement, *s. m.* t. de charpentier. R. * cri des pièces de bois qui se frottent. B.
Hiène, *s. f. Hyæna.* animal sauvage, carnassier. * Hyene. R. Hyène. G.
:Hier, *v. a. Fistucare.* hié. e, *p.* t. de paveur, enfoncer avec la hie. G.
Hier, *adv. Heri.* jour qui précède celui où l'on est.
Hiéracite, *s. f.* pierre précieuse contre les hémorroïdes, t. de médecine. G. C.

Hiéracium, *s. m. ou* Herbe à l'épervier, laitue sauvage.
:Hiérarchie, *s. f. Hierarchia.* ordre et subordination des anges et des degrés de l'état ecclésiastique.
:Hiérarchique, *adj. 2 g. Hierarchicus.* de la hiérarchie.
:Hiérarchiquement, *adv.* selon la hiérarchie.
:Hiérarques, *s. m. pl.* t. de droit canon, qui composent la hiérarchie; prélats, pontifs. G. C.
†Hiératique, *s. m.* papier d'Égypte, peu aprêté.
Hière-picre, *s. f.* électuaire qui purge l'estomac. G. C. * Hiere-picre. R.
†Hiéroceryce, *s. m.* conducteur des mânes; grand-prêtre de Cérès.
Hiéroglyphe, *s. m. Hieroglyphicum.* caractère symbolique, mystérieux.
Hiéroglyphique, *adj. 2 g. Hieroglyphicus.* de l'hiéroglyphe.
Hiérologie, *s. f.* discours sur des choses saintes. R.
†Hiéromantie, *s. f.* divination par les choses offertes aux dieux.
Hiéronique, *adj. 2 g.* t. d'antiquité, sacré.
Hiérophante, *s. m.* prêtre d'Éleusis.
†Hiéroscopie, *s. f.* divination par ce qui se passoit dans les sacrifices.
Hilaries, *s. f. pl.* fêtes de Cybèle. V.
Hilarité, *s. f.* joie douce; gaieté calme. A. V.
†Hile, *s. m.* ombilic de la graine.
Hillot, *s. m.* valet. MAROT. *pour* Ilote. B.
Hiloires, *s. m. pl.* bordures des écoutilles. R. CO.
†Hilote, Ilote, *s. m.* esclave à Lacédémone.
Himantope, *s. m.* vers infusoires. M. voyez Échasse.
†Himent, *s. m.* bruit des machines qui soulèvent des fardeaux. voyez Hiement.
†Hinguet *ou* Linguet, *s. m.* t. de marine. R. * bois qui arrête le cabestan. B.
Hinse, *s. f.* t. de marine. R.
†Hipercritique, *adj.* qui passe les bornes d'une critique saine, judicieuse et décente.
†Hipnale, *s. m.* serpent d'Asie du 2ᵉ. genre, nué de gris et de jaunâtre.
†Hippe, *s. f. Hippa.* espèce de cancre.
Hippelaphe, *s. m.* cerf des Ardennes.
†Hippiacle, *s. f.* statue de femme à cheval.
Hippiatrique, *s. f. Hippiatrice.* art de guérir les maladies des animaux.
†Hippie, *s. f. Hippia.* genre de plantes corymbifères.
Hippobosque, *s. m.* sorte de taon. L. * familles d'insectes diptères; espèce de mouche. B.
Hippocampe, *s. m. Hippocampus.* petit poisson qui tient de la forme du cheval et de la chenille. * *pl.* chevaux marins de Neptune. R. G. C.
Hippocentaure, *s. m. Hippocentaurus.* monstre fabuleux moitié homme, moitié cheval.
†Hippociste, *s. m.* plante parasite qui croît sur le ciste.
Hippocras, *s. m.* breuvage de vin, de sucre, de canelle et d'épices. * Hypocras. A. G. C.
Hippocraties, *s. f. pl.* fêtes de Neptune. V.
Hippocratique, *adj. 2 g.* d'Hippocrate. V.
†Hippocrèpe, *s. m. Hippocrepis.* Fer-à-cheval, genre de plantes légumineuses.
Hippodrome, *s. m. Hippodromus.* lice pour la course des chevaux.
Hippoglosse, *s. m.* Laurier alexandrin, plante.
Hippoglottite, *s. f.* glande sous la langue. C.
Hippogriffe, *s. m. Hippogriphus.* t. d'antiquité, cheval ailé. * Hippogryffe. *hippogryphus.* R.

Hippolite,

Hippolite, *s. f. Hippolithus.* t. de vétérinaire, pierre dans les intestins et la vessie du cheval. * Hippolithe. A. V. R.

Hippomanès, *s. m. Hippomanes.* R. * liqueur qui sort de la vulve des jumens ; matière inorganique, lamelleuse dans leurs corps. B.

Hippomolgues, *s. m. pl.* t. d'antiquité R. * qui vivoient de lait de jument. B.

†Hippopathologie, *s. f. Hippopathologia.* traité des maladies du cheval.

†Hippope, *s. m. Hippopus.* mollusque acéphale.

Hippopheste, *s. m.* plante contre l'épilepsie. G. C.

Hippopodes, *s. m. pl.* t. d'antiq. hommes à pieds de cheval. R.

Hippopotame, *s. m. Hippopotauma.* Cheval marin ou de rivière, qui tient du bœuf et du cheval ; difforme, plus gros que le rhinocéros, doux, quoique très-fort ; vit de poissons et de végétaux ; se fait à lui-même des entailles pour se saigner ; amphibie.

†Hipporite, *s. f.* pierre argileuse, cannelée en forme de selle de cheval.

†Hippotomie, *s. f.* anatomie comparée du cheval.

†Hippurite, *s. m. Hippurites.* polypier composé de cylindres.

†Hippus, *s. m.* clignotement.

Hiraudie, *s. f.* (*vieux*) casaque. V.

†Hircosité, *s. f.* mauvaise odeur semblable à celle du bouc (*vieux*).

Hirondelle, *s. f. Hirundo.* oiseau ; coquillage. * — de mer, oiseau qui diffère de l'hirondelle ; poisson du genre du trigle ; outil de métiers ; rond de fer mobile, plat, sur l'essieu. B. Hirondele. R. *ou* Arondelle. V.

Hirondelle (pierre d'), *s. f.* pierre pour les yeux.

Hirpies, *s. f. pl.* t. d'antiquité, familles qui sacrifioient à Apollon. V.

†Hirsuté. e, *adj.* garni de poils longs, roides, et alvéolés.

†Hirtelle, *s. f. Hirtella.* genre de plantes polypétales.

†Hiscen, *s. m.* œuf de terre cuite, creux, percé de cinq trous, dans lequel on souffle : le plus ancien de tous les instrumens à la Chine.

†Hispe, *s. m.* insecte.

Hispide, *adj.* 2 *g.* (*inusité*) hérissé, affreux. R. V. * revêche, d'humeur difficile ; garni de poils longs, roides et alvéolés. B.

†Hispidité, *s. f.* état d'une partie trop couverte de poils ; qualité de ce qui est hispide.

Hisser, *v. a. Attollere.* sé. e, *p.* t. de mar. hausser, faire monter.

Hister, *s. m.* insecte. L.

Histéralgie, *s. f.* t. de médecine. C.

Histiodromie, *s. f.* art de naviguer avec des voiles. G. CO. RR.

Histoire, *s. f. Historia.* récit de faits, d'aventures ; description des choses naturelles. * *pl.* difficultés, façons (*familier*). B.

Historial. e, *adj. Historialis.* qui contient des points d'histoire.

Historien, *s. m. Historicus.* qui écrit l'histoire.

Historier, *v. a.* rié. e, *p.* enjoliver de petits ornemens.

Historiette, *s. f. Fabula.* petite histoire. * Historiete. R.

Historiographe, *s. m.* nommé pour écrire l'histoire.

Historique, *adj.* 2 *g. Historicus.* qui appartient à l'histoire. *s. m.* détail des faits.

Historiquement, *adv. Historico genere.* d'une manière historique.

Histrion, *s. m. Histrio.* farceur ; bouffon ; (*ironique*) comédien ; amphibie.

Hiver, *s. m. Hiems.* saison la plus froide de l'année. * Hyver. R.

†Hivernache, *s. m.* fourrage pour les chevaux, en hiver.

Hivernal. e, *adj.* de l'hiver, qui vient dans l'hiver. * Hyvernal. R.

Hiverner, *v. n. Hiemare.* passer l'hiver. (s'), *v. r.* né. e, *p.* s'exposer au froid pour s'y endurcir * Hyverner. R.

Ho ! *interjection pour appeler, témoigner l'admiration*, etc.

†Hoami, *s. m.* grive de la Chine.

†Hoazin, *s. m.* espèce de faisan du Mexique.

Hober, *v. a.* (*vieux*) changer de place. V.

Hobereau, *s. m. Pygargus.* oiseau de proie ; voisin importun ; parasite. * gentilhomme de campagne. V.

Hobin, *s. m.* espèce de cheval. R.

:Hoc, *s. m.* jeu de cartes.

:Hoc (être), *v. n.* être pris. LAFONTAINE.

:Hoca, *s. m.* jeu de hasard.

†Hocco, *s. m. Crax.* gros oiseau huppé d'Amérique, gallinacée.

:Hoche, *s. f. Incisura.* coche, entaillure ; marque sur une taille.

:Hochement, *s. m.* action de hocher.

:Hochepied, *s. m.* t. de fauconnerie, oiseau qui attaque le premier le héron. * Hochepied. R.

:Hoche-pot, *s. m.* bœuf cuit avec des marons, des navets, etc. * Hochepot. R.

:Hochequeue, *s. m. Motacilla.* oiseau qui remue sans cesse la queue. voy. Lavandière.

:Hocher, *v. a.* ché. e, *p.* secouer, branler, remuer.

:Hochet, *s. m. Crepitaculum.* joujou d'enfant. * moule pour la houille grasse. B.

†Hochicat, *s. m.* espèce de toucan vert du Mexique.

†Hocisana, *s. m.* espèce de corbeau d'Amérique.

†Hocti, *s. m.* espèce de héron du Mexique.

Hogner, *v. n.* (*popul.*) gronder ; murmurer ; se plaindre.

Hogue, *s. f.* (*vieux*) colline. V.

Hoguette, *s. f.* entrée du port. V.

†Hohou, *s. m.* espèce de héron du Mexique.

†Hoie, *s. f.* houille.

Hoir, *s. m. Heres.* t. de prat. héritier. *pl. usité.*

Hoirie, *s. f. Hereditas.* héritage, succession.

Hoirin, *s. m.* t. de mar. R. V. Orin.

:Holà ! *interj. adv. Heus.* pour appeler ; tout beau. * Hola, *adv.* assez. RR.

:Holà (mettre le), *s. m.* apaiser une querelle.

Hollandée, *adj. f.* (batiste) forte et serrée.

Hollander, *v. a.* dé. e, *p.* (une plume) la passer dans les cendres chaudes pour la dégraisser.

†Hollandille, *s. f.* toile de Silésie.

†Hollandois. e, *adj. s. Hollandus.* de Hollande. R. * Hollandais. e. VOLTAIRE.

†Hollandoise, *s. f.* machine pour épuiser l'eau. * Hollandaise. C.

†Hollans, *s. m. pl.* batistes de Flandre.

Holocauste, *s. m. Holocaustum.* t. d'antiquité, sacrifice entier par le feu ; la victime.

Holocauster, *v. a.* té. e, *p.* sacrifier. V.

†Holocentres, *s. m. pl. Holocentrus.* poissons thorachiques.

Holographe. R. voyez Olographe. A.

Holomètre, *s. m.* t. de mathém. voy. Pantomètre. V. * Holometre. R.

†Holosté, *s. m. Holosteum.* genre de plantes qui se rapportent à l'alsiné.

Holothuries, *s. f. pl. Holothuriæ.* animaux marins informes * de l'ordre des mollusques ; zoophites échinodermes. B.

Holothurion, *s. m.* ortie de mer qui enflamme la main. G. C.

Hom, *exclam.* exprime le doute, la méfiance. A.

:Homard, *s. m. Astacus.* grosse écrevisse de mer.

Hombre, *s. m.* jeu de cartes, celui qui y fait jouer.

Homélie, *s. f. Homelia.* t. de litur. instruction. *pl.* leçons du bréviaire.

†Homéomère, *adj.* 2 *g. Homœomeres.* dont les parties sont semblables.

Homérique, *adj.* 2 *g.* d'Homère. V.

Homéristes, *s. m. pl.* ceux qui chantoient les vers d'Homère. G. C.

Homicide, *s. m. Homicidium.* meurtre ; meurtrier. *adj.* 2 *g. Homicida.* qui tue.

Homicider, *v. a.* dé. e, *p.* (*vieux*) tuer, commettre un homicide.

Homiliaire, *s. m.* recueil d'homélies. G. C.

Homiliaste, *s. m.* faiseur d'homélies. G. C.

Homiose, *s. f.* coction du suc nourricier. * assimilation. CO. Homiôse. R.

Hommage, *s. m.* devoir du vassal ; soumission, respect ; vénération. *pl.* devoirs, civilités.

Hommagé. e, *adj.* 2 *g.* tenu en hommage.

Hommager, *s. m. Cliens.* qui doit l'hommage, t. de féodalité.

Hommasse, *adj.* parlant d'une femme, ou de sa voix, de sa taille, etc. qui tient de l'homme.

Homme, *s. m.* animal raisonnable, bipède ; qui a l'âge de virilité ; qui est propre à ; mari ; vassal ; caution ; homme de cœur.

Hommeau, *s. m.* petit homme. V.

Hommée, *s. f.* travail d'un homme dans un jour ; mesure de terrain. G. C. RR.

Homocentrique, *adj.* 2 *g. Concentricus.* concentrique.

Homocule, *s. m* Homoncule. t. de méd. R. * petit homme ; nain ; pithèque. B.

†Homodrome, *adj.* 2 *g.* (levier) dans lequel le poids et la puissance sont du côté du point d'appui.

†Homoéomérie, *s. f.* homogénéité.

Homogène, *adj.* 2 *g.* de même nature. * (terme) d'une même dimension. B. Homogene. R.

Homogénéité, *s. f.* qualité de ce qui est homogène.

†Homogramme, *s. m.* athlète qui combattoit avec celui qui avoit tiré la même lettre que lui de l'urne.

†Homoïoteleute, *adj. s. m.* t. de gram. rime ou rimé.

Homologation, *s. f.* confirmation d'un acte par la justice.

Homologue, *adj.* 2 *g.* t. de géom. (côtés) correspondans opposés à des angles égaux.

Homologuer, *v. a.* gué. e, *p.* confirmer en justice.

†Homomalle, *adj.* 2 *g.* dont les parties sont du même côté, t. de botanique.

Homonyme, *adj.* 2 *g. Homonymus.* t. de gram. de même nom, avec des sens différens. *ex.* coin.

†Homonymie, *s. f.* ressemblance de noms ; sens différens d'un même mot ; qualité des homonymes.

Homophage, *s. m.* qui mange de la chair crue. R. V. * *mieux* Antropophage. RR.

Homophagie, *s. f.* usage des viandes crues. G. C.

Homophonie, *s. f.* concert de voix à l'unisson.

†Homotone, *adj.* 2 *g.* (fièvre) qui a toujours le même degré.

Hon ! *interj.* pour faire repéter ce que l'on n'a pas entendu.

Hongnette, *s. f.* ciseau, instrument de sculpteur, de marbrier. G. V. * voyez Houguette. B.

:Hongre, *adj. m. Cantherius* (cheval) châtré.

Hongreline, *s. f.* ancien habillement de femme.

:Hongrer, *v. a.* gré. e, *p.* châtrer un cheval.

Hongroyeur, *s. m.* qui façonne le cuir de Hongrie. * *et* Hongrieur. V.

Honnête, *adj.* 2 *g. Honestus.* vertueux ; bienséant ; plein d'honneur ; civil ; poli ; plausible ; spécieux ; convenable ; proportionné à la valeur ; qui a les convenances. *s. m.* ce qui est conforme à la vertu, à l'honneur. * Honête. R.

Honnêtement, *adv. Honestè.* avec honneur, probité, civilité ; suffisamment ; beaucoup (*iron.*). * Honêtement. R.

Honnêteté, *s. f. Honestas.* vertu ; civilité ; modestie ; chasteté ; bienséance ; présent ; conformité à l'honneur, à la vertu ; probité ; manières officieuses. * Honêteté. R.

Honneur, *s. m. Honor.* respect ; vertu ; probité ; pudicité ; gloire ; estime qui suit la vertu, les talens, la probité ; réputation ; conduite louable, vertueuse. *pl.* dignités, places honorables ; réception agréable avec offres. * Honeur. R.

:Honnir, *v. a.* ni. e, *p.* déshonorer, couvrir de honte.

:Honnissement, *s. m.* ignominie. V.

†:Honnisseur, *s. m.* qui perd de réputation. DOM-QUICHOTTE.

Honorable, *adj.* 2 *g. Honorabilis.* qui fait honneur ; splendide.

Honorablement, *adv. Honoratè.* d'une manière honorable ; magnifiquement.

Honoraire, *adj.* qui a les honneurs d'une place sans l'exercer. *s. m. Pignus.* ce que l'on paye aux prêtres, aux médecins, aux avocats, aux auteurs, aux artistes. *pluriel plus usité.*

Honorer, *v. a. Honorare.* ré. e, *p.* rendre honneur et respect ; avoir beaucoup d'estime pour ; faire honneur à. * t. de commerce, accepter et payer. B.

Honorès (ad-), *adv.* titre sans fonctions ni émolumens, pour l'honneur. *pron.* Honorèse. * ad Honores. R.

Honorifique, *adj.* 2 *g. Honorificus.* qui consiste dans les honneurs rendus.

:Hontage, *s. m.* pudeur. V.

:Honte, *s. f. Dedecus.* déshonneur ; confusion causée par le déshonneur ; opprobre.

:Honteusement, *adv. Ignominiosè.* avec honte, ignominie.

:Honteux. se, *adj. Verecundus.* qui a ou qui cause de la honte ; timide.

Hôpital, *s. m.* maison pour recevoir les malades, les pauvres ; hospice.

Hoplite, *s. m.* t. d'antiq. coureur armé dans les jeux. *s. f.* pierre revêtue d'une croûte métallique ; pierre pyriteuse et polie. G. C. V.

†Hoplochrisme, *s. m.* action de préparer un instrument de chirurgie, d'y appliquer les médicamens.

Hoquelleux *ou* Hocleux, *s. m.* (*vieux*) trompeur. V.

:Hoquet, *s. m. Singultus.* mouvement convulsif du diaphragme.

:Hoqueton, *s. m. Apparitor.* archer. *Colobium.* casaque brodée d'archer.

Horaire, *adj.* 2 *g.* qui a rapport aux heures ; se fait par heures.

Horatiens, *adj. m. pl.* imités d'Horace. V.

:Horde, *s. f.* peuplade errante. * troupe. B.

†Horie, *s. f. Horia.* insecte coléoptère.

:Horion, *s. m.* (*vieux*) coup violent sur la tête.

†Horipal, *s. m.* mouchoir des Indes.

Horizon, *s. m. Horizon.* cercle de la sphère ; ce que l'on voit du ciel et de la terre ; bornes de la vue.

Horizontal. e, *adj.* parallèle à l'horizon.

Horizontalement, *adv.* parallèlement à l'horizon.

Horloge, *s. f. Horologium.* machine qui marque les heures ; constellation australe. B.

Horloger. ère, *s.* faiseur de montres, d'horloges, etc. * *f.* Horlogere. R.

Horlogerie, *s. f.* commerce de montres, etc. lieu où on les fabrique.

Horlogiographie, *s. f.* art de calculer les heures. C. * art de faire des machines qui indiquent l'heure. B.

Hormis, *prép. Præter.* hors, excepté.

†Horodictique, *s. m.* instrument qui sert à donner l'heure.

Horographie, *s. f.* art de faire des cadrans ; gnomonique. * description des montagnes. V.

†Horomètre, *s. m.* espèce de cadran dans l'Indostan.

Horométrie, *s. f.* art de mesurer et diviser les heures. R. G. C.

†Horoptère, *adj. f.* (ligne) t. d'optique, droite tirée par le point de concours des deux axes optiques, et parallèle à la ligne tirée du centre d'un œil au centre de l'autre.

Horoscope, *s. m. Horoscopus.* prédiction de la destinée d'après l'inspection des astres.

Horoscoper, *v. n.* tirer l'horoscope. C.

Horreur, *s. f. Horror.* mouvement de l'ame qui frémit ; haine violente ; abomination ; chose, personne très-laide ; objet d'horreur ; terreur ; détestation ; énormité ; antipathie. * *pl.* choses déshonorantes ; actions flétrissantes. G. V.

Horrible, *adj.* 2 *g. Horribilis.* qui fait horreur ; excessif, extrême.

Horriblement, *adv. Vehementer.* d'une manière horrible ; extrêmement.

†Horripilation, *s. f.* frisson subit de toute la peau.

:Hors, *prép. Extra.* dehors ; excepté ; hormis.

:Hors d'œuvre, *adj. s.* pièces détachées ; digression ; t. de cuisine, petits plats avec le potage. * Hors-d'œuvre. A. C. G. R. V.

Hors-œuvre, *adv.* d'un angle extérieur d'un mur à l'autre, t. d'archit. * Hors œuvre. G.

†Hortagiler, *s. m.* tapissier du grand seigneur. V. G.

Hortolage, *s. m.* t. de jardinage, lieu où sont les couches. R. G. C. * jardin potager. RR.

Hospice, *s. m. Hospitium.* maison religieuse ; retraite pour les étrangers. * Hôpital (*néolog.*)

Hospitalier. ère, *adj.* qui exerce l'hospitalité. * *f.* Hospitaliere. R.

Hospitalité, *s. f. Hospitalitas.* libéralité envers les étrangers ; obligation de loger les voyageurs ; t. d'antiq. droit réciproque de logement.

Hospodar, *s. m.* titre en Turquie, prince vassal.

Hostie, *s. f. Hostia.* t. de litur. victime ; pain consacré ou destiné à l'être.

Hostile, *adj.* 2 *g.* qui concerne, qui annonce la guerre, l'inimitié. G. C. V. RR.

Hostilement, *adv. Hostiliter.* en ennemi.

Hostilité, *s. f. Hostilitas.* action d'ennemi.

†Hostir, *v. a.* rendre égal, de niveau, aligner (*vieux*).

Hôte. sse, *s. Hospes.* qui tient auberge ; qui loge ; qui est logé ; habitant. * *m.* Hôte. *f.* Hotesse. R.

Hôtel, *s. m. Palatium.* maison de prince, de grand ; maison garnie. * grand hospice. AL.

Hôtel de ville, *s. m.* maison commune. * Hôtel-de-ville. R. C.

Hôtel-Dieu, *s. m.* hôpital des malades.

Hôtelier. ère, *s.* qui tient hôtellerie ; qui reçoit les étrangers. * *f.* Hôteliere. R.

Hôtellerie, *s. f. Diversorium.* auberge, bâtiment pour les étrangers. * Hotélerie. R.

:Hotte, *s. f.* sorte de panier à bretelles, sur le dos ; dossier de siége cintré. * Hote. R.

:Hottée, *s. f.* plein une hotte. * Hotée. R.

:Hotteur. se, *s.* qui porte la hotte. * Hoteur. se. R. Hottier. B.

†Hottone *ou* Plumeau, *s. m. Hottonia.* plante de la famille des lisimachies.

Houage, Houache, *s. m.* sillage du navire. R. G. C.

†:Houage, *s. m.* opération du foulon, qui trempe le drap dans l'eau.

†Houari, *s. m.* bâtiment à voile latine pour la course.

†:Houbaara, *s. m.* petite outarde hupée d'Afrique.

:Houblon, *s. m. Lupulus.* Vigne du nord, plante pour faire la bière.

:Houblonner, *v. a.* né. e, *p.* mettre du houblon, t. de brasseur. * Houbloner. R.

:Houblonnière, *s. f.* champ planté de houblon. * Houbloniere. R.

†:Houcre, *s. m.* bâtiment à varangues plates.

:Houe, *s. f. Ligo.* instrument de vigneron ; rabot.

:Houer, *v. a. n.* houé. e, *p.* labourer avec la houe.

†:Houerie, *s. f.* labour à la houe.

†:Houette, *s. f.* instrument qui sert comme la houe.

†:Hougarde, *s. f.* bière blanche très-douce.

†:Houguette, *s. f.* pointe méplate, acérée ; outil de marbrier. voyez Hongnette.

†:Houguines, *s. f. pl.* pièces d'armures qui couvroient les cuisses, les jambes, les bras.

:Houhou, *s. f.* (vieille), difforme. V.

:Houille, *s. f.* sorte de charbon de terre.

†:Houillère, *s. f.* mine de houille.

†:Houilleur, *s. m.* ouvrier des mines de houille.

:Houlette, *s. f. Pedum.* bâton de berger ; outil de jardin. de confiseur, petite pelle, petite bêche. * mollusque acéphale, bivalve. B. Houlete. R.

†:Houleviche *ou* Bretellière, *s. f.* espèce de filet pour le gros poisson.

:Houlier, *s. m.* voleur. V.

:Houlle, *s. f.* vague après la tempête. * Houle. A. V. R.

:Houlleux. se, *adj.* t. de mar. agité, bouillonnant. * Houleux. se. A. R. V.

†:Houmousien, *s. m.* orthodoxe.

:Houp ! *interj.* pour appeler. V.

:Houpée, *s. f.* élévation de la vague. R. G. C.

:Houper, *v. a.* pé. e, *p.* peigner, faire en houppe ; terme de chasse, appeler son compagnon. * Houpper. G. C.

†:Houperou, *s. m.* goulu de mer ; poisson très-dangereux.

†Houpette, *s. f.* tangara noir, huppé de Cayenne.

:Houppe, *s. f. Apex.* touffe de fils en bouquet. * Houpe. R.

:Houppelande, *s. f.* sorte de casaque. * Houpelande. A. R.

Houppier, *s. m.* t. de jard. arbre qui n'a que la houppe ; qui houppe la laine. G. C. * Houpier. R.

†:Houque *ou* Houlque, *s. m. Holcus.* genre de plantes de l'ordre des graminées.

:Hourailler, *v. n.* t. de chasse, chasser avec les hourets. A. V.

:Houraillis, *s. m.* meute de mauvais chiens.

:Hource, *s. f.* corde qui tient la vergue. G. C.

:Hourdage, *s. m.* maçonnage grossier, t. d'ardois.

:Hourder, *v. a.* dé. e, *p.* maçonner grossièrement.

:Hourdi, *s. m.* t. de mar. barre d'arcasse.

†:Houre, *s. f.* échafaud, t. d'ardoisier.

:Houret, *s. m.* mauvais petit chien de chasse.

:Houri, *s. f.* femme du paradis de Mahomet.

:Hourque, *s. f.* navire hollandois.

:Hourvari, Ourvari, *s. m.* contre-temps, tumulte. * cri pour ramener les chiens aux premières voix. B.

†:Housarder, *v. a.* se battre à la manière des housards ; piller, violer. *famil.*

:Housche, *s. f.* petit jardin tenant à la maison. R. G. C.

Housé. e, *adj.* (*vieux*) crotté, mouillé.

:Houseaux, *s. m. pl.* (*vieux*) espèce de guêtres.

:Houspiller, *v. a.* lé. e, *p.* maltraiter, tirailler. (se), *v. r.* maltraiter de parole, se disputer, se battre.

:Houspillon, *s. m.* demi-verre de vin que l'on fait

boire par pénitence, t. de jeu. R. G. C.
:Houssage, *s. m.* action de housser; t. de menuis. fermeture d'un moulin à vent. * (salpêtre de) ramassé au balais sur les murs. B.
:Houssaie, *s. f.* lieu planté de houx.
:Houssard, Housard, Hussard, *s. m.* soldat à cheval, armé à la légère; cavalier hongrois.
:Housse, *s. f. Stragulum.* couverture de cheval, de meubles, de lit, de siége.
:Housseau, *s. m.* épingle grosse et longue. R.
:Houssée, *s. f.* (*vieux*) pluie d'orage. V.
:Houssepailler, *s. m.* mal-propre. V.
:Housser, *v. a.* sé. e, *p.* nettoyer avec un houssoir.
†:Housset, *s. m.* Houx frelon, Petit houx, Myrte sauvage, plante médicinale; sa racine est l'une des cinq apéritives pour la jaunisse, l'hydropisie, les pâles couleurs, la gravelle; incisive; baies pour la gonorrhée. * voyez Houssette, Serrure. AL.
:Houssettes, *s. f. pl.* (*vieux*) bas-de-chausses; serrure de coffre; serrure encloisonnée. G. C. CO. * Housset. *m.* AL.
:Housseur. se, *s.* qui housse. R.
:Houssières, *s. f. pl.* endroits plantés de houx. G. C.
:Houssine, *s. f. Virgula.* baguette de houx, etc. pour battre.
:Houssiner, *v. a.* né. e, *p.* (*bas*) frapper avec une houssine. R. G. C. V.
:Houssoir, *s. m. Scopæ.* balai de branches, de plumes.
:Housson, *s. m.* arbrisseau. R.
†:Hout, *s. m. ou* Baudet, tréteau de scieur de long.
†:Houtou *ou* Momot, *s. m.* espèce de toucan de la Guianne.
†:Houvari, *s. m.* vent orageux en Amérique.
:Houx, *s. m. Ilex aquifolium.* arbrisseau toujours vert, à feuilles hérissées, vertes, lisses et échancrées, baie rouge.
†:Houzeau, *s. m.* haut-de-chausse. SCARON.
†:Houzure, *s. f.* ordure que le sanglier laisse en se frottant après les branches.
:Hoyau, *s. m. Ligo.* sorte de houe à deux fourchons.
†:Huage, *s. m.* corvée qui consiste à huer les bêtes, le gibier.
:Huard, *s. m.* aigle de mer, balbuzard; il vit de poisson; son nom imite son cri.
†:Huaux, *s. m. pl.* ailes de buses attachées à un bâton, pour épouvanter les oiseaux. * *sing.* AL.
†:Hublot, *s. m.* petit sabord ouvert.
†:Huch, *s. m. Hucho.* poisson du genre du salmone.
:Huche, *s. f. Mactra.* grand coffre pour pétrir et serrer le pain, coffre à la farine. * vaisseau à poupe élevée. B.
:Hucher, *v. a.* ché. e, *p.* (*vieux*) appeler à haute voix, en sifflant.
:Huchet, *s. m.* cornet avec lequel on appelle de loin.
Hue, cri de charretier pour faire aller à droite.
:Huée, *s. f. Vociferatio.* t. de chasse, cris pour effrayer les bêtes; cris de dérision et nombreux.
:Huer, *v. a. Exsibilare.* hué. e, *p.* faire des huées après le loup ou après quelqu'un.
:Huerie, *s. f. du verbe* huer. huée. V.
:Huet, *s. m. ou* Huette, *s. f.* sorte de hibou cendré.
:Huet. e, *adj.* * *f.* huete. voyez Hulote. R.
:Huguenot. te, *s. adj.* calviniste. * *f.* Huguenote. R.
†:Huguenotique, *adj.* 2 *g.* qui appartient aux huguenots.
:Huguenotisme, *s. m.* doctrine des huguenots.
:Huguenotte, *s. f. Authepsa.* sorte de marmite sans pieds. * Huguenote. A. R. V.
Hui, *adv.* t. de prat. marque le jour où l'on est. * *et* Huy. G.
Huile, *s. f. Oleum,* liqueur grasse et onctueuse, * parties grasses inflammables tirées par distillation; sucre cuit et huileux. *pl.* essences onctueuses.
†Huile-sautée, *s. f.* ragoût très-chaud avec de l'huile.
Huiler, *v. n. Ungere.* lé. e, *p.* oindre avec de l'huile.
†Huilerie, *s. f.* cellier, magasin, moulin à huile.
Huileux. se, *adj. Oleosus.* gras; de la nature de l'huile.
Huilier, *s. m. Olearius.* vase à huile. * celui qui fait l'huile. B.
†Huilière, *s. f.* t. de marine, cruche à l'huile.
Huir, *v. n.* t. de fauc. exprime le cri du milan. G. C.
Huis, *s. m.* (*vieux*) porte.
Huisserie, *s. f.* t. de menuisier, assemblage de pièces qui forment l'ouverture d'une porte.
Huissier, *s. m. Apparitor.* garde de la porte; officier de justice.
:Huit, *adj. s. m. Octoni.* nombre pair de deux fois quatre. * de chiffre, compas d'épaisseur. B.
†:Huit-pieds, *s. m. pl.* jeu de l'orgue.
:Huitain, *s. m.* stance de huit vers.
:Huitaine, *s. f.* huit jours.
:Huitième, *adj. s.* 2 *g. Octavus.* nombre ordinal; 8e. partie. * Huitieme. R.
:Huitièmement, *adv.* en huitième lieu. * Huitiémement. R. G.
Huître, *s. f. Ostrea.* poisson testacé; coquillage marin, bivalve, à battans inégaux écaillés.
Huîtrier, *s. m.* marchand d'huîtres. R. V. * *Ostralega.* oiseau seul de son espèce.
†Hulée, *s. f.* huée, clameur (*vieux*).
Hulot, *s. m.* t. de mar. ouverture où est le moulinet. G. C.
Hulotte, *s. f. Ulula.* oiseau de nuit. * Hulote *ou* Huete. R. Huette, Chouette noire. B.
Humain. e, *adj. Humanus.* qui concerne l'homme; sensible à la pitié; doux, affable, secourable. *pl.* les hommes. *sing.* homme.
Humainement, *adv. Humanè.* suivant le pouvoir de l'homme; avec humanité, bonté, sensibilité.
Humaniser, *v. a.* sé. e, *p.* rendre plus humain; civiliser. (s'), *v. r.* devenir plus humain, moins farouche, moins fier, plus doux, plus traitable; se mettre à la portée des autres hommes.
Humaniste, *s. m.* t. de collége, qui étudie, sait, enseigne les humanités.
Humanité, *s. f. Humanitas.* nature humaine; les hommes; sensibilité, bonté exercée. *pl.* études jusqu'à la philosophie, t. de collége.
†Humantin, *s. m. Centrina.* poisson de la section des chiens de mers.
Humble, *adj.* 2 *g. Humilis.* qui a de l'humilité, du respect; soumis; médiocre; modeste; bas.
Humblement, *adv. Humiliter.* avec humilité, modestie, respect.
Humectant. e, *adj. s.* qui humecte, rafraîchit.
Humectation, *s. f.* préparation avec l'eau. R. G. C.
Humecter, *v. a. Humectare.* té. e, *p.* mouiller, rendre humide.
Humer, *v. a. Sorbere.* mé. e, *p.* avaler, aspirer un liquide.
†Huméraire, *adj.* 2 *g.* qui a du rapport à l'humérus.
Huméral. e, *adj.* qui a rapport à l'épaule. R. G. C.
Humérus, *s. m.* os du bras. * Humerus. G.
Humeur, *s. f. Humor.* fluide dans les corps; tempérament; caprice; fantaisie; disposition; état. *pl.* sucs viciés et amassés.
Humeuses, *s. f. pl.* pierres. L.
Humide, *adj.* 2 *g. s. Humidus.* de la nature de l'eau; mouillé, humecté, moite. *s. m.* l'opposé de sec. *pl.* humeurs, sérosités.
Humidement, *adv.* dans un lieu humide.
Humider (s'), *v. r.* dé. e, *p.* (*nouv.*) se mouiller. V.
†Humidier, *v. a.* é. e, *p.* mouiller, t. de métiers.
Humidité, *s. f. Humor.* qualité de ce qui est humide. *pl.* sérosités.
†Humifuse, *adj. f.* (tige) étalée sur la terre sans radication.
Humiliant. e, *adj.* qui humilie, mortifie.
Humiliation, *s. f. Humilitas.* état de celui qui est humilié; action par laquelle on humilie; *pl.* événemens, choses qui humilient.
Humilier, *v. a. Deprimere.* lié. e, *p.* abaisser; mortifier.
Humilité, *s. f. Humilitas.* déférence, soumission; abaissement, modestie.
Humoral. e, *adj.* qui vient des humeurs.
Humoriste, *adj.* 2 *g.* qui a de l'humeur; difficile à vivre.
Humoriste, *s. m.* médecin galéniste.
Humus, *s. m.* couche souvent très-mince, de terre végétale ou de terreau, formée de la décomposition des corps des animaux et des végétaux; elle recouvre une partie des continens.
:Hune, *s. f. Carchesium.* sorte d'échafaud au haut du mât; pièce qui porte une cloche.
:Hunier, *s. m.* mât qui porte la hune, sa voile. * filet de pêche. B.
:Huppe, *s. f. Upupa.* Putput *ou* Coq merdeux, Lupoge, bel oiseau de passage: touffe sur la tête des oiseaux.
Huppé. e, *adj. Cristatus.* qui a une huppe; * apparent, considérable. B.
†:Huppe-col, *s. m.* espèce d'oiseau mouche.
†:Hura *ou* Sablier, *s. m.* très-bel arbrisseau d'Amérique à graine purgative.
†:Hurasse, *s. m.* anneau qui reçoit la queue du marteau, t. de forges.
:Hure, *s. f. Caput.* tête coupée de sanglier, de saumon, de brochet, de thon, etc. * bois qui porte une petite cloche; brosse enmanchée garnie de tous les côtés. B.
:Hurhaut, t. de charretier pour faire tourner à droite. * Hurhau. R.
:Hurlement, *s. m. Ululatus.* cri lugubre et prolongé du loup, du chien; cri de douleur, de colère, etc.
:Hurler, *v. n. Ululare.* pousser des hurlemens.
Hurluberlu, *adj. s. m.* étourdi, inconsidéré. *adv.* inconsidérément. * Hurlubrelu. T.
Huron. ne, *adj. s.* peuple sauvage. R.
†Hurtage, *s. m.* droit d'ancrage.
Hurtebiller, *v. a.* lé. e, *p.* se dit de l'accouplement des moutons. G. C. V.
†Hussard, *s.* voyez Houssard.
Husso, *s. m.* poisson sans écailles du Danube.
:Hutin, *adj.* (*vieux*) mutin. V.
:Hutte, *s. f. Casa.* petite loge de terre, de bois, etc.
:Hutter, *v. r.* (se), se loger dans des huttes. * *v. a.* té. e, *p.* t. de marine, amarrer les vergues. G. C. *et* Huter. G.
Huyau, *s. m.* verdon, coucou.
Hyacinthe, *s. f. Hyacinthus.* pierre précieuse de la nature du grenat; produit du schorl mêlé de substances métalliques; plante. voy. Jacinthe. A.
Hyacinthies, *s. f. pl.* fêtes d'Apollon. V.
†Hyacinthin. e, *adj.* couleur d'hyacinthe.
†Hyacinthine, *adj.* 2 *g.* qui a rapport à l'hyacinthe.
Hyades, *s. f. pl.* nymphes; constellation formée d'une multitude de petites étoiles près d'Aldébaran.
†Hyale, *s. f. Hyalæa.* mollusque acéphale, bivalve, transparente.
†Hyalin, e, *adj.* (quartz) semblable au verre.
†Hyalode, *adj.* 2 *g.* couleur de verre.
†Hyaloïde, *s. m.* morceau de cristal dur et arrondi, sur les bords de la rivière des Amazones,

s. f. membrane de l'œil.
†Hybride, *adj.* 2 *g.* (plante) qui doit son origine à deux plantes d'espèces différentes. * voyez Hibride. V.
Hybristiques, *s. f. pl.* fêtes à Argos. V.
†Hydarthre, *s. m.* *Hydarthrus.* hydropisie des articulations.
Hydatide, *s. f.* vessies pleines d'eau sur le corps; vers dans les viscères; maladie de la paupière. G.
†Hydatidocèle, *s. f.* hydrocèle formé par des hydatides; hernie qui en contient.
†Hydatisme, *s. m.* bruit causé par la fluctuation des humeurs.
†Hydatoïde, *adj.* 2 *g.* t. de méd. qui ressemble à l'eau.
Hydatoscopie, *s. f.* divination par l'eau. R.
†Hydne *ou* Erinace, *s. m.* *Hydnum.* genre de champignons.
†Hydracnés, *s. m. pl.* *Hydracna.* insectes crustacés, aquatiques, ressemblent aux araignées.
Hydragogue, *adj.* 2 *g. s.* qui purge les eaux, les sérosités.
Hydrargire, *s. m.* t. de chim. mercure. *-gyre. R.
†Hydrargyrose, *s. f.* friction mercurielle.
†Hydraules, *s. m. pl.* joueurs d'instrumens qui faisoient servir l'eau à la production des sons.
Hydraulique, *adj.* 2 *g.* *Hydraulicus.* de la science de conduire les eaux. *s. f.* cette science.
Hydre, *s. f.* *Hydra.* serpent d'eau douce très-venimeux; serpent fabuleux. * mal qu'augmentent les efforts pour le détruire; constellation; polype verdâtre, polype à bras; 1er genre de zoophytes; polype protée; plante aquatique. B.
†Hydreléon, *s. m.* mélange d'eau et d'huile.
Hydrenterocèle, *s. f.* descente des intestins dans le scrotum. * Hydrentérocèle. R. Hydrentérocèle. A. C. G. Hydro-entérocèle. V.
Hydrie, *s. f.* cruche à mettre de l'eau. R. V.
Hydrobele, *s. m.* t. de méd. R.
Hydrocèle, *s. f.* *Hydrocele.* tumeur aqueuse autour des testicules. * Hydrocèle. R.
†Hydrocélique, *adj.* 2 *g.* de l'hydrocèle.
Hydrocéphale, *s. f.* hydropisie de la tête.
†Hydrocirsocèle, *s. f.* varice des veines spermatiques. * *ou* Hygrocirsocèle.
Hydrocotile, *s. f.* Ecuelle d'eau, Herbe aux Patagons, plante apéritive. * Hydrocotyle. A. R. V. Hydrocotle. B.
†Hydrocyste, *s. m.* hydropisie enkystée.
Hydrodynamique, *s. f.* science du mouvement des eaux. A. V.
†Hydro-entérocèle, *s. m.* hydropisie du scrotum, avec une descente d'intestin.
†Hydro-entéro-épiplomphale, *s. f.* hernie aqueuse de l'ombilic.
†Hydro-entéromphale, *s. f.* fausse hernie aqueuse de l'ombilic.
†Hydro-épyplomphale, *s. f.* espèce d'hernie de l'ombilic.
Hydrogala, *s. f.* eau laiteuse; eau et lait. R.
†Hydrogale, *s. f.* boisson composée d'eau et de lait.
†Hydrogé, *adj.* composé de terre et d'eau.
Hydrogène, *s. m.* principe de l'eau. V.
†Hydrogéologie, *s. f.* traité de l'influence de l'eau sur la terre.
Hydrographe, *s. m.* versé dans l'hydrographie.
Hydrographie, *s. f.* *Hydrographia.* description des mers; art de naviguer.
Hydrographique, *adj.* 2 *g.* *Hydrographicus.* de l'hydrographie.
Hydromancie, *s. f.* *Hydromantia.* divination par les eaux. R. V.
†Hydromantique, *s. f.* art de produire avec l'eau des apparences singulières.
Hydromel, *s. m.* *Hydromeli.* breuvage composé d'eau et de miel.
†Hydromètre, *s. m.* instrument pour peser les liqueurs, connoître leurs mouvemens; insecte hémiptère, aquatique.
†Hydrométrie, *s. f.* science qui enseigne à mesurer les propriétés des fluides; hydropisie de matrice.
Hydromphale, *s. f.* t. de méd. tumeur aqueuse au nombril.
Hydromyste, *s. m.* t. de liturgie. R.
†Hydroparastes, *s. m. pl.* hérétiques qui n'employoient que l'eau dans l'eucharistie.
†Hydropédèse, *s. f.* sueur excessive.
†Hydrophane, *adj. f.* (pierre) qui entoure la Calcédoine, opaque et devient transparente dans l'eau.
†Hydrophile, *s. m.* *Hydrophilum.* insecte aquatique, coléoptère, à antennes en masse perfoliées, pattes postérieures en nageoires; grand scarabée aquatique.
Hydrophillum, *s. m.* plante aquatique médicinale. * Hydrophyllum. C. R. Hydrophille. B.
Hydrophisocèle, Hydropneumatocèle, *s. f.* hydropisie mêlée d'air. * Hydrophysocèle. R.
Hydrophobe, *s.* 2 *g.* qui a les liquides en horreur.
Hydrophobie, *s. f.* horreur pour les liquides.
†Hydrophore, *s. m.* porteur d'eau (*vieux*).
†Hydrophorie, *s. f.* fêtes en mémoire de ceux qui périrent dans le déluge.
Hydrophtalmie, *s. f.* hydropisie de l'œil.
Hydropiper, *s. m.* Poivre d'eau, plante.
Hydropique, *adj. s.* 2 *g.* *Hydropicus.* qui a une hydropisie.
Hydropirette, *s. f.* fièvre maligne avec colliquation, t. de méd. G. C. * Hydropyrete. R.
Hydropisie, *s. f.* *Hydrops.* enflure causée par l'épanchement des eaux.
†Hydropneumatocèle, *s. f.* hernie causée par l'eau et le vent.
†Hydropneumonie, *s. f.* œdème du poumon.
Hydropneumosarque, *s. f.* *Hydropneumosarca.* abcès qui contient de l'eau. R.
†Hydropoïde, *adj.* 2 *g.* t. de méd. aqueux.
Hydropote, *s.* 2 *g.* qui ne boit que de l'eau.
†Hydropyrique, *adj.* 2 *g.* (volcan) dont les eaux ont la propriété de s'enflammer.
†Hydrorachitis, *s. f.* hydropisie de l'épine.
Hydrorrodin, *s. m.* eau avec de l'huile de rose, vomitif, contre-poison. G. C.
Hydrosaccharum, *s. m.* mélange d'eau et de sucre. R.
†Hydrosarcocèle, *s. f.* hydrocèle et sarcocèle compliqués.
Hydrosarque, *s. f.* tumeur aqueuse et charnue.
Hydroscope, *s. m.* qui devine les sources par leurs émanations; horloge d'eau.
Hydroscopie, *s. f.* divination par le moyen de l'eau; faculté de l'hydroscope.
Hydrostatique, *s. f.* *Hydrostatice.* science de la pesanteur des liquides. * *adj.* 2 *g.* qui y a rapport. V.
†Hydrosulfure, *s. m.* hidrogène sulfuré.
†Hydrotile *ou* Enhydre, *s. f.* géode qui contient de l'eau.
Hydrotique, *adj.* 2 *g. s. m.* sudorifique.
†Hyène. voyez Hiène.
†Hyétomètre, *s. m.* instrument pour déterminer la quantité d'eau de pluie qui tombe.
Hygiène, *s. f.* traité des choses non naturelles, * de la conservation de la santé. A. Hygiene. R.
†Hygiénique, *s. f.* médecine préservative.
†Hygiététique, *adj.* 2 *g.* (règles) curatives et préservatives.
Hygroblépharique, *adj. m.* t. d'anat. conduits près des paupières. R.
Hygrocirsocèle, *s. f.* fausse hernie du scrotum. * Hygrocirsocèle. R.
†Hygroclimax, *s. m.* balance pour comparer les pesanteurs des liquides.
†Hygrome, *s. m.* kiste aqueux.
Hygromètre, Hygroscope, *s. m.* machine pour connoître l'humidité de l'air. * Hygrometre. R.
†Hygrométrie, *s. f.* mesure du degré de sécheresse et d'humidité de l'air.
†Hygroscope, *s. m.* hygromètre.
†Hygrophobie, *s. f.* hydrophobie.
†Hygrophtalmique, *adj.* 2 *g.* hygroblépharique.
†Hylarchique, *adj.* 2 *g.* (esprit) universel.
†Hylées, *s. f. pl.* *Hylæus.* insectes hyménoptères qui ressemblent aux andrènes.
†Hylobiens, *s. m. pl.* philosophes indiens qui habitent les forêts.
†Hylongones, *s. adj. pl.* sauvages qui vivent sur les arbres.
Hymen, *s. m.* *Hymen.* membrane aux parties naturelles des vierges; divinité; mariage.
Hyménée, *s. m.* mariage, divinité. * Hymenée. R.
†Hyménode, *adj.* 2 *g.* membraneux.
†Hyménographie, *s. f.* t. d'anat. description des membranes.
†Hyménologie, *s. f.* traité sur les membranes.
Hyménoptères, *s. m. pl.* insectes pourvus de mâchoires, à quatre ailes veinées et non réticulées.
†Hyménotomie, *s. f.* dissection des membranes.
Hymnaire, *s. m.* livre qui contient les hymnes. R.
Hymne, *s.* 2 *g.* *Hymnus.* cantique en l'honneur de la divinité.
Hymniste, *s. m.* qui a fait des hymnes. R. G. C.
Hymnodes, *s. m. pl.* t. d'antiq. qui chantoient des hymnes dans les fêtes. G. C. CO. RR.
Hymnographe, *s. m.* compositeur d'hymnes. G. C.
Hymnologie, *s. f.* chant des hymnes. G. C.
†Hyoépiglottique, *adj.* 2 *g.* qui a rapport à l'os hyoïde et à l'épiglotte.
†Hyoglosse, *adj.* 2 *g.* qui a rapport à l'os hyoïde et à la langue.
Hyoïde, *adj. m.* os situé à la racine de la langue.
†Hyopharyngien, *adj.* qui a rapport à l'os hyoïde et au pharynx.
Hyosciame, *s. f.* *Hyoscyamus.* plante somnifère. G. C. * Hyoscyame. R. voyez Jusquiame. A.
†Hyoséride, *s. m.* *Hyoseris.* genre de plantes semi-flosculeuses.
†Hyothyroïdien, *adj.* qui a rapport à l'hyoïde et au thyroïde.
Hypallage, *s. m.* inversion de mots. *exemple*, souliers dans ses pieds.
Hypapante, *s. f.* fête de la purification. R.
Hypécoon, *s. m.* plante narcotique.
Hyperbate, *s. f.* inversion de l'ordre naturel, t. de grammaire, de rhétorique.
†Hyperbibasme, *s. m.* renversement de l'ordre de la construction.
Hyperbole, *s. f.* *Hyperbole.* t. de réthorique, augmentation; exagération excessive; t. de géom. section conique.
Hyperbolique, *adj.* 2. *g.* *Exaggeratus.* qui tient de l'hyperbole, qui lui appartient; qui exagère.
Hyperboliquement, *adv.* d'une manière hyperbolique.
†Hyperboloïde, *s. f.* hyperbole définie par des équations dans lesquelles les termes de l'équation sont élevés à des degrés supérieurs.
Hyperborée, Hyperboréenne, *adj.* des peuples, des pays du nord. * *f.* Hyperboréene. R. *s. m.* Hyperboréen. V.
Hypercatalectique, *adj.* 2 *g.* t. de poësie, qui a des syllabes de trop. G. C. * et Hypermètre. G.
†Hypercatharse, *s. f.* *Hypercatharsis.* superpurgation.

Hypercrise, *s. f.* t. de médecine, crise violente, excessive d'une maladie. G. C.
Hypercritique, *s. m. adj.* censeur outré. R. G. C.
†Hyperdrame, *s. m.* drame outré, exagéré.
Hyperdulie, *s. f.* culte de la vierge.
†Hypérésie, *s. f.* fonction organique.
†Hyperestésie, *s. f.* excès de sentiment des organes.
†Hyperesthésie, *s. f. Hyperesthesis.* sensibilité excessive.
Hypéricum, *s. m.* plante contre la pierre, le venin. voyez millepertuis. * Hypéricon. G. C.
†Hypernéphéliste, *s. m.* contemplateur des choses célestes.
†Hypéroxide, *adj.* (cristal) aigu à l'excès.
†Hypersarcose, *s. f.* excroissance molle et fongueuse.
Hyperscariose, *s. f.* excroissance de chair.
†Hyperthyron, *s. m.* espèce de frise au-dessus du chambranle d'une porte dorique.
†Hypertonique, *adj.* 2 *g.* (dyspermatisme) par une trop forte érection.
Hypètre, Subdiale, *s. f. Hypethrus.* lieu en plein air consacré aux dieux. * Hyperre. R. Hypètres. *pl.* G. C. Hypethre. RR.
†Hypne, *s. m. Hypnum.* genre de plantes de l'ordre des mousses.
Hypnobate, *s. m.* somnambule. G. C.
Hypnologie, *s. f.* t. de méd. règle du sommeil et des veilles. G. C.
†Hypnologique, *s. f.* hypnologie.
Hypnotique, *adj.* 2 *g.* qui provoque le sommeil.
†Hypobole, *s. f.* figure de rhétor. subjection.
†Hypocatharse, *s. f.* purgation foible.
Hypocauste, *s. m. Hypocaustum.* t. d'antiquité, bains souterrains. R.
†Hypociste, *s. f.* plante parasite du ciste.
Hypocole, *s. f.* le point (.), la virgule (,). V.
Hypocondre, *s. m. Hypocondria.* parties latérales de la partie supérieure du bas-ventre; homme bizarre, mélancolique, qui se croit malade. * Hypochondre. R.
Hypocondriaque, *adj. s.* 2 *g. Hypocondriacus.* maladie des hypocondres, le malade; bizarre, atrabilaire, triste. * Hypochondriaque. *hypochondrium.* R.
†Hypocondrie, *s. f.* Hypocondriacisme, *s. m.* passion hypocondriaque.
†Hypocophosie, *s. f. Hypocophosis.* dureté de l'ouie.
Hypocrâne, *s. m.* suppuration de la tête. G. C.
Hypocras, *s. m.* vin, sucre et cannelle. voyez Hippocras. * *hypocras.* R.
†Hypocratériforme, *adj.* 2 *g.* (corolle) en forme de soucoupe antique.
†Hypocratiser (s'), *v. pers.* se faire médecin, s'allier à un médecin.
Hypocrisie, *s. f. Hypocrisis.* fausse apparence de piété, de vertu, de probité.
Hypocrite, *s. adj.* 2 *g. Hypocrita* qui a de l'hypocrisie, qui tient de l'hypocrisie.
Hypogastre, *s. m.* partie inférieure du bas-ventre.
Hypogastrique, *adj.* 2 *g.* de l'hypogastre.
†Hypogastrocèle, *s. f.* hernie ventrale.
Hypogée, *s. m.* t. d'astronomie; d'architecture. R. * tombeau sous terre. B.
Hypoglosses, *s. f. pl.* nerfs de la langue pour le goût. * *sing.* V.
Hypoglosside, *s. f.* inflammation sous la langue. G.
Hypoglottite, *s. f.* glande sous la langue; couronne de laurier. G. C. * Hypoglottide. R.
Hypolepathe, *s. m.* t. de pharm. espèce de rhubarbe. G. * Hypolapathum. R. C.
†Hypomnème, *s. m.* commentaire, glose, interprétation.
Hypomochlion, *s. m.* point d'appui d'un lévier; t. de mécanique.
Hypophasie, *s. f.* t. de médecine, espèce de clignotement. R. * *ou* Hypophase. B.
†Hypophlés, *s. m. pl. Hypophleus.* insectes coléoptères, très-petits, à antennes en fuseau ou perfoliées.
Hypophore, *s. f. Hypophora.* ulcère ouvert, profond et fistuleux, t. de médecine.
Hypophtalmie, *s. f.* douleur sous la cornée de l'œil. G. C. * Hypophthalmie. R.
Hypopion, *s. m.* amas de pus sous la cornée.
†Hyposarque, *s. m.* espèce d'hydropisie.
†Hyposcène *ou* Hyposcénion, *s. m.* enceinte de colonnes qui servoit de coulisses ou de fermes.
Hyposome, *s. m.* membrane entre deux cavités. G. C.
†Hypospathisme, *s. m.* opération qui consiste en incisions sur le front.
†Hypostaphyle, *s. f.* chute de la luette.
Hypostase, *s. f.* t. de théologie, suppôt, personne; sédiment d'urine, t. de médecine.
Hypostatique, *adj.* 2 *g.* de l'hypostase.
Hypostatiquement, *adv.* d'une manière hypostatique.
†Hypotadé, e, *adj.* dévoué à Dieu.
Hypothalattique, *s. f.* art de nager, R. * art de naviguer. V.
Hypothécaire, *adj.* 2 *g. Hypothecarius.* qui a ou donne droit d'hypothèque, t. de jurisprudence.
Hypothécairement, *adv.* par une action hypothécaire, t. de jurisprudence.
Hypothénar, *s. m.* muscle du petit doigt du pied.
Hypothénuse, *s. f. Hypotenusa.* t. de mathématique, côté opposé à l'angle droit. * Hypoténuse. R.
Hypothèque, *s. f. Hypotheca.* droit d'un créancier sur les immeubles. * Hypotheque. R.
Hypothéquer, *v. a.* qué, e, *p.* donner pour hypothèque; soumettre à l'hypothèque.
Hypothèse, *s. f. Hypothesis.* supposition; système de suppositions. * Hypothese. R.
Hypothétique, *adj.* 2 *g. Hypotheticus.* fondé sur une hypothèse.
Hypothétiquement, *adv.* d'une manière hypothétique; par hypothèse.
Hypotrachélion, *s. m.* partie inférieure du cou; t. d'architecture. R. G. C. * Hypotrahélion. AL.
Hypotypose, *s. f. Hypotyposis.* description, peinture vive et animée, t. de rhétorique. * Hypotypôse. R.
†Hypoxis, *s. m.* genre de plantes de la famille des narcisses.
†Hypozeugme, *s. m.* suppression d'un mot dans les membres d'une période.
†Hypsien, *adj.* (accent) horizontal ou division (-).
†Hypsiloglosse, *adj.* 2 *g.* qui a rapport à l'os hyoïde et à la langue.
†Hypsiloïde, *s. adj.* (os) hyoïde.
†Hyptis, *s. m.* genre de plantes labiées.
†Hysomérie, *s. f.* manière de délivrer une équation de fractions.
Hysope, *s. f. Hyssopus.* plante aromatique, incisive, vulnéraire, fortifiante. * Hyssope. R.
Hyspurite, *s. f.* pierre. B.
Hystéralgie, *s. f.* douleur dans la matrice. G. C.
†Hystéricisme, *s. m.* mal de mère.
Hystérique, *adj.* 2 *g.* qui a rapport à la matrice.
Hystéritis, *s. f. Hysteritis.* inflammation de la matrice. L. * Hystéritie. B.
Hystérocèle, *s. f.* descente de la matrice à travers le péritoine. * Hystérocèle. R.
†Hystérocystocèle, *s. m. Hysterocystocele.* hernie de la vessie avec chute de la matrice.
Hystérolite, *s. f. Hysterolitus.* pierre imitant les parties de la femme. * Hystérolithe. *hysterolithus.* C. R.
†Hystérologie, *s. f.* renversement de l'ordre naturel des pensées.
†Hystéroloxie, *s. f.* obliquité de la matrice.
†Hystéromanie, * *s. f.* nimphomanie.
†Hystéroptose, *s. m. Hysteroptos.* chute de la matrice.
Hystérotomie, *s. f.* dissection de la matrice.
Hystérotomotocie, *s. f.* opération césarienne, t. de chirurgie. * Hystéromotocie. T.
Hystricite, *s.* bézoard du porc-épic. G. C.
Hyvourahé, *s. m.* arbre de gayac. R.

ICHO

I, *s. m.* neuvième lettre de l'alphabet.
Iacht *ou* Yacht, *s. m.* t. de marine, sorte de bâtiment. G.
Iambe, *s. m. Iambus.* t. de poësie, pied composé d'une brève et d'une longue; vers composé d'iambes. * Iambe. R. G. *et adj.* V.
Iambique, *adj.* 2 *g. Iambicus.* (vers) composé d'iambes. * Iambique. R. G. *et* Iambe. V.
†Iatralepte, *adj. s. Iatraleptes.* qui guérit par les frictions.
Iatraleptique, *s. f. Iatraleptice.* art de guérir avec des remèdes extérieurs. G. V.
†Iatrique, *s. f. adj.* médecine du cheval. * qui appartient à la médecine; la médecine. AL.
Iatrochimie, *s. f.* art de guérir avec des remèdes chimiques. G. V. C.
†Iatrochimique, *adj.* 2 *g.* de l'iatrochimie.
†Iatrochimiste, *s.* 2 *g.* qui exerce l'iatrochimie.
†Iatrophysique, *s. f.* physique médicale.
Ibdare, *s. m. Ibdarus.* poisson du genre du cyprin.
Ibère, *adj.* 2 *g.* espagnol. V.
†Ibéride, *s. f. Iberis.* genre de plantes crucifères.
†Ibiare, *s. m. Duccilia.* serpent d'Amérique, du 6e. genre.
†Ibibe, *s. m.* serpent de la Caroline, du 3e. genre.
Ibid, Ibidem, le même.
†Ibijo, *s. m.* engoulevent du Mexique.
Ibis, *s. m.* oiseau qui dévore les serpens; il est plus petit que la cigogne avec laquelle on l'a confondu; habite l'Égypte, passe quelquefois en Europe.
†Icaque *ou* Icaquier, *s. m.* prunier des Antilles; astringent.
†Icaquier, *s. m. Chrysobolanus.* genre d'arbrisseaux qui tiennent du prunier.
Icelui, Icelle, *pronom.* (*inusité*) dont on a parlé.
Ichneumon, *s. m.* quadrupède, Rat de Pharaon, Rat d'Égypte, Mangouste. * insecte *ou* Mouche ichneumone. B.
Ichnographie, *s. f. Ichnographia.* plan géométral d'un édifice.
Ichnographique, *adj.* 2 *g.* qui appartient à l'ichnographie.
†Ichonostrophe, *s. m.* prisme qui renverse la copie des graveurs.
Ichor, *s. m.* sérosité âcre, sanie des ulcères. R. G. C. V.
Ichoreux, se, *adj. Ichorosus.* séreux et âcre. *prononcez* icor.
Ichoroïde, *s. f.* humidité semblable à la sanie des ulcères. R. G. C. V.

†Ichthyodontes, *s. m. pl.* dents de poisson pétrifiées.
Ichtyite, *s. f.* pierre qui a l'empreinte d'un poisson. G. V. * Ichtyithe. AL.
Ichtyocole, *s. m.* esturgeon, poisson du genre de l'acipe; colle de poisson. G. C.
Ichtyolites, *s. m. pl.* poissons pétrifiés; pierres figurées. * Ichtyolithes. R. V.
Ichtyologie, *s. f.* histoire naturelle des poissons.
†Ichtyologiste, *s. m.* auteur qui écrit sur les poissons.
†Ichtyomancie *ou* Ichtyomance, *s. f.* divination par les entrailles des poissons.
†Ichtyomorphes *ou* Ichtyolypolites, *s. f. pl.* pierres qui portent des empreintes de poissons.
Ichtyopètre, *s. f.* ichtyolites. G. C.
Ichtyophage, *s. 2 g.* qui ne mange que du poisson.
†Ichtyospondiles, *s. f. pl.* vertèbres de poisson pétrifiés.
†Ichtypérie, *s. f. Ichtyperia.* palais osseux et fossile des poissons.
Ici, *adv. de lieu. Hic.* en ce lieu; en cet endroit.
Ici-bas, *adv.* dans ce bas monde. Ici-près, *adv.* à côté.
†Iciquier, *s. m. Icica.* genre de plantes de la famille des balsamiers.
†Icitali, *s. m.* instrument à cordes en Turquie.
Icoglan, *s. m.* page du grand seigneur. * Ichoglan. R.
Iconoclaste, *s. m. Iconoclastæ.* hérétique; briseur d'images.
Iconographie, *s. f. Iconographia.* description des images, des tableaux, des monumens antiques. * art de la perspective à vue d'oiseau. B.
Iconographique, *adj. 2 g.* qui appartient à l'iconographie.
Iconolâtre, *s. m.* adorateur des images.
Iconologie, *s. f.* explication des images, des monumens antiques.
Iconologique, *adj. 2 g.* de l'iconologie. R.
†Iconomane, *adj. s. 2 g.* qui a la manie des tableaux, des images.
Iconomaque, *s. m.* qui combat le culte des images.
†Iconophile, *s. adj. 2 g.* qui adore les images.
Icosaèdre, *s. m.* t. de géométrie, solide régulier à vingt triangles équilatéraux. * Icosaedre. A. R.
Icosandrie, *s. f.* (vingt époux), douzième classe des végétaux. L.
Ictère, *s. m.* débordement de bile qui cause la jaunisse. * Ictere. R. *ou* Ictéricie. (*Icterus, Ictericia*). B.
Ictérique, *adj. 2 g.* qui a la jaunisse, qui la guérit. * Icterique. R.
†Ictérocéphale, *s. m.* guêpier à tête jaune.
†Idatide, *s. m.* ver qui se loge dans les chairs.
Ide, *s. m. Idus.* poisson du genre du cyprin.
Idéal, e, *adj. sans pluriel.* qui n'existe qu'en idée; chimérique.
Idéalisme, *s. m.* système de ceux qui voient en Dieu l'idée de tout. G. C. V. * *s. m.* système de ceux qui pensent que nous ne connoissons les objets que par nos propres idées. K.
Idée, *s. f. Idea.* perception de l'ame; notion de l'esprit; dessein; esquisse; vision; projet; souvenir; forme, modèle des choses; image.
Idem. le même.
Identifier, *v. a. Identificare.* fié, e, *p.* comprendre deux choses sous une même idée.

Identique, *adj. 2 g. Idem.* le même; compris sous une même idée.
Identiquement, *adv.* d'une manière identique.
Identité, *s. f. Identitas.* qualité de ce qui est identique; ressemblance; union sous une même idée.
Idéologie, *s. f.* traité, science des idées.
†Idéologue, *s. adj. 2 g.* métaphysicien.
Ides, *s. f. pl. Idus.* t. d'antiquité, le 15e. jour de mars, mai, juillet et octobre, et le 13e. des autres mois.
Idiocrase, *s. f.* t. de physique, disposition, tempérament propre d'une chose. G. C. V.
†Idioélectrique, *adj. 2 g.* susceptible d'être électrisé par frottement. *Idio-électrique. AL.
†Idiogyne, *adj.* (étamine) séparée du pistil.
Idiome, *s. m. Idioma.* langue propre à une nation ou province; dialecte. * Idiôme. R.
Idiopathie, *s. f.* maladie propre à une partie du corps; inclination pour une chose, t. de morale.
Idiopathique, *adj. 2 g.* qui appartient à l'idiopathie.
†Idiosyncrase, Idiosyncrasie, *s. f.* tempérament mixte.
Idiot, e, *s. Idiota.* stupide; imbécille.
Idiotisme, *s. m. Idiotismus.* locution particulière à une langue.
†Idocrase, *s. f.* hyacinthe brune, pierre volcanique.
Idoine, *adj. 2 g.* (*vieux*) propre à, capable de.
Idolâtre, *s. adj. 2 g. Idolorum cultor.* qui adore les idoles; qui aime avec excès.
Idolâtrer, *v. a.* tré, e, *p.* être idolâtre de; aimer avec passion; adorer les idoles. * Idolatrer. R.
Idolâtrie, *s. f. Idolatria.* adoration des idoles; amour excessif. * Idolatrie. R.
Idolâtrique, *adj. 2 g.* qui appartient à l'idolâtrie. * Idolatrique. R.
Idole, *s. f.* figure, statue d'une divinité; objet d'idolâtrie; belle femme sans esprit, stupide. * *s. m.* sot. V.
Idolothyte, *s. m.* chose offerte aux dieux. R. V.
†Iduméen, enne, *s. adj.* d'Idumée. * *f.* Iduméene. R.
Idylle, *s. f. Idyllium.* petit poëme qui tient de l'églogue. *prononcez* idile.
Ieble, *s. f. Ebulum.* espèce de petit sureau. R. * voyez Hièble. B.
Iéroscopie, *s. f.* divination par l'inspection des offrandes. R.
Ieuse, *s. f.* sorte de chêne. R. * voy. Yeuse. B.
Ieux, *s. m. pl.* d'œil. R. *abusiv. pour* yeux. B.
If, *s. m. Taxus.* arbre toujours vert, narcotique dangereux. * *ou* Yf. G.
Igname, *s. m. Dioscorea.* plante grimpante et rampante; espèce de liane dont on mange la racine.
Ignare, *adj. 2 g. Illiteratus.* ignorant, qui n'a point étudié.
Ignée, *adj. Igneus.* de feu, de la nature du feu. * Igné. e. A.
Ignicole, *adj.* qui adore le feu.
Ignition, *s. f.* état d'un métal rougi au feu.
Ignoble, *adj. 2 g. Vilis.* bas, vil, qui sent la basse extraction.
Ignoblement, *adv.* d'une manière ignoble.
Ignominie, *s. f. Ignominia.* infamie; grand déshonneur.
Ignominieusement, *adv.* avec ignominie.
Ignominieux, se, *adj. Ignominiosus.* plein d'ignominie.
Ignoramment, *adv. Inscitè.* avec ignorance. * Ignorament. R.
Ignorance, *s. f. Ignorantia.* manque de savoir; défaut de connoissance.

Ignorant, e, *adj. s. Ignarus.* qui n'a point de savoir, d'étude; qui ignore une chose, un fait.
Ignorantin, e, *adj.* ignare; moine. V.
Ignorantissime, *adj. 2 g.* très-ignorant. C.
Ignorer, *v. a. Ignorare.* ré, e, *p.* ne savoir pas. * n'ignorer de rien, savoir tout. B.
Iguan, *s. m.* reptile. * lézard du 4e. genre, à crête et goître en avant. B.
Il, *pronom m. Ille.* qui désigne la troisième personne.
Île, *s. f. Insula.* espace de terre environné d'eau. * *ou* Isle. G.
Iles, *s. m. pl.* t. d'anatomie (os des), os du bassin. * Iles. R.
Ileum *ou* Ileon, *s. m.* le plus long des intestins grêles. * Iléum *ou* Iléon. A. C. G. R. V. CO.
Iliade, *s. f. Ilias.* poëme épique d'Homère sur le siége de Troie.
Iliaque, *adj. 2 g. Ileos.* de l'iléum. * (passion) douleur aiguë dans l'iléum; (muscle) de la cuisse; (artère) de l'aorte. B.
Ilien, *adj.* insulaire. V.
Ilion, *s. m.* os des hanches. * voyez Iléum. R. Iléon. B.
†Illanken, *s. m.* poisson du genre du saumon.
Illaps, *s. m.* extase. R.
Illatif, ve, *adj.* dont on infère. R.
Illation, *s. f.* enterrement; action de porter; conséquence. V.
Illégal, e, *adj.* contre la loi.
Illégalement, *adv.* contre les lois. V.
Illégalité, *s. f.* caractère de ce qui est illégal. R. G. C. V.
Illégitime, *adj. 2 g. Non legitimus.* qui n'a pas les conditions requises par la loi; injuste.
Illégitimement, *adv. Non legitimè.* d'une manière illégitime; injustement.
Illégitimité, *s. f.* défaut de légitimité.
Illétré, e, *adj.* qui n'a que de légères connoissances. C.
Illibéral, e, *adj.* sans libéralité. V.
Illicite, *adj. 2 g. Illicitus.* qui n'est pas permis.
Illicitement, *adv. Illicitè.* d'une manière illicite.
Illimité, e, *adj. Sine limitibus.* sans bornes; sans limites.
Illisible, *adj. 2 g.* qu'on ne peut lire. G. C. * Inlisible. A. V.
†Illition, *s. f.* onction, t. de médecine.
Illuminateur, *s. m.* qui illumine. R. V. * qui a l'art de faire les illuminations. B.
Illuminatif, ve, *adj.* t. de mysticité, qui a la vertu d'éclairer.
Illumination, *s. f. Illustratio.* action d'illuminer, ses effets; grande quantité de lumières formant des figures; lumière extraordinaire que Dieu répand dans l'ame.
Illuminé, e, *adj. Illuminatus.* éclairé. *s.* visionnaire; fanatique; sectaire.
Illuminer, *v. a. Illuminare.* né, e, *p.* éclairer, répandre de la lumière sur; faire des illuminations.
Illusion, *s. f. Spectrum.* erreur; songe; apparence trompeuse aux yeux, à l'imagination; pensée, imagination chimérique.
Illusoire, *adj. 2 g. Fallax.* captieux, qui trompe par l'apparence; inutile; sans effet.
Illusoirement, *adv.* d'une façon illusoire.
†Illustrateur, *s. m.* celui qui donne du lustre, qui célèbre.
Illustration, *s. f. Illustratio.* explication, développement des beautés d'une chose; marques d'honneur; illumination; t. de dévotion. V. G.

Illustre, *adj.* 2 *g. Illustris.* éclatant, célèbre pour le mérite, les talens. * *s. m.* G. V.
Illustrer, *v. a. Illustrare.* tré. e, *p.* rendre illustre; donner du lustre, de l'éclat.
Illustrissime, *adj.* 2 *g. Illustrissimus.* très-illustre.
Illutation, *s. f.* qualité de ce qui ne peut être nettoyé. V.
Ilot, *s. m.* petite île. * *ou* Islot. G.
Ilote, *s. m.* esclave à Sparte. G. C. V.
Image, *s. f. Imago.* représentation en sculpture ou en peinture; estampe; ressemblance; idée; description; métaphore.
Imager. ère, *s. Imaginum propola.* qui vend des images. * *f.* Imagere. R.
Imaginable, *adj.* 2 *g.* qui se peut imaginer.
Imaginaire, *adj.* 2 *g. Imaginarius.* idéal; qui n'est que dans l'imagination; dont l'imagination est frappée. * *et s.* t. d'algèbre, impossible. B.
Imaginatif. ve, *adj.* qui imagine aisément.
Imagination, *s. f. Imaginatio.* pensée; vision; croyance; chimère; faculté d'imaginer; idée d'une chose; idée singulière, folle; fantaisie.
Imaginative, *s. f.* faculté d'imaginer, d'inventer. * Transcendentale. l'organisation cognitive; faculté de connoître exercée. K.
Imaginer, *v. a.* né. e, *p. Imaginari.* créer dans son esprit; former en idée; inventer. (s'), *v r.* se représenter dans l'esprit; croire, se persuader.
Iman, *s. m.* prêtre mahométan. * *ou* Imam. R.
†Imantopède, *adj.* 2 *g.* t. d'hist. nat. à cuisses et jambes longues.
Imaret, *s. m.* hôpital chez les Turcs. * Imarat. R.
Imbécilement, *adv.* avec imbécillité. * Imbécillement. R.
Imbécille, *adj.* 2 *g. Imbecillis.* foible d'esprit; foible, incapable. * Imbécile. A.
Imbécillité, *s. f. Imbecillitas.* foiblesse d'esprit; démence.
Imberbe, *adj.* 2 *g.* sans barbe. G. C. * *s. m.* poisson du genre de la donzelle. B.
Imbiber, *v. a.* bé. e, *p. Liquore imbuere.* mouiller, faire pénétrer par une liqueur. (s'), *v. r.* pénétrer dans.
Imbibition, *s. f.* faculté de s'imbiber. * action des plantes qui pompent l'humidité. AL.
Imboire, *v. pers.* s'imbiber, se pénétrer. J.-J.
Imbriaque, *adj. s.* 2 *g. Ebriacus.* (*famil.*) ivre.
Imbricée, *adj.* 2 *g.* (tuile) concave, creuse. G. V.
†Imbrim, *s. m.* grand plongeon de la mer du Nord.
†Imbriqué. e, *adj. ou* Embriqué, t. de bot. tuilé; (écailles, feuilles) disposées en manière de toit.
Imbroille, *s. m.* embrouillement, confusion. R. C. * Imbroglio. A. V.
Imbu. e, *adj. Imbutus.* pénétré de.
Imitable, *adj.* 2 *g. Imitabilis.* qu'on peut imiter; digne d'être imité.
Imitateur, trice, *s. Imitator.* qui imite. * *adj.* (peuple) V.
Imitatif. ve, *adj.* qui imite, qui a la faculté d'imiter. RR. AL.
Imitation, *s. f. Imitatio.* action par laquelle on imite, ses effets; passage, tableau, chose imitée. * livre de piété d'Akempis. B.
Imitation (à l'), *adv.* à l'exemple de, de même que; sur le modèle de. * à-l'imitation. C.
Imiter, *v. a. Imitari.* prendre pour exemple; suivre un modèle; prendre le style, la manière.
†Imma, *s. m.* espèce d'ocre rouge pour la teinture, en Perse.
Immaculé. e, *adj. Intemeratus.* sans tache de péché (conception).
Immanent. te, *adj.* qui demeure; continu; constant. G. C. V. RR. CO.
Immangeable, *adj.* 2 *g.* qui ne peut se manger. A.
Immanquable, *adj.* 2 *g. Certus.* qui ne peut manquer d'arriver, d'être, de réussir.
Immanquablement, *adv. Certò.* avec certitude, sans faute. G.
Immarcessible, *adj.* 2 *g. Immarcescibilis.* qui ne peut se flétrir, t. didact. * Immarcescible. R.
Immartyrologiser, *v. a.* sé. e, *p.* insérer au martyrologe. R.
Immatérialiser, *v. a.* sé. e, *p.* rendre, supposer tout immatériel. V.
Immatérialisme, *s. m.* système de l'immatérialiste. V. * métaphysique. B.
Immatérialiste, *s.* 2 *g.* qui prétend que tout est esprit. G. C. V. RR.
Immatérialité, *s. f.* état, qualité de ce qui n'est pas matière.
Immatériel. le, *adj. Sine corpore.* sans matière; de pur esprit. * Immatériel. e. R.
Immatériellement, *adv.* d'une manière immatérielle. G. C. * Immatérielement. R. Immatérielement. RR.
Immatriculation, *s. f.* action d'immatriculer.
Immatricule, *s. f.* enregistrement sur un registre public.
Immatriculer, *v. a.* lé. e, *p.* enregistrer sur la matricule.
Immédiat. e, *adj. Proximus.* qui agit sans milieu; qui suit ou qui précède, sans intervalle.
Immédiatement, *adv. Proximè.* d'une manière immédiate; incontinent, aussitôt après.
Immédiation, *s. f.* qualité de ce qui est immédiat. V.
Immémorial. e, *adj.* dont il ne reste aucune mémoire. * *et* Immémorable. V.
Immense, *adj.* 2 *g. Immensus.* d'une grandeur démesurée; sans bornes; très-grand, très-étendu.
Immensement, *adv.* d'une manière immense. * Immensément. A. V. CO. RR.
Immensité, *s. f. Immensitas.* grandeur, étendue immense.
Immensurable, *adj.* 2 *g.* qu'on ne peut mesurer. (*inus.*) R. G. C. *mieux* Incommensurable.
Immersif. ve, *adj.* t. de chimie, fait par immersion. (calcination), épreuve de l'or dans l'eau-forte.
Immersion, *s. f. Immersio.* action de plonger dans un liquide; entrée d'un astre dans l'ombre d'un autre.
Immeuble, *adj. s. m. Immobilia.* biens fonds, maison, terre.
Imminence, *s. f.* qualité de ce qui est imminent. BUONAPARTE.
Imminent. te, *adj. Imminens.* prêt à tomber sur; menaçant, (péril).
Immiscer (s'), *v. r.* cé. e, *p.* se mêler mal à propos de: se dit de l'héritier qui prend possession.
Immiséricordieux. se, *adj. Immisericors.* sans compassion. R. G. C. V.
Immobile, *adj.* 2 *g. Immotus.* qui ne se meut pas; ferme, inébranlable.
†Immobilement, *adv.* d'une manière ferme, assurée. (*néologique*).
Immobilier. ère, *adj.* qui concerne les immeubles. * Immobiliere. R.
†Immobiliser, *v. a.* rendre immobile (*nouv*).
Immobilité, *s. f. Stabilitas.* état, qualité de ce qui est immobile.
Immodération, *s. f.* défaut de modération. G. C. RR. V. (*inusité*).
Immodéré. e, *adj. Immoderatus.* excessif, violent.
Immodérément, *adv. Immoderatè.* sans modération, avec excès.
Immodeste, *adj.* 2 *g. Immodestus.* sans modestie; contraire à la modestie.
Immodestement, *adv. Immodestè.* d'une manière immodeste.
Immodestie, *s. f. Immodestia.* action immodeste; manque de modestie, de pudeur.
Immolateur, *s. m.* (*inusité*) qui immole en sacrifice. G. C. V.
Immolation, *s. m. Immolatio.* action d'immoler.
Immoler, *v. a.* lé. e, *p. Immolare.* offrir en sacrifice; sacrifier à. (s'), *v. r.* se sacrifier.
Immonde, *adj.* 2 *g. Immundus.* impur, sale.
Immondice, *s. f.* ordures, boue, vilenies. * *pl. Sordes.* C. V.
Immondicité, *s. f.* immondice. V. * qualité de ce qui est immonde. B.
Immoral. e, *adj.* contraire aux mœurs; sans mœurs. A. V. RR. CO.
Immoralité, *s. f.* opposition à la morale. A. V. CO. * état de ce qui est immoral. B.
Immortalisation, *s. f.* action d'immortaliser. MONTAIGNE.
Immortaliser, *v. a.* sé. e, *p.* rendre immortel dans la mémoire des hommes. (s'), *v. r.*
Immortalité, *s. f. Immortalitas.* qualité de ce qui ne peut mourir; vie perpétuelle dans le souvenir. * divinité (*poëtique*). B.
Immortel. le, *adj. Immortalis.* qui n'est point sujet à la mort; d'une longue durée; dont la mémoire est éternelle. * *f.* -tele. R.
Immortel (l'), *s. m.* Dieu. *pl.* les dieux.
Immortelle, *s. f. Elichrysum.* plante. * Immortele. R.
Immortification, *s. f.* t. de mysticité, vice contraire à la mortification.
Immortifié. e, *adj.* sensuel; qui n'est pas mortifié.
Immuable, *adj.* 2 *g. Immuabilis.* qui ne change point.
Immuablement, *adv. Immutabiliter.* d'une manière immuable.
Immunité, *s. f. Immunitas.* exemption d'impôts; privilége.
Immutabilité, *s. f. Immutabilitas.* qualité de ce qui est immuable.
Impair, *adj.* 2 *g. Impar.* nombre qui ne peut se diviser en nombres égaux. *exemple* 3, 5, 7.
†Impaire, *s. f.* terminal solitaire d'une feuille pinnée.
Impalpabilité, *s. f.* qualité de ce qui est impalpable. V.
Impalpable, *adj.* 2 *g. Intactilis.* qui ne peut se sentir au toucher; si fin qu'il échappe au tact.
Impanateur, *s. m.* partisan de l'impanation. G.
Impanation, *s. f.* t. de théol. subsistance du pain avec le corps de J. C. après la consécration.
Impané, *adj. m.* terme dogmatique. R.
Impardonnable, *adj.* 2 *g. Veniâ indignus.* qu'on ne peut pardonner. * Impardonable. R.
Imparfait. e, *adj. Imperfectus.* qui n'est pas achevé, complet; qui a des défauts, des imperfections; à quoi il manque le complément.
Imparfait, *s. m.* second temps de l'indicatif.
Imparfaitement, *adv. Non perfectè.* d'une manière imparfaite.
Impartable, *adj.* 2 *g.* qu'on ne peut partager, t. de pratique.
Impartageable, *adj.* 2 *g.* impartable, qu'on ne peut partager, démembrer. R. G. C.
Impartial. e, *adj.* qui n'épouse aucun parti.

Impartialement, *adv.* sans partialité.
Impartialité, *s. f.* qualité de ce qui est impartial.
Impartibilité, *s. f.* se dit des fiefs qui ne peuvent être séparés. R. G. C.
Impartible, *adj.* 2 *g.* qui ne sauroit être partagé. G. C.
Impartir, *v. a.* ti. e, *p.* (*vieux*) communiquer, donner. V.
Impasse, *s. f.* cul-de-sac. C.
Impassibilité, *s. f.* qualité de ce qui est impassible.
Impassible, *adj.* 2 *g.* incapable de souffrir.
Impastation, *s. f.* t. de maçon, composition de substances broyées en pâte; t. de phar. réduction en pâte.
Impatiemment, *adv. Impatienter.* avec impatience, inquiétude, chagrin.
Impatience, *s. f. Impatientia.* sentiment d'inquiétude causé par la douleur et l'espoir; manque de patience.
Impatient. te, *adj.* qui manque de patience; qui ne peut supporter.
Impatienter, *v. a.* té. e, *p.* faire perdre patience. (s'), *v. r.* perdre patience; n'en avoir point.
Impatroniser (s'), *v. r.* sé. e, *p.* s'établir dans une maison et y dominer.
Impayable, *adj.* 2 *g.* (*famil.*) qui ne peut trop se payer.
Impeccabilité, *s. f.* état de celui qui ne peut pécher.
Impeccable, *adj.* 2 *g. Impeccabilis.* incapable de pécher, de faillir.
Impeccance, *s. f.* t. didactique, état de celui qui ne pèche pas. T. V.
Impécunieux. se, *adj.* qui manque d'argent. R. G.
Impécuniosité, *s. f.* (*inus.*) manque, défaut d'argent. R. G. C.
Impénétrabilité, *s. f.* qualité de ce qui est impénétrable.
Impénétrable, *adj.* 2 *g. Impenetrabilis.* qui ne peut être pénétré.
Impénétrablement, *ad.* d'une manière impénétrable.
Impénitence, *s. f. Peccati perseverantia.* endurcissement dans le péché; état d'un homme impénitent; (finale) en mourant.
Impénitent. e, *adj. s.* endurci dans le péché; qui n'en a pas de regret.
Impense, *s. f.* t. de prat. dépense pour entretenir, améliorer un bien.
Impératif, *s. m.* t. de gram. mode du verbe pour commander.
Impératif. ve, *adj. Imperativus.* impérieux; qui ordonne absolument; qui exprime le commandement.
Impérativement, *adv.* d'une manière impérative.
Impératoire, *s. f. Imperatoria.* Angélique françoise, Benjoin françois, plante stomachique; racine sudorifique; dissipe les vents; rétablit les règles; guérit la stérilité; digestive, antidote contre les coagulans; elle entre dans la thériaque.
Impératrice, *s. f. Imperatrix.* femme d'un empereur, ou femme chef d'un empire.
Imperceptible, *adj.* 2 *g.* qui ne peut être aperçu.
Imperceptiblement, *adv. Sensim.* d'une manière imperceptible; peu à peu; insensiblement.
Imperdable, *adj.* 2 *g.* qui ne se peut perdre.
Imperfection, *s. f. Defectus.* manquement; défaut. * *pl.* feuilles qui manquent, ou de trop dans un livre. G.
†Imperforation, *s. f.* clôture des organes qui devroient être ouverts.
†Imperforé, e, *adj.* (vagin, anus) fermé naturellement.
Impérial. e, *adj. Imperatorius.* de l'empereur, de l'empire.
Impériale, *s. f. Camera.* dessus d'un carrosse; prune; tulipe; jeu de cartes. * coquille L.
Impérialiste, *s. m.* impérial. V.
Impérieusement, *adv. Superbiùs.* d'une manière impérieuse; avec hauteur, orgueil.
Impérieux. se, *adj.* altier, hautain; qui commande avec hauteur.
†Impériosité, *s. f.* qualité de l'impérieux; hauteur (*néologique*).
Impérissable, *adj.* 2 *g.* qui ne peut périr.
Impérit, *s. m.* ignorant; qui a de l'impéritie. V.
Impéritie, *s. f. Imperitia.* défaut d'habileté dans un état.
Imperméabilité, *s. f.* qualité de ce qui est imperméable. A. V.
Imperméable, *adj.* 2 *g.* qu'on ne peut pas traverser. A. V.
Impermutable, *adj.* 2 *g.* qu'on ne peut changer. V.
Impersonnel, *adj.* t. de gram. (verbe) qui se conjugue à la troisième personne. * Impersonel. e. R.
Impersonnellement, *adv.* d'une manière impersonnelle, t. de gram.* Impersonélement. R.
Impertinemment, *adv. Absurdè.* avec impertinence.
Impertinence, *s. f. Insulcitas.* caractère d'une chose, d'une personne impertinente; action, parole impertinente.
Impertinent. e, *adj. Ineptus.* absurde; sot, fou, fat, indiscret; contraire au jugement, aux bienséances; qui parle ou agit contre les bienséances, les égards, la raison.
Imperturbabilité, *s. f.* état de ce qui est imperturbable.
Imperturbable, *adj.* 2 *g. Quietus.* qu'on ne peut troubler; tranquille.
Imperturbablement, *adv.* d'une manière imperturbable.
Impétrable, *adj.* 2 *g. Impetrabilis.* t. de droit, qui se peut impétrer, obtenir.
Impétrant. e, *adj.* celui qui impètre, obtient.
Impétration, *s. f. Impetratio.* obtention, action d'obtenir, d'impétrer.
Impétrer, *v. a.* tré. e, *p. Impetrare.* obtenir par ses prières, par une requête; t. de prat.
Impétueusement, *adv. Violenter.* avec impétuosité.
Impétueux. euse, *adj. Violentus.* véhément, violent, rapide; trop vif, emporté.
Impétuosité, *s. f. Impetus.* violence; action, qualité de ce qui est impétueux; extrême vivacité.
Impie, *adj. s.* 2 *g. Impius.* sans religion; qui lui est opposé; qui la méprise.
Impiété, *s. f. Impietas.* mépris pour la religion; parole, action impie.
Impiteux. se, *adj.* 2 *g.* (*vieux*) impitoyable. V.
Impitoyable, *adj.* 2 *g. Immisericors.* insensible à la pitié.
Impitoyablement, *adv. Duriter.* sans pitié.
Implacable, *adj.* 2 *g. Implacabilis.* qui ne peut être apaisé.
Implantation, *s. f.* action de planter une chose dans une autre. T. V. CO. RR.
Implanter, *v. a.* té. e, *p.* t. d'anat. insérer; poser; planter dans ou sur. R. G. C. V. CO.
Implexe, *adj.* 2 *g.* qui contient des changemens de fortune; t. de poësie.
Implication, *s. f.* engagement dans une affaire criminelle; contradiction; t. d'école.
Implicite, *adj.* 2 *g. Implicitus.* compris dans une proposition par induction.
Implicitement, *adv. Implicitè.* d'une manière implicite.
Impliquer, *v. a.* qué, e, *p. Implicare.* envelopper dans; engager; embarrasser; renfermer; entraîner.
Implorant. e, *adj.* qui implore. PREVOT.
Imploration, *s. f.* (*inusité.*) action d'implorer. R. G. C. V.
Implorer, *v. a.* ré. e, *p. Implorare.* demander avec ardeur, humilité; invoquer.
Impoli. e, *adj. Impolitus.* sans politesse.
Impolitesse, *s. f. Inurbanitas.* défaut, action, discours opposé à la politesse.
Impollu. e, *adj.* pur. V.
Importance, *s. f. Pondus.* ce qui rend une chose considérable et de conséquence.
Importance (d'), *adv.* extrêmement, très-fort.
Important. e, *adj. s. m. Magnus.* qui importe, qui est considérable, de conséquence, qui fait l'homme d'importance.
Importation, *s. f.* action d'importer des marchandises.
Importer, *v. a.* té. e, *p.* faire venir du dehors dans son pays. (n'importe), cela ne doit pas empêcher. (qu'importe.) qu'est-ce que cela fait; cela ne fait rien. *v. imperson.* être avantageux, de conséquence.
Importun. e, *adj. s. m. Importunus.* qui cause de l'importunité.
Importunément, *adv. Importunè.* d'une manière importune.
Importuner, *v. a.* né. e, *p.* incommoder, fatiguer.
Importunité, *s. f. Importunitas.* action d'importuner.
Imposable, *adj.* 2 *g.* sujet aux impositions.
Imposant. e, *adj.* qui impose ou imprime du respect, des égards.
Imposer, *v. a.* sé. e, *p. Imponere.* mettre dessus; soumettre à un impôt; charger; imputer, accuser à tort; inspirer du respect; t. d'impr. disposer les pages, les serrer dans le châssis. (en) mentir; tromper.
Imposeur, *s. m.* celui qui impose. R.
Imposition, *s. f.* action d'imposer; impôt; action d'imposer les mains, un impôt. t. d'imp.
Impossibilité, *s. f.* caractère de ce qui est impossible.
Impossible, *adj.* 2 *g. s. m. Impossibilis.* qui ne peut être ou se faire; très-difficile. par-impossible. *adv. figuré.*
Impossiblement, *adv.* avec impossibilité. V.
Imposte, *s. f. Incumba.* t. d'architecture, partie du pied-droit sur laquelle commence un arc.
Imposteur, *s. adj. m. Impostor.* calomniateur; trompeur.
Imposture, *s. f. Fraus.* calomnie; illusion; hypocrisie.
Impôt, *s. m. Tributum.* imposition; taxe; tribut, droit.
Impotent. e, *adj. Mancus.* perclus d'un membre.
Impourvu. *ou* impourvû (à l'), *adv. Ex improviso.* (*vieux*) à l'improviste. R.
Impraticable, *adj.* 2 *g. Impervius.* qu'on ne peut pratiquer, habiter, parcourir, fréquenter; insociable.
Imprécation, *s. f. Execratio.* malédiction; souhait de malheur.
Imprécatoire, *adj.* 2 *g.* qui se fait avec imprécation. V. G.
Impréciable, *adj.* 2 *g.* qui ne peut être apprécié. R. V.
Imprégnable, *adj.* 2 *g.* qui ne peut être imprégné. C.
Imprégnation, *s. f.* action d'imprégner, ses effets; dissolution. *Impraegnatio.*
Imprégner, *v. a.* gné. e, *p.* charger une liqueur de particules étrangères. (s'), *v. r.*
Imprenable, *adj.* 2 *g. Inexpugnabilis.* qui ne peut

peut être pris (place).
Imprescriptibilité, *s. f.* qualité de ce qui est imprescriptible.
Imprescriptible, *adj. 2 g.* qui ne peut pas se prescrire.
Impresses, *adj. f. pl.* t. didact. qui fait impression sur nous; intentionnelles.
Impression, *s. f. Impressio.* opinion; persuasion; empreinte; première couche; effet de l'imprimerie; édition; action d'un corps sur un autre.
†Impressionner, *v. a.* faire impression sur; émouvoir; imprimer.
Imprévoyance, *s. f.* défaut de prévoyance. A. G.
Imprévoyant. e, *adj.* imprudent; irréfléchi; léger; qui n'a pas de prévoyance. C. V.
Imprévu. e, *adj. Improvisus.* qu'on n'a pas prévu; qui surprend.
†Imprimage, *s. m.* opération du tireur d'or.
Imprimé, *s. m. Impressus.* livre, papier imprimé.
Imprimer, *v. a.* mé. e, *p. Imprimere.* faire une empreinte sur; communiquer; marquer; faire imprimer; faire impression. * t. de métiers, appliquer la couleur. B.
Imprimerie, *s. f. Ars typographica.* art d'imprimer; ce qui sert à imprimer; lieu où l'on imprime; commerce, état d'imprimeur.
Imprimeur, *s. m. Typographus.* celui qui sait, qui exerce l'art de l'imprimerie. * insecte de l'espèce des bostriches. B.
Imprimure, *s. f.* enduit sur une toile, un carton, pour peindre. R. G. C. V.
Improbabilité, *s. f.* qualité de ce qui est improbable. V.
Improbable, *adj. 2 g. Improbabilis.* sans probabilité.
Improbablement, *adv.* avec improbabilité. V.
Improbateur. trice, *adj. s.* qui improuve. A. V.
Improbation, *s. f. Improbatio.* action d'improuver.
Improbité, *s. f.* défaut de probité. V. AL.
†Improlifique, *adj. s. m.* qui rend impuissant; aphrodysiaque.
Im-promptu, *s. m.* fait sur le champ, sans préparation. * Impromptu. C. RR. V. Inpromptu. A. G. R.
Impropère, *adj. s. 2 g.* (*vieux*) déshonorant. V.
Impropérer, *v. a.* ré. e, *p.* reprocher. V.
Impropre, *adj. 2 g. Improprius.* qui ne convient pas, n'est pas pur, propre.
Improprement, *adv. Impropriè.* d'une manière impropre; t. de gram.
Impropreté, *s. f.* inhabileté. V.
Impropriété, *s. f. Improprii vitium.* qualité de de ce qui est impropre; inconvenance; t. de grammaire.
Improuver, *v. n. v. a.* vé. e, *p. Improbare.* ne ne pas approuver; blâmer; condamner; désapprouver.
Improvisateur. trice, *s.* qui improvise.
Improvisé. e, *adj.* composé et récité sur le champ. C.
Improviser, *v. a.* sé. e, *p.* composer et réciter sur le champ.
Improviste (à l'), *adv. Improvisò.* subitement. * à-l'improviste. C.
Imprudemment, *adv. Imprudenter.* avec imprudence.
Imprudence, *s. f. Imprudentia.* défaut de prudence; action imprudente.
Imprudent. e, *adj. s. Improvidus.* qui manque de prudence.
Impubère, *adj. 2 g. Impubes.* qui n'a pas atteint l'âge de puberté. * Impubere. R.
Impudemment, *adv. Impudenter.* effrontément, avec impudence.

Impudence, *s. f. Impudentia.* effronterie; action, parole contraire à la pudeur; manque de pudeur.
Impudent. e, *adj. s. Impudens.* effronté, sans pudeur; insolent.
†Impudeur, *s. f.* (*nouveau*) impudence. * défaut, manque de pudeur. AL.
Impudicité, *s. f. Impudicitia.* vice contraire à la chasteté.
Impudique, *adj. s. 2 g. Impudicus.* contraire à la chasteté.
Impudiquement, *adv. Obscenè.* d'une manière impudique.
Impugner, *v. a.* gné. e. *p.* (*vieux*) disputer contre; attaquer; combattre un point de doctrine.
Impuissance, *s. f. Impotentia.* manque de pouvoir; incapacité d'engendrer.
Impuissant. e, *adj. s. m. Impotens.* sans pouvoir; incapable d'engendrer, de produire son effet.
Impulsif. ve, *adj.* qui agit par impulsion. * qui donne l'impulsion. B.
Impulsion, *s. f. Impulsio.* mouvement communiqué par le choc, t. de physique. instigation.
Impunément, *adv. Impunè.* avec impunité; sans inconvénient.
Impuni. e, *adj. Impunitus.* qui demeure sans punition.
Impunité, *s. f. Impunitas.* manque de punition.
Impur. e, *adj. Non purus.* qui n'est pas pur; altéré par le mélange; impudique.
Impurement, *adv.* (*inusité*) d'une manière impure. G.
Impureté, *s. f. Spurcitia.* ce qu'il y a d'impur; impudicité.
Imputatif. ve, *adj.* qui impute. V.
Imputation, *s. f.* compensation, déduction d'une somme sur une autre; accusation sans preuves, *Criminatio.* application des mérites de J. C. t. dogmatique.
Imputer, *v. a.* té. e, *p.* attribuer à; charger de; accuser; t. de finance; appliquer; destiner à.
Inabondance, *s. f.* défaut d'abondance. LAHARP.
Inabordable, *adj. 2 g. Inaccessus.* qu'on ne peut aborder.
Inabordé. e, *adj.* (côte, rivage) sur lesquels on n'a point abordé. LAHARPE.
Inaccessibilité, *s. f.* difficulté, impossibilité d'aborder, (*inus.*) G. C.
Inaccessible, *adj. 2 g. Invius.* qu'on ne peut approcher.
Inaccommodable, *adj. 2 g.* qui ne se peut accommoder.
Inaccordable, *adj. 2 g.* qu'on ne peut accorder. A.
Inaccostable, *adj. 2 g. Insociabilis.* qu'on ne peut accoster. * Inacostable. R.
Inaccoutumé. e, *adj. Insuetus.* inusité; qui n'a pas coutume de se faire, d'arriver. * Inacoutumé. R.
Inactif. ve, *adj.* indolent, qui ne peut agir. A.
Inaction, *s. f. Cessatio.* indolence; indifférence; repos.
Inactivité, *s. f.* défaut, manque d'activité. V.
Inadmissible, *adj. 2 g. Rejiciendus.* qu'on ne peut admettre.
Inadvertance, *s. f. Imprudentia.* défaut d'attention, d'application; méprise. * Inadvertence. T.
†Inalbuminé. e, *adj.* dénué d'albumen.
Inaliénabilité, *s. f.* qualité de ce qui est inaliénable. V.
Inaliénable, *adj. 2 g. s.* qu'on ne peut aliéner.
Inalliable, *adj. 2 g. Insociabilis.* qu'on ne peut allier.
Inaltérable, *adj. 2 g.* qui ne peut s'altérer.
Inamissibilité, *s. f.* qualité de ce qui est inamissible.

Inamissible, *adj. 2 g.* qui ne peut se perdre; t. de théologie.
Inamovibilité, *s. f.* état de ce qui est inamovible. A.
Inamovible, *adj. 2 g.* qui ne peut être ôté d'un poste. A. C.
Inamusable, *adj. 2 g.* qui ne peut être amusé, en parlant de Louis XIV. MAINTENON.
†Inangulé. e, *adj.* qui n'a point d'angles. t. de botanique.
Inanimé. e, *adj. Inanimus.* qui n'a pas de vie, de sentiment.
†Inaniser, *v. a.* sé. e, rendre vain, frivole; donner une apparence trompeuse.
Inanité, *s. f.* durée du monde jusqu'à la loi de Moïse. V.
Inanition, *s. f. Inedia.* foiblesse causée par le jeûne.
Inapercevable, *adj. 2 g.* qui ne peut être aperçu. R. * Inappercevable. V. RR.
Inaperçu, *adj. 2 g.* qu'on n'a pas, qui n'est pas aperçu. A. V.
Inappétence, *s. f.* (*vieux*) dégoût. V. * anorexie. B.
Inapplicable, *adj. 2 g.* qui ne peut être appliqué.
Inapplication, *s. f. Indiligentia.* défaut d'application; inattention.
Inappliqué. e, *adj. Parùm attentus.* qui manque d'application, d'attention.
Inappréciable, *adj. 2 g.* qui ne peut être apprécié. * inapréciable. G.
Inaptitude, *s. f.* défaut d'aptitude à, de capacité pour.
Inarticulé. e, *adj.* qui n'est point articulé.
Inassorti, *adj.* qui n'est point assorti. LAHARPE.
Inattaquable, *adj. 2 g.* qu'on ne peut attaquer. * Inataquable. R.
Inattendu. e, *adj. Inopinatus.* imprévu, à quoi on ne s'attendoit pas. * Inatendu. R.
Inattente, *s. f.* privation de l'attente. LAHARPE.
Inattention, *s. f.* défaut d'attention, inattentif.
Inaugural. e, *adj.* de l'inauguration. G. C.
Inauguration, *s. f. Inunctio.* cérémonie religieuse du couronnement, de la dédicace.
Inaugurer, *v. a.* ré. e, *p.* dédier, initier; sacrer. * prendre les augures. G. C. RR.
Incagade, *s. f.* rodomontade. R.
Incaguer, *v. a.* gué. e, *p.* (*famil.*) défier, braver.
Incahotable, *adj. 2 g.* qu'on ne peut pas cahoter. R. V.
Incalculable, *adj. 2 g.* qui passe les bornes du calcul. C.
†Incalicé. e, *adj.* sans calice.
Incamération, *s. f.* réunion d'une terre au domaine du pape.
Incamérer, *v. a.* ré. e, *p.* unir une terre au domaine du pape.
Incandescence, *s. f.* état d'un corps pénétré de feu jusqu'à devenir blanc. A. V.
Incandescent. e, *adj.* qui est en incandescence. A.
†Incane, *adj. 2 g.* blanchâtre par pubescence.
Incantation, *s. f.* enchantement; cérémonies des prétendus magiciens.
Incapable, *adj. 2 g.* qui n'est pas capable; inhabile; mal-habile; qui n'a pas les qualités requises.
Incapacité, *s. f. Facultatis inopia.* insuffisance; défaut de capacité.
Incarcération, *s. f.* action d'incarcérer, ses effets. A. V.
Incarcérer, *v. a.* ré. e, *p.* emprisonner. A. C. V.
Incarnadin. e, *adj.* plus foible que l'incarnat.
Incarnat. e, *adj. Roseus.* couleur entre le cerise et le rose.

Incarnatif. ve, *adj. s. m.* t. de méd. qui réunit, fait revivre les chairs. * *ou* Sarcotique. B.
Incarnation, *s. m. Incarnatio.* se dit d'un dieu qui s'est fait homme.
Incarné. e, *adj.* qui a pris un corps de chair.
Incarner (s'), *v. r.* né. e, *p.* se revêtir d'un corps de chair; t. de chir. se dit de la chair qui renaît.
†Incart, *s. m.* voyez Incarnation.
Incartade, *s. f.* (*famil.*) *Contumelia.* insulte inconsidérée; brusquerie; impertinence. *pl.* impertinences, folies.
†Incartation, *s. f.* manière de purifier l'or avec de l'eau forte, et de l'argent en grenailles.
Incas, *s. m.* roi du Pérou. V. * Inca. Ynca. Inga. Ynga. R.
Incendiaire, *adj.* 2 *g. Incendiarius.* auteur volontaire d'un incendie; séditieux (propos).
Incendie, *s. m. Incendium.* grand embrâsement; troubles, combustion dans un état.
Incendier, *v. a.* dié. e, *p.* brûler, consumer par le feu.
†Incentriquer, *v. a.* qué. e, *p.* placer au centre (*néologique*).
Incération, *s. f.* union de la cire avec une autre matière. G. V. CO.
Incertain. e, *adj. s. Dubius.* douteux; variable; indéterminé; irrésolu; qui ne sait pas, qui doute.
Incertainement, *adv. Incertò.* avec doute, incertitude.
Incertitude, *s. f. Dubitatio.* doute; inconstance; état d'irrésolution; défaut de certitude.
Incessamment, *adv. Assiduè.* sans délai; au plutôt; sans cesse; (*vieux*) continuellement. * Incessament. R.
Incessible, *adj.* 2 *g.* qui ne peut être cédé.
Incession, *s. f.* démarche; action de marcher. V.
Inceste, *s. m. Incestus.* conjonction illicite entre parens.
Incestueusement, *adv. Incestè.* avec inceste, dans l'inceste.
Incestueux. euse, *adj. Incestus.* souillé d'inceste, où il y a inceste.
Incharitable, *adj.* 2 *g.* qui n'a pas de charité. R.
Incicatrisable, *adj* 2 *g.* qui ne peut être cicatrisé. R.
Incidemment, *adv. Per accessionem.* par accident; par suite, par incident.
Incidence, *s. f.* t. de géom. chute d'une ligne, d'un corps sur un plan.
Incident, *s. m. Casus.* événement qui survient; point de contestation.
Incident. e, *adj.* t. de prat. qui survient; t. d'opt. qui tombe sur une surface; t. de grammaire, (proposition) explicative, déterminative.
Incidentaire, *s. m.* chicaneur; qui incidente. G.
Incidenter, *v. n.* faire naître des incidens.
Incinération, *s. f.* action de réduire en cendres, ses effets, t. de chimie.
†Incipiomnite, *s. m.* qui commence tout et ne finit rien (*vieux*).
Incirconcis. se, *adj. s.* qui n'est pas circoncis; immortifié.
Incirconcision, *s. f.* t. de litur. état du cœur qui n'est pas mortifié.
Incise, *s. f.* t. de rhétor. petite phrase; membre de période.
†Incisé. e, *adj.* t. de bot. découpé en pointes.
Inciser, *v. a.* sé. e, *p. Incidere.* t. de chirur. couper en long; faire une fente, diviser.
Incisif. ve, *adj.* propre à atténuer, diviser, couper, t. de médecine.
Incision, *s. f. Incisio.* coupure, taillade en long.
Incisoire, *adj.* 2 *g.* t. de chirurgie. V.
Incitation, *s. f.* instigation, impulsion.
Incitement, *s. m.* motif, aiguillon, sujet, cause. V.
Inciter, *v. a.* té. e, *p. Impellere.* induire à faire quelque chose; exciter, pousser à.
Incivil. e, *adj. Inurbanus.* impoli, qui n'est pas civil. * illégal. V.
Incivilement, *adv. Inurbanè.* d'une manière incivile.
Incivilisé. e, *adj.* qui n'est pas civilisé. V.
Incivilité, *s. f. Inurbanitas.* action contraire à la civilité.
Incivique, *adj.* 2. *g.* qui n'a point de civisme. C.
Incivisme, *s. m.* défaut de civisme. C. G. V.
Inclémence, *s. f. Inclementia.* défaut de clémence; rigueur du temps.
Inclinaison, *s. f. Inclinatio.* t. de géom. état de ce qui n'est pas perpendiculaire.
Inclinant. e, *adj. Inclinans.* (cadran) qui incline, penche d'un côté.
Inclination, *s. f. Inclinatio.* action de pencher, affection, amour; disposition, pente naturelle; personne, chose aimée; état de ce qui pénètre; t. de chimie.
Incliner, *v. a.* né. e, *p. Inclinare.* baisser, pencher, courber. *v. n.* avoir du penchant pour; pencher d'un côté. (s'), *v. r.* se pencher; pencher la tête.
Inclus. e, *adj. Inclusus.* enfermé, enveloppé dans.
Incluse (l'), *s. f.* (*famil.*) la lettre enfermée dans le paquet.
Inclusive, *s. f.* t. de droit canon, réception dans le conclave fermé. G. C.
Inclusivement, *adv. Inclusivè.* y compris.
Incoatif. ve, *adj. Inchoativus.* t. de gram. qui exprime le commencement. * Inchoatif. A. R. V.
Incoercible, *adj.* 2 *g.* qui n'est pas coercible. A. R. * Incoërcible. V.
Incognito, *adv.* (l'), *s. m.* sans être connu.
Incohérence, *s. f.* qualité de ce qui est incohérent; défaut de liaison. V. A.
Incohérent. e, *adj.* qui manque de liaison. A. R.
†Incombant. e, *adj.* (anthère) attachée au filet, t. de botanique.
Incombustibilité, *s. f.* qualité de ce qui est incombustible. G. C.
Incombustible, *adj.* 2 *g.* qui ne se consume point au feu.
Incommensurabilité, *s. f.* qualité, état de ce qui ne peut être mesuré.
Incommensurable, *adj.* 2 *g.* qui ne peut être mesuré; qui n'ont pas de mesure commune; (quantités).
Incommodant. e, *adj.* qui incommode.
Incommode, *adj.* 2 *g. Incommodus.* fâcheux; importun; qui est à charge, cause quelque peine.
Incommodé. e, *adj.* malade, pauvre; t. de mar. privé de ses mâts.
Incommodément, *adv. Incommodè.* d'une manière incommode.
Incommoder, *v. a.* dé. e, *p.* causer quelqu'incommodité; gêner.
Incommodité, *s. f. Incommodum.* peine que cause une chose incommode; indisposition, maladie; t. de mar. besoin de secours.
Incommunicable, *adj.* 2 *g. Specialis.* qui ne peut se communiquer; dont on ne peut faire part.
Incommutabilité, *s. f.* possession légitime sans trouble.
Incommutable, *adj.* 2 *g.* qui ne peut être dépossédé.
Incommutablement, *adv.* à l'abri d'un trouble légitime, t. de prat.
Incomparabilité, *s. f.* qualité de ce qui est incomparable. R. V.
Incomparable, *adj.* 2 *g. Incomparabilis.* à qui, à quoi rien ne peut être comparé.
Incomparablement, *adv. Longè.* sans comparaison.
Incompatibilité, *s. f. Repugnantia.* antipathie d'humeurs et d'esprit; impossibilité de posséder à-la-fois deux charges, etc.
Incompatible, *adj.* 2. *g.* qui n'est pas compatible. V.
Incompatiblement, *adv.* d'une manière incompatible.
Incompétemment, *adv.* sans compétence; par un juge incompétent.
Incompétence, *s. f.* manque de compétence.
Incompétent. e, *adj. Non legitimus.* qui n'est pas compétent.
Incomplaisance, *s. f.* (*inusité*) défaut de complaisance. G. RR.
Incomplaisant. e, *adj.* sans complaisance. V.
Incomplet. ète, *adj.* qui n'est pas complet. * *f.* Incomplete. R.
Incomplexe, *adj.* 2 *g.* qui n'est pas composé; t. d'algèbre, simple.
†Incomposé, *s. m.* (intervalle) qui ne peut se résoudre en intervalles plus petits, t. de musique.
Incomposite, *adj.* 2 *g.* t. de musique. R.
Incompréhensibilité, *s. f.* état, qualité de ce qui est incompréhensible. V.
Incompréhensible, *adj.* 2 *g. Incomprehensibilis.* qui ne peut être compris.
Incompréhensiblement, *adv.* d'une manière incompréhensible. V.
Incompressible, *adj.* 2 *g.* qui ne peut être comprimé.
Inconcevable, *adj.* 2 *g.* qu'on ne peut concevoir.
Inconciliable, *adj.* 2 *g.* qui ne peut se concilier.
Inconduite, *s. f.* défaut de conduite.
Incongru. e, *adj.* contre les règles de la syntaxe; contre les convenances, les bienséances.
Incongruement, *adv.* d'une manière incongrue. * Incongrûment. R. C. A. V.
Incongruité, *s. f. Barbarismus.* faute contre la grammaire, la bienséance, le bon sens.
Inconnu. e, *adj. Ignotus.* qui n'est pas connu; homme de rien.
Inconséquence, *s. f. Inconsequentia.* défaut de conséquence.
Inconséquent. e, *adj. Inconsequens.* qui agit, qui parle contre ses propres principes.
Inconsidération, *s. f. Imprudentia.* légère imprudence.
Inconsidéré. e, *adj. Imprudens.* peu réfléchi; imprudent.
Inconsidérément, *adv. Temerè.* d'une manière inconsidérée; imprudemment; étourdiment.
Inconsistance, *s. f.* défaut de consistance. V.
†Inconsistant. e, *adj.* (chose, idée, conduite) qui ne s'accorde pas, ou qui n'est pas bien lié avec un autre.
Inconsolable, *adj.* 2 *g. Inconsolabilis.* qui ne peut se consoler.
Inconsolablement, *adv.* de manière à ne pouvoir être consolé.
†Inconsumptible, *adj.* 2 *g.* qui ne peut être consumé; qui dure toujours.
Inconstamment, *adv. Inconstanter.* avec inconstance. * Inconstament. R.
Inconstance, *s. f. Inconstantia.* facilité à changer d'opinion, de résolution, d'affection, d'inclination, de conduite; action de changer.
Inconstant. e, *adj. Inconstans.* volage, sujet à changer, léger.
Inconstitutionnalité, *s. f.* état d'un réglement, d'un acte contraire à la constitution. C. * In-

constutionalité. RR.
Inconstitutionnel. le, *adj.* qui n'est pas constitutionnel. A. C. G. V. CO. * Inconstitutionel. RR.
Incontestabilité, *s. f.* qualité de ce qui est incontestable. R. V.
Incontestable, *adj.* 2 *g.* qu'on ne peut contester.
Incontestablement, *adv.* *Indubitanter.* certainement; d'une manière incontestable.
Incontesté. e, *adj.* qui n'est pas contesté.
Incontinemment, *adv.* par incontinence. R.
Incontinence, *s. f.* *Incontinentia.* vice opposé à la continence.
Incontinent. e, *adj.* *Incontinens.* qui n'est pas chaste.
Incontinent, *adv.* *Statim.* aussitôt, sur l'heure.
Incontradiction, *s. f.* absence de contradiction. V.
†Inconvenance, *s. f.* qualité, état de ce qui est inconvenant. (*néologique*).
†Inconvenant. e, *adj.* qui manque de convenance, de bienséance. (*néologique*).
Inconvénient, *s. m.* *Incommodum.* conséquence fâcheuse; événement fâcheux; accident.
Inconvertible, *adj.* 2 *g.* qui ne peut être converti. G. RR.
Inconvertissable, *adj.* 2 *g.* qu'on ne peut convertir. R. V.
Incoque, *adj.* 2 *g.* sans coque. VOLTAIRE.
Incorporalité, *s. f.* qualité des êtres incorporels.
Incorporation, *s. f.* action d'incorporer.
Incorporel. le, *adj.* *Incorporalis.* qui n'a point de corps. * *f.* Incorporele. R.
Incorporer, *v. a.* ré. e, *p.* mêler ensemble pour ne faire qu'un corps; unir. (s'), *v. r.*
Incorrect. e, *adj.* qui manque de correction; qui n'est pas correct.
Incorrection, *s. f.* défaut de correction.
Incorrigibilité, *s. f.* *Obstinatio.* caractère de ce qui, de celui qui est incorrigible.
Incorrigible, *adj.* 2 *g.* *Inemendabilis.* qui ne peut, ne veut pas se corriger.
Incorruptibilité. *s. f.* qualité de qui est incorruptible.
Incorruptible, *adj.* 2 *g.* *Incorruptus.* qui ne peut être corrompu.
Incorruption, *s. f.* état de ce qui ne peut se corrompre; t. de physique.
Incoupable, *adj.* 2 *g.* innocent. V.
Incourant, *adj.* t. de commerce. V.
†Incourbe, *adj.* 2 *g.* t. de bot. courbe en dedans, convexe en dehors.
Incrassant. e, *adj.* qui épaissit le sang, les humeurs.
†Incrassation, *s. f.* effet des remèdes incrassans.
Incrasser, *v. n.* sé. e, *p.* épaissir le sang. G. G.
Incrédibilité, *s. f.* ce qui fait qu'on ne peut croire.
Incrédible, *adj.* 2 *g.* (*vieux*) incroyable. V.
Incrédule, *adj.* 2 *g.* *Incredulus.* qui ne croit pas aisément; qui ne croit pas aux mystères de la religion.
Incrédulité, *s. f.* *Incredulitas.* répugnance à croire; manque de foi.
Incréé. e, *adj.* *Increatus.* qui existe sans avoir été créé.
Incréper, *v. a.* pé. e, *adj.* blâmer, gronder. G. C.
Incroyable, *adj.* 2 *g.* *Incredibilis.* qui ne peut être cru, difficile à croire; excessif, extraordinaire.
Incroyablement, *adv.* *Incredibiliter.* d'une manière incroyable.
Incrustation, *s. f.* *Crusta.* application d'un corps sur un autre; enduit pierreux. * croûte cristallisée. *Incrustata.* B.
Incruster, *v. a.* té. e, *p.* appliquer sur ou contre, comme une croûte; couvrir.

Incubation, *s. f.* *Incubatio.* action des ovipares qui couvent des œufs.
Incube, *s. m.* *Incubus.* démon qui abuse des femmes.
Inculpable, *adj.* 2 *g.* qui ne peut être inculpé. V.
Inculpation, *s. f.* attribution d'une faute à quelqu'un.
Inculper, *v. a.* pé. e, *p.* accuser d'une faute.
Inculquer, *v. a.* qué. e, *p.* *Inculcare.* mettre une chose dans l'esprit à force de la répéter.
Inculte, *adj.* 2 *g.* *Incultus.* qui n'est pas cultivé; qui n'est pas poli.
Inculture, *s. f.* état de ce qui est inculte. A. V.
Incurabilité, *s. f.* état de ce qui est incurable.
Incurable, *adj.* 2 *g.* *Insanabilis.* qu'on ne peut guérir. * *pl.* hôpital. B.
Incurie, *s. f.* défaut de soin; négligence.
Incurieux, euse, *adj.* qui n'a point de curiosité. MONTAIGNE.
Incuriosité, *s. f.* négligence de s'instruire. A. V. * manque de curiosité. MONTAIGNE.
Incursion, *s. f.* *Incursio.* irruption hostile en pays ennemi.
†Incurvation, *s. f.* t. de méd. action de courber.
Incuse, *adj.* *s. f.* (médaille) gravée en creux.
†Indagateur, *s. m.* qui recherche avec soin.
Indague, *adj.* 2 *g.* bizarre, mal arrangé. RABELAIS.
Inde, *s. m.* couleur bleue de l'indigo. R. G. * fécule bleue des feuilles d'une plante du Brésil, pour la teinture. *Indicum.* B.
Inde (bois d'), *s. m.* bois dont l'infusion est rouge. * bois de campêche, lourd, rouge, brillant et transparent. B.
Indébrouillable, *adj.* 2 *g.* qui ne peut être débrouillé. A. V.
Indécemment, *adv.* *Indecorè.* contre la décence.
Indécence, *s. f.* *Indecorum.* manque de décence; action, discours indécent.
Indécent. e, *adj.* *Indecorus.* contraire à la décence.
Indéchiffrable, *adj.* 2 *g.* *Inextricabilis.* qu'on ne peut lire, déchiffrer, deviner; obscur, embrouillé. * Indéchifrable. R.
Indécis. e, *adj.* *Dubius.* qui n'est pas décidé.
Indécision, *s. f.* *Dubitatio.* état d'un homme indécis; indétermination.
Indéclinable, *adj.* 2 *g.* t. de gram. qui ne peut se décliner.
Indécrottable, *adj.* 2 *g.* qui ne peut se décrotter. * (homme) d'un caractère âpre. B. Indécrotable. R.
Indéfectibilité, *s. f.* qualité de ce qui et indéfectible.
Indéfectible, *adj.* 2 *g.* qui ne peut défaillir, cesser d'être (l'église).
Indéfendu. e, *adj.* abandonné; sans défense. R. G.
Indéfensable, *adj.* 2 *g.* qu'on ne peut défendre. C.
Indéfini. e, *adj.* *Indefinitus.* indéterminé, sans bornes.
Indéfiniment, *adv.* d'une manière indéfinie.
Indéfinissable, *adj.* 2 *g.* qu'on ne sauroit définir.
Indéfinitième, *adj.* 2 *g.* indéfini; t. de géom. V.
†Indéhiscence, *s. f.* privation de la faculté de s'ouvrir.
†Indéhiscent. e, *adj.* qui ne s'ouvre point.
Indélébile, *adj.* 2 *g.* *Indelebilis.* qui ne peut être effacé. G. C. R.
†Indélébilité, *s. f.* caractère de ce qui ne peut être effacé.
Indélibéré. e, *adj.* irréfléchi.
Indemne, *adj.* 2 *g.* dédommagé. A. V.
Indemniser, *v. a.* sé. e, *p.* dédommager.
Indemnité, *s. f.* *Indemnitas.* dédommagement.
†Indenté. e, *adj.* sans dents, t. de botanique.
Indépendamment, *adv.* d'une manière indépendante; outre. * Indépendament. R.

Indépendance, *s. f.* état d'une personne indépendante; liberté de tout engagement.
Indépendant. e, *adj.* *s. m.* qui n'a point de connexité avec; qui ne dépend de personne. * *pl.* sectaires qui méconnoissent l'autorité ecclésiastique. B.
Indépendantisme, *s. m.* secte des indépendans. G.
Indestructibilité, *s. f.* qualité de ce qui est indestructible.
Indestructible, *adj.* 2 *g.* qui ne peut se détruire.
Indétermination, *s. f.* irrésolution.
Indéterminé. e, *adj.* *Fluctuans.* indéfini; irrésolu.
Indéterminément, *adv.* *Dubiè.* d'une manière indéterminée.
Indévot. e, *adj.* *s.* qui n'est pas dévot.
Indévotement, *adv.* d'une manière indévote.
Indévotion, *s. f.* défaut de dévotion.
Index, *s. m.* *Index.* table d'un livre; doigt près du pouce. * t. de droit, catalogue des livres prohibés. C. RR.
Indicateur. trice, *adj.* qui indique, t. de dialect. A.
Indicateur, *s. m.* le doigt index; muscle de ce doigt. V.
Indicatif, *s. m.* *Indicativus.* premier mode d'un verbe.
Indicatif. ve, *adj.* qui indique.
Indication, *s. f.* *Indicium.* action d'indiquer; signe qui indique.
Indice, *s. m.* *Indicium.* signe apparent et probable; index. * sorte de dictionnaire. G. l'index à Rome. AL.
Indicible, *adj.* 2 *g.* *Ineffabilis.* qui ne peut être exprimé.
Indiction, *s. f.* *Indictio* période de quinze années; convocation d'un concile, t. de droit canon.
Indicule, *s. m.* (*inusité*) ce qui montre, enseigne. G. C. * petit indice. V.
†Indien, *s. m.* constellation méridionale, entre le paon et la grue.
†Indien. ne, *adj.* *s.* *Indus.* de l'Inde. * *f.* Indiene. RR.
†Indien, *s. m.* poisson d'une espèce mitoyenne entre le genre du callyonime, de l'uranoscope et du trachine.
Indienne, *s. f.* toile de coton peinte. * Indiene. R.
Indifféremment, *adv.* *Promiscuè.* d'une manière indifférente.
Indifférence, *s. f.* état d'une personne indifférente; peu d'attachement; froideur.
Indifférent. e, *adj.* *Indifferens.* qui se fait bien de diverses manières; ni bon, ni mauvais en soi; qui touche peu; qui n'a point de penchant pour, d'attachement à; sans distinction, sans différence. * *substantif.* AL.
Indifférentisme, *s. m.* système de ceux qui se disent indifférens à tout et abandonnés au hasard. K.
Indigénat, *s. m.* naturalité. R. C.
Indigence, *s. f.* *Indigentia.* grande pauvreté.
Indigène, *s.* 2 *g.* naturel à, ou d'un pays. * Indigène. A. C. G. V. CO. Indigene. R.
Indigent. e, *adj.* *Indigens.* nécessiteux; pauvre.
Indigeste, *adj.* 2 *g.* *Crudus.* difficile à digérer; mal conçu.
Indigestion, *s. f.* *Cruditas.* coction imparfaite des alimens.
Indigete, *s. m.* t. d'antiq. nom des héros, des demi-dieux d'un pays. * Indigète. V. Indigètes. *pl.* C. G.
Indigitament, *s. m.* livre des pontifes romains. V.
Indignation, *s. f.* *Indignatio.* colère contre ce qui est injuste.
Indigne, *adj.* *s.* 2 *g.* *Indignus.* qui n'est pas digne, ne mérite pas; méchant; très-condamnable.
Indignement, *adv.* *Indignè.* d'une manière indigne.

Indigner, *v. a.* gné. e, *p.* exciter l'indignation. (s'), *v. pers.* *Indignari.* entrer en indignation, se fâcher.
Indignité, *s. f.* *Indignitas.* qualité de ce qui est indigne; affront; énormité.
Indigo, *s. m.* *Indicum.* plante; fécule bleue qu'on tire de cette plante, les feuilles exceptées; ces feuilles donnent l'inde; couleur de l'indigo.
Indigoterie, *s. f.* où l'on cultive et prépare l'indigo; * cuve pour le faire. B.
Indiquer, *v. a.* *Indicare.* qué. e, *p.* montrer au doigt; marquer; enseigner; désigner.
Indire, *s. m.* droit de doubler les redevances. G.
Indirect. e, *adj.* *Indirectus.* qui n'est pas direct.
Indirectement, *adv.* *Obliquè.* d'une manière indirecte.
Indiscernable, *adj.* 2 *g.* qu'on ne peut discerner. A.
Indisciplinable, *adj.* 2 *g.* *Indocilis.* qu'on ne peut discipliner.
Indiscipliné. e, *adj.* qui n'est pas discipliné.
Indiscipline, *s. f.* manque de discipline.
Indiscret. te, *adj. s.* *Inconsultus.* qui n'a pas de discrétion; étourdi; qui ne garde aucun secret. * Indiscret. ete. R. Indiscret. ète. A. G.
Indiscrétion, *s. f.* *Temeritas.* manque de discrétion.
Indiscrettement, *adv.* *Inconsideratè.* d'une manière indiscrète. * Indiscrètement. A. C. V. CO. Indiscrétement. R. G.
Indispensable, *adj.* 2. *g.* *Necessarius.* dont on ne peut se dispenser. * *s. m.* tenant, chevalier. (*nouveau*) B.
Indispensablement, *adv.* *Necessariò.* nécessairement; par devoir rigoureux.
Indisponible, *adj.* 2 *g.* dont on ne peut disposer par testament.
Indisposé. e, *adj.* légérement malade.
Indisposer, *v. a.* *Alienare.* sé. e, *p.* aliéner, fâcher; mettre dans une disposition peu favorable.
Indisposition, *s. f.* *Invaletudo.* légère maladie; éloignement; disposition peu favorable.
Indisputable, *adj.* 2 *g.* incontestable. R. C. V. * qui ne peut être disputé. AL.
Indisputablement, *adv.* C. d'une manière indisputable, sans contestation. B.
Indissolubilité, *s. f.* qualité de ce qui est indissoluble.
Indissoluble, *adj.* 2 *g.* *Indissolubilis.* qui ne peut se dissoudre
Indissolublement, *adv.* d'une manière indissoluble.
Indistinct. e, *adj.* *Indistinctus.* (son, idée) qui n'est pas distinct.
Indistinctement, *adv.* *Indistinctè.* d'une manière indistincte; confusément; sans distinction; sans acception des personnes.
Indistinction, *s. f.* confusion. V.
Individu, *s. m.* *Individuum.* être particulier de chaque espèce.
Individualiser, *v. a.* é. e, *p.* considérer individuellement; séparer, abstraire de l'espèce. K.
Individualisation, *s. f.* action, opération d'individualiser; ses effets; état de l'objet individualisé. K.
Individuel. le, *adj.* *Individuus.* qui a rapport à l'individu. * Individuel. ele. R.
Individuellement, *adv.* d'une manière individuelle. * Individuélement. R.
Indivis. e, *adj.* *Indivisus.* qui n'est pas divisé. * (par), *adv.* sans division.
Indivisibilité, *s. f.* qualité de ce qui est indivisible.
Indivisible, *adj.* 2 *g.* *Individuus.* qui ne se peut diviser.
Indivisiblement, *adv.* d'une manière indivisible.
Indivision, *s. f.* t. de pratique, état de ce qui est indivis. AL.
In-dix-huit, *s. m.* livre dont les feuilles sont pliées en dix-huit feuillets, t. de librairie.
Indocile, *adj.* 2 *g.* *Indocilis.* qui n'a pas de docilité.
Indocilité, *s. f.* *Indocilitas.* caractère de celui qui est indocile; manque de docilité.
Indolemment, *adv.* avec indolence. A.
Indolence, *s. f.* *Lentitudo.* nonchalance; insensibilité; apathie.
Indolent. e, *adj.* *Segnis.* nonchalant, insensible à tout.
Indolente, *adj. f.* t. de méd. (tumeur) qui ne cause pas de douleur.
Indomptable, *adj.* 2 *g.* *Indomabilis.* qui ne peut être dompté. * *ou* Indomtable. A.
Indompté. e, *adj.* *Indomitus.* qu'on n'a pu dompter; furieux; fougueux; sauvage. * *ou* Indomté. A.
Indoté. e, *adj.* qui n'a pas eu de dot. V.
Indou, *s. m.* indien. V.
In-douze, *s. m.* livre dont les feuilles sont pliées en douze feuillets. * In-douze. R.
†Indris, *s. m.* maki à quatre incisives.
Indu. e, *adj.* *Intempestivus.* contre le devoir, la règle, la raison, l'usage; hors de saison; à contre-temps.
Indubitable, *adj.* 2 *g.* *Indubitatus.* dont on ne peut douter; assuré; certain.
Indubitablement, *adv.* *Indubitanter.* sans doute, assurément.
Induction, *s. f.* *Inductio.* instigation; conséquence tirée de; énumération.
Induire, *v. a.* *Inducere.* duit. e, *p.* porter à; inférer; tirer une conséquence de; pousser. * t. de fauconnier, digérer.
Indulgemment, *adv.* par indulgence. A. R. V.
Indulgence, *s. f.* *sans pl.* *Indulgentia.* bonté, facilité à pardonner. * *pl.* rémission de la peine due aux péchés. B.
Indulgent. e, *adj.* *Indulgens.* qui a de l'indulgence.
Indult, *s. m.* *Gratia.* grâce, droit accordés par une bulle. * droit du roi d'Espagne sur les produits de l'Amérique. B.
Indultaire, *s. m.* qui a droit à un bénéfice, en vertu d'un indult.
Indûment, *adv.* d'une manière indue. * et Indue- R.
†Induration, *s. f.* t. de chir. endurcissement.
Industrial. e, *adj.* produit par l'industrie. V.
Industrie, *s. f.* *Industria.* dextérité, adresse à faire quelque chose; savoir faire; travail; commerce.
Industriel. ele, *adj.* produit par l'industrie. V.
Industrier, *v. a.* (*vieux*) employer son industrie. V.
Industrieusement, *adv.* *Industriè.* avec art; industrie.
Industrieux. se, *adj.* *Industrius.* qui a de l'industrie, de l'adresse; fait avec industrie.
Induts, *s. m. pl.* t. d'église, assistans des diacres aux messes hautes. * *sing.* Indut. R.
Inébranlable, *adj.* 2 *g.* *Inconcussus.* qui ne peut être ébranlé; constant; ferme.
Inébranlablement, *adv.* fermement; d'une manière inébranlable.
Inédie, *s. f.* diète, abstinence. V.
†Inédit. e, *adj.* (*omis quoiqu'usité*) qui n'a point été imprimé, publié.
Ineffabilité, *s. f.* t. de théol. impossibilité d'exprimer par les paroles.
Ineffable, *adj.* 2 *g.* *Ineffabilis.* qu'on ne peut exprimer par des paroles.
Ineffaçable, *adj.* 2 *g.* *Indelebilis.* qui ne peut être effacé.
Ineffectif. ve, *adj.* 2 *g.* sans effet. R.
Inefficace, *adj.* 2 *g.* *Inefficax.* qui ne produit point d'effet.
Inefficacité, *s. f.* manque de vertu, d'efficacité.
Inégal. e, *adj.* *Inæqualis.* qui n'est point égal; bizarre; raboteux; (style), qui ne se soutient pas.
Inégalement, *adv.* *Inæqualiter.* d'une manière inégale.
Inégalité, *s. f.* *Inæqualitas.* défaut d'égalité; bizarrerie d'humeur.
Inélégamment, *adv.* sans élégance. (*inus.*) A. V.
Inélégance, *s. f.* manque d'élégance. A. V.
Inélégant. e, *adj.* (*inusité*) qui n'est point élégant. A. V.
Inéligibilité, *s. f.* qualité de ce qui est inéligible. V.
Inéligible, *adj.* 2 *g.* qui ne peut être élu.
Inénarrable, *adj.* 2 *g.* *Inenarrabilis.* qui ne peut être raconté.
Inepte, *adj.* 2 *g.* *Ineptus.* sans aptitude à; impertinent; absurde.
Ineptement, *adv.* (*inusité*) par ineptie. R.
Ineptie, *s. f.* *Ineptiæ.* absurdité, sottise, impertinence; action, propos inepte.
Inépuisable, *adj.* 2 *g.* *Inexaustus.* qu'on ne peut épuiser, tarir.
†Inéquilatère, *adj.* 2 *g.* à côté inégaux, t. de bot.
†Inéquivalve, *adj.* 2 *g.* à valves inégales.
Inerme, *adj.* 2 *g.* sans armes, sans piquans, sans épines, t. de botanique. AL.
Inerte, *adj.* 2 *g.* sans ressort, sans activité. A. V.
Inertie, *s. f.* *Inertia.* indolence, inaction; résistance au mouvement.
Inérudit. e, *adj.* sans érudition. A.
Inescation, *s. f.* action d'amorcer. V. * prétendue manière de guérir, en faisant passer la maladie dans un animal dont on mange quelques parties. B.
Inespéré. e, *adj.* *Insperatus.* heureux et imprévu.
Inespérément, *adv.* contre toute espérance.
Inestimable, *adj.* 2 *g.* *Inæstimabilis.* (chose) qu'on ne peut assez priser, estimer.
Inétendu. e, *adj.* qui n'a point d'étendue. A. V.
Inévident. e, *adj.* qui n'est pas évident. R. G. C.
Inévitable, *adj.* 2 *g.* *Inevitabilis.* que l'on ne peut éviter.
Inévitablement, *adv.* d'une manière inévitable.
Inexact. e, *adj.* sans exactitude.
Inexactitude, *s. f.* manque d'exactitude.
Inexcusable, *adj.* 2 *g.* *Inexcusabilis.* qui ne peut être excusé.
Inexécutable, *adj.* 2 *g.* qui ne peut être exécuté. A.
Inexécution, *s. f.* manque d'exécution d'un traité, etc.
Inexercé. e, *adj.* qui n'est pas exercé. A.
Inexistence, *s. f.* défaut d'existence. R.
Inexorable, *adj.* 2 *g.* *Inexorabilis.* qu'on ne peut fléchir; sévère, dur.
Inexorablement, *adv.* d'une manière inexorable.
Inexpérience, *s. f.* défaut d'expérience.
Inexpérimenté. e, *adj.* *Inexpertus.* qui n'a point d'expérience.
Inexpiable, *adj.* 2 *g.* *Inexpiabilis.* qui ne se peut expier.
Inexplicable, *adj.* 2 *g.* *Inexplicabilis.* qu'on ne peut expliquer.
Inexpressible, *adj.* 2 *g.* qui n'est pas expressible. R.
Inexprimable, *adj.* 2 *g.* qu'on ne peut exprimer.
Inexpugnable, *adj.* 2 *g.* *Inexpugnabilis.* qui ne peut être forcé, pris d'assaut.
Inextinguibilité, *s. f.* qualité de ce qui est inextinguible. G. C.
Inextinguible, *adj.* 2 *g.* *Inextinctus.* qui ne peut être éteint.
Inextirpable, *adj.* 2 *g.* qu'on ne peut extirper. V.
Inextricable, *adj.* 2 *g.* *Inextricabilis.* qui ne peut être démêlé.
Infaillibilité, *s. f.* qualité de ce qui est infaillible; certitude entière; impossibilité de se tromper.
Infaillible, *adj.* 2 *g.* *Erroris expers.* certain, immanquable; qui ne peut errer, ni tromper.

Infailliblement,

Infailliblement, *adv. Certò.* assurément, indubitablement, immanquablement.
Infaisable, *adj.* 2 *g.* qui ne peut être fait. * Infesable. C.
Infamant. e, *adj. Dedecorans.* qui porte infamie.
Infamation, *s. f.* note d'infamie.
Infame, *adj. s.* 2 *g. Infamis.* diffamé, noté, flétri par l'opinion; honteux; indigne; sordide; mal-propre, sale; mal-séant. * Infâme. R. A.
Infamement, *adv.* avec infamie. V. * Infâm- R.
Infamer, *v. a.* mé. e, *p.* rendre infame. R.
Infamie, *s. f. Infamia.* flétrissure imprimée par l'opinion publique ou la loi; action infame; paroles injurieuses.
Infant. e, *s. Infans.* enfant puîné du roi d'Espagne, de Portugal et de Naples; titre d'honneur.
Infanterie, *s. f. Peditatus.* fantassins, soldats à pied.
†Infanticide, *s. m.* meurtre, meurtrier d'un enfant.
Infatigabilité, *s. f.* qualité de ce qui est infatigable. R. V.
Infatigable, *adj.* 2 *g. Infatigabilis.* qu'on ne peut fatiguer.
Infatigablement, *adv.* sans se lasser.
Infatuation, *s. f.* entêtement; prévention ridicule et excessive.
Infatuer, *v. a. Infatuare.* tué. e, *p.* prévenir excessivement en faveur de. (s'), *v. r.* s'entêter de.
Infécond. e, *adj. Infecundus.* qui produit peu ou point; stérile.
Infécondité, *s. f. Infecunditas.* stérilité.
Infect. e, *adj. Fetidus.* puant; corrompu.
Infecter, *v. a. Inficere.* té. e, *p.* empuantir; gâter; corrompre; rendre infect.
Infection, *s. f. Fetor.* grande puanteur; contagion; corruption.
Infélicité, *s. f. Infelicitas.* (*inus.*) malheur; disgrace. G. C. BR. V.
Inféodation, *s. f.* action d'inféoder.
Inféoder, *v. a.* dé. e, *p.* donner une terre en fief.
†Infère, *adj.* 2 *g.* (ovaire) qui fait corps avec le tube du calice.
Inférer, *v. a. Inferre.* ré. e, *p.* conclure; tirer une conséquence.
Inférieur. e, *adj. s. Inferior.* placé au-dessous; au-dessous en mérite, en valeur.
Inférieurement, *adv.* au-dessous.
Infériorité, *s. f. Submissio.* rang de l'inférieur.
Infernal. e, *adj. Infernus.* qui appartient à l'enfer; t. de chimie, (pierre) caustique.
Infertile, *adj.* 2 *g. Sterilis.* stérile; qui n'est pas fertile.
Infertilité, *s. f. Sterilitas.* stérilité.
†Infestation, *s. f.* action d'infester, ses effets.
Infester, *v. a. Infestare.* té. e, *p.* piller, ravager par des incursions; incommoder; tourmenter; nuire.
Infibulation, *s. f.* réunion, suture des parties sexuelles des femelles pour empêcher le coït. A. V.
Infibuler, *v. a.* lé. e, *p.* faire l'infibulation. A. V.
Infidélité, *s. f. Infidelitas.* déloyauté; trahison; manque de fidélité; état des infidelles.
Infidelle, *adj.* 2 *g. Infidus.* déloyal; qui manque de foi. * Infidèle. A. C. V. Infidele. R.
Infidellement, *adv. Infideliter.* d'une manière infidelle. * Infidèlement. A. C. V. Infidélement. R.
Infiltration, *s. f.* action d'un fluide qui s'infiltre.
Infiltrer (s'), *v. r. Insinuare se.* tré. e, *p.* passer comme par un filtre dans les pores.
Infime, *adj.* 2 *g.* (*vieux*) le plus bas, le plus petit. V.
Infini. e, *adj. s. m. Infinitus.* qui n'a point de bornes; innombrable. * (à l'infini), *adv.* sans fin, sans bornes, sans mesure. B.
Infiniment, *adv. Infinitè.* sans bornes, sans mesure, à l'infini; extrêmement.
Infiniment petits, *s. m. pl.* t. de physique, molécules organiques, principes des corps; t. de géométrie, quantités conçues comme moindres qu'aucune quantité assignable. G. V.
Infinitaire, *s. m.* partisan de l'arithmétique des infinis. G. C.
Infinité, *s. f. Infinitas.* qualité de ce qui est infini; grand nombre.
Infinitésimal. e, *adj.* (calcul) des infiniment petits.
Infinitésime, *adj. f.* (partie) infiniment petite. G. C.
Infinitif, *s. m. Infinitivus.* mode du verbe qui ne marque ni nombre, ni mode, ni personne.
Infirmatif. ve, *adj.* qui infirme, qui rend nul.
Infirme, *adj. s.* 2 *g. Infirmus.* malade; foible; valétudinaire.
Infirmer, *v. a. Infirmare.* mé. e, *p.* déclarer nul; invalider.
Infirmerie, *s. f. Valetudinarium.* lieu où l'on rassemble les malades.* cage garnie de serge. B.
Infirmier. ère, *s.* qui a soin d'une infirmerie; qui sert les malades. * Infirmier. ere. R.
Infirmité, *s. f. Infirmitas.* indisposition habituelle; foiblesse; imperfection; défaut.
Inflammabilité, *s. f.* qualité, caractère de ce qui est inflammable.
Inflammable, *adj.* 2 *g.* qui s'enflamme aisément.
Inflammation, *s. f. Inflammatio.* action qui enflamme; âcreté, ardeur aux parties échauffées du corps.
Inflammatoire, *adj.* 2 *g.* qui cause l'inflammation.
Inflateur, *adj.* (*ironique*) philosophe. V. * *s. m.* philosophe qui prétend que le contenu est composé de points enflés. B.
†Inflation, *s. f.* tumeur; gonflement; enflure.
†Infléchi. e, *adj.* fléchi en dedans, t. de botanique.
Inflexibilité, *s. f.* qualité, caractère de ce qui est inflexible. * dureté qui résiste à tous les efforts. B. Infléxibilité. A.
Inflexible, *adj.* 2 *g. Inflexibilis.* qui ne se laisse point émouvoir, fléchir; qui ne cède à aucune compression. * Infléxible. A.
Inflexiblement, *adv.* d'une manière inflexible. * Infléxiblement. A.
Inflexion, *s. f. Inflexio.* t. de musique, passage d'un ton de voix à un autre; t. de grammaire, déclinaison, conjugaison. * déviation des rayons sur un corps opaque; disposition à se pencher. B. Infléxion. A.
Inflictif. ve, *adj.* qui est ou doit être infligé.
Infliction, *s. f. Irrogatio.* t. de jurisprudence, condamnation à une peine afflictive et corporelle.
Infliger, *v. a. Irrogare.* gé. e, *p.* imposer une peine.
†Inflorescence, *s. f.* disposition des fleurs; le lieu où elles naissent.
Influence, *s. f.* vertu des astres; impression sur; action d'une cause qui aide à produire.
Influencer, *v. a.* cé. e, *p.* exercer une influence. V. * agir par influence. B.
Influer, *v. a. Influere.* flué. e, *p.* communiquer par une vertu secrette. *v. n.* faire impression; contribuer à.
Infoliature, *s. f.* (*vieux*) incrustation. V.
In-folio, *s. m.* livre dont les feuilles sont pliées en deux feuillets.
Informateur, *s. m.* précepteur en Allemagne. V.
Informatif. ve, *adj.* qui sert à représenter. V.
Information, *s. f. Inquisitio.* action d'informer, de s'informer. * enquête au criminel. B.
Informe, *adj.* 2 *g. Informis.* qui n'a pas la forme qu'il devroit avoir; imparfait.
Informé, *s. m.* t. de pratique, information.
Informer, *v. a. Quærere.* mé. e, *p.* avertir; instruire. *v. n.* t. de pratique, faire une information, faire une enquête; t. de philos. être la forme substantielle d'un corps. (s'), *v. r.* s'enquérir; prendre des renseignemens.
Infortiat, *s. m.* second volume du digeste.
Infortune, *s. f. Infortunium.* malheur; adversité; désastre.
Infortuné. e, *adj. Infelix.* malheureux.
Infortuner, *v. a.* né. e, *p.* (*vieux*) vexer. V.
Infracteur, *s. m. Violator.* transgresseur; qui viole un traité, une loi.
Infraction, *s. f. Violatio.* action d'enfreindre; transgression.
Infralapsaire, *s. m.* t. de théologie. R.
Infripponable, *adj.* 2 *g.* qu'on ne peut voler. V.
Infructueusement, *adv. Sine fructu.* sans profit, sans utilité.
Infructueux. se, *adj. Infructuosus.* qui ne rapporte point de fruit, de profit.
Infructuosité, *s. f.* état, qualité de ce qui est infructueux. K.
†Infundibulé *ou* Infundibuliforme, *adj.* 2 *g.* en entonnoir, t. de botanique.
Infus. e, *adj. Infusus.* (science) donnée par la nature.
Infuser, *v. a. Macerare.* sé. e, *p.* faire tremper, macérer dans un liquide.
Infusible, *adj.* 2 *g.* qu'on ne peut fondre.
Infusion, *s. f. Infusio.* action d'infuser; chose infusée. * liqueur dans laquelle on a fait infuser; manière dont les facultés surnaturelles sont infusées dans l'ame. B.
†Infusoires, *adj. s. m. pl.* (vers, animalcules) nés dans les infusions, les eaux croupies.
Ingambe, *adj.* 2 *g.* léger; dispos; alerte. (*familier*).
Ingénérable, *adj.* 2 *g.* qui ne peut être engendré. R. T. V. * (nature) essentielle et inaltérable des choses. B.
Ingénier (s'), *v. r.* nié. e, *p.* chercher dans son esprit des moyens de succès. (*famil.*) * acquérir de l'esprit. V.
Ingénieur, *s. m. Machinator.* qui invente, trace et conduit des fortifications, des ponts, des instrumens de mathématiques.
Ingénieusement, *adv. Ingeniosè.* avec esprit.
Ingénieux. se, *adj. Ingeniosus.* qui annonce ou qui a du génie.
Ingénu. e, *adj. Ingenuus.* naïf; simple; franc; sincère. * né libre. B.
Ingénuité, *s. f. Ingenuitas.* sincérité; franchise; naïveté.
Ingénument, *adv. Ingenuè.* franchement; sincèrement; naïvement. * Ingénûment. R. C.
Ingérer (s'), *v. r. Se interponere.* ré. e, *p.* se mêler de quelque chose sans en être requis.
Ingouvernable, *adj.* 2 *g.* qu'on ne peut gouverner. R. V.
Ingrat. e, *adj. s. Ingratus.* qui ne reconnoît pas une grâce, un bienfait; stérile, infructueux, (terre).
Ingratement, *adv.* (*inusité*) avec ingratitude. R. G. C.
Ingratissime, *adj.* 2 *g.* (*vieux*) très-ingrat. V.
Ingratitude, *s. f. Ingratus animus.* manque de reconnoissance.
Ingrédient, *s. m.* ce qui entre dans un mélange.
Ingression, *s. f.* t. d'astronomie judiciaire. V.
Inguérissable, *adj.* 2 *g.* qui ne peut être

guéri. T. V.
Inguinal. e, *adj.* de tout ce qui concerne l'aine.
Inhabile, *adj.* 2 *g.* *Inhabilis.* qui n'est pas habile à; incapable.
Inhabileté, *s. f.* manque d'habileté. A. V.
Inhabilité, *s. f.* incapacité, t. de droit * manque d'habileté. AL.
Inhabitable, *adj.* 2 *g.* *Inhabitabilis.* qu'on ne peut habiter.
Inhabité. e, *adj.* *Desertus.* qui n'est point habité.
Inhabitude, *s. f.* défaut d'habitude. A. V.
Inhérence, *s. f.* *Inhærentia.* jonction de choses inséparables.
Inhérent. e, *adj.* *Inhærens.* joint inséparablement à.
Inhiber, *v. a.* bé. e, *p.* défendre, prohiber, t. de droit.
Inhibition, *s. f.* *Interdictum.* défense; prohibition.
†Inhibitoir. e, *adj.* 2 *g.* qui prohibe. VOLTAIRE.
Inhospitalier. ère, *adj.* qui n'aime pas à donner l'hospitalité. A. V.
Inhospitalité, *s. f.* *Inhospitalitas.* défaut d'hospitalité.
Inhumain. e, *adj.* *Inhumanus.* sans humanité; cruel; dur.
Inhumainement, *adv.* *Inhumanè.* d'une manière inhumaine.
Inhumanité, *s. f.* *Inhumanitas.* cruauté; barbarie.
Inhumation, *s. m.* *Humatio.* action d'inhumer; enterrement.
Inhumer, *v. a.* *Humare.* mé. e, *p.* donner la sépulture; enterrer.
Inimaginable, *adj.* 2 *g.* qui ne peut s'imaginer.
†Inigiste, *s. m.* jésuite (*vieux*).
Inimitable, *adj.* 2 *g.* *Inimitabilis.* qui ne peut être imité; qu'on ne peut imiter.
Inimitié, *s. f.* *Inimicitia.* haine; malveillance; aversion. * antipathie entre des animaux, des végétaux. B.
Inintelligibilité, *s. f.* qualité de ce qui est inintelligible. R. G. C.
Inintelligible, *adj.* 2 *g.* *Incomprehensibilis.* qu'on ne peut comprendre.
Inique, *adj.* 2 *g.* *Iniquus.* injuste; contraire à l'équité.
Iniquement, *adv.* *Iniquè.* d'une manière inique.
Iniquité, *s. f.* *Iniquitas.* injustice excessive; crime; péché.
Initial. e, *adj.* qui commence.
Initiatif, *adj.* qui donne, laisse l'initiative. V.
Initiation, *s. f.* action d'initier ou d'être initié.
Initiative, *s. f.* liberté de choisir. V.
†Initié. e, *s. adj.* *Initiatus.* qui est initié aux mystères; qui est admis dans une société.
Initier, *v. a.* *Initiare.* tié. e, *p.* admettre aux cérémonies secrètes.
Injecter, *v. a.* *Injicere.* té. e, *p.* introduire une liqueur avec une seringue dans une plaie, dans les veines. * (un cadavre), remplir ses veines d'une liqueur. B.
Injection, *s. f.* *Injectio.* action d'injecter; chose injectée. * art d'injecter; corps injecté. B.
Injonction, *s. f.* *Jussum.* commandement; ordre exprès.
Injudicieux. se, *adj.* fait sans jugement. C.
Injure, *s. f.* *Convicium.* tort; outrage; parole, action offensante. * destruction lente. B.
Injurier, *v. a.* rié. e, *p.* dire des injures à.
Injurieusement, *adv.* *Contumeliosè.* d'une manière injurieuse. A. R. CO.
Injurieux. se, *adj.* *Injuriosus.* outrageux; offensant.
Injuste, *adj.* 2 *g.* *Injustus.* contraire à la justice; qui n'en a pas.
Injustement, *adv.* *Injustè.* d'une manière injuste.
Injustice, *s. f.* *Injustitia.* manque de justice; action injuste, * *pl.* B.
Inlisible, *adj.* 2 *g.* qu'on ne peut lire. A. * Illisible. D.
Innascibilité, *s. f.* qualité de ce qui est innascible. V.
Innascible, *adj.* 2 *g.* t. de théolog. V. * Incréé. B.
†Innavigabilité, *s. f.* dégradation qui met hors d'état de naviguer, t. de commerce.
Innavigable, *adj.* 2 *g.* sur lequel on ne peut naviguer. A. R. V.
Inné. e, *adj.* *Insitus.* né avec nous.
Innocemment, *adv.* *Integrè.* avec innocence; niaisement; sottement. *prononcez* ino.
Innocence, *s. f.* *Innocentia.* état de l'innocence; grande simplicité; pureté de mœurs; intégrité de la vie.
Innocent. e, *adj.* *Innocens.* exempt de crime, de malice; pur et candide; simple; imbécille; foible; idiot; qui n'est pas malfaisant (remède). * *pl.* enfans qu'Hérode fit égorger. B. pigeons nouveaux nés (tourte d'—). G. *prononcez* inocent.
Innocenter, *v. a.* té. e, *p.* déclarer innocent; absoudre.
Innombrable, *adj.* 2 *g.* *Innumerabilis.* qui ne peut se nombrer; en très-grand nombre.
Innombrablement, *adv.* *Innumerabiliter.* sans nombre. R. V.
Innomé, *adj.* sans dénomination particulière. * Innommé. CO.
Innominés, *adj. m. pl.* t. d'anatomie, os qui n'ont point de nom. * Innominé. *sing.* C.
Innovateur, *s. m.* *mieux* novateur. R. G. C. CO.
Innovation, *s. f.* *Immutatio.* introduction de quelque nouveauté dans une coutume, etc.
Innover. *v. a.* *Innovare.* vé. e, *p.* introduire des nouveautés.
Innumérable, *adj.* 2 *g.* qui ne peut être nombré. R.
Ino, *s. m.* papillon de jour des montagnes d'Autriche. G. C.
Inobservance, *s. f.* inobservation.
Inobservation, *s. f.* manque d'obéissance aux lois, d'exécution des promesses.
Inoccupé. e, *adj.* sans occupation. A.
In-octavo, *s. m.* livre dont les feuilles sont pliées en huit feuillets.
Inoculateur. trice, *s.* qui inocule.
Inoculation, *s. f.* *Inoculatio.* communication artificielle de la petite vérole. * greffe en appliquant un œil à la place d'un autre. B.
Inoculer, *v. a.* lé. e, *p.* communiquer la petite vérole par inoculation. A. G. C. V. CO. RR.
Inoculiste, *s. m.* partisan de l'inoculation. A. G. C.
Inoculiste (anti-), *s. m.* adversaire de l'inoculation. G. V.
Inodore, *adj.* 2 *g.* sans odeur. (*nouv.*) G. V. A.
Inofficieux. se, *adj.* qui déshérite sans motif.
Inofficiosité, *s. f.* qualité de ce qui est inofficieux. G. C.
Inondation, *s. f.* *Eluvio.* débordement des eaux; les eaux débordées; grande multitude de peuples, de choses.
†Inondé. e, *adj.* (plante) qui naît et reste sous l'eau.
Inonder, *v. a.* *Inondare.* dé. e, *p.* submerger par débordement; couvrir d'eau; envahir; multiplier; prodiguer.
Inopiné. e, *adj.* *Inopinatus.* imprévu; à quoi on n'a pas songé.
Inopinément, *adv.* *Inopinatè.* d'une manière imprévue.
†Inorganique, *adj.* 2 *g.* dont les parties n'ont entre elles que des rapports d'adhérence; brut.
Inorthodoxie, *s. f.* hétérodoxie. R. V.
Inouï. e, *adj.* *Inauditus.* tel qu'on n'a jamais rien ouï dire de semblable; singulier; étrange. * Inouï. e. A. V.
In-pace, *s. m.* prison des moines. R.
In-promptu. voy. Im-promptu. * Impromptu. RR.
Inquart, *s. m.* quartation; purification de l'or.
Inquartation, *s. f.* t. de chimie. R. * Quartation. B.
In-quarto, *s. m.* livre dont les feuilles sont pliées en quatre feuillets.
Inquiet. ète, *adj.* *Anxius.* qui a de l'inquiétude; remuant; mécontent de son état. * Inquiet. ete. R. G.
Inquiétant. e, *adj.* qui cause de l'inquiétude. A.
Inquiétation, *s. f.* action d'inquiéter. V.
Inquiéter, *v. a.* *Inquietare.* té. e, *p.* rendre inquiet; chagriner; troubler. (s'), *v. pron.* se donner de l'inquiétude.
Inquiétude, *s. f.* *Cura.* trouble; agitation d'esprit causée par l'incertitude, la crainte; agitation causée par un mal-aise; impatience. * *pl.* petites douleurs vagues. B.
Inquiner, *v. a.* né. e, *p.* (*vieux*) souiller. V.
Inquisiteur, *s. m.* *Inquisitor.* juge de l'inquisition.
Inquisition, *s. f.* *Inquisitio.* recherche, perquisition; tribunal qui punit les impies, les infidelles, etc. * tribunal; censure, police vexatoire. B.
†Inramo, *s. m.* coton d'Égypte.
Insaisissable, *adj.* 2 *g.* qu'on ne peut saisir. A. V.
Insalubre, *adj.* 2 *g.* mal-sain; nuisible à la santé. A. V.
Insalubrité, *s. f.* qualité de ce qui est insalubre. A. V.
Insatiabilité, *s. f.* *Aviditas.* avidité de manger, de posséder qui ne peut se rassasier.
Insatiable, *adj.* 2 *g.* *Insatiabilis.* qu'on ne peut rassasier.
Insatiablement, *adv.* *Insatiabiliter.* d'une manière insatiable.
Insaturable, *adj.* 2 *g.* qui ne peut être saturé. V.
Insciemment, *adv.* sans savoir, sans connoître.
Inscience, *s. f.* incapacité; ignorance. V.
Inscription, *s. f.* *Inscriptio.* mots gravés sur les métaux, le marbre, etc.; action d'écrire sur un registre; écriture sur le registre.
Inscrire, *v. a.* *Inscribere.* crit. e, *p.* mettre un nom sur un registre; t. de géométrie, tracer une figure dans une autre. (s'), *v. r.*
Inscrutable, *adj.* 2 *g.* qu'on ne peut pénétrer, sonder.
Insçu (à l'), *adv.* sans qu'on le sache. * l'insu. A. R.
Insecte, *s. m.* *Insectum.* petit animal dont le corps est composé d'anneaux ou de segmens.
Insectifère, *ou* Entomophore, *adj.* 2 *g.* t. de botanique, qui représente un insecte. RR.
In-seize, *s. m.* livre dont les feuilles sont pliées en seize feuillets.
Insémination, *s. f.* t. de chimie. R. V.
Insensé. e, *adj. s.* *Insanus.* fou; qui n'a pas de sens; contre la raison.
Insensibilité, *s. f.* *Indolentia.* manque, défaut de sensibilité.
Insensible, *adj.* 2 *g.* *Insensibilis.* qui ne sent point; imperceptible. V. * *s.* 2 *g.* qui n'est pas sensible à l'amour. B.
Insensiblement, *adv.* *Sensim.* peu à peu; d'une manière peu sensible.
Inséparabilité, *s. f.* qualité de ce qui est inséparable. V.
Inséparable, *adj.* 2 *g.* qu'on ne peut séparer.

Inséparablement, *adv.* d'une manière inséparable.
Insérer, *v. a. Inserere.* ré. e, *p.* mettre dans, parmi; faire entrer; ajouter. (s'), *v. r.* se mettre dans.
Insermenté, *adj.* qui n'a pas prêté le serment exigé par la loi. G. C. V. RR.
Insertion, *s. f. Insitio.* action d'insérer; t. d'anatomie; t. de botanique, liaison entre les parties.
Insession, *s. f.* demi-bain, t. de médecine. R. G. C. V.
Insidieusement, *adv. Insidiosè.* d'une manière insidieuse.
Insidieux. se, *adj. Insidiosus.* qui renferme quelque piège; qui cherche, tend à surprendre, à tromper.
Insigne, *adj.* 2 *g. Insignis.* signalé; remarquable.
Insignifiance, *s. f.* qualité de ce qui est insignifiant. A. V.
Insignifiant. e, *adj.* qui ne signifie rien; obscur; embrouillé. A. V.
Insinuant. e, *adj.* qui a l'adresse, le talent d'insinuer, de s'insinuer.
Insinuatif. ve, *adj.* propre à insinuer. R. C. * *s. m.* présent des clercs à leur évêque. G.
Insinuation, *s. f. Insinuatio.* action d'insinuer, de s'insinuer; enregistrement d'un acte (*vi.*).
Insinuer, *v. a. Insinuare.* nué. e, *p.* introduire; faire entrer, faire entendre doucement; enregistrer. (s'), *v. r.*
Insipide, *adj.* 2 *g. Inficetus.* sans saveur, sans goût.
Insipidement, *adv.* d'une manière insipide. A. V.
Insipidité, *s. f. Insulsitas.* qualité de ce qui est insipide.
Insister, *v. n. Instare.* persévérer à demander; faire instance; appuyer fortement sur; fonder.
Insociabilité, *s. f.* caractère de celui qui est insociable.
Insociable, *adj.* 2 *g. Insociabilis.* fâcheux; avec qui l'on ne peut vivre.
Insolation, *s. f.* exposition au soleil dans un vase.
Insolemment, *adv. Arroganter.* avec insolence.
Insolence, *s. f. Insolentia.* effronterie; trop grande hardiesse; parole, action insolente.
Insolent. e, *adj. s. Insolens.* effronté; qui perd le respect; orgueilleux.
Insoler, *v. a.* lé. e, *p.* exposer au soleil dans un vase. G. C.
Insolite, *adj.* 2 *g.* contre l'usage, les règles.
Insolubilité, *s. f.* qualité de ce qui est insoluble, ne peut se dissoudre. A. V.
Insoluble, *adj.* 2 *g. Insolubilis.* (question) qui ne peut se résoudre; (terre) qui ne peut se dissoudre.
Insolvabilité, *s. f.* impuissance de payer.
Insolvable, *adj.* 2 *g.* qui n'a pas de quoi payer.
Insomnie, *s. f. Insomnia.* privation de sommeil.
Insondable, *adj.* 2 *g.* qu'on ne peut sonder. R. G.
Insouciance, *s. f.* caractère de l'insouciant. A. C. G. R. V.
Insouciant. e, *adj.* qui ne se soucie, ne s'affecte de rien. A. C. G. R. V.
Insoumis. e, *adj.* qui n'est pas soumis. A. R. V.
Insoutenable, *adj.* 2 *g.* qui n'est pas soutenable; qui ne peut se supporter.
Inspecter, *v. a.* té. e, *p.* examiner comme inspecteur. A.
Inspecteur, *s. m. Inspector.* qui a inspection, qui veille sur.
Inspection, *s. f. Inspectio.* action de regarder, d'examiner; soin de veiller.

Inspirateur, *s. m.* qui inspire. A. V. * *adj.* (génie). B.
Inspiration, *s. f. Afflatus.* suggestion, conseil; chose inspirée; idée, pensée; aspiration de l'air.
Inspirer, *v. a. Inspirare.* ré. e, *p.* suggérer; t. de médecine, respirer, faire entrer l'air, souffler dans les poumons.
Instabilité, *s. f. Instabilitas.* défaut de stabilité des choses.
Instable, *adj.* 2 *g.* qui n'est pas stable. C.
†Instablement, *adv.* sans stabilité.
Installation, *s. f. Introductio.* action d'installer; mise en possession.
Installer, *v. a. Constituere.* lé. e, *p.* mettre en possession d'un office, etc.
Instamment, *adv. Impensè.* avec instance. * Instament. R.
Instance, *s. f. Contentio.* sollicitation pressante; t. d'école, preuve nouvelle. * *pl.* t. de prat. demande, poursuite en justice. B.
Instant, *s. m. Momentum.* moment; partie indivisible, ou le plus petit espace de temps.
Instant (à l'), *adv.* tout à l'heure, à l'heure même.
Instant. e, *adj.* pressant.
Instantané. e, *adj. Momentaneus.* qui ne dure qu'un instant. * Instantanée. *m.* V. G.
Instantanéité, *s. f.* existence instantanée. A. V.
Instar (à l'), *adv.* à l'exemple, à la manière de; de même que. * à-l'instar. C.
Instauration, *s. f.* établissement solennel. * restauration; renouvellement; réparation; réédification. B.
†Instaurer, *v. a.* restaurer; renouveller; réparer; réédifier.
Instigateur. trice, *s. Instigator.* qui incite, qui pousse à faire.
Instigation, *s. f. Instigatio.* incitation; suggestion; sollicitation pressante.
Instiguer, *v. a. Instigare.* gué. e, *p.* pousser, inciter à faire.
Instillation, *s. f.* action d'instiller. V. A.
Instiller, *v. a. Instillare.* lé. e, *p.* verser goutte à goutte. * induire insensiblement en erreur. G.
Instinct, *s. m. Instinctus.* sentiment irréfléchi; mouvement naturel qui dirige les animaux; sentiment indélibéré.
Instinctivement, *adv.* par instinct. C.
†Instipulé. e, *adj.* t. de bot. sans stipule.
†Institoire, *adj. f.* (action) exercée contre le maître d'un commis avec lequel on a traité. * *s. m.* t. de jurisprudence. R.
Instituer, *v. a. Instituere.* tué. e, *p.* établir quelque chose de nouveau; établir en fonction; nommer, faire un héritier.
Institut, *s. m. Institutum.* manière de vivre sous une règle, cette règle; corps d'artistes, de savans, de gens de lettres.
Institutaire, *s. m.* professeur des instituts de Justinien. R. V.
Institutes, *s. f. pl. Institutiones.* principes du droit romain. * Instituts. *m.* V.
Instituteur. trice, *s. Auctor.* qui institue; précepteur.
Institution, *s. f. Institutio.* action d'instituer, d'établir; chose instituée; éducation; nomination.
Instructeur, *s. m.* qui démontre l'exercice. V. qui instruit. A.
Instructif. ve, *adj.* (chose) qui instruit.
Instruction, *s. f. Institutio.* éducation; institution; préceptes; connoissances. *pl.* ordres donnés à un envoyé; tout ce qui précède un jugement.
Instruire, *v. a. Instruere.* truit. e, *p.* enseigner, donner des leçons; informer; mettre un procès en état d'être jugé.

Instrument, *s. m. Instrumentum.* outil en général, ou machine portative; moyen; t. de musique, machine qui rend des sons; t. de pratique, acte, contrat.
Instrumental. e, *adj.* d'instrument; qui sert d'instrument.
Instrumentatif. ve, *adj.* qui sert à instrumenter; t. de pratique. B.
Instrumenter, *v. a.* té. e, *p.* faire des actes, des contrats, des procès-verbaux.
Insubmergible, *adj.* 2 *g.* qui ne peut être submergé. C. * Insubmersible. AL.
Insubordination, *s. f.* défaut de subordination. A.
Insubordoné. e, *adj.* qui manque à la subordination. A. V. * qui a l'esprit d'insubordination. B.
Insuccessif. ve, *adj.* qui n'est pas successif. V.
Insuffisamment, *adv. Tenuiter.* d'une manière insuffisante. * Insuffisament. R.
Insuffisance, *s. f. Tenuitas.* manque de suffisance; incapacité.
Insuffisant. e, *adj.* qui ne suffit pas; incapable; ignorant.
†Insufflation, *s. f. Insufflatio.* t. de médecine, action de souffler.
Insulaire, *adj. s.* 2 *g. Insularis.* habitant d'une île.
Insultable, *adj.* 2 *g.* exposé à l'insulte. R. T.
Insultant. e, *adj. Contumeliosus.* qui insulte, propre à insulter; (chose).
Insulte, *s. f. Insultatio.* mauvais traitement de fait ou de parole avec dessein d'offenser.
Insulter, *v. a. Insultare.* té. e, *p.* faire insulte; attaquer ouvertement; manquer à ce qu'on doit. * *v. n.* insulter à.
†Insupérable, *adj.* 2 *g.* (talent) que l'on ne peut surpasser.
Insupportable, *adj.* 2 *g. Intolerabilis.* intolérable; qui ne peut être souffert.
Insupportablement, *adv. Intoleranter.* d'une manière insupportable.
Insurgence, *s. f.* action de s'insurger. RR.
Insurgens, *s. m. pl.* milice hongroise. * qui s'élèvent contre une autorité. G. C. V. les Américains insurgés. B.
Insurger (s'), *v. r.* gé. e, *p.* se soulever contre un gouvernement. V.
Insurmontable, *adj.* 2 *g. Insuperabilis.* qui ne peut être surmonté.
Insurrection, *s. f.* action de s'insurger. A. G. V.
Insurrectionnel. le, *adj.* qui a pour but l'insurrection, qui y tient. V. * -tionel. ele. RR.
Intabuler, *v. a.* lé. e, *p.* inscrire sur le tableau. R. G. C.
Intact. e, *adj. Intactus.* auquel on n'a pas touché; entier; pur. G. C.
Intactile, *adj.* 2 *g.* qui ne peut tomber sous le tact. G. C.
Intarissable, *adj.* 2 *g. Inexhaustus.* qui ne peut se tarir, s'épuiser.
Intégral. e, *adj.* 2 *g. s. f.* partie finie, t. de mathématique; (calcul) du fini par l'infini.
Intégralement, *adv.* (*inus.*) entièrement. R. G.
Intégrant. e, *adj.* (partie) qui compose l'intégrité d'un tout.
Intégration, *s. f.* t. de mathématique, action d'intégrer.
Intègre, *adj.* 2 *g. Integer.* d'une probité incorruptible. * Integre. R.
Intégrer, *v. a.* gré. e, *p.* trouver l'intégrale d'une quantité différentielle.
Intégrité, *s. f. Integritas.* probité; vertu incorruptible; état d'un tout complet, d'une chose saine. A. G. V. RR.

Intégument, *s. m.* membranes qui couvrent les parties intérieures. G. V. C. RR.
Intellect, *s. m. Intelligentia.* entendement.
Intellectif. ve, *adj.* appartenant à l'entendement.
Intellection, *s. f.* action de concevoir, de comprendre. T. RR. V.
Intellective, *s. f.* intelligence; esprit. G. C.
†Intellectualiser, *v. a.* sé. e, *p.* élever, mettre au rang des choses intellectuelles. R.
Intellectuel. le, *adj.* qui est dans l'entendement, lui appartient; spirituel. * Intellectuel. ele. R.
Intelligemment, *adv. Intelligenter.* avec intelligence, connoissance.
Intelligence, *s. f. Intelligentia.* faculté intellective; capacité de comprendre; connoissance approfondie; accord; amitié réciproque; substance spirituelle. * espion dans une place; correspondance. B.
Intelligent. e, *adj. Intelligens.* pourvu de la faculté intellective; habile; versé dans quelque matière; qui a du bon sens, de la pénétration.
Intelligibilité, *s. f.* clarté d'un discours. G. RR.
Intelligible, *adj.* 2 *g.* aisé à comprendre; qui peut être ouï aisément. * métaphysique. B.
Intelligiblement, *adv. Intelligenter.* d'une manière intelligible.
Intempéramment, *adv.* avec intempérance. * Intempérament. A. R. V. CO.
Intempérance, *s. f. Intemperantia.* vice opposé à la tempérance.
Intempérant. e, *adj. s. m. Intemperans.* qui a de l'intempérance.
Intempéré. e, *adj.* déréglé dans ses appétits, ses passions.
Intempérie, *s. f. Intemperantia.* déréglement des saisons, des humeurs du corps.
Intendance, *s. f. Præfectura.* direction, administration; fonction, district, maison de l'intendant; exercice, durée de sa fonction.
Intendant. e, *s. Præfectus.* préposé à la direction de.
†Intendit, *s. m.* preuve; allégation; principale déposition.
Intense, *adj.* 2 *g.* grand, fort, vif, ardent. t. de physique.
Intension, *s. f.* force, véhémence, ardeur; intensité.
Intensité, *s. f.* degré de puissance, de force, d'activité.
Intensivement, *adv.* avec force, véhémence. * Intentivement. V.
Intenter, *v. a. Inferre.* té. e, *p.* former, commencer une action, un procès contre.
Intention, *s. f. Voluntas.* dessein; volonté; fin. * t. de logique, connoissance d'une chose; chose connue. G.
Intentionné. e, *adj.* qui a une intention, un dessein. * Intentioné. R.
Intentionnel. le, *adj.* qui appartient à l'intention. A. V. * Intentionel. ele. V. Intentionel. ele. R.
Intentionnelles (espèces), *adj. s. f. pl.* images supposées sortir des corps, t. de philosophie des anciens. C. V.
Intentionner, *v. a.* né. e, *p.* (*vieux*) diriger l'intention. V.
Interarticulaires, *adj.* qui sont entre les articulations. G. C.
Intercadence, *s. f.* mouvement déréglé du pouls.
Intercadent, *adj.* (pouls) déréglé.
Intercalaire, *adj.* 2 *g. Intercalaris.* inséré dans, ajouté à un autre.
Intercalation, *s. f. Intercalatio.* addition d'un jour à février.
Intercaler, *v. a.* lé. e, *p.* insérer, ajouter. G. RR.
Intercéder, *v. n. Deprecari.* prier pour quelqu'un.
Intercepter, *v. a. Intercipere.* té. e, *p.* interrompre le cours, la communication de; arrêter par surprise.
Interception, *s. f.* interruption du cours.
Intercesseur, *s. m. Intercessor.* qui intercède.
Intercession, *s. f. Deprecatio.* action d'intercéder; prière.
†Intercidence, *s. f.* petite chute, t. de plain-chant.
†Interclaviculaire, *adj.* 2 *g.* situé entre les clavicules.
Intercostal. e, *adj.* qui est entre les côtes.
Intercurrent. e, *adj.* t. de méd. qui se mêle avec; inégal. (pouls, fièvre). G. C.
Intercursion, *s. f.* (*inusité*) incursion. R.
Intercutanée, *adj.* 2 *g.* t. de méd. entre la chair et la peau. G. C.
Interdiction, *s. f. Interdictio.* suspension des fonctions; défenses d'exercer, de juger; action d'interdire un fou, un prodigue.
Interdire, *v. a. Interdicere.* dit. e, *p.* défendre quelque chose à quelqu'un; prononcer l'interdiction contre quelqu'un; déconcerter, étonner, troubler.
Interdit, *s. m. Interdictio.* t. de droit canon; censure qui interdit; celui qui est interdit.
†Interépineux. se, *adj.* situé entre les apophyses épineuses.
Intéressant. e, *adj. Quod interest.* qui intéresse.
Intéressé. e, *adj.* fort attaché à ses intérêts. *s.* qui a un intérêt dans.
Intéresser, *v. a.* sé. e, *p.* donner un intérêt dans une affaire; inspirer de l'intérêt; importer; engager; toucher; émouvoir; attacher. (s'), *v. r.* prendre parti pour, part à.
Intérêt, *s. m. Utilitas.* ce qui importe à l'honneur, à l'utilité; ce qui attache; ce qui intéresse; profit. * dommage, préjudice. AL.
Intérêts, *s. m. pl.* t. de finance, produit, retenue sur une somme prêtée. C. V.
Intérieur. e, *adj. Interior.* qui est au dedans, interne.
Intérieur, *s. m. Interior.* le dedans; pensées secrètes; mouvemens intimes.
Intérieurement, *adv. Intùs.* au dedans.
Intérim, *s. m. Intereà.* entre-temps. *(par), *adv.* B.
†Interjecter, *v. a.* interposer; mettre entre, parmi.
Interjection, *s. f.* t. de gram. mot pour exprimer la douleur, la colère, etc. *ex.* hélas! t. de prat. action d'interjeter appel.
Interjeter, *v. a.* té. e, *p.* (un appel), appeler d'un jugement.
Interligne, *s. f.* t. d'impr. entre-ligne; espace entre les lignes, lame de plomb qui le remplit.
†Interligner, *v. a.* gné. e, *p.* mettre des interlignes.
Interlinéaire, *adj.* 2. *g.* écrit dans l'interligne.
Interlobulaire, *adj.* 2 *g.* qui sépare les lobules du poumon. G. C.
Interlocuteur, *s. m.* personnage introduit dans un dialogue.
Interlocution, *s. f. Interlocutio.* t. de pratique, jugement par lequel on interloque.
Interlocutoire, *adj.* 2 *g. s. m.* t. de prat. jugement qui interloque.
Interlope, *adj. s. m. Interpolus.* t. de com. qui trafique en fraude. * *adj.* 2 *g.* (commerce) AL.
Interloquer, *v. a. n. Ampliare.* qué. e, *p.* rendre un jugement interlocutoire; embarrasser, interdire, étourdir.
Intermaxillaire, *adj.* entre les machoires. G. C.
Intermède, *s. m.* t. de chim. substance jointe à une autre pour la distiller; t. de théâtre, divertissement entre les actes. * Intermede. R.
Intermédiaire, *adj.* 2 *g. Intermedius.* entre deux; subordonné. * *s.* 2 *g.* AL.
Intermédiat, *s. m.* (lettre d') qui accordent les gages depuis la mort du titulaire. *adj.* entre deux actions, deux temps.
Interminable, *adj.* 2 *g.* qui ne peut être terminé.
Intermission, *s. f. Intermissio.* interruption, discontinuation d'une cause, d'un effet.
Intermittence, *s. f.* discontinuation, interruption.
Intermittent. e, *adj. Intermissus.* qui cesse et reprend par intervalles.
Interne, *adj.* 2 *g. Interior.* qui est au dedans, du dedans.
Interner (s'), *v. r.* né. e, *p.* se confondre, ne faire qu'un. R.
Internonce, *s. m.* qui remplace le nonce.
Internonciature, *s. f.* charge d'internonce. R. G. C.
Interosseux, *adj.* (muscles) entre les os du métacarpe, G. C.
†Interpellateur, *s. m.* qui interpelle.
Interpellation, *s. f. Interpellatio.* t. de pratique, sommation de répondre.
Interpeller, *v. a. Interpellare.* lé. e, *p.* t. de prat. sommer de répondre sur un fait.
Interpolateur, *s. m.* celui qui interpole.
Interpolation, *s. f.* action d'interpoler.
Interpoler, *v. a.* lé. e, *p.* insérer un mot, une phrase dans le texte d'un manuscrit.
Interposer, *v. a. Interponere.* sé. e, *p.* mettre entre deux; intervenir; employer la méditation, l'autorité.
Interposition, *s. f. Interpositio.* situation entre deux corps, deux choses; intervention d'une autorité supérieure.
Interprétatif. ve, *adj.* qui interprète, explique.
Interprétation, *s. f. Interpretatio.* action d'interpréter; explication.
Interprétativement, *adv.* d'une manière interprétative. R. G. C.
Interprète, *s.* 2 *g. Interpres.* qui explique une langue, un discours, une lettre, une réponse, une volonté, un songe, un présage; truchement. * Interprete. R.
Interpréter, *v. a. Interpretari.* té. e, *p.* traduire d'une langue dans une autre; expliquer; prendre en bonne ou mauvaise part.
Interrègne, *s. m. Interregnum.* temps pendant lequel il n'y a pas de roi ou de chef d'un état. * Interregne. R.
Interrex, *s. m.* qui gouverne pendant un interrègne. G. C. * Interroi. B.
Interrogant, *adj. m.* (point) qui marque l'interrogation. (?)
Interrogat, *s. m. Interrogatum.* t. de pratique, question faite en justice. G.
Interrogateur, *s. m.* qui interroge. V. RR.
Interrogatif. ve, *adj.* qui sert à interroger.
Interrogation, *s. f. Interrogatio.* question, demande; figure de rhétorique.
Interrogatoire, *s. m. Quæstio.* questions que fait un juge; procès verbal qui les contient.
Interroger, *v. a. Interrogare.* gé. e, *p.* questionner; consulter, examiner.
†Interroi, *s. m.* magistrat qui gouvernoit en l'absence des rois, du dictateur ou des consuls.
Interrompre, *v. a. Interrumpere.* pu. e, *p.* empêcher la continuation, la continuité d'une chose.
Interrupteur, *s. m.* celui qui interrompt un discours. G. C.
Interruption, *s. f. Intermissio.* action d'interrompre, ses effets.
Intersection, *s. f.* point où deux lignes se coupent.
†Interstellaire, *adj.* 2 *g.* (espace) entre les étoiles.
Interstice, *s. m. Intervallum.* intervalle de temps, d'espace; pore. G. C. RR. CO.
†Intertransversal. e, *adj.* entre les apophyses transverses.

Intervalle, *s. m. Intervallum.* distance d'un temps, d'un lieu, d'un son à un autre.
†Intervalvaire, *adj.* 2 *g.* (cloison) qui forme les valves d'un fruit, t. de bot.
Intervenant. e, *s. m. adj. Interventor.* qui intervient, t. de pratique.
Intervenir, *v. a. n. Intervenire.* nu. e, *p.* entrer dans une affaire; t. de prat. interposer son autorité, sa médiation, etc.
Intervention, *s. f. Interventus.* action d'intervenir.
Interversion, *s. f.* renversement d'ordre.
†Intervertébral. e, *adj.* entre les vertèbres.
Intervertir, *v. a.* ti. e, *p.* déranger, renverser.
Intervertissement, *s. m.* action d'intervertir. A. V.
Intestablé, *adj.* 2 *g.* qui ne peut servir de témoin. V.
Intestat, *adj.* (ab) *adv. Intestatus.* qui n'a pas fait de testament.
Intestin. e, *adj. Intestinus.* interne, qui est dans le corps.
Intestinal. e, *adj.* qui appartient aux intestins.
Intestinaux, *s. m. pl.* (vers) dans les intestins. L.
Intestins, *s. m. pl. Intestina.* boyaux; vers dans les intestins. * *sing.* Intestin. A. V.
†Intigé, e, *adj.* t. de botanique, acaule.
Intimation, *s. f. Denunciatio.* action par laquelle on intime.
Intime, *adj.* 2 *g. s. Intimus.* qu'on aime beaucoup; intérieur; (union) très-étroite.
Intimé. e, *s.* défendeur en cause d'appel.
Intimement, *adv. Intimè.* avec une affection particulière; étroitement; profondément. * Intimément. RR.
Intimer, *v. a.* signifier en vertu de la loi; appeler en justice; assigner. Intimé. e, *p. s.* (défendeur dans l'appel).
Intimidation, *s. f.* action d'intimider. R. G. C.
Intimider, *v. a.* dé. e, *p.* donner de la crainte à; menacer.
Intimité, *s. f.* liaison intime.
Intinction, *s. f.* t. de litur. mélange d'une partie de l'hostie consacrée avec le sang de J. C. R. G.
Intitulation, *s. f.* titre qu'on met à un livre. C. G.
Intitulé, *s. m. Inscriptio.* titre d'un acte.
Intituler, *v. a. Inscribere.* lé. e, *p.* donner, mettre un titre.
Intolérable, *adj.* 2 *g. Intolerandus.* insupportable.
Intolérablement, *adv.* d'une manière intolérable. G.
Intolérance, *s. f.* défaut de tolérance religieuse.
Intolérant. e, *adj.* qui n'est point tolérant.
Intolérantisme, *s. m.* doctrine des sectes intolérantes.
Intonation, *s. f. Modulatus.* manière d'entonner un chant.
†Intorsion, *s. f.* t. de bot. flexion.
Intrados, *s. m.* t. d'archit. partie concave d'une voûte. * Intradôs. R.
Intraduisible, *adj.* 2 *g.* qu'on ne peut traduire. G. C. V.
Intraitable, *adj.* 2 *g. Intractabilis.* qui n'est pas traitable; rude; d'un commerce difficile.
Intransitif. ve, *adj.* t. de gram. (verbe) neutre, qui exprime l'action qui se passe dans le sujet. *exemple:* manger.
Intrant, *s. m.* t. de collége, chargé d'élire le recteur.
In-trente-deux, *s. m.* livre dont les feuilles sont pliées en trente-deux feuillets. R.
Intrépide, *adj.* 2 *g. Intrepidus.* qui ne craint point le danger, qui l'affronte.
Intrépidement, *adv.* d'une manière intrépide.
Intrépidité, *s. f.* fermeté inébranlable dans le péril.
Intrigant. e, *adj. s. Ardelio.* qui se mêle de beaucoup d'intrigues.
Intrigue, *s. f.* pratique secrète pour réussir; embarras; incident fâcheux; commerce secret de galanterie; nœud d'une pièce de théâtre.
†Intrigué, *adj.* (roman) dont l'intrigue est bien ou mal conduite.
Intriguer, *v. a.* gué. e, *p.* embarrasser. *v. n.* faire des intrigues. *Machinari.* (s'), *v. r.* se donner beaucoup de peine pour réussir.
Intrigueur. se, *s.* (*ironique*) qui fait, fabrique des intrigues. G. C.
Intrinsèque, *adj.* 2 *g. Intrinsecus.* réel; intérieur, qui est en soi. * Intrinseque. R.
Intrinsèquement, *adv.* d'une manière intrinsèque.
Introducteur. trice, *s. Admissionalis.* qui introduit.
Introductif. ve, *adj.* ce qui introduit, sert d'entrée; t. de pratique.
Introduction, *s. f. Introductio.* action d'introduire; acheminement; exorde, préface; commencement de procédure.
Introduire, *v. a. Introducere.* duit. e, *p.* donner entrée, faire entrer; donner cours, commencement.
Introït, *s. m. Introitus.* commencement de la messe, t. de liturgie. * Introïte. R.
Intromission, *s. f.* action par laquelle on est introduit, on s'introduit; t. de physique.
Intronisation, *s. f.* installation d'un évêque.
Introniser, *v. a.* sé. e, *p.* installer un évêque.
Introuvable, *adj.* 2 *g.* (*familier*) qui ne peut se trouver.
Intrus. e, *adj. s. Intrusus.* qui possède, occupe sans droit.
Intrusion, *s. f. Obreptio.* possession, occupation sans droit.
Intuitif. ve, *adj.* (vision) de Dieu, à la manière des anges.
Intuition, *s. f.* vision de Dieu, comme les bienheureux. * perception interne, indépendante des sens. B.
Intuitivement, *adv.* d'une manière intuitive.
Intumescence, *s. f.* action par laquelle une chose s'enfle.
Intus-susception, *s. f.* t. de phys. introduction d'un suc dans un corps pour son développement.
†Inule *ou* Aunée, *s. f. Inulis.* genre de plantes corymbifères.
Inusité. e, *adj. Inusitatus.* qui n'est pas usité.
Inutile, *adj.* 2 *g. Inutilis.* qui ne sert à rien; qui n'est pas utile.
Inutilement, *adv. Inutiliter.* sans utilité, en vain.
Inutilité, *s. f. Inutilitas.* manque d'utilité; défaut d'emploi, d'occasion de servir. *pl.* choses inutiles.
†Invader, *v. a.* faire une invasion; assaillir.
Invaincu, *adj.* qui n'a jamais été vaincu. P. CORN.
Invalide, *adj.* 2 *g. s. m. Invalidus.* sans validité; estropié, infirme.
Invalidement, *adv. Inaniter.* sans validité.
Invalider, *v. a.* dé. e, *p. Nullum facere.* rendre, déclarer nul, invalide.
Invalidité, *s. f.* manque de validité. G.
Invariabilité, *s. f.* qualité de ce qui est invariable.
Invariable, *adj.* 2 *g. Immutabilis.* qui ne varie point.
Invariablement, *adv. Certò.* d'une manière invariable.
Invasion, *s. f. Occupatio.* irruption pour piller, envahir.
Invectif. ve, *adj.* qui sert à traîner. V.
Invective, *s. f. Objurgatio.* expression injurieuse, véhémente.
Invectiver, *v. a.* vé. e, *p.* dire des invectives.
Invendable, *adj.* 2 *g.* qu'on ne peut pas vendre. A.
Invendu. e, *adj.* qui n'est pas vendu. R. V.
Inventaire, *s. m. Recensio.* rôle; mémoire; éventaire; vente de meubles inventoriés.
Inventer, *v. a.* té. e, *p. Excogitare.* trouver, imaginer quelque chose de nouveau; controuver, supposer.
Inventeur. trice, *s. Repertor.* qui invente; qui a inventé.
Inventif. ve, *adj. Ingeniosus.* qui a le génie, le talent d'inventer.
Invention, *s. f. Inventio.* faculté, action d'inventer; chose inventée; découverte.
Inventorier, *v. a.* rié. e, *p. Recensere.* mettre dans un inventaire.
Inversable, *adj.* 2 *g.* (voiture) qui ne peut verser.
Inverse, *adj.* 2 *g.* pris dans un ordre renversé.
Inversion, *s. f. Inversio.* transposition, changement d'ordre des mots.
Investigateur, *s. m.* qui fait des recherches. A. G.
Investigation, *s. f.* recherche suivie. A. V.
Investir, *v. a.* ti. e, *p.* t. de droit, donner l'investiture; mettre en possession d'un fief; t. milit. environner, *Cingere.* écarter les autres; circonvenir.
Investissement, *s. m. Interclusio.* action d'investir une place.
Investiture, *s. f.* mise en possession d'un fief, son acte.
Invétéré. e, *adj. Inveteratus.* enraciné; qu'on ne peut vaincre. G. C.
Invétérer, *v. n.* ré. e, *p. Inveterare.* devenir vieux, difficile à guérir; s'enraciner, (s'), *v. pers.*
Invincibilité, *s. f.* qualité de ce qui est invincible. R. V.
Invincible, *adj.* 2 *g. Invictus.* qu'on ne sauroit vaincre.
Invinciblement, *adv. Necessariò.* d'une manière invincible.
In-vingt-quatre, *s. m.* livre dont les feuilles sont pliées en vingt-quatre feuillets. R.
Inviolabilité, *s. f.* qualité de ce qui est inviolable; privilége qui garantit de la mise en jugement.
Inviolable, *adj.* 2 *g. Inviolabilis.* qu'on ne doit jamais violer, enfreindre; qu'on ne viole pas; qui jouit du privilége de l'inviolabilité.
Inviolablement, *adv. Inviolatè.* d'une manière inviolable.
Invisibilité, *s. f.* état, qualité de ce qui est invisible.
Invisible, *adj.* 2 *g. Invisibilis.* qu'on ne peut voir.
Invisiblement, *adv. Citra aspectum.* d'une manière invisible.
Invitateur. trice, *s.* qui invite. R. * *pl.* qui alloient inviter les conviés. B.
Invitation, *s. f. Invitatio.* action d'inviter.
Invitatoire, *s. m.* t. de litur. antienne à matines.
Inviter, *v. a.* té. e, *p. Invitare.* engager à; prier de; porter à.
Invocation, *s. f. Invocatio.* action d'invoquer; t. de poësie, partie du poëme dans laquelle on invoque une muse, un dieu.
Invocatoire, *adj.* 2 *g.* contenant l'invocation. V.
Involontaire, *adj.* 2 *g. Non voluntarius.* indépendant de la volonté, contre la volonté, sans sa participation.
Involontairement, *adv.* sans le vouloir.
†Involucelle, *s. m.* t. de bot. involucre partiel.
†Involucre, *s. m.* petites folioles qui entourent le pédoncule; enveloppe commune et continue.
†Involucré. e, *adj.* pourvu d'un involucre.
Involution, *s. f.* t. de prat. assemblage d'embarras, de difficultés. B. G. C.
Involvé. e, *adj.* embrouillé. R.
Invoquer, *v. a.* qué. e, *p. Invocare.* appeler à son secours un être plus puissant.
Invraisemblable, *adj.* 2 *g.* qui n'est pas vraisemblable. A.

Invraisemblablement, *adv.* d'une manière invraisemblable. V.
Invraisemblance, *s. f.* qualité de ce qui n'est pas vraisemblable; défaut de vraisemblance. A. B.
Invulnérabilité, *s. f.* qualité, état de ce qui est invulnérable.
Invulnérable, *adj. 2 g. Invulnerabilis.* qui ne peut être blessé.
†Iol, *s. m.* petit vaisseau léger du Nord.
Ionien. ène, *adj.* mode, dialecte. A. V. * *f.* ene. R.
Ionique, *adj. 2 g.* ordre d'architecture; terme de poësie. * Ionique. A. R. V.
Iota, *s. m.* pas la moindre chose; 9ᵉ. lettre grecque. * Iôta. R. A.
†Iotacisme, *s. m.* difficulté de prononcer certaine lettre.
Ipécacuanha, *s. m.* racine d'une espèce de violier d'Amér., remplace l'émétique, bon contre le flux de ventre, dans les fièvres malignes et putrides, la dyssenterie, les pleurésies et les diarrhées bilieuses; en poudre, bon sternutatoire. * Ipécacuana. A.
Ipreau, *s. m.* orme à larges feuilles. * Ypreau. R. Ypréau. RR.
†Ips, *s. m. pl.* insecte coléoptère.
Ipso facto, *adv.* par le seul fait. * Ipso-facto. C.
†Iptère, *s. m.* t. d'architecture.
Iraconde, *adj. 2 g.* (*vieux*) colère. V.
Irascible, *adj. 2 g.* (appétit, partie, faculté); de la faculté qui porte l'ame à l'énergie, à la constance. * qui s'irrite aisément (*nouveau*; *néologisme*). B.
Iré. e, *adj.* en colère. V.
Ire, *s. f.* (*vieux*) *Ira.* colère, courroux.
Irénarque, *s. m.* prince de paix. R.
Ireux, *adj.* (*vieux*) colère. V.
Iringion, *s. m.* sorte de chardon. R.
Iris, *s. m. Arcus.* arc-en-ciel. *Iris.* plante liliacée; le suc de l'iris commun est hydragogue, purgatif, poudre sternutat., aromat., la fleur donne le vert d'iris; cercle qui entoure la prunelle; couleur; t. d'anat. * *s. f.* couleur. A. pierre précieuse. — bulbeux, *s. m.* faux hermodacte. B.
Irisé. e, *adj.* t. d'hist. nat. couvert d'iris. BUFFON.
Irlandois. e, *s. adj. Hibernus.* d'Irlande. RR. * Irlandais. e. C.
Ironie, *s. f. Ironia.* raillerie fine; figure de rhétorique.
Ironique, *adj. 2 g.* où il y a de l'ironie.
Ironiquement, *adv. Ironicè.* d'une manière ironique.
Iroquois. e, *s.* intraitable. V. * peuple d'Amérique.
Irradiation, *s. f.* émission, effusion des rayons de lumière.
Irraisonnable, *adj. 2 g. Irrationalis.* qui n'est pas doué de raison. * Irraisonable. R.
Irraisonnablement, *adv.* d'une manière irraisonnable; sans raison. C.
Irramenable, *adj. 2 g.* qu'on ne peut ramener. V.
Irrassasiable, *adj. 2 g.* qui ne peut pas être rassasié. R. V.
Irrationnel. le, *adj.* t. de mathém. qui n'a pas de rapport avec l'unité. * Irrationel. ele. R.
Irrecevable, *adj. 2 g.* qui ne peut être reçu. R. V.
Irréconciliable, *adj. 2 g. Implacabilis.* qui ne peut se réconcilier.
Irréconciliablement, *adv.* d'une manière irréconciable.
†Irréconcilié. e, *adj.* (ennemis) qui n'ont pu être reconciliés.
Irrécusable, *adj. 2 g.* qu'on ne peut récuser. A.
Irréductibilité, *s. f.* état, qualité de ce qui est irréductible. A. V.
Irréductible, *adj. 2 g.* t. d'algèbre, qui ne peut être réduit; t. de chim. qu'on ne peut réduire en poudre; (oxide) qu'on ne peut ramener à l'état de métal.
Irréfléchi. e, *adj.* qui n'est pas réfléchi. A. V.
†Irréflexion, *s. f.* défaut de réflexion. (*nouv.*)
Irréformabilité, *s. f.* état, qualité de ce qui est irréformable. R. V.
Irréformable, *adj. 2 g.* qui ne peut être réformé.
Irréfragable, *adj. 2 g.* qu'on ne peut contredire; irrécusable.
Irrégularité, *s. f. Irregularitas.* manque de régularité; état d'un clerc, d'un prêtre irrégulier.
Irrégulier. ère, *adj.* contre les règles; dont les parties ne sont pas égales, ou en symétrie. (ecclésiastique) qui a encouru la censure. * *f.* Irréguliere. R.
Irrégulièrement, *adv. Contra leges.* avec irrégularité. * Irréguliérement. R. G.
Irréligieusement, *adv. Irreligiosè.* avec irréligion.
Irréligieux. se, *adj. Irreligiosus.* (chose) contraire à la religion.
Irréligion, *s. f.* impiété; manque de religion.
†Irréméable, *adj. 2 g.* d'où l'on ne peut revenir.
Irrémédiable, *adj. 2 g. Irremediabilis.* à quoi on ne peut remédier.
Irrémédiablement, *adv.* de sorte qu'on ne peut y remédier.
Irrémissible, *adj. 2 g. Inexpiabilis.* qui ne peut se pardonner.
Irrémissiblement, *adv.* sans rémission; sans miséricorde.
Irréparable, *adj. 2 g. Irreparabilis.* qu'on ne peut réparer.
Irréparablement, *adv. Desperanter.* d'une manière irréparable.
Irréparé, *adj.* (crime) qui n'a pas été réparé. LAHARPE.
Irrépréhensibilité, *s. f.* qualité de ce qui est irrépréhensible. V.
Irrépréhensible, *adj. 2 g. Irreprehensibilis.* qu'on ne sauroit reprendre.
Irrépréhensiblement, *adv.* d'une manière irrépréhensible.
Irréprochable, *adj. 2 g. Probatissimus.* sans reproche; qui n'en mérite pas.
Irréprochablement, *adv.* d'une manière irréprochable.
Irrésistibilité, *s. f.* qualité de ce à quoi on ne peut résister.
Irrésistible, *adj. 2 g.* à quoi on ne peut résister.
Irrésistiblement, *adv.* d'une manière irrésistible.
Irrésolu. e, *adj. Fluctuans.* qui a peine à se résoudre; indécis.
Irrésoluble, *adj. 2 g.* qu'on ne peut résoudre. G.
Irrésolument, *adv. Dubitanter.* d'une manière irrésolue. * Irrésolûment. C.
Irrésolution, *s. f. Hæsitatio.* incertitude, indécision.
Irrévéremment, *adv. Irreverenter.* avec irrévérence.
Irrévérence, *s. f. Irreverentia.* manque de révérence, de respect.
Irrévérent. e, *adj.* (chose) contre le respect.
Irrévocabilité, *s. f.* qualité de ce qui est irrévocable.
Irrévocable, *adj. 2 g. Firmus.* qui ne peut être révoqué.
Irrévocablement, *adv. Firmissimè.* d'une manière irrévocable.
Irrévoqué. e, *adj.* (loi) qui n'a point été révoquée. LAHARPE.
Irrigation, *s. f.* arrosement par des rigoles. A. C.
Irrision, *s. f.* (*vi.*) *Irrisio.* moquerie, mépris. R. G.
Irritabilité, *s. f.* qualité de ce qui est irritable. A.
Irritable, *adj. 2 g.* (nerf) qui peut être irrité; A. R. V. * qui s'irrite aisément. B.
Irritant. e, *adj.* t. de prat. qui annulle. * t. de méd. qui rend âcre, irrite. G. C.
Irritation, *s. f. Irritatio.* action de ce qui irrite, ses effets.
Irriter, *v. a.* té. e, *p. Irritare.* mettre en colère; aigrir; provoquer; augmenter; exciter. (s') *v. r.*
Irroration, *s. f.* t. de méd. arrosement. V. G. CO.
Irruption, *s. f. Irruptio.* entrée soudaine, violente et continue des ennemis.
Isabelle, *s. m. adj. 2 g.* couleur. * Isabele. R. chien de mer isabelle. B.
Isagone, *adj.* t. de géométrie, à angles égaux. G. C. V. * Isagône. R.
Isambron, *s. m.* étoffe. R.
Isard, *s. m.* chamois, chèvre sauvage.
†Isaris, *s. m.* toile de coton des Indes.
Isatis, *s. m.* animal qui tient le milieu entre le renard et le chien; plante. voyez Guède.
†Ischème, *s. m. Ischaemum.* genre de plantes graminées.
†Ischiadique, *ou* Ischiaque, *adj. 2 g.* veine de la cuisse, de la hanche.
†Ischiagre, *s. f. Ischiagra.* goutte à la hanche.
Ischio-caverneux, *s. m.* muscles. V.
Ischion, *s. m.* l'un des trois os innominés.
†Ischnophonie, *s. f. Ischnophonia.* begaiement.
Ischurétique, *adj. 2 g.* propre à guérir l'ischurie.
Ischurie, *s. f.* suppression totale d'urine.
Isiaque, *adj. 2 g.* monument d'Isis, (table de bronze) qui représente les mystères d'Isis.
Isir, *s. m.* t. de philos. hermétique. R.
†Isis, *s. f.* coralloïdes articulés; 9ᵉ. genre des zoophites; comprend les coraux.
Islam, *s. m.* mahomérisme. G.
Islamisme, *s. m.* mahométisme.
Islandois. e, *s. adj.* d'Islande. * Islandais. e. VOLT.
†Isocarde, *s. f. Isocardia.* mollusque acéphale à coquille. Corne de bœuf. Bonnet de fou.
Isocèle, *adj. Isoscelus.* (triangle) à deux côtés égaux. * Isocele *et* Isoscele. R.
Isochrone, *adj. 2 g.* t. de mécanique, mouvement d'égale durée; qui se fait en temps égaux.
Isochronisme, *s. m.* égalité de durée. R.
†Isogone, *adj. 2 g.* (surface) à angles égaux.
†Isolation, *s. f.* action d'isoler les corps.
Isolé. e, *adj. Sejunctus.* seul, abandonné.
Isolement, *s. m.* t. d'archit. distance entre les parties. R. G. C. * état de ce qui est isolé. V. Isolément. RR.
Isolément, *adv.* d'une manière isolée. C. V.
Isoler, *v. a.* faire qu'une chose ne tienne pas à une autre. (s') *v. r. pron.* se séparer de la société. Isolé. e, *p. adj.* seul, qui ne tient à rien.
†Isoloir, *s. m.* siège pour électriser.
Isomérie, *s. f.* réduction des fractions au même dénominateur. C. CO. RR. * Isométrie. G. C. AL.
Isop, *s. m.* t. de mar. R.
Isopérimètre, *adj. 2 g.* (figures) à circonférences égales, à contours égaux. * Isoperimetre. R.
†Isopleure, *adj. 2 g.* figure qui a sept côtés égaux.
†Isopsephe, *adj. 2 g.* (vers) qui ont le même nombre de lettres.
Isorropastique, *s. f.* t. de mathém. R. * Isorropostatique. RR.
Isorropique, *s. f.* t. de mathém. R.
†Isote, *s. m. Isoetes.* genre de plantes de la famille des fougères.
Israélite, *s. m.* (bon); homme simple et plein de candeur; peuple. * Israëlite, *s. adj. 2 g.* R.
Issant. e, *adj.* t. de blason; placé sous le chef. G.
Issas, *s. m.* corde pour hausser et baisser. R.
Issir, *v.* (*in.*) su. e, *p. adj.* venir, descendre. G.
†Issous, *s. m. pl.* cordages blancs pour hisser les vergues.
Issue, *s. f. Exitus.* sortie; événement; succès

bon ou mauvais; moyen, expédient pour se tirer d'affaire. *pl.* les dehors, les environs d'une ville; les extrémités, les entrailles des animaux. * le son, le fleurage des grains. B.
Isthme, *f. m. Isthmus.* langue de terre resserrée entre deux mers. * *et* Istme. G.
Isthmion, *s. f.* coiffure des femmes grecques. V.
Isuelle, *adj. 2 g.* vif, gai, dispos. V.
Isuellement, *adv.* (*vieux*) gaiement. V.
Ita est, t. de prat. il est ainsi. * Ita-est. C.
Itagle, *s. m. voyez* Itaque *ou* Itague.
Itague, *s. m. ou* Itaque, *t.* de marine. R. manœuvre courante dans deux poulies. B.
Itale, *adj. 2 g.* (*vieux*) italien. V.
Italianiser, *v. a.* é. e, *p.* affecter les mœurs italiennes. C.
Italianisme, *s. m.* locution italienne. V. R. C.
Italien. ne, *adj. Italus.* (écriture). *s.* d'Italie. * Italien. ene. R.
Italique, *adj. 2 g. Italicus. s. m.* t. d'impr. caractère couché. * mesure; vaisseau pour boire. RR.
†Ité, *s. m. Itea.* genre de plantes de la famille de bruyères.
Item, *adv.* de plus. *s. m.* article de compte; le point de la difficulté.
Itératif. ve, *adj. Iteratus.* fait plusieurs fois.
Itérativement, *adv.* plusieurs fois de suite.
Itérato, *s. m.* (jugement d') portant contrainte par corps, après quatre mois. * Iterato. R.
†Itérer, *v. a.* réitérer (*vieux*).
Itinéraire, *adj. Itinerarium.* (colonne) placée aux carrefours. *s. m.* mémoire de voyageur; note des lieux où l'on passe en voyageant. *pl.* prières.
†Itrya, *s. f. ou* Ithrya, terre simple dans la gadolinite d'Ytterbie.
Ityphale, *s. f.* amulette des anciens. CO. G. C. * Ityphalle. R.
Ityphallique, *adj. f.* (figure) obscène. V.
Iule *ou* Jule, *s. m.* insecte qui diffère du scolopendre. G.
†Iva, *s. m.* genre de plantes corymbifères.
Ive, Ivette, Ive musquée, Chamépitys, *s. f. Chamœpitys.* plante annuelle, très-basse, aromatique, apéritive, vulnéraire, hystérique, pour les nerfs. — musquée. *idem.* * Ivete. R.
Ivoire, *s. m. Ebur.* dent d'éléphant.
Ivoirier, *s. m.* qui travaille, vend l'ivoire. R. G. C.
Ivre, *adj. 2 g. Ebrius.* qui a le cerveau troublé par le vin, la gloire, le plaisir, la joie, etc.
Ivresse, *s. f. Ebrietas.* sans *pl.* état de celui qui est ivre; enthousiasme poëtique ou des passions.
Ivrogne, *adj. s. 2 g. Ebriosus.* sujet à l'ivrognerie.
Ivrogner, *v. n. Comessari.* boire avec excès et souvent.
Ivrognerie, *s. f. Ebriositas.* habitude, action de s'enivrer.
Ivrognesse, *s. f.* (*populaire*) femme sujette à s'enivrer.
Ivroie, *s. m. Lolium.* herbe. * *et* Ivraie. A. C. G. R. V. CO.
Ixeutique, *s. f.* art de prendre les oiseaux à la glu. V. R. * *et* Ixcutique. B.
†Ixia, *s. f.* plante bulbeuse; genre de plantes de la famille des iris.
Izari, *s. m.* garance du Levant. * *ou* Azala. G.
Izelotte, *s. f.* monnoie de l'Empire. V.

JA

J, *s. m.* dixième lettre de l'alphabet.
Jà, *adv.* (*vieux*) déjà. * Ja. RR.
†Jabiru, *s. m. Mycteria.* oiseau de rivage, d'Amérique, de la taille de la grue.
Jable, *s. m. Crena.* rainure, entaille dans les douves, leur extrémité. * Jâble. R.
Jabler, *v. a.* blé. e, faire le jable des douves.
Jabloire, *s. f.* instrument pour jabler. G. C.
Jaborandi, *s. m.* plante à racine alexipharmaque.
†Jaborose, *s. f. Jaborosa.* plante de la famille des solanums.
Jabot, *s. m. Ingluvies.* poche membraneuse des oiseaux; t. de lingère, mousseline à la fente de la chemise.
Jabotière, *s. f.* oie. * mousseline du jabot. C. Jabotiere. R.
Jabotter, *v. a. Garrire.* (*famil.*) caqueter, babiller. A. G. V. * Jaboter. R. C. A.
Jac, *s. m.* t. de marine. R.
†Jacamar, *s. m. Galbula.* genre d'oiseaux qui ont des rapports avec le martin-pêcheur.
Jacana, *s. m. Sparra.* oiseau qui a des rapports avec la poule d'eau.
Jacar, *s. m.* adive, animal. V. * Jaguar. B.
†Jacaranda, *s. m.* bois des Indes fort dur, ou blanc ou noir, marbré.
Jacaret, *s. m.* sorte de crocodile. V. * Jaguaret.
Jacée, *s. f. Jacea.* plante fleuronnée, excellent vulnéraire, bonne pour les hernies.
Jacent. e, *adj.* t. de prat. abandonné; sans maître.
Jachère, *s. f. Vervactum.* terre qui se repose, son état, t. d'agriculture. * Jachere. R.
Jacherer, *v. a.* ré. e, *p.* donner le premier labour. * Jachérer. A. C. G. R.
Jacinthe, *s. f. Hyacinthus. ou* Hiacinthe, fleur printanière. * voyez Hyacinthe. R. A. V.
Jacobée, *s. f. Jacobæa.* Herbe de Saint-Jacques, à fleurs radiées, plante très-vulnéraire, résolutive, détersive.
Jacobin. e, *s. Dominicanus.* religieux; oiseau, Gros-bec de Java. * membre de la société politique, dite des Jacobins; partisan outré de la démocratie. G. C. *f.* corneille mantelée. B.
Jacobinisme, *s. m.* système des jacobins. G. C.
Jacobite, *s. m.* sectaire. V.
†Jaçoit que, *conj.* bien que, encore que (*vi.*) RR.
†Jacque, *s. f.* espèce de justaucorps.
†Jacquinier, *s. m. Jacquinia.* plantes de la famille des sapotilles.
Jactance, *s. f.* vanterie.
†Jactateur, *s. m.* qui a de la jactance.
†Jactation, *s. f.* t. de méd. agitation continuelle.
Jaculatoire, *adj. Jaculatorius.* (oraison) courte et fervente.
Jade, *s. m.* pierre verdâtre, très-dure, produite par le mica et d'autres matières vitreuses.
Jadis, *adv. Olim.* autrefois, au temps passé.
†Jafupière, *s. f.* jachères (*vieux*).
†Jagaque, *s. m.* poisson qui a le port du persègue, les caractères du chétodon.
†Jagre, *s. m.* sucre de vin de palmier.
†Jagua-cati, *s. m.* martin-pêcheur de la Caroline.
Jaguar, *s. m. Jaguara.* voyez Jacar. quadrupède carnassier d'Amérique, qui ressemble à l'once.
†Jaguarète, *s. f.* variété du Jaguar.
Jaïet, Jay *ou* Jayet, *s. m.* G. voyez Jais.
Jaillir, *v. n. Salire.* saillir, parlant d'un fluide qui sort impétueusement.
Jaillissant. e, *adj. Saliens.* qui saillit.
Jaillissement, *s. m.* action de jaillir.
Jais, *s. m. Gagates.* bitume fossile très-noir et solide; sorte de verre teint. * *ou* Jayet. V.
Jalage, *s. m.* droit sur le vin vendu en détail.
Jalap, *s. m. Jalappa.* plante médicinale; racine d'une espèce de convolvulus d'Amérique, bon purgatif.
Jale, *s. f.* jatte, grand baquet.
Jalet, *s. m.* petit caillou rond.
Jalon, *s. m.* bâton pour aligner.
Jalonner, *v. n.* né. e, *p.* planter des jalons. * Jaloner. R.
†Jalot, *s. m.* grand baquet de chandelier.
Jalousé. e *adj.* envié. * garni de jalousies. G.
Jalouser, *v. a.* sé. e, *p.* avoir de la jalousie contre.
Jalousie, *s. f. Zelotypia.* peine que fait la prospérité d'autrui; envie; treillis; sorte de volet à claire voie.
Jaloux. se, *adj. Zelotypus.* qui a de la jalousie; envieux; empressé, désireux de.
Jamais, *adv. Nunquam.* en aucun temps. (à *ou* pour) pour toujours. *s. m.* un temps sans fin. (à tout-), *adv.* en tous temps, en aucun temps.
†Jamavas, *s. m.* taffetas des Indes à fleurs d'or.
Jambage, *s. m. Postis.* ligne droite de l'M; pied droit d'une porte; chaîne, assise de pierre.
†Jambayer, *v. a.* é. e, *p.* marcher, se promener à grands pas (*vieux*).
Jambe, *s. f. Crus.* du genou jusqu'au pied; branche; t. d'arts et métiers.
Jambé. e, *adj.* (bien) qui a la jambe bien faite. A.
Jambette, *s. f.* petit couteau. * croc en jambe. V. *pl.* t. de charp. petits poteaux. * Jambete. R.
Jambiere, *s. f.* armure de la jambe.
Jambiers, *s. m. pl. Tibialis.* t. d'anat. muscles du pied; t. de boucher, grosse cheville de bois. * *sing.* C. G. V. étrier de couvreur. B.
Jambolier, *s. m.* arbre d'Amérique.
Jambolon, *s. m.* myrte indien dont le fruit ressemble à l'olive.
Jambon, *s. m. Perna.* cuisse ou épaule de porc salé. * coquillage bivalve, du genre des moules triangulaires.
Jambonneau, *s. m. Petasunculus.* petit jambon. * Jamboneau. R.
†Jambosier, Jambose, *s. m. Eugenia.* genre de plantes de la famille des myrtes.
Jamme, *s. m.* pierre précieuse. voy. Gemme. G.
Jan, *s. m.* t. du jeu de trictrac.
Janaca, *s. m.* quadrupède d'Afrique. G. C.
Jandirobe, *s. m.* plante rampante de l'Amérique méridionale, à fruit en coin.
†Jangac, *s. m.* toile de coton des Indes.
†Janipa *ou* Genipanier, *s. m.* arbre d'Amérique, à fruit de la saveur du coin.
Janissaire, *s. m.* fantassin turc; garde du grand seigneur.
†Jannequin, *s. m.* coton filé de Smyrne.
Janner, *s. m.* ancienne monnoie de Malthe. V.
Janneton, *s. f.* fille de joie. LAFONTAINE.
†Janovare, *s. m.* quadrupède d'Amérique, de la taille du chien.
Jansénien. ene, *adj.* de Jansénius. RR.
Jansénisme, *s. m.* doctrine des jansénistes. V.
Janséniste, *s. m.* sectaire; jupe ou panier de femme. R.
Jansénistique, *adj. 2 g.* des jansénistes. V.
Jante, *s. f. Canthus.* partie du cercle d'une roue.
†Janthine, *s. f. Janthina.* mollusque céphalé, gastéropode.
†Jantière, *s. f.* machine pour assembler les jantes.
Jantiller, *v. a.* lé. e, *p.* mettre des jantilles. R.
Jantilles, *s. f. pl.* ais qu'on met autour d'une roue de moulin. G. C. * *sing.* R. AL.
Janual. e, *adj.* qui concerne Janus. V.
Janvier, *s. m.* premier mois de l'année.
Japon, *s. m.* (porcelaine du)
Japoner, *v. a.* né. e, *p.* (la porcelaine), la recuire pour imiter le japon. G. * Japonner. AL.
Japonois. e, *adj.* du Japon. R. * —nais. e. VOLT.
Jappe, *s. f.* (*popul.*) caquet. G. C.

Jappemement, *s. m. Latratus.* action de japper. * Japement. R.

Jappet, *v. n.* aboyer; se dit des petits chiens. * Japer. R.

Jaque, *s. m. Lorica.* ancien habillement court et serré. * fruit des Indes. V.

Jaque de mailles, *s. m.* sorte d'armure. * Jaque-de-maille. C.

Jaquemar, *s. m.* marteau d'horloger. V.

Jaquemart, *s. m.* figure d'un homme en bois, etc. qui frappe les heures. * t. de monnoie, ressort en forme de manivelle. B.

Jaquette, *s. f. Toga.* habillement de paysan. * Jaquete. R.

†Jaquier, *s. m. Artocarpus.* genre de plantes de la famille des figuiers.

†Jarbière, *s. f.* lame emmanchée, outil de boi.selier.

Jardin, *s. m. Hortus.* lieu où l'on cultive des fleurs, des légumes, des arbres. *fig.* pays fertile en fruits, etc.

Jardinage, *s. m.* art de cultiver un jardin; jardins réunis. * graine dans le diamant. B.

†Jardinal, e, *adj.* t. de bot. qui concerne les jardins, qui y croît.

Jardiner, *v. a.* né. e, *p.* travailler au jardin; t. de fauc. faire prendre l'air à l'oiseau.

Jardinet, *s. m. Hortulus.* petit jardin.

Jardineuse, *adj. f.* (émeraude) sombre et mal nette. * Jardineux. se. R. V.

Jardinier. ère, *s. Olitor.* qui cultive un jardin. *s. f.* manchette brodée et basse. * Jardinier. ere. R.

Jardons, *s. m. pl.* t. de man. tumeurs calleuses aux jambes d'un cheval. * ou Jardes. B.

Jare-bosse, *s. f.* t. de mar. R.

Jargauder, *v. a.* (*vieux*) jaser, babiller. V.

Jargon, *s. m.* langage corrompu, factice, bizarre; argot; (*familier*) langue qu'on ne sait pas; ramage. * cristal blanc ou jaune du Brésil. B.

Jargonelle, *s. f.* poire d'automne. V.

Jargonner, *v. a. n.* parler un jargon. * Jargoner. R.

Jargonneur. se, *s.* (*popul.*) qui jargonne. * Jargoneur. RR.

†Jarlot, *s. m.* entaille dans la quille.

†Jarnac, *s. m.* espèce de petit poignard.

Jarre, *s. m. Hydria.* grande cruche. * t. de chapelier, mauvaise laine; poil de vigogne, de castor. *pl.* grands vases de cristal, t. de physique. B. ou Giare. G. Jâre. R.

Jarret, *s. m. Poples.* partie postérieure du genou. * bosse d'une voute; longue branche nue. G. partie du mors. B. Jaret. R.

Jarreté. e, *adj.* dont les jambes de derrière sont tournées en dedans. * Jareté. R.

Jarreter, *v. n.* té. e, *p.* avoir un angle, une onde, une inégalité. G. C. * Jareter. R.

Jarretier, *s. m.* muscle sous le jarret. G. * Jaretier. R. Jarrésier. V.

Jarretière, *s. f.* ruban, courroie pour la jambe. * Jaretiere. R. dartre au jarret. B.

Jarreux, se, *adj.* (laine) mauvaise. C.

Jars, *s. m. Anas.* mâle de l'oie. * et Jar. G.

Jarsette. voy. Garzette. R. * héron blanc plus petit que l'aigrette. B.

†Jarter, *v. a.* té, e, *p.* attacher ses jarretières.

Jas, *s. m.* t. de mar. jouet ou bois de l'ancre. * premier réservoir des marais salans. G.

Jasard, *s. m.* babillard. V.

Jaser, *v. n. Blaterare.* causer, babiller; révéler un secret.

†Jaseran, *s. m.* cotte de mailles.

Jaserie, *s. f. Garrulitas.* babil, caquet (*famil.*).

Jaseur, *s. m.* qui jase; oiseau d'Amérique de la couleur du rossignol. * ou Moqueur. B.

†Jasion, *s. m. Jasione.* plante de l'ordre des fleuronnées.

†Jasmelée, *s. f.* huile tirée des fleurs de violette blanche.

Jasmin, *s. m. Gelsiminum.* arbuste, sa fleur odorante. — blanc, fleurs béchiques, narcotiques, anodines.

†Jasminées, *s. f. pl.* famille des jasmins.

Jaspachate, *s. f.* pierre précieuse. G. C.

Jaspe, *s. m. Jaspus.* pierre de la nature de l'agate; quartz pénétré d'une teinture métallique. * vert et vermillon, t. de relieur. B.

Jasper, *s. a.* pé. e, *p.* bigarrer en forme de jaspe.

Jaspiner, *v. a.* parler à tort et à travers. R. V.

Jaspure, *s. f.* action de jasper, son effet.

Jatte, *s. f. Gabata.* vase rond et sans rebord. * t. d'arts et métiers, sebille de bois; plateau; enceinte, t. de mar. (cul-de-), homme sans jambes qui s'avance à l'aide de ses mains. B. Jate. R.

Jattée, *s. f.* plein une jatte. * Jatée. R.

Jauge, *s. f.* juste mesure d'un vaisseau; mesure; règle; action de jauger, métier de jaugeur; t. de fontainier, d'agriculture, verge, futaille, boite pour jauger, mesurer. * espace de terre laissé vide en labourant; t. de métiers. B. Jaûge. R.

Jaugeage, *s. m.* action de jauger, droit pour jauger.

Jauger, *v. a.* gé. e, *p.* mesurer avec la jauge la capacité; t. d'archit. rendre parallèle.

Jaugeur, *s. m. Mensor.* celui qui jauge.

†Jaumière, *s. f.* ouverture par laquelle la tête du gouvernail passe dans la voûte.

Jaunâtre, *adj.* 2 *g. Subflavus.* qui tire sur le jaune.

†Jaunâtre, *s. m.* poisson du genre du labre.

Jaune, *adj.* 2 *g. Flavus.* couleur d'or, de citron, etc. * — d'œuf, arbre des Antilles. B. Jaûne. R.

Jaunet, *s. m.* fleur jaune des prés.

Jaunir, *v. a.* ni. e, *p.* rendre jaune. *v. n.* devenir jaune.

Jaunissant. e, *adj.* qui jaunit.

Jaunisse, *s. f. Icterus.* maladie causée par la bile répandue.

†Jaunoir, *s. m.* espèce de merle du cap de Bonne-Espérance, à ailes nuancées de jaune.

†Java, *s. m.* poisson du genre du teuthie.

Javaris, *s. m.* espèce de sanglier d'Amérique. G.

Javart, *s. m.* t. de manége, tumeur douloureuse au bas de la jambe. * Javard. V.

Javeau, *s. m.* île de sable, de limon, formée par un débordement.

†Javeler, *v. a.* é. e, *p.* mettre en javelle; couvrir de chaume.

Javeleur, *s. m.* celui qui javelle.

Javeline, *s. f.* espèce de dard long et menu.

Javelle, *s. f.* poignée de blé scié; fagot, botte. * Javele. R.

Javelot, *s. m.* espèce de dard, arme de trait; serpent.

Jayet. voy. Jais. bitume fossile, noir, solide; ambre noir, espèce de succin; sorte de verre.

Je, *Ego. pronom qui signifie* moi.

†Jé ou Rotin, *s. m.* sonde de jonc, de plombier.

Je-ne-sais-quoi, *s. m.* chose, idée, sensation qu'on ne sauroit définir, exprimer. G. B.

†Jean-le-blanc, *s. m.* Oiseau - St. - Martin, Lanier cendré, oiseau de proie.

†Jécoraire, *adj.* 2 *g. Jecorius.* du foie.

Jectigation, *s. f.* tressaillement du pouls.

Jectisses, *adj. f. pl.* (terres) remuées ou rapportées.

Jécuiba, *s. m.* arbre excellent pour la sculpture.

†Jégneux, *s. m.* gobelet évasé à anse.

Jéhovah, *s. m.* nom de Dieu en hébreu. * Jéhova. R.

Jéjunum, *s. m.* le second intestin grêle, t. d'anatomie. * Jéjunum. C.

†Jemblet, *s. m.* partie du moule de fondeur.

†Jendaya, *s. m.* perroquet verd - bleuâtre du Brésil.

Jenin, *s. m.* (*vieux*) sot, idiot. V.

†Jerboa, *s. f. Mus sagitta.* petit quadrupède d'Afrique.

Jérémiade, *s. f.* (*famil.*) plainte fréquente et importune.

Jérophore, Iérophore, *s. m.* prêtre égyptien qui portoit les choses sacrées. G.

†Jesse, *s. m. Jeses.* poisson du genre du cyprin.

Jésuite, *s. m.* religieux.

†Jésuitique, *adj.* 2 *g.* du jésuite.

Jésuitisme, *s. m.* caractère, manière de jésuite. V.

Jet, *s. m. Jactus.* action de jeter; espace parcouru par la chose jetée; chose jetée; trait; rayon; calcul par jetons; *pl.* courroie autour de la jambe d'un oiseau de fauconnerie; coup de filet; bourgeons; t. d'arts et métiers; demi-folle.

Jet d'eau, *s. m.* eau qui jaillit hors d'un tuyau. * — marin, holothurie qui lance des jets d'eau. B. Jet-d'eau. C.

Jeté, *s. m.* pas de danse.

Jetée, *s. f. Jactus.* amas de pierres encaissées contre les eaux.

Jeter, *v. a. Jacere.* té. e, *p.* lancer au loin; mettre; produire; pousser; faire couler; se dit du cerf qui mue. (se), *v. r.* se lancer.

†Jeteur, *s. m.* celui qui jette, t. de métiers.

Jeton, *s. m. Calculus.* pièce de métal pour compter.

Jetonnier, *s. m.* académicien. V.

†Jettice, *adj. f.* (laine) de rebut, ou jarrée.

Jeu, *s. m. Ludus.* divertissement; récréation; règles de jeu; lieu où l'on joue; manière de jouer, de représenter, de faire des armes; production; menées, conduite secrètes; chose jouée; aisance, facilité; t. de mécan. liberté de mouvement. *pl.* spectacles.

Jeudi, *s. m.* cinquième jour de la semaine. * Jeûdi. R.

Jeudi-gras, *s. m.* celui qui précède le dimanche gras. * Jeûdi-grâs. R.

Jeudi-saint, *s. m.* jeudi de la semaine sainte.

†Jeumerante, *s. f.* planche qui sert de patron pour les jantes.

Jeun (à), *adv. Jejunus.* sans avoir mangé. A. G. V.

Jeune, *adj.* 2 *g.* qui n'est guère avancé en âge; cadet; moins âgé; étourdi; évaporé.

Jeûne, *s. m. Jejunium.* abstinence commandée ou volontaire.

Jeunement, *s. m.* t. de chasse, nouvellement.

Jeûner, *v. n.* s'abstenir; ne point prendre d'alimens; manger peu; se priver de; observer les jeûnes.

Jeunesse, *s. f. Juventus.* âge entre l'enfance et l'adolescence; jeunes gens; folies de jeunes gens; jeune fille.

Jeunet. e, *adj.* fort jeune. * Jeûnet. ete. R.

Jeûneur. se, *s.* qui jeûne, aime à jeûner.

Joaillerie, *s. f.* bijoux; pierreries; art de les fabriquer, de les tailler. * et Jouaillerie. R.

Joaillier. ère, *s. Propola.* qui travaille en joyaux, qui les vend. * Joaillier. eré. et Jouaillier. R.

Jobelin, *s. m.* stupide, sot, niais. R. G. C.

Jober, *v. a.* bé. e, *p.* (*vieux*) tailler, plaisanter. V.

†Jobet, *s. m.* fil de fer qui tient la matrice, t. de fondeurs.

†Joc, *s. m.* repos du moulin, (mettre à joc), l'arrêter.

Jocko, *s. m.* singe qui ressemble le plus à l'homme; espèce d'orang-outang; pithèque de Guinée.
Jocrisse, *s. m.* benêt, sot, niais; qui se laisse mener; qui s'occupe de riens.
Jodelet, *s. m.* badin, folâtre. G. C.
†Joel ou Joil, *s. m. Hepsetus.* poisson du genre de l'atherine.
Joie, *s. f. Gaudium.* satisfaction, alégresse, contentement.
Joignant. e, *adj. Continens.* qui joint, est contigu.
Joignant, *prép. Juxta.* près, tout contre.
Joindre, *v. a. Jungere.* joint. e, *p.* approcher et faire toucher; ajouter; unir; allier; atteindre; attraper. (se), *v. r.* s'unir à; se rencontrer; se trouver.
Joint, *s. m. Junctura.* intervalle; articulation.
Joint que, *conj.* (*vieux*) outre que; ajoutez que. * Joint-que. C.
Jointe, *s. f.* t. de manége, paturon. * *et* Junte, assemblée en Espagne. G. C.
Jointé. e, *adj.* t. de manége, (paturon) court ou long. G. C.
Jointée, *s. f.* (de grain) contenu des deux mains.
Jointif. ve, *adj.* qui est joint, t. d'architecture.
Jointoyer, *v. a.* yé. e, *p.* remplir les joints de plâtre.
Jointure, *s. f. Junctura.* joint; ce qui joint; point de contact. * *ou* Jointe, paturon. B.
Joli. e, *adj. s. Bellus.* gentil, agréable.
Joliet. te, *adj.* (*familier*) diminutif de joli. * Joliet. ete.
Joliment, *adv. Eleganter.* d'une manière jolie.
†Jolite, *s. f.* voyez pierre de violette.
Jolivetés, *s. f. pl.* (*vieux*) babioles; bijoux; gentillesses d'enfant. * *sing.* Joliveté. R. V.
Jombarde. voyez Joubarbe. * flûte à trois trous. B. *et* Jonbarde. R.
Jonc, *s. m. Juncus.* plante aquatique; canne de jonc; bague unie. *— de pierre, pierre formée par l'assemblage de tubiporites fossiles.
Joncaire, *s. f.* plante vulnéraire, détersive, apéritive. * *et* Juncaire. G.
Jonchaie, *s f.* lieu rempli de joncs. G. C.
Jonchée, *s. f.* herbes, fleurs répandues sur un chemin; fromage, panier à la crême.
Joncher, *v. a. Conspergere.* ché. e, *p.* couvrir de fleurs, d'herbes, etc.
Jonchets, *s. m. pl. Oscilla.* petits bâtons avec lesquels on joue.
†Joncinelle, *s. f. Eriocaulon.* genre de plantes de la famille des joncs.
†Jonciole *ou* Aphyllante, *s. f. Aphyllantes.* plante de la famille des joncs.
Jonction, *s. f. Junctio.* action de joindre; union, assemblage.
Jongler, *v. a.* amuser par des tours de passe passe. R.
Jonglerie, *s. f.* charlatannerie, tour de passe passe.
Jongleur, *s. m. Præstigiator.* charlatan, bateleur, faiseur de tours, espèce de ménétrier.
Jonque, *s. f.* navire indien.
Jonquille, *s. f. Jonquilla.* fleur printanière odoriférante.
Jon-thlaspi, *s. m.* plante de la famille des crucifères; vulnéraire, apéritive, détersive. * Jontlaspi. R. Jonthlaspi. G. C.
†Joseph, *s. m.* papier très-mince. — musc, papier pour enveloppes. — fluant, papier blanc, sans colle, pour filtrer.
†Josselassar, *s. m.* coton filé de Smyrne.
Jotereaux, *s. m. pl.* t. de mar. pièce de bois qui soutient l'éperon.
Jotte, *s. f.* bette ou poirée. * Jote. R.
†Jottes, *s. f. pl.* côtés de l'avant du vaisseau.
Jouailler, *v. n.* jouer à petit jeu (*familier*).
Jouant. e, *adj.* qui joue. R.

Joubarbe *ou* Jonbarbe, *s. f. Sedum.* plante à suc rafraîchissant, astringent; la feuille nue apaise les hémorroïdes, les douleurs de tête, guérir les verrues. * Jombarde. V. *et* Jonbarde. R.
Joue, *s. f. Gena.* côté, partie latérale du visage, de la face, etc. t. de métiers.
Jouée, *s. f.* épaisseur du mur à une fenêtre. * jeu. G. C.
Jouer, *v. a. Ludere.* joué. e, *p.* représenter; tromper; railler; contrefaire. *v. n.* se récréer, se divertir; faire une partie de jeu; toucher un instrument; se mouvoir aisément. (se), *v. r.* faire aisément; mépriser; profaner; badiner; s'amuser; s'exposer à; attaquer mal à propos.
Jouereau, *s. m.* qui joue mal, qui joue petit jeu. * *et* Joureau. G.
Jouet, *s. m. Crepundia.* ce qui sert à amuser; personne dont on se moque; chaînette.
†Jouette, *s. f.* trou de lapin peu profond.
Joueur. se, *s. Lusor.* qui joue, qui folâtre; qui a la passion du jeu.
Joufflu. e, *adj. Bucculentus.* qui a de grosses joues. * Jouflu. R.
Joug, *s. m. Jugum.* pièce pour atteler les bœufs; sujétion, servitude; fléau de la balance; t. d'antiq. pique soutenue par deux autres.
Joui, *s. m.* jus de bœuf rôti exprimé et mélangé dont on fait, au Japon, une liqueur alimenteuse, restaurante. RR.
Jouières, *s. f. pl.* (d'une écluse), murs à plomb. C. * Jouillières. AL. *ou* Jouillères. G.
Jouir, *v. n.* avoir l'usage, la possession; avoir commerce, entretien avec quelqu'un.
Jouissance, *s. f. Possessio.* usage et possession de. * commerce avec une femme; ce dont on jouit. D.
Jouissant. e, *adj.* qui jouit.
Joujou, *s. m. Crepundia.* jouet d'enfant.
Jour, *s. m. Dies.* lumière du soleil; la vie; espace de vingt-quatre heures, de douze heures; clarté; ouverture; vide; facilité; moyens de succès; l'opposé d'ombres. *pl.* la vie.
†Jourdain, *s. m.* constellation septentrionale sous la grande ourse.
Journal, *s. m. Ephemeris.* note de chaque jour; écrit périodique; mesure de terre. *adj. m.* (livre) de chaque jour.
Journalier. ère, *adj. Quotidianus.* de chaque jour; qui se fait par jour; sujet à changer; inégal. * *f.* Journaliere. R.
Journalier, *s. m. Operarius.* qui travaille à la journée.
Journaliste, *s. m.* qui fait un journal.
Journée, *s. f. Dies.* depuis le lever jusqu'au coucher du soleil; combat; jour de bataille; bataille; travail, chemin d'un jour.
Journellement, *adv. Quotidiè.* tous les jours. * Journélement. R.
†Journoyer, *v. n.* passer la journée sans travailler.
Jousant. voyez Jusant.
Joute, *s. f.* combat à cheval d'homme à homme avec des lances; combat sur l'eau; combat d'animaux; dispute. * Joûte. A. C. G. R.
Jouter, *v. n. Per ludum pugnare.* faire des joutes; disputer. * Joûter. R.
†Joutereaux, *s. m. pl.* pièces courbes qui soutiennent l'éperon, les barres de hune. t. de mar.
Jouteur, *s. m. Pugnans.* celui qui joute. * Joûteur. R. G. C.
Jouve, *s. m.* oiseau qui sert à pronostiquer.
Jouvence, *s. f.* (*vieux*) jeunesse. (de-) qui rajeunit.
Jouvenceau, *s. m.* jeune homme beau et bien fait; adolescent.
Jouvencelle, *s. f.* (*burlesque*) jeune fille. G.
†Jouventement, *adv.* en jeune homme (*vieux*).

Jouxte, *prép.* (*vieux*) proche; conformément à.
Jovanot, *adj. m.* jeunet. R.
Jovial. e, *adj. Festivus.* gai, joyeux. G. C. V. CO.
†Jovilabe, *s. m.* instrument pour observer Jupiter et ses satellites.
Joyant. e, *adj.* (*vieux*) joyeux. V.
Joyau, *s. m. Ornatus.* ornement précieux; bijoux, bracelets.
Joyeusement, *adv. Hilarè.* avec joie.
Joyeuseté, *s. f.* (*vieux*) plaisanterie, mot pour rire.
Joyeux. se, *adj. Lætus.* qui a, qui donne de la joie.
Jubarte, *s. f.* espèce de baleine qui n'a point de dents. G. C. V.
Jubé, *s. m. Suggestum.* sorte de tribune d'église en galerie. (venir à) se soumettre. *proverbial.*
Jubilaire, *adj. 2 g.* t. de droit canon, qui a assisté aux offices pendant le jubilé. G. C.
Jubilation, *s. f.* réjouissance, bonne chère. (*familier*)
Jubilé, *s. m. Jubilæus.* t. de litur. indulgence plénière et solennelle; pratiques religieuses pour la mériter; solennité juive de 50 en 50 ans. * (faire-) brouiller le jeu. AL.
Jubilé, Jubilaire, *adj. m.* (chanoine, religieux) depuis 50 ans. G. C. V. * Jubilé. e. R.
Jubiler, *v. a.* lé. e, *p.* donner la retraite avec la moitié des gages. G. C. V. * *v. n.* se réjouir. R.
Jubis, *s. m.* raisins secs, séchés au soleil et en grappes. G. C.
Juc, *s. m.* lieu où les poules juchent; juchoir. R. G. C.
Jucher, *v. n. Insidere.* se percher sur pour dormir. (se), *v. r.* se placer dans un lieu élevé, peu convenable. Juché. e, *p. adj.* (cheval) dont les quatre boulets sont placés de même.
Juchoir, *s. m. Sedile.* endroit où juchent les poules; juc.
Juda, *s. m.* ouverture à un plancher pour voir, entendre au-dessous. A. V.
Judaïque, *adj. 2 g. Judaicus.* qui appartient aux juifs. * (pierre) pointes d'oursins pétrifiés.
Judaïser, *v. n.* suivre les cérémonies de la loi Judaïque.
Judaïsme, *s. m.* religion juive.
Judas, *s. m.* traître. G. * (poil de) rouge. B.
†Juddica, *s. m.* balafo, guiriot.
Judelle, *s. f.* oiseau aquatique. voyez Foulque. R. C. CO. * Judèle. G.
Judicatum, (caution judicatum solvi) *s. m.* d'un étranger pour les frais, t. de prat. d'hist.
Judicature, *s. f. Judicis munus.* office, état, fonction de juge.
Judiciaire, *s. f.* jugement, faculté de juger; t. de rhétorique.
Judiciaire, *adj. 2 g. Judiciarius.* fait en justice; t. de rhétorique. (genre) pour la plaidoirie. * (astrologie-) prétendue connoissance de l'avenir par les astres. B.
Judiciairement, *adv.* en forme judiciaire.
Judicieusement, *adv. Prudenter.* avec jugement; d'une manière judicieuse.
Judicieux. se, *adj. Consideratus.* qui a le jugement bon; fait avec jugement.
Juge, *s. m. Judex.* qui a le droit, l'autorité de juger; arbitre; qui juge. *pl.* septième livre de la Bible.
Jugé, *s. m.* (le bien) l'équité d'un jugement.
Jugement, *s. m. Judicium.* décision prononcée en justice; faculté de juger; avis, sentiment, opinion; approbation ou condamnation.
Jugeoline, *s. f.* Jugoline *ou* Sésame. *Sesamum.* plante, espèce de digitale des deux Indes, pour la pleurésie; la farine de la graine est

nourrissante. R.

Juger, *v. a. n. Judicare.* gé. e, *p.* rendre la justice; décider en justice comme arbitre ; prononcer sur ; être d'opinion que ; comprendre ; croire ; estimer ; conjecturer ; prévoir ; penser ; se figurer.

Jugère, *s. f.* ancienne mesure de terre. v.* 120 pieds. B.

Jugerie, *s. f.* charge, fonction de juge. v.

Jugulaire, *adj.* 2 *g.* qui appartient à la gorge. *s. f. Juguli vena.* la veine jugulaire. *s. m. pl.* 4ᵉ. genre de poissons.

Juif. ve. *Judæus. s.* qui professe le judaïsme ; qui prête à usure ; qui vend trop cher ; âpre au gain.* *ou* Marteau, poisson. B.

Juillet, *s. m. Julius.* 7ᵉ. mois de l'année commune.

Juin, *s. m. Junius.* sixième mois de l'année commune.

Juiverie, *s. f.* quartier des juifs ; marché usuraire.

Jujube, *s. f. Ziziphum.* fruit du jujubier, pectoral, apéritif, adoucissant.

Jujubier, *s. m. Ziziphus.* arbre de Grèce naturalisé en France.

Jule, Jules, *s. m. ou* Iule. *Iulus.* insecte ; monnoie de Rome.

Julep, *s. m. Zulapium.* potion médicinale composée de sirops et d'eaux distillées.

†Julien (Saint), *s. m.* espèce de prune.

†Julien. ne, *adj.* (calendrier, année, période,)

Julienne, *s. f. Viola.* espèce de giroflée, plante. * *adj.* 2 *g.* AL. (période). V. poisson lingue. *Hesperis.* espèce de potage d'herbes, B. *ou* Juliane. G. Juliene. R.

Jumart, *s. m. Onotaurus.* produit d'un taureau avec une jument, une ânesse ; d'un âne, d'un cheval avec une vache.* *ou* Gemart. G. V.

Jumeau. melle, *s. adj. Geminus.* né d'une même couche. (lits) égaux, parallèles. (fruits) réunis.

Jumeaux, *s. m. pl.* t. d'anat. muscles de la cuisse ; t. de chim. alembics réunis.

Jumelé. e, *adj.* t. de blas. formé de deux jumelles.

Jumeler, *v. a.* lé. e, *p.* t. de charp. soutenir avec des jumelles. G. C.

Jumelles, *s. f. pl.* t. de charp. pièce semblable à une autre. t. de blas. fasces ou bandes parallèles. * *sing.* pièce d'artillerie ; t. de métiers. B.

Jument, *s. f. Equa.* femelle du cheval.* machine, t. de monnoie. B.

Juncago, *s. m.* plante des marais.* *ou* Juncague. R.

Juncaire, *s. m.* plante rameuse, détersive et vulnéraire. voyez Joncaire.

†Junipère, *s. m.* arbre à encens d'Arabie.

†Junonique, *adj.* 2 *g.* qui appartient à Junon.

Junte, *s. f.* conseils d'Espagne.* *ou* Jonte, Jointe. G.

Jupe, *s. f. Tunica.* vêtement de femme, de la ceinture aux pieds.

Jupiter, *s. m.* l'une des sept principales planètes ; t. de chim. étain.

Jupitriser, *v. a.* sé. e, *p.* vivre dans la débauche. V.

Jupon, *s. m. Tunicula.* jupe de dessous.

†Jurable, *adj.* 2 *g.* (fief) qui doit le serment de fidélité.

†Jurableté, *s. f.* droit d'exiger le serment de fidélité. (*vieux*)

Jurade, *s. f.* charge avec serment. V.* assemblée. R.

Jurande, *s. f.* charge de juré d'un métier, sa durée ; le corps des jurés.

Jurat, *s. m.* consuls et échevins à Bordeaux.

Juratoire, *adj.* 2 *g.* (caution), serment de représenter sa personne ou une chose, t. de prat.

Juré, *s. m.* officier de communauté ; membre d'une commission judiciaire ; celui qui constate le délit. *adj. Juratus.* qui a fait les sermens requis pour la maîtrise.* *s. et pl.* Juri *ou* Jury. B.

Juré-crieur, *s. m.* officier qui publie à son de trompe ; une vente, etc. C.

Jurement. *s. m. Juramentum.* serment fait en vain ; blasphême ; imprécation ; exécration.

Jurer, *v. a. Jurare.* ré. e, *p.* affirmer, ratifier par serment ; blasphémer ; promettre fortement. *v. n.* faire des sermens ; avoir un son aigre, discord ; ne pas s'accorder ; contraster désagréablement.

Jureur, *s. m.* qui jure beaucoup, par habitude.

Juri, *s. m.* commission composée de jurés. G. * *ou* Jury. A. R. V. *ou* Juré. CO.

Juridiction, *s. f. Jurisdictio.* pouvoir, droit de juger ; ressort d'un juge.* Jurisdiction. R. T. V.

Juridictionnel. le, *adj.* qui a juridiction. V.* Jurisdictionel. ele. R.

Juridique, *adj.* 2 *g. Legitimus.* qui est de droit ; selon le droit, la justice.

Juridiquement, *adv. Legitimè.* d'une manière juridique.

Jurisconsulte, *s. m. Jurisconsultus.* qui fait profession du droit et de donner conseil.

Jurisprudence, *s. f. Jurisprudentia.* science du droit.

Juriste, *s. m.* qui sait le droit, qui a écrit sur le droit.

Juron, *s. m.* (*famil.*) façon particulière de jurer.

Jus, *s. m. Succus.* suc tiré par expression ou coction, etc.

Jusant, *s. m. Salacia.* reflux de la marée.* Jussant. T. Jusan. V.

†Jusqu'à, Jusqu'aux, *adv.* marquent l'excès.

Jusque, Jusques, *préposition de temps, de lieu. Usque.*

Jusquiame, *s. f. Hyoscyamus.* plante vénéneuse, narcotique, bonne pour les tressaillemens, les convulsions ; la vapeur de cette plante brûlée rend stupide. * *ou* Hannebane. A.

†Jussie, *s. f. Jussiæa.* genre de plantes de la famille des onagres.

Jussion, *s. f. Jussum.* (lettres de), commandement fait par le roi aux cours supérieures d'enregistrer.

Justaucorps, *s. m. Sagum.* vêtement d'homme qui serre le corps.

Juste, *adj.* 2 *g. Justus.* équitable, conforme à la justice ; qui a la justesse convenable, etc. qui juge ; agit selon l'équité ; trop étroit ; vertueux. *s. m.* homme de bien ; habillement de paysanne. *adv.* avec justesse. (au-), *adv.* justement et précisément ; au juste prix.

Justement, *adj. Justè.* avec justice ; précisément ; dans la juste proportion.

Justesse, *s. f. sans pl.* précision exacte ; régularité.

Justice, *s. f. Justitia.* bon droit ; raison ; les juges ; exécution ; exécution d'arrêt ; vertu ; morale qui fait agir selon la vertu ; juridiction ; ordre judiciaire ; pouvoir de faire droit, son exercice ; état de grâce.

Justiciable, *adj.* 2 *g.* soumis à la juridiction de.

†Justiciement, *s. m.* exécution de justice (*vi.*).

Justicier, *v. a.* cié. e, *p.* punir judiciairement d'une peine corporelle.

Justicier, *s. m.* qui aime à rendre ou faire rendre justice ; qui a droit de justice.* Justicier. ere. R

Justifiable, *adj.* 2 *g.* qui peut être justifié. A. G. C.

Justifiant. e, *adj.* qui justifie, rend juste.

Justificateur, *s. m.* t. de fondeur, qui justifie les lettres ; instrument pour les justifier. G. C.

Justificatif. ve, *adj.* qui sert à justifier une allégation.

Justification, *s. f.* action de rendre juste ; défense qui prouve l'innocence ; t. d'imprim. longueur des lignes.* instrument de fondeur pour mettre les lettres en ligne et de niveau. B.

Justifier, *v. a. Purgare.* fié. e, *p.* prouver, déclarer l'innocence ; prouver la bonté, la solidité, la vérité ; rendre juste ; t. d'impr. donner la juste longueur. (se), *v. r.* prouver son innocence, la justice de ses actions.

†Justifieur, *s. m.* principale partie du coupoir du fondeur en lettres.

Juteux. se, *adj.* qui a beaucoup de jus. A.

†Juvénaux, *adj.* (jeux) mêlés de danses et d'exercices, t. d'antiquité.

Juxta-position, *s. f. Juxta-positio.* t. de phys. augmentation par addition extérieure.* Juxtaposition. R.

KEBU

K, *s. m.* onzième lettre de l'alphabet.

Kabak, *s. m.* lieu public, estaminette en Moscovie.

Kabassou, *s. m.* espèce de tatou dont la cuirasse a douze bandes.

†Kabbade, *s. m.* habit militaire des Grecs modernes.

Kabin, Kébin, *s. m.* mariage mahométan pour un temps.

Kacy, *s. m.* arbre d'Afrique.

Kadali, *s. m.* plante, arbrisseau. R.

†Kadris, *s. m.* religieux turc qui danse sans cesse en tournant.

Kagne, *s. f.* pâte italienne très-fine. G. C. V.

Kahouanne, *s. f.* tortue de mer.* Kahouane. R.

Kajou, *s. m.* singe. voyez Sajou. R.

Kakatouès, *s. m. Cacuata.* perroquet. * Kakatoès, perroquet à couronne. B.

Kakerlaque, *s. f. Kacrela.* mite ; insecte volant d'Amérique, du genre des mites.

†Kalateur, *s. m.* héraut des prêtres romains.

Kalender, *s. m.* moine turc.

Kali, *s. m.* soude, plante.

†Kalmie, *s. f. Kalmia.* genre de plantes de la famille des bruyères.

†Kamichi, *s. m. Palamedea.* grand oiseau d'Amérique.

Kamina-masla, *s. f.* substance minérale, onctueuse, en Sibérie, composée d'acide vitriol, de sel alcali minéral, et de guhr. G. C.

Kan, *s. m.* prince, commandant tartare.

†Kanastère, *s. m.* panier de jonc.* Kanistere. *Canistrum.* RR.

†Kanguroo-géant, *s. m.* didelphe, quadrupède de la Nouvelle Hollande, gris cendré. — filandre, domestique à Java. -*brunii.* — rat de la Nouvelle Hollande. -*murina.*

Kantercans, *s. m.* sorte de fromage. RR.

Kaolin, *s. m.* terre chinoise pour la porcelaine.

†Kapirat, *s. m. Notoperus.* poisson du genre des gymnotes.

Karabé. *s. m. Succinum.* voyez Carabé.* voyez Succin, ambre jaune. B.

†Karabique, *adj.* (acide) de karabé.

Karat, *s. m.* voyez Carat, trente-deux grains.

Karmesse, *s. f.* foires en Hollande.* *ou* Kermesse. A.* *pl.* V.

†Karvary, *s. m.* pie de Perse.

†Kas, *s. m.* chassis de toile de crin, t. de papeterie ; tambour des nègres.

†Kassuio, *s. m.* instrument nègre.

†Katqui, *s. f.* toile de coton de Surate.

†Kauchteuse, *adj.* (mine, veine) abondante en houille.

Kazine, *s. f.* trésor du grand seigneur. G. C.

†Kébule, *s. m.* la meilleure espèce de mirobolans.

Kebula, *s. f.* myrabolans. RR.

Keiri, *s. m.* violier, giroflier jaune. * Kei. AL.
†Keirotomie, *s. f.* imposition des mains.
†Képhatéonomancie, *s. f.* divination sur une tête d'âne cuite.
Kératoglosse, *s. m.* muscle de la racine de la langue.
Kératophyllon, Kératophyte, *s. m.* plante de mer. G. * espèce de polypier, en réseau en buisson. voyez Cératophytes. B.
†Kératoplate, *s. m.* tipule rare.
Kéraunoscopie, *s. f.* v.
Kermès, *s. m.* *Chermes.* t. de naturaliste, excroissance sur le chêne, gallinsecte qui la forme; on en fait une teinture, un sirop; et de la pulpe, le pastel d'écarlate; elle entre dans l'alkermès. * t. de médec. kermès minéral, antimoine dissout par l'alcali. B.
Kerone, *s. m.* vers infusoires; trichocerque à cornes. M.
†Kerrena, *s. m.* trompette dans l'Indostan.
†Ketch, *s. m.* sorte de bâtiment à poupe carrée.
†Ketmie, *s. f.* *Ketmia.* plante de l'ordre des malvacées.
Kevel, *s. m.* gazelle du Sénégal.
Kiastre, *s. m.* bandage pour la rotule fracturée.
†Kible, *s. m.* mesure hongroise.
Kigellaire, *s. m.* arbre d'Amérique.
†Kiki, *s. m.* plante, palma-christi.
†Kildir, *s. m.* pluvier criard de Virginie.
†Kiliare, *s. m.* mesure de superficie qui contient mille ares.
†Killinge, *s. f.* *Killingia.* genre de plantes de la famille des souchets.
Kilo *ou* Kilio, *s. m.* nom générique qui signifie mille fois la chose.
Kilo *ou* Kiliogramme, *s. m.* mille fois le gramme.
†Kilogone, *s. m.* figure à mille côtés et mille angles.
Kilolitre *ou* Kiliolitre, *s. m.* mille fois le litre.
Kilomètre, *s. m.* mille fois le mètre.
Kilostère, *s. m.* mille fois le stère.
Kinancie, *s. f.* *Kinanche.* esquinancie inflammatoire, maladie. G. C. * Kynancie. A. R.
†King, *s. m.* instrument de musique chinois.
†Kingalif *ou* Kingalik, *s. m.* poule d'eau du Groënland.
†Kink, *s. m.* espèce de loriot de la Chine.
†Kinkajou, *s. m.* voyez Carkajou.
†Kinkimanou, *s. m.* espèce de gobe-mouche de Madagascar.
†Kinner, *s. m.* *ou* Cynnyre, instrument hébreux, lyre antique.
†Kiolo, *s. m.* râle de la Guiane.
Kiosque, *s. m.* pavillon des jardins turcs.
†Kiotome, *s. m.* instrument pour couper les brides du rectum.
Kirsch-wasser, *s. m.* (eau de cérises) liqueur faite avec des cérises sauvages. AL.
†Kiste, *s. m.* laine d'Allemagne.
†Knantie, *s. f.* *Knantia.* *ou* Scabioselle, genre de plantes qui tiennent des scabieuses.
†Knesme, *s. m.* démangeaison morbifique.
Kobalthum, *s. m.* t. de minéral. * Cobalte. R.
Koff, *s. m.* bâtiment hollandois. G.
Kolpode, *s. m.* vers infusoires à corps plat et sinueux. M.
†Konismarck, *s. f.* lame d'épée très-large vers la poignée.
Koran, *s. m.* voyez Alcoran. A. V.
†Korates *ou* Taques de Cambaye, *s. f.* grosse toile de coton de Surate.
Korban, *s. m.* offrande, oblation. V.
†Korsec, *s. m.* mesure polonoise, 20 septiers.
†Koryle, *s. f.* mesure antique des liquides.
Kouan, *s. m.* plante qui fournit le carmin.
Koufique, *adj. s. m.* espèce de caractère arabe.
†Koulik, *s. m.* espèce de toucan de Cayenne.
†Kouphclithe, *s. f.* (pierre légère) translucide, nacrée; espèce de prehnite.
†Kouri, *s. m.* petit unau d'Amérique.
Kraken *ou* Kraxen, *s. m.* t. d'histoire natur. le plus grand des animaux marins, R. fabuleux, poisson montagne. B.
†Kreutzer, *s. m.* monnoie de compte allemande, 10 à 12 deniers.
†Kuphe, *s. m.* *Kuphus.* tuyau vermiculaire.
Kurtchis, *s. m. pl.* cavalerie persanne. A. G. V.
†Kurte, *s. m.* *Kurtus.* poisson très-comprimé, sans écailles.
†Kussir, *s. m.* cordes tendues sur une peau qui ferme un plat de bois; instrument turc.
†Kynanchie, *s. f.* esquinancie violente qui oblige de tirer la langue. * Esquinancie. AL.
Kyrié éléison, *s. m.* partie de la messe. G. * Kirie eleison. R.
Kyrielle, *s. f.* litanie; longue liste. * Kyriele. R.
†Kyrsotomie, *s. f.* genre de déplétion locale.
Kyste, *s. m.* membrane, vessie qui renferme des matières contre nature.
Kystique, *adj.* 2 *g.* qui appartient au kyste, qui peut le guérir. G. C.
†Kystotomie, *s. f.* ponction de la vessie urinaire.
Kytéotomie, Kystiotomie, *s. f.* opération à la vessie pour tirer l'urine.

LABO

L, *s. m.* douzième lettre de l'alphabet. * *et s. f. vieux.*
La, *article féminin. pronom.* de là. *adv.* de ce lieu-là, de ce point-là, de ce sujet-là: delà, *prop.* plus outre, de l'autre côté: au-delà, par-delà, *adv.* encore plus; en-delà, plus loin: dès-là, *adv.* dès lors, cela étant.
La, *s. m.* sixième note de musique.
La, *pronom. Ea.* elle, estimez-*la*, honorez-*la*.
Là, *adv.* restez-là, qui va là? dans cet endroit-là, voyez-là, cherchez-là.
La la, *adv.* qui sert à exhorter. — *la la*, tout beau, *adv.* médiocrement; est-il savant? *la la*.
Labarum, *s. m.* étendard de Constantin.
Labbe *ou* Stercoraire, *s. m.* oiseau aquatique. * mouette. B.
†Labdacisme, *s. m.* espèce de grasseyement.
Labeur, *s. m.* *Labor.* travail, t. d'agriculture; t. d'imprimerie, ouvrage considérable.
Labeurer, *v. n.* (*vieux*) travailler, opérer.
Labial. e, *adj.* (lettre) qui se prononce des lèvres, y a rapport.
Labié. e, *adj.* (plante) à fleurs découpées en lèvres. R. G. C. V. * *pl.* familles de plantes. B.
Labile, *adj. Debilis.* (mémoire) infidelle.
Laboratoire, *s. m.* lieu où l'on travaille.
Laborieusement, *adv. Operosè.* avec beaucoup de travail.
Laborieux. se, *adj. Laboriosus.* qui fait, qui exige du travail.
Labour, *s. m.* *Aratio.* façon qu'on donne à la terre. * pelle de fondeur. B.
Labourable, *adj.* 2 *g.* *Arabilis.* propre à être labouré.
Labourage, *s. m.* *Agricultura.* art de labourer la terre; labour. * sortie des bateaux, leur conduite à un pont. AL.
Labourer, *v. a.* *Arare.* ré. e, *p.* fendre et retourner la terre avec une charrue, etc. *v. n.* avoir beaucoup de peine; t. de marine, toucher le fond.
Laboureur, *s. m.* *Agricola.* celui qui laboure la terre. * labour, t. de de fondeur. B.
Labre, *s. m.* genre de poissons épineux et pectoraux, 11e. genre, 4e. classe.
†Labrosité, *s. f.* état d'une chose en forme de lèvre (*vieux*).
Laburne *ou* Aubours, *s. m.* espèce de cytise, arbre.
Labyrinthe, *s. m.* *Labyrinthus.* lieu coupé de beaucoup de détours; grand embarras; cavité de l'oreille, limaçon.
Lac, *s. m.* *Lacus.* grand amas d'eaux dormantes ou coulantes au milieu d'une contrée.
†Lacé, *s. m.* entrelacs d'un lustre en grains de verre.
Lacer, *v. a.* *Illigare.* cé. e, *p.* serrer avec un lacet; couvrir sa femelle, parlant du chien; t. de marine, faire les mailles d'un filet; attacher la voile à la vergue.
Lacération, *s. f.* *Laceratio.* action de lacérer.
Lacérer, *v. a.* *Lacerare.* ré. e, *p.* déchirer, t. de pratique.
Laceret, *s. m.* instrument d'arts, tarière. * Lasseret. AL.
Lacerne, *s. f.* habit de campagne des Romains.
Laceron, *s. m.* plante. voyez Laiteron.
Lacert, *s. m.* *Lyra.* poisson d'Afrique du genre du callionyme.
Lacet, *s. m.* *Ligula.* cordon; lacs pour la chasse. * Lâcet. R. nœuds coulans pour prendre les oiseaux; rivure. B.
†Lacète, *s. f.* manière d'arranger les briques.
†Laceur, *s. m.* ouvrier qui fait les filets.
Laceure, *s. f.* t. de tailleur. V. * bordure de ruban. B. Lâceure. R.
Lâche, *adj.* 2 *g.* *s. m.* *Laxus.* qui n'est pas tendu, serré; mou, languissant; sans vigueur, sans nerfs; poltron; sans honneur.
Lâchement, *adv.* *Ignavè.* mollement, sans vigueur; sans honneur, sans courage, sans générosité, sans cœur.
†Lachenale, *s. f.* *Lachenalia.* genre de plantes de la famille des asphodèles.
Lâcher, *v. v.* *Laxare.* ché. e, *p.* desserrer; détendre; laisser échapper; donner.
Lâcheté, *s. f.* *Ignavia.* poltronnerie; paresse; mollesse. *pl.* action basse; bassesse d'ame.
†Lachnée, *s. f.* *Lachnæa.* genre de plantes de la famille des garous.
†Lacier, *v. a.* lier, mettre quelqu'un dans ses lacs (*vieux*).
Lacinié. e, *adj.* t. de botanique, découpé en lanières. * Laciné. e. B.
Lacis, *s. m.* réseau de fil ou de soie; entrelacement.
†Lack, *s. m.* (de roupies), monnoie de compte russe; 12,500 louis.
Laconique, *adj.* 2 *g.* *Laconicus.* concis; précis.
Laconiquement, *adv.* *Breviter.* d'une manière laconique.
†Laconiser, *v. n.* vivre avec épargne; parler brièvement.
Laconisme, *s. m.* *Breviloquentia.* façon de parler concise, propre aux Lacédémoniens.
Lacrymal. e, *adj.* qui appartient aux vaisseaux d'où coulent les larmes; (fistule) qui vient au coin de l'œil.
Lacrymatoire, *s. m.* vase pour conserver les larmes.
Lacrymule, *s. f.* petite larme. G. C.
Lacs, *s. m. pl.* *Laquei.* cordons déliés; pièges; passion où l'on est engagé; embarras. * corde à nœud coulant. B.
Lactaire, *adj.* 2 *g.* *s. m.* qui a du lait.
Lactate, *s. m.* sel de l'acide du lait avec différentes bases. * *ou* Lacrique. V.
†Lacté, *s. m.* serpent du 3e. genre; blanc.

à taches noires.
Lacté. e, *adj.* qui a l'apparence du lait. AL.
Lactée, *adj. f. Via lactea.* (voie), t. d'ast. amas d'étoiles; (veine) pour le chyle, t. d'anatomie.
†Lactescent. e, *adj.* laiteux.
Lactifère, *adj.* 2 *g.* qui donne du lait. V.
†Lactifique, *adj.* 2 *g.* qui produit le lait, qui l'augmente.
†Lactiphage, *adj. s.* 2 *g.* qui se nourrit de lait.
Lactique, *adj.* 2 *g.* (acide) de lait aigri. V.
Lacune, *s. f. Lacuna.* ce qui manque dans un livre, un discours.
Lacunette, *s. f.* t. de fortification. V. * voyez Cunette. B.
†Lacustral. e, *adj.* qui croît autour des eaux, dans l'eau.
†Lacustre, *adj.* 2 *g.* (plante) qui naît dans les lacs, etc.
Ladanum, Labdanum, *s. m.* substance aromatique du lédum. * *ou* Ciste, résolutif à l'extérieur, astringent à l'intérieur. B.
Ladre, *adj.* 2 *g. Hebes.* lépreux; avare sordide; insensible. * dégarni de poils par places, t. de manufacture. B.
Ladre. esse, *s. Leprosus.* lépreux; avare.
Ladrerie, *s. f. Lepra.* lèpre; avarice; hôpital des lépreux.
Ladresse, *s. f.* lèpre; ladrerie. V.
Ladi, *s. f.* dame *en anglois.* * Lady. A. C. G. V.
†Lagan, *s. m.* tout ce que la mer rejette.
†Laganiste, *s. m.* pain de millet.
Lagénite, *s. f.* pierre qui représente une bouteille. G. C.
Lagénophories, *s. f. pl.* fêtes grecques. V.
†Lagerstromé, *s. m. Lagerstromia.* genre de plantes de la famille des salicaires.
Lagetto, *s. m. ou* Lagette, plante d'Amérique. G. C. * Bois de dentelle, arbrisseau; son bois se sépare en couches qui imitent la gaze; on en fait des nattes, des étoffes. B.
†Lagias, *s. m.* belle toile peinte du Pégu.
Lagocéphale, *s. m.* poisson.
†Lagomys, *s. m. pl.* espèce de lièvres à jambes égales, sans queue.
Lagopède, *s. m. Lagopus.* espèce de gélinote blanche, oiseau.
Lagophtalmie, *s. f. Lagophtalmia.* maladie des paupières. * Lagophthalmie. R.
Lagopus, *s. m.* pied-de-lièvre, plante.
†Lagre, *s. f.* feuille de verre sur laquelle on étend les autres.
†Lagries, *s. f. pl. Lagria.* insectes coléoptères.
Lague, *s. f.* sillage, t. de marine.
†Laguillière, *s. f.* rets de fil de lin double.
†Laguis, *s. m.* nœud coulant sur le bord d'un cordage.
Lagune, *s. f.* petit lac; flaque d'eau dans des marais.
Lai. e, *adj.* (*vieux*) laïque. * Laïc. Laïque. R.
Lai, *s. m.* laïque; doléance, complainte.
Laîche, *s. f.* herbe aquatique qui tient du gramen; à fleur détersive, apéritive; vers de terre. * famille de plantes. B. Leiche. R. G.
†Laïcocéphales, *adj. s. m. pl.* sectaires qui ont pour chef un laïque.
Laid. e, *adj. Deformis.* difforme; déshonnête; désagréable à la vue.
†Laidanger, *v. a.* injurier (*vieux*).
†Laidanges, *s. m. pl.* injures.
†Laidasse, *s. f.* grosse femme très-laide.
Laidement, *adv.* d'une manière difforme. V.
Laideron, *s. m.* (*familier*) jeune femme ou fille laide et qui n'est pas sans agrément.
Laideur, *s. f. Deformitas.* qualité de ce qui est laid, vicieux.
Laidure, *s. f.* difformité. V.
Laie, *s. f. Sus fera.* femelle du sanglier; route dans une forêt. * denture; marteau de tailleur de pierres. G. C. *et* Laye. RR.
Lainage, *s. m. Lanea merx.* marchandise de laine; façon donnée aux draps avec les chardons.
Laine, *s. f. Lana.* poil frisé des moutons, etc.
Lainer, *v. n.* né. e, *p.* donner le lainage. A. *ou* Laner. AL.
†Lainerie, *s. f.* fabrique, marchandise de laine.
†Laineur, *s. m.* qui travaille la laine.
Laineux. se, *adj. Lanosus.* bien fourni de laine.
Lainier, *s. m.* marchand de laine; ouvrier en laine. * Lainier. ere. R.
Laïque, *adj.* 2 *g. s. Laïcus.* qui n'est point ecclésiastique ou religieux. * Laïc. que. RR.
Lais, *s. m.* jeune baliveau de réserve. R. G. C.
†Laisches, *s. f. pl.* lames sous l'habit pour garantir des coups.
†Laises, *s. f. pl.* lavures, t. de fondeur.
Laissade, *s. f.* partie d'une galère où elle diminue. G. C.
Laisse, *s. f. Lorum.* corde pour mener des chiens; cordon de chapeau.
Laissées, *s. f. pl.* fiente du loup, des bêtes noires, etc.
Laisser, *v. a. Relinquere.* sé. e, *p.* quitter; ne pas emporter; abandonner; mettre en dépôt; céder; léguer; perdre; taire; cesser; s'abstenir; discontinuer; léguer; passer sous silence. (laisser faire), permettre, souffrir que l'on fasse.
Laisser-courre, *s. m.* temps, lieu où on lâche les chiens. G. C. RR.
Laisses, *s. f. pl.* terres que la mer a laissées sur le rivage. R. * terres de dessus lesquelles la mer s'est retirée. B.
Lait, *s. m. Lactes.* liqueur blanche des mamelles, des œufs, des plantes; liqueur blanche. * — de lune, terre blanche. B.
Laitage, *s. m.* ce qui se fait de lait; beurre, fromage, etc.
Laitance, Laite, *s. f. Lactes.* (des poissons) substance qui ressemble au lait caillé, et contient la liqueur séminale.
Laité. e, *adj.* qui a de la laite.
Laiterie, *s. f. Lactarea cella.* endroit où se conserve le lait et se fait le laitage.
Laiteron, *s. m. Sonchus. ou* Laceron, plante demi-fleuronnée, laiteuse, bonne aux lapins; rafraîchissante, adoucissante.
Laiteux. se, *adj. Lacteus.* qui a un suc blanc, une transparence blanche.
Laitier, *s. m.* matière semblable au verre, qui nage sur le métal fondu.
Laitière, *s. f. adj.* qui vend du lait; qui a beaucoup de lait. * Laitiere. R.
Laiton, *s. m. Orichalcum.* fil de cuivre jaune, mêlé avec la mine de zinc; il a l'éclat de l'or.
Laitue, *s. f. Lactuca.* herbe potagère, rafraîchissante; plante demi-fleuronnée.
Laize, *s. f.* largeur d'une étoffe. * *ou* Laise. V. *ou* Lé. RR.
†Lakmus *ou* Lackmus, *s. m.* bleu composé de myrtille, de chaux vive, de vert-de-gris et de sel ammoniac.
†Lallation, *s. f.* prononciation de doubles Il sans nécessité. *et* Lamdacisme.
Lama, *s. m.* nom des prêtres tartares: animal quadrupède de l'Amérique méridionale. voyez Paco. Lahma. Lhama. Glama.
Lamanage, *s. m.* travail, pilotage des lamaneurs.
Lamaneur, *s. m. ou* Locman, pilote-côtier.
Lamantin, *s. m.* ours de mer, animal amphibie, mammifère. * *ou* Lamentin. V. A.
Lambalois. e, *adj.* de Lambale. RR.
Lambdoïde, *adj.* suture du crâne. G. C. CO.
Lambeau, *s. m. Segmen.* morceau, pièce d'une étoffe ou de chair déchirée; fragment. * *pl.* peau velue du bois du cerf. B.
Lambel, *s. f. Limbus.* t. de blas. sorte de brisure.
Lambin. e, *s. Lentus.* (*famil.*) qui agit lentement.
Lambiner, *v. n. Lentè agere.* agir lentement.
Lambis, *s. m.* gros coquillage d'Amérique.
†Lamboïde, *adj.* (suture) du crâne.
Lambourde, *s. f. Tigillum.* pièce de bois pour appui; pierre tendre, calcaire.
Lambrequins, *s. m. pl.* t. de blas. ornemens qui pendent du casque.
Lambris, *s. m. Lacunar.* t. de menuiserie, de maçonnerie, revêtement des murs, des planchers.
Lambrissage, *s. m.* ouvrage de celui qui a lambrissé.
Lambrisser, *v. a.* sé. e, *p. Lacunare.* revêtir de lambris.
Lambruche, lambrusque, *s. f. Labrusca.* sorte de vigne.
†Lamdacisme, *s. m.* répétition vicieuse de la lettre L. *et* Lallation.
Lame, *s. f. Lamina.* table de métal fort mince; fer d'un outil tranchant, d'une épée; t. de marine, vague. * celui qui manie bien l'épée. V. clinquant; t. d'arts et métiers. G.
Lamé, *adj. m.* t. de manufacture. V. dans lequel on a employé des lames d'or et d'argent. B.
†Lamellé. e, *adj.* composé de lames; feuilleté.
†Lamelleux. se, *adj.* garni de lames; t. de bot.
Lamentable, *adj. m.* 2 *g. Lamentabilis.* déplorable; douloureux; qui excite la pitié.
Lamentablement, *adv. Miserabiliter.* d'un ton lamentable.
Lamentation, *s. f. Lamentatio.* plainte avec gémissement; *pl.* cris plaintifs; poëme de Jérémie.
Lamenter, *v. a. n.* té. e, *p. Lamentari.* plaindre; déplorer; regretter avec plaintes. (se), *v. r.* se plaindre.
Lamie, *s. f. Lamia.* requin d'une grandeur énorme. *s. f. pl.* démons sous la figure d'une belle femme. * insecte de l'espèce des capricornes.
†Lamier *ou* Lamion, *s. m. Lamium.* famille de plantes labiées.
Lamiers, *s. m. pl.* ouvriers qui font des lames. T. * *sing.* A.
Laminage, *s. m.* action de laminer.
Laminer, *v. a.* né. e, *p.* donner à une lame de métal une épaisseur uniforme.
Laminoir, *s. m.* machine pour laminer les métaux.
†Lamiodontes, *s. f. pl.* dents fossiles de lamie; langue de serpent; glossopètres.
Lampadaire, *s. m.* instrument pour soutenir des lampes; t. d'ant. officier qui portoit les lampes.
†Lampadédromie, *s. f.* course en portant un flambeau.
Lampadistes, *s. m. pl.* t. d'antiq. qui s'exerçoient à la course des flambeaux.
†Lampadomancie, *s. f.* divination par l'inspection de la flamme d'une lampe.
Lampadophore, *s. m.* qui portoit les lampes dans les cérémonies; t. d'antiquité.
Lampadophories, *s. f. pl.* fêtes de l'antiquité, en l'honneur de Minerve, Promethée et Vulcain. G. C. CO. * Lampadophories. *sing.* AL.
†Lampante, *adj. f.* (huile) bien claire, bien purifiée.
†Lampareilles, *s. f. pl.* espèces de camelot.
Lampas, *s. m.* t. de manège, enflure au palais du cheval. * *ou* Fève, *s. m.* AL.

Lampasses,

Lampassé. e, *adj*. t. de blas. dont la langue sort.
†Lampasses, *s. f. pl.* toiles peintes des Indes.
Lampe, *s. f. Lucerna*. vase pour mettre de l'huile et une mèche. * *pl*. étamines de laines, ces laines. B.
Lampée, *s. f.* (*popul.*) grand verre de vin.
Lamper, *v. a.* pé. e, *p.* boire des lampées.
Lamperon, *s. m. Alveolus*. bec d'une lampe. * Lampron. V.
Lampion, *s. m. Lucernula*. sorte de petite lampe.
Lampioner, *v. a.* é. e, *p.* garnir de lampions. RR.
†Lampourde, *s. f. ou* Glouteron, *s. m. Xanthium*. genre de plantes corymbifères.
†Lampresse, *s. m.* nappe du genre des demi-folles.
Lamprillon, *s. m.* serpent d'eau.
Lamproie, *s. f. Petromizon*. poisson de mer, sorte d'anguille; 1.er genre, 12.e classe.
†Lamprophore, *s. m.* néophite vêtu de blanc.
Lamproyon, *s. m.* petite lamproie. *Lamprillon. V.
Lampsane, *s. f. Lampsana*. herbe aux mamelles, plante efficace pour les mamelles ulcérées, rafraîchissante, émolliente, laxative; guérit la gale.
Lampurge, *s. m.* poisson du genre du coryphène.
†Lampyres, *s. m. pl. Lampris*. insectes coléoptères.
Lance, *s. f. Lancea*. arme d'hast à long manche et fort pointu; bâton de drapeau; soldat armé d'une lance. * instrument de chirurgie (*vieux*.); outil de stucateur; météore igné; nasse cylindrique. (*vieux*). B.
Lancellée, *s. f.* plante. voy. Lonchitis. *Lancelée. R.
†Lanceolé. e, *adj*. 2 g. qui imite un fer de lance.
Lancer, *v. a.* cé. e, *p.* darder, jeter avec roideur; t. de mar. de chasse; attaquer, faire partir le cerf. (se), *v. r.* se jeter avec impétuosité sur.
†Lancerer, *v. a.* frapper avec la lance (*vieux*).
†Lancetier, *s. m.* étui de lancettes.
Lancette, *s. f. Scapellum*. instrument de chirurgie pour saigner. * Lancete. R.
Lanci, *s. m.* t. d'architecture. R. * Lancis, pierre d'une croisée. AL.
Lancier, *s. m. Lancearius*. cavalier armé d'une lance.
Lancinant. e, *adj*. (douleur) qui élance. A. V.
†Lancis, *s. m.* action de tuer, de battre une femme enceinte (*vieux*).
Lançoir, *s. m.* pale de moulin. R. G. C.
†Lançonnier, *s. m.* engin de piseur.
Lançon, *s. m.* poisson de mer.
Landan, *s. m.* arbre des Moluques, très-utile.
Lande, *s. f.* terres couvertes de bruyères, de genêts, quelquefois de plantes aromatiques. *pl.* endroits secs et ennuyeux dans un ouvrage.
Landgrave, *s. m.* titre; juge d'un pays en Allemagne. * *f.* Landgravine. G. C.
Landgraviat, *s. m.* état d'un landgrave.
Landi, *s. m.* foire de Saint-Denis; t. de collége, jour de congé. * honoraire de professeur. CO. (*vieux*). Landit. A. V.
Landie, *s. f.* t. d'anat. R.
Landier, *s. m.* gros chenet de cuisine, en fer.
Landreux, *s. m.* infirme. V. * Landreux. se. B.
Laneret, *s. m.* mâle du lanier.
†Lanet, *s. m.* truble monté comme une raquette.
Langage, *s. m. Lingua*. idiome d'un peuple; discours; manière de parler; style; voix, cri.
†Langaha, *s. m.* serpent du 7e. genre.
†Langar, *s. m.* espèce de brigantin; seneau-brik.
Langard, Langart, *s. m.* (*vieux*) grand parleur. V.
Lange, *s. m. Fascia*. étoffe dont on enveloppe les enfans au maillot. * *pl.* draps pour séparer les cartons. B.

†Langelotte, *s. f.* machine pour triturer l'or.
†Langit, *s. m. Ailanthus*. plantes de la famille des balsamiers.
†Langon, *s. m.* espèce d'espadon.
Langoureusement, *adv. Languidè*. d'une manière langoureuse.
Langoureux, se, *adj. Languens*. en langueur, qui marque de la langueur.
†Langourir, (se) *v. p.* se lamenter (*vieux*).
Langouste, *s. f. Locusta*. écrevisse de mer, sauterelle de mer; crustacée à antennes.
†Langoustière, *s. f.* filet pour les langoustes.
Langrenus, *s. m.* tache de la lune. G.
†Langrois. e, *s. adj.* de Langres. RR.
Langué. e, *adj.* t. de blas. dont la langue sort, et d'un autre émail.
Langue, *s. f. Lingua*. organe du goût, de la parole et de la voix; partie charnue, mobile dans la bouche; idiome, langage; nation. * cassure du verre; portion de terre; t. d'arts et métiers; ce qui a la forme de la langue. B.
Langue de bouc, *s. f.* vipérine, plante. * Langue-de-bouc. C.
Langue de cerf, *s. f.* scolopendre, plante vulgaire, de l'ordre des fougères, contre les obstructions, les hypocondres et les convulsions. * Langue-de-cerf. C.
Langue de chien, *s. f.* cynoglosse, plante rafraîchissante et adoucissante. *Langue-de-chien. C.
Langue de serpent, *s. m.* glossopètre, dent de poisson pétrifiée; plante vulnéraire contre les hernies. * Langue-de-serpent. C.
†Languedocien. e, *adj. s. Occitanus*. de Languedoc. RR.
Languette, *s. f. Lingula*. petite langue; pointe; t. d'arts et métiers. * poisson du genre du pleuronecte. B. Linguete. R.
Langueur, *s. f. Languor*. abattement; peine d'esprit; état de celui qui languit; ennui.
Langueyage, *s. m.* visite de la langue du porc. R.
Langueyer, *v. a.* yé. e, *p.* (un cochon), visiter sa langue pour voir s'il est ladre.
Langueyeur, *s. m.* qui langueye les porcs.
Languier, *s. m.* langue et gorge du porc fumées.
Languir, *v. n. Languere*. être consumé peu à peu par une maladie, une passion, l'ennui, les désirs; souffrir un supplice lent; traîner en langueur; être froid, traînant, languissant.
Languissamment, *adv. Languidè*. d'une manière languissante. * Languissament. R.
Languissant. e, *adj. Languidus*. plein de langueur; foible.
Lanice, *adj. f.* (bourre) qui provient de la laine.
Lanier, *s. m. Accipiter*. femelle du laneret; espèce de faucon devenu très-rare.
Lanière, *s. f. Lorum*. courroie longue et étroite. * Laniere. R.
Lanifère, *adj.* 2 g. *Laniger*. qui porte de la laine. * Lanifere. R.
†Lanille, *s. f.* étoffe de laine de Flandre.
Laniste, *s. m.* t. d'antiq. qui formoit, achetoit ou vendoit des gladiateurs.
†Lanquerre, *s. f.* gros bourlet de peau qui aide à nager.
†Lanquette, *s. f. Aizoon*. plantes qui ont rapport aux pourpiers.
Lansquenet, *s. m.* jeu de cartes; fantassin allemand (*vieux*).
Lanter *ou* Lenter, *v. a.* té. e, *p.* t. de chaudr. orner avec le marteau. R. G.
Lanterne, *s. f. Laterna*. boîte transparente pour renfermer une lumière; t. d'archit. tourelle ouverte; tribune grillée; pignon; petite roue; dévidoir; t. de mécanique, d'arts et métiers. *pl.* fadaises, contes, impertinences.

Lanterneau, *s. m.* t. de salines, petite chaussée. G.
Lanterner, *v. a.* né. e, *p.* importuner par des fadaises; amuser par de vaines paroles. *v. n.* être irrésolu; perdre le temps à des riens; vétiller.
Lanternerie, *s. f.* (*famil.*) irrésolution, fadaise, discours frivole.
Lanternier. ère, *s.* qui fait et vend des lanternes; irrésolu, flâgneur, diseur de fadaises. *s. m.* qui allume les lanternes publiques. * *f.* Lanterniere. R.
Lanternistes, *s. m. pl.* académiciens de Toulouse. R.
Lantiponnage, *s. m.* action de lantiponner; discours frivole et importun. *Lantiponage. R.
Lantiponner, *v. n.* (*popul.*) tenir des discours frivoles, inutiles, importuns. * Lantiponer. R.
Lanture, *s. f.* t. de chaudr. action de lanter. R. G.
Lanturlu, *adv.* qui marque le refus avec mépris. *s. m.* t. de jeu de cartes. * Lanturelu, refrein de chanson. V.
Lanugineux. se, *adj. Lanuginosus*. t. de botan. couvert de poils ou de duvet.
Lanusure, *s. f.* pièce de plomb sous les amortissemens. R. G. C. * *ou* Basque. B.
Lanzani, *s. m.* animal d'Afrique redouté du lion.
Laonois. e, *adj. s.* de Laon. R.
†Laosinacte, *s. m.* officier de l'église grecque, qui convoque le peuple.
†Lapa, *s. m.* trompette des Tartares.
Lapatum *ou* Patelle, *s. m.* plante purgative. voy. Patience. * Lapathum. Lapate. R. G.
Laper, *v. n. Lambere*. boire en tirant l'eau avec la langue, comme font les chiens.
Lapereau, *s. m. Cuniculus*. jeune lapin.
Lapidaire, *s. m.* qui taille, vend des pierres précieuses. *adj.* (style) des inscriptions sur le marbre, les métaux, etc.
Lapidation, *s. f. Lapidatio*. action de lapider; * figure qui la représente. B.
Lapider, *v. a.* dé. e, *p. Lapidare*. assommer à coups de pierres; s'élever avec véhémence contre quelqu'un.
Lapidification, *s. f.* formation des pierres.
Lapidifier, *v. a.* fié. e, *p.* t. de chim. réduire les métaux en pierres.
Lapidifique, *adj.* 2 g. *In lapidem convertens*. suc propre à former les pierres.
Lapin, *s. m. Cuniculus*. animal herbivore.
Lapine, *s. f. Cuniculica*. femelle du lapin. * (*popul.*) femme très-féconde. AL.
†Lapiré, *s. m.* bois de Cayenne, rouge ou jonquille.
Lapis, *s. m.* pierre précieuse bleue, veinée d'or. *prononcez* lapisse.
†Lapis-lazuli, *s. m.* stalactite, mélange de matières vitreuses et de substances calcaires; pierre d'un beau bleu, à veines d'or.
†Laplysie, *s. f. Laplysia*. mollusque céphalé.
Lapmude, *s. f.* robe de peau de renne.
Lapon. ne, *s. adj.* de Laponie. * *f.* Lapone. R.
†Lappulier, *s. m. Triumfetta*. plantes de la famille du tilleul.
Laps (de temps), *s. m.* écoulement, espace de temps.
Laps. e, *adj.* tombé : laps et relaps, apostat.
Laqs. voyez Lacs. G.
Laquais, *s. m. Pedisequus*. valet de pied.
Laque, *s. f. Lacca*. gomme ou cire préparée par des fourmis aux Indes occidentales; couleur faite d'os de sèche en poudre et colorée avec la cochenille. *s. m.* vernis de la Chine; * meubles, vases qui en sont revêtus; pâtes colorées des végétaux. B. * Lacque. C.
Laquéaire, *s. m.* athléte armé d'un lacet et d'un poignard. G. C.

Laquelle, *pronom relatif féminin*.
Laqueton, *s. m.* diminutif de laquais. A. R V.
Laraire, *s. m.* chapelle dédiée aux dieux lares.
Larcin, *s. m. Furtum*, vol; plagiat; action de dérober; chose volée.
Lard, *s. m. Lardum*. graisse du porc, de la baleine, etc.
Lardage, *s. m.* droit sur le lard. V.
Larder, *v. a.* dé. e. *p.* mettre des lardons; percer de coups; piquer.
Lardier, *s. m.* (*vieux*) *Lardorium*. V.
†Lardite, *s. f. Lardites*. pierre qui ressemble à un morceau de petit salé entrelardé.
Lardoire, *s. f.* instrument pour larder.
Lardon, *s. m.* morceau de lard; mot piquant; *Aculeus*, t. d'arts et métiers. * feuilleton de journal. AL.
†Lardonner, *v. a.* couper, tailler; pincer; lancer des lardons, etc.
Larenier, *s. m.* t. de menuisier; rebord d'un châssis pour écarter l'eau.
Lares, *s. m. pl. Lares*. * et *sing*. V.
Large, *adj.* 2 *g. Largus*. qui a de la largeur; t. de peinture, grand.
Large, *s. m.* largeur; libéral; (au) *adv.* spacieusement, à l'aise.
†Large-doigts (le), lézard du 1er. genre.
†Large-queue (le); *s. m.* serpent du 3e. genre.
Largement, *adv. Copiosè*. abondamment; au large; d'une manière large.
Largesse, *s. f. Liberalitas*. libéralité; dons d'argent, etc.
Largesse de loi, *s. f.* t. de monnoie, ce qui excède le titre ordonné. G.* Largesse-de-loi. C.
Largeur, *s. f. Latitudo*. dimension en large.
Largo, *adv.* t. de musique indiquant un mouvement très-lent.
Largue, *adj. s. m.* la haute mer. (à la-) *adv.* loin du bord ou des autres vaisseaux.
Larguer, *v. a.* gué. e. *p.* t. de marine; lâcher une manœuvre, filer le cordage.
Larigot, *s. m.* flageolet, jeu de l'orgue.
Larigot (boire à tire l') *adv.* excessivement.
Larin, *s. m.* monnoie de Perse. R.
Larix, *s. m.* arbre résineux. voyez Mélèze.
Larme, *s. f. Lacryma*. goutte d'eau qui sort de l'œil; goutte, suc qui découle d'une plante. * — batavique, goutte de verre fondu tombée dans l'eau. — marine, animal aquatique, ou vessie animée qui a la forme d'une larme de verre.
Larme de Job, *s. f.* plante arundinacée; on mange à la Chine sa graine farineuse.
Larmette, *s. f.* petite larme. V.
Larmier, *s. m. Corona*. saillie hors de l'aplomb pour écouler l'eau du mur; corniche; larenier.
Larmières, *s. f. pl.* fentes au-dessous des yeux du cerf, d'où découle une liqueur jaune. * Larmieres. R.
Larmiers, *s. m. pl.* t. de vétérinaire, tempes des chevaux.
†Larmille, *s. f. Coix*. espèce de plantes graminées.
†Larmoiement, *s. m. Lacrymatia*. *s. m.* t. de médecine, écoulement involontaire des larmes; pleurs.
Larmoyant. e, *adj. Lacrymabundus*. qui fond en larmes; qui fait verser des larmes.
Larmoyer, *v. n. Lacrymari*. pleurer, verser des larmes. (*familier*).
Larris, *s. m.* (*vieux*) champ inculte. B.
Larron. nesse, *s. Fur*. qui vole furtivement. * Lâron. Lâronesse. R.
Larron, *s. m.* t. de relieur, pli de feuillet qui n'a pas été rogné; t. d'imprimerie, morceau de papier détaché qui couvre la feuille et reçoit l'impression. * Lâron. R.
Larronneau, *s. m.* petit larron. * Lâroneau. R.
Larus, *s. m.* oiseau employé en médecine. T.
Larves, *s. m. pl. Larva*. t. d'antiq. ames errantes des méchans. *s. f.* t. d'hist. nat. dépouille d'un insecte. * premier état de l'insecte sortant de l'œuf avant qu'il devienne ailé. B.
†Laryngé. e, *adj.* du larynx.
†Laryngien. ne, *adj.* du larynx.
†Laryngographie, *s. f.* description du larynx.
Laryngotomie, *s. f.* incision à la trachée artère. * Laryngothomie. voyez Bronchotomie. A. V.
†Laryngologie, *s. m.* traité sur le larynx.
Larynx, *s. m. Spiritûs meatus*. partie supérieure de la trachée artère.
Las! *interjection plaintive*. hélas! (*vieux*)
Las. se, *adj. Fessus*. fatigué, ennuyé.* *s. m.* outil de batteur d'or. *ou* Lassien, *s. m.* endroit de la grange où l'on entasse les gerbes. B. Lâs. Lâsse. R.
Lascif. ve, *adj. Lascivus*. enclin à la luxure, qui y porte.
Lascivement, *adv. Libidinosè*. d'une manière lascive.
Lasciveté, *s. f. Lascivia*. inclination à la luxure; ce qui y porte.
†Laser, *s. m.* plante hystérique, vulnéraire, carminative et antidote. * Lazer. RR.
Laserpitium. *s. m.* plante alexipharmaque, vulnéraire. * *ou* Laser. G.
Lassant. e, *adj. Molestus*. qui fatigue. * Lâssant. e. R.
Lasser, *v. a. Fatigare*. sé. e, *p.* fatiguer; ennuyer. (se), *v. r.* se fatiguer, s'ennuyer de. * Lâsser. R.
†Lasseret, *s. m.* petite tarrière. * piton à vis, pièce qui arrête l'espagnolette, t. de serrurier.
†Lasserie, *s. f.* ouvrage fin, t. de vannier.
Lassitude, *s. f. Lassitudo*. fatigue; abattement causé par la fatigue. * Lâssitude. R.
†Lassius, *s. m. pl.* filets à manche.
Laste, *s. m.* t. de mar. poids de deux tonneaux. * Last. G.
†Lastre, *s. m.* verre blanc, pour les vitres, dans l'Orient.
†Lastrico, *s. m. ou* Lastrio, couverture de toit en ciment de chaux et de pouzzolane.
Latanier, *s. m. ou* Bache, espèce de palmier d'Amérique, très-utile, à feuilles en éventail.
Latent. e, *adj.* t. de manége; (vice) caché, inconnu.
Latéral. e, *adj. Lateralis*. qui appartient au côté.
Latéralement, *adv.* d'une manière latérale. T. V.
Laterculé, *s. m.* officier des empereurs grecs. G.
Latéré (légat à), *s. m.* voyez Légat. * Légat à latere. A. Légat-à-laréré. C.
Laticlave, *s. m.* tunique des sénateurs romains.
Latier, *s. m.* t. de coutume. R.
Latin, *s. m.* langue latine. *pl.* les Romains.
Latin. e, *adj. Latinus*. qui concerne la langue latine, les Latins.
Latineur, *s. m.* marchand de latin, pédant. C. R.
Latinier, *s. m.* qui sait bien le latin. V.
Latinisation, *s. f.* action de latiniser. R. V.
Latiniser, *v. a.* sé. e, *p.* donner une terminaison latine à un mot d'une autre langue.
†Latiniseur, *s. m.* qui latinise, qui forge du latin.
Latinisme, *s. m.* tour de phrase propre au latin.
Latiniste, *s. m.* qui entend et parle le latin.
Latinité, *s. f. Latinitas*. langage latin.
†Latiome, *s. f. ou* Latione, espèce de galère chinoise pour la course.
†Latiphrosinie, *s. f.* dépravation de l'imagination, de la raison; perte de la mémoire.
†Latique, *adj.* 2 *g.* (fièvre) quotidienne sans cessation de chaleur.
Latiter, *v. a.* té. e, *p.* cacher. R.
Latitude, *s. f. Latitudo*. t. de géogr. d'astron. distance des lieux par rapport aux pôles, à l'écliptique, à l'équateur.
Latitudinaire, *adj. s.* C. * *s. m. pl.* sectaires très-tolérans. B.
Latomie, *s. f.* carrière où l'on renfermoit des prisonniers. * Lautumie. B.
Latrie, *s. f. Latria*. culte rendu à Dieu seul.
Latrines, *s. f. pl. Latrina*. lieux privés; retrait.
†Lattage, *s. m.* voyez Lattis.
Latte, *s. f. Regula*. pièce de bois longue, étroite et plate. * Late. R.
†Latté, *s. m.* voyez Lattis.
Latter, *v. a.* té. e, *p.* garnir de lattes. * Later. R.
Lattis, *s. m.* arrangement des lattes. * Latis. R.
†Lattone, *s. f.* espèce de galère chinoise.
Laudanum, *s. m.* extrait d'opium.
Laudes, *s. f. pl.* t. de litur. office après matines. G.
†Laudmie, Laudisme, Lausmie *ou* Lausiome, *s. m.* lods, *ou* Laudumenies, *s. f. pl.*
Laure, *s. f.* lieu où étoient les cellules des solitaires. G.
Lauréat, *s. m.* (poëte) couronné en public.
Laurentinales, *s. f. pl.* fêtes romaines. V.
Lauréole, *s. f. ou* Garoutte. *Chamæ-daphne*. espèce de plante thymelée, très-dangereuse.
Laurier, *s. m. Laurus*. arbre, symbole de la victoire. — alexandrin. — cerise. — sauce. — nain. — rose. — thym. * Laurier-tin. T.
Lauringue, *adj.* 2 *g.* qui appartient aux laures. V.
Lauriot, *s. m.* t. de boulanger, petit baquet. G. C.
†Lautis-marina, *s. f.* espèce de petite huître.
†Laurose, *s. m. Nerium*. genre de plantes de la famille des apocins.
Lavabo, *s. m.* t. d'église et d'imager. R. petit linge d'autel. B.
Lavage, *s. m. Lavatio*. action de laver; breuvage où l'on a mis trop d'eau; trop grande quantité d'eau.
Lavagne, *s. f.* ardoise de Gênes. G.
†Lavanche, Lavange, *s. f.* voyez Avalanche.
Lavande, *s. f. Lavendula*. plante aromatique, résolutive, céphalique, anti-hystérique. les fleurs et les feuilles excitent la salivation; on en tire une huile essentielle.
†Lavander, *s. m.* linge ouvré de Flandre.
Lavandier. ère, *s.* blanchisseur du roi. * *f.* Lavandiere. R.
Lavandière, *s. f.* oiseau. * Lavandiere. R.
Lavange, Lavanche, *s. f.* avalange.
Lavaret, *s. m. Lavaretus*. poisson du genre du salmone. * oiseau de proie ou de leurre. R.
Lavaronus, *s. m.* poisson de la Méditerannée. G.
Lavasse, *s. f. Diluvies*. pluie subite et impétueuse. * pierre platte dont on couvre les toits. Lavage. B.
†Lavatère, *s. f. Lavatera*. genre de plantes malvacées.
†Lavation, *s. f.* fête en l'honneur de la mère des dieux.
Lave, *s. f. Lava*. matière fondue qui sort des volcans.
Lavée, *s. f.* tas de laine tirée de l'eau. G. C.
Lavége, *s. f.* pierre ollaire dont on fait des vases qui résistent au feu. C. * Lavège. G. *ou* Laveze. B. *ou* Lavezze. AL.
Lavemain, *s. m. Malluvium*. lavoir pour se laver les mains. * Lave-main. G. C.
Lavement, *s. m. Lavatio*. action de laver les pieds, les autels, t. de litur.; clystère.
Laver, *v. a. n. Lavare*. nettoyer avec un liquide; t. d'arts et métiers; coucher les couleurs à plat; ombrer un dessein. (se), *v. r.* Lavé. e, *p.* et *adj.* (couleur) foible.

Lavert, *s. m.* insecte d'Amérique. G.
Laveton, *s. m.* grosse bourre des draps. G.
Lavette, *s. f.* *Penicillus.* chiffon pour laver. * Lavete. R.
Laveur, se, *s.* qui lave.
Lavignon, *s. m.* *Hiatula.* coquillage de mer, espèce de came.
Lavis, *s. m.* manière de laver un dessein.
Lavoir, *s. m.* lieu, canal destiné à laver; machine pour laver le minéral. * baguette pour laver le fusil. B.
Lavure, *s. f.* *Lotura.* action de laver; eau qui a servi à laver; produit du lavage; t. de métiers.
Laxatif, ve, *adj.* *Alvum solvens.* qui lâche le ventre.
†Laxiflore, *adj.* 2 *g.* à fleurs écartées, divergentes.
†Laxité, *s. f.* *Laxitas.* relâchement.
†Laxman, *s. m.* *Laxmannia.* genre de plantes voisines des bidens.
†Laye, *s. f.* boîte qui renferme les soupapes de l'orgue.
†Layée, *adj. f.* (pierre) dont les paremens sont travaillés au marteau brételé.
Layer, *v. a.* *Semitare.* yé. e, *p.* tracer une route dans une forêt. * t. d'archit. tailler la pierre avec la laie. G.
Layetier, *s. m.* qui fait des boîtes, des caisses.
Layette, *s. f.* *Capsa.* petit coffre; tiroir; linge, hardes pour un nouveau né. * boîte à poudre à canon. B. Layete. R.
Layeur, *s. m.* qui trace des laies dans le bois. G.
Lazagnes, *s. f. pl.* pâtisserie en ruban. G. C. CO.
Lazaret, *s. m.* lieu où l'on fait la quarantaine.
Lazaristes, *s. f. pl.* prêtres de Saint-Lazare. R.
Lazarite, *s. m.* chevalier de l'ordre de Saint-Lazare. R.
†Lazulite, *s. m.* lapis-lazuli.
Lazzi, *s. m.* jeu muet d'un comédien. * épigramme, bon mot. B. * Lazzy. C.
Le, la, les. *art. pron. Is, Ea, Id, Ille, Illa, Illud.*
Lé, *s. m.* *Latitudo.* largeur d'étoffe.
†Lean, Laen, *ou* Taël, *s. m.* monnoie chinoise, 7 livres 13 sous.
Léans, *adj.* (*vieux*) là-dedans.
†Leao, *s. m.* pierre bleue des Indes.
Léard, *s. m.* peuplier, arbre. G. C.
Leberis, *s. m.* sorte de couleuvre venimeuse du 3e. genre, à lignes noires, au Canada.
Lebetin, *s. m.* *Lebetinus.* reptile du 3e. genre.
Lécanomancie, *s. f.* devination faite avec un plat. B.
Lèche, *s. f.* tranche fort mince. * Leche. R.
Lèche-doigt (à-), *adv.* en petite quantité, parlant des mets. G.
Lèchefrite, *s. f.* ustensile pour recevoir le jus du rôti. * Lechefrite. A. C. G. V. CO.
Lécher, *v. a.* *Lambere.* passer la langue sur. Léché. e, *p. adj.* trop soigné.
Lechet, *s. m.* t. de marine. R.
Leçon, *s. f.* *Lectio.* instruction; chose donnée à apprendre; avis; remontrance; réprimande; manière dont un texte est écrit, une chose est contée; t. de liturgie, partie de l'office à matines.
Lecteur. trice, *s.* *Lector.* celui qui lit, qui est chargé de lire; ordre mineur; professeur, régent.
Lecticaire, *s. m.* t. d'antiq. qui faisoit ou portoit les litières. G. C.
Lectionaire, *s. m.* t. de liturgie. R. V.
Lectisternes, *s. m. pl.* t. d'antiq. festins auxquels les statues des dieux étoient posées sur des lits.
Lectrin, *s. m.* sorte de bouclier; tablette; pupitre; platte-bande; appui, cloison. (*vieux*). V.
Lectrois, *s. m.* lieu destiné à la lecture. V.
Lecture, *s. f.* *Lectio.* action de lire; savoir; étude; chose qu'on lit.
Lécythe, *s. m.* t. d'antiq. vase en forme de grosse bouteille. * Lecythe. A.
Lede, *s. m.* (d'un marais salant) le milieu du jas. C. * *Ledum.* genre de plantes de la famille des bruyères. B. Lède. R. G. C.
Lédoire, *s. m.* injure atroce. V.
Lédum, Lède, *s. m.* arbrisseau qui fournit le ladanum, espèce de ciste. * Ledum *ou* Lede. A. R.
†Lée, *s. f.* *Leea.* genre de plantes voisines des sureaux.
Légal. e, *adj.* *Legalis.* selon la loi, qui la concerne.
Légalement, *adv.* *Ex legibus.* selon les lois.
Légalisation, *s. f.* certification d'un acte par la justice.
Légaliser, *v. a.* sé. e, *p.* rendre valide, authentique par la légalisation.
Légalité, *s. f.* *Æquitas.* fidélité, droiture, probité. (*inusité*) G. C. * qualité de ce qui est légal. (*nouveau*) B.
Légat, *s. m.* *Legatus.* gouverneur pour le pape. Légat à laréré, *s. m.* envoyé papal extraordinaire. * Légat-à-latéré. C. Légat à latere. AL.
Légataire, *s.* 2 *g.* *Legatarius.* à qui on fait un legs.
Légatine, *s. f.* étoffe moitié fleuret, moitié soie ou laine. G. C. RR.
Légation, *s. f.* *Legatio.* charge du légat, sa juridiction, sa durée, son administration, ses agens réunis. * ambassadeur et toute sa suite. B.
Légatoire, *adj.* 2 *g.* t. d'antiq. gouverné par un lieutenant.
Lége, *adj.* t. de marine, sans charge, sans lest. * Lege. R. Lège. V.
Légendaire, *s. m.* auteur d'une légende.
Légende, *s. f.* *Legenda.* vie des saints; liste ennuyeuse; inscription autour d'une pièce de monnoie.
Léger. ère, *adj.* *Levis.* qui ne pèse guère; dispos et agile; volage; facile; agréable; délicat; qui n'a pas le poids; facile à digérer; aisé à supporter; frivole, peu important; superficiel; peu considérable; subtile; frugal. B. * (de léger), *adv.* trop facilement. AL. *f.* Légere. R.
Légère (à la), *adv.* légérement; inconsidérément; sans réflexion. * à-la-Légère. C.
Légérement, *adv.* *Alacriter.* avec légéreté; un peu; inconsidérément; sans réflexion. * Légèrement. A. V.
Légéreté, *s. f.* *Levitas.* qualité de ce qui est léger; agilité; vîtesse; inconstance; instabilité; imprudence; peu de gravité; peu de grièveté d'une faute. * Légèreté. A. V.
†Légile, *s. m.* pièce d'étoffe qui recouvre le pupitre de l'évangile.
Légion, *s. f.* *Legio.* corps militaire; grand nombre.
Légionnaire, *s. m.* *Legionarius.* soldat dans une légion romaine. * Légionaire. A. R.
†Légis, *adj. f. pl.* (soies) belles soies de Perse.
Législateur, trice, *s.* *Legum lator.* qui fait des lois, y coopère.
Législatif. ve, *adj.* (pouvoir) de faire des lois.
Législation, *s. f.* droit de faire des lois; corps des lois.
Législature, *s. f.* le corps législatif; période de temps pendant lequel il demeure assemblé.
Légiste, *s. m.* *Leguleius.* jurisconsulte; qui étudie, connoît les lois.
Légité, *s. m.* étoffe qui couvre le pupitre de l'évangile. V.
Légitimaire, *adj.* 2 *g.* dû légitimement; qui appartient à la légitime. R.
Légitimation, *s. f.* action de légitimer; son effet; acte authentique qui constate les pouvoirs; t. diplomatique.
Légitime, *s. f.* *Legitima.* portion accordée aux enfans par la loi. *adj.* 2 *g.* *Legitimus.* qui a les qualités requises par les lois; équitable, juste.
Légitimement, *adv.* *Legitimè.* conformément à la loi, à la justice, à la raison.
Légitimer, *v. a.* mé. e, *p.* rendre légitime, légal, juridique, authentique. (se), *v. r.*
Légitimité, *s. f.* état, qualité d'un enfant légitime. * qualité, état de ce qui est légitime, conforme aux lois. AL. (*néologique*) B.
Legs, *s. m.* *Legatum.* ce qui est légué par testament à quelqu'un. *prononcez* lés.
Léguer, *v. a.* *Legare.* gué. e, *p.* donner par testament.
Légume, *s. m.* *Legumen.* pois, féves, etc. herbes, racines potagères. *pl. plus usité.* * Gousse. AL.
Légumineux. se. *adj.* (fleurs) des pois, etc.
†Léguminiforme, *adj.* 2 *g.* qui ressemble à une gousse.
Leiche, *s. f.* plante. R. * voyez Laiche. G.
†Léiognathe, *s. m.* genre de poissons sans dents.
†Léiostome, *s. m.* genre de poissons sans dents.
Lembaires, *s. f. pl.* troupes qui combattoient sur des bateaux. G. C.
†Lemma, *s. m.* plante aquatique, rampante.
Lemme, *s. m.* t. de mathém. proposition qui prépare à la démonstration d'une autre; silence, t. de musique.
†Lemming, *s. m.* Lemmer, Lemmar, *Lemnus.* quadrupède de Laponie qui ressemble assez à une souris; très-nombreux, hardi et dévastateur.
†Lemniscate, *s. f.* *Lemniscatus.* courbe du quatrième degré faite en forme de 8.
Lemnisque, *s. m.* serpent d'Asie du 3e. genre à anneaux blancs et noirs. * bandelettes pour lier les couronnes. B.
Lémuncule, *s. m.* t. d'antiq. petit bateau pour pêcher. G. C.
Lémures, *s. m. pl.* t. d'antiq. larves, lutins, esprits, ames des méchans qui viennent tourmenter les vivans.
Lémuries, Lémurales, *s. f. pl.* t. d'antiq. fêtes à Rome, en l'honneur des lémures.
Lende, *s. f.* *Lenteus.* œufs de poux, blancs, menus, attachés aux cheveux. voy. Lente. G.
Lendemain, *s. m.* *Dies posterus.* le jour suivant, le jour d'après celui dont on parle.
Lendore, *s.* 2 *g.* (*popul.*) lent dans ses opérations; paresseux, assoupi.
Lénifier, *v. a.* fié. e, *p.* t. de méd. adoucir.
Lénitif, *s. m.* *Lenimentum.* remède qui adoucit; adoucissement; consolation, soulagement; électuaire. * *adj.* V.
Lent. e, *adj.* *Lentus.* tardif; qui n'agit pas avec promptitude, vitesse.
Lente, *s. f.* *Lens.* œuf de poux.
Lentement, *adv.* *Lentè.* avec lenteur.
†Lenter, *v. a.* é. e, *p.* étamer en 1re. façon; laisser les traces du marteau, t. de chaudron.
Lenteur, *s. f.* *Lentitudo.* manque d'activité, de célérité.
Lenticulaire, *adj.* 2 *g.* qui a la forme d'une lentille.
Lenticulaire, *s. m.* instrument de chirurgie; coquille pétrifiée. G. C.
†Lenticule, *s. f.* *Lemna.* genre de plantes de la famille des naïades.
Lenticulé. e, *adj.* lenticulaire. AL.
Lentiforme, *adj.* 2 *g.* t. d'anat. en forme de lente. RR.
Lentille, *s. f.* *Lenticula.* légume; plante annuelle, légumineuse; sa graine; verre convexe des

deux côtés. *pl.* taches rousses sur la peau. *ou* Pendule, *s. m.* * — d'eau, résolutive, calme les douleurs des érésipèles, des hémorroïdes, des intestins; t. d'arts, ce qui a la forme d'une lentille. B.

Lentilleux. se, *adj.* semé de taches ou lentilles. G.

Lentisque, *s. m. Lentiscus.* arbre; il en découle une résine ou mastic, aromatique, fortifiant, arrête les diarrhées; bon pour la bouche et les dents. * *adj.* (miroir) ardent. G.

†Léocrocotte, *s. f. Leocrocotta.* prétendu métis de la lionne et de l'hyène mâle.

†Léonesses, *adj. f. pl.* (ségovies-) laines de Léon.

Léonin. e, *adj. Leoninus.* du lion, propre au lion.

Léonins, *adj.* (vers) dont le milieu rime avec la fin. G. V. RR.

†Léontiasis, *s. f.* lèpre des Arabes.

†Léontice, *s. f.* genre de plantes de la famille des vinetiers.

Léontopétalon, *s. m.* plante contre la sciatique et la morsure des serpens.

Léopard, *s. m. Leopardus.* quadrupède féroce à peau rachetée.

Léopardé. e, *adj.* t. de blason. A. R.

Lépas, *s. m.* coquillage univalve, convexe, en entonnoir très-évasé; patelle.

Lépidium, *s. m.* plante. voy. Passerage.

†Lépidoïde, *adj. f.* (suture) écailleuse du crâne.

†Lépidolithe, *s. f.* (pierre d'écailles) substance granuleuse, rouge violet; à paillettes d'un blanc nacré.

†Lépidopes, *s. m. pl. Lepidopus.* poissons thorachiques.

†Lépidoptères, *s. m. pl.* papillons, insectes à quatres ailes.

Lépidosarcome, *s. m. Lapidosarcoma.* sorte de tumeur. V. RR.

†Lépisme, *s. m. Lepismo.* poisson du genre du sciène.

Lèpre, *s. f. Lepræ.* ladrerie, gale sur tout le corps. * Lepre. R.

Lépreux. se, *adj. Lepris affectus.* qui a la lèpre.

Léproserie, *s. f.* hôpital pour les lépreux.

†Leptosperme, *s. m. Leptospermum.* genre de plantes de la famille des myrtes.

†Lepture, *s. f. Leptura.* insecte coléoptère.

†Lequée, *s. f. Lechea.* genre de plantes voisines du lin.

Lequel, laquelle, *pron. relatif. Qui, quæ, quod.* celui, celle qui; quel est celui?

Lerne *ou* Lernée, *s. f. Lernea.* mollusque. L. * espèce de zoophite gastéropode. B.

†Lérot, *s. m.* espèce de petit loir.

Les, *art. pl. pron.*

Lèse, *adj. f.* qui blesse. * Lese. R.

Lèse-antiquité, *s. f.* V.

Lèse-majesté (crime de) *Perduellio.* commis contre une tête couronnée. * Lèse-majesté. R.

Lèse-nation (crime de) commis contre une nation. C.

Léser, *v. a.* sé, e, *p.* offenser, faire tort.

Lésine, *s. f. Parcitas.* épargne sordide et raffinée.

Lésiner, *v. n.* user de lésine.

Lésinerie, *s. f.* acte de lésine. A. V.

Lésion, *s. f. Læsio.* tort, dommage dans une transaction.

†Lesque *ou* Lisque, *s. m.* filet, espèce de cibaudière.

Lesse, *s. f.* voy. Laisse. A. V. sonnerie pour les morts. A. * chiens de relais, t. de vén. t. d'horlogerie, tour du ressort. B.

Lessive, *s. f. Lixivia.* eau pour laver le linge; eau détersive; lotions; grande perte au jeu. * *ou* Lexive. R.

Lessiver, *v. a.* vé, e, *p. Lavare.* faire la lessive; mettre à la lessive; blanchir le linge; nettoyer avec un liquide.

Lest, *s. m. Saburra.* ce qu'on met au fond d'un vaisseau pour le tenir en équilibre.

Lestage, *s. m.* action de lester un vaisseau.

Leste, *adj. 2 g. Alacer.* légérement vêtu; adroit; agissant. * léger dans ses mouvemens; peu délicat sur les convenances, dans les propos, les actions, les manières; hardi, sans façon, sans égard. G.

Lestement, *adv. Expeditè.* d'une manière leste.

Lester, *v. a. Saburrare.* garnir un vaisseau de lest. lesté. e, *p. adj.* (homme bien-) bien repu. G.

Lesteur, *s. m.* bateau qui porte le lest.

Lestrigons, *s. m. pl.* antropophages. * Lestrygons. R.

Letchi, *s. m. ou* Lichi, fruit délicieux de la Chine, de la grosseur d'une noix.

†Leth, *s. m.* (de hareng) dix mille milliers.

Léthargie, *s. f. Lethargia.* assoupissement; nonchalance; insensibilité.

Léthargique, *adj. 2 g. Lethargicus.* de la léthargie, qui en est attaqué.

Lethech. Létech, *s. m.* Léteque, *s. f.* mesure hébraïque.

Léthifère, *adj. 2 g. Lethifer.* qui cause la mort. R.

†Lethrus, *s. m.* insecte coléoptère.

†Léticornes, *s. m. pl.* papillons.

Léton. voyez Laiton. A. R.

Lettre, *s. f. Littera.* caractère de l'alphabet; texte, sens littéral; épître, missive; écriture, manière d'écrire; son d'une lettre, de l'A, etc. *pl.* actes; science et doctrine. * — dominicale, qui indique le dimanche. — fériale, dominicale au premier du mois. — de change, mandement d'un banquier sur un autre. — de marque, commission, pouvoir; le vaisseau qui en est muni. — de mer, état de la cargaison. — bois de lettres, *s. m.* bois de la Chine, marqué de lettres. B.

Lettré. e, *adj. Litteratus.* qui a de l'érudition, du savoir. * *s.* AL. mandarin chinois. B.

Lettrine, *s. f. Litterula.* t. d'imprim. petite lettre indicative; majuscule au haut des pages d'une nomenclature.

†Leucacantha, *s. f.* espèce de carline, plante.

Leucanthème, *s. f.* plante bonne contre le mal de dents.

Leucé, *s. f. Vitiligo alba.* tache blanche dans la peau. R. G. C.

†Leucite, *s. f.* amphigène, grenat blanc.

Leucographite, *s. f.* pierre qui blanchit le linge et bonne pour les pertes de sang. C. * Leucografite. V. G.

Leucoium, *s. m.* giroflier. R. G. C.

†Leucolithe, *s. m.* schorl blanc.

Leucoma, *s. m. ou* Leucome, tache blanche sur la cornée. * Leucoma. R.

Leucophlegmatie, *s. f.* espèce d'hydropisie. G. CO. RR. * Leucoflegmatie. AL.

†Leucophres, *s. m. pl.* trichocerques ciliés.

†Leucopses, *s. m. pl.* insectes hyménoptères. — dorsigère, *Leucopsis dorsigera.*

†Leucorrée, *s. f. Leucorrhæa.* écoulement de la matrice. * Leucorrhée, fleurs blanches.

†Leucosie, *s. f. Leucosia.* espèce de cancre.

†Leugron, *s. m.* filet sédentaire en pleine eau.

Leur, *pron. pers. adj. pron. poss.*

Leurre, *s. m. Illicium.* appât pour attirer, tromper, t. de faucon. cuir façonné en forme d'oiseau. * Leure. R.

Leurrer, *v. a.* attirer avec le leurre; dresser au leurre, t. de fauc. tromper * Leurer. R.

Levage, *s. m.* t. de coutume. R. droit seigneurial sur les denrées qui séjournent sur un fief.

Levain, *s. m. Fermentum.* substance qui facilite la fermentation; mauvaise disposition d'humeurs; reste d'une passion violente; mauvaise impression que laisse le péché; ferment.

Levant, *s. m. Oriens.* l'orient; lieu, pays au levant, où le soleil se lève. *adj.* qui se lève.

Levantin, *adj. s. m.* qui est du levant.

Levantis, *s. m. pl.* soldat des galères turques. * Lévantis. R.

Lève, *s. f.* t. de jeu de mail, cuiller de bois à long manche. * Leve. R.

Levée, *s. f.* action de lever, de recueillir; enrôlement; digue; chose élevée; plancher de bateau; t. de jeu, main levée; collecte, recette; chaussée; lever et son heure. * glace sur le banc pour la polir; t. d'arts et métiers, de commerce. B.

Levent, *s. m.* soldat de marine en Turquie. G. C.

Lever, *s. m.* l'heure, le temps où l'on se lève. * — achronique, d'une étoile au coucher du soleil. — cosmique, d'une étoile avec le soleil. — héliaque avant le crépuscule. B.

Lever, *v. a. Tollere.* vé. e, *p.* hausser; ôter de dessus, de dedans; redresser; prendre sur un tout; recueillir. *v. n.* pousser; fermenter. (se), *v. r.* cesser d'être assis; sortir du lit; monter; paroître sur l'horizon; commencer à souffler.

†Lever-dieu, *s. m.* le temps où le prêtre lève l'hostie.

Leveroy, *s. m.* ancien serment par le vrai roi. V.

Leveur (d'impositions), *s. m.* G. * *f.* t. d'arts et métiers, qui lève les formes, etc.

†Léviathan, *s. m.* animal cétacée, la baleine, le crocodile.

Lévier, *s. m. Vectis.* barre propre à soulever les fardeaux. * Levier. R.

Lévigation, *s. f.* t. de chimie, action de léviger, ses effets.

Léviger, *v. a.* gé. e, *p.* réduire en poudre impalpable, t. de chimie. G. C. RR. CO.

Levis (pont-), *adj. m.* pont qui se hausse et se baisse.

Lévite, *s. m.* sacrificateur chez les Juifs; de la tribu de Lévi.

Lévite, *s. f.* sorte d'habit. C.

Lévitique, *s. m.* troisième livre du Pentateuque.

Levraut, *s. m. Lepusculus.* jeune lièvre.

Lèvre, *s. f. Labrum.* partie extérieure de la bouche qui couvre les dents; ce qui en a la forme; bords d'une plaie; découpure d'une fleur. * Levre. R.

Levreteau, *s. m.* petit levraut. G.

Levrette, *s. f.* femelle du lévrier. * Levrete. R.

Levretté. e, *adj.* qui a la taille mince comme un levrier. A. V.

Levretter, *v. n.* chasser aux lièvres avec des lévriers; mettre bas, en parlant des lièvres. G. * Levreter. R.

Levretterie, *s. f.* méthode d'élever des lévriers. G. C.

Levretteur, *s. m.* qui élève des lévriers. G. C.

Lévreux. se, *adj.* qui a de grosses lèvres. R. V.

Lévriche, *s. f.* femelle d'un petit lévrier. G. C.

Lévrier, *s. m. Vertagus.* chien de chasse pour les lièvres; le plus léger et le plus svelte de tous les chiens.

Levron, *s. m.* petit, jeune lévrier.

Levûre, *s. f.* écume de bierre; ce qu'on lève de dessus ou de dessous le lard. * Levure. R. C. C. V. 1re rangée de mailles d'un filet. B.

†Levurier, *s. m.* marchand de levûre.

Lexiarque, *s. m.* t. d'antiq. magistrat. G. CO.

Lexicographe,

Lexicographe, *s. m.* auteur d'un lexique, d'un dictionnaire,
†Lexicographie, *s. f.* partie de l'orthographe qui prescrit les règles pour écrire les mots conformément à l'usage.
Lexique, Lexicon, *s. m.* dictionnaire grec.
†Leysere, *s. f. Leysera.* genre de plantes voisines des conizes.
Lez, *adv.* proche de : Germain-*lez*-Prés. (*vi.*) * Lès. R.
Lézard, *s. m. Lacertus.* quadrupède ovipare, à corps nu et queue; vit d'insectes. * *et* Lésard. R. G. constellation septentrionnale. B.
Lézarde, *s. f.* fente dans un mur. * *et* Lésarde. R. G.
Lézardé. e, *adj.* rempli de lézardes, crevassé. A.
Liage, *s. m.* droit sur la lie de vin. V. * (fil de) qui lie la dorure à la soie. B.
Liais, *s. m.* pierre dure, d'un grain très-fin. * tringle des lices. B.
Liaison, *s. f. Catenatio.* union, jonction de plusieurs corps; ce qui lie les parties; attachement par amitié, intérêt; rapport, connexité; intelligence; tout ce qui lie, unit. t. d'arts et mét. trait délié. *pl.* sociétés; intelligences.
Liaisonner, *v. a.* né. e, *p.* t. de maçon, se dit d'une manière de disposer les pierres, les lattes, etc. en opposition. * Liaisoner. R.
†Liance, *s. f.* droit d'un seigneur sur un vassal lige; devoir de fidélité du vassal. (*vi.*)
Liane, Liène, *s. f.* plante sarmenteuse des deux Indes, dont les longs rameaux servent de cordes. * Liene. R. *ou* Liéne. A. CO.
Liant, *s. m.* douceur de caractère. G. C.
Liant. e, *adj.* souple, facile à mouvoir; affable, doux, complaisant.
Liard, *s. m.* petite monnoie de cuivre, 3 den.
Liarder, *v. n.* boursiller; donner chacun une petite somme. R. G. C. * lésiner; payer liard à liard. B.
Liardeur. se, *s.* (*popul.*) boursilleur; avare. C.
Liasse, *s. f. Fasciculus.* papiers cottés et liés ensemble; lien.
Libage, *s. m.* gros moellon mal taillé.
†Liban, *s. m.* corde qui borde le pied du filet.
Libanomancie *ou* Libanomance, *s. f.* divination, v. par l'encens. B.
Libanotis, *s. m.* plante odoriférante et apéritive.
Libation, *s. f. Libatio.* effusion de liqueurs en l'honneur des dieux ou par toast.
†Libatte, *s. f.* camp ou village des nègres.
Libellatique, *s. 2 g.* qui achetoit une sauvegarde. G.
Libelle, *s. m. Libellus.* écrit injurieux, diffamatoire.* *pl.* insectes névroptères. *Odonata.*
Libeller, *v. a.* lé. e, *p.* t. de finance, de prat. dresser, motiver, désigner l'emploi; rédiger avec ordre.
Libelliste, *s. m.* auteur d'un libelle. A. V.
†Libellule, *s. f. Libellula.* insecte névroptère, espèce de demoiselle.
†Liber, Livre *ou* Livrer, *s. m.* troisième enveloppe de l'écorce sur le bois.
Libera, *s. m.* prière pour les morts. A. V.
Libéral. e, *adj. Liberalis.* qui aime à donner. *adj. m.* (art) où l'esprit a plus de part que la main.
Libéralement, *adv. Liberaliter.* d'une manière libérale.
Libéralité, *s. f. Liberalitas.* vertu qui porte à donner; don.
Libérateur. trice, *s. Liberator.* qui délivre, a délivré.
Libération, *s. f. Liberatio.* t. de pratique, décharge d'une dette, d'une servitude.
Libérer, *v. a. Liberare.* ré. e, *p.* décharger de quelqu'obligation; délivrer. (se), *v. r.* s'acquitter.
Liberté, *s. f. Libertas.* pouvoir d'agir ou de n'agir pas; indépendance d'autrui; état, condition libre; manière libre, hardie, familière; indépendance; absence de pouvoir arbitraire; facilité naturelle. * outil de cannier. B.
Libertés, *s. f. pl.* franchises; immunités; trop grandes familiarités.
Liberticide, *adj. 2 g.* destructif de la liberté. C.
Libertin. e, *adj. Liberior.* qui hait la contrainte; déréglé, débauché.* esprit fort; incrédule. G.
Libertinage, *s. m. Licentia.* désordre, déréglement. * irréligion; incrédulité. G. V. légèreté de caractère, d'esprit, dans le style. B.
Libertiner, *v. n.* vivre dans le libertinage; se dissiper beaucoup.
Libette, *s. f.* petit insecte.
Libidineux. se, *adj. Libidinosus.* dissolu, lascif.
†Libidinosité, *s. f.* vice du libidineux.
Libitinaire, *s. m.* qui fournissoit les choses nécessaires aux funérailles. V.
Libouret, *s. m.* t. de mar. R. espèce de ligne. B.
Libraire, *s. m.* marchand de livres.
Libraíresse, *s. f.* (*burlesque*) marchande de livres; femme de libraire. G. C.
Librairie, *s. f.* art, profession, commerce de libraire; bibliothèque (*vieux*); corps des libraires; fonds de libraire.
Libration, *s. f. Libratio.* t. d'astron. mouvement dans les taches de la lune.
Libre, *adj. 2 g. Liber.* qui a le pouvoir d'agir ou de n'agir pas; indépendant; qui n'est point esclave, captif ou contraint; délivré; exempt; licencieux; hardi; téméraire; indiscret.
Librement, *adv. Liberè.* sans contrainte; sans égard; sans circonspection; sans cérémonie.
Liburne, *s. m.* bâtiment à rames des anciens. R.
Liburon, *s. m.* poisson. V.
Lice, *s. f. Curriculum.* lieu où se font les courses, les tournois; sorte de fabrique de tapisserie; femelle de chien de chasse.* Lyce. R. V. *ou* Lisse, boucle de fils entrelacés. *pl.* perles d'émail, t. de gazier. B.
Licée, *s. m.* lieu destiné aux exercices publics chez les Grecs; école d'Aristote; réunion de gens de lettres, son local; leurs travaux. G. voyez Lycée.
Licence, *s. f. Facultas.* permission; liberté trop grande; déréglement; liberté poëtique; écart des règles; t. de collége, degré. *pl.* t. de collége, traits de plume.
Licencié, *s. m. Dimissus.* qui a fait sa licence.
Licenciement, *s. m.* (de troupes) *Dimissio.* congé lorsqu'elles sont inutiles. * Licenciment. R. V.
Licencier, *v. a. Dimittere.* cié. e, *p.* congédier des troupes inutiles; t. de collége, conférer les licences. (se), *v. r.* s'émanciper; sortir des bornes convenables.
Licencieusement, *adv. Licenter.* avec licence.
Licencieux. se, *adj. Dissolutus.* déréglé, désordonné.
Liceron, *s. m. ou* Lisseron, liteau pour tendre les lices.
Licet, *s. m.* permission. A. V.
†Licette *ou* Lissette, *s. f.* lice attachée à la queue des rames.
†Liche, *s. f.* chien de mer.
Lichen, *s. m.* pulmonaire de chêne, plante parasite. * — petreus, hépatique. B.
†Lichenée (du chêne), *s. f.* très-belle chenille.
†Licier, *s. m.* ouvrier qui fait des lices.
†Liciet, *s. m. Lycium.* genre de plantes solanées.
Licitation, *s. f.* vente par enchère, par des copropriétaires.
Licite, *adj. 2 g. Licitus.* qui n'est pas interdit par la loi.
Licitement, *adv. Licitè.* d'une manière licite.
Liciter, *v. a.* té. e, *p.* faire vendre en justice, à l'enchère.
Licol *ou* Licou, *s. m. Capistrum.* lien autour du cou du cheval.
Licorne, *s. f.* animal sauvage, fabuleux; poisson. * constellation méridionale. — de mer *ou* Narwal, espèce de baleine; coquille ou buccin; sorte de papier. B.
Licteur, *s. m. Lictor.* t. d'antiquité, officier armé d'un faisceau.
†Lidmée, *s. f.* grande espèce d'antilope.
Lie, *s. f. Fex.* dépôt que fait une liqueur. * *adj.* gai. G. V.
Liége, *s. m. Quercus suber.* L. 1413. sorte de chêne vert; son écorce épaisse, légère, imperméable, très-spongieuse, astringente. * — fossile ou de montagne, espèce d'asbeste en table, poreux et très-léger, modification du mica : partie de la selle. B.
†Liégeois. e, *adj. s.* de Liége.
†Liégeux. se, *adj.* de la nature du liége.
Liéger, *v. a.* gé. e, *p.* garnir de morceaux de liége.
Lien, *s. m. Vinculum.* ce qui attache, unit; corde, chaîne, bandage; t. d'arts et mét. * *pl.* esclavage. G. *s. m.* serpent du 3e. genre, à gorge blanche. B.
†Lienne, *s. f.* fils de la chaîne qui n'ont pas été levés.
Lienterie, *s. f.* sorte de dévoiement.
Lier, *v. a. Ligare.* lié. e, *p.* serrer, attacher avec un lien; faire un nœud; joindre, unir ensemble; astreindre. (se), *v. r.* former une liaison; s'obliger, s'astreindre.
Lierne, *s. f.* pièce de bois; nervure des voutes. G. C. V.
Lierner, *v. a.* né. e, *p.* t. d'archit. attacher avec des liernes. G. C.
Lierre, *s. m. Hedera.* plante rampante ou grimpante le long des arbres, des murs auxquels elle adhère par des griffes; baies sudorifiques, pour la peste; feuilles vulnéraires, détersives. * — terrestre *ou* Rondette, excellent vulnéraire, bon pour l'asthme pituiteux; diurétique; on en fait beaucoup d'usage; le suc aspiré par le nez pour les maux de tête. B.
Lierré. e, *adj.* (anémone), t. de fleuriste, à feuilles de lierre.
Liesse, *s. f.* (*vieux*) gaieté, joie.
Lieu, *s. m. Locus.* partie de l'espace; endroit; place; temps; rang; maison; famille; sujet; t. d'arts et mét. passage d'un livre; point auquel l'œil rapporte un objet.* — espèce de fausse morue, poisson du genre du gade. B. *pl.* latrines. — au lieu de, *prép.* à la place de. — au lieu que, tandis que.
Lieue, *s. f. Leuca.* mesure itinéraire de 2282 toises.
Lieur, *s. m.* qui lie les gerbes.
Lieutenance, *s. f. Legatio.* emploi de lieutenant.
Lieutenant, *s. f. Legatus.* qui remplace le chef. * Lieutenante, *f.* V. G. RR.
Lieux, *s. m. pl.* aisances, latrines.
Liève, *s. f.* extrait d'un papier terrier. G. C. CO. * Lieve. R.
Lièvre, *s. m. Lepus.* animal quadrupède, herbivore; constellation. * — poisson du genre du blenne. — marin, zoophite rond. B. Lievre. R.
Liévreteau, *s. m.* petit lièvre nourri par les père et mère. V.

Ligament, *s. m. Ligamen.* muscle qui lie, attache les parties.
Ligamenteux, se, *adj.* (plante) à racines entortillées comme des cordes.
Ligature, *s. f. Fascia.* t. de chirurgie, bande pour lier; manière de lier; t. d'imprimerie, lettres liées; union par un trait. * t. de magie, (état de-) impuissance. B.
Lige, *adj.* 2 *g.* (hommage) plein. *s. f.* droit de relief.
Ligement, *adv.* d'une manière lige. G. C. CO. RR.
Ligence, *s. f.* état d'un homme lige; qualité d'un fief. G. CO. RR.
†Ligie, *s. f. Ligia.* crustacée sessiliocle.
Lignage, *s. m.* race; extraction; famille.
Lignager, *adj. s. m.* qui regarde le lignage; qui est de même lignage.
Ligne, *s. f. Linea.* trait; suite continue de points mathématiques; cordeau; ficelle; l'équateur; rang; rangée; retranchement; suite de mots; raie, trait dans la main; race; mesure.
†Ligné, e, *adj.* marqué de lignes fines, t. de botanique.
Lignée, *s. f. Proles.* race; enfans.
Ligner, *v. a.* gné, e, *p.* t. de chasse, se dit du loup qui couvre une louve. G. C.
†Lignerolle, *s. f.* petite ficelle de vieux fil de caret.
Lignette, *s. f. ou* Brumet, *s. m.* t. de pêche, petite ficelle, petite ligne. G. C.
Ligneul, *s. m. Linum picarum.* fil ciré de cordonnier.
Ligneux, se, *adj. Lignosus.* de la nature du bois.
Lignier, *s. m.* (*vieux*) bucheron; charpentier. V.
Lignifier (se), *v. r.* fié, e, *p.* se convertir en bois. T.
Ligniperda, *s. m.* t. de pêche, ver, chenille pour amorcer. G. C.
†Lignolet, *s. m.* (couvrir en) couvrir les faîtes en ardoises.
†Lignuode, *adj. f.* (langue) noire, couleur de suie.
†Ligombeau, *s. m.* petite écrévisse de mer.
Ligue, *s. f. Societas.* confédération de plusieurs états ou personnes; complot. * *pl.* (— grises), les Grisons. B.
Liguer, *v. a.* gué, e, *p.* unir dans une ligue. (se), *v. r. pron.* former une ligue.
Ligueur, se, *s. Factiosus.* t. d'histoire, membre, partisan d'une ligue.
†Ligulé, e, *adj.* taillé en languette, t. de botanique.
†Ligule, *s. m.* vers qui se loge dans les intestins.
†Ligules, *s. f. pl. Ligula.* douves très-longues et étroites dans les oiseaux.
Lilas, *s. m. Liliacum.* arbuste, sa fleur; couleur de ses fleurs; la poudre de la graine est astringente.
Liliacée, *adj. f. Liliacea.* (plante) dont la fleur ressemble à celle du lis.
Lilial, e, *adj.* qui appartient au lis. V.
Lilith, *s. m.* spectre nocturne, fabuleux, sous la forme d'une femme, G. * qui tue les enfans. B.
Lilium, *s. m.* liqueur pour rappeler les esprits.
Limace, *s. f.* voyez Limas: vis d'Archimède, machine pour élever l'eau.
†Limacial, e, *adj.* qui tient de la limace, du limaçon.
Limaçon, *s. m. Limax.* Limas, Limace, insecte rampant; coquillage hermaphrodite; le bouillon est pectoral, adoucissant. * t. d'anatomie, os de l'oreille; — ce qui est en spirale, t. d'arts. B.
†Limaçonne, *s. f. Fascelina.* belle chenille à brosse.
Limaille, *s. f. Scobis.* partie de métal que la lime fait tomber.
Limaire, *s. m.* thon qui commence à grossir. R.
†Limanchie, *s. f. Limanchia.* jeune excessif. *ou* Limoctonie.
Limande, *s. f. Limanda.* poisson plat, du genre du pleuronecte.
Limas, *ou* Licoche, *s. m. ou* Limace, *s. f. Limax.* limaçon sans coquille, à chair rafraîchissante, humectante, pectorale, bonne pour la toux. * — de mer, venimeux, excite le vomissement. B.
†Limation, *s. f.* réduction en limaille.
Limbe, *s. m. Limbus.* t. d'astronomie, bord. *pl.* séjour des saints de l'ancien Testament; séjour des enfans morts sans baptême. * partie supérieure d'une fleur monopétale. B.
Limber, *s. m.* t. de commerce. R.
Lime, *s. f. Lima.* lame rayée pour user, enlever la superficie; instrument d'arts; sorte de citron. * — alpiste rude, plante. — 8e. genre des mollusques acéphales. B.
†Lime-bois, *s. m. pl. Limexilon.* insectes coléoptères.
Liménargue, *s. m.* t. d'antiquité, capitaine, gouverneur d'un port. G. C. * Liménarque. B
†Liméole, *s. m. Limeum.* plantes de la famille des pourpiers.
Limer, *v. a. Limare.* mé, e, *p.* couper, user avec la lime; polir.
†Limette (eau de), *s. f.* essence de lime ou de bigarrade.
Limeux, *adj. m.* (*vieux*) limoneux. V.
Limier, *s. m. Canis indagator.* chien de chasse, de trait pour détourner le cerf.
Liminaire, *adj.* 2 *g.* (*vieux*) (épître) qui se met à la tête d'un livre; préliminaire.
Liminargue, *s. m.* t. d'antiquité, officier qui gardoit les frontières. C. * Liminarque. B.
Limitatif, ve, *adj.* qui limite, renferme dans des bornes certaines.
Limitation, *s. f. Limitatio.* restriction; détermination; fixation.
Limiter, *v. a.* té, e, *p.* borner; mettre, fixer des limites.
Limites, *s. f. pl. Limites.* bornes qui séparent les territoires.
Limitrophe, *adj.* 2 *g. Finitimus.* qui est sur les limites; dont les limites se touchent.
Limodore, *s. m. Limodorum.* plantes de la famille des orquides, apéritive.
Limoine, *s. f.* plante marécageuse contre la dyssenterie et le flux de sang.
Limon, *s. m. Limus.* boue, bourbe; terre noirâtre des lacs, des marais; débris de végétaux pourris; fruit plus petit que le citron, rafraîchissant dans la fièvre; pièce de bois d'une voiture, d'un escalier, * *ou* Échiffre. B.
Limonade, *s. f.* boisson de jus de limon, de citron.
Limonadier, ère, *s.* qui fait et vend de la limonade, etc. * *f.* Limonadiere. R.
†Limonellier, *s. m. Limonia.* plantes de la famille des citronniers.
Limoner, *v. a.* t. d'eaux et forêts, être assez gros pour faire des limons. G. C. * passer le poisson à l'eau bouillante pour ôter le limon. B.
Limoneux, se, *adj. Limosus.* bourbeux, plein de limon. * *s. m.* poisson du genre du cobite. *Heteroclita.* B.
Limonier, *s. m.* cheval de limon; arbre qui porte le limon.
Limonière, *s. f.* sorte de carrosse. A. * brancard fait avec deux limons. V.
†Limoselle, *s. f. Limosella.* plantes de la famille des lysimachies.
Limousin, *s. m.* maçon qui fait le limousinage. * Limousin, e, *adj.* de Limoges. B. *ou* Limosin. RICHELET.
Limousinage, *s. m.* ouvrage des limousins. * *ou* Limosinage. V.
Limousine, *s. f.* anemone verte, rouge et blanche. G. C.
†Limousiner, *v. a.* né, e, *p.* faire du limousinage. AL.
Limousinerie, *s. f.* t. de maçon. R.
Limpide, *adj.* 2 *g. Limpidus.* clair; net.
Limpidité, *s. f. Limpitudo.* qualité de ce qui est limpide.
†Limules, *s. m. pl. Limulus.* insectes crustacés.
Limure, *s. f. Limæ ductus.* action de limer; état d'une chose limée.
Lin, *s. m. Linum.* plante annuelle, à feuilles pointues, alternes, fleurs bleues en œillets; sa graine; fil fait de son écorce. * — de marais, espèce de linaigrette. — maritime, conferve. B.
Linaigrette, *s. f. Eriophorum.* plante, lin de marais.
Linaire, *s. f. Linaria.* Lin sauvage, excellent anodin, plante souveraine contre les hémorroïdes; résolutive, diurétique.
†Lince, *s. f.* sorte de satin de la Chine.
Linceul, *s. m.* drap pour ensevelir les morts. *Lecti linteum.* drap de lit.
Linceux, *adj. m. pl.* de lin. V.
Linçoir, *s. m.* t. de charpentier. R. V
†Linderne, *s. f. Lindernia.* plantes voisines des gratioles.
Linéaire, *adj.* 2 *g.* qui a rapport aux lignes; qui se fait par des lignes; oblong, étroit et de la même largeur. * *s. m.* poisson du genre du labre. B.
Linéal, e, *adj.* t. de jurispr. G. * (succession) dans l'ordre d'une ligne de parenté. B.
Linéament, *s. m. Lineamentum.* trait du visage.
Linette, *s. f.* semence du lin. G. C.
Lingarelle, *s. f.* scapulaire de chanoine. V.
Linge, *s. m. Linteum.* toile; morceau de toile.
Linger, ère, *s. Linteo.* qui vend, fait du linge. * *f.* Lingere. R.
Lingerie, *s. f. Lintearia negotiatio.* commerce de linge; endroit où on le met.
†Lingette, *s. f.* espagnolette; petite serge.
Lingot, *s. m. Massula.* or, argent, étain, etc. en masse; cylindre de métal.
Lingotière, *s. f.* moule pour réduire les métaux en lingots. * Lingotiere. R.
Lingual, e, *adj.* t. d'anat. qui appartient, qui a rapport à la langue; t. de grammaire.
†Linguatules, *s. f. pl. Linguatula.* vers plats dans les poumons du lièvre. *s. m.* vers qui se loge dans les chairs.
Lingue, *s. f. Mulva.* morue verte. G. * morue longue ou barbue, du genre du gade. B.
Linguet, *s. m.* pièce pour arrêter le cabestan. G. C. * *ou* Hinguet. R.
†Lingules, *s. m. pl. Ligula.* 26e. genre des mollusques acéphales.
†Liniaire, *adj.* 2 *g.* (pédicule, pétiole) allongé comme un fil.
Linier, *s. m.* marchand de lin. G.
Linière, *s. f.* champ de lin. * Liniere. R.
Linifice, *s. m.* art de travailler le lin. R. V.
Liniment, *s. m. Lenimentum.* médicament pour adoucir et humecter.
†Linition, *s. f.* action d'oindre, d'enduire.
Linon, *s. m.* toile de lin claire et déliée.
†Linostolie, *s. f.* action de couper les cheveux.

Linotte, *s. f. Linota.* petit oiseau gris-brun, qui chante très-bien, s'apprivoise aisément. * Linot. Linote. R. Linot. te, *s.* A. T.
†Linsoirs, *s. m. pl.* pièces qui portent le pied des chevrons.
Linteau, *s. m. Limen superius.* t. de menuisier, pièce au-dessus d'une porte, etc.
†Lintrées, *s. f. pl.* étoffes de soie de la Chine.
Lion. ne, *s. Leo.* animal, le premier des animaux carnassiers; homme courageux; 5e. signe du zodiaque. * — marin, amphibie vivipare qui ressemble au phoque. — crustacé jaunâtre, velu, à dos épineux, ressemblant aux langoustes; lézard du 2e. genre. B. Lion. Lione. R.
Lionceau, *s. m. Leonis catulus.* petit de la lionne.
†Liondent, *s. m. Leotodon.* plantes voisines des épervières.
Lionné. e, *adj.* rampant, t. de blason. * Lioné. E. R.
Lioube, *s. f.* entaille pour ajuster un mât. R. G. C.
Liparis, *s. m.* poisson du genre du bouclier.
†Liparocèle, *s. f.* espèce de hernie du scrotum.
Lipogrammatique, *adj.* 2 *g.* ouvrage où il manque quelques lettres de l'alphabet.
Lipome, *s. m.* loupe graisseuse. G. * Lipôme. R.
†Lipopsychie, *s. f.* Lipothymie.
Lipothymie, *s. f. Lipothymia.* défaillance des esprits. * *et* Liposychie. G.
Lippe, *s. f.* lèvre d'en-bas trop grosse. * t. d'arts. B. Lipe. R.
Lippée, *s. f.* (*familier*) bouchée; repas. * Lipée. R.
†Lippi, *s. m. Lippia.* plantes voisines des verveines.
Lippitude, *s. f.* écoulement trop abondant de la chassie.
Lippu. e, *adj. s. Labiosus.* qui a la lèvre d'en-bas trop grosse. * Lipu. E. R.
Lipyrie, *s. f. Lypirias.* fièvre ardente. V.
†Lipyrien. ne, *s. adj.* (fièvre) tritéophie ardente.
Liquation, *s. f.* ressuage, séparation de l'argent et du cuivre; fusion.
Liquéfaction, *s. f. Liquatio.* changement d'un solide qui devient liquide.
Liquéfier, *v. a. Liquare.* fié. e, *p.* fondre, rendre liquide.
Liquet, *s. m. ou* la Vallée, poire âcre.
Liqueur, *s. f. Liquor.* substance fluide et liquide, boisson.
†Liqueureux, *adj.* (vin) qui a beaucoup de corps, d'esprits.
Liquidambar, *ou* Copalme, *s. m. Liquidambari.* sorte de résine liquide, claire, rougeâtre, aromatique, émolliente, détersive; arbre qui la fournit en Amérique.
Liquidateur, *s. m.* qui liquide un compte. A.
Liquidation, *s. f.* action de liquider. * action de cuire la pâte du savon. B.
Liquide, *adj.* 2 *g. Liquidus.* qui a ses parties fluides; net, clair. *s. m. pl.* les alimens liquides.
Liquidement, *adv.* d'une manière liquide. G. C.
Liquider, *v. a.* dé. e, *p.* rendre clair et certain ce qui étoit incertain et embarrassé.
Liquidité, *s. f. Liquiditas.* qualité de ce qui est liquide.
Liquoreux. se, *adj.* (vin) qui a une douceur particulière.
Liquoriste, *s.* 2 *g.* faiseur de liqueurs. C.
Lire, *v. a. Legere.* lu. e, *p.* parcourir des yeux les lettres d'un mot, etc. faire une lecture; expliquer; deviner; entendre; pénétrer; augurer.
Liron, *s. m. Glis.* voyez Loir. * marmote des Alpes. B.
Lis, *s. m. Lilium.* plante bulbeuse; (*fig.*) blancheur extrême. * — de pierre, encrinite spatheuse; tête de Méduse fossile. — asphodèle, à fleurs jaunes. — jacinthe. — narcisse, *ou* Colchique jaune. — de St.-Bruno. — des vallées, voyez Muguet. — *ou* Dreige, file de pêche; sorte de papier. B.
Lis (fleur de), *s. m.* t. de blas. son empreinte.
Lis-asphodèle, *s. m.* plante. * Lis asphodèle. R.
†Lisard, *s. m.* toile des Indes.
Lisérage, *s. m.* broderie autour d'une étoffe. R. * Liserage. G. C.
Liséré, *s. m.* cordonnet brodé autour d'une étoffe. R. * Liseré. G. C.
Lisérer, *v. a.* ré. e, *p.* broder le contour des fleurs. * Liserer. G. C.
†Liserole, *s. f. Evolvulus.* plantes de la famille des liserons.
Liseron, Liset, *s. m. Convolvulus.* plante grimpante, médicinale.
Liset, *s. m. Volucra.* Coupe-bourgeon, scarabée. * *ou* Bêche. B. Lisete, *s. f.* insecte. R.
Liseur. se, *s. Lector.* qui aime à lire. * muscle abducteur de l'œil. B.
Lisible, *adj.* 2 *g. Legibilis.* facile à lire.
Lisiblement, *adv.* d'une manière lisible.
Lisière, *s. f. Limbus.* extrémité d'une étoffe, d'un pays; bande; bornes; extrémités. * Lisiere. R.
†Lisimaque, *s. f. Lysimachia.* plantes de la famille des lysimachies.
†Lisiza, *s. m.* poisson du genre du cotte.
Lisoir, *s. m.* pièce d'un carrosse qui supporte le train de devant. G. C. * Lisoire. R.
†Lispund, *s. m.* poids d'Allemagne, 14 livres.
Lisse, *adj.* 2 *g.* uni et poli.
Lisse, *s. f.* t. de marine, pièce qui tient les membres d'un vaisseau. * couleuvre brune, tachetée de roux, à cent plaques ventrales; ustensile de manufacturier d'étoffe, de cartier, de papetier. B.
†Lissé, *s. m.* (grand, petit) sucre cuit au point de filer plus ou moins.
†Lisseau, *s. m.* peloton de fil ou ficelle, t. de laceur.
Lisser, *v. a. Polire.* sé. e, *p.* polir, rendre lisse.
Lisseron, *s. m.* t. de tissutier. R. * *ou* Liceron. G.
Lissettes, *s. f. pl.* t. de manufact. ficelles pour lever les fils. G. C. * *sing.* voy. Licette. AL.
Lisseur, *s. m.* celui qui lisse. R.
Lissoir, *s. m.* instrument pour lisser, polir. * perches pour remuer la laine. G. C. *et* Lissoire, *s. f.* t. de métiers; atelier, tonneaux pour lisser la poudre; outil d'arts et métiers. B.
Lissure, *s. f.* polissure faite avec un lissoir. G. C.
Liste, *s. f. Index.* catalogue de noms, de choses.
Listel, *s. m. Balteus.* t. d'archit. petite moulure carrée. * *ou* Linteau, espace plein entre les cannelures. B.
Liston, *s. m.* t. de blason, bande sur laquelle est la devise.
Lit, *s. m. Lectus.* meuble pour coucher, ce qui le compose; lieu où l'on se couche; canal; mariage; couche; fond; base.
Litanies, *s. f. pl. Litaniæ.* prières; énumération longue et ennuyeuse.
†Litchi, *s. m. Euphoria.* plantes de la famille des savoniers.
Liteau, *s. m.* où se repose le loup pendant le jour. * tringle de bois, t. de menuisier. B.
Liteaux, *s. m. pl.* raies colorées des serviettes.
Liter, *v. a.* té. e, *p.* embariller le poisson. G. C.
†Lithagogue, *adj.* 2 *g.* qui chasse la pierre.
Litharge, *s. f. Lithargyrium.* chaux ou oxide de plomb à demi vitrifiée. * Litarge. R.
Litharge. e. *ou* Lithargiré, *adj.* altéré avec la litharge. A.
Lithiasie, *s. f.* t. de médecine, formation de la pierre; maladie des paupières. * Lithiasis. V.
Lithiate, *s. m.* sel de l'acide de la pierre de la vessie avec différentes bases. V. * *pl.* AL.
Lithique, *adj.* 2 *g.* (acide) base de la pierre de la vessie. V. * *ou* Lithiasique. B.
Lithocolle, *s. f.* ciment des lapidaires.
†Lithoglyphites, *s. f. pl.* substances fossiles qui représentent des matériaux moulés ou sculptés.
Lithographie, *s. f.* traité sur les pierres. G. C. RR.
†Lithoïde, *adj.* 2 *g.* (lave) qui a l'aspect d'une pierre.
Litholabe, *s. m.* instrument de chirurgie, pincette pour tirer la pierre hors de la vessie. G. C.
†Litholisation, *s. f.* course pour ramasser et examiner des pierres.
Lithologie, *s. f. Lithologia.* connoissance, histoire naturelle des pierres.
Lithologue, Lithographe, *s. m.* naturaliste qui écrit sur les pierres, qui les connoît.
Lithomancie *ou* Lithomance, *s. f.* sorte de divination par les pierres. V.
†Lithomarge, *adj. s.* 2 *g.* (argile) moelle de pierre.
†Lithomorphites, *s. f. pl.* voyez Dendrites.
Lithontribon, *s. m.* t. de médecine, poudre pour briser la pierre. G. C. * Lithontripton. V.
Lithontriptique, *adj.* 2 *g.* t. de médecine, qui dissout la pierre.
Lithophage, *s. m. ou* Mangeur de pierre, ver à tuyau, qui ronge l'ardoise, la pierre qu'il creuse et habite. * Litophage. R.
Lithophite, *s. m.* Pierre-plante. * Madrépores, etc. faux-corail, fausse plante marine, kératophite; éventail, plume de mer; ouvrage de polypes. B.
†Lithostrote, *s. m.* pavé en mosaïque.
Lithotome, *s. m.* instrument de chirurgie pour la taille.
Lithotomie, *s. f.* opération de la taille.
Lithotomiste, *s. m.* qui fait l'opération de la pierre.
†Lithoxyle, *s. m.* bois pétrifié.
Lithuanien. e, *adj. s.* de Lithuanie. R.
Litière, *s. f. Lectica.* paille, etc. répandue dans les écuries; voiture ou chaise couverte. * Litiere. R.
Litigant. e, *adj.* qui conteste en justice. * Litiguant. E. R.
Litige, *s. f. Lis.* procès; contestation en justice; contestation.
Litigieux. se, *adj. Litigiosus.* contesté; qui peut être en litige.
Litispendance, *s. f.* temps de la durée d'un procès.
†Litogiognosie, *s. f.* connoissance des pierres.
†Litomantie, *s. f.* divination par le bruit des anneaux.
Litorne, *s. f.* grosse grive, oiseau; grive du genevrier.
Litote, *s. f.* figure de rhétorique qui affoiblit l'expression pour l'augmenter. *ex.* je ne te hais point; *pour* je t'aime.
Litre, *s. m.* unité des nouvelles mesures de capacité, 50 pouces carrés, 462248s. *Zona.* ceinture funèbre.
Litron, *s. m.* mesure, 16 pouces cubes.
†Litter, *v. a.* rouler la lisière d'un drap sur elle-même.

Littéraire, *adj.* 2 g. *Litterarius.* qui appartient aux belles lettres.

Littéral. e, *adj.* à la lettre; t. de mathématique, exprimé par des lettres. * qui prend au pied de la lettre. G.

Littéralement, *adv.* à la lettre, selon la lettre.

Littéralité, *s. f.* attachement scrupuleux à la lettre. A. V.

Littérateur, *s. m.* homme de lettres; versé dans la littérature.

Littérature, *s. f. Litteratura.* belles lettres, leur connoissance; doctrine, érudition; le corps des gens lettrés. * les ouvrages des auteurs d'une nation. B.

†Littéromanie, *s. f.* manie de la littérature.

†Littoral. e, *adj.* qui baigne une rive particulière.

†Littorelle des étangs, *s. f.* plante vivace.

†Lituite, *s. f. Lituus. ou* Bâton pastoral, espèce de tuyaux de mer pétrifiés.

Liture, *s. f.* rature. V.

Liturgie, *s. f. Liturgia.* l'ordre du service divin; les cérémonies qui s'y observent.

Liturgique, *adj.* 2 g. qui appartient, qui a rapport à la liturgie. G. V.

Liûre, *s. f.* sorte de câble, t. de marine, t. de charpentier, pièce de fond d'un bateau. G. C. * Liure. A. R. *pl.* Liures. CO. G.

Livarde, *s. f.* corde d'étoupe. G. C.

Livèche, Ache de montagne, Sermentaire, Sesseli, *s. f. Ligusticum.* plante spécifique contre la jaunisse, pour la suppression des règles par la peur; aromatique, diurétique, vulnéraire. * Livêche. R. Livéche. A. C.

Livet, *s. m.* t. de billard. R.

Livide, *adj.* 2 g. *Lividus.* de couleur plombée et noirâtre. * poisson du genre du labre. B.

Lividité, *s. f.* état de ce qui est livide.

Livraison, *Traditio.* action de livrer; chose livrée. * cahier d'un livre publié par parties séparées. B.

Livre, *s. f. Libra.* poids; un franc, 20 sous.

Livre, *s. m. Libra.* volume; feuilles reliées; registre; papier; journal; partie d'un ouvrage; ouvrage d'esprit qui fait un volume.

Livrée, *s. f. Insignia.* habits des valets de couleurs particulières; valetaille; tous ceux qui portent la même livrée; costume. * distribution de vivres; poil des animaux. A. G. V. — limaçon terrestre. *ou* Annulaire, chenille à raies. B.

Livrer, *v. a. Tradere.* vré. e, *p.* donner; abandonner; mettre au pouvoir, en la possession de, en main. (se), *v. r.* s'abandonner à; se donner; se mettre au pouvoir de.

Livret, *s. m. Libellus.* petit livre; t. d'arithm. table des multiples de neuf; t. de jeu, treize cartes.

Livrier, *s. adj.* auteur d'ouvrages nombreux et sans mérite. J. J.

Lixiviation, *s. f.* t. de chim. lavage des cendres.

Lixiviel, *adj.* tiré par le lavage des cendres. * Lixivielle, *f.* V.

†Lizardes, *s. f. pl.* toiles du Caire.

Llamma, *s. m.* quadrupède. voyez. Glama. * Llma. A.

†Loase, *s. f. Loasa.* plantes de la famille des onagres.

Lobe, *s. m.* t. d'anat. de botan. pièce molle et plate.

†Lobée, *adj. f.* (feuille) partagée en lobes.

†Lobèle, *s. f.* genre de plantes.

†Lobélie, *s. f. Lobelia.* plantes de la famille des campanules.

Lobulaire, *adj.* 2 g. du lobe. V.

Lobule, *s. m.* petit lobe.

Local, e, *adj.* qui a rapport au lieu.

Local, *s. m.* toutes les parties d'un lieu, sa disposition. G. V. * êtres. B.

Localité, *s. f.* particularité, circonstance locale. A. * *pl.* local (*néolog.*). B.

Locande, *adj. f.* (chambre) louée, à louer. R. V. * chose à louer. B.

Locar, *s. m.* (froment), épeautre. G.

Locataire, *s.* 2 g. *Inquilinus.* qui tient à loyer.

Locati, *s. m.* cheval de louage. * carrosse de louage. G. Locatis. A.

Locatif. ve, *adj.* qui regarde le locataire.

Location, *s. f. Locatio.* action de donner à loyer; son effet.

Loch, *s. m.* instrument, triangle de bois pour mesurer la vitesse d'un vaisseau.

Loche, *s. f. Apua.* petit poisson des petites rivières, du genre du cobite. *Taenia.* — de mer ou Aphye marine, poisson du genre du gobie.

Locher, *v. n.* être prêt à tomber, branler, en parlant d'un fer de cheval. * *v. a.* secouer; t. de métiers.

Lochet, *s. m.* sorte de bêche étroite. G. C.

Lochies, *s. f. pl. Lochia.* vidanges; évacuations après l'accouchement.

Locman, *s. m.* pilote côtier, lamaneur. R. G. C. V.

Locule, *s. f.* bourse, coffre. V.

†Locustelle, *s. f. Locustella.* variété de l'alouette de buisson.

Locution, *s. f. Locutio.* façon de parler, expression; phrase.

Lodé, *s. m.* (*vieux*) lotion. V.

†Lode, *s. m.* espèce d'impôt (*vieux*).

Lodier, *s. m. Lodix.* courte-pointe, couverture de laine entre deux toiles. R. C. * *et* Loudier. G.

Lods (et ventes), *s. m. pl. Laudimia.* droits sur les ventes.

Lof, *s. f.* moitié du vaisseau en long.

Lofer, *v. n.* t. de mar. venir au vent. V. * Loffer. B.

Logarithme, *s. m.* t. de mathém. nombre pris dans une progression arithmétique répondant à une progression géométrique.

Logarithmique, *adj.* 2 g. *s. f.* du logarithme.

†Logate, *s. f.* (gigot à la) bien battu et lardé.

Loge, *s. f. Casula.* petite hutte; petite boutique; réduit. * petit local; petite cellule; petite cavité: bureau de commerce aux Indes. B.

Logeable, *adj.* 2 g. *Habitabilis.* où l'on peut loger à l'aise.

Logement, *s. m. Habitatio.* appartement, lieu où on l'oge; logis marqué; terme militaire, retranchement.

Loger, *v. a. Habitare.* gé. e, *p.* donner à loger; mettre en place. *v. n.* habiter, demeurer dans. (se), *v. r.* se choisir, se faire un logement; se loger dans.

Logette, *s. f.* petite loge. * Logete. R.

Logeur, *s. m.* qui tient des logemens garnis. A. V.

Logicien, *s. m. Dialecticus.* qui étudie ou possède la logique.

Logie, *s. f.* discours, traité. *pl.* t. de coutume. R.

Logique, *s. f. Logica.* art de raisonner juste; classe où on l'enseigne. * *adj.* conforme à la logique. AL.

Logiquement, *adv.* conformément à la logique. A.

Logis, *s. m. Domus.* habitation, maison, hôtellerie.

Logistes, *s. m. pl.* t. d'antiq. vérificateurs des dépenses publiques à Athènes. R. G. C. V.

Logistille, *s. f.* t. de musique. R.

Logistique, *s. f.* (spécieuse) (*vieux*) algèbre.

†Logodiarrhée, *s. f.* flux de paroles, de phrases.

Logographe, *s.* qui écrit aussi vîte que la parole. C.

Logographie, *s. f.* art d'écrire aussi vîte que la parole. C.

Logographique, *adj.* 2 g. de la logographie. C.

Logogriphe, *s. m. Logogriphus.* sorte d'énigme par les syllabes d'un mot.

Logomachie, *s. f.* dispute de mots.

†Logomachiste, *s. m.* qui dispute sur les mots.

†Logothète, *s. m.* interprète des empereurs grecs.

†Loguer, *v. a. é. e, p.* humecter les formes, t. de raffineur.

†Loguette, *s. f.* alonge d'un câble.

†Loguis, *s. m.* verroterie pour le commerce avec les nègres.

†Lohong, *s. m.* outarde hupée d'Arabie.

Loi. *pl.* lois, *s. f. Lex.* règle établie par l'autorité; puissance; autorité; obligation; t. de monnoie, vrai titre.

†Loigner, *v. a.* éloigner (*vieux*).

†Loigner, *s. m.* provision de bois (*vieux*).

Loin, *adv. prép. Longè.* à grande distance, au loin.

Lointain. e, *adj. Longinquus.* éloigné du lieu où l'on est.

Lointain, *s. m. Recessus.* t. de peint. ce qui paroît au fond.

Loir, *s. m. Glis.* petit animal. * *ou* Liron. R.

Loisible, *adj.* 2 g. *Licitus.* (*vieux*) permis.

Loisir, *s. m. Otium.* temps disponible ou suffisant. *pl.* (*poëtique*).

†Loisireux, reuse, *adj.* (travail) fait à loisir. RÉTIF.

Lok, *s. m.* électuaire pour la poitrine. * *et* Looch. R.

†Lollards, *s. m. pl.* sectaires qui partageoient les opinions des Albigeois.

Lombaire, *adj.* 2 g. qui appartient aux lombes.

Lombard, *s. m.* établissement où l'on prête sur gage. * sorte de papier. B.

Lombes, *s. m. pl.* partie inférieure du dos.

Lombical. e, *adj.* qui a la forme de vers. V.

Lombis, *s. m.* grosse coquille vermeille.

Lomboyer, *v. a.* yé. e, *p.* méliorer, saler; épaissir; t. de salines. R. G. C.

†Lombric, *s. m.* vers de terre; espèce de serpent du 4ᵉ. genre, blanchâtre. * *ou* Lombril. AL.

Lombrical. e, *adj.* (muscles) des doigts. R. G. C. V.

†Lompe, *s. m. Lumpus.* poisson du genre du bouclier.

†Lonchieux, *s. m. pl.* 47ᵉ. genre des poissons à nageoires de la queue en lancette, et nageoires ventrales séparées.

Lonchitis, Lonkite, *s. f.* Lancelée, espèce de fougère, plante. * Lonchite, Hastiforme. AL.

Londre, *s. m.* espèce de galère. G. espèce de drap. R.

Londrin, *s. m.* drap qui imite ceux de Londres.

Long, longue, *adj. Longus.* qui a de la longueur, de la durée; lent, tardif.

Long, *s. m. Longitudo.* longueur; le long. *prép. de lieu, de temps.* sur les bords; pendant la durée; au long, tout au long. *adv.* amplement; d'une manière diffuse.

†Long-jointé, e, *adj.* (cheval) à long paturon, trop long.

Long-pan, *s. m* le plus long côté d'un comble. R. G.

Long-temps, *adv.* pendant un long espace de temps. * *s.* un long-temps. G. Long-tems. C.

Longanime, *adj.* 2 g. qui a de la longanimité. B. V.

Longanimité, *s. f. Longanimitas.* patience qui vient de bonté et de grandeur d'ame. * clémence de Dieu qui tarde à punir. B.

Longe, *s. f. Lorum.* t. de manége, bande de cuir; corde; t. de cuisine, moitié de l'échine. * *pl.* Lanières. B.

Longer, *v. a.* gé. e, *p.* marcher le long de. * (*familier*) traîner en longueur. B.

Longévité, *s. f.* longue durée de la vie. A. V.

Longimétrie, *s. f.* art de mesurer les longueurs.

Longis, *s. m. Longurio.* (*popul.*) lent. R. V.
Longitude, *s. f. Longitudo.* distance d'un méridien local au premier méridien. * distance de deux étoiles prise sur l'écliptique du couchant au levant. — géocentrique, point de l'écliptique auquel répond l'axe d'une planète vue de la terre. — héliocentrique, *idem*, la planète étant vue du soleil.
Longitudinal. e, *adj.* qui est étendu en long.
Longitudinalement, *adv.* en longueur.
†Longo, *s. m.* instrument de musique au Congo.
Longue, *s. f.* syllabe, note longue, t. de gram. de musique, de poësie. R. G. C.
Longue (à la), *adv.* avec le temps; de longue main; depuis long-temps.
†Longue-épine, *s. m.* poisson du genre du deux dents.
Longuement, *adv. Diù.* durant un long temps.
Longuerie, *s. f.* longueur, lenteur apprêtées dans les discours. MONTAIGNE.
†Longuesse, *s. f.* partie de la mine où l'on travaille.
Longuet. te, *adj. Longulus.* un peu long. * *s. m.* sorte de papier; marteau de facteur de clavecin. B. *f.* Longuete. R.
Longueur, *s. f. Longitudo.* étendue d'un bout à l'autre; durée de temps; lenteur dans ce qu'on fait.
Lonkite. voyez Lonchitis.
Looch, *s. m.* voyez Éclegme.
Lopin, *s. m.* (*popul.*) morceau de viande, etc. * morceau de fer prêt à être forgé. B.
Loquacité, *s. f.* babil; multitude de paroles; habitude de parler beaucoup.
Loque, *s. f.* lambeau, pièce, morceau. * Loques. C.
Loquèle, *s. f.* facilité à parler trivialement. A.
Loquence, *s. f.* loquacité. R.
Loquet, *s. m. Pessulus.* sorte de fermeture simple qui se lève. * *pl.* laines de la cuisse. B.
Loqueteau, *s. m.* petit loquet.
†Loqueter, *v. a.* remuer le loquet d'une porte. (*vieux*).
Loqueteux. se, *adj.* déchiré. R.
Loquette, *s. f.* (*popul.*) petite pièce, petit morceau. * Loquete. R.
†Lorandier, *s. m.* valet de charrue.
†Loranithe, *s. m. Loranithus.* plantes de la famille des chèvre-feuilles.
Lord, *s. m.* titre, seigneur en Angleterre.
†Lordose, *s. f.* courbure de l'épine.
Loré. e, *adj.* (nageoire) d'un émail différent, t. de blason.
Lorgner, *v. a. Aspectare.* gné. e, *p.* regarder en tournant les yeux, comme à la dérobée.
Lorgnerie, *s. f.* (*famil.*) action de lorgner.
Lorgnette, *s. f. Conspicillum.* petite lunette. * *ou* Monocle. AL. Lorgnete. R.
Lorgneur, se, *s.* qui lorgne (*famil.*).
Lori *ou* Lory, *s. m. Lorius.* famille de perroquets.
Loricaires, *s. m. pl. Loricaria.* poissons abdominaux à corps anguleux.
Loriot, *s. m. Galbula.* oiseau. * baquet de boulanger. B.
Loris, *s. m.* animal de Ceylan, petit, long, sans queue, à tête ronde; maki.
Lormerie, *s. f.* fabrique, ouvrage de menu fer. V.
†Lormier, *s. m.* (*vieux*) cloutier.
Lorrain. e, *s. adj.* de Lorraine. R.
Lors, *adv.* alors. (*vieux*) en ce temps-là, quand.
Lors de, *prép. Tùm.* dans le temps de. * Lors-de. C.
Lors (dès-), *adv.* dès ce temps; pour lors; pour ce temps-là.
Lorsque, *conj. Cùm.* dans le temps que.
Los, *s. m.* (*vieux*) louange. * Lôs. G. C. V.
Losange, *s. f. Rhombus.* figure à quatre côtés égaux, deux angles aigus et deux obtus. * serpent du 3ᵉ. genre à bandes blanches en losange.
Losanga, *s. m.* (*vieux*) dol. V.
Losangé. e, *adj.* t. de blas. divisé en losanges.
†Losangerie, *s. f.* louange perfide (*vieux*).
Losse *ou* Lousse, *s. f.* bondonnière, outil de tonnelier. G. C.
Lot, *s. m. Scheda.* portion d'un tout partagé entre plusieurs; gain à la loterie.
Loterie, *s. f. Scheda.* sorte de banque où les lots sont tirés au hasard. * affaire de hasard. AL.
Loti. e, *adj.* (*famil.*) partagé. G. C.
Lotier, *s. m. Lotus.* genre de plantes annuelles. — *ou* Mélilot bleu, feuilles et fleurs détersives, vulnéraires, sudorifiques.
Lotion, *s. f.* ablution; lavage; remède qui lave.
Lotir, *v. a. Partiri.* ti. e, *p.* partager, faire des lots.
Lotisé, *adj. m.* t. de coutume. R.
Lotissage, *s. m.* action de prendre dans un tas de métal pulvérisé, pour en faire des essais.
Lotissement, *s. m.* action de faire des lots.
Lotisseur, *s. m.* qui fait les lots. R.
Loto, *s. m.* jeu, espèce de loterie.
Lotophages, *s. m. pl.* qui mangent le lotos. V.
†Lotos, *s. m.* plante égyptienne, symbolique et consacrée. voyez Lotus.
Lotte, *s. f. Lota.* poisson d'eau douce, du genre du gade, du cobite. * Lote. R.
Lotus, Lotos, *s. m.* plante d'Égypte.
Louable, *adj. 2 g. Laudabilis.* digne de louange; t. de méd. qui a les qualités requises (déjection).
Louablement, *adv. Laudabiliter.* d'une manière louable.
Louage, *s. m. Locatio.* cession de l'usage pour un temps.
Louager, *s. m.* (*vieux*) louage, locataire. V.
Louange, *s. f. Laus.* éloge, discours qui la contient.
Louanger, *v. a. Laudare.* gé. e, *p.* (*familier*) donner des louanges.
Louangeur. se, *s. Laudator.* (*t. de mépris*) qui aime à louer; * qui loue sans discernement. B.
Louche, *adj. 2 g. s. m. Strabo.* qui a la vue de travers; trouble; équivoque. * *s. f.* gouge en cône. *ou* Strabite, poisson du genre du labre. B.
†Louchement, *s. m.* défaut de celui qui louche.
Loucher, *v. n. Oculos distorquere.* regarder un peu de travers.
Louchet, *s. m. Ligo.* hoyau pour fouir la terre; petite bêche.
Louchette, *s. f.* instrument pour empêcher de loucher. V. * Louchete. R.
†Loudier, *s. m.* grosse couverture pour les prisonniers.
Loudunois. e, *adj. s.* de Loudun. R.
Louer, *v. a. Locare.* loué. e, *p.* donner, prendre à louage. *Laudare.* donner des louanges; relever le mérite de. (se), *v. r.* servir pour des gages; se donner des louanges; être content du service de.
Loueur. se, *s. Locator.* qui donne à louage; qui loue.
†Lougre, *s. m.* espèce de bâtiment marchand.
Louis, *s. m.* monnoie d'or de 24. livres.
Loup, *s. m. Lupus.* animal; ulcère aux jambes; instrument de librairie; constellation méridionale; masque de femme, en velours noir. *—marin, poisson apode, 4ᵉ. genre, 2ᵉ. classe. — poisson du genre du persègue. — espèce de filet. B.
Loup-cervier, *s. m. Chaüs.* espèce de loup, de grand chat sauvage.
Loup-garou, *s. m. Versipellis.* loup dont il faut se garer, qui mange les cadavres, les hommes; sorcier déguisé en loup; homme bourru, farouche, insociable.
Loup-marin, *s. m.* amphibie. * Loup marin. A.
†Loup-tigre, *s. m.* voyez Guèpard.
Loupe, *s. f. Ganglion.* tumeur ronde, enkistée; nœud sur l'écorce; lentille convexo-convexe. * pierre précieuse imparfaite; masse de fonte pétrifiée; suc pierreux et nacré qui s'extravase de l'huître perlière. B.
Loupeux. se, *adj.* qui a des loupes. G. C.
Lourd. e, *adj. Gravis.* pesant, difficile à porter, à faire; grossier; stupide.
Lourdaud. e, *adj. Stupidus.* grossier et maladroit.
Lourdement, *adv. Graviter.* d'une manière lourde; pesamment, rudement. * (*figuré*) grossièrement. B.
Lourderie, *s. f. Stupor.* (lourdise. *vieux*) faute grossière contre le bon sens, la bienséance.
Lourdeur, *s. f.* pesanteur. (*fig.*) A. V.
Lourdier, *s. m.* lourdaud. V.
Lourdise, *s. f.* défaut du niais, du lourdeau, du timide. J. J. * Lourderie. B.
Loure, *s. f.* danse grave; ancien instrument semblable à une musette. * musique grave. B.
Lourer, *v. a.* ré. e, *p.* t. de musique, lier les notes en chantant, en jouant.
Lourpidon, *s. m.* vieille difforme. G.
Lousse, *s. f.* voyez Losse. AL.
†Loutari, *s. m.* poisson de Madagascar, très-bon à manger dans son jus.
Loutre, *s. f. Lutra.* animal de la grosseur du blaireau, qui vit de poissons. *s. m.* manchon, chapeau de son poil.
†Louvart, *s. m.* louveteau, t. de chasse.
Louvat, *s. m.* jeune loup. LAF. * chien-loup. V.
Louve, *s. f. Lupa.* femelle du loup. * instrumens d'artisan; fer pour enlever une pierre; femme débauchée; filet de pêche. B.
Louver, *v. a.* vé. e, *p.* t. de maçon, faire un trou dans la pierre pour y mettre la louve et l'enlever. G. C.
†Louvésien, *s. m.* ancienne monnoie d'argent.
Louvet. te, *adj.* cheval dont le poil ressemble à celui du loup. * Louvet. ete. R.
Louveteau, *s. m. Lupæ catulus.* petit de la louve.
Louveter, *v. n.* en parlant de la louve qui fait ses petits.
Louveterie, *s. f.* équipage pour la chasse du loup; endroit où on le serre, où on le loge. * Louvé. RR.
Louvetier, *s. m.* chef de la louveterie.
†Louvette, *s. f.* tique des chiens; papillon de la 14ᵉ. famille de la 1ʳᵉ. classe des phalènes.
Louveur, *s. m.* t. de maçon, celui qui louve. R. G. C.
†Louvier, *s. m.* beau drap de Normandie.
Louvoyer, *v. n.* t. de mar. aller tantôt d'un côté et tantôt de l'autre, pour profiter du vent.
Louvre, *s. m. Lupara.* palais; maison superbe; * verveux ouvert par les bouts. B.
Lover, *v. a.* vé. e, *p.* t. de mar. mettre un câble en cerceaux. * cueillir. B.
†Loxarthre, *s. m. Loxarthrus.* articulation vicieuse des os de la tête.
Loxie, *s. f.* oiseau à bec croisé. RR.
†Loxocosme, *s. m.* instrument pour démontrer les mouvemens de la terre.
Loxodromie, *s. f.* route oblique d'un vaisseau, la ligne qu'il décrit.
Loxodromique, *adj. 2 g.* de la loxodromie.
Loyal. e, *adj. Probus.* plein d'honneur, de droiture; qui n'est point fraudé; conforme à la loi.
Loyalement, *adv. Fideliter.* avec loyauté.
Loyauté, *s. f. Fides.* fidélité; probité.
Loyer, *s. m. Præmium.* prix de ce qui est à louage; salaire; récompense; châtimens. V.

Lozange, *s. m. Lozanga.* voy. Losange. A. V.
Luberne, *s. f.* femelle du léopard. G. C.
Lubie, *s. f.* fantaisie ridicule; folie (*famil.*).
Lubricité, *s. f. Impudicitia.* impudicité; incontinence; lasciveté.
Lubrifier, *v. a.* fié. e, *p.* oindre, rendre glissant.
Lubrique, *adj.* 2 *g. Impudicus.* lascif, impudique.
Lubriquement, *adv.* d'une manière lubrique.
†Lucanes, *s. m. pl. Lucanus.* insectes coléoptères.
Lucaries *ou* Luceries, *s. f. pl.* fêtes à Rome. G.
Lucarne, *s. f. Fenestra.* sorte de petite fenêtre au toit.
Lucciole, *s. f. Cicindela.* mouche luisante. R.
†Lucernaire, *s. f.* radiaire mollasse à quatre cornes.
Lucet, *s. m.* t. d'ardoisier. R. planche, côté du bassicot. B.
Lucide, *adj.* 2 *g.* qui jette de la lumière; clair, net.
Lucifer, *s. m.* étoile de Vénus; chef des démons. R. G.
†Lucifugace, *adj.* 2 *g.* qui fuit la lumière.
†Lucine, *s. f. Lucina.* mollusque acéphale; came safrannée.
Lucophre, *s. m.* ver infusoire. M.
Lucratif. ve, *adj. Luctosus.* qui apporte du lucre.
Lucre, *s. m. Lucrum.* gain, profit.
Lucubration, *s. f.* voy. Elucubration. A. V.
†Lucubrer, *v. n.* passer la nuit à travailler.
†Ludier, *s. m. Ludia.* plantes voisines des rosiers.
†Ludion, *s. m.* boule de verre vide à laquelle est attachée une figure d'émail.
†Luduige, *s. f. Ludwigia.* plantes de la famille des onagres.
Luette, *s. f. Uva.* morceau de chair à l'entrée du gosier. * Luete. R.
Lueur, *s. f. Lux.* clarté foible. (*fig.*) légère apparence.
Lugubre, *adj.* 2 *g. Lugubris.* triste; funèbre; douloureux.
Lugubrement, *adv.* d'une manière lugubre.
Lui, lui-même, *Ille, illa, illud. pron.* de la troisième personne.
Luire, *v. n. Lucere.* éclairer, jeter de la lumière; briller.
Luisant. e, *adj. s. m. Lucidus.* qui luit, a de l'éclat; éclat.
Luites, *s. f. pl.* testicules du sanglier.
Luiton, *s. m.* (*vieux*) lutin. A.
†Lulu, *s. m.* petite alouette huppée.
†Lumbago, *s. m.* lumbagie, douleur violente dans les lombes.
†Lumbricite, *s. f.* pierre qui contient des pierres fromentaires imitant les vers.
Lumière, *s. f. Lux.* fluide subtile qui rend les objets visibles; clarté; splendeur; bougie, chandelle allumée; la vie; le jour; intelligence; clarté d'esprit; éclaircissemens; indice; notions; talens; ce qui éclaire; homme très-savant; t. d'arts et métiers, trou d'un tuyau, d'un instrument; yeux d'émail différent; t. de blason. * — zodiacale, qui précède quelquefois le lever ou le coucher du soleil, attribuée à son atmosphère; mortaise, t. d'ébénisterie. B. Lumiere. R.
Lumignon, *s. m. Ellychnium.* (d'une chandelle allumée) le bout qui brûle; reste de chandelle, de bougie.
Luminaire, *s. m. Luminare.* cierges; frais pour les cierges, etc. corps lumineux; la vue. (*familier*).
Lumineux. se, *adj. Luminosus.* qui a, qui jette de la lumière.
†Luminiers, *s. m. pl.* marguilliers.
†Lumme, *s. m. Lummus.* petit plongeon du nord.
†Lump, *s. m. Lumpus.* poisson cycloptère.
Lunaire, *adj.* 2 *g. Lunaris.* qui appartient à la lune.
Lunaire, *s. f.* plante contre la dyssenterie, les hémorroïdes, les ulcères, etc.
Lunaison, *s. f.* temps d'une lune à l'autre.
Lunatique, *adj.* 2. *g. s. m. Lunaticus.* (*figuré*). fantasque, capricieux; t. de vétérinaire, sujet à une fluxion périodique sur les yeux.
Lunde, *s. m.* oiseau amphibie, R. ennemi du corbeau. B.
Lundi, *s. m.* second jour de la semaine.
Lune, *s. f. Luna.* planète; satellite de la terre; mois; argent. * — de mer, *ou* Mole, *Mola.* Poisson d'argent, qui brille la nuit, du genre des quatre-dents: couleur que doit avoir le fer en fusion. B.
Lunels, *s. m. pl.* t. de blason, quatre croissans en rose.
†Lunetière, *s. f. Biscutella.* plantes de la famille des crucifères.
Lunette, *s. f. Conspicillum.* verre qui fortifie la vue; t. d'arts et métiers, partie de la boîte d'une montre qui porte le verre; ouverture ronde des latrines; t. de fortification, petite demi-lune; t. de jeu, case vide entre deux. * os fourchus à l'estomac d'un oiseau. B. Lunete. R. Lunettes. *pl.* G. C.
Lunetter, *v. n.* (*burl.*) se servir de lunettes. G. C.
Lunettier. ère, *s.* qui fait, qui vend des lunettes. * qui porte des lunettes (*burl.*) G. Lunetier. ere. R. Lunetier, *s. m.* A. V.
Luni-solaire, *adj.* composé de la révolution du soleil et de la lune.
†Luniste, *s.* 2 *g.* qui croit à l'influence de la lune.
Lunule, *s. f.* figure de croissant; t. d'antiquité, ornement pour les souliers.
†Lunulé, *s. m. Lunatus.* poisson du genre des deux-dents et du genre du pleuronecte. Lunulé. e, *adj.* (feuille) en forme de croissant.
†Luon, *s. m.* pièce d'un moulin à vent.
†Lupanaire, *s. m.* mauvais gueux.
Lupercales, *s. f. pl. Lupercalia.* fêtes en l'honneur de Pan.
†Lupère, *s. m. Luperus.* insecte coléoptère.
Luperque, *s. m.* prêtre de Pan. R. G.
Lupin, *s. m.* plante légumineuse; excellent emplastique; la décoction pour la galle, la teigne, les dartres, la gratelle.
Lupinaire, *s. m.* marchand de lupins. R. G. C.
Lupuline, *s. f.* trèfle noir.
Luquoises, *s. f. pl.* étoffes de soie. * *ou* Lucquoise, *sing.* AL.
Luseau, *s. m.* châsse de saints; cimetière. R.
Lustrale, *adj. f. Lustralis.* (eau) pour purifier le peuple.
Lustratif. ve, *adj.* qui donne du lustre. V.
Lustration, *s. f. Lustratio.* sacrifices, cérémonies pour purifier une personne, une chose; t. de liturgie.
Lustre, *s. m. Nitor.* éclat naturel ou donné par l'art; ce qui sert à le donner; sorte de chandelier de cristal; espace de cinq ans; t. d'arts et métiers. * — d'eau. voy. Girandole aquat.
Lustrer, *v. a.* tré. e, *p.* donner du lustre, ou le lustre.
Lustreur, *s. m.* qui lustre une étoffe, etc. R. G. C.
Lustreux. se, *adj.* qui a beaucoup de lustre. R.
†Lustrier, *s. m.* qui fait des lustres.
Lustrine, *s. f.* droguet de soie, étoffe.
Lustroir, *s. m.* instrument de vitrier pour nettoyer les glaces, pour les polir; molette. R. G. C.
Lustucru, *s. m.* t. de mépris. RR.
Lut, *s. m. Lutum.* t. de chimiste, enduit pour boucher les vases.
Lutant, *adj.* (vase) bouché avec du lut. V.
Lutation, *s. f.* action de luter. R. G. C.
Luter, *v. a.* té. e, *p.* enduire de lut.
Luth, *s. m. Testudo.* instrument de musique. * Tortue de Mercure. B. *et* Lut. R.
Luthéranisme, *s. m.* doctrine de Luther.
†Lutherie, *s. f.* profession, ouvrages, commerce de luthier.
Luthérien, ne, *s.* partisan de Luther. *adj.* conforme à sa doctrine. * Luthérien. riene. R.
Luthier, *s. m.* faiseur d'instrumens de musique à cordes. * Lutier. R.
Lutin, *s. m. Larva.* esprit follet; enfant bruyant; homme très-agissant.
Lutiner, *v. a.* né. e, *p.* tourmenter quelqu'un comme feroit un lutin. *v. n.* faire le lutin.
†Lutjans, *s. m. pl. Lutianus.* poissons thorachiques; 113e. genre de poissons.
†Lutraire, *s. f. Lutraria.* mollusque acéphale à coquille transverse.
Lutrigot, *s. m.* poëme satirique. R.
Lutrin, *s. m. Pluteus.* pupitre d'église pour les gros livres, etc.
†Lutrix, *s. m.* serpent des Indes, du 3e. genre.
Luttant. e, *adj.* qui lutte. V.
Lutte, *s. f. Luctatio.* exercice gymnastique; combat corps à corps; combat. * (de haute-) d'autorité, par force. B. Lute. R.
Lutter, *v. n. Luctari.* combattre à la lutte; combattre, résister. * Luter. R.
Lutteur, *s. m. Luctator.* qui lutte. * Luteur. R.
Luxation, *s. f.* déboîtement, déplacement des os.
Luxe, *s. m. Luxus.* somptuosité excessive dans les habits, la table, etc.
Luxer, *v. a.* xé. e, *p.* t. de chirurgie, faire une luxation. (se), *v. pers.*
Luxure, *s. f. Impudicitia.* incontinence; lubricité.
Luxuriance, *s. f.* superfluité, excès. R. V.
Luxuriant. e, *adj.* abondant à l'excès. J. J.
†Luxurier, *v. a.* exprime l'excès de la fécondité.
Luxurieusement, *adv.* avec luxure. V.
Luxurieux. se. *adj. Libidinosus.* impudique, lascif.
Luzerne, *s. f. Medica.* plante à fleurs légumineuses; elle sert de nourriture aux bestiaux.
Luzernière, *s. f.* terre semée en luzerne. * Luzerniere. R.
†Luzette, *s. f.* maladie des vers à soie.
Luzin, *s. m.* t. de marine, cordage pour les enfléchures. R. G. C. CO.
Ly, *s. m.* mesure itinéraire de la Chine.
Lyante, *s. f.* R. tulipe amaranthe. B.
Lycanthrope, *s. m.* fou, furieux qui croit être loup.
Lycanthropie, *s. f.* folie, maladie du lycanthrope.
Lycée, *s. f.* lieu où s'assemblent les gens de lettres, ou consacré à l'instruction, aux exercices du corps; secte; école d'Aristote. * cours de littérature. LAHARPE. *s. f. pl.* fêtes de Jupiter. R. voyez Licée. G. CO.
†Lychnide, *s. f. Lycnis.* plante de la famille des œillets.
Lychnis, *s. m.* plante.
Lychnite, *s. f.* pierre précieuse. V. plante dont la moelle servoit de mèche aux lampes. RR.
†Lychnosomate, *s. m.* lumière universelle, lumière du monde.
Lycnomancie, *s. f.* divination par les lumières. V. * Lychnomantie. B.
†Lycoperdites, *s. f. pl.* productions de polypiers en forme de vesse de loup.
†Lycopersicum, *s. m.* pomme d'amour, etc.
†Lycopode, *s. m. Lycopodium.* pied-de-loup; genre de plantes cryptogames, de l'ordre des mousses.

†Lycopside, *s. f. Lycopsis.* plantes borraginées.
Lycopus, *s. m.* marrube aquatique, plante.
†Lyctes, *s. m. pl. Lyctus.* insectes coléoptères.
†Lygées, *s. m. pl.* insectes hémiptères.
†Lyméxyle, *s. m. Lymexylon.* insectes coléoptères, de l'espèce des cantarides.
†Lymnée, *s. f. Lymnaea.* grand buccin; mollusque céphalé, gastéropode.
Lymphatique, *adj.* 2 *g.* (vaisseau) qui porte la lymphe. * *et* Limphatique. G. CO.
Lymphe, *s. f. Lympha.* t. d'anat. de botanique, humeur aqueuse. * *et* Limphe. G. CO.
Lyncurius, *s. m.* sorte de pierre. R.
Lyngode, *s.* sorte de fièvre, R. syngultueuse. B.
Lynx, *s. m. Lynx.* animal quadrupède; homme qui a la vue fort bonne, qui a de la pénétration. * *et* Linx. G.
Lyonois. e, *adj. s.* de Lyon. R.
†Lypiries, *s. f.* sorte de fièvre. R.
†Lypopsichie, *s. f.* diminution des forces, du pouls, de la respiration.
Lypothimie, *s. f.* défaillance. V.
Lypy, *s. m.* t. de fleuriste, tulipe d'un rouge brûlé. R.
†Lyques, *s. m. pl. Lycus.* insectes coléoptères.
†Lyra, *s. f.* instrument à cordes des Grecs modernes.
Lyre, *s. f. Lyra.* instrument de musique à cordes; poisson; t. d'astronomie, constellation septentrionale. * — de David, espèce de harpe; coquillage de la famille des tonnes. B. *et* Lire. G.
†Lyré. e, *adj.* en forme de lyre.
Lyrique, *adj.* 2 *g. Lyricus.* (poësie) qui se chante sur la lyre; qui se chante. * *et* Lirique. G. CO.
†Lysarde *ou* Lisarde, *s. f.* lézard gris.
†Lysianthe, *s. m. Lysianthus.* plantes de la famille des gentianes.
Lysimachie, *s. f. Lysimachia.* Souci d'eau, plante qui arrête le sang. voyez Chasse-bosse.
Lysipondt, *s. m.* poids. R.
Lyssa, *s. m.* rage des chiens. RR.
†Lyttes, *s. f. pl. Lytta.* insectes coléoptères; cantharides.

MACA

M, *s. m.* treizième lettre de l'alphabet; lettre numérale. *s. f.* (*vieux*).
Ma, *adj. Meus, Mea, Meum. pron. poss. f.*
†Maaypoosten, *s. m.* étoffe de soie des Indes.
†Mabier, *s. m. Mabes.* plantes de la famille des euphorbes.
†Maca, *s. f.* vieille entremetteuse (*vieux*).
†Macaf, *s. m.* t. d'imprimerie, division (-).
Macaque, *s. m. Cynamolgos.* guenon qui approche du babouin.
†Macaret *ou* Mascaret, *s. m.* flot impétueux qui remonte de la mer dans la Dordogne, et la fait refluer.
†Macareux, *s. m. Alca.* genre d'oiseau maritime du nord, espèce d'alque noirâtre.
†Macareux, *s. f.* oiseau de proie aquatique.
Macarisme, *s. f.* t. de litur. R. les six pseaumes qui commencent par *Beatus* ou *Beati*; hymne grec en l'honneur des saints. B.
Macaron, *Massula. s. m.* pâtisserie de pâte d'amande et de sucre. * peigne arrondi par les bouts. B.
Macaronée, *s. f.* pièce de vers en style macaronique. * Macaronnée. V. G.
Macaroni, *s. m.* pâte faite de farine, de fromage, etc.
Macaronique, *adj.* 2 *g.* (poësie) burlesque avec des terminaisons latines.
Macaronisme, *s. m.* genre de poësie macaronique. R. G. C.
Mace, *s. f.* t. de jeu et de débauche. V.
†Macédoine, *s. f.* mélange de différentes sortes de légumes.
†Macefonde, *s. f.* machine de guerre pour jeter des pierres.
Macellerie, *s. f.* (*vieux*) marché. V.
Macellier, *s. m.* (*vieux*) boucher. V.
Macémutine, *s. f.* ancienne monnoie d'or. V.
Macer, Macier *ou* Macre, *s. m.* arbre, son écorce bonne contre la dyssenterie.
Macer, *v. a.* cé. e, *p.* frotter le corps. C.
Macération, *s. f. Attenuatio.* t. de dévotion, mortification par jeunes, disciplines; t. de chimie, séjour dans une liqueur.
Macérer, *v. a. Attenuare.* ré. e, *p.* mortifier, matter par des austérités; t. de médecine, faire tremper dans une liqueur. (se), *v. pers.*
Macéron, *s. m. Smirnium.* gros persil de Macédoine; plante contre la colique venteuse, l'asthme; elle purifie le sang. * Maceron. C. G.
Machabées, *s. m. pl.* les deux derniers livres de l'ancien Testament. * Macabées. T.
Macha-mona, *s. f.* calebasse à chair rafraîchissante. G. C.
Mâche, *s. f. Valerianella.* herbe qu'on mange en salade; rafraîchissante, détersive, adoucissante. * Boursette, Poule grasse. B.
Mâche, *s. f.* (*popul.*) excès de table. V.
Mâche-laurier *s. m.* poëte. V. (*burlesque*).
Mâchecoulis, Mâchicoulis, *s. m.* t. de fortif. ancienne, ouverture dans les saillies des galeries. * Machicoulis. G. V.
Mâchedru, *s. m.* gourmand. R.
Mâchefer, *s. m. Scoria.* scorie qui sort du fer, de l'acier lorsqu'on les fait rougir. * Mâche-fer. R.
Mâchelière, *adj. s. f. Molaris.* (dent) qui sert à broyer. * Mâcheliere. R. Mâchelières. *pl.* C.
Mâchemoure, *s. f.* restes, débris du biscuit de mer. R. G. C. CO.
Mâcher, *v. a. Mandere.* ché. e, *p.* broyer avec les dents.
Mâcheur. se, *s. Mando.* qui mange beaucoup; qui mâche.
Machiavélisme, *s. m.* système politique de Machiavel. V. * politique odieuse. B.
Machiavéliste, *adj.* 2 *g.* partisan de Machiavel. V.
Mâchicatoire, *s. m.* drogue que l'on mâche sans l'avaler.
Machicot, *s. m.* chantre d'une église, t. de mépris.
†Machicotage, *s. m.* additions de notes qui remplissent les intervalles.
Machicoter, *v. a.* té. e, *p.* chanter en machicot. V.
Machinal. e, *adj. Machinalis.* qui tient de la machine.
Machinalement, *adv.* d'une manière machinale.
Machinateur, *s. m. Machinator.* qui machine quelque complot.
Machination, *s. f. Molitio.* action de machiner un complot.
Machine, *s. f. Machina.* engin; instrument; outil pour tirer, lever, lancer, etc. invention; intrigue; adresse d'esprit; ruse; assemblage de ressorts; grand ouvrage de génie.
Machiner, *v. a.* né. e, *p. Machinari.* faire des menées secrètes; former de mauvais desseins. * passer le machinoir, t. de cordonnier. G.
Machineur, *s. m.* Machinateur. LAFONTAINE.
Machiniste, *s. m.* qui invente, fait ou conduit des machines.
Machinoir, *s. m.* instrument de cordonnier pour blanchir les points des souliers. G. C. RR.
Mâchoire, *s. f. Maxilla.* os dans lequel les dents sont implantées. * t. d'arts et métiers; partie du chien de fusil qui porte la pierre; pièces mobiles qui serrent quelque chose; homme qui s'énonce mal et pesamment; homme borné. B.
Mâchonner, *v. v.* né. e, *p.* mâcher avec difficulté ou négligence. * Mâchoner. R. Mâchotter. B.
†Machoquet, *s. m.* espèce de criquet des îles; espèce de grillon.
†Machosor, *s. m.* livre de prières des Juifs, en vers.
†Machul *ou* Machol, *s. m.* espèce de basse de viole; espèce de cistre des Hébreux.
Mâchurat, *s. m.* t. d'imprim. apprentif; mauvais ouvrier. G. C. * Machurat. R.
†Mâchure, *s. f.* partie où le poil du drap est mâché.
Mâchurer, *v. a.* ré. e, *p.* t. d'imprim. barbouiller; noircir. * Machurer. R.
Macimens, *s. m. pl.* t. de marine. R.
Macis, *s. m.* écorce intérieure de la muscade. V.
†Maclage, *s. m.* opération de macler.
Macle, *s. f.* fruit, châtaigne d'eau; pierre figurée, en prisme quadrangulaire, espèce de schorl; t. de blason, losange à jour. * *ou* Folle, filet. B. * Mâcle. R. C. Macre. RR.
†Macler, *v. a.* é. e, *p.* remuer le verre fondu; mêler le verre dur avec le mou.
†Maclouière, *s. f.* filet, espèce de folle.
Maçon, *s. m. Structor.* artisan qui fait les bâtimens; ouvrier qui travaille grossièrement, sans délicatesse.
Maçonnage, *s. m. Cæmentum.* ouvrage du maçon, maçonnerie. * Maçonage. R.
Maçonner, *v. a.* né. e, *p. Strucre.* travailler en pierres, plâtre, etc. boucher avec du plâtre; travailler grossièrement. * Maçoner. R.
Maçonnerie, *s. f. Insertum.* ouvrage de maçon, maçonnage. * juridiction pour la police des bâtimens. B. Maçonerie. R.
Mâconois. e, *adj. s.* de Mâcon. R.
†Macouba, *s. m.* tabac de la Martinique, préparé avec du sucre brut; il sent la violette.
Macque, *s. f.* instrument pour briser le chanvre. C. * voyez Maque. R. G.
Macquer, *v. a.* qué. e, *p.* briser avec la macque. C. * voyez Maquer. R. C.
†Macquerie, *s. f.* veine étrangère au nord, dans l'ardoisière.
†Macre, *s. m. Trapa.* plantes de la famille des onagres.
†Macrée, *s. f.* voyez Mascaret.
Macreuse, *s. f. Anas nigra.* oiseau aquatique.
†Macrocéphale, *adj.* 2 *g. Macrocephalus.* qui a la tête allongée.
†Macrocosme, *s. m. Macrocosmus.* le grand monde, l'univers.
†Macrophthalme, *s. m.* poisson du Japon.
†Macrophysocéphale, *adj. s.* 2 *g. Macrophysocephalus.* qui a la tête trop longue.
†Macroptère, *adj.* 2 *g.* qui a les ailes longues.
†Macrostiche, *adj.* 2 *g.* écrit à longues lignes.
†Macroule *ou* Macreule, *s. f.* grande foulque, espèce de poule d'eau très-noire.
†Macroure, *s. m.* poisson thorachique.
Macsarat, *s. m.* maison des nègres. RR.
†Mactre, *s. f.* coquillage; 17e. genre des mollusques acéphales.
Maçuette, *s. f.* massue. V.
†Maculation, *s. f.* action de maculer, t. d'imp.
Maculature, *s. f.* t. d'imp. feuille mal imprimée; papier gris; enveloppe de papier.
Macule, *s. f.* tache obscure sur le disque du soleil; tache, souillure. G. C. RR.
Maculer, *v. a. n.* t. d'impr. tacher, barbouiller.
Madame. *pl.* Mesdames, *s. f. Domina.* titre d'honneur pour les femmes; fille aînée du

roi; femme de son frère aîné.

†Madarose, *f. Glabreta.* chute des cils et des poils des paupières.

†Madéfaction, *s. f.* humectation.

Mademoiselle, *s. f. Domina.* titre d'honneur.

Madone, *s. f.* représentation de la Vierge. A.

Madouine, *s. f.* pistole du Piémont. V.

Madrague, *s. f.* enceinte de cordes, de filets pour prendre les thons; pêcherie.

Madré, e, *adj. Varius.* tacheté. *et s.* fin, rusé matois.

Madrée, *s. f.* matoise rusée.

†Madrenague *ou* Madrenaque, *s. f.* toile de coton et de fil de palmier.

Madrépore, *s. m. Madrepora.* corps marin, pierreux qui a des rameaux; production calcaire à polypier; 11e. genre de zoophytes branchus.

Madréporite, *s. m.* t. d'hist. nat. madrépore pétrifié.

†Madressé, *s. m.* académie turque.

Madrier, *s. f. Asser crassior.* planche fort épaisse.

Madrigal. *pl.* Madrigaux, *s. m.* pièce de poësie; pensée ingénieuse et galante en vers.

Madrigalet, *s. m.* petit madrigal. R.

Madrigalier, *s. m.* auteur de madrigaux. V.

Madrure, *s. f. Maculæ.* tache, bigarrure sur la peau; veine du bois madré. G. C.

Maëstral, *s. m.* vent du nord-ouest sur la Méditerranée. * Maestral. CO. *prononcez* mistral.

Maëstraliser, *v. n.* tourner à l'ouest en parlant de la boussole. * Maëstréliser. A. Maestraliser. CO.

Maffié. e, *adj. s. f.* (*famil.*) bouffi, qui a le visage plein. * Maflé. é. R. *et* Maflu. e. A. V.

Mafrach, *s. m.* valise des Persans. RR.

†Maforte, *s. m.* manteau des moines égyptiens.

†Magadès *ou* Magadis *s. m.* lyre d'Anacréon à 20 cordes.

†Magadiser, *v. n.* chanter à l'octave.

†Magalaise *ou* Manganèse, *s. f.* mine de fer qui contient du zinc.

†Maganèse, *s. f.* magnésie.

Magasin, *s. m. Apotheca.* dépôt de marchandises, son local; panier d'un coche. * grand amas de certaines choses. V.

Magasinage, *s. m.* temps du séjour en magasin. G. C. * droit de magasin. RR.

Magasiner, *v. a.* né. e, *p.* mettre en magasin. G. C. RR. * *mieux* Emmagasiner. G.

Magasinier, *s. m.* celui qui garde ce qui est dans le magasin. * *et* Garde-magasin. AL.

Magdaléon, *s. m. Magdalides.* rouleau d'emplâtres.

Magdelonnettes, *s. f. pl.* sorte de religieuses. V.

Mage, *s. m. Magus.* homme savant chez les Perses.

Mage *ou* Maje, *s. m.* (juge) lieutenant du sénéchal.

Magicien. ne, *s. Magus.* qui fait profession de magie. * *f.* Magiciene. R.

Magie, *s. f. Magice.* art chimérique de produire des effets surnaturels; illusion produite par l'art.

Magique, *adj.* 2 *g. Magicus.* appartenant à la magie.

Magisme, *s. m.* ancienne religion des mages. G.

Magister, *s. m. Magister.* maître d'école de village.

Magistere, *s. m.* dignité du grand maître de Malte, sa durée; t. de chim. poudre médicinale; précipité. * Magistère. G. C. V. CO.

Magistral. e, *adj.* qui tient du maître, qui lui convient; t. d'arts. *adj. f.* voyez Officinal. * (ligne) trait principal d'un plan. B.

Magistralement, *adv. Superbiùs.* d'une façon magistrale.

Magistrat, *s. m. Magistratus.* officier de police, de judicature; corps des magistrats.

Magistrature, *s. f. Magistratus.* dignité, charge du magistrat; sa durée; les magistrats.

†Magma, *s. m.* partie récrémentielle d'un onguent.

Magnale, *s. f.* t. de phys. esprit de l'eau. V.

Magnanime, *adj.* 2 *g. Magnanimus.* qui a l'ame grande et élevée.

Magnanimement, *adv. Fortiter.* d'une manière magnanime.

Magnanimité, *s. f. Magnanimitas.* grandeur d'ame.

Magnats, *s. m. pl.* grands en Pologne. A. V.

Magnès arsenical, *s. m.* mélange d'arsenic, etc. G. * Magnès-arsenical. C.

Magnésie, *s. f.* t. de chim. terre douce, légère, fine, absorbante, blanche, précipitée, l'une des huit primitives. * Magnesie. A.

†Magnésien. ne, *adj.* de magnésie.

†Magnestre, *s. f.* magnésie.

Magnétique, *adj* 2 *g. Magneticus.* qui a rapport à l'aimant.

Magnétiser, *v. a.* sé. e, *p.* communiquer le magnétisme animal, le développer. G. C. V. RR. CO.

Magnétiseur, *s. adj.* qui magnétise. CO. AL.

Magnétisme, *s. m.* propriétés de l'aimant. * — animal, fluide de l'aimant, fluide imaginaire. B.

†Magnettes, *s. f. pl.* toiles de Hollande.

Magnificence, *s. f. Magnificentia.* qualité de ce qui est magnifique; somptuosité; dépense éclatante.

Magnifier, *v. a.* fié. e, *p. Magnificare.* exalter, élever la grandeur de Dieu.

Magnifique, *adj.* 2 *g,* élevé, sublime; brillant, éclatant; splendide, somptueux, pompeux; qui aime l'éclat, les grandes dépenses.

Magnifiquement, *adv. Splendidè.* avec magnificence, avec splendeur.

Magnole, *s. f.* noix de magnolier. RR.

Magnolie, *s. f.* plante.

†Magnolier, *s. m. Mangolia.* arbre d'Amériq. employé dans les bosquets. *pl.* famille de plantes.

Magnote, *s. f.* marmote. RR.

†Magophonie, *s. f.* fête en mémoire du massacre des mages.

Magot, *s. m. Simius.* Tartarin, Momenet, singe cynocéphale; figure grotesque de porcelaine de la Chine; homme fort laid; amas d'argent caché. * Magôt. R.

†Magoua, *s. m.* tétras du Brésil.

†Magraphe, *s. m.* instrumens hébreux, l'un en cloche et l'autre en tuyau.

†Magredines. *s. f. pl.* toiles de lin d'Egypte.

†Maguari, *s. m.* espèce de héron de l'Amérique méridionale.

Mahaleb, *s. m.* Bois de Sainte-Lucie; espèce de cerisier sauvage en Lorraine.

†Maherne, *s. m. Mahernia.* plantes de la famille des hermanes.

Maheutre, *s. m.* soldat de la ligue. * Mahèûtre. R.

†Mahogon, *s. m. Swietenia.* plantes de la famille des citronniers.

†Mahomerie *ou* Mahumerie, *s. f.* mosquée turque.

Mahométan. e, *s.* qui professe le mahométisme.

Mahométisme, *s. m.* doctrine de Mahomet.

Mahonne, *s. f.* sorte de vaisseau, de galéasse. V.

Mahot, *s. m.* arbrisseau des îles, de l'ordre des mauves; espèce de cotonnier.

†Mahou, *s. m.* drap fabriqué en Languedoc. * Mahouts. *pl.* AL.

Mahute, *s. f.* t. de fauc. haut des ailes. G. C. CO.

Mai, *s. m. Maius.* cinquième mois de l'année; arbre coupé et replanté; arbre orné de rubans, planté devant une porte.

Mai, *s. f.* fond d'un pressoir. * coffre pour pétrir le pain. T.

†Mai, *s. m. ou* Mée, *s. f.* instrument pour mélanger la calamine avec le charbon de bois.

†Maia, *s. f. Maja.* espèce de cancre.

Maidan, *s. m.* marché, sa place. * Meydan. G.

Maïene, *s. f.* melongène, aubergine. * Maïenne. R.

Maïeur, *s. m.* (*vieux*) maire. * Maïeur. C.

Maigre, *adj.* 2 *g. Macer.* qui n'a pas de graisse; sec, décharné; aride, stérile; (jour) où l'on ne mange pas de viande.

Maigre, *adv.* (faire) s'abstenir de manger de la chair; t. d'arts et mét. d'une manière sèche.

Maigre, *s. m.* chair maigre; œufs, poisson, etc. * *ou* Ombre, sorte de poisson de mer. B.

Maigrelet. te, *adj. Macilentus.* un peu maigre. * *f.* Maigrelete. R.

Maigrement, *adv. Exiliter.* d'une manière maigre; petitement.

Maigret. te, *adj.* un peu maigre. * *f.* Maigrete. R.

Maigreur, *s. f. Macritudo.* état de ce qui est maigre.

Maigrir, *v. n.* gri. e, *p. Macescere.* devenir maigre.

Maigue *ou* Megue, *s. m.* petit lait. R.

†Maigue, *s. f.* poisson de mer.

Mail, *s. m. Sphæristerium.* maillet; lieu où l'on joue au mail, ce jeu, masse de bois ferrée pour jouer; marteau, masse de fer.

†Maillade, Trémaillade, *s. f.* filet, tramaux.

Maille, *s. f. Sescucia.* petit anneau dont plusieurs font un tissu, un filet; petit anneau; tache sur les plumes, sur l'œil, etc. poids, quatrième partie de l'once; monnoie, chose de très-petite valeur. * t. de marine, distance entre les membres d'un vaisseau; long marteau; armé. B.

Mailler, *v. a.* lé. e, *p.* armer de mailles; faire des mailles. (se), *v. r.* t. de chasse, avoir des mailles sur les plumes. * *v. a.* abattre le grain de la batiste. *v. n.* se dit du nœud du raisin, etc. qui se forme. B.

Maillet, *s. m. Malleus.* marteau de bois à deux têtes. * branche de l'année avec deux chicots de deux ans. B.

Mailletage, *s. m.* la surface du doublage couverte de cloux. G. C. CO.

Mailleter, *v. a.* té. e, *p.* t. de mar. couvrir de cloux le doublage d'un vaisseau. G. C. CO.

†Mailleur, *s. m.* laceur, ouvrier qui fait des filets.

Maillier, *s. m.* chaînetier. R. V.

Mailloche, *s. f.* gros maillet de bois; masse de fer.

†Maillon, *s. m.* anneau d'émail, t. de gazier; chaîne flexible du tissu.

Maillot, *s. m. Fasciæ.* langes, couches d'enfant. * mollusque céphalé. *Pupa.* B.

Maillotin, *s. m.* (*vieux.*) pressoir pour les olives. V.

Maillure, *s. f.* t. de fauconnerie, moucheture sur les ailes.

†Maimon, *s. m.* espèce de singe à queue de cochon, qui fait la nuance entre les babouins et les guenons.

Main, *s. f. Manus.* extrémité du bras qui a cinq doigts; puissance, dépendance; soin; écriture; aide, secours; part, côté; direction; vertu; poignée; prise; t. de jeu, levée; t. d'arts et métiers. * *ou* Vrille. *Capreolus.* B.

Main (en un tourne), *adv.* en un tour de main.
†Main-brune, *s. f.* papier qui est entre les cartons.
Main-chaude, *s. f.* sorte de jeu. V.
Main d'œuvre, *s. f.* travail de l'ouvrier. * Main-d'œuvre. G. C.
†Main-fleurie, *s. f.* petit papier.
Main-forte, *s. f.* assistance donnée à la justice. * étoffe de laine croisée. B.
Main-levée, *s. f.* permission de disposer de ce qui étoit saisi. * Mainlevée. A.
Main-mise, *s. f.* saisie féodale. * Mainmise. A. V.
Main-mortable, *adj.* 2 *g.* de main-morte, t. de féodalité. * Mainmortable. A. V.
Main-morte, *s. f.* état de ceux qui ne peuvent rendre les devoirs féodaux. * Mainmorte. A. V.
Main-pote, *s. f.* main mutilée, rétrécie. V.
Mainade, *s. f.* compagnie. V.
Mainate, *s. m. Mainatus.* oiseau des Indes orientales, du genre du merle.
Mainburnir, *v. a.* ni. e, *p.* (*vieux*) défendre, garder. V.
†Maincordion, *s. m.* fil de fer pour les cordes d'instrumens.
Maindre, *v. n.* (*vieux*) rester. V.
Maint. e, *adj. Multi.* (*vieux*) plusieurs.
Maintenant, *adv. Nunc.* présentement, à cette heure.
Maintenir, *v. a. Affirmare.* nu. e, *p.* tenir au même état, en état de consistance; affirmer, (se), *v. r.*
Maintenon, *s. m.* petite croix qui pend au cou. R.
Maintenue, *s. f.* confirmation dans la possession provisoire, t. de pratique.
Maintes fois, *adv.* plusieurs fois. G. * Maintefois. R.
Maintien, *s. m. Conservatio.* conservation; air; contenance.
Mairain, *s. m.* T. voyez Merrain. chêne en planches. A.
Maire, *s. m.* chef d'un corps municipal.
Mairie, *s. f.* charge de maire, sa durée, sa maison, ses bureaux.
Mais, *s. m.* obstacle, empêchement. *adv.* je n'en puis *mais. conj. adversative. Sed. marque la contrariété, l'exception, la différence, le degré, la transition, la comparaison.*
Maïs, *s. m.* blé de Turquie.
Maisné, *adj.* (*vieux*) le cadet. V.
Maisneté, *s. f.* t. de coutume, R. état du puîné. RR.
Maison, *s. f. Domus.* logis, bâtiment pour habiter, ceux qui l'habitent; ménage; tous les domestiques; établissement de commerce; compagnie; communauté; race; signe du zodiaque.
Maison commune, *s. f.* maison des municipaux. * Maison-commune. C. RR.
Maison d'arrêt, *s. f.* prison. * Maison-d'arrêt. C.
Maison d'éducation, *s. f.* maison où l'on élève les enfans. * Maison-d'éducation. C.
Maison de ville, *s. f.* maison commune. * Maison-de-ville. C.
Maisonnée, *s. f. Familia.* (*famil.*) tous les habitans d'une maison. * Maisonée. R.
Maisonner, *v. a.* né. e, *p.* bâtir. V. * recevoir quelqu'un dans sa maison (*vieux*). B.
Maisonnette, *s. f. Tugurium.* maison basse et petite. * Maisonete. R.
†Maistrance, *s. f.* classe des officiers mariniers.
Maître. esse, *s. adj. Dominus.* celui qui a des sujets, des serviteurs, des esclaves; propriétaire; chef; supérieur; titre; celui qui enseigne; principal; savant; cavalier; premier officier de la manœuvre. *s. f.* amante; carte de la dernière qualité.
†Maître-à-danser, *s. m.* calibre pour prendre les hauteurs, t. d'horloger, compas à jambes croisées.
†Maître-ès-arts, *s. m.* qui a reçu les degrés dans l'université.
Maître (petit), *s. m.* qui a un air avantageux. A.
Maîtresse (petite), *s. f.* femme qui a les ridicules du petit-maître. * — maitresse. R.
Maîtrise, *s. f. Magisterium.* qualité de maître; t. d'arts et métiers; dignité; juridiction. * Maitrise. R.
Maîtriser, *v. a. Dominari.* sé. e, *p.* gouverner en maître; dompter. * Maitriser. R.
Majesté, *s. f. Majestas.* grandeur suprême, auguste et souveraine; titre, dignité d'empereur, de roi; ce qu'il y a de grand, d'auguste.
Majestueusement, *adv. Cum dignitate.* avec majesté.
Majestueux. se, *adj.* qui a de la majesté, de l'éclat, de la grandeur.
Majeur. e, *adj. Major.* qui a atteint l'âge de jouir de ses droits; important; (force) irrésistible; grand; très-important. t. de musique, (mode). t. de liturgie, (ordres). t. de jeu.
Majeure, *s. f.* première proposition d'un syllogisme; acte pour la licence.
Majeurs, *s. m. pl.* (*vi.*) ancêtres, prédécesseurs. G.
Major, *s. m. Major.* officier chargé du détail d'un corps. * perruquier, élève en chirurgie. B.
Major (état-), *adj.* t. milit. corps des officiers.
Majorat, *s. m.* droit d'aînesse en Espagne. G. C.
Majordome, *s. m.* maître d'hôtel en Espagne, en Italie. * officier qui a soin des vivres sur une galère. B.
Majorité, *s. f.* état du majeur; charge de major. * le plus grand nombre. (*nouveau*). B.
Majuscule, *adj.* 2 *g. s. f.* lettre capitale. * *s. m. ou* Chantre, dignité, t. de liturgie. G.
Makelaer, *s. m.* courtier en Hollande. RR.
Maki, *s. m. Prosimia. Lemur.* singe d'une grande beauté. A.
†Makouk, *s. m.* mesure au Levant.
Mal. *pl.* maux, *s. m. Malum.* le contraire de bien; défaut, vice; douleur; perte; dommage; calamité; inconvénient; travail; incommodité; malheur; peine; maladie. *adv.* de mauvaise manière. * *s. m.* poisson du genre du silure. B.
Mal. e, *adj.* méchant, mauvais. *adv. Malè.* autrement qu'il ne se doit.
Mal-adresse, *s. f.* défaut d'adresse. * Maladresse. A. V.
Mal-adroit. e, *adj. s.* qui manque d'adresse. * Maladroit. A. V.
Mal-adroitement, *adv. Ineptè.* avec mal-adresse; sans ordre. * Maladroitement. A. V.
Mal-aise, *s. m. Calamitas.* état fâcheux, déplaisant, incommode; pauvreté. * Malaise. A.
Mal-aisé. e, *adj. Difficilis.* difficile; incommode; peu fortuné. * Malaisé. e. A.
Mal-aisément, *adv. Difficulter.* difficilement. * Malaisément. A.
Mal-à-propos, *adv.* à contre-temps. R.
Mal-aventure, *s. f.* accident fâcheux. C.
Mal-avisé, *adj. s. m. Inconsultus.* imprudent; indiscret; irréfléchi. * Malavisé. A.
Mal-bâti. e, *adj. s. m. Inelegans.* mal-fait, mal-tourné. * Malbâti. A. V.
Mal caduc, *s. m.* épilepsie. R.
Mal-content. e, *adj.* mécontent. * Malcontent. A. V.
Mal-engin, *s. m.* (*vieux*) tromperie. * Malengin. V. AL.
Mal-en-point, *adv.* en mauvais état. A. V. * Malenpoint. G. Mal-enpoint. C.
Mal-entendu, *s. m. Error.* erreur; méprise; paroles prises en sens contraire. * Malentendu. A. V.
Mal-être, *s. m.* état de langueur; indisposition sourde. A. C. V.
Mal-façon, *s. f. Vitium.* ce qu'il y a de mal fait dans un ouvrage; supercherie, mauvaise façon d'agir. * Malfaçon. A. V. Male-façon. R.
Mal-faim, Male-faim, *s. f.* faim mauvaise, cruelle. * Malefaim. A. V.
Mal-faire, *v. n. Nocere.* faire de méchantes actions ou du mal. * Malfaire. A. V.
Mal-faisant. e, *adj. Maleficus.* qui se plaît à faire du mal; malin; nuisible. * Malfaisant. A. Malfesant. C.
Mal-fait. e, *adj. Malè structus.* qui n'est pas bien fait; sans grâces. G.
Mal-famé. e, *adj.* qui a mauvaise réputation. * Malfamé. A. R. V.
Mal-gracieusement, *adv. Inurbanè.* d'une manière mal-gracieuse. * Malgracieusement. A. V.
Mal-gracieux. se, *adj. Inurbanus.* rude, incivil, mal-honnête. * Malgracieux. A. V.
Mal-habile, *adj.* 2 *g. Ineptus.* peu capable; qui manque d'adresse, d'intelligence. * Malhabile. A. V.
Mal-habilement, *adv* d'une manière mal-habile. V. * Malhabilement. A. V.
Mal-habileté, *s. f.* manque d'habileté; incapacité. * Malhabileté. A. V.
Mal-honnête, *adj.* 2 *g. Inurbanus.* qui n'est pas honnête; sans probité; incivil. * Malhonnête. A. V. Mal-honête. R.
Mal-honnêtement, *adv. Inurbanè.* d'une manière mal-honnête. * Malhonnêtement. A. V. Mal-honêtement. R.
Mal-honnêteté, *s. f. Inurbanitas.* manque d'honnêteté; incivilité. * Malhonnêteté. A. V. Mal-honêteté. R.
Mal-intentionné. e, *adj. Malevolus.* qui a de mauvaises intentions. * Malintentionné. A. Mal-intentioné. R.
Mal-jugé, *s. m.* erreur des juges. * Mal jugé. A.
Mal-mener, *v. a. Malè habere.* né. e, *p.* battre; réprimander. * Malmener. A. V. AL.
†Mal-mort, *s. m. Malum-mortuus.* lèpre très-maligne qui fait paroître la peau comme morte.
†Mal-nommée, *s. f.* plante détersive de Saint-Domingue.
Mal-ordonné. e, *adj.* t. de blason, trois pièces, l'une en chef, deux parallèles en pointe. G. * Malordonné. A. V. Mal-ordoné. R.
Mal-peigné, *s. m.* qui a les cheveux en désordre. C.
Mal-plaisant. e, *adj. Insuavis.* désagréable, fâcheux; incommode. * Malplaisant. A. V.
Mal-propre, *adj.* 2 *g. Sordidus.* sale; dégoûtant; qui n'est pas propre, ou propre à. * Malpropre. A. V.
Mal-proprement, *adv. Squalidè.* salement, avec mal propreté. * Malproprement. A. V.
Mal-propreté, *s. f. Sordes.* saleté, défaut de propreté. * Malpropreté. A. V.
Mal-sain. e, *adj. Insalubris.* qui n'est pas sain; contraire à la santé. * Malsain. A. V.
Mal saint main, *s. m.* galle. V.
Mal-séant. e, *adj. Indecens.* contraire à la bienséance, messéant. * Malséant. A. V.
Mal-semé. e, *adj.* t. de chasse, à andouilles en nombre impair. * Malsemé. A. V.
Mal-sonnant, *adj. m.* qui choque, qui répugne; t. de théol. * Malsonnant. A. V. Mal-sonant. R. Mal-sonnant. e, *adj.* G. C.
Mal-talent, *s. m.* esprit nuisible, dangereux. V.
Malabatre, *s. m. Malabathrum.* feuille médicinale. * Malabâtre. V.
†Malachies, *s. m. pl. Malachius.* insectes coléoptères.
Malachite, *s. f. Malachites.* pierre; mine de cuivre; minéralisation du cuivre; stalagmite

cuivreuse, verte, solide et susceptible de poli. B.
†Malachre, s. f. *Malachra.* plantes malvacées.
Malacie, s. f. désir excessif de certains alimens.
Malacoïde, s. f. plante qui a la vertu et la fleur de la mauve.
Malacordème, adj. 2 g. *Malacordemos.* qui a la peau molle. G. C. * Malacodème. Malacarderme. AL.
†Malacotithe, s. m. (pierre tendre) minéral lamelleux, gris-bleuâtre, entremêlé de mica.
Malactique, adj. 2 g. s. m. (remède) émollient.
Malade, s. adj. 2 g. *Æger.* qui ne jouit pas d'une bonne santé; qui n'est pas sain.
Maladie, s. f. *Morbus.* privation, altération de la santé, du moral; passion; affection déréglée.
Maladif. ve, adj. *Morbosus.* sujet à être malade.
Maladrerie, s. f. *Nosocomium.* hôpital pour les lépreux.
Malagme, s. m. *Malagma.* cataplasme émollient.
†Malagmer, v. a. incorporer ensemble plusieurs espèces de métaux.
Malaguette, s. m. graine de paradis, espèce de poivre. * Malaguete. R.
Malai, s. m. langue la plus pure de l'Inde orientale.
Malais. e, s. adj. de Malaca. RR.
Malandres, s. f. pl. *Malandria.* fentes aux genoux d'un cheval; défectuosités du bois carré. * Malandre. A.
Malandreux. se, adj. (bois) qui a des malandres, t. d'eaux et forêts. R. G. C.
†Malani, s. m. *Malanea.* plantes rubiacées.
Malapre, adj. m. t. d'impr. ouvrier qui a de la peine à lire. A. G. R. V.
†Malarmat, s. m. *Cataphractus.* poisson du genre du trigle.
Malart, s. m. mâle des canes sauvages. G. C.
Malate, s. m. sel de l'acide de pomme combiné avec différentes bases. V.
Malaxer, v. a. *Malatissare.* xé. e, p. t. de pharm. pétrir pour amollir.
†Malbeste, s. f. ou Malbet, s. m. hache à marteau pour enfoncer l'étoupe.
Malbouche; adj. 2 g. médisant. MAROT.
Malbrouk, s. m. *Faunus.* espèce de guenon.
Malcus, s. m. glaive. SCARON.
Malder, s. m. mesure d'Allemagne. RR.
†Maldre, s. m. mesure de Hambourg, seize boisseaux.
Mâle, s. m. *Mas.* du sexe le plus fort; fort, vigoureux, énergique. adj. *Masculus.* opposé à femelle.
Malebête, s. f. dangereux et dont on doit se méfier. * Mal-bête. R.
Malebosse, s. f. charbon de peste. V.
Malebouche, s. f. bouche puante. V.
Malebranchisme, s. m. doctrine de Malebranche. R.
Malebranchiste, s. 2 g. disciple, partisan de la doctrine de Malebranche. R. V.
Malédiction, s. f. *Execratio.* imprécation.
Malefaim, s. f. faim cruelle. AL. voyez Mal-faim.
Maléfice, s. m. *Maleficium.* action de nuire par le poison, etc.
Maléficié. e, adj. (famil.) malade, languissant; mal-traité.
Maléfique, adj. 2 g. qui a une influence maligne.
Maleheure (à la), adv. (vieux) malheureusement. A. * Malheure. G.
Malemort, s. m. mort funeste. A. voyez Mal-mort.
Malencontre, s. f. (vieux) *Infortunium.* malheur; mauvaise fortune. * Mal-encontre. R.
Malencontreusement, adv. par malencontre. * Mal-encontreusement. R.
Malencontreux. se, adj. *Inauspicatus.* malheureux; sujet à des malheurs; qui porte malheur. * Mal-encontreux. R.
Malenuit, s. f. mauvaise nuit; nuit passée dans le mal-aise, les douleurs. G. C. Male-nuit. R.
Malepeste, *imprécation avec étonnement.* (famil.) * Male-peste. R.
Male-rage, s. f. rage, désir violent. R. * Malerage. A. V.
Males-semaines, s. f. pl. menstrues. V.
Malestrin, s. m. (vieux) imprudent. B.
†Maletrousse ou Males-trousse, s. f. droit sur les fruits et les bestiaux.
Malévole, adj. 2 g. (burl.) qui veut du mal.
Malfaicteur, s. m. *Sceleratus.* qui commet des crimes. * Malfaiteur. C. A. V. Mal-faicteur. R.
Malfaisance, s. f. disposition à faire du mal. A. V.
Malgouverne, s. m. t. de chartreux. V.
Malgré, prép. *Invitè.* contre le gré de; nonobstant. * Mal-gré. R.
Malherbe, s. f. espèce de thymelée du Languedoc; plante qui sert aux teinturiers. * Mal-herbe. R.
Malheur, s. m. *Calamitas.* mauvaise fortune, mauvaise destinée, désastre; accident fâcheux. *interjection.*
†Malheur (à la), adv. malheureusement.
Malheureusement, adv. *Infeliciter.* par malheur; d'une manière malheureuse.
Malheureux. se, adj. s. m. *Miser.* qui n'est pas heureux; qui a du malheur; médiocre, insuffisant; mauvais; qui manque de ce qui rend heureux; qui porte malheur; qui l'annonce; homme misérable; méchant homme.
Malice, s. f. *Improbitas.* inclination à mal-faire, à nuire; action faite avec malice. pl. tours de gaieté.
Malicieusement, adv. *Nequiter.* avec malice.
Malicieux. se, adj. *Malignus.* qui a de la malice.
Malicorium, s. m. écorce de la grenade. R. G. C.
Malignement, adv. *Nequiter.* avec malignité.
Malignité, s. f. *Malignitas.* inclination au mal, à médire, à mal faire; qualité nuisible.
Malin. ligne, adj. *Malignus.* qui a de la malignité; nuisible.
Maline, s. f. temps des grandes marées. * dentelle de Flandre. B.
Malingre, adj. 2 g. (famil.) infirme; convalescent; délicat.
Malingrier, s. m. (vieux) sacristain. V.
Malique, adj. 2 g. (acide) de pommes. V.
Malitorne, adj. s. mal-adroit, inepte.
†Malivole, s. adj. 2 g. malveillant.
Mallard, s. m. petite meule de remouleur. G. C.
Malle, s. f. *Arca.* coffre rond, valise; grand panier.
Malléabilité, s. f. qualité de ce qui est malléable.
Malléable, adj. 2 g. *Ductilis.* dur mais ductile.
Malléamothe, s. m. arbrisseau. G.
Mallement, adv. rudement. SCARON.
†Mallemolle, s. f. toile de coton blanche des Indes.
Malléole, s. f. t. d'anat. os de la cheville du pied. * flèche de roseau pour lancer des matières embrasées. B.
Malletier, s. m. faiseur de malles. G. C.
Mallette, s. f. *Capsula.* petite malle; petit sac. * Mallete. R.
Mallier, s. m. cheval qui porte la malle; cheval de brancard.
Malmoulue, s. f. fumée du cerf mal dirigée, t. de chasse. * Mal-moulue. R.
†Malope, s. m. plantes malvacées.
Malotru, adj. s. m. *Abjectus.* méprisable; malbâti; maussade.
Malouin. e, adj. s. de Saint-Malo. R.
†Malpague, s. m. défaut de payement (vieux).
†Malpighie, s. f. *Malpighia.* plante. pl. famille de plantes.
†Malpole, s. m. serpent d'Amérique, du 3ᵉ. genre.
†Malquinier, s. m. fabricant et marchand de beaux fils.
Malt, s. m. orge germé pour faire la bière.
†Malta, s. m. espèce de bitume.
†Malthe, s. m. bitume.
Maltôte, s. f. *Exactio.* impôt, exaction indue. * les maltôtiers. AL. Maltote. A.
Maltôtier, s. m. *Exactor.* qui lève une maltôte sur le peuple. * Maltotier. A.
Maltraiter, v. a. *Mulctare.* té. e, p. outrager de coups, de paroles; faire tort à. * Mal-traiter. G.
Malvacées, adj. f. pl. *Malvaceæ.* plantes dans la classe des mauves. G. V. * Malvacée, adj. 2 g. R.
Malveillance, s. f. *Malevolentia.* mauvaise volonté; haine, aversion. * Mal-veillance. R.
Malveillant. e, adj. *Malevolus.* mal-intentionné, qui veut du mal. pl. *plus usité.* * Mal-veillant. R.
Malversation, s. f. *Concussio.* délit grave dans ses fonctions. * Mal-versation. R.
Malverser, v. n. commettre des exactions, des concussions. * Mal-verser. R.
Malvoisie, s. f. *Vinum Arvisium.* vin grec de l'île de Candie; vin muscat cuit.
Malvoulu. e, adj. *Odiosus.* haï, à qui on veut du mal. * Mal-voulu. R.
Maman, s. f. (enfantin) mère.
Mamant, s. m. production singulière de la nature en Sibérie. V. * voyez Mammont. B.
Mamelle, s. f. *Mamma.* partie charnue, glanduleuse qui renferme le lait.
Mamelon, s. m. *Papilla.* le bout de la mamelle; t. d'anat. parties glanduleuses sur la peau. * concrétion tuberculeuse; bout arrondi; protubérance ronde. B.
†Mamelonné. e, adj. t. de botan. recouvert de tubercules.
Mamelu. e, adj. *Mammosus.* qui a de grosses mamelles (populaire). * s. AL.
Mamie, adj. s. f. mon amie. V.
Mamillaire, adj. 2 g. t. de médecine. R.
Mammaire, adj. *Mammaria.* qui porte le sang aux mamelles. G. * mollusque acéphale nu, globuleux.
Mammaux, s. m. pl. première classe des animaux. L.
†Mammelonné, s. m. *Papillosus.* poisson du genre du baliste.
†Mammifère, adj. 2 g. s. qui a des mamelles; genre d'animaux à mamelles.
Mammiforme, adj. 2 g. en forme de mamelle. V.
†Mammillaires, s. m. pl. secte d'anabatistes en Hollande.
Mammont ou Mammouth, s. m. animal fabuleux; ossemens énormes qu'on trouve dans le Nord et qu'on lui attribue.
†Mamoseuse, adj. f. qui a de grosses mamelles.
†Mamotbani, s. m. mousseline blanche des Indes.
†Mamoudis, s. m. toile peinte du Mogol.
M'amour, s. m. t. de tendresse, de caresse, de mignardise envers une femme. G.
Manaca, s. m. violent purgatif; arbrisseau. G.
Manage, s. m. (vieux) maison. V.
Manakin, s. m. *Manacus.* oiseau étranger, fort petit, ramassé, en Amérique; il vit d'insectes.
Manant, s. m. *Rusticus.* habitant d'un village, d'un bourg; paysan; rustre; grossier.
†Mancacou, s. m. le plus beau chat des Indes orientales.
†Mancandrites, s. f. pl. espèce de champignons de mer.
Mancelle, s. f. t. de manège, chaîne du collier du cheval. G. C. * Mancele. R.

Mancenillier, *s. m.* arbre du genre des tithymales, dont le fruit et le suc sont des poisons. * *ou* Manchenillier. R. *et* Mancanillier. RR.

Manche, *s. f. Manica.* partie du vêtement; t. militaire, petite troupe sur les ailes du bataillon; t. de marine, détroit; t. de jeu; t. de mériers. *s. m.* partie d'un instrument pour le tenir. * tuyau de cuir; filet en tuyau conique. — de velours, oiseau de mer; manche-de-couteau, coquillage. B.

†Manchereaux, *s. m. pl.* poignées de la boîte de la lisse.

Mancherons, *s. m. pl.* poignées de la charrue. G. C.

Manchette, *s. f. Limbus.* ornement du poignet de la chemise; t. d'imprimerie, addition en marge. * Manchete. R.

Manchon, *s. m. Pellita.* fourrure pour mettre les mains. * t. de forge, virole des tuyaux de fonte; cylindre de verre. B.

†Manchonier, *s. m.* celui qui fait les manchons de verre.

Manchot. e, *s. Mancus.* estropié d'un bras ou d'une main. * oiseau aquatique qui ne vole pas, à ailes très-courtes, sans plumes. *Spheniscus.* poisson du genre du pleuronecte. B.

Mancie *ou* Mance, *s. f.* divination. A. CO.

†Mandaïtes, *s. m. pl.* chrétiens de St.-Jean, à Bassora.

†Mandant, *s. m.* celui qui donne un mandat. AL.

Mandarin, *s. m.* titre de dignité à la Chine.

Mandarinat, *s. m.* dignité de mandarin. R. V.

Mandat, *s. m.* rescript du pape; procuration; ordre.

Mandat-d'amener, *s. m.* t. de jurisprudence, ordre de faire comparoître. C. V.

Mandat-d'arrêt, *s. m.* ordre d'arrêter. C. V.

Mandat-territorial, *s. m.* billet d'état. C. V. RR.

Mandataire, *s. m.* chargé de procuration; t. de droit canon, en faveur de qui est le mandat.

Mandatum, *s. m.* lavement des pieds, le jeudi saint. V.

†Mande, *s. f.* panier garni en toile pour porter la terre à pipe.

Mandement, *s. m. Jussum.* ordre, ordonnance publiée par un chef, un évêque, etc. billet portant ordre à un comptable de payer.

Mander, *v. a. Vocare.* dé. e, *p.* donner ordre de venir. *v. n.* faire savoir par message; donner avis.

Mandibule, *s. f. Maxilla.* mâchoire.

†Mandibulite, *s. f.* mâchoire de poisson fossile ou pétrifiée.

Mandille, *s. f.* (*vieux*) sorte de casaque de laquais.

†Mandioche, *s. f.* réveillon de Noël.

Mandoline, *s. f.* petite Mandore, petite Guitare.

Mandore, *s. f. Fidicula.* espèce de luth.

Mandragore, *s. f. Mandragora.* plante du genre des belladones, très-narcotique, purgatif violent; bonne contre le squirre et les écrouelles; ses racines ont une forme bizarre.

†Mandrerie, *s. f.* ouvrage plein, t. de vannier.

†Mandrier, *s. m.* ouvrier en mandrerie.

Mandrill, *s. m.* grand babouin très-lascif et très-laid.

Mandrin, *s. m. Veruculum.* arbre du tour; poinçon, t. d'arts. * longue branche d'une enclume. B.

Manducable, *adj. 2 g. Edulis.* bon à manger. V.

Manducation, *s. f. Comestura.* action de manger l'hostie, t. de liturgie.

Manéage, *s. m.* travail gratuit des matelots pour charger et décharger un navire.

†Mane, *s. f. ou* Manée, mesure hongroise, 100 livres.

Manée, *s. f.* (*vieux*) poignée. V.

Manège, *s. m.* lieu où l'on exerce les chevaux; exercice du cheval; manière d'agir adroite et artificieuse; allure; marche; train. * direction des veines de charbon de terre. B. Manege. R.

Manes, *s. m. pl. Manes.* ombre; ame d'un mort. * Mânes. A. C. R.

†Manet, *s. m.* filet en nappe simple.

†Manette, *s. f.* poignée en fer d'un manche, etc. t. de métiers.

†Mangabeys, *s. f. pl.* guenons.

†Mangan *ou* Mangonneau, *s. m.* machine pour lancer de grosses pierres.

Manganèse, *s. f.* savon des verriers; minéral ferrugineux; alliage naturel de fer, de cuivre et de terre calcaire. * Manganêse. R.

†Mangare, *s. m.* monnoie turque, 3 den. 3-5.

†Mange-bouillon, *s. m. ou* Soufreteuse, *s. f.* petit insecte.

†Mange-froment, *s. f.* chenille très-pernicieuse au blé vert.

Mangeable, *adj. 2 g. Esculentus.* qui peut être mangé.

Mangeaille, *s. f. Cibaria.* nourriture des animaux, (*familier*) de l'homme.

Mangeant. e, *adj.* (*familier*) qui mange.

Mangeoire, *s. f. Præsepe.* sorte d'auge d'écurie, d'étable.

Manger, *v. a. Edere.* gé. e, *p.* mâcher et avaler les alimens; prendre ses repas; ronger; détruire; miner. (se), *v. r.* se dévorer, se perdre; t. de grammaire, s'élider.

Manger, *s. m. Cibus.* ce dont on se repaît.

Mangerie, *s. f.* action de manger; concussion; frais de chicane; exaction.

Mangeur. se, *s. Edax.* qui mange beaucoup. * — de chèvre, *s. m.* serpent d'Amérique, du 2e. genre. — de fourmis, voyez Fourmillier. — de rats, serpent du 2e. genre. B.

Mangeure, *s. f.* endroit mangé d'une étoffe, d'un pain. * pâture du sanglier. B. Mangeûre. C.

†Mangier, *s. m. Mangifera.* plantes de la famille des balsamiers.

Mangle, Mangue, *ou* Manglier, *s. m.* arbre d'Amérique, qui ressemble à un petit saule; son fruit.

†Manglier *ou* Parétuvier, *s. m. Conocarpus.* plantes de la famille des chalefs.

†Mango, *s. m. Virginicus.* poisson du genre du polynème.

Mangone, *s. f.* maquignonne. V.

†Mangonneau, *s. m.* voyez Mangan. * Mangonneau. R.

†Mangons, *s. m. pl.* pénitens qui erroient presque nus et chargés de chaînes.

†Mangoustan *ou* Mangostan, *s. m. Mangostana.* arbre pomifère; son fruit en pomme est le meilleur de l'Inde; genre de plantes.

Mangouste, *s. f.* Ichneumon, rat d'Égypte.

†Mangue, *s. m.* grand filet de pêche. *Mangora. s. f.* fruit du manguier, en forme de cœur.

†Manguier, *s. m. Mangifera.* grand arbre des Indes. voyez Mangier.

Maniable, *adj. 2 g. Tractabilis.* aisé à manier, à mettre en œuvre; traitable, doux.

Maniacal. e, *adj. Maniodes.* de la fureur lymphatique. V.

Maniaque, *adj. s. 2 g. Furiosus.* furieux; possédé d'une manie.

Manichordion, *s. m.* instrument de musique à clavier. * fil de fer pour les cordes d'instrumens. Manicorde. B. Manicordion. A.

Manicle, *s. f.* t. de manufacturier, instrument qui fait agir les forces. G. C. *pl. Manicæ.* menottes. R. G. C.

†Manicou *ou* Manitou, *s. m.* sarigue de la Grenade.

Manie, *s. f. Furor.* altération d'esprit avec fureur; passion excessive; habitude invétérée; goût exclusif.

Maniement, *s. m. Tractatio.* action de manier; administration; mouvement du bras, de la jambe. * manière de conduire le pinceau. B. Maniment. R.

Manier, *v. a. Tractare.* nié. e, *p.* prendre et tâter avec la main; administrer; gouverner; traiter; conduire; diriger.

Manier, *s. m.* toucher. *adv.* (au) en maniant.

Manière, *s. f. Modus.* façon, sorte; usage; coutume; espèce; apparence; affectation; façon de faire, t. de littérat. t. de peinture. *pl.* façon d'agir. * Maniere. R.

Manière que (de), *conjonction.* de sorte que. Manière de (par), *adv.* en forme de. * de-manière-que. par-manière-de. C.

Maniéré. e, *adj.* qui a beaucoup ou plein d'affectation. * t. de peinture, qui n'est pas naturel. B.

Maniériste, *s. m.* t. de peinture, maniéré, qui n'imite pas la belle nature. R. G. C. V.

Maniette, *s. f.* t. d'imprimerie, chapeau pour frotter le châssis, la planche ou la garniture. G. C. * Maniete. R.

Manifestation, *s. f.* action de manifester.

Manifeste, *adj. Manifestus.* notoire; évident; public.

Manifeste, *s. m.* écrit public contenant une apologie.

Manifestement, *adv. Manifestè.* clairement; évidemmment.

Manifester, *v. a. Vulgare.* té. e, *p.* rendre manifeste. (se), *v. r.* se montrer, se faire connoître.

Manigance, *s. f. Fraus.* intrigues; petites manœuvres; (*familier*) mauvaise ruse; procédé artificieux.

Manigancer, *v. a. Dolos nectere.* cé. e, *p.* (*familier*) tramer une petite ruse.

†Maniguerre, *s. f.* filets tendus qui aboutissent à des manches.

Maniguette *et* Malaguette, *s. f.* graine de paradis; cardamome. * Malaguete. R.

†Manikor, *s.* Manakin orangé.

Manille, *s. f.* le deux noir, le sept rouge, t. du jeu de l'hombre, du quadrille et du tri. * brasselet indien de lacque colorée; cheville pour percer les têtes des gros pains de sucre, t. de raffineur. B.

Manioc, *s. m.* arbrisseau dont la racine fournit la cassave; le suc est un poison violent. * Manioque. A. *ou* Manioque. G. Manhiot. B.

†Maniolle, *s. f.* grande truble.

Manipulaire, *s. m.* t. d'antiquité, chef d'une petite troupe de soldats. G. C.

Manipulation, *s. f.* manière d'opérer en certains arts.

Manipule, *s. m.* t. d'antiquité, compagnie de soldats. *Manipulus.* t. de liturgie, petite étole. * t. de médecine, poignée. B.

Manique, *s. f. Manica.* espèce de gant ou demi-gant; instrument d'artisan.

Maniveau, *s. m.* panier; plateau d'osier.

Manivelle, *s. f. Manubrium.* pièce pour faire tourner un essieu, un manche, etc. * petit brancard. B. * Manivele. R.

†Manis, *s. m.* lézard écailleux. *ou* Pangolin.

Manne, *s. f. Manna.* suc congelé d'une espèce

de frêne ; drogue purgative ; production abondante d'un pays ; sorte de panier ; t. d'antiquité ; nourriture que Dieu fit tomber du ciel. * résine de certains arbres. B.
†Mannelette, *s. f.* petite manne.
Mannequin, *s. m. Cista.* panier long et étroit ; t. de peinture, figure en osier, en bois : homme qu'on fait agir comme on veut. * Manequin. RICHELET.
Mannequinage, *s. m.* sorte de sculpture employée dans les édifices. R. G. * Manequinage. C.
Mannequiné. e, *adj.* t. de peinture, qui sent l'affectation ; posé sans naturel, *sans grâces.* A. G. V.
†Mannette, *s. f.* petite manne.
Manœuvre, *s. m. Operarius.* aide-maçon. *s. f.* t. de marine, ce qui sert à manier les voiles ; t. militaire, mouvement combiné de troupes ; conduite dans les affaires. * *et* Maneuvre. G.
Manœuvrer, *v. n.* faire la manœuvre ; employer des moyens de succès. * *et* Maneuvrer. G.
Manœuvrier, *s. m.* matelot qui fait, entend la manœuvre. * *et* Maneuvrier. G.
Manoir, *s. m. Domicilium.* demeure ; maison. (*familier*) t. de pratique, t. de poësie.
†Manomètre *ou* Manoscope, *s. m.* instrument pour connoître la raréfaction de l'air.
Manoque, *s. f.* rouleau de tabac. V.
†Manoscope, *s. m.* instrument qui indique la densité de l'air. voyez Manomètre.
†Manosse, *s. f.* trou dans les longuesses, t. d'ardoisier.
†Manouse, *s. m.* lin du Levant.
Manouvrier, *s. m. Operarius.* qui travaille de ses mains et à la journée.
Manque, *s. m. Defectus.* défaut (d'argent, de foi, etc.).
Manque (de), *adv.* de moins.
Manquement, *s. m. Culpa.* faute d'omission ; défaut ; manque.
Manquer, *v. a. Amittere.* qué. e, *p.* laisser échapper ; ne pas trouver ; ne pas atteindre ; ne pas attraper. *v. n.* tomber en faute ; défaillir ; tomber ; périr ; avoir faute de ; oublier ; faillir ; omettre ; penser ; être de moins ; n'être pas à sa place, à son poste, à son devoir ; oublier de ; être sur le point de. (manquer à, manquer de).
†Mansard *ou* Manseau, *s. m.* pigeon ramier.
Mansarde, *s. f.* toit à comble plat et à côtés verticaux, t. d'architecture.
Manse. voyez Mense. R.
†Manseau, *s. m.* du Maine.
†Mansféni, *s. m.* oiseau de proie des Antilles.
†Mansionnaire, *s. m.* portier, gardien d'une église grecque.
†Mansois, *s. m.* ancienne monnoie d'argent.
†Mansuétement, *adv.* avec mansuétude.
Mansuétude, *s. f. Mansuetudo.* (*inusité*) bénignité ; débonnaireté ; bonhomie ; douceur d'ame.
Mante, *s. f. Gausapina.* voile de deuil ; habit claustral ; espèce de couverture. * *ou* l'Italienne, insecte coléoptère. B.
Manteau, *s. m. Pallium.* vêtement fort ample ; prétexte, apparence ; t. d'architecture, partie saillante de la cheminée ; t. de blason, fourrure herminée ; t. de fauconnerie, couleur des plumes. * — ducal, coquillage bivalve. B.
Mantelé. e, *adj.* t. de blason, qui a un manteler.
Mantelet, *s. m. Lacernula.* sorte de manteau ; t. militaire, machine pour se couvrir en attaquant une fortification. * *pl.* fenêtres des sabords ; rideaux d'un corbillard. B.
Manteline, *s. f.* manteau des campagnardes. G. C.
†Mantellates, *s. f. pl.* religieuses hospitalières, servites.
Mantelure, *s. f.* poil du dos d'un chien, d'une autre couleur que celui du corps.
Mantenen, *s. m.* t. de marine, R. partie de la rame qu'on tient à la main. B.
†Mantichore, *s. m. Mantichora.* espèce de chacal très-féroce.
†Manticore, *s. f. Manticora.* insecte coléoptère, espèce de carabé.
Mantille, *s. f.* sorte de mantelet sans coqueluchon.
Mantonnet, *s. m.* t. d'artisan, pièce qui reçoit le bout des loquets ; pièce crénée pour soutenir. * Mantonet. R.
Manture, *s. f.* t. de marine, grand coup de mer ; agitation violente des vagues. G. RR. * fil de fer brûlé en quelques endroits. B.
†Manubaliste, *s. f.* arbalète.
Manucorde, *s. m. Manucodiata.* Oiseau de paradis. * *ou* Manucode. B.
Manuducteur, *s. m.* introducteur qui marque la mesure. R. V.
Manuel, *s. m.* livre qu'on peut porter à la main ; livre de prières.
Manuel. le, *adj.* qui se fait avec la main. * Manuel. elè. R.
Manuelle, *s. f.* barre de fer du gouvernail, t. de marine. * outil de cordier. B. Manuele. R.
Manuellement, *adv.* de la main à la main. * Manuélement. R.
Manufacture, *s. f. Officina.* fabrication en grand d'ouvrages ; lieu où l'on fabrique.
Manufacturer, *v. a.* ré. e, *p.* fabriquer.
Manufacturier, *s. m.* maître, ouvrier d'une manufacture ; fabricant.
†Manulée, *s. f. Manulea.* plantes personnées.
Manumission, *s. f. Manumissio.* affranchissement d'un esclave, d'un serf.
Manuscrit. e, *adj. s. m. Manu scriptus.* écrit à la main.
Manutention, *s. f. Conservatio.* action de maintenir. * maintien ; conservation en entier ; soin de régler. B.
Manzel, *s. m.* rendez-vous des voyageurs en Perse, à la fin du jour. RR.
†Mappaire, *s. m.* officier qui donnoit le signal dans les jeux.
Mappe, *s. m.* (*vieux*) torchon. V.
Mappemonde, *s. f.* carte géographique des deux hémisphères.
Mapper, *v. a.* pé. e, *p.* nettoyer les meubles. V.
†Mapurita, *s. m.* voyez Zorille.
Maque, *s. f.* Maquer, *v. a.* voyez Macque. G. RR. * *pl.* t. de vannier. B.
Maquereau, *s. m. Scomber.* poisson du genre du scombre, à chair indigeste : taches aux jambes quand on se chauffe de trop près.
Maquereau. relle, *s.* qui débauche et prostitue les femmes. * Maquereau. ele. R.
Maquerele, *s. f.* petit poisson. R.
Maquerellage, *s. m.* métier de prostituer et de débaucher les femmes. * Maquerélage. R.
†Maquette, *s. f.* première ébauche de sculpture en glaise ; t. de peinture ; pièce de fer dont on fait un fusil ; état du fer à la troisième fonte.
Maquignon, *s. m. Mango.* marchand revendeur de chevaux ; qui intrigue pour des mariages, des ventes, etc.
Maquignonnage, *s. m. Mangonium.* métier du maquignon ; intrigue ; commerce secret. * Maquignonage. R.
Maquignonner, *v. a. Mangonizare.* né. e, *p.* faire le maquignonnage ; tromper en vendant un cheval, user d'artifice pour couvrir ses vices ; s'intriguer. * Maquignoner. R.
Maquilleur, *s. m.* bateau pour la pêche des maquereaux. R. G. C.
†Marabba, *s. m.* instrument arabe à archet.
Marabout, *s. m.* prêtre mahométan qui dessert une mosquée ; coquemar ; voile de galère. * homme très-laid. AL.
Maraboutin, *s. m.* principale voile du grand mât d'une galère. G. C.
Maraîcher, *s. m.* jardinier qui cultive un marais. * *ou* Marager. C. Maraicher. R.
†Marail, *s. m.* femelle de l'yacou.
Marais, *s. m. Palus.* terres abreuvées d'eaux dormantes ; terres plantées en légumes.
Mance, *s. f.* punition de fautes légères. V.
Marander, *v. a.* goûter. V.
Marane, *s. f.* prostituée. MAROT.
Maraputé. voyez Serval.
Marasme, *s. m. Marasmus.* maigreur extrême, consomption.
Marasquin, *s. m.* sorte de liqueur. V.
Marâtre, *s. f. Noverca.* belle-mère ; mère cruelle, dure.
Maraud. e, *adj.* coquin ; fripon.
Maraudaille, *s. f.* troupe de marauds. R.
Maraude, *s. f. Prædatio.* action de butiner, vol en maraudant.
Marauder, *v. n. Prædatum ire.* aller en maraude.
Maraudeur, *s. m. Prædabundus.* soldat qui maraude.
Maravedis, *s. m.* monnoie d'Espagne, 3 den. * Maravédis. G.
Marbre, *s. m. Marmor.* pierre calcaire, très-dure et colorée, formée du dépôt de particules, par la filtration des eaux à travers des couches de matières végétales, pierreuses et calcaires ; t. d'arts et métiers, pierre unie. *pl.* ouvrages en marbre ; table, statue de marbre ; (table de —), les eaux et forêts. (*vieux*).
†Marbré, *s. m.* (le) lézard du 4e. genre.
Marbré. e, *adj.* en façon, de couleur de marbre.
†Marbrée, *s. f.* ragoût de diverses viandes.
Marbrer, *v. a.* bré. e, *p.* peindre en marbre, l'imiter. * passer sur le marbre, t. de verrier. B.
Marbreur, *s. m.* qui marbre le papier, etc. * Marbreuse, *f.* V.
Marbrier, *s. m. Marmorarius.* qui travaille le marbre, le vend.
Marbrière, *s. f.* carrière de marbre. * Marbriere. R.
Marbrure, *s. f.* imitation du marbre sur la peau, le papier, etc.
Marc, *s. m. Bes.* ce qui reste des fruits pressés, des substances bouillies. *Magma.* poids, demi-livre de 8 onces. *pron.* mar.
Marcaige, *s. m.* droit sur le poisson de mer. R. G. C. * Marcage. V.
Marcassin, *s. m. Nefrens ferus.* le petit de la laie.
Marcassite, *s. f. Pirites.* pierre minérale à facettes brillantes. voy. Pyrite.
Marcescent. e, *adj.* qui commence à se gâter, t. de médecine, de botanique. RR.
Marchand. e, *s. Mercator.* qui vend ou achète. *adj.* qui peut être vendu ; où l'on vend ; destiné aux marchands, au commerce ; (rivière) navigable.
Marchandement, *adv.* d'une manière marchande. V.
Marchander, *v. a.* dé. e, *p.* traiter avec un marchand du prix de ; hésiter, balancer. B.
Marchandise, *s. f. Merx.* chose dont on fait trafic.

Marche, *s. f. Gradus.* frontière; chemin, mouvement fait en marchant; route; action de marcher; procession en cérémonie; air de musique pour la marche; traité; distance; degré; conduite; progrès de l'action d'un poëme.
Marché, *s. m.* lieu public où l'on vend; vente; assemblée de marchands: *Pactum.* prix; condition d'un achat.
†Marche-palier, *s. f.* marche du bord d'un palier.
Marchepied, *s. m. Scabellum.* marche; estrade; banquette pour les pieds; bord; planche, etc. * Marche-pied. B.
Marcher, *v. n. Ambulare.* aller, avancer par le mouvement des pieds; avoir un rang dans une cérémonie; procéder; agir; s'avancer. *v. a.* ché. e, *p.* * (l'étoffe), la manier, t. de chapelier. B.
Marcher, *s. m. Incessus.* manière dont on marche.
Marchete, *s. f.* t. d'oiselier, planchette d'un piége. R. Marchette. AL.
Marcheur. se, *s.* qui marche peu ou beaucoup, bien ou mal. * celui qui piétine la terre à brique. B.
†Marcheux, *s. f.* fosse pour corroyer la terre.
Merchis, *s. m.* (*vieux*) marquis. R.
†Marchoir, *s. m.* atelier où l'on prépare les terres à pot.
Marciage, *s. m.* t. de coutume. R.
Marcionite, *s. m.* hérétique. V.
Marcotte, *s. f. Mergus.* branche en terre pour s'enraciner; rejeton. * Marcote. R.
Marcotter, *v. a. Propagare.* té. e, *p.* coucher en terre les marcottes. * Marcoter. R. Marester. V.
†Marcottin, *s. m.* petit fagot.
Mardelle. *Margo.* voy. Margelle. A. G. V. Mardele. Margele. R.
Mardi, *s. m.* le troisième jour de la semaine.
Mare, *s. f. Lacus.* amas d'eau bourbeuse. * houe de vigneron. G. auge pour écraser les olives. B.
Maréage, *s. m.* t. de marine, convention entre le maître et les matelots qui s'engagent pour un voyage. R. G. C.
†Marec *ou* Maréca, *s. m.* canard de Bahama.
Marécage, *s. m. Locus palestris.* terre bourbeuse, son odeur, son gout; marais qui commencent à se sécher.
Marécageux. se, *adj. Palustris.* plein de marécage; humide; qui sent le marécage.
Maréchal, *s. m. Faber.* qui ferre les chevaux; titre, grand officier; officier. * *ou* Ressort, genre de scarabée, voy. Escarbot et Taupin. B.
Maréchalerie, *s. f.* art du maréchal ferrant. A. V. * Maréchallerie. AL.
Maréchaussée, *s. f.* connétablie; juridiction; cavalerie pour la police; gendarmerie.
Marée, *s. f. Æstus.* flux et reflux de la mer; poisson frais de mer. * arriver comme marée (*et non mars*) en carême. *prov.* à propos. B.
Marer, *v. a.* ré. e, *p.* labourer avec la mare. G. C.
Marescaucier, *v. a.* cié. e, *p.* (*vieux*) ferrer un cheval. V.
Mareschière, *s. f.* (*vieux*) marais. V.
Marester, *v. a.* té. e, *p.* multiplier la vigne par les marcottes. V.
Marfil, Morfil, *s. m.* dents d'éléphant non débitées.
Margajat, *s. m.* (*famil.*) petit garçon.
Margaline, *s. f.* espèce de marcassite. R.
Marganitique, Morganitique, *adj.* (mariage) avec une femme d'une condition inférieure. * *ou* Marganatique. T.
†Margauder, *v. a.* é. e, *p.* se dit de la caille qui prélude, t. de chasse.
†Margay, *s. m.* espèce de chat sauvage de la Guyane.
Marge, *s. f. Margo.* blanc autour d'une page. (*fig.*) loisir; latitude.
Margelle, *s. f.* pierre du tour d'un puits. * Margele. R. *pour* Mardelle. (*vieux*) G.
†Margeoirs, *s. m. pl.* pièces de fonte, d'argile qui ferment les soupiraux du fourneau.
Marger, *v. a.* gé. e, *p.* compasser les marges d'une feuille, d'un livre. * sceller les margeoirs. B.
†Margeur, *s. m.* celui qui marge un four.
Marginal. e, *adj.* qui est à la marge.
†Marginelle, *s. f. Margina.* porcelaine; mollusque gastéropode, céphalée.
†Margot, *s. m.* oiseau de mer; oiseau de proie. * *s. f.* pie; t. de mépris, femme bavarde, trop libre. B.
†Margotas, *s. m.* deux bateaux accouplés, chargés de foin.
Margotter, *v. a.* se dit du cri des cailles. * Margoter. R.
Margouillet, *s. m.* boule de bois qui porte une cannelure pour estropier. CO.
Margouillis, *s. m.* gâchis plein d'ordures; embarras d'une mauvaise affaire.
Margrave, *s. m.* nom de dignité en Allemagne.
Margraviat, *s. m.* état, dignité du margrave.
†Margrillette, *s. f.* verre bleu-foncé pour le commerce d'Afrique.
Marguerite (reine), *s. f. Bellis.* grande pâquerette, plante d'ornement; sa fleur; vulnéraire, détersive, diurétique, bonne pour le crachement purulent; perle. * cordage amarré au milieu d'une manœuvre. B.
Marguilléraut, *s. m.* petit marguillier. V.
Marguillerie, *s. f.* charge de marguilllier.
Marguillier, *s. m. Æditius.* qui a soin des affaires d'une fabrique, de l'œuvre d'une paroisse, d'une confrérie.
Mari, *s. m. Maritus.* époux.
Mariable, *adj. 2. g.* en âge d'être marié ou mariée.
Mariage, *s. m. Matrimonium.* union légale d'un homme et d'une femme; sacrement; solennité des nôces; dot.
Mariaule, *s. m.* témoin peu digne de foi. V.
Marié. e, *s.* qui vient d'être marié.
†Marien, *s. m.* monnoie de Hanovre, 2 s. 3. d.
Marier, *v. a. Maritare.* rié. e, *p.* joindre par le mariage; unir; allier; joindre. (se), *v. récipr.*
Marieur. se, *s.* faiseur de mariages. G. C.
Marigot, *s. m.* t. de pêcheur de mer. R. V. marécage dans les îles. B.
†Marikina, *s. m. Rosalia.* espèce de sagouin, singe-lion.
†Mariland, *s. m.* jeu de cartes.
Marin. e, *adj. Marinus.* qui est de mer, qui en vient; qui sert pour naviguer sur la mer. *s. m.* homme de mer.
Marinade, *s. f.* friture de viande marinée; sauce de sel, vinaigre et épices.
†Marinba, *s. m.* instrument à vent des nègres.
Marine, *s. f.* science de la navigation sur mer, ce qui la concerne; corps des marins; odeur, goût de la mer; plage, côte de mer; t. de peinture, tableau de la mer.
Mariné. e, *adj.* avarié; t. de blason, à queue de poisson; t. de cuisine, assaisonné en marinade, cuit et séché; trempé dans la saumure, etc.
Mariner, *v. a.* né. e, *p.* assaisonner pour conserver long-temps; t. de cuisine, tremper dans le vinaigre, la saumure.
Marinette, *s. f.* (*vieux*) pierre d'aimant. V.
Maringouin, *s. m.* insecte, moucheron d'Amérique.
Marinier, *s. m. Navicularius.* qui sert à la conduite des bateaux de rivière; t. de poësie; homme de mer.
Mariole, *s. f.* image de la Vierge. V.
Marionnette, *s. f. Citeria.* figure mobile; petite femme; personne frivole. * Marionete. R.
†Marisca, *s. f.* excroissance molle, charnue au fondement.
†Marisce *ou* Marisque, *s. m.* excroissance charnue dans les maladies vénériennes.
Marisson, *s. m.* tristesse, regret. REGNIER.
Marital. e, *adj. Maritus.* qui appartient au mari.
Maritalement, *adv.* en mari; en bon mari.
Maritime, *adj. Maritimus.* voisin de la mer; relatif à la mer.
Maritorne, *s. f.* femme mal bâtie et maussade. A. V.
Marjaut, *adj. m.* gentil, alerte. V.
Marjolaine, *s. f. Majorana.* herbe, plante ligneuse, aromatique, bonne pour les nerfs, l'estomac, l'apoplexie, la paralysie.
Marjolet, *s. m.* petit fat qui fait l'entendu. R. G. C. V.
†Markaire, *s. m.* pâtre qui fait le gruyère.
†Markairerie, *s. f.* art de faire le gruyère; chaumière de pâtre dans les Vosges.
Marler, *v. a.* lé. e, *p.* rendre fertile. V. voyez Marner. B.
Marli, *s. m.* espèce de gaze. A. V.
†Marlin, *s. m.* hache pour fendre le bois.
Marmaille, *s. f. Turba puerilis.* (*familier*), nombre de petits enfans.
Marmelade, *s. f. Pulmentum.* confiture de fruits très-cuits.
Marmenteau, *s. m.* bois destiné à la décoration d'une terre. CO. RR. * *pl.* Marmenteaux. G. C. V.
†Marminotier, *s. m.* homme qui marmote des prières.
Marmite, *s. f. Cacabus.* vaisseau de métal pour faire bouillir le bœuf.
Marmiteux. se, *adj. s.* pauvre; piteux.
Marmitier, *s. m.* cuisinier, t. de rôtisseur. R. V.
Marmiton, *s. m. Mediastinus.* valet de cuisine.
Marmitonner, *v. a.* murmurer sourdement; faire le marmiton. V.
Marmonner, *v. a. n.* murmurer tout bas. * Marmoner. R.
Marmose, *s. f. Marmosa.* quadrupède didelphe, gris-fauve. V.
Marmot, *s. m. Cercopithecus.* gros singe: figure mal faite; petit garçon; poisson, voy. Dentale. * *f.* Marmote, petite fille. V.
Marmoteur, *s. m.* qui marmotte. V.
Marmotier, *s. m.* qui amasse des figures ou marmots. R.
Marmotte, *s. f. Mus montanus.* animal moins grand que le lièvre. * petite fille. A. G. V. — volante, espèce de chauve-souris. B. Marmote. R.
Marmotter, *v. a. n. Mutire.* té. e, *p.* parler confusément et entre ses dents. * Marmoter. R.
†Marmouda, *s. m.* monnoie persanne, 16 s.
Marmouset, *s. m.* petite figure grotesque; petit garçon; petit homme mal fait.
Marne, *s. f. Marna.* terre grasse; craie mêlée de limon et d'argile; elle féconde les terres argileuses en les divisant.
Marner, *v. a.* né. e, *p.* répandre de la marne sur un champ. * *v. n.* se retirer, en parlant de la mer qui découvre des terres. G.
Marneron, *s. m.* qui travaille aux marnières. G. C.
Marnière, *s. f. Margæ fodina.* lieu d'où l'on tire la marne. * Marniere. R.
Marnois, *s. m.* bateau de la Marne. R. V.
†Marobotin, *s. m.* monnoie françoise, d'or fin,

†Maroc, *s. m.* étoffe de laine.
†Maronage *ou* Marronnage, *s. m.* droit d'usage du bois nécessaire pour les constructions.
†Maronette, *s. f.* petit râle d'eau.
Maronite, *s. m.* sectaire. V.
Maronné. e, *adj.* frisé. V.
Marotique, *adj.* 2 *g.* (style) imité de Marot.
Marotte, *s. f.* figure ridicule; objet d'une passion folle; espèce de sceptre de la folie, terminé par une tête grotesque, coiffée d'un bonnet et garnie de grelots. * Marote. R.
Marouchin, *s. m.* pastel de mauvaise qualité. G. C.
Marouflé, *s. f.* sorte de colle. R. G. C. V.
Marouflé, *s. m.* fripon; rustre; mal-honnête homme.
Maroufler, *v. a.* flé. e, *p.* t. de peinture, coller une toile avec de la marouflé.
Marpesia, *s. f.* minéral de l'île de Paros. RR.
Marquant. e, *adj.* t. de jeu, qui marque, qui produit des points. * qui se fait remarquer. A. R. V.
Marque, *s. f. Signum.* ce qui sert à désigner; empreinte; instrument pour marquer; impression, trace; tache, signe; ornement; chiffre; jeton; indice, signe; présage; témoignage; preuve.
Marquer, *v. a. n. Notare.* qué. e, *p.* mettre une empreinte; faire une marque; faire impression; spécifier; indiquer; désigner; témoigner, prouver; laisser une marque ou des traces, etc.
Marquesec, *s. m.* filet. R.
Marqueter, *v. a. Variare.* té. e, *p.* marquer de plusieurs taches.
Marqueterie, *s. f.* ouvrage de menuiserie, de pièces de rapport. * Marquéterie. R.
Marquette, *s. f.* pain de cire-vierge. * droit seigneurial pour le mariage des filles. B. Marquete. R.
Marqueur. *s. m. Adnotator.* celui qui marque.
Marquis. e, *s. Marchio.* garde des frontières; titre, dignité.
Marquisat, *s. m. Marchionatus.* terre, titre de marquis.
Marquise, *s. f. Marchionissa.* tente d'officier; fusée volante; poire; filer.
Marquiser, *v. a.* faire le marquis. V.
†Marquoir, *s. m.* instrument de tailleur.
Marraine, *s. f. Matrina.* celle qui tient un enfant sur les fonts.
Marre, *s. f.* voyez Mare.
Marrement, *s. m.* (*vieux*) dommage. V.
Marri. e, *adj. Dolens.* (*vieux*) fâché.
Marron, *s. m. Balanus.* fruit du maronnier; t. de perruquier, grosse boucle; t. d'impr. ouvrage imprimé furtivement; t. de guerre, d'artificier, fusée volante; t. militaire, plaque pour l'heure des rondes. Marron. e, *adj.* (cochon) sauvage; (nègre) fugitif; poisson du genre du spare; grumeau dans la pâte, etc. B.
Marronner, *v. a.* né. e, *p.* friser en marrons, en grosses boucles. * Marroner. R.
†Marronnette, *s. f. Porzana.* espèce de râle.
Marronnier, *s. m. Castanea.* arbre des Indes; espèce de châtaignier cultivé. *Marronier. A. R.
Marroquin, *s. m. Caprina aluta.* peau apprêtée de chèvre, de bouc. * rides en long au milieu d'une feuille de papier. B. homme de néant. AL. Maroquin. A. R. V.
Marroquiner, *v. a.* né. e, *p.* façonner en forme de marroquin. * Maroquiner. A. R. V.
Marroquinerie, *s. f.* art, ouvrage de marroquinier. * Maroquinerie. A. R. V.
Marroquinier, *s. m.* qui travaille le marroquin. * Maroquin. A. R. V.
Marrube, *s. m. Marrubium.* plante d'un grand usage en médecine. — blanc. — noir puant.
Marrubiastre, *s. f.* plante vulnéraire contre la morsure des chiens; faux marrube.
Mars, *s. m. Martius.* troisième mois de l'année; planète; grand guerrier; le fer. * *pl.* papillon de jour; menus grains qui se sèment en mars. *prononcez* marse. voyez Marée. B.
†Marseau, *s. m.* saule-osier, *ou* Sausselange.
Marséche, *s. f.* orge. * -sèche. G. C. -seche. R.
Marseillois. e, *s. adj.* de Marseille. R.
Marselier, *s. m.* (*vieux*) vivandier. V.
†Marsile, *s. f. Lemma.* plantes cryptogames.
Marsiliame, *s. f.* bâtiment à quatre mâts. AL.
Marsiliane, *s. f.* t. de mar. R. bâtiment vénitien à poupe carrée. B.
Marsouin, *s. m. Tursio.* gros poisson de mer, *ou* Cochon, Porc, Pourceau de mer, très-petite espèce de baleine; cétacée. * homme laid, mal-bâti. G.
Martagon, *s. m. Lilium miniatum.* lis sauvage à petites fleurs.
Marteau, *s. m. Malleus.* outil, heurtoir pour frapper. * coquillage bivalve. — *ou* Zygène, espèce de chien de mer. — *ou* Niveau d'eau douce, insecte aquatique en forme de T: osselet dans le tambour de l'oreille. B.
Martel, *s. m.* (*vieux*) marteau. (-en tête) jalousie, inquiétude.
Martelage, *s. m.* marque sur les arbres à abattre.
†Martelée, *s. f.* (médaille) à laquelle on a frappé un nouveau revers.
Martelées, *s. f. pl.* t. de chim. fientes, fumées carrées ou applaties par les bouts. G. C.
Marteler, *v. a. n. Percutere.* lé. e, *p.* battre, travailler avec le marteau; t. de fauc. faire son nid.
Martelet, *s. m.* petit marteau. R. V. *Martinet noir. B.
Marteleur, *s. m.* t. de forgeron. R. qui dirige le marteau. B.
Marteline, *s. f.* petit marteau dentelé. R. V.
†Martellement, *s. m.* sorte d'agrément dans le chant françois.
Martial. e, *adj. Bellicus.* guerrier; t. de chim. ferrugineux.
Martiales, *s. f. pl.* fêtes de Mars. G. C.
Marticles, *s. f. pl.* t. de mar. petites cordes. R. G. C.
†Martigadour, *s. m.* instrument de fer pour faire écumer le cheval. AL. voy. Mastigadour. B.
Martin, *s. m.* oiseau du Bengal.
Martinelle, *s. f.* cloche des lombards. V.
Martinet, *s. m.* hirondelle; chandelier; marteau de forge; forge; discipline; manœuvre, t. de marine.
Martinet-pêcheur, Alcyon, *s. m. Alcedo.* oiseau bleu changeant, le plus beau d'Europe. * *ou* Martin-pêcheur. V. A.
Martingale, *s. f.* t. de manége, courroie pour retenir la tête; t. de jeu, jouer (à la), tout ce qu'on a perdu.
Martinisme, *s. m.* secte, christianisme épuré. C.
†Martinistes, *s. m. pl.* sectaires.
†Martiobarbule, *s. m.* arme ancienne; soldat qui en étoit armé.
†Martoire, *s. f.* marteau à deux pannes.
Martre, *s. f. Martes.* sorte de fouine à gorge jaune, sa peau en fourrure. * *et* Marre. R. V.
Martyr. e, *s. Martyr.* qui a souffert, a été tué pour sa religion; qui souffre beaucoup; qui a beaucoup souffert.
Martyre, *s. m. Martyrium.* mort, tourment du martyr; peines cruelles.
Martyriser, *v. a. Cruciare.* sé. e, *p.* faire souffrir le martyre; tourmenter cruellement.
Martyrologe, *s. m. Martyrum album.* catalogue des martyrs, des saints.
Martyrologiste, *s. m.* qui a écrit sur les martyrs. R.
Marum, *s. m.* plante stomacale, aromatique, céphalique, antiscorbutique, qui plaît beaucoup aux chats et les enivre; la poudre excite puissamment à l'amour, est très-bonne pour les maladies de nerfs.
†Marvaux, *s. m.* corbeille pour égoutter le sel.
†Marzeau, *s. m.* excroissance charnue sous le cou des cochons.
†Mas, *s. m.* monnoie chinoise, 8 sols.
†Masares, *s. m. pl. Masaris.* insectes hyménoptères.
Mascarade, *s. f.* troupe de masques; déguisement; divertissement; danse de masques.
Mascaret *ou* Barre, *s. m.* reflux violent de la mer sur la Gironde. voy. Macaret.
†Mascarin, *s. m. Mascarinus.* perroquet qui a un masque noir.
Mascaron, *s. m.* tête grotesque aux portes, etc.
Masculin. e, *adj. s. m. Masculinus.* du mâle, qui lui convient.
Masculinité, *s. f.* qualité, caractère de mâle.
†Masculit, *s. m.* chaloupe des Indes.
†Masement, *s. m.* étendue d'une juridiction.
†Masles *ou* Mâles, *s. f. pl.* pentures du gouvernail.
†Masnage, *s. m.* maison, ménage.
Masque, *s. m.* faux visage de carton, de velours, etc., celui qui s'en sert; empreinte; visage; voile; prétexte; fausse apparence. * poinçon de ciseleur. B. *s. f.* femme laide.
Masquer, *v. a.* qué. e, *p.* mettre un masque à; déguiser; couvrir de fausses apparences; cacher; dérober à la vue. *v. n.* aller en masque. (se), *v. récipr.* se mettre un masque; se déguiser; se cacher.
Massacre, *s. m. Cædes.* tuerie, carnage; t. de vén. sommet de la tête du cerf à l'entour du bois qu'il porte; t. de blason. * ouvrier qui travaille mal. B.
Massacrer, *v. a. Mactare.* cré. e, *p.* tuer, assommer des hommes sans défense; gâter, défigurer; mal travailler.
Massacreur, *s. m.* qui massacre. T. * massacre. (*familier*). B.
†Massaliens, *s. m. pl.* sectaires qui font consister la religion dans la prière seule.
Massane, *s. f.* cordon de la poupe d'une galère. R.
Massapée, *s. f.* t. de marine R. instrument pour mouvoir les cordages. B.
Masse, *s. f. Massa.* amas de parties qui font corps; corps très-solide; corps informe, totalité; fonds, etc. * *Clava.* arme; monnoie d'or françoise; gros marteau; gros bâton; bâton à tête de métal, t. de liturgie; t. milit. le trésor, la caisse d'un corps. B.
Mâsse, *s. f.* mise au jeu de hasard. * Masse. C.
Masse d'eau, Massette, *s. f.* plante marécageuse dont on couvre les toits. * Masse-d'eau. C.
Masse-more, *s. m.* biscuit pilé pour les bestiaux, sur les vaisseaux. G. C. * Masse-môre. R.
Masselotte, *s. f.* t. de fondeur, superfluité du métal restée au moule. G. C. * Masselote. R.
Massepain, *s. m.* pâtisserie. * Masse-pain. C. G.
Masser, *v. a.* sé. e, *p.* faire une masse au jeu. * Mâsser. A. G. R. V.
Masséter, *s. m.* muscle de la mâchoire. R. G. C. V.
†Massétérique, *adj.* 2 *g. Masseterica.* (veine) qui se jette dans le masséter.
†Massètes, *s. m. pl. Scolox.* vers dans les poissons.
†Massette, *s. f. Typha.* plante. *pl.* familles de plantes. * vers qui se loge dans les intestins.
Massicaut, *s. m.* ancien droit sur le vin. V. * Massicaut. R.
Massicot, *s. m.* oxide de plomb; chaux de plomb colorante; couleur jaune; vernis pour la fayence.

Massier, *s. m. Clavator.* qui portoit la masse.
Massif, ve, *adj. Solidus.* qui est ou paroît pesant, épais; grossier; lourd. *s. m.* t. de maçon, chose pleine et solide; plein bois; t. de jard.
Massivement, *adv.* d'une manière massive. T.
Massiveté, *s. f.* qualité de ce qui est massif. R.
†Massole *ou* Massoule, *s. f.* supplice en Italie, qui consiste à assommer avec une massue.
†Massone, *s. f. Massonia.* plantes de la famille des asphodèles.
Massorah, Massore, *s. f.* t. d'hist. eccl. critique de l'écriture sainte. * *Massoret.* V.
Massorétique, *adj. 2 g.* de la massore. R. G. C.
Massorettes, *s. m. pl.* auteurs de la massore. * Massoretes. R. G. Massorètes. V.
†Massou, *s. m.* table de madriers pour former les pains de sel.
Massue, *s. f. Clava.* sorte de bâton noueux, gros d'un bout.
†Mast, *s. m.* pièce d'en haut d'un parasol.
Mastic, *s. m. Mastiche.* gomme du lentisque; composition d'huile et de blanc d'Espagne; de brique en poudre, de résine, de colle forte. * Mastich. R.
Mastication, *s. f.* action de mâcher.
Masticatoire, *s. m.* ingrédient pour purger la pituite.
Mastigadour, *s. m.* t. de manége, mors pour faire écumer. G. C. * Masticadour. AL.
Mastiquer, *v. a.* qué. e, *p.* joindre avec du mastic.
†Mastodynie, *s. f.* douleur des mamelles.
Mastoïde, *adj. 2 g.* muscle qui sert à baisser la tête. R. G. C. V.
†Mastoïdien. ne, *adj.* qui appartient à l'apophise mastoïde.
Masturbation, *s. f.* action, habitude de se masturber. RR.
Masturber (se), *v. pers.* abuser de soi-même. RR.
†Mastupration, *s. f.* masturbation.
Masulipatan, *s. m.* toile de coton des Indes très-fine.
Masulit, *s. m.* chaloupe indienne. G. C.
†Masurage *ou* Masurier, *s. m.* droit sur les habitations.
Masure, *s. f. Parietinæ.* restes d'un bâtiment tombé en ruines; méchante habitation qui menace ruine.
Mat. te, *adj. Rudis.* qui n'a pas d'éclat; lourd, compact; t. d'orf. de peint. * *f.* Mate. V. RR.
Mat, *s. m.* sans *pl. Mactatus.* t. de jeu d'échecs; coup qui met le roi en échec et fait perdre.
Mât, *s. m. Malus.* arbre qui porte les voiles, les tentes.
Matacon, *s. m.* noisette d'Afrique. R.
Matador, *s. m.* t. de jeu d'hombre, cartes supérieures: homme considérable.
Matafion, *s. m.* t. de mar. RR. petits cordages. B.
Matamore, *s. m.* faux brave.
Matamore, *s. f.* prison nocturne et souterraine des esclaves. G. C.
Matasse, *s. f. ou* Grèges, soie crue, coton non filé. R. G. C.
Matassin, *s. m.* bouffon. *pl.* danse bouffonne; ceux qui la dansent.
Matassinade, *s. f.* bouffonnerie des matassins. R. G.
Matassiner, *v. n.* danser les matassins. G. C.
†Matatan, *s. m.* gros tambour indien.
Matation, *s. f.* menus cordages. V. * Matasion. G.
†Matavane *ou* Martavane, *s. f.* grand vaisseau de terre du Pégu pour purifier l'eau croupie.
†Mateau, *s. m.* écheveaux de soie réunis.
Matelas, *s. m. Culcita.* sac rempli de laine, de bourre, etc. pour un lit; coussin piqué.
Matelasser, *v. a.* sé. e, *p.* garnir en façon de matelas.
Matelassier, *s. m.* faiseur de matelas; qui les rebat, les carde.
Matelot, *s. m. Nauta.* qui sert la manœuvre; vaisseau qui en accompagne un plus grand.
Matelotage, *s. m.* salaire des matelots. R. G. C.
Matelote, *s. f.* mets de poissons; danse des matelots, son air. (à la), *adv.* à la manière des matelots.
†Matéologie, *s. f.* vaine recherche, volonté blâmable d'approfondir les matières abstraites.
†Matéologien, *s. m.* qui veut approfondir les mystères.
Mater, *v. a.* té. e, *p.* t. de jeu, faire mat. *Macerare.* mortifier; humilier; abattre. t. de mét. étendre; polir; rendre mat.
Mâter, *v. a.* té. e, *p.* garnir de mâts. * Mater. G.
Matere, *s. f.* t. de mythologie. R.
Mâtereau *ou* Mâtrel, *s. m.* t. de mar. petit mât. R.
Matérialiser, *v. a.* sé. e, *p.* donner un corps. *v. n.* devenir un corps. V.
Matérialisme, *s. m.* système de ceux qui pensent que l'ame est matérielle; opinion de ceux qui n'admettent que la matière pour cause et pour effet; athéisme.
Matérialiste, *s. m.* partisan du matérialisme.
Matérialité, *s. f.* qualité de ce qui est matière.
Matériaux, *s. m. pl. Materia.* ce qui sert à bâtir, à composer un ouvrage; mémoires; notes; recueils.
Matériel. le, *adj. s. m. Corporeus.* formé de matière; grossier, pesant. * t. d'école, l'opposé de formel. B. Matériel. ele. R.
Matériellement, *adv.* d'une manière matérielle; dans sa matière. * Matériélement. R.
Maternel. le, *adj. Maternus.* de la mère. * Maternel. ele. R.
Maternellement, *adv.* d'une manière maternelle. * Maternélement. R.
Materniser, *v. n.* tenir de sa mère. R.
Maternité, *s. f.* état, qualité de mère.
Mâteur, *s. m.* faiseur de mâts, qui les place. R. G.
Mathématicien, *s. m. Mathematicus.* qui sait les mathématiques.
Mathématique, *adj. 2 g.* qui appartient aux mathématiques.
Mathématiquement, *adv. Evidenter.* selon les règles des mathématiques.
Mathématiques, *s. f. pl. Mathematica.* science des grandeurs en générale. * Mathématique. *s. f. singulier.* A. R. V.
Mathurin, *s. m.* moine, religieux. V.
Matière, *s. f. Materia.* substance étendue, impénétrable; sujet; cause; motif; occasion; ce dont une chose est faite; excrémens; pus. * (en matière de), *adv.* en fait de, quand il s'agit de. B. Matiere. R.
Mâtin. e, *s. Molossus.* gros chien. * homme mal bâti. AL.
Matin, *s. m. adv. Mane.* les premières heures du jour; de minuit à midi.
†Matinage, *s. m.* courbure des copeaux de treillageurs.
Matinal. e, *adj. Matutinus.* qui se lève matin; du matin.
Matinalement, *adv.* du matin. V.
Mâtineau, *s. m.* petit mâtin. R. G. C.
Matinée, *s. f.* du point du jour jusqu'à midi.
Mâtiner, *v. a.* né. e, *p.* se dit d'un mâtin qui couvre une chienne; gourmander, maltraiter de paroles.
Matines, *s. f. pl.* t. de litur. première partie de l'office.
Matineux. se, *adj.* habitué à se lever matin.
Matinier. ère, *adj.* (étoile) du matin. G. * *f.* Matiniere. R.
Matir, *v. a.* ti. e, *p.* t. d'orf. rendre mat. * Mattir. V.
Matite, *s. f.* pierre figurée qui imite les mamelles. G. C.
Matoir, *s. m.* instrument de graveur, etc. pour mater. * Mattoir. V.
Matois. se, *adj. s. m. Callidus.* fin, rusé.
†Matoisement, *adv.* en matois.
Matoiserie, *s. f.* tromperie; qualité du matois.
†Maton, *s. m.* caillé réduit en grumaux.
Matou, *s. m. Feles mascula.* gros chat entier. * poisson du genre du silure. B.
†Matraca, *s. m.* roue garnie de marteaux de bois, instrument de musique espagnole.
Matras, *s. m.* t. de chimie, vaisseau pour extraire. * trait d'arbalète. R. G.
Matricaire, *s. f. ou* Espargoutte. *Matricaria.* plante céphalique et hystérique.
†Matricaux, *adj. s. m. pl. Matricalia.* (remèdes) pour les maladies de matrice.
Matrice, *s. f. Matrix.* t. d'anat. où se fait la conception; t. de fonderie, moule. * étalons des mesures; enveloppe des cristaux, des pierres, des minéraux; carré gravé des médailles ou monnoie; outil pour rouler le tabac. B.
Matrice, *adj. f.* mère (église, langue, couleur).
Matricide, *s. 2 g.* qui tue, qui a tué sa mère. R.
Matriculaire, *s. m.* inscrit sur la matricule. R. V.
Matricule, *s. f. Album.* sorte de registre; liste, dénombrement; extrait du rôle.
Matrimonial. le, *adj. Conjugalis.* qui appartient au mariage.
Matrologue, *s. m.* sorte de registre. V.
Matrone, *s. f. Obstetrix.* sage-femme. * Matrône. R.
Matre, *s. f.* plante, thé du Paraguay; t. de chim. matière métallique encore chargée de soufre.
†Mattelin, *s. m.* laine du Levant.
†Matter, *v. a.* é. e, *p.* t. de coutellier, étendre du fer; t. de doreur, passer de la colle.
†Matton, *s. m.* gros pavé de briques.
†Matuitui, *s. m.* martin-pêcheur du Brésil.
Maturatif. ve, *adj. Maturans.* t. de méd. qui hâte la formation du pus.
Maturation, *s. f.* épuration du métal, t. de chim. progrès vers la maturité; degré de maturité.
Mâture, *s. f.* les mâts d'un vaisseau; bois pour les mâts. * art de mâter. AL.
Maturinade, *s. f.* extravagance. V.
Maturité, *s. f. Maturitas.* qualité de ce qui est mûr.
†Matute, *s. f. Matuta.* espèce de cancre.
Matutinaire, *s. m.* t. de litur. livre de l'office des matines. G. C.
Matutinal. e, *adj.* qui appartient au matin, aux matines.
Matutinel. le, *adj.* qui se fait le matin. R.
†Maubêche, *s. m. Cattydris.* oiseau du genre du bécasseau.
Mauclerc, *s. m.* (*vieux*) ignorant. V.
Maucorne *ou* Moncorne, *s. f.* mélange de grains.
Maudire, *v. a. Exsecrari.* dit. e, *p.* faire des imprécations contre; réprouver; abandonner.
Maudisson, *s. m.* (*famil.*) malédiction.
Maudit. e, *adj. Exsecrandus.* exécrable, détestable; très-mauvais.
Maudit, *s. m.* réprouvé.
†Mauduement, *adv.* fait d'une manière indue. (*vieux*).
Maugere, *s. f.* t. de mar. R. *ou* Mauge, petite manche de cuir ou de toile goudronnée pour l'écoulement des eaux. B.
Maugré, *adv.* voyez Malgré. R.
†Maugrebin, *s. m.* soldat barbaresque.
Maugréer, *v. n.* jurer, pester; détester. (*popul.*)
Maupiteux. se, *adj.* qui se lamente sans sujet; misérable. * cruel; impitoyable. V. G. AL. RR.
Maure, *s. m.* serpent du 3e. genre, à bandes

transversales sur les côtes. * t. de saline; petit canal ou mort. voyez More. R.
Mauresque. voyez Moresque.
Mauricaud. voyez Moricaud. * Mauricaut. V.
†Mauris, *s. m. ou* Percale, *s. f.* toile de coton des Indes.
Mausolée, *s. m. Mausoleum.* tombeau orné; catafalque.
Maussade, *adj.* 2 *g. Insulsus.* désagréable; mal fait; de mauvaise grâce. * sale, mal-propre. AL.
Maussadement, *adv. Ineptè.* d'une manière maussade.
Maussaderie, *s. f.* mauvaise grâce; façon maussade.
Mauvais. e, *adj. Improbus.* qui n'est pas bon; incommode; nuisible; dangereux; fâcheux; sinistre; funeste.
Mauvais, *s. m. adv.* ce qui n'est pas bon, agréable.
Mauvaiseté, *s. f.* (*vieux*) méchanceté. V.
Mauve, *s. f. Malva.* plante médicinale, humectante, diurétique, calmante, de l'ordre des malvacées.
Mauve, Mouette, *s. f.* oiseau.
Mauviette, *s. f.* sorte d'alouette. * Mauviete. R.
Mauvis, *s. m.* petite grive rousse, qui chante très-bien. * *ou* Mauvielle. B.
†Mauvisque, *s. m.*, *Malvaviscus.* arbrisseau polypétale, de la famille des mauves.
†Mavali, *s. m.* très-gros poisson des Indes.
Maxillaire, *adj.* 2 *g.* qui appartient, a rapport aux mâchoires.
Maxime, *s. f. Effatum.* proposition générale en principe; règle; t. de musique, note qui vaut huit mesures à deux temps.
Maximer, *v. a.* é. e, *p.* mettre le maximum, le plus haut prix de la vente. RR.
Maximum, *s. m.* le plus haut degré d'une grandeur; le plus haut prix. * taux des denrées. RR.
†Maye, *s. f.* pierre creuse qui reçoit l'huile du moulin à olives.
†Mayenne, *s. f.* toile de Bretagne * voyez. Mélongène. A.
†Mayon, *s. m.* poids de Siam. * monnoie de la Chine, 9 sous.
Mays. voyez maïs. R.
†Mazame, *s. m.* chevreuil du Mexique.
†Mazarin, *s. m.* petit gobelet commun.
†Mazarine, *s. f.* pâtisserie d'amendes, confitures, etc.
Mazelin, Mazerin, *s. m.* (*vieux*) coupe. V.
Mazette, *s. f.* joueur mal-adroit; mauvais cheval. * Mazete. R.
†Mazille, *s. f.* mauvais argent.
†Mazone, *s. f.* monnoie d'Alger, 2 sous 11 deni.
Me, *pronom personnel.* je, moi.
Méan, *s. m.* t. de salines. R.
Méandre, *s. m.* sinuosités d'une rivière.
†Méandrite, *s. m. Meandrites.* polypier.
Méat, *s. m.* conduit, passage, t. d'anatomie.
†Méborier, *s. m. Meborea.* arbrisseau de la Guiane.
Mécanicien, *s. m.* qui sait, exerce la mécanique. * Méchanicien. R.
Mécanicité, *s. f.* qualité de ce qui est mécanique. V.
Mécanique, *s. f.* science des machines, du mouvement; structure d'un corps qui se meut. *adj.* 2 *g. Illiberalis.* (art) qui consiste principalement dans le travail de la main; ignoble; conforme aux lois de la mécanique. * Méchanique. R.
Mécaniquement, *adv. Sordidè.* d'une manière mécanique. * Méchaniquement. R.
Mécaniquerie, *s. f.* mesquinerie. V.
Mécanisme, *s. m. Structura.* structure d'un corps suivant les lois de la mécanique. * manière dont agit une cause mécanique; structure matérielle. B. * Méchanisme. R.
Mécène, *s. m.* protecteur des lettres et des arts. * Mécène. R.
Méchamment, *adv. Improbè.* avec méchanceté; malicieusement. * Méchament. R.
Méchanceté, *s. f. Improbitas.* penchant à faire du mal; malice; malignité; iniquité; parole, action méchante; indocilité.
Méchant. e, *adj. s. Malus.* mauvais; qui n'est pas bon en son genre; injuste; inique; insuffisant; chétif; usé; mal fait; bas, ignoble, (air, mine); vicieux.
Mèche, *s. f. Ellychnium.* cordon de coton, etc. pour les lampes, etc. t. d'arts et métiers, pointe de fer, pointe d'outil. * Mêche. R. Amadou. V.
Méchef, *s. m.* (*vieux*) fâcheuse aventure; malheur.
Mécher, *v. a.* ché. e, *p.* (un tonneau), y faire entrer la vapeur du soufre.
Méchoacan, *s. m.* racine, rhubarbe blanche. * Scammonnée d'Amérique; purgatif doux. B.
Mécomètre, *s. m.* instrument pour mesurer la longueur. V.
Mécompte, *s. m. Error.* erreur de calcul dans un compte; espérance frustrée.
Mécompter (se) *v. pers. Errare.* se tromper dans un calcul, une affaire, dans ses projets, ses espérances.
Méconite, *s. f. Meconites.* pierre ovaire; pierre calcaire de sable marin.
†Méconial. e, *adj.* du méconium.
Méconium, *s. m.* suc du pavot; excrémens noirs et épais d'un nouveau né.
Méconnoissable, *adj.* 2 *g.* qui n'est pas reconnoissable. * Méconnaissable. C. V.
Méconnoissance, *s. f.* (*vieux*) manque de reconnaissance. * Méconnaissance. C. V.
Méconnoissant. e, *adj. Ingratus.* ingrat; qui oublie aisément les services, les bienfaits. * Méconnaissant. C. V.
Méconnoître, *v. a. Non agnoscere.* nu. e, *p.* ne pas reconnoître; être ingrat; désavouer. (se), *v. r.* oublier ce que l'on a été, ce qu'on doit à. * Méconnaître. C. V.
Mécontent. e, *adj. s.* qui n'est pas satisfait de. * *s. pl.* ceux qui frondent le gouvernement, s'en plaignent. B.
Mécontentement, *s. m. Offensio.* déplaisir.
Mécontenter, *v. a. Offendere.* té. e, *p.* rendre mécontent.
Mécréant, *s. m. Incredulus.* impie; incrédule; infidelle.
Mécroire, *v. a.* cru. e, *p.* refuser de croire; soupçonner. A. R. V.
Médaille, *s. f. Numisma.* pièce de métal frappée en mémoire de; bas-relief rond.
Médaillier, *s. m. Numismatum theca.* cabinet, armoire où l'on conserve des médailles.
Médailliste, *s. m.* qui connoît les médailles, les aime.
Médaillon, *s. m. Numisma majus.* grande médaille; t. d'architecture.
Médecin, *s. m. Medicus.* qui sait, qui exerce la médecine; qui remédie à un mal.
Médecine, *s. f. sans pl. Medicina.* art de rétablir, de conserver la santé. *s. f. avec pl.* potion purgative.
Médeciner, *v. a.* né. e, *p.* (*famil.*) donner des breuvages.
†Médéole, *s. f. Medeola.* plantes de la famille des asperges.
†Médiaire, *adj.* 2 *g.* t. de botanique, qui occupe le milieu.
†Médial. le, *adj.* (lettres) qui occupent le milieu.
Médiane, *adj.* (nerf, veine) qui est au milieu, dans le pli du coude. * *f.* G. V.
Médianoche, *s. m. Antelucana cena.* repas gras après minuit d'un jour maigre.
Médiante, *s. f.* t. de musique, tierce au-dessus de la tonique; pause.
Médiastin, *s. m. Mediastinum.* membrane ou veine, continuation de la plèvre. * *adj. f.* (plante) lithophytes. B.
Médiat. e, *adj.* qui n'a de rapport que par un intermédiaire.
Médiatement, *adv.* d'une manière médiate.
Médiateur, *s. m.* jeu de cartes, de quadrille.
Médiateur. trice, *s. Sequester.* conciliateur; qui ménage un accommodement.
Médiation, *s. f. Opera.* entremise; partage d'un verset en deux.
Médicago, *s. m. Medica.* plante.
Médical. e, *adj.* qui appartient à la médecine.
Médicament, *s. m. Medicamentum.* remède intérieur ou extérieur. * *pl.* drogues; visites de médecin; t. de pratique. AL.
Médicamentaire, *adj.* 2 *g.* qui traite des médicamens.
Médicamenter, *v. a. Mederi.* té. e, *p.* donner des médicamens. (se), *v. r.* prendre des médicamens.
Médicamenteux. se, *adj.* qui a la vertu d'un médicament.
Médicinal. e, *adj. Medicus.* qui sert de remède.
†Médicinier, *s. m. Jatropha.* plantes de la famille des euphorbes.
Médiété, *s. f.* t. d'arithmétique, R. trois nombres proportionnels. B.
Médimne, *s. f.* mesure grecque des choses sèches. G. CO. RR.
†Médine, *s. f. ou* Médin, *s. m.* monnoie d'Égypte, 3 sous, 6 deniers.
Médiocre, *adj.* 2 *g.* entre le grand et le petit, le bon et le mauvais.
Médiocrement, *adv. Mediocriter.* d'une façon médiocre. * Médiocrément. CO.
Médiocrité, *s. f. Mediocritas.* état, qualité de ce qui est médiocre. * juste milieu. V fortuné étroite, mais suffisante. B.
Médionner, *v. a.* né. e, *p.* prendre le médium; compenser, t. d'architecture. G. C. * Médioner. R.
Médire, *v. a. Maledicere.* mal parler de quelqu'un sans nécessité, par imprudence ou malignité.
Médisance, *s. f. Maledictio.* discours par lequel on médit.
Médisant. e, *adj. s. Maledicus.* qui médit.
Méditatif. ve, *adj.* qui s'applique à méditer, porté à méditer. * *s.* AL.
Méditation, *s. f. Meditatio.* application de l'esprit pour approfondir un sujet; écrit sur la philosophie, la dévotion; oraison mentale. * état de celui qui médite. B.
Méditer, *v. a. Meditari.* penser attentivement; avoir dessein de; délibérer; faire une méditation pieuse. -té. e, *p. adj.* concerté.
Méditerranée, *adj.* 2 *g. s. f. Mediterraneus.* (mer) au milieu des terres. * Méditerranée. e, *adj. m. f.* A.
Médium, *s. m.* moyen d'accommodement; moyen terme; milieu; compensation; argument contre une thèse: plante astringente, rafraîchissante contre l'hémorragie.
Médoc, *s. m.* caillou brillant; vin de Médoc.
Médonner, *v. a.* né. e, *p.* t. de jeu, mal donner. V.
Médullaire, *adj.* 2 *g.* qui appartient à la moëlle, de sa nature.
†Méduse, *s. f.* mollusque, polype, zoophyte.

†Mée, *s. f. ou* Mai, *s. m.* outil pour mélanger la calamine et le charbon en poudre.
Méfaire, *v. n.* nuire; faire tort; faire le mal; t. de pratique.
Méfait, *s. m.* action mauvaise, criminelle.
Méfiance, *s. f. Diffidentia.* soupçon en mal; défaut de confiance; action du méfiant.
Méfiant. e, *adj. Suspiciosus.* qui se méfie; soupçonneux.
Méfier (se), *v. r. Diffidere.* soupçonner en mal; se défier de; ne pas se fier à quelqu'un.
Mégabyzes *ou* Mégalobyzes, *s. m. pl.* prêtres eunuques de Diane. V.
†Mégalanthropogénésie, *s. f.* art prétendu de faire des enfans d'esprit; traité sur cet art.
Mégalésies, *s. f. pl.* fêtes de Cybèle. V.
Mégalographie, *s. f.* t. de peinture. R.
†Mégamètre, *s. m.* instrument pour mesurer la distance des astres entre eux, pour déterminer les longitudes en mer.
Mégarde, *s. f.* inadvertance; inattention; manque de soin. (par), *adv. Inscienter.*
†Mégarien, *adj. m.* (ris) des zoïles, des médisans.
Mégère, *s. f.* furie; femme méchante, emportée. * Mégere. R. Megère. G.
†Meggier, *v. a.* appliquer des remèdes à un malade.
Mégie, *s. f. Ars alutaria.* art de préparer les peaux de mouton, etc. en alun.
Mégisserie, *s. f.* métier, trafic de mégissier.
Mégissier, *s. m.* qui apprête les peaux en alun.
Méhaigneur, *s. m.* qui estropie. V.
Meige. voyez Mezance.
Meigle *ou* Mègle, *s. f.* pioche à fer recourbé.
Meilleur. e, *adj. s. m. Melior.* qui a plus de bonté, qui vaut mieux. *superlatif.* très-bon.
†Méionite, *s. f.* hyacinthe blanche de la Somme, pierre volcanique blanche.
Meistre, *s. m.* mât de galère. * *ou* Mestre. A. V.
†Méjuger, *v. a.* jé. e, *p.* porter les pieds de derrière au-delà de la trace de ceux de devant, t. de chasse.
†Mélac, *s. m.* (étain de — *ou* de chapeau), étain du Pérou.
†Mêlage, *s. m.* arrangement des papiers, t. de cartier.
†Mélaleuque, *s. m. Melaleuca.* plantes de la famille des myrthes.
Mélampirum, *s. m.* plante. * Mélampyrum. R. voyez Crête de coq.
†Mélampire, *s. f.* mélampirum.
†Mélampode, *s. m. Melampodium.* plantes qui tiennent de la chrysogone.
†Mélampyge, *adj.* 2 *g.* (Hercule) qui a les fesses noires et velues.
Mélanagogue, *adj.* 2 *g. s. m.* qui purge la bile noire.
Mélancolie, *s. f. Atra bilis.* bile noire; tristesse; disposition à la tristesse; amour de la rêverie, de la solitude; chagrin sans cause. * délire sans fièvre, accompagné de craintes. B. Mélancholie. R.
Mélancolier (se), *v. pers.* s'abandonner à la mélancolie. V.
Mélancolique, *adj.* 2 *g. Melancholicus.* dominé par la mélancolie, qui l'inspire; triste. * Mélancholique. R. S. V.
Mélancoliquement, *adv. Mœstè.* d'une manière triste et mélancolique. * Mélancholiquement. R.
Mélange, *s. m. Permistio.* résultat de choses mêlées; recueil de pièces de littérature; accouplement; réunion de couleurs.
Mélanger, *v. a. Miscere.* gé. e, *p.* mêler ensemble; faire un mélange.
†Mélanie, *s. f. Melania.* mollusque céphalé.
†Mélanite, *s. m.* grenat noir.
Mélantérie, *s. f.* Mélantéria, *s. m.* matière minérale, R. * terre noire vitriolique, tendre, dissoluble à l'eau qu'elle colore. B.
†Mélanthe, *s. m. Melanthium.* plantes de la famille des joncs.
†Mélas, *s. m.* tache noire sur la peau, espèce d'alphos.
†Mélasis, *s. m.* insecte coléoptère.
Mélasse, *s. f.* sorte de sirop résidu du sucre.
†Mélastôme, *s. m. Melastoma.* arbrisseau. *pl.* plantes de la famille des salicaires.
†Méléagre, *s. m.* serpent.
Mêlée, *s. f. Pugna.* combat corps à corps de plusieurs; batterie; contestation opiniâtre; vive dispute.
†Mélène, *s. f. Moelena.* flux de ventre avec vomissement.
Mêler, *v. a. Miscere.* lé. e, *p.* brouiller ensemble plusieurs choses; comprendre dans; joindre; unir; embrouiller; tourmenter un cheval. (se), *v. r.* se mélanger; prendre soin; s'occuper; s'ingérer; s'entremettre.
Melet, *s. m.* poisson de mer, long et très-mince.
Mélèze *ou* Larix, *s. m.* grand arbre; son bois est dur et très-bon. * Mélese. R. Méleze. A Mélèse. V.
†Melgorien, *s. m.* monnoie d'argent rançoise.
†Melgorois, *s. m.* monnoie d'argent françoise.
Mélianthe, *s. m. Meliantnus.* Pimprenelle d'Afrique; on en fait une liqueur mielleuse, cordiale, stomacale et nutritive. * plantes de la famille des rues. B.
†Mélibée, *s. m.* petit papillon de jour.
Mélica, *s. f. ou* Blé barbu, sorte de millet.
†Mélicéride, *s. f.* apostume.
Mélicéris, *s. m.* tumeur pleine d'humeur jaune. G. * Meliceris. C.
Mélichryzon, *s. f.* topaze, couleur d'or, couleur du miel. RR.
†Mélicope, *s. f. Integonum.* plante de la mer du Sud.
Mélie, *s. f.* toile. R.
Méliene, *s. f.* terre, R. qui a les vertus de l'alun. B.
Mélier, *s. m.* sorte de raisin blanc. G. C. V.
Mélilot, Mirlirot, *s. m. Melilotos.* plante narcotique, résolutive, carminative, anodine, émolliente. * — égyptien *ou* Alchimelech, petite plante rampante, à feuilles de trèfle. B.
Mélinet, *s. m.* Cérinthée, plante borraginée des Alpes. L. 195. * Melinet. R. Mélinot. T.
†Méliorat, *s. m.* organsin de Bologne.
Mélioration, *s. f.* action de rendre meilleur. V.
†Mélique, *s. f. Melica.* plante graminée en panicule.
†Mélis, *s. m.* toile à voiles d'Anjou.
Mélisse, *s. f. Melissa: ou* Citronnelle, plante qui sent le citron, de plusieurs espèces, médicinale, très-employée.
†Mélite, *s. f. Melittis.* plantes de la famille des labiées.
Mélitite, *s. f.* pierre précieuse dont la poudre a la saveur du miel. * Melitite. R.
†Mellande, *s. f.* rond de blanc d'œuf, sucre et fleur d'orange.
Mellet, *s. m.* espèce de figue. R.
Mellier, *s. m.* t. de boucher. R.
Mellification, *s. f.* manière dont les abeilles font le miel. RR.
†Melliflu, e, *adj.* trop doux; qui donne le miel.
†Mellite, *s. m.* pierre de miel, succin transparent.
†Melliturgie, *s. f.* préparation du miel; ouvrage des abeilles.
Mélocacte, Melon-chardon, *s. m.* plante d'Amérique, sans branches ni feuilles.
Mélochia, *s. f. ou* Jambon, plante d'Égypte.
†Mélochie, *s. f. Melochia.* plantes de la famille des hermanes.
†Mélochite, *s. f.* pierre d'Arménie.
Mélodie, *s. f. Melos.* agrément qui résulte d'une heureuse suite de sons, cette suite de sons.
Mélodieusement, *adv. Suaviter.* avec mélodie.
Mélodieux. se, *adj. Harmonicus.* plein de mélodie.
†Mélodin, *s. m. Melodinus.* arbrisseau de la famille des apocins.
†Méloès, *s. m. pl. Meloe.* insectes coléoptères.
†Mélolonte, *s. m. Melolontha.* insecte coléoptère.
Melon, *s. m. Melo.* sorte de fruit; sa plante de la classe des cucurbitacées; son huile est anodine pour la poitrine et la peau. * étui rond à perruque. B.
Mélongène, Mayenne, Aubergine, *s. f. Melongena.* plante médicinale, anodine, résolutive à l'extérieur.
Melonnier, *s. m.* qui vend des melons. V. * Melonier. R.
Melonnière, *s. f.* lieu où l'on cultive les melons. * Meloniere. R.
†Mélope, *s. m. Melops.* poisson du genre du labre.
†Mélopée, *s. f.* règles de la composition du chant; déclamation notée des anciens.
†Mélopéponite, *s. m. ou* Melon pétrifié.
Melote, *s. f.* peau de brebis avec la laine. R.
†Mélotrie, *s. f. Melothria.* plantes de la famille des cucurbitacées.
Melte, *s. f.* t. de coutume. R.
Melunois. e, *s. adj.* de Melun. R.
†Mélyre, *s. m. Melyris.* insecte coléoptère.
Mémarchure, *s. f.* entorse d'un cheval qui a fait un faux pas.
†Membracés, *s. m. pl. Membraca.* insectes hémiptères.
†Membran, *s. m.* troisième pièce de l'enfaîtement en plomb.
Membrane, *s. f. Membrana.* t. d'anatomie; partie mince et nerveuse.
Membraneux. se, *adj. Membranaceus.* qui participe de la membrane, lui appartient. * t. de botanique, sans pulpe entre les membranes. B.
Membre, *s. m. Membrum.* partie extérieure et mobile du corps; partie d'un corps, d'une période; partie d'une terre, d'un bénéfice. * — marin *ou* Priape de mer, Verge marine, zoophite ainsi nommé, à cause de sa forme. B.
Membré. e, *adj.* t. de blason, (jambe) d'un émail différent.
†Membret, *s. m.* lame pour attacher l'éperon.
†Membriolet, *s. m.* petit membre.
Membru. e, *adj. Lacertosus.* (*familier*) qui a de gros membres.
Membrure, *s. f. Asser.* pièce de menuiserie; mesure de bois.
Même, *pronom. Idem.* qui n'est point autre, pas différent.
Même, *adv.* aussi, encore. (de), de même manière.
Mêmement, *adv.* (*vieux*) même, de même.
Memento, *s. m.* marque pour se souvenir; agenda; prière. A. R. V. * Mémento. RR.
†Mémesylon, *s. m.* plantes de la famille des myrthes.
†Memina, *s. m. Moschus.* quadrupède brun, ruminant.

Mémoire, *s. m.* écrit, état sommaire; factum. *pl.* relations. *s. f. sans pl. Memoria.* faculté de se souvenir, son effet; souvenir; réputation après la mort; commémoration.
Mémorable, *adj. 2 g. Memorabilis.* digne de rester dans la mémoire; remarquable.
Mémoratif. ve, *adj. Rei memor.* (*vieux*) qui se souvient.
Mémorial, *s. m. Commentarium.* placet; mémoire. * *pl.* registres de la chambre des comptes. B. Mémorial. e, *adj.* qui regarde la mémoire. AL.
Mémorialiste, *s. m.* auteur de mémoires. V. RR.
Mémoriaux, *s. m. pl.* anciens registres de la chambre des comptes.
†Memphite, *s. f.* pierre vulnéraire d'Égypte.
Memphitique, *adj.* pierre d'Égypte. R.
Menac, *s. m.* arbrisseau. R.
Menaçant. e, *adj. Minax.* qui menace.
Menace, *s. f. Minæ.* parole, geste pour menacer, annoncer le mal que l'on prépare.
Menacer, *v. a. Minari.* cé. e, *p.* faire des menaces; pronostiquer du mal.
Menaceur, *s. m.* qui menace. R. V.
Menade, *s. f.* bacchante; femme emportée; furieuse. * Ménade. A.
Ménadure, *s. f.* appel en jugement. V.
Ménage, *s. m. Familia.* gouvernement domestique; dépense, meubles d'un ménage; famille, ce qui concerne son entretien, sa subsistance; économie, épargne. * mari et femme vivant ensemble, leur conduite réciproque. B. (gâte-ménage), domestique économe (*ironique*). AL.
Ménagement, *s. m. Ratio.* circonspection; égard.
Ménager, *v. a. Curare.* gé. e, *p.* user d'économie; conduire, manier avec adresse; moyenner; ne pas exposer, perdre, dépenser ou gâter; épargner; adoucir; procurer.
Ménager. ère, *adj. s.* économe, qui entend le ménage. *s. f.* servante qui soigne le ménage, le régit. (*populaire*) femme mariée. * Ménagere. R.
Ménagerie, *s. f.* où l'on nourrit les animaux ou les bestiaux.
†Ménagogue. voyez Emménagogue.
†Menagyrtes, *s. m. pl.* galles ou prêtres de Cybèle.
†Menais, *s. m.* plante de la famille des borraginées.
Menant. e, *adj.* qui conduit. V.
Mendiant. e, *s. Mendicus.* qui mendie. * (quatre mendians), raisins, figues sèches, noisettes et amandes. B.
Mendicité, *s. f. Mendicitas.* état du mendiant; état d'indigence; nécessité de mendier.
Mendier, *v. a. Mendicare.* dié. e, *p.* demander l'aumône; rechercher avec empressement et bassesse des suffrages, etc.
Mendole, *s. f.* poisson du genre du spare. * *ou* Mandole. G. *ou* Suscle. B.
Meneau, *s. m.* séparation des ouvertures des croisées, t. d'architecture.
Ménechme, *s. m.* se dit de deux individus d'une ressemblance morale et physique parfaite.
Menée, *s. f. Conspiratio.* pratique mauvaise et secrète pour faire réussir. * manipulations; opérations, travaux, t. de métiers; t. d'horloger, chemin d'une dent; t. de chasse, route d'un cerf qui fuit. B.
Mener, *v. a. Ducere.* e, né. *p.* conduire; voiturer; guider; diriger; introduire; amuser par de fausses promesses, par des espérances; donner la main à une dame; se faire accompagner; faire agir ou marcher; gouverner.
†Ménestrauder, *v. a.* jouer du violon dans les villages (*vieux*).
†Menestre, *s. m.* potage.
Ménestrel, *s. m.* (*vieux*) bouffon; plaisant. V. * poëte, musicien ambulant. B.
Ménétrier, *s. m. Tibicen.* joueur d'instrumens de musique.
Meneur. se, *s.* celui ou celle qui mène, qui amène les nourrices.
Ménianthe, *s. m. Menyanthes.* Trèfle aquatique, plante antiscorbutique pour les pâles couleurs, les suppressions, les obstructions; regardée en Allemagne comme panacée. * plantes de la famille des lysimachies. B.
Mênil, *s. m.* (*vieux*) habitation; village. * Ménil. A. C. V.
Ménilles, *s. f. pl.* t. de papeterie. R.
Ménin, *s. m.* gentilhomme attaché à la personne du dauphin. * Menin. A. C. G. R.
Ménine, *s. f.* fille d'honneur. V.
Méninge, *s. f.* membrane du cerveau. * Méninges, *pl.* B.
†Méningé. e, *adj.* des méninges.
†Méningo-gastrique, *adj. f.* (fièvre) bilieuse.
Méningophilax, *s. m.* instrument de chirurgie, pour le trépan. G. C. * Meningophylax. V.
Ménippée, *adj. f.* (satire). R.
†Ménisperme, *s. m. Menispermum.* plante. *pl.* plantes de la famille des anones.
Ménisque, *s. m.* verre convexe d'un côté et concave de l'autre.
†Ménisse, *s. m. Menissium.* plantes de la famille des fougères.
Ménittes, *s. f. pl.* t. de papeterie. R.
†Ménole, *s. f.* planche ronde, emmanchée pour battre le beurre.
Ménologe, *s. m.* martyrologe des Grecs.
Ménologue, *s. m.* traité sur les mois des femmes. R.
Menon, *s. m.* chèvre du Levant, dont la peau sert à faire de beau marroquin.
†Ménorrhagie, *s. f.* perte du sang chez les femmes.
†Ménostasie, *s. f.* colique des mois, des règles.
Menotte, *s. f.* petite main. *pl. Manicæ.* fers. * Menote. R.
Mensale, *adj. f.* t. de chiromancie. R.
Mense, *s. f.* table à manger (*vieux*); revenu.
Mensole, *s. f.* clef de voûte. R. G. C.
Mensonge, *s. m. Mendacium.* discours pour tromper; erreur; vanité; illusion.
Mensonger. ère, *adj. Fallax.* faux, trompeur (chose). * *f.* Mensongere. R.
Menstrual. e, *adj.* t. de chirurgie. R. V.
†Menstruation, *s. f.* action d'exposer a une menstrue.
Menstrue, *s. m.* liqueur propre à dissoudre. *s. f. pl. Menstrua.* évacuations périodiques.
Menstruel. le, *adj. Menstruus.* des menstrues. * Menstruele. R.
Menstrueux. se, *adj.* t. de chimie. R.
†Mentagre, *s. m.* feu volage.
Mental. e, *adj.* qui se fait en esprit (oraison).
Mentalement, *adv. Cogitatione.* dans son esprit; intérieurement.
Menterie, *s. f.* (*familier*) mensonge.
Menteur. e, *adj. s. Mendax.* qui ment; sujet à se tromper; qui a l'apparence trompeuse.
Menthe, *s. f. Mentha.* herbe apéritive, stomachale, aromatique, vermifuge, carminative, hystérique.
Mention, *s. f. Mentio.* commémoration; mémoire de.
Mentionner, *v. a.* né. e, *p.* faire mention, t. de pratique. * Mentioner. R.
Mentir, *v. n. Mentiri.* dire un mensonge.
Menton, *s. m. Mentum.* le devant de la mâchoire inférieure. * grosseur de la lèvre inférieure du cheval. B.
†Mentonnet, *s. m.* t. de mét. bouton, saillie; tenon.
†Mentonnier. ère, *adj.* du menton.
Mentonnière, *s. f. Mentalis.* partie d'un masque, d'un casque, sous le menton. * bandage; plaque du fourneau d'essai. B. Mentoniere. R.
Mentor, *s. m.* guide; conseil; gouverneur.
†Mentulagre, *s. f.* maladie qui cause l'impuissance.
Mentule marine, *s. f.* espèce de sangsue de mer. G. * Mentule-marine. C.
†Mentzele, *s. f. Mentzelia.* plante de la famille des onagres.
Menu, *s. m.* détail d'un repas, etc. sa note. *adv. Minutè.* en petits morceaux. * petit diamant. B.
Menu. e, *adj. Minutus.* délié, peu gros, de peu de conséquence.
Menuaille, *s. f.* quantité de petites choses. G. C. * *pl.* R.
Menuet, *s. m.* danse grave, son air.
†Menufeuillé. e, *adj.* dont les feuilles sont menues.
Menuise, *s. f.* petit plomb à tirer. V.
Menuiser, *v. a. n.* sé. e, *p.* travailler en menuiserie. G. C.
Menuiserie, *s. f.* ouvrages, art du menuisier. * boîte à perruque, ronde. — d'étain, ouvrage d'étain tourné. B.
Menuisier, *s. m.* qui travaille en bois pour les maisons, etc.
Menuité, *s. f.* petitesse. V.
†Menyngophilax, *s. m.* couteau lenticulaire pour le trépan.
†Menzièse, *s. f. Menziesia.* arbuste de la famille des bruyères.
Méon, *s. m. et* Méum, plante. R.
Méotides. voyez Palus. A.
Méphitis, *s. m.* exhalaison sulphureuse. R.
Méphytique, *adj. 2 g.* qui a une qualité, une odeur malfaisante, meurtrière. * Méphitique. A.
Méphytisme, *s. m.* qualité de ce qui est méphytique. * Méphitisme. A. V.
Méplat, *s. m.* indication des plans, t. de peinture. * *adj.* plus large qu'épais. G. C. V. R.
Méprendre (se), *v. r. Errare.* se tromper; prendre une chose pour une autre.
Mépris, *s. m. Contemptio.* sentiment par lequel on juge indigne d'estime, d'égards; ce qui le manifeste. * *pl.* paroles, actions de mépris, faites avec mépris. G.
Mépris (au), *adv.* sans avoir égard; au préjudice.
Méprisable, *adj. 2 g. Contemnendus.* digne de mépris.
Méprisablement, *adv.* d'une manière méprisable. R. * avec mépris. B.
Méprisament, *adv.* (*vieux*) avec mépris. R.
Méprisant. e, *adj.* qui marque du mépris.
Méprise, *s. f. Error.* erreur; inadvertance.
Mépriser, *v. a. Contemnere.* avoir du mépris pour.
†Méquine, *s. f.* servante (*vieux*).
Mer, *s. f. Mare.* amas d'eaux qui environnent les continens. * vase de terre pour les vins précieux. B.
†Méradine, *s. f.* toile d'Auvergne.
Mérande, *s. f.* le goûter. V.
Merc, *s. f.* (*vieux*) marque. V.
Mercadent, *s. m.* marchand ruiné. R. V.
Mercantile, *adj. 2 g.* (esprit) de marchand, commercial (*ironique*). G. C.
Mercantille, *s. f.* petit négoce. * Mercantille. V.
Mercantillement, *adv.* d'une manière mercantile. V. * Mercantillement. V.
Mercelot, *s. m.* petit marchand mercier. R. * *ou* Mercerot. V.

Mercenaire, *adj.* 2 *g.* *Mercenarius.* qui se fait pour de l'argent. *s.* 2 *g.* qui travaille pour de l'argent.
Mercenairement, *adv.* d'une façon mercenaire.
Mercerie, *s. f.* *Merces.* marchandises de mercier; le corps, le commerce des merciers.
Merci, *s. f.* sans *pluriel.* *Gratia.* miséricorde. *s. m.* remerciment. (grand-) *adv. et s. m.* je vous rends grâce.
Merci (être à la), *s. f.* à la discrétion de.
Mercier. ère, *s.* *Mercator.* marchand d'étoffes, de fil, de soie, etc.; porte-balle. * Mercier. Merciere. R.
Mercredi, *s. m.* *Dies Mercurii.* quatrième jour de la semaine. * *ou* Mécredi. A.
Mercure, *s. m.* *Mercurius.* planète la plus proche du soleil; vif-argent, substance métallique, blanche et fluide; entremetteur d'un mauvais commerce, de prostitution. * papillon. — doux, sublimé corrosif, adouci par l'addition du mercure. B. feuille périodique. V.
Mercuriale, Foirole, *s. f.* *Mercurialis.* plante laxative, émolliente, purgative, en lavement, en bouillon pour les coliques de miséréré.
Mercuriale, *s. f.* *Objurgatio.* réprimande; discours public d'un avocat général, le mercredi après Pâques, et la St.-Martin. * *pl.* fêtes de Mercure; prix des grains au marché. B.
Mercuriel. le, *adj.* qui tient du mercure; fait avec le mercure. * *f.* Mercuriele. R.
Mercurification, *s. f.* action de tirer le mercure des métaux.
Merdaille, *s. f.* troupe importune de petits enfans.
Merde, *s. f.* *Merda.* excrément, matière fécale. * *interjection de mépris.* B.
Merde-d'oie, *adj.* 2 *g. s. m.* couleur.
†Merde-du-diable, *s. f.* Assa-fétida.
Merdeux. se, *adj.* souillé, gâté de merde. * *s.* (*ironique*).
Mère, *s. f.* *Mater.* femme qui nous a mis, qui a mis un enfant au monde; femelle qui a un petit; matrice; cause; religieuse professe; t. d'arts et métiers. * Mere. R.
Mère (belle-), *s. f.* la mère de l'un des époux. * belle-mere. R.
Mère (grand'), *s. f.* aïeule. * grand'mere. R.
Mère, *adj.* principale; qui a fourni; qui engendre, etc. Mère-goutte. Mère-laine. Mère-perle. Eau-mère. Langue-mère. Dure-mère, Pie-mère, membranes du cerveau. * Mere. R.
Méreau, *s. m.* marque pour être admis, pour prouver la présence à l'office, etc.
Mérelle *ou* Marelle, *s. f.* sorte de jeu d'enfans avec des marques. * Mérel, *s. m.* R.
Mérellé. e, *adj.* t. de blas. qui représente des mérelles. G. C.
†Mérengie, *s. f.* *Merengia.* plantes de la famille des sablines.
†Mérétrice, *s. f.* *Meretrix.* mollusque acéphale; la gourgandine.
Méridien. ne, *adj.* *Meridianus.* qui regarde le midi. *s. m.* grand cercle de la sphère qui passe par le pôle. *s. f.* ligne, section du méridien; sommeil après dîner. * Méridien. Méridiene. R.
Méridional. e, *adj.* *Meridianus.* du midi, de son côté.
†Mérier-blanc, *s. m.* oiseau qui mange les mûres.
†Meringues, *s. m. pl.* massepain fait d'œuf, de citron, de sucre, avec un fruit au milieu.
†Mérinos, *s. m.* mouton d'Egypte ou de race espagnole.
Merise, *s. f.* *Cerasum minus.* sorte de petite cerise douce.
Merisier, *s. m.* arbre, grand cerisier des bois. * Mérisier. C.
Méritant. e, *adj.* qui a beaucoup de mérite. G. C. V.
Mérite, *s. m.* *Meritum.* ce qui rend digne d'estime, de récompense, de punition; gloire; avantage. *pl.* effets de la grâce.
Mériter, *v. a.* *Mereri.* té. e, *p.* être, se rendre digne de.
Méritoire, *adj.* 2 *g.* qui mérite récompense; qui mérite la récompense éternelle.
Méritoirement, *adv.* d'une manière méritoire.
Merlan, *s. m.* *Merlangus.* poisson de mer du genre du gade; garçon perruquier.
Merle, *s. m.* *Merula.* oiseau. * (fin-) homme fin, adroit. — poisson du genre du labre.
Merlette, *s. f.* t. de blason, oiseau sans pieds ni bec. * Merlete. R.
Merlin, *s. m.* menu cordage. R. G. C. * (*vi.*) sorcier. V. longue massue pour assommer les bœufs; outil de menuisier; pince. B.
†Merline, *s. f.* orgue mécanique à l'unisson de la voix des merles.
Merliner, *v. a.* né. e, *p.* (une voile), l'attacher à la ralingue, t. de mar. R. G. C.
Merlon, *s. m.* t. de fortif. partie du parapet entre les embrâsures.
Merluche, *s. f.* sorte de morue sèche.
†Merlus, *s. m.* (grand) poisson du genre du gade.
†Merlut, *s. m.* (peaux en-) peaux séchées sur des cordes avec la laine.
Méro, *s. m.* poisson. R.
Mérovingien. ene, *adj.* de la race de Mérovée, roi de France. R.
†Mérocèle, *s. f.* *Merocele.* hernie crurale.
Merrain, *s. m.* menues planches de chêne; t. de vénerie. * Merrein. G. Mairain. T.
†Mérua, *s. m.* plantes hermaphrodites.
†Mérule, *s. m.* *Merulius.* plantes de la famille des champignons.
Merveille, *s. f.* *Miraculum.* chose rare, extraordinaire; chef-d'œuvre. (à merveille *ou* merveilles), *adv.* d'une manière admirable.
Merveilleusement, *adv.* *Mirificè.* à merveille; extrêmement; étonnamment.
Merveilleux. se, *adj.* *Mirus.* admirable; surprenant, étonnant; étrange; excellent en son genre. *s. m.* tout ce qui surprend l'esprit; tout ce qui étonne. * petit-maître: intervention des dieux; ces dieux. B.
Mes, *pron. pl.* *Mei. Meæ. Mea.* *Particule* qui change la signification d'un mot en mal.
Mes-advenant. e, *adj.* qui ne convient point. MONTAIGNE
Mes-vendre, *v. a.* du. e, *p.* vendre au-dessous de la valeur. * *et* Mesvendre. A. Mévendre. R. G. C.
Mes-vente, *s. f.* vente à trop bas prix. * *et* Mesvente. A. Mévente. R. G. C.
†Mésa, *s. m.* *Bœotrys.* plantes de la famille des bruyères.
†Mésadou, *s. m.* épée de bois adaptée à la ménole.
Mésair, *s. m.* t. de manège, allure entre le terre-à-terre et la courbette.
Mésaise, *s. f.* mal-aise par défaut de santé.
Mésalliance, *s. f.* *Enuptio.* mariage avec une personne d'une condition inférieure. * Mésailliance. RR.
Mésallier, *v. a.* lié. e, *p.* marier à une personne d'une condition inférieure. (se), *v. r.* * (*famil.*) fréquenter des inférieurs. B.
Mésange, *s. f.* *Parus.* petit oiseau.
†Mésangette, *s. f.* piége pour les mésanges.
Mésanio, *s. m.* corail. G. C.
Mésaraïque, *adj.* 2 *g.* *Mesentericus,* t. d'anat. (veine) du mésentère. G. RR. CO. * *et* Mézaraïque. R.
Mésarriver, *v. n.* *impers.* avoir une issue fâcheuse. * Mésariver. R.
Mésaule, *s. m.* petite cour entre deux bâtimens, t. d'architecture antique. R. G. C.
Mésavenir, *v. n.* *impers.* mésarriver. * réussir mal dans une affaire. B.
Mésaventure, *s. f.* accident malheureux.
†Meschief, *s. m.* malheur, infortune (*vieux*).
Meschin. e, *s.* (*vieux*) jeune garçon, jeune fille. V.
Mésellerie, *s. f.* (*vieux*) lèpre. V.
Mésentère, *s. m.* *Mesenterium.* membrane, fraise le long des intestins, t. d'anatomie. * Mésentere. R.
Mésentérique, *adj.* 2 *g.* du mésentère. * Mésantérique. R.
Mésestimer, *v. a.* *Parvi facere.* mé. e, *p.* n'estimer pas; avoir mauvaise opinion de; priser au-dessous de la valeur.
†Mésier. *s. m.* *Mœsia.* arbrisseau de la famille des anones.
Mésintelligence, *s. f.* *Dissidium.* défaut d'union, de concert; brouillerie, dissention.
Mésire, *s. m.* maladie du foie. G. C.
†Mésochondriaque, *adj.* 2 *g.* *Mesochondriacus.* (fibres) musculeuses près de la trachée artère.
Mésocolon, *s. m.* partie du mésentère. G. R.
Mésoffrir, *v. n.* offrir beaucoup au-dessous de la valeur. * Mesoffrir. R.
Mésoing, *s. m.* négligence, paresse. BAIF.
Mésolâbe, *s. m.* ancien instrument de mathématiques. * Mesolâbe. V. AL.
†Mésologarithme, *s. m.* logarithme des cosinus et des cotangentes.
Mésore, *s. m.* intervalle entre les heures canoniques. V.
†Mésorectum, *s. m.* enveloppe partielle du rectum.
†Mésotype, *s. f.* zéolithe en aiguilles.
†Mésozeugme, *s. m.* espèce de zeugme.
Mesquin. e, *adj.* chiche; qui dépense moins qu'il ne peut faire; maigre; pauvre; de mauvais goût.
Mesquinement, *adv.* *Parcè.* d'une façon sordide.
Mesquinerie, *s. f.* *Sordes.* épargne sordide.
†Mesquis, *s. m.* basanne apprêtée avec du rédon.
†Mesquite, *s. m.* arbre d'Amérique.
Message, *s. m.* *Mandatum.* charge, commission de porter, ce qu'on porte. * communication officielle des autorités. B.
Messager. *s.* qui fait un message; qui porte les paquets d'une ville à une autre; signe avant-coureur. * oiseau, voyez Sécrétaire B.
Messagerie, *s. f.* charge, qualité du messager, son bureau, sa voiture; voitures publiques, leur produit.
†Messaline, *s. f.* toile d'Egypte.
Messamime, *s. f.* plante. R. * raisinier de Virginie. B.
Messe, *s. f.* *Missa.* t. de liturgie, sacrifice du corps et du sang de J. C.
Messéance, *s. f.* manque de bienséance; l'opposé de bienséance.
Messéant. e, *adj.* mal-séant; contraire à la bienséance.
†Messel, *s. m.* sorte de papier.
Messeoir, *v. n.* n'être pas séant; ne pas convenir.
Messer, *s. m.* (*vieux*) messire. A. V.
Messerie, *s. f.* (*vieux*) contrée. V.
Messervir, *v. a.* vi. e, *p.* (*vieux*) desservir.
Messeure, *s. f.* salaire, t. de coutume. RR.
Messidor, *s. m.* dixième mois de l'année.
Messie, *s. m.* le Christ promis.
Messier, *s. m.* qui garde les vignes, les fruits mûrs.

Messieurs, *s. m. pl. de* Monsieur.
Messin. e, *adj.* de Metz. R.
Messire, *s. m.* titre d'honneur.
Messire-jean, *s. m.* sorte de poire cassante. R.
†Messotier, *s. m.* diseur de messes.
†Mestivage, *s. m.* mestive. *s. f.* droit sur les moissons.
Mestrance, *s. f.* t. de marine. C.
Mestre, *s. m.* (arbre de-) grand mât de galère.
Mestre de camp, *s. m.* colonel de cavalerie. (la); *s. f.* première compagnie d'un régiment de cavalerie. * Mestre-de-camp. C.
Mestre-école, *s. m.* dignité ecclésiastique. R.
Mestrie, *s. f.* science, savoir. ROMAN DE LA ROSE.
Mesuage, *s. m.* t. de coutume, maison où on loge. R. CO.
Mesurable, *adj.* 2 *g.* qui peut se mesurer.
Mesurage, *s. m. Mensio.* action de mesurer; salaire, droit, procès-verbal pour mesurer.
Mesure, *s. f. Mensura.* ce qui sert de règle pour déterminer une quantité, une dimension; quantité mesurée; dimension; précautions; moyens de succès; ménagemens; prudence; t. de poësie, arrangement des syllabes d'un vers; cadence; t. de musiq. division du temps en parties égales. (à mesure que), *adv.* selon *ou* suivant que; à proportion. (outre—) *adv.* avec excès.
Mesurer, *v. a.* déterminer une quantité avec une mesure; proportionner; examiner attentivement. -ré. e, *p. adj.* circonspect. (se), *v. r.* avec quelqu'un, lutter avec lui; vouloir s'égaler à lui.
Mesureur, *s. m. Mensor.* qui mesure.
Mésus, *s. m.* abus. R.
Mésusage, *s. m.* R. voyez Abus.
Mésuser, *v. n.* abuser; mal-user; employer mal.
†Mesvoyer, *v. a.* é. e, *p.* déranger, détourner (*vieux*).
Métabole, *s. f.* figure de rhétorique, réunion de plusieurs synonymes. G. C.
†Métabolélogie, *s. f.* traité de la conversion des maladies les unes des autres, de leurs changemens.
Métacarpe, *s. f.* seconde partie de la main, entre le poignet et les doigts.
Métacarpien, *s. m.* muscle de la main. V. CO.
Métacentre, *s. m.* t. de géométrie. R.
†Métachorèse, *s. f.* transport d'humeurs morbifiques.
Métachronisme, *s. m.* anachronisme par anticipation. R. G. C.
Métacisme, *s. m.* défaut dans la prononciation de l'M. C. G. V.
Métagraboliser, *v. a.* sé. e, *p.* rimer malgré Minerve. V.
†Métail, *s. m.* composition formée de métaux.
Métairie, *s. f. Prædium.* ferme, bien de campagne; bâtiment pour les exploiter.
Métal, *s. m. Metallum. pl.* Métaux, corps minéral, ductile, flexible, malléable, fusible au feu et fixe. * *pl.* t. de blason, l'or et l'argent.
Métalent, *s. m.* défaut de talent. R. V.
Métalepse, *s. f.* figure de rhétorique par laquelle on prend l'antécédent pour le conséquent.
†Métalléité, *s. f.* état des métaux parfaits, caractérisés.
†Métalli, *s. m.* mesure d'huile à Alger, 35 livres.
Métallique, *adj.* 2 *g. Metallicus.* qui concerne le métal, de sa nature. * qui concerne les médailles. G.
Métallique, *s. f.* métallurgie.
Métalliser, *v. a.* sé. e, *p.* donner la forme métallique.
Métallurgie, *s. f.* art de tirer des mines, de travailler les métaux.
Métallurgique, *adj.* 2 *g.* de la métallurgie. V.
Métallurgiste, *s. m.* qui s'occupe de métallurgie.
Métamorphose, *s. f. Metamorphosis.* transformation; changement de forme; changement extraordinaire dans la fortune, les mœurs. * *pl.* œuvres d'Ovide. B.
Métamorphoser, *v. a. Transformare.* sé. e, *p.* changer d'une forme en une autre. (se), *v. r.*
†Métamorphistes, *s. m. pl.* hérétiques qui prétendoient que le corps de Jesus-Christ avoit été transformé en Dieu.
Métapede, *s. m.* t. d'anatomie. R.
Métaphore, *s. f. Translatio.* figure de rhétorique qui renferme une comparaison, ou change le sens des mots.
Métaphorique, *adj.* 2 *g. Translatus.* qui tient de la métaphore.
Métaphoriquement, *adv.* d'une manière métaphorique.
Métaphrase, *s. f.* traduction littérale. G. C.
Métaphraste, *s. m.* qui traduit littéralement. G. C. V. * qui ne traduit pas littéralement. R.
Métaphysicien, *s. m. Metaphysicus.* qui étudie, qui sait la métaphysique.
Métaphysique, *s. f. Metaphysica.* science des idées universelles, des êtres spirituels; art d'abstraire les idées; le monde moral; tout ce qui ne tombe pas sous les sens, n'existe que dans la pensée. *adj.* 2 *g.* de la métaphysique; abstrait; subtil.
Métaphysiquement, *adv. Metaphysicè.* d'une manière métaphysique.
Métaphysiquer, *v. a.* qué. e, *p.* traiter, parler d'une manière abstraite. A. R. V. * Métaphisiquer. V.
Métaplasme, *s. m. Metaplasmus.* t. de gram. altération usitée au matériel d'un mot.
†Métaposcopie, *s. f.* espèce de physiognomonie; t. de médecine, métastase.
Métaptôse, *s. f.* R. changement d'une maladie en une autre. B.
Métarry, *s. f.* t. de salines. R. V.
Métastase, *s. f.* changement d'une maladie en une autre; déplacement d'une maladie.
†Métastatique, *adj.* (crise) de métastase.
†Métasyncrise, *s. f.* changement dans le corps, opéré par des remèdes.
Métatarse, *s. f.* partie du pied entre le coude-pied et les orteils.
†Métatarsien, *adj.* du métatarse.
Métathèse, *s. f. Metathesis.* t. de gram. transposition d'une lettre. *ex.* berlan *pour* brelan. * t. de méd. transport, destruction du mal. B. Métathese. R.
Métayer. ère, *s. Villicus.* qui fait valoir une métairie. * Métayer. ere. R.
Méteil, *s. m.* froment et seigle mêlés.
Métel, *s. m.* Stramonium, Pomme épineuse, son fruit; plante.
Métempsycose, *s. f. Metempsycosis.* passage de l'ame d'un corps dans un autre. * —chôse. R.
Métemptôse, *s. f.* équation solaire, t. de mathém. * Métemptôse. R.
Météore, *s. m. Meteorum.* phénomène qui se forme et apparoît dans l'air.
†Météorisme, *s. m.* élévation contre nature du bas-ventre.
Météorologie, *s. f.* science des météores. R. C.
Météorologique, *adj.* 2 *g.* qui concerne les météores; l'air; les vents; le froid, etc.
†Météorologue *ou* Météorographe, *s. m.* instrument pour faire des observations météorologiques la nuit; qui écrit sur la météorologie.
†Météoromancie, *s. f.* divination par les météores.
Météoroscope, *s. m.* instrument d'astronomie R. * pour observer les astres; instrumens pour les observations météorologiques. B. Météroscope. V.
†Methéorique, *adj.* 2 *g.* (fleur) qui s'ouvre à toute heure.
Méthode, *s. f. Methodus.* règles; coutume; usage; habitude; manière de dire ou faire d'après un certain ordre, un certain système.
Méthodique, *adj.* 2 *g.* qui a de la méthode, qui est fait avec méthode, qui la suit.
Méthodiquement, *adv.* avec méthode.
Méthodisme, *s. m.* secte des méthodistes. C.
Méthodiste, *s. m.* sectaire. C.
†Méthonique *ou* Métonique, *adj.* 2 *g.* (cycle) lunaire, ou période de 19 ans.
†Metical, Médégal *ou* Metigal, *s. m.* poids pour les perles, l'ambre, etc. 1 dragme et demie.
Méticuleux. se, *adj.* qui est susceptible de petites craintes. A.
Métier, *s. m. Ars.* profession d'un art mécanique; profession; machine; corps d'artisans. * liqueur tirée du houblon trempé. B.
Métis. se, *adj. s. Bigener.* né d'un Européen et d'une Indienne et réciproquement; engendré de deux espèces. (chien, oiseau). (*Hybris. m. Hybrida. f.*) * *et* Métif. ve. R.
Métivage, *s. m.* droit sur les blés. R.
Métive, *s. f.* moisson. C.
Métivier, *s. m.* moissonneur. R.
†Métonique, *s. f. Gloriosa.* plante de la famille des liliacées.
Métonomasie, *s. f.* trauction d'un nom (*Ramus.* la Ramée.)
Métonymie, *s. f. Metonymia.* figure de rhétor. action de prendre la cause pour l'effet, etc.
Métope, *s. f.* intervalle entre les triglyphes.
Métopion, *s. m.* arbre qui produit la gomme ammoniaque.
†Métopomancie, *s. f.* divination par la face.
Métoposcope, *s. m.* qui devine par les traits du visage. G. C.
Métoposcopie, *s. f.* divination par les traits du visage.
†Métoposcopique, *adj.* 2 *g.* de la métoposcopie.
†Métourné. e, *adj.* mal tourné, contrefait; t. de métiers.
†Métoyerie, *s. m.* limite qui sépare deux héritages.
Mètre, *s. m.* (*vieux*) vers; pied de vers; mesure du vers, t. de poësie. * (*nouv.*) nouvelle mesure de longueur, 36 po. 11 lign. 00000441952^e. B. Metre. R.
Métrenchyte, *s. f.* R. seringue pour la matrice. B.
Métrète, *s. f.* ancienne mesure de liquides. * Métrete. R.
†Métricole, *s. m.* poids en Portugal, le 8e. de l'once.
Métrifier, *v. a.* faire des vers. V.
Métrique, *adj.* 2 *g.* composé de mètres. *s. f.* t. de musique, de poësie. (mesure) des mètres, des syllabes, des vers, des pieds.
†Métritie, *s. f.* inflammation de la matrice.
†Métrocomie, *s. f.* résidence d'un doyen rural.
Métromane, *s. m.* qui a la manie de faire des vers.
Métromanie, *s. f.* fureur de faire des vers.
Métromètre, *s. m.* t. de mus. machine pour régler la mesure. G. C. * Métrometre. R.
Métropole, *s. f. Metropolis.* ville principale, archiépiscopale, capitale. * *adj.* (église). B.
Métropolitain. e, *adj. Metropolitanus.* archiépiscopal. *s. m.* archevêque.
†Métrour, *s. m.* poële. (*vieux*).
Mets, *s. m. Cibus.* tout ce qu'on sert sur table pour manger.
Mettable, *adj.* 2 *g. Aptus.* qui peut être revêtu; qui peut se mettre, qui se peut mettre.

†Mettarie,

†Mettarie, *s. f.* t. de salines, femme qui remplit les moules.
Metteur en œuvre, *s. m.* qui monte les pierreries. * Metteur-en-œuvre. C.
Mettre, *v. a. Ponere.* mis. e, *p.* placer en un lieu; poser sur; écrire sur. (se), *v. r.* s'habiller; se placer. (se mettre à) entamer; commencer; travailler.
†Mettre-prou, *s. m.* dernière opération pour former le sel.
Meuble, *s. m. Supellex.* tout ce qui sert à meubler. *adj.* 2 *g.* aisé à remuer. (terre) aisée à labourer, bien labourée. *pl.* biens, effets que l'on transporte.
Meubler, *v. a.* blé. e, *p.* garnir de meubles; garnir de ce qui est nécessaire.
Meuglement, *s. m.* voyez Beuglement.
Meugler. voyez Beugler.
†Meulard, *s. m.* meule d'un grand diamètre.
†Meularde, *s. f.* meule d'un diamètre moyen.
Meule, *s. f. Mola.* cylindre plat pour broyer, pour aiguiser; monceau de fumier, etc. pile de foin, de grains, etc. * roue; massif; masse; t. de mét.: empatement dur et raboteux du bois du cerf. B. * Meûle. R.
†Meuleau, *s. m.* meule d'un petit diamètre.
†Meulier, *s. m.* celui qui taille les meules dans le roc; qui les fait.
Meulière (pierre de), *s. f.* dont on fait les meules; moellon de roche; sa carrière. * Meuliere. R.
Méum *ou* Méon, *s. m.* sorte de fenouil, plante; la racine guérit l'asthme humoral, les vents d'estomac, les coliques, la suppression des règles, des urines. * — d'Athamante. B.
Meunier. ère, *s. Pistrinarius.* qui gouverne les moulins à blé. * Vilain *ou* Chevanne, poisson d'eau douce, du genre du cyprin. — de mer, poisson du genre du persègue. — scarabée noir dans la farine. L. 253. * Meûnier. ere. R.
Meurtre, *s. m. Homicidium.* homicide; grand dommage.
Meurtrier. ère, *adj. s. Mortifer.* qui a commis un meurtre. (arme) qui tue beaucoup de monde; (combat) sanglant. *s. f.* t. de fortif. ouverture pour tirer à couvert. * *f.* Meurtriere. R.
Meurtrir, *v. a. Sugillare.* tri. e, *p.* tuer (*vieux*); faire une meurtrissure, une contusion.
Meurtrissure, *s. f. Sugillatio.* contusion livide.
Meutang, *s. m.* plante, fleur de la Chine. B.
Meute, *s. f. Canum grex.* nombre, troupe de chiens de chasse.
Mévendre. voy. Mes-vendre, vendre à vil prix.
Mévente. voy. Mes-vente, vente à vil prix.
Mex, *s. m* t. de coutume. R. * métairie. B.
†Mexicain, *s. m.* serpent du 3ᵉ. genre, à 134 grandes plaques et 77 petites.
Meydan, *s. m.* marché en Perse. V. G.
Mézail, *s. m.* t. de blas. le milieu du héaume.
Mézair, *s. m.* t. de manège, demi-air.
†Mézaise, *s. m.* indigence; mal-aise.
Mézance, Meige, *s. f.* chambre du comite d'une galère.
†Mézanine, *s. f.* attique, petit étage sur un autre.
Mézaraïque. voyez Mésaraïque. R.
Mézeline, *s. f.* étoffe, R. brocatelle de soie et laine. B. * Mézelaine. AL.
Mézeréon, *s. m.* lauréole femelle, plante. * Mézéréon. G. C. Mézéreon. R.
Mezzabout, *s. m.* voile de galère pour la tempête. R. G. C.
Mezzanin, *s. m.* t. de mar. R. mât du milieu. B.
Mezzanine, *s. f.* ordre d'architecture à deux étages. * Mézanine. *pron.* mézaniné.
Mezzo-terminé, *s. m.* parti moyen; expédient. A.
Mezzo-tinto, *s. m.* estampe en manière noire.
Mi, *s. m.* 3ᵉ. note de musique.
Mi, *particule indéclinable pour* demi. *ex.* mi-chemin. mi-côte. mi-parti. mi-août, etc.
Mi-août, *s. f.* le milieu d'août. RR.
Mi-bis. e, *adj.* moitié bis. V.
Mi-carême, *s. f.* le milieu du carême. R.
Mi-corps (à), *adv.* à moitié du corps. R.
Mi-côte (à), *adv. Medius clivus.* à moitié la côte.
Mi-denier, *s. m.* moitié des frais d'amélioration.
Mi-douaire, *s. m.* pension d'une femme sur le mari.
Mi-glaive, *s. m.* sorte de hallebarde. R.
Mi-jambe (à), *adv.* à moitié de la jambe. R.
Mi-lods, *s. m. pl.* t. de jurisprudence féodale. R.
Mi-mai, *s. f.* le milieu de mai. R.
Mi-parti. e, *adj.* composé de deux parties égales, mais de nature différente.
†Mialet, *s. m.* serge des Cevennes.
Miandre, *s. m.* (*vieux*) le meilleur. V.
Miasmes, *s. m. pl. Miasmos.* émanations morbifiques; fluide aériforme, suffoquant. A. V. * *singulier.* AL.
Miaulant. e, *adj.* qui miaule. A. R. V.
Miaulée, *s. f.* pain dans du vin. R.
Miaulement, *s. m. Clamor.* cri du chat.
Miauler, *v. n.* se dit du chat qui crie.
Mica, *s. f.* poudre brillante; substance vitreuse; exfoliation du quartz; pierre primitive, mêlée avec le quartz et le feld-spath.
†Mication, *s. f.* espèce de jeu en présentant les doigts; t. d'antiquité, espèce de mourre.
Mice, *s. f.* t. de coutume. R.
Michaut, *s. m. Somnolentus.* t. d'imprimerie, sommeil, assoupissement. R. V.
†Michauxie, *s. f. Michauxia.* plantes de la famille des campanules.
Miché, *s. m.* sot, niais. R. V.
Miche, *s. f.* petit pain blanc d'une livre ou deux. * *pl.* grâces. G.
Michon, *s. m.* (*popul.*) argent. V. RR.
†Michromètre, *s. m. Micrometros.* instrument pour mesurer la distance des étoiles groupées.
Micmac, *s. m.* (*famil.*) intrigue, manigance.
Mico, *s. m. ou* Micon. *Argentata.* petit sagoin à face et oreilles d'un rouge vif.
Micocoulier, *s. m.* arbre à fruit astringent; son bois noir, dur et pliant, ne se gerçant pas, est très-estimé.
†Microcèle, *adj.* 2 *g.* qui a un petit ventre.
†Microcéphale, *adj.* 2 *g.* qui a une petite tête; à tête de singe (*vieux*).
Microcosme, *s. m. Mundi compendium.* petit monde; monde en abrégé. * animal marin à tuyau. B.
†Microcoustique, *s. m.* instrument qui augmente le son.
†Microfile, *adj.* 2 *g.* qui a de petites feuilles.
Micrographie, *s. f.* description des objets microscopiques.
†Micrologue, *s. m.* parler très-bref, discours laconique.
†Micromate, *adj.* 2 *g.* qui a de petits yeux (*vi.*).
Micromètre, *s. m.* instrument pour mesurer les diamètres. * Micrometre. R.
†Micrope, *s. m. Micropus.* plantes corymbifères.
Microphone, *s. m. adj.* 2 *g.* qui augmente la voix, les sons. R. G. C. * qui a la voix foible. V.
†Microptère-Dolomieu, *s. m.* poisson, petite sciène.
Microscope, *s. m. Microscopium.* instrument d'optique qui grossit extrêmement les objets.
†Microscopique, *adj.* 2 *g.* (*nouv.*) du microscope; qu'on ne voit qu'avec un microscope.
†Microstôme, *adj.* 2 *g.* qui a une petite bouche. (*vieux*).
†Microtée, *s. f. Microtea.* plantes de la famille des arroches.
†Microtrachèle, *adj.* 2 *g.* qui a le col court.
Mideronner, *v. a.* faire la méridienne. CHOLIÈRES.
Midi, *s. m. Meridies.* le milieu du jour; heure de midi; point cardinal, sud.
Mie, *s. f.* partie molle du pain; bonne; maîtresse.
Mie, *particule négative.* (*vieux*) pas, point.
Miége, *s. m.* t. de coutume. R.
Miel, *s. m. Mel.* suc doux des abeilles.
Miélat, *s. m.* Miellée, Miellure, *s. f.* écoulement sucré des feuilles. G.
†Miellée, Miellure, *s. f.* miélat.
Mielleux. se, *adj. Mellitus.* qui tient du miel; fade, doucereux. * Miéleux. R.
Mien. ne, *adj. posses. relat. Meus, Mea, Meum.* qui est à moi, qui m'appartient. * *s.* (un —) Mien. ene. R.
Mien (le), *s. m.* mon bien. (les), *pl.* mes proches, mes alliés.
Miette, *s. f. Mica.* petite partie du pain, d'un mets, etc. * Miete. R.
Mieux, *s. m. adj.* meilleur, plus convenable. *adv. Meliùs.* davantage; parfaitement; plus.
Mièvre, *adj.* 2 *g. Alacer.* (*famil.*) (enfant) vif et un peu malin. * Mievre. R.
Mièvrerie, *s. f.* espièglerie; qualité de celui qui est mièvre. * Miévrerie. R. G. V. *et* Miévreté. G.
Mignard. e, *adj. Delicatulus.* mignon; délicat, agréable; gentil avec afféterie.
Mignardement, *adv. Delicatè.* d'une manière mignarde; délicatement.
Mignarder, *v. a.* dé. e, *p.* (*familier*) traiter délicatement; dorloter.
Mignardise, *s. f. Elegantia.* délicatesse; affectation de gentillesse, de délicatesse. * *pl.* attraits; caresses. V. petits œillets frangés. B.
Mignature, *s. f.* voyez Miniature.
Mignon. ne, *adj. s. Venustus.* délicat; gentil; joli; bien-aimé. * *pl.* favoris de Henri III. B. *s. f.* caractère d'imprimerie; pêche; prune. *f.* Mignone. R.
Mignonnement, *adv. Concinnè.* d'une manière mignonne; avec délicatesse. * Mignonement. R.
Mignonnette, *s. f.* dentelle légère; poivre concassé; œillets ou mignardise; petite monnoie. * Mignonete. R.
Mignot. e, *adj.* (enfant) gâté. R.
Mignoter, *v. a.* té. e, *p.* dorloter, caresser.
Mignotie, *s. f.* gentillesse; ajustement; plante très-belle. G. C.
Mignotise, *s. f.* flatterie, caresse. A. R. V.
Migraine, *s. f. Hemicrania.* douleur dans la moitié de la tête. * mal de tête avec fatigue, éblouissement, impossibilité d'agir et même avec fièvre, souvent périodique. B.
†Migrane, *s. m. Granulatus.* espèce de crabe de mer.
Migration, *s. f.* action d'émigrer en grand nombre; transport.
†Miguel, *s. m.* serpent du Paraguay, du 4ᵉ. genre.
Mijaurée, *s. f.* (*moqueur*) femme à manières affectées ou ridicules.
Mijoter, *v. a. n.* té. e, *p.* faire cuire lentement et doucement. (*famil.*) * Mignoter. A. V.
Mil, Millet, *s. m. Milium.* plante graminée; sa graine, petite, jaune. * Millet, serpent-sonnette. B.
Mil, Mille, *adj. numéral. Mille.*
†Milabre, *s. m. Milabris.* petit insecte sur les fleurs.
Milan, *s. m. Milvus.* oiseau de proie dont il y a plusieurs espèces. * poisson du genre du trigle. B.
†Milandre *ou* Cagnot, *s. m.* chien de mer.

†Milanèse, *s. f.* ouvrage de fileur d'or à deux brins de soie. * *ou* Milanoise. AL.
†Milanois. e, *adj. s.* de Milan.
Miliaire, *adj.* 2 *g.* t. de méd. (pustule) qui ressemble au grain de millet; (fièvre) qui les produit.
†Miliaire, *s. m.* serpent du 3e. genre.
Milica, *s. m.* blé barbu, sorte de millet. V.
Milice, *s. f.* *Milites.* art, exercice de la guerre; soldatesque; bourgeois, paysans armés; nouvelles recrues.
Milicien, *s. m.* soldat de milice.
†Milicite, *s. m.* *Milicytus.* plantes à fleurs incomplètes.
Milieu, *s. m.* *Medium.* le centre; corps traversé par la lumière; tempérament dans les affaires; point également éloigné des extrémités, de l'excès; fluide environnant. (au milieu de) *adv.* parmi, dans, entre.
†Miliorati, *s. m. pl.* espèces de soies d'Italie.
Militaire, *adj.* 2 *g.* *Militaris.* de la guerre *s. m.* le soldat; la guerre.
Militairement, *adv.* *Militariter.* d'une manière militaire.
Militante, *adj. f.* (église), assemblée des fidelles sur la terre. * Militant. e, *adj.* C.
Militer, *v. n.* combattre pour, en faveur de, contre.
Mille. *pl.* Milles, *s. m.* mesure itinéraire; mille pas.
Mille, *adj.* *Mille.* sans *pl.* dix fois cent; grand nombre; *pour la date*: mil.
†Mille-canton, *s. m.* très-petit fretin; fretin de perches.
†Mille-fanti, *s. m.* pâte de vermichel ovale.
Mille-feuille, *s. f.* *Millefolium.* Herbe à la coupure, au charpentier; Herbe militaire, vulnéraire, résolutive, astringente, pour les hémorroïdes, les hémorragies; excellent fébrifuge.
Mille fleurs, *s.* t. de chimie, de médecine, (eau de) urine de vache. * Mille-fleurs. G. C. R.
Mille fois, *adv.* très-souvent. G.
Mille graine, *s. f.* voy. Piment, espèce d'hysope de Saint-Domingue; vermifuge, résolutive. * Mille-graine. R. G. C.
†Mille-greux, *s. m.* jonc marin qui borde les côtes.
Mille-pertuis, *s. m.* *Hypericon.* plante, excellent vulnéraire, vermifuge, antihystérique, pour l'aliénation.
Mille-pieds, *s. m.* *Millepedes.* cloporte; scolopendre; jule ou centipède, insecte d'Amérique.
Mille-soudier; *s. m.* qui a mille sous par jour. R.
Millénaire, *adj.* 2 *g.* *Milliarius.* qui contient mille. *s. m.* mille ans. *pl.* t. d'hist. ecclésiast. sectaires qui pensoient que la terre seroit pendant 1000 ans un paradis pour les élus après le jugement dernier.
†Millepède, *s. m.* Araignée de mer, *Millepeda.* coquillage du genre du murex.
Millépores, *s. m.* *Millepora.* production poreuse, des polypes, en buisson, en arbre, en étoiles. * 10e. genre des zoophites. B.
Milleret, *s. m.* agrément pour les bordures de robes; monnoie.
†Millérie, *s. f.* *Milleria.* plantes corymbifères.
Millerine, *s. f.* terre semée de millet. R.
†Millerolle, *s. f.* mesure de liquides en Provence, valant 70 pintes; vase pour l'huile d'olive.
Millésime, *s. m.* date d'une médaille, etc.
Millet. *Milium.* voyez Mil.
Milli, *nom générique qui signifie la millième partie d'une chose.*

†Milliade, *s. f.* révolution de mille ans.
Milliaire, *adj.* 2 *g. s. m.* qui marque les milles; * *adj.* t. de botanique, innombrable. B.
Milliar, *s. m.* dix fois cent millions. * Milliart. R. C. Milliard, A. V.
†Milliare, *s. m.* millième partie de l'are.
Milliasse, *s. f.* mille milliars; un fort grand nombre.
Millième, *s. m. adj.* 2 *g.* *Millesimus.* nombre qui complète mille; l'une des mille parties. * Millieme. R.
Millier, *s. m.* *Mille.* nombre de mille; mille livres pesant. (à milliers), *adv.* en grande quantité.
†Milligramme, *s. m.* nouvelle mesure de pesanteur, 0, gr. 18841e; millième partie du gramme.
†Millilitre, *s. m.* nouvelle mesure de liquide; millième partie du litre.
†Millimètre, *s. m.* nouvelle mesure de longueur, 0, l. 443441952e.
†Millington, *s. m.* *Millingtonia.* grand arbre qui approche des bignones.
Million, *s. m.* dix fois cent mille.
Millionième, *adj.* 2 *g.* qui complète un million. *s.* l'une des parties du million.
Millionnaire, *s.* 2 *g.* qui possède un million; très-riche. * Millionaire. R.
†Millistère, *s. m.* nouvelle mesure de solide.
Millouin, *s. m.* oiseau; *ou* Milouin, *Anas penelope.* cane à tête rousse.
†Millouinan, *s. m.* oiseau de la Louisiane.
†Milmils, *s. f. pl.* toiles de coton des Indes.
Milord, *s. m.* titre, dignité en Angleterre.
Milort, *s. m.* serpent du Milanois sans venin. G. C.
†Milphose *ou* Miltose, *s. f.* calvitie des paupières.
Mime, *s. m.* farce; acteur. * imitation indécente des manières. V.
†Mimeuse *ou* Mimose, *adj. s. f.* *Mimosa.* voy. Sensitive.
Mimiambe, *adj.* 2 *g.* vers ïambique, obscène, t. de poésie. R. G. C.
Mimique, *adj.* 2 *g.* qui appartient aux mimes. G. C.
Mimographe, *adj.* 2 *g.* qui joue, compose des mimes. R. G. C.
Mimologie, *s. f.* imitation de la voix, du geste, pour contrefaire quelqu'un. R. G. C.
Mimologue, *adj.* 2 *g.* exercé dans la mimologie. R. G. C.
†Mimule, *s. m.* *Mimulus.* plante qui a des rapports avec la gratiole.
†Mimusope, *s. m.* *Mimusops.* plantes monopétales, de la famille des sapotilles.
Minage, *s. m.* droit sur le grain vendu au marché.
Minaret, *s. m.* tour en clocher chez les Turcs.
Minauder, *v. n.* *Affectare.* affecter des mines, des manières pour plaire.
Minauderies, *s. f. pl.* *Affectatio.* mines, façons affectées pour plaire. * Minauderie. *sing.* A.
Minaudier. ere, *adj. s.* *Affectator.* qui minaude. * Minaudier. ere. R.
†Minahouet, *ou* Minaouet, *s. f.* machine pour roidir les cordages.
Minatzin, *s. m.* astronome du roi de Perse. RR.
Mince, *adj.* 2 *g.* *Exilis.* qui a peu d'épaisseur; modique; très-médiocre.
Mine, *s. f.* *Species.* air du visage; contenance avec intention; semblant; apparence bonne ou mauvaise; gestes affectés; métaux, endroit où ils se forment; mesure, demi-setier, son contenu; monnoie; cavité souterraine. *Minera.* terre métallique.
Miner, *v. a.* *Suffodere.* né. e, *p.* faire une mine sous; consumer; caver, creuser; détruire peu à peu.

Minérai, *s. f.* *Mineralia.* métal mêlé avec la terre, etc. * Minerai. A. R. V.
Minéral. *pl.* Minéraux, *s. m.* corps solide tiré des mines.
Minéral. e, *adj. s. m.* *Metallicus.* qui tient des minéraux, qui leur appartient.
†Minéralisateur, *s. m.* substance, agent qui en minéralise une autre.
Minéralisation, *s. f.* combinaison de la mine avec le soufre, l'arsenic.
†Minéraliser, *v. a.* é. e, *p.* convertir en minéral; faire reconnoître le caractère du minéral; donner à un métal la forme de minéral.
Minéraliste, *s. m.* C. minéralisateur qui étudie, connoît, travaille les minéraux. B.
Minéralogie, *s. f.* connoissance des minéraux.
Minéralogique, *adj.* 2 *g.* de la minéralogie. A. V.
Minéralogue, *s. m.* versé dans la minéralogie R. G. C. * *et* Minéralogiste. C. AL.
Minerie de sel, *s. f.* mine de sel. V.
†Minerval, *s. m.* honoraires des professeurs de collége, payés par les écoliers.
†Minervales, *s. f. pl.* fêtes en l'honneur de Minerve.
Minet. te, *s.* (*famil.*) petit chat, t. de caresse. * Minet. ete. R.
†Minette, *s. f.* baquet pour mettre le sable à brique.
Mineur, *s. m.* *Fossor.* ouvrier des mines. * vers qui vit sous le parenchyme des feuilles. B.
Mineur. e, *s.* *Pupillus.* qui est en tutelle. *adj.* plus petit. *Minor.*
Mineure, *s. f.* seconde proposition d'un syllogisme, t. de théologie, thèse durant la licence.
†Mingle, *s. m.* mesure hollandoise, 1 pinte 1-4.
†Mingrelin, Mingreline, *adj.* qui n'a point de force, débile.
†Minguart, *s. m.* *Minguartia.* arbre de la Guyane.
Miniateur, *s. m.* peintre en miniature. R.
Miniature, *s. f.* peinture très-délicate, très-fine, en petit.
Miniaturiste, *s. m.* peintre en miniature. G. C.
†Minicule, *s. f.* très-petite parcelle, t. de naturaliste.
Minière, *s. f.* *Metallum.* *ou* Mine, lieu, corps d'où l'on tire les minéraux. * Miniere. R.
Minime, *adj.* 2 *g.* (couleur) grise, obscure, tannée. *s. m.* Moine, religieux de S.-François-de-Paul. *Minimi.* * serpent du 3e. genre. B.
Minimum, *s. m.* le plus petit degré de réduction.
Ministère, *s. m.* *Ministerium.* emploi, charge, fonction, gouvernement d'un ministre, etc. les ministres d'un état; entremise; service. * Ministere. R.
Ministériat, *s. m.* (*inusité*) gouvernement d'un ministre. R. G. C. * *mieux* ministère. B.
Ministériel. le, *adj.* qui est propre au ministère, qui lui appartient, qui en provient. * t. de théologie, (chef) le pape. V. G. Ministériel. riele. R.
Ministériellement, *adv.* dans la forme ministérielle. A.
Ministre, *s. m.* *Minister.* envoyé d'un prince dans une cour étrangère; celui dont on se sert dans l'exécution de quelque chose; chargé des affaires d'état; supérieur de couvent; évêque, curé, etc. celui qui fait le prêche. * Tangara bleu. B.
Ministrerie, *s. f.* bénéfice des Mathurins. R. V.
Minium, *s. m.* *Minium.* peinture rouge; oxide, chaux de plomb d'un rouge vif.
Minois, *s. m.* *Facies.* (*familier*) visage d'une jolie personne.
Minon, *s. m.* (*enfantin*) chat.
Minoratif, *s. m.* t. de méd. qui purge doucement.

†Minoration, *s. f.* évacuation légère.
Minorité, *s. f. Ætas minor.* état d'un mineur, sa durée; règne d'un roi mineur. * le petit nombre. A. V.
Minot, *s. m. Modius.* mesure, moitié de la mine, son contenu.
Minotaure, *s. m. Minotaurus.* monstre fabuleux, moitié homme, moitié taureau. R. C.
†Minuart, *s. m. Minuartia.* plantes à fleurs incomplètes, de la famille des sablines.
Minuit, *s. m. Media nox.* milieu de la nuit.
Minusculaire, *s. m.* t. d'antiquité, commis des fermes à Rome. G. C.
Minuscule, *s. f. adj.* 2 *g. Minusculus.* t. d'imprimerie, petite lettre.
Minute, *s. f. Momentum.* soixantième partie de l'heure, du degré; lettre, écriture petite; brouillon; original d'un acte; petit espace de temps. * partie d'un module; 48ᵉ. partie de la tête, t. d'arts, petite roue dentelée. B.
Minuter, *v. a. Perscribere.* té. e, *p.* projeter pour accomplir bientôt; faire une minute. * écrire trè-fin. B.
Minutie, *s. f. Minutia.* bagatelle, chose frivole.
Minutieux. se, *adj.* qui s'attache aux minuties.
Mion, *s. m.* (*famil.*) petit garçon. C. * *et* Mioche, t. d'imprimerie. B.
†Miostade, *s. f.* petite serge.
Mipartir, *v. a.* ti. e, *p. adj.* composer de deux parties égales, mais de natures différentes. R. V. * Mi-partir. G. R.
Miquelets, *s. m. pl.* bandits des Pyrénées. * *sing.* R. V. C.
Miquelot, *s. m.* pèlerin de Saint-Michel, *ou* Mendiant. * Hypocrite. AL.
Mirab, *s. f.* étoile fixe du cou du cygne. G. C.
Mirabelle, *s. f.* petite prune jaune. * Mirabele. R.
Mirach, *s. m.* étoile fixe d'Andromède. G. C.
Miracle, *s. m. Miraculum.* effet de la puissance divine contre l'ordre de la nature; prodige; chose rare; fait digne d'admiration. * (à-) très-bien. G.
†Miraclifique, *adj.* 2 *g.* (ouvrage) merveilleux.
Miraculé. e, *adj.* sur qui s'est opéré un miracle. V.
Miraculeusement, *adv. Miraculo.* d'une manière miraculeuse.
Miraculeux. se, *adj. Prodigiosus.* fait par miracle; admirable; merveilleux.
Miraillé. e, *adj.* t. de blason, se dit des ailes de papillon, des queues de paon d'un émail différent.
†Mirailler, *s. m.* poisson du genre de la raie.
†Miramiones, *s. f. pl.* femmes qui se consacrent à l'éducation des jeunes personnes et au soin des malades.
Mirauder, *v. a.* dé. e, *p.* regarder avec attention; fixer. R. G. C.
Mircolion, *s. m.* animal cornu qui vit dans le sable. G. C.
Mire, *s. f.* (d'un fusil) bouton sur le canon pour mirer. * t. d'artillerie, visée. B.
Mire, *s. m.* sanglier de cinq ans. R. G. C. * (*vi.*) médecin. V.
Miré, *adj.* (sanglier) qui a les défenses recourbées, t. de chasse.
Mirebalais. e, *adj. s.* du Mirebalais. R.
Mirer, *v. a. Collineari.* ré. e, *p.* viser, regarder avec attention le but, un œuf, etc. (se), *v. r.* se regarder dans une chose qui rend l'image.
†Miri, *s. m.* impôt sur les terres en Turquie.
†Miricide, *adj.* qui dit des merveilles.
Mirifique, *adj.* 2 *g.* admirable, surprenant. VOLT.
†Miriofle, *s. m. Myriophillum.* plantes à fleurs incomplètes, de la famille des nayades.
Mirlicoton, e, *s.* t. de pêche. R.

Mirlifique, *adj.* 2 *g.* admirable. V.
Mirliflore, *s. m.* agréable, merveilleux. A.
†Mirlirot, *s. m.* (*popul.*) mélilot.
†Mirmécophage, *s. m.* fourmillier.
Mirmidon, *s. m.* jeune homme très-petit et sans considération; homme qui s'oublie envers des gens fort au-dessus de lui. * Myrmidon. R.
Miroir, *s. m. Speculum.* glace de verre où l'on se mire; t. de mar. cartouche qui porte les armoiries; ornemement oval; place de la rivière où l'eau est unie; t. d'eaux et forêts, marque. * papillon de jour, espèce d'Argus. — de Vénus, voy. Campanule doucette. B.
Miroité. e, *adj.* t. de manège, bai-pommelé.
Miroiterie, *s. f.* commerce de miroirs.
Miroitier, *s. m.* qui vend et fait des miroirs.
Miron, *s. m.* vaisseau à rames. R. * Mirou. RR.
†Mirosperme, *s. m. Myrospermum.* plantes polypétales, légumineuses.
†Mirostoyer, *v. n.* se pavaner, se regarder devant un miroir.
Miroton, *s. m.* mets de tranches déjà cuites.
†Miroxile, *s. m. Myroxilon.* plantes à fleurs incomplètes, unisexuelles.
†Mirsine, *s. m. Myrsina.* plantes à fleurs monopétales, de la famille des sapotilles.
†Mirte, *s. m.* G. voy. Myrte.
Mirtille. voy. Airelle, arbrisseau. A. * papillon de jour. B. Myrtille. *Myrtillus.* R. Mirtil. V. G.
Mis, *s. m.* date de la mise d'un procès au greffe. G.
Mis. e, *adj. Positus.* posé, placé. G. AL.
Misaine, *s. f. Anticus malus.* voile entre le beaupré et la grande voile; (mât de) mât entre le beaupré et le grand mât.
Misanthrope, *s. m.* qui hait les hommes; bourru; chagrin; peu sociable. * Misantrope. A.
Misanthropie, *s. f.* haine des hommes; humeur chagrine; éloignement pour la société. * Misantropie. A.
Miscellanée. Miscellanea, *s. m. Miscellanea.* mélange, recueil d'ouvrages mêlés. * Miscellanées. *pl.* A. T. V.
Miscibilité, *s. f.* qualité de ce qui peut se mêler. A. C. V.
Miscible, *adj.* 2 *g.* qui peut se mêler avec.
Mise, *s. f. Expensum.* ce qu'on met au jeu, à la loterie; emploi de l'argent; cours de la monnoie; enchère; débit; emploi; utilité; manière de se mettre; mise en possession, formalités pour mettre en possession; disposition. * t. de militaire, partie d'un train de bois; caisse de savon. B.
†Mise hors, *s. f.* la cargaison qui appartient à l'armateur, les frais, etc.
Misérable, *adj. s.* 2 *g. Miser.* malheureux; dans la misère, dans la souffrance; méchant; funeste; mauvais; homme de néant.
Misérablement, *adv. Miserè.* d'une manière misérable.
Misère, *s. f. Miseria.* état malheureux; extrême indigence; pauvreté; peine, difficulté; foiblesse; imperfection; bagatelle, minuties. * *pl.* bagatelles. AL. Misere. R.
Miséréré, *s. m. Ileos.* t. de médecine, colique violente; temps pour dire le *miserere*; 50ᵉ. pseaume.
Miséricorde, *s. f. Misericordia.*; grâce, pardon; vertu qui porte à la compassion, à la pitié, au pardon; petite saillie d'une stalle. * poignard ancien. B.
Miséricorde! *interj. de surprise extrême.*
Miséricordieusement, *adv. Clementer.* avec miséricorde.
Miséricordieux. se, *adj. Misericors.* qui a de la miséricorde; enclin à pardonner.

Miseur, *s. m.* (*vieux*) arbitre. V.
†Misgurn, *s. m.* poisson du genre du cobite.
†Misis, *s. m.* papillon diurne.
Misogame, *s. m.* qui hait le mariage. R.
Misologue, *s. m.* ennemi de la méthode scientifique. K.
Misomesse, *s.* ennemi de la messe. G. C.
†Mispikel, *s. m.* pyrite arsenical.
Missel, *s. m.* livre de liturgie qui contient les prières de la messe.
Mission, *s. f. Missio.* envoi; charge; pouvoir de faire; prêtres missionnaires, leur fonction, leur maison, pays où ils prêchent.
Missionnaire, *s. m.* chargé d'une mission; ecclésiastique employé aux missions. * Missionaire. R.
Missive, *adj. s. f.* (lettre) pour être envoyée.
†Mistification, *s. f.* action de mistifier.
Mistifier, *v. a.* é. e, *p.* tendre des piéges; se moquer de quelqu'un; l'étourdir. CO.
†Mistouflet, *s. m.* poupard, mignard; enfant gâté.
Mistrance, Mistrace, *s. f.* corps des bas-officiers des galères. G. R.
Misture, *s. m.* t. de médecine, mixtion. R.
†Misy, *s. m.* substance vitriolique, jaunâtre, brillante; décomposition d'une pyrite ferrugineuse.
Mitaine, *s. f. Manica.* sorte de gants sans doigtiers; (onguent miton-) inutile. * peau de castor; plaque, t. de verrier. B.
Mitan, *s. m.* (*vieux, popul.*) milieu. V.
†Mitchelle, *s. f. Mitchella.* petite plante sous-ligneuse, monopétale, de la famille des rubiacées.
Mite, *s. f. Vermiculus.* insecte presque imperceptible, du genre des scarabées.
†Mitelène, *s. m.* espèce d'ortolan.
Mitelle, *s. f.* Petite Mitre, Sanicle, Cortuse d'Amérique, plante pectorale, vulnéraire.
Mithridate, *s. m. Mithridation.* antidote. * Mithridat. V.
Mitigatif. ve, *adj.* qui sert à mitiger. V.
Mitigation, *s. f. Mitigatio.* adoucissement; modération à une règle austère.
Mitiger, *v. n. Mitigare.* gé. e, *p.* adoucir, rendre plus aisé à supporter.
Mitis, *s. m.* gros chat; matou. R.
Mitoierie, Mitoyerie, *s. f.* séparation d'héritages contigus. R. Mitoyerie *ou* Métoyerie, clôture commune. AL.
Miton, *s. m.* sorte de gant pour l'avant-bras.
Miton Mitaine, *adj.* (onguent) inutile. A. R.
Mitonner, *v. a.* né. e, *p.* cajoler; disposer, préparer doucement; faire tremper long-temps; dorloter; ménager adroitement. *v. n.* tremper long-temps. * Mitoner. R.
Mitonnerie, *s. f.* t. de cuisine. V. * Mitonerie. R.
Mitoyen. ne, *adj. Intermedius.* qui sépare, qui est entre deux. * Mitoyen. ene. R.
Mitraillade, *s. f.* décharge de plusieurs canons chargés à mitraille sur une masse d'individus. RR.
Mitraille, *s. f. Ferramenta.* ferraille, vieille quincaillerie; basse monnoie. * vieux cuivre; laiton pour souder. B.
Mitrailler, *v. a.* lé. e, *p.* tirer le canon chargé à mitraille. RR.
Mitral. e, *adj.* qui ressemble à une mitre. G. C. * Mitrale, *adj.* 2 *g.* R.
Mitre, *s. f. Mitra.* ornement de tête d'évêque; coiffure des anciens; tuiles placées en mitre. * mollusque céphalé, à coquille turriculée. B.
Mitrée. e, *adj.* qui a droit de porter, qui porte la mitre.
†Mitrer, *v. a.* mettre au pilori (*vieux*).
Mitron, *s. m. Pistor.* (*familier*) garçon

boulanger.
†Mitte, *s. f.* vapeur très-dangereuse qui sort d'une fosse d'aisance que l'on ouvre.
†Mittek, *s. m.* espèce de poule d'eau du Groenland.
†Miure, *adj. m.* (pouls) inégal, irrégulier et décroissant.
Mive, *s. f.* t. de pharmacie, R. gelée ou sirop. B.
Mixte, *adj.* 2 *g. s. m. Mistus.* qui est mélangé; hétérogène.
Mixtiligne, *adj.* 2 *g.* terminé par des lignes droites et des courbes.
Mixtion, *s. f. Mistura.* mélange de drogues dans un liquide. * mordant léger, t. de doreur. B.
Mixtionner, *v. a. Miscere.* né. e, *p.* mêler, faire une mixtion * Mixtioner. R. Mixionner. *Mixere.* B.
†Mniare, *s. m. Mniarum.* petite plante de la famille des chalefs.
†Mnie, *s. f. Mnium.* plante de l'ordre des mousses.
Mobile, *adj.* 2 *g. Mobilis.* qui se meut, qui peut être mu; irrégulier, t. de litur.; inconstant; léger. *s. m.* ce qui est mu, ce qui meut.
Mobilier. ère, *adj.* de la nature des meubles. * Mobilier. ere. R. *et* Mobiliaire. T. A.
Mobilier, *s. m.* tous les meubles et effets rassemblés.
†Mobilisation, *s. f.* ameublement des immeubles. AL.
†Mobiliser, *v. a.* sé. e, *p.* ameublir un immeuble. AL.
Mobilité, *s. f. Mobilitas.* facilité à être mu; inconstance.
Moca, *s. m.* café de Moca en Arabie. * Moka. A. V.
Mocade, *s. f.* étoffe. R. V.
†Mocanère, *s. m. Mocanera.* arbrisseau de la famille des onagres.
†Moche, *s. f.* paquet de fil de Bretagne, de 10 livres.
†Mococo, *s. m. Mocratta.* maki gris.
Modale, *adj. f.* t. de logique, (proposition) qui contient une condition, une restriction.
Modaliste, *s. m.* partisan des modes. V.
†Modalité, *s. f.* mode, qualité, manière d'être. A. * vue d'un être dans son mode. B.
Mode, *s. m.* t. de musique, ton; t. de grammaire, mœuf, manière de conjuguer; t. de philosophie, manière d'être. *Mos. s. f.* usage passager dépendant du goût, du caprice; manière. *pl.* parures à la mode.
Modèle, *s. m. Exemplar.* ce qu'on se propose d'imiter; exemplaire; patron en relief; essai en petit. * Modele. R.
Modeler, *v. a.* lé. e, *p.* imiter en terre, en cire, etc.; faire en petit la représentation d'un grand ouvrage, t. d'arts. (se), *v. r.* se régler sur; se former sur; prendre pour modèle. * *v. n.* AL. Modeler. A. C. CO. G. R. V.
Modénature, *s. f.* moulures de l'architecture. G. C.
Modénois. e, *s.* de Modène. R.
Modérateur. trice, *adj. s. Moderator.* qui gouverne et modère.
Modération, *s. f. Moderatio.* retenue; diminution; vertu qui porte à une sage mesure.
Modéré. e, *adj.* tempéré; sage; retenu; éloigné de l'excès. G.
Modérément, *adv. Moderatè.* avec modération, retenue; sans excès, sans abus.
Modérer, *v. a. Moderari.* té. e, *p.* tempérer; adoucir; mettre des bornes; diminuer. (se), *v. réfléchi.* avoir de la modération; se contenir; se tempérer; se posséder.
Moderne, *adj.* 2 *g. Recens.* nouveau; récent. * *s. sing. et pl.* auteurs, hommes des derniers siècles, depuis J. C.
Moderner, *v. a.* né. e, *p.* rétablir, restaurer un antique à la moderne. V. A. * mettre à la moderne. C.
Modernes, *s. m. pl.* les auteurs, les artistes, les hommes modernes.
Modeste, *adj.* 2 *g. Modestus.* qui a, qui marque de la modestie; retenu dans sa conduite.
Modestement, *adv. Modestè.* avec modestie.
Modestie, *s. f. Modestia.* pudeur, retenue dans la conduite, dans les discours.
Modicité, *s. f. Tenuitas.* petite quantité.
Modificatif. ve, *adj. s. m.* qui modifie.
Modification, *s. f. Temperamentum.* modération; restriction; adoucissement; manière d'être; action de modifier.
Modifier, *v. a. Temperare.* fié. e, *p.* adoucir; restreindre; modérer; donner un mode, une manière d'être.
Modillon, *s. m. Mutulus.* petite console qui soutient la corniche, t. d'architecture.
†Modiole, *s. f. Modiola.* mollusque acéphale.
Modique, *adj.* 2 *g. Tenuis.* médiocre; de peu de valeur.
Modiquement, *adv. Modicè.* avec modicité.
Modiste, *adj.* 2 *g.* qui suit les modes. R.
Modius, *s. m.* (*vieux*) boisseau. V.
Modulation, *s. f. Modulatio.* suite de tons qui forment un chant; manière d'établir le mode.
Module, *s. m. Modulus.* mesure pour les proportions, les divisions du temps, du mouvement; diamètre d'une colonne, d'une médaille.
Moduler, *v. a.* lé. e, *p.* composer, former un chant suivant les règles de l'art, de la modulation.
Moëde, *s. f.* monnoie d'or de Portugal. R.
Moelle, *s. f. Medulla.* substance molle et grasse dans les os; substance molle dans le bois, etc. * Moële. R. Moëlle. G. *ou* Mouelle. V. *ou* Mousse, nœud dans l'ardoise. B.
Moelleusement, *adv.* d'une manière moelleuse. A.
Moelleux. se, *adj.* rempli de moelle; doux; plein; (voix). *s. m.* t. de peinture, doux; agréable. * Moëleux. R. Moëlleux. G. *ou* Mouelleux. V.
Moellon, *s. m. Cæmentum.* pierre à bâtir, calcaire, blanche, tendre. * Moëlon. R. Moëllon. G. Moilon. V.
†Moellonnier *ou* Moilonier, *s. m.* coin pour diviser la pierre, t. de carrier.
Mœuf, *s. m. Modus.* voyez Mode, t. de grammaire, manière de conjuguer les verbes. A. G. R. V.
Mœurs, *s. f. pl. Mores.* habitudes naturelles ou acquises; manière de vivre; inclinations; coutumes; lois; naturel; caractère des personnages, t. de poësie. * partie de la musique grecque qui en fixait les convenances et l'unité. B.
†Mogislalisme, *s. m. Mogislalia.* difficulté de prononcer les lettres labiales.
Mogolien. e, *adj.* des états du Mogol. R.
†Mohabut, *s. m.* toile de coton des Indes.
Moharra, *adj. m.* (contrat, marché) usuraire. * *et* Moatra. R.
Moi, *le premier pronom personnel. Ego.* (à moi), *exclamation pour appeler à soi.* * *s.* attachement à soi-même; individualité, métaphysique. B.
†Moidore, *s. m.* monnoie portugaise, 32 l. 8 s.
†Moie, *s. f.* meule de sable.
†Moilette, *s. f.* outil de bois garni de feutre pour frotter les glaces.
Moignon, *s. m. Mutilati membri extremitas.* reste d'un membre coupé. * reste d'une branche coupée. B.
Moinaille, *s. f.* moines en général, (*t. de mépris*).
Moindre, *adj.* 2 *g. Minor.* plus petit; moins considérable, moins bon.
Moindre (le), *adj.* le plus petit, aucun. *s. m. pl.* les quatre ordres mineurs.
Moine, *s. m. Monachus.* religieux qui vit isolé; mendiant; religieux; meuble pour chauffer le lit. * espèce de chien de mer, nommé Ange; t. de métiers, boursouflure; t. d'imprimerie, blanc au milieu de l'impression. B.
Moineau, *adj.* (cheval) qui a les oreilles coupées.
Moineau, *s. m. Passer.* oiseau très-commun; bastion à angle obtus.
Moinerie, *s. f.* tous les moines; esprit des moines.
Moinesse, *s. f.* religieuse, (*t. de mépris*).
Moineton, *s. m.* petit moine. R.
Moinette, *s. f.* petite religieuse. V.
Moinillon, *s. m.* (*t. de mépris*) petit moine.
Moins, *adv. Minùs.* pas aussi, pas autant, pas tant.
Moins (le), *s. m.* la moindre chose.
Moire, *s. f.* étoffe de soie ondée et serrée.
Moiré. e, *adj.* (étoffe) ondée comme la moire.
†Moirer, *v. a.* lustrer; calandrer.
Mois, *s. m.* douzième partie de l'année. * menstrue, son époque; paye par mois; imposition. B.
Moise, *s. f.* t. de charpentier, pièce qui en lie d'autres. * long crochet de fer, outil des verriers. B.
Moisi, *s. m.* odeur, goût du moisi; chose moisie.
Moisir, *v. a.* si. e, *p.* couvrir de mousse. *v. n.* se chancir. (se), *v. r. Mucescere.* se gâter.
Moisissure, *s. f. Mucor.* altération d'une chose moisie; moisi. * genre de champignons, de mousses. B.
Moison, *s. f.* bail à ferme à moitié des fruits. R. G. C.
Moison (de drap), *s. f.* longueur de la chaîne, t. de manufact. R. G. C. CO. * dimension, qualité requise. B.
Moisonier, *s. m.* qui doit la moison. R. G. C.
Moissine, *s. f.* faisceau de branches de vigne avec les grappes.
Moisson, *s. f. Messis.* récolte des grains, son époque, sa durée, son prix. *pl.* années.
Moissonner, *v. a. Metere.* né. e, *p.* faire la moisson; recueillir. * Moissoner. R.
Moissonneur. se, *s. Messor.* qui coupe les blés, etc. * Moissoneur. R.
Moite, *adj.* 2 *g. Humidus.* un peu humide.
Moiteur, *s. f. Mador.* qualité de ce qui est moite; humidité.
Moitié, *s. f. Dimidium.* l'une des deux parties égales d'un tout; une des deux portions; femme à l'égard du mari.
Moitié (à), *adv.* à demi, en partie.
Moitir, *v. a.* té. e, *p.* (le papier), le mouiller un peu. CO. * tremper, rendre moite. B.
Molachin, *s. m.* sorte de monnoie. RR.
Molaire, *adj. Molaris.* (dent) qui sert à broyer.
Moldavique, *s. f.* Mélisse des Canaries, plante.
Mole, *s. f.* masse de chair informe dont une femme accouche. *s. m. Moles.* jetée forte, muraille dans un port. * Môle. R. G. C. V. pour

pour jetée. A. poisson du genre du blenne. *ou* Lune, poisson; t. de métiers. B.
Molécule, *s. f.* petite partie organique, prétendue animée, d'un corps. * *pl.* AL.
Molene, *s. f.* sorte d'herbe. R.
Moler, *v. n.* prendre le vent en poupe. R. G. C. * Môler. AL.
Molester, *v. a.* té. e, *p.* chagriner; tourmenter; vexer.
†Moletoir, *s. m.* verre scellé sur une pierre et frotté de potée.
Molette, *s. f.* extrémité de l'éperon en étoile; tumeur au boulet; instrument d'arts; cône de marbre pour broyer. * Molete. R.
†Moletter, *v. a.* té. e, *p.* adoucir, polir une glace avec la molette ou lustroir.
Molière, *s. f.* carrière de pierre dure, etc. G. C. * Mollière. A. Moliere. R.
Molière, *adj.* (terre) grasse et marécageuse. (dent) molière *pour* molaire. * Moliere. R. Mollière. V.
†Moline *ou* Moliéne, *s. f.* laine d'Espagne.
Molinier, *s. m.* (*vieux*) créateur, inventeur. V.
Molinisme, *s. m.* opinion de Molina. A. C.
Moliniste, *s.* 2 *g.* sectateur de Molina. C. V.
Molinosisme, *s. m.* secte du molinisme. V.
Mollasse, *adj.* 2 *g.* *Mollior.* trop mou et désagréable au toucher. * Molasse. R.
†Molle, *s. f.* botte d'osier fendu; paquet de cerceaux.
†Molle-mer, *s. f.* l'instant où il n'y a ni flux ni reflux.
Mollement, *adv.* *Molliter.* foiblement; lâchement; d'une manière molle. * Molement. R.
Mollesse, *s. f.* *Mollitia.* qualité de ce qui est mou; manque de vigueur; excès d'indulgence; vie oisive et voluptueuse; douceur du style, du pinceau. * Molesse. R.
Mollet. te, *adj.* *Mollior.* agréable au toucher par sa mollesse; un peu mou. * Molet. ete. R.
Mollet, *s. m.* *Sura.* le gras de la jambe; sorte de frange; pain, etc. qui n'est pas dur. * Molet. R.
Molleton, *s. m.* étoffe très-douce et mollette de laine. * Moleton. R.
†Mollification, *s. f.* action de mollifier, ses effets.
Mollifier, *v. a.* *Mollire.* fié. e, *p.* rendre mou et fluide. * Molifier. R.
Mollir, *v. n.* *Molliri.* devenir mou; manquer de force; céder trop aisément. * Molir. R.
†Molliteur, *s. m.* qui ôte l'amertume.
Mollusques, *adj. s. m. pl.* *Molucæ.* vers imparfaits; animaux marins à chair molle. M.
†Molorques, *s. m. pl.* *Molorchus.* insectes coléoptères.
Molosse, *s. m.* t. de poësie latine, pied de vers de trois longues. G.
†Moloxita, *s. m. ou* Religieuse d'Abyssinie, oiseau.
†Moltolinos, *s. m.* peau de mouton du Levant.
Moluque, *s. f.* *Molucca.* mélisse des Moluques, alexipharmaque, fortifie le cœur et le cerveau, aromatique.
†Molure, *s. m.* *Molurus.* serpent du 3e. genre.
Moly, *s. m.* sorte d'ail qui a peu d'odeur.
Molybdate, *s. m.* sel de l'acide molybdique. V.
Molybdène, *s. f.* *Molybdaena.* plombagine, pierre minérale. G. C. V. * potelot, crayon noir; produit du mica; on en fait des crayons. B. *ou* Molibdène. V.
Molybdique, *adj.* 2 *g.* (acide) qui a pour base la molybdène. V.
Molybdite, *s. f.* pierre minérale contenant du plomb. G. C.
Molybdoïde, *s. f.* mine de plomb très-dure. G. C.

†Momenel, *s. m.* singe cynocéphale.
Moment, *s. m.* *Momentum.* instant, petite partie de temps; t. de mécanique, produit de la puissance du levier. (à tout —) sans cesse, *adv.* * (à tous momens). CO.
Momentanée, *adj.* 2 *g.* *Unius momenti.* qui ne dure qu'un moment. * Momentané. e. A.
Momentanément, *adv.* pour, ou pendant un moment. A. C.
Momerie, *s. f.* *Simulatio.* déguisement de sentimens; mascarade; jeu joué pour tromper ou faire rire.
Momeur, *s. m.* (*vieux*) homme déguisé. V.
Momie, *s. f.* *Medicatum corpus.* corps d'Égyptien embaumé; cadavre desséché. * *ou* Mumie. V. cire noire pour greffer les arbres. B. nonchalant. AL.
Momon, *s. m.* défi au jeu de dés; sorte de mise.
†Momot, *s. m.* *Momota.* passereau d'Amérique.
Mon. Ma, *pronom possessif.* *Meus. Mea. Meum.*
Monacaille, *s. f.* (*t. de mépris*) engeance monacale. C.
Monacal. e, *adj.* de moine. * Monachal. e. R.
Monacalement, *adv.* d'une façon monacale. * Monachalement. R.
†Monachelle, *s. m. ou* Marron, poisson.
Monachisme, *s. m.* état des moines. * (*t. de mépris*). AL.
Monade, *s. m.* élémens simples des êtres. * animalcule semblable à un point imperceptible, le premier et le plus simple des êtres animés. B.
Monadelphie, *s. f.* (un frère) seizième classe des végétaux. L.
Monandrie, *s. f.* (un époux) première classe des végétaux. L.
Monarchie, *s. f.* *Regnum.* gouvernement d'un état par un seul chef; cet état; état gouverné par un roi.
Monarchien, *s. m.* partisan de la constitution monarchique. C. V.
Monarchique, *adj.* 2 *g.* de la monarchie.
Monarchiquement, *adv.* d'une manière monarchique.
Monarchiste, *s. m.* partisan de la monarchie. C.
†Monarde, *s. f.* *Monarda.* plantes labiées.
Monarque, *s. m.* *Rex.* qui a seul l'autorité souveraine.
Monastère, *s. m.* *Monasterium.* demeure des religieux. * Monastere. R.
†Monastier, *s. m.* abbé d'un monastère.
Monastique, *adj.* 2 *g.* *Monasticus.* qui tient du monastère; qui concerne les moines.
†Monaule, *s. f.* flûte grecque, antique.
Monaut, *adj.* (chien) qui n'a qu'une oreille.
†Monax, *s. m.* marmotte du Canada.
†Monbain, *s. m.* *Spondias.* prunier des Antilles.
†Moncayar, *s. m.* sorte d'étoffe de laine.
Monceau, *s. m.* *Acervus.* tas, amas en forme de petit mont.
Mondain. e, *adj. s.* qui sent le monde, qui lui est attaché; t. de dévotion, qui n'a que des vertus morales. * espèce de pigeon de volière. B.
Mondainement, *adv.* d'une manière mondaine.
Mondanité, *s. f.* attachement au monde; vanité mondaine.
Monde, *s. m.* *Mundus.* l'univers; le ciel, la terre, ce qui y est compris; le globe terrestre; l'espèce humaine; gens; personnes; la société; ceux qui ont les mœurs corrompus; vie séculière; les mœurs du siècle; domestiques; famille. *terme augmentatif. ex.* le mieux du monde. * petit —, poisson du genre du quatre-dents. B.

Monde, *adj.* 2 *g.* (*inusité*) pur. *l'opposé* d'immonde.
Monder, *v. a.* *Purgare.* dé. e, *p.* nettoyer; ôter la peau.
Mondicité, *s. f.* propreté. V.
Mondificatif. ve, *adj.* qui sert à nettoyer une plaie.
Mondifier, *v. a.* fié. e, *Purgare.* nettoyer, déterger.
†Mondique, *s. m.* mine d'étain pauvre; substance dure, pierreuse qu'on trouve dans les mines d'étain; pyrite blanche arsénicale.
Mondrain, *s. m.* t. de mar. R monticule de sable.
Mone, *s. f.* guenon. *ou* Veillard, singe varié.
Monétage, *s. m.* t. de monnoie. R.
Monétaire, *s. m.* *Monetarius.* intendant des monnoies; qui les fabrique. (*vieux*) * *adj.* (système) des monnoies, qui y a rapport. B.
Mongous, *s. m.* *Mongos.* voyez Maki brun.
Monial. e, *adj. s.* religieux, ce qui les concerne. * *f.* religieuse. A. R. V. CO.
Monin, *s. m.* singe. R. (*t. provincial*).
Moniteur, *s. m.* qui avertit, qui donne des conseils. * Journal. B.
Monition, *s. f.* *Monitio.* avertissement juridique; t. de liturgie.
Monitoire, *s. m. adj. f.* *Comminatio.* lettre de l'official pour forcer à des révélations.
Monitorial. e, *adj.* en forme de monitoire.
†Monkie, *s. m.* guenon à tête de mort.
†Monnage, *s. m.* droit de mouture.
Monnéage, *s. m.* droit sur les monnoies. V.
Monnoie, *s. f.* *Moneta.* pièce de métal qui sert pour l'échange, le commerce; lieu où on la bat; petites espèces. * Monoie. R. Monnaie. C.
Monnoierie, *s. f.* lieu où l'on marque l'empreinte des pièces. G. * Monoierie. R. Monnaierie. C.
Monnoyage, *s. m.* fabrication de la monnoie. * Monoyage. R. Monnayage. C.
Monnoyer, *v. a.* yé. e, *p.* faire de la monnoie; lui donner l'empreinte. * Monoyer. R. Monnayer. C.
Monnoyère, *s. f.* Nummulaire, plante rampante. * Monoyere. R. Monnayère. C.
†Monnoyerie, *s. f.* (*vieux*) atelier des monnoyeurs.
Monnoyeur, *s. m.* *Monetarius.* qui travaille à la monnoie. (faux), qui altère ou contrefait la monnoie. * Monoyeur. R. Monnayeur. C.
Monocéros, *s. m.* licorne cétacée, scarabée-rhinocéros. R. G. C. * constellation australe; poisson du genre du baliste. B.
Monochromate, *s. adj.* tableau, camaïeu. G. C. * *ou* Monochrome, *adj.* (peinture) d'une seule couleur. B.
Monocle, *s. m.* lunette à un seul verre. *adj.* qui n'a qu'un œil. A. V. * puce aquatique; perroquet d'eau. *mieux* Nautile. B.
Monocorde, *s. m.* instrument de musique à une seule corde pour la mesure. * Monochorde. R.
†Monocotyledone, *adj. f.* (graine) qui n'a qu'un lobe.
Monoculaire, *adj.* 2 *g.* qui n'a qu'un œil; t. de chirurgie, d'optique. C.
Monocule, *s. m.* t. de chirur. bandage pour la fistule; t. d'optique, loupe. * bénéfice à l'accolation d'une personne qui ne pourvoit qu'à lui. B.
Monoculiste, *s. m.* cyclope. V.
†Monodie, *s. f.* chant, lamentation chantée par une seule voix, t. d'antiq.
†Monodone, *s. m.* narval.
†Monodonte, *s. f.* *Monodonta.* mollusque céphalé, gastéropode.
Monoecie, *s. f.* (une maison) vingt-unième classe des végétaux. L.

Monogame, *s. 2 g.* qui n'a été marié qu'une fois. G. C.
Monogamie, *s. f.* état de ceux qui n'ont été mariés qu'une fois. R. G. C.
†Monogastrique, *adj. 2 g* qui n'a qu'un ventre.
Monogramme, *s. m.* chiffre qui renferme le nom.
Monogynie, *s. f.* (une épouse) premier ordre de la treizième classe des végétaux. L.
†Monoïque, *s. f.* voyez Monœcie, plantes dont les sexes séparés se trouvent sur le même individu, comme le cyprès.
Monologue, *s. m. Monologia.* scène dramatique où un acteur parle seul.
†Monolythe, *adj. 2 g.* d'une seule pierre.
Monomachie, *s. f.* combat singulier d'homme à homme. R. G. C.
†Monôme, *s. m.* t. d'alg. grandeur composée d'une seule partie; quantité algébrique qui n'est pas divisée par des signes. * Monome. C.
Monometre, *adj. m.* t. de poësie. R.
Monopétale, *adj. 2 g.* t. de botan. qui n'a qu'un pétale, qu'une feuille.
†Monophylle, *adj. 2 g.* (calice, involucre) d'une seule pièce.
Monophysisme, *s. m.* V.
Monopode, *s. m.* t. d'antiq. table à un seul pied. G. RR.
Monopole, *s. m. Monopolium.* convention inique pour faire hausser le prix de quelque chose; vente privilégiée par un seul individu, contraire à la liberté du commerce; nouveaux droits; imposition onéreuse. * Monopôle. R.
Monopoler, *v. n.* faire le monopole, ou des cabales. R. G. C.
Monopoleur, *s. m.* qui fait le monopole; commis à la levée des droits; traitant. (*t. injurieux*).
Monoptère, *s. m.* t. d'antiq. temple rond, sans murailles, porté sur des colonnes. G. C. V. * poisson du genre du gade, du scombre. B.
†Monoptote, *s. m.* mot indéclinable.
†Monorchyte, *s. m.* priapolyte à un testicule.
Monorime, *s. m.* poësie sur une même rime. V.
†Monosperme, *adj. 2 g.* (fruit) qui n'a qu'une semence.
†Monostique, *adj.* (cristal) dont le prisme à pans a, sur le contour de chaque base, un nombre de facettes différent de celui des pans. * *s. m.* épigramme d'un seul vers.
Monosyllabe, *adj. s. m. Monosyllabus.* d'une syllabe.
Monosyllabique, *adj. 2 g.* composé de monosyllabes.
†Monothélites, *s. m. pl.* sectaires qui prétendoient que J. C. n'avoit qu'une volonté.
Monotone, *adj. 2 g.* toujours sur le même ton; d'une uniformité fatigante.
Monotonie, *s. f.* uniformité ennuyeuse de tons, de figures, de pensées semblables.
Monotriglyphe, *s. m.* t. d'archit. espace d'un triglyphe entre deux colonnes. G. C. V.
†Monotype, *adj. 2 g.* (*néolog.*) à un seul type.
Mons, *s. m.* (*t. de mépris*) abréviation de monsieur.
Monseigneur, *s. m.* Messeigneurs, Nosseigneurs, *pl.* titres d'honneur.
Monseigneuriser, *v. a.* sé. e, *p.* traiter de monseigneur. (*ironique*).
Monsieur, *s. m.* Messieurs, *pl. Dominus.* titre donné par civilité; le frère d'un roi de France.
Monson, Monçon, *s. f.* voyez Mousson. R.
Monstre, *s. m. Monstrum.* prodige; production contre la nature; ce qui est très-laid; fleur double; animal difforme; homme, être difforme, énorme; féroce, dénaturé.
Monstrueusement, *adv. Monstrosè.* excessivement, prodigieusement.
Monstrueux. se, *adj. Monstrosus.* d'une conformation contre nature; du monstre; vicieux à l'excès; excessif; prodigieux.
Monstruosité, *s. f.* caractère, vice de ce qui est monstrueux; chose, action monstrueuse.
Mont, *s. m. Mons.* élévation au-dessus du sol, isolée, très-considérable; montagne.
Mont de piété, *s. m.* où l'on prête sur gages. G.
Mont-joie, *s. m.* t. d'antiq. titre du premier roi d'armes; cri de guerre, *s. f.* amas de pierres servant de monument, d'indice du chemin. * *s. f. dans les deux sens.* A. G.
†Mont-joli, *s. m.* sauge de montagne, plante des Antilles.
†Mont-voyau, *s. m.* crapaud volant de la Guiane.
Montage, *s. m.* action de monter; travail pour monter; sonsalaire.
Montagnard. e, *adj. s. Montanus.* habitant des montagnes.
Montagne, *s. f. Mons.* grande masse de terre ou de roche au-dessus du sol de la terre; mont; suite de monts.
Montagnette, *s. f.* monticule. V.
Montagneux. se, *adj. Montosus.* couvert de montagnes.
†Montain, *s. m.* pinçon des Ardennes.
Montance, *s. f.* (*vieux*) valeur. V.
Montant, *s. m.* t. d'artisan, pièce de bois ou de fer debout; t. de finance, total d'un compte; celui qui doit monter à la place d'un autre; t. de botanique, tige; goût relevé; t. de blason. * ortolan des roseaux. B.
Montant. e, *adj.* de tout ce qui monte.
†Montassin, *s. m.* coton filé du levant. * Montasin. AL.
Monte, *s. f.* accouplement des chevaux, son temps.
†Monte-ressort, *s. m.* outil, t. de mét.
Montée, *s. f. Clivus.* petit escalier; marche; degré; monticule; ce qui va en montant; action de monter; endroit pour monter; t. de fauc. vol de l'oiseau.
Monter, *v. a. n. Ascendere.* té. e, *p.* se transporter en un lieu plus haut; se mettre sur; s'élever; croître en valeur; parvenir; former un total; élever; établir; accroître; inspirer, imprimer fortement une idée. (se) former un total; porter en haut; gravir; s'accroître.
†Monteur, *s. m.* faiseur de boîtes de montres.
†Montfaucon, *s. m.* grandeur de la feuille d'une sorte de papier; t. de marbreur.
†Montichicours, *s. m.* étoffe de soie et coton des Indes.
Monticule, *s. f. Clivus.* petite montagne; élévation de terrain.
†Montier, *s. m.* inspecteur dans les salines.
Montoir, *s. m.* pierre, billot pour monter à cheval.
Montre, *s. f. Specimen.* horloge, cadran; échantillon; t. milit. revue; paye lors de la revue; t. d'orfévrerie, boîte vitrée pleine de bijoux; t. de manége, lieu où l'on expose les chevaux; où l'on étale; apparence; t. d'arts et méc. etc.
Montrée, *s. f.* t. de palais, ostentation. V.
Montrer, *v. a. Ostendere.* tré. e, *p.* indiquer; faire voir; faire paroître; enseigner; donner des signes. (se), *v. pers.*
Montueux. se, *adj. Montosus.* (pays) très-inégal, mêlé de plaines et de collines.
Monture, *s. f. Jumentum.* bête sur laquelle on monte; t. d'arts, bois, etc. sur lequel on monte un fusil, etc. travail pour le monter; action de monter.
Monument, *s. m. Monumentum.* marque pour transmettre à la postérité; tombeau; édifice public. (*style soutenu*).
Moque *s. f.* t. de mar. moufle sans poulie. G. RR. * goblet de fer-blanc. C.
Moquer (se), *v. r. Irridere.* qué. e, *p.* se railler, plaisanter de; braver, mépriser; faire hors de propos; ne pas agir ou parler sérieusement; amuser.
Moquerie, *s. f. Irrisio.* action, parole par laquelle on se moque; chose absurde, impertinente.
Moquette, *s. f.* étoffe velue. * moquerie. (*pop.*) V. oiseau attaché au piége pour attirer les autres. B. Moquete. R.
Moqueur. se, *adj. s. Derisor.* qui se moque, qui raille.
Moqueur, *s. m.* oiseau de Virginie, du genre du merle, qui imite le chant des autres, très-mime. * serpent du 3ᵉ. genre. B.
Moquoiseau, *s. m.* sorte de cerise. V.
†Morabites, *s. m. pl.* Africains qui font profession de science et de sainteté.
Morailler, *v. a.* lé. e, *p.* t. de verrerie, se servir de morailles pour allonger le verre. G.
Morailles, *s. f. pl. Lupi.* instrument pour serrer le nez des chevaux difficiles à ferrer; tenailles de verrier.
Moraillon, *s. m.* pièce pour fermer un coffre.
Moraine, *s. f.* laine détachée par la chaux. G. C. * cordon de mortier autour d'un mur de pisé. B.
Moraines, *s. f. pl.* t. de vétér. vers au fondement.
Moral. e, *adj. s. m. Moralis.* qui regarde les mœurs. *s. m.* disposition morale.
Morale, *s. f.* doctrine des mœurs; traité de morale.
Moralement, *adv.* selon les lumières de la raison; selon toutes les apparences.
Moraliser, *v. a.* sé. e, *p.* faire des réflexions morales.
Moraliseur, *s. m.* qui affecte de parler morale.
Moraliste, *s. m.* qui écrit sur les mœurs.
Moralité, *s. f.* caractère moral d'une personne; ses mœurs, ses principes; t. de littér. réflexion morale; sens, but moral, t. de philos.: espèce de drames moraux.
†Morateur, *s. m.* qui prolonge une affaire.
†Moratoires, *adj. f. pl.* (lettres) qui accordent terme et délai. * *sing.* AL.
Morbide, *adj. 2 g.* (chairs) mollement, vivement exprimées, t. de peinture.
Morbidesse, *s. f.* t. de peinture, mollesse, délicatesse des chairs. A. V. * de l'italien *Morbidezza.* B.
Morbifique, *adj. 2 g.* qui cause ou regarde la maladie.
Morbleu! *interjection qui menace, exagère.*
Morce, *s. f.* disposition particulière des pavés en revers. G. * voyez Morse. B.
Morceau, *s. m. Pars.* partie, portion séparée d'un solide; t. d'arts, pièce entière.
Morceler, *v. a. Dividere.* lé. e, *p.* diviser par morceaux.
Mordache, *s. f.* tenaille pour remuer le gros bois. G. CO. * pour mettre dans l'étau. B.
Mordacité, *s. f. Mordacitas.* qualité corrosive; médisance aigre et piquante.
Mordailler, *v. a.* lé. e, *p.* mordre légérement. C. * Mordiller. V.
Mordant. e, *adj. Mordax.* qui mord; piquant; satirique.
Mordant, *s. m.* vernis pour fixer l'or, etc. sur les métaux; saillie, force, netteté; t. d'arts. * bois évidé dans sa longueur pour fixer la copie. B.
†Mordaret, *s. m.* clou doré, sur les harnois.
†Mordelle, *s. f. Mordella.* insecte coléoptère.
†Mordexin, *s. m.* vomissement continuel et mortel à Goa.
Mordicant. e, *adj. Acer.* âcre, picotant, corrosif;

qui aime à critiquer. * *s. f. pl. Mordellaca.* mouches à deux ailes dentelées. B.

†Mordication, *s. f.* picotement.

Mordicus, *adv.* avec ténacité. A. V.

Mordienne (à la grosse), *adv.* sans façon; sans finesse; avec sincérité. * Mordiene. R.

Mordiller, *v. a.* lé. e, *p.* mordre légérement, à plusieurs reprises. A. R. V. G.

Mordoré, *adj. indécl.* brun mêlé de rouge. * *s. m.* tangara jaune à tête noir. B.

Mordre, *v. a. Mordere.* du. e, *p.* serrer avec les dents, le bec; piquer; porter, appuyer fortement sur; imprégner. *v. n.* médire, critiquer, trouver à redire à.

More. Moresque, *adj. s. Maurus.* qui a rapport aux mores. *s. f.* danse; arabesque. * feuillages, t. de ciseleur. B. More. sse. R. *et* Maure. G. CO.

Moreau, *adj. m.* (cheval) extrêmement noir.

Morelle, *s. f. Solanum.* Vigne de Judée, plante de plusieurs espèces. * *ou* Morillon, oiseau aquatique. B.

Morène, *s. f. Morsus ranæ.* plante aquatique. L. 1466.

†Moresque, *s. f.* pierre noire, t. de savonnerie.

†Morfer, *v. a.* manger avidement. (*vieux*).

Morfailler, *v. a.* manger goulument. RABELAIS.

Morfil, *s. m.* dents d'éléphans; ce qui reste adhérent au tranchant que l'on vient de repasser. * *et* Marfil, dent d'éléphant. R. C.

Morfondre, *v. a.* du. e, *p.* causer un froid qui pénètre. (se), *v. r.* se refroidir; s'ennuyer à attendre, à poursuivre une affaire.

Morfondure, *s. f.* maladie des chevaux refroidis.

†Morgane, *s. f.* lumière nocturne prise pour des fantômes; fée.

Morgeline, Mouron *ou* Alsine, *s. f. Alsine.* plante que l'on donne aux oiseaux. L. 389.

†Morgoule, *s. f.* mollusque de mer, en forme de moitié d'orange.

†Morgoules, *s. m. pl.* zoophites; espèce de galère; insectes de mer.

Morguant. e, *adj.* qui morgue. R.

Morgue, *s. f. Supercilium.* mine, contenance grave, sérieuse; orgueil, fierté; t. de prat. guichet où l'on examine les détenus; lieu d'exposition des cadavres. * embouchure de la chausse. B.

Morguer, *v. a.* gué. e, *p.* braver quelqu'un, le regarder avec menace et fierté.

Morgueur, *s. m.* guichetier qui est au guichet de la morgue. T. * qui regarde avec morgue. V. RR.

Morgueux, *adj. m.* méprisant. V.

Morguienne (par-la-), sorte de jurement. C.

Moribond. e, *adj. Moribundus.* qui va mourir. * qui est malade de langueur. G.

Moricaud. e, *adj. s.* brun, qui a le teint brun.

Morigéné. e, *adj.* bien instruit, bien élevé; remis dans le devoir. G.

Morigéner, *v. a.* né. e, *p.* former, corriger les mœurs; instruire.

Morille, *s. f. Fungus.* espèce de champignon ressemblant au rayon de miel.

Morillon, *s. m.* raisin noir; oiseau. *pl.* émeraudes brutes. * canard. B.

Morine, *s. f. Morina.* plante du Levant, du nom de Morin, cordiale, céphalique. * mortalité des bestiaux; laine des bêtes mortes (*vieux*).

Moringa, *s. m.* excellent antidote; arbre du Malabar. G.

†Morio, *s. m.* antiope magnifique; papillon diurne.

Morion, *s. m. Cassis.* armure de tête, t. d'antiquité; coup de crosse, de hallebarde; punition militaire.

†Moris, *s. m.* basin des Indes.

†Morme *ou* Mormurot, *s. m.* poisson du genre du spare.

†Mormyre, *s. m.* espèce de poissons abdominaux, du 15ᵉ. genre.

Morne, *adj.* 2 *g. Mœstus.* triste; pensif; mélancolique. * *s. m. ou* Mornet, petite montagne en Amérique. B.

Morné. e, *adj.* t. de blason, sans dents, bec, langue, griffes ni queue; (arme) courtoise, sans pointe ou tranchant.

Mornifle, *s. f.* (*populaire*) coup de la main sur le visage; soufflet. * (*vieux*) jeu de cartes. V.

†Morochite, *s. f. Morochitus.* terre très-subtile, douce, savonneuse, qui sert à nettoyer les étoffes.

†Morochte. voyez Galexie.

Morochtus, *s. m.* sorte de pierre. RR.

Morose, *adj.* 2 *g.* morne; triste; chagrin; difficile; bizarre.

†Morosée, *s. f.* (humeur) triste, pensive, sombre.

Morosif, *adj.* lent; négligent; tardif. R. V. (*inusité*).

Morosis, *s. m.* diminution de l'esprit. V.

Morosité, *s. f.* qualité du morose. A.

Morpion, *s. m. Pediculus.* vermine qui s'attache aux poils ou aux endroits où il y en a.

Mors, *s. m. Frenum.* tout ce qui sert à brider un cheval; pièce qu'on lui met dans la bouche. * bout de la canne du verrier. — du diable. voyez Scabieuse. B.

Morse, *s. m.* vache marine. * *pl.* rangs de pavés qui aboutissent aux bordures. B.

Morsure, *s. f. Morsus.* plaie, meurtrissure, marque faite en mordant.

Mort, *s. f. Mors.* fin, cessation de la vie; grandes douleurs; grands chagrins.

Mort-bois, *s. m.* épines, ronces, bois inutiles dans les forêts. G.

Mort-gage, *s. m.* gage dont le créancier engagiste a les fruits. A. V.

Mort-né, *adj.* tiré mort de la matrice.

Mortadelle, *s. f.* saucisson fort épicé et poivré.

Mortaillable, *adj.* 2 *g.* de condition servile. * dont le seigneur hérite. B.

†Mortain, *s. m.* laine de très-basse qualité.

†Mortaise, *s. f.* voyez Mortoise.

Mortalet, *s. m.* boîte d'artillerie. V.

Mortalité, *s. f. Mortalitas.* condition de ce qui doit mourir; mort d'un grand nombre d'hommes, d'animaux.

Morte eau, *s. f.* basse marée; eau-morte, qui ne coule pas; mélancolique. * morte-eau. C.

Morte-paye, *s. m.* soldat payé, entretenu en tous temps, en garnison. G. RR. CO.

Morte-saison, *s. f.* temps où l'artisan manque d'ouvrage, * ou ne peut travailler. B.

Mortel. le, *s. m. Mortalis.* homme. *s. f.* femme; t. de poësie. *adj.* sujet à la mort; qui la cause; excessif; très-ennuyeux. * Mortel. ele. R.

Mortellement, *adv. Mortiferè.* à mort; grièvement; excessivement. * Mortélement. R.

†Mortellier, *s. m.* artisan qui battoit dans le mortier (*vieux*).

Mortier, *s. m. Mortarium.* vase pour piler; pièce d'artillerie; sorte de bonnet; t. de maçon, chaux détrempée avec du sable et du ciment; liqueur détrempée et épaissie. * bougie moulée pour la nuit. B.

Mortifère, *adj.* 2 *g. Mortiferus.* qui cause la mort. * Mortifere. R.

Mortifiant. e, *adj. Molestus.* qui cause de la confusion, du chagrin.

Mortification, *s. f. Mortificatio.* action par laquelle on mortifie; chagrin; affliction; humiliation, réprimande; état des chairs prêtes à se gangrener; action par laquelle une chose s'altère. *pl.* austérités.

Mortifier, *v. a. Macerare.* fié. e, *p.* faire que la viande devienne plus tendre; affliger son corps par des macérations; dompter ses sens, ses passions; humilier, chagriner par une réprimande, un refus.

Mortoise, *s. f. Cavus.* t. de menuis. entaillure. * Mortaise. T. V. CO.

†Morts-murs, *s. m. pl.* parois d'un four de fusion.

Mortuaire, *adj.* 2 *g. Funebris.* qui concerne les morts, l'enterrement.

Morue, *s. f. Morua.* poisson de mer du genre du gade. * *ou* Morlue *et* Molue. *ou* Morrhue. *Morrhus.* C.

Morve, *s. f. Muccus.* humeur visqueuse des narines; t. de jardinier, pourriture des laitues; t. de vétérinaire, maladie contagieuse des chevaux.

Morveau, *s. m.* morve plus épaisse, plus recuite.

Morver, *v. n.* avoir la morve; t. de jardinier, se pourrir. G. C.

Morveux. se, *adj. Mucosus.* qui a de la morve; attaqué de la morve. *s.* petit enfant.

†Mosa, *s. m.* farine et lait bouilli.

Mosaïque, *adj.* 2 *g.* (loi) qui vient de Moïse. *Tessellatum opus. s. f.* ouvrage de rapport en pierres dures. * ornemens par compartimens. B.

†Mosarabe, *s. m.* chrétien d'Espagne venu des mores. * *et* Mosarabique, *adj.* 2 *g.* voyez Mozarabique. G. *et* Musarabe. B.

Moscateline, *s. f. Moschatellina.* Herbe musquée, Herbe du musc, plante baccifère, détersive, vulnéraire, résolutive. L. 527. * Moscaceline. V.

Moscouade, *s. f.* sucre brut. G. C. RR. * Moscovade. R.

Mosette, *s. f.* sorte de chaperon que portent les évêques. G. C.

Mosquée, *s. f.* temple, lieu de prière des Turcs.

†Mosquilles, Mosquites *ou* Mousquites, *s. m. pl.* espèce de maringouins, de cousins, aux Indes orientales.

Mot, *s. m. Verbum.* terme; parole; diction; expression; ce qu'on dit ou écrit en peu de paroles; sentence, apophtegme, dit remarquable; prix offert ou demandé; proposition; billet; explication; mot pour se reconnoître, t. militaire. (en un —), pour conclure; bref; enfin; (*adv.*).

Mot à mot, *adv.* mot pour mot. G. * *s. m.* le mot à mot, t. de collége. B.

Motacille, *s. f. Motacilla.* oiseau qui remue sans cesse la queue. G. C.

Motelle, Moteille, *s. f.* petit poisson d'eau douce.

Motet, *s. m. Carmen.* pseaume, paroles sacrées en musique; musique latine.

Moteur. trice, *adj. s. Motor.* qui donne le mouvement; puissance qui met en mouvement. * Moteur, *adj.* 2 *g.* C.

†Moteux, Motteux *ou* Vitrec, *s. m.* voyez Cul-blanc, oiseau.

Motif, *s. m. Causa.* ce qui meut, porte à faire une chose. * idée primitive, t. de musique. B.

Motion, *s. f. Motio.* action de mouvoir; proposition faite dans une assemblée.

Motive, *adj. f.* (cause) R. qui détermine à agir. B.
Motiver, *v. a.* vé. e, *p.* alléguer les motifs d'un avis, d'un jugement, d'une action.
Motte, *s. f.* *Gleba.* petit morceau de terre; butte artificielle; pain de tan; masse de terre à cuire. * Mote. R.
Motter (se), *v. réfléchi.* té. e, *p.* t. de chasse, se cacher derrière des mottes. * Moter. R.
Motus! *interjection.* (*familier*) ne dites mot.
Mou, *s. m.* poumon de certains animaux.
Mou. Molle, *adj. Mollis.* qui cède facilement au toucher; sans vigueur; efféminé, indolent. * *et* Mol. le. R. Mol. G.
†Moucet, *s. m.* fauvette d'hiver. voyez Mouchet.
†Mouchache, *s. f.* fécule de manioc qui a été exprimée.
Mouchard, *s. m.* *et* Mouche, *s. f.* espion de police.
†Moucharra, *s. m.* poisson du genre du chétodon.
Mouche, *s. f.* *Musca.* mouchard; insecte à ailes transparentes, sans étui; morceau rond de taffetas noir; constellation du sud; difficulté; mauvaise humeur. * — asile *ou* Parasite. — baliste, qui lance des petits boulets. — scorpion *ou* Panorpe, poisson du genre du labre; du salmone, du sciène. B.
Moucher, *v. a.* *Emungere.* ché. e, *p.* ôter la morve du nez, le lumignon d'une chandelle; espionner; t. de métiers, nettoyer, ôter le bout. (se), *v. réciproque.*
Moucherolle, *s. f.* espèce d'oiseau du genre des gobe-mouches. * Moucherole. R.
Moucheron, *s. m.* *Culex.* petite mouche; bout de mèche brûlée.
Mouchet, *s. m.* Fauvette-d'hiver, petit oiseau. * voyez Émouchet. R. *et* Moucet. B.
†Moucheté, *s. m.* (le) serpent du troisième genre; lézard du premier genre.
Moucheter, *v. a.* *Variare.* faire de petites marques rondes sur. -té. e, *p. adj.* tacheté.
Mouchette, *s. f.* rabot; t. d'architecture, larmier. * coquille bivalve; outil à fut de menuisier. B. *pl. Forfices.* instrument pour moucher une chandelle, etc. Mouchete. Mouchetes. R.
Moucheture, *s. f.* *Maculæ.* t. de manufacture, mouches sur une étoffe; t. de blason; t. d'agriculture; état de ce qui est moucheté; ornemens en mouches; taches sur la peau. * scarification légère. B.
Moucheur (de chandelles), *s. m.* qui mouche les chandelles, etc.
Moucheux, *s. m.* moucheur. V.
Mouchoir, *s. m.* *Linteolum.* linge pour se moucher, se couvrir le cou. * — horipul, des Indes. — balaçor, des Indes. B.
Mouchon, *s. m.* bout du lumignon. R. mouchure, bout de mèche brûlée. B.
Mouchure, *s. f.* ce qu'on ôte en mouchant.
†Moucieu, *s. m.* vessie de mer; galère; zoophite ou mollusque.
Mouçon. voyez Mousson. A.
Moudre, *v. a.* *Molere.* moulu. e, *p.* broyer, mettre en poudre avec la meule. * *v. n.* moudre du blé. B.
Moue, *s. f.* *Sanna.* sorte de mine, de grimace en allongeant les lèvres.
Mouée, *s. f.* mélange du sang des issues du cerf, avec du pain et du lait, pour faire la curée.
Mouelle. voyez Moelle. G.
Mouet, *s. m.* mesure dans les salines. V.
Mouette, *s. f.* *Gavia.* oiseau de mer. * Mouete. R.
Mouférique, *adj. 2 g.* qui tient des moufettes. R.
Moufette, Mofette, *s. f.* *Mephitis.* exhalaison pernicieuse des souterrains, des mines, etc. * Moufete, Mofete. R. Moufettes, Mofettes. C.
†Mouffetes, *s. m. pl.* animaux quadrupèdes qui répandent une odeur suffoquante. voy. Coase, Conépate, Chinche *et* Zorille.
Moufflettes, *s. f. pl.* t. de vitrier, morceau de bois pour tenir le fer à souder. * Mouflete. R.
†Mouffion, *s. m.* brebis sauvage, animal bisulce, cornupède, herbivore, ruminant; sa peau.
Mouflard. e, *s.* (*familier*) qui a le visage gros et rebondi.
Moufle, *s. f.* *Rechamus.* mitaine; gros gant; instrument d'émailleur; barres de fer pour empêcher l'écart. *s. m.* assemblage de poulies, *Polyspathus.* vaisseau de chimie. * four mobile. B. visage gras et rebondi (*bas*). G. C.
Mouflé. e, *adj.* (poulie) qui agit avec une autre. A. V.
Moufler, *v. a.* flé. e, *p.* prendre et serrer le nez et les joues. G. C. RR.
Moufti. voyez Mufti. R.
†Mouillade, *s. f.* action d'humecter le tabac d'eau salée.
Mouillage, *s. m.* fond propre pour jeter l'ancre. * mouillure des cuirs. B.
Mouille-bouche, *s. f.* poire très-juteuse.
†Mouillée, *s. f.* quantité de chiffons pourris à la fois; quantité de poignées.
Mouiller, *v. a.* *Madefacere.* lé. e, *p.* tremper; humecter; rendre humide et moite; t. de marine, jeter l'ancre; t. de grammaire, prononcer mollement.
†Mouillet, *s. m.* deux jantes formant oval pour placer les rais.
Mouillette, *s. f.* petite tranche de pain longue et menue. * Mouillete. R.
Mouilloir, *s. m.* vase pour y mouiller le bout des doigts en filant, les tenailles, etc.
Mouillure, *s. f.* action de mouiller, ses effets.
Mouisseau, *s. m.* t. de marine. V.
Moulage, *s. m.* mesurage de bois; salaire du mouleur; action de mouler; carreaux moulés; t. de meunier, action des meules, ses effets; mécanisme du moulin. * carton pour les cartouches, les artifices. B.
Moulant, *s. m.* meunier qui travaille. G. * Meule. V.
†Moulard, *s. m.* Molée, *ou* Cimolée (terre), *s. f.* terre produite par le frottement du fer sur les meules; astringente.
Moule, *s. f.* *Mutili.* coquillage. *s. m.* *Forma.* matière creusée pour donner la forme au métal; modèle. * *ou* Moucle, t. d'arts et métiers; vase de chimie; feuillets de vélin pour battre l'or. B.
Moulé, *s. m.* lettres moulées. (*popul.*) V.
Moulée, *s. f.* t. de taillandier, boue de la meule.
Mouler, *v. a.* lé. e, *p.* jeter en moule; prendre l'empreinte; mesurer du bois; imprimer. (se), *v. r.* se former dans le moule.
†Moulerie, *s. f.* atelier où l'on jette en moule, t. de forge.
Moulette, *s. f.* petit coquillage. C. * t. de coutelier, partie d'un clou de ciseau. B. * Moulete. R.
Mouleur, *s. m.* qui moule, qui visite le bois, t. de marine.
Mouliere, *s. f.* où l'on pêche des moules. R. * veine tendre dans une meule. B. Moulière. AL.
Moulin, *s. m.* *Moletrina.* machine à moudre; instrument d'arts.
Moulinage, *s. m.* préparation de la soie. * action de moudre. B.
Mouliné. e, *adj.* (bois) gâté par les vers. * (pierre) très-tendre. B.
Mouliner, *v. a.* né. e, *p.* préparer la soie; G. C. * t. de fleuriste, se dit des vers qui creusent la terre. R. G.
Moulinet, *s. m.* *Sucula.* petit moulin; tourniquet; t. d'arts.
Moulinier, *s. m.* qui travaille au moulinage des soies.
Moulla, *s. m.* G. R. * Moullah, docteur mahométan. B.
†Moulsans *ou* Moultans, *s. m. pl.* toiles peintes du Mogol.
Moult, *adv.* (*vieux*, *inusité*) beaucoup.
Moulu. e, *adj.* *Molitus.* pulvérisé; froissé de coups.
Moulure, *s. f.* *Torus.* saillie, ornement d'architecture.
Mounée, *s. f.* mouture. R.
Mourant. e, *adj. s. m.* *Moriens.* qui se meurt, s'affoiblit.
Mourette, *s. f.* m'amour, mamie. CHAMPMÊLÉ.
Mourgon, *s. m.* plongeur. R.
†Mouri, *s. m.* toile de coton des Indes.
†Mourine, *s. f.* poisson du genre de la raie.
Mourir, *v. a.* *Mori.* mort. e, *p.* décéder; cesser de vivre; perdre la vie, l'être; souffrir beaucoup. (se), *v. pers.* être prêt de mourir.
Mouroir (le), *s. m.* (*vieux*) lit de mort. C.
Mouron, *s. m.* Anagallis, Morgeline, plante.
Mourre, *s. f.* jeu d'enfans. R. V.
Mousquet, *s. m.* *Sclopetus.* ancienne arme à feu.
Mousquetade, *s. f.* coup de mousquet; décharge de mousquets.
Mousquetaire, *s. m.* soldat armé d'un mousquet.
Mousqueterie, *s. f.* mousquetade. * Mousquéterie. R.
Mousqueton, *s. m.* espèce de fusil court et gros.
†Mousquite, *s. f.* voyez Mosquille.
†Mous, Moux *ou* Mollusque. voyez ce mot.
Mousse, *s. f.* *Muscus.* herbe parasite; écume. * glace de crême. B. *s. m.* jeune matelot. *adj.* (*vieux*) émoussé.
†Mousseaut, *s. m.* pain de farine de gruau. * Mousseau. AL.
Mousseline, *s. f.* *Nebula linea.* toile de coton très-fine et claire. * pâte de gomme adragant et sucre. B.
Mousser, *v. n.* *Spumescere.* sé. e, *p.* se dit des liqueurs qui se couvrent de mousse.
Mousseron, *s. m.* *Boletus.* petit champignon qui croît dans la mousse.
Mousseux. se, *adj.* *Spumans.* qui mousse.
Moussoir, *s. m.* ce qui fait mousser. R. * outil pour faire mousser. B.
Mousson, *s. f.* vents périodiques de la mer des Indes; courant formé par le vent. * *et* Mouçon *ou* Monson. R. *pl.* AL.
Moussue. e, *adj.* *Muscosus.* couvert de mousse.
†Moussure, *s. f.* barbes autour des trous, t. de potier.
Moustac, *s. m.* *Cephus.* petite guenon à nez blanc. R.
Moustache, *s. f.* oiseau, mésange barbue; barbe au-dessus de la lèvre; poil de la gueule. * manivelle de tireur d'or. B.
†Moustille, *s. f.* espèce de belette sauvage.
Moustiquaire, *s. f.* garniture de lit qui sert à préserver des moustiques. C.
Moustique, *s. f.* espèce de cousin, insecte en Amérique.
Moût, *s. m.* *Mustum.* vin doux, nouvellement fait.
Moutarde, *s. f.* *Sinapi.* composition de senevé, etc

etc. sa graine. * *ou* Senevé, plante dont on fait la moutarde. (*figuré*) humeur, colère. B.

Moutardier, *s. m.* vase pour la moutarde; celui qui fait, vend de la moutarde.

Moutier, *s. m.* (*vieux*) monastère; église. * *ou* Moustier. V. Monstier (*vieux*). B.

Mouton, *s. m.* *Vervex.* bélier châtré; homme fort doux; t. d'arts; peau de mouton préparée; machine pour enfoncer les pilotis. * espion parmi les détenus; monnoie d'or; piliers d'un train de carrosse. B. *pl.* grosses vagues blanchissantes, t. de mar. G. V.

Moutonnage, *s. m.* droit sur les moutons. V. * Moutonage. R.

Moutonnaille, *s. f.* se dit de ceux qui suivent trop l'exemple des autres. G. C.

Moutonner, *v. a.* né, e, *p.* rendre frisé et annelé. *v. n.* se dit de la mer qui s'agite. * Moutoner. R.

Moutonnier, ère, *adj.* (*famil.*) qui a la nature et le caractère des moutons; qui suit l'exemple des autres. * Moutonier, ère. R.

Mouture, *s. f.* *Molitura.* action de moudre; mélange de grains; salaire du meunier.

Mouvance, *s. f.* dépendance d'un fief d'un autre.

Mouvant, e, *adj.* *Mobilis.* qui a la puissance de mouvoir; qui s'enfonce, se déplace; qui relève de; (tableau) à figures mobiles.

†Mouve-chaux, *s. m.* bouloir de raffineur.

Mouvement, *s. m.* *Motus.* transport d'un corps d'un lieu dans un autre; affection de l'âme; fermentation; dispositions à la révolte; guerres civiles; agitation; degré de vitesse, t. milit. marches d'une armée; t. de littér. figures pathétiques; rithme, cadence; t. de mus. marche du grave à l'aigu, de l'aigu au grave; t. de mécanique, ressorts.

Mouver, *v. a.* vé, e, *p.* remuer la terre d'un pot, d'une caisse. * détacher le sucre de la forme. B.

†Mouveron, *s. m.* morceau de bois pour remuer le sucre.

†Mouver, Mouvoir, *s. m.* *ou* Mouvette, *s. f.* bâton pour remuer le suif fondu.

Mouvoir, *v. a.* *Movere.* mû, e, *p.* donner du mouvement, une impulsion; faire changer de place; remuer; exciter, faire agir. (se), *v. r.* * Mu, e, *p.* G.

Moxa, *s. f.* plante de la Chine; les filamens guérissent la goutte. RR.

†Moyac, *s. m.* oiseau du Canada.

Moye, *s. f.* t. de maçon. R. * partie tendre au milieu de la pierre. B.

†Moyée, *adj. f.* (pierre) dont le lit est inégalement dur.

Moyen, *s. m.* *Ratio.* ce qui sert à parvenir à; raison pour la défense; pouvoir, faculté de faire. *pl.* richesses, commodités, facultés naturelles. * *s. f.* pièce de fer plat et mince. t. de mathém. 2e. antécédent, 2e. conséquence. B.

Moyen, ne, *adj.* *Mediocris.* médiocre; entre deux extrémités; qui est au, ou dans le milieu. * Moyen, ene. R.

Moyeneur, se, *s.* (*inusité*) entremetteur. R.

Moyennant, *adv.* *Modò.* au moyen, à l'aide de. * Moyenant. R.

Moyennement, *adv.* (*vieux*) *Mediocriter.* médiocrement. * Moyenement. R.

Moyenner, *v. a.* né, e, *p.* négocier; ménager; procurer par son entremise. * Moyener. R.

Moyer, *v. a.* yé, e, *p.* t. de maçon, fendre, scier une pierre en deux.

Moyeu, *s. m.* *Modiolus.* t. de charron, bloc au milieu de la roue. *Vitellus*, jaune d'œuf; espèce de prune.

Moyeux, *s. m. pl.* prunes confites. T.

†Moyse, *s. m.* voyez Moïse.

Mozarabe, *s. m.* chrétien d'Espagne venu des mores et des sarrazins. * Mosarabe. G. C. *et* Muzarabe. B.

Mozarabique, Mozarabe, *adj.* 2 *g.* des mozarabes. * Mosarabique. G. C. RR.

Muable, *adj.* 2 *g.* *Mutabilis.* sujet à changer; inconstant.

Muance, *s. f.* *Mutatio.* t. de mus. changement de note. * manière d'appliquer aux notes les syllabes de la gamme. B.

†Muant, *s. m.* canal au milieu d'un marais salant.

Muche-pot. voyez Musse-pot.

Muchetampot (à la), *adv.* secrètement. V.

Mucilage, *s. m.* matière visqueuse, épaisse.

Mucilagineux, se, *adj.* qui contient du mucilage.

Mucosité, *s. f.* humeur épaisse, de la nature de la morve.

†Mucroné, e, *adj.* (feuille) en pointe aiguë, saillante, allongée.

†Mude, *s. f.* étoffe d'écorce d'arbre de la Chine.

Mue, *s. f.* *Defluvium.* changement de plumes, de poils, de peau; temps, lieu où il se fait; dépouille de l'animal qui a mué; peau; bois tombé du cerf; lieu, cage où l'on engraisse la volaille.

Muel, *s. m.* (*vieux*) plomb pour niveler. V.

Muer, *v. n.* mué, e, *p.* t. de vénerie, de fauc. changer de plumage, de poil, de peau. * se dit de la voix des jeunes gens qui change. B.

†Mueson, *s. m.* mesure; droit sur le vin.

Muet, te, *s. adj.* *Mutus.* qui ne parle point; t. de gram. qui se prononce foiblement. * *s. m.* espèce de serpent sonnette. B. Muet, ete. R.

Muette, *s. f.* maison de chasse, t. de fauconnerie. * Muete. R.

Mufle, *s. m.* *Rostrum.* extrémité du museau; sa figure. * t. d'archit. bande de fer sous le bout d'un ressort. B.

Mufle de lion, *s. m.* plante. G.

Mufle de veau, *s. m.* *ou* Muflier, plante dont la fleur représente un muffle, bonne pour les fluxions sur les yeux.

Mufti, *s. m.* chef de la religion mahométane. * *et* Moufti. R.

Muge, *s. m.* *Mugil.* poisson de mer, d'eau douce, du genre du mugil. — volant, *ou* Adonis, poisson du genre de l'exocet.

Muge volant, Adonis, *s. m.* poisson du genre de l'exocet. * Muge-volant. C.

Mugil, *s. m.* poisson, 12e. genre, 5e. classe.

Mugir, *v. n.* *Mugire.* se dit en parlant du cri des taureaux, des vaches, du bruit des vents et des flots irrités, des bruits qui imitent le mugissement.

Mugissant, e, *adj.* *Mugiens.* qui mugit.

Mugissement, *s. m.* *Mugitus.* action de mugir, ses effets.

Muguet, *s. m.* *Convallaris majalis.* Lis des vallées, plante; son eau est très-usitée en méd. contre l'apoplexie, la paralysie, les convulsions; homme recherché dans sa parure, galant. — des bois, Hépatique étoilée, espèce de grateron, pour les obstructions, vulnéraire, astringente, pour l'épilepsie, cordiale. L. 451.

Mugueter, *v. a.* *Procari.* té, e, *p.* faire le muguet, le galant. * épier l'occasion d'obtenir. G. V. Muguetter. V.

Muid, *s. m.* *Modius.* mesure, 288 pintes; mesure de grains, etc. vaisseau, son contenu.

Muire, *s. f.* eau dont on fait le sel. G. C. * Muire *ou* Mure. R.

†Mulagis, *s. m.* cavalier turc de choix.

Mulat, *s. m.* métis. V.

Mulâtre, sse, *adj. s.* *Hybrida.* né d'une négresse et d'un blanc, et réciproquement.

†Mulcionaire, *s. m.* qui trait les vaches.

Mulcte, *s. f.* (*vieux*) amende. C.

Mulcter, *v. a.* té, e, *p.* condamner à quelque peine; punir.

Mule, *s. f.* *Mula.* animal, mulet femelle. *Crepida.* chaussure. *pl.* engelures aux talons. * crevasses au boulet du cheval. B.

Mulet, *s. m.* *Mulus.* produit d'ânes et de chevaux; oiseau ou animal métis. * poisson du 16e. genre, de la 4e. classe; vaisseau portugais à voiles latines. B.

Muletier, *s. m.* qui soigne et conduit les mulets; * Multier. B.

Mulette, *s. f.* *Stomachus.* t. de fauconnerie, gésier des oiseaux de proie. * bateau de pêche portugais. *Unio*, mollusque acéphale. B. Mulete. R.

Muliebre, *adj.* 2 *g.* t. de médecine. R.

†Mulier, *s. m.* filet, espèce de cibaudière.

Mulon, *s. m.* grand tas de sel, de foin. G. C.

Mulot, *s. m.* *Mus rusticus.* espèce de souris; — volant, espèce de chauve-souris des champs.

Muloter, *v. n.* se dit du sanglier qui fouille les trous des mulots. R. G. C.

†Mulquinerie, *s. f.* fabrique de toiles très-fines.

†Multicapsulaire, *adj.* 2 *g.* (fruit) à plusieurs capsules.

†Multicaule, *adj.* 2 *g.* *ou* Tigeux, se, *adj.* t. de botan. à plusieurs tiges.

†Multifide, *adj.* 2 *g.* (feuille) partagée par des sinus égaux.

†Multiflore, *adj.* 2 *g.* (pédoncule) qui porte plusieurs fleurs.

Multiforme, *adj.* 2 *g.* qui prend toutes les formes. VOLTAIRE.

†Multilatère, *s. adj.* 2 *g.* polygone.

†Multilobé, e, *adj.* multifide.

†Multiloculaire, *adj.* 2 *g.* (fruit) à plusieurs loges.

Multinome, *s. m.* grandeur exprimée par plusieurs termes. * Multinôme. A. V. *et* Polynôme. V.

†Multipare, *adj.* 2 *g.* qui produit plusieurs petits d'une portée.

†Multiparti, e, *adj.* divisé en plusieurs lanières; t. de botanique.

Multiple, *adj.* 2 *g.* *s. m.* nombre qui en contient plusieurs fois un autre exactement.

Multipliable, *adj.* 2 *g.* *Multiplicabilis.* qui peut être multiplié.

†Multipliant, *s. m.* verre à facettes qui multiplie les objets.

Multiplicande, *s. m.* nombre à multiplier.

Multiplicateur, *s. m.* nombre par lequel on en multiplie un autre.

Multiplication, *s. f.* *Multiplicatio.* augmentation en nombre; règle, opération d'arithmétique pour multiplier.

Multiplicité, *s. f.* *Multitudo.* nombre indéfini; grand nombre.

Multiplier, *v. a.* *Multiplicare.* plié, e, *p.* augmenter un nombre, une quantité. *v. n.* augmenter en nombre par la génération; croître en nombre.

Multirême, *s. m.* t. de marine, bâtiment à plusieurs rames. R.

Multitude, *s. f.* *Multitudo.* grand nombre; le peuple, le vulgaire.

†Multivalve, e, *adj.* (capsule) à plusieurs panneaux.

Multivalves, *s. f. pl. adj.* *Polyvalvia.* coquilles de plusieurs pièces, inégales, articulées ou adhérentes par un cartilage.

Mumie, *s. f.* voyez Momie. RR.

Munasichite, *s.* sectaire turc. V.

†Mungo, *s. m.* plante qui ressemble à la valériane, à semence fébrifuge.

Municipal, e, *adj.* *Municipalis.* d'une munici-

palité. *s. m.* membre d'une municipalité.
Municipaliser, *v. a.* sé. e, *p.* introduire le régime municipal. C. V.
Municipalité, *s. f.* corps des municipaux, leur ressort, lieu de leur réunion; la commune.
Municipe, *s. m.* ville d'Italie qui avoit le droit de bourgeoisie romaine. * Municipal, *s. m.* C.
Munificence, *s. f. Munificentia.* vertu qui porte à faire de grandes libéralités.
Munir, *v. a. Munire.* ni. e, *p.* pourvoir, garnir du nécessaire; fournir de. (se), *v. r.*
Munition, *s. f. Commeatus.* t. milit. provisions de choses nécessaires; poudre, plomb.
Munitionnaire, *s. m.* t. milit. qui a soin des munitions, qui les fournit. * Munitionaire. R.
Muqueux. se, *adj.* qui a de la mucosité. * *ou* Mucilage, *s. m.* substance visqueuse et fade, qui compose immédiatement les végétaux. V. serpent du 3ᵉ. genre. B.
Mur, *s. m. Murus.* muraille.
Mûr. e, *adj. Maturus.* dans sa maturité; rassis, réfléchi. * Meur. e. (*vieux*) R.
Murage, *s. m.* droit pour l'entretien des murs. R.
Muraille, *s. f.* mur, enceinte de pierres, etc. * sol de la mine de charbon. B.
Mural. e, *adj. Muralis.* (couronne) donnée à ceux qui montoient les premiers à l'assaut, t. d'antiq. * (arc) mur dans le plan du méridien. (plante) qui croît sur les murs. B.
Murdrir, *v. a.* dri. e, *p.* (*vieux*) tuer. V.
Mûre, *s. f. Morum.* fruit du mûrier. * Meure. (*vieux*). R.
†Mure, *s. f. Sarcoma encanthis.* excroissance entre la paupière et le globe de l'œil.
†Mureau, *s. m.* côtés et dessus de la tuyère d'un fourneau de forge.
Mûrement, *adv. Attentè.* avec beaucoup d'attention, de réflexion. * Meurement (*vieux*). R. Murement. V.
Murène, *s. f. ou* Flûte. *Muræna.* poisson de mer. *genre de poissons apodes, 1ᵉʳ. genre, 2ᵉ. classe; sorte d'anguille. B. Murene. R.
Murer, *v. a.* ré. e, *p.* entourer de murs; boucher par un mur.
Murex, *s. m. ou* Rocher, coquillage univalve, hérissé de pointes; il donnoit la pourpre des anciens.
†Murhine, *s. f.* vin doux aromatique.
†Muriacite, *s. f.* muriate de chaux.
Muriate, *s. m.* sel de l'acide muriatique, avec différentes bases. — oxigéné, sur-saturé d'oxigène; acide marin. V.
Muriatique, *adj* 2 *g. Muriaticus.* (acide) marin. V.
Muriche, *s. m.* arbre. RR.
†Muricite, *s. f.* murex fossile.
†Murie, *s. f. Muria.* eau qui contient beaucoup de sel gemme.
Murier, *s. m. Morus.* arbre qui porte les mûres; ses feuilles nourrissent les vers à soie; il y a le blanc et le noir. * Meurier. R.
†Muriqué. e, *adj.* t. de botan. couvert d'aspérités calleuses.
Mûrir, *v. a. Maturari.* ri. e, *p.* rendre mûr. *v. n.* venir à maturité. * Meurir (*vieux*). R.
Murmurateur, *s. m.* qui murmure contre ses chefs. R. G. C.
Murmure, *s. m. Murmuratio.* bruit sourd et confus des personnes, des eaux, des vents; plaintes en secret.
Murmurer, *v. n. Mussitare.* faire un bruit sourd en se plaignant; produire un murmure.
Murrhine, *s. f.* ancienne boisson de vin, d'aromates. G. C.
†Murtille. *s. m.* arbrisseau d'Amérique, dont le fruit donne une espèce de vin.
Murucuca, *s. m.* espèce de fleur de la passion en Amérique, à fruit délicieux.
Musaraigne, *s. f. Mus araneus. ou* Muset, espèce de souris. — volante, espèce de chauve-souris. * Musaragne. V.
Musard. e, *adj. s.* (*famil.*) qui s'amuse partout; qui s'amuse à des bagatelles.
Musardie, *s. f.* inutilité, bagatelle. R.
Musc, *s. m. Moschus.* animal gros comme un chevreuil; parfum qu'il fournit; couleur brune du musc.
Muscade, *s. f. Nux moschata.* fruit du muscadier; stomachale, pour le vomissement, les vents, la colique, le flux de ventre, les règles, assoupissante. * *adj. f.* (rose) qui sent le musc. B.
Muscadelle, *s. f.* sorte de poire qui sent le musc. G. C.
Muscadet, *s. m.* gros raisin. * vin qui a le goût de muscat. A. V.
Muscadier, *s. m.* arbre qui porte la muscade, à bois moelleux, feuille comme le pêcher, fleur jaune en rose.
Muscadin, *s. m.* pastille musquée. * *et* Muscadine, *f.* fat.
†Muscardin, *s. m.* espèce de loir. — volant, espèce de chauve-souris.
Muscari, *s. m.* plante digestive, résolutive.
Muscat. cade, *adj.* qui a une sorte de parfum. * Muscat. cate. A.
Muscat, *s. m. Uva apiana.* raisin de Frontignan, de Toulon; vin que l'on en fait. * poire rousseline. B.
†Muscavade, *s. m.* sucre brut. voy. Moscouade.
†Muscellin. ne, *adj.* plein de musc; trop doux.
Muscicape, *s. m.* Gobemouche, oiseau.
Muscle, *s. m. Musculus.* partie charnue, fibreuse, organe du mouvement.
Musclé. e, *adj.* qui a les muscles bien marqués. A.
Muscosité, *s. f. Muscositas.* mousse dans le ventricule.
Musculaire, *adj.* 2 *g.* appartenant aux muscles, qui s'y insère, qui en sort.
Muscule, *s. m.* machine de guerre; * espèce de tortue; veine de la cuisse, *s. f.* G.
Musculeux. se, *adj. Musculosus.* plein de muscles; à muscles apparens.
†Musculite, *s. f. ou* Mytalite, moule fossile, pétrifiée ou minéralisée.
Muse, *s. f. Musa.* poësie, déité; t. de vén. commencement du rut des cerfs. *pl.* belles lettres.
Museau, *s. m. Rostrum.* la gueule et le nez. * — long, poisson du genre du gymnote. B.
Musée, *s. m. Museum.* lieu destiné à l'étude des lettres, des sciences, des arts. * les membres d'une société de savans, d'artistes, de gens de lettres qui se réunissent dans un musée. B. *ou* endroit destiné à rassembler des monumens, des produits des arts. A. V.
Museler. voyez Emmuseler. R. G.
Muselière, *s. f. Fiscella.* ce qu'on met aux animaux pour les empêcher de mordre; partie de la bride. * Museliere. R.
Muser, *v. n.* s'amuser à des riens, à toute autre chose qu'à ce qu'on doit faire; t. de vénerie, entrer en rut.
Muserolle, *s. f.* partie de la bride du cheval sur le nez. * Muserole. R. T.
Musette, *s. f. Tibia.* instrument de musique champêtre, air qui lui convient. * bulle d'air entre les feuilles, t. de papet. B. Musete. R. T. V.
Muséum *ou* Muséon, *s. m.* lieu consacré aux muses; cabinet d'antiquité, d'étude, d'histoire naturelle, etc. * Musée. A. V. Muscœum. RR.
Musical. e, *adj. Musicus.* qui appartient à la musique.
Musicalement, *adv.* d'une manière musicale.
Musicien. ne, *s. Musicus.* qui sait, enseigne, professe, exécute la musique. * Musicien. ene. B.
Musico, *s. m.* espèce de tabagie flamande. A. V.
†Musimon. voyez Moufflon.
Musique, *s. f. Musica.* sience du rapport et de l'accord des sons; harmonie ou mélodie qui naît des sons et des voix; art de composer des chants; compagnie de musiciens; livre de musique; concert; chant. * espèce de murex. B.
Musiquer, *v. a.* faire de la musique. J. J.
†Musophage, *s. m. Musophaga.* oiseau de l'ordre des guêpiers.
Musquer, *v. a.* qué. e, *p.* parfumer avec du musc.
†Musse, *s. f.* passage étroit dans une haie pour le lapin.
Musse-pot (à), *adv.* (*famil.*) en cachette. AL.
Musser (se), *v. pers.* sé. e, *p.* (*vieux*) se cacher.
†Mussole, *s. m. ou* Arche de Noé, coquillage de la famille des moules.
†Mustelle, *s. f. Mustela.* poisson du genre du gade. — fossile, poisson du genre du cobite.
Musulman, *s. m.* titre des mahométans, vrai croyant. * *adj.* AL.
Musulmanisme, *s. m.* religion musulmane. R. G. C.
Musurgie, *s. f.* t. de mus. art d'employer à propos les consonnances et les dissonnances.
Mutabilité, *s. f. Mutabilitas.* état, qualité de ce qui est muable.
†Mutacisme, *s. m.* difficulté de prononcer les lettres B, M, P.
Mutande, *s. f.* caleçon de certains religieux. G. C.
Mutation, *s. f. Mutatio.* changement; révolution; nuance.
Mutilation, *s. f. Sectio.* retranchement d'un membre; action de mutiler.
Mutiler, *v. a. Mutilare.* lé. e, *p.* casser, couper, retrancher un membre; briser; châtrer. (se), *v. r.* s'estropier.
Mutille, *s. f. Mutilla.* insecte hyménoptère, velu, rare.
Mutin. e, *adj. s. Seditiosus.* opiniâtre; entêté; querelleur; obstiné; séditieux.
Mutiner (se), *v. r. Tumultuari.* né. e, *p.* se dépiter; faire le mutin; se porter à la révolte.
Mutinerie, *s. f. Seditio.* penchant à la révolte; révolte; sédition; obstination du mutin.
†Mutique, *adj.* 2 *g.* sans arêtes, t. de botan.
Mutir, *v. n.* t. de fauconnerie, fienter. G. C.
Mutisme, *s. f.* état d'une personne muette.
†Mutité, *s. f. Mutitas.* impossibilité de former des sons articulés.
Mutuel. le, *Mutuus. adj.* réciproque. * Mutuel. ele. R.
Mutuellement, *adv. Mutuò.* réciproquement. * Mutuélement. R.
Mutule, *s. f.* t. d'architecture, espèce de modillon carré dans la corniche dorique. * *s. m.* T.
Myagrum, *s. m.* plante qui fournit une huile.
†Mycétophagues, *s. m. pl. Mycetophagus.* insectes coléoptères.
†Myctérie, *s. f.* oiseau.
Myctérisme, *s. m.* ironie insultante et suivie, t. de rhétorique. G. C.
†Mydas, *s. m.* espèce de tortue de mer, dite la franche.
Mydryase, *s. f.* maladie des yeux. R. V.
†Mye, *s. f.* coquille; 22ᵉ. genre des coquilles acéphales.
Myglossum, *s. m.* t. d'anatomie. R.
Myiologie, *s. f.* traité des mouches. R.
†Mylabre, *s. m. Mylabris.* insecte coléoptère sur les fleurs.
†Mylohyoïdien. ne, *adj.* qui appartient aux dents molaires et à l'hyoïdien.
†Mylopharyngien. ne, *adj.* qui appartient aux dents molaires et aux pharynx.

†Myocéphale, *s. m. Myocephalum.* tumeur sur la cornée.
†Myocéphale, *s. f.* staphylôme en forme de tête de mouche.
†Myographie, *s. f.* description des muscles.
Myologie, *s. f.* traité des muscles.
Myomancie, *s. f.* divination par les rats. R.
Myope, *s.* 2 *g.* qui a la vue fort courte. * *s. m. pl.* insectes diptères de l'espèce des conops. B.
Myopie, *s. f.* état du myope.
Myopisme, *s. m.* myopie. RR.
†Myosie, *s. f.* contraction permanente de la prunelle.
Myosotis, *s. m.* t. de botanique, Oreille de souris, plante. A. R.
Myotomie, *s. f.* traité de la dissection des muscles.
†Myre, *s. f. Myrus.* poisson de mer du genre de la murène.
†Myri, *nom générique qui signifie dix mille fois la chose.* Myrialitre, Myriastère, etc.
Myriade, *s. f.* t. d'antiq. nombre de dix mille.
Myriagramme, *s. m.* dix mille grammes; mesure de pesanteur, 20 liv. 7 onc. 58 grains.
†Myrialitre, *s. m.* 1000 litres, 292 pi. c. 026,898.
Myriamètre, *s. m.* dix mille mètres; mesure itinéraire, 30,794 pieds 58^{c}.
Myriare, *s. m.* dix mille ares; mesure de superficie, 9,483,061 pi. c. 574,764^{c}.
Myrionime, *adj.* 2 *g.* qui a mille noms. R. Myrionyme. RR.
†Myriothegue, *s. f.* espèce de fougères.
Myrmécie, *s. f.* t. de médecine, verrue dans la main, sous les pieds. G. C.
Myrmécite, *s. f.* pierre figurée qui a l'empreinte d'une fourmi. G. C.
†Myrmécium, *s. m.* démangeaison, t. de méd.
†Myrmécophage, *adj. s.* 2 *g.* qui vit de fourmis. voyez Fourmilier.
Myrmicoléon, *s. m.* petit animal. R.
Myrmillon, *s. m.* t. d'antiq. gladiateur. R.
Myrobolan, *s. m. Myrobalanum.* fruit desséché, des Indes.
Myrobolanier, *s. m. Myrobolanus.* arbre toujours vert, qui donne le myrobolan.
†Myrosme, *s. m.* genre de plantes trilobées, de la famille des balisiers.
Myrrhe, *s. f. Myrrha.* gomme odoriférante d'Éthiopie; bonne pour les femmes, l'asthme, la toux, la jaunisse, le scorbut, les plaies; préserve de la pourriture.
Myrrhis, *s. m. Myrrhis.* cerfeuil musqué; plante. * Cicutaire odorante. B. Myrris. R.
Myrrhospermum, *s. m.* semence de myrrhe; semence parfumée; arbre du Pérou, quinaquina. RR.
Myrte, *s. m. Myrtus.* arbrisseau toujours vert. * Mirte. G. CO.
Myrtiforme, *adj.* t. d'anatomie A. V. R. (caroncules) en forme de feuille de myrte. B.
Myrtillite, *s. f.* pierre figurée. V.
Mystagogue, *s. m.* prêtre qui initioit aux mystères. * Mistagogue. G.
†Myste, *s. m.* initié aux petits mystères de Cérès; poisson du genre du clupe.
Mystère, *s. m. Mysterium.* secret; opération secrète; sorte de drame religieux. * Mystere, R. Mistère. G. CO.
Mystérieusement, *adv.* d'une façon mystérieuse. * Mistérieusement. G. CO.
Mystérieux. se, *adj. Tectus.* qui contient quelque mystère; qui fait mystère. * Mistérieux. se. G. CO.
Mysticité, *s. f.* raffinement de dévotion. * recherche profonde en spiritualité. B. Misticité. G.
Mystificateur, *s. m.* qui a l'art de mystifier. A. V.
Mystification, *s. f.* action de mystifier; chose, parole qui mystifie. A. V. * Mistification. G. CO.
Mystifier, *v. a.* fié. e, *p.* abuser de la crédulité pour rendre ridicule. A. V. Mistifier. G.
Mystique, *adj.* 2 *g. s. Mysticus.* figuré; allégorique; qui raffine sur les matières de dévotion. * Mistique. G. CO.
Mystiquement, *adv. Mysticè.* selon le sens mystique. * Mistiquement. G. CO.
Mystiquerie, *s. f.* théologie mystique, très-subtile. V.
Mystre, *s. m.* ancienne mesure des liquides en Grèce.
Mythologie, *s. f.* science, explication de la fable. * Mithologie. G. CO.
Mythologique, *adj.* 2 *g.* de la mythologie. * Mithologique. G. CO.
†Mythologiser, *v. n.* expliquer, exposer la mythologie.
Mythologiste, Mythologue, *s. m.* qui traite de la fable, l'explique, la sait. * Mithologiste. G. CO.
†Mytule, Mytile, *s. m.* moule, coquillage bivalve.
†Mytulite, *s. f. Mytulites.* moule fossile.
Myurus, *adj. m.* (pouls) dont les pulsations s'affoiblissent. * Myure. A. G. *et* Miurus. R.
†Myva, *s. f.* gelée de fruits.
†Myxine, *s. m.* vers.

NAGE

N, *s. m.* quatorzième lettre de l'alphabet. * *et s. f.* — lettre numérale valant 900 en chiffres romains. B.
Nabab, *s. m.* prince dans l'Inde. A. V.
Nababie, *s. f.* dignité du nabab, son territoire. A. V.
†Nable, *s. m. Nablum.* instrument des Hébreux, espèce de psaltérion.
Nabot. e, *s. Pumilio.* (*familier*) personne de très-petite taille.
†Nacaires, *s. f. pl.* tymbales (*vieux*).
Nacarat. e, *adj. s. m. indéclinable. Flammeus color.* couleur d'un rouge clair orangé.
Nacelle, *s. f. Cymba.* petit bateau; t. d'arch. membre creux en demi-ovale. * lépas. voyez Oscabrion. B. Nacele. R.
†Nacibe, *s. f. pl.* genre de plantes à fleurs monopétalées, de la famille des rubiacées.
Nacre, *s. f.* partie argentée d'un coquillage; coquille qui donne la perle.
†Nacré, *s. m.* papillon de jour. *adj.* 2 *g.* t. d'histoire naturelle, qui imite la nacre.
Nadir, *s. m.* t. d'astronomie, point opposé au zénith, ou point vertical.
Naffe (eau-de-), *s. f.* certaine eau de senteur. * Nafle. V.
†Nafre, *s. f.* balafre; cicatrice.
†Nagas, *s. m.* genre de plantes à fleurs polypétalées, de la famille des guttiers.
Nage, *s. f. Scalmus.* t. de marine. (à la), *adv.* en nageant. * *ou* Nège, fort chantier au fond d'un train. B.
†Nageant. e, *adj.* t. de botanique, étendu sur l'eau.
Nageante, *adj. f.* (carde) dont les dents cèdent. CO.
Nagée, *s. f.* espace d'eau que l'on parcourt à la nage. T.
Nageoir, *s. m.* lieu où l'on nage. T. RR.
Nageoire, *s. f. Pinna.* membrane qui sert à nager; ce qui aide à nager; plateau de bois sur les seaux. * caisse, t. de papetier. B.
Nager, *v. n. Nare.* se soutenir sur l'eau par le mouvement; flotter; ramer; se dit du cheval qui jette les pieds en dehors.
Nageur. se, *s. Natator.* qui nage, qui sait nager; rameur.
†Nagor, *s. m.* gazelle du Sénégal, de la grandeur du chevreuil.
Naguère, Naguères, *adv. Nuper.* il n'y a pas long-temps. * Naguere *ou* Nagueres. R.
Naïade, *s. f. Naïas.* nymphe des fontaines, des rivières. * Naïades, *s. f. pl.* R. voyez Typule. — marine, plante annuelle, au fond de la mer. *s. m.* vers à corps allongé, articulé, nu, avec des organes extérieurs. B.
Naïf. ve, *adj. Ingenuus.* naturel; sans artifice, sans fard; ingénu; qui imite bien la nature, la vérité; qui n'est pas feint.
Nain. e, *adj. s. Pumilius.* qui est d'une taille au-dessous de la médiocre.
†Nain londrin, *s. m.* drap fin anglois de laine d'Espagne.
Naipe, *s. m.* juge de village turc. RR.
Naire, *s. m.* noble, militaire chez les Indiens du Malabar. * Naire. CO.
Naisage, *s. m.* droit de faire macérer le chanvre dans l'eau. V.
Naissance, *s. f. Ortus.* sortie de l'enfant du sein de la mère; extraction; commencement; talent; noblesse; qualités naturelles. (*vieux*).
Naissant. e, *adj. Exoriens.* qui naît, qui commence à se former, à venir, à paroître.
Naître, *v. n. Nasci.* né. e, *p.* venir au monde; sortir du sein de sa mère; commencer à pousser, à croître, à paroître; commencer, prendre origine de; être produit, recevoir la naissance de.
Naïvement, *adv. Ingenuè.* avec naïveté.
Naïveté, *s. f. Sinceritas.* ingénuité; grâce; vérité; simplicité niaise; simplicité naturelle, franche.
Namas, *s. m.* prière turque. RR.
Nanan, *s. m.* (*enfantin*) friandises, sucreries.
Nancele, *s. f.* t. d'architecture. R.
†Nandirobe, *s. f.* genre de plantes à fleurs incomplètes, de la famille des cucurbitacées.
Nanguer, *s. m.* gazelle du Sénégal. * animal très-joli, facile à apprivoiser. B.
†Nankin, *s. m.* étoffe de la Chine; étoffe qui l'imite.
Nanna, *s. f.* plante d'Amérique, dont le fruit, semblable à l'artichaut, est délicieux.
Nanni. voyez Nenni. G.
†Nanquinette, *s. f.* étoffe légère de coton, de Rouen.
†Nanse, *s. f.* natte d'osier.
Nantaise, *s. f.* longue cappe. V.
Nantir, *v. a.* ti. e, *p.* donner des gages pour assurance d'une dette. *v. r.* se saisir, se pourvoir par précaution.
Nantissement, *s. m. Pignus.* ce que l'on donne pour sûreté d'une dette.
Nantois. e, *adj.* de Nantes. R. *s. m.* monnoie d'argent françoise. B. * Nantais. e. C.
†Napacé. e, *adj.* qui ressemble à un navet; napiforme.
†Napaul, *s. m.* faisan cornu, oiseau du Bengale, à cornes bleues.
Napée, *s. f.* nymphe des montagnes, des prairies et des bocages. * genre de plantes à fleurs polypétalées, de la famille des malvacées. B. Napées. *pl.* G.
Napel, *s. m. Napellus.* aconit, poison mortel et subtil; sudorifique en poudre. L. 751.
Naphte, *s. f.* espèce de bitume très-subtil et

très-ardent qui brûle dans l'eau. * Naphthe. *Naphtha.* R.
†Napiforme, *adj.* 2 *g.* Napacé, en navet.
†Napimogal, *s. m.* plante.
Napolitain. e, *adj. s.* de Naples. RR.
Nappe, *s. f. Mantile.* linge de table, ce qui en a la forme, l'apparence; t. de chasse, peau de cerf pour la curée. * Nape. R. filet. B.
Nappe d'eau, *s. f.* chute d'eau qui tombe en manière de nappe. * Nappe-d'eau. C.
†Nappiste, *s. m.* celui qui chasse avec des nappes.
Naquet, *s. m.* valet de paume. V.
Naqueter, *v. n.* (*bas*) attendre servilement à la porte. * *v. a.* té. e, *p.* plaisanter sur des riens. V.
Naquette, *s. f.* marchande lingère en détail. V. * Naquete. R.
†Narcaphte, *s. m. Narcaphtum.* écorce odoriférante et résineuse de l'arbre qui donne l'oliban.
Narcisse, *s. m. Narcissus.* plante bulbeuse, sa fleur; homme amoureux de sa figure.
Narcissite, *s. f.* pierre qui représente un narcisse. RR. G.
Narcotique, *adj.* 2 *g. s. m.* qui assoupit.
Nard, *s. m. Nardus.* plante aromatique, son parfum.
Nareux *ou* Néreux, *s. m.* qui vomit facilement. V.
Nargue, *s. f. qui n'admet point d'article. Apage.* pour marquer le mépris.
Narguer, *v. a.* gué. e, *p.* faire nargue; braver avec mépris.
Narine, *s. f. Naris.* ouverture du nez.
Narquois. e, *adj.* (*popul.*) fin; rusé; qui se plaît à tromper. * (*jargon*) pour tromper. V. *s.* (esprit) fin, subtil, rusé. AL.
Narrateur, *s. m. Narrator.* qui raconte, qui narre, qui fait un récit.
Narratif. ve, *adj.* qui appartient à la narration.
Narration, *s. f. Narratio.* récit; narré; exposition de faits.
Narrative, *s. f.* manière de raconter. R. V.
Narré, *s. m.* récit; discours pour raconter.
Narrer, *v. a. Narrare.* ré. e, *p.* raconter, faire le récit d'un fait.
†Narthece, *s. m.* genre de plantes unilobées, de la famille des joncs.
Narval, *s. m.* cétacée, poisson armé d'une corne. voyez Licorne.
Nasal. e, *adj.* du nez; modifié par le nez, t. de grammaire. * *s. f.* voyelle nasale. AL.
Nasal, *s. m.* t. de blason, partie supérieure d'un casque.
Nasalement, *adv.* avec un son nasal. A.
Nasard, *s. m.* jeu de l'orgue qui imite le chant nasillard.
Nasarde, *s. f.* chiquenaude sur le nez.
Nasarder, *v. a.* dé. e, *p.* donner des nasardes. G.
Nascalies, *s. m. pl.* t. de médecine. R.
†Nase, *s. m. Nasus.* poisson du genre du clupe, du cyprin.
Naseau, *s. m. Naris.* narine des animaux.
Nasi, *s. m.* président du Sanhédrin.
†Nasicole, *s. m.* vers dans le nez. voyez Rinaire.
†Nasicorne, *s. m.* Rhinocéros, insecte.
Nasillard. e, *adj. Nasiloquus.* qui nasille, qui parle du nez, qui en vient.
Nasillardise, *s. f.* prononciation en nasillant. R.
Nasiller, *v. n.* parler du nez. * se dit du sanglier qui fouille avec le grouin. G.
Nasilleur. se, *s. adj.* nasillard. G. C. RR.
Nasillonner, *v. n. diminutif de* nasiller. A.
†Nasique, *s. m. Nasica.* singe du genre des guenons.

Nasitort, *s. m. Nasturtium.* cresson alénois. * *et* Nasturce. R.
†Nasomonite, *s. f.* espèce de pierre rouge, marbrée.
Nasonner, *v. n.* parler du nez en bégayant. V.
Nasse, *s. f. Nassa.* panier de jonc pour pêcher. * mollusque céphalé, gastéropode.
†Nasselle, *s. f.* petite nasse.
†Nassone, *s. f.* nasse en hotte.
†Nassiture, *s. f.* tumeur dans le corps.
Natal. e, *adj. sans pl. m. Natalis.* où l'on est né.
Natation, *s. f.* exercice; art de nager.
Nates, *s. f. pl.* t. d'anatomie, R. protubérances du cerveau. B.
†Nathinéens, *s. m. pl.* prêtres voués au service du tabernacle.
†Natice, *s. m. Natica.* coquillage semblable à la nérite.
Natif. ve, *adj. Ortus.* né en un certain lieu. * t. de minéralogie, vierge. B.
Nation, *s. f. Natio.* tous les habitans d'un même pays; l'une des quatre parties de l'Université. * *pl.* idolâtres. V.
National. e, *adj.* qui est de la nation, la concerne.
Nationalement, *adv.* d'une manière nationale. A. V.
Nationaliser, *v. a.* sé. e, *p.* rendre national; faire adopter par la nation. (se), *v. pers.* se fixer chez une nation, en prendre les mœurs, les habitudes. C.
Nativité, *s. f. Nativitas.* naissance du Christ, sa représentation, t. d'église; t. d'astrologie, disposition des astres lors de la naissance.
Natrix, *s. m.* serpent aquatique. R.
Natron, *s. m.* sel alcali naturel, terreux. * *ou* Natrum. A. Anatrum. R. V. *et* Anatron, R. alcali minéral; il tient lieu de soude: carbonate de soude. B.
Natta, *s. m.* tumeur mollasse aux dos, aux épaules. voyez Broncocèle.
Natte, *s. f. Matta.* tissu de paille, de jonc; tresse de cheveux, etc.
Natter, *v. a.* té. e, *p.* couvrir de nattes; tresser en natte.
†Nattier, *s. m.* genre de plantes monopétales, de la famille des sapotilliers.
Nattier. ère, *s.* qui fait et vend des nattes. * Nattier. ere. R.
Natural. e, *adj.* (*vieux*) t. de coutume, naturel. R.
Naturalibus (in), *adv.* à nu. A. V. * dans l'état de nudité. B.
Naturalisation, *s. f.* action de naturaliser, ses effets.
Naturaliser, *v. a.* sé. e, *p.* donner à un étranger les droits des naturels; t. de botanique, accoutumer au sol; t. de grammaire, transporter d'une langue dans une autre.
Naturalisme, *s. m.* caractère de ce qui est naturel. * système de l'athée qui attribue tout à la nature. B.
Naturaliste, *s. m.* qui sait l'histoire naturelle, qui s'applique à son étude, qui l'écrit.
Naturalité, *s. f.* état de celui qui est né dans le pays où il habite, * droits dont il y jouit. RR.
Nature, *s. f. Natura.* tous les êtres créés; l'ordre, les lois, les mouvemens qui les gouvernent; cause première, occulte, principe de l'organisation, du mouvement; le dieu des matérialistes; ce qui constitue un être en général; complexion, tempérament; caractère; instinct; conscience; affection; mouvement intérieur; état naturel de l'homme

opposé à la grâce; productions de la nature; sorte, espèce; disposition; inclination; propriété; qualité; caractère.
Naturel, *s. m. Natura.* propriété naturelle; tempérament, constitution, nature; inclination; humeur; amour naturel; humanité; compassion; forme naturelle et extérieure; disposition et facilité naturelle. *pl.* habitans originaires, aborigènes. * *singul.* AL.
Naturel. le, *adj. Naturalis.* qui appartient à la nature, est conforme à ses lois; qui n'est point déguisé, altéré, fardé; facile, sans contrainte; aisé et franc. * Naturel. ele. R.
Naturellement, *adv. Naturaliter.* par une impulsion, une propriété, un principe naturel; par la force de la nature; d'une manière aisée, franche, naturelle, naïve. * Naturélement. R.
†Nauclé, *s. m.* genre de plantes monopétales, de la famille des rubiacées.
†Naucore, *s. m. Panorpa.* mouche scorpion, insecte hémiptère aquatique.
Naufrage, *s. m. Naufragium.* perte d'un vaisseau sur mer; ruine; malheur; revers.
Naufragé. e, *adj.* qui a péri par un naufrage. * *s.* échappé du naufrage. B.
Naufrager, *v. n.* faire naufrage. C.
Naulage, *s. m. Naulum.* t. de marine, prix pour le passage. voyez Nolis.
Naumachie, *s. f. Naumachia.* t. d'antiquité, spectacle d'un combat naval; lieu où ils se donnoit.
Nauséabonde, *adj.* 2 *g.* t. de médecine, qui cause des nausées. G. C. V.
†Nauséatif. ve, *adj.* qui donne des nausées, fait soulever le cœur.
Nausée, *s. f. Nausea.* envie de vomir.
Nautile, *s. f. Nautilus.* coquillage univalve de mer, d'eau douce. * vaisseau coquille; voilier fait en gondole, en poupe élevée. B.
†Naurilite, *s. f.* Nautile fossile.
Nautique, *adj.* 2 *g.* qui appartient à la navigation.
Nautonnier, *s. m. Nauta.* conducteur de navire, de barque; t. de poësie. * Nautonier. A. R.
†Navage, *s. m.* flotte. (*vieux*).
Naval. e, *adj. Navalis.* sans *pl. m.* qui appartient à la navigation. * qui concerne les vaisseaux de guerre. AL.
Navarrois. e, *adj. Navarræus.* de Navarre. R.
Naveau, *s. m.* (*vieux*) navet. V.
Navée, *s. f.* charge d'un bateau.
Navet, *s. m. Napus.* racine bonne à manger, racine de plante.
†Navetier, *s. m.* fabricant de navettes.
Navette, *s. f. Brassica.* navet sauvage, sa graine, alexitère; instrument de tisserand; vase d'église. * bâtiment indien. B. Navete. R.
Naviculaire, *adj.* 2 *g. s. m.* os du pied, semblable à un navire. G. V.
Navigable, *adj.* 2 *g. Navigabilis.* où l'on peut naviguer.
Navigateur, *s. m.* qui a fait des voyages de long cours sur mer; pilote expérimenté.
Navigation, *s. f. Navigatio.* voyage sur mer; art, métier de naviguer.
Naviguant. e, *adj.* qui navigue. R.
Naviguer, *v. n. Navigare.* aller sur mer, sur les grandes rivières; manœuvrer un vaisseau.
†Navile, *s. m.* canal d'eau fait par art. * Naville. A.
Navire, *s. m. Navis.* bâtiment pour aller sur mer. * *s. f.* t. d'astronomie, constellation méridionale. G.
Navrer, *v. a.* vré. e, *p.* (*vieux*) blesser, faire une grande plaie; affliger. * t. de vigneron, redresser un échalas, etc. par une entaille. G. t. de métier, faire une hoche. B.

†Nawaga,

†Nawaga, *s. m.* poisson du genre du gade.
†Nayade, *s. f.* genre de plantes unilobées.
†Naye *ou* Laye, *s. f.* délit vertical; t. d'ardois, veine supérieure de charbon de terre.
Nazar *ou* Nazer, *s. m.* surintendant du roi de Perse. RR.
Ne, *particule négative. Non.*
Né (mort-), *adj.* mort avant de naître.
Né (nouveau-), *adj. s.* qui vient de naître.
Né (premier), *adj. s.* premier enfant mâle.
Néanmoins, *adv. Tamen.* toutefois; pourtant; cependant.
Néant, *s. m. Nihil.* rien; non existence; nullité.
Néant (mettre au), *adv.* t. de pratique, refuser d'admettre.
†Nébel, *s. m.* espèce de psaltérion des Hébreux.
Nébulé. e, *adj.* t. de blas. fait en forme de nuées.
Nébuleux. se, *adj. Nebulosus.* obscurci par les nuages. * *s. f.* assemblage d'étoiles; blancheur dans le ciel; corps céleste sans éclat. *s. m.* poisson du genre du labre; serpent du 3e. genre. B.
Nébulosité, *s. f.* obscurité, nuages. A. R.
Nécanies, *s. f. pl.* toiles rayés de bleu et de blanc. V. * Nécanées. AL.
Nécessaire, *adj. 2 g. Necessarius.* dont on ne peut se passer; très-utile; infaillible; inévitable. *s. m.* ce qui est nécessaire à l'existence; ce qui est essentiel, indispensable; boîte; étui.
Nécessairement, *adv. Necessariò.* par un besoin absolu; infailliblement.
Nécessitante, *adj. f.* (grâce) qui nécessite. * Nécessitant. e, *adj.* R. G. C.
Nécessité, *adj. Necessitas.* chose indispensable; besoin pressant; contrainte; indigence. *pl.* besoins de la vie, du corps. * force majeur; divinité. B.
Nécessiter, *v. a. Cogere.* té. e, *p.* réduire à la nécessité de; obliger; contraindre.
Nécessiteux. se, *adj. s. m. Inops.* indigent; pauvre; qui est dans le besoin.
Nécrographie, *s. f.* description des corps morts. V.
Nécromance, Nécromancie, *s. f. Necromantia.* art d'évoquer les morts pour connoître les secrets ou l'avenir.
Nécromancien. ne, *s.* qui se mêle de nécromancie. * *f.* Nécromanciene. R. *ou* Négromancien. ne. A. Nécromant *ou* Négromant. *s. m.* A. V. (*vieux*) AL.
†Nécrophobie, *s. f.* crainte de la mort.
Nécrose, *s. f.* t. de médecine, mortification totale de la chair. G. C. RR.
†Nectaire *ou* Nectar, *s. m.* réservoir qui contient le miel dans la corolle. * appendice, accessoire aux organes des fleurs. AL.
Nectar, *s. m. Nectar.* breuvage des Dieux; vin délicieux; suc végétal d'une odeur et d'une saveur exquises.
†Nécydale, *s. f. Necydalis.* insecte nocturne.
Nef, *s. f.* partie d'une église; vase. * navire (*vi.*)
Néfastes, *adj.* t. d'antiquité, (jours) de repos prescrits par la loi. * *sing.* Néfaste. A. R.
Nèfle, *s. f. Mespilum.* fruit du néflier. * Nèfle. R.
Néflier, *s. m. Mespilus.* arbre qui porte les nèfles.
†Néganopeau, *s. m.* toile de coton pour le commerce d'Afrique.
Négateurs, *s. m. pl.* qui quittent la religion catholique. V.
Négatif. ve, *adj. Negans.* qui nie; qui s'oppose; qui refuse.
Négation, *s. f. Negatio.* action de nier; particule qui nie; absence d'une qualité.
Négative, *s. f. Negatio.* particule, proposition qui nie; refus.
Négativement, *adv. Negando.* d'une manière négative.
Négligé. e, *adj. Incultus.* oublié, méprisé; sans ornement; peu régulier; peu travaillé.
Négligé, *s. m.* état, costume d'une personne qui n'est point parée.
Négligement, *s. m.* t. de peinture, action de négliger à dessein. A. V.
Négligemment, *adv. Negligenter.* avec négligence.
Négligence, *s. f. Incuria.* manque de soin, d'application; nonchalance.
Négligent. e, *adj. Indiligens.* qui a de la négligence; qui a peu de soin; nonchalant.
Négliger, *v. a. Negligere.* gé. e, *p.* n'avoir pas le soin nécessaire de; ne pas cultiver; laisser échapper. (se), *v. pers.*
Négoce, *s. m. Negotiatio.* commerce; trafic; intrigue; affaire.
Négociable, *adj. 2 g.* qui peut se négocier.
Négociant, *s. m. Negociator.* qui fait négoce; qui négocie.
Négociateur, *s. m.* qui négocie quelqu'affaire. *s. f.* * Négociatrice. A.
Négociation, *s. f. Gestio.* art, action de négocier; affaire qu'on négocie.
Négocier, *v. a. Negotiari.* cié. e, *p.* trafiquer; traiter une affaire. *v. n.* faire négoce.
Négœil, *s. m.* poisson de mer. voy. Négueil.
Nègre, Négresse, *s. Nigrita.* dont la peau est naturellement noire. * *s. m.* papillon de jour. *et adj.* B. Nègre. Negresse. R.
†Nègre-pelisse, *s. f.* espèce de coronnade.
Négrerie, *s. f.* lieu où l'on renferme les nègres esclaves. * Négrerie. V. CO.
†Nègres-cartes, *s. f. pl.* émeraudes brutes de la première qualité.
Négrier, *adj. m.* (vaisseau) qui sert à la traite des nègres esclaves.
Négrillon. ne, *s.* petit nègre, petite négresse. * Négrillon. lone. R.
Négritte, *s. f.* jeune négresse.
Négrophage, *s. 2. g.* partisan de l'esclavage des noirs. C.
Négrophile, *s. 2 g.* ami des noirs. C.
Négueil, *s. m. ou* Nigroil, poisson.
Négus, *s. m.* empereur des Abyssins. G. * boisson. C.
Neige, *s. f. Nix.* vapeur gelée dans l'atmosphère; (*fig.*) blancheur extrême. * glace de fruits. B.
Neiger, *v. impers. Ningere.* se dit de la neige qui tombe.
Neigeux. se, *adj. Nivosus.* chargé de neige.
†Neille, *s. f.* ficelle décordée, t. de tonnellier.
†Nélitte, *s. f.* genre de plantes monopétales, de la famille des légumineuses.
†Nélumbo, *s. m.* plante aquatique des Indes.
Néméens, *adj. m. pl.* t. d'antiquité, jeux près de la forêt de Némée.
Néméonique, *s. m.* t. d'antiquité, vainqueur aux jeux néméens. G. C.
Némoral, *s. m.* temple dans une forêt. V.
†Némotèle, *s. m. Nemotilus.* insecte ailé, diptère.
†Nems, *s. m.* animal d'Afrique, qui ressemble au furet.
Nénies, *s. f. pl.* t. d'antiquité, chants funèbres aux funérailles à Rome.
Nenni, *part. négat.* non. * *et* Nanni. G. Nani. R.
†Nénufar, *s. m. Nymphæa.* plante aquatique très-froide. * Nénuphar. G. *et* Nénuphar. R.
Néocore, *s. m.* t. d'antiquité, sacristain; conservateur d'un temple; *adj.* ville où il y avoit un temple dédié à un empereur.
Néœnies, *s. f. pl.* fêtes de Bacchus. V.
Néographe, *adj. s.* qui écrit et ortographie d'une manière nouvelle et inusitée. G. C. V. RR.
Néographisme, *s. m.* manière nouvelle et inusitée d'écrire les mots. G. C. V. R. AL.
†Néographiste, *s. m.* qui introduit une orthographe inusitée.
Néologie, *s. f.* invention, emploi de nouveaux mots, ou d'anciens mots dans un nouveau sens.
Néologique, *adj. 2 g.* de la néologie, qui la concerne.
Néologisme, *s. m.* recherche blâmable d'expressions nouvelles, de nouveaux mots.
Néologue, *s. m.* qui affecte le néologisme.
Néoménie, *s. f.* t. d'antiquité, nouvelle lune, fête à son époque.
Néophyte, *adj. 2 g. s. Neophytus.* converti, nouvellement baptisé.
†Népente, *s. f.* genre de plantes à fleurs incomplètes.
†Népenthe, *s. m. Nepenthes.* remède vanté par Homère.
†Nèpes, *s. m. pl.* scorpions aquatiques, hémiptères.
†Néphéline, *s. f.* basalte blanc, cristallisé.
†Néphélion, *s. m.* petite tache blanche produite par la cicatrice d'un ulcère sur l'œil.
†Néphelle, *s. m. Nephelium.* genre de plantes à fleurs incomplètes qui tient du châtaignier.
†Néphralgie, *s. f.* colique rénale, néphrétique.
†Néphrelmintique, *adj. 2 g.* (Ischurie) rénale, vermineuse.
Néphrétique, *s. adj. f.* (colique) causée par le gravier des reins. *adj. 2 g. s. m.* qui guérit la colique néphrétique.
†Néphrites, *s. f.* phlegmasie des reins.
†Néphritie, *s. f. Nephritis.* inflammation des reins.
†Néphrocatalicon, *s. m.* remède qui nettoie les reins.
†Néphrographie, *s. f.* description des reins.
†Néphrolitique, *adj. 2 g.* (Ischurie) causée par le calcul des reins.
†Néphrologie, *s. f.* traité sur les reins.
†Néphrophlegmatique, *adj. 2 g.* (Ischurie) rénale, pituiteuse.
†Néphroplégique, *adj. 2 g.* (Ischurie) rénale, paralytique.
†Néphroplétorique, *adj. 2 g.* (Ischurie) causée par la pléthore.
†Néphropyique, *adj. 2 g.* (Ischurie) par la purulence des reins.
†Néphrospastique, *adj. 2. g.* (Ischurie) rénale spasmodique.
†Néphrothromboïde, *adj. 2 g.* (Ischurie) rénale, causée par le sang grumelé.
†Néphrotomie, *s. f.* incision sur la région lombaire; dissection des reins.
Népotien, *s. m.* sectateur de Népos. V.
Népotisme, *s. m.* autorité des neveux des papes.
Neptunales, *s. f. pl.* fêtes de Neptune. V.
Neptune, *s. m.* t. de poésie, la mer. G. C. V.
Néréide, *s. f.* mollusque, ver à corps allongé, articulé, logé dans un fourreau, avec des organes extérieurs.
Néréides, *s. f. pl. Nereides.* divinités de la mer. * Nêréides. R.
Nerf, *s. m. Nervus.* tendon des muscles; sorte de cordons blanchâtres, organes des sensations, du mouvement dans les animaux; force; t. de relieur. *pron.* ner.
Nerf-férure, *s. f.* t. de manège, coup sur le tendon des jambes. A. G. R. * Nerf-féru. *s. m.* B.
†Nérinde, *s. f.* toile blanche de coton des Indes.
Nérite, *s. f. Nerita.* grive; coquillage univalve.

operculé, de la famille des limaçons. V. CO.
Néroli, *s. m.* essence de fleur d'orange. *Nétoly. V.
Néronien. ne, *adj.* de Néron. V.
Nerprun, *s. m.* *Rhamnus. ou* Noirprun, arbrisseau à baies purgatives.
Nervaison, *s. f.* assemblage des nerfs, des fibres et ligamens. G. C.
Nerval. e, *adj.* bon pour les nerfs; G. * qui les affecte. A.
Nervé. e, *adj. t.* de blas. à nerfs d'émails différens.
Nerver, *v. a.* vé. e, *p.* garnir avec des nerfs. * dresser, fortifier les cordelettes, t. de relieur. B.
Nerveux. se, *adj.* *Nervosus.* fort; vigoureux; qui a de bons nerfs; qui concerne les nerfs; plein de nerfs.
Nervin, *adj.* t. de médecine, qui fortifie les nerfs. * Nervin. e. R. Nervins, *s. m. pl.* A.
†Nervoir, *s. m.* étampoir pour donner les nervures, t. de relieur.
Nervure, *s. f.* art de nerver, d'appliquer les nerfs; passe-poil, t. de relieur, d'architecture, moulure; t. d'arts et métiers; t. de botanique, côte élevée sur les feuilles des plantes.
Nescio vos, *terme de refus.* V.
Neskré, *s. m.* écriture persanne. G.
†Nesle, *s. m.* monnoie de billon française.
Nestor, *s. m.* le plus vieux, le plus sage et le plus expérimenté de. V.
Nestorianisme, *s. m.* hérésie de Nestorius. V.
Nestorien, *s. m.* partisan de Nestorius. V.
Net. te, *adj.* *Mundus.* propre; vide; uni; poli; clair, distinct; liquide; franc; sans taches; pur; aisé; facile.
Net, *adv.* tout d'un coup; franchement, uniment; nettement.
Nettement, *adv.* *Munditer.* avec netteté; franchement; d'une manière nette. * Nétement. R.
Netteté, *s. f.* *Nitor.* qualité de ce qui est net; propreté. * Néteté. R.
Nettoyement, *s. m.* *Mundatio.* action de nettoyer. * Nettoiement. A. V. CO. Nétoiment. R.
Nettoyer, *v. a.* *Purgare.* yé. e, ôter les ordures; rendre net. (*fig.*) emporter tout. * Nétoyer. R.
†Neuc-num, *s. m.* sauce faite de petits poissons marinés.
Neuf, *adj. numéral. s. m.* *Novem.* chiffre 9, nombre.
Neuf. ve. *adj.* *Novus.* fait depuis peu; qui a peu ou qui n'a pas servi; qui manque d'usage. *s. m.* ce qui est neuf.
†Neufme, *s. m.* droit des curés pour la sépulture.
Neume, *s. m.* t. de plain-chant, courte récapitulation du chant d'un mode. G. C.
†Neurade, *s. f.* *Neurada.* genre de plantes à fleurs polypétales, de la famille des rosacées.
Neuranie, *s. f.* nombre de neuf. V.
Neure, *s. f.* t. de marine. R. petit bâtiment hollandais pour la pêche. B.
†Neuritique, *adj. s.* 2 *g.* t. de médecine. R. voyez Névritique.
Neuroptères *ou* Nevroptères, *s. m. pl.* insectes pourvus de mâchoires, à quatre ailes réticulées. L.
†Neustré, *s. m.* artisan qui fait des meubles.
Neutralement, *adv.* t. de grammaire, d'une manière neutre. * Neûtralement. R. *et* Neutrement. V.
Neutralisation, *s. f.* action de neutraliser; traité provisoire de neutralité. A. C.
Neutraliser, *v. a.* sé. e, *p.* rendre neutre, nul; tempérer, mitiger. A. V. G. C. CO. RR.
Neutralité, *s. f.* état de ce qui est neutre. * Neûtralité. R.
Neutre, *adj.* 2 *g.* *Medius.* t. de gram. qui n'est ni masculin, ni féminin; qui n'a pas de sexe; qui n'exprime point d'action; qui ne prend pas de parti; t. de chim. qui n'est ni acide, ni alcali. * Neûtre. R.
Neûtriser, *v. a.* sé. e, *p.* t. de grammaire. R.
Neuvaine, *s. f.* neuf jours de suite; prières, dévotion de neuf jours. * (docte), les Muses. G.
Neuvième, *adj.* 2 *g. s. m.* *Nonus.* nom de nombre ordinal; neuvième partie. * Neuvieme. R.
Neuvièmement, *adv.* *Nono loco.* en neuvième lieu. * Neuviémement. R. G.
Neveu, *s. m.* *Nepos.* fils du frère ou de la sœur. *pl.* les descendans.
Névritique, *adj.* 2 *g.* t. de médecine, contre les maladies de nerfs. * Neúritique. *Neuriticus.* R. Nevrotique. B.
Névrographie, *s. f.* description des nerfs. G. C. * Neurographie. *Neurographia.* R.
Névrologie, *s. f.* traité des nerfs. * Neurologie. *Neurologia.* R.
†Névroptères, *s. m. pl.* voyez Neuroptères.
†Névrose, *s. f.* classe des maladies nerveuses.
†Névrotome, *s. m.* qui dissèque les nerfs; scalpel pour les disséquer.
†Névrotomie, *s. f.* dissection des nerfs.
Newtonianisme, *s. m.* système de Newton.
Newtonien, *s. m.* partisan du système de Newton.
Nez, *s. m.* *Nasus.* partie éminente du visage qui sert à l'odorat; visage; odorat; t. de marine, avant du vaisseau. * chien de mer. B.
Nez coupé, *s. m.* pistache sauvage.
†Nez-retroussé, *s. m.* serpent du 3e. genre.
Ni, *particule conjonctive et négative.* *Nec.*
Niable, *adj.* 2 *g.* qui peut être nié.
Niais. e, *adj. s. m.* simple; t. de fauc. pris dans le nid.
Niaisement, *adv.* *Ineptè.* d'une manière niaise; d'un air niais.
Niaiser, *v. n.* *Ineptire.* s'amuser à des niaiseries.
Niaiserie, *s. f.* *Ineptiæ.* caractère du niais; bagatelle, frivolité.
†Nibiles, *s. m.* espèce de musette des Abyssins.
†Nicané, *s. m.* toile de coton pour l'Afrique.
Nice, *adj.* 2 *g.* (*vieux*) niais, simple.
Nicée, *s. f.* nayade. V.
Nicement, *adv.* (*vieux*) simplement. G. C.
Nicette, *adj. f. diminutif de* Nice. jeune fille simple. * Nicete. R.
Niche, *s. f.* *Loculamentum.* enfoncement dans l'épaisseur d'un mur; réduit; tour de malice.
Nichée, *s. f.* *Pullatio.* nid où il y a des petits, ces petits. (*figuré*) réunion de plusieurs.
Nicher, *v. a.* *Nidulari.* ché. e, *p.* (*familier*). placer en quelqu'endroit. *v. n.* faire son nid. (se), *v. r.*
Nichet, *s. m.* œuf mis dans un nid pour que les poules y aillent pondre.
Nichoir, *s. m.* sorte de cage pour faire couver.
†Nickel, *s. m.* cuivre minéralisé, substance minérale que l'on trouve dans les mines de cobalt.
†Nicodème, *s. m.* grand niais.
†Nicolo, *s. m.* haute-contre du hautbois.
†Nicorée, *s. f.* fille simple. (*vieux*).
†Nicoteux, *s. m. pl.* morceaux de tuiles pour les solins.
Nicotiane, *s. f.* *Nicotiana.* tabac; irrite les nerfs, fait éternuer et moucher; violent purgatif; bon pour l'apoplexie, la léthargie, l'épilepsie; acre et caustique; préserve des maux de dents, du scorbut; assoupit, maigrit; la fumée bonne pour la colique de miséréré, les noyés; avec l'urine, il détruit la vermine.
†Nicrophore, *s. m.* *Nicrophorus.* insecte coléoptère.
†Nictage, *s. m.* *Mirabilis.* genre de plantes monopétales qui tient du convolvulus.
†Nictages *ou* Nictazontes, *s. m. pl.* sectaires qui s'opposoient aux prières nocturnes.
†Nictante, *s. m.* *Nycthante.* genre de plantes monopétales de la famille des jasminées.
Nid, *s. m.* *Nidus.* petit logement que se font les oiseaux, les insectes, les animaux, etc. pour pondre, couver, élever leurs petits, ou leur servir d'asile.
Nid d'oiseau, *s. m.* plante qui croît au pied des sapins, détersive, vulnéraire, apéritive. * Nid-d'oiseau. R.
†Nid-de-pie, *s. m.* logement sur le haut d'une brèche.
Nidoreux. se, *adj.* qui a un goût, une odeur de pourri, de brûlé, d'œuf couvé; t. de méd.
†Nidulaire, *s. f.* *Nidularia.* genre de plantes cryptogames de la famille des algues.
Nièce, *s. f.* fille du frère ou de la sœur. * Niece. R.
Nielle, *s. f.* *Nigella.* Herbe aux épices; Cheveux de Venus; Lichnis, plante. * *Robigo.* charbon, maladie des plantes qui change en poussière noire la substance farineuse de la graine; carie. B. brouillard qui gâte les blés. V. Niele. R.
Nieller, *v. a.* lé. e, *p.* gâter par la nielle. * Niéler. R.
Nier, *v. a. n.* *Negare.* nié. e, *p.* dire qu'une chose n'est pas vraie, qu'une proposition est fausse.
†Nife *ou* Nef, *s. f.* surface supérieure d'un banc d'ardoise.
Nigaud. e, *adj. s.* *Ineptus.* sot, niais.
Nigauder, *v. n.* *Ineptire.* s'amuser à des choses de rien; faire des nigauderies.
Nigauderie, *s. f.* *Ineptiæ.* niaiserie, action de nigaud.
Nigauteaux, *s. m. pl.* t. de couvreur. G. C. tuile coupée pour les solins. B. * Nigoteaux. R.
Nigelle de Damas, *s. f.* plante d'ornement.
†Nigrine, *s. f.* *Nigrina.* genre de plantes à fleurs incomplètes qui tient du gui.
Nigroil *ou* Négueil, *s. m.* poisson de mer. * Nigoeil et Négroeil, *ou* Negoœil. Oblade. *Nigrus oculus.* R.
†Nihilité, *s. f.* nullité; privation d'existence, de valeur.
†Nillas, *s. m.* étoffe d'écorce et de soie des Indes.
Nille, *s. m.* *Viticulum.* petit filet rond qui sort du bois de la vigne en fleur. * manivelle de la bobine de l'épinglier; bois qui entoure le manche d'une manivelle, t. de mét. B. voy. Anille. A.
Nillée, *adj. f.* t. de blas. (croix) ancrée, étroite et menue.
†Nilomètre, *s. m.* édifice gradué ou par gradins, pour mesurer l'accroissement du Nil.
Niloscope, *s. m.* mesure du Nil. V.
†Nim, *s. m.* drap de Languedoc.
Nimbe, *s. m. ou* Limbe. *Nimbus.* cercle autour de la tête des saints, etc.
Niole, *s. f.* (*t. d'écolier*) coup. V.
Niortois. se, *adj. s.* de Niort. R.
†Niote, *s. f.* *Niota.* genre de plantes à fleurs polypétales.
Nipper, *v. a.* pé. e, *p.* fournir de nippes, de hardes, etc. * Niper. R.
Nippes, *s. f. pl.* habits, meubles. * *sing.* Nippe, A. G. Nipe. R.
Nique, *s. f.* *Sanna.* signe de moquerie, de mépris. (faire la), se moquer.
Niquedouille, *s. m.* (*bas*) sot, niais. R.
Niquet, *s. m.* (*vieux*) familier. V. * double tournois. B.
Nisanne, *s. f.* racine médicinale de la Chine. * Nisane. R.
†Nissole, *s. f.* *Nissolia.* genre de plantes à fleurs polypétales, de la famille des légumineuses.

Nitée. voy. Nichée. A.
†Nitidules, *s. m. pl. Nitidula.* insectes coléoptères, de l'espèce des silphes.
Nitouche (sainte-), *s. f.* (*famil.*) hypocrite. G. C.
†Nitraire, *s. f. Nitraria.* genre de plantes polypétales, de la famille des ficoïdes.
Nitrate, *s. m.* sel formé par la combinaison de l'acide nitrique avec une autre substance. V.
†Nitraté. e, *adj.* combiné avec l'acide nitrique.
Nitre, *s. m. Nitrum.* sorte de salpêtre, sel composé d'acide nitreux et d'alcali fixe végétal; base de la poudre à canon; il rafraîchit et purifie le sang.
Nitreux. se, *adv. Nitrosus.* qui tient du nitre.
Nitrière, *s. f.* lieu où se forme le nitre. *-triere. R.
Nitrique, *adj.* (acide), base du nitre.
Nitrite, *s. m.* sel formé par la combinaison de l'acide nitreux avec d'autres substances. V.
†Nitrosité, *s. f.* qualité de ce qui tient du nitre.
Niveau, *s. m. Libella.* instrument pour connoître si un plan est horizontal. * insecte aquatique. B.
Niveler, *v. a. Librare.* lé. e, *p.* mesurer avec le niveau. * applanir, mettre au ou de niveau. B.
Niveleur, *s. m. Librator.* celui qui nivelle. * membre d'une faction en Angleterre. B.
Nivellement, *s. m. Libratio.* art, action de niveler. * Nivélement. R.
†Nivéole, *s. f. Leucoïum.* genre de narcisses.
†Nivereau, *s. m. ou* Niverolle, *s. f.* pinson de neige.
Nivet, *s. m.* remise accordée au commissionnaire. A.
Nivette, *s. f.* pêche assez estimée. * Nivete. R.
Nivôse, *s. m.* quatrième mois de l'année.
No (à), *adv.* (*vieux*) à la nage. V.
†Noailles, *s. m.* sorte de louis d'or.
Nobiliaire, *s. m.* catalogue de nobles. G. C.
Nobilissimat, *s. m.* qualité de nobilissime. G. C.
Nobilissime, *adj. s. m.* titre des Césars dans le Bas-Empire.
Nobilité, *s. f.* noblesse. V.
Noble, *adj. 2 g. s. m. Nobilis.* placé par son rang, sa naissance au-dessus des autres citoyens; illustre; distingué; relevé.
Noblement, *adv. Præclarè.* d'une manière noble.
Noblesse, *s. f. Nobilitas.* qualité de ce qui est noble; élévation des idées, du sentiment; les nobles.
Noblois, *s. m.* (*vieux*) noblesse. V.
Noce, *s. f. Nuptiæ.* mariage; festin de noces, etc. assemblée de la noce.
Nocher, *s. m. Nauclerus.* pilote; t. de poësie.
Nocier, *s. m.* qui préside aux noces. V. * *et f.* Nociere. R.
†Nocologie, *s. f.* traité sur les maladies. voyez Nosologie.
Noctambule, *s. 2 g. Noctambulus.* somnambule.
Noctambulisme, *s. m.* maladie du noctambule.
†Noctilion-dogue, *s. m. Molossus.* chauve-souris brune.
†Noctilions, *s. m. pl.* genre de chauve-souris.
Noctiluque, *adj. 2 g. Noctilucus.* qui donne de la lumière pendant la nuit.
†Noctuelles, *s. f. pl. Noctua.* espèce de phalènes.
Noctule, *s. f. Noctula.* sorte de chauve-souris. L.
Nocturlabe, *s. m.* instrument d'astronomie pour prendre la hauteur d'une étoile. * Nocturlâbe. B.
Nocturne, *s. m.* t. de liturgie, partie de l'office divin. *adj. 2 g. Nocturnus.* qui arrive durant la nuit.
Nocturnement, *adv.* nuitamment, pendant la nuit. G. C. * Nocturnément. R.
†Noddi, *s. m. Stolida.* espèce d'hirondelle de mer.
Nodosité, *s. f.* t. de bot. état de ce qui a des nœuds.
Nodus, *s. m.* t. de méd. tumeur dure et indolente sur les os.
Noël, *s. m.* fête de la nativité de Jésus-Christ; cantique.
Nœud, *s. m. Nodus.* enlacement d'une chose pliante; lien; attachement; liaison; point essentiel; difficulté principale; excroissance; articulation; partie plus dure dans le bois, etc. t. d'astron. point de l'intersection de l'écliptique avec un orbite. t. d'arts et métiers.
†Nogat. voyez Nougat.
Noguet, *s. m.* grand panier d'osier. V.
Noguette, *s. f.* (*dérisoire*) lingère. V.
Noir. e, *adj. s. m. Niger.* la couleur la plus obscure; l'opposé du blanc; livide; meurtri; sombre; sale; triste; très-méchant; nègre; couleur.
†Noir-aurore, *s. m.* gobe-mouche d'Amérique.
†Noir-et-fauve (le), *s. m.* serpent du troisième genre.
†Noir-ployant, *s. m.* taches brunes sur le fer, qui indiquent qu'il est ductile.
†Noir-souci, *s. m.* espèce de pinçon.
Noirâtre, *adj. 2 g. Subniger.* tirant sur le noir.
Noiraud. e, *adj. s. Atricolor.* très-brun. * *s. m.* poisson du genre du chétodon. B.
Noirceur, *s. f. Nigror.* qualité de ce qui est noir; tache noire; atrocité d'un crime; action infâme.
Noircir, *v. a.* ci. e, *p.* rendre noir; diffamer. *v. n. Nigrescere.* devenir noir. (se), *v. r.*
Noircisseurs, *s. m. pl.* ouvriers qui achèvent les noirs: t. de manufacture. G.
Noircissure, *s. f.* tache de noir.
Noire, *s. f.* note de musique qui vaut la moitié d'une blanche. * poisson du genre du persègue. B.
Noireté, *s. f.* obscurité. V.
Noise, *s. f.* querelle, dispute.
Noisetier, *s. m. Corylus.* coudrier.
Noisette, *s. f. Avellana.* fruit du coudrier; sorte de petite noix. * Noisete. R.
Noisif, *adj.* (*vieux*) nuisible. V.
Noix, *s. f. Nux.* fruit du noyer, etc. nœud; noyau; t. d'arts et métiers. — de galle, excroissance formée par la piqûre d'un insecte sur les chênes du Levant; elle sert à faire de l'encre; fébrifuge, mais dangereuse. — narcotique, fruit des Indes. — vomique, amende plate d'un arbre des Indes; violent vomitif; poison pour les hommes et les animaux; l'antidote est le vinaigre. * — bouton du plateau de verre. B.
Nolet, *s. m.* (*vieux*) noël. V.
Nolet, *s. m.* t. de couvreur. R. tuile creuse; enfoncement à la rencontre de deux combles. B.
Noli me tangere, *s. m.* plante; ulcère malin. G. C.
Nolis, Nolissement, *s. m.* louage d'un navire. * Naulis. Naulissement. R. V. *ou* Naulage. A.
Noliser, *v. a.* sé. e, *p.* fréter. * Nauliser. R. V.
Nom, *s. m. Nomen.* terme convenu pour désigner un objet, un être; réputation; titre; qualité; t. de pratique.
Nomade, *adj. s. 2 g.* errant, sans habitation fixe. * *s. f. pl.* insectes hyménoptères, semblables aux abeilles. B.
Nomance, Nomancie, *s. f.* divination par les lettres du nom. G. C.
Nomarque, *s. m.* t. d'antiq. chef d'un nome. G. C.
Nomble, *s. f.* partie élevée entre les cuisses d'un cerf. R. G. C.
Nombrant, *adj.* qui nombre.
Nombre, *s. m. Numerus.* unité; plusieurs unités; quantité; multitude; harmonie; t. de grammaire. *pl.* livres de Moïse. — d'or, cycle lunaire de 19 années.
Nombrer, *v. a. Numerare.* bré. e, *p.* compter, supputer, calculer.
Nombreusement, *adv.* en grand nombre. R. V.
Nombreux. se, *adj. Numerosus.* en grand nombre; harmonieux.
Nombril, *s. m. Umbilicus.* creux sur la peau au milieu du ventre; centre d'une coquille; t. de botanique, œil du fruit. * — de Vénus *ou* Cotylédon, plante de la famille des joubarbes. B.
Nome, *s. m.* poëme ancien; chant fixé par des règles; loi; préfecture, gouvernement en Égypte.
Nomenclateur, *s. m. Nomenclator.* qui s'applique à la nomenclature; t. d'antiquité, esclave qui indiquoit les noms.
Nomenclature, *s. f. Nomenclatio.* collection des mots propres à une science, méthode pour leur classification.
Nomie, *s. f.* règle, loi.
Nominal. e, *adj.* (appel) en appelant par les noms. *s. f. pl.* (prières) droit d'être nommé au prône.
Nominaliste, *s. m. adj.* partisan des nominaux. K.
Nominataire, *s. 2 g.* nommé par le roi à un bénéfice.
Nominateur, *s. m.* qui a droit de nommer à un bénéfice; qui nomme.
Nominatif, *s. m. Nominativus.* le sujet de la proposition.
Nomination, *s. f. Nominatio.* droit, action de nommer, ses effets.
Nominaux, *s. m. pl.* ecclésiastiques opposés aux réalistes. A.
†Nomique, *adj.* (mode) consacré à Apollon.
Nommément, *adv. Nominatim.* spécialement; en désignant par le nom.
Nommer, *Nominare v. a.* mé. e, *p.* donner, imposer un nom; dire le nom; faire mention; choisir; désigner; déclarer.
Nomocanon, *s. m.* livre de droit; recueil de constitutions impériales.
†Nomographe, *s. m.* qui écrit ou recueille des traités de lois.
Nompair, *adj.* sans pareil. V. CO.
Nompareil. le, *adj. Eximius.* sans égal, sans pareil pour la valeur. G. C. * Nonpareil. le. A.
Nompareille, *s. f.* ruban; dragée très-fine; caractère d'imprimerie; * t. d'arts, ce qu'il y de plus petit. B.
Non, *adv. s. particule négative. Non.* (non plus) *adv.* pareillement.
Non-âge, *s. m.* âge prématuré. V.
Non-conformiste, *s. 2 g.* qui ne professe pas la religion anglicane.
Non-conformité, *s. f.* défaut de conformité. C.
Non-être, *s. m.* manque d'existence. V.
Non-jouissance, *s. f.* privation de jouissance; t. de pratique.
Non-ouvré. e, *adj.* (matière) qui n'est pas mise en œuvre. AL.
Non-païment, *s. m.* défaut de payement. V.
Non plus ultrà, Nec plus ultrà, *s. m.* terme qu'on ne peut passer. * Non-plus-ultrà. Nec-plus-ultrà. A. R.
Non-prix, *s. m.* non-valeur. V.
Non-résidence, *s. f.* absence du lieu où l'on devroit résider.
Non-sens, *s. m.* phrase qui n'offre aucun sens. AL. * absence de jugement, ses effets. *pris de l'anglois.* B.
Non-seulement, *adv. relatif et augmentatif.*
Non-usage, *s. m.* cessation d'usage.
Non-valeur, *s. f.* manque de valeur; ce qu'on n'a pas recouvré.
Non-vue, *s. f.* t. de marine, impossibilité de voir, causée par les brouillards.
Nonagénaire, *adj. 2 g. Nonagenarius.* âgé de

quatre-vingt-dix ans.
Nonagésime, *adj. s. m.* t. d'astronomie, point de l'écliptique, éloigné de 90°. des sections de l'horizon et de l'écliptique.
Nonante, *adj.* 2 *g. Nonaginta.* quatre-vingt-dix; neuf dixaines.
Nonanter, *v. a.* faire quatre-vingt-dix points au jeu. V.
Nonantième, *s. m.* quatre-vingt-di ième. * Nonantieme. R.
Nonce, *s. m. Legatus.* prélat, ambassadeur du pape; député à la diète de Pologne.
Noncer, *v. a.* cé. e, *p.* (*vieux*) annoncer. V.
Nonchalamment, *adv. Negligenter.* avec nonchalance. * Nonchalament. R.
Nonchalance, *s. f. Inertia.* négligence; indolence; manque de soin.
Nonchalant. e, *adj. s. Indiligens.* qui a de la nonchalance.
Nonchaloir, *v. pers.* ne se soucier pas de quelque chose. MAROT.
Nonciation, *s. f.* t. de droit. R.
Nonciature, *s. f. Legatio.* emploi, charge de nonce, sa juridiction; durée de son emploi.
Noncier, *v. a.* cié. e, *p.* (*vieux*) annoncer. V.
None, *s. f. Nona.* t. de liturgie, l'une des sept heures canoniales. *s. f. pl.* t. d'antiquité, septième et huitième jour de quelques mois.
†Nonfeuillée, Aphyllante, *s. f. Aphyllantes.* genre de plantes unilobées, de la famille des joncs.
Nonidi, *s. m.* neuvième jour de la décade.
†Nonius ou Vernier, *s. m.* pièce employée dans les divisions des instrumens de mathématiques; partie de l'alidade.
Nonnain, *adj. s.* sorte de pigeon.
Nonnat, *s. m.* poisson de la Méditerranée. G. C.
Nonne, Nonnain, Nonnette, *s. f.* (*ironique*) religieuse; jeune religieuse. * Nonete. R.
†Nonnerie, *s. f.* couvent de nonnes.
†Nonnette, *s. f.* rond de pain d'épices. *pl.* AL.
Nonobstance, *s. f.* t. de jurisprudence, R. cause qui lève les obstacles ou oppositions prévues. B.
Nonobstant, *prépos. Licèt.* sans avoir égard à; malgré.
Nonpair. e, *adj.* impair. * Non-pair. A. R. V.
Nonuple, *adj.* 2 *g.* qui contient neuf fois. A. R.
Nonupler, *v. a.* plé. e, *p.* répéter neuf fois. A.
Nopage, *s. m.* action de noper les draps. G. C.
Nopal, *s. m.* figuier d'Inde, plante.
Noper, *v. a.* pé, e, *p.* énouer du drap. G. C.
Nopeuse, *s. f.* t. de manufacture, qui nope, énoue du drap. G. C. * *pl.* Noueuses. RR.
Noquets, *s. m. pl.* plombs attachés aux jours des lucarnes. * *sing.* Noquet. R.
Nord, *s. m. Septentrio.* septentrion; le vent du nord.
Nord-est, *s. m. Etesias.* point entre le nord et l'est, vent qui en part. * — quart est. — quart-nord. B.
Nord-ouest, *s. m.* point entre le nord et l'ouest, vent qui en vient. * *et* Nor-ouêt. A. G.
Nordester, *v. a.* t. de marine, R. tourner au nord-est. B.
Nordouester, *v. a.* t. de marine, R. tourner au nord-ouest.
Normale, *adj. f.* (école) où l'on apprend l'art d'enseigner. G. C. *Normal. e, *adj.* 2 *g.* qui règle, qui dirige. B.
Normand. e, *adj. Normannus.* fin, adroit; ambigu, simulé. A. * *et s.* de Normandie. R.
Norole, *s. f.* brioche. V.
Norrequier, *s. m.* berger. V.
Nos ou Noues, *s. f. pl.* tripes de morue salée. V.

†Nosocome, *s. m.* hôpital.
Nosographie, *s. f.* traité des maladies. V.
Nosologie, *s. f.* explication des maladies. V. * traité, nomenclature des maladies en général. B.
†Nossaris, *s. m.* toile de coton blanche des Indes.
Nostalgie, *s. f.* maladie du pays. V. * désir violent de revoir sa patrie. B.
Nostoc, *s. m.* plante qui ressemble à une gelée verte, gluante et membraneuse.
†Nostomanie, *s. f.* Nostolgie, Nostrasie.
†Nostras, Nostratès, *adj. pl.* 2 *g.* (plantes) communes dans nos climats.
Nota, *s. m.* (remarquez) remarque, observation.
†Notabilité, *s. f.* qualité de ce qui est notable.
Notable, *adj.* 2 *g. Notabilis.* remarquable; considérable.
Notablement, *adv. Notabiliter.* grandement; considérablement; beaucoup; extrêmement.
Notables, *s. m. pl.* les habitans les plus considérables d'un lieu. G. C. * *s. m.* AL.
†Notage, *s. m.* manière de noter les cylindres de serinettes.
Notaire, *s. m. Tabularius.* officier, garde-note qui reçoit et passe les actes, etc. * (apostolique) en cour de Rome. B.
Notamment, *adv. Nominatim.* spécialement; nommément. * Notament. R.
Notariat, *s. m.* office, fonction de notaire.
Notarié. e, *adj.* (acte) passé par devant notaire.
Note, *s. f. Nota.* marque; remarque; caractère de musique, petit extrait; mémorial.
Noter, *v. a. Advertere.* té. e, *p.* marquer, remarquer; marquer en mauvaise part; exprimer par des notes, t. de musique.
Noteur, *s. m.* copiste de musique.
Notice, *s. f.* extrait, indication, titre d'ouvrage.
Notification, *s. f. Denuntiatio.* acte par lequel on notifie.
Notifier, *v. a. Significare.* fié. e, *p.* faire savoir dans les formes légales.
†Notiomètre, *s. m.* voyez Hygromètre *et* Anémomètre.
Notion, *s. f. Notio.* connoissance; idée d'une chose.
Notoire, *adj.* 2 *g. Manifestus.* connu; manifeste; évident.
Notoirement, *adv. Manifestè.* évidemment; manifestement.
†Notonecte, *s. m.* insecte hémiptère, punaise d'eau.
†Notopède, *s. m.* voyez Taupin.
Notoriété, *s. f. Notitia.* évidence d'une chose reconnue.
†Notoxes, *s. m. pl. Notoxus.* insectes coléoptères.
Notre, *pronom possessif.* qui est à nous.
Nôtre (le, la), *adj. possessif, relat. subst.* ce qui est à nous. (les), *pl.* ceux de notre parti, de notre compagnie.
Notre-dame, *s. f.* la sainte Vierge. R.
Notule, *s. f.* petite note en marge. G. C.
Notus, *s. m.* vent. R.
Nouailleux, *adj. m.* noueux. V.
Nouasse, *s. f.* noix muscade sauvage.
†Noudles ou Nudeln, *s. m.* ragoût allemand de pâte, lait, beurre et fromage.
Noue, *s. f.* t. d'agriculture, terre grasse et humide; endroit noyé d'eau; t. de couvreur, tuile en canal. * arêtier, rencontre de deux toits formant gouttière, plomb que l'on y met. * *pl.* tripes de morue. B.
Noué. e, *adj.* rachitique; t. de blason; t. de littér. dont le nœud est bien ou mal formé.

Nouées, *s. f. pl.* t. de vénerie, fientes des cerfs. G. C.
Nouement, *s. m. Nodatio.* (*populaire*) action de nouer l'aiguillette. G. C. * Noûment. R. V.
Nouer, *v. a. Astringere.* noué. e, *p.* lier; envelopper en faisant un nœud. (se), *v. pers. réciproque.* passer de fleur en fruit. * nager (*vieux*). V.
Nouet, *s. m. Nodulus.* nœud; t. de pharmacie.
†Nouette, *s. f.* toile bordée d'une arrête.
Noueux. se, *adj. Nodosus.* (bois) qui a des nœuds.
Nougat, *s. m. sans pl.* gâteau d'amandes au caramel.
†Nouille, *s. f.* espèce de pâte un peu salée.
†Nouilles, *s. m. pl.* pâte d'Allemagne en rubans.
Noulet, *s. m.* petit égoût sur les lucarnes; enfoncement de deux combles. * charpente qui forme la noue. B.
Noumènes, *s. m. pl.* les choses en soi. K.
Nourrain, *s. m.* petit poisson, alevin. * *et* Norrain. RR.
Nourrice, *s. f. Nutrix.* femme qui allaite un enfant, qui nourrit. * Nourice. R.
Nourricier, *s. m. Nutritius.* le mari d'une nourrice. *adj.* qui nourrit. * Nourricier. ère. A. Nouricier. R.
Nourrir, *v. a. Alere.* ri. e, *p.* entretenir; servir d'aliment, sustenter; allaiter; élever; instruire; former l'esprit; entretenir. (se), *v. r.* prendre de la nourriture, se repaître; s'entretenir. * Nourir. R. *et* Nourrice, *adj. f.* B.
Nourrissage, *s. m.* soin, manière d'élever les bestiaux. A.
Nourrissant. e, *adj. Valens.* qui nourrit beaucoup. * Nourissant. R.
Nourrisseur, *s. m.* (de bestiaux), qui les élève.
Nourrisson, *s. m. Alumnus.* enfant que l'on nourrit. * Nourisson. R.
Nourriture, *s. f. Alimentum.* alimens; éducation (*vieux*); action de nourrir. * Nouriture. R.
Nous, *pron. pers. possessif. pl. Nos.*
Nouure, *s. f.* maladie des enfans. C. * *et* Nouure ou Noueure. R.
Nouveau. Nouvel. le, *adj. Novus.* qui commence d'être, de paroître. * Nouvel. ele. R.
Nouveau, *s. m.* ce qui est nouveau. *adv.* nouvellement, récemment.
Nouveauté, *s. f. Novitas.* qualité de ce qui est nouveau; chose nouvelle; innovation.
Nouvelle, *s. f. Nuntius.* premier avis; récit; renseignement; conte. * Nouvele. B.
Nouvellement, *adv. Recèns.* depuis peu. * Nouvélement. R.
Nouvelleté, *s. f.* entreprise sur la possession, t. de pratique. * Nouvéleté. R.
Nouvellier, *s. m.* (*vieux*) inconstant. V.
Nouvelliste, *s. m.* curieux de nouvelles, qui les débite. * Nouvéliste. R. Nouveliste. RR.
Novale, *s. f. Novalis.* terres nouvellement défrichées; dixmes ecclésiastiques.
Novateur, *s. m. Novator.* qui innove; partisan des innovations.
Novation, *s. f. Novatio.* changement de titre; mutation de contrat.
Novelles, *s. f. pl.* constitutions de Justinien, t. de droit. * Noveles. R.
Novembre, *s. m. November.* onzième mois de l'année.
Novemvir, *s. m.* magistrat d'Athènes. R.
Novendial, *s. m.* sacrifice chez les Romains. V.
Novice, *adj. s.* 2 *g. Novitius.* t. claustral, qui a pris nouvellement l'habit; apprentif; peu

peu exercé, apprentif.
Noviciat, *s. m.* état de novice, sa durée; maison des novices; apprentissage.
Novissimé, *adv.* tout récemment.
Noy (mettre en), nier; contester. V.
Noyades, *s. f. pl.* action de noyer plusieurs personnes à-la-fois. C. RR.
Noyale, *s. f.* toile à voiles de chanvre écru.
Noyau, *s. m. Nucleus.* capsule ligneuse et dure qui renferme l'amande; principe; masse principale; t. d'arts et métiers, vis; centre; milieu.
†Noyé-d'eau, *s. m.* nébulosité dans le papier.
Noyer, *s. m. Nux juglans.* grand et bel arbre qui produit les noix.
Noyer, *v. a. Mergere.* yé. e, *p.* faire mourir dans un liquide; inonder. (se), *v. r.* mourir dans un liquide; se plonger; se perdre. * *et* Neyer. RR. t. d'arts, mélanger, fondre les couleurs. B.
Noyon, *s. m.* ligne qui sert de borne au jeu de boule. * *t.* d'horloger, petite creusure. B.
†Noyure, *s. f.* trou pour araser la tête d'un clou.
Nu. e, *adj. Nudus.* qui n'est pas vêtu, qui n'est pas couvert; qui est sans déguisement, sans ornemens.
Nu (le), *s. m.* t. d'arts, ce qui est sans draperies, sans ornemens; t. de peinture, figures et parties non drapées. *pl.* ceux qui sont nus. * poisson du genre du bouclier, du chétodon. B.
Nu (à), *adv.* à découvert.
Nuage, *s. m. Nubes.* amas de vapeurs dans l'air. *pl.* incertitudes, doutes, soupçons; tout ce qui obscurcit; t. de médecine, énéorème. * constellation australe. B.
Nuageux. se, *adj.* couvert de nuages; terne.
Nuaison, *s. f.* t. de marine, durée d'un même vent.
Nuance, *s. f. Harmoge.* degrés de force ou de foiblesse d'une couleur; assortiment de couleurs; légère différence.
Nuancer, *v. a.* cé. e, *p.* assortir différentes couleurs.
Nubécule, *s. f.* maladie de l'œil. R. G. C.
Nubile, *adj.* 2 *g. Nubilis.* en âge de se marier.
Nubileux, *adj.* sombre, chagrin, mélancolique. SCARON.
Nubilité, *s. f.* état du nubile; âge nubile. A
Nuckien. ene, *adj.* t. d'anatomie. R.
†Nucléolite, *s. m. Nucleolites.* radiaire échinide.
†Nucule, *s. f. Nucula.* mollusque acéphale.
Nudipédales, *s. f. pl.* fêtes des anciens. V.
Nudité, *s. f. Nudatum.* état d'une personne nue; figure nue; les parties honteuses.
Nue, *s. f. Nubes.* nuage.
Nuée, *s. f.* nue, nuage; multitude. * *pl.* — de Magellan, blancheur dans le ciel austral. B.
Nuement. *s. m.* voyez Nûment.
Nuer, *v. a.* nué. e, *p.* assortir, mêler des couleurs; nuancer. * ombrer. V.
Nuesse, *s. f.* t. de jurisprudence, domaine des bénéficiers. R. V.
Nuire, *v. n. Nocere.* porter dommage; faire tort, obstacle; empêcher; incommoder.
Nuisance, *s. f.* (*vieux*) dommage. G. C.
Nuisible, *adj.* 2 *g. Nocens.* qui nuit, qui peut nuire.
Nuit, *s. f. Nox.* l'espace de temps où le soleil est sous l'horizon; (*figuré*) ombrage; obscurité.
Nuitamment, *adv. Noctè.* pendant la nuit. * Nuitament. R.
Nuitée, *s. f. Una nox.* espace, travail d'une même nuit.
Nul. le, *adj. Nullus.* aucun, pas un; sans valeur; inutile; sans talent. * t. de botan. dépourvu. AL.
Nulle, *s. f.* caractère qui ne signifie rien.
Nullement, *adv. Nequaquam.* en aucune manière. * d'une manière nulle. AL.
Nulli, *s. m.* (*vieux*) personne, aucun. V. * ragoût de jaunes d'œufs, sucre, aromate, etc. B.
†Nullipore, *s. f. Nullipora.* polypier à rayons, pierreux; sans pores apparens.
Nullité, *s. f. Vitium.* défaut qui rend un acte nul; anéantissement; défaut de talens; inaction; impuissance. * signe à la place d'une valeur, *exemple*, 245 liv. « s. 9 d. B.
†Numble, *s. m.* droit seigneurial sur les bêtes que l'on tue.
Nûment, *adv. Apertè.* immédiatement; sans déguisement. * *et* Nuement. A. G. R.
Numéraire, *adj.* 2 *g.* (valeur) fictive des espèces. *s. m.* argent comptant.
Numéral. e, *adj.* qui marque quelque nombre.
Numérateur, *s. m.* nombre supérieur d'une fraction.
Numération, *s. f.* action, art de compter, de nombrer.
Numérique, *adj.* 2 *g.* qui appartient aux nombres.
Numériquement, *adv.* en nombre exact.
Numéro, *s. m.* nombre du chiffre; nombre; cote; marque mise sur quelque chose.
Numéroter, *v. a.* té. e, *p. adj.* coter, mettre le numéro.
†Numismale, *s. f. ou* Nummulaire *ou* Lenticulaire, pierre frumentaire.
Numismatique, *adj.* des médailles antiques.
Numismatographie, *s. f.* description des médailles antiques.
Nummulaire, *s. f. Nummularia.* Herbe aux écus, à cent maladies, *ou* Monnoyère, plante aquatique, astringente, vulnéraire, antiscorbutique, excellente pour arrêter le flux, consolider les plaies. L. 211.
†Nummulite, *s. f. Nummulites.* mollusque céphalé.
Nuncupatif, *adj. m.* fait verbalement, de vive voix, t. de pratique. * Noncupatif. V.
Nundinal. e, *adj.* de foire, de marché. V.
Nundinales, *adj. f. pl.* t. d'antiq. les huit premières lettres de l'alphabet.
†Nundination, *s. f.* trafic dans les foires, dans les marchés.
†Nundine, *s. f.* marché public tous les neuf jours à Rome.
†Nunna, *s. m.* toile blanche de la Chine.
Nuptial. e, *adj. Nuptialis.* qui appartient aux noces, au mariage.
Nuque, *s. f. Fossa.* creux entre la tête et le chignon du cou.
Nutation, *s. f. Nutatio.* balancement; t. de botanique, direction de la plante du côté du soleil ou de la lumière, t. d'astron. mouvement de l'axe de la terre.
Nutricaire, *s. m.* nourricier. V. qui élève les enfans trouvés. RR.
Nutriment, *s. m.* nourriture. V.
Nutritif. ve, *adj. Nutritius.* qui nourrit; qui sert d'alimens.
Nutrition, *s. f. Nutricatio.* fonction par laquelle les sucs nourriciers sont convertis en la substance, t. de botanique et de médecine.
Nutritum, *s. m.* onguent dessiccatif et rafraîchissant. G. C. RR.
Nyabel, *s. m.* arbre du Malabar; son amande est purgative, le sirop pectoral. * Nyalel. T.
†Nyctage, *s. f. Jalapa.* belle de nuit. *pl.* famille de plantes.
Nyctalope, *s.* 2 *g. Nyctalops.* qui voit mieux la nuit que le jour. * qui ne voit rien du tout la nuit. B.
Nyctalopie, *s. f. Nyctalopia.* maladie qui rend nyctalope.
†Nyctante, *s. f.* plante des Indes, ombellifère.
Nyctée, *s. f.* t. de mythologie. V.
Nyctémeron, *s. f.* t. d'antiquité. R.
Nymphales, *s. m. pl.* papillons.
Nymphe, *s. f. Nympha.* divinité fabuleuse; femme jeune, bien faite et jolie; t. d'hist nat. chrysalide, aurélie, fève, nécydale; premier degré de la métamorphose des insectes; t. d'anatomie, partie des lèvres de la matrice. * Nimphe. G. CO.
Nymphée, *s. f.* t. d'antiquité, bain public. * Nimphée. G. CO.
Nymphomanie, *s. f.* fureur utérine. V.
Nymphotomie, *s. f.* t. de chirur. amputation des nymphes. V.
†Nymphon, *s. m. Nymphum.* arachnide palpiste.

OBJE

O, *s. m.* quinzième lettre de l'alphabet; zéro; t. de litur. antienne. * Ô, antienne. R.
Ô! *interj. employée dans les exclamations.*
Ô ça! *interjection.*
†Oasis, *s. m.* bois de palmier, etc. au milieu des déserts de sables.
†Obclavé, e, *adj.* en massue renversée, t. de botanique.
†Obconique, *adj.* 2 *g.* en cône renversé, t. de botanique.
†Obcordé. e, *adj.* en cœur renversé, t. de bot.
Obédience, *s. f. Obedientia.* (*vieux*) t. claustral, obéissance; ordre d'un supérieur pour aller d'un couvent dans un autre; emploi particulier.
Obédienciaire, *s. m.* dignité ecclésiastique. V.
Obédienciel. le, *adj.* qui appartient à l'obédience. * qui obéit à un ordre exprès de Dieu. G. Obédientiel, le; V. Obédientiel. ele. R. *Obedientialis.*
Obédiencier, *s. m.* qui dessert un bénéfice sans en être le titulaire.
Obéir, *v. n. Obedire.* béi. e, *p.* se soumettre aux ordres de, les exécuter; être sujet de; céder, plier.
Obéissance, *s. f. Obedientia.* action de celui qui obéit; soumission; habitude d'obéir; autorité, domination.
Obéissant. e, *adj. Obediens.* qui obéit; souple; qui cède, qui plie aisément; soumis.
†Obele, *s. f.* trait d'union (-).
Obélies, *s. f. pl.* sorte de pains offerts à Bacchus. V.
Obéliscaire, *s. f.* plante.
Obélisque, *s. m. Obeliscus.* pyramide étroite et longue.
Obérer, *v. a.* ré. e, *p.* accabler de dettes. (s'), *v. pers. Se obruere.* s'endetter.
Obésité, *s. f.* excès d'embonpoint.
Obicé, *adj.* (*vieux*) opposé, apposé. V.
Obier, Opier, Aubier, *s. m. Sambucus.* arbrisseau. * couche ligneuse sous l'écorce. G. C.
Obit, *s. m.* t. eccl. service pour le repos de l'ame.
Obituaire, *s. m.* pourvu d'un bénéfice vacant par mort. *adj. s.* (registre) des obits.
Objecter, *v. a. n. Objicere.* té. e, *p.* faire une objection.
Objectif. ve, *adj.* t. d'opt. tourné vers l'objet; t. de théologie, qui est le seul objet. * qui appartient à l'objet. R. *s. m.* CO. R.
Objection, *s. f. Objectatio.* difficulté opposée à

une proposition.
Objectivité, *s. f.* qualité de ce qui est objectif. K.
Objet, *s. m. Objectum.* ce qui s'offre à la vue, touche les sens; matière; sujet; but, fin proposée.
†Objurgateur, *s. m.* censeur, désapprobateur, grondeur.
Objurgation, *s. f.* réprimande vive, reproche violent.
†Objurguer, *v. a.* gronder, réprimander, quereller.
Oblade, *s. m. Melanurus.* poisson du genre du spare. voyez Nigroil.
†Oblamineux. se, *adj.* qui dure long-temps, sans se corrompre (*vieux*).
Oblat, *s. m.* Moine-lai; laïque qui sert dans un monastère; invalide logé dans une abbaye.
†Oblates, *s. f. pl.* congrégations de religieuses à Rome.
Oblation, *s. f. Oblatum.* offrande; action d'offrir; chose offerte.
Oblationnaire, *s. m.* qui fait les oblations. V.
Obliage, *s. m.* droit seigneurial. R. V.
Oblial, *s. m.* (*vieux*) rente annuelle. V.
Obligation, *s. f. Obligatio.* engagement qu'impose le devoir; acte public.
Obligatoire, *adj. 2 g.* qui a la force d'obliger.
Obligé, *s. m.* acte entre un apprentif et un maître. * qui a contracté une obligation. AL.
Obligé. e, *adj.* t. de prat. redevable; t. de mus. qu'on ne peut retrancher.
Obligeamment, *adv. Officiosè.* d'une manière obligeante. * Obligeament. R.
Obligeance, *s. f.* disposition, penchant à obliger. A.
Obligeant. e, *adj. Officiosus.* officieux, qui aime à obliger.
Obliger, *v. a.* gé. e, *p.* engager par un acte; imposer l'obligation; forcer; rendre service; porter, exciter à. (s'), *v. r.*
Oblique, *adj. 2 g. Obliquus* de biais, incliné; suspect; frauduleux; indirect.
Obliquement, *adv. Obliquè.* de biais; indirectement; frauduleusement.
Obliquité, *s. f. Obliquitas.* inclinaison d'une ligne, d'un plan sur une autre.
Oblitéré. e, *adj.* fermé, t. d'anat. A. * effacé. B.
Oblitérer, *v. a. n.* ré. e, *p.* effacer insensiblement en laissant des traces. A.
Oblong. ue, *adj. Oblongus.* beaucoup plus long que large.
†Obnoxiation, *s. f.* (*vieux*) soumission.
†Obnubiler, *v. n.* se couvrir de nuages; devenir obscur.
†Obolaire, *s. f. Obolaria.* genre de plantes monopétales, de la famille des pédiculaires.
Obole, *s. m. Obulus.* petite pièce de monnoie; petit poids de douze grains.
Obombrer, *v. a.* bré. e, *p.* cacher, couvrir de son ombre. (*vieux*).
†Obovai. e, *adj.* en oval renversé, t. de botan.
†Obové. e, *adj.* en œuf, le gros bout en haut; t. de botanique.
Obreptice, *adj. 2 g.* t. de chancellerie, surpris en cachant la vérité.
Obrepticement, *adv.* t. de chancel. d'une manière obreptice. A.
Obreption, *s. f. Obreptio.* surprise, réticence d'un fait qui rend une lettre obreptice.
Obron, *s. m.* t. de serrurier, anneau de l'obronière. G. C. RR.
Obronière, *s. f.* bande de fer pour fermer un coffre-fort. G. C. * Obroniere. RR.
†Obrophore, *s. m.* porte-lumière.
Obscène, *adj. 2 g. Obscenus.* qui blesse la pudeur; deshonnête. * Obscêne. R.
Obscénité, *s. f. Obscenitas.* parole, image, action qui blesse la pudeur.
Obscur. e, *adj. Obscurus.* sombre, ténébreux; qui n'est pas bien clair, bien intelligible; caché, peu connu.
Obscuration, *s. f.* t. d'astronomie. R.
Obscurcir, *v. a. Obscurare.* ci. e, *p.* rendre obscur; ternir l'éclat. (s'), *v. r.* devenir obscur.
Obscurcissement, *s. m. Obscuratio.* affoiblissement de la lumière; état d'une chose obscurcie.
Obscurément, *adv. Obscurè.* avec obscurité.
Obscurer, *v. a.* ré. e, *p.* (*vieux*) obscurcir. V.
Obscurifier, *v. a.* fié. e, *p.* rendre obscur. V.
Obscurité, *s. f. Obscuritas.* privation de la lumière; défaut de clarté; ignorance; vie cachée; bassesse.
Obsécrations, *s. f. pl.* prières publiques pour apaiser les dieux, t. d'antiq.
Obséder, *v. a. Obsidere.* dé. e, *p.* être assidu auprès de quelqu'un pour le maîtriser, le capter; tourmenter par des illusions fréquentes.
Obsèques, *s. f. pl. Exiquiæ.* funérailles pompeuses. * Obseques. R.
Obséquieux. se, *adj.* qui porte à l'excès les égards, les complaisances, le respect. A.
Observable, *adj. 2 g.* qui peut être observé. A.
Observance, *s. f. Obtemperatio.* règle, statut, coutume; pratique de la règle.
Observantin, *s. m.* religieux de l'observance de Saint-François.
Observateur. trice, *s.* qui obéit aux lois, suit les règles. *adj. s. m. Speculator.* qui observe la nature, etc. * espion. AL.
Observation, *s. f. Observatio.* action d'observer; remarque; note; signe.
Observatoire, *s. m.* édifice destiné aux observations astronomiques.
Observer, *v. a. Observare.* vé. e, *p.* accomplir ce qui est prescrit par la loi; considérer avec application; remarquer; épier. (s'), *v. r.* être circonspect.
Obsession, *s. f. Obsessio.* état d'une personne obsédée; action de celui qui obsède.
Obsidiane, *s. f.* (pierre) jaïet, marbre noir, onix qui servoit de verre. * *ou* Obsidienne. A. *s. et adj.* AL. V.
Obsidion, *s. m.* siége, blocus. V.
Obsidional. e, *adj. Obsidionalis.* (couronne) d'herbes accordée à celui qui avoit fait lever le siége d'une ville. (monnoie) de siége.
†Obsister, *v. n.* résister, apporter obstacle.
Obstacle, *s. m. Obstaculum.* empêchement, résistance; opposition, difficulté, embarras.
Obstance, *s. f.* (*vieux*) obstacle. V.
Obstination, *s. f. Obstinatio.* opiniâtreté.
Obstiné. e, *s.* opiniâtre.
Obstinément, *adv. Obstinatè.* avec opiniâtreté.
Obstiner, *v. a.* né. e, *p.* rendre opiniâtre. (s'), *v. r. Obstinare.* s'opiniâtrer.
Obstructif. ve, *adj.* qui cause ou peut causer des obstructions.
Obstruction, *s. f. Obstructio.* t. de méd. engorgement, embarras dans les vaisseaux.
Obstruer, *v. a.* trué. e, *p.* causer de l'obstruction.
Obtempérer, *v. n. Obtemperare.* (*vieux*) obéir.
Obtenir, *v. a. Impetrare.* nu. e, *p.* faire ensorte que l'on accorde ce qu'on demande; parvenir à; impétrer.
Obtention, *s. f. Impetratio.* action d'obtenir, impétration.
†Obtondant. e, *adj. Obtondens.* qui corrige l'âcreté des humeurs.
Obtondre, *v. a.* du. e, *p.* (*vieux*) émousser. V.
Obturateurs, *adj. m. pl.* t. d'anat. (muscles) qui ferment. R. * *s. m.* plaque d'or ou d'argent pour boucher un trou à la voûte du palais. B.
†Obturation, *s. f.* obstruction.
Obtus. e, *adj. Obtusus.* (angle) plus grand qu'un droit; (esprit) sans pénétration.
Obtusangle, *adj. 2 g.* t. de géom. qui a un angle obtus. G. C.
†Obtusangulé. e, *adj.* t. de botan. à angles obtus.
Obus, *s. m.* petite bombe; obusier.
Obusier, *s. m.* mortier pour lancer une bombe; obus.
Obvention, *s. f.* impôt ecclésiastique.
Obverse, *s. m.* exposé. V.
Obversé. e, *adj.* tourné vers. V.
Obversement, *adv.* au contraire, contre. V.
Obvier, *v. n. Occurrere.* prendre des mesures pour prévenir le mal; aller au-devant, etc.
†Obyre, *s. m. Obyra.* plantes de la famille des graminées.
†Oc, *s. m.* flûte turque terminée par une boule.
Oca, *s. m.* Cavi, racine, pâte d'oca. * *ou* Oke. G.
Ocaigner, *v. a.* gné. e, *p.* couvrir, enduire de parfums. G. C.
Occase, *adj. 2 g.* t. d'astron. voy. Ortive. A. R. V. (amplitude) arc de l'horizon entre l'occident vrai et l'occident rationnel. B.
Occasion, *s. f. Occasio.* rencontre; conjoncture des temps, des lieux propres à; ce qui donne lieu à; combat.
Occasionel. le, *adj.* qui donne occasion, qui en sort. * Occasionel. ele. R. Occasionnel. le. G. C.
Occasionellement, *adv.* par occasion. * Occasionélement. R. Occasionnellement. G. C.
Occasioner, *v. a.* né. e, *p.* donner lieu, occasion. * Occasionner. G. C.
Occasionnaire, *s. m.* aventurier. V. * Occasionaire. R.
Occident, *s. m. Occidens.* point cardinal où le soleil se couche.
Occidental. e, *adj. Occidentalis.* qui est à l'occident, d'occident.
Occipital. e, *adj.* qui appartient à l'occiput.
Occipito-frontal, *s. m.* t. d'anatomie. V.
Occiput, *s. m. Occiput.* le derrière de la tête.
†Occiput-fourchu, *s. m.* (l') lézard du 4e. genre.
Occire, *v. a.* ci. e, *p.* (*vieux*) tuer.
Occiseur, *s. m.* (*vieux*) meurtrier.
Occision, *s. f.* (*vieux*) meurtre; tuerie.
Occultation, *s. f.* disparition passagère d'un astre caché par la terre, etc.
Occulte, *adj. 2 g. Occultus.* caché, dont la cause est inconnue.
Occultement, *adv.* d'une manière occulte. V.
Occupant. e, *adj.* qui occupe, s'empare, se saisit.
Occupation, *s. f. Occupatio.* emploi; affaire; ce à quoi on est occupé; habitation; t. milit. action de s'emparer.
Occuper, *v. a. Occupare.* pé. e, *p.* tenir, remplir, habiter; se saisir; employer. *v. n.* t. de pratique, être chargé d'une affaire. (s'), *v. r.* s'employer, s'appliquer à.
Occurence, *s. f. Occasio.* rencontre; conjoncture; occasion; événement fortuit.
Occurrent. e, *adj.* qui survient, qui se rencontre. * Occurent. V.
Occursir, *v. n.* (*vieux*) venir au-devant. R.
Océan, *s. m. Oceanus.* la grande mer qui environne toute la terre. * grande quantité; abyme. G.
Océanien. e, *adj.* qui appartient à l'Océan. R.
Océane (mer), *adj. f.* l'Océan.
†Ocellaire, *s. f. Ocellaria.* polypier pierreux.
†Ocellite, *s. m. Ocellites.* ocellaire fossile.
Ocelot, *s. m.* espèce de chat-tigre d'Amérique.

†Ochavas, *s. m.* poids d'Espagne, 1-2 gros 31 grains, 5-8.
†Oche, *s. m.* terre labourable; jardin entouré de fossés; entailles sur une règle, t. de charpentier.
Ochier *ou* Ocier, *v. a.* ié. e, *p.* (*vieux*) tuer. V.
Ochlocratie, *s. f.* abus du gouvernement démocratique; gouvernement de la populace. * Canaillocratie. C.
†Ochna, *s. f.* genre de plantes polypétales, de la famille des magnoliers.
Ochoison, *s. f.* (*vieux*) occasion. V.
Ochrus, *s. f.* Ochre, plante des guérets, dans les pays chauds, résolutive.
†Oclage *ou* Ocle, *s. m.* présent de nôces en argent; présent de deuil à une veuve.
†Ococolin, *s. m.* perdrix de montagne du Mexique.
Ocondrois, *adv.* (*vieux*) après. V.
†Ocoté, *s. m.* *Ocotea.* genre de plantes à fleurs incomplètes, qui a du rapport avec le laurier.
Ocquisener, *v. a.* né. e, *p.* (*vieux*) charger d'impôts vexatoires.
Ocquisition, *s. f.* (*vieux*) occasion. V.
Ocre, *s. f.* *Ochra.* Oxide de fer; terre métallique de plusieurs couleurs; stomachique. * Ochre. R. *ou* Ochre. G.
†Ocracorde, *adj.* 2 *g.* de huit notes ou huit tons différens.
Octaèdre, *s. m.* solide à huit faces. * Octaëdre. R.
Octaétéride, *s. f.* espace, durée de huit années, t. d'astronomie, de chronologie.
Octandrie, *s. f.* (huit époux) huitième classe des végétaux. L.
Octant, *s. m.* t. d'astronomie, secteur de quarante-cinq degrés; distance de 45° entre deux planètes. * constellation australe. B.
Octante, *adj.* quatre-vingt (*vieux*).
Octantième, *adj. s.* 2 *g.* (*vi.*) quatre-vingtième. * Octantieme. R.
†Octateuque, *s. m.* recueil des huit livres saints.
Octavaire, *s. m.* t. ecclésiastique. R. V.
Octave, *s. f.* *Octava.* huitaine; t. de liturgie, huit jours de fêtes; le huitième jour de l'octave; t. de musique, sons éloignés de huit degrés; t. de poësie italienne, stance de huit vers.
†Octavier, *v. a.* é. e, *p.* t. d'organiste, porter une octave plus haut. *v. n.* faire monter le son à l'octave.
Octavin, *s. m.* petite flûte. C.
Octavine, *s. f.* petite épinette. G. C. RR.
Octavo (in-), *s. m.* format de livre à feuilles pliées en huit.
Octavon. e, *s.* qui provient de blanc et de quarteron. A.
Octidi, *s. m.* huitième jour de la décade.
Octil, *adj. m.* (aspect). voy. Octant; t. d'astr. distance de 45°.
Octobre, *s. m.* *October.* 10ᵉ. mois de l'année.
Octogame, *s. m.* qui a été marié huit fois. R. V.
Octogénaire, *adj. s.* 2 *g.* *Octogenarius.* qui est âgé de quatre-vingts ans.
Octogone, *adj.* 2 *g. s. m.* *Octogonus.* qui a huit angles et huit côtés. * Octogône. R.
†Octomage, *s. m.* le huitième de la dixme.
†Octopétal. e, *adj.* qui a huit pétales.
Octophore, *s. f.* t. d'antiquité, litière portée par huit hommes. G. C.
†Octophylle, *adj.* 2 *g.* qui a huit pièces, t. de botanique.
Octostyle, *s. f.* édifice à huit colonnes de front. G. C.
Octrise, *s. f.* (*vieux*) octroi. V.
Octroi, *s. m.* *Concessio.* concession; droit sur les denrées.
Octroyer, *v. a.* *Concedere.* yé. e, *p.* concéder, accorder.
Octual, *s. m.* mesure. V.
Octuple, *adj.* 2 *g.* contenant huit fois. G. C. RR.
Octupler, *v. a.* plé. e, *p.* répéter huit fois. A.
Oculaire, *adj.* 2 *g. s. m.* *Oculatus.* (témoin) qui a vu de ses propres yeux; t. d'optique, verre placé du côté de l'œil. * de l'union de deux voyelles (oe); t. d'anat. de l'œil. G.
Oculairement, *adv.* visiblement; sensiblement; à l'œil. (*inusité*).
†Oculation, *s. f.* action d'ébourgeonner.
Oculé. e (bien), *adj.* qui a le sens de la vue très-subtil; bien-voyant. C.
Oculiste, *s. m. adj.* *Ocularius.* chirurgien qui traite les maladies des yeux.
Oculus Christi, *s. m.* œil du Christ, plante. R. * Oculus-Christi. A.
Oculus mundi, *s. m.* onyx transparente dans l'eau. A.
†Ocurcir, *v. a.* courir devant. (*vieux*).
†Ocypode, *s. f.* *Ocypoda.* espèce de cancre à corps carré.
Odalisque *ou* Odalique, *s. f.* femme du sérail. A.
Ode, *s. f.* *Oda.* poëme lyrique fait pour être chanté; poëme divisé en stances.
Odéum, Odéon, *s. m.* théâtre d'Athènes; orchestre; théâtre pour la musique, les répétitions; chœur d'une église (*vi.*) * Odée. V.
Odeur, *s. f.* *Odor.* senteur; sensation de l'odorat; exhalaison odorante d'un corps. *pl.* bonnes odeurs.
Odieusement, *adv.* *Odiosè.* d'une manière odieuse.
Odieux. se, *adj.* *Odiosus.* haïssable; qui excite l'aversion, la haine, l'indignation.
Odinolion, *s. m.* lamproie, rémora. RR.
†Odobène, *s. m. ou* Morce.
Odomètre, *s. m.* instrument pour mesurer le chemin, compter les tours d'une roue. * *ou* Compte-pas. A. Odometre *ou* Pédometre. R.
Odontalgie, *s. f.* douleur des dents.
Odontalgique, *adj.* 2 *g.* propre à calmer l'odontalgie.
†Odontechnie, *s. f.* art de conserver les dents.
†Odontique, *adj.* 2 *g.* Odontalgique.
Odontoïde, *adj.* 2 *g.* (apophyse) qui ressemble à une dent. A.
†Odontolites, *s. f. pl.* dents fossiles.
†Odontologie, *s. f.* traité sur les dents.
†Odontopètres, *s. f. pl.* dents d'animaux marins pétrifiées.
†Odontophye, *s. f.* dentition.
Odontotechnie, *s. f.* art de faire des dents artificielles. V.
Odorant. e, *adj.* *Odoratus.* qui répand une bonne odeur.
Odorabilite, *s. f.* qualité de qui est odorant. RR.
Odorat, *s. m.* *Odoratus.* sens qui perçoit les odeurs.
Odoration, *s. f.* perception des odeurs. V. RR. * forme de l'odorat. K.
Odorer, *v. a.* *Odorari.* ré. e, *p.* sentir par l'odorat. T.
Odoriférant. e, *adj.* *Odorifer.* odorant, qui sent bon.
Odyssée, *s. f.* poëme d'Homère. R.
Œconomat, *s. m.* voyez Économat. V.
Œcuménicité, *s. f.* qualité de ce qui est œcuménique. * Écuménicité. G. C.
Œcuménique, *adj.* 2 *g.* universel, de toute la terre. * Écuménique. G. C.
Œcuméniquement, *adv.* d'une manière œcuménique. * Écuméniquement. G. C.
Œdémateux. se, *adj.* *Œdematosus.* attaqué d'œdème, de sa nature. * Édémateux. se. G. C.
Œdème, *s. m.* *Œdema.* tumeur molle, sans douleur. * Édème. G. C. Œdême. R.
Œdémosarque, *s. m.* *Œdemosarca.* espèce de tumeur. V.
Œdipe, *s. m.* qui devine les choses embrouillées. A. * homme très-clairvoyant. V. AL.
Œil, *s. m. pl.* Yeux *et* Ieux, *Oculus.* organe de la vue; lucarne; trou, ouverture; bouton; lustre. * t. d'arts et métiers, ce qui a la forme, l'apparence de l'œil; le corps de la lettre, t. d'imprimerie. B.
Œil de bœuf. *s. m. pl.* Œils —, plante de la division des radiées; t. d'arch. sorte de lucarne. * Œil-de-bœuf, t. de marine. C. G. V.
Œil-de-bouc, *s. m.* t. de marine, phénomène qui précède un ouragan. * Œil-de-bœuf. G. V.
Œil de chat, *s. m.* pierre précieuse, chatoyante, teinte de jaune vif ou mordoré, stalactite de feld-spath. * — de poisson, *idem.* blanche avec éclat. — de loup, *idem.* d'une teinte foncée, obscure. — de bourique, fruit d'un dolie. — du monde, caillou naturel très-rare. — de paon, très-beau papillon. — de serpent *ou* Crapaudine, *ou* Buffonite, dent molaire de la dorade. — de bœuf, nuage sur la montagne de la Table, qui produit les tempêtes. — de perdrix, arbre de la Chine; grain du linge. B. — de corbeau, la plus belle couleur noire. RR. * Œil-de-chat, etc. G. C. V.
Œil de Christ, *s. m.* Oculus Christi, plante. * Œil-de-Christ. G. C. V.
Œillade, *s. f.* *Intuitus.* coup-d'œil, regard.
Œillader, *v. a.* jeter des œillades. * Œillarder. A.
†Œillé, *s. m.* chien de mer, espèce de pleuronecte, de callionyme, de labre.
Œillère, *s. f.* *Ocularis.* t. de carrossier, pièce de cuir à la têtière. RR. G. C. *adj.* (dent) qui répond à l'œil. * Œillere. R.
Œillet, *s. m.* *Ocellus.* fleur cariophyllée, plante; t. de coutur. petit trou en rond, garni de fil.
Œilleterie, *s. f.* lieu planté d'œillets. * Œilléterie. R. Œilléterie. G.
Œilleton, *s. m.* marcotte; boutons près des raisins; rejeton d'œillet, d'artichaut, etc.
Œilletonner, *v. a.* né. e, *p.* ôter les œilletons, t. de jardinier. G. C. * Œilletoner. R.
Œnanthé, *s. f.* Filipendule aquatique, Persil de marais, plante de la famille des ombellifères. * Œnanthe. A. R. Œnanté, Énanthé. C. G.
Œnas, *s. m.* pigeon sauvage. * voy. Énas. G. C.
Œnéleum, *s. m.* mélange de vin et d'huile. * voyez Énéleum. G. C. V.
Œnisteries, *s. f. pl.* fêtes de Bacchus. V.
Œnistice, *s. f.* divination par les oiseaux. R.
†Œnologie, *s. f.* traité sur le vin, sur l'art de le faire.
Œnomantie, *s. f.* divination par le vin. R.
†Œnomètre, *s. m.* instrument pour fixer le terme de la fermentation.
Œnophore, *s. m.* vase pour le vin; échanson. V.
Œsophage, *s. m.* *Œsophagus.* canal de la bouche à l'estomac. * Ésophage. G. C. CO.
†Œsophagien. ne, *adj* de l'œsophage.
†Œsophagotomie, *s. f.* incision à l'œsophage.
†Œsthétique transcendentale, *s. f.* théorie de Kant sur la sensibilité.
Œstre, *s. m.* *Œstrus.* sorte de taon, insecte diptère.
†Œstromanie, *s. f.* fureur utérine.
Œsype, *s. m.* t. de méd. crasse des animaux. G.
Œtophore, *s. m.* Oétophore, t. d'antiquaire. V.
Œuf, *s. m.* *Ovum.* corps organique que pondent les femelles des oiseaux, des poissons, etc. ce qui en a la forme, t. d'arts et métiers. * coquille du genre des porcelaines. — marin, microscome. B.

Œuvé. e, *adj.* (poisson) qui a des œufs.
Œuvre, *s. f. Opus.* ce qui est fait; action morale, de charité; t. d'église, banc, fabrique. *s. m.* t. de graveur, recueil d'estampes; t. de musique, ouvrages d'un musicien; production de l'esprit; t. de lapidaire, ouvrages; t. d'architecture, corps d'un bâtiment; t. d'arts et métiers; pierre philosophale; plomb qui contient de l'argent.
Œuvre (hors-d'), *adv. s. m.* mets; t. d'arts, ce qui est joint au corps principal.
†Œuvres-blanches, *s. f. pl.* tous les outils tranchans.
Offe, *s. m.* Spart, jonc d'Espagne. V.
Offendre, *v. a.* du. e, (*vieux*) rencontrer ou offenser. V.
Offensant. e, *adj. Contumeliosus.* choquant, injurieux.
Offense, *s. f. Peccatum.* injure de fait ou de parole; péché, faute.
Offensé, *s. m. Offensus.* qui a reçu une offense.
Offenser, *v. a. Offendere.* sé. e, *p.* faire une offense; pécher; blesser. (s'), *v. r.* se piquer, se fâcher.
Offenseur, *s. m. Injuriosus.* qui a offensé, qui offense.
Offensif. ve, *adj.* qui attaque, qui offense.
Offensive, *s. f.* t. de guerre, attaque.
Offensivement, *adv.* d'une manière offensive.
Offerte, *s. f. Oblatum.* partie de la messe avant la consécration.
Offertoire, *s. m. Offertorium.* prière de la messe qui précède l'oblation, l'offerte.
Office, *s. m. Officium.* devoir; assistance, protection, secours; emploi, service; charge; t. de liturgie, fonction, prière publique. (le saint-), tribunal de l'inquisition. *s. f.* art de préparer ce que l'on met sur la table au dessert; lieu où on le prépare, où on le conserve, domestiques qui y mangent.
Official, *s. m. Officialis.* juge de cour d'église.
Officialité, *s. f.* juridiction, tribunal de l'official.
Officiant. e, *adj. s.* qui officie à l'église.
Officiel. le, *adj.* publié, déclaré par l'autorité. A. V.
Officiellement, *adv.* d'une manière officielle. A. V.
Officier, *s. m.* qui a une charge, un office, un grade, un commandement; qui a soin de l'office.
Officier, *v. n.* bien boire et bien manger; t. de liturgie, faire l'office divin.
Officière, *s. f.* religieuse en charge. * -cière. R.
Officieusement, *adv. Officiosè.* d'une manière officieuse.
Officieux. se, *adj. Officiosus.* (mensonge) fait pour obliger; porté à rendre service, obligeant. * et *s.* flatteur empressé; domestique. B.
Officinal. e, *adj.* t. de pharm. (compositions) toujours prêtes.
Offrande, *s. f. Donum.* ce qu'on offre à Dieu, à quelqu'un, etc. cérémonie; sacrifice.
Offrant, *s. m.* t. de pratique, celui qui offre.
Offre, *s. f. Conditio.* action d'offrir; ce qu'on offre; proposition.
Offrir, *v. a. Offerre.* fert. e, *p.* présenter, proposer quelque chose à; proposer de donner; donner. (s'), *v. r.* se présenter.
Offusquer, *v. a. Obscurare.* qué. e, *p.* empêcher de voir, d'être vu; éblouir; obscurcir; troubler; surpasser; choquer la vue; donner de l'ombrage; déplaire.
Ogive, *s. f.* t. d'architecture, arceau en forme d'arête. * Ogire. V.
Ogoesse, *s. m.* t. de blason. R.
Ogre, *s. m.* monstre imaginaire.
Oh! *interjection qui marque l'admiration, la surprise, l'affirmation. Oh.*
Ohin, *s. m.* défaut, vice, faute. V.
†Ohm, *s. m.* mesure allemande.
Oho! *interjection d'étonnement.* R.
Oie, *s. f. Anser.* oiseau aquatique. * constellation septentrionale. B.
Oie (petite), *s. f.* abattis de volaille; faveurs légères. * le moindre; bas, chapeau, etc. G. CO. V.
Oignement, *s. m. Unctio.* (*inusité*) action d'oindre. G. C. RR.
Oigner, *v. a.* le contraire de poindre; plaire. MONTAIGNE.
Oignon, *s. m. Cepa.* t. de botan. racine sphérique, bulbeuse; plante potagère; t. de méd. tumeur douloureuse aux pieds; t. de vétér. voussure de la sole du cheval. * — musqué, espèce de jacinthe. B. Ognon. A.
Oignonet, *s. m.* poire d'été. * Oignonnet. T. Ognonet. A.
Oignonette, *s. f.* petits oignons; t. de jardinier.
Oignonière, *s. f. Cepina.* terre semée d'oignons. *Oignoniere. B. Ognonière. A. Oignonnière. T.
Oille, *s. f.* potage de viandes et de racines; * *et* Oil, *ou* Ouille. B.
Oindre, *v. a. Ungere.* oint. e, *p.* frotter de choses onctueuses. (s'), *v. r.*
Oing, *s. m. Axungia.* (vieux-) graisse de porc fondue.
†Oinomètre, *s. m.* instrument pour connoître la pesanteur des vins.
Oint, *s. m. Unctus.* qui a reçu une onction sainte.
Ointure, *s. f.* (*vieux*) onguent. V.
Oire, *adv.* (*vieux*) aujourd'hui. V.
Oirrer, *v. a.* (*vieux*) aller, être en route. V.
†Oisanite *ou* Octaédrite, *s. f.* schorl bleu.
Oiseau, *s. m. Avis.* animal à deux pieds, ovipare, à bec, ayant des plumes et des ailes; oiseau de proie; instrument pour porter le mortier sur les épaules; espèce de palette. * — du tropique, voyez Paille-en-cul. — de paradis *ou* Manucode, oiseau des Indes. — rhinocéros, voy. Calao. — royal, grue panachée d'Afrique; constellation australe. B.
Oiseau-mouche, *s. m.* le plus petit des oiseaux d'Amérique.
Oiseler, *v. a.* lé. e, *p.* dresser un oiseau. *v. n.* tendre des gluaux, des filets, etc.
†Oiselet, *s. m.* petit oiseau.
Oiseleur, *s. m.* dont le métier est de prendre des oiseaux à la pipée, aux filets, etc.
Oiselier, *s. m.* dont la profession est d'élever et de vendre des oiseaux.
Oisellerie, *s. f.* art de prendre et d'élever des oiseaux. *commerce d'oiseaux. B. * Oisélerie. R.
Oiseux. se, *adj. Otiosus.* fainéant; vain; inutile; oisif.
Oisif. ve, *adj. Otiosus.* qui ne fait rien, qui est dans l'oisiveté; (lettre) inutile.
Oisillon, *s. m. Avicula.* petit oiseau. * Oisillon. V.
Oisivement, *adv. Otiosè.* d'une manière oisive.
Oisiveté, *s. f. Desidia.* état de celui qui est oisif.
Oison, *s. m. Anserculus.* petit de l'oie; idiot.
†Oke *ou* Ocque, *s. m.* poids turc, 1 liv.
Olampi, *s. m.* gomme apéritive, détersive. G. C.
†Olbers, *s. f.* planète nouvellement observée.
Oléagineux. se, *adj. Oleosus.* qui est de la nature de l'huile; huileux.
Oléandre, *s. m. ou* Rosage, *ou* Rosagine, arbrisseau aquatique.
†Oleb, *s. m.* faux lin qu'on apporte d'Égypte.
Olécrane, *s. m. Olecranon.* éminence derrière le pli du coude. G. V. R.
†Oléo-saccharum, *s. m.* mélange d'eau, d'huile et de sucre. * *ou* Oléumsaccharum. AL.
Oler, *v. n.* (*vieux*) sentir bon. V.
Olfactif. ve, *adj.* (nerf) de l'odorat. A. V.
Olfactoire, *adj.* 2 *g.* qui a rapport à l'odorat.
Oliban, *s. m. Olibanum.* encens mâle, le premier qui découle de l'arbre; résine aromatique en Judée, pour les maux de tête, de poitrine, de matrice, le flux de ventre, le crachement de sang.
Olibrius, *s. m.* glorieux; arrogant; fanfaron; pédant; qui fait l'entendu. * Olybrius. R.
Oligarchie, *s. f.* gouvernement où l'autorité souveraine est entre les mains d'un petit nombre.
Oligarchique, *adj.* 2 *g.* de l'oligarchie.
†Oligiste, *adj.* 2 *g.* (minéral) peu abondant en métal.
†Oligosperme, *adj.* 2 *g.* qui porte peu de graines.
Oligotrophie, *s. f.* t. de médecine, R. diminution de nutrition. B.
Olim, *adv.* autrefois.
Olim, *s. m. pl.* anciens registres du parlement de Paris, dès l'an 1313.
Olinde, *s. f.* lame d'épée très-fine.
Olinder, *v. n.* tirer l'épée pour se battre. A.
Olindeur, *s. m.* bretteur, ferrailleur. A.
Olivaire, *adj.* 2 *g.* t. d'anatomie. R. V. * t. de métiers, arrondi en olive. B.
Olivaison, *s. f. Olivitas.* saison où l'on récolte les olives.
Olivâtre, *adj.* 2 *g. Oleaginus.* de couleur d'olive, jaune et basané.
Olive, *s. f. Oliva.* fruit à noyau de l'olivier; olivier; t. d'architecture, ornement. *pl.* coquillages univalves. * *s. m.* bruant de Saint-Domingue. B.
Olivet, *s. m.* lieu planté d'oliviers. R.
†Oliverains, *s. m. pl.* congrégation de Bénédictins en Italie.
Olivète, *s. f.* plante. * Olivete. R. Olivette. C. pinçon de la Chine. B.
†Olivetier, *s. m. Olivine.* plantes de la famille des nerpruns.
Olivettes, *s. f. pl.* danse après la récolte des olives en Provence. * Olivetes. R. perles fausses. B.
Olivier, *s. m. Olea.* arbre qui produit l'olive.
Ollaire, *adj. f.* (pierre) tendre et facile à tailler. * produit du mica et d'autres substances vitreuses. B.
†Ollure, *s. f.* gros tablier de mégissier.
Olographe, *adj.* 2 *g.* (testament) écrit en entier par le testateur. * Holographe. R.
†Olonne, *s. f.* toile de Bretagne pour les voiles.
Oluse, *s. f.* vente de vin en fraude. V.
†Olygochyle, *adj.* 2 *g.* (aliment) qui fournit peu d'humeur muqueuse; peu nourrissant.
Olympe, *s. m.* t. de poësie, le ciel.
Olympiade, *s. f. Olympias.* t. d'antiq. espace de quatre ans entre les jeux olympiques.
Olympiens, *adj. m. pl.* t. d'antiquité, les douze principales divinités.
Olympionique, *adj.* victorieux dans les jeux olympiques. R.
Olympiques, *adj. m. pl. Olympia.* (jeux) célébrés tous les quatre ans à Olympie.
†Omalise, *s. m. Omalisus.* insecte coléoptère.
Ombelle, *s. f.* t. de botanique, petits rameaux en forme de branches de parasol qui portent les fleurs.
†Ombellé. e, *adj.* en ombelle; qui en porte.
Ombellifère, *adj.* 2 *g. Umbellatae.* qui porte des ombelles; en ombelle. * Ombellifere. R. A.

†Ombellulaire, *s. f. Ombellularia.* polypier à rayons; polype de mer en bouquet.
†Ombellules, *s. f. pl. Ombellula.* zoophytes pennatules.
†Ombiasses, *s. m. pl.* prêtres, magiciens de Madagascar.
Ombilic, *s. m.* t. d'anatomie, nombril; t. de botanique, enfoncement à certains fruits. * t. de conchyliologie, trou en forme de nombril, à la partie supérieure de la coquille bivalve et qui traverse le noyau. B.
Ombilical. e, *adj.* qui appartient, qui a rapport à l'ombilic.
†Ombiliqué. e, *adj.* 2 *g.* (feuille) à centre d'où partent les fibres, comme à la capucine; (fruit) qui a un ombilic bien marqué.
Ombrage, *s. m. Umbra.* ombre; défiance; soupçon. * amas des branches, des feuilles qui donnent l'ombre. A.
Ombrager, *v. a. Inumbrare.* gé. e, *p.* donner, faire de l'ombre. * diminuer les jours; t. de peinture. B.
Ombrageux. se, *adj. Suspicax.* soupçonneux; t. de manége, peureux.
Ombre, *s. f. Umbra.* obscurité; espace privé de lumière; protection, faveur, appui; apparence vaine; prétexte; ame, figure; terre brune pour ombrer; mânes; t. de peinture, couleurs obscures. *pl.* t. d'antiquité, compagnons des convives. * poisson de mer, du genre du sciène. — de rivière, du genre du salmone. B.
†Ombre, *s. f.* jeu de cartes. voyez Hombre. A.
Ombrer, *v. a.* bré. e, *p.* (un tableau), y mettre les ombres.
Ombrette, *s. f. Scopus.* oiseau du Sénégal.
Ombreux. se, *adj.* (*vieux*) qui fait de l'ombre. G. C. R.
Ombroir *ou* Ombroyer, *v. n.* (*vieux*) placer dans l'ombre. V.
†Ombromètre, *s. m.* machine pour connoître la quantité de pluie qui tombe dans une année. voyez Udromètre.
Oméga, *s. m.* la fin, la dernière partie; la dernière lettre de l'alphabet grec.
Omelette, *s. f.* œufs battus et cuits ensemble, * ou mis dans le vin pour l'éclaircir. B. Omelete. R.
Omettre, *v. a. Omittere.* mis. e, *p.* manquer à faire ou à dire ce qu'on devoit faire ou dire. * oublier; ne pas citer. B.
Omission, *s. f. Prætermissio.* manquement de celui qui omet; chose omise.
Omniscience, *s. f.* connoissance infinie de Dieu.
†Omnivore, *adj.* 2 *g.* qui mange de tous les alimens.
Omoplate, *s. m. Omoplatæ.* os plat et large de l'épaule.
Omphacin. e, *adj.* t. de pharmacie, tiré des des olives avant leur maturité. G. C.
†Omphalier, *s. m. Omphalea.* plantes de la famille des euphorbes.
Omphalocèle, *s. f.* t. de médecine, hernie qui se fait au nombril. * Omphalocele. R. voyez Exomphale.
Omphalodes, *s. m.* Petite Consoude, plante vulnéraire. * Omphalôdes. R.
†Omphalomantie, *s. f.* divination par le cordon ombilical.
Omphaloptre, *adj.* 2 *g.* t. d'optique, qui grossit les objets; lenticulaire. * Omphaloptère *ou* Omphaloptique. B.
Omras, *s. m.* titre des grands seigneurs de la cour du Mogol.
On, *pronom personnel, indéfini.*

Onagra, Onagre, *s. f. Onager.* plante astringente qui arrête le sang.
†Onagraire, *s. m. Aenothera.* plantes de la famille des onagres.
Onagre, *s. m.* ancienne machine de guerre; âne sauvage.
†Onanisme, *s. m.* habitude de la masturbation; péché d'Onan.
Onc, Oncques, *adv.* (*vieux*) jamais.
Once, *s. f. Uncia.* poids de huit gros; animal quadrupède, petite panthère.
†Oncelle, *s. f.* espèce de tigre de Barbarie.
†Onchide, *s. f. Onchidium.* mollusque céphalé, rampant.
Onciales, *adj. f. pl.* (lettres) pour les inscriptions et les épitaphes, t. d'antiquité.
†Oncíromantie, *s. f.* divination par les songes.
Oncle, *s. m. Patruus.* frère du père ou de la mère.
Oncle (grand-), *s. m.* frère du grand-père ou de la grand'mère.
†Oncotomie, *s. f.* ouverture d'un ulcère.
Oncre, *s. m.* sorte de navire. G. C.
Onction, *s. f. Unctio.* t. de liturgie, action d'oindre; sacrement; mouvement de la grâce; choses qui portent à la piété.
Onctueusement, *adv.* avec onction. A.
Onctueux. se, *adj. Unctuosus.* huileux; qui a de l'onction.
Onctuosité, *s. f.* qualité de ce qui est onctueux.
†Ondatra, *s. m.* rat musqué.
Onde, *s. f. Unda.* flot, soulèvement de l'eau agitée; la mer. * *pl.* défauts dans le verre; leviers du métier à bas. B.
Ondé. e, *adj. Undulatus.* fait, façonné en onde.
†Ondécagône, *adj.* 2 *g. s.* qui a onze angles, onze côtés.
Ondécimal, *s. m. Ondecimalis.* poisson du genre du silure.
Ondée, *s. f. Nimbus.* grosse pluie subite et passagère.
†Ondehlande, *s. f. Ondehlandia.* plantes de la famille des rubiacées.
Ondin. e, *s.* prétendu génie qui habite les eaux.
Ondoiement, *s. m.* baptême sans cérémonie. * Ondoîment. R. V.
Ondoyant, e, *adj. Undans.* qui ondoye, qui flotte par ondes; t. de peinture. * *s. m.* poisson du genre du coryphène. B.
Ondoyer, *v. a. Undare.* yé. e, *p.* baptiser sans pratiquer les cérémonies. *v. n.* flotter par ondes.
Ondulation, *s. f.* mouvement oscillatoire par ondes; t. de physique.
Ondulatoire, *adj.* 2 *g.* (mouvement) d'ondulation. A.
†Ondulé. e, Onduleux. se, *adj.* t. de botan. ondé très-fin.
Onduler, *v. n.* avoir un mouvement d'ondulation. A.
†Onéirocritie, *s. f.* art d'interpréter les songes. voyez Onirocritie.
†Onéirogone, *s. m.* songe vénérien.
Onéraire, *adj.* 2 *g. Onerarius.* (tuteur, syndic) qui a le soin et la charge de l'administration sans l'honneur.
Onéreux. se, *adj. Onerosus.* à charge; incommode.
Ongle, *s. m. Unguis.* partie dure à l'extrémité des doigts; griffes; t. d'oculiste, pellicule, amas de pus; t. de botanique, pédicule et onglet. * partie inférieure des pétales, des polypétales. — marin *ou* Dactyle, coquillage. *ou* Coutelier, — odorant, opercule d'un coquillage univalve. B.
Onglé. e, *adj.* t. de blason, qui a des ongles, des griffes.
Onglée, *s. f.* engourdissement douloureux au bout des doigts causé par le froid; t. de vétér. *ou* Ongle, membrane du coin de l'œil.
Onglet, *s. m.* petit ongle; t. de manége; t. d'imprimerie, petit bord; poinçon, t. d'arts et métiers. * petit tangara. B.
Ongletes, *s. f. pl.* t. de serrurier, R. échancrure sur le plat de la lame. B.
†Onglette, *s. f.* burin plat.
†Ongletté. e, t. de botanique, qui a un onglet.
†Onguiculé. e, *adj.* en forme d'ongle, t. d'histoire naturelle.
†Ongulé. e. *ou* Onguiculé. e, *adj.* qui a des ongles.
Onguent, *s. m. Unguentum.* médicament composé de consistance molle.
Onirocratie, *s. f.* art prétendu d'expliquer les songes. G. C.
Onirocritie, *s. f.* interprétation des songes.
Onirocritique, *s. m.* interprète des songes. *s. f.* art de deviner ce que signifioient les songes. G. C. * Onéirocritie. B.
Oniropole, *s. m.* qui traite des songes. R.
Oniroscopie, *s. f.* interprétation des songes. R.
†Onite, *s. m. Onitis.* poisson du genre du labre.
Onkotomie, *s. f.* ouverture d'une tumeur, d'un abcès. G. C. V. R. * Onkatomie. V.
Onocentaure, *s. m.* monstre fabuleux, R. né de l'homme et de l'âne. B.
Onocéphal. e, *adj.* 2 *g.* à tête d'âne. RR.
†Onoclée, *s. f. Onoclea.* plantes unilobées, de la famille des fougères.
Onocrotale, *s. m.* Pélican, Grand gosier, oiseau de marais.
Onomancie, *s. f.* divination par le nom. R. * faculté de la mémoire qui retient plusieurs noms. Onomamancie, Onomatomancie. B. *et* Onomance. V.
Onomatopée, *s. f.* formation d'un mot dont le son est imitatif, *exemple:* du mot trictrac.
†Onomatopose, *s. f.* déguisement de son nom.
†Ononychite, *adj.* 2 *g.* qui a les pieds d'un âne.
†Onoporde, *s. m. Onopordum.* plantes de la famille des cinarocéphales.
†Onoré, *s. m.* héron de Cayenne.
†Onotomancie, *s. f.* onomancie.
Ontologie, *s. f.* traité de l'être en général. A. * partie de la logique. B.
†Onychites, *s. f. pl.* pierres qui ressemblent à des ongles et présumées des palais de poissons.
†Onychomance, *s. f.* voyez Onirocritie.
Onycomancie, *s. f.* divination par les ongles. R.
†Onymancie, *s. f.* divination par l'huile et la cire.
Onyx, *s. m. Onychium.* espèce d'agate blanche-brune, à couches de diverses couleurs. * *ou* Onice. B.
Onze, *adj.* 2 *g. s. Undecim.* dix et un.
Onzième, *s. m. Undecimus.* nombre ordinal; la onzième partie. *adj. numéral.* * Onzieme. R.
Onzièmement, *adv. Undecimò.* * Onziémement. R. G.
Oolites, *s. m. pl. Oolites.* pierres composées de coquilles pétrifiées en forme de pois. * Oolithes. R. AL.
†Oomantie, *s. f.* divination par les figures que l'on observoit dans les œufs.
†Ooscopie, *s. f.* Oomantie.
Opacité, *s. f. Opacitas.* qualité de ce qui

est opaque.

†Opalat, *s. m. Opalatoa.* grand arbre de la Guiane, à bois blanc.

Opale, *s. f. Opalus.* pierre précieuse, chatoyante, très-belle et très-estimée; stalactite de feld-spath.

†Opaler, *v. a.* lé. e, *p.* remuer le sucre dans les formes; détacher les grains de sucre des formes.

Opaque, *adj.* 2 *g. Opacus.* qui n'est point transparent.

†Opatres, *s. m. pl. Opatrum.* insectes coléoptères.

Opéra, *s. m. sing. et pl.* pièce de théâtre en musique et à machines; théâtre; chose difficile. * *pl.* Opéras. A.

Opérateur, trice, *s. Chirurgus.* qui fait des opérations de chirurgie; charlatan; dentiste, chirurgien ambulant.

Opératif, ve, *adj.* qui opère. V.

Opération, *s. f. Operatio.* action de ce qui opère; action méthodique du chirurgien qui opère; calcul. * ce qu'on a fait, ce qu'on fait ou doit faire pendant une campagne, t. militaire. B.

†Operculaire, *s. m. Opercularia.* plantes monopétales, exotiques.

Opercule, *s. f. Opercula.* couvercle de l'entrée de la coquille univalve. * couvercle de l'urne des mousses. B.

†Operculé. e, *adj.* t. d'histoire naturelle, qui a un opercule.

Opérer, *v. a. Operari.* ré. e, *p.* faire, travailler de la main; pratiquer. *v. n.* produire quelqu'effet; calculer.

Opes, *s. m. pl.* trous dans les murs où posent les chevrons; trous des boulons, des solives, t. d'architecture.

†Opétiole, *s. m. Opetiola.* plantes de la famille des aroïdes.

†Ophicéphales, *s. m. pl.* 46e. genre de poissons.

†Ophioctène, *s. m.* espèce de scolopendre.

Ophiogènes, *s. m. pl.* t. d'antiquité, hommes issus d'un serpent. * Ophiogenes. R.

Ophioglosse, *s. m. Ophioglossum.* Langue de serpent, espèce de fougère; plante vulnéraire, infusée dans l'huile d'olive au soleil, elle forme un baume excellent pour les maux de gorge.

Ophiolatrie, *s. f.* culte des serpens. R.

Ophiomancie, *s. f.* divination par les serpens. R.

†Ophiomorphite, *s. f. Ophiomorphita.* corne d'Ammon.

Ophiophage, *s.* 2 *g.* qui mange les serpens. R.

†Ophiorize, *s. f. Ophiorhiza.* plantes monopétales, de la famille des gentianes.

†Ophiose, *s. m. Ophioxilum.* plantes monopétales, de la famille des apocins.

†Ophir, *s. m. Ophira.* plantes de la famille des onagres.

Ophite, *adj. Ophites.* (marbre) d'Égypte, vert, mêlé de filets jaunes. * *s. m.* — antique, porphyre vert à taches carrées. — moderne, à taches rondes. B.

†Ophiure, *s. f. Ophiura.* radiaire stelléride.

†Ophrie, *s. m. Ophria.* serpent du 2e. genre.

Ophris, *s. m.* Double-feuille, plante qui fournit un baume excellent.

†Ophrise, *s. m. Ophrys.* genre de plantes unilobées, de la famille des orchidées.

Ophtalmie, *s. f. Lippitudo.* maladie des yeux; inflammation de la conjonctive. * Ophthalmie. R.

Ophtalmique, *adj.* 2 *g.* contre les maladies des yeux, qui les concerne. * Ophthalmique. R.

†Ophtalmite, *s. f.* pierre qui imite un œil. et *s. m.*

Ophtalmographie, *s. f.* traité sur les yeux. * Ophthalmographie. *ophthalmus.* R. CO.

†Ophtalmologie, *s. f.* traité sur l'œil.

†Ophtalmoscopie, *s. f.* inspection attentive des yeux.

†Ophtalmotomie, *s. f.* dissection de l'œil.

†Ophtalmoxiste, *s. m.* brosse d'épis d'orge pour scarifier les paupières.

†Ophtalmoxse *ou* Blépharoxysis, *s. m.* scarification des vaisseaux de l'œil.

†Ophtalmoxystre, *s. m.* instrument pour ratisser l'œil.

Ophys, *s. m.* poisson.

Opiat, *s. m. Opiatum.* électuaire, pâte pour les dents. * *et* Opiate. V. *ou* Opiate, *s. f.* A. *prononcez* opiate.

Opilatif, ve, *adj.* qui cause des obstructions. * Oppilatif, ve. R. T. V.

Opilation, *s. f. Obstructio.* obstruction. * Oppilation. R. T. V.

Opiler, *v. a. Obstruere.* lé. e, *p.* causer des obstructions; boucher. * Oppiler. R. T. V.

Opimes, *adj. f. pl.* t. d'antiq. (dépouilles) remportées par le général qui avoit tué le général ennemi.

Opinant. e, *adj. s. m.* qui opine.

Opiner, *v. n.* dire son avis sur une chose mise en délibération.

Opiniâtre, *adj.* 2 *g. Pervicax.* obstiné, entêté; acharné.

Opiniâtrément, *adv. Pertinaciter.* avec opiniâtreté, fermeté, constance.

Opiniâtrer, *v. a.* tré. e, *p.* soutenir avec opiniâtreté; obstiner. (s'), *v. r. Obstinare.* s'obstiner.

Opiniâtreté, *s. f. Obstinatio.* obstination; trop grand attachement à son opinion, à sa volonté, à son sens.

Opinion, *s. f. Opinio.* croyance probable; sentiment; jugement; avis.

Opinioniste, *s. m.* V. auteur d'une opinion.

†Opisthodome, *s. m.* partie postérieure d'un temple.

Opisthographe, *adj.* 2 *g.* écrit au dos. R.

†Opisthotonos, *s. m.* R. convulsion qui courbe le corps en deux; contraction qui porte la tête en arrière.

Opium, *s. m. Opium.* suc de pavot narcotique et soporatif.

Oplomachie, *s. f.* combat de gladiateurs. V.

Opobalsamum, *s. m.* suc du baumier; Baume de Judée.

†Opocalpase, *s. f.* espèce de poison; mirrhe sophistiqué.

Opoponax, *s. m.* sorte de gomme jaune, très-estimée, incisive, purgative; pour les maladies du cerveau, les nerfs, les obstructions, suppressions; amollit les tumeurs; résout les squirres, les nœuds et ganglions; * entre dans la grande thériaque. voyez Grande-berce. B. Opopanax. AL. R.

Opossum, *s. m.* voyez Sarigue, quadrupède. L.

Opportun. e, *adj. Opportunus.* favorable; propre; à propos; selon le temps et le lieu.

Opportunément, *adv.* d'une manière opportune. V.

Opportunité, *s. f. Opportunitas.* occasion favorable, propre; qualité de ce qui est opportun. (*vieux*).

Opposant, e, *adj. s. Intercessor.* qui s'oppose à l'exécution de; t. de pratique, etc.

Opposer, *v. a. Opponere.* sé. e, *p.* placer une chose pour faire obstacle à; mettre vis-à-vis, en comparaison, en parallèle. (s'), *v. r.* être contraire à; faire des efforts pour arrêter, empêcher; t. de pratique.

Opposite, *adj.* 2 *g. s. m. Contrarium.* le contraire.

Opposite, *adv.* (à l') vis-à-vis.

Oppositif. ve, *adj.* qui oppose. V.

Opposition, *s. f. Oppositus.* empêchement, obstacle; contrariété; t. d'astron. distance de 180°. t. de rhétor. réunion de deux idées contradictoires en apparence; t. de pratique, acte par lequel on s'oppose.

Oppresser, *v. a. Obstruere.* sé. e, *p.* presser fortement; gêner la respiration.

Oppresseur, *s. m. Oppressor.* qui opprime.

Oppressif. ve, *adj.* qui opprime. (*nouv.*) G.

Oppression, *s. f. Suppressio.* état de ce qui est opprimé, oppressé; étouffement. * Opression. RICHELET.

Opprimer, *v. a. Opprimere.* mé. e, *p.* accabler par la force.

Opprobre, *s. m. Opprobrium.* ignominie, honte, affront.

Opras, *s. m.* qualité de grand seigneur à Siam. A. G. CG. RR. * *ou* Oyas. B.

Opsigone, *adj.* 2 *g.* produit dans un temps postérieur. G. C. RR.

†Opsimatie, *s. f.* envie tardive d'apprendre.

†Opsomane, *s. adj.* 2 *g.* qui aime à la folie un aliment.

Optatif, *s. m. Optativus.* t. de gram. grecque, mode du verbe pour exprimer le désir. * *adj.* 2 *g.* ce qui exprime le souhait. A.

Opter, *v. a. n. Eligere.* té. e, *p.* choisir entre plusieurs choses qu'on ne peut avoir toutes ensemble.

Opticien, *s. m.* versé dans l'optique; qui l'enseigne, l'exerce.

†Optimatie, *s. f.* les principaux citoyens d'une ville.

Optimé, *adv.* fort bien, très-bien.

Optimisme, *s. m.* système des philosophes qui croient que tout est pour le mieux; dans le meilleur des mondes possibles.

Optimiste, *s. m.* partisan de l'optimisme. * homme content de tout. AL.

Option, *s. f. Optio.* pouvoir, faculté, action d'opter.

Optique, *adj.* 2 *g. Opticus.* qui concerne la vue. *s. f. Optice.* science qui traite de la lumière et des lois de la vision; perspective. * *s.* 2 *g.* spectacle optique. A. boîte dans laquelle les images sont beaucoup augmentées. B.

Opulemment, *adv. Opulenter.* avec opulence.

Opulence, *s. f. Opulentia.* grande richesse; abondance.

Opulent. e, *adj. Opulentus.* très-riche; dans l'opulence (personne).

Opuntia, *s. f.* Figuier de l'Inde, plante qui fournit la cochenille. * Nopal, cactier à cochenille. B.

Opuscule, *s. m. Opusculum.* petit ouvrage de science et de littérature.

Or, *conj. particule pour lier un discours à un autre, exhorter, inviter.*

Or, *s. m. Aurum.* métal jaune, peu dur, peu élastique, très-compacte, le plus précieux, le plus ductile, le plus pesant, le plus flexible, le plus tenace, le plus fixe des métaux; monnoie d'or; opulence, richesse; vernis qui imite l'or; ce qu'il y a de plus précieux. * — fulminant, précipité de l'or, dissout par l'alcali volatil, sa détonation au feu est très-violente. — blanc, platine. B. couleur d'or, (*prend le pluriel*).

Or-blanc, voyez Platine. A.

Or-sol, *s. m.* t. de banquier, le triple de la valeur énoncée.

Oracle, *s. m. Oraculum.* réponse des Dieux, le

Dieu qui la rend; décision, celui qui la donne; vérités des livres sacrés.

Orage, *s. m. Turbo.* tempête; vent impétueux; grosse pluie; malheur qui menace.

Orageux, se, *adj. Procellosus.* qui cause de l'orage; sujet aux orages. (temps) d'orage, de trouble.

†Orain, *s. m. ou* Orin.

Oraire, *adj.* obtenu par prières. V.

Oraison, *s. f. Oratio.* t. de littér. discours d'éloquence; discours; t. de litur. prière, méditation.

Oral, e, *adj.* (tradition, loi) qui se transmet de bouche en bouche. * Orale, *adj. f.* G. AL. CO. RR.

Oral, *s. m.* voile, coiffe de femme. (*vieux*) grand voile du pape.

Oranbleu, *s. m.* oiseau, merle du cap de Bonne-Espérance.

Orange, *s. f. Malum aureum.* fruit à pepins jaune doré.

Orangé, e, *adj. s. m. Aureus.* couleur d'orange.

Orangeade, *s. f.* boisson du jus d'orange, de sucre et d'eau.

Orangeat, *s. m.* confitures, dragées faites d'écorce d'orange.

Oranger, *s. m. Malus aurea.* très-bel arbre toujours vert, qui porte les oranges.

Oranger, ère, *s.* marchand d'oranges. * *f.* Orangere. R.

Orangerie, *s. f.* lieu où l'on place, où l'on serre les orangers.

†Orangesse, *s. f.* ratafiat d'oranges.

Orangiste, *s. m.* qui élève des orangers. C. T. * partisan de la maison d'Orange. (*t. de politique*) B.

Orang-outang, *s. m. Satyrus.* Homme des bois, première espèce de singe sans queue, voyez Pongo *et* Jocko, *ou* Pithèque.

Oranvert, *s. m.* oiseau, merle du Sénégal.

†Orate d'ammoniaque, *s. m.* or fulminant.

Orateur, *s. m. Orator.* qui compose, qui prononce des ouvrages d'éloquence.

Oratoire, *Sacellum.* lieu destiné à prier; congrégation. *ou* Oratorio, drame sacré. *adj.* 2 *g. Oratorius.* qui appartient à l'orateur.

Oratoirement, *adv. Oratoriè.* d'une manière oratoire.

Oratorien, *s. m.* qui est de l'Oratoire. R.

Oratorio, *s. m.* hiérodrame, petit drame en musique. G. V.

Orbe, *adj.* 2 *g.* t. de chir. qui meurtrit, mais n'entame pas la chair; t. d'archit. sans porte ni fenêtre. *s. m. Orbis.* t. d'astr. espace que parcourt une planète; globe. * corps rond à deux superficies, l'une concave, l'autre convexe. G. C. poisson à écailles, du genre du chétodon. B.

†Orbe-hérisson, *s. m.* poisson des Moluques.

Orbiculaire, *adj.* 2 *g. Orbiculatus.* rond et sphérique.

Orbiculairement, *adv. Orbiculatim.* en rond.

†Orbicules, *s. m. pl. Orbicula.* 27ᵉ. genre des mollusques acéphales.

Orbis, *s. m.* poisson de mer orbiculaire. G. C.

Orbitaire, *adj.* 2 *g.* t. d'anatomie. R.

†Orbitolite, *s. m.* hélicite, polypier pierreux, à rayons.

Orbite, *s. f. Orbita.* t. d'anat. cavité de l'œil; t. d'astron. route que parcourt une planète.

†Orbulites, *s. m. pl.* mollusques céphalés, à coquille en spirale.

Orça! *interj. particule pour exciter.* (*familier*) * Or-ça. C.

Orcades, *s. f pl. Orcades.* nymphes des montagnes. R.

Orcanette, *s. f. Anchusa.* espèce de buglose, plante pour la teinture rouge. * Orcanète. A. Orcanete. R. Orchanette. T.

†Orchef, *s. m.* gros-bec des Indes.

Orchestique, *adj.* 2 *g. s. f.* art de la danse, exercice de la paume, t. d'antiquité. * Orchestrique. V.

Orchestographie, *s. f.* art et description de la danse. R. * Orchésographie. AL. *pron.* kes.

Orchestre, *s. f. Orchestra.* lieu où l'on dansoit; place des sénateurs au théâtre; place des musiciens, leur réunion. *pron.* kestre.

†Orchidées, *s. f. pl.* famille des orchis. *pron.* ki.

Orchis, *s. m. Orchys.* Satyrion, plante; famille de plantes, à racines très-âcres; celui de Turquie fournit le salep. *pron.* kise.

†Orchotomie, *s. f.* amputation des testicules.

Ord, e, *adj.* (*vieux*) sale, vilain.

Ordalie, *s. f.* t d'antiq. épreuve par les élémens. * jugemens de Dieu. B.

Ordinaire, *adj.* 2 *g. Consuetus.* qui a coutume d'être, de se faire; médiocre, commun, vulgaire. *s. m.* titre; ce qu'on a coutume de faire, de servir au repas; mesure de vin; courrier, jour de son départ; évêque diocésain. *s. f. pl.* menstrues des femmes.

Ordinaire (à l'), *adv.* suivant la coutume.

Ordinaire (d'), *adv.* souvent, le plus souvent.

Ordinaire (pour l'), *adv.* d'ordinaire.

Ordinairement, *adv. Vulgò.* pour l'ordinaire; le plus souvent, d'ordinaire.

Ordinal, *adj.* qui détermine l'ordre des individus.

Ordinand, *s. m.* qui doit recevoir les ordres sacrés.

Ordinant, *s. m.* évêque qui confère les ordres sacrés.

Ordinateur, *s. m.* celui qui met en ordre. R.

Ordination, *s. f. Ordinatio.* action de conférer les ordres.

Ordo, *s. m.* livret à l'usage des prêtres.

Ordonnance, *s. f. Præscriptum.* disposition, arrangement; réglement, loi, constitution; mandement; ce que prescrit un médecin, écrit qui le contient; t. milit. soldat en message, ou qui suit un officier; mandement à un payeur. * Ordonance. R.

†Ordonnancer, *v. a.* cé. e, *p.* donner un ordre, un mandement pour payer; le mettre au bas d'un bon, etc.

Ordonnateur, *s. m. Ordinator.* celui qui ordonne, qui dispose. (commissaire-), qui fait la fonction d'intendant de la marine ou de l'armée. * Ordonateur. R.

Ordonnée, *s. f.* t. de géom. lignes droites, parallèles, perpendiculaires à l'axe qui les coupe également dans une courbe. * Ordonée. R.

Ordonner, *v. a. n. Ordinare.* né, e, *p.* disposer; mettre en ordre, en rang; commander, prescrire; donner un mandement; conférer les ordres. * Ordoner. R.

Ordre, *s. m. Ordo.* arrangement, disposition; état, situation; corps; chœur; commandement; devoir; règle; mot du guet; compagnie; collier, ruban distinctif; sacrement; t. de finance, transport au dos d'un effet; t. d'archit. ornement, proportion; t. milit. moment où l'on donne l'ordre.

Ordre (en sous-), *adv.* subordonnément.

Ordrement, *s. m.* (*vieux*) ordre, jussion. V.

†Ordun, *s. m.* longueur de cannes montées sur des cordes, t. de pêche.

Ordure, *s. f. Sordes.* excrémens; balayures; paroles sales; tout ce qui salit; corruption; turpitude. * actions honteuses. G. V.

Ordurier, ère, *adj. s.* qui dit, qui contient des ordures. * *f.* Orduriere. R.

†Oréades, *s. f. pl. Oreades.* voyez Orcades.

Orée, *s. f.* (*vieux*) bord, lisière d'un bois.

Oreillard, *s. m. Auritus.* sorte de chauve-souris.

Oreillard, e, *adj.* t. de manége, qui a les oreilles longues et pendantes.

Oreille, *s. f. Auris.* organe de l'ouïe; ce qui lui ressemble; t. d'arts et mét. saillie; anse; bout; lame; t. de botan. appendice. * Oreillons *et* Oreillettes. B.

Oreille d'âne, *s. f.* grande-consoude. R. * voussure dont le fond est bombé en arc. B. Oreille-d'âne. AL.

Oreille d'homme, voyez Cabaret. A.

†Oreille de Judas, Champignon de sureau, *s. m.* résolutif, pour l'angine. — de cochon *ou* Crête de coq, coquille bivalve. — de Midas. — de Vénus, coquille, buccins.

Oreille de lièvre, *s. f.* Buplévrum, Perce-feuille, plante. * Oreille de lievre. R. Oreille-de-lièvre. C. AL.

Oreille de mer, *s. f. ou* Ormier, coquillage univalve. * Oreille-de-mer. C.

Oreille d'ours, *s. f.* Cortuse, Auricule, plante très-belle, très-estimée, vulnéraire, pectorale, pour les hernies. * Oreille-d'ours. C. G.

Oreille de souris, *s. f.* Céraiste, Myosotis, plante polypétale, astringente, détersive, rafraîchissante. * Oreille-de-souris. C. G.

Oreillé, e, *adj.* t. de blason, dont les oreilles paroissent. * t. de botan. (feuille) garnie à sa base d'appendices en oreilles.

Oreiller, *s. m. Pulvinus.* coussin de lit rempli de duvet pour mettre sous la tête.

Oreillette, *s. f. Auricula.* anneau; linge derrière l'oreille; t. d'anat. cavités du cœur. * petites pinces pour tenir les pendans d'oreilles. B. Oreillete. R.

Oreillons, Orillons, *s. m. pl. Parotis.* tumeurs des parotides; rognures de peau pour la colle; t. d'archit. retour d'un coin de chambranle; t. de fortif. * bouffettes pour orner la tête d'un cheval. B. Oreillon, Orillon. R.

†Orélie, *s. f. Allamanda.* plantes de la famille des apocins.

Orellane, *s. f.* plante. R.

Orémus, *s. m.* (*famil.*) prière, oraison.

†Oreni, *s. m.* plante mucilagineuse, dont on fait le papier au Japon.

Orer, *v. a.* (*vieux*) prier. V.

Ores, *adv.* (*vieux*) présentement.

Orfe, *s. m. Orfus.* poisson du genre du cyprin.

Orfévre, *s. m. Aurifex.* qui fait et vend de la vaisselle, des ouvrages d'or et d'argent. * Orfèvre. G. CO.

Orfévrerie, *s. f.* art, commerce, ouvrages d'orfévre.

†Orfiller, *s. m.* coussin de coutelier sur le chevalet.

Orfraie, *s. f.* Brise-os, Ossifrage, Ossifrague, Grand aigle de mer. *Ossifragus.* oiseau de nuit.

Orfroi, *s. m.* paremens, milieu garni en or d'une chappe, d'une chasuble. * étoffes tissues d'or. (*vieux*) B. Orfroie. CO.

Organe, *s. m. Organum.* ce qui sert aux sensations; la voix; personne dont on se sert pour s'exprimer.

Organeau, *s. m.* anneau pour attacher le câble. voyez Arganeau.

†Organer, *v. n.* chanter avec une sorte de modulation.

†Organdy, *s. m.* mousseline de coton.

Organique, *adj.* 2 *g.* qui agit par le moyen des organes; qui concourt à l'organisation.

Organisation, *s. f.* manière dont un corps est organisé. * art d'ajouter des jeux d'orgue à un clavecin. AL.

Organiser, *v. a. Fingere.* former les organes d'un corps ; former, donner l'organisation. -sé. e, *p. adj.* (clavecin) avec un petit jeu d'orgue.

Organiste, *s. 2 g. Organicus.* qui touche de l'orgue. * espèce de tangara, son chant a les tons de l'octave. B.

Organsin, *s. m.* soie torse.

Organsiner, *v. a.* né. e, *p.* tordre et passer deux fois au moulin, t. de manufacture.

Orgasme, *s. m. Orgasmus.* gonflement, irritation, agitation des humeurs qui cherchent à s'évacuer.

Orge, *s. f. Hordeum.* sorte de grain ; la plante graminée qui le porte ; champ qui en est semé.

Orge (mondé, perlé), *s. m.* orge plus ou moins dépouillé du son.

Orgeade, *s. f. (abusivement) pour* orgeat. V.

Orgeat, *s. m.* boisson faite des quatre semences froides.

Orgeolet, *s. m.* Crite *ou* Orgueilleux *Hordeolum.* apostème alongé, fistuleux, aux paupières. B. *diminutif* d'orge. V.

Orgeran, *s. m.* espèce de pomme. R.

Orgies, *s. f. pl. Orgia.* débauche de table ; t. d'antiq. fêtes de Bacchus.

†Orgnes, *s. f. pl.* javelles horizontales sur un toit.

Orgue, *s. m.* Orgues, *s. f. pl. Organum.* instrument de musique à tuyaux de métal et à soufflet, lieu où il est placé ; herse ; t. milit. canons de mousquets réunis. * *ou* Tuyau d'orgue, vermiculaire de mer. B.

Orgueil, *s. m. Superbia.* opinion trop avantageuse de soi-même, avec mépris pour les autres ; vanité ; présomption. * cale sous un levier. — *ou* Cremaillère, pince de meunier pour aider à lever la meule. B.

Orgueilleusement, *adv. Arroganter.* d'une manière orgueilleuse.

Orgueilleux. se, *adj. Superbus.* qui a de l'orgueil, qui l'annonce. *s. m.* petit bouton sur la paupière. voyez Orgeolet.

†Orichalque, *s. m.* Cuivre de Corinthe, mélange de cuivre, d'or et d'argent, plus estimé que l'or même.

Orient, *s. m. Oriens.* point du ciel où le soleil se lève sur l'horizon ; le levant ; l'Asie. * jeu des couleurs de la nacre. B.

Oriental. e, *adj. Orientalis.* de l'orient.

†Orientaliser (s'), *v. pers.* adopter les mœurs des orientaux.

†Orientaliste, *adj. 2 g.* qui s'occupe des orientaux, de ce qui les concerne.

Orientaux, *s. m. pl.* peuples de l'orient.

Orienter, *v. a.* té. e, *p.* disposer en rapport avec les quatre parties du monde ; t. de mar. (s'), *v. r.* reconnoître l'orient ; examiner la conduite à tenir, le lieu où l'on est.

Orier, *s. m. (vieux)* mouchoir. V.

†Orifant, *s. m.* petit cor des chevaliers pour provoquer l'ennemi.

Orifice, *s. m. Orificium.* goulot, ouverture, t. d'anatomie.

Oriflamme, *s. f. Labarum.* ancien étendard des rois de France.

Oriflant, *s. m. (vieux)* orgueilleux, superbe. V.

Origan, *s. m. Origanum.* plante médicinale, diurétique, hystérique, stomacale, sudorifique ; pour les rhumatismes, les obstructions ; son huile essentielle pour les dents ; excellent aromate.

Origénisme, *s. m.* secte d'Origène. V.

Origéniste, *s. m.* partisan d'Origène. V.

Originaire, *adj. 2 g. Oriundus.* qui prend son origine de.

Originairement, *adv. Ab ortu.* primitivement, dans l'origine, dans le principe.

Original. e, *adj. Primigenius.* qui n'a aucun modèle, qui est la source, le principe.

Original, *s. m. Exemplar.* premier en son genre ; singulier ; portrait ; acte, contrat qui reste en dépôt ; ce que l'on copie ; auteur, artiste qui, le premier, excelle dans un genre. * homme singulier, bizarre. B.

Originalement, *adv.* d'une manière originale. A.

Originalité, *s. f.* caractère de ce qui est original. *pl.* bizarrerie, singularité.

Origination, *s. f. (vieux)* origine. V.

Origine, *s. f. Origo.* principe, commencement ; extraction ; étymologie ; source.

Originel. le, *adj. Ingenitus.* qui vient de l'origine. * *f.* Originele. R.

Originellement, *adv. Ab ortu.* dans ou dès l'origine. * Originélement. R.

Orignal, Orignac, *s. m. Alces.* élan du Canada.

Orillard. e, *adj.* Oreillard. * Orillard. V.

Orillon, *s. m. Parotis.* petite oreille. * partie saillante du flanc du bastion ; tenon. *pl.* bouffettes de soie. B. voyez Oreillons.

†Orillonné. e, *adj.* qui a un orillon ; t. milit.

Orin, *s. m.* t. de marine. R. câble qui tient à l'ancre et à la bouée. G. C. CO. * câble à l'extrémité d'un filet. B.

Orinal, *s. m. (vieux)* urinal. V.

Orion, *s. m.* constellation méridionale.

Oripeau, *s. m. Orichalcum.* cuivre poli ; laiton battu en feuilles ; chose apparente, mais de peu de valeur.

Orle, *s. m.* t. de blas. filet au bord de l'écu ; filet, ourlet (*vieux*). * bords d'un cratère de volcan ; t. d'architecture, écluse. B.

Orme, *s. m. Ulmus.* arbre grand et gros, de haute futaie.

Ormeau, *s. m.* petit orme.

Ormel, *s. m. (vieux)* ormeau. V.

†Ormier, Haliotite. voyez Oreille de mer.

Ormille, *s. f.* plant de petits ormes. * Oulmière. V.

Ormin, *s. m. Horminum.* plante détersive, résolutive, stomachique.

Ormoie, *s. f. Ulmarium.* lieu planté d'ormes.

Orne, Ornier, *s. m. Ornus.* espèce de frêne d'Italie ; frêne sauvage.

Ornemaniste, *adj.* (sculpteur, peintre) d'ornemens. G. C.

Ornement, *s. m. Ornamentum.* ce qui sert à orner ; embellissement. *pl.* habits sacerdotaux.

Orner, *v. a. Ornare.* né. e, *p.* parer, embellir ; ajouter des ornemens.

†Ornicle, *s. m.* sorte d'étoffe fort riche.

Ornière, *s. f. Orbita.* trace profonde des roues d'une voiture. * Orniere. R.

†Ornis, *s. m.* mousseline des Indes rayée d'or et d'argent.

Ornithies, *s. m. pl.* vents qui ramenent les oiseaux en Europe. RR.

Ornithogalon, *s. f. Ornithogalum. ou* Churle, plante dont l'oignon se mange. * Ornithogale. A. C. G.

Ornitholites, *s. f. pl. Ornitholites.* parties fossiles ou pétrifiées des oiseaux. G. C.

Ornithologie, *s. f. Ornithologia.* histoire naturelle des oiseaux.

Ornithologiste, *s. m.* qui s'applique à la connoissance des oiseaux ; qui écrit sur les oiseaux. * *et* Ornithologue. A.

Ornithomance, *s. f.* divination par le vol des oiseaux. * Ornithomancie. RR.

†Ornithope, *s. m. Ornithopus.* plantes légumineuses.

†Ornithopode, Pied d'oiseau, *s. m. Ornithopodium.* plante apéritive ; chasse les graviers ; bonne pour les hernies.

†Ornitothropie, *s. f.* art de faire éclôre des œufs.

Orobanche, *s. f.* plante parasite. L. 882.

†Orobanchoïde, *s. m. Monotropa.* plante parasite. L. 555.

Orobe *ou* Ers, *s. f. Ervum.* Pois de pigeon, plante.

†Oronce, *s. m.* plantes de la famille des gouets.

Oronche, *ou* Oronge, *s. m.* sorte de champignon de Guienne.

Orpailleur, *s. m.* qui tire les paillettes d'or du sable des rivières.

†Orphante *ou* Orphanité, *s. f.* état de l'orphelin, orphelinage.

†Orphe, *s. m. Orphus.* poisson du genre du spare.

Orphelin. e, *s. Pupillus.* qui a perdu son père et sa mère, ou l'un des deux.

Orphelinage, *s. m.* état d'orphelin. R. voyez Orphante. B.

Orpheline, *s. f.* œillet violet. G. C.

†Orphéon, *s. m.* espèce de grande vielle. voyez Orphéos.

†Orphéoron, *s. m.* petite pandore.

†Orphéos, *s. m.* voyez Orphéon.

†Orphie, *s. f.* Éguillette, poisson de mer.

Orphique, *adj. 2 g.* qui appartient à Orphée. *s. f. pl.* orgies, bacchanales. * (vie) sage, réglée. G.

Orpiment, *s. m. Auripigmentum.* Orpin, minéral, arsenic naturel jaune ; oxide d'arsenic avec le soufre ; poison ; sert à la peinture B.

†Orpimenter, *v. n.* mêler, colorer avec l'orpiment.

Orpin, *s. m.* Reprise, Joubarbe des vignes, Grassette, plante ; excellent vulnéraire, astringente, détersive. L. 616. * *Auripigmentum.* minéral, orpiment. B.

Orque, *s. f.* épaulard, poisson. * (*vi.*) enfer. V.

†Orréry, *s. m.* planétaire.

Orruble, *adj. 2 g. (vieux)* horrible. V.

Orse, *s. f.* t. de marine. R.

Orseille, *s. f. Fucus verrucosus.* mousse ou lichen employé avec la chaux et l'urine pour la teinture ; pâte qui en résulte.

Orser, *v. n.* t. de mar. R. V. aller contre le vent à l'aide des rames. B.

Ort, *s. m.* (peser) avec l'emballage, avec l'enveloppe, t. de commerce. voyez Tare *et* Net.

†Ortégie, *s. f. Ortegia.* plantes de la famille des sabines.

Orteil, *s. m. Pollex.* doigt du pied ; t. de fortif. berme, retraite.

†Orthocéralites, *s. f. pl. Orthoceraliti.* corps pierreux, cloisonnés, cylindriques ou coniques ; mollusques céphalopodes.

†Orthocère, *s. f. Orthocera.* mollusque céphalé.

Orthodoxe, *adj. 2 g. s. m. pl. Orthodoxus.* conforme à la saine doctrine, aux bons principes, t. de théologie.

Orthodoxie, *s. f.* qualité de ce qui est orthodoxe.

Orthodoxographe, *s. m.* auteur qui a écrit sur les dogmes des catholiques. R.

Orthodromie, *s. f.* t. de marine, route parcourue en ligne droite.

Orthogonal. e, *adj.* perpendiculaire. G. RR. * *ou* Orthogonelle. G. Orthogonale, *adj. f.* C.

Orthogonalement, *adv.* perpendiculairement. C. G. RR. * *ou* Orthogonellement. G.

†Orthogone, *adj. 2 g.* (ligne) qui tombe à angle droit sur une autre.

Orthographe, *s. f. Orthographia.* art d'écrire les mots correctement.

Orthographie, *s. f. Orthographia.* t. d'archit. représentation

représentation de l'élévation d'un bâtiment.
Orthographier, *v. a.* phié, e, *p.* écrire correctement; mettre l'orthographe.
Ortographique, *adj.* 2 *g.* qui appartient à l'orthographe, à l'orthographie.
Orthographiste, *s. m.* auteur qui traite de l'orthographe. R. C. G.
†Ortholgie, *s. f.* art de parler.
Orthopale, *s. f.* lutte, t. d'antiquité. R.
Orthopédie, *s. f.* t. de méd. art de prévenir ou corriger les difformités du corps.
Orthopnée, *s. f.* t. de méd. oppression qui empêche de respirer. * Orthophée. V.
†Orthoptères, *s. m. pl. Orthoptera.* ordre d'insectes à ailes pliées en éventail, étuis mous.
†Orthose, *s. m.* feld-spath.
Ortie, *s. f. Urtica.* plantes à feuilles et tiges piquantes: on en tire un suc pour les pertes; t. de manége, mèche. * poisson de mer, poisson-fleur. — de mer, corps marin. B.
Ortier, *v. a.* tié, e, *p.* (*vieux*) piquer avec des orties. T. t. de vétérinaire. B.
Ortive, *adj. f.* (amplitude), t. d'astron. arc de l'horizon compris entre l'orient vrai et l'orient rationnel.
Ortolan, *s. m. Cenchramus.* oiseau d'un goût exquis.
Orvale, *s. f. Horminum.* Toute-bonne ou Sclarée, plante dont on fait une liqueur enivrante.
†Orvert, *s. m.* espèce d'oiseau mouche.
†Orvet ou Orvert, *s. m.* serpent ovipare. Anvoye, Aveugle, serpent du 4ᵉ. genre.
Orviétan, *s. m.* contre-poison.
†Oryctérope, *s. m. Orycteropus.* espèce de fourmilier.
†Oryctologie, *s. f.* traité des fossiles.
†Orysse, *s. m. Oryssus.* insecte hyménoptère.
†Oryrographie, *s. f.* description des fossiles.
Oryx, *s. m.* bouc sauvage. G. C. * et Orix RR.
Os, *s. m. Os.* partie du corps, compacte, dure, solide, destituée de sentiment, qui soutient les autres parties; t. de vénerie, ergots.
†Oscabrion, *s. m. Chiton.* coquillage, lépas.
†Oscane, *s. m. Oscana.* univalve céphalée.
Oschéocele, *s. f.* t. de méd. hernie complète. R. * Oschéocèle. AL.
Oscillation, *s. f. Oscillatio.* mouvement alternatif en sens contraire; mouvement des fibres; vibration.
Oscillatoire, *adj.* 2 *g.* de la nature de l'oscillation.
Osciller, *v. n. Oscillare.* se mouvoir alternativement en sens contraire.
Oscophories, *s. f. pl.* fêtes de Thésée. V.
†Osculateur, *adj. m.* (rayon) de la développée d'une courbe.
Osé. e, *adj. Audax.* qui a l'audace de; hardi.
Oseille, *s. f. Oxalis.* herbe potagère, rafraîchissante, acide, de 31 espèces.
Oser, *v. a. Audere.* sé. e, *p.* entreprendre hardiment. *v. n.* avoir la hardiesse, l'audace de.
Oseraie, *s. f. Viminalia.* lieu planté d'osiers.
†Osereux. se. *adj.* fait, plein d'osier.
Osier, *s. m. Vimen.* arbrisseau, ses jets.
†Osmite, *s. m. Osmites.* plantes corymbifères.
Osmonde royale, *s. f.* fougère à fleurs.
†Ossature, *s. f.* l'ensemble des os; t. d'archit. les parties qui lient un édifice.
Ossec, *s. m.* t. de marine, R. égout au fond du vaisseau. B.
Osselet, *s. m. Ossiculum.* petit os; t. de vétérin. tumeur osseuse; sorte de torture. * écrou en bois. *pl.* jeu avec des osselets. B.
Ossemens, *s. m. pl. Ossa.* os décharnés des cadavres.
Osseux. se. *adj. Osseus.* de nature d'os.
†Ossifage, *s. m. Ossifagus.* poisson du genre du labre.
Ossification, *s. f.* changement des membranes et cartilages en os.
Ossifier, *v. a.* fié. e, *p. Os facere.* changer en os. (s'), *v. r.*
Ossifique, *adj.* 2 *g.* qui convertit en os. G. C.
Ossifrague, *s. m. Ossifraga.* Orfraie, grand aigle de mer.
Ossillon, *s. m.* petit os d'oiseau. G. C.
†Ossomètre ou Auxomètre, *s. m.* dynamètre.
Ossu. e, *adj.* qui a de gros os. G. C. RR.
Ost, *s. m.* armée. (*vieux*).
Ostade, *s. f.* étoffe ancienne. V.
†Ostage, *s. m.* droit sur les maisons.
†Ostager, *s. m.* qui occupe une maison dans une seigneurie.
†Ostagier, *v. a.* donner en ôtage.
Ostendois. e, *s. adj.* d'Ostende. R.
Ostensible, *adj.* 2 *g.* qui peut être montré.
Ostensiblement, *adv.* d'une manière ostensible. A.
Ostensif. ve, *adj.* qui montre. V.
Ostensoir, *s. m.* pièce d'orfévrerie dans laquelle on expose l'hostie. * et Ostensoire. A.
Ostentateur, *s. m.* superbe. R. V.
Ostentation, *s. f. Ostentatio.* montre affectée de ce dont on tire vanité.
Ostention, *s. f.* exposition, t. de liturgie. R.
Ostéocoles, *s. f. Stelechites.* pierre figurée, tubes calcaires. * pierre des rompus; incrustation. B. Ostéocole. R. AL. Ostéocolle. G. C.
Ostéocope, *s. m.* douleur aiguë et profonde dans les os. G. C. RR.
†Ostéogénie, Ostéogénésie, *s. f.* traité de la formation des os.
Ostéogonie, *s. f.* R. description des os. B.
Ostéographie, *s. f.* R. traité des os. B.
Ostéolithes, *s. m. pl.* os pétrifiés, os retirés de la terre, des pierres. G. C.
Ostéologie, *s. f.* traité, description, connoissance des os.
†Ostéosperme, *s. m. Osteospermum.* plantes corymbifères.
Ostéotomie, *s. f.* traité de la dissection des os. R.
Ostracée, *adj.* 2 *g. s.* (poisson) revêtu d'écailles.
Ostracion, *s. m.* poisson.
Ostracisme, *s. m. Ostracismus.* bannissement des hommes suspects par leurs talens à la jalousie républicaine.
Ostracite, *s. m. Ostracites.* coquille d'huître pétrifiée; t. de chimie, espèce de cadmie.
†Ostracoderme, *adj. s.* 2 *g.* revêtu d'écailles.
Ostrelin, *s. m.* habitans des villes anséatiques.
†Ostréo pectinite, *s. f.* espèce d'anomie ou de térébratule.
Ostrogot, *s. m.* got oriental. * homme qui ignore, enfreint les usages, les bienséances. B. Ostrogoth. G.
Otacoustique, *adj.* 2 *g.* t. de méd. qui perfectionne le sens de l'ouïe. G. C. RR.
Otage, *s. m. Obses.* personne remise pour la sûreté d'un traité.
Otalgie, *s. f.* mal d'oreille.
Otalgique, *adj.* 2 *g. s. m.* médicament contre l'otalgie. AL.
Ôté, *adv.* hormis, excepté.
Otel, *adv.* (*vieux*) autant. V.
Otelles, *s. f. pl.* t. de blas. bouts de fer de lance.
Otenchyte, *s. m.* seringue pour l'oreille.
Ôter, *v. a. Tollere.* té. e, *p.* tirer une chose de la place où elle est; faire cesser, passer; retrancher; prendre; délivrer de; enlever par force. * Oter. G.
†Ôtevent, *s. m.* (*vieux*) auvent.
Othonne, *s. f.* arbrisseau toujours vert.
†Otis, *s. m.* oiseau.
†Otographie, *s. f.* description de l'oreille.
†Otologie, *s. f.* traité de l'oreille.
†Otorrhée, *s. f.* flux séreux de l'oreille.
†Ototomie, *s. f.* dissection de l'oreille.
Ottoman. e, *adj. s.* turc. R.
Ottomane, *s. f.* sorte de canapé. G. C.
Ottuple, *s. f.* t. de mus. mesure à quatre temps. R.
Ou, *conj. alternative. Vel.* autrement. * *s. m.* instrument chinois, à cordes, en tigre accroupi. B.
Où, *adv. Ubi.* en quel lieu; dans lequel; à quoi.
†Ou-arnouly, *s. m.* corbeille de roseau, etc. très-fine.
Ouaiche, *s. m.* sillage d'un vaisseau.
Ouaille, *s. f. Ovis.* (*vieux*) brebis. * *s. m.* arbre de Guinée, dont on fait des canots. B.
Ouais, *interjection qui marque la surprise et l'opposition. Ehem.* (*familier*).
Ouandérou, Ouandéron, *s. m.* espèce de babouin.
†Ouangou, *s. m.* pâte solide de farine de manioc.
†Ouantou, *s. m.* pic noir, huppé de Cayenne.
Ouarine, *s. f. Seniculus.* espèce de sapajou qui a des abajoues.
Ouate, *s. f.* coton très-fin mis entre deux étoffes. * et Ouète. A. voyez Apocin. B.
Ouater, *v. a.* té. e, *p.* mettre de la ouate. * et Ouéter. A.
Ouatergan, *s. m.* fossé plein de bourbe. R.
†Ouateux, se, *adj.* de la ouate, de sa nature.
Oubier, *s. m.* faucon.
Oubli, *s. m. Oblivio.* manque de souvenir.
Oublial, *s. m.* t. de coutume. R.
Oubliance, *s. f.* (*vieux*) oubli, faute de mémoire.
Oublie, *s. f. Crustulum.* pâtisserie très-mince.
Oublier, *v. a. n. Oblivisci.* blié. e, *p.* perdre le souvenir; laisser passer; laisser par inadvertance; omettre; manquer à. (s'), *v. r.* se méconnoître; manquer de respect; devenir fier, vain; oublier ses devoirs; négliger ses intérêts.
Oublierie, *s. f.* art de faire des oublies. V.
Oubliettes, *s. f. pl.* (*vieux*) cachot couvert d'une fausse trappe. * Oubliettes. R.
Oublieur, *s. m. Crustularius.* qui fait et vend des oublies. *adj. Obliviosus.* qui oublie aisément. * Oublieux. se, *adj.* G. V.
Oudrir, *v. n.* dri. e, *p.* t. de jardinage. R.
Ouest, *s. m. Occidens.* partie du monde qui est au soleil couchant; vent qui en vient.
Ouette, *s. f. Carnifex.* Cotinga, oiseau d'un rouge vif en dessus, maron en dessous.
Ouf! *interjection de douleur, de fatigue.*
Oui, *adv. part. d'affirm. marque la surprise, la menace. Etiam. s. m.* * Oui. A. C. G. R. AL.
Oui-dà! *adv.* volontiers, de bon cœur. A.
Oui-dire, *s. m. indécl. Auditio.* ce qu'on sait par le dire d'autrui. * Ouï-dire. R.
Ouicou, *s. m.* boisson des américains, eau-de-vie de patates. * Ouicou. C. AL. V. RR. Ouycou. R.
Ouïe, *s. f. Auditus.* sens par lequel on reçoit les sons. * Ouïe. R.
Ouïes, *s. f. pl. Branchiæ.* en parlant des poissons, parties qui servent à la respiration. * trous au corps du violon. B.
Ouille, *s. f.* t. de cuisine. voy. Oille.
Ouïr, *v. a. Audire.* ouï. e, *p.* entendre; donner audience; écouter; prêter attention; exaucer. * Ouir. R.
Ouistiti, *s. m. Jacchus.* petit sagoin d'une très-jolie figure.
†Oulices, *s. f. pl.* (tenons à) coupés en carré.
Oulmière, *s. f.* plant d'ormes. V.
Oupelotte, *s. f.* racine médicinale de Surate. * Oupelote. R.
Oupurer, *v. a.* ré. e, *p.* (*vieux*) opérer. V.

Ouragan, *s. m. Procellosa tempestas.* tempête violente, accompagnée de tourbillons; choc, concours des vents.
Ouranographie, *s. f.* description du ciel. RR.
Ouraque, *s. m. Urachus.* R. cordon de la vessie. B.
†Ouras ou Eventouse, *s. m.* soupirail des fours de munition.
Ourdir, *v. a. Ordiri.* di. e, *p.* disposer pour le tissu; tortiller; tramer; mettre le premier enduit de plâtre, etc. t. de métiers.
†Ourdissage, *s. m.* première opération pour ourdir.
Ourdissoir, *s. m.* outil pour ourdir. G. C. RR.
Ourdissure, *s. f.* action d'ourdir. G. C. RR.
Ourdon, *s. m.* petit séné, plante. G. * t. de charbonnier. RR.
†Ourdre, *s. m.* nœud de la maille d'un filet.
†Ourétique, *adj.* (acide) de l'urine.
Ourler, *v. a. Marginare.* lé. e, *p.* faire un ourlet à du linge.
Ourlet, *s. m. Margo.* rebord fait à du linge, etc. rebord.
†Ouronologie, *s. f.* traité sur les urines.
†Ouronoscope, *s. m.* médecin des urines.
†Ouronoscopie, *s. f.* connoissance des maladies par l'inspection des urines.
Ourque, *s. f.* poisson de mer. voy. Epaulard.
Ours, *s. m. Ursus.* quadrupède; homme fort velu; homme farouche.
Ourse, *s. f. Ursa.* femelle de l'ours; constellation septentrionale; t. de marine, le septentrion; cordage.
Oursin, *s. m. Echinus.* Bouton, Châtaigne ou Hérisson de mer, coquillage couvert de pointes. — *s. f.* papillon phalène. — zoophytes échinodermes.
†Oursine, *s. f. Arctopus.* plante ombellifère.
†Oursiné. e, *adj.* t. de botanique, hérissé d'aiguillons.
Ourson, *s. m.* petit d'un ours.
Ourvari, *s. m.* cri pour faire retourner les chiens; bruit, tapage. voy. Hourvari.
†Ourville, *s. f.* toile de Normandie.
Ouselage, *s. m.* (*vieux*) baiser. V.
Oût pour août. (*vieux*) LAFONTAINE.
Outarde, *s. f. Ovis Tarda.* gros oiseau. * petite — ou Canepetière. B.
Outardeau, *s. m.* petit d'une outarde. G. AL.
Outibot, *s. m.* instrument d'épinglier pour frapper les têtes. R. * ou Etibot, longue aiguille de 12 pouces. B.
Outil, *s. m. Instrumentum.* instrument d'artisans, de laboureur, etc. * et Outi. V.
Outillé. e, *adj.* qui a des outils.
Outiller, *v. a.* lé. e, *p. adj.* garnir d'outils. A.
Outrage, *s. m. Contumelia.* injure atroce de fait ou de parole.
Outrageant. e, *adj. Injuriosus.* injurieux, qui fait outrage.
Outrager, *v. a.* gé. e, *p.* faire outrage; offenser cruellement.
Outrageusement, *adv. Injuriosè.* avec outrage.
Outrageux. se, *adj.* qui fait outrage.
Outrance (à), *adv.* à la rigueur; jusqu'à l'excès.
Outre, *s. f. Uter.* peau de bouc cousue en forme de sac.
Outre, *adv. prép. Ultra.* au-delà; par-dessus; d'outre en outre. *adv.* de part en part (percé). en outre. *adv.* de plus.
Outré. e, *adj. Nimius.* exagéré; excessif; fâché; irrité. * (cheval) excédé de fatigue. B.
Outre-mesure, *adv.* avec excès; déraisonnablement. * Outremesure. voy. Mesure. A.
Outre-moitié, *adv.* au-delà de la moitié. G. C.
Outre-passe, *s. m.* t. d'eaux et forêts, abatis fait au-delà des limites.
Outre-passer, *v. a. Transgredi.* sé. e, *p.* aller au-delà; passer les bornes prescrites.
Outrecuidance, *s. f.* (*vieux*) présomption, témérité. * Outre-cuidance. R.
Outrecuidant. e, *adj.* présomptueux, téméraire. * contrariant. VOLTAIRE.
Outrecuidé. e, *adj.* (*vieux*) présomptueux, téméraire. * Outre-cuidé. e. R.
Outrecuider, *v. n.* avoir trop bonne opinion de soi. V.
Outrément, *adv.* d'une manière outrée.
Outremer, *s. m. Cyaneus color.* couleur bleue de lapis pulvérisé. * Outre-mer. R. oiseau. B.
Outremer (d'), *adv.* d'au-delà des mers. C.
Outrer, *v. a. Excedere.* tré. e, *p.* accabler; exagérer; offenser à l'excès; surcharger de travail; porter au-delà de la raison.
Ouvave, *s. m.* roseau qui teint en rouge. G. C.
†Ouvert. e, *adj.* (cheval) qui a les jambes trop écartées.
Ouvertement, *adv. Apertè.* hautement; franchement, sans déguisement.
Ouvertoir, *s. m.* (*vieux*). Ouvroir. V.
Ouverture, *s. f. Apertio.* fente, trou, espace vide dans ce qui est continu; action d'ouvrir; commencement; proposition; expédient; occasion; conjoncture; franchise; sincérité; facilité de comprendre ou pour apprendre. * début d'opéra; t. de géométrie, écartement de deux lignes, des rayons. B.
Ouvrable, *adj.* 2 *g. Negotiosus.* (jour) de travail, jour ouvrier.
Ouvrage, *s. m. Opus.* œuvre; façon; travail; production de l'esprit, des mains; t. de fortification, principale maçonnerie d'un fourneau.
Ouvragé. e, *adj.* qui a demandé beaucoup de travail de la main.
Ouvrant. e, *adj.* (à porte) au moment où l'on ouvre les portes. (à jour) dès que le jour commence à paroître.
Ouvré. e, *adj.* travaillé, façonné; (linge, fer).
Ouvreaux, *s. m. pl.* ouvertures latérales des fourneaux, t. de verrerie. G. C. RR. V.
Ouvrer, *v. a.* vré. e, *p.* travailler, fabriquer. A. V. CO. RR.
Ouvreur. se, *s.* (de loges), qui ouvre les loges. * *m.* premier ouvrier de la cuve, t. de papeterie. B.
Ouvrier. ère, *s. Artifex.* qui travaille de quelque métier; qui fait un ouvrage. *adj.* (jour) ouvrable. (cheville) qui tient le train d'un carrosse. * *f.* Ouvriere. B.
Ouvrir, *v. a. Aperire.* vert. e, *p.* faire que ce qui étoit fermé ne le soit plus; faire une incision; percer; commencer à creuser, à fouiller; commencer. *v. n.* s'ouvrir, commencer. (s'), *v. récipr.* n'être plus fermé; se fendre; s'élargir; découvrir ses pensées à.
Ouvroir, *s. m. Officina.* lieu de travail; atelier. * Ouvreau. B.
Ovaire, *s. m.* partie où se forment les œufs. * t. de botan. la graine dans les rosiers, etc. B.
†Oval, *s. m.* poisson du genre du gastré.
Ovalaire, *s. f. Ovatus.* de forme ovale, t. d'anat.
Ovale, *adj. s. f.* comme un œuf; figure ronde et oblongue; ce qui a cette figure. * *s. f.* machine à tordre la soie. B.
Ovariste, *s. m.* qui pense que l'homme vient d'un œuf. V.
Ovation, *s. f.* petit triomphe chez les Romains.
Ove, *s. m.* t. d'archit. ornement en forme d'œuf.
†Ové. e, *adj.* t. de botanique, ovale.
†Ovelle, *s. f.* âble, espèce de cyprin.
Ovent, *adv.* l'année précédente. V.
†Ovéolite, *s. m. Oveolites.* mollusque céphalé.
Over, *v. a.* (*vieux*) entendre. V.
Overlande, *s. f.* petit bâtiment hollandois de rivière. RR.
Ovicule, *s. m.* petit ove, astragale. R. G. C.
†Oviède, *s. m. Ovieda.* plante de la famille des gatiliers.
†Ovin, *s. m.* corde attachée à l'ancre.
Ovipare, *adj.* 2 *g.* (animal) qui se reproduit par des œufs.
†Ovoïde, *adj.* 2 *g.* en forme d'œuf.
†Ovoir, *s. m.* ciselet pour faire des reliefs en ovale; pour la bosse.
†Ovule, *s. f. Ovula.* mollusque céphalé.
†Oxalate, *s. m.* sel formé par la combinaison de l'acide oxalique avec... * Oxatate. V.
†Oxalide, *s. m. Oxalis.* plante de la famille des hermanes.
†Oxalique, *adj.* (acide) de l'oseille. * Oxatique. V.
†Oxhoft, *s. m.* mesure de vin en Prusse, 235 pintes.
†Oxicoie, *s. f. Oxycoia.* foiblesse de l'oreille qui ne peut supporter aucun son sans douleur.
†Oxidabilité, *s. f.* facilité avec laquelle les métaux s'oxident.
†Oxidable, *adj.* qui peut être oxidé.
†Oxidation, *s. f.* accroissement par addition d'oxygène.
Oxide, *s. m.* substance trop foiblement oxygénée pour être à l'état d'acide. V. RR.
†Oxidé. e, *adj.* élevé à l'état d'oxide.
†Oxider, *v. a.* (s') *v. r.* se charger d'oxygène.
†Oxidulé. e, *adj.* légèrement oxidé.
Oxigyne, *s. m.* voyez Oxygène. V.
†Oxipètre, *s. f. Oxipetra.* terre farineuse; pierre cristalline, blanche, alumineuse, vitriolique.
Oxycédre, *s. m.* espèce de petit cédre à feuilles pointues. * Oxycèdre. G. C.
Oxycrat, *s. m. Posca.* mélange d'eau, de vinaigre; * et de sucre. B.
Oxycrater, *v. a.* té. é, *p.* laver avec de l'oxycrat; dissoudre avec du vinaigre.
Oxycrocéum, *s. m.* emplâtre composé de safran, de vinaigre, etc. G. C.
Oxygala, *s. m.* lait aigre. R.
Oxygène, *s. m.* base de l'air vital, générateur des acides. V. * Oxigène. AL.
Oxygéné. e, *adj.* 2 *g.* de l'oxygène, de sa nature; saturé d'oxygène. V.
Oxygone, *adj.* 2 *g.* (triangle) qui a tous ses angles aigus, t. de géométrie. * Oxygône. R.
†Oxymaron, *s. m.* demande faite avec une affectation qui déplaît, figure de réthorique.
Oxymel, *s. m. Oxymeli.* liqueur faite de miel et de vinaigre.
†Oxypètre, *s. m.* pierre jaunâtre qui modère la fièvre.
†Oxypores, *s. m. pl.* insectes coléoptères.
Oxyregmie, *s. f.* t. de médecine, aigreurs de l'acide de l'estomac. G. C. * Oxyrégmie. R.
†Oxyrinque, *s. m. Oxyrinchus.* poisson du genre du salmone.
Oxyrrhodin, *s. m.* liniment d'huile et de vinaigre rosat. * Oxyrhodin. R.
Oxysaccarum, *s. m.* sorte de sirop de sucre et de vinaigre. * Oxysaccharum. R.
Oyant. e, *adj.* à qui on rend compte en justice.
†Oyer, *s. m.* (*vieux*) rôtisseur, marchand d'oies.
Oyez, *impératif.* silence, écoutez. (*vieux*). C.
Ozène, *s. m.* ulcère putride du nez. * Ozene. R.

PACA

P, *s. m.* seizième lettre de l'alphabet.
Paca, *s. m.* animal du Brésil, qui ressembleau

cochon de lait.
Pacage, *s. m. Pascuum.* où paissent les bestiaux; pâturage.
Pacager, *v. n.* paître, pâturer.
†Pacal, *s. m.* arbre dont les cendres guérissent les dartres, les feux volages.
Pacalies, *s. f. pl.* fêtes à Rome en l'honneur de la paix. V.
Pacane, Pacanier, *s. m.* espèce de noyer de la Louisiane. G. C.
Pacant, *s. m.* manant, homme du peuple. A.
†Pacapac, *s. m.* cotinga d'un pourpre éclatant et lustré.
Pacé (in), *s. m.* prison des moines. V.
Pacha, *s. m.* titre d'honneur en Turquie.* voyez Bacha R.
†Pachirier, *s. m. Pachira.* plantes malvacées.
†Pachyderme, *s. m.* ordre des mammifères qui ont plus de deux sabots.
†Pack, Poche *ou* Sac, *s. m.* poids anglois pour la laine, 240 livres.
Pacificateur, *s. m. Pacificator.* qui travaille à la paix; qui pacifie.
Pacification, *s. f. Pacificatio.* action de pacifier; rétablissement de la paix.
Pacifier, *v. a. Pacare.* fié. e, *p.* calmer, apaiser; établir la paix; faire cesser la guerre.
Pacifique, *adj.* 2 *g. Pacificus.* qui aime la paix; paisible, tranquille.
Pacifiquement, *adv. Placidè.* d'une manière pacifique, tranquillement.
Paco, *s. m.* pierre métallique. G. C.
†Pacos, *s. m.* mouton du Pérou; ils servent de bêtes de somme.
Pacoseroca, *s. f.* plante d'Amérique, jaune et rouge, pour la teinture. G. C.
Pacotille, *s. f.* petite quantité de marchandises que l'on embarque avec soi. * Pacotille. V.
†Pacourier, *s. m. Pacouria.* arbrisseau de la Guiane.
†Pacourine, *s. f. Pacourina.* plantes cynarocéphales.
†Pacquet, *s. m.* composition de suie, de racine et d'urine pour tremper le fer et l'acier par cémentation.
†Pacquires, *s. m. pl.* espèce de pécari de Tabago.
Pacta conventa, *s. m. pl.* t. de diplomatie, pactes, conventions en Pologne. A. G. R.
Pacte, *s. m. Pactio.* accord, convention.
†Pacteur, *s. m.* faiseur de traités, de conventions.
Paction, *s. f. Pactum.* (*vieux*) t. de pratique, pacte.
Pactiser, *v. n.* faire un pacte, une convention. T.
Padelin, *s. m.* creuset pour fondre le verre. G. C.
†Padère, *s. m. Padera.* serpent du 3e. genre.
Padou, *s. m.* sorte de ruban, moitié fil et moitié soie.
Padouan *ou* Padouen, *s. m.* pâturage. R.
Padouane, *s. f.* médaille contrefaite d'après l'antique, par le Padouan, t. d'antiquaire.
Padouantage, *s. m.* droit de pâturage. R.
Padri, *s. m.* arbre du Malabar. G. V.
Pæan, *s. m.* hymne en l'honneur des dieux, des héros, t. d'antiq. G. C.
†Pæderote, *s. m. Pæderota.* plantes de la famille des scrophulaires.
Pagaie, *s. f.* aviron des sauvages. * Pagaye. C. Pagai, *s. m.* T. AL. Pagale. V.
†Pagamière, *s. Pagamea.* arbrisseau de la Guiane.
Paganales, Paganalies, *s. f. pl.* fêtes en l'honneur des dieux champêtres.
Paganisme, *s. m. Gentilitas.* religion païenne; idolâtrie.
Pagayarque, *s. m.* magistrat de village. V. * *ou* Pagarque. B.
Pagayer, *v. a.* se servir de la pagaye. C.
†Pagayer, *s. m.* arbre de la Guiane, dont on fait des avirons.
Pagayeur, *s. m.* rameur. RR.
Page, *s. f. Pagina.* côté d'un feuillet, écriture qu'il contient.
Page, *s. m.* serviteur; jeune gentilhomme auprès d'un prince.
Pagée, *s. f.* t. de coutume. RR.
†Pagel, *s. m.* poisson rouge, du genre du spare.
†Pagésie, *s. m.* tenue roturière.
Pagésie, *s. f.* t. de droit. R. bien-fonds donné à ferme ou à rentes. B.
†Pagination, *s. f.* série des numéros des pages d'un livre.
Pagne, *s. m.* toile qui couvre les parties honteuses des peuples qui vont nus. * *ou* Pague. B.
Pagnon, *s. m.* drap noir très-fin, de Sédan.
Pagnones, *s. f. pl.* pièces d'un moulin. G. C.
Pagnote, *s. m.* (*famil.*) lâche, poltron.
Pagnote (mont), *s. m.* lieu élevé d'où l'on peut, sans aucun péril, regarder un combat. * Mont-Pagnote. G. C.
Pagnoterie, *s. f.* lâcheté, poltronnerie.
Pagode, *s. f.* temple; idole, petite statue; monnoie d'or des Indiens; sorte de manche de robe.
†Pagre, *s. m. Pagrus.* poisson rouge qui ressemble au pagel.
Pagul, Pagurus, *s. m.* écrevisse de mer. R. G. C.
†Pagure, *s. m. Pagurus.* espèce de cancre; Bernard-l'hermite.
Païen. ne, *s. Gentiles.* idolâtre; adorateur des faux dieux, des idoles.* *adj.* AL. Païen. ene. R. Payen. ne. C.
Paillard, *adj. s. Libidinosus.* lascif, débauché; luxurieux.
Paillardement, *adv.* d'une manière impudique. V.
Paillarder, *v. n.* (*vieux*) commettre le péché de paillardise.
Paillardise, *s. f. Impudicitia.* débauche, impudicité; leur goût, leur habitude.
Paillasse, *s. f.* sac de toile rempli de paille, etc. * massif en brique sur le sol. B.
Paillasse, *s. m.* mauvais bouffon.
Paillasson, *s. m.* sorte de paillasse; natte de paille, t. de jardinier.
Paille, *s. f. Palea.* tuyau du blé, du seigle, etc. défaut de liaison dans les métaux, les diamans.
Paillé. e, *adj.* t. de blason, diapré; bigarré de couleurs.
Paille-en-cu, *s. m.* oiseau du tropique. voyez Fétu-en-cu. * *ou* Paille-en-queue. A. V.
Pailler, *s. m. Chors.* cour où il y a des pailles, des grains. (être sur son) chez soi.
Paillet, *adj. Helveolus.* (vin) rouge, foible en couleur. G. RR. * *s. m.* pièce entre la platine et le verrou, ressort, t. de serrurier. B.
Paillette, *s. f. Bracteola.* partie de métal très-petite et très-légère; t. de bot. petite écaille. * Papillotte. (*vieux*). AL. Paillete. R.
Pailleur. se, *s.* voiturier, marchand de paille.
Pailleux. se, *adj.* (métal) qui a des pailles.
Paillier, *s. m.* où l'on serre la paille. V.
Paillo, *s. m.* t. de marine, chambre au biscuit de mer. G. C.
†Paillole, *s. m.* espèce de filet de pêche.
Paillon, *s. m.* t. d'orfèvre, grosse paillette; petit morceau de soudure. * lame entre les chaînons; lame sous les cristaux. B.
†Paillonner, *v. a.* né. e, *p.* étamer avec des paillons d'étain.
Paillot, *s. m.* t. de vigneron. R.
Pain, *s. m. Panis.* aliment fait de farine de blé pétrie et cuite; nourriture; subsistance; choses mises en masse. * — de singe, fruit monstrueux d'un callebassier du Sénégal. B.
Pain à cacheter, *s. m.* rond de pâte mince sans levain. * Pain-à-cacheter. C.
Pain à chanter, *s. m.* hostie.
Pain bénit, *s. m.* pain béni par le prêtre.
Pain d'épices, *s. m.* composé de miel, de fleur de seigle et d'épices. * pain-d'épices. C.
†Pain-d'épicier, *s. m.* qui fait et vend le pain d'épices.
Pain de cocu, de coucou, *s. m.* Cyclamen, plante résolutive. * pain-de-cocu, -de-coucou. C. A. V.
Pain de pourceau, *s. m.* Alléluia, plante. * pain-de-pourceau. A. C. V. vermiculaire brûlante. B.
Pair. esse, *s.* t. de dignité, duc, comte. *pl.* les égaux.
Pair, *adj. s.* égal; pareil; semblable; divisible en deux parties égales. (de pair), *adv.* d'égal à égal; d'une manière égale.
Paire, *s. f.* couple.
Pairement, *adv.* t. d'arithmétique, se dit d'un nombre pair.
Pairie, *s. f.* dignité, seigneurie de pair.
Pairle, *s. m.* pal mouvant de la pointe de l'écu.
Paisible, *adj.* 2 *g. Placidus.* d'humeur douce, tranquille; qui n'est point troublé; pacifique.
Paisiblement, *adv. Sedatè.* d'une manière paisible et tranquille; sans trouble.
Paissant. e, *adj.* qui paît; t. de blason. G. C. R.
Paisseau, *s. m.* échalas. G. C. RR.
Paisseler, *v. a.* lé. e, *p.* échalasser. G. C. RR.
Paisseliere, *s. f.* où l'on fait des paisseaux. R.
Paisselure, *s. f.* menu chanvre. R.
Paisson, *s. f. Pastio.* pâture dans les forêts. * *s. m.* instrument de gantier pour étendre les peaux. G. C.
Paissonner, *v. a.* né. e, *p.* étendre sur le paisson. G. C.
Paissure, *s. f.* menu chanvre; t. de vigneron. A.
Paître, *v. a. Pascere.* donner à manger. *v. n.* manger. *participe.* pu. e, t. de fauconnerie. (se), *v. r.* se nourrir.
Paix, *s. f. Pax.* état d'un peuple, etc. qui n'est point en guerre; concorde; réconciliation; tranquillité; calme; silence; traité de paix; os de l'épaule du veau, etc.; patène qu'on donne à baiser; divinité.
Paix! *interjection pour faire faire silence.*
†Pajotage, *s. m.* subversion des jantelles dans l'eau.
†Paklakens, *s. m.* drap d'Angleterre.
Pal, *s. m. Palus.* Paux *ou* Pals, *pl.* t. de blason, pieu perpendiculaire, aiguisé par un bout.
†Palache, *s. f.* espèce d'épée longue et large.
†Palade, *s. f.* mouvement des rames.
Paladin, *s. m.* seigneur brave et galant; principal seigneur sous Charlemagne.
Palais, *s. m. Palatium.* maison de roi, de justice, etc.; les officiers du palais; maison magnifique; partie supérieure du dedans de la bouche; t. de botanique, l'intérieur de la fleur de la fumeterre, etc.
Palais de lièvre, *s. m.* Laitron, plante. * Palais-de-lièvre. A. C. G. RR.
†Palalaca, *s. m.* grand pic-vert des Philippines.
†Palalère, *s. f.* présent fait au chef des nègres. *ou* Avanie.
Palamedée, *s. f.* oiseau.
Palamente, *s. f.* le corps des rames d'une galère. * *ou* Palemente. T.
Palamie, *s. f.* crevasse qui saigne. R.
Palan, *s. m. Funes.* t. de marine, RR. cordes, moufles, poulies pour enlever les fardeaux; cordages. G. C. V.
†Palanche, *s. f.* étoffe grossière pour les capottes des matelots.

†Palangre, *s. f.* corde garnie de lignes.
Palanque, *s. f.* sorte de fortification faite avec des pieux. R. G. C.
Palanquer, *v. a.* qué. e, *p.* charger un vaisseau par le moyen des palans. R. G. C.
Palanquin, *s. m.* petit palan; sorte de chaise portative dans l'Inde.
Palanquinet, *s. m. ou* Palan, corde pour mouvoir le timon d'une galère. G. C.
Palape, *s. f.* mouvement des pals des rames. R. G. C.
Palardeaux, *s. m. pl.* planches garnies pour boucher les trous du bordage. G. RR.
Palastre, *s. m.* partie extérieure, boîte d'une serrure.
Palatale, *adj. f.* (consonne) produite par le mouvement de la langue qui touche au palais. *exemple*: D.
Palatin, *s. m. Palatinus.* titre de dignité. *adj.* t. d'anatomie, (os) qui forme les fosses nasales et maxillaires; (artère).
Palatinat, *s. m. Palatinatus.* dignité, territoire d'un palatin.
Palatine, *s. f. Amictus.* fourrure; parement; femme d'un palatin.
†Palâtre, *s. m.* tôle battue en feuille.
Palaure, *s. f.* (*vieux*) parole. V.
Palaut. voyez Palot. G.
†Palave, *s. m. Palava.* plantes malvacées.
Pale, *s. f. Cataracta.* bout de l'aviron; pieu pour une écluse; t. d'église, carton qui couvre le calice.
Pâle, *adj.* 2 *g. Pallidus.* qui a de la pâleur; blême. * *s. m.* serpent du 3e. genre, pâle, à taches grises, points bruns. B.
†Paléacé. e, *adj.* t. de botanique, garni de paillettes.
Paléage, *s. m.* travail des matelots qui remuent quelque chose avec la pelle. G. C. AL. RR.
Palée, *s. f.* rang de pieux pour soutenir une digue, etc. * *ou* Pales, *s. f. pl.* RR.
Palefrenier, *s. m. Agaso.* valet qui panse les chevaux.
Palefroi, *s. m.* cheval que montoit une dame.
†Palemente, *s. f.* les rames d'une galère.
†Palémon, *s. m. Paloemon.* la chevrette.
†Palempures, *s. f. pl.* très-belles toiles peintes des Indes.
Paléographie, *s. f.* science des écritures saintes. A. * style, ou manière d'écrire. B.
†Palernode, *s. m.* sorte de vers ecclésiastiques.
Paleron, *s. m. Humerus.* partie de l'épaule du cheval, etc.
Pales *ou* Palées, *s. f. pl.* t. de charpentier. R.
Palesteau *ou* Palisseau, *s. m.* (*vi.*) lambeau. V.
Palestine, *s. f.* caractère d'imprimerie.
Palestre, *s. f. Palæstra.* lieux publics d'exercices du corps, ces exercices.
Palestrique, *adj.* (exercices) qui se faisoient dans les palestres. * Palestriques. *pl.* C.
Palet, *s. m. Discus.* pierre plate et ronde pour jouer. * Filet *ou* Manet. B.
Paleter, *v. n.* faire glisser le palet sur la terre; applatir en forme de palette. G. * jouer souvent au palet. T.
Paletot, *s. m.* justaucorps espagnol. R. V.
Palette, *s. f. Patella.* petit battoir rond; petit ais; petit plat. * douve emmanchée; touche de clavier; touche, t. d'arts et mét. B. Palete. R.
†Palétuvier *ou* Parétuvier, *s. m.* grand arbre d'Amérique, dont les branches qui touchent à la terre prennent racine.
†Paleu, *s. m.* outil de cordier.
Pâleur, *s. f. Pallor.* couleur de ce qui est pâle.
†Palicour, *s. m. Palicourea.* arbrisseau de la Guiane.
Palier, *s. m. Diazoma.* plate-forme sur un escalier. * pièce de moulin. B.
Palification, *s. f.* action de fortifier un sol avec des pilotis. AL.
†Palikour, *s. m. ou* Fourmillier, oiseau.
Palilies, *s. f. pl.* fêtes de Palès. V.
†Palimbachique, *adj.* (vers) bachique renversé.
Palindrome, *s. m.* vers, discours qui est le même lu de droite à gauche ou de gauche à droite.
Palindromie, *s. f.* reflux des humeurs viciées vers les parties nobles. C. G. V. AL.
Palingénésie, *s. f.* régénération ou reproduction d'un corps détruit, de son image, par la réunion de ses premiers élémens.
Palinod, Palinot, *s. m.* (*vieux*) poëme en l'honneur de la Vierge.
Palinodie, *s. f. Palinodia.* rétractation de ce qu'on a dit.
†Palisson, *s. m.* outil de chamoiseur pour passer les peaux.
Palintocie, *s. f.* répétition d'intérêts. R. V. * enfantement renouvellé, double naissance, t. d'antiquité. B.
†Palinure, *s. m. Palinurus.* espèce de homart.
Pâlir, *v. a.* li. e, *p.* rendre pâle. *v. n. Pallescere.* devenir pâle.
Palis, *s. m. Palus.* pieu; lieu entouré de palis; palissade. * filet tendu sur des piquets. B.
Palissade, *s. f. Pali.* clôture de pieux, de palis; pieu d'une palissade; mur de verdure.
Palissader, *v. a.* dé. e, *p.* entourer de palissades; dresser des palissades.
Palissage, *s. m.* action de palisser, ses effets. AL.
Pâlissant. e, *adj.* qui pâlit. R. G. C.
Palisser, *v. a.* sé. e, *p.* attacher les branches d'un arbre contre un mur, un treillage, etc.
Pâlisseur, *s. f.* (*vieux*) pâleur. V.
†Palisson, *s. m.* outil pour ouvrir les peaux.
Paliure, *s. m. Paliurus.* Porte-chapeau, arbrisseau de haies; * ceux de Virginie et du Canada sont souverains pour les maladies vénériennes. B.
Palixandre, *s. m.* bois violet. * *ou* Palissandre. A.
†Palladie, *s. f. Palladia.* plante de la famille des gentianes.
Palladium, *s. m.* statue de Pallas; ce à quoi un état attachoit sa durée. * défense. B.
Pallage, *s. m.* droit seigneurial. R.
†Pallasie, *s. f. Pallasia.* arbrisseau.
†Palle, *s. f.* vaisseau du Malabar.
Paller, *v. a.* (*vieux*) parler. V.
†Palleter, *v. a.* combattre; escarmoucher. (*vieux*).
Palliatif. ve, *adj. s. m.* qui pallie, ne guérit, ne remédie qu'en apparence.
Palliation, *s. f. Prætextus.* déguisement; action de pallier.
Pallier, *v. a. Colorare.* lié. e, *p.* déguiser; excuser; donner une couleur favorable; guérir en apparence.
Pallio, *s. m.* t. de marine. R.
Pallion, *s. m.* (*vieux*) manteau. V.
Pallium, *s. m. Pallium.* ornement ecclésiastique; voile.
†Pallommier, *s. m. Gaulteria.* plante de la famille des bruyères.
Palma Christi, *s. f.* Palme de Christ, Ricin, plante. * Palma-Christi. C.
†Palmaire, *adj.* 2 *g.* qui a rapport à la paume de la main.
Palme, *s. f. Palma.* branche de palmier; victoire, triomphe. *s. m.* mesure d'Italie, 8 pou. 3 lig. 1-2; mesure ancienne. * — marine, *ou* Panache de mer, lithophyte.
†Palmé. e, *adj.* 2 *g.* (feuille) en éventail, en parasol, en palme; divisé profondément.
Palmer, *v. a.* mé. e, *p.* applatir la tête d'une aiguille. G. C.
Palmette, *s. f.* ornement en feuilles de palmier. G. * *s. f. pl.* Palmetes. R.
Palmier, *s. m. Palma.* arbre qui donne les dattes. * — marin, espèce de fossile. B.
Palmipèdes, *s. m. pl. Palmipes.* oiseaux. L. * *adj.* à pied plat, membraneux comme ceux de l'oie. B.
Palmiste, *s. m.* sorte d'écureuil; oiseau du genre du merle. L. * Palmier des Antilles. B.
Palmite, *s. m.* moelle du palmier.
Palombe, *s. f.* espèce de pigeon ramier.
Palon, *s. m.* spatule de cirier. R.
†Palonneau, *s. m.* voyez Palonnier.
Palonnier, *s. m.* pièce d'un train de carrosse. * Palonier *ou* Paloneau. R.
Palot, *s. m.* (*familier*) villageois fort grossier.
Palotte, *s. f.* voyez Paulette. V.
Palourde, *s. f. Pelorides. ou* Pelourde, coquillage de mer, bivalve, du genre des cames. G. C.
Palpable, *adj.* 2 *g. Tractabilis.* qui se fait sentir au toucher; évident; sensible à l'esprit; fort clair.
Palpablement, *adv. Evidenter.* d'une manière palpable.
†Palpe, *s. f.* antennule, petite antenne.
Palper, *v. a.* manier, prendre avec la main. A.
†Palpiste, *adj.* 2 *g.* à antennule.
Palpitant. e, *adj. Palpitans.* qui palpite.
Palpitation, *s. f. Palpitatio.* battement, mouvement déréglé et inégal du cœur.
Palpiter, *v. n. Palpitare.* se mouvoir d'un mouvement inégal et fréquent; avoir un mouvement convulsif.
Palplanche, *s. f.* pièce d'une digue, d'une jetée. * Palpanche. G. C.
Palsambleu, sorte de jurement. V.
Palsanguienne, jurement burlesque. V.
Paltélie, *s. f.* (*vieux*) combat léger. V.
Paltoquet, *s. m.* (*popul.*) homme épais; paysan.
Paludier, *s. m.* qui travaille aux salines. G. C.
Palus, *s. m.* t. de géographie, marais.
†Pambe, *s. m. Pambus.* poisson des Indes.
Pambou, *s. m.* serpent des Indes. R. V.
Pâmer, *v. n.* tomber en pâmoison, en défaillance; s'évanouir. (se), *v. r. Animo linqui.* pâmé. e, *p.* * *adj.* (poisson) qui a la gueule béante, t. de blason. B.
Pamflet, *s. m.* (*critique*) brochure éphémère et souvent critique. * Pamphlet. G. A.
Pamfletier, *s. m.* auteur de pamflets. VOLT.
Pammilies, *s. f. pl.* fêtes d'Osiris. V.
Pâmoison, *s. f.* défaillance; évanouissement.
†Pampaniforme, *adj.* 2 *g.* qui a la forme des jeunes branches de vigne (artère). * Pampiniforme. AL. RR.
Pampe, *s. f.* feuille du blé, de l'orge, de l'avoine.
Pampelimouse, *s. f.* arbre, fruit des Indes, espèce d'orange. V. *ou* Pamplemoës, Pamplemousse. B. * Pamplimouse. RR.
†Pamphage, *adj.* 2 *g.* omnivore.
Pampre, *s. m. Pampinus.* branche de vigne avec ses feuilles; sa figure, t. d'architecture.
Pampré. e, *adj.* t. de blason, (grappe) de raisin attachée à la branche.
Pan, *s. m. Pan.* partie d'un vêtement, d'un mur; mesure de neuf pouces; t. d'arts et mét.
†Panaceau, *s. m.* lame attachée aux fusées volantes.
Panacée, *s. f. Panacea.* remède universel.

Panaces, *s. f. pl.* plantes, t. de botanique. R. * Panais. B.
Panache, *s. m.* assemblage de plumes, t. de fleuriste. *s. f.* femelle du paon. T. voyez Paone. * insecte coléoptère. — de mer, voyez Palme. cloison horizontale dans une fontaine de cuivre; partie d'un flambeau, t. d'orf. B.
Panache-de-mer, *s. m.* plante. * Panache-de-mer. R. G.
Panaché. e, *adj.* qui a un panache; t. de fleuriste.
Panacher, *v. n.* (se), *v. r.* ché. e, *p.* se dit des fleurs où il se forme une couleur en forme de panache.
Panachrante, *s. m.* qui est sans taches. R.
Panade, *s. f.* pain émié et mitonné long-temps.
Panader (se), *v. r.* dé. e, *p.* (*familier*) se carrer, marcher avec ostentation et complaisance comme un paon.
Panage, *s. m.* droit de laisser paître les porcs dans les forêts. * Pânage. R.
Panagie, *s. f.* cérémonie observée chez les Grecs modernes. V.
Panais, *s. m. Pastinaca. ou* Pastenade, plante potagère, dont la racine blanche tient de la carotte.
†Panaphobie, *s. f.* frayeur nocturne des enfans. voyez Panophobie.
Panard, *adj.* (cheval) dont les pieds de devant sont tournés en dehors.
†Panarète, *s. f.* recueil des trois livres sapientiaux.
†Panarion, *s. m.* antidote universel.
Panaris, *s. m. Paronychia.* tumeur phlegmoneuse au bout des doigts.
†Panathénaïque, *adj.* 2 *g.* des panathénées.
Panathénées, *s. f. pl.* fêtes de Minerve à Athènes.
Pancaliers, *s. m.* sorte de choux de Pancaliers.
Pancarpe, *s. m.* combat d'hommes contre des animaux. G. C. RR.
Pancarte, *s. f.* placard public; écrit; affiche.
†Pance, *s. f.* partie supérieure du fût d'un balustre. *mieux* panse.
Pancerne, *s. m.* chevalier polonois. V.
Panchreste, *s. m. Panchrestus.* médicament. R. panacée. B.
Panchymagogue, *adj.* 2 *g. s. m.* capable de purger toutes les humeurs. G. C. CO. RR.
Pancrace, *s. m.* réunion de la lutte, du pugilat, du disque, de la course et de la danse. * pancratie. G. C.
†Pancrais, *s. m. Pancratium.* plantes de la famille des narcisses.
Pancratiaste, *s. m.* qui faisoit les cinq exercices gymniques, qui y remportoit la victoire. G. C. * Pancratiale. A.
Pancratie, *s. f.* le pugilat, la lutte, le disque, la course et la danse; exercices gymniques. G. C.
Pancratium, *s. m.* plante. voyez Scille.
Pancréas, *s. m.* corps charnu au milieu du mésentère, t. d'anatomie.
†Pancréaticoduodénal. e, *adj.* qui a rapport au pancréas et au duodénum.
Pancréatique, *adj.* 2 *g.* qui sort du pancréas, qui lui appartient.
†Pandaléon, *s. m. Pandaleum.* remède pour la poitrine et les poumons.
Pandectaire, *s. m.* auteur des pandectes. R. V.
Pandectes, *s. f. pl.* recueil de lois compilées sous Justinien.
Pandémie, *s. f.* épidémie.
Pandémique, *adj.* 2 *g.* épidémique.
†Pandiculation, *s. f.* action de s'étendre en bâillant; mal-aise dans la fièvre.
Pandore, *s. f. Pandura.* instrument de musique, R. * mollusque acéphale, telline. B.
Pandoure, *s. m.* soldat hongrois. * Pandour. T. RR.
†Pandure, *s. m.* instrument que l'on croit être la pandore.
†Panduré. e, *adj.* panduriforme.
†Panduriforme, *adj.* 2 *g.* (feuille) qui a la forme du violon.
Pané. e, *adj.* (eau) où l'on a fait tremper du pain. G. C.
Pane, *s. f.* voyez Paone. G.
†Paneau, *s. m.* patron des douves de tonneau.
Panégyre, *s. m.* (*vieux*) panégyrique. V.
Panégyrique, *s. adj. m. Panegyricus.* poëme, discours à la louange de quelqu'un.
Panégyrisme, *s. m.* louange outrée. V.
Panégyriste, *s. m. Laudator.* qui fait un panégyrique.
Paner, *v. a.* t. de cuisine, couvrir de pain émietté. Pané. e, *p.* * *adj.* (eau) dans laquelle on a trempé du pain. G.
Panerée, *s. f.* plein un panier.
Paneter, *s. m.* (*vieux*) boulanger. V.
Paneterie, *s. f. Panarium.* lieu où l'on distribuoit le pain chez le roi; officiers de la paneterie.
Panetier (grand), *s. m.* officier de la paneterie.
Panetière, *s. f. Panariolum.* sac où les bergers mettent leur pain. * filet en sac. B. Panetiere. R.
Pangolin, *s. m.* lézard écailleux, quadrupède vivipare.
†Panic, *s. m. Panicum.* plantes graminées.
Panicaut, *s. m.* Chardon roland, à cent têtes, Érynge, plante.
Panicule, *s. m.* épi en botte, en bouquet.
†Paniculé. e, *adj.* (tige) en panicule.
Panicum, *s. m.* Panis *ou* Paniz, espèce de millet.
Panier, *s. m. Qualus.* vase de jonc, d'osier, etc. son contenu: espèce de jupon; t. d'archit. corbeille.
Panification, *s. f.* conversion des matières farineuses en pain. A.
Panique, *adj. f.* (terreur) subite et sans fondement.
†Panis *ou* Paniz, *s. m.* Panicum, plante.
†Pannaire, *s. m.* bazanne, t. de fabrique.
†Pannard. e, *adj.* (cheval) qui a les coudes serrés et courts, ou les pieds en dehors.
Panne, *s. f. Pannus.* étoffe; graisse sous la peau; t. de blas. de charp. pièce qui soutient les chevrons; t. d'arts et mét. * bout applati d'un marteau. B.
Panne (mettre en), *s. f.* disposer les voiles de manière à s'arrêter.
Panneau, *s. m. Tympanum.* t. de menuiserie, pièce encadrée; filet, piége; coussinet. * Paneau. R.
Panneauter, *v. n.* tendre des panneaux. A.
Pannelle, *s. f.* t. de blason, feuille de peuplier. * Panelle. V. Pannele. R.
†Panner, *v. a.* né. e, *p.* creuser une pièce de métal avec la panne.
Panneton, *s. m.* partie de la clef qui entre dans la serrure. * panier long et étroit, garni de toile, pour mettre la pâte. B. Paneton. R.
Pannicule, *s. f. Paniculus.* membrane sous la graisse.
†Pannoir, *s. m.* marteau d'épinglier.
Pannomie, *s. f.* recueil de toutes les lois. R.
†Pannositeux. se, *adj.* couvert de haillons.
Pannus, *s. m.* t. de médecine. R.
†Panon, *s. m.* rousseur aux mains, au visage.
Panonceau, *s. m.* écusson d'armoirie mis sur une affiche, sur un poteau.
†Panophobie, *s. f.* terreur nocturne avec fièvre, sueur et convulsions dans les enfans. *et* Pana-.
Panoplie, *s. f.* armure complette. G. C.
†Panorama, *s. m.* (montre tout) tableau circulaire qui représente un horizon entier.
Panorpe, *s. m. Panorpa.* insecte, mouche-scorpion.
†Panphague, *s. m. adj.* 2 *g.* omnivore.
Pansage, *s. m.* action de panser un cheval, etc. A.
Pansard. e, *adj.* qui a une grosse panse. R.
†Panscrotesche *ou* Paluche, *s. f.* épée de hussards allemands.
Panse, *s. f. Abdomen.* ventre.
Panse (d'A), *s. f.* le corps de la lettre *a.*
†Panselène. *s. m.* pleine lune.
Pansement, *s. m. Curatio.* action de panser; soin, remèdes, frais pour panser.
Panser, *v. a. Curare.* sé. e, *p.* appliquer un remède sur une plaie; lever l'appareil; étriller, brosser, nettoyer un cheval.
†Pansophie, *s. f.* sagesse universelle.
†Panspermie, *s. f.* amas confus de substances hétérogènes.
Pansu. e, *adj. s. m. Ventrosus.* (*familier*) qui a une grosse panse.
†Pantagogue, *adj.* 2 *g.* évacuant, purgatif.
Pantagruéliser, *v. a.* boire copieusement. RABELAIS.
†Pantaguières, *s. f. pl.* cordes pour assurer les mâts dans la tempête.
Pantalon, *s. m.* vêtement, culotte longue. *Ludio.* t. de théâtre, bouffon, homme qui joue toute sorte de rôles. * clavecin vertical; papier d'Angoumois. B.
Pantalonnade, *s. f.* danse, bouffonnerie; subterfuge; fausse démonstration de sentimens; entrée et sortie brusque. * Pantalonade. R. CO.
†Pantanne, *s. f.* enceinte de filets.
Pantarbe, *s. m.* pierre précieuse. V.
†Pante, *s. f.* chapelet de petites coquilles blanches; toile de crin; t. de brasseur.
Pantelant. e, *adj.* haletant, qui palpite.
Panteler, *v. n.* (*vieux*) haleter, palpiter.
†Pantenne, *s. f.* état d'un vaisseau désemparé et dégréé.
†Panteno, *s. m.* espèce de verveux.
†Panter, *v. a.* arrêter les peaux des cardes dans le panteur.
†Panteur, *s. m.* instrument pour tendre les peaux des cardes.
Panthée, *adj. f.* (figure) qui réunissoit les attributs de plusieurs dieux.
Panthéisme, *s. m.* système de Spinosa, qui reconnoît pour dieu tout ce qui est le grand tout. K.
†Panthéologie, *s. f.* tous les dieux du paganisme.
Panthéon, *s. m. Pantheon.* temple consacré à tous les dieux. * aux grands hommes; figure panthée. B.
Panthère, *s. f. Panthera.* bête féroce, fauve, marquée de taches noires en anneaux. * pierre précieuse. V.
Pantière, *s. f. Panther.* t. d'oiseleur, filet. * Pantiere. R.
†Pantin, *s. m.* figure de carton plat et peint, qui se meut avec des fils; personne dégingandée.
Pantine, *s. f.* nombre d'écheveaux liés ensemble. G. C. * *ou* Pantime. CO.
†Pantogène, *adj.* 2 *g.* (cristal) dont chaque arête et chaque angle solide subit un décroissement.
†Pantogonie, *s. f.* trajectoire réciproque.
Pantographe, *s. m.* instrument pour copier les estampes. * voyez Singe. A.
Pantoiment, *s. m.* asthme dont les oiseaux sont attaqués.
Pantoires, *s. f. pl.* t. de marine, R. manœuvres dormantes. B.
Pantois, *adj.* (*vieux*) respirant avec peine. A.
Pantomètre, Holomètre, *s. m.* intrument de géométrie, pour mesurer les angles; prendre

des hauteurs. * Pantometre. R.
Pantomime, *s. m. Pantomimus.* acteur qui s'exprime par des gestes: *s. f.* son art; l'expression muette du visage et des gestes. *adj.* 2 *g.* (ballet) où l'action s'exprime par des gestes; la musique de ce ballet.
†Pantophobie, *s. f.* crainte de tous les objets, hydrophobie compliquée.
Pantoquières, *s. f. pl.* t. de mar. cordes pour affermir les haubans. * (en-) en déshabillé. B. *et* Pantochieres. R.
Pantoufle, *s. f. Crepida.* chaussure, mule; outil de maréchal. * levier de l'orgue. B.
Pantoufler, *v. a.* raisonner de travers. V.
Pantouflier, *s. m.* qui fait des pantoufles. V. * espèce de chien de mer, de la section du marteau. B.
Paon, *s. m. Pavo.* oiseau; papillon; constellation méridionale. * — marin, insecte; poisson du genre du labre, du spare. B.
Paonace, *s. f.* (*vieux*) couleur de violette. V.
Paonne, *s. f.* femelle du paon. * Paone. R. *prononcez* pane.
†Paonné, e, *adj.* de couleur variée comme la queue d'un paon.
Paonneau, *s. m.* jeune paon. * Paoneau. R.
†Paonnier, *s. m.* qui a soin des paons.
Papa, *s. m. Papas.* père. (grand-) grand-père.
Papable, *adj. m.* propre à être élu pape.
Papal, e, *adj. Pontificius.* du pape.
Papas, *s. m.* prêtre dans l'orient. R.
Papat, *s. m.* (*vieux*) dignité de pape. R.
Papauté, *s. f.* dignité du pape. * Papat. R.
†Papavéracées, *s. f. pl.* famille des pavots.
†Papayer, *s. m. Papaya.* arbre des Indes.
Pape, *s. m. Papa.* évêque de Rome, chef de l'église; oiseau d'Amérique, espèce de pinson de trois couleurs.
Papegai, *s. m.* oiseau de carte ou de bois planté au bout d'une perche; perroquet d'Amérique. * Papegaud. R.
Papelard, *s. m.* hypocrite, faux dévot.
†Papelarder *ou* Papelardier, *v. a.* faire l'hypocrite.
Papelardise, *s. f.* hypocrisie, fausse dévotion.
Papeline, *s. f.* étoffe tramée de fleuret.
Papeloné, e, *adj.* t. de blason, chargé d'une espèce d'écailles.
Paperasse, *s. f.* papier écrit inutile.
Paperasser, *v. n.* remuer, feuilleter, arranger des papierasses; faire des écritures inutiles; composer sans fin.
Paperassier, *s. m.* qui aime à paperasser. A.
Papeterie, *s. f.* fabrique, commerce de papier.
Papetier, *s. m.* qui fait, vend du papier. * Papetier. ere, *s.* R.
†Paphie, *s. f. Paphia.* mollusque acéphale, à coquille.
†Paphose, *s. f.* grand siége, lit de repos.
Papier, *v. a.* (*vieux*) bégayer comme les enfans. V.
Papier, *s. m. Charta.* feuille faite de pâte composée de vieux linge broyé, etc. étendu et séché; journal; effet; titre; procédures écrites, etc. livre de compte.
Papier du Nil. *s. m.* plante qui ressemble au souchet. G. * Papier-du-Nil. C.
Papier-monnoie, *s. m.* qui a cours de monnoie.
Papier-nouvelle, *s. m.* gazette. G. C.
Papier-tenture, *s. m.* papier qui imite l'étoffe, etc. pour la tenture. AL.
Papilionacée, *adj.* 2 *g.* t. de botan. légumineux, à fleurs en ailes de papillon. * Papilionacé. e, *adj.* A. Papillonacée, *adj.* 2 *g.* C. RR.
Papillaire, *adj.* 2 *g.* (tunique) ou membrane de la langue. R. G. C.
Papille, *s. f.* éminences, houpes nerveuses de la langue qui servent au goût. R. G. C. V. *prononcez* papile.
Papillon, *s. m. Papilio.* insecte à quatre ailes poudreuses; coiffure.
Papillonner, *v. n. Volitare.* voltiger d'un objet à l'autre. * Papilloner. R.
Papillotage, *s. m.* effet de ce qui papillote.
Papillote, *s. f.* tissu dont on enveloppe les boucles des cheveux. * dragée en papillote. B.
Papilloter, *v. a.* té. e, *p.* mettre les cheveux en papillotes. *v. n.* parlant des yeux, avoir un mouvement involontaire qui les empêche de se fixer sur les objets; t. de peint. avoir des reflets inégaux; t. d'impr. paroître imprimé double. * brillanter le style. AL.
Papillots, *s. m. pl.* taches sur la peau dans la fiévre pourpre. G. C.
Papimane, *s. m.* terme injurieux. V. * partisan du pape, papiste. B.
Papin, *s. m.* bouillie. V. (marmite à), à couvercle vissé. B.
Papinianiste, *s. m.* t. de droit, R. V. jurisconsulte qui suit les décisions de Papinien. B.
Papion, *s. m. Papio.* singe de la famille des babouins.
Papisme, *s. m.* terme odieux employé par les protestans en parlant de l'église catholique.
Papiste, *s. m.* catholique romain.
Papistique, *adj.* 2 *g.* des papistes. V.
Papoage, *s. m.* biens, héritages. R.
†Papou, *s. m. Hepatus.* poisson du genre du teuthie.
Papules, *s. f. pl.* pustules, vices de la peau. G. C.
Papyracée, *adj.* (coquille) dont la robe est légère, fragile et mince comme le papier. R. G. C. * t. de botan. membraneux.
Papyrus, *s. m.* plante d'Égypte, papier du Nil.
Paquage, *s. m.* t. de négoce et de salines. V.
Pâque *ou* Pâques, *s. m.* fête des chrétiens.
Pâque, *s. f. Pascha.* fête des Juifs.
Paquefic, *s. m.* t. de marine. R.
†Paquer, *v. a.* é. e, *p.* presser les harengs dans la caque.
Pâquerette, *s. f.* espèce de marguerite blanche. * Pâquerete. R.
Paquet, *s. m. Fascis.* assemblage de plusieurs choses liées, enveloppées; tromperie, malice; personne lourde, gênante, vêtue sans légèreté. * t. de forges, boîte pour tremper l'acier. B.
Paquet-bot, *s. m.* navire porteur de dépêches. * *et* Paquebot. R. C. A.
Paqueter, *v. a.* té. e, *p.* mettre en paquets. V.
†Paquetier, *s. m.* compositeur d'imprimerie qui travaille à la page.
Paqueur, *s. m.* qui paque le poisson salé. R.
Paquis, *s. m.* pâturage. C.
Par. *Per. prép. qui exprime la cause, le motif, le moyen, l'instrument, la manière; marque la division, l'ordre, le lieu, le mouvement, le passage.* durant, en, dans, à.
Par (de-), *prép.* de la part, par l'ordre de.
Par-ci, Par là, *adv.* en divers endroits; çà et là; de fois à autre.
Par-delà, *adv.* au-delà.
Par-derrière, *adv.* par la partie du derrière. * Par-derriere. R.
Par-dessous, *prép.* au-dessous, en-dessous.
Par-dessus, *prép.* au-dessus. *s. m.* t. de commerce, ce qu'on donne au-delà du prix. * Pardessus. R. V.
Par dessus de viole, *s. m.* instrument de musique. V. * Par-dessus-de-viole. C. Pardessus de viole. R.
Par-devant, en présence de. Par-devers, du côté, *prépositions.*
Par-devers, Par-trop, *adv.* A. voyez Devers *et* Trop.
Par-ici, *adv.* de ce côté-ci. * Par ici. G.
Par-là, *adv.* par cet endroit; par ce moyen; par ces paroles.
Par là, *conjonction.* ainsi.
Para, *s. m.* monnoie turque. R.
Parabolains, *s. m. pl.* t. d'antiq. les plus hardis des gladiateurs; ceux qui secourent les pestiférés. * Parabolain. *sing.* A.
Parabolaire, *adj.* 2 *g. s.* (*vieux*) V.
Parabole, *s. f. Parabola.* allégorie; t. de géom. courbe qui n'est pas rentrante comme le cercle.
Parabolique, *adj.* 2 *g.* courbé en parabole.
Paraboliquement, *adv.* en parabole; t. de géométrie. C. G. T. RR.
Paracelsiste, *s. m.* partisan de Paracelse. V.
Paracentèse, *s. f. Paracentesis.* t. de chir. sorte de ponction. G. C. * Paracentese. R.
Parachevement, *s. m.* fin, perfection d'un ouvrage. * Parachévement. G. R. -chèvement. C. V.
Parachever, *v. a. Perficere.* vé. e, *p.* achever, terminer.
Parachronisme, *s. m.* erreur de date, en retardant une époque.
†Parachute, *s. m.* instrument à l'usage des aréonautes, pour se soutenir en descendant.
Paraclet, *s. m.* Esprit-Saint, consolateur.
†Paraclétique, *adj. s. m. ou* Invocatoire, livre d'office grec.
†Paracousie, *s. f.* fausse perception de certains sons.
†Paracusie, *s. f. Paracusis.* confusion de l'ouïe qui n'entend pas distinctement.
†Paracynancie, *s. f. Paracynanche.* espèce d'esquinancie.
Parade, *s. f. Apparatus.* montre, étalage; vanité; t. de guerre, exercice, revue; t. d'escrime, action de parer; t. de manége, arrêt: farce; imitation ridicule; vain semblant.
†Paradiaston, *s. m.* distinction précise des idées analogues.
Paradigme, *s. m.* t. de gram. exemple, modèle. * Paradygme. AL.
Paradis, *s. m. Cœlum.* jardin délicieux; séjour des bienheureux; lieu très-agréable, où l'on est heureux; bonheur; t. de théâtre, places au-dessus des loges; espèce de pommier.
Paradis (oiseau de), *s. m. ou* Manucode.
Paradoxal. e, *adj.* qui tient du paradoxe, qui l'aime.
Paradoxe, *s. m. Paradoxum.* proposition contraire à l'opinion commune. *adj.* 2 *g.* paradoxal, incroyable.
Paradoxisme, *s. m.* figure de rhétor. qui réunit des attributs très-opposés. G. C.
Paradoxologue, *s. m.* qui avance des paradoxes. V.
Parafe *ou* Paraphe, *s. m.* marque qui suit la signature.
Parafer *ou* Parapher, *v. a.* fé. e, *p.* mettre son paraphe.
†Parafeu, *s. m.* petit mur devant l'ouvreau.
Parage, *s. m.* extraction, qualité; t. de marine, espace de mer où est le vaisseau. * t. d'agric. première façon aux vignes. G. C.
Parageau, *s. m.* frère puîné. R.
Parageur, *s. m.* aîné; chemier. R. premier chef. B.
†Paraglosse, *s. m.* hectopie de la langue qui s'avale.
Paragoge, *s. f.* changement dans le matériel primitif d'un mot par une addition finale. G. C.
Paragogique, *adj.* 2 *g.* qui s'ajoute. G. C. RR.
Paragraphe, *s. m. Paragraphus.* section d'un discours, marque qui l'indique.
Paraguante, *s. f.* (pour des gants, *en espagnol*) présent pour un service rendu.
Paraimer, *v. a.* mé. e, *p.* (*vieux*) aimer. V.

†Paraison, *s. f.* forme donnée au cristal fondu.
Paraisonier, *s. m.* t. de verrerie, qui souffle les glaces à miroir. G. C. RR.
Parakynancie, *s. f.* t. de médecine. R.
Paralipomènes, *s. m. pl.* livre de la Bible. * Paralipomenes. R.
Paralipse, *s. f.* figure de rhétorique qui fixe l'attention sur un objet négligé en apparence.
Parallactique, *adj.* 2 *g.* t. d'astronomie, qui appartient à la parallaxe. * Parallatique. B.
Parallaxe, *s. f. Parallaxis.* arc compris entre le lieu véritable et le lieu apparent d'un astre.
Parallèle, *s. f. Parallelus.* ligne parallèle; t. de fortification. *adj.* 2 *g.* (ligne, surface) également distante d'une autre dans tous ses points. *s. m.* cercle parallèle à l'équateur; comparaison de deux êtres. * Parallele. R.
†Parallèlement, *adv.* en parallèle.
Parallélipipède, *s. m.* solide terminé par six parallélogrammes à opposés parallèles. * Parallélépipede. *parallelepipedum.* R. Parallèlipipedé. AL.
Parallélisme, *s. m. Parallelismus.* état de deux lignes ou plans parallèles.
Parallélogramme, *s. m. Parallelogrammus.* figure plane, à côtés opposés, parallèles, t. de géométrie.
†Parallélographe, *s. m.* instrument pour tirer des lignes parallèles.
Parallélopleuron, *s. m.* carré imparfait. R.
Paralogisme, *s. m. Paralogismus.* faux raisonnement; sophisme.
Paralyser, *v. a.* sé. e, *p.* rendre paralytique, de nul effet, sans force. A. * rendre inutile. B.
Paralysie, *s. f. Paralysis.* privation du sentiment ou du mouvement.
Paralytique, *adj. s.* 2 *g. Paralyticus.* t. de médecine, qui est atteint de paralysie.
Paramécie, *s. f. Paramecia.* vers infusoire, à corps plat et oblong. M.
Paramètre, *s. m.* ligne constante et invariable qui entre dans l'équation d'une courbe. * Parametre. G. Paramettre. R.
Paramonaire, *adj. s.* 2 *g.* (*vieux*) V.
†Paramont, *s. m.* sommet de la tête du cerf.
Parangerie, *s. f.* corvée. V.
Parangon, *s. m.* caractère d'imprimerie. *adj.* parfait (diamant). *f. adj.* (perle) très-grosse. *s.* (*vieux*) modèle, patron, comparaison.
Parangonner, *v. a.* né. e, *p.* (*vi.*) comparer; t. d'imprimerie, mettre de même épaisseur des caractères de corps inégaux. * Parangoner. R.
Parangonner (se), *v. récipr.* t. de fleuriste. V.
†Paranniser, *v. a.* rendre annuel, éternel.
Paranomasie, *s. f.* ressemblance entre deux mots de différentes langues. G. AL. CO. RR.
Parant. e, *adj.* qui pare, qui orne.
Paranymphe, *s. m.* discours solennel; compagnon du marié; écuyer de la mariée.
Paranympher, *v. a.* phé. e, *p.* louer dans un paranymphe. G. C.
Parao, *s. m.* t. de marine. R.
Parapegme, *s. m.* t. d'antiquité, tables de métal sur lesquelles on écrivoit les ordonnances * table des règles d'astrologie. AL. Parapegmes, *pl.* G. C.
Parapet, *s. m. Lorica.* élévation au-dessus du rempart; mur d'appui sur un pont, une terrasse, un quai.
Paraphe, *s. m.* voyez Parafe.
Paraphernaux, *adj. pl. Parapherna.* t. de prat. (biens) qu'une femme se réserve.
Paraphimosis, *s. m.* gonflement du prépuce. G. C.
Paraphone, *adj.* t. de musique. R.
†Paraphonie, *s. f.* consonnance qui résulte de sons différens.
Paraphoniste, *s. m.* chantre. R. V.
Paraphrase, *s. f. Paraphrasis.* explication étendue d'un texte; interprétation maligne.
Paraphraser, *v. a. Explanare.* sé. e, *p.* faire des paraphrases; étendre, amplifier par le récit.
Paraphraste, *s. m.* interprète; auteur de paraphrases. * Paraphraseur. se. (*familier*). A.
Paraphrénésie, *s. f.* espèce de phrénésie. R.
†Paraphrosinie, *s. f. Paraphrosinia.* délire passager et fébrile.
Paraplégie, *s. f.* paralysie de tous les membres. R.
Paraplésie, *s. f.* paralysie de tout le corps, la tête exceptée. G. C.
†Parapleurésie, *s. f.* fausse pleurésie.
†Paraplexie, *s. f.* paraplégie.
Parapluie, *s. m. Munimen.* petit pavillon portatif qui garantit de la pluie. * t. de fondeur, planche qui garantit des éclaboussures. B.
†Parardir, *v. n.* brûler d'amour.
Parasange, *s. f.* t. d'antiquité, mesure itinéraire chez les Perses; trente stades grecques.
Parascénium, Post-scénium, *s. m.* t. d'antiq. le derrière des théâtres. G. C. RR.
Parasceve, *s. f.* préparation au sabat. R.
†Parasche, *s. m.* chapitre des livres juifs. *s. f.* leçon de l'écriture sainte.
Parasélène, *s. f. Paraselena.* image de la lune réfléchie dans un nuage. * Paraséléne. R.
Parasite, *s. m. Parasitus.* écornifleur; qui fait métier de manger à la table d'autrui. *adj.* (plante) qui végète sur une autre; (mot) trop répété.
Parasitique, *s. f.* art du parasite.
Parasol, *s. m. Umbella.* petit pavillon portatif qui garantit du soleil.
†Parasquinancie, *s. f.* parasynancie.
Parastate, *s. m.* t. d'anatomie. R.
Parasynanchie, *s. f.* t. de médecine. R. Parasynancie. V.
†Parathèse, *s. f.* imposition des mains.
†Paratilme, *s. m.* châtiment imposé aux adultères.
Paratitlaire, *s. m.* qui enseigne les paratlites. R.
Paratitlaires, *s. m. pl.* auteurs de paratlites. R. V. G.
Paratitles, *s. m. pl.* explication de quelques livres du Code ou du Digeste.
†Paratonnerre, *s. m.* machine qui soutire l'électricité d'un nuage, et par-là garantit du tonnerre.
Parâtre, *s. m.* beau-père. R.
Paravent, *s. m. Objectaculum.* suite de châssis de bois mobiles pour garantir contre le vent.
Parbleu! *exclamation. adv.* RR.
Parbouillir, *v. n.* t. de médecine, bouillir légérement. R. V.
Parc, *s. m. Septum.* grande étendue de bois entourée de murs, etc.; pâtis; clôture de claies; enceinte de toiles; place des pièces d'artillerie, des munitions; t. de métiers. * *pl.* courtines ou tournées, enceinte de filets; lieu où l'on met des huîtres sur la grève; bassins des marais salans. B.
Parcage, *s. m.* séjour des moutons parqués.
Parceau, *s. m.* pantime. CO.
Parcelle, *s. f. Particula.* petite partie d'un tout. * Parcele. R.
Parce que, *conjonction. Quia.* à cause que. * Parce-que. C.
Parchasser, *v. a.* sé. e, *p.* t. de chasse, R. rapprocher la bête, la poursuivre sans aboyer. B.
Parchemin, *s. m. Membrana.* peau de mouton préparée. * *pl.* titres; titres de noblesse. B.
Parcheminerie, *s. f.* art, commerce, atelier du parcheminier.
Parcheminier, *s. m.* qui apprête et vend le parchemin.
Parcière, *s. f.* qui partage avec. V.
Parci-parlà, *adv.* en divers endroits.
†Parcimonie, *s. f.* épargne. voyez Parsimonie.
†Parclauses, *s. f. pl.* traverses rapportées aux pilastres; montans chantournés. *mieux* Parcloses.
Parcloses, *s. f. pl.* t. de marine. R. V. * planches mobiles à fond de calc. B.
†Parçonier. ère, Parsonier. *mieux* Partionier, *s.* qui a sa part dans un partage. * *f.* Parçoniere. R.
Par conséquent, *adv.* par une suite nécessaire.
Parcours, *s. m.* R. * *et* Parcourt, droit de parcourir, t. de coutume. B.
Parcourir, *v. a. Peragrare.* ru. e, *p.* aller d'un bout à l'autre; courir çà et là; passer légèrement la vue sur....
Pardi, Pardie, Pardienne, *adv. exclamation.* RR.
Pardon, *s. m. Venia.* rémission d'une faute, d'une offense; prière; avis pour la faire. *pl.* indulgences accordées aux fidelles. B.
Pardon! *interjection de repentir, d'excuse.*
†Pardonaire, *s. m.* qui distribue les indulgences à Rome.
Pardonnable, *adj.* 2 *g. Ignoscendus.* qui mérite pardon. * Pardonable. R.
Pardonner, *v. a. Parcere.* né. e, *p.* accorder le pardon; excuser; épargner. * Pardoner. R.
†Pare, *s. m.* oiseau.
†Paré, *adj.* (titre) prêt à recevoir son exécution.
Paréage, Pariage, *s. m.* t. de pratique, égalité de droit et de possession.
Paréatis, *s. m.* lettre de chancellerie pour faire exécuter un arrêt par un juge inférieur.
Pareaux, *s. m. pl.* t. de pêche, gros cailloux ronds au bas de la seine. G. *s. m.* barque aux Indes. B.
†Parée, *s. f.* partie du fourneau, t. de forge.
Parégorique, *adj.* 2 *g.* t. de médecine, qui calme, apaise, adoucit. * (remède) anodin. B.
Pareil. le, *adj. s. m. Par.* égal, semblable.
Pareille, *s. f.* la même chose.
Pareillement, *adv. Pariter.* semblablement.
Paréira brava, *s. f.* Vigne sauvage, plante médicinale d'Amérique, spécifique pour la colique néphrétique, la suppression d'urine, l'asthme humoral, la gonorrhée, l'hémorragie.
Parélie, *s. f. Parelion.* image du soleil réfléchi dans un nuage. * *ou* Parhélie. G. AL.
Parelle, *s. f.* Patience, plante. * Parele. R.
†Parembole, *s. f.* parenthèse qui se rapporte au sujet dont on parle.
Parement, *s. m. Ornatus.* ornement; ce qui pare; gros bâton de fagot; côté uni d'une pierre. * graisse sur la panse; mailles sous les plumes. P.
†Parenchymateux. se, *adj.* du parenchyme, qui en contient.
Parenchyme, *s. m.* t. d'anat. substance propre de chaque viscère; t. de botanique, moelle ou pulpe des fruits, des plantes.
Parénèse, *s. f.* discours moral; exhortation à la vertu. * Parénese. R.
Parénétique, *adj.* 2 *g.* qui a rapport à la parénèse, à la morale.
Parensane, *s. f.* t. de marine. R.
Parent. e, *s. Propinquus.* uni par le sang. *pl.*

ceux de qui l'on descend ; le père et la mère ; alliés.
Parentage, *s. m.* (*vieux*) parenté ; consanguinité.
Parentales, *s. f. pl.* funérailles des parens. R. V.
Parenté, *s. f. Cognatio.* qualité de parent ; tous les parens.
Parentèle, *s. f.* (*vieux*) tous les parens. * Parentèle. R.
Parenthèse, *s. f. Parenthesis.* mots formant un sens séparé ; marques qui les séparent (). * Parenthese. R.
Parer, *v. a. Ornare.* ré. e, *p.* orner ; embellir ; apprêter ; empêcher ; éviter un coup, des suites funestes, un malheur ; garantir ; t. de marine, doubler ; t. de maréchal, arrêter, ôter de la corne ; t. de tanneur, apprêter. (se), *v. r.* s'ajuster ; se défendre ; affecter.
Parère, *s. m.* avis, sentiment des négocians sur une question de commerce. * Parere. R.
†Parerga, *s. m.* t. de maçon, addition à l'ouvrage principal.
Parésis, *s. f.* t. de médecine. R. * Parésie, relâchement. B.
Paresse, *s. f. Pigritia.* fainéantise ; négligence blâmable ; nonchalance ; foiblesse qui ôte l'activité ; humeur paisible ; calme d'esprit.
Paresser, *v. n.* faire le paresseux. A.
Paresseusement, *adv.* avec paresse. V.
Paresseux, se, *adj. s. Piger.* fainéant ; nonchalant.
Paresseux, *s. m. Bradypus.* Aï ou Hay, animal qui approche du singe. * *s. f.* fausse chenille du rosier ; espèce de sensitive. B.
†Pareur, *s. m.* ouvrier qui pare, finit, perfectionne ; t. de batelier, celui qui dégage la corde du bateau.
Pareurs de draps, *s. m. pl.* t. de manufact. R.
Parfaire, *v. a. Perficere.* fait. e, *p.* achever, finir ; completter, t. de prat. ; t. de finance.
Parfait. e, *adj. Perfectus.* achevé ; accompli.
Parfaitement, *adv. Perfectè.* d'une manière parfaite.
Parfaute, *adv.* à faute de. R.
Parfilage, *s. m.* action de parfiler ; ses effets. A.
Parfiler, *v. a.* lé. e, *p.* séparer la soie de l'or. A.
Parfilure, *s. f.* produit du parfilage. V. RR.
†Parfin (à la), *adv.* (*vieux*) enfin.
Parfois, *adv.* (*vieux*) quelquefois.
†Parfond, *s. m.* hameçon plombé qui reste au fond.
Parfondre, *v. a.* du. e, *p.* faire fondre l'émail légérement, également par tout. (se), *v. pers.* entrer en fusion. G. C. V. RR.
Parforcer, *v. a.* cé. e, *p.* faire un grand effort. R.
Parfournir, *v. a.* ni. e, *p.* fournir en entier ; achever de fournir.
†Parfournissement, *s. m.* action de parfournir.
Parfum, *s. m. Odoramentum.* senteur agréable, ce qui la produit.
Parfumer, *v. a. Inodorare.* mé. e, *p.* répandre, faire prendre une bonne odeur. (se), *v. pron.* s'embaumer.
Parfumeur. se, *s. Myropola.* qui fait et vend des parfums.
†Parfumoir, *s. m.* coffre grillé pour parfumer.
Pargué, Parguienne, *juremens burlesques.*
†Parhermeneutes, *s. m. pl.* faux interprètes.
†Parhomologie, *s. f.* figure de rhétorique ; concession.
Pari, *s. m. Sponsio.* ce qu'on a gagé ; gageure.
Paria, *s. 2 g.* caste dans l'Inde.
Pariade, *s. f.* perdrix appariées ; saison où elles s'apparient.
Parial. e, *adj.* qui appartient aux pairs. R.

Parier, *v. a.* rié. e, *p.* faire une gageure, un pari.
Pariétaire, *s. f. Parietaria.* plante qui croît sur les murs, apéritive, émolliente, rafraîchissante, diurétique.
†Pariétal. e, *adj.* attaché sur le paroi d'un fruit, t. de botanique.
Pariétaux, *adj. m. pl.* (os) qui forment la partie supérieure et latérale du crâne. * Pariétal, *singulier.* A.
Parieur. se, *s.* qui parie. * caution. V.
†Parisien. ne, *adj.* de Paris. * *f.* Parisiene. R.
Parisienne, *s. f.* ou Sédanoise, caractère d'imprimerie très-petit. * Parisiene. R.
Parisis, *adj. m.* (sou, monnoie) battu à Paris.
†Parisyllabe *ou* Parisyllabique, *s. f.* (déclinaison) simple.
Parité, *s. f. Parilitas.* égalité ; comparaison.
Parjure, *s. m. Perjurium.* faux serment. *adj. s. 2 g.* qui fait un faux serment, qui viole son serment.
Parjurer (se), *v. r. pron. Perjurare.* faire un parjure, un faux serment ; violer son serment.
Parlage, *s. m.* caquetage, verbiage. A. C.
Parlant. e, *adj. Loquens.* qui parle, semble parler ; fort ressemblant ; t. de blason.
Parlement, *s. m. Curia.* assemblée des grands ; cour souveraine ; sa juridiction, son ressort, durée de sa cession.
Parlementaire, *adj. s. m.* du parlement, qui tient le parti du parlement ; chargé de négocier ; t. militaire.
Parlementer, *v. n.* entrer en accommodement ; négocier ; faire, écouter des propositions.
†Parlementerie, *s. f.* action de parlementer ; conférence.
Parler, *v. n. Loqui.* prononcer, proférer, articuler des mots ; discourir ; s'énoncer ; s'expliquer ; plaider pour. *v. a.* (se), *v. r.*
Parler, *s. m. Sermo.* langage ; manière de parler ; accent, jargon.
Parlerie, *s. f.* babil importun.
Parleur. se, *s. Verbosus.* qui parle beaucoup ; qui discourt, qui cause.
Parlier, *s. m.* (*vieux*) avocat. V.
Parloir, *s. m.* t. claustral, lieu pour parler aux personnes du dehors.
Parloriser, *v. n.* parler d'une manière affectée. R. V.
Parme, *s. f.* bouclier ancien. G. C. RR.
Parmesan, *s. m.* fromage de Parme.
Parmesane, *s. f.* espèce d'anémone. C.
Parmi, *prép. Inter.* entre, au milieu ; dans le nombre de.
Parnage. voyez Pânage. R.
Parnasse, *s. m. Parnassus.* lieu consacré aux Muses ; la poësie, les poëtes.
Parnassides, *s. f. pl.* les Muses. RR.
Parnassie, *s. f.* plante astringente et rafraîchissante.
Parnassien, *s. m.* poëte. V. * *pl.* insectes lépidoptères, papillons. *s. m.* habitant du Parnasse. *adj.* -ene, *f.* B. du Parnasse. RR.
Parnassim, *s. m.* directeur d'une synagogue. G. C.
Parodie, *s. f. Parodia.* imitation ridicule d'un ouvrage sérieux ; air de simphonie auquel on ajuste des paroles.
Parodier, *v. a.* dié. e, *p.* faire une parodie.
Parodique, *adj. 2 g.* de la parodie. RR.
Parodiste, *s. m.* auteur d'une parodie.
Paroi, *s. f. Paries.* (*vieux*) muraille, cloison maçonnée ; surface latérale. * *s. m.* A. C. G. V. R. RR. CO. AL.
Paroir, *s. m.* t. de manége, boutoir. G. C. CO. RR. * lame à long manche pour gratter le cuivre ; outil pour parer, finir. B.

Paroire, *s. f.* instrument d'étameur. G. C. RR.
Paroisse, *s. f. Curia.* territoire d'une cure, ses habitans, son église.
Paroissial. e, *adj. Curialis.* de la paroisse.
Paroissien. ne, *adj. Curialis.* qui habite dans une paroisse. * Livre d'heures. B. *f.* Paroissiene. R.
Paroître, *v. n. Comparere.* ru. e, *p.* se faire voir, se montrer ; être exposé à la vue ; briller ; sembler. *v. a.* (*vieux*) parler ; éclater, se distinguer. * Paraître. C.
Paroître, *s. m.* l'apparence, le dehors. A.
Parole, *s. f. Vox.* mot prononcé ; faculté de prononcer ; ton de voix ; sentence ; mot notable ; beau sentiment ; mot ; discours ; promesse, assurance verbale ; proposition. *pl.* discours offensant ; mots d'une chanson.
Paroler, *v. a.* (*vieux*) parler. V.
Paroli, *s. m.* t. de jeu, double de la première mise ; corne faite à la carte.
†Paromologie, *s. f.* figure de réthorique, concession.
Paronomase, *s. f.* figure de rhétorique, ressemblance entre des mots de différens sens. G. C. V. * Paronomasie, ressemblance des mots de différentes langues. A. V.
Parons, Pairons, *s. m. pl.* pères et mères des oiseaux de proie. R. G. V. voyez Pérons.
Paronychie, *s. f.* sorte de panaris. B.
†Paronyme, *s. m.* mot qui a de l'affinité avec un autre par son étymologie.
†Paroques, *s. m. pl.* officiers qui fournissoient aux magistrats romains ce qui leur étoit nécessaire en voyage.
†Parorchidie, *s. f. Parorchidium.* mauvaise position des testicules.
†Parot, *s. m.* poisson du genre du labre.
Parotide, *s. f. Parotis.* glande, tumeur.
†Paroximique, *adj.* du paroxisme.
Paroxisme, *s. m. Paroxismus.* accès, redoublement, temps le plus fâcheux de la maladie. * Paroxysme. R.
Parpaigne, *adj. f.* (pierre). voy. Parpaing.
Parpaillot. e, *s.* terme injurieux donné aux Calvinistes. * Impie. B.
Parpaing, *s. m.* pierre qui tient toute l'épaisseur d'un mur. * Parpain, pierre angulaire. V.
Parpaye, *s. f.* fin de paiement. R.
Parpayer, *v. a.* yé. e, *p.* achever de payer. R.
Parque, *s. f. Parca.* déesse infernale ; la mort.
Parquer, *v. a. n.* qué. e, *p.* mettre ou être dans un parc, dans une enceinte.
Parquet, *s. m.* t. de menuiserie, assemblage de pièces en compartimens ; t. de palais, salle des officiers du ministère public, des huissiers, ces officiers ; espace entre les siéges des juges et le barreau. * retranchemens sur le pont pour les boulets, t. de marine. B.
Parquetage, *s. m.* ouvrage de parquet.
Parqueter, *v. a.* té. e, *p.* mettre du parquet.
†Parquier, *s. m.* qui garde les bestiaux saisis.
Parquoi, *conjonction*, c'est pourquoi. RR.
Parrain, *s. m.* qui tient sur les fonts, qui nomme ; qui présente un novice ; soldat que celui qui doit être fusillé choisit pour lui bander les yeux et tirer le premier. * *pl.* (*vi.*) témoins des combattans en duels. B. Parain. G.
Parricide, *adj. s. 2 g. Parricidium.* qui a tué son père ou sa mère, ou son frère, ou sa sœur, ou ses enfans. *s. m.* crime du parricide.
Parsemer, *v. a. Spargere.* mé. e, *p.* répandre, semer ; jeter çà et là.
†Parservir, *v. a.* servir entièrement, longtemps et bien.
Parsi, Parsis, *s. m.* idolâtre, guèbre.
Parsimonie, *s. f. Parcimonia.* épargne (*famil.*). * Parcimonie. A. R.

Parsimonieux. se, *adj.* économe. C.
Parsonnier, *s. m.* associé pour tenir un ménage. V.
Part, *s. m.* sans *pl.* l'enfant dont une femme vient d'accoucher.
Part, *s. f. Pars.* portion ; intérêt ; côté ; lieu ; endroit : (*vieux*) partie. G. personne qui envoie. CO.
Part (à), *adv.* séparément ; à part moi, en moi : à part soi, en soi-même, tacitement.
Part en part (de), *adv.* d'un côté à l'autre.
Partage, *s. m. Partitio.* division d'une chose entre plusieurs personnes ; portion ; acte ; égalité de suffrages.
Partager, *v. a. Partiri.* gé. e, *p.* diviser en plusieurs parts pour distribuer ; diviser ; donner en partage ; séparer en parties ; prendre part à.
Partance, *s. f. Profectio.* t. de marine, départ d'une flotte.* départ, séparation. AL.
Partant, *adv. Ideò.* t. de prat. c'est pourquoi ; par conséquent.
Parté. voyez Aparté.
Partement, *s. m.* (*vieux*) départ.* petite fusée volante ; t. de marine, direction du cours d'un vaisseau par rapport au méridien. B.
†Partenaire, *adj. s.* qui partage au jeu : pris de l'*anglais* partner. voy. ce mot.
Parterre, *s. m. Solum.* aire plate et unie ; rez-de-chaussée ; partie d'un jardin plantée de fleurs ; espace entre l'orchestre et l'amphithéâtre, ceux qui y sont, le public.* serpent du genre du boa. B.
Parthénon, *s. m.* temple de Minerve à Athènes.
Parti, *s. m. Factio.* union de plusieurs personnes contre d'autres ; intérêt ; résolution, détermination ; expédient, moyen ; condition ; traitement ; profession ; genre de vie ; emploi ; personne à marier ; t. de guerre, troupe.
†Parti, *adj.* t. de botan. profondément divisé.
Partiaire, *adj. m.* (fermier) d'une partie. R. AL.
Partial. e, *adj. Fautor.* qui favorise au préjudice de ; * qui appartient à une partie. AL. *mieux*, partiel. G.
Partialement, *adv.* avec partialité.
Partialiser (se), *v. r. pron.* sé. e, *p.* prendre parti pour ou contre.
Partialiste, *s. m.* V.
Partialité, *s. f.* préférence qui fait prendre parti pour ; attachement aux intérêts de...
†Partible, *adj.* 2 *g.* susceptible de division spontanée, t. de botanique.
Partibus *sous-entendu* infidelium (in), dans un pays occupé par les infidelles, t. de droit canon.
†Partichoir, *s. m.* instrument pour préparer le fil.
Participant. e, *adj. Particeps.* qui participe à.
Participation, *s. f. Communicatio.* action de participer ; connoissance d'une affaire, etc. part qu'on y prend.
Participe, *s. m. Participium.* t. de grammaire, temps, modification du verbe ; t. de finance, qui a part dans un traité, une affaire.
Participer de, *v. n. Participare.* tenir de la nature de. Participer à, avoir, prendre part à, s'intéresser.
Particulaire, *adj. s.* 2 *g.* particulier. V.
Particulariser, *v. a.* sé. e, *p.* marquer les particularités, le détail d'une affaire.
Particularisme, *s. m.* système du particulariste. R. V.
Particulariste, *s. m.* qui soutient une opinion particulière. R. V.
Particularité, *s. f. Adjunctum.* circonstance particulière.
Particule, *s. f. Particula.* petite partie ; t. de grammaire, interjection, conjonction.

Particulé. e, *adv.* (*nouv.*) t. de grammaire, précédé d'une particule. D'OLIVET.
Particulier, *s. m. Privatus.* personne privée. * détail ; circonstance. G. (en-) *adv.* à part.
Particulier. ère, *adj. Proprius.* qui appartient singulièrement à ; singulier, extraordinaire ; secret, solitaire, retiré, bizarre, original. * *f.* Particuliere. R.
Particulièrement, *adv. Singulariter.* singulièrement ; spécialement ; en détail. * Particuliérement. R. G. C.
Partie, *s. f. Pars.* portion d'un tout ; somme d'argent ; article de compte ; projet entre plusieurs ; jeu ; celui contre qui on plaide. *pl.* parties de la génération ; qualités ; contractans.
Partiel. le, *adj.* qui fait partie d'un tout. * Partiel. ele. R.
Partiellement, *adv.* par parties. V.
Partil, *s. m.* t. d'astronomie, sorte d'aspect. V.
Partir, *v. n. Proficisci.* ti. e, *p.* se mettre en chemin ; sortir avec impétuosité ; tirer son origine ; émaner ; conclure ; se prévaloir de. *v. a.* (*vieux*) partager, diviser en plusieurs parts. * à partir de, *adv.* en commençant à, *néologisme.* G.
Partir, *s. m.* t. de manége, action de partir.
Partisan, *s. m. Fautor.* du parti de quelqu'un ; t. de finance, chargé d'affaire ; publicain ; t. de guerre, chef d'expéditions hardies. * Partisan. ne. V.
Partiteur, *s. m.* t. d'arithmétique, diviseur. G. C. RR.
Partitif. ve, *adj.* t. de grammaire, qui marque une partie.
Partition, *s. f. Partitio.* partage ; division ; distribution ; t. de musique, collection de toutes les parties d'une pièce ; règle d'accord.
†Partner, *s. m.* et *f.* associé, partenaire.
†Partologie, *s. f.* traité de l'accouchement.
Partout, *adv. Ubiquè.* en tous lieux. * Par-tout. C. G. RR.
†Partroubler, *v. a.* troubler extrêmement.
†Parturation, *s. f.* action d'accoucher.
Paru, *s. m.* poisson du genre du stromate.
Parulis, *s. m.* inflammation des gencives. G. C. * Parulie. AL.
Parure, *s. f. Ornatus.* ornement, ajustement ; ce qui pare ; ce qu'on a retranché ; t. d'arts.
Parvenir, *v. n. Pervenire.* nu. e, *p.* arriver au terme avec difficulté ; arriver à ; s'élever en dignité ; faire fortune ; obtenir ce que l'on souhaite.
Parvenu, *s. m.* qui a fait une fortune subite.
Parvis, *s. m. Propylæum.* place devant une église ; espace autour du tabernacle.
Pas, *s. m. Gradus.* mouvement simple pour marcher ; vestige du pied ; espace entre les pieds en marchant ; détroit ; seuil ; marche ; mesure précise d'un terrain, t. d'arts. *pl.* allées et venues. *particule négative. Non.*
Pas à pas, *adv.* doucement. De ce pas, *adv.* tout de suite. G.
Pas-d'âne, *s. m. Tussilago.* Tussilage, plante ; garde d'épée ; t. de manége, espèce de mors.
†Pas-d'asse, *s. m.* chanfrein intérieur des douves.
†Pas de chat, *s. m.* défaut du drap.
Pas de cheval, *s. m. Cacalia.* plante. R. CO.
†Pas de poulain, *s. m.* coquillage univalve, du genre des oursins.
†Pasan, *s. m. Oryx.* espèce d'antilope d'Afrique.
Pascal. e, *adj. Paschalis.* de Pâques. * Paschal. R.
Pascalin, *s. m.* machine d'arithmétique de Pascal. V.
Pascaline, *s. f.* machine de Pascal pour calculer. RR.
Pasigraphe, *s.* qui invente une écriture de convention, qui s'en sert. C. RR.

Pasigraphie, *s. f.* langage de convention. C. RR.
Pasquin, *s. m.* esprit bouffon et satirique. * statue mutilée à Rome, à laquelle on attache des placards satiriques. B.
Pasquinade, *s. f.* raillerie, placard satirique.
Pasquiniser, *v. n.* (*familier*) faire des pasquinades ; médire du tiers et du quart. T. RR.
Passable, *adj.* 2 *g. Mediocris.* supportable ; qui peut être admis comme n'étant pas mauvais dans son espèce.
Passablement, *adv. Mediocriter.* d'une manière supportable.
Passacaille, *s. f.* espèce de chaconne, danse. * (faire la —), couper avec une carte inférieure. B.
Passade, *s. f. Transitus.* aumône demandée ou faite en passant. (à la), une fois en passant ; passage dans un lieu ; t. de manége, action de passer et repasser.
Passage, *s. m. Transitus.* action de passer ; chemin, lieu par où l'on passe ; droit de passer, ou payé pour passer ; passe ; chose de peu de durée ; endroit cité ; t. de musique, ornement ; t. de manége, allure cadencée. * t. d'arts, usage des nuances. B.
Passager, *v. a.* gé. e, *p.* conduire et tenir un cheval dans l'action du passage. *v. n.* être dans cette action.
Passager. ère, *s. Vector.* qui s'embarque pour passer en quelque lieu. *adj.* qui ne fait que passer ; qui n'a point de demeure fixe. * *f.* Passagere.
Passagèrement, *adv.* pour peu de temps. V.
†Passageur, *s. m.* celui qui passe, qui dirige le bacq.
†Passales, *s. m. pl. Passalus.* insectes coléoptères à corps parallélipipède.
†Passan, *s. m.* poisson du genre du gymnote.
†Passandeau, *s. m.* énorme canon de 8 livres de balles.
Passant. e, *adj. Peregrinus.* fréquenté, où il passe beaucoup de monde ; t. de blason, marchant.
Passant, *s. m.* qui passe par un chemin. * scie de bucheron. B.
Passation, *s. f.* action de passer un contrat.
Passavant, *s. m.* t. de douane, ordre de laisser passer. * *ou* Passe-avant. AL.
Passe, *s. f. Portula.* t. d'arts, de jeu de billard, de mail, d'escrime, action de passer ; t. de finance, droit pour le passage ; petite somme pour compléter ; t. de commerce, mise ; t. de marine, canal entre des roches. *adv.* (*famil.*) à la bonne heure. * *ou* Passe-rille, raisin muscat séché au soleil. B.
Passé, *s. m.* temps écoulé ; chose faite.
Passé. e, *adj. Præteritus.* (*vieux*) qui n'est plus.
Passé, *prép.* excepté ; au-delà de.
Passe-balle *ou* Passe-boulet, *s. m.* t. d'artillerie. R.
Passe-canal, *s. m.* t. de marine. R.
†Passe-carreau, *s. m.* tringle de bois pour repasser une couture.
Passe-cheval, *s. m.* bateau. A. * Passe-chevaux. R.
Passe-Cicéron, *s. m.* au-dessus de Cicéron. R. V.
†Passe-corde, *s. m.* grosse aiguille à enfiler.
Passe-debout, *s. m.* permission de passer sans payer. R.
Passe-dix, *s. m.* jeu à trois dés.
Passe-droit, *s. m. Privilegium.* grâce accordée contre l'usage ou au préjudice de quelqu'un ; injustice.
Passe-filon, *s. m.* t. de mine. V.
Passe-fleur, *s. f. Anemone.* plante. * Anemone. A. Coquelourde. G.
Passe-méteil, *s. m.* blé mélangé. G. C. V.

Passe-mur, *s. m.* coulevrine extraordinaire. G. C.

†Passe-musc, *s. m.* petit animal qui donne un musc très-estimé.

Passe-musqué, Passe-muscat, *s. m.* raisin. G. C.

Passe-parole, *s. f.* t. de militaire, commandement qui doit être transmis de bouche en bouche. * Passe parole. A.

Passe-partout, *s. m. Clavis.* t. de serrurier, clef commune, ou qui ouvre plusieurs serrures; t. de graveur, sorte de cadre. * ciseau d'ardoisier; batte pour fouler le sable, t. de forges; ornement dont le milieu est vide, t. d'imprimerie; espèce de scie. B. Passe-par-tout. R.

Passe-passe (tour de), *s. f. Præstigiæ.* filouterie; tour d'adresse.

Passe-pied, *s. m.* danse bretonne, son air à trois temps. * Passe-pié. V.

Passe-pierre, Perce-pierre, *s. f.* Fenouil marin, Criste-marine, Bacile, *s. m. Chritmum marinum.* plante; on confit les feuilles dans le vinaigre; apéritive, lithontriptique; excite l'appétit. L. 354.

Passe-poil, *s. m.* petit bordé d'or, etc. sur les coutures.

Passe-pomme, *s. f. Melimelum.* pomme précoce et sans pepins. G. C.

Passe-port, *s. m. Commeatus.* permission de passer librement.

Passe rage, Chasse rage, *s. f.* Lépidium. *Lepidium.* plante aromatique. L. 889. * Passe-rage, Chasse-rage. C. G. RR.

Passe-rose, *s. f.* plante. R. Mauve des jardins. B.

Passe-route, *s. f.* passe-port. V.

†Passe-soie, *s. m.* lame de fer trouée pour passer la soie.

Passe-temps, *s. m. Oblectatio.* plaisir, divertissement. * Passe-tems. C.

Passe velours, *s. m.* Amaranthe, plante. * Passe-velours. C. G. CO. RR.

†Passe-vin, *s. m.* instrument d'hydrostatique pour faire passer une liqueur sur une autre moins pesante.

†Passe-violet, *s. m.* couleur du fer ou de l'acier au feu.

Passe-vogue, *s. f.* redoublement d'efforts des galériens, t. de marine.

Passe-volant, *s. m.* sorte d'écornifleur, de parasite; qui passe en revue sans être enrôlé; qui entre par ruse sans payer. * déserteur. V.

Passée, *s. f.* action de passer; t. de chasse, filet pour la bécasse. * t. de tisserand; de perruquier, trois douzaines de cheveux tressés. B.

Passege, *s. m.* t. de manége. R.

Passéger, *v. a.* gé. e, *p.* t. de manége. R.

Passement, *s. m. Tænia textilis.* ouvrage de passementier; tissu plat; dentelle de fil. *pl.* cordages. * action de passer des actes. B. Passerie. CO.

Passementer, *v. a.* té. e, *p.* chamarrer de passemens. G. C. RR. * Battre. V.

Passementerie, *s. f.* art, commerce de passementier. R.

Passementier. ère, *s.* qui fait et vend des rubans, des passemens. * Passementier. ere. R.

Passer, *v. n. Præterire.* sé. e, *p.* aller d'un lieu dans un autre; traverser l'espace entre deux; mourir; s'écouler; ne demeurer pas; cesser; finir; arriver; faire une transition; suffire; durer quelque temps; être admis, reçu; t. de jeu, ne pas jouer. *v. a.* approuver; allouer; pardonner; aller au-delà, traverser; excéder; devancer; surmonter; être au-dessus de l'intelligence; avoir plus de talent; consumer; employer; faire couler; faire passer; préparer, accommoder; toucher adroitement sans s'arrêter; omettre. (se), *v. r.* s'écouler; perdre son éclat; s'abstenir; se contenter de, savoir se priver.

Passereau, *s. m. Passer.* moineau franc; genre d'oiseaux.

Passerie, *s. f. ou* Passement, liqueur aigre pour passer les cuirs. CO.

†Passerinette, *s. f.* petite fauvette.

Passes, Passerilles, *s. f. pl. Passulæ.* muscats séchés. G. C.

†Passette, *s. f.* t. de tireur d'or; d'ouvrier en soie.

Passeur. se, *s. Portitor.* batelier qui conduit un bac, un batelet.

†Passevert, *s. m.* tangara vert de Cayenne.

Passibilité, *s. f.* qualité de ce qui est passible.

Passible, *adj.* 2 *g.* qui peut souffrir, éprouver des sensations.

Passif. ve, *adj.* et *s. m. Passivus.* l'opposé d'actif, d'avoir; t. de grammaire, de droit, de finance.

Passion, *s. f.* souffrance, son récit, sermon à son sujet. *Affectio.* mouvement impétueux de l'ame; violente affection pour; amour, son objet; t. de méd. maladie très-douloureuse; t. de philosophie, expression, représentation vive des passions; impression reçue.

†Passionnaire, *s. m.* livre qui contient l'histoire de la passion.

Passionnément, *adv. Ardenter.* avec beaucoup de passion. * Passionément. R. C.

Passionner, *v. a.* né. e, *p.* intéresser fortement; marquer, exprimer la passion. (se), *v. r.* se laisser aller à sa passion; s'emporter; s'intéresser fortement; se préoccuper. * Passioner. R.

Passivement, *adv. Passivè.* d'une manière passive.

Passiveté, *s. f.* état de l'ame passive. R. V.

Passoire, *s. f. Colum.* vaisseau percé qui sert à passer. * ressort oblong, t. d'horloger. B. *ou* Passette. AL.

Passulat, *s. m.* miel préparé avec le raisin de Damas. V. voyez Passule. B.

†Passule, *s. f.* Passerille *ou* Passulat, miel préparé avec des raisins cuits.

Pastel, *s. m.* crayons de couleurs pulvérisées; peinture au pastel. *Glastum.* plante. L. 936. voy. Guède.

Pastel (orangé), *s. m.* couleur orangé.

Pastenade. *Pastinaca.* voyez Panais.

Pastenague, *s. f. Pastinaca.* poisson de mer, du genre de la raie. G. C. V.

†Pastenaque, *s. m. ou* Tareronde, poisson, espèce de raie. Pastenague.

Pastèque, *s. f.* melon d'eau, fruit. * Pasteque. R.

†Paster, *v. a.* té. e, *p.* se dit du lièvre qui emporte de la terre avec ses pattes.

Pasteur, *s. m. Pastor.* berger; évêque, curé.

Pastiche, *s. f.* t. de peinture, composition mêlée; tableau rempli d'imitations. * t. de musique, opéra composé de plusieurs morceaux pillés. B. t. de littérature, imitation du style d'un auteur. G.

†Pastillage, *s. m.* petites figures de sucre. * Pastilles. AL.

Pastille, *s. f. Pastillus.* composition de pâte, d'odeur, etc. en rond.

Pastoral. e, *adj. Pastoralis.* des pasteurs.

Pastoral, *s. m.* livre, office de pasteur. V.

Pastorale, *s. f.* pièce de théâtre, ou de vers, dont les personnages sont des bergers; sa musique.

Pastoralement, *adv.* en bon pasteur.

†Pastorelle, *s. f.* air dans le genre pastoral.

†Pastosité, *s. f.* t. d'arts, couleur nourrie.

Pastour, *s. m.* (*vieux*) pasteur. V.

Pastoureau. relle, *s.* petit berger, petite bergère. * Pastourau. AL.

Pastoureaux, *s. m. pl.* sectaires fanatiques en Hongrie.

Pat, *s. m.* t. de jeu, échec inévitable au roi.

Pât, *s. m.* t. de fauc. mangeaille. G. C.

Patac, *s. m.* monnoie d'Avignon, double. R.

Patache, *s. f.* petit navire, vaisseau léger.

Patagon, *s. m.* monnoie espagnole d'argent.

Patapatapan, bruit du tambour. R. V.

†Pataque-chique, *s. m.* monnoie d'Alger, 24 sous.

Pataraffe, *s. f.* écriture informe; lettres confuses; traits informes. (*style plaisant et moqueur*). * *s. m.* T. Patarafe. R. Pataraffes, *s. f.* AL.

†Patarasse, *s. f.* coin de fer, ciseau de calfat.

†Patarasser, *v. a.* sé. e, *p.* enfoncer l'étoupe avec la patarasse.

Patard, *s. m.* petite monnoie. * *et* Patart. V.

†Patas, *s. m.* singe à museau large.

Patate, *s. f.* sorte de pomme de terre. voyez Batate.

Pataud. e, *s.* grossièrement fait. * villageois grossier; jeune chien à grosses pattes. V.

Patauger, *v. n.* marcher dans une eau bourbeuse.

Patavinité, *s. f.* style, inclination des habitans de Padoue, t. d'antiq. V.

Pâte, *s. f.* farine détrempée et pétrie; choses broyées, détrempées, mises en masse; complexion; constitution; naturel. (tomber en) se rompre, se mêler, t. d'imprimerie.

Pâté, *s. m.* pâtisserie qui renferme de la viande, du poisson; goutte d'encre; choses mêlées; caractères d'imprimerie mêlés; fortification ronde; masse, t. de métiers.

Pâtée, *s. f. Turunda.* mélange d'alimens pour les oiseaux, les animaux domestiques.

†Patelet, *s. m. ou* Valide, espèce de morue verte.

Patelin, *s. m. Palpator. adj.* (homme, air, voix) souple et artificieux. * creuset d'essai. B.

Patelinage, *s. m. Palpatio.* (*famil.*) manière insinuante et artificieuse du patelin.

Pateliner, *v. a. Blandiri.* né. e, *p.* ménager adroitement quelqu'un; manier une affaire avec adresse. *v. n.* agir en patelin.

Patelineur. se, *adj. s.* patelin, qui use de patelinage.

Patelle, *s. f.* Écaille de tortue, coquille. voyez Lépas. A.

†Patellite *ou* Lépadite, *s. f.* lépas fossile.

Patène, *s. f. Patena.* petite assiette qui couvre le calice. * Patene. R.

Patenôtre, *s. f.* (*popul.*) prière; le pater; grain de chapelet. * lièges qui soutiennent le filet. B. Patenotres. A.

Patenôtrerie, *s. f.* commerce de chapelets. C.

Patenôtrier, *s. m.* qui fait et vend des chapelets.

Patent. e, *adj. s.* t. de finance, de chancellerie, scellé, en forme.

Patente, *s. f.* lettres accordées par une université; sorte de brevet pour les marchands.

Pate-pelu. e, *s.* fourbe avec douceur. A.

Pater, *s. m.* oraison dominicale; grain de chapelet qui l'indique.

Pâter, *v. a.* té. e, *p.* t. de cordonnier. R. V.

Patère, *s. f.* t. d'antiq. vase très-ouvert pour les sacrifices. * Patere. R.

Paternel. le, *adj. Paternus.* du père, tel qu'il convient à un père. * Paternel. ele. R.

Paternellement, *adv. Patriè.* d'une manière paternelle, en bon père. * Paternélement. R.

Paterniser, *v. n.* ressembler à son père. R.

Paternité, *s. f. Paternitas.* titre, état, qualité de père.

Pâteux. se, *adj.* (pain) qui n'est pas assez cuit; de la nature de la pâte; empâté; mol.

Pathétique, *adj.* 2 *g.* *s. m.* qui émeut les passions.
Pathétiquement, *adv.* d'une manière pathétique.
Pathétisme, *s. m.* art d'émouvoir les passions. T.
Pathicisme, *s. m.* prostitution, impudicité. RR.
Pathognomonique, *adj.* 2 *g.* (signes) propres et particuliers à la santé, ou à telle maladie.
Pathologie, *s. f.* traité de la nature, des différences, des causes, des symptômes des maladies.
Pathologique, *adj.* 2 *g.* de la pathologie.
Pathos, *s. m.* (*ironique*) (passion) chaleur de style affectée et déplacée.
Patibulaire, *adj.* 2 *g.* *Cruciarius.* qui appartient au gibet, qui sent le gibet. * *s. m. pl.* (les-) faits qui concernent les suppliciés. AL.
Patibule, *s. f.* (*vieux*) exposition. V.
Patiemment, *adv.* *Patienter.* avec patience.
Patience, *s. f.* *Patientia.* vertu qui fait supporter les adversités, les douleurs, les injures, etc.
Patience *ou* Parelle, *s. f.* *Lapathum.* Lapathum, plante vivace.
Patience! *interj.* attendez; sorte de menace.
Patient, *s. m.* t. de jurisprudence, condamné que l'on va exécuter; t. de philos. sujet sur lequel on agit; t. de chir. celui qui souffre une opération.
Patient. e, *adj.* *Patiens.* qui a de la patience; qui attend patiemment; qui reçoit l'impression.
Patienter, *v. n.* *Durare.* prendre patience; attendre patiemment; espérer.
Patieres, *s. f. pl.* t. de papeterie. R.
Patin, *s. m.* *Calopodium.* soulier, chaussure pour glisser; t. de charpentier, ais qui sert de base. *pl.* base.
Patinable, *adj.* 2 *g.* (*bas*) qui peut être touché, patiné. R. V.
†Patine, *s. f.* brillante couleur de vert-de-gris, ou cuivre oxidé sur le cuivre antique.
Patiner, *v. a.* *Attrectare.* né, e, *p.* manier indiscrétement. *v. n.* aller sur la glace avec des patins.
Patineur, *s. m.* qui glisse avec des patins; qui manie indiscrétement.
Pâtir, *v. n.* *Pati.* souffrir de la misère, de la faim, de la douleur, du déchet, etc. être puni.
†Patirich, *s. m.* guêpier de Madagascar.
Patis, *s. m.* *Pascua.* lieu où l'on met paître les bestiaux.
Patissage, *s. m.* droit de pâture. V.
Pâtisser, *v. n.* *Conficere.* faire de la pâtisserie.
Pâtisserie, *s. f.* pâte préparée, assaisonnée et cuite; art, commerce du pâtissier.
Pâtissier. ère, *s.* *Pistorius.* qui fait ou vend de la pâtisserie. * — bouche, *s. m.* officier chez le roi. RR. Pâtissier. ere. R.
Patissoie, *s. f.* étoffe de soie de la Chine. * Pâtissoie. V.
Pâtissoire, *s. f.* table pour pâtisser. A.
Patois, *s. m.* sorte de langage particulier à un pays; langage rustique.
†Patolles, *s. m. pl.* étoffes de soie de Surate.
Pâton, *s. m.* t. de cordonnier, bout; sorte de pâtée; morceau de pâte. * *ou* Frétillon, rouleau de verre. B.
Patoréale, *s. f.* canard du Chili. G.
†Patouille, *s. m.* claquebois, balans en échelle.
†Patouillet, *s. m.* machine hydraulique pour séparer la terre de la mine.
Patour, *s. m.* qui cherche à tromper. V.
Patraque, *s. f.* machine usée et de peu de valeur, ou mal faite; personne usée, foible.
Patrat, *s. m.* (père), t. d'hist. chef des féciaux. G. R. * héraut d'armes. V.
Pâtre, *s. m.* *Pecuarius.* pasteur; qui garde des troupeaux de bœufs, de chèvres.
Patres (aller *ad*) vers ses pères, mourir.

Patriarcal. e, *adj.* *Patriarchalis.* du patriarche. * Patriarchal. R. T.
Patriarcat, *s. m.* *Patriarchatus.* dignité de patriarche. * Patriarchat. R.
Patriarche, *s. m.* *Patriarcha.* saint personnage de l'Ancien Testament; instituteur d'ordre monacal; premier évêque grec.
Patrice, *s. m.* *Patricius.* titre de dignité à Rome, celui qui la possédoit.
Patriciat, *s. m.* *Patriciatus.* dignité de patrice.
Patricien. ne, *adj.* *s. m.* *Patricius.* issu des premiers sénateurs; noble. * Patricien. ene. R.
Patrie, *s. f.* *Patria.* lieu de la naissance.
Patrimoine, *s. m.* *Patrimonium.* bien qui vient du père ou de la mère; revenu.
Patrimonial. e, *adj.* *Paternus.* du patrimoine.
Patriote, *s.* 2 *g.* qui aime sa patrie, et qui cherche à lui être utile.
Patriotique, *adj.* 2 *g.* du patriote.
Patriotiquement, *adv.* en patriote. A.
Patriotisme, *s. m.* caractère du patriote; civisme.
†Patripassiens, *s. m. pl.* sectaires qui attribuoient au père les souffrances du fils.
Patrociner, *v. n.* (*vieux*) parler longuement pour tâcher de persuader.
Patron. ne, *s.* *Patronus.* modèle; protecteur; défenseur; commandant des manœuvres; celui qui nomme à un bénéfice; maître d'un esclave.
Patronage, *s. m.* *Patronatus.* droit de nommer à un bénéfice. * peinture faite avec des patrons, ou des lettres à jour. B.
Patronal. e, *adj.* qui appartient au patron. A.
Patronet, *s. m.* garçon pâtissier. V.
Patronimique, *adj.* 2 *g.* nom commun donné à tous les descendans d'une race. * Patronymique. R. V. AL. T. voyez ce mot. B.
†Patroniser, *v. a.* conduire un vaisseau comme patron.
Patronne, *adj.* *s. f.* (galère) du lieutenant général des galères. G. C. * Patrone. RR.
Patronner, *v. a.* né, e, *p.* enduire de couleurs au moyen d'un patron évidé. * Patroner. R.
†Patronneur, *s. m.* celui qui fait, arrange les desseins; t. de rubanier.
†Patronymique, *adj.* 2 *g.* (signe) nécessaire, indubitable.
Patrouillage *s. m.* saleté qu'on fait en patrouillant.
Patrouille, *s. f.* *Excubiæ.* t. milit. marche nocturne pour la sûreté, ceux qui la font. * linge mouillé, sur un bâton, pour rafraîchir le moule. B.
Patrouiller, *v. a.* lé, e, *p.* manier, remuer malproprement. *v. n.* agiter de l'eau bourbeuse.
Patrouillis, *s. m.* (*popul.*) patrouillage, bourbier.
Patte, *s. f.* *Pes.* pied des animaux, des oiseaux, des insectes; racine; pied; sorte de clou. * Pate. A. R. V.
Patte-d'oie, *s. f.* plante dangereuse; point de réunion de plusieurs allées. * Pate-d'oie. A. R. V. Patte d'oie. C.
†Patte de lion, *s. f.* plante des Alpes, dessiccative, astringente. — d'oie, Chenopodium, plante, poison à l'intérieur.
Patte de velours, *s. f.* se dit du chat qui cache ses griffes. G. CO.
Patté. e, *adj.* t. de blas. qui a les extrémités en forme de patte. * Paté. A.
†Pattière, *s. f.* femme qui treille les chiffons, t. de papetiers.
Pattu. e, *adj.* *Plumipes.* (pigeon) qui a de la plume sur les pattes. * Patu. e. A.
Pâturage, *s. m.* *Pascuus.* lieu où les bêtes vont paître; usage des pâturages; herbe de pâturage.
Pâture, *s. f.* *Pastus.* nourriture des bêtes, de l'ame, de l'esprit.

Pâtureau, *s. m.* t. de coutume. R.
Pâturer, *v. n.* *Pasci.* paître, prendre la pâture.
Pâtureur, *s. m.* t. de guerre, celui qui mène les chevaux à l'herbe.
Pâturin, *s. m.* *Poa.* plante qui donne beaucoup de pâture. RR.
Paturon, *s. m.* *Suffrago.* partie de la jambe entre le boulet et la couronne, t. d'anatomie.
†Pauciflore, *adj.* 2 *g.* qui porte peu de fleurs.
†Pauciradié. e, *adj.* qui a peu de rayons, t. de botanique.
†Paucité, *s. f.* exprime la petite quantité d'une chose.
†Paucrain, *s. m.* porte-faix dans les ports de mer.
†Pauforceau, *s. m.* pieu pour tendre les filets.
Paulette, *s. f.* droit pour certains offices de justice et de finance. * *et* Palotte. V. Paulete. R.
Pauletter, *v. n.* payer la paulette. T. * Pauleter. R.
Paulier, *s. m.* dîmeur. V.
Paulmer (se), *v. pers.* se pâmer. V.
Paume, *s. f.* *Vola.* le dedans de la main; jeu avec une balle, son local; mesure de trois doigts.
Paumelle, *s. f.* espèce d'orge; penture de porte; t. de cordier, lisière de drap; t. de corroyeur, bois dentelé. * Paumele. R.
Paumer (la gueule), *v. a.* mé. e, *p.* (*familier*) donner un coup de poing sur le visage.
Paumet, *s. m.* t. de marine. R.
Paumier, *s. m.* maître d'un jeu de paume. * Paumier. ère. V. Paumier. ere. R.
†Paumillé, *s. m. f.* *ou* Moquette, t. d'oiseleur, petite machine pour mettre l'appelant.
Paumillon, *s. m.* t. d'agric. partie de la charrue.
†Paumoyer, *v. a.* manier hardiment quelque chose.
Paumure, *s. f.* sommet d'un bois de cerf.
Paupière, *s. f.* *Palpebra.* peau qui couvre l'œil, ses poils. * poisson du genre du persègue. B. Paupiere. R.
†Paupoire, *s. f.* plaque de fonte sur laquelle on applatit le cul des bouteilles.
Pausaire, *s. m.* qui faisoit voguer la chiourme. V.
Pause, *s. f.* *Pausa.* suspension, intermission; t. de musique, intervalle de temps. * bord où frappe le battant; t. de batteur d'or; bateau russe, large et plat. B.
Pauser, *v. n.* appuyer sur une syllabe en chantant.
†Pautonier, *s. m.* archer, bourreau. (*vieux*).
Pauvre, *adj.* 2 *g.* *s.* *Pauper.* qui n'a pas de bien; chétif; mauvais; mendiant.
Pauvrement, *adv.* dans l'indigence, la pauvreté.
Pauvresse, *s. f.* femme pauvre qui mendie.
Pauvret. te, *s.* (*familier*) diminutif de pauvre. (*t. de commisération*). * Pauvret. ete. R.
Pauvreté, *s. f.* *Inopia.* indigence, manque de biens; chose basse qu'on dit ou qu'on fait.
†Pauxi, *s. m.* *ou* Pierre, oiseau, espèce de hocco noir.
Pavage, *s. m.* ouvrage de paveur.
Pavame, *s. m.* *ou* Bois de canelle, arbre d'Amérique.
Pavane, *s. f.* danse grave et sérieuse. * bois du pignon d'Inde. B. Pavane. V.
Pavaner (se), *v. pers.* *Superbè intercedere.* marcher d'une manière fière, superbe.
†Pavate, *s. m.* arbrisseau des Indes; il guérit les fièvres ardentes, le flux, les inflammations du foie, l'érésypèle.
Pavé, *s. m.* *Pavimentum.* grès taillé en cube, pierre dure qui sert à paver; terrain, chemin, espace pavée.
†Pavecheur *ou* Pavessier, *s. m.* ancienne milice armée de pavois.
Pavement, *s. m.* pavé, ouvrage du paveur. A.
Paver, *v. a. n.* *Saxis sternere.* vé. e, *p.* couvrir,

revêtir de pavé.
Pavesade, *s. f.* t. de mar. toile tendue sur un vaisseau pour voiler les mouvemens. *ou* Paviers, grandes claies portatives pour garantir les archers.
†Pavescheurs, *s. m.* soldats qui couvroient les archers de leurs boucliers.
†Pavesieux, *s. m. pl.* soldats armés de pavois.
Paveur, *s. m.* celui qui pave.
Pavie, *s. m.* sorte de pêche qui tient à son noyau.
Pavier, *v. a.* voyez Pavoiser.
Paviers, *s. m. pl.* voyez Pavesade.* Pavier. R. G.
Pavillon, *s. m. Tentorium.* sorte de tente; corps de bâtiment; extrémité évasée d'une trompette; tour de lit; étendard, t. de blas. faces inférieures du diamant. * monnoie d'or françoise. — d'orange, coquille univalve. B.
Pavillonné. e, *adj.* t. de blas. garni de pavillons. V.
Pavois, *s. m.* sorte de grand bouclier; tenture de toile autour du plat-bord d'un vaisseau.
†Pavoisé. e, *adj.* (plante) t. de bot. à fleur en pavois ou pavillon.
Pavoiser, *v. a.* sé. e, *p.* t. de mar. garnir de pavois.
†Pavone, *s. f. Pavona.* polypier à rayons.
†Pavonite, *s. f.* polypier fossile.
Pavot, *s. m. Papaver.* plante dont la graine est assoupissante; on en fait l'opium.
Pavot cornu, *s. m.* Glaucium, plante maritime; déterge les ulcères, dangereuse intérieurement.
Payable, *adj.* 2 *g. Solvendus.* qui doit être payé.
Payant. e, *adj. s.* qui paye.
Paye, *s. f. Stipendium.* solde des gens de guerre; celui qui paye; payeur.
Paye (haute-), *s. f.* solde plus forte que celle ordinaire; celui qui la reçoit.
Paye (morte-), *s. f.* t. milit. soldat entretenu dans une garnison tant en paix qu'en guerre; vieux domestique inutile. *pl.* contribuables insolvables.
Payement, *s. m. Solutio.* action de payer; somme payée; termes pour payer; salaire; récompense ou punition. * *et* Paiement, *ou* Paîment. A. R. V.
Payen. ne. voyez Païen. * marchepied de potier de terre. B.
Payer, *v. a. Solvere.* yé. e, *p.* acquitter une dette; récompenser, punir. (se), *v. r.* se satisfaire.
Payeur. se, *s.* celui qui paye, qui doit payer.
Pays, *s. m. Regio.* région, contrée, province; patrie, lieu de naissance. * compatriote. (*populaire*). G.
†Pays-plat, *s. m.* contrée sans forteresse. * Plat pays, *s. m.* pays sans montagnes. AL.
Paysage, *s. m.* t. de peint. étendue de pays que l'on voit d'un seul aspect; tableau qui représente un paysage ou la campagne, etc.
Paysagiste, *s. m.* peintre qui fait des paysages.
Paysan. ne, *s. Rusticus.* homme, femme de campagne. *adj. m.* rustre, grossier, incivil. * Paysan. e. R.
Paysannerie, *s. f.* classe des paysans. MOLIÈRE.
Payse, *s. f.* compatriote. R. G.
†Pé, *s. m.* montant d'osier dans les paniers.
†Pé *ou* Pey, *s. m.* t. d'ardoisière, appui.
Péage, *s. m. Portorium.* droit pour un passage, lieu où on le paye.
Péager, *s. m. Portitor.* fermier du péage, qui le reçoit.
Péager, *adj. m.* (chemin) où l'on paye péage. V.
Péagier, *s. m.* tributaire. V.
Peau, *s. f. Cutis.* t. d'anat. partie extérieure de l'animal, qui enveloppe toutes les parties; enveloppe, pellicule. * — cassée, extinction de la voix d'un oiseau. B.
†Peau-de-chienner, *v. a.* né. e, *p.* polir avec la peau du chien de mer, t. de métiers.
†Peau-de-serpent, *s. f.* burgau à coquille émaillée de vert.
Peausserie, *s. f.* commerce, marchandise de peaussier.
Peaussier, *s. m. Alutarius.* qui vend, qui prépare les peaux. * *et* Peaucier. V.
Peaussier, *adj.* (muscle) qui remue la peau du col. * *s. m. Cuticularis.* B.
Peautraille, *s. f.* vile populace. R. V.
Peautre, *s. m.* (*vieux*) gouvernail. * (envoyer au-) chasser. V. AL.
Peautré. e, *adj.* t. de blason, à queue d'émail différent.
Pec, *s. m.* (hareng) en caque et fraîchement salé.
Pécari, *s. m.* cochon des bois, quadrupède d'Amérique méridionale.
Peccable, *adj.* 2 *g.* capable de pécher.
Peccadille, *s. f. Noxa levior.* faute légère, petit péché.
Peccant. e, *adj. Peccans.* t. de méd. qui pêche, vicieux.
Peccata, *s. m.* âne dans les combats d'animaux. A.
Peccavi, *s. m.* bon repentir; aveu véritable; contrition.
Péché, *s. m. Peccatum.* transgression de la loi divine; faute.
Pêche, *s. f. Persicum.* fruit du pêcher, rafraîchissant: art, action, droit de pêcher; poisson, corail, etc. que l'on a péché.
Pécher, *v. n. Peccare.* transgresser la loi divine; faillir; manquer à un devoir; n'avoir pas les qualités, la quantité requises.
Pêcher, *v. a. Piscari.* ché. e, *p.* prendre du poisson, etc. à la pêche.
Pêcher, *s. m. Persica.* arbre qui produit les pêches, et dont il y a un grand nombre d'espèces; ses feuilles sont purgatives. L. 677.
Pêcherie, *s. f. Piscaria.* lieu où l'on a coutume de pêcher; lieu préparé pour la pêche.
Pécheur. cheresse, *s.* qui commet, a commis quelque péché.
Pêcheur, *s. m. Piscator.* qui pêche des poissons, etc.
Pêcheur (Martinet- *ou* Martin-), *s. m.* oiseau qui pêche les poissons.
†Péchyagre, *s. f. Pechyagra.* goutte au coude.
†Pecka, *s. m.* monnoie de Guzarate, etc. 5 deniers et demi.
Pécore, *s. f.* sot, sotte, stupide.
Pecque, *adj. f.* (*burlesque*) (femme) sotte et impertinente.
Pecquet (Canal, Réservoir de), *s. m.* t. d'anat. R.
†Pectiné. e, *adj.* t. d'hist. naturelle, en forme de dents de peigne.
Pectineux, *s. m.* troisième muscle de la cuisse.
Pectinicornes, *s. m. pl.* papillons. L.
Pectinites, *s. m. pl.* coquillages, peignes fossiles. L.
†Pectonculite, *s. f.* pectinite.
Pectoral. e, *adj.* bon pour la poitrine; qui se porte sur la poitrine. * *s. m. Pectorale.* broderie sur la poitrine. G.
Péculat, *s. m. Peculatus.* vol des deniers publics.
†Péculateur, *s. m.* coupable de péculat.
Pécule, *s. m. Peculium.* bien acquis par l'industrie, le travail.
Pécune, *s. f.* (*vieux*) argent.
Pécuniaire, *adj.* 2 *g. Pecuniarius.* qui consiste en argent.
Pécunieux. se, *adj. Pecuniosus.* qui a beaucoup d'argent; riche.
Pédagne, *s. f.* B. appui des pieds des galériens. B.
Pédagogie, *s. f.* instruction, éducation; maison d'éducation des enfans.
Pédagogique, *adj.* 2 *g.* de l'éducation des enfans, qui y a rapport.
Pédagogue, *s. m. Pedagogus.* (*iron.*) qui enseigne les enfans.
Pédaire, *adj. s. m.* t. d'antiq. sénateur qui opinoit en passant d'un côté ou d'un autre. G. C.
Pédale, *s. f.* t. de musique, gros tuyau d'orgue; touche mue avec le pied. * son le plus bas d'un basson, d'un serpent. G.
†Pédane, *s. m.* chardon commun.
Pedanée, *adj.* (juge) de village qui juge debout. G. * Pédané. e. C. Pédané. A.
Pédant. e, *adj.* qui tient du pédant, qui sent le pédant.
Pédant, *s. m.* (*injurieux*) qui enseigne les enfans; qui affecte un ton décisif, ou trop d'exactitude, de sévérité ou d'instruction.
Pédantaille, *s. f.* voyez pédanterie. R. * sorte de pédant. RR.
Pédante, *s. f.* femme grave qui fait la savante.
Pédanter, *v. n.* (*moqueur*) enseigner dans les colléges.
Pédanterie, *s. f.* profession de pédant; air pédant; manière, érudition pédante.
Pédantesque, *adj.* 2 *g.* qui sent le pédant.
Pédantesquement, *adv.* d'un air, d'une manière pédantesque.
Pédantiser, *v. n.* faire le pédant.
Pédantisme, *s. m.* pédanterie; air, manière, caractère du pédant.
†Pédarthrocacé, *s. m. Pedarthrocace.* carie, enflure des os des enfans.
†Pedauque, *s. f.* statue de la reine Berthe, avec des pieds d'oie.
Pédéraste, *s. m.* adonné à la pédérastie.
Pédérastie, *s. f.* amour honteux et criminel entre des hommes.
†Pédères, *s. m. pl. Pæderus.* insectes coléoptères, du genre des staphilins.
Pédestre, *adj.* 2 *g.* (statue) *Pedestris.* qui pose sur ses pieds.
Pédestrement, *adv.* (aller) à pied.
†Pedicelle, *s. m.* petit pédoncule.
†Pédicellaire, *s. f. Pedicellaria.* polype à rayons nus, corps fixé, pédonculaire.
Péditulaire, *adj.* 2 *g. Pedicularis.* (maladie) dans laquelle il s'engendre des poux.
Pédiculaire, *s. f. Pedicularis.* Crête de coq, plante bonne contre les hémorragies, vulnéraire, astringente, pour la fistule.
Pédicule, Pédunculé, *s. m. Pediculus.* queue qui soutient le nectaire, l'ovaire, etc. t. de botan.
†Pédiculé. e, *adj.* (plante) portée par un pédicule.
Pédieux, *s. m.* t. d'anat. R. muscle du pied. RR.
Pédiluve, *s. m. Pediluvium.* bain de pieds. C. T.
†Pédimanes, *s. m. pl.* mammifères carnassiers qui ont le pouce des pieds de derrière écartés des doigts.
†Pédiocle, *adj. Loricati.* (crustacée) cuirassé, dont les yeux sont portés sur un pédicule, et mobiles.
Pédomètre, *s. m.* instrument avec lequel on mesure le chemin. voyez Odomètre. * Pédometre. R.
Pédon, *s. m.* courrier à pied. A. R. G.
†Pédoncule, *s. m.* tige qui soutient la fleur et le fruit; support commun des fleurs. * Péduncule. G.
†Pédonculé. e, *adj.* porté par un pédoncule.
†Pédonculaire, *adj.* 2 *g.* du pédoncule.
Pédophile, *s.* 2 *g.* qui aime les enfans. V.
Pédotrophie, *s. f. Pædotrophia.* art des engrais. V. * poëme de Scévole de Sainte-Marthe sur l'allaitement des enfans; art d'allaiter les enfans. B.

Pédrotroplice,

†Pédotrophice, *s. f.* manière d'élever les enfans à la mamelle. V.

Pégase, *s. m. Pegasus.* cheval fabuleux; constellation septentrionale; poisson cartilagineux, du 14e. genre, de la 2e. classe. B.

†Pégaulière, Pégolière *et* Pigoulière, *s. f.* bateau dans lequel sont les chaudières pour le brai.

†Pegmate, *s. m.* espèce de théâtre.

Pégomancie, *s. f.* divination par l'eau des fontaines. R. V.

†Pégot, *s. m.* oiseau qui a des rapports avec la fauvette des Alpes.

†Pégouse, *s. m.* poisson plat de la Méditerranée.

†Peignage, *s. m.* opération de peigner la laine.

Peigne, *s. m. Pecten.* instrument à dents pour démêler les cheveux, etc. genre de coquillages, en dents de peigne; t. d'arts et mét.* — poisson du genre du gobie. B. maladie des chevaux, gratelle farineuse. G.

Peigne de Vénus, *s. m.* Aiguille de berger, plante annuelle, du genre du cerfeuil. * t. de tonnelier, allonge. B. Peigne-de-Vénus. C.

Peigné. e, *adj. Pexus.* ajusté, soigné; poli, travaillé avec soin; exact et châtié.

Peigner, *v. a. Pectere.* gné. e, *p.* démêler, nettoyer, préparer avec le peigne.

Peigneur. se, *s.* friseur, perruquier. C. * celui qui peigne, t. de métiers. B.

Peignier, *s. m.* qui fait et vend des peignes.

Peignoir, *s. m.* linge que l'on endosse quand on se peigne.

†Peignon, *s. m. ou* Entredent, laine courte restée derrière le peigne.

†Peignures, *s. f. pl.* cheveux qui tombent en peignant.

†Peilles, Pries, Piles, Empiles, *s. f. pl.* lignes armées d'hameçons. * Peilles, chiffons à faire du papier.

†Peinchebec, *s. m.* espèce de métal, résultat de l'alliage du cuivre et du zinc.

Peindre, *v. a. n. Pingere.* peint. e, *p.* représenter les objets par les traits, les couleurs; couvrir d'un enduit coloré; décrire, représenter par le discours; écrire. (se), *v. r.* se représenter; être représenté; se montrer sensiblement.

Peine, *s. f. Dolor.* sentiment du mal; douleur, chagrin, fâcherie; affliction; souffrance; châtiment; travail; fatigue; salaire; difficulté, obstacle; répugnance; inquiétude d'esprit. (à-), *adv.* aussitôt; lorsque.

Peiné, e, *adj. Elaboratus.* fâché; qui a l'ame affectée; travaillé avec effort.

Peiner, *v. a.* né. e, *p.* donner; faire de la peine; causer du chagrin, de l'inquiétude. *v. n.* travailler beaucoup, avec effort, difficilement; répugner à. (se), *v. r.* se donner de la peine; faire des efforts.

Peineux. se, *adj.* * Peineuse, *adj. f.* (*popul.*) (semaine) la semaine sainte. G. C. RR.

Peintre, *s. m. Pictor.* dont la profession est de peindre; qui exerce l'art de la peinture; qui représente vivement en parlant, en écrivant.

Peintreau, *s. m.* mauvais peintre. R.

Peinturage, *s. m,* action de peinturer, son effet. A.

Peinture, *s. f. Pictura.* art de peindre; ouvrage de peintre; description vive et animée; couleur; t. de jeu, les figures. (en-), *adv.* en apparence, en effigie.

Peinturer, *v. a.* ré. e, *p.* peindre d'une seule couleur.

Peintureur, *s. m.* barbouilleur. A.

Peinturlurer, *v. a.* ré. e, *p.* (*bas*) peindre ou peinturer. G. C.

Pekan, *s. m.* espèce de marte, de l'Amérique septentrionale. G. C.

†Pelache, *s. f.* peluche grossière.

Pelade, *s. f. Alopecia.* maladie qui fait tomber les poils et les cheveux. * laine tombée des peaux. B.

Pelage, *s. m. Color.* t. de chasse, t. de manége, couleur des poils du cerf, du cheval, etc.

Pélagianisme, *s. m.* hérésie de Pélage. V.

Pelains, *s. m. pl.* satins de la Chine. G. C.

Pelamide, *s. f. Pelamis.* poisson qui approche du maquereau. * *ou* Liche, espèce de chien de mer. B. Pélamide. R.

Pelard, *adj. m. Decorticatum.* (bois) écorcé sur pied.

Pelardeaux, *s. m. pl.* bois enduits de poix et de bourre pour boucher les trous de boulets. R.

Pelastre, *s. m.* partie la plus large d'une pelle. * Pellâtre. R.

Pelauder, *v. a.* dé. e, *p.* battre, châtier. R. V. * *v. récipr.* se battre à coups de poings. B.

Pelé, *adj. s. Depilis.* à qui on a ôté le poil.

†Pélécinon, *s. m.* cadran des anciens en forme de hache.

†Pélécoïde, *s. m.* figure en forme de hache.

Pêle-mêle, *adv. Confusè.* confusément.

Peler, *v. a.* lé. e, *p.* ôter le poil, la peau, l'écorce.

Pélerin. e, *s. Peregrinus.* qui va en pélerinage; personne dissimulée, fine, rusée. * *f. Pecten.* coquille de St.-Jacques; 7e. genre des mollusques acéphales. B. Pèlerin. e. A.

Pélerinage, *s. m. Peregrinatio.* voyage fait par dévotion; lieu qui en est le terme. * Pèlerinage. A.

†Péletrage, *s. m.* ce qui sert à fermer un coffre.

†Pelette, *s. f.* instrument pour couper la terre à briques.

Pélican, *s. m. Pelicanus.* Onocrotale, Grand gosier, Livane, oiseau aquatique; alambic; instrument de dentiste. * *ou* Polican, t. de charpentier, crochet pour assujettir les pièces; t. de blason, piété. B.

†Pelie, *s. m. Pelias.* serpent des Indes, du 3e. genre.

Pelin, Plain, *s. m.* t. de tanneur, chaux éteinte. G. C. RR.

Péliopé *ou* Péliopode, *s. m. et f.* poule d'eau à pieds blancs. A.

Pelisse, *s. f. Pellita vestis.* vêtement fourré. * *et* Pellisse. R.

Pella, *s. f.* t. de mines. R.

Pellage, *s. m.* t. de coutume. R.

Pelle, *s. f. Batillum.* instrument large, plat, à long manche.

†Pelle-à-cul, *s. f.* chaise de jardin.

Pellée, Pellerée, Pelletée, *s. f.* autant qu'il en peut tenir sur une pelle.

Pelleron, *s. m.* petite pelle longue et étroite. R.

Pelleterie, *s. f. Pelles.* art d'accommoder les fourrures; marchandise, corps des pelletiers.

Pelletier. ère, *s. Pellio.* qui accommode et vend les peaux pour les fourrures. * Pelletier. ere. R.

Pellicule, *s. f. Pellicula.* peau extrêmement mince.

†Pelliculeux. se, *adj.* plein de pellicules.

Pellisson *ou* Plisson, *s. m.* habit de peau. V. * Pelisson. R.

Peloir, *s. m.* rouleau de bois pour faire tomber le poil ou la pelade. G. C. RR.

Pelopées, *s. f. pl.* fêtes de Pélops. V.

†Pelore, *s. f. Pelorial* plante semblable à la linaire.

Pelote, *s. f. Pilula.* petite balle de fil roulé; petite boule; marque blanche sur le front du cheval. * cuivre roulé, t. de fondeur. B.

Peloter, *v. a. n.* té. e, *p.* jouer à la paume; jeter des pelotes; battre, maltraiter. * étendre sous le marteau, t. de monnoie. B.

Peloteur, *s. m.* qui joue à la balle. V.

Peloton, *s. m. Glomus.* petite pelote; petite boule; t. militaire, petite troupe; t. de naturaliste, tas d'insectes; t. de manufacture.

Pelotonner, *v. a.* né. e, *p.* mettre en peloton. (se), *v. r.* * Pelotoner. R.

Pelouse, *s. f.* herbe courte et douce; terrain qui en est couvert.

Pelte, *s. f.* petit bouclier rond, antique. G. C.

†Peltre, *s. m.* toile grossière de Bretagne.

Pelu. e, *adj. Pilosus.* garni de poil.

Peluché. e, *adj.* velu (étoffe, plante).

Peluche, *s. f. Villosus pannus.* panne à grand poil, étoffe.

Pelucher, *v. a.* ché. e, *p.* se couvrir de poils, en parlant d'une étoffe. A.

Pelure, *s. f.* la peau ôtée de dessus un fruit, un fromage, etc. * — d'oignon, petite huître légère d'une nacre fort belle. B.

†Pemphigode *ou* Pemphingode, *adj. Pemphigodes.* (fièvre) avec flatuosités, enflures, pustules.

†Pemphigus, *s. m.* maladie inflammatoire avec pustules.

†Penader, *v. a.* se traîner avec peine. *v. n.* se rouler dans la boue; marcher avec peine. (*vieux*).

Penaille, *s. f.* assemblée de moines. G. C. RR.

Penaillon, *s. m.* haillon; moine (*ironique*).

Pénal. e, *adj.* qui assujétit à quelque peine.

Pénalité, *s. f.* qualité de ce qui est pénal. V. * assujétissement à la peine. RR.

Penance, *s. f.* (*vieux*) pénitence. V.

Penancier, *s. m.* pénitencier. V.

Penard, *s. m.* (*t. de mépris*) (vieux) libertin; vieillard usé.

Pénates, *s. adj. m. pl. Penates.* dieux domestiques; maison où on loge. * *ou* Lares. RR.

Penaud. e, *adj. Confusus.* (*familier*) embarrassé, honteux, interdit.

Penaux, *s. m.* petit paquet de hardes menues. * Peneaux. R.

†Pence, *s. m. pl.* de penny, monnoie angloise.

Penchant, *s. m. Declivitas.* pente; propension; inclination naturelle; terrain qui va en pente.

Penchant. e, *adj. Devexus.* incliné; qui penche, qui baisse, qui menace ruine.

Penchement, *s. m. Inclinatio.* action de pencher, ses effets.

Pencher, *v. a. Inclinare.* ché. e, *p.* incliner, baisser de quelque côté; mettre hors de l'aplomb. *v. n.* être porté à quelque chose; incliner pour. (se), *v. r.*

Pendable, *adj.* 2 *g. Suspendio dignus.* qui mérite la potence.

†Pendage, *s. m.* inclinaison des veines de charbon.

Pendaison, *s. f.* (*populaire*) action de pendre au gibet; exécution de pendu.

Pendans, *s. m. pl.* (d'oreille), pierreries, bijoux aux oreilles; (de baudrier), sa partie inférieure; tableau en symétrie avec un autre. * *sing. Inauris.* pendant. G. C. RR. pareil. V.

Pendant. e, *adj. Pendens.* qui pend, qui est attaché par en haut; (procès, etc.) qui n'est pas décidé.

Pendant, *préposition. Per.* durant un espace de temps.

Pendant que, *conjonc.* tandis que. * Pendant-que. C.

Pendard, e, *s. Furcifer.* méchant; vaurien; fripon; scélérat.

Pendeloque, *s. f. Pendulæ gemmæ.* parure de pierreries; pendans d'oreilles; morceau déchiré et pendant. * cristaux mobiles d'un lustre. V.

Pendement, *s. m.* action de pendre. V.

Pendentif, *s. m.* corps de voûte suspendue hors le perpendicule des murs.

Penderie, *s. f.* action de pendre au gibet. V. RR.

Pendeur, *s. m.* t. de marine. R. * *ou* Péadour, bout de corde qui tient la poulie. B.

Pendiller, *v. n.* être suspendu en l'air et agité par le vent. * Pendiller. V.

Pendillon, *s. m.* t. d'horloger, verge rivée avec la tige de l'échappement. G. C. RR.

Pendoir, *s. m.* corde pour pendre le lard, t. de charcuitier. G. C.

Pendre, *v. a. Suspendere.* du. e, *p.* attacher en haut; suspendre, étrangler à un gibet. *v. n.* être suspendu, attaché. (se), *v. r.*

Pendu, *adj. s. m. Appensus.* attaché à une potence, en haut.

Pendule, *s. f. Horologium.* horloge à pendule. *s. m.* poids d'une horloge; poids attaché à une verge ou un fil de fer, de soie, etc.

†Pendulier, *s. m.* qui fait des pendules.

†Penduline, *s. f. Pendulina.* mésange du Languedoc, qui suspend son nid.

†Penduliste, *s. m.* ébéniste qui fait les boîtes de pendule.

Pêne, *s. m. Pessulus.* morceau de fer qui ferme une serrure.

Pène, *s. f.* partie de l'antenne. G. C. CO. * Pene. R.

†Peneaux, *s. m. pl.* hardes menues.

Pener, *v. a.* né. e, *p.* (*vieux*) punir. V.

Pènes, *s. f. pl.* bouchons d'étoupes attachées à un manche. G. C.

Pénétrabilité, *s. f.* qualité de ce qui est pénétrable.

Pénétrable, *adj.* 2 *g. Penetrabilis.* qu'on peut pénétrer, où l'on peut pénétrer.

Pénétrant. e, *adj. Penetrans.* qui pénètre; qui a une grande perspicacité.

Pénétratif. ve, *adj.* qui pénètre aisément.

Pénétration, *s. f. Sagacitas.* vertu; action de pénétrer; vivacité d'esprit; sagacité; facilité à pénétrer.

Pénétrer, *v. a. Penetrare.* tré. e, *p.* percer; passer à travers; toucher vivement; entrer bien avant; avoir une connoissance profonde. *v. n.* parvenir, entrer dans un lieu.

Penguin *ou* Pingouin, *s. m. Pinguedo.* oiseau de mer très-gras et très-lourd. G.

Pénible, *adj.* 2 *g. Operosus.* qui donne de la peine; difficile.

Péniblement, *adv. Laboriosè.* d'une manière pénible.

†Pénicillé. e, *adj.* t. de botanique, formé par des glandes déliées, en pinceau, en goupillon.

†Pénide, *s. m. Penidium.* Alphénic, sucre tors, sucre d'orge.

Pénil, *s. m. Pubes.* partie extérieure de l'os barré des parties naturelles. G. C. RR.

Péninsule, *s. f. Peninsula.* presqu'île, chersonèse.

Pénitence, *s. f. Pœnitentia.* repentir, regret d'avoir offensé Dieu; sacrement; peine, punition imposée; jeûnes; macérations; prières.

Pénitencerie, *s. f.* tribunal, charge, dignité, fonction de pénitencier.

Pénitencier, *s. m. Pœnitentiarius.* prêtre commis pour absoudre des cas réservés.

Pénitent. e, *adj. Pœnitens.* qui a regret d'avoir offensé Dieu; qui est dans les pratiques de la pénitence. *s.* qui confesse ses péchés; membre d'une confrérie.

Pénitentiaux, *adj. m. pl.* de la pénitence.

Pénitentiel, *s. m.* rituel de la pénitence.

†Pennache de mer, *s. m.* zoophite marin.

Pennade, *s. f.* coup de pied. G. C.

Pennader, *v. n.* donner un coup de pied. G. C.

Pennage, *s. m. Plumatilis amictus.* plumage des oiseaux de proie.

Pennatule, *s. f. Pennatula.* zoophite à grandes plumes; * plumes marines, 4e. genre des zoophites. B.

†Pennatulite, *s. f.* empreinte de la pennatule fossile.

Penne, *s. f. Penna.* grosse plume d'oiseau de proie; plume d'une flèche. * angle le plus haut de la voile latine. B.

Pennes, *s. f. pl.* fils, t. de chandelier. R.

†Penneterie, *s. f.* bourse de berger.

Penneton, *s. m.* t. de serrurier. R.

Pennon, *s. m.* étendard ancien.

†Penny, *s. m.* monnoie angloise, 2 s. 13-100es. de deniers.

Pénombre, *s. f.* lumière foible dans les éclipses. * Penombre. V.

†Penon, *s. m.* girouette de liège garni de plumes.

†Pénorçon, *s. m.* espèce de pandore à neuf rangs de cordes.

Pensant. e, *adj.* qui pense.

Pensée, *s. f. Cogitatio.* opération de la substance intelligente; dessein; chose pensée et exprimée; action de penser; opinion; croyance; esquisse; première idée; fleur. * *Viola tricolor.* Herbe de la Trinité, espèce de violette inodore. L. 1326.

Penser, *v. a. Cogitare.* sé. e, *p.* avoir dans l'esprit; croire; imaginer; juger. *v. n.* former dans son esprit l'idée, l'image d'une chose; faire réflexion; raisonner, prendre garde; avoir un but en vue; croire; imaginer; juger; être sur le point de.

Penser, *s. m.* (*vieux*) pensée (*en poësie*). * façon de penser; opinion. B.

Penseur, *s. m.* qui est accoutumé à réfléchir, à penser.

Pensif. ve, *adj.* qui songe, qui rêve; occupé d'une pensée qui chagrine.

Pension, *s. f. Pensio.* somme annuelle pour la nourriture, le logement; maison où l'on nourrit, loge, etc.; maison d'éducation; prix de l'éducation; l'éducation; récompense annuelle des services; portion à prendre sur les fruits d'un bénéfice. (demi-pension), ce qu'un écolier paye pour l'éducation et le dîner seulement; maison où l'on ne paye que pour dîner.

Pensionnaire, *s. m.* qui paye, à qui l'on paye pension. * principal chargé d'affaires en Hollande (*vieux*). (demi-pensionnaire). B. Pensionaire. R.

Pensionnat, *s. m.* pension (*gasconisme*). G. * logement des pensionnaires dans un collège. B. Pensionat. R.

Pensionner, *v. a.* né. e, *p.* donner, faire une pension. * Pensioner. R.

†Pensiveté, *s. f.* souci mélancolique; inquiétude, chagrin.

Pensum, *s. m. Pensum.* t. de collège, surcroît de travail exigé pour punir. *prononcez* painson.

†Pentacontarque, *s. m.* chef de cinquante hommes.

Pentacorde, *s. m.* lyre à cinq cordes. G. C. CO.

* Pentachorde. R.

†Pentacrinite, *s. f.* coralline vésiculeuse, contractée avec son polype.

Pentacrostiche, *adj.* 2 *g.* t. de poësie, contenant cinq acrostiches. R. G. C.

†Pentadactyle, *s. m.* poisson d'Amérique, du genre du polinème. *adj.* 2 *g.* qui a cinq doigts.

†Pentadécagone, *adj.* 2 *g.* qui a quinze angles et quinze côtés.

Pentaglotte, *adj.* en cinq langues. R. G. C.

Pentagone, *adj.* 2 *g. s. Pentagonus.* qui a cinq angles et cinq côtés. * Pentagône. R.

†Pentagraphe, *s. m.* instrument pour copier les estampes.

Pentagynie, *s. f.* (cinq femelles), ordre des végétaux. L.

Pentamètre, *adj. s. m. Pentameter.* vers de cinq pieds. * Pentametre. R.

Pentandrie, *s. f.* (cinq époux), cinquième classe des végétaux. L.

Pentapaste, *s. m.* t. de mécanique, R. machine à cinq poulies, pour enlever les fardeaux. *ou* Pentaparte, *s. f.* B.

†Pentapétalée, *adj. f.* qui a cinq pétales.

†Pentaphylle, *s. f.* quintefeuille, *adj.* 2 *g.* qui a cinq feuilles.

Pentapole, *s. f.* contrée où il y a cinq villes. G. C.

†Pentaptère, *adj.* 2 *g.* qui a cinq ailes, t. de botanique.

Pentarchie, *s. f.* gouvernement de cinq.

Pentarque, *s. m.* membre d'une pentarchie. G.

†Pentasperme, *adj.* 2 *g.* qui a cinq graines.

†Pentastyle, *adj.* 2 *g.* à cinq rangs de colonnes sur le devant.

Pentateuque, *s. m.* les cinq livres de Moïse.

Pentathle, *s. m.* t. d'antiquité, réunion des cinq espèces de jeux ou de combats gymniques. * Penthale. CO.

†Pentatome, *s. f. Pentatoma.* insecte hémiptère, espèce de cimex.

Pente, *s. f. Declivitas.* penchant; terrain qui va en descendant; inclination; bande d'étoffe d'un lit, d'une bibliothèque.

†Pentecontacorde, *s. m.* instrument à cinquante cordes inégales.

Pentécostaire, *adj.* 2 *g.* (*vieux*) de la Pentecôte. V.

Pentecôte, *s. f. Pentecoste.* grande fête des Catholiques en mémoire de la descente du Saint-Esprit.

†Pentenne, *s. f.* filet qui termine les bourdiques.

Penthèse, *s. f.* t. d'antiquité, fête de la purification. G. C. CO. * Penthese. Hypanthèse. R.

Penthière, *s. f.* grand filet. G. C. * Penthiere. R. Pentiére. RR. Pentière. B. AL.

†Pentisulce, *adj.* 2 *g.* t. de botanique.

Penture, *s. f.* bande de fer pour soutenir une porte. * Panture. V.

Pénultième, *adj.* 2 *g. s. m. Penultimus.* avant-dernier, qui précède immédiatement le dernier. * Pénultieme. R.

Pénurie, *s. f.* grande disette; extrême pauvreté.

Péotte, *s. f.* sorte de chaloupe. * Péote. T. R.

†Pépasme, *s. m.* concoction des crudités, t. de médecine. * Pepasme. RR.

Pépastique, *adj.* 2 *g. Pepticus.* propre à mûrir les humeurs, à faciliter la digestion; t. de médecine. * *ou* Peptique. V. G. AL.

†Péperin, *s. m.* pierre à bâtir; grise, à Rome.

†Péperiller, *v. n.* jeter beaucoup d'étincelles.

Pepie, *s. f.* pellicule qui vient au bout de la langue des oiseaux. * Pépie. G. C.

Pepier, *v. n. Pipilare.* se dit du cri du moineau.

* Pépier. G. C.
Pepin, *s. m. Granum.* (d'un fruit), semence.
Pépinière, *s. f. Seminarium.* plant de jeunes arbres pour replanter. * Pépiniere. R.
Pépiniériste, *s. m.* qui élève des pépinières.
Pépita, *s. f.* morceau de métal dans les mines. R.
* *ou* Pépite, masse d'or informe, sans gangue. B.
Peplis, Peplus, *s. m.* plante maritime, lactacée, purgative. RR.
†Péplon, *s. m.* ancien manteau de femmes.
Pepsie, *s. f.* coction, digestion, maturation. RR.
* effet que les alimens subissent dans l'estomac. B.
Peptique, *adj. 2 g. s.* voy. Pépastique.
Pépyer, *v. a.* bégayer. VILLON.
Peque, *adj. f.* R. Pèque, voyez Pecque. G.
Péquet, *s. m.* t. d'anat. (réservoir de.) * Pequet. voyez Pecquet. R. A.
Pérager, *s. m.* voyage, pélerinage. R. V.
Péragration, *s. f.* t. d'astronomie, action de parcourir, course. R.
†Pérambulation, *s. f.* arpentage, visite d'une forêt.
Per arsin, Per thesin, t. de musique (*inusité*). R.
†Percalle, *s. f.* toile de coton, blanche et fine des Indes.
Perçant. e, *adj. Acris.* qui perce, qui pénètre; clair, aigu; vif, brillant.
Perce (vin, etc. en), *adverbial.* dont le tonneau est percé pour le tirer.
†Perce-à-main, *s. m.* outil pour percer à la main.
Perce-bois, *s. m. Ligni-perda.* insecte, sorte d'abeille qui perce le bois.
Perce-bosse, Corneille, *s. f.* Chasse-bosse, plante.
†Perce-bourdon, *s. m.* outil pour percer les bourdons des musettes.
Perce-chaussée, *s. m.* insecte.
Perce-feuille, *s. f. Perfoliata.* plante astringente et vulnéraire, bonne pour les ruptures des vaisseaux.
Perce-forêt, *s. m.* grand chasseur.
Perce-lettre, *s. f.* petit instrument d'acier; poinçon.
†Perce-meule, outil pour percer une meule.
†Perce-mousse, *s. m. Muscus.* polytric commun. L. 1573.
Perce-neige, *s. f. Narcisso-leucoïum.* plante bulbeuse qui fleurit l'hiver dans les prairies.
Perce-oreille, *s. m. Auricularia.* petit insecte. * Forbicin, Oreillère, insecte hémiptère, très-dangereux dans l'oreille; l'huile d'olive l'y fait périr. *Forficula.* B.
Perce-pierre, *s. f. Saxifraga.* Fenouil marin, Petit pied de lion des montagnes, plante.
†Perce-ronde, *s. f.* compas de tablier.
Percée, *s. f.* Percé, *s. m.* ouverture dans un bois.
Percement, *s. m.* action de percer; ouverture faite en perçant. * chemin en pente dans les mines. B.
Percepteur, *s. m.* commis, préposé à la recette. A.
Perceptibilité, *s. f.* qualité de ce qui est perceptible. A.
Perceptible, *adj. 2 g.* qui peut être perçu ou aperçu.
Perceptif, *adj.* qui perçoit. V.
Perception, *s. f. Perceptio.* action de percevoir; recette, recouvrement; sentiment.
Percer, *v. a. Forare.* cé. e, *p.* faire une ouverture d'outre en outre; passer à travers. *v. n.* avoir une issue; se faire ouverture; pénétrer; se découvrir; se montrer; avancer; t. de chasse, tirer de long.
†Percerat *ou* Pescerat, *s. m.* Aigle de mer *ou* Mourine, poisson.
Percerette, *s. f.* vrille. V. * Percerete. R.
Perceur, *s. m.* qui perce, T. * pour cheviller. B.
Percevoir, *v. a. Percipere.* çu. e, *p.* recevoir, recueillir.
Perchant, *s. m.* t. d'oiselier, appelant. G.
Perche, *s. f. Perca.* poisson de mer, du genre du persègue; d'eau douce; mesure de 18, 20 et 22 pieds; chose mesurée; brin de bois de 10 à 12 pieds; t. de vénerie, bois de cerf; t. de batelier, croc.
†Perché, *s. m.* (tirer au) tirer un oiseau perché. AL.
Percher, *v. n. Insidere.* parlant des oiseaux. (se), *v. r.* ché. e, *p.* se mettre sur une perche, sur une branche, sur un lieu élevé.
Perchis, *s. m.* clôture avec des perches. G.
Perchoir, *s. m. Sedile.* bâton sur lequel un oiseau se perche; lieu dans une basse-cour où se perche la volaille.
Perclose (à la), *adv.* (*vieux*) enfin. V.
Perclus. e, *adj.* qui a perdu l'usage d'un membre; paralytique, impotent.
†Percnoptère, *s. m.* vautour qui tient de l'aigle. voyez Pérénoptère.
Perçoir, *s. m. Terebra.* instrument pour percer. * longue pointe, très-aiguë, emmanchée, t. de métiers. B. Perçoire, *s. f.* T.
Percussion, *s. f. Percussio.* coup, impression d'un corps qui en frappe un autre.
Perdable, *adj. 2 g.* qui peut se perdre. A.
Perdant, *s. m.* qui perd au jeu.
Perdiablé. e, *adj. s.* possédé du diable. V. * Endiablé. RR.
Perdition, *s. f.* dégât; dissipation; état d'un homme hors la voie du salut, dans le vice.
Perdre, *v. a. Perdere.* du. e, *p.* être privé de ce que l'on avoit, d'un avantage; cesser d'avoir; faire un mauvais emploi de; manquer à profiter de; être vaincu en quelque chose; diminuer de valeur, de profit; ruiner; corrompre; gâter. *v. n.* éprouver quelque perte. (se), *v. r.* se dissiper; s'égarer; s'évanouir; se ruiner; se débaucher; faire naufrage; disparoître.
Perdreau, *s. m. Perdicis pullus.* petit de la perdrix. * *s. m. pl.* petites grenades lancées avec la bombe. RR.
Perdriau, *s. m.* pierres autour des bornes. T.
Perdrigon, *s. m.* prune.
Perdrix, *s. f. Perdix.* oiseau gallinacée, de l'ordre des gélinotes.
Perdurable, *adj. 2 g.* qui doit durer toujours. R. V.
†Perdurablement, *adv.* à jamais; toujours.
Père, *s. m. Pater.* qui a engendré; qui a un ou plusieurs enfans; auteur; titre; appellation. * Pere. R.
Père-nourricier, *s. m.* mari de la nourrice. * Pere-nouricier. R.
Père (beau-), *s. m.* père d'un conjoint. * Beaupere. R.
Pérégration, *s. f.* (mois de) périodique, t. d'astronomie. V.
Pérégrin, *s. 2 g.* étranger. R. * faucon hagard. B.
Pérégrinaire, *s. m.* qui appartient aux étrangers; t. claustral. R. V.
Pérégrination, *s. f.* (*vieux*) voyage en pays éloignés.
†Pérégriner, *v. a.* voyager, aller en pélerinage.
Pérégrinité, *s. f.* état de celui qui est étranger; air étranger. A. R. V.
Pérégrinomanie, *s. f.* maladie des voyages. V. * fureur de voyager. RR.
†Pérelle, *s. f. Perella. ou* Orseille d'Auvergne ou de terre, substance fongeuse, terreuse, sèche, en petites écailles grisâtres; elle entre dans la couleur rouge.
Péremption, *s. f. Eremodicium.* (d'instance). voyez Périmer.
Péremptoire, *adj. 2 g. Peremptorius.* décisif.
Péremptoirement, *adv.* d'une manière péremptoire.
Péremptoriser, *v. n.* étendre, augmenter, prolonger. R. V.
†Pérénoptère *ou* Percnoptère, *s. m.* une des plus grandes espèces de vautours; vautour des Alpes.
Pérennial. le, *adj.* perpétuel. C.
†Pérenniser, *v. a.* rendre perpétuel.
Perfectibilité, *s. f.* qualité de ce qui est perfectible.
Perfectible, *adj. 2 g.* qui peut être perfectionné. G. C. V. RR.
Perfection, *s. f. Perfectio.* qualité de ce qui est parfait dans son genre; achèvement entier. (en), *adv.* * état parfait de la vie religieuse. B.
Perfectionnement, *s. m.* action de perfectionner, ses effets. * Perfectionement. R.
Perfectionner, *v. a. Perficere.* né. e, *p.* rendre plus accompli, plus parfait. (se), *v. r.* marcher à la perfection. * Perfectioner. R.
Perfectissimat, *s. m.* dignité du perfectissime. R.
Perfectissime, *s. m.* qualité d'un gouverneur de province. (*vieux*). R.
†Perfeuillé. e, *adj.* perfolié.
Perfide, *adj. 2 g. s. Perfidus.* qui manque à sa foi; traître; déloyal.
Perfidement, *adv. Perfidiosè.* avec perfidie.
Perfidie, *s. f. Perfidia.* déloyauté; manquement de foi. * t. de musique, affectation de faire toujours la même chose. B.
Perfolié. e, *ou* Perfeuillé, t. de botan. R. *adj.* (feuille) enfilée dans le disque par la tige. B.
Perforant. e, *adj. Perforans.* qui perfore. T.
Perforation, *s. f. Perforatio.* action de percer.
Perforer, *v. a.* ré. e, *p.* percer, t. d'arts. A. R.
†Pergée *ou* Pergie, *s. f.* amende sur les bêtes prises en faisant du dégât.
Pergolèse, *s. m.* raisin. * Pergolese. R.
Pergonte, *s. f.* fleur blanche. R. * Pergoute. G. C.
Péri. e, *partic. de* périr. t. de blason. B.
†Périanthe, *s. m.* espèce de calice la plus commune. t. de botan.
†Périapte, *s. m.* espèce d'amulette.
†Périblepsie, *s. f.* regard effaré dans le délire.
Péribole, *s. f.* transport des humeurs sur la surface du corps. G. C. * ajustement. B.
Péribole, *s. m.* t. d'antiq. plant d'arbres autour d'un temple; parapet; garde-fou. G. C.
Péricarde, *s. m.* capsule membraneuse qui enveloppe le cœur.
Péricardiaire, *adj. 2 g.* né dans le péricarde. V.
†Péricardin. e, *adj.* du péricarde.
Péricarpe, *s. m. Pericarpium.* pellicule qui enveloppe le fruit. * Pericarpe. voy. Épicarpe. A. R.
†Périchore, *s. adj. 2 g.* espèce de jeu grec.
†Périclitant. te, *adj.* qui périclite.
Péricliter, *v. n. Periclitari.* courir quelque hasard; être en péril; menacer ruine.
Péricondre, *s. m. Perichondrium.* membrane qui enveloppe certains cartilages. * Périchondre. R.
Péricors *ou* Apéritoire, *s. m.* instrument d'épinglier. R.
Péricrâne, *s. m.* membrane qui couvre le crâne.
†Péri-décaèdre, *adj. 2 g.* dont la forme prismatisma le à quatre pans se change en décaèdre.
Péridot, *s. m.* pierre précieuse d'un jaune verdâtre, qui tire son origine du schorl.
†Péridrome, *s. m.* galerie entre les colonnes et les murs.
†Périélèse, *s. f.* interposition de note dans

l'intonation.

Périer, *s. m.* instrument de fondeur pour ouvrir le fourneau; oiseau semblable à l'alouette. R. T.

Périgée, *s. m.* lieu d'une planète le plus proche de la terre.

Périgourdin. e, *adj. s.* du Périgord. R.

Périgueux, *s. m.* pierre noire fort dure.

Périhélie, *adj. s. m.* lieu d'une planète le plus près du soleil.

Péril, *s. m. Periculum.* danger, risque; état où il y a à craindre. * Péril. V.

Périlleusement, *adv. Periculosè.* dangéreusement, avec péril. * Périlleusement. V.

Périlleux. se, *adj. Periculosus.* dangereux. * Périlleux. V.

Périmer, *v. n.* t. de pratique, périr, se perdre par prescription.

Périmètre, *s. m.* t. de géométrie, contour, circonférencé. * Perimetre. R.

†Périnéal. e, *adj.* 2 *g.* du périné.

Périnée, *s. m. Amphiplex.* espace entre l'anus et les parties naturelles.

Période, *s. m.* le plus haut point de quelque chose; espace de temps vague.

Période, *s. f. Periodus.* t. d'astronomie, cours, révolution; t. de chronol. temps, époque, mesure de temps; t. de rhétorique, phrase composée de plusieurs membres; t. de méd. révolution d'une fièvre.

†Périodinie, *s. f.* douleur chronique de l'estomac.

Périodique, *adj.* 2. *g. Periodicus.* qui a ses périodes; abondant en périodes; qui paroît dans des temps fixes. * (style) nombreux, harmonique. B.

Périodiquement, *adv. Periodicè.* d'une manière périodique; par périodes.

Périodiste, *s. m.* qui fait des feuilles périodiques, des journaux. G. C.

Périœciens, *s. m. pl.* peuples qui habitent sous un même parallèle.

Périoste, *s. m. Periosteum.* membrane qui enveloppe les os.

†Périostôse, *s. m. Periostosis.* gonflement du périoste.

Péripatéticien. ne, *adj. s. m.* qui suit la doctrine d'Aristote. * *f.* Péripatéticiene. R.

Péripatétique, *adj.* 2 *g.* du péripatétisme. V.

Péripatétisme, *s. m.* doctrine des péripatéticiens.

Péripétie, *s. f.* changement inopiné de fortune.

Periphallies, *s. f. pl.* fêtes de Priape. V.

Périphérie, *s. f. Circumductio.* t. de géométrie, contour d'une figure.

Périphrase, *s. f. Circuitio.* t. de rhétorique, circonlocution.

Périphraser, *v. n.* parler par périphrases.

Périple, *s. m.* voyage maritime autour de.

Périploca, *s. f.* plante.

Péripneumonie, *s. f. Peripneumonia.* inflammation du poumon avec fièvre aiguë et oppression.

†Péripolygone, *adj.* 2 *g.* (cristal) dont le prisme a un grand nombre de pans.

Périptère, *s. m.* édifice à colonnes isolées en dehors. * Periptere. R.

Périr, *v. n. Perire.* prendre fin; tomber en ruine; faire une fin malheureuse; faire naufrage.

Périsciens, *s. m. pl.* habitans des zones froides.

†Périscyphisme, *s. m.* incision autour du crâne.

†Périspasme, *s. m.* deux conversions, t. de tactique.

Périssable, *adj.* 2 *g. Fragilis.* sujet à périr.

Périssologie, *s. f.* t. de rhétorique, répétition vicieuse G. C. * superfluités dans le discours. AL.

Péristaltique, *adj.* 2 *g.* mouvement propre des intestins, t. d'anatomie.

Péristile, *s. m. Peristylium.* galerie couverte, soutenue par des colonnes. * Péristyle. A. R.

†Péristote, *s. f.* habillement décent; faculté compressive des fibres.

Périsystole, *s. f.* intervalle entre les deux mouvemens du pouls, du cœur. * Périsytole. C.

Périte, *adj.* 2 *g. Peritus.* homme habile. (*vi.*) RR.

Péritie, *s. f. Vis.* qualité de l'homme périte. RR.

Péritoine, *s. m. Peritonæum.* membrane qui revêt intérieurement le bas-ventre.

†Péritrochon, *s. m.* machine pour enlever de gros fardeaux.

Perle, *s. f. Perla.* corps dur et rond qui se forme dans les coquilles; ce qui a sa forme, t. d'arts; le plus petit caractère d'imprimerie. * insecte névroptère. B.

Perlé. e, *adj. Baccatus.* t. de blason, orné de perles; t. de fondeur, de chimie, couvert de perles; t. de musique, brillant et délicat.

Perlimpinpin *ou* Prelinpin (poudre de), sans vertu. V. RR.

†Perloir, *s. m.* ciselet pour former des perles, t. de ciseleur; entonnoir de confiseur.

†Perlon, *s. m. Cuculus.* chien de mer. — *ou* Moronde, poisson du genre du trigle.

Perluaux, *s. m. pl.* écorces enduites de résine, servant de flambeaux, t. d'ardoisier. CO.

Perlure, *s. f.* grumeaux sur le bois du cerf, etc.

Permanence, *s. f.* durée constante d'une chose; séance continue; existence réelle, t. de liturgie.

Permanent. e, *adj. Stabilis.* stable, durable, immuable.

Perme, *s. m.* t. de marine. R.

Perméabilité, *s. f.* qualité de ce qui est perméable. A.

Perméable, *adj.* 2 *g.* t. de phys. qui peut être traversé par. G. C. V. A.

Permesse, *s. m.* la demeure des Muses. A. R.

Permesside, *adj.* 2 *g.* qui appartient au permesse. V.

Permettre, *v. a. Permittere.* mis. e, *p.* donner liberté, pouvoir de; tolérer; donner le moyen, le loisir.

Permis, *s. m.* droit sur le chargement et déchargement d'un navire. Permis. e, *adj.* qui n'est pas défendu ou injuste. G. C.

Permission, *s. f. Permissio.* pouvoir, liberté de faire, de dire.

†Permistion, *s. f.* mélange pour tempérer deux choses.

Permutant, *s. m.* celui qui permute.

Permutation, *s. f. Permutatio.* t. de droit canon, échange; t. d'arithm. différentes manières de disposer les quantités.

Permuter, *v. a.* té. e, *p.* échanger un bénéfice contre un autre.

Permuteur, *s. m.* troqueur. R. V.

†Pernes, *s. m. pl. Perna.* 9ᵉ. genre des mollusques acéphales.

Pernet, *s. m.* (*vieux*) baronet. V.

Pernicial. e, *adj.* (*vieux*) pernicieux. V.

Pernicieusement, *adv. Perniciosè.* d'une manière pernicieuse.

Pernicieux. se, *adj. Perniciosus.* nuisible; mauvais; dangereux.

Pernicitas, très-grande vîtesse, t. de physique. AL. * *s. f.* B.

†Pernette, *s. f.* prisme triangulaire de faïence fait à la main.

†Pernocter, *v. n.* passer la nuit dans la débauche.

Per obitum, *adv.* par mort.

Péroné, *s. m. Perone.* os extérieur de la jambe.

Péronnelle, *s. f.* femme de peu; sotte et babillarde, * Péronelle. R. Pernelle *ou* Péronelle. V.

Péronnier, *s. m.* muscle du péroné. G. C.

Pérons, *s. m. pl.* pères et mères des oiseaux. G. C.

Péroraison, *s. f. Peroratio.* conclusion d'un discours d'éloquence.

Pérorer, *v. a.* récapituler. C.

Perot, *s. m.* baliveaux de deux coupes. * Pérot. C.

Pérou, *s. m.* (*famil.*) lieu très-abondant en richesses; affaire très-lucrative. G.

†Pérouasca, *s. m.* belette à ceinture, de Pologne.

†Perpendicle, *s. m.* niveau à pendule.

Perpendiculaire, *adj.* 2 *g. s. f. Cathetus.* (ligne) qui pend, qui tombe à plomb.

Perpendiculairement, *adv. Ad perpendiculum.* d'une manière perpendiculaire.

Perpendicularité, *s. f.* état de ce qui est perpendiculaire.

Perpendicule, *s. m.* ce qui tombe à plomb.

Perpétrer, *v. a.* tré. e, *p.* faire, commettre, *en parlant d'un crime.*

Perpètres, *s. f. pl.* terres communes. G. C. * Perpetres. R.

Perpétuane, *s. f.* sorte d'étoffe. R.

Perpétuation, *s. f.* action qui perpétue, son effet.

Perpétuel. le, *adj. Perpetuus.* continuel, qui dure toujours; qui revient souvent. * Perpétuel. ele. R.

Perpétuellement, *adv. Perpetuò.* toujours, sans cesse, habituellement. * Perpétuélement. R.

Perpétuer, *v. a. Perpetuare.* tué. e, *p.* rendre perpétuel; faire durer toujours. (se), *v. réciproque.*

Perpétuité, *s. f. Perpetuitas.* durée sans interruption.

Perpétuité (à), *adv.* pour toujours. V.

Perplexe, *adj.* 2 *g. Anxius.* irrésolu, incertain; qui cause la perplexité. * *m.* Perplex. T.

Perplexité, *s. f. Anxietas.* irrésolution fâcheuse; incertitude, grand embarras.

Perprendre, *a. a.* pris. e, *p.* prendre de sa propre autorité. R.

Perprinse, *s. f.* action de perprendre. R.

Perprison, *s. f.* t. de coutume, action de perprendre. R.

Perquirateur, *s. m.* t. de banque. R.

Perquisition, *s. f. Inquisitio.* recherche exacte.

Perrau, *s. m.* chaudron de cirier, en cuivre étamé. G. C. * Perreau. AL.

Perréieurs, *ou* Perriers, *s. m. pl.* ouvriers qui tirent l'ardoise. R.

Perrelle, *s. f.* terre apportée d'Auvergne. V.

†Perriche, *s. f.* perruche du nouveau continent.

Perrière, *s. f.* carrière. G. *mieux* Pierrière: * *ou* Perrier. t. de fondeur, fer pour ouvrir les fourneaux. B. * Perriere. R.

Perrique, *s. f.* petit perroquet. G. C. RR.

Perron, *s. m.* sorte d'escalier découvert pour l'étage d'en bas. * *pl.* chutes d'eaux en étage. B.

Perroquet, *s. m. Psittacus.* oiseau frugivore, à bec crochu; t. de mar. petit mât. * sorte de chaise; poisson du genre du quatre dents, du coryphene, du labre. B.

†Perroyer, *v. n.* tirer la pierre des carrières.

Perruche, *s. f. Psittaca.* femelle du perroquet. * petit perroquet de l'ancien continent, de beaucoup d'espèces. B.

Perruque, *s. f. Galericulus.* coiffure de faux cheveux.

Perruquier. ère, *s.* qui fait et vend des perruques. * Perruquier. ere. R.

Pers. e, *adj. Glaucus.* (*vieux*) (couleur) entre le vert et le bleu.

Per saltum, *adv.* t. de droit canon, par saut.

Persan, *s. m.* t. d'archit. R. *f. et* Persane, *adj. Persa.* de Perse.

Perse,

Perse, *s. f.* belle toile peinte de Perse.
Persécutant. e, *adj.* qui incommode par ses importunités.
Persécuter, *v. a. Persequi.* té. e, *p.* vexer; inquiéter; tourmenter; importuner.
Persécuteur. trice, *s. Vexator.* qui persécute, presse, importune.
Persécution, *s. f. Vexatio.* vexation injuste et violente; importunité continuelle.
Persée, *s. m.* constellation septentrionale, composée de 5 étoiles en croix.
†Persègue, *s. f. Perca.* nom d'un genre de poissons, de 37 espèces; 13ᵉ. genre, 4ᵉ. classe.
Persévéramment, *adv.* avec persévérance. A.
Persévérance, *s. f. Perseverantia.* constance à faire ou à demander; constance dans le bien. * Persévérence. R.
Persévérant. e, *adj. Perseverans.* qui persévère.
Persévérer, *v. n. Perseverare.* persister, continuer; demeurer ferme.
Persicaire, *s. f. Persicaria.* plante aquatique, vulnéraire, astringente, pour le cours de ventre, la dyssenterie. — *ou* Curage, Poivre d'eau, très-employé pour les tumeurs œdémateuses. B. * Perticaire. V.
Persicite, *s. f.* t. d'hist. nat. pierre argilleuse imitant la pêche. G. C.
Persicot, *s. m.* liqueur spiritueuse de noyaux de pêche.
Persienne, *s. f.* jalousie en abat-jour. * *adj. f. Persicus.* (langue) des perses, le persien ou le persan. G. * grille de bois aux fenêtres. B. Persien. ene. R.
Persienne (à la), *adv.* à la manière des Perses. G. C. RR.
Persiflage, *s. m.* discours d'un persifleur.
Persifler, *v. a.* flé. e, *p.* rendre instrument et victime d'une plaisanterie. * *v. n.* tenir, à dessein, des discours sans idées liées. G.
Persifleur, *s. m.* qui persifle.
Persil, *s. m. Petroselinum.* plante potagère, très-apéritive, pour les obstructions; bouillon diurétique; décoction sudorifique; semence antinéphrétique; tue les poux; poison pour plusieurs oiseaux, le lait est l'antidote. L. 379. *prononcez* persi.
Persil de bouc, *s. m.* espèce de saxifrage. — de Macédoine, alexipharmaque, hystérique, carminatif. — de marais, *ou* Encens d'eau, racine incisive, apéritive, pénétrante; plantes. voyez Ache.
Persillade, *s. f.* t. de cuisine, tranches de bœuf avec du persil; assaisonnement de persil. * Persillade. V.
Persillé. e, *adj.* (fromage) marqué de taches vertes.
Persique, *s. m.* t. d'archit. (ordre) à figures de captifs, au lieu de fût. *s. f.* pêche très-grosse.
†Persistant. e, *adj.* t. de bot. (fleur, partie de fleur) qui reste après la fécondation.
Persister, *v. n. Perseverare.* demeurer ferme dans ce qu'on a dit ou résolu; * dans un état. B.
Personier, *s. m.* associé. R.
Personnage, *s. m. Homo.* personne; t. de théâtre, rôle. * homme important. B. Personage. R.
Personnaliser, *v. a.* sé. e, *p.* dire des personnalités. R. * Personifier. G. V. C. appliquer à des personnages feints une vérité, etc. G. C. Personaliser. R.
Personnalité, *s. f.* qualité, caractère de ce qui est personnel; ce qui constitue un individu; trait piquant, injurieux et personnel. * défaut d'un homme uniquement occupé de lui. AL. Personalité. R. G.
Personnat, *s. m.* dignité dans un chapitre, au-dessus du chanoine. * Personat. G. R.
Personne, *s. f.* un homme, une femme; t. de gram. *s. m.* nul, qui que ce soit. * Persone. R.
†Personnée, *adj. s. f. Personnata.* famille de plantes dont la corolle représente un mufle d'animal.
Personnel. le, *adj. Proprius.* propre, particulier à chaque personne. * qui n'est occupé que de lui, et sacrifie les autres à lui. *s. m.* qualités d'une personne. AL. Personel. ele. R. G.
Personnellement, *adv. Per se.* en propre personne. * Personélement. R. G.
Personnifier, *v. a.* fié. e, *p.* attribuer à une chose la figure, les sentimens, le langage d'une personne. * Personifier. R.
Perspectif, *adj.* (plan) qui représente un objet en perspective.
Perspective, *s. f. Optices pars.* art de représenter les objets dans leurs situations respectives; peinture de jardin, etc. aspect des objets vus de loin; lointain; espérances, craintes fondées.
Perspective (en), *adv.* dans l'éloignement.
Perspicacité, *s. f.* pénétration d'un esprit prompt à saisir les choses difficiles.
Perspicuité, *s. f. Perspicuitas.* clarté, netteté du style. * Perspicuïté. A.
Perspiration, *s. f.* transpiration insensible. R. G. C.
Persuadant. e, *adj.* qui persuade; engageant.
Persuader, *v. a. n. Persuadere.* dé. e, *p.* porter, déterminer à croire ou à faire. (se), *v. r.* croire, se figurer, imaginer.
Persuasible, *adj.* 2 *g. Persuasibilis.* qui peut être persuadé. G. C. * qui peut se persuader. R.
Persuasif. ve, *adj. Persuasorius.* qui a la force, le pouvoir de persuader; qui persuade.
Persuasion, *s. f. Persuasio.* action de persuader; état de celui qui est persuadé; ferme croyance.
Perte, *s. f. Damnum.* dommage; ruine; mauvais succès; privation d'une chose avantageuse. (de sang), t. de médecine.
Perte de vue (à), *adv.* hors de la portée de la vue.
Pertegues, *s. m. pl.* t. de marine. R.
†Pertica, *s. f.* mesure agraire à Plaisance, 200 toises.
Pertinemment, *adv. Appositè.* ainsi qu'il convient; comme il faut; avec jugement, discrétion.
Pertinent. e, *adj. Idoneus.* tel qu'il convient. (raisons).
Pertise, *s. f.* (*vieux*) adresse. V.
†Pertuaux, *s. m. pl.* flambeaux de bois enduits de résine; t. d'ardoisière. * Perluaux. CO. Perlvaux. RR.
Pertuer, *v. a.* tué. e, *p.* (*vieux*) percer. V.
Pertuis, *s. m.* t. de géogr. détroit; trou, ouverture; garde, t. de serrurier; t. d'arts.
Pertuisage, *s. m.* salaire pour percer un tonneau. V.
Pertuisane, *s. f. Hasta.* ancienne hallebarde.
Pertuisanier, *s. m.* chargé de la garde immédiate des forcats; armé d'une pertuisane.
†Pertuisanon, *s. m.* petite pertuisane.
Pertuiser, *v. a.* sé. e, *p.* (*vieux*) percer. V.
Perturbateur. trice, *s. Turbator.* qui cause du trouble.
Perturbation, *s. f.* émotion de l'ame. * t. d'astron. dérangement dans le mouvement des planètes, par leur action mutuelle, supposée. B.
Pertus, *s. m.* t. de salines. R.
†Pertuse, *adj. f.* (feuille) parsemée de points transparens, comme le millepertuis.
Péruvien. e, *adj. s.* du Pérou. R.
Pervenche, *s. f. Pervinca. ou* Pucelage, plante vivace. — petite, astringente, vulnéraire. — grande, vulnéraire, astringente, fébrifuge; modère les menstrues; gargarisme pour les esquinancies inflammatoires, la poitrine, la toux sèche.
Pervers. e, *adj.* 2 *g. s. m. Perversus.* méchant, dépravé.
Perversement, *adv.* avec perversité. V.
Perversion, *s. f.* changement de bien en mal.
Perversité, *s. f. Perversitas.* méchanceté, dépravation.
Pervertir, *v. a. Depravare.* ti. e, *p.* changer, faire changer de bien en mal; altérer; t. de morale.
Pervertissable, *adj.* 2 *g.* enclin à la perversité. V.
Pervertissement, *s. m.* action de pervertir, ses effets. RÉTIF.
Pervertisseur, *s. m.* corrupteur. V.
Pesade, *s. m.* t. de manège, l'un des airs relevés, * *ou* Posade. V.
Pesamment, *adv. Lentè.* d'une manière pesante, lourdement. * Pesament. R.
Pesant. e, *adj. Ponderosus.* lourd, onéreux; dur, fâcheux.
Pesant, *adv.* du poids de.
Pesanteur, *s. f. Pondus.* qualité de ce qui pèse; tendance vers un centre; t. de médecine, indisposition, lourdeur.
Pesée, *s. f.* action de peser; ce qu'on pèse, * massif de plomb, t. d'épinglier. B.
Pèse-liqueur, *s. m.* instrument pour connoître la pesanteur des liquides. * Aréomètre. B. Pese-liqueur. R.
Peser, *v. a. Ponderare.* sé. e, *p.* juger avec des poids la pesanteur de; examiner attentivement. *v. n. Gravem esse.* avoir un certain poids; être à charge; appuyer, insister sur. * graviter. B.
Peseur, *s. m. Pensator.* celui qui pèse.
Peson, *s. m. Statera.* Romaine, instrument pour peser.
Pessaire, *s. m. Pessus.* remède solide pour les règles, les pertes des femmes.
Pesse, *s. m.* sorte de pin. R.
†Pesselage, *s. m.* droit de couper des échalas dans une forêt.
†Pessonnure, *s. f.* ratissure de peaux blanches pour faire la colle.
Pestard, *s. m.* t. de collége, rapporteur; malin. G.
Peste, *s. f. Pestis.* maladie épidémique et contagieuse; corrupteur. *adj.* malin. *imprécation, interjection.*
Pester, *v. n. Stomachari.* exhaler sa mauvaise humeur contre.
Pesterie, *s. f.* emportement. R.
Pestifère, *adj.* 2 *g.* qui communique la peste. * Pestifere. R.
Pestiféré. e, *adj. s. Peste afflatus.* qui a la peste.
Pestilence, *s. f.* corruption de l'air; peste répandue dans un pays.
Pestilent. e, *adj. Pestilens.* (maladie) qui tient de la peste.
Pestilentiel. le, *adj. Pestilens.* pestilent, infecté de peste, contagieux. * Pestilentiel. elé. R.
Pestilentieux. se, *adj.* (*inusité*) pestilentiel.
Pet, *s. m. Crepitus.* vent qui sort avec bruit du fondement. * beignets en boule. B.
Pet-en-gueule, *s. m.* sorte de jeu. V.
Pet-en-l'air, *s. m.* vêtement court de femme. V.
†Pétalaire, *s. m. Petalarius.* serpent des Indes, du 3ᵉ. genre.
Pétale, *s. f. Petalum.* feuille d'une fleur; partie colorée de la fleur. * Petale. R.
†Pétalé. e, *adj.* (fleur) composée de pétales, pourvue d'une corolle.
Pétalisme, *s. m.* forme de jugement établi à Syracuse; sorte d'ostracisme; exil pour cinq ans.
†Pétalode, *adj. m.* (sédiment) écailleux de l'urine.

†Pétaloïde, *adj.* 2 *g.* semblable à une corolle, à une pétale.

Pétarade, *s. f.* plusieurs pets de suite; bruit qu'on fait de la bouche par mépris.

Pétarasse, *s. f.* hache à marteau. G. C. RR.

Pétard. *s. m.* *Pyloclastrum.* sorte de feu d'artifice; machine de fer chargée de poudre, pour enfoncer les portes.

Pétarder, *v. a.* dé. e, *p.* faire jouer le pétard contre.

Petardier, *s. m.* qui fait ou applique les pétards.

Petase, *s. m.* sorte de chapeau des anciens. A.

Petasite, *s. m.* *Petasitus.* Herbe aux teigneux, plante à racines hystériques, apéritives, vulnéraires, antivermineuses; résout les bubons, mondifie les ulcères, la teigne. * Pétasite. R.

Petaud, *s. m.* (*familier* (la cour du roi), lieu de confusion où chacun est le maître. * Pétaud. R.

Petaudière, *s. f.* assemblée sans ordre; lieu où chacun veut être maître. * Pétaudiere. R.

Pétéchiale, *adj.* (fièvre) accompagnée de pétéchies. A. V.

Pétéchies, *s. f. pl.* *Petechiæ.* t. de méd. espèce de pourpre. * Pétéchie, *s. f.* fièvre contagieuse. R.

Peter, *v. n.* *Pedere.* faire un pet; éclater avec bruit.

Péterolle, *s. f.* petit petard. C.

Peteur. se, *s.* qui pete. * *ou* Péteux (*populaire*), personne lâche, foible. B. Petteur. V.

†Péthole, *s. f.* *Petola.* serpent du 3e. genre, en Afrique.

Petillage, *s. m.* t. de jurisprudence. R.

Petillant. e, *adj.* *Crepitans.* qui petille; qui brille avec éclat.

Petillement, *s. m.* *Crepitus.* action de petiller.

Petiller, *v. n.* *Crepitare.* éclater avec un bruit réitéré; briller avec éclat. * Petiller. V.

Petimbe, *s. m.* poisson de mer, du genre du trompette.

†Pétiolaire, *adj.* 2 *g.* qui appartient au pétiole.

Pétiole, *s. m.* *Petiolus.* queue qui soutient les feuilles des plantes. voyez Pédicule.

†Pétiolé. e, (feuille) portée par un pétiole.

Petit. e, *adj.* *Parvus.* qui a peu d'étendue, peu de volume; fort jeune. * bas, vil; à petits moyens. CO. *s. m.* animal nouvellement né. (en —), en raccourci. B.

Petit à petit, *adv.* peu à peu. R. Petit-à-petit. V.

†Petit-blanc, *s. m.* monnoie d'argent françoise.

Petit canon, Petit-parangon, Petit-romain, Petit-texte, *s. m.* caractères d'imprimerie. R.

Petit-chou, *s. m.* sorte de pâtisserie. R.

†Petit-coup, *s. m.* vis à tête, du métier à bas.

†Petit-deuil, *s. m.* mésange du Cap. — poisson du genre du chétodon.

Petit (en), *adv.* en raccourci.

†Petit-espadon, *s. m.* poisson du genre de l'ésoce.

Petit-fils, *s. m.* fils du fils ou de la fille

Petit-gris, *s. m.* *Mustela leucophæa.* écureuil du nord, sa peau.

Petit-lait, *s. m.* sérosité du lait.

Petit-maître. voyez Maître.

Petit-métier, *s. m.* sorte de pâtisserie, d'oublie.

†Petit-monde, *s. m.* poisson du genre des quatre-dents.

†Petit-mouton, *s. m.* monnoie d'or françoise.

Petit-neveu, *s. m.* fils du neveu ou de la nièce.

Petit-pied, *s. m.* os du sabot du cheval. A.

†Petit-royal, *s. m.* monnoie d'or fin françoise.

†Petit-tournois, *s. m.* monnoie d'argent françoise.

Petite-oie, *s. f.* petit membre d'une oie, etc. * Petits ajustemens. R. voyez Oie. B.

†Petite-olonne, *s. f.* toile de voile de chanvre écru.

†Petite-Venise, *s. f.* linge ouvré de Basse-Normandie.

Petite-vérole, *s. f.* maladie.

Petitement, *adv.* *Parcè.* en petite quantité; d'une manière petite, mesquine et pauvre; à l'étroit.

Petitesse, *s. f.* *Parvitas.* peu d'étendue, peu de volume; modicité; bassesse; défaut d'élévation; action, discours qui l'annoncent; minuties.

Pétition, *s. f.* demande; (de principe) allégation de la chose même pour la prouver.

Pétitioner, *v. a.* demander. C. * faire une pétition. B.

Pétitionnaire, *s. m.* (*nouveau*) qui fait une pétition. G. A. * Pétitionaire. C.

Pétitoire, *s. m. adj. f.* (action) de demander la propriété.

†Petitose, *s. f.* membre d'oiseau.

Pétoire, *adj.* (canne) canonnière. R.

Peton, *s. m.* (*familier*, *enfantin*) petit pied. * Péton. RR.

Petoncle, *s. f.* *Pectunculus.* coquillage bivalve de mer, sans oreilles. * Pétoncle, *s. m.* R.

Petonète, *s. f.* coquillage. V.

Petorite, *s. m.* t. d'antiquité, chariot à quatre roues. G. C.

Pétrarquiser, *v. a.* imiter Pétrarque. V.

Pétreau, *s. m.* *ou* Drageon, sauvageon qui pousse du pied d'un arbre. R. G. C.

Pétrée, *adj. f.* (Arabie) pleine de pierres.

Pétrel, *s. m.* oiseau palmipède, habite la haute-mer.

Pétreux. se, *adj.* *Petrosus.* qui tient de la pierre, de sa nature; pierreux; t. d'anatomie. G. C. RR. AL. CO.

Pétricherie, *s. f.* appareil de la pêche de la morue. G. C. RR.

†Pétricole, *s. f.* *Petricola.* mollusque acéphale, à coquille transverse.

Pétrification, *s. f.* changement des animaux, des végétaux en pierre. *Petrefacta.* chose pétrifiée.

Pétrifier, *v. a.* fié. e, *p.* convertir en pierre; interdire, rendre immobile d'étonnement. (se), *v. r.* devenir pierre.

Pétrin, *s. m.* *Mactra.* huche, vaisseau pour pétrir. * (*figuré*, être dans le —), dans l'embarras. AL. Pétrain. CO.

†Pétrinal, *s. m.* arquebuse plus courte que le mousquet.

Pétrir, *v. a.* *Pinsere.* tri. e, *p.* détremper la farine avec de l'eau, la remuer pour en faire de la pâte: se dit de toutes les pâtes, de la terre, etc.

Pétrissage, *s. m.* action de pétrir. CO.

Pétrisseur. se, *s.* qui pétrit. C. AL.

Pétrole, *s. m.* *Petrolum.* bitume liquide et noir; huile terrestre, moins pure que le naphte. * Pétro'. R.

†Pétromyson, *s. m.* premier genre des poissons apodes.

†Pétropharyngien, *adj.* (muscle) du pharynx.

†Pétrosalpingo-staphylin, *adj.* (muscle) de la luette.

†Pétro-silex, *s. m.* Pierre *ou* Caillou de Roche, matrice du jaspe et du porphyre; concrétion de quartz mêlé de feld-spath, demi-transparente comme l'huile figée. * pierre à fusil. B.

Petteia *ou* Pettia, *s. f.* t. de musique, R. art d'exprimer les passions. B.

Petteur, se, *s.* V. voyez Peteur. B.

†Petteutérion *ou* Pettéie, *s. m.* sorte de jeu de dames ou d'échecs chez les Grecs.

Petto (*in*), en secret, dans l'intérieur du cœur.

Pétulamment, *adv.* *Petulanter.* avec pétulance. * Pétulament. R.

Pétulance, *s. f.* *Petulantia.* vivacité; impétuosité. * Pétulence. C.

Pétulant. e, *adj.* *Petulans.* vif, brusque, impétueux.

Petun, *s. m.* (*populaire*) tabac.

Petun (bout-de-), *s. m.* oiseau d'Amérique. G.

Petun-sé, *s. m.* pierres chinoises dont on fait la porcelaine. * feld-spath laminaire, blanchâtre. B. *ou* Petunt-se. G. Pétunsé. A.

Petuner, *v. n.* fumer du tabac.

†Petut, *s. m.* filet à grandes mailles.

Peu, *adv.* *Parùm.* en petit nombre; en petite quantité. * *s.* le peu, la petite quantité. B.

Peu à peu, *adv.* insensiblement. * Peu-à-peu. C.

Peu près (à), *adv.* presque. * à-peu-près. C.

Peuille, *s. f.* t. d'affineur, morceau de métal qui sert d'essai. R. G. C.

Peuplade, *s. f.* *Colonia.* colonie d'étrangers; lieu où ils se fixent. * frai, alevin. G.

Peuple, *s. m.* *Populus.* multitude d'hommes d'un même pays; multitude d'habitans; la partie la plus laborieuse, la plus vertueuse et la moins riche d'une nation; sujets; frai ou alevin dont on peuple un étang; rejeton ou talle. * *adj.* 2 *g.* (air) vulgaire. AL.

Peuplement, *s. m.* (*inusité*) action de peupler. V.

Peupler, *v. a. n.* plé. e, *p.* remplir d'habitans un lieu désert; augmenter par la génération. * garnir, t. de métiers; t. de maçon, garnir de solives, de poteaux: garnir un lieu des êtres auxquels il est destiné. B.

†Peuplerage, *s. f.* bois, allée de peupliers.

Peuplier, *s. m.* *Populus.* arbre fort haut, à bois blanc, qui aime les lieux humides.

Peur, *s. f.* *Timor.* crainte, frayeur; passion, mouvement de l'ame qui fait éviter un objet.

Peureux. se, *adj.* *Pavidus.* sujet à la peur; craintif; timide.

Peut-être, *adv. dubitatif.* *s.* *Fortè.* il peut se faire que.

†Pezise, *s. f.* *Peziza.* genre de champignons.

†Pezzo, *s. m.* mesure agraire à Rome, 695 toises carrées.

†Pfenning, *s. m.* poids d'Allemagne.

†Phacite, *s. f.* *Phacites.* Pierre ovaire, Pierre nummulaire, à grains de la grandeur d'une lentille.

†Phacoïde, *adj. f.* (humeur) cristalline de l'œil en forme de lentille.

Phaëton, *s. m.* petite calèche; oiseau, paille-en-cul. * Phaeton. R.

Phaëtoniser, *v. a.* hasarder; risquer. CHOLIÈRES.

Phagédénique, *adj.* 2 *g.* rongeant, corrosif; t. de médecine. * (eau —) de chaux mêlée de corrosif.

†Phagédiane, *s. m.* espèce de cancer avec ulcère.

Phagésies, *s. f. pl.* fêtes de Bacchus. V.

Phagre, *s. m.* poisson de mer, adoré en Egypte. RR.

Phaisan, Phaisandeau. voyez Faisan. R.

Phalange, *s. f.* *Phalanx.* t. d'anatomie, os des doigts de la main; t. d'antiquité, corps de piquiers; t. militaire, bataillon d'infanterie. * espèces d'araignées; nom de six plantes bonnes contre la morsure des insectes venimeux.

Phalanger, *s. m.* *Didelphis orientalis.* quadrupède dans l'Amérique méridionale.

†Phalangiste, *s. m.* scarabée très-curieux.
Phalangite, *s. m.* soldat de la phalange.
Phalangium, *s. m.* insecte, araignée. RR.
†Phalangose, *s. f.* *Phalangosis.* espèce de trichiase.
Phalaris, *s. m.* Alpiste, graine de Canarie, plante graminée.
†Phalarop, *s. m.* espèce de petit bécasseau à pied de foulque.
†Phalarope, *s. m.* *Phalaropus.* oiseau de rivage des pays froids, de la forme des cincles.
Phalène, *s. m.* *Phalena.* papillon de nuit. * Phalene. R.
†Phaleuce *ou* Phaleuque, *adj.* (vers) endecasyllabe. voyez Phaleuque.
Phaleuque, Phaleuce, *adj.* t. de poësie, sorte de vers qui a cinq pieds.
†Phallophore, *s. m.* qui portoit le phallus.
†Phallus, *s. m.* image des parties viriles, t. d'antiquité.
Phantaisie. voyez Fantaisie. R.
Phantasque, Phantastique. voyez Fantasque. R.
Phantôme. voyez Fantôme. R.
†Pharamond, *s. m.* monnoie d'argent françoise.
Pharaon, *s. m.* sorte de jeu de cartes.
Phare, *s. m.* *Turris.* fanal placé sur une tour, cette tour.
Pharisaïque, *adj.* 2 *g.* *Pharisaicus.* qui tient du caractère du pharisien.
Pharisaïsme, *s. m.* caractère des pharisiens; hypocrisie (*familier*).
Pharisien, *s. m.* *Pharisæus.* sectaire juif; hypocrite, faux dévot. * rigoriste outré. G.
Pharmaceutique, *adj.* 2 *g.* qui appartient à la pharmacie. *s. m.* traité des médicamens. * *s. f.* A.
Pharmacie, *s. f.* *Ars medicamentaria.* art de préparer les drogues, lieu où on les prépare, où on les conserve.
Pharmacien, *s. m.* *Medicamentarius.* qui sait la pharmacie, l'exerce.
†Pharmacite *ou* Ampelite, *s. f.* terre noire, bitumineuse.
Pharmacochimie, *s. f.* partie de la chimie qui concerne les remèdes. G. C.
Pharmacologie, *s. f.* science de la pharmacie. G. C.
Pharmacopée, *s. f.* cours pratique de pharmacie.
Pharmacopole, *s. m.* apothicaire. R. V. * vendeur de médicamens. B.
†Pharmacoposie, *s. f.* *Pharmacoposia.* remède liquide.
†Pharyngé. e, *adj.* du pharynx.
†Pharyngographie, *s. f.* description du pharynx.
†Pharyngologie, *s. f.* traité sur le pharynx.
†Pharyngopalatin, *adj.* (muscle) qui a rapport au pharynx et au palais.
†Pharyngostaphylin, *adj.* (muscle) qui a rapport au pharynx et à la luette.
Pharyngotome, *s. m.* lancette pour pénétrer au fond de la gorge. * instrument de chirurgien pour scarifier les amygdales gonflées. B.
†Pharyngotomie, *s. f.* dissection du pharynx.
Pharynx, *s. m.* *Pharinx.* orifice du gosier.
Phase, *s. m.* *Phasis.* diverses apparences de planètes.
Phaséole. voyez Faséole.
†Phasme, *s. m.* *Phasma.* insecte coléoptère, à tête ovale.
†Phasque, *s. m.* *Phascum.* genre de plantes de l'ordre des mousses ou fucus, sans tiges.
Phatagin, *s. m.* quadrupède qui ressemble au pangolin. L.
Phébus, *s. m.* Apollon, le soleil; style guindé, trop figuré, obscur, ampoulé.
†Phengite, *s. f.* espèce de pierre brillante.
Phénicoptère, *s. m.* oiseau. voyez Bécharu. * Phénicoptere. R.
Phénicure, *et* Phœnicure, *s. m.* oiseau. R.
Phénigme, *s. m.* t. de médecine, remède qui excite des rougeurs et des vessies.
Phénix, *s. m.* oiseau fabuleux; homme supérieur dans son genre; papillon de la famille du sphinx; constellation australe. * *et* Phœnix. G.
Phénoménal. e, *adj.* qui tient du phénomène, lui appartient, y a rapport. K.
Phénomène, *s. m.* *Phænomenon.* tout ce qui paroît d'extraordinaire dans l'air, dans le ciel; effets de la nature; ce qui surprend par sa rareté, sa nouveauté. * Phénomene. R.
Phénomènes, *s. m. pl.* objets, apparences sensibles. K.
Phérécrate, *s. m.* vers grec ou latin. * Phérécrace. R.
Phialite, *s. f.* concrétions pierreuses en forme de flacons, de poires à poudre, de bocaux, etc. G. C.
†Philactère, *s. m.* espèce d'amulette.
†Philadelphe, *s. m.* qui aime ses frères.
†Philalète, *s. m.* ami de la vérité.
Philandre, *s. m.* *Philander.* voyez Sarigue *ou* Marmose.
Philantrope, *s. m.* porté naturellement à aimer son semblable. * Philanthrope. *philanthropos.* R.
Philantropie, *s. f.* caractère du philantrope. G. * Philantrophie. C. Philanthropie. *philanthropia.* R. T.
Philantropique, *adj.* 2 *g.* du philantrope. C.
†Philargirie, *s. f.* avarice.
Philaria; *s. f.* voyez Phyllyrée. R.
Philarmonique, *adj.* 2 *g. s.* qui aime les concerts, qui en donne. G. C.
Philarque, *s. m.* chef de tribu à Athènes.
Philautie, *s. f.* amour de soi-même. G. C.
Philippique, *s. f.* discours violent et satirique. A. * Philippiques, *s. f. pl.* C.
Phillyrée, *s. f.* arbrisseau toujours vert, à feuilles bonnes pour les ulcères de la bouche.
†Philobiosie, *s. f.* amour de la vie.
†Philocrise, *s. f.* amour de l'or.
†Philodoxe, *s. m.* qui tient fortement à ses opinions.
Philologie, *s. f.* *Philologia.* science des belles lettres; littérature universelle. * examen du texte sacré. B.
Philologique, *adj.* 2 *g.* qui concerne la philologie, qui y a rapport.
Philologue, *s. m.* *Philologus.* savant appliqué à la philologie, à la critique.
Philomèle, *s. f.* *en poësie*, rossignol. G. C. * Philomele. R.
†Philophane, *s. adj.* 2 *g.* qui adore la lumière.
†Philosophailler, *v. a.* faire le philosophe; parler philosophie (*ironique*).
Philosophale, *adj. f.* *Philosophica.* (pierre), prétendue transmutation des métaux; chose difficile à trouver.
†Philosophaste, *s. m.* mauvais philosophe.
Philosophe, *adj.* 2 *g. s.* *Philosophus.* qui s'applique à connoître les causes premières, à la philosophie, qui l'étudie, la pratique; écolier de philosophie; incrédule; alchimiste. * sage qui dompte ses passions, juge sainement des hommes, des choses et des événemens, agit en conséquence; (*en mauvaise part*), celui qui se met au-dessus de ses devoirs, des lois, des sentimens naturels; sceptique; égoïste, personnel par système; athée; philosophiste. B.
Philosopher, *v. n.* *Philosophari.* raisonner de philosophie; conformément à la philosophie, ou trop subtilement, ou de choses sérieuses, ou de physique.
Philosophie, *s. f.* *Philosophia.* amour de la sagesse; connoissance distincte des choses par leurs causes et leurs effets; science qui comprend la logique, la morale, la physique et la métaphysique; élévation d'esprit qui porte à se mettre au-dessus des préjugés, des événemens fâcheux, des fausses opinions; classe, leçon de philosophie; opinions des philosophes; caractère d'imprimerie. * septicisme; incrédulité. B.
Philosophique, *adj.* 2 *g.* *Philosophicus.* qui appartient à la philosophie, qui la concerne. * (or) des Alchimistes. B.
Philosophiquement, *adv.* d'une manière philosophique, en philosophe.
Philosophisme, *s. m.* secte, doctrine des faux philosophes; amour des sophismes. G.
Philosophiste, *s. m.* faux philosophe qui brave tous les principes reçus. G. C. * Philosophaste. B.
Philotésie, *s. f.* cérémonie grecque. V. * toasts chez les Grecs. B.
Philtration. voyez Filtration. R.
Philtre, *s. m.* *Philtrum.* breuvage, etc. qu'on suppose propre à donner de l'amour. * *et* Filtre. G.
Philtrer. voyez Filtrer. G.
Phimosis, *s. m.* *Capistratio.* maladie du prépuce trop serré.
Phiole, *s. f.* *Phiala.* voyez Fiole. R. V.
Phiseter, *s. m.* *Macrocephalus.* poisson énorme qui donne l'ambre gris. RR.
†Phisophore, *s. m.* ver radiaire, gélatineux.
†Phitolithe, *s. f.* pierre qui a une empreinte de végétaux.
†Phlébographie, *s. f.* description des veines.
†Phlébologie, *s. f.* traité sur les veines.
†Phlébotome, Phlébotomiste, *s. m.* *Phlebotomus.* qui pratique la saignée.
Phlébotomie, *s. f.* art de saigner; saignée.
Phlébotomiser, *v. a.* sé. e, *p.* saigner.
Phlébotomiste, *s. m.* partisan de la saignée. V.
Phlégéton, *s. m.* fleuve des enfers. R.
Phlegmagogue. voyez Flegmagogue.
†Phlegmasie, *s. f.* inflammation.
Phlegmatique. voyez Flegmatique.
Phlegme, *s. m.* *Phlegma.* voyez Flegme, partie aqueuse d'une substance.
Phlegmon, *s. m.* *Phlegmone.* voyez Flegmon.
Phlegmoneux. voyez Flegmoneux.
Phlégréens, Champs phlegréens, *s. m. pl.* lieu du combat des Dieux et des Géants. RR. * contrées, plaines volcaniques. B.
Phlibot. voyez Flibot. R.
†Phlibotome, *s. m.* lancette à ressort.
Phlogistique, *s. m.* partie du corps susceptible de s'enflammer. * feu primitif; feu élémentaire; matière inflammable. B.
Phlogose, *s. f.* *Phlogosis.* t. de médecine; inflammation interne ou externe. * Phlogôse. R.
†Phlyacographie, *s. f.* parodie chez les Grecs.
Phlyctene, *s. f.* maladie cutanée. V.
†Phlycténes, *s. m. pl.* vésicules qui causent des démangeaisons.
†Phocène, *s. f.* animal cétacée des anciens, marsouin.
Phœnicure, *s. m.* rossignol de muraille, oiseau. * voyez Phénicure. R.
†Phœnigme, *s. m.* médicament qui cause des ampoules.
†Phœnix, *s. m.* constellation méridionale.
Pholade, *s. f.* *Pholas.* coquillage qui se creuse un trou dans la pierre.
†Pholadite, *s. f.* *Pholadites.* pholade fossile.

†Pholidote, *s. m.* espèce de pangolin.
Phonascie, *s. f.* art de former la voix. R. V.
†Phonique, *adj. ou* Acoustique, (voûte) elliptique sous laquelle les sons sont répétés par un écho. *s. f.* art de traiter et combiner les sons sur les principes de l'acoustique.
†Phonocamptique, *adj.* 2 *g.* (centre) lieu, objet qui renvoie l'écho.
†Phonomètre, *s. m.* instrument pour mesurer la lumière des astres.
Phoques, *s. m. pl. Phoca.* animaux amphibies, nuance entre les quadrupèdes et les cétacées, veaux, etc. marins.
†Phorbéion, *s. m.* bandage dont les joueurs d'instrumens à vent s'entouroient la tête.
†Photonomie, *s. f.* science du mouvement des fluides et des solides.
†Phosphaté, e, *adj.* combiné avec l'acide phosphorique.
Phosphate, *s. m.* sel formé par la combinaison de l'acide phosphorique avec différentes bases. V.
Phosphite, *s. m.* sel formé par la combinaison de l'acide phosphoreux avec différentes bases. V.
Phosphore, *s. m. Phosphorus.* substances qui luisent comme le feu dans l'obscurité.
Phosphorescence, *s. f. Phosphorescentia.* formation du phosphore. V. * lueur douce comme celle du ver luisant, produite par un minéral pulvérisé et mis sur des braises. B.
Phosphoreux, *adj. m.* (acide) produit par la combustion du phosphore. V.
Phosphorique, *adj.* 2 g. qui appartient au phosphore, de sa nature. A. * (colonne) surmontée d'un fanal, qui en sert. AL.
Phosphure, *s. f.* combinaison dont la base est le phosphore. V.
†Photomètre, *s. m. Photometrum.* instrument pour mesurer la lumière.
†Photophore, *s. m. ou* Porte-lumière, réverbère en cône tronqué.
†Photoscatérique, *s. f.* gnomonique.
Phrase, *s. f. Phrasis.* réunion de mots qui forment un sens complet; suite de chant, d'harmonie, qui forme un sens.
Phraser, *v. a.* faire des phrases. V.
Phraseur, *s. m.* qui fait des phrases. V.
Phrasier, *s. m.* qui cherche des tours de phrases nouveaux. A. V. * faiseur de phrases. AL.
Phrénésie, voyez Frénésie.
Phrénétique, voyez Frénétique.
Phrénique, *adj.* 2 *g.* t. d'anat. R. qui a rapport au diaphragme. B.
†Phriciasie, *s. f. Phriciasis.* froid morbifique.
Phrigane, *s. f. Phryganea.* insecte.
†Phrygien, *adj. m.* (mode) de la musique grecque.
†Phryne, *s. m. Phrynus.* espèce de tarentule.
†Phryné, *s. m.* papillon de jour, en Russie.
Phthiriasis, *s. m.* maladie pédiculaire. RR.
Phthisie, *s. f. Phtisis.* marasme, consomption.
Phthisiologie, *s. f.* discours, traité de la phthisie.
Phthisique, *adj.* 2 *g. Phthisicus.* étique, malade de la phthisie.
†Phtyréides, *s. m. pl.* insectes crustacés.
Phu, *s. f.* valériane, plante.
†Phygéthlon, *s. m. Panula.* tumeur inflammatoire.
Phylactère, *s. m.* t. d'antiquité, préservatif, talisman; mots sacrés écrits sur un morceau de peau, etc. * Phylactere. R. Philactère. G.
Phylarque, *s. m.* chef de tribu à Athènes.
†Phyllides, *s. f. pl. Phyllidia.* mollusques gastéropodes.
Phyllitis, *s. f.* Langue de cerf, plante.
Phyllon, *s. m.* sorte de mercuriale émolliente et laxative, plante. G. C.
†Phyllostomes, *s. m. pl.* chauve-souris à feuille membraneuse sur le nez.
†Phyma, *s. m.* tumeur inflammatoire.
†Phymosique, *adj.* 2 *g.* du phimosis.
†Physalide, *s. m.* ver radiaire, gélatineux.
†Physalie, *s. f. Physalia.* radiaire mollasse, la galère.
Physalus, *s. m.* poisson. L.
†Physconie, *s. f.* intumescence de l'abdomen.
Physetère, *s. m.* poisson de mer, souffleur. G. * Physitere. R.
Physicien, *s. m. Physicus.* qui sait la physique, s'en occupe, qui l'apprend.
Physico-mathématique, *adj.* 2 *g.* qui a rapport à la physique et aux mathématiques. V.
†Physico-techniope, *s. m.* microscope dont le champ est très-vaste.
Physiognomonie, *s. f.* voy. Physionomie. R.
Physiognomonique, *adj.* 2 *g.* qui tient de la physiognomonie. R.
Physiognomoniste, *s.* 2 *g.* voy. Physionomiste.
†Physiographie, *s. f.* description de la nature.
Physiologie, *s. f.* traité du corps humain en état de santé.
Physiologique, *adj.* 2 *g.* de la physiologie. A.
Physiologiste, *s. m.* versé dans la physiologie. A.
Physionomie, *s. f.* l'air, les traits du visage; art de connoître le caractère, les inclinations par l'inspection des traits. * Physiognomonie. LAVATER. R.
Physionomiste, *s. m. Physiognomon.* qui se connoît en physionomie. * Physiognomoniste. LAVATER. R.
†Physionotrace, *s. m.* instrument pour réduire et graver les desseins des portraits.
Physique, *adj.* 2 *g. Physicus.* naturel, qui tient à la physique. *s. f. Physica.* science des choses naturelles; classe, traité de physique; manière d'en raisonner. * *s. m.* constitution naturelle, apparence. A.
Physiquement, *adv. Physicè.* naturellement, d'une manière réelle et physique.
†Physocèle, *s. f.* hernie venteuse du scrotum.
†Physocéphale, *s. m. Physocephalus.* tumeur de toute la tête.
†Physomètre, *s. f. Physometra.* tympanite de la matrice.
†Physométrie, *s. f. Physometra.* tumeur de la matrice.
†Physsophore, *s. f. Physsophora.* radiaire mollasse.
†Phytolaca, *s. m.* raisin à grappes, morelle à grappes.
†Phytolithe, *s. m.* plante pétrifiée.
†Phytologie, *s. f.* art de décrire les plantes; traité des plantes médicinales.
†Phytolypolithe, *s. m.* empreinte de plante sur une pierre.
†Piabuque, *s. m. Argentinus.* poisson du genre du salmone.
Piaculaire, *adj.* 2 *g.* qui a rapport à l'expiation.
Piaffe, *s. f. Fastus.* (*famil.*) faste, ostentation. * Piafe. A. R.
Piaffer, *v. n.* (*familier*) avoir de l'ostentation; faire piaffe; t. de manége, passager en place. * Piafer. R.
Piaffeur, *s. m. adj.* cheval qui piaffe. * Piafeur. R.
Piaffeux, *adj.* pompeux, magnifique. CHOLET.
Piailler, *v. n. Pipire.* (*famil.*) crier, criailler.
Piaillerie, *s. f. Vociferatio.* (*famil.*) criaillerie.
Piailleur, se, *s. adj. Clamator.* (*famil.*) criard, qui ne fait que piailler.
Pian, *s. m.* maladie que l'on croit vénérienne, en Amérique. * *et* Épian. R.
Pianelle, *s. f.* chaussure. V.
Piane-piane, *adv.* doucement, lentement. G. C.
Piano, *adv.* doux, doucement.
Piano-forté, *s. m. ou* Forté-piano, *ou* Piano, sorte de clavecin carré.
Piast, *s. m.* descendant des anciens Polonois. G. C. CO. * Piaste. A.
Piastre, *s. f.* monnoie d'argent, valant un écu. (—forte) double.
†Piat, *s. m.* petit de la pie.
†Piattole, *s. f.* vase pour reposer le lait.
†Piauhau, *s. m.* espèce de gobe-mouche de Cayenne.
Piaulard, *s. m.* pleureur. V.
Piauler, *v. n.* (*popul.*) se plaindre en pleurant. * se dit du cri du poulet. A.
†Piazzi, *s. m.* (planète de) nouvellement observée.
Pic, *s. m.* instrument, crochet de fer; t. de géogr. rocher qui termine une montagne; t. de jeu de piquet; oiseau à pieds courts, bec droit en coin. * mesure turque, 25 pouces. B.
Pic (à), *adv.* perpendiculairement. * A-pic. C.
Pica, *s. m.* appétit dépravé des femmes qui leur fait manger du plâtre, du charbon, etc.
†Picadil, *s. m.* verre devenu jaune, noir par addition; verre qui se répand dans le four.
†Picadou, *s. m.* lieu où l'on brise les soudes, t. de savonnerie.
Picard, e, *adj. s.* de Picardie. R.
Picardant, *s. m.* muscat de Montpellier. R.
†Picarel, *s. m. Smaris.* poisson du genre du spare.
†Picassure, *s. f.* tache de plomb sur la faïence.
Picaveret, *s. m. ou* Cabaret, sorte de linotte. * Picavret. R.
Picéa, *s. m. ou* Pesse, espèce de sapin.
Pichet, Picher, Piché, *s. m.* terme de marchand de vin. R.
Picholine, *s. f.* olive de la plus petite espèce. * olive confite. B.
Pichon, *s. m. ou* Pichois, chat putois de la Louisiane, quadrupède.
†Picicitli, *s. m.* oiseau du Brésil, très-petit et huppé.
Picnostile, *s. f.* temple à colonnes très-rapprochées. * Picnostyle. V.
Picolets, *s. m. pl.* petits crampons de la serrure; t. de serrurier. G. C. RR.
Picorée, *s. f. Prædatio.* maraude; action de butiner; pillage des soldats.
Picorer, *v. n.* butiner, aller en maraude.
Picoreur, *s. m. Prædator.* (*vieux*) qui va à la picorée.
Picot, *s. m.* engrêlure au bas des dentelles; marteau. *Trunculus.* t. d'eaux et forêts, pointe qui reste sur le bois coupé; demi-folle. * marteau de carrier. B.
Picote, *s. f. Picota.* petite vérole. V.
Picotement, *s. m. Punctio.* impression douloureuse sur la peau.
Picoter, *v. a. Vellicare.* causer des picotemens; faire des petites piqûres; attaquer par des traits malins. Picoté, e, *p. adj.* marqué.
Picoterie, *s. f. Vellicatio.* satire, paroles dites pour picoter. * dispute pour des bagatelles. V.
Picotin, *s. m.* mesure d'avoine, son contenu.
†Picotte, *s. f.* étoffe de laine.
Picpus, *s. m.* religieux, moine. R.
†Picquet, *s. m.* outil de saulnier.
Pictonique, *adj.* 2 *g.* qui appartient au Poitou. R.
†Pidance, *s. f.* gros maillet de flotteur.
Pie, *adj. f.* (œuvre) pieuse. * *adj.* 2 *g.* A.
Pie, *s. f. Pica.* oiseau. — testacée, espèce de sabot ombiliqué. — de mer, oiseau. voyez Agace. grillade d'un reste d'épaule de mouton.

Pie, *adj. m.* (cheval) gris et blanc.

Pie-grièche, *adj. s. f. Pica-graeca.* sorte de pie ; oiseau de proie ; femme d'humeur aigre et querelleuse.* Pie-griesche. R.

Pie-mère, *s. f.* membrane qui enveloppe le cerveau.* Pie-mere. R.

Pieçà, *adv.* il y a long-temps. V.

Pièce, *s. f. Pars.* portion ; partie ; morceau ; chose détachée ; appartement ; chacun, chacune ; canon ; malice ; t. de musique ; de pratique ; écriture ; t. de monnoie, depuis le liard jusqu'au louis ; t. de littérature, comédie, tragédie. — de vin, muid. — d'artillerie, canon, etc. — d'eau, bassin, canal.* Piece. R.

Piécer, *v. a.* cé. e, *p. t.* de cordonnier. G.

Pied, *s. m. Pes.* membre de l'animal qui lui sert de base et à marcher ; base ; état ; trace ; tige et tronc d'un arbre, d'une plante ; partie inférieure ; mesure, 12 pouces ; prix ; t. d'arts et métiers ; de poësie.

Pied (d'arrache-), *adv.* sans intermission.

†Pied-à-boule, *adv.* de suite ; sans discontinuer.

Pied-à-pied, *adv.* peu à peu. C.* Pied à pied. R.

Pied-bot, *s. m.* pied boté. R.* Pied bot, rond. B. qui a le pied bot. AL. Pied-boté, *adj.* V.

Pied-cornier, *s. m.* t. d'eaux et forêts, R. arbre qui sert de limites ; pièces aux encoignures, ou d'assemblage ; battant à angles. B.

Pied d'alouette, *s. m.* Dauphinelle, plante à fleur irrégulière à éperons, cultivée et très-belle. voyez Staphisaigre.* Pied-d'alouette. C. Pied-d'aloüete. R. Delphinium. G.

Pied-d'âne, *s. m.* huître dont la coquille ressemble à la corne du pied de l'âne.

Pied-de-biche, *s. m.* instrument de dentiste. A. * détente brisée ; t. d'horl. support en pied de biche ; barre pour fermer une porte. B.

Pied-de-bœuf, *s. m.* sorte de jeu. R.

Pied de chat, *s. m.* plante vulnéraire, astringente, pectorale.* Pied-de-chat. C.

Pied de chèvre, *s. m.* instrument d'imprimerie, espèce de levier. *Lagopus.* plante, Petite angélique sauvage.* Pied-de-chèvre. C. Pied-de-chevre. R. Alchimille. G.

†Pied-d'étape *ou* Plan, *s. m.* établi de cloutier.

Pied de griffon, *s. m. Helleborus fœtidus.* plante. L. 784.* instrument pour les accouchemens laborieux. B. Pied-de-griffon. C.

Pied de lièvre, *s. m.* plante, Petit trèfle des champs.* Pied-de-lièvre. C.

Pied de lion, *s. m.* Alchimille, plante vulnéraire, astringente ; réunit les plaies ; arrête les règles. L. 180.* Pied-de-lion. C.

†Pied-de-mouche, *s. m.* signe. ¶.

Pied de pigeon, *s. m.* plante, voyez Bec de grue. * Pied-de-pigeon. C.

†Pied de poule, *s. m.* espèce de chiendent.

Pied-de-roi, *s. m.* mesure de douze pouces. R.

Pied de veau, *s. m.* Arum, plante : on en fait une poudre médicinale.* Pied-de-veau. C.

Pied-droit, *s. m.* partie du jambage d'une porte. * billot de clouière. B.

Pied-fort, *s. m.* pièce de monnoie d'or, d'argent très-épaisse.

†Pied-fourché, *s. m.* droit d'entrée sur les quadrupèdes bisulces.

Pied-plat, *s. m.* homme méprisable. R.* *et* Platpied. AL.

Pied poudreux, *s. m.* vagabond, va nus-pieds.

†Pied rouge, *s. m.* Bec de hache, oiseau de mer qui vit de coquillages.

Pied-sente, *ou* Pied-sante, *s. m.* chemin étroit. R.

Pieds (va nus-), *s. m.* homme obscur.

†Pieds-forts, *s. m.* pièces servant de modèle et de patron à la monnoie.

Piédestal, *s. m. Stylobata.* corps qui porte une colonne, une statue.

Piédouche, *s. m.* petit piédestal.

Piége, *s. m. Laqueus.* machine pour attraper des animaux ; embuche, artifice.

Piémontois. e, *adj. s.* du Piémont. R.

Pierraille, *s. f.* amas de petites pierres.

Pierre, *s. f. Lapis.* corps dur qui se forme dans la terre ; caillou ; amas de gravier dans la vessie ; dureté dans les fruits.* Pierre d'aigle, voyez Étite. — d'alchéron, dans la vessie du fiel des bœufs. — alectorienne *ou* de coq. — apyre, qui résiste au feu sans s'altérer. — réfractaire, qui s'altère au feu sansse fondre. — d'Arménie, pierre graveleuse, d'un bleu verdâtre, ressemble au lapis. — assienne, qui consume les chairs ; on en fait des tombeaux. — atramentaire, vitriolique. — de Bologne, phosphorique. — calaminaire *ou* calamine, ocre de zinc mêlée à du fer. — calcaire, formée de débris de coquillages. — de Cayenne, hocco du Mexique, oiseau ; cristal roulé, scintillant. — colubrine, espèce de pierre ollaire, solide. — colomine, espèce de pierre ollaire. — de corne, t. de mineurs ; de plusieurs espèces. — d'éponge *ou* Cysthéolite, concrétion poreuse, marine et pierreuse, dans les éponges. — de foudre, substance altérée par la foudre. — de gallinace, espèce de verre noirâtre, naturel, au Pérou. — hépatite *ou* de foie, combinaison d'acide vitriolique, de matière inflammable, de terre calcaire et argileuse. — d'hirondelle *ou* de sassenage, petits grains d'agate, de pierre à fusil, ou de quartz. — des Incas, pyrite arsénicale, espèce de marcassite. — d'iris, pierre précieuse qui a les couleurs de l'arc-en-ciel. — judaïque *ou* de Syrie, pointe d'oursin fossile. — de lait, morochite, substance argileuse qui sert à dégraisser ; lait de lune fossile. — de lard, pierre ollaire de la Chine. — lenticulaire, nummulaire, qui ressemble à une lentille, une monnoie ; nautiles fossiles. — de liais *ou* de lierre, la plus dure des pierres calcaires de Paris. — lumachelle *ou* de limaçon, marbre conchite, amas de débris de limaçons, etc. avec leur nacre unis par un gluten. — de lune, agate nébuleuse, opale d'un blanc laiteux. — meulière, quartz carié, très-dur, dont on se sert pour moudre le grain. — numismale *ou* nummulaire. — obsidienne, espèce d'émail fourni par les volcans. — oculaire. voyez Œil de chat. — ondotoïde. voyez Glossopètres. — ollaire, smectite, stéatite à surface glissante, douce au toucher comme le savon ; on en fait des vases. — porc *ou* puante, combinaison de terre calcaire, de terre argileuse avec le soufre ; elle sent l'urine de chat. — de porc-épic, dans la vessie du porc-épic des Indes. — pourrie *ou* terre pourrie, argile qui a perdu son gluten ; on s'en sert pour polir les métaux. — gemme *ou* précieuse, formée par cristallisation. — à rasoir, *ou* cor, *ou* queux, *ou* naxienne, pierre schisto-argileuse. — de sassenage *ou* chélidoine. — smectite *ou* stéatite, ollaire. — de touche, sorte de schiste qui garde la trace du métal que l'on frotte dessus. — de violette *ou* jolite, qui a une odeur de violette. t. d'arts, pierre employée comme instrument, outil ou ingrédient. B.

†Pierre à champignon *ou* Racine de champignon, *s. f.* produit des champignons blancs, poreux, convexes.

†Pierre à fusil, *s. f.* agate imparfaite d'une substance vitreuse mêlée de matière calcaire.

Pierre de touche, *s. f.* pierre pour éprouver l'or et l'argent.* basalte extrêmement dur. B. Pierre-de-touche. C. G.

†Pierre-garin, *s. m. Sterna.* espèce d'hirondelle de mer.

Pierre infernale, *s. f.* pierre à cautère. A.

Pierre meulière, *s. f.* composée de lames de pierre à fusil unies par un ciment vitreux et calcaire.

Pierre philosophale, *s. f.* art de faire de l'or. A.

Pierre-ponce, *s. f.* pierre blanche, luisante, soyeuse, très-légère, calcinée par le feu des volcans.* Pierre ponce. A.

Pierré, *s. f.* t. de jardinage. R.

Pierrée, *s. f.* conduit fait en terre à pierres sèches.

Pierreries, *s. f. pl. Gemmæ.* pierres précieuses.

Pierrette, *s. f. Scrupus.* petite pierre.* femelle du pierrot. v. Pierrete. R.

Pierreux. se, *adj. Lapidosus.* plein de pierres. * malade de la pierre. A.

Pierrier, *s. m. Tormentum.* petit canon chargé de cartouches.

Pierrures, *s. f. pl.* t. de vénerie, ce qui forme la fraise autour de la meule.

†Piétaille, *s. m.* piéton. (*vieux*).

Piété, *s. f. Pietas.* dévotion, affection, respect religieux ; t. de blason, se dit du pélican qui s'ouvre le sein.

Piéter, *v. a.* té. e, *p.* t. de marine, mettre des marques au gouvernail. *v. n.* t. de jeu, tenir le pied au lieu marqué. (se), *v. pers.* prendre bien ses mesures.* *v. a.* disposer quelqu'un, ou se disposer à résister. AL.

†Piétinage, *s. m.* action de fouler avec les pieds, t. de métiers.

Piétiner, *v. n.* remuer fréquemment les pieds.

Piéton. ne, *s. Pedes.* qui voyage à pied ; soldat à pied.* *f.* Piétone. R.

Piétonner, *v. a.* aller à pied. V.

Piètre, *adj. 2 g. Vilis.* (*familier*) chétif ; en mauvais état ; vil, méprisable.* Pietre. R.

Piètrement, *adv.* chétivement.* Piétrement. R.

Piètrerie, *s. f.* chose vile et méprisable en son genre.* Piétrerie. R.

Piétrir, *v. n.* se ramollir, t. de parcheminier. R.

Piette, *s. f.* Religieuse *ou* Nonette blanche, Petit harle hupé, oiseau.* Piete. R.

Pieu, *s. m. Palus.* pièce de bois aiguisée par le bout.

Pieusement, *adv. Piè.* d'une manière pieuse.

Pieux. se, *adj. Pius.* qui a de la piété, qui part de la piété ; attaché aux devoirs de la religion.

†Piffaro, *s. m.* haute-contre du haut-bois.

Piffre. esse, *s.* goulu, gourmand ; gros et replet. * *s. m.* gros marteau de batteur d'or. B. Pifre. R.

Piffrer (se), *v. pers.* Q. C. *mieux* s'empiffrer. B.

†Pigache, *s. m.* connoissance du pied du sanglier.

†Pigachie, *s. f.* connoissance du pied du sanglier.

†Pigargue *ou* Pygargue, *s. m. Pigargus.* oiseau carnivore à jambes nues. — quadrupède à fesses blanches, espèce de gazelle.

Pigeon. ne, *s. Columba.* oiseau domestique très-connu ; dupe.* — biset, souche primitive des pigeons. — carme, à pieds garnis de plumes, huppe en pointe derrière la tête. — cavalier, produit du grosse-gorge et du messager. — coquille. — cravate, qui a une touffe de plumes rebroussées sur la gorge. — culbutant, qui culbute en l'air. — mondain, de la taille d'une petite poule, à yeux bordés de rouges. — bagadais, à paupières rouges et morilles sur la mandibule. — grosse-gorge, qui gonfle sa gorge. — heurté, variété du mondain, avec une tache noire qui part du bec et va sur le milieu de la tête. — hirondelle, d'une forme allongée et léger au vol. — messager, habite les ruines, a le vol d'une rapidité extraordinaire. — nonnain, qui a un chaperon autour de la tête. — paon, qui relève sa queue comme le paon. — pattu, qui a les pieds et les doigts couverts de plumes. — polonois, bas sur ses pattes, bec gros et court, yeux bordés d'un large cercle rouge. — ramier *ou* sauvage, habite les forêts. — romain, variété du mondain, mais plus gros. — tambour, dont la voix imite le tambour. — tournant, qui tourne en volant. Maille longue qui commence le filet. *f.* papier de petit format. B. *f.* Pigeone. R.

Pigeonneau, *s. m. Columbulus.* petit pigeon. * Pigeoneau. R.

Pigeonner, *v. n.* t. de maçon, mettre du plâtre par poignées. G. C. * Pigeoner. R.

Pigeonnier, *s. m. Columbarium.* lieu où l'on élève des pigeons. * Pigeonier. R.

Pigmée. voyez Pygmée. R. G.

†Pignaresse, *s. f.* femme qui sérance le chanvre.

Pigne, *s. f.* masse de métal tirée du minérai.

Pignes, *s. f. pl.* t. de monnoie, reste de l'argent amalgamé après les lavures. G. C. * Pigne. *s.* R.

Pignocher, *v. a.* ché. e, *p.* (*familier*) manger négligemment et par petits morceaux. * Pinocher. V.

Pignon, *s. m. Fastigium.* grand mur qui termine une maison; amande du pin; ce qui sort du cœur du chanvre; t. d'horl. roue dentée; arbre cannelé, t. de mécanique.

Pignoné e, *adj.* t. de blas. qui s'élève en forme d'escalier, de pyramide.

Pignoratif, *adj.* (contrat) t. de prat. qui engage, avec faculté de rachat.

†Pignoration, *s. f.* engagement, saisie.

†Pignorer, *v. n.* engager, saisir.

Pigou, *s. m.* chandelier de fer à deux pointes, t. de marine. G. C. R.

Pigrièche. voyez Pie-grièche. A.

†Pika, *s. m. Lepus alpinus.* espèce de lièvre de Sibérie.

Piissime, *adj.* 2 g. très-pieux. V.

Pilastre, *s. m. Parastata.* t. d'archit. pilier carré orné et proportionné comme une colonne.

Pilau, *s. m.* riz cuit avec du beurre et du lait. * Pilaux, *s. m.* CO.

†Pilchard, *s. m.* poisson du genre du clupe.

Pile, *s. f. Strues.* masse, amas; t. de maçonnerie, côté; pilon; t. de monnoie, matrice, coin, côté de la face; monnoie de compte françoise; * mortier de moulin à papier; auge, pierre pour piler. — de Héron, machine hydraulique. *ou* Empile, ligne qui porte le hameçon. B.

†Pilée, *s. f.* quantité d'étoffe dans l'auge à couler.

Piler, *v. a. n. Pinsere.* lé. e, broyer, écraser dans un mortier. * manger. (*populaire*). B.

†Pilerie, *s. f.* bâtiment où l'on pile le sel du sucre.

Pilet, *s. m.* oiseau. R.

Pilette, *s. f.* instrument pour piler la laine. G. C.

Pileur, *s. m.* grand mangeur. * celui qui pile. B.

Pilier, *s. m. Pila.* ouvrage de maçonnerie pour soutenir; poteau; support; celui qui ne bouge pas d'un endroit.

†Piliforme, *adj. s.* l'une des plus petites membranes de l'œil.

Pillage, *s. m. Direptio.* action de piller; ses effets; son produit.

Pillard. e, *s. m. adj. Direptor.* qui aime à piller.

Piller, *v. a. Prædari.* lé. e, *p.* emporter violemment les biens de; voler; extorquer; se jeter sur. * Piler. V.

Pillerie, *s. f. Rapina.* volerie, extorsion; action de piller.

Pilleur, *s. m. Expilator.* qui pille, aime à piller. * Pileur. V.

Pilloter, *v. a.* diminutif de piller. MONTAIGNE.

Pillulaire, *s. f. Pillularia.* plante aquatique, atténuante, incisive, apéritive; scarabée, fouille-merde.

Pilon, *s. m. Pilum.* instrument pour piler dans un mortier. * barre de fer pour remuer le verre fondu. B.

†Pilonage, *s. m.* action de piloner, t. de verrier.

Piloner, *v. a.* né. e, *p.* fouler la laine. G. C. * remuer le verre fondu avec le pilon. B.

Pilori, *s. m. Infamis cippus.* machine tournante, ou poteau où l'on attache ceux que l'on expose à la risée du public. * gros rat de la Martinique, qui sent le musc. A. G.

Pilorier, *v. a.* rié. e, *p.* mettre au pilori; diffamer.

Piloriment, *s. m.* action d'attacher au pilori. V.

Piloris, *s. m.* rat musqué des Antilles. * Pilori. A. G.

Piloselle, *s. f. Pilosella.* Oreille de rat, plante vulnéraire et astringente, détersive pour le cours de ventre, l'hémorragie, les hernies; tue les moutons.

Pilot, *s. m.* t. de salines, pile, tas de sel. * portion du filet appelé folle. B.

Pilotage, *s. m. Navicularia.* t. d'architecture, fondation sur laquelle on bâtit dans l'eau; t. de marine, art de conduire un vaisseau; droits dus au pilote.

Pilote, *s. m. Navarchus.* qui gouverne un bâtiment, une affaire, etc. qui gouverne. * poisson du genre du gastré, *Ductor.* baguettes armées de pointe, t. d'organiste. B.

Piloter, *v. a.* té. e, *p.* enfoncer des pilotis pour bâtir dessus. * *v. n.* conduire un vaisseau. G.

Pilotis, *s. m. Pali.* pieux qui composent le pilotage.

Pilule, *s. f. Pilula.* (*famil.*) composition médicinale en petites boules.

†Pimalot, *s. m.* gros étourneau de mer.

Pimbêche, *s. f.* (*famil.*) femme précieuse et impertinente.

Pimberah, *s. m.* serpent monstrueux de Ceylan. G.

†Piméleptère, *s. m.* genre de poissons.

†Pimélies, *s. m. pl. Pimelia.* insectes de l'espèce du ténébrion.

Piment, *s. m.* Mille-graine, plante pectorale, employée dans les ragoûts. * Poivre d'Inde. B.

Pimentade, *s. f.* sauce au piment. V.

Pimpant. e, *adj.* superbe et magnifique en habits.

Pimpesouée, *s. f.* femme qui fait la délicate et la précieuse.

Pimprelocher, *v. a.* ché. e, *p.* coiffer d'une manière ridicule. R. G. C.

Pimprenelle, *s. f. Pimpinella.* herbe potagère. * *ou* Bipinelle, excellent pâturage. B. Pimprenele. R.

Pin, *s. m. Pinus.* arbre toujours vert, résineux, conifère, grand, droit, très-utile. * Maille du fond du filet. B.

Pinacle, *s. m. Fastigium.* élévation; sommet; la partie la plus élevée d'un édifice; comble en pointe.

†Pinaru, *s. m. Cristatus.* poisson du genre du blenne.

Pinasse, *s. m. Caulus.* vaisseau qui va à la voile et à la rame.

Pinastre, *s. m. ou* Cimbre, pin sauvage.

†Pinçart *ou* Rampin, *s. m.* cheval qui use en pince.

Pince, *s. f. Vectis.* bout du pied de certains animaux; levier de fer; pli; dents de devant du cheval; grande, petite tenaille; action de pincer, de saisir avec force; piége pour les oiseaux; outil. * insecte qui a des pinces aux antennes. *Chelipes.* B.

Pince-maille, *s. m.* (*famil.*) avare jusque dans les plus petites choses.

Pince-sans-rire, *s. m.* homme malin et sournois. V.

†Pincé, *s. m.* agrément propre au clavecin.

Pinceau, *s. m. Penicillus.* faisceau de poils pour étendre les couleurs; manière de colorier; plume d'un écrivain. * espèce de zoophyte. B.

Pincée, *s. f. Pugillus.* ce qu'on prend avec deux ou trois doigts.

Pincelier, *s. m.* t. de peinture, vase en deux parties, * pour nettoyer les pinceaux. B. Pincellier. V.

Pincement, *s. m.* action de pincer les fruits, de découper le bout des bourgeons. G. C.

Pincer, *v. a. Stringere.* serrer la superficie de la peau; critiquer; railler; saisir; presser; causer une douleur vive; faire le pincement. -cé. e, *p. adj.* affecté. * t. de manége, piquer. B.

Pincer, *s. m.* t. d'équitation, action d'approcher l'éperon du poil.

Pincetter, *v. a.* té. e, *p.* arracher le poil avec des pinces. V. Pinceter. R.

Pincettes, *s. f. pl. Volcella.* ustensile pour pincer, prendre. * *et* Pincette, *s.* AL. *ou* Pince, instrument de chirurgie. B. Pincete. *sing.* R.

Pinche, *s. f.* espèce de sagoin; joli petit animal à voix douce.

Pinchina, *s. m.* espèce de gros drap de laine. G. C. * Pinchinas. V.

Pinçon, *s. m. Suggillatio.* marque qui reste lorsqu'on a été pincé; languette du fer à cheval.

Pinçure, *s. f.* faux pli d'un drap chez le foulon. G. C.

Pindarique, *adj.* 2 g. dans le goût de Pindare.

Pindariser, *v. n. Articessare.* affecter un style enflé, des termes recherchés, des tournures bizarres.

Pindariseur, *s. m.* (*famil.*) qui pindarise.

Pinde, *s. m.* le Parnasse, les poëtes.

Pinéale, *adj. f. Conarium.* (glande) au milieu du cerveau.

Pineau, *s. m.* raisin très-noir. R. G. C. * espèce de palmier de la Guiane. B.

Pinée, *s. f.* la meilleure morue sèche. G. C.

Pingoin, Pinguin, *s. m. Pinguedo.* oiseau de mer qui ne peut pas voler. * Penguin, G. *et* Pengouin, V. *et* Pingouin. AL.

Pinnas, *s. m.* fruit d'Amérique. R.

Pinnatifide, *adj.* t. de botan. imparfaitement coupé en aile, en lobe, en lannière. G. C. RR.

Pinne marine, *s. f. Pinna marina.* coquillage bivalve de mer, dont on file les soies. * Pinne-marine. C. AL.

†Pinné. e, *adj.* (feuille) ailée; en folioles.

†Pinnite, *s. f. Pinnites.* pinne marine pétrifiée.

†Pinnotère, *s. m. Pinnoterus.* petit cancre dans la pinne marine.

†Pinnulaire, *s. m. Pinnularis.* nageoire ou aileron d'un poisson fossile, ou pétrifié.

Pinnule, *s. f.* t. de mécan. plaque de cuivre au bout de l'alidade.

Pinocher, *v. a.* ché. e, *p.* V. voyez Pignocher.

†Pinpignon, *s. m.* anneau de fil pour joindre les mailles.

Pinque, *s. f.* t. de marine, espèce de flûte; bâtiment à fond plat.

†Pinsbeck, *s. m.* tombac très-fin, composé de cuivre et de zinc très-purs.

Pinson. ne, *s. Frigilla.* oiseau de beaucoup d'espèces. * Pinson. sone. R. voy. Pensum. A.

Pinsonnée, *s. f.* chasse aux petits oiseaux pendant la nuit. G. C.

Pintade, *s. f. Meleagris.* oiseau gallinacé. * serpent du 4e. genre ; coquilage bivalve, du genre des huitres. B.
†Pintail, *s. m.* faisan de mer.
Pinte, *s. f.* mesure de liquides, d'olives, etc. son contenu.
Pinter, *v. n. Perpotare. (populaire)* boire en débauche.
Pintereau, *s. m.* mauvais peintre. T.
Piochage, *s. m.* travail de la pioche. RR.
Pioche, *s. f. Ligo.* outil aratoire pour remuer la terre.
Piocher, *v. a. Fodere.* ché. e, *p.* travailler, fouir avec la pioche. * travailler durement. B.
Piochon, *s. m.* besaiguë de charpentier. R.
Piolé. e, *adj.* bigarré de diverses couleurs.
Pioler, *v. n. Pipere.* parlant du cri des poulets. voyez Piauler. * Pioller. T.
Piolis, *s. m.* gazouillis d'oiseaux. V.
Pion, *s. m. Pedes.* pièce du jeu d'échecs, de dames.
Pionner, *v. a* t. du jeu d'échecs, prendre plusieurs pions. A.
Pionnier, *s. m.* travailleur pour applanir les chemins, remuer la terre, etc. * Pionier. R.
Piot, *s. m. (popul.)* vin.
†Piote *ou* Piotte, *s. m.* espèce de gondole à Venise.
Pipage, *s. m.* droit sur les pipes. C. * *ou* Pipaige. R.
Pipal, Pipa, *s. m. Pipa.* crapaud de Surinam. G.
Pipe, *s. f.* futaille; tuyau avec un godet pour fumer. * poisson du genre du cheval-marin; coin, t. de meunier. B.
Pipeau, *s. m. Fistula.* chalumeau, flûte champêtre. * *pl.* gluaux; petits artifices. A.
Pipée, *s. f. Aucupium.* chasse aux oiseaux avec des gluaux.
Piper, *v. a. Illicere.* pé. e, *p.* t. d'oiseleur, contrefaire le cri de la chouette, des oiseaux; tromper au jeu.
Piperie, *s. f. (popul.)* tromperie au jeu.
†Piperine, *s. f.* espèce de ciment naturel.
Pipet, *s. m.* oiseau. R.
Pipette, *s. f.* petite pipe. V.
Pipeur. se, *s.* escroc, qui pipe au jeu.
Pipi (faire), pisser. *(enfantin.)* V.
†Pipiri, *s. m.* oiseau.
†Pipistrelle, *s. f.* sorte de chauve-souris.
†Pipoir, *s. m.* outil pour serrer les pipes, t. de meunier.
Pipolé, *adj. (vieux)* enjolivé. V.
†Pipot, *s. m.* futaille pour le miel.
†Pipris, *s. m.* pirogue au Cap-Vert.
†Piquage *ou* Rayonnement, *s. m.* action de repiquer les meules.
Piquant. e, *s. m. Aculeus.* ce qui pique; épine. *adj.* qui pique; offensant, choquant; qui plaît, qui touche vivement; qui attire la curiosité. *Pungens.*
Pique, *s. f. Hasta.* arme; petite querelle, brouillerie. *Rixa. s. m.* une des deux couleurs noires des cartes.
†Pique-bœuf, *s. m.* charretier qui aiguillonne les bœufs; oiseau d'Afrique. *Buphagus.*
Pique-châsse, *s. m.* t. d'artificier, poinçon.
Pique-nique, *s. m.* repas où chacun paye son écot.
Piquenaire, *s. m. (vieux)* armé d'une pique. V.
Piquer, *v. a. Pungere.* qué. e, *p.* percer, entamer légèrement avec une pointe; causer de la douleur en piquant; larder; mordre; fâcher, offenser, t. d'arts et métiers. (se), *v. r.* se blesser à un piquant, etc. se fâcher; se glorifier, se vanter de.
Piqueron, *s. m.* petite pointe qui pique. R. V.
Piquet, *s. m. Paxillus.* petit pieu; perche; jeu de cartes; nombre de soldats prêts à marcher. * Faux flamande. B.
Piquette, *s. f. Posca.* petit vin, vin foible, mauvais; boisson inférieure; mesure. * pince de bourrelier. B. * Piquete. R.
Piqueur, *s. m. Subsessor.* t. de vénerie, celui qui conduit une meute; t. de manége, qui débourre les chevaux, qui monte ceux à vendre; t. de maçon, qui surveille et compte les ouvriers; t. de cuisine, qui larde les viandes; t. de liturgie, qui marque les absens; t. d'épinglier.
†Piquichins, *s. m. pl.* paysans armés sous Philippe Auguste.
Piquier, *s. m.* soldat armé d'une pique.
†Piquitingue, *s. m. Piquitinga.* poisson du genre de l'ésoce.
Piquot. voyez Picot. G.
Piqûre, *s. f. Punctio.* petite blessure ou trou que fait ce qui pique; ouvrage à l'aiguille. * Piqure. R.
†Pirabe, *s. m.* espèce d'exocet des mers d'Espagne.
Piramide *et ses dérivés.* voy. Pyramide. G.
†Pirapède, *s. m.* poisson du genre du trigle.
Pirate, *s. m. Pirata.* celui qui, sans commission, court les mers pour piller; écumeur de mer.
Pirater, *v. n.* faire le métier de pirate.
Piraterie, *s. f. Piratica.* métier, action de pirate; concussion.
Pire, *adj. 2 g. Deterior. comparatif de* mauvais. (le), *s. m. superlatif.* le plus méchant, le plus fâcheux.
Pirement, *adv. (inus.)* plus mal. R.
Piriforme, *adj. 2 g.* qui a la forme d'une poire. R. G. C.
Piriforme, *s. m.* muscle en forme de poire. R. G. C.
Pirogue, *s. f.* bateau fait d'un seul arbre creusé.
Pirolle, *s. f.* plante, excellent vulnéraire. * Pirole. T.
Piron, *s. m.* espèce de gond. G. C.
Pirot, *s. m.* oison. V.
Pirouette, *s. f.* jouet d'enfant; t. de manége, volte; tour qu'on fait sur un pied. * le pendule circulaire. B. Pirouete. R.
Pirouetter, *v. n.* faire la pirouette. * Pirouéter. R.
Pirrhonien. voyez Pyrrhonien. G. A.
Pis, *adj. Pejus. comparatif de* mal. (le), *s. m. superlatif.*
Pis, *s. m. Uber.* tétine; poitrine, t. de pratique. *(vieux).*
Pis aller, *s. m.* le pis qui puisse arriver. * Pis-aller. G. C.
Pisan. e, *adj. s.* de Pise. RR.
Pisanésies, *s. f. pl.* fêtes d'Apollon. V.
Pisasphalte, *s. m.* mélange de bitume et de poix; bitume mou. * Pissasphalte. *pissa asphaltes.* R. Pissaphalte. T.
†Pisay, Pisey, Pisé, *s. m.* construction en terre rendue compacte.
Piscantine, *s. f.* mauvais vin. R. eau jetée sur le marc. V.
Piscine, *s. f. Piscina.* vivier; réservoir d'eau; vase à laver.
Pisé, *s. m.* t. d'architecture. R. voy. Pisay.
†Piser, *v. a.* é. e, *p.* (la terre), la rendre compacte.
†Piseur, *s. m.* qui bâtit en pisé. * Maçon-piseur. AL.
†Pisiforme, *adj.* qui a la forme d'un pois.
†Pisolithes, *s. m. pl.* corps pierreux en forme de pois.
†Pison, *s. m.* batte pour piser.
†Pispitrelle. voyez Pipistrelle.
Pissat, *s. m. Lotium.* urine.
Pisse-froid, *s. m.* homme sérieux, mélancolique, insensible; impuissant.
Pissement, *s. m.* (de sang), action de pisser.
Pissenlit, *s. m. Submeius.* Dent de lion, plante: qui pisse au lit.
Pisser, *v. a. n. Meiere.* uriner, évacuer l'urine.
Pisseur. se, *s.* qui pisse souvent.
Pissipesquée, *s. f.* qui fait la précieuse. V.
Pissite, *s. m.* vin de poix. V.
Pissoir, *s. m.* lieu, baquet pour pisser.
Pissoter, *v. n.* uriner fréquemment et en petite quantité.
Pissotière, *s. f.* lieu où l'on pisse; petit jet d'eau; petite fontaine. * Pissotiere. R.
Pissotte, *s. f.* petite canule de bois, de cuivre au cuvier. C. * Pissote. G.
Pistache, *s. f. Pistacium.* amande de pistache très-échauffante, espèce de noisette.
Pistachier, *s. m. Pistacia.* arbre d'Asie du genre des térébinthes, qui porte les pistaches.
Pistagne, *s. f. (vieux)* pistache. V.
†Pistation, *s. f.* action de recouvrir de pâte ce qu'on fait cuire.
Piste, *s. f. Vestigium.* trace, vestige des pas.
Piste (à la), *adv.* sur les traces.
Pistil, *s. m. Pistillum.* partie femelle de la fleur qui renferme la graine.
†Pistolade, *s. f.* coup de pistolet. *(vieux).*
Pistole, *s. f.* monnoie d'or étrangère; monnoie de compte de dix francs.
Pistoler, *v. a.* lé. e, *p.* tuer à coups de pistolet. T.
Pistolet, *s. m. Sclopetus.* petite arme à feu. * chaudron de papetier; outil de parcheminier. B.
Pistoletter, *v. a.* té. e, *p.* tirer avec des petits pistolets. V. * Pistoleter. R.
Pistolier, *s. m.* habile à tirer le pistolet. T. * qui fait des pistolets. B.
Piston, *s. m. Embolus.* cylindre qui se meut dans le corps de pompe.
Pitance, *s. f. Diarium.* portion de vivres pour le repas d'un religieux.
Pitancerie, *s. f.* office claustral. R. V.
Pitancier, *s. f.* pourvoyeur, officier claustral. R. V.
Pitaud. e, *s.* paysan lourd et grossier.
†Pitchou, *s. m.* espèce de fauvette de Provence.
Pite, *s. f.* petite monnoie; espèce d'aloès à soie.
Piteusement, *adv. (familier)* d'une manière piteuse.
Piteux. se, *adj. Miserandus.* digne de pitié, de compassion.
Pithèque, *s. m.* espèce de singe sans queue.
Pitiable, *adj. 2 g.* digne de compassion. V.
Pitié, *s. f. Miseratio.* compassion, douleur qu'on a du mal d'autrui. * hôpital d'enfans trouvés. B.
Piton, *s. m. Fibula.* fiche de fer dont la tête est en anneau. * t. de naturaliste, pic d'une montagne. B.
Pito-réal, *s. m.* oiseau vert du Pérou. G.
Pitoyable, *adj. 2 g. Miserandus.* enclin à la pitié; qui excite la pitié, qui fait pitié; méprisable; mauvais. * (lieux) hôpitaux. B.
Pitoyablement, *adv. Miserè.* d'une manière pitoyable, misérable, chétive, méprisable.
†Pitpit, *s. m.* petit oiseau du genre des figuiers.
Pitrepite, *s. m.* liqueur très-forte, faite avec l'esprit de vin.
Pittoresque, *adj. 2 g.* qui prête à une peinture vive, gracieuse; tout ce qui peint vivement à l'esprit. * *ou* Pictoresque. V.
Pittoresquement, *adv.* d'une manière pittoresque. * *ou* Pictoresquement. V.
Pituitaire, *adj. 2 g.* qui a rapport à la pituite.
Pituite, *s. f. Pituita.* flegme; humeur aqueuse, lymphatique et visqueuse.

Pituiteux, se, *adj. s. Pituitosus.* qui abonde en pituite; qui y est sujet.
Pive, *s. f.* pou de poisson. * Aselle de mer. B.
Pivert, *s. m. Picus.* oiseau. * ou Pic-vert, de la famille des pies. B.
†Pivette, *s. f.* bécasseau.
Pivoine, *s. f. Pæonia.* ou Pioine, plante; la graine pour les convulsions, la paralysie, les vapeurs, les maladies de nerf; excellent anti-épileptique.
Pivoine, *s. m. Pæonia.* ou Pive, ou Bouvreuil, oiseau. voyez Bouvreuil.
Pivot, *s. m. Cardo.* fer arrondi qui supporte en faisant tourner; grosse racine perpendiculaire; principal agent. * espèce de pâte. B.
†Pivotante, *adj. f.* (racine) perpendiculaire.
†Pivote-ortolane, *s. f.* oiseau qui ressemble à l'alouette des prés.
Pivoter, *v. n.* se dit de l'arbre qui pousse son pivot. * boire du vin jeté d'en haut. V.
Placage, *s. m. Tessella.* bois en feuilles appliqué sur d'autre bois. * mortier liquide. B.
Placard, *s. m. Libellus.* écrit ou imprimé qu'on affiche; écrit injurieux et public. * menuiserie au-dessus d'une porte. B.
Placarder, *v. a.* afficher un placard, semer des placards. placardé. e, *p. adj.* couvert de placards.
Place, *s. f. Locus.* lieu, endroit, espace occupé par; charge, dignité, emploi; lieu public entouré de bâtimens; lieu de commerce; ville de guerre; forteresse. * place, place! *exclamation.* faites place. AL.
Placel, *s. m.* t. de marine, R. fond élevé dans la mer, fond plein et uni. RR.
Placement, *s. m.* action de placer des valeurs. G.
Placenta, *s. m.* t. d'anatomie, masse mollasse, partie de l'enveloppe du fœtus; t. de botan. corps qui porte et nourrit les graines.
Placer, *v. a. Locare.* cé. e, *p.* mettre, poser dans un lieu; situer; donner, procurer une place; employer ses fonds.
Placer, *s. m. Sedecula.* sorte de siége; demande par écrit.
†Plachettes, *s. f. pl.* petits ais de bois pour porter les tuiles.
†Placide, *adj.* 2 *g.* calme, doux, pacifique, traitable.
†Placidement, *adv.* d'une manière placide.
Placier, *s. m.* locataire d'une place de marché. * Placier. ere. R.
Placité, e, *adj.* t. de pratique, approuvé. T. RR.
†Placunes, *s. f. pl. Placuna.* 5ᵉ. genre des mollusques acéphales.
Plafond, *s. m. Laquear.* le dessus d'un plancher. * plateau de cuivre pour le four. B.
Plafoneur, *s. m.* qui plafonne. R. Plafonneur. AL.
Plafonner, *v. a. Lacunare.* né. e, *p.* couvrir, garnir le dessous d'un plancher de plâtre, etc. * t. de peinture, être bien en perspective sur un plafond. * Plafoner. R.
Plagal, *s. m.* t. de musique. voyez Mode. A. * opposé de l'authentique. B.
Plage, *s. f. Littus.* rivage de mer plat et découvert; contrée, climat. * point quelconque de l'horizon. B.
Plagiaire, *adj. s. m. Plagiarius.* qui pille les ouvrages d'autrui, * t. de jurisprudence, qui vole des enfans. B.
Plagiat, *s. m.* action, crime du plagiaire.
†Plagiaule, *s. m.* flûte des anciens, à bout recourbé.
†Plagièdre, *adj.* (cristal) à facettes situées de biais.
Plagiures, *s. m. pl.* poissons et coquillages qui n'habitent que la haute mer. G. C.
Plagiuse. *s. f. Plagiusa.* poisson du genre du pleuronecte. G. C.
Plaid, *s. m.* plaidoyer. *pl.* lieu et temps des audiences.
Plaidable, *adj.* (jour) d'audience. * qui peut être plaidé. T.
Plaidant. e, *adj.* qui plaide.
Plaider, *v. a. Litigare.* dé. e, *p.* faire un procès à. *v. n.* contester, défendre en justice, de vive voix.
Plaideur, se, *s. Litigator.* qui plaide, aime à plaider.
Plaidoirie, *s. f.* art, action de plaider. * et Plaidoierie. R. Plaidoyer. B.
Plaidoyable, *adj. m.* (jour) où l'on peut plaider.
Plaidoyer, *s. m. Causæ dictio.* discours prononcé à l'audience pour défendre une cause.
Plaie, *s. f. Vulnus.* solution de continuité dans les parties molles; cicatrice; affliction; douleur; chagrin; peine; calamité.
Plaignant. e, *adj.* qui se plaint en justice.
Plain, *s. m.* voyez Pelin. G. * cuve de tanneur. B.
Plain. e, *adj. Planus.* uni, plat, sans inégalités. (— campagne), rase.
Plain-chant, *s. m.* chant d'église. R.
Plain-pied, *s. m.* appartemens de niveau, de même étage.
†Plaindin, *s. m.* serge d'Ecosse.
Plaindre, *v. a. Dolere.* plaint. e, *p.* avoir pitié, compassion de. (se), *v. r.* se lamenter, faire des plaintes; soupirer; témoigner du mécontentement; rendre plainte.
Plaine, *s. f. Planities.* plate campagne. *pl.* pays uni.
Plainte, *s. f.* gémissement, lamentation; mécontentement exprimé.
Plaintif. ve, *adj. Querulus.* dolent, gémissant; qui se plaint; triste.
Plaintivement, *adv.* d'un ton plaintif, d'une voix plaintive.
Plaire, *v. n. Placere.* agréer à; être au gré de; trouver bon; vouloir. (se), *v. pers.* prendre plaisir à; se trouver bien.
Plaisamment, *adv. Festivè.* d'une manière agréable, plaisante; ridiculement. (*ironiq.*) * Plaisament. R.
Plaisance (lieu de), *s. f. Horti.* pour le plaisir.
Plaisant. e, *adj. Lepidus.* agréable, qui plaît, qui récrée, divertit; qui fait rire; ridicule, impertinent. *s. m.* qui cherche à faire rire; ce qu'il y a de plaisant.
Plaisanter, *v. a. n. Jocari.* dire ou faire quelque chose pour faire rire; ne pas parler sérieusement; railler, badiner.
Plaisanterie, *s. f. Facetiæ.* raillerie, badinerie; chose dite ou faite pour faire rire; dérision insultante.
†Plaise, *s. m.* poisson du genre du pleuronecte.
Plaisir, *s. m. Voluptas.* joie, contentement; volonté; faveur; grâce; bon office; sentiment; sensation agréable; divertissement. (à plaisir), *adv.* avec soin; à l'aise; pour faire rire. (par plaisir), *adv.* par divertissement; pour épreuve.
Plamage, *s. m.* état du cuir plamé. CO.
Plamée, *s. f.* chaux pour enlever le poil.
Plamer, *v. a.* mé. e, *p.* t. de corroyeur, faire tomber le poil. R. C. G. * (se), *v. récip.* CO.
Plamerie, *s. f.* lieu où l'on plame. CO.
Plamotter, *v. a.* té. e, *p.* retirer les pains de sucre des formes. CO. * Plamoter. AL.
Plan. e, *adj.* t. de mathématique, tracé sur une superficie plate; plat et uni. *s. m. Ichnographia.* surface plane; superficie plate; dessein d'un bâtiment, d'un ouvrage; projet.
†Planaire, *s. f.* ver logé dans un fourreau.
†Planaires, *s. m. pl. Planiaria.* vers aquatiques, applatis.
Planche, *s. f.* morceau de bois long, large et plat; t. de graveur, estampe, cuivre gravé ou pour graver; t. de jardinage, espace de terre en long; fer de mulet; t. de métiers.
Plancheïer, *v. a. Assare.* yé. e, *p.* garnir un plancher de planches. * Planchéier. A. G. R. Plancheyer. C.
Planchéieur, *s. m.* officier de ville. R.
Plancher, *s. m. Tabulatum.* séparation entre les étages; carreau; plafond.
Planchette, *s. f. Axiculus.* petite planche; instrument de mathématiques pour les plans. * Planchete. R.
Plançon, *s. m.* rejeton; branche replantée. * pièce d'équarrissage. B. ou Plantard. A. G.
Plane, *s. m. Platanus.* ou Plaine, ou Platane, arbre. * Plâne. R.
Plane, *s. f. Dolabra.* outil pour planer; couteau à deux manches. * outil de métiers; feuillets de batteur d'or. B.
Planer, *v. a. Dolare.* né. e, polir avec la plane; unir, polir, égaler. *v. n.* voltiger; se soutenir les ailes tendues; considérer, dominer de haut.
Planétaire, *adj.* 2 *g.* qui appartient aux planètes, qui les concerne. *s. m.* représentation en relief du cours des planètes.
Planète, *s. f. Planeta.* astre errant qui réfléchit la lumière solaire. * outil de vannier. B. * Planete. R.
†Planeter, *v. a.* té. e, *p.* adoucir la corne du peigne.
Planétolabe, *s. m.* instrument pour mesurer les planètes. T. * Planétolâbe. R.
Planeur, *s. m.* artisan qui plane la vaisselle d'or ou d'argent, T. * qui dresse et polit les cuivres. B.
Planimétrie, *s. f.* art de mesurer des surfaces planes.
†Planipède, *s. m.* rame, t. d'antiquité.
Planisphère, *s. m.* plan de la moitié d'un astre; carte d'un hémisphère. * Planisphere. R.
†Planoir, *s. m.* outil pour planer les champs, t. de ciseleur; ciselet d'orfèvre pour planer.
†Planorbe, *s. m. Plan-orbis.* coquillage univalve, d'eau douce.
†Planospirite, *s. m. Planospirites.* mollusque univalve, céphalé.
Plant, *s. m. Plantarium.* scion qu'on tire d'un arbre pour le planter; jeune vigne; jeune bois; jeune verger.
Plantade, *s. f.* plant d'arbres. T.
Plantage, *s. m. Plantatio.* ce qu'on a planté; action de planter. * plantes de cannes à sucre, de tabac, etc. B.
Plantain, *s. m. Plantago.* plante médicinale, de trente-cinq espèces, astringente, vulnéraire, fébrifuge; fruit du figuier d'Adam.
Plantaire, *adj.* 2 *g.* t. de médecine, R. qui a rapport à la plante des pieds. B.
Plantard, *s. m.* Plançon planté.
Plantat, *s. m.* vigne d'un an. G. C. RR.
Plantation, *s. f.* établissement fait dans les colonies; action de planter; plant.
Plante, *s. f. Planta.* corps organique qui a des racines; végétal qui ne pousse pas de bois. (— des pieds), le dessous des pieds entre le talon et les doigts. * jeune vigne; herbe médicinale. B.
†Plante-ver, *s. m.* espèce de chenille qui attache sa dépouille à une racine.
Planter, *v. a. Plantare.* té. e, *p.* ficher, enfoncer,

foncer, mettre en terre une plante, un arbre, etc. placer debout; (avec l'à), laisser, abandonner.

Planteur, *s. m.* qui plante des arbres. * propriétaire d'une plantation en Amérique: noble campagnard (*ironique*). B.

†Plantigrades, *s. m. pl.* mammifères carnassiers qui appuient la plante entière des pieds à terre.

†Plantivore, *s. adj.* 2 *g.* voyez Frugivore.

Plantoir, *s. m.* outil pour planter des herbes, etc.

†Plantule, *s. m.* germe de la semence qui se développe.

Plantureté, *s. f.* (*vieux*) abondance. V.

Plantureux, se, *adj.* abondant, copieux. (*familier*).

†Planulites, *s. m. pl.* mollusques céphalés.

Planure, *s. f.* bois retranché des pièces qu'on plane. * *ou* Plature, veine en superficie, t. de mine. B.

†Plapert, *s. m.* monnoie allemande, 4 sols 2 deniers 1-2.

Plaque, *s. f.* *Lamina.* table de métal, etc.; sorte de chandelier.

Plaqueminier, *s. m.* *Diospyros.* arbre d'Amérique et d'Afrique, dont le fruit sert à faire une espèce de cidre.

Plaquer, *v. a.* qué. e, *p.* appliquer une chose plate sur une autre.

Plaquesain, *s. m.* t. de vitrier, R. petite écuelle de plomb. B. * Plaque-sein *ou* Plaquesin. AL.

Plaquette, *s. f.* monnoie de billon. * Plaquete. R.

†Plaqueur, *s. m.* (en argile), celui qui revêt d'argile des lattes, etc. ouvrier en placage.

Plaquis, *s. m.* t. de maçon, incrustation en pierres sans liaison. T.

†Plasmatiose, *s. f.* art de travailler l'argile.

Plasme, *s. m.* émeraude broyée pour les médicamens, t. de pharmacie.

Plastique, *adj.* 2 *g.* t. de philosophie, qui a la force de former. * *s. f. adj.* art de modeler, t. d'arts. B.

Plastron, *s. m.* *Pectorale.* espèce de cuirasse, de corselet; pièce sur l'estomac; celui qui est en butte aux railleries.

Plastronner (se), *v. pers.* né. e, *p.* se garnir de plastrons. * Plastroner. R.

Plat. e, *adj.* *Planus.* dont la surface est unie; sans sel, sans saveur; sans agrément, sans élévation.

Plat, *s. m.* la partie plate. *Lanx.* sorte de vaisselle qui n'a point d'élévation; ce qu'il contient. Plat (tout-à-), *adv.* tout-à-fait.

Plat (à), *adv.* uniment; tout-à-fait.

Plat-bord, *s. m.* t. de marine, garde-fou autour du pont; le dessus des bordages.

†Platalée, *s. f.* oiseau.

Platanaie, *ou* Platanée, *s. f.* lieu planté de platanes. RR.

Platane, *s. m.* *Platanus.* voyez Plane, grand arbre à feuilles découpées en cinq.

Platatim, *adv.* (*burlesque*) plat à plat. A. V.

Plate, *s. f.* t. de blason, besant d'argent; sorte de bateau. G. C.

Plate-bande, *s. f.* *Margines.* t. de jardinage, bande autour d'un parterre; t. d'architecture, moulure carrée.

Plate couture (à), *adv.* entièrement.

†Plate-face, *s. f.* place des tuyaux de montre dans l'orgue.

Plate-forme, *s. f.* couvert d'une maison plat et uni; t. de fortification, terre en terrasse; plancher de solives.

Plateau, *s. m.* *Catillus.* t. de guerre, terrain élevé et plat; t. de cuisine, petite table, petit plat; t. de commerce, plat d'une balance, ou tourte; base, support. * cime unie d'une montagne. B. *s. m. pl.* t. de chasse, fumées plates et rondes.

Platée, *s. f.* massif de fondation, t. d'archit. * plat trop plein, t. de cuisine. B.

Platel, *s. m.* (*vieux*). plat. V.

Platelonge, *s. f.* sorte de longe. * Plate-longe. A. R.

Platement, *adv.* d'une manière plate. G. V.

Platène, *s. f.* (*vieux*) planète, étoile. V.

Plateure, *s. f.* t. de mines, filon horizontal. * voyez Planure. B.

Platiasme, *s. m.* vice de prononciation en ouvrant trop la bouche. G. C. RR.

†Platicères, *s. m. pl.* *Platicerus.* insectes coléoptères.

†Platière, *s. f.* ruisseau qui traverse une chaussée.

†Platilles, *s. f. pl.* toile de lin de France.

Platin, *s. m.* t. de marine. R.

Platine, *s. f.* *Platina.* ustensile de ménage; t. d'imprimerie, plaque de bois ou de cuivre poli qui presse le papier sur la forme: morceau de métal plat et poli; t. d'horloger; t. d'arquebusier: or blanc, métal blanc, très-aigre; alliage naturel de fer et d'or. * *et s. m.* métal (*nouveau*). B.

Platise, *s. f.* platitude. J. J.

Platitude, *s. f.* qualité de ce qui est plat; chose plate; bassesse; discours plat.

†Platole, *s. f.* terrine pour reposer le lait.

Platonicien. e, *adj. s.* qui suit la philosophie de Platon, qui y a rapport.

Platonique, *adj.* 2 *g.* qui a rapport au système de Platon. (amour) sans désirs. (année) du retour des astres à leur place lors de la création.

Platonisme, *s. m.* système de Platon.

Plâtrage, *s. m.* ouvrage en plâtre. * Platrage. V.

Plâtras, *s. m.* *Rudera.* débris de vieux plâtres. * Platras. V.

Plâtre, *s. m.* *Gypsum.* pierre calcaire, friable, qui se calcine au feu; cette pierre cuite et pulvérisée. * statue, figure moulée en plâtre. B.

Plâtrer, *v. a.* *Gypsare.* tré. e, *p.* enduire de plâtre; cacher sous de fausses apparences. (se), *v. r.* se farder.

Plâtrerie, *s. f.* carrière à plâtre. V. * plâtrière. B.

Plâtreux. se, *adj.* (terre) mêlée de craie.

Platriaut, *s. m.* (*vieux*) plat, creuset. V.

Plâtrier, *s. m.* qui fait, qui vend le plâtre.

Plâtrière, *s. f.* où l'on fait le plâtre; carrière d'où on le tire. * Plâtriere. R.

†Platronoir, *s. m.* AL. plâtrouer. B.

Plâtrouer, *s. m.* outil de maçon, B. V. pour pousser la pierre, le plâtre dans les trous: *et* Platronoir. B. * Plâtronoir. AL.

†Platystes, *s. m. pl.* 25ᵉ. genre des poissons à corps plat et nageoires ventrales très-distantes.

Plaubage, *s. f.* dentelaire, plante. A. R.

Plaude, *s. f.* sorte de souquenille. V.

Plausibilité, *s. f.* qualité de ce qui est plausible; apparence de preuve.

Plausible, *adj.* 2 *g.* *Plausibilis.* qui a une apparence spécieuse.

Plausiblement, *adv.* d'une manière plausible.

Player, *v. a.* yé. e, *p.* (*vieux*) blesser. V.

†Pléban, *s. m.* curé à la nomination d'un chapitre.

Plébé. e, *adj.* populaire. R.

Plébéien. ne, *adj. s.* *Plebeius.* de l'ordre du peuple. * *pl.* les plus petits papillons de jour. B. Plébéien. ene. R. Plébéien. ne. A. G. Plébéien. ène. C.

Plébiscite, *s. m.* *Plebiscitum.* t. d'antiq. décret émané du peuple romain assemblé.

†Plécoste, *s. m.* poisson, espèce de cuirassé.

†Plectrum, *s. m.* bâton pointu et crochu, pour toucher des instrumens à cordes, t. d'antiquité.

Pléiades, *s. f. pl.* *Pleiades.* six *et jadis* sept étoiles au signe du taureau, la poussinière. * *s. f. singulier.* (t. poëtique) sept poëtes. Pléiades. A. R.

Pleige, *s. m.* *Præs.* caution, répondant.

Pleiger, *v. a.* gé. e, *p.* (*vieux*) cautionner en justice.

Plein. e, *adj.* *Plenus.* où il n'y a pas de vide; bien rempli; copieux; abondant en; entier; absolu.

Plein, *s. m.* opposé au vide. *adv.* autant que la chose peut en contenir. * *ou* Plain, *s. m.* fosse de tannerie. CO.

†Plein (à pur et à-), *adv.* entièrement.

Plein-chant, *s. m.* voyez Plain-chant. RR.

†Plein-jeu, *s. m.* le principal des jeux composés de l'orgue.

†Pleine-croix, *s. f.* garniture sur le rouet d'une serrure.

Pleinement, *adv.* *Planè.* entièrement, tout-à-fait.

†Plempte, *s. m.* bateau de pêcheur. * Plempe. AL.

Plénière, *adj. f.* entière et parfaite; solennelle. (cour) * Plenier. ere. R. Plénier. ère. G. C.

Plénipotentiaire, *s. m. adj.* muni de pleins pouvoirs.

†Pléniprébendé, *s. m.* chanoine qui jouit de tous les revenus de sa prébende.

Pléniste, *s. m.* partisan du plein. V.

Plénitude, *s. f.* *Plenitudo.* abondance excessive.

Pléonasme, *s. m.* *Pleonasmus.* rédondance; mots accumulés qui ont le même sens. *ex.* voyons voir.

†Pléonaste, *s. m.* schorl ou grenat brun.

†Plerose, *s. f.* *Plerosis.* rétablissement d'un corps épuisé par des évacuations.

†Plessis, *s. m.* maison de plaisance (*vieux*).

†Pléteux, *s. m.* outil de faiseur de hameçons.

Pléthore, *s. f.* *Plethora.* t. de méd. réplétion d'humeurs et de sang. * Plethôre. R.

Pléthorique, *adj.* 2 *g.* abondant en humeurs; replet. T.

Pleurant. e, *adj.* qui jette des larmes. A. G. C. RR.

Pleurard. e, *adj.* larmoyant; avare qui se plaint de misère. R. V.

Pleure-misère, Pleure-pain, *s. m.* pleurard. A.

Pleurer, *v. a. n.* *Flere.* ré. e, *p.* répandre des larmes; avoir un grand regret.

Pleurésie, *s. f.* *Pleuritis.* inflammation de la plèvre, ou de la partie externe du poumon.

Pleurétique, *adj.* 2 *g. s.* *Pleuriticus.* t. de méd. attaqué de la pleurésie. C. R. V. * Pleuritique. B.

Pleureux. se, *s.* qui pleure facilement.

Pleureur. se, *s.* *Plorator.* qui pleure pour peu de chose; qui pleure. * *ou* Saï, espèce de sagouin.

Pleureuses, *s. f. pl.* sorte de manchettes; femmes qu'on paye pour pleurer aux funérailles, t. d'antiquité.

Pleurine, *s. f.* caution. V.

Pleurnicher, *v. a.* feindre de pleurer. A.

Pleuronecte, *s. m.* poisson; genre de poissons pectoraux, à deux yeux situés des deux côtés de la tête.

†Pleuropéripneumonie, *s. f.* pleurésie qui précède la péripneumonie.

Pleuropneumonie, *s. f.* pleurésie dans laquelle la plèvre et les poumons sont enflammés.

†Pleurotome, *s. m.* *Pleurotoma.* mollusque céphalé.

Pleurs, *s. m. pl.* *Ploratus.* larmes.

Pleutre, *s. m.* gredin; homme de nulle capacité. A.

Pleuvir, *v. n.* exceller, surpasser. MAROT.

Pleuvoir, *v. n.* *Pluere.* se dit de l'eau qui tombe

du-ciel; de ce qui tombe en abondance. (*fig.*).
Plévir, *v. a.* (*vieux*) donner caution. V.
Plèvre, *s. f. Pleura.* membrane qui garnit les côtes, t. d'anat. * Plevre. R.
†Plévrodinie, *s. f.* douleur pongitive de la poitrine.
Plexus, *s. m.* filet de nerfs entrelacés.
Pleyon, *s. m.* paille, osier pour lier. * paille en botte. G.
Pli, *s. m. Ruga.* double fait à une étoffe; habitude; tournure.
Pliable, *adj.* 2 *g. Flexilis.* pliant, aisé à plier; flexible.
Pliage, *s. m.* action de plier, son effet.
Pliant. e, *adj.* facile à plier, docile. * *s. m.* sorte de siége. B.
Plica, *s. f.* voyez. Plique.
†Plicatile, *adj.* 2 *g.* t. de botan. susceptible de plissement.
†Plicatule, *s. f. Plicatula.* mollusque acéphale, bivalve.
Plie, *s. f. Passer.* poisson de mer du genre du pleuronecte.
Plier, *v. a. Plicare.* plié. e, *p.* mettre en un ou plusieurs doubles; courber, fléchir; assujétir; accoutumer. *v. n.* devenir courbe; reculer. (se), *v. r.*
Plieur. se, *s. f.* celui qui plie.
Plinger, *v. a.* gé. e, *p.* t. de chandelier, donner la première trempe à la mêche. G. C. RR. *ou* Plonger. AL.
Plingeure, *s. f.* action de plinger. AL.
Plinthe, *s. m.* et *f. Plinthus.* t. d'archit. socle, tailloir. *s. f.* plate-bande. * t. d'antiq. bataillon carré. B. *s. f.* AL.
Plintheus *ou* Plinthium, *s. m.* t. de chirurgie. R.
Plioir, *s. m.* instrument de relieur pour plier; outil d'artisans.
Plique, Plica, *s. f.* maladie des cheveux dont il sort du sang. * ligature dans l'ancienne musique. B. et Plica, *s. m.* A.
†Plissé, *s. m.* (le) lézard du 4e. genre.
Plisser, *v. a. n. Corrugare.* sé, e, *p.* faire des plis. (se), *v. r.*
Plisson, *s. m.* mets fait avec du lait. G. C.
Plissure, *s. f. Ruga.* manière de plisser; assemblage de plis.
Ploc, *s. m.* t. de mar. poils et verre pilé entre le bordage et le doublage.
Plocage, *s. m.* opération de carder les laines. CO.
Plomb, *s. m. Plumbum.* métal mou, très-fusible, blanc-bleuâtre, la moins solide des substances métalliques; balle de fusil; instrument d'arts pour dresser; sceau à une étoffe; maladie des vidangeurs, exhalaison qui la cause; chaudière de salines. * t. d'impr. page de caractère. B.
Plomb (à), *adv.* perpendiculairement, directement. * *s. m.* perpendiculaire; situation fixe. B. Aplomb. AL.
Plombagine, *s. f. Mica pictoris. ou* Mine de plomb, substance minérale de la nature du talc; plomb de mer. voyez Molybdène, carbure de fer.
Plombateur, *s. m.* t. de douane, qui met le plomb aux balles. V.
Plombé, *s. m.* composition pour plomber. G.* poisson du genre du labre. B.
Plombé. e, *adj. Plumbatus.* livide, de couleur de plomb.
Plombée, *s. f.* peinture, sorte de couleur rouge; massue garnie de plomb. G. C. RR. * plaque de plomb attachée au filet. B.
†Plombement, *s. m.* affaissement.
Plomber, *v. a. Plumbare.* bé. e, *p.* vernir avec de la mine de plomb; garnir de plomb; aligner avec le plomb; remplir de plomb; affaisser; faire baisser en battant.
Plomberie, *s. f.* art, ouvrage du plombier.
Plombier, *s. m. Plumbarius.* qui travaille en plomb.
Plombière, *adj. f.* (pierre) qui ressemble à la mine de plomb. G. C.* Plombiere. R.
†Plomée, *s. f.* action de tailler les paremens d'une pierre.
Plomet, *s. m.* (*vieux*) plomb, instrument de maçon. V.
†Plommer, *v. a.* mé. e, *p.* plomber, t. de potier.
Plongeant. e, *adj.* dont la direction est de haut en bas. A.
Plongée, *s. f.* t. de fortif. glacis. G. C. A. V. R.
Plongeon, *s. m. Mergus.* oiseau aquatique.
Plonger, *v. a. Mergere.* gé. e, *p.* enfoncer dans un fluide; enfoncer. *v. n.* s'enfoncer dans l'eau, etc. (se), *v. r.* entrer dans l'eau, s'y baigner; s'abandonner entièrement à.
Plongeur, *s. m. Urinator.* qui a coutume de plonger.
Ploque, *s. f.* feuillet de laine cardée. CO.
Ploquer, *v. a.* qué. e, *p.* t. de mar. garnir de ploc.
Ploqueresse, *s. f.* sorte de cardes. CO.
Plorcis, *s. m.* (*vieux*) deuil, tristesse. V.
†Plote, *s. m.* oiseau.
†Ploutre, *s. m.* rouleau pour briser les mottes de terre.
Ployable, *adj.* 2 *g.* aisé à plier. R. C.
Ployer, *v. a.* yé. e, *p.* fléchir, courber, plier. (*style relevé, poétique*).
†Ploye-ressort, *s. m.* ciseau pour ployer un ressort.
†Ployon, *s. m.* branche d'osier.
Pluche. voyez Peluche. A.
Pluie, *s. f. Pluvia.* eau qui tombe du ciel.
†Plumaceau, *s. m.* voyez Plumeau.
Plumache, *s. f.* plume d'oiseau. V.
Plumage, *s. m. Plumæ.* toutes les plumes de l'oiseau.
Plumail, *s. m.* houssoir de plumes, sorte de balai de plumes. G. C. RR.
Plumart, *s. m.* plumail. * pièce qui reçoit le tourillon d'un moulinet; armure de l'arbre d'un moulin. B. Plumard. V.
Plumasseau, *s. m. Plumatile.* tampon de charpie; bout d'aile, bout de plume; balai de plumes. * *ou* Plumaceau. AL.
Plumassier, *s. m.* qui fait et vend des ouvrages de plumes. * Plumassier. ere. R.
Plume, *s. f. Pluma.* tuyau garni de barbes et de duvet qui couvre l'oiseau; tuyau de métal, etc. pour écrire; style, auteur; t. de botan. partie de la graine qui contient la plante en petit. * — marine, animal-plante. B.
†Plume-de-paon, *s. f.* pierre fine rayée, agate tendre.
Plume-nigaud, *s. m.* escroc. R. V.
†Plumeau, *s. m.* plante vivace, aquatique; ballet de plumes.
Plumée, *s. f.* (d'encre) plein la plume d'encre. * *ou* Gouttière, excavation dans une pierre. B.
Plumelle, *ou* Cornette, *s. f.* fleur. R.
Plumer, *v. a.* mé. e, *p.* arracher les plumes; dépouiller adroitement, par ruse, entièrement.
†Plumer, *s. m.* poils, effiloques sur le papier.
Plumet, *s. m.* plumes autour du chapeau; celui qui le porte; porteur de sacs de charbon; t. de mar. * — blanc, oiseau de la Guiane, du genre des manakins. B.
Plumeté, *adj.* t. de blason, chargé de menue broderie.
Plumetis, *s. m.* brouillon d'une écriture.
Plumets de pilote, *s. m. pl.* t. de marine.
Plumette, *s. f.* petite étoffe de laine. G. C.
Plumeux. se, *adj.* qui tient de la plume; barbu comme la plume; qui est fait de plumes. T.
Plumitif, *s. m.* minute originale du jugement. * commis-écrivain. C.
Plumotage, *s. m.* t. de raffineur, façon donnée à la terre à raffiner. G. C.
Plumoter, *v. n.* faire le plumotage. G. C.
Plumule, *s. f.* t. de botan. petite tige de la graine; plume. voyez Plantule. G.
Plupart (la), *Plerique.* la plus grande partie. * et Pluspart. A.
Pluralité, *s. f.* le plus grand nombre; multiplicité; majorité relative.
Pluriel. le, *adj.* (nombre) de plusieurs. *s. m.* nombre pluriel. * Pluriel. ele. R.
†Pluriloculaire, *adj.* 2 *g.* t. de botanique, qui a plusieurs loges.
Plus, *adv. s. m. Plus.* davantage; outre cela; encore.
Plus (de plus en), *adv.* marque le progrès.
Plus (tout au), *adv. marque le plus grand excès.* de plus, qui plus est, *adv.* plus: ni plus, ni moins, *adv.* de même que; tout autant: plus ou moins, *adv.* à peu près: qui plus qui moins, *adv.* inégalement. B.
Plus pétition, *s. f.* t. de prat. demande trop forte. * Pluspétition. V.
Plusage, *s. m.* action de pluser. CO.
Pluser, *v. a.* sé. e, *p.* éplucher la laine. CO.
Plusieurs, *adj. pl.* 2 *g. Plures.* un grand nombre, une grande quantité.
Plusqueparfait, *s. m.* t. de grammaire. R.
Plutard, *adv. s. m. marque un temps prolongé.* R.
†Plutes, *s. f.* panier d'osier couvert de peau servant de bouclier.
Plutôt, *adv. s. m. Citiùs. marque la préférence, l'antériorité.* * *ou* Plustôt. A.
†Plutus, *s. m.* espèce d'altise couleur d'or.
Pluvial, *s. m.* sorte de chasuble pour la pluie.
Pluviale, *adj. f.* (eau) de pluie. * *s. f.* espèce de grenouille. B.
†Pluvian, *s. m.* pluvier du Sénégal.
Pluvier, *s. m. Pluvialis.* oiseau de passage.
Pluvieux. se, *adj. Pluviosus.* abondant en pluie; qui amène la pluie.
†Pluvine, *s. f.* salamandre.
Pluviôse, *s. m.* cinquième mois de l'année. * Pluviose. V.
Plynteries, *s. f. pl.* t. d'antiq. fêtes de Minerve à Athènes. G. C.
Pneumatique, *adj.* 2 *g. Pneumaticus.* (machine) de physique pour faire le vide en pompant l'air. *(science) de l'air, de ses lois (chimie) des gaz. B.
Pneumatocèle, *s. f.* fausse hernie du scrotum. * Pneumatocele. R.
†Pneumatode, *adj.* 2 *g.* qui a l'haleine courte et fréquente.
Pneumatologie, *s. f.* traité des substances spirituelles.
Pneumatomphale, *s. f.* fausse hernie du nombril.
Pneumatose, *s. f.* enflure de l'estomac. *-matôse. R.
†Pneumographie, *s. f.* description du poumon.
†Pneumologie, *s. f.* traité du poumon.
Pneumonique, *adj.* 2 *g.* (remède) qui est propre aux maladies des poumons.
†Pneumotomie, *s. f.* dissection du poumon.
†Pnigite, *adj. f.* (terre) glaise et médicinale.
†Poa, *s. m. ou* Paturin, plante graminée, à fleurs en épi.
Poallier, *s. m.* t. de fondeur de cloches, grosse pièce de cuivre. R. G. C.
Poche, *s. f. Perula.* sac qui tient au vêtement; faux-pli; sinus; sac; jabot; filet; petit violon; creuset; t. d'écrivain; cuiller à long manche.
Pocher, *v. a.* ché. e, *p. adj.* meurtrir avec enflure; t. d'écrivain, terminer en rond. * t. d'impri-

merie, trop charger d'encre. G. C. V.
Pocheter, *v. a.* serrer, porter dans sa poche pendant quelque temps. -té. e, *p. adj.* (olive).
Pochetier, *s. m.* qui fait des poches. R.
Pochette, *s. f.* petite poche; petit filet. * Pochete. R.
†Pochure, *s. f.* le gros bout de la hart du fagot.
Podagre, *s. m. adj.* 2 *g. Podagrosus.* goutteux. *s. f.* goutte.
Poderoux, *s. m.* (*vieux*) puissant. V.
Podestat, *s. m.* officier de justice et de police en Italie.
†Podimétrie, *s. f.* mesure par pieds.
Podomètre, *s. m.* instrument pour compter les pas, les tours de roue. G. C. *ou* Odomètre. B.
†Podophtalme, *s. m. Podophtalmus.* espèce de cancre.
Podure, *s. f. Podura.* insecte aptère, hexapode, sauteur.
Poêle, *s. f. Sartago.* ustensile de cuisine pour frire, etc.
Poêle, *s. m. Hypocaustum.* espèce de fourneau, lieu où il est; dais; voile nuptial; drap mortuaire. * *ou* Poile. A. G. CO. Poële. R.
Poêlée, *s. f.* plein une poêle. V.
†Poêlette, *s. f.* petit bassin d'affineur de sucre.
Poêlier, *s. m.* qui fait des poêles. * Poélier. G.
Poêlon, *s. m. Pultarius.* petite poêle. * *et* Poilon. V.
Poêlonnée, *s. f.* contenu d'un poêlon. * Poêlonée. R. Poilonnée. V.
Poëme, *s. m. Poema.* ouvrage en vers d'une certaine étendue. * Poême. R. C. Poème. CO.
Poësie, *s. f. Poetica.* art de faire des vers; feu, images de la poësie; versification. * style plein d'images. B. *pl.* ouvrages en vers. Poésie. R. G. C. A. CO.
Poesté, *adj.* (*vieux*) puissant. V.
Poëte, *s.* 2 *g. Poeta.* qui fait des vers; adonné à la poësie. * qui a le feu poëtique. B. Poéte. A. C. CO. Poëte. R.
Poëtereau, *s. m.* fort mauvais poëte. * Poétereau. A. C. R. Poëtereau. G. CO.
Poëtesse, *s. f.* (*inusité*) femme poëte. A. V. RR.
Poëtique, *adj.* 2 *g.* qui concerne la poësie, qui lui appartient, qui lui est propre. *s. f.* traité de la poësie. * t. d'impr. (caractère) alongé. B. Poétique. A. C. CO.
Poëtiquement, *adv. Poeticè.* d'une manière poëtique. * Poétiquement. A. C. G. R. CO.
Poëtiser, *v. n.* (*burlesque*) versifier. * Poétiser. A. C. G. R.
Poge, *s. m.* t. de marine, stribord, le côté droit.
†Pognotomie, *s. f.* art, action de se raser.
Poids, *s. m. Pondus.* pesanteur; importance; considération; force, solidité; ce qui sert à peser, à donner de la pesanteur.
Poignant. e, *adj. Pungens.* (*vieux*) qui fait souffrir; piquant; qui pointe.
Poignard, *s. m. Sica.* arme, dague; douleur extrême.
Poignarder, *v. a.* dé. e, *p.* frapper, blesser, tuer avec un poignard; causer une douleur poignante.
Poignée, *s. f. Manipulus.* contenu de la main; petit nombre; ce par quoi on peut tenir à la main; deux morrues; t. d'arts et métiers. * (à poignée), *adv.* abondamment. G. CO.
Poignet, *s. m. Carpus.* jonction du bras et de la main; bord de la manche; fausse manche.
Poil, *s. m. Pilus.* filet délié qui sort de la peau, sa couleur; barbe; maladie des mamelles; filamens très-déliés, t. de botanique. * espèces d'ardoises. B.
Poilette, *s. f. Excipula.* t. de meunier, vaisseau de fer pour mettre la graisse. G. C. * Poilete. R.
Poilier, *s. m.* pièce qui porte la fusée et la meule d'un moulin. G. C.
Poiloux, *s. m.* (*populaire*) manant, homme de néant. * velu. V.
Poilu. e, *adj.* velu, garni de poils. G. C. V. RR.
Poincillade, *s. f. Poincinia. ou* Pointillade, arbrisseau épineux d'Amérique; ses fleurs sont excellentes pour les fièvres quartes; apéritives, béchiques, sudorifiques, vulnéraires.
Poinçon, *s. m. Veruculum.* outil pour graver, percer; tige de fer terminée par une lettre; mesure, tonneau. * pièce de bois debout, arbre d'une machine; aiguille à tête garnie d'un diamant. B.
Poindre, *v. a.* (*inusité*). piquer, offenser. *v. n. Dilucescère.* commencer à paroître, à percer, à briller (*à l'infinitif*).
Poing, *s. m. Pugnus.* la main fermée.
Point, *s. m. Punctum.* piqûre faite avec l'aiguille; t. de géométrie, douzième partie d'une ligne; ce qui est sans étendue; marque ronde (.); marque, douleur piquante; endroit fixé; question; objet principal; division; état, disposition, situation; degré; instant; nombre. * tissu clair; réseau délicat, orné de dessein. — d'Hongrie, coquille du genre des cames; espèce de dentelle. B.
Point, *adv. marque la négation. Non.* pas, nullement.
Point (de point en), *adv.* strictement, à la lettre. A. G. (de tout —), *adv.* entièrement.
Point d'honneur, *s. m.* ce en quoi l'on fait consister l'honneur. * Point-d'honneur. C.
Point-voyel, *s. m.* t. de gramm. orientale. R.
Pointage, *s. m.* t. de marine, désignation sur une carte du lieu où l'on est. * t. de man. défectuosité du drap. B.
†Pointal, *s. m.* étaie de bois perpendiculaire.
Pointe, *s. f. Mucro.* bout piquant et aigu; bout, extrémité; clou; outil pour graver; t. d'arts et métiers; saveur piquante; entreprise, dessein; t. de littérature, trait malin d'esprit. * t. de manége, défense d'un cheval qui se cabre; vol d'un oiseau qui s'élève; angle; partie basse de l'écu. B.
†Pointeau, *s. m.* poinçon d'acier trempé.
Pointement, *s. m.* action de pointer le canon. G.
Pointer, *v. a.* té. e, *p.* diriger vers un point; donner des coups de pointe. *v. n.* s'élever vers le ciel; faire à petits points; marquer de points, t. de peinture.
Pointeur, *s. m.* t. de guerre, qui pointe le canon; t. d'église, qui note les présens.
Pointillade. voyez Poincillade. * Pointillade. V.
Pointillage, *s. m.* t. de peinture, petits points.
Pointillé, *s. m.* t. de graveur, pointillage. * poisson du genre du salmone. B.
Pointille, *s. f. Argutiola.* vaine subtilité. T.
Pointiller, *v. a. Vitilitigare.* piquer, dire des choses désobligeantes. *v. n.* faire des points, t. de peinture; contester sur des riens. (se), *v. r.* se disputer sur les moindres choses. Pointillé. e, *p. adj.* marqué de points.
Pointillerie, *s. f. Argutiola.* picoterie, contestation sur des bagatelles. * Pointillerie. V.
Pointilles, *s. f. pl.* pieux dressés sur le platbord d'un vaisseau. voyez Pontilles.
Pointilleux. se, *adj. Vitilitigator.* qui aime à contester, à pointiller; à contrarier.
Pointu. e, *adj. Acutus.* qui a une pointe. * *s. m.* poisson du genre du chétodon. B.
Pointure, *s. f.* t. d'imprimerie, pointe pour retenir le papier: le trou qu'elle y fait. * t. de marine, disposition de la voile en pointe. B.
Pointus, *s. m. pl.* t. de chapelier, étoffe sur les capades. G. C.
Poire, *s. f. Pirum.* fruit; poudrière. * t. de balancier, masse, contre-poids; vase, t. d'arts et métiers. B.
Poiré, *s. m.* boisson de jus de poires.
Poire d'angoisse. voyez Angoisse. G. * mortification. B.
Poirée, *s. f.* Bette *ou* Blette, plante.
Poireau, *s. m. Porrus. ou* Porreau, verrue; tumeur; herbe potagère, indigeste, venteuse, diurétique, provoque les règles, la semence, la fécondité; guérit la brûlure, la morsure des serpens, les bruissemens d'oreilles, l'hydropisie en bains.
Poirier, *s. m. Pirus.* arbre qui porte les poires.
Pois, *s. m. Cicer.* légume rond, sa plante.
Pois chiche, *s. m.* plante. R.
Pois de merveille, *s. m.* Corinde, Corindum, plante. * Pois-de-merveille. C.
Poiser, *v. a.* sé. e, *p.* (*vi.*) presser, affliger. V.
Poison, *s. m. Venenum.* venin; suc, drogue, composition vénéneuse; ce qui empoisonne; maximes, dogmes, exemples pernicieux.
Poissard. e, *adj.* (style) du bas peuple de Paris. *s. f.* femme de la halle, marchande de poisson.
Poisse, *s. f.* fascine, petit fagot enduit de poix. G. C.
Poisser, *v. a. Picare.* sé. e, *p.* enduire, frotter de poix; salir avec quelque chose de gluant.
Poisson, *s. m. Piscis.* animal à sang rouge, presque froid, qui naît et vit dans l'eau; mesure. *pl.* signe du zodiaque. * — assiette, lune de mer. — d'avril, maquereau; attrape faite au mois d'avril (*populaire*). — bœuf. voyez Lamentin. — bourse, voyez Guaperve. — chirurgien, du genre du chétodon. — coffre, à nageoires cartilagineuses, de neuf espèces. — d'or. voyez Dorade. — empereur. voyez Espadon. — épinarde, épinoche ou Spinarelle. — éventail. voyez ce mot. — femme, *ou* Truie d'eau. — fétiche. voyez ce mot. — fleur, Ortie de mer. — globe, du genre des quatre-dents. — juif. voyez Marteau. — lézard *ou* Lacert, du genre du callionyme. — monocéros, du genre du baliste. — monoptère, du genre du cuirassé, du gade, du scombre. — montagne, Requin *ou* Kraken. — soleil, lune de mer. — stercoraire *ou* Merdeux, du genre du chétodon. — trembleur, anguille - torpille. — volant, du genre de l'exocet, du gastré, du trigle. Constellation méridionale; constellation australe. B.
†Poisson-d'argent, *s. m.* poisson du genre de l'athérine.
†Poisson doré, *s. m.* du genre du cyprin, en Chine.
†Poisson-du-paradis, *s. m.* poisson du genre du polynème.
Poissonnaille, *s. f.* (*familier*) petit poisson, fretin. * Poissonaille. R. Poissonnaille. V.
Poissonnerie, *s. f. Piscatorium.* lieu où l'on vend le poisson. * Poissonerie. R.
Poissonneux. se, *adj. Piscosus.* qui abonde en poissons. * Poissoneux. se. R.
Poissonnier. ère, *s. Piscarius.* qui vend le poisson. *s. f.* vase pour faire cuire le poisson. * Poissonier. ère. R.
†Poitevin. e, *adj. s. Picto.* du Poitou.
†Poitevine *ou* Pougeoise, *s. f.* monnoie sous Saint-Louis.
Poitrail, *s. m. Pectus.* le devant des épaules du cheval, harnois qui les couvre; t. d'architecture. * étai en talus; poutre en étaie. B.

Poitrinaire, *adj.* 2 *g*, *s*. qui a la poitrine attaquée.

Poitrinal, *adj*. qui s'attache sur la poitrine. G.C. * *s. m.* arme pyro-balistique, entre l'arquebuse et le pistolet. B.

Poitrine, *s. f. Pectus.* partie qui contient les poumons et le cœur; ce qu'elle contient; voix.

Poitrinière, *s. f.* t. de mécanique; t. de rubanier, planche sur la poitrine, ou qui y répond. G. C. * pièce d'une raquette. B. Poitriniere. R.

Poivrade, *s. f.* sauce avec du poivre, du sel, du vinaigre, etc.

Poivre, *s. m. Piper.* épice, fruit aromatique de certaines plantes. * — blanc *ou* noir, échauffant, atténuant, dessiccatif, apéritif, cordial pour les crudités, les coliques; bon stimulant.

Poivre d'Inde. voyez Piment. A.

Poivre-long, *s. m.* Piment. R. * fruit desséché avant la maturité d'une espèce de poivrier. B.

Poivrer, *v. a.* vré. e, *p.* mettre du poivre; donner le mal vénérien.

Poivrete, *s. f.* plante. R.

Poivrier, *s. m.* arbrisseau; vase au poivre.

Poivrière, *s. f.* boîte où l'on met du poivre, de la muscade, etc. * Poivriere. R.

Poix, *s. f. Pix.* mélange de résine de pin ou de sapin brûlée et de suie. * — de montagne, bitume liquide, grossier. — minérale, *ou* de Terre, *ou* de Babylone, *ou* Pissasphalte, bitume mollasse, fétide et tenace. B.

✝Poix-résiner, *v. a.* né. e, *p.* étendre la poix sur le métal.

Polacre, Polaque, *s. f.* sorte de bâtiment de la Méditerranée. *s. m.* cavalier polonois.

Polaire, *adj.* 2 *g. Polaris.* auprès des pôles, qui leur appartient, t. d'astronomie.

✝Polarité, *s. f.* propriété de l'aimant de se diriger vers les pôles.

Polastre, *s. m.* t. de plombier, poêle à la braise. G. C. * bandes de fer pour retenir le charbon. B.

Polatouche, *s. m. Lemur volans.* écureuil volant.

✝Polchen, *s. m.* monnoie de Brandebourg, 9 deniers; mesure.

Pôle, *s. m. Polus.* extrémité de l'axe d'un astre, etc. * Pole. R.

✝Pole, *s. m.* mesure angloise, 2 toi. 5 pi. 5 p. 9 lig. *s. f.* (la), poisson du genre du pleuronecte.

Polémarque, *s. m.* t. d'antiquité, commandant, chef d'une armée, chef de la guerre.

Polémique, *adj.* 2 *g.* t. de littérature, qui appartient à la dispute.

Polémonium, *s. m.* plante toujours verte.

Polémoscope, *s. m.* lunette à longue vue pour la guerre. R. G. C. * lunette, télescope recourbé. B.

Poli, *s. m. Nitor.* lustre, éclat; perfection.

Poli, e, *adj. Politus.* uni et luisant; doux, civil, honnête, complaisant.

✝Poliacante *ou* Chardon-beau, *s. m. Poliacanthus.* très-beau chardon.

Polican. voyez Pélican. R.

Polican, *s. m.* instrument de chirurgie. V.

Police, *s. f.* ordre établi pour la sûreté dans une ville, ceux qui le maintiennent; tribunal; ordre, réglement; t. de commerce, contrat de garantie; t. d'imprim. proportion dans le nombre des lettres.

Policer, *v. a.* cé. e, *p.* faire des réglemens de police; établir une police; civiliser.

Polichinel, *s. m.* marionnette; bouffon à bosse devant et derrière. * Polichinelle. A. *s. f.* fourgon coudé et plat. B.

✝Polichinelle, *s. f.* pièce emmanchée, en forme de hoyau; outil de fondeur.

✝Policien, *s. m.* feutre pour polir des peignes.

Poliçon, *s. m.* voyez Polisson. AL.

Poliergie, *s. f.* t. de littérature. LAHARPE.

Poligale, *s. f. Polygala. ou* Polygalon, *s. m.* Herbe à lait, Laitier. G. * de dix-huit espèces; béchique, incisive, purgative. L. 986. Polygale. V.

✝Poliglotte, *s. m.* oiseau. voyez Moqueur.

Poliment, *adv. Urbanè.* d'une manière polie.

Poliment, *s. m.* action de polir; lustre de ce qui est poli.

✝Polimittes, *ou* Polomites, *s. m. pl.* camelots de Flandre.

✝Poliodore, *s. m.* ver à corps allongé, articulé, logé dans un fourreau, avec des organes extérieurs.

Polion, *s. m. Polium.* plante du genre de la germandrée, de 37 espèces.

Polir, *v. a. Polire.* li. e, *p.* rendre uni et luisant à force de frotter; cultiver, adoucir; civiliser; orner l'esprit; rendre clair.

✝Poliseaux, *s. m. pl.* toile de chanvre de Mortagne.

Polisseur, se, *s. Politor.* qui polit.

Polissoir, *s. m. Levigatorium instrumentum.* instrument, outil pour polir.

Polissoire, *s. f.* décrottoire douce. * table d'épinglier. B.

Polisson, ne, *adj. s.* petit garçon mal-propre et vagabond; celui qui dit ou fait des plaisanteries basses; sans considération; obscène. * *et* Poliçon. A. Polisson. sone. R.

Polissonner, *v. n.* dire ou faire des polissonneries. * Polissoner. R.

Polissonnerie, *s. f.* action, parole, tour de polisson; bouffonnerie; plaisanterie basse; obscénité. * Polissonerie. R.

Polissure, *s. f. Politura.* action de polir, son effet.

Politesse, *s. f. Urbanitas.* civilité; manière honnête et polie.

Politique, *s. m.* savant dans l'art de gouverner; fin, adroit. *s. f.* art de gouverner les états; ruse, finesse, manière adroite. *adj.* 2 *g. Politicus.* qui concerne la politique; fin, adroit.

Politiquement, *adv. Callidè.* selon les règles de la politique; d'une manière fine, adroite, cachée, réservée.

Politiquer, *v. n.* raisonner sur les affaires politiques.

Pollage, *s. m.* redevance en poules. R.

✝Pollen, *s. m.* corpuscules dans l'anthère. *prononcez* pollenne.

✝Pollicipédite, *s. m.* coquille multivalve.

Pollicitation, *s. f.* engagement contracté par quelqu'un sans qu'il soit accepté par un autre.

✝Pollincteur, *s. m.* celui qui embaume les morts.

Pollu, *adj.* pollué. V.

Polluer, *v. a. Polluere.* lué. e, *p.* souiller, profaner. (se), *v. réfléchi.* commettre le péché d'Onan.

Pollution, *s. f. Pollutio.* profanation d'un temple; péché d'impureté, onanisme, masturbation. * t. de médecine, écoulement nocturne de la semence. B.

✝Polochion, *s. m.* espèce nouvelle d'oiseau de Bornéo, entre le promérops et le guêpier.

Polographie, *s. f.* description des pôles, du ciel. R.

✝Polonois, e, *adj. s.* de Pologne. *s. f.* espèce de robe à la polonoise.

✝Polosse, *s. m.* alliage de cuivre rouge et d'étain, fonte verte.

✝Polozaux, *s. m. pl.* toiles de Normandie.

Poltron, ne, *s. Ignavus.* lâche; sans cœur, sans courage. * Poltron. trone. *s. m.* crâbe prêt à quitter sa robe. B.

Poltronnerie, *s. f. Ignavia.* lâcheté; manque de courage. * Poltronerie. R.

✝Polyacoustique, *s. m.* instrument pour multiplier les sons.

Polyadelphie, *s. f.* (plusieurs frères), dix-huitième classe des végétaux. L.

✝Polyandre, *s. f.* vie de plusieurs grands hommes.

Polyandrie, *s. f.* (plusieurs époux), douzième classe des végétaux. L. * action d'écrire une polyandre. B.

✝Polyandrique, *adj.* 2 *g.* de la polyandrie.

Polyanthéa, *s. m.* recueil alphabétique de lieux communs.

Polyanthé. e, *adj.* qui a plusieurs fleurs. * Polyanthée, *adj.* 2 *g.* R.

Polyarchie, *s. f.* gouvernement de plusieurs. RR.

✝Polycamératique, *adj. f.* (pendule) qui sert en dehors et en dedans, à plusieurs cadrans.

Polycarpe, *s. m.* recueil d'ordonnances ecclésiastiques. R.

✝Polychyle, *adj.* 2 *g.* (aliment) qui fournit beaucoup d'humeur muqueuse, nourrissant.

✝Polycnème, *s. m.* poisson. voyez Polynème.

✝Polycratie, *s. f.* gouvernement des personnes riches et probes.

✝Polycratique, *adj.* 2 *g.* de la polycratie.

Polycreste, *adj. Polychrestos.* t. de pharmacie, servant à plusieurs usages. * Polichreste. R. Polychreste. A. R.

✝Polydipsie, *s. f. Sitis morbosa.* soif excessive.

Polyèdre, *s. m. Polyedros.* solide à plusieurs faces, t. de géométrie. * Polyedre. R. Polihèdre, verre à facettes. B.

Polygame, *s.* 2 *g.* marié à plusieurs.

Polygamie, *s. f.* état d'un homme ou d'une femme marié à plusieurs.

Polygamie, *s. f.* (plusieurs noces), vingt-troisième classe des végétaux, L.

Polygarchie, *s. f.* gouvernement de plusieurs.

Polyglotte, *adj.* 2 *g. s. f.* écrit, imprimé en plusieurs langues; qui sait plusieurs langues.

Polygone, *adj.* 2 *g. s. m. Polygonius.* surface solide qui a plusieurs angles et plusieurs côtés. * Polygône. R.

✝Polygonope, *s. m.* insecte marin, du genre de l'acarus.

Polygraphe, *s. m.* qui a écrit sur plusieurs matières. * machine qui fait mouvoir plusieurs plumes. G.

Polygraphie, *s. f.* art d'écrire de différentes manières secrettes, art de les lire. G. C. RR.

✝Polygramme, *s. m.* figure à plusieurs côtés.

Polygynie, *s. f.* (plusieurs épouses), septième ordre de plantes des treize premières classes. L.

✝Polylogie, *s. f.* talent de parler sur beaucoup de sujets divers.

Polymathe, *s. m.* qui a une vaste étendue de connoissances. R.

Polymathie, *s. f.* vaste étendue de connoissances; science étendue et variée. R. G. C.

✝Polymne, *s. f. Polymna.* poisson du genre du persègue.

✝Polynème, *s. m. Polynemus.* poisson à tête en bec, 14ᵉ. genre, 5ᵉ. classe.

Polynome, *s. m.* quantité composée de plusieurs termes. * Polynôme. R.

Polyonyme, *adj.* 2 *g.* qui a plusieurs noms. V.

Polyoptre, *s. m.* instrument de dioptrique qui multiplie

multiplie les objets et les diminue.

Polype, *s. m. Polypus.* animal qui ressemble à une plante, à corps membraneux, mou, terminé par des filets flexibles. — en bouquet. — à panache. — à bras, 5e. genre de zoophites. *ou* Loupe, t. de méd. excroissance de chair.

Polypétale, *adj.* 2 *g.* à plusieurs pétales, qui a plus de six pétales.

†Polypeux. se, *adj. Polypodes.* qui a plusieurs pieds; qui ressemble au polype.

Polyphage, *s. m.* vorace. RR.

Polyphagie, *s. f.* voracité. RR.

†Polyphème, *s. m. Polyphemus.* crustacée sessiliocle, crabe des mollusques.

†Polyphilie, *s. f.* affection partagée entre plusieurs.

†Polyphylle, *adj.* 2 *g.* (calice) de plusieurs feuillets.

†Polypier, *s. m. Polyparius.* ruche formée par les polypes de mer; fausse plante marine.

†Polypites, *s. m. pl.* polypiers fossiles.

Polypode, *s. m. Polypodium.* plante capillaire, bonne contre la pituite, la bile recuite.

Polyptique, *adj.* 2 *g.* (livre) composé de plusieurs feuilles. R. * *s. m.* livre de cens, rentes et corvées. B.

†Polysarcie, *s. f.* excès de graisse qui défigure les corps.

†Polyscope, *s. m.* verre qui multiplie les objets.

Polyspaste, *s. f.* machine à plusieurs poulies. R. * Polyspaston. AL.

†Polysperme, *adj.* 2 *g.* (baie) qui contient plusieurs semences.

Polysyllabe, *adj.* 2 *g. s. m.* t. de gram. de plusieurs syllabes.

Polysynodie, *s. f.* multiplicité de conseils.

Polytechnique, *adj.* (école) destinée à former des élèves pour l'artillerie, le génie, l'architecture militaire, etc. C. V. RR.

Polythéisme, *s. m.* système qui admet la pluralité des dieux.

Polythéiste, *s. m.* qui professe le polythéisme. * Polithée, *s.* 2 *g.* V. Polythée. R.

Polytric, *s. m. Polytricus.* petite plante apéritive, pectorale, détersive; ressemble un peu à la fougère. L. 1540. * Polytrich. B. *ou* Politric. G.

†Polytrophie, *s. f.* abondance de nourriture.

Polytypage, *s. m.* (*néolog.*) action de polytyper, son effet; art du polytype. C.

Polytype, *s. m.* qui polytype. *adj.* 2 *g.* du polytypage, qui y a rapport, qui en vient. C. RR.

Polytyper, Clicher, *v. a.* é. e, *p.* reproduire, multiplier les planches d'imprimerie. C. RR.

†Polyurique, *adj.* 2 *g.* (ischurie) causée par la rétention d'urine.

†Pomacanthe, *s. m.* genre de poissons.

†Pomacentre, *s. m.* genre de poissons à dents mobiles.

†Pomacie, *s. f. Pomatia.* limaçon ou escargot des vignes ou des jardins.

†Pomadasys, *s. m.* genre de poissons à dents mobiles.

†Pomatome, *s. m.* genre de poissons.

Pommade, *s. f. Pomatum.* composition de pomme, de cire, de graisse, etc. t. de manége, tour de voltige en se tenant sur le pommeau.

Pommader, *v. a.* dé. e, *p.* mettre de la pommade.

Pommaille, *s. f.* pommes de médiocre bonté. R.

†Pommatie, *s. f.* espèce d'escargot d'Italie, très-délicat.

Pomme, *s. f. Malum.* fruit du pommier, rond, à pepins; ce qui en a la forme. * — de terre *ou* Morelle tubéreuse, plante; son fruit; vient d'Amérique. — d'adam, fruit d'une espèce de limonier. — d'amour, de mer *ou* albergame, zoophite marin. — d'amour *ou* tomate, espèce de solanum dont le fruit se mange. — épineuse, herbe aux sorciers, des Indes, espèce de datura, narcotique, stupéfiante, poison, l'antidote est la thériaque; bonne pour le vertige, la folie, la manie; adoucissante, anodine et résolutive à l'extérieur. — de mer, oursin. — de merveille, plante très-vulnéraire, anodine.

Pommé, *s. m.* cidre de pommes.

Pommé. e, *adj. Capitatus.* formé en manière de pomme. * fieffé; achevé; complet. B.

Pommeau, *s. m. Capuli pila.* sorte de petite boule; t. de manége; t. d'anatomie, le gras de la jambe, le haut de la joue.

Pommeler (se), *v. r.* t. de manége, se marquer de gris et de blanc par ronds; t. d'astronomie, se couvrir de petits nuages. -lé. e, *p. adj.*

Pommelle, *s. f.* hémisphère percé de trous à l'entrée d'un tuyau; outil de corroyeur, etc. * Pommele. R.

Pommer, *v. n. Corrotundari.* t. de jard. se former en pomme. -mé. e, *p. adj.* (*figuré*) achevé, complet.

Pommeraie, *s. f.* lieu planté de pommiers.

Pommeté. e, *adj.* t. de blason, orné de pommettes. A. V.

Pommette, *s. f. Globulus.* ornement en forme de petites pommes; t. d'anat. le haut de la joue; t. de lingère. * Pommete. R.

Pommier, *s. m. Malus.* arbre qui porte les pommes, de beaucoup d'espèces.

†Pomoyer, *v. a.* passer un cordage dans ses mains pour l'examiner.

Pompadour, *s. m. Ampelis.* oiseau, Cotinga. voyez Pacapac *et* Calycant de la Caroline.

Pompe, *s. f. Antlia.* machine pour élever l'eau. *Pompa.* appareil superbe; somptuosité; style relevé, t. de rhétorique.

Pomper, *v. a. n.* pé. e, *p.* faire agir la pompe; épuiser avec la pompe. * (*famil.*) tirer un secret avec adresse. A. (*popul.*) boire. B.

Pompeusement, *adv. Splendidè.* avec pompe; en termes ampoulés.

Pompeux, se, *adj. Magnificus.* magnifique, qui a de la pompe.

Pompholix, *s. m.* R. *Capnites.* oxide de zinc sublimé; tutie blanche. B.

Pompier, *s. m.* qui fait les pompes, qui les fait agir. A.

†Pompile *ou* Lampuge, *s. m. Pompilus.* poisson du genre du coryphène.

Pompon, *s. m. Ornatus.* petit ornement; parure.

Pomponner, *v. a.* né. e, *p.* orner de pompons. A.

Pomptine, *adj. f.* marais pontins. R.

Ponande, *s. f.* t. de compte. R.

Ponant, *s. m. Occidens.* l'occident; t. de mar. * le derrière. V.

Ponantin *ou* Ponantois, *adj. m.* qui concerne le ponant. RR.

Ponce, *s. f. Pumex.* pierre sèche, poreuse et légère; t. de dessinateur, petit sachet plein de charbon en poudre. * Pierre-ponce. G.

Ponceau, *s. m. adj.* Coquelicot, pavot rouge, sauvage; rouge très-vif, très-foncé.

Poncel, *s. m.* (*vieux*) petit pont. V.

Poncer, *v. a. Pumicare.* cé. e, *p.* t. d'orfèvre, rendre mat; t. de dessinateur, piquer un dessein et le frotter avec la ponce; régler avec le poncis.

Ponche, Punche, *s. m.* boisson, mélange de jus de citron, d'eau-de-vie, d'eau, de sucre et de vin blanc. *pris de l'anglois* Punch.

†Poncirade, *s. f.* mélisse cultivée.

Poncire, *s. m.* gros citron, ou limon odorant.

Poncis, *s. m.* dessein piqué sur lequel on a passé la ponce. * papier qui sert de règle. G.

Ponction, *s. f. Punctio. ou* Paracentèse, ouverture faite au ventre d'un hydropique, au périnée.

Ponctualité, *s. f.* grande exactitude.

Ponctuateur, *s. m.* qui note avec des points. V. * qui pique les absens. R.

Ponctuation, *s. f. Interpunctio.* art, système, action de ponctuer; signes de la ponctuation. (. ! ? : ; ,)

†Ponctué, *s. m.* (le) lézard du 5e. genre. — serpent du 3e. genre. — poisson du genre du labre. — (la), *s. f.* poisson du genre du persègue.

Ponctuel. e, *adj. Accuratus.* exact, régulier; qui fait à point nommé. * Ponctuel. ele. R.

Ponctuellement, *adv. Accuratiùs.* avec ponctualité. * Ponctuélement. R.

Ponctuer, *v. a. n.* mettre les points, les virgules, la ponctuation, les repos. -tué. e, *p.* * *adj.* marqué de points. AL.

Pondag, *s. m.* inclinaison de la veine du charbon.

Pondage, *s. m.* droit en usage en Angleterre. G. C.

Pondération, *s. f.* science du mouvement et de l'équilibre des corps; t. de peinture.

Pondeuse, *s. f.* qui pond; féconde. A.

Pondre, *v. a. n. Ova edere.* du. e, *p.* faire ses œufs.

Ponent. voyez Ponant. A.

†Pongo, *s. m.* grand Orang-outang, grand Homme des bois, Barris, Satyre.

Ponnu, *adj.* (*vieux*) pondu. V.

†Ponsif, *s. m.* sac plein de charbon pilé pour saupoudrer les modèles, t. de fonderie.

Pont, *s. m. Pons.* ouvrage pour faciliter le passage d'une rivière; t. de marine, tillac, étage; t. d'organiste, cube, base du tuyau; t. d'arts et métiers. * tableau fait à la hâte. B.

Pont-aux-ânes, *s. m.* trivialité; chose commune, chose facile à faire.

Pont-dormant, *s. m.* pont fixe, immobile.

Pont-levis, *s. m.* pont qui se lève et s'abaisse. * *ou* Pont-dormant. RR.

Pont-tournant, *s. m.* pont qui tourne.

Pont-neuf, *s. m.* sorte de chanson. V.

Pont-volant, *s. m.* pont de bateaux.

Pontage, *s. m.* pontonage. V. T.

Pontal, *s. m.* la hauteur ou le cœur d'un vaisseau. R. G. C. * *et* Pontiel. R.

†Pontanier, *s. m.* pontonier. T.

Ponte, *s. f. Ovatio.* action de pondre, son temps. *s. m.* t. de jeu d'hombre, as de cœur; t. de jeu de bassette, celui qui met sur une carte contre le banquier, etc.

Ponté, *s. m.* fond qui couvre le corps de la garde d'une épée. G. C.

Ponté. e, *adj.* t. de mar. qui a un pont.

Pontenage, *s. m.* pontonage. T. * *ou* Pontage, droit perçu sur les bacs et les ponts. B.

Ponter, *v. n.* jouer contre le banquier, être ponte.

†Pontet, *s. m.* partie de la sous-garde, t. d'arq.

Pontière, *s. f.* cul de poule. * Pontiere. R.

Pontife, *s. m. Pontifex.* ministre des choses sacrées; pape; évêque.

Pontifical. e, *adj. Pontificius.* qui regarde le pontife. *s. m.* livre à l'usage de l'évêque.

Pontificalement, *adv.* d'une manière pontificale.

Pontificat, *s. m. Pontificatus.* dignité de pontife, de pape, sa durée.

Pontificatif, *adj.* qui rend pontife. V.

Pontil, *s. m.* instrument pour la fabrique des glaces. G. C. * glace sur laquelle on étend l'émeril. B.

Pontiller, *v. n.* se servir du pontil. G. C.

Pontilles, *s. m. pl.* pieux de bois sur le plat-bord

d'un vaisseau. G. C. * *ou* Espontilles, *s. f.* R.
Pontine. voyez Pomptine. R.
†Pontins, *s. m. pl.* (marais) immenses, près de Rome.
Ponton, *s. m.* *Ponto.* pont flottant; barque de cuivre; t. de mar. barque plate.
Pontonage, *s. m.* droit payé par ceux qui traversent une rivière. * Pontage *et* Pontenage. T.
Pontonnier, *s. m.* qui perçoit le pontonage. * Pontonier. C. AL. Pontanier. T. Pontannier. V.
†Ponts et chaussées, *s. m. pl.* tout ce qui regarde les grands chemins.
Pontuseau, *s. m.* t. de papeterie, verge de métal, sa trace. A. * Pontusceaux, *s. m. pl.* R. traverses du châssis. B.
†Poolites, *s. m. pl.* inspecteurs du trésor à Athènes.
Pope, *s. m.* prêtre russe. A.
Popine, *s. f.* cabaret. R. V.
Popiner (se), *v. pers.* se parer, s'ajuster. CHOLET.
†Popisme, *s. m.* bruit fait avec les lèvres pour caresser. (*vieux*).
Poplité. e, *adj.* *Popliteus.* qui a rapport au jarret. * *et* Poplitaire. R. G. C.
Poplitique, *adj. 2 g. s. f.* t. d'anat. R. du jarret. (veine) placée dans le milieu de la cuisse. B.
Populace, *s. f.* *Plebecula.* le bas, le menu peuple.
Populacier, *s. m.* partisan de la populace, qui l'adule, qui s'en fait aimer. C.
†Populage, *s. m.* souci d'eau.
Populaire, *adj. 2 g.* *Popularis.* du peuple, qui le concerne, qui s'en fait aimer; très-répandu.
Populairement, *adv.* *Populariter.* d'une manière populaire.
Populariser (se), *v. r.* sé. e, *p.* se concilier l'affection du peuple; se familiariser. C.
Popularité, *s. f.* *Popularitas.* caractère d'un homme populaire; affection du peuple; crédit près du peuple. (*anglicisme*).
Population, *s. f.* quantité d'habitans que renferme un pays.
Populeux. se, *adj.* très-peuplé; favorable à la population. G. C. V. AL.
Populo, *s. m.* (*popul.*) petit enfant gras, potelé.
Poque, *s. m.* jeu de cartes. R. V.
Poquer, *v. a.* qué. e, *p.* t. de jeu, lancer une boule contre une autre. R. G. C.
Poracé. e, *adj.* *Porraceus.* tirant sur la couleur verdâtre du poireau; t. de médecine.
Porc, *s. m.* *Porcus.* cochon mâle, pourceau, sa chair. —de Guinée, roux. Porc-sanglier, Sanglier. B.
Porc-épic, *s. m.* *Hystrix.* quadrupède couvert de piquans. *ou* Porte-épine. * — de mer *ou* Hérisson de mer, poisson du genre des deux dents.
Porc-marin, *s. m.* poisson, Marsouin, Dauphin. * Porc marin. A.
Porc-sanglier, *s. m.* porc sauvage, sanglier. G. C.
Porcelaine, *s. f.* *Porcellanæ.* terre cuite, très-fine, vase de cette terre; coquillage univalve. * *ou* Essère, pustule écailleuse. Très-belle toile de coton des Indes. B.
Porcelaine, *adj.* (cheval) à poil de couleur grise, bleue et ardoise.
†Porcelanisé. e, *adj.* converti en porcelaine.
†Porcellane, *s. f.* *Porcellana.* espèce de cancre.
†Porceler, *s. m.* cloporte.
Porchaison, *s. f.* état du sanglier gras et bon à manger.
Porche, *s. m.* *Propylæum.* portique simple d'une église, etc.
Porcher, *s. m.* *Suarius.* qui garde les pourceaux. *homme grossier. B. -cher. ère, G. C. -cher. ere. R.
Porcherie, *s. f.* toits à porcs. V.
Pore, *s. m.* *Foramina.* t. de médecine, trou dans la peau par où l'on transpire. * *pl.* Ostéocolle, pierre à filtrer, pierre ponce; polypier. B.
Poreux. se, *adj.* qui a des pores.

†Porgy, *s. m.* poisson du genre du spare.
Porisme, *s. m.* problème très-facile; corollaire; lemme.
†Poristique, *adj. f.* (méthode) qui détermine de combien de façons un problème peut être résolu.
Porites, *s. f. pl.* t. de naturaliste, corps polypiers devenus fossiles. G. C.
Pornographe, *s. m.* C. auteur d'un traité sur la pornographie. B.
†Pornographie, *s. f.* traité sur la prostitution.
†Porocèle, *s. f.* hernie calleuse.
†Pororoca, *s. m.* flux violent de deux minutes, entre Macapa et le cap Nord.
Porosité, *s. f.* qualité d'un corps poreux.
†Porotique, *adj. 2 g.* (remède) qui procure la formation du cal.
Porphyre, *s. m.* *Porphyrites.* sorte de marbre très-dur, substance vitreuse; coquillage; caillou de roche, composé. — *ou* Olive de Panama, coquille.
Porphyrion, *s. m.* oiseau pourpré, poule sultane. R.
Porphyrisation, *s. f.* action de porphyriser. V.
Porphyriser, *v. a.* sé. e, *p.* broyer sur du porphyre, t. de chimie.
†Porphyrite, *s. m.* espèce de poudingue qui approche du porphyre.
†Porphyrogénète, *adj. 2 g.* né dans la pourpre, ou fils d'empereur.
†Porpite, *s. m.* *Porpita.* pierre nummulaire; coralloïde elliptique; polypites en boutons; radiaire mollasse; méduse; ver radiaire gélatineux.
Porques, *s. f. pl.* t. de mar. R. pièces qui lient celles du fond du vaisseau. B.
†Porracé. e, *adj.* couleur du poireau.
Porreau, *s. m.* voy. Poireau. A. R. V.
Porrection, *s. f.* mise en main de ce dont on reçoit la disposition; manière de conférer les ordres mineurs, t. de liturgie.
Porses, *s. f. pl.* t. de papet. R. portions entre les feutres. B.
Port, *s. m.* *Portus.* lieu propre à recevoir les vaisseaux; abri, asile; maintien, conformation; t. de botanique. * capacité pour contenir et porter; droit, salaire, paye pour le transport. B.
Port d'armes, *s. m.* action, droit de porter les armes. * Port-d'armes. C.
Port de voix, *s. m.* t. de musique, passage insensible à un ton supérieur. * Port-de-voix. C.
†Port-permis, *s. m.* ce qu'un officier peut charger pour son compte, t. de marine.
Portable, *adj. 2 g.* qui doit, qui peut être porté; t. de coutume.
Portage, *s. m.* action de porter; endroit où il faut porter les canots à bras, t. de marine.
Portail, *s. m.* *Frons.* principale porte, façade d'une église.
Portant. e, *adj.* *Ferens.* qui porte. G. C. * *s. m.* *ou* Porte-poids, morceau de fer sous l'aimant, auquel on attache les poids. B.
Portatif. ve, *adj.* qu'on peut porter aisément. A. G. * *s. m.* registre. R.
Porte, *s. f.* *Porta.* ouverture pour entrer ou sortir, assemblage de bois, etc. qui la ferme; défilé, moyen d'arriver; la cour de Constantinople. * cour orientale. VOLTAIRE.
Porte-aiguille, *s. m.* instrument de chirurgien, pince pour tenir et allonger l'aiguille.
†Porte-allume, *s. m.* réchaud qui contient les flambarts.
Porte-arquebuse, *s. m.* celui qui porte le fusil du roi, son office.
Porte-assiette, *s. m.* cercle de métal pour mettre sous les plats. * Porte-assiete. R.
†Porte-auge, *s. m.* aide maçon pris au besoin.

Porte-barres, *s. m. pl.* t. de voiturier, anneau qui porte les barres. * Porte-bâres. R.
Porte-baguette, *s. m.* anneau qui reçoit et porte la baguette d'un fusil, etc. * Porte-bâguete. R.
Porte-balle, *s. m.* petit mercier ambulant. * Porteballe. A.
†Porte-bandeau, *s. m.* étulie nodiflore. — chapeau, paliure.
Porte-bougie, *s. m.* instrument de chirurgie pour diriger la sonde.
†Porte-bouchoir, *s. m.* tablette ou autel, le devant du four.
†Porte-broche, *s. m.* manche mobile de broche.
†Porte-carreau, *s. m.* carré de menuiserie qui porte le carreau ou coussin.
Porte-chape, *s. m.* t. d'église, chapier. * Porte-châpe R. Portechape. A.
†Porte-chapeau, *s. m.* voyez Paliure.
†Porte-charnière, *s. f.* t. d'orfévrerie, carrés appliqués à la cuvette.
Porte-clefs, *s. m.* guichetier qui porte les clefs.
Porte-collet, *s. m.* pièce qui porte le rabat. * Portecollet. A.
†Porte-corne, *s. m.* rhinocéros.
†Porte-coton, *s. m.* valet de garde-robe; vil complaisant.
†Porte-couteau, *s. m.* instrument pour couper le fil de fer du hameçon.
Porte-crayon, *s. m.* instrument dans lequel on met un crayon. * Portecrayon. A.
†Porte-crête, *s. m.* (le) lézard du 4e. genre.
Porte-croix, *s. m.* celui qui porte la croix. * voyez Criocère.
Porte-crosse, *s. m.* qui porte la crosse.
Porte-culotte, *s. m.* femme qui maîtrise son mari. R. V.
Porte-Dieu, *s. m.* prêtre qui porte le viatique.
Porte-drapeau, *s. m.* enseigne, qui porte le drapeau, t. militaire. G. V. C.
Porte-enseigne, *s. m.* *Signifer.* t. milit. enseigne.
Porte-épée, *s. m.* *Cincticulus.* pièce pour porter l'épée.
Porte-éperon, *s. m.* pièce qui porte l'éperon.
†Porte-épine. voyez Porc-épic.
†Porte-éponge, *s. m.* pince pour porter une éponge, outil de tourneur.
Porte-étendard, *s. m.* t. militaire, qui porte l'étendard; pièce pour le supporter.
Porte-étriers, *s. m.* sangle pour lever l'étrier. G. C.
Porte-étrivières, *s. m. pl.* anneaux carrés à l'arçon de la selle. * Porte-étrivieres. B.
Porte-faix, *s. m.* *Bajulus.* crocheteur, qui porte des fardeaux. * ressort du métier à bas. B. Portefaix. A.
Porte-feu, *s. m.* canal par lequel on allume le four à chaux. CO.
Porte-feuille, *s. m.* *Capsa.* carton où l'on met des papiers: *ou* Rapette, plante annuelle à fleurs bleues, axillaires, vulnéraires, détersives. *Asperugo.* L. 198. t. de botanique, cul d'artichaut. * Portefeuille. A.
Porte-flambeau, *s. m.* qui porte un flambeau. R. V.
†Porte-foret, *s. m.* étau, outil de lapidaire.
Porte-guignon, *s. m.* voyez Guignon. C.
Porte-haubans, *s. m.* t. de marine. R.
†Porte-huile, *s. m.* outil pour mettre l'huile aux pivots d'une montre.
Porte-Iris, *s. m.* animal marin entouré d'iris.
Porte-jupe, *adj.* R.
Porte-lanterne, *s. m.* insecte, espèce de procigale lumineux d'Amérique. G. C.
Porte-lettre, *s. m.* petit porte-feuille.
Porte-lots, *s. m. pl.* t. de charpentier, pièces au pourtour d'un bateau-foncet. V.
†Porte-lumière, *s. m.* instrument pour introduire un rayon de lumière dans un lieu obscur.

Porte-malle, *s. m.* officier. R.
Porte-manchon, *s. m.* qui porte le manchon. C.
Porte-manteau, *s. m.* officier chargé de porter le manteau; valise; bois pour suspendre les habits. * Portemanteau. A.
Porte-masse, *s. m.* qui porte une masse. R.
†Porte-miroir, *s. m.* beau papillon de Surinam.
†Porte-missel, *s. m.* petit pupitre.
†Porte-montre, *s. f.* armoire vitrée d'horloger.
Porte-mors, *s. m.* cuir qui soutient le mors et la bride.
†Porte-morts, *s. m. pl.* *Nicrophorus.* insectes coléoptères, du genre des silphes.
Porte-mouchettes, *s. m.* plateau pour mettre les mouchettes. * Porte-mouchetes. R.
Porte-mousqueton, *s. m.* t. de guerre, espèce d'agraffe à côté mobile; t. d'horloger.
†Porte-musc, *s. m.* animal ruminant.
†Porte-noix, *s. m.* grand arbre d'Amérique.
†Porte-or, *s. m.* marbre noir, à veines métalliques, jaunes d'or.
Porte-page, *s. m.* t. d'imprimerie. R. papier pour porter une page de caractère. B.
Porte-panier, *s. m.* V.
Porte-pièce, *s. m.* outil de cordonnier pour piécer. G. C.
Porte-pierre, *s. m.* instrument qui sert à porter la pierre infernale.
†Porte-plume, *s. m.* voyez Plérophore.
†Porte-plumet, *s. m.* nérite fluviatile.
Porte-presse, *s. m.* t. de relieur. C.
†Porte-queue, *s. m.* papillon à apendices.
†Porte-rames, *s. m.* planche qui supporte les ficelles, t. de manufacturier.
†Porte-respect, *s. m.* arme, personne qui en impose; signe extérieur d'une dignité.
Porte-sel, *s. m.* boîte à sel. C.
†Porte-soie, *s. m.* poule et coq à duvet, du Japon.
†Porte-soudure, *s. m.* étoffe pliée pour relever la soudure.
Porte-tapisserie, *s. m.* châssis pour porter la tapisserie d'une porte.
Porte-trait, *s. m.* t. de manége, ce qui soutient le trait. G. C.
†Porte-tarreau, Porte-tarrière, *s. m.* manche mobile.
†Porte-trémillon, *s. m.* supports des trémillons.
Porte-vent, *s. m.* t. d'organiste, tuyau qui dirige le vent. * partie d'une musette; tuyau qui dirige la flamme, t. d'émailleur. B.
Porte-verge, *s. m.* bedeau, qui porte une verge.
†Porte-vergues, *s. m. pl.* pièces arquées de l'éperon.
†Porte-vis, *s. m.* pièce du fusil qui reçoit les vis.
†Porte-vitre, *s. m.* planche qui soutient les vitres.
Porte-voix, *s. m.* sorte de trompette pour porter la voix. * Portevoix. A.
Portechoux, *s. m.* petit cheval de jardinier. A.
Portée, *s. f.* *Partus.* ventrée, tous les petits d'une femelle; distance qu'on peut atteindre avec...; ce que l'esprit peut saisir; ce qu'on peut faire; étendue d'une pièce de bois, etc. t. de musique, les cinq lignes; t. de vénerie, traces du bois du cerf; t. de métiers.
Portemalheur, *s. m.* homme dont la compagnie est funeste. A. *Mortisaga.* insecte noir, de l'espèce du ténébrion. B.
Portement, *s. m.* image du Christ portant sa croix. G. C.
Portendu, *adj. m.* exposé aux regards. V.
Porter, *v. a.* *Ferre.* té. e, *p.* soutenir quelque chose; être chargé d'un poids; assister de son crédit; transporter d'un lieu à un autre; avoir sur soi, ou comme habillement; tenir; pousser; étendre; être cause; être étendu en longueur; produire; faire avancer; souffrir; endurer; exciter à; déclarer; assurer; adresser; contenir; *v. n.* poser; être soutenu; atteindre; avoir dans ses armoiries. (se), *v. r.* faire aller, conduire. Se dit de l'état de la santé; avoir de la pente vers; s'appliquer; se conduire.
Portereau, *s. m.* construction en bois pour retenir l'eau. R.
Porterie, *s. f.* où se tient le portier. R.
†Portérien, *s. m.* possesseur de terres, non domicilié.
Porteur. se, *s.* *Lator.* dont le métier est de porter, qui porte. * cheval de selle. B.
Portier. ère, *s.* *Janitor.* chargé d'ouvrir, fermer et garder une porte. *s. m.* le premier des ordres mineurs. *s. f.* ouverture d'un carrosse, ce qui la ferme; place à la portière; espèce de rideau. * t. milit. venteaux à l'embrâsure. B. Portier. tiere. R.
Portion, *s. f.* *Portio.* partie d'un tout; certaine quantité de pain, etc. ou pitance. (congrue), somme payée pour la subsistance d'un curé. * (virile), part de succession; *ou* Virile, *s. f.* *ou* Congrue, *s. f.* G. part du conjoint en viduité. B.
Portioncule, *s. f.* petite portion. R.
Portique, *s. m.* *Porticus.* gâlerie ouverte, soutenue par des colonnes, des arcades; sorte de jeu; secte de Zénon, des stoïciens.
Portoir, *s. m.* t. claustral, machine pour porter les portions. R. G. C.
Portoire, *s. m.* vaisseau pour porter la vendange. V.
Portor, *s. m.* marbre noir à veines imitant l'or.
Portraire, *v. a.* (*vieux*) faire le portrait de... Portrait. e, *p.* (*inusité*).
Portrait, *s. m.* *Imago.* représentation; description d'une personne; ressemblance. * marteau de paveur. B.
Portraiture, *s. f.* (*vieux*) portrait; art de faire des portraits. * Portrait très-ressemblant. V.
†Portugais. e, *adj. s.* *Lusitanus.* de Portugal.
Portugaloise, *s. f.* pièce d'or de Portugal. R. V.
†Portulacées, *s. f. pl.* famille des pourpiers.
Portulan, *s. m.* livre de marine qui contient la description des ports, des côtes, etc.
†Portune, *s. m.* *Portunus.* espèce de cancre.
†Porzane, *s. f.* grande poule d'eau.
Posade, *s. f.* t. de manége. R.
Posage, *s. m.* travail et dépense pour poser certains ouvrages.
Pose, *s. f.* t. d'archit. travail pour poser les pierres; t. de guerre, sentinelle; position du modèle, t. d'arts.
Posé. e, *adj.* *Positus.* modeste, rassis, grave. A. G. CO. RR.
Posément, *adv.* *Moderatè.* sans se presser, lentement.
Poser, *v. a.* *Ponere.* sé. e, *p.* placer, mettre sur; établir; fixer; supposer; mettre audessous. *v. n.* être posé, porter sur. * finir. AL.
Poseur, *s. m.* qui pose, qui dirige la pose.
Positif. ve, *adj.* *Verus.* certain, constant, assuré; t. de théologie, d'algèbre.
Positif, *s. m.* t. d'organiste, petit buffet, orgue portatif. *Absolutum.* t. de grammaire, premier degré dans les adjectifs de comparaison.
Position, *s. f.* *Positio.* situation; disposition; point, état, lieu où l'on est; point de doctrine; t. de manége, de danse, de guerre.
†Positionnaire, *s. m.* poinçon pour marquer les positions sur les cartes.
Positivement, *adv.* *Reapsè.* d'une manière positive; assurément; précisément; expressément.
†Posole, *s. m.* boisson indienne faite de blé d'Inde bouilli.
Pospolite, *s. f.* noblesse de Pologne réunie en corps d'armée.
Possédé. e, *adj. s. m.* *Possessus.* tourmenté du démon.
Posséder, *v. a.* *Possidere.* dé. e, *p.* avoir dans ses mains, à soi, en son pouvoir (se), *pers.* être maître de soi, de ses passions.
Possesseur, *s. m.* *Possessor.* celui qui possède.
Possessif. ve, *adj.* *Possessivus.* t. de grammaire, qui marque la possession.
Possession, *s. f.* *Possessio.* action de posséder; jouissance; installation; bien-fonds; état d'un possédé.
Possessoire, *s. m.* *Possessio.* t. de pratique, droit de posséder; récréance.
Possessoirement, *adv.* relativement à la jouissance. C. V. d'une manière possessoire. T.
Posset, *s. m.* liqueur faite avec du lait, de la bierre, du vin et de l'eau. G. C. RR.
Possibilité, *s. f.* qualité constitutive du possible.
Possible, *adj.* 2 *g. s. m.* ce qui peut être, arriver, être fait. *adv.* (*vieux*) peut-être. au —, *adv.* autant qu'il est possible.
†Post *ou* Posch, *s. m.* *Cornua.* poisson du genre du persègue.
Postcommunion, *s. f.* oraison après la communion. * Post-communion. G. C. V. RR.
Postcrit, *s. m.* voyez Post-scriptum.
Postdate, *s. f.* date postérieure à la vraie. R. G. C. * Post-date. V.
Postdater, *v. a.* té. e, *p.* dater d'un temps postérieur. G. C. Post-dater. V.
Poste, *s. m.* *Locus.* charge, emploi; t. milit. lieu où un soldat, un corps est ou peut-être placé. *s. f.* relais établi pour les voyageurs; local; distance de l'un à l'autre; exercice fait en la parcourant à cheval; courier; bureau de distribution ou réception des lettres; petites balles de plomb. * dernière portion de cristal fondu pour les glaces; verre attaché à la canne. B. à poste, *adv.* à termes convenus: à sa poste, *adv.* à sa disposition. AL.
Poste-face, *s. m.* avertissement. * Post-face, épilogue. V. RR.
Postels, *s. m. pl.* chardons à carder. CO.
Poster, *v. a.* *Collocare.* té. e, *p.* placer dans un poste, un lieu, un emploi. (se), *v. r.*
Postère, *s. m.* (*badin*) le derrière. A. V.
Postérieur. e, *adj.* *Posterior.* qui est après. *s. m.* derrière.
Postérieurement, *adv.* *Posteriùs.* après.
Postériorité, *s. f.* *Posterioritas.* état, rang, ordre d'une chose postérieure.
Postérité, *s. f.* *Posteritas.* descendans, peuples à venir.
Postéromanie, *s. f.* fureur de transmettre son nom à la postérité; hystéromanie. RR.
Posthume, *adj.* 2 *g. s. m.* *Posthumus.* né après la mort de son père; qui a paru après la mort de son auteur.
Postiche, *adj.* 2 *g.* *Adscitus.* fait et ajouté après coup; faux, déplacé. * et *s.* AL.
Postillon, *s. m.* *Veredarius.* valet de poste, qui mène en poste, ou qui mène la poste. * petite patache pour envoyer à la découverte: oiseau, variété du pétrel. B.
Postiquerie, *s. f.* malices d'enfant. R. V.
†Postliminie, *s. f.* rétablissement de l'état où l'on étoit avant la guerre; *statu quo ante bellum.*
Post-liminée, *s. f.* t. de droit. V.
Postposer, *v. a.* sé. e, *p.* mettre après. R. G. C.
Postpositif. ve, *adj.* qui sert à être mis après ou à la fin d'un mot.
Post-scriptum, *s. m.* ce qui est ajouté à une lettre, un mémoire. R. V. CO. * Postcrit. G.
Postulant. e, *adj.* *Candidatus.* qui peut faire

fonction de procureur. *s. m.* qui demande, qui recherche avec instance.

Postulat, *s. m.* t. de géométrie, demande d'un premier principe. G. C.

Postulateur, *s. m.* chargé de poursuivre une canonisation. G. C.

Postulation, *s. f.* fonction d'un procureur postulant ; t. de droit canon, demande de dispense.

Postuler, *v. a. Postulare.* lé. e, *p.* demander avec instance; demander une dispense. *v. n.* t. de pratique, faire les procédures.

Posture, *s. f. Status.* situation où se tiennent le corps ou ses parties ; état où l'on est par rapport à la fortune, etc.

Pot, *s. m. Vas.* vase, son contenu ; mesure, deux pintes ; marmite ; casque ; sorte de papier. * *pl.* creusets de verrerie. B.

†Pot-à-oille, *s. m.* vase plat à anse et couvercle pour les malades.

Pot de vin, *s. m.* t. de pratique, présent au-delà du prix convenu. R. * Pot-de-vin. A.

Pot-pourri, *s. m.* mélange de viandes, légumes, etc. ; t. de littérature ; t. de musique ; morceaux sans ordre.* vase plein d'aromates. B. Pot pouri. R. A.

Potable, *adj.* 2 *g. Poculentus.* qu'on peut boire.

Potage, *s. m. Jus.* bouillon avec des tranches de pain, etc.

Potager, *s. m. Olus.* fourneau pour les potages ; pot pour les mettre ; jardin pour les légumes. *adj.* (jardin) pour les légumes. (herbes) pour le potage. * Potager. ère. C. Potager. Potagere. R.

Potasse, *s. f.* Cendre de pot ou du Nord ; sel alcali fixe, tiré des cendres des végétaux ; alcali fixe. * *ou* Potasche. G.

Poté, *s. f.* titre d'honneur accordé à une terre. V.

Pote, *adj. f.* (main) grosse et enflée. (*famil.*)

Poteau, *s. m. Palus.* pièce de charpente placée debout.

Potée, *s. f.* contenu d'un pot ; t. de fondeur, composition pour le moule ; t. de chimie, substance, étain calciné pour polir. * — de montagne, voyez Ochre. B.

Potelé. e, *adj. Corpulentior.* gras et plein.

†Potelée, *s. f.* voyez Jusquiame.

Potelet, *s. m.* petit poteau d'un escalier. G. C. RR.

Poteleur, *s. m.* t. de finance. R. V.

Potelot, *s. m.* mine de plomb, molybdène ; plombagine. G. C.

Potence, *s. f. Patibulum.* gibet ; béquille ; bâton d'appui ; poteau en étai ; pièce en saillie pour supporter ; supplice. * outil d'arts et métiers. B.

Potencé. e, *adj.* t. de blason, (croix) avec une traverse au bout.

†Potenceaux, *s. m. pl.* partie du métier des passementiers.

Potentat, *s. m. Rex.* celui qui a la puissance souveraine dans un grand état.

Potentiel. le, *adj.* t. de médecine, qui produit son effet par une vertu caustique (cautère). * Potentiel. tiele. R.

Potentiellement, *adv.* en puissance. C.

Potentille, *s. f.* Argentine, plante qui a de grands vertus.

†Potera, *s. m.* hameçon sans appât, attaché à un leurre de plomb.

Poterie, *s. f. Figlinum.* vaisselle de terre ; marchandise de potier ; lieu où l'on fait les pots de terre, etc.

Poterne, *s. f. Pseudothyrum.* porte secrette de fortification.

†Poteyer, *v. a.* yé. e, *p.* enduire de pierre ponce les moules pour l'étain.

Potier, *s. m. Figulus.* qui fait et vend de la poterie.

Potier d'étain, *s. m.* qui fait et vend de la vaisselle d'étain. * Potier-d'étain. G. C.

†Potilles, *s. f. pl.* bois le long desquels glissent les vannes, t. de forge.

Potin, *s. m.* laiton, cuivre jaune. * cucurbite de fonte pour distiller. B.

†Potinières, *s. f. pl.* mailles très-serrées du manche.

Potion, *s. f. Potio.* remède liquide qu'on boit.

Potiron, *s. m. Fungus.* sorte de citrouille très-grosse ; fruit humectant, rafraîchissant, pectoral. * gros champignon. G.

†Potreau, *s. m.* petite poutre sur les grands vides des murs.

Potron-jacquet, *s. m.* (*bas*) le point du jour. V. * Potron-jaquet. R.

Pou, *s. m. Pediculus.* vermine, insecte ovipare, hexapode et aptère. * — de baleine, testacée. — de bois, insecte aptère. — des bois, *ou* Fourmi blanche, insecte ailé. — des oiseaux, *ou* Ricin, de différentes espèces. — des poissons *ou* de Rivière. — des polypes, blanc et ovale. — pulsateur *ou* Vrillette. — sauteur, voyez Podure. B. Pouil. (*vieux*). R.

Pou, *adv.* (*vieux*) peu. V.

Pou-de-mer, *s. m.* coquillage multivalve ; insecte. * Pou de mer. G.

Pou-de-soie, *s. m.* étoffe. C. * Pout-de-soie. R. G.

Pouacre, *adj. s.* 2 *g.* (*populaire*) salope ; vilain. * *s. m. ou* Butor tacheté, espèce de héron. B.

Pouacrerie, *s. f.* lésine. C. * malpropreté. R.

Pouah ! *interjection qui exprime le dégoût.* A.

†Pouc, *s. m.* rat du nord.

Pouce, *s. m. Pollex.* le plus gros doigt ; orteil ; mesure de douze lignes.

†Pouches, Pontes *ou* Pointes, *s. f. pl.* filets triangulaires.

Poucier, *s. m.* ce qui couvre le pouce de quelques ouvriers. R. G. C. * petite palette que l'on baisse avec le pouce. B.

†Poud, *s. m.* poids russe, 33 livres.

Pouding, *s. m.* mélange de mie de pain, moelle de bœuf, raisin, etc. mets anglois.

†Poudingue, *s. m.* mélange de petits cailloux réunis par un ciment naturel ; caillou d'Angleterre ; poisson du genre du spare. * Poudding. A. RR.

Poudre, *s. f. Pulvis.* poussière ; composition médicinale ; amidon pulvérisé ; composition de soufre, salpêtre et charbon pour charger les armes à feu. * — aux vers, Santoline, Semencine, Barbotine, Semen-contra, excellent vermifuge, stomachique, hystérique : parties de plantes qui viennent du Levant. — d'or, mica réduit en sable ; litharge mêlée de sable. B.

Poudrer, *v. a.* dré. e, *p.* couvrir de poudre.

Poudrette, *s. f.* fumier sec ; excrémens humains en poudre. * Poudrete. R.

Poudreux. se, *adj. Pulvereus.* plein de poussière. * (pied—) déserteur, paysan. B.

Poudrier, *s. m.* qui fait de la poudre à canon, à poudrer ; boîte, vase à poudre. Clepsidre.

Poudrière, *s. f.* où l'on fait la poudre à canon. * boîte à poudre. B.

Pouf, *adv.* mot qui exprime le bruit sourd d'un corps qui tombe. *adj. m.* sorte de marbre qui s'égrène aisément ; sorte de coiffure. * t. de fondeur, qualité de la fonte. B.

Pouffer (de rire), *v. n.* (*familier*) éclater de rire involontairement. * Poufer. R.

Pouger, *v. a.* faire vent-arrière. RR.

Pouillé, *s. m.* catalogue des bénéfices ecclésiastiques. * Pouiller. R. Pouïllé. V.

Pouiller, *v. a.* lé. e, *p.* (*populaire*) dire des pouilles. (se), *v. r.* chercher ses poux et les tuer. G. C.

Pouillerie, *s. f.* lieu d'un hôpital où l'on met les habits des pauvres. G. C. * pauvreté extrême. V.

Pouilles, *s. f. pl.* injures grossières. * Pouïlles. V.

Pouilleux. se, *adj. Pedicosus.* qui a des poux ; sujet aux poux. * (bois) plein de taches de pourriture. B.

Pouillier, Pouillis, *s. m.* méchante hôtellerie. * bicoque. V.

Pouillis, *s. m.* endroit plein de poux. V. RR.

Pouillot, *s. m. ou* Chantre, *ou* Chanteur, petit oiseau verdâtre.

†Poul *ou* Souci, *s. m.* roitelet huppé.

Poulailler, *s. m. Gallinarium.* où couchent les poules. *adj. s. m.* marchand de volailles ; * celui qui les amène, sa voiture. AL.

Poulain, *s. m Equulus.* jeune cheval ; t. de médecine, sorte de mal vénérien (*bubo venereus*). * instrument de tonnelier ; traîneau sans roues. *et* Poulin. A. C. G.

Poulaine, *s. f.* pied de l'avant du vaisseau.

Poulan, *s. m.* t. de jeu, celui qui donne les cartes et met plus que les autres. *pl.* tours où l'on paye double.

Poularde, *s. f. Pullastra.* poule jeune et grasse.

Poule, *s. f. Gallina.* oiseau domestique, femelle du coq, du faisan ; sorte de jeu, mise. * — de mer, Guillemot. — de neige, Lagopède. — de Pharaon, Pintade. — sultane, Porphyrion. B.

Poule d'eau, *s. f.* oiseau de rivière qui ressemble peu à la poule. * Colin noir *ou* Poule de marais. B. Poule-d'eau. C.

Poule d'Inde, *s. f.* femelle du coq d'Inde. * Poule-d'Inde. C.

Poule faisane, *s. f.* femelle du faisan. * Poule-faisane. C. Faisanne. G.

†Poule-grasse, *s. f.* Valérianelle sauvage.

Poulet, *s. m. Pullus.* petit de la poule ; billet de galanterie ; terme de caresse pour les enfans.

Poulette, *s. f.* jeune poule. * — d'eau, petite poule d'eau. * Poulete. R.

Poulevrin, *s. m.* poudre fine pour amorcer. G. C. V. RR. * voyez Pulverin. B.

†Pouliat, *s. m.* dernière caste des Malabares.

Pouliche, *s. f. Equula.* très-jeune cavale. * *et* Pouline. R. T.

Poulie, *s. f. Trochlea.* roue sur laquelle passe une corde, etc.

Poulier, *v. a.* lié. e, *p.* élever par le moyen d'une poulie. R. T.

Poulieur, *s. m.* qui fait ou vend des poulies. T. * qui les fait agir. RR.

Pouliner, *v. n. Fetum edere.* mettre bas, en parlant de la cavale.

Poulinière, *adj. f.* (jument) propre à faire des poulins. * Pouliniere. R.

Pouliot, *s. m.* petite poulie. G. C.

Pouliot, Pouliot-commun, *s. m. Pulegium.* plantes ; apéritif, stomachique, hystérique. — royal. — calament des champs. L. 807.

Poulot, *s. m.* (*familier*) petit enfant. R.

Poulpe, *s. f. Pulpa.* ce qu'il y a de plus solide dans les parties charnues ; et pulpe, chair de certains fruits. * polype de mer qui ressemble à la sèche. B.

Poulpeton, *s. m.* sorte de ragoût en hachis. * Poupeton. A.

Pouls, *s. m. Pulsus.* battement des artères.
Poultre, *s. f.* jeune cavale, voyez Poutre. A.
Poumon, *s. m. Pulmo.* principal organe de la respiration. * — marin, zoophyte. B.
Poumonique, *adj. s.* voyez Pulmonique.
Poupard, *s. m. Pupus.* (*familier*) enfant au maillot, son image. * Poupardeau. B.
†Poupardeau. voyez Poupard.
Poupart, *s. m.* crâbe d'une grosseur extraordinaire. * Poupard. V.
Poupe, *s. f. Puppis.* l'arrière d'un vaisseau. * mamelle d'ourse; mitraille de cuivre en boule. B.
Poupée, *s. f. Pupa.* petite figure de femme pour servir de jouet; petite personne très-parée; manière d'enter; filasse qui garnit la quenouille. * montans du tour, t. d'arts et métiers. B.
Poupelin, *s. m.* pâtisserie de farine, œuf, sel et beurre.
Poupelinier, *s. m.* t. de pâtissier, vase pour faire les poupelins. R. G. C.
Poupetier, *s. m.* qui fait et vend des poupées. R. G. C.
†Poupeton, *s. m.* espèce de hachis. voyez Poulpeton.
†Poupetonière, *s. f.* marmite à couvercle à rebords pour mettre du feu dessus; vaisseau pour faire les poupetons.
Poupiettes, *s. f. pl.* tranches de veau farcies, ficelées et rôties.
Poupin. e, *s. adj.* d'une propreté affectée.
Poupon. ne, *s. Pupus.* jeune enfant à visage potelé. * Poupon. pone. *s. f.* mignone. R.
Pour, *prépos. conjonc. Pro.* à cause, à la considération, en faveur, en échange de; par rapport à; afin; contre; moyennant; eu égard à; à la place de; comme, de même que; en qualité de; pendant; de quoi; quelque; quant à. *s. m.* le pour et le contre.
Pour l'heure, *adv.* présentement. RR.
Pour lors, *préposition.* alors.
Pourboire, *s. m.* petite récompense au-delà du prix convenu. * Pour boire. R. Pour-boire. AL. RR.
Pourceau, *s. m. Porcus.* porc, cochon.
Pourceau de mer, *s. m.* Marsouin. A. G.
Pourchas, *s. m.* (*vieux*) travail, bénéfice. V.
Pourchasser, *v. a. Ambire.* sé. e, *p.* rechercher avec obstination; poursuivre, tâcher d'avoir.
Pourfendeur, *s. m.* qui fend un homme en deux d'un seul coup. A. V.
Pourfendre, *v. a.* du. e, *p.* (*vieux*) fendre du haut en bas d'un seul coup.
Pourfiler, *v. a.* lé. e, *p.* entremêler de tissure différente. R. V.
†Pourmener, *v. a.* (se), *v. pers.* se promener. (*vieux*).
†Pourmenoir, *s. m.* promenade (*vieux*).
Pourparler, *s. m. Colloquium.* conférence sur une affaire.
Pourpenser, *v. n. augmentatif de* penser. R. V.
Pourpier, *s. m. Portulaca.* plante potagère, rafraîchissante, anti-scorbutique: l'eau pour les pertes de sang; vermifuge; suc céphalique, néphrétique. L. 638. * — de mer, Soutenelle, Arroche en arbrisseau. B.
Pourpoint, *s. m. Thorax.* ancien habillement françois.
Pourpointerie, *s. f.* métier de pourpointier.
Pourpointier, *s. m.* qui fait des pourpoints.
Pourpre, *s. m. Purpura.* maladie; poisson qui fournit une teinture précieuse; couleur rouge foncé.

Pourpre, *s. f. Purpura.* teinture; étoffe qui en est teinte, consacrée aux cardinaux, etc.; t. de fleuriste. (*figuré*) première magistrature; cardinalat.
Pourpre, Pourprin, *s. m.* couleur de pourpre sur les fleurs. G. C.
Pourpré. e, *adj. Purpureus.* de couleur de pourpre.
†Pourprendre, *v. a.* prendre, entreprendre, saisir (*vieux*).
Pourpris, *s. m. Conseptum.* (*vieux*) enceinte d'un lieu; demeure.
Pourpure, *s. f.* rouge foncé tirant sur le violet. CO.
Pourquoi, *adv. conj. Cur.* pour quelle raison; pour quelle chose; pour laquelle chose.
Pourquoi (c'est), *conj.* ainsi, de sorte que. * c'est-pourquoi. C.
Pourquoi (le), *s. m.* la cause, la raison.
Pourri, *s. m.* chose pourrie.
Pourrir, *v. a. Putrefacere.* ri. e, *p.* altérer; corrompre, gâter. *v. n.* (se), *v. r.* se gâter, s'altérer. * Pourir. A.
†Pourrissage, *s. m.* action, opération de la pourriture des chiffons à papier.
Pourrissoir, *s. m.* t. de papet. R. où l'on met les rognures, les chiffons. B.
Pourriture, *s. f. Putredo.* état de ce qui est pourri; corruption. * vase pour macérer l'indigo. B. * Pouriture. A.
Poursuite, *s. f. Insectatio.* action de poursuivre; soin pour le succès. *pl.* procédures, action en justice.
Poursuivant, *s. m.* qui poursuit un emploi, une fille en mariage, un décret, t. de prat.
Poursuivre, *v. a. Insequi.* vi. e, *p.* courir après pour atteindre; briguer; continuer; agir en justice; employer ses moyens pour atteindre un but.
Pourtant, *conj. Tamen.* cependant; toutefois; néanmoins.
Pourtour, *s. m. Circuitus.* le tour, le circuit d'un corps.
Pourvoir, *v. a. n. Providere.* vu. e, *p.* donner ordre à quelque chose; avoir soin; munir; garnir; conférer; établir, donner un état, etc. (se), *v. r.* se fournir; t. de pratique, intenter.
Pourvoirie, *s. f.* lieu où sont les provisions des pourvoyeurs. A. R. V.
Pourvoyeur, *s. m. Curator.* qui fournit la viande, etc., qui fait les provisions. * (— du lion), caracal. B.
Pourvu, *s. m.* à qui on a conféré un bénéfice. G.
Pourvu que, *conj. Dùm.* en cas que; à condition que.
†Pousal, *s. m.* Pousaux, Ponceaux, *pl. ou* Ponsaoul, *s. m.* filet du boulier.
Pousse, *s. f.* bourgeon; maladie des chevaux. *Ilium pulsatio.* * archers qui font les contraintes. A. *ou* Moufette. B.
Pousse-balle, *s. m.* instrument pour enfoncer la balle dans un fusil, etc. G. C. RR. AL.
†Pousse-broche, *s. m.* ciseau plat d'épinglier.
Pousse-cambrure, *s. m.* outil pour plier le cuir de la semelle.
Pousse-cul, *s. m.* archer de la pousse. * Pousse-cu. V.
†Pousse-fiche, *s. m.* outil de vitrier pour repousser les fiches.
Pousse-pieds, *s. m. Pollici-pedes.* coquille. * coquillage multivalve. B. Pouce pied. G. C.
†Pousse-pointe, *s. m.* outil pour chasser les pointes, etc.
Poussée, *s. f. Impetus.* action de pousser; effet de ce qui pousse; t. d'architecture.

Pousser, *v. a. Pellere.* sé. e, *p.* faire effort contre pour déplacer; imprimer le mouvement; étendre; jeter; avancer; favoriser; attaquer; offenser; conseiller; exciter; persuader; induire; inciter; faire entrer par force; t. de métiers, former des filets. *v. n.* végéter; battre des flancs; se jeter en dehors, faire ventre, aller en avant.
†Pousset, *s. m.* sel noir plein d'ordures, t. de salines.
Poussette, *s. f.* jeu d'enfans. V. * Poussete. R.
Pousseur, *s. m.* celui qui pousse. V. * Pousseur. Pousseuse, *adj. s.* R.
Poussier, *s. m.* poussière de charbon. * poudre de recoupes de pierres, passée à la claie. B.
Poussière, *s. f. Pulvis.* terre, corps, ossemens, etc. réduits en poudre; t. de botanique, poudre fécondante. * Poussiere. R.
Poussif. ve, *adj. Anhelus.* qui a la pousse. * qui a la courte haleine. AL.
Poussin, *s. m. Pullus.* petit poulet nouvellement éclos.
Poussinière, *s. f.* les Pléiades. * Poussiniere. R.
Poussoir, *s. m.* instrument de dentiste, * de briquetier; pendant d'une répétition, t. d'horloger; outil de métiers. B.
Poussolane, *s. f. Pulvis puteolanus.* sable volcanique près Pouzzol et de tous les volcans; lave réduite en poudre. * *ou* Pouzolane. A. Pozzolane. R. *et* Pouzzolane. G.
Pout *ou* Pou-de-soie. G. RR.
Poutie, *s. f.* ordure qui s'attache aux habits. C. R. * (*inusité*). G.
Poutieux. se, *adj.* qui est très-propre. V. RR.
Poutis, *s. m.* guichet, petite porte dans une grande. CO.
Poutre, *s. f. Trabs.* pièce de charpente; grande pièce de bois qui soutient le plancher. * *ou* Poultre, cavale qui a passé trois ans. AL.
Poutrelle, *s. f. Trabecula.* petite poutre. * Poutrele. R.
†Pouture, *s. f.* manière d'engraisser les bestiaux au sec dans les étables.
Pouvoir, *v. a. n. Posse.* avoir l'autorité, la faculté, le crédit, le moyen, la force de; être en état de.
Pouvoir, *s. m. Potestas.* autorité, crédit, faculté, droit de faire; acte qui le constate; propriété.
Poye, *s. f.* t. de papeterie. R.
†Pozzolane, *s. f.* voyez Poussolane.
Pragmatique (-sanction), *adj. f. Pragmatica.* réglement en matière ecclésiastique. *s. f.* acte contenant la disposition de certains souverains.
Prairial, *s. m.* neuvième mois de l'année. * *adj.* des prairies, t. de botanique. AL.
Prairie, *s. f. Pratum.* terre où l'on récolte le foin. * Prérie. G.
Praline, *s. f.* amande rissolée dans du sucre. * Prâline. V.
†Praliner, *v. a.* né. e, *p.* griller avec du sucre.
Prame, *s. f.* navire pour les canaux.
Prangui, *s. m.* européen aux Indes. R.
†Prase, *s. f. Prasius.* agate verte, demi-transparente, d'une belle couleur de poireau; matrice de l'émeraude.
Praticable, *adj.* 2 g. qui peut se pratiquer, sociable.
Praticien, *s. m. Pragmaticus.* qui sait procéder, qui procède en justice; médecin qui a beaucoup d'expérience.
Pratique, *s. f. Usus.* exercice d'un art; exécution; usage, coutume; manière, façon; chaland; procédure; papiers d'un notaire, etc. outil. *pl.*

menées, intrigues, intelligences secrettes. adj. 2 g. *Activus.* qui tend, qui conduit à l'action; qui a l'expérience dans l'exécution.

Pratiquement, *adv.* dans la pratique. A.

Pratiquer, *v. a. n. Facere.* qué. e, *p.* mettre en pratique; exercer; fréquenter; solliciter; suborner; t. d'archit. ménager la place pour construire; construire.

Pré, *s. m. Pratum.* terre qui sert aux pâturages.

Préachat, *s. m.* paiement d'une marchandise avant de l'avoir reçue. V. RR.

Préadamites, *s. m. pl.* qui existoient avant Adam. R.

Préage, *s. m.* pâturage. V.

Préalable, *adj.* 2 *g. s. m.* qui doit être dit, fait, examiné avant.

Préalable (au), *adv. Antè.* avant tout. * Au-préalable. C.

Préalablement, *adv.* au préalable.

Préallégué. e, *adj.* qui a été dit. R.

Préambule, *s. m. Præfatio.* espèce d'exorde, d'avant-propos.

Préau, *s. m.* petit pré; cour d'une prison; espace au milieu du cloître, de la foire.

Prébende, *s. f. Præbenda.* revenu attaché à une chanoinie; canonicat, bénéfice du bas-chœur.

Prébendé. e, *adj. s. m.* qui a une prébende.

Prébendier, *s. m.* bénéficier inférieur au chanoine.

Précaire, *adj.* 2 *g. Precarius.* qui ne s'exerce que par tolérance, par emprunt, avec dépendance, incertitude. *s. m.* t. de prat. jouissance accordée de l'usufruit.

Précairement, *adv. Precariò.* d'une manière précaire.

Précaution, *s. f. Cautio.* ce qu'on fait par prévoyance; circonspection, ménagement, prudence.

Précautionner, *v. a.* né. e, *p.* prémunir contre; donner les moyens pour se garantir. (se), *v. r. Providere.* prendre ses précautions contre. * Précautioner. R.

Précédemment, *adv. Antè.* auparavant, ci-devant.

Précédent. e, *adj. Præcedens.* qui précède, qui a été auparavant; immédiatement devant.

Précéder, *v. a. Antè esse.* dé. e, *p.* aller, marcher devant; être auparavant; tenir le premier rang.

Préceinte, *s. f.* t. de marine. voyez Lisse.

Précellence, *s. f.* supériorité. R. V.

Précéller, *v. a.* (*vieux*) surpasser, exceller par-dessus. R. V.

Précenteur, Préchanteur *ou* Préchantre, *s. m.* t. d'église, grand-chantre. A. RR.

Précepte, *Præceptum.* règle, enseignement, leçon, commandement.

Précepteur, *s. m. Præceptor.* qui est chargé de l'éducation d'un enfant, d'un jeune homme.

Préceptoral. e, *adj.* qui appartient au précepteur. A. V.

Préceptorat, *s. m.* qualité, fonction de précepteur. * *ou* Préceptoriat. G.

Préceptorial. e, *adj.* du maître de grammaire des clercs. *et s. f.* (prébende) qui lui est affectée.

Précession, *s. f.* (des équinoxes), mouvement rétrograde des points équinoxiaux.

†Préchantre, *s. m.* voyez Précenteur.

Prêche, *s. f.* sermon des protestans, le lieu de leur assemblée, leur temple. *Templum.* * sermon. (*vieux*) AL.

Prêcher, *v. a. n.* ché. e, *p.* instruire par des sermons; remontrer; louer; vanter; répéter.

Prêcheresse, *s. f.* religieuse dominicaine. R.

Prêcheur, *s. m.* prédicateur; qui prêche. (frere) dominicain.

†Précidanées, *s. f. pl.* victimes immolées la veille d'une solennité.

Précieuse, *s. f.* femme affectée dans le langage, les manières.

Précieusement, *adv. Studiosè.* avec grand soin.

Précieux. sé, *adj. Pretiosus.* de grand prix; affecté. * *s.* AL.

Préciosité, *s. f.* défaut, ridicule d'une précieuse. LAFONTAINE. * (*inusité*) V.

Précipice, *s. m. Præceps.* goufre; vide escarpé, d'où on ne peut sortir; grand malheur.

Précipitamment, *adv. Præcipitanter.* avec précipitation, à la hâte. * Précipitament. R.

Précipitant, *s. m.* ce qui opère la précipitation.

Précipitation, *s. f. Festinatio.* extrême vitesse, trop grande hâte, trop grand empressement, trop grande vivacité; t. de chim. chute des parties grossières d'une dissolution, etc.

Précipité, *s. m.* matière dissoute et tombée au fond d'un vaisseau.

Précipiter, *v. a. Præcipitare.* té. e, *p.* jeter dans un lieu profond, dans un précipice; hâter, presser trop; t. de chim. (se), *v. r.* se jeter, fondre sur; se hâter trop.

†Précipuité, *s. f.* préciput; avantage, profit.

Préciput, *s. m. Præcipuum jus.* don mutuel des époux; prélèvement avant le partage.

Précis, *s. m. Summarium.* sommaire, abrégé de ce qu'il y a de principal dans un discours, etc.

Précis. se, *adj. Statutus.* fixe, déterminé, arrêté; net, exact et concis.

Précisément, *adv.* justement; exactement; sans omission. * oui, tout juste. (*familier*) G.

Préciser, *v. a.* sé. e, *p.* fixer, déterminer. G. C. AL. * parler en termes précis. RR.

Précision, *s. f. Concinnitas.* exactitude dans le discours; distinction subtile; abstraction d'une chose d'avec une autre.

Préclôture, *s. f.* enclos. R. * préciput, droit d'aîné sur le cadet. (*vieux*) B.

Précoce, *adj.* 2 *g. Præcox.* mûr avant le temps; prématuré. *s. f.* cerise qui vient avant les autres.

Précocité, *s. f.* qualité de ce qui est précoce.

†Précogité, *adj. m.* prémédité; fait avec beaucoup de réflexion. (*vieux*).

Précompte, *s. m.* t. de finance. C.

Précompter, *v. a. Priùs subducere.* té. e, *p.* compter par avance et déduire, *prononcez* préconter.

Préconisation, *s. f.* déclaration qu'un bénéficier, etc. a les qualités requises.

Préconiser, *v. a.* sé. e, *p.* déclarer en consistoire que celui qui est désigné a les qualités requises; louer excessivement.

Préconiseur, *s. m.* qui préconise. V.

Préconnoissance, *s. f.* connoissance anticipée. V.

†Précordial. e, *adj. Præcordialis.* t. de méd. (partie) située au-dessus du nombril.

Précurseur, *s. m. Præcursor.* qui vient avant un autre pour annoncer sa venue; qui précède un autre.

†Prédécédé. e, *p. adj. s.* mort avant l'autre.

Prédécéder, *v. n.* t. de prat. mourir avant un autre.

Prédécès, *s. m.* mort avant celle d'un autre.

Prédécesseur, *s. m. Antecessor.* qui a précédé quelqu'un dans une place, etc. *pl.* ceux qui ont vécu avant nous.

†Prédestinatiens, *s. m. pl.* sectaires partisans de la prédestination.

Prédestination, *s. f. Prædestinatio.* décret de Dieu en faveur des élus; arrangement immuable des événemens; fatalisme.

Prédestiné. e, *adj. s. Prædestinatus.* que Dieu a destiné à la gloire éternelle; destiné à.

Prédestiner, *v. a. Prædestinare.* né. e, *p.* t. de théol. destiner de toute éternité au salut, à faire de grandes choses.

Prédéterminant. e, *adj.* qui prédétermine. V.

Prédétermination, *s. f.* action de Dieu sur la volonté humaine.

Prédéterminer, *v. a.* né. e, *p.* mouvoir et déterminer la volonté humaine.

Prédial. e, *adj.* qui concerne les fonds et les héritages. T.

Prédicable, *adj.* 2 *g.* d'une qualité que l'on peut donner à un sujet, t. de logique.

Prédicament, *s. m. Prædicamentum.* réputation, renommée; t. de philos. l'une des cinq cathégories; ordre, rang.

†Prédicanées, *s. f. pl.* victimes immolées la veille d'une solennité.

Prédicant, *s. m.* (*t. de mépris*) ministre protestant.

Prédicateur, *s. m. Orator.* qui annonce la parole de Dieu.

Prédication, *s. f. Oratio.* action de prêcher; sermon.

Prédicatrice, *s. f.* quakeresse qui prêche. C.

Prédiction, *s. f. Prædictio.* action de prédire; chose prédite.

Prédilection, *s. f. Amor.* préférence d'affection.

Prédire, *v. a. Prædicere.* dit. e, *p.* prophétiser par inspiration, divination ou conjecture.

Prédominant. e, *adj. Prævalens.* qui prédomine.

Prédomination, *s. f.* action de prédominer. V.

Prédominer, *v. a. Prævalere.* éclater, s'élever par-dessus. *v. n.* prévaloir, exceller.

Prééminence, *s. f. Præstantia.* avantage de la dignité, du rang.

Prééminent. e, *adj. Præstans.* qui excelle au-dessus.

Préétablir, *v. a.* bli. e, *p.* établir d'abord. A.

Préexistant. e, *adj.* qui existe avant un autre.

Préexistence, *s. f.* existence antérieure.

Préexister, *v. n.* exister avant un autre.

Préface, *s. f. Præfatio.* discours préliminaire, préambule, avant propos; t. de liturgie, partie de la messe.

Préfecture, *s. f. Præfectura.* dignité de préfet, ses fonctions, leur durée, sa résidence, son arrondissement.

Préférable, *adj.* 2 *g. Præferendus.* qui doit être préféré.

Préférablement, *adv. Potissimè.* par préférence.

Préférence, *s. f.* choix fait d'une chose, d'une personne plutôt que d'une autre; droit d'être préféré. * *pl.* marques de prédilection. B.

Préférer, *v. a. Anteponere.* ré. e, *p.* donner l'avantage à, au-dessus de.

Préfet, *s. m. Præfectus.* t. d'antiq. qui avoit une préfecture; t. de collège, qui a l'inspection sur un ou plusieurs écoliers. * chef d'un département, etc. B.

†Préfice, *s. f.* pleureuse dans les funérailles.

†Préfiger, *v. a.* ordonner, prescrire. (*vieux*).

Préfinir, *v. a. Præfinire.* ni. e, *p.* t. de pratique, fixer un terme, un délai.

Préfix. e, *adj. Præfinitus.* déterminé, conclu, arrêté.

Préfixion, *s. f.* détermination d'un terme.

†Préfleuraison, *s. f.* état des parties d'une fleur avant son épanouissement.

Prégadi, *s. m.* sénat vénitien. R.

Prégaton, *s. m.* t. de tireur d'or, R. première filière. B.

Prégnant. e, *adj. Acutus.* aigu, violent. C.

Prégon, *adj. m.* (*vieux*) profond. V.

†Prehnite, *s. f.* pierre demi-transparente, d'un vert léger, comme le jade.

Préjudice, *s. m. Damnum.* perte, tort, dommage.

Préjudiciable, *adj.* 2 *g. Perniciosus.* nuisible;

qui porte, qui cause du préjudice.

Préjudiciaux, *adj. m. pl.* (frais) des défauts, t. de pratique.

Préjudiciel, le, *adj.* t. de prat. qui doit être jugé avant le fond. * Préjudiciel, ciele. R.

Préjudicier, *v. n. Nocere.* nuire, faire tort ou du tort.

Préjugé, *s. m. Praejudicium.* ce qui est jugé avant le fond; signe, marque de ce qui arrivera; prévention; préoccupation. * opinion, première notion adoptée sans examen. B.

Préjuger, *v. a. Praejudicare.* gé. e, *p.* prévoir par conjecture; juger un interlocutoire.

Prélart, *s. m.* t. de marine. R. grosse toile goudronnée pour couvrir. B. * Prélars. RR.

Prélasser (se), *v. réfl.* (*familier*) se carrer, marcher gravement. T.

Prélat, *s. m. Praesul.* revêtu d'une principale dignité ecclésiastique. * Prélart, toile à voile. B.

Prélation, *s. f.* droit des enfans ou des seigneurs de préférence dans les acquisitions.

Prélature, *s. f. Præsulis.* qualité, état de prélat, ses fonctions, leur durée; les prélats.

Prêle, *s. f. Equisetum.* Asprêle, Queue de cheval, plante, excellent astringent, employée pour polir. L. 1516.

Prélegs, *s. m.* legs qui doit être délivré avant partage.

Préléguer, *v. a.* gué. e, *p.* faire un prélegs. G. RR.

Prêler, *v. a.* lé, e, *p.* t. de tabletier, de doreur, polir avec de la prêle. G. C.

Prélèvement, *s. m.* action de prélever. * Prélévement. R.

Prélever, *v. a. Deducere.* vé. e, *p.* lever une somme avant partage; lever préalablement une portion.

†Prélibation, *s. f.* droit seigneurial sur la première nuit des noces.

Préliminaire, *adj. 2 g. s. m. pl. Antecedens.* qui précède la matière principale; ce qui précède.

Préliminairement, *adv.* préalablement. A. RR.

Prélire, *v. a.* lu. e, *p.* t. d'impr. lire une copie avant de l'imprimer; lire une première épreuve. G. V.

Prélonge, *s. f.* cordage pour traîner le canon. G.

Prélude, *s. m. Praeludium.* ce qu'on chante pour se mettre dans le ton; ce qui annonce, prépare.

Préluder, *v. n. Praeludere.* t. de mus. jouer, faire des préludes: commencer par ce qu'il y a de moins important.

Prématuré. e, *adj. Praematurus.* qui mûrit ou se fait avant le temps; précoce.

Prématurément, *adv. Praematurè.* d'une manière prématurée; avant le temps convenable.

Prématurité, *s. f.* maturité avant le temps ordinaire; précocité.

Préméditation, *s. f.* action de préméditer; délibération en soi-même.

Préméditer, *v. a. Praemeditari.* té. e, *p.* méditer avant d'exécuter; former un dessein.

Prémices, *s. f. pl. Premitiae.* premiers fruits de la terre, du bétail; premières productions.

Premier. ère, *adj. Primus.* nombre ordinal; qui précède par rapport au temps, au lieu, à l'ordre, à l'état, à la situation; le plus excellent; titre d'honneur. * Premier. miere. R.

Premier né, *s. m.* le premier enfant d'un père, d'une mère. * Premier-né. C.

Premier pris, *adj.* qui a la contenance triste. A.

Premièrement, *adv. Primò.* en premier lieu; d'abord. * Premiérement. R. G.

Prémisses, *s. f. pl.* les deux premières propositions d'un syllogisme.

Prémontré, e, *s.* moine, religieux. R.

Prémotion, *s. f.* action de Dieu agissant avec la créature et la déterminant à agir.

Prémunir, *v. a.* ni. e, *p.* munir par précaution; précautionner contre. (se), *v. r. Præmunire.*

Prenable, *adj. 2 g. Expugnabilis.* qui peut être pris, séduit. * qui peut être censuré. AL.

Prenant. e, *adj.* qui prend, qui saisit.

Prendre, *v. a. Prehendere.* pris. e, *p.* saisir avec la main; mettre sur soi; s'armer; dérober, voler; arrêter pour emprisonner; se rendre maître de; comprendre, entendre, concevoir; recevoir, accepter; attaquer; tromper; vendre; gagner; avaler, humer; choisir, embrasser; expliquer, interpréter; employer; tailler; faire acheter; lever; prélever. *v. n.* prendre racine; réussir; être accueilli; faire impression au goût, à l'odorat; se geler, se cailler; mordre, s'imprégner, entrer; boire, manger; choisir un chemin à droite ou à gauche; commencer par; supposer. (se), *v. impers.* s'attacher à; commencer à; se figer.

Prendre, *s. m.* avoir le *prendre* ou le *laisser*, avoir le choix.

Preneur. se, *s. Acceptor.* celui qui prend; t. de pratique.

Prénom, *s. m.* nom qui précède le nom de famille.

Prénotion, *s. f. Prænotio.* connoissance obscure et superficielle d'une chose avant de l'examiner.

Préocacer, *v. a.* cé. e, *p.* (*vieux*) suivre, poursuivre. V.

Préoccupation, *s. f.* prévention, préjugé; grande attention à. * Préocupation. RICHELET.

Préoccuper, *v. a. Praeoccupare.* pé. e, *p.* prévenir l'esprit de quelqu'un. (se), *v. r.* se prévenir.

†Préoliers, *s. m. pl.* maîtres jardiniers de Paris; maraîchers.

Préopinant, *s. m.* qui a opiné avant un autre.

Préopiner, *v. n.* opiner avant un autre.

†Préparage, *s. m.* t. de mét. préparation pour un ouvrage.

Préparant, *adj. m.* (vaisseaux) qui préparent la semence; t. d'anatomie.

Préparatif, *s. m. Apparatus.* apprêt.

Préparation, *s. f. Praeparatio.* action de préparer ou de se préparer; apprêt; composition de remèdes.

Préparatoire, *adj. 2 g. Praeparatorius.* (jugement) donné avant le jugement définitif; t. de géom. qui prépare.

Préparer, *v. a. Parare.* ré, e, *p.* apprêter; disposer à; mettre en état de; mettre en disposition de. (se), *v. r.*

Prépatout, *s. m.* (*vieux*) amas, recueil, collection. V.

Prépondérance, *s. f.* supériorité d'autorité, de crédit, etc. V. AL.

Prépondérant, e, *adj. Praepanderans.* qui a plus de poids qu'un autre; supérieur.

Préposé. e, *adj. s. m.* commis à quelque chose. G. C.

Préposer, *v. a. Praeponere.* sé. e, *p.* commettre, établir avec pouvoir.

Prépositif. ve, *adj.* t. de gram. qui sert à être mis avant. G. C.

Préposition, *s. f. Praepositio.* t. de grammaire, particule indéclinable placée devant le mot.

Prépuce, *s. f. Praeputium.* t. d'anat. peau qui recouvre le gland. * — de mer *ou* Pannache. B.

Prérogative, *s. f. Praerogativa.* avantage, privilège.

Près, *prép. Propè. qui marque la proximité de temps, de lieu.* proche; presque; environ.

Près (à peu), *adv.* presque. * À-peu-près. C.

Près (à cela), *adv.* excepté cela. * À-cela-près. C.

Près (de), *adv.* tout contre. * De-près. G.

Présage, *s. m. Praesagium.* augure; signe par lequel on juge de l'avenir; conjecture.

Présager, *v. a. Praesignificare.* gé. e, *p.* indiquer; annoncer; conjecturer.

†Présanctifié, *adj. 2 g.* consacré la veille.

Présanctifiés, *s. m. pl.* t. de liturgie. R.

†Presbyopie, *s. f. Presbyopia.* état du presbyte.

Presbyte, *s. 2 g.* qui ne voit que de loin, à crystallin aplati; t. d'optique, d'anatomie.

Presbytéral. e, *adj. Sacerdotalis.* qui appartient à la prêtrise, au presbytère.

Presbytérat, *s. m.* V. * Presbytériat. C.

Presbytère, *s. m.* maison destinée au curé. * conseil de prêtres près de l'évêque. AL. Presbytere. R.

Presbytérianisme, *s. m.* secte des presbytériens. * *ou* Presbytéranisme. A.

Presbytérien, ne, *adj. s.* protestant d'Angleterre. * Presbytérien, ene. R.

Presbytisme, *s. m.* état du presbyte. RR.

Prescience, *s. f. Præscientia.* connoissance de ce qui doit arriver.

Préscinder, *v. n.* t. de scolastique, faire abstraction de. G. C. RR.

Prescriptible, *adj. 2 g.* qui se peut prescrire.

Prescription, *s. f. Praescriptio.* manière d'acquérir la propriété par une possession non interrompue.

Prescrire, *v. a. Praescribere.* crit. e, *p.* ordonner, assigner avec autorité; marquer ce qu'on veut qui soit fait. *v. n.* acquérir la prescription. (se), *v. r.* s'imposer une obligation; s'acquérir, se perdre par prescription.

Préséance, *s. f.* droit de précéder, de prendre place au-dessus de. * *et* Presséance. G. C. RR.

Présence, *s. f. Praesentia.* existence dans un lieu marqué.

Présent, *s. m. Donum.* tout ce qu'on donne gratuitement; le temps présent; t. de grammaire, premier temps de chaque mode.

Présent. e, *adj. Praesens.* qui est dans le temps où l'on est, dans le lieu dont on parle.

Présent (à), *adv.* présentement, à cette heure, maintenant. (de-) à présent. * À-présent. C.

Présentable, *adj. 2 g.* qu'on peut présenter; qui peut se présenter. V. CO. AL.

Présentateur, trice, *s.* qui a droit de présenter à un bénéfice.

Présentation, *s. f. Oblatio.* action de présenter, de se présenter; fête de la présentation de la Vierge.

Présentement, *adv. Nunc.* maintenant, à présent.

Présenter, *v. a. Offerre.* té. e, *p.* offrir; introduire en la présence de; approcher pour essayer, comparer. (se), *v. r.* venir à la présence de; se rendre visible. *v. n.* désigner.

†Présepe, *s. m.* étoile nébuleuse.

†Préservateur, *s. m.* fourneau qui garantit les doreurs de la vapeur du mercure.

Préservatif. ve, *s. m. adj. Antidotum.* (remède) qui a la vertu de préserver.

Préservation, *s. f.* conservation. V.

Préserver, *v. a. Defendere.* vé. e, *p.* garantir du mal.

Présidence, *s. f.* droit, fonction, état de président.

Président. e, *s. Praeses.* celui qui préside.

Présidental. e, *adj.* qui concerne le président. R. V.

Présider, *v. a. n. Praesidere.* dé. e, *p.* occuper la première place dans une assemblée avec le droit de recueillir les voix et prononcer la décision; avoir le soin, la direction de.

Présidial, *s. m. Praesidialis.* juridiction, son local, son ressort.

Présidial. e, *adj.* d'un présidial.
Présidialement, *adv.* en dernier ressort.
Présidiaux, *s. m. pl.* juges d'un présidial.
Présomptif. ve, *adj. Proximus.* (héritier) qu'on présume devoir hériter.
Présomption, *s. f. Confidentia.* conjecture, jugement fondé sur des apparences; opinion trop avantageuse de soi-même.
Présomptueusement, *adv. Confidenter.* avec présomption.
Présomptueux. se, *s. adj. Confidens.* qui a trop bonne opinion de soi; vain, orgueilleux, arrogant.
†Prespiration, *s. f.* pénétration de l'eau dans les terres.
Presque, *adv. Ferè.* peu s'en faut, à peu près.
Presqu'île, *s. f. Peninsula.* langue de terre environnée d'eau, péninsule.
Presqu'ombre, *s. f.* c. voy. Pénombre. B.
†Pressage, *s. m.* emploi de la presse, t. de métiers.
Pressamment, *adv.* (*inus.*) d'une manière pressante. * Pressamment. R.
Pressant. e, *adj. Instans.* qui presse; urgent; qui insiste sans relâche; aigu et violent.
Presse, *s. f. Turba.* foule, multitude qui se presse; enrôlement forcé. *Prelum.* machine pour imprimer; sorte de pêche. * (*figuré*) l'imprimerie. R.
Pressé. e, *adj. Festinus.* qui a hâte, empressé, désireux.
†Pressée, *s. f.* ce que l'on met en une fois sous la presse à fouler, t. de métiers.
Pressément, *adv.* en hâte. R. V.
Pressement, *s. m. Compressio.* pression. R. V.
Pressentiment, *s. m. Præsensio.* sentiment secret de ce qui doit arriver; première émotion.
Pessentir, *v. a. Praesentire.* ti. e, *p.* prévoir confusément, par un mouvement intérieur; soupçonner, découvrir; sonder, chercher à deviner les dispositions.
Presser, *v. a. n. Premere.* sé. e, *p.* serrer, étreindre avec force; mettre en presse; approcher contre; poursuivre vivement, sans relâche; solliciter; hâter.
Pressete, *s. f.* t. de papeterie. R.
Presseur, *s. m.* ouvrier qui presse les étoffes. G. C.
Pressier, *s. m.* imprimeur qui travaille à la presse.
Pression, *s. f. Compressio.* action de presser; t. de physique.
Pressis, *s. m.* t. de cuisine, jus exprimé en pressant.
Pressoir, *s. m. Prelum.* machine pour pressurer le raisin, les fruits, lieu où elle est.
†Pressorier, *s. m.* gardien d'un pressoir. (*vieux*).
Pressurage, *s. m.* action de pressurer, son produit, son prix; droit féodal.
†Pressure, *s. f.* action d'empointer, t. d'épingl.
Pressurer, *v. a. Premere.* ré. e, *p.* presser des raisins, etc. étreindre pour faire sortir le jus; épuiser par des impôts, des taxes; obtenir beaucoup; tirer par force ou par adresse.
Pressureur, *s. m. Torcularius.* qui conduit le pressoir. * Pressorier, Pressoireur, Pressurier. G. C.
†Prestaire, *s. m.* engagement d'une terre fait par un évêque à un gentilhomme.
Prestance, *s. f. Habitus oris.* bonne mine accompagnée de gravité, de dignité.
Prestant, *s. m.* l'un des principaux jeux de l'orgue.
Prestation, *s. f. Praestatio.* action de prêter serment, de rendre hommage.
Preste, *adj. 2 g. Promptus.* prompt, adroit, agile. *interjection*, vite, promptement. (*familier*).
Prestement, *adv.* habilement; brusquement; à la hâte, promptement.
Prester, *s. m.* météore inflammable et très-violent. G. C.
Prestesse, *s. f.* agilité, subtilité.
Prestige, *s. m. Præstigiae.* illusion par sortilége, par art; fascination.
Prestigiateur, *s. m.* (*inus.*) sorcier, qui fait des prestiges et des illusions. R. G. C.
Prestimonie, *s. f.* fonds affecté à l'entretien d'un prêtre, sans titre de bénéfice.
†Prestissimo, *superlatif.* très-vîte, très-promptement, t. de musique.
Presto, *adv.* vite, promptement, t. de musique.
Prestolet, *s. m.* (*t. de mépris*) ecclésiastique sans considération.
Présumer, *v. a. n. Conjicere.* mé. e, *p.* conjecturer; juger par induction; avoir opinion que; avoir trop bonne opinion.
Présumptier, *v. a.* (*vieux*) s'en faire beaucoup accroire. V.
Présupposer, *v. a.* sé. e, *p.* supposer préalablement; poser pour vrai.
Présupposition, *s. f.* supposition préalable.
Présure, *s. f. Coagulum.* ce qui sert à faire cailler le lait.
Prêt, *s. m. Feneratio.* action de prêter, chose prêtée; droit pour le prêt; paye du soldat.
Prêt. e, *adj. Paratus.* préparé à; en état de.
Prétantaine, *s. f.* (courir la), courir çà et là sans dessein, sans sujet. * Pretantène. A.
Prête-nom, *pl.* Prête-noms, *s. m.* qui prête son nom à quelqu'un.
Prêtre-Jean, *s. m.* l'empereur des Abyssins. voy. Négus. * Prêtre-Jean. R.
Prétendant. e, *s. Petitor.* qui prétend, aspire à.
Prétendre, *v. a. n. Intendere.* du. e, *p.* croire avoir droit sur, ou à une chose; avoir intention; soutenir que; vouloir; aspirer à; demander avec assurance.
Prétendu. e, *s.* (*famil.*) le futur époux, la future épouse. *adj.* faux, supposé; douteux.
Prétention, *s. f. Voluntas.* droit réel ou imaginaire de prétendre, d'aspirer à; espérance, dessein, vue.
Prêter, *v. a. Commodare.* té. e, *p.* donner à condition qu'on rendra; opposer; supposer, etc. *v. n.* s'étendre, *ex.* cette étoffe *prête*. (se), *v. r.* consentir; s'étendre; s'adonner; s'abandonner.
Prêter, *s'emploie comme s. m. exemple*: ami au *prêter*, ennemi au *rendre*.
Prétérit, *s. m.* t. de gram. inflexion du verbe qui marque le temps passé.
Prétérition, *s. f.* t. de droit, omission nécessaire d'un héritier. *Praetermissio.* t. de rhétorique, omission feinte de ce dont on parle cependant; prétermission.
Prétermission, *s. f.* prétérition, figure de rhétorique.
Préteur, *s. m. Praetor.* magistrat romain en Allemagne.
Prêteur. se, *s. adj. Commodator.* qui prête quelque chose.
Prétexte, *s. m. Praetextus.* cause simulée et supposée; raison apparente.
Prétexte, *s. f.* robe des anciens Romains. * *adj. f.* (robe) V.
Prétexter, *v. a. Praetexere.* té. e, *p.* couvrir d'un prétexte; prendre pour prétexte; cacher sous une apparence.
Pretintaille, *s. f.* ornement découpé qui se mettoit sur les robes des femmes. * légers accessoires; les dépendances. B. Pretintailles. *pl.* C. V.
Pretintailler, *v. a.* lé. e, *p.* mettre, ajouter des pretintailles.
Prétoire, *s. m. Prætorium.* t. d'antiq. tribunal, maison du préteur; tente; tribunal.
Prétorien. ne, *adj. Prætorius.* du préteur. *s. m. pl.* soldats du préteur. * Prétorien, riene. R.
†Prétoriole, *s. m.* maison du préteur; chambre du capitaine du vaisseau.
Prêtrage, *s. m.* sacerdoce. V.
Prêtraille, *s. f.* (*t. de mépris.*) les prêtres. * Prétraille. G.
†Prêtras *ou* Prêtres, *s. m. pl.* éperlans bâtards.
Prêtre. sse, *s. Sacerdos.* qui a l'ordre du sacerdoce, ministre consacré à un culte.
Prêtrise, *s. f. Sacerdotium.* sacerdoce, parlant des Catholiques.
Préture, *s. f. Prætura.* dignité, charge de préteur.
Preuve, *s. f.* ce qui établit la vérité d'un fait, d'une proposition, etc.; marque, témoignage; t. d'arithm. d'algèbre, vérification; extraits, titres.
Preuver, *v. a.* (*vieux*) prouver. G. C.
Preux, *adj. s. m.* (*vieux*) brave, vaillant.
Prévaloir, *v. n. Prævalere.* avoir, remporter l'avantage sur. (se), *v. r.* tirer avantage de.
Prévaricateur, *s. m. Prævaricator.* qui trahir son devoir
Prévarication, *s. f. Prævaricatio.* action de prévariquer.
Prévariquer, *v. n. Prævaricari.* agir contre le devoir de sa charge, les obligations de son ministère.
Prévenance, *s. f.* manière obligeante de prévenir.
Prévenant. e, *adj.* qui prévient; agréable, gracieux, obligeant; qui dispose en sa faveur.
Prévenir, *v. a. Prævertere.* nu. e, *p.* arriver devant; venir, faire le premier; anticiper; conférer; juger avant un autre; détourner; préoccuper l'esprit de quelqu'un. (se), *v. pers.* se préoccuper.
Prévention, *s. f.* préoccupation de l'esprit; action de prévenir l'exercice d'un droit; t. de pratique.
Prévenu. e, *adj. s. m. Præventus.* accusé de crime. AL.
Prévision, *s. f. Provisio.* t. de théol. vue de l'avenir.
Prévoir, *v. a. Providere.* vu. e, *p.* juger par avance qu'une chose doit arriver; voir l'avenir.
Prévot, *s. m. Tribunus.* titre de divers officiers ou chefs.
Prévotal. e, *adj.* de la compétence du prévot.
Prévotalement, *adv.* sans appel.
Prévoté, *s. f.* dignité, juridiction, fonction de prévot, son territoire, son hôtel.
Prévoyance, *s. f. Provisio.* action, faculté de prévoir.
Prévoyant. e, *adj. Providus.* qui prévoit, a de la prévoyance; qui juge bien de l'avenir et prend bien ses mesures.
Preyer, Proyer, Pruyer, *s. m.* oiseau. G. C.
†Priape de mer, *s. m. pl.* espèce de zoophytes.
Priapée, *s. f.* poësie obscène. * *pl.* fêtes de Priape.
Priapisme, *s. m. Tentigo.* érection continuelle et douloureuse de la verge sans désir.
†Priapolite, *s. m. Priapolites.* pierre qui a la forme d'un cervelas.
Prié, *s. m.* convié à un festin. G. C.
Prié-dieu, *s. m.* pupitre avec marche-pied. * Prie-dieu. A. R.
Prier, *v. a. Orare.* rié. e, *p.* requérir, demander par grâce; intercéder; inviter, convier.
Prière, *s. f. Precatio.* demande à titre de grâce, acte

acte par lequel on prie. * Priere. R.
†Priés, *s. m. pl.* (conseils des) voyez Prégadi.
Prieur. e, *s. Prior.* supérieur d'un monastère; titre de dignité à Malte, dans les ordres.
Prieur-curé, *s. m.* qui a un prieuré-cure. G.
Prieural. e, *adj.* qui concerne le prieur. R.
Prieuré, *s. m. Prioratus.* église, maison de communauté sous un prieur; cette communauté; maison, dignité du prieur.
Prieuré-cure, *s. m.* prieuré avec une cure. G.
Prima mensis, *s. m.* assemblée de théologiens; le premier de chaque mois. G. C. RR.
Primaire, *adj.* (école-) pour les premiers degrés d'instruction. C.
Primat, *s. m. Primas.* prélat au-dessus de l'archevêque.
Primatiale, *adj. f.* qui a pour chef un primat.
Primatie, *s. f. Primatia.* dignité de primat, sa juridiction.
Primauté, *s. f.* premier rang, prééminence.
Prime, *s. f. Prima hora.* la première des heures canoniales; dixième partie de l'unité; jeu de cartes; laine la plus fine d'Espagne; principale garde, t. d'escrime; prix de l'assurance; prix pour encourager; pierre demi-transparente. * — des pierreries, quartzeuse ou de spath fusible. — d'émeraude, pierre précieuse d'un beau verd. B.
Prime abord (de), *adv.* au premier abord.
Prime-sautier, *adj.* (*vieux*) (esprit) qui saisit et rend ses idées avec exactitude. A.
Prime vère, *s. m.* (*vieux*) printemps. V. Prime-vere. R. Prime-vère. G. C.
Primedi, *s. m.* premier jour de la décade. AL. RR. V. * Primidi. G. C.
Primer, *v. n.* tenir la première place; surpasser; se distinguer. *v. a.* devancer.
Primerain, *adj.* (*vieux*) premier. V.
Primerole, Primevère, *s. f. Primula veris.* fleur de coucou, plante; la fleur pour l'apoplexie, la paralysie; la racine somnifère, calme les vapeurs et les migraines des filles mal réglées; le suc nettoie le visage. L. 204. * Primevère. CO.
Primeur, *s. f. Infantia.* première saison de certains fruits. * *pl.* ces fruits; fruits précoces. B.
Primicériat, *s. m.* office de primicier. G. C. RR.
Primicier, *s. m.* t. d'église, qui a la première dignité; recteur. * *ou* Princier. A.
Primipilaire, *s. m.* t. d'antiquité. R. * *pl.* soldats de la première cohorte.
Primipile, *s. m.* t. d'antiquité, le premier centurion.
Primitif. ve, *adj. s. m. Primigenius.* ancien, naissant; le premier, le plus ancien; t. de grammaire.
Primitivement, *adv. Primitùs.* originairement; d'une manière primitive.
Primo, *adv. s. m.* premièrement. * Primò. G. V.
Primogéniture, *s. f.* droit d'aînesse.
Primordial. e, *adj.* premier et originaire; primitif.
Primordialement, *adv.* primitivement, originairement. A.
Prin, *s. m.* (*vieux*) premier. V.
†Prin-filé, *s. m.* filage le plus fin du tabac. *et* Prinfilé.
Prinçaut, *s. m.* premier coup. MONTAIGNE.
Prince. sse, *s. Princeps.* qui possède une souveraineté; qui est d'une maison souveraine; le premier, le plus excellent.
Princerie, *s. f.* dignité de princier. A.
Princier. voyez Primicier. A.
Princiere, *adj. f.* (abbaye) de princesses. R.
Principal. e, *adj. Principalis.* capital, le premier, le plus essentiel, le plus considérable, le plus remarquable en son genre. *s. m.* somme capitale; première demande; l'un des chefs d'un collège.
Principalement, *adv. Imprimis.* surtout; particulièrement.
Principalité, *s. f. Præfectura.* charge de principal de collège.
Principat, *s. m.* titre d'un pays. R.
Principauté, *s. f. Principatus.* dignité de prince; titre d'une terre, terre qui le porte. *pl.* troisième ordre de la hiérarchie céleste.
Principe, *s. m. Principium.* source; origine; première cause; maxime; motif. *pl.* premiers préceptes d'un art; t. de chimie, corps simples qui composent les mixtes.
†Principier, *v. a.* commencer à donner des principes à quelqu'un. (*vieux*).
Principion, *s. m.* (*t. de mépris*) petit prince peu riche, sans pouvoir. * Principiot. T.
Printanier. ère, *adj. Vernus.* du printemps. * *f.* Printaniere. R.
Printemps, *s. m. Ver.* la première et la plus agréable des saisons; jeunesse. * Printems. C. RICHELET.
Prione, *s. m. Prionus.* grand insecte coléoptère à antennes à scie, noir, brun, très-rare.
Priorat, *s. m.* dignité de prieur. R. C.
Priorité, *s. f. Antecessio.* antériorité, primauté en ordre de temps ou de rang. * droit de parler, d'être entendu le premier. B.
Prisable, *adj.* 2 *g.* digne de prix. V.
Prise, *s. f. Captura.* action de prendre; capture; endroit par où l'on prend; chose prise; moyen, facilité de prendre, de saisir; quantité que l'on prend; dose; querelle, combat; vaisseau pris. * partie de l'ancienne mélopée. B.
Prise à partie, *s. f.* action contre un juge. * Prise-à-partie. RR.
Prise de corps, *s. f.* action de saisir au corps. * décret qui l'ordonne. B. Prise-de-corps. RR.
Prise-d'habit, *s. f.* vêture, t. monastique. * Prise-d'habit. RR.
Prisée, *s. f. Æstimatio.* prix que l'on met aux choses à vendre. * action de priser. B.
Priser, *v. a. Æstimare.* sé. e, *p.* mettre le prix à; estimer. * faire la prisée. B.
Priseur, *s. m. Æstimator.* officier public qui fait la prisée.
Prismatique, *adj.* 2 *g.* qui a la figure d'un prisme.
Prisme, *s. m. Prisma.* corps terminé par des bases égales et parallèles et des parallélogrammes.
Prison, *s. f. Carcer.* lieu où l'on enferme les accusés, etc.
Prisonnier. ère, *s. Captivus.* qui est en prison; arrêté pour être conduit, mis en prison * Prisonier. ere. R.
Privable, *adj.* 2 *g.* qui doit être privé. R.
Privance, *s. f.* (*inusité*) familiarité. R. V.
Privatif. ve, *adj. s. m.* qui marque la privation; *ex.* insoutenable, incorrigible, inconnu.
Privation, *s. f. Privatio.* perte, absence, manque d'un bien qu'on avoit, qu'on devoit avoir; action de se priver, de s'abstenir; abandon; * *pl.* ce dont on manque. B.
Privativement, *adv.* à l'exclusion.
Privauté, *s. f. Familiaritas.* trop grande familiarité.
Privé. e, *adj. Privatus.* qui est simple, particulier; apprivoisé, familier. * particulier, personnel. A.
Privé, *s. m. Latrina.* lieu d'aisance.
Privément, *adv. Privatim.* intimement, familièrement.
Priver, *v. a. Privare.* vé. e, *p.* ôter à quelqu'un ce qu'il a, ou doit avoir; apprivoiser. (se), *v. pers.* s'abstenir; s'apprivoiser.
Privilége, *s. m. Privilegium.* faculté accordée à un seul, acte qui contient le privilége; droit, prérogative; hypothèque préférable; don naturel; liberté particulière. * droit usurpé. B. Privilège. V. CO.
Privilégié. e, *adj. s. m.* qui jouit d'un privilège.
Privilégier, *v. a.* accorder un privilège. C.
Prix, *s. m. Pretium.* valeur; mérite; récompense; ce qu'il en coûte pour.
Prix (au), *adv.* en comparaison de.
†Pro-abeille, *s. f.* insecte-abeille.
†Proagore, *s. m.* orateur d'une députation; t. d'antiquité.
Probabilioriste, *s. m.* qui enseigne le probabilisme. V. RR.
Probabilisme, *s. m.* doctrine de la probabilité. G. C.
Probabiliste, *s. m.* partisan du probabilisme. G. C.
Probabilité, *s. f. Probabilitas.* vraisemblance, apparence de vérité; doctrine qui admet toutes les opinions probables; t. de mathématiques.
Probable, *adj.* 2 *g. s. m. Probabilis.* qui a une apparence de vérité.
Probablement, *adv. Probabiliter.* vraisemblablement.
Probante, *adj. f.* (en forme) authentique; convaincant.
Probatif. ve, *adj.* qui prouve. V.
Probation, *s. f.* temps du noviciat; épreuve.
Probatique, *adj.* 2 *g.* (piscine), t. de théologie.
Probatoire, *adj.* 2 *g.* propre à prouver la capacité.
Probe, *adj.* 2 *g.* qui a de la probité. RR.
Probité, *s. f. Probitas.* droiture de cœur et d'esprit.
Problématique, *adj.* 2 *g. Opinabilis.* douteux, qui tient du problème.
Problématiquement, *adv.* d'une manière problématique.
Problème, *s. m. Problema.* question à résoudre; proposition douteuse. * Problême. R. G.
Proboscide, *s. f.* trompe de l'éléphant, t. de blason. * ver intestin à trompe. B.
Procathartique, *adj.* 2 *g.* (cause) manifeste; qui met les humeurs en mouvement.
Procédé, *s. m. Ratio.* manière d'agir; méthode.
Procéder, *v. n. Provenire.* dé. e, *p.* provenir, tirer son origine de; agir; agir en justice; se comporter; t. de littérature, se dit du plan et de la marche d'un ouvrage.
Procédure, *s. f. Actiones.* ordre judiciaire; forme de procéder en justice; actes judiciaires.
Proceleusmatique, *s. m.* pied de vers composé de quatre brèves.
Procellaire, *s. m. Procellaria.* oiseau qui annonce la tempête; pétrel.
†Procello, *s. m.* instrument de glacier, en fer, à ressort.
Procès, *s. m. Lis.* instance devant un juge; actes; pièces produites; t. d'anat. apophyse; t. de chimie, opérations.
Procès verbal, *s. m.* narré par écrit. * Procès-verbal. G. C.
Processif. ve, *adj. Litigiosus.* qui aime les procès.
Procession, *s. f. Supplicatio.* t. de théologie, production éternelle du Saint-Esprit; t. de liturgie, cérémonie religieuse; multitude de peuple en marche.
Processionnaires, Evolutionnaires, *s. f. pl.* (chenilles) qui marchent à la suite les unes des autres. G. C.
Processionnel, *s. m.* livre de prières pour les processions, t. de litur. * Processionel. R. *et* Processionnal. A. G.

Processionnellement, *adv.* en procession. * Processionélement. R. Processionelement. RR.
Processionneur, *s. m.* qui va à la procession. V. * Processioneur. RR.
Prochain. e, *adj. s. m. Proximus.* qui est proche; son semblable.
Prochainement, *adv.* au terme prochain.
Proche, *adj.* 2 *g. Vicinus.* voisin. *s. pl.* parens.
Proche, *prép. Propter.* près, auprès. *adv.* tout contre.
Prochronisme, *s. m.* erreur de chronologie par l'éloignement d'un fait.
Procigale, *s. f. Tetigonia.* insecte, mouche vielleuse. voyez Acudia.
†Procyon, *s. m.* constellation.
Proclamation, *s. f. Promulgatio.* action de proclamer; publication solennelle. * écrit proclamé, publié. AL.
Proclamer, *v. a. Promulgare.* mé. e, *p.* publier avec solennité; publier, divulguer.
†Procombant. e, *adj.* (tige) qui tombe à terre.
Procommissaire, *s. m.* qui tient la place d'un commissaire. T.
Proconsul, *s. m. Proconsul.* t. d'antiquité, qui gouvernoit avec l'autorité du consul.
Proconsulat, *s. m. Proconsulatus.* charge, dignité de proconsul.
Procréation, *s. f. Procreatio.* génération.
Procréer, *v. a. Procreare.* créé. e, *p.* engendrer, produire.
†Procris, *s. m.* très-joli petit papillon de jour.
†Proctalgie, *s. f.* douleur de l'anus.
Procurateur, *s. m.* chargé de procuration; magistrat génois, lucquois et vénitien. * Procurateur. trice. G. C.
Procuration, *s. f. Delegatio.* pouvoir donné à quelqu'un; acte qui le contient.
Procurer, *v. a.* ré. e, *p.* faire obtenir; causer.
Procureur. se, *et* Procuratrice, *s. Procurator.* qui défend en justice; chargé de procuration. * outil de glacier, *ou* Grapin. B.
Procure, *s. f.* charge, logement de procureur. A.
Prode, *s. f.* t. de marine, R. garan de palan. T.
Prodictateur, *s. m.* magistrat romain. R.
Prodigalement, *adv. Profusè.* avec prodigalité. G. C. RR. AL.
Prodigalité, *s. f. Effusio.* profusion, dépense excessive; caractère du prodigue.
Prodige, *s. m. Prodigium.* effet extraordinaire, surprenant; qui excelle en son genre.
Prodigieusement, *adv. Prodigiosè.* d'une manière prodigieuse.
Prodigieux. se, *adj. Prodigiosus.* qui tient du prodige.
Prodigue, *adj.* 2 *g. s. Prodigus.* qui dissipe son bien en dépenses folles, excessives; qui prodigue.
Prodiguer, *v. a. Effundere.* gué. e, *p.* dépenser avec excès; répandre, donner avec profusion.
Proditoirement, *adv.* t. de pratiq. en trahison.
Prodrome, *s. m.* ouvrage de littérature. R. * préface. B.
Producteur, *s. m.* qui produit. V.
Productif. ve, *adj.* qui produit. V. * d'un bon rapport. B.
Production, *s. f. Procreatio.* action de produire; ce qui est produit; ouvrage; t. d'anatomie, prolongement; t. de pratique, pièces à produire.
Produire, *v. a. Producere.* duit. e, *p.* donner naissance, engendrer; causer; donner; créer; exposer à l'examen; introduire, faire connoître. (se), *v. r.* se faire connoître, s'avancer.

Produit, *s. m.* rapport; résultat; revenu.
†Proégumène, *s. m.* cause éloignée des maladies.
Proême, *s. m.* (*vieux*) préface. C. * Proëme. RR.
Proéminence, *s. f.* état de ce qui est en relief ou proéminent. A. V.
Proéminent. e, *adj.* qui est plus en relief que ce qui l'environne. A.
†Proëmptôse, *s. f.* t. d'astronomie, R. équation lunaire. B.
†Proèptes, *s. m. pl.* oiseaux que consultoient les augures.
Proérosies, Prérosies, *s. f. pl.* fêtes de Cérès. G. C.
Profanateur, *s. m. Sacrilegus.* qui profane les choses saintes.
Profanation, *s. f. Exauguratio.* action de profaner; irrévérence.
Profane, *adj.* 2 *g. Profanus.* contre le respect dû aux choses sacrées. *subst.* celui qui manque de respect pour les choses sacrées; ignorant, grossier; * l'opposé de sacré. B.
Profanement, *adv.* d'une manière profane. V.
Profaner, *v. a. Profanare.* né. e, *p.* traiter avec irrévérence les choses sacrées; rendre à un usage profane; faire mauvais usage d'une chose précieuse.
Profectice, *adj.* 2 *g.* du côté paternel. V.
Profectif. ve, *adj.* qui vient des ascendans.
Profection, *s. f.* t. d'astrologie, sorte de calcul. V.
Proférer, *v. a. Edere.* ré. e, *p.* prononcer quelques mots; articuler; dire.
Profès. sse, *s. adj.* religieux qui a fait ses vœux.
Professer, *v. a.* sé. e, *p.* exercer, faire profession de; avouer publiquement; enseigner, pratiquer.
Professeur, *s. m. Professor.* qui enseigne une science, un art, qui l'exerce.
Profession, *s. f. Professio.* déclaration publique; état, métier; acte solennel des vœux.
Professoire, *s. m.* t. claustral, un an de profession. V.
Professoral. e, *adj.* de professeur. V.
Professorat, *s. m.* emploi de professeur. R. C.
Profil, *s. m.* trait, délinéation d'un objet vu par un côté, t. de peinture, d'architecture.
Profiler, *v. a.* lé. e, *p.* représenter en profil.
Profit, *s. m. Lucrum.* gain, émolument; avantage; progrès.
Profitable, *adj.* 2 *g. Fructuosus.* utile, avantageux; qui donne du profit.
Profiter, *v. n. Proficere.* tirer avantage de; faire un gain; tirer un émolument; faire du progrès; croître, se fortifier; être utile, servir.
Profiterole, *s. f.* t. de pâtisserie; t. de cuisine, potage de petits pains sans mie. R. V.
Profond, e, *adj. Profundus.* très-creux; d'une grande pénétration; extrême en son genre; très-difficile.
Profondément, *adv. Altiùs.* bien avant; d'une manière profonde.
Profondeur, *s. f. Altitudo.* étendue d'une chose de la superficie au fond; étendue en long; du haut en bas.
Profontié, *adj.* t. de marine, profond, qui tire beaucoup d'eau.
Profusément, *adv.* avec profusion. T.
Profusion, *s. f. Prodigentia.* excès de libéralité, de dépense.
†Pro-gallinsecte, *s. m.* espèce de gallinsecte.
Progénie, *s. f.* race, lignée. C.
Progéniture, *s. f.* (*vieux*) les enfans. R.
Programme, *s. m. Programma.* placard pour inviter à un exercice, pour proposer des prix; * exposer le plan d'une fête publique. B.

Progrès, *s. m. Progressus.* avancement; accroissement; mouvement en avant; augmentation.
Progressif. ve, *adj. Progrediens.* qui avance.
Progression, *s. f. Progressio.* mouvement en avant; proportion continue, t. de musique; t. de mathématiques, suite de quantités en rapport.
Progressivement, *adv.* par progression. A.
Prohiber, *v. a. Prohibere.* bé. e, *p.* défendre, interdire.
Prohibitif. ve, *adj.* qui défend.
Prohibition, *s. f. Interdictio.* défense, inhibition, t. de pratique, de liturgie.
Proie, *s. f. Praeda.* ce que les animaux carnassiers ravissent pour manger; butin.
Projectile, *s. m.* t. de mécanique, corps abandonné à l'action de la pesanteur; corps jeté. *adj.* de projection.
Projection, *s. f.* action de jeter en l'air; t. de chimie, action de jeter par cuillerée; jet d'un métal en sable, etc.; représentation sur un plan.
Projecture, *s. f.* t. de charpentier, saillie; soupente. C.
Projet, *s. m. Consilium.* entreprise, dessein; moyens de succès; première pensée écrite; premier plan.
Projeter, *v. a.* té. e, *p.* former le projet de; tracer un plan, un projet; t. de chimie, faire la projection. (se), *v. r.* paroître en avant.
Prolabia, *s. m.* le devant des lèvres. R.
Prolapsus, *s. m.* maladie. V.
Prolation, *s. f.* durée de chant sur une syllabe; roulement, t. de musique.
†Prolectation, *s. f.* provocation agréable.
Prolégomènes, *s. m. pl. Prolegomena.* longue et ample préface. * Prolégomenes. R.
Prolepse, *s. f.* figure de rhétorique par laquelle on prévient et réfute les objections. G. C. RR.
†Proleptique, *adj.* 2 *g. Prolepticus.* (fièvre) dont les accès se précipitent.
Proleptiquement, *adv.* par prolepse, en prévenant les objections. R. V.
†Prolétaires, *s. m. pl.* dernière classe des citoyens à Rome. *s. adj.* 2 *g.* qui n'a aucune propriété.
Prolifère, *adj.* 2 *g.* t. de botanique, R. fleur du disque de laquelle il en sort d'autres. B.
Prolifique, *adj.* 2 *g.* propre pour la génération; qui a la force, la vertu d'engendrer.
Prolixe, *adj.* 2 *g. Longus.* diffus, trop long; trop étendu.
Prolixement, *adv. Verbosè.* avec prolixité.
Prolixité, *s. f. Diffusio.* diffusion, longueur du discours.
Prologies, *s. f. pl.* t. d'antiq. fêtes grecques avant la récolte. G. C.
Prologue, *s. m. Prologus.* avant-propos; préface; prélude.
Prolongation, *s. f. Productio.* action de prolonger; temps ajouté à la durée fixe.
Prolonge, *s. f.* t. d'artillerie. voy. Prélonge.
Prolongement, *s. m.* extension, continuation de l'étendue. A.
Prolonger, *v. a. Producere.* gé. e, *p.* faire durer plus long-temps; étendre; continuer; t. de marine, mettre flanc à flanc.
Prolusion, *s. f.* essai, prélude. C. RR.
Prome-conde, *s. m.* dépensier. R.
Promenade, *s. f. Ambulatio.* action de se promener; lieu où l'on se promène.
Promener, *v. a.* né. e, *p.* mener çà et là; marcher, aller pour faire de l'exercice, ou

se divertir. (se), *v. r. Deambulare.* faire une promenade. * se moquer; faire aller (*popul.*) B.
Promenoir, *s. m. Ambulacrum.* lieu où l'on se promène.
Promerops, *s. m.* oiseau de proie du Brésil.
†Promerupe, *s. m.* Promerops huppé des Indes.
Promesse, *s. f. Promissio.* assurance que l'on donne; engagement que l'on prend; billet sous seing-privé.
Prométhée, *s. m.* constellation. R.
Prometteur. se, *s. Qui promittit.* qui promet beaucoup et qui tient peu; qui promet légèrement.
Promettre, *v. a. Promittere.* mis. e, *p.* donner parole de faire ou dire; s'engager. (se), *v. r.* espérer.
Prominence, *s. f.* élévation. A. G. C.
Prominent. e, *adj.* qui s'élève au-dessus de ce qui l'environne. A.
Prominer, *v. n.* s'élever au-dessus de. A.
†Prominule, *adj.* (cristal) dont les arêtes forment une légère saillie.
Promiscuité, *s. f.* mélange, t. didactique. C.
Promiscûment, *adv.* t. didactique, d'une manière confuse. R. V.
Promission (terre de), *s. f.* terre promise, t. d'Ecriture-Sainte.
Promontoire, *s. m. Promontorium.* cap, pointe de terre qui avance dans la mer.
Promoteur, *s. m.* qui prend le soin principal d'une affaire; t. de droit canon, qui excite une querelle.
Promotion, *s. f. Promotio.* action par laquelle on élève, on est élevé à une dignité.
Promouvoir, *v. n. Provehere.* mu. e, *p.* avancer, élever à une dignité ecclésiastique.
Prompt. e, *adj. Celer.* soudain; actif, diligent; colère. * *adv.* vite. B. *prononcez* pront.
Promptement, *adv. Celeriter.* avec promptitude, diligence. *prononcez* pront.
Promptitude, *s. f. Celeritas.* célérité, vitesse, diligence; colère, emportement. *pl.* brusqueries, impatiences. *prononcez* pront.
Promptu (in), *s. m.* voyez Impromptu. R.
Promptuaire, *s. m.* (*inusité*) texte, abrégé. R. G. C. V.
Promulgation, *s. f. Promulgatio.* publication faite avec les formalités requises.
Promulguer, *v. a. Promulgare.* gué. e, *p.* publier avec les formalités requises.
Pronateur, *adj. m.* (muscles) qui tournent la paume de la main vers la terre. G. C. RR.
Pronation, *s. f.* (mouvement de) par lequel on tourne la paume de la main vers la terre.
Prône, *s. m. Expositio.* instruction faite par le curé, etc.; remontrance importune.
Prôner, *v. a. Laudibus extollere.* né. e, *p.* (*inusité*) vanter, louer avec exagération. *v. n.* faire de longs discours, de longues remontrances.
Prôneur. se, *s.* qui fait le prône; qui loue avec excès. *Buccinator.* grand parleur.
†Pronoé, *s. m.* papillon de jour de Styrie.
Pronom, *s. m. Pronomen.* partie du discours qui tient lieu d'un nom.
Pronominal. e, *adj.* qui appartient au pronom.
Prononcé (d'un jugement), *s. m.* ce qui a été prononcé par le juge.
Prononcer, *v. a. Pronuntiare.* cé. e, *p.* proférer, articuler les lettres, etc.; réciter; déclarer; décider; ordonner; marquer fortement. (se), *v. pers.* développer son caractère, son intention.
Prononciation, *s. f. Pronuntiatio.* articulation des mots, etc.; manière, action de prononcer, de réciter.
Pronostic, *s. m. Prognosticum.* jugement par conjectures; signe de ce qui doit arriver. * instrument qui annonce le temps qu'il fera. B.
Pronostication, *s. f.* (*inusité*) action de pronostiquer. R. G. C.
Pronostiquer, *v. a. Portendere.* qué. e, *p.* prédire, faire un pronostic; conjecturer.
Pronostiqueur, *s. m. Conjector.* celui qui fait un pronostic.
Proodique, *adj. 2 g.* t. de poësie, (vers) grand. G. C.
†Pro-patria, *s. m.* sorte de papier de Hollande.
Propagande, *s. f.* congrégation, société établie pour propager la foi, ou de certains principes.
Propagandiste, *s. m.* membre de la propagande. C. V.
Propagateur, *s. m.* qui opère la propagation, qui propage.
Propagation, *s. f. Propagatio.* multiplication par la génération; extension, progrès, développement.
Propager (se), *v. r.* se répandre. * *v. a. Propagare.* gé. e, *p.* étendre, augmenter, semer, répandre. A.
Propension, *s. f. Propensio.* inclination, penchant; tendance naturelle des corps vers un centre.
Prophète. étesse, *s. Propheta.* qui prédit l'avenir. * Prophete. étesse. R. Prophête. prophéteresse. V.
Prophétie, *s. f. Prophetia.* prédiction de choses futures; chose prophétisée.
Prophétique, *adj. 2 g. Vaticinus.* qui est de prophète, qui en tient.
Prophétiquement, *adv. Vaticinandò.* en prophète; d'une manière prophétique.
Prophétiser, *v. a. Vaticinari.* sé. e, *p.* prévoir et prédire.
†Prophilactice, *s. f.* antidote, contre-poison.
Prophylactique, *s. f.* traité sur la manière de conserver la santé. *adj. 2 g.* (remède) qui entretient la santé.
†Prophylaxie, *s. f.* prophylactique.
Propice, *adj. 2 g. Propitius.* favorable * (à la-), *adv.* à la convenance. AL.
†Propilées, *s. f.* péristyle en colonnes à l'entrée d'un temple; parvis.
Propine, *s. f.* t. de chancellerie romaine. R. * droit payé au cardinal protecteur pour les bénéfices. B.
Propitiation, *s. f. Propitiatio.* (sacrifice de) pour apaiser.
Propitiatoire, *s. m.* t. d'Écriture-Sainte, table d'or au-dessus de l'arche. *adj. 2 g.* qui sert à rendre propice.
†Proplastique, *adj. s.* (art) de faire les moules pour fondre ou couler.
Propolis, *s. f.* espèce de cire rouge.
Proportion, *s. f. Proportio.* convenance et rapport des parties entre elles et avec le tout; égalité entre deux rapports. (à-), *adv.* par rapport.
Proportionnalité, *s. f.* ce qui rend proportionnel. A.
Proportionnel. le, *adj.* qui est en proportion. * Proportionel. ele. R.
Proportionnellement, *adv.* avec proportion, d'une manière proportionnelle. * proportionélement. R.
Proportionnément, *adv. Congruenter.* par proportion, en proportion; à proportion, par rapport à. * Proportionément. R.
Proportionner, *v. a. Accommodare.* né. e, *p.* garder la proportion et la convenance nécessaires. * Proportioner. R.
Propos, *s. m. Sermo.* discours, entretien; proposition, résolution; vain discours.
Propos (à), *adv.* dans l'occasion; convenablement. * *s. m.* chose dite ou faite à propos. B.
Propos (mal à), *adv.* sans convenance.
Proposable, *adj. 2 g.* qui peut être proposé.
Proposant, *s. m.* jeune théologien protestant. *adj. m.* qui propose; t. de droit canon.
Proposer, *v. a. Proponere.* sé. e, *p.* offrir; promettre; mettre en avant pour délibérer. (se), *v. pers.* avoir dessein de...
Proposition, *s. f. Enunciatio.* discours qui affirme ou nie; chose proposée; condition; théorème et problème.
†Propotome, *s. m. Propotoma.* chute d'une partie visible du corps.
Propre, *adj. 2 g. Meus.* qui appartient exclusivement à; même; qui peut servir à; convenable; qui a de l'aptitude à. *Mundus.* net; bien arrangé. *s. m.* qualité particulière à; bien de succession qui n'entre pas en communauté.
Proprement, *adv. Propriè.* précisément; exactement; dans le sens propre; particulièrement; nettement; avec adresse; avec propreté.
Propret. te, *adj. s.* (*famil.*) qui a une propreté affectée, étudiée. * Propret. ete. R.
Propreté, *s. f. Munditia.* netteté; soin de la netteté dans les habits, etc.
Propréteur, *s. m. Proprætor.* t. d'antiq. qui avoit été préteur, qui en avoit l'autorité.
Propriétaire, *s. m. Dominus.* qui possède en propre.
†Propriétairement, *adv.* en propriété.
Propriété, *s. f. Dominium.* droit par lequel une chose appartient en propre. *Proprietas.* qualité, vertu; domaine; t. de grammaire, sens propre.
†Propylées, *s. f. pl.* péristyle à colonne; parvis.
Proquesteur, *s. m.* lieutenant du questeur. R.
Prorata (au), *adv.* à proportion de.
Prorogatif, *adj.* qui proroge. V.
Prorogation, *s. f. Prorogatio.* délai, remise.
Proroger, *v. a. Prorogare.* gé. e, *p.* prolonger, reculer le temps préfix; remettre à un autre jour.
Prosaïque, *adj. 2 g. Prosaicus.* qui tient trop de la prose.
Prosaïser, *v. a.* écrire en prose. J. B. ROUSSEAU.
Prosateur, *s. m.* écrivain en prose.
†Prosayer, *v. n.* écrire mal en prose.
Proscarabée, *s. m. Proscarabæus.* Cantarelle, sorte d'insecte à antennes en 12 articulations.
Proscénium, *s. m.* t. d'antiq. partie du théâtre occupée par les acteurs.
Proscripteur, *s. m.* magistrat de Rome. V.
Proscription, *s. f. Proscriptio.* condamnation à mort sans formes judiciaires; abolition, destruction.
Proscrire, *v. a. Proscribere.* crit. e, *p.* condamner à mort sans formes judiciaires; chasser, éloigner; anéantir, abolir, détruire.
Proscrit. e, *s. m. Proscriptus.* qui a été proscrit. *adj.* banni, écarté de l'usage.
Prose, *s. f. Prosa.* discours non assujéti à la mesure; sorte d'ouvrage latin, en rimes, et sans quantité.
Prosélyte, *adj. s. 2 g.* étranger; nouveau converti; nouveau partisan.
Prosélytisme, *s. m.* zèle de faire des prosélytes. G.
†Prosennaédre, *adj.* (tourmaline) qui a neuf faces sur deux parties adjacentes.
Proser, *v. a.* sé. e, *p.* écrire en prose. R. V.
†Proserpine, *s. f.* papillon de jour.
†Proseugue, *s. f.* lieu destiné à la prière chez les juifs.

Prosodie, *s. f. Prosodia.* prononciation conformément à l'accent, à la quantité. * nome pour les flûtes. B.
Prosodique, *adj.* 2 *g.* de la prosodie.
†Prosonomane, *s. f.* voyez Paronomase.
Prosopographie, *s. f.* description des traits, du maintien, de la figure; t. de rhétor. G. C. RR.
†Prosopon, *s. m.* hypostase.
Prosopopée, *s. f. Prosopopœia.* figure de rhétor. par laquelle on fait parler un personnage feint, un être inanimé.
Prospectus, *s. m.* programme qui annonce un ouvrage, un établissement.
Prospère, *adj.* 2 *g. Prosper.* favorable au succès; heureux; propice. * Prospere. R.
Prospérer, *v. n.* avoir la fortune favorable, un heureux succès; être heureux.
Prospérité, *s. f. Prosperitas.* bonheur; événement heureux.
Prostaphérèse, *s. f.* t. d'astronomie, différence entre le lieu moyen et le vrai. * Prosthaphérese. *Prosthaphæresis.* R.
Prostase, *s. f. Prostasis.* t. de méd. supériorité d'une humeur sur les autres. G. C. RR.
Prostates, *Prostata. s. m. pl.* corps glanduleux à la racine de la verge.
†Prostatique, *adj.* 2 *g.* des prostates.
Prosternation, *s. f.* état de celui qui est prosterné.
Prosternement, *s. m.* action de se prosterner, de s'abaisser.
Prosterner (se), *v. r. Se prosternere.* né. e, *p.* s'abaisser en suppliant; se jeter à genoux aux pieds de; s'abaisser jusqu'à terre.
†Prosthèse, *s. f.* action d'ajouter une partie artificielle, une jambe de bois, un œil de verre, etc.; espèce de métaplasme par l'addition au commencement du mot. *ex.* al-coran.
Prostibule, *s. m.* lieu de débauche. V.
Prostitué. e, *adj.* dévoué lâchement. G. C.
Prostituée, *s. f. Meretrix.* femme, fille abandonnée à l'impudicité.
Prostituer, *v. a. Prostituere.* tué. e, *p.* livrer à l'impudicité; avilir. (se), *v. r.* se dévouer lâchement.
Prostitution, *s. f.* abandonnement à l'impudicité, à l'idolâtrie.
Prostration, *s. f.* voyez Prosternation. A.
Prostyle, *adj. m.* t. d'antiq. qui n'a des colonnes que sur le devant. G. C.
Protase, *s. f.* t. de poësie dramatique; partie qui contient l'exposition du sujet; exposition.
Protatique, *adj.* 2 *g.* t. de poësie. (personnage) dans l'exposition. G. C.
Prote, *s. m.* chef qui dirige les travaux d'une imprimerie, qui corrige les épreuves.
Protecteur. trice, *s. adj. Defensor.* défenseur, qui protége; titre d'un cardinal protecteur.
Protection, *s. f. Tutela.* action de protéger; appui, secours, aide; emploi de protecteur.
Protée, *s. m.* qui change continuellement de forme, qui joue toutes sortes de personnages. * ver infusoire, vibrion. M. polype d'eau douce; famille des globulaires ou protées, plantes. B.
Protégé. e, *s.* personne protégée par une autre.
Protéger, *v. a. Tueri.* gé. e, *p.* prendre la défense de, donner protection à.
†Protéiforme, *adj.* 2 *g.* (symptôme) irrégulier.
Protestant. e, *s.* Luthérien, Calviniste, Anglican, Religionnaire.
Protestantisme, *s. m.* secte, croyance des églises protestantes.
Protestation, *s. f.* témoignage public; déclaration publique, juridique; promesse, assurance positive. * action de protester, acte qui la contient. B.
Protester, *v. a. n. Testificari.* té. e, *p.* assurer, promettre positivement; déclarer juridiquement; faire une protestation contre; faire un protêt.
Protêt, *s. m.* acte de recours contre les endosseurs de billets, etc.
Prothèse, *s. f.* t. de grammaire, addition faite à un mot; *ex. gnavus* pour *navus.* C. * t. de théologie, préparation. voyez Prosthèse. B. Protèse. G. Prothese. R.
Protocanonique, *adj.* 2 *g.* reconnu canonique avant les canons. * Proto-canonique. R.
Protocole, *s. m. Codex.* formule; livre qui contient tous les actes; formulaire.
†Protoctistes, *s. m. pl.* sectaires qui croient que les âmes ont été créées avant les corps.
Protonotaire, *s. m.* officier de la cour de Rome.
Protoplaste, *s. adj.* 2 *g.* premier créé. (Adam) RR.
†Protopope, *s. m.* évêque moscovite grec.
†Protospathaire, *s. m.* chef des gardes de l'empereur grec.
Protosyncelle, *s. m.* vicaire d'un patriarche, d'un évêque grec.
†Protothrône, *s. m.* premier évêque grec d'une province; premier suffragant d'un patriarche.
Prototype, *s. m. Archetypum.* original, modèle, premier exemplaire. * outil de fondeurs; outil pour regler la force du corps d'un caractère. B. Prototipe. RICHELET.
†Protozeugme, *s. m.* espèce de zeugme.
Protrygées, *s. f. pl.* fêtes de Bacchus avant les vendanges. G. C.
Protubérance, *s. f.* t. d'anat. avance, éminence.
Protuteur, *s. m.* qui gère et administre à la place du tuteur.
Prou, *adv.* (*vieux*) assez, beaucoup. * *s.* profit. V.
Proue, *s. f. Prora.* t. de marine, tête du vaisseau.
Prouesse, *s. f. Facinora.* action de valeur, de preux; excès de débauche. * conduite folle. B.
Proufasse, *adv.* ainsi soit. A. * Prouface, *adv.* que cela vous profite. R.
†Prouvaire *ou* Prouaire, *s. m.* prêtre. (*vieux*).
Prouver, *v. a. n. Probare.* vé. e, *p.* établir la vérité par des raisonnemens, des témoignages incontestables.
Provéditeur, *s. m.* magistrat de Venise.
Provenant. e, *adj.* qui provient, qui dérive.
Provençal. e, *adj. s.* de Provence. R.
Provende, *s. f.* (*vieux*) provision de vivres; mélange de grains pour les bestiaux.
Provenir, *v. n. Oriri.* nu. e, *p.* procéder, dériver, émaner de; revenir au profit de.
Provenu, *s. m.* le profit d'une affaire.
Proverbe, *s. m. Proverbium.* sentence commune et vulgaire en peu de mots; maxime.
Proverbial. e, *adj.* qui tient du proverbe.
Proverbialement, *adv.* d'une manière proverbiale.
Provicaire, *s. m.* qui tient la place d'un vicaire. R. V.
Providence, *s. f. Providentia.* la sagesse suprême par laquelle Dieu conduit toutes choses. * Dieu. B.
Provignement, *s. m.* action de provigner. G. C. AL.
Provigner, *v. a. Propagare.* gné. e, *p.* t. d'agric. coucher en terre les brins d'un cep pour qu'il prenne racine. *v. n.* multiplier. (*vieux*).
Provin, *s. m. Propago.* rejeton d'un cep provigné. * monnoie de France. (*vieux*). B.
Province, *s. f. Provincia.* partie considérable d'un état; réunion de plusieurs couvens.
Provincial. e, *adj. Provincialis.* de province. *s. m.* homme de province; t. claustral, supérieur d'une province.
Provincialat, *s. m.* t. claustral, charge de provincial, durée de ses fonctions.
Provincialement, *adv.* d'une manière provinciale. R. C. V.
Proviseur, *s. m. Provisor.* premier chef, protecteur d'un collége.
Provision, *s. f.* amas et fourniture de choses nécessaires; droit de pourvoir. *pl.* actes, lettres qui confèrent; somme allouée provisoirement.
Provisionnel. le, *adj. Fiduciarius.* qui se fait par provision. * Provisionel. ele. R.
Provisionnellement, *adv.* par provision. * Provisionélement. R.
Provisoire, *adj.* 2 *g.* rendu par provision.
Provisoirement, *adv.* par provision; t. de prat.
Provisoirerie, *s. f.* dignité de proviseur. A.
Provocation, *s. f. Provocatio.* action de provoquer. * ce qui provoque. B.
Provoire, *s. m.* (*vieux*) oraison et oratoire. V.
Provoquer, *v. a. Provocare.* qué. e, *p.* inciter, exciter à.
Proxénète, *s. m.* entremetteur; courtier; celui qui négocie un marché. * Proxénete. R.
Proximité, *s. f. Vicinitas.* voisinage; parenté.
†Proyer, *s. m. Cynchramus.* oiseau de passage. voyez Preyer. * *et* Pruyer. G.
Pruant. e, *adj.* (*vieux*) qui démange. V.
Prude, *adj.* 2 *g. s. Probus.* qui affecte un air sage, réglé et circonspect, * qui l'a. BOUDOT.
Prudemment, *adv. Prudenter.* avec prudence.
Prudence, *s. f. Prudentia.* discernement de ce qu'il faut faire ou ne pas faire.
Prudent. e, *adj. Prudens.* qui a de la prudence; conforme à ses règles.
Pruderie, *s. f.* affectation de sagesse; circonspection excessive.
Prud'homme, *s. m.* (*vieux*) homme probe, vaillant, expert.
Prud'hommie, *s. f.* (*vieux*) probité, sagesse. * Prud'homie. A. G. C. R.
Prudoterie, *s. f.* hypocrisie. V.
†Prue, *s. f.* branche tordue servant de corde.
Prumier, *s. m.* (*vieux*) premier. V.
Prune, *s. f. Prunum.* fruit à noyau du prunier. * — coton, espèce d'icaque. B.
Pruneau, *s. m. Prunum passum.* prune sèche ou cuite.
Prunelaie, *s. f.* lieu planté de pruniers.
†Prunelée, *s. f.* confitures grossières de prunes.
†Prunelet, *s. m.* cidre de prunelles séchées au four.
Prunella, *s. m.* sécheresse de la langue, de la gorge. RR.
Prunelle, *s. f.* prune sauvage, styptique, pour la dyssenterie. *ou* Pupille, *Pupilla.* partie de l'œil.
Prunellier, *s. m.* arbrisseau qui porte les prunelles.
Prunier, *s. m. Prunus.* arbre qui porte les prunes.
Prurit, *s. m. Pruritus.* démangeaison vive. * démangeaison, chatouillement agréable. A.
†Prusse (bleu de), bleu tiré du sang du bœuf calciné avec le tartre et le nitre.
Prussiate, *s. m.* sel formé par la combinaison de l'acide prussique avec différentes bases. V.
†Prussienne, *ou* (cheminée à la), *s. f.* cheminées de tôle.
Prussique, *adj.* (acide) du bleu de Prusse.
Prussite, *s. f.* voyez Prussiate.
Prytanat, *s. m.* dignité de prytanes. G. C.
Prytanée, *s. m.* édifice dans lequel s'assembloient les prytanes, et employé à d'autres usages. * grenier public. (*nouveau*) collége. B.
Prytanes, *s. m. pl.* t. d'antiquité, magistrats établis pour les matières criminelles; hommes d'un mérite supérieur. * Prytane. *sing.* V.
Prytanide, *s. f.* prêtresse de Vesta. G. C.
Psallette, *s. f.* lieu où l'on élève des enfans de chœur. * Psallete. R.
Psalmiste, *s. m.* auteur des pseaumes.

Psalmodie, *s. f.* chant des pseaumes.
Psalmodier, *v. n. Psallere.* réciter des pseaumes.
Psalterion, *s. m. Psalterium.* sorte d'instrument de musique à cordes. * Psaltérion. R. G. C. *ou* Saltérion. B.
†Psamatole, *s. m.* Vermiculaire, insecte.
Psautier, *s. m.* recueil de pseaumes.
Pseaume, *s. m.* cantique sacré. * Psaume. A. C. G. R. V. *psalmus.*
†Psellisme, *s. m. Psellismus.* bégaiement.
†Pseudamante, *s. f.* pierre fausse.
Pseudiptère, *s. m.* t. d'architecture. V.
Pseudo-catholique, *adj. 2 g.* faux catholique. V.
†Pseudo-prase, *s. m.* faux prase.
†Pseudodyptère, *s. m.* espèce de temple entouré de portiques.
†Pseudomorphique, *adj. 2 g.* qui a une figure fausse et trompeuse.
†Pseudomorphose, *s. f. Pseudomorphosis.* pierre, concrétion qui a une figure fausse et trompeuse.
Pseudonyme, *s. m.* qui a pris un nom faux, supposé.
†Psi, *s. m.* Phalène qui provient de la chenille admirable.
†Psilothre, *s. m. Psilothrum.* médicament qui fait tomber le poil.
Psoas, *s. m.* Lombaire, muscle de la cuisse. G. C.
†Psoc, *s. m. Psocus.* insecte névroptère très-vif; ressemble au pou.
†Psophie, *s. f.* oiseau.
Psora, *s. m.* gale; pustule.
†Psorale, *s. f. Psoralea.* plante légumineuse; ses fleurs en infusion sont bonnes pour les maladies contagieuses.
†Psorice, *s. f.* scabieuse.
Psorique, *adj. 2 g.* de la nature de la gale. * contre la gale. B.
Psorophtalmie, *s. f.* t. de médecine. voyez Ophtalmie. G. C.
†Psychagoge, *s. f.* évocation des morts.
†Psychagogique, *s. adj. 2 g.* qui rappelle à la vie dans un état désespéré.
Psychologie, *s. f.* traité de l'ame; science de l'ame. * Psycologie. A.
Psychomance *ou* Psychomancie, *s. f.* art d'évoquer les morts. R.
Psychromètre, *s. m.* instrument pour connoître l'humidité de l'air. voyez Hygromètre. G. C. RR. * Psychrometre. R. Psygromètre. A.
†Psyctique, *adj. 2 g.* rafraîchissant.
†Psylle, *s. f. Psylla.* insectes hémiptères.
Ptarmique, *adj. 2 g. Ptarmica.* qui fait éternuer. * *s. f.* herbe à éternuer. B.
Ptérigion, *s. m.* maladie de l'œil. G. C. * Ptérygion. V.
†Ptérigoïdien. e, *adj.* qui appartient à l'apophyse ptérygoïde.
†Ptérocère, *s. f. Pterocera.* mollusque céphalé, à coquille ventrue.
†Ptérophore *ou* Porte-plume, *s. m. Pterophorus. ou* Phalène-tipule, insecte lépidoptère.
†Ptérygoïde, *adj. 2 g.* qui a la forme d'une aile (apophyse).
†Ptérygopharyngien, *s. m.* muscle de la gorge.
†Ptérygostaphylin, *s. m.* muscle de la luette.
†Ptilin, *s. m. Ptilinus.* insecte coléoptère.
Ptilose. *s. f.* chute des cils. R. G. C.
†Ptines, *s. m. pl. Ptinus.* insectes coléoptères.
†Ptirophage, *s. adj. 2 g.* qui mange des poux.
†Ptose, *s. m. Aberratio.* déplacement des parties organiques, t. de botanique.
Ptyalagogue, *adj. 2 g.* qui provoque, facilite la salivation.
Ptyalisme, *s. m.* salivation.

†Ptysmagogue, *adj. 2 g.* ptyalagogue.
†Pu, *s. m.* mesure chinoise, 2,282 toises.
Puamment, *ad. Putide.* avec puanteur. * Puament. R. * effrontément (mentir). B.
Puant, *s. m.* voyez Mouffette, bois puant, d'Afrique. d'un beau grain nuancé.
Puant. e, *adj. s. m. Fetidus.* qui sent mauvais.
Puanteur, *s. f. Putor.* mauvaise odeur.
Pubère, *adj. 2 g.* qui a atteint l'âge de puberté. * Pubere. R.
Puberté, *s. f. Pubertas.* âge où l'on peut se marier et procréer.
†Pubescence, *s. f.* t. de botanique, existence des poils.
†Pubescent. e, *adj.* t. de botanique, (superficie, peau) garnie de poils foibles, mous, apparens.
Pubis, *s. m.* t. d'anatomie, os innominé.
Public. blique, *adj. Publicus.* commun; qui concerne tout un peuple; manifeste; connu de tout le monde. *s. m. Populus.* le peuple en général.
Public (en), *adv.* publiquement.
Publicain, *s. m. Publicanus.* t. d'antiquité, fermier des deniers publics. *pl.* traitans, gens d'affaires.
Publication, *s. f. Promulgatio.* action de publier.
Publiciste, *s. m.* qui écrit sur le droit public.
Publicité, *s. f.* état de ce qui est public; notoriété.
Publier, *v. a. Vulgare.* blié. e, *p.* rendre public; dire hautement; proclamer.
Publiquement, *adv. Publicè.* en public, devant tout le monde.
Puce, *s. f. Pulex.* insecte aptère. *adj.* couleur de puce. * — aquatique, arborescente. voy. Binocle, perroquet d'eau. — d'eau, voyez Monocle. — de mer, petit animal aquatique. — de neige, espèce de podure. — de terre, insecte du cap de Bonne-Espérance, espèce de podure. B.
Puceau, *s. m.* garçon qui n'a jamais connu de femmes. * mine de bon charbon. B.
Pucelage, *s. m. Virginitas.* virginité; coquille univalve, du genre des porcelaines.
Pucelle, *s. f. Virgo.* fille vierge; poisson, petite alose; coquille. * Pucele. R.
Puceron, *s. m. Aphis.* genre d'insecte.
†Pucher, *v. a.* t. de raffinerie, prendre avec le pucheux.
†Puchet, *s. m.* petit pucheux.
†Puchette, *s. f.* espèce de drague de tourbier.
†Pucheux, *s. m.* grande cuiller pour puiser le sucre.
†Pucho, *s. m.* espèce de costus odorant.
†Puchoir, *s. m.* baril emmanché, t. de salines.
Puchot, *s. m.* t. de marine. voyez Trombe.
†Pudendagre, *s. f.* douleur aux parties génitales.
Pudeur, *s. f. Verecundia.* chasteté; honte honnête; timidité, retenue.
Pudibond. e, *adj. Pudibundus.* modeste, qui a de la pudeur.
Pudicité, *s. f. Pudicitia.* chasteté.
Pudique, *adj. 2 g. Pudicus.* chaste; pur; honnête; modeste.
Pudiquement, *adv. Pudicè.* d'une manière pudique.
Pué, *s. f.* t. de manufacture, arrangement des fils. G. C.
Pueil (bois en), *s. m.* jeune taillis. R. G. C.
Puer, *v. a. n. Putere.* sentir mauvais; infecter.
Puéril. e, *adj. Puerilis.* de l'enfance, qui appartient à l'enfance.
Puérilement, *adv. Pueriliter.* d'une manière puérile, frivole.
Puérilité, *s. f. Puerilitas.* discours, action puérile, frivole.

Puerpérale, *adj.* (fièvre) de couches. V.
†Puffin, *s. m. Puffinus.* famille particulière d'oiseaux aquatiques, du genre du pétrel.
Pugilat, *s. m.* combat à coups de poing.
Puine, *s. m.* arbrisseau censé mort-bois.
Puîné. e, *adj. s. Natu minor.* né depuis un frère, une sœur.
Puis, *adv. Dein.* ensuite, après.
Puisage, *s. m.* action de puiser. R. T.
Puisard, *s. m. Fossa putealis.* espèce de puits pour recevoir les eaux.
Puiselles, *s. f.* R. grande cuiller de chandellier *ou* Puisette. B.
Puiser, *v. a. n. Haurire.* sé. e, *p.* prendre de l'eau avec un vase, prendre à une source, une rivière, etc.
†Puisette, *s. f.* écuelle à manche. voyez Puiselle.
Puisoir, *s. m.* vaisseau pour tirer le salpêtre de la chaudière. R. C. G.
Puisque, *conjonction. Quoniam.* à cause que, parce que.
Puissamment, *adv. Vehementer.* d'une manière puissante; avec force, avec pouvoir; beaucoup. * Puissament. R.
Puissance, *s. f. Potestas.* pouvoir, autorité; domination, empire; état; souverain; faculté; force; vertu; hiérarchie céleste; t. de mathématique, degrés.
Puissance (toute-), *s. f.* puissance sans bornes. A. R.
Puissant. e, *adj. Potens.* qui a beaucoup de pouvoir; très-riche; très-fort; très-gros; très-habile.
Puissant. e (tout-, toute-), *adj.* qui peut tout. A. R. * *s. m.* Dieu. B.
Puissans, *s. m. pl.* les grands.
Puits, *s. m. Puteus.* trou creusé pour avoir de l'eau; trou des mines.
Puits-perdu, *s. m.* puits à fond de sable, où les eaux se perdent. G. C.
Pulante *ou* Pullante, *adj. f.* (*vieux*) puante, infecte. V.
Pulefoi, *s. f.* (*vieux*) mauvaise foi. V.
†Pullaires, *s. m. pl.* gardes des poulets sacrés.
Pulluler, *v. n. Pullulare.* multiplier avec rapidité, en abondance; se répandre promptement au loin.
†Pulment, *s. m.* potage épais de ris, fève, etc.
Pulmonaire, *adj. 2 g.* qui appartient au poumon.
Pulmonaire, *s. f. Pulmonaria.* Herbe aux poumons, Consoude, plante bonne pour la poitrine. * — de chêne, espèce de mousse, pectorale, bonne pour la toux invétérée, arrête le sang, les règles, ferme les plaies. — des françois, Herbe à l'épervier, pour les poumons, l'hémophtisie. B.
Pulmonie, *s. f.* maladie du poumon.
Pulmonique, *adj. 2 g. s. Pulmonarius.* malade, attaqué du poumon.
Pulpe, *s. f. Pulpa.* substance médullaire et charnue des fruits, du cerveau. * Parenchyme. B.
†Pulpeux. se, *adj.* (membrane, feuille) épaisse et succulente.
†Pulpo *ou* Polpo, *s. m.* animal de la mer du Su[illegible] espèce de zoophyte.
Puls[illegible]ve, *adj.* (battement) douloureux, t. [illegible] médecine.
Pulsatille, *s. f.* Passe-fleur, plante. voyez Coquelourde. * Pulsatile. R.
Pulsation, *s. f.* battement du pouls.
Pulsiloge, *s. m.* t. de médecine, instrument pour mesurer la vitesse du pouls. R. G. C.

†Pulsimantie, *s. f.* art de connoître les signes par le pouls, t. de médecine.
†Pulsion, *s. f.* propagation du mouvement dans un fluide élastique.
Pulvérin, *s. m.* poudre à canon très-fine; poire à poudre. * sorte de poussière humide des chutes, des jets d'eau. G. * Pulverin. G. C.
Pulvérisation, *s. f.* action de pulvériser, ses effets.
Pulvériser, *v. a.* sé. e, *p.* réduire en poudre; détruire entièrement.
Pulvérulateurs, *s. m. pl. Pulverulatores.* oiseaux, animaux qui se roulent et se secouent dans le sable. G. C.
Pulvérulent. e, *adj.* poudreux. C. * chargé de poussière. B.
Pulvinaire, *s. m.* t. d'antiquité; petit lit pour les images des dieux. G. C.
†Pulviné. e, *adj.* t. de botanique, divisé par sillons.
†Pulvisculaire, *adj.* 2 *g.* (grès) à grains très-fins.
Pumicin, *s. m.* huile de palme. * Palmier-ouara. B.
Punais. e, *adj. s. m. Fœtidæ naris.* qui rend par le nez une odeur infecte.
Punaise, *s. f. Cimex.* insecte et vermine plate et puante; on les détruit avec la vapeur du vitriol versé sur le sel marin, du tabac, du cuir, du soufre, du mercure, du poivre brûlés; de quarante-trois espèces. * — de mer. voyez Oscabrion. B.
Punaisie, *s. f. Narium fetor.* maladie du punais.
Punch, *s. m.* boisson. voyez Ponche.
†Puncheon, *s. m.* mesure angloise, 334 pintes.
†Pungitif. ve, *adj.* (plante) qui pointe, qui pousse.
Punique, *adj.* 2 *g. Punicus.* des Carthaginois. (foi), perfidie. RR. A.
Punir, *v. a. Puniri.* ni. e, *p.* faire subir une peine pour une faute; châtier.
Punissable, *adj.* 2 *g. Puniendus.* qui mérite punition.
Punisseur, *s. m.* qui châtie. V.
Punition, *s. f. Pœna.* peine par laquelle on punit.
Pupillaire, *adj.* 2 *g.* qui appartient au pupille.
Pupillarité, *s. f.* temps qu'un enfant est pupille; qualité du pupille.
Pupille, *s. f.* la prunelle de l'œil. *s.* 2 *g. Pupillus.* qui est mineur; jeune élève.
Pupitre, *s. m. Pluteus.* meuble pour écrire, pour soutenir un livre.
Pupue, *s. f.* oiseau de passage. R. * Puput *ou* Putput. voyez Huppe. B.
Pupuler, *v. a. n.* se dit du cri de la huppe. V.
Pur. e, *adj. Merus.* sans mélange; chaste, sans taches; exact, correct; simple, unique.
Pur (à) et à plein, *adverbial.* entièrement, sans réserve. AL. RR. G.
Pureau, *s. m.* t. de couvreur, partie de l'ardoise, de la tuile à découvert sur le toit.
Purée, *s. f.* fécule; jus exprimé des pois, etc.
Purement, *adv. Purè.* d'une manière pure.
†Purer, *v. a.* é. e, *p.* écumer, épurer, t. de brasseur.
Pureté, *s. f. Munditia.* qualité de ce qui est pur; correction et exactitude; innocence; droiture; chasteté.
Purette, *s. f. Puretta.* poudre que l'on met sur l'écriture; substance rougeâtre, brillante, en grains, sur les bords de la mer. G. C.
Purgatif. ve, *adj. Purgans.* qui purge. *s. m.* ce qui purge.
Purgation, *s. f. Purgatio.* évacuation procurée par un purgatif; purgatif. * *pl.* menstrues. B.
Purgatoire, *s. m. Purgatorium.* t. de liturgie, lieu où les ames des morts expient leurs fautes.
Purge, *s. f.* action de purifier les marchandises infectées de la peste. G. C. * boisson, potion purgative. B.
Purgeoirs, *s. m. pl.* bassins de sable dans lesquels les eaux de source se purifient. G. C. * *singulier.* AL.
Purger, *v. a. Purgare.* gé. e, *p.* purifier, nettoyer, ôter les ordures, les impuretés; délivrer. (se), *v. pers.* prendre médecine; se justifier.
Purgerie, *s. f.* lieu où l'on met les formes de sucre pour les blanchir. G. CO.
Purification, *s. f. Purificatio.* action de purifier; fête, cérémonie religieuse.
Purificatoire, *s. m. Purificatorium.* linge avec lequel le prêtre essuie le calice.
Purifier, *v. a. Purgare.* fié. e, *p.* rendre pur; ôter ce qu'il y a d'impur, d'étranger. (se), *v. r.* devenir pur.
†Puriforme, *s. adj.* 2 *g.* qui ressemble à du pus.
†Purisme, *s. m.* défaut de celui qui affecte trop la pureté du langage. * système métaphysique qui consiste dans la recherche des bases et des élémens de l'expérience. K.
Puriste, *s. m.* qui affecte le purisme.
Puritain, *s. m.* presbytérien rigide d'Angleterre. * Puritains. *pl.* R.
Puritanisme, *s. m.* doctrine, secte des puritains. A. V.
†Puron, *s. m.* petit lait épuré.
Purpurin. e, *adj.* qui approche de la couleur du pourpre.
Purpurine, *s. f.* bronze moulu, matière rougeâtre tirée du cuivre. R. G. C.
†Purpurite, *s. f.* coquille du pourpre fossile.
Purulence, *s. f.* qualité de ce qui est purulent. A.
Purulent. e, *adj. Purulentus.* mêlé de pus.
Pus, *s. m. Pus.* sang ou matière corrompue.
Pusillanime, *adj.* 2 *g.* trop timide; sans courage, sans énergie; qui a l'ame foible.
Pusillanimité, *s. f. Pusillus animus.* manque de courage; timidité excessive; foiblesse de cœur ou d'esprit.
Pustule, *s. f. Pustula.* tumeur pleine de pus.
Putage, *s. m.* commerce de putains. V.
Putain, *s. f.* (*bas*) femme prostituée.
Putaniser, *v. n.* courir les putains. C.
Putanisme, *s. m.* (*bas*) désordre des putains, commerce avec elles.
Putasserie, *s. f.* fréquentation habituelle des putains.
Putassier, *s. m.* adonné aux putains.
Putatif. ve, *adj. Creditus.* qui passe pour être ce qu'il n'est pas.
Putativement, *adv.* d'une manière putative. R. V.
Puterie, *s. f.* métier de putains. V.
†Putésie, *s. f.* prostitution (*vieux*).
Putide, *adj.* 2 *g.* t. de médecine. R.
Putine, *s. f.* (*burlesque*) petite putain. V.
Putois, *s. m. Putorius.* quadrupède puant; Fouine. * — rayé, *ou* Zorille, Mouffette. B.
†Putrédinaires, *s. m. pl.* partisans de la formation des corps par la putréfaction.
Putréfactif, *adj.* qui putréfie. V.
Putréfaction, *s. f. Corruptio.* action par laquelle un corps se pourrit, ses effets; état de ce corps.
Putréfait. e, *adj.* corrompu, infect, puant.
Putréfier, *v. a. Putrefacere.* fié. e, *p.* corrompre, faire pourrir. (se), *v. réfl. pronom.*
Putride, *adj.* 2 *g. Putridus.* causé par la corruption; accompagné de pourriture.
Putridité, *s. f.* t. de médecine, corruption. C. RR.
†Pycnite, *s. f.* schorl blanc, prismatique.
†Pycnogône, *s. m.* voyez Polygonope.
†Pycnogonon, *s. m. Pycnogonum.* arachnide palpiste, à quatre yeux, huit pattes.
Pycnostyle, *s. m.* édifice à colonnes très-près l'une de l'autre. R. G. C.
Pycnotique, *adj.* 2. *g. s. m.* t. de médecine, qui condense et rafraîchit les humeurs.
†Pygargue, *s. m. Pygargus.* voyez Picargue.
†Pygme, *s. f.* mesure grecque.
Pygmée, *s. m. Pygmæus.* nain, homme très-petit. * Pigmée. G.
Pylore, *s. m.* orifice intérieur de l'estomac.
†Pyloride, *s. adj. f. Pylorides.* coquille bivalve.
Pylorique, *adj.* 2 *g.* du pylore. R. AL.
Pyose, *s. f.* maladie de l'œil; suppuration. R.
Pyracanthe, *s. m.* Buisson-ardent, arbrisseau. * Pyracante. C.
Pyralides, *s. m. pl.* insectes lépidoptères, espèce de phalène. L.
†Pyrame, *s. adj.* 2 *g.* race particulière de petits chiens.
Pyramidal. e, *adj. Pyramidatus.* en pyramide. * Piramidal. G.
Pyramidale, *s. f.* plante, espèce de joubarbe, de campanule. * Piramidale. G.
Pyramide, *s. f. Pyramis.* solide à plusieurs côtés, qui s'élève en diminuant. * poinçon de tireur d'or. B. Piramide. G.
†Pyramidelle, *s. f. Pyramidella.* mollusque céphalé.
Pyramider, *v. n.* former la pyramide; être bien groupé. A.
†Pyramidoïde, *s. f.* solide formé par la révolution d'une parabole autour de l'une de ses ordonnées.
†Pyrène, *s. f.* t. de botanique, noix du péricarpe charnu. (*vieux*).
†Pyrénoïde, *adj.* 2 *g.* qui ressemble à un noyau.
Pyrèthre, *s. m. Pyrethrum.* plante qui fait beaucoup cracher. * racine salivaire de 3 espèces. B. * Pyrethre. R. G. A.
Pyrétologie, *s. f.* traité des fièvres. R. G. C.
†Pyriforme, voyez Piriforme.
Pyrite, *s. f. Pyrites.* minéral, pierre à feu, marcassite; substance métallique, minéralisée, compacte, pesante et cristallisée.
†Pyriteux, *s. adj.* de la nature de la pyrite, qui en contient, t. d'histoire naturelle.
†Pyroballistique, *adj.* 2 *g.* (machine, etc.) mue par le feu et des moyens mécaniques.
Pyrobolyste, *s. m.* ingénieur à feu. R. * Pyroboliste. V.
Pyrocorax, *s. m.* corbeau à bec rouge. RR.
†Pyrolâtrie, *s. f.* culte du feu.
Pyrole, *s. f. Pyrola. ou* Verdure d'hiver, plante astringente, excellent vulnéraire suisse.
Pyroligneux, *adj.* acide végétal. V.
Pyro-lignique. voyez Pyroligneux. V.
Pyro-lignite, *s. m.* sel formé par la combinaison de l'acide pyro-lignique avec différentes bases.
†Pyrologie, *s. f.* traité sur le feu.
Pyromance, Pyromancie, *s. f.* divination par le feu. R. G. C.
†Pyromaque, *adj.* 2 *g.* qui fait feu sous le briquet.
Pyromètre, *s. m.* instrument pour connoître l'expansibilité des corps par le feu. G. C.
Pyromucique, *adj.* 2 *g.* pyromuqueux. V.
Pyromucite, *s. m.* sel formé par la combinaison de l'acide pyromucique avec d'autres bases. voyez Pyromuqueux. V.
Pyromuqueux, *adj.* acide végétal. V.
Pyronomie, *s. f.* t. de chimie, art de régler et

diriger le feu. G. C. RR.
†Pyrope, *s. f.* escarboucle.
†Pyrophage, *s. m. adj.* 2 *g.* qui a le secret d'avaler du feu.
Pyrophore, *s. m.* poudre d'alun et de farine qui s'allume à l'air. * commissaire des vivres. T.
†Pyrosie, *s. f. Pyrosis.* ardeur dans le ventricule.
†Pyrosophie, *s. f.* art d'employer le feu, chimie.
Pyrotartareux, *adj.* acide végétal. V.
Pyro-tartreux. voyez Pyrotartareux.
†Pyrotartrite, *s. m.* sel formé par la combinaison de l'acide pyro-tartareux avec différentes bases.
Pyrotechnie, *s. f. Pyrotechnia.* art qui enseigne l'usage du feu, son application, la manière de le conduire, t. de chimie.
Pyrotechnique, *adj.* 2 *g.* de la pyrotechnie.
Pyrotique, *adj.* 2 *g.* caustique, qui cautérise.
†Pyroxène, *s. m.* schorl volcanique.
Pyrrhique, *s. f. Pyrrhiche.* t. d'antiq. danse milit. *s. m.* t. de poësie, pied de deux brèves.
Pyrrhonien. ne, *adj. s. Pyrrhonius.* du pirrhonisme. R. * Pirrhonien. ène. A. G.
Pyrrhonisme, *s. m.* habitude, affectation de douter de tout. * Pirrhonisme. G.
†Pyrule, *s. f. Pyrula, ou* Figue, mollusque céphalé.
Pythagorique, *adj.* 2 *g.* de Pythagore. V.
Pythagorisme, *s. m.* système de Pythagore. V.
†Pythaule, *s. m.* musicien des jeux pythiques.
Pythie, *s. f.* prêtresse qui rendoit les oracles d'Apollon.
Pythiques, *adj.* 2 *g. pl.* (jeux) en l'honneur d'Apollon.
Python, *s. m. Python.* t. d'antiquité, esprit familier. C.
Pythonisse, *s. f. Pythia.* devineresse.
†Pythrométrique, *adj. f.* (échelle) qui indique les segmens des tonneaux.
†Pyulque, *s. m. Pyulcum.* seringue pour tirer le pus.
†Pyurie, *s. f. Pyuria.* pissement du pus.
†Pyxidule, *s. f.* petite capsule des mousses, anthère.

QUAD

N. B. *Les mots précédés d'un* (:) *se prononcent* koua, kué, kui, kuin.

Q, *s. m.* dix-septième lettre de l'alphabet.
Quachi, *s. m.* petit quadrupède qui approche du renard. G. C.
Quachior, *s. m.* (*vieux*) cheval de bataille. V.
†Quacquescendre, *s. m.* flux de sang et de ventre des chiens.
:Quadernes, *s. m. pl.* carmes, deux quatres du même coup, t. de jeu de dés.
:Quadragénaire, *adj.* 2 *g. s. m. Quadragenarius.* âgé de quarante ans.
:Quadragésimal. e, *adj. Quadragesimalis.* qui appartient au carême.
:Quadragésime, *s. f.* premier dimanche du carême.
Quadrain. voyez Quatrain.
Quadran. voyez Cadran.
:Quadrangle, *s. f.* qui a quatre angles et quatre côtés. R. G. C.
:Quadrangulaire, *adj.* 2 *g. Quadrangulus.* qui a quatre angles.
†:Quadrangulé. e, *adj.* à quatre angles.
Quadrat, *s. m.* t. d'imprimerie, parallélipipède de fonte. *adj.* (aspect). *f.* quadrate, (opposition); t. d'astronomie, distance de deux astres de quatre-vingt-dix degrés.
Quadratin, *s. m.* petit quadrat.
Quadratrice, *s. f.* courbe inventée pour parvenir à la quadrature du cercle.
:Quadrature, *s. f. Quadratio.* réduction d'une courbe à un carré, t. de géométrie, d'astron. voyez quadrat.
Quadrature, *s. f.* t. d'horlogerie, assemblage des pièces qui font marcher l'aiguille. voyez et *pron.* Cadrature.
Quadre. voyez Cadre. * Quâdre. R.
Quadrer. *Quadrare.* voyez Cadrer. * Quâdrer. R.
†:Quadricapsulaire, *adj.* 2 *g.* (fruit) à quatre capsules.
:Quadricolor, *s. m.* anemone à quatre couleurs. R. * Gros-bec de Java. B.
†:Quadridenté. e, *adj.* à quatre dents, t. de botan.
:Quadriennal. e, *adj. Quadriennis.* qui dure quatre ans. voyez Quatriennal.
†:Quadrifide, *adj.* 2 *g.* divisé en quatre, t. de botanique.
†:Quadriflore, *adj.* 2 *g.* à quatre fleurs, à fleurs disposées quatre à quatre.
:Quadrifolium, *s. m.* plante à quatre feuilles.
:Quadriga, *s. m.* espèce de bandage. V.
:Quadrige, *s. m.* char des anciens attelé de quatre chevaux de front.
†:Quadrijugué. e, *adj.* (feuille) à quatre paires de folioles sur un pétiole.
:Quadrilatère, *adj.* 2 *g. s. m.* qui a quatre côtés. * Quadrilatere. R.
Quadrille, *s. m.* jeu d'hombre à quatre. *s. f.* troupe de chevaliers dans un carrousel.
†:Quadriloculaire, *adj.* 2 *g.* (capsule) à quatre loges.
Quadrin, *s. m.* denier romain moderne. V.
:Quadrinôme, *s. m.* grandeur composée de quatre termes, t. d'alg. * Quadrinome. R.
†:Quadripartition, *s. f.* partage en quatre parties.
†:Quadriphylle, *adj.* 2 *g.* (calice) de quatre pièces.
:Quadrisacramentaux, *s. m. pl.* sorte d'hérétiques. V.
†:Quadrisulce, *s. adj.* 2 *g.* quadrupède qui a les pieds fendus en quatre.
:Quadrisyllabe, *s. m.* composé de quatre syllabes. R.
†:Quadrivalve, *adj.* 2 *g.* (capsule) à quatre valves.
†:Quadrugée, *s. f.* ce que quatre chevaux peuvent labourer en un jour.
†:Quadrumane, *adj. s.* 2 *g.* quadrupède à quatre pattes, faisant l'office de mains, se dit du singe, t. d'hist. naturelle.
:Quadrupède, *s. m. adj.* 2 *g. Quadrupes.* animal qui a quatre pieds. * Quadrupede. R.
†:Quadrupédologie, *s. f.* description, traité des quadrupèdes.
:Quadruple, *adj.* 2 *g. Quadruplum.* quatre fois aussi grand. *s. m.* quatre fois autant; double pistole d'Espagne.
†:Quadruple-croche, *s. f.* le quart d'une croche.
:Quadrupler, *v. a. Quadruplicare.* plé. e, *p.* prendre quatre fois le même nombre. *v. n.* être augmenté au quadruple.
Quai, *s. m.* levée en pierres le long de l'eau.
Quaiche, *s. f.* petit vaisseau à un pont.
†Quait, *s. m.* 26 feuilles de papier.
Quaker, *s. m. ou* Quacre, trembleur, secte en Angleterre. * Quaker. esse. C.
Quakérisme, *s. m.* doctrine des quakers. C. * Quakérianisme. V.
Qual. *s. m.* moule, étoile de mer.
Qualificateur, *s. m.* titre de certains inquisiteurs.
Qualification, *s. f.* attribution d'une qualité.
Qualifier, *v. a.* fié. e, *p.* désigner la qualité; donner un titre. (se), *v. r.* prendre, s'attribuer un titre, une qualité.
Qualité, *s. f. Qualitas.* ce qui fait qu'une chose est telle ou telle, bonne ou mauvaise, etc.; inclination, habitude, talent, disposition; noblesse distinguée; titres.
Quamquam, *s. m.* discours à l'ouverture d'une thèse. V. * Quanquam. G. AL.
Quance, *s. f.* dissimulation. V.
Quand, *adv. Quandò.* lorsque, dans le temps que, dans quel temps. *conj.* encore que, quoique, bien que.
Quand et quand, *et* Quant et quant. *prép.* avec, en même-temps.
†:Quandos, *s. m.* pierre dans la tête du vautour.
Quandros, *s. m.* pierre précieuse. V.
:Quanie, *s. f.* (*vieux*) déshabillé, chemise. V.
Quanquam, *s. m.* t. de collége. voy. Quamquam. *pron.* kankan.
Quanquan, *s. m.* bruit, éclat pour une bagatelle. *pron.* kankan.
:Quanque, *s. m.* (*vi.*) tout ce qui, tout ce que. V.
Quant à, *adv.* pour ce qui est de. * Quant-à. C.
Quantal, *s. m.* espèce de fromage. V. *ou* Cantal. RR.
Quantes, *adj. f. pl. Toties quoties.* (*familier*) (fois) toutes les fois.
Quantième, *s. m. adj.* 2 *g. Quotus.* désigne le rang, l'ordre numérique. * Quantième. R.
Quantité, *s. f. Quantitas.* se dit de tout ce qui peut être mesuré et nombré; multitude, abondance; mesure des syllabes; durée relative des notes.
†Quaparier, *s. m.* banislère à corymbes.
Quarantain, *s. m.* t. de manufacture. V.
Quarantaine, *s. f. Quadraginta.* nombre de quarante; isolement pendant quarante jours de ceux qui sont soupçonnés de contagion. * petite corde, t. de marine. B.
Quarante, *adj.* 2 *g.* quatre fois dix. * *s. m. pl.* membres de l'académie françoise. B.
†Quarante-langues, *s. m.* polyglotte ou moqueur.
Quarantie, *s. f.* tribunal des Quarante à Venise.
Quarantième, *adj.* 2 *g. s. Quadragesimus.* nombre ordinal; partie aliquote de *quarante.* * Quarantieme. R.
Quarantinier, *s. m.* t. de mar. cordage. V.
Quarderoner, *v. a.* né. e, *p.* faire un quart de rond; rabattre les arêtes. * Quarderonner. AL.
Quarre, Quarré, Quarreau, Quarrément, Quarrer, Quarrure. voyez Carre, Carré, etc.
†Quarre, *s. f.* union du fond et des bords, t. de chaudronnier; flèche à fer carré, ou quarreaux.
†Quarré, *s. m.* métier pour faire des lignes.
†Quarreau, *s. m.* grosse flèche à base carrée.
†Quarrée, *s. f. ou* Brève, note de musique.
Quarrelet. voyez Carrelet. V.
Quart, *s. m. Quarta pars.* la quatrième partie.
Quart. e, *adj.* quatrième, t. de finance, de médecine, de chasse.
†Quart-bouillon, *s. m.* droit sur le sel.
†Quart-d'écu, *s. m.* monnoie en France. (*vieux*).
Quart-de-cercle, *s. m.* instrument de géom. A.
Quart de rumb, *s. m.* t. de marine. A.
†Quart en quart, *s. m.* sorte de volte.
†:Quarta, *s. f.* mesure romaine, 11 pieds carrés.
Quartaine, *adj. f.* (fièvre) quarte.
Quartal, *s. m.* sorte de mesure de grains. V.
†Quartan, *s. m.* voyez Quartanier.
Quartanier, *s. m.* sanglier de quatre ans. * Quartan. R. V.
:Quartas, *s. m.* monnoie d'Espagne. V.
Quartation, *s. f.* alliage d'un quart d'or avec trois quarts d'argent.
Quartaut, *s. m.* vaisseau, mesure. * Quartaud. V.
Quarte, *s. f.* mesure, 60e. partie d'une tierce, 216000e. d'une minute; t. d'escrime; t. de musique, intervalle de deux tons entre deux autres, 3e. des consonnances; t. de jeu, t. de droit.

Quartel, *s. m.* (*vieux*) carreau, boulet. v.
Quartelage, *s. m.* droit seigneurial. R.
Quartelete, *s. f.* bonne ardoise. R.
†Quarter, *s. m.* mesure angloise, ou setier.
Quarter, *v. n.* t. d'escrime, ôter son corps hors de la ligne; aller entre deux ornières et les éviter. G. C. * procéder par quartes. B.
Quarteron, *s. m.* *Viginti quinque.* poids, quatrième partie d'une livre, d'un cent. * outil de papetier. B.
Quarteron. ne, *s.* produit d'une mulâtresse et d'un blanc, et réciproquement. C. AL. * *f.* Quarterone. R.
Quartidi, *s. m.* quatrième jour de la décade.
Quartier, *s. m.* quatrième partie de; partie d'un tout; gros morceau; paye de trois mois en trois mois; partie d'une ville; pays; voisinage; espace de trois mois; campement; traitement favorable; phase de la lune; partie d'un soulier, d'un sabot, t. d'arts et métiers; t. de blason, quart, chef. * vie sauve accordée à un ennemi. B.
Quartier (à), *adv.* à part, à l'écart.
Quartier-maître, *s. m.* officier de marine, aide du contre-maître.
Quartier-mestre, *s. m.* maréchal des logis.
Quartière, *s. f.* mesure de grains angloise. v.
Quartile, *adj. m.* (aspect), t. d'astronomie, d'astrologie, distance de quatre-vingt-dix degrés. voyez Quadrature.
†:Quartillo, *s. m.* mesure portugaise, 1 pinte $\frac{1}{2}$.
Quartinier, *s. m.* *Præfectus.* officier de ville chargé du soin d'un quartier. * Quartenier. T.
:Quarto (in-), *s. m. adj.* livre dont les feuilles sont pliées en quatre.
†:Quarto, *s. m.* monnoie espagnole, 1 liv. 3 s.
Quartonat, *s. m.* mesure d'arpentage. v.
†:Quartuccio, *s. m.* mesure romaine, cent trente-deux toises deux pieds.
:Quartz, *s. m.* *Quartzum.* roche ou pierre très-dure, secondaire, indissoluble, qui étincelle sous le briquet, d'un éclat vitreux.
:Quartzeux. se, *adj.* de la nature du quartz. A.
Quas *ou* Quaz, *s. m.* boisson en Russie. RR.
Quazerette *ou* Caserette, *s. f.* panier d'osier. v.
Quasi, *adv.* *Ferè.* (*famil.*) presque, peu s'en faut. * *s. m.* morceau de la cuisse. A.
Quasi-contrat, *s. m.* t. de prat. action qui entraîne une obligation.
Quasi-délit, *s. m.* t. de prat. dommage occasionné par sa faute, mais sans dessein.
Quasimodo, *s. f.* dimanche après Pâques.
:Quaternaire, *adj.* (nombre) de quatre unités.
:Quaterne, *s. m.* quatre numéros pris, sortis ensemble de la loterie. A. R.
†:Quaterné. e, *adj.* (feuille) disposée quatre par quatre.
:Quaternité, *s. f.* t. dogmatique. R. v.
Quatorzaine, *s. f.* intervalle de quatorze jours.
Quatorze, *adj. 2 g.* *Quatuordecim.* dix et quatre, quatorzième.
Quatorzième, *adj. 2 g. s. m.* nombre ordinal, quatorzième partie. * Quatorzieme. R.
Quatorzièmement, *adv.* pour la quatorzième fois. v. * Quatorziémement. R.
†Quatraca *ou* Katraca, *s. m.* faisan du Mexique.
Quatrain, *s. m.* *Tetrastichon.* stance de quatre vers.
Quatre, *adj. 2 g.* *Quatuor.* deux fois deux, trois et un; quatrième. *s. m.* le chiffre 4.
†Quatre-cornes, *s. m.* *Quadricornis.* poisson du genre du cotte.
†Quatre-de-chiffre, *s. m.* piége fait en 4.
†Quatre-dents (le), *s. m.* *Tetraodon.* poisson, 9e. genre, 1re. classe.
†Quatre-épices, *s. f. pl.* les quatre épices.
†Quatre-semences, *s. f. pl.* (froides *ou* chaudes).
Quatre-temps, *s. m. pl.* trois jours de jeûne dans chaque saison. * Quatre-tems. C.
Quatre-vingts, *adj.* quatre fois vingt. * Quatre-vingt. C.
Quatre-vingt-un, deux, etc. Quatre-vingts écus, quatre-vingts chevaux, etc.
†Quatre-yeux, *s. m.* espèce de sarigue.
Quatrième, *adj. 2 g. s.* *Quartus.* nom de nombre ordinal; 4e. classe; écolier de cette classe; t. de jeu, quatre cartes de même couleur. * Quatrieme. R.
Quatrièmement, *adv.* *Quartò.* en quatrième lieu. * Quatriémement. R. G.
Quatriémeur, *s. m.* commis pour le quatrième denier. v.
Quatriennal. e, *adj.* (charge) qui s'exerce de quatre années l'une. * Quadriennal. e. R.
Quatuor, *s. m.* morceau de musique à quatre parties. R.
Quatuorvir, *s. m.* officier à Rome. v.
Quayage, *s. m.* droit qu'on paye pour avoir la liberté de vendre sur un quai.
Quayer, *s. m.* (*vieux*) tronc. v.
Que, *conj. prép. pron. relatif*, quelle chose; pourquoi; combien.
†Quedec, *s. m.* *Quiba.* plante vénéneuse de Saint-Domingue, à feuilles piquantes.
Quel? Quelle? *adj. prop.* *Qualis.* exprime la qualité.
Quelconque, *adj. 2 g. prop.* *Quicunque.* nul, aucun; quel que ce soit, quel qu'il soit.
Quellement, *adv.* (*vieux*) (tellement) ni bien ni mal; plutôt mal que bien.
Quelque, *adj. 2 g.* un *ou* une entre plusieurs. *adv.* un peu. (*familier*) environ, à peu près; quel que soit le *ou* la; à quelque point, à quelque degré que.
Quelquefois, *adv.* de fois à autre; par fois.
Quelqu'un. e, *s.* *Aliquis.* un entre plusieurs; une personne.
Quémander, *v. n.* voy. Caimander.
Quémandeur. se, *s.* voyez Caimandeur.
Qu'en dira-t-on, *s. m.* propos que pourra tenir le public. A. R.
Quenotte, *s. f.* (*famil.*) dent de petit enfant. * Quenote. R.
Quenouille, *s. f.* *Colus.* petite canne entourée de soie, etc. cette soie, etc. espèce de pilier de lit, etc.; t. de jardinage, plante vivace fleuronnée. * bateau de pêcheur dieppois. B.
Quenouillée, *s. f.* t. de manuf. A. R.
Quenouillette, *s. f.* petite quenouille. v. * outil de fondeur. B. Quenouillete. R.
†Quentelage, *s. m.* lest.
Quenue, *s. f.* (*vieux*) cruche. v.
Quéraïba, *s. m.* sorte de liane, excellent vulnéraire.
Quérat, *s. m.* t. de marine, R. partie du bordage. B.
Querelle, *s. f.* *Jurgium.* contestation, démêlé. * Querele. R.
Quereller, *v. a.* lé. e, *p.* faire querelle à; gronder; dire des paroles aigres. (se), *v. r.* *Jurgari.* se disputer. * Queréler. R.
Querelleur. se, *adj. s.* *Rixosus.* qui aime à quereller; hargneux. * Queréleur. R. *et* Querelleux. v.
:Quérimonie, *s. f.* plainte rendue pour pouvoir publier un monitoire, t. de droit canon.
Querir, *v. a.* *Advocare.* ri. e, *p.* (*vieux*) chercher avec charge d'amener.
:Querquétulaires, *s. f. pl.* nymphes qui présidoient à la coupe des chênes. R.
†:Quésiteur, *s. m.* commissaire de police. (*vi.*).
†:Quésiteurs, *s. m. pl.* commissaires du peuple romain pour les informations.
Quesnelliste, *s. m.* qui suit les opinions de Quesnel. v.
:Questable *ou* Questal, *adj. s.* t. de coutume. R.
:Questalité, *s. f.* esclavage. v.
:Questeur, *s. m.* *Quaestor.* magistrat de Rome; officier de l'université.
Question, *s. f.* *Interrogatio.* demande faite; point à discuter; chose dont il s'agit; doute; difficulté; traité; thèse; torture.
Questionnaire, *s. m.* *Tortor.* qui donne la question aux criminels. * Questionaire. R.
Questionner, *v. a.* *Interrogare.* né. e, *p.* interroger, faire des questions, demander. * Questioner. B.
Questionneur. se, *s.* *Percontator.* qui fait sans cesse des questions. * Questioneur. se. R.
:Questure, *s. f.* *Quaestura.* charge de questeur. * Questeure. R.
Quet, *s. m.* t. de papeterie. R.
Quête, *s. f.* *Mendicatio.* action de chercher; cueillette pour les pauvres; t. de mar. saillie; t. claustral, t. de vénerie.
Quêter, *v. a. n.* *Mendicare.* té. e, *p.* chercher; faire la quête, demander et recueillir des aumônes; t. de chasse.
Quêteur. se, *s.* *Rogator.* qui fait une quête.
Quétif, *adj.* (*vieux*) vil. v.
Queudeu, *interj.* (*vieux*) ils diront. v.
Queue, *s. f.* *Cauda.* extrémité du corps des quadrupèdes, des oiseaux, des poissons, des fleurs, etc., poils, plumes qui la garnissent; extrémité, fin, bout; suite; dernière partie; futaille; pierre à aiguiser; instrument de jeu de billard; t. de jeu, ajouté à la mise gagnée.
†Queue-bleue, *s. f.* (la) lézard du 4e. genre.
Queue d'aronde, *s. f.* queue d'hirondelle; t. d'arts.
Queue de cheval, *s. f.* plante dont la racine donne un suc incisif, résolutif pour la toux. — de souris, plante des champs, astringente, dessiccative. — de cochon, tarière en vrille. — de lion *ou* Lionurus, *s. m.* plante labiée d'Afrique, d'Amérique. * Queue-de-cheval, Queue-de-lion, etc. A. C. G.
Queue (demi-), *s. f.* futaille.
†Queue de renard, *s. m.* outil à deux biseaux.
†Queue-jaune, *s. f.* poisson du genre du persègue, du scombre. — -noire, du genre du persègue. — -rouge, du genre du scombre. — -blanche, espèce d'aigle. — -lancéolée, serpent du 4e. genre. — -plate, serpent du 4e. genre. — -rouge, oiseau à queue rouge semblable au rouge-gorge.
Queurse, *s. f.* pierre à aiguiser. CO. voy. Queue *et* Queux.
Queussi-queumi, *adv.* de même, pareillement. A. V.
Queux, *s. m.* sorte de pierre à aiguiser. voyez Queue. (*vieux*) cuisinier.
Qui, *prép. relat.* *Qui.* lequelle, laquelle; quel homme; ceux-ci, ceux-là, les uns, les autres; celui que.
Quia (être, mettre à), *adv.* hors d'état de répondre. * A-quia. C.
Quibus, *s. m.* (*popul.*) argent. G. C.
Quiconque, *pron. m. sing.* *Quicunque.* qui que ce soit.
Quidam. quidane, *s.* *Quidam.* personne dont on ignore ou n'exprime pas le nom.
Quidier, *v. a.* (*vieux*) croire, penser, estimer, juger. v.
Quiennes avoines, *s. f. pl.* droit, redevance. R.
†Quiescent. e, *adj.* (lettre) hébraïque qui ne se prononce pas.
Quiet. ète, *adj.* *Quietus.* calme, tranquille. * Quiet. ete. R. *f.* Quiette. CO.

Quiétisme,

:Quiétisme, *s. m.* fausse spiritualité; sentimens des quiétistes.
:Quiétiste, *s. 2 g.* qui fait consister toute la perfection chrétienne dans le repos ou l'inaction de l'ame.
:Quiétude, *s. f. Tranquillitas.* tranquillité; repos; indolence.
Quignet, *s. m.* (*vieux*) coin. V.
Quignette *ou* Quinette, *s. f.* sorte de camelot. V.
Quignon, *s. m.* (*popul.*) gros morceau de pain.
Quilboquet, *s. m.* instrument de menuisier pour équarrir les mortaises. R. G. C.
Quillage, *s. m.* (droit de) première entrée, t. de marine.
Quillard, *s. m.* t. de jeu. *et* Quillard. V.
Quille, *s. f. Metula.* petit morceau de bois servant au jeu de quilles; longue pièce qui règne au-dessous du vaisseau. * grand coin de fer, t. d'ardois.; instrument pour calibrer un tuyau; outil de métiers. B.
Quiller, *v. n.* jeter des quilles, redresser les quilles.
†Quilleter, *v. n.* se tenir debout. (*vieux*).
Quillette, *s. f.* brin d'osier que l'on plante. * Quillete. R.
Quillier, *s. m.* espace dans lequel on range les quilles; les neuf quilles. * grosse tarière. B. Quilier. V. Quiller. A. C.
Quillon, *s. m.* t. de fourbisseur, R. branche de la garde. B.
Quillot, *s. m.* mesure de grains. V.
†Quilot, *s. m.* mesure turque, 61 livres.
†Quin, *s. m.* réservoir que la marée remplit, t. de salines.
Quina, Quine-quina. voyez Quinquina. RR.
Quinaire, *s. m.* t. d'antiq. pièce de monnoie.
Quinaud, e, *s.* gueux (*v.*). confus d'un mauvais succès. * vieux singe, marmot très-laid. V.
Quincaille, *s. f.* ustensiles de fer, de cuivre, etc. petite monnoie. * Clincaille. R.
Quincaillerie, *s. f.* marchandise de quincaille. * Clincaillerie. R.
Quincaillier, *s. m.* marchand de quincaille. * Clincailler. R.
†Quincajou *ou* Kinkajou, *s. m.* quadrupède carnassier.
†Quinçon, *s. m.* pinson.
Quinconce, *Quincunx.* plant d'arbres en échiquier. * Quinconche. V.
:Quindécagone, *s. m.* figure de quinze côtés. * Quindécagône. R.
:Quindécemvirs, *s. m. pl.* t. d'antiq. gardes des livres sybillins. * Quindécimvirs. R.
Quinèque, *s. m.* étoffe. V.
Quines, *s. m.* t. de jeu, deux cinqs; cinq numéros sortis de la loterie. * Quine. A. C.
†Quinés. ées, *adj. pl.* disposées par cinq, t. de botanique.
†Quinette, *s. f.* camelot de laine de Picardie.
Quinola, *s. m.* valet de cœur au reversi.
Quinquagénaire, *adj. 2 g. s. Quinquaginta.* âgé de cinquante ans. *pron.* kuincoua.
Quinquagésime, *s. f. Quinquagesima.* t. d'église, dimanche avant le carême. *pron.* kuincoua.
†:Quinquangulé, e, *adj.* à cinq angles, t. de botanique.
Quinquatrie, *s. f.* t. d'antiq. fête de Minerve. C. G.
†Quinque, *s. m.* oiseau de la Chine; morceau de musique à cinq parties.
†Quinquédenté, e, *adj.* à cinq dents, t. de botanique.
Quinquenelle, *s. f.* trève de cinq ans. V.
:Quinquennal, e, *adj.* qui dure cinq ans; fait de cinq ans en cinq ans.
:Quinquennales, *s. f. pl.* fêtes anciennes célébrées de cinq ans en cinq ans.

Quinquennium, *s. m.* cours d'étude de cinq ans. *pron.* kuinkuennium.
Quinquenove, *s. f.* jeu de dés.
Quinqueporte, *s. f.* t. de pêche. R. verveux cubique à cinq entrées. B.
Quinquerce, *s. m.* prix disputé dans cinq sortes de combats.
:Quinquérème, *s. f.* galère à cinq rangs de rames. * Quinquéreme. R. Quinquérême. AL.
Quinquet, *s. m.* sorte de lampe à courant d'air. V.
Quinquévir, *s. m.* officier à Rome. V.
Quinquille, *s. m.* voy. Quintille. R.
Quinquina, *s. m. Kinakina.* écorce fébrifuge du Pérou.
Quinquinatiser, *v. a.* faire prendre du quinquina. T.
Quint, *adj. m.* cinquième. *s. m. Quinta pars.* t. de prat. le cinquième, droit.
Quintadiner, *v. n.* t. d'organiste, ne pas bien résonner. R. G. C.
Quintaine, *s. f.* poteau contre lequel on s'exerçoit à la lance, au dard; ancien terme de manège.
Quintal. *pl.* quintaux, *s. m. Centumpondo.* cent livres. * grosse cruche. B.
Quintau, *s. m.* quantité de gerbes, de fagots dans un champ. G. C. * Quintaud. V.
Quinte, *s. f.* t. de mus. intervalle de cinq notes; instrument; t. de jeu, suite de cinq cartes; t. d'escrime, cinquième garde; toux violente; caprice, bizarrerie; 60e. d'une quarte.
Quintefeuille, *s. f. Quinquefolium.* plante balsamique, vulnéraire, astringente. * Quintefeuille. R. G. C.
Quintelage, *s. m.* sac de matelat. V.
†Quinten, *s. m.* mesure allemande, quart du loth.
Quinter, *v. a.* té. e, *p.* t. d'orfév. marquer après l'essai. R. G. C. * procéder par quintes. B.
Quintessence, *s. f.* toute la vertu d'une chose; le plus essentiel, le plus fin; le plus clair profit; substance éthérée. * Quintescence. C.
Quintessencier, *v. a.* cié. e, *p.* raffiner, subtiliser; tirer la quintescence. * -tescencier. C.
Quintescencier, *s. m.* distillateur. V.
Quinteux. se, *adj. s. Morosus.* fantasque, sujet à des quintes, des bizarreries.
:Quintidi, *s. m.* le cinquième jour de la décade.
:Quintile, *adj. f.* t. d'astron. (aspect) (opposition) distance de soixante-douze degrés. * Quintil. e. A.
Quintille, *s. m.* jeu de l'hombre à cinq joueurs. * Quinquille. R.
†:Quintimètre, *s. m.* cinquième du mètre.
Quintin, *s. m.* toile fine et claire de Quintin.
:Quintuple, *adj. 2 g. s. m.* cinq fois autant.
:Quintupler, *v. a.* plé. e, *p.* répéter cinq fois. A.
Quinzain, *s. m.* t. de jeu de paume, chacun quinze. * monnoie d'or françoise. B.
Quinzaine, *s. f. Quindecim.* quinze unités, quinze jours.
Quinze, *adj. 2 g. s. Quindecim.* trois fois cinq, dix et cinq; jeu de cartes, quinzième.
†Quinze-épines, *s. m. Spinachia.* poisson du genre du gastré.
Quinze-vingts (les), *s. m. pl.* hôpital fondé pour trois cents aveugles revenus des croisades.
Quinzième, *adj. 2 g. s. m.* nombre ordinal, quinzième partie. * Quinzieme. R.
Quinzièmement, *adv.* en quinzième lieu. * Quinziémement. G.
Quiossage, *s. m.* action de passer les cuirs sous la quiosse. R. G. C. V.
Quiosse, *s. f.* pierre à aiguiser. R. G. C. V.
Quiosser, *v. a.* sé. e, *p.* frotter avec la quiosse, t. de tanneur. R. G. C.
Quipos, *s. m. pl.* nœuds pour compter. R. G. C. V.
Quiproquo, *s. m. et pl. Error.* (*famil.*) méprise.

Quiqueron, *s. m.* vidangeur, gadouard. R. V.
:Quirinales, *s. f. pl.* fêtes de Romulus. R. G. C.
†Quirlando, *s. m.* instrument, basse des nègres.
Quis, Quisse, *s. m.* pyrite, marcassite de cuivre.
Quittance, *s. f. Apocha.* acte par lequel le créancier confesse avoir reçu. * Quitance. R. *prononcez* kitance.
Quittancer, *v. a.* cé. e, *p.* donner quittance, décharge au dos, en marge. * Quitancer. R.
Quitte, *adj. 2 g. Liberatus.* libéré, qui a payé; délivré, débarrassé. *adv.* * Quite. R.
Quitteler (se), *v. pers.* (*vieux*) s'arrêter. V.
Quittement, *adv.* t. de prat. exempt de toute hypothèque. * Quitement. R.
Quitter, *v. a. Digredi.* té. e, *p.* se séparer de; se retirer de; abandonner; se dépouiller, se défaire de; renoncer à; lâcher; laisser aller; se désister; exempter, décharger, affranchir; céder, délaisser; ôter de dessus soi. (se), *v. r.* * Quiter. R.
Quitus, *s. m.* arrêté définitif d'un compte, t. de finance. * Quittus. V.
Qui-va-là? Qui-vive? *s. m.* cri de la sentinelle qui entend du bruit. *interj. marque l'attention, l'inquiétude.* (être sur le qui-vive) inquiet.
Quoailler, *v. n.* parlant du cheval qui remue toujours la queue. *pron.* kouailler.
Quocolos, *s. m.* pierre d'Italie qui se vitrifie. G. C. * Quocolo. R.
Quodlibétaire, *adj. s. f.* t. de théologie, de médecine. R. V.
Quogelo, *s. m.* animal. R.
Quoi, *prép. interj. Quid. marque l'étonnement, l'admiration, l'interrogation.* quelle chose.
Quoique, *conj. Quamvis.* encore que, bien que.
Quolibet, *s. m. Cavillatio.* mauvais jeu de mots, mauvaise pointe d'esprit.
Quolibetier, *s. m.* (*trivial*) diseur de quolibets. C.
Quolibétique, *adj.* fécond en quolibets. V.
†Quolibétiste, *adj. 2 g.* qui aime les quolibets.
Quoquard, *s. m.* glorieux sans sujet. V.
Quoquelu, *adj.* (*vieux*) avide de gloire. V.
Quote (-part), *adj. f. Rata pars.* la part de chacun dans un partage, une contribution.
Quotidien, ne, *adj. Quotidianus.* journalier, de chaque jour. * Quotidien. ene. R.
Quotient, *s. m.* t. d'arithmétique, résultat de la division.
:Quotité, *s. f.* somme fixe à laquelle monte chaque quote-part.
†Quottement, *s. m.* action de quotter, ses effets; t. d'horloger.
†Quotter, *v. a.* se dit de la dent qui pointe sur l'engrenage.
Quoue, *s. f.* (*vieux*) queue. V.

RABA

R, *s. m.* dix-huitième lettre de l'alphabet, *et f.* (*vieux*).
†Rab, *s. m.* tympanon hébreux.
Rabâchage, *s. m.* (*famil.*) défaut ou discours de celui qui rabâche.
Rabâcher, *v. a. n.* (*famil.*) revenir souvent et inutilement sur ce qu'on a dit.
Rabâcherie, *s. f.* répétition fatiguante. J. T.
Rabâcheur, se, *s.* qui rabâche.
Rabais, *s. m. Diminutio.* diminution de prix et de valeur.
Rabaissement, *s. m. Dejectio.* diminution, rabais.
Rabaisser, *v. a. Deprimere.* sé. e, *p.* mettre plus bas; placer au-dessous; diminuer; déprécier. (se), *v. réfl.* s'abaisser, s'humilier.
Rabaner, *v. a.* R. pousser des rabans. B.

†Rabaniste, *s. m.* qui porte le rabat. (*vieux*).

Rabans, *s. m. pl.* t. de mar. R. petites cordes pour ferler. CO.

†Rabaster, *v. a.* faire un tapage épouvantable, (*vieux*).

Rabat, *s. m.* ornement de toile; t. de jeu, ce qui rabat. * diminution du prix en payant comptant; planche emmanchée pour tracer des lignes droites; trusquin; t. de chasse, action de rabattre; t. d'arts et métiers. B.

†Rabat-eau *ou* Rabateau, *s. m.* feutre qui arrête l'eau enlevée par la meule.

Rabat-joie, *s. m.* ce qui trouble la joie; ennemi de la joie.

Rabatage, *s. m.* tare, déduction, t. de com. C.

Rabattoir, *s. m.* outil de fer pour tailler les ardoises. CO.

Rabattre, *v. a. Deprimere.* tu. e, *p.* rabaisser; faire descendre; diminuer; aplatir; détourner; t. de chasse. *v. n.* quitter un chemin et se détourner tout-à-coup par un autre. (se), *v. r.* changer tout-à-coup de propos, de chemin. * Rabatre. C.

Rabatue, *s. f.* t. de marine. R. * épée sans pointe ni tranchant. RR.

Rabbin, *s. m. Rabbinus.* docteur juif. *au vocatif*, rabbi.

Rabbinage, *s. m.* (*t. de mépris*) étude des livres des rabbins.

Rabbinique, *adj.* 2 *g.* des rabbins.

Rabbinisme, *s. m.* doctrine des rabbins.

Rabbiniste, *s. m.* qui étudie, qui suit la doctrine des rabbins.

Rabdoïde, *adj. f.* t. d'anatomie.

Rabdologie, *s. f.* calcul à l'aide de baguettes.

Rabdomance, *s. f.* prétendue divination par la baguette. * Rabdomancie. R. V. *ou* —cie. A.

Rabdophores, *s. m. pl.* bédauts, t. d'antiq. RR.

Rabêtir, *v. a.* ti. e, *p.* rendre bête et stupide. *v. n.* devenir plus bête.

†Rabette, *s. f.* huile de navette, à brûler.

Rabillage, *s. m.* réparation, t. de métiers. voyez Rhabillage. G.

Rabiller, *v. a.* voyez Rhabiller. G.

Rabiole, Rabioule, voyez Rave mâle *ou* Grosse rave. A.

Râble, *s. m. Lumbus.* partie du lapin, du lièvre depuis les épaules jusqu'à la queue; t. de chim. instrument d'arts. * *ou* Rouable, tire-braise; espèce de rateau; solives du fond d'un bateau. B.

†Râblé, *adj. m.* (plâtre) nettoyé du charbon.

†Rabler, *v. a.* lé, e, *p.* attiser le feu.

Râblu. e, *adj.* bien fourni de râble; vigoureux.

Râblure, *s. f.* entaille sur la quille d'un vaisseau. G. C. * Rablure. R.

Rabobeliner, *v. a.* né, e, *p.* plâtrer, rapetasser. R. V. C.

†Rabolane, *s. f.* Perdrix blanche, Gélinotte blanche, Poule de neige, Arbenne.

Rabonir, *v. a.* ni. e, *p.* rendre meilleur. * *v. n.* devenir meilleur. AL. Rabonnir. A. V.

Rabot, *s. m. Runcina.* outil d'arts et métiers, pour planer, aplanir. * t. de paveur, pierre mince, assise de champ. B.

Raboter, *v. a. Dolare.* té. e, *p.* polir avec le rabot.

†Raboteur, *s. m.* charpentier qui pousse les moulures.

Raboteux. se, *adj. Scaber.* inégal; qui n'est pas poli; noueux. * *s. m.* poisson du genre du cotte. *s. f.* tortue des Indes orientales. B.

Rabotier, *s. m.* table pour arranger les carreaux; t. de monnoyeur. R. G. C.

Rabougrir, *v. n.* gri. e, *p.* ne pas parvenir au degré présumable de croissance. (se), *v. r.* devenir rabougri.

Rabouillère, *s. f.* trou, terrier où les lapins font leurs petits. * Rabouillere. R.

Raboutir, *v. a.* (*popul.*) mettre bout à bout.

Rabrouer, *v. a.* roué. e, *p.* rebuter avec rudesse, avec mépris

Rabroueur. se, *s.* qui réprimande avec dureté. R. V.

†Rabulé, *s. m.* t. d'antiq. avocat chicaneur.

†Racage, *s. m.* collier dont on entoure le mât.

Racages, *s. f. pl.* t. de marine, boules de bois enfilées. G. C. RR. V.

Racaille, *s. f. Populi fex.* le rebut du peuple; chose de rebut.

Racambeau, *s. m.* t. de mar. anneau de fer. G. C. RR. * Racambeaux. *pl.* R.

†Racanelle, *s. f.* petit canard de passage.

Racasse, *s. m.* poisson. R.

Raccommodage, *s. m. Refectio.* travail de celui qui raccommode; chose raccommodée. * Racomodage. R.

Raccommodement, *s. m.* réconciliation. * Racomodement. R.

Raccommoder, *v. a. Reficere.* dé. e, *p.* remettre en bon état; réparer; refaire; rajuster; réformer; réconcilier. (se), *v. r.* se réconcilier. * Racomoder. R.

Raccommodeur. se, *s. Refector.* qui raccommode. * Racomodeur. se. R.

Raccordement, *s. m.* réunion de deux surfaces au même niveau, ou du vieux et du neuf; t. d'architecture. * Racordement. R.

Raccorder, *v. a. Aptare.* dé. e, *p.* raccommoder; t. de musique, accorder de nouveau; t. d'architecture, etc.; faire un raccordement. * Racorder. R.

Raccoupler, *v. a.* plé. e, *p.* remettre ensemble ce qui avoit été accouplé. G. C. * Racoupler. V. R.

Raccourci, *s. m. Epitome.* abrégé; t. de peint. effet de la perspective qui raccourcit. * Racourci. R.

Raccourcir, *v. a. Resecare.* ci. e, *p.* accourcir; rendre plus court, abréger. * Racourcir. R.

Raccourcissement, *s. m. Resectio.* action de raccourcir, ses effets. * Racourcissement. R.

Raccoûtrement, *s. m. Interpolatio.* action de raccoûtrer, ses effets. * Raccoutrement. A Racoûtrement. R.

Raccoûtrer, *v. a.* tré. e, *p.* (*vieux*) raccommoder, recoudre. * Raccoutrer. A. Racoûtrer. R.

Raccoûtreur. se, *s.* ravaudeur. * Raccoutreur. A. Racoûtreur. R.

Raccoutumer (se), *v. r. Assuescere.* mé. e, *p.* reprendre une habitude. V. * Racoutumer. R.

Raccroc (coup de), *s. m.* t. de jeu, coup inattendu, avantageux. A.

Raccrocher, *v. a. Iuncare.* ché. e, *p.* accrocher de nouveau; arrêter et inviter les passans à entrer. (se), *v. r.* reprendre avantage; s'aider de; s'attacher à. * Racrocher. R.

Raccrocheuse, *s. f.* fille, putain qui raccroche les passans. A.

Race, *s. f. Genus.* lignée; tous ceux qui viennent d'une même souche.

Racer, *v. n.* t. d'oiseleur, produire un petit semblable à soi. G. C.

Rachalander, *v. a.* dé. e, *p.* faire revenir des chalans. R. G. C. RR.

Rachat, *s. m. Redemptio.* recouvrement d'une chose vendue en rendant le prix; action de racheter; rédemption; délivrance; prix du rachat.

Rache, *s. f.* lie de méchant goudron. * mesure de 50 livres de sel. B.

Rachetable, *adj.* 2 *g. Redimendus.* qui se peut racheter.

Racheter, *v. a. Redimere.* té. e, *p.* acheter ce qu'on a vendu; acheter une chose pour remplacer une autre; payer le prix de la délivrance; délivrer. (se) être compensé par.

Râcheux. e, *adj.* (bois) filandreux, noueux, difficile à polir. C.

†Rachialgie, *s. f. Rachialgia.* douleurs violentes dans le bas-ventre, les lombes et le dos.

Rachitique, *adj.* 2 *g.* noué; avorté; attaqué du rachitis.

Rachitis, *s. m.* maladie, courbure de l'épine et des os longs.

Rachitisme, *s. m.* maladie des blés noués, bas et tortus.

Râcinage, *s. m.* décoction des feuilles, des coques du fruit du noyer pour les teinturiers.

Racinal, *s. m.* t. de charpentier, pièce qui soutient les autres.

Racine, *s. f. Radix.* parties rameuses et chevelues par lesquelles les plantes se nourrissent, ce qui y ressemble; principe, origine, commencement; t. d'arith. nombre multiplié par lui-même. — d'Arménie, donne une couleur rouge. — du Brésil, ipécacuanha. — de Saint-Charles *ou* Indienne, sudorifique, antiscorbutique, stomachique, antivénérienne, pour l'épilepsie, les hernies. — de disette, betterave champêtre, excellent fourrage. — d'or, racine amère de la Chine, fébrifuge, stomachique, diurétique. — de Rhodes, orpin rose. — salivaire, pyrèthre. — vierge, sceau de Notre-Dame, bryone douce, à racine puissante résolutif. — de la peste, de pétasite, antipestilentielle. B.

†Racineaux, *s. m. pl.* petits pieux enfoncés en terre, t. de jardinage.

Raciner, *v. n.* pousser des racines; teindre avec des racines, avec un racinage. G. C. RR.

Râcle, *s. m.* t. de marine. R. * outil pour gratter; outil de briquetier. B.

Racle-boyau, *s. m.* (*famil.*) mauvais joueur d'instrumens de musique à cordes. G. C.

Racler, *v. a. Radere.* clé. e, *p.* ratisser, emporter de la superficie; jouer mal du violon. * Râcler. R.

Racleur, *s. m.* mauvais joueur de violon. * Râcleur. R.

Racloir, *s. m. Radula.* instrument avec lequel on racle, on unit, ou pour passer sur la mesure. * Râcloir. R.

Racloire, *s. f. Radius.* instrument de mesureur de grains pour racler la mesure. * Râcloire. R.

Raclure, *s. f. Ramentum.* parties qu'on enlève en raclant. * Râclure. R.

Racoiser, *v. n.* rappaiser. V.

Racolage, *s. m.* métier de racoleur.

Racoler, *v. a.* lé. e, *p.* enrôler soit de gré, soit par finesse.

Racoleur, *s. m.* qui fait métier de racoler.

Raconter, *v. a. Narrare.* té. e, *p.* narrer; conter.

Raconteur. se, *s. Narrator.* qui a la manie de raconter.

Racornir, *v. a. Durare.* ni. e, *p.* rendre dur, coriace; donner la consistance de la corne. (se), *v. r.* se retirer, se plier, se durcir.

Racornissement, *s. m.* état de ce qui est racorni. A.

†Racose, *s. m. Scroti prolapsus.* relâchement du scrotum.

Racquit, *s. m.* action de racquitter. C. * Raquit. G.

Racquitter (se), *v. r.* té. e, *p.* ravoir ce qu'on avoit perdu; dédommager de quelque perte. * Raquitter. G. Raquiter. R.

Radard, *s. m.* garde des chemins. G.

Rade, *s. f. Statio.* espace de côte où les vaisseaux peuvent jeter l'ancre et s'abriter.

Radeau, *s. m. Ratis.* assemblage de pièces de bois qui forment une espèce de plancher mobile sur l'eau.

Rader, *v. a.* dé. e, *p.* t. de mar. mettre en rade. * passer la radoire. G.

Raderie, *s. f.* frais de la garde des chemins. G. V.

Radeur, *s. m.* mesureur de sel.

†Radiaires, *s. m. pl. Radiaria.* mollusques dont les organes internes sont disposés en rayons.

Radial. e, *adj.* où il y a des rayons. G. C. V. * du radius. AL. RR.

†Radiamètre, *s. m.* arbalête.

†Radiant. e, *adj.* qui envoye des rayons de lumière à l'œil.

Radiation, *s. f. Radiatio.* effet des rayons de la lumière envoyée par un corps; action de rayer; rature, t. de pratique, de droit.

Radical. e, *adj.* qui est comme la racine, la base, le principe de quelque chose. * qui naît de la racine. AL.

Radicalement, *adv. Penitùs.* essentiellement; dans le principe, dans la source, dans la racine; originairement.

†Radicant. e, *adj.* qui jette des racines, qui leur appartient.

Radication, *s. f.* action par laquelle les plantes poussent des racines. G. C. RR.

Radicule, *s. f.* petite racine; rudiment de la racine. * partie inférieure du germe hors des lobes. B.

Radié. e, *adj. Radiatus.* composé de fleurons et demi-fleurons; où il y a des rayons; t. de botanique.

Radier, *s. m.* madriers, grille qui porte les fondations des écluses.

Radieux. se, *adj. Radians.* rayonnant, brillant, qui répand des rayons.

†Radiolite, *s. f. Radiolites.* mollusque acéphale, bivalve; Ostracite.

Radiomètre, *s. m.* instrument d'astronomie pour prendre les hauteurs. * Radiometre. R.

Radis, *s. m. Raphanus.* sorte de raifort; coquillage univalve, du genre des tonnes.

Radius, *s. m.* t. d'anatomie, os de l'avant-bras.

Radoire, *s. f.* instrument pour rader le sel. G. C. V. RR.

Radotage, *s. m.* discours sans suite et dénué de sens. * état du radoteur. AL.

Radoter, *v. n. Delirare.* tenir des discours sans suite et dénués de sens.

Radoterie, *s. f. Deliratio.* extravagance dite en radotant.

Radoteur. se, *s. Delirans.* qui radote. * Radoteux. se. V. M. Radoteux (*popul.*). G.

Radoub, *s. m. Refectio.* réparation faite au corps d'un vaisseau.

Radouber, *v. a. Reficere.* bé. e, *p.* (un vaisseau), le raccommoder, le réparer, le remettre en bon état.

Radoubeur, *s. m.* qui donne le radoub. R. C.

Radoucir, *v. a. Mitigare.* ci. e, *p.* rendre plus doux; calmer, apaiser. (se), *v. r.* faire l'amoureux.

Radoucissement, *s. m. Mitigatio.* diminution du froid ou du chaud de l'air; diminution du mal; changement en mieux; empressemens auprès d'une femme.

Radresse, *s. f.* petit chemin de traverse. R.

Raf, *s. m.* t. de marine, marée forte et rapide. G. C. RR.

Rafale, *s. f.* coup de vent de terre.

Raffaisser (se), *v. r.* sé. e, *p.* s'affaisser de nouveau. C. * Rafaisser. R.

Raffe, *s. f.* voyez Rafle.

Raffermir, *v. a. Corroborare.* mi. e, *p.* rendre plus ferme. (se), *v. r.* devenir plus ferme. * Rafermir. R.

Raffermissement, *s. m. Firmitudo.* affermissement. * Rafermissement. R.

Raffes, *s. f. pl.* rognures de peau. G. C.

Raffetier, *v. a.* maquignoner, raccommoder. FABLIAUX.

†Raffiler, *v. a.* lé. e, *p.* t. de gantier, rogner la peau.

Raffinage, *s. m. Purgatio.* action de raffiner. * Rafinage. R.

Raffiné. e, *adj. s.* fin, rusé. * Rafiné. e. R.

Raffinement, *s. m. Nimia subtilitas.* trop grande subtilité. * Rafinement. R.

Raffiner, *v. a. n. Purgare.* né. e, *p.* rendre plus fin, plus pur; subtiliser; perfectionner. (se), *v. r.* devenir plus fin. * Rafiner. R.

Raffinerie, *s. f.* endroit où l'on raffine le sucre. * Rafinerie. R.

Raffineur, *s. m.* (*inusité*) qui raffine, qui subtilise trop. * Rafineur. R. *et adj.* (cylindre, pile), t. de papeterie. B.

†Rafflage, *s. m.* état d'un pain de sucre trop raboteux.

Raffoler, *v. n.* se passionner follement.

Raffolir, *v. n.* devenir fou. * Rafolir. B.

Rafle, *s. f. Uvæ pes.* grappe de raisin qui n'a plus de grains; plante bonne contre la morsure des serpens; t. de jeu, trois dés au même point. * *et* Rape, Raffe. G. AL. t. de botanique, axe, support commun: filet cylindrique, de fond. B.

Rafler, *v. a. Corradere.* flé. e, *p.* (*familier*) enlever; prendre; ravir; emporter tout avec violence.

†Rafleux, *adj.* (sucre) raboteux.

Rafraîchir, *v. a. Refrigerare.* chi. e, *p.* rendre frais; réparer; rogner; renouveller. *v. n.* devenir frais. (se), *v. r.* devenir plus frais; boire un coup; prendre des rafraîchissans.

Rafraîchissant. e, *adj. s. Refrigerans.* qui rafraîchit; calme les humeurs.

Rafraîchissement, *s. m. Refrigeratio.* ce qui rafraîchit, ses effets; recouvrement des forces; alimens frais; fruits, confitures, vins, liqueurs; munitions.

Rafraîchissoir, *s. m.* vaisseau de raffineur. R. G.

Ragaillardir, *v. a. n. Exhilarare.* di. e, *p.* (*familier*) redonner de la gaieté. (se), *v. r.* * Ragaïllardir. V.

†Ragats, *s. m. pl. ou* Recuits, pierres dures dans la chaux.

Rage, *s. f. Rabies.* délire furieux accompagné d'horreur pour les liquides; transport furieux; cruauté excessive; douleur violente.

Ragot. te, *adj. s.* court, petit. *s. m.* crampon de fer; sanglier de deux ans. * Ragot. ote. A. R.

Ragoter, *v. n.* (*populaire*) murmurer auprès de quelqu'un. G. C. RR.

Ragouiste, *s. m.* qui fait de bons ragoûts. R. V.

†Ragouminier, *s. m.* espèce de cerisier nain à feuilles de saule.

Ragoût, *s. m. Condimentum.* mets apprêtés pour exciter l'appétit; ce qui excite les désirs (*bas*); t. de peinture, couleurs animées par des reflets, par quelque chose de piquant.

Ragoûtant. e, *adj.* qui ragoûte, qui flatte.

Ragoûter, *v. a.* té. e, *p.* remettre en appétit; réveiller le goût, le désir. (se), *v. r.*

Ragrafer, *v. a.* grafé. e, *p.* agrafer de nouveau. R. G. C.

Ragrandir, *v. a.* di. e, *p.* agrandir de nouveau; rendre plus grand.

Ragréer, *v. a. Reconcinnare.* gréé. e, *p.* t. de jardinage, couper, parer, arranger avec la serpette; t. de maçon, rendre plus uni; rajuster, réparer; t. de peinture, mettre les couleurs d'accord: suppléer à ce qui manque. (se), *v. pers.* se réparer; se pourvoir de ce qui manque; t. de marine.

Ragrément, *s. m.* action de ragréer, ses effets. * Ragréement. A. G. R. T.

Ragué, *adj.* (câble) altéré, écorché, coupé, t. de marine. * Rague. AL. T.

Raguet, *s. m.* sorte de morue verte. G. C.

Raie, *s. f. Linea.* trait tiré de long; ligne; entre-deux des sillons; poisson du 2e. genre, de la 1re. classe. * — cardaire, chardon. — à foulon, hérissée de petites épines. — bouclée, à peau hérissée d'épines. *Raia.* B.

Raie (à la), *adv.* l'un compensant l'autre.

†Raieton, *s. m.* petite raie bouclée.

Raifort, *s. m. Raphanus.* sorte de rave, digestive, vomitif doux.

†Railés, *adj. m. pl.* (chiens) de la même taille.

Raillard, *s. m.* railleur; goguenard; plaisant. V.

†Raille, *s. f.* planche emmanchée, t. de saulnier.

Railler, *v. a. n. Jocari.* lé. e, *p.* plaisanter, tourner en ridicule. (se), *v. r.* se moquer; se badiner. * Raïller. V.

Raillerie, *s. f. Jocatio.* plaisanterie; action de railler.

Railleur. se, *adj. s. Joculator.* qui aime à railler; porté à la raillerie; plein de raillerie.

Rain (de forêt), *s. m.* lisière. G. C.

Rainceau. voyez Rinceau.

Raine, Rainette *ou* Graisset, *s. f. Hyla.* grenouille verte. * Rainete. R.

Raineau, *s. m.* pièce qui tient les pilotis. G. C.

Rainette, *s. f.* sorte de pomme. G. C. * *et* Reinette. A. Rainete *et* Reinete. R. petit couteau pour créner; outil; t. de métiers. B.

†Rainoire, *s. f.* rabot de layetier.

Rainure, *s. f.* entaillure en long.

Raiponce, *s. f. Rapunculus. ou* Campanule-raiponce, plante dont on mange la racine en salade.

Raire, Réer, *v. n.* crier, t. de vénerie, se dit du cri du cerf en rut.

Raire, *v. a.* rais. e, *p.* (*vieux*) raser, couper le poil de fort près. * tirer à la filière et rouler après. B.

Rais, *adj.* (*vieux*) rasé.

Rais, *s. m. Radii.* (*vieux*) rayon, t. de blas. t. de charron.

†Rais-de-cœur, *s. m.* ornement en forme de cœur évidé.

Raisin, *s. m. Uva.* fruit de la vigne. * sorte de papier. — musc, sorte de papier. B.

Raisin de bois, *s. m.* Airelle *ou* Mouretier, Myrtille, plante. G.

Raisin de mer, *s. m.* arbrisseau. * insecte marin. G. espèce de limaçon. B. Raisin-de-mer. C.

Raisin d'ours, *s. m. ou* Busserole, arbrisseau; spécifique contre le calcul, les ardeurs d'urine, la colique néphrétique. * plante. A. Raisin-d'ours. C.

Raisin de renard, *s. m. Paris quadrifolia.* Parisette, Herbe à Pâris, céphalique, résolutive, anodine, antidote, pour les vertiges. L. 527. * Raisin-de-renard. C.

Raisiné, *s. m.* raisin en confiture.

Raisinier, *s. m. Prunus maritima.* arbre des Antilles, R. Mangle rouge; fruit anti-dyssentérique; racine astringente. — de montagne, croît dans les mornes, fruit rafraîchissant. B.

Raison, *s. f. Ratio.* faculté intellectuelle de tirer des conséquences qui distingue l'homme de la bête; bon sens; droit, devoir; justice, équité; compte; preuve; motif, cause; rapport; satisfaction; t. de mathématiques, rapport d'une quantité; t. de commerce, noms des associés; t. de marine, ration.

Raisonnable, *adj. 2 g. Rationalis.* doué de la raison; convenable; suffisant; au-dessus du médiocre; équitable; selon la raison. * Raisonable. R.

Raisonnablement, *adv. Sapienter.* avec raison; conformément à la raison; convenablement; passablement. * Raisonablement. R.

Raisonné. e, *adj.* appuyé de raisons et de preuves. * Raisoné. e. R.

Raisonnement, *s. m. Ratio.* faculté, action de raisonner; argumens. * Raisonement. R.

Raisonner, *v. a. Ratiocinari.* né. e, *p.* faire usage de sa raison; se rendre raison; discourir; murmurer; t. de marine, montrer ses papiers. * Raisoner. R.

Raisonneur. se, *s. Obloqutor.* qui raisonne; qui réplique, qui disserte, qui discute trop. * Raisoneur. se. R.

Raiz, *préposition.* voyez Rez.

†Raja, *s. m.* prince de l'Inde.

Rajamber, *v. a.* bé. e, *p.* enjamber une seconde fois. V.

Rajeunir, *v. n. Juvenescere.* ni. e, *p.* redevenir jeune. *v. a.* rendre la jeunesse, la vigueur.

Rajeunissement, *s. m.* action de rajeunir; état de celui qui est rajeuni.

Rajustement, *s. m. Reconciliatio.* raccommodement de personnes brouillées. R. T. * action de rajuster. AL.

Rajuster, *v. a. Reconcinnare.* té. e, *p.* raccommoder; ajuster de nouveau; réconcilier; apaiser l'humeur.

Râle, *s. m. Rallus.* action de râler; bruit fait en râlant; râlement; oiseau.

Râlement, *s. m. Stertor.* râle ou enrouement.

Ralentir, *v. a. Lenire.* ti. e, *p.* rendre plus lent. (se), *v. r.* devenir plus lent.

Ralentissement, *s. m. Remissio.* relâchement; diminution de mouvement, d'activité.

Râler, *v. n. Singultare.* rendre un son enroué en respirant.

Ralinguer, *v. n.* t. de marine, faire couper le vent par les ralingues. T.

Ralingues, *s. f. pl.* t. de marine, cordes cousues autour des voiles, * au bord des filets. B.

Raliter (se), *v. pers.* retomber malade. R. V.

Raller, *v. n.* crier, en parlant du cerf en rut. R. G. C. V.

Ralliement, *s. m.* action de rallier, de se rallier. * Ralliment. R. V.

Rallier, *v. n. Colligere.* lié. e, *p.* rassembler, remettre ensemble. (se), *v. r.* t. de marine; t. de guerre.

Rallongement, *s. m.* t. de marine, diagonale de la croupe à l'arêtier. G. C. * augmentation en longueur. B. Ralongement. R. AL.

Rallonger, *v. a.* gé. e, *p.* rendre plus long en ajoutant; alonger. * Ralonger. R. AL.

Rallumer, *v. a. Refovere.* mé. e, *p.* allumer de nouveau. (se), *v. r.* * Ralumer. R.

Ramadan, *s. m.* mois consacré au jeûne. voyez Ramazan.

Ramadouer, *v. a.* doué. e, *p.* radoucir en caressant; amadouer. G. C.

Ramadoux, *s. m. Ichneumon.* espèce de rat des Indes. G. C. RR.

Ramage, *s. m. Garritus.* chant des oiseaux; rameau, branchage, menu bois.

Ramager, *v. n.* chanter, parlant des oiseaux.

Ramaigrir, *v. a. Tenuare.* gri. e, *p.* rendre maigre de nouveau. *v. n.* redevenir maigre.

Ramaillage, *s. m.* action de ramailler. G. C. RR.

Ramailler, *v. a.* lé. e, *p.* donner la façon pour passer en chamois. G. C. RR.

†Ramaire, *adj. 2 g.* qui appartient aux rameaux, t. de botanique.

†Ramander, *v. a.* voyez Remander.

†Ramandots, *s. m. pl.* paquets de poudre en pelottes.

†Ramart, *s. m.* Roi-des-harengs, du nord.

Ramas, *s. m. Congestus.* assemblage, amas de diverses choses.

Ramasse, *s. f. Sella tractoria.* sorte de chaise à porteurs pour descendre des montagnes couvertes de neige.

Ramassé. e, *adj.* trapu, vigoureux.

Ramasser, *v. a. Colligere.* sé. e, *p.* faire un assemblage, une collection; rejoindre, rassembler ce qui étoit épars; prendre ce qui étoit à terre; maltraiter; traîner dans une ramasse. (se), *v. r.* se réunir; se relever étant tombé.

Ramasseur, *s. m.* qui conduit une ramasse; qui fait des ramas. G. C. * collecteur. V.

Ramassis, *s. m.* assemblage de diverses choses ramassées sans choix; menues branches.

†Ramassoir, *s. m.* outil pour marbrer le papier.

Ramazan, Ramadan, *s. m.* carême turc.

Rambade, *s. f.* t. de marine, R. plate-forme pour combattre. B.

Ramberge, *s. f.* navire long des Anglois. (*vi.*)

Rambour, *s. m.* grosse pomme.

Rambourrage, *s. m.* apprêt que l'on donne aux laines. G. C. * Rambourage. RR.

Rame, *s. f. Remus.* aviron; petite branche pour soutenir des pois, etc.; vingt mains de papier réunies. * outil, t. de métiers. B.

Ramé. e, *adj.* (boulets) joints par une barre.

†Raméal. e, *adj.* qui appartient aux rameaux.

Rameau, *s. m. Ramus.* petite branche d'arbre, ce qui y ressemble; t. de généalogie, d'anatomie, de mines.

Ramée, *s. f. Rami.* assemblage de branches entrelacées; branches coupées avec leurs feuilles vertes.

Ramendable, *adj. 2 g.* qui peut être amendé, corrigé. R. V. * t. de métiers. B.

Ramendage, *s. m.* t. de doreur, morceau de feuille d'or ajoutée. R. G. C. * action de ramender, son effet. AL.

Ramender, *v. a. n. Laxare.* (*popul.*) baisser, diminuer de prix. * réparer les fautes dans la peinture. B. Ramander. T.

Ramener, *v. a. Reducere.* né. e, *p.* amener une seconde fois; remettre une personne où elle étoit; faire revenir avec soi; faire revenir; adoucir; calmer; t. de jeu; t. de manége, faire baisser le nez.

Rameneret, *s. m.* t. de charpentier, (trait) fait avec le cordeau. G. C. * Raméneret. B.

Ramentevoir, *v. a.* (*vieux*) faire souvenir. (se), *v. r.* se souvenir.

Ramequin, *s. m.* pâtisserie faite avec du fromage. * rognons hâchés sur des grillades de pain. B.

Ramer, *v. a.* mé. e, *p.* t. d'agriculture, soutenir avec des rames. *v. n. Remigare.* tirer à la rame; prendre bien de la peine.

Ramereau, *s. m. Palumbi pullus.* petit du ramier.

Ramette, *s. f.* t. d'imprimerie, grand châssis. * Ramete. R.

Rameur, *s. m. Ramex.* qui rame, qui tire à la rame. * oiseau de haut vol. B.

†Rameuter, *v. a.* é. e, *p.* retenir les chiens qui dépassent les autres.

Rameux. se, *adj.* qui jette beaucoup de branches.

Ramier, *s. m. Palumbus.* pigeon sauvage qui se perche. * amas de branchages. B.

Ramification, *s. f.* distribution en plusieurs rameaux.

Ramifier (se), *v. pers.* se partager en branches, en rameaux.

Ramilles, *s. f. pl.* menus bois en fagots; dernière division des branches où les feuilles sont attachées. G. C. RR.

Raminagrobis, *s. m.* homme gros, riche et fier. V.

Ramingue, *adj.* (cheval) qui résiste à l'éperon, rétif et dangereux.

†Ramipares, *s. m. pl.* polypes à bras.

Ramiret, *s. m.* Ramier-pintade, Ramier de Cayenne, oiseau.

†Ramisol, *s. m.* ou Basaal, arbrisseau du Malabar.

Ramiste, *adj. f.* (lettres) *j* et *v* inventées par Ramus. G. C.

Ramoindrir, *v. a.* dri. e, *p.* rendre moindre. R.

†Ramoit, *s. m.* outil pour tailler et polir le bois.

Ramoitir, *v. a. Madefacere.* ti. e, *p.* rendre moite, humide.

Ramolade, *s. f.* espèce de danse. V.

Ramollir, *v. a. Mollire.* li. e, *p.* rendre plus mou, efféminé. (se), *v. r.* devenir mou. * Ramolir. R.

Ramollissant, *s. m.* qui ramollit. * Ramolissant. R.

Ramon, *s. m.* balai. (*vieux*). A. R.

Ramoner, *v. a.* né. e, *p.* nettoyer une cheminée. * Ramonner. T.

Ramoneur, *s. m. Fuliginator.* qui ramone les cheminées. * espèce de capricorne noir. B. Ramonneur. T.

Rampant. e, *adj. Repens.* qui rampe; bas, vil.

Rampe, *s. f. Clathri.* partie d'un escalier; balustrade; plan incliné; partie de l'oreille, moitié de la cavité du conduit osseux. * cascade en pente douce; pente d'une colline. B.

Rampement, *s. m. Reptatus.* action de ramper.

Ramper, *v. n. Repere.* se traîner comme le vers; s'étendre par terre; s'abaisser excessivement.

Rampin, *adj.* t. de manége, (cheval) qui repose en une seule et même place sur la pince. * Pinçart. B.

†Ramponer, *v. a.* s'enivrer, boire à outrance. (*vieux*).

Ramponeau, *s. m.* (couteau à la), très-long. AL.

Ramponner, *v. a.* se moquer de quelqu'un. V.

Ramponnes, *s. f. pl.* railleries. V.

Ramponneur, *adj.* (*vieux*) fâcheux. V.

Ramure, *s. f. Cornua.* bois d'un cerf, d'un daim; les branches d'un arbre.

†Ranatres, *s. m.* insecte hémiptère, procigale d[u] genre des nèpes.

Rance, *adj. 2 g. s. m. Rancidus.* qui commence à se corrompre.

†Rancette, *s. f.* tôle commune.

Ranche, *s. f.* cheville d'un rancher.

Rancher, *s. m.* sorte d'échelle qui n'a qu'une tige. * *pl.* bois sur le devant et le derrière d'une charette assujétis sur les timons. B.

Ranchier, *s. m.* t. de blason, fer d'une faux.

Rancidité, *s. f.* ou Rancissure, qualité de ce qui est rance.

Rancio, *s. m.* vin vieux d'Espagne. A.

Rancir, *v. n.* ci. e, *p.* devenir rance.

Rancissure, *s. f. Rancor.* rancidité.

Rancœur, *s. m.* (*vieux*) haine. V. * Rancune. B.

Rancoliner, *v. a.* (*vieux*) enlever la terre jetée dessus. V.

Rançon, *s. f.* prix que l'on donne pour la délivrance.

Rançonnement, *s. m. Expilatio.* action de rançonner. * Rançonement. R.

Rançonner, *v. a. Vi exprimere.* né. e, *p.* mettre à rançon; exiger plus qu'il ne faut en se

prévalant

prévalant du besoin de la force ou du pouvoir. * Rançoner. R.
Rançonneur. se, *Exactor. s.* (*famil.*) qui rançonne. * Rançoneur. se. R.
Rancune, *s. f.* haine invétérée; ressentiment d'une offense.
Rancunier. ère, *adj. s. Simultatis tenax.* qui a de la rancune. * Rancunier. ere. R.
Rancurer, *v. a.* (*vieux*) se plaindre. V.
Randonnée, *s. f.* t. de chasse, circuit que fait une bête autour du lieu qu'elle abandonne. * Randonée. R.
Rang, *s. m. Ordo.* ordre, disposition sur une même ligne; ordre, dignité, degré d'honneur; place.
Range, *s. f.* rang de pavés égaux. G. C. RR.
Rangée, *s. f. Ordo.* suite de plusieurs choses mises sur une même ligne.
Ranger, *v. a. Ordinare.* gé. e, *p.* mettre dans un certain ordre, dans un certain rang; mettre de côté, au rang de... t. de marine, aller le long de... (se), *v. r.* se serrer, s'écarter pour faire place; se mettre en rang.
Ranger, Rangier, t. de blason, renne. * Rangher, Ranthier. B.
Rangete, *s. f.* action de ranger, t. d'impr. R.
Rangette, *s. f.* tôle à tuyaux de poêle. CO.
Rangourir, *v. n.* (*vieux*) languir. V.
Ranguillon, *s. m.* pointe de fer, ardillon; t. d'imprimerie, de pêche. G. V.
Ranimer, *v. a. Resuscitare.* mé. e, *p.* rendre, redonner la vie, de la vigueur, du courage, de la vivacité, du mouvement; réveiller, exciter. (se), *v. r.*
†Ranine, *s. f. adj.* 2 *g. Ranina.* espèce de cancre, qui ressemble à la grenouille.
†Rannir, *v. a.* é. e, *p.* t. de potier, vernisser l'étain.
Ranqueur, *s. f.* rancune. BEAUCHAMP.
Ranton, *s. m.* t. de charpentier. V.
Ranulaire, *adj.* 2 *g.* (veine) sous la langue.
Ranule, *s. f. Ranula.* t. de médecine, tumeur œdémateuse sous la langue. * *ou* Grenouillette. B.
†Ranz-des-vaches, *s. m.* air insipide, célèbre parmi les Suisses.
Rapace, *adj.* 2 *g. Rapax.* avide, ardent à la proie. * t. de minéralogie, volatile. B.
Rapacité, *s. f. Rapacitas.* inclination à prendre, à ravir.
Rapaiser, *v. a.* sé. e, *p.* calmer, adoucir. R.
Raparier, *v. a.* rié. e, *p.* réunir. R.
Raparîment, *s. m.* action de raparier. R.
Rapatelle, *s. f.* toile faite de crin. * Rapatele. R.
Rapatriage, Rapatriement, *s. m.* (*famil.*) réconciliation. * Rapatriment. R. V.
Rapatrier, *v. a.* trié. e, *p.* réconcilier, raccommoder. (se), *v. r.*
Râpe, *s. f. Radula.* ustensile de ménage pour râper; espèce de lime; rafle; t. de manège, crevasse. * Axe hérissé de denticules qui soutient l'épi du froment, etc. *ou* Ratissoire, coquille bivalve du genre des pétoncles. B.
Râpé, *s. m.* grappes de raisin mises dans le vin, ce vin.
Râper, *v. a.* pé. e, *p.* mettre en poudre avec la râpe; limer; user par le frottement.
†Rapes, *s. m. pl.* sirops de sucre que l'on fait fermenter.
Rapetasser, *v. a. Reconcinnare.* sé. e, *p.* raccommoder grossièrement de vieilles hardes; mettre des pièces.
Rapetasseur, *s. m.* qui rapetasse, savetier. V.
Rapetisser, *v. a. Minuere.* sé. e, *p.* rendre plus petit. *v. n.* devenir plus petit. (se), *v. r.*
Rapette, *s. f. ou* Porte-feuille, plante. * Rapete. R.
†Raphanie, *s. f.* convulsions violentes avec contractions et douleurs atroces causées par la rave sauvage.
Raphe, *s. f.* poisson.
Raphidie, *s. f. Raphidia.* insecte à ailes nerveuses, transparentes, qui ressemble à la mouche-scorpion.
Rapide, *adj.* 2 *g. Rapidus.* extrêmement vîte.
Rapidement, *adv. Rapidè.* avec rapidité.
Rapidité, *s. f. Velocitas.* célérité, vîtesse, promptitude.
Rapiécer, *v. a. Assuere.* cé. e, *p.* mettre des pièces, raccommoder.
Rapiécetage, *s. m.* action de rapiéceter, hardes rapiécetées. * Rapiècetage. V. CO.
Rapiéceter, *v. a.* té. e, *p.* rapiécer.
Rapière, *s. f.* vieille et longue épée. * Rapiere. R.
Rapiéreur, *s. m.* (*vieux*) Porte-rapière. V.
Rapine, *s. f. Rapina.* action de ravir par violence; ce qui est ravi; pillage, volerie, larcin; concussion.
Rapiner, *v. a. n. Subripere.* né. e, *p.* (*famil.*) voler avec adresse; prendre injustement.
Rapinerie, *s. f.* rapine. R. T.
Rapineur, *s. m.* fripon. T.
†Rapiquer, *v. n.* venir au vent pour dépasser un vaisseau.
Rapistre, Raphanistre, *s. m.* plante, sorte de rave.
Rapontic, Rhapontic, *s. m. Rhaponticum.* Rhubarbe des moines, plante, racine pour la diarrhée, la dyssenterie.
Rappareiller, *v. a.* lé. e, *p.* remettre avec son pareil. G. C. * Rapareiller. R.
Rappel, *s. m. Revocatio.* action par laquelle on rappelle; t. militaire, son du tambour pour rappeler. * t. d'arts, disposition de la lumière sur les groupes. B. Rapel. R.
Rappeler, *v. a. Revocare.* lé. e, *p.* appeler de nouveau; faire revenir en appelant; faire revenir; révoquer; se représenter l'idée du passé; battre le rappel. * Rapeler. R.
Rappliquer, *v. a.* qué. e, *p.* appliquer de nouveau. (se), *v. r.* C. * Rapliquer. R.
†Rappointis, *s. m.* ouvrage léger de serrurerie.
Rapponé. e, *adj.* (*vieux*). moqué. V.
Rapponeuse, *adj. f.* plaintive. V.
Rapport, *s. m. Proventus.* action de rapporter; revenu, produit; relation, récit. *Relatio.* exposition; témoignage; convenance; conformité; analogie; liaison de certaines choses entr'elles. *pl.* vapeurs qui sortent de l'estomac. *Ructus.* * Raport. R.
Rapport à (par), *prép.* quant à... * par raport à. R. par-rapport-à. C.
Rapportable, *adj.* 2 *g.* qui doit être rapporté à la succession. * Raportable. R.
Rapporter, *v. a. Reportare.* té. e, *p.* rapporter une chose au lieu où elle étoit; apporter de loin; joindre; raconter; redire par malice; citer, alléguer; diriger; attribuer, référer; produire; exposer; retirer, révoquer, annuller. (se), *v. r.* convenir; avoir du rapport, de la conformité avec; avoir relation à; prendre quelqu'un pour arbitre; renvoyer à. * Raporter R.
Rapporteur. se, *s. Delator.* qui fait des rapports. *s. m.* qui fait le rapport d'un procès. * instrument de géométrie pour lever les plans; outil d'horloger pour prendre des distances, les comparer. * Raporteur. se. R.
Rapprendre, *v. a.* pris. e, *p.* apprendre de nouveau. B. Raprendre. R.
Rapprivoiser, *v. a.* sé. e, *p.* rendre privé un animal effarouché. G. C. * Raprivoiser. B.
Rapprochement, *s. m.* action de rapprocher, son effet. * Raprochement. R.
Rapprocher, *v. a.* ché. e, *p.* approcher de nouveau, de plus près; mettre en regard; réconcilier. (se), *v. pers.* * chasser aux chiens courans. B.
Rapsode, *s. m.* chantre des poëmes d'Homère. * *ou* Rhapsode. AL.
Rapsodeur, *s. m.* rapsode. RR.
Rapsodie, *s. f.* morceaux des poësies d'Homère; mauvais ramas de vers, de prose. *Farrago.* * *ou* Rhapsodie. AL.
Rapsodiste, *s. m.* qui ne fait que des rapsodies. * *ou* Rhapsodiste. AL. Rapsodeur. R.
Rapsodomancie, *s. f.* divination par un passage de poësie. R. V.
Rapt, *s. m. Raptus.* enlèvement d'une fille, d'une femme, d'un fils de famille, d'une religieuse.
Râpure, *s. f.* ce qu'on enlève avec la râpe.
Rapuroir, *s. m.* vaisseau pour le salpêtre. G. C.
Raque, *s. f.* eau-de-vie de riz; t. de marine, boule de bois enfilée. G. C.
Raquétier, *s. m.* faiseur de raquettes. * -etier. C.
Raqueton, *s. m.* raquette large. * Raquéton. G. C.
Raquette, *s. f. Reticulum.* instrument pour jouer à la paume, au volant, pour marcher sur la neige. * scie; piége d'oiseleur. Nopal, Cardasse, Opuntia, Cactier en raquette, plante. — de mer, coraline sertulaire. B. Raquete. R.
Raquit, *s. m.* Raquiter, *v. a.* voyez Racquit. G.
Rare, *adj.* 2 *g. Rarus.* qui arrive peu souvent, se trouve rarement; qui n'est pas commun, ordinaire; excellent, précieux; l'opposé de dense, de compacte, de fréquent.
†Raréfacient, *adj.* qui raréfie.
Raréfactif. ve, *adj.* qui a la propriété de raréfier.
Raréfaction, *s. f. Rarefactio.* action de raréfier; dilatation.
Raréfiant. e, *adj.* qui raréfie, qui dilate.
Raréfier, *v. a. Rarefacere.* fié. e, *p.* dilater, t. de physique.
Rarement, *adv. Rarò.* peu souvent, peu fréquemment.
Rarescence, *adv. s. f.* qualité de ce qui est raréfié. R. V.
†Rarescibilité, *s. f.* évaporation de l'eau.
Rareté, *s. f. Raritas.* disette; singularité; qualité d'un corps raréfié. *pl.* curiosités.
†Rarifeuillé. e, *adj.* qui a peu de feuilles.
†Rariflore, *adj.* 2 *g.* qui a peu de fleurs.
Rarissime, *adj.* (*famil.*) très-rare.
Rarivée, *s. f.* t. de marine. R. * Rarrivée, action d'arriver une deuxième fois. CO.
Ras. e, *adj. Rasus.* rasé; qui a le poil fort court, coupé jusqu'à la peau; uni. *participe de* Raire.
Ras, *s. m.* étoffe dont le poil ne paroît pas. * filière. B.
Rasade, *s. f.* verre plein jusqu'aux bords.
Rasant. e, *adj.* qui rase, va en rasant.
Rasar, *s. m.* mauvais raisin. V.
Rascasse, *s. f.* poisson du genre du scorpène. G.
†Rascation, *s. f.* râlement causé par le sang qui gêne la respiration.
Rascette *ou* Rasette, *s. f.* t. de chiromancie. V.
†Rascien. e, *s.* habitans de l'Esclavonie, de la Servie. RR.
Rase, *s. f.* poix et brai pour calfater. G. C. RR.
Rasement, *s. m. Excisio.* action de raser un fort, son effet.
Raser, *v. a. n. Radere.* sé. e, *p.* tondre, couper le poil près de la peau; démolir; passer tout auprès; frôler. *v. n.* t. de chasse, se blottir; t. de manège, ne plus marquer. (se), *v. r.*
Rasette, *s. f.* petite étoffe sans poils. * t. d'organiste, fil de fer mu par l'accordoir. G. C.
Rasibus, *adv.* (*popul.*) tout près, tout contre.

Rasière, *s. f.* mesure de grains. G. C.
Rasoir, *s. m. Novacula.* instrument pour raser. * poisson. G. C.
†Rason *ou* Rasoir, *s. m. Novacula.* poisson du genre du coryphène.
†Raspaillon, *s. m.* voyez Sparaillon.
Raspatoir, *s. m. ou* Rugine, instrument de chirurgie pour racler un os. G. C. RR.
Raspecon, *s. m. ou* Rat de mer, Uranoscope, poisson. * Raspeçon. C.
Rassade, *s. f.* grains de verre pour des colliers, des bracelets, etc. R. G. C.
Rassasiant. e, *adj. Satiens.* qui rassasie.
Rassasiement, *s. m. Saturitas.* état d'une personne rassasiée. * Rassasiment. R. V.
Rassasier, *v. a. Satiare.* sié. e, *p.* apaiser la faim; satisfaire l'appétit. (se), *v. pers.* contenter son appétit.
†Rasse, *s. f.* van pour le charbon de terre.
†Rassée, *s. f.* contenu d'une rasse.
Rassemblement, *s. m.* action de rassembler; concours de personnes; attroupement. A.
Rassembler, *v. a. Cogere.* blé. e, *p.* mettre ensemble, réunir; faire amas; mettre en ordre; t. de menuisier, de manége, contrebalancer. (se), *v. pers.* se réunir, s'amasser.
Rasseoir, *v. a.* sis. e, *p.* asseoir de nouveau; replacer. *v. n. Defecari.* épurer en se reposant; rattacher. (se), *v. r.* s'asseoir une seconde fois; se reposer; se purifier; se remettre du trouble.
Rassérener, *v. a.* ré. e, *p.* rendre serein. (se), *v. r.* devenir serein.
Rassiéger, *v. a.* gé. e, *p.* assiéger de nouveau. R. G. C.
Rassis. se, *adj. Defecatus.* qui n'est plus tendre; grave, réfléchi.
Rassis, *s. m.* t. de maréchal, fer qu'on rattache.
Rassoté. e, *adj.* infatué, entêté de.
Rassoter, *v. a.* té. e, *p.* infatuer; émousser, affoiblir, gâter, entêter. A. R. V. (*inusité*) AL.
Rassurer, *v. a. Firmare.* ré. e, *p.* affermir; rendre la confiance, l'assurance, la tranquillité. (se), *v. r.*
†Rast-germanique, *s. m.* mesure itinéraire, 1268 toises.
Rasure, *s. f.* coupe du poil, des cheveux. R. T.
Rat, *s. m. Mus.* animal. * trou de filière; poisson du genre de l'uranoscope. — des Alpes, marmotte. — d'Amérique. — blanc, lérot. — des bois, surmulot. — des bois du Brésil, sarigue. — des champs, mulot, campagnol. — d'eau, ressemble à la loutre. — d'Égypte, mangouste, ichneumon. — liron, loir. — maipouri, rat d'Amérique. — manicou, sarigue. — de mer, raspeçon. — musqué, amphibie du genre des castors. — de Norwege, Leming. — palmiste, du genre de l'écureuil. — pennadé, chauve-souris. — de Pharaon *ou* d'Égypte. — de pont, de Tartarie, polatouche. — sauterelle, mulot. — de Surinam, phalanger. B.
Rat d'eau, *s. m.* rat amphibie. A. R.
Rat de Pharaon, *s. m.* ichneumon. A. R.
Rat musqué, *s. m.* animal amphibie.
Rat palmiste, *s. m.* espèce d'écureuil.
Rataconer, *v. a.* (*popul.*) raccommoder. V.
Ratafia, *s. m. Aromatites.* liqueur faite d'eau-de-vie, de fruits, de sucre, etc.
Ratatiné. e, *adj.* rapetissé, raccourci, ridé.
Ratatiner (se), *v. pers.* né. e, *p. Retorrescere.* se raccourcir, se resserrer; se flétrir.
†Ratan, *s. m.* roseau. voyez Rotin.
Rate, *s. f. Lien.* partie du corps molle, spongieuse, au flanc gauche; viscère qui sert à la sécrétion de la bile.
Râteau, *s. m. Rastrum.* outil de jardinage; outil dentelé pour ratisser; coquillage rare, du genre des huîtres. * t. d'horl. portion de roue: garde de serrure. B.
Ratelée, *s. f.* ce qu'on ramasse en un coup de rateau; tout ce qu'on sait ou pense.
Rateler, *v. a. Abradere.* lé. e, *p.* ôter, amasser avec le râteau.
†Ratelet, *s. m.* peigne de canne.
Râteleur, *s. m.* qui ratèle des foins, etc.
Rateleux. se, *adj. Lienosus.* sujet au mal de rate.
Râtelier, *s. m. Faliscae.* espèce d'échelle en long pour mettre le foin aux animaux; les deux rangées de dents. * t. de marine, suite de poulies. B.
Ratepenade, *s. f.* (*vieux*) chauve-souris. V.
Rater, *v. n.* parlant d'une arme à feu, manquer à tirer; ne pas réussir.
Ratier. ère, *s.* (*popul.*) capricieux, bizarre. * *f.* métier à gance. B. Ratier. ere. R.
Ratière, *s. f. Muscipula.* machine à prendre les rats, les mulots, etc. * métier pour faire de la ganse. B. Ratiere. R.
Ratification, *s. f. Ratihabitio.* confirmation authentique; acte qui la contient.
Ratifier, *v. a. Approbare.* fié. e, *p.* approuver, confirmer authentiquement.
Ratillon, *s. m.* petit rat. R. T. * Railleton, Rayon, petite raie bouclée. B.
Ratine, *s. f.* étoffe de laine.
Ratiner, *v. a.* né. e, *p.* imiter la ratine. A.
Ratiocination, *s. f.* action par laquelle on exerce la faculté de raisonner. R. T.
Ratiociner, *v. n.* user de son raisonnement. R. G. C.
Ration, *s. f. Diarium.* t. militaire, portion de vivres, etc.
Rational, *s. m.* morceau d'étoffe sur la poitrine du grand prêtre des juifs.
Rationalisme, *s. m.* métaphysique qui ne considère les objets que par abstraction, ou en tant qu'ils sont possibles. K.
Rationnel. le, *adj.* (horizon), cercle qui coupe le monde en deux hémisphères; t. de mathém. (racine). * Rationel. ele. R.
Ratis, *s. f.* fougère. R. * *s. m.* graisse des boyaux. B.
Ratiser, *v. a.* sé. e, *p.* raccommoder le feu. R. G. C. * ranimer. T. Rattiser. V.
Ratissé, *s. m.* t. de jardinage, espace ratissé avec soin. T.
†Ratisse-caisse, *s. m.* planche pour ramasser le sable du moule, t. de fonderie.
Ratisser, *v. a. Abradere.* sé. e, *p.* emporter la superficie en raclant.
†Ratissette, *s. f.* outil de briquetier.
†Ratissoir, *s. m.* fil de laiton pour nettoyer les soupapes de l'orgue.
Ratissoire, *s. f. Radula.* instrument pour ratisser. voyez Rape.
Ratissure, *s. f. Ramenta.* ce qu'on ôte en ratissant; t. de métiers.
Raton, *s. m.* pâtisserie; petit enfant; quadrupède, petit rat *ou* Vigilant du Brésil.
Ratopolis, *s. f.* la ville capitale des rats. LAFON.
Rats de cave, *s. m. pl.* commis aux aides. G. C. * *sing.* sorte de bougie roulée. B.
Rattacher, *v. a. Religare.* ché. e, *p.* attacher de nouveau. * Ratacher. R.
†Ratte à la grande queue, *s. f.* mulot.
Ratteindre, *v. a. Consequi.* teint. e, *p.* rattraper; reprendre; gagner. * Rateindre. R.
Rattendrir, *v. a.* dri. e, *p.* faire devenir tendre. G. C. * Ratendrir. R.
Rattraper, *v. a. Assequi.* pé. e, *p.* atteindre en marchant; recouvrer, attraper de nouveau. * Ratraper. R.
Rature, *s. f. Litura.* effaçure par un trait de plume.
Raturer, *v. a. Delere.* ré. e, *p.* effacer avec la plume ce qui est écrit.
Raucité, *s. f.* âpreté, rudesse de voix.
Raucoust, *s. m.* plante qui donne un jaune rougeâtre. voyez Roucou. G. * Raucourt. R.
Rauque, *adj.* 2 *g. Raucus.* rude et comme enroué.
Ravage, *s. m. Vastatio.* dommage, dégât; désordre.
Ravager, *v. a. Vastare.* gé. e, *p.* faire du ravage.
Ravageur, *s. m.* qui ravage. BOSSUET.
Ravalement, *s. m.* t. de maçon, crépi fait à un mur du haut en bas; abaissement. *Spoliatio.* (*figuré, vieux*).
Ravaler, *v. a. Resorbere.* lé. e, *p.* retirer en dedans du gosier; t. de maçon, crépir du haut en bas; t. de jardinage, rendre plus court, plus mince; t. de corroyeur: remettre plus bas; déprimer, avilir; rabattre, rabaisser. (se), *v. r.* se rabaisser, s'humilier, s'avilir.
Ravaudage, *s. m. Interpolatio.* raccommodage à l'aiguille de méchantes hardes; mauvaise besogne.
Ravauder, *v. a. Interpolare.* dé. e, *p.* raccommoder à l'aiguille de méchantes hardes; maltraiter, importuner; ranger, tracasser dans une maison.
Ravauderie, *s. f.* (*famil.*) discours plein de niaiseries, de bagatelles.
Ravaudeur. se, *s. Interpolator.* qui ravaude; importun.
Ravaux, *s. m. pl.* perches garnies de branches pour abattre les oiseaux. R. G. C.
Rave, *s. f. Rapum.* plante potagère, pour la bile, venteuse, indigeste; sirop pour la poitrine; en cataplasme pour les engelures; graine alexipharmaque. * appât, résure; œufs de morue salés. B. voy. Rogue. G.
Rave de poisson *ou* Résure, *ou* Rogue, *s. f.* appât d'œufs de morue salés. G. C.
Ravelin, *s. m.* ouvrage de fortification extérieure; demi-lune.
Ravenelle, *s. f.* giroflier jaune, fleur. * -nele. R.
†Raverdoir, *s. m.* cuverte de brasseur.
†Ravestan, *s. m.* panier de verrerie.
Ravestir, *v. a.* ti. e, *p.* t. de coutume. R.
Ravestissement, *s. m.* donation mutuelle. R. V.
Ravet, *s. m.* hanneton des Antilles naturalisé en France, Blatte.
Ravière, *s. f.* terre semée de raves. G. C. V. * Raviere. R.
Ravigote, *s. f.* sauce verte à l'échalotte, etc.
Ravigoter, *v. a.* té. e, *p.* (*popul.*) remettre en force, en vigueur. * Ravigorer. (*vieux*) G.
Ravigouter *ou* Revigourer (se), *v. pers.* reprendre vigueur. V.
Ravilir, *v. a.* li. e, *p.* rendre vil et méprisable.
Ravilissement, *s. m.* action de rendre vil, son effet. A.
Ravin, *s. m. Lacuna.* lieu cavé par une ravine.
Ravine, *s. f. Eluvies.* débordement d'eau de pluie; lieu cavé par la ravine; ravin; petit ravin.
Ravir, *v. a. Rapere.* vi. e, *p.* enlever par force; charmer, exciter l'admiration, la joie, etc.
Ravir (à), *adv.* admirablement bien.
Raviser (se), *v. r.* sé. e, *p.* changer d'avis, de pensées, de dessein.
Ravissant. e, *adj. Rapax.* qui ravit, prend, emporte; qui charme, plaît extrêmement; merveilleux.
Ravissement, *s. m. Raptus.* enlèvement avec violence; transport de joie, d'admiration.
Ravisseur, *s. m. Raptor.* qui ravit, enlève avec violence.

Ravitaillement, *s. m.* action de ravitailler.
Ravitailler, *v. a.* lé. e, *p.* remettre des vivres, des munitions dans une place.
Raviver, *v. a. Acuere.* vé. e, *p.* rendre plus vif, faire revivre.
Ravoir, *v. a. Recuperare.* (*infinitif seul usité*) avoir de nouveau; retirer des mains; recouvrer. (se), *v. r.* reprendre ses forces. (*familier*).
Ravoir, *s. m.* t. de pêcheur, parc de filets sur la grève; filets en travers d'un courant. R. G. C.
Ravoiret, *v. a.* ré. e, *p.* t. de coutume, R. saisir un fief. B.
†Rayoyer, *v. a.* remettre dans le bon chemin. (*vi.*)
†Ray *ou* Capeyron, *s. m.* filet en entonnoir.
Ray-grass, Fromental, *s. m.* faux froment. G. * plante dont on fait des prairies artificielles; supérieure au rye-grass. B.
Rayaux, *s. m. pl.* moules à lingor, t. de mon. * t. de marine. C.
†Rayé, *s. m.* (le) lézard du 5e. genre. — poisson du genre du quatre-dents. — du chétodon. — serpent du 3e. genre. — (la), *s. f.* poisson du genre du persègue.
†Rayement, *s. m.* action de rayer, ses effets.
Rayer, *v. a. Delere.* yé. e, *p.* faire des raies; effacer, raturer.
Rayère, *s. f.* longue fenêtre. V.
†Raymundis, *s. m.* monnoie d'argent de Provence. (*vieux*).
Rayon, *s. m. Radius.* trait de lumière, lueur; rais; sillon; ligne; fosse; tablette; t. de géom. demi-diamètre. * Ratillon, Railleton, poisson, petite raie bouclée. B.
Rayonnant. e, *adj. Radians.* qui rayonne; éclatant, brillant. * Rayonant. R.
Rayonnement, *s. m.* action de rayonner. * mouvement des esprits animaux. B. Rayonement. R.
Rayonner, *v. n. Radiare.* répandre, jeter des rayons; briller. * Rayoner. R.
Rayûre, *s. f.* t. d'arquebusier, raie en vis dans le canon; t. de manuf. manière dont une étoffe est rayée. * Rayure. A. C. RR.
Raz. voyez Ras. R.
†Razette, *s. f.* ratissoire de fer, t. de potier.
Ré, *s. m.* note de musique qui marque le second ton.
Re *ou* Ré, *particule réduplicative.*
†Réactif. ve, *adj. s. m.* t. de chimie, qui réagit.
Réaction, *s. f. Repulsus.* résistance du corps frappé à l'action du corps qui le frappe. * (*fig.*) vengeance de l'opprimé. B.
Réadmission, *s. f.* action d'admettre de nouveau. R.
Réaggrave, *s. m.* dernier monitoire.
Réaggraver, *v. a.* vé. e, *p.* fulminer le réaggrave. t. de droit canon.
Réagir, *v. n.* se dit du corps qui agit sur celui dont il a éprouvé l'action.
Réajournement, *s. m.* ajournement réitéré.
Réajourner, *v. a.* né. e, *p.* ajourner de nouveau.
Réal. e, *adj.* royal. *s. f. Navis regia.* principale galère de France.
Réal. *pl.* réaux, *s. m.* Réale, *s. f. pl.* réales, monnoie d'Espagne.
Réalgal, *s. m.* arsenic naturel, rouge, luisant; mélange d'arsenic et de soufre; escarotique, violent émétique, pour la teinture. * *ou* Reagal. R. C. Risagal. G. Réalgar. A.
Réalisation, *s. f.* action de réaliser.
Réaliser, *v. a.* sé. e, *p.* rendre réel et effectif.
Réalisme, *s. m.* système qui consiste à ne considérer les objets que comme réellement existans. K.
Réalistes, *s. m. pl.* sectaires qui n'admettent point d'abstractions. A. R.
Réalité, *s. f. Veritas.* existence effective. *pl.* choses réelles.

Réappel, *s. m.* appel renouvelé. R.
Réappelant. e, *adj.* qui réappelle. R.
Réappeler, *v. a.* lé. e, *p.* appeler une seconde fois. R.
Réapposer, *v. a.* sé. e, *p.* apposer une seconde fois. R. C.
Réappréciation, *s. f.* nouvelle appréciation. R. G.
Réarpentage, *s. m.* nouvel arpentage. R. G. C.
Réarpenter, *v. a.* té. e, *p.* arpenter de nouveau. AL.
Réassembler, *v. a.* blé. e, *p.* assembler de nouveau. R. C.
Réassignation, *s. f.* nouvelle assignation; assignation sur un autre fonds. * *et* Réassigné, *s. m.* nouvelle assignation. B.
Réassigner, *v. a.* gné. e, *p.* assigner de nouveau; assigner sur un autre fonds..
Réatteler, *v. a.* lé. e, *p.* atteler de nouveau. G. C. * Réateler. R.
†Réattraction, *s. f.* (électrique) action d'un corps qui en attire un autre qu'il avoit attiré et repoussé.
Reatu (in), *adv.* en état d'accusation. * In Réatu. R.
†Réavigner, *v. a.* provigner, travailler à une vigne. (*vieux*).
Réavis, *s. m.* second avis.
Rebaiser, *v. a.* sé. e, *p.* baiser de nouveau; t. de monnoie, rajuster les carreaux. G. RR. V.
Rebaisser, *v. a.* sé. e, *p.* baisser de nouveau. G. C.
Rebander, *v. a.* dé. e, *p.* bander de nouveau; t. de marine, remettre à un autre bord. R. G. C.
Rebaptisans, *s. m. pl.* sectaires qui rebaptisoient. * Rebaptisant. e, *sing.* G. C.
Rebaptiser, *v. a.* sé. e, *p.* baptiser de nouveau. R. G. C.
Rébarbatif. ve, *adj. Durus.* (*familier*) rude, peu civil.
Rebarder, *v. a.* dé. e, *p.* t. de jard. ôter un peu de terre d'une planche. G. C. * t. de musique, chanter une reprise. V.
Rebat, *s. m.* rabatage, action de rebattre les tonneaux. R. G. C.
Rebatement, *s. m.* t. de musique. RR.
Rebâter, *v. a.* té. e, *p.* remettre le bât; faire un bât neuf. R. G. C.
Rebâtir, *v. a.* ti. e, *p.* bâtir de nouveau.
Rebatisation, *s. f.* action de rebatiser. R. G. C.
Rebatoir, *s. m.* outil d'ardoisier. R. * Rebattoir. V.
Rebattre, *v. a.* tu. e, *p.* battre de nouveau; (*inusité*) refaire; répéter inutilement; raccommoder. * Rebatre. R.
†Rebattret, *s. m.* outil pour tailler l'ardoise.
Rebaudi. e, *adj.* (*vieux*) gai. V.
Rebaudir, *v. a.* di. e, *p.* t. de chasse, caresser les chiens. * tenir la queue droite. B.
Rebec, *s. m.* (*vieux*) violon à trois cordes.
Rebelle, *adj. 2 g. Rebellis.* qui refuse d'obéir; qui résiste; qui ne cède pas; qui ne se fond pas; t. de médecine.
Rebeller (se), *v. r. Rebellare.* lé. e, *p.* se révolter contre.
Rebellion, *s. f. Rebellio.* révolte; soulèvement. * Rébellion. A.
Rebénir, *v. a.* ni. e, *p.* bénir de nouveau. R. G. C.
Rebéquer (se), *v. r.* qué. e, *p.* (*familier*) répondre avec fierté à son supérieur.
Rebiffer, *v. a.* fé. e, *p.* (*vieux*) élever; dresser; relever; redresser. V.
Rebiner, *v. a.* né. e, *p.* biner de nouveau. V.
Reblanchir, *v. a. Dealbare.* chi. e, *p.* blanchir une seconde fois.
Reblandir, *v. a.* t. de coutume. R.
Reblandissement, *s. m.* réclamation d'un vassal contre la saisie. V.

Rèble, Rièble, *s. m.* Grateron, plante.
Reboire, *v. a.* bu. e, *p.* boire de nouveau. R. G. C.
Rebondi. e, *adj.* arrondi par embonpoint.
Rebondir, *v. n. Resilire.* faire un ou plusieurs bonds.
Rebondissement, *s. m. Repercussus.* action du corps qui rebondit.
Rebord, *s. m.* bord élevé et ajouté; bord replié, renversé; bord en saillie.
Reborder, *v. a.* dé. e, *p.* border une seconde fois; mettre un nouveau bord.
Rebotter, *v. a.* té. e, *p.* botter de nouveau. (se), *v. pers.* remettre ses bottes. G. C. * Reboter. R.
Rebouchement, *s. m.* action par laquelle une chose se rebouche, T. * son état. R.
Reboucher, *v. a.* ché. e, *p.* boucher une seconde fois. (se), *v. personnel.* se fausser, se replier.
Rebouillir, *v. a.* lu. e, *p.* bouillir de nouveau. R. G. C. V.
Rebouisage, *s. m.* action de rebouiser. G. C. * Rebouïsage. AL.
Rebouiser, *v. a.* sé. e, *p.* t. de chapelier, nettoyer, lustrer à l'eau simple; filouter, déniaiser; réprimander (*familier*). G. C. * Rebouïser. AL.
Rebourci. e, *adj.* (*vieux*) recourbé. V.
Rebourgeonner, *v. n.* né. e, *p.* pousser de nouveaux bourgeons. T. * Rebourgeoner. R.
Rebours, *s. m.* le contre-poil; le contre-pied; le contraire de; sens contraire.
Rebours (à), *adv. Perperàm.* à contre-pied; au rebours, à contre-poil; en sens contraire. R. G. * à-rebours. C.
Rebours. e, *adj. Pervicax.* (*famil.*) revêche; peu traitable.
Rebourser, *v. a.* sé. e, *p.* R. T. voyez Rebrousser. B.
Reboursoir, *s. m.* outil d'ouvrier en drap. R. V.
†Rebouse, *s. f.* cheville de fer pour repousser les chevilles.
Reboutonner, *v. a.* né. e, *p.* boutonner une seconde fois. G. C. * Reboutoner. R.
Rebras, *s. m.* replis. R. * os, aile. V. partie du gant qui recouvre le bras. B.
Rebrasser (se), *v. r.* (*vieux*) retrousser ses manches. -sé. e, *p. adj.* t. de blas. bordé.
Rebrêcher, *v. a.* ché. e, (*vieux*) reprendre, rattraper. V.
Rebricher, *v. a.* ché. e, *p.* t. de coutume, répéter, récoler. R. V.
Rebrider, *v. a.* dé. e, *p.* brider une seconde fois. R. G. C.
Rebroder, *v. a.* dé. e, *p.* broder sur ce qui est déjà brodé.
Rebrouiller, *v. a.* lé. e, *p.* brouiller de nouveau. R. G. C.
Rebrousse, *s. f. ou* Rebroussoir, *s. m.* instrument pour rebrousser le poil. G. C.
Rebrousse poil (à), *adv.* à contre-poil; à contre-sens. * à-contre-poil. C.
Rebrousser, *v. a. n.* sé. e, *p.* relever en sens contraire; retourner subitement en arrière.
†Rebroussette *ou* Droussette, *s. f.* peigne pour redresser le poil du drap.
Rebroussoir, *s. m. ou* Rebrousse, *s. f.* outil pour rebrousser. G. C.
Rebroyer, *v. a.* yé. e, *p.* broyer de nouveau. G. C.
Rebrunir, *v. a.* ni. e, *p.* brunir une seconde fois. R. G. C.
Rebuffade, *s. f. Repulsa.* (*familier*) mauvais accueil; refus avec mépris et paroles dures.
Rébus, *s. m. Rebus.* jeu de mots; allusions

équivoques; calembourgs.
Rebut, *s. m. Contemptio.* action par laquelle on rebute; ce qui a été rebuté.
Rebutant. e, *adj. Odiosus.* qui rebute, décourage, dégoûte; déplaisant, choquant.
Rebute, *s. f.* petit instrument. V. * trompe, guimbarde. B.
Rebuter, *v. a. Repellere.* té. e, *p.* rejeter avec dureté; refuser; dégoûter; choquer; déplaire; décourager. (se), *v. r.* se dégoûter, se décourager.
Recacher, *v. a.* ché. e, *p.* cacher une seconde fois. R. G. C.
Recacheter, *v. a.* té. e, *p.* cacheter une seconde fois. R. G. C.
Récalcitrant. e, *adj.* qui résiste avec opiniâtreté; obstiné. A. R. V.
Récalcitrer, *v. n. Refragari.* résister avec opiniâtreté, avec humeur; regimber.
Recaler, *v. a.* lé. e, *p.* t. de menuisier, unir avec la varlope; finir un joint. R. G. C.
†Recaloir, *s. m.* outil de menuisier pour recaler.
Recamer, *v. a.* mé. e, *p.* enrichir d'une nouvelle broderie, R. G. C. * border. V.
†Recampir, *v. a.* pi. e, *p.* t. de doreur, coucher du blanc dans les fonds où le jaune a coulé. voyez Rechampir.
Récapitulation, *s. f. Enumeratio.* répétition sommaire de ce qu'on a avancé.
Récapituler, *v. a.* lé. e, *p.* résumer; redire sommairement.
Recarder, *v. a. Repectere.* dé. e, *p.* carder une seconde fois. V.
Recarreler, *v. a. Reficere.* lé. e, *p.* carreler de nouveau. G. C. * Récarreler. R.
Recasser, *v. a.* sé. e, *p.* t. d'agric. donner un premier labour. R. T.
Recassis, *s. m.* terre que l'on a recassée. R.G.C.
Recéder, *v. a.* dé. e, *p.* céder à quelqu'un ce qu'il avoit cédé. G. C.
Recélé, *s. m.* recélement d'effets. * Recelé. AL.
Recélée, *s. f.* (*vieux*) cachette. V.
Recélement, *s. m. Occultatio.* action de recéler; recélé. * Recèlement. A. G. V. CO.
Recéler, *v. a. Occultare.* lé. e, *p.* garder, cacher le vol de quelqu'un; donner retraite aux coupables; détourner des effets; renfermer. * t. de vénerie, se dit du cerf qui reste dans son enceinte. B.
Recéleur. se, *s. Occultator.* qui recèle un vol.
Récemment, *adv. Nuper.* nouvellement, depuis peu.
Recensement, *s. m.* dénombrement; répétition, audition de témoins; nouvelle vérification.
Recenser, *v. a.* sé. e, *p.* faire un recensement; vérifier; examiner.
Récent. e, *adj. Recens.* nouveau; nouvellement fait ou arrivé.
Recepage, *s. m.* action de recéper, ses effets. * Récepage. R. G. C. Recépage. RR.
Recepée, *s. f.* partie d'un bois qu'on a recépé. A.
Recéper, *v. a.* pé. e, *p.* t. de jardin. tailler jusqu'au pied; couper par le pied; couper la racine. * Récéper. R. G. C.
Récépissé, *s. m.* reçu de papiers; quittance.
Réceptacle, *s. m. Receptaculum.* lieu où se rassemblent plusieurs choses, plusieurs personnes; repaire. * extrémité du péduncule sur laquelle posent la fleur et le fruit. B.
Receptibilité, *s. f.* faculté de notre sensibilité de recevoir des impressions. K.
Réception, *s. f.* action par laquelle on reçoit; accueil, manière de recevoir; cérémonie pour recevoir, installer.
Receptivité, *s. f.* faculté exercée de recevoir une impression. K.

Recercelé. e, *adj.* recoquillé comme un cerceau. * Recercelé, *adj. m.* V. Recerclé. e. AL.
Recette, *s. f.* ce qui est reçu en argent ou autrement; *Coactio.* action, fonction de receveur; lieu où l'on reçoit; composition de drogues, écrit qui l'enseigne; méthode pour se conduire. * baquet de salpétrier. B. Recete. R.
Recettier, *s. m.* qui a des recettes pour des maux. V.
Recettière, *s. f.* (*vieux*) recéleuse. V.
Recevable, *adj.* 2 *g. Admittendus.* qui peut être admis, doit être reçu.
Receveur. se, *s. Coactor.* chargé d'une recette.
Recevoir, *v. a. Accipere.* çu. e, *p.* accepter, prendre tout ce qui est offert, présenté ou donné sans être dû; être payé; commencer d'avoir, de ressentir; accueillir; accepter; agréer; donner retraite; admettre; être susceptible de; se soumettre à; installer.
Recevoir, *s. m.* vase de salpêtrier.
Recez, *s. m.* cahier des délibérations de la diète. * *et* Recès. R.
Réchafauder, *v. n.* dé. e, *p.* faire de nouveaux échafauds. R. G. C.
Rechairer, *v. a.* ré. e, *p.* (*vieux*) cacher, couvrir. V.
Rechampir, *v. a.* pi. e, *p.* t. de peint. prononcer les oppositions par des couches nouvelles. * t. de doreur, réparer avec du blanc. B.
Rechange, *s. m. Remutatio.* t. de banque, droit d'un nouveau change. (armes, etc. de) mises en réserve.
Rechanger, *v. a. Remutare.* gé. e, *p.* changer une chose déjà changée. R. G. C.
Rechanter, *v. a. Recinere.* té. e, *p.* répéter la même chanson, la même chose. A. G. C.
Réchapper, *v. n.* pé. e, *p. s.* être délivré d'une maladie, d'un péril; sortir de prison. * Réchaper. R.
Recharge, *s. f.* instance, ordre réitéré. V. G. * deuxième charge du fusil. AL. à-la-recharge, *adv.* C. une seconde fois. B.
Recharger, *v. a.* gé. e, *p.* charger de nouveau; imposer une nouvelle charge; faire une nouvelle attaque; donner un nouvel ordre; grossir.
Rechasser, *v. a. Repellere.* sé. e, *p.* repousser d'un lieu en un autre; chasser de nouveau.
Rechasseur, *s. m.* t. de chasse, qui fait rentrer les bêtes dans les forêts. R. G. C.
Réchaud, *s. m. Foculus.* ustensile de ménage; t. de teinturier, feu; teinte.
†Réchauf, *s. m.* fumier chaud autour d'une couche.
Rechauffage, *s. m.* vieux donné pour du neuf. V.
Réchauffé, *s. m.* (*familier*) mets réchauffé; ouvrage pris, imité d'un autre. * Réchaufé. R.
Réchauffement, *s. m.* t. de jardin. fumier neuf pour réchauffer. * Réchaufement. R.
Réchauffer, *v. a. Recalfacere.* fé. e, *p.* chauffer, échauffer ce qui étoit refroidi; exciter de nouveau; animer, ranimer. (se), *v. r.* * Réchaufer. R.
Réchauffoir, *s. m.* ustensile de cuisine pour réchauffer les plats. * Réchaufoir. R.
Rechausser, *v. a.* sé. e, *p.* chausser de nouveau; t. d'arts; t. de jardinage, regarnir de terre. (se), *v. personnel.* * battre de nouveau; t. de métiers. B.
Rechaussoir, *s. m.* instrument d'arts pour rechausser le métal. R. G. C.
Recherche, *s. f. Inquisitio.* action de rechercher; perquisition; chose recherchée; examen, poursuite; soin pour perfectionner; prélude sur l'orgue; cadence; action de

remettre des tuiles, des pavés neufs.
Rechercher, *v. a. Conquirere.* ché. e, *p.* chercher de nouveau, avec soin; tâcher d'avoir; faire enquête; réparer; polir; perfectionner; punir; t. de manége, animer.
Rechercheur, *s. m.* celui qui recherche. V. * ouvrier briquetier. B.
Rechigné. e, *adj. Vultuosus.* qui a l'air maussade.
Rechigner, *v. n. Ringi.* gronder; être de mauvaise humeur; témoigner du dégoût, de la répugnance.
Rechin. e, *adj.* chagrin, mélancolique. R.
Rechinser, *v. a.* sé. e, *p.* laver la laine dans l'eau claire. G. C.
Rechoir, *v. a.* chu. e, *p.* (*vieux*) échéoir, tomber de nouveau. * Recheoir. G. C.
Rechute, *s. f.* nouvelle, seconde chute.
Récidive, *s. f.* rechute dans une faute.
Récidiver, *v. a.* retomber dans une faute.
Récif *ou* Ressif, *s. m.* chaîne de rochers sous l'eau. * voyez Ressif. A. *et* Rescif. AL.
Récipé, *s. m.* t. de méd. (*prenez*), ordonnance; signe en tête de l'ordonnance.
Récipiangle, *s. m.* instrument pour mesurer les angles saillans et rentrans.
Récipiendaire, *s. m.* qui se présente pour être reçu.
Récipient, *s. m. Excipulum.* vase pour recevoir les distillations; vase pour la machine pneumatique.
Réciprocation, *s. f.* action par laquelle on reçoit la réciproque, la pareille; t. de phys. * — du pendule, son mouvement naturel produit par celui de la terre. B.
Réciprocité, *s. f.* état, caractère de ce qui est réciproque.
Réciproque, *adj.* 2 *g. s. m. Mutuus.* mutuel; la pareille; t. de grammaire; t. de logique; t. de mathématique, inverse.
Réciproquement, *adv. Vicissim.* mutuellement.
Réciproquer, *v. a.* é. e, *p.* rendre la pareille. (*familier*). R. G. C.
Recirer, *v. a.* ré. e, *p.* repasser, remettre de la cire. R. G. C.
Recise, *s. f.* Bénoîte, plante.
Récit, *s. m. Enarratio.* narration d'un fait, d'un événement; t. de musique, ce qui est joué, chanté par un seul.
Récitant. e, *adj.* t. de musique, joué, chanté seul; qui joue, exécute seul. A.
Récitateur, *s. m. Declamator.* qui récite par cœur.
Récitatif, *s. m.* chant qui doit être débité.
Récitation, *s. f. Declamatio.* action de réciter.
Réciter, *v. a. n. Recitare.* té. e, *p.* prononcer ce que l'on sait par cœur; raconter; faire, exécuter un récit.
Réciteur, *s. m.* faiseur de récits. R.
Reclain, *s. m.* t. de coutume. R.
Réclamateur, *s. m.* t. de marine. V. * celui qui revendique. B.
Réclamation, *s. f. Reclamatio.* action de réclamer, de revendiquer, de revenir contre un acte.
Réclame, *s. m.* t. de fauconn. signe pour faire revenir. *s. f.* t. d'imprim. mot au bas d'une page et qui commence la suivante. * partie du répons que l'on reprend après le verset; pipaux. B. Réclâme. R.
Réclamer, *v. a. Implorare.* mé. e, *p.* implorer; revendiquer; appeler. *v. n.* s'élever ou revenir contre; contredire; t. de marine, raccommoder un mât. (se), *v. r.* (de quelqu'un), l'indiquer comme étant son parent, son ami, etc.

Réclamper,

Réclamper, *v. a.* pé. e, *p.* raccommoder un mât rompu. A. R.
†Réclare, *s. m.* filet en nappe simple, très-clair, pierré et flotté.
Réclinaison, *s. f.* situation inclinée sur l'horizon, t. de gnomonique. G C.
Réclinant, *adj. m.* qui récline. G. C. V. RR.
Récliner, *v. n.* n'être pas d'aplomb.
Reclouer, *v. a.* -cloué. e, *p.* clouer une seconde fois. R. G. C.
Reclure, *v. a. Sejungere.* clus. e, *p.* renfermer dans une clôture étroite et rigoureuse.
Reclus. e, *adj. s. Solitarius.* qui garde une grande retraite, qui ne sort pas. * — marin, ascidie brunâtre. B.
Reclusage, *s. m.* (*vieux*) prison. V.
Reclusion, *s. f.* demeure d'un reclus. T. RR. * (*nouv.*) action de reclure; détention. G. C.
Recocher, *v. a.* ché. e, *p.* t. de boulanger, rebattre du plat de la main. G. C.
Recogner, *v. a.* gné. e, *p.* cogner de nouveau; repousser; rebuter durement.
Récognition, *s. f.* examen de quelque chose. R. T.
Recoiffer, *v. a.* fé. e, *p.* coiffer de nouveau. * Recoëfer. R. Recoëffer. C.
Recoin, *s. m. Angulus.* petit coin caché; replis.
Récoirdie, *s. f.* (*vieux*) chanson à apprendre par cœur. V.
Recoiter, *v. a.* té. e, *p.* (*vieux*) cacher, couvrir. V.
Récolement, *s. m.* lecture faite à un témoin de sa déposition; vérification d'un inventaire, etc., procès verbal qui la contient.
Récoler, *v. a.* lé. e, *p.* faire un récolement.
Récollection, *s. f.* recueillement d'esprit.
Recoller, *v. a. Conglutinare.* lé. e, *p.* coller de nouveau. C. G. * Recoler. R.
Récollet. ete, *s.* religieux. R.
Récolliger (se), *v. réfléchi.* gé. e, *p.* (*vieux*) se recueillir en soi-même, t. de spiritualité.
Récolte, *s. f. Perceptio.* action de recueillir les fruits, son produit.
Récolter, *v. a. Percipere.* té. e, *p.* faire la récolte.
Recommandable, *adj. 2 g. Laudabilis.* louable, estimable. * Recomandable. R.
Recommandaresse, *s. f.* femme qui tient une espèce de bureau d'adresse pour les nourrices. * Recomandaresse. R. Recommandaresses. *pl.* A. *et* Recommanderesses. AL.
†Recommandataire, *s. m.* créancier d'un débiteur emprisonné, recommandé.
Recommandation, *s. f.* action de recommander; t. de pratique, opposition à la mise en liberté; estime, considération; protection; complimens. * Recomandation. R.
†Recommandatoire, *adj. 2 g.* qui contient une recommandation.
Recommander, *v. a. Commendare.* dé. e, *p.* charger, ordonner de faire; exhorter à; prier d'être favorable à; rendre recommandable; faire écrouer de nouveau; faire arrêter des objets volés. (se), *v. r.* prier d'avoir soin; implorer la protection; faire des complimens. (*vieux*). * Recomander. R.
Recommencement, *s. m.* (*inusité*) action de recommencer. G. C. * Recomencement. RR.
Recommencer, *v. a. n.* cé. e, *p.* commencer de nouveau. * Recomencer. RR.
Recommenceur, *adj. s.* qui recommence. V. * Recomenceur. RR.
Récompense, *s. f. Præmium.* salaire; compensation; punition; dédommagement.
Récompense (en), *adv.* d'autre côté; d'ailleurs; en revanche.
Récompenser, *v. a. Remunerare.* sé. e, *p.* reconnoître une bonne action, etc. par des bienfaits; compenser; dédommager; punir. (se), *v. r.* se dédommager.
†Recomposée, *adj. f.* (feuille) à pétiole commun et pétioles immédiats.
Recomposer, *v. a.* sé. e, *p.* composer de nouveau; t. de chim. réunir les parties séparées.
Recomposition, *s. f.* action de recomposer, ses effets, t. de chimie.
Recompter, *v. a. Renumerare.* té. e, *p.* compter de nouveau.
Réconciliable, *adj. 2 g.* qui peut être réconcilié.
Réconciliateur. trice, *s. Reconciliator.* qui réconcilie.
Réconciliation, *s. f. Reconciliatio.* raccommodement; acte par lequel un hérétique est réuni à l'église; cérémonie de rebénir une église; seconde confession.
Réconcilier, *v. a.* lié. e, *p.* faire une réconciliation. (se), *v. r.* se remettre bien avec quelqu'un; se confesser une seconde fois.
Réconduction, *s. f.* (tacite) jouissance après l'expiration du bail, aux mêmes clauses.
Reconduire, *v. a. Reducere.* duit. e, *p.* accompagner par civilité quelqu'un qui s'en va; chasser de chez soi; ramener.
Reconduite, *s. f.* action de reconduire. (*iron.*) A.
Reconfesser, *v. a.* sé. e, *p.* confesser une seconde fois. R. V.
Reconfirmer, *v. a.* mé. e, *p.* confirmer de nouveau. C.
Réconfort, *s. m. Solatium.* (*vieux*) consolation, secours.
Réconfortation, *s. f.* action de réconforter. V. AL.
Réconforter, *v. a.* té. e, *p.* consoler; fortifier.
Reconfrontation, *s. f.* action de reconfronter; seconde confrontation. R. G. C.
Reconfronter, *v. a.* té. e, *p.* confronter de nouveau. R. G. C.
Reconnoissable, *adj. 2 g. Agnoscendus.* facile à reconnoître. * Reconoissable. R. Reconnaissable. C.
Reconnoissance, *s. f. Agnitio.* action par laquelle on reconnoît; récompense; gratitude; aveu, confession; acte par lequel on reconnoît; examen détaillé, ceux qui sont chargés de le faire; t. militaire. * Reconoissance. R. Reconnaissance. C.
Reconnoissant. e, *adj. Gratus.* qui a de la gratitude, de la reconnoissance. * Reconoissant. e. R. Reconnaissant. e. C.
Reconnoître, *v. a. Recognoscere.* nu. e, *p.* se remettre dans l'esprit l'image d'une chose, d'une personne en la revoyant; parvenir à connoître; découvrir; observer, remarquer, considérer; avouer; confesser; avoir de la gratitude; récompenser. (se), *v. r.* s'avouer; se repentir; reprendre ses sens; se remettre l'idée de... * Reconoître. R. Reconnaître. C.
Reconquérir, *v. a. Recuperare.* quis. e, *p.* conquérir de nouveau.
Réconstitution, *s. f.* substitution d'une rente nouvelle à une plus ancienne.
Réconstruction, *s. f.* action de reconstruire.
Reconstruire, *v. a. Reædificare.* truit. e, *p.* réédifier; rebâtir; rétablir; relever.
Reconsulter, *v. a.* té. e, *p.* consulter de nouveau. R. G. C.
Reconter, *v. a.* té. e, *p.* conter, raconter de nouveau. R. G. C.
Recontracter, *v. a.* té. e, *p.* contracter de nouveau. R. G. C.
Reconvenir, *v. a.* nu. e, *p.* t. de pratique, demander au demandeur. R. G. C.
Réconvention, *s. f.* action de reconvenir; nouveau traité. * Reconvention. G.
Reconvoquer, *v. a.* qué. e, *p.* réassembler, convoquer de nouveau. R. G. C.
Recopier, *v. a.* pié. e, *p.* transcrire de nouveau.
Recoquillement, *s. m.* état de ce qui est recoquillé.
Recoquiller, *v. a. Convolvere.* lé. e, *p.* retrousser en forme de coquille. (se), *v. r.* se friser, se mettre par boucles. * Recoquiller. V.
Record, *s. m.* t. de palais, attestation. R.
Recorder, *v. a.* dé. e, *p.* (*familier*) répéter et remettre en son esprit; faire signer par des témoins.
Recordeur, *s. m.* témoin oculaire. R. V.
Recorriger, *v. a. Recorrigere.* gé. e, *p.* corriger de nouveau.
Recors, *s. m. Adstipulator.* témoin dans un exploit, une saisie, etc.; huissier, celui qui l'accompagne.
Recorvelé. e, *adj.* (*vieux*) recourbé. V.
Recoucher, *v. a.* ché. e, *p.* remettre au lit. (se), *v. réfléchi.* R. G. C.
Recoudre, *v. a.* su. e, *p.* coudre ce qui est décousu, déchiré.
Recouler, *v. a.* lé. e, *p.* couler de nouveau; passer les cartes en revue, t. de cartier. AL.
†Recoupage, *s. m.* action de croiser les traces du polissoir.
Recoupe, *s. f.* débris des pierres qu'on taille; farine grossière de son; chapelure de pain.
Recoupé, *adj. m.* (écu) mi-coupé. AL.
Recoupement, *s. m.* retraite faite aux assises.
Recouper, *v. a.* pé. e, *p. adj.* couper de nouveau. G. C. RR.
Recoupette, *s. f.* troisième farine plus grosse que la recoupe. * Recoupete. R.
Recourber, *v. a. Curvare.* bé. e, *p.* courber en rond par le bout.
Recourir, *v. n. Recurrere.* courir de nouveau; demander du secours; avoir recours à.
Recourre, *v. a.* Recouru. e. *ou* Recous. se, *p.* (*inusité*) reprendre, retirer, sauver quelqu'un des mains de; écarter (*vieux*).
Recours, *s. m. Refugium.* action par laquelle on recherche du secours; refuge; droit de reprise; action en dédommagement.
Recousse, *s. f. Recuperatio.* délivrance, reprise de ce qu'on avoit enlevé par force.
Recouvrable, *adj. 2 g.* qui peut se recouvrer.
Recouvrement, *s. m. Recuperatio.* action de recouvrer; rétablissement de la santé; recette de deniers. * rebord, t. d'arts. B.
Recouvrer, *v. a. Recuperare.* vré. e, -vert. e, (*vieux*) *p.* retrouver; acquérir de nouveau; faire la levée de.
Recouvrir, *v. a.* -vert. e, *p.* couvrir de nouveau ce qui étoit découvert; masquer.
Recracher, *v. a. Respuere.* ché. e, *p.* cracher de nouveau; rejeter de la bouche. R. G. C.
Récréance, *s. f. Vindiciæ.* jouissance provisionnelle des fruits; (lettres de), à un ambassadeur rappelé.
Récréancer, *v. a.* cé. e, *p.* t. de pratique. R.
Récréandie, *s. f.* (*vieux*) récréation. V.
Récréatif. ve, *adj. Jucundus.* qui divertit, donne du plaisir.
Récréation, *s. f. Oblectatio.* action de se récréer; passe-temps.
Récrédentiaire, *s. m.* qui a obtenu la jouissance provisionnelle. R. G. C.
Recréer, *v. a.* réé. e, *p.* remettre sur pied; donner une nouvelle existence. A. R.
Récréer, *v. a. Oblectare.* -créé. e, *p.* divertir; réjouir; ranimer. (se), *v. réfléc.* se divertir.
Récrément, *s. m.* humeurs qui se séparent du

sang et s'y remêlent.
Récrémenteux. se, Récrémenciel. le, Récrémenticiel. le, *adj.* (humeurs), récrément, la salive, la bile, etc. * Récrémenteur. se. Récrémentiel. ele. Récrémentitiel. ele. R.
Recrépir, *v. a. Trullissare.* pi. e, *p.* crépir de nouveau; renouveler; mettre du fard. * Récrépir. V.
Recreuser, *v. a.* sé. e, *p.* creuser de nouveau, ou plus avant. R. G. C.
Recribler, *v. a.* blé. e, *p.* cribler plusieurs fois, de nouveau. R. G. C.
Récrier (se), *v. r.* rié. e, *p.* faire une exclamation.
Récrimination, *s. f.* accusation, reproche, injure faite pour en repousser une autre.
†Récriminatoire, *adj.* 2 *g.* qui tend à récriminer.
Récriminer, *v. n.* nant. e, *p.* répondre à des accusations par d'autres accusations. * *v. a.* -né. e, *p.* t. de pratique. R.
Récrire, *v. a.* crit. e, *p.* (*inusité*) écrire de nouveau, une autre fois; retoucher; faire une réponse.
Recroire, *v. a.* t. de coutume. R. V.
Recroisetté. e, *adj.* d'une croix terminée par des croix, t. de blason. * Recroiseté. e. A. R.
Recroître, *v. n. Recrescere.* cru. e, *p.* croître de nouveau. G.
Recroqueviller (se), *v. pers.* lé. e, *p.* se dit des feuilles trop desséchées, etc., du parchemin qui se recoquille.
Recrotter, *v. a.* té. e, *p.* crotter de nouveau. G. C. * Recroter. R.
Recroyamment, *adv.* (*vieux*) avec aigreur. V.
Recru. e, *adj. Fessus.* las, fatigué, harassé.
Recru, *s. m.* bois repoussé après la coupe. G. C.
Recrue, *s. f.* levée de soldats, soldat de cette levée; nouvelle compagnie.
Recrutement, *s. m.* action de recruter. AL.
Recruter, *v. a.* té. e *p.* faire des recrues.
Recruteur, *s. m.* qui fait des recrues. A. RR.
Recta, *adv.* en droiture, directement; ponctuellement. A. G. R.
Rectangle, *adj.* 2 *g. s. m.* triangle, parallélogramme dont les angles sont droits.
Rectangulaire, *adj.* 2 *g.* qui a des angles droits.
Recteur, *s. m. Rector.* chef d'une université; curé; supérieur de collége, etc. *adj.* (esprit), partie aromatique, t. de chimie.
Rectification, *s. f.* t. de chimie, séparation de toutes les parties hétérogènes; t. de géom. opération qui égale une courbe à une ligne droite.
Rectifier, *v. a. Emendare.* -fié. e, *p.* redresser; remettre en état, en ordre; t. de géom. de chim. faire la rectification.
Rectiligne, *adj.* 2 *g.* terminé par des lignes droites.
Rectitude, *s. f. Integritas.* équité, justice, droiture.
†Rectiuscule, *adj.* 2 *g.* t. de botan. presque droit.
Recto, *s. m.* la première page d'un feuillet.
†Rectograde, *adj.* 2 *g.* qui marche sur une ligne droite.
Rectoral, e, *adj.* de recteur. G. C. RR.
Rectorat, *s. m.* charge du recteur, sa durée.
Rectorerie, *s. f.* cure, direction d'une paroisse. R. G. C. V.
Rectorier, *v. a.* payer au recteur de l'université de Paris le droit sur le parchemin. G. C.
†Rectrice, *s. f.* longue plume de la queue.
Rectum, *s. m.* t. d'anatomie, le dernier des trois gros intestins.
Reçu, *s. m.* quittance sous seing-privé.
Recueil, *s. m. Excerpta.* réunion d'actes, d'écrits, de pièces.
Recueillement, *s. m.* action de se recueillir.
Recueillir, *v. a. Colligere.* li. e, *p.* faire une récolte; cueillir, amasser les fruits de la terre; ramasser, rassembler; compiler; recevoir; inférer. (se), *v. pers.*
Recueilloir, *s. m.* t. de cordier, bois pour tortiller la ficelle. R. G. C.
Recuire, *v. a. Recoquere.* -cuit. e, *p.* cuire une autre fois.
†Recuisson, *s. m.* action de chauffer au plus grand feu; action de recuire.
Recuit. e, *adj. Recoctus.* t. de médecine, trop cuit.
Recuit, *s. m. ou* Recuite, *s. f.* opération de recuire. *s. m.* voyez Ragats.
Recuiteur, *s. m.* officier des monnoies. R. G. C.
Recul, *s. m. Recessus.* mouvement en arrière du canon, d'un ressort, etc., t. d'horlogerie.
Reculade, *s. f.* action des voitures qui reculent. * action de reculer. AL.
Reculée, *s. f.* enfoncement, retraite. V.
Reculée, *s. f.* (feu de) qui oblige à se reculer, * fait en reculant, t. milit. B.
Reculement, *s. m. Regressus.* action de reculer; pièce du harnois.
Reculer, *v. a. Retroducere.* lé. e, *p.* retarder; pousser, retirer en arrière; éloigner. *v. n.* aller en arrière; différer. (se), *v. r.* se retirer en arrière. * étendre. CO.
Reculer, *s. m.* t. d'horlogerie, sorte de lime.
Reculons (à), *adv. Cessim.* en reculant; en empirant.
†Récupérateur, *s. m.* qui embellit, qui orne, qui recouvre quelque chose. (*vieux*).
Récupération, *s. f.* (*vieux*) émersion, recouvrement de la lumière après l'éclipse. G. C.
Récupérer (se), *v. r.* ré. e, *p.* (*familier*), se récompenser de quelque perte.
Récurer, *v. a.* ré. e, *p.* donner un troisième labour. G. C. * blanchir l'acier avec du grès. B. Récurer. AL. voyez Écurer. A.
Récurrent, *adj. m.* t. d'anat. qui jette des rameaux; t. de poësie, (vers) qui se lit à rebours G. C. RR. * (cristal) dont les faces sont par rangées annulaires en nombre de 4. 8. 4. 8. 4. B.
Récusable, *adj.* 2 *g. Rejiciendus.* qui, de droit, peut ou doit être récusé; à qui on ne peut pas ajouter foi.
Récusation, *s. f. Rejectio.* action par laquelle on récuse.
Récuser, *v. a. Rejicere.* sé. e, *p.* rejeter un juge, des témoins.
Rédacteur, *s. m.* celui qui rédige.
Rédaction, *s. f.* action par laquelle on rédige.
Redan, *s. m.* fortification à angles saillans et rentrans. * bancs d'ardoise en gradins. B. * Redent. T.
Redanser, *v. a.* sé. e, *p.* danser de nouveau. R. G.
Redarguer, *v. a. Redarguere.* gué. e, *p.* réprimander, blâmer.
†Rédargution, *s. f.* réplique dans une contestation; réponse à une lettre. (*vieux*).
Redder, *v. a.* (*vieux*) rêver en dormant. V.
Reddition, *s. f.* action de rendre. * Rédition. RICHELET.
Redébattre, *v. a.* tu. e, *p.* débattre de nouveau, une seconde fois. * Redébatre. R.
Redéclarer, *v. a.* ré. e, *p.* déclarer de nouveau, une seconde fois. R. G. C.
Redédier, *v. a.* dié. e, *p.* dédier une seconde fois. R. G. C.
Redéfaire, *v. a.* fait. e, *p.* défaire de nouveau, une seconde fois. R. G. C.
Redéjeûner, *v. n.* faire un second déjeûner. R. G. C.
Redélibérer, *v. a.* ré. e, *p.* remettre en délibération. R. G. C.
Redélivrer, *v. a.* vré. e, *p.* délivrer une seconde fois. R. G. C.
Redemander, *v. a. Repetere.* dé. e, *p.* demander de nouveau; vouloir reprendre ce qu'on a donné ou prêté.
Redemeurer, *v. n. Remigrare.* demeurer encore, de nouveau. R. G. C.
Redémolir, *v. a.* li. e, *p.* démolir de nouveau, une seconde fois. R. G. C.
Rédempteur, *s. m. Redemptor.* celui qui rachète.
Rédemption, *s. f. Redemptio.* rachat.
Redens, *s. m. pl.* t. de marine, entailles et dents assemblées. C. * ressauts d'une muraille. B. Redents. G.
Redépêcher, *v. a.* ché. e, *p.* renvoyer exprès et en diligence. R. G. C.
Redescendre, *v. a.* du. e, *p.* descendre encore, de nouveau. R. G. C.
Redevable, *adj.* 2 *g. Debitor.* débiteur après un compte rendu; qui a de l'obligation à...
Redévaler, *v. n.* redescendre encore ou une seconde fois. R.
Redevance, *s. f.* dette, charge, rente annuelle.
Redevancier. ère, *s.* obligé à des redevances. * *f.* Redevanciere. R.
Redevenir, *v. n.* nu. e, *p.* recommencer à être.
Redevider, *v. a.* dé. e, *p.* devider de nouveau. G. C. * Redévider. R.
Redevoir, *v. a. Reliquari.* dû. e, *p.* être en reste, devoir après un compte fait. * Redu. redue, *p.* R.
Redhibition, *s. f.* action pour faire casser la vente d'une chose défectueuse.
Redhibitoire, *adj.* 2 *g.* qui peut opérer la redhibition, t. de pratique.
Rédiger, *v. a. Tradere.* gé. e, *p.* mettre en ordre et par écrit; réduire; résumer; compiler.
Rédimer (se), *v. r.* mé. e, *p.* se racheter, se délivrer; t. de pratique.
Redingote, *s. f. Lacerna.* vêtement long et large.
Redire, *v. a Iterare.* -dit. e, *p.* répéter; révéler; blâmer.
Rediseur, *s. m.* qui répète ce qu'il a dit ou ouï dire. R. G. C. * rapporteur. V.
Redistribuer, *v. a.* bué. e, *p.* distribuer encore, de nouveau. R. G. C.
Redistribution, *s. f.* nouvelle distribution. R. G. C.
Redite, *s. f. Repetitio.* répétition fréquente.
Redompter, *v. a.* té. e, *p.* dompter une seconde fois. R. G. C. * *ou* Redomter. AL.
Redondance, *s. f. Redundantia.* superfluité de paroles dans un discours.
Redondant. e, *adj. Redundans.* superflu, inutile.
Redonder, *v. n. Redundare.* être superflu, surabonder dans le discours.
Redonner, *v. a. n. Redonnare.* né. e, *p.* donner une seconde fois; donner; revenir à la charge. (se), *v. r.* se livrer, s'abandonner de nouveau. * Redoner. R.
Redorer, *v. a.* ré. e, *p.* dorer de nouveau; t. de poësie, éclairer de nouveau.
Redormir, *v. n.* dormir de nouveau. V. RR.
Redorte, *s. f.* t. de blas. branches retortillées en rameaux. G. C.
Redoublement, *s. m. Duplicatio.* accroissement, augmentation.
Redoubler, *v. a. n. Duplicare.* blé. e; *p.* réitérer, augmenter; remettre une doublure.
†Redoul, Roudou, *s. m.* Corroyère, *s. f. Coriaria.* Herbe aux tanneurs, espèce du sumac qui fournit un tan très-actif; le fruit est un poison.
Redoutable, *adj.* 2 *g. Formidabilis.* fort à

craindre, à redouter.

Redoute, *s. f.* pièce de fortification détachée.

Redouter, *v. a. Metuere.* té, e, *p.* craindre beaucoup.

Rèdre, *s. m.* grand filet pour le hareng. G. C.

*Rèdre. R.

Redressement, *s. m.* action de redresser, son effet, t. de pratique.

Redresser, *v. a. Corrigere.* sé. e, *p.* rendre droit; remettre dans le droit chemin; attraper au jeu (*familier*); châtier. (se), *v. pers.* se relever; se tenir droit.

Redresseur. se, *s.* qui cherche à attraper les autres; (-de torts), chevalier errant. * anneau d'un outil de raffineur. B.

Redressoir, *s. m.* instrument pour redresser la vaisselle d'étain bossuée. R. G. C.

Réductible, *adj.* 2 *g.* qui peut être réduit.

Réductif. ve, *adj* qui réduit.

Réduction, *s. f. Expugnatio.* action de réduire, ses effets. * suite de notes descendant diatoniquement. B.

Réduire, *v. a. Cogere.* duit. e, *p.* contraindre, nécessiter, obliger; dompter; évaluer; résoudre une chose en une autre; borner, restreindre, diminuer; aboutir, se terminer. (se), *v. r.* devenir moindre; se soumettre.

Reduit, *s. m. Seclusorium.* retraite; t. de fortif. demi-lune, bastion. * lieu de réunion pour jouer. G.

Réduplicatif. ve, *adj.* qui marque le redoublement; t. de grammaire.

Réduplication, *s. f.* répétition d'une syllabe, d'une lettre en grec.

†Réduves, *s. m. pl. Reduvius.* insectes hémiptères, de l'espèce des punaises.

Réédification, *s. f. Instauratio.* reconstruction.

Réédifier, *v. a. Instaurare.* fié. e, *p.* rebâtir, reconstruire.

Réédrteur, *s. m.* qui donne une seconde édition. R.

Réédition, *s. f.* seconde édition. R.

Réel. le, *adj. s. m.* qui est en effet. * Réel. ele. R.

Réélection, *s. f.* action de réélire. C.

Réélire, *v. a.* -lu. e, *p.* élire de nouveau. C.

Réellement, *adv. Reipsâ.* véritablement; effectivement. * Réélement. R.

Réembrer, *v. a.* bré. e, *p.* (*vieux*) racheter. V.

Réengendrer, *v. a.* dré. e, *p.* engendrer de nouveau; t. mystique. R. V.

Réer *ou* Rere. voyez Raire. V.

†Réexportation, *s. f.* transport à l'étranger de marchandises venues du dehors.

Refâcher, *v. a.* ché. e, *p.* fâcher de nouveau. R. G. C.

Refaçonner, *v. a.* né. e, *p.* façonner une seconde fois. G. C. * Refaçoner. R.

Refaction, *s. f.* remise de l'excédant de poids des marchandises qui ont été mouillées. G. C. RR.

Refaillir, *v. n.* faillir une seconde fois. V.

Refaire, *v. a. Reficere.* -fait. e, *p.* faire une seconde fois; réparer, raccommoder; recommencer; remettre en vigueur. (se), *v. pers.* reprendre vigueur.

Refait, *s. m.* t. de jeu, coup, partie qu'il faut recommencer; nouveau bois de cerf. * (bois) écarri sur les faces. B.

Refaucher, *v. a.* ché. e, *p.* faucher une seconde fois. R. G. C.

Réfection, *s. f. Refectio.* repas, t. claustral; réparation d'un édifice.

Réfectionner, *v. a.* manger. V.

Réfectoire, *s. m. Cœnatio.* lieu dans lequel une communauté prend ses repas.

Réfectorier. ère, *s.* qui a soin du réfectoire. G. C.

* *et* Réfectoriaire. *v. f.* Réfectoriere. R.

†Réfecture, *s. f.* droit de prendre dans une forêt du bois pour réparer un édifice.

Refend, *s. m.* (mur de) dans l'intérieur de l'édifice. (bois de) scié en long. (pierre de) angulaire.

†Refendoir, *s. m.* outil pour espacer les dents des cardes.

Refendre, *v. a.* -du. e, *p.* diviser, fendre en long; fendre de nouveau.

†Refendret, *s. m.* coin de fer, t. d'ardoisière.

Référé, *s. m.* rapport fait par un juge d'un référé, sa décision.

Référendaire, *s. m.* t. de chancel. rapporteur.

Référer, *v. a. n. Referre.* ré. e, *p.* rapporter, attribuer; faire un rapport; avoir rapport. (se), *v. r.* se rapporter.

Refermer, *v. a. Occludere.* mé. e, *p.* fermer de nouveau; fermer les ouvertures des chairs.

Referrer, *v. a.* ré. e, *p.* ferrer une seconde fois. R. G. C.

Refêter, *v. a.* té. e, *p.* rétablir une fête supprimée. R. G. C.

Refeuiller, *v. a.* lé. e, *p.* t. de menuiserie, faire deux feuillures en recouvrement. R. G. C.

Refeuillure, *s. f.* t. de menuiserie, action de faire deux feuillures. G. C. RR.

Reficher, *v. a.* ché. e, *p.* ficher de nouveau; remaçonner les joints. R. G. C.

Refiger, *v. a.* gé. e, *p.* figer et se figer de nouveau. (se), *v. r.* R. G. C.

Refin, *s. m.* laine très-fine. G. C.

Refixer, *v. a.* xé. e, *p.* fixer de nouveau. R. G. C.

†Reflamber, *v. a.* bé. e, *p.* réfléchir la lumière; repasser par le feu. (*vieux*).

Reflatter, *v. a.* té. e, *p.* flatter de nouveau. G. C. * Reflater. R.

†Réfléchi. e, *adj.* t. de botan. courbé en angle en dehors.

Réfléchir, *v. a.* chi. e, *p.* repousser, renvoyer. *v. n.* rejaillir; penser mûrement; être renvoyé.

Réfléchissant. e, *adj.* qui est cause d'une réflexion, qui fait rejaillir; t. de physique. C. (*néolo.*) qui réfléchit, fait des réflexions. G.

Réfléchissement, *s. m. Repercussus.* rejaillissement, réverbération.

†Réfléchisseur, *s. m.* auteur d'un livre de réflexions.

Reflective, *adj. f.* (conception) résultante de la réflexion. K.

Reflet, *s. m. Repercussus.* t. de peint. réverbération, réflexion de la lumière, d'une couleur sur le corps voisin.

Refléter, *v. a.* té. e, *p.* t. de peint. renvoyer la lumière, une couleur sur.

Refleuret, *s. m.* t. de manufacture, seconde laine d'Espagne. G. C.

Refleurir, *v. n. Reflorescere.* ri. e, *p.* fleurir une seconde fois. * rentrer en estime, en vogue. CO.

Réflexe, *adj.* 2 *g.* (vision.) qui se fait par réflexion. R. G. C.

Réflexibilité, *s. f.* propriété d'un corps qui réfléchit, t. de physique.

Réflexible, *adj.* 2 *g.* propre à être réfléchi.

Réflexif. ve, *adj.* v. qui réfléchit. B.

Réflexion, *s. f.* rejaillissement, réverbération. *Consideratio.* méditation, pensée; action de réfléchir.

Refluer, *v. n. Refluere.* retourner vers sa source.

Reflux, *s. m. Maris æstus.* mouvement de la mer qui se retire après le flux; vicissitude des événemens.

Refoilir, *v. a.* (*vieux*) jeter des feuilles. V.

Refonder, *v. a.* dé. e, *p.* t. de prat. rembourser les frais d'un défaut auquel on s'oppose.

Refondre, *v. a.* du. e, *p.* mettre à la fonte une seconde fois; refaire.

Refonte, *s. f.* (de monnoie), action de la refondre. * action de refondre. B.

Reforger, *v. a. Recudere.* gé. e, *p.* forger une seconde fois. R. G. C.

Réformable, *adj.* 2 *g.* qui peut ou qui doit être réformé.

Réformateur. trice, *s. Emendator.* qui réforme, corrige les abus.

Réformation, *s. f. Emendatio.* action de réformer, de corriger.

Réforme, *s. f.* rétablissement dans l'ordre, dans l'ancienne discipline; retranchement des abus; réduction des troupes; régularité des mœurs.

Réformé, *s. m.* qui suit une réforme, t. claustral.

Réformer, *v. a. Emendare.* mé. e, *p.* rétablir dans l'ancienne forme, en donner une nouvelle, une meilleure; réduire; retrancher ce qu'il y a de trop.

Reformer, *v. a.* mé. e, *p.* former de nouveau. G.

†Refossiller, *v. a. et récipr.* remettre en santé.

Refouetter, *v. a.* té. e, *p.* fouetter de nouveau. G. C. * Refouéter. R.

Refouiller, *v. a.* lé. e, *p.* fouiller une seconde fois. R. G. C.

Refouir, *v. a. Refodere.* -foui. e, *p.* fouir de nouveau. R.

†Refoulement, *s. m.* action de refouler, son effet.

Refouler, *v. a. Recalcare.* lé. e, *p.* fouler une seconde fois; bourer avec le refouloir; aller contre la marée; refluer en abondance.

Refouloir, *s. m.* instrument pour bourrer les canons; t. de forge, paquet de fonte mis à fleur de terre.

Refourbir, *v. a. Repolire.* bi. e, *p.* fourbir de nouveau. R. G. C.

Refournir, *v. a.* ni. e, *p.* fournir de nouveau, une seconde fois. R. G. C.

Réfractaire, *adj.* 2 *g. s. m. Refractarius.* rebelle, désobéissant; t. de chimie, qui se fond très-difficilement.

Réfracter, *v. a.* té. e, *p.* produire la réfraction. A.

Réfraction, *s. f.* t. de physique, changement de direction d'un rayon dans un milieu.

Réfractoire, *s. f.* courbe. G. C. RR.

Refrain, *s. m.* mots qui se répètent à chaque couplet; t. de marine, retour des vagues qui se brisent.

Refranchir (se), *v. r.* se dit de la diminution de l'eau de pluie dans le vaisseau, t. de marine.

Refranger, *v. a.* gé. e, *p.* renvoyer par réflexion. V.

Réfrangibilité, *s. f.* t. de phys. qualité des rayons réfrangibles.

Réfrangible, *adj.* 2 *g.* susceptible de réfraction.

Refrapper, *v. a.* pé. e, *p.* frapper de nouveau. * Refraper. R.

Refrayer, *v. a.* -yé. e, *p.* t. de potier, unir avec le doigt avant la cuisson. R. G. C.

Refréner, *v. a. Refrenare.* né. e, *p.* réprimer. * Réfréner. G. C.

Réfrigérant. e, *adj.* qui rafraîchit.

Réfrigérant, *s. m.* vaisseau pour condenser les vapeurs, t. de chimie. * Réfrigérent, *adj.* réfrigératif. AL.

Réfrigératif. ve, *adj. s. m. Frigerans.* qui rafraîchit, refroidit.

Réfrigération, *s. m. Refrigeratio.* t. de méd. refroidissement.

†Réfrigératoire, *adj.* 2 *g.* réfrigératif.

Réfringent. e, *adj.* qui cause une réfraction.

Refrire, *v. a.* -frit. e, *p.* frire de nouveau. R. G. C.

Refriser, *v. a.* sé. e, *p.* friser de nouveau. R. G. C.

Refrognement, Renfrognement, *s. m.* action de se refrogner.

Refrogner, Renfrogner (se), *v. r.* gné. e, *p.* se

faire des plis au front en signe de douleur, de mécontentement

Refroidir, *v. a. Refrigerare.* di. e, *p.* rendre froid; ralentir. *v. n.* (se), *v. r.* devenir froid.

Refroidissement, *s. m. Refrigeratio.* diminution de chaleur, de passion, d'amitié; maladie du cheval, morfondure légère.

Refrotter, *v. a.* té. e, *p.* frotter, battre de nouveau. G. C. * Refroter. R.

Refuge, *s. m. Refugium.* asile, retraite; excuse, prétexte. * Réfuge. R.

Réfugié. e, *adj. s. m.* calviniste sorti de France.

Réfugier (se), *v. r. Refugere.* gié. e, *p.* se retirer en lieu de sureté.

Refui, *s. m.* asile. V.

Refuir, *v. n.* fuir devant les chasseurs. R. G. C.

Refuite, *s. f. Effugium.* t. de chasse, route pour fuir; ruse; retardement; t. de menuisier, largeur.

Refus, *s. m. Recusatio.* action de refuser; chose refusée.

Refuser, *v. a. n. Recusare.* sé. e, *p.* rejeter, ne pas accepter, ne pas accorder. (se), *v. r.* se priver.

Refuseur, *s. m.* qui refuse. R. V.

Réfusion, *s. f.* remboursement de frais.

Réfutation, *s. f. Refutatio.* discours par lequel on réfute.

Réfuter, *v. a. Refutare.* té. e, *p.* détruire par des raisons solides ce qu'un autre a avancé.

Regagner, *v. a. Recuperare.* gné. e, *p.* gagner, reprendre ce qu'on avoit perdu; rentrer dans; retourner à.

Regaillardir, *v. a.* mettre en bonne humeur. MOLIÈRE. * (se), *v. r.* B.

Regain, *s. m.* second foin. * retour de jeunesse. G.

Regaires, *s. m. pl.* t. de jurisp. R. * juridiction temporelle des évêques en Bretagne. RR.

Régal, *s. m.* festin, grand repas. (*fig. familier*) grand plaisir.

Régalade, *s. f.* (boire à la), la tête renversée.

Régale, *s. m.* jeu de l'orgue. *s. f.* (droit de), t. de droit canon, droit de percevoir les revenus des bénéfices vacans. *adj. f.* (eau-) qui dissout l'or. * *s. f.* espèce de claquebois ancien. — à vent, instrument. B.

†Régalec, *s. m. Regalecus.* poisson apode, à corps en lame d'épée.

Régalement, *s. m.* t. d'archit. nivellement; t. de finance, répartition égale d'une taxe.

Régaler, *v. a.* lé. e, *p.* donner, faire un régal; réjouir, divertir. *Coæquare.* t. d'architecture, niveler; répartir une taxe.

Régaleur, *s. m.* qui étend la terre, ou qui la foule avec des battes. R. G. C.

Régalien, *adj.* (droit) attaché à la royauté. * Régalien. ene. R.

†Régalis, *s. m.* place où le chevreuil a gratté.

Régaliste, *s. m.* pourvu par le roi d'un bénéfice.

Regard, *s. m. Aspectus.* action de regarder; endroit pour visiter un aqueduc; t. de peint. portraits en regards. (au-), *adv.* par rapport, en comparaison. (*vieux*).

Regardant, *s. m. Spectator.* (*familier*) spectateur; qui regarde.

Regardant. e, *adj.* (*famil.*) (près) trop exact, trop ménager: t. de blas. qui regarde sa queue.

Regarder, *v. a. Aspicere.* dé. e, *p.* jeter la vue sur; considérer; être vis-à-vis; concerner; prendre garde; songer mûrement à.

Regardure, *s. f.* (*vieux*) aspect.

Regarnir, *v. a.* ni. e, *p.* garnir une seconde fois. R. G. C.

†Regates, *s. f. pl.* courses de barques en forme de carrousel.

Regayer, *v. a.* yé. e, *p.* nettoyer, passer le chanvre par le regayoir. R. G. C.

Regayoir, *s. m.* outil pour nettoyer le chanvre, le regayer. R. G. C.

Regayûre, *s. f.* ce qui reste dans le regayoir. C. * Regayure. R. G.

Regeler, *v. n.* lé. e, *p.* geler de nouveau. R. G. C.

Régement, *s. m.* régime. V.

Régence, *s. f.* droit, soin de gouverner pendant une minorité, sa durée; état, conseil; durée de l'exercice d'un professeur.

Régénérateur, *s. m.* celui qui régénère. A.

Régénération, *s. f. Regeneratio.* réproduction; action de régénérer; épurement; baptême, renaissance.

Régénérer, *v. a. Regenerare.* ré. e, *p.* donner une nouvelle existence. * corriger, réformer, extirper les vices, les abus. C. (se), *v. r.* se reproduire.

Régent, *s. m. Professor.* qui enseigne dans les colléges. *s. et adj.* 2 *g.* qui gouverne pendant la minorité.

Régenter, *v. a. n. Profiteri.* té. e, *p.* professer, enseigner; aimer à dominer.

Regermer, *v. n.* mé. e, *p.* germer de nouveau, une seconde fois. R. C. C.

Régicide, *s. m.* meurtre d'un roi, celui qui le commet.

Régie, *s. f. Administratio.* administration de biens, etc., à charge de compter.

Regimbement, *s. m.* action de ruer, de regimber. R. G. C.

Regimber, *v. n. Calcitrare.* ruer des pieds de derrière; résister.

Régime, *s. m. Ratio.* règle qu'on observe par rapport à la santé; gouvernement, administration; les supérieurs; rameaux de palmiers, de bananier, de figuier, avec les fruits; t. de gram. action d'un mot sur un autre, leur union, leur rapport.

Régiment, *s. m. Legio.* corps militaire composé de plusieurs compagnies; multitude.

†Régine, *s. m.* serpent du 3e. genre.

Reginglette, *s. f.* piége pour attraper des oiseaux. C. * Reginglete. R.

Région, *s. f. Regio.* grande étendue sur la terre, dans l'air, dans le ciel; t. d'anatomie, portion du corps.

Région épigastrique, hypogastrique, ombilicale, *s. f.* t. de médecine.

Régionaire, *adj. m.* titre ecclésiastique. R.

Regione, È regione, t. d'impr. les alinéa en regard par colonne. * È regione. A. C. G. R.

†Régipeau, *s. f.* perche qui unit deux coupons.

Régir, *v. a. Regere.* gi. e, *p.* gouverner, administrer; diriger, conduire; t. de gram. se construire avec.

Régisseur, *s. m.* celui qui régit.

Registraire, *s. m.* gardien des registres. R. G. C.

Registrata, *s. m.* t. de prat. extrait d'un arrêt d'enregistrement. R. G. C.

Registrateur, *s. m.* qui enregistre les bulles.

Régistration, *s. f.* (droit) de registre. V.

Registre, *s. m. Codex.* livre où l'on écrit pour y avoir recours; t. d'impr. correspondance du recto et du verso; t. d'organiste, bâtons pour faire jouer les jeux; t. de chimie, ouvertures du fourneau; t. de mét. plaque mobile, trou qu'elle ferme. * t. de mar. (vaisseau de) qui a une permission de trafiquer avec l'Amérique espagnole. G.

Registrer, *v. a.* tré. e, *p.* enregistrer; mettre sur un registre. *et* Regîtrer.

Règle, *s. f. Regula.* instrument pour tirer des lignes; principe, loi; maxime, enseignement; bon ordre; exemple, modèle; réglement, discipline, institut; statuts; t. d'architecture, moulure. * Regle. R.

Réglé. e, *adj. Directus.* conforme, assujéti aux règles; décidé, jugé; sage, rangé; couvert de lignes.

†Réglée, *s. f.* pile de cartons écarris.

Réglement, *s. m. Constitutum.* ordonnance; statut. * Règlement. G. C.

Réglément, *adv. Constanter.* avec règle, d'une manière réglée.

Réglémentaire, *adj.* 2 *g.* du réglement. A. V.

Régler, *v. a. Dirigere.* tirer des lignes sur du papier; diriger, déterminer, conduire. Réglé. réglée, *p. adj.* sage; en ordre; méthodique; jugé; (troupes) toujours entretenues.

Réglet, *s. m.* t. d'impr. petite règle, filet; outil de menuisier pour dégauchir.

Réglette, *s. f.* t. d'impr. lame de fonte, de bois, etc. * Réglete. R.

Régleur. se, *s.* qui règle le papier. R. G. C.

Réglisse, *s. f. Glycyrrhiza.* plante, sa racine adoucissante pour la poitrine.

Régloir, *s. m.* outil pour régler ou marquer; t. de cordonnier, de cirier. G. C.

Réglure, *s. f.* ouvrage du régleur, manière dont le papier est réglé. R. G. C.

Régnant. e, *adj. Regnans.* qui règne, domine.

Règne, *s. m. Regnum.* gouvernement d'un royaume comme roi, sa durée; pouvoir, empire; tiare ou trirègne du pape, couronne; t. d'hist. naturelle, genre végétal, animal, minéral. * Regne. R.

Régner, *v. n.* gouverner un état comme roi; régir, dominer; être en vogue, en crédit; durer long-temps; s'étendre le long.

Régnicole, *s. m.* habitant naturel d'un royaume; étranger naturalisé. * Régnicole, *adj.* A. Regnicole. C. *pron.* reguenicole.

†Regnies, *s. f. pl.* toiles de Beaujolois.

Regonflement, *s. m.* élévation d'un fluide arrêté dans son cours.

Regonfler, *v. n. Refluere.* s'enfler et se soulever.

Regorgement, *s. m. Exundatio.* action de regorger; ce qui est regorgé.

Regorger, *v. n. Exundare.* déborder; avoir en abondance.

Regouler, *v. a.* lé. e, *p.* (*popul.*) dire des paroles piquantes, rabrouer. * rassasier. AL.

Regourmer, *v. a.* mé. e, *p.* donner de nouveau des coups de poing. R. V.

Regoûter, *v. a.* té. e, *p.* goûter une seconde fois. R. G. C.

Regracier, *v. a.* (*vieux*) rendre grâce. V.

†Regradiller, *v. a.* friser les cheveux avec un fer chaud.

Regrat, *s. m.* vente à petite mesure, à petit poids, lieu où elle se fait, ses objets.

Regratter, *v. a. Interpolare.* té. e, *p.* gratter de nouveau; nettoyer; retoucher avec le burin. *v. n.* vendre du sel à petite mesure. * faire des réductions. G. Regrater. R.

Regratterie, *s. f.* marchandise de regrat. G. C. * Regraterie. R.

Regrattier. ère, *s. Propola.* qui fait le regrat; petit marchand. * qui fait des réductions. G. Regratier. Regratiere. R.

Regreffer, *v. a. Inserere.* fé. e, *p.* greffer, enter de nouveau. G. C. * Regrêfer. R.

†Regrélage, *s. m.* action de regrêler, son effet.

Regrêler, *v. a.* lé. e, *p.* t. de cirier, refondre la cire pour la blanchir. R. * ou Regrélouer. R. Regreler. CO.

Regrer, *v. a.* (*vieux*) récréer. V.

Regrès, *s. m.* droit de rentrer dans un bénéfice résigné.

Regret, *s. m. Mæror.* déplaisir que cause une perte ou le défaut de succès; déplaisir léger; repentir.

repentir. *pl.* doléances, plaintes, lamentations.
Regrettable, *adj.* 2 *g.* *Lugendus.* (*inusité*) qui mérite d'être regretté. * Regrétable. R.
Regretter, *v. a.* té. e, *p.* être affligé d'une perte, d'un manque de succès, de n'avoir pas fait. * Regréter. R.
Reguinder, *v. a.* dé. e, *p.* guinder une seconde fois; *v.* de fauc. s'élever plus haut. R. G. C.
Régulariser, *v. a.* sé. e, *p.* rendre régulier. C. G. V. RR. * soumettre à des règles. B.
Régularité, *s. f.* *Regula.* conformité aux règles; ordre invariable; état religieux.
†Régulateur, *s. m.* balancier et spiral; verge à pendule, t. d'horloger; armure du laminoir du plombier: celui qui règle, dirige.
Régule, *s. m.* partie métallique pure d'un demi-métal, en particulier de l'antimoine, t. de chim. * poids pour régler les horloges. B.
Régulier. ere, *adj.* conforme aux règles; exact, ponctuel. *et subst.* religieux; l'opposé de séculier. * Régulier. ere. R.
Régulièrement, *adv.* selon les règles; avec régularité; réglément. * Réguliérement R.
Réguline, *adj. f.* (partie) purement métallique. A.
Régulus, *s. m.* t. d'astronomie. RR.
Réhabilitation, *s. f.* rétablissement dans le premier état.
Réhabiliter, *v. a.* té. e, *p.* rétablir, remettre en état, dans le premier état. * (se), *v. pron.* rentrer dans ses droits. B.
Réhabituer, *v. a.* tué. e, *p.* habituer de nouveau. (se), *v. pers.* reprendre une habitude perdue. R. V.
Rehacher, *v. a.* ché. e, *p.* hacher une seconde fois. R. G. C.
Rehanter, *v. a.* té. e, *p.* hanter, fréquenter de nouveau. R. G. C.
Rehasarder, *v. a.* dé. e, *p.* hasarder de nouveau. T. * Rehazarder. R.
Rehaussement, *s. m.* action de rehausser, son effet; augmentation.
Rehausser, *v. a.* *Sustollere.* sé. e, *p.* relever; faire paroître, hausser davantage; augmenter; vanter avec excès. * t. de peint. augmenter les jours, les ombres.
Rehauts, *s. m. pl.* t. de peint. les endroits les plus éclairés. * blancs dans la gravure. B.
Reheurter, *v. a.* té. e, *p.* heurter de nouveau. R. G. C.
Reigne, *s. f.* (*vieux*) reine. V.
†Reillère, *s. f.* conduite d'eau sur la roue d'un moulin.
Réimposer, *v. a.* sé. e, *p.* faire une nouvelle imposition. * t. d'imprimerie, imposer de nouveau. G. C.
Réimposition, *s. f.* action de réimposer.
Réimpression, *s. f.* nouvelle impression.
Réimprimer, *v. a.* mé. e, *p.* imprimer de nouveau.
Rein, *s. m.* *Ren.* rognon, glande qui sépare du sang les matières salines. *pl.* les lombes, le bas de l'épine du dos. * *s. m.* le bord d'un bois. G.
†Reinaire, *adj.* 2 *g.* qui ressemble à un rein, t. de botanique.
Réincruder, *v. a.* dé. e, *p.* t. de philosophie hermétique. V. * faire redevenir crud. RR.
Reine, *s. f.* *Regina.* femme de roi; femme qui possède un royaume. * la chose la plus excellente. CO. papillon-paon des orties; monnoie d'or. B.
Reine-claude, *s. f.* prune exquise.
†Reine-des-bois, *s. f.* voyez Dianelle. — marguerite, aster de la Chine.
†Reine des serpens, *s. f.* beau serpent du Brésil, Giboya.
Reine des prés, *s. f.* *Ulmaria*, *ou* Ulmaire, plante. Ormière, Vignette, Barbe-de-chèvre, plante qui ressemble en petit à l'orme. * Reine-des-prés. A. C.
Reinette *et* Rainette, *s. f.* pomme. * Reinete. R.
Réinfecter, *v. a.* té. e, *p.* infecter de nouveau, une seconde fois. R. G. C.
Réinstaller, *v. a.* -tallé. e, *p.* installer de nouveau, une seconde fois. G. C.
Réinté. e, *adj.* t. de vénerie, qui a les reins forts et larges.
Réintégrande, *s. f.* t. de droit canon, rétablissement dans la jouissance.
Réintégration, *s. f.* action de réintégrer. A.
Réintégrer, *v. a.* *Restituere.* gré. e, *p.* rétablir dans la possession; remettre en prison, au même lieu.
Réinterroger, *v. a.* gé. e, *p.* interroger de nouveau. R. G. C.
Réinviter, *v. a.* té. e, *p.* inviter de nouveau, une seconde fois. R. G. C.
Réitératif. ve, *adj.* réitéré; qui réitère. V.
Réitération, *s. f.* *Iteratio.* action de réitérer.
Réitérer, *v. a.* *Iterare.* ré. e, *p.* faire de nouveau ce qu'on a déjà fait.
Reitre (vieux), *s. m.* (*popul.*) soldat, vieux routier. * cavalier allemand. V. Reître. R.
Rejaillir, *v. n.* *Resilire.* jaillir; être repoussé et réfléchi; retomber sur.
Rejaillissement, *s. m.* *Repercussus.* mouvement de ce qui rejaillit.
Rejanner, *v. n.* contrefaire par manière d'insulte le ton et la voix de quelqu'un. T.
Rejaunir, *v. a.* ni. e, *p.* rendre jaune de nouveau. *v. n.* redevenir jaune. G. C. RR.
Rejet, *s. m.* t. d'agric. nouvelle pousse; t. de prat. réimposition; t. de finance, renvoi d'un article. * piége pour les bécasses. B. action d'exclure, de rejeter. AL.
Rejetable, *adj.* 2 *g.* qui doit être rejeté.
†Rejeteau, *s. m.* moulure qui écarte l'eau.
Rejeter, *v. a.* *Rejicere.* té. e, *p.* jeter une seconde fois; repousser; jeter dehors, rebuter; renvoyer à un autre article; placer ailleurs.
Rejeton, *s. m.* *Surculus.* nouveau jet; descendant. * Surgeon, jeune branche d'œillet que l'on butte en terre pour leur faire prendre racine. B.
Rejetoner (des plantes de tabac), *v. a.* né. e, *p.* arracher les rejetons, les feuilles, etc. G. C.
Rejoindre, *v. a.* *Conjungere.* -joint. e, *p.* réunir les parties séparées; ratteindre; retrouver. (se), *v. r.* se rassembler, se joindre de nouveau.
Rejointoyer, *v. a.* yé. e, *p.* t. d'archit. remplir, ragréer les joints. R. G. C.
Rejouer, *v. a.* -joué. e, *p.* jouer une seconde fois. R. G. C.
Réjoui. e, *s.* personne de bonne humeur.
Réjouir, *v. a.* *Hilare.* -joui. e, *p.* donner de la joie, du plaisir. (se), *v. r.* se divertir, se féliciter.
Réjouissance, *s. f.* *Lætitia.* démonstration de joie; t. de jeu, carte sur laquelle on met; t. de boucher, basse viande, os.
Réjouissant. e, *adj.* *Festivus.* qui réjouit.
Rejoûter, *v. a.* joûter de nouveau. R. G. C.
Rejouvenir, *v. a.* (*vieux*) redevenir enfant. V.
Rekiet, *s. m.* salut religieux des Turcs. RR.
†Relâchant, *adj. s. m.* t. de méd. remède qui relâche, amollit.
Relâche, *s. m.* *Intermissio.* interruption, discontinuation, repos. * t. de mar. lieu où l'on peut relâcher. B.
Relâche, *s. f.* t. de marine, lieu propre pour y relâcher.
Relâché. e, *adj.* *Laxatus.* qui n'est plus si tendu, si ferme, si sévère; (mœurs) presque dissolus.
Relâchement, *s. m.* *Relaxatio.* diminution de tension; rallentissement d'ardeur; délassement; disposition du temps à s'adoucir.
Relâcher, *v. a.* *Relaxare.* ché. e, *p.* faire qu'une chose soit moins tendue; mettre en liberté; céder ses droits; diminuer; rallentir; diminuer d'ardeur. *v. n.* t. de mar. s'arrêter. (se), *v. r.* n'être plus si ferme, si constant, si sévère, si régulier, si fort, si violent, si douloureux; céder de ses droits, etc.
†Relai, *s. m.* deuxième eau, t. de saunier.
Relais, *s. m.* *Statio.* chiens, chevaux qui doivent en remplacer d'autres, le lieu où ils sont; t. de fortification, espace entre l'escarpe et le fossé; t. de tapissier, ce qui doit remplacer.
Relaissé, *adj. m.* t. de chasse, qui s'arrête de lassitude.
Relaisser, *v. a.* sé. e, *p.* se dit du lièvre harassé qui se couche.
Relancer, *v. a.* *Excitare.* cé. e, *p.* lancer de nouveau; repousser; répondre avec fermeté, fierté; aller trouver pour engager à; poursuivre jusque dans le dernier asile.
Relanquir, *v. a.* (*vieux*) délaisser. V.
Relaps. e, *adj. s.* *Relapsus.* qui est retombé dans l'hérésie.
Rélargir, *v. a.* gi. e, *p.* élargir de nouveau; élargir ce qui est trop étroit. R. G. C.
Relater, *v. a.* *Referre.* té. e, *p.* raconter; mentionner.
Relateur, *s. m.* qui raconte. V.
Relatif. ve, *adj.* *Relativus.* qui a quelque relation, quelque rapport à.
Relation, *s. f.* *Relatio.* rapport d'une chose à une autre; liaison; narration; livre, récit de voyage.
Relationnaire, *s. m.* faiseur de relations. C. * Relationaire. R. G.
Relativement, *adv.* *Habitâ relatione.* par rapport à; d'une manière relative.
Relaver, *v. a.* *Abluere.* vé. e, *p.* laver de nouveau.
Rélaxation, *s. f.* *Protensio.* relâchement; t. de pratique, élargissement; t. de droit canon, rémission, liberté.
Rélaxé. e, *adj.* t. de chir. qui a perdu sa tension.
Rélaxer, *v. a.* xé. e, *p.* remettre en liberté.
Relayer, *v. a.* yé. e, *p.* occuper des ouvriers les uns après les autres. *v. n.* prendre des relais, des chevaux frais. (se), *v. r.* travailler alternativement.
†Relecture, *s. f.* seconde lecture. *meilleur que* relure.
Relégation, *s. f.* *Relegatio.* exil, bannissement dans un lieu désigné.
Relégué, *s. m.* retraite militaire. G. C.
Reléguer, *v. a.* *Relegare.* gué. e, *p.* exiler dans un lieu désigné; mettre à l'écart. (*figuré*). (se), *v. r.* se retirer.
Relent, *s. m.* *Rancor.* mauvais goût que contracte une viande à l'humidité.
†Rêler, *v. pers.* (se) se fendre en vis, parlant du suif.
Relevailles, *s. f. pl.* cérémonies après les couches.
Relevé, *s. m.* t. de finance, de commerce, extrait des articles; t. de maréchal, ouvrage fait en levant le fer; t. de chasse, sortie du gîte. G. C. V. RR.
Relevé. e, *adj.* haut, noble; haut et sublime.
†Relève-gravure, *s. m.* pince d'émailleur.
†Relève-moustache, *s. m.* pince d'émailleur.
Relevée (de), *s. f.* après midi, t. de pratique.
Relèvement, *s. m.* *Restitutio.* action de relever;

hauteur d'un vaisseau. * énumération exacte. AL. Relévement. R. G.
Relever, *v. a. n. Relevare.* vé. e, *p.* lever de terre; remettre debout; rétablir; hausser; critiquer; faire valoir, donner plus d'éclat; t. milit. remplacer; t. de prat. restituer; ressortir, dépendre de; t. de man. *v. n.* lever les pieds. (se), *v. r.* se lever après être tombé; se lever de nouveau; se remettre, se rétablir.
Releveur, *s. m.* (muscle) qui relève. * celui qui relève, t. de métiers. B.
Reliage, *s. m.* action de relier les tonneaux.
†Relicher, *v. a.* lécher souvent. (*popul.*)
Relief, *s. m. Eminentia.* éclat qui relève; t. de sculpt. ouvrage en bosse; t. milit. ordre de payer les appointemens malgré l'absence; t. de féodalité, droit de mutation. *pl.* (*vieux*) restes de viandes.
Relien, *s. m.* t. d'artificier, poudre grossièrement écrasée. G. C. RR.
Relier, *v. a. Religare.* -lié. e, *p.* lier de nouveau; coudre et couvrir les feuilles d'un livre; mettre des cercles à un tonneau.
Relieur. se, *s.* qui relie des livres.
Religieusement, *adv. Religiosè.* d'une manière religieuse; fidellement, exactement.
Religieux. se, *adj. Religiosus.* qui a rapport à la religion, qui en a; exact, fidelle; d'un ordre religieux. *subst.* soumis par des vœux à la profession religieuse. * *s. f.* oiseaux, Hirondelle, Sarcelle noire, Moloxita. B.
Religion, *s. f. Religio.* culte rendu à la divinité; piété; fidélité; foi, croyance; état, ordre religieux; ordre de Malte.
Religionnaire, *s. 2 g. Sectator.* qui suit la religion réformée. * Religionaire. R.
Religiosité, *s. f.* sentiment, système de la nécessité d'une religion quelconque. K.
Relimer, *v. a.* mé. e, *p.* limer de nouveau; polir, retoucher. R. G. C.
Relinguer, *v. a.* t. de marine, présenter les relingues au vent. G. C.
Relingues, *s. f. pl.* cordage dont on ourle ou borde les voiles, etc. G. C. V. * voyez Ralingues. RR.
Reliquaire, *s. m.* boîte où l'on enchâsse des reliques.
Reliquat, *s. m. Reliqua.* reste de compte. * restes d'une maladie. AL.
Reliquataire, *adj. 2 g. s. Reliquator.* débiteur d'un reliquat.
Relique, *s. f. Reliquiæ.* ce qui reste d'un saint, de ses hardes après sa mort; portion des instrumens de la passion. *pl.* restes de quelque chose de grand.
Reliquer, *v. a.* (*vieux*) retarder. V.
Relire, *v. a. Relegere.* -lu. e, *p.* lire de nouveau, une seconde fois. G. C.
Relîure, *s. f. Compactio.* manière dont un livre est relié; ouvrage d'un relieur. * Reliure. C. et Reliure. R. A.
Relocation, *s. f.* sorte de contrat. G. C. RR.
Relods, *s. m. pl.* (lods et) droits pour la vente d'un héritage. RR.
Reloger, *v. a. n.* gé. e, *p.* loger où l'on avoit déjà logé. R. G. C.
Relonage, *s. m.* temps que le hareng fraye. R. G. C.
Relouer, *v. a. Relocare.* -loué. e, *p.* louer de nouveau; sous-louer.
Reluire, *v. n. Lucere.* luire par réflexion; briller.
Reluisant. e, *adj. Fulgens.* qui brille, reluit beaucoup; qui jette de l'éclat.
Reluquer, *v. a.* qué. e, *p.* (*famil.*) lorgner du coin de l'œil; regarder avec affectation, avec curiosité.
Relustrer, *v. a.* tré. e, *p.* lustrer de nouveau; donner un nouveau lustre. R. G. C.
†Relure, *s. f.* voyez Relecture.
Remâcher, *v. a. Remandere.* ché. e, *p.* mâcher de nouveau; repasser dans son esprit.
Remaçonner, *v. a.* né. e, *p.* réparer par le moyen d'un maçon. G. C. * Remaçoner. R.
Remander, *v. a.* dé. e, *p.* mander de nouveau; faire revenir. R. G. C.
†Remandure, *s. f.* seize cuites consécutives du sel.
Remanger, *v. a.* gé. e, *p.* manger de nouveau, une seconde fois. R. G. C.
†Remanié, *s. m.* opération de raccommoder le pavé.
Remaniement, *s. m.* action de remanier, son effet. * Remanîment. R. A.
Remanier, *v. a. Retractare.* nié. e, *p.* manier de nouveau; refaire, raccommoder; disposer autrement.
Remanoir, *v. n.* (*vieux*) rester. V.
Remansurer, *v. n.* (*vieux*). V.
Remarchander, *v. a.* dé. e, *p.* marchander de nouveau. R. G. C.
Remarcher, *v. n.* marcher de nouveau. R. G. C.
Remarier, *v. a.* rié. e, *p.* refaire un mariage; marier de nouveau. (se), *v. r.* passer à de nouvelles noces.
Remarquable, *adj. 2 g. Notabilis.* qui se fait remarquer; digne d'être remarqué.
Remarque, *s. f. Notatio.* note; observation.
Remarquer, *v. a.* -qué. e, *p.* marquer une seconde fois; faire attention à; distinguer.
Remarqueur, *s. m.* t. de chasse, qui remarque les perdrix. (*terme de mépris*) faiseur de remarques. G. C.
Remasquer, *v. a.* -qué. e, *p.* remettre un autre masque ou son masque. G. C. RR.
Remballer, *v. a.* lé. e, *p.* emballer de nouveau. G. C. * Rembaler. R.
Rembarquement, *s. m.* action de rembarquer.
Rembarquer, *v. a.* qué. e, *p.* embarquer de nouveau. (se), *v. r.*
Rembarrer, *v. a.* ré. e, *p.* (*familier*) repousser vigoureusement; rejeter avec fermeté, indignation. * Rembârer. R. Rembarer. RR.
Remblai, *s. m.* travail pour faire une levée, etc. avec des terres rapportées.
Remblaver, *v. a.* vé. e, *p.* ressemer une terre de blé. R. G. C.
Remblayer, *v. a.* yé. e, *p.* combler avec des des terres rapportées. A.
Remboîtement, *s. m.* action de remboîter, son effet.
Remboîter, *v. a.* té. e, *p.* remettre ce qui étoit désemboîté.
Rembouger, *v. a.* gé. e, *p.* remettre de la liqueur dans un vaisseau. G. C. RR.
†Rembourrage, *s. m.* apprêt donné aux laines teintes.
Rembourrement, *s. m.* action de rembourrer, son effet. * Remboûrement. R.
Rembourrer, *v. a.* ré. e, *p.* garnir de bourre, de laine, etc. * Rembarrer, Repousser. A. Remboûrer. R.
†Rembourroir, *s. m.* outil pour rembourrer.
Remboursable, *adj. 2 g.* qui doit ou peut être remboursé. G. C.
Remboursement, *s. m.* action de rembourser, de payer; somme payée, destinée à cet objet.
Rembourser, *v. a. Rependere.* sé. e, *p.* rendre l'argent déboursé; racheter, payer.
Rembraser, *v. a.* sé. e, *p.* embraser de nouveau. G. * Rembrâser. R.
Rembrasser, *v. a.* sé. e. *p.* embrasser de nouveau. R. G. C.
Rembrocher, *v. a.* ché. e, *p.* embrocher mieux ou de nouveau. R. G. C.
Rembrunir, *v. a.* ni. e, *p.* rendre brun, plus brun, plus sombre; attrister.
Rembrunissement, *s. m.* état, qualité de ce qui est rembruni.
Rembuchement, *s. m.* t. de chasse, rentrée du cerf dans son fort. * Rembûchement. R. G. C.
Rembucher (se), *v. pers.* ché. e, *p.* rentrer dans le bois. * se rembûcher. R. G. C.
Remède, *s. m. Remedium.* tout ce qui sert à guérir, à prévenir le mal; lavement; t. de monnoie, alliage. * Remede. R.
Remédier, *v. n.* apporter remède.
Remeil, *s. m.* t. de chasse, marre, courant d'eau, retraite des bécasses. G. C. RR.
Remêler, *v. a.* lé. e, *p.* mêler de nouveau, une seconde fois. R. G. C.
Remembrance, *s. f.* (*vieux*) souvenir.
Remémoratif. ve, *adj.* qui fait ressouvenir.
Remémorer, *v. a.* ré. e, *p.* faire ressouvenir. (se), *v. r.* remettre en sa mémoire.
Remenant, *s. m.* (*vieux*) le reste. V.
Remenée, *s. f.* t. de maçonnerie, arrière-voussure. R. G. C.
Remener, *v. a. Reducere.* né. e, *p.* conduire une personne, un animal où il étoit; revoiturer les choses où elles étoient auparavant.
Remercier, *v. a. Gratias agere.* cié. e, *p.* rendre grâce; renvoyer; destituer; refuser honnêtement.
Remercîment, *s. f.* action de grâces; paroles pour remercier. * Remerciement. C.
Réméré, *s. m.* rachat; faculté de reprendre une chose vendue en rendant son prix.
Réméré, *v. a.* t. de coutume. R. V.
Remesurer, *v. a. Remetiri.* ré. e, *p.* mesurer de nouveau. R.
Remete, *s. f.* t. de papeterie. R.
Remettre, *v. a. Reponere.* -mis. e, *p.* mettre une chose où elle étoit; mettre de nouveau; rétablir dans le premier état, en santé; raccommoder, remboîter; rassurer; refaire; recommencer; rendre; différer; pardonner; confier; reconnoître. (se), *v. r.* se replacer; revenir du trouble; se délasser; se rapporter; se ressouvenir; recouvrer sa santé.
Remeubler, *v. a.* -blé. e, *p.* regarnir de meubles. G. C.
Réminiscence, *s. f. Recordatio.* ressouvenir.
†Rémiscaire, *s. m.* qui a une bonne mémoire. (*vieux*).
Remise, *s. f. Receptaculum.* abri pour un carrosse; taillis; lieu de repos d'une perdrix; délai; argent remis; grâce; somme abandonnée, diminuée sur une dette. * *s. m.* carrosse de louage. G. V. cocher qui le mène. B.
Remiser, *v. a.* sé. e, *p.* placer sous la remise. A.
†Remisse, *adj.* (son) qui a peu de force, l'opposé d'intense.
Rémissible, *adj. 2 g. Condonandus,* qui peut être pardonné.
Rémission, *s. f. Condonatio.* pardon, grâce; diminution, relâchement.
Rémissionnaire, *s. 2 g.* qui a obtenu des lettres de rémission. * Rémissionaire. R.
†Rémissoriale, *adj.* (lettre) qui renvoie devant un juge. (*vieux*).
†Rémittent. e, *adj.* (fièvre) continue avec redoublement.
†Remiz, *s. m. ou* Penduline, oiseau qui fait un nid en bourse, suspendu.
Remmaillotter, *v. a.* té. e, *p.* emmailloter de nouveau. G. C. * Remmailloter. R.
Remmancher, *v. a.* ché. e, *p.* emmancher de nouveau. R. G. C.
Remmener, *v. a.* né. e, *p.* tirer d'un lieu, et emmener avec soi. * emmener ce qu'on avoit

amené; emmener de nouveau. G. RR.
Rémolade, *s. f.* t. de vétér. remède pour la foulure; t. de cuisine, sauce piquante. * *ou* Rémoulade. A. Remoulade, sauce. V. T.
Remolar, *s. m.* qui a la charge des rames d'une galère. G. C. RR.
Remole, *s. f.* tournant d'eau dangereux pour les vaisseaux.
Remolliatif. ve, *adj.* qui adoucit, amollit. V.
Remollient. e, *adj.* voy. Émollient. R. G. C.
Remollitif. ve, *adj.* qui a la vertu émolliente. R. G. C. Émollient. B.
Remontadoire, *s. f.* t. de papeterie. R.
Remontant, *s. m.* extrémité de la bande du baudrier. R. G. C.
Remontant. e, *participe actif de* remonter. R.
Remonte, *s. f. Suppeditatio.* chevaux qu'on donne à des cavaliers pour les remonter.
Remonter, *v. a.* té. e, *p.* monter de nouveau; reporter, aller contre le courant; remettre, retourner en haut; donner de nouveaux chevaux; tirer son origine; aller plus haut; raccommoder à neuf; assembler de nouveau. *v. n.* monter une seconde fois; retourner d'où l'on est descendu.
†Remontoir, *s. m.* pièces qui servent à remonter une montre, une pendule; clef.
Remontrance, *s. f. Monitio.* représentation, avertissement.
Remontrer, *v. a. Admonere.* tré. e, *p.* représenter les inconvéniens; avertir; t. de vénerie, donner connoissance de la bête.
Rémora, *s. m.* obstacle, retardement. * Sucet, Arrête-nef, poisson du genre de l'échène. B. *et* Rémore. *f.* T.
Remordre, *v. a. Remordere.* du. e, *p.* mordre, attaquer de nouveau. * reprocher un crime en parlant de la conscience. AL.
Remords, *s. m.* reproche que fait la conscience.
†Rémore, *s. f. Remora.* poisson.
Remorque, *s. f.* action de remorquer.
Remorquer, *v. a.* qué. e, *p.* parlant d'un vaisseau qui en traîne un autre. * voy. Touer. RR.
Remors, Mors-du-diable, *s. m.* espèce de scabieuse à racine mordillée.
Rémotis (à), *adv.* (*famil.*) à l'écart. A. G. R. V. CO. * à-rémotis. C.
Remoucher, *v. a.* ché. e, *p.* moucher de nouveau. R. G. C. * (*popul.*) relancer. B.
Remoudre, *v. a.* -lu. e, *p.* moudre de nouveau.
Rémoudre, *v. a.* -lu. e, *p.* moudre de nouveau, une seconde fois.
Remouiller, *v. a.* lé. e, *p.* mouiller de nouveau. R. G. C.
†Remouillure, *s. f.* renouvellement des levains.
†Remoulage, *s. m.* second son de la seconde mouture; écorce de blé.
Rémouleur, *s. m.* gagne-petit.
Remous, *s. m.* tournoiement d'eau quand le navire passe. voy. Remol. * Remoux. R.
Rempaillage, *s. m.* ouvrage de rempailleur. RR.
Rempailler, *v. a.* lé. e, *p.* regarnir une chaise de paille. A. V. * Rempailler. V.
Rempailleur. se, *s.* qui rempaille les chaises. A.
Rempaquement, *s. m.* action d'arranger le hareng par lits. G. C.
Rempaqueter, *v. a.* té. e, *p.* empaqueter de nouveau; remettre en paquets. R. G. C.
Remparement, *s. m.* rempart, terrasse. G. C. RR.
Remparer (se), *v. pers.* ré. e, *p.* se fortifier; se défendre. * *v. a.* fortifier une place. V. s'emparer de nouveau. AL.
Rempart, *s. m. Munitio.* levée qui défend une place; ce qui défend. * voyez Rampart. R. Rampart. RICH.
Remplacement, *s. m.* action de remplacer; emploi utile du prix d'une vente, etc.
Remplacer, *v. a.* cé. e, *p.* faire un remplacement; tenir lieu de; succéder à.
Remplage, *s. m.* action de remplir de vin une pièce; ce vin; t. de maçon, blocage. * *ou* Remplissage. R. G.
Rempli, *s. m. Impletus.* pli fait à une étoffe, etc.
Remplier, *v. a.* -plié. e, *p.* faire un rempli.
Remplir, *v. a. Implere.* -pli. e, *p.* emplir de nouveau; achever d'emplir; emplir; occuper une place, un emploi; composer; accomplir; satisfaire; employer.
Remplissage, *s. m.* remplage; ouvrage fait pour remplir; t. de musique, de littérature.
Remplisseuse, *s. f.* qui raccommode des dentelles.
Remploi, *s. m.* remplacement; nouvel emploi.
Remployer, *v. a.* yé. e, *p.* employer de nouveau.
Remplumer, *v. a.* mé. e, *p.* regarnir de plumes. (se), *v. r.* se regarnir; rétablir ses affaires, sa santé.
Rempocher, *v. a.* ché. e, *p.* remettre dans la poche.
Rempoissonnement, *s. m.* poisson pour repeupler. G. C. * Rempoissonement. R.
Rempoissonner, *v. a.* né. e, *p.* repeupler un vivier. G. C. * Rempoissoner. R.
Remponant, *s. m.* (*vi.*) rapporteur d'une chose. V.
Remporter, *v. a. Referre.* té. e, *p.* reprendre et rapporter où l'on avoit pris; emporter; gagner; obtenir.
Remprisonner, *v. a.* né. e, *p.* remettre en prison. G. C. * Remprisoner. R.
Remprunter, *v. a.* té. e, *p.* emprunter de nouveau. R. G. C.
Remuage, *s. m. Motio.* action de remuer.
Remuant. e, *adj. Alacer.* qui remue, qui s'agite sans cesse; brouillon. * intrigant. B.
Remucier, *v. a.* cié. e, *p.* (*vieux*) cacher. V.
Remue-ménage, *s. m.* dérangement de meubles; trouble, désordre. * Remu-ménage. R.
Remuement, *s. m. Motio.* action de ce qui remue; mouvement; trouble, brouillerie dans un état. Remûment. R. V. *ou* Remûment. A.
Remuer, *v. a. n. Movere.* -mué. e, *p.* agir; mouvoir; changer de place; émouvoir; agiter. (se), *v. r.*
Remueur, *s. m.* qui remue le blé. G. C. * qui remue. RR.
Remueuse, *s. f. Geraria.* femme qui remue un enfant.
Remugle, *s. m. Rancor.* odeur de ce qui a été enfermé.
Rémunérateur, *s. m.* celui qui récompense.
Rémunératif. ve, *adj.* ce qui récompense. V.
Rémunération, *s. f.* récompense.
Rémunératoire, *adj.* 2 *g.* qui tient lieu de récompense, t. de pratique.
Rémunérer, *v. a.* ré. e, *p.* récompenser.
Renâcler, *v. n.* faire certain bruit en retirant son haleine par le nez. * hésiter, refuser de faire. B. Renasquer. G. V. *et* Renifler. G.
Renager, *v. n. Renare.* nager de nouveau. BOUD.
Renaissance, *s. f. Instauratio.* nouvelle naissance; renouvellement.
Renaissant. e, *adj. Renascens.* qui renaît.
Renaître, *v. n. Renasci.* naître de nouveau. * pulluler. B.
Rénal. e, *adj.* voisin des reins. R. G. C.
Renard, *s. m. Vulpes. ou* Goupil, animal; homme fin, rusé; * verveux; constellation septentrionale; pâte de fer purifié: chassis assemblé en retour d'équerre. — marin, poisson du genre de l'ésoce. B.
Renard (queue de), *s. f.* plante. *pl.* touffe de racines dans les conduits d'eau.
Renarde, *s. f.* femelle du renard.
Renardé, *adj. m.* éventé. G. C. * *et f.* Renardée. R.
Renardeau, *s. m. Vulpecula.* petit renard.
Renarder, *v. a.* employer les ruses du renard. V.
Renarderie, *s. f.* astuce, finesse. V.
Renardier, *s. m.* qui prend, tue les renards.
Renardière, *s. f. Latibulum.* tanière de renard. * Renardiere. R.
Renasquer, *v. n.* voyez Renâcler.
Rencaisser, *v. a.* sé. e, *p.* remettre dans une caisse. R. G. C.
†Renceint, *s. m.* t. de chasse, retour en cercle.
Renchaîner, *v. a.* né. e, *p.* remettre à la chaîne; enchaîner de nouveau. R. G. C.
Renchéri. e, *adj. Pretio auctus.* devenu plus cher; qui fait le précieux.
Renchérir, *v. a. n. Pretium augere.* ri. e, *p.* enchérir.
Renchérissement, *s. m.* augmentation de prix.
Renchier, *s. m.* t. de blason. R. *ou* Rangier, renne. RR.
Renclouer, *v. a.* -loué. e, *p.* enclouer de nouveau, une seconde fois. V.
Rencogner, *v. a.* gné. e, *p.* pousser, serrer dans un coin; t. de métiers. A.
Rencontre, *s. f.* hasard qui réunit deux personnes; conjonction; concours; *Concursus.* choc; occasion, conjoncture; trait d'esprit. *s. m.* t. de blason, face.
Rencontrer, *v. a. Reperire.* tré. e, *p.* trouver sans chercher. *v. n.* dire des traits heureux; trouver la piste. (se), *v. r.* avoir la même pensée.
Rencorser, *v. a.* sé. e, *p.* mettre un corps neuf à une robe.
Rencourager, *v. a.* gé. e, *p.* redonner du courage. R. G. C.
Rendage, *s. m.* t. de moyenneur, produit journalier du travail. R. V.
Rendant. e, *s.* qui rend un compte.
Rendetter (se), *v. r.* té. e, *p.* contracter de nouvelles dettes. G. C. * Rendéter. R.
Rendeur. se, *s.* qui rend. R.
Rendez-vous, *s. m. Locus dictus.* assignation pour se rendre à la même heure, au même lieu; ce lieu.
Rendonnée, *s. f.* t. de chasse, circuit. voyez Randonnée. * Rendonée. R.
Rendormir, *v. a. Redormire.* mi. e, *p.* faire dormir de nouveau. (se), *v. r.* s'endormir de nouveau.
Rendormissement, *s. m.* action de se rendormir. R.
Redoubler, *v. a.* -blé. e, *p.* replier une étoffe pour la raccourcir, la mettre en double.
Rendre, *v. a. Reddere.* du. e, *p.* redonner, restituer, remettre au propriétaire; faire recouvrer; faire devenir; devenir; produire, rapporter; livrer; exprimer; traduire; représenter. * *v. n.* aboutir. (se), *v. r.* aller, se transporter; céder, se soumettre; devenir; n'en pouvoir plus. * *v. a.* -du. e, *p.* interpréter, exposer. B.
Rendu, *s. m.* soldat ennemi qui se rend.
Renduire, *v. a.* -duit. e, *p.* enduire de nouveau; enduire.
Rendurcir, *v. a. Indurescere.* ci. e, *p.* rendre plus dur. (se), *v. r.* augmenter dans le mal; devenir plus méchant.
Rêne, *s. f. Habenæ.* courroie de la bride d'un cheval; gouvernement; administration.
Renégat, *s. m. Desertor.* qui a renié le christianisme.
Reneiger, *v. n.* neiger de nouveau. R. G. C.
Rénette, *s. f.* instrument de maréchal pour

sillonet l'ongle ; outil de coffretier pour rayer ; outil de bourrelier pour forer.
Rénetter, *v. a.* té. e, *p.* sillonner le sabot. * Renetter. RR.
Renettoyer, *v. a.* yé. e, *p.* nettoyer de nouveau. G. C. * Renétoyer. R.
Renfaîter, *v. a.* té. e, *p.* raccommoder le faîte.
Renfermer, *v. a. Includere.* mé. e, *p.* enfermer une seconde fois ; comprendre, contenir ; contraindre, restreindre ; t. de manége, tenir serré. * *v. a.* enfermer, mettre en prison. B. (se), *v. pers.* se tenir clos.
Renfiler, *v. a.* lé. e, *p.* enfiler de nouveau. R.
Renflamer, *v. a.* é. e, *p.* enflammer de nouveau. R. * Renflammer. AL.
Renflement, *s. m.* augmentation insensible du diamètre d'une colonne, de la base au tiers.
Renfler, *v. n. Tumescere.* flé. e, *p.* augmenter de volume.
Renfoncement, *s. m. Sinus.* profondeur ; ce qui fait paroître enfoncé, éloigné ; t. d'architecture.
Renfoncer, *v. a.* cé. e, *p.* enfoncer de nouveau, ou plus avant. * mettre un fond ; repousser vers le fond. G.
Renforcement, *s. m.* action de renforcer, son effet.
Renforcer, *v. a. Firmare.* cé. e, *p.* rendre plus fort. (se), *v. r.* se fortifier.
Renformir, Renformer, *v. a.* mé. e, *p.* t. de maçon, recouvrir d'un enduit épais. R. G. C.
Renformis, *s. m.* t. de maçon, enduit épais sur un vieux mur.
Renformoir, *s. m.* instrument pour élargir les gants. G. C.
Renfort, *s. m. Auxilium.* augmentation de force, de volume.
Renfrogner (se), *v. r.* voyez Refrogner.
Rengagement, *s. m.* action de se rengager.
Rengager, *v. a.* gé. e, *p.* engager de nouveau.
Rengaîne, *s. f.* (*popul.*) action de repousser. V.
Rengaîner, *v. a.* né. e. *p.* remettre dans le fourreau, dans la gaîne ; ne pas commencer ou achever son discours. * Rengaîner. R. G. C.
†Rengendrer, *v. a.* dré. e, *p.* engendrer de nouveau.
Rengouffrer (se), *v. r.* C. * Rengoufrer, rentrer dans le goufre. RR.
Rengorger (se), *v. r.* gé. e, *p.* avancer la gorge en retirant la tête en arrière ; faire le beau, le fier, l'important.
†Rengorgeur, *s. m.* muscle du col.
Rengraisser, *v. a.* sé. e, *p.* faire redevenir gras. *v. n.* redevenir gras. (se), *v. r.*
Rengrégement, *s. m.* (*vieux*) accroissement de mal. * Rengrègement. V. CO.
Rengréger, *v. a. Exasperare.* gé. e, *p.* t. de méd. augmenter le mal. *v. pron.* (se).
Rengrénement, *s. m.* action de rengréner. * Rengrènement. V. CO.
Rengréner, *v. a.* né. e, *p.* t. de monnoie, remettre sous le balancier ; t. de meunier, remoudre le gruau, remplir la trémie.
Renhardir, *v. n.* rendre plus hardi. C. AL. RR.
Reniable, *adj.* 2 *g.* de nature à être renié.
Renié, *s. m.* apostat, qui a renié. G. C.
Reniement, *s. m. Execratio.* action de renier. * Reniment. R, *et* Renîment. A.
Renier, *v. a. Ejurare.* -nié. e, *p.* désavouer ; nier, déclarer, contre la vérité, qu'on ne connoît pas ; renoncer à.
Renieur, se, *s.* qui renie, qui blasphème.
Reniflement, *s. m.* action de renifler. AL.
Renifler, *v. a. Resorbere.* flé. e, *p.* retirer en respirant l'air ou l'humeur des narines ; renâcler.
Reniflerie, *s. f.* action de renifler. G. C. RR. * Reniflement. A.
Renifleur. se, *s.* qui renifle.
†Réniforme, *adj.* 2 *g.* en forme de rein.
Reniveler, *v. a.* lé. e, *p.* niveler de nouveau ; vérifier le nivellement. R. G. C.
Renne, *s. f. Hippelaphus. ou* Ranger, quadrupède de Laponie qui ressemble au cerf. * *et* Rène. C. G.
Renoircir, *v. a. Denigrare.* ci. e, *p.* noircir de nouveau. R. G. C.
Renom, *s. m. Fama.* réputation ; célébrité.
Renommé. e, *adj. Celebratus.* illustre, fameux, célèbre. * Renomé. e. R.
Renommée, *s. f.* réputation, célébrité ; renom ; bruit public ; personnage allégorique. *Fama.* * Renomée. R.
Renommer, *v. a.* mé. e, *p.* donner du renom. (se), *v. pers.* s'autoriser, se servir du nom. * renomer. R.
Renonce, *s. f.* t. de jeu de cartes pour annoncer qu'on n'a pas d'une couleur.
Renoncement, *s. m. Desertio.* action de renoncer, acte qui la contient.
Renoncer, *v. a. Renuntiare.* cé. e, *p.* renier, désavouer. *v. n.* se désister, se déporter ; abandonner ; t. de jeu.
Renonciation, *s. f. Renuntiatio.* acte par lequel on renonce à.
†Renonculacées, *s. f. pl.* classe, famille des renoncules.
Renoncule, *s. f. Ranunculus.* fleur de la renoncule cultivée ; famille de plantes. * — des prés, grenouillette. B.
Renouée, Centinode, *s. f. Centinodia.* plante. * — argentée, plante astringente. — vulgaire, Centinode, astringente, vulnéraire ; pour l'hémorragie, le cours de ventre, la dyssenterie, les pertes de sang.
Renouement, *s. m. Reconciliatio.* renouvellement ; rétablissement. * Renoûment. A. R.
Renouer, *v. a.* -noué. e, *p.* nouer une chose dénouée ; nouer ; rattacher ; reprendre. * Renouveler. G. rejoindre ce qui étoit interrompu. B.
Renoueur, *s. m.* qui remet les membres disloqués. * *et f.* AL.
Renouveau, *s. m. Ver.* (*famil.*) printemps, saison nouvelle.
Renouveler, *v. a. Renovare.* lé. e, *p.* rendre nouveau ; recommencer de nouveau ; faire revivre, reparoître ; accroître. * *v. n.* Redoubler. AL.
Renouvellement, *s. m. Renovatio.* rétablissement dans un état meilleur ou nouveau ; action de recommencer ; rénovation, rétablissement ; réitération. * Renouvélement. R.
Rénovation, *s. f.* renouvellement (des vœux). * accroissement. B.
Renoyer, *v. a.* yé. e, *p.* (*vieux*) nier. V.
Renseignement, *s. m.* indice qui sert à faire reconnoître.
Renseigner, *v. a.* gné. e, *p.* enseigner de nouveau, avec un nouveau soin. A.
Rensemencer, *v. a.* cé. e, *p.* ensemencer de nouveau. R. G. C.
Rentamer, *v. a.* mé. e, *p.* entamer de nouveau, reprendre. R. G. C.
Rentassé. e, *adj.* trapu, engoncé. G. C.
Rentasser, *v. a.* sé. e, *p.* entasser de nouveau ; presser. R. G. C.
Rente, *s. f. Reditus.* revenu annuel.
Renté. e, *adj.* qui a des rentes. G. C.
Renter, *v. a.* té. e, *p.* donner, assigner certains revenus.
Renterrer, *v. a.* ré. e, *p.* remettre en terre ; enterrer une seconde fois. R. G. C.
Renteux. se, *s.* personne chargée d'une redevance annuelle. V.
Rentier. ère, *s.* qui a des rentes. * qui en doit. G. * Rentier. ere. R.
Rentoilage, *s. m.* action de rentoiler. RR.
Rentoiler, *v. a.* lé. e, *p.* regarnir de toile.
Rentonner, *v. a.* né. e, *p.* remettre dans un tonneau. G. C. * Rentoner. R.
Rentortiller, *v. a.* lé. e, *p.* entortiller de nouveau. R. G. C.
Rentou, Renton, *s. m.* t. de charpentier, jointure. R. G. C.
Rentraîner, *v. a. Retroagere.* né. e, *p.* entraîner de nouveau. R. G. C.
Rentraire, *v. a.* -trait. e, *p.* coudre, joindre sans que la couture paroisse.
Rentraiture, *s. f.* couture de ce qui est rentrait.
Rentrant, *adj. m.* t. de fortification, qui s'enfonce en dedans.
Rentrayeur. se, *s.* qui sait rentraire.
Rentrée, *s. f.* action de rentrer ; retour ; t. de jeu, carte prise au talon ; arrivée des fonds. * *pl.* planches pour la gravure en couleurs. B.
Rentrer, *v. a.* entrer de nouveau ; arriver ; revenir ; t. de graveur, approfondir. * -tré. e, *p. adj.* comprimé, dissimulé. A.
Renure. voyez Rainure. G.
Renvahir, *v. a.* hi. e, *p.* envahir de nouveau, une seconde fois. R. G. C.
Renvelopper, *v. a.* pé. e, *p.* envelopper de nouveau. G. C. * Renveloper. R.
Renvenimer, *v. a. Aggravare.* mé. e, *p.* envenimer de nouveau. (se), *v. pers.* R. G. C.
†Renverdie, *s. f.* vers pour célébrer le retour du printemps ; assaut, combat (*vieux*).
†Renverger, *v. a.* gé. e, *p.* border l'ouvrage, t. de vannier.
†Renvers, *s. m.* manière de faire les faîtes en ardoise.
Renverse (à la), *adv.* sur le dos, le visage en haut.
Renversement, *s. m. Disturbatio.* action de renverser ; état d'une chose renversée ; destruction ; dérangement ; t. de mar. transport du contenu du vaisseau dans un autre ; t. de musique, (accords) transposés. * mécanique qui borne l'axe de supplément, t. d'horloger. B.
Renverser, *v. a. Evertere.* sé. e, *p.* jeter par terre ; faire tomber ; mettre à la renverse ; détruire ; troubler. (se), *v. r.* se mettre à la renverse ; se confondre ; se mêler ; t. militaire, rompre ses rangs.
Renverseur, *s. m.* celui qui renverse. R.
Renvi, *s. m.* t. de jeu, ce que l'on met par dessus la vade.
Renvier, *v. n.* t. de jeu, mettre par dessus la vade.
Renvoi, *s. m. Missio.* envoi de ce qui avoit été envoyé ; marque, signe qui renvoie ; répercussion ; congé ; t. de pratique, jugement qui renvoie. * action de faire retourner. G.
Renvoyer, *v. a. Remittere.* yé. e, *p.* envoyer de nouveau ; refuser ; faire retourner ou reporter ; réfléchir ; repousser ; répercuter ; ajourner à ; adresser à.
Réopiner, *v. a.* opiner de nouveau. R.
Réordination, *s. f.* action par laquelle on réordonne.
Réordonant, *s. m.* qui réordonne. R.
Réordonner, *v. a.* né. e, *p.* conférer de nouveau les ordres sacrés. * Réordoner. R.
†Répab, *s. m.* instrument arabe à deux cordes.
Repaire, *s. m. Cubile.* retraite des animaux malfaisans, des voleurs, etc. ; fiente des loups,

loups, renards, etc.

Repairer, *v. n.* t. de chasse, être couché. R. V.

Répaissir, *v. a.* si. e, *p.* épaissir de nouveau. *v. n.* devenir plus épais. R. G. C. * rendre plus épais. AL.

Repaître, *v. a. n. Pascere.* -pu. e, *p.* nourrir; manger. (se), *v. r.* se nourrir de.....

Repaîtrir ou Repétrir, *v. a.* tri. e, *p.* pétrir de nouveau. G.

Répandre, *v. a. Fundere.* -du. e, *p.* épancher, verser; disperser, étendre au loin; départir, distribuer. (se), *v. r.* se propager.

Réparable, *adj.* 2 *g. Reparabilis.* qu'on peut réparer.

Réparage, *s. m.* seconde toute du drap. G C. RR.

Réparateur, *s. m. Reparator.* qui répare.

Réparation, *s. f. Reparatio.* ouvrage fait ou à faire pour réparer; satisfaction d'une injure, d'une offense.

†Repare, *s. f.* marque pour reconnoître un endroit; rigole.

Réparer, *v. a. Reficere.* ré. e, *p.* refaire; rétablir; raccommoder; polir; effacer; faire réparation.

†Répareur, *s. m.* celui qui fait revivre les formes, t. de mouleur.

Reparition, *s. f.* vue d'un astre qui reparoît après une éclipse. V. G. C. * action de reparoître. AL.

Reparler, *v. n.* parler une seconde fois. G. C. RR.

Reparoître, *v. n.* ru. e, *p.* paroître de nouveau. * Reparaître. C.

Reparon, *s. m.* troisième brin de chanvre, t. de tisserand. R.

Repartie, *s. f. Responsum.* réponse, réplique.

Repartir, *v. n.* ti. e, *p.* partir de nouveau; retourner. *v. a.* Répliquer, é. e, *p. Reponere.* répondre.

Répartir, *v. a. Dispartire.* ti. e, *p.* partager, distribuer.

Répartition, *s. f. Distributio.* partage, distribution.

Repartons, *s. m. pl.* t. d'ardoisier. R. bloc, crenon. B.

Repas, *s. m. Cibus.* réfection; nourriture à heure fixe.

Repassage, *s. m.* action de repasser, R. de remoudre. B.

†Repasse, *s. f.* grosse farine qui contient du son; seconde distillation.

Repasser, *v. a. n.* sé. e, *p.* critiquer; battre; aiguiser; passer, traverser, polir de nouveau.

Repasseresse, *s. f.* sorte de cordes dont on se sert pour les draps. C. * *pl.* RR.

†Repassette, *s. f.* carde très-fine. * Repassettes, *pl.* AL.

Repasseur. se, *s.* qui repasse. R. t. de mét. B.

Repaumer, *v. a.* t. de manufact. C. retondre le drap. RR.

Repaver, *v. a.* vé. e, *p.* paver de nouveau. G. C.

Repayer, *v. a.* yé. e, *p.* payer une seconde fois. R. G. C.

Repêcher, *v. a.* ché. e, *p.* retirer de l'eau.

Repeigner, *v. a. Repectere.* gné. e, *p.* peigner une seconde fois. R. G. C.

Repeindre, *v. a.* -peint. e, *p.* peindre de nouveau. G. C. RR.

†Repeint, *s. m.* restauration d'un tableau en peignant les parties effacées; ces parties.

Rependre, *v. a.* -du. e, *p.* pendre, suspendre de nouveau. R. G. C.

Repenser, *v. n. Recogitare.* sé. e, *p.* penser, réfléchir de nouveau. R. G. C.

Repentailles, *s. f.* (*vieux*) pénitence. V.

Repentance, *s. f.* repentir, regret des péchés.

Repentant. e, *adj. Dolens.* qui se repent de ses fautes, de ses péchés.

Repenti, *s. m.* repentir. V.

Repenties, *s. f. pl.* religieuses pénitentes. V.

Repentin, *vieux mot burlesque.* V. pénitent. B.

Repentir (se), *v. r. Pœnitere.* ti. e, *p.* avoir une véritable douleur, un véritable regret.

Repentir, *s. m. Pœnitentia.* regret d'avoir fait ou de n'avoir pas fait quelque chose. * figure effacée qui perce sous la couleur qui la cachoit, t. d'arts. B.

†Repépion, *s. m.* poinçon d'épinglier.

Repercer, *v. a.* cé. e, *p.* percer une seconde fois. R. G. C.

†Reperceuse, *s. f.* t. de joaillier, qui fait les ouvrages à jour.

Répercussif. ve, *adj.* t. de médecine, qui répercute; qui fait rentrer.

Répercussion, *s. f. Repercussus.* t. de médec. répulsion; t. de physique, réflexion; t. de musique, répétition des mêmes sons.

Répercuter, *v. a. Repercutere.* té. e, *p.* repousser, faire rentrer les humeurs; réfléchir.

Reperdre, *v. a.* -du. e, *p.* perdre une seconde fois, ou ce qu'on avoit gagné. G. C. RR.

Repère, *s. m.* t. d'arts, trait pour reconnoître les pièces d'assemblage. * espace qui renferme les registres. B. Repere. R.

Répertoire, *s. f. Repertorium.* table, recueil, inventaire; personne dont la mémoire est bien meublée. * liste de pièces jouées. AL.

Repeser, *v. a.* sé. e, *p.* peser de nouveau, une seconde fois. R. G. C.

Répétailler, *v. a.* lé. e, *p.* (*famil.*) répéter trop souvent. A.

Répéter, *v. a. Repetere.* té. e, *p.* redire ce qu'on a dit, ou appris; réclamer; repasser; redemander; doubler; rapporter; terme de collége.

Répétiteur, *s. m.* t. de collége, qui fait répéter les écoliers. * vaisseau qui répète les signaux. B.

Répétition, *s. f. Repetitio.* redite; réclamation; récit; t. de rhétorique, emploi des mêmes tours; t. de collége, premier exercice, lieu où il se fait; t. de théologie, action de répéter. * exercice, essai avant l'exécution, t. de musique; t. de théâtre. B.

Repétrir, *v. a.* tri. e, *p.* pétrir de nouveau. R. G.

Repeuplement, *s. m.* action de repeupler.

Repeupler, *v. a.* plé. e, *p.* peupler de nouveau un pays, un étang, un bois, etc. qui étoit dépeuplé; dégarni.

Repic, *s. m.* t. de jeu de piquet. (et capot), (*figuré, familier*) confusion, silence.

Repiler, *v. a.* lé. e, *p.* piler de nouveau. R. G. C.

Repiquer, *v. a.* qué. e, *p.* piquer une seconde fois. R. G. C.

Répit, *s. m. Dilatio.* délai, surséance; relâche.

Répité. e, *adj.* (*vieux*) sauvé. V.

Replacer, *v. a.* cé. e, *p.* remettre dans la première place.

Replaider, *v. a. n.* dé. e, *p.* plaider une seconde fois. R. G. C.

Replancheyer, *v. a.* yé. e, *p.* mettre un nouveau plancher. C. * Replanchéier. R. G.

†Replanir, *v. a.* ni. e, *p.* finir au rabot, au racloir.

Replanter, *v. a. Reserere.* té. e, planter de nouveau; remettre en terre. R. G. C.

Replâtrage, *s. m.* réparation légère et superficielle; moyen employé pour mal réparer une faute.

Replâtrer, *v. a. Trullissare.* tré. e, *p.* renduire de plâtre; chercher à réparer une faute; mal réparer.

†Replé, *adj. m.* (péricarpe) à valves unis par des filets.

Repléni, *adj.* (*vieux*) replet. V.

Replet. te, *adj. Obesus.* qui a trop d'embonpoint. * Replet, replete. R. Replet, replète. A. G.

Réplétion, *s. f.* plénitude, grande abondance d'humeurs; t. de droit canon, état du gradué bénéficié.

Repleuvoir, *v. n.* pleuvoir de nouveau. R. G. C.

Repli, *s. m. Ruga.* pli redoublé; mouvement des reptiles; fond de l'ame.

Replier, *v. a. Replicare.* plié. e, *p.* faire plusieurs plis; plier ce qui avoit été déplié. (se), *v. r.* se serrer en se retirant; se recueillir, réfléchir sur soi-même.

Réplique, *s. f. Responsum.* réponse ou écrit à ce qui a été dit, répondu; t. de musique, répétition des octaves.

Répliquer, *v. a. n. Respondere.* qué. e, *p.* faire une réplique; répondre.

Replisser, *v. a. Replicare.* sé. e, *p.* plisser une seconde fois. R. G. C.

Replonger, *v. a. Immergere.* gé. e, *p.* plonger de nouveau. (se), *v. r.* G. C.

Repoitié, *s. m.* (*vieux*) retard. V.

Repolir, *v. a.* li. e, *p.* polir de nouveau. R. C.

Repolon, *s. m.* t. de man. volte en cinq temps.

Repomper, *v. a.* pé. e, *p.* pomper de nouveau. R.

Répondant, *s. m. Præs.* celui qui subit un examen, qui répond la messe; caution.

Répondre, *v. a. Respondere.* du. e, *p.* repartir sur ce qui a été dit ou demandé; répéter; répliquer; réfuter; avoir rapport à; aboutir à; être caution; assurer; être égal à; suffire à; satisfaire à; faire de son côté ce qu'on doit.

Répondu. e, *adj.* t. de pratique, à quoi on a répondu.

Répons, *s. m.* t. de liturgie, partie de l'office; antienne redoublée. * Réponds. V.

†Répons-brefs, *s. m. pl.* signe d'imprimerie pour les répons. (℟).

Réponse, *s. f. Responsio.* réplique; repartie; réfutation; lettre en répondant, ce qu'on répond. * t. de musique, rentrée du sujet. B.

Reportage, *s. m.* redevance de la moitié de la dîme. R. G. C.

Reporter, *v. a. Referre.* té. e, *p.* porter la chose où elle étoit; redire. (se), *v. r.* se transporter.

Repos, *s. m. Requies.* privation, cessation de mouvement; cessation de travail; tranquillité; sommeil; césure; terminaison; lieu, point de repos; palier; t. d'arts.

Reposée, *s. f. Cubile.* lit ou chambre; lieu où une bête se repose pendant le jour.

Reposer, *v. a.* sé. e, *p.* mettre dans une situation tranquille. *v. n. Dormire.* dormir; être placé. * avoir pour base, pour appui. B. (se), *v. r.* prendre du repos; faire fonds sur.

Reposoir, *s. m. Statio.* t. de liturgie, autel provisoire. * vaisseau d'indigoterie. B.

Repostaille, *s. f.* (*vieux*) réponse. V.

Répostement, *adv.* (*vieux*) en cachette. V.

Repous, *s. m.* sorte de mortier fait de brique, de chaux, etc. C. C. RR.

Répouser, *v. a.* sé. e, *p.* épouser de nouveau, une seconde fois. G. C.

Repoussable, *adj.* 2 *g.* qui doit être repoussé. R.

Repoussant. e, *adj.* qui repousse. A.

Repoussement, *s. m.* action de repousser.

Repousser, *v. a. n. Repellere.* sé. e, *p.* rejeter, renvoyer; faire reculer; réfuter. * pousser de nouveau. AL.

Repoussoir, *s. m.* instrument d'arts, de métiers pour pousser une cheville, etc.; t. de peint. effets vigoureux sur le devant.

†Repoustage, *s. m.* action de repouster.

†Repouster, *v. a.* té. e, *p.* baloter la poudre pour en ôter les pelotons.
Répréhensible, *adj.* 2 *g.* *Arguendus.* qui mérite répréhension.
Répréhensif. ve, *adj.* qui réprimande, reprend. V.
Répréhension, *s. f.* *Reprehensio.* réprimande; blâme.
Reprendre, *v. a.* *Resumere.* pris. e, *p.* prendre, saisir de nouveau ce qu'on avoit donné, vendu, etc.; continuer; rétablir; réprimander; corriger. *v. n.* attaquer, saisir de nouveau; critiquer. (se), *v. r.* se refermer, se rejoindre.
Repreneur, *s. m.* qui trouve à redire à tout. R. T.
Représaille, *s. f.* *Clarigatio.* ce qu'on fait ou prend pour s'indemniser ou se venger. * *pl.* Représailles. R. G. C.
†Représailler, *v. a.* user de représailles envers les prisonniers (*nouveau*).
Représentant, *s. m.* qui en représente un autre. *pl.* députés au corps suprême.
Représentatif. ve, *adj.* qui représente.
Représentation, *s. f.* *Repræsentatio.* exhibition; ce qu'on représente par les arts, par le discours; remontrance; faste, pompe nécessaires; droit de succéder. * forme de cercueil vide. G.
Représenter, *v. a.* *Exhibere.* té. e, *p.* présenter de nouveau; exhiber, offrir l'image, l'idée; exprimer; tenir la place de; remontrer; rappeler le souvenir; être le type; imiter par l'action, le discours. *v. n.* paroître en public; faire de la dépense avec éclat. (se), *v. r.* se remettre en la présence de; se figurer; être représenté; se jouer.
Répressif. ve, *adj.* qui réprime. A. qui reprend. RR.
Répression, *s. f.* action de réprimer. (*nouv.*) * réprimande. RR.
Reprêter, *v. a. n.* té. e, *p.* prêter une autre fois. G. C. * Repréter. R.
Reprier, *v. a.* prié. e, *p.* faire de nouvelles instances. R. G. C.
Réprimable, *adj.* 2 *g.* qui doit ou qui peut être réprimé. A. RR.
Réprimande, *s. f.* *Objurgatio.* répréhension; reproche.
Réprimander, *v. a.* *Objurgare.* dé. e, reprendre quelqu'un avec autorité; reprocher une faute.
Réprimer, *v. a.* *Reprimere.* mé. e, *p.* arrêter les progrès; contenir; rabaisser; rabattre.
Reprise, *s. f.* continuation après l'interruption; raccommodement à l'aiguille; réparation; répétition; deuxième partie d'un air, d'un couplet; t. de pratique, prélèvement; t. de manége, leçon après un repos; t. de marine, vaisseau repris; t. de finance, emploi en dépense; t. de jeu, partie d'un certain nombre de coups; t. de métiers, outil de cannier. * son, gruau resté de la première mouture. Orpin *ou* Téléphium, plante vulnéraire, détersive. B.
Repriser, *v. a.* sé. e, *p.* apprécier une seconde fois; priser de nouveau. R. G. C.
Réprobation, *s. f.* *Reprobatio.* action de réprouver.
Reprochable, *adj.* 2 *g.* *Probrosus.* qui mérite reproche.
Reproche, *s. m.* *Exprobratio.* ce qu'on objecte pour faire honte; t. de pratique, motif pour récuser un témoin. * *pl.* B.
Reprocher, *v. a.* ché. e, *p.* objecter une chose pour faire honte; t. de pratiq. (se), *v. pers.* se faire des reproches; se repentir.
Reproductibilité, *s. f.* faculté d'être reproduit; t. d'hist. naturelle. A. RR.
Reproductible, *adj.* 2 *g.* susceptible d'être reproduit, A. de se reproduire. RR.
Reproduction, *s. f.* naissance de nouvelles tiges, de nouvelles parties; action par laquelle une chose est produite de nouveau.
Reproduire, *v. a.* *Regenerare.* -duit. e, *p.* produire de nouveau. G. C. RR. A. V.
Repromettre, *v. a.* -mis. e, *p.* promettre de nouveau. R. G. C.
Répromission, *s. f.* t. d'Écriture-Sainte. R.
Réprouvé, *s. m.* damné.
Réprouver, *v. a.* *Reprobare.* vé. e, *p.* rejeter; désavouer; condamner.
Reprouver, *v. a.* vé. e, *p.* prouver de nouveau. A.
Reptile, *adj.* 2 *g.* *s. m.* *Repens.* animal qui rampe, ou à pieds courts et sans poils.
Républicain. e, *adj.* qui appartient à la république. *s.* passionné pour la république.
†Républicanisme, *s. m.* vertu, état, qualité, opinion du républicain.
Républicole, *adj.* *s.* 2 *g.* habitant; membre d'une république. V.
République, *s. f.* *Respublica.* état gouverné par plusieurs; état, gouvernement.
†Repuce, *s. m.* espèce de collet pour prendre des oiseaux.
Répudiation, *s. f.* *Repudium.* divorce; action de répudier.
Répudier, *v. a.* *Repudiare.* dié. e, *p.* renvoyer sa femme; renoncer à.
Repue, *s. f.* repas. R. V. * Repu, *adj. p.* de repaître. RR.
Répugnance, *s. f.* sorte d'aversion; opposition.
Répugnant. e, *adj.* contraire, opposé.
Répugner, *v. n.* *Repugnare.* être plus ou moins contraire à; inspirer, avoir de la répugnance.
Répulluler, *v. n.* *Repullulare.* renaître en grande quantité. G. C. RR.
Répulsif. ve, *adj.* qui repousse.
Répulsion, *s. f.* action de ce qui repousse; état de ce qui est repoussé.
†Répupiaire, *s. m.* vieillard amoureux qui extravague. (*vieux*).
Repurgatif. ve, *adj.* qui repurge. V.
Repurger, *v. a.* gé. e, *p.* purger de nouveau, une seconde fois. R. G. C.
Réputation, *s. f.* *Existimatio.* renom; estime; opinion publique.
Réputer, *v. a.* *Putare.* estimer, présumer; croire; regarder comme. Réputé. e, *p. adj.* censé, regardé comme.
Requart, *s. m.* t. de pratique, quart denier. R. G. C. * donation, aliénation d'un héritage. *prononcez* rekart. B.
Requérable, *adj.* 2 *g.* qui doit être requis. *prononcez* rekérable.
Requérant. e, *adj.* qui requiert, qui demande en justice. *pron.* reké.
Requérir, *v. a.* *Petere.* quis. e, *p.* prier de; demander en justice; demander avec autorité; envoyer quérir. *pron.* reké.
Requête, *s. f.* *Postulatio.* demande verbale en justice; prière. *pron.* rekête.
†Requêté, *s. m.* nouvelle chasse d'un gibier perdu. *pron.* reké.
Requêter, *v. a.* té. e, *p.* t. de chasse, quêter de nouveau. R. G. C. *pron.* reké.
Requiem, *s. m.* t. de liturgie, prière pour les morts.
Requin, *s. m.* *Squalus.* Chien de mer, Tiburon, Lamie, poisson très-vorace, antropophage. *pron.* rekin.
Requinquée, *s. f.* vieille qui se pare. *pron.* rekin.
Requinquer (se), *v. pers.* qué. e, *p.* se parer plus qu'il ne convient. *pron.* rekin.
Requint, *s. m.* t. de pratique, cinquième partie du quint. *pron.* rekin.
Réquiper, *v. a.* pé. e, *p.* équiper une seconde fois. R. G. C. *pron.* reki.
Requis. e, *adj.* *Rogatus.* demandé; convenable; nécessaire. *pron.* rekis.
Requise (chose de), *s. f.* rare, dont on aura besoin. * de requête. G. *pron.* rekise.
Réquisition, *s. f.* *Postulatio.* requête, action de requérir; demande faite par autorité publique. * levée d'hommes, ceux qui la composent (*nouveau*). *pron.* reki.
Réquisitionnaire, *s. m.* sujet à la réquisition; de la réquisition. A. * Réquisitionaire. RR. *pron.* reki.
Réquisitoire, *s. m.* acte de réquisition judiciaire. *prononcez* reki.
Rere, voyez Raire. R. G.
Réréfief, *s. m.* arrière-fief. RR.
Rérevassal, *s. m.* arrière-vassal. RR.
Resarcelé. e, *adj.* (croix) qui en renferme une autre, t. de blason. * Ressarcelé. R. G. C.
Rescampir, *v. a.* pi. e, *p.* t. de doreur, blanchir avec la céruse. G. RR. voyez Recampir.
Rescarre de four, *s. m.* droit de fourbanier. RR.
Rescindant, *s. m.* moyen, demande pour faire casser un arrêt, un acte.
Rescinder, *v. a.* *Rescindere.* dé. e, *p.* casser, annuller un acte, etc.
Rescision, *s. f.* *Rescissio.* cassation des actes, des contrats.
Rescisoire, *adj.* *s. m.* t. de pratique, motif principal de rescision.
Rescription, *s. f.* mandement par écrit pour toucher une somme.
Rescrit, *s. m.* *Rescriptum.* réponse de l'autorité publique servant de loi; bulle; monitoire.
Réseau, *s. m.* *Reticulum.* petits rets, tissu; coquillage. * serpent du 4ᵉ. genre. B.
†Resecte, *s. f.* portion d'axe d'une courbe entre son sommet et une tangente.
Réséda, *s. m.* Herbe maure ou d'amour, plante odoriférante, adoucissante, résolutive.
†Resequer, *v. a.* (*vieux*) biffer, noyer.
Réservation, *s. f.* action par laquelle on réserve; droits réservés.
Réserve, *s. f.* action de réserver; choses réservées. *Modestia.* circonspection; discrétion; retenue; t. de guerre, troupes, vaisseau à l'arrière. (à la —), *adv.* à l'exception. (en —), *adv.* à part. (sans —), *adv.* sans exception.
Réservé. e, *adj.* *s.* *Moderatus.* retenu; sage; prudent; discret, circonspect.
Réserver, *v. a.* *Reservare.* vé. e, *p.* retenir quelque chose du total; garder pour un autre temps, pour un autre usage. * (se), *v. r.* attendre, remettre à faire.
Réservoir, *s. m.* *Piscina.* lieu fait pour amasser et conserver certaines choses, de l'eau, le poisson, etc.; vésicule.
Réseuil, *s. m.* espèce de filet de pêche. RR.
Résidant. e, *adj.* qui réside, demeure. *pr.* rézi.
Résidence, *s. f.* *Commoratio.* demeure habituelle; séjour actuel; emploi d'un résident; t. de chimie, résidu. *pron.* rézi.
Résident, *s. m.* envoyé pour résider auprès d'un prince.
Résider, *v. n.* *Commorari.* habiter ordinairement; exister dans.
Résidu, *s. m.* t. de commerce, le restant; t. de chimie, ce qui reste d'une substance soumise à une opération; t. de natur. sédiment en forme de concrétion pierreuse; t. d'arithmétique, reste.
Résignant, *s. m.* qui résigne. *pron.* rézi.
Résignataire, *s. m.* à qui on a résigné.

Résignation, *s. f.* démission d'un bénéfice; abandon en faveur de quelqu'un; abandonnement à la volonté de Dieu; soumission à son sort.

Résigner, *v. a.* gné. e, *p.* se démettre en faveur de quelqu'un. (se), *v. pers.* se soumettre, s'abandonner à.

Résiliation, *s. f. Contractûs rescissio.* résolution d'un acte. *prononcez* rézi.

Résilier, *v. a. Rescindere.* lié. e, *p.* casser, annuller un acte.

Résiliment, *s. m.* cassation d'un acte. v. * *et* Résiliement. R.

Résilir, *v. n.* revenir contre un contrat. G. RR.

Résine, *s. f. Resina.* matière inflammable qui sort du sapin, etc. * — animé, ressemble à la myrrhe. — de Courbaril, d'Occident. — copal, de la Nouvelle-Espagne. — élastique, dont on fait des sondes. — laque, *ou* des Fourmis. — olampi, d'Amérique. — tacamaque, du baumier. *pron.* rézi. B.

Résineux. se, *adj. Resinosus.* qui produit la résine, qui en a la qualité.

Résingle, *s. m.* t. d'horl. outil pour redresser les boîtes bossuées. C. * *ou* Resingue. G. RR. espèce de levier. B. *pron.* rézi.

†Résiniforme, *adj.* 2 *g.* en forme de résine, t. d'histoire naturelle.

Résipiscence, *s. f.* reconnoissance de sa faute avec amendement. *pron.* rézi.

Résistance, *s. f. Renixus.* qualité par laquelle un corps résiste au choc, au frottement; défense, opposition. *pron.* rézi.

Résister, *v. n. Resistere.* opposer de la résistance; faire effort contre; se défendre; s'oppposer à; supporter facilement la peine; endurer, souffrir.

†Résixième *ou* Résixièmement, *s. m.* sixième du droit de lods et ventes.

†Reslé, *ou* Rêlé, *adj.* (pain de sucre) rompu ou taché.

Résolu, *s. m.* t. de musique. R. *pron.* rézo.

Résolu. e, *adj. s. Statutus.* décidé, arrêté, déterminé.

Résoluble, *adj.* 2 *g.* qui peut être résolu.

Résolument, *adv. Impavidè.* avec une résolution fixe; avec intrépidité; hardiment. * Résolûment. A. C. V.

Résolutif. ve, *adj. s. m. Discussorius.* t. de pharm. qui peut résoudre, qui dissipe l'humeur morbifique.

Résolution, *s. f. Propositum.* cessation totale de consistance; solution, décision; dessein; fermeté; courage; parti pris; t. de médecine; t. de chimie, réduction aux premiers principes.

Résolutoire, *adj.* 2 *g.* qui emporte la résolution d'un acte.

Résolvant. e, *adj.* qui résout. *s. m.* ce qui résout.

Résonnance, *s. f.* battement prolongé et graduel du son. A. * caisse d'un instrument. AL. forme de l'ouïe. K. *pron.* rézo.

Résonnant. e, *adj. Resonans.* qui retentit, renvoie le son. * Résonant. R.

Résonnement, *s. m. Resonantia.* retentissement, son renvoyé. * Résonement. R.

Résonner, *v. n. Resonare.* retentir, renvoyer le son. * Résoner. R.

Résordement, *s. m.* (*vieux*) résurrection. V.

Résoudre, *v. a. Statuere.* -lu. e, *p.* faire cesser la consistance entre les parties; déterminer à; décider; casser, annuller; dissiper; réduire, changer en. *v. n.* déterminer de faire. (se), *v. r.* se déterminer à; être dissous; s'amollir.

Résous, *participe présent. m.* de *résoudre.* changé en.. (brouillard) dissipé.

Respect, *s. m. Reverentia.* vénération, déférence; rapport.

Respectable, *adj.* 2 *g. Venerandus.* qui mérite du respect.

Respecter, *v. a. Revereri.* té. e, *p.* révérer, honorer; épargner. (se), *v. pers.* garder avec soin la décence convenable à son âge, à son état, etc.

Respectif. ve, *adj. Mutuus.* réciproque, relatif.

Respectivement, *adv. Vicissim.* d'une manière respective, réciproque.

Respectueusement, *adv. Reverenter.* avec respect.

Respectueux. se, *adj. Reverens.* plein de respect, qui marque du respect; qui porte respect.

Respirable, *adj.* 2 *g.* qu'on peut respirer. R. T.

†Respirateur-antiméphitique, *s. m.* instrument pour faire, sans danger, des expériences sur le méphitisme.

Respiration, *s. f. Respiratio.* action de respirer.

Respirer, *v. n. Spirare.* ré. e, *p.* attirer et repousser l'air par le mouvement des poumons; prendre, avoir quelque relâche; vivre. *v. a.* marquer, témoigner; désirer vivement.

Resplendir, *v. n. Splendere.* briller avec un grand éclat.

Resplendissant. e, *adj. Splendidus.* qui resplendit, brille avec éclat.

Resplendissement, *s. m.* grand éclat par le rejaillissement, par la réflexion de la lumière.

†Resplendre, *v. a.* reluire, briller (*vieux*).

Responsabilité, *s. f.* obligation d'être responsable. (*nouveau*). C.

Responsable, *adj.* 2 *g.* qui doit répondre, être garant de.

Responsif. ve, *adj.* t. de pratique, qui contient une réponse.

Responsion, *s. f.* pension payée à l'ordre dont on est, t. de bénéficiaire. G. C. RR.

Ressac, *s. m.* choc des vagues en mouvement.

Ressacrer, *v. a.* cré. e, *p.* sacrer de nouveau. G. C. * Resacrer. R. V.

Ressaigner, *v. a.* gné. e, *p.* saigner de nouveau. G. C. * Resaigner. R. *v. n.* V.

†Ressaigue, *s. f.* grande tressure de tramail.

Ressaisir, *v. a. Reprehendere.* si. e, *p.* reprendre, saisir de nouveau. (se), *v. r.* * Resaisir. R. V.

Ressaluer, *v. a. Resalutare.* lué. e, *p.* rendre le salut; saluer plusieurs fois; saluer de nouveau. G. C. * Resaluer. R. V.

Ressarcelé. e, *adj.* voyez Resarcelé. e.

Ressasser, *v. a. Succernere.* sé. e, *p.* sasser de nouveau. * (*figuré*) examiner, discuter de nouveau. B. Resasser. R.

Ressaut, *s. m.* saillie d'une corniche. * *ou* Épervier, filet. B.

Ressauter, *v. a. n.* té. e, *p.* sauter de nouveau. G.

Resséant. e, *adj.* résidant dans un lieu. R.

†Resséantise, *s. f.* domicile, résidence.

Ressécher, *v. a. Exsiccare.* ché. e, *p.* sécher de nouveau. G. C. * Resécher. R. V.

Resseller, *v. a. Insternere.* lé. e, *p.* seller de nouveau. G. C. * Reseller. R.

Ressemblance, *s. f. Similitudo.* rapport, conformité.

Ressemblant. e, *adj. Similis.* qui est conforme, semblable.

Ressembler, *v. n. Similem esse.* avoir de la ressemblance, de la conformité (se), *v. r.* être ressemblant.

Ressemeler, *v. a.* lé. e, *p.* mettre de nouvelles semelles.

Ressemer, *v. a. Reserere.* mé. e, *p.* semer de nouveau. G. C. V. * Resemer. R.

†Ressenti. e, *adj.* (dessein, forme) rendue vivement par l'effet du talent et de l'étude.

Ressentiment, *s. m.* foible attaque ou renouvellement d'un mal; désir de se venger d'une injure. * (*vieux*) reconnoissance.

Ressentir, *v. a. Sentire.* sentir; sentir vivement. (se), *v. r.* sentir quelqu'atteinte ou les suites d'un mal qu'on a eu; avoir part à; désirer se venger. -senti. e, *p. adj.* t. de peinture, bien prononcé. (muscle, etc.)

Ressépage, *s. m.* t. de jard. nouvelle coupe, voyez Récépage. G. C. RR.

Resséper, *v. a.* pé. e, *p.* couper de nouveau; couper par le haut. voyez Récéper. G. C.

Resserrement, *s. m. Concretio.* action par laquelle une chose est resserrée.

Resserrer, *v. a. Contrahere.* ré. e, *p.* serrer davantage ce qui s'est lâché; abréger; renfermer; rendre moins ouvert, moins lâche, moins libre. (se), *v. r.* devenir moins étendu; retrancher de sa dépense, etc.

Ressif, Récif, *s. m.* chaîne de rochers sous l'eau.

Ressiner, *v. a.* faire collation. V.

Ressort, *s. m. Machinatio.* force de réaction contre la pression; morceau de métal qui réagit contre la pression, *Elaterium.* moyens de succès; étendue, droit d'une juridiction; compétence.

Ressortir à, *v. n.* être du ressort, de la juridiction, de la compétence. -ti. e, *p.* sortir de nouveau; sortir après être entré.

Ressortissant. e, *adj.* qui ressortit à un tribunal.

Ressouder, *v. a.* dé. e, *p.* remettre de la soudure; souder de nouveau. R. G. C.

Ressource, *s. f. Via.* ce à quoi on a recours; moyens de réparer; expédient.

Ressouvenance, *s. f.* souvenir. R.

Ressouvenir, *s. m. Recordatio.* mémoire; ressentiment.

Ressouvenir (se), *v. r. impers. Recordari.* nu. e, *p.* se rappeler, se remettre dans la mémoire; considérer, réfléchir.

Ressuage, *s. m.* état, action d'un corps qui sue; *ou* Liquation, t. de métallurgie, séparation de l'argent du cuivre. voyez Ressuer.

Ressuer, *v. n.* rendre l'humidité intérieure; aider l'évaporation; t. de monnoie, séparer l'argent du cuivre. * faire amollir au feu. B.

Ressui, *s. m.* t. de chasse, retraite des bêtes après la pluie; se dit du cerf mouillé par la rosée, qui se sèche au soleil.

Ressusciter, *v. a. n. Reviviscere.* té. e, *p.* ramener de la mort à la vie; renouveler; faire revivre.

Ressuyer, *Exsiccescere.* yé. e, *p.* sécher. * essuyer de nouveau. G.

†Restagnation, *s. f.* débordement, t. de méd.

Restant. e, *adj. s. m.* qui reste; ce qui reste.

†Restauper, *v. a.* raccommoder à l'aiguille les trous d'une toile.

Restaur, *s. m.* t. de commerce maritime, recours des assureurs les uns contre les autres, ou contre le maître.

Restaurant, *s. m. Resumptivum.* consommé très-succulent. *adj.* qui répare les forces. * établissement de restaurateur. AL.

Restaurateur. trice, *s. Restitutor.* qui refait, rétablit, répare. * sorte de traiteur. B.

Restauratif. ve, *adj.* qui restaure. V.

Restauration, *s. f. Instauratio.* rétablissement, réparation.

Restaure, *s. f.* restauration. V.

Restaurer, *v. a. Reficere.* ré. e, *p.* réparer; rétablir; remettre en bon état.

Reste, *s. m. Reliquiæ.* ce qui demeure d'un tout séparé; ce que quelqu'un a refusé, abandonné.

Reste (de), *adv.* plus qu'il ne faut. (au, du) au surplus, d'ailleurs.

Rester, *v. n. Restare.* té e, *p.* être de reste; demeurer après le départ, la séparation; se tenir dans un lieu; être situé, t. de marine. * loger. (*gasconisme*) G.

Restipulation, *s. f.* stipulation réciproque. V.

Restituable, *adj.* 2 *g.* qui peut être remis en son premier état; qui doit être restitué, t. de pratique.

Restituer, *v. a. Restituere.* -tué. e, *p.* rendre ce qui avoit été pris, possédé indument; réparer, rétablir; rémettre en l'état précédent.

Restituteur, *s. m.* qui rétablit une texte; qui renouvelle d'anciennes opinions. G. C. RR.

Restitution, *s. f. Restitutio.* action de restituer, de rétablir. * t. de physique, retour d'un ressort au repos; t. de prat. lettres qui relèvent d'un acte; t. d'antiq. (médailles de —) qui représentent un édifice restauré. B.

Restor, *s. m.* t. de prat. dédommagement; recours. R. G. C.

Restorner, *v. a.* né. e, *p. ou* Entorner, t. de com. transposer un article de compte. AL.

Restrainte, *s. f.* t. de chiromancie. T.

Restreindre, *v. a. Coarctare.* -treint. e, *p.* resserrer; diminuer; réduire. (se), *v. r.* se borner à.

Restreintif. ve, *adj.* qui resserre le ventre. R. V.

Restrictif. ve, *adj.* qui limite, qui restreint.

Restriction, *s. f. Circumscriptio.* modification; condition qui restreint.

Restringent. e, *adj. s. m. Adstrictorius.* qui a la vertu de resserrer.

Résultant. e, *adj.* qui résulte.

Résultat, *s. m.* ce qui résulte, ce qui s'ensuit.

Résulter, *v. n.* té. e, *p.* s'ensuivre.

Résumé, *s. m.* précis d'un discours.

Résumer, *v. a. Resumere.* mé. e, *p.* recueillir; reprendre, réduire en peu de paroles.

Résumpte, *s. f.* dernière thèse de théologie.

Résumpté, *adj.* (docteur) qui a soutenu la résumpte.

Résumptif, *adj. m.* t. de pharmacie. R.

Résumption, *s. f.* récapitulation, action de résumer.

Résure, *s. f.* t. de pêche, appât fait avec des œufs de morue, etc. G. C. RR. * filet pour les sardines. B.

Résurrection, *s. f. Resurrectio.* retour de la mort à la vie; guérison surprenante; image de la résurrection de J. C.

Résurrexi, *s. m.* (*vieux*) résurrection. V.

Retable, *s. m.* t. d'archit. ornement contre lequel l'autel est appuyé; coffre d'un autel.

Rétablir, *v. a. Renovare.* bli. e, *p.* remettre au premier état, en meilleur état, en possession.

Rétablissement, *s. m. Restitutio.* action de rétablir.

Retaille, *s. f.* partie retranchée en façonnant, limant ou aiguisant.

Retaillé, *s. m.* opération de chirurgie pour faire disparoître la circoncision. G. C.

Retaillement, *s. m.* action de retailler, de tailler une seconde fois. R. G. C.

Retailler, *v. a. Resecare.* lé. e, *p.* tailler de nouveau. R. G. C.

Retaper, *v. a.* pé. e, *p.* (un chapeau), retrousser les bords contre la forme; t. de perruquier, peigner à rebours.

Retard, *s. m.* délai, remise, retardement; t. d'horl. pièces qui font retarder.

Retardatif. ve, *adj.* en retard, lent, t. d'horl. RR.

Retardation, *s. f.* t. de prat. retard. G. C.

Retardatrice, *adj. f. ou* Retardative (force). RR.

Retardement, *s. m. Mora.* délai, remise; retard.

Retarder, *v. a. Morari.* dé. e, *p.* différer; empêcher d'aller, de partir, d'avancer; causer du retard, un délai. *v. n.* aller plus lentement, plus tard.

Retâter, *v. a. Retractare.* té. e, *p.* manier plusieurs fois; goûter de nouveau. R. G. C.

Retaxer, *v. a.* xé. e, *p.* taxer de nouveau. R. C.

Reteindre, *v. a.* -teint. e, *p.* teindre une seconde fois. R. G. C.

Réteindre, *v. a.* -teint. e, *p.* éteindre de nouveau. R. G. C.

Rételois. e, *adj. s.* de Retel. R.

Rétendeur, *s. m.* qui étend les étoffes. G. C.

†Rétendoir, *s. m.* outil de facteur d'orgues.

Retendre, *v. a.* du. e, *p.* tendre de nouveau, une seconde fois. R. G. C.

Rétendre, *v. a.* du. e, *p.* étendre de nouveau, une seconde fois. R. G. C.

Retenir, *v. a. Retinere.* nu. e, *p.* ravoir; tenir encore une fois; garder par devers soi; conserver, réserver; s'assurer de, arrêter; faire demeurer; empêcher; réprimer; modérer; garder dans sa mémoire. *v. n.* empêcher d'aller; concevoir. (se), *v. r.* s'empêcher de.

Retenter, *v. a.* té. e, *p.* faire une seconde tentative; tenter de nouveau. R. G. C.

Rétentif. ve, *adj.* qui retient, t. de méd. G. C. RR.

Rétention, *s. f. Retentio.* réserve, réservation; t. de médecine. (d'urine, etc.) difficulté, impossibilité d'évacuer.

Retentionnaire, *s.* 2 *g.* qui retient ce qu'il a à autrui. G. C. * Rétentionaire. R.

Retentir, *v. n. Resonare.* résonner; renvoyer un son éclatant; faire un bruit éclatant.

Retentissant. e, *adj.* qui retentit.

Retentissement, *s. m. Resonantia.* bruit, son renvoyé, rendu avec éclat.

Retentum, *s. m.* t. de prat. article secret qu'on réserve par modération, par duplicité. * Retentum. G. C. idée entrevue, non exprimée. B.

Retenu. e, *adj. Retentus.* destiné et arrêté; sage, modéré.

Retenue, *s. f. Moderatio.* modération, discrétion, modestie; t. de finance, de pratique, action, droit de retenir, chose retenue.

Rétépore, *s. f. Retepora.* production de polypes marins semblable à un réseau. G. C.

Rétiaires, *s. m. pl.* gladiateurs armés d'un filet et d'un trident. * Rétiaire. *sing.* R.

Réticence, *s. f. Reticentia.* figure de rhétorique, interruption subite et à dessein; omission volontaire.

Réticulaire, *adj.* 2 *g. ou* Rétiforme, qui ressemble à un réseau.

Réticulé. e, *adj.* t. d'archit. ancienne. A. * (maçonnerie) de cailloutage en carrés longs. B.

†Réticule-tromboïde, *s. f.* constellation australe.

†Réticule, *s. m.* instrument pour mesurer le diamètre des astres.

Rétiers *ou* Retiercement, *s. m.* t. de cout. R. 3e. denier. RR.

Rétif. ve, *adj. Restitans.* t. de manége, qui résiste, s'arrête, recule; difficile à conduire, à persuader.

Rétiforme, *adj.* 2 *g.* t. d'anat. de botan. qui a la forme d'un rets. R. G. C.

Rétine, *s. f.* filets entrelacés du nerf optique.

Rétipore, *s. f.* plante pierreuse, imitant les réseaux. T.

Retirade, *s. f.* t. de fortif. retranchement derrière un ouvrage.

Retiration, *s. f.* t. d'imprimerie, verso; action de l'imprimer.

Retirement, *s. m. Contractio.* contraction, raccourcissement; t. de chir. * action de ce qui se retire. RR.

Retirer, *v. a. Reducere.* tirer une seconde fois; tirer à soi, en arrière; percevoir, recueillir; retraire; donner asile. (se), *v. r.* s'en aller; s'éloigner; se reculer; rentrer chez soi; se raccourcir; quitter. -ré. e, *p. adj.* solitaire.

†Retirure, *s. f.* creux dans une pièce coulée, t. de métiers.

Retoiser, *v. a. Remetiri.* sé. e, *p.* remesurer avec la toise. R. G. C.

Retombée, *s. f.* naissance d'une voûte.

Retomber, *v. n. Recidere.* bé. e, *p.* tomber une seconde fois; être attaqué de nouveau; tomber.

Retondeur, *s. m.* celui qui retond. R.

Retondre, *v. a.* du. e, *p.* tondre une seconde fois. R. G. C.

Retordement, *s. m.* action de retordre la soie, etc.

Retordeur, *s. m.* t. de manuf. celui qui retord des fils. G. C. RR.

†Retordoir, *s. m.* machine pour retordre.

Retordre, *v. a. Intorquere.* du. e, *p.* tordre de nouveau; tordre.

Rétorquer, *v. a.* qué. e, *p.* tourner contre son adversaire les argumens dont il s'est servi.

Retors. e, *adj. Obtortus.* qui a été retordu; rusé, artificieux.

Rétorsion, *s. f.* action de rétorquer.

Retorsoir, *s. m.* rouet pour faire du bitord. R. G. C.

Retorte, *s. f. Bastia.* vaisseau de chimie qui a un bec recourbé.

Retouche, *s. f.* changement, t. de peint. A. * t. de gravure, action de repasser. B.

Retoucher, *v. a.* ché. e, *p.* toucher de nouveau; revoir; corriger; perfectionner.

Retouper, *v. a.* pé. e, *p.* t. de potier, refaire un ouvrage manqué G. C. RR.

Retour, *s. m. Reditus.* action de revenir, de retourner; arrivée; vicissitude; reconnoissance; équivalent; prix, chose en sus de l'échange; droit de reprendre, t. de prat. *pl.* tours contraires, multipliés.

Retourne, *s. f.* la carte qu'on retourne au jeu.

Retourner, *v. a. Vertere.* né. e, *p.* tourner d'un autre sens. *v. n. Redire.* aller une seconde fois dans ou à; recommencer. (se), *v. pers.* se tourner dans un autre sens; prendre d'autres mesures. (s'en), *v. r.* s'en aller.

Retracer, *v. a.* cé. e, *p.* tracer de nouveau; décrire le passé.

Retractation, *s. f. Retractatio.* action de se rétracter.

Rétracter, *v. a. Retractare.* té. e, *p.* déclarer qu'on n'a plus l'opinion qu'on avoit avancée; déclarer la fausseté. (se), *v. r.* se dédire.

Rétraction, *s. f.* contraction, raccourcissement.

Retrahier, *v. a.* (*vieux*) retirer. V.

Retraindre, *v. a.* -traint. e, *p.* t. d'orf. battre le lingot. R. G. C. faire rentrer le métal sur lui-même. B.

Retraire, *v. a.* -trait. e, *p.* retirer un héritage vendu.

Retrait, *s. m. Foricæ.* action de retraire; privé.

Retrait. e, *adj.* qui mûrit sans se remplir. G. C. * t. de blason, (fasce) qui ne touche pas l'écu. B.

Retraite, *s. f. Recessus.* action de se retirer; lieu où l'on se retire, se réfugie; état de celui qui se retire; pension; exercice, signe pour faire retirer; marche en se retirant; t. d'arts, diminution d'épaisseur, de volume; t. de manége, longe; t. de marine, cordes. * son de tambour pour faire rentrer. *pl.* exercices spirituels. B.

Retraiter, *v. a.* té. e, *p.* traiter de nouveau. R.

Retranchement,

Retranchement, *s. m. Detractio.* suppression, diminution d'une chose; diminution; espace séparé; t. de fortification, travaux pour se couvrir.

Retrancher, *v. a. Detrahere.* ché. e, *p.* diminuer; séparer du tout; ôter. (se), *v. r.* se fortifier; se réduire.

Retravailler, *v. a.* lé. e, *p.* travailler de nouveau, refaire. G. C.

Retrayant. e, *s.* qui exerce le retrait.

Rêtre, *s. m.* voyez Reître.

Rétrécir, *v. a. Contrahere.* rendre plus étroit, moins large; t. de manége, exercer sur un terrain plus étroit. *v. n.* (se), *v. r.* devenir plus étroit. -ci. e, *p. adj.* étroit.

Rétrécissement, *s. m. Contractio.* action par laquelle une chose est rétrécie; son état.

Rétrécisseuse, *adj. f.* qui rétrécit. V. RR.

Rétreindre, *v. a.* -treint. e, *p.* emboutir; modeler au marteau, t. de chaudronnerie. G. C. * *l'opposé* d'emboutir.

Retreinte, *s. f.* t. de fondeur. C. * *ou* Retreindre, *s. m.* action de rétreindre, d'élever ou resserrer, t. d'orfèvre. B.

Retremper, *v. a.* pé. e, *p.* tremper de nouveau, une seconde fois. R. G. C.

Retresser, *v. a.* sé. e, *p.* tresser de nouveau, une seconde fois. R. G. C.

Rétribution, *s. f. Merces.* salaire, honoraire, récompense.

†Retrié, *s. m.* (gros) troisième lot du triage du papier.

Rétriller, *v. a.* lé. e, *p.* étriller de nouveau, une seconde fois. R. G. C.

Rétroactif. ve, *adj.* qui agit sur le passé.

Rétroaction, *s. f.* effet de ce qui est rétroactif.

Retrocéder, *v. a.* dé. e, *p.* rendre ce qui avoit été cédé, t. de pratique.

Rétrocession, *s. f.* acte par lequel on rétrocède.

Rétrogradation, *s. f. Regressio.* action de rétrograder.

Rétrograde, *adj.* 2 *g. Retrogradus.* qui va en arrière; t. de poësie, (vers) qui a les mêmes lettres et le même sens des deux côtés. *ex. Roma tibi subit ô motibus ibit amor.*

Rétrograder, *v. n. Retrogradi.* dé. e, *p.* retourner en arrière.

Retroussement, *s. m.* action de retrousser.

Retrousser, *v. a. Recolligere.* sé. e, *p.* replier, relever en haut ce qui étoit détroussé; trousser.

Retroussis, *s. m.* bord retroussé d'un chapeau, d'un habit.

Retrouver, *v. a. Reperire.* vé. e, *p.* trouver une seconde fois; trouver ce qu'on avoit perdu, oublié. (*figuré*) reconnoître.

Retruder, *v. a.* dé. e, *p.* remettre en prison. V.

Rets, *s. m. Rete.* filet pour prendre des oiseaux, des poissons. * *ou* Rêt, manche de la charrue. G. —marin, substance du genre des éponges. B.

Rétudier, *v. a.* dié. e, *p.* étudier de nouveau, une seconde fois. R. G. C.

†Rétus. e, *adj.* t. de botan. très-obtus.

Rétuver, *v. a.* vé. e, *p.* étuver de nouveau, une seconde fois. R. G. C.

Réunion, *s. f.* action de réunir, ses effets; réconciliation. * assemblée; ensemble. B.

Réunir, *v. a.* ni. e, *p.* rassembler ce qui étoit séparé; unir; réconcilier. (se), *v. r.*

Réussir, *v. n.* avoir un succès heureux; venir bien.

Réussite, *s. f. Successus.* bon succès; succès.

Revalider, *v. a.* dé. e, *p.* rendre la validité. R. V.

Revaloir, *v. a.* rendre la pareille, surtout en mal.

Revanche, *s. f.* action par laquelle on se revanche; seconde partie de jeu. (en), *adv.* en récompense; en rendant la pareille.

Revancher, *v. a. Defendere.* ché. e, *p.* défendre quelqu'un qui est attaqué. (se), *v. r.* rendre la pareille; se défendre.

Revancheur, *s. m.* qui revanche; défenseur. (*inusité*).

Rêvasser, *v. n. Delirare.* (*familier*) avoir des rêveries diverses et fréquentes, * extravagantes. B.

Rêve, *s. m.* songe qu'on fait en dormant; espoir mal fondé; projets chimériques.

Revêche, *adj.* 2 *g. Acerbus.* rude, âpre au goût; peu traitable; rébarbatif.

Revêche, *s. f.* étoffe de laine frisée.

Réveil, *s. m.* cessation de sommeil; t. d'horl. sonnerie pour réveiller.

Réveille-matin, *s. m. Suscitabulum.* horloge ou réveil; Ésule, plante. * oiseau qui réveille les autres, Caille de Java, le coq, le toucan, le quadraca. B. nouvelle apprise le matin. CO. V.

†Réveillée, *s. f.* temps d'un travail non interrompu au fourneau.

Reveiller, *v. a. Expergefacere.* lé. e, *p.* tirer du sommeil; ranimer; éveiller; exciter de nouveau. (se), *v. r.*

Réveilleur, *s. m.* qui réveille les autres. R. G. C.

Réveillon, *s. m.* repas fait au milieu de la nuit; t. de peint. touches brillantes.

Révélation, *s. f. Patefactio.* action de révéler; chose, religion révélée; inspiration divine.

Révéler, *v. a. Patefacere.* lé. e, *p.* découvrir, déclarer une chose secrète.

Revenant. e, *adj.* qui plaît, qui revient.

Revenant, *s. m.* prétendu esprit qui revient de l'autre monde.

Revenant-bon, *s. m.* t. de finance, émolument, profit; reste en bénéfice, avantage.

Revendage, *s. m.* t. de coutume. R. * meubles à vendre au profit du créancier. RR.

Revendeur. se, *s. Propola.* qui revend, achète pour revendre.

Revendication, *s. f. Repetitio.* action de revendiquer.

Revendiquer, *v. a. Repetere.* qué. e, *p.* réclamer, redemander ce qui est à nous.

Revendre, *v. a. Revendere.* -du. e, *p.* vendre de nouveau; vendre ce qu'on avoit acheté.

Revenir, *v. n. Redire.* -nu. e, *p.* venir de nouveau; retourner; recommencer; se rétablir; être remis; coûter; plaire; se rapporter; être rapporté; abandonner un avis, une opinion; résulter au profit, au détriment de.

†Revenoir, *s. m.* lame d'acier pour donner le recuit; outil pour faire bleuir, t. d'horloger.

Revente, *s. f.* seconde vente.

Reventer, *v. a.* remettre le vent dans les voiles. RR. CO.

†Reventier, *s. m.* commis qui vend le sel à petite mesure.

Reventons, *s. m. pl.* t. de coutume. R. droit pour l'achat d'un héritage à cens. RR.

Revenu, *s. m. Fructus.* produit annuel, rente. * état du recuit: nouvelle queue; nouveau bois, t. de chasse. B.

Revenue, *s. f.* jeune bois qui revient sur une coupe.

Rêver, *v. n. Somniare.* vé. e, *p.* faire quelque rêve; être distrait; être dans le délire; penser, méditer.

Réverbération, *s. f. Repercussus.* réfléchissement, réflexion.

Réverbère, *s. m. Reverberium.* miroir de métal derrière la flamme, machine qui le contient. * (feu de) dont la flamme est repliée sur le combustible. B. Réverbere. R.

Réverbérer, *v. a. Repercutere.* ré. e, *p.* réfléchir, repousser, renvoyer, en parlant de la lumière, du feu, des couleurs.

Revercher, *v. a.* ché. e, *p.* t. de papeterie. R. * boucher les soufflures, les grumelures de l'étain. B.

†Reverdie, *s. f.* rapport de la mer après les mortes-eaux.

Reverdir, *v. a.* di. e, *p.* peindre de vert une autre fois. *v. n. Revirescere.* redevenir vert; rajeunir.

Reverdissement, *s. m.* action de reverdir. R. C. * Réverdissement. G.

†Reverdoir, *s. m.* cuvette ovale de brasseur.

Révéremment, *adv. Reverenter.* respectueusement. G. C. RR.

Révérence, *s. f. Reverentia.* respect, vénération; titre d'honneur; mouvement pour saluer.

Révérencielle, *adj. f.* t. de pratique, produit par la crainte et le respect. * Révérentiele. R. Révérentielle. V.

Révérencieusement, *adv.* avec respect. R. V.

Révérencieux. se, *adj.* qui affecte de faire des révérences. (*familier, ironique*).

Révérend. e, *adj. Venerandus.* digne d'être révéré; titre.

Révérendissime, *s. m.* très-révérend; titre, t. claustral.

Révérer, *v. a. Revereri.* ré. e, *p.* honorer, respecter.

Rêverie, *s. f. Deliratio.* pensée où se laisse aller l'imagination; idée extravagante; délire.

Revernir, *v. a.* ni. e, *p.* vernir de nouveau. R. G. C.

Reverquier, *s. m.* sorte de jeu de trictrac. * *et* Revistier. AL. *et* Revertier. RR.

Revers, *s. m.* coup d'arrière-main; côté opposé; sens contraire; verso; disgrâce, accident fâcheux; partie retroussée; partie intérieure.

Réversal. e, *adj. s. f.* (diplome, lettre) qui se rapporte à un autre.

Réversaux, *s. m. pl.* en Allemagne, certains décrets portant exception à la règle. (*inusité*). * *et* Revers. AL.

Réverseau, *s. m.* pièce qui écarte l'eau.

Reverser, *v. a.* sé. e, *p.* verser de nouveau; remettre dans le même vase. R. G. C.

Reversi, *s. m.* jeu de cartes; toutes les mains. * Reversis. T.

Reversible, *adj.* 2 *g.* qui doit retourner à.

Reversion, *s. f.* réunion, retour; t. féodal.

Revertier. voyez Reverquier. R.

Revestiaire, *s. m.* lieu où les prêtres se revêtent.

†Revesture *ou* Revêture, *s. f.* investiture.

Revêtement, *s. m.* action de revêtir; t. de fortif. ouvrage, matériaux pour revêtir.

Revêtir, *v. a. Vestire.* ti. e, *p.* habiller; pourvoir; t. de fortification, couvrir, remparer de pierre, etc.

Revêtissement, *s. m.* action de revêtir. G. C.

Revêtu. e, *adj. Vestitus.* habillé, recouvert; orné.

Rêveur. se, *s.* qui s'abandonne aux rêveries. * qui extravague. G. V.

†Revider, *v. a.* dé. e, *p.* agrandir un trou, t. de lapidaire.

Revirade, *s. f.* t. de jeu de trictrac, action d'employer une dame casée.

Revirement, *s. m.* t. de mar. action de revirer; t. de banque, virement.

Revirer, *v. n.* t. de mar. tourner d'un autre côté; t. de trictrac, faire la revirade.

Réviser, *v. a.* sé. e, *p.* revoir, examiner de nouveau. T. R.

Réviseur, *s. m.* qui revoit après un autre.

Révision, *s. f. Recognitio.* nouvel examen.

Revisiter, *v. a. Invisere.* té. e, *p.* visiter de

nouveau, une seconde fois. R. G. C.
Revivification, *s. f.* opération pour rendre au métal sa forme naturelle; espèce de réduction.
Revivifier, *v. a.* fié. e, *p.* vivifier de nouveau; t. de chimie.
Revivre, *v. n. Reviviscere.* revenir de la mort à la vie; vivre de nouveau; faire reparoître; rallumer.
Révocable, *adj.* 2 *g. Revocabilis.* sujet à la révocation.
Révocatif. ve, *adj.* qui révoque. V.
Révocation, *s. f. Abolitio.* action de révoquer; acte qui révoque.
Révocatoire, *adj.* 2 *g.* qui révoque.
Revoici, *adv.* voici encore. R. V.
Revoici *et* Revoilà, *propos familiers.* C. AL.
Revoir, *v. a. n.* -vu. e, *p.* corriger, retoucher; examiner; voir de nouveau; t. de chasse, se dit d'un cerf, retrouver sa trace, ses indices.
Revoir, *s. m.* première rencontre.
Revoler, *v. n. Revolare.* voler de nouveau, une seconde fois. R. G. C.
Revoler, *v. a.* lé. e, *p.* dérober de nouveau. G. C.
Révolin, *s. m.* violent tourbillon de vent. * Revolin. A. G. C. RR.
Révoltant. e, *adj.* qui choque à l'excès. A.
Révolte, *s. f. Rebellio.* rebellion, soulèvement, insurrection.
Révolté, *s. m.* qui se révolte.
Révolter, *v. a.* té. e, *p.* porter à la révolte; choquer; indigner. (se), *v. r. Rebellare.* s'insurger.
Révolu. e, *adj. Expletus.* achevé, fini.
†Révoluté. e, *adj.* t. de botanique, tourné sur la face extérieure.
Révolutif. ve, *adj.* qui fait révolution. V.
Révolution, *s. f. Conversio.* changement dans l'état politique, etc. t. d'astronomie, retour au point de départ.
Révolutionnaire, *adj. s.* 2 *g.* de la révolution, qui la propage, qui en est partisan. G. *-onaire. RR.
Révolutionner, *v. a.* né. e, *p.* mettre en révolution; propager les principes de la révolution. G. C.
†Revolver, Revolvier, *v. n.* repasser un fait dans sa mémoire; se rappeler de quelque chose. (*vieux*).
Revomir, *v. a. Revomere.* mi. e, *p.* vomir ce qu'on a avalé.
Révoquer, *v. a. Revocare.* qué. e, *p.* rappeler; ôter les pouvoirs; déclarer nul.
Revouloir, *v. a.* -lu. e, *p.* vouloir de nouveau. T.
Revoyager, *v. n.* faire un nouveau voyage; se remettre en route. G. C.
Revue, *s. f. Revisio.* recherche, inspection exacte; visite; examen; inspection des troupes.
Révulsif. ve, *adj. Revellens.* qui détourne les humeurs.
Révulsion, *s. f.* retour des humeurs dont le cours est changé.
Rez, *prép.* tout contre, joignant; rez pied, rez terre, à fleur de terre. * Rez-pied, Rez-terre. T.
Rez de chaussée, *s. m.* niveau du terrain. * Rez-de-chaussée. C.
†Rhaad, *s. m.* petite outarde huppée d'Afrique.
†Rhabdoïde, *adj.* 2 *g.* qui ressemble à une verge. (suture sagittale).
Rhabdologie, *s. f.* voyez Rabdologie.
Rhabillage, *s. m.* raccommodage. (*familier*).
Rhabiller, *v. a.* lé. e, *p.* habiller de nouveau; raccommoder; rectifier. * remettre une partie luxée. G. repiquer, t. de meunier. B.
†Rhachisagre, *s. f. Rhachisagra.* goutte à l'épine du dos.
†Rhacose, *s. f.* relâchement de la peau du scrotum, t. d'anatomie.
Rhagades, *s. f. pl.* fentes, ulcères à la bouche. G. C.
Rhagadiole, *s. m.* plante qui guérit les rhagades. G.
†Rhagies, *s. m. pl. Rhagium.* insectes coléoptères, de l'espèce des capricornes.
†Rhagions, *s. m. pl.* insectes diptères de l'espèce des mouches.
†Rhamindique *ou* Méchoacan, *s. m.* racine des Indes très-estimée.
Rhapontic, *s. f.* rhubarbe des moines. * *et* Rapontic. G.
Rhapsodie, *s. f.* voyez Rapsodie. A.
†Rhasute, *s. m.* aristoloche étrangère.
Rhenne, *s. f. Cervus palmatus.* quadrupède bisulce, ruminant. voyez Renne.
Rhéteur, *s. m. Rhetor.* qui enseignoit les préceptes de l'éloquence; orateur sec et emphatique.
Rhétorication, *s. f.* imitation de rhéteur. V.
Rhétoricien, *s. m. Rhetoricus.* qui sait la rhétorique; écolier de rhétorique.
Rhétorique, *s. f. Rhetorica.* l'art de bien dire; classe, traité de rhétorique; moyens de persuasion; * affectation d'éloquence. AL.
Rhinaire, *adj. m.* (ver), t. de médecine. R.
Rhincops, *s. m.* oiseau.
†Rhinenchyte, *s. f.* seringue pour le nez.
†Rhingies, *s. f. pl. Rhingia.* espèces de mouches.
Rhingrave, *s. m.* comte du Rhin, juge; insecte. * *ou* Ringrave, espèce de culotte, de haut-de-chausse. A. Rheingrave. R.
†Rhinobate, *s. f. Rhinobatos.* poisson du genre de la raie.
Rhinocéros, *s. m. Rhinoceros.* quadrupède *ou* Porte-corne; oiseau, Calao des Indes; Nasicorne, Monocéros, insecte coléoptère, * — de mer, voyez Narwal. B.
†Rhinolopes, *s. m. pl.* chauve-souris qui ressemblent à la noctule.
†Rhinomacres, *s. m. pl. Rhinomacer.* insectes coléoptères.
†Rhinopte, *adj. s. m.* qui voit par les narines percées au grand angle de l'œil.
†Rhinoptie, *s. f.* état du rhinopte.
Rhisagre, *s. m.* instrument de dentiste. G. C. * Rhizagre. RR.
Rhizelite, *s. m.* racine dans le marbre. V.
Rhizophage, *s. m.* qui vit de racines. R.
Rhizostome, *s. m. Rhizostoma.* radiaire molasse, orbiculaire.
†Rhizotome, *s. m.* t. d'antiq. domestique occupé à ramasser et préparer des racines médicinales.
Rhodes, *s. f. pl.* prunes. R. * *ou* Rose, bois feuille-morte, mêlé. B.
Rhodia, *s. f.* plantes à racines sentant la rose. R.
Rhodiot, *s.* 2 *g.* de Rhodes. RR.
Rhodite, *s. f.* pierre qui imite la rose. G. C. * grand astroïte fossile. B.
Rhodomel, *s. m.* miel rosat. R. G. C.
Rhogmé, *s. f.* fracture du crâne. G. C.
Rhomba, *s. m.* baume. R.
Rhombe, *s. m.* t. de géom. losange. * turbot. B.
†Rhombifère, *adj.* 2 *g.* qui porte un rhombe.
Rhombite, *s. f.* pétrification d'un turbot, d'un coquillage nommé rouleau. G. C.
Rhomboïdal, *s. m.* poisson de mer, du genre du spare. * serpent du 3e. genre. *adj.* t. d'anat. de botan. à quatre angles, deux aigus. B.
Rhomboïde, *s. f.* t. d'anat. muscle; t. de géom. figure rectiligne. * poisson du genre du salmone. B.
Rhopatique, *adj.* 2 *g.* sorte de ver. V.
Rhubarbe, *s. f. Rhabarbarum.* plante médicinale, vient de la Chine, sa racine évacuante, stomachique lève les obstructions du foie, vermifuge. — des moines, patience des jardins.
Rhumatismale, *adj. f.* (douleur) de rhumatisme. G. * *et* Rhumatismal, *m.* AL.
Rhumatisme, *s. m. Rheumatismus.* douleur dans les muscles, les membranes, le périoste.
Rhume, *s. m. Epiphora.* fluxion causée par une humeur âcre.
†Rhummerie, *s. f. ou* Guildive, atelier où l'on fait fermenter la mélasse.
Rhus, *s. m.* Vinaigrier, Sumac, arbrisseau.
†Rhyas, *s. m.* écoulement des yeux.
†Rhynéolithes, *s. f. pl.* pointes d'oursin fossile.
Rhypographe, *s. m.* peintre de bambochades. V.
Rhyptique, *s. m. adj.* détersif, t. de méd. R.
Rhythme, *s. m.* nombre, cadence, mesure; proportion entre les parties d'un tout.
Rhythmique, *adj.* 2 *g.* du rhythme.
†Rhythmopée, *s. f.* partie de la musique qui comprend les lois du rhythme.
Riaillerie, *s. f.* ris fréquens. V.
Riant. e, *adj. Hilaris.* qui marque de la gaieté; gracieux, agréable à la vue.
†Riaule, *s. f.* outil de mineur.
†Ribadoquin, *s. m.* ancienne pièce d'artillerie.
Ribambelle, *s. f.* kirielle, longue suite. (*fam.*) A.
Ribaud. e, *adj. s.* (*bas*) luxurieux, impudique.
†Ribaudéquer, *s. m.* arc de quinze pieds de long, arme.
†Ribaudequin, *s. m.* baliste.
Ribauderie, *s. f.* action de ribaud; divertissement licencieux. A. * Ribaudie. V.
Ribaudure, *s. f.* t. de manuf. faux pli. G. C. RR.
†Ribe, *s. f.* machine pour broyer le lin.
Ribes, *s. f. pl.* groseilles rouges. R.
Riblette, *s. f.* tranche de viande grillée, salée et poivrée. G. C. * Riblete. R.
Ribleur, *s. m.* (*vieux*) filou, coureur de nuit.
Ribo, *s. m.* pilon pour battre le beurre. G. C.
Ribon-ribaine *et* Ribon-ribène (*t. populaire*), à tout prix, coûte que coûte. V.
Ribord, *s. m.* bordage du vaisseau. R. G. C.
Ribordage, *s. m.* dommage causé par un choc bord à bord.
Ribotage, *s. m.* réjouissance. V. *et* Ribote. RR.
Riboter, *v. n.* (*popul.*) se régaler; se divertir, se réjouir. RR.
Riboteur. se, *s.* (*populaire*) qui aime à faire ribote. RR. * faire ribote. B.
Ric-à-ric, *adv. Districtè.* (*famil.*) à la rigueur.
Ricanement, *s. m.* ris moqueur; action de ricaner.
Ricaner, *v. n. Cachinnari.* rire à demi par malice ou bêtise.
Ricaneur. se, *s. Cachinno.* qui ricane.
Riccie, *s. f. Riccia.* plante aquatique. L. 1605.
Rich, *s. m.* sorte de loup cervier, de lapin.
Richard. e, *s.* homme riche et de médiocre qualité. * genre d'insectes coléoptères. — sternicorne. *Buprestis.* — chryside. B.
Riche, *adj.* 2 *g. s. m. Dives.* opulent, qui a beaucoup de biens; abondant, fertile; de grand prix; magnifique; orné, paré; fécond. * sorte de lapin. voyez Rich. B.
Richedale, *s. f.* voyez Risdale. R.
Richement, *adv. Opulenter.* magnifiquement; d'une manière riche.
Richesse, *s. f. Opulentia.* opulence, abondance de biens; éclat; qualité de ce qui est riche. *s. f. pl.* possessions.
†Richissime, *adj.* 2 *g.* excessivement riche.
Ricin, *s. m. Ricinus. ou* Palma-Christi, plante, sa fève purgative. * *ou* Palme de Christ. R. insecte hexapode. B.
†Ricinier, *s. m.* plante qui donne le ricin.
Ricinoïde, *s. f.* noix des Barbades; violent

purgatif et vomitif, vermifuge.
Ricochet, *s. m.* bond d'une pierre plate jetée sur l'eau; petit oiseau qui répète son ramage.
Ricochon, *s. m.* apprentif monnoyeur. R. G. C.
Ride, *s. f. Ruga.* plis qui se font sur la peau, sur l'eau; t. de marine, petites cordes.
Rideau, *s. m. Velum.* étoffe suspendue pour couvrir, entourer; ce qui arrête la vue. *Tumulus.* petite élévation de terre; collines.
Ridées, *s. f. pl.* fumées du vieux cerf. G. C. * *singulier.* R.
Ridelle, *s. f.* côté d'une charrette en forme de râtelier. * Ridele. R.
†Ridenne, *s. f.* voyez Chipeau.
Rider, *v. a. Rugare.* dé. e, *p.* faire, causer des rides; faire roidir; t. de mar. accourcir; t. de vénerie, poursuivre sans crier. (se), *v. r.* se faire des rides; prendre des rides.
Ridicule, *adj. 2 g. s. m. Ridiculus.* digne de risée, de moquerie.
Ridiculement, *adv. Ridiculè.* d'une manière ridicule.
Ridiculiser, *v. a.* sé. e, *p.* rendre ridicule; tourner en ridicule. (se), *v. r.* se rendre ridicule.
Ridiculité, *s. f. Ineptiæ.* qualité de ce qui est ridicule; action, parole, chose ridicule.
Rièble, *s. m.* Grateron, plante. * Rieble. R.
Rien, *adv. s. m. Nihil.* néant, nulle chose; peu de chose; quelque chose. *pl. Nugæ.* bagatelles.
Rièrefief, *s. m.* arrière-fief. RR.
Rieule, *s. f.* (*vieux*) règle. V.
Rieulé. e, *adj.* (*vieux*) régulier. V.
Rieur, se, *s. Risor.* qui rie, aime à rire; moqueur.
†Rieux, Demi-rieux, *s. m. pl.* Cibaudières, *s. f. pl.* espèces de folles, de demi-folles tendues contre le courant.
Riffer, *v. a.* fé. e, *p.* (*vieux*) arracher. V.
†Riffler, *v. a.* flé. e, *p.* limer dans les ciselures, les canelures; adoucir avec le rifloir.
Riflard, *s. m.* gros rabot; oiseau. R. G. C.
†Rifleau, *s. m.* veine étrangère, au Sud, t. d'ardoisière.
Rifler, *v. a.* flé. e, *p.* manger goulument. R. V.
Rifloir, *s. m.* lime recourbée pour riffler. G. C.
†Rigaux, *s. m. pl.* noyaux de pierre à chaux mal calcinée.
Rigide, *adj. 2 g. Austerus.* sévère, exact, austère.
Rigidement, *adv. Asperè.* avec rigidité.
Rigidité, *s. f. Severitas.* grande sévérité, exactitude, austérité.
Rigodon, *s. m.* air à deux temps, danse. * *et* Rigaudon. A.
Rigolage, *s. m.* (*vieux*) raillerie, plaisanterie. V.
Rigole, *s. f. Incile.* petit fossé pour faire couler les eaux; petite tranchée pour planter des bordures, etc.
Rigoler (se), *v. r.* se réjouir. R. * *v. a.* faire des rigoles, t. de jardinage. B.
Rigorisme, *s. m.* morale trop sévère.
Rigoriste, *s. m.* trop sévère dans la morale.
†Rigoteaux, *s. m. pl.* tuiles fendues en travers pour les solins.
Rigoureuse, *s. f.* voyez Stage. G.
Rigoureusement, *adv. Rigidè.* avec rigueur, sévérité.
Rigoureuseté, *s. f.* (*vieux*) sévérité. V.
Rigoureux. se, *adj. Asper.* très-sévère, rude.
Rigueur, *s. f. Acerbitas.* sévérité, dureté; austérité; âpreté; grande exactitude.
†Rilek, *s. m.* vielle russe.
Rimaille, *s. f.* (*inusité*) mauvaise poësie.
Rimailler, *v. n.* faire de mauvais vers.
Rimailleur, *s. m.* mauvais poëte.
Rimasser, *v. n.* faire des vers. R. V.
Rimasseur, *s. m.* mauvais rimailleur. R. V.
Rime, *s. f.* uniformité de sons dans la terminaison de deux mots. *pl.* poësies. * suite, connexion. V.
Rimer, *v. a.* mé. e, *p.* faire rimer, mettre en vers. *v. n.* se terminer par un même son; s'accorder; employer des rimes; faire des vers.
Rimeur, *s. m.* mauvais poëte.
Rinceau, *s. m.* t. de peint. d'archit. feuillages dans les ornemens. * Rainceau. T.
Rincer, *v. a. Eluere.* cé. e, *p.* nettoyer en lavant et en frottant.
Rinçoir, *s. m.* t. de papeterie. R. V.
†Rincontre, *s. m.* contrôleur des galères du pape.
Rinçure, *s. f.* l'eau avec laquelle on a rincé.
Ringard, *s. m.* t. de forges, barre pour manier des pièces, remuer le charbon. G. C. * — volant *ou* Davier. B.
Ringeot *ou* Brion, *ou* Ringeau, *s. m.* t. de mar. extrémité de la quille. T.
†Ringord, *s. m.* bâton ferré, barre de forgeron.
Ringrave, *s. f.* (*vieux*) culotte. * *et* Rhingrave. V.
Rinstruire, *v. a.* truit. e, *p.* instruire de nouveau. R. T.
Riole, *s. f.* (faire la), se divertir. V.
Riolé. e, *adj.* rayé. R. * *ou* Rigolé, marqueté. V.
Riote, *s. f.* ris badin. R. * débat, contestation, querelle. V.
Rioter, *v. n.* *diminutif de* rire; rire à demi.
Rioteur. se, *adj.* qui riote. A. * querelleur. V. * Rioteux. R.
Ripaille, *s. f.* (*popul.*) grande chère.
†Ripailleur, *s. m.* homme goulu et mal-propre. (*vieux*).
†Riparographe, *s. m.* qui écrit des bagatelles.
Ripe, *s. f.* outil de maçon pour gratter. R. G. C.
Riper, *v. a.* pé. e, *p.* t. de maçon, ratisser avec la ripe. R. G. C.
Ripiphore, *s. m. Ripiphorus.* insecte coléoptère.
Ripopé, *s. m. Vappa.* mélange de vins, de liqueurs, de sauces; discours composé de pièces et de morceaux. * Ripopée, *s. f.* A.
Riposte, *s. f.* repartie prompte; t. d'escrime, botte en parant.
Riposter, *v. a. n.* té. e, *p.* répondre vivement; repousser une injure; t. d'escrime.
Ripuaire, *adj.* (loi) chez les peuples des bords du Rhin et de la Meuse.
Riqueraque, *s. f.* ancienne chanson. V.
Rire, *v. n. Ridere.* exprimer la joie, le dédain, le mépris, la cruauté par un mouvement des lèvres; plaire aux yeux, à l'esprit; se divertir; railler; badiner; se moquer de; ne pas se soucier. (se), *v. r.* se moquer.
Rire, Ris, *s. m. Risus.* action de rire.
Ris, *s. m.* glande sous la gorge du veau; t. de mar. œillets pour passer les garcettes.
Risade, *s. f.* t. de mar. action d'assembler. V.
Risagal, *s. m.* arsenic rouge. voy. Réalgal. G. C. RR.
Risban, *s. m.* t. de fortification maritime, terre-plein garni de canons.
Risberme, *s. f.* fortification composée de fascinage et de grillage. T. R.
Risdale, *s. f.* monnoie d'Allemagne, 50 sols.
Risée, *s. f. Irrisio.* grand éclat de rire; moquerie; objet dont on se rit.
Risibilité, *s. f.* faculté de rire.
Risible, *adj. 2 g.* qui a la faculté de rire; propre à faire rire. *Deridendus.* digne de moquerie, de risée.
Risquable, *adj. 2 g. Periculosus.* périlleux, hasardeux; qu'on peut risquer.
Risque, *s. m. Discrimen.* péril, hasard, danger; *s. f.* à tout risque, à tout hasard.
Risquer, *v. a. n.* qué. e, *p.* hasarder; mettre en danger; courir les risques.
Risser, *v. a.* sé. e, *p.* amarrer. G. C. RR.
†Rissir, *v. n.* se retirer de quelque lieu. (*vieux*).
Rissole, *s. f.* sorte de pâtisserie, de friture. * filet à mailles serrées. B.
Rissoler, *v. a. Rufare.* lé. e, *p.* t. de cuisine, rôtir pour donner une couleur rousse.
†Rissolettes, *s. f. pl.* roties de pain-farci.
Rissou, *s. m.* t. de marine, ancre à quatre bras. G. * Risson. R. AL.
Rister, *v. a.* (*vieux*) presser. V.
Rit, Rite, *s. m.* Rites, *pl. Ritus.* ordre prescrit des cérémonies religieuses. *pron.* rite.
†Riter, *v. n.* t. de constructeur, glisser.
Ritournelle, *s. f.* reprise d'un chant; petite symphonie. * Ritournele. R.
Ritualiste, *s. m.* qui traite des divers rites.
Rituel, *s. m. Ritualis.* livre de cérémonies d'église.
Rivage, *s. m. Littus.* bord de la mer, (*poëtique*) des rivières.
Rival. e, *s. adj.* rivaux. *pl. Rivalis.* concurrent.
Rivaliser, *v. a. n.* être le rival de; disputer de talens. G. C. V. RR.
Rivalité, *s. f. Rivalitas.* concurrence, émulation.
Rive, *s. f. Ora.* bord d'une rivière, d'un ruisseau.
River, *v. a. Retundere.* vé. e, *p.* rabattre la pointe d'un clou, t. d'arts. (les fers) (*figuré*) affermir l'esclavage.
Riverage, *s. m.* ancien droit seigneurial. R.
Riverain, *s. m.* qui habite ou possède un terrain le long d'une rivière, d'une forêt. * t. de bot. qui y croît. B.
Rivesaltes, *s. m.* vin muscat. R. G. C.
Rivet, *s. m.* pointe rivée; t. de cordonnier, couture de fil. * *pl.* bords du toit terminé par le pignon. B.
†Rivetier, *s. m.* outil pour faire des clous ou yeux d'étain.
Rivière, *s. f. Amnis.* fleuve, eaux qui coulent dans un lit assez grand et se jettent dans un fleuve. * — de diamans, beau collier de gros diamans. B. Riviere. R.
Riviéreux, *adj. m.* t. de fauc. propre à voler sur les rivières. R. G. C.
†Rivoir, *s. m.* outil pour couper et river les clous.
†Rivois, *s. m.* marteau pour river.
†Rivulaire, *adj. 2 g.* qui croît dans les ruisseaux.
Rivure, *s. f.* petite broche de fer. R. G. C. * clou pour river. B.
†Rix-marc, *s. m.* monnoie allemande, 1 livre, 2 sous, 6 deniers.
†Rix-ort, *s. m.* monnoie allemande, 1 liv. 7 sous.
Rixdale, *s. f.* voyez Risdale. A.
Rixe, *s. f.* querelle, contestation; débats orageux.
Riz, *s. m. Oriza.* grain, plante qui le produit. * *ou* Ris. A.
Rize, *s. m.* monnoie de compte en Turquie, 15000 ducats. * Rizé. T.
Rizière, *s. f.* campagne semée de riz. * Riziere. R.
Rizolites, *s. f. pl.* racines d'arbres pétrifiées. G. C.
Roable, *s. m.* tire-braise. G. C. * Rouable. R.
†Roateur, *s. m.* qui intercède pour quelqu'un. (*vieux*).
Rob, *s. m.* suc dépuré et épais de fruits cuits, t. de pharmacie.
Robe, *s. f. Vestis.* vêtement long à manche; enveloppe de certains légumes; profession de judicature; profession ecclésiastique. * couleur du poil d'un chien; pélage; enveloppe. B.
†Robelage, *s. m.* action de rober.

Rober, *v. a.* bé, e, *p.* t. de chapelier, enlever le poil. G. C. * enlever l'épiderme d'une plante. B.
†Robert-le-diable, *s. m.* Double-C, papillon.
Robertin, e, *s.* thèse de bachelier. V.
Robette, *s. f.* petite robe de laine. V.
Robière, *s. f.* où l'on met les robes. V.
Robigalies, *s. f. pl.* fêtes de la déesse Robigo. V.
Robillaré, *s. m.* réjouissance. V.
Robin, *s. m.* (*famil.*) homme de robe. (*t. popul.*) taureau. B. * homme méprisable. AL.
Robinerie, *s. f.* raillerie. V.
Robinet, *s. m. Epistomium.* pièce d'un tuyau de fontaine, de tonneau, sa clef.
Roboratif. ve, *adj. Corroborans.* qui fortifie.
Robre, *s. m.* voyez Rouvre.
Robuste, *adj. 2 g. Robustus.* vigoureux, fort.
Robustement, *adv.* d'une manière robuste. (*inusité*). T.
Roc, *s. m. Scopulus.* masse de pierre enracinée; t. de jeu d'échec, tour.
Roc-fort, *s. m.* sorte de fromage. G. * Rocfort. RR.
Rocaille, *s. f.* cailloux incrustés, coquillages.
Rocailleur, *s. m.* qui travaille en rocaille.
†Rocailleux, *adj.* (style) dur. (chemin) plein de cailloux. (*usité quoiqu'omis*).
Rocambole, *s. f. Allium mitius.* plante, espèce d'ail; ce qu'il y a de plus piquant dans un genre. * graine d'ail, Ail-poireau, excite l'appétit. B.
Rocantin, *s. m.* chanson composée de plusieurs vieilles chansons. R.
Roche, *s. f. Petra.* rocher, roc; espèce de borax. * masse d'émeraudes; défaut de la terre cuite, vitrifiée; défaut dans une tuile. — de corne, pierre qui a l'apparence de la corne. B.
Rochelois, e, *s. adj.* de la Rochelle. R.
Rocher, *s. m. Rupes.* roc, roche; masses élevées de pierres. * sorte de coquillage; élévation de la mousse du levain. *ou* Murex, famille de coquilles univalves. B.
†Rocher, *v. a.* ché. e, *p.* se dit du levain qui mousse, t. de brasseur; t. d'orf. entourer de borax pour souder.
Rochet, *s. m. Rochetum.* sorte de surplis; t. de mécan. roue à dents en crémaillère.
†Rochetins, *s. m. pl.* chanoine de St. Jean de Latran.
†Rochette, *s. f.* soude du Levant.
†Rochier, *s. m.* faucon qui fait son nid dans les rochers.
Rochoir, *s. m.* t. d'arts, petite boîte pour mettre le borax. R. G. C.
Rocou, *s. m.* voy. Raucou. R. voy. Roucou. A.
Rocouler. voyez Roucouler.
Rodage, *s. f.* t. de coutume, rouage. R.
Rode, *s. f.* t. de marine. R. * — de proue, estrave. — de poupe, estambor. RR.
Rôder, *v. n. Cursitare.* errer çà et là; tournoyer; t. de métiers. * *v. a.* dé. e, *p.* t. d'arquebusier, tourner la noix. G. C.
†Rodet, *s. m.* roue de moulin à eau.
Rôdeur, *s. m. Errabundus.* qui va, court çà et là.
†Rodome, *s. f.* bouteille d'eau-de-vie. voyez Rogomme.
Rodomont, *s. m. Gloriosus.* fanfaron, faux brave. * Rodomon. CO.
Rodomontade, *s. f. Superbiloquentia.* fanfaronade.
†Rogateurs, *s. m. pl.* officiers qui recevoient les tablettes des suffrages.
Rogations, *s. f. pl.* t. de liturgie, processions et prières publiques au printemps pour les biens de la terre.
Rogatoire, *adj. 2 g.* (commission) d'un juge à un autre juge pour faire une instruction, etc.
Rogaton, *s. m.* écrit, papier inutile; ouvrage de rebut. *pl.* mets réchauffés; restes. (*fam.*)
Rogne, *s. f. Scabies.* gale invétérée. * mousse sur le bois. B.
Rogne-pied, *s. m.* outil de maréchal pour rogner la corne.
Rogner, *v. a. Resecare.* gné. e, *p.* retrancher, ôter du bout, des extrémités; ôter, retrancher.
Rogneur. se, *s.* qui rogne, t. de métiers.
Rogneux. se, *adj. Scabiosus.* qui a la rogne.
†Rognoir, *s. m.* outil pour rogner, t. de mét. *ou* Rogne-cul, *ou* Coupe-queue, platine pour rogner la chandelle.
Rognon, *s. m. Ren.* rein d'un animal; testicules; t. de métallurgie, masse détachée.
Rognoner, *v. n. Mussare.* (*populaire*) gronder, grommeler, murmurer entre ses dents. (*vieux*).
Rognure, *s. f. Segmen.* ce qu'on a rogné.
Rogomme, *s. m.* liqueur, eau-de-vie. R. V. (*pop.*)
Rogue, *adj. 2 g. Fastosus.* fier, arrogant, superbe. * *pl.* œufs de morrue. B.
Roi, *s. m. Rex.* monarque; prince du premier ordre; chef d'un royaume; chef; t. de jeu, image, figure du roi. * — des cailles. — des corbeaux, du genre du paon. — des fourmiliers, vit de fourmis. — des gobe-mouches, tyran huppé de Cayenne; oiseaux. B.
†Roi-bedelet, — bertaut, — pouti, *s. m.* roitelet.
†Roi-des-rougets, *s. m.* poisson rouge, du genre du mulet. — des harengs, poisson du genre du chien de mer.
Roide, *adj. 2 g. Rigidus.* fort tendu; opiniâtre, inflexible, dur; difficile à monter. *adv.* vîte; fort vivement. * *mieux* raide. CO.
Roidement, *adv.* avec tension, avec roideur, avec rigueur. V. R.
Roideur, *s. f. Impetus.* qualité de ce qui est roide; impétuosité de mouvement; fermeté ou sévérité inflexible. * *mieux* raideur. CO.
Roidillon, *s. m.* monticule un peu roide.
Roidir, *v. a. Contendere.* di. e, *p.* rendre roide. *v. n.* devenir roide. (se), *v. r.* devenir roide; tenir ferme. * *mieux* raidir. CO.
Roie, *s. f.* (*vieux*) ligne. V.
Roïoc, *s. m.* fausse rhubarbe, plante. G. C. RR.
Roitelet, *s. m. Regulus.* petit roi. *Trochylus.* oiseau. * — commun, troglodyte-huppé. — mésange, oiseau de Cayenne. B. * *f.* Roitelete. V. Roitelete. RR.
Rôle, *s. m. Index.* liste; catalogue; personnage; t. de théâtre, ce qu'un acteur ou quelqu'un doit dire ou jouer; personnage qu'il joue; t. de pratique, deux pages d'écritures.
†Role, *s. f.* boudin de tabac roulé; *et* Rôle, *s. m.*
Rôler, *v. n.* t. de pratique, faire des rôles.
Rôlet, *s. m.* petit rôle.
†Rôleur, *s. m.* celui qui forme les rôles de tabac.
†Rolle, *s. m.* partie de chaque acteur à l'opéra. (*vieux*) *mieux* rôle. * *et s. f.* espèce de fourgon; t. de chaufournier. B.
†Rolle-de-Cayenne. voyez Gri-vert. — de la Chine, *ou* Rollier.
Rollier, *s. m. Galgulus.* oiseau qui a beaucoup de rapports avec le geai. * — de paradis, plus petit que le merle. B.
†Rolowai, *s. m. Diana.* guenon noirâtre.
Romain. e, *adj. Romanus.* de Rome, des Romains.
Romain, *s. m.* caractère perpendiculaire; (gros-, petit-), caractères d'imprimerie.
Romaine, *s. f. Statera.* Peson; plante. * cerceau pour suspendre les cierges. B. petit papier. G.
†Romainement, *adv.* à la romaine (*vieux*).
†Romalles, *s. m. pl.* mouchoirs des Indes, de soie et coton mêlés.
Roman, *s. m.* récit fictif; récit invraisemblable.
Romance, *s. f.* récit touchant en vers et fait pour être chanté. * chanson tendre; morceau naïf et gracieux, t. de musique. AL.
Romancie, *s. f.* art de faire des romans. V. RR.
Romancier, *s.* auteur de romans. * *et f.* Romancière. C.
Romane, *adj. s. f.* (langue) en usage, en France, durant les deux premières races des rois. G. C. RR. V.
Romanesque, *adj. 2 g.* qui tient du roman; fabuleux. * *s. f.* air de danse. B.
Romanesquement, *adv.* d'une manière romanesque. A. T.
†Romanin, *s. m.* ancienne monnoie de France à Avignon.
Romaniser, *v. n.* faire des romans; donner un air de roman à une histoire. R. T.
Romaniste, *s. 2 g.* romancier. R. T.
Romantique, *adj. 2 g.* romanesque, dont la description figureroit dans un poëme, un roman. A. C. ne se dit que des sites. B.
Romarin, *s. m. Rosmarinus.* Encensier, arbuste aromatique; les feuilles sont fortifiantes, résistent à la gangrène; brûlées, elles purifient l'air. * — faux, espèce de thymélée. L. 33.
†Rombaillet, *s. m.* pièce mise au bordage.
Rombalière, *s. f.* planche du bordage d'une galère. G. C. * Rombaliere. RR.
Rombe, *s. f.* coquillage. G. C.
†Romeler, *v. n.* murmurer, gronder.
Romes, *s. f. pl.* principales pièces du métier de basse-lice. G. C. RR.
Romescot, *s. m.* chez les Anglois, le denier de Saint-Pierre.
Romestec, *s. m.* (*t. familier*) liqueur servie à la fin du repas. V. * *ou* Romestoc. RR.
†Romestecq, *s. m.* jeu de cartes.
Rompement (de tête), *s. m. Tormentum.* fatigue causée par le bruit, par une forte application, etc.
Rompre, *v. a. Rumpere.* pu. e, *p.* mettre en pièces en brisant; briser; casser; arrêter; détourner; faire cesser; enfoncer; détruire; manquer à; exercer; faire subir le supplice de la roue. *v. n.* se rompre; cesser d'être amis. (se), *v. r.* (à tout —), *adverbial.* à toute extrémité; tout au plus. * (applaudir à tout-) avec transport. B.
†Rompt-pierre, *s. m.* voyez Saxifrage.
Rompure, *s. f.* t. de fondeur en lettres, endroit où le jet est rompu; excédent de ce jet. G. C. RR.
Rompus (à bâtons), *adv.* avec interruption.
Ronce, *s. f. Dumus.* arbuste épineux, sarmenteux, à fleurs en rose, qui donne une sorte de framboise. *pl.* difficultés. * raie bouclée. B.
Ronceroi, *s. m.* lieu couvert de ronces; haie pleine de ronces. C. G. R. V.
†Ronçin, *s. m.* rosse, mauvais cheval (*vieux*).
†Roncinière, *s. f.* écurie de vieux chevaux. (*vieux*).
Rond. e, *adj. Rotundus.* terminé par un cercle; franc, sincère.
Rond, *s. m. Orbis.* figure, mouvement circulaire; cercle.
Rond-d'eau, *s. m.* bassin. C. * Rond d'eau. G.
Rond-point, *s. m.* l'extrémité d'une église opposée au portail. C. G. V.
Rondache, *s. f. Parma.* grand bouclier rond.
Ronde, *s. f. Lustratio.* t. militaire, visite de nuit, ceux qui la font; note de musique; danse, air, chanson; sorte d'écriture. * tortue. B.
Ronde (à la), *adv.* à l'entour.

Rondeau, *s. m.* petit poëme françois; t. de musique, air dont le premier couplet se répète. * pelle de boulanger; plaque, planche ronde. B.

Rondelet. te, *adj.* (*familier*) qui a un peu trop d'embonpoint. * (soie) commune. B. Rondelet. delete. R.

Rondelettes, *s. f. pl.* toiles à voiles. A.

Rondelier, *s. m.* soldat qui porte une rondelle. R.

Rondelin, *s. m.* gros homme. R. * homme fort rond. V. homme gros et court. B.

Rondelle, *s. f.* Petit bouclier. * Oreille d'homme ou Cabaret, plante; poisson du genre du chétodon. G. C. ciseau; outil; pièces rondes. B. Rondele. R.

Rondement, *adv. Ingenuè.* uniment, également; sans façon; franchement; sincèrement.

Rondeur, *s. f. Rotunditas.* figure, qualité de ce qui est rond; forme ronde.

Rondier, *s. m.* espèce de palmier des Indes. G. C.

†Rondies, *s. m. pl.* cylindres pour arrondir les tables de plomb en tuyaux.

Rondin, *s. m.* bois à brûler; gros bâton rond.

Rondiner, *v. a.* -né. e, *p.* battre avec un rondin. A. V.

†Rondire ou Rondiné, *s. f.* pirapède.

Rondon, *s. m.* (fondre en), avec impétuosité, en tournoyant, t. de fauconnerie.

Ronflant. e, *adj.* sonore, bruyant. A.

Ronfle, *s. m.* espèce de jeu. RR.

Ronflement, *s. m. Rhonchus.* bruit fait en ronflant.

Ronfler, *v. n. Stertere.* faire, en dormant, un bruit de la gorge et des narines.

Ronfleur. se, *s. Cornicen.* qui ronfle.

Ronge, *s. m.* (faire le), ruminer, t. de chasse. G. C. RR. V.

Ronger, *v. a. Rodere.* gé. e, *p.* couper avec les dents; consumer; tourmenter; miner, détruire peu à peu.

Rongeur, *adj. m.* (ver), remords. * *s. m.* genre de quadrupèdes. B.

Ronsardiser, *v. a.* sé. e, *p.* écrire comme Ronsard. V.

†Rood, *s. m.* mesure angloise, 266 t. 11 pi. 5 pouces.

†Ropalique, *adj.* (vers) dont les mots vont toujours en augmentant.

†Roquambole, *s. f.* ail d'Espagne, ail-poirreau.

Roquefort, *s. m.* fromage. * voyez Roc-fort. G.

Roquelaure, *s. f.* sorte de manteau. R. V.

Roquer, *v. n.* t. de jeu d'échecs, déplacer le roi, le mettre après la tour ou le roc.

Roquet, *s. m.* petit chien; sorte de lézard; ancien manteau. * petit homme méprisable et rogue. B.

†Roquetin, *s. m.* bobine pour le fil d'or.

Roquette, *s. f. Erusca.* plante crucifère, potagère; excite l'appétit; évacuante, échauffante, incisive, sternutatoire; t. de marine. * espèce de rochet ou de bobine. — de mer. voyez Cakile. B. Roquete. R.

Roquille, *s. f.* mesure de vin. * ou Tournures, *s. f. pl.* confitures d'écorce d'orange. B.

Rorel, *s. m.* Rosée du soleil, plante. R.

Rorifére, *adj. 2 g.* qui envoie, qui apporte de la rosée. V. * (vaisseau) laité, lymphatique. Rorifère. B. Rorifere. RR.

Rorqual, *s. m. Musculus.* sorte de baleine du Groenland.

†Ros, Rot ou Peigne, *s. m.* peigne pour tenir les fils des chaînes.

†Rosa-mallas, *s. m.* arbre qui donne l'encens des Juifs.

Rosace, *s. m.* Laurier-rose. R.

†Rosacée, *adj. s. 2 g.* en rose, t. de botan.

Rosage, *s. m.* ou Rosagine, *s. f.* Oléandre. *pl. Rhododendron.* famille de plantes. B.

Rosaire, *s. m. Rosarium.* chapelet à quinze dixaines. * t. de distill. gouttes, perles. B.

Rosasse, *s. f.* ou Roson, *s. m.* ornement d'architecture. * Rosace ou Roson. A.

Rosat, *adj. 2 g. Rosaceus.* dans lequel il entre des roses.

Rosbif, *s. m.* bœuf, etc. rôti. A. * Rot-de-bif. B.

Roscones, *s. f. pl.* toiles de Bretagne. R.

Rose, *s. f. Rosa.* fleur du rosier, sa figure, sa couleur; nœud; fenêtre ronde. * poisson de rivière. — de Gueldre, voyez Obier. — de Jéricho, espèce de thlaspi d'outre-mer; ou Tremière, grande mauve. B.

Rose-croix, *s. f.* nom d'une secte d'empiriques.

†Rose-gorge, *s. m.* Gros-bec de la Louisiane, à gorge rose.

†Rose-musquée ou Rose-muscate, *s. f.* rose d'Afrique.

Rose-sèche, *s. f.* couleur v. de rose séchée. B.

Rose tremière, *s. f.* sorte de grande mauve. * Rose-tremière. C. Rose-tremiere. R.

Rosé, *adj. m.* (vin) d'une couleur rouge. * Rosée, *adj. f.* A.

Roseau, *s. m. Arundo.* ou Canne, plante aquatique, étamineuse, qui tient des gramens. * homme foible. V.

Rosée, *s. f. Ros.* petite pluie fraiche qui tombe le matin; vapeurs de la terre; t. de vétérinaire, sang qui paroît à la sole. * foiblesse du drap indiquée par la couleur. CO.

Rosée du soleil, *s. f.* ou Rorel, Rossolis, plante cordiale, pectorale, etc. * ou Rorelle. A.

†Roselé. e, *adj.* t. de botanique, (feuilles) en rosette.

†Roselet, *s. m.* hermine à poil jaunâtre, voyez Hermine.

Roselière, *s. f.* terrain qui produit des roseaux. AL.

†Roselle, *s. f.* Mauvis, grive rouge.

†Roser, *v. a.* sé. e, *p.* donner un œil cramoisi au rouge.

Roseraie, *s. f. Rosetum.* lieu planté de rosiers.

Rosereaux, *s. m. pl.* fourrures de Russie. G. * Roseraux. RR.

†Rosetier, *s. m.* outil pour faire des rosettes. * Rosettier. AL.

Rosette, *s. f. Purpurissum.* petits ornemens en forme de rose; sorte de cuivre, de craie rouges. * poinçon de ciseleur; petit clou; encre d'imprimerie rouge; poisson de mer, à corps pyramidal. B.

Rosier, *s. m. Rosarium.* arbrisseau qui porte les roses.

Rosier sauvage, *s. m.* voyez Églantier.

Rosière, *s. f.* poisson de rivière; jeune fille couronnée de roses pour sa vertu. * Rosiere. R.

†Rosmare, *s. f. Rosmarus.* vache marine.

†Rosoir, *s. m.* outil pour faire le trou de la rose d'un clavecin.

Rossane, *s. f.* pêche; pavie jaune. T. * manière d'apprêter les lapins. R. C. Rostane. V.

Rosse, *s. f. Strigosus equus.* cheval sans force, sans vigueur. * ou Rougeâtre, gardon, poisson du genre du cyprin; petite flûte dans laquelle se meut un bâton. B.

Rosser, *v. a. Verberare.* sé. e, *p.* (*popul.*) battre. (se), *v. r.*

Rossicler, ou Rosicler, *s. m.* mine d'argent du Pérou.

Rossignol, *s. m. Philomela.* oiseau; outil d'arts; foulure au poignet, t. d'imprimerie; opération faite à un cheval poussif. * jeu de l'orgue. — d'hiver, corneille mantelée. — de muraille, oiseau de passage. — de rivière, voyez Rousserole. *Luscinia.* B. ou Roussignol. G. * fausse clef. B.

Rossignolement, *s. m.* chasse du rossignol. V.

Rossignoler, *v. n.* imiter le chant du rossignol. G. C. V. * chanter agréablement. B.

Rossignolet. te, *s.* petit rossignol. V.

Rossignols, *s. m. pl.* t. de cartier, arcs-boutans. G. C.

Rossinante, *s. f.* (*familier*) rosse, mauvais cheval; jument maigre. * *s. m.* G. C. V.

Rossolis, *s. m.* liqueur; Herbe aux goutteux.

Rostane, *s. f.* manière d'apprêter les lapins. V.

†Rostein, *s. m.* grosse bobine trouée.

†Rostellaire, *s. f. Rostellaria.* mollusque céphalé, à coquille fusiforme.

Roster, *v. a.* té. e, *p.* t. de marine. R. V. * surlier. B.

Rostrale, *adj. f.* (colonne) ornée de proues.

Rosture, *s. f.* t. de marine, R. plusieurs tours de corde. B.

Rôt, *s. m. Tosta caro.* rôti à la broche.

Rot, *s. m. Ructus.* ventosité; vapeur qui s'élève de l'estomac; instrument, peigne de tisserand. * peigne de canne, t. de manuf. B.

Rôt-de-bif, *s. m.* partie rôtie du derrière d'un agneau. * Rosbif. A.

†Rotacé. e, *adj.* t. de botan. étalé en rond, sans tube, sur un même plan.

†Rotacisme, *s. m.* grasseyement, répétition de la lettre R.

†Rotage, *s. m.* redevance en général (*vieux*).

†Rotalite, *s. m. Rotalites.* mollusque céphalé, hélicite rayonnée.

Rotateur, *adj. m.* (muscles) de l'œil. G. C. RR.

Rotation, *s. f.* mouvement en rond, t. de physique; t. d'anatomie.

Rote, *s. f.* juridiction de Rome. * espèce de guitare. B.

Roter, *v. n. Ructare.* faire des rots; t. de marine.

Roteur, *s. m.* qui rote. V.

Rôti, *s. m.* viande rôtie; rôt.

Rôtie, *s. f.* morceau de pain rôti. * exhaussement sur un mur à demi épaisseur. B.

†Rotier, *s. m.* celui qui fabrique les rots des tisserands.

Rotiere, *s. f.* voyez Routoir. R.

†Rotifère, *s. m. Rotifer.* animalcule aquatique; polype à roue, hermaphrodite, ovipare, qui se ranime après avoir été quatre ans séché. * Rotifere. RR.

Rotin, Ratan, *s. m.* roseau des Indes. * Rote. V. ou Rottain. B.

Rôtir, *v. a. n. Torrere.* ti. e, *p.* faire cuire devant le feu; griller; cuire à la broche. (se), *v. r.* se cuire au soleil, au feu.

†Rotis, *s. m.* nouveau labour.

†Rotisser, *v. a.* défricher.

Rôtisserie, *s. f.* boutique de rôtisseur. * Rotisserie. A.

Rôtisseur. se, *s.* qui fait rôtir de la viande et qui la vend. * Rotisseur. A.

Rôtissoir, *s. m.* ustensile de cuisine pour faire rôtir beaucoup de viandes. G. C. * Rotissoire, *s. f.* AL.

†Rotolo, *s. m.* Rotoli. *pl.* livre en Sicile. 2 l. 1-2.

Rotonde, *s. f.* bâtiment rond par dedans et par dehors; collet.

Rotondité, *s. f.* rondeur.

Rotruhenge, *s. m.* (*vi.*) refrain de chanson. V.

Rotule, *s. f. Rotula.* os mobile sur le genou.

Roture, *s. f.* état de ce qui n'est pas noble; les roturiers.

Roturé. e, *adj.* devenu roturier. V.

Roturier. ere, *s. adj. Plebeius.* qui n'est pas noble, qui tient du roturier. * *f.* -riere. R.

Roturièrement, *adv.* en roturier; tenu en roture; sans noblesse. * Roturiérement. G. R.
Rouable, *s. m.* ratissoire. R. voyez Roable. * *et* Roualbe *ou* Redable. AL.
Rouage, *s. m.* toutes les roues d'une machine.
Rouan, *adj. m.* (cheval) à poils blancs, gris et bais. * *et* Rouhan. R.
Rouanne, *s. f.* instrument des commis au vin pour marquer les tonneaux. * t. de métiers, espèce de compas. B. Rouane. R. T.
Rouanner, *v. a.* né. e, *p.* marquer avec la rouanne. * Rouaner. R.
Rouannette, *s. f.* instrument pour marquer le bois. * Rouanete. R.
Rouant, *adj. m.* t. de blason, qui étend sa queue.
Rouble, *s. m.* monnoie de compte de Russie. * outil de briquetier pour niveler. B.
Rouc, *ou* Rock, *s. m.* voyez Condor.
Rouche, *s. f.* carcasse de vaisseau; plante. * *et* Ruche. G.
†Roucherolle, voyez Rousserole.
Roucou, *s. m.* pâte dont on fait usage en médecine, en teinture. * Raucoust. G.
Rouçouer, *v. a.* -coué. e, *p.* peindre avec le roucou. A.
Roucouler, *v. n.* se dit du bruit que fait le pigeon. * Rocouler. T.
Roucouyer, *s. m. ou* Roucou, plante; arbre dont on tire une pâte pour la teinture.
Roudou *ou* Redoul, *s. m.* herbe aux tanneurs; espèce de sumac; le fruit est un poison. V.
Roue, *s. f. Rota.* machine ronde, plate, tournant sur un essieu; sa forme; supplice; t. d'arts et metiers.
†Roue-archet, *s. m.* roue qui sert d'archet dans la vielle.
Roué, *s. m.* criminel qui a été roué. * homme du grand monde sans principes et sans mœurs. B.
†Rouées, *s. f. pl.* têtes du cerf serrées et peu ouvertes.
Rouelle (de veau, de saumon), *s. f.* tranche ronde. * rangée de cerceaux. B. Rouele. R.
Rouennerie, *s. f.* étoffes de Rouen. C.
Rouenois. e, *adj. s.* de Rouen. R.
Rouer, *v. a.* -roué. e, *p.* punir du supplice de la roue. * t. de mar. plier en rond. CO.
Rouet, *s. m. Rota.* machine à roue pour filer; instrument d'arts; t. de maçon, roue dentée; garniture d'une serrure.
Rouette, *s. f.* branches d'osier. G. C. * longue branche devenue flexible dans l'eau. B. Rouete. R.
Rouge, *adj. 2 g. s. m. Ruber.* de couleur de feu, de sang; cette couleur. *Minium.* fard. *ou* Souchet, oiseau: poisson. * — d'Angleterre, pâtée pour polir l'acier au noir. B.
Rouge bord, *s. m.* rasade. * Rouge-bord. C. Rouje-bord. RR.
Rouge-gorge, *s. m. Erithacus.* oiseau à gorge rouge, de passage, du genre du bec-figue. * — serpent du 3e. genre, à gorge rouge. B.
Rouge-guene, *s. m.* oiseau. RR.
†Rouge-herbe, *s. f.* blé noir.
Rouge-noir, *s. m.* oiseau, gros-bec de Coromandel.
Rouge-queue, *s. m.* oiseau de passage du genre du rossignol. A.
Rouge-trogne, *s. f.* visage rouge d'un ivrogne. RR.
Rougeâtre, *adj.* 2 *g. Subruber.* qui tire sur le rouge. * *s. m.* espèce de cyprin. B.
Rougeaud. e, *adj.* (*famil.*) qui a le visage rouge. * Rougeau. E.
Rougeole, *s. f. Boa.* maladie qui cause des rougeurs.
Rouget, *s. m. Rubellio.* poisson du genre du mulet.
Rougette, *s. f. ou* Chien volant, chauve-souris monstrueuse. A.
Rougeur, *s. f. Rubor.* qualité de ce qui est rouge; couleur rouge; marque rouge sur la peau.
Rougir, *v. a.* gi. e, *p.* rendre rouge. *v. n. Rubescere.* devenir rouge; avoir honte.
Rougissure, *s. f.* t. d'arts, couleur de cuivre rouge. R. G. C.
†Rougueux, *adj. m.* vain, fier, orgueilleux. (*vi.*).
Roui. e, *adj. s. m.* qui a mauvais goût; t. d'agriculture, voyez Rouir.
†Roui, *s. m.* action de rouir.
Rouille, *s. f. Rubigo.* crasse ou ocre que l'eau produit sur le fer et d'autres métaux; t. de bot. maladie des plantes; taches sur les glaces.
†Rouillé, *s. m.* poisson du genre du labre.
Rouiller, *v. a.* lé. e, *p.* faire venir de la rouille. (se), *v. r.* se couvrir de rouille.
†Rouilleux. se, *adj.* t. de botanique, couleur de rouille.
Rouillure, *s. f.* effet de la rouille.
Rouir, *v. a. Macerare.* -roui. e, *p.* (du chanvre), le faire macérer dans l'eau.
Roulade, *s. f.* action de rouler; t. de musique, passage de plusieurs notes sur une syllabe. * tranche de viande roulée et farcie. B.
Roulage, *s. m.* facilité de rouler; transport par rouliers; * leur bureau, leur paye. B.
†Roulaison, *s. f.* travail pour faire le sucre.
Roulant. e, *adj.* qui roule.
†Roulé, *adj. m.* (bois) qui a ses crues marquées.
Rouleau, *s. m. Palanga.* paquet, bois cylindrique; cylindre. * coquille qui tient du cornet. fer carrillon en volute; serpent des Indes du 4e. genre. B.
†Roulée, *s. f.* nappe de filets.
Roulement, *s. m. Circumactio.* mouvement de ce qui roule; t. de musique, bruit uniforme et continu; retroussis. (*vieux*).
Rouler, *v. a. Volvere.* lé. e, *p.* faire avancer en faisant tourner; plier en rouleau. *v. n.* avancer en tournant; faire le service; être agité par les vagues; subsister; errer; être l'objet, le sujet de. (se), *v. r.*
Roulet, *s. m.* outil de chapelier pour fouler. G. C.
Roulette, *s. f. Rotula.* petite roue, petite boule de bois, etc.; petite chaise à roues; petit lit; t. de jeu; t. de géométrie, cycloïde. * outils. B. Roulete. R.
Rouleur, *s. m.* charançon de la vigne. A. * ouvrier briquetier. B.
Rouleuse, *s. f.* chenille qui roule les feuilles. A.
Roulier, *s. m.* charretier public.
Roulis, *s. m. Vacillatio.* agitation d'un vaisseau ballotté par les vagues et les vents.
Rouloir, *s. m.* outil de cirier pour rouler la bougie. G. C. CO. * sorte d'ensuble. B.
Roulon, *s. m.* bâton d'un échelon; balustre; ridelle. G. C. * Roulons. R.
†Roulure, *s. f.* défaut de liaison dans les couches du bois.
Roumâre, *s. m.* poisson. G. C. * Roumare. R.
Roup, *s. m.* monnoie d'argent dans le Nord. RR.
Roupeau, *s. m.* Bihoreau, espèce de héron.
Roupie, *s. f. Stiria.* goutte d'eau qui pend au nez; sorte de monnoie dans les Indes.
Roupiere, *s. f.* sorte d'épée. R.
Roupieux. se, *adj.* (*bas*) qui a souvent la roupie.
Roupille, *s. f.* petite casaque de cavalier. V.
Roupiller, *v. n. Dormitare.* sommeiller à demi.
Roupilleur. se, *s.* qui roupille toujours. * Roupilleux. se. V.
†Rouponi, *s. m.* monnoie de Toscane, 40 liv.
Roupt, *adj.* (*vieux*) rompu. V.
Rouquet, *s. m.* mâle du lièvre. R. G. C.
†Roussables, *s. m. pl.* cheminées pour faire sécher les harengs.
†Roussarde, *s. f. Niloticus.* poisson du genre du cyprin.
Roussâtre, *adj.* 2 *g. Subrutilus.* qui tire sur le roux.
Rousseau, *s. m. Subruber.* qui a le poil roux.
Rousselet, *s. m.* petite poire.
Rousseline, *s. f. Alcedo.* poire. * alouette des marais. B.
Rousserole, *s. f.* oiseau du genre de la grive.
†Rousset, *s. m.* filet du genre des folles.
Roussette, *s. f. ou* Fauvette des bois. *Lusciniola.* * *ou* Chat-marin, chien de mer; espèce de chauve-souris. B. Roussete. R.
Rousseur, *s. f.* qualité de ce qui est roux. *Lentigo.* tache rousse.
Roussi, *s. m.* odeur d'étoffe qui brûle; cuir rouge de Russie.
†Roussier, *s. m.* mine de fer terreuse, sablonneuse, limoneuse.
Roussin, *s. m.* cheval épais et entier (*ironique*). (— d'Arcadie), âne.
Roussir, *v. a. Rufare.* si. e, *p.* rendre roux. *v. n.* devenir roux.
Routailler, *v. a.* t. de chasse, suivre avec le limier. G. C. V. RR.
Route, *s. f. Iter.* grand chemin; voie, chemin; grande allée d'un bois; cours du vaisseau; conduite; moyen employé.
Router, *v. a.* voyez Routiner.
Routier, *s. m. Exercitatissimus.* homme expérimenté; livre de routes. * Routier. ere. R.
Routine, *s. f. Usus.* longue pratique.
Routiné. e, *adj.* habitué à faire.
Routiner *ou* Router, *v. a.* né. e, *p.* dresser à quelque chose.
Routinier, *s. m.* qui agit par routine. A.
Routoir, *s. m.* où l'on fait rouir le chanvre. * Rutoir. A. Rotiere. R.
†Rouverdin, *s. m.* tangara vert du Pérou.
Rouverin, *adj. m.* (fer) rempli de gerçures. * Rouverain. T.
Rouvre, *s. m. ou* Robre, gros chêne tortu.
Rouvrir, *v. a. Adaperire.* -vert. e, *p.* ouvrir de nouveau. (se), *v. récipr.* R. G. C. V.
Roux. rousse, *adj Rufus.* de couleur rousse.
Roux, *s. m.* couleur rousse, entre le jaune et le rouge; sauce. * homme roux. B.
Roux-vents, *s. m. pl.* t. de jard. R. vent d'avril froid, sec et violent. B. * Vents-roux. AL.
Roux vieux, *adj. m.* (cheval) qui a le roux vieux. *s. m.* gale qui vient au crin du cheval. * Rouvieux *ou* Roux-vieux. A. G. Roux-vieux. C.
Royal. e, *Regius.* qui appartient au roi, le regarde, lui convient; grand, magnifique. * — double, *s. f.* monnoie d'or fin françoise. (*vieux*). sortes de papier.
Royalement, *adv. Regiè.* d'une manière royale, grande, superbe.
Royaliste, *adj. s.* 2 *g.* partisan du roi ou de la royauté.
Royaume, *s. m. Regnum.* état gouverné par un roi.
Royauté, *s. f. Regia jura.* dignité de roi.
†Royer, *adj. m.* voisin, contigu. *s. m.* faiseur de roues.
†Royes, *s. f. pl.* pièces de filets qui forment une tissure.
Royette, *s. f.* (*vieux*) puissance. V.
Ru, *s. m. Rivus.* canal d'un petit ruisseau. * (*vi.*) ruisseau. V.
Ruade, *s. f. Calcitratus.* action d'un cheval qui rue. * brutalité inattendue. AL.
Ruage, *s. m.* usage de la campagne. RR.
Rubace, Rubacelle, *s. m.* rubis clair. * Rubacele. R.

Ruban, *s. m. Vitta.* long tissu de soie, de fil, etc.; ce qui en a la forme. * — de mer, *ou* Ténia marin, animal de mer; coquillage univalve de la famille des vis. B.

Rubaner, *a. a.* né. e, *p.* t. de cirier, partager la cire en rubans. R. * t. de rubanier, garnir de rubans. V. Rubanner, t. de cirier. AL.

Rubanerie, *s. f.* profession, marchandises de rubanier.

Rubanier. ère, *s. Textor.* qui fait des rubans. *s. m. ou* Ruban d'eau. *Sparganium.* plante aquatique, de trois espèces. L. 1378.

Rubanté. e, *adj.* garni de rubans. G. C. V. * en guise de ruban; qui a la forme et la couleur d'un ruban. V.

Rubasse, *s. f.* crystal coloré par l'art. G. * *adj.* 2 *g.* (quartz) teint en rouge. B. voy. Rubace.

†Rubbio, *s. m.* mesure romaine, 695 toises carrées.

†Rubèbe, *s. f.* espèce de violon. voy. Rebec.

Rubecte, *adj.* (*vieux*) fort, vigoureux. V.

†Rubéfiant. e, *adj.* (médicament) dont l'application cause de la rougeur.

†Rubeline, Rubienne, Rubiette, *s. f.* voyez Rouge-gorge.

†Rubellion, *s. m. Hurta.* poisson rouge, du genre du spare.

Rubéole, *s. f.* plante détersive, résolutive.

Rubète, *s. f.* poison tiré du suc d'une grenouille vénimeuse. G. C.

†Rubetra, *s. m.* oiseau d'Amérique huppé.

Rubiacé. e, *adj. Stellatus.* t. de botanique. R. V. * Rubiacées *ou* Etoilées, *s. f. pl.* plantes qui teignent en rouge, telles que la garance, le caillelait, le gratteron. A.

Rubican, *adj. s. m.* (cheval) dont la peau est parsemée de poils blancs.

†Rubicelle, *s. f. Rubicellus.* petit rubis jaune paille. *ou* Rubacelle, *adj. f.* (spinelle) jaune, rougeâtre.

Rubicond. e, *adj. Rubicundus.* (visage) rouge.

Rubification, *s. f.* action de rendre rouge. V.

†Rubin, *s. m.* gobe-mouche huppé de la rivière des Amazones.

Rubis, *s. m. Carbunculus.* pierre précieuse, diamant rouge; boutons rouges sur le nez. *pl.* oiseaux mouches. * — spinel, rouge clair et vif. — balais, rouge clair rose. — *ou* Rubine d'arsenic, arsenic rouge. — d'argent, mine d'argent rouge. — de zinc, blende rouge. — de soufre, soufre rouge. B.

Rubord, *s. m.* t. de charp. R. * *ou* Rebord, premier rang du bordage. B.

Rubricaire, *s. m.* qui sait bien toutes les rubriques, qui y est attaché.

Rubrique, *s. f.* terre, craie rouge, sanguine, ocre de fer. * t. d'impr. encre rouge. B.

†Rubriquer, *v. n.* savoir les rubriques.

Rubriques, *s. f. pl.* t. de droit, titres des livres; t. de liturgie, règles, pratiques anciennes; ruses, finesse, détours. * *sing.* Rubrique. A.

Ruch, Roc *ou* Rouch, *s. m.* oiseau fabuleux en Arabie, le Condor. RR.

Ruche, *s. f. Alveus.* panier où l'on met des abeilles; t. d'anatomie, cavité. * habitations des insectes, des vers qui vivent en société. A. — marine, *ou* aquatique, éponge habitée par des animaux aquatiques. B.

Ruchée, *s. f.* contenu de la ruche. R. G. C.

Rucher, *s. m.* lieu où il y a beaucoup de ruches.

Rudanier. ère, *adj. s.* (*popul.*) qui parle rudement. * Rudânier. ère, *de* rude ânier. A. V. *f.* Rudaniere. R.

Rude, *adj.* 2 *g. Scaber.* raboteux, âpre; difficile. *Durus.* violent; fâcheux; austère; pénible; redoutable.

Rudement, *adv. Asperè.* d'une manière rude.

Rudenté. e, *adj.* t. d'archit. dont les cannelures sont remplies jusqu'au tiers.

Rudenture, *s. f.* t. d'archit. bâton qui remplit les cannelures.

†Rudéral. e, *adj.* t. de botan. qui croît sur ou autour des masures.

Rudération, *s. f.* la plus grosse maçonnerie d'un mur. G. C. RR. * pavé de cailloutage. B.

Rudesse, *s. f. Duritas.* qualité de ce qui est rude; actions, paroles rudes.

Rudiment, *s. m. Rudimentum.* élémens, premiers principes, livre qui les contient. * premiers linéamens. A.

†Rudis, *s. m.* espèce de fleuret de gladiateur.

Rudoyer, *v. a.* yé. e, *p.* traiter, mener rudement.

Rue, *s. f. Vicus.* chemin dans une ville, etc. *Ruta.* plante amère, puante, très-employée en médecine. * — de chèvre, Galec commun *ou* Lavanèse. — des prés, pigamon jaunâtre, émollient, purgatif.

Ruée, *s. f.* t. d'agric. amas de litière sèche, de chaume, etc. G. C.

Ruelle, *s. f. Angiportum.* petite rue; espace entre les lits, entre le lit et la muraille. * Ruele. R.

†Ruellée, *s. f.* fin du toit contre un mur plus élevé.

Rueller, *v. a.* lé. e, *p.* t. de vigneron, faire des ruelles entre les ceps. G. C. V. * Ruéler. R.

Ruellette, *s. f.* petite ruelle. V.

Ruer, *v. a. n.* rué. e, *p.* jeter avec impétuosité; jeter les pieds de derrière. (se), *v. r.* se jeter sur.

Rueur. se, *s.* qui rue. R. V.

†Rufalbin, *s. m.* coucou du Sénégal.

Ruffianisme, *s. m.* paillardise. V.

†Ruffe, *s. m.* voyez Post.

Rufien, *s. m.* paillard. (*famil. peu honnête*).

†Rufienner, *v. n.* faire le rufien, le maquereau.

†Rufiennerie, *s. f.* action de rufienner, maquerellage.

Rugine, *s. f. Radula.* instrument de chirurgie pour ratisser les os.

Ruginer, *v. a.* né. e, *p.* ôter la carie des os avec la rugine. G. C. RR. CO.

Rugir, *v. n. Fremere.* parlant du cri du lion, faire beaucoup de bruit étant en colère.

Rugissant. e, *adj.* qui rugit.

Rugissement, *s. m. Fremitus.* cri du lion, du tigre, etc. * des démons. B.

Rugosité, *s. f.* rides sur une surface raboteuse. A. * Rudesse. C.

†Ruille, *s. f.* règle. (*vieux*).

†Ruillée, *s. f.* t. de couvreur, enduit de mortier sous les tuiles. R. G. C.

Ruiller, *v. a.* lé. e, *p.* faire des repaires pour dresser des plans et des surfaces, t. d'architecture. G. C. * *et* Ruiler. B.

Ruine, *s. f. Ruina.* dépérissement; destruction; perte des biens; t. de peint. édifices ruinés. *pl.* débris d'un bâtiment abattu.

Ruiner, *v. a. Eruere.* -né. e, *p.* abattre, démolir; détruire, ravager; causer la perte, etc. (se), *v. r.*

Ruineux, se, *adj. Ruinosus.* qui menace ruine; qui cause la ruine, de la perte, du dommage. * (*figuré*) (base, raisonnement) peu solide. B.

†Ruiniforme, *adj.* 2 *g.* (marbre) qui représente des ruines.

Ruinure, *s. f.* t. de maçon, entaille pour les panneaux. R. G. C.

Ruisseau, *s. m. Rivus.* courant d'eau, de sang, etc.; son canal.

Ruisselant. e, *adj.* qui ruisselle.

Ruisseler, *v. n. Profluere.* couler en manière de ruisseau.

Ruiste, *s. m.* (*vieux*) rude. V.

Rum, *s. m.* esprit tiré du sucre. V. * *ou* Tafia. RR. *prononcez* rome.

Rumb, *s. m.* t. de mar. air de vent, trente-deuxième partie de la boussole.

Rumeur, *s. f. Rumor.* grand bruit tendant à querelle; bruit confus de voix; jugemens publics, incertains, vagues.

Ruminant. e, *adj. s.* qui rumine. * *s. m. pl.* genre de quadrupèdes à quatre estomacs. B.

Rumination, *s. f.* action de ruminer.

†Ruminé. e, *adj.* t. de botanique, (feuille) en lanières recourbées.

Ruminer, *v. a. n. Ruminare.* -né. e, *p.* remâcher ce qu'on a mangé; penser et repenser à.

†Runcaires, *s. m. pl.* hérétiques qui se réunissoient dans des bois de broussailles.

†Runciné. e, *adj.* (feuille) découpée en lobes profonds et larges.

Runique, *adj.* 2 *g.* (langue) des anciens peuples du Nord.

Runographie, *s. f.* V. style, écriture runique. B.

†Ruperstral. e, *adj.* t. de botanique, qui croît sur les rochers.

†Ruptile, *adj.* 2 *g.* t. de botan. qui s'ouvre par une rupture spontanée.

Ruptoire, *adj. s. m.* cautère potentiel.

Rupture, *s. f. Abruptio.* fracture; action par laquelle une chose, la paix, etc. est rompue; endroit de la rupture; hernie; division; mélange des teintes, t. d'arts.

Rural. e, *adj. Campestris.* situé à la campagne; des champs.

Ruse, *s. f. Dolus.* finesse, artifice; détour.

Rusé. e, *adj. s. Astutus.* qui a de la ruse, plein de ruse; fin, adroit, astucieux.

Ruser, *v. n.* se servir de ruse. A. G. CO.

Ruseur. se, *adj.* qui emploie la ruse. J. J.

†Rusma, *s. f.* substance minérale, vitriolique, qui ressemble à du mâche-fer.

†Rusme, *s. m.* minéral du Levant, qui ressemble au mâche-fer.

Russe, *adj. s.* 2 *g.* de Russie. R. V.

Russien. e, *s. adj.* de la Russie. R.

Russiote, *s. m.* langue russe (*terme barbare*). R. V. T.

Rustaud. e, *adj. s. m.* grossier, qui tient du paysan.

Rustaudement, *adv.* à la manière rustique. V.

Rusticité, *s. f. Rusticitas.* grossièreté, rudesse.

†Rustine, *s. f.* pierre maçonnée au fond du fourneau, t. de forge.

Rustique, *adj.* 2 *g. s. m. Rusticus.* champêtre; inculte; sans art; peu poli, rude. (ordre) d'architecture, * *ou* toscan. B.

Rustiquement, *adv. Rusticè.* d'une manière rustique.

Rustiquer, *v. a.* qué. e, *p.* crêpir suivant l'ordre rustique; t. de mouleur, piquer les plâtres. * enduire de plâtre au balais. B.

Rustre, *adj.* 2 *g. s. m. Rusticanus.* fort rustique. * paysan grossier. B.

Rustre, *s. m.* t. de blason, losange percé en rond; lance. (*vieux*). * *s. f.* T.

†Rustrerie, *s. f.* brigandage; dévastation. (*vi.*).

Rut, *s. m. Ardor.* le temps où les bêtes fauves sont en chaleur. * passion brutale. AL.

†Rutacées, *s. f. pl.* famille des rues, plantes.

Rutoir, *s. m.* voyez Routoir.

†Ruyder, *s. m.* monnoie d'Hollande, 29 liv.

Rye, *s. f.* t. de géographie, rivage de la mer.

†Rye-grass, *s. f.* faux-orge anglois, inférieur au ray-grass.

Ryptique. voyez Rhyptique.

Rythme. voyez Rhythme.

Rythmique. voyez Rhythmique.

†Ryzaire, *s. m.* qui recueille beaucoup de ris, qui en fait commerce. (*vieux*). *et* Rizaire.

SABO

S, *s. m.* dix-neuvième lettre de l'alphabet. *et s. f.* (*vieux*).
Sa, *pron. f. possessif.*
Sabah, *s. m.* point du jour chez les Turcs. G.
†Sabaillon, *s. m.* vin blanc et sucre, boisson en Italie.
Sabaïsme, *s. m.* religion des anciens mages.* *ou* Sabéisme, culte des astres. R. G. C.
Sabasies, *s. f. pl.* fêtes de Bacchus. V.
†Sabatine, *s. f.* sabat.
Sabbat, *s. m.* *Sabbatum.* le dernier jour de la semaine, chez les Juifs; assemblée de sorciers; bruit, tumulte.
Sabbataire, *adj. s. 2 g.* qui observe le sabbat. V.
Sabbatine, *s. f.* thèse de philosophie.* grand bruit, grand fracas. (*vieux*). B.
Sabbatique, *adj. f.* (année), chaque septième année chez les Juifs.
†Sabbatiser, *v. n.* faire le sabbat, célébrer le sabbat.
Sabech, *s. m.* oiseau, Autour d'une des cinq espèces principales.
Sabéisme, voyez Sabaïsme. * *ou* Sabisme. V.
Sabelle, *s. f.* belle coquille. RR.
Sabine, *s. f.* *Sabina.* *ou* Savinier, petit arbuste toujours vert, d'une odeur pénétrante, dangereux emménagogue; attaque la poitrine; détersive, résolutive à l'extérieur; en poudre pour les ulcères; en cataplasme pour la gale, la teigne.
Sable, *s. m.* *Arena.* terre légère, menue, sans consistance; gravier; t. de blason, couleur noire; t. de fondeur, t. d'arts; t. de marine, horloge.* Sâble. R. *ou* Zabelle, voy. Zibeline. B.
Sablé, e, *adj.* jeté en sable.* Sâblé. R.
Sabler, *v. a.* blé, e, *p.* couvrir de sable; avaler. * Sâbler. R.
†Sableur, *s. m.* ouvrier qui fait les moules en sable.
Sableux, se, *adj.* (farine) où il y a du sable mêlé. G. C. V. * Sâbleux, se. R.
Sablier, *s. m.* sorte d'horloge de verre, à deux godets, avec du sable. * vase au sable pour mettre sur l'écriture. B. Sâblier. R. *ou* Sable. G.
Sablière, *s. f.* lieu d'où l'on tire le sable; t. de charp. pièce entaillée ou rainée. * Sâblière. R.
Sablon, *s. m.* sable fort délié; grès pulvérisé. * Sâblon. R.
Sablonner, *v. a.* -né, e, *p.* nettoyer avec du sablon. * Sâbloner. R.
†Sablonnette, *s. f.* pièce où l'on dépose le sable de verrier.
Sablonneux, se, *adj.* *Arenosus.* où il y a beaucoup de sable. * Sâbloneux, se. R.
Sablonnier, *s. m.* qui vend du sablon. * Sâblonier. R. Sablonnière, *s. f.* B.
Sablonnière, *s. f.* *Arenariæ.* lieu d'où l'on tire le sablon. * coffre pour le sable à moule; marchande de sable. B. Sâbloniere. R.
Sabord, *s. m.* t. de mar. embrâsure pour passer et tirer le canon.
Sabot, *s. m.* *Calceus.* chaussure de bois; t. de cordier; jouet d'enfant. *Ungula.* t. de man. corne du cheval. * rabot pour les moulures; demi-baignoire en sabot; t. de mét. soc du moule des chandeliers. — de la Vierge, soulier de Notre-Dame, plante de la famille des orchis, détersive, vulnéraire. — limaçon de mer operculé. B.
Saboter, *v. n.* faire du bruit avec les sabots; traîner le sabot; jouer au sabot.
Saboteur, *s. m.* qui sabote. * qui fait des sabots. V.
Sabotier, *s. m.* qui porte, qui fait des sabots.
Sabouler, *v. a.* lé, e, *p.* (*populaire*) houspiller, gronder, tourmenter.
Sabre, *s. m.* *Acinaces.* cimeterre, épée très-large. * Sâbre. R.
Sabrenas, *s. m.* artisan qui travaille grossièrement. G. C. V. CO. * cordonnier. V. Sâbrenas. R.
Sabrenauder, *v. a.* dé, e, *p.* (*popul.*) travailler mal. * Sâbrenauder. R. *et* Sabrenasser. A.
Sabrer, *v. a.* bré, e, *p.* frapper à coups de sabre; expédier précipitamment. * Sâbrer. R.
Sabretache, *s. f.* partie de l'équipement d'un housard. V. * Sâbretache *ou* Sabretage, *s. m.* RR.
†Sabrier, *v. a* récompenser. (*vieux*).
†Saburrale, *adj. f.* *Saburralis.* (maladie) causée par la saburre.
Saburre, *s. f.* t. de mar. gravier pour lester; t. de médecine, ordures dans les premières voies. * Sabure. R.
Sac, *s. m.* *Saccus.* sorte de poche; habit de toile; dépôt de matières, t. de chirurgie; pillage d'une ville. * — animal marin, verdâtre, Ascidie. — lacrymal, poche du côté du grand angle de l'œil. — filet en manche, fond du filet. B.
Sac (Cul-de-), *s. m.* petite rue sans issue. * *mieux* impasse. VOLTAIRE.
Sacard, *s. m.* qui ensevelit les pestiférés. V.
Saccade, *s. f.* secousse prompte et violente; rude réprimande. * Sacade. R.
Saccader, *v. a.* dé, e, *p.* donner des saccades à un cheval. G. C. * Sacader. R.
Saccage, Sacquage, *s. m.* droit de minage. R. G. C.
Saccage, *s. m.* bouleversement, confusion; amas confus. (*popul.*) A. * Sacage. R.
Saccagement, *s. m.* *Expilatio.* sac, pillage d'une ville, d'un camp. * Sacagement. R.
Saccager, *v. a.* *Vastare.* gé, e, *p.* mettre au sac, au pillage; bouleverser. * Sacager. R.
Saccatier, Sacquatier, *s. m.* voiturier de charbon de terre, dans les forges. C. G. R. V.
†Saccharoïde, *adj. 2 g.* qui a l'aspect du sucre.
Saccho-lactique, *adj.* (acide), t. de chimie. voyez Acide. * Saccholactique. AL. V.
Saccho-lates, *s. m. pl.* sels formés par la combinaison de l'acide saccho-lactique avec différentes bases. V. * Saccholate, *s. m.* AL. V.
Saccomuse, *s. f.* cornemuse. R.
†Saccophores, *s. m. pl.* porteurs de sacs.
Sacculaire, *s. m.* escamoteur. V.
Sacéennes, Sacées, *s. f. pl.* fêtes en l'honneur d'Anaïtis ou Vénus. G. C.
Sacellaire, *s. m.* officier de l'église grecque à Constantinople. R.
Sacerdoce, *s. m.* *Sacerdotium.* caractère des prêtres; prêtrise; corps des prêtres.
Sacerdotal, e, *adj.* *Sacerdotalis.* qui appartient au sacerdoce, qui en vient.
Sachée, *s. f.* plein un sac.
†Sachelet, *s. m.* petit sac. (*vieux*).
Sachet, *s. m.* *Sacculus.* petit sac; coussin parfumé; t. de méd. remède topique.
Sacher, ete, *s.* religieux pénitens. R.
Sacki *ou* Sacqui, *s. m.* bierre de ris, du Japon. RR.
Sacmenter *v. a.* saccager, massacrer. CHOLET.
Sacoche, *s. f.* deux grandes bourses de cuir, de toile jointes ensemble.
Sacome, *s. m.* moulure en saillie, t. d'archit. G. C. * Sacôme. R.
†Sacoper, *v. a.* s'envelopper, s'enfermer quelque part sans le vouloir. (*vieux*).
Sacquage *ou* Saccage, *s. m.* droit de minage. RR.
Sacquatier *ou* Saccatier, *s. m.* voiturier de charbon en sac. RR.
Sacquier, *s. m.* t. de mar. R. officier de port qui fait décharger les sacs. B.
Sacraire, *s. m.* oratoire, petit temple. R. G. C.
Sacramaton, *s. m.* herbe potagère d'Amérique. G. C. RR. * Sacramaron. V.
Sacramentaire, *s. m.* nom de sectaires hérétiques.
Sacramental, e, *pl.* -taux. Sacramentel, le, *pl.* -tels, -telles, *adj.* qui appartient au sacrement. * Sacramentel, tele. R.
Sacramentalement; Sacramentellement, *adv.* d'une manière sacramentelle.* -mentélement. R.
Sacre, *s. m.* *Inunctio.* action de sacrer. * cérémonies qui l'accompagnent. B.
Sacre, *s. m.* *Sacer.* sorte de faucon qui tient du lanier. * Sâcre. V.
Sacré, e, *adj.* *Sacer.* qui a reçu l'onction sainte; saint; respectable; inviolable. G. * (*familier, populaire*) *pour* très, — *ex.* sacré vilain. B. *s. m.* l'opposé de profane. AL.
Sacrement, *s. m.* *Sacramentum.* signe visible d'une chose, ou d'une grâce invisible.
Sacrer, *v. a.* *Consecrare.* -cré, e, *p.* conférer un caractère de sainteté. * *v. n.* jurer, blasphémer. A. faire la cérémonie du sacre. B.
Sacret, *s. m.* mâle du sacre. * tiercelet, femelle du sacre. A.
Sacrificateur, *s. m.* *Immolator.* qui sacrifie, qui offre un sacrifice. * Sacrificateur, -trice. R.
†Sacrificatoire, *adj. 2 g.* qui appartient au sacrifice.
Sacrificature, *s. f.* *Sacerdotium.* t. de liturgie, dignité, office, fonction de sacrificateur.
Sacrifice, *s. m.* *Sacrificium.* offrande avec des cérémonies; renoncement, abandon.
Sacrifier, *v. a.* *Sacrificare.* fié, e, *p.* offrir en sacrifice, immoler; se priver de; employer. (se), *v. r.* se dévouer entièrement, s'immoler.
Sacrilége, *s. m.* *Sacrilegium.* qui commet un sacrilége; profanation; action impie. *adj. 2 g.* *Sacrilegus.* souillé d'un sacrilége. * *s. m.* attentat commis sur une personne sacrée. AL. Sacrilège. V. CO.
Sacrilégement, *adv.* d'une manière sacrilége. * Sacrilègement. C O. V.
Sacristain, *s. m.* *Æditaus.* qui a soin d'une sacristie; bénéficier. * *mieux* Sacristin. G.
Sacriste, *s. m.* celui qui possède une sacristie. A. * Sacristain. G.
Sacristie, *s. f.* *Sacrarium.* lieu pour serrer les vases sacrés, etc; ce qu'elle contient; bénéfice; produit des messes.
Sacristine, *s. f.* religieuse qui a soin de la sacristie.
†Sacrococcygien, *s. m.* muscle du coccix.
†Sacro-ischiatique, *adj.* (ligament) du sacrum et de l'ischion.
Sacro-lombaire, *adj.* (muscle) qui resserre la poitrine. G. C. V.
Sacrum, *s. m.* os, la dernière vertèbre.
†Sadder, *s. m.* livre qui contient la religion des Guèbres ou Parsis. * *ou* Sader. RR.
Sade, *adj. 2 g.* suave. V.
†Sadinel, le, *adj.* propre, agréable. (*vieux*).
Sadinet, *adj.* *diminutif de* sade. V.
†Sadinette, *s. f.* fille gentille, bien propre et blanche. (*vieux*).
Saducéens, *s. m. pl.* hérétiques juifs, t. d'antiq. * *et* Sadducéens. R.
Saducéisme, *s. m.* doctrine des Saducéens.
Saette *ou* Sagette, *s. f.* flèche. A.
Safran *ou* Crocus, *s. m.* *Crocus.* plante à racine tubéreuse, pour la teinture; couleur; t. de chim. préparation faite avec du fer. * planche à l'extrémité du gouvernail d'un bateau. B.
Safran bâtard, *s. m.* carthame. R.
Safrande, *s. f.* de couleur de safran. V.

Safraner,

Safraner, *v. a.* apprêter avec du safran; jaunir; *safrané. e, *adj. p.* t. de botanique, couleur de safran. B.
Safranier. ère, *s.* (*popul.*) personne misérable, ruinée. * Safranier. ere. R.
Safre, *adj.* 2 *g.* *Gulosus.* goulu, glouton; lascif. * *f.* Safrette. V.
Safre, *s. m.* couleur bleue, tirée du cobalt. * *ou* Saffre, chaux métallique du cobalt. B.
Safrement, *adv.* avec pétulance. v.* goulument. B.
Sagace, *adj.* 2 *g.* (*nouveau, inusité*) doué de sagacité. A.
Sagacité, *s. f.* *Sagacitas.* pénétration d'esprit; discernement; perspicacité.
†Sagaie, *s. f.* espèce de dard en javelot des nègres.
Sagamité, *s. m.* mets des Canadiens. V.
†Sagan, *s. m.* vicaire du grand-prêtre des Juifs.
Sagapenum, *s. m.* gomme. R. * Gomme-sagapin, Gomme-séraphique, *s. f.* puissant apéritif, détersive, résolutive, purgative, atténuante. B.
Sage, *adj.* 2 *g. s. m.* *Sapiens.* très-prudent; circonspect; modéré; retenu; modeste; chaste; posé; judicieux; profond dans la morale et les sciences. * habile alchimiste. A.
Sage-femme, *s. f.* *Obstetrix.* accoucheuse. * Sage femme. R.
Sagement, *adv.* *Sapienter.* d'une manière sage, correcte, avisée, prudente.
†Sagénite, *s. f.* titane oxidée, réticulaire.
Sages, *s. m. pl.* magistrats à Venise. A.
Sagesse, *s. f.* *Sapientia.* circonspection; prudence; chasteté; modération; retenue; philosophie; sciences.
Sagette, *s. f.* Saette, Flèche d'eau, plante.
Sagittaire, *s. m.* archer. *Sagittarius.* signe du zodiaque; oiseau de proie, du cap de Bonne-Espérance.
Sagittale, *adj. f.* (suture) du crâne.
†Sagittée, *adj.* 2 *g.* (feuille) en forme de coin, de lance, d'alène.
Sagon, *s. m.* petit singe. V.
Sagou, *s. m.* *Sagu.* espèce de pâte végétale, alimenteuse; moëlle du palmier. G. C. V. RR. * *ou* Landan des Moluques. B.
Sagouin, *s. m.* *Simiolus.* petit singe dont la queue n'est pas prenante.
Sagouin. e, *adj. s.* mal-propre.
†Sagre, *s. m.* *Spinax.* poisson du genre du chien de mer.
†Saguetter, *v. a.* battre avec des sachets pleins de sable; empoisonner avec de petits sachets dont on touche le visage.
Saï *ou* Pleureur, *s. m.* *Capucina.* sapajou qui se sert de sa queue comme de sa main.
†Saïd, *s. m.* sorte de papier d'Égypte.
Saie, *s. f.* *Sagum. ou* Sagum, vêtement antique; t. d'orfév. petite brosse. * *ou* Saye, brosse. AL.
Saïete, *s. f.* serge. R.
Saieter, *v. a.* té. e, *p.* nettoyer avec la saie. G. C. * Saiéter. R. *ou* Sayeter. AL.
Saïeteur, *s. m.* faiseur de saies. R.
†Saïga, *s. m.* espèce d'antilope du Nord.
Saignant. e, *adj.* *Sanguinolentus.* qui dégoutte de sang; récent.
Saignée, *s. f.* *Phlebotomia.* ouverture de la veine pour tirer du sang, ce sang. *Incile.* rigole.
Saignement, *s. f.* épanchement de sang.
Saigner, *v. a.* gné. e, *p.* tirer du sang en ouvrant la veine; ôter le sang; faire des rigoles; tirer de l'argent de... *v. n.* perdre, jeter du sang. (se), *v. pers.* donner de l'argent jusqu'à se mettre à l'étroit.
Saigneur, *s. m.* (*famil.*) médecin qui ordonne souvent la saignée. * celui qui fait la saignée, G.

Saigneux. se, *adj.* *Cruentus.* sanglant, taché de sang. (bout —), col de veau, etc.
Saignoter, *v. a.* *diminutif de* saigner. R. V.
Saillant. e, *adj.* *Eminens.* qui avance, sort en dehors, t. de fortification.
Saille, *adv. interj.* t. de mar. pour que ça aille! R.
Saillie, *s. f.* *Prominentia.* sortie impétueuse; emportement; boutade; trait d'esprit; t. d'architecture, avance.
Saillir, *v. a.* *Extare.* li. e, *p.* couvrir sa femelle, en parlant du cheval, du taureau, etc. *v. n.* jaillir, sortir avec impétuosité; s'avancer en dehors. * Saïllir. V.
†Saime, *s. m.* monnoie d'Alger, 50 aspres.
†Saïmiri, *s. m.* *Sciurea.* singe de la famille des sapajous.
Sain. e, *adj.* *Sanus.* de bonne constitution; salubre: (doctrine) conforme aux décisions adoptées.
†Sain-bois, *s. m.* *Lignum sacrum.* garou à feuilles de lin.
Sain-doux, *s. m.* *Arvina.* graisse de porc fondue. * Saindoux. R. G. C.
Sainement, *adv.* *Salubriter.* d'une manière saine; judicieusement, avec bon sens.
Sainfoin, *s. m.* *Onobrychys.* Foin de Bourgogne, herbe. * Gros foin, Esparcette, plante à fleur légumineuse; excellent fourrage, provoque la sueur, imite le thé vert. L. 1059. B.
Sainfoin d'Espagne, *s. m.* voyez Hédysarum. A.
Saint. e, *adj. s.* *Sanctus.* essentiellement pur; souverainement parfait; consacré à Dieu; respectable.
Saint-aubinet, *s. m.* pont de cordes, t. de marine. R.
Saint-augustin, *s. m.* caractère d'imprimerie. R.
Sainte barbe, *s. f.* t. de mar. endroit où l'on met la poudre. * Sainte-barbe. A. C. G. R.
Saintement, *adv.* d'une manière sainte.
†Sainteron, *s. m.* petit saint, qui vit comme un saint.
Sainteté, *s. f.* *Sanctitas.* qualité de ce qui est saint; perfection divine, titre du pape.
Saintongeois. e, *adj. s.* de Saintonge. RR.
Saintre, *s. m.* droit seigneurial de pâture. R. * *ou* Cheintre. RR.
Sainturier, *s. m.* qui expose les reliques des saints. V.
Saïque, *s. f.* navire du Levant.
Saisi, *s. m.* débiteur sur lequel on a saisi.
Saisie, *s. f.* arrêt sur les biens d'une personne.
Saisie-gagerie, *s. f.* saisie de meubles meublans. AL.
Saisine, *s. f.* prise de possession.
Saisir, *v. a.* *Prehendere.* si. e, *p.* prendre tout d'un coup, avec vigueur; comprendre aisément; attaquer; arrêter les biens. (se), *v. r.* prendre subitement; être frappé de déplaisir, de crainte, etc.
Saisissable, *adj.* 2 *g.* qui peut être saisi. AL.
Saisissant. e, *adj.* qui surprend tout d'un coup. *subs.* qui saisit par justice.
Saisissement, *s. m.* *Commotio.* impression subite et violente que cause un grand déplaisir, la terreur, le froid, etc.
Saison, *s. f.* *Tempestas.* 4e. partie de l'année; temps propre à chaque chose. * âge de la vie. AL.
Saison (arrière-), *s. f.* automne.
†Saizin, *s. m.* drap de Languedoc pour le Levant.
Sajou, *s. m.* sapajou à faces couleur de chair.
†Saki, *s. m.* singe à queue de renard.
Sal, *s. m.* insensé. R.
†Salabre, *s. m.* espèce de truble.
Salace, *adj.* 2 *g.* qui est naturellement salé. R.

* (*figuré*) fin, délicat. V.
Salade, *s. f.* *Acetaria.* mélange d'herbes assaisonnées; armure de tête; t. de manége, pain dans du vin. * correction; forte réprimande; vive attaque. AL.
Saladier, *s. m.* vase où l'on sert la salade. * panier pour secouer les herbes lavées. B.
Saladine, *adj. f.* (dîme). RR.
Salage, *s. m.* *Salsura.* action de saler; son effet. * droit de passage sur les bateaux de sel. B.
Salaire, *s. m.* *Merces.* paiement; récompense; châtiment.
Salaison, *s. f.* *Salsura.* action de saler; chose salée; saison où l'on sale.
Salam, *s. m.* salutation turque. V.
Salamalec, *s. m.* (*la paix avec vous*:) révérence profonde.
Salamandre, *s. f.* *Salamandra.* ou Sourd, ou Mouron, reptile; herbe incombustible de Tartarie. * lézard aquatique du 5e. genre, sans venin, ovipare. B.
Salamandres, *s. m. pl.* génies du feu.
†Salamanie, *s. f.* flûte turque de roseau.
†Salangane, *s. m.* voyez Alcyon.
Salant, *adj. m.* (marais) d'où l'on tire le sel.
Salarier, *v. a.* -rié. e, *p.* (*renouvelé*) donner un salaire.
Salariés, *s. m. pl.* gens soldés. G. C. CO.
Salaud. e, *adj.* *diminutif de* sale; sale et malpropre. A. * *s. f.* prostituée de la plus vile espèce. AL.
†Salbande, *s. f.* pierre entre le filon et la roche dure.
Sale, *adj.* 2 *g.* *Sordidus.* mal-propre, déshonnête, obscène. * (couleur) mal broyée, mal fondue. AL.
Salé, *s. m.* chair salée de porc. * provision de sel. G. (franc —), voyez ce mot.
Salement, *adv.* *Spurcè.* d'une manière sale.
†Salempoulis, *s. m.* toile de Coromandel.
Salep, *s. m.* ou Salop, racine bulbeuse, G. * blanchâtre, transparente, d'une espèce d'orchis des Indes, qui rétablit les forces épuisées. B.
Saler, *v. a.* *Sallere.* lé. e, *p.* assaisonner avec du sel; mettre du sel. * vendre trop cher; frapper; pincer; piquer (*popul.*). B.
Saleran, *s. m.* ou Salaran, t. de papeterie. R. * ou Sallerant. e, inspecteur, qui préside aux travaux de la salle. B.
Saleron, *s. m.* partie d'une salière où l'on met le sel.
†Salésiennes, *s. f. pl.* visitandines.
Saleté, *s. f.* *Sordes.* qualité de ce qui est sale; mal-propre; ordure; obscénité.
Saleur, *s. m.* celui qui sale.
Salicaire, *s. f.* *Salicaria.* Lysimachie rouge, plante fébrifuge, détersive, vulnéraire, rafraîchissante.
Salicite, *s. f.* pierre figurée imitant les feuilles de saule. G. C. V.
Salicoque, *s. f.* *Astacellus.* ou Salicot, espèce de chevrette; Crevette ou écrevisse de mer.
†Salicor, *s. m.* soude du Languedoc.
†Salicorne, *s. f.* salicornin, plante.
†Salicornin, *s. m.* petit arbrisseau du genre des soudes.
Salicot, *s. m.* christe-marine. voy. Bacile. A.
Salien, *s. m.* prêtre de Mars à Rome. * *pl.* A.
Saliens, *adj. m. pl.* (poëmes) en l'honneur de Mars.
Salière, *s. f.* *Salinum.* vase, ustensile pour mettre le sel; creux au-dessus des yeux du cheval, au haut de la poitrine des femmes. * outil de lapidaire. B. Saliere. R.
†Saliette, *s. f.* conize à feuilles en coin.
†Salifiable, *adj.* 2 *g.* (substance) qui peut être

facilement convertie en sel.
Salification, *s. f.* formation du sel. V.
Saligaria, *s. m.* petit oiseau. A.
Saligaud. e, *adj. s.* (*popul.*) sale, mal-propre.
Salignon, *s. m.* pain de sel, fait d'eau de fontaine salée.
†Saligot, *s. m.* terrestre ou aquatique, tribule.
†Saligres, *s. f. pl.* pierres sales dans les mines de sel gemme; pâte pour les oiseaux qui ont perdu l'appétit.
Salin. e, *adj.* qui contient des parties de sel. * *s. m.* sel de verre; baquet à sel. B.
†Salinage, *s. m.* temps employé à faire le sel.
Saline, *s. f. Salsamenta.* salaison; chair, poisson salé; où l'on fait le sel, d'où se tire le sel.
†Salinier, *s. m.* celui qui extrait l'alcali des soudes.
Salique, *adj. Salica.* (loi) qui exclue les femmes de la couronne de France.
Salir, *v. a. Inquinare.* li. e, *p.* rendre sale; ternir.
Salissant. e, *adj.* qui se salit aisément.
Salisson, *s. f.* (*popul.*) petite fille mal-propre.
Salissure, *s. f. Macula.* ordure qui demeure sur une chose salie.
†Salisubsules, *s. m. pl.* danseurs au son de la flûte.
Salivaire, *adj.* 2 *g.* destiné pour la salive; qui regarde la salive.
Salival. e, *adj.* salivaire. R. C.
Salivation, *s. f. Salivatio.* écoulement de la salive; action de cracher.
Salive, *s. f. Saliva.* humeur aqueuse qui coule dans la bouche; crachat.
Saliver, *v. n. Salivare.* rendre beaucoup de salive.
Salle, *s. f. Œcus.* pièce destinée à recevoir les visites; pièce principale d'un appartement; grande pièce publique; dortoir; local pour les leçons; lieu planté d'arbres formant une salle. * atelier de papetier. B.
Sallette, *s. f.* petit pot. V.
†Salmarine, *s. f. Salmarinus.* ou Salmerin, poisson du genre du salmone.
†Salme, *s. f.* mesure sicilienne, deux setiers quatre boisseaux 1-3.
Salmi, *s. m.* ragoût de pièces de gibier. * Salmis. A.
Salmigondis, *s. m.* ragoût de viandes réchauffées. * discours entremêlé de choses disparates. A. Salmigondi. R.
†Salmone, *s. m. Salmo.* poisson du 6ᵉ. genre, de la 4ᵉ. classe.
Saloir, *s. m. Cadus.* vaisseau pour saler, pour mettre le sel.
Salon, *s. m.* pièce plus haute, plus grande, plus ornée que les autres; pièce de compagnie. * petite salle. G. *et* Sallon. R.
†Salop, *s. m.* voyez Salep.
Salope, *adj.* 2 *g.* sale, mal-propre. *s. f.* femme de mauvaise vie.
Salopement, *adv.* d'une manière salope.
Saloperie, *s. f.* chose vilaine et mal-propre; saleté; obscénité. * chose à rejeter. B.
Salorge, *s. m.* amas de sel.
Salpe, Saupe, *s. f.* poisson de mer.
Salpêtre, *s. m. Salnitrum.* sorte de sel, nitre; acide nitreux combiné avec l'alcali fixe.
†Salpêtreux. se, *adj.* (terre) où le salpêtre est formé.
Salpêtrier, *s. m.* qui travaille à faire du salpêtre.
Salpêtrière, *s. f.* où l'on fait le salpêtre. * hôpital de femmes à Paris. CO. Salpêtriere. R.
†Salpicon, *s. m.* ragoût pour de grandes pièces de viande.
†Salpingopharyngien, *s. m.* muscle du pharynx.
†Salpingostaphylin, *s. m.* muscle de la luette.
†Salse, *s. f.* sorte de petit volcan qui vomit de l'air inflammable ou gaz hydrogène, du limon et quelquefois des pierres. (*nouveau, pris de l'italien.*)
Salsepareille, *s. f. Salsaparilla.* racine médicinale du Pérou, sudorifique, atténuante.
Salsifis, *s. m. Hirci barbula.* scorsonère, plante potagère. * *ou* Sersifis. G.
Salsugineux. se, *adj.* qui a rapport au sel. R. T. * Salfugineux. RR.
†Saltation, *s. f.* imitation de tous les gestes humains, t. d'antiquité.
Saltimbanque, *s. m. Circulator.* charlatan; bateleur; bouffon; mauvais orateur à grands gestes.
Saluade, *s. f. Salutatio.* (*vieux*) salut avec révérence. R. V.
Salubre, *adj.* 2 *g.* sain, qui contribue à la santé.
Salubrité, *s. f.* qualité de ce qui est salubre.
Saluer, *v. a. Salutare.* lué. e, *p.* donner une marque extérieure de respect; faire ses complimens; baiser en saluant; proclamer (empereur).
Salure, *s. f. Salsitudo.* qualité que le sel communique.
Salut, *s. m. Salutatio.* conservation, rétablissement dans le bien; retour à la santé, à la vie, à l'aisance, etc.; félicité éternelle; action de saluer; prière. * poisson de lac; monnoie d'or françoise. (*vieux*). B.
Salutaire, *adj.* 2 *g. Salus.* utile, avantageux pour la conservation de la vie, de la santé, des biens, de l'ame, etc.
Salutairement, *adv. Salutariter.* d'une manière salutaire.
Salutation, *s. f. Salutatio.* (*famil.*) salut.
Saluts, *s. m. pl.* monnoie d'or. V.
Salvage, *s. m.* t. de mar. droit sur ce qu'on a sauvé du naufrage. * *ou* Sauvelage. R.
Salvatelle, *s. f. Salvatella.* veine du pied. R. * de la main. B.
Salvations, *s. f. pl.* t. de pratique, écritures en réponse.
Salve, *s. f.* décharge d'un grand nombre de pièces d'artillerie; t. de mar. bordée.
Salvé, *s. m.* prière à la Vierge.
Salveline, *s. f.* Salvelin, *s. m.* poisson du Danube, du genre du salmone.
Samara, *s. m.* sorte de vêtement funèbre. V.
†Samaritain. aine, *adj. Samaritanus.*
Sambieu, *jurement.* V.
Sambouc, *s. m.* bois odoriférant de Guinée. R.
†Sambuca-lyncéa, *s. f.* instrument à 500 cordes.
Sambuque, *s. f.* flûte. R.
†Same, *s. m.* muge, espèce de mugile.
Samedi, *s. m. Sabbatum.* dernier jour de la semaine.
Samequin, *s. m.* vaisseau turc pour aborder, pour aller terre à terre. R. G. C. * Sannequin. B.
†Samestre, *s. m.* corail rouge.
†Samiel *ou* Camsin, *s. m.* vent mortifère en Afrique.
†Samienne, *adj.* (terre) blanche et gluante, de Samos; elle arrête le vomissement.
Samis *ou* Samilis, *s. m.* étoffe d'or et d'argent. R.
†Samnites, *s. m. pl. Samnites.* anciens peuples d'Italie.
Samoli, *s. f. Samolus.* Mouron d'eau, plante anti-scorbutique. R. * Samole. V.
†Samoloïde, *s. f.* espèce de véronique employée en guise de thé.
Samoreux, *s. m.* t. de marine, R. bâtiment long et plat. B.
†Samorin, *s. m.* titre d'un prince d'Asie.
Samour, *s. m.* martre zibeline. V.
†Sampa, *s. m.* palmier aquatique de la Guiane.
†Sampcéens *ou* Schamcéens, *s. m. pl.* sectaires orientaux.
†Sampite, *s. m.* arme des Indiens.
Samskret. ète, *ou* Samskroutan, *ou* Shanscrit. -ite, *adj.* langue des Indous. G. * Samscrit *ou* Samescret. RR. voyez Hanscrit.
†Sanas, *s. m.* toile de coton des Indes.
†San-bénito, *s. m.* vêtement mortuaire des victimes de l'inquisition.
Sancir, *v. n.* t. de marine, couler bas.
Sanctifiant. e, *adj.* qui sanctifie.
Sanctificateur, *s. m.* qui travaille à sanctifier. T.
Sanctification, *s. f. Infusa sanctitas.* effet de la grâce qui sanctifie.
Sanctifier, *v. a.* -fié. e, *p.* rendre saint; célébrer.
†Sanctimoniale, *s. f.* religieuse.
†Sanctimonie, *s. f.* sainteté.
Sanction, *s. f. Sanctio.* confirmation, force, autorité donnée à une loi; approbation; constitution ecclésiastique.
Sanctionner, *v. a.* né. e, *p.* donner la sanction à; confirmer. * Sanctioner. R.
Sanctuaire, *s. m. Sanctuarium.* le lieu saint où est le maître-autel; (*fig.*) l'église; le sacerdoce.
Sandal, *s. m.* taffetas. V.
Sandal, *s. m. Sandalum.* bois des Indes. *—blanc, —citrin, — rouge, bois odorans, médicinaux. B. Santal. G. CO.
Sandale, *s. f. Solea.* chaussure. * navire ou allége du Levant. B.
Sandalie, *s. f.* espèce de pêche. RR.
Sandalier, *s. m.* qui fait des sandales. G. C. V. * qui en porte. AL.
†Sandaline, *s. f.* petite étoffe de Venise.
†Sandaliolite *ou* Sandalite, *s. m.* madrépore infundibuliforme, à pédicule.
†Sandapile, *s. f.* t. d'arts, civière pour les enterremens. voyez Sangapite.
Sandaraque, *s. f. Sandaracha.* sandarax, vernis; gomme; orpiment rouge; résine sèche du grand génevrier.
†Sandastre, *s. m. ou* Garamantite, pierre précieuse, tachetée de jaune; excellent contre-poison. Sandastros.
Sandastros, *s. m.* voyez Sandastre.
†Sandat, *s. m. Lucio-perca.* poisson du genre du persègue.
Sandix, *s. f.* céruse calcinée. R. * *s. m.* espèce de minium. V.
Sane, *adj.* 2 *g.* (*vieux*) guéri. V.
Saner, *v. a.* (*vieux*) guérir. V.
Sanes, *s. f.* t. de trictrac. V. voyez Sonnez.
Sang, *s. m. Sanguis.* liqueur rouge qui circule dans les veines; race, extraction. * qualité du tempérament. AL.
Sang froid, *s. m.* tranquillité; présence d'esprit. (de), *adv.* * Sang-froid. A. C. G. R.
Sang de dragon, *s. m.* plante; liqueur ou substance résineuse de plusieurs espèces, * incrassante, dessiccative, astringente, pour la dyssenterie, l'hémorragie, dangereux intérieurement. B.
†Sangapite, *s. m.* brancard pour porter les morts. voyez Sandapile.
Sangiac, *s. m.* gouverneur turc.
Sanglade, *s. f.* (*vieux*) coup de sangle. A. V. RR.
Sanglant. e, *adj. Cruentus.* ensanglanté; taché, souillé de sang; outrageant, offensant.
Sanglargan, *s. m.* drogue médicinale qui arrête le sang. G. C.
Sangle, *s. f. Lorum.* bande qui sert à ceindre, à serrer.
Sangler, *v. a. Substringere.* glé. e, *p.* serrer avec des sangles; donner, appliquer, (*popul.*)

Sanglier, *s. m. Aper.* espèce de porc sauvage. * — de mer, poisson du genre du doré. B. Sanglier. ère. V.
Sanglon, *s. m.* t. de mar. R. * fausses-côtes. B.
Sanglot, *s. m. Singultus.* soupir redoublé.
Sangloter, *v. n. Singultire.* pousser des sanglots.
Sangsue, *s. f. Hirudo.* animal aquatique ovipare, qui suce le sang; exacteur avide. * limace. voyez Fasciole. — volante, vampire. Sucesang. B. Sang-sue. R.
†Sanguificatif. ve, *adj.* qui convertit en sang, qui forme le sang.
Sanguification, *s. f.* transformation du chyle en sang.
†Sanguifier, *v. a.* e. e, *p.* convertir en sang.
Sanguin, e, *adj. Sanguineus.* qui abonde en sang; de couleur de sang.
Sanguinaire, *adj.* 2 *g. Sanguinarius.* cruel, inhumain; qui aime à répandre le sang.
Sanguine, *s. f. Hæmatites.* Hématite, mine de fer rouge; crayon; pierre précieuse.
†Sanguinelle, *s. f.* cornouiller sanguin.
†Sanguinolaire, *s. f. Sanguinolaria.* mollusque acéphale.
Sanguinolent. e, *adj. Sanguinolentus.* teint de sang.
†Sanguinolente, *s. f. Guttata.* (la), poisson du genre du persègue.
Sanhédrin, *s. m.* tribunal juif. * Sannédrin. RR.
†San-hia, *s. m.* espèce de coucou de la Chine.
Sanicle, *s. f. Sanicula.* plante détersive, vulnéraire, astringente. L. 339.
Sanie, *s. f. Tabum.* pus séreux des ulcères.
Sanieux. se, *adj.* chargé de sanie.
†Sanitaire, *adj.* 2 *g.* relatif à la conservation de la santé.
†Sannequin, *s. m.* vaisseau marchand turc pour aborder à terre. voyez Samequin.
Sannes, *s. m.* t. de jeu. * *ou* Sanne. R. voyez Sonnnez.
Sans, *préposition exclusive. Sine.*
Sans-culote, *s. f.* républicain exclusif. RR.
Sans-culoterie, *s. f.* classe des sans-culotes. RR.
Sans-culotides, *s. f. pl.* fêtes aux jours complémentaires. RR.
†Sans-fleur, *s. f.* pomme, pommier.
†Sans-peau, *s. f.* poire d'été. * *s. m.* poirier. A.
Sans-prendre, *s. m.* t. de jeu, sans écarter. A. R.
†Sans-tache, *s. m.* serpent du troisième genre, tout blanc; poisson du genre du salmone.
Sansonnet, *s. m.* Etourneau, oiseau; poisson. * Sansonet. R.
Santal, *s. m. Santalum.* voyez Sandal, bois des Indes, * *ou* citrin, *ou* blanc, *ou* rouge. B.
Santé, *s. f. Valetudo.* état de celui qui est sain, qui se porte bien.
Santier, *s. m.* valet de ville. V.
Santoline, *s. f.* Semencine, Santonine, Barbotine, Aurone femelle, plante bonne contre les vers.
Santon, *s. m.* moine turc.
Sanve, *s. f.* plante. * Sanvé, espèce de moutarde. RR.
Sanve blanche, *s. f.* plante. R. voy. Lampsane. * Sanvé. RR. Sanue. CO.
Saore, *s. f.* t. de marine, R. lest. B.
Saoul, Saouler, etc. voyez Soul, Souler, etc.
Saoulesse, *s. f.* (*vieux*) satiété. V.
Sapa, *s. m. Defructum.* moût; suc de raisins cuits.
Sapajou, *s. m. Simiolus.* petit singe d'Amérique, à queue prenante.
Sapan, *s. m.* bois de teinture.
Sape, *s. f. Suffossio.* action de saper; ouvrage fait en sapant. * Sappe. T.
Saper, *v. a. Suffodere,* pé. e, *p.* fouir sous les fondemens d'un édifice pour le renverser; détruire, renverser.
†Saperdes, *s. m. pl. Saperda.* famille d'insectes coléoptères.
Sapeur, *s. m. Suffossor.* soldat employé au travail de la sape.
Saphène, *s. f. Saphoena.* veine du pied. * Saphene. R.
Saphique, *adj.* (vers) de douze syllabes.
Saphir, *s. m. Saphirus.* pierre précieuse, bleu-noire, comme l'indigo. * — oriental, d'un beau bleu céleste. — occidental, blanchâtre. — oiseau-mouche. — éméraude, oiseau-mouche. — sparaillon. B.
†Saphir d'eau, *s. m.* Stalactite de feld-spath, pierre bleue, pâle, transparente et chatoyante.
Sapience, *s. f. Sapientia.* (*vieux*) sagesse.
Sapientiaux, *adj. m. pl.* (livres) de l'Écriture-Sainte.
Sapin, *s. m. Abies.* grand arbre résineux, toujours vert, conifère; donne la poix, la térébenthine.
Sapine, *s. f.* solive, planche de sapin.
Sapinette, *s. f.* petite coquille. * conque anatifère. B. Sapinete. R.
Sapinière, *s. f.* lieu planté de sapins. * bateau de sapin. G. C. Sapiniere. R.
†Sapo-tartareux, *s. m.* substance formée d'huile essentielle et d'huile de tartre.
†Saponacé. e, *adj.* de la nature du savon.
Saponaire, *s. f.* Savonnière, plante qui nettoie la peau, fait couler la bile.
†Saponification, *s. f.* formation du savon.
Saporation, *s. f.* forme du goût. K.
Saporifique, *adj.* 2 *g.* qui appartient à la saveur, qui la produit.
Sapote, *s. f.* fruit du sapotier des Indes.
†Sapotier, *s. m.* grand arbre des Indes.
†Sapotille, *s. f.* fruit du sapotiller.
†Sapotiller, *s. m.* grand arbre de Cayenne.
†Sappadille, *s. m.* arbre des Indes, à fruit rond et jaune dans sa maturité.
†Sappare, *s. m.* schorl bleu, béril feuilleté.
Saquebute, *s. f.* petit instrument à vent. V. * trompette. R.
†Sarabaïtes, *s. m. pl.* moines vagabonds.
Sarabande, *s. f. Staticulus.* danse grave, son air a trois temps.
†Sarane, *s. f. Lilium.* plante liliacée de Sibérie: on mange sa racine dont on tire une liqueur enivrante.
Sarangousti, *s. m.* mastic supérieur à tous les autres. CO.
Sarasine, *s. f.* t. de fortific.; t. de pharmacie. R.
Sarasinois, *s. m.* tapis de Turquie. RR.
Sarbacane, *s. f. Tubus.* long tuyau pour jeter quelque chose en soufflant, ou pour parler.
†Sarbotière, *s. f.* vase de limonadier pour les glaces.
Sarcasme, *s. m.* raillerie amère.
Sarcelle, *s. f. Querquedula.* Cercelle, oiseau aquatique, du même genre que les canards. * Sarcele. R.
†Sarche, *s. m.* cerceau qui porte la peau d'un tambour.
Sarcite, *s. f.* pierre figurée qui imite la chair du bœuf.
Sarcler, *v. a. Sarrire.* clé. e, *p.* arracher les mauvaises herbes.
Sarcleur, se, *s. Sarritor.* qui sarcle.
Sarcloir, *s. m. Sarculum.* instrument pour sarcler.
Sarclure, *s. f.* ce qu'on arrache en sarclant.
Sarcocèle, *s. m.* tumeur charnue, attachée aux testicules. * Sarcocele. R.
Sarcocolle, *s. f. Sarcocolla.* gomme de Perse qui consolide les plaies; bonne pour les yeux, l'ophtalmie. * *ou* colle-chair. G.
Sarco-épiplocèle, *s. m.* hernie complète. * Sarcoépiplocele. R.
Sarco-épiplomphale, *s. m.* hernie au nombril. * Sarcoépiplomphale. R.
Sarco-hydrocèle, *s. m.* sarcocèle avec hydrocèle. * Sarcohydrocele. R.
Sarcologie, *s. f.* traité des parties molles, t. de médecine.
†Sarcomateux. se, *adj.* du sarcome, de sa nature.
Sarcome, *s. m.* tumeur, excroissance charnue. * Sarcôme. R. *ou* Sarcoma. G.
Sarcomphale, *s. m. Sarcomphalus.* excroissance charnue au nombril.
Sarcophage, *s. m. Sarcophagus.* tombeau vide. * *adj.* 2 *g. s.* t. de médecine, qui brûle les chairs; qui mange la chair des quadrupèdes. B.
Sarcotique, *adj.* 2 *g.* qui fait renaître les chairs.
Sard, *s. m.* (*vieux*) camp. V.
Sardanapale, *s. m.* roi, prince abandonné aux plaisirs. AL
Sarde, *s. m.* (*vieux*) champ. V. * cornaline. B.
†Sarde-agathe, *s. f. Sardachates.* pierre précieuse qui tient de la cornaline et de l'agathe.
Sardiene, *adj. f.* d'une pierre précieuse. R.
Sardin *ou* Jardin, *s. m.* t. de marine. R.
†Sardinal *ou* Sardinau, *s. m.* filet pour les sardines.
Sardine, *s. f. Sardinia.* petit poisson de mer du genre du clupe.
Sardoine, *s. f. Sardonyx.* pierre précieuse, * agathe jaune ou d'un rouge mêlé de jaune. B.
†Sardon, *s. m.* bord d'un filet en mailles plus serrées.
Sardonien, Sardonique, *adj.* (ris) forcé; convulsif, * ironique, méchant. B.
Sarfouer, *v. a.* voyez Serfouir. V.
†Sargasse, *s. f.* lentille de mer à fruit vésiculaire, plante marine.
†Sarget, *s. m.* voyez Scare.
†Sargon, *s. m.* espèce de petit canard-plongeon.
†Sargue, *s. m. Sargus.* poisson du genre du spare.
Saricovienne, *s. f.* Loutre marine, Loutre du Brésil.
Sarigue, *s. m. ou* Opossum, petit quadrupède d'Amérique.
†Sarilles, *s. f. pl.* (storax en), sciure de bois d'orge avec du storax.
†Sarion, *s. m.* natte pour emballer.
†Sarisse, *s. f.* longue lance des Macédoniens.
†Sarissophore, *s. m.* soldat armé d'une sarisse.
Sarment, *s. m. Sarmentum.* bois que pousse la vigne; tige longue, foible et rampante ou grimpante.
†Sarmenteux. se, *adj.* de la nature du sarment; qui produit du sarment.
Saronide, *s. m.* prêtre gaulois.
Saronies, *s. f. pl.* fêtes de Diane. V.
†Sarper, *v. a.* lever le grapin.
Sarquiou, *s. m.* (*vieux*) cercueil. V.
Sarrasin. e, *adj. s. m. Fagopyrum.* Blé noir; sorte de blé, * à graine noire, triangulaire. B. Sarasin. R.
Sarrasine, *s. f.* voyez Herse. * *Aristolochia.* herbe. B.
Sarrau, *s. m.* Souquenille. * Sarau. R. Sarrot. V.
†Sarrete, *s. f. Trismus.* spasme des nouveaux-nés.
Sarrette, Serrette, *s. f.* plante, espèce de jacée, vulnéraire, pour les hernies. *Jacea.*
Sarriette, Savorée, Sadrée, *s. f. Satureia.* plante contre les maux d'yeux; odorante,

stomachique, pectorale, employée dans les sauces. L. 795. * Sarriete, Sariete. R.
†Sarroube, s. m. lézard de Madagascar.
Sart, s. m. Goëmon, ou Varech.
Sartie, s. f. t. de marine, R. cordage, agrès. RR.
†Sarve, Rotengle, Oeil rouge, s. m. poisson du genre du cyprin.
Sas, s. m. *Incerniculum.* tissu qui sert à passer la farine, etc.
†Sasa, s. m. oiseau de l'Amérique méridionale.
Sassafras, s. m. Laurier des Iroquois, arbre G. * à bois odoriférant, sudorifique, résolutif, pour la goutte, les humeurs froides, la paralysie, le mal vénérien. B.
Sasse, s. f. t. de marine, pelle creuse. R. V.
†Sassebé, s. m. perroquet vert de la Jamaïque.
Sassenage, s. m. fromage de Sassenage. (pierre de), contre les maux d'yeux.
Sasser, v. a. *Succernere.* sé. e, p. passer au sas; discuter, examiner, éplucher.
†Sassesbé, s. m. perroquet de la section du papegais. Sassebé.
Sasset, s. m. petit sas. T.
Sassoire, s. f. pièce du train d'un carrosse. R. G.
Satan, s. m. *Satan.* le chef des démons.
Satanique, adj. 2 g. infernal, diabolique. A.
Sateau. s. m. voyez Satteau. G.
Satellite, s. m. *Satelles.* homme armé, ministre des violences; petite planète qui se meut autour d'une grande.
†Satherion et Satyrion, s. m. animal amphibie.
Satiété, s. f. *Satietas.* réplétion d'alimens qui va jusqu'au dégoût; dégoût, déplaisir, etc.
Satin, s. m. étoffe de soie plate, douce et lustrée.
Satinade, s. f. petite étoffe mince, imitant le satin.
Satinaire, s. m. qui fabrique le satin. G. RR.
Satiner, v. a. -né. e, p. donner l'oeil du satin. v. n. t. de fleuriste, approcher du satin.
Satire, s. f. peinture du vice; censure du vice; discours piquant. * Satyre. R. T.
Satirique, adj. 2 g. qui appartient à la satire; qui y est enclin. subst. auteur de satires. * Satyrique. R. T.
Satiriquement, adv. d'une manière satirique. * Satyriquement. R. T.
Satiriser, v. a. sé. e, p. critiquer d'une manière piquante. * Satyriser. R. T.
Satisfaction, s. f. *Delectatio.* contentement, joie, plaisir; action par laquelle on répare une offense.
Satisfactoire, adj. 2 g. propre à expier les fautes.
Satisfaire, v. a. *Perplacere.* -fait. e, p. contenter; payer. v. n. satisfaire à; faire ce qu'on doit; faire réparation. * (—de), acquitter au moyen de. AL.
Satisfaisant. e, adj. qui satisfait, qui contente. * Satisfesant. e. C.
Satrape, s. m. *Satrapes.* gouverneur chez les anciens Perses.
Satrapie, s. f. *Satrapia.* gouvernement d'un satrape, son territoire.
Satron, s. m. petit poisson qui sert d'appât. G. C.
Satteau, s. m. barque pour la pêche du corail. G.
Saturation, s. f. état d'un liquide saturé.
Saturer, v. a. ré. e, p. donner à un liquide la quantité de matière qu'il peut dissoudre.
Saturnales, s. f. pl. *Saturnalia.* t. d'antiquité, fêtes en l'honneur de Saturne.
Saturne, s. m. planète; le temps; t. de chimie, le plomb.
Saturnien. e, adj. *Saturnius.* (inus.) taciturne, sombre, mélancolique. * Saturnien. ne. G.
†Saturnin, s. m. serpent des Indes, cendré pâle, du troisième genre.
Satyre, s. m. *Satyrus.* demi-dieu; homme des bois; poëme mordant en grec. * papillon de jour, grand argus des prés; monstre fabuleux, né d'un homme et d'une chèvre. B.
Satyrel, s. m. (vieux) satirique. V.
Satyrialis, s. m. érection. RR. * Satyriasis. B.
Satyriasis, s. m. érection continuelle jointe au désir le plus violent; fureur d'amour. * Satyriase. G. Satyrialis. RR.
†Satyriasme, s. m. *Satyriasmus.* mal de reins provenant de lubricité.
Satyrion, s. m. *Orchis.* ou Testicule de chien, Orchis, plante qui fortifie, aphrosidiaque. voyez Salep. * Satherion, animal amphibie. B.
Sauce, s. f. *Condimentum.* assaisonnement liquide.
†Saucées, adj. pl. (médailles) de cuivre, argentées.
Saucer, v. a. *Intingere.* cé. e, p. tremper dans la sauce; réprimander, gronder. * mouiller. B.
Saucier, s. m. qui fait les sauces. V.
Saucière, s. f. vase pour les sauces. * Sauciere. R.
Saucisse, s. f. *Bolulus.* boyau rempli de viande; t. d'artillerie, rouleau plein d'artifice.
†Saucisseur, s. m. (vieux) chaircuitier.
Saucissier. ère, s. qui fait des saucisses. V. RR.
Saucisson, s. m. *Botulus.* sorte de saucisse; grosse fusée.
Sauf. ve, adj. *Salvus.* qui n'est pas endommagé; hors de péril.
Sauf, prépos. sans blesser; sans préjudice; excepté. * (sauf à), à condition que; avec retour; au moyen de. B.
Sauf-conduit, s. m. *Commeatus.* sorte de passeport; t. de pratique.
Sauge, s. f. *Salvia.* plante aromatique, céphalique, cordiale, alexitère; très-estimée aux Indes où elle est portée d'Europe.
Saugrenée, s. f. mets, assaisonnement de pois avec du beurre, des herbes, de l'eau et du sel. R. G. C.
Saugrenu. e, adj. (familier) impertinent, absurde, ridicule.
Saugue, s. m. bateau de pêcheur provençal. R.
†Sauguzées, s. m. pl. toiles de coton des Indes.
†Saui-jala, s. m. merle doré de Madagascar.
Saule, s. m. *Salix.* ou Saulx, arbre aquatique. * — marsault, arbrisseau. B.
Saumaque, s. f. t. de marine. R.
Saumâtre, adj. 2 g. *Salmacida.* (eau) douce, un peu salée. * Saumache et Somache. G. Saumâte. V.
Saumée, s. f. mesure de terre. R. G. C.
†Saumière, s. f. trou dans la voûte du vaisseau pour faire passer la tête du gouvernail. B. Saunière. R.
Saumon, s. m. *Salmo.* poisson du genre du salmone; masse de plomb ou d'étain. * vase de cirier. B.
Saumonné. e, adj. (truite) à chair rouge comme celle du saumon. * Saumoné. e. A. C. R.
Saumonneau, s. m. petit saumon. * Saumonceau. V. voyez Grilse. B.
†Saumurage, s. m. action de mettre dans la saumure.
Saumure, s. f. *Muria.* eau, liqueur salée pour manger la viande, le poisson, etc.
Saunage, s. m. débit, trafic de sel.
Sauner, v. n. faire du sel.
Saunerie, s. f. *Salaria.* magasin, fabrique de sel.
Saunier, s. m. *Salarius.* qui fait et vend le sel.
Saunière, s. f. vaisseau où l'on conserve le sel.
†Saupe, s. f. *Salpa.* poisson du genre du spare.
Saupiquet, s. m. sauce piquante.
Saupoudrer, v. a. *Aspergere.* dré. e, p. poudrer de sel, de farine, etc.; t. de jardinage. * donner une légère apparence. AL.
Saur, adj. m. (hareng) salé, à demi-séché. G. C. * et Sor. R.
Saurage, s. m. t. de fauconnerie, première année d'un oiseau avant la mue. A. RR. V.
Saure, adj. 2 g. *Saurus.* de couleur jaune; t. de fauconnerie. voyez Saurage. * s. m. (le), poisson du genre du gastré, du salmone, de l'élope. B.
Saurer, v. a. ré. e, p. faire sécher à la fumée.
Sauret, adj. m. (hareng). R.
†Saurir, v. a. saler (vieux).
†Saurite, s. f. *Saurita.* serpent du 3e. genre, sans venin.
†Saurus, s. m. poisson, le saure.
Saussaie, s. f. *Salicetum.* lieu planté de saules. * et Saulaie. G.
†Sausse, s. f. liqueur chaude pour rehausser la couleur de l'or.
Saut, s. m. *Saltus.* action de sauter; mouvement par lequel on saute; chute; chute d'eau. * t. de musique, transition. B.
Saut de loup, s. m. fossé au bout d'une allée.
Sautant. e, adj. t. de blason, rampant.
Sautelant. e, adj. qui sautèle. R.
Sauteler, v. n. (vieux) aller en sautant tant soit peu. * ou Sautiller. B.
Sautelle, s. f. sarment avec sa racine. G. C. V. * Sautele. RR.
Sauter, v. a. *Salire.* té. e, p. franchir; omettre. v. n. s'élever de terre avec effort; s'élancer d'un lieu à un autre; parvenir d'une place à une autre.
Sautereau, s. m. t. de luthier, pièce mobile; pièce d'artillerie; diminutif de sauteur. pl. — de Brie, sillons hauts et étroits.
Sauterelle, s. f. *Locusta.* Autron des moissonneurs, insecte coléoptère, très-commun; * instrument de mathématiques, pour prendre des angles. ou fausse équerre. B. * Sauterele. R.
Sauteur. se, s. *Petaurista.* qui fait des sauts; qui aime à sauter. * cheval de manége. V. — des rochers, gazelle du Cap de Bonne-Espérance. s. m. (le), poisson du genre du gastré, du cyprin. — de mer, langouste. — puce, espèce de procigale. B.
†Sauteuse, s. f. poisson du genre du persègue. * Chenille —, fausse chenille de l'orme. B.
Sautillement, s. m. action de sautiller.
Sautiller, v. n. *Subsilire.* marcher en faisant de petits sauts. * Sautiller. V.
Sautoir, s. m. t. de blason, croix de Saint-André; t. d'horloger, cliquet. *Decussis.*
Sautriaux, s. m. pl. t. de manuf. bâtons pour attacher les lames des basse-liciers. G. C.
Sauvage, s. m. action de sauver des marchandises naufragées. G. C.
Sauvage, adj. s. 2 g. *Ferus.* qui vit dans les bois; sans lois, sans habitation fixe, etc. qui vit seul; féroce, farouche; désert, inculte, qui vient sans culture; âpre; qui n'est pas apprivoisé; t. de grammaire, rude; extraordinaire, rare.
Sauvageon, s. m. *Arbuscula silvatica.* jeune arbre venu de pepins ou de noyaux.
Sauvagesse, s. f. femme sauvage. R.
†Sauvageté, s. f. qualité du sauvage.
Sauvagin. e, adj. s. *Ferinus.* se dit du goût qu'ont quelques oiseaux. * s. f. chair de bête sauvage. V. RR.
Sauvagine, s. f. oiseaux qui ont un goût sauvagin.
Sauvegarde, s. f. *Tutela.* protection accordée par le prince, etc. placard, écrit qui l'annonce; garde

garde. * gros lézard d'Amérique, du 1er. genre. B. Sauve-garde. R.
Sauvement, s. m. action de sauver, de recouvrer. v. * t. de marine. B. Salut. R.
Sauver, v. a. Liberare. vé. e, p. garantir, tirer du péril; procurer le salut; excuser; observer, garder; épargner; éviter; parer; préserver de. (se), v. réfl. s'échapper; fuir; se dédommager; faire son salut.
Sauve-raban, s. m. t. de marine, anneau de corde. G. C.
Sauvetage, s. m. t. de marine. C.
Sauveté, s. f. (vieux) assurance, salut.
Sauveterre, s. f. marbre, R. ou Brêche de Comminges, à fond noir, taches blanches. B.
Sauve-vie, s. f. Ruta muraria. Rue des murailles, Doradille des murs, plante capillaire, pectorale, apéritive, pour les poumons.
Sauveur, Salvator. celui qui sauve.
Savacou ou Cuiller, s. m. oiseau d'Amérique, à bec en cuiller, aquatique, ressemble au héron; vit de poissons.
Savamment, adv. Peritè. d'une manière savante; avec connoissance. * Savament. R.
Savanne, s. f. pâturages incultes en Amérique; marécages. G. C. * Savane, prairie; forêt d'arbres résineux. A. sing. Savannes. RR.
Savant. e, adj. s. Doctus. qui a beaucoup de science; bien instruit; rempli d'érudition. * habile. G.
Savantasse, s. m. pédant qui n'a qu'un savoir confus.
Savantissime, adj. 2 g. très-savant. V.
Savate, s. f. vieux soulier; facteur. *mal-adroit. B.
Savaterie, s. f. lieu où l'on vend de vieux souliers.
†Saveneau, Savoneau, s. m. ou Savenelle, s. f. filet monté sur deux bâtons.
Saveter, v. a. té. e, p. gâter un ouvrage, le mal faire; travailler en savetier.
Saveterie, s. f. vieux souliers. V. état de savetier. B.
Savetier, s. m. Cerdo. qui raccommode les vieux souliers. * mauvais ouvrier. B. Savetier. ére. V.
Saveur, s. f. Sapor. qualité qui se fait sentir par le goût.
Savinier, s. m. arbrisseau. R. voyez Sabine. B.
Savoir, v. a. Scire. -su. e, p. connoître; avoir dans l'esprit, la mémoire; être savant; avoir l'adresse, le moyen de; apprendre; être instruit, informé de. v. n. avoir l'esprit orné.
Savoir, s. m. Scientia. érudition, science.
Savoir-faire, s. m. Industria. habileté, industrie.
Savoir-vivre, s. m. connoissance des usages du monde.
Savon, s. m. Sapo. pâte faite d'huile ou de graisse et de sel alcali, pour dégraisser, etc. * — naturel, Smectin, Savonnier, Saponnaire, pierre, terre savonneuse. B.
Savonates, s. f. pl. combinaisons des huiles volatiles avec différentes bases. V.
Savonière, s. f. voy. Lychnis. A. * Savoniere, Saponaire, plante. R. Savonnière. B.
Savonnage, s. m. Lotura. action de savonner; eau de savon. * Savonage. R.
Savonner, v. a. -né. e, p. nettoyer avec du savon. * Savoner. R.
Savonnerie, s. f. lieu où l'on fabrique le savon. * Savonerie. R.
Savonnette, s. f. boule de savon préparé. * Savonete. R. * — de mer, ovaires de coquillage. — à vilain, charge qui ennoblissoit. B.
Savonneux. se, adj. de la qualité du savon. * Savoneux. se. R.
†Savonnier, s. m. Saponaria. Bois savonnette, Arbre aux savonnettes dont le fruit sert de savon. * celui qui fait le savon. AL. Savonier. R.
†Savonnière, s. f. Saponaria. Saponnaire, plante aquatique qui contient une substance savonneuse; puissant résolutif pour l'asthme, les menstrues, le virus vénérien.
†Savonnoir, s. m. feutre savonné pour lisser les cartes.
Savourement, s. m. (inus.) action de savourer.
Savourer, v. a. Degustare. ré. e, p. goûter avec attention et plaisir.
Savouret, s. m. (popul.) gros os de trumeau de bœuf, qu'on met au pot.
Savoureusement, adv. Sapidè. en savourant.
Savoureux. se, adj. Sapidus. qui a bonne odeur, bon goût, bonne saveur.
Savoyard. e, adj. s. Sabaudus. de Savoie. R. * (t. de mépris) homme sale, grossier. B.
†Savre ou Saureau, s. m. filet du genre des seines.
Saxatile, adj. 2 g. Saxatilis. qui croît parmi les pierres; qui habite les cavités des rochers.
Saxifrage, adj. 2 g. Saxifraga. t. de méd. qui brise la pierre. * Lithontriptique. s. f. Romptpierre, plante saxifrage, croît dans les lieux incultes; apéritive, provoque les menstrues. B.
Saxon. e, adj. s. de Saxe. R.
†Saye, s. f. sorte de serge.
†Sayette, s. f. petite étoffe de laine.
†Sayetterie, s. f. fabrique de sayette.
†Sayetteur, s. m. fabricant de sayetterie.
Sayon, s. m. voyez Saie. A. habillement militaire. R. V.
Sayrer, v. a. (vieux) irriter. V.
Sbire, s. m. archer, sergent en Italie.
Scabellon, s. m. piédestal orné pour les bustes, etc.
Scabieuse, s. f. Scabiosa. plante alexitère, sudorifique, apéritive, vulnéraire, en infusion pour la toux; guérit de la gale.
Scabieux. se, adj. qui ressemble à la gale.
†Scabille ou Scabelle, s. f. ancien instrument de musique très-harmonieux.
Scabreux. se, adj. Arduus. rude, raboteux; dangereux; périlleux; difficile. * Scâbreux. R.
†Scalata, s. f. Scalaria. ou Escalier, ou Scalaire, coquille univalve, très-rare, en escalier à vis.
Scalène, adj. 2 g. t. de géom. (triangle) à trois côtés inégaux; t. d'anat. (muscle) du cou. * Scalene. R.
Scalme, s. f. t. de marine, pièce qui soutient la rame. G. C. RR.
†Scalopes, s. m. rat sauvage d'Amérique.
Scalpel, s. m. Scalpellum. instrument de chirurgie pour disséquer.
Scalvine, s. f. calebasse, gourde. G. C.
†Scamasaxe, s. m. espèce de poignard.
†Scamitte, s. f. toile de coton de l'Archipel.
Scammonée, s. f. Scammonia. espèce de convolvulus, plante purgative; suc purgatif exprimé de cette plante.
Scammonite, s. f. vin de scammonée. G. C. RR.
Scandale, s. m. Offensio. occasion de chute, de péché; éclat que fait une chose honteuse à quelqu'un; mauvais exemple; indignation.
Scandaleusement, adv. d'une manière scandaleuse.
Scandaleux. se, adj. qui cause du scandale, qui y porte.
Scandaliser, v. a. sé. e, p. donner du scandale. (se), v. r. prendre du scandale; s'offenser.
†Scandebec ou Brûlebec, s. m. espèce d'huître dont le poisson échauffe la bouche.
Scander, v. a. Metiri. dé. e, p. indiquer la mesure d'un vers.
Scapha, s. m. t. d'anatomie, os du carpe, os du tarse. G. C.
†Scaphandre, s. m. vêtement de liége ou de vessies pleines d'air pour surnager.
Scaphe, s. f. (vieux) barque. V.
†Scaphé, s. m. petit gnomon des anciens pour observer le soleil.
†Scaphidies, s. m. pl. Scaphidium. insectes coléoptères.
Scaphisme, s. m. supplice R. de l'auge (voyez ce mot) chez les Perses. B.
Scaphoïde, adj. s. 2 g. qui a la forme d'une barque. G. C. * (os) naviculaire, en forme de barque. B.
†Scapolite, s. m. (Pierre en tige) cristal lamelleux, translucide.
Scapulaire, s. m. Scapulare. t. claustral, partie du vêtement; morceaux d'étoffe bénite.
Scarabée, s. m. Scarabæus. ou Coléoptère, insecte à ailes membraneuses et dans des étuis. — tortue, petit insecte dans les bubons pestilentiels. — monocéros, à une corne.
Scaramouche, s. m. bouffon, acteur italien.
Scare, s. m. Scarus. poisson de la Méditerranée, du genre du labre.
†Scarieux. se, adj. (fruit, feuille) sec, aride, qui fait du bruit au contact.
Scarificateur, s. m. instrument de chirurgie pour faire des scarifications.
Scarification, s. f. Scarificatio. incision faite sur la peau.
Scarifier, v. a. Scarificare. fié. e, p. découper, déchiqueter, inciser la peau.
†Scarites, s. m. pl. insectes coléoptères.
Scarlatine, adj. f. Scarlatina. (fièvre) accompagnée de rougeurs.
Scarlatte, s. f. Cardinal, Tangara du Mexique, oiseau.
Scarole, Scariole, s. f. sorte de chicorée. R. voy. Escarole. B.
Scason, s. m. Scazon. ou Scazon, vers latin.
†Scaures, s. m. pl. Scaurus. insectes coléoptères.
Scavisson, s. m. Cassia-lignea. espèce de canelle matte. C. * Scarisson. V. ou Escavisson. G.
Sceau, s. m. Signum. grand cachet, son empreinte.
Sceau de Notre-Dame, s. m. Racine vierge, plante apéritive, hydragogue.
Sceau de Salomon, s. m. Polygonatum. ou Genouillet, Signet, Grenouillet, plante vulnéraire, astringente; baie purgative; les feuilles amorties dans le vinaigre guérissent les cors.
Scel, s. m. sceau.
Scélans, s. m. poisson pour appat. R.
Scélérat. e, adj. s. Sceleratus. méchant, pervers.
Scélératesse, s. f. méchanceté, perfidie noire.
Scélite, s. f. pierre figurée qui représente la jambe humaine. G. C. V. * Scélithe. V.
†Scellage, s. m. action de sceller les petites glaces.
Scellé, s. m. Sigillum. sceau en bande apposé sur des portes, des armoires, etc. * Scélé. R.
Scellement, s. m. t. de maçon, action de sceller. * Scélement. R.
Sceller, v. a. Signare. lé. e, p. appliquer le sceau; cimenter; affermir; arrêter; fermer avec du mastic, etc. * Scéler. R.
Scelleur, s. m. qui scelle. * Scéleur. R.
Scène, s. f. Scena. décorations, spectacle; lieu, partie de l'action ou de sa représentation; division d'une pièce de théâtre; querelle. * (avant-) partie antérieure du théâtre; exposition dans une pièce dramatique. AL. Scêne. R.
Scénique, adj. 2 g. qui a rapport au théâtre.
Scénite, s. 2 g. qui habite sous des tentes. G. C. RR.
Scénographie, s. f. Scenographia. t. de mathém. perspective, modèle. * art de peindre des scènes, des décorations. B.
Scénographique, adj. 2 g. de la scénographie.

Scénopégies, *s. f. pl.* fêtes des tabernacles. A.R.V.
Scepticisme, *s. m.* doctrine des Sceptiques ; doute universel. * doute philosophique. B.
Sceptique, *adj. 2 g. s. m. Scepticus.* qui doute de tout.
Sceptre, *s. m. Sceptrum.* bâton, marque de la royauté ; autorité suprême ; royaume ; empire. * constellation du Nord. B.
†Schabraque, *s. f.* partie du harnachement d'un cheval de housard.
†Schaff, *s. m.* étages pour mettre les manchons de verre.
†Schakat, *s. m.* bonnet de housard, de feutre rouge ou noire.
†Schale *ou* Châle, *s. m.* mouchoir du Levant.
†Scharmut, *s. m. Anguillaris.* poisson du genre du silure.
†Schéele, *s. m.* tungstène.
†Scheffet, *s. m.* mesure en Prusse, 4 boisseaux.
†Scheik, *s. m.* prélat turc, *ou* Scheck, prince, chef dans l'Orient.
†Scheilan, *s. m. Clarias.* poisson du genre du silure.
Schelling. voy. Chelin, Shilling. * Scheling. R.
†Schélot, *s. m.* ce qui tombe au fond de la chaudière du saunier.
Schématiser, *v. a.* sé. e, *p.* ne considérer les objets que comme des schêmes ou des abstractions. K.
Schématisme, *s. m.* acte résultant de l'application des formes de l'entendement pur à celles de la sensibilité pure. K.
Schême, Schema, *s. m.* chose existante dans l'entendement pur, indépendamment de la matière, de l'espace, *par ex.* triangle ou point mathématique ; réalité. K.
†Schémétisme, *s. m.* planche de figures de mathématiques.
†Schénante *ou* Jonc odorant, *s. m. Schœnanthus.* plante, la fleur entre dans la thériaque, alexipharmaque, diurétique, fortifiante.
Schène, *s. m.* mesure itinéraire. * Schêne. R. Schoène. T. voyez Schœne. B.
†Scherbasti *ou* Chyte, *s. m.* la plus belle soie du Levant.
†Scher, *s. m.* beau moucherolle à longue queue de Madagascar.
Schetsi, *s. m.* mets, salmigondis russe. RR.
†Schigre, *s. m.* fromage des Vosges, de Suisse.
†Schilde, *s. m.* poisson du genre du silure.
†Schippund, *s. m.* poids d'Allemagne, 280 liv.
†Schirl *ou* Chirl, *s. m.* mine peu riche en étain, chargée de fer et d'arsenic.
Schismatique, *adj. 2 g. s. m. Schismaticus.* qui est dans le schisme.
Schisme, *s. m. Schisma.* séparation de communion. * de partis. B.
Schiste, *s. m. Schystus.* argile desséchée, mêlée de bitume et de mica ; pierre qui se sépare par feuilles.
†Schisteux. se, *adj.* de la nature du schiste, qui en contient.
†Schites *ou* Chites, *s. m.* toile de coton des Indes.
Schlich, *s. m.* minerai écrasé pour la fusion.
†Schlosser, *s. m.* poisson du genre du gobie.
Schnapan, *s. m.* en Angleterre, paysan, voleur. V. * voleur, en Allemagne, schnaphan. R.
†Schœne, *s. m.* mesure égyptienne de 60 stades.
Schœnobate, *s. m.* danseur de corde. R.
†Schorl, *s. m.* basalte, t. de naturaliste, substance pierreuse, dure, en cristaux de diverses couleurs.
†Schorlacé. e, Schorliforme, *adj. 2 g.* (béril) Pycnite, Leucolite, Schorl blanc, qui tient du schorl.

†Schraitser, *s. m.* poisson du genre du perségue.
†Schutzer, *s. m.* poisson du genre des gymnocéphales.
Sciage, *s. m. Ferrata Sectura.* action de scier, ouvrage du scieur.
†Sciagraphie, *s. f.* art de trouver l'heure par l'ombre des astres.
Sciamachie, *s. f.* exercice d'armes. R.
Sciamantie, Sciamancie, *s. f.* évocation des ombres pour les consulter sur l'avenir. RR.
†Sciapode, *s. m.* monstre ; *pl.* habitans fabuleux de l'Afrique.
†Sciatère, *s. m.* aiguille qui, par son ombre, marque la méridienne.
Sciatérique, *adj. 2 g. Sciathericon.* (cadran) qui montre l'heure par l'ombre du style. * Sciathérique. B.
Sciatique, *adj. s. f. Ischias.* (goutte) aux hanches. * *s. adj. 2 g.* qui a la sciatique. (nerf) — attaqué de la sciatique. B.
Scie, *s. f. Serra.* lame de fer taillée en petites dents ou sans dents pour scier. * *ou* Espadon, poisson du genre du chien de mer. B.
Sciemment, *adv. Scienter.* le sachant bien ; avec connoissance de cause. * *et* Sciament. G.
Science, *s. f. Scientia.* connoissance que l'on a de quelque chose ; érudition.
Sciendum, *s. m.* t. de chancellerie. RR.
†Sciène, *s. m. Sciæna.* poisson du 12e. genre, de la 4e. classe.
Sciens, *s. m.* (*vieux*) docte. V.
Scientifique, *adj. 2 g.* qui concerne les sciences abstraites et sublimes.
Scientifiquement, *adv. Scienter.* d'une manière scientifique.
Scientique, *adj. 2 g. Sciens.* qui a de la science. BOUDOT.
Scier, *v. a. Desecare.* scié. e, *p.* couper avec la scie ; t. d'agric. couper avec la faucille ; t. de marine, ramer à rebours.
Sciéries, *s. f. pl.* fêtes de Bacchus. V. * *sing.* machine pour mouvoir des scies. B.
Scieur, *s. m.* dont le métier est de scier.
Scille, Squille, *s. f. Scilla.* plante qui tient du lis et de l'oignon, puissant hydragogue.
Scillitique, *adj. 2 g.* de scille. G. C. V. RR.
†Scillote, *s. f.* vase pour puiser l'eau salée.
Scinque, *s. m. Scincus, et* Schinque, espèce de lézard du 3e. genre. * Scink. G. *et* Scinc. RR.
Scintillation, *s. f.* t. d'astron. étincellement.
Scintiller, *v. n.* étinceler. A. R.
Sciographie, *s. f.* t. d'archit. représentation de l'intérieur ; art de tracer des cadrans.
Sciomancie, *s. f.* divination par les ombres. R.
Scion, *s. m. Surculus.* petit rejeton flexible.
†Scionneux. se, *adj.* plein de scions.
†Sciontérique, *s. m.* cadran horizontal pour régler les horloges.
†Scioptique, *adj.* (sphère) de bois munie d'une lentille.
†Scioptique, *s. m.* lentille de verre adaptée à un globe de bois.
†Sciote *et* Sciotte, *s. f.* scie montée dans une raînure, t. d'ébéniste.
†Sciotérique, *adj. m.* (télescope, cadran) horizontal, garni d'une lunette.
†Scires, *s. f. pl.* fêtes solennisées à Athènes.
†Scirpe, *s. m. Scirpus.* genre de plantes graminées.
Scissile, *adj. 2 g.* qui peut être fendu.
Scission, *s. f. Scissio.* division dans un état ; partage des voix.
Scissionnaires, *s. m. adj. pl.* qui font scission. RR.
†Scissure, *s. f.* fente, déchirure ; se dit des rochers, etc.
†Scitie, *s. f.* petit vaisseau italien à un pont, *ou*

Scétie, barque à voile latine.
Sciure, *s. f. Scobs.* ce qui tombe du bois quand on le scie.
†Sclarée, *s. f.* Toute-bonne, Orvale.
†Sclériasis, *s. m.* callosité des cartilages tarses des paupières.
Scléronce, *s. f.* maladie. V.
Sclérophtalmie, *s. f.* ophtalmie avec douleur, rougeur et dureté dans le globe de l'œil.
†Sclérosarcome, *s. m. Sclerosarcoma.* tumeur dure en forme de crête aux gencives.
Sclérotique, *adj. s. f.* (membrane) dure qui enveloppe l'œil. * Sclérotique, *adj.* qui durcit ; *ou* Sclérotide, *s. f.* membrane. R. G.
†Scobiforme, *adj. 2 g.* t. de botan. (graine) qui ressemble à de la sciure.
Scolarité, *s. f.* droit des écoliers d'une université. * Scholarité. R.
Scolastique, *adj. 2 g. Scholasticus.* de l'école ; qui lui appartient. *s. m.* qui a traité de la théologie scolastique. * Scholastique. R.
Scolastiquement, *adv.* d'une manière scolastique. * Scholastiquement. R.
Scoliaste, *s. m. Interpres.* qui a commenté un auteur grec. * Scholiaste. R.
Scolie, *s. f. Scholium.* note, remarque pour faciliter l'intelligence du texte. * *pl.* insectes hyménoptères. B. Scholie. R. T.
Scolie, *s. f.* t. de géom. remarque qui a rapport à une proposition précédente. * *s. m.* T. R. G. C. chanson à boire grecque, t. d'antiquité. B. Scholie. R. T.
†Scolite, *s. m. Scolytus.* insecte coléoptère.
Scolopax, *s. m.* oiseau. * Scolopace, *adj.* t. d'hist. naturelle, qui a le bec long et effilé. B.
Scolopendre, *s. f. Scolopendra.* insecte, mille-pieds. Langue de cerf, plante médicinale. — de mer, chenille-coraline. — de mer *ou* marine, animal hideux, phosphorique. * voy. Langue de cerf. A.
†Scolopendroïde, *s. f.* étoile de mer.
†Scombre, *s. m. Scomber.* poisson du 15e. genre, de la 4e. classe.
†Scopélisme, *s. m.* action de semer des pierres ou du gravier sur un champ pour punir le propriétaire.
Scopetin, *s. m.* cavalier armé d'une escopette. V.
Scorbut, *s. m. Scorbutum.* maladie contagieuse.
Scorbutique, *adj. 2 g.* de la nature du scorbut. *s. 2 g.* qui a le scorbut.
Scordium, *s. m.* Germandrée aquatique, plante.
Scorie, *s. f. Scoria.* substance vitrifiée qui nage sur la surface des métaux fondus.
Scorification, *s. f.* action de réduire en scorie.
Scorificatoire, *s. m.* têt ou écuelle à scorifier.
Scorifier, *v. a.* -fié. e, *p.* réduire en scorie.
†Scorpène, *s. m. Scorpæna.* poisson du 6e. genre, de la 4e. classe.
Scorpioïde, *s. m. ou* Chenille, plante. * -des. A. R.
Scorpiojelle, *s. f.* huile de scorpion.
Scorpion, *s. m. Scorpio.* insecte vénimeux, terrestre ; l'huile de scorpion pour la piqûre de cet animal ; diurétique, contre-poison. Signe du zodiaque. * — de mer, poisson du genre du cotte. — coquillage univalve. — aquatique, insecte hémiptère, vénimeux. — araignée, espèce de pince. — mouche. voyez Panorpe. B.
Scorsonère, *s. f. Scorzonera.* Salsifis *ou* Sersifis noir, plante potagère, très-saine, vivace. * Schorsonere. R.
Scote, *s. f.* t. de capucin. R.
Scotie, *s. f.* t. d'archit. R. intervalle creusé en rond entre deux ornemens. B.
Scotisme, *s. m.* secte. V.
Scotomie, *s. f.* t. de méd. V. maladie des yeux,

vertiges avec obscurcissement. B.
Scoue, *s. f.* t. de marine, R. extrémité de la varangue. B.
†Scouffin, *s. m.* sac de jonc pour mettre la pâte des olives.
Scourgeon, *s. m.* voyez Escourgeon.
Scourson, *s. m.* voyez Courson.
†Scozzo, *s. m.* mesure romaine, 302 toises, 4 pieds.
Scribe, *s. m.* interprète de la loi judaïque. *Scriba.* copiste. (*t. de mépris*).
†Scribomanie, *s. f.* fureur d'écrire.
Scriniaire, *s. m.* sécrétaire. V.
Scripteur, *s. m.* officier qui écrit les bulles.
†Scrobe *ou* Scrobicule, *s. f.* fosse pour les libations, les sacrifices.
†Scrobiculeux. se, *adj.* t. de botan. dont la surface est parsemée de trous concaves.
Scrofulaire, *s. f. Scrophularia.* plante émolliente, résolutive, adoucissante; feuilles pour les tumeurs scrofuleuses; bonne pour les ulcères, les hémorroïdes, la lépre, contre les écrouelles. — aquatique, Herbe du siége: a les mêmes vertus. * *et* Scrophulaire. R. G.
Scrofules, *s. f. pl.* écrouelles. *Scrofulæ.*
Scrofuleux. se, *adj. Strumosus.* qui cause, qui accompagne les écrouelles. * qui les a. B.
†Scrotiforme, *adj.* 2 *g.* qui a la forme d'un testicule.
†Scrotocèle, *s. f.* hernie qui descend au scrotum.
Scrotum, Scroton, *s. m. Scrotum.* bourses, membranes des testicules.
Scrupule, *s. m. Scrupulus.* trouble de la conscience; grande exactitude; restes de doute, de difficultés; répugnance; poids; partie de la minute.
Scrupuleusement, *adv. Scrupulosè.* d'une manière scrupuleuse, minutieuse, exacte.
Scrupuleux. se, *adj. Religiosus.* qui a des scrupules; minutieux, exact.
Scrutateur, *s. m. Scrutator.* qui sonde les cœurs. * *pl.* membres appelés à la vérification d'un scrutin. G. C. V. RR.
Scruter, *v. a.* té. e, *p.* sonder, examiner à fond; chercher à pénétrer. A. C.
Scrutin, *s. m.* élection par suffrages secrets.
†Scubac, *s. m.* liqueur sucrée et safranée.
Sculpter, *v. a. Sculpere.* té, e, *p.* tailler au ciseau le bois, le marbre, etc.
Sculpteur, *s. m. Sculptor.* qui travaille en sculpture.
Sculpture, *s. f. Sculptura.* art, ouvrage du sculpteur.
Scultet, *s. m.* bailli. V.
Scurrile, *adj.* 2 *g.* bas, bouffon; dit indécemment. R. T.
Scurrilement, *adv.* bassement. T. * plaisamment. R.
Scurrilité, *s. f. Scurrilitas.* bouffonnerie, plaisanterie basses.
Scute, *s. f.* t. de mar. R. petit canot pour le service d'un vaisseau. B.
†Scutellère, *s. f. Scutellera.* insecte hémiptère, espèce de cimex.
Scutiforme, *adj. m.* (cartilage) en forme de bouclier. R. V.
†Scutigère, *s. f. Scutigera.* espèce de scolopendre.
†Scyllare, *s. m. Scyllarus.* espèce de canne.
†Scyllée, *s. f. Scyllæa.* mollusque gastéropode, gélatineux.
†Scytale, *s. m. ou* Bâton, serpent a corps cylindrique.
Scytale, *s. f.* t. d'antiquité, chiffre pour écrire secrétement.
Scythe, *adj. s.* 2 *g. Scythes.* de Scythie. BOUDOT.
Se, *pronom de la troisième personne. s.* 2 *g. et de tout nombre.*
Séance, *s. f. Scessio.* droit de prendre place dans une assemblée; durée de l'assemblée. * durée du travail suivi d'un peintre en portrait. B.
Séant. e, *adj. Decens.* décent; qui sied bien, convenable.
Séant, *s. m.* posture d'un homme assis dans son lit.
Seau, *s. m. Situla.* vaisseau pour puiser de l'eau, son contenu; mesure.
†Seaugeoire, *s. f.* outil pour mettre le sel dans les paniers.
†Seauneron, *s. m.* mal qui vient aux pieds des sauniers.
Sébacée, *adj. f.* (glandes) qui forment une humeur de la consistance du suif. * *pl.* G. C.
Sébacique, *adj.* (acide) de la graisse. V.
Sébates, *s. m. pl.* sels formés par la combinaison de l'acide sébacique avec... * *sing.* AL.
Sébeste, *s. m. Sebestes.* petite prune noirâtre d'Egypte, pour la pleurésie, la péripneumonie, l'enrouement, l'ardeur d'urine; pectorale, laxative, adoucissante.
Sébestier, *s. m.* arbre, R. qui donne le sébeste. B.
Sébile, *s. f.* écuelle de bois.
†Sébuéens *ou* Sébucéens, *s. m. pl.* secte de samaritains.
Sec, sèche, *adj. Siccus.* aride, qui a peu ou point d'humidité, de graisse, d'agrémens; dur, qui n'est pas vert. * (habit) usé. (esprit) sans agrément. (ame) froide. B.
Sec. sèche (tout-, toute-), *adv.* (*proverb.*) uniquement, absolument. A.
Sec, *s. m.* l'opposé de l'humide; fourrage sec. *adv.* sèchement.
Sécables, *adj.* 2 *g.* qui peut être coupé; t. didactique. * Sécable. T. A. G. C. V. R. CO. etc.
Sécance, *s. f.* t. de jeu, suite de cartes d'une même couleur. * *et* Séquence. V.
Sécante, *s. f.* t. de géom. ligne qui coupe la circonférence.
†Sécespite, *s. f.* couteau pour égorger les victimes.
†Séchage, *s. m.* opération pour faire sécher.
†Sécharie, *s. f.* femme qui fait sécher les pains de sel.
Sèche, Seiche, Seppie, *s. f. Sepia.* Bouffron, *s. m.* espèce de poisson ou d'insecte, ou polype de mer, donne un suc ou encre noire; l'os de son dos très-usité en médecine. * Seche. R.
†Séchée, *s. f.* temps et action employés à faire sécher.
Sèchement, *adv. Siccè.* en lieu sec; d'une manière sèche; sec. * Séchement. R.
Sécher, *v. a. Siccare.* ché. e, *p.* rendre sec; mettre à sec. *v. n.* devenir sec.
Sécheresse, *s. f. Siccitas.* état, qualité de ce qui est sec; temps sec; manière de répondre sèche, sévère; t. de dévotion.
†Sécherie, *s. f.* t. de métiers, lieu où l'on fait sécher.
Sécheron, *s. m.* pré en terre sèche. R. G. C.
Séches, *s. m. pl.* t. de marine. R.
†Secho *ou* Sechio, *s. m.* mesure à Venise, 3 liv. 6 sous. *pron.* séko, sékio.
Séchoir, *s. m.* lieu où l'on fait sécher; instrument pour faire sécher. G. C. V. RR. CO.
Second. e, *adj. Secundus.* deuxième. *s.* qui sert sous un autre; aide. * (pain de sucre-) taché par le sirop. B.
Secondaire, *adj.* 2 *g.* accessoire; qui ne vient qu'en second; vicaire. * *s. m.* A.
Seconde, *s. f.* soixantième partie d'une minute; t. de musique, intervalle d'un degré conjoint; t. de collège, classe. * *s. m.* écolier. B.
Secondement, *adv. Secundò.* en second lieu.
Seconder, *v. a. Adjuvare.* dé. e, *p.* aider; servir; favoriser.
Secondicier, *s. m.* le second dans une église. R.
Secondines *ou* Secondes, *s. f. pl.* t. de méd. R. membranes du fœtus. B.
Secouer, *v. a. Concutere.* coué. e, *p.* remuer, ébranler; agiter pour détacher; se défaire de. (se), *v. r.* se remuer; s'agiter.
†Secoueur. se, *s.* t. de mét. ouvrier qui secoue; t. de forges, outil pour rompre les moules.
Secoûment, *s. m. Concussus.* action de secouer. * Secoument. C. *et* Secouement. A. R.
Secourable, *adj.* 2 *g.* qui secourt volontiers; qui peut être secouru.
Secourir, *v. a. Subvenire.* -ru. e, *p.* aider, donner du secours; assister. (se), *v. r.* s'aider mutuellement.
Secours, *s. m. Auxilium.* aide, assistance; troupes qui vont au secours; succursale.
Secous, *s. m.* (*vieux*) agitation, secousse. V.
Secousse, *s. f. Succussio.* ébranlement de ce qui est secoué.
†Secque, *s. f.* t. de marine, terre basse.
Secret, *s. m. Secretum.* ce qui doit être caché; ce qui est peu connu; cache, retraite; obscurité; lieu séparé dans une prison; moyen, procédé, invention cachés; t. d'artillerie.
Secret, ète, *adj. Secretus.* caché, peu connu; qui garde un secret. * Secret. ete. R. Sécret. Secrette. T.
Secrétaire, *s. m. Amanuensis.* qui écrit les lettres, rédige les actes, etc.; clerc de magistrat; meuble; oiseau. voyez Sagittaire.
Secrétairerie, *s. f.* t. de diplomatie, bureau des secrétaires d'ambassade, etc.
Secrétariat, *s. m.* emploi, fonction de secrétaire, sa durée; bureaux du secrétaire; dépôt de ses actes.
Secrète, *s. f.* t. de litur. oraison. * Secrete. R.
Secrétement, *adv. Secretò.* en secret; d'une manière secrète; en cachette. * Secrètement. CO. Secretement. RR.
Secrétion, *s. f.* t. de méd. filtration et séparation des humeurs; * matières qui sortent du corps. AL.
Sécrétoire, *adj.* 2 *g.* qui sert à la sécrétion.
Sectaire, *s.* 2 *g.* attaché à quelque secte.
Sectateur, *s. m. Sectator.* partisan; qui soutient une doctrine. * Sectateur. trice. R.
Secte, *s. f. Secta.* réunion de personnes qui suivent les mêmes opinions; opinion hérétique.
Secteur, *s. m.* t. de géom. portion de cercle comprise entre deux rayons; instrument d'astron.
Sectile, *adj.* 2 *g.* qu'on peut couper, fendre, scier. G. C. RR. * planté par quartiers. T.
Section, *s. f. Sectio.* division; t. de mathém. t. de topographie, * portion d'une ville. B.
Séculaire, *adj.* 2 *g. Secularis.* qui se fait de siècle en siècle; qui termine un siècle.
Sécularisation, *s. f.* action de séculariser.
Séculariser, *v. a.* sé. e, *p.* rendre séculier.
Sécularité, *s. f.* t. de droit canon, état de séculier.
Séculier. ère, *adj. s. Laicus.* qui vit dans le monde, laïque; mondain. * Séculier. ere. R.
Séculièrement, *adv.* d'une manière séculière. * Séculiérement. R.
Sécuridaca, *s. m.* plante. R. Séné sauvage ou bâtard, Coronille des jardiniers. B.
Sécurité, *s. f. Securitas.* assurance, tranquillité d'esprit.
†Sécuteur *ou* Insécuteur, *s. m.* gladiateur qui combattoit contre les rétiaires.
Sécutor, *s. m.* espèce de gladiateur romain. R.
†Sédan, *s. m.* beau drap françois de Sedan.

Sédanoise, *s. f.* caractère d'imprim. parisienne.
Sédatif. ve, *adj.* qui calme les douleurs.
Sédentaire, *adj.* 2 g. *Sedentarius.* qui demeure ordinairement assis; fixé, attaché en un lieu; qui sort peu.
Séder, *v. a.* appaiser, dissiper. RABELAIS.
†Seder-bandes, *s. f. pl.* plate-bandes qui accompagnent les compartimens de marqueterie, t. d'ébéniste. Sederbandes.
Sédiment, *s. m. Crassamen.* ce qu'une liqueur dépose au fond du vase; partie grossière; t. de médecine.
Séditieusement, *adv. Seditiose.* d'une manière séditieuse.
Séditieux. se, *adj. s. m. Seditiosus.* qui a part à la sédition; enclin à la sédition; qui y tend.
Sédition, *s. f. Seditio.* révolte, émeute populaire; soulèvement contre la puissance légitime.
Séducteur. trice. *s. Corruptor.* corrupteur; qui séduit, fait tomber en erreur.
Séduction, *s. f. Corruptela.* action par laquelle on séduit. * propriété de séduire; attrait; agrément. AL.
Séduire, *v. a. Seducere.* -duit. e, *p.* tromper; faire tomber en faute; abuser; persuader; plaire; toucher.
Séduisant. e, *Illiciens.* qui séduit, touche, charme, persuade.
Séduit. e, *adj. Deceptus.* qui a été ou qui est séduit.
†Séer, *v. a.* s'asseoir. (*vieux*).
†Ségétal. e, *adj.* t. de botanique, qui croît dans les champs.
†Segetière *ou* Sagetière, *s. f.* rets en tramail.
†Segeveuses, *s. f.* laine d'Espagne.
Segment, *s. m.* t. de géom. portion de cercle comprise entre l'arc et sa corde.
Segmoïdal. e, *adj.* t. d'anatomie. R.
†Ségovie, *s. f.* laine d'Espagne, de Ségovie.
Ségrairie, *s. f.* bois possédé en commun.
Ségrais, *s. m.* bois séparé et exploité à part.
†Ségrayer, *s. m.* celui qui a droit dans une ségrairie. voyez Segreyer.
Ségrégation, *s. f.* action par laquelle on met à part; séparation.
Ségrégativement, *adv.* séparément; l'un après l'autre. J. J.
Ségréger, *v. a.* -gé. e, *p.* (*inusité*) mettre à part, séparer. G. C.
Ségreyage, *s. m.* droit seigneurial. C. * *ou* Ségréage. G. *ou* Ségroage. R.
Segreyer, *s. m.* qui possède un bois en commun; qui perçoit le ségreyage. C. Segrayer. R. Ségreyer. G.
†Seheilan, *s. m.* poisson du genre du silure.
†Séiba *ou* Céiba, Calébassier, Bombax, *s. m.* arbre d'Afrique monstrueux.
Seigle, *s. m. Secale.* sorte de blé, à épis barbus; champ semé de seigle. * Sègle. G.
Seigneur, *s. m. Dominus.* maître, possesseur d'un pays, d'un état, etc.; titre.
Seigneuriage, *s. m.* droit du seigneur; droit royal sur les monnoies. * *ou* Brassage. B.
Seigneurial. e, *adj. Dominicus.* du seigneur, qui lui appartient, en donne les droits.
Seigneurialement, *adv.* en seigneur.
Seigneurie, *s. f.* autorité du seigneur; terre seigneuriale; titre; assemblée de seigneurs.
Seigneurier, *v. a.* (*vieux*) commander. V.
Seigneurir, *v. a.* (*vieux*) dominer. V.
†Seilleau, *s. m.* seau pour puiser de l'eau, t. de marine.
Seille, *s. f.* (*vieux*) seau pour porter le raisin. R. V.
Seillure, *s. f.* t. de mar. sillage. R.
Seime, *s. f.* division de l'ongle du cheval.
Sein, *s. m. Sinus.* partie du corps depuis le cou jusqu'au creux de l'estomac; les mamelles; l'endroit où les femmes conçoivent et portent leur fruit; l'esprit, le cœur; golfe.
†Seinche, *s. f.* enceinte de grands filets pierrés et flottés.
Seincos, *s. m.* espèce de crocodile. R.
Seine, *s. f. Sagena.* filet de pêche que l'on traîne. * *et* Senne. B.
Seing, *s. m. Chirographum.* signature.
Seing-privé, *s. m.* obligation qui n'a pas été faite devant l'officier public. * Seing privé. G.
†Seizain, *s. m.* drap à chaîne de 1600 fils.
Seizaine, *s. f.* paquet de seize choses; corde d'emballeur. G. C.
Seize, *adj.* 2 g. *s. m. Sexdecies.* nombre contenant dix et six.
Seizième, *adj.* 2 g. *s. m.* seizième partie qui suit immédiatement la quinzième. * Seizieme. R.
Seizièmement, *adv.* en seizième lieu. G. C.
Séjour, *s. m. Commoratio.* temps pendant lequel on demeure dans un lieu; demeure, habitation.
Séjourné, *adj.* (*familier*) qui a pris du repos.
Séjourner, *v. n. Commorari.* -né. e, *p.* faire un séjour.
Sel, *s. m. Sal.* substance dure, friable, sèche, dissoluble et picotante. (*figuré*) ce qu'il y a de piquant, de vif. * Alun, Vitriol, Natron, Nitre. — gemme, — ammoniac; borax, etc.; alcali naturel, en partie fixe, en partie volatil. — mural, Aphronatron, Aphronitre, efflorescence de nitre. B.
Sélection, *s. f.* choix, triage avec examen. PIIS.
†Selène, *s. m.* genre de poissons.
Sélénifique, *adj.* 2 g. qui produit la sélénite. V.
Sélénite, *s. f. Selenites.* sorte de sel formé par la terre calcaire et l'acide vitriolique. * pierre gypseuse qui résiste aux acides. B.
Séléniteux. se, *adj.* qui a rapport à la sélénite.
Sélénographie, *s. f.* description de la lune.
Sélénographique, *adj.* 2 g. qui appartient à la sélénographie.
†Sélénostale *ou* Sélénostat, *s. m.* instrument pour observer la lune.
†Sélinusce, *s. f.* terre médicinale, astringente et résolutive.
Selle, *s. f. Sella.* petit siége *ou* chaise, siége pour mettre sur le dos d'un cheval, etc.; t. de médecine, évacuation faite en une fois; t. de métallurgie, scorie. * ustensile d'artisan; t. de papetier. * — polonoise, espèce d'huître. *Ephyppium placentiforme.* B.
†Sellée, *s. f.* rangée de piles de carreaux.
Seller, *v. a. Sternere.* lé. e, *p.* mettre la selle. *(se), *v. r.* t. d'agric. s'endurcir, se serrer. G.
Sellerie, *s. f.* lieu où l'on serre les selles, les harnois, etc. * travail, commerce de sellier. B.
Sellette, *s. f. Scabellum.* Petit siége de bois. * t. de charpentier; partie de la charrue; planchette; boîte, etc.; t. de métiers. B. Sellete. R.
Sellier, *s. m.* qui fait des selles, des carrosses, etc.
†Sellisterne, *s. f.* festins en l'honneur des déesses.
Selon, *prépos. Secundùm.* suivant; eu égard; conformément à.
Sémack, *s. m.* t. d'astronomie. R. * lebouvier. RR.
Semaille, *s. f. Satio.* action, temps de semer; grains semés.
Semaine, *s. f. Hebdomas.* suite de sept jours du dimanche au samedi; sept jours; travail de sept jours, son prix. * somme donnée par semaine. B.
Semainier. ère, *s.* qui est de semaine; pâte, pâté qui peut durer sept jours. * Semainier. Semainiere. R.
†Semalle *ou* Semaque, *s. f.* bâtiment qui sert à charger les vaisseaux.
Semaque, *s. f.* vaisseau à un mât. R. * *ou* Semach. RR.
Semblable, *adj.* 2 g. *s. m. Similis.* de même nature; pareil.
Semblablement, *adv. Similiter.* pareillement; aussi.
Semblableté, *s. f.* (*vieux*) similitude. V.
Semblance, *s. f.* ressemblance. R.
Semblant, *s. m. Simulatio.* apparence.
Sembler, *v. n. impersonnel. Videri.* paroître avoir une certaine qualité; paroître.
†Semblides, *s. m. pl. Semblis.* insectes névroptères.
Sème, *s. m.* (*vieux*) sixième; maladie de cheval. V. * voyez Seime. RR.
†Semée, *s. f.* droit seigneurial.
Séméiologie, Séméiotique, *s. f.* traité des signes, t. de médecine. * Séméiologie, Séméiotique. A. G. RR.
Semelle, *s. f. Solea.* pièce de cuir qui fait le dessous du soulier, etc.; t. de cordier; t. de charpentier. * sol d'une mine de charbon; planches en semelle pour aller à la bouline; planche de l'affut; t. de mét. (poids de-), poids réel de l'essai des métaux. B.
Semence, *s. f. Semen.* ce que l'on sème; grain; matière dont les animaux sont engendrés; cause éloignée. * petits clous; petits diamans; petites perles. B.
Semencine, Santonine, *s. f.* Semen-contra, *s. m.* plante vermifuge.
†Sémentérion, *s. m.* planches de bois avec des manches de fer mobiles pour suppléer aux cloches; claquette de facteur de la poste.
†Sémentinade, *s. f.* temps des semences des grains.
Sementines, *adj. f. pl.* (fêtes) des semailles à Rome. R.
Semer, *v. a. Serere.* épandre du grain; répandre. -mé. e, *p. adj.* plein, rempli, jonché. * t. d'arquebusier, mesurer. B.
Semestre, *adj.* 2 g. qui dure six mois. *s. m. Semestre.* espace de six mois; permission de s'absenter six mois. * Sémestre. RR.
Semestrier, *s. m.* officier, soldat en semestre. V. * qui ne sert que six mois. Sémestrier. RR.
Semeur, *s. m. Sator.* qui sème du grain. * t. d'arquebusier, qui mesure, vérifie les canons. B.
Semi, *pour* Demi. * Sémi. R.
Sémi-breve, *s. f.* t. de musique, R. moitié d'une brève. B.
†Sémi-cylindrique, *adj.* cylindrique d'un seul côté.
Sémi-diapason, *s. m.* t. de musique. R.
Sémi-diapente. *s. m.* t. de musique. R.
Sémi-diatessaron, *s. m.* t. de musique. R.
Sémi-double, *adj.* 2 g. *s. f.* t. de liturgie; t. de fleuriste, anémone.
†Sémi-flosculeux. se, *adj.* (fleur) à demi-fleurons.
Sémi-minime, *s. f.* t. de musique. R.
Semi-pélagianisme, *s. m.* V. secte. B.
Sémi-pite, *s. f.* monnoie, R. la plus petite monnoie de compte françoise (*vieux*). B.
Semi-prébende, *s. f.* bénéfice moindre que le canonicat. G. C. * Sémi-prébende. R.
Semi-preuve, *s. f.* preuve imparfaite. G. C. Sémi-preuve. R.
†Semi-quadrate, *adj. f.* (opposition) aspect de deux planètes distantes de la 8e. partie du zodiaque. — quintile, *id.* de la 10e. partie, — sextile, *id.* de la 12e. partie.
Semi-ton, *s. m. Hemitonium.* moitié d'un ton. C.
†Sémi-topographie, *s. f.* gravure qui n'offre que

que quelques détails.
Semillant. e, *adj. Alacer.* (*familier*) éveillé; remuant; fort vif. * Semilleux. se. V.
Séminaire, *s. m. Seminarium.* collége d'ecclésiastiques, ces ecclésiastiques.
Séminal. e, *adj.* qui a rapport à la semence, à la graine.
Séminariste, *s. m.* élevé dans un séminaire.
†Séminarion, *s. f.* dispersion des grains, t. de botanique.
Séminial *ou* Siménial, *adj.* (pain) de fine fleur de farine. R.
†Séminifère, *adj.* 2 *g.* (vaisseau) de la semence, partie des testicules.
Semis, *s. m.* lieu où l'on sème des arbres, des fleurs, etc. G. C. V. RR. * art de les faire venir. AL.
†Sémisinction, *s. m.* tablier des ouvriers romains.
†Sémite, *s. m.* coton de l'Archipel.
Semnée, *s. f.* t. d'histoire ecclésiastique. V. * monastère. B.
Semoir, *s. m.* sac pour porter le grain en semant; instrument pour semer.
Semonce, *s. f. Convocatio.* invitation pour une cérémonie; avertissement. * reprimande. coup de —, pour avertir, t. de marine. B.
Semoncer, *v. a.* cé. e, *p.* faire une semonce.
Semonceur, *s. m.* (*vieux*) qui invite.
Semondre, *v. a. Convocare.* (*vieux*) inviter à une cérémonie.
Semonner, *v. a.* (*vieux*) appeler; prier. V.
Semonneur, *s. m.* (*vieux*) Semonceur, porteur de billets de convocation. * Semoneur. R.
Semote, *s. f.* t. de jardinage. R. * Semotte, nouvelle pousse des choux étêtés. AL.
Semoule, *s. f.* pâte de farine en petits grains.
†Sempecte, *s.* religieux depuis 50 ans.
Semper virens, *s. m.* espèce de chèvre-feuille qui a toujours des feuilles et des fleurs. * Semper-virens. G. C.
†Sempiterne, *s. f.* étoffe angloise de laine croisée.
Sempiternel. le, *adj.* (*vieux*) qui dure, qui vit toujours. * Sempiternel. nele. R.
Sempiterneux. se, *adj.* vieux. R. V. * qui vit très-longtemps. RR.
†Sempiternille, *s. f.* sempiterne moins fine.
†Semple, *s. m.* métier d'étoffes de soie.
Senage, *s. m.* droit sur le poisson. V.
Sénat, *s. m. Senatus.* assemblée des chefs de certains états; cour souveraine. * — conservateur, corps constitutionnel en France. B.
Sénateur, *s. m. Senator.* membre d'un sénat.
Sénatorial. e, *adj. Senatorius.* qui appartient au sénateur.
†Sénatorerie, *s. f.* fonctions, arrondissement, résidence d'un sénateur.
Sénatorien. ne, *adj. Patricius.* de famille de sénateur. * Sénatorien. ene. R.
Sénatrice, *s. f.* femme d'un sénateur de Pologne.
Sénatule, *s. m.* petit sénat. V.
Sénatus-consulte, *s. m. Senatûs consultum.* décision du sénat romain, * du sénat françois. B.
Senau, *s. m.* petit bâtiment pour la course.
Séné, *s. m. Senna.* plante médicinale à gousse et grains purgatifs. * — des provençaux, turbith blanc. B.
Séné bâtard, *ou* Émérus, *s. m.* arbrisseau. A. * *ou* Emerus. G.
Sénéchal, *s. m. Senescallus.* officier civil et militaire.
Sénéchale, *s. f.* femme du sénéchal.
Sénéchaussée, *s. f.* juridiction du sénéchal, son étendue, son tribunal.
Seneçon, *s. m. Senecio.* plante pour les petits oiseaux; émolliente pour la goutte, l'hémorragie, le lait grumelé. * Séneçon. R.
Sénée, *adj.* (rime), t. de poësie. V.
Sénéfiance, *s. f.* (*vieux*) signification.
†Sénégali, *s. m.* oiseau du genre du moineau, du Sénégal, vit de millet, ne chante pas.
Sénegré, *s. m. Siliqua.* plante. R.
†Sénéka, *s. m.* Poligale de Virginie, Racine de serpent à sonnettes; racine diaphorétique, diurétique, alexipharmaque; vomitif, purgatif, résolutif; spécifique contre la morsure du serpent sonnette.
Senelles *ou* Sinelles, *s. f.* fruit. V. * Senelle. voyez Cenelle. A.
†Sener, *v. a.* châtrer.
Sénestre, *adj.* 2 g. t. de blason, la gauche.
Sénestré. e, *adj.* t. de blason, qui a une pièce à sa gauche.
Sénestrochère, *s. m.* t. de blason, bras gauche. * Senestrocheres. R. Senestrocheré. RR.
Sénevé, *s. m. Sinapis.* petite graine dont on fait la moutarde.
Sénieur, *s. m.* le plus ancien dans certaines communautés.
†Senne, *s. f.* filet. voyez Seine.
Senner, *v. n.* t. de marine, R. pêcher à la senne. RR.
Sens, *s. m. Sensus.* faculté de sentir, de comprendre; organe; opinion; côté; signification.
Sens dessus dessous, *adv.* sans aucun ordre; à n'y plus rien reconnoître; tout étant bouleversé. * sens-dessus-dessous. CO.
Sens devant derrière, *adv.* à ne plus reconnoître le vrai sens, les côtés.
Sensation, *s. f. Sensatio.* impression que l'ame reçoit des objets par les sens.
Sensé. e, *adj. Prudens.* qui a du bon sens, de la raison, du jugement.
Sensément, *adv. Prudenter.* sagement; avec jugement; prudemment.
†Sensibilisation, *s. f.* (de la pensée), application de l'idée de la conception à un objet sensible. K.
Sensibilité, *s. f. Mollitia.* faculté active de sentir; compassion; tendresse; ressentiment. * t. de physique; t. de mécanique, facilité de mouvement. B.
Sensible, *adj. Sensibilis.* qui a du sentiment; qui reçoit les impressions; qui est aisément touché, ému; humain, tendre, compatissant; qui tombe sous les sens, se fait sentir, apercevoir.
Sensiblement, *adv.* d'une manière sensible et perceptible, ou qui affecte le cœur.
Sensile, *s. f.* galère ordinaire. V.
Sensitif. ve, *adj.* qui a le pouvoir de sentir.
Sensitive, *s. f. Æschynomene.* Herbe mimeuse, plante qui replie ses feuilles lorsqu'on les touche, plus sujette que toute autre à la nutation. *Mimosa.*
Sensorium, *s. m.* partie du cerveau réputée le siége de l'ame.
Sensualisme, *s. m.* système de ceux qui, dédaignant la métaphysique, ne reconnoissent que les sens et leur empire. K.
Sensualité, *s. f. Mollities.* attachement aux plaisirs des sens.
Sensuel. le, *adj. s. m.* attaché aux plaisirs des sens. * Sensuel. ele. R.
Sensuellement, *adv. Molliter.* d'une manière sensuelle. * Sensuélement. R.
Sente, *s. f.* (*vieux*). voyez Sentier.
Senteler, *s. m.* petit sentier. V.
Sentence, *s. f. Sententia.* jugement de juges inférieurs; jugement, dit mémorable; apophthegme; maxime qui a un grand sens.
Sentencier, *v. a.* cié. e, *p.* condamner par sentence à une peine afflictive.
Sentencieusement, *adv. Sententiosè.* d'une manière sentencieuse.
Sentencieux. se, *adj. Sententiosus.* qui contient des maximes; * qui parle par maximes. CO.
Sentène, *s. f.* bout de l'écheveau à devider. V. A.
Senteur, *s. f. Odor.* odeur, parfum.
Senti, *s. m.* sentiment, sensibilité. VOLTAIRE.
Sentier, *s. m. Semita.* sente, chemin étroit.
Sentiment, *s. m. Sensus.* faculté de sentir; sensation; perception, connoissance intérieure sans le secours des sens; opinion; pensée; sensibilité; affection; odorat des chiens.
Sentimental. e, *adj.* qui a le sentiment pour principe ou pour objet; où il entre beaucoup de sentiment. (*néologique, pris de l'anglois*). G. C. RR.
Sentine, *s. f. Sentina.* partie basse d'un navire où s'arrêtent les ordures. * (*fig.*) se dit des vices. B.
Sentinelle, *s. f. Vigiles.* soldat qui fait le guet, sa fonction. * *s. m. et f.* A. Sentinele. R.
Sentir, *v. a. Sentire.* ti. e, *p.* recevoir une impression par les sens; avoir l'ame émue; flairer; répandre une odeur; avoir un certain goût; ressentir; goûter; connoître; apercevoir; juger; désigner; avoir l'air de; ressembler à. *v. n. impers.* répandre une odeur. (se), *v. r.* connoître l'état où l'on est, ses talens, ses ressources; participer à.
Senvre, *s. f.* herbe. voyez Sanvre.
Seoir, *v. n.* (*vieux*) être convenable; être assis. (se), *v. pers. Sedere.* s'asseoir.
Sep, *s. m.* voyez Cep.
Séparable, *adj.* 2 *g. Separabilis.* qui peut être séparé.
Séparatif. ve, *adj.* qui fait séparation, qui la cause, t. didactique. V.
Séparation, *s. f. Disjunctio.* action de séparer ou de se séparer, ses effets; chose séparée. * brouillerie; divorce; abandon. B.
Séparatoire, *s. m.* vase de chimie pour faire une séparation; instrument de chirurgie pour séparer. G. C. RR.
Séparément, *adv. Separatim.* à part l'un de l'autre.
Séparer, *v. a. Disjungere.* ré. e, *p.* désunir; éloigner; distinguer; ranger; diviser, partager. (se), *v. r.* se diviser en parties; se détacher, se quitter; rompre l'union.
†Sépé, *s. m.* double T de fer, t. d'arquebus.
Sépeau, *s. m.* tronc pour frapper la monnoie, voyez Cépeau. G. C. * Sépeau. RR.
Sépée, *s. f.* touffe sortant d'une même tige, voyez Cépée.
†Séphalite, *s. m.* sectaire mahométan qui donne à Dieu la forme humaine.
†Sépidies, *s. m. pl. Sepidium.* insectes coléoptères.
Seps, *s. m.* lézard à jambes courtes, du 2e. genre, * Septs. CO.
Sept, *adj.* 2 *g. Septem.* nombre de trois et quatre; septième. *s. m.* le chiffre 7.
†Sept-œil, *s. m.* Lamprillon.
Septaine, *s. f.* t. de coutume. R.
Septante, *adj.* 2 *g. s. m. Septuaginta.* soixante-dix. * *pl.* auteurs sacrés. B.
Septantième, *adj.* 2 *g. s. m.* soixante-dixième. R.
Septembre, *s. m. September.* mois d'automne.
Septembrisade, *s. f.* massacre des détenus, les 2, 3, 4, 5 septembre, 1792, à Paris. V. RR. (*barbarisme*). B.
Septembriser, *v. a.* sé. e, *p.* massacrer. V. RR.
Septembriseur, *s. m.* qui eut part aux septembrisades. V. RR. * Jacobin féroce. B.

Septemvir, *s. m.* magistrat romain. R.
Septénaire, *adj.* 2 *g.* *Septenarius.* qui a professé pendant sept ans. *s. m.* espace de sept ans de la vie de l'homme.
Septennal. e, *adj.* qui arrive tous les sept ans.
Septentrion, *s. m.* *Septentriones.* Nord, pôle arctique.
Septentrional. e, *adj.* *Septentrionalis.* du côté du septentrion; qui vient du nord.
Septentrionaux, *s. m. pl.* les Peuples du Nord. C.
Septerée, *s. f.* arpent de terre ou environ. R. V. * Septérée. RR.
†Septicide, *adj.* 2 *g.* (péricarpe) qui s'ouvre par sutures correspondantes aux cloisons.
†Septicolor, *s. m.* Tangara du Brésil, Pavert, oiseau dont le plumage a sept nuances.
Septidi, *s. m.* septième jour de la décade. G. C. V.
Septième, *adj.* 2 *g.* *s. m.* *Septimus.* nombre ordinal; septième partie d'un tout. *s. f.* t. de jeu, suite de sept cartes. * t. de musique, intervalle dissonnant, renversé de seconde. B. Septieme. R.
Septièmement, *adv.* *Septimùm.* pour la septième fois. * Septiémement. R. G.
Septier, *s. m.* voyez Setier.
†Septifère, *adj.* 2 *g.* t. de botanique, portant cloison.
†Septimètre, *s. m.* terme, espace de sept mois.
Septique, *adj.* 2 *g.* qui fait pourrir les chairs.
Septizone, *s. m.* t. d'architecture antique. R.
Septuagénaire, *adj.* 2 *g.* *s.* *Septuagenarius.* âgé de soixante-dix ans.
Septuagésime, *s. f.* *Septuagesima.* troisième dimanche avant le carême.
Septum, *s. m.* t. d'anatomie, cloison. R. V.
Septuple, *adj.* 2 *g.* *s. m.* sept fois autant.
Septupler, *v. a.* plé. e, *p.* répéter sept fois. A.
Sépulcral. e, *adj.* *Sepulcralis.* qui concerne le sépulcre. * (voix) qui semble sortir du tombeau. B.
Sépulcre, *s. m.* *Sepulcrum.* tombeau; monument pour déposer, où est déposé un mort.
Sépulture, *s. f.* *Sepultura.* où l'on enterre un mort; l'inhumation; tombeau.
Séquelle, *s. f.* *Turba.* (*t. de mépris*) nombre de gens qui se suivent, ou attachés au même parti. * Sequele. R.
Séquence, *s. f.* t. de jeu, suite de cartes de même couleur; t. d'église, prose.
Séquestration, *s. f.* action par laquelle on met en séquestre.
Séquestre, *s. m.* *Sequestrum.* état d'une chose litigieuse, mise en séquestre; le dépositaire du séquestre; chose séquestrée.
Séquestrer, *v. a.* tré. e, *p.* mettre en séquestre; séparer; écarter; mettre à part. (se), *v. r.* s'éloigner, se mettre à part.
Sequin, *s. m.* monnoie d'or de Venise et autres.
†Séraaber, *v. a.* bé. e, *p.* battre la terre à pipe par petits tas.
†Séraabes, *s. f. pl.* rognures ou pipes cassées, molles.
Sérail, *s. m.* palais du Grand-Turc, etc.; ses femmes; harem. * maison de débauche d'un prince, etc. B. Serrail. T.
Séran, Sérans, *s. m.* *Hami.* outil, cardes pour préparer le lin, le chanvre, etc. R. G. C. * carde de perruquier. B. *ou* Serin. AL.
Sérancer, *v. a.* *Pectere.* cé. e, *p.* passer le lin, etc. par le séran. R. G. C.
Sérancolin, *s. m.* marbre isabelle, tacheté de rouge. * Sarancolin. B.
Séraphin, *s. m.* *Seraphim.* esprit céleste.
Séraphique, *adj.* 2 *g.* qui appartient au séraphin; t. de droit; t. de monastère.
†Seraphiser, *v. a.* consacrer; sanctifier; élever au ciel; mettre au rang des bienheureux.
Sérasquier, *s. m.* général turc. * Séraskier. R. T.
†Serbocal, *s. m.* cylindre de verre sur lequel on passe le fil d'or.
†Serche, *s. f.* (ouvrage de), en lames minces, t. de tonnelier.
Sercot *ou* Sécot, *s. m.* chemisette. V.
Serdeau, *s. m.* office, officier de la maison du roi; lieu de la revente de la desserte; gens du serdeau, leurs boutiques.
Serein, *s. m.* *Vespertinus.* vapeur froide et maligne qui tombe le soir.
Serein. e, *adj.* *Serenus.* beau, clair; doux et calme.
Sérénade, *s. f.* concert que l'on donne la nuit, dans la rue. * Sérenade. RR.
Séréner, *v. a.* -né. e, *p.* apaiser; rendre calme. R. V. * Serèner. RR.
Sérénissime, *adj.* 2 *g.* *Serenissimus.* titre d'honneur.
Sérénité, *s. f.* *Serenitas.* état de ce qui est serein; tranquillité; titre d'honneurs.
†Sereque, *s. m.* *Genista sagittalis.* Herbe à jaunir, Petit genêt des Canaries. L. 998.
Séreux. se, *adj.* *Sero plenus.* aqueux, chargé de sérosités.
†Sérevasi, *s. m.* espèce de gros-bec de l'Ile de France.
Serf. ve, *adj.* *s.* *Servus.* dont la personne et les biens dépendent d'un maître.
Serfouette, *s. f.* outil de jardinier pour serfouetter. G. C. * Serfouete. R.
Serfouetter, *v. a.* té. e, *p.* serfouir, remuer la terre autour des plantes. G. C. * Serfouéter. R.
Serfouir, *v. a.* *Circumfodere.* -foui. e, *p.* serfouetter.
Serge, *s. f.* étoffe légère de laine ou de soie.
Sergent, *s. m.* *Apparitor.* t. militaire, sous-officier d'infanterie; t. de pratique, officier de justice; outil de menuisier. * barre de la porte d'un four. B.
†Sergentaillerie, *s. f.* sequelle des sergents.
Sergenter, *v. a.* té. e, *p.* t. de prat. presser par le moyen des sergens; presser; importuner; fatiguer.
Sergenterie, *s. f.* office de sergent.
Serger, Sergier, *s. m.* qui fait et vend la serge.
Sergerie, *s. f.* manufacture, commerce de serge. G. C.
Sergette, *s. f.* serge fort légère; sorte de robe. G. C. * Sergete. R.
Série, *s. f.* suite; t. de mathématique, suite de grandeurs croissantes et décroissantes. * division pour dénomber par suite. AL.
Sérieusement, *adv.* *Seriò.* d'une manière grave et sérieuse; froidement; avec ardeur; sans rire.
Sérieux. se, *adj.* *Severus.* qui n'est pas gai; solide; important; grave; dangereux; sincère; vrai.
Sérieux, *s. m.* *Gravitas.* gravité dans l'air, les manières; rôle sérieux.
Serin. Serine, *s.* *Acanthis.* oiseau des Canaries, jaune. * — vert, ou de Provence, Cini, serin de Provence à plumage vert. B.
Serinette, *s. f.* petit orgue pour instruire les serins. * musicien par routine. B. Serinete. R.
Seringat, *s. m.* *Syrinx.* arbrisseau à fleurs odorantes. voyez Syringa. * Syringat. RR.
Seringue, *s. f.* *Clyster.* petite pompe portative.
Seringuer, *v. a.* -gué. e, *p.* pousser une liqueur avec une seringue.
Sériosité, *s. f.* air sérieux. R. V.
Serjant, *s. m.* (*vieux*) esclave, valet. V.
†Serkis, *s. m.* Thé des Sultanes, plante qui conserve la beauté.
Serment, *s. m.* *Jusjurandum.* affirmation en prenant à témoin; jurement.
Sermentaire, *s. f.* Livèche, plante. A.
Sermenté. e, *participe de* Sermenter (*inusité*) qui a prêté le serment requis. AL.
Sermologe, *s. m.* livre de sermons. R.
Sermon, *s. m.* *Oratio.* prédication; discours religieux; remontrance longue et ennuyeuse.
Sermonette, *s. f.* fleur. C. * Sermonete, espèce d'anémone. R.
Sermonnaire, *s. m.* auteur, recueil de sermons. * Sermonaire. R. *adj.* qui convient au sermon. AL.
Sermonner, *v. a.* -né. e, *p.* (*familier*) faire d'ennuyeuses remontrances. * Sermoner. R.
Sermonneur, *s. m.* (*familier*) qui fait de longs discours, de longues remontrances. * Sermoneur. R.
†Sérotine, *s. f.* sorte de chauve-souris.
Seror, *s. f.* (*vieux*) sœur. V.
Sérosité, *s. f.* *Serum.* portion aqueuse du sang, du lait, etc.
Serpaut *ou* Serpot, *s. m.* trousseau d'une fille que l'on marie. V.
Serpe, *s. f.* *Falcula.* outil de jardinier pour couper.
Serpéger, *v. a.* conduire un cheval en tournant. V.
Serpent, *s. m.* *Serpens.* reptile; instrument de musique, celui qui en joue; personne ingrate, traître et perfide. * constellation; poisson du genre du cheval-marin. — de mer, poisson du genre du Cépole, couvert d'écailles, sans pieds ni nageoires. — ailé, espèce de lézard volant. — à lunettes, du 3ᵉ. genre. — des dames, du 3ᵉ. genre. — cornu, à dents en forme de défenses. * — de verre, du 4ᵉ. genre. — tuberculeux, du 8ᵉ. genre, couvert de tubercules. B.
Serpentaire, *s. m.* *ou* Ophiucus, constellation septentrionale. *s. f.* *Dracunculus.* plante médicinale; déterge les ulcères; résiste au venin. * — *ou* Vipérine de Virginie, racine diurétique, diaphorétique, carminative, contre le venin. B.
Serpente, *s. f.* sorte de papier très-transparent. R G. C. * *adj.* (papier). B.
Serpenteau, *s. m.* *Anguiculus.* petit serpent; fusée volante.
†Serpentement, *s. m.* partie d'une courbe qui va en serpentant.
Serpenter, *v. n.* avoir une marche, une direction, un cours tortueux.
Serpenticole, *s.* 2 *g.* adorateur de serpens. R.
Serpentin, *s. m.* t. de chimie, marbre tacheté, vert obscur, à filets jaunes, serpentans; t. d'arquebusier, pièce d'un mousquet. * bois de la Chine, rouge-brun, tacheté de noir. B.
Serpentine, *s. f.* *Ophites.* pierre fine, * verdâtre, mouchetée de points bruns, produit du mica et d'autres substances vitreuses; tortue de la Chine, à tête de serpent; œdème des pieds des nouveaux-nés. B. plante rampante antivénéneuse.
Serpentine, *adj. f.* (langue) très-mobile, t. de manége.
Serper, *v. n.* lever l'ancre d'une galère.
Serpette, *s. f.* *Falcicula.* petite serpe. * Serpete R. Serpète. G.
†Serpigine, *s. f.* rudesse de la peau avec fièvre et pustules.
Serpillière, *s. f.* *Segestre.* grosse toile claire. * insecte, courtilière. G. C. Serpiliere, R. *et* Sarpilière (*vieux*). B.
Serpolet, *s. m.* *Serpyllum.* plante odoriférante, espèce de thym, stomachique, céphalique, adoucissante.

Serpule, *s. f.* Coquille *ou* Tube, vers qui l'habite, logé dans un fourreau.
Serrage, *s. m.* t. de marine, R. planches pour serrer le lambris. RR. * revêtement intérieur d'un vaisseau. B.
†Serran, *s. m. Cabrilla.* poisson du genre du persègue.
†Serratile, *adj. m.* (pouls) dur et inégalement distendu.
Serre, *s. f.* t. de jardinier, lieu où l'on serre; t. de vigneron, action de piessurer; t. de fauconn. pied des oiseaux de proie. *Falcatus unguis.* * presse, t. de métiers; coin; cadre d'un moule. *pl.* coins de fer. B.
Serré, *adv.* bien fort, en parlant du froid.
Serre-bauquieres, *s. f. pl.* t. de marine, R longues pièces qui supportent les baux. -bauquières. B.
†Serre-bosse, *s. m.* corde qui saisit la bosse de l'ancre.
†Serre-ciseaux, *s. m.* outil pour contenir les anneaux des ciseaux.
†Serre-feu, *s. m.* t. de fondeur, etc., demi-cercle autour du creuset pour retenir le feu.
Serre-file, *s. m.* t. militaire, le dernier de la file.
Serre-goutieres, *s. f. pl.* t. de marine, R. * pièces qui lient le vaisseau dont elles font le tour. B. Serre-gouttière. AL.
Serre-papiers, *s. m.* lieu où l'on serre des papiers; tablettes en compartimens.
†Serre-point, *s. m.* outil de bourrelier pour serrer les points de ficelle.
†Serre-rose, *s. f.* cordage pour arrêter les ancres. RR.
Serre-tête, *s. m.* ruban; coiffure de nuit. A.
†Serrée, *s. f.* outil de saunier pour préparer la terre; outil de saunier pour les constructions.
Serrément, *adv.* avec trop d'économie; d'une manière trop serrée, trop ménagère.
Serrement, *s. m.* action de serrer; état d'un cœur oppressé.
Serrer, *v. a. Stringere.* ré. e, *p.* étreindre, presser; mettre près à près, à couvert; enfermer; plier; lier.
†Serreté, e, *adj.* t. de botanique, denté en scie.
Serrette, *s. f.* voyez Sarrette, plante. * Serrete. Sarrete. R.
†Serrière, *s. f.* pièce de fer pour boucher le trou du fourneau, t. de fondeur.
Serron, *s. m.* boîte de drogues étrangères.
†Serropalpes, *s. m. pl. Serropalpus.* insectes coléoptères.
†Serrulé. e, *adj.* t. de botanique, diminutif de serreté.
Serrure, *s. f. Sera.* machine de métal, etc. pour fermer avec une clef. * voyez Sérure. R.
Serrurerie, *s. f.* art, commerce, travail de serrurier. * Sérurerie. R.
Serrurier, *s. m. Faber.* qui fait des serrures. * Sérurier. R.
Serse, *s. f.* t. de marine. R.
Sersifi, *s. m. Tragopogon.* plante. voy. Salsifis.
Serte, *s. m.* poisson; t. de joaillier, R. enchâssement des pierres. B.
Sertir, *v. a.* ti, e, *p.* t. de lapid. enchâsser; t. de métiers.
Sertissure, *s. f.* manière dont une pierre est sertie.
Sertulaire, *s. m. Sertularia.* Sectulaire, Coralline articulée; zoophite. *pl.* 6ᵉ. genre de zoophites.
†Sertule, *s. f.* groupe de pédicules uniflores.
Serum, *s. m.* humeur aqueuse, partie du chyle et du sang, du lait. * Sérum. A.
Servage, *s. m.* état de celui qui est serf ou esclave; (*vieux*) t. de poësie. (*fig.*) amour.
Serval, *s. m. ou* Servat, quadrupède qui tient du chat et de la panthère.
Servant, *adj.* qui sert; qui relève de; t. de féodalité.
Servante, *s. f. Ancilla.* domestique femelle; t. de civilité. * petite table pour décharge. B.
†Servantois, *s. m.* pièce de poësie picarde. (*vi.*) voyez Sirvante.
Serveur, *s. m.* qui sert la messe. R.
Serviable, *adj.* 2 *g. Officiosus.* officieux.
Serviablement, *adv.* obligeamment. R. V.
Service, *s. m. Usus.* usage que l'on tire de; assistance, bons offices; état militaire, sa durée; cérémonie religieuse; vaisselle; mets; t. de jeu, action de servir.
†Servidou, *s. m.* chauderon de savonnerie.
Serviette, *s. f. Mantile.* linge de table. * Serviete. R.
Servile, *adj.* 2 *g. Servilis.* qui appartient à l'état d'esclave; bas, rampant; littéral.
Servilement, *adv. Serviliter.* d'une manière servile. * littéralement, mot à mot. B.
Servilité, *s. f.* esprit de servitude; bassesse d'ame; exactitude servile. AL.
†Servion, *s. m.* outil de saunier pour retirer le sel.
Serviore, *s. f.* t. de marine, pièce qui forme l'éperon, G. C. qui le contient. RR.
Servir, *v. a. Servire.* vi. e, *p.* être domestique, en faire actuellement les fonctions; donner d'un mets; rendre de bons offices. *v. n.* être militaire; t. de jeu, jeter la balle. (— à), être d'usage, être bon pour. (— de), tenir lieu de. (se), *v. r.* se prévaloir; s'aider, employer.
Servis, *s. m.* rentes seigneuriales. R.
Servites, *s. m. pl.* religieux. R.
Serviteur, *s. m. Famulus.* domestique; attaché à; disposé à la servitude, à rendre service.
Servitude, *s. f. Servitus.* esclavage; captivité; contrainte; t. de droit, assujettissement imposé sur un bien fond.
Servivi, *s. m.* t. de jurisprudence, R. certificat de service. RR.
Sésame, *s. m. Sesama.* plante dont on fait de l'huile.
Sésamoïde, *adj.* (os) très-petit dans les articulations, t. d'anatomie.
Sésamoïde, *s. f. Sesamoides.* plante; espèce de réséda; détersive, résolutive.
Sesban, *s. m.* arbrisseau d'Égypte. * galéga d'Égypte, digestif, modère le flux. B.
Séséli *ou* Fenouil tortu, *s. m. Seselis.* espèce de fenouil. * Séseli. G. C.
†Sésies, *s. f. pl. Sesia.* papillons de l'espèce des sphinx.
Sesquialtère, *adj.* 2 *g.* t. de mathématiques, en rapport comme de 6 à 9. * Sesquialtere. R.
Sesqui-octave, *s. f.* t. de musique. R.
Sesqui-quarte, *s. f.* t. de musique. R.
Sesqui-tierce, *s. f.* t. de musique. R. * *adj.* qui contient l'unité et un tiers. B.
Sesse, *s. f.* ornement de tête des Orientaux. G. C.
Sesse, *s. m.* t. de marine, pelle creuse, écope. G. C.
†Sessile, *adj.* 2 *g.* (feuille, fleur) sans queue.
†Sessiliocle, *adj.* 2 *g.* (crustacé) qui a les yeux fixes et sessiles.
Session, *s. f. Sessio.* séance d'un concile, ses décisions; période de temps d'une assemblée de corps.
Sesterage, *s. m.* droit seigneurial. R. * Sestérage. RR.
Sesterce, *s. m. Sestertius.* monnoie ancienne d'argent, à Rome.
Sestuple, *s. f.* t. de musique. R.
†Sétacé. e, *adj.* allongé comme un cheveu.
†Séteux. se, *adj.* (réceptacle) garni de paillettes sèches et sétacées, t. de botanique.
†Séthiens *ou* Séthites, *s. m. pl.* hérétiques qui adoroient Seth, fils d'Adam.
Sétie, *s. f.* t. de marine. R. * barque des Turcs, sur la mer Noire. B.
Setier, *s. m. Sextarius.* mesure de grains, de liqueur, de terre. * Septier. T.
Sétine, *s. f.* étendue de prés. R.
Séton, *s. m. Seto.* t. de chirurgie, petit cordon passé à travers les chairs.
†Setrée *ou* Septrée, *s. f.* mesure agraire.
Seuil, *s. m. Limen.* (d'une porte), pièce qui est en bas de l'ouverture. * traverse de la grenadière, filet. B.
Seuillet, *s. m.* t. de marine, R. planche endentée du sabord. B.
Seul. e, *adj. Solus.* sans compagnie; unique, simple.
Seulement, *adv. Solùm.* rien de plus; pas davantage.
Seulement (non-), *adverbial.*
Seulet. te, *adj. diminutif de* seul. * Seulet. Seulete. R. abandonné, délaissé. B.
Séve, *s. f. Succus.* humeur des arbres; force du vin. * Sève. G. C.
Sévère, *adj.* 2 *g. Severus.* rigide; rigoureux. * Sévere. R.
Sévèrement, *adv. Severè.* avec sévérité. * Sévérement. R.
Sévérité, *s. f. Severitas.* rigidité, rigueur.
Séveronde, *s. f.* t. d'architecture. R. *ou* Subgronde, saillie d'un toit sur la rue. B.
†Séveux. se, *adj.* qui sert à la circulation de la séve.
Sévices, *s. m. pl.* t. de pratique, mauvais traitemens. * violence des parens envers leurs enfans. AL.
Sévir, *v. n. Sævire.* agir avec rigueur.
Sevrage, *s. m.* temps, action de sevrer un nourrisson. G. C. V. RR.
Sevrer, *v. a. Ablactare.* vré. e, *p.* ôter sa nourrice à un enfant; priver, frustrer. (se), *v. r.* s'abstenir de.
Sexagénaire, *adj.* 2 *g. s. Sexagenarius.* qui a soixante ans.
Sexagène, *s. f.* t. d'arithmétique, d'astronomie. * voyez Sextante. G. Sexagene. R.
Sexagésime, *s. f. Sexagesima.* dimanche avant le dimanche gras, t. d'église.
†Sexangulaire, *s. m.* poisson du genre du cheval-marin. *adj.* 2 *g.* à six angles.
Sex-digitaire, *s.* 2 *g.* celui, celle qui a six doigts. A.
Sex-digital. e, *adj.* (pied, main) qui a six doigts. A.
Sexe, *s. f. Sexus.* différence constitutive du mâle ou de la femelle; les femmes.
Sextant, *s. m.* t. d'astron. instrument, portion de cercle de soixante degrés. * — d'Uranie, constellation méridionale. B.
Sexte, *s. f.* heure canoniale. *s. m.* sixième livre des décrétales.
Sexté, *adj. m.* (registre) des noms et qualités, t. de gabelle. G. C. RR.
Sextelage, *s. m.* droit sur ce qui se vend aux halles. B.
Sextidi, *s. m.* sixième jour de la décade.
†Sextier, *s. m.* mesure romaine.
Sextil. e, *adj.* (aspect, opposition), distance de soixante degrés entre deux astres.
Sextule, *s. m. Sextula.* poids de quatre scrupules.
Sextuple, *adj.* 2 *g. s. m.* qui contient six fois.

Sextupler, *v. a.* plé. e, *p.* répéter six fois. A.
Sexuel. le, *adj.* qui tient au sexe, le caractérise. A.
†Sey, *s. m.* poisson du genre du gade.
Séyer, *v. a.* yé. e, *p.* couper les blés. R.
Séyeur. se, *s.* qui séye. R.
Sgrafit, *s. m.* t. de peinture, R. * manière égratignée. T.
Shérif, *s. m.* officier de justice en Angleterre.
Si, *conjonction conditionnelle, particule affirmative, s. m.* Si. note de musique. *adv.* tellement.
†Siagonagre, *s. f.* goutte aux mâchoires.
†Sialagogue, Sialogogue, *adj. s. m.* salivant.
†Sialisme, *s. m.* salivation.
†Sialologie, *s. f.* traité sur la salive.
Siam, *s. m.* sorte de jeu de quilles. G. C.
Siamoise, *s. f.* étoffe de coton.
Sibadille, *s. f.* plante.
†Sibarite, *s. m.* livré à la mollesse, à la volupté.
Sibile, *s. f.* t. de pressoir. V. vase. B.
Sybille, *s. f.* *Sibylla.* t. d'antiq. prophétesse.
Sibyllin, *adj. m.* (livre) de la sibylle.
Sibyllins, *adj. m. pl.* (oracles, vers) des sibylles.
Sibylliser, *v. a.* é. e, *p.* rendre des oracles. RR.
Sibilot, *s. m.* qui contrefait les esprits. R. * qui fait rire; qui parle du ventre. V.
†Sicacité, *s. f.* sécheresse d'un marais, d'un étang.
Sicaire, *s. m.* assassin. A.
Sicamor, *s. m.* t. de blason, cerceau.
Siccité, *s. f.* *Siccitas.* qualité de ce qui est sec.
Sicilien. e, *adj.* 2 *g.* *Siculus.* de Sicile. R.
Sicilique, *s. m.* poids de pharmacie.
†Sicinnie, *s. f.* espèce de danse ancienne.
Sicle, *s. m.* poids et monnoie des Juifs.
Sicomore. *s. m.* voyez Sycomore.
Sicophante *ou* Sycophante, *s. m.* fripon, délateur, coquin. G. * calomniateur. RR.
Sidéral. e, *adj.* qui concerne les astres et les étoiles.
Sidération, *s. f.* t. de chirurgie, mort ou mortification de quelque partie. G. C. RR.
Sidéré. e, *adj.* (*vieux*) céleste. V.
Sidéritis, *s. f.* plante; pierre; aimant brut. *ou* Sidérites. voyez Crapaudine. * résidu de la dissolution du fer cassant par l'acide vitriolique. B.
†Sidérolite, *s. m.* *Siderolites.* polypier à rayons, libre, en étoiles.
†Sidéromancie, *s. f.* divination par les étincelles d'un feu rouge.
Sidre. *s. m.* voyez Cidre.
Siècle, *s. m.* *Seculum.* espace de cent ans; espace de temps; époque remarquable; vie mondaine. * Siecle. R.
†Siécler, *v. a.* se dit des vieillards qui veulent plaire, quoiqu'ils n'en ayent plus l'âge; plaire à son siècle par ses talens.
Siége, *s. m.* *Sedes.* ce sur quoi on s'asseoit; corps de juges, leur tribunal; capitale; évêché, sa juridiction; établissement d'une armée pour attaquer une place. (*vieux*) anus.
Siéger, *v. n.* occuper, tenir une place.
Sien. ne, *adj. possessif, relatif.* *Suus.* * Sien. Siene. R.
Siénois. e, *adj. s.* 2 *g.* de Sienne. R.
Siens, *s. m. pl.* ceux qui sont de son parti; les parens. *sing.* son bien.
†Siesme, *s. f.* méridienne, sommeil à l'heure de midi. Sieste.
Sieste, *s. m.* temps du sommeil pendant la chaleur du jour. * Siesme. B.
Sieur, *s. m.* *Dominus.* *diminutif de* monsieur.
†Sifilet, *s. m.* *Aurea.* *ou* Manucode à six filets, oiseau de paradis à gorge d'or.
Sifflant. e, *adj.* qui siffle. * Siflant. e. R. T.
Sifflement, *s. m.* *Sibilus.* bruit fait en sifflant. * Siflement. R. T.
Siffler, *v. a.* flé. e, *p.* chanter un air en sifflant; produire un sifflement; instruire; désapprouver avec dérision. *v. n.* *Sibilare.* former un son aigu avec la langue et les lèvres. * Sifler. R. T.
Sifflet, *s. m.* *Fistula.* instrument pour siffler; t. d'anatomie, trachée-artère; t. de manége. * *pl.* improbation publique avec mépris. B. Siflet. R. T.
Siffleur. se, *s.* *Sibilator.* qui siffle. * *s. m.* oiseau du genre des troupiales: Marmotte du Canada, Monax, Belzébut ou singe voltigeur d'Amérique.
†Siflasson, *s. m.* voyez Bécasseau.
†Sigatas, *s. m.* mouche bruyante d'Afrique.
†Sigaret, *s. m.* *Sigaretus.* mollusque céphalé, univalve.
†Sigillaire, *s. f.* terre bolaire, empreinte d'un cachet, voyez Bol.
Sigillaries, *s. f. pl.* fêtes romaines. G. C.
†Sigillateur, *s. m.* prêtre qui marquoit les victimes.
Sigillé. e, *adj.* *Sigillata.* (terre) glaise, marquée d'un sceau.
Sigisbée, *s. m.* galant assidu; tenant d'une dame. RR.
Sigmoïde, *adj.* 2 *g.* cartilage qui a la forme du sigma grec, t. d'anat. * *ou* Sigmoïdal. e. B.
Signage, *s. m.* t. de vitrier, tracement. V.
Signal, *s. m.* *Signum.* signe pour avertir.
Signalement, *s. m.* *Effigies.* description faite de la figure d'une personne pour la reconnoître.
Signaler, *v. a.* *Illustrare.* faire le signalement; rendre remarquable; avertir par des signaux. (*se*), *v. r.* se rendre remarquable, célèbre. -lé. e, *p. adj.* * remarquable. B.
Signament, *adv.* notament. R.
Signandaire, *adj.* 2 *g. m.* t. de pratique, R. * (témoin) capable de signer. B.
Signature, *s. f.* *Signatura.* seing et paraphe; droit, action de signer; t. d'imprimerie, lettre, chiffre au bas de chaque première page d'une feuille. B.
Signe, *s. m.* *Signum.* marque, indice; tache; démonstration extérieure; constellation.
Signer, *v. a.* gné. e, *p.* mettre son seing, sa signature; marquer; mettre le poinçon.
Signet, *s. m.* *Tæniola.* t. de relieur, petit ruban. * sceau de Salomon. B.
Signifiance, *s. f.* témoignage. R.
Signifiant. e, *adj.* qui signifie. A.
Significateur, *s. m.* t. d'astrologie. R.
Significatif. ve, *adj.* *Significans,* qui exprime bien la pensée.
Signification, *s. f.* *Significatio.* ce que signifie une chose; sens d'un mot; notification. *pl.* actes signifiés.
Signifier, *v. a.* *Significare.* fié. e, *p.* être signe de; marquer le sens; déclarer, notifier, dénoter.
†Signoc *ou* Siguenoc, *s. m.* écrevisse de mer des Indes.
†Signolle, *s. f.* dévidoir pour la vingtaine.
Siguette, *s. f.* sorte d'embouchure, t. de maréchal. * Siguete. R. Signette. V. cavesson voûté et dentelé. B.
Sil, *s. m.* *Sil.* terre minérale pour la couleur.
Silence, *s. m.* *Silentium.* état d'une personne qui se tait; cessation du bruit; calme; signe de musique.
Silenciaire *ou* Silentiaire, *s. m.* garde du silence. R. * qui faisoit faire silence. V.
Silencieux. se, *adj.* *Taciturnus.* qui ne dit mot; taciturne.
Silène, *s. m.* *Silenus.* quadrupède de Ceylan, Paresseux: papillon diurne. *pl.* satyres, génies familiers. * — à bouquet, plante. B. Silene. R.
†Silésie, *s. m.* drap léger.
Silésien. e, *adj.* 2 *g.* de Silésie. RR.
Silex, *s. m.* pierre à fusil, à briquet. G. C. A. * produit de la combinaison d'un acide minéral avec une terre calcaire. B.
†Silice, *s. f.* l'une des huit terres primitives, principe des corps.
†Silicerne, *s. m.* distribution de viande crue au peuple romain, après des funérailles.
†Siliceux. se, *adj.* de la nature du silex.
†Silicule, *s. m.* silique d'une largeur égale à sa longueur; poisson du genre du baliste.
†Silicule, *s. f.* espèce de péricarpe.
Siliculeuse, *s. f.* premier ordre de la quinzième classe des végétaux. L. *adj.* en silicule (fruit). B.
Siliginosité, *s. f.* qualité du blé. V.
†Siligmosité, *s. f.* qualité farineuse du blé.
Siliquastre. *s. m.* voyez Piment.
Silique, *s. f.* enveloppe sèche de certains fruits, composée de deux panneaux; gousse.
Siliqueuse, *s. f.* second ordre de la quinzième classe des végétaux. L. *adj.* en silique (fruit). B.
Sillage, *s. m.* *Sulcus.* trace du vaisseau en naviguant; * prolongement d'une veine; t. de mine. B. Sillage. V.
Sille, *s. m.* poëme satyrique grec. * *s. f.* table pour poser les pains de sel. B.
Sillée, *s. f.* t. de marine, R. tracé. RR.
Siller, *v. a.* lé. e, *p.* t. de fauconn. coudre les paupières; fermer fréquemment les paupières; voy. Ciller. *v. n.* fendre les flots en avançant.
Sillet, *s. m.* t. de luthier, morceau d'ivoire, de bois sur le manche qui porte les cordes.
†Sillomètre, *s. m.* instrument pour mesurer la vîtesse du sillage.
Sillon, *s. m.* *Sulcus.* trace que fait la charrue en labourant; trait de lumière, trace. *pl.* rides. * Sillon. V.
†Sillonné, *s. m.* lézard du premier genre.
Sillonner, *v. a.* *Sulcare.* faire des sillons; rider. *-né. e, *p. adj.* creusé en gouttière, en sillons. Silloner. R. Sillonner. V.
†Silphes, *s. m. pl.* *Silpha.* insecte coléoptère.
Silphyrie, *s. f.* pays des silphes. V. * Sylphyrie. B.
Silure, *s. m.* *Silurus.* poisson du 3ᵉ. genre, de la 4ᵉ. classe; * genre de poissons abdominaux, à nageoires épineuses. B.
†Silvain, *s. m.* nom de plusieurs beaux papillons de jour, à quatre pattes, habitant les forêts.
†Silvandre, *s. m.* papillon de jour.
Silve, *s. f.* im-promptu; collection de pièces de poësie détachées. * *pl.* A.
†Silver-mare, *s. m.* monnoie suédoise.
Simagrée, *s. f.* petite grimace; faux-semblant. * Simagrées, *s. f. pl.* G. C.
Simarouba, *s. m.* arbre d'Amérique dont l'écorce guérit la dyssenterie; antispasmodique, stomachique, adoucissant.
Simarre, *s. f.* *Palla.* sorte de robe longue.
Simbleau, *s. m.* t. de charpentier, cordeau pour tracer de grands cercles. G. C. * Seimblo. B.
Simblot, *s. m.* assemblage de ficelles au métier; t. de maçon. G. C.
Simbologique, *s. f.* t. de médecine, traité des signes. V.
†Simbor, *s. m.* plante des Indes, émolliente, résolutive, laxative, vermifuge.
Similaire, *adj.* 2 *g.* homogène; de même nature.
Similitude, *s. f.* *Similitudo.* figure de rhétor. comparaison.
Simille, *s. f.* froment. V.
Similor, *s. m.* métal résultant du cuivre et du zinc

zinc fondus ensemble.
Simoniaque, *adj.* 2 *g.* *Simoniacus.* où il y a de la simonie. *s. m.* qui commet la simonie.
Simonie, *s. f.* *Simonia.* vente de choses saintes.
Simple, *adj.* 2 *g.* *Simplex.* non composé; seul; unique; facile à faire, à comprendre; l'opposé de double; sans ornement; sans déguisement; niais, crédule. *s. m.* homme simple; fête. *pl.* plantes médicinales. *Simplicia.* * *s. f.* 2e. farine. B.
Simplement, *adv.* *Simpliciter.* d'une manière simple, sans ornement; seulement; de bonne foi, sans finesse.
Simplesse, *s. f.* (*vieux*) simplicité, ingénuité.
Simplicissime, *adj.* 2 *g.* très-simple. V.
Simpliciste, *s. m.* botaniste. R. V.
Simplicité, *s. f.* *Simplicitas.* qualité de ce qui est simple; candeur, ingénuité; naïveté; niaiserie, bêtise.
Simplifier, *v. a.* fié. e, *p.* rendre simple, moins composé.
Simplification, *s. f.* action de simplifier, son effet. A.
†Simpludiaire, *s. f.* espèce de funérailles, t. d'antiquité.
†Simpuvion, *s. m.* vase sacré pour les libations.
Simulacre, *s. m.* *Simulacrum.* représentation d'une fausse divinité; spectre, fantôme; vaine représentation.
Simulation, *s. f.* *Simulatio.* déguisement.
Simuler, *v. a.* *Simulare.* feindre. -lé. e, *p. adj.* déguisé, feint, faux.
Simultanée, *adj.* 2 *g.* qui se fait dans un même instant. * Simultané. e, *adj.* A.
Simultanéité, *s. f.* existence dans le même temps. A.
Simultanément, *adv.* au même instant, en même temps. A.
†Sin, *s. m.* arbre du Japon, à bois très-durable.
Sinaïte, *adj.* 2 *g.* du mont Sinaï. V.
†Sinapiser, *v. a.* guérir une meurtrissure.
Sinapisme, *s. m.* topique de graine de moutarde.
†Sinaxe, *s. f.* nom ancien de la messe.
Sincère, *adj.* 2 *g.* *Simplex.* franc, sans artifice, sans déguisement. * Sincere. R.
Sincèrement, *adv.* *Ingenuè.* avec sincérité, franchise. * Sincérement. R. G.
Sincérité, *s. f.* *Simplicitas.* franchise, candeur.
†Sincialo, *s. m.* *Rufirostris.* perroquet vert, à Saint-Domingue; perriche.
†Sincipital. e, *adj.* du sinciput.
Sinciput, *s. m.* *Sinciput.* partie supérieure de la tête.
†Sindesmologie, *s. f.* traité des ligamens.
†Sindoc, *s. m.* arbre des îles de la Sonde.
Sindon, *s. m.* plumasseau de charpie; linceul du Christ. R. G. C. CO.
†Sinécure, *s. m.* bénéfice simple.
Singe, *s. m.* *Simius.* animal antropomorphe et quadrumane; personne qui contrefait; t. de peinture, pantographe.
Singer, *v. a.* gé. e, *p.* (*famil. nouveau*) contrefaire, imiter. G. C. A. * *barbarisme.* R.R.
Singerie, *s. f.* *Gesticulationes.* grimaces, gestes, tours de singe; postures plaisantes. * inclination servile. (*néologisme*). G.
Singlade. *s. f.* voy. Sanglade *ou* Sangle.
Singulariser (se), *v. pers.* sé. e, *p.* se faire remarquer par des singularités.
Singularité, *s. f.* ce qui rend une chose singulière; manière extraordinaire d'agir, de penser, etc.
Singulier, *s. m.* qui ne marque qu'une personne, une chose.
Singulier. ère, *adj.* *Singularis.* unique; particulier; rare; excellent; bizarre, capricieux. * Singulier. ere. R.

Singulièrement, *adv.* *Singulariter.* spécialement; principalement; d'une manière bizarre, singulière, extraordinaire. * Singuliérement. R.
Sinistre, *adj.* 2 *g.* *Sinister.* qui cause, qui présage des malheurs; méchant, pernicieux.
Sinistrement, *adv.* *Sinistrè.* d'une manière sinistre.
†Sinode, *s. m.* poisson du genre de l'ésoce.
Sinodon, *s. m.* poisson de la mer Adriatique. G. C.
Sinodontide, *s. f.* pierre dans la tête du sinodon. G. C. RR.
Sinon, *conj. particule.* *Si non.* autrement, sans quoi.
Sinople, *s. m.* *Sinopis.* sorte de craie ou de minéral; t. de blas. le vert. *s. f.* anemone carnée. * quartz hyalin. B.
†Sinué. e, *adj.* (feuille) garnie d'échancrures ou sinuosités lâches et écartées.
Sinueux. se, *adj.* *Sinuosus.* tortueux; qui fait plusieurs tours et détours; t. de chirurgie, (ulcère) étroit, profond et tortueux.
Sinuosité, *s. f.* *flexus.* qualité d'une chose sinueuse.
Sinus, *s. m.* *Sinus.* t. de chirurgie, cavité, espèce de poche; t. de mathématiques, perpendiculaire abaissée de l'extrémité d'un arc sur le rayon. * — verse, partie du rayon interceptée entre le sinus droit et l'extrémité de l'arc. B.
Sion. *s. m.* voyez Scion.
†Sipède, *s. m.* *Sipedon.* serpent du 3e. genre, fauve.
†Siphilis, *s. f.* grosse vérole.
Siphon, *s. m.* *Siphon.* t. de chim. tuyau recourbé; t. de marine, trombe, * *par erreur.* voyez Typhon. B.
†Siponcle, *s. m.* *Siponculus.* ver radiaire fistulide, coriace.
†Sippage, *s. m.* (cuir) tanné à la danoise, en deux mois.
Sire, *s. m.* *Rex.* (*vieux*) seigneur; titre donné à un roi. (*familier*) homme, personnage, important. (*ironique*).
Sirène, *s. f.* *Siren.* monstre fabuleux; femme très-séduisante. * Sirene. R.
Sirerie, *s. f.* ancien titre de certaines terres.
†Sirex, *s. m.* espèce de mouche.
†Siriase, *s. f.* *Siriasis.* inflammation du cerveau causée par l'ardeur du soleil.
Sirius, *s. m.* étoile, constellation du grand chien.
†Sirli, *s. m.* espèce d'alouette du cap de Bonne-Espérance.
Siroc, *s. m.* vent sud-est. * *ou* Siroco. B.
Sirop, *s. m.* *Syrupus.* liqueur épaisse et sucrée.
†Siroper, *v. a.* mêler de sirop. C.
Siroter, *v. n.* (*popul.*) boire à petits coups et long-temps. * *et v. a.* AL.
†Sirsacas, *s. m.* étoffe de coton des Indes.
Sirtes, *s. m. pl.* *Sirtes.* sables mouvans. v. Syrtes. R.
Sirupeux. se, *adj.* (matière) tenace, t. de médecine. R. V. * de la nature du sirop. B.
Sirvante, *s. f.* poësie gauloise, italienne. * Sirvente. A.
Sis. e, *adj.* *Situs.* t. de pratique, situé.
Sison, *s. m.* plante. * Berle aromatique. B.
Sister, *v. a.* té. e, *p.* assigner en justice. G.
†Sistile, *s. m.* t. d'architecture.
Sistre *ou* Cistre, *s. m.* *Sistrum.* instrument des Anciens. R. G. C.
†Sitarcie, *s. f.* t. d'antiq. havresac de voyageur.
Site, *s. m.* t. de peinture, situation. * partie de paysage. B.
†Sitelle, Sittelle, *s. m.* *Sitta.* Torchepot, oiseau.
Sithnides, *s. f. pl.* nymphes. V.
†Sitiologie, *s. f.* traité des alimens.
†Sitophilace, *s. m.* inspecteur de l'approvisionnement de blé à Athènes.
Si tôt que, *conj.* dès que. * Si-tôt-que. R. G. C.

Situation, *s. f.* *Situs.* assiette; position, posture; état; disposition.
Situer, *v. a.* *Ponere.* -tué. e, *p.* placer, poser.
†Situle, *s. m.* serpent du 3e. genre.
†Sivadière, *s. f.* mesure de grains en Provence.
Six, *adj.* 2 *g.* *Sex.* deux fois trois. *s. m.* le chiffre 6. * le sixième jour. AL.
†Six-doigts, *s. m.* filet de l'espèce des folles.
Sixain, *s. m.* stance de six vers; six jeux de cartes. * paquet de six milliers d'épingles. AL.
Sixième, *adj.* 2 *g. s.* *Sextus.* nombre ordinal; sixième partie; écolier de sixième. *s. f.* sixième classe; t. de jeu. * Sixiême. R.
Sixièmement, *adv.* *Sextò.* en sixième lieu; pour la sixième fois. * Sixiémement. R. G.
Sixte, *s. f.* t. de musique, intervalle de six sons de la gamme.
†Sizain, *s. m.* monnoie d'argent en France. (*vieux*). chardonneret qui a six plumes à tache blanche à la queue.
†Sizerain, *s. m.* oiseau, petite linotte des vignes, probablement le cabaret.
Slabre, *s. f.* t. de mar. R. * bateau bermudien. B. bateau pour la pêche du hareng. RR.
Slée, *s. f.* t. de marine. R.
Sloop *ou* Sloupe, *s. m.* chaloupe, navire au-dessous de 20 canons. A.
†Smalt, *s. m.* verre provenant du cobalt avec le sable et le sel alcali.
Smaragdin, *adj.* qui est de couleur verte ou d'émeraude. G. C.
†Smaragdite, *s. f.* prime d'émeraude.
Smaragdoprase, *s. f.* émeraude d'un assez beau vert.
Smectite, *s. f.* *Smectis*, terre à dégraisser; concrétion argileuse formée dans la glaise; pierre savonneuse. Soletard *ou* Smectin, *s. m.* G. C.
Smilax, *s. m.* plante sudorifique.
Smille, *s. f.* marteau pour piquer le grès. G. C. V.
Smiller, *v. a.* lé. e, *p.* piquer avec la smille. G. C. V.
†Smirringue, *s. f.* espèce de poule d'eau de Pologne.
†Smogleur, *s. m.* espèce de petit navire anglois.
Sobre, *adj.* 2 *g.* *Temperans.* qui a de la sobriété; retenu; modéré; discret.
Sobrement, *adv.* *Temperanter.* avec sobriété.
Sobresse, *s. f.* sobriété. RABELAIS.
Sobriété, *s. f.* *Temperantia.* tempérance dans le boire et le manger. * modération, retenue, discrétion. G. C.
Sobriquet, *s. m.* *Cognomen.* surnom, épithète burlesque.
Soc, *s. m.* *Vomer.* fer de charrue.
Soccolant, *s. m.* religieux de Saint-François. R.
Sociabilité, *s. f.* (*nouveau*) qualité de l'homme sociable. G. C. V. AL.
Sociable, *adj.* 2 *g.* *Sociabilis.* de bonne société, fait pour vivre en société; qui l'aime.
Sociablement, *adv.* d'une manière sociable. V.
Social. e, *adj.* (système) qui concerne la société.
Socier, *v. a.* (*vieux*) joindre, faire alliance. V.
Société, *s. f.* *Societas.* union des hommes; compagnie; personnes avec qui l'on vit; association.
Socinianisme, *s. m.* secte des Sociniens. * *ou* Socinisme. V.
Socinien, *s. m.* partisan de Socin. G. C.
Socle, *s. m.* *Basis.* t. d'archit. base.
†Socletière, *s. f.* filet de fil fin pour les sardines.
†Socolette, *s. f.* fille du conservatoire de musique à Rome.
†Socquage, *s. m.* durée de la formation du sel.
Socque, *s. m.* *Soccus.* chaussure basse de bois.
†Socquement, *s. m.* action de retirer les poêles des fourneaux, t. de salines.
†Socqueur, *s. m.* ouvrier des salines.
Socratique, *adj.* 2 *g.* de Socrate. V.

Socratiser, *v. n.* raisonner sagement. C.
Soda, *s. f.* mal de gorge, R. céphalalgie. B.
Sodaliste, *s. m. Sodalis*, compagnon d'une même confrérie. RR.
Sodomie, *s. f.* péché contre nature.
Sodomite, *s. m. Sodomita*. coupable de sodomie.
Sœur, *s. f. Soror*. née d'un même père ou d'une même mère; nom de religieuse.
Sœur-écoute, *s. f.* religieuse qui assiste aux conversations. * femme qui espionne. B.
Sœurette, *s. f. diminutif de* sœur. V.
Soevement, *adv. (vieux)* doucement, agréablement. V. * t. d'arts. B.
Sofa, *s. m.* lit de repos; espèce d'estrade. * *ou* Sopha. A.
Soffite, *s. f.* plafond, lambris de menuiserie. * *et* Sofite. B.
Sofi, *s. m.* roi de Perse. * *ou* Sophi. A. R. V.
Sogredame, *s. f.* belle-mère. V.
Soi, *pron. poss. pers. et récipr.* * de soi, *adv.* de sa nature. en soi, *adv.* en sa nature. B.
Soi-disant, t. de prat. prétendant, se disant.
Soie, *s. f. Bombyx*. fil de ver ou de chenille; poil de porc, de chien, etc. * péduncule des mousses; t. de fourbisseur, queue d'une lame. — minérale, amiante. — végétale, apocin, ouate. B.
Soie d'orient, *s. f.* plante. R. G. * Soie-d'orient. C.
Soierie, *s. f.* marchandise, commerce, fabrique de soie. * Soirie. R.
Soif, *s. f. Sitis*. envie de boire; désir immodéré.
Soignantage, *s. m. (vieux)* concubinage. V.
Soigner, *v. a. n. Curare*. gné. e, *p.* avoir soin; traiter avec beaucoup de soin; veiller à.
Soigneusement, *adv. Accuratè*. avec soin.
Soigneux. se, *adj. Attentus*. qui agit, travaille avec soin; qui veille attentivement.
Soin, *s. m. Cura*. attention, application; exactitude; inquiétude, peine d'esprit. *pl.* démarches.
Soir, *s. m. Vesper*. dernière partie du jour.
Soirée, *s. f.* depuis le déclin du jour jusqu'à ce qu'on se couche.
Soissonois. se, *adj. s.* de Soissons. R.
Soit, *adv. Sit ita*. je le veux bien. *conj. ex.* soit l'un, soit l'autre.
Soixantaine, *s. f. Sexaginta*. soixante ou environ. * soixante ans. B.
Soixante, *adj. 2 g. Sexaginta*. six dixaines.
Soixanter, *v. n.* t. de jeu de piquet, faire un soixante. G. C. V. RR.
Soixantième, *adj. 2 g. s. m. Sexagesimus*. nombre ordinal; soixantième partie. * Soixantieme. R.
Sol, *s. m. Area*. terrain considéré quant à la qualité; aire, superficie; note de musique; monnoie. voyez Sou.
†Sol-morlas, *s. m.* monnoie d'argent. — parisis, vingtième de la livre. — tournois, monnoie d'argent. (*vieux*).
Solacier, *v. a. (vieux)* consoler, soulager. A. V.
Solaire, *adj. 2 g. Solaris*. qui appartient au soleil. * t. de botanique, dont la fleur reste épanouie pendant la présence du soleil. B.
†Solamire, *s. f.* toile de crin d'un tamis.
Solandres, *s. f. pl.* t. de vétér. malandres, ulcères au pli du jarret.
†Solanées, *s. f. pl.* famille des solanums.
†Solanoïde, *s. f. Solanoïdes*. douce amère bâtarde.
Solanum, *s. m.* Dulcamara, *s. f.* Douce amère, plante de 34 espèces, comprend la morelle, la pomme de terre, etc.
Solaux, *s. m. (vieux)* soleil. V.
Solbatu *et* Solle-battu. e, *adj.* t. de vétér. dont la sole est foulée. * Sol-batu. R. Solbattu. G.
Solbature, *s. f.* maladie d'un cheval solbatu. * Sol-bature. R.
Soldan, *s. m.* voy. Soudan. R.
Soldanelle, *s. f. Soldanella*. Chou de mer, Liseron maritime, plante médicinale, purgative, hydragogue, pour l'hydropisie, la paralysie, le rhumatisme.
Soldat, *adj. s. Miles*. homme de guerre soldé. * insecte orthoptère de l'espèce des mantes. B.
Soldatesque, *s. f.* les simples soldats. *adj. 2 g.* qui sent le soldat.
Solde, *s. f. Stipendium*. paye donnée aux gens de guerre; complément d'un paiement.
Solder, *v. a.* dé. e, *p.* payer un reliquat de compte.
†Soldurier *ou* Soudoyer, *s. m.* espèce de client, t. d'antiquité.
Sole, *s. f.* division de terre en trois parts pour les semences et les jachères; dessous du pied d'un cheval, d'un cerf, etc. *Solea*. poisson du genre du pleuronecte. * *ou* Éventail, coquillage du genre des peignes; poutres du béfroi; pièce de bois posée de plat; fond de bâtiment sans quille. B.
Solécisme, *s. m. Solœcismus*. faute contre la syntaxe.
Soleil, *s. m. Sol*. astre du jour; l'or; ostensoir; t. d'artificier. * — marin, poisson qui a un soleil brillant sur le dos. — sorte de papier. B.
Solement, *s. m.* voyez Solin.
Solen, *s. m.* coquillage bivalve en étui; boîte pour maintenir un membre remis, t. de chirurgie. A. * *ou* Manche de couteau, 21ᵉ. genre des acéphales; tuyau. B.
†Solène, *s. f.* petit animal à coquille, d'un goût exquis, qu'on trouve vivant dans le cœur de pierres très-dures, sur les côtes de l'Adriatique.
†Solenites, *s. f. pl.* couteliers fossiles.
Solennel. le, *adj. Solemnis*. célèbre; pompeux; authentique; accompagné de cérémonies. * Solemnel. nele. R. *pron.* solanel.
Solennellement, *adv. Solemniter*. d'une manière solennelle. * Solemnélement. R. *prononcez* solanelement.
Solennisation, *s. f.* action de solenniser. * Solemnisation. R. V. *pron.* solanization.
Solenniser, *v. a. Celebrare*. sé. e, *p.* célébrer avec solennité. * Solemniser. R. *prononcez* solanizer.
Solennité, *s. f. Solemnia*. célébrité; cérémonie publique. *pl.* formalités d'un acte. * Solemnité. R. *prononcez* solanité.
†Solénostome, *s. m. Paradoxa Fistularia*. poisson du genre de la trompette.
Soletard, *s. m.* voyez Smectite.
Solfége, *s. m.* assemblage de notes de musique. A. * Solfege. RR. Solfége. V.
Solfier, *v. a.* fié. e, *p.* chanter en nommant les notes.
Solidaire, *adj. 2 g.* qui rend plusieurs coobligés cautions les uns des autres.
Solidairement, *adv. In solidum*. d'une manière solidaire.
Solidarité, *s. f.* qualité de solidaire. A.
Solide, *adj. 2 g. Solidus*. qui n'est pas fluide; qui a de la consistance; qui n'est pas fragile, vain, chimérique ou frivole; vrai, réel, effectif; constant. *s. m.* corps ferme, dur; t. de mathématique.
Solidement, *adv. Solidè*. avec solidité.
Solidifier, *v. a.* rendre solide. (se), *v. pers.* devenir solide. BUFFON.
Solidité, *s. f. Soliditas*. qualité de ce qui est solide. * Solidarité. CO.
Solier, *s. m. (vieux)* galerie ou maison à deux étages. V.
†Solière, *s. f.* fer ou verges carrées, plates.
Soliloque, *s. m. Soliloquium*. monologue, discours de celui qui parle seul.
Solins, *s. m. pl.* espace entre les solives; enduit. * *ou* Solement, ravalement pour soutenir l'égout d'un toit; bout des entrevous. B.
Solipède, *adj. 2 g.* qui n'a qu'une corne au pied. * *s. m.* genre de quadrupèdes. B. Solipede. R.
†Solipse, *s. m.* qui ne pense qu'à lui-même, comme le sourd et muet.
Solitaire, *adj. 2 g. Solitarius*. qui est seul, aime à être seul; retiré, désert. *s. m.* anachorète, qui vit seul; sorte de jeu; diamant isolé. * *Tœnia*. dinde sauvage de Madagascar; espèce de dronte; espèce de merle; ver; mouche. B.
Solitairement, *adv.* d'une maniere solitaire.
Solitude, *s. f. Solitudo*. état d'un homme seul; lieu désert.
†Solivage, *s. m.* supputation du nombre de solives que contient une pièce de bois.
Solive, *s. f. Tignum*. pièce de charpente qui porte le plancher, etc.
Soliveau, *s. m. Tigillum*. petite solive.
†Solles, *s. f. pl.* pièces de bois sur lesquelles sont établies les piles du moulin à papier.
Sollicitation, *s. f. Instigatio*. instigation, instance; soin; diligence; recommandation.
Solliciter, *v. a. Sollicitare*. té. e, *p.* inciter, exciter à; poursuivre; recommander; postuler; demander avec instance.
Solliciteur. se, *s. Sollicitator*. employé à solliciter.
Sollicitude, *s. f. Sollicitudo*. souci; soin inquiet ou affectueux.
Solo, *s. m.* t. de musique, morceau joué par un seul. * *ou* Désobligeante, voiture à une seule place. B.
Solstice, *s. m. Solstitium*. le plus grand éloignement du soleil stationnaire de l'équateur.
Solsticial. e, *adj.* qui regarde le solstice. * Solstitial. e. R. V.
Soluble, *adj. 2 g.* qui peut être résolu; qui peut se résoudre, se fondre. * composé de pièces faciles à séparer, t. de botanique. B.
Solutif. ve, *adj.* qui dégage. V.
Solution, *s. f. Enodatio*. dénouement d'une difficulté; t. de chir. séparation des parties; t. de prat. paiement; t. de chimie, union à un liquide en fondant.
Solvabilité, *s. f.* moyens, pouvoir de payer.
Solvable, *adj. 2 g.* qui a de quoi payer.
Somache, *adj. f.* (eau) salée, t. de mar. G. C. * Saumache. V. Saumâtre. R.
†Somasques, *s. m. pl.* clercs réguliers de Saint-Maïeul.
Somatologie, *s. f.* t. de méd. traité des parties solides.
Sombre, *adj. 2 g. Obscurus*. peu éclairé; obscur, ténébreux; mélancolique, taciturne. * *s. m.* serpent du 3ᵉ. genre. B.
Sombrer, *v. n.* t. de mar. couler bas. * être renversé par le vent; t. d'agriculture. B.
Sommage, *s. m.* droit seigneurial, R. sur les bêtes de somme. RR. * t. de mét. calcul, appréciation, supputation. B.
†Sommager, *v. a.* gé. e, *p.* placer les cercles sur une futaille.
Sommail, *s. m.* t. de marine. R.
Sommaire, *s. m. Summarium*. extrait, précis, abrégé. *adj. 2 g. Brevis*. bref, succinct; t. de pratique.
Sommairement, *adv. Summatim*. succinctement, en abrégé.
†Sommasque, *s. m.* clerc régulier en Italie. * Somasque. RR.
Sommation, *s. f. Interpellatio*. action de sommer, acte qui la constate; t. de mathém. action de

trouver la somme de plusieurs quantités.
Somme, *s. f. Onus.* charge, fardeau. *Summa.* quantité d'argent, etc.; résultat de sommes ajoutées; t. de théol. abrégé. *s. m. Somnus.* (*familier*) sommeil. * t. de commerce, 12 milliers de clous. B.
Sommé, e, *adj.* t. de blas. qui est surmonté par un autre. * t. de fauc. (plume) qui a pris son accroissement. B.
Sommeil, *s. m. Somnus.* entier assoupissement des sens; envie de dormir. * Someil. R.
Sommeiller, *v. n. Dormitare.* dormir d'un sommeil léger, imparfait; travailler avec négligence et nonchalance. * Someiller. R.
Sommelier. ère, *s.* qui a soin du linge, des vivres. * Sommélier. ere. R.
Sommellerie, *s. f.* fonction de sommelier; lieu où il sert le linge, etc. * Sommélerie. R.
Sommer, *v. a.* mé. e, *p.* enjoindre par acte judiciaire, authentique; t. de mathém. trouver la somme de plusieurs quantités.
Sommet, *s. m. Vertex.* le haut d'une montagne, d'une colline, de la tête.
Sommeton, *s. m.* (*vieux*) sommet. V.
Sommier, *s. m.* cheval de somme; matelas de crin; coffre, boîte; t. d'impr. pièce de bois; officier. * massif de maçonnerie; cerceau double; terme très-usité dans les arts et métiers pour désigner une base. B.
Sommiste, *s. m.* t. de chancellerie romaine. R. celui qui expédie les bulles. T.
Sommité, *s. f. Summitas.* pointe, extrémité des branches, des plantes; la partie la plus élevée.
Somnambule, *s. 2 g. Noctambulus.* qui agit et parle en dormant.
Somnambulisme, *s. m.* incommodité du somnambule. AL.
Somnifère, *adj. 2 g. s. m. Somnificus.* qui provoque, cause le sommeil. * Somnifere. R.
Somnolence, *s. f.* maladie soporeuse. V.
Somptuaire, *adj. Sumptuaria.* (loi) qui réforme le luxe.
Somptueusement, *adv. Sumptuosè.* d'une manière somptueuse.
Somptueux, se, *adj. Sumptuosus.* magnifique, splendide.
Somptuosité, *s. f. Luxus.* grande et magnifique dépense.
Son, Sa, Ses, *pronom possessif de la troisième personne. Suus, Sua, Suum.*
Son, *s. m. Sonus.* ce qui frappe l'ouïe. *Furfur.* peau, partie grossière du blé, etc.
Sonat, *s. m.* peau de mouton passée en mégie. G. C.
Sonate, *s. f.* pièce de musique composée de quatre morceaux alternativement lents et vifs.
Sonde, *s. f. Catheter.* instrument pour sonder les plaies, déboucher les canaux, connoître la profondeur de l'eau, etc.; tarière; t. d'arts et métiers.
Sonder, *v. a. Explorare.* dé. e, *p.* chercher à connoître la profondeur par le moyen de la sonde; mettre la sonde; tâcher de connoître l'inclination, l'intention, etc.
Sondeur, *s. m.* qui sonde. G. C. V. RR.
Songe, *s. m. Somnium.* rêve, imagination de celui qui dort; vaine imagination, vain espoir.
Songe-creux, *s. m.* (*familier*) qui rêve à des chimères, des malices. * rêveur, pensif, mélancolique; qui roule toujours quelque chose dans son esprit. G.
Songe-malice, *s. 2 g.* (*familier*) qui s'applique à faire des niches, de mauvais tours.
Songeart, *s. m.* pensif, rêveur. V.
Songer, *v. n.* gé. e, *p.* faire un songe; penser; considérer; avoir quelque dessein. * Rêver. B.
Songeur. se, *s.* qui a raconté ses songes. *Somniosus.* rêveur profond.
Sonica, t. de jeu. *adv.* précisément; justement; à point nommé. * strictement. B.
Sonna, *s. m.* livre mahométan. A.
Sonnaille, *s. f. Tintinnabulum.* clochette attachée au cou des bêtes. * Sonaille. R. Sonnaïlle. V.
Sonnailler, *s. m.* l'animal qui porte la sonnette. A.
Sonnailler, *v. a. n.* (*famil.*) sonner souvent et sans besoin. * Sonailler. R.
Sonnant. e, *adj.* qui rend un son clair. * Sonant. R.
Sonner, *v. a. Sonare.* -né. e, *p.* faire rendre un son; avertir en sonnant. *v. n.* rendre un son; être annoncé, marqué par un son. * Soner. R.
Sonnerie, *s. f.* t. d'horl. timbre, marteau, etc.; son de plusieurs cloches. * les cloches d'une église. AL. Sonerie. R.
Sonnet, *s. m.* ouvrage de poësie de quatorze vers. * Sonet. R.
Sonnette, *s. f. Cymbalum.* petite cloche; grelot; machine pour enfoncer les pilotis. * lettre qui remue dans une planche, t. d'impr. marteau de graveur. B. Sonete. R.
Sonnettier, *s. m.* faiseur, marchand de sonnettes. C. * Sonetier. R.
Sonneur, *s. m.* qui sonne les cloches. * serpent; coracias huppé, vert, dont le cri imite les sonnettes du bétail. B. Soneur. R.
Sonnez, *s. m.* t. de jeu de trictrac, deux six. * Sonez. R.
†Sonomètre, *s. m.* instrument pour mesurer et comparer les sons.
Sonore, *adj. 2 g. Sonorus.* qui a un son agréable, éclatant; favorable à la voix, au son.
Sonorement, *adv.* d'une manière sonore. R. V.
Sonto, *s. m.* excellent thé de la Chine. T.
Sope, *s. m.* poisson.
Sopeur, *s. f. Sopor.* engourdissement voisin du sommeil, A. qui le précède. B.
Sophisme, *s. m. Sophisma.* argument captieux, ennuyeux. * voyez Paralogisme. G.
Sophiste, *s. m. Sophistes.* philosophe ancien; rhéteur; qui fait des sophismes.
Sophistication, *s. f.* action de sophistiquer. V.
Sophistique, *adj. 2 g. Captiosus.* trompeur, captieux.
Sophistiquer, *v. a.* qué e, *p.* altérer des drogues; subtiliser avec excès.
Sophistiquerie, *s. f.* fausse subtilité; frelaterie.
Sophistiqueur, *s. m.* qui vend des drogues altérées. * qui subtilise à l'excès. AL. V. RR. CO.
Sophonistes, *s. m. pl.* censeurs athéniens.
Soporatif. ve, *adj. s. m. Soporifer.* qui a la vertu d'endormir.
Soporeux. se, *adj.* qui cause un assoupissement, un sommeil dangereux.
Soporifère *ou* Soporifique, *adj. 2 g.* qui fait dormir. * Soporifere. R. *et substantif.* AL.
Sor, *adj. m.* (faucon) qui n'a qu'un an. voyez Saur. A. R.
†Sora, *s. m.* voyez Essère.
Sorbe, *s. f.* fruit du sorbier.
Sorbet, *s. m.* breuvage, composition de citron, de sucre, d'ambre, etc.
†Sorbetière, *s. f.* vase pour geler les sorbets, etc.
Sorbier, *s. m.* Cormier, arbre qui donne la sorbe.
Sorbir, *v. a.* avaler. V.
Sorbonique, *s. f.* acte de théologie.
Sorboniqueur, *s. m.* docteur, théologien. VOLT.
Sorboniste, *s. m.* docteur, bachelier en Sorbonne. G. C. V. RR.
Sorbonne, *s. f.* maison de la faculté de Sorbonne, ou de théologie * lieu où l'on fait chauffer le bois, la colle, t. de métiers. B. Sorbone. R.
Sorcellerie, *s. f. Magice.* opération de sorcier, ce qui paroît surnaturel. * Sorcélerie. R.
Sorcerie, *s. f.* (*vieux*) magie. V.
Sorcier. ère, *s. Magus.* qui a un pacte avec le diable pour faire des maléfices. * Sorcier. ere. R.
Sorcuidance, *s. f.* (*vieux*) arrogance. V.
Sordide, *adj. 2 g. Sordidus.* (*parlant des avares*) sale, vilain.
Sordidement, *adv. Sordidè.* d'une manière sordide.
Sordidité, *s. f.* (*inusité*) mesquinerie, avarice.
Sourdois, *adj.* (*vieux*) sourd. V.
Sorer, *v. a.* faire sécher à la fumée. voy. Saurer.
†Soret, *s. m.* filet à maille très-étroite, brégin. voyez Sauret.
Sori, *s. m.* minéral grossier. C. * *ou* Sory. G. AL.
†Soria, *s. f.* espèce de laine d'Espagne. Sorie.
Sorie, *s. f.* laine d'Espagne. G. C. * Soria. B.
Sorissage *ou* Saurissage, *s. m.* action de préparer les harengs saurs. V.
Sorisseur, *s. m.* qui fait sorer. V.
†Sormet, *s. m.* espèce de gondole; coquille univalve.
Sorne, *s. f.* scorie du fer. G. C.
Sorner, *v. a.* (*vieux*) se moquer. V.
Sornette, *s. f. Nugæ.* discours frivole. * -nete. R.
Sororal. e, *adj.* qui concerne la sœur, t. de prat. G. C. * Sororial. e. A.
Sororiant. e, *adj.* qui s'enfle, parlant du sein des filles. T. V.
†Sors, *s. m.* jeune oiseau de proie qui n'a pas mué.
Sort, *s. m. Fatum.* destin, son influence, ses décisions; maléfices, paroles, etc. qui font ces maléfices. (— principal) capital d'une rente.
Sortable, *adj. 2 g. Conveniens.* convenable.
Sorte, *s. f. Genus.* espèce, genre; manière, état, condition. *pl.* t. de librairie, livre dont on a le privilège, que l'on vend seul. * choses en détail. B. t. de commerce.
Sorte que (de), *adv.* tellement, si bien que.
Sortie, *s. f. Egressus.* action de sortir; issue; ouverture; fin d'une assemblée; attaque faite par les assiégés; dure réprimande; brusquerie; réfutation vigoureuse; critique.
Sortilège, *s. m. Veneficium.* maléfice; charme, enchantement.
Sortir, *v. a.* ti. e, *p.* obtenir; avoir; passer du dedans au dehors. *Egredi. v. n.* être issu; tirer; pousser; exhaler.
Sortir, *s. m.* moment de la sortie.
†Sory, *s. f.* pierre ou terre vitriolique, grise, dessiccative, astringente.
†Sosové, *s. m.* espèce de perriche à queue courte, d'un vert brillant.
Sot. te, *adj. Ineptus.* sans esprit, sans jugement; stupide; grossier; fat. * *s. m.* raie au long bec. B. Sot. sote. R.
Sot-l'y-laisse, *s. m.* morceau délicat au-dessus du croupion d'une volaille, etc. A.
†Sotadique, *adj. m.* (vers) iambique, irrégulier.
Sotard, *s. m.* (*vieux*) sot. V.
†Sothiaque, *adj. f.* (periode) caniculaire de 1460 ans.
Sotie, Sotise, *s. f.* ancienne farce du théâtre françois.
Sotoforin, *s. m.* t. de mar. R. pièce de bois d'une galère. RR.
Sottement, *adv. Insulsè.* d'une manière sotte. * Sotement. R.
Sottise, *s. f. Stupiditas.* qualité, conduite du sot; injures; obscénités; impertinences. * Sotise. R.
Sottisier, *s. m.* recueil de sottises, de vers libres; qui débite des sottises. (*famil.*) * Sotisier. R.
Sou, *s. m. As.* douze deniers, 20e. partie de la livre. * *et* Sol. B.
†Soubab, *s. m.* prince indien.
†Soubabie, *s. f.* dignité, territoire du soubab.

†Soubarbade, *s. f.* coup de poing sous le menton par mépris.

Soubarbe, *s. f.* voyez Sous-barbe. G. * partie de la bride; traverses d'une écluse; t. de salines. B.

†Soubardiers, *s. m. pl.* principaux étais de la machine à tirer les pierres.

Soubassement, *s. m. Stylobata.* t. d'architecture, piédestal continu; t. de menuisier, pente au bas du lit. * Sous-bassement. T.

†Souberme, *s. f.* torrent d'eau de pluie et de neige.

Soubresaut, *s. m. Subsultus.* saut subit, inopiné, à contre-temps; contre-temps, traverse.

Soubrette, *s. f. Ancilla.* suivante; femme de chambre intrigante, t. de théâtre. * Soubrete. R.

Soubreveste, *s. f.* vêtement sans manches.

†Soubsanage, *s. m.* portion des puînés et des filles.

Soubuse, *s. m.* oiseau brun qui vit d'oiseaux.

Souche, *s. f. Truncus.* le bas du tronc et les racines; grosse bûche; premier aïeul connu; sot, stupide. * tuyau au milieu d'un bassin; cierge postiche. B.

Souchere, *adj. f.* t. de jurisprud. R. (coutume) des aïeux. RR.

Souchet, *s. m.* sorte de mauvaise pierre. *Cyperum.* plante aquatique, médicinale; oiseau, * *ou* le Rouge, canard d'Amérique à grand bec. B. *ou* Souchef, pierre. A.

Souchetage, *s. m.* compte et visite du bois à couper. G. C. V. RR.

Soucheteur, *s. m.* expert pour le souchetage. G. C. * *ou* Soucheveur. A. RR.

Souchever, *v. a.* vé. e, *p.* t. de maçon, ôter le souchet. R. G. C.

Soucheveur, *s. m.* qui ôte le souchet. R. G. C.

†Souchon, *s. m.* barre de fer grosse et courte.

Souci, *s. m. Caltha.* plante. *Sollicitudo.* soin avec inquiétude. * — *ou* Poul, roitelet huppé. voyez Soucie. — papillon de jour. B.

Souci (sans), *s. m.* homme que rien n'inquiète.

Soucie, *s. f.* oiseau, espèce de moineau. G. C. * Poul, roitelet huppé. voyez Souci. B.

Soucier (se), *v. r. Curare.* s'inquiéter, se mettre en peine.

Soucieux. se, *adj. Anxius.* inquiet, pensif; morne, triste, mélancolique, chagrin; qui a du souci.

†Soucis *ou* Soutis, *s. m.* mousseline rayée de soie des Indes.

†Souclavier. ère, *adj. Subclavius.* (muscle) sous la clavicule.

Soucoupe, *s. f.* espèce d'assiette.

†Soucrillon, *s. m.* espèce d'orge d'hiver.

†Soucrourette, *s. f.* ou Soucrourou, *s. m.* sarcelle d'Amérique.

Soudain, *adv.* dans le même instant.

Soudain. e, *adj. Subitus.* subit, qui vient tout à coup.

Soudainement, *adv. Subitò.* subitement.

Soudaineté, *s. f.* qualité de ce qui est soudain. R. V.

Soudan, *s. m.* prince, général mahométan.

Soudard, *s. m.* vieux soldat. * *ou* Soudart. A.

Soude, Soute, *s. f. Soda.* Salicor, Kali, plante, sel que l'on en tire et qui sert à blanchir, à faire le verre.

Soudée, *s. f.* (*vieux*) paiement. V.

Souder, *v. a. Ferruminare.* dé. e, *p.* joindre par le moyen de la soudure.

Soudivent, *s. m.* (*vieux*) séducteur. V.

Soudiviser *ou* Sous-diviser, *v. a.* voyez Subdiviser. A.

Soudoir, *s. m.* instrument de cirier pour souder. G.

Soudoyer, *v. a. Alere.* yé. e, *p.* payer la solde; s'assurer à prix d'argent.

Soudre, *v. a. Enodare.* (*vieux*) résoudre.

Soudrille, *s. m.* (*famil.*) soldat libertin, fripon. * *s. f.* servante. V. Soudrille. V.

Soudure, *s. f. Ferrumen.* composition qui sert à souder; endroit soudé; travail de celui qui soude.

†Soufferte *ou* Sufferte, *s. f.* indemnité due aux seigneurs.

Soufflage, *s. m.* art, action de souffler le verre. G. C. V. * t. de mar. bois en dehors du navire pour faciliter la voilure. B. Souflage. R.

Souffle, *s. m. Flatus.* haleine; respiration; médiocre agitation de l'air. * Soufle. R.

Soufflement, *s. m.* action de souffler. V.

Souffler, *v. a.* flé. e, *p.* faire du vent sur; escamoter. *v. n. Flare.* faire du vent avec la bouche; pousser l'air; respirer: chercher la pierre philosophale; inspirer; supprimer; dire, répéter tout bas; chasser l'air sur. * Soufler. R.

Soufflerie, *s. f.* place, ensemble des soufflets de l'orgue. G. C. * Souflerie. R.

Soufflet, *s. m. Follis.* instrument pour souffler; espèce de calèche; coup du plat de la main; échec, revers; dommage. * *ou* Bécasse, poisson du genre du chétodon. B. Souflet. R.

Souffletade, *s. f.* soufflets déchargés coup sur coup. G. C. V. * Souffletade. R.

Souffleter, *v. a. Depalmare.* té. e, *p.* donner des soufflets. * Soufleter. R.

Souffleteur, *s. m.* qui soufflette. * Soufleteur. R.

Souffleur. se, *s. Monitor.* qui souffle; alchimiste; poisson cétacé. *adj.* (cheval) qui souffle. * Soufleur. R.

Soufflure, *s. f.* cavité dans la fonte, etc. * Souflure. R.

Souffrance, *s. f. Dolor.* état de celui qui souffre; peine, douleur; t. de prat. tolérance; suspension; délai. * Soufrance. R.

Souffrant. e, *adj.* qui souffre; endurant, patient. * Soufrant. R.

Souffre-douleur, *s. m.* (*famil.*) personne qu'on excède de fatigue ou de plaisanteries. * Soufre-douleur. R.

Souffreté, *s. f.* pénurie. V.

Souffreteux. se, *adj.* (*vieux*) qui souffre de la misère, de la pauvreté. * Soufreteux. R.

Souffrir, *v. a. n. Pati.* -fert. e, *p.* endurer, supporter, tolérer; permettre; admettre. *v. n.* pâtir, sentir de la douleur. * Soufrir. R.

Soufrable, *adj. 2 g.* supportable. R.

†Soufrage, *s. m.* exposition des soies à la vapeur du soufre.

Soufre, *s. m. Sulphur.* sorte de minéral inflammable, * jaune, électrique, produit par la nature, ou tiré des pyrites sulfureuses, terme de chimie. — végétal, poussière du lycopode. B.

Soufrer, *v. a.* fré. e, *p.* enduire, frotter de soufre. * faire le soufrage. B.

†Soufrière, *s. f.* minière ou lieu d'où on tire le soufre.

Soufroir, *s. m.* petite étuve pour y blanchir la laine par la vapeur du soufre. G. C. RR.

Sougarde, *s. f.* t. d'arquebusier, demi-cercle qui couvre la détente. * Sous-garde. T.

Sougorge, *s. f.* partie des harnois d'un cheval, etc. * Sous-gorge. T.

Souhait, *s. m. Votum.* vœu, désir. (à), *adv.*

Souhaitable, *adj. 2 g. Optandus.* désirable.

Souhaiter, *v. a. Optare.* té. e, *p.* désirer.

Souhaiteur, *s. m.* qui souhaite. T.

Souhaitier, *s. m.* (*vieux*) souhait.

†Soui *ou* Soi, *s. m.* extrait de toutes sortes de viandes. Soui, espèce de tétras de la Guiane.

†Soui-manga, *s. m.* espèce de grimpereau de Madagascar.

Souillard, *s. m.* t. de charpentier, pièce qui unit les pieux des ponts, etc. G. C. * châssis scellé pour contenir des piliers. B.

†Souillardure, Souillardière, *s. f.* rouleau de vieux filets servant de lest.

Souille, *s. f.* lieu bourbeux où se vautre le sanglier. * Souil, *s. m.* R. G. Souille, *s. f.* t. de marine, lieu où le vaisseau a touché. G. C. Souille. V.

Souiller, *v. a. Inquinare.* lé. e, *p.* gâter, salir, remplir d'ordures. (se), *v. r.* se salir; commettre un crime.

Souillon, *s. 2 g. Sordidulus.* (*familier*) qui se salit; enfant mal-propre; servante employée à de bas offices.

Souillure, *s. f. Sordes.* tache, impureté.

Soûl. e, *adj. s. m. Saturus.* pleinement repu; rassassié, ivre.

Soul, *s. m.* rassasiment. *adj. m.* ivre. R.

Soulacier (se), *v. r.* se réjouir. R.

Soulagement, *s. m. Levatio.* diminution de mal, de peine.

Soulager, *v. a. Allevare.* gé. e, *p.* alléger le fardeau; adoucir, diminuer la peine, le travail.

Soûlant. e, *adj.* qui soûle, rassasie.

Soûlard. e, *adj. s.* gourmand. R.

Soulas, *s. m.* (*vieux*) soulagement, consolation. A. V.

Soulasset, *v. n.* se réjouir. *v. p.* se divertir. ROMAN DE LA ROSE.

Soûlaud. e, *adj. s.* goinfre, soûl et malpropre. R.

†Soulcée, *s. m.* Soucie *ou* Poul, roitelet huppé, à collier jaune; moineau des bois.

Soulcie, *s. f. Sulcitillus.* petit oiseau des bois. T. * voyez Soucie. B.

†Soulciet, *s. m.* moineau du Canada.

Soûler, *v. a. Saturare.* lé. e, *p.* rassasier à l'excès; gorger; enivrer. (se), *v. r.* s'enivrer. * Saouler. T.

†Soulère, *s. m.* oiseau.

Souleur, *s. f.* (*familier*) frayeur subite, saisissement.

Soulèvement, *s. m.* émotion; révolte; mouvement d'indignation. *Nausea.* (de cœur), mal d'estomac. * Soulévement. R. G.

†Souleret, *s. m.* pièce de l'armure ancienne.

Soulever, *v. a. n. Sublevare.* vé. e, *p.* élever quelque chose de lourd; exciter à la révolte; exciter l'indignation. (se), *v. r.* se révolter.

†Soulic *ou* Zizel, *s. m. Soulimus.* joli petit animal de Sibérie.

Soulier, *s. m. Calceus.* chaussure.

Souligner, *v. a.* gné. e, *p.* tirer une ligne sous un mot. * Sous-ligner. T.

†Souligneux. se, *adj.* (plante, rameau) moins dur que le bois.

Souloir, *v. n.* avoir coutume (*vieux*).

Soumettre, *v. a. Subjicere.* -mis. e, *p.* réduire sous la puissance, la dépendance, l'opinion. (se), *v. r.* se ranger sous l'autorité; s'en rapporter à.

Soumission, *s. f. Obsequium.* déférence; disposition à obéir; engagement. *pl.* respects, excuses.

Soumissionnaire, *s. m.* qui fait sa soumission. A. C. * Soumissionaire. RR.

Soumissionné. e, *adj.* (domaine). A. C. * *part.* B.

Soumissionner, *v. a.* -né. e, *p.* faire sa soumission pour acheter et payer le prix. A.

Soun, *s. m.* t. de marine, R. gros vaisseau. RR.

Soupape, *s. f. Valvula.* t. de mécanicien, languette mobile; tampon pour fermer un réservoir.

Soupatoire, *adj. 2 g.* (dîner) qui tient lieu de souper. C. RR.

Soupçon, *s. m. Suspicio.* doute désavantageux; simple conjecture; apparence légère; très-petite portion.

Soupçonner, *v. a. Suspicari.* né. e, *p.* former une opinion désavantageuse; avoir des soupçons. *v. n.* conjecturer. *, Soupçoner. R.

Soupçonneux. se, *adj.* *Suspicax.* enclin à soupçonner; défiant. * Soupçoneux. se. R.

Soupe, *s. f. Pulmentum.* potage; aliment fait de pain et de bouillon. * tabac filé à la main. B.

†Soupe-de-lait, *s. m.* couleur tirant sur le blanc.

Soupé, Souper, *s. m. Cena.* repas du soir; dernier repas.

Soupeau, *s. m.* bois qui fixe le soc d'une charrue à l'oreille. G. C. RR.

Soupente, *s. f. Suspensura.* t. d'architecture, espèce d'entresol, de faux plancher; t. de carross., forte courroie pour porter la caisse.

Souper, *v. n. Cenare.* prendre le soupé.

Soupeser, *v. a.* sé. e, *p.* soulever pour connoître le poids. * Sous-peser. R.

Soupeur, *s. m.* dont le soupé est le principal repas. A. R.

Soupier. ere, *s.* qui aime la soupe. R. *ou* Soupier, t. de carrier. B.

Soupière, *s. f.* plat pour la soupe. * Soupiere. R.

Soupir, *s. m. Suspirium.* aspiration et respiration pénible et prolongée par la douleur ou le plaisir; t. de musique, pause d'un 1-3 d'un 1-4 de mesure, signe. *pl.* amour.

Soupirail, *s. m. Spiramentum.* ouverture pour éclairer, aérer un souterrain. * Soupiraux, *pl.* trachées des plantes. B.

Soupirant, *s. m.* (*famil.*) amant, aspirant.

Soupirer, *v. n. Suspirare.* pousser des soupirs; désirer ardemment.

Soupireur, *s. m.* qui pousse des soupirs. R. T. V.

Souple, *adj. 2 g. Flexibilis.* flexible; docile; soumis; complaisant; qui se plie aisément.

Souplement, *adv.* avec souplesse.

Souplesse, *s. f. Agilitas.* flexibilité de corps et d'esprit; facilité à se mouvoir; docilité; complaisance; soumission.

Soupressure, *s. f.* (*vieux*) faux. V.

Souque, *s. f.* t. de marine. R. voy. Souquer.

Souquenille, *s. f.* surtout de grosse toile.

Souquer, *v. a.* é. e, *p.* t. de marine, serrer de près, ferme, à demeure. RR.

†Sourbassie, *s. f.* la plus belle soie de Perse.

Source, *s. f. Fons.* endroit où l'eau sort de terre, cette eau; principe, cause, origine.

Sourcier, *s. m.* qui prétend découvrir les sources. A. RR.

Sourcil, *s. m. Supercilium.* poils au-dessus de l'œil; t. d'architecture. * poisson du genre du chétodon. B.

†Sourcilier, *s. m. Superciliaris.* muscle du sourcil.

Sourciller, *v. n.* remuer le sourcil.

†Sourciller, *s. m.* poisson du genre du blenne.

Sourcilleux. se, *adj.* haut, élevé; (*vieux*) orgueilleux, hautain. * *s. m.* (le), lézard du premier genre. B.

†Sourcillier, *s. m.* partie extérieure et saillante du four à glaces.

†Sourcrout, Sauer-kraut, *s. m.* chou aigri, mets allemand.

Sourd. e, *adj. Surdus.* qui n'entend pas; inflexible; qui n'est pas sonore; interne. * obscur, t. de lapidaire. B.

Sourd. voyez Salamandre terrestre, * lézard du cinquième genre. B.

Sourdaud. e, *s. Surdaster.* (*familier*) qui n'entend qu'avec peine. * Sourdaut. T. Sourdeau. CO.

Sourdeline, *s. f.* musette d'Italie, à quatre chalumeaux. G. C. RR.

Sourdement, *adv. Occultè.* secrètement; d'une manière sourde.

Sourdine, *s. f.* t. de luthier; t. d'horloger; ce qui affoiblit le son.

Sourdine (à la), *adv.* sourdement; secrétement, (*familier*) * en sournois. B.

Sourdir, *v. a.* sortir d'une source, en parlant d'un ruisseau. AMYOT. T.

Sourdon, *s. m.* coquillage bivalve.

Sourdre, *v. n. Scaturire.* sortir de terre, d'un rocher, etc., parlant de l'eau.

Souriceau, *s. m. Musculus.* petit d'une souris.

Souricière, *s. f. Muscipula.* piége pour prendre des souris. * Souriciere. R.

Souriquois, *adj.* qui regarde les souris; des souris, des rats. R. G. C. V.

Sourire, *v. n. Subridere.* rire sans éclater.

Sourire, Souris, *s. m. Risus.* ris modeste; action de sourire.

Souris, *s. f. Sorex.* petit animal du genre du rat; coquillage; t. d'anatomie, espace entre le pouce et l'index; muscle, cartilage. * clignotement fréquent. A. couleur de souris. B.

Sournois. e, *adj. s. Abstrusus.* pensif, et qui cache ce qu'il pense.

Soursommeau, *s. m.* espèce de panier. V.

Sous, *préposition. Sub.* marque la situation au-dessous, la subordination, le temps, la clause, etc.

Sous-affermer, Sous-fermer, *v. a.* mé. e, *p.* donner, prendre à sous-ferme. * Sous-afermer. R.

Sous-ailes, *s. f. pl.* bas-côtés d'une église. R.

Sous-arbrisseau, *s. m. Arbuscula.* plante entre l'arbrisseau et l'herbe. R.

†Sous-axillaire, *adj. 2 g.* t. de botan. inséré au-dessous d'une partie axillaire.

Sous-bail, *s. m.* rétrocession d'une partie d'un bail, d'un fermage.

Sous-bande, *s. f.* t. de chirurgie, bande sur les autres. R. G. C.

Sous-barbe, *s. f.* coup sous le menton; t. de marine; t. de vétérinaire. (*vieux*) affront.

Sous-barque, *s. f.* t. de charpentier, foncet; bordage d'un bateau. R. G. C.

Sous-berme, *s. f.* descente d'eaux douces. R. G. C.

Sous-bibliothécaire, *s. m.* garde sous le bibliothécaire. R. G. C.

†Sous-bief, *s. m.* canal qui rejoint la décharge des eaux, t. de forge.

Sous-brigadier, *s. m.* qui commande sous le brigadier. R. G. C.

Sous-camérier, *s. m.* officier de la chambre du pape. G. C.

Sous-chantre, *s. m.* dignité. R. G. C.

Sous-chevron, *s. m.* t. de charpentier. R. G. C.

Sous-clavier. ère, *adj.* (muscle, artère) placé sous les clavicules. G. C. * Sous-clavier. Sous-claviere. R.

Sous-clerc, *s. m.* au-dessous du clerc. R. G. C.

Sous-comite, *s. m.* au-dessous du comite. R. G. C.

Sous-commis, *s. m.* au-dessous du commis. R. G. C.

Sous-costal. e, *adj.* t. d'anatomie, sous les côtes. AL.

Sous-cutané. e, *adj.* t. d'anatomie, sous la peau. AL.

Sous-délégué. e, *participe*, subdélégué. AL.

Sous-déléguer, *v. a.* gué. e, *p.* subdéléguer. A.

Sous-diaconat, *s. m. Subdiaconatus*, premier des ordres sacrés.

Sous-diacre, *s. m. Subdiaconus.* qui a reçu le sous-diaconat.

Sous-diviser. voyez Subdiviser.

Sous-division. voyez Subdivision.

†Sous-dominante, *s. f.* quatrième note du ton.

Sous-double, *adj.* qui est la moitié. A.

Sous-doublé. e, *adj.* t. de mathématiques. A.

†Sous-doubli, *s. m.* rang de tuiles à plat pour l'égoût du toit.

Sous-doyen, *s. m.* R. C. sous le doyen. B.

Sous-doyéné, *s. m.* R. fonction du sous-doyen. B.

Sous-entendre, *v. a. Subaudire.* du. e, *p.* retenir dans l'esprit quelque chose qu'on n'exprime point. (se), *v. r.*

Sous-entendu, *s. m.* ce qu'on sous-entend innocemment, pour abréger.

Sous-entente, *s. f. Effugium.* ce qu'on sous-entend par artifice.

Sous-épineux, *adj. s. m.* t. d'anat. R. muscle sous l'épine. B.

Sous-établi, *s. m.* t. de pratique. R.

Sous-faîte, *s. m.* t. de charpentier, pièce sous le faîte. R. G. C.

Sous-ferme, *s. f.* partie d'un bail affermée à un autre, t. de pratique.

Sous-fermer, *v. a. Locare.* mé. e, *p.* donner, prendre à sous-ferme. * voy. Sous-affermer. A.

Sous-fermier. ère, *s.* qui tient à sous-ferme. * Sous-fermier. ere. R.

Sous-fréter, *v. a.* té. e, *p.* t. de marine. R.

†Sous-garde, *s. f.* pièce de la garniture d'un fusil.

Sous-gueule, *s. f.* bride. C.

Sous-gouvernante, *s. f.* gouvernante en second. G.

Sous-gouverneur, *s. m.* gouverneur en second. C.

Sous-introducteur, *s. m.* introducteur en second. R.

Sous-lieutenance, *s. f.* titre de sous-lieutenant. G.

Sous-introduite, *s. f.* (femme) t. d'histoire ecclésiastique. RR.

Sous-lieutenant, *s. m. Subcenturio.* lieutenant en second. G. C.

Sous-locataire, *s. 2 g.* qui sous-loue.

Sous-louer, *v. a.* loué. e, *p.* louer une partie de location.

Sous-maître, esse, *s. Hypodidascalus.* qui commande à la place du maître. C. RR. * *s. m.* G.

Sous-manant, *s. m.* sujet d'un seigneur. R.

†Sous-mentonnier. ère, *adj. s. Submentalis.* sous le menton (nerf).

Sous-multiple, *s. m.* nombre compris plusieurs fois exactement dans un autre. * Soumultiple. T.

Sous-normale, *s. f.* t. de géométrie. * Subnormale. R.

†Sous-occipital. e, *adj.* t. d'anatomie, sous l'occiput.

†Sous-orbiculaire, *adj. 2 g.* (feuille) presque ronde.

†Sous-orbitaire, *adj. 2 g. Infra-orbitalis.* sous l'orbite (nerf).

Sous-ordre, *s. m.* soumis aux ordres d'un autre; distribution d'une somme; t. de prat.

Sous-pénitencerie, *s. f.* titre de sous-pénitencier.

Sous-pénitencier, *s. m.* aide du pénitencier.

Sous-perpendiculaire, *s. f.* sous-normale. A.

†Sous-pied, *s. m.* courroie qui passe sous le pied.

Sous-précepteur, *s. m. Præceptoris vicarius.* qui soulage le précepteur. R. G. C.

Sous-prieur. e, *s. Prioris vicarius.* qui aide le prieur. R. G. C.

Sous-réfectorier. ère, *s.* second réfectorier. G. C. * Sous-réfectorier. ere. R.

Sous-rente, *s. f.* prix d'une sous-ferme. R. G. C.

Sous-rentier, *s. m.* qui donne à rente ce qu'il tient à rente. R. G. C.

Sous-sacristain, *s. m.* aide du sacristain. R. G. C.

Sous-scapulaire, *s. m.* le dernier muscle du bras. R. G. C.

Sous-secrétaire, *s.m. Adjutor.* qui écrit sous un secrétaire, qui le remplace R. G. C.
Sous-tangente, *s. f.* t. de géom. partie de l'axe entre l'ordonnée et la tangente.
Sous-tendante, *s. f.* t. de géom. ligne tirée d'un bout de l'arc à l'autre.
Sous-traitant, *s. m.* sous-fermier. R. G. C.
Sous-traité, *s. m.* sous-ferme. R. G. C.
Sous-traiter, *v. a.* té. e, *p.* prendre une sous-ferme d'un traitant. G. C.
Sous-triple, *adj.* 2 *g.* t. de mathématiques. R. C.
Sous-ventriaire, *s. f.* courroie qui passe sous le ventre du limonier. * Sous-ventrière. A. Sous-ventriere. R.
Sous-vicaire, *s. m.* second vicaire. R. G. C.
Sous-vicariat, *s. m.* titre de sous-vicaire. R.
Sous-vicomte, *s. m.* vicomte en second. RR.
†Souscasier, *s. m.* aide dans les laiteries.
Souscripteur, *s. m.* qui souscrit, a souscrit.
Souscription, *s. f. Subscriptio.* signature au bas de; soumission de fournir, d'acheter; reçu du prix de la souscription.
Souscrire, *v. a. Subscribere.* -crit. e, *p.* approuver un écrit, mettre sa signature au bas. *v. n.* consentir; donner de l'argent d'avance pour l'édition d'un livre, etc.
Souscrivant, *s. m.* celui qui souscrit, R.
†Souslik, *s. m.* espèce de campagnole de Casan.
Soussigner, *v. a. Subscribere.* gné. e, *p.* souscrire; mettre son nom au bas. G. C. A. * (*inus.*) RR. CO. *neutre.* AL.
Soustraction, *s. f. Detractio.* action de soustraire; règle d'arithmétique.
Soustraire, *v. a. Subducere.* -trait. e, *p.* ôter par adresse ou par fraude; retrancher; t. d'arithmétique, ôter un nombre d'un autre. (se), *v. r.* se dérober à; se tirer, se délivrer de; éviter.
Soustylaire, *s. f.* t. de gnomonique, (ligne) commune section du plan du cadran et du méridien. * Soustilaire. G.
Soutane, *s. f. Tunica.* habit à l'usage des prêtres.
Soutanelle, *s. f.* petite soutane. * Soutanele. R.
Soute, *s. f.* où l'on met la poudre, etc. dans un vaisseau; t. de prat. solde. * petit esquif. B. voyez Soude.
Soutenable, *adj.* 2 *g.* qui se peut soutenir, défendre; supportable.
Soutenance, *s. f.* (*vieux*) action de soutenir. V.
Soutenant, *s. m. Defensor.* qui soutient une thèse.
Soutenement, *s. m.* t. de prat. défense; t. de maçon, appui, soutien. * Souténement. R.
Souteneur, *s. m.* (*famil.*) qui soutient un mauvais lieu, une fille publique.
Soutenir, *v. a. Sustinere.* -nu. e, *p.* porter; appuyer, supporter; assurer, affirmer; défendre; résister à; favoriser; sustenter. (se), *v. r.* se tenir ferme; être ferme; persévérer.
Souterrain, *s. m.* cavité, lieu voûté sous terre. * pratiques secrètes. CO.
Souterrain. e, *adj. Subterraneus.* sous terre.
†Souterré. e, *adj.* (fruit) qui se cache sous terre.
Soutien, *s. m. Adminiculum.* ce qui soutient, ce qui appuie; appui, protection, défense. * Soutient. R.
Soutillesse, *s. f.* (*vieux*) satiété. V. * subtilité. B.
Soutiment, *adv.* (*vieux*) subtilement. V.
Soutirage, *s. m.* action de soutirer. * Sous-tirage. T.
Soutirer, *v. a. Elutriare.* -ré. e, *p.* transvaser une liqueur d'un tonneau dans un autre; enlever petit à petit avec adresse l'argent, les secrets, etc. * Sousrirer. T.
Soutis, *adj.* (*vieux*) subtile. V.
Soutrait, *s. m.* t. de papeterie. R.
Soutraiter, *v. a.* té. e, *p.* recéder, revendre. V.
Souvenance, *s. f.* (*vieux*) souvenir.
Souvenir, *s. m. Memoria.* impression conservée par la mémoire; la mémoire; tablettes.
Souvenir (se), *v. r. Meminisse.* -nu. e, *p.* avoir mémoire de; garder la mémoire; avoir soin; s'occuper de.
Souvent, *adv. Sæpè.* fréquemment; plusieurs fois en peu de temps.
Souverain. e, *s. Princeps.* roi, empereur, en qui réside la souveraineté. *adj. Supremus.* indépendant; absolu; suprême; très-excellent.
Souverainement, *adv.* d'une manière souveraine, indépendante; excellemment; extrêmement; parfaitement.
Souveraineté, *s. f.* autorité, puissance souveraine.
Soyer, *v. a.* voyez Seyer.
Soyeteur, *s. m.* qui fait des étoffes de soie. V.
Soyeur, *s. m.* voyez Seyeur.
Soyeux. se, *adj.* doux au toucher comme de la soie; bien garni de soie. * t. de botan. couvert de poils soyeux. B.
†Soyoux, *s. m. pl.* extrémité d'une veine sous une autre, t. de mines.
Spaciement, *s. m.* promenade des chartreux. RR. C. * *ou* Spaciment. G.
Spacieusement, *adv. Spaciosè.* en grand espace; au large.
Spacieux. se, *adj. Spatiosus.* d'une grande étendue.
Spadassin, *s. m. Machærophorus.* bréteur, ferrailleur. * (*vieux*) Espadassin. R.
Spadille, *s. m.* t. de jeu d'hombre, l'as de pique.
†Spage, *s. m.* espèce de raisin.
Spagirie, *s. f.* chimie médicinale. V.
Spagyrique *ou* Spagirique, *adj. f.* (chimie) analyse des métaux; recherche de la pierre philosophale.
Spahi, *s. m.* cavalier turc.
Spalme, *s. m.* mastic incorruptible. T.
Spalmer, *v. a.* mé. e, *p.* t. de mar. enduire de brai, de goudron. G. C. RR.
Spalt, *s. m.* pierre luisante; t. de fondeur. * *ou* Spath, *ou* Spar. G.
†Spamoseux, se, *adj.* qui est sujet à la crampe.
Sparadrap, *s. m. Sparadrapum.* t. de pharmacie, toile trempée dans un emplâtre fondu.
†Sparaillon, *s. m.* poisson du genre du spare.
Spare, *s. m. Sparus.* poisson du dixième genre, de la quatrième classe.
†Spargane, *s. f.* bande dont on enveloppe un enfant.
Spargelle, *s. f.* plante. V. * Spargele. R.
†Spargitide, *adj.* (terre) sigillée.
Sparies, *s. f. pl.* t. de mar. R. choses spariées. RR.
Spariées, *adj. f. pl.* t. de mar. R. (choses) jetées sur la côte. RR.
Sparsile, *adj. f.* (étoiles) éparses. * Spartile. V. Sparcile. CO.
Sparte, *s. m. Spartum.* jonc d'Espagne, du genre des graminées. A. * *ou* Genestrolle. B.
Sparterie, *s. f.* manufacture, ouvrage de tissu de sparte. A.
Sparton, *s. m.* t. de mar. cordage fait de genêt d'Espagne. R. G. C.
Spasmatique, *adj.* attaqué de spasme. R.
Spasme, *s. m. Spasmus.* crispation, convulsion des nerfs.
Spasmodique, *adj.* 2 *g.* des spasmes, contre le spasme.
Spasmologie, *s. f. Spasma.* traité sur le spasme. * chauve-souris du genre des phyllostomes. B.
Spatangue, *s. m.* coquillage. C. * Spatague. G.
Spath *ou* Spalt, *s. m. Spathum.* pierre calcaire feuilletée, calcinable, transparente. * stalactite transparente des substances calcaires. B. *ou* Spar. G. Spat. *Spatum.* R.
†Spath-fluor, *s. m.* pierre mélangée de matière calcaire.
†Spath-pesant, *s. m.* pierre de Bologne, concrétion endurcie des bols blancs et gris.
†Spathacé. e, *adj.* t. de botanique, enveloppé d'une spathe.
†Spathagnes, *s. m. pl.* zoophites échinodermes à coquille ovale.
Spathaire, *s. m.* écuyer. V.
†Spathe, *s. m.* espèce de sabre des gaulois.
†Spathe, *s. f.* enveloppe membraneuse qui contient les boutons des fleurs.
†Spathille, *s. f.* petite spathe.
†Spathique, *ad.* 2 *g.* de la nature du spath; qui en contient; t. d'hist. naturelle. voyez Gaz, acide fluorique.
Spatule, *s. f. Platea.* instrument de pharmacie rond par un bout, plat par l'autre; oiseau à bec en spatule; poisson du genre du pégase.
†Spatulé. e, *adj.* (feuille) en forme de spatule.
Spé, *s. m.* t. d'église, le plus ancien des enfans de chœur.
Speautre, *s. m.* métal. V.
Spécia, *s. f.* solde d'un compte. G. C.
Spécial. e, *adj. Specialis.* particulier.
Spécialement, *adv. Specialiter.* particulièrement, d'une manière spéciale.
Spécialité, *s. f.* détermination d'une chose spéciale.
Spécieusement, *adv. Speciosè.* d'une manière spécieuse.
Spécieux. se, *adj. Speciosus.* qui a une apparence de vérité et de justice. * l'opposé de réel, de solide. AL.
Spécification, *s. f. Designatio.* expression et détermination des choses particulières en les spécifiant.
Spécifier, *v. a. Designare.* -fié. e, *p.* particulariser; exprimer en détail.
Spécifique, *adj.* 2 *g. s. m. Singularis.* propre spécialement à.
Spécifiquement, *adv.* d'une manière spécifique.
Spéciosité, *s. f.* beauté. V.
Spectacle, *s. m. Spectaculum.* tout ce qui attire les regards; représentation théâtrale; cérémonie.
Spectateur. trice, *s. Spectator.* qui assiste au spectacle; témoin oculaire.
Spectre, *s. m. Spectrum.* fantôme; figure fantastique; personne hâve et maigre. * nuage coloré dans la chambre obscure. B.
Spectre, *s. m.* chauve-souris. L. insectes orthoptères de l'espèce des mantes. B.
Spéculaire, *s. f.* science qui traite de l'art de faire des miroirs. *adj. f.* (pierre) transparente comme le verre.
Spéculateur, *s. m. Speculator.* observateur; qui spécule.
Spéculatif, *s. m.* qui raisonne profondément sur les matières politiques, G. * morales. B.
Spéculatif. ve, *adj.* qui a coutume de spéculer; qui est l'objet de la spéculation.
Spéculation, *s. f. Contemplatio.* action de spéculer; théorie; combinaisons commerciales.
Spéculative, *s. f.* (théorie), science qui s'arrête à la spéculation. G. C.
Spéculatoire, *s. f.* explication des phénomènes célestes. T. V.
Spéculer, *v. n. Speculari.* lé. e, *p.* observer les astres; méditer attentivement; t. de commerce, faire des spéculations.
Speculum-ani, *s. m.* instrument de chirurgie pour tenir l'anus ouvert.

Speculum-matricis, *s. m.* instrument de chirurgie pour tenir la matrice ouverte.
Speculum-oculi, *s. m.* instrument de chirurgie pour tenir l'œil ouvert.
Speculum-oris, *s. m.* instrument de chirurgie pour tenir la bouche ouverte.
Spée *ou* Cépée, *s. f.* bois d'un an. A. R. CO.
†Speis, *s. m.* substance étrangère, noirâtre qui se sépare du bleu de Saxe.
Spélonque, *s. f.* antre, caverne. R. V.
†Spenditeur, *s. m.* qui a eu la peste et ne peut plus la gagner.
Spergule, *s. f. Spergula.* Morgeline, plante très-utile. * *ou* Espargoutte, on en fait des prairies artificielles. B.
†Spermatabole *ou* Sembrador, *s. m.* herse, semoir et charrue réunis.
Spermatique, *adj.* 2 *g.* de la semence.
Spermatocèle, *s. f.* fausse hernie. * -matocele. R.
Spermatologie, *s. f.* traité sur la semence.
†Spermatose, *s. f. Spermatosis.* coction de la semence dans les testicules.
†Spermatopé, *s. m.* remède qui augmente la semence.
Sperme, *s. m. Sperma.* semence dont l'animal est engendré.
†Spermetiser, *v. a.* injecter de sperme.
†Sperniole, *s. f.* sperme de grenouille, puissant réfrigératif.
†Speronat, *s. m. ou* Spéronate, *s. f.* chaloupe à rames d'Italie.
Spéronelle, *s. f.* consoude royale à fleur double.
†Spet, *s. m. Sphyræna.* poisson du genre de l'ésoce.
Sphacèle, *s. m. Sphacelus.* mortification entière d'une partie du corps. * Sphacele. R.
Sphacélé. e, *adj.* attaqué du sphacèle.
†Sphaceler, *v. n.* se corrompre par inflammation.
†Sphaigne, *s. m. Sphagnum.* genre de plantes de l'ordre des mousses.
†Sphène, *s. m.* schorl violet.
Sphénoïdal, e, *adj.* du sphénoïde. G. C.
Sphénoïde, *s. m. ou* Basilaire, os de la tête.
†Sphénomaxillaire, *adj.* (fente) qui a rapport au sphénoïde et au maxillaire.
Sphère, *s. f. Sphæra.* globe, solide terminé par des cercles; t. d'astron. le ciel, sa représentation; étendue de pouvoir, de connoissances, de talens. * Sphere. R.
Sphéricité, *s. f.* qualité de ce qui est sphérique.
†Sphéridies, *s. m. pl. Spheridium.* insectes coléoptères, petits, ronds, vivant dans la bouze.
Sphérique, *adj.* 2 *g. Globosus.* en forme de globe.
Sphériquement, *adv.* d'une manière sphérique.
Sphériste, *s. m.* maître de paume; t. d'antiq. G. C.
Sphéristère, *s. m.* lieu destiné au jeu de paume; t. d'antiq. * Sphéristere. R.
Sphéristique, *adj. f.* art de jouer à la paume, au ballon; t. d'antiquité.
†Sphéroïdal, *adj.* (diamant) à 48 faces bombées.
Sphéroïde, *s. m.* t. de géom. corps qui approche du globe.
Sphéromachie, *s. f.* exercice du ballon, de la paume. G. C.
†Sphéromètre, *s. m.* instrument pour mesurer la courbure des verres.
Sphex, *s. m.* insecte hyménoptère, guêpe solitaire.
Sphincter, *s. m.* muscle en anneaux.
Sphinx, *s. m. Sphinx.* monstre fabuleux; papillon; t. de sculpteur.
Sphondyle, *s. m.* voy. Spondyle.
†Spic, *s. m.* grande lavande.
Spica, *s. m.* bandage en épi; t. de chirurgie.
†Spicanard, *s. m.* nard indien.
†Spicifère, *s. m.* oiseau du genre du paon, à aigrette en épi.
Spicilége, *s. m.* collection de pièces, t. didactique. * Spicilège. CO.
†Spiculateur, *s. m.* t. d'antiq. soldat de la garde du prince.
Spinal. e, *adj.* t. d'anat. qui appartient à l'épine.
†Spinarelle, *s. f. Spinarellus.* poisson du genre du gastré.
Spina-ventosa, *s. m.* carie interne des os.
Spinelle, *adj.* (rubis) d'un rouge pâle. * -nette. V.
†Spinescent. e, *adj.* t. de botan. dont le sommet finit en épine.
Spinosisme, *s. m.* doctrine de Spinosa. V.
Spinosiste, *s. m.* partisan du spinosisme. V.
†Spinthère, *s. m.* minéral dodécaèdre, irrégulier, lamelleux, vert.
†Spinthéromètre, *s. m. ou* Mesure-étincelles, instrument pour mesurer la force des étincelles électriques.
†Spipolète *ou* Spipolette, *s. f.* espèce d'alouette des champs, à ramage agréable.
†Spiral, *s. m.* petit ressort en spirale; t. d'horl.
Spirale, *adj. s. f. Convolutus.* ligne courbe autour d'un cylindre, d'un cône, ou reportée sur un plan.
Spiralement, *adv.* en spirale. C.
Spiration, *s. f.* manière dont le Saint-Esprit procède du père et du fils.
Spire, *s. f.* t. d'archit. un tour de spirale; t. de géométrie, spirale, un de ses tours.
†Spirée, *s. f. Spiræa.* arbrisseau toujours vert, de plusieurs espèces.
†Spirique, *adj.* (courbe) formée par la section d'un cylindre.
Spiritualisation, *s. f.* réduction des solides en esprit, t. de chimie.
Spiritualiser, *v. a.* sé. e, *p.* t. de chim. réduire en esprit; t. de mysticité, donner un sens pieux; ouvrir l'esprit. (*inus.*) (se), *v. r.* G. C. * donner à la matière les qualités de l'esprit. B.
Spiritualité, *s. f.* qualité de ce qui est esprit; t. de théologie mystique.
Spirituel. le, *adj. Incorporalis.* qui est esprit; qui regarde l'ame; l'opposé de littéral. *Ingeniosus.* qui a de l'esprit. * Spirituel. ele. R.
Spirituel, *s. m.* l'opposé de temporel.
Spirituellement, *adv. Ingeniosè.* avec esprit; en esprit. * Spirituélement. R.
Spiritueux. se, *adj.* qui a beaucoup d'esprits; volatil, subtil, pénétrant.
†Spirlin, *s. m.* poisson.
†Spiroglyphe, *s. m.* ver à corps allongé, articulé, logé dans un fourreau.
†Spirorbe, *s. m.* ver, testacé, logé dans un tuyau solide.
†Spirule, *s. f. Spirula.* mollusque céphalé à coquille en spirale.
†Spithame, *s. f.* mesure d'intervalle grecque.
†Spiurre de houille, *s. f.* poussière de charbon de terre.
†Splanchnographie, *s. f.* description des viscères.
Splanchnologie, *s. f.* traité des viscères. * *ou* Splancnologie. G.
†Splanchnotomie, *s. f.* dissection des viscères.
†Splane, *s. m. Splachnum.* genre de plantes de l'ordre des mousses ou fucus.
Spleen, *s. m. et* Spline, état de consomption. particulier aux anglois. A. * mélancolie. B.
†Splénalgie, *s. f.* traité sur la rate. Splénologie.
†Splénalgique, *adj.* 2 *g.* de la rate.
Splendeur, *s. f. Splendor.* grand éclat de lumière, d'honneur, de gloire; pompe, magnificence.
Splendide, *adj.* 2 *g. Splendidus.* magnifique, somptueux.
Splendidement, *adv. Splendidè.* d'une manière splendide.
Splénétique, *adj.* 2 *g.* t. de médecine. V. * attaqué d'obstructions à la rate. B.
Splénique, *adj.* 2 *g. Spleneticus.* qui concerne la rate.
Splénite, *s. f.* veine de la main gauche.
Splénitis, *s. f.* inflammation de la rate; veine. V. * Splénitie. R.
†Splénius, *adj. s. m.* muscle qui ressemble à la rate.
†Splénocèle, *s. f.* hernie de la rate.
†Splénographie, *s. f.* description de la rate.
†Splénologie, *s. f.* voyez Splénalgie.
†Splénotomie, *s. f.* dissection de la rate.
†Spline, *s. m.* voyez Spleen.
Spode, *s. f. Spodium. ou* Tutie, zinc calciné. A. * ivoire brûlée. — *ou* Antispode, cendre de roseaux d'Arabie. B.
Spoliateur, *s. m. Spoliator.* qui dépouille, qui vole. G. C. * Spoliatrice, *s. f.* BUONAPARTE.
Spoliation, *s. f. Spoliatio.* action de spolier.
Spolier, *v. a. Spoliare.* lié. e, *p.* déposséder par fraude, par violence.
Spondaïque, *adj.* 2 *g. Spondaicus.* (vers) composé de spondées.
†Spondaules, *s. m. pl.* joueurs de flûte pendant les sacrifices.
†Spondéasme, *s. m.* altération dans le genre harmonique.
Spondée, *s. m. Spondeus.* pied de vers composé de deux syllabes longues.
Spondyle, *s. m. Spondylus.* personne décharnée; vertèbre. * *ou* Articles sphondyles. *pl.* vertèbres fossiles. R. G.
Spondyle, *s. f. Spondylis.* coquillage bivalve, du genre de l'huître. * espèce de chenille très-pernicieuse aux plantes; insecte coléoptère. B.
†Spondylolithe, *s. f.* pierre figurée comme la vertèbre d'un animal; petit animal. * Sphondylolithe. G.
Spongieux. se, *adj. Spongiosus.* de la nature de l'éponge.
†Spongiosité, *s. f.* qualité de ce qui est spongieux.
†Spongite, *s. f. Spongites.* pierre qui imite l'éponge, de la nature du tuf.
Spontané. e, *adj. Spontalis.* que l'on fait volontairement; en médecine, qui s'exécute de soi-même, sans le secours de l'art.
Spontanéité, *s. f.* qualité de ce qui est spontané. * consentement de la volonté. B.
Spontanément, *adv.* d'une manière spontanée. A.
Sponton, *s. m.* voyez Esponton.
Sporade, *s. f.* voyez Sparsile.
Sporadique, *adj.* 2 *g.* (maladie) qui a des causes particulières.
Sporte, *s. m.* panier à l'usage des moines quêteurs. G. C. R.
Sporrule, *s. f.* t. d'antiquité, présent; panier pour quêter. G.
†Sprate, *s. f.* poisson.
Spumosité, *s. f.* qualité de ce qui est rempli d'écume. T.
†Spurciloque, *adj.* dont la conversation est sale, ordurière.
†Spure de houille, *s. f.* houille menue.
†Sputateur *ou* Cracheur, *s. m. Sputator.* petit lézard de Saint-Domingue, qui lance une bave venimeuse sur son ennemi.
Sputation, *s. f.* action de cracher.
Sputer, *s. m.* métal blanc et dur. G. C.
Squadroniste, *s. m.* cardinal qui n'est d'aucune faction dans les conclaves. G. C.

Squajote, *s. f.* espèce de héron. G. C.
Squale, *s. m. Squalus.* poisson du genre du chien de mer. * *adj. f.* A.
Squammeux. se, *adj. Squammosus.* écailleux; qui a du rapport à l'écaille. * (fossile) composé d'écailles ou lames conchoïdes. B.
†Squarreux. se, *adj.* t. de botanique, garni de parties rapprochées, roides et recourbées.
Squelette, *s. m. Larva.* ossemens qui se tiennent encore; personne décharnée. * Squélete. R.
†Squénancie, *s. f.* parfum de racine de jonc.
†Squénée, *s. f.* petit manteau; écharpe de femmes pour l'été.
Squille, *s. f. Squilla.* espèce de crustacée de mer ou de rivière, qui ressemble à la chevrette; oignon, plante. voyez Scille. G. C.
Squillitique, *adj.* 2 *g.* (médicament) composé de squilles. G. C.
Squinancie, *s. f. Synanche.* voy. Esquinancie.
Squine, Esquine, China, *s. f.* racine médicinale des Indes et très-employée pour le squirre, la jaunisse, la goutte; purifie le sang.
Squirre, *s. m. Scirrus.* tumeur dure sans douleur, t. de médecine. * Squirrhe. R.
Squirreux. se, *adj.* de la nature du squirre. * Squirrheux. se. R.
St! *interjection.* silence! R. G. C. *pron.* Scite.
Stabilité, *s. f. Stabilitas.* état durable; état de permanence.
Stablat, *s. m.* habitation pratiquée dans une étable. R. G. C.
Stable, *adj.* 2 *g. Stabilis.* dans une situation ferme et durable; permanent.
Stachis, *s. m.* Épi fleuri, plante médicinale peu employée; apéritive, hystérique. * Stachys, *s. f.* R.
Stacté *ou* Stacten, *s. m.* graisse de la myrrhe. G. * Stactée, *adj.* (myrrhe) liquide. B.
Stade, *s. m. Stadium.* t. d'antiquité, carrière pour la course; mesure de cent vingt-cinq pas géométriques.
Stadhouder, *s. m.* voyez Stathouder.
Stadiodrome, *s. m.* t. d'antiquité, qui couroit l'espace d'un stade. G. C.
Stage, *s. m.* résidence, t. d'église; t. de droit, temps de la fréquentation du barreau avant d'être reçu avocat.
Stagier, *s. m.* chanoine qui fait son stage. G. C. RR.
Stagnant. e, *adj. Stagnans.* qui ne coule point.
Stagnation, *s. f.* état des fluides qui ne coulent pas.
†Staimbouc, *s. m.* espèce de chamois.
Stalactite, *s. f.* concrétion pierreuse. * matières vitreuses, calcaires et limoneuses dissoutes par l'eau et réunies en solide. B.
Stalagmite, *s. f.* Stalactite en mamelon. * Stalagnite. A.
Stalle, *s. m.* siége de bois dans le chœur. * *s. f.* T. *s.* 2 *g.* A. R.
†Staltique, *adj. s. m.* (remède) qui rend les lèvres des plaies égales.
Stamate, Stamète, *s. f.* étoffes. G. C.
Stameistre, *s. m.* (*vieux*) gouverneur de Strasbourg. * Staméistre. R. Statmeistre. G. C. Stameister. T
†Stamenais, *s. m.* bois courbe, ou genou; t. de marine. * Stamenas. RR.
Stamenas, *s. m.* t. de marine. RR. -menais. B.
†Staminal. e, *adj.* t. de botan. de l'étamine.
Staminée, *adj.* 2 *g.* t. de botanique, R. avec étamines et apétale. CO.
†Stramineux. se, *adj.* t. de botanique, à longues étamines.
†Staminifère, *adj.* 2 *g.* t. de botanique, qui porte un ou des étamines.

Stampe, *s. f.* instrument dont on se sert pour marquer les nègres. G. C. * intervalle entre les veines des mines. B.
Stances, *s. f. pl. Strophe.* ouvrage de poësie en plusieurs couplets; strophe.
Stangue, *s. f.* t. de blason, tige droite d'une ancre.
Stanté, *adj. m.* t. de peinture, bien fini, mais peiné. R. G. C. * Stenté. A.
†Stapédien, *s. m. adj.* (muscle) de l'étrier.
Stapendant *pour* cependant (*vieux*). V.
Staphilin, *s. m. Staphilinus.* insecte coléoptère qui vit sur les fromens. * Staphylin. B.
Staphisaigre, *s. f. Staphisagria.* Herbe aux poux, à la pituite, plante; purgatif échauffant, salivaire: fait mourir les poux. * racine broyée de pied d'alouette. B.
Staphylôme, *s. m.* tumeur sur la cornée de l'œil.
†Starie, *s. f.* retard qu'éprouve un vaisseau dans un port.
Staroste, *s. m.* noble polonois qui a une starostie.
Starostie, *s. f.* grand fief en Pologne.
Stase, *s. f.* séjour du sang ou d'humeurs.
Statère, *s. m.* monnoie ancienne. *s. f.* balance romaine; peson.
Stathouder, *s. m.* ancien chef de la Hollande.
Stathoudérat, *s. m.* dignité de stathouder. A. C.
Statice, Staticée, *s. f.* œillet de Paris, plante d'ornement à fleurs en bouquet.
Station, *s. f. Statio.* pause; état d'une planète stationnaire. * étendue de mer que parcourt un vaisseau en croisière. B.
Stationnaire, *adj.* 2 *g.* qui semble n'avancer ni reculer; (fièvre) continue. *s. m.* vaisseau en station. * Stationaire. R. T.
Stationnale, *adj.* 2 *g.* où l'on fait des stations. * Stationnal. e. G. C. Stational. RR.
Statique, *s. f.* science de l'équilibre des corps.
†Statistique, *s. f.* (*nouveau*) économie politique; tableau de l'étendue, de la population, des richesses d'un état, sa description.
Statuaire, *s. m. Statuarius.* sculpteur qui fait des statues. *s. f. Statuaria.* art de faire des statues. *adj.* 2 *g.* propre à faire des statues; qui porte une statue.
Statue, *s. f. Statua.* figure de métal, de bois, de pierre, etc.; personne sans mouvement.
Statuer, *v. a. Statuere.* -tué. e, *p.* ordonner; régler; déclarer.
Stature, *s. f. Statura.* hauteur de la taille d'une personne.
Statut, *s. m. Statutum.* règle pour la conduite d'une compagnie, etc. * *pl.* lois angloises parlementaires. B.
†Staurotide, *s. f.* schorl cruciforme.
Stéatite, *s. f. Steatites.* marne feuilletée, dissoluble, savonneuse. * *adj. f.* (pierre) argilleuse, douce au toucher. B.
Stéatocèle, *s. m.* tumeur du scrotum. * Steatocele. R.
†Stéatomateux. se, *adj.* qui ressemble au stéatôme.
Stéatôme, *s. m. Steatoma.* tumeur enkistée.
†Stéchas, *s. m. Stoechas.* plante aromatique; on en tire une huile essentielle pour les nerfs: excite les règles, les urines; contre-poison. —citrin, immortelle jaune, ou à bouton d'or.
Stéganographie, *s. f.* art d'écrire en chiffres et de les expliquer.
Stéganographique, *adj.* 2 *g.* qui appartient à la stéganographie. G. C.
†Stegnotique, *adj.* 2 *g. s. m.* t. de médecine, médicament qui resserre, qui bouche les orifices.

Steinbock, *s. m.* bouquetin. RR.
Steinkerque, *s. f.* ajustement de femme. R.
Stélage, *s. m.* droit sur les grains. R.
Stélagier, *s. m.* fermier du stélage. R.
Stéléchite, *s. f. Stelechites.* R. concrétion pierreuse, espèce d'ostéocolle. B.
†Stéléchtite, *s. f.* pierre pour nettoyer les dents.
†Stellérides, *s. m. pl.* radiaires échinodermes.
Stellion, Stellio, *s. m.* lézard marbré de blanc, de cendré, de noir, du 2e. genre. G. C.
Stellionat, *s. m. Stellionatus.* crime de celui qui vend un immeuble comme franc d'hypothèque, quoiqu'il ne le soit pas.
Stellionataire, *s. m.* qui vend ce qui n'est pas à lui, qui commet le stellionat.
†Stellite, *s. f.* étoile de mer à queue de lézard, fossile.
†Sténochorie, *s. f.* rétrécissement des vaisseaux.
Sténographie, *s. f.* art de représenter les solides sur un plan. C.
†Stencore, *s. m.* genre d'insectes coléoptères.
†Sténes, *s. m. pl. Stenocorus.* insectes coléoptères du genre des staphilins.
Stenté, *adj. m.* t. de peint. voyez Stanté. A.
Stentorée, *adj. f.* (voix) de Stentor. R. V.
Stercoraire, *s. m. ou* Labbe, oiseau. *adj.* des excrémens. * scarabée fouille-merde. B.
†Stercoranistes, *s. m. pl.* hérétiques qui croyent que l'on digère l'hostie sacrée; matérialistes.
Stercoration, *s. f.* fiente, t. de médecine. R.
Stère, *s. m.* nouvelle mesure des solides, du bois, 29 pieds cubes, 202,690^e.
†Stéréobate, *s. m.* partie saillante de la base d'une colonne.
Stéréographie, *s. f.* voyez Sténographie.
†Stéréographique, *adj.* 2 *g.* de la stéréographie.
Stéréométrie, *s. f.* science qui traite de la mesure des solides. * partie de la géométrie. B.
Stéréotomie, *s. f.* science, art de la coupe des solides.
Stéréotypage, *s. m.* art, action de stéréotyper. RR. AL. * premier essai de l'imprimerie. B.
Stéréotype, *adj.* 2 *g. s. m.* type, forme solide; livre stéréotypé. C. RR.
Stéréotyper, *v. a.* pé. e, *p.* faire des planches d'imprimerie solides. C. RR.
Stéréotypie, *s. f.* art de stéréotyper. AL.
Stérile, *adj.* 2 *g. Sterilis.* qui ne produit pas de fruits.
Stérilité, *s. f. Sterilitas.* qualité de ce qui est stérile.
Sterling, *s. m.* monnoie de compte angloise.
†Sterne, *s. m.* oiseau.
†Sternicle, *s. m. Sternicla.* poisson du genre du salmone.
†Sternoclaviculaire, *adj.* 2 *g.* (ligament) du sternum à la clavicule.
†Sternocléidohyoïdien. ne, *adj.* (muscle) de l'os hyoïde.
†Sternocostal, e, *adj.* (muscle) des côtes et du sternum.
†Sternohyoïdien. ne, (muscle) de l'os hyoïde et du sternum.
†Sternomancie, *s. f.* divination par une espèce de pain.
†Sternothyroïdien. ne, *adj.* (muscle) du sternum et du thyroïde.
Sternum, Sternon, *s. m.* os du devant de la poitrine.
Sternutatif. ve, *adj.* qui fait éternuer. R. V.
Sternutatoire, *adj.* 2 *g. s. m.* qui provoque l'éternuement.
†Sterteur, *s. m.* qui ronfle en dormant.
Stibié. e, *adj.* tiré de l'antimoine.
†Stichomantie *ou* Stichomancie, *s. f.* divination

tion par le moyen des vers fatidiques.
†Sticonomancie, *s. f.* divination par des paroles écrites sur des écorces d'arbres.
Stigmates, *s. m. pl.* *Stigmata.* marques des plaies sur le corps. * Stygmates. A. Stigmate, *singulier.* G. C. partie supérieure des styles, extrémité glandulaire; poisson du genre du persègue. B.
†Stigmatique, *adj.* 2 *g.* du stigmate. * Stygmatique. AL.
Stigmatisé. e, *adj.* marqué de stigmates. * Stygmatisé. e. A.
Stigmatiser, *v. a.* sé. e, *p.* marquer au front avec un fer chaud. R. G. C. * diffamer. B.
Stigmites, *s. f. pl.* pierres remplies de petits points. G. C. * Stignite. V.
Stignite, *s. f.* pierre remplie de taches. V.
Stil de grun, — de grain, *s. m.* couleur jaune pour la peinture; * terre calcaire avec laquelle on la fait; pâte composée pour la peinture. B. * Stil-de-grun, -de-grain. C.
†Stilbite, *s. f.* zéolithe lamelleuse qui a l'apparence de la sélénite.
Stilet, *s. m.* voyez Stylet.
Stillation, *s. f.* filtration de l'eau à travers les terres; t. de physique.
†Stillatoire, *adj.* 2 *g.* qui tombe goutte à goutte, qui distille.
†Stillicide, *adj. f.* (eau) qui tombe d'un toit.
Stimulant. e, *adj. s. m.* qui a la vertu d'exciter, de réveiller. G. C. A. V. RR. CO.
†Stimulateur. trice, *adj.* qui stimule, excite, aiguillonne.
Stimuler, *v. a.* lé. e, *p.* aiguillonner, exciter. A.
†Stimuleux. se, *adj.* t. de botanique, garni de pointes dont la piqûre est brûlante.
†Stipe, *s. f.* *Stipa.* plante graminée.
Stipendiaire, *adj. s.* qui est à la solde d'un autre.
Stipendier, *v. a.* dié. e, *p.* gager quelqu'un; soudoyer des soldats.
†Stipité. e, *adj.* t. de botanique, à base subitement rétrécie.
Stipulant. e, *adj.* qui stipule.
Stipulation, *s. f.* *Stipulatio.* clauses, conditions, conventions d'un contrat.
†Stipule, *s. m.* appendice attaché sur le pétiole.
†Stipulé. e, *adj.* t. de botanique, pourvu de stipules.
Stipuler, *v. a.* *Stipulari.* lé. e, *p.* faire une stipulation.
†Stipuleux. se, *adj.* t. de botanique, garni de stipules plus longues que les feuilles, que la plante.
†Stoc, *s. m.* base de l'enclume, t. de forge.
Stœchologie, *s. f.* traité des élémens. R.
Stoïcien, *s. m.* homme vertueux, ferme, sévère, inébranlable; de la secte de Zénon.
Stoïcien. ne, *adj.* *Stoicus.* du stoïcisme, des stoïciens. * Stoïcien. ene. R.
Stoïcisme, *s. m.* philosophie de Zenon; fermeté, austérité. * constance dans le malheur. V.
Stoïque, *adj.* 2 *g.* *Austerus.* qui appartient aux stoïciens, qui tient du stoïcisme.
Stoïquement, *adv.* *Stoicè.* en stoïcien; avec courage, avec fermeté.
Stoïsme, *s. m.* qualité de ce qui est stoïque. A.
Stokfiche, *s. m.* poisson séché et salé. * Stokfisch. C. *ou* Stos-fich. G.
†Stole, *s. f.* ancien habit des femmes romaines.
Stolidité, *s. f.* stupidité. R.
†Stolonifère, *adj.* 2 *g.* (plante) qui porte des drageons.
Stomacacé, *s. m.* *Stomacace.* espèce de scorbut. R. * Stomacace. RR.
Stomacal. e, *adj.* bon pour l'estomac, qui le fortifie. * Stomachal. e. R. T.
Stomachique, *adj.* 2 *g.* *s. m.* qui appartient à l'estomac; bon pour l'estomac.
†Stomate, *s. f.* *Stomatia.* mollusque céphalé.
†Stomatique, *adj.* 2 *g.* (remède) pour la bouche et la gorge.
†Stomomatique, *adj.* 2 *g.* d'acier.
Stomox, *s. m.* *Stomoxis.* insecte; Mouche d'automne qui moleste beaucoup les hommes et les animaux.
†Stomoxes, *s. m. pl.* *Stomoxis.* insectes diptères, de l'espèce des conops.
†Stoquer, *v. a.* qué. e, *p.* conduire le feu, t. de raffineur.
†Stoqueur, *s. m.* outil pour gouverner les fourneaux. *s. f.* pelle ou fourgon d'affineur de sucre.
Storax, Styrax, *s. m.* *Styrax.* arbre, sa résine.
Store, *s. m.* rideau qui se baisse et se lève par un ressort.
†Stourne, *s. m.* étourneau de la Louisianne.
Strabisme, *s. m.* situation vicieuse du globe de l'œil.
Straction, *s. f.* t. d'imprimerie, R. extraction, action d'ôter une lettre pour en mettre une autre à sa place. B.
Stradiot, *s. m.* soldat. V.
†Stragile, *s. m.* instrument pour frotter le corps.
Stramonium, *s. m.* plante dont le fruit se nomme Pomme épineuse, * Noix mételle. Stramoine. B.
Strangulation, *s. f.* étranglement.
Strangurie, *s. f.* *Stranguria.* envie fréquente et involontaire d'uriner.
Strapassé, *adj.* qui a passé au-delà. V. * fait à la hâte, incorrect, t. de peinture. B.
Strapasser, *v. a.* sé. e, *p.* (*vieux*) maltraiter de coups. * t. de peint. travailler à la hâte. G.
Strapassonner, *v. a.* -né. e, *p.* peindre grossièrement. * Strapassoner. R.
Strapontin, *s. m.* siége mobile de carrosse; hamac, t. de marine.
Stras, *s. m.* composition qui imite le diamant.
Strasse, *s. f.* bourre, rebut de la soie.
†Stratagématique, *adj.* 2 *g.* plein de stratagèmes.
Stratagème, *s. m.* *Stratagema.* ruse de guerre; tour d'adresse; finesse, tromperie. * Stratagême. R.
Stratègue, *ou* Stratége, *s. m.* général athénien. A.
Stratification, *s. f.* t. de chimie, arrangement par couches.
Stratifier, *v. a.* -fié. e, *p.* t. de chimie, arranger par couches dans un vase.
†Stratiome, *s. m.* *Stratiomis.* Mouche armée, insecte diptère.
Stratiotes, *s. m.* plante aquatique.
Stratocratie, *s. f.* gouvernement militaire. A. R.
Stratografie, *s. f.* gouvernement militaire. C. * Stratographie. T. G. *par erreur; le vrai sens est:* description d'une armée, de tout ce qui la compose. A. R. CO. voy. Stratocratie.
Stratonique, *s. m.* victorieux. R.
†Strelet, *s. m.* poisson du genre de l'acipe.
Strélitz, *s. m. pl.* (*vieux*) infanterie russe. * Strelitz. CO.
†Strépite, *s.* bruit, éclat, fracas; craquement; murmure.
Stribord, *s. m.* *ou* Dextribord, le côté droit d'un vaisseau.
†Stricage, *s. m.* foible lainage.
Strict. e, *adj.* *Strictus.* étroit, resserré; rigoureux.
Strictement, *adv* *Strictè.* d'une manière stricte.
†Stricture, *s. f.* mouvement convulsif.
†Strideur, *s. f.* bruit aigu, cri perçant. (*néol.*)
†Strié, *s. m.* (le) lézard du 3e. genre à dos strié; poisson du genre du chétodon, du labre. — *s. f.* (la) poisson du genre du persègue.
Strié. e, *adj.* couvert ou formé de stries ou de sillons fins et serrés; t. d'architec. cannelé.
Stries, *s. f. pl.* filets semblables à des aiguilles sur les coquilles; fils dans le verre.
Strigille, *s. m.* instrument en usage dans les bains des Anciens pour masser. * Strigile. A. Strigil. T.
Strille, *s. f.* marteau pointu des deux bouts. V.
†Striptique, *adj.* 2 *g.* voyez Styptique.
†Striquer, *v. a.* donner le dernier trait aux draps.
Striures, *s. f. pl.* cannelures des colonnes; rayures des coquillages. * Striure. *sing.* R.
†Strobile, *s. m.* t. de botanique, cône.
†Stromate, *s. m.* *Stromateus.* poisson apode, du 7e. genre, de la 2e. classe.
†Stromates, *s. m. adj.* mélange de ses pensées avec celle d'autres auteurs.
†Stromatourgie, *s. f.* point sarrazin dans les tapis.
†Strombau, *s. m.* grosse espingole appuyée sur un chandelier. voy. Tromblon.
†Strombe, *s. f.* coquillage; 12e. genre des mollusques gastéropodes, testacés.
†Strombites, *s. f.* *Turbinites.* coquille univalve fossile.
Strongle, *s. m.* *Strongylus.* ver long et rond dans les intestins. * Ascarides. B.
Strophe, *s. f.* *Strophè.* couplet, stance d'une ode.
Strophies, *s. f. pl.* fêtes de Diane. V.
†Strontiane, *s. f.* l'une des huit terres primitives, principe des corps.
†Structeur, *s. m.* ordonnateur dans les repas, dans les fêtes, t. d'antiquité.
Structure, *s. f.* *Structura.* manière dont un édifice, un corps est bâti; ordre, arrangement des parties d'un discours, etc.
†Strugule, *s. m.* habit antique; contre-pointé.
†Strumosité, *s. f.* enflure du gosier.
†Strumstrum, *s. m.* guitare indienne.
†Struthiophage, *s. adj.* 2 *g.* qui mange des sauterelles.
†Struthophage, *adj. s.* 2 *g.* qui mange des autruches.
Stryges, *s. f. pl.* voyez vampires.
Stuc, *s. m.* *Marmoratum.* composé de chaux et de marbre blanc.
Stucateur, *s. m.* *Albarius.* qui travaille en stuc.
Studieusement, *adv.* avec soin; avec une application studieuse.
Studieux. se, *adj.* *Studiosus.* qui aime l'étude.
†Stuiver, *s. m.* monnoie allemande.
Stupéfactif, *adj. m.* qui engourdit, ôte le sentiment; t. de médecine.
Stupéfaction, *s. f.* engourdissement des parties; étonnement extatique.
Stupéfait. e, *adj.* *Stupefactus.* surpris, étonné; interdit et immobile.
Stupéfiant. e, *adj.* qui stupéfie. T. * Stupéfactif. B.
Stupéfier, *v. a.* *Stupefacere.* -fié. e, *p.* engourdir; étonner; rendre stupéfait.
Stupeur, *s. f.* état de celui qui est stupéfait; étonnement.
Stupide, *adj. s.* 2 *g.* *Stupidus.* hébété; d'un esprit lourd et pesant.
Stupidement, *adv.* *Ineptè.* d'une manière stupide.
Stupidité, *s. f.* *Stupiditas.* bêtise, pesanteur d'esprit.
†Stupre, *s. m.* copulation illégitime entre personnes libres.

Stygienne, *adj. f.* (eau) forte, t. de chimie. G.C.
Style, *s. m. Stylus.* poinçon, aiguille pour écrire; manière d'écrire, de composer, de peindre; manière de procéder, d'agir; de parler, de compter le temps. * partie inférieure du stigmate, ou tuyau sur le germe. B.
Styler, *v. a.* lé. e, *p.* (*famil.*) former, dresser, habituer.
Stylet, *s. m. Sicula.* sorte de petit poignard. * sonde de chirurgien. B.
Stylite, *adj. Stylites.* qui se tient sur une colonne, R. * qui y vit. St.-Siméon. B.
Stylobate, *s. m.* piédestal, soubassement.
†Styloglosse, *s. m.* muscle de la langue.
†Stylohyoïdien, *adj. s.* (muscle) du styloïde et de l'hyoïde.
†Styloïde, *s. f.* et *m.* t. d'anatomie, os.
†Stylomastoïdien, *adj. s.* (trou, artère) qui a rapport au styloïde et à la mastoïde.
†Stylopharyngien, *adj. s.* (muscle) du styloïde et du pharynx.
†Stypticité, *s. f.* qualité astringente.
Styptique, *adj. 2 g. Stypticus.* qui resserre et arrête le sang.
Styrax, *s. m.* résine fortifiante pour la toux, la phtisie. voyez Storax.
Styx, *s. m.* fleuve des enfers. * (*fig.*) la tombe. B.
Suage, *s. m.* t. de marine. R. * le coût des graisses et du suif; outil d'artisans. B.
†Suager, *v. a.* -gé. e, *p.* joindre le bord d'un chaudron, etc. avec le cercle de fer qui le soutient.
Suaire, *s. m.* linceul dans lequel on ensevelit un mort.
Suaire (saint-), *s. m.* t. de litur. suaire de J. C. t. de peint. son image sur le suaire.
Suant. e, *adj.* qui sue.
†Suasif. sive, *adj.* persuasif.
†Suasion, *s. f.* persuasion; avis, exhortation.
Suasoire, *adj. 2 g.* persuasif. V.
Suave, *adj. 2 g. Suavis.* doux; d'une odeur, d'une douceur agréable.
Suavement, *adv.* (*inusité*), d'une manière suave. G. C.
Suavité, *s. f. Suavitas.* douceur, agrément; t. mystique, consolation.
†Suaviteux. teuse, *adj. s.* qui mène une vie délicieuse.
†Subalaire, *adj. 2 g.* qui vient sous les aisselles des branches.
Subalterne, *adj. s. 2 g. Inferior.* subordonné, inférieur.
†Subarmale, *s. f.* casaque grossière.
†Subaudition, *s. f.* partie d'une expression dont le reste est sous-entendu.
Subdélégation, *s. f. Delegatio.* action de subdéléguer, acte qui la contient. * district d'un subdélégué. AL.
Subdélégué, *s. m. Vicarius.* qui a une subdélégation; délégué d'un intendant.
Subdéléguer, *v. a.* -gué. e, *p.* commettre avec pouvoir d'agir, de négocier, etc.
Subdiale, *s. f.* voyez Hypètre.
†Subdistique, *adj.* (péridot) dont les facettes sont disposées sur le même rang, deux d'entre elles étant surmontées d'une nouvelle facette.
Subdiviser, *v. a. Dividere.* sé. e, *p.* diviser une partie en plusieurs parties.
Subdivision, *s. f. Divisio.* division de parties.
Subduple, *adj. 2 g.* t. d'arithm. de géom. la moitié d'une autre moitié. R. V.
†Subérate, *s. m.* combinaison de l'acide subérique avec différentes substances.
†Subéreux. se, *adj.* d'une substance molle, élastique comme le liége.
†Subérique, *adj. 2 g.* (acide) tiré du liége.

Subgronde *ou* Sévéronde, *s. f.* t. d'archit. saillie de toit pour rejeter l'eau loin du mur. R.
Subhastation, *s. f. Auctio.* t. de coutume, vente à l'encan.
Subhaster, *v. a. Auctionari.* té. e, *p.* vendre des héritages à cri public. R. G. C.
Subintrante, *adj. f.* (fièvre) dont un accès commence avant la fin du précédent.
Subir, *v. a. Subire.* bi. e, *p.* être soumis à; se soumettre; supporter.
Subit. e, *adj. Subitus.* prompt, soudain.
Subitement, *adv. Subitò.* soudainement.
Subjectif. ve, *adj.* qui appartient au sujet, K. qui met au dessous. V.
Subjection, *s. f.* figure de rhétorique par laquelle on s'interroge, on se répond à soi-même. G. C.
†Subjectiveté, *s. f.* qualité de ce qui est subjectif; t. de métaphysique, etc. K.
Subjonctif, *s. m. Subjunctivus.* mode de la conjugaison des verbes.
Subjugal. e, *adj.* (ton), t. de plain-chant. G. C.
†Subjugation, *s. f.* action de subjuguer, de soumettre.
Subjuguer, *v. a. Subigere.* -gué. e, *p.* réduire en sujétion; prendre le dessus sur.
Sublapsaire, *s. 2 g.* t. de théologie. R.
†Sublet, *s. m.* sifflet d'oiseleur.
†Subligard, *s. m.* sorte de caleçon.
Sublimation, *s. f. Excoctio.* volatilisation, opération chimique.
Sublimatoire, *s. m.* vaisseau pour sublimer.
Sublime, *s. m. Sublimis.* ce qu'il y a de grand, d'excellent dans les sentimens, les actions, le style, etc. *adj. 2 g.* haut, élevé, relevé, * ou transcendante, (algèbre). B.
Sublimé, *s. m.* mercure volatilisé avec l'acide marin. *ou* Sublimé corrosif, poison violent.
Sublimement, *adv.* d'une manière sublime.
Sublimer, *v. a.* mé. e, *p.* élever les parties volatiles par le moyen du feu; volatiliser, élever en vapeurs.
Sublimité, *s. f. Sublimitas.* qualité de ce qui est sublime.
Sublingual. e, *adj.* placé sous la langue.
Sublunaire, *adj. 2 g.* qui est entre la terre et la lune; qui est sur la terre, dans l'air.
Submerger, *v. a. Inundare.* gé. e, *p.* couvrir d'eau, inonder.
†Submersible, *adj. 2 g.* (fleur) qui rentre dans l'eau après la fécondation.
Submersion, *s. f. Depressio.* grande inondation.
Submultiple, *adj. 2 g.* t. de géom. R. voy. Sous-multiple. G.
Subnormale, *s. f.* voy. Sous-normale.
Subordination, *s. f.* ordre entre les personnes dépendantes les unes des autres.
Subordinément, *adv.* avec subordination; t. de pratique, en conséquence. R. G. C.
Subordonnément, *adv.* en sous-ordre. * Subordonément, Subordinément. R.
Subordonner, *v. a.* -né. e, *p.* établir un ordre de dépendance de l'inférieur au supérieur. * Subordoner. R.
Subornateur, *s. m.* qui suborne des témoins. G. C.
Subornation, *s. f. Corruptela.* séduction, son effet.
Suborner, *v. a. Subornare.* -né. e, *p.* séduire; porter à agir contre le devoir.
Suborneur. se, *s. Corruptor.* qui suborne.
Subrécargue, *s. m.* fondé de pouvoir d'un armateur; qui veille sur la cargaison, t. de commerce maritime. * *et* Supercargo. R.
Subrécot, *s. m.* surplus de l'écot; demande en sus.
Subreptice, *adj. Subreptus.* (grâce) obtenue par surprise.
Subrepticement, *adv.* d'une manière subreptice. * Subrépticement. R.
†Subreptif. ve, *adj.* voyez Subreptice.
Subreption, *s. f. Fallacia.* surprise faite à un juge, etc. en lui cachant une vérité importante.
†Subreptivement, *adv.* d'une manière subreptive.
Subrogateur, *s. m.* action qui subroge un rapporteur à un autre. R. G. C.
Subrogation, *s. f. Substitutio.* acte par lequel on subroge.
Subrogatis, *s. m.* ordonnance qui subroge un tuteur à un autre. G. C. RR.
Subrogatur, *s. m.* mot qui exprime la subrogation. T.
Subrogé tuteur, *s. m.* second tuteur, t. de jurispr. * Subrogé-tuteur. C.
Subroger, *v. a. Subrogare.* gé. e, *p.* mettre en la place de quelqu'un.
Subsécutif. ve, *adj.* qui vient après. V.
Subselles, *s. m. p.* chaire à prêcher. R.
Subséquemment, *adv. Consequenter.* ensuite; après.
Subséquent. e, *adj. Sequens.* qui suit, vient après.
Subside, *s. m. Subsidium.* impôt, levée de deniers pour l'état, secours d'argent.
Subsidiaire, *adj. 2 g. Subsidiarius.* t. de prat. qui fortifie le principal; qui vient à l'appui.
Subsidiairement, *adv.* d'une manière subsidiaire.
Subsistance, *s. f. Subsidia.* nourriture et entretien; imposition pour les vivres; hypostase, personne. *pl.* vivres, munitions.
Subsister, *v. n. Existere.* exister; demeurer en vigueur; vivre et s'entretenir.
Substance, *s. f. Substantia.* esprit, matière, être qui subsiste par lui-même; ce qu'il y a de plus essentiel.
Substance (en), *adv.* en abrégé; en gros; sommairement.
Substantiel. le, *adj.* où il y a beaucoup de substance; ce qu'il y a de plus succulent, de plus nourrissant. * Substantiel. ele. R.
Substantiellement, *adv.* quant à la substance. * Substantiélement. R.
Substantieux, -cieux. se, *adj.* succulent. V.
Substantif, *s. m. Substantivum.* qui signifie une substance; t. de grammaire.
Substantifier, *v. a.* -fié. e, *p.* rendre substantif. R.
†Substantifique, *adj. 2 g.* substantiel; abondant en substance.
Substantivement, *adv. Substantivè.* en manière de substantif.
Substituer, *v. a. Substituere.* -tué. e, *p.* mettre à la place de.
Substitut, *s. m. Procognitor.* officier de judicature; suppléant.
Substitution, *s. f. Substitutio.* action de substituer, acte qui la constate.
Subtangente, *s. f.* voyez Sous-tangente.
Subtendante, *s. f.* voyez Sous-tendante.
Subterfuge, *s. m. Effugium.* ruse pour s'échapper; échappatoire.
†Subterranée, *adj.* qui est sous la surface de la terre.
Subtil. e, *adj. Subtilis.* délié, fin, menu; adroit; qui pénètre promptement.
Subtilement, *adv. Subtiliter.* avec subtilité.
Subtilisation, *s. f.* action de subtiliser des liquides par le feu.
Subtiliser, *v. a. Tenuare.* sé. e, *p.* rendre subtil, délié, pénétrant. *v. n.* raffiner, chercher trop de finesse. * (*famil.*) tromper subtilement. AL.
Subtilité, *s. f. Subtilitas.* qualité de ce qui est subtil; finesse, tour d'adresse.

Subtriple, voyez Sous-triple.
†Subulé, e, *adj.* (feuille) se terminant en pointe très-fine ; fait en alêne.
Suburbicaire, *adj.* 2 *g.* (province) qui composoit le diocèse de Rome. * Suburbicaires. C
Subvenir, *v. n. Subvenire.* -nu, e, *p.* secourir, soulager ; pourvoir, suffire.
Subvention, *s. f. Subsidium.* secours d'argent, espèce de subside.
Subversif, ve, *adj.* qui renverse, détruit. V.
Subversion, *s. f. Subversio.* renversement.
Subvertir, *v. a. Subvertere.* ti, e, *p.* renverser.
†Subvirguler, *v. a.* souligner.
Suc, *s. m. Succus.* liqueur exprimée des corps ; ce qu'il y a de plus substantiel dans une viande, dans un livre ; humidité de la terre.
†Succédanée, *adj. f.* t. de pharmacie, que l'on substitue à un autre.
Succéder à, *v. n. Succedere.* prendre la place de ; venir après ; hériter de ; réussir. (*inus.*)
Succenteur, *s. m.* sous-chantre. V. RR.
†Succenturiaux, *adj. m. pl.* (corps) glanduleux au dessus des reins.
†Succenturier, *adj.* (muscle) près l'os pubis.
Succès, *s. m. Eventus.* réussite ; heureuse issue d'une affaire.
Successeur, *s. m. Successor.* celui qui succède à un autre.
Successif, ve, *adj. Continuus.* qui se succède sans interruption ; (droit) à une succession.
Succession, *s. f. Series.* hérédité, biens d'un défunt ; suite de personnes dans un rang ; suite de temps.
Successivement, *adv. Vicissim.* l'un après l'autre.
†Succet *ou* Sucet, *s. m.* poisson du genre de l'échène. *ou* Rémora.
Succin, *s. m.* ambre jaune. * *ou* Karabé, matière bitumineuse devenue solide. B.
Succinates, *s. m. pl.* sels formés par la combinaison de l'acide succinique avec différentes bases. V.
Succinct, e, *adj. Brevis.* court, bref ; léger.
Succinctement, *adv. Breviter.* d'une manière succincte ; en peu de mots ; légérement.
Succinique, *adj.* (acide) dégagé du succin. V.
†Succinum, *s. m.* ambre citrin.
Succion, *s. f.* action de sucer. * Suction. A. T.
Succomber, *v. n. Succumbere.* bé, e, *p.* fléchir sous le poids ; avoir du désavantage ; se laisser vaincre.
Succube, *s. m.* (*popul.*) démon qui jouit de l'homme sous la figure d'une femme.
Succulent, e, *adj. Jurulentus.* qui a beaucoup de suc ; fort nourrissant.
Succursale, *adj. s. f.* (église) qui sert d'aide à une paroisse.
†Suce-bœuf, *s. m.* oiseau du Sénégal.
Sucement, *s. m.* action de sucer.
Sucer, *v. a. Sugere.* cé, e, *p.* attirer avec les lèvres ; tirer peu à peu le bien, l'argent de quelqu'un.
†Sucet, *s. m.* Succet *ou* Rémora, petit poisson.
Suceur, *s. m.* qui suce les plaies pour les guérir.
Suçoir, *s. m.* ce qui sert à sucer. A.
Suçon, *s. m.* marque, élevure faite à la peau en la suçant.
Suçoter, *v. a.* té, e, *p.* (*famil.*) sucer peu à peu et à diverses reprises.
Sucre, *s. m. Saccharum.* suc de cannes des Indes.
Sucré, e, *adj.* où il y a du sucre, qui en a le goût.
Sucrée (faire la), *adj. f.* affecter de paroître modeste, innocente, scrupuleuse.
Sucrer, *v. a.* -cré, e, *p.* mettre du sucre, assaisonner avec du sucre.
Sucrerie, *s. f.* où l'on recueille et prépare le sucre. *pl.* choses sucrées ; bonbons.
Sucrier, *s. m.* vase où l'on met le sucre. * *Certhia.* oiseau du genre du grimpereau. B.
Sucrin, *adj. m.* (melon) qui a le goût du sucre. * Sucrin, e. R.
Sucrion, *s. m. Hordeum nudum.* espèce d'orge qui quitte sa balle.
Sud, *s. m. Auster.* le midi, le vent du midi.
Sud-est, *s. m.* partie du monde, ou vent entre le sud et l'est. * Sud-sud-est. R.
†Sud-est quart est, *s. m.* le milieu entre le sud-est et l'est-sud-est.
†Sud-est quart sud, *s. m.* le milieu entre le sud-est et le sud-sud-est.
Sud-ouest, *s. m.* partie du monde, ou vent entre le sud et l'ouest. * Sud-sud-ouest. R.
†Sud-ouest quart ouest, *s. m.* le milieu entre le sud-ouest et l'ouest-sud-ouest.
†Sud-ouest quart sud, *s. m.* le milieu entre le sud-ouest et le sud-sud-ouest.
†Sud quart sud-est, *s. m.* le milieu entre le sud et le sud-sud-est.
†Sud-sud-est, *s. m.* le milieu entre le sud et le sud-est.
†Sud-sud-ouest, *s. m.* le milieu entre le sud et le sud-ouest.
Sudorifique, Sudorifère, *adj.* 2 *g. s. m. Sudatorius.* qui provoque la sueur. * Sudorifere. R.
Suédois, e, *s. adj.* de Suède. R.
Suée, *s. f.* (*très-bas*) inquiétude subite et mêlée de crainte.
Suer, *v. n. Sudare.* rendre une humeur par les pores. *v. a.* travailler beaucoup ; se donner beaucoup de mal.
†Suerie, *s. f.* bâtiment dans lequel on fait ressuer et fermenter le tabac.
Suette, *s. f.* maladie épidémique, accompagnée de sueurs. * Suete. R.
Suette, *s. f.* (*vieux*) chouette. V.
Sueur, *s. f. Sudor.* humeur qui sort des pores ; action de suer. *pl.* peines pour réussir.
Suffettes, *s. m. pl.* magistrats de Carthage. * Suffètes. A. C. G. Suffetes. R.
Suffire, *v. n. impers.* satisfaire à tout ; pourvoir ; fournir aux besoins ; avoir la quantité, les qualités, les talens requis pour...
Suffisamment, *adv. Satis.* assez. * Suffisament. R.
Suffisance, *s. f.* ce qui suffit ; ce qui est assez ; capacité, habileté (*vi.*) ; vanité, présomption.
Suffisance (à), *adv.* suffisamment.
Suffisant, e, *adj. Sufficiens.* qui suffit. *subst.* présomptueux.
Suffocant, e, *adj.* qui suffoque.
Suffocation, *s. f. Suffocatio.* étouffement, difficulté de respirer.
Suffoquer, *v. a. Suffocare.* qué, e, *p.* faire perdre la respiration ; étouffer ; perdre la respiration.
Suffragant, *s. m. Suffraganeus.* se dit d'un évêque à l'égard du métropolitain.
Suffrage, *s. m. Suffragium.* voix qu'on donne en matière d'élection. *pl.* t. de liturgie, prières.
Suffumigation, *s. f.* t. de médecine, fumigation ; t. d'antiq. cérémonies dans les sacrifices.
Suffusion, *s. f. Suffusio.* épanchement du sang, de la bile entre cuir et chair. * cataracte de l'œil. CO.
Suggérer, *v. a. Suggerere.* ré, e, *p.* insinuer, inspirer.
†Suggeste, *s. m.* loge des empereurs romains aux spectacles.
Suggestion, *s. f. Instigatio.* instigation, persuasion.
Sugillation, *s. f.* meurtrissure. R. G. C.
Suicide, *s. m.* action de se tuer ; celui qui se tue.
Suie, *s. f. Fuligo.* matière noire et épaisse que la fumée laisse dans son passage.
Suif, *s. m. Sebum.* graisse de mouton, de bœuf fondue.
†Suin, *s. m.* sels neutres séparés du verre.
†Suineux, se, *adj.* gras de suint.
Suint, *s. m. Œsypum.* humeur épaisse qui suinte du corps des animaux.
Suintement, *s. m.* action de suinter.
Suinter, *v. n. Sudare.* s'écouler presque insensiblement, parlant d'une liqueur, d'une humeur, d'un vase, d'un corps poreux, humide, etc.
Suisse, *s. m.* portier ; poisson ; quadrupède, écureuil de terre. * homme qui n'entend ni rime, ni raison. B. Suisse, suissesse. R.
Suisserie, *s. f.* auberge ; loge du suisse. V.
Suite, *s. f. Comitatus.* ceux qui suivent ; postérité ; continuation ; effet d'un événement. *Ordo.* ordre ; liaison ; enchaînement. * *pl.* pour luites ou testicules *abusis.* CO.
Suite (de), *adv.* l'un après l'autre ; de rang ; sans discontinuation. * tout de suite, *adv.* aussitôt, sans délai ; sans interruption. B. De-suite. C.
Suivant, *prép. Secundum.* selon, à proportion.
Suivant que, *conj.* selon que. * Suivant-que. C.
Suivant, e, *adj. s. f. Sequens.* qui suit, qui accompagne.
Suiver, *v. a.* vé, e, *p.* enduire de suif. G. C. V. RR.
Suivi, e, *adj.* qui attire beaucoup de monde ; où il y a de l'ordre, de la liaison.
Suivre, *v. a.* vi, e, *p.* aller ; être après ; accompagner, escorter ; se laisser aller ou conduire à ; se conformer à ; fréquenter ; continuer ; observer, épier ; s'abandonner à.
Sujet, *s. m. Argumentum.* cause ; raison ; motif ; objet ; matière ; personne ; t. d'arts ; t. de musique, air.
Sujet, te, *adj. s. Subjectus.* soumis à ; astreint ; accoutumé à ; exposé souvent à. * Sujet, ete. R.
Sujétion, *s. f. Servitus.* dépendance ; assujettissement ; assiduité gênante.
Sulfate, *s. m.* sel formé par la combinaison de l'acide sulfurique avec différentes bases. V.
Sulfite, *s. m.* sel formé par la combinaison de l'acide sulfureux avec différentes bases. V.
Sulfure, *s. f.* t. de chimie, combinaison dont la base est le soufre. V.
Sulfuré, e, Sulfureux, se, *adj Sulphureus.* plein de soufre, de la nature du soufre. G. C. V. * Sulphureux, se. R.
Sulfurique, *adj.* 2 *g.* (acide) obtenu par la combinaison du soufre avec différentes bases. V
Sulla, Silla, *s. f.* espèce de sainfoin de Malte. G.
Sulpicien, *s. m.* séminariste. R.
Sultan, *s. m.* le grand-seigneur ; titre de plusieurs princes mahométans. * homme altier et tyrannique ; coussin rempli de parfums. B.
Sultane, *s. f.* femme du grand-seigneur ; vaisseau de guerre turc. * t. de confiseur, petits ouvrages. B.
Sultanin, *s. m.* monnoie d'or turque. T.
Sumac, *s. m. Rhus. ou* Vinaigrier, arbrisseau, fleur en épi, fruit rafraîchissant, feuilles pilées pour les panaris. * Sumach. G. C.
†Sumara, *s. m.* instrument à vent égyptien.
Sumâtre, *s. m.* t. de marine. R.
†Sumau, *s. m.* espèce de chat de la Chine.
†Sumpit (le), *s. m. Velitaris.* poisson du genre du centrique.
Sumtum, *s. m.* t. de chancellerie, seconde copie. RR.
Suovitaurilies, *s. f. pl.* sacrifice tous les cinq ans d'un verrat, d'un mouton et d'un bélier. V.
Super, *v. n.* t. de marine, se boucher.
Supération, *s. f.* excédant de mouvement d'une planète sur une autre. R. G. C.
Superbe, *s. f. Superbia.* (*vieux*) orgueil, vaine

gloire ; présomption ; arrogance.
Superbe, *adj.* 2 *g. s. m. Superbus.* orgueilleux ; arrogant ; plein de fierté ; magnifique ; qui s'estime trop ; de belle apparence. * espèce d'oiseau de paradis. B.
Superbement, *adv. Superbè.* d'une manière superbe, orgueilleuse ; magnifiquement.
Supercargo, *s. m.* t. de marine. R. V. voyez Subrécargue.
Supercatholique, *adj.* 2 *g.* catholique au suprême degré. V.
Supercéder, *v. a.* surseoir. V. * *v. n.* cesser de parler. B.
Supercessions, *s. f. pl.* arrêts concernant la décharge des comptables. G. C. * *sing.* RR.
Supercherie, *s. f. Fraus.* tromperie faite avec finesse.
†Supère, *adj.* 2 *g.* (ovaire) libre ; (fleur) à ovaire inférieur.
Superfétation, *s. f.* conception d'un second fœtus.
Superficialité, *s. f.* qualité de ce qui est superficiel. V.
Superficie, *s. f. Superficies.* surface ; légère connoissance ; longueur ; largeur sans profondeur.
Superficiel, le, *adj.* qui n'est qu'à la superficie, qui ne s'arrête qu'à la superficie ; léger. (esprit) * *f.* Superficiele. R.
Superficiellement, *adv. Leviter.* d'une manière superficielle. * Superficiélement. R.
Superfin, *adj. s. m.* très-fin. * Superfin. e. A.
Superflu. e, *adj. s. Supervacuus.* inutile ; ce qui est de trop.
Superflu, *s. m.* sans *pl.* ce qu'on a de trop.
Superfluité, *s. f. Superfluitas.* abondance vicieuse ; ce qui est superflu.
Supérieur. e, *adj. Superior.* qui est au-dessus ; plus élevé. *s. m. Præses.* qui est le premier ; qui a l'autorité. *s. f.* qui a l'autorité dans un couvent.
Supérieurement, *adv. Eximiè.* d'une manière supérieure ; avec avantage ; parfaitement bien.
Supériorité, *s. f. Præstantia.* dignité de supérieur ; autorité ; prééminence, excellence au-dessus des autres.
Superlatif, *adj. s. m. Superlativus.* t. de gram. nom adjectif qui augmente la signification, exprime la supériorité.
Superlativement, *adv.* (*burl.*) au plus haut degré.
Supernuméraire, *adj.* 2 *g.* qui est au-delà du nombre. V.
Superpartient. e, Surpartient. e, *adj.* t. de géométrie. R.
Superposer, *v. a.* sé. e, *p.* poser dessus. V.
Superposition, *s. f.* action de poser une chose sur une autre.
Superpurgation, *s. f.* purgation excessive.
Superséder, *v. n.* (*vieux*) surseoir, différer pour un temps.
Supersensible, *adj.* 2 *g.* qui échappe à nos sens. K.
Superstitieusement, *adv. Superstitiosè.* d'une manière superstitieuse.
Superstitieux. se, *adj. s. m. Superstitiosus.* qui a de la superstition ; exact jusqu'à l'excès.
Superstition, *s. f. Superstitio.* fausse opinion religieuse ; vain présage ; pratique superstitieuse ; soin minutieux.
Supin, *s. m. Supinum.* t. de grammaire latine.
Supinateur, *adj. s. m.* (muscle) qui fait tourner en haut la paume de la main. R. G. C.
Supination, *s. f.* mouvement de la paume de la main vers le ciel. R. G. C. CO.
†Suppéditer, *v. a.* fouler aux pieds, anéantir.
†Supper, *v. a.* humer quelque chose.

Suppilote, *s. m.* corbeau du Mexique. T.
Supplantateur, *s. m.* qui supplante. T.
Supplantation, *s. f.* action de supplanter. V. RR.
Supplanter, *v. a. Supplantare.* té. e, *p.* faire perdre à quelqu'un sa place, son crédit pour lui succéder.
Suppléant, *s. m.* nommé pour suppléer quelqu'un dans un fonction. A. C.
Suppléer, *v. a. Supplere.* -pléé. e, *p.* ajouter ce qui manque ; remplacer ; remplir la place de. *v. n.* réparer le manquement, le défaut de quelque chose.
Supplément, *s. m. Supplementum.* ce qui supplée ; ce qu'on donne pour suppléer ; ce qui complette ; t. de grammaire.
Suppliant. e, *adj. s. Supplex.* qui prie, qui supplie.
Supplication, *s. f. Deprecatio.* humble prière.
Supplice, *s. m. Supplicium.* punition corporelle ordonnée par la justice ; douleur vive et longue ; affliction, peine violente ; vive inquiétude.
Supplicier, *v. a.* cié. e, *p.* faire souffrir le supplice de la mort.
Supplier, *v. a. Supplicare.* -plié. e, *p.* prier avec instance.
Supplique, *s. f. Supplicatio.* requête pour demander une grâce.
Support, *s. m. Fulcrum.* ce qui soutient une chose, ce sur quoi elle porte ; aide ; protection ; action de tolérer ; t. de blason, ce qui porte l'écusson.
Supportable, *adj.* 2 *g. Tolerabilis.* qu'on peut supporter, tolérer, excuser.
Supportablement, *adv. Tolerabiliter.* d'une manière supportable, tolérable.
Supportant. e, *adj.* t. de blason, surmonté.
Supporter, *v. a. Sustinere.* té. e, *p.* porter, soutenir ; endurer ; tolérer ; souffrir avec patience, avec résignation.
Supposé que, *adv.* posez le cas que. G. C.
Supposer, *v. a. Ponere.* sé. e, *p.* mettre en avant ; alléguer comme vrai ce qui est faux ; produire une pièce fausse. (se), *v. r.* se donner pour exemple ; se mettre à la place.
Supposition, *s. f. Suppositio.* proposition mise en avant ; fausse allégation ; production d'une pièce fausse.
Suppositoire, *s. m.* sorte de médicament externe.
Suppôt, *s. m. Fautor.* fauteur et partisan ; membre d'une université.
Suppression, *s. f. Suppressio.* action de supprimer ; défaut d'évacuation.
Suppressure, *s. f.* (*vieux*) dissimulation. V.
Supprimer, *v. a. Supprimere.* mé. e, *p.* empêcher, faire cesser de paroître ; taire, passer sous silence ; abolir ; annuller ; retrancher.
Suppuratif. ve, *adj. s. m. Suppuratorius.* qui fait suppurer.
Suppuration, *s. f. Suppuratio.* formation, écoulement du pus.
Suppurer, *v. n. Suppurare.* rendre, jeter du pus.
Supputation, *s. f. Computatio.* compte, calcul.
Supputer, *v. a. n. Supputare.* té. e, *p.* compter, calculer.
Supralapsaire, *s.* 2 *g.* t. de théologie. R. partisan de la prédestination. RR.
Suprématie, *s. f.* droit d'être chef d'une religion. * supériorité (*barbarisme*). B.
Suprême, *adj.* 2 *g. Supremus.* au-dessus de tout en son genre ; qui termine le tout. (*poët.*) dernier.
Sur, *prép. Super.* marque la situation au-dessus de ; marque la proximité ; vers, dans ; durant ; environ.
Sûr, e, *adj. Certus.* certain ; ferme ; infaillible ; indubitable ; solide ; où il n'y a rien à craindre ; en qui on peut se fier.

Sur. e, *adj. Acidus.* qui a un goût acide, aigrelet.
†Sur-achat *ou* Surachat, *s. m.* t. de monnoie, remise faite à celui qui porte des métaux à la monnoie.
†Sur et tant moins, *adverbial.* en déduction.
†Sûr (à coup), *adv.* immanquablement.
Sur-aller, *v. n.* t. de chasse, se dit du chien qui passe sur la voie sans crier. * Suraller. R. G. C.
Sur-andouiller, *s. m.* t. de chasse, andouiller au-dessus du cors et quelquefois plus grand que les autres. * Surandouiller. R. G. C.
Sur-arbitre, *s. m.* t. de prat. * Surarbitre. R. G.
Sur-bande, *s. f.* bande qui s'applique sur la compresse. C. * Surbande. R. G.
Surabondamment, *adv. Redundanter.* plus que suffisamment. * Surabondament. R.
Surabondance, *s. f. Redundantia.* excessive abondance.
Surabondant. e, *adj. Redundans.* qui surabonde.
Surabonder, *v. n. Superabundare.* abonder au-delà de ce qui est nécessaire.
Suracheter, *v. a.* té. e, *p.* acheter une chose plus qu'elle ne vaut.
Suraigu. ë, *adj.* t. de musique, fort aigu.
Surale, *s. f. adj.* (veine), t. d'anatomie. G. C.
Surannation, *s. f.* (lettre de) pour renouveler un titre suranné, etc. t. de chancellerie.
Suranné. e, *adj. Vetustus.* vieux, qui n'est plus d'usage.
Suranner, *v. n.* avoir plus d'un an de date.
Surard, *adj. m.* (vinaigre) préparé avec des fleurs de sureau.
Surbaissé. e, *adj. Delumbatus.* t. d'archit. qui n'est point en plein cintre.
Surbaissement, *s. m.* qualité, état de ce qui est surbaissé ; ce dont une arcade est surbaissée.
†Surbout, *adj. m.* (arbre) pièce tournante debout, sur un pivot.
Surcase, *s. f.* t. de trictrac, carré rempli de trois ou quatre dames. G. C. RR.
Surcens, *s. m.* t. de féod. première rente au-dessus du cens.
Surcharge, *s. f.* surcroît de charge.
Surcharger, *v. a. Premere.* gé. e, *p.* charger, imposer trop.
†Surchauffer, *v. a.* fé. e, *p.* brûler le fer.
Surchauffures, *s. f. f. pl.* pailles, défauts dans l'acier, dans le fer surchauffé. * -chaufures. R.
Surcilier, *s. m.* trou externe de la tête sur le front. * Surcillier. R.
Surcomposé, *adj.* t. de gram. dans lequel on redouble l'auxiliaire *avoir. ex.* j'ai eu fait. * t. de botanique, divisé plus de deux fois. B.
Surcomposé, *s. m.* t. de chim. qui résulte de corps composés.
Surcostaux, *s. m. pl.* muscles sur les côtes. G. C.
Surcroissance, *s. f.* ce qui croît au corps par-dessus la nature. G. C. V. RR.
Surcroît, *s. m. Accessio.* augmentation.
Surcroître, *v. n. Succrescere.* se dit de la chair qui abonde dans les plaies ; accroître au-delà des bornes.
†Surculeux. se, *adj.* garni de nouvelles branches, de rejets.
†Surdâtre, *adj.* 2 *g.* un peu sourd.
Surdemande, *s. f.* demande excessive. R. G. C.
Surdent, *s. f.* dent hors de rang, t. de dentiste, de manége, dent plus longue (dent oblongue).
Surdité, *s. f. Surditas.* perte ou diminution de l'ouïe.
Surdorer, *v. a.* ré. e, *p.* dorer doublement, solidement, à fond.
Surdos, *s. m.* t. de carrossier, bande sur le dos du

du cheval qui soutient les traits.
Sureau, *s. m. Sambucus.* arbrisseau plein de moelle.* on fait un grand usage de toutes ses parties; fleur en thé pour les coliques, sudorifique pour les inflammations de poitrine; la brûlure, l'inflammation, la goutte; écorce purgative; puissant diurétique. B.
Surécot, *s. m.* voyez Subrécot. R.
†Surelle, *s. f. ou* Vinette; oseille commune.
Sûrement, *adv. Certò.* avec sureté; certainement.
Suréminent. e, *adj.* éminent au suprême degré. R. G. C.
Surenchère, *s. f.* enchère sur une autre. -chere. R.
Surenchérir, *v. n.* -ri. e, *p.* faire une surenchère.
Surépineux, *adj. m.* (muscle) du bras. G. C.
Surérogation, *s. f.* t. de mysticité; ce qui est au-delà des promesses, des obligations.
Surérogatoire, *adj.* 2 *g.* au-delà de ce qu'on doit.
Suret. te, *adj. Acidulus. diminutif de* sur. * *f.* Surète. A. G. Surète. R.
Sureté, *s. f. Securitas.* éloignement de tout danger; caution; garantie; gage. * Sûreté. R.
Surface, *s. f. Superficies.* longueur, largeur sans profondeur; superficie; extérieur d'un corps.
Surfaire, *v. a.* -fait. e, *p.* demander trop de sa marchandise.
Surfaix, *s. m.* large sangle qui passe sur les autres.
Surfeuille, *s. f.* membrane qui couvre le bourgeon. R. G. C.
†Surfleurir, *v. n.* fleurir après avoir donné du fruit.
†Surfoncière, *adj. f.* t. de coutume. RR.
Surgarde, *s. m.* nouveau garde établi après d'autres. R. G. C.
Surge, *adj. f.* (laine) grasse. G. C. * (pâte) trop peu collée, t. de papeterie. B.
Surgeon, *s. m. Surculus.* rejeton qui sort du tronc, du pied d'un arbre: (*vieux*) issu, descendant.
Surgeon d'eau, *s. m.* petit jet d'eau naturel. * Surgeon-d'eau. C.
Surgir, *v. n.* (*vieux*) arriver, aborder.
Surhaussement, *s. m.* action de surhausser, son effet; état de ce qui est surhaussé.
Surhausser, *v. a.* sé. e, *p.* mettre à plus haut prix; t. d'architecture, élever plus haut.
Surhumain. e, *adj.* au-dessus de l'humain. G. C. V. RR. CO.
†Surikate, *s. m.* jolie petite marmote de Surinam.
Surindict, *s. m.* surcharge. R.
Surindict. e, *adj.* surchargé. R.
†Surinstitution, *s. f.* institution faite sur une autre.
Surintendance, *s. f. Præfectura.* direction, inspection au-dessus des autres; charge; demeure de l'intendant.
Surintendant. e, *s. Præfectus.* qui a une surintendance.
Surjale, *adj. m.* t. de marine. R.* Surjalle. RR.
Surjallé *ou* Surjouaillé, *adj.* (câble) qui tourne sur le jas et fait déraper l'ancre. CO.
Surjet, *s. m.* espèce de couture.
Surjetant, *s. m.* t. de jurispr. R. enchérisseur. RR.
Surjeter, *v. a.* té. e, *p.* coudre en surjet.* hausser le prix, enchérir, t. de pratique. G. C. RR.
†Surjurer, *v. a.* opposer le serment de plusieurs à celui d'un criminel.
Surlendemain, *s m. Tertius dies.* le jour qui suit le lendemain.
†Surlier, *v. a.* amarrer le bout d'un câble avec du fil de voile.
†Surlieure, *s. f.* action de surlier.
†Surlo, *s. m.* poids au Levant.
Surlonge, *s. f.* partie du bœuf.
Surmarcher, *v. n.* t. de vénerie, revenir sur ses aires. G.
Surmé *ou* Surmech, *s. m.* couleur noirâtre. R.
†Surme, *s. m.* trompette égyptienne, très-bruyante.
Surmener, *v. a. Fatigare.* -né. e, *p.* t. de man. excéder de fatigue par une marche forcée.
Surmesure, *s. f.* ce qui est au-delà de la mesure, ce qui l'excède. R. G. C.
Surmontable, *adj.* 2 *g.* (*inusité*) qu'on peut surmonter. R. G. C.
Surmonté. e, *adj.* au-dessus de qui il y a une autre chose, t. de blason.
Surmonter, *v. a. Superare.* té. e, *p.* monter au-dessus; surpasser; vaincre; dompter. (se), *v. r.*
†Surmoule, *s. f.* deuxième moule pris sur le premier.
†Surmouler, *v. a.* lé. e, *p.* prendre un moule sur une figure.
Surmoût, *s. m.* t. de vigneron, vin qui n'a pas été cuvé ni pressé.
Surmulet, Barbarin, Moil, *s. m. Mullus.* poisson de mer, du genre du mulet.
Surmulot, *s. m. Mus.* espèce de gros mulot roux, plus fort que le rat.
Surnager, *v. n. Innatare.* nager dessus.
Surnaître, *v. n.* naître par-dessus. G. C.
Surnaturel. le, *adj.* au-dessus des forces de la nature; extraordinaire. * -naturel. ele. R.
Surnaturellement, *adv. Divinitùs.* d'une manière surnaturelle. * Surnaturélement. R.
Surneigées, *adj. f. pl.* t. de chasse, traces sur la neige. R. G. C. * voies où la neige est tombée. B.
Surnom, *s. m. Cognomen.* nom après le nom propre; épithète ajoutée au nom.
Surnommer, *v. a.* mé. e, *p.* ajouter une épithète au nom. * Surnomer. R.
Surnuméraire, *adj.* 2 *g. s. m.* au-dessus du nombre déterminé.
†Suron *ou* Céron, *s. m.* ballot couvert d'une peau de bœuf fraîche.
Suros, *s. m.* t. de vétér. tumeur dure sur la jambe.
Surparticuliere, *adj.* t. de mus. R.* (proportion) dont le plus grand terme ne contient qu'une fois le p us petit. B.
Surpartient. e, *adj.* excédant d'un nombre, d'une grandeur sur une autre, t. de mathématique. * Surpatient. CO.
Surpasser, *v. a. Superare.* sé. e, *p.* excéder, être au-dessus, plus élevé; excéder les forces, l'intelligence.
Surpayer, *v. a.* yé. e, *p.* acheter trop cher.
Surpeau, *s. f.* épiderme, cuticule, première peau.
Surpente, *s. f.* t. de marine. R.
Surplis, *s. m. Superpelliceum.* vêtement d'église, en toile.
Surplomb, *s. m.* défaut de ce qui n'est pas à plomb.
Surplomber, *v. n.* n'être pas à plomb.
Surpluées, *adj. f. pl.* t. de chasse, voies des bêtes où il a plu. R. G. C.
Surplus, *s. m. Reliquus.* l'excédent, le reste.
Surplus (au), *adv.* au reste. * Au-surplus. C.
†Surpoil, *s. m.* trousseau des enfans que l'on marie.
Surpoint, *s. m.* t. de corroyeur, raclure. R. G. C.
†Surposé. e, *adj.* (graines) l'une sur l'autre en long.
†Surpousse, *s. f.* pousse surajoutée à celle de l'année.
Surprenant. e, *adj. Mirus.* qui surprend, qui étonne.
Surprendre, *v. a.* -pris. e, *p.* prendre sur le fait, à l'imprévu, furtivement; tromper, abuser; saisir. *Commovere.* étonner; arriver; attaquer subitement.
Surpris. e, *adj.* pris à l'imprévu, étonné, etc.
Surprise, *s. f. Perturbatio.* action par laquelle on surprend; étonnement; trouble. *Error.* erreur; tromperie. * pièce de la cadrature d'une montre.
†Surquérir, *v. a.* interroger avec indiscrétion.
Sursaut, *s. m.* surprise lorsqu'on est éveillé brusquement.
Surséance, *s. f. Prolatio.* délai, suspension.
Sursemaine, *s. f.* semaine d'avant ou d'après. R. V.
Sursemer, *v. a. Superseminare.* mé. e, *p.* semer dans une terre déjà semée.
Surseoir, *v. a. n. Differre.* suspendre; remettre; différer. * *ou* Sursoir. G.
Sursis, *s. m. Dilatio.* délai.
Sursis. e, *adj. Prolatus.* différé, retardé.
Sursolide, *adj. s.* 2 *g.* t. d'alg. 4e. puissance.
Surtaux, *s. m.* taxe trop haute.
Surtaxe, *s. f.* taxe trop forte; taxe ajoutée à d'autres. RR. V.
Surtaxer, *v. a. Superimponere.* xé. e, *p.* taxer trop haut.
Surtondre, *v. a.* -du. e, *p.* (la laine) couper les extrémités les moins fines.
Surtonte, *s. f.* t. de parcheminier. R.
Surtout, *s. m. Epitogium.* sorte de justaucorps; pièce de vaisselle. * moule supérieur; petite charrette. B.
Surtout, *adv. Præsertim.* principalement. * Surtout. R. G. C.
Surveillance, *s. f.* action de surveiller. A. RR. CO.
Surveillant. e, *adj. s. Custos.* qui surveille, qui prend garde.
Surveille, *s. f.* le jour qui précède la veille.
Surveiller, *v. a. n. Advigilare.* lé. e, *p.* avoir l'œil sur; veiller sur quelqu'un avec autorité.
Survenance, *s. f.* t. de prat. arrivée imprévue.
Survenant. e, *adj. Adventor.* qui survient.
Survendre, *v. a.* -du. e, *p.* vendre trop cher.
Survenir, *v. n. Supervenire.* -nu. e, *p.* arriver inopinément, de surcroît.
Survente, *s. f.* vente à un prix excessif. * t. de marine, augmentation du vent. CO.
†Surventer, *v. n.* se dit du vent qui augmente tout-à-coup.
Survenu. e, *adj.* venu inopinément.
Survêtir, *v. a.* -tu. e, *p.* mettre un habillement par-dessus un autre.
Survider, *v. a.* dé. e, *p.* désemplir ce qui est trop plein. * *et* Surtvider. R.
Survie, *s. f.* état de celui qui survit à un autre.
Survivance, *s. f.* succession désignée à un emploi.
Survivancier, *s. m.* qui a la survivance d'une charge, etc. * Survivanciaire. V.
Survivant. e, *adj. Superstes.* qui survit à un autre.
Survivre, *v. n. Superesse.* demeurer en vie après un autre.
Sus, *interj.* pour exciter. *prép.* sur, t. de prat.
Sus (en), *adv.* par-delà; par-dessus. (or), *adv. prépos.* pour exciter.
Sus-bande, *s. f.* t. d'artil. R. barre à charnière. B.
Sus-bec, *s. m.* t. de fauconnerie, rhume chaud subtil. R. G.
†Susanner (se), *v. r.* voyez Suranner.
Susceptibilité, *s. f.* disposition à se choquer; sensibilité excessive. G. C. V. CO.
Susceptible, *adj.* 2 *g.* qui peut être modifié; qui s'offense aisément.
Susception, *s. f.* t. de théologie, action de prendre les ordres sacrés.
†Susces, *s. m.* taffetas de Bengale.
Suscitation, *s. f. Impulsus.* suggestion; instigation; sollicitation.

Susciter, *v. a. Suscitare.* té. e, *p.* faire naître; attirer; causer; occasionner.

Suscription, *s. f. Inscriptio.* adresse qu'on met à une lettre.

Susdit. e, *adj.* nommé ci-dessus. A.

†Sus-épineux, *adj. s. m.* voyez Sur-épineux.

†Susépineux, *adj.* (muscle) sur l'épine du dos.

Susin; *s. m.* partie brisée du tillac. T. * *et* Suzain. Susain. A.

Suspect. e, *adj. Suspectus.* soupçonné; de qui on a, ou peut avoir du soupçon.

Suspecter, *v. a.* té. e, *p.* soupçonner, regarder comme suspect.

Suspendre, *v. a. Suspendere.* -du. e, *p.* élever en l'air pour laisser pendre; surseoir; différer; interdire.

Suspens, *adj. m. Interdictus.* interdit.

Suspens (en), *adv.* en doute, en incertitude. * en-suspens. C.

Suspense, *s. f.* t. de théol. censure qui suspend.

Suspensif. ve, *adj.* qui suspend, arrête, tient en suspens.

Suspension, *s. f. Induciæ.* cessation d'opération; interdiction pour un temps; figure de rhétorique pour tenir en suspens. * ce qui suspend, t. de métier; machine qui ne participe pas au mouvement des vaisseaux, t. d'horloger. B.

Suspensoire, *s. m.* bandage pour la descente. * ce qui sert à suspendre. B. *et* Suspensoir. A.

†Suspentes, *s. f.* cordage capelé sur le mât de misaine.

Suspicion, *s. f. Suspicio.* soupçon; défiance.

†Sus-pied, *s. m.* courroie de l'éperon qui passe sur le coude-pied.

Sustentation, *s. f.* aliment, nourriture suffisante; action de sustenter. R. G. C.

Sustenter, *v. a. Alere.* té. e, *p.* entretenir la vie de l'homme; nourrir.

†Sustentifique, *adj.* 2 *g.* qui sustente.

†Sutural. e, *adj.* t. de botanique, qui naît, qui dépend d'une suture.

Suture, *s. f. Sutura.* jointure des os du crâne; réunion des parties molles; couture d'une plaie. * t. de botanique, raie longitudinale B.

Suzerain, *adj. m.* (fief) dont d'autres relèvent. * *et* Suserain. G.

Suzeraineté, *s. f.* qualité de suzerain. * *et* Suseraineté. G.

Svelte; *adj.* léger, délié, menu, t. de peint.

Syacou, *s. m.* oiseau, Tangara varié du Brésil.

†Sybérite, *s. f.* schorl rouge de Sybérie.

†Sycomantie *ou* Sycomancie, *s. f.* divination par des feuilles de figuier.

Sycomore, *s. m. Sycomorus.* Érable blanc de montagne, arbre à larges feuilles semblables à celles de la vigne. * Sicomore. G.

Sycophante, *s. m.* fourbe; menteur; fripon; délateur; coquin. * Sicophante. G.

†Sycophantin, *s. m.* bouffon parasite.

†Sycose, *s. f.* tumeur de l'anus.

Syllabaire, *s. m.* livre élémentaire pour apprendre à lire. A.

Syllabas, *s. m.* petit dictionnaire. RR.

Syllabe, *s. f. Syllaba.* voyelle seule ou jointe à une lettre qui ne forme qu'un son. * *ou* Silabe. G. CO.

Syllaber, *v. a.* bé. e, *p.* assembler des lettres. R. V.

Syllabique, *adj.* 2 *g.* qui a rapport aux syllabes. * *ou* Silabique. G. CO.

Syllabisation, *s. f.* action de former, de prononcer des syllabes. V.

Syllabiser, *v. a.* sé. e, *p.* ranger, diviser par syllabes; syllaber. RR.

Syllepse, *s. f.* emploi d'un mot au propre et au figuré. * figure grammaticale par laquelle le discours se rapporte plutôt à la pensée qu'aux règles, *exemple* : il est six heures *pour* la sixième heure. B. Silepse. G.

Syllogiser, *v. n.* argumenter, t. de log. R. V.

Syllogisme, *s. m. Syllogismus.* raisonnement renfermé dans trois propositions. * Silo-G. CO.

Syllogistique, *adj.* 2 *g.* qui concerne le syllogisme. * Silogistique. G. CO.

Sylphe, *s. m.* génie, selon les cabalistes; insecte. * Sylphe. -phide. A. R. Silphe. -phide. G.

Sylvain, *s. m.* dieu champêtre, des forêts. * Silvain. G. papillon. B.

†Sylvatique, *adj.* 2 *g.* qui croît dans les forêts, t. de botanique.

†Sylvestre, *adj.* 2 *g.* qui vient sans culture.

†Sylvie, *s. f.* espèce d'anémone.

Symbole, *s. m. Symbolum.* figure; image; signe extérieur des sacremens; formulaire; quote-part; t. d'antiquité, marque pour inviter à un repas. * *ou* Simbole. G. crédit. (*populaire*). B.

Symbolique, *adj.* 2 *g.* qui sert de symbole. * *ou* Simbolique. G. CO.

†Symbolisation, *s. f.* sympathie.

Symboliser, *v. n.* avoir de la conformité. * Simboliser. G.

†Symbologie, *s. f.* traité des symptômes des maladies.

Symbologique, *adj.* 2 *g. s. f.* traité des signes des maladies. V. *ou* Simbologique. G. CO.

Symétrie, *s. f. Symmetria.* proportion d'égalité, de ressemblance. * Symmétrie. R. V. *ou* Simétrie. G. CO.

Symétrique, *adj.* 2 *g.* qui a de la symétrie. * Symmétrique. R. *ou* Simétrique. G. CO.

Symétriquement, *adv.* avec symétrie. * Symmétriquement. R. V. *ou* Simétriquement. G. CO.

Symétriser, *v. n.* faire symétrie. * Symmétriser. R. V. *ou* Simétriser. G. CO.

Sympathie, *s. f. Sympathia.* convenance, rapport d'humeurs, d'inclination, etc.; correspondance imaginaire entre des corps. * heureux mélange de couleurs. B. Simpatie. G.

Sympathique, *adj.* 2 *g. Congruens.* qui appartient aux effets, aux causes de la sympathie. * *ou* Simpatique. G. CO.

Sympathiser, *v. n. Consentire.* avoir de la sympathie. * Simpatiser. G. CO.

†Sympétalique, *adj. f.* (étamine) dont les pétales réunies semblent n'en former qu'une.

Symphise, *s. f.* liaison de deux os. * *ou* Simphise. G. CO. Symphyse. A. R.

†Symphoniaste, *s. m.* compositeur de plein-chant.

Symphonie, *s. f. Symphonia.* concert d'instrumens de musique, ces instrumens. * *ou* Simphonie. G. CO. orchestre. AL.

Symphoniste, *s. m. Symphoniacus.* qui compose des symphonies, qui les exécute. * *ou* Simphoniste. G. CO.

†Symplegade, *s. f.* embrassement; accolade.

†Symploque, *s. f.* figure de réthorique; complexion.

†Symposiarque, *s. m.* chef, ordonnateur d'une fête; roi dans un festin grec.

Symptomatique, *adj.* 2 *g.* qui appartient au symptôme, qui en dépend. * Simptomatique. G.

†Symptomatologie, *s. f.* traité des symptômes.

Symptôme, *s. m. Symptoma.* signe, accident dont on tire quelque présage, quelque conséquence. * *ou* Simptôme. G. CO.

†Symptose, *s. f.* contraction des vaisseaux.

Sympule, *s. f.* t. d'anatomie. V.

†Synagélastiques, *adj. m. pl.* (poissons) qui nagent en bande.

Synagogue, *s. f. Synagoga.* assemblée des Juifs; (*vieux*) des fidelles; lieu de l'assemblée. * *ou* Sinagogue. G. CO. société de gens ridicules. AL.

†Synagre, *s. m. Synagris.* poisson du genre du spare.

Synalèphe, *s. m.* contraction des syllabes. * Synalephe. R. *ou* Sinalèphe. G. CO.

Synallagmatique, *adj.* 2 *g.* qui contient un engagement mutuel. * Sinallagmatique. G. CO.

†Synancie *ou* Synanchie, *s. f.* esquinancie par l'inflammation des muscles du pharynx.

†Synanthérique, *adj. f.* (étamine) à anthères réunies.

†Synaphe, *s. f.* conjonction de deux tétracordes.

Synarthrose, *s. f.* articulation des os sans mouvement. * Sinarthrose. G. Synarthrôse. R.

†Synathroïsme, *s. m.* figure de rhétorique; conglobation.

†Synaulie, *s. f.* musique vocale, jouée par des instrumens.

Synaxaire, *s. m.* abrégé de la Vie des Saints. C. * Sinaxaire. G.

†Synaxarion, *s. m.* recueil abrégé de la vie des saints; livre des saints en grec.

Synaxe, *s. f.* t. d'antiquité, assemblée de Chrétiens pour prier. C. * *ou* Sinaxe. G. CO.

†Syncelle, *s. adj.* 2 *g.* compagnon de chambre.

†Synchise, *s. f.* espèce d'hiperbate.

Synchondrose, *s. f.* symphise cartilagineuse. * Sincondrose. G. Synchondrôse. R.

Synchrone, *adj.* 2 *g.* se dit des mouvemens qui se font en même temps, t. d'anatomie. C. * *ou* Sincrone. G. CO.

Synchronisme, *s. m.* rapport de choses faites, arrivées en même temps. * *ou* Sincronisme. G.

Syncope, *s. f. Defectio.* t. de médecine, défaillance, pâmoison; terme de grammaire, retranchement d'une lettre, d'une syllabe. * t. de musique, prolongement sur le temps fort d'un son commencé dans le temps foible. B. * Sincope. G.

Syncoper, *v. n.* retrancher, faire une syncope. * Sincoper. G. Syncopé. e, *p.* A.

†Syncrétistes, *s. m. pl.* philosophes qui veulent concilier les différens systèmes.

†Syncrèse, *s. f. Syncresis.* concrétion; coagulation.

Syncrétisme, *s. m.* rapprochement de diverses sectes. * Sincrétisme. G.

†Syncritique, *adj.* 2 *g.* astringent.

Syndérèse, *s. f. Angor.* remords de conscience. * conscience droite. B. * Synderese. R. Sindérèse. G.

†Syndesmographe, *s. f.* description des ligamens, t. de médecine.

†Syndesmologie, *s. f.* traité sur les ligamens.

†Syndesmose, *s. f.* jonction des os, des ligamens.

†Syndesmotomie, *s. f.* dissection des ligamens.

Syndic, *s. m. Curator.* qui est chargé des affaires d'une communauté. * *ou* Sindic. G. CO.

Syndical. e, *adj.* qui a rapport au syndic. * Syndicale, *adj. f.* (chambre) de police des libraires. C. *ou* Sindical. e, G. CO.

Syndicat, *s. m.* charge, fonction de syndic. * *ou* Sindicat. G. CO.

Syndiquer, Sindiquer, *v. a.* qué. e, *p.* (*inus.*) blâmer les actions d'autrui, les corriger. G.

Synecdoque, *s. f. Synecdoche.* figure de rhétorique par laquelle on fait entendre le plus en disant le moins, et réciproquement. * *ou* Synecdoche. A. R. *ou* Sinecdoque. G. CO.

†Synecphonèse, *s. f.* Synchrèse, Syncrése *ou* Crase.

Synérèse, *s. f.* contraction de deux syllabes en une seule. * Synérese. R. *ou* Sinérèse. G. CO.

†Synergistes, *s. m. pl.* luthériens qui enseignent le concours de Dieu et du pécheur dans sa conversion.
Synévrose, *s. f.* symphise ligamenteuse. * Sinévrose. G. Synnévrose. *Synnevrosis.* R.
Syngénésie, *s. f.* (génération réunie), dix-neuvième classe des végétaux. L.
†Syngnathes, *s. m. pl.* aiguilles de mer, poissons branchiostèges.
†Syngraphe, *s. m.* billet, obligation, promesse en empruntant.
†Synochite, *s. f.* pierre avec laquelle les magiciens prétendent ressusciter les morts.
Synodal. e, *adj.* qui appartient au synode. * Sinodal. e. G. CO.
Synodalement, *adv.* en synode. * *ou* Sinodalement. G. CO.
†Synodatique, *adj. m.* (droit) d'assister au synode.
Synode, *s. m. Synodus.* assemblée des curés, des ministres, des instituteurs. * *ou* Sinode. G. CO. poisson du genre de l'ésoce. B.
†Synodendres, *s. m. pl. Synodendrum.* petits insectes coléoptères.
†Synodies, *s. f. pl. ou* Grandes synodales, rentes payées par le curé à son évêque.
Synodique, *adj. 2 g.* (lettre) écrite au nom des conciles; t. d'astronomie, (mouvement) d'une nouvelle lune à l'autre. *s. m.* recueil d'actes de synode. * *ou* Sinodique. G. CO.
Synodite, *s. m.* moine qui vit en communauté. R.
Synonyme, *adj. 2 g. s. m.* mot qui a, à peu près, la même signification qu'un autre. * *ou* Sinonime. G. CO.
Synonymie, *s. f.* même sens; qualité, rapport des synonymes; figure de rhétorique. A. * rapprochement de mots synonymes. B.
†Synonymique, *adj. 2 g.* de synonyme; synonyme.
Synople, *s. f.* anémone carnée; t. de blas. R.
Synoptique, *adj. 2 g.* qui s'offre d'un même coup d'œil; t. didactique. A.
Synoque, *adj. f.* (fièvre) continue sans redoublement. * *ou* Sinoque. G. CO.
Synoviales, *adj. f. pl.* (glandes) de la synovie. * Sinoviales. G.
Synovie, *s. f.* liqueur visqueuse entre les articulations mobiles. * *ou* Sinovie. G. CO.
Syntagme, *s. m.* ordre, arrangement. R.
Syntaxe, *s. f. Syntaxis.* construction des mots, des phrases selon les règles; ces règles, le livre qui les contient. * *ou* Sintaxe. G. CO.
Syntexis, *s. f.* t. de médecine, foiblesse, épuisement. R.
Synthèse, *s. f.* t. de mathématique, marche des principes aux conséquences; t. de chir. réunion de parties. * t. de grammaire, contraction suivant le sens; t. de pharmacie, composition des remèdes. B. Synthese. R. *ou* Sinthèse. G. CO.
Synthétique, *adj. 2 g.* de la synthèse. * *ou* Sinthétique. G. CO.
Synthétiquement, *adv.* d'une manière synthétique. * *ou* Sinthétiquement. G. CO.
†Synthétisme, *s. m.* ensemble de l'extension, de la coaptation, de la remise et du bandage d'une fracture.
Synthocrator, *s. m.* qui a tout pouvoir. R. * Syntocrator. RR.
†Syparathe, *s. f.* t. de médecine, crotte de chèvre.
Syphon, *s. m.* voyez Siphon.
Syriac. que, *adj. s.* langue. R.
Syrien. ene, *adj. s. Syrus.* de Syrie. RR.
Syringa, *s. m.* arbrisseau. * *ou* Siringa, Séringat. G. CO.
†Syringe, *s. f.* sifflet de pan.
Syringotome, *s. m.* instrument de chirurgie pour couper les sinus fistuleux à l'anus.
†Syringotomie, *s. f.* opération de la fistule.
†Syrma, *s. m.* manteau romain.
Syrop, *s. m.* voyez Sirop; * sucre liquide. B.
†Syrphes, *s. m. pl. Syrphus.* espèce de mouches à suçoirs en quatre soies.
†Syrtale, *s. m. Syrtalis.* serpent du 3ᵉ. genre.
Syrtes, *s. m. pl. Syrtes.* R. voyez Sirtes.
Syssarcose, *s. f.* symphyse charnue. * Syssarcôse. R. * *ou* Sissarcose. G. CO.
Systaltique, *adj. 2 g.* qui resserre, contracte. * *ou* Sistaltique. G. CO.
Systématique, *adj. 2 g.* qui appartient aux systèmes, qui en fait. * *ou* Sistématique. G. CO.
Systématiquement, *adv.* d'une manière systématique. * *ou* Sistématiquement. G. CO.
Système, *s. m. Systema.* assemblage de propositions, de principes. * Systême. R. *ou* Sistême. G. CO.
†Systile, *s. m.* édifice à colonnes plus éloignées que dans le pycnostile.
Systole, *s. f.* t. d'anatomie, mouvement naturel du cœur qui se resserre. * changement d'une longue en brève. B. *ou* Sistole. G. CO.
Syzygie, *s. f.* nouvelle ou pleine lune. * *ou* Sisigie, conjonction et opposition. G. CO.

TABL

T, *s. m.* vingtième lettre de l'alphabet. * bandage de chirurgie; vis en T; t. d'artillerie, mine en T. voyez Té. B.
Ta, *pronom possessif féminin. Tua.*
Tabac, *s. m. Tabacum.* Nicotiane, Petun, plante usuelle dont on fume les feuilles, et dont on fait une poudre sternutatoire, purgative. * — des Vosges, doronic. B.
Tabagie, *s. f.* lieu public destiné pour fumer; petite cassette à l'usage des fumeurs.
†Tabaqueur, *s. m.* papillon d'une chenille du tabac.
Tabard, *s. m.* sorte d'habit. V.
Tabaret, *s. m.* petite linote, oiseau.
Tabarin, *s. m.* farceur; bouffon. * t. de forge, clé de la drome. B.
Tabarinage, *s. m.* action de tabarin; bouffonnerie.
Tabarinique, *adj. 2 g.* de tabarin. R. V.
Tabatière, *s. f. Pixidula.* petite boîte où l'on met du tabac en poudre. * Tabatiere. R.
†Tabbel, *s. m.* grand tambour turc.
Tabellion, *s. m. Tabularius.* notaire.
Tabellioner, *v. a.* -né. e, *p.* t. de pratique, R. grossoyer un acte, en délivrer expédition. B.
Tabellionnage, *s. m.* fonction, étude du tabellion.
Tabernacle, *s. m. Tabernaculum.* (*tiré de la Bible*) tente, pavillon; t. de liturgie, petit temple qui renferme le ciboire. * caisse, t. de métiers; t. de marine. B.
Tabès, *s. m. Tabes.* marasme. R. * consomption, spleen. B.
Tabide, *adj. 2 g.* d'une maigreur excessive par consomption. G. C.
Tabifique, *adj. 2 g.* qui fait mourir de langueur, de consomption.
Tabis, *s. m.* sorte de taffetas ondé.
Tabiser, *v. a.* sé. e, *p.* rendre une étoffe ondée à la manière du tabis.
Tablature, *s. f.* arrangement de lettres, de marques pour le chant. (donner de la), donner de l'embarras, du fil à retordre.
Table, *s. f. Mensa.* planches, etc. sur des pieds; lame de métal, de pierre; aire; index par ordre alphabétique; t. de sciences et arts, t. de métiers.
Tableau, *s. m. Picta tabula.* ouvrage de peinture; représentation vive et naturelle d'une chose; liste; catalogue.
Tablée, *s. f.* situation d'un homme couché. V. *tous ceux qui sont à la même table (*popul.*). B.
Tabler, *v. n.* t. de trictrac; (*vi.*) compter sur.
Tabletier, *s. m.* qui fait des échiquiers de trictracs, etc. * Tabletier. ere. R. Tablétier. ère. A.
Tablette, *s. f. Pluteus.* planche posée pour mettre quelque chose dessus; t. d'arts. *pl.* Agenda, Calepin; sorte de médicament; t. d'architecture. * Tablete. R.
Tabletterie, *s. f.* métier, ouvrage, commerce du tabletier. * Tabléterie. R.
Tablier, *s. m. Linteum.* morceau d'étoffe qu'on met devant soi; t. d'archit. ornemens à la face du piédestal; (*vieux*) t. de jeu, damier.
Tabloin, *s. m.* plate-forme pour placer les canons. * Tablouins. T.
Taborer, *v. a.* (*vieux*) battre du tambour. V.
Taboural, *s. m.* instrument turc. V.
Tabouret, *s. m. Sedecula.* espèce de siége rembourré; bourse à pasteur, plante. * lanterne, t. de charpentier, de carrier. B.
Tabourin, *s. m.* t. de marine. R. * machine tournante, en tôle, sur une cheminée. B.
†Tabulaire, *s. f.* religieuse qui indique aux autres leurs fonctions.
Tabut, *s. m.* (*vieux*) rixe. V.
Tabuter, *v. n.* quereller. MAROT.
Tac, *s. m.* maladie contagieuse des moutons.
Tac-tac, *adv. s. m. Tax tax.* mot qui exprime un bruit réglé.
Tacamaque, Tacamahaca, *s. m.* sorte de gomme résineuse. R. G. C.
†Tacaud, *s. m. Barbutus.* poisson de mer du genre du gade.
†Tacco, *s. m.* espèce de coucou de Saint-Domingue.
Tacet, *s. m.* t. de musique. (garder le), ne dire mot.
Tache, *s. f. Macula.* souillure; marque qui salit; marque naturelle.
Tâche, *s. f. Pensum.* ouvrage qu'on donne à faire dans un temps limité.
†Tachée, *s. f. Perca.* poisson du genre du persègue.
†Tâchement, *s. m.* action de tâcher; tentative; effort; essai.
Tachéographe, Tachygraphe, *s. m.* qui écrit aussi vite que la parole. G. C. * Tachigraphe. A.
Tachéographie, Tachygraphie, *s. f.* art d'écrire aussi vite que la parole. * Tachigraphie. A.
Tachéographique, Tachygraphique, *adj. 2 g.* de la tachygraphie. G. C. * Tachigraphique. A.
Tacher, *v. a. Maculare.* ché. e, souiller, salir, faire une tache.
Tâcher de, *v. n. Conari.* s'efforcer; tâcher à, viser, songer à; essayer.
Tacheté. e, *adj. Varius.* marqueté.
Tacheter, *v. a. Variare.* té. e, *p.* marquer de plusieurs taches.
Tacite, *adj. 2 g. Tacitus.* qui n'est pas dit, exprimé formellement.
Tacitement, *adv. Tacitè.* d'une manière tacite.
Taciturne, *adj. 2 g. Taciturnus.* qui parle peu; sombre, rêveur, mélancolique.
Taciturnité, *s. f. Taciturnitas.* état, humeur, tempérament de celui qui est taciturne.
Tacon, *s. m.* t. d'imprim. R. * jeune saumon. B.
†Tacot, *s. m.* instrument en cuir, servant à la navette angloise.
Tact, *s. m. Tactus.* jugement fin, délicat; sens du toucher.

†Tactée, *s. adj. f.* (note) dont on n'entend que le commencement.
Tacticien, *s. m.* habile dans la tactique. G. C. V.
Tactile, *adj.* 2 *g. Tactilis.* qui est l'objet du toucher; aisé à toucher; t. didactique.
Taction, *s. f. Tactio.* (*inusité*), action du toucher.
Tactique, *s. f.* art de ranger les troupes en bataille et de faire les évolutions militaires.
Tadorne, *s. f. Tadorna.* oiseau aquatique du genre du canard.
Tael, *s. m.* monnoie de compte de la Chine. * Taël. R. voyez Lacus.
Taffetas, *s. m.* étoffe de soie. * Tafetas. R.
Tafia, *s. m.* eau-de-vie de sucre, *et* Taffia.
†Taftologie, *s. f.* tautologie.
Tagarot, *s. m.* oiseau de fauconnerie. R.
Tagicrot, *s. m.* faucon d'Egypte. T.
†Taguan, *s. m. Petaulista.* grand écureuil volant.
Tai-tai, *interjection pour appeler un chien.* V.
Taïaut! *exclamation.* t. de chasse. G. C. V. * Tayaut. RR.
Taie, *s. f.* toile qui enveloppe un oreiller; pellicule qui se forme sur l'œil; t. d'anat. * voyez Têt. A.
†Tail, *s. m.* manière de tailler la plume.
Taillable, *adj.* 2 *g. Vectigalis.* sujet à la taille. * Taillable. V.
Taillablier, *s. m.* (*vieux*) tributaire. V.
Taillade, *s. f.* coupure, balafre dans les chairs, etc.
Taillader, *v. a. Concidere.* -dé. e, *p.* faire des taillades.
†Tailladin, *s. m.* bande très-mince d'orange, de citron.
Taillage, *s. m.* taxe, impôt. R. V.
Taillanderie, *s. f.* art, ouvrage du taillandier.
Taillandier, *s. m.* qui fait des outils pour les gros ouvrages.
Taillant, *s. m. Acies.* tranchant d'un couteau, d'une épée, etc. * *et* Tayant. R.
Taille, *s. f. Putatio.* tranchant; coupe; trait au burin; division du marc d'or; opération de la pierre, lithotomie; stature du corps; bois pour marquer; imposition; t. de jeu, de musique, ténor; t. de monnoie; chemin, t. de mine; action, art de tailler, t. de jardin.
Taille (basse-), *s. f.* t. de musique; de sculpture, bas-relief. * Basse-taille. R.
Taille-douce, *s. f.* gravure sur cuivre au burin, l'estampe.
Taille-doucier, *s. m.* imprimeur en taille-douce.
Taille (haute-), *s. f.* t. de musique.
Taille-mèche, *s. f.* instrument de cirier. G. C. * Taille-meche. R.
Taille-mer, *s. m.* t. de mar. partie de l'éperon. R.
Taille-vent, *s. m.* oiseau maritime.
Tailler, *v. a. Secare.* lé. e, *p. adj.* couper, retrancher, faire une incision; t. de monnoie, faire la taille, etc.; imposer à la taille. *v. n.* tenir les cartes.
Tailleresse, *s. f.* ouvrière qui réduit les pièces de monnoie au poids de l'ordonnance.
†Taillet, *s. m.* outil tranchant pour couper le fer au marteau.
Taillette, *s. f.* t. d'ardoisier, espèce d'ardoise. * Taillete. R.
Tailleur, *s. m. Vestiarius.* qui fait des habits; officier de la monnoie. * Tailleur. se. R. G. C.
Taillis, *s. m. Silva cædua.* bois en coupe réglée; jeune bois jusqu'à 25 ans.
Tailloir, *s. m. Abacus.* bois sur lequel on coupe la viande; t. d'architecture, partie supérieure du chapiteau.
Taillon, *s. m.* imposition de deniers.
Taillure, *s. f.* broderie de rapport. R. G. C.
Tain, *s. m.* lame d'étain qu'on met derrière les glaces.
Tains, *s. m. pl.* pièces sur lesquelles on pose le vaisseau en construction. G. C. * *et* Étains. RR.
Taire, *v. a. Tacere.* tu. e, *p.* ne dire pas. *v. n.* (faire-) imposer silence. (se), *v. r.* garder le silence.
Taisson, *s. m.* blaireau.
†Tait-sou, *s. m.* espèce de coucou de Madagascar, d'un beau bleu.
†Tajacu, *s. m. Moschiferus.* pécari, ressemble au cochon de Siam.
†Talamasque, *s. m.* figure hideuse du diable, etc.
†Talanche, *s. f.* droguet de Bourgogne.
Talapoin, *s. m.* prêtre de Siam, du Pégu; petite et jolie guenon de Siam.
†Talassème, *s. m.* vers avec des organes extérieurs.
Talbe, *s. m.* docteur mahométan à Fez et à Maroc. T.
Talc, *s. m. Lapis specularis.* pierre transparente, incombustible et par feuilles; concrétion du mica. * *et* Talque. V.
†Talcite, *s. m.* talc qui a subi l'action du feu.
Taled, *s. m.* voile à l'usage des Juifs.
†Talemouser, *v. n.* donner un soufflet.
Talent, *s. m. Talentum.* poids d'or et d'argent; capacité, habileté; don de la nature; faculté acquise par l'art, celui qui le possède.
Taler, Daler, *s. m.* monnoie d'Allemagne et de Pologne.
Talinguer, *v. a.* attacher le câble à l'arganeau de l'ancre. G. C. * *ou* Étalinguer. R.
Talion, *s. m. Talio.* punition pareille à l'offense.
Talisman, *s. m. Talisma.* figure faite sous certaine constellation, t. d'astrologie.
Talismanique, *adj.* 2 *g.* qui appartient au talisman (vertu).
Tallard, *s. m.* t. de marine, espace du coursier à l'apostis. T.
Talle, *s. f.* pousse au pied de l'arbre, de la plante. A.
Taller, *v. a.* lé, e, *p.* pousser des talles; prendre beaucoup d'accroissement. (se dit des racines). G. C. V. RR.
†Tallevane, *s. f.* grand pot à beurre, de grès.
†Tallevas, *s. m.* sorte de bouclier.
Tallipot, *s. m. Tallipha.* arbre de Ceilan. * Coryphe de Malabar; le suc de ses spathes fait avorter; la moelle donne le sagou. B.
†Talmelier, *s. m. ou* Tamisier (*vi.*) boulanger.
Talmouse, *s. f.* pâtisserie de fromage, œuf et beurre.
Talmud, Thalmud, *s. m.* livre qui contient la loi des Juifs.
Talmudique, *adj.* 2 *g.* qui appartient au talmud. G. C. * Thalmudique. R.
Talmudiste, *s. m.* qui est attaché aux opinions du talmud. * Thalmudiste. R.
Talnache, *s. m.* mufle, masque. R.
Taloche, *s. f. Colaphus.* (*popul.*) coup de la main sur la tête.
Talon, *s. m. Calx.* la partie postérieure du pied, du soulier, de la main; entame d'un pain, etc. extrémité, reste; t. d'arts et mét. bout, extrémité, base, appui; outils. * t. de bot. première partie de la feuille d'oranger.
Talonner, *v. a.* -né, e, *p.* (*famil.*) poursuivre de près; presser, importuner. * Taloner. B.
Talonnier, *s. m.* qui fait des talons de bois. G. C. * Talonie. R.
Talonnières, *s. f. pl. Talaria.* t. claustral, cuir des sandales; (de Mercure) t. de poësie, ailes aux talons. * Talonieres. R.
Talpa, *s. f.* tumeur qui se forme à la tête. G. C.
Talus, *s. m. Acclivitas.* pente qu'on donne à une muraille; tout ce qui va en penchant. * Talut et Talud. V.
Taluser, *v. a.* voyez Taluter.
†Talut, *s. m.* pente; biseau; chamfrein, t. de métiers.
Taluter, *v. a. Proclinare.* té. e, *p.* élever en talus; donner du pied, de la pente. * *et* Taluder. V.
Tamandua, *s. m.* fourmilier de la 2e. espèce, quadrupède. G. C.
Tamanoir, *s. m.* quadrupède, grand tamandua. L.
Tamarin, *s. m. Tamarindus.* Tamarinier, arbre; son fruit. * gomme, fruits, graines, etc. du tamarinier pétris ensemble, calmant, adoucissant contre les fièvres, la dyssenterie, la diarrhée, la jaunisse; purgatif; espèce de sagouin. B.
†Tamarinier, *s. m. Tamarindus.* grand arbre; fruit en gousse, rafraîchissant. voy. Tamarin.
Tamaris, Tamarisc, *s. m. Tamariscus.* arbre, plante médicinale, apéritive, fébrifuge. * — de mer, coralline vésiculeuse. B.
†Tamatia, *s. m.* espèce de barbu ou petite grive du Brésil.
†Tamatra, *s. m.* oiseau, voy. Tamatia.
Tambor, *s. m.* (*vieux*) tambour. V.
†Tamboula, *s. m.* gros tambour nègre.
Tambour, *s. m. Tympanum.* instrument militaire, celui qui le bat; t. d'horl. cylindre; assise cylindrique; retranchement, recoin fermé; t. de fortification, traverse dans les redoutes; t. de marine, planches à la proue pour rompre les coups de mer; t. de métiers, ce qui a la forme du tambour; tamis; machine à pétrir; t. de jeu, d'architecture, avance en saillie; t. d'anat. tympan de l'oreille. * poisson du genre du labre. B.
Tambourin, *s. m. Tympanum.* sorte de tambour, celui qui en joue; air. * instrument à cordes en long; coffre, petit tambour, t. d'arts et métiers. *ou* Tabourin, perle en cimbale. B.
Tambouriner, *v. n.* né. e, *p.* battre le tambour, le tambourin. *v. a.* réclamer au son du tambour.
Tambourineur, *s. m.* qui tambourine.
†Tamier, *s. m.* sceau de Notre-Dame.
Tamis, *s. m. Incerniculum.* sas, toile, peau pour passer, tamiser.
Tamisaille, *s. f.* t. de marine. R. * endroit où passe la barre du gouvernail. B.
†Tamise, *s. f.* étoffe de laine.
Tamiser, *v. a. Succernere.* sé. e, *p.* passer par le tamis.
Tamiseur, *s. m.* celui qui tamise la matière du verre. R. G. C.
†Tampane, *s. f.* pignon de la cage d'un moulin.
†Tamplon, *s. m.* peigne de tisserand pour élargir le tissu.
Tampon, *s. m. Obturamentum.* bouchon, petit paquet de linge, de feutre, etc.
Tamponner, *v. a. Obturare.* -né. e, *p.* boucher avec un tampon. * Tamponer. R.
†Tam-tam, *s. m.* tymbale à ventre de bois, dans l'Orient.
Tan, *s. m. Cortex extenuatus.* écorce de chêne moulue pour tanner.
Tanacombe, *s. m.* merle de Madagascar.
†Tanagre, *s. m.* oiseau.
Tanaisie, *s. f.* Herbe aux vers, plante médicinale, odorante, amère, stomac. fébrifuge, sudorifique, carminative, désobstructive; provoque les menstrues; conserve pour l'épilepsie; à l'extérieur, pour les engelures, les foulures, les dartres, la teigne; calme les douleurs de dents. * Tanésie. T.

Tancer,

Tancer, *v. a. Objurgare.* cé, e, *p.* reprendre, réprimander, gronder; blâmer; menacer.
†Tanceresse, *s. f.* femme qui gronde sans cesse.
Tanche, *s. f. Tinca.* poisson d'eau douce, du genre du cyprin. * — de mer, poisson du genre du labre. B.
Tandelet, *s. m.* pièce d'étoffe à la poupe, servant de parapluie. V.
†Tandelin, *s. m.* hotte de saunier, en sapin.
Tandis que, *conj. Dùm.* pendant le temps que. * Tandis-que. C.
Tandrole, *s. f.* t. de verrerie, sel qui surnage sur la fonte. R. G. C.
Tane, *s. f.* écorce de chêne. R. V.
Tangage, *s. m.* t. de marine, balancement de l'avant à l'arrière et réciproquement.
Tangara, *s. m. Tanagra.* petit oiseau du Brésil, de beaucoup d'espèces; il a les caractères du moineau; vit de fruits; n'a point de chant.
†Tangarou, *s. m.* tangara roux de la Guiane.
†Tangavio, *s. m.* espèce de tangara violet du Paraguai.
Tangente, *s. f.* ligne droite qui touche une courbe.
Tanger, *v. a.* voguer le long de la côte. C. * *mieux* Ranger. G.
Tangibilité, *s. f.* forme du tact. K.
†Tangible, *adj.* 2 *g.* que l'on peut toucher, palper.
†Tangue de mer, *s. f.* sable marin, léger, terreux, sur les côtes de Normandie, sert à l'engrais.
Tanguer, *v. n.* éprouver le tangage; enfoncer trop par l'avant, t. de marine.
Tanière, *s. f. Latibulum.* cavité servant de repaire aux bêtes sauvages. * Taniere. R.
†Tanjet, *s. m.* mousseline des Indes.
Tanne, *s. f.* tache noire sur le visage; bulbe dans les pores. * Tane. R.
Tanné, e, *s. m. adj.* de couleur à peu près semblable à celle du tan.
Tannée, *s. f.* tan usé qui sort des fosses. R. G. C.
Tanner, *v. a.* -né. e, *p.* préparer avec du tan; fatiguer, molester, ennuyer.
Tannerie, *s. f.* lieu où l'on tanne.
Tanneur, *s. m. Coriarius.* qui s'occupe à tanner.
†Tannin, *s. m.* substance fibreuse, insoluble, résidu du tan lessivé.
Tanqueur, *s. m.* porte-faix sur les ports. G. C. * *ou* Gabarriers. *pl.* R.
Tanrac, Tendrac *ou* Tanrec, *s. m.* hérisson des Indes qui ressemble au sora. * Taurec. B.
Tanson, *s. m.* (*vieux*) dispute. V.
Tant, *Tantus. adv. de comparaison, de quantité, marque la proportion.* tellement; à tel point, en si grande quantité; à tel excès.
Tant que, tant pis, tant mieux, *adv.* * Tant-que, tant-pis, tant-mieux. C.
†Tantale, *s. m. Tantalus.* oiseau, Pélican d'arbre d'Amérique. *ou* Couricaca. Diabète.
†Tantaliser, *v. a.* sé. e, *p.* faire souffrir le supplice de Tantale. (*énergique, inusité*).
Tantarare, *s. f.* bruit qui imite le son d'une trompette. V. * *s. m.* R.
Tante, *s. f. Amita.* sœur du père, de la mère; femme de l'oncle.
Tante (grand'), *s. f.* sœur de l'aïeul.
Tantième, *s. m.* (*vieux*) quantième. V.
Tantin, Tantinet, Tantet, *s. m.* (*familier*) un peu.
Tantôt, *adv. Modò.* dans peu de temps; ce soir.
Taon, *s. m. Tabanus.* grosse mouche à aiguillon qui tourmente les animaux.
Tapabor, *s. m.* bonnet de campagne. * -bord. V.
Tapage, *s. m. Tumultus.* (*famil.*) désordre accompagné d'un grand bruit.
Tapageur, *s. m. Turbulentus.* (*familier*) qui fait du tapage.
Tapagimini, *s. m.* (*popul.*) bruit joyeux. A.
†Taparara, *s. m.* Martin-pêcheur de Cayenne.
†Tapaye (le), *s. m. Orbicularis.* lézard du troisième genre.
Tape, *s. f.* t. de brasserie, ce qui bouche le fond d'une cuve; t. de marine, ce qui ferme la bouche d'un canon. *Ictus.* coup de la main. * bouchon. B.
Tapé. e, *adj.* séché; aplati au four. *sub.* frisure.
Tapecu, *s. m.* sorte de bascule; poche de capucin; cabriolet, voiture cahotante à découvert. * *et* Tapeçul. B.
Taper, *v. a.* pé. e, *p.* frapper (*popul.*); t. de mar. boucher le canon; t. de perruq. faire renfler les cheveux. (du pied), *v. n.* (*famil.*). * frapper avec le pinceau. B.
Tapereau, *s. m.* pétard. V.
†Tapeti, *s. m.* variété du lièvre et du lapin au Brésil. voyez Tapiti.
Tapière, *s. f.* t. de mar. longue pièce de bois. G. C. * Tapiere. R.
†Tapin *ou* Tapia, *s. m.* arbre des Indes à feuilles pour l'inflammation de l'anus.
Tapinage, *s. m.* lieu caché. V.
Tapinois (en), *adv. Clàm.* sourdement; en cachette. * En-tapinois. C.
†Tapinose, *s. f.* figure de rhétor. exténuation.
Tapion, *s. m.* t. de mar. marque, tache. R. G. C.
Tapir, *s. m. Tapirus.* le plus gros animal d'Amérique, à nez en trompe, fissipède.
Tapir (se), *v. r. Occultare.* pi. e, se cacher en se tenant dans une posture raccourcie.
Tapis, *s. m. Tapes.* étoffe dont on couvre une table, un plancher, etc. * couleurs sur l'eau pour marbrer le papier. B.
†Tapiser, *v. a.* garnir de tapis.
†Tapissendies, *s. f. pl.* toiles de coton peintes.
Tapisser, *v. a. Vestire.* sé. e, *p.* orner de tapisseries; garnir tout autour.
Tapisserie, *s. f. Tapes.* ouvrage fait à l'aiguille sur du canevas.
Tapissier. ère, *s. Tapetum textor.* qui travaille en tapisserie, en meubles. * Tapissier. ere. R.
†Tapiti, Tapétis *ou* Citti, *s. m.* petit quadrupède du Brésil.
Tapon, *s. m.* étoffes qui se bouchonnent et se mettent en tas; t. de marine, bouchon.
Tapoter, *v. a.* té. e, *p.* donner de petits coups à plusieurs reprises. (*familier*).
†Tapsie, *s. f. Thapsia.* Turbith bâtard, plante pour la teinture, à suc laiteux, corrosif, violent purgatif.
Tapure, *s. f.* frisure de cheveux tapés avec le peigne. G. C.
†Taque, *s. f.* plaque de fonte.
Taquer, *v. a.* qué. e, *p.* t. d'imprim. passer le taquoir sur la forme pour la niveler.
†Taqueret, *s. m.* plaque de fonte sur la tympe.
Taquet, *s. m.* t. de marine. R. * t. de jard. piquet enfoncé rez de terre; bout de cerceaux entre les torches; planchette que l'on frappe pour rappeler l'oiseau. B.
Taquin, e, *s. m. adj. Præpartus.* (*famil.*) vilain, avare; mutin, querelleur, contrariant.
Taquinement, *adv.* d'une manière taquine.
Taquiner, *v. a.* né. e, *p.* contrarier. *v. n.* avoir l'habitude de contrarier. A.
Taquinerie, *s. f. Sordes.* (*famil.*) avarice sordide; caractère mutin, opiniâtre.
Taquoir, *s. m.* t. d'impr. petite planche pour niveler la forme.
Taquon, *s. m.* t. d'impr. hausse; ce que l'on met dessous la forme ou le papier pour renforcer la teinte. * Taquons. *pl.* G. C.
Taquonner, *v. a.* né. e, *p.* mettre des taquons. G. C.
Tara, *s. m.* espèce de tamarin. BR.
Tarabat, *s. m.* instrument de bois pour réveiller les religieux. R.
†Tarabé, *s. m.* perroquet vert du Brésil; amazone à tête rouge.
†Tarabiscot, *s. m.* grain-d'orge, cavité qui sépare la moulure.
Tarabuster, *v. a. Molestare.* té. e, *p.* importuner par des interruptions, du bruit.
†Taragas, *s. m.* animal qui fournit le bézoard. * *ou* Taraguas. RR.
†Taraison, *s. f.* tuile courbe devant l'ouvreau.
Taranche, *s. f.* cheville de pressoir. G. C.
†Tarande, Tarente, *s. m.* rhenne de Laponie.
Tarare, *interj.* bon, bon! je m'en moque.
†Tarare, *s. f.* ventilateur à ailes pour nettoyer le grain.
Taraud, *s. m. Terebra.* pièce qui sert à faire les écrous dans lesquels doit entrer une vis. * Tarau. *pl.* taraux. R.
Tarauder, *v. a.* dé. e, *p.* percer en écrou.
Tarcaire, *s. m.* (*vieux*) carquois. B.
Tard, *adv. Tardè.* après le temps nécessaire, prescrit. * *s. m.* la fin du jour (sur le). RR.
Tarder, *v. n. Morari.* différer; demeurer longtemps. *v. impers.* vouloir; souhaiter.
Tardif. ve, *adj. Tardus.* qui vient tard; lent. * (terrain) qui produit tard. B.
†Tardifère, *s. m.* insecte aquatique. voyez Tardigrade.
†Tardigrade, *s. m.* insecte très-lent qui vit dans l'eau, ressuscite comme le rotifère. * *ou* Tardipède. RR.
Tardivement, *adv.* tard; avec lenteur.
Tardiveté, *s. f.* lenteur à mûrir, à croître. * lenteur de mouvement. R. G.
Tardone, Tadorne, *s. f.* oiseau. * Tardonne. V.
Tare, *s. f. Diminutio.* déchet, diminution du poids de l'enveloppe; t. de commerce; vice; défaut; défectuosité (*figuré*).
Taré. e, *adj. Vitiosus.* vicié, gâté, corrompu; t. de blason. * mal famé. B.
†Tarentin. e, *adj. s.* de Tarente. R.
Tarentisme, *s. m.* prétendue maladie causée par la piqûre de la tarentule.
Tarentule, *s. f. Phalangium.* araignée que l'on dit venimeuse; petit lézard.
Tarer, *v. a.* ré. e, *p.* t. de commerce, causer du déchet; peser un vase avant de le remplir. G. C.
Tareronde, Pastinague, Pastinaque, *s. m.* poisson. * Taréronde. R. voyez Pastenague. Taréronce. voyez Tarorонde. RR.
†Taret, *s. m. Teredo.* voyez Tarière; 24e. genre des coquilles acéphales.
Targe, *s. f. Pelta.* sorte de grand bouclier ancien.
Targer, Targir, *v. a.* (*vieux*) tarder. V.
†Targer, *v. a.* se couvrir de son bouclier; se glorifier; se targuer.
Targette, *s. f.* sorte de fermeture. * Targete. R.
Targuer (se), *v. r.* (*famil.*) se prévaloir, tirer avantage avec ostentation.
Targum, *s. m.* commentaires chaldaïques du texte hébreu de l'Ancien-Testament. * Thargum. R.
Targumique, *adj.* qui appartient aux targums. G. C.
Targumiste, *s. m.* auteur d'un targum. G. C.
Tari, Soury, *s. m.* liqueur des palmiers, des cocotiers.
Tarier, *s. m.* sorte de bec-figue, oiseau; grand traquet.
Tarière, *s. f. Terebra.* outil de charpentier, de mineur pour faire des trous. * sonde angloise pour creuser la terre. — taret *ou* Ver rongeur qui perce le bois. *Ligurinus.* B.
Tarif, *s. m. Index.* rôle; état du prix des denrées,

des marchandises, de la valeur des monnoies, etc.
Tarifer, *v. a.* fé. e, *p.* réduire à un tarif.
Tarin, *s. m.* *Trauphis.* petit oiseau de passage, vert-jaune. * monnoie de Sicile, 16 sous. B.
Tarir, *v. a.* *Exsiccare.* -ri. e, *p.* mettre à sec, épuiser; cesser; faire cesser; arrêter; s'arrêter.
Tarir, *v. n.* être à sec; s'épuiser; faire cesser.
Tarissable, *adj.* 2 *g.* *Inexhaustus.* qui peut se tarir, être tari.
Tarissement, *s. m.* dessèchement, son effet.
†Tarnatane, *s. f.* toile de coton des Indes.
Tarot, *s. m.* basson. *pl.* sorte de cartes à jouer, à dos peint.
Taroté. e, *adj.* (carte) marquée au dos en compartimens.
Tarotir, *v. n.* se plaindre. V.
Taroupe, *s. f.* poil qui croît entre les deux sourcils.
Tarragonois. e, *adj. s.* de Tarragone. RR.
Tarse, *s. m.* *Tarsis.* partie du pied avant les doigts. * caillou très-blanc. B.
Tarsier, *s. m.* *Tarsius.* espèce de gerboise; maki.
Tarso, *s. m.* marbre très-dur de Toscane. G. C.
Tartane, *s. f.* barque, petit bâtiment.
Tartare, *s. m.* *Tartarus.* enfer des poëtes; valet des gens de la maison du roi.
†Tartare, *adj. s.* 2 *g.* de Tartarie.
Tartareux. se, *adj.* qui a la qualité du tartre.
†Tartarin, *s. m.* singe-magot.
Tartariser, *v. a.* sé. e, *p.* purifier par le sel de tartre. R. T.
Tarte, *s. f.* *Scriblita.* pâtisserie plate, couverte de fruits cuits.
Tartelette, *s. f.* petite tarte. * Tartelete. R.
Tarterelle, *s. f.* *pour* cruelle. V.
†Tartiliosse, *s. f.* gâteau de blé d'Inde.
†Tartonraire, *s. f.* espèce de thymélée.
Tartre, *s. m.* *Arida vini fex.* dépôt terreux et salin produit par la fermentation du vin, pour les maladies bilieuses. * t. de dentiste, concrétion pierreuse autour des dents. B.
Tartrite, *s. m.* sel formé par la combinaison de l'acide tartareux avec différentes bases. V.
Tartufe, *s. m.* *Pietatis simulator.* faux dévot; hypocrite.
Tartuferie, *s. f.* (*famil.*) caractère, action, maintien du tartufe. G. C. V.
Tartufier, *v. a.* (*vieux*) faire le tartufe. A. * Tartuffier. V.
Taruga, *s. m.* espèce de vigogne du Pérou.
Tas, *s. m.* *Acervus.* amas, monceau; multitude; enclume portative.
†Tassao, *s. m.* *ou* Tassaie, *s. f.* tranches de bœuf salé, séché au soleil.
Tasse, *s. f.* *Crater.* sorte de vase à boire; gobelet; leur contenu. * Tâsse. R.
Tasseau, *s. m.* t. d'archit. pièces qui portent les pannes; petits dés; support d'une tablette. * petite enclume portative; outil de fondeur. B.
Tassée, *s. f.* (*inusité*) plein une tasse. G. C. * Tâssée. R.
Tasser, *v. a.* sé. e, *p.* mettre en tas. *v. n.* t. de jard. croître; s'élargir; t. de maç. s'affaisser.
Tassette, *s. f.* pièce d'une armure qui couvre les cuisses. * Tassete. R.
†Tassiot, *s. m.* latte en croix pour commencer l'ouvrage, t. de vannier.
†Tastigoter, *v. a.* chagriner; contrarier; parler avec peine.
Tatauba, *s. m.* arbre du Brésil dont le fruit, qui ressemble à la mûre, est exquis.
Tâte-poule, *s. m.* (*famil.*) idiot qui s'amuse aux soins du ménage. R. G. C.
Tâte-vin, *s. m.* instrument pour tirer le vin. G. C.
†Tâtement, *s. m.* action de tâter, de sonder; essai; tentative.
Tâter, *v. a.* *Tentare.* té. e, *p.* manier doucement; essayer; éprouver. *v. n.* goûter aux sauces, au vin; sonder. (se), *v. r.* s'examiner, se sonder; être trop attentif à sa santé; tâcher de connoître.
Tâteur. se, *s. adj.* qui tâte; irrésolu.
Tati, *s. m.* oiseau-mouche des Indes. G.
Tatigué, *jurement.* V.
Tatillon, *s.* 2 *g.* qui tatillone. (*famil.*) *-tillon. V.
Tatillonage, *s. m.* (*popul.*) action de tatilloner. * Tatillonnage. T.
Tatilloner, *v. n.* (*famil.*) entrer dans toute sorte de petits détails. * Tatilloner. V.
Tâtiner, *v. a.* (*popul.*) tenter un peu. V.
Tâtonnement, *s. m.* action de tâtonner. * Tâtonement. R.
Tâtonner, *v. a.* *Pertentare.* né. e, *p.* chercher dans l'obscurité, en tâtant; tâter pour se conduire; procéder avec timidité. * Tâtoner. R.
Tâtonneur. se, *s.* qui tâtonne. * Tâtoneur. se. R.
Tâtons (à), *adv.* en tâtonnant dans l'obscurité. * À-tâtons. C.
Tatou, *s. m.* *Dasypus, ou* Armadille, quadrupède crustacé.
Tatouage, *s. m.* action de tatouer. A.
Tatouer, *v. a.* -toué. e, *p.* barioler le corps avec des couleurs imprégnées dans la peau. A.
†Tatouette *ou* Tatuète, *s. f.* espèce de tatou.
Tau, *s. m.* t. de blason, la figure d'un T.
Taudion, *s. m.* (*popul.*) taudis.
Taudir, *v. a.* (*vieux*) se couvrir. V.
Taudis, *s. m.* *Tugurium.* petit logement malpropre.
Taugours, *s. m. pl.* petits leviers sur l'essieu. G. C.
Taumalin, *s. m.* Taomali, t. de natural. sauce; matière grasse dans les crabes, les tourlouroux, etc. G. C.
Taumier, *terme injurieux.* V.
Taupe, *s. f.* *Talpa.* animal; tumeur à la tête. * coquille univalve, de la famille des porcelaines. B.
Taupe-grillon, *s. m.* insecte qui vit sous terre. * Courtillière *ou* Courtille. B.
Tauper, *v. n.* consentir. V.
Taupier, *s. m.* preneur de taupes.
Taupière, *s. f.* piége pour prendre des taupes. * Taupiere. R.
Taupin, *s. m.* Escarbot-sauterelle, Maréchal, Notopède, insecte coléoptère. *adj.* noirâtre. V.
Taupinée, Taupinière, *s. f.* morceau de terre que la taupe élève en fouillant. * petite hutte, petite hutte. B. Taupiniere. R.
Taupins, *s. m. pl.* anciennes milices françoises sous Charles VII. A. R.
†Taurec, *s. m.* espèce de hérisson. voy. Tanrec.
Tauraille, *s. f.* jeunes taureaux. V.
Taure, *s. f.* *Junix.* jeune vache qui n'a point porté; genisse lunaire.
Taureau, *s. m.* *Taurus.* mâle de la vache, quadrupède bisulce, ongulé et cornupède; signe du zodiaque. * — cerf, voyez Gnou. — éléphant, grand taureau d'Éthiopie. — de mer, poisson cornu. — d'étang, butor. — volant, très-gros cerf-volant. B.
†Tauricider, *v. n.* donner des combats de taureaux.
Tauries, *s. f. pl.* fêtes de Neptune. V.
†Taurobole, *s. m.* sacrifice expiatoire d'un taureau à Cybèle.
Taurocatapsies, *s. f. pl.* combats de taureaux. R.
†Taurocolle, *s. f.* *ou* Xilocolle, colle faite avec les nerfs, la peau, les pieds du taureau.
Taurophage, *s. m.* qui mange du bœuf. R. V.
†Tauroyeur, *s. m.* voyez Toréador.
†Tautochrone, *adj.* 2 *g.* voyez Isochrone.
†Tautochronisme, *s. m.* égalité des temps de deux actions.
Tautogramme, *adj. s. m.* poëme dont tous les mots commencent par la même lettre.
Tautologie, *s. f.* répétition inutile d'une même idée.
Tautologique, *adj.* 2 *g.* de la tautologie; qui répète.
Tautométrie, *s. f.* répétition servile des mêmes mesures. A.
Taux, *s. m.* *Taxatio.* prix établi; taxe.
Tavaïolle, *s. f.* t. d'église, linge garni de dentelle; pièce de dentelle. * Tavaiole. R.
Tavelé. e, *adj.* *Maculosus.* qui a des taches sur la peau.
Tavèle *ou* Tavelle, *s. f.* passement fort étroit. G. * Tavele. R. Tavelle, *s. f.* aiguillon. V.
Taveler, *v. a.* *Variare.* lé. e, *p.* moucheter, tacheter.
Tavelle, *s. f.* aiguillon. V.
Tavelure, *s. f.* *Inspersæ maculæ.* bigarrure d'une peau tavelée.
Tavernage, *s. m.* amende de cabaret. V.
Taverne, *s. f.* *Caupona.* cabaret.
Tavernier. ère, *s.* *Caupo.* (*vieux*) qui tient taverne. * Tavernier. niere. RR.
†Tavernon, Bois piquant, *s. m.* arbre de Saint-Domingue, à fruit comme le citron.
†Tavoua, *s. m.* perroquet de la Guiane, qui parle très-bien.
Taxateur, *s. m.* qui taxe les frais, les lettres.
Taxation, *s. f.* action de taxer. *pl.* droits.
Taxe, *s. f.* *Æstimatio.* réglement pour le prix des denrées, ce prix établi; opération de taxer; taux de l'impôt.
Taxer, *v. a.* *Æstimare.* xé. e, *p.* régler, limiter le prix des denrées, des frais; faire une imposition; accuser. (se), *v. pers.* se cotiser; s'imposer.
†Taxiarque, *s. m.* commandant de l'infanterie athénienne.
†Taxis, *s. m.* réduction d'une partie à sa place naturelle, t. de chimie.
†Tayove, *s. m.* *Tajoba.* chou caraïbe de la Guiane.
†Tchevert, *s. m.* poids russe, 313 liv. 1-2.
Te, *pronom personnel.*
Té, *s. m.* t. de mineur, disposition des fourneaux en T, pour faire sauter un mur, etc. voyez T.
†Tebet, *s. m.* hache militaire des Turcs.
Technique, *adj.* (mot) affecté aux arts; (vers) qui rappellent beaucoup de choses en peu de mots.
Technologie, *s. f.* fausse science des mots. R.
†Teck *ou* Teak, *s. m.* bois du Pégu pour la construction.
†Tectrice, *s. f.* plume qui couvre l'os de l'aile.
†Tectum-de-suif, *s. m.* couche de suif sur l'étain que l'on veut fondre.
Te deum, *s. m.* t. de liturgie, hymne de louange et d'actions de grâces. * Te-deum. C.
†Tédieux, *adj.* importun, fatigant (*vieux*).
†Teguixin, *s. m.* (le), lézard du 4e. genre.
Tégument, *s. m.* *Tegumen.* t. d'anatomie, ce qui sert à couvrir; peau; épiderme; corps réticulaire; graisse.
Teignasse, *s. f.* (*populaire*) mauvaise perruque. * Tignasse. A.
Teigne, *s. f.* *Tinea.* sorte de gale à la tête; gale à l'écorce des arbres; insecte, espèce de chenille qui s'enveloppe d'un fourreau. * — aquatique, du genre des ligniperdes; fausse —, vers à tuyau, qui se changent en mouches. B.
Teignes, *s. m. pl.* pourriture de la fourchette

du pied du cheval.
Teigneurie, *s. f.* hôpital où l'on panse les teigneux. * Teignerie. A. C. G. R.
Teigneux. se, *adj. Porriginosus.* qui a la teigne; t. d'imprimerie, (cuir) trop humecté.
†Teillage, *s. m.* action de teiller, ses effets.
Teille, *s. f. Cortex.* écorce déliée d'un brin de chanvre, etc.
Teiller, *v. a. Decorticare.* llé. e, *p.* détacher l'écorce du chanvre. * *et* Tiller. A. G.
Teilleur. se, *s.* qui teille. R.
Teincher, *v. a.* (*vieux*) toucher. V.
Teindre, *v. a. Tingere.* teint. e, *p.* faire prendre à quelque chose une couleur différente de celle qu'elle avoit; colorer; imprimer une couleur.
Teint, *s. m. Color.* manière de teindre; coloris du visage.
Teinte, *s. f.* degré de force donné aux couleurs.
Teinte (demi-), *s. f.* teinte moyenne, entre la couleur et l'ombre.
Teinture, *s. f. Infector succus.* liqueur pour teindre; impression qu'elle fait sur l'étoffe, etc.; t. de chimie, couleur d'un minéral; t. de médecine, extrait liquide et coloré d'une substance: connoissance superficielle; impression laissée dans l'ame.
Teinturerie, *s. f.* métier, atelier de teinturier.
†Teinturien. ne, *adj.* t. de botanique, qui peut servir à la teinture.
Teinturier. ère, *s. Infector.* qui exerce l'art de teindre. * grand arbre d'Éthiopie: le fruit semblable à la datte donne une huile. B. celui qui corrige les écrits d'une femme. G. *f.* Teinturiere. R.
†Teira, *s. m. Pinnatus.* poisson du genre du chétodon.
†Téité, *s. m.* Tangara du Brésil.
Tel. le, *adj. Talis.* pareil, semblable. *subst.* un tel, une telle. * tel quel, médiocre, sans changement, de la même valeur. B.
†Télamone, *s. f.* cariatide.
†Téléarque, *s. m.* officier chargé de faire nettoyer les rues à Thèbes.
Télégraphe, *s. m.* machine dont les mouvemens indiquent des signes convenus. G. C. V. RR.
†Télégraphie, *s. f.* art de construire, de diriger les télégraphes.
†Télégraphique, *adj.* 2 *g.* (signe, ligne, observation) du télégraphe.
Téléphien, *s. m. Telephium ulcus.* ulcère dont la guérison est difficile. V. * *adj.* B.
†Téléphore, *s. m. Telephorus.* cicindèle.
Télescope, *s. m. Telescopium.* instrument pour observer les objets éloignés. * constellation australe. B.
†Télésie, *s. f. Telesia.* gemme orientale; saphir.
Tellement, *adv.* si fort, de telle sorte (-quellement), d'une manière telle quelle.* Tellement-quellement. G.
†Tellettes, *s. f.* toiles de crin du chassis du kas, t. de papeterie.
Telliere, *s. f.* sorte de papier. R.
Telline, *s. f. Tellina.* coquillage bivalve.
†Tellinite, *s. f.* telline fossile.
†Tellure, *s. m.* métal couleur blanc d'étain, lamelleux, très-fusible.
Télon, *s. m.* (*vieux*) lyre. V.
Téméraire, *adj.* 2 *g. Temerarius.* hardi avec imprudence.
Témérairement, *adv. Temerè.* inconsidérément; sans réflexion; avec témérité.
Témérité, *s. f. Temeritas.* hardiesse imprudente et inconsidérée; imprudence.
Témoignage, *s. m. Testificatio.* rapport d'un ou de plusieurs témoins; preuve; marque.
Témoigner, *v. a. Testari.* gné. e, *p.* servir de témoin; porter témoignage; marquer; faire connoître.
Témoignerie, *s. f.* (*vieux*) témoignage. V.
Témoin, *s. m. Testis.* qui peut faire rapport d'un fait qu'il a vu ou entendu; marque; monument. * défaut dans la tonte du drap. B.
Tempe, *s. f. Tempora.* partie de la tête depuis l'oreille jusqu'au front. * outil, terme de métiers. B. Temple. T.
Tempérament, *s. m. Constitutio.* complexion; constitution du corps; caractère; adoucissement; accommodement; expédient; t. de musique, altération légère.
Tempérance, *s. f. Temperantia.* vertu qui règle les passions; sobriété.
Tempérant. e, *adj. Temperans.* qui a la vertu de tempérance, de tempérer.
Température, *s. f. Temperatio.* disposition, état actuel de l'air sec ou humide, etc.
Tempéré. e, *adj. Temperatus.* ni trop chaud, ni trop froid; modéré, sage; mitoyen. * *s. m.* moyenne température. T.
Tempérer, *v. a. Temperare.* ré. e, *p.* modérer; diminuer l'excès de.
Tempestatif. ve, *adj.* tumultueux. V.
Tempête, *s. f. Tempestas.* orage; violente agitation de l'air; trouble, sédition; grand bruit; persécution violente.
Tempêter, *v. n. Debacchari.* faire bien du bruit.
Tempétueux. se, *adj. Procellosus.* sujet aux tempêtes; qui cause les tempêtes. * Tempestueux. R. Tempéteux. V.
Temple, *s. m. Templum.* édifice public consacré au culte; église. voyez Tempe. * *ou* mesure pour espacer les mortaises d'une jante. B.
Templet, *s. m.* t. de relieur, R. tringle mobile. B.
Templier, *s. m.* chevalier d'un ancien ordre religieux et militaire comme celui de Malte.
Templu *ou* Templet, *s. m.* instrument qui tend l'étoffe sur le métier. RR.
Temporaire, *adj.* 2 *g.* à temps; momentané. C. * *abusivement pour* temporel. V.
Temporal. e, *adj.* qui a rapport aux tempes.
Temporalité, *s. f.* juridiction du domaine temporel.
Temporel, *s. m.* revenu d'un bénéfice; puissance temporelle.
Temporel. le, *adj. Temporalis.* qui passe avec le temps; périssable; séculier; l'opposé d'éternel, de spirituel. *f.* Temporéle. R.
Temporellement, *adv. Ad tempus.* durant un temps. * Temporélement. R.
Temporisation, *s. f.* retardement; action de temporiser. A. C.
Temporisement, *s. m. Cunctatio.* retardement avec espoir.
Temporiser, *v. a. Cunctari.* retarder, différer avec espoir.
Temporiseur, *s. m. Cunctator.* qui temporise.
Temps, *s. m. Tempus.* mesure de la durée des choses, du son; terme préfixe; délai; loisir; conjoncture; occasion; saison propre à; les siècles, les âges; état des choses, des mœurs, etc.; état de l'air, du ciel; temps d'orage; t. de grammaire, inflexion des verbes; t. d'exercices et d'arts, etc.; moment précis; mouvemens; mesure. * Tems. RICHELET.
Temps (à), *adv. Opportune.* dans le temps prescrit. * à-tems. C.
Temps en temps (de), *adv.* de fois à autre. * de-tems-en-tems. C.
Temps (tout d'un), *adv.* tout de suite. * tout-d'un-tems. C.
Tenable, *adj.* 2 *g.* où l'on peut rester sans trop de risque, de peine, d'incommodités.
Tenace, *adj.* 2 *g. Tenax.* visqueux, adhérent; qui s'attache fortement; avare, opiniâtre. t. de botanique, qui s'accroche. B. Ténace. R.
†Tenacement, *adv.* avec tenacité, opiniâtreté.
Ténacité, *s. f. Tenacitas.* qualité de ce qui est tenace; avarice, opiniâtreté.* Tenacité. C.
†Ténagode, *s. m. Tenagodus.* vermiculaire à tuyau.
Tenaille, *s. f. Forceps.* instrument de fer pour saisir, arracher; t. de fortification, ouvrage de défense; t. d'architecture, louve. * poisson à bouche en tenaille. B.
†Tenaillée, *s. f.* t. de métiers, quantité d'objets pris avec les tenailles, etc.
Tenailler, *v. a.* lé. e, *p.* (un criminel), le tourmenter avec des tenailles.
Tenaillon, *s. m.* pièce de fortification.
Tenancier. ère, *s.* qui tient des terres en roture; propriétaire. * Tenancier. ciere. R.
Tenans et aboutissans, *s. m. pl.* ce qui tient à un terrein. RR.
Tenant, *s. m.* qui défend une opinion; qui s'est impatronisé; combattant; galant; avare. *pl.* limite; t. de blason; t. d'antiquité.
Tenant. e, *adj.* qui tient.
Tenar, *s. m.* le quatrième muscle du pouce.
Ténare, *s. m.* (*style poëtique*) l'enfer. A. * Tenare. G. C.
†Tençon, *s. m.* querelle; injure (*vieux*).
Tendance, *s. f.* action de tendre vers; disposition de l'ame dirigée vers un objet; direction de mouvement.
Tendant. e, *adj.* qui tend, qui est dirigé à.
Tendelet, *s. m.* t. de marine, bagne à la poupe d'une galère. R. G. C.
Tenderie, *s. f.* t. de chasse, où l'on tend des piéges. R. G. C.
Tendeur, *s. m.* celui qui tend quelque chose. G. C. * qui tend les piéges. R.
Tendineux. se, *adj.* de la nature des tendons, qui y a rapport.
Tendon, *s. m. Tendo.* extrémité du muscle.
†Tendrac, *s. m.* voyez Tanrec, quadrupède épineux.
Tendre, *adj.* 2 *g. Tener.* qui n'est pas dur; qui peut être aisément divisé; mol et frais; sensible, délicat; jeune; sensible à l'amitié, etc., qui l'inspire; touchant, gracieux.
Tendre, *s. m.* tendresse, passion amoureuse. * 3e. morceau du cimier. B.
Tendre, *v. a. Tendere.* -du. e, *p.* bander; dresser; tapisser, présenter en avançant. *v. n.* aller, aboutir vers; se diriger à; avoir pour but.
†Tendre-à-caillou, *s. m. Acacia.* arbre des îles sous le vent, d'un bois extrêmement dur.
†Tendrelet. te, *adj. diminutif de* tendre.
Tendrement, *adv.* avec tendresse; t. de peint. sans dureté.
Tendresse, *s. f* sensibilité à l'amitié, à l'amour; amour tendre et passionné.
Tendreté, *s. f. Teneritas.* qualité de ce qui est tendre, parlant des viandes, des fruits, etc.
Tendrifier, *v. a.* -fié. e, *p.* (*t. de précieuse*) attendrir. R. V.
Tendron, *s. m. Coliculus.* bourgeon, rejeton; jeune fille. *pl.* cartilages qui sont à l'extrémité des os de certains animaux. *mieux*, tendons.
Tendu, *adj.* (esprit) fortement appliqué; bandé. * (style) sans aisance, sans souplesse. AL.
†Tendue, *s. f.* canton qu'occupent les piéges.

t. de chasse; piége pour les oiseaux.

Ténèbres, *s. f. pl. Tenebræ.* obscurité; nuit; erreurs, aveuglement; t. de liturgie, privation de lumière; office du soir. *Ténebres. R.

Ténébreux. se, *adj. Tenebrosus.* sombre, obscur; plein de ténèbres. * qui s'y plaît, qui s'y cache (coquin). AL.

†Ténébrio, Ténébrion, *s. m.* insecte coléoptère, sentant mauvais.

Ténement, *s. m.* métairie dépendante d'une seigneurie; prescription. * Tenement. G. C.

Tenesme, *s. m. Tenesmus.* épreintes douloureuses au fondement, sans évacuation. * Ténesme. RR.

Tenette, *s. f. Volsella.* pince pour tirer la pierre de la vessie. * Tenete. R.

Teneur, *s. f.* le contenu d'un écrit. *s. m.* qui tient les livres; t. de fauconnerie, troisième oiseau qui attaque le héron.

Tenga, *s. m. ou* Cochi, arbre, coco.

Ténia, *s. m.* vers solitaire. * ou Flamme, poisson du genre du cépole. B. Tenia. RR.

†Ténianote, *s. m.* genre de poissons.

Ténie, *s. f.* moulure plate; listel.

Tenir, *v. a. Tenere.* -nu. e, *p.* avoir à la main, entre les mains; posséder; supporter; occuper; mettre et garder dans un lieu; maintenir, entretenir; contenir, renfermer; arrêter, fixer; réprimer; réputer; estimer; croire; présider; réunir. *v. n.* subsister sans altération; résister; durer; être contigu; être compris. *v. impersonnel.* dépendre de. (se), *v. r.* être, demeurer en un lieu, dans un état; avoir lieu; s'arrêter.

Tenon, *s. m. Cardo.* t. d'arts et métiers, ce qui entre dans une mortaise.

†Ténontagre, *s. f.* goutte dans les tendons larges.

Ténor, *s. m.* voix entre la haute-contre et la basse-taille; taille, celui qui l'a. * Tenor. G. C.

†Ténoriste, *s. m.* musicien, haute-taille.

Tensement, *s. m.* t. de coutume. R.

†Tensif. ve, *adj. Tensivus.* accompagné de tension.

Tension, *s. f. Tentio.* état de ce qui est tendu; grande application d'esprit.

Tenson, *s. m. (vieux)* dispute galante entre deux poëtes.

†Tentaculaire, *s. f. Tentacularia.* ver intestin sur le foie de la dorade.

Tentacule, *s. f.* membrane des mollusques.

†Tentaculée, *adj. f.* (couleuvre), t. d'hist. nat.

Tentant. e, *adj. Illecebrosus.* qui tente, cause du désir.

Tentateur. trice, *adj. m. s. Tentator.* qui tente, qui cherche à séduire.

Tentatif. ve, *adj.* qui tente. R. G. C.

Tentation, *s. f. Tentatio.* mouvement intérieur qui excite à; envie de.

Tentative, *s. f. Tentamentum.* action par laquelle on tente de réussir; premier acte de théologie.

Tente, *s. f. Tabernaculum.* pavillon; t. de chirur. rouleau de charpie. *Peniculus.* t. de chasse, filets tendus sur des piquets.

Tentement, *s. m.* t. d'escrime, action de battre deux fois l'épée. R. G. C.

Tenter, *v. a. n. Tentare.* té. e, *p.* essayer, éprouver; solliciter au mal; donner envie; t. d'escrime, faire le tentement.

†Tenthrède, *s. f. Tenthredo.* mouche à scie du rosier, insecte hyménoptère. * Tenthred, *s. m.* RR.

†Tentipelle, *s. m. Tentipellum.* cosmétique qui efface les rides.

Tenture, *s. f.* pièces de tapisserie; peine, action de les tendre.

Tenu. e, *adj.* entretenu, soigné.

Ténu. e, *adj. Tenuis.* fort délié; peu compact.

Tenue, *s. f.* durée d'une assemblée; assiette ferme; manière de tenir; t. de jeu; de mus. continuation d'un ton.

Ténuité, *s. f. Tenuitas.* qualité d'une substance ténue et déliée.

Tenure, *s. f.* mouvance, dépendance, étendue d'un fief. * trou pour recevoir le coin, t. d'ardoisier. B.

Téorbe, *s. m.* voyez Tuorbe.

†Téphramantie *ou* Spodomantie, *s. f.* divination par les cendres du sacrifice jetées ou soufflées en l'air.

†Téra, *s. f. ou* Terra, auget de potier pour mouiller les mains.

†Térat-boulan, *s. m.* merle des Indes.

Tératoscopie, *s. f.* science qui examine les prodiges. V.

Tercer *ou* Terser, *v. a.* é. e, *p.* t. de vigneron, donner un troisième labour. A.

Tercet, *s. m.* espèce de couplet composé de trois vers. * Terset. R. T.

†Terebelle, *s. f. Terebella.* mollusque logé dans un tube membraneux.

Térébenthine, *s. f. Terebinthina.* résine du térébinthe; on la tire parincision; discussive, résolutive, détersive, vulnéraire, diurétique, pour la gonorrhée, les fleurs-blanches, les engelures.

†Térébinthacées, *s. f. pl.* famille des térébinthes.

Térébinthe, *s. m. Terebinthus.* Pistachier sauvage, arbre résineux.

Térébration, *s. f.* action de percer un arbre pour en tirer la gomme, la résine, etc.

†Térébratule *ou* Anomie, *s. f. Terebratula.* coquille bibalve, du genre des huîtres.

†Téréniaban, *s. m.* Téréniabin, manne liquide de la couleur et de la consistance du miel.

Téréniabin, *s. m.* manne liquide de Perse.

†Térès, *s. m.* lombril, ver dans le corps humain.

†Téret. ète, *adj.* t. de botanique, solide, sans angles.

†Térétiustule, *adj. 2 g.* t. de botanique, presque téret.

†Tergéminé. e, *adj.* (feuille) composée trois fois.

Tergiversateur, *adj. s. m.* qui tergiverse. V. RR.

Tergiversation, *s. f. Tergiversatio.* action de tergiverser.

Tergiverser, *v. n.* chercher des détours; biaiser.

†Téringales, *s. f. pl.* mousseline des Indes.

Terme, *s. m. Finis.* fin, borne d'un temps, d'un espace; temps préfixe; statue dont le corps se termine en gaîne; mot, diction; sujet; attribut d'une proposition; mot particulier à un art, etc.; état par rapport à une affaire.

Termes, *s. m.* insecte du Sénégal qui ressemble à la fourmi, vit en troupe, forme des habitations solides et très-élevées. * Termès. RR.

Terminaire, *adj. 2 g. (vieux)* qui concerne la fin, le terme. V.

Terminaison, *s. f.* désinence d'un mot.

†Terminal. e, *adj.* t. de botanique, qui forme le sommet.

Terminalies, *s. f. pl.* fêtes du dieu Terme. V.

Termine, *s. f.* temps. V.

Terminer, *v. a. Terminare.* -né. e, *p.* borner; achever; finir. (se), *v. r.* se passer, s'achever, se finir; t. de grammaire, avoir une terminaison.

†Terminologie, *s. f.* abus de termes scholastiques.

Terminthe, *s. m.* tubercule inflammatoire.

Termites, *s. m. pl. Termes.* fourmis blanches, insectes névroptères. * Termès. RR.

Ternaire, *adj. Ternarius.* (nombre) de trois.

Terne, *adj. 2 g. Decoloratus.* qui n'a pas l'éclat qu'il doit avoir, qui a peu d'éclat.

Terne, *s. m.* trois numéros de la loterie pris et sortis à la fois. A.

Ternes, *s. m.* t. de trictrac, deux trois.

†Ternés. ées, *adj. pl.* t. de botan. par trois sur un même point.

Terni. e, *adj.* qui a perdu son lustre.

Ternier, *s. m.* grimpereau de muraille. RR.

Ternir, *v. a. Obscurare.* ni. e, *p.* ôter le lustre, l'éclat, la couleur. (se), *v. r.* perdre son éclat.

Ternissure, *s. f. Decoloratio.* action qui ternit, son effet.

†Terouille, *s. f.* terre légère, noire, indice du charbon de terre.

†Terpan, *s. m.* faux emmanchée, arme des Turcs.

Terrage, *s. m.* droit de prendre une partie des fruits.

†Terrage, *s. m.* action d'enlever le sirop du sucre.

Terrageau, Terrageur, *s. m.* qui avoit le droit de terrage. G. C.

Terrager, *v. a.* lever le terrage. R. G. C.

Terragier. ere, *s.* t. de coutume. R.

Terragnol, *adj. m.* t. de manége, qui va terre à terre, lourd. R.

†Terraignole, *adj. m.* (cheval) chargé d'épaules.

†Terraille, *s. f.* poterie fine d'Erzeron. Terrail, *s. m.*

Terrain, *s. m. Terrenum.* espace de terre; terre. * *et* Terrein. A. G. CO.

Terral, *s. m.* t. de marine, vent de terre. R.

Terraqué. e, *adj.* composé de terre et d'eau. A. * *ou* Terraqueux. RR.

Terrasse, *s. f.* levée de terre dans un jardin; espèce de balcon ou de galerie découverte; toit en plate-forme; t. de peinture, le devant des paysages; t. d'arts; t. de lapid. de marbrier, partie qu'on ne peut polir: cuvette de tireur d'or.

Terrassé. e, *adj.* t. de blason, avec la terre, garni de terre.

Terrasser, *v. a.* sé. e, *p.* t. de maçon, mettre de la terre derrière un mur. *Sternere.* jeter de force par terre; consterner; faire perdre courage; ôter les forces. (se), *v. r.* se couvrir d'ouvrages de terre.

Terrasseur, *s. m.* qui travaille à hourder des cloisons, des planchers. G. C.

†Terrasseux. se, *adj.* (marbre, pierre) qui a des parties tendres.

Terrassier, *s. m.* qui travaille à des terrasses; qui remue, transporte des terres, etc. * *et* Terrasseur. V.

Terre, *s. f. Terra.* le plus pesant des quatre élémens; le globe terrestre; partie de la terre; terrain; pays; contrée; domaine; bords de la mer; les habitans de la terre; les biens, les plaisirs de la vie; t. de chimie, caput mortuum, résidu. * — adamique, ocre rouge, humus limoneux. — bolaire, voyez Bols. — de boucarot, bolaire. — de chio, bolaire. — cimolée, blanche, molle, onctueuse, craie, terre à pipe. — à foulon, argile. — de lemnos. — mérite, safran des Indes. — noix, plante à tubercule, astringente, *Bunium.* — à pipe, tendre, liante, légère, douce. — savonneuse, smectite. — tuffière, qui approche du tuf. B.

Terreau, *s. m. Fimus.* fumier pourri et réduit en terre. * terre franche, terre végétale, t. de physique. B.
†Terreauter, *v. a.* té. e, *p.* répandre du terreau.
Terre-ferme, *s. f.* le continent.
Terre-neuvier, *adj. s. m.* qui pêche au banc de Terre-Neuve.
Terre-noix, *s. f. Bunium.* plante à tubercule, ombellifère, astringente.
Terre-plein, *s. m.* t. de fortification, surface plate et unie d'un amas de terre; t. d'archi-tecture, terre rapportée entre deux murs. * Terre-plain. T.
†Terre-tremble, *s. m.* (*vieux*) tremblement de terre.
Terrer, *v. a.* té. e, *p.* enduire une étoffe de terre à foulon; t. d'affineur, couvrir le pain de terre; t. d'artificier. A. * t. d'agriculture, garnir de nouvelle terre. B.
Terrer (se), *v. r.* té. e, *p.* se cacher sous terre.
Terrestre, *adj.* 2 *g. Terrestris.* de la terre, de sa nature; l'opposé de spirituel, d'éternel.
Terrestréités, *s. f. pl.* les parties les plus grossières des substances. * Terrestréités. R. G. C.
Terreur, *s. f. Terror.* épouvante, grande crainte. * abus des mesures révolutionnaires. A.
Terreux. se, *adj. Terrosus.* mêlé, sali de terre; couleur de terre; t. de lapidaire, ténébreux.
Terrible, *adj.* 2 *g. Terribilis.* qui donne ou qui est propre à donner de la terreur: étonnant, extraordinaire. (*abusiv.*)
Terriblement, *adv.* d'une manière à inspirer de la terreur; (*famil. abusiv.*) extrêmement, excessivement.
Terrien. ne, *s.* qui possède une grande étendue de terre. * Terrion, -riene. R.
Terrier, *adj. s.* (papier), registre du dénombrement des terres. *Cuniculus. s.* cavité dans la terre; retraite des lapins, etc.
Terrière, *s. f.* (*vieux*) trou de lapin. * Terriere. R.
†Terrification, *s. f.* assemblage des parties terreuses dans la fermentation.
Terrine, *s. f. Cymbium.* vase de terre en cône tronqué. * ragoût fait dans une terrine. CO.
Terrinée, *s. f.* plein une terrine.
Terrir, *v. n.* se dit des tortues qui viennent à terre pour pondre leurs œufs; t. de marine, prendre terre.
Territoire, *s. m. Territorium.* espace de terre qui dépend d'une juridiction, etc.
Territorial. e, *adj.* qui concerne, comprend le territoire. K.
Terroir, *s. m. Solum.* terre considérée par rapport à l'agriculture. * son goût en parlant du vin. B.
Terroriser, *v. a. n.* sé. e, *p.* établir le système de la terreur. C.
Terrorisme, *s. f.* système, régime de la terreur, en France. A. C. G.
Terroriste, *s. m.* agent ou partisan du système de la terreur. A. C. * homme de sang. G.
Terrure, *s. f.* action de terrir. V.
Ters. e, *adj.* frotté. R.
†Tersine, *s. f. Tersa.* oiseau, espèce de cotinga d'Amérique.
†Tertianaire, *adj.* 2 *g.* qui revient tous les trois jours.
Tertre, *s. m. Tumulus.* éminence de terre; colline; petite montagne.
Tertullianiste, *s. m.* partisan des opinions de Tertullien. V.
Tesseaux, *s. m. pl.* t. de marine, pièces qui soutiennent les hunes. R. G. C.
Tesson *ou* Têt, *s. m.* pièces rompues des vases de terre. A. * Tessons, *s. m. pl.* G. C.
Test *ou* Têt, *s. m. Testa.* la partie la plus dure d'une coquille.
Test, *s. m.* serment d'abjuration du catholicisme. * *ou* épreuve. (*Anglicisme*). A.
Testacée, *adj.* 2 *g. Testata.* (animal), couvert d'une écaille dure et forte. * Testacé. e. A.
†Testacelle, *s. f. Testacella.* mollusque céphalée, gastéropode.
†Testacites, *s. f. pl.* coquilles fossiles.
Testament, *s. m. Testamentum.* acte qui contient les dernières volontés.
Testamentaire, *adj.* 2 *g. Testamentarius.* qui regarde le testament. V.
Testateur. trice, *s. Testator.* qui teste, qui fait un testament.
Tester, *v. n. Testari.* faire son testament. * mettre de nouvelles dents à un peigne. B.
Testi, *s. m.* poil de chameau. G. C. * Testif. A.
Testicule, *s. f. Testiculus.* corps glanduleux où se prépare la semence.
Testifier, *v. a.* (*vieux*) témoigner, certifier. V.
Testimonial. e, *adj.* qui rend témoignage.
Teston, *s. m.* ancienne monnoie d'argent.
Testonner, *v. a.* (*vieux*) arranger les cheveux, la tête. A. V. * Testoner. R. *v. a.* donner des coups de bâton. D'ABLANCOURT.
†Testudo, *s. f.* tumeur enkistée en écaille de tortue.
Têt, *s. m. Calva.* (*vieux*) crâne; t. de chim. écuelle pour faire la coupelle; teston; toit à porc, taie. * substance la plus dure d'une coquille. B.
Tétanos, *s. m. Tetanus.* convulsion qui roidit le corps.
Têtard, *s. m. Gyrinus.* frai de grenouille, de crapaud; poisson du genre du persègue; chevanne. * insecte noir. RR. Tétard. R.
†Tétartophie, *s. f. Tetartophia.* fièvre rémittente dont les paroxismes reviennent tous les quatre jours.
Tetasses, *s. f. pl.* mamelles de femme flasques et pendantes.
Tête, *s. f. Caput.* partie de l'animal qui tient au corps par le cou, sa représentation; chef; esprit; imagination; personne; individu; chevelure; cime; comble; faîte; extrémité supérieure; commencement; bois du cerf. *— noire, *Melanocephalus.* serpent du 3ᵉ. genre. — de bœuf, limaçon d'eau douce. — de dragon, cataleptique, *Dracocephalum.* — de lièvre, poisson du genre du gobie, *Lagocephalus.* — de Méduse, zoophyte. — de mort, singe, moncie, variété de la mome; sphinx. — nue, poisson du genre de l'ésoce, *Gymnocephalus.* — nue *ou* chauve, *ou* Lamie, *Amia calva.* — plate, lézard d'Afrique. B.
Tête-à-tête, *adv.* seul à seul; en particulier. *s. m.* entretien de deux personnes.
Tête-chèvre *ou* Tette-chèvre, *s. m.* oiseau de nuit. * -chevre. K.
Tête-cornue, *s. f.* plante.
Tête de more, *s. f.* vase pour la chimie. R.
Tête-morte, *s. f.* parties terrestres et insipides d'un corps distillé; caput mortuum.
†Tête-nue, *s. f.* poisson du genre de lamie, de l'ésoce.
Tête verte, Tête bleue, *s. m.* fou. V.
Têtebleu, Tubleu, *jurement.* V.
†Tétéma, *s. m.* espèce de grive de Cayenne.
Teter, *v. a. n. Lac sugere.* té. e, *p.* tirer le lait de la mamelle par la succion. * Téter. A.
†Téthie, *s. f. Tethia.* zoophyte de l'ordre des vers mollusques.
†Téthys, *s. m.* mollusque gastéropode.
Têtière, *s. f. Frontale.* partie de la bride; coiffe d'enfant; t. d'imprimerie, bois en tête des pages. * Tetiere. R.
Tetin, *s. m. Papilla.* le bout de la mamelle. * Tettin. V.
Tetine, *s. f. Uber.* pis de la vache, de la truie; t. militaire, creux, trou fait sur une cuirasse par une balle. * Tétoir. B.
Tétoir, *s. m.* outil d'épinglier; R. cavité, anche qui enchasse les têtes. B. * Tétoir. CO.
Teton, *s. m. Mamma.* mamelle de femme. * Téton. A.
†Tétrable, *adj.* 2 *g.* (bible) en quatre colonnes et quatre versions.
Tétracorde, *s. m.* lyre à quatre cordes; système de musique à quatre sons. * Tétrachorde. R. T.
†Tétradactyle, *adj.* 2 *g.* qui a quatre doigts.
†Tétradique, *adj.* 2 *g.* qui appartient au nombre de quatre.
†Tétradites, *s. m. pl.* hérétiques qui respectent le nombre de quatre.
Tétradragme, *s. m.* monnoie qui valoit quatre dragmes. * Tétradrachme. A. C. G.
Tétradynamie, *s. f.* (quatre puissances), quinzième classe des végétaux. L.
Tétraèdre, *s. m.* corps régulier formé de quatre triangles égaux et équilatéraux. * Tétraédre. R.
Tétragone, *adj.* 2 *g. Quadrangulus.* qui a quatre angles et quatre côtés.
Tétragonisme, *s. m.* de géométrie, v. quadrature du cercle. B.
Tétragynie, *s. f.* (quatre épouses), quatrième ordre des treize premières classes des végétaux. L.
Tétraliste, *s. m.* bâtiment soutenu par quatre colonnes. G. C. * Tétraples. R.
Tétralogie, *s. f.* t. de littérature grecque; quatre pièces, * trois tragédies et une comédie, B. d'un poëte qui vouloit obtenir le couronne. G. C.
Tétrandrie, *s. f.* (quatre époux), quatrième classe des végétaux. L.
†Tétraodion, *s. m.* hymne grec en quatre parties.
Tétrapaste, *s. f.* machine à quatre poulies. R.
†Tétrapétale, *adj.* 2 *g.* à quatre pétales.
†Tétrapodologie, *s. f. Tetrapodologia.* partie de la zoologie qui traite des quadrupèdes.
†Tétraptère, *adj.* 2 *g.* qui a quatre ailes, t. de botanique.
Tétrarchat, *s. m.* domination d'un tétrarque.
Tétrarchie, *s. f.* quatrième partie d'un état démembré. G. C. V.
Tétrarque, *s. m. Tetrarcha.* qui a une tétrarchie.
Tétras, *s. m.* oiseau, *ou* Tétrao, coq des bruyères.
†Tétraspaston, *s. m.* machine composée de quatre poulies.
†Tétrasperme, *adj.* 2 *g.* qui a quatre graines.
†Tétraste, *s. f.* mesure grecque des liquides.
†Tétrastile, *s. m.* bâtiment soutenu par quatre colonnes.
Tétrastique, *s. m.* quatrain; stance, épigramme, etc. de quatre vers.
Tétrastyle, *s. m.* t. d'archit. qui a quatre rangs de piliers. R.
†Tétricité, *s. f.* humeur noire et chagrine. (*vi.*)
Tétricite, *s. f.* austérité. (*inusité*). RR.
Tétrique, *adj.* 2 *g.* austère. R. * *inusité.* RR.
Tétrodon, *s. m.* poisson.
Tette, *s. f. Uber.* le bout de la mamelle. * *ou* Tête. G.
†Tette-chèvre, *s. f. Capri-mulgus.* crapaud-volant; hirondelle de nuit; engoulevent.
Tettonière, *s. f.* bande, bandelette pour le sein. V. * *adj. f.* (grosse) mammelue. B.
Têtu, *s. m. Capito.* poisson à tête en marteau;

marteau pour démolir. R. G. C.

Têtu, e, *adj. s. Contumax.* qui a de la tête; entêté, obstiné, opiniâtre.

†Teucriette, *s. f.* véronique des prés.

†Teurtis *ou* Tortcis, *s. m. (vieux)* torche, faisceau. V.

Teuthis, *s. m.* Teuthie, genre de poissons abdominaux.

†Teuthlaco, *s. m. Durissus.* espèce de serpent sonnette.

Teuthonique, *adj. 2 g. Teutonicus.* qui appartient aux Teutons, aux Allemands. R.

†Tévertin, *s. m.* pierre grise et dure à Rome.

Texte, *s. m.* les propres paroles d'un auteur; passage de l'Ecriture.

Texte (gros-, petit-), *s. m.* caractères d'imprimerie.

Textile, *adj. 2 g.* qui peut être tiré en filets propres à faire un tissu.

Textuaire, *adj. s. m.* livre où il n'y a que le texte; qui sait bien le texte des lois. * *s. m. pl.* sectaires qui ne s'attachent qu'au texte des livres saints. B.

Textuel. ele, *adj.* qui est dans le texte. R. A.

Textuellement, *adv.* sans s'écarter du texte; mot pour mot. AL. RR.

Texture, *s. f.* ce qui fait qu'une chose est tissue; le tissu, la liaison d'un ouvrage. * disposition des parties constituantes d'un corps. B.

†Thalame, *s. m.* fiole à long cou.

†Thalassarquie, *s. f.* empire des mers.

†Thalassème, *s. f. Thalassema.* ver qui a près du col deux petits crochets piquans.

Thalictron, *s. m. Lictrum.* plante vulnéraire, détersive, antivermineuse, fébrifuge. * *et* Thalitron. G.

†Thalides, *s. f. pl. Thalis.* mollusques gastéropodes, gélatineuses.

†Thallite *ou* Delphinite, *s. m.* schorl vert du Dauphiné.

Thapsie, *s. f.* plante. RR.

Thargum, *s. m.* commentaire chaldaïque du texte hébreux. RR. voyez Targum. B.

†Thaulache, *s. f.* arme offensive ou défensive des Francs; hallebarde, hache d'arme, tonnelle.

Thaumaturge, *adj. s. 2 g.* qui fait des miracles.

Thé, *s. m. Theia.* arbrisseau de plusieurs espèces, feuilles de cet arbrisseau. — bou, thé séché au soleil. — vert, thé séché au four; espèce de collation; infusion de thé pour le flux de ventre, la dyssenterie; l'usage habituel nuit à la digestion, attaque les nerfs. * — d'Europe, véronique mâle. — de France, sauge plus estimée des Chinois que leur thé. — des jésuites, trèfle odorant. — de Suisse, falltrancks. B.

†Théamède, *s. f. Theamedes.* tourmaline en pierre d'aimant.

Théandrique, *adj. 2 g.* t. dogmatique, divin et humain. R. G. C.

Théantrope, *s. m.* t. de théologie. R. * Théanthrope, la personne de J. C. RR.

†Théantropie, *s. f.* erreur de ceux qui attribuent à Dieu les qualités humaines.

Théatin, e, *s.* religieux. R.

Théâtral, e, *adj. Theatralis.* qui concerne le théâtre, la poësie dramatique; propre au théâtre.

Théâtre, *s. m. Theatrum.* lieu où l'on représente les pièces dramatiques, etc.; sorte d'échafaud; profession de comédien; règles de la poësie dramatique; recueil de pièces de théâtre; lieu d'une scène, d'un événement. * place, dignité qui met en évidence; pile de bois à brûler. B.

†Thébaïde, *s. f. Thebais.* solitude profonde.

Théière, *s. f. Cucumella.* vase pour faire infuser le thé. * Théière. A. C. G. Théiere *et* Thétiere. R.

Théiforme, *adj. 2 g.* comme le thé; en manière de thé, t. de pharmacie, de médecine.

Théisme, *s. m.* croyance de l'existence d'un Dieu. A. * Théïsme. R.

Théiste, *s. m.* qui reconnoît l'existence d'un Dieu. * Théïste. A. C. G.

Thème, *s. m. Argumentum.* sujet; matière; proposition; t. de collége, composition d'un écolier, ce qu'on lui donne à traduire en langue morte ou étrangère. * t. de gram. radical d'un verbe; présent d'un verbe grec: position des astres pour fixer l'horoscope. B. Theme. R.

Thémis, *s. f.* déesse de la justice.

†Thénar, *s. m.* muscle de la main et du pied.

†Théocatagnostes, *s. m. pl.* hérétiques qui blâmoient les paroles et les actions de Dieu.

Théocratie, *s. f.* gouvernement où les chefs sont regardés comme les ministres de Dieu.

Théocratique, *adj. 2 g.* de la théocratie, qui lui appartient.

Théodicée, *s. f.* justice de Dieu. LEIBNITZ.

Théodolite, *s. m.* instrument pour arpenter. R.

Théogonie, *s. f. Theogonia.* naissance des dieux; système religieux des payens; ouvrage sur cette matière.

Théologal, *s. m.* chanoine chargé de professer la théologie.

Théologal. e, *adj.* (vertu) qui a Dieu pour objet.

Théologale, *s. f.* qualité, etc. de théologal.

†Théologastre, *s. f.* divinité inférieure. *adj.* qui tient foiblement de la divinité.

Théologie, *s. f. Theologia.* science qui a pour objet Dieu et la religion; classe où on l'enseigne; doctrine, traité théologique.

Théologien, *s. m. Theologus.* qui sait, enseigne ou écrit sur la théologie.

Théologique, *adj. 2 g. Theologicus.* qui concerne la théologie.

Théologiquement, *adv. Theologicè.* d'une manière théologique.

Théologiser, *v. a.* parler de théologie. R. V.

Théologium, *s. m.* lieu du théâtre d'où parloient les Dieux. R.

†Théomaches, *s. m. pl.* géans qui combattent les Dieux.

†Théomagne, *adj. 2 g.* ennemi de Dieu.

Théomancie, *s. f.* divination par le nom de Dieu. R.

†Théomantie, *s. f.* divination par l'inspiration d'une divinité.

Théophage, *s. adj.* diseur de messe. MERCIER.

†Théophaine, *s. f.* épiphanie.

Théophanie, *s. f. (vieux)* épiphanie. R. V.

Théophilantrope, *s. 2 g.* théiste qui est ami des hommes. C.

Théophilantropie, *s. f.* système, secte des théophilantropes. C.

Théophilantropique, *adj. 2 g.* qui concerne, caractérise le théophilantrope. C.

†Théophile, *adj. 2 g.* qui aime Dieu.

†Téoptie, *s. f.* apparition des Dieux.

Théorème, *s. m. Theorema.* t. de mathém. proposition d'une vérité spéculative qui peut se démontrer. * Théorême. R.

Théorétique, *adj. 2 g.* de la théorie; indépendant de l'expérience. R.

Théoricien, *s. m. et* Théoriste, qui connoît les principes d'un art sans le pratiquer. A.

Théorie, *s. f. Theoretice.* spéculation; connoissance qui s'arrête à la spéculation. * lois, principes d'un art; t. milit. développement des principes de la manœuvre. B.

Théorique, *adj. 2 g.* qui regarde la théorie.

Théoriquement, *adv.* d'une manière théorique.

Théosophe, *s. m.* qui sait la théologie. R.

Théosophisme, *s. m.* système de ceux qui pensent que nous voyons, nous sentons, nous pensons en Dieu. K. * système de Mallebranche. B.

Théotisque, *adj. 2 g.* voy. Teutonique.

Thérapeutes, *s. m. pl.* moines juifs livrés à la vie contemplative et mortifiée.

Thérapeutique, *adj. 2 g.* qui a rapport aux thérapeutes.

Thérapeutique, *s. f.* partie de la médecine qui enseigne à guérir les maladies, ou adoucir leurs accidens.

Thériacal. e, *adj.* qui a la vertu de la thériaque.

†Thériacologie, *s. f.* traité des bêtes venimeuses.

Thériaque, *s. f. Theriaca.* composition de chair de vipère, etc. cordial et antidote.

†Thériotomie, *s. f.* anatomie des brutes.

†Théristre, *s. m.* grand voile des femmes orientales.

Thermal, e, *adj.* (eau) minérale et chaude.

†Thermantides, *adj. s. f. pl.* pouzzolanes.

Thermantique, *adj. 2 g. s. m.* qui résout en échauffant, t. de chimie.

Thermes, *s. m. pl. Thermæ.* citernes d'eaux thermales; t. d'antiquité, bornes; édifice pour les bains.

Thermidor, *s. m.* onzième mois de l'année.

†Thermolampe, *s. m.* poêle dans lequel la fumée décomposée éclaire par sa combustion.

Thermomètre, *s. m. Thermometrum.* instrument de météorologie pour indiquer les degrés de froid ou de chaud. * Thermometre. R.

†Thermoscope, *s. m.* instrument qui indique le degré de chaleur ou de froid de l'air.

Thésaurisateur, *adj. s.* qui amasse des trésors. V.

†Thésaurisement, *s. m.* action de thésauriser.

Thésauriser, *v. n.* amasser des trésors.

Thésauriseur, se, *s.* qui thésaurise. A. RR.

Thèse, *s. f. Thesis.* proposition; question; feuille qui les contient; t. de collége, dispute, dissertations publiques sur des thèses. * These. R.

†Thesmophories, *s. f. pl.* fêtes en l'honneur de Cérès.

Thesmotèthe, *s. m.* magistrat, garde des lois, chez les Grecs. * Thesmothete. R. -thète. A.

†Thessalomètre, *s. m.* t. de marine, sonde.

†Thétragnate, *s. f.* araignée blanche et rouge, très-venimeuse.

Theurgie, *s. f.* magie pour entretenir commerce avec les Dieux. * Théurgie. A. C. G. R. CO.

†Theutie, *s. m.* poisson du 4e. genre, de la 5e. classe.

Thie, *s. f.* instrument de fileuse. R. V.

Thlaspi, *s. m.* plante à semence incisive, apéritive, détersive, masticative; entre dans la thériaque. * *et* Taraspic. G.

Thlaspidium, *s. m.* plante détersive, apéritive. G.

Tholus, *s. m.* pièce ou clef de charpente. G. C.

Thomisme, *s. m.* doctrine de Saint-Thomas d'Aquin. R. G. C.

Thomiste, *s. m.* partisan de la doctrine de Saint-Thomas. R. G. C.

Thon, *s. m. Thynnus.* poisson de la Méditerranée, du genre du scombre.

Thonaire, *s. m.* filet pour la pêche du thon. R.

Thonine, *s. f.* chair de thon marinée. R.

†Thoph, *s. m.* espèce de tympanon hébreu.

Thorachique, *adj. 2 g.* relatif à la poitrine; bon pour la poitrine. (canal) d'une veine de la poitrine.

Thoraciques, *s. m. pl.* 5e. genre de poissons.

Thorale, *s. f.* t. de chiromance. V.

Thorax, *s. m. Thorax.* capacité de la poitrine.

†Thore, *s. f. Thora.* espèce d'aconit ou de renoncule, poison mortel.

Thorie, *s. f. (vieux)* genisse. V.

Thouiller, *v. a. (vieux)* troubler. V.

†Thrèces, *s. m. pl.* gladiateurs armés d'un bouclier et d'un poignard.
Thrumbus, *s. m.* tumeur à l'endroit de la saignée. * Thrombos. C. Thrumbe. T. Thrombus. CO.
†Thryps, *s. m.* insecte hémiptère.
Thucion, *s. m.* t. de marine. R. gros timon de navire. T.
†Thuilée, *s. f.* tortue d'Amérique.
Thuriféraire, *s. m.* qui porte l'encens ou l'encensoir. * *et* Thurifère. V. Turiferaire. G.
†Thuron, *s. m. Thurus.* aurochs.
†Thyase *ou* Thyèse, *s. f.* danse des bacchantes.
Thym, *s. m. Thymum.* sous-arbrisseau à fleurs en épi; plante odoriférante, incisive, apéritive, céphalique. * ombre de rivière, poisson. B.
Thymbre, *s. m.* plante odoriférante, G. carminative, céphalique, apéritive, histérique. B.
Thymelée, *s. f. Thymelæa.* lauréole. L. 509.
†Thymélées, *s. f. pl.* famille de plantes, *ou* Garou.
†Thymique, *adj.* 2 *g.* du thymus.
†Thymus, *s. m.* glande de la poitrine dont on ignore l'usage; grosse verrue à l'anus.
†Thyroaryténoïdien. ne, *adj.* (muscle) du thyroïde et de l'aryténoïde.
†Thyrohyoïdien. ne, *adj.* (muscle) du thyroïde et de l'hyoïde.
†Thyroïde, *adj. s.* 2 *g.* cartilage en bouclier; glandes.
†Thyroïdien, ne, *adj. s.* (muscle, artère) des thyroïdes.
†Thyropalatin, e, *adj. s.* (muscle) du thyroïde et du palais.
†Thyrostaphylin, *s. m. adj.* (muscle) du thyroïde et de la luette.
Thyrse, *s. m. Thyrsus.* javelot entouré de pampre, terminé par une pomme de pin.
Tiare, *s. f.* ornement de tête chez les Perses. *Tiaras.* bonnet du pape; * buccin. B.
Tibia, *s. m.* os intérieur de la jambe.
Tibial, *adj.* (muscle) extérieur de la jambe.
Tiboron, *s. m.* Requin, poisson redouté des plongeurs. V. * Tiburon, Tiburin. R.
Tic, *s. m.* mouvement convulsif de l'homme, du cheval; habitude ridicule.
Tic et tac, *s. m.* bruit du balancier. V.
†Tical, *s. m.* monnoie d'argent de Siam; poids du Pégu, 4 gros.
Tièble, *s. f.* ruche. V.
Tiède, *adj.* 2 *g. Tepidus.* entre le chaud et le froid; insouciant; nonchalant; qui s'est ralenti. * Tiede. R.
Tièdement, *adv. Languidè.* avec tiédeur, nonchalance. * Tiédement. R. G.
Tiédeur, *s. f. Tepor.* qualité de ce qui est tiède; relâchement; ralentissement; diminution de zèle; nonchalance; manque de ferveur, d'activité.
Tiédir, *v. n. Tepescere.* devenir tiède. voyez Attiédir. (se), *v. pers.* voyez s'Attiédir. G. C.
Tien, *s. m.* ce qui t'appartient. *pl.* tes proches, ceux qui te sont attachés.
Tien. ne, *adj. pronom possessif. Tuus.* qui t'appartient, qui est à toi. * Tien. tiene. B.
Tienbord, *s. m.* t. de mar. R. côté droit d'un vaisseau. RR.
Tiéran *ou* Tiers-ans, *s. m.* t. de chasse. R.
Tierçaire *ou* Tierciaire, *s.* 2 *g.* homme, femme du tiers-état. R.
Tierce, *s. f.* t. de mus. intervalle de deux sons séparés par un seul; t. de jeu, trois cartes de même couleur et de suite; t. d'impr. dernière épreuve; t. d'escr. botte; t. de litur. heure canonicale; t. d'astron. de mathém. soixantième partie de la minute.
Tiercé, *adj.* t. de blas. divisé en trois parties.
Tierce-feuille, *s. m.* t. de blason, trèfle avec une queue.
Tierce-major, *s. f.* t. de jeu de piquet. V.
Tiercelet, *s. m. Accipiter mas. ou* Mouchet, mâle de quelques oiseaux de proie, de l'épervier.
Tiercement, *s. m.* augmentation du tiers du prix d'une chose.
Tiercement (demi-), *s. m.* la moitié du tiers.
Tiercer, *v. a. Tertiare.* cé. e, *p.* séparer une chose en trois; t. de jeu de paume, servir de tiers; t. d'agric. donner un troisième labour; sarcler à la houe. *v. n.* faire un tiercement.
Tierceron *ou* Tiercerot, *s. m.* t. d'architecture. R.
Tierceur, *s. m.* qui fait un tiercement. G. C.
Tierciaire, *adj.* 2 *g.* du tiers-ordre. RR.
Tiercier, *adj.* (boisseau), t. de coutume. R.
†Tiercière, *s. f.* maille du filet appelé manche.
Tiercine, *s. f.* t. de couvreur, R. tuile taillée en long. B.
Tierçon, *s. m.* mesure de liquides qui contient un tiers de mesure. G. C. * caisse de savon. B.
Tiers, *m.* Tierce, *f. adj. Tertius.* troisième.
Tiers, *s. m. Tertia.* la troisième partie; une troisième personne.
Tiers et danger, *s. m.* t. d'eaux et forêts. RR.
Tiers-état, *s. m.* troisième ordre dans un état.
Tiers-ordre, *s. m.* association de séculiers et de séculières soumise à des règles claustrales. R.
Tiers-point, *s. m.* trois points en triangle; t. de perspective, prisme; t. d'horl. lime. R. G. C.
Tiers-poteau, *s. m.* t. d'archit. R. pièce de bois pour les cloisons. B.
†Tieulet, *s. m.* très-petit fagot.
Tige, *s. f. Caulis.* partie de l'arbre, de la plante qui soutient les branches, les feuilles; t. de généalogie, branche principale; t. de cordon. t. d'horl. arbre d'une roue.
Tigé. e, *adj.* t. de blas. dont la tige est d'un émail différent.
†Tigeron, *s. m.* petite tige.
Tigete, *s. f.* t. d'architecture. R. * Tigette, tige cannelée d'où naissent les volutes. B.
Tignasse, *s. f.* voyez Teignasse.
Tigne, *s. f.* voyez Teigne.
†Tignolle, *s. f.* petit bateau pour la pêche.
Tignon, *s. m.* chez les femmes, partie des cheveux qui est derrière la tête; (*popul.*) coiffure de femme.
Tignoner, *v. a.* gné. e, *p.* boucler les cheveux du tignon. * *et* Teigner. V.
Tignoner (se), *v. r.* se prendre par le tignon.
Tigre, *s. m. Tigris.* bête féroce qui ressemble au chat; homme cruel. Tigresse, *s. f.* femelle du tigre; femme cruelle. * — puce, insecte; *m.* constellation septentrionale. B.
Tigre, *adj.* (cheval) tavelé comme le tigre.
Tigré. e, *adj. Tigrinus.* moucheté comme un tigre, * comme un léopard, une once. B.
†Tije, *s. m.* grand manakin.
†Tiklin, *s. m.* râles des Philippines.
†Tiliacées, *s. f. pl.* famille des tilleuls.
†Tilla, *s. m.* brique de terre à creuset.
Tillac, *s. m. Fori.* t. de mar. le plus haut pont.
Tille, *s. f. Tillus.* écorce des jeunes tilleuls, * du chanvre; couteau de raffineur; outil qui sert de hacheet de marteau. *s. m. pl.* insectes coléoptères. B. voyez Teille. A.
Tiller, *v. a.* voyez Teiller.
Tillet, *s. m.* t. de librairie, R. billet; permission de retirer les livres de la douane. B.
†Tillette, *s. f.* ardoise d'échantillon.
Tilleul, *s. m. Tilia.* grand et bel arbre à suc céphalique pour les nerfs, écorce détersive, apéritive; la séve donne du sucre. * Tilleux. V. *et* Til, Tillau. R.
†Tilli *ou* Tilly, *s. m.* merle cendré d'Amérique.
Tim, *s. m.* voyez Thym. G.
Timar, *s. m.* bénéfice militaire en Turquie.
Timariot, *s. m.* soldat turc qui jouit d'un timar.
Timbale, *s. f.* instrument militaire; sorte de gobelet; petite raquette pour jouer au volant; (*populaire*) marmite.
Timbalier, *s. m.* qui bat des timbales.
†Timbo, *s. m.* Tue-poison, liâne du Brésil.
Timbre, *s. m. Tintinnabulum.* cloche frappée par un marteau; son du timbre; son de la voix; t. de musique; t. de blason, sommet d'un casque; marque imprimée au papier; droit sur ce papier timbré, bureau de son débit; la tête de l'homme.
Timbré. e, *adj.* marqué d'un timbre; (tête) folle.
Timbrer, *v. a.* bré. e, *p.* mettre un timbre, marquer d'un timbre; écrire au haut d'un acte sa date, sa nature, son abrégé.
Timbreur, *s. m.* celui qui timbre.
Timide, *adj.* 2 *g. Timidus.* craintif, peureux.
Timidement, *adv. Timidè.* avec timidité.
Timidité, *s. f. Timiditas.* qualité de ce qui est timide.
Timon, *s. m. Temo.* pièce d'une voiture; t. de marine, pièce du gouvernail; gouvernement d'un état, des affaires, etc.
Timonnier, *s. m.* cheval qu'on attache au timon; matelot qui gouverne le timon. * Timonier. A.
Timoré. e, *adj.* qui craint Dieu.
Timorphite, *s. f.* pierre figurée qui imite le fromage. G. C.
†Tin, *s. m.* pièce qui soutient la quille du vaisseau sur le chantier.
†Tinamous, *s. m. pl.* oiseaux gallinacés.
†Tinchal, *s. m.* chrysocolle, ou borax brut.
Tine, Tinette, *s. f. Cupa.* espèce de tonneau. * Tinete. R.
†Tine de beurre, Pelotte; *s. f.* coquillage du genre des cornets.
Tinet, *s. m.* bâton pour porter les tinettes. R. * machine pour suspendre les bœufs tués. B.
Tinguer, *v. a.* t. de jeu, tenir, consentir; être caution de quelqu'un au jeu.
Tinrelintintin, *terme populaire qui exprime le bruit d'une sonnette.* V.
Tintamarre, *s. m. Tumultus.* bruit éclatant avec confusion et désordre.
Tintamarrer, *v. n.* (*popul.*) faire du tintamarre.
Tintement, *s. m. Tinnitus.* son d'une cloche; sensation que l'on éprouve comme si l'on entendoit le tintement d'une cloche.
Tintenague, *s. m.* cuivre, voyez Toutenague. * Tintenaque. G. C.
Tinter, *v. a.* faire sonner lentement une cloche. *v. n. Tinnire.* sonner lentement.
Tintin, *s. m.* bruit d'une sonnette. A.
†Tinto, *s. m.* le meilleur vin d'Alicante.
Tintouin, *s. m. Tinnitus.* bruit dans les oreilles. (*familier*) inquiétude, embarras.
Tintouiner, *v. a.* tinter aux oreilles. MONTAIGNE.
†Tion, *s. m.* ciseau en fer ou caillou pour nettoyer le creuset.
Tiphaine, *s. f.* (*vieux*) épiphanies. V.
†Tiphies, *s. f. pl. Tiphia.* insectes hyménoptères.
Tipule, *s. f. Tipula.* espèce de mouche qui ressemble au cousin. R.
Tique, *s. f. Ricinus.* espèce de vermine, insecte. * Ciron, Ricin, Louvette. B.
Tiquer, *v. n.* avoir le tic.
Tiqueté. e, *adj. Varius.* marqué de plusieurs taches. A. R.
Tiqueur, *s. adj.* (cheval) qui a le tic. R. V.
Tir, *s. m.* ligne suivant laquelle on tire le canon.
Tirade, *s. f. Series.* longue suite de phrases ou de vers; lieux communs; t. de musique,

liaison des notes ; passage.

Tirade (tout d'une), *adv.* (*famil.*) sans s'arrêter. *. Tout-d'une-tirade. C.

Tirage, *s. m.* *Tractus.* action de tirer ; espace pour les chevaux qui tirent les bateaux ; t. d'arts et métiers.

Tiraillement, *s. m.* *Tractio.* action de tirailler ; ébranlement, secousse, agitation.

Tirailler, *v. a.* *Trahere.* lé. e, *p.* tirer à diverses reprises de côté et d'autre ; importuner ; presser. *v. n.* tirer d'une arme à feu mal et souvent ou sans ordre. * Tirailler. *v.* escarmoucher. B.

Tiraillerie, *s. f.* action de tirailler, de tirer sans ordre et sans but. A.

Tirailleur, *s. m.* t. milit. celui qui tiraille, qui tire mal, en désordre. * soldat qui tire isolément (*nouveau*), *pour* escarmoucheur. B.

†Tirance, *s. f.* (pieux de) pour traîner des cordages sur le fond de la mer.

Tirant, *s. m.* tirans, *pl.* *Funiculi.* cordon qui sert à ouvrir ou fermer une bourse ; cuir pour boucler des souliers, monter des bottes, attacher des papiers ; nerf ; t. de charp. barre de fer pour empêcher l'écart ; t. de mar. quantité d'eau que déplace un vaisseau.

†Tirarie, *s. f.* ouvrière qui tire le sel de la chaudière.

Tirasse, *s. f.* *Retia.* sorte de filet d'oiseleur ; t. de meunier.

Tirasser, *v. a. n.* sé. e, *p.* chasser à la tirasse. * *v. a.* tourmenter. MONTAIGNE.

†Tircis, *s. m.* papillon diurne, brun clair.

Tiré. e, *adj.* *Tractus.* amené ; ôté, etc. abattu ; maigri.

†Tire, *s. f.* ou Tiretoir, *s. m.* tiretoire. CO.

Tire (tout d'une), *adv.* (*famil.*) sans discontinuer. * Tout-d'une-tire. C.

†Tire-à-barre, *s. m.* outil de tonnelier pour placer la barre du fond.

Tire-balle, *s. m.* *Strombulcus.* instrument militaire pour tirer une balle d'un fusil ; * de chirurgie, pour tirer une balle d'une plaie. B.

Tire-botte, *s. m.* tissu pour chausser les bottes ; gros galon pour border. * Tire-bore. R.

Tire-bouchon, *s. m.* *Terebella.* vis de métal pour tirer des bouchons.

†Tire-boucler, *s. m.* outil pour dégauchir les mortaises.

Tire-bourre, *s. m.* instrument pour retirer une balle d'une arme à feu. * Tire-boure. R.

Tire-bouton, *s. m.* instrument de tailleur pour boutonner. R. G. C.

Tire-clou, *s. m.* outil de couvreur pour arracher les clous. R. G. C. CO.

Tire-d'aile, *s. m.* battement d'aile prompt et vigoureux.

Tire-d'aile (à), *adv.* (voler à), le plus vite possible. * A-tire-d'aile. C.

†Tire-dent, *s. m.* pince plate pour rechanger un peigne de dent.

Tire-fient, *s. m.* t. d'agriculture. R. * Tire-fiente, fourche pour le fumier. RR.

†Tire-filet, *s. m.* outil pour former des filets sur les métaux.

Tire-foin, *s. m.* t. de marine. R.

Tire-fond, *s. m.* instrument de tonnelier, de chirurgien, de tabletier, de menuisier.

Tire-laine, *s. m.* filou qui vole pendant la nuit. G. C. * crochet pour tirer la laine des moules ; t. de forges. B. Tirelaine. V.

Tire-laisse, *s. m.* appât, faux espoir qu'on donne. (*vieux*).

Tire-larigot (boire à-), *adv.* (*popul.*) excessivement. G. C. * *et* Larigaud. A. *du nom d'une cloche de Rouen.*

Tire-ligne, *s. m.* architecte qui ne sait que tracer des plans ; instrument d'architecture pour tracer des lignes.

Tire-lirer, *v. n.* crier comme l'alouette. G. C.

Tire-lisses, *s. f. pl.* tringles de bois dans les métiers à gaze, ou contre-lames. G. C.

Tire-moelle, *s. m.* instrument pour tirer la moelle. * voyez Moelle *pour les variantes.*

Tire-monde, *s. f.* (*bas*) sage-femme. R. V.

†Tire-pièce, *s. m.* écumoir d'affineur de sucre.

Tire-pied, *s. m.* courroie, instrument de cordonnier pour tenir l'ouvrage sur le genou.

Tire-plomb, *s. m.* rouet pour filer le plomb des vitres. R. G. C.

Tire-poil, *s. m.* t. de monnoie, R. procédé pour blanchir les flans. B.

†Tire-point, *s. m.* tringle pour soutenir les toiles ; t. de cirier.

†Tire-pus, *s. m.* seringue pour retirer les matières putrides.

Tire-sol, *s. m.* receveur des rentes. R.

†Tire-terre, *s. m.* pioche de carrier.

Tire-tête, *s. m.* instrument pour l'accouchement.

Tire veille ou Tire-vieille, *s. f.* t. de mar. R. corde pour monter l'échelle. RR.

†Tirée, *s. f.* portion de glace que l'on polit à la fois.

Tirelire, *s. f.* tronc propre à serrer de l'argent. * Tire-lire. R. G. C. CO.

Tirer, *v. a.* *Trahere.* ré. e, *p.* amener à soi ; ôter, dégager ; recueillir ; extraire ; étendre ; tracer ; faire le portrait de ; imprimer ; t. militaire, faire des armes ; t. de mar. décharger des armes à feu ; aller, s'acheminer ; approcher de. *v. n.* s'en remettre à la décision du sort. (se), *v. r.* se dégager, se délivrer.

Tiret, *s. m.* morceau de parchemin tortillé. *Connexus.* division ; trait d'union (—).

Tiretaine, *s. f.* étoffe de laine grise ; drap tissu très-grossièrement.

†Tiretoire, *s. f.* outil de tonnelier pour mettre les cerceaux.

†Tirette, *s. f.* t. de distillateur, registre.

Tireur, *s. m.* *Sagittarius.* t. de chasse, celui qui tire ; t. de banque, celui qui tire une lettre de change ; t. de métiers, celui qui tire.

Tireur d'or, *s. m.* qui tire, bat et file l'or et l'argent. * Tireur-d'or. C.

†Tirica, *s. m.* espèce de perroquet de l'île de Luçon.

Tiroïde, *s. m.* t. d'anatomie. R. voy. Thyroïde. B.

Tiroir, *s. m.* petite caisse à coulisses dans une armoire, etc. * cylindre dentelé pour friser les étoffes. B.

†Tirolle ou Tréaule, *s. f.* filet pour le petit poisson.

Tironien, ne, *adj.* (lettre) d'abréviation. * Tironien, niene. R.

Tirot, *s. m.* petit bateau. R.

†Tirtoir, *s. m.* sorte de tenaille pour faire entrer les cerceaux.

†Tis, *s. m.* ou Tisse, *s. f.* nappe de filet.

†Tisage, *s. m.* action de chauffer le four à glace.

Tisane, *s. f.* *Ptisana.* eau d'une infusion de réglisse, de guimauve, de plantes, de graines, etc.

†Tisard, *s. m.* ouverture pour mettre le combustible dans le four. ou Tisart.

†Tiseur, *s. m.* celui qui chauffe le four.

†Tiser, *v. a.* sé. e, *p.* entretenir le feu dans un four.

Tison, *s. m.* *Titio.* reste d'un morceau de bois dont une partie a été brûlée.

Tisonné, *adj. m.* ou Charbonné, (cheval) noirci comme avec du charbon. * Tisoné. R.

Tisonner, *v. n.* remuer les tisons sans besoin, pour s'amuser. * Tisoner. R.

Tisonneur. se, *s.* qui aime à tisonner. * -soneur. R.

Tisonnier, *s. m.* outil de forgeron, etc. pour attiser le feu. G. C.

Tisser, *v. a.* sé. e, *p.* faire un tissu.

Tisserand, *s. m.* *Textor.* qui fait des toiles, etc. * espèce de capricorne. B.

Tisseranderie, *s. f.* profession, commerce de tisserand. A.

Tissier, Tissotier, *s. m.* voyez Tissutier.

Tissu, *s. m.* *Textum.* liaison de plusieurs choses entrelacées qui font un corps ; ordre, suite ; ruban large.

Tissure, *s. f.* *Textura.* liaison de ce qui est tissu ; disposition d'un ouvrage de littérature.

Tissutier rubanier, *s. m.* qui fait des passemens, des galons, etc. * Tissutier-rubanier. C.

Tistre, *v. a.* (*vieux*) faire des étoffes sur un métier. tissu. e, *p.* *et temps composés seuls usités.*

†Titane, *s. m.* *Titanium.* demi-métal cassant, oxidable, nouvellement découvert.

†Titanite, *s. m.* schorl rouge ou sagénite.

†Titanokératophytes, *s. m. pl.* écorce formée d'un amas énorme de polypes desséchés qui recouvre des litophytes.

Tithymale, *s. m.* *Tithymalus.* plante dont le suc est laiteux et corrosif ; violent purgatif. * Épurge, Ésule, Catapuce. B.

Titillant. e, *adj.* qui éprouve un mouvement de titillation. A. RR.

Titillation, *s. f.* chatouillement. * mouvement sautillant et doux du vin, etc. A.

Titiller, *v. n.* éprouver un mouvement de titillation ; chatouiller. A.

†Titire, *s. m.* papillon diurne.

†Titiris ou Pipiris, *s. m. pl.* espèce de tirans de Cayenne.

Titre, *s. m.* *Titulus.* inscription à la tête d'un livre, d'un chapitre ; qualité ; propriété d'un emploi ; acte qui établit un droit ; droit de posséder ; degré de finesse d'un métal ; t. de litur. trait sur une lettre. *adj.* (lettre) titre, abréviation. *ex.* n̄, *pour* gn.

Titré. e, *adj.* qui a un titre.

Titre-nouvel, *s. m.* titre renouvelé, t. de prat. * Titre-nouvel. C.

Titre-planche, *s. f.* titre d'un livre, gravé en taille-douce.

Titrer, *v. a.* tré. e, *p.* donner un titre d'honneur ; donner des prérogatives ; autoriser.

Titrier, *s. m.* fabricateur de faux titres. G. * conservateur des titres. A.

Titubation, *s. f.* mouvement de libration ; action de chanceler ; t. d'astronomie. A. V.

Tituber, *v. n.* chanceler en parlant d'un ivrogne. RÉTIF.

Titulaire, *adj. s. m.* qui a un titre sans possession, sans fonctions ; qui a un titre. (écriture) de titre.

Tituliser, *v. a.* donner un titre. V.

†Toc, *s. m.* jeu de trictrac.

Tocane, *s. f.* vin nouveau fait de la mère-goutte.

†Tocka, *s. m.* espèce de calao du Sénégal.

†Toco, *s. m.* toucan de Cayenne.

†Tocolin, *s. m.* troupiale gris de la nouvelle Espagne.

†Tocony, *s. m.* toile de l'Amérique espagnole.

†Tocquet, *s. m.* espèce de lézard de Siam.

†Tocro, *s. m.* perdrix de la Guianne.

Tocsin, *s. m.* cloche pour donner l'alarme ; bruit de cette cloche. * *et* Tocsing. R.

Toddi, *s. m.* liqueur spiritueuse tirée du palmier. G. C.

Toddière, *s. f.* boisson tirée d'un arbre dans l'Inde. RR.

Todier, *s. m. Todus.* oiseau de l'Amérique méridionale, très-petit, qui vit d'insectes.
Toge, *s. f. Toga.* robe des Romains.
Tokay, *s. m.* vin de Hongrie. RR.
Toi, *pron. de la seconde personne. Tu.*
Toile, *s. f. Tela,* tissu de fil; tissu que font les araignées; rideau qui cache le théâtre. *pl.* t. de chasse, sorte de filets; rideaux d'un jeu de paume; tente. * feuille de métal qui se forme entre les deux parties du moule. B.
Toilé, *s. m.* le fond de la dentelle. G. C.
Toilerie, *s. f.* marchandise de toile.
Toilette, *s. f.* toile garnie, étendue sur une table; cette table chargée des ajustemens des femmes; les boîtes, les flacons, etc. qui garnissent cette table; détails de l'ajustement; habillement soigné; sorte de tablier; meuble. * Toilete. R.
Toilier. ère, *s.* marchand de toiles. * -lier. ere. R.
Toise, *s. f. Sexpeda.* mesure de longueur de six pieds.
Toisé, *s. m.* t. d'archit. le nombre de toises d'un ouvrage; art de mesurer; t. de mathématique.
Toisé. e, *adj.* mesuré avec la toise.
Toiser, *v. a.* sé. e, *p.* mesurer avec la toise; examiner quelqu'un attentivement, avec dédain.
Toiseur, *s. m. Metator.* qui mesure avec la toise.
Toison, *s. f. Vellus.* dépouille d'un mouton, d'une brebis.
Toit, *s. m. Tectum.* couverture d'un bâtiment; espèce d'auvent; *ou* Têt, étable à porcs: t. de mine, roche qui couvre le filon.
Toiture, *s. f.* (*nouv.*) confection des toits. G. C.
†Tolaï, *s. m.* espèce de lapin de Tartarie.
†Tolcana, *s. m.* espèce d'étourneau d'Amérique.
Tôle, *s. f.* fer en feuilles. * plaque trouée d'émailleur. B.
Tolée, *s. f.* (*bas*) troupe, tourbe. V.
Tolérable, *adj.* 2 *g. Tolerabilis.* qui se peut souffrir; médiocre.
Tolérablement, *adv. Tolerabiliter.* d'une manière tolérable. R. V.
Tolérance, *s. f. Indulgentia.* condescendance, indulgence; permission d'exercer un culte.
Tolérant. e, *adj.* qui tolère; partisan du tolérantisme.
Tolérantisme, *s. m.* système qui porte à tolérer toutes sortes de religions.
Tolérer, *v. a. Tolerare.* ré. e, *p.* souffrir; permettre; supporter; avoir de la tolérance.
Tolets, *s. m. pl.* t. de marine. C. * *sing.* B.
Tollard, *s. m.* (*vieux*) bourreau. V.
Tollé, *s. m.* (crier tollé sur), exciter l'indignation contre quelqu'un.
Tollir, *v. a.* (*vieux*) ôter; enlever; emporter. V.
†Tolmère, *s. m. Tolmerus.* Hémérobe, mouche du lion des pucerons.
†Tolpache *ou* Talpache, *s. m.* fantassin hongrois.
Tolture, *s. f.* impôt. V.
Toman, *s. m.* somme de compte en Perse.
†Tomate, *s. f. Tomates.* variété de la pomme d'amour, se met dans les sauces; le vinaigre est l'antidote.
Tomatocée, *s. f.* t. de chirurgie. B.
Tombac, *s. m.* métal composé de cuivre et de zinc.
Tombe, *s. f.* sépulcre, tombeau; grande pierre qui couvre une sépulture.
Tombeau, *s. m. Tumulus,* sépulcre, monument élevé à la mémoire d'un homme; lieu où un homme est enterré. * lit en tombeau. B.
Tombelier, *s. m.* qui conduit un tombereau.
Tomber, *v. n. Cadere.* bé. e, *p.* être porté du haut en bas par son poids; se jeter sur; venir sous la puissance de quelqu'un; écheoir; aboutir; discontinuer; être pendant; déchoir; être affoibli; ne pas réussir; pécher; dégénérer; s'anéantir. *v. impers.* se dit de ce qui tombe.
Tombereau, *s. m. Plaustrum.* sorte de charrette faite de planches, son contenu. * claie pour prendre des oiseaux. B.
†Tombir, *v. n.* faire du bruit; se fracasser en tombant. (*vieux*).
Tome, *s. m. Tomus.* volume d'un ouvrage.
Tomie, *s. f.* action de couper. CO.
†Tomorodée, *s. f.* danse lascive des Otaïtiens.
†Tomotocie, *s. f.* opération césarienne. * dissection de la matrice. RR.
Ton, *s. m. Tonus.* inflexion de la voix; t. de littérature, caractère de l'élocution, du style; t. de musique, intervalle entre deux notes; son; degré d'élévation; t. de peint. degré de force, de coloris; harmonie, couleur dominante; mode; manières. * poids anglois, 2,075 livres, 3 onces, 2 gros. B.
Ton (demi-), *s. m.* semi-ton, la moitié d'un ton.
Ton, *adj. possessif masculin. Tuus.*
Tonage, *s. m.* en Angleterre, droit sur les marchandises voiturées. R. G. C.
Tonalchile, *s. m.* poivre de Guinée. R. C. G. CO.
†Toncin, *s. m.* poids espagnol.
†Toncolo, *s. m.* Toncoli, *pl.* mesure sicilienne, 1 boisseau, 12 litres.
Tondaille, *s. f. Tonsura.* la laine enlevée de dessus les moutons. G. C. * temps, action de tondre. R.
Tondaison, *s. f.* voyez Tonte. A.
Tondeur, *s. m. Tonsor.* qui tond.
Tondin, *s. m.* t. d'architecture, petite baguette au bas des colonnes; rouleau de bois. R. G. C.
Tondre, *v. a. Tondere.* -du. e, *p.* couper la laine, le poil des animaux, des étoffes; raser, couper les cheveux.
Tondu. e, *adj. s. m. Tonsus.* dont on a coupé la laine, le poil, les cheveux.
†Tonicité, *s. f.* t. de médecine, l'une des quatre forces vives des solides.
Tonie, *s. f.* canot des Indes. R. V. T.
†Tonilière, *s. f.* rateau dont la tête est garnie d'une poche de filet.
Tonique, *adj.* 2 *g.* (mouvement) des fibres en convulsion. *s. m.* remède qui rend l'action aux fibres; t. de mus. (note) fondamentale.
Tonlieu, *s. m.* droit féodal sur les marchés.
Tonnant. e, *adj. Tonans.* (bruit) fort, éclatant; qui tonne. * Tonant. e. R. *s. m. pl.* tymbales qui imitent le tonnerre. B.
Tonne, *s. f. Culeare dolium.* vaisseau en forme de muid. * — *ou* Conque sphérique, testacée univalve. *Globosa.* B.
Tonneau, *s. m. Dolium.* petite tonne, son contenu; t. de marine, poids de deux mille livres. * Toneau. R.
Tonneler, *v. a.* prendre du gibier à la tonnelle; faire tomber dans un piége. * Toneler. R.
Tonnelerie, *s. f.* profession du tonnelier. * Tonnellerie. A. C. G. Tonélerie. R.
Tonnelet, *s. m.* partie basse d'un habit à la romaine. * Tonelet. R.
Tonneleur, *s. m.* qui prend des perdrix à la tonnelle. * Toneleur. R.
Tonnelier, *s. m. Doliarius,* qui fait des tonneaux, etc. * Tonelier. R.
Tonnelle, *s. f.* berceau couvert de verdure; filet pour prendre des perdrix, des cailles, du poisson; habit à la romaine. * Tonele. R. *pl.* ouverture d'un four à glaces. B.
†Tonnellon, *s. m.* pont à bascule.
Tonner, *v. n. impers. Tonare.* se dit du bruit que fait le tonnerre, le canon; parler avec véhémence; menacer avec autorité. * imiter le bruit du tonnerre. CO. Toner. R.
Tonnerre, *s. m. Tonitru.* bruit occasionné par une détonnation électrique entre deux corps; la foudre; endroit de l'arme où est la poudre. * orateur véhément. B. * Tonere. R.
†Tonnes, *s. f. pl. ou* Conques sphériques, coquillages. * Tones. R.
Tonnites, *s. f. pl.* tonnes devenues fossiles.
†Tonnue, *s. f.* masse de caillé qui commence à fermenter.
†Tonotechnie, *s. f.* art de noter les cylindres.
†Tonrelontonton, *s. m.* chanson de Benserade. RR.
†Tonsillaire, *adj.* 2 *g.* des tonsilles; (veine) de l'amygdale tonsillaire.
Tonsille, *s. f.* t. d'anatomie, R. amygdales. B.
Tonsure, *s. f. Tonsura.* marque faite par l'évêque à un ecclésiastique en lui coupant des cheveux; l'endroit où ces cheveux sont coupés en rond; cérémonie de la tonsure.
Tonsuré, *adj. s. m. Tonsura initiatus.* qui a reçu la tonsure.
Tonsurer, *v. a.* donner la tonsure.
Tonte, *s. f. Tonsura.* action de tondre; laine tondue; temps où l'on tond les troupeaux.
Tontine, *s. f.* sorte de rente viagère avec accroissement pour les survivans.
Tontinier. ère, *s.* qui a des rentes de tontines. * Tontinier. ere. R.
Tontisse, *s. f.* tapisserie faite avec des tontes de drap. *adj.* (papier) qui imite la tontisse. A.
†Tontong, *s. m.* tambour de nègres.
Tonture, *s. f.* action de tondre. * herbe que l'on coupe dans un pré. G. C.
Toparchie, *s. f.* petit état. R.
Toparque, *s.* chef d'une toparchie. R.
Topaze, *s. f. Topazius.* pierre précieuse d'un jaune d'or très-vif.
Tope! *interjection.* j'y consens. * Tôpe! A.
Toper, *v. n.* t. de jeu, consentir; demeurer d'accord. * Tôper. A. V.
†Tophassé. e, *adj.* de la tophe.
†Tophe, *s. f.* nœud arthritique.
†Tophus, *s. m.* tumeur pleine d'une substance crayeuse; gonflement calleux d'un os, du périoste.
Topinambour, *s. m.* plante qui vient de l'Amérique septentrionale, à gros tubercules semblables aux pommes de terre et qui se mangent; ces tubercules.
Topioquer (se), *v. r.* (*vieux*) se disputer. V.
Topique, *s. m. adj.* t. de médecine, qui n'agit que sur une partie.
Topiques, *s. m. pl.* t. de rhétorique, traité des lieux communs.
Topographie, *s. f. Topographia.* description exacte d'un lieu, d'un canton particulier.
Topographique, *adj.* 2 *g.* de la topographie.
†Toptink, *s. m.* espèce de jeu; table pour y jouer.
Toquart, *adj. m.* (*familier*) couvert d'une toque. R. V.
Toque, *s. f.* Centaurée bleue, Tertianaire; plante vulnéraire, détersive, apéritive; sorte de chapeau couvert de velours. *Pileus.*
Toqué. e, *adj.* qui n'a qu'une toque sur la tête. R.
Toquer, *v. a.* qué. e, *p.* (*vieux*) toucher, frapper.
†Toquerie, *s. f.* foyer d'un fourneau de forge.
Toquet, *s. m.* bonnet d'enfant; coiffure à l'usage des femmes.
†Toqueux, *s. m.* fourgon de raffineur.
Torador *ou* Toréador, *s. m.* qui combat contre les taureaux. RR. * *et* Tauroyeur. B.

Toral, *s. m.* terre qui sépare deux héritages. R.

Torche, *s. f. Tæda.* sorte de flambeau de cire, de résine. * rang de quatre cerceaux sur un tonneau ; tours de l'osier. *pl.* t. de chasse, fumiers qui se détachent. B.

Torche-cul, *s. m.* linge, papier dont on s'essuie le derrière ; chose, écrit très-méprisable.

†Torche-fer, *s. m.* torchon pour essuyer les fers, t. de métiers.

Torche-nez, *s. m.* instrument pour serrer la lèvre supérieure du cheval.

Torche-pinceau, *s. m.* linge pour essuyer le pinceau. R. G. C.

Torche-pot, *s. m. ou* Grimpereau, oiseau.

Torcher, *v. a. Tergere.* nettoyer en frottant ; faire un cordon en osier, t. de vannier. * (*populaire*) battre. Torché. e, *p.* fait à la hâte ; mal fait. B.

Torchère, *s. f.* espèce de guéridon sur lequel on met un flambeau, etc. * Torchere. R.

Torchette, *s. f.* osier tortillé au milieu d'une hotte. G. C. * Torchere. RR.

Torchis, *s. m.* mortier mêlé de paille.

Torchon, *s. m. Peniculus.* serviette de grosse toile ; femme mal-propre.

†Torciner, *v. a.* né. e, *p.* tordre le verre chaud.

†Torcol, *s. m. Jinx.* oiseau de passage.

Tordage, *s. m.* façon donnée en doublant et tordant les fils. G. C.

Torde, *s. f.* t. de marine, anneau de corde au bout des vergues. R. G. C.

Tordeur, *s. m.* qui tord la laine, etc. G. R. V. * *s. f.* phalènes dont les chenilles tordent les feuilles. B.

Tordile, *s. m.* plante à racine anti-néphrétique ; espèce de fenouil. G. C.

Tordre, *v. a. Torquere.* tors. e, *p.* tourner en long et de biais en serrant ; tourner de travers, en sens contraire ; mal interprêter ; donner un sens faux.

Tore, *s. m. Torus.* t. d'architecture, gros anneaux ou moulure ronde des bases de colonnes.

†Toréol, *s. m.* oiseau. voyez Torcol.

†Toreumatographie, *s. f.* art de connoître les bas-reliefs antiques.

Tormentille, *s. f. Tormentilla.* plante à racine vulnéraire, astringente et détersive ; très-usitée en médecine.

†Tormineux, *adj.* qui cause des tranchées.

Toron, Touron, *s. m.* cordons qui composent un cordage. * *et* Tauron. RR.

Torpeur, *s. f.* engourdissement profond. G. C.

Torpille, *s. f. Torpedo.* poisson électrique du genre de la raie, qui cause un engourdissement quand on le touche. * Torpille. V.

Torque, *s. f.* t. de blason, bourlet, * boulet G. posé sur le heaume. * fil de laiton en torche, en cercle. B.

Torquer, *v. a.* faire les cordes du tabac. R.

Torquet, *s. m.* (*populaire*) (donner le), tromper.

Torquette, *s. f.* certaine quantité de marée enveloppée dans de la paille. * feuilles de tabac roulées et bien pilées. * Torquete. R.

†Torquetum, *s. m.* instrument arabe qui représente le mouvement diurne de l'équateur et de l'écliptique. *ou* Torqueton.

Torqueur, *s. m.* celui qui fait les cordes du tabac. R.

Torréfaction, *s. f.* action de torréfier.

Torréfier, *v. a.* -fié. e, *p.* griller, rôtir.

†Torreins, *s. m. pl.* amas de matières étrangères, t. d'ardoisier.

Torrélage, *s. m.* redevance. R.

Torrent, *s. m. Torrens.* courant d'eau impétueux et rapide.

†Torrentin. tine, *adj.* qui appartient au torrent.

Torride, *adj. 2 g.* brûlant ; extrêmement chaud (zone).

Tors. e, *adj. Tortus.* tordu, qui en a la figure.

Torse, *s. m.* t. de sculpture, figure tronquée. * tronc du corps, t. de sculpture. B.

Torse, *s. f.* bois tourné en serpentant. T.

Torser, *v. a.* sé. e, *p.* contourner une colonne, etc., pour la rendre torse. R. G. C.

†Torsoir, *s. m.* bille de chamoiseur.

Tort, *s. m. Injuria.* opposé de justice, de raison : lésion ; dommage ; injure.

Tort (à), *adv.* sans justice ; sans raison.

Torte, *adj. f.* (*popul.*) torse. C. * Tort. e. R.

Tortelle, *s. f.* Vélar, plante. * Tortele. R.

Torticolis, *s. m. Distortum collum.* mal qui fait qu'on ne peut tourner le cou sans douleur.

Torticolis, *adj. s. m.* qui a le cou un peu de travers, la tête un peu penchée ; faux dévot.

†Torticuler, *v. a.* faire l'hypocrite en penchant la tête (*vieux*).

Tortil, *s. m.* t. de blason, diadême dont une tête de more est ceinte. * *ou* Tortis. R.

†Tortile, *adj.* 2 g. t. de botanique, qui se tort spontanément.

Tortillage, *s. m.* paroles confuses, embarrassées. A. Tortillement (*fig.*). B.

Tortillant. e, *adj.* t. de blason, se dit du serpent et de la givre.

Tortillé. e, *adj.* roulé et tortillé.

Tortillement, *s. m.* action de tortiller, son effet. (*fig.*) petites finesses ; petits détours.

Tortiller, *v. a. Circumplicare.* lé. e, *p.* tordre à plusieurs tours. *v. n.* chercher des détours.

Tortillère, *s. f.* petite allée tortueuse dans les bois. A.

Tortillis, *s. m.* t. d'architecture, R. vermoulure sur le bossage rustique. T.

Tortillon, *s. m.* torchon tortillé en rond ; coiffure de paysanne, etc. ; servante prise au village. * clous qui ornent un bahut ; bourlet sur la tête pour porter un fardeau. B.

Tortionnaire, *adj. 2 g.* violent ; inique, extorqué. * Tortionaire. R.

Tortis, *s. m.* assemblage de fils tordus ensemble ; couronne ou guirlande de fleurs ; t. de blason, fil de perles autour d'une couronne.

Tortoir, *s. m. ou* Garrot, gros bâton de charretier. R. V.

†Tortorele, *s. f.* machine de guerre. R.

Tortrices, *s. m. pl.* papillons.

Tortu. e, *adj. Contortus.* contrefait ; qui n'est pas droit. * *s. m.* serpent du genre du boa, à gros dos. B.

Tortue, *s. f. Testudo.* animal amphibie ; t. d'antiquité, toit fait avec les boucliers réunis. * — papillon diurne, de deux espèces. — verte, insecte coléoptère. *Cassida.* B.

Tortuer, *v. a.* -tué. e, *p.* rendre tortu.

Tortueusement, *adv.* d'une manière tortueuse.

Tortueux. se, *adj. Tortuosus.* qui fait plusieurs tours et retours ; qui n'est pas droit. * t. de botanique, courbé inégalement et par places. B.

Tortuosité, *s. f. Tortus.* état de ce qui est tortueux.

Torture, *s. f. Tormentum.* tourment ; gêne ; la question.

Torturer, *v. a.* ré. e, *p.* faire éprouver la torture. A.

†Toruleux. se, *adj.* t. de botanique, oblong, solide, renflé et contracté sans articulation.

Tory, *s. m.* parti royaliste en Angleterre, opposé aux Wighs. * Toris. C. Torys, *s. m. pl.* R.

Toscan. e, *adj. ou* Rustique, (ordre) d'architecture. * de Toscane. R.

Toste, Toast, *s. m.* action de porter aux convives la santé de..... G. C. V. RR. * *ou* Toaste. CO.

Toste, *s. f.* t. de marine, banc des rameurs dans une chaloupe. G. C.

Toster, Toaster, *v. a. n.* porter des tostes. G. C. V. RR. CO.

†Tostion, *s. f. Tostio.* torréfaction.

Tôt, *adv. Citò.* vîte ; sans tarder ; dans peu de temps.

Tôt-ou-tard, *adv.* dans un temps indéterminé, mais certain.

Totage, *s. m.* (*vieux*) tout. V.

Total, *s. m.* le tout, la totalité. (au—), tout compensé.

Total. e, *adj. Totus.* entier ; complet.

Totalement, *adv. Omninò.* entièrement.

Totalité, *s. f. Universitas.* le total.

Toton, *s. m. Taxillus.* espèce de dé avec un pivot. * Tôton. B.

Touage, *s. m.* action de touer, son effet. * voyez Touc. B.

Touaille, *s. f.* linge sur un rouleau qui sert à essuyer les mains.

Touaillon, *s. m.* (*vieux*) serviette. V.

†Touan *ou* Fouin, *s. m. Branchiura.* quadrupède de la Guiane, du genre du didelphe.

†Touanse, *s. f.* étoffe de soie de la Chine.

Touc, *s. m.* t. de coutume, canal. R.

Toucan, *s. m. Tucana.* oiseau ; constellation méridionale.

Touchant. e, *adj.* qui touche le cœur, qui émeut les passions ; t. de géométrie, (point) de contact.

Touchant, *préposition.* sur ; à l'égard ; pour ce qui concerne.

Touchaux, *s. m. pl.* aiguilles d'essai, t. d'orfèvre.

Touche, *s. f.* t. de musique, pièce du clavier ; corde du luth, etc., vers le manche ; épreuve ; critique ; disgrâce ; maladie ; revers ; t. de peinture ; t. de littérature, manière de faire sentir les objets ; critique mortifiante ; baguette ; action, manière de toucher. * troupeau de bœufs gras au marché. AL.

Touché. e, *adj. Tactus.* t. de peinture.

Toucher, *v. a. Tangere.* ché. e, *p.* mettre la main, le pied, etc. sur quelque chose ; frapper avec le fouet ; frapper ; recevoir ; t. d'imprimerie, mettre l'encre : éprouver ; t. de marine, aborder ; t. de mus. remuer les touches : exprimer, parler incidemment ; émouvoir ; concerner ; t. de géométrie, avoir un point de contact. *v. n.* mettre la main, etc. sur ; atteindre ; être proche de ; ôter une partie de ; apporter quelque changement ; émouvoir ; t. de marine, heurter le fond, un rocher. (se), *v. r.* être contigu.

Toucher, *s. m. Tactus.* sens par lequel on connoît les qualités palpables des corps ; manière délicate de toucher l'orgue, etc.

†Toucheur, *s. m.* celui qui conduit le cheval, t. d'ardoisière.

Toue, *s. f.* bateau de planches de sapin ; espèce de bac. * action de touer. CO.

Touer, *v. a.* t. de mar. faire avancer en tirant du rivage.

Toueux, *s. m.* t. de marine, R. celui qui toue. B.

Toufan, *s. m.* tourbillon qui fait bouillonner les vagues. R.

Touffe, *s. f.* assemblage de plantes, de cheveux, de branches d'arbres ; de racines, de plumes,

* Moufette. B. Toufe. R.
Touffeur, *s. f.* exhalaison qui provient d'un lieu très-chaud. A.
Touffu. e, *adj. Densus.* épais, bien garni.
* Toufu. e. R.
Toug, Touc, *s. m.* étendard turc, à queue de cheval.
†Toui, *s. f.* nom du genre des perruches à queue courte, d'Amérique.
Touilaud, *s. m.* enclin au libertinage. V. * Touillaut, gaillard, éveillé. (*bas*) R.
†Touille-bœuf, *s. m.* espèce de nez ou chien de mer.
Toujours, *adv. Semper.* sans cesse; continuellement; en toute rencontre; le plus souvent; en attendant; cependant; (*popul.*) certainement; au moins.
Toulet, *s. m.* t. de marine, R. cheville qui retient la rame. RR.
Touletiere, *s. f.* t. de marine, R. bois qui supporte la rame. RR.
Toulousain. e, *adj. s.* de Toulouse.
†Toupe, *s. f.* paquet très-dur de cheveux.
Toupet, *s. m.* petite touffe; cheveux au haut du front.
Toupie, *s. f. Turbo.* cône de bois; jouet d'enfant.* *ou* Trompe, coquillage univalve, espèce de sabot; 10ᵉ. genre des mollusques gastéropodes, testacés. B. prostituée du plus bas étage. A.
Toupiller, *v. n.* (*familier*) tournoyer comme une toupie. * *et* Toupier, Toupiller. V.
Toupillon, *s. m.* petit toupet; branches d'oranger rapprochées.
†Toupin, *s. m.* outil de cordier pour réunir les fils.
†Touque, *s. f.* bâtiment pour la pêche du hareng. B.
Tour, *s. m.* mouvement en rond; circuit; circonférence; trait de subtilité, de finesse; surprise; manière d'agir; biais; rang successif, alternatif; machine pour façonner en rond; armoire claustrale. * table de confiseur; t. d'arts et métiers. B.
Tour, *s. f. Turris.* bâtiment rond ou à pans, beaucoup plus haut que large; clocher. *ou* Roc, t. de jeu d'échecs. * enceinte des bourdigues. B.
Tour-à-tour, *adv.* successivement.
Tour de Babel, *s. f.* grande confusion d'opinions, de discours. RR. * joli buccin. B.
†Tour de Babylone, *s. f.* limaçon.
Tour du bâton, *s. m.* profit illicite. RR.
Tour de lit, *s. m.* étoffe autour d'un lit. RR.
Tour de reins, *s. m.* rupture ou foulure des reins. CO. RR.
Touraco, *s. m. Persa.* coucou huppé de Guinée.
†Touraille, *s. f.* t. de brasseur, étuve pour sécher le grain.
†Touraillon, *s. m.* germe séché, t. de brasseur.
Tourangeau. ele, *adj. s.* de Touraine. RR.
Tourbe, *s. f. Turfa.* substance végétale, noire, onctueuse, combustible, formée de débris de plantes; multitude confuse.
Tourbeux. se, *adj.* propre à faire de la tourbe. G.
Tourbier *ou* Turbier, *s. m.* témoin aux enquêtes par tourbe. R.
Tourbière, *s. f.* endroit d'où l'on tire la tourbe. A.
Tourbilleux. e, *adj.* qui tourbillonne. V.
Tourbillon, *s. m. Turbo ventis.* vent impétueux qui tournoie. *Vortex.* masse d'eau qui tournoie en forme d'entonnoir; t. de physique, matière autour d'un astre: tout ce qui entraîne les hommes. * artifice qui s'élève en tournant. B.
Tourbilloner, *v. n.* aller en tournoyant. R.
Tourd, *s. m. Turdus.* poisson de mer, A. du genre du labre. B.
†Tourd, *s. m.* Tourde *ou* Tourdelle, *s. f.* espèce particulière de grive. A.
Tourdille (gris), *adj.* gris sale.
Tourdion, *s. m.* (*popul.*) contorsions. R.
Tourelle, *s. f. Turricula.* petite tour. * t. d'organiste. *Turritis. ou* Tourette, plante cruciforme. B. Tourele. R.
Tourellé, *adj.* t. d'anatomie; garni de tours. V. * Tourelé. e. R.
†Tourer, *v. a.* ré. e, *p.* replier la pâte plusieurs fois.
Touret, *s. m. Cestrum.* instrument de tour; rouet; petite roue; machine à roue pour graver les pierres; t. de manufacture. * *ou* Mauvin, petit anneau. B.
†Tourie, *s. f.* bouteille de grès contenant de 8 à 16 pintes.
Tourière, *s. f.* t. claustral, domestique du dehors qui a soin du tour. * Touriere. R.
Tourillon, *s. m.* pivot d'une porte, d'un canon, d'un pont levis.
†Tourlourou, Turluru, *s. m.* petit crâbe terrestre d'Amérique.
Tourmaline, *s. f. Turmalina.* borax. * Turpeline, pierre précieuse, de la nature du schorl, à demi transparente et électrique. B.
Tourment, *s. m. Tormentum.* violente douleur corporelle; supplice; peine d'esprit; vive inquiétude.
Tourmentant. e, *adj.* qui tourmente.
Tourmente, *s. f. Procella.* orage, tempête sur la mer.
Tourmenter, *v. a. Cruciare.* té. e, *p.* faire souffrir quelque tourment; agiter violemment; importuner, harceler; donner de la peine: travailler avec effort, sans aisance. (se); s'agiter, se remuer; s'inquiéter; se donner beaucoup de peine; se déjeter, parlant du bois.
Tourmenteux. se, *adj.* sujet aux tempêtes. * Tourmentueux. V.
Tourmentin, *s. m.* perroquet du mât de beaupré.
Tourmentine, *s. f.* térébenthine. V.
Tournailler, *v. n.* aller et venir en tournant, roder autour. (*famil.*) A. * Tournailler. V.
Tournaire, *s. m.* chanoine qui, pendant la semaine, confère les bénéfices. R.
Tournant, *s. m. Vortex.* où l'eau tourne toujours; coude, coin de chemin; espace où l'on tourne une voiture. * moyen adroit et détourné de succès. A. t. de métiers, roue. B.
Tournant. e, *adj.* qui tourne.
†Tournasser, *v. a.* sé. e, *p.* travailler sur le tour de potier; réparer les inégalités de la porcelaine.
†Tournassin, *s. m.* outil pour tournasser. * *ou* Tournasin. AL
†Tournassine, *s. f.* masse de terre préparée pour être tournée.
Tourné. e, *adj. Versus.* voyez Tourner.
Tourne-à-gauche, *s. m.* crochet; outil d'artisans pour tourner le taraud. R. G. C. V. RR. CO.
Tournebouler, *v. a.* agiter; remuer; boulverser. MONTAIGNE.
Tournebout, *s. m.* t. de musique, R. espèce de flûte à bec courbe. RR. * instrument à vent, à dix trous. B.
Tournebride, *s. m.* espèce de cabaret auprès d'un château pour recevoir les domestiques, les chevaux des étrangers. A.
Tournebroche, *s. m.* machine pour faire tourner la broche; petit garçon, chien qui la fait aller.
†Tournecase, *s. m.* jeu de trictrac.
Tournée, *s. f. Lustratio.* voyage en plusieurs endroits; course pour inspecter; petite course. * seine tirée par deux bateaux; pioche pour arracher les arbres. B.
Tournefeuillet, *s. m.* petit ruban pour tourner les feuillets d'un livre. R. V.
†Tournefil, *s. m.* fusil carré pour donner le fil aux outils.
Tournelle, *s. f.* (*vieux*) petite tour. * chambre du Parlement. Tournele. R.
Tournemain (en un), *adv. s. m.* en aussi peu de temps qu'il en faut pour tourner la main. * *ou* en un Tour de main. A.
Tourner, *v. a. Circumagere.* né. e, *p.* mouvoir en rond; enlever en tournant; façonner au tour, t. de métiers; diriger, mettre en un autre sens; interprêter; donner, prendre un certain tour; questionner pour surprendre. *v. n.* se mouvoir en rond; commencer à mûrir; s'altérer; se corrompre. (se), *v. r.* se mettre en sens contraire; changer.
Tournes, *s. f. pl.* soute, t. de coutume. R. * sorte d'étoile de mer, très-curieuse. B.
Tournesol, *s. m. Heliotropium. ou* Soleil, Héliotrope, Herbe aux verrues; sa fleur; poudre bleue pour colorer l'empois.
Tournette, *s. f.* sorte de dévidoir. * plateau pour poser le vase que l'on peint; cage tournante de l'écureuil. B. Tournete. R.
Tourneur, *s. m.* qui façonne au tour; qui tourne la roue, etc. t. de métiers.
†Tournevent, *s. m.* Gueule de loup, *s. f.* tuyau qui tourne au vent sur une cheminée.
Tournevire, *s. f.* corde pour retenir l'ancre. G.
Tournevirer, *v. a.* faire d'une personne ce que l'on veut. V. * examiner, tourner. R.
Tournevis, *s. m.* instrument d'arts pour tourner les vis. R. G. C.
†Tournille, *s. f.* outil pour relever les mailles de tricot tombées.
Tourniquet, *s. m. Verticillum.* croix mobile, posée horisontalement sur un pivot; moulinet; dévidoir; outil, pièce qui tourne, t. de mét. instrument de chirur. pour comprimer les vaisseaux; t. de menuiserie, etc. * *Gyrinus.* genre d'insecte coléoptère qui tournoie sur l'eau. B.
†Tournisses, *s. m. pl.* poteaux de remplissage.
Tournoi, *s. m.* (*vieux*) fête publique et militaire.
Tournoiement, *s. m. Circumactus.* action de ce qui tournoie. * *ou* Tournoiment. A. R. V.
Tournoir, *s. m.* t. de potier; bois de houx pour faire tourner la roue. R. G. C. * *ou* Tournoire, *s. f.* moulin de cartonnier. B.
†Tournoire, *s. f.* moulin de cartonnier.
Tournois, *adj.* 2 *g.* (livre), de vingt sols, fabriquée à Tours.
Tournoyant. e, *adj.* qui tournoie. R.
Tournoyer, *v. n.* tourner en faisant plusieurs tours; biaiser; chercher des détours.
Tournure, *s. f.* tour, disposition. * art, ouvrage des tourneurs. R. G. C. *ou* Roquille, *ou* Zeste, t. de confiseur. voyez Zeste. B.
†Tourocco, *s. m.* tourterelle du Sénégal.
Touron, *s. m.* tranches confites. voy. Toron.
Tourte, *s. f. Torta.* sorte de pâtisserie. * t. de verrerie, plateau d'argile sous le verre. R. tourterelle de la Caroline. B.
Tourteau, *s. m.* sorte de gâteau; t. de blason, pièce ronde.
†Tourtelet, *s. m.* feuille de pâte.
Tourtelette, *s. f.* oiseau. * Tourterelle du cap de Bonne Espérance, à cravatte noire. B.
Tourtereau, *s. m.* petit de la tourterelle. * (*fig.*) *pl.* jeunes amans, jeunes époux qui s'aiment. B.
Tourterelle, *s. f. Turtur.* oiseau du genre du pigeon. * *et* Tourtre (*en terme de cuisine*) Tourterele. R.
Tourtes, *s. m.* marc de noix, de graines de lin, de navette, etc. G. C.

Tourtière, *s. f.* ustensile de cuisine pour faire les tourtes. * Tourtiere. R.

†Tourtillon, *s. m.* petit tourteau.

Tourtoire, *s. f.* t. de vénerie, houssine pour faire les battues. G. C. * *s. m.* R.

†Tourtourelle, *s. f.* pastenague.

Tourtouse, *s. f.* corde qu'on met au cou du patient qu'on pend. R. G. C.

Tourtre, *s. f.* tourterelle. (*vieux*).

Tousselle, *s. f.* sorte de grain, de froment en Languedoc. * Tousele. R.

Tousiaux, *s. m.* (*vieux*) amant, galant, mignon. V.

Toussaint, *s. f.* fête de tous les saints chez les Catholiques. * Toussaints. R. T.

Tousser, *v. n. Tussire.* faire l'effort et le bruit que cause la toux.

Tousserie, *s. f.* action de tousser. R. V.

Tousseur, se, *s.* qui tousse souvent. R. G. C.

Tout, *s. m. Totum.* chose considérée en son entier; toutes choses; tout le monde; ce qu'on a de plus cher.

Tout, *adv. Omninò.* tout-à-fait, entièrement.

Tout, e. *pl.* tous, tes, *adj. Totus.* se dit de l'universalité d'une chose; chaque; quelque.

Tout-à-coup, *adv.* incontinent.

Tout-à-fait, *adv.* entièrement.

Tout-à-point, *adv.* tout à propos.

Tout au plus, *adv.* au plus. G. * Tout-au-plus. C.

Tout bas, *adv.* doucement. * Tout-bas. C.

Tout de bon, *adv.* sérieusement, en vérité. G. * Tout-de-bon. C.

Tout de même, *adv.* de la même sorte. G. * Tout-de-même. C.

Tout du long, *adv.* depuis le commencement jusqu'à la fin. G. * Tout-du-long. C.

Tout ensemble, *adv.* au même temps. G. * Tout-ensemble. C.

Tout-ou-rien, *s. m.* t. d'horloger, pièce de la quadrature d'une répétition.

Tout-puissant, *s. m.* Dieu.

Tout-puissant, *adj. Omnipotens.* qui a un pouvoir sans bornes.

Tout (point-du-) *ou* Du tout, *adv.* nullement.

Tout (rien du), *adv.* absolument rien. G. * Rien-du-tout. C.

Tout (en), *adv.* tout compris. G. * En-tout. C.

Tout (par), *adv.* en tout lieu. G. * Par-tout. C.

Tout (après), *adv.* tout bien considéré, encore que. * Après-tout. C.

Toute-bonne, *s. f. Horminum.* Orvale, Bon-Henri, Sclarée, plante.

Toute-épice, *s. f.* Herbe aux épices, plante, espèce de poivre de la Jamaïque.

Toute-présence, *s. f.* attribut de Dieu présent par tout. R. G. C.

Toute-puissance, *s. f. Omnipotentia.* puissance infinie.

Toute-science, *s. f.* science infinie, qui embrasse tout. R. G. C.

Toutefois, *adv. Tamen.* néanmoins, cependant.

Toutenague, *s. f. Tutenago.* substance métallique, composée de bismuth. voyez Tintenague.

Toutesaine, *s. f. Androsæmum.* arbrisseau très-employé en médecine; qui ressemble au mille-pertuis, apéritif, vulnéraire, résolutif; tue les vers. * Toute-saine. G. C.

Tou-tou, *s. m.* (*enfantin*) petit chien. * Toutou. G.

Toux, *s. f. Tussis.* maladie; mouvement convulsif de la poitrine accompagné de bruit.

†Touyon, *s. m. Rhea.* oiseau d'Amérique sans queue; espèce d'autruche de la Guianne.

Touze, *s. f.* (*vieux*) maîtresse, amante. V.

Toxicodendron, *s. m. Rhus.* Arbre de vernis, Arbre à la gale; le suc laiteux est un poison; guérit les dartres; teint en noir.

Toxique, *s. m.* nom générique des poisons.

†Toyère, *s. f.* pointe d'une hache qui entre dans le manche.

Traban, *s. m.* soldat allemand de la garde impériale. * Traband. G. C.

Trabe, *s. m.* météore enflammé en forme de poutre; bâton qui supporte la banière, etc. G.

†Trabéation, *s. f.* l'année de la passion.

Trabée, *s. f.* robe des généraux romains triomphateurs.

Trac, *s. m.* (*vieux*) allure du cheval, du mulet; t. de vénerie, piste des bêtes.

†Tracaner, *v. a.* devider le fil, la soie ou le fil de métal avant de couvrir.

†Tracanoir, *s. m.* outil pour tracaner, pour mesurer les fils d'or et d'argent.

Tracas, *s. m. Tricæ.* mouvement accompagné de trouble et d'embarras; t. de raffineur, trappes en échelle.

Tracasser, *v. a.* sé, e, *p.* (*familier*) inquiéter, tourmenter. *v. n. Tricari.* se tourmenter, s'agiter pour peu de chose; faire le tracassier; aller et venir en agissant.

Tracasserie, *s. f. Cavillatio.* mauvais procédé; chicane; discours, rapport qui tend à brouiller.

Tracassier, ère, *s.* qui chicane sur rien; brouillon; indiscret. * Tracassier, ere. R.

Trace, *s. f. Vestigium.* vestige d'un homme, d'un animal; marque que laisse une voiture; impression des objets sur le cerveau; marque laissée par une chose; ligne tracée; premier trait, t. d'arts.

†Tracé, *s. m.* trait d'un plan, d'un profil, d'un ouvrage.

†Trace-bouche, *s. m.* outil de facteur d'orgues.

†Trace-sautereau, *s. m.* outil de facteur de clavecin.

†Tracelet, *s. m.* poinçon pour tracer des divisions.

Tracement, *s. m. Diagramma.* action par laquelle on trace ou l'on dessine.

Tracer, *v. a. Delineare.* cé, e, *p.* tirer les lignes d'un dessein. *v. n.* t. d'agric. étendre ses racines horizontalement.

Traceret, *s. m.* outil de fer pour marquer le bois. * Tracelet *ou* Traçoir. AL.

†Traceur, *s. m.* celui qui trace un plan sur le sol.

Trachée, *s. f. Trachæa.* t. de botan. vaisseau pour l'air, poumon des plantes.

Trachée-artère, *s. f. Trachæa arteria.* canal de l'air que nous respirons. * Trachée-artere. R.

†Trachélomastoïdien, ne, *adj.* (muscle) du col et de la mastoïde.

†Trachéotomie, *s. f.* bronchotomie.

†Trachinus, *s. m. ou* Trachine, poisson du 3ᵉ. genre, de la 3ᵉ. classe, à tête obtuse.

†Trachiure, *s. m. Trachiurus.* nom d'un genre de poisson apode.

†Trachome, *s. m.* aspérité de la partie inférieure des paupières.

Traçoir, *s. m.* outil pour tracer. R. G. C.

†Tractabilité, *s. f.* qualité de ce qui est facile à mettre en œuvre.

Tractation, *s. f.* manière de traiter une matière. R. V.

†Traction, *s. f.* action d'une puissance qui tire un mobile.

Tractrice, *s. f.* ligne courbe que décrit la corde d'un bateau, etc. R. G. C.

Tradiment, *s. m.* (*vieux*) précepte. V.

Traditeur, *s. m.* t. d'hist. eccl. qui livroit les livres sacrés aux payens. A. * *adj.* traître, qui trahit. B.

Tradition, *s. f. Traditio.* chose qui se transmet de siècle en siècle; faits; t. de prat. action de livrer à.

Traditionnaire, *s. m.* juif qui explique l'Écriture par la tradition du Talmud. * Traditionaire. R.

Traditionnel, le, *adj.* de la tradition. * Traditionel, nele. R.

Traditionnellement, *adv.* selon la tradition. G. C. * Traditionélement. R.

Traditive, *s. f.* chose apprise par cœur. R. par tradition. RR. * *adj. f.* qui transmet. V.

Traducteur, *s. m. Interpres.* qui traduit d'une langue dans une autre.

Traduction, *s. f. Interpretatio.* version d'un ouvrage d'une langue dans une autre; action de celui qui traduit, son ouvrage, son livre.

Traduire, *v. a.* duit, e, *p.* faire une traduction; citer en justice; transférer d'un lieu en un autre. *Versus.*

Traduisible, *adj.* 2 *g.* qui peut être traduit. A. G. C. V. CO.

Trafic, *s. m. Mercatura.* commerce, négoce de marchandises.

Trafiquant, *s. m. Negotiator.* négociant.

Trafiquement, *s. m.* action de trafiquer. V. RR.

Trafiquer, *v. n. Negotiari.* qué, e, *p.* faire trafic.

Trafiqueur, *s. m.* qui trafique. V. RR.

†Trafusoir, *s. m.* machine pour séparer les écheveaux.

Tragacante, Adragant, *s. m.* plante d'où découle la gomme adragant. * Tracaganthe. R. *Tragacantha.* Adraguant. CO.

Tragédie, *s. f. Tragœdia.* poëme dramatique; pièce qui représente une action héroïque; événement funeste.

Tragédien, ne, *s.* qui joue dans la tragédie. A. G. C. * Tragédien, diene. R.

Tragelaphe, *s. m. Tragelaphus.* cerf des Ardennes; rhenne, bouquetin. * Tragélaphe. RR.

Tragi-comédie, *s. f. Tragicomœdia.* tragédie mêlée d'incidens et de personnages comiques. *action terminée par un événement funeste. CO.

Tragi-comique, *adj.* 2 *g.* qui tient du tragique et du comique.

†Tragien, ne, *adj.* du tragus.

Tragique, *adj.* 2 *g. Tragicus.* qui sent, qui concerne la tragédie; funeste, malheureux.

Tragique, *s. m.* genre tragique. * acteur, auteur de tragédies. C.

Tragiquement, *adv. Tragicè.* d'une manière tragique, funeste.

†Tragus, *s. m.* petit bouton antérieur de l'oreille.

Trahir, *v. a. Prodere.* hi, e, *p.* user de trahison envers; faire une perfidie à. (se), *v. r.* se déceler par imprudence, indiscrétion.

Trahison, *s. f. Proditio.* perfidie; action de celui qui trahit; fourberie.

Traictis, *adj.* (*vieux*) mot. V.

Traille, *s. f.* bac; pont-volant; corde du bac.

Train, *s. m. Gradus.* allure, façon d'aller; les épaules, les cuisses des chevaux, etc. ce qui porte le carosse; partie motrice d'une machine; suite de chevaux, etc. de bateaux, d'artillerie; long radeau de bois flotté; bruit; manière de vivre; humeur; promptitude; cours et état des choses; les gens de mauvaise vie.

Traînant, e, *adj.* qui traîne, languissant.

Traînasse, *s. f.* Renouée, plante. * *ou* Traîneau, *s. m.* très-long filet d'oiseleur. B.

Traîne, *s. f.* menue corde pour plonger quelque chose dans la mer; t. de chasse, filet.

Traîneau, *s. m. Traha.* t. de marine, grand filet de pêche, de chasse; t. de fauc. leurre: voiture pour aller sur la neige. * *ou* Traînasse. B.

Traînée, *s. f.* choses épanchées en long; suite de poudre à canon; t. de chasse. * long filet

à nœud du fraisier, etc. B.
Traîne-malheur, *s. m.* (*famil.*) qui apporte le malheur avec soi. G. C. * Gueux. R.
Traîne-potence, *s. m.* (*famil.*) homme qui porte malheur à ceux qui suivent son parti. G. C. * qui entraîne à la révolte. R.
Traîne-rapière, *s. m.* bretteur. G. C. * armé d'une rapière. V. Traîne-rapiere. R.
Traîner, *v. a. Trahere.* -né. e, *p.* tirer après soi; mener avec soi; se faire suivre par; attirer; être la source, la cause; alonger, différer. *v. n.* pendre jusqu'à terre; demeurer exposé au lieu d'être placé; être en langueur, en arrière; n'avancer point. (se), *v. r.* marcher en rampant; avancer avec peine.
Traînerie, *s. f.* lenteur désagréable. J. J.
Traîneur, *s. m.* qui traîne; t. milit. qui reste en arrière; t. de chasse, chien qui reste en arrière; t. de billard, qui traîne la bille. * chasseur au traîneau. G.
†Trainsse, *s. m.* espèce de filet pour les perdrix.
Traire, *v. a. Mulgere.* prendre le trayon et en faire sortir le lait; tirer. Trait. e, *p. adj.* passé par une filière.
Trait, *s. m. Sagitta.* dard, javelot; flèche; longe; ce qu'on avale d'une gorgée; ligne; linéament; office; acte; procédé; bel endroit d'un écrit; fait remarquable; pensée vive; saillie; rapport; t. d'archit. coupe; t. d'église, verset; t. de jeu, avantage de jouer le premier; t. de blason, petits carreaux; t. de chasse, corde pour attacher le limier; t. de métiers. * serpent du 4e. genre, à plaques du ventre fort larges. *Jaculus.* B.
Traitable, *adj.* 2 *g. Tractabilis.* doux; avec qui on peut traiter; ductile, qu'on peut mettre aisément en œuvre. * t. de métallurgie; t. de chirurgie, qui peut être pansé. G. C.
Traitant, *s. m.* qui se charge du recouvrement des impositions à certaines conditions.
Traite, *s. f. Iter.* chemin qu'on fait sans s'arrêter; t. de commerce, transport; t. de monnoie, diminution de la valeur intrinsèque; t. de finance, droits; lettre de change tirée sur. * aile du filet. B.
Traité, *s. m.* ouvrage où l'on traite d'une science; convention. *Pactum.*
Traité. e, *adj. Tractatus.* disputé; reçu; régalé.
Traitement, *s. m. Tractatio.* accueil, réception, manière d'agir; t. de chirurgie, soins, pansemens: appointemens; avantage qu'on fait; récompense.
Traiter, *v. a.* té. e, *p.* discuter; agiter; négocier; régaler; agir bien ou mal avec quelqu'un; retonnoître pour; qualifier de; panser, médicamenter. *v. n.* discuter; négocier; régaler.
Traiteur, *s. m. Obsonator.* qui donne à manger pour de l'argent. * qui trafique * de pelleteries, etc. B. avec les sauvages. A.
Traitoire, *s. m.* instrument de tonnelier pour allonger les cerceaux. R. * *ou* Trétoir. B. Traitoir, *s. m.* AL. *ou* Tiretoir. CO.
Traitor, *s. m.* (*vieux*) traître. V.
Traître. sse, *s. Perfidus.* qui fait une trahison. *adj.* perfide.
Traîtreusement, *adv.* en trahison.
Trajane, *adj. f.* (colonne) de Trajan. R.
Trajectoire, *s. f.* courbe décrite par un corps en mouvement et détourné de la ligne droite; t. d'astronomie.
Trajet, *s. m.* espace d'eau, de chemin à traverser; action de traverser cet espace.
†Trale, *s. m.* oiseau du genre des grives.
Tramail, Trémail, *ou* Tramaux *ou* Tramats, *s. m.* filet de pêche en travers des rivières.
†Tramaillade, *s. f.* tramail.
†Tramasseuse, *s. f.* ouvrière qui finit les pipes.
Trame, *s. f. Trama.* t. de manufacture, fil passé entre les chaînes; complot.
Tramer, *v. a. Nere.* mé. e, *p.* passer la trame; machiner, faire un complot.
Trameser, *v. a.* (*vieux*) transmettre. V.
Tramettre, *v. a.* (*vieux*) envoyer. V.
†Trameur, *s. m.* celui qui dispose les fils des trames.
†Tramillons, *s. m. pl.* petits tramaux.
Tramois, *s. m.* blé de mars. V. * Trémois. R.
Tramontain. e, *adj. s.* d'au-delà des monts. RR. * Transmontain. B.
Tramontane, *s. f. Aquilo.* vent, étoile, ou côté du nord dans la Méditerranée. (perdre la), se troubler.
Tranchant, *s. m. Acies.* fil d'un couteau, d'un sabre, d'un rasoir, etc.
Tranchant. e, *adj.* qui tranche; très-vif; décidé; décisif; péremptoire; qui décide hardiment.
Tranche, *s. f. Offula.* morceau coupé mince; t. de relieur, bord rogné d'un livre; t. de monnoie, circonférence où est la légende. * outil en ciseau; lame, etc. B.
Tranche-artère, *s. f.* campanule, gantelée, plante. * Tranche-artere. R.
Tranchée, *s. f. Incile.* t. milit. fosse, fossé; t. de médecine, douleurs vives et aiguës dans les entrailles. *Tormina.*
†Tranchefil, *s. m.* outil pour faire le velouté des tapis.
Tranchefile, *s. f.* t. de relieur, petit bourrelet; t. de bourrelier, de manége, petite chaînette. * Tranchefil, *s. m.* CO.
Tranchefiler, *v. a.* mettre de la soie sur une tranchefile. G. C. * Tranche-filer. R.
Tranchelard, *s. m.* couteau de cuisine pour couper le lard. * Tranche-lard. R.
Tranchemontagne, *s. m.* fanfaron. R. G. C.
Tranche-plume, *s. m.* t. d'écrivain. R.
Trancher, *v. a. Secare.* couper, séparer en coupant; résoudre une question; lever un obstacle. *v. n.* décider, déclarer hardiment; avoir des nuances vives et différentes. -ché. e, *p. adj.* (bois) à nœuds vicieux. *Refectus.*
Tranchet, *s. m. Scalprum.* outil de cordonnier, de bourrelier pour couper le cuir. * outil de serrurier, etc. pour couper les métaux. B.
†Trancheur, *s. m.* celui qui ouvre la morue.
Tranchis, *s. m.* tuiles échancrées en recouvrement.
Tranchoir, *s. m.* Tailloir, plateau sur lequel on tranche la viande. * pièce de verre en panneaux. B.
Trangles, *s. f. pl.* t. de blason, faces rétrécies en nombre impair. T.
Tranler, *v. a.* quêter un cerf au hasard lorsqu'on ne l'a pas détourné. R. G. C.
Tranquille, *adj.* 2 *g. Tranquillus.* paisible, calme, sans émotion; qui ne trouble le repos de personne.
Tranquillement, *adv. Placidè.* en repos; d'une manière tranquille.
Tranquillisant. e, *adj.* (*néologique*) qui tranquillise. G. C.
Tranquilliser, *v. a. Tranquillare.* sé. e, *p.* calmer; rendre tranquille. (se), *v. r.* se reposer; se tenir tranquille; n'être pas inquiet.
Tranquillité, *s. f. Tranquillitas.* état de ce qui est tranquille; repos, calme; quiétude.
†Trans, *prépos.* trans-parent; trans-alpin.
Transaction, *s. f. Transactio.* acte par lequel on transige sur un différent.
†Transalpin. e, *adj. s.* au-delà des Alpes.
†Transanimation, *s. f.* métamorphose; passage de l'ame d'un corps dans un autre.
Transcendance, *s. f.* supériorité marquée, éminente.
Transcendant. e, *adj. Eximius.* élevé, sublime; qui excelle en son genre; t. de philosophie, (attribut, qualité) convenable à tous les êtres; t. de géométrie, (équation) qui ne renferme que des différentielles.
Transcendantal. e, *adj.* qui l'emporte pardessus un autre. R. G. C. * Transcendental. Transcendentel. V.
Transcendent. e, *adj.* (philosophie), étude des objets existans en eux-mêmes et absolument; étude de l'objectif. K.
Transcendental. e, *adj.* (philosophie), étude du sujet, en tant qu'il observe, ou du subjectif. K.
Transcendentalisme, *s. m.* système de la philosophie transcendentale. K.
Transcolation, *s. f.* t. de chimie, filtration. V.
Transcription, *s. f.* action par laquelle on transcrit.
Transcrire, *v. a. Exscribere.* -crit. e, *p.* copier un écrit. *Transcriptus.*
Transdiablé. e, *adj.* tout pénétré du démon. R.
Transe, *s. f. Angor.* frayeur, grande appréhension d'un mal qu'on croit prochain. *Le pluriel est plus usité.*
Transeat, *s. m.* sonnerie, t. d'école et de palais. R. V. * Transéat. RR.
Transélémentation, *s. f.* t. dogmatique. R. V.
Transférer, *v. a. Transferre.* ré. e, *p.* faire passer d'un lieu à un autre; transporter.
†Transfert, *s. m.* transport de la propriété d'une rente, etc.
Transfiguration, *s. f. Transfiguratio.* changement d'une figure en une autre; t. de liturgie.
Transfigurer, *v. a. Transfigurare.* ré. e, *p.* changer d'une forme en une autre; t. de liturgie.
Transformation, *s. f. Transfiguratio.* changement de forme.
Transformer, *v. a. Transformare.* mé. e, *p.* changer de forme en une autre; t. d'algèbre. (se), *v. r.* se déguiser, prendre plusieurs caractères.
Transfuge, *s. m. Transfuga.* qui abandonne son parti pour suivre celui des ennemis.
Transfuser, *v. a.* sé. e, *p.* faire la transfusion du sang. * faire passer d'un récipient dans un autre. G. C. A. RR.
†Transfuseur, *s. m. pl.* partisan, opérateur de la transfusion du sang.
Transfusion, *s. f. Transfusio.* opération de chirurgie par laquelle on fait passer le sang d'un animal dans les veines d'un autre; action de transvaser.
Transgloutir, *v. a.* (*vieux*) avaler, engloutir. A.
Transgresser, *v. a. Perfringere.* sé. e, *p.* contrevenir à une loi, à un ordre, etc. l'enfreindre; outrepasser.
Transgresseur, *s. m. Infractor.* celui qui transgresse.
Transgression, *s. f. Infractio.* action de transgresser une loi.
Transi. e, *adj. gelu rigens.* tout gelé.
Transiger, *v. n. Transigere.* passer un acte pour accommoder une affaire.
†Transillas, *s. m. pl.* dentelles de Hollande.
Transir, *v. a.* si. e, *p.* pénétrer et engourdir de froid; rendre tremblant; saisir de peur (se), *v. n.* avoir un grand froid; être pénétré de frayeur. *Torpere.*
Transissement, *s. m.* état d'un homme transi

de froid ou de frayeur.
Transit, *s. m.* passavant.
Transitif, *adj. m.* des verbes qui marquent l'action d'un sujet sur un autre. *pron.* tranzitif.
Transition, *s. f. Transitio.* t. de rhétor. passage, liaison; t. de musique, manière d'adoucir le passage d'un ton à l'autre, *pron.* tranzision.
Transitoire, *adj.* 2 *g. Transitorius.* passager.
Translater, *v. a.* (*vieux*) traduire.
Translateur, *s. m.* (*vieux*) traducteur.
Translatif. ve, *adj.* qui transmet, transfère, transporte. V.
Translation, *s. f. Translatio.* action de transférer; transport.
†Translucide, *adj.* 2 *g.* transparent, t. de minéralogie.
†Translucidité, *s. f.* sorte de transparence des minéraux.
Transmarin. e, *adj.* d'au-delà de la mer. R. V.
Transmettre, *v. a. Transmittere.* -mis. e, *p.* céder; faire passer à un autre.
Transmigration, *s. f. Transmigratio.* passage d'un peuple qui abandonne un pays pour passer dans un autre.
Transmissible, *adj.* 2 *g.* qui peut être transmis.
Transmission, *s. f. Translatio.* action de transmettre, son effet. * t. de physique, réfraction; propriété des corps diaphanes. B.
Transmuable, *adj.* 2 *g.* qui peut être changé, transmué.
Transmuer, *v. a. Transmutare.* -mué. e, *p.* changer un métal en un métal plus précieux.
Transmutabilité, *s. f.* qualité de ce qui est transmuable.
Transmutatif. ve, *adj.* qui change. V.
Transmutation, *s. f. Immutatio.* changement d'une chose, d'un métal en un autre.
Transnover, *v. a.* traverser à la nage. T. * porter la mode, la nouveauté à l'excès. RR.
Transoxane, *s. f.* t. de géographie. RR.
Transparence, *s. f. Perluciditas.* qualité de ce qui est transparent
Transparent, *s. m.* papier huilé, verre, etc., à travers lequel on voit; t. d'écrivain, papier tracé. * -parent. e, *adj. Pellucidus.* BOUDOT.
Transpercer, *v. a. Transfodere.* cé. e, *p.* percer d'outre en outre, de part en part. * pénétrer de douleur. CO.
Transpirable, *adj.* 2 *g.* qui peut sortir par la transpiration.
Transpiration, *s. f. Expiratio.* sortie imperceptible des humeurs par les pores.
Transpirer, *v. a. Exhalare.* sortir par la transpiration. *v. imp.* commencer à se divulguer.
Transplantation, *s. f.* action de transplanter; prétendue manière de guérir en faisant passer la maladie d'un corps dans un autre.
Transplantement, *s. m. Translatio.* transplantation, son effet. R. V.
Transplanter, *v. a. Transferre.* té. e, *p.* planter en un autre endroit; transférer; transporter. (se), *v. personnel.* passer d'un pays dans un autre.
Transpontin. e, *adj.* V. d'au-delà des ponts. RR.
Transport, *s. m. Exportatio.* action par laquelle on transporte; cession juridique; mouvement passionné; enthousiasme; délire; passage.
Transporter, *v. a. Exportare.* té. e, *p.* porter d'un lieu à un autre; céder juridiquement; mettre quelqu'un hors de lui-même. (se), *v. r.* se rendre sur les lieux; se laisser emporter à quelque passion.
Transposer, *v. a. Invertere.* sé. e, *p.* mettre une chose hors de l'ordre où elle devoit être; t. de musique, quitter le ton.
Transposition, *s. f. Inversio.* action de transposer. * t. d'algèbre, opération faite en transposant. B.
Transsubstantiateur, *s. m.* qui croit à la transsubstantiation. R.
Transsubstantiation, *s. f. Transsubstantiatio.* changement d'une substance en une autre.
Transsubstantier, *v. a.* changer une substance en une autre.
Transsudation, *s. f.* action de transsuder. A.
Transsuder, *v. n.* passer au travers des pores par une espèce de sueur.
Transvaser, *v. a. Decapulare.* sé. e, *p.* verser d'un vase dans un autre.
Transversal. e, *adj. Transversus.* qui coupe obliquement. * t. de botanique, parallèle à la base. B.
Transversalement, *adv. Transversè.* obliquement, en travers.
Transverse, *adj.* 2 *g.* oblique.
Trantran, *s. m.* (*familier*) le cours de certaines affaires.
†Trantraner, *v. n.* suivre le trantran.
Trapan, *s. m.* le haut de l'escalier où finit la rampe, où finit la charpente. R. G. C. * planche. (*vieux*). B.
Trapelle, *s. f.* souricière. V.
Traper, *v. n.* t. de jardinier, être beau. V.
†Trapésien. ne, *adj.* à surface composée de trapèzes.
Trapèze, *s. m. Trapesius.* espace enfermé par quatre lignes droites non parallèles. * Trapeze. R.
†Trapéziforme, *adj.* 2 *g.* en forme de trapèze.
†Trapézoïdal. e, *adj.* qui a la forme du trapèze; (grenat) à surface composée de vingt-quatre trapézoïdes égaux et semblables.
Trapézoïde, *s. m.* trapèze à deux côtés parallèles.
†Trapp, *s. m.* variété de la pierre de corne; basalte antique; roche primitive noirâtre.
Trappe, *s. f. Plagæ.* sorte de porte au niveau du plancher; son ouverture; porte, fenêtre à coulisse; piége dans une fosse. * pièce qui sert de linguet. CO. Trape. T. ordre religieux, son couvent. B.
†Trappiste, *s. m.* religieux de la Trappe.
Trapu. e, *adj.* membru; ramassé; gros et court.
Traque, *s. f.* action de traquer. A.
Traquenard, *s. m. Asturco.* t. de manége, espèce d'amble rompu; sorte de piége; sorte de danse gaie. * cheval. SCARON.
Traquer, *v. a.* qué. e, *p.* t. de chasse, entourer un bois de manière à n'en rien laisser échapper. * battre les buissons, les prés. B.
Traquet, *s. m. Crepitaculum.* petite soupape de moulin; piége.
Traquet, Groulard, Tarier, *s. m.* oiseau.
Traqueur, *s. m.* qui traque. A.
Trasi, *s. m.* plante bonne pour la poitrine et contre la dyssenterie. G. C.
†Trass, *s. m.* (pierre de), volcanique qui entre dans le ciment pour les constructions hydrauliques.
†Trastravat. e, *adj.* (cheval) qui a des balzanes en diagonale aux deux pieds. * Trastavat. AL.
Trattes, *s. f. pl.* pièces de bois qui portent la cage d'un moulin à vent. G. C. * Tratte. B.
†Traumatique, *adj.* 2 *g.* vulnéraire. *s. m.* espèce d'onguent.
Travade, *s. f.* t. de marine, vents très-changeans. * Travates, *pl.* B.
Travail. *s. m.* Travaux. *pl. Labor.* peine qu'on prend; fatigue qu'on se donne; labeur; ouvrage fait, que l'on fait, ou à faire; état d'une femme en mal d'enfant; t. de maréchal, machine pour soulever les chevaux. * *pl.* entreprises. * Travail. *pl.* Travails, compte rendu à un supérieur. AL.
Travaillé. e, *adj. Elaboratus.* fait avec soin; t. de manége, fatigué. * peiné, t. d'arts. B.
Travailler, *v. a. Laborare.* lé. e, *p.* faire; opérer; façonner; faire avec application, avec soin; tourmenter; dresser durement. *v. n.* prendre quelque fatigue de corps ou d'esprit; faire de l'ouvrage; fermenter; se déjeter. (se), *v. r.* se tourmenter; s'inquiéter. * Travailler. V.
Travailleur, *s. m.* homme adonné au travail; celui qui travaille. *pl.* pionniers.
Travaison, *s. f.* t. d'architecture, R. haut du mur qui porte la charpente. B.
†Travat. e, *adj.* (cheval) qui a des balzanes du même côté.
Travates, *s. m. pl.* ouragans terribles sur la côte de Guinée; vents très-changeans. G. C. * Travattes. RR. Travade, *s. f.* B.
Travée, *s. f. Intertignium.* espace qui est entre deux poutres, entre deux colonnes; rang de balustres.
Travers, *s. m. Latitudo.* étendue d'un corps considéré selon sa largeur; biais; bizarrerie, caprice. * crevasses au canon, t. d'arqueb. B.
†Traversant *ou* Traversin, *s. m.* fléau de la balance.
Traverse, *s. f. Impages.* t. de charpentier, pièce en travers; t. de fortification, tranchée, retranchement; rue, chemin qui coupe; revers; obstacle; afflictions.
†Traversé. e, *adj.* (cheval) étoffé, qui a les épaules larges.
Traversée, *s. f.* trajet par mer.
Traversement, *s. m.* action de traverser. A. V.
Traverser, *v. a. Permeare.* sé. e, *p.* passer à travers, d'un côté à l'autre; être au travers de; percer de part en part; susciter des obstacles à.
Traversier. ère, *adj.* qui traverse, sert à traverser; t. de marine, (vent) qui empêche de sortir du port; t. de musique, (flûte) dont on joue en travers. * Traversier. ere. R. *s. m.* bâton de pêcheur. B.
Traversin, *s. m. Cervical.* chevet; oreiller long. * longue broche. B.
†Traversiner, *v. a.* -né. e, *p.* disposer les buches du train en tête et en queue.
Travestir, *v. a.* ti. e, *p.* déguiser. (se), *v. r.* se déguiser; se masquer; changer sa manière.
Travestissement, *s. m. Mutatio.* déguisement.
Travouil, *s. m.* dévidoir pour mettre le fil en écheveau. R.
Travouiller, *v. n.* dévider. R.
Travouillere, *s. f.* petit bois pour soutenir les fusées. R.
Travoul, *s. m.* t. de marine, R. bois plat, endenté pour plier la ligne. T.
†Travure, *s. f.* levée à l'arrière d'un bateau.
Trayon, *s. m. Papilla.* bout du pis d'une vache, d'une chèvre, etc.
†Tré, *s. m.* trompette siamoise, très-aigre.
Trébellianique, *adj. f.* (quarte), quart de la succession. * *ou* Trébellienne. A.
†Trébouchet, *v. n.* tomber sur le nez.
Trébuchant. e, *adj.* qui trébuche; t. de monnoie, qui est de poids. * *s. m.* poids de loi. B.
Trébuchement, *s. m.* (*vieux*) chute.
Trébucher, *v. n. Offensare.* faire un faux pas; tomber; broncher; emporter par sa pesanteur le poids qui contrepèse.
Trébuchet, *s. m. Trutina.* sorte de balance; machine pour prendre des oiseaux.

†Trec, *s. m.* lacque naturelle du Pégu.
Tréchanger, *v. a.* changer; être inconstant. v.
Trécheur, *s. m. ou* Trescheur, t. de blason, sorte d'orle. *prononcez* trékeur.
Trédam! *exclamation pour* Notre-Dame. v.
Tréfau, *ou* Tréfeujeau, *s. m.* bûche de Noël. R. * Treffeau. v.
†Tréfiler, *v. a.* lé. e, faire passer par la filière.
Tréfilerie, *s. f.* t. d'épinglier, R. machine pour tirer à la filière; attelier de tréfileur. Trifilerie, Tirefilerie. B.
Tréfileur, *s. m.* qui travaille à la tréfilerie. R.
Trèfle, Triolet, *s. m. Trifolium.* plante; excellent fourrage; figure de sa feuille; t. de min. fourneau en trèfle. * t. de métiers, ce qui en a la forme. B. Trefle. R.
Trèfle-d'eau, *s. m.* plante aquatique, antiscorbutique.
Tréflé. e, *adj.* t. de blason, terminé en trèfle.
Tréfler, *v. a.* flé. e, *p.* t. de monnoie, faire un mauvais rengrènement. G. C. * doubler l'effigie. B.
†Tréflier, *s. m.* (*vieux*) chaînetier.
Tréfoncier, Parager, *s. m.* propriétaire de bois sujets à certains droits.
†Tréfondre, *v. a.* -du. e, *p.* souder parfaitement, t. de métiers.
Tréfonds, *s. m.* propriété de tout ce qui est sous terre; le fonds. * Trèfonds. G.
Treillage, *s. m.* t. de jardinage, assemblage de lattes, etc., en treillis.
Treillager, *v. a.* gé. e, *p.* garnir de treillage. R.
Treillageur, *s. m.* qui fait des treillages. R.
Treille, *s. f. Pergula.* berceau recouvert de ceps; ceps élevé; treillage pour la vigne. * espèce de filet; tas d'ardoises rangées. B. (*vieux*) grille de couvent. G.
Treillis, *s. m. Cancelli.* barreaux qui se croisent; toile gommée; grosse toile; chassis divisé en carreaux.
Treillissé. e, *adj. Cancellatus.* t. de blason, fretté.
Treillisser, *v. a. Cancellare.* sé. e, *p.* garnir de treillis. * Treilliser. R. Treïlliser. V.
Treizain, *s. m.* pièce de monnoie; t. d'agric. treize gerbes. R. G. C.
Treizaine, *s. f.* nombre de treize. v.
Treize, *adj.* 2 *g. Tredecim.* dix et trois.
Treizième, *adj.* 2 *g. s. Tertius decimus.* nombre d'ordre qui suit le douzième. * t. de musique, intervalle formant la sixte. B. Treizieme. R.
Treizièmement, *adv.* en treizième lieu. * Treiziémement. R.
†Tréjetage, *s. m.* action de transvaser le verre fondu.
Trelingage, *s. m.* t. de marine, R. cordage à branches. B.
Trelinguer, *v. n.* se servir d'un cordage à plusieurs branches. R. A.
Trelu (avoir le), *s. m.* mal prospérer. v.
Tréma, *s. m. adj.* deux points sur une lettre, lettre sur laquelle ils sont (ë ï ü).
Tremblaie, *s. f. Populetum.* lieu planté de trembles.
Tremblaison, *s. f.* (*vieux*) tremblement; vacillation. v.
Tremblant. e, *adj. Tremens.* qui tremble. * *s. m.* soupape qui fait trembler le son, t. d'organ. B.
†Tremblant-doux, Tremblant-fort, *s. m.* soupapes obliques en travers du porte-vent de l'orgue.
Tremblante, *s. f.* espèce d'anguille.
Tremble, *s. m. Populeus.* espèce de peuplier à feuilles très-mobiles.
Tremblement, *s. m. Tremor.* agitation de ce qui tremble; grande crainte; t. de musique, cadence précipitée.
Trembler, *v. n. Intremere.* être agité, interrompu; être mu par de fréquentes secousses; n'être pas ferme; craindre.
Trembleterre, *s. m.* tremblement de terre. v.
Trembleur. se, *s. Timidus.* celui qui tremble; très-craintif. * poisson électrique, du genre du silure. *Electricus.*
Trembleurs, *s. m. pl.* sectaires en Anglererre, aux Etats-Unis, Quakers. G. C. AL.
Tremblotant. e, *adj.* qui tremblote.
Trembloter, *v. n. diminutif de* trembler. (*familier*).
Trémeau, *s. m.* partie du parapet terminée par les deux autres parties. R. G. C.
Tréméfaction, *s. f.* tremblement; action d'épouvanter. v.
†Tremelle, *s. f. Tremella.* substance végétale, presque microscopique, en filets verts, sur les eaux stagnantes : elle a un mouvement apparent, se multiplie par division en long.
Trémie, *s. f. Infundibulum.* mesure pour le sel; partie d'un moulin, d'une cheminée; auge pour les oiseaux, etc. * *ou* Trémoire. v.
†Trémillon, *s. m.* support de la trémie d'un moulin. *et* Trémion.
Trémion, *s. m.* bois ou barre qui soutient la trémie. R. G. C. * Trémillon. B.
Trémois, *s. m. Farrago.* menus blés de mars. * Tramois. v.
Trémoussement, *s. m. Trepidatio.* action de se trémousser.
Trémousser, *v. n.* s'agiter, se remuer d'un mouvement vif et irrégulier. (se), *v. réfl. Concursare.* se donner du mouvement; faire des démarches.
Trémoussoir, *s. m.* machine propre à se donner du mouvement sans sortir de sa chambre.
Trempe, *s. f. Temperatio.* action, manière de tremper le fer, le papier, etc.; qualité que le fer contracte quand on le trempe; caractère; humeur; manière.
Trempé. e, *adj. Madens.* extrêmement mouillé.
Trempement, *s. m.* (*inusité*) action de tremper. R. G. C. * Trempe. B.
Trèmper, *v. a. Madefacere.* pé. e, *p.* mouiller, imbiber; plonger dans un liquide. *v. n.* être dans quelque chose de liquide; participer, être complice.
†Tremperie, *s. f.* t. d'imprimerie, lieu où l'on trempe le papier, on lave les formes.
Trempis, *s. m.* eau dans laquelle a trempé la morrue. R. * atelier de l'amidonnier; t. de métiers, ce qui trempe; liqueur acide pour nettoyer les métaux. B.
Tremplin, *s. m.* planche inclinée, très-élastique pour faire des sauts.
†Tremplite, *s. f.* substance minérale, phosphorique.
Trempoire, *s. m.* cuve pour préparer l'indigo. G. C.
Trempure, *s. f.* poids; bascule; t. de meunier. R. G. C.
Tremue, *s. f.* t. de marine, passage de planches. R. G. C.
Trentain, *s. m.* t. de jeu de paume, chacun trente; t. de manufacture, sorte de drap de laine. * Trentin. v.
Trentaine, *s. f. Triginta.* nombre de trente.
Trentanel, *s. m.* plante pour la teinture. G. C.
Trente, *adj.* 2 *g. Triginta.* trois fois dix. *s. m.* le trentième.
†Trente-deux-pieds, *s. m.* jeu de l'orgue.
Trentième, *adj.* 2 *g. s. Trigesimus.* nombre ordinal. * Trentieme. R.
Trentin. e, *adj. s.* de la ville de Trente. R.
†Trentraille, *s. m.* fil passé dans les mailles du filet, t. de pêche.
Tréou, *s. m.* t. de marine, R. voile carrée, voile de galère, voile de fortune. B.
Trépan, *s. m. Terebra.* opération d'enlever un morceau du crâne; instrument de chirurgie pour la faire.
Trépaner, *v. a. Forare.* -né. e, *p.* faire l'opération du trépan.
Trépas, *s. m. Obitus.* mort, décès.
Trépassé, *s. m.* mort.
Trépassement, *s. m.* (*vieux*) moment de la mort; trépas.
Trépasser, *v. n.* sé. e, *p.* (*familier*) mourir de mort naturelle.
Trépensé, *adj.* pensif. v.
Treper, *v. a.* (*vieux*) ménager le temps. v.
Trépidation, *s. f.* t. d'astronomie, balancement attribué au firmament; t. de médecine, tremblement des membres.
Trépied, *s. m.* ustensile de cuisine; support, siége à trois pieds. * lyre de Pythagore. B.
Trépignement, *s. m. Tripudium.* action de trépigner.
Trépigner, *v. n. Trepudiare.* battre des pieds contre terre d'un mouvement prompt et fréquent. * (les laines), en mêler les couleurs. CO.
Treplu, *adj.* sot; mauvais; ignorant. RABELAIS.
Trépoint, *s. m.* Trépointe, *s. f.* t. de cordon. bande sur laquelle on coud la semelle. R. G. C.
Trépointe, *s. f.* cuir cousu entre deux autres.
Tréport, *s. m.* t. de marine, pièce du château de poupe. R. G. C. * *ou* Trépost. B.
Trépudier, *v. a.* (*vi.*) danser en trépignant. v.
Très, *particule ampliative qui marque le superlatif absolu.* * Três. v.
†Trescheur, *s. m.* orle qui représente une tresse. voyez Trécheur.
Treseau, *s. m.* assemblage de trois gerbes. R.
Tréseille, *s. f.* t. de charron, R. pièce de bois sur le brancard pour maintenir le tombereau. Tressaille *ou* Trésaille. B.
Trése̊lir, *v. n.* carillonner, sonner les cloches.
Tré-sept, *s. m.* t. de jeu de cartes. A.
†Trésillon, *s. m.* bois entre les ais sciés pour les empêcher de gauchir; petit levier de bois long.
†Trésillonner, *v. a.* -né. e, *p.* garnir de trésillons.
Trésor, *s. m. Thesaurus.* amas d'or, d'argent, choses précieuses, lieu où on les garde; réunion de choses précieuses; ce qu'on a de plus précieux; ce qui est d'une utilité, d'une excellence singulière; grande richesse disponible.
Trésorerie, *s. f.* bénéfice du trésorier, sa maison; les finances d'un état, le trésor public; * son local, ses bureaux. B.
Trésorier, *s. m.* chanoine pourvu d'une trésorerie; garde d'un trésor; celui qui reçoit et distribue les deniers d'un corps.
†Trésorion, *s. m.* petit trésor (*vieux*).
Tressaillement, *s. m. Quassus.* émotion subite d'une personne qui tressaille.
Tressailli, *adj. m.* (nerf) déplacé.
Tressaillir, *v. n. Exsilire.* être subitement ému par une agitation vive et passagère.
Tressaut, *s. m.* tressaillement de joie. v. * t. de monnoie, inégalité dans les essais. B.
Tressauter, *v. n.* tressaillir. v.
Tresse, *s. f. Textura.* tissu plat de fil, etc., entrelacé; t. de perruquier.
Tresser, *v. a.* sé. e, *p.* cordonner en tresse.
Tresseur. se, *s.* qui tresse des cheveux.
Tressoir, *s. m.* instrument pour tresser. R. G. C. * outil pour espacer les clous dorés. B.
†Tresson, *s. m.* Tressière, *s. f.* filet de l'espèce

des folles, t. de pêche. G.
Trestoire, *s. f.* tenaille en bois de vannier.
Tréteau, *s. m. Fulcrum.* pièce de bois sur quatre pieds; théâtre de foire. * Tréteau. C.
†Trétopsychiques, *s. m. pl.* hérétiques qui soutiennent que l'ame est mortelle.
Trétorner, *v. a.* -né. e, *p.* détourner. V.
†Treu *ou* Truage, *s. m.* droit seigneurial sur les marchandises, sur le gibier.
Treuil, *s. m. Sucula.* cylindre horizontal avec des leviers.
Treuve, *s. f. ou* Treuf, *s. m.* (*vieux*) invention. V.
Treuver, *v. a. pour* trouver. LAFONTAINE.
Trève, *s. f. Induciæ.* suspension d'armes, d'hostilités; relâche. * Treve. R.
Treve-Dieu, *s. f.* armistice accordé à Dieu par les Grands. RR.
Trèvier, *s. m.* t. de marine, maître des voiles; qui les fait. G. C. * Trevier. R.
Trévirer, *v. a.* t. de marine, R. chavirer un câble. B.
†Trezain, *s. m.* treizième partie.
Trézalé, *adj. m.* (tableau) sur lequel on voit de petites fentes. R. * (porcelaine) fendillée. B.
†Trézaler, *v. a.* lé. e, *p.* (se), *v. personnel.* se gercer, se fendre, se fêler.
Trézeau, *s. m.* t. de moissonneur. V.
Tri, *s. m.* sorte de jeu de cartes. A. * t. de métiers, triage. B.
†Triacade, *s. f.* corps de trente hommes chez les Grecs.
†Triaclerie, *s. f.* fabrication de la thériaque. (*figuré*) sophistication, imposture.
Triacleur, *s.* saltimbanque; charlatan; vendeur de thériaque; (*vieux*) homme qui cherche à tromper.
†Triacontaèdre, *adj.* (cristal) à surface composée de trente rhombes.
Triade harmonique, *s. f.* t. de musique, R. proportion harmonique; accord parfait, majeur. B.
Triage, *s. m. Selectio.* choix; chose triée; t. d'eaux et forêts. * séparation du minérai. B.
†Triailles, *s. f. pl.* cartes de la plus mauvaise qualité.
Triaires, *s. m. pl.* t. d'antiquité, soldats du troisième corps de la légion romaine.
Trialogue, *s. m.* dialogue de trois personnes. V.
Triandrie, *s. f.* (trois époux), troisième classe des végétaux. L.
Triangle, *s. m. Triangulum.* figure qui a trois côtés et trois angles; t. d'astronomie, constellation composée de trois étoiles de la quatrième grandeur. * serpent du troisième genre; instrument de musique, d'acier, en triangle. B.
Triangulaire, *adj.* 2 *g. Triangulus.* qui a trois angles. * *s. m.* (le), lézard du 4ᵉ. genre. B.
Triangulairement, *adv.* en triangle. C.
†Triangulé. e, *adj.* t. de botanique, à trois angles.
Tribade, *s. f. Tribas.* femme qui abuse d'une autre femme, * qui a le clitoris très-long. B.
Tribale, *s. f.* chair de porc frais cuite dans la graisse. G. C.
Tribard *ou* Tribart, *s. m.* bâton pendu au cou d'un chien. V.
†Tribomètre, *s. m.* instrument pour connoître la force des frottemens.
Tribord, *mieux* Stribord, *s. m.* côté droit du vaisseau vu de la poupe.
Tribordais, *s. m.* partie de l'équipage qui fait le quart du stribord. R. G. C. * Tribordois. RR.
Tribouiller, *v. a.* lé. e, *p.* (*vi.*) remuer. R.
Triboulé, *adj.* (*bas*) mal tiré. V.
Triboulet, *s. m.* grosse quille de bois; t. d'orf. R. G. C. * (*vieux*) sot. V.
Tribraque, *s. m.* vers de trois brèves. G. C.
Tribu, *s. f. Tribus.* une des parties du peuple; peuplade.
Tribulation, *s. f. Calamitas.* affliction; adversité; t. de mysticité.
Tribule, *s. m. Tribulus. ou* Herse, plante qui nuit aux blés, à fruit hérissé, détersif, apéritif, astringent. * — aquatique, Chataigne d'eau, Macre, à fruit comme la chataigne, astringent, rafraîchissant, résolutif. B.
Tribun, *s. m. Tribunus.* magistrat; officier romain. * membre du tribunat. B.
Tribunal, *s. m. Tribunal.* siége, juridiction d'un juge, d'un magistrat.
Tribunat, *s. m. Tribunatus.* dignité de tribun, sa durée; corps des tribuns. * l'un des corps constitutionnels en France. B.
Tribune, *s. f. Suggestum.* lieu élevé pour haranguer; chaire; estrade.
Tribunitien. ne, *adj.* (puissance), autorité du tribun. * Tribunitien. tiene. R.
Tribut, *s. m. Tributum.* ce qu'on paye pour marque de dépendance.
Tributaire, *adj.* 2 *g. s. Tributarius.* qui paye le tribut.
Tric, *s. m.* t. d'imprimerie, signal pour quitter l'ouvrage et aller boire. R.
†Tricapsulaire, *adj.* (fruit) à trois capsules.
Tricenaire, *adj.* 2 *g.* de trente doigts, de trente pieds. V.
Tricennales, *s. m. pl.* espace de trente ans. R.
†Tricéphale, *adj.* 2. *g.* qui a trois têtes.
†Triceps, *s. m.* muscle divisé en trois.
†Trichequé, *s. m.* animal.
Tricher, *v. a. n.* (*familier*) tromper au jeu; tromper par des voies basses et petites.
Tricherie, *s. f. Fallacia.* (*familier*) tromperie au jeu; tromperie faite en de petites choses.
Tricheur. se, *s. Fallaciosus.* trompeur.
Trichiase, *s. m Trichiasis.* maladie des paupières, des reins, de la vessie, des mamelles; le poil. G. C. * Trichosis. B.
†Trichies, *s. m. pl. Trichius.* insectes coléoptères.
†Trichismos, *s. m.* fracture très-fine; fêlure, t. de chirurgie.
†Trichites, *s. f. pl.* vitriol concret en cristaux capillaires.
Trichiure, *s. f. Trichiurus.* poisson apode, du troisième genre, de la deuxième classe.
†Trichocerques, *s. m. pl.* zoophyte qui tient du rotifère et du brachion. *ou* Polype amorphe.
†Trichorde, Trichordum, *s. m.* pandore à trois cordes.
†Trichures, *s. m. pl. Triphalus.* vers intestins à trompe longue.
Tricline, *s. f.* t. d'antiquité. V. * salle à manger à trois lits. B.
Tricode, *s. m.* polype amorphe; vers infusoires de la famille des trichocerques. M.
Tricois, *s. m.* ornement, broderie. V.
Tricoises, *s. f. pl.* tenailles des maréchaux * *et* Tricoise, *sing.* tenailles de menuisier, à deux mâchoires. B.
Tricolor, *s. m.* plante à feuilles mêlées de vert, de jaune et de rouge. * *ou* Jalousie, Tangara à tête bleue. B.
Tricolore, *adj.* 2 *g.* de trois couleurs. G. C. V. RR. * rouge, bleu et blanc. B.
Tricon, *s. m.* trois cartes semblables. R. G. C.
†Tricosines, *s. f. pl.* tuiles fendues en long.
Tricot, *s. m. Fustis.* bâton gros et court; ouvrage tricoté. * art, action de le faire. B.
Tricotage, *s. m.* travail, ouvrage de celui qui tricote.
†Tricotée, *s. f. ou* Corbeille, came à réseau.
Tricoter, *v. a.* té. e, *p.* former des mailles.
Tricoterie, *s. f.* petite affaire; petite intrigue. R.
Tricotets, *s. m. pl.* sorte de danse.
Tricoteur. se, *s.* qui s'occupe à tricoter. * *f.* Jacobine qui assistoit aux séances du tribunal révolutionnaire. B.
Tricouze, Tricouse, *s. f. ou* Gamache, guêtre de gros drap, V. ou de grosse laine. B.
Trictrac, *s. m.* jeu, table pour le jouer.
†Tricuspidal. e, *ou* Tricuspide, *adj.* 2 *g.* à trois pointes (valvule).
†Tricuspide, *adj.* 2 *g.* à trois pointes.
†Tridactyle, *adj.* 2 *g.* qui a trois doigts.
Tride, *adj.* 2 *g.* vif; ardent; prompt et serré; t. de manége.
Trident, *s. m. Tridens.* fourche à trois dents. * poisson du genre du persègue. voyez Fouenne. B.
†Tridenté. e, *adj.* t. de botanique, (feuille) à trois dents.
Tridi, *s. m.* le troisième jour de la décade.
Triennal. e, *adj.* de trois ans, en trois ans.
Triennalité, *s. f.* qualité d'une chose qui ne dure que trois ans.
Triennat, *s. m.* exercice, espace de trois ans.
Trier, *v. a. Seligere.* trié. e, *p.* choisir entre plusieurs.
Triérarchie, *s. f.* charge de triérarque; t. d'antiquité, armement et commandement d'une galère.
Triérarque, *s. m.* capitaine d'une galère; celui qui étoit obligé de l'équiper.
Triétéride, *s. f.* espace de trois ans. R.
Trieur. se, *s.* t. d'épinglier. R. * qui fait le triage, t. de métiers. *s. f.* délisseuse. B.
†Trifide, *adj.* 2 *g.* fendu en trois.
†Trifil, *s. m.* bateau à douze rames sur le Danube.
Trigame, *adj.* 2 *g.* marié à trois personnes à-la-fois. V. * marié trois fois. R.
Trigamie, *s. f.* troisièmes noces. R. * crime de celui qui a trois femmes. B.
Trigaud. e, *adj. s. Versutiloquus.* (*familier*) qui n'agit pas franchement.
Trigauder, *v. n.* (*familier*) n'agir pas franchement.
Trigauderie, *s. f. Astus.* (*familier*) mauvaise finesse.
Trigémeau, *s. m.* nom d'un enfant né en même temps que deux autres de la même mère. R.
Trigla, *s. m.* * *ou* Trigle, poisson du 17ᵉ. genre, de la 4ᵉ. classe. B.
†Triglochine, *adj. f.* tricuspidale.
Triglotrisme, *s. m.* phrase composée de trois langues. R.
Triglyphe, *s. m. Triglyphus.* ornement d'architecture dans la frise dorique.
Trigône, *s. m.* t. d'astrologie, R. prisme; instrument pour tracer les arcs des signes sur les cadrans; espèce de cistre des anciens. B. * Trigone. AL.
†Trigone, *adj.* 2 *g.* t. de botanique, à trois angles, trois côtés.
†Trigonie, *s. f. Trigonia.* mollusque acéphale à coquille.
Trigonométrie, *s. f.* science de mesurer les triangles.
Trigonométrique, *adj.* 2 *g.* de la trigonométrie.
Trigonométriquement, *adv.* suivant les règles trigonométriques.
†Trigonon, *s. m.* harpe de Syrie.

Trigynie, *s. f.* (trois époux), troisième ordre des treize premières classes des végétaux. L.
†Trihémimère, *adj.* (césure) qui a la moitié de trois parties.
†Trijugué, e, *adj.* (feuille) conjuguée à trois fois.
Trilatéral, e, *adj.* à trois côtés.
†Trilatère, *s. m.* triangle.
Trillion, *s. m.* trois millions. R. G. C. * mille billions. V. RR.
†Trilobé, e, *adj.* (stigmate) à trois loges.
†Triloculaire, *adj.* 2 *g.* (capsule) à trois loges, t. de botanique.
†Trimballer, *v. n.* remuer; traîner, porter par tout.
Trimer, *v. n.* (*t. de gueux*), aller vîte; marcher. R. V.
Trimestre, *s. m.* espace de trois mois.
Trimètre, *adj.* (vers) ïambique. G. C. * Trimetre. R.
Trin, *ou* Trine, *adj. Trigonum.* (aspect), situation de deux astres distans de cent vingt degrés.
Trincage, *s. m.* débauche de vin. V.
Trine, *s. f.* troisième aspect. V. * voyez Trin. B.
†Trinervé, e, *adj.* à trois nervures, t. de botanique.
†Tringa, *s. m. ou* Chevalier, oiseau.
Tringle, *s. f. Regula.* verge de fer; baguette écarrie; instrument de vitrier, de menuisier, de boucher.
Tringler, *v. a. n.* glé. e, *p.* t. de charpentier, tracer une ligne droite avec une ficelle frottée de craie.
Tringlettes, *s. f. pl.* pièces de verre; outil, couteau de vitrier. * Tringletes. R. Tringlette, *singulier*. AL.
Trinitaire, *s. m.* mathurin, religieux. R. V.
Trinitaire, *adj.* (anti-), socinien. V.
Trinité, *s. f. Trinitas.* t. de théologie, un seul dieu en trois personnes; leur fête.
Trinôme, *s. m.* quantité composée de trois termes.
Trinquart, *s. m.* bâtiment pour la pêche du hareng. G. C.
Trinqueballer, *v. a.* sonner les cloches. RABEL.
Trinquenin, *s. m.* le plus haut bordage extérieur d'une galère. R. G. C.
Trinquer, *v. n. Perpotare.* (*familier*) boire en choquant le verre à la santé l'un de l'autre.
†Trinquet, *s. m.* mât et voile de l'avant d'une galère.
Trinquetin, *s. m.* troisième voile d'une galère.
Trinquette, *s. f. ou* Latine, voile triangulaire. * Trinquete *ou* Triquette. R.
Trio, *s. m.* musique à trois parties, à trois personnes (*peu usité*).
Triœcie, *s. f.* troisième ordre de la vingt-troisième classe des végétaux. L.
†Triolaine, *s. f.* (*vieux*) longue file d'hommes.
Triolet, *s. m.* petite pièce de huit vers. * trèfle des prés. B.
†Triolle *ou* Tréaule, *s. f.* filet à petites mailles en tramail.
Triomphal, e, *adj. Triomphalis.* du triomphe.
Triomphalement, *adv.* en triomphe. G. C. A. V. RR. CO.
†Triomphamment, *adv.* en triomphe; d'une manière triomphante.
Triomphant, e, *adj. Triumphans.* qui triomphe, qui a reçu les honneurs du triomphe; victorieux; superbe; pompeux.
Triomphateur, *s. m. Triumphans.* qui triomphe, qui a reçu les honneurs du triomphe; * qui a remporté une victoire. AL.

Triomphe, *s. m. Triumphus.* cérémonie pompeuse; entrée d'un général victorieux; victoire.
Triomphe, *s. f.* sorte de jeu de cartes; t. de jeu.
Triompher, *v. n. Triumphare.* recevoir les honneurs du triomphe; vaincre par la voie des armes; remporter un avantage sur; exceller; être ravi de joie; tirer vanité de.
†Triochite, *s. m.* priapolyte à trois testicules.
Tripaille, *s. f. Intestina* (*t. de mépris*) les tripes d'un animal.
Tripartite, *adj f.* (histoire) divisée en trois.
Tripe, *s. f. Exta.* partie des entrailles d'un animal; étoffe de velours; résidu de la colle, t. de papeterie.
Tripe-madame, *s. f. Sempervivum.* herbe bonne en salade.
Triperie, *s. f.* lieu où l'on vend des tripes.
Tripétale, *adj.* (fleur) à trois feuilles.
Tripette, *s. f.* (*populaire*) petite tripe. * Tripete. R.
†Triphane, *s. m.* substance minérale, lamelleuse, d'un blanc-verdâtre.
Triphtongue, *s. f.* t. de gram. syllabe composée de trois voyelles. * Triphthongue. A. C. G. R.
†Triphylle, *adj.* 2 *g.* (calice) à trois feuillets.
Tripier, *adj.* (oiseau) qui ne peut être dressé.
Tripière, *s. f.* qui vend des tripes. * Tripier. Tripiere. R.
Triple, *adj.* 2 *g. s. m. Triplex.* qui contient trois fois le simple, trois fois autant.
Triplemement, *adv.* d'une manière triple; en trois manières.
Triplement, *s. m.* augmentation jusqu'au triple.
Tripler, *v. a. Triplicare.* plé. e, *p.* rendre triple. *v. n.* devenir triple.
Triplicata, *s. m. sing.* et *pl.* troisième expédition; t. de finance. R. G. C.
†Triplinervé, e, *adj.* t. de botanique, à trois nervures.
Tripliquer, *v. n.* t. de prat. répondre à des dupliques. R. G. C.
Tripoli, *s. m. Alana.* sorte de terre rougeâtre; elle sert à polir les métaux. * argile très-fine, brûlée par les volcans. B.
Tripolir, *v. a.* li. e, *p.* nettoyer avec du tripoli, t. d'arts et métiers, donner le troisième poli. R. G. C.
Tripolisser, *v. a.* sé. e, *p.* aiguiser avec une pierre. V.
†Tripolitain. e, *adj. s.* qui est de Tripoli.
Tripot, *s. m. Sphæristerium.* jeu de paume; compétence; maison de jeu, de débauche. * énorme cuve de salines. B.
Tripotage, *s. m.* mélange désagréable.
Tripoter, *v. a. n.* té. e, brouiller; mêler; mélanger; gâter.
Tripotier, *s. m.* maître d'un tripot. * Tripotier. Tripotiere. R.
†Trips, *s. m. Thryps.* le plus petit des insectes à étui.
†Triptère, *adj.* 2 *g.* t. de botan. à trois ailes.
†Tripudier, *v. a.* danser en s'agitant brusquement et pesamment.
Trique, *s. m.* gros bâton, parement de fagots.
Trique-bale, *s. f.* machine pour transporter des canons. * Triquebale *ou* Triqueballe. R.
†Trique-madame, *s. m.* joubarbe.
Triquehouse, Tricouse, *s. f.* (*vieux*) guêtre. V.
Triquenique, *s. f.* bagatelle; affaire de néant. R.
Triquer, *a. a.* tirer des triques. R. G. C. * *pour* Trier, (*populaire*).
Triquet, *s. m.* battoir pour jouer à la paume. * *ou* Chevalet, échafaud qui s'applique contre les murs, la charpente. B.
†Triquêtre, *adj.* 2 *g.* t. de botan. prismatique, à trois angles vifs, trois faces planes.
†Triquoises, *s. f. pl.* tenailles d'ébéniste, etc. voyez Tricoises.
Trirègne, *s. m.* tiare du pape. A. * Triregne. R.
Trirème, *s. f.* galère des anciens à trois rangs de rames. * Trirême. R.
Trisagium, *s. m.* t. de litur. hymne où le nom du saint est répété trois fois. G. C.
Trisaïeul, e, *s. Tritavus.* le père ou la mère du bisaïeul ou de la bisaïeule.
†Trisannuel, elle, *adj.* t. de botan. qui dure trois ans.
Trisarchie, *s. f.* gouvernement commun à trois personnes. R.
†Triscale, *s. m. Triscalis.* serpent du 3e. genre.
Trisection, *s. f.* t. de géom. division en trois personnes. * Trissection. G. C.
Trismégiste, *s. m.* caractère d'imprimerie entre le gros et le petit canon. * *adj.* (Mercure) trois fois très-grand. B. Trismegiste. R.
Trisomlympionique, *s. m.* qui a triomphé trois fois aux jeux olympiques. R.
Trispaste, *s. f.* machine à trois poulies. R. Trispaston. AL.
†Trisperme, *adj.* 2 *g.* t. de botanique, à trois grains ou trois semences.
Trisse, *s. f.* t. de marine. A. * Trosse *ou* Droce, palan pour le canon. RR. *ou* Drosse. B.
Trissyllabe, *adj.* 2 *g. Trissyllabus.* de trois syllabes. * Trissylabe. RR.
Tristamie, *s. f.* couleur triste. V.
†Tristan, *s. m.* papillon de jour.
Triste, *adj.* 2 *g. Tristis.* affligé; abattu de chagrin; affligeant; pénible, obscur; sombre; soucieux; etc. aride, stérile pour l'imagination. * *s. pl.* t. de poësie, œuvres d'Ovide; plaintes en vers. B.
Tristement, *adv. Mœstè.* d'une manière triste affligeante; avec tristesse.
Tristesse, *s. f. Tristitia.* affliction, déplaisir, chagrin; mélancolie; abattement de l'ame.
†Trisulce, *adj.* 2 *g.* à trois divisions aux pieds.
†Tritéophie, *s. f. Tritaeophia.* espèce de fièvre tierce.
†Triterné, e, *adj.* (feuilles) par trois sur un pétiole commun.
Trithéisme, *s. m.* hérésie qui admet trois dieux. G. C.
Trithéiste, *s. m.* qui suit le trithéisme. G. C.
Triticite, *s. f.* pierre figurée qui imite un épi de blé.
†Tritome, *s. f. Tritoma.* insecte coléoptère.
Triton, *s. m. Triton.* dieu marin; t. de mus. accord dissonant de trois tons. * mollusque; oiseau d'Amérique. B.
†Tritonie, *s. f. Tritonia.* mollusque gastéropode.
†Tritrille, *s. m.* sorte de jeu de cartes.
Triturable, *adj.* 2 *g.* qui peut être broyé, pilé.
Trituration, *s. f.* action de l'estomac* des dents B. qui broient les alimens; t. de chim. broyement, réduction en poudre.
Triturer, *v. a. Terere.* ré. e, *p.* réduire en poudre, en petites parties.
Triumvir, *s. m. Triumvir.* t. d'antiq. magistrat qui n'avoit que deux collègues.
Triumviral, e, *adj.* qui concerne les triumvirs.
Triumvirat, *s. m. Triumviratus.* gouvernement des triumvirs.
†Trivalve, *adj.* 2 *g.* (capsule) à trois valves ou panneaux.
Trivelinade, *s. f.* geste burlesque. V.
Triviaire, *adj.* 2 *g. Trivium.* se dit d'une place où aboutissent trois rues, trois chemins.
Trivial, e, *adj. Trivialis.* commun, usé, rebattu. *pl. m.* Triviaux.

Trivialement, *adv.* d'une manière triviale.
Trivialité, *s. f.* caractère de ce qui est trivial. *pl.* choses triviales.
†Tro, *s. m.* violon de Siam.
Troc, *s. m. Permutatio.* échange de meubles, de hardes, de bijoux, etc.
Trocar, *s. m. Triangulare.* instrument de chirurgie pour faire des ponctions. * Trois-quarts. G. C.
Trochaïques, *adj. pl.* (vers) latins, composés de trochées. * Trochaïque. *sing.* A.
Trochanter, *s. m.* apophyse du fémur.
†Troche, *s. m. Trochus.* coquillage univalve.
Trochée, *s. m.* pied d'une longue et d'une brève. * amas d'un grand nombre de tiges sur un même pied. B.
Troches, *s. m. pl.* fumées d'hiver des bêtes fauves. * coquilles. B.
Trochet, *s. m.* fleurs, fruits en bouquet sur un arbre. * billot à trois pieds, t. de tonnelier. B.
Trochile, *s. m.* ornement d'architecture; rond creux.
†Trochilites, *s. m. pl.* troches fossiles.
Trochisque, Trochique, *s. m. Trochisci.* médicamens en poudre. * *pl.* A.
Trochite, *s. f.* pierre figurée qui imite une toupie; t. d'architecture, pyramide, colonne de tronçons. G. C.
†Trochléateur, *s. m.* voy. Trocléateur.
†Trochlée, *s. f.* anneau cartilagineux par lequel passe le tendon du grand oblique de l'œil.
Trochoïde, *s. f.* cycloïde. *pron.* troko.
Trocholique, *s. f.* partie des mathématiques, R. traité des propriétés des mouvemens circulaires. B. *pron.* troko.
Trochure, *s. f.* bois de cerf en trochet. R. G. C.
†Trochus, *s. m.* coquillage en sabot.
Trocléateur, *s. m. Trochlearis.* t. d'anat. muscle de l'œil, le grand oblique. G. C.
Troëne, *s. m. Ligustrum.* arbrisseau à feuilles et fleurs pour les maux de gorge, le scorbut; baies pour la teinture en bleu-turquin. * Troëne. A.
Troglodites, *s. m. pl.* peuples qui vivoient dans des cavernes; mineurs; ceux qui habitent sous terre; oiseau, Arrepit, Berichot, roitelet. * *adj.* (myrrhe) sèche. B. Troglodytes. R.
Trogne, *s. f. Facies.* visage plein, bouffi, boursouflé, enluminé, bourgeonné, rebutant. * chaîne pour les draps mélangés. B.
Trognon, *s. m. Thyrsus.* le cœur ou le milieu d'un fruit, d'un légume.
†Trogossites, *s. m. pl. Trogossita.* insectes coléoptères à corps alongé.
Trois, *adj. 2 g. Tres.* deux et un; troisième. *s. m.* le chiffre 3; t. de jeu, carte, face d'un dé, marquée de trois points.
†Trois-épines, *s. m.* poisson du genre du gastré.
†Trois-quarres, *s. m.* lime triangulaire.
†Trois-quarte, *s. f.* grosse lime triangulaire.
Trois-quarts, *s. m.* trocar. R. C.
Troisième, *adj. 2 g. s. m. Tertius.* nombre ordinal. *s. f.* t. de collége, classe. * troisieme. R.
Troisièmement, *adv. Tertiò.* en troisième lieu. * Troisiémement. R.
Trôler, *v. a.* lé. e, *p.* mener avec soi, de tous côtés, sans besoin. *v. n.* aller, courir. * et Trauler. R.
Trolle, *s. f.* t. de chasse, espèce de clisse de branches d'arbres. G. C. * action de découpler les chiens. A. Trole. R.
Troller, *v. a.* faire une espèce de clisse avec des branches. G. C. * Troler. R.
Trombe, *s. f. Vortex.* t. de mar. nuée épaisse comprimée par des vents contraires qui la forment en tourbillon cylindrique. * Siphon ou Typhon, *Sipho.* voyez ce mot. B. Trhombe. T.
†Trombidion, *s. m. Trombidium.* arachnide palpiste.
†Tromblon, *s. m.* gros pistolet à bouche évasée.
Trombone, *s. m.* instrument de musique à vent. R. * trompette harmonieuse; saquebute. B.
Trompe, *s. f. Corniculum.* instrument de musique; museau de l'éléphant, de plusieurs insectes; coquille, buccin; oiseau; poisson; guimbarde; t. d'archit. coupe en coquille. * tuyau; machine hydraulique qui fait l'office de soufflet. B.
Trompé. e, *adj. Deceptus.* déçu, séduit.
†Trompe-l'œil, *s. m.* tableau qui représente divers objets, recouverts d'un verre cassé, ou sur un fond imitant une planche, un carton, une toile, etc.
Tromper, *v. a. Fallere.* pé. e, *p.* user d'artifice pour induire en erreur; décevoir, abuser. (se), *v. r.* être dans l'erreur, se méprendre.
Tromperie, *s. f. Fallacia.* artifice employé pour tromper.
Trompes, *s. f. pl.* conduits de la matrice.
Trompeter, *v. a.* té. e, *p.* publier à son de trompe, divulguer. * se dit du cri de l'aigle. AL. V. Trompetter. V.
Trompeteur, *s. m.* buccinateur; t. d'anat. muscle de la bouche. G. C. V.
Trompette, *s. f. Tuba.* tuyau d'airain ou de métal dont on sonne à la guerre; jeu de l'orgue; celui qui publie tout ce qu'il sait. *s. m.* celui qui sonne de la trompette. * poisson du genre du cheval-marin, 7ᵉ. genre, 5ᵉ. classe; grue crillarde, *Psophia.* L. Agami. — de mer, conque de triton, coquillage univalve, buccin. B. Trompete. R.
†Trompetter, *v. n.* voyez Trompeter.
Trompeur. se, *adj. s. Fallax.* qui trompe. * poisson du genre du spare. B.
Trompillon, *s. m.* petite trompe; t. d'architecture, de charpentier, naissance d'une trompe. R. G. C.
Tronc, *s. m. Truncus.* la tige d'un arbre sans les branches; souche; seconde partie du squelette; boîte pour les aumônes.
Tronche, *s. f.* pièce de bois de charpente. C.
Tronchet, *s. m.* gros billot sur trois pieds.
Tronçon, *s. m. Fragmentum.* morceau d'une plus grosse pièce. * partie du fût d'une colonne. B.
Tronçonner, *v. a. Secare.* -né. e, *p.* couper par tronçons. * Tronçoner. R.
Trône, *s. m. Thronus.* siége pour un souverain; puissance souveraine. *pl.* le troisième ordre de la hiérarchie céleste.
Trônière, *s. f.* t. d'artillerie, ouverture dans les batteries; G. C. V. * quêteuse qui porte un tronc. B. Trôniere. R.
Tronquer, *v. a. Truncare.* retrancher une partie de. Tronqué. e, *p. adj.* tranché, terminé brusquement. *Decurtatus.* * qui n'est pas entier. B.
Trop, *adv. s. m. Nimis.* plus qu'il ne faut, avec excès; (pas —), guère.
Trope, *s. m. Tropus.* emploi d'une expression dans un sens figuré.
Trophée, *s. m. Trophæum.* dépouille d'un ennemi; assemblage d'armes, d'ornemens de triomphe; victoire.
Tropique, *s. m. Tropicus.* cercle de la sphère. *adj.* (année), temps entre deux équinoxes.
†Tropologie, *s. f.* science des mœurs; traité sur les mœurs.
Tropologique, *adj. 2 g.* t. de rhétor. figuré.
Troquer, *v. a. Commutare.* -qué. e, *p.* faire un troc, échanger, permuter. (se), *v. r.* se donner en échange.
Troqueur. se, *s.* qui aime à troquer.
†Troscart ou Jonc faux, *s. m.* plante aquatique, à semence astringente, apéritive, diurétique.
Trot, *s. m.* t. de manége, allure entre le pas et le galop.
Trotiner, *v. a.* trotter. V. * *v. n.* marcher peu et souvent. R. marcher vite à petits pas. B.
Trottade, *s. f.* (*famil.*) petite course. A.
Trotte, *s. f.* (*populaire*) espace de chemin. * Trote. R. T.
†Trotte-chemin, *s. m.* motteux, cul-blanc.
Trotte-menu, *adj. f.* qui trotte comme les souris. LAFONTAINE. * Trote-menu. R.
Trotter, *v. n. Concursare.* aller le trot; marcher beaucoup à pied. * Troter. R. marcher vite, à petits pas. B.
Trotteur, *s. m. Succussor.* cheval dressé au trot. * Troteur. R.
Trotin, *s. m.* (*popul.*) petit laquais. * Trotin. R.
Trottoir, *s. m.* chemin élevé, pratiqué le long des quais, des rues. * Trotoir. R.
Trou, *s. m. Foramen.* ouverture, creux; petit logement, petite maison; t. de jeu.
Troubadour, *s. m.* ancien poëte provençal.
Troublation, *s. f.* (*vieux*) tumulte. V.
Trouble, *s. m. Tumultus.* brouillerie, désordre; émotions populaires, guerres civiles; agitation d'esprit. *adj. 2 g.* brouillé, qui n'est pas clair. *Turbidus.*
Trouble, Truble, *s. f.* filet de pêche.
Trouble-eau, *s. m.* instrument qui sert à la pêche. R. G. C. * Troubleau. AL.
Trouble-fête, *s. m. Interpellator.* importun qui vient troubler la joie d'une compagnie. * événement qui dérange une fête. AL.
Troubler, *v. a. Turbare.* -blé. e, *p.* rendre trouble; apporter du trouble; inquiéter; intimider; interrompre; faire perdre la mémoire, la suite. (se), *v. r.* devenir trouble; s'intimider; perdre la carte, la raison.
Trouée, *s. f.* ouverture dans l'épaisseur d'une haie, d'un bois, d'un corps de troupes; action qui la produit.
†Trouelle, *s. f.* baguette passée entre les mailles du filet pour le tenir ouvert.
Trouer, *v. a. Perforare.* troué. e, *p.* percer, faire une ouverture, un trou.
Trou-madame, *s. m.* table avec une traverse percée de trous; cette traverse; sorte de jeu avec des billes sur cette table.
Troupe, *s. f. Turba.* assemblée; multitude; réunion. *pl.* gens de guerre réunis. * *singul.* le militaire. B.
Troupeau, *s. m. Armentum.* troupe d'animaux; troupe; multitude; t. de mysticité, Ouailles.
†Troupelet, *s. m.* petit troupeau.
Troupiale, *s. m. Icterus.* oiseau qui tient de l'étourneau.
Trousse, *s. f. Pharetra.* faisceau de choses liées ensemble; étui à l'usage des barbiers, des chirurgiens; carquois. *pl.* chausses des pages; t. de charpentier, cordages. (aux —), *adv.* à la poursuite.
Trousse (en), *adv.* monté en croupe par derrière.
Troussé. e (bien), *adv.* bien fait; joli; propre; bien proportionné.
†Trousse-barre, *s. m.* bois pour joindre les coupons d'un train de bois.
Trousse-galant, *s. m.* Coléra-morbus, maladie qui emporte en fort peu de temps.
Trousse-pète, *s. f.* (*t. de mépris*) petite fille. A.
Trousse-queue, *s. m.* t. de manége, cuir qui enveloppe la queue du cheval.
Trousse-quin, *s. m.* t. de manége, bois cintré sur le derrière d'une selle.

Trousseau, *s. m. Parapherna.* petite trousse; nippes et hardes qu'on donne à une fille en l'établissant. * t. de monnoie, coin. B.

Trousser, *v. a. Colligere.* sé. e, *p.* replier, relever ce qui pend; expédier précipitamment. (se), *v. r.* relever ses vêtemens, ses jupes.

Troussis, *s. m.* pli fait à une étoffe pour qu'elle soit plus courte.

Troussoire, *s. f.* relève-moustaches. V.

Trouvaille, *s. f. Felix repertum.* chose trouvée heureusement.

Trouver, *v. a. Invenire.* -vé, e, *p.* rencontrer; estimer; juger; inventer. (se), *v. r.* être bien ou mal.

Trouverre, Trouveur, *s. m.* ancien poëte françois. * *pl.* RR. CO.

†Trouveur, *s. m.* petite lunette dioptrique sur le corps d'un télescope.

Trouveurs, *s. m. pl.* t. de chasse. R.

Troyen, e, *adj. s.* de Troies. R.

†Trox, *s. m. pl.* insectes coléoptères, scarabées oblongs.

Tru *ou* Treu, *s. m.* (*vieux*) tribut. V.

Truage, *s. m.* (*vieux*) tribut. V.

Truand, e, *s.* (*vieux*) vagabond; mendiant.

Truandaille, *s. f.* (*vieux*) ceux qui truandent.

Truander, *v. n.* (*vieux*) gueuser; mendier.

Truanderie, *s. f.* profession de truand. A.

Truanger, *v. n.* (*vieux*) se mal porter. V.

Truaû, *s. m.* filet de pêche; mesure. R. G. C.

Truble, *s. f.* petit filet de pêche monté sur un cerceau.

Truc, *s. m.* espèce de billard. R.* (*populaire*) secret, manière de faire. B.

Trucheman, *s. m. Interpres.* interprète. * *ou* Truchement. A.

Trucher, *v. n. Mendicare.* (*populaire*) mendier par fainéantise. * pousser des tiges nombreuses. B.

Trucheur, se, *s.* (*populaire*) qui mendie.

Truculent, *adj.* farouche; brutal. R. V.

Trudaine, *s. f.* (*vi.*) impertinence; niaiserie. *adj.* enjoué; plaisant. V.

Truelle, *s. f. Trulla.* instrument de maçon pour remuer, employer le plâtre. * Truele. R.

Truellée, *s. f.* contenu d'une truelle. * Truélée. R.

†Truellette, *s. f.* petite truelle.

Truffe, *s. f. Tuber.* plante; et tartuffle (*vi.*). * espèce de champignon ou masse charnue, informe, sans tige ni racines, raboteuse, odorante, veinée; se trouve dans la terre. *ou* Tuber-lycoperdon. — d'eau, tribule aquatique. B. Trufe. R.

Truffer, *v. a.* fé. e, *p.* (*vieux*) se moquer; railler. V. * tromper. A.

Trufferie, *s. f.* tromperie. A.

†Truffette, *s. f.* toile de lin.

Truffeur, *s. m.* trompeur. A.

Truffière, *s. f.* où il vient des truffes. V. -fiere. R.

Truie, *s. f. Porca.* femelle du porc; femme trop grasse. * — de mer, poisson du genre de la scorpène. B.

Truite, *s. f. Truta.* poisson de rivière fort délicat, du genre du salmone. * — saumonée, du genre du salmone; cage carrée, t. de brasseur. *adj.* (cheval) blanc à taches. B.

Truité, e, *adj.* marqueté comme une truite. * voyez Craquelé. B.

Truitele, *s. f.* Truiton. R.

Truiton, *s. m.* petite truite. V. * *et* Truitele, *s. f.* R.

†Trulle, *s. f.* grand havenet; chambre du conseil des empereurs grecs.

†Trullisation, *s. f.* mortier travaillé à la truelle; hachures pour le stuc.

Trullisation, *s. f.* t. d'architecture. R.

†Trullotte, *s. f.* chaudière ou engin pour pêcher.

Trumeau, *s. m.* jarret du bœuf; t. d'architect. espace entre deux fenêtres; glace que l'on y met.

Trupelu, e, *adj.* enjoué, plaisant. R. V.

Trusion, *s. f.* mouvement du sang. R.

Trusquin, *s. m.* outil de menuisier, etc., pour tracer des parallèles, des moulures droites. R. G. C.

†Truxale, *s. m. Truxalis.* insecte orthoptère.

†Tryphère, *s. m.* opiat pour la mélancolie.

†Tsin, *s. m.* substance minérale d'un bleu foncé, de la Chine.

Tu, *pronom personnel de la seconde personne. Tu, Tui, Tibi.*

Tu-autem, *s. m.* le nœud, la difficulté, le point essentiel. * Tu autem. R.

Tuable, *adj.* 2 *g.* (*inusité*) qu'on peut tuer. * digne de mort. B.

Tuage, *s. m.* peine de tuer un cochon. R. G. C.

Tuant, e, *adj. Gravis.* fatigant; pénible; incommode.

Tube, *s. m. Tubus.* tuyau ou cylindre creux.

Tubéraire, *s. f.* plante médicinale. T.

Tubercule, *s. m.* t. de botaniq. excroissance en forme de bosse; t. de médecine, élevure; petit abcès au poumon.

†Tuberculeux, *s. m. Verrucosus.* poisson du genre du baliste. *adj.* t. de botanique, garni de tubercules.

Tubéreuse, *s. f. Tuberosa.* fleur très-odorante, son oignon, sa plante; jacinte des Indes. * — bleue, crinole d'Afrique. B.

Tubéreux, se, *adj.* (racine, plante) charnue, solide, dure. R. G. C.

†Tubéroïde, *s. f.* plante parasite qui vit sur l'oignon de safran.

Tubérosité, *s. f. Tuberculum.* t. de médecine; t. d'anatomie; t. de botanique, bosse; tumeur; éminence; inégalité.

Tubipores, *s. m. pl. Tubipora.* polypiers à rayons; coquillages tubulaires.

†Tubulaire, *s. m. Tubularia.* zoophite, du 4e. genre, à tuyau flexible comme la corne.

Tubulé, e, *adj.* garni d'un tube, d'un tuyau.

†Tubuleux, se, *adj. Fistularis.* t. de botan. en tube.

†Tubulicole, *adj. s.* 2 *g.* qui habite un tuyau (ver).

†Tubulite, *s. f. Tubulites.* tubulaire fossile.

†Tubulure, *s. f.* vase tubulé.

†Tucan, *s. m.* espèce de taupe de la nouvelle Espagne.

Tudesque, *adj.* 2 *g. s. m.* germanique; (langage) des anciens Allemands. * dure, barbare (style). B.

Tue-chien, *s. m.* Colchique, plante pernicieuse aux chiens.

†Tue-loup, *s. m.* espèce d'aconit. *adj.* Tue — poisson, Liane *ou* Timba. RR.

Tue-tête (à), *adv.* (crier) de toute sa force.

Tue-vents, *s. m. pl.* cabanes des ardoisiers. * abris contre le vent. B.

Tuer, *v. n. Occidere, v. a.* tué, e, *p.* ôter la vie d'une manière violente; faire mourir; détruire; éteindre; fatiguer excessivement. (se), *v. réfléchi.* se donner la mort; se fatiguer; se tourmenter.

Tuerie, *s. f. Cædes.* (*populaire*) carnage, massacre: lieu où les bouchers tuent leurs bêtes. * *mieux* échaudoire. B.

Tueur, *s. m.* celui qui tue les porcs, etc.; (*familier*) bretteur, assassin. * *pl.* inspecteur des porcs tués. B.

Tueuse, *s. f.* (*vieux*) épée. V.

Tuf, *s. m. Tofus.* sorte de pierre; terre sèche et dure sous la terre franche. * concrétion pierreuse de la nature des stalactites ou sédiment sous la couche de terre végétale. B.

Tufeau, *s. m.* pierre de tuf. R.

Tuffière, *s. m.* nom d'un glorieux en comédie. A.

Tufier, ère, *adj.* de la nature du tuf. * Tufier. Tufiere. R. Tuffier, ère. T. V.

Tuge, Tugue, *s. f.* t. de marine, faux tillac. R. G. C.

†Tugue, *s. f.* voyez Tuge.

Tuile, *s. f. Tegula.* terre cuite pour couvrir les toits. * lingotière; planchette. B.

Tuileau, *s. m.* morceau de tuile.

Tuilée, *adj. s. f.* (coquille) en forme de tuile creuse. G. C.

Tuiler, *v. a.* t. de liturgie, entonner un verset avant la fin du précédent. G. C.

Tuilerie, *s. f.* où l'on fait la tuile.

†Tuilette, *s. f.* plaque d'argile devant l'ouvreau.

Tuilier, *s. m.* qui fait des tuiles.

†Tuition, *s. f.* action de voir.

†Tulaxode, *s. m. Tulaxodes.* vermiculaire conique.

Tulipe, *s. f. Tulipa.* fleur, plante bulbeuse qui la produit; coquillage.

Tulipier, *s. m. Tulipifera.* arbre aux tulipes, à bois jaune, arbre d'Amérique.

Tuméfaction, *s. f.* tumeur, enflure non ordinaire.

Tuméfier, *v. a. Tumefacere.* -fié. e, *p.* causer une tumeur.

Tumeur, *s. f. Tumor.* enflure causée par accident ou par maladie.

Tumulte, *s. m. Tumultus.* vacarme; trouble; grand mouvement avec bruit et désordre.

Tumulte (en), *adv.* en confusion; en désordre.

Tumultuaire, *adj.* 2 *g. Tumultuarius.* qui se fait avec tumulte, avec précipitation contre les formes et les lois.

Tumultuairement, *adv. Incompositè.* d'une manière tumultuaire.

Tumultuer, *v. a.* (*vieux*) faire du tumulte, du bruit. V.

Tumultueusement, *adv. Tumultuosè.* en tumulte; séditieusement.

Tumultueux, se, *adj. Tumultuosus.* fait avec tumulte; séditieux.

†Tungsthène, *s. m.* demi-métal très-dur, très-cassant, crystallisable en octaëdre. * Tungstene. RR. Tungstène. AL.

Tunicelle, *s. f.* petite tunique. G. C. * Tunicele. R.

Tunique, *s. f. Tunica.* sorte de vêtement de dessous; t. de botanique, pellicules; t. d'anatomie, membranes.

†Tuniqué, e, *adj.* recouvert de tuniques.

Tunquinois, e, *adj.* du Tunquin. R.

Tunstate, *s. m.* sel formé par la combinaison de l'acide tunstique avec différentes bases. V.

Tunstique, *adj.* 2 *g.* (acide) dont la base est le tungsthène. V.

Tuorbe, *s. m. Tuorba.* sorte de luth.

Tuquet, *s. m.* sorte de hibou. R.

Turban, *s. m.* coiffure des Orientaux. * oursin. B. *pl.* toiles de coton rayées pour couvrir les turbans. G.

†Turbarié, e, *adj.* (lieu) duquel on tire la tourbe.

Turbatif, ve, *adj.* qui trouble. V.

Turbe, *s. f.* troupe, assemblée, nombre de personnes; t. de pratique; t. de relation.

Turbie, *s. f.* levée de terres et de pierres. R. voyez Turcie. B.

Turbine, *s. f. Turbinatus.* jubé claustral. R. G. C.

Turbiné, e, *adj.* contourné en spirale. G. C. * conique. B.
†Turbinelle, *s. m. Turbinellus.* mollusque céphalé, gastéropode.
Turbinite, *s. f.* coquille fossile en spirale.
Turbith, *s. m. Tripolium.* plante de Ceilan, à racine purgative.
Turbith-minéral, *s. m.* précipité jaune du mercure.
Turbot, *s. m. Rhombus.* poisson de mer, plat, du genre du pleuronecte. * *ou* Rhombe. B.
†Turbotière, *s. f.* casserole à double fond troué pour cuire le poisson.
Turbotin, *s. m.* turbot de la petite espèce.
Turbulemment, *adv. Turbulentè.* d'une manière turbulente.
Turbulence, *s. f.* caractère du turbulent; impétuosité; trouble.
Turbulent, e, *adj. Turbulentus.* impétueux; porté à faire du bruit, à exciter du trouble.
Turc, *s. m.* langue, nation turque; empereur mahométan; petit ver qui ronge les arbres. * espèce de chien sans poils. B.
Turc, que, *adj. s.* de Turquie, qui appartient aux Turcs. (à la turque), *adv.* à la manière des Turcs; sans ménagement.
Turcie, *s. f.* levée; chaussée de pierres contre les inondations. * Turbie. R.
Turcois, *s. m.* (*vieux*) carquois. V.
Turcol, *s. m.* espèce d'hermitage des Brachmanes. R. G. C.
Turcopolier, *s. m.* dignité à Malte. R.
Turcot, Torcol, Torcou, *s. m.* oiseau de passage.
†Turdus, *s. m.* oiseau. voyez Tourd.
Turelure, *s. f.* (*familier*) la même turelure; le même refrain, la même chose; la même façon.
Turgescence, *s. f.* t. de médecine. voyez Orgasme.
†Turgot, *s. m.* sorte de papier.
†Turion, *s. m.* bourgeon radical des plantes vivaces.
†Turite, *s. f.* plante des montagnes.
Turlupin, *s. m.* mauvais plaisant qui fait des allusions froides et basses, de mauvais jeux de mots. * *pl.* hérétiques qui soutenoient que l'on ne devoit avoir honte de rien de ce qui est naturel. B. Turlupin. e. R.
Turlupinade, *s. f. Insulsitas.* mauvaise plaisanterie.
Turlupiner, *v. a.* -né, e, *p.* (*familier*) se moquer de quelqu'un. *v. n.* faire, dire des turlupinades.
†Turlurette, *s. f.* espèce de guitare de mendiant.
Turlut, *s. m.* sorte d'alouette.
†Turlutaine, *s. f.* serinette.
Turluter, *v. n.* imiter le chant du turlut; contrefaire le flageolet. G. C.
†Turme, *s. f.* partie d'une légion romaine.
†Turnaire, *s. m.* chanoine qui nomme à son tour aux bénéfices.
Turneps, *s. m.* chou de Laponie; espèce de navet. * énorme rave. B.
†Turnix, *s. m.* Caille de Madagascar.
Turpitude, *s. f. Turpitudo.* infâmie provenant de quelqu'action honteuse.
Turpot, *s. m.* t. de marine, solive de six à sept pieds au château d'avant. R. G. C.
Turquerie, *s. f.* manière turque. V.
Turquesse, *s. f.* turque. RR.
Turquet, *s. m.* petit chien; sorte de froment à épi bleu. R. G. C.
Turquette, Herniaire, Herniole, *s. f. Herniaria.* plante médicinale pour les hernies; bon vulnéraire. * Turquete. R.
Turquin, *s. m.* oiseau, tangara bleu du Brésil.
Turquin (bleu-), *adj.* foncé; couvert.
Turquoise, *s. f. Turchois.* pierre précieuse, bleue sans transparence, * formée par des os pénétrés de suc pétrifiant et de teinture métallique: étoffe croisée. B.
†Turrilite, *s. f. Turrulites.* mollusque céphalé à coquille en spirale, turbinée.
Turrite, *s. f.* plante apéritive. RR.
†Turritelle, *s. f. Turritella.* mollusque à coquille en tour.
†Tusculanes, *s. f. pl.* œuvres philosophiques de Cicéron.
†Tursio, *s. m.* poisson, marsouin. * Tursion. RR.
†Tusèbe, *s. m.* marbre noir.
Tussilage, Pas-d'âne, *s. m. Tussilago.* plante bonne pour la toux.
†Tute, *s. f.* creuset d'essai à pattes.
Tutélaire, *adj.* 2 *g. Præses.* qui garde, qui protège.
Tutelle, *s. f. Tutela.* t. de jurisprudence, autorité donnée par la loi ou par un testament pour avoir soin d'un mineur; t. de marine, armoiries. * Tutele. R.
Tuteur, trice, *s. Tutor.* qui a la tutelle de quelqu'un; t. de jardinier, perche qui soutient un jeune arbre.
Tutie, *s. f. Tuthia.* fleur de cuivre; suie métallique; chaux de zinc.
Tution, *s. f.* tutelle. V.
Tutoiement, *s. m.* action de tutoyer. * *ou* Tutoîment. A. R.
Tutoyer, *v. a.* -yé, e, *p.* user des mots *tu* et *toi* en parlant à quelqu'un. * Tutayer, V. (*abusivement*). B.
Tutoyeur, *s. m.* qui tutoie habituellement. R.
Tuyau, *s. m. Tubus.* tube; canal; tige creuse. * poisson du genre du cheval marin. — de plume, — de mer, coquillage en chalumeau. B.
Tuyère, *s. f.* conduit de forge par où passe le vent des soufflets. * Tuyere. R.
†Ty, *s. m.* flûte chinoise à six trous.
†Tymbre, *s. m.* sariette de Crête.
Tymorphite *ou* Lithotyron, *s. m.* pierre qui ressemble au fromage. RR.
Tympan, *s. m. Tympanum.* t. d'anatomie, membrane du conduit auditif; t. d'architect. espace entre les trois corniches du fronton; t. de menuisier, panneau; t. d'horloger, pignon enté; t. d'imprimerie, peau, toile sur la frisquette. * Timpan. G. CO.
Tympaniser, *v. a.* sé. e, *p.* décrier quelqu'un hautement: déclamer contre lui. * *et* Timpaniser. G. CO.
Tympanite, *s. f. Tympanites.* t. de médecine, hydropisie séche. * *et* Timpanite. G. CO.
†Tympanne, *s. f.* pièce d'étoffe suspendue d'un pilier à l'autre.
Tympanon, *s. m.* instrument de musique à cordes. * Timpanon. G.
†Tympe, *s. f.* pierre taillée devant le fourneau de forge.
Type, *s. m. Typus.* modèle, figure originale; t. d'astronmie. * figure sur une médaille. B. Tipe. G. CO.
†Typhe, *s. m. ou* Typhie, poisson.
†Typhie, *s. m. Typhius.* serpent du 3ᵉ. genre, bleuâtre.
†Typho, *s. m.* sorte d'ouragan. Typhon.
†Typhode, *adj.* 2 *g. Typhodes.* (fièvre) ardente et continue.
Typhomanie, *s. f.* coma vigil, maladie du cerveau. R. V.
Typhon, *s. m.* voyez Trombe. A. * colonne d'eau de la mer soulevée par l'explosion des feux souterrains; vents qui l'accompagnent. B.
†Typhu, *s. m.* plante aquatique en masse.
†Typhus, *s. m.* genre de fièvres malignes.
Typique, *adj.* 2 *g.* allégorique, symbolique. * (maladie) dont les périodes sont régulières. B. Tipique. G. CO.
Typographe, *s. m.* imprimeur en lettres; qui sait la typographie. C. A. V. RR. * Tipographie. G. CO.
Typographie, *s. f. Typographia.* art de l'imprimerie. * Tipographie. G. CO.
Typographique, *adj.* 2 *g. Typographicus.* qui a rapport à l'imprimerie. * Tipographique. G. CO.
Typographiquement, *adv.* à la manière des Typographes. C.
Typographiste, *s. m.* (*inus.*) typographe. V. RR.
Typolites, *s. f. pl. Typolites.* pierres à empreintes. G. C. * Typolithes. V.
Tyran, *s. m. Tyrannus.* qui a usurpé la puissance souveraine; qui gouverne avec injustice, avec cruauté; qui abuse de son autorité. * espèce de gobe-mouche. B. Tiran. G. CO.
Tyranneau, *s. m.* tyran subalterne. A. R.
Tyrannicide, *adj.* 2 *g. s. m.* qui tue un tyran. C. RR.
Tyrannie, *s. f. Tyrannia.* gouvernement d'un tyran, d'un usurpateur, d'un prince injuste et cruel; oppression et violence; pouvoir des passions, etc. * Tirannie. G. CO.
Tyrannique, *adj.* 2 *g. Tyrannicus.* de la tyrannie; injuste; violent, contre le droit et la raison. * Tiranique. G. CO.
Tyranniquement, *adv. Tyrannicè.* d'une manière tyrannique. * Tiraniquement. G. CO.
Tyranniser, *v. a.* sé. e, *p.* traiter tyranniquement. * Tiraniser. G. CO.
†Tyriaméthyste, *s. f.* pierre précieuse de couleur purpurine.
†Tyriantin, *adj.* (cristal, marbre) de couleur de pourpre violette.
†Tyrie, *s. m. Tyria.* serpent du 3ᵉ. genre.
†Tyromancie, *s. f.* divination par le fromage.
†Tyromorphite, *s. f. Tyromorphytes.* pierre qui imite un morceau de fromage.
†Tyrons, *s. m.* t. d'antiq. soldats de nouvelle levée.
Tyroqui, *s. m.* plante du Brésil.
†Tyrotarique, *s. m.* aliment des Romains composé de fromage et de choses salées.
†Tyrsygère, *adj.* 2 *g.* qui porte du lierre, orné de lierre.
Tzar, *s. m.* Tzarine, *f.* voyez Czar. RR.
†Tzetzelien, *s. m.* cymbale d'airain des Lévites.

ULAC

U, *s. m.* vingt-unième lettre de l'alphabet.
Ubiquiste, *s. m.* docteur en Sorbonne qui n'étoit attaché à aucune maison particulière. * *ou* Ubiquitaires, *pl.* luthériens qui soutiennent la présence de J. C. dans l'eucharistie, comme présent par tout. B.
Ubiquitaire, *s. m.* sorte de protestant. A.
Ubiquité, *s. f.* t. de collège. V.
†Ubitre, *s. m.* poisson du Brésil.
†Ubride *ou* Hybride, *adj.* 2 *g.* des animaux bâtards.
Ucher, *s. m.* (*vieux*) huissier. V.
Udomètre, *s. m.* instrument de physique, R. pour connoître l'humidité; pour connoître la quantité de pluie qui tombe. B.
†Udromètre, *s. m.* voyez Ombromètre.
Ukase, *s. m.* édit impérial en Russie. A.
Ukranien, e, *adj. s.* de l'Ukraine. R.
Ulacide, *s. m.* courrier à cheval chez les Turcs. R.

Ulcération,

Ulcération, *s. f. Ulceratio.* formation d'ulcère. * ouverture de la peau causée par un ulcère. G. se dit de l'humeur ulcérée. AL.

Ulcère, *s. m. Ulcus.* plaie causée par la corrosion des humeurs âcres et malignes. * Ulcere. R.

Ulcéré. e, *adj. Exulceratus.* qui a un ulcère ; fâché, irrité.

Ulcérer, *v. a. Ulcerare.* ré. e, *p.* causer un ulcère ; entamer ; blesser ; irriter ; faire naître un ressentiment profond et durable.

†Uliginaire, *adj.* 2 *g.* qui croît dans les lieux uligineux.

†Uligineux. se, *adj.* t. de botan. marécageux, putride.

†Ulm, *s. m.* (or d'), or battu.

Ulmaire, reine des prés, *s. f.* plante. * *et* Ulmarie. R.

†Ulophone, *s. m.* gomme vénéneuse, d'une espèce de baie.

Ultérieur. e, *adj. Ulterior.* qui est au-delà ; qui vient après ; l'opposé de citérieur.

Ultérieurement, *adv.* par delà ; outre ce qui a été dit ou fait. A.

†Ultimat, *s. m.* ultimatum.

Ultimatum, *s. m.* dernière et irrévocable condition. A. * t. de diplomatie. B.

Ultion, *s. f.* (*vieux*) vengeance. V.

Ultramédiaire, *adj.* 2 *g.* (lésion) qui passe la moitié du juste prix. R.

Ultramondain. e, *adj.* t. de physique, au-delà du monde. AL.

Ultramontain. e, *adj. Transmontanus.* au-delà des Alpes.

Ultra-révolutionnaire, *adj. s. m.* qui dépasse le but de la révolution. A. C. G. RR.

†Ulve, *s. f. Ulva.* plante imparfaite placée parmi les algues.

Umbares, *s. m. pl.* juges en Éthiopie. R.

Umbilic, Umbilical, voyez Ombilic, Ombilical.

Umble, *s. m. Umbla.* poisson du genre du salmone. * *et* Ombre. A.

†Umbon, *s. m.* centre extérieur d'un bouclier.

†Umbre, *s. m. Umbra.* (l') lézard du 4ᵉ. genre.

Un. une, *adj. Unus.* le premier de tous les nombres ; l'unité ; seul ; simple. *sing.* tout, tous. *pl.* quelques. *s. m.* le chiffre 1.

Unanime, *adj.* 2 *g.* d'une commune voix, d'un commun accord.

Unanimement, *adv. Concordissimè.* d'une commune voix.

Unanimité, *s. f. Unanimitas.* conformité de sentimens ; universalité de suffrages, etc.

Unau, *s. m. Bradipus.* animal sans queue, didactyle, qui ressemble au paresseux.

†Uncinaires, *s. m. pl. Uncinaria.* vers intestins à bouche ciliée.

†Undécimal, *s. m.* poisson du genre du silure.

†Undiculation, *s. f.* imitation de l'ondulation des eaux dans un tableau, une gravure.

†Unguiculé. e, *adj.* 2 *g.* qui a des ongles. L.

Unguis, *s. m.* t. d'anatomie, os ; os lacrymal, os du nez.

Unguis-odoratus, *s. m.* coquillage employé en médecine.

†Ongulé. e, *adj.* 2 *g.* qui a l'extrémité des doigts ou des pieds garnis de corne. L.

Uni. e, *adj. Planus.* bien joint ; qui n'est point raboteux ; joint d'amitié ; sans ornement. * simple, égal. A.

Uni, *adv.* uniment. G. C.

Uni (à l'), *adv.* de niveau. * à-l'uni. C.

†Unicapsulaire, *adj.* 2 *g.* (fruit) qui n'a qu'une capsule.

†Unicorne, *s. m. Unicorna.* licorne de mer, narwal ; poisson du genre du chétodon.

— fossile, or fossile, altéré.

Unième, *adj.* 2 *g. Primus.* nombre ordinal. * Unieme. R.

Unièmement (vingt et), *adv.* pour la vingt et unième fois, etc.

†Uniflore, *adj.* 2 *g.* qui n'a, qui ne porte qu'une fleur.

Uniforme, *adj.* 2 *g. Similis.* semblable en toutes ses parties. *s. m.* habit d'uniforme.

Uniformément, *adv. Similiter.* d'une manière uniforme.

Uniformité, *s. f.* conformité, rapport, ressemblance entre plusieurs choses.

†Unilabiée, *adj. f.* t. de botanique, qui n'a qu'une lèvre.

†Unilatéral. e, *adj.* qui vient d'un seul et même côté, t. de botanique.

†Uniloculaire, *adj.* (capsule) qui n'a qu'une loge.

Uniment, *adv. Simpliciter.* d'une manière unie, égale ; simplement, sans façon.

†Unio, *s. m. pl.* 14ᵉ. genre des mollusques acéphales.

Union, *s. f. Adhæsio.* jonction de deux ou plusieurs choses ; concorde ; société ; correspondance ; t. de joaillerie, perle en poire ; t. de manége, ensemble.

Unique, *adj.* 2 *g. Unicus.* seul ; singulier ; extraordinaire ; excellent en son espèce. * *s. f.* Murex, coquille à queue tournée en sens contraire. B.

Uniquement, *adv. Unicè.* singulièrement ; exclusivement à toute autre chose ; au-dessus de tout ; préférablement à tout.

Unir, *v. a. Æquare.* -ni. e, *p.* joindre deux ou plusieurs choses ensemble ; joindre d'amitié, de parenté ; rendre égal, uni ; polir ; applanir. (s'), *v. r.* se joindre ensemble, s'associer. * se fédérer. B.

†Unisexé. e, *adj.* qui n'a qu'un sexe, (fleur).

†Unissant. e, *adj.* t. de chirurgie, (bandage) pour réunir.

Unisson, *s. m. Unisonus.* accord de plusieurs voix, de plusieurs cordes, de plusieurs instrumens.

†Unissone, *adj.* (syllabe) qui rime avec une autre.

†Unitaire, *adj.* (cristal) qui ne subit qu'un seul décroissement par rangée.

Unitaires, *s. m. pl.* sociniens. V. * *sing.* A. R.

Unité, *s. f. Unitas.* principe des nombres ; opposition à pluralité ; t. de littérature, se dit de l'action qui est une.

Unitif. ve, *adj.* (vie), état de l'ame dans l'exercice de pur amour.

Univalve, *adj.* 2 *g. s. m. Univalvus.* à coquilles d'une seule pièce.

Univers, *s. m. Universus.* le monde ; la terre.

Universaire, *s. m.* (*vieux*) anniversaire. V.

Universaliste, *s. m.* qui croit la grâce universelle. R. V.

Universalité, *s. f. Universitas.* généralité ; totalité ; ce qui renferme les genres et les différentes espèces, toutes les choses de même nature.

Universaux, *s. m. pl.* circulaires du roi de Pologne pour la convocation des diètes. G. C.

Universel, *pl.* Universaux, *s. m.* t. de logique, ce qu'il y a de commun entre tous.

Universel. le, *adj. Universus.* général ; qui s'étend à tout, par tout ; qui comprend tout. * Universel. sele. R.

Universellement, *adv. Universè.* généralement. * Universélement. R.

Université, *s. f.* corps de professeurs et d'écoliers établi par l'autorité.

Univocation, *s. f.* caractère de ce qui est univoque.

Univoque, *adj.* 2 *g. Univocus.* (nom) commun à plusieurs choses ; t. de grammaire, qui a le même son.

Unzaine, *s. f.* sorte de bateau. R.

†Upas, *s. m.* boon-upas, arbre poison.

†Upérote, *s. m. Uperotus.* vermiculaire à tuyau à pilon.

Ura, *s. m.* espèce de crustacée qui tient du homar.

†Urane *ou* Uranite, *s. m.* métal gris, assez dur, peu fusible.

Uranie, *s. f.* Vénuse céleste, muse.

Uranographie, *s. f.* description du ciel. * *et* Ouranographie. R.

Uranologie, *s. f.* discours sur le ciel. R.

Uranométrie, *s. f.* la science des astronomes qui mesurent le ciel. R. G. C.

†Uranomorphites, *s. f. pl.* pierres ornées de dendrites qui représentent des corps célestes.

Uranoscope, *s. m. Uranoscopus.* genre de poissons dont les yeux sont tournés vers le ciel, du genre du callionyme.

†Urate, *s. m.* combinaison de l'acide urique avec différentes substances.

†Urbain. ne, *adj.* de la ville. Y. Y.

Urbanistes, *s. f. pl. ou* Clairettes, religieuses de Sainte-Claire. R.

Urbanité, *s. f. Urbanitas.* politesse que donne l'usage du monde.

†Urcéolaire, *s. m. Urceolaria.* polype rotifère, libre.

†Urcéolé. e, *adj.* renflé comme un outre et à col, t. de botanique.

Ure, Urus, *s. m.* taureau sauvage de Lithuanie.

Urebec, *s. m.* Urebère, Gribouri, petit animal qui ronge les bourgeons.

Uretau, *s. m.* t. de marine, corde-à poulie. R.

Uretère, *s. m. Urinæ meatus.* canal double des reins à la vessie. * Urétere. R.

†Urétique, *adj.* 2 *g.* de l'urètre.

Urètre, *s. m. Uretron.* canal par où sort l'urine. * Uretre. R.

Urgence, *s. f.* nécessité urgente de prononcer. C. * qualité de ce qui est urgent. A. CO. RR.

Urgent. e, *adj. Urgens.* pressant, qui ne souffre point de délai.

†Urinaire, *adj.* 2 *g.* de l'urine, (canal).

Urinal, *s. m. Matella.* vase à col relevé pour uriner.

Urinateur, *s. m. Urinator.* plongeur, pêcheur de perles, etc. R. G. C.

Urine, *s. f. Urina.* pissat.

Uriner, *v. a. Meiere.* pisser, évacuer l'urine.

Urineux. se, *adj. Urinosus.* de la nature de l'urine, qui a l'odeur de l'urine fermentée.

†Urique, *adj.* 2 *g.* (acide) tiré du calcul de la vessie.

Urne, *s. f. Urna.* vase antique ; vase qui sert d'ornement.

Urocère, *s. m. Sirex.* insecte des pays froids, qui a une corne à la queue, hyménoptère. * Urocere. R.

†Urocrise, *s. f.* connoissance des maladies par l'inspection des urines. Uromance.

†Urocritère, *s. m.* jugement d'un médecin d'urine.

Uromance, Uromancie, *s. f.* art de connoître les maladies par l'inspection des urines. R.

†Uromante, *s. m. Uromantes.* médecin des urines.

†Uromantie, *s. f.* voyez Urocrise, Uromance.

Urson, *s. m. Hystrix dorsata.* espèce de porc-épic de la baie d'Hudson.

Ursuline, Urseline, *s. f.* religieuse. R. Y.

†Urtication, *s. f.* remède employé dans la sciatique, la paralysie, la léthargie, qui consiste à fouetter avec des orties et laver la chair devenue rouge, avec du vin chaud.
Ufucu, *s. m.* roucou. R.
Us, *s. m.* t. de pratique, coutume.
Usage, *s. m. Usus.* coutume, pratique reçue; emploi; manière de parler une langue; droit de se servir; droit de pacage, etc.; expérience, habitude. *pl.* livres d'église.
Usager, *s. m.* qui a droit d'usage, de pacage, etc. * Usager. ere. R.
Usagier, *s. m.* (*vieux*) t. de coutume. R.
Usance, *s. f.* usage reçu; t. de banque, terme de trente jours.
Usant. e, *adj.* qui use et jouit de; qui n'est sous l'autorité de personne; t. de prat. (fille).
Usé. e, *adj. Attritus.* émoussé; détruit; détérioré, rapé, etc. * épuisé par la débauche. B.
User, *v. a.* sé. e, *p.* consommer; diminuer; détériorer imperceptiblement. *v. n.* faire usage de, se servir de. *Uti.* (s'), *v. r.* se consommer; se détériorer; perdre ses forces, sa fertilité, son être.
User, *s. m.* service, usage.
Usine, *s. f.* établissement fait pour une forge, une verrerie, un moulin, etc. * l'ensemble des machines. G. C. V. RR.
Usité. e, *adj. Usitatus.* en usage.
†Usne, *s. m.* gros câble pour garer les trains.
Usnée, *s. f. Usnea.* Orseille, sorte de mousse d'arbre, espèce de lichen. * — humaine, mousse qui pousse sur le crâne des pendus, les os, astringente; arrête l'hémorragie. B.
Usquebac, *s. m.* Usquèbac, Escubac *ou* Scuba, liqueur.
Ustensile, *s. m. Utensilia.* toutes sortes de petits meubles de ménage, de cuisine; ce que l'hôte doit fournir au soldat; subside. * *mieux* Utensile. R.
†Ustensiller, *v. a.* garnir de tous les meubles, de tous les ustensiles. (*vieux*).
Ustion, *s. f.* t. de chirurgie, action de brûler; t. de chim. calcination, combustion.
†Ustrine, *s. f.* lieu où l'on brûloit les morts.
†Ustullation, *s. f.* action de faire griller.
Usucapion, *s. f.* espèce particulière de prescription. (*vieux*).
Usuel. le, *adj.* dont on se sert ordinairement. * Usuel. suele. R.
Usuellement, *adv.* communément, habituellement; à l'ordinaire. A.
Usufructuaire, *adj. 2 g.* qui ne donne que la faculté de jouir des fruits.
Usufruit, *s. m. Ususfructus.* jouissance des fruits, du revenu d'un héritage, etc.
Usufruitier. ère, *s. Usufructuarius.* qui jouit de l'usufruit. * Usufruitier. tiere. R.
Usul, *s. m.* (*vieux*) porte. V.
Usum (ad), *adj. s. m.* collection de livres imprimés, ou livre pour le dauphin. RR.
†Usun, *s. m.* espèce de cerise du Pérou.
Usuraire, *adj. 2 g. Fenebris.* où il y a de l'usure, qui en vient.
Usurairement, *adv. Feneratò.* d'une manière usuraire.
Usure, *s. f. Usura.* intérêt de l'argent; intérêt illégal; profit illégitime tiré de l'argent, des marchandises; dépérissement des étoffes par l'usage.
Usurer, *v. a.* tirer de l'usure. R.
Usurier. ère, *s. Fenerator.* qui donne son argent à usure, qui fait un gain illégitime. * Usurier. Usuriere. R.
Usurpateur. trice, *s.* qui usurpe, qui s'empare injustement d'une chose.
Usurpation, *s. f. Usurpatio.* action d'usurper.
Usurper, *v. a. Usurpare.* pé. e, *p.* s'emparer par violence, par ruse d'un bien, etc.
Ut, *s. m.* première note de musique. * toast entre les imprimeurs. G.
Utensile, *s. m.* Ustensile; *ou* Impôt, charge, droit. A. RR.
Utérin. e, *adj. Uterinus.* né d'une même mère, mais non pas d'un même père.
Utérine, *adj. f.* (fureur), manie ou maladie accompagnée de discours lascifs et d'une passion amoureuse très-violente.
Utérus, *s. m.* matrice. V.
Utile, *adj. 2 g. Utilis.* profitable; qui apporte du gain, du profit, de l'utilité, *s. m.* utilité; ce qui est utile.
Utilement, *adv. Utiliter.* d'une manière utile.
Utilisation, *s. f.* action de rendre utile. C.
Utiliser, *v. a.* sé. e, *p.* (*nouveau*) rendre utile. RR.
Utilité, *s. f. Utilitas.* profit; avantage; secours; usage.
†Utinet, *s. m.* maillet de tonnelier; escabeau de faiseuse de dentelle.
Utopie, *s. f.* plan d'un gouvernement imaginaire et parfait. * pays imaginaire. V.
†Utriculaire, *s. m.* qui joue de la corne-muse.
Utricule, *s. m.* (*inusité*) petite outre; sac; tunique; t. de botanique. R. G. C.
†Uva-ovassoura, *s. m.* poirier des Indes.
†Uva-pyrup, *s. m.* arbre fort épineux.
†Uvage, *ou* Œuvage, *s. m.* encaissement, bords d'une cuve de raffineur.
Uvaure, *s. m.* espèce de veau marin. G. C.
†Uvé, *s. f.* (pommade) de blanc de plomb, dangereuse.
Uvée, *s. f. Uva.* tunique de l'œil.
†Uvette, *s. f. Ephedra.* raisin de mer.
†Uvulaire, *adj. 2 g. Uvularis.* de la luette. (glande).
Uvule, *s. f.* la luette. R.
Uzifur, *s. m.* cinabre composé de soufre et de mercure.

VACH

V, *s. m.* vingt-deuxième lettre de l'alphabet.
Va, *adv.* soit, j'y consens; t. de jeu. (*fam.*)
†Va-et-vient, *s. m.* machine pour le tirage et le dévidage des soies.
Vacance, *s. f.* temps pendant lequel une dignité n'est pas remplie. *pl. Feriæ.* t. de collége, cessation des études; t. de prat. vacations, cessation des audiences.
Vacant. e, *adj. Vacuus.* qui n'est plus occupé; qui est à remplir.
Vacarme, *s. m. Tumultus.* tumulte; grand bruit de gens qui se querellent, se battent.
Vacation, *s. f.* métier; profession; temps que des personnes employent à quelqu'affaire; vacance. *pl.* cessation des séances des gens de justice; émolumens.
†Vaccin, *s. m.* virus pris des pustules du pis d'une vache.
†Vaccinable, *adj. 2 g.* qui peut être vacciné.
†Vaccinateur, *s. adj. m.* (médecin) qui vaccine.
†Vaccination, *s. f.* action, opération de vacciner.
†Vaccine, *s. f.* espèce d'inoculation avec le vaccin, pour préserver, espère-t-on, de la petite vérole.
†Vacciner, *v. a.* -né. e, *p.* inoculer avec le vaccin.
†Vaccinique, *adj. 2 g.* (virus) vaccin; de la vaccine, du vaccin.
Vache, *s. f. Vacca.* femelle du taureau. * grand coffre plat sur les voitures; corde du berceau, t. d'imprimerie. — biche *ou* Bubule. — bleue, *ou* Nyl-ghau. — marine, *ou* Morse très-gros, du genre des phoques. — pyramide de sel. B.
Vacher. ère, *s. Bubulcus.* qui garde les vaches; (*familier*) rustique, malhonnête. * Vacher. Vachere. R.
Vacherie, *s. f. Bubile.* étable à vaches; lieu où l'on tire le lait des vaches.
†Vachin, *s. m.* cuir d'une jeune vache.
†Vacie, *s. f.* classe des druides intendans des sacrifices.
Vaciet, *s. m. Vaccinium.* plante. R. * hyacinte, myrtille. RR.
Vacillant. e, *adj. Vacilans.* qui chancelle, qui vacille; irrésolu; incertain.
Vacillation, *s. f. Hæsitatio.* mouvement de ce qui vacille; variation dans les réponses; inconstance dans les sentimens; incertitude; irrésolution.
†Vacillatoire, *adj. 2 g.* incertain, douteux.
Vaciller, *v. n. Vacillare.* branler, chanceler; hésiter; être irrésolu; se balancer légèrement.
Vacuisme, *s. m.* doctrine des partisans du vide. T.
Vacos, *s. f.* fourmi venimeuse des Indes. RR.
Vacquette, *s. f.* besace. V.
Vacue, *s. f.* t. de pratique, vide. R.
Vacuiste, *s. m.* qui admet le vide dans la nature. R. V.
Vacuité, *s. f. Vacuitas.* état d'une chose vide.
Vade, *s. f.* t. de jeu, mise; intérêt que chacun a dans une affaire.
Vade-in-pace, *s. m.* prison des moines. RR.
Vadé-mecum, *s. m.* (*familier*) chose, livre qu'on porte ordinairement avec soi. A. * Vade-mecum. R. C.
Vademanque, *s. f.* t. de banque, diminution des fonds d'une caisse.
Vadrouille, *s. f. Scopæ.* t. de marine, balai pour nettoyer un vaisseau. R. G. C.
Vagabond. e, *adj. s. Multigavus.* qui erre çà et là; fainéant; libertin. * *s. f. ou* Volante, t. de pêche, courtine mobile. B.
Vagabondage, *s. m.* état de vagabond. A.
Vagabonner, *v. n.* (*populaire*) faire le vagabond. * Vagaboner. R. Vagabonder. CO.
Vagant, *s. m.* pirate pendant les tempêtes, sur les côtes. R. V. * Vagans, *pl.* B.
Vagin, *s. m. Vagina.* canal qui conduit à la matrice. * *ou* Vagina. R.
Vaginal. e, *adj.* qui a rapport au vagin.
†Vaginelle, *s. f.* vers à corps allongé, articulé, logé dans un fourreau avec des organes extérieurs.
Vagissement, *s. m. Vagitus.* cri des enfans.
†Vagitateur, *s. m.* crieur public.
Vague, *s. f. Fluctus.* flot, lame de mer. *s. m.* le milieu de l'air; t. poëtique. *adj. 2 g. Vagus.* qui n'est pas fixé, arrêté; indéfini; (terres) incultes. * *ou* Broussoirs, *s. m. pl.* rabot fourchu pour brasser la bierre. B.
Vague-mestre, *s. m.* officier militaire qui a soin des bagages. * Vaguemestre. A. Vague-maître. T.
Vaguement, *adv.* d'une manière vague.
Vaguer, *v. n. Vagari.* (*inusité*) errer çà et là; aller de côté et d'autre, à l'aventure. * t. de brasseur, agiter l'eau. B.
†Vaguette, *s. f.* petite peau de vache de Smyrne; guêtre des ardoisiers.
Vaigrage, *s. m.* lambris d'un vaisseau; action, peine de vaigrer. G. C. * *ou* Végrage. R.
Vaigrer, *v. a.* -gré. e, *p.* lambrisser un vaisseau. G. C. * *ou* Végrer. R.

Vaigres, *s. f. pl.* t. de marine, planches qui font le revêtement intérieur. G. C. CO. * *ou* Vegres. R.
Vaillamment, *adv. Fortiter.* avec valeur. * Vaillament. R.
Vaillance, *s. f. Fortitudo.* valeur; courage; t. poëtique.
Vaillant. e, *adj. Fortis.* courageux; valeureux; brave; hardi.
Vaillant, *s. m. Peculium.* le bien d'une personne, *adv.* avoir tant *vaillant.*
Vaillantise, *s. f.* (*vieux*) action de valeur et de bravoure.
Vaille que vaille, *adv.* à tout hasard. R.
Vain. e, *adj. Vanus.* inutile; qui ne produit rien; frivole; chimérique; orgueilleux; superbe; (temps) bas, chaud et couvert.
Vain (en), *adv.* inutilement. * en-vain. C.
Vaincre, *v. a. Vincere.* -cu. e, *p.* remporter un grand avantage à la guerre; l'emporter sur un concurrent; l'emporter sur; surmonter; dompter; surpasser. (se), *v. r.* dompter ses passions.
Vaincu, *s. m.* ennemi subjugué, soumis.
Vainement, *adv. Frustrà.* en vain; inutilement.
†Vaines, *s. f. pl.* fumées légères et mal pressées, t. de chasse.
Vainqueur, *s. m. adj. Victor.* celui qui a vaincu.
Vair, *s. m.* t. de blason, fourrure blanche et grise; émaux d'argent et d'azur. R.
Vairé. e, *adj.* t. de blason, de vair, qui l'imite.
Vairé, *s. m.* herbe des rochers auxquels sont attachées les huitres.
Vairon, *s. m.* poisson. G. * petit goujon, voyez Varon, Épinoche, Savetier. B.
Vairon, *adj. m.* (œil) entouré d'un cercle blanchâtre; qui n'a pas les deux yeux pareils.
Vaisseau, *s. m. Vas.* vase, ustensile pour contenir les liqueurs; bâtiment pour naviguer; t. d'anatomie, veines, artères, petits canaux; t. d'architecture, grand bâtiment, son corps. * — de mer, oiseau, petit albatros. B.
†Vaisselet, *s. m.* petit vaisseau; petit vase.
Vaisselle, *s. f. Vasa.* ce qui sert à l'usage ordinaire de la table, comme plats, etc. * Vaissele. R.
Val, *s. m.* Vaux, *pl.* (*vieux*) vallée, espace entre deux côteaux.
Val-des-choux, *s.* ordre religieux. RR.
Val-des-écoliers, *s. m.* congrégation de chanoines réguliers. RR.
Valable, *adj.* 2 *g. Idoneus.* recevable; qui doit être reçu en justice.
Valablement, *adv. Justè.* d'une manière valable, suffisante.
Valancine *ou* Balancine, *s. f.* t. de marine. R.
Valant, *adj.* qui vaut; dans les formes. G. C.
Valaque, *adj. s.* 2 *g.* de la Valachie. R.
Valériane, *s. f. Nardus.* plante médicinale de quatre espèces; la grande est apéritive, diurétique, alexipharmaque, sudorifique; la commune est anti-épileptique, vermifuge, sudorifique, hystérique, pour l'asthme, les vapeurs, l'épilepsie; il y a la petite et la bleue.
†Valérianelle, *s. f.* mâche, plante.
Valet, *s. m. Famulus.* domestique; serviteur; t. de jeu; instrument de menuisier; t. d'arts et métiers, poids derrière une porte; petit support, appui. * sautoir, t. d'horlog. B.
Valet-à-patin, *s. m.* instrument de chirurgie pour pincer les vaisseaux ouverts.
Valetage, *s. m.* (*bas*) service de valet.
Valetaille, *s. f.* troupe de valets.
Valeter, *v. n. Famulari.* avoir une assiduité basse et servile par intérêt; faire des démarches désagréables et pénibles.
Valeton, *s. m.* (*vieux*) enfant. V.
Valétudinaire, *adj.* 2 *g. Valetudinarius.* souvent malade; maladif; infirme; cacochyme.
†Valétudinité, *s. f.* état du valétudinaire.
Valeur, *s. f. Pretium.* ce que vaut une chose; juste prix; juste signification; rapport, produit; courage, bravoure; t. de musique, durée d'une note.
Valeur de (la), *adverbial* (*familier*) l'espace de, la quantité de.
Valeureusement, *adv.* avec valeur.
Valeureux, se, *adj.* plein de cœur, de valeur.
Validation, *s. f.* action de valider.
Valide, *adj.* 2 *g. Validus.* valable; qui a les conditions requises; sain; vigoureux.
Validement, *adv. Legitimè.* valablement; avec assurance.
Valider, *v. a.* dé. e, *p.* rendre valide; faire valoir.
Validité, *s. f.* bonté essentielle d'une chose faite dans les formes.
†Valinca, *s. f.* cornemuse russe. * Valinga. AL.
Valise, *s. f. Hippopera.* long sac de cuir.
†Valisniera, *s. f.* plante aquatique dont la fleur portée sur une spirale élastique est toujours à la surface des eaux.
Vallaire, *adj. f.* (couronne) donnée à celui qui avoit le premier franchi les retranchemens.
Vallée, *s. f. Vallis.* (*vieux*) descente; espace entre des montagnes; pays au pied d'une montagne; vallon; marché pour la volaille.
Vallon, *s. m.* petite vallée.
Valoir, *v. n. Valere.* être d'un certain prix; rapporter; produire; procurer; faire obtenir; tenir lieu; avoir la force, la signification, la valeur de.
Valombreuse, *s. f.* ordre de religieux. RR.
Valse, *s. f.* sorte de danse. V.
Valser, *v. a.* danser des valses. V.
†Valuable, *adj.* 2 *g.* de quelque prix.
Value (plus), *s. f.* valeur en sus de la prisée.
Valve, *s. f. Valva.* écaille ou porte ou battant d'une coquille, t. de conchyologie. * segment du péricarpe. B.
Valvulaire, *adj.* 2 *g.* qui a beaucoup de valvules. R. G. C.
Valvule, *s. f. Valvula.* espèce de soupape dans les artères; éminence dans les veines.
Vampire, *s. m. Vampyrus.* cadavre qui, dans l'opinion du peuple, suce le sang des personnes qu'on voit tomber en phthisie. * chauve-souris d'Amerique, monstrueuse qui suce le sang des hommes; ceux qui pompent le sang du peuple. B. *et* Oupire. RR.
Vampirisme, *s. m.* doctrine des vampires. RR.
†Vampum, *s. m. Fasciatus.* serpent du troisième genre.
Van, *s. m. Vannus.* instrument pour vanner.
Vanant. e, *adj.* t. de papeterie, R. (pâte, papier) de basse qualité. B.
†Vancole, *s. m.* scorpion de Madagascar.
Vandalisme, *s. m.* (*nouveau*) système destructif des sciences et des arts, C. RR. * de leurs monumens. B.
Vandoise, *s. f. Jaculus. ou* Dard, poisson du genre du cyprin. * *et* Vendoise. R.
†Vanga, *s. m.* bécarde à ventre blanc.
†Vangeron, *s. m.* poisson du lac de Lausanne, variété du gardon.
†Vangeur, *s. m.* ouvrier briquetier qui pétrit la terre; tuilier qui forme les vasons. * Vaugeur. CO.
Vanille, *s. f. Vanilla.* plante exotique, sarmenteuse, grimpante, à fleur de la classe des orchides, gousse remplie de graines: on en fait le chocolat; stomachique, digestive. * *ou* Héliotrope, plante qui sent la vanille. A. Vanille. V.
†Vanillier, *s. m.* plante grimpante qui produit la vanille.
Vanité, *s. f. Vanitas.* inutilité; peu de solidité; amour-propre. * orgueil des petites choses. LAHARPE.
Vanité (sans), *adv.* sans me vanter.
Vaniteux. se, *adj.* (*familier*) qui a une vanité puérile et ridicule. * *et s.* AL.
Vanne, *s. f. Cataracta.* espèce de porte dont on se sert pour arrêter l'eau. * t. de fauc. grande plume de l'aile; partie liquide des matières fécales. B. Vane. CO.
Vanneau, *s. m. Vanellus.* oiseau qui a une huppe noire sur la tête. * Vaneau. R.
Vanneaux, *s. m. pl.* t. de fauconnerie, les plus grosses plumes. G. C.
Vanner, *v. a. Ventilare.* -né. e, *p.* nettoyer le grain avec un van. * t. d'arts et métiers, nettoyer. B.
Vannerie, *s. f.* ouvrage, marchandise du vannier.
Vannet, *s. m.* t. de blason, coquille dont on voit le fond.
Vannette, *s. f.* sorte de corbeille; petit van. * Vannete. R. Vannetée. AL.
Vanneur, *s. m. Ventilator.* qui vanne. * qui bat en grange et vanne les grains. G. C.
Vannier, *s. m.* qui travaille en osier.
†Vannoir, *s. m.* plat, pot à vanner; bassin pour agiter les clous.
†Vannoyer, *v. n.* s'abîmer dans une affaire.
Vansire, *s. m.* furet des Indes. * belette de Madagascar. B.
Vantail, *s. m.* Vantaux, *pl.* battant d'une porte qui s'ouvre de deux côtés.
Vantance, *s. f.* (*vieux*) jactance. V.
Vantard, *s. m.* (*familier*) celui qui se vante. * Vantard. e. A. *adj.* AL.
Vantaux, *s. m. pl.* volets de fenêtres. G. C.
Vanter, *v. a.* té. e, *p.* louer beaucoup; hausser le mérite, le prix de. (se), *v. r.* se louer, se glorifier; se faire fort de.
Vanterie, *s. f.* vaine louange qu'on se donne.
Vanteur, *s. m.* (*familier*) qui se vante. R. G. C.
Vantiller, *v. n.* mettre des dosses ou fortes planches pour retenir l'eau. G.
Vapeur, *s. f. Vapor.* espèce de fumée qui s'élève des choses humides. *pl.* maladie, affections causées par les fumées de l'estomac; t. de peinture, imitation de la vapeur du ciel, de l'air.
†Vaporant. e, *adj.* qui exhale des parfums.
Vaporation, *s. f.* action de la vapeur. R. G. C.
Vaporeux. se, *adj. s. m. Vaporifer.* qui cause, qui a des vapeurs, qui les imite; sujet aux vapeurs.
†Vaporisation, *s. f.* action par laquelle une substance se réduit en vapeurs.
Vaquant. e, *adj.* voyez Vacant.
Vaquer, *v. n. Vacare.* n'être pas rempli; être vacant; t. de pratique, être en vacance; vaquer à; s'appliquer, s'adonner à.
Varaigne, *s. f.* ouverture; premier réservoir des marais salans. G. * écluse. B.
Varander, *v. a.* dé. e, *p.* t. de pêche, égoutter et sécher le hareng. R. G. C.
Varangue, *s. f.* membre d'un navire.
Vare, *s. f.* mesure d'une aune et demie. * Varre. T.
Varech, *s. m. Fucus.* ce que la mer jette sur la côte; vaisseau submergé: goëmon; on

en fait de la soude et un bon engrais; plante. * Varec. G. C.

Varenne, *s. f.* étendue de pays pour la chasse; plaine inculte pour les pâtures.

†Vares crues, *s. f. pl.* briques mal cuites.

Varet, *s. m.* vaisseau coulé à fond. R. * *et* Varech. RR.

†Vari, *s. m. Macaco.* maki varié de taches de noir et de blanc.

Variabilité, *s. f.* disposition habituelle à changer. A.

Variable, *adj.* 2 *g. Instabilis.* sujet à varier; inconstant.

Variant. e, *adj.* (*inus.*) qui change souvent.

Variantes, *s. f. pl.* diverses leçons d'un même texte.

Variation, *s. f. Variatio.* changement; effet d'une chose qui varie; t. de musique, ornemens ajoutés.

Varice, *s. f. Varix.* veine excessivement dilatée par quelqu'effort.

Varicocèle, *s. m. Varicocele.* tumeur du scrotum formée par des varices. * Varicocele. R.

†Varicomphale, *s. f.* varicocèle de l'ombilic.

Varier, *v. a. Variare.* rié. e, *p.* diversifier; apporter de la variété. *v. n.* changer. * (se), *v. réciproque.* prendre des changemens. G.

Variété, *s. f. Varietas.* diversité. *pl.* mélanges.

Varietur (ne), *adv.* t. de pratique, se dit des précautions prises pour constater une pièce.

†Variole, *s. f.* espèce d'alouette de l'Amérique méridionale. * petite vérole. B.

Variolique, *adj. f.* (matière) qui forme la petite vérole. R.

†Variolite, Pierre de petite vérole, *s. f.* semblable aux galets, vert-brun, tachetée de vert-clair, tuberculeuse.

Variorum, *s. m.* collection d'auteurs latins. R.

Variqueux. se, *adj. Cirsoïdes.* t. de médecine, causé par des varices; trop dilaté.

Varlet, *s. m.* (*vieux*) page dans l'ancienne chevalerie.

Varlope, *s. f. Runcina.* grand rabot pour polir.

†Varre, *s. f.* espèce de harpon pour prendre des tortues. * mesure espagnole. T.

Varrer, *v. a.* ré. e, *p.* t. de marine, R. prendre des tortues. B.

†Varretée, *s. f.* ganse pour joindre les filets.

Varreur, *s. m.* qui pêche des tortues. R.

†Varvouste, *s. m.* filet à manche.

Vasart, *adj. m.* (fond), t. de marine. R.

Vasculaire, *adj.* 2 *g. Vascularis.* Vasculeux. Vasculeuse, *adj.* t. d'anat. remplide vaisseaux.

Vase, *s. m. Vas.* vaisseau pour contenir les liquides; ornement qui l'imite. *s. f. Limus.* bourbe au fond de l'eau; limon.

Vaseau, *s. m.* jatte d'épinglier. R.

Vaseux. se, *adj. Limosus.* qui a de la lave.

Vasiere, *s. f.* grand bassin dans les salines. R.

Vasistas, *s. m.* petite partie mobile d'une porte, d'une fenêtre. A. RR.

†Vason, *s. m.* motte de terre pour faire la brique, la tuile.

Vassal. e, *s. Cliens.* Vassaux, *pl.* t. de féod. qui relève d'un seigneur.

Vasselage, *s. m. Clientela.* état, condition de vassal; devoir ou hommage; droit sur le vassal.

Vasseur, *s. m.* (*vieux*) client; vassal. V.

Vassoles, *s. f. pl.* t. de marine, T. pièces de bois entre les panneaux de caillebotis. B.

Vaste, *adj.* 2 *g. Vastus.* d'une fort grande étendue.

Vastité, *s. f.* exprime la grandeur d'une église. MONTAIGNE.

Vatican, *s. m.* palais du pape; la cour de Rome.

Vaticinateur, *s. m.* qui prédit l'avenir. V. * poëte. SCARON.

Vaticination, *s. f.* (*vieux*) prédiction des choses futures. R. G. C.

Vaticiner, *v. a.* prédire l'avenir. V. * faire des vers. B.

Va-tout, *s. m.* t. de jeu, vade ou renvi de tout ce qu'on a devant soi.

†Vaucour, *s. m.* table de potier près du tour.

Vauderoute (à), *adv.* (*vieux*) en désordre; précipitamment. * à vau-de-route. A. G. R. à-vau-de-route. C.

Vaudeville, *s. m.* chanson qui court par la ville sur un air facile à chanter. * pièce, brochure qui a pour sujet un événement présent. Vau-de-Vire. A.

Vaugeur, *s. m.* CO. voyez Vangeur.

Vau-l'eau (à), *adv.* aval, au courant de l'eau; perdu sans ressource. * à-vau-l'eau. C. RR.

Vaultroi, *s. m.* (*vieux*) chien de chasse. V.

Vaurien, *s. m. Nebulo.* fainéant; libertin; vicieux; qui ne veut rien faire, rien valoir.

Vau-néant, *s. m.* (*vieux*) vaurien. V.

†Vautoir, *s. m.* ratelier pour distribuer les fils de la chaîne des tapis.

Vautour, *s. m. Vultur.* oiseau de proie à tête et col nus; homme dur, inhumain, qui aime à rapiner.

Vautrait, *s. m.* équipage de chasse pour le sanglier.

Vautrer, *v. n.* chasser avec le vautrait. (se), *v. r. Volutari.* se rouler dans la boue, dans la fange. * Veautrer. V.

†Vavacret, *v. n.* errer çà et là.

Vavain, *s. m.* gros câble. R.

†Vaxel, *s. m.* mesure en muid pour le sel.

Vayvode, *s. m.* gouverneur en certain pays.

Vé *pour* vrai. (*vieux*) V.

Véable, *adj.* 2 *g.* agréable. V.

Veau, *s. m. Vitulus.* petit de la vache; cuir de veau. * t. de charpentier, morceau enlevé d'une courbure; bois ôté d'une pièce taillée courbe. — aquatique, ver semblable au crin du cheval qui tue les veaux qui l'avalent. B.

Veau-marin, *s. m.* poisson; phoque.

Vecteur, *adj.* (rayon) tiré du soleil à une planète.

Védam, *s. m.* livre sacré des Indiens. RR.

Védasse, Vaidasse, *s. f.* sel alcali fixe, tiré de la guède ou vaide; sorte de potasse.

†Vedelet, *s. m.* pâtre qui soigne les veaux.

Vedette, *s. f. Specula.* sentinelle de cavalerie; guérite sur le rempart; t. épistolaire, place du titre de la personne à qui l'on écrit. * *pl.* tourrillons. CO.

†Véer *ou* Véher, *v. a.* défendre; prohiber; refuser (*vieux*).

Végétable, *adj.* 2 *g.* qui peut végéter.

Végétal, *s. m.* ce qui végète. * être organisé, insensible, privé d'instinct et de mouvement propre à lui-même, adhérent essentiellement à un sol dont il tire sa substance, et des fluides ambiants, sans viscères, auquel on peut ajouter par la greffe des parties d'un autre végétal. B.

Végétal. e, *adj. Vegetus.* qui appartient à ce qui végète.

Végétant. e, *adj.* qui prend sa nourriture des sucs de la terre. * du corps au quel il adhère. B.

Végétatif. ve, *adj. Vigens.* qui a la faculté de végéter; qui fait végéter. * en état de végétation. AL.

Végétation, *s. f. Vegetatio.* action de végéter.

Végétaux, *s. m. pl.* de végétal. *Vegeta.*

Végéter, *v. n.* croître par un principe intérieur et par le moyen de racines, * comme les végétaux; vivre dans l'oisiveté. B.

Véhémence, *s. f. Impetus.* force; impétuosité; mouvement fort et rapide.

Véhément. e, *adj. Vehemens.* ardent; impétueux; plein de feu, d'ardeur.

Véhémentement, *adv.* t. de prat. très-fort.

Véhérie, *s. f.* t. de droit. R.

Véhicule, *s. m. Vehiculum.* ce qui sert à faire passer, à conduire plus facilement; ce qui prépare l'esprit à quelque chose.

Veillant. e, *adj.* qui veille. R.

Veillaque, *s. m.* homme de mauvaise foi. V. RR.

Veille, *s. f. Vigilia.* privation du sommeil; partie de la nuit; travail de nuit; longue application: le jour précédent. * Veille. V.

Veille (à la), *adv.* sur le point de. * à-la-veille. C.

Veillée, *s. f.* action de veiller; veille que plusieurs personnes font ensemble. * travail d'une veillée. B.

Veiller, *v. a. Vigilare.* lé. e, *p.* passer la nuit auprès de.... prendre garde. *v. n.* s'abstenir de dormir; prendre garde; faire attention.

Veilleur, *s. m.* qui veille auprès d'un mort; qui veille.

Veilleuse, *s. f.* petite lampe pour passer la nuit. A. B. * lit de repos. B.

Veilloir, *s. m.* table pour travailler la nuit. R. G.

Veillot. te, *adj. s.* un peu vieux. V. * Vieil-B.

Veillote, *s. f.* petit tas de foin. * Véliotte. V.

Veine, *s. f. Vena.* vaisseau, conduit qui contient le sang; génie; verve; esprit poëtique; couche de terre, raie d'une autre couleur; couche où se trouve le métal; marques, raies dans le bois, le marbre, etc.; petite source sous terre.

Veiné. e, *adj. Venosus.* qui a des veines.

Veineux. se, *adj.* plein de veines.

Velanida, *s. m.* très-belle espèce de chêne. R.

Vélar, Érysime, *s. m. Erysimum.* Tortelle, Herbe aux chantres. *s. f.* plante qui facilite l'expectoration. * Velard. G. C.

Velaut! terme de chasse pour exciter les chiens. * *ou* Veloo. R.

Velcome, *s. m.* Vidercome, gobelet. RR.

†Velelle, *s. f. Velella.* radiaire molasse, espèce de méduse.

Vêler, *v. n. Parere.* faire un veau, parlant de la vache.

Véler, *s. m.* t. de religieuse. R.

Vélin, *s. m.* peau de veau préparée, très-unie. *adj. m.* (papier) sans vergeure.

Vélites, *s. m. pl.* t. d'antiquité, soldats armés à la légère.

Velléité, *s. f.* volonté foible et imparfaite. * animosité secrette. DANCOURT.

†Vellication, *s. f.* mouvement convulsif des fibres; action d'arracher, d'enlever, de traîner.

Véloce, *adj.* exprime la vîtesse du mouvement d'une planète. A.

Vélocité, *s. f. Velocitas.* vîtesse; promptitude; rapidité.

Vélot, *s. m.* t. de parcheminier. R.

Velours, *s. m.* étoffe de soie à poil court et serré.

†Velours-vert, *s. m.* espèce de gribouri, fléau des vignes.

Velouté, *s. m.* galon fabriqué comme du velours; t. d'anat. surface intérieure des intestins. * surface semblable à celle du velours. B.

Velouté. e, *adj. Villosus.* t. de manufacture, qui approche du velours, orné de fleurs en velours; t. de botanique, (fleur) qui ressemble

semble au velours, qui a du duvet.
Velouter, *v. a.* té. e, *p.* donner un air de velours. R. G. C.
Veltage, *s. m.* mesurage à la velte. R. G. C. CO.
Velte, *s. f.* mesure des liquides; instrument qui sert à jauger les tonneaux. * *ou* Verge, huit pintes de Paris. B.
Velter, *v. a.* té. e, *p.* mesurer un liquide avec la velte. R. G. C.
Velteur, *s. m.* qui mesure à la velte. R. G. C. CO.
Velu. e, *adj. Pilosus.* couvert de poils; (pierre) brute.
Velu, *s. m.* (d'une plante), la partie velue de sa surface. * poisson du genre du baliste. *Tomentosus.* B.
Velue, *s. f.* peau sur la tête du cerf, etc. G. C.
Velvote, *s. f. Elatine.* Élatine, Véronique femelle, plante; bon vulnéraire, tempérante, détersive, apéritive, résolutive. L. 851.
†Venado, *s. m.* espèce de petit cerf du Pérou.
Venaison, *s. f.* chair de bêtes fauves, leur odeur. * embonpoint du cerf. B.
Vénal. e, *adj. sans pluriel m. Venalis.* qui se vend; qui peut se vendre; qu'on gagne par argent.
Vénalement, *adv. Venaliter.* (*inusité*) d'une manière vénale.
Vénalité, *s. f.* qualité de ce qui est vénal.
Venant, *adj. s. adv.* qui vient.
Vendable, *adj. 2 g.* (*familier*) qui peut être vendu. A.
Vendange, *s. f. Vindemia.* récolte des raisins pour faire du vin. *pl.* temps où se fait la récolte des raisins.
Vendangeoir, *s. m.* maison où l'on fait vendange. R. V.
†Vendangeoire, *s. f.* hotte, panier pour les vendanges.
Vendanger, *v. a. n. Vindemiare.* gé. e, *p.* faire la récolte des grains; ruiner; détruire.
Vendangeur. se, *s. Vindemiator.* qui aide à faire la vendange.
Vendémiaire, *s. m.* premier mois de l'année.
Venderesse, *s. f.* qui vend des héritages, une charge.
Vendeur. se, *s. Venditor.* qui vend. * dont la profession est de vendre. A.
Vendeur. deresse, *s.* qui vend, a vendu. A.
Vendication, *s. f.* voyez Revendication.
Vendiquer, *v. a.* voyez Revendiquer.
Vendition, *s. f.* t. de pratique, vente. A. C.
Vendre, *v. n. Vendere.* -du. e, *p.* aliéner pour un certain prix; trahir. (se), *v. r.* se donner, se livrer à prix d'argent; avoir du débit.
Vendredi, *s. m. Dies veneris.* cinquième jour de la semaine; sixième férie. * sixième jour de la semaine. R. G. C.
Vendu. e, *adj. Venditus.* donné à prix d'argent.
Vené. e, *adj.* qui commence à se gâter. G. C.
Vénéfice, *s. m. Veneficium.* empoisonnement; crime d'empoisonnement; t. de pratique.
Venelle, *s. f.* (*vieux*) petite rue. * *s. m.* ver radiaire, gélatineux. B.
Vénéneux. se, *adj.* qui a du venin, parlant des plantes.
Vénénifique, *adj. 2 g.* qui forme le poison. V.
Vener, *v. a.* né. e, *p.* chasser, courre une bête pour en attendrir la chair.
Vénérable, *adj. 2 g. Venerabilis.* digne de vénération.
Vénérablement, *adv.* d'une manière vénérable. V.
Vénération, *s. f. Veneratio.* respect pour les choses saintes; estime respectueuse.
Vénérer, *v. a. Venerari.* ré. e, *p.* porter honneur à; révérer; avoir de la vénération pour.

†Vénéricarde, *s. f. Venericardia.* mollusque acéphale à coquille.
Vénerie, *s. f.* art de chasser avec des chiens courans à toutes sortes de bêtes, et surtout aux bêtes fauves; corps des veneurs, leur logement.
Vénérien. ne, *adj. Venereus.* (mal) que l'on gagne par la débauche. * du commerce charnel. B. *f.* Vénérienne. R.
†Venets, *s. m. pl.* filets dont on forme les bas parcs.
Venette, *s. f.* peur; inquiétude; alarme. A.
Véneur, *s. m. Venator.* qui a le soin de faire chasser les chiens courans.
Venez-y-voir, *s. m.* (*popul.*) RR. attrape; bagatelle; riens. B.
Vengeance, *s. f. Vindicatio.* action par laquelle on se venge; désir de se venger.
Vengement, *s. m.* (*vieux*) vengeance. V.
Venger, *v. a. Ulcisci.* gé. e, *p.* tirer vengeance, satisfaction de quelque outrage. (se), *v. r.*
Vengeur, geresse, *adj. Ultor.* qui punit, qui venge.
†Vengoline, *s. f.* linotte d'Angola; verdier d'Afrique.
Veniat, *s. m.* ordre de se présenter en personne.
Véniel. le, *adj. Condonandus.* qui mérite pardon, qui se peut pardonner. * Véniel. niele. R.
Vénielement, *adv.* légérement. * Vénielement. R.
Veni-mecum, Vade-mecum, *s. m.* livre qu'on porte avec soi. A. R. * Vadé mécum. B.
Venimeux. se, *adj. Venenatus.* (animal) qui a du venin; malin; médisant, mordant. * *s. m.* poisson du genre du persègue. B.
Venin, *s. m. Venenum.* sorte de poison; liqueur, suc dangereux d'animaux ou même de végétaux; malignité; rancune, haine cachée.
Venir, *v. n. pers. Venire.* -nu. e, *p.* se transporter d'un lieu éloigné dans un lieu plus près; arriver au lieu où l'on est dans le moment; arriver; écheoir; être issu; sortir; dériver; procéder; émaner; parvenir; croître; convenir; monter; s'élever; s'accroître; réussir.
Vent, *s. m. Ventus.* air en mouvement; air renfermé dans le corps; respiration; haleine; odeur; vanité, présomption.
Vent-brûlant, *s. m.* Camsin. RR.
Vent-glaçant, *s. m.* Harmattan. RR.
Ventail, *s. m.* partie inférieure d'un casque. * Ventaux, *pl.* G. C. t. de menuiserie, battant. B.
Vente, *s. f. Venditio.* action de vendre, débit. *pl.* (lods et) t. de prat. droits sur la vente. * place où l'on vend. AL.
†Venteau, *s. m.* charpentes pour former une écluse.
†Ventelet, *s. m.* petit vent.
Venter, *v. n. Flare.* faire du vent.
Venterolles, *s. m. pl.* t. de prat. droits dus en cas de vente. R. G. C.
Venteux. se, *adj. Ventosus.* sujet aux vents, qui cause des vents, causé par eux.
Ventier, *s. m.* marchand de bois qui achète une forêt et la fait exploiter sur les lieux.
Ventilateur, *s. m.* machine qui sert à renouveler l'air dans un lieu fermé.
Ventilation, *s. f.* estimation avant partage.
Ventiler, *v. a.* lé. e, *p.* estimer en tout ou en partie avant partage; (*inus.*) discuter, débattre.
†Ventiller, *v. a.* lé. e, *p.* mettre des planches sur le bord d'un bateau pour retenir l'eau.
Ventolier, *s. m.* t. de fauc. qui résiste bien au vent.

Ventôse, *s. m.* sixième mois.
Ventosité, *s. f.* vents enfermés dans le corps.
Ventouse, *s. f. Cucurbitula.* ouverture pour faire couler les eaux, pour donner passage à l'air; vaisseau que l'on applique sur la peau pour raréfier l'air.
Ventouser, *v. a. Cucurbitulas imponere.* appliquer les ventouses à un malade.
Ventre, *s. m. Venter.* la capacité du corps où sont enfermés les boyaux; capacité sous les côtes; ce qui ressemble au ventre; intérieur. * t. de métier, plaque sur l'estomac.
†Ventre-à-planer, *s. m.* plaque de bois sur l'estomac du tourneur.
Ventrebleu, Ventresaintgris, *juremens.* V.
Ventrée, *s. f. Fetus.* portée; tous les petits qu'une femelle fait à la fois.
Ventricule, *s. f. Ventriculus.* cavité dans le corps des animaux; estomac des ruminans.
Ventrière, *s. f.* partie du harnois qui passe sous le ventre d'un cheval, sangle. * pièce de charpente qui soutient en travers une digue. B. Ventriere. R.
Ventriloque, *adj. s. 2 g. Ventriloquus.* personne qui a la voix sourde et caverneuse, de sorte qu'on croiroit qu'elle parle du ventre.
Ventripotent, *adj.* qui a un gros ventre. V.
Ventrouiller (se) *v. r.* se vautrer; t. de chasse. G. C.
Ventru. e, *adj. Ventrosus.* qui a un gros ventre, une grosse panse. *s. m.* poisson du genre du bouclier. * t. de bot. oblong, solide et renflé. B.
†Venturon, *s. m.* serin d'Italie, cini.
Venue, *s. f. Adventus.* arrivée; t. de jeu, l'opposé de rabat.
Vénule, *s. f.* petite veine. R. G. C.
Vénus, *s. f. Venus.* déesse; planète. * mollusque acéphale à coquille; t. de chimie, le cuivre; très-jolie femme. B.
Vénusté, *s. f.* beauté, grâce, agrément. V.
Vêpre, *s. m.* (*vieux*) le soir, la fin du jour.
Vêpres, *s. f. pl.* t. de litur. office que l'on dit à trois heures.
Ver, *s. m. Vermis.* insecte long, rampant, sans os ni vertèbres. * — luisant, lampyre, insecte coléoptère; la femelle est phosphorique. — macaque, se loge entre cuir et chair; on le retire en le roulant sur un brin de bois. — méduse, vit sur les huîtres. — solitaire, Ténia. — de terre, Lombric, Achée. — tubicole, qui habite des tuyaux. B.
Ver-coquin, *s. m.* ver qui ronge le bourgeon de la vigne. R. G. C. CO. * caprice, fantaisie. V. AL.
Véracité, *s. f.* attachement constant à la vérité; attribut de Dieu en tant qu'il ne peut se tromper.
Vératrum, *s. m.* Ellébore blanc, plante.
Verbal. e, *adj.* dérivé du verbe; de vive voix. * *s. m.* procès verbal. AL.
Verbalement, *adv. Verbo.* de vive voix.
Verbalisement, *s. m.* action de verbaliser.
Verbaliser, *v. n.* faire un procès verbal; faire de grands discours inutiles; dire des raisons ou des faits pour les faire mettre au procès verbal.
Verbe, *s. m. Verbum.* t. de gram. partie de l'oraison qui désigne l'action faite ou reçue, ou l'état du sujet; ton, parole; t. de théol. la seconde personne de la Trinité.
Verbération, *s. f.* choc qu'éprouve l'air dans le son.
Verbeux. se, *Verbosus.* qui abonde en paroles inutiles; diffus.
Verbiage, *s. m.* (*famil.*) paroles inutiles, superflues.

Verbiager, *v. n.* (*famil.*) employer beaucoup de paroles pour dire peu de choses.
Verbiageur. se, *s.* qui emploie beaucoup de paroles pour dire peu de choses.
Verboquet, *s. m.* t. de maçon, cordeau pour attacher les pièces au câble de l'engin.
Verbosité, *s. f.* superfluité de paroles.
†Verceillois. e, *adj.* de Verceilles.
Verd. Verte. voyez Vert.
†Verdagon, *s. m.* vin excessivement vert.
†Verdaire, *s. m.* courrier du cabinet.
Verdâtre, *adj. 2 g. Subviridis.* qui tire sur le vert. * *s. m.* serpent du 3ᵉ. genre. B.
Verdaud, *adj. Subacerbus.* aigrelet, un peu vert. R. V.
Verdée, *s. f.* vin verdâtre de Toscane.
Verdelet. te, *adj. Subausterus. diminutif de* vert. * *f.* Verdelete. R.
Verderie, *s. f.* étendue de bois soumise à un verdier, sa juridiction.
†Verderin, *s. m.* espèce de verdier.
†Verderoux, *s. m.* espèce de tangara de la Guiane, vert, à front roux.
Verdet, *s. m. Cerugo nativa.* vert-de-gris. * poisson du genre de l'ésoce. B.
Verdeur, *s. f. Asperitas.* sève des plantes, des arbres; défaut de maturité; vigueur.
Verdier, *s. m. Viridarius.* officier qui commande aux gardes d'une forêt; oiseau, ou bruant, du genre de l'ortolan, à dos vert, ventre jaune. *Luteola.* * grenouille de terre. *Rubeta.* BOUDOT.
Verdillon, *s. m.* instrument de tapissier de haute-lice. * *pl.* levier de fer; outils d'ardoisier. R.
Verdin, *s. m.* oiseau de la Cochinchine, du genre du merle.
†Verdinère, *s. m.* verdier de Bahama.
Verdir, *v. a.* di. e, *p.* peindre en vert. *v. n.* devenir vert. *Virere.*
†Verdon, *s. m. Curruca.* variété du verdier en Angleterre.
Verdoyant. e, *Virens.* qui verdoye, verdit.
Verdoyer, *v. n.* (*vieux*) verdir.
Verdunois. se, *adj.* de Verdun. RR.
Verdure, *s. f. Viriditas.* les herbes; les feuilles d'arbres vertes; tapisserie qui les représente.
Verdure d'hiver, *s. f.* Pirole, plante.
Verdurier, *s. m.* pourvoyeur de légumes dans les maisons royales.
†Verécond, *adj.* niais, simple, timide.
†Verétille, *s. m.* polype coralligène à polypier pierreux.
†Verétilles, *s. m. pl. Veretillum.* zoophytes de l'espèce des pennatules.
Véreux. se, *adj. Verminosus.* qui a des vers; défectueux; mauvais.
Vergadelle, *s. f.* merluche très-dure. V. RR.
Verge, *s. f. Virga.* baguette longue et flexible; tringle; anneau; le membre viril; mesure. (*figuré*) dépendance, tyrannie; t. d'arts et métiers. *pl.* brins de genêt, d'osier, etc. avec lesquelles on fouette. * météore lumineux. (*figuré*) afflictions. B.
Verge-d'or, *s. f. Solidago.* plante à fleurs radiées, couleur d'or, vulnéraire, apéritive, diurétique.
Vergeage, *s. m.* mesurage à la verge. G. C.
Vergée, *adj.* (étoffe) mal unie. * Vergé. e, *adj.* A. V.
†Vergence, *s. f.* tendance des humeurs vers une partie.
†Vergeoises, *s. f. pl.* sucres des syrops des formes bâtardes.
Verger, *v. a.* gé. e, *p.* mesurer, jauger avec la verge. A. t. de blason. V.
Verger, *s. m. Pomarium.* lieu clos et planté d'arbres fruitiers. * officier qui porte une verge. V.
Vergeté. e, *adj.* rayé, moucheté. LAFONTAINE.
Vergeter, *v. a.* té. e, *p.* nettoyer avec des vergettes. * Vergetter. V.
Vergette, *s. f.* t. de blason, pal diminué. * Vergete. R. Vergettes, brosse. A.
Vergettes, *s. f. pl.* brosse de poils, etc.; cercles qui bandent la peau du tambour. * Vergetes. R.
Vergettier, *s. m.* qui fait et vend des vergettes. * Vergetier. A. R. T.
Vergeure, *s. f.* fils de laiton sur la forme du papier, leur marque. * Vergeûre. C. *prononcez* verjure.
Verglacé. e, *adj.* gelé, couvert de verglas. R. V.
Verglacer, *v. n. impers.* se glacer, faire du verglas. R. V.
Verglas, *s. m. Gelicidium.* pluie qui se glace en tombant, ou aussitôt qu'elle est tombée.
†Vergoblet, Vergobret *ou* Vergobrète, *s. m.* magistrat gaulois.
Vergogne, *s. f.* (*vieux*) honte.
Vergogneusement, *adv.* honteusement, lâchement. SCARRON.
Vergogneux. se, *adj.* honteux, chaste, réservé. R.
Vergne, *s. m.* Aune, arbre. voy. Verne. A. R.
Vergue, *Antenna.* antenne qui soutient la voile.
Vericle (diamant de), *s. f.* faux ou cristal. T.
Véridicité, *s. f.* caractère de vérité dans le discours. * caractère du véridique. AL.
Véridique, *adj. 2 g.* qui aime à dire la vérité.
†Vérière, *s. f.* vitraux d'église; verrerie.
Vérificateur, *s. m.* qui vérifie les comptes, etc. qui examine la vérité d'une pièce, d'une écriture.
Vérification, *s. f. Confirmatio.* examen, action de vérifier; enregistrement.
Vérifier, *v. a.* -fié. e, *p.* faire voir la vérité d'une chose; comparer; collationner; enregistrer.
Vérin, *s. m.* machine à vis et à écrou pour élever de grands fardeaux. * Verrin. T.
Vérine, *s. f.* la meilleur espèce de tabac.
Véritable, *adj. 2 g. Verax.* solide; bon; excellent en son genre; vrai, qui n'est pas falsifié.
Véritablement, *adv. Verè.* conformément à la vérité; de fait.
Vérité, *s. f. Veritas.* conformité de l'idée avec l'objet, d'un récit avec le fait, d'un discours avec la pensée; l'opposé d'erreur, de mensonge; principe, axiome, maxime; sincérité; bonne foi; imitation parfaite. *pl.* choses véritables.
Verjus, *s. m. Uva acerba.* raisin cueilli avant sa maturité; espèce de raisin; jus, confiture de ce raisin.
Verjuté. e, *adj.* acide comme le verjus.
†Verle, *s. f.* jauge pour mesurer le contenu des tonneaux.
Vermeil, *s. m.* argent doré.
Vermeil. le, *adj. Roseus.* d'un rouge plus foncé que l'incarnat.
Vermeille, *s. f.* pierre précieuse rouge cramoisi et orangé. G. * grenat oriental. B.
Vermicelle, *s. m.* espèce de pâte en filamens pour les potages. * *et* Vermicelli. V. Vermicele. R.
†Vermicellier, *s. m.* qui fait et vend le vermicelle, les pâtes.
Vermiculaire, *adj. 2 g.* qui a quelque rapport aux vers, qui leur ressemble. * — brûlante, joubarbe à petites tiges terminées par une fleur; excellente pour les gencives attaquées par le scorbut; résout les loupes, les tumeurs scrofuleuses; en injection pour les ulcères de la matrice, et pour fomenter les cancers ulcérés, les dartres cancéreuses, le charbon, la gangrène; caustique pour ronger le virus d'un cancer. B.
†Vermiculant, *adj. m. Vermiculans.* (pouls) ondoyant comme le ver qui rampe.
Vermiculé. e, *adj.* t. d'archit. qui représente la trace des vers.
†Vermiculites, *s. f. pl. Vermiculi.* coquille fossile, univalve, en tuyau groupé.
Vermiforme, *adj. 2 g.* qui a la forme d'un vers.
Vermifuge, *adj. 2 g. s. m.* qui chasse, fait mourir les vers.
Vermiller, *v. n.* se dit du sanglier, chercher des vers en fouillant la terre avec le boutoir.
Vermillon, *s. m. Minium.* minéral d'un rouge éclatant, sa couleur; oxide de plomb; couleur vermeille; safran bâtard; kermès.
Vermillonner, *v. n.* t. de chasse, chercher des vers pour pâturer. * *et* Vermiller, chercher des vers. AL. *v. a.* -né. e, *p.* peindre en vermillon. V. * Vermilloner. R.
Vermine, *s. f. Pediculi.* insectes incommodes; gueux, mendians, filous.
Vermisseau, *s. m. Vermiculus.* petit ver de terre. G. C.
†Vermisseau-de-mer, *s. m.* coquillage.
Vermouler (se), *v. pers. Vermiculari.* être piqué de vers.
Vermoulu. e, *adj. Cariosus.* piqué de vers. G. C.
Vermoulure, *s. f. Vermiculatio.* piqûre de vers, poudre qui en sort, trace de ces piqûres.
Vermout, *s. m.* vin dans lequel on a mêlé de l'absinthe. A.
Vernal. e, *adj.* du printemps.
Verne. voyez Aune, t. d'ardoisier. * Vergne. A.
†Vernier, *s. m.* voyez Nonius.
Vernimbok, *s. m.* bois de fernambouc, propre à teindre. G. C.
Vernir, *v. a.* ni. e, *p.* appliquer le vernis sur; enduire de vernis.
Vernis, *s. m.* arbre gommeux; gomme du genièvre; composition avec laquelle on vernit; enduit brillant; teinte, apparence brillante.
Vernisser, *v. a.* sé. e, *p.* vernir de la poterie.
Vernisseur, *s. m.* qui fait, emploie le vernis.
Vernissure, *s. f.* application du vernis.
†Vernix, *s. m.* sandaraque.
Vérole, *s. f. Variolæ.* maladie vénérienne, *mot obscène.* (petite-), maladie qui couvre la peau de pustules. * coquillage univalve, de la famille des porcelaines. B.
Vérolé. e, *adj. s.* qui tient de la vérole, qui a la vérole. (*on évite ces deux mots*).
Vérolique, *adj. 2 g. Venereus.* appartenant à la vérole.
Véron, *s. m. Phoxinus. ou* Vairon, petit poisson de rivière, du genre du cyprin.
Véronique, *s. f. Veronica.* plante de 43 espèces. * — mâle, sudorifique, vulnéraire, diurétique pour les poumons, la jaunisse, les obstructions, la néphrétique, la suffocation, etc. B.
†Verpuntes, *s. f. pl.* vergeoises refondues.
Verrat, *s. m. Verres.* pourceau mâle.
Verre, *s. m. Vitrum.* corps transparent et fragile; vase de verre à boire, son contenu. * — de Moscovie, très-beau mica lamelleux, il sert de vitre. B.
Verrée, *s. f.* (*inus.*) plein un verre.
Verrerie, *s. f.* art de faire le verre, lieu où on le fabrique; ouvrage de verre.
Verrier, *s. m. Vitrarius.* qui fait, qui vend

des verres; ustensile d'osier pour mettre les verres. * cadre à verre pour conserver un original de dessein. B.
Verrière, *s. f.* Verrine, pièce de verre qu'on met devant les tableaux, etc. * *et* Verriere. R. vitraux d'église, verrine. B.
Verrin, *s. m.* machine pour élever de gros fardeaux. R. * vis de bois de charpente. B.
Verrine, *s. f.* certain ouvrage de verre. *pl.* oraisons de Cicéron contre Verrès. V. * vis de charpentier; cuvette pour mettre les verres. B.
†Verrot, *s. m.* verroterie en Afrique.
Verroterie, *s. f.* menue marchandise de verre.
Verrou, *s. m.* *Pessulus.* sorte de fermeture de porte, etc. * *ou* Verrouil. (*vieux*).
Verrouiller, *v. a.* lé. e, *p.* fermer au verrou. (se), *v. r.* s'enfermer au verrou.
Verrucaire, *s. f.* plante. R.
†Verruceux, se, *adj.* chargé de verrues; en forme de verrues.
Verrue, *s. f.* *Verruca.* poireau, sorte de durillon.
Verrure, *s. f.* verrue. R.
Vers, *Versùs. prép. pour désigner un certain côté, un certain endroit, un certain temps,* environ.
Vers, *s. m.* *Versus.* paroles mesurées et cadencées d'après des règles fixes.
Versade, *s. f.* (*inus.*) action de verser quand on est dans une voiture. SÉVIGNÉ.
Versant. e, *adj.* sujet à verser.
Versatile, *adj.* 2 *g.* *Mobilis.* variable, inconstant.
†Verschot, *s. m.* mesure russe, 547 toises.
Verse (à), *adv.* abondamment. * *s. f.* manne d'osier qui contient 35 liv. de charbon de terre. B. à-verse. C.
Verse, *adj.* (sinus), t. de géométrie.
Versé. e, *adj.* *Fusus.* répandu, épanché; expérimenté; consommé. *Versatus.*
Verseau, *s. m.* *Aquarius.* signe du zodiaque.
†Verseller, *v. a.* chanter des pseaumes par versets.
Versement, *s. m.* action de verser l'argent dans une caisse. V. RR. AL.
Versenne, *s. m.* sillon. V.
Verser, *v. a.* *Fundere.* sé. e, *p.* répandre; épancher, transvaser; faire tomber; tomber sur le côté; coucher. * faire un versement. AL.
Verset, *s. m.* *Versiculus.* passage de l'Écriture-Sainte; signe qui l'indique (℣).
Verseur, *s. m.* qui verse; verseau, t. d'astron. V.
Versificateur, *s. m.* *Versificator.* qui fait des vers avec facilité.
Versification, *s. f.* *Versificatio.* art de faire des vers; manière de les faire.
Versifier, *v. n.* faire des vers.
Versifieur, *s. m.* qui écrit des vers. V.
Version, *s. f.* *Interpretatio.* interprétation; traduction; manière de raconter.
Verso, *s. m.* seconde page d'un feuillet.
Versoir, *s. m.* pièce de la charrue.
Versoyer, *v. a.* (*vieux*) mêler. V.
Vert, *s. m.* *Viridis.* herbes qu'on donne aux chevaux; verdure, acidité; couleur verte; t. de jeu.
Vert. e, *adj.* qui a la couleur des herbes; frais, jeune; vigoureux; étourdi, évaporé; ferme, résolu. * Verd. vert. T.
†Vert, *s. m.* serpent du 3e. genre, très-vert.
†Vert-blanc, *s. m.* *Galilæus.* poisson du genre du spare.
Vert-brun, *s. m.* vert sombre. V.
Vert-de-gris, *s. m.* rouille vénéneuse qui vient sur certains métaux; t. de peaussier, * *ou* Verdet, couleur. B.
†Vert-de-vessie, *s. m.* couleur verte tirée du nerprun. — de montagne ou de Hongrie, minéral fossile verdâtre. — d'eau, nuance du vert.
Vert-d'iris, *s. m.* couleur tirée de l'iris dont on se sert pour peindre en vert.
†Vert-doré, *s. m.* oiseau-mouche de Cayenne. — espèce de merle.
†Vert-et-bleu, *s. m.* serpent du 3e. genre.
Vert-montant, *s. m.* bruant, oiseau. RR.
†Vert-perlé, *s. m.* colibri de Saint-Domingue.
Vertébral. e, *adj.* qui a rapport aux vertèbres.
Vertèbre, *s. f.* *Vertebra.* l'un des os de l'épine du dos. * Vertebre. R.
†Vertébrites, *s. f. pl.* vertèbres fossiles.
Vertelle, *s. f.* espèce de bonde des marais salans. * Vertele. R.
Verte-longue, *s. f.* poire. V.
Vertement, *adv.* *Acriter.* avec fermeté, vigueur.
Vertemoute, *s. f.* t. de coutume. R, * droit du seigneur sur un moulin bannal. Vertemoute. B.
Vertenelles, *s. f. pl.* charnières pour tenir le gouvernail suspendu. R. G. C. * t. de coutume. RR.
Vertevelles, *s. f. pl.* anneaux pour faire couler et retenir le verrou d'une serrure. G. C. * Vertevelle. *sing.* R.
Vertex, *s. m.* t. d'anatomie. R.
Vertical. e, *adj.* perpendiculaire à l'horizon.
Verticalement, *adv.* perpendiculairement à l'horizon.
Verticalité, *s. f.* situation d'une chose verticale. R.
†Verticaux, *s. m. pl.* grands cercles de la sphère, perpendiculaires à l'horizon.
Verticilles, *s. m. pl.* anneaux qui entourent les branches des arbres, t. de botanique. G. C. V. * Verticille, *sing.* AL.
Verticillé. e, *adj.* *Verticillata.* t. de botan. qui forme des anneaux rayonnans autour d'un axe.
Verticité, *s. f.* t. de physique, faculté d'un corps de tendre par préférence d'un côté. V. * tendance de l'aimant vers le nord. B.
Vertige, *s. m.* *Vertigo.* tournoiement de tête, étourdissement; folie, égaremens de la raison.
Vertigineux, se, *adj.* qui a des vertiges.
Vertigo. *pl.* Vertigos, *s. m.* maladie du cheval; caprice, fantaisie; grain de folie.
Vertiqueux, se, *adj.* *Verticosus.* qui va en tournoyant. V.
Vertir, *v. a.* (*vieux*) revenir. V.
Vertu, *s. f.* *Virtus.* disposition habituelle de l'ame qui porte à faire le bien et à fuir le mal; chasteté; qualité qui rend propre à produire un effet. *pl.* cinquième chœur des anges.
Vertu (en), *adv.* en conséquence, en exécution de; à cause de. * En-vertu. C.
Vertuchoux, *jurement.* V.
Vertueusement, *adv.* d'une manière vertueuse.
Vertueux, se, *adj.* qui a de la vertu; qui part d'un principe de vertu. *f.* chaste.
Vertugade, *s. f.* ajustement de femme. R. V.
Vertugadier. ere, *s.* qui faisoit des vertugadins. R.
Vertugadin, *s. m.* bourlet; habillement de femme; t. de jard. glacis de gazon.
Vertugois, *jurement de paysan.* V.
†Vertumne, *s. m.* papillon de jour de Sibérie.
Verve, *s. f.* enthousiasme, chaleur d'imagination; caprice, quinte, fantaisie.
Verveine, *s. f.* *Verbena.* plante vulnéraire, apéritive, hystérique, détersive, fébrifuge.
Vervelle, *s. f.* t. de fauc. plaque gravée au pied de l'oiseau. * Vervele. R.
Verveux, *s. m.* *Verriculum.* clivets, rafles, entonnoirs, renard; filet de pêche en pointe.
†Vésanie, *s. f.* égarement de l'esprit sans fièvre.
Vesce, *s. f.* *Vicia.* plante légumineuse, son grain rond et noir; excellent fourrage. * — noire, Ers. B.
Vesceron, *s. m.* vesce sauvage.
Vésiau, *s. m.* t. de cout. voisinage. R.
Vésicaire, *s. f.* *Vesicaria.* plante. R.
Vésication, *s. f.* naissance des vésicules; effet des vésicatoires. T. RR. G. C.
Vésicatoire, *adj. s. m.* médicament externe qui fait venir des vessies.
†Vésiceux, *s. adj.* vésiculeux, vésiculaire.
†Vésiculaire, *adj.* 2 *g.* vésiculeux.
Vésicule, *s. f.* *Vesicula.* petite vessie.
Vésiculeux, *adj.* qui ressemble à des petites vessies. R. G. C. * vésiceux, vésiculaire. B.
†Veson, *s. m.* jus exprimé des cannes à sucre. * Vezon. CO.
Vespérie, *s. f.* thèse de théologie, de médecine; (*famil.*) réprimande.
Vespériser, *v. a.* sé. e, *p.* réprimander.
†Vespiaire, *s. m.* qui arrache les épines et les orties.
Vesse, *s. f.* ventosité puante qui sort sans bruit par le derrière de l'animal.
Vesse-de-loup, *s. f.* faux champignon. C. CO. RR. * genre de champignons qui ne forment pas de chapeau; substance fongeuse, globulaire, remplie d'une poussière organique. B. Vesse de loup. G.
Vesser, *v. a.* *Suppedere.* lâcher une vesse.
Vesseur. se, *s.* qui vesse.
Vessie, *s. f.* *Vesica.* sac membraneux; petite ampoule sous l'épiderme. * — de mer, ou frégate, galère, zoophyte. B.
Vessigon, *s. m.* tumeur au jarret du cheval. T.
Vessir, *v. n.* se dit des bulles d'air qui sortent du métal. G. C. * Vesser. V.
Vestale, *s. f.* *Vestalis.* t. d'antiq. vierge consacrée aux dieux; fille ou femme d'une chasteté exemplaire. * *s. f. pl.* fêtes de Vesta. R.
†Vestarque, *s. m.* maître de la garde-robe du grand-turc.
Veste, *s. f.* *Tunica.* habillement long sous la robe des Orientaux; vêtement sous l'habit.
Vestiaire, *s. m.* *Vestiarium.* t. claustral, lieu où sont les habits; argent, dépense pour l'habillement.
Vestibule, *s. m.* *Vestibulum.* t. d'archit. première pièce servant de passage; t. d'anat. cavité de l'oreille.
Vestige, *s. m.* *Vestigium.* empreinte du pied; traces; restes; exemple, monument; t. de chirurgie, fracture des os plats.
†Vestipoline, *s. f.* petite étoffe de laine de Beauvais.
Vêtement, *s. m.* *Vestis.* ce qui sert à couvrir le corps.
Vétéran, *s. m.* *Veteranus.* magistrats qui conservent leurs droits sans exercice; soldat qui a servi vingt-quatre ans; écolier qui recommence une classe.
Vétérance, *s. f.* qualité de vétéran.
Vétérinaire, *s. m.* *Veterinarius.* maréchal-ferrant qui panse les chevaux, les bestiaux. *adj.* 2 *g.* de la médecine des animaux.
Vétillard. e, *adj.* voyez Vétilleur.
Vétille, *s. f.* *Nugæ.* bagatelle, chose de rien; t. de métiers, appentis. * petite fusée; outil de chaînetier. B. Vétille. V.
Vétiller, *v. n.* s'amuser à de petites choses; faire des difficultés pour des vétilles.

Vétillerie, *s. f.* chicanerie; raisonnement captieux.
Vétilleur, se, *s.* qui vétille; tracassier.
Vétilleux, se, *adj.* qui demande beaucoup de petits soins; vétilleur.
Vêtir, *v. a. Vestire.* -tu. e, *p.* habiller, donner des habits à quelqu'un. (se), *v. r.* s'habiller, mettre un habit.
Veto, *s. m.* formule employée par les tribuns pour s'opposer aux arrêts du sénat, etc. A., * par un individu pour s'opposer aux décisions de plusieurs. B.
†Vette, *s. f.* ou Conche, partie du marais salant qui entoure les airs.
Vetturin, *s. m.* loueur de chevaux en Italie. R. * Voiturin. B.
Vêtu. e, *adj. Vestitus.* habillé; t. de blason, chargé d'une losange qui occupe le champ.
Vêture, *s. f.* t. claustral, cérémonie, prise d'habit.
Vétusté, *s. f. Vetustas.* ancienneté des édifices.
Veuf. ve, *adj. s. f. Viduus.* qui n'a plus de femme, qui n'a plus de mari.
Veule, *adj.* 2 *g.* (*famil.*) mou, foible; léger. * Veûle. R.
Veuvage, *s. m. Viduitas.* le temps qu'on est veuf ou veuve, viduité.
Veuve, *s. f. Vidua.* tulipe; * oiseau du genre du moineau; B. coquillage de la famille des limaçons; espèce de scabieuse à fleur brune. G.
Vexation, *s. f. Vexatio.* action de vexer; persécution.
Vexatoire, *adj.* 2 *g.* qui a le caractère de la vexation. G. C.
Vexer, *v. a.* xé. e, *p.* persécuter, tourmenter. * (se), *v. r.* se tourmenter. G. C.
†Vexillaire, *s. m.* porte-étendard.
†Vexillaires, *adj. m. pl.* (signaux) d'enseigne ou de pavillon, t. de marine.
†Vexille, *s. f.* enseigne. (*vieux*).
Viable, *adj.* 2 *g. Vitalis.* assez fort pour faire espérer qu'il vivra; vivace.
Viage, *s. m.* la vie, t. de coutume. RR.
Viager, *s. m.* (revenu) qui n'est qu'à vie.
Viager. ère, *adj.* à vie. * Viager. gere. R.
Viagier, *s. m.* t. de coutume. R.
Viaire, *s. m.* (*vieux*) visage. A.
Viales, *s. m. pl.* divinités des grandes routes. R.
Viande, *s. f. Caro.* chair des animaux, des oiseaux dont on se nourrit.* chair de poisson. G.
Viander, *v. n. Pasci.* t. de vénerie, paître.
Viandis, *s. m. Pastio.* pâture des bêtes fauves.
Viara, *s. f.* divination par un homme rencontré à la droite dans un chemin. R.
Viateur, *s. m.* t. d'anatomie. V. * officier chargé de rassembler le sénat. B.
Viatique, *s. m. Viaticum.* provisions, argent pour le voyage; communion donnée à un mourant.
Vibord, *s. m.* t. de marine, planches qui entourent le pont d'en haut.
Vibrant. e, *adj.* qui fait des vibrations, qui vibre.
Vibration, *s. f.* t. de physique, mouvement d'un pendule en branle; t. de musique, tremblement d'une corde, des nerfs, etc.
Vibrer, *v. n.* faire des vibrations; (*vieux*) lancer, darder.
Vibreuse, *s. f.* (*vieux*) voix aiguë. V.
Vibrion, *s. m.* ver infusoire, à corps rond et alongé. M.
Vicaire, *s. m. Vicarius.* celui qui est établi sous un supérieur.
Vicairie, *s. f.* fonction de vicaire, vicariat; cure desservie par un vicaire.
Vicarial. e, *adj. Vicarius.* qui a rapport au vicariat.
Vicariat, *s. m.* fonction, emploi de vicaire, sa durée, son territoire.
Vicarier, *v. n.* faire les fonctions de vicaire. * être réduit à une place subalterne. AL.
Vice, *s. m. Vitium.* défaut, imperfection.
†Vice versa (et), t. latin, *pour* réciproquement.
Vice-amiral, *s. m.* officier de marine après l'amiral.
Vice-amirauté, *s. f.* charge de vice-amiral.
Vice-bailli, *s. m.* officier de robe-courte.
Vice-chancelier, *s. m.* qui fait les fonctions du chancelier en son absence.
Vice-chancelière, *s. f.* femme du vice-chancelier. G. C.
Vice-consul, *s. m.* qui tient la place du consul.
Vice-consulat, *s. m.* emploi de vice-consul.
Vice-gérent, *s. m.* qui remplaçoit l'official.
Vice-légat, *s. m.* qui fait les fonctions du légat.
Vice-légation, *s. f.* emploi de vice-légat.
Vice-président, *s. m.* qui fait les fonctions du président.
Vice-procureur, *s. m.* qui fait à Malte les fonctions du procureur-général. R.
Vice-reine, *s. f.* femme d'un vice-roi.
Vice-roi, *s. m. Prorex.* gouverneur d'un état qui a, ou qui a eu le titre de royaume.
Vice-royauté, *s. f.* charge, dignité de vice-roi; le pays qu'il gouverne.
Vice-sénéchal, *s. m.* lieutenant du sénéchal.
Vicennal. e, *adj.* t. d'antiq. de vingt ans; qui se fait tous les vingt ans.
Vicennales, *s. f. pl.* fêtes des Anciens.
Viciable, *adj.* 2 *g.* vicieux. V.
Vicié. e, *adj. Vitiatus.* gâté, altéré, corrompu.
Vicier, *v. a. Vitiare.* cié. e, *p.* altérer, corrompre, gâter; t. de prat. rendre nul.
Vicieusement, *adv. Vitiosè.* d'une manière vicieuse, pleine de défauts.
Vicieux, se, *adj. s. m. Vitiosus.* qui a quelque vice; adonné au vice; défectueux; t. de grammaire, contre les règles.
Vicissitude, *s. f. Vicissitudo.* révolution réglée; instabilité; changement, variation; événement fâcheux.
Vicomté, *s. f. Vicecomitatus.* titre de terre; ressort du vicomte.
Vicomte. sse, *s. Vicecomes.* qui a une vicomté; juge au-dessous du bailli.
Vicomtier. ere, *adj.* d'un vicomté. R.
Victimaire, *s. m.* t. d'antiq. qui fournissoit les victimes, faisoit les apprêts des sacrifices.
Victime, *s. f. Victima.* animal immolé; sacrifice aux dieux; celui qui est sacrifié, immolé à.
Victimer, *v. a.* mé. e, *p.* rendre victime; immoler; accabler de plaisanteries. A. C.
Victoire, *s. f. Victoria.* avantage remporté à la guerre; avantage remporté.
Victorial. e, *adj.* qui concerne la victoire. A.
Victoriat, *s. m.* t. d'antiq. monnoie romaine. R.
Victorieusement, *adv.* d'une manière victorieuse, triomphante.
Victorieux. se, *adj. Victor.* qui remporte, qui a remporté une victoire. * *f.* t. de fleuriste. R.
Victorin, *s. m.* chanoine de Saint-Victor. R. * Victorien. V.
Victoriole, *s. f.* petite victoire. V.
Victuaille, *s. f. Cibaria.* vivres et munitions de bouche. * *s. f. pl.* G. C.
Victuailleur, *s. m.* pourvoyeur d'un vaisseau. R.
†Victuale-wigt, *s. m.* poids principal de Suède.
Vidame, *s. m.* qui représentoit l'évêque au temporel; t. de féodalité.
Vidamé, *s. m.* Vidamie, *s. f.* dignité, charge de vidame.
Vidange, *s. f.* action de vider; état de ce qui se vide; évacuation; immondices. * décombre d'une ardoisière. B. Vuidange. T.
Vidangeur, *s. m.* qui vide les privés, nettoie les puits, les citernes. * Vuidangeur. T.
Vide, *adj.* 2 *g.* qui n'est rempli que d'air. *s. m.* espace vide, privé même de fluide. * Vuide. T.
Vide (à), *adv.* sans rien contenir. * à-vide. C.
Vidé. e, *adj.* désempli; t. de manége.
Vide-bouteille, *s. m.* (*famil.*) petite maison avec un jardin près de la ville, * petit appartement. V.
Videlle, *s. f.* instrument de pâtissier à roulette pour couper la pâte. G. C. * outil de confiseur pour vider les fruits, t. de confiseur. B. * Videle. R.
Vider, *v. a.* dé. e, *p.* rendre vide; ôter ce qu'il y a dans une chose; terminer, finir par un jugement, etc.; déloger, sortir d'un lieu; percer à jour; purger, évacuer. (se), *v. r.* * Vuider. T.
Vidercome. voyez Vidrecome. RR.
†Vidian. enne, *adj. Vidianus.* (nerf, artère) du conduit vidius.
Vidimer, *v. a.* mé. e, *p.* t. de prat. collationner à l'original.
Vidimus, *s. m.* t. de prat. titre collationné à l'original.
Vidomnat, *s. m.* qualité de vidomne. V.
Vidomne, *s. m.* V. * lieutenant du seigneur. B.
Vidrecome, *s. m.* grand verre à boire. * ct Vilcom. R.
Viduité, *s. f. Viduitas.* veuvage.
Vidure, *s. f.* ouvrage à jour; ce qu'on ôte de quelque chose. G. C.
Vie, *s. f. Vita.* état des êtres qui ont le principe du mouvement, sa durée; espace de temps de la naissance à la mort; manière dont on se nourrit; la conduite, les mœurs; ce à quoi l'existence est attachée; histoire de la vie d'un homme; crierie avec querelle. * t. de salines, chemin, chaussée. B.
Vie (eau-de-), *s. f.* liqueur tirée du vin, etc.
Vied'ase, *s. m.* (*populaire*) visage d'âne. * Viédase. A. C. C. R. CO.
Vieil. vieux. vieille, *adj. Vetus.* qui a duré, qui dure depuis long-temps; fort avancé en âge; usé; ancien; antique.
Vieillard, *s. m. Senex.* qui est dans le dernier âge de la vie. * ou Mone, espèce de singe. B. Vieillard. V.
Vieille, *s. f. Anus.* celle qui est dans la vieillesse; poisson du genre du baliste. * monnoie d'argent françoise. B.
Vieillement, *adv.* à la manière des vieilles. V. * d'une manière vieille. R.
Vieillerie, *s. f.* (*famil.*) choses vieilles et usées. * *s. f. pl.* G. C. idées rebattues. AL.
Vieillesse, *s. f. Senectus.* dernier âge de la vie; vieilles gens.
Vieillir, *v. a. Senescere.* li. e, *p.* rendre, faire paroître vieux, *v. n.* devenir, paroître vieux; passer sa vie dans un emploi.
Vieillissement, *s. m.* état de ce qui vieillit; acheminement à la vieillesse. A.
Vieillot. te, *adj. Vetulus.* qui commence à devenir vieux. * Vieillot. e. R. G. C.
Vielle, *s. f. Sambuca.* instrument de musique; * poisson du genre du baliste. *Vetula.* B.
Vieller, *v. n.* jouer de la vielle. * user de longueurs inutiles. CO. Viéler. RICH.
Vielleur. se, *s. Sambucen.* qui joue de la vielle. * insecte qui imite le bruit de la vielle. B. Viéleur. se. RICH. V.
†Vienne, *s. f.* lame d'épée faite à Vienne en Allemagne.
†Viennois. e, *adj. s.* de Vienne. R.
†Vientrage, *s. m.* droit sur les boissons, les denrées.

Vierg, *s. m.* premier magistrat d'Autun. R.
Vierge, *adj.* 2 *g.* *s. f.* *Virgo.* qui a vécu dans une continence parfaite; t. d'astron. signe du zodiaque; t. d'agric. qui n'a pas été labouré; t. de métalurgie, de cirier, qui n'a pas été fondu. * souillé, employé. B.
†Viertel, *s. m.* mesure de grains allemande.
Vieux. *Senex.* voyez Vieil.
Vieux-oing, *s. m.* panne de porc battue.
Viez, *adj.* (*vieux*) vieux. V.
Vif, *s. m.* la chair vive; le cœur d'un arbre.
Vif. ve, *adj.* *Vivus.* vivant; qui a beaucoup d'activité; qui fait une impression violente; animé.
Vif-argent, *s. m.* *Hydrargyrum.* métal liquide, ou mercure. * *et* Argent-vif. AL.
Vigeon, *s. m.* voyez Vigogne. R. voyez Vingeon. RR.
Vigie, *s. f.* t. de mar. sentinelle.
Vigilamment, *adv.* *Vigilanter.* avec vigilance; attentivement. * Vigilament. R.
Vigilance, *s. f.* *Vigilantia.* attention; activité.
Vigilant. e, *adj.* *Vigilans.* soigneux; attentif, appliqué.
Vigile, *s. f.* *Vigilia.* t. de liturgie, veille de certaines fêtes.
Vignage, *s. m.* droit seigneurial. R.
Vignat, *s. m.* grosse coquille. R.
Vigne, *s. f.* *Vitis.* plante qui porte le raisin; L. 293. terre plantée de vigne; maison de plaisance en Italie. * — de Judée, Douce-amère. — vierge. *Hedera quinquefolia.*
Vigneron, *s. m.* *Vinitor.* qui cultive la vigne. * Vigneron. ronne. V. -rone. R.
Vignette, *s. f.* petite estampe. * Vignete. R.
Vignoble, *s. m.* *Vinetum.* lieu, pays planté de vignes.
†Vignolette, *s. f.* petite vigne.
†Vignot, *s. m.* Biourneau, coquillage du genre des limaçons; table pour étaler la morue sortant de l'eau.
Vigogne, Vicogne, *s. m.* animal qui tient du mouton et de la chèvre. * *s. f.* A.
Vigogne, *s. f.* laine de vigogne.
Vigordan, *s. m.* langue du Bigorre. R.
Vigotte, *s. f.* t. d'artil. planche trouée, modèle pour choisir les boulets. T. R. * Vigote. AL.
Vigoureusement, *adv.* *Acriter.* avec force, vigueur.
Vigoureux. se, *adj.* *Validus.* qui a de la vigueur; fort, robuste; courageux.
Viguerie, *s. f.* juridiction, charge de viguier.
Vigueroux, *adj.* (*vieux*) vigoureux. V.
Vigueur, *s. f.* *Robur.* force pour agir; courage; ardeur jointe à la fermeté, à la force.
Viguier, *s. m.* (*vieux*) ancien juge ou prévôt dans le midi de la France. * Viguier. ere. R.
Vil. e, *adj.* *Vilis.* abject, méprisable.
Vilain. e, *adj.* *s. m.* *Injucundus.* qui n'est pas beau; sale; désagréable; déshonnête; infâme; dangereux; avare; (*vieux*) paysan, roturier. * Meunier, poisson; vautour de Malte. B.
Vilainement, *adv.* *Injucundè.* d'une manière vilaine.
†Vilchoura *ou* Wildschourats, *s. m.* robe fourée. RR. Vitchoura. A. voyez Vitchoura.
Vilcom. voyez Vidrecome.
Vilebrequin, *s. m.* *Terebellum.* outil pour percer, trouer. * *ou* Virebrequin. B.
Vilement, *adv.* (*inus.*) d'une manière basse et vile.
Vilené, *adj.* t. de blason, se dit du lion dont on voit le sexe.
Vilenie, *s. f.* *Illuvies.* ordure, saleté; nourriture mal-saine; obscénité; avarice sordide; actions basses.
Vileté, *s. f.* *Vilitas.* qualité de ce qui est vil, de peu d'importance, à bas prix. * *et* Vilité. A.
Vilipender, *v. a.* dé. e, *p.* (*famil.*) déprimer; traiter de vil; mépriser.
Villace, *s. f.* grande ville mal peuplée, mal bâtie.
Village, *s. m.* *Pagus.* assemblage de maisons de paysans, sans murs ni fossés.
Villageois. se, *adj.* *s.* *Vicanus.* habitant de village.
Villanelle, *s. f.* sorte de poësie pastorale. * Villanele. R.
†Villaquerie, *s. f.* canaille, troupe de coquins; lâcheté.
†Villatique, *adj.* 2 *g.* de la contrée, qui lui appartient, qui lui ressemble.
Ville, *s. f.* *Urbs.* assemblage d'un grand nombre de maisons disposées par rues et souvent fermées d'une même clôture; ses habitans.
Villégiature, *s. f.* séjour à la campagne. B.
Villénage, *s. m.* droit féodal sur les vilains pour le transport de choses viles. RR.
Villette, *s. f.* très-petite ville, (*familier*). * Villete. R. Villote. V. *et* Villotte. AL.
Villeune, *s. f.* (*vieux*) vieillesse. V.
Villicain, *adj.* *s.* (*vieux*) concierge; économe. V.
Villoner, *v. a.* -né. e, *p.* tromper. V.
†Villonerie, *s. f.* tromperie. (*vieux*).
†Villotier, *s. m.* vagabond; pauvre, errant.
Villotière, *s. f.* fille ou femme galante. V.
Vimaire, *s. f.* dégât causé dans les forêts par les ouragans; orage.
†Vimba, *s. f.* Vimbre, poisson du genre du cyprin, du salmone.
Viminal. e, *adj.* (colline, rue) de l'ancienne Rome. R. G. C.
Vin, *s. m.* *Vinum.* liqueur qu'on tire du raisin, etc. sa force, son goût.
Vinade, *s. f.* droit sur le vin. T. V.
Vinage, *s. m.* t. de féodalité. R. G. C.
Vinaigre, *s. m.* *Acetum.* vin rendu aigre.
Vinaigrer, *v. a.* assaisonner avec du vinaigre. -gré. e, *p. adj.* piquant, acide.
†Vinaigrerie, *s. f.* laboratoire dans une raffinerie pour distiller.
Vinaigrette, *s. f.* *Acetaria.* sauce où il entre du vinaigre; espèce de brouette couverte. * Vinaigrere. R.
Vinaigrier, *s. m.* qui fait ou vend du vinaigre; vase pour le vinaigre. * *ou* Sumac, arbrisseau; scorpion aquatique. B.
†Vination, *s. m.* arbrisseau épineux.
Vindas, *s. m.* *Ergata.* t. de marine, cabestan; treuil pour rouler un câble.
Vindemiaire, *s. m.* voyez Vendémiaire. RR.
†Vindenne, *s. f.* *ou* Vintaine, grosse corde.
Vindicatif. ve, *adj.* qui ne pardonne pas; porté à se venger.
Vindication, *s. f.* (*vieux*) vengeance.
Vindicte (publique), *s. f.* t. de prat. poursuite d'un crime.
Vinée, *s. f.* *Vindemia.* ce qu'on recueille de vin dans une année.
†Vinetiers, *s. m. pl.* famille des épines-vinettes.
Vineux. se, *adj.* *Vinosus.* qui sent le vin; qui en a la couleur; (pêche, melon).
Vingeon, *s. m.* espèce de canard siffleur. * *ou* Gingeon. RR.
Vingt, *adj.* *Viginti.* deux fois dix; vingtième.
Vingtaine, *s. f.* *Viginti.* nombre de vingt. * corde pour diriger la pierre que l'on enlève. B.
Vingtième, *adj.* 2 *g.* *s. m.* *Vigesimus.* nombre ordinal; vingtième partie; impôt. * Vingtieme. R.
†Vinomètre, *s. m.* instrument pour connoître la qualité du vin.
Vintaire, *s. f.* t. de maçon. R.
Vintang, *s. m.* arbre incorruptible du Malabar. T.
Vintin, *s. m.* monnoie de compte. R.
†Vintsi, *s. m.* martin-pêcheur des Philippines.
Vinula, *s. f.* très-belle chenille couleur de vin, à queue fourchue.
Viol, *s. f.* violence que l'on fait à une fille, à une femme dont on jouit de force.
Violat, *adj.* où il entre de la violette. (sirop).
Violateur. trice, *s.* *Violator.* qui enfreint quelque loi, etc. *féminin inusité.*
Violation, *s. f.* action de violer, d'enfreindre un engagement.
Viole, *s. f.* *Cithara.* instrument de musique.
Violement, *s. m.* *Violatio.* contravention à ce qu'on doit observer; viol; t. de pratique.
Violemment, *adv.* *Violenter.* avec violence, force, impétuosité.
Violence, *s. f.* *Violentia.* qualité de ce qui est violent; impétuosité, etc.; force dont on use contre le droit commun.
Violent. e, *adj.* *Violentus.* impétueux; qui agit avec force, impétuosité; trop rude, trop difficile.
Violenter, *v. a.* *Compellere.* té. e, *p.* contraindre; faire faire par force.
Violer, *v. a.* *Violare.* -lé. e, *p.* enfreindre; agir contre; faire violence à une femme, à une fille.
Violet, *s. m.* *Ianthinus.* couleur pourpre tirant sur le bleu foncé. * arbre des Indes à bois violet, odeur de violette. B.
Violet. te, *adj.* *Violaceus.* de couleur de violette. * Violet. lete. R. *s. m.* cette couleur. CO.
Violette, *s. f.* *Viola.* Violier commun à feuille émolliente, fleur rafraîchissante, laxative, cordiale; semence purgative, diurétique, pectorale: l'acide change sa teinture en rouge, l'alcali en vert; fleur printanière, bleue, odorante. * Violete. R.
Violier, *s. m.* *ou* Giroflier, plante. voyez Giroflée.
Violon, *s. m.* instrument de musique; celui qui en joue. *Fidicen.* * outil de métiers; prison contigue à un corps de garde. — quinte, alto-basso. B.
Violoncelle, *s. m.* instrument à cordes, basse du violon. * celui qui en joue. B. Violoncele. R. prononcez Violonchelle. CO. RR.
Viorne, Bourdaine-blanche, *s. f.* *Viburnum.* Hardeau, Mancienne, plante à baies rafraîchissantes, vulnéraires, astringentes pour les inflammations.
Vipère, *s. f.* *Vipera.* méchant, calomniateur. * serpent du 3e. genre, vivipare, dangereux; le sel volatil est l'antidote, en le buvant et le versant sur la blessure. B. Vipere. R.
Vipéreau, *s. m.* petit d'une vipère. * Vipereau. CO.
Vipérine, *s. f.* Langue de bouc, Échium, Herbe aux vipères, plante.
Virago, *s. f.* fille ou femme de grande taille et qui a l'air d'un homme (*familier*).
†Virebonquet, *s. m.* cheville pour arrêter la défense, t. de couvreur.
Virelai, *s. m.* ancienne poësie françoise sur deux rimes avec des refrains.
Virement, *s. m.* t. de commerce, transport d'une dette active; action de virer.
Virer, *v. a. n.* *Circuire.* ré. e, *p.* tourner; aller en tournant; t. de marine, tourner d'un côté sur l'autre. * (tourner et virer); questionner pour faire parler. AL.

Vires, *s. m. pl.* t. de blason, plusieurs anneaux concentriques.
†Vireton, *s. m.* espèce de flèche à pennons croisés qui tournoyoit en l'air.
Vireur, *s. m.* celui qui vire, t. de papeterie. R.
Vireveau, *s. m.* machine pour lever l'ancre; bois pour aider à tourner des cordes. C. RR. * Virevau. G.
Vire-volte, *s. f.* *Volutatio.* t. de manége, tour et retour fait avec vitesse. * Virevolte, Virevouste. A.
Virevousse, Virevoute, *s. f.* voy. Vire-volte. V.
Virgilien, *adj.* de Virgile. T. V.
Virginal. e, *adj.* *Virginalis.* qui appartient, qui a rapport à une vierge.
Virginité, *s. f.* *Virginitas.* état d'une personne vierge.
Virgouleuse, *s. f.* poire d'hiver.
Virgule, *s. f.* *Virgula.* signe de ponctuation (,).
Virguler, *v. a.* lé. e, *p.* mettre des virgules. R.
†Virgulte, *s. f.* branche d'un jeune rejeton; touffes de nouveaux jets.
Virhoule *ou* Verhoule, *s. f.* t. de marine. R.
Viril. e, *adj.* *Virilis.* qui est d'homme, qui appartient à l'homme. * de la virilité. B.
Virilement, *adv.* *Viriliter.* courageusement; d'une manière virile.
Virilité, *s. f.* *Virilitas.* âge d'un homme fait; capacité d'engendrer dans l'homme.
†Viripotente, *adj. f.* bonne à marier (*vieux*).
Virole, *s. f.* *Carchebus.* petit cercle de métal autour du manche.
Virolé. e, *adj.* t. de blason, qui porte des anneaux.
Virolet, *s. m.* t. de marine, noix de bois dans le hulot du gouvernail. R. G. C.
†Viroleur, *s. m.* ouvrier qui ne fait que des viroles.
†Vironner, *v. n.* tourner autour.
Virtualité, *s. f.* qualité de ce qui est virtuel.
Virtuel. le, *adj.* qui a la puissance d'agir sans l'exercer. * Virtuel. tuele. R.
Virtuellement, *adv.* d'une manière virtuelle. * Virtuélement. R.
Virtuose, *s. 2 g.* qui a des talens pour les beaux arts, particulièrement pour la musique.
Virulence, *s. f.* qualité de ce qui est virulent. A.
Virulent. e, *adj.* qui a du virus, du fiel; (satyre).
Virure, *s. f.* t. de marine, R. rang de cordage. CO.
Virus, *s. m.* t. de médecine, venin des maux vénériens, etc.
Vis. *s. f.* *Cochlea.* pièce cannelée en spirale; sorte d'escalier. * coquillage univalve, turriculé, en spirale. *Turbo-strombus.* B.
Vis-à-vis (de), *adv. prép.* *Ex adverso.* en face; à l'opposite. *s. m.* sorte de voiture.
Visa, *s. m.* formule qui rend l'acte authentique; t. de droit canon, lettres.
Visage, *s. m.* *Vultus.* face de l'homme; l'air du visage; la personne même.
Visagere, *s. f.* le devant du bonnet d'une femme. R. * t. de palais, qui tient au fond. AL.
Viscéral. e, *adj.* *Visceralis.* qui appartient aux viscères, A. * qui les fortifie. B.
Viscère, *s. m.* *Viscus.* partie intérieure du corps. *pl.* les entrailles. * Viseere. R.
Viscosité, *s. f.* *Lentor.* qualité de ce qui est visqueux.
Visée, *s. f.* direction de la vue à un certain point pour adresser un coup.
Viser, *v. a.* *Collineare.* sé. e, *p.* mirer; regarder; voir; mettre le visa; examiner. *v. n.* mirer, avoir en vue.
Visibilité, *s. f.* qualité qui rend une chose (l'église) visible, t. didactique.
Visible, *adj.* *Visibilis.* qui se voit, peut se voir; évident; clair; manifeste.
Visiblement, *adv.* *Apertè.* d'une manière visible; manifestement; évidemment.
Visière, *s. f.* *Bucculà.* bouton sur le canon du fusil; pièce d'un casque. * (*familier*) l'esprit, la pensée. AL. Visiere. R.
Visif, *s. m.* faculté de voir. V.
Visif. ve, *adj.* qui a la puissance de voir. R.
Visigoth, *s. m.* homme grossier, sauvage. R. G. C.
Vision, *s. f.* *Visum.* action de voir; révélation faite aux prophètes, etc.; idée folle.
Visionnaire, *adj. 2 g. s.* qui a des idées folles, extravagantes. * Visionaire. R.
Visir, Vizir, *s. m.* ministre du grand-seigneur. * homme en place, hautain, absolu. B.
Visirat, Vizirat, *s. m.* place, office de visir, sa durée. G. C. * *ou* Viziriat. V.
Visirial, Vizirial. e, *adj.* qui concerne un visir. V.
Visitance, *s. f.* (*vieux*) visite. V.
Visitandine, *s. f.* religieuse de la Visitation. R.
Visitation, *s. f.* fête des Catholiques.
Visitatrice, *s. f.* religieuse chargée de visiter. R.
Visite, *s. f.* *Aditus.* action d'aller voir par civilité, devoir, etc.; perquisition; recherche; examen d'experts; visite d'un médecin. * *pl.* personnes qui viennent voir. B.
Visiter, *v. a.* *Visere.* té. e, *p.* rendre visite; aller voir; faire un examen, une perquisition. * *et neutre.* AL.
Visiteur, *s. m.* *Inspector.* qui a la charge de visiter, t. claustral.
†Visnage, Fenouil-annuel, *s. m.* Herbe-aux-gencives, *Visnaga.* plante ombellifère.
Vison, *s. m.* espèce de fouine d'Amérique. G.
Vison-visu *ou* Visum-visu, (*populaire*) pour l'avoir vu, v. de ses propres yeux. B.
Visorion, *s. m.* t. d'imprimerie, planchette pour tenir la copie. * Visorium. A. R.
Visqueux. se, *adj.* *Glutinosus.* gluant; tenace. * *s. m.* serpent du 5e. genre. B.
Visser, *v. a.* sé. e, *p.* attacher avec des vis.
Visuel. le, *adj.* qui appartient à la vue. * *f.* Visuele. R.
Vitaille, *s. f.* (*vieux*) viande, vivres. V. RR.
Vital. e, *adj.* *Vitalis.* nécessaire à la conservation de la vie.
Vitchoura, *s. m.* vêtement garni de fourrures. A. * *ou* Vidschoura, Vilchoura, Vitschoura, Wildschoura. RR.
Vite, *adj. 2 g.* *Celer.* qui a de la vitesse. *adv.* *Celeriter.* avec célérité; tôt; promptement. * Vîte. A. R.
Vitelots, *s. m. pl.* masse de pâtissier, V. * pâtisserie. R.
Vîtement, *adv.* *Citò.* vîte. * Vitement. A. R.
Vîtesse, *s. f.* *Velocitas.* célérité; grande promptitude. * Vitesse. A. R.
Vitex, *s. m.* Agnus-castus, plante.
†Viticole, *s. m.* vigneron (*vieux*).
Vitonières, *s. f. pl.* canaux à fond de cale pour l'égoût des eaux; Bitonnières *ou* Anguillers. G. C. * -tonieres. R. -tonnieres. RR.
Vitrage, *s. m.* *Vitrea.* les vitres d'un bâtiment.
Vitrail, *s. m.* grande fenêtre d'église. R.
Vitraux, *s. m. pl.* les grandes vitres des églises.
Vitre, *s. f.* *Vitrea.* pièce de verre à une fenêtre; carreau; première partie de l'œil du cheval. * — chinoise, huître transparente. B.
Vitré. e, *adj.* *Vitreus.* qui a des vitres; t. d'anatomie, couleur de verre.
Vitrec, *s. m.* Cul-blanc, Motteux, petit oiseau de passage.
Vitrer, *v. a.* tré. e, *p.* garnir de vitres.
Vitrerie, *s. f.* art, commerce de vitrier.
Vitrescible. voyez Vitrifiable.
Vitreux. se, *adj.* qui a de la ressemblance avec le verre, de sa nature, t. de chimie.
Vitrier, *s. m.* qui travaille en vitres.
†Vitrière, *s. f.* fer plat en verge.
Vitrifiable, Vitrescible, *adj. 2 g.* propre à être changé en verre.
Vitrification, *s. f.* conversion en verre, son effet; action de vitrifier.
Vitrifier, *v. a.* -fié, e, *p.* convertir en verre.
Vitriol, *s. m.* *Chalcantum.* sel astringent formé par l'union d'un métal avec l'acide vitriolique.
Vitriolé. e, *adj.* fait avec de l'esprit de vitriol; où il y a du vitriol.
Vitriolique, *adj. 2 g.* du vitriol, de sa nature. * (acide —), *s. m.* *Chalcanthinus.* acide semblable à l'eau, composé d'air, de feu, de terre vitrifiable et d'un peu d'eau. B.
†Vitriolisation, *s. f.* formation du fer sulfaté.
Vitulicole, *s. m.* qui adore un veau, un taureau. R.
Vitupère, *s. m.* (*vieux*) blâme. * Vitupere. R.
Vitupérer, *v. a.* ré. e, *p.* (*vieux*) blâmer.
Vivace, *adj. 2 g.* *Vivax.* qui a en soi les principes d'une longue vie.
Vivacité, *s. f.* *Alacritas.* promptitude; activité; ardeur; brillant de l'esprit; force des passions; éclat des couleurs. *pl.* emportemens légers et passagers.
Vivandier. ère, *s.* qui vend des vivres aux troupes et les suit. * Vivandier. ere. R.
Vivant (mal-), *s. m.* homme de mauvaise vie.
Vivant. e, *adj. s. m.* *Vivens.* qui vit. * (bon-), qui réjouit, qui aime le plaisir. (mal-), de mauvaise vie. B.
Vivarois. e, *adj. s.* du Vivarès. R.
Vivat, *s. m.* *interj.* cri d'applaudissement.
Vive, *s. f.* *Draco marinus.* poisson de mer, du genre de la trachine.
Vive! *interjection qui exprime la joie, l'admiration. Vivat.*
†Vive (qui—), *s. m.* t. militaire, pour reconnoître; état d'alarme, de défiance.
Vive-jauge, *s. f.* (labourer à), très-avant. T.
Vive-la-joie, *s. m.* bon vivant. AL.
†Vive-le-roi, *excla. s. m. pl. pour exprimer le desir de la conservation des jours d'un roi.*
Vive-pâture, *s. f.* t. de coutume. R.
Vivelle, *s. f.* Scie de mer, poisson. C. * petit réseau fait à un trou dans une toile. T. G.
Vivement, *adv.* *Strenuè.* avec ardeur; sans relâche; sensiblement.
Vivier, *s. m.* *Piscina.* où l'on met du poisson pour peupler.
Vivifiant. e, *adj.* *Vitalis.* qui vivifie, qui ranime.
Vivification, *s. f.* action de vivifier.
Vivifier, *v. a.* fié. e, *p.* donner la vie, la vigueur, la force. * donner la fluidité. C.
Vivifique, *adj. 2 g.* *Vivificus.* (*inusité*) qui a la propriété de vivifier.
Vivipare, *adj. 2 g.* *Viviparus.* (animal), qui met au monde ses petits tout vivans. * t. de botanique, qui produit des rejetons feuillés. *s. m.* poisson du genre du blenne. B.
Vivoter, *v. n.* *Victitare.* (*familier*) vivre pauvrement, avec peine.
Vivre, *v. n.* *Vivere.* être en vie; durer; subsister; se nourrir; dépenser; passer sa vie; se conduire; se comporter; être soumis à; être sujet de.
Vivre, *s. m.* *Victus.* provision de bouche; nourriture. *pl.* *Cibaria.* entreprise pour la fourniture des vivres. * Vivres, *s. m. pl.* G. C. entreprise de ceux qui les fournissent; t.

militaire. AL. T. Vivres-pain, Vivres-viande. B.

Vivré. e, *adj.* t. de blason, à replis carrés.

Vizir, Viziral, Vizirat. voyez Visir, etc.

Vocable, *s. m.* (*vieux*) mot. V.

Vocabulaire, *s. m.* *Dictionarium.* recueil alphabétique des mots d'une langue, d'une science, avec une explication succincte.

Vocabuliste, *s. m.* (*inusité*) auteur d'un vocabulaire.

Vocal. e, *adj.* *Vocalis.* qui s'exprime par la voix.

Vocalement, *adv.* d'une manière où l'on entend la voix. R. G. C.

Vocatif, *s. m.* *Vocativus.* t. de grammaire, cas dont on se sert pour adresser la parole.

Vocation, *s. f.* *Vocatio.* mouvement intérieur par lequel Dieu appelle à un genre de vie; inclination pour un état; penchant; disposition; talent marqué.

Vocaux, *s. m. pl.* t. ecclésiastique, ceux qui ont droit de donner leurs voix. R. G. C.

Vociférations, *s. f. pl.* paroles accompagnées de clameurs. A.

Vociférer, *v. a.* parler avec clameurs dans une assemblée. A.

Vœu, *s. m.* *Votum.* promesse faite à Dieu; offrande promise; chose offerte; voix; suffrage; souhait; désir.

Voglie (bonne), *s. m.* qui se loue pour ramer sur une galère. A. R.

Vogue, *s. f.* *Fama.* crédit; réputation; estime; grand cours; mode; t. de mar. mouvement imprimé par les rames.

Vogue-avant, *s. m.* espalier, rameur qui tient la queue de la rame.

Voguer, *v. n.* *Navigare.* être poussé sur l'eau par les rames; ramer.

Vogueur, *s. m.* *Ramex.* rameur.

Voici, *Ecce. prép. pour montrer ce qui est près.*

Voidie, *s. f.* (*vieux*) vue. V.

Voie, *s. f.* *Via.* chemin, route; voiture; moyen dont on se sert; charge, charretée, mesure; t. d'anat. vaisseaux; t. de chimiste, manière d'opérer; t. de chasse. * passage de la scie. — lactée, *s. f.* t. d'astron. multitude innombrable d'étoiles dont la réunion forme une nuée lumineuse. B.

†Voie-sèche, *s. f.* dissolution de l'argent par le soufre.

Voilà, *Ecce. prép. pour montrer ce qui est un peu loin.*

Voile, *s. m.* étoffe qui sert à cacher quelque chose; t. claustr. couverture de tête; grand rideau; apparence spécieuse; prétexte.

Voile, *s. f.* *Velum.* t. de marine, toile pour opposer au vent. *pl.* vaisseaux.

Voilé. e, *adj.* *Velatus.* couvert d'un voile; qui a pris le voile; caché, couvert. * (voix) qui n'est pas claire. B.

Voiler, *v. a.* *Velare.* lé. e, *p.* couvrir d'un voile, cacher d'un voile; donner le voile à une fille; couvrir, cacher. (se), *v. r.* t. d'orfévrerie, plier, céder aisément.

Voilerie, *s. f.* lieu où l'on raccommode les voiles.

Voilier, *s. m.* qui travaille aux voiles d'un vaisseau.

Voilier, *adj. m.* (bon, mauvais), vaisseau qui navigue bien ou mal. * *substantif.* AL.

Voilure, *s. f.* t. de marine, toutes les voiles; manière de placer, de porter, de fabriquer les voiles.

Voir, *v. a.* *Videre.* vu. e, *p.* recevoir les images des objets par les yeux; faire visite; regarder; examiner; observer; fréquenter; remarquer, s'apercevoir; connoître par les sens; s'informer; essayer; éprouver; juger; inspecter; avoir soin. * entendre. G. (se), *v. r.* se regarder, se fréquenter.

Voire, *adv.* (*vieux*) vraiment; même.

Voirement, *adv.* (*vieux*) à la vérité. G. C.

Voirie, *s. f.* grand chemin (*vieux*); charge de voyer, *Cloaca*; lieu où l'on porte les immondices; t. de boucher, parties inutiles, sang. * *et* Voierie. R.

Voisin. e, *adj. s.* *Vicinus.* qui est proche; qui demeure auprès; qui loge auprès d'un autre.

Voisinage, *s. m.* *Vicinia.* proximité; lieux proches; les voisins.

Voisinance, *s. f.* (*vieux*) voisinage. V.

Voisiner, *v. n.* (*famil.*) fréquenter ses voisins.

Voiture, *s. f.* *Carrus.* ce qui sert au transport des personnes, des marchandises; carrosse; leur contenu, leurs frais.

Voiturer, *v. a.* *Vectare.* ré. e, *p.* transporter par des voitures.

Voiturier, *s. m.* qui conduit une voiture.

Voiturin, *s. m.* en Italie, loueur, conducteur de chevaux, de carrosses. * Vetturin. R.

Voituriser, *v. n.* imiter Voiture, auteur françois. R. * *v. a.* RR.

Voix, *s. f.* *Vox.* son de la bouche qui exprime la pensée; son harmonieux pour exprimer une passion; cris et clameurs; chanteur; suffrage; avis; opinion; * sentiment, jugement. B.

Vol, *s. m.* *Furtum.* action de celui qui dérobe; chose volée; chasse au vol; mouvement des ailes pour voler, *Volatus.* ce qui l'imite, chant. (demi-), t. de blason, une aile.

Volable, *adj. 2 g.* (*peu usité*) qui peut être volé.

Volage, *adj. 2 g. s.* *Volaticus.* léger; inconstant; changeant.

Volaille, *s. f.* *Volatile pecus.* tous les oiseaux domestiques.

Volailler, *s. m.* marchand de volailles. R.

Volant. e, *adj.* *Volans.* qui a la faculté de se soutenir en l'air; qui s'élève en l'air; qui n'est pas stable, à demeure, (camp).

Volant, *s. m.* morceau de liége garni de plumes avec lequel on joue; habit sans doublure; t. de mécan. pièce de la croix d'une manivelle; aile de moulin. *pl.* branches pour placer les gluaux. * poisson du genre du trigle, du gastré, du pégase. — plante aquatique. B.

Volatil. e, *adj.* *Volatilis.* qui se résout et se dissipe par l'action du feu.

Volatile, *s. m.* *Volatiles.* animal qui vole. * *et adj.* AL.

Volatilisation, *s. f.* *Attenuatio.* action de volatiliser.

Volatiliser, *v. a.* *Attenuare.* sé. e, *p.* rendre volatil.

Volatilité, *s. f.* *Volatilitas.* qualité de ce qui est volatil. * se dit d'un esprit léger, inconstant, d'un projet. AL.

Volatille, *s. f.* (*famil.*) *Escariæ.* oiseau bon à manger.

Volcan, *s. m.* *Vulcanius.* montagne qui vomit du feu. * tête ardente, exaltée. B.

Vole, *s. f.* *Ereptus.* t. de jeu, toutes les mains; tout le profit. * *et* Volte. G.

Volée, *s. f.* *Volatus.* vol d'un oiseau; élévation; force; bande d'oiseaux qui volent; nichée; rang, qualité; branle des cloches; t. de jeu de paume; de meunier; de carrossier, partie antérieure d'un carrosse; t. milit. décharge de plusieurs canons. * pièce à laquelle on attache les palonniers. B.

Volée (à la), *adv.* inconsidérément; sans réflexion. * à-la-volée. C. au vol. B.

Voler, *v. a.* *Furari.* lé. e, *p.* prendre furtivement, par force; t. de fauc. chasser au vol. *v. n.* se soutenir, se mouvoir en l'air par le moyen des ailes; courir avec une grande vitesse. *Volare.*

Volereau, *s. m.* petit voleur. A. R. V.

Volerie, *s. f.* *Latrocinium.* larcin, pillerie; vol de l'oiseau, chasse à laquelle il est dressé.

Volet, *s. m.* *Foricula.* pigeonnier; tablette; panneau qui couvre une croisée; herbe aquatique; t. de mar. petite boussole; t. d'organiste, espèce de porte.

Voleter, *v. n.* *Volitare.* voler foiblement, à plusieurs reprises.

Volettes, *s. f. pl.* t. de man. rang de petites cordes à un réseau. G. C. * Voletes. R.

†Volette, *s. f.* petite claie sur les genoux pour éplucher la laine.

Voleur. se, *s.* *Latro.* fripon; qui vole, qui a volé; qui exige plus qu'il ne lui est dû.

Volfe *ou* Wolfe, *s. m.* t. de marine. R.

Volice, *s. f.* latte à ardoise. R. G. * Volige. AL.

Volière, *s. f.* *Aviarium.* lieu où l'on nourrit des oiseaux; petit colombier. * Voliere. R.

Volige, Volile, *s. f.* planche légère de bois blanc. voyez Volice.

Volition, *s. f.* acte par lequel la volonté se détermine; t. de l'école. * faculté pratique de vouloir, et se déterminer. K.

Volontaire, *s. m.* *Voluntarius.* qui sert volontairement dans les troupes. *adj. 2 g. s. m.* fait de franche volonté; qui ne veut faire que sa volonté.

Volontairement, *adv.* *Sponte.* sans contrainte.

Volonté, *s. f.* faculté de l'ame par laquelle elle se détermine; puissance par laquelle elle veut; acte de la volonté; disposition à l'égard de; discrétion, pouvoir d'autrui; ardeur. * l'une des principales facultés de l'homme. B.

Volontiers, *adv.* *Libenter.* de bon cœur; de bon gré. * facilement, aisément. AL.

Voloqueti, *s. m.* (*vieux*) salut. V.

Volte, *s. f.* *Circumactus.* t. de manége, mouvement du cheval en rond, sa trace; t. de marine, route; t. de fauc. cri en voyant le gibier; t. d'escrime, mouvement pour éviter le coup; t. de jeu. * danse, son air à trois temps. B.

Volté. e, *adj.* double; t. de blason.

Volte-face (faire), *s. f.* tourner visage à.

Volter, *v. n.* t. d'escrime, tourner le corps pour éviter le coup. * t. de teinturier, tortiller, rouler. CO.

Voltigement, *s. m.* action, effet de ce qui voltige.

Voltiger, *v. n.* *Volitare.* voler çà et là à plusieurs reprises; flotter au gré des vents; être léger, inconstant; changer souvent; faire des tours de souplesse; courir çà et là.

Voltigeur, *s. m.* *Schœnobates.* qui enseigne à voltiger; qui voltige sur la corde.

Voltiglole, *s. f.* cordon de la poupe. RR. * Voltisiole *ou* Massane. T.

Volubilis, *s. m.* nom de certaines plantes qui s'entortillent. R. G. C. * liseron. B.

Volubilité, *s. f.* facilité de se mouvoir, d'être mu en rond; articulation nette et rapide.

†Volucelle, *s. f.* *Volucella.* insecte, mouche du rosier.

Volue, *s. f.* t. de tisserand, petite fusée. R. G. C.

Volume, *s. m.* *Moles.* étendue, grosseur d'un corps; livre relié, broché.

Volumineux. se, *adj.* fort étendu; qui contient beaucoup de volume. * (auteur) très-fécond. AL. qui a fait beaucoup de volumes. K.

Volupté, *s. f. Voluptas.* plaisirs du corps; plaisirs illicites.
Voluptuaire, *adj.* 2 *g.* t. de prat. fait pour l'agrément (amélioration). RR.
Voluptueusement, *adv. Voluptuariè.* avec volupté.
Voluptueux. se, *adj. Voluptuarius.* qui aime, qui cherche la volupté; qui cause de la volupté.
Volute, *s. f. Voluta.* t. d'archit. écorce d'arbre tortillée en spirale; * *ou* Musique, coquille univalve en cône pyramidal. B.
Voluter, *v. a. Volutiri.* té. e, *p.* dévider le fil sur des fusées; faire des volutes. G. C.
†Volva, *s. f.* bourse, chemise, enveloppe du champignon. * Volve. AL.
†Volvaire, *s. f. Volvaria.* mollusque céphalé.
†Volvoce, *s. m. Volvox.* petit globe; vers infusoire qui tourbillonne sans cesse dans l'eau.
Volvulus, *s. m.* colique de miséréré; passion iliaque; intestins roulés, t. de méd. R. G. C. CO.
Vombare, *s. m.* papillon bigarré. G. C.
Vomer, *s. m.* t. d'anat. os qui sépare le nez en deux narrines. R. G. C. CO.
Vomique, *s. f. Vomica.* abcès du poumon qui fait cracher le sang.
Vomique, *adj.* (noix), *Nux vomica.* sorte de poison.
Vomir, *v. a. n. Vomere.* -mi. e, *p.* jeter par la bouche ce qui est dans l'estomac. * *v. a.* produire en grand nombre, en grande quantité. B.
Vomissement, *s. m. Vomitus.* action de vomir.
Vomitif, *s. m.* remède qui provoque le vomissement.
Vomitif. ve, *adj. Vomitorius.* qui fait vomir.
Vomitoire, *s. m.* (*vieux*) vomitif. *pl.* issues d'un spectacle, t. d'antiq.
Voquer, *v. a.* qué. e, *p.* préparer l'argile. R. V.
Vorace, *adj.* 2 *g. Vorax.* carnassier; qui dévore; qui mange avec avidité.
Voracité, *s. f.* avidité à manger.
Vorticelle, *s. f. Vorticella.* zoophite, vers infusoire; polypes en bouquets. M.
Votant, *s. m.* celui qui vote, A. * qui a droit de voter. B.
Votation, *s. f.* action de voter.
Vote, *s. m.* vœu émis; suffrage donné. A.
Voter, *v. n. Suffragari.* donner sa voix, son suffrage dans une élection, etc.
Votif. ve, *adj. Votivus.* qui a rapport à un vœu.
Votre, *Tuus. pron. possessif.*
Vôtre, *s. m. exemple*, *donnez* le vôtre.
Vouède, *s. m. Visatis.* plante pour la teinture, G. C. à feuilles moins larges que la guède. B.
Vouer, *v. a. Vovere.* voué. e, *p.* consacrer à Dieu; promettre d'une manière particulière; promettre par vœu. (se), *v. r.* se consacrer, se donner entièrement.
Vouge, *s. f.* t. de vén. épieu; t. d'agric. serpe à long manche. T. G. C. * *et* Vouge. B.
Voulance, *s. f.* (*vieux*) volonté. V.
Vouloir, *v. a. Velle.* -lu. e, *p.* avoir intention; avoir la volonté; désirer, souhaiter; consentir. *v. n.* avoir la volonté de; commander, exiger; être de nature à.
Vouloir, *s. m.* acte de la volonté; intention, dessein.
Voulou, *s. m.* espèce de canne d'Inde. R.
Voultis, *adj.* (*vieux*) agréable. V.
†Vource, *s. f.* voiture de chasse.
†Vourine, *s. f.* soie légis de Perse.
†Vourou-driou, *s. m.* espèce de coucou de Madagascar.
Vous, *pluriel du pronom* tu *ou* toi.

Voussoirs, Vousseaux, *s. m. pl.* t. d'architec. pierres en coin tronqué qui forment le cintre; courbure d'une voûte. * *sing.* G. C. AL.
Voussure, *s. f.* courbure, élévation d'une voûte.
Voûte, *s. f. Camera.* ouvrage de maçonnerie en arc.
Voûté. e, *adj. Incurvus.* qui a une voûte; en voûte; courbé; qui baisse le dos.
Voûter, *v. a. Concamerare.* té. e, *p.* faire une voûte. (se), *v. r.* se courber.
Voyage, *s. m. Iter.* chemin fait pour aller d'un lieu à un autre; allée et venue; séjour dans un lieu où l'on ne demeure pas; relation d'un voyageur.
Voyager, *v. n. Peregrinari.* faire un voyage; aller en pays lointain.
Voyageur. se, *s. Viator.* qui a voyagé; qui est actuellement en voyage. * qui va voyager. B.
Voyagiste, *s. m.* qui décrit un voyage. R.
Voyant, *s. m.* t. d'Ecriture-Sainte, prophète.
Voyant. e, *adj.* qui voit; qui brille, qui éclate. * (couleur) qui se fait remarquer. B.
Voyelle, *s. f. Vocalis.* lettre qui peut se prononcer sans l'aide d'aucune autre lettre. (a e i o u) * Voyele. B.
Voyer, *s. m.* officier préposé aux chemins.
Voyete, *s. f.* grande écuelle emmanchée pour la lessive. R.
Vrai. e, *adj. Verus.* véritable, conforme à la vérité; sincère; qui est tel qu'il doit ou que l'on dit être.
Vrai, *s. m. Verum.* la vérité.
Vrai, *adv.* à la vérité. *interrogation*, cela est-il vrai? *affirmation*, cela est vrai.
Vrai (au), *adv.* véritablement. * au-vrai. C.
Vraiment, *adv. Verè.* véritablement; effectivement.
Vraisemblable, *adj.* 2 *g. Verisimilis.* probable; qui a de la vraisemblance, de la probabilité. * Vrai-semblable. R.
Vraisemblablement, *adv. Credibiliter.* avec vraisemblance. * Vrai-semblablement. R.
Vraisemblance, *s. f. Verisimilitudo.* apparence du vrai; probabilité. * Vrai-semblance. R.
Vreder, *v. n.* aller et venir sans objet. * Vréder. G. C. RR. V. aller promptement à... s'empresser de voir. B.
†Vretac, *s. m.* manœuvre tenue par une herse.
Vrille, *s. f.* outil propre à percer. * Vrille. V.
Vriller, *v. n.* t. d'artificier, pirouetter en montant comme en vis. R. G. C.
†Vrillerie, *s. f.* art de faire des vrilles.
Vrilles, *s. f. pl. ou* Mains, liens avec lesquels les plantes s'attachent.
†Vrillette, *s. f. Byrrhus.* Perce-bois, petit scarabée.
Vrillier, *s. m.* qui fait des vis, des vrilles. R. G. C.
†Vrillon, *s. m.* petite tarière en vrille.
Vu, *s. m.* énumération des pièces produites et vues dans un procès. *conj.* à cause de; pour raison de; attendu; eu égard.
Vu que, *conjonction.* parce que; d'autant que. * Vu-que. C.
Vue, *s. f. Visus.* faculté de voir; les yeux; le regard; inspection de ce qu'on voit; manière dont on regarde un objet; étendue de pays que l'on voit; tableau qui représente une ville, un lieu, etc.; fenêtre, ouverture d'une maison; connoissance de l'esprit; dessein; but.
Vuidange. voyez Vidange. * lochie. *lochia.* B.
Vuide. Vuider, etc. voyez Vide. * *s. f.* canal de décharge, t. de métiers. B.
†Vulcain, *s. m.* beau papillon de jour.
Vulcanales, *s. f. pl.* fêtes de Vulcain. R.

Vulcanies, *s. f. pl.* fêtes de Vulcain. V.
Vulcaniser, *v. a.* sé. e, *p.* R. * rendre cocu. B.
Vulcanisme, *s. m.* état de celui dont la femme est infidelle. R. V.
†Vulcelle, *s. f. Vulcella.* mollusque acéphale, bivalve.
Vulgaire, *s. m.* peuple; les gens peu instruits. *adj.* 2 *g. Vulgaris.* commun; trivial; reçu communément.
Vulgairement, *adv. Vulgò.* communément.
Vulgate, *s. f. Vulgata.* traduction latine de l'Ecriture-Sainte.
Vulnérable, *adj.* 2 *g.* qui peut être blessé.
Vulnéraire, *adj.* 2 *g. s. m. Vulnerarius.* propre pour la guérison des plaies et des ulcères. *s. f.* plante recommandée pour la guérison des plaies. * — de Suisse. voy. Faltranck. B.
Vulpin, *s. m. Alopecurus.* Chiendent-queue de renard, plante graminée. L. 89.
†Vulpinades, *s. f. pl.* fêtes à Rome.
†Vulpine, *adj.* 2 *g.* fourbe, rusé.
Vulsonade, *s. f.* meurtre d'une femme surprise en adultère. T.
Vulve, *s. f. Vulva.* t. d'anatomie, orifice extérieur du vagin.

WOUW

†W, *s. m. ou* Double U, papillon. voyez double CC.
†Wallon, *s. m.* langage qui se parle dans le pays des Wallons.
†Warandir, *v. n.* garantir une marchandise.
†Warrant, *s. m.* décret en Angleterre.
Waterganck, *s. m.* fossé plein d'eau bourbeuse. R.
†Werste, *s. f.* mesure russe, 552 toises 1-2.
Westphalien. e, *adj. s.* de Westphalie. RR.
†Wey, *s. m.* poids anglois des laines.
Wicléfisme, *s. m.* hérésie de Wiclef. R.
Wigh, *s. m.* en Angleterre, parti opposé à la cour, au Toris. * Wighs. *pl.* R.
†Wimbe, *s. m.* poisson du genre du salmone.
Wisk, *s. m.* sorte de jeu. A. * *ou* Whist. R. *prononcez* ouisk.
Wiski, *s. m.* sorte de voiture légère et élevée. A. *prononcez* ouiski.
Wlans, Uhlans, *s. m. pl.* troupe polonoise et tartare. G. C. * *ou* Oullans. RR.
†Wolfram, Wolfart, *s. m.* mine de fer très-réfractaire.
†Wombat *ou* Womback, *s. m.* quadrupède herbivore de la Nouvelle Galle.
†Worabé, *s. m.* espèce de pinson d'Abyssinie.
†Wouwou, *s. m. Cinerea.* singe qui ressemble au gibbon et dont le corps est couvert d'une laine cendrée.

XERO

X, *s. m.* vingt-troisième lettre de l'alphabet.
Xalapa, *s. m.* racine purgative d'Amérique. T.
†Xannotier, *s. m.* qui est chargé du soin des canaux.
Xanthium., *s. m.* plante apéritive.
Xénélasie, *s. f.* interdiction faite aux étrangers du séjour d'une ville.
†Xénie, *s. f.* étrennes du jour de l'an.
†Xénomane, *s. m.* voyageur.
†Xéranthème, *s. m.* immortelle rouge.
†Xérasie, *s. f.* maladie des cheveux qui les change en duvet; alopécie.
Xérophagie, *s. f.* t. d'antiquité, usage des fruits secs. * Xérophagie. G. CO.
Xerophtalmie, *s. f.* Ophtalmie sèche, démangeaison, rougeur sans enflure. * Xérophtalmie.

mie. G. C. Xérophthalmie. R.
†Xilaloë, *s. m.* bois d'aloës.
†Xilobalsme, *s. m.* petite forêt d'arbres odoriférans.
†Xilocolle, *s. f.* Taurocolle.
†Xiphias, *s. m.* constellation australe; poisson.
†Xiphoïde, *s.m. adj. Xiphoides.* t. d'anatomie, la fourchette, cartilage au bas du sternum.
Xochicapal, *s. m.* arbre qui rend une liqueur odorante. G. C.
Xomolt, *s. m.* espèce de canard du Mexique. G.
Xutas, *s. m.* espèce d'oie des Indes. G. C.
†Xutus, *s. m.* espèce d'oie d'Amérique. T.
Xylon, *s. m.* plante qui porte le coton.
†Xylorgano, *s. m.* cylindres de métal que l'on frappe avec des petits marteaux, t. d'antiq. * Xilorgand. AL.
Xylosteum, *s. m.* arbrisseau des Pyrénées dont les baies sont émétiques. * Xylostéum. R. G. C. A. Xylostéon. V.
†Xyphion, *s. m.* plante.
Xystarque, *s. m.* officier des gymnases. V.
†Xyste, *s. m.* lieu d'exercice.
†Xystiques, *s. m. pl.* athlètes, gladiateurs qui combattoient en plein air.

YOLE

Y, *s. m.* y grec, 24ᵉ. lettre de l'alphabet. * papillon; outil de fer à long manche des glaciers, des verriers. B.
Y, *adv. Ibi.* dans cet endroit-là.
Y, *particule explétive.* à cet homme-là; à cela.
Yacht, *s. m.* petit navire à un pont. * Iacht. G. *ou* Yac. Iacht. R.
†Yaconda, *s. m.* poisson des Indes, couvert d'un têt.
†Yacos, *s. m. pl.* maladie endémique, pustuleuse en Afrique.
†Yacou, *s. m.* oiseau du Brésil. voy. Marail.
†Yapock, *s. m. Memina.* didelphe à pieds de derrière palmés, brun, trois lignes grises.
†Yappé, *s. m.* Queue de biche de Savanne, mauvaise herbe des Savannes.
Yapu, *s. m.* G. C. * Yapou, Cassique jaune, oiseau, pie du Brésil. B.
†Yard, *s. m.* mesure angloise de longueur, 33 pouces, 9 lignes, 34-100.
Yatisi, *s. m.* heure du coucher chez les Turcs. G.
†Yctomanie, *s. f.* fureur de battre.
Yèble *ou* Yable, *s. m. Sambucus ebulus.* Petit-sureau. * Sureau-plante, purgatif, astringent; les feuilles chassent les punaises. B.
Yeldis, *s. m.* t. de philosophie hermétique. G. C. * Yeldic. R. V.
Yélion, *s. m.* t. de philosophie hermétique. G.
Yenke, *s. f.* femme qui couche la mariée chez les Turcs. G. C.
†Yerdegerdique, *adj. 2 g.* (année) ancienne des Perses.
Yeuse, *s. f. Ilex.* espèce de petit chêne vert. * *et* Ieuse. R. G.
Yeux, *s. m. pl. de* œil, *Oculi.* trous dans les matières fermentées. (*badin*) lunettes. * Ieux. R.
Yeux d'écrévisses, *s. m. pl.* petites pierres rondes, aplaties dans l'estomac des écrévisses; absorbantes, apéritives, diurétiques, stomachiques. G. C.
†Yo, *s. m.* flûte chinoise.
Yoïde, *adj. 2 g.* t. d'anatomie. R.
Yolatol, *s. m.* poisson. G. * Yolatole, *s. m.* sorte de boisson.
†Yole, *s. f.* canot très-léger à voiles et à rames.

†Yolite, *s. f.* pierre de violette.
†Youc, *s. m. Yuca.* plante d'Amérique, d'ornement.
Ypécacuanha, *s. m.* voyez Ipécacuanha.
Ypréau, Ypereau, *s. m.* espèce d'orme à larges feuilles. G. C.
Ypsiloïde, *adj. 2 g.* t. d'anatomie. R.
Ytet, *adj.* tel. (*vieux*) V.
†Ytterby, *s. m. ou* Gadolinite, *s. f.* terre noire, éclatante, à éclat vitreux.
†Yttria, *s. f.* terre blanche, fine, sans saveur ni odeur, infusible.
†Yunx, *s. m.* oiseau.

ZEMN

Z, *s. m.* vingt-cinquième lettre de l'alphabet.
†Zabelle, *s. f.* Zibeline.
Zaccon, *s. m.* espèce de prunier de Jéricho.
Zacinthe, *s. f.* plante dont les feuilles sont excellentes contre les verrues. G. G.
Zagaie, *s. f.* javelot des Mores. * *ou* Zagaye. A.
Zagu, *s. m.* arbre semblable au palmier. C. G.
†Zahorie, *s. f.* faculté d'une vue très-perçante.
Zahotie, *s. f.* regard de lynx. V.
†Zail, *s. m.* voyez Borozail.
Zaïm, *s. m.* cavalier turc.
Zaïmet, *s. m.* fonds destiné à la subsistance du zaïm. R. G. C.
Zain, *adj.* (cheval) tout noir ou tout bai, sans aucune marque de blanc.
Zambre, *adj. 2 g.* (enfant) né de mulâtre et de noir. V. * Zambe. R.
Zambrelouque, *s. m.* espèce de robe. V.
†Zampogne, *s. m.* chalumeau, instrument de musique.
Zani, *s. m.* bouffon en Italie.
†Zanline, *s. m. Argyrops.* poisson du genre du spare.
†Zanoé, *s. m.* espèce de pie du Mexique.
Zaphar, *s. m.* R. * faucon de la plus belle espèce. T.
Zèbre, *s. m. Zebra.* quadrupède, âne rayé. * Zebre. R. poisson du genre du chétodon. *Trioslegus.* B.
Zébu, *s. m.* quadrupède. L. * petite espèce de bison. B.
†Zédaron, *s. m.* étoile sur la poitrine de Cassiopée.
†Zéder, *v. n.* vuider, dépouiller les animaux. (*vieux*).
Zédoaire, *s. m Zedoaria.* plante aromatique, sa racine. * — longue. — ronde, contrepoison, pour la peste; spécifique pour les coliques; hystérique, sudorifique, stomachique, antiscorbutique pour la paralysie, l'apoplexie; espèce de gingembre. B.
†Zées, *s. m. pl. Zeus.* poissons torachiques à membrane verticale et transversale sous la lèvre supérieure.
Zélandois, e, *adj. s.* de Zélande. RR.
Zélateur, trice, *s.* qui agit avec beaucoup de zèle pour la patrie, la religion.
Zèle, *s. m.* affection ardente pour quelque chose. * Zele. R.
Zélé, e, *adj.* qui a du zèle, de l'ardeur, de la ferveur.
Zéleur, *s. m.* t. claustral. V.
†Zélote *ou* Zélotype, *s. m.* jaloux.
†Zélotopie, *s. f.* jalousie ardente.
†Zélotypie, *s. f.* zèle outré.
†Zemni, *s. m. Mus typhlus.* espèce de belette, quadrupède plus petit que le chat, qui vit de fruits, dans le nord de l'Europe.

†Zend-avesta, *s. m.* code des loix de Zoroastre.
Zénith, *s. m. Cœli vertex.* le point céleste perpendiculaire à un point terrestre.
Zénonique, *adj. 2 g.* de Zénon. A.
Zénonisme, *s. m.* doctrine de Zénon. A.
†Zéolithe, *s. m. Zeolithus.* stalactite rouge. *et* Zéolithe.
Zéphyr, *s. m. Zephyrus.* vent agréable et doux; divinité de la fable. * Zéphyre (*sans article ni pluriel, t. de poésie*). Zéphir. RICHELET.
Zéro, *s. m.* caractère d'arithmétique (0); homme sans crédit; néant.
†Zérumbeth, *s. m. Zerumbithum.* racine tubéreuse d'une espèce d'amomum, de gingembre sauvage, pour la lienterie, les règles.
Zest, *interjection.* pour rejeter ce qu'on dit, pour se moquer. (entre le zist et le zest), entre deux; passablement. * *s. m.* espèce de soufflet pour poudrer à la volée. B.
Zeste, *s. m. Corticula.* cloison dans les noix, etc.; pelure, peau mince de l'orange, du citron, etc.
†Zester, *v. a.* ré. e, *p.* couper l'écorce d'un citron par bandes très-minces de haut en bas.
Zététique, *adj.* (méthode) dont on se sert pour résoudre un problème par l'examen de la nature de la chose.
†Zeugme, *s. m.* mot exprimé dans une proposition et sous-entendu dans un autre; adjonction.
Zeugma, *s. m.* sorte d'ellipse, t. de rhétor. T.
†Zeugos, *s. m.* flûtes conjointes des Grecs.
Zibeline, *s. f. Zibelina.* sorte de martre qui tient de la belette; sa belle fourrure est très-recherchée. * Martre — *subst. adj. f.* R.
†Zibet, *s. m.* civette d'Asie.
Zigzag, *s. m. ou* Zigzac, suite de lignes formant entre elles des angles très-aigus. * machine composée de triangles en zigzag; t. de fortification, chemin, boyau en zigzag. G. C. * chenille à oreilles. B.
†Zil, *s. m. pl.* bassins de cuivre que l'on frappe l'un contre l'autre; instrument de musique.
†Zilalat, *s. m.* crabier blanc du Mexique.
†Ziler, *v. n.* étudier; s'appliquer à quelque chose (*vieux*).
†Zillerthite, *ou* Actinote, *s. f.* variété des rayonnantes; substance minérale.
Zimbis, Simbos, *s. m.* t. de naturaliste, coquillage univalve qui sert de monnoie en Afrique. G. C.
Zinc, *s. m. Zincum.* demi-métal qui approche le plus des métaux, blanc-brillant, bleuâtre; très-volatil.
†Zingel, *s. m.* poisson du genre du persègue, variété de l'apron.
Zinzolin, *s. m. adj.* couleur d'un violet rougeâtre.
†Zinzoliner, *v. a.* donner la couleur bleue à quelque chose (*vieux*). * teindre de couleur bleue. SCARON.
†Zirarme, *s. m.* pique, lance.
†Zircone, *s. f.* l'une des huit terres primitives, extraite des hyacintes de Ceylan, qui entre dans la composition des corps.
†Zircon, *s. m.* pierre gemme d'où l'on tire la zircone.
Zisel, *s. m. Citellus.* espèce de rat gris du nord. G. C.
Zist, *s. m.* voyez Zest.
†Zitzil, *s. m.* colibri piqueté.
Zizanie, *s. f. Discordia.* discorde; division; (*vieux*) ivroie.
†Zizi, *s. m.* oiseau, bruant de haie.
Ziziphe, *s. m.* arbre qui porte les jujubes. G. C.
†Zoanthe, *s. m.* polype à corps nu sans enve-

loppe solide. *pl.* zoophytes de la famille des actinites, semblables à une fleur sur un pédicule.

†Zoantropie, *s. f.* *Zoantropia.* Lycantropie.

Zocle, *s. m.* voyez Socle.

†Zocor, *s. m.* *Aspalax.* rat de Sibérie, qui vit de racines sous terre.

Zodiacal. e, *adj.* qui appartient au zodiaque. * Zôdiacal. R.

Zodiaque, *s. m.* *Zodiacus.* un des grands cercles de la sphère; partie du ciel dans laquelle les astres se meuvent. * Zôdiaque. R.

Zogones, *s. f. pl.* dieux des Grecs. V.

Zoïle, *s. m.* ancien critique d'Homère; mauvais critique; envieux.

Zombaie, *s. f.* manière de saluer le roi des Indes. R.

†Zonaire, *adj.* (cristal) entouré d'une zone de facettes.

Zone, *s. f.* *Zona.* une des cinq parties du globe qui sont entre les pôles. * Zône. R. G. C.

†Zonécolin, *s. m.* Caille huppée, espèce de tétras du Mexique.

Zon zon, *s. m.* son d'un coup de verge. R. V.

Zooglyphites, *s. f. pl.* *Zooglyphitus.* pierres qui ont des empreintes d'animaux. G. C.

Zoographie, *s. f.* description des animaux. * Zôographie. R.

Zoolatrie, *s. f.* adoration des animaux. * Zoolâtrie. G. C. Zôolatrie. R.

Zoolite, *s. m.* *Zoolithus.* partie dure des animaux fossiles. G. C. * Zoolithe. B. Zôolithe. R.

Zoologie, *s. f.* science qui traite de tous les animaux. * Zôologie. R.

Zoomorphites, *s. f. pl.* pierre qui a une ressemblance avec un animal connu. G. C.

†Zoonique, *adj. 2 g.* (acide) tiré des muscles.

Zoophage, *adj. 2 g. s.* mouche qui suce les animaux; carnivore. G. C.

Zoophore, *s. m.* t. d'architect. frise chargée de figures d'animaux. G. C. * Zôophore. R.

Zoophorique, *adj. 2 g.* (colonne) qui porte un animal. G. C. Zôophorique. R.

Zoophyte, *s. m.* *Zoophita.* animaux ressemblans à une fleur et portés sur une tige qui tient du végétal par la forme. * animal-fleur, animal-plante. B. Zôophyte. R.

†Zoophytologie, *s. f.* *Zoophytologia.* partie de la zoologie qui traite des zoophytes.

†Zoophytolites, *s. m. pl.* *Zoophytolithi.* zoophytes pétrifiés ou fossiles.

†Zootipolites, *s. m. pl.* *Zootipolithi.* pierres qui portent l'empreinte d'un animal; ou de ses parties.

†Zootomie, *s. f.* préparation anatomique des animaux.

Zopissa, *s. f.* goudron que l'on détache des vieux navires; poix navale. R. G. C.

Zoplème, *s. m.* plante qui croît au pied de l'Olympe. C. * Zoplême. G.

Zorille, *s. m.* petite mouffette, animal du Pérou. A.

†Zoroche, *s. m.* minéral d'argent semblable au talc.

Zoucet, *s. m.* oiseau, Castagneux, sorte de plongeon. * *et* Zouchet. B.

†Zuchard *ou* Zucard, *s. m.* mesure suisse 5656 toises, 18 pieds carrés.

Zuinglianisme, *s. m.* secte de Zuingle. V.

Zuz, *s. m.* monnoie chez les Hébreux. R.

†Zygènes, *s. f. pl.* *Zygena.* papillons de l'espèce des sphinx.

Zygômatique, *adj. 2 g.* t. d'anat. R. (arcade) proéminence qui joint l'os de la pommette au temporal; du zygôme (muscle, fosse, suture). B.

Zygôme, *s. m.* t. d'anatomie, R. jonction, union; os jugal. B. Zigome. V.

†Zymnosimètre, *s. m.* instrument pour connoître les degrés de fermentation.

Zymosimètre, *s. m.* t. didactique; instrument pour mesurer la fermentation; thermomètre. G. C. * Zimôsimetre. R.

Zymotechnie, *s. f.* partie de la chimie qui traite de la fermentation.

Zythum, *s. m.* boisson d'orge. R.

&

&, caractère qui tient lieu de la conjonction *et.* &c. et cœtera.

FIN DU DICTIONNAIRE DE LA LANGUE FRANÇOISE.

DICTIONNAIRE DES SYNONYMES,

OU ACCEPTIONS DE LA LANGUE FRANÇOISE,

SUIVI D'UN TABLEAU DE SES DIFFICULTÉS,

ET DE LEURS SOLUTIONS EXTRAITES DES GRAMMAIRES LES PLUS ESTIMÉES.

ABAISSEMENT, BASSESSE. L'*abaissement* volontaire où l'ame se tient est un acte de vertu ; l'*abaissement* où on la retient est une humiliation passagère qu'on oppose à sa fierté, afin de la réprimer : mais la *bassesse* est une disposition ou une action incompatible avec l'honneur ; l'*abaissement* de la fortune, de la condition des hommes, est l'effet d'un événement qui a dégradé le premier état ; la *bassesse* est le degré le plus bas et le plus éloigné de toute considération. L'*abaissement* du ton le rend moins élevé, moins vif, plus soumis ; la *bassesse* du style le rend populaire, trivial, ignoble.

ABAISSER, RABAISSER, RAVALER, AVILIR, HUMILIER. *Abaisser* exprime une action modérée ; *rabaisser*, une action plus forte ; *ravaler*, un changement profond. Les imperfections *abaissent* ; les défauts *rabaissent* ; les torts *humilient* ; les bassesses *ravalent* ; les crimes *avilissent*.

ABANDONNEMENT, ABDICATION, RENONCIATION, DÉMISSION, DÉSISTEMENT. L'*abandonnement*, l'*abdication* et la *renonciation* se font ; le *désistement* se fait et se donne ; la *démission* se donne. On *abandonne* ses biens ; on fait *abdication* de sa dignité, de son pouvoir ; on *renonce* à ses droits et à ses prétentions ; on se *démet* de ses charges, on se *désiste* de ses poursuites.

ABANDONNER, DÉLAISSER. Nous *abandonnons* les personnes et les choses dont nous n'avons pas besoin ; nous *délaissons* les malheureux.

ABATTRE, DÉMOLIR, RENVERSER, RUINER, DÉTRUIRE. *Abattre*, c'est jeter en bas ; *démolir*, c'est rompre la liaison d'une masse construite ; *renverser*, c'est coucher par terre ce qui étoit sur pied ; *ruiner*, c'est faire tomber par morceaux ; *détruire*, c'est dissiper entièrement l'apparence et l'ordre des choses. On *abat* une maison, on *démolit* des palais, on *renverse* des murailles. Les édifices, les états, la santé se *ruinent* ; on *détruit* des villes, des empires.

ABDIQUER, SE DÉMETTRE. *Abdiquer* ne se dit que des postes considérables, et suppose de plus un abandon volontaire ; *se démettre* peut s'appliquer aux petites places comme aux grandes, et suppose la contrainte.

ABÉCÉDAIRE, ALPHABÉTIQUE. *Abécédaire* a rapport au sujet, *alphabétique* à l'ordre.

ABHORRER, DÉTESTER. On *abhorre* ce qu'on ne peut souffrir ; on *déteste* ce qu'on désapprouve et ce que l'on condamne.

ABOLIR, ABROGER. *Abolir* se dit des coutumes, et *abroger*, des lois. Le non-usage suffit pour l'*abolition* ; il faut un acte pour l'*abrogation*.

ABOMINABLE, DÉTESTABLE, EXÉCRABLE. Ce qui est *abominable* excite l'aversion, la terreur ; ce qui est *détestable*, la haine, le soulèvement ; ce qui est *exécrable*, l'indignation, l'horreur. L'hypocrisie est un vice *abominable* ; l'avarice est un vice *détestable* ; le fanatisme barbare est un vice *exécrable*.

ABRÉGÉ, SOMMAIRE, ÉPITOME. L'*abrégé* est la réduction d'un ouvrage ; le *sommaire* indique les principales choses contenues dans l'ouvrage : on le place ordinairement à la tête de chaque chapitre ou division ; l'*épitome* est plus succinct que l'*abrégé*.

ABROGATION, DÉROGATION. La *dérogation* laisse subsister la loi antérieure qu'elle enfreint ; l'*abrogation* l'annulle.

ABSORBER, ENGLOUTIR. Le premier a rapport à la destruction ; le second exprime quelque chose qui enveloppe, emporte et fait disparoître. Le feu *absorbe*, l'eau *engloutit*.

ABSTENSION, RENONCIATION. La *renonciation* se fait par l'héritier naturel ; l'*abstention*, par celui à qui l'hérédité est déférée par le testateur.

ABSTRAIT, DISTRAIT. Les idées intérieures rendent *abstrait* ; un objet extérieur rend *distrait*. La rêverie produit des *abstractions* ; la curiosité cause des *distractions*.

ACADÉMICIEN, ACADÉMISTE. Les sciences et les beaux-arts sont le partage de l'*académicien* ; les exercices du corps occupent l'*académiste*.

AVOIR ACCÈS, ABORDER, APPROCHER. On a *accès* où l'on entre ; on *aborde* les personnes à qui l'on veut parler ; on *approche* celles avec qui l'on est souvent.

ACCOMPAGNER, ESCORTER. On *accompagne* par égards ou par amitié ; on *escorte* par précaution. Nombreuse *compagnie*, forte *escorte*.

ACCOMPLI, PARFAIT. Ce qui est *parfait* a toutes les qualités nécessaires ; ce qui est *accompli* a de plus toutes les qualités accessoires. Une femme qui est bonne épouse, bonne mère, bonne ménagère, est une femme *parfaite* ; l'esprit, les talens, les grâces, les agrémens, joints à ces qualités, en font une femme *accomplie*.

ACCORDER, CONCILIER. *Accorder* suppose la contestation ; *concilier* ne suppose que l'éloignement. On *accorde* les différens, on *concilie* les esprits.

ACCORDER, RACCOMMODER, RÉCONCILIER. On *accorde* les personnes qui sont en contestation ; on *raccommode* celles que des différens ont séparées, indisposées ; on *réconcilie* les ennemis.

ACHEVER, FINIR, TERMINER. L'idée caractéristique d'*achever* est la conduite de la chose jusqu'à son dernier période ; celle de *finir*, l'arrivée de ce période ; celle de *terminer*, la cessation de la chose.

ACQUIESCER, CÉDER, SE RENDRE. On *acquiesce* par amour de la paix ; on *cède* par déférence ou par nécessité ; on *se rend* par foiblesse ou par conviction.

ACRE, APRE. Le premier exprime une impression piquante ; le second dit quelque chose de rude qui provient d'un défaut de maturité.

ACRIMONIE, ACRETÉ. *Acrimonie* exprime une qualité active et mordicante des humeurs ; *âcreté* convient à plusieurs sortes de choses : c'est une sorte de saveur qui produit une impression trop piquante.

ACTEUR, COMÉDIEN. Au propre, *acteur* s'applique à la tragédie et à la comédie, mais plus particulièrement à la première ; l'*acteur* tragique n'est appelé *comédien* que par mépris ; l'*acteur* comique ne peut s'offenser de l'épithète, mais le nom d'*acteur* lui donne un grand relief. Au figuré, l'*acteur* agit ; le *comédien* imite, contrefait.

ACTION, ACTE. L'*acte* est le produit de l'*action*.

BONNES ACTIONS, BONNES ŒUVRES. Les *bonnes actions* sont faites par un principe de vertu ; les *bonnes œuvres* ont pour principe la charité envers le prochain. Toute *bonne œuvre* est une *bonne action* ; mais toute *bonne action* n'est pas une *bonne œuvre*.

ACTUELLEMENT, A PRÉSENT, PRÉSENTEMENT, MAINTENANT. *A présent* indique un temps présent, par opposition à un autre plus indéfini ; *présentement* signifie dans le moment, sans délai ; *actuellement* exprime l'instant où l'on parle, où l'action se fait ; *maintenant* désigne la continuation d'une chose, la liaison d'une partie à une autre.

ADAGE, PROVERBE. Le *proverbe* est une sentence populaire, ou un mot familier et plein de sens ; l'*adage* est un proverbe piquant et plein de sel.

ADHÉRENT, ATTACHÉ, ANNEXÉ. Les branches sont *adhérentes* au tronc ; les voiles sont *attachées* au mât ; il y a des emplois que l'on a *annexés* à d'autres, pour les rendre plus considérables.

ADJECTIF, ÉPITHÈTE. L'*adjectif* est nécessaire pour compléter le sens de la proposition ; l'*épithète* n'est souvent qu'utile ; elle sert à l'agrément, à l'énergie du discours. L'*adjectif* appartient à la grammaire et à la logique ; l'*épithète* appartient à la poësie et à l'éloquence.

ADMETTRE, RECEVOIR. On *admet* quelqu'un dans une société particulière ; on le *reçoit* à une charge. On *admet* dans sa familiarité et sa confidence ; on *reçoit* dans les maisons et dans les sociétés. Les ministres étrangers sont *admis* à l'audience du prince, et *reçus* à sa cour.

ADMINISTRATION, GOUVERNEMENT, RÉGIME. Le *gouvernement* dirige la chose publique ; le *régime* est la règle établie par le gouvernement ; l'*administration* est la manière d'exécuter ce qui est ordonné par le *gouvernement* et réglé par le *régime*.

ADORER, HONORER, RÉVÉRER. On *adore* Dieu, on *honore* les saints, on *révère* les reliques ; on *adore* une maîtresse, on *honore* les honnêtes gens, on *révère* les personnes d'un mérite distingué.

ADOUCIR, MITIGER, MODÉRER, TEMPÉRER. On *adoucit*, en introduisant quelque chose de doux ; on *mitige*, en rendant moins sévère ; on *modère*, en retenant dans les limites ; on *tempère*, en diminuant l'excès.

ADRESSE, DEXTÉRITÉ, HABILETÉ. La *dextérité* a plus de rapport à la manière d'exécuter les choses ; l'*adresse* en a davantage aux moyens de l'exécution, l'*habileté* regarde plus le discernement des choses mêmes.

ADRESSE, SOUPLESSE, FINESSE, RUSE, ARTIFICE. L'*adresse* emploie les moyens ; la *souplesse* évite les obstacles ; la *finesse* insinue d'une façon insensible ; la *ruse* trompe ; l'*artifice* surprend.

ADULATEUR, FLATTEUR, FLAGORNEUR, LOUANGEUR. Le *louangeur* loue pour louer ; le *flatteur*, pour plaire ; l'*adulateur* met dans la flatterie de la fausseté ; le *flagorneur* loue à chaque instant et avec maladresse.

ADVERBE, PHRASE ADVERBIALE. Quand il s'agit de mettre un acte en opposition avec l'habitude, l'*adverbe* marque l'habitude ; la *phrase adverbiale* indique l'acte. Un homme peut se conduire *sagement* sans que toutes ses actions soient faites *avec sagesse*.

AFFECTATION, AFFÉTERIE. L'*affectation* a pour objet les pensées, les sentimens ; l'*afféterie* ne regarde que les petites manières.

AFFECTER UNE CHOSE, SE PIQUER D'UNE CHOSE. On *se pique* en soi, on *affecte* au-dehors. Celui qui *se pique* d'être brave, croit être tel, a telle opinion de lui-même ; celui qui l'*affecte* veut le paroître. On peut *se piquer* et *affecter* tout ensemble ; on *se pique* aussi sans *affecter*, et l'on *affecte* sans *se piquer*.

AFFERMER, LOUER. *Affermer* se dit des biens ruraux ; *louer* se dit des logemens, ustensiles et animaux de labour.

AFFERMIR, ASSURER. On *affermit* par de solides fondemens ; on *assure* par la position, ou par des liens qui assujettissent.

AFFLICTION, CHAGRIN, PEINE. La mort d'un père nous *afflige* ; la perte d'un procès nous donne du *chagrin* ; le malheur d'une personne de connoissance nous cause de la *peine*.

AFFLIGÉ, FACHÉ, ATTRISTÉ, CONTRISTÉ, MORTIFIÉ. On est *affligé* de la perte de ce qu'on aime, d'une maladie ; on est *fâché* d'une perte au jeu, d'un contre-temps ; on est *attristé* des accidens qui arrivent sous nos yeux ; on est *contristé* d'une calamité générale ; on est *mortifié* par un déplaisir, des mépris, des ironies.

AFFRANCHIR, DÉLIVRER. Un maître *affranchit* son esclave ; un tiers *délivre*. On *délivre* un captif ; on *affranchit* un peuple de la tyrannie.

AFFRES, TRANSES, ANGOISSES. Les *affres* sont produites par l'aspect d'un objet affreux, par le sentiment profond du danger de la mort; les *transes* sont causées par l'extrême appréhension d'un mal prochain, sans idée de secours ; les *angoisses* sont causées par un besoin dévorant, une inquiétude excessive.

AFFREUX, HORRIBLE, EFFROYABLE, ÉPOUVANTABLE. Ce qui est *affreux* inspire le dégoût ; une chose *horrible* excite l'aversion ; l'*effroyable* fait peur ; l'*épouvantable* cause l'étonnement, la terreur.

AFFRONT, INSULTE, OUTRAGE, AVANIE. L'*affront* est un trait de reproche ou de mépris lancé en présence de témoins ; l'*insulte* est une attaque faite avec insolence ; l'*outrage* ajoute à l'insulte un excès de violence ; l'*avanie* est un traitement humiliant, qui expose au mépris public.

AGIR, FAIRE. On *fait* une chose ; on *agit* pour la faire.

AGRANDIR, AUGMENTER. *Agrandir*, rendre plus grand en étendue ; *augmenter*, rendre plus considérable en nombre, en élévation, en puissance.

AGRÉABLE, DÉLECTABLE, DÉLICIEUX. *Agréable* convient pour ce qui satisfait la volonté, pour ce qui plaît à l'esprit ; *délicieux*, pour ce qui produit un grand plaisir, une jouissance entière, paisible, voluptueuse ; *délectable* exprime le milieu entre l'agréable et le délicieux : il ne se dit que de ce qui concerne la sensation du goût, ou de ce qui flatte la mollesse.

AGRÉABLE, GRACIEUX. L'air et les manières rendent *gracieux* ; l'esprit et l'humeur rendent *agréable*. *Gracieux* exprime ce qui flatte les sens ou l'amour-propre ; *agréable*, ce qui convient au goût et à l'esprit.

AGRÉGER, ASSOCIER. On *associe* quelqu'un à un corps, à une entreprise, pour qu'il en partage les travaux, les avantages ; on *agrège* quelqu'un à un corps pour qu'il jouisse des mêmes honneurs.

AGRICULTEUR (*barbarisme*), CULTIVATEUR, COLON. L'*agriculteur* professe l'art de l'agriculture, c'est son goût, son talent ; le *cultivateur* l'exerce en entrepreneur ; le *colon* le pratique en homme de travail, c'est sa vie.

AIDER, ASSISTER, SECOURIR. On *secourt* dans le danger ; on *aide* dans la peine ; on *assiste* dans le besoin.

AIGUILLONNER, ENCOURAGER, EXCITER, INCITER, ANIMER, POUSSER A, PORTER A. On *excite* celui qui ne songe pas à un travail, à un objet, qui agit languissamment, s'arrête, se dégoûte ; on *incite* celui qui n'est pas disposé à ce travail, qui ne l'a point à cœur ; on *pousse* celui qui ne veut pas, ou ne veut que foiblement ; on *anime* celui qui est froid ou indifférent ; on *encourage* celui qui est lâche ou timide ; on *aiguillonne* celui qui ne peut vaincre son inertie ; on *porte à* faire une chose, celui qui est trop foible pour se déterminer par sa propre réflexion.

AIMER MIEUX, AIMER PLUS. *Aimer mieux* ne marque qu'une préférence d'option ; *aimer plus* marque une préférence de choix et de goût.

AIMER, CHÉRIR. Nous *aimons* ce qui nous plaît ; nous *chérissons* ce qui fait en quelque sorte partie de nous.

AIR, MANIÈRES. L'*air* semble être né avec nous, les *manières* viennent de l'éducation ; l'*air* prévient, les *manières* engagent.

AIR, MINE, PHYSIONOMIE. L'*air* dépend du visage, de la taille, du maintien et de l'action ; la *mine* dépend quelquefois du visage, d'autres fois aussi de la taille ; la *physionomie* se considère dans le seul visage. Cette femme a l'*air* bon.

AIS, PLANCHE. *Ais* ne se dit que du bois ; *planche* se dit du cuivre, d'une partie de jardin, etc.

AISES, COMMODITÉS. Les *aises* disent quelque chose de voluptueux, qui tient de la mollesse ; les *commodités* expriment quelque chose qui facilite les opérations ou la satisfaction des besoins.

AISE, CONTENT, RAVI. Nous sommes bien *aises* des succès qui ne nous regardent qu'indirectement ; l'accomplissement de nos désirs nous rend *contens* ; la forte impression du plaisir fait que nous sommes *ravis*.

AISÉ, FACILE. *Facile* exclut la peine qui naît des obstacles et des oppositions ; *aisé* exclut la peine qui naît de l'état de la chose. L'entrée est *facile* lorsque rien n'arrête au passage ; elle est *aisée* lorsqu'elle est large et commode à passer.

AJOUTER, AUGMENTER. On *ajoute* une chose à une autre ; on *augmente* la chose même.

AJUSTEMENT, PARURE. Ce qui appartient à l'habillement complet est l'*ajustement* ; ce qu'on y ajoute est *parure*.

ALARME, APPRÉHENSION, CRAINTE, FRAYEUR, PEUR, EFFROI, TERREUR, ÉPOUVANTE. L'*alarme* naît de ce qu'on apprend ; l'*effroi*, de ce qu'on voit ; la *terreur*, de ce qu'on imagine ; la *frayeur*, de ce qui surprend ; l'*épouvante*, de ce qu'on présume ; la *crainte*, de ce qu'on sait ; la *peur*, de l'opinion qu'on a ; l'*appréhension*, de ce qu'on attend.

ALARMÉ, EFFRAYÉ, ÉPOUVANTÉ. *Épouvanté* dit plus qu'*effrayé* ; et celui-ci plus qu'*alarmé*. On est *alarmé* d'un danger qu'on craint, *effrayé* d'un danger passé, *épouvanté* d'un danger pressant.

ALIMENT, NOURRITURE, SUBSISTANCE. L'*aliment* a la propriété de nourrir ; la *nourriture* est son effet ; la *subsistance* est le moyen de subsister.

ALLÉGIR, AMENUISER, AIGUISER. On *allégit*, en diminuant sur toutes les faces un corps considérable ; on en *amenuise* un petit, en le diminuant davantage par une seule face ; on *aiguise* par les extrémités.

ALLÉGUER, CITER. On *cite* les auteurs, on *allègue* les faits et les raisons ; on *cite* pour s'autoriser ; on *allègue* pour défendre.

ALLIANCE, LIGUE, CONFÉDÉRATION, COALITION. L'*alliance* est une union d'amitié et de convenance ; la *ligue* est une union de desseins et de forces ; la *confédération* est une union d'intérêt et d'appui ; la *coalition* est une confédération momentanée entre des partis, même contre quelque dessein nuisible à tous.

ALLURES, DÉMARCHES. On a des *allures* par habitude ; on fait des *démarches* par intérêt.

ALONGER, PROLONGER, PROROGER. *Alonger*, c'est ajouter à l'un des bouts ou étendre la matière ; *prolonger*, c'est reculer le terme de la chose ; *proroger*, c'est maintenir l'autorité, l'exercice ou la valeur au-delà de la durée prescrite.

AMANT, GALANT, AMI. Le *galant* courtise dans l'espoir d'obtenir les faveurs et sans aimer ; l'*amant* chérit quelquefois sans espoir ; l'*ami* s'intéresse, conseille : il peut avoir été ou devenir l'amant ; il ne sera jamais le galant.

AMANT, AMOUREUX. Il suffit d'aimer pour être *amoureux* ; il faut le dire pour être *amant*. La passion rend *amoureux* ; la raison ou l'intérêt peut rendre *amant*.

AMASSER, ENTASSER, ACCUMULER, AMONCELER. On *amasse* ce dont on a dessein de se servir ; on *entasse* ce que l'on veut garder ; on *accumule* ce que l'on veut avoir en grande quantité ; on *amoncèle* ce qu'on ne veut pas laisser épars.

AMBASSADEUR, ENVOYÉ, DÉPUTÉ. Les *ambassadeurs* et les *envoyés* parlent et agissent au nom de leurs souverains ; les premiers ont une qualité représentative ; les *députés* ne parlent qu'au nom de quelque société ou corps particulier.

AME FOIBLE, CŒUR FOIBLE, ESPRIT FOIBLE. Une *ame foible* est sans ressort et sans action ; elle se laisse aller à ceux qui la gouvernent : un *cœur foible* change facilement d'inclinations : un *esprit foible* s'effraye sans cause, et tombe naturellement dans la superstition.

AMITIÉ, AMOUR, TENDRESSE, AFFECTION, INCLINATION. Les deux premiers l'emportent sur les autres par la force du sentiment ; l'*amour* agit avec plus de vivacité ; l'*amitié* avec plus de fermeté et de constance : l'*amitié* procure un commerce sûr, une confiance bien placée ; la *tendresse* est une situation du cœur ; la sensibilité en fait le caractère : l'*affection* est moins forte et moins active que l'*amitié*, plus tranquille que l'*amour* ; elle est la suite de la parenté et de l'habitude : l'*inclination* n'est qu'une disposition à aimer.

AMOUR, AMOURETTE. La différence du sérieux au badin fait celle de l'*amour* et de l'*amourette* ; celle-ci amuse, celui-là occupe.

AMOUR, GALANTERIE. L'*amour* a pour objet la personne ; la *galanterie* a pour objet le sexe.

AMUSEMENT, DIVERTISSEMENT, RÉCRÉATION, RÉJOUISSANCE. *Récréation* désigne un terme court de délassement ; *amusement* est une occupation légère et qui plaît ; *divertissement* est accompagné de plaisirs plus vifs et plus étendus ; *réjouissance* se marque par des actions extérieures.

AMUSER, DIVERTIR. *Amuser*, c'est occuper légèrement l'esprit ; *divertir*, c'est l'occuper agréablement et plus fortement. Le temps passe quand on s'*amuse*, on en jouit quand on se *divertit*.

AN, ANNÉE. L'*an* est un élément déterminé du temps : on envisage l'*an* sans attention à sa durée ; mais l'*année* est une durée déterminée, et divisible en parties.

NOS ANCÊTRES, NOS AÏEUX, NOS PÈRES. Le siècle de *nos pères* a touché au nôtre ; *nos aïeux* les ont devancés ; *nos ancêtres* sont les plus reculés de nous.

ANCÊTRES, PRÉDÉCESSEURS. Nous succédons à nos *ancêtres* par voie de génération, leur sang coule dans nos veines ; nous succédons à nos *prédécesseurs* par voie de fait et de substitution.

ANCIENNEMENT, JADIS, AUTREFOIS. *Anciennement* désigne le temps passé comme reculé ; *jadis*, comme simplement détaché ; *autrefois*, comme détaché du présent, et différent.

ANE, IGNORANT. On est *âne* par disposition d'esprit, et *ignorant* par défaut d'instruction.

ANÉANTIR, DÉTRUIRE. Ce qu'on *détruit* cesse de subsister, mais il en peut rester des vestiges ; ce qu'on *anéantit* disparoît tout-à-fait.

ANESSE, BOURRIQUE. *Anesse* présente l'animal dans l'ordre de la nature ; *bourrique* le présente dans l'ordre des animaux domestiques, comme bête de charge.

ANIMAL, BÊTE, BRUTE. Le mot *animal* comprend tous les êtres organisés vivans ; le mot *bête* caractérise une classe d'animaux par opposition à l'homme ; le mot *brute* indique les sortes de bêtes livrées à l'instinct le plus grossier. On appelle un homme *animal*, pour lui reprocher la grossièreté, la rudesse, la brutalité ; on l'appelle *bête*, lorsqu'on l'accuse de déraison, d'incapacité, d'ineptie, de maladresse, de sottise ; on l'appelle *brute*, pour exprimer la déraison complète, l'extrême bêtise, la stupidité la plus parfaite, et surtout l'aveugle brutalité, la licence effrénée des appétits et des penchans.

ANIMAL, BÊTE. En langage dogmatique, *animal* indique le genre ; *bête* indique l'espèce.

ANNULLER, INFIRMER, CASSER, RÉVOQUER. On *annulle* toutes sortes d'actes, soit législatifs, soit de convention ; on *infirme* des actes législatifs, ou des jugemens prononcés par des juges subalternes ; *casser* renferme une idée accessoire d'ignominie, lorsqu'on le dit des personnes en place, et d'autorité souveraine lorsqu'il regarde les actes ; *révoquer*, c'est ôter simplement aux personnes la place qu'elles occupoient, sans aucun accessoire d'ignominie.

ANTÉCÉDENT, ANTÉRIEUR, PRÉCÉDENT. *Antécédent* est placé avant ; *antérieur* a existé auparavant ; *précédent* a une priorité de temps ou d'ordre immédiate.

ANTIPHRASE, CONTRE-VÉRITÉ. *Antiphrase* exprime un sens contraire à celui que la phrase auroit naturellement, et *contre-vérité*, une opinion ou une pensée contraire à celle qu'énonceroit naturellement la proposition. L'*antiphrase* est un tour grammatical ; la *contre-vérité* est un tour d'esprit.

ANTRE, CAVERNE, GROTTE. L'*antre* est un enfoncement profond, obscur, qui inspire l'horreur et l'effroi ; la *caverne* est une grande cavité couverte d'une sorte de voûte, et cachée ; la *grotte* est une petite caverne naturellement parée, ou susceptible de l'être.

APAISER, CALMER. Le vent s'*apaise*, la mer se *calme* ; on *apaise* le courroux, la fureur ; on *calme* l'émotion. Une soumission nous *apaise*, une lueur d'espérance nous *calme*.

APOCRYPHE, SUPPOSÉ. Ce qui est *apocryphe* n'est point authentique ; ce qui est *supposé* est faux.

APOTHÉOSE, DÉIFICATION. L'*apothéose* étoit une cérémonie qui plaçoit des hommes au rang des dieux ; la *déification* est l'acte d'une imagination superstitieuse qui voit la divinité dans un être où elle n'est pas.

APPAS, ATTRAITS, CHARMES. Les *attraits* inspirent le penchant ; les *appas* excitent le désir ; les *charmes* produisent la passion.

APPAT, LEURRE, PIÉGE, EMBUCHE. L'*appât* et le *leurre* agissent pour tromper ; le *piége* et l'*embûche* attendent que nous y donnions : on est pris dans l'un, surpris par l'autre.

APPELER, ÉVOQUER, INVOQUER. Nous *appelons* les hommes, les animaux qui vivent autour de nous ; nous *évoquons* les esprits ; nous *invoquons* la divinité.

APPLAUDISSEMENS, LOUANGES. Le premier semble plus propre aux choses, le second aux personnes. On *applaudit* en public et au moment où l'action se passe ; on *loue* dans toutes sortes de circonstances. Les *applaudissemens* partent de la sensibilité ; les *louanges* ont leur source dans le discernement de l'esprit.

APPLICATION, MÉDITATION, CONTENTION. L'*application* est une attention suivie et sérieuse ; la *méditation* est une attention détaillée et réfléchie ; la *contention* est une attention forte et pénible.

APPOSER, APPLIQUER. *Appliquer*, c'est imposer une chose sur une autre ; *apposer* n'est que du style de pratique. On *appose* le scellé ; on *applique* un emplâtre.

APPRÉCIATION, ESTIMATION, ÉVALUATION, PRISÉE. L'*estimation* se fait par experts, et se dit de toutes sortes d'objets ; la *prisée* se fait par huissier, et se dit des meubles ; l'*évaluation* se fait des choses qui consistent en poids, nombre et mesure ; l'*ap-*

préciation se fait de marchandises dont les parties ne sont pas convenues du prix.

Apprécier, Estimer, Priser. *Apprécier*, c'est juger du prix courant de la vente et de l'achat des choses; *estimer*, c'est juger la valeur; *priser*, c'est mettre un prix.

Apprendre, Étudier. *Étudier*, c'est travailler à devenir savant; *apprendre*, c'est y travailler avec succès.

Apprendre, S'instruire. On *apprend* d'un maître; on *s'instruit* par soi-même.

Apprêter, Préparer, Disposer. On *apprête* pour ce qu'on va faire; on *prépare* pour être en état de le faire; on *dispose* pour s'arranger de manière à pouvoir le faire.

Apprêté, Composé, Affecté, Afféte. L'homme *apprêté* est recherché dans ses manières et dans ses discours; l'homme *composé* est grave, froid, réservé, circonspect, recherché dans son air et sa contenance; l'homme *affecté* n'a point la modération, la mesure qu'il convient de garder; l'homme *afféte* se distingue par de petites manières recherchées. La précieuse est *apprêtée*; la prude, *composée*, la petite maîtresse, *affectée*; la minaudière, *afféte*.

Apprivoisé, Privé. Les animaux *privés* le sont naturellement; les animaux *apprivoisés* le sont par l'art.

Approbation, Agrément, Consentement, Ratification, Adhésion. *Approbation* se rapporte également aux opinions de l'esprit et aux actes de la volonté: il s'applique au présent, au passé et à l'avenir; *agrément* ne se rapporte qu'aux actes de la volonté, et s'applique aux trois circonstances du temps; *consentement* et *ratification* sont relatifs aux actes de la volonté: le second ne se dit que des actes du passé; *adhésion* n'a rapport qu'aux opinions et à la doctrine.

S'approprier, s'arroger, s'attribuer. *S'approprier*, prendre pour soi; *s'arroger*, requérir avec hauteur; *s'attribuer* une chose, se l'adjuger. L'homme avide *s'approprie*; l'homme vain *s'arroge*; l'homme jaloux *s'attribue*. On *s'attribue* une invention, on *s'arroge* des titres, on *s'approprie* un champ.

Appui, Soutien, Support. L'*appui* fortifie; on le met tout auprès: le *soutien* porte; on le place au-dessous: le *support* aide; il sert de jambage.

Appuyer, Accoter. *Appuyer* indique l'élévation d'un corps à côté d'un autre; *accoter* exprime la position à côté. *Accoter*, c'est *appuyer* contre.

Arme, Armure. *Arme*, ce qui sert pour l'attaque, pour la défense; *armure* n'est d'usage que pour ce qui sert à défendre.

Armes, Armoiries. On dit *armes*, lorsqu'il s'agit de telles *armes* en particulier: les *armes* d'Espagne; on dira plutôt *armoiries*, si l'on considère ces symboles en général.

Aromate, Parfum. L'*aromate* est le corps d'où s'élève l'odeur; le *parfum* est l'odeur qui s'élève. *Parfum* se prend aussi pour le corps qui parfume, mais *aromate* ne se dit jamais de l'odeur même. Le *parfum* ne s'adresse qu'à l'odorat; l'*aromate* flatte l'odorat et le goût.

Arracher, Ravir. On *arrache* un arbre, une dent, un clou, une fille des bras de sa mère; on *ravit* des biens, une proie, des choses mal gardées.

Art, Métier, Profession. Le *métier* fait l'ouvrier, l'homme de travail; la *profession* fait l'homme d'un tel ordre, d'une telle classe; l'*art* fait l'artisan, l'artiste, l'homme habile. Le *métier* demande un travail de la main; la *profession*, un travail quelconque; l'*art*, un travail de l'esprit, sans exclure comme sans exiger le travail de la main.

Artisan, Ouvrier, Artiste. L'*artisan* exerce un art mécanique; l'*ouvrier* fait un genre d'ouvrage manuel; le peintre, le sculpteur sont des *artistes*.

Asile, Refuge. L'*asile* est un lieu de sûreté, d'où l'on ne peut être arraché; le *refuge* est un *asile* contre un danger pressant. Dans l'*asile* on est hors de danger; dans le *refuge*, on n'échappe qu'à la poursuite.

Assez, Suffisamment. *Assez* a rapport à la quantité qu'on veut avoir; *suffisamment*, à la quantité qu'on veut employer. L'avare n'en a jamais *assez*; le prodigue n'en a jamais *suffisamment*.

Assujettissement, Sujétion. Le premier désigne un état habituel; le second, la situation actuelle. Les lois, les bienséances nous *assujettissent*; les soins, les travaux sont des *sujétions*.

Assurer, Affirmer, Confirmer. On se sert du ton de la voix pour *assurer*, du serment pour *affirmer*, d'une nouvelle preuve pour *confirmer*.

Astronome, Astrologue. L'*astronome* connoît le cours et le mouvement des astres; l'*astrologue* raisonne sur leur influence, prédit les événemens.

Atrabilaire, Mélancolique. Le *mélancolique* a le cœur attendri, sa tristesse est morne et inquiète; l'*atrabilaire* a le cœur endurci, sa tristesse est sombre et farouche; le *mélancolique* évite les hommes; l'*atrabilaire* les repousse.

Attache, Attachement. L'*attache* est un lien, l'*attachement* une liaison. Le second vient du cœur.

Attachement, Attache, Dévouement. L'*attachement* unit à ce que nous estimons; l'*attache*, à ce que nous aimons; le *dévouement* soumet à la volonté de ceux que nous désirons servir.

Attaché a l'argent, Avare, Intéressé. Un homme *attaché à l'argent* aime l'épargne; un *avare* aime la possession de l'or, dont il ne fait aucun usage; un homme *intéressé* ne fait rien gratuitement.

Attention, Exactitude, Vigilance. L'*attention* fait que rien n'échappe de ce que l'on regarde; l'*exactitude* empêche qu'on omette la moindre chose dans ce que l'on fait; la *vigilance* fait qu'on ne néglige rien pour la suite et le succès.

Atténuer, Broyer, Pulvériser. Il faut fondre et dissoudre pour *atténuer*; il faut *broyer* pour *pulvériser*.

Attitude, Posture. La *posture* est une manière momentanée de poser le corps; l'*attitude* est une contenance plus durable.

Attraction, Traction. *Traction* se dit d'une des puissances qui tirent par le moyen d'une corde, etc.; *attraction* de l'action qu'un corps exerce pour attirer à lui sans intermédiaire. La *traction* d'un charriot par un cheval; l'*attraction* du fer par l'aimant.

Attribuer, Imputer. On *attribue* les choses; on *impute* surtout la valeur des choses. Vous *attribuez* un ouvrage à celui que vous en croyez l'auteur; vous *imputez* un événement à celui que vous préjugez en être la cause. *Imputer* se prend en mauvaise part.

Audace, Hardiesse, Effronterie. La *hardiesse* marque du courage et de l'assurance; l'*audace*, de la hauteur et de la témérité; l'*effronterie*, de l'impudence.

Augmenter, Croître. *Croître*, c'est acquérir plus de hauteur ou de longueur; *augmenter*, c'est s'agrandir dans quelque sens que ce soit.

Augure, Présage. Nous *augurons*; les choses *présagent*, et nous *présageons*. On tire l'*augure*, on voit certains *présages*. L'*augure* est une conjecture futile, légère, hasardée; le *présage*, une conjecture légitime ou raisonnable. Le *présage* est certain ou incertain; l'*augure*, bon ou mauvais.

Austère, Sévère, Rigoureux. L'homme *austère* ne s'écarte point des règles; l'homme *sévère* exige que les autres ne s'en écartent point; celui qui est *rigoureux* met de l'excès dans la sévérité.

Austère, Sévère, Rude. On est *austère* par la manière de vivre; *sévère*, par la manière de penser; *rude*, par la manière d'agir.

Austère, Acerbe, Âpre. Ce qui est *acerbe* a besoin d'être adouci; ce qui est *austère* a besoin d'être mitigé; ce qui est *âpre* a besoin d'être corrigé par quelque chose d'onctueux.

Autorité, Puissance, Pouvoir. L'*autorité* est le droit du plus grand; la *puissance*, le droit du plus fort; le *pouvoir*, l'agent de l'un et de l'autre.

Autorité, Pouvoir, Empire. L'*autorité* laisse plus de liberté dans le choix; le *pouvoir* paroît avoir plus de force; l'*empire* est plus absolu.

Avant, Devant. *Avant*, est pour l'ordre du temps; *devant*, pour l'ordre des places.

Avare, Avaricieux. *Avare* convient lorsqu'il s'agit de la passion de l'avarice; *avaricieux* se dit lorsqu'il n'est question que d'un acte de cette passion.

Avenir, Futur. Le *futur* est relatif à l'existence des événemens; l'*avenir*, aux révolutions des événemens.

Avertissement, Avis, Conseil. L'*avertissement* instruit ou réveille l'attention; l'*avis* et le *conseil* ont aussi pour but l'instruction. L'*avis* n'emporte aucune idée de supériorité; le *conseil* emporte toujours une de ces idées, quelquefois les deux.

Aveu, Confession. L'*aveu* suppose l'interrogation; la *confession* tient un peu de l'accusation. On *avoue* ce qu'on a eu envie de cacher; on *confesse* ce qu'on a eu tort de faire.

A l'aveugle, Aveuglément. Qui agit *à l'aveugle* n'est pas éclairé; qui agit *aveuglément* ne suit pas les lumières naturelles. Le premier ne voit pas, le second ne veut pas voir.

Avorton, Embryon, Fœtus. L'*embryon* est l'animal informe; le *fœtus* a une forme sensible; on lui donne le nom d'*avorton* s'il naît avant terme.

Axiome, Maxime, Sentence, Apophtegme, Aphorisme. L'*axiome* est une vérité capitale, évidente; la *maxime* est une proposition majeure faite pour guider; la *sentence* est un enseignement court, déduit de l'observation, ou puisé dans la conscience; c'est une espèce d'oracle; l'*apophtegme* est un dit mémorable qui, parti d'une ame énergique, fait une vive impression; l'*aphorisme* résume en préceptes abrégés ce qu'il s'agit d'apprendre: c'est la substance d'une doctrine.

B

Babil, Bavardage, Caquet. Le *babil* est un excès de paroles qui n'a pour but que le plaisir de parler; le *bavardage* est un flux de paroles qui prend sa source dans la sottise; le *caquet* prend sa source dans une vanité puérile. Un enfant a du *babil*; un fat, du *bavardage*; une femme, du *caquet*.

Babillard, Bavard. Le *babillard* parle trop par légèreté: il dit des riens, il lui suffit de parler; le *bavard* parle continuellement, par prétention; le *babillard* peut amuser; le *bavard* déplaît.

Badaud, Benet, Niais, Nigaud. Le *badaud* s'arrête par curiosité devant tout ce qu'il voit; le *benêt*, par bonhomie se prête à tout ce qu'on veut; le *niais*, dépourvu d'expérience, ne sait ni ce qu'il faut penser, ni ce qu'il faut dire, ni comment se tenir; le *nigaud*, par ineptie, reste toujours enfant.

Baillement, Hiatus. *Bâillement*, terme grammatical, exprime l'état de la bouche pendant l'émission des sons; *hiatus*, l'espèce de cacophonie qui résulte de ces sons. L'*hiatus* est l'effet du *bâillement*.

Baisser, Abaisser. *Baisser* se dit des choses qu'on place plus bas: on *baisse* la tête. *Abaisser* se dit des choses faites pour en couvrir d'autres, mais qui, étant relevées, les laissent à découvert: on *abaisse* les paupières.

Balancer, Hésiter. Lorsqu'il y a des considérations à peser, on *balance*; des obstacles à vaincre, on *hésite*. L'incertitude fait *balancer*; la foiblesse fait *hésiter*.

Balbutier, Béguayer, Bredouiller. Celui qui *balbutie* ne parle que du bout des lèvres; celui qui *bégaye* s'arrête à certaines articulations, coupe et répète les mots, les syllabes; celui qui *bredouille* roule précipitamment ses paroles les unes sur les autres.

Banqueroute, Faillite. Faire *banqueroute*, c'est disparoître de gré ou de force du commerce, par impossibilité de payer; faire *faillite*, c'est se déclarer hors d'état de payer. La *banqueroute* exprime la cessation du commerce; la *faillite*, la chute du commerce: le premier est le plus odieux.

Bas, Abject, Vil. Ce qui est *bas* manque d'élévation; ce qui est *abject* est dans une grande bassesse; ce qui est *vil*, dans un grand décri. Un homme est *bas*, lorsqu'il déroge à la dignité de son état; il est *abject*, lorsqu'il se ravale jusqu'à faire oublier ce qu'il est; il est *vil*, s'il renonce à sa propre estime et à celle des autres.

Bassesse, Abjection. L'*abjection* se trouve dans l'obscurité, le peu d'estime, le rebut, les situations humiliantes; la *bassesse* se trouve dans le peu de mérite et de fortune.

Bataille, Combat. La *bataille* est une action générale; le *combat*, une action particulière; *combat* a plus de rapport à l'action de se battre: dans cette *bataille*, le *combat* fut opiniâtre.

Battre, Frapper. Pour *battre*, il faut redoubler les coups; pour *frapper*, il suffit d'en donner un.

Béatification, Canonisation. Dans l'acte de *béatification*, le pape accorde à un ordre religieux le privilège de rendre au *béatifié* un culte particulier; dans l'acte de *canonisation*, il détermine le culte qui doit être rendu par l'église au nouveau saint.

Beau, Joli. Le *beau* s'adresse à l'ame, le *joli* parle aux sens; le *beau* étonne, entraîne; le *joli* séduit, amuse: leur règle commune, c'est celle du vrai.

Beaucoup, Plusieurs. *Beaucoup* est d'usage, pour le calcul, la mesure ou l'estimation; *plusieurs* n'est jamais employé que pour le nombre.

Béni, ie; Bénit, te. Le premier a un sens moral et de louange; le second, un sens légal et de consécration. L'homme charitable ou les pauvres sont *bénis* de Dieu: du pain *bénit*.

Bénin, Doux, Humain. *Bénin* marque l'inclination à faire du bien: il reçoit une teinte légère de dédain; *doux* indique un caractère qui rend très-sociable et ne rebute personne; *humain* dénote une sensibilité compâtissante aux maux d'autrui.

Besace, Bissac. L'ouvrier, le paysan portent un *bissac*; le mendiant porte une *besace*.

Bête, Brute, Animal. *Bête* se prend par opposition à *homme*; *animal* convient à tous les êtres organisés vivans ; la *bête* s'appelle *brute* dans son dernier degré de stupidité.

Bete, Stupide, Idiot. On est *bête* par défaut d'intelligence ; *stupide*, par défaut de sentiment ; *idiot*, par défaut de connoissances.

Bévue, Méprise, Erreur. Celui qui voit mal fait des *bévues* ; celui qui se trompe dans le choix commet une *méprise* ; celui qui se trompe dans l'application de ses intentions, commet une *erreur*. La *bévue* vient d'un défaut de réflexion ; la *méprise*, d'un défaut de connoissance ; l'*erreur*, d'un défaut d'attention.

Bien, Beaucoup, Abondamment, Copieusement, A foison. *Beaucoup* dénote une grande quantité vague et indéfinie ; *bien*, une quantité surprenante ou très-remarquable ; *abondamment*, une quantité de certains objets pris en grand, supérieure à la quantité d'usage ; *copieusement*, une grande quantité d'objets de consommation, excédant la mesure suffisante ; *à foison*, la très-grande quantité de choses qui semblent pulluler et ne point s'épuiser.

Bienfaisance, Bienveillance. La *bienveillance* est le désir de faire du bien ; la *bienfaisance* est l'action même.

Bienfait, Grace, Service, Bon office, Plaisir. Le *bienfait* est un acte libre par lequel on rend meilleure la condition de quelqu'un ; la *grâce* est un bien auquel celui qui la reçoit n'avoit aucun droit ; le *service* est un secours par lequel on contribue à faire obtenir quelque bien ; le *bon office* est l'emploi des moyens pour faire réussir ; le *plaisir* est une chose obligeante faite pour autrui.

Blessure, Plaie. La *blessure* est la marque d'un coup reçu ; la *plaie*, l'ouverture faite à la peau, soit par le coup, soit par la malignité des humeurs. La *blessure* n'est quelquefois qu'une contusion ; la *plaie* suppose nécessairement une séparation dans les chairs. La *blessure* produit une *plaie*. Au figuré, *blessure* signifie tort, dommage, détriment, mal fait à l'honneur, à la réputation, au repos. On donne le nom de *plaie* à des maux beaucoup plus grands que de simples *blessures*, aux grandes afflictions, à des pertes funestes, aux vives douleurs.

Bluette, Étincelle. La *bluette*, pâle, foible, luit dans les cendres remuées et s'évanouit presque aussitôt ; l'*étincelle* ardente, éclatante, jaillit, pétille, produit souvent l'incendie. On dit des *bluettes* d'esprit, des *étincelles* de génie.

Bois, Corne. La *corne* est permanente ; le *bois* tombe dans une saison, et repousse. La *corne* est simple, le *bois* est rameux.

Bonheur, Chance. *Bonheur* embrasse les événemens, les circonstances qui rendent un homme heureux ; *chance* n'a de rapport qu'aux événemens qui dépendent du hasard. On peut nuire ou contribuer à son *bonheur* ; la *chance* est hors de notre pouvoir.

Bonheur, Prospérité. Le *bonheur* est l'effet du hasard ; la *prospérité* est le succès de la conduite.

Bonheur, Félicité, Béatitude. *Bonheur* marque l'état de la fortune ; *félicité* exprime l'état du cœur, disposé à goûter le plaisir ; *béatitude* désigne l'état de l'imagination satisfaite.

Bonté, Bénignité, Débonnaireté. La *bonté* porte à faire du bien ; la *bénignité*, à le faire noblement ; la *débonnaireté*, à le faire généreusement, en le rendant même pour le mal. La *bonté* touche ; la *bénignité* charme ; la *débonnaireté* étonne et comble.

Bord, Côte, Rive, Rivage. Le *bord* touche l'eau ; la *côte* s'élève au-dessus ; la *rive* et le *rivage* sont ses limites ; le *rivage* est une *rive* étendue. La mer seule a des *côtes* ; la mer, les fleuves, les grandes rivières ont des *rivages* ; toutes les eaux courantes ont des *rives* ; toutes les eaux ont des *bords*.

Boulevard, Rempart. Le *rempart* présente une fortification simple ; le *boulevard*, une fortification composée, compliquée, ajoutée au *rempart*. Aux entrées d'un état, il faut des *boulevards* ; aux places moins importantes, des *remparts* suffisent.

Bout, Extrémité, Fin. Le *bout* répond à un autre bout ; l'*extrémité*, au centre ; la *fin*, au commencement. On parcourt une allée d'un bout à l'autre ; on pénètre de l'*extrémité* d'un pays jusqu'à son centre ; on suit une chose depuis son origine jusqu'à sa *fin*.

Bref, Court, Succinct. Le temps seul est *bref* ; la matière et les temps sont *courts* ; le discours seul est *succinct*.

Brouiller, Embrouiller. Celui qui *brouille* met la confusion dans les choses ; celui qui *embrouille* ne fait pas l'arrangement qu'il devoit. On *brouille* toutes sortes de choses ; on n'*embrouille* figurément que les choses qui demandent de l'ordre, de la clarté.

But, Vues, Dessein. Le *but* est fixe ; c'est où l'on veut aller : les *vues* sont plus vagues ; c'est ce qu'on veut se procurer : le *dessein* est plus ferme ; c'est ce qu'on veut exécuter. On se propose un *but* ; on a des *vues* ; on forme un *dessein*.

C

Cabale, Complot, Conspiration, Conjuration. La *cabale* est l'intrigue d'un parti pour tourner à son gré les événemens ; le *complot* est un concert clandestin de quelques personnes pour détruire, par un coup décisif et inopiné, ce qui leur fait peine ; la *conspiration* est une trame sourde pour abattre un pouvoir odieux ; la *conjuration* est une confédération pour opérer, par des entreprises violentes, une révolution.

Cabaret, Taverne, Auberge, Hôtellerie. *Cabaret*, lieu où l'on vend du vin en détail ; *taverne*, lieu où l'on a coutume de boire à l'excès et de se livrer à la crapule ; *auberge*, lieu où l'on donne à manger en repas réglés ; *hôtellerie*, lieu où les voyageurs et les passans sont logés, nourris et couchés pour de l'argent.

Cacher, Dissimuler, Déguiser. On *cache* par un profond secret ; on *dissimule* par une conduite réservée ; on *déguise* par des apparences contraires.

Caducité, Décrépitude. *Décrépitude* se dit et ne peut se dire que des êtres animés ; *caducité* se dit de même de certaines choses inanimées. La *caducité* mène à la *décrépitude*.

Calculer, Compter, Supputer. *Compter*, c'est énumérer, dénombrer ; *supputer*, c'est combiner des nombres pour en avoir le total ; *calculer*, c'est faire des opérations arithmétiques.

Calendrier, Almanach. L'indication des mois, des jours, des fêtes, n'est que l'objet du *calendrier* ; l'*almanach* contient de plus des observations astronomiques, etc.

Capacité, Habileté. *Capacité* a plus de rapport à la connoissance des préceptes ; *habileté*, à leur application. Qui a de la *capacité*, peut ; qui a de l'*habileté*, réussit.

Caresser, Flatter, Cajoler, Flagorner. On *caresse* ceux que l'on aime ; on *flatte* ceux qui peuvent servir ou nuire ; on *cajole* des gens faciles à tromper et à gagner ; on *flagorne* des supérieurs.

Carnassier, Carnivore. *Carnivore* signifie, qui mange de la chair ; *carnassier*, qui en fait sa nourriture. *Carnassier* se dit de l'animal qui ne peut vivre que de chair ; l'animal *carnivore* n'est pas réduit à cet unique aliment. Le lion est *carnassier* ; l'homme est *carnivore*.

Casser, Briser, Rompre. On *casse* du bois, du verre, en le frappant, le heurtant ; on *rompt* du fer, en le faisant céder, fléchir, enfoncer, ployer sous le poids ; on *brise* une pierre, une statue, en la frappant à grands coups, en l'écrasant, en la divisant d'une manière violente, jusqu'à la destruction.

Caution, Garant, Répondant. La *caution* s'oblige à satisfaire à un engagement ou à indemniser, si celui qu'elle cautionne manque de foi ou de fidélité ; le *garant* s'oblige à faire jouir de la chose vendue ; le *répondant* s'oblige à réparer les torts de celui dont il répond. La *caution* s'engage pour des intérêts pécuniaires ; le *garant*, pour des possessions ; le *répondant*, pour des dommages. Le premier s'engage à payer ; le second à poursuivre ; le troisième à dédommager. La *caution* donne un second débiteur ; le *garant*, un défenseur ; le *répondant*, un recours. On est *caution* d'une personne ; on est *garant* d'un fait ; on *répond* d'un événement. *Garantir* ne se dit que des choses.

Certain, Sur, Assuré. *Certain* s'emploie pour des choses de spéculation ; *sûr*, pour les choses qui concernent la pratique ; *assuré* a rapport à la durée. On est *certain* d'un point de science ; on est *sûr* d'une maxime de morale ; on est *assuré* d'un fait.

Certes, Certainement, Avec certitude. *Avec certitude* désigne que vous avez des motifs puissans pour assurer une chose comme *certaine* en soi ; *certainement* désigne la conviction ; *certes* est une affirmation tranchante qui annonce la conviction la plus intime.

Chagrin, Tristesse, Mélancolie. Le *chagrin* vient du mécontentement ; la *tristesse* est causée par les grandes afflictions ; la *mélancolie* est l'effet du tempérament, ou de grandes et longues infortunes.

Chanceler, Vaciller. Le corps qui *chancèle* n'est pas ferme ; celui qui *vacille* n'est point fixe. Le premier est trop mobile, le second trop foible ; on commence par *vaciller*, on finit par *chanceler*. Le témoin qui *chancèle* est suspect ; celui qui *vacille* est indigne de foi.

Chancir, Moisir. *Chancir* se dit des premiers signes de changement à la surface de certains corps qu'une fermentation dispose à la corruption ; *moisir* se dit du changement entier.

Changement, Variation, Variété. *Changement* marque le passage d'un état à un autre ; *variation*, le passage rapide par plusieurs états successifs ; *variété*, l'existence de plusieurs individus d'une même espèce, sous des états en partie semblables, en partie différens.

Charge, Fardeau, Faix. La *charge* est ce qu'on peut porter ; le *fardeau* est ce qu'on porte ; le *faix* exprime de plus l'idée d'une impression sur ce qui porte. La *charge* est forte ; le *fardeau* est lourd ; le *faix* accable.

Charme, Enchantement, Sort. Le *charme* arrête les effets naturels des causes ; l'*enchantement* se dit de l'illusion des sens ; *sort* renferme l'idée de quelque chose qui nuit ou trouble la raison. Ils marquent l'effet d'une opération magique qui, appliquée à des êtres insensibles, s'appelle *charme* ; si elle est appliquée à un être intelligent, il est *ensorcelé*.

Chasteté, Continence. La *chasteté* prescrit des règles à l'usage des plaisirs de la chair ; la *continence* en interdit absolument l'usage. Tel est *chaste*, qui n'est pas *continent* ; tel est *continent*, qui n'est pas *chaste*.

Chatier, Punir. On *châtie* celui qui a fait une faute ; on punit celui qui a commis un crime. Le *châtiment* porte avec lui une idée de la supériorité de celui qui l'inflige.

Le Chaud, Le Chaleur. La *chaleur* fait le *chaud*. On dit dans le discours, un *chaud* lourd, étouffant ; une *chaleur* ardente, brûlante. Le *chaud* est un air qui accable ; la *chaleur*, un feu qui dévore.

Chétif, Mauvais. Le peu de valeur rend une chose *chétive* ; les défauts la rendent *mauvaise*. En fait de choses d'usage, comme habits, etc., *chétif* enchérit sur *mauvais*.

Choisir, Faire choix. *Choisir* se dit des choses dont on veut faire usage ; *faire choix* se dit des personnes qu'on veut employer. *Choisir* marque la comparaison ; *faire choix*, la simple distinction.

Choisir, Préférer. On *préfère* ce qu'on *choisit*. *Choisir*, c'est se déterminer par le mérite de la chose ; *préférer*, c'est se déterminer par quelque motif que ce soit.

Choquer, Heurter. *Heurter*, c'est *choquer* rudement. Au figuré, une bagatelle suffit pour *choquer* bien des gens ; on *heurte* de front.

Ciel, Paradis. Le *ciel* est le séjour de la gloire ; le *paradis*, celui de la béatitude. Le *ciel* est le temple de Dieu ; le *paradis* est la cité des bienheureux. Le *paradis* est dans le *ciel*.

Circonspection, Considération, Égards, Ménagemens. La *circonspection* a lieu dans le discours ; la *considération*, dans la manière de traiter les gens ; les *égards* ne permettent pas de manquer à rien de ce que la bienséance ou la politesse exige ; les *ménagemens* sont pour éviter de choquer ou de faire de la peine, et pour tirer avantage.

Circonstance, Conjoncture, Occurence. La *conjoncture* est une disposition de circonstances ; la *circonstance* est la disposition particulière qui favorise ou contrarie ; l'*occurrence* se présente sans qu'on la cherche. Il faut consulter les *conjonctures*, prévoir les *circonstances*, profiter de l'*occurrence*.

Cité, Ville. La *ville* est l'enceinte des murailles, ou la population renfermée dans cette enceinte ; la *cité* est le peuple d'une contrée, habitant une ville et ses environs. La *ville* a des maisons et des habitans ; la *cité*, des citoyens.

Civilité, Politesse. La *civilité* est un témoignage extérieur et sensible des sentimens intérieurs et cachés ; la *politesse* ajoute à la *civilité* : c'est un cérémonial qui a ses règles de convention : elle consiste à dire et à faire tout ce qui peut plaire, avec des manières nobles et délicates. Un simple paysan peut être *civil* ; la *politesse* suppose de l'éducation.

Civisme, Patriotisme. Par le *patriotisme*, on aime sa patrie ; par le *civisme*, on se consacre à elle. Le *civisme* est la conduite ; le *patriotisme* est le sentiment qui la dirige.

Clarté, Perspicuité. La *clarté* tient aux choses : elle naît de la distinction des idées ; la *perspicuité* dépend de la manière dont on s'exprime : elle naît des bonnes qualités du style.

Cloître, Couvent, Monastère. L'idée propre du *cloître* est celle de clôture ; l'idée de *couvent*, celle de communauté ; l'idée de *monastère*, celle de solitude. On s'enferme dans un *cloître* ; on se met dans un *couvent* ; on se retire dans un *monastère*.

Clorre, Fermer. La *clôture* est plus vaste, plus rigoureuse, plus stable que la *fermeture*. Une fenêtre est *fermée*, et elle peut n'être pas bien *close*.

Clystère, Lavement, Remède. *Clystère* n'a plus lieu que dans le burlesque; *lavement*, que dans les auteurs; on ne dit plus que *remède*.

Cœur, Courage, Valeur, Bravoure, Intrépidité. Le *cœur bannit* la crainte; le *courage* est impatient d'attaquer; la *valeur* agit avec vigueur; la *bravoure* court au danger, préfère l'honneur à la vie; l'*intrépidité* affronte le péril le plus évident. Le *cœur* soutient dans l'action; le *courage* fait avancer; la *valeur* fait exécuter; la *bravoure* fait qu'on s'expose; l'*intrépidité* fait qu'on se sacrifie.

Colère, Courroux, Emportement. La *colère* marque une passion intérieure et de plus de durée; le *courroux* tient de la supériorité, respire la vengeance ou la punition; il est d'un style plus relevé; l'*emportement* est un mouvement de colère qui éclate et passe promptement.

Colère, Colérique. *Colère* marque le fait; *colérique*, l'inclination. Un homme est *colère*, et il a l'humeur *colérique*. L'humeur *colérique* rend *colère*. On peut être *colérique* sans être *colère*.

Commandement, Ordre, Précepte, Injonction, Jussion. *Commandement* exprime avec plus de force l'exercice de l'autorité; *ordre* a plus de rapport à l'instruction; *précepte* indique l'empire sur les consciences; *injonction* désigne le pouvoir dans le gouvernement; *jussion* renferme une idée de despotisme.

Commentaire, Glose. La *glose* est plus littérale; le *commentaire* est plus libre.

Commerce, Négoce, Trafic. Le *commerce* est l'échange de valeurs pour valeurs; le *négoce* est la partie du commerce exercée par des gens voués à cette profession; le *trafic* fait passer les marchandises de mains en mains: c'est le service du *négoce*. Une nation fait le *commerce*; une compagnie fait un *négoce*; un revendeur fait le *trafic*.

Commis, Employé. Le *commis* a une commission, il a ses instructions; l'*employé* a un emploi, il obéit à un chef. Le *commis* dirige; l'*employé* agit.

Complaire, Plaire. *Complaire*, c'est agir dans la vue d'être agréable à quelqu'un; *plaire*, c'est effectivement être agréable: le premier est un moyen de parvenir au second.

Complaisance, Déférence, Condescendance. La *complaisance* est le désir de complaire; la *déférence* est l'acquiescement aux volontés des autres; la *condescendance* nous fait quitter notre supériorité, notre autorité, pour nous prêter à leur satisfaction.

Compliqué, Impliqué. Les affaires sont *compliquées*; les personnes sont *impliquées* dans les affaires.

Conclusion, Conséquence. La *conclusion* est la proposition qui suit les prémisses; la *conséquence* est la liaison de la conclusion avec les prémisses.

Concupiscence, Cupidité, Avidité, Convoitise. La *concupiscence* est la disposition habituelle de l'ame à désirer les biens sensibles; la *cupidité* est un désir violent; l'*avidité*, un désir insatiable; la *convoitise*, un désir illicite de ces biens.

Condition, État. La *condition* a rapport au rang; l'*état*, à la profession.

Conduire, Guider, Mener. On *conduit* et l'on *guide* ceux qui ne savent pas les chemins; on *mène* ceux qui ne peuvent ou ne veulent pas aller seuls. La tête *conduit*; l'œil *guide*; la main *mène*.

Conférer, Déférer. On dit l'un et l'autre, en parlant des dignités et des honneurs que l'on donne; *Conférer* est un acte d'autorité; *déférer* est un acte d'honnêteté.

Confiseur, Confiturier. Le *confiseur* fait les confitures; le *confiturier* les vend.

Confrère, Collègue, Associé. Les *confrères* sont d'un même corps; les *collègues* travaillent à une même opération; les *associés* ont un objet commun d'intérêt.

Connexion, Connexité. La *connexité* ne dénote qu'un simple rapport; la *connexion* énonce une liaison effective, fondée sur ce rapport. La *connexité* est en puissance; la *connexion* est de fait.

Consentement, Convention, Accord. Deux particuliers, d'un commun *consentement*, ont fait ensemble une *convention*, au moyen de laquelle ils sont d'*accord*.

Consentement, Permission, Agrément. Le *consentement* se demande aux personnes intéressées; la *permission* se donne par les supérieurs; il faut avoir l'*agrément* de ceux qui ont quelque droit sur la chose, pour en disposer.

Consentir, Acquiescer, Adhérer, Tomber d'accord. Nous *consentons* à ce que les autres veulent; nous *acquiesçons* à ce qu'on nous propose; nous *adhérons* à ce qui est fait et conclu par d'autres; nous *tombons d'accord* de ce qu'on nous dit.

Considération, Réputation. La *réputation* est le fruit des talens; la *considération* est attachée à la place, au crédit, aux vertus.

Considérations, Observations, Réflexions, Pensées. *Considérations* exprime cette action de l'esprit qui envisage un objet sous ses différentes faces; *observations* exprime les remarques que l'on fait; *réflexions* regarde la conduite de la vie; *pensées* marque indistinctement les jugemens de l'esprit.

Consommer, Consumer. Ces deux mots ont la signification d'*achever*; *consumer* achève en détruisant le sujet, et *consommer* achève en le mettant dans la dernière perfection.

Constant, Ferme, Inébranlable, Inflexible. *Ferme* désigne un courage qui ne s'abat point; *inébranlable*, un courage qui résiste aux obstacles; *inflexible*, un courage qui ne s'amollit point. Les trois derniers ajoutent une idée de courage à *constant*.

Conte, Fable, Roman. Un *conte* est une aventure feinte, narrée par un auteur connu; une *fable* est une aventure fausse dont on ignore l'origine; un *roman* est une suite d'aventures supposées.

Contentement, Joie, Satisfaction, Plaisir. Le *contentement* regarde l'intérieur d'un cœur content; la *joie* en est la démonstration extérieure; la *satisfaction* est un retour sur le succès; le *plaisir* est une sensation agréable.

Contentement, Satisfaction. Le *contentement* est plus dans le cœur; la *satisfaction* est plus dans l'esprit. Le premier est un sentiment qui rend toujours l'ame tranquille; le second la jette quelquefois dans le trouble.

Continu, Continuel. La chose est *continue* par la tenue de sa constitution, *continuelle* par la tenue de sa durée. Le bruit *continuel* d'un moulin n'est pas *continu*.

Continuation, Continuité. *Continuation* se dit de la durée; *continuité*, de l'étendue. La *continuation* d'une même conduite; la *continuité* d'un édifice.

Continuation, Suite. On *continue* ce qui n'est pas achevé; on donne une *suite* à ce qui l'est.

Continuer, Persévérer, Persister. *Continuer*, c'est faire comme on a fait jusque-là; *persévérer*, c'est *continuer* sans vouloir changer; *persister*, c'est *persévérer* avec constance ou opiniâtreté. On *continue* par habitude; on *persévère* par réflexion; on *persiste* par attachement.

Continuer, Poursuivre. *Continuer* marque la suite du premier travail; *poursuivre* marque, avec la suite, une volonté déterminée d'arriver à la fin. On *continue* son voyage; on le *poursuit* nonobstant les dangers.

Contraindre, Forcer, Violenter. Le dernier de ces mots enchérit sur le second, comme celui-ci sur le premier. *Contraindre* gêne l'inclination; *forcer* exprime l'attaque portée à la liberté par une autorité puissante; *violenter* exprime l'anéantissement de la liberté par une force irrésistible.

Contravention, Désobéissance. La *contravention* est aux choses; la *désobéissance*, aux personnes. La *contravention* à un réglement est une *désobéissance* à l'autorité.

Contre, Malgré. On agit *contre* la règle, et *malgré* les oppositions.

Contre, Malgré, Nonobstant. *Contre* marque opposition formelle: une action *contre* la conscience est blâmable; *malgré* exprime une opposition de résistance: *malgré* ses soins et ses précautions; *nonobstant* ne fait entendre qu'une opposition légère: le scélérat commet le crime dans les temples, *nonobstant* la sainteté du lieu.

Contrefaction, Contrefaçon. La *contrefaction* est l'action de contrefaire; la *contrefaçon* est l'effet de cette action.

Contrevenir, Enfreindre, Transgresser, Violer. *Contrevenir*, c'est agir contre les ordres; *enfreindre*, c'est agir contre des engagemens; *transgresser*, c'est outrepasser les bornes fixées par les lois; *violer*, c'est agir contre les lois les plus sacrées.

Contrition, Repentir, Remords. La *contrition* regarde le péché; elle est dans le cœur: le *repentir* regarde toute espèce d'action considérée comme mal; il est dans l'ame: le *remords* regarde le crime; il est dans la conscience.

Conversation, Entretien, Colloque, Dialogue. *Conversation* indique un discours entre particuliers, sur toutes les matières; *entretien*, un discours sur une matière sérieuse et déterminée; *colloque*, un discours prémédité sur des matières de controverse; *dialogue* désigne la manière dont s'exécutent les parties d'un discours lié.

Conviction, Persuasion. La *conviction* est l'effet de l'évidence; la *persuasion* est l'effet des preuves morales, qui peuvent tromper. On est *convaincu* d'une vérité; on peut être *persuadé* d'une erreur.

Coquetterie, Galanterie. La *coquetterie* cherche à faire naître des désirs; la *galanterie*, à satisfaire les siens.

Correction, Exactitude. La *correction* tombe sur les mots et les phrases; l'*exactitude*, sur les faits et les choses.

Corriger, Reprendre, Réprimander. Celui qui *corrige* montre la manière de rectifier; celui qui *reprend* ne fait que relever la faute; celui qui *réprimande* prétend punir.

Corruption, Dépravation. La *dépravation* déforme, dénature; la *corruption* décompose. Ce qui est droit, parfait, se *déprave*; ce qui est pur se *corrompt*. On dit *dépravation* d'esprit et *corruption* de cœur.

Cosmogonie, Cosmographie, Cosmologie. La *cosmogonie* est la science de la formation de l'univers; la *cosmographie* est celle de la disposition de ses parties; la *cosmologie* est une physique générale qui examine les résultats des faits, et tâche de découvrir les lois générales par lesquelles l'univers est gouverné. La première est conjecturale; la seconde, descriptive; la troisième, expérimentale.

Couler, Rouler, Glisser. *Couler* marque le mouvement des fluides et des poudres impalpables; *rouler*, c'est se mouvoir en tournant sur soi-même; *glisser*, c'est se mouvoir en présentant la même surface.

Couleur, Coloris. La *couleur* est ce qui distingue la superficie des objets; le *coloris* est l'effet particulier qui résulte de la qualité et de la force de la *couleur*.

Tout a coup, Tout d'un coup. Ce qui se fait *tout d'un coup* ne se fait ni par degrés, ni à plusieurs fois, mais tout en une fois; ce qui se fait *tout à coup* n'est ni prévu, ni attendu, mais se fait en un instant, sur-le-champ.

Couple, Paire. *Une paire* de pigeons suffit pour peupler une volière; *une couple* de pigeons ne suffit pas pour le dîner de six personnes. La *couple* ne marque que le nombre; la *paire* y ajoute l'idée d'une association. Un boucher achète *une couple* de bœufs; un laboureur en achète *une paire*.

Courage, Bravoure, Valeur. Le *courage* est dans tous les événemens; la *bravoure* n'est qu'à la guerre; la *valeur* est par tout où il y a un péril à affronter. La *bravoure* vainc l'obstacle; le *courage* raisonne les moyens de le détruire; la *valeur* le cherche.

Courage, Bravoure. La *bravoure* est dans le sang; le *courage* est dans l'ame. La première est un instinct; le second est une vertu.

Coursier, Cheval, Rosse. *Cheval* est le nom de l'espèce; *coursier* renferme l'idée d'un cheval courageux et brillant; *rosse*, celle d'un cheval vieux et usé, ou chétif.

Coutume, Habitude. Un ouvrage auquel on est *accoutumé* coûte moins de peine; ce qui est tourné en *habitude* se fait presque naturellement.

A couvert, A l'abri. *A couvert* désigne quelque chose qui cache; *à l'abri*, quelque chose qui défend. *A couvert* du soleil, *à l'abri* du mauvais temps: *à couvert* des poursuites, *à l'abri* des insultes.

Craindre, Appréhender, Redouter, Avoir peur. On *craint* par aversion pour le mal qui peut arriver; on *appréhende* par désir, pour le bien qui peut manquer; on *redoute* un adversaire; on *a peur* par l'idée du danger.

Créance, Croyance. La *croyance* est une opinion; la *créance* est une *croyance* ferme, entière. La *croyance* n'annonce pas la conviction qu'annonce la *créance*. La *créance* a trait au crédit; la *croyance* en fait abstraction.

Crédit, Faveur. Nous avons du *crédit* auprès de quelqu'un, lorsque notre ascendant sur lui ou sa confiance en nous détermine sa volonté suivant nos désirs; si sa foiblesse ou sa bienveillance pour nous le dispose à faire tout ce qui peut nous plaire, nous avons sa *faveur*. Le *crédit* de Sully triompha de la *faveur* des maîtresses.

Creuser, Approfondir. *Approfondir*, c'est *creuser* plus avant. Au figuré, *creuser* a plus de rapport au travail; *approfondir* tient plus du succès.

Cri, Clameur. Le dernier de ces mots ajoute à l'autre une idée de ridicule par son objet ou par son excès. Le sage respecte le *cri* public, et méprise les *clameurs* des sots.

Critiquer, Censurer. Dire d'un système qu'il est démenti par l'expérience, c'est le *censurer*; le prouver, c'est le *critiquer*.

Croix, Peines, Afflictions. Le premier, de style dévot, renferme les deux autres. Les *croix* sont distribuées par la providence; les *peines* sont des suites de l'état où l'on se trouve; les *afflictions* naissent des accidens causés par le hasard.

Croyance, Foi. Le dernier désigne la persuasion des mystères ; la *croyance* des choses révélées constitue la *foi*. La *croyance* est une persuasion déterminée par quelque motif que ce puisse être ; la *foi* est une persuasion déterminée par l'autorité de celui qui a parlé.

Cure, Guérison. On fait une *cure* ; on procure une *guérison*. La première a rapport au mal ; la seconde à l'état du malade. La *cure* n'a pour objet que les maux opiniâtres et d'habitude ; la *guérison* regarde les maladies légères.

D

Danger, Péril, Risque. Le *danger* est une disposition des choses qui menace de quelque malheur ; le *péril* est une situation présente dans laquelle il y a un grand danger ; le *risque*, une situation dans laquelle on a lieu de craindre ou d'espérer. Un général court le *risque* d'une bataille, et il est en *danger* de la perdre, si ses soldats l'abandonnent dans le *péril*.

Dans, En. *Dans* a un sens précis et défini : *dans* la chambre : *en* a un sens vague et indéfini ; on est *en* ville. On met *en* prison, et *dans* les cachots. *Dans* marque le temps où on exécute les choses, et *en*, celui qu'on emploie à les exécuter. La mort arrive *dans* le moment, et l'on passe *en* un instant. Si ces mots indiquent l'état, *dans* est d'usage pour le sens particularisé, et *en* pour le sens général. Vivre *dans* une entière liberté ; vivre *en* liberté.

Debout, Droit. On est *droit*, lorsqu'on n'est ni courbé, ni penché ; on est *debout*, quoique penché, lorsqu'on est sur ses pieds.

Débris, Décombres, Ruines. Les deux derniers ne s'appliquent qu'aux édifices ; le troisième suppose que les édifices détruits étoient considérables. Les *débris* d'un vaisseau ; les *décombres* d'un bâtiment ; les *ruines* d'un palais ou d'une ville.

Décadence, Declin, Decours. La *décadence* est l'état de ce qui déchoit ; le *declin*, de ce qui s'affoiblit ; le *décours*, de ce qui décroît. La *décadence* des fortunes ; le *déclin* du jour ; le *décours* de la lune.

Décadence, Ruine. Le premier prépare le second, qui en est l'effet. La *décadence* d'un empire annonce sa *ruine*.

Décence, Bienséance, Convenance. Une femme est vêtue avec *décence*, lorsqu'elle l'est sans immodestie ; avec *bienséance*, lorsqu'elle l'est suivant son état ; avec *convenance*, lorsqu'elle l'est selon la saison et les circonstances. On garde la *décence* ; on défère à la *bienséance* ; on consulte la *convenance*.

Décence, Dignité, Gravité. La *décence* renferme les égards que l'on doit au public ; la *dignité*, ceux que l'on doit à sa place ; la *gravité*, ceux qu'on se doit à soi-même.

Décider, Juger. On *décide* une contestation et une question ; on *juge* une personne et un ouvrage. Les journalistes *décident* ; les connoisseurs *jugent*. On *décide* quelqu'un à prendre un parti ; on *juge* qu'il le prendra.

Décision, Résolution. La *décision* est un acte de l'esprit, et suppose l'examen ; la *résolution* est un acte de la volonté, et suppose la délibération. Nos *décisions* doivent être justes ; nos *résolutions* doivent être fermes.

Déclarer, Découvrir, Manifester, Révéler, Déceler. *Déclarer*, dire pour instruire ; *découvrir*, montrer ce qui avoit été caché ; *manifester*, produire les sentimens intérieurs ; *révéler*, rendre public ce qui a été confié sous secret ; *déceler*, nommer celui qui ne veut pas être cru l'auteur.

Découragement, Accablement, Abattement. L'*accablement* du corps vient de maladie ou de fatigue ; l'*accablement* de l'esprit est un état de l'ame qui succombe sous le poids de ses peines. L'*abattement* est une langueur que l'ame éprouve à la vue d'un mal qui lui arrive ; le *découragement*, une foiblesse qui ôte le courage nécessaire pour finir une entreprise commencée.

Découverte, Invention. L'idée de la *découverte* tient plus de la science ; celle de l'*invention* tient plus de l'art. Une *découverte* étend nos connoissances ; une *invention* ajoute aux secours dont nous avons besoin.

Découvrir, Trouver. On *découvre* ce qui est caché ou secret, soit au moral, soit au physique ; on *trouve* ce qui ne tombe pas de soi-même sous les sens ou dans l'esprit.

Découvrir, Déceler, Dévoiler, Révéler, Déclarer, Manifester, Divulguer, Publier. On *découvre* ce qui étoit caché ; on *décèle* ce qui étoit dissimulé ; on *dévoile* ce qui n'étoit pas apparent ; on *révèle* ce qui étoit secret ; on *déclare* ce qui étoit inconnu ; on *manifeste* ce qui étoit ignoré ou obscur ; on *divulgue* ce qui n'étoit pas su ; on *publie* ce qui n'étoit pas notoire.

Décret, Loi. Le *décret* a besoin d'une sanction pour faire *loi* ; la *loi* est absolue. Le *décret* est l'effet de la *loi*.

Décrier, Décréditer. Le premier attaque l'honneur ; le second, le crédit. On *décrédite* un ambassadeur, en disant qu'il n'a pas de pouvoirs ; on le *décrie*, en disant que c'est un homme sans foi.

Défaite, Déroute. *Déroute* ajoute à *défaite*, et désigne une armée qui fuit en désordre.

Défendre, Soutenir, Protéger. On *défend* ce qui est attaqué ; on *soutient* ce qui peut l'être ; on *protége* ce qui a besoin d'être encouragé. On est *protégé* par les autres ; on peut se *défendre* et se *soutenir* par soi-même.

Défendu, Prohibé. Ils désignent ce qu'il n'est pas permis de faire, en conséquence d'un ordre, d'une loi : *prohibé* se dit des choses *défendues* par une loi humaine.

Défense, Prohibition. La *défense* porte sur ce qui nuit ; la *prohibition* s'applique à ce qui pourroit être permis. Le vol est *défendu* ; l'importation est *prohibée*. La *prohibition* produit toujours la *défense* ; alors la *défense* a un rapport particulier aux personnes. La *prohibition* des marchandises étant décrétée, il fut fait *défense* d'en introduire.

Dégoutant, Fastidieux. *Dégoûtant* a plus de rapport au corps ; *fastidieux* en a plus à l'esprit. La malpropreté rend les femmes *dégoûtantes* ; les minauderies les rendent *fastidieuses*.

Degré, Marche. *Degré* indique la hauteur ; *marche* marque l'étendue. Les *degrés* sont égaux, si les hauteurs sont égales ; les *marches* sont égales, si leur largeur est égale.

Déguiser, Travestir, Masquer. Celui qui se *masque* se couvre d'un faux visage ; celui qui se *déguise* change ses apparences ; celui qui se *travestit* prend un autre costume. On se *masque* pour aller au bal ; on se *déguise* pour une intrigue ; on se *travestit* pour ne pas être reconnu.

Délateur, Dénonciateur. Le *délateur* cherche, découvre et rapporte ce qu'il croit avoir vu, ce qu'il est intéressé à faire croire ; le *dénonciateur* manifeste un délit.

Délibérer, Opiner, Voter. *Délibérer*, c'est discuter des raisons pour et contre ; *opiner*, c'est motiver son avis ; *voter*, c'est donner son suffrage.

Délicat, Délié. La sensibilité de l'ame produit la *délicatesse* ; la finesse de l'esprit, l'artifice font le *délié*. Les gens *délicats* sont assez souvent *déliés* ; mais les gens *déliés* sont rarement *délicats*.

Délicieux, Délectable. *Délicieux* affecte à l'objet un caractère de suavité, de délicatesse ; *délectable* exprime la propriété d'exciter le goût, de prolonger le plaisir avec une sorte de sensualité, de tressaillement. En savourant la chose *délectable*, il semble que vous mâchiez le plaisir ; en savourant la chose *délicieuse*, il semble que vous en exprimiez voluptueusement ce qu'elle a de plus délicat.

Demeurer, Loger. *Demeurer* se dit par rapport au lieu où l'on habite ; *loger*, par rapport à l'édifice. On *demeure* à Paris ; on *loge* au Louvre, en hôtel garni.

Demeurer, Rester. *Demeurer*, c'est ne pas quitter le lieu où l'on est ; *rester* a de plus une idée accessoire de laisser aller les autres. Le premier laisse l'idée de la liberté. La sentinelle *reste* à son poste ; le dévot *demeure* long-temps à l'église.

Démolir, Raser, Démanteler, Détruire. On *démolit* par économie, ou pour *réédifier* ; on *rase* afin de laisser un monument de la vindicte publique ; on *démentèle* pour mettre une place hors de défense ; on *detruit* pour ne pas laisser subsister.

Démonstrations d'amitié, Témoignages d'amitié. Les *démonstrations* sont extérieures ; elles consistent dans un accueil obligeant : les *témoignages* sont plus intérieurs ; ils consistent dans des services essentiels.

Dénonciateur, Délateur, Accusateur. L'*accusateur*, intéressé comme partie, poursuit le criminel ; le *dénonciateur*, zélé pour la loi, fait connoître le coupable ; le *délateur*, ennemi dangereux, rapporte tout ce qu'on laisse échapper de non-conforme aux ordres, à l'esprit du ministère public. L'*accusateur* est un homme irrité ; le *dénonciateur*, un homme indigné ; le *délateur*, un ennemi.

Dénouement, Catastrophe. Le *dénouement* démêle l'intrigue ; la *catastrophe* termine l'action. Le *dénouement* amène la *catastrophe* ; la *catastrophe* complète le *dénouement*.

Dense, Epais. *Épais* est l'opposé de *mince* ; *dense* est l'opposé de *rare*. Une planche est *épaisse* d'un pouce ; l'or est plus *dense* que l'argent.

Dénué, Dépourvu. Le premier marque une privation entière, absolue ; le second exprime une disette plus ou moins grande. L'homme *dénué* de biens est dans la misère ; l'homme *dépourvu* de biens est dans le besoin. *Dénué* ne se dit qu'au figuré ; *dépourvu* se dit dans les deux sens.

Depouiller une chose, Se dépouiller d'une chose. Le premier porte directement contre l'objet dont on veut être dépouillé ; le second porte directement sur le sujet qui *se dépouille*. Si le prince *se dépouille* de sa grandeur, vous le voyez tel qu'un homme privé ; s'il la *dépouille*, vous la voyez s'évanouir.

Dépravation, Corruption. Le premier marque physiquement une forte altération des formes, des caractères sensibles ; le second, une grande altération des principes, de la substance. Au sens moral, la *dépravation* marque l'opposition directe de la chose avec l'ordre, le modèle donné ; la *corruption* désigne la détérioration et une fermentation tendante à sa dissolution.

Dérogation, Abrogation. La *dérogation* laisse subsister la loi ; l'*abrogation* l'annulle.

Désapprouver, Improuver, Réprouver. On *désapprouve*, par un simple jugement, ce qui ne paroît pas bon ; on *improuve*, par des discours, ce qu'on trouve mauvais ; on *réprouve* les condamnations qu'on juge odieuses.

Désert, Inhabité, Solitaire. Un lieu *désert* est vide, inculte ; un lieu *inhabité* est sans habitans ; un lieu solitaire n'est pas fréquenté. Les landes sont *désertes* ; les rochers sont *inhabités* ; les bois sont *solitaires*.

Déserteur, Transfuge. Le *transfuge* est un *déserteur* qui passe au service des ennemis.

Déhonnête, Malhonnête. *Déshonnête* est contraire à la pureté ; *malhonnête*, à la civilité, à la droiture. *Déshonnête* se dit des choses ; *malhonnête*, des choses et des personnes,

Désoccupé, Désœuvré. On est *désoccupé* quand on n'a rien à faire de ce qui occupe ; on est *désœuvré* lorsqu'on ne fait absolument rien, même rien qui amuse.

Destin, Destinée. Le *destin* est ce qui destine ; la *destinée*, la chose destinée ou prédestinée. Le *destin* ordonne d'une manière immuable ; la *destinée* est réglée par les décrets immuables du *destin*. L'un désigne la cause, l'autre l'effet.

Détourner, Distraire, Divertir. On *distrait* des deniers, des papiers, en les mettant à part ; on les *détourne*, en les éloignant de leur destination ; on les *divertit*, en se les appropriant, en les dissipant. En parlant des personnes, il suffit d'interrompre l'attention de quelqu'un, pour le *distraire* de son travail ; il faut l'occuper pour l'en *détourner* ; il faut le lui faire abandonner, pour l'en *divertir*.

Détroit, Défilé, Gorge, Col, Pas. Le *détroit* est un lieu serré, où l'on passe difficilement ; le *défilé*, où l'on ne peut passer qu'à la file ; la *gorge* est l'entrée d'un passage étroit ; le *col* est un passage étroit qui s'élargit à l'entrée et à la sortie ; le *pas* est un passage peu long.

Devancer, Précéder. *Devancer* signifie prendre les devans, aller plus vîte ; *précéder* signifie marcher le premier. Ces mots marquant un rapport de temps, *devancer* exprime une antériorité d'action ; *précéder*, une priorité d'existence, d'ordre. La nuit *précède* le jour ; l'aurore *devance* le soleil.

Devin, Prophète. Le *devin* découvre ce qui est caché ; le *prophète* prédit ce qui doit arriver. La *divination* regarde le présent et le passé ; la *prophétie* a pour objet l'avenir.

Devoir, Obligation. Le *devoir* dit quelque chose de plus fort pour la conscience ; il tient de la loi : l'*obligation* dit quelque chose de plus absolu pour la pratique ; elle tient de l'usage. On manque à un *devoir* ; on se dispense d'une *obligation*.

Dévot, Dévotieux. Le *dévot* n'a qu'une simple dévotion ; elle peut être austère, chagrine ; le *dévotieux* a une dévotion plus sentie et mieux exprimée ; elle sera toujours douce, affectueuse. En mauvaise part, le *dévotieux* se distinguera par une attention minutieuse à de petites pratiques, et la recherche dans les manières. Un homme qui n'est pas *dévot* peut être *dévotieux*, lorsqu'il assite à quelque cérémonie religieuse.

Diable, Demon. Le *diable* se prend toujours en mauvaise part ; c'est un esprit malfaisant, qui tente et corrompt la vertu. *Démon*, en bonne part, c'est un génie qui entraîne hors des bornes. La méchanceté est l'apanage du *diable*, l'excès celui du *démon*.

Diaphane, Transparent. *Diaphane* ne se dit que des corps qui ne laissent passer la lumière que par des pores invisibles ; *transparent* se dit de ces corps, et de ceux qui laissent passer la lumière par des ouvertures sensibles. La gaze est *transparente*, et n'est pas *diaphane*.

DICTIONNAIRE, VOCABULAIRE, GLOSSAIRE. *Vocabulaire* et *glossaire* ne s'appliquent qu'à des nomenclatures sans explications; *dictionnaire* comprend les *dictionnaires* de langues, les *dictionnaires* historiques, ceux des sciences et arts, et exige des définitions. Un *vocabulaire* peut n'être pas alphabétique; *glossaire* ne s'applique guère qu'aux séries de mots peu connus.

DIFFAMATOIRE, DIFFAMANT, INFAMANT. Ce qui est *diffamant* attire le mépris; ce qui est *infamant* attire l'aversion; l'écrit *diffamatoire* attaque la réputation d'autrui.

DIFFÉRENCE, DIVERSITÉ, VARIÉTÉ, BIGARRURE. La *différence* suppose une comparaison des choses, qui empêche la confusion; la *diversité* suppose un changement qui flatte et réveille le goût; la *variété*, une pluralité de choses dont l'imagination compose des images qui dissipent l'ennui de l'uniformité. La *bigarrure* suppose un assemblage mal assorti, formé par le caprice.

DIFFÉRENCE, INÉGALITÉ, DISPARITÉ. *Différence* est un genre dont l'*inégalité* et la *disparité* sont des espèces; l'*inégalité* marque la *différence* en quantité, la *disparité* marque la *différence* en qualité.

DIFFÉREND, DÉMÊLÉ. Le sujet du *différend* est une chose sur laquelle on se contrarie, l'un disant *oui*, l'autre *non*. Le sujet du *démêlé* est une chose moins éclaircie, sur laquelle on s'explique.

DIFFÉREND, DISPUTE, QUERELLE. La concurrence des intérêts cause les *différens*, la contrariété des opinions produit les *disputes*; l'aigreur des esprits est la source des *querelles*.

DIFFICULTÉ, OBSTACLE, EMPÊCHEMENT. La *difficulté* embarrasse; l'*obstacle* arrête; l'*empêchement* résiste. On lève la *difficulté*; on surmonte l'*obstacle*; on ôte, on vainc l'*empêchement*.

DIFFORMITÉ, LAIDEUR. La *difformité* est un défaut dans les proportions; la *laideur*, dans les couleurs, la superficie du visage. *Difformité* se dit de tout défaut dans les proportions des corps; *laideur* ne se dit que des animaux ou des meubles.

DIFFUS, PROLIXE. Le *diffus* se répand en paroles qui délayent la pensée; le *prolixe* s'étend en mots qui affoiblissent l'expression.

DILIGENT, EXPEDITIF PROMPT. L'homme *diligent* est assidu à l'ouvrage; l'ouvrier *expéditif* le finit de suite; s'il est *prompt*, il travaille avec activité. La paresse, les délais et la lenteur sont les trois défauts opposés.

DISCERNEMENT, JUGEMENT. Le *discernement* est une connoissance qui distingue; le *jugement* est une connoissance qui prononce. Le *discernement* est éclairé; le *jugement* est sage: le premier se dit du choix, le second, de la conduite.

DISCORD, DISCORDE. Le *discord* rompt l'accord; la *discorde* détruit la concorde. Le *discord* tend à la *discorde*; la *discorde* est un état de dissention.

DISCOURS, HARANGUE, ORAISON. Le *discours* est un ouvrage composé par un orateur sur un sujet important; la *harangue*, un discours d'apparat; l'*oraison*, le discours oratoire des anciens: ce dernier est restreint à l'*oraison* funèbre.

DISCRÉTION, RÉSERVE. La *discrétion* fait que nous ne faisons et ne disons que ce qui est conforme aux bienséances; la *réserve* nous fait abstenir de tout ce qui blesse les convenances: la première agit, la seconde est purement passive.

DISERT, ELOQUENT. Le discours *disert* est facile, pur, mais foible; le discours *éloquent* est vif, touchant; il maîtrise. Ces épithètes se donnent pour les mêmes raisons, aux personnes.

DISPOSITION, APTITUDE. Les *dispositions* indiquent des qualités propres à favoriser le succès de la chose; l'*aptitude*, les qualités nécessaires pour l'exécuter avec succès. Avec des *dispositions*, on peut devenir propre à la chose; avec de l'*aptitude*, on y est propre.

DISPUTE, ALTERCATION, CONTESTATION, DÉBAT. *Dispute* est une conversation entre deux personnes d'avis différent; l'aigreur en fait une *altercation*; la *contestation* est une dispute entre plusieurs; le tumulte la change en *débat*.

DISTINCTION, DIVERSITÉ, SÉPARATION. La *distinction* est opposée à l'identité; la *diversité* à la similitude; la *séparation* à l'unité.

DISTINGUER, DISCERNER, DÉMÊLER. On *distingue* un objet par ses apparences; on le *discerne* à ses signes exclusifs; on le *démêle* à des signes particuliers. Pour reconnoître, il faut *distinguer*; pour choisir, il faut *discerner*; pour rétablir l'ordre, il faut *démêler*.

DISTINGUER, SÉPARER. On *distingue* pour ne pas confondre; on *sépare* pour éloigner. La différence du langage *distingue* les nations; l'absence *sépare* les amis.

DISTRAIRE, DÉTOURNER, DIVERTIR. *Distraire* n'exprime qu'un déplacement, un dérangement; *détourner* et *divertir* marquent des changemens divers; *divertir* marque un effet plus grand que *détourner*. Au physique, on *distrait* des objets, en les ôtant de leur place; on les *détourne* en les mettant à l'écart; on les *divertit* en les supprimant, en se les appropriant. Au figuré, celui qui n'est que *distrait* est encore plein de la chose, en pensant à une autre; celui qui est *détourné* n'est plus à sa chose; mais il pourra facilement y revenir; celui qui est *diverti* ne songe plus à son objet. Une cause légère *distrait*; une sollicitation importune *détourne*; des objets attrayans *divertissent*.

DIURNE, QUOTIDIEN, JOURNALIER. Ce qui est *diurne* revient chaque jour, et en occupe toute la durée; ce qui est *quotidien* revient chaque jour, sans en occuper toute la durée; ce qui est *journalier* se répète comme les jours, mais varie de même, et peut en occuper ou n'en pas occuper toute la durée.

DIVISER, PARTAGER. La *division* produit des parties; le *partage* produit des parts ou des portions. Au figuré, la *division* marque la mésintelligence et l'opposition; le *partage* n'emporte que la différence ou la diversité.

DIVORCE, RÉPUDIATION. Le *divorce* est la séparation de deux époux; la *répudiation* est le renvoi de l'un par l'autre.

DOCTE, DOCTEUR. Etre *docte*, c'est être savant et habile; être *docteur*, c'est avoir donné des preuves certaines de sa science. *Docteur* dit moins que *docte*, parce qu'il y a un grand nombre de *docteurs* qui ne sont pas *doctes*.

DON, PRÉSENT. Le *don* est gratuit; le *présent* est une offrande, gage de nos sentimens. On fait des *dons* à quelqu'un pour lui faire du bien; on lui fait des *présens* pour bien mériter de lui.

DONNER, PRÉSENTER, OFFRIR. *Donner* est plus familier; *présenter* est respectueux; *offrir* est quelquefois religieux. On *donne* aux domestiques; on *présente* aux princes; on *offre* à Dieu. *Donner* marque la volonté qui transporte la propriété de la chose; *présenter* désigne l'action de la main pour livrer la chose; *offrir*, le mouvement du cœur qui porte à ce transport.

DOULEUR, CHAGRIN, TRISTESSE, AFFLICTION, DÉSOLATION. *Douleur* se dit des sensations désagréables du corps, et des peines de l'esprit ou du cœur; les quatre autres ne se disent que de ces dernières. Le *chagrin* peut être intérieur; la *tristesse* se laisse voir au dehors: la *tristesse* peut être habituelle; le *chagrin* a toujours un sujet particulier. L'idée d'*affliction* ajoute à celle de *tristesse*; celle de *douleur*, à celle d'*affliction*; celle de *désolation*, à celle de *douleur*.

DOULEUR, MAL. *Douleur* dit quelque chose de plus vif. La *douleur* est souvent regardée comme l'effet du *mal*, jamais comme la cause.

DOUTEUX, INCERTAIN, IRRÉSOLU. *Douteux* ne se dit que des choses; *incertain* se dit des choses et des personnes; *irrésolu* ne se dit que des personnes. Le sage doit être *incertain* à l'égard des opinions *douteuses*, et ne doit jamais être *irrésolu* dans sa conduite.

DROIT, JUSTICE. Le *droit* est l'objet de la *justice*; la *justice* est la conformité des actions avec le *droit*. Le premier change; la seconde ne varie jamais.

DURABLE, CONSTANT. Ce qui est *durable* est ferme par sa solidité, et ne cesse point; ce qui est *constant* est ferme par sa résolution, et ne change pas.

DURÉE, TEMPS. La *durée* se rapporte aux choses; le *temps*, aux personnes. *Durée* désigne l'espace écoulé entre le commencement et la fin; le *temps* désigne quelque partie de cet espace, ou cet espace, d'une manière vague. On dit que la *durée* de son règne a été de tant d'années; que tel événement est arrivé pendant le *temps* de son règne.

E

ÉBAHI, ÉBAUBI, ÉMERVEILLÉ, STUPÉFAIT. On est *ébahi* par la surprise qui fait tenir la bouche béante, avec l'air de l'ignorance; on est *ébaubi* par une surprise qui déconcerte, et tient comme suspendu dans le doute; on est *émerveillé* par une surprise qui attache, qui charme; on est *stupéfait* par une surprise qui rend immobile, semble ôter l'usage de l'esprit et des sens.

ÉBAUCHE, ESQUISSE. L'*ébauche* est la première forme donnée à un ouvrage; l'*esquisse* est un modèle incorrect de l'ouvrage, qui n'en contient que l'esprit, ne montre que la pensée. L'*esquisse* d'un tableau est le premier trait au crayon; l'*ébauche* est le commencement de son exécution en couleur.

ÉBULLITION, EFFERVESCENCE, FERMENTATION. L'*ébullition* est le mouvement d'un corps qui bout; l'*effervescence*, le mouvement qui s'opère dans un mélange de liquides; la *fermentation* est le mouvement interne qui s'excite dans un liquide, dont les parties se décomposent. L'eau qui bout est en *ébullition*; le fer dans l'eau-forte fait *effervescence*; la bière *fermente*.

ÉCHANGER, TROQUER, PERMUTER; donner une chose pour une autre, pourvu que ce ne soit pas de l'argent. On *échange* des ratifications d'un traité, des marchandises, des valeurs; on *troque* des marchandises; on *permute* des bénéfices.

ÊTRE ÉCHAPPÉ, AVOIR ÉCHAPPÉ. *Ce mot m'est échappé*; j'ai prononcé ce mot sans y prendre garde: *ce que je voulois vous dire m'a échappé*; j'ai oublié de vous le dire; ou j'ai oublié ce que je voulois dire. *Le cerf a échappé aux chiens*; les chiens ne l'ont point atteint: *le cerf est échappé aux chiens*; il s'est tiré du péril.

ÉCLAIRCIR, EXPLIQUER, DÉVELOPPER. On *éclaircit* ce qui étoit obscur; on *explique* ce qui étoit difficile à entendre; on *développe* ce qui renferme plusieurs idées.

ÉCLAIRÉ, CLAIRVOYANT. L'homme *éclairé* ne se trompe pas; il sait: le *clairvoyant* ne se laisse pas tromper; il distingue. L'étude rend *éclairé*; l'esprit rend *clairvoyant*.

ÉCLAT, BRILLANT, LUSTRE. L'*éclat* enchérit sur le *brillant*, et celui-ci sur le *lustre*. L'*éclat* tient du feu; le *brillant*, de la lumière; le *lustre* du poli.

ÉCLIPSER, OBSCURCIR. Le premier dit plus que le second. Le faux mérite est *obscurci* par le mérite réel, et *éclipsé* par le mérite éminent.

ÉCONOMIE, MÉNAGE, EPARGNE, PARCIMONIE. L'*économie* est le système du gouvernement d'une fortune pour sa conservation et son amélioration; le *ménage* est l'*économie* qui règle les consommations intérieures; l'*épargne* restreint les dépenses; la *parcimonie* est une *économie* rigoureuse, qui réduit les dépenses, pour faire de petites *épargnes*.

ÉCRITEAU, ÉPIGRAPHE, INSCRIPTION. L'*écriteau* n'est qu'un morceau de papier ou de carton, pour donner un avis au public; l'*inscription* se grave sur un corps solide, pour conserver la mémoire d'une chose ou d'une personne; l'*épigraphe* est une sentence au bas d'une estampe, à la tête d'un livre, pour en désigner le sujet ou l'esprit.

EFFACER, RATURER, RAYER, BIFFER. On *raye* un mot en passant une ligne dessus; on l'*efface* en empêchant qu'on ne le lise; on le *rature*, lorsqu'on l'efface absolument avec un grattoir; le mot *biffer* est du style du barreau.

EFFECTIVEMENT, EN EFFET. Le premier est plus d'usage dans la conversation; il sert à appuyer une proposition: le second sert de plus à opposer la réalité à l'apparence.

EFFIGIE, IMAGE, FIGURE, PORTRAIT. L'*effigie* tient la place de la chose même; l'*image* en représente l'idée; la *figure* en montre le dessin; le *portrait* la ressemblance.

EFFRAYANT, EPOUVANTABLE, EFFROYABLE, TERRIBLE. *Effrayant* est moins fort qu'*épouvantable*, et celui-ci moins fort qu'*effroyable*: ils se prennent en mauvaise part; *terrible* peut supposer une crainte mêlée de respect. Un cri *effrayant*, un bruit *épouvantable*, un monstre *effroyable*, un Dieu *terrible*. La pierre est une maladie *terrible*; les douleurs qu'elle cause sont *effroyables*; l'opération en est *épouvantable*; les préparatifs en sont *effrayans*.

EFFRONTÉ, AUDACIEUX, HARDI. Le premier dit plus que le second, et se prend en mauvaise part; le second dit plus que le troisième, et se prend en bonne part. L'homme *effronté* est sans pudeur; l'homme *audacieux*, sans respect, sans réflexion; l'homme *hardi*, sans crainte.

EGALER, EGALISER. *Égaler* se dit des grandeurs morales; *égaliser* se dit des grandeurs physiques. L'amour *égale* les hommes; on *égalise* un chemin raboteux.

ÉGARDS, MÉNAGEMENS, ATTENTIONS, CIRCONSPECTION. Les *égards* sont l'effet de la justice; les *ménagemens*, de l'intérêt; les *attentions*, de la reconnoissance ou l'amitié; la *circonspection*, de la prudence.

EGOÏSTE, HOMME PERSONNEL. L'*égoïste* ne parle que de lui; l'*homme personnel* ne songe qu'à lui. Le premier est ridicule; le second est dangereux.

ELAGUER, EMONDER. *Élaguer*, couper, retrancher,

Élaguer un arbre, c'est en retrancher les branches superflues; *émonder* un arbre, c'est le rendre agréable à la vue.

ELARGISSEMENT, ELARGISSURE. *Élargissement* se dit de tout ce qui devient plus étendu en largeur; *Elargissure*, de ce qui est ajouté pour élargir: il ne se dit que des meubles et des vêtemens.

ELÉGANCE, ELOQUENCE. *L'élégance* s'applique à la beauté des mots et à l'arrangement de la phrase; *l'éloquence* s'attache à la force des termes et à l'ordre des idées.

ELÈVE, DISCIPLE, ECOLIER. Un *élève* prend des leçons de la bouche du maître; un *disciple* en prend des leçons en lisant ses ouvrages. *Ecolier* se dit des enfans qui étudient dans les colléges ou les écoles; de ceux qui apprennent sous un maître la danse, l'escrime, etc. *Ecolier* n'est jamais du style noble.

ELOCUTION, DICTION, STYLE. Le *style* a rapport à l'auteur; la *diction*, à l'ouvrage; *l'élocution*, à l'art oratoire. On dit le bon *style* d'un auteur: on dit d'un ouvrage, la *diction* en est bonne; d'un orateur, il a une bonne *élocution*.

ELOGE, LOUANGE. *L'éloge* est le témoignage avantageux que l'on rend au mérite; la *louange* est le tribut qu'on lui paye dans ses discours. *L'éloge* met le prix au mérite; la *louange* en est la récompense.

ELOIGNER, ECARTER, METTRE A L'ÉCART. *Éloigner* est plus fort qu'*écarter*; *écarter* est plus fort que *mettre à l'écart*. On *écarte* ce dont on veut se débarrasser pour toujours; on *met à l'écart* ce qu'on peut reprendre. On *éloigne* les traîtres; on *écarte* les flatteurs.

EMANER, DÉCOULER. *Emaner* désigne la source d'où les choses partent; *découler* indique le canal par où elles passent. *Emaner* se dit des exhalaisons; *découler* se dit des fluides.

EMBLÊME, DEVISE. Les paroles de l'*emblême* ont un sens achevé; les paroles de la *devise* ne s'entendent bien qu'étant jointes à une figure. L'*emblême* suppose une comparaison; la *devise* porte sur une métaphore.

EMPIRE, RÈGNE. On dit l'*empire* des Assyriens; le *règne* des Césars. Le mot *empire* s'adapte au gouvernement des particuliers: on dit l'*empire* d'un maître; *règne* ne s'applique qu'au gouvernement public. L'*empire* des passions; le *règne* de la vertu.

EMPIRE, ROYAUME. L'*empire* est un état vaste, composé de plusieurs peuples; le *royaume* est un état borné à une nation seule.

EMPLETTE, ACHAT. *Emplette* emporte l'idée de la chose achetée; *achat* tient à l'action d'acheter. *Achat* paroît seul propre aux objets considérables; *emplette* ne s'applique guère qu'aux choses d'usage ordinaire.

EMPLIR, REMPLIR. *Emplir* exprime l'action de mettre une chose dans un espace dont la capacité en est occupée; *remplir* désigne l'action d'emplir de nouveau, d'achever d'emplir.

EMPORTER LE PRIX, REMPORTER LE PRIX. Au concours, on *emporte le prix* par le simple succès; on le *remporte* par le triomphe sur des concurrens.

EMPREINDRE, IMPRIMER. Un livre est *imprimé*, les caractères restent *empreints* sur le papier. *Empreindre* désigne l'effet produit par l'action d'*imprimer*.

EMULATION, RIVALITÉ. L'*émulation* ne désigne que la concurrence dans la même carrière; la *rivalité* dénote le conflit, quand les intérêts se combattent: les *émules* vont ensemble; deux *rivaux* vont l'un contre l'autre.

EMULE, EMULATEUR. L'*émule* marche en concurrence avec vous; l'*émulateur* marche sur vos traces: *émulateur* est du style noble.

ENCEINDRE, ENCLORRE, ENTOURER, ENVIRONNER. *Enceindre* une chose, c'est l'entourer dans la circonférence; *enclorre*, c'est former autour une clôture. Une ville est *enceinte* de murailles; un verger est *enclos*; ce qui *environne* peut être plus ou moins éloigné. Un anneau *entoure* le doigt; les cieux *environnent* la terre.

ENCHAÎNEMENT, ENCHAÎNURE. *Enchaînement* se dit au figuré des objets dépendans les uns des autres; *enchaînure* ne se dit que des ouvrages de l'art.

ENCORE, AUSSI. *Encore* a plus de rapport au nombre et à la quantité; il ajoute et augmente: *aussi* tient davantage de la similitude et de la comparaison; il marque la conformité, l'égalité.

ENDURANT, PATIENT. L'homme *endurant* souffre avec constance, par prudence, foiblesse ou lâcheté; l'homme *patient* souffre avec modération. On peut être *endurant* sans être *patient*.

ENFANT, PUÉRIL. La qualification d'*enfant* s'applique aux personnes, et *puéril* à leurs discours ou à leurs actions. On dit d'un homme qu'il est *enfant*, et que tout ce qu'il dit est *puéril*. Le premier désigne dans l'esprit un défaut de maturité; le second, un défaut d'élévation.

ENFANTER, ACCOUCHER, ENGENDRER. *Enfanter* ne s'employe que dans le style sérieux. La vierge *enfanta* un fils. *Accoucher* marque l'action de mettre l'enfant au monde; *engendrer* se dit des deux sexes qui contribuent à la génération. Au figuré, on se sert d'*enfanter* pour un ouvrage, soit de la plume, soit de la main; *accoucher* est employé pour les productions instantanées de l'esprit; *engendrer* se dit de ce qui est l'effet de l'humeur. Un auteur a *enfanté* un livre; un poëte vient d'*accoucher* d'un sonnet; un homme facétieux n'*engendre* pas la mélancolie.

ENFIN, A LA FIN, FINALEMENT. *Enfin* annonce particulièrement, par transition, la fin, la conclusion; *à la fin* annonce la fin des choses; *finalement* annonce un résultat.

ENFLÉ, GONFLÉ, BOUFFI, BOURSOUFLÉ. *Enflé* offre l'idée d'un fluide dans le corps; *gonflé* offre l'idée d'une forte tension par plénitude; *bouffi*, l'idée d'une enflure grosse, flasque; *boursoufflé*, d'une enflure de la peau. Le mot *enflé* est le genre des trois autres; il se dit de tout corps qui reçoit une extension par des fluides. *Gonflé* suppose la plénitude; *bouffi* ne s'applique qu'aux chairs; *boursoufflé* se dit des choses auxquelles on donne un gros volume par le souffle.

ENNEMI, ADVERSAIRE, ANTAGONISTE. Les *ennemis se haïssent*; les *adversaires se poursuivent* par intérêt; l'éloignement des *antagonistes* ne vient que de leur différente façon de penser.

ENONCER, EXPRIMER. *Enoncer* demande les qualités de l'élocution; *exprimer*, les qualités de l'éloquence. L'homme disert s'*énonce*; l'homme éloquent s'*exprime*.

S'ENQUÉRIR, S'INFORMER. *S'enquérir*, c'est faire des recherches profondes, pour connoître exactement; *s'informer*, c'est demander des éclaircissemens pour savoir: *s'enquérir* dit plus que *s'informer*. A force de *s'enquérir*, on découvre; à force de *s'informer*, on apprend.

ENSEIGNER, APPRENDRE, INSTRUIRE, INFORMER, FAIRE SAVOIR. *Enseigner*, c'est donner des leçons; *apprendre*, donner des leçons dont on profite; *instruire*, mettre au fait des détails; *informer*, avertir des événemens; *faire savoir*, rapporter fidellement. *Enseigner* et *apprendre* ont rapport à ce qui cultive l'esprit; *instruire*, à ce qui est utile à la conduite; *informer* renferme une idée d'autorité à l'égard des personnes qu'on *informe*, et de dépendance à l'égard de celles qui sont l'objet de l'*information*; *faire savoir* satisfait la curiosité.

ENTENDRE, ECOUTER, OUÏR. *Entendre*, être frappé des sons; *écouter*, prêter l'oreille: *ouïr* marque une sensation confuse; on a *ouï* parler, sans avoir *entendu* ce qui a été dit.

ENTENDRE, COMPRENDRE, CONCEVOIR. Le premier s'applique à la clarté du discours: tout cela s'*entend*; le second se dit de principes, de leçons, de choses spéculatives, qui se *comprennent*; le troisième, des arrangemens, des projets, des plans; on les *conçoit*.

ENTENDU, HABILE, ADROIT. *Habile* se dit de la conduite; *entendu*, des lumières de l'esprit; *adroit*, des grâces de l'action.

ENTÊTÉ, OPINIATRE, TÊTU, OBSTINÉ. On est *entêté* par attachement à ses opinions; on est *opiniâtre* par une honte qui empêche de se rétracter; on est *têtu* par indocilité, par la bonne opinion de soi-même, qui fait rejeter le sentiment d'autrui; on est *obstiné* par mutinerie, par impolitesse.

ENTIER, COMPLET. Une chose est *entière*, lorsque toutes ses parties sont assemblées comme elles doivent l'être; elle est *complète*, lorsqu'elle a tout ce qui lui convient. Le premier a plus de rapport à l'intégrité essentielle; le second, à la perfection.

ENTIÈREMENT, EN ENTIER. *Entièrement* modifie l'action exprimée par le verbe; *en entier* modifie la chose. Quand vous avez lu *entièrement* un livre, le livre est lu *en entier*. *Entièrement*, exprime l'étendue de l'action; *en entier*, l'étendue de l'effet.

ENVIE, JALOUSIE. On est *jaloux* de ce qu'on possède, et *envieux* de ce que possèdent les autres. On peut être *jaloux* sans être naturellement *envieux*. La *jalousie* est un sentiment dont on a peine à se défendre; l'*envie* est un sentiment bas, qui tourmente celui qui en est pénétré.

ENVIER, AVOIR ENVIE. Nous *envions* aux autres ce qu'ils possèdent; nous *avons envie* de ce qui n'est pas en notre possession. Le premier est un mouvement de jalousie ou de vanité; le second, un mouvement de cupidité ou de volupté. On *envie* le bonheur de quelqu'un; on *a envie* d'un cheval.

ENVIER, PORTER ENVIE. On *envie* les choses, et l'on *porte envie* aux personnes.

EPANCHEMENT, EFFUSION. L'*épanchement* se fait doucement; l'*effusion*, avec plus de vivacité. Au figuré, un cœur sensible se soulage par des *épanchemens*; un cœur trop plein de sentimens se décharge par des *effusions*.

EQUIPONDÉRANCE, EQUILIBRE. L'*équilibre* résulte d'une égalité de forces qui agissent en sens contraire; l'*équipondérance*, de l'égalité de la gravitation des corps comparés.

EQUITÉ, JUSTICE. La *justice* rend à chacun ce que le droit ou la loi lui donne; l'*équité* est la loi naturelle qui nous invite à agir envers les autres comme nous voudrions qu'on agît envers nous. Tout est *juste*, quand la loi prononce; c'est à l'*équité* à tempérer la rigueur de ses arrêts.

EQUIVOQUE, AMBIGUITÉ, DOUBLE SENS. L'*équivoque* a deux sens: l'un naturel, l'autre détourné et qu'on ne soupçonne pas. L'*ambiguité* a un sens susceptible d'interprétations; le *double sens* a deux significations naturelles, l'une littérale, l'autre d'allusion. L'*équivoque* trompe; l'*ambiguité* instruit foiblement; le *double sens* instruit avec précaution.

ERRER, VAGUER. L'homme égaré *erre*; l'homme oisif *vague*. On *erre* sans boussole; on *vague* au gré des vents.

ERUDIT, DOCTE, SAVANT. Une bonne mémoire, de la patience dans l'étude forment un *érudit*; l'intelligence et de la réflexion en font un homme *docte*; ces choses et la pénétration dans les matières de spéculation en font un *savant*.

ESCALIER, DEGRÉ, MONTÉE. *Escalier* est le seul d'usage; *degré* se dit par ceux qui ne savent pas leur langue; *montée* est populaire.

ESPÉRANCE, ESPOIR. L'*espérance* s'étend sur tous les biens que nous désirons; l'*espoir* s'attache aux biens que nous désirons le plus ardemment, et dont la privation seroit un malheur.

ESPÉRER, ATTENDRE. On *espère* obtenir les choses; on *attend* qu'elles viennent. Nous *espérons* des réponses favorables; nous les *attendons*.

ESPRIT, RAISON, BON SENS, JUGEMENT, ENTENDEMENT, CONCEPTION, INTELLIGENCE, GÉNIE. L'*esprit* est fin et délicat; il saisit les rapports plus ou moins éloignés, entre les objets ordinaires: la *raison* est sage et modérée; elle ne sort point des règles: le *bon sens* est droit et sûr; il juge sainement des choses communes: le *jugement* est solide et clairvoyant; il fait discerner, distinguer: la *conception* est nette et prompte; elle épargne les explications, donne l'aptitude pour les sciences et les arts: l'*intelligence* est habile et pénétrante; elle saisit les choses abstraites et difficiles et rend propre aux divers emplois: le *génie* est heureux et fécond; il saisit les rapports les plus éloignés, entre les objets, particulièrement les plus grands. La bêtise est l'opposé de l'*esprit*; la folie, de la *raison*; la sottise, du *bon sens*; l'étourderie, la légèreté, du *jugement*; l'imbécillité, de l'*entendement*; l'ineptie, de la *conception*; l'incapacité, de l'*intelligence*; la stupidité, du *génie*.

ETONNEMENT, SURPRISE, CONSTERNATION. L'*étonnement* est dans les sens; la *surprise*, dans l'esprit; la *consternation*, dans le cœur.

ETOUFFER, SUFFOQUER. Ce qui ôte la respiration, *étouffe*; ce qui bouche le canal de la respiration, *suffoque*. Les noyés sont *suffoqués*; on *étouffe* dans un air trop dense.

ETROIT, STRICT. *Etroit* est du discours ordinaire; *strict* est du style savant. *Strict* est d'une précision plus rigoureuse qu'*étroit*.

S'ÉVADER, S'ÉCHAPPER, S'ENFUIR. *S'évader* se fait en secret; *s'échapper* suppose qu'on a déjà été pris, ou qu'on est près de l'être; *s'enfuir* ne suppose aucune de ces conditions. On *s'évade* d'une prison; on *s'échappe* des mains de quelqu'un; on *s'enfuit* après une bataille perdue.

EVEILLER, RÉVEILLER. *Eveiller* exprime l'action simple de tirer du sommeil; *réveiller* exprime le redoublement de cette action. On *s'éveille* la première fois; on *réveille* d'un profond sommeil. Le tyran que le remords n'*éveille* pas, sera *réveillé* par la terreur.

EVÉNEMENT, ACCIDENT, AVENTURE. *Evénement* se dit en général de tout ce qui arrive; *accident*, de ce qui arrive de fâcheux, à un, ou à plusieurs; *aventure* se dit de ce qui arrive aux personnes, inopinément ou par suite d'intrigue.

EXCELLER, ÊTRE EXCELLENT. *Exceller* suppose une comparaison, met au-dessus de tout ce qui est de la même espèce, exclut les égaux et s'applique à toutes sortes d'objets; *être excellent* place dans le plus haut degré, souffre des égaux, et ne convient qu'aux choses de goût.

EXCEPTÉ, HORS, HORMIS. *Excepté* dénote une séparation par non-conformité; *hors* et *hormis* séparent par exclusion.

Exciter, Animer, Encourager. *Exciter*, c'est inspirer le désir, ou réveiller la passion ; *animer*, c'est pousser à l'action déjà commencée, en empêcher le ralentissement ; *encourager*, c'est dissiper la crainte ou la timidité par l'espérance d'un succès.

Excuse, Pardon. On fait *excuse* d'une faute apparente ; on demande *pardon* d'une faute réelle.

Exiler, Bannir. L'*exil* est prononcé par l'autorité ; le *bannissement*, par la justice. Le *bannissement* est la peine infamante d'un délit ; l'*exil* est une disgrâce. Les Tarquins furent *bannis* de Rome par un décret public ; Ovide fut *exilé* par Auguste.

Exister, Être, Subsister. *Etre* convient à toutes sortes de sujets, substances ou modes, à toutes les manières d'être ; *exister* ne se dit que des substances, pour en marquer l'être réel ; *subsister* s'applique également aux substances et aux modes, mais de plus avec un rapport de la durée de leur être.

Expédient, Ressource. L'*expédient* est ce qui tire d'embarras ; la *ressource*, ce qui répare une perte : l'*expédient* suppose un obstacle à vaincre ; la *ressource*, un mal à réparer.

Expérience, Essai, Epreuve. L'*expérience* regarde la vérité des choses ; elle éclaircit le doute et dissipe l'ignorance : l'*essai* concerne l'usage des choses : l'*épreuve* a rapport à la qualité des choses ; elle distingue le meilleur. L'*expérience* est relative à l'existence ; l'*essai*, à l'usage ; l'*épreuve*, aux attributs.

Extérieur, Dehors, Apparence. L'*extérieur* est ce qui se voit ; il fait partie de la chose. Le *dehors* est ce qui environne la chose ; il en approche le plus. L'*apparence* est l'effet que la vue de la chose produit. Les toits, les murs, les entrées font l'*extérieur* d'un château ; les fossés, les cours, les jardins et les avenues en font les *dehors* ; la figure, la situation et le plan en font l'*apparence*. Au figuré, *extérieur* se dit de l'air et de la physionomie ; *dehors*, des manières ; *apparence*, des actions et de la conduite.

Extirper, Déraciner. *Extirper* indique l'action d'enlever avec force un corps adhérent fortement ; *déraciner* désigne l'action seule de détacher les racines ou les liens qui retiennent le corps, qui reste à la même place. Un ouragan *déracine* les arbres, et ne les *extirpe* pas : ces arbres restent à leur place.

F

Fabrique, Manufacture. La *fabrique* roule plutôt sur des objets d'un usage plus ordinaire ; la *manufacture*, sur des objets plus relevés. Des *fabriques* de bas ; des *manufactures* de glaces. La *fabrique* est une *manufacture* en petit ; la *manufacture* est une *fabrique* en grand.

Facétieux, Plaisant. *Facétieux* dit plus que *plaisant*. Le *plaisant* récrée par sa gaieté ; le *facétieux* réjouit par la plus grande gaieté comique.

Façon, Figure, Forme, Conformation. La *façon* naît du travail ; la *figure*, du dessein ; la *forme*, de la construction. La *conformation* ne se dit que des parties du corps animal : elle naît de leur rapport.

Façon, Manière. La *façon* donne la forme à un ouvrage, à une action ; la *manière* donne un tour particulier à l'action, à l'ouvrage. Chaque art a sa *façon* ; chaque ouvrier a sa *manière*.

Façons, Manières. *Façons* exprime l'affectation, l'étude, la minauderie : les *manières* sont naturelles ; elles tiennent au caractère et à l'éducation.

Faction, Parti. *Faction* annonce une machination secrète et active ; *parti* n'exprime qu'un partage d'opinions. *Faction* est toujours odieux.

Fade, Insipide. Ce qui est *fade* ne pique pas le goût ; ce qui est *insipide* ne touche point du tout.

Faim, Appétit. La *faim* n'a rapport qu'au besoin ; l'*appétit* a plus de rapport au goût. La première est pressante ; l'*appétit* est plus délicat.

Faire, Agir. On *fait* une chose ; on *agit* pour la *faire*. *Faire* suppose un but ; *agir* n'a d'autre objet que l'action.

Faix, Charge, Fardeau. La *charge* est ce qu'on impose pour être porté ; le *fardeau* est une *charge* pesante ; le *faix* est un *fardeau* trop pesant.

Fallacieux, Trompeur. *Trompeur* est un mot générique et vague qui exprime tout ; *fallacieux* désigne la fausseté, la fourberie, l'imposture.

Fameux, Illustre, Célèbre, Renommé. *Fameux* indique une réputation fondée sur une simple distinction du commun, soit en bien, soit en mal ; *illustre*, une réputation fondée sur un mérite appuyé de dignité et d'éclat ; *célèbre*, une réputation fondée sur un mérite de talent, d'esprit ou de science ; *renommé*, une réputation fondée sur la vogue : *illustre* ne se dit que des personnes.

Famille, Maison. *Famille* est plus de bourgeoisie ; *maison* est plus de qualité. On dit, être d'honnête *famille* et de bonne *maison*. Les *familles* se font remarquer par les alliances ; les *maisons* par les titres.

Fané, Flétri. Le second enchérit sur le premier : une fleur *fanée* peut reprendre son éclat ; une fleur *flétrie* n'y revient plus. La beauté se *fane* par le temps, et se *flétrit* par accident.

Fantasque, Bizarre, Capricieux, Quinteux, Bourru. *Fantasque* dit quelque chose de difficile ; *bizarre*, quelque chose d'extraordinaire ; *capricieux*, quelque chose d'arbitraire ; *quinteux*, quelque chose de périodique ; *bourru*, quelque chose de maussade.

Farouche, Sauvage. On est *farouche* par caractère ; *sauvage*, par défaut de culture. Le *farouche* épouvante la société ; le *sauvage* en a peur.

Fat, Impertinent, Insolent. Le *fat* est un sot vain et maniéré : l'*impertinent* est un fat outré ; il offense ; il est effronté : l'*insolent* est hardi, vain, injurieux. L'*impertinent* est ridicule ; le *fat* ennuie ; l'*insolent* est odieux.

Fatal, Funeste. Le premier est un effet du sort ; le second, une suite du crime. *Fatal* désigne une combinaison dans les causes inconnues, qui fait toujours arriver le mal ; *funeste* présage des accidens plus grands et plus accablans.

Faute, Défaut, Défectuosité, Vice, Imperfection. *Faute* a rapport à l'auteur de la chose ; *défaut* exprime le mal qu'il y a dans la chose ; *défectuosité* marque le mal qui nuit au but ou au service de la chose ; *vice* dit un mal du fond même ; *imperfection* un mal de moindre conséquence.

Il faut, Il est nécessaire, On doit. La première de ces expressions marque une obligation de complaisance, de coutume ou d'intérêt ; la seconde, une obligation essentielle et indispensable ; La troisième désigne une obligation de raison, de bienséance.

Faute, Crime, Péché, Délit, Forfait. La *faute* tient de la foiblesse humaine ; elle va contre les règles du devoir : le *crime* part de la méchanceté ; il offense la nature : le *péché* est contraire aux préceptes de la religion ; le *délit* est une transgression de la loi civile.

Favorable, Propice. Ce qui nous seconde ou nous sert, nous est *favorable* ; ce qui nous protège ou nous assiste, nous est *propice*. Un supérieur nous est *favorable* ; Dieu nous est *propice*.

Fécond, Fertile. *Fécond* donne l'idée de la cause ou de la faculté de produire ; *fertile*, celle de l'effet. Une pluie, une chaleur *féconde* ; des moissons *fertiles*. Un génie *fécond* crée ; un écrivain *fertile* écrit beaucoup.

Félicitation, Congratulation. Les *félicitations* ne sont que des discours obligeans sur un événement heureux ; les *congratulations* sont des témoignages du plaisir qu'on ressent. La politesse *félicite* ; l'amitié *congratule*.

Félicité, Bonheur, Prospérité. La *félicité* est l'état permanent du *bonheur* ; on peut avoir un moment de *bonheur* sans jouir de la *félicité*. Le *bonheur*, comme sentiment, est une suite de plaisirs ; la *prospérité*, une suite d'événemens heureux ; la *félicité*, une jouissance intime du *bonheur* et de la *prospérité*.

Fermeté, Constance. La *fermeté* est le courage de suivre ses desseins ; la *constance* est une persévérance dans ses goûts. La légèreté et la facilité sont opposées à la *constance* ; la fragilité et la foiblesse sont opposées à la *fermeté*.

Fermeté, Entêtement, Opiniâtreté. L'homme *ferme* soutient et exécute avec vigueur ce qu'il croit vrai et conforme à son devoir : l'*entêté* n'examine rien ; son opinion fait la loi. On réduit un *entêté* en le flattant ; l'*opiniâtre* est inflexible : son amour propre s'identifie avec ses propres pensées.

Fictif, Fictice. *Fictif* est ce qui, par fiction, représente, simule ; *fictice* est qui est feint. Un portrait est une chose *fictive*, et c'est la personne *fictice* ou figurée.

Fierté, Dédain. La *fierté* est fondée sur l'estime qu'on a de soi-même ; le *dédain*, sur le peu de cas qu'on fait des autres.

Fin, Délicat. Il suffit d'avoir assez d'esprit pour concevoir ce qui est *fin* ; mais il faut encore du goût pour entendre ce qui est *délicat*. *Fin* est d'un usage plus étendu ; *délicat* s'emploie pour les choses flatteuses. On dit une satire *fine* ; une louange *délicate*.

Fin, Subtil, Délié. Un homme *fin* marche avec précaution par des chemins couverts ; un homme *subtil* avance adroitement par des voies courtes ; un homme *délié* va d'un air libre et aisé par des routes sûres. La défiance rend *fin* ; l'envie de réussir et la présence d'esprit rendent *subtil* ; l'usage du monde rend *délié*.

Finesse, Délicatesse. La *finesse* laisse apercevoir sa pensée sans l'exprimer directement ; la *délicatesse* exprime des sentimens doux et agréables, des louanges fines.

Finesse, Pénétration, Délicatesse, Sagacité. La *pénétration* fait voir en grand et profondément ; la *finesse*, plus superficiellement et en détail : la *délicatesse* est la *finesse* du sentiment ; c'est une perception vive et rapide. La *sagacité* est dans le tact de l'ame ; c'est une *pénétration* soudaine qui touche au but. La *finesse* examine ; la *pénétration* voit et saisit ; la *sagacité* prévoit.

Finesse, Ruse, Astuce, Perfidie. La *ruse* emploie la fausseté : la *finesse* s'enveloppe adroitement ; elle découvre les piéges : l'*astuce* est en petit la *finesse* qui veut nuire. La *finesse* est jointe à la méchanceté dans l'*astuce* ; à la fausseté, dans la *ruse*. La *perfidie* est une fausseté noire et profonde, un abus de la confiance ; elle meut des ressorts cachés, et rend des piéges pour perdre.

Finir, Cesser, Discontinuer. On *finit* en achevant l'ouvrage ; on *cesse* en l'abandonnant ; on *discontinue* en l'interrompant.

Fisc, Trésor public. Le premier se dit du trésor du prince ; le second du trésor de l'état.

Flexible, Souple, Docile. *Flexible*, qui fléchit, que l'on peut fléchir ; *souple*, qui plie avec facilité en tous sens ; *docile*, qui reçoit l'instruction. Au figuré ; l'homme *flexible* se prête ; l'homme *souple* se plie et se replie ; l'homme *docile* se rend. Le complaisant est *flexible* ; le flatteur est *souple* ; le simple est *docile*.

Fluide, Liquide. Les graines, les sables, la poussière sont *fluides* ; l'eau, l'huile, etc. sont *liquides*.

Foible, Foiblesse. Les *foibles* sont la cause ; les *foiblesses* sont l'effet. Un *foible* est un penchant innocent ; une *foiblesse* est toujours répréhensible.

Être foible, Avoir des foiblesses. Nous *sommes foibles* par la disposition habituelle de manquer, soit aux lumières de la raison, soit aux principes de la vertu ; nous *avons des foiblesses*, quand nous y manquons, par quelque cause différente de cette disposition. Personne n'est exempt d'avoir des *foiblesses* ; mais tout le monde n'est pas *foible*.

Foible, Débile. Le sujet *foible* n'a pas assez de force ; le sujet *débile* est d'une grande foiblesse. Le premier remplit une certaine carrière ; le second ne la remplit que difficilement.

Foible, Inconstant, Léger, Volage, Indifférent. Une femme *foible* est celle dont le cœur combat la raison ; une *inconstante* n'aime plus ; une *légère* en aime déjà un autre ; une *volage* ne sait si elle aime et ce qu'elle aime ; une *indifférente* n'aime rien.

Fou, Extravagant, Insensé, Imbécille. Le *fou* manque par la raison ; il suit sa seule impulsion mécanique ; l'*extravagant* manque par la règle, et suit ses caprices déréglés ; l'*insensé* manque par l'esprit, et marche sans lumières ; l'*imbécille* manque par les organes ; il agit sans aucun discernement, par le mouvement d'autrui.

Folatre, Badin. L'humeur *folâtre* fait agir avec assez d'agrément pour se passer de la raison ; l'esprit *badin* fait jouer sur les choses, en égayant la raison : le *folâtre* est plus sémillant ; le *badin* est plus plaisant. On ne *folâtre* pas sans des manières *folâtres* ; on *badine* quelquefois sans en avoir l'air, et on n'en *badine* que mieux.

Fonder, Etablir, Instituer, Eriger. *Fonder*, c'est donner le nécessaire pour la subsistance ; il exprime des libéralités : *établir* accorde une place, une résidence ; il se dit de l'autorité, du gouvernement : *instituer*, c'est créer et former : *ériger*, c'est augmenter la valeur, les dignités.

Force, Energie. *Energie* dit plus que *force*, et s'applique principalement aux discours qui peignent et au caractère du style. On dit une peinture *énergique* et des images *fortes*.

A force, À force ouverte, À force de bras, De force, De vive force, Par force, A toute force. Façons de parler adverbiales. On dit prendre une ville *de force*, la violer ; *à force ouverte*, *de vive force*, avec violence ; *à force de bras*, avec le secours des forces corporelles ; *à toute force*, par toutes sortes de moyens, à tout prendre.

Fortuitement, Accidentellement. *Accidentellement*, par accident ; *fortuitement*, par cas fortuit. Ce qui arrive *accidentellement* est un événement qui survient contre l'attente ; ce qui arrive *fortuitement* est au-dessus de toute prévoyance, et tient à des causes inconnues.

Fortuné, Heureux. *Heureux* se dit de tous les genres de biens et de bonheur ; *fortuné* distingue le bonheur singulier et les grâces signalées. On est *heu-*

reux par les bienfaits de la nature ; on est *fortuné* par les événemens. L'homme que la fortune va trouver est *fortuné* ; l'homme qu'elle laisse en paix est *heureux*. Les biens rendent *fortuné*, lors même qu'ils ne rendent pas *heureux*. La satisfaction intérieure rend *heureux*, sans rendre *fortuné*. Celui à qui tout rit et tout succède est *fortuné* ; celui qui est content de son sort et de lui-même, est *heureux*.

Fouetter, Fustiger, Flageller. On attache au *fouet* l'idée de la peine ; à la *fustigation*, celle de correction ; à la *flagellation*, celle de pénitence.

Fourbe, Fourberie. La *fourbe* est le vice, la *fourberie* est l'habitude, l'action du *fourbe*.

Fragile, Foible. L'homme *fragile* cède à son cœur ; l'homme *foible*, à des impulsions étrangères.

Frêle, Fragile. *Fragile* exprime la foiblesse du tout et la roideur des parties ; *frêle* exprime la foiblesse du tout, mais la mollesse des parties. On dit un verre *fragile*, un *frêle* roseau.

Fréquenter, Hanter. La foule *fréquente* des lieux, des places ; les particuliers *hantent* des personnes, des assemblées. *Hanter* exprime une habitude, une fréquentation familière, qui influe sur nous.

Friand, Goinfre, Glouton, Goulu, Gourmand. Le *friand* aime, recherche, connoît et savoure les morceaux délicats ; le *gourmand* aime à faire bonne chère ; le *goinfre* mange avidement, il se gorge de tout ; le *goulu* avale plutôt qu'il ne mange ; le *glouton* plus vorace, semble engloutir.

Frivole, Futile. La chose *frivole* manque de solidité ; la chose *futile*, de consistance. La première ne peut subsister long-temps ; la seconde ne peut produire l'effet qu'on en attend. L'homme *frivole* s'occupe sérieusement de petites choses ; l'homme *futile* parle et agit inconsidérément.

Fuir, Eviter, Eluder. On *fuit* les personnes et les choses qu'on craint, qu'on a en horreur ; on évite les choses qu'on ne veut pas rencontrer, et les personnes qu'on ne veut pas voir, ou dont on ne veut pas être vu ; on *élude* les questions auxquelles on ne veut pas, ou l'on ne peut pas répondre.

Funérailles, Obsèques. *Funérailles* marque le deuil, et *obsèques* le convoi. La douleur préside aux *funérailles* ; la piété conduit les *obsèques*.

Fureur, Furie. La *fureur* est un feu ardent ; la *furie*, une flamme éclatante. On contient sa *fureur* ; on s'abandonne à la *furie* : la *furie* est l'accès de la *fureur*. *Furie* marque les plus grands excès : on dit une noble *fureur*.

Furies, Euménides. Les *furies* punissent le crime ; les *euménides* châtient les coupables. Les *furies* poursuivent les criminels pour venger la justice ; les *euménides* les frappent pour les ramener à l'ordre. Le nom de *furie* exprime les remords vengeurs qui déchirent et désespèrent ; celui d'*euménide*, les remords qui corrigent.

Furieux, Furibond. *Furieux* dénote l'accès de furie ; *furibond*, la disposition à cet accès. Le *furibond* est souvent *furieux*.

G

Gager, Parier. On *gage* quand il sagit de vérifier et de prouver un fait, une opinion ; on *parie* quand il sagit d'événemens contingens, douteux. Un lutteur *gage* contre un autre de le terrasser ; les spectateurs *parient* pour l'un ou pour l'autre.

Gages, Appointemens, Honoraires. *Gages* ne se dit qu'à l'égard des domestiques et des gens qui se louent pour des occupations serviles ; *appointemens* se dit de tout ce qui est placé ; *honoraire* a lieu pour les maîtres qui enseignent, pour ceux à qui on a recours pour en obtenir quelque conseil, ou quelqu'autre service. *Gages* marque toujours quelque chose de bas ; *appointement* n'a point cette idée ; *honoraire* réveille l'idée contraire.

Gai, Gaillard. *Gaillard* diffère de *gai*, en ce qu'il présente l'idée de la *gaieté* jointe à la bouffonnerie, à la licence.

Gai, Enjoué, Réjouissant. On est *gai* par l'humeur ; on est *enjoué* par le caractère d'esprit ; *réjouissant*, par les façons.

Gain, Profit, Lucre, Émolument, Bénéfice. Le *gain* est très-casuel ; le *profit* est plus sûr, il est le produit des fonds, de l'industrie ; le *lucre* consiste dans un rapport à l'intérêt satisfait ; l'*émolument* exprime les appointemens et tous les produits des charges, des emplois ; *bénéfice* se dit du produit de l'argent.

Galimatias, Phébus. Le *galimatias* renferme une obscurité profonde, et n'a nul sens raisonnable ; le *phébus* n'est pas si obscur, et a un brillant qui signifie ou semble signifier quelque chose. Quelquefois le *phébus* n'est pas intelligible ; mais alors le *galimatias* s'y joint.

Garantir, Préserver, Sauver. Ce qui couvre et protége *garantit* ; ce qui prémunit, *préserve* ; ce qui délivre, *sauve*. Les vêtemens nous *garantissent* des injures du temps ; les gens armés *préservent* de l'attaque des voleurs ; la nature, les remèdes *sauvent* d'une maladie.

Garder, Retenir. On *garde* ce qu'on ne veut pas donner ; on retient ce qu'on ne veut pas rendre. Nous *gardons* notre bien ; nous *retenons* celui d'autrui.

Gardien, Garde. Le *gardien* conserve la chose ; le *garde* la conserve et l'administre. *Gardien* d'un dépôt ; *garde* du trésor public.

Gaspiller, Dissiper, Dilapider. Celui qui fait des dépenses désordonnées, *dissipe* ses revenus ; celui qui dépense les fonds avec les revenus, *dilapide* ; celui qui laisse gâter, piller son bien en fausses dépenses, *gaspille*.

Général, Universel. Ce qui est *général* regarde le plus grand nombre ; ce qui est *universel* regarde tout le monde. Le *général* comprend la totalité en gros ; l'*universel*, en détail. Dans les sciences, le *général* est opposé au particulier ; l'*universel* à l'individu.

Génie, Talent. Le *génie* est plus intérieur ; le *talent* plus extérieur. On a le *génie* de la poësie ; on a le *talent* d'écrire.

Genie, Esprit. Le *génie* s'applique aux sciences, aux arts sublimes, aux grandes choses ; l'*esprit* voltige sur tout. L'un approfondit ; l'autre ne fait qu'effleurer. L'*esprit* rend les talens plus brillans ; le *génie* les perfectionne.

Gens, Personnes. *Gens* dit quelque chose de général et de vague ; *personne* quelque chose de particulier et de déterminé. On voit beaucoup de *gens* ; on est lié avec peu de *personnes*. *Gens* est souvent une dénomination familière, méprisante ; *personne* est une qualification honnête.

Gibet, Potence. Le *gibet* est le genre de supplice ; la *potence* en est l'instrument. On dresse la *potence* pour celui qui est condamné au *gibet*.

Gloire, Honneur. La *gloire* est plus éclatante que l'*honneur*. On peut être indifférent pour la *gloire* ; mais il n'est pas permis de l'être pour l'*honneur*.

Glorieux, Fier, Avantageux, Orgueilleux. Le *fier* se communique peu ; l'*avantageux* abuse de la déférence ; l'*orgueilleux* affiche la bonne opinion qu'il a de lui-même ; le *glorieux*, rempli de vanité, cherche plus à s'établir dans l'opinion par les déhors. *L'orgueilleux* se croit, le *glorieux* veut paroître quelque chose ; l'*avantageux* agit comme s'il étoit quelque chose ; le *fier* croit qu'il est seul important.

Gout, Génie. Le *génie* est un don de la nature ; le *goût* est l'ouvrage de l'étude et du temps. Les lois du *goût* donnent des entraves au *génie*.

Graces, Faveur. *Grâce* dit quelque chose de gratuit ; *faveur*, quelque chose d'affectueux. La *grâce* annonce la supériorité dans celui qui l'accorde ; la *faveur* annonce le foible dans celui qui la fait. La *faveur* n'est souvent qu'un témoignage flatteur ; la *grâce* est utile. On fait *grâce* de la vie ; un sourire est une *faveur*.

Graces, Agrémens. Les *grâces* sont naturelles ; les *agrémens* viennent de l'art. Une personne marche, danse, chante avec *grâce* ; sa conversation est pleine d'*agrémens*.

Gracieux, Agréable. Les manières rendent *gracieux* ; l'esprit et l'humeur rendent *agréable*. Un homme *gracieux* plaît ; un homme *agréable* amuse. Les personnes polies sont *gracieuses* ; les personnes enjouées sont *agréables*. *Gracieux* flatte les sens, l'amour propre ; *agréable* convient au goût et à l'esprit.

Grain, Graine. Le *grain* est la semence, il est le fruit qu'on en doit recueillir ; la *graine* n'est pas le fruit qu'elle doit produire, et qui peut renfermer plusieurs *graines*. On sème des *grains* de blé, pour avoir de ces *grains* ; on sème des *graines* pour avoir des fleurs.

Grand, Énorme, Atroce. Ces trois épithètes se rapportant aux crimes, marquent le degré. Il y a des crimes plus ou moins *grands* ; *énorme*, exprime l'excès ; *atroce* y ajoute l'idée de circonstances aggravantes.

Grandeur d'ame, Générosité, Magnanimité. La *grandeur d'ame* fait de grandes choses ; la *générosité* les fait par un désintéressement sublime ; la *magnanimité* les fait sans effort, comme des choses simples. On admire la *grandeur d'ame* ; on admire, on aime la *générosité* ; on s'enthousiasme pour la *magnanimité*.

Grave, Sérieux, Prude. On est *grave* par maturité d'esprit ; *sérieux* par tempérament ; *prude* par affectation.

Grave, Sérieux. Un homme *grave* peut rire, mais il ne choque point les bienséances ; l'homme *sérieux* l'est par humeur, et souvent faute d'idées.

De bon gré, De bonne volonté, De bon cœur, De bonne grace. On agit *de bon gré*, sans contrainte ; *de bonne volonté*, sans répugnance ; *de bon cœur*, par inclination ; *de bonne grâce*, avec plaisir.

Gros, Épais. Une chose est *grosse* par la quantité de sa circonférence ; elle est *épaisse* par l'une de ses dimensions. Un arbre est *gros* ; une planche est *épaisse*.

Guider, Conduire, Mener. *Guider*, c'est éclairer ou montrer la voie ; *conduire*, c'est diriger, gouverner. On *mène* celui qui ne peut, ne veut, ne doit pas aller seul. La boussole *guide* ; le pilote *conduit* ; les vents *mènent* le vaisseau.

H

Habile, Savant, Docte. Les connoissances réduites en pratique rendent *habile* ; celles qui demandent la spéculation font le *savant* ; celles qui remplissent la mémoire font l'homme *docte*. L'orateur est *habile* ; le philosophe est *savant* ; l'historien et le jurisconsulte sont *doctes*.

Habile, Capable. *Habile* dit plus que *capable*. Le *capable* peut ; l'*habile* exécute : l'un a la théorie, l'autre a de plus l'expérience.

Habitant, Bourgeois, Citoyen. *Habitant* se dit par rapport au lieu de la résidence quel qu'il soit ; *bourgeois* marque la résidence dans la ville et un dégré de condition entre la noblesse et le paysan ; *citoyen* a rapport à la *société politique* : il désigne un membre de l'état.

Habitation, Maison, Séjour, Domicile, Demeure. Une *habitation* est un lieu qu'on habite quand on veut : on a une *maison* dans un endroit qu'on n'habite pas ; un *séjour* dans un endroit qu'on n'habite que par intervalles ; un *domicile* dans un endroit qu'on fixe aux autres comme le lieu de sa résidence ; une *demeure* par tout où l'on se propose d'être long-temps. *Maison* désigne le bâtiment que l'on habite ; *habitation* caractérise l'usage que l'on fait d'une maison ; Les mots de *séjour* et de *demeure* sont relatifs au plus ou moins de temps qu'on habite dans un lieu ; le *séjour* est une habitation passagère ; la *demeure* une habitation plus durable : le terme de *domicile* ajoute à l'idée d'*habitation*, celle d'un rapport à la société civile.

Haine, Aversion, Antipathie, Répugnance. La *haine* naît de la passion ; l'*aversion*, de la discordance ; elle fait fuir l'objet : l'*anthipathie* est une aversion naturelle ; elle fait souffrir en présence de l'objet ; la *répugnance* est un dégoût de ce que l'on est forcé de faire. *Haine* se dit des personnes.

Haleine, Souffle. Le *souffle* est plus fort que l'*haleine* : l'*haleine* fait vaciller la lumière ; le *souffle* l'éteint. Le *souffle* ramasse toute l'*haleine*. Le *souffle* des aquilons ; l'*haleine* des zéphirs.

Hameau, Village, Bourg. La privation d'un marché distingue un *village* d'un *bourg*, comme la privation d'une église paroissiale distingue un *hameau* d'un *village*.

Hasard, Fortune, Sort, Destin. Le *hasard* ne forme ni plans ni desseins ; la *fortune* le fait, mais sans choix : le *sort* suppose un ordre de partage, une détermination cachée ; le *destin* forme des desseins, des enchaînemens, des causes ; il a la volonté et le pouvoir. Le *hasard* fait ; la *fortune* veut ; le *sort* décide ; le *destin* ordonne.

Hasarder, Risquer. *Hasarder*, c'est commettre au hasard, à la fortune, au sort, et proprement au jeu ; *risquer*, c'est courir le danger. Le premier indique l'incertitude ; le second menace : vous *hasardez* parce que vous le voulez ; on *risque* quelquefois sans le vouloir et sans le savoir.

Hater, Presser, Dépêcher, Accélérer. *Hâter* marque une diligence soutenue ; *presser*, une impulsion et de la vivacité ; *dépêcher*, de l'activité jusqu'à la précipitation ; *accélérer*, un redoublement d'activité.

Hatif, Précoce, Prématuré. La diligence et la vîtesse caractérisent le *hâtif* ; la célérité et l'antériorité, le *précoce* ; la précipitation et l'anticipation, le *prématuré*. Les fruits qui viennent les premiers sont *hâtifs* ; ceux qui viennent avant la saison propre, sont *précoces* ; ceux qui viennent trop tôt pour acquérir leur maturité, sont *prématurés*.

Haut, Hautain, Altier. L'homme *haut* se croit au-dessus des autres ; l'homme *hautain* veut le faire croire ; l'homme *altier* veut le faire sentir. L'homme *haut* ne s'abaisse pas ; l'homme *hautain* se hausse et rabaisse les autres ; l'homme *altier* veut asservir.

HÉRÉDITÉ, HÉRITAGE. L'*hérédité* est la succession aux droits du défunt ; l'*héritage*, la succession aux biens. Vous entrez dans l'*hérédité*, et vous prenez possession de l'*héritage*.

HÉROÏSME, HÉROÏCITÉ. L'*héroïsme* est la manière propre de penser, de sentir, d'agir des héros ; l'*héroïcité* est le caractère propre du héros. Ce que l'*héroïsme* exige, l'*héroïcité* l'exécute.

HÉROS, GRAND HOMME. Le *héros* est ferme, intrépide, vaillant ; le *grand homme* joint au talent et au génie, les vertus morales. Le titre de *héros* dépend du succès ; il ne peut convenir qu'au guerrier : chaque individu peut mériter le titre de *grand homme* par l'humanité, la douceur, et le patriotisme réunis aux grands talens.

HISTOIRE, FASTES, CHRONIQUE, ANNALES, MÉMOIRES, COMMENTAIRES, RELATIONS, ANECDOTE, VIE. L'*histoire* est la narration suivie des faits mémorables ; les *fastes* sont des changemens authentiques dans l'ordre public ; la *chronique* est l'*histoire* divisée selon l'ordre des temps ; les *annales* sont des *chroniques* divisées par années ; les *mémoires* sont les matériaux de l'histoire ; les *commentaires* sont des *mémoires* sommaires ; la *relation* est le récit circonstancié d'un événement ; les *anecdotes* sont des recueils de faits, de particularités curieuses ; la *vie* est l'histoire d'un homme.

HISTORIOGRAPHE, HISTORIEN. L'*historiographe* rassemble les matériaux ; l'*historien* les met en œuvre.

HOMME DE BIEN, HOMME D'HONNEUR, HONNÊTE HOMME. L'*homme de bien* satisfait exactement aux préceptes de la religion ; l'*homme d'honneur* suit rigoureusement les lois de la société ; l'*honnête homme* ne perd jamais de vue la vertu.

HOMME DE SENS, HOMME DE BON SENS. L'*homme de sens* a de la profondeur dans les connoissances, beaucoup de rectitude dans le jugement ; l'*homme de bon sens* a assez de jugement et d'intelligence pour se tirer à son avantage des affaires ordinaires.

HOMME VRAI, HOMME FRANC. L'*homme vrai* dit fidelement les choses comme elles sont ; l'*homme franc* dit son sentiment à cœur ouvert. L'*homme vrai* ne connoît pas le mensonge ; l'*homme franc* ne connoît pas la politique. L'*homme vrai* dit sa pensée, parce qu'elle est la vérité ; l'*homme franc* dit la vérité, parce qu'elle est sa pensée.

HONNÊTE, CIVIL, POLI, GRACIEUX, AFFABLE. Nous sommes *honnêtes* par l'observation des bienséances ; *civils*, par les honneurs que nous rendons ; *polis*, par des façons flatteuses ; *gracieux*, par des airs prévenans ; *affables*, par un abord doux et facile à nos inférieurs.

HONNIR, BAFOUER, VILIPENDER. *Honnir* est le cri de l'indignation ; *bafouer*, c'est faire une avanie ; *vilipender* est l'expression du décri.

HONTE, PUDEUR. Les remords causent la *honte* ; la modestie produit la *pudeur*.

ÊTRE D'HUMEUR, ÊTRE EN HUMEUR. *Etre d'humeur* se dit d'une disposition habituelle ; *être en humeur* marque une disposition passagère.

HYPOCRITE, CAFARD, CAGOT, BIGOT. L'*hypocrite* joue la dévotion pour cacher ses vices ; le *cafard* affecte la dévotion, pour la faire servir à ses fins ; le *cagot* charge le rôle de la dévotion, pour être impunément méchant ou pervers ; le *bigot* se voue aux petites pratiques de la dévotion, pour se dispenser des devoirs de la vraie piété.

HYDROPOTE, ABSTÊME. *Hydropote* est un terme de médecine ; *abstême*, un terme de jurisprudence. L'*hydropote* a un goût particulier pour l'eau et l'antipathie du vin ; *abstême* est celui qui ne boit pas de vin et se réduit à l'eau, par une cause quelconque. *Hydropote* a un sens rigoureux et précis ; *abstême*, un sens plus étendu.

I

ICI, LA. *Ici* est le lieu où est la personne qui parle ; *là* est un lieu différent. Le premier spécifie l'endroit ; le second a besoin d'être accompagné de quelque signe. Venez *ici* ; allez *là*.

IDÉE, PENSÉE, IMAGINATION. L'*idée* représente l'objet ; la *pensée* le considère ; l'*imagination* le forme. La première peint ; la seconde examine ; la troisième crée.

DANS L'IDÉE, DANS LA TÊTE. On a *dans l'idée* ce qu'on pense ; on a *dans la tête* ce qu'on veut. Le philosophe se forme *dans l'idée* un système ; le politique ambitieux a *dans la tête* des projets d'élévation.

IMAGINER, S'IMAGINER. *Imaginer*, c'est créer une idée ; *s'imaginer*, c'est se réprésenter, croire quelque chose.

IMITER, COPIER, CONTREFAIRE. On *imite* en embellissant ; on *copie* servilement ; on *contrefait* en chargeant. On *imite* les écrits ; on *copie* les tableaux ; on *contrefait* les personnes.

IMMANQUABLE, INFAILLIBLE. *Immanquable* désigne que l'objet est en lui-même certain ; *infaillible*, une science certaine de l'objet. Un effet *immanquable* dépend d'une cause nécessaire ; une prédiction *infaillible* procède d'une science certaine. Le lever du soleil est *immanquable* ; une régle d'arithmétique est *infaillible*.

IMMODERÉ, DÉMESURÉ, EXCESSIF, OUTRÉ. Ce qui tend à l'extrême est *immodéré* ; ce qui ne garde plus de proportion est *démesuré* ; ce qui passe les bornes est *excessif* ; ce qui passe de beaucoup le but est *outré*.

IMMUNITÉ, EXEMPTION. L'*immunité* dispense d'une charge onéreuse ; elle met à l'abri d'une servitude : l'*exemption* est une exception à une obligation commune. On dit l'*exemption* des droits ; l'*immunité* des personnes, des lieux.

IMPERTINENT, INSOLENT. L'*impertinent* manque avec impudence aux égards ; l'*insolent* manque avec arrogance au respect. L'*impertinent* choque ; l'*insolent* insulte. L'*impertinent* méprise la bienséance ; l'*insolent* dédaigne les personnes.

IMPÉTUEUX, VÉHÉMENT, VIOLENT, FOUGUEUX. La vigueur de l'essor, la rapidité de l'action caractérisent l'*impétuosité* ; l'énergie, la rapidité constante des mouvemens distinguent la *véhémence* ; l'excès, les ravages de la force dénoncent la *violence* ; la *violence* et l'éclat de son explosion signalent la *fougue*. *Impétueux* et *véhément* ne s'appliquent qu'au mouvement : le mouvement *impétueux* est plus précipité et moins durable ; *violent* se dit de tout genre d'abus de la force ; *fougueux* ne tombe que sur les êtres animés. *Violent*, *fougueux* ne se prennent qu'en mauvaise part.

IMPOLI, GROSSIER, RUSTIQUE. L'*impoli* manque de belles manières, ne plaît pas ; le *grossier* en a de désagréables ; il déplaît : le *rustique* en a de choquantes ; il rebute.

IMPÔT, IMPOSITION, TRIBUT, CONTRIBUTION, SUBSIDE, SUBVENTION, TAXE, TAILLE. L'*impôt* est la charge imposée pour former un revenu public ; l'*imposition* est un *impôt* particulier, et désigne des charges variables, ajoutées à l'impôt primitif ; le *tribut* est un droit attribué au prince ; la *contribution*, un *tribut* extraordinaire, payable par telles personnes ; le *subside* est un secours momentané ; la *subvention* est une augmentation d'impôt, dans une nécessité pressante ; la *taxe* est une *imposition* extraordinaire sur certaines personnes ; la *taille* est une imposition sur la roture.

IMPRÉCATION, MALÉDICTION, EXECRATION. L'*imprécation* invoque la puissance contre un objet ; la *malédiction* le dévoue au malheur ; l'*exécration* appelle contre lui la vengeance. L'*imprécation* part de la colère et de la foiblesse ; la *malédiction* vient aussi de la justice et de la puissance ; l'*exécration* naît d'une horreur religieuse.

IMPRÉVU, INATTENDU, INOPINÉ, INESPÉRÉ. *Imprévu* regarde l'objet de notre prévoyance ; *inattendu*, l'objet de notre attente ; *inespéré*, l'objet de nos espérances ; *inopiné*, l'objet de notre surprise. Obstacle *imprévu* ; visite *inattendue* ; bien *inespéré* ; attaque *inopinée*.

IMPUDENT, EFFRONTÉ, EHONTÉ. L'*impudent* brave les lois de la bienséance, et viole l'honnêteté publique ; l'*effronté* affronte ce qu'il devroit craindre ; l'*éhonté* livre son front à l'infamie. L'*impudent* n'a point de décence ; l'*effronté* n'a point de frein ; l'*éhonté* n'a plus de sentiment : il n'y a rien qu'il ne viole, rien qu'il n'ose.

INADVERTANCE, INATTENTION. Dans l'*inadvertance*, vous n'avez par pris garde, mais vous n'étiez point averti ; dans l'*inattention*, vous étiez averti. l'*inadvertance* est un oubli involontaire ; l'*inattention* est une négligence répréhensible. Un homme abstrait est sujet à des *inadvertances* ; un homme distrait est sujet à des *inattentions*.

INAPTITUDE, INCAPACITÉ, INSUFFISANCE. L'*inaptitude* indique que l'on n'est pas propre à quelque chose ; l'*incapacité*, que l'on n'a pas des forces assez grandes ; l'*insuffisance*, que les facultés ne suffisent point. L'*inaptitude* exclut le talent ; l'*incapacité*, le pouvoir ; l'*insuffisance*, les moyens.

INCENDIE, EMBRASEMENT. L'*embrasement* est un feu général ; l'*incendie* est local : il se communique ; il *embrase* des masses énormes. L'*incendie* produit un vaste *embrasement* ; alors le feu est par tout ; tout brûle et se consume.

INCERTITUDE, DOUTE, IRRÉSOLUTION. L'*incertitude* vient de ce que l'événement est inconnu ; le *doute*, du défaut de choix ; l'*irrésolution*, du manque de volonté déterminée. On est dans l'*incertitude* sur le succès ; dans le *doute* sur ce qu'on doit faire ; dans l'*irrésolution* sur ce qu'on veut faire.

INCLINATION, PENCHANT. L'*inclination* est moins forte que le *penchant* ; la première nous porte vers un objet ; l'autre nous y entraîne. L'*inclination* doit beaucoup à l'éducation ; le penchant tient plus du tempérament : l'*inclination* a un objet honnête ; celui du *penchant* est plus sensuel.

INCULPER, ACCUSER. Celui qui *inculpe*, provoque ; celui qui *accuse*, poursuit. On *inculpe* lorsqu'il s'agit d'une faute, même pour ce qui ne l'est pas ; on *accuse* d'une mauvaise action, d'un mal réel : l'*inculpation* est conjecturale ; l'*accusation* est prononcée.

INCURABLE, INGUÉRISSABLE. Les efforts de l'art ne peuvent rien contre le mal *incurable* ; la nature et l'art ne peuvent rien contre une maladie *inguérissable*. On vit avec des maux *incurables* ; on meurt d'une maladie *inguérissable*.

INCURSION, IRRUPTION. L'*incursion* est l'action de faire une course, une expédition sur un pays étranger, pour en rapporter quelque avantage ; l'*irruption* est l'action de forcer les barrières pour ravager. L'*incursion* est brusque et passagère ; l'*irruption* est violente et soutenue.

INDEMNISER, DÉDOMMAGER. On *indemnise* des pertes ou des privations, en argent ou en valeurs égales, celui qui ne doit pas les supporter : par des compensations, on *dédommage* des pertes, des privations, celui à qui on auroit pu les laisser supporter. L'*indemnité* laisse la même somme de fortune ; le *dédommagement* rend une somme semblable d'avantages ou de bonheur. Un propriétaire *indemnise* son fermier des pertes par force majeure ; le riche *dédommage* le pauvre d'une perte fâcheuse.

INDIFFÉRENCE, INSENSIBILITÉ. L'*indifférence* éloigne du cœur les mouvemens impétueux, les désirs ; l'*insensibilité* en ferme l'entrée à tous les sentimens. L'*indifférence* détruit les passions, laisse à la raison son empire ; l'*insensibilité* fait de l'homme un sauvage, une brute.

INDOLENT, NONCHALANT, PARESSEUX, NÉGLIGENT. On est *indolent* faute de sensibilité ; *nonchalant*, faute d'ardeur ; *paresseux*, faute d'action ; *négligent*, faute de soin. L'*indolence* ôte le mouvement, l'activité ; la *nonchalance* craint la fatigue ; la *paresse* fuit la peine ; la *négligence* apporte les délais.

INDUSTRIE, SAVOIR-FAIRE. L'*industrie* est une adresse ; le *savoir-faire* est un art, un talent.

INEFFABLE, INÉNARRABLE, INDICIBLE, INEXPRIMABLE. *Ineffable* est ce que l'on ne peut proférer, faute d'intelligence de la chose, ou de liberté ; *inénarrable*, ce qui est si extraordinaire qu'on ne peut le détailler ; *indicible*, ce que l'on ne peut exposer dans tout son our ; *inexprimable*, ce que l'on ne peut peindre au naturel. *Ineffable* et *inénarrable* sont du style religieux ; *indicible* est du style familier ; *inexprimable*, de tous les styles.

INEFFAÇABLE, INDELÉBILE. *Ineffaçable* désigne une apparence qui doit toujours être sensible ; *indélébile* designe la ténacité d'une chose adhérente à une autre : empreinte *ineffaçable* ; enduit *indélébile* : écriture *ineffaçable* ; encre *indélébile*.

INEXORABLE, INFLEXIBLE, IMPITOYABLE, IMPLACABLE. La sévérité de la justice, l'obstination du pouvoir rendent *inexorable* ; la rigidité des principes et la roideur du caractère rendent *inflexible* ; la ferocité, l'insensibilité rendent *impitoyable* ; la profondeur du ressentiment rend *implacable*.

INFAMIE, IGNOMINIE, OPPROBRE. L'*infamie* ôte la réputation, flétrit l'honneur ; l'*ignominie* souille le nom ; l'*opprobre* est l'ignominie extrême.

INFATUER, FASCINER, ENTÊTER. Celui qui est *infatué* a une sorte d'engouement qui empêche que la vérité ne passe jusqu'à son esprit ; celui qui est *fasciné* a un aveuglement qui fait qu'il ne croit qu'à ses visions ; celui qui est *entêté* a de la résolution qui ne lui permet pas de se départir de son idée.

INFECTION, PUANTEUR. L'*infection* répand une puanteur contagieuse ; la *puanteur* est l'odeur désagréable exhalée des corps. La *puanteur* offense le nez ; l'*infection* attaque la santé.

INFÉRER, INDUIRE, CONCLURE. Vous *inférez* par une conséquence fondée sur les rapports établis entre des propositions ; vous *induisez* par une conséquence naturelle d'un principe, d'une vérité développés ; vous *concluez* par une conséquence nécessaire des principes, et qui termine le raisonnement.

INFIDELLE, PERFIDE. Une femme *infidelle*, connue pour telle, n'est qu'*infidelle* ; elle est *perfide*, si elle est crue fidelle. La *perfidie* ajoute l'imposture à l'*infidélité*.

Inhumer, Enterrer. On *enterre* en mettant en terre; on *inhume* l'homme a qui l'on rend les honneurs funèbres. Les prêtres *inhument* les corps; un assassin *enterre* le cadavre de la personne qu'il a tuée.

Inimitié, Rancune. L'*inimitié* paroît toujours ouvertement; La *rancune* dissimule.

Inintelligible, Inconcevable, Incompréhensible. *Inintelligible* se dit de l'expression; *inconcevable* a rapport à l'imagination; *incompréhensible*, à la nature de l'esprit humain. Phrase *inintelligible*; fait *inconcevable*; mystère *incompréhensible*.

Injurier, Invectiver. Le mépris, l'insolence, la grossièreté *injurient*; la chaleur, la colère, le zèle *invectivent*. On n'*injurie* que les personnes; on *invective* aussi contre les choses. *Injurier* désigne l'effet produit par le discours; *invectiver* désigne la qualité de l'action, la véhémence.

Insidieux, Captieux. Des moyens *insidieux* induisent en erreur ou en faute; des moyens *captieux* emportent: les premiers tendent un piège; les seconds jettent une espèce de charme. La malice des premiers est cachée; la malice des seconds est parée de dehors trompeurs. Ce que les raisonnemens les plus *captieux* n'ont pas produit, une caresse *insidieuse* suffit pour l'opérer.

Insinuer, Persuader, Suggérer. On *insinue* avec adresse; on *persuade* avec éloquence; on *suggère* avec artifice. *Insinuer* dit quelque chose de délicat; *persuader*, quelque chose de pathétique; *suggérer*, quelque chose de frauduleux.

Instant, Pressant, Urgent, Imminent. Les sollicitations *instantes* tendent à ravir le consentement par une violence douce; les considérations *pressantes* poussent avec une forte impulsion; les causes *urgentes* portent avec une force majeure; les dangers *imminens* avertissent de ramasser ses forces pour éviter un mal très-prochain.

Insuffisance, Incapacité, Inaptitude. L'*insuffisance* vient du défaut de proportion entre les moyens et la fin; l'*incapacité*, de la privation des moyens; l'*inaptitude*, de l'impossibilité de les acquérir. On suplée à l'*insuffisance*; on répare l'*incapacité*; l'*inaptitude* est sans remède.

Inventer, Trouver. On *invente* de nouvelles choses par la force de l'imagination; on *trouve* des choses cachées, par la recherche et par l'étude. La mécanique *invente* les machines; la physique *trouve* les causes et les effets.

Irrésolu, Indécis. On est *irrésolu* dans les matières où l'on se détermine par goût, par sentiment; on est *indécis* dans celles où l'on se décide par la raison. Une ame peu sensible est *irrésolue*; un esprit lent sera *indécis*.

Irrésolution, Incertitude, Perplexité. L'*irrésolution* est une timidité à entreprendre; l'*incertitude*, une *irrésolution* à croire; la *perplexité*, une irrésolution inquiète.

J

Jaillir, Rejaillir. *Jaillir* marque l'éruption; *rejaillir*, les effets d'une grande éruption. *Jaillir* ne se dit que des liquides; *rejaillir* se dit des liquides et des solides renvoyés, repoussés.

Jalousie, Émulation. L'*émulation* est un sentiment courageux, qui fait que l'ame profite des grands exemples; la *jalousie* est un aveu tacite et contraint du mérite d'autrui; elle lui refuse les éloges, ou lui envie les récompenses.

A jamais, Pour jamais. *A jamais* marque la force de la cause, l'énergie de l'action, la grandeur de l'effet; *pour jamais* exprime l'intention, le fait, une circonstance de temps. Deux amans se jurent d'être *à jamais* l'un à l'autre; deux époux sont l'un à l'autre *pour jamais*. La dernière phrase n'exprime que le fait, ce qui est; la première exprime la force des sentimens.

Joie, Gaieté. La *joie* est dans le cœur; la *gaieté* dans les manières. L'une consiste dans un doux sentiment de l'ame; l'autre dans une agréable situation d'esprit.

Joindre, Accoster, Aborder. On *joint* la compagnie dont on s'étoit écarté; on *accoste* le passant; on *aborde* les gens de connoissance.

Jour, Journée. Le *jour* est un élément de l'année, comme l'an en est un du temps; on s'en sert pour marquer une époque; ainsi que pour déterminer l'étendue d'une durée; on l'envisage aussi sans attention à sa durée: la *journée* est une durée déterminée et divisible en plusieurs parties, à laquelle on rapporte les événemens qui s'y peuvent rencontrer; on la qualifie par les événemens qui en remplissent la durée.

Joyau, Bijou. Les *joyaux* sont plus beaux, plus précieux; les *bijoux* sont plus jolis, plus curieux. On dit les *joyaux* de la couronne; les *bijoux* d'une femme. Dans le *bijou*, c'est surtout la façon que l'on considère; dans le *joyau*, c'est la matière.

Jugement, Sens. Le *sens* est la raison qui éclaire; le *jugement*, la raison qui détermine. Le *sens* n'est pas décidé et ferme comme le *jugement*. La rectitude de l'esprit suffit au *sens*; il faut pour le *jugement*, la droiture de l'ame. Le *sens* regarde particulièrement la conduite; le *jugement* embrasse tous les objets de raisonnement.

Juriste, Jurisconsulte, Légiste. Le *juriste* fait profession de la science du droit; le *légiste*, de la science de la loi; le *jurisconsulte* possède la science du droit, l'art de l'application des lois et celui de décider les questions difficiles.

Justesse, Précision. La *justesse* empêche de donner dans le faux; la *précision* écarte l'inutile.

Justice, Équité. La *justice* respecte la propriété; l'*équité* respecte l'humanité. La *justice* défend les hommes comme s'ils étoient ennemis; l'*équité* les unit comme membres du même corps. La *justice* est inflexible; l'*équité* n'a d'autres lois que celles de la nature; elle tempère la loi appliquée par la *justice*.

Justification, Apologie. La *justification* est le but de l'*apologie*, qui n'est que la défense: la preuve de l'innocence fait sa *justification*.

Justifier, Défendre. *Justifier* suppose le bon droit ou le succès; *défendre* suppose le désir de réussir. L'innocence a rarement besoin de se *défendre*, le temps la *justifie* toujours.

L

Labyrinthe, Dédale. *Labyrinthe* est devenu le nom des constructions, des plantations, des lieux dont les tours et les détours sont si multipliés qu'on ne sait où trouver une issue; *Dédale* se dit des choses compliquées, et qu'il est difficile de concevoir.

Lâche, Poltron. Le *lâche* recule; le *poltron* n'ose avancer. Le premier ne se défend pas; le second n'attaque point.

Laconique, Concis. *Concis* ne se dit que des choses: *laconique* emploie peu de paroles; *concis* n'emploie que les paroles nécessaires. Compliment *laconique*; discours *concis*.

Lacs, Rets, Filet. Le *filet* enveloppe et contient; le *rets* arrête et retient; le *lac* saisit et enlace.

Laine, Toison. La *laine* est le vêtement de l'animal; la *toison* est sa dépouille. Une *toison* est la totalité de la *laine* de l'animal.

Lamentable, Déplorable. *Lamentable*, ce qui est digne d'exciter la pitié; *déplorable*, ce qui est capable de provoquer les larmes.

Lamentation, Plainte. La *lamentation* est une *plainte* forte et continue. La *plainte* s'exprime par le discours; les gémissemens accompagnent la *lamentation*.

Lancer, Darder. On *lance* toutes sortes de corps; on ne *darde* que des instrumens perçans. *Lancer* n'a que la signification de jeter; *darder* a de plus celle de frapper, percer, pénétrer.

Landes, Friches. Les *landes* sont plus étendues que les *friches*. Les *landes* ne donnent que de misérables productions; les *friches* sont des terres incultes, il ne leur manque que la culture. Les passages longs, secs, vains, vagues et ennuyeux d'un ouvrage s'appellent *landes*; on dit de l'esprit naturel et sans culture, c'est un esprit en *friche*.

Langage, Langue, Idiome, Dialecte, Patois, Jargon. Le *langage* convient à tout ce qui exprime les pensées; l'*idiome* exprime les tours dans la manière de parler; le *dialecte* est une manière de parler une langue relative à d'autres manières de la parler; un *patois* est un usage dans la manière de parler une langue, contraire au bon usage; un *jargon* est un langage particulier à certaines gens, et de pure convention.

Languissant, Langoureux. *Langoureux* exprime une langueur attribuée à quelque passion violente; celle qu'exprime le mot *languissant* ne désigne que la simple diminution des forces. Un amant est *langoureux* sans être *languissant*.

Lares, Pénates. Les *lares* sont les dieux protecteurs de l'habitation et de la famille; les *pénates* sont les dieux tutélaires de la maison intérieure ou de la chose domestique. Les *lares* président à la sûreté; les *pénates* au ménage.

Larmes, Pleurs. Les *pleurs* sont des *larmes* versées pendant une durée de temps.

Larron, Fripon, Filou, Voleur. Le *larron* prend en cachette; le *fripon* prend par finesse; le *filou* prend avec adresse; le *voleur* prend de toutes manières et même avec violence.

Las, Fatigué, Harassé. Ces trois termes dénotent une indisposition qui rend le corps inepte au mouvement: on est *las* quand on est affecté de cette inaptitude, abstraction faite de toute cause; on est *fatigué* quand on s'est mis dans cet état d'inaptitude par le travail; on est *harassé* quand on ressent une fatigue excessive.

Lascif, Lubrique, Impudique. Le *lascif* tressaille à la seule idée du plaisir; il désire vivement, il jouit voluptueusement; le *lubrique* est sans frein dans ses désirs, sans retenue dans ses plaisirs; l'*impudique* se souille de jouissances criminelles sans respect pour la pudeur.

Lasciveté, Lubricité, Impudicité. La *lasciveté* naît d'un tempérament très-amoureux; la *lubricité* consiste dans l'incontinence hardie, dans l'insatiable avidité de désirs qui dévore l'objet avant que d'en jouir, demande sans cesse de nouveaux plaisirs et les provoque; l'*impudicité* résulte des sentimens et des mœurs contraires à la modération de la nature et à la pudeur.

Lasser, Fatiguer. La continuation *lasse*; la peine *fatigue*. Être *las*, c'est ne pouvoir plus agir; être *fatigué*, c'est avoir trop agi. Un suppliant *lasse* par sa persévérance; il *fatigue* par ses importunités.

Légal, Légitime, Licite. *Légal* se dit des formes, des choses prescrites par la loi; *légitime* se dit des choses fondées sur la justice de la loi naturelle; *licite* se dit des choses que les lois regardent du moins comme indifférentes. La forme rend la chose *légale*; le droit la rend *légitime*; le pouvoir la rend *licite*.

Légère, Inconstante, Volage, Changeante. Une *légère* ne s'attache pas fortement; une *inconstante* ne s'attache pas pour long-temps; une *volage* ne s'attache pas à un seul; une *changeante* ne s'attache pas au même.

Légèrement, À la légère. Les soldats armés *légèrement* ont des armes et des vêtemens légers; les soldats armés *à la légère* ont une armure particulière. Au figuré, *légèrement* se dit quelquefois en bonne part; *à la légère* ne se prend qu'en mauvaise part. *Légèrement* dénote un défaut d'examen ou d'égards; *à la légère* désigne les manières de la légèreté. Vous parlez *légèrement* lorsqu'une parole imprudente vous échappe; *à la légère*, lorsque vous affectez un ton léger.

Lépreux, Ladre. La *lèpre* est la maladie en général; la *ladrerie* est cette maladie lorsqu'un sujet en est atteint. *Lépreux* est le nom propre et connu des anciens; *ladre* est une dénomination corrompue des dialectes celtiques. *Lépreux* se dit des hommes; *ladre*, des animaux. Au figuré, on dit, la *lèpre* du péché: *ladrerie* désigne une sordide avarice.

Lettre, Épître. *Lettre* se dit de toutes les lettres qu'on écrit d'ordinaire, surtout en prose, et de celles qui ont été écrites par des auteurs modernes, ou dans des langues vivantes; *épître* se dit en parlant des *lettres* écrites en vers, ou de celles qui ont été écrites en prose par les anciens.

Lever, Hausser. L'action de *lever* a pour objet d'enlever l'objet de sa place; l'action de *hausser* a pour objet de donner plus de hauteur perpendiculaire. On *lève* un appareil, un siége; on *hausse* un mur, le prix des choses.

Lever, Élever, Soulever, Hausser, Exhausser. On *lève* en mettant debout; on *élève* en plaçant dans un lieu, un ordre éminent; on *soulève* en portant en l'air; on *hausse* en ajoutant un degré supérieur; on *exhausse* en donnant plus de hauteur perpendiculaire.

Lever un plan, Faire un plan. On *lève un plan* sur le terrain; on *fait un plan* en traçant sur du papier la figure du terrain.

Libéralité, Largesse. La *libéralité* est un don généreux; la *largesse*, une ample *libéralité*. Il y a dans les *libéralités* de l'abondance; de la profusion dans les *largesses*.

Liberté, Franchise. La *liberté* est le pouvoir d'exercer sa volonté; la *franchise* est une exemption de charges. Au figuré, la vérité, la droiture inspire la *franchise*; la hardiesse inspire la *liberté*. On parle avec *franchise* à ses amis; on parle avec *liberté* à des supérieurs.

Libertin, Vagabond, Bandit. Le *libertin* offense les mœurs, l'amour excessif de la liberté, écarte le *vagabond* des bonnes compagnies; le *bandit* ne se conforme pas même aux loix civiles.

; SE LICENCIER, S'ÉMANCIPER. *Se licencier*, c'est sortir des bornes du devoir; *s'émanciper* marque seulement trop de liberté.

LICITE, PERMIS. Ce qui est *permis* a été autorisé par les lois; ce qui est *licite* n'a pas été déclaré mauvais par elles.

LIER, ATTACHER. On *lie* pour empêcher le mouvement ou la séparation des parties; on *attache* pour empêcher qu'une chose ne se sépare ou ne s'éloigne; on *lie* les pieds et les mains d'un criminel, et on l'*attache* à un poteau. Au figuré, un homme est *lié*, lorsqu'il ne peut agir; il est *attaché* quand il ne peut changer de parti.

LIEU, ENDROIT, PLACE. *Lieu* marque le total de l'espace; *endroit*, la partie; *place* donne une idée d'arrangement. Le *lieu* de l'habitation; l'*endroit* d'un livre; la *place* d'un convive.

LIMER, POLIR. *Limer*, c'est enlever avec la lime la superficie d'un corps dur; *polir*, c'est rendre, par le frottement, un corps uni. Au figuré, *limer* désigne la critique qui retranche ce qu'il y a d'inégal, de rude dans un ouvrage; *polir* désigne la perfection qu'il faut y mettre.

LIMON, FANGE, BOUE, BOURBE, CROTTE. Le *limon* est le dépôt des eaux courantes; la *bourbe*, le dépôt des eaux croupissantes; la *boue* est de la terre détrempée; la *fange*, de la boue presque liquide; la *crotte*, de la boue sur les vêtemens.

LISIÈRE, BANDE, BARRE. La *lisière* est une longueur sur les extrémités; la *bande* est une longueur prise dans un tout; elle existe isolément; la *barre* est un corps long, peu large et qui résiste.

LISTE, CATALOGUE, RÔLE, NOMENCLATURE, DÉNOMBREMENT. La *liste* est une suite d'indications simples et courtes; le *catalogue* suppose un ordre, des explications et des éclaircissemens; le *rôle* est un registre qui marque l'ordre à observer à l'égard des personnes du même état; la *nomenclature* est un dénombrement de noms; le *dénombrement* est un compte détaillé des parties d'un tout. *Liste* de candidats; *catalogue* de livres; *rôle* de soldats; *nomenclature* des plantes; *dénombrement* des habitans.

LITTÉRALEMENT, A LA LETTRE. *Littéralement* désigne le sens propre; *à la lettre*, le sens rigoureux. Il ne faut pas rendre *littéralement* le texte d'un auteur que l'on traduit; il ne faut pas prendre les complimens *à la lettre*.

LITTÉRATURE, ÉRUDITION, SAVOIR, SCIENCE, DOCTRINE. La *littérature* désigne les connoissances des belles-lettres; l'*érudition* annonce des connoissances profondes; le *savoir* est plus étendu dans ce qui est de pratique; la *science* exprime la profondeur des connoissances avec un rapport à ce qui est de spéculation; *doctrine* se dit en fait de mœurs, de religion, de dogme.

LIVRER, DÉLIVRER. *Livrer* n'exprime que la simple tradition; *délivrer* exprime l'action de *livrer* dans les formes, en vertu d'une obligation. Vous *délivrez* la chose que vous devez *livrer*.

LOGIQUE, DIALECTIQUE. La *logique* part de principes du raisonnement; la *dialectique* part de données incertaines, basées sur des raisonnemens hypothétiques. La *logique* est une science certaine, nécessaire; la *dialectique* est un art conjectural.

LOGIS, LOGEMENT. *Logis* désigne une retraite suffisante pour établir une demeure; *logement* annonce une destination personnelle. Le maréchal-des-logis marque les *logis*; l'officier distribue les *logemens*.

LOISIR, OISIVETÉ. Le *loisir* est un temps dont on peut disposer; l'*oisiveté* est un temps d'inaction. L'*oisiveté* est l'excès du *loisir*.

LONGUEMENT, LONG-TEMPS. *Long-temps* désigne une durée de temps, d'action; *longuement* exprime une action lente.

LORSQUE, QUAND. *Quand* marque la circonstance du temps; *lorsque* marque celle de l'occasion. Il faut travailler *quand* on est jeune; il faut être docile *lorsqu*'on nous reprend.

LOUCHE, EQUIVOQUE, AMPHIBOLOGIQUE. *Amphibologique* comprend les deux premiers: la disposition des mots qui semblent avoir un certain rapport, quoiqu'ils en aient un autre, rend une phrase *louche*; l'indétermination des mots rend une phrase *équivoque*.

LOURD, PESANT. *Lourd* regarde proprement ce qui charge le corps; *pesant*, ce qui charge l'esprit. Dans le sens propre, tout corps est *pesant*; on n'appelle *lourds* que ceux qui ont une *pesanteur* considérable. Au figuré, *lourd* enchérit sur *pesant*. L'esprit *pesant* conçoit avec peine; l'esprit *lourd* ne conçoit rien.

LOYAL, FRANC. L'homme *franc* est droit et ouvert; l'homme *loyal* est franc, généreux, noble et confiant.

LUEUR, CLARTÉ, SPLENDEUR. La *lueur* est un commencement de *clarté*; la *splendeur* en est l'éclat.

LUMIÈRE, LUEUR, CLARTÉ, ECLAT, SPLENDEUR. La *lueur* est une *lumière* foible; la *clarté*, une *lumière* assez vive; l'*éclat*, une vive *clarté*; la *splendeur* est le plus grand *éclat* de la *lumière*.

LUXE, FASTE, SOMPTUOSITÉ, MAGNIFICENCE. Le *luxe* désigne une dépense désordonnée, ruineuse; le *faste*, une dépense d'éclat; la *somptuosité*, une dépense considérable, généreuse; la *magnificence*, une dépense pour le grand et le beau. Le *luxe* annonce l'opulence et cache la misère; le *faste* annonce la grandeur, la majesté; la *somptuosité*, la grandeur et l'opulence; dans la *magnificence*, la grandeur et l'opulence sont relevées par la manière et par l'objet.

LUXURE, LUBRICITÉ, LASCIVETÉ. La *luxure* est une habitude, un penchant qui porte un sexe vers l'autre, avec emportement et sans retenue; la *lubricité* est l'influence de ce penchant sur la contenance; les gestes; la *lasciveté* est sa manifestation par des actes prémédités.

M

MAFFLÉ, JOUFFLU. *Mafflé* exprime la grosseur de la partie antérieure du visage; *joufflu*, celle des joues.

MAINT, PLUSIEURS. *Plusieurs* marque purement et simplement la pluralité, au lieu que *maint* réduit la pluralité à une sorte d'unité, comme si les objets formoient une exception, un corps à part. La locution de *maint* auteur annonce un nombre d'auteurs qui forment une sorte de classe; celle de *plusieurs* auteurs n'annonce que le nombre sans désigner aucun rapport particulier entre eux.

MAINTENIR, SOUTENIR. On *maintient* ce qu'il faut tenir pour qu'il subsiste; on *soutient* ce qui courroit risque de tomber. La vigilance *maintient*; la force *soutient*. La puissance *soutient* les lois; les magistrats les *maintiennent*. On *soutient* ce qui est foible; on *maintient* ce qui change.

MAINTIEN, CONTENANCE. Le *maintien* est le même pour tous les états, et de tous les temps; la *contenance* varie selon les circonstances, les états: elle est pour la représentation.

MAISON, HÔTEL, PALAIS, CHATEAU. Les bourgeois occupent des *maisons*; à la ville, les grands ont des *hôtels*; les rois, les princes ont des *palais*; les seigneurs ont des *châteaux* dans leurs terres.

MAISON, LOGIS. *Maison* marque l'édifice; *logis* est plus relatif à l'usage. Une *maison* a plusieurs corps de *logis*.

MAISON DES CHAMPS, MAISON DE CAMPAGNE. La *maison des champs* a pour accessoires nécessaires, un verger, un potager, une basse-cour, des écuries, etc.; une *maison de campagne* a pour accessoires nécessaires, des avenues, un jardin, un parterre, des bosquets, etc.: toutes deux sont hors de l'enceinte de la ville.

MALADRESSE, MALHABILETÉ. *Maladresse* se dit du peu d'aptitude aux exercices du corps; *malhabileté* ne se dit que du manque d'aptitude aux fonctions de l'esprit. Au figuré, *maladresse* est le manque d'intelligence et de capacité.

MALAVISÉ, IMPRUDENT. Le *malavisé* ne regarde pas à la chose qu'il fait, à ce dont il doit s'*aviser*; l'*imprudent* ne sait pas bien ce qu'il fait; il ne voit pas aussi avant qu'il devroit voir: le premier manque de circonspection et choque les convenances; le second manque de sagesse; les suites tournent contre lui.

MALCONTENT, MÉCONTENT. On est *malcontent* quand on n'est pas satisfait; on est *mécontent* quand on n'a aucune satisfaction. Un prince est *malcontent* des services de quelqu'un; un sujet est *mécontent* du prince. *Malcontent* exige la préposition *de*; *mécontent* se prend substantivement au pluriel.

MALHEUR, ACCIDENT, DÉSASTRE. Le *malheur* s'applique aux événemens; l'*accident* regarde la personne; le *désastre* est plus général. Perdre son ami est un *malheur*; tomber est un *accident*; c'est un *désastre* de se voir tout-à-coup ruiné.

MALHEUREUX, MISÉRABLE. On est rendu *malheureux* par quelques accidens imprévus et fâcheux; mais celui qui est *misérable* est réduit à un état digne de compassion; il est excessivement *malheureux*. A force d'être *malheureux* au jeu, on peut devenir *misérable*.

MALICE, MALIGNITÉ, MÉCHANCETÉ. La *malice* a de la ruse, peu d'audace; la *malignité* a plus de dissimulation, d'activité; la *malignité* est moins dure que la *méchanceté*. La *malice* suppose l'esprit, dispose à la *malignité*, et de la *malignité* elle mène à la *méchanceté*.

MALIN, MAUVAIS, MÉCHANT, MALICIEUX. Le *malin* l'est de sang-froid, il faut s'en défier; le *mauvais* l'est par emportement, il ne faut pas l'offenser; le *méchant* l'est par tempérament, il faut le fuir; le *malicieux* l'est par caprice, il faut lui céder.

MALTRAITER, TRAITER MAL. *Maltraiter* exprime l'idée de faire outrage à quelqu'un; on le *traite mal* en lui faisant mauvaise chère. Un homme violent *maltraite*; un homme avare *traite mal*.

MANIFESTE, NOTOIRE, PUBLIC. Il est facile de connoître ce qui est *manifeste*; ce qui est *notoire* est bien et certainement connu; on connoît assez généralement ce qui est *public*. La chose *manifeste* n'est plus cachée; la chose *notoire* n'est plus incertaine; la chose *publique* n'est pas secrète.

MANIGANCE, MACHINATION, MANÉGE. La *manigance* est l'emploi de petites manœuvres artificieuses pour parvenir à une fin; la *machination* est l'emploi d'artifices odieux qui tendent à une mauvaise fin; le *manége* est une conduite adroite par laquelle on manie, on ménage si bien les esprits et les choses, qu'on les amène insensiblement à ses fins.

MANŒUVRE, MANOUVRIER. Le *manœuvre* sert un ouvrier; le *manouvrier* est un mercenaire qui travaille pour ceux qui entreprennent l'ouvrage.

MANQUE, DÉFAUT, FAUTE, MANQUEMENT. Le *manque* est ce dont il s'en faut qu'une chose soit entière; le *défaut* est l'absence de la chose; le *manquement* est une *faute*, tantôt d'omission, tantôt de faire ce qui n'est pas permis. Par la *faute* on fait mal; par le *manquement*, on ne fait pas le bien.

MARCHANDISES, DENRÉES. Les *denrées* sont les productions de la terre; les *marchandises* sont les matières premières, manufacturées.

MARI, EPOUX. *Mari* désigne la qualité physique, la puissance; *époux* marque l'engagement social, l'union. *Epoux* est du haut style; *mari* est familier.

MARQUER, INDIQUER, DÉSIGNER. Ce qui *marque*, distingue, fait discerner un objet par des caractères particuliers; ce qui *indique*, donne des lumières, des renseignemens sur un objet qu'on ignore ou qu'on cherche; ce qui *désigne*, enseigne ou annonce une chose cachée, par le rapport de certaines figures avec elle. Le cadran *marque* les heures; l'index d'un livre *indique* la division et la place des matières; la fumée *désigne* le feu; le signalement *désigne* la personne.

MARRI, FACHÉ, REPENTANT. *Marri* est affecté au style religieux et quelquefois au satyrique; *fâché* exprime un déplaisir quelconque; *repentant* suppose des remords. La douleur domine dans l'homme *marri*, l'humeur dans l'homme *fâché*, le regret dans l'homme *repentant*.

MASQUÉ, DÉGUISÉ, TRAVESTI. Il faut, pour être *masqué*, se couvrir d'un faux visage; pour être *déguisé*, il faut changer ses parures ordinaires; on se *travestit* afin de passer pour inconnu; on prend un habit très-différent de celui de son état.

MASSACRE, CARNAGE, BOUCHERIE, TUERIE. L'atrocité ordonne le *massacre*; la soif du sang commande le *carnage*; l'impitoyable cruauté fait une *boucherie*; le choc tumultueux de combattans cause une *tuerie*.

MATER, MORTIFIER, MACÉRER. On *mate* des oiseaux en les dressant, en les domptant; on *mortifie* les corps, les chairs, en les dépouillant des principes du mouvement; on *macère* des mixtes, des plantes en les faisant tremper, en les flétrissant. En style chrétien, vous *matez* le corps par les violences; vous le *mortifiez* en réprimant ses appétits; vous le *macérez* par des exercices qui le tourmentent.

MATIÈRE, SUJET. La *matière* est ce qu'on emploie dans le travail; le *sujet* est ce sur quoi l'on travaille. La *matière* d'un discours consiste dans les phrases et dans les pensées; le *sujet* est ce qu'on explique par elles.

MATINAL, MATINEUX. Le premier s'applique à celui qui se lève matin; et le second à celui qui en a l'habitude.

MÉCONTENT, MAL-INTENTIONNÉ. Les *mécontens* ne sont pas contens du gouvernement; les *mal-intentionnés*, peu satisfaits de leur situation, pensent à s'en procurer une meilleure.

MÉFIANCE, DÉFIANCE. La *méfiance* est une crainte habituelle d'être trompé; la *défiance* est un doute sur les bonnes qualités des hommes ou des choses.

SE MÉFIER, SE DÉFIER. *Se méfier* est plus foible que *se défier*. Je me *méfie* d'un homme qui ne me paroît pas franc; je me *défie* d'un fourbe avéré. *Se méfier* marque une disposition passagère; *se défier* est une disposition habituelle. *Se méfier* appartient au sentiment actuel; *se défier* tient au caractère. On *se méfie* des choses qu'on croit; on *se défie* des choses qu'on ne croit pas. Je me *méfie* que cet homme est un fripon, et je me *défie* de la vertu qu'il affecte.

Mélancolique, Atrabilaire. La tristesse du *mélancolique* est morne et inquiète; la tristesse de l'*atrabilaire* est sombre et farouche. Le *mélancolique* évite les hommes; l'*atrabilaire* les repousse. Le *mélancolique* est sensible aux peines de ses semblables; l'*atrabilaire* voudroit ne voir que des êtres plus malheureux que lui.

Mêler, Mélanger, Mixtionner. *Mêler*, c'est mettre ensemble toutes sortes de choses; *mélanger*, c'est assembler des choses qui doivent se convenir, pour obtenir un résultat et un nouveau tout; *mixtionner*, c'est *mélanger* des drogues dans des liqueurs pour les incorporer. On *mêle* des liqueurs, des cartes, des écheveaux; le peintre *mélange* ses couleurs; l'apothicaire *mélange* des drogues; on *mixtionne* des substances hétérogènes. *Mêler* s'emploie en bonne et en mauvaise part; *mélanger* en bonne part; *mixtionner* en mauvaise part.

De même que, Ainsi que, Comme. *De même que* est toujours un terme de comparaison, qui tombe sur la manière dont est la chose ou ses modifications; *ainsi que* marque une comparaison de faits ou d'actions qui tombe sur la réalité; *comme* marque une comparaison de la qualité des choses, ou de qualification. Les François pensent *de même que* les autres nations. Il y a des philosophes qui croient que les bêtes pensent *ainsi que* les hommes; ils ne croient pas qu'elles pensent *de même qu'eux*: les expressions d'une personne qui conçoit mal les choses, ne sont jamais justes, *comme* celles d'une personne qui les conçoit clairement.

Mémoire, Souvenir, Ressouvenir, Réminiscence. La *mémoire* et le *souvenir* expriment une attention libre de l'esprit à des idées qu'il n'a point oubliées; le *ressouvenir* et la *réminiscence* expriment une attention fortuite à des idées entièrement oubliées. On se rappelle la *mémoire* ou le *souvenir* des choses quand on veut; on a le *ressouvenir* ou la *réminiscence* des choses quand on peut. Le *ressouvenir* ramène les idées effacées et la conviction de leur préexistence: l'esprit les reconnoît; la *réminiscence* réveille les idées anciennes, mais l'esprit croit les avoir pour la première fois.

Ménage, Ménagement, Epargne. On se sert du mot de *ménage*, en fait de dépense ordinaire; de celui de *ménagement* dans la conduite des affaires; de celui d'*épargne* à l'égard des revenus.

Mensonge, Menterie. Le *mensonge* est une grande *menterie*; il est inspiré par quelque intérêt: la *menterie* n'a pas les mêmes motifs; elle est simple; c'est un mensonge sans conséquence. Le fourbe fait des *mensonges*; le bavard dit des *menteries*. *Mensonge* est du style noble; *menterie*, du style très-familier.

Menu, Délié, Mince. Le *menu* a rapport à la grosseur dont il manque, à la grandeur en tous sens; le *délié* n'est relatif qu'à la grosseur, supposant toujours une sorte de longueur; le *mince* n'a de rapport qu'à l'épaisseur. L'on dit une jambe *menue*, un fil *délié*, une étoffe *mince*.

Merci, Miséricorde. La volonté reçoit à *merci*; le cœur tendre fait *miséricorde*. On est à la *merci* des bêtes féroces, comme des hommes; la *miséricorde* n'appartient qu'aux êtres sensibles.

Mériter, Être digne. On *mérite* par ses actions; on a une sorte de droit: on *est digne* par ses qualités; on a un titre.

Mésaise, Mal-aise. Le *mésaise* est la simple privation du bien-être; le *mal-aise*, un mal positif.

Mésuser, Abuser. On *mésuse* de la chose qu'on emploie mal; on *abuse* de celle qu'on emploie à faire du mal. On *mésuse* en agissant sans rime ni raison; on *abuse* par excès, ou en outre-passant ses droits. Une mauvaise tête *mésuse* des bienfaits; un mauvais cœur en *abuse*.

Métal, Métail. *Métal* indique un pur minéral; *métail*, une composition de métaux. L'or est un *métal*; le similor est un *métail*.

Métamorphose, Transformation. *Métamorphose* exprime un changement de forme; *transformation* désigne d'autres changemens. La *métamorphose* emporte toujours une idée de merveilleux; la *transformation*, plus simple et plus facile, s'arrête aux apparences et aux manières.

Métier, Profession, Art. *Métier* désigne la condition que l'on remplit; *profession*, la destination que l'on suit; *art*, le talent qu'on cultive. Le *métier* fait l'homme de travail; la *profession*, l'homme d'un tel ordre; l'*art* fait l'artiste. Le *métier* demande un travail de la main; la *profession*, un travail quelconque; l'*art*, un travail de l'esprit, sans exclure, comme sans exiger le travail de la main.

Mettre, Poser, Placer. *Mettre* a un sens général; *poser*, c'est *mettre* dans le vrai sens; *placer*, c'est *mettre* avec ordre. On *met* des colonnes pour soutenir un édifice; on les *pose* sur des bases; on les *place* avec symétrie.

Minutie, Babiole, Bagatelle, Gentillesse, Vétille, Misère. *Minutie* désigne la petitesse d'une chose qu'on néglige; *babiole*, le peu d'intérêt d'une chose qui ne convient qu'à des enfans; *bagatelle*, la frivolité d'une chose dont on ne sauroit faire cas; *gentillesse*, la légéreté d'une chose qui n'a que le mérite de l'agrément; *vétille*, le peu de force d'une chose à laquelle il ne faut pas s'arrêter; *misère*, la pauvreté, la nullité d'une chose qu'on méprise.

Mirer, Viser. *Mirer* n'exprime que l'action de considérer; *viser* indique le terme de l'action. On *mire* un objet et on *vise* à un but: *viser* s'emploie souvent au figuré; un canonier *mire* une tour et *vise* à l'abattre.

Mode, Ton. Le *ton* n'indique que la corde qui doit servir de base au chant; le *mode* détermine la tierce et modifie toute l'échelle sur ce son fondamental.

Moment, Instant. Un *instant* est encore plus court qu'un *moment*. *Moment* se prend pour le temps en général dans le sens figuré; *instant* marque la plus petite durée du temps, et n'est employé que dans le sens littéral.

Monde, Univers. *Monde* ne renferme que l'idée d'un être seul, quoique général; *univers* renferme l'idée de plusieurs êtres, de toutes les parties du *monde*. Le premier se prend dans un sens particulier, l'ancien et le nouveau *monde*, la terre; le second se prend à la lettre dans un sens qui n'excepte rien: le soleil qui échauffe tout le monde, toute la terre, est supposé le foyer de l'*univers*.

Le grand monde, Le beau monde. On appelle la cour et les gens de haute qualité, *le grand monde*; *le beau monde* signifie les gens les plus polis. La naissance et le rang font *le grand monde*; la politesse, l'élégance, une fleur d'esprit, la délicatesse du goût, la finesse du tact, l'urbanité dans le langage, font *le beau monde*. Le *grand monde* est la première classe de la société; *le beau monde* en est l'élite.

Mont, Montagne. *Mont* désigne une masse détachée de toute autre pareille, soit physiquement, soit idéalement; *montagne* ne présente que l'idée générale et commune, sans aucun égard à cette distinction.

Moquerie, Raillerie, Plaisanterie. La *moquerie* se prend en mauvaise part; la *raillerie*, en bonne ou en mauvaise part; la *plaisanterie*, en bonne part. La *moquerie* vient du mépris; la *raillerie* désapprouve avec ironie; la *plaisanterie* est un badinage léger dont l'effet est de réjouir.

Mot, Terme, Expression. Le *mot* est de la langue; le *terme* du sujet; l'*expression*, de la pensée. La pureté du langage dépend des *mots*; sa précision, des *termes*; son brillant, des *expressions*.

Mot, Parole. Le *mot* est établi pour faire usage de la *parole*. La *parole* a un sens, forme une proposition; le *mot* n'a qu'une valeur propre à faire partie de ce sens ou de cette proposition. Les *paroles* diffèrent entr'elles par les sens qu'elles ont; les *mots* diffèrent entre eux par la simple articulation de la voix.

Mou, Indolent. Un *indolent* ne fait pas d'entreprises; un homme *mou* ne les soutient pas.

Mur, Muraille. Le *mur* est un ouvrage de maçonnerie susceptible de différentes dimensions, son but est d'arrêter, de séparer, de fermer; la *muraille* est une sorte d'édifice, un *mur* étendu dans ses dimensions, son but est de défendre. Les *murs* d'un jardin; les *murailles* d'une ville.

Mutation, Changement, Révolution. *Mutation* présente l'idée de remplacement d'un objet par un autre; le *changement* résulte d'une simple modification. Les *mutations* par une fluctuation rapide amènent les *révolutions*. Le *changement* n'est qu'une altération; la *mutation*, une succession d'objets; la *révolution*, une décomposition.

Mutuel, Réciproque. *Mutuel* désigne l'échange, l'action de donner et de recevoir; *réciproque*, le retour, l'action de rendre selon qu'on reçoit. L'échange est libre et volontaire, et cette action est *mutuelle*; le retour est dû, et cette action est *réciproque*. Des services volontaires rendus de part et d'autre sont *mutuels*; des services imposés, mérités, acquittés de part et d'autre, sont *réciproques*. Nous nous donnons des secours *mutuels*; nous nous devons des secours *réciproques*.

N

Naïf, Naturel. Ce qui est *naïf* naît du sujet sans effort; ce qui est *naturel* appartient au sujet, mais n'éclôt que par la réflexion.

Naïveté, Candeur, Ingénuité. La *naïveté* est l'expression la plus simple d'une idée; la *candeur* est le sentiment intérieur de la pureté de son ame, qui empêche de rien dissimuler; l'*ingénuité* est une suite de la sottise ou de l'inexpérience.

Une Naïveté, la Naïveté. *Une naïveté* est une pensée, un trait d'imagination, un sentiment qui échappe; *la naïveté* consiste dans l'air simple et ingénu, mais spirituel et raisonnable d'un enfant qui a de l'esprit.

Naïveté, Franchise, Sincérité, Ingénuité. La *sincérité* est une vertu qui empêche de parler autrement qu'on ne pense; la *franchise* est un don naturel qui fait parler comme on pense; la *naïveté* fait dire librement ce qu'on pense, quelquefois faute de réflexion; l'*ingénuité* fait avouer, souvent par bêtise, ce qu'on sait et ce qu'on sent.

Narrer, Raconter, Conter. On *narre* avec art, pour attacher, intéresser, prévenir les auditeurs; on *raconte* avec exactitude pour expliquer les faits; on *conte* pour récréer la société.

Nation, Peuple. Dans le sens littéral, *nation* marque un rapport d'origine; *peuple*, d'ensemble. Dans une autre acception, *nation* comprend tous les naturels du pays; *peuple*, tous les habitans. Divers *peuples* rassemblés forment une *nation*; la *nation* est composée de plusieurs *peuples*.

Naturel, Tempérament, Constitution, Complexion. Le *naturel* est l'assemblage des qualités naturelles; le *tempérament* est le mélange des humeurs; la *constitution*, le système entier des parties du corps; la *complexion*, celui des habitudes dominantes.

Nef, Navire. *Nef* est un terme poétique qui marque quelque chose d'élevé, de construit sur l'eau; *navire* désigne tous les grands bâtimens ou les vaisseaux. Le *navire* est la *nef* qui va.

Nègre, Noir. Le *nègre* est proprement l'homme d'un tel pays; et le *noir*, l'homme d'une telle couleur. Vous opposés les *noirs* aux blancs; et vous traitez souvent les *nègres* comme une sorte de bétail.

Néologie, Néologisme. La *néologie* annonce des manières nouvelles de parler, l'invention ou l'application nouvelle des termes; le *néologisme* en est l'abus.

Net, Propre. Ce qui est *net* est clair, sans souillure, sans mélange; *propre* exprime l'essence de la chose, il prend aussi la signification de *net*, d'*ajusté*. La *netteté* est le premier ornement de la *propreté*. Une assiette *nette*, est *propre* pour y manger.

Nippes, Hardes. *Nippes* indique également des habits et des meubles portatifs; *hardes* n'indique que des habillemens.

Noircir, Dénigrer. *Dénigrer*, c'est décrier; *noircir*, c'est diffamer. Celui qui *dénigre* veut nuire; celui qui *noircit* veut perdre. Le calomniateur *noircit*; le détracteur *dénigre*. On *dénigre* un ouvrage; on ne le *noircit* pas. On *dénigre* et on *noircit* un auteur.

Noise, Querelle, Rixe. La *querelle*, née du mécontentement, sort des bornes de la modération; la *noise*, née de la méchanceté, veut nuire; la *rixe*, née d'une grande colère, est un délit. *Querelle* est le genre susceptible de modifications; *noise* indique une malveillance; le caractère de *rixe* est déterminé par la nature des actions. Les personnes emportées sont sujètes aux *querelles*; les personnes acariâtres, aux *noises*; les gens grossiers, aux *rixes*.

Nom, Renom, Renommée. Le *nom* annonce la célébrité; le *renom*, la réputation; la *renommée* est au-dessus de l'une et de l'autre. Le *nom* tire de l'obscurité; le *renom* donne de l'éclat; la *renommée* élève sur le grand théâtre. Ce que le *nom* commence, le *renom* l'avance, et la *renommée* le consomme.

Nommer, Appeler. On *nomme* pour distinguer; on *appelle* pour faire venir. Dans un autre sens, *nommer* marque le nom de la personne; *appeler* n'énonce qu'une qualification distinctive. Vous *nommez* l'un des empereurs romains Tibère, et vous l'*appelez* monstre.

Nonne, Nonnette, Nonnain. *Nonne* exprime l'état ou la qualité de la religieuse; *nonnette* est un diminutif qui marque sa jeunesse ou quelque chose de tendre ou de fin ; *nonnain* exprime un rapport particulier de la *nonne* avec son ordre.

NOTES, REMARQUES, OBSERVATIONS, CONSIDÉRATIONS, RÉFLEXIONS. La *note* fait connoître ou ressouvenir; *la remarque* fait discerner attentivement; l'*observation* est le résultat d'un examen attentif et de nouvelles recherches; la *considération* examine les différentes faces d'un objet; la *réflexion* est la pensée approfondie ou mûrie. Les *notes* expliquent un texte; les *remarques* lèvent ce qui mérite l'attention; les *observations* découvrent, par un nouvel examen, des choses nouvelles; *les considérations* développent les différens rapports; les *réflexions* approfondissent les idées, tirent de nouvelles pensées.

NOTIFIER, SIGNIFIER. *Notifier*, c'est *signifier* d'une manière authentique, de façon que la chose soit constante, notoire; vous *signifiez* ce que vous déclarez avec une résolution expresse; vous *notifiez* ce que vous *signifiez* en règle. On *notifie* des ordres de manière à ne laisser que l'obéissance; on *signifie* ses intentions, de manière à ne pas laisser l'excuse de l'ignorance.

NOURRIR, ALIMENTER, SUSTENTER. *Nourrir*, c'est fournir à la substance des corps vivans, les alimens qui se transforment en cette substance; *alimenter*, c'est pourvoir à ce qu'ils aient toujours des alimens; *sustenter*, c'est pourvoir à ce qu'ils aient ce qui est nécessaise pour vivre. La mère *nourrit* son enfant; un pourvoyeur *alimente* des soldats; la charité *sustente* l'indigent. Vous *nourrissez* vos gens; vous *alimentez* des étrangers, si vous entretenez leur consommation; vous *sustentez* ceux que vous soulagez.

NOURRISSANT, NUTRITIF, NOURRICIER. *Nourrissant*, qui nourrit beaucoup; *nutritif*, qui se convertit en substance; *nourricier*, qui augmente la substance. Le premier marque l'effet; le second, la puissance; le troisième, l'action.

AVOIR NOUVELLE, AVOIR DES NOUVELLES. *Avoir nouvelle*, c'est apprendre la chose que l'on ignoroit; *avoir des nouvelles*, c'est en apprendre des particularités.

NUE, NUÉE, NUAGE. *Nue* marque les vapeurs les plus élevées; *nuée* désigne mieux une grande quantité de vapeurs étendues dans l'air et menaçant de l'orage; *nuage* caractérise un amas de vapeurs condensées. L'idée de *nue* fait penser à l'élévation; celle de *nuée*, à l'orage; celle de *nuage*, à l'obscurité. Au figuré, on dit: tomber des *nues*; se perdre dans les *nues*; une *nuée* d'oiseau; un *nuage* devant les yeux.

NUER, NUANCER. *Nuer* exprime l'art ou l'action de distribuer les couleurs sur un fond; *nuancer* exprime l'action d'observer ou d'employer leurs nuances.

NUMÉRAL, NUMÉRIQUE. *Numéral* signifie ce qui désigne un nombre; *numérique*, ce qui a rapport aux nombres. Les lettres *numérales* servent de chiffres; les vers *numériques* marquent les dates. L'arithmétique *numérique* se sert seulement de chiffres au lieu de lettres *numérales*.

O

OBLIGER, ENGAGER. On *oblige* à faire une chose, par le devoir ou la nécessité; on y *engage* par des promesses ou par de bonnes manières.

OBLIGER, CONTRAINDRE, FORCER, VIOLENTER. *Obliger* est un acte de pouvoir qui impose un devoir; *contraindre* est un acte de persécution qui arrache un consentement; *forcer* est un acte de puissance qui détruit une volonté opposée; *violenter* est un acte d'emportement qui dompte une volonté rebelle.

OBSCÈNE, DÉSHONNÊTE. *Obscène* dit beaucoup plus que *déshonnête*; il ajoute à la *déshonnêteté* la licence impudente; l'idée propre d'*obscène* est celle d'immonde, d'ordurier. Une pensée *déshonnête* fait perdre la pureté; une parole *obscène* fait perdre la pudeur. *Obscène* se dit des paroles, des tableaux, des postures; *déshonnête* convient à tout ce qui blesse la pudeur ou la pureté.

OBSCUR, SOMBRE, TÉNÉBREUX. Ce qui est *obscur* manque de clarté; ce qui est *sombre*, de jour; ce qui est *ténébreux* manque de toute lumière. Un lieu *obscur* n'est pas assez éclairé; dans un bois *sombre*, l'épaisseur du feuillage n'y laisse pénétrer qu'une foible lumière; aucune lumière ne pénètre dans l'enfer *ténébreux*.

OBSÉDER, ASSIÉGER. Les personnes et les choses *assiègent*; les personnes, les êtres moraux *obsèdent*; et n'*obsèdent* que les personnes. Les courtisans *assiègent* le trône et *obsèdent* le prince. L'homme en place est *assiégé* par des solliciteurs; le vieillard isolé est *obsédé* par ses familiers.

OBSERVATION, OBSERVANCE. *Observance* et *observation* se disent en matière de religion; dans tout autre cas, on ne dit qu'*observation*. *Observation* désigne l'action; *observance*, l'état. L'*observance* est l'*observation* accomplie. *Observation* désigne une action particulière; et *observance*, l'exécution habituelle de la règle.

OBSERVER, GARDER, ACCOMPLIR. Vous *observez* la loi, en exécutant ce qu'elle prescrit; vous la *gardez*, en veillant à ce qu'elle ne soit point violée; vous l'*accomplissez* par l'exactitude à remplir tout ce qu'elle ordonne. *Observer* marque la fidélité à son devoir; *garder*, la persévérance; *accomplir*, la perfection de l'œuvre.

OBSTACLE, EMPÊCHEMENT. L'*obstacle* est devant, il arrête; l'*empêchement* est çà et là, il retient. L'*obstacle* a quelque chose d'élevé, il faut le vaincre; l'*empêchement* a quelque chose de gênant, il faut s'en débarrasser. L'*obstacle* se trouve dans les grandes entreprises; l'*empêchement*, dans les actions ordinaires.

OCCASION, OCCURRENCE, CONJONCTURE, CAS, CIRCONSTANCE. *Occasion* se dit pour l'arrivée de quelque chose de nouveau, dans un sens assez indéterminé pour le temps comme pour l'objet; *occurrence* se dit pour ce qui arrive sans qu'on le cherche, avec un rapport au temps présent; *conjoncture* marque la situation qui provient d'un concours d'événemens; *cas* indique le fond de l'affaire, avec un rapport à la particularité; *circonstance* ne porte que l'idée d'une chose accessoire à une principale. Une belle *occasion*; une *occurrence* favorable; une *conjoncture* avantageuse; un *cas* pressant; une *circonstance* délicate.

ODEUR, SENTEUR. L'*odeur* est l'émanation sensible à l'odorat; la *senteur* est cette émanation sentie par l'odorat. L'*odeur* peut être insensible; la *senteur* doit affecter l'organe, c'est une *odeur* forte. *Odeur* est générique; *senteur* se dit d'une forte *odeur*. Au pluriel, les *odeurs* et les *senteurs* sont des parfums; les *senteurs* sont plus fortes que les *odeurs*.

ODIEUX, HAÏSSABLE. Les défauts rendent *haïssable*; les vices rendent *odieux*. Un méchant est *odieux*; une personne contrariante devient *haïssable*. *Haïssable* se dit des personnes ou des manières; *odieux*, des personnes et des choses.

ODORANT, ODORIFÉRANT. *Odoriférant* se dit du corps qui produit l'odeur; *odorant*, de celui qui produit la senteur. On flaire ce qui est *odorant*; ce qui est *odoriférant* se fait sentir. Les *odoriférans* parfument; les *odorans* sentent bon.

ŒILLADE, COUP-D'ŒIL, REGARD. L'*œillade* est un regard jeté furtivement avec expression; le *coup-d'œil* est un *regard* fugitif; le *regard* est l'action de la vue qui se porte sur l'objet. *Œillade* ne se dit qu'au propre et dans le style familier; *coup d'œil* se dit au figuré comme *regard*.

ŒUVRE, OUVRAGE. *Œuvre* exprime ce qui est produit par un agent; *ouvrage*, ce qui est fait par un ouvrier. L'*œuvre* de la création; l'*ouvrage* des six jours.

OFFICE, MINISTÈRE, CHARGE, EMPLOI. L'*office* oblige à faire une chose utile à la société; *ministère*, à agir pour un autre; la *charge* fait une chose pénible pour un bien commun; l'*emploi* attache à un travail commandé. L'*office* impose un devoir; le *ministère*, un service; la *charge*, des fonctions; l'*emploi*, des occupations.

OFFRANDE, OBLATION. L'*offrande* se fait à Dieu, à ses saints; l'*oblation* ne se fait qu'à Dieu. L'*oblation* est alors un sacrifice; l'*offrande*, un don religieux. *Oblation* a un sens plus rigoureux qu'*offrande*, il ne se dit que pour exprimer le sacrifice ou le don fait avec les cérémonies prescrites; l'idée du don suffit pour constituer une *offrande*, sans cérémonies.

OFFUSQUER, OBSCURCIR. *Offusquer* signifie empêcher de voir ou d'être vu clairement par l'interposition d'un obstacle; *obscurcir* exprime l'action simple de faire perdre à un objet de son éclat. Une montagne qui *offusque* votre maison, en borne la vue; un mur qui lui ôte le jour, l'*obscurcit*.

OISIF, OISEUX. Etre *oisif*, c'est ne rien faire; être *oiseux*, c'est être dans l'oisiveté, soit par goût, soit par habitude ou par inutilité. On appelle *oisifs* les êtres actuellement dans l'inaction; s'ils aiment l'inaction, on les appellent *oiseux*. Cette épithète convient également aux choses: il y a des gens dont on ne peut dire que la vie soit *oisive*, mais qui la passent dans des occupations *oiseuses*.

OMBRAGEUX, SOUPÇONNEUX, MÉFIANT. L'*ombrageux* voit tout en noir, il s'arrête à la supposition; le *soupçonneux* voit tout en mal; le *méfiant* est toujours en garde, il craint tout.

ONDES, FLOTS, VAGUES. Les *ondes* sont l'effet naturel de la fluidité d'une eau qui coule; elles ne s'appliquent qu'à l'égard des rivières, et laissent une idée de cours paisible; les *flots* indiquent un peu d'agitation, et s'appliquent à la mer; les *vagues* marquent une plus forte agitation, et s'appliquent également aux rivières comme à la mer. On coule sur les *ondes*; on est porté sur les *flots*; on est entraîné par les *vagues*.

OPTER, CHOISIR. On *opte* en se déterminant pour une chose, parce qu'on ne peut les avoir toutes; on *choisit* en comparant les choses, parce qu'on veut avoir la meilleure. Entre deux choses parfaitement égales, il y a à *opter*, mais il n'y a pas à choisir. On peut *opter* sans *choisir*; mais on ne peut *choisir* sans *opter*, quand on *choisit* pour soi.

ORAISON, DISCOURS. Le *discours* s'adresse à l'esprit, il lui présente des idées; c'est le style qui le caractérise: l'*oraison* parle à l'imagination, elle lui représente les objets d'une manière matérielle et sensible; la diction lui donne ses qualités.

ORDINAIRE, COMMUN, VULGAIRE, TRIVIAL. Le fréquent usage donne aux choses ces différentes qualités: *trivial* dit quelque chose de plus usité que *vulgaire*, qui enchérit sur *commun*, comme celui-ci sur *ordinaire*. *Ordinaire* est d'usage pour la répétition des actions; *commun*, pour la multitude des objets; *vulgaire*, pour la connoissance des faits; et *trivial*, pour la tournure du discours.

ORDONNER, COMMANDER. La puissance *ordonne*; la supériorité *commande*. Un maître *ordonne*; un chef *commande*. *Ordonner* est plus absolu que *commander*. On *commande* une troupe; on lui *ordonne* de marcher.

ORDRE, RÈGLE. Ils indiquent une sage disposition des choses; mais *ordre* a plus de rapport à l'effet qui en résulte; et *règle* à l'autorité, au modèle qui conduit la disposition. Le premier est un effet de la seconde.

ORGUEIL, VANITÉ, PRÉSOMPTION. *L'orgueil* fait que nous nous estimons; la *vanité* fait que nous voulons être estimés; la *présomption* fait que nous nous flattons d'un vain pouvoir: l'*orgueilleux*, plein de lui-même, est uniquement occupé de sa personne; le *vain*, avide d'estime, désire occuper la pensée de tout le monde; le *présomptueux* s'imagine pouvoir venir à bout de tout.

ORIENT, LEVANT, EST. L'*orient* est le lieu du ciel où le jour commence à luire; le *levant* est le lieu où le soleil paroît se lever; l'*est* est le lieu de l'horizon d'où le vent soufle quand le soleil se lève. Le *levant* appartient à la géographie; l'*orient* à l'astronomie; l'*est*, à la météorologie.

ORIGINE, SOURCE. L'*origine* est le commencement des choses qui ont une suite; la *source* est le principe ou la cause qui les produit. Les choses prennent naissance à leur *origine*; elles tiennent leur existence de leur *source*.

OURDIR, TRAMER, MACHINER. *Ourdir*, c'est disposer les fils pour faire une trame; *tramer*, c'est passer des fils entre d'autres fils tendus sur le métier. Au figuré, *tramer* exprime un plan mieux concerté: *ourdir*, c'est commencer; *tramer*, c'est avancer l'ouvrage; *machiner* marque quelque chose de plus profond et de plus odieux.

OUTIL, INSTRUMENT. L'*outil* est une machine maniable, dont les arts simples se servent pour faire des travaux communs; l'*instrument* est une machine ingénieuse dont les arts plus relevés et les sciences se servent pour faire leurs opérations. Des *outils* de menuisier; des *instrumens* de mathématiques.

OUVRAGE DE L'ESPRIT, OUVRAGE D'ESPRIT. Tout ce que les hommes inventent dans les sciences et dans les arts, est *ouvrage de l'esprit*; les compositions des gens de lettres sont des *ouvrages d'esprit*.

P

PACAGE, PATURAGE, PATIS, PATURE. Le *pacage* est un lieu pour engraisser du bétail, il désigne la qualité de la terre et la production; le *pâturage* est un champ ou le bétail pâture, il marque l'abondance de la production de la terre propre au bétail; le *pâtis* est une terre où paît le bétail, il rappelle l'action de paître; la *pâture* est une terre inculte où le bétail trouve à paître. Les prés forment des *pacages*; les *pacages* sont des *pâturages*; les bruyères, les bois forment des *pâtis*; des frisches sont des *pâtures*.

PALE, BLÊME, LIVIDE, HAVE, BLAFARD. Un objet *pâle* est foible de coloris; un objet *blême* est très-*pâle* ou dépouillé de la vivacité de ses couleurs; il est *livide* lorsqu'il est plombé et taché de noir; il est *hâve* lorsqu'il est défiguré par le décharnement ; il est *blafard* lorsqu'il est *pâle* jusqu'à l'affadissement et blanchi. Un convalescent est *pâle ;* une personne saisie de crainte est *blême ;* un malheureux meurtri de coups est *livide ;* un pénitent consumé par des macérations est *hâve ;* une femme crépie de blanc est *blafarde.*

PAMER, SE PAMER. Celui qui *pâme* tombe en défaillance ; celui qui *se pâme* se débat avant que de tomber.

PANACHER, SE PANACHER. Le premier désigne la faculté de prendre les couleurs ou les formes d'un panache ; le second, cette facultée exércé, et ses effets.

PARABOLE, ALLÉGORIE. La *parabole* a pour objet les maximes de morale ; et l'*allégorie*, les faits d'histoire. Les *paraboles* sont fréquentes dans le nouveau testament ; l'*allégorie* fait le caractère des ouvrages orientaux.

PARADE, OSTENTATION. *Parade* désigne l'action et son but ; *ostentation*, la manière de faire l'action et son principe. On fait une chose pour la *parade ;* on la fait par *ostentation. L'ostentation* fait *parade* des choses. *Parade* se dit au propre dans un sens favorable ou indifférent ; on a des habits pour la *parade* : *ostentation* réveille l'idée de blâme ; c'est un excès de vaine gloire.

PARALOGISME, SOPHISME. Le *paralogisme* est un argument vicieux ; le *sophisme* est un argument captieux : ils induisent en erreur ; le premier par défaut de lumière, le second par subtilité. Le *paralogisme* est contraire au raisonnement ; le *sophisme*, à la droiture.

PARASITE, ECORNIFLEUR. Le *parasite* a l'art de se maintenir à une table ; l'*écornifleur* a celui de surprendre des repas. Le *parasite* a l'air de s'occuper du maître ; l'*écornifleur* ne cherche que la table. Le *parasite* paye en adulations ; l'*écornifleur* ne songe qu'à manger.

PARESSE, FAINÉANTISE. La *paresse* est moindre que la *fainéantise ;* elle a sa source dans le tempérament, et la *paresse* dans l'ame. La première s'applique à l'action de l'esprit comme à celle du corps ; la seconde à celle du corps. Le *paresseux* craint la fatigue ; le *fainéant* hait l'occupation.

PARFAIT, FINI. Le *parfait* regarde la beauté qui naît du dessein et de la construction de l'ouvrage ; et le *fini*, celle qui vient du travail. L'un exclut tout défaut ; l'autre montre un soin particulier, une attention aux plus petits détails. Ce qu'on peut mieux faire, n'est pas parfait ; ce qu'on peut encore travailler n'est pas *fini.*

MAL PARLER, PARLER MAL. *Mal parler*, c'est dire des paroles offensantes ; *parler mal*, c'est employer une expression hors d'usage.

DE TOUTES PARTS, DE TOUS CÔTÉS. On va *de tous côtés ;* on arrive *de toutes parts.* On voit un objet *de tous côtés* en le regardant sur toutes ses faces ; on le voit *de toutes parts*, lorsque tous ceux qui l'entourent l'aperçoivent. Le malheureux cherche la fortune *de tous côtés*, jamais il ne la rencontre ; la faveur du prince attire des honneurs *de toutes parts.*

PARTIE, PART, PORTION. La *partie* est ce qu'on détache du tout ; la *part*, ce qui en doit revenir ; la *portion*, ce qu'on en reçoit. Le premier a rapport à l'assemblage ; le second, à la propriété ; le troisième à la quantité. Une *partie* du corps ; une *part* de gâteau ; une *portion* d'héritage.

PAS, POINT. *Pas* énonce la négation ; *point* appuie avec force. Le premier ne nie qu'en partie ; le second nie absolument. Pour dire je n'ai *pas* d'argent, il suffit d'en avoir peu ; pour dire je n'ai *point* d'argent, il faut n'en avoir *point* du tout.

PASSER, SE PASSER. Les choses qui *passent* n'ont qu'une existence bornée ; les choses qui *se passent* sont sur leur déclin. Les fleurs et les fruits n'ont qu'une saison, ils *passent ;* les fleurs *se passent*, elles se fanent et se flétrissent.

PATELIN, PÂTELINEUR, PAPELARD. *Patelin* marque le vice ; on est *patelin* par un caractère souple et artificieux : *patelineur* marque l'action ; on est *patelineur* par les manières propres du *patelin* : *papelard* marque l'excès ; on est *papelard* par hypocrisie.

PATRE, PASTEUR, BERGER. *Pâtre* désigne tout gardien de toute expèce de troupeaux, et particulièrement de gros bétail ; *pasteur*, pris quelquefois dans un sens générique, se dit proprement de celui qui garde le menu bétail ; *berger* n'indique qu'un gardien de moutons.

PAUVRE, INDIGENT, NÉCESSITEUX, MENDIANT, GUEUX. Le *pauvre* est exposé au besoin ; l'*indigent* y est plongé ; le *nécessiteux* manque des premières nécessités de la vie ; le *mendiant* sollicite la charité publique ; le *gueux* étale la misère, il mendie avec l'appareil le plus dégoûtant.

PAUVRETÉ, INDIGENCE, DISETTE, BESOIN, NÉCESSITÉ. La *pauvreté* est une situation dans laquelle on est privé des commodités de la vie ; l'*indigence* enchérit sur elle, on manque des choses nécessaires ; la *disette* est le manque de vivres ; le *besoin* et la *nécessité* ont plus de rapport aux secours qu'on attend : le *besoin* est moins pressant que la *nécessité.*

PAYE, SOLDE, SALAIRE. Le *salaire* est le prix d'un travail, d'un service ; la *paye* est le *salaire* continu d'un travail ou d'un service continu ; la *solde* est le prix ou la *paye* d'une personne engagée, et dans une autre acception, l'acquit final d'un compte. *Paye* désigne l'action de délivrer la *solde* ou les *salaires ; solde* désigne le prix de l'engagement ; *salaire* désigne un besoin rigoureux dans celui qui le gagne.

PAYER, ACQUITTER. *Payer*, c'est remplir la condition d'un marché, en livrant le prix convenu ; *acquitter*, c'est remplir une charge imposée, de manière à être quitte avec celui envers qui elle étoit imposée. On *paye* des denrées ; on *acquitte* des obligations. Le *payement* termine le marché ; l'*acquit* décharge la personne ou la chose.

AVOIR PEINE, AVOIR DE LA PEINE A FAIRE QUELQUE CHOSE. On *a peine* à faire la chose à laquelle on répugne ; on *a de la peine* à faire ce qu'on ne fait qu'avec difficulté. On *a peine* à croire ce que l'esprit rejette ; on *a de la peine* à croire ce qu'on ne se persuade pas aisément.

PENCHANT, PENTE, PROPENSION, INCLINATION. Le *penchant* est une direction vers le bas ; la *pente*, un abaissement progressif qui mène de haut en bas ; la *propension*, une tendance naturelle vers un terme qui l'attire ; l'*inclination*, une impression qui fait plier d'un côté. En morale, le *penchant* marque une impulsion naturelle ; la *pente*, une position glissante ; la *propension*, un puissant attrait ; l'*inclination*, un goût, une disposition favorable.

PENDANT, DURANT. *Durant* exprime une durée de temps ; *pendant* fait entendre un temps d'époque. Les ennemis se sont cantonnés *durant* la campagne ; la fourmi fait ses provisions *pendant* l'été.

PENDANT QUE, TANDIS QUE. *Pendant que* désigne l'époque ; *tandis que* marque les rapports moraux et fait sortir les contrastes. *Pendant que* l'innocence dort, le crime veille ; *tandis que* l'innocence dort en paix, le crime ne dort que dans le tourment.

PENSER, SONGER, RÊVER. On *pense* avec ordre pour connoître son objet ; on *songe* avec inquiétude, sans suite, pour parvenir à ce qu'on souhaite ; on *rêve* pour s'occuper agréablement. La philosophie *pense* à l'arrangement de son système ; l'homme embarrassé d'affaires *songe* aux expédiens pour en sortir ; l'amant solitaire *rêve* à ses amours.

PERÇANT, PÉNÉTRANT. Le *perçant* tient de la force de la lumière et du coup-d'œil ; *pénétrant* tient de la force de l'attention et de la réflexion. Un esprit *perçant* voit les choses au travers des voiles ; un esprit *pénétrant* approfondit les choses.

PÉRIPHRASE, CIRCONLOCUTION. La *périphrase* est une figure de rhétorique, par laquelle, à l'expression simple d'une idée, on substitue une description ou une expression plus développée, pour rendre le discours plus agréable, plus frappant ; la *circonlocution* est une expression détournée, substituée à l'expression naturelle, par convenance, pour l'utilité, soit pour s'abstenir de l'expression propre, soit pour faciliter l'intelligence des choses. La *circonlocution* est la *périphrase* familière ; la *périphrase* est la *circonlocution* oratoire ou poëtique.

PERMÉABLE, PÉNÉTRABLE. Un corps est *perméable*, lorsque ses pores laissent le passage à d'autres corps ; un corps seroit *pénétrable* si l'espace qu'il occupe pouvoit contenir un autre corps sans déplacement.

PERPÉTUEL, CONTINUEL, ETERNEL, IMMORTEL, SEMPITERNEL. *Perpétuel* désigne la durée d'une chose qui va toujours ; *continuel*, la durée d'une chose qui ne s'arrête pas ; *éternel*, la durée d'un objet qui n'a point de fin ; *immortel*, la durée de l'être qui ne mourt pas ; *sempiternel*, la durée de la chose qui ne pétira pas. *Perpétuel* exclut toute borne à la durée dans l'avenir ; *continuel* ne détermine rien sur la durée future ; *immortel*, *éternel*, *sempiternel* annoncent un état illimité dans la durée ; *éternel* exprime la durée du temps ; *immortel*, la durée de la vie ; *sempiternel*, la durée de l'existence.

PERSÉVÉRER, PERSISTER. *Persévérer* signifie poursuivre avec constance ce qu'on a commencé ; *persister* signifie soutenir avec assurance ce qu'on a décidé ou résolu. *Persévérer* se dit de la conduite ; *persister*, des opinions, de la volonté. On *persévère* par l'habitude de faire ; on *persiste* par la fermeté.

PERSONNAGE, RÔLE. *Personnage* est relatif au caractère de l'objet représenté ; *rôle*, à l'art qu'exige sa représentation. C'est au poëte à caractériser les *personnages ;* c'est à l'acteur à le rendre.

PESTILENT, PESTILENTIEL, PESTILENTIEUX, PESTIFÈRE. *Pestilent*, qui tient de la peste ; *pestilentiel*, qui en est infecté ; *pestilentieux*, qui répand de tous côtés la contagion ; *pestifère*, qui produit la peste. *Pestilentiel* est le plus usité ; *pestifère* est didactique.

PEU, GUÈRE. *Peu* est opposé à beaucoup pris absolument ; *guère* est opposé à beaucoup pris relativement. Un homme qui a *peu* d'argent, peut en avoir assez pour ses besoins ; un homme qui n'a *guère* d'argent, en manque pour ses besoins.

PEUR, FRAYEUR, TERREUR. La vue du danger subit cause la *peur ;* si elle est frappante, elle produit la *frayeur ;* si elle abat notre espérance, elle produit la *terreur.* La *peur* est souvent une inquiétude vive pour sa conservation, dans l'idée du péril ; la *frayeur* est un trouble plus grand ; la *terreur* est un état accablant de l'ame, causé par un grand péril.

PITIÉ, COMPASSION, COMMISÉRATION. La *pitié* est la qualité de l'ame qui dirige sur les malheureux le sentiment de la charité universelle ; la *compassion* est le sentiment de *pitié* actuellement excité dans l'ame par des malheureux dont la douleur nous frappe ; la *commisération* est l'expression d'un vif intérêt excité par la *compassion.*

PLAINDRE, REGRETTER. On *plaint* le malheureux par un mouvement de pitié ; on *regrette* l'absent par l'effet de l'attachement. La douleur arrache des *plaintes ;* le repentir excite des *regrets.* Le mot *plaindre*, employé pour soi-même, marque la manifestation : lorsque nous nous *plaignons* de nos maux, nous voulons que les autres en soient touchés. Il marque quelquefois le repentir ; on *plaint* ses pas : un avare se *plaint* jusqu'au pain qu'il mange. Un cœur dure ne *plaint* personne ; un courage féroce ne se *plaint* jamais.

PLAISIR, DÉLICES, VOLUPTÉ. L'idée du *plaisir* est d'une vaste étendue ; tout peut nous procurer du *plaisir ;* l'idée de *délices* enchérit par la force du sentiment, mais elle se borne à la sensation ; l'idée de *volupté* est toute sensuelle. Ces trois mots expriment aussi l'objet ou la cause du sentiment ; on dit : se livrer entièrement aux *plaisirs ;* jouir des *délices* de la campagne ; se plonger dans les *voluptés.* Dans ce sens, *plaisir* a rapport aux passe-temps, tels que la table, le jeu ; *délices* en a davantage aux agrémens de la nature ; *volupté* désigne les excès de la mollesse, de la débauche.

PLEIN, REMPLI. Le premier a rapport à la capacité du vaisseau ; et le second à ce qui doit être contenu dans cette capacité. Aux noces de Cana, les vases furent *remplis*, et par miracle ils se trouvèrent *pleins* de vin.

PLIER, PLOYER. *Plier*, c'est mettre en double par plis ; *ployer*, c'est rapprocher les deux bouts de la chose. *Plier* et *ployer* diffèrent, comme le *pli* de la *courbure.* Le papier que vous plissez, vous le *pliez ;* vous *ployez* le papier que vous roulez. On *plie* une étoffe, et on *ploye* une branche. *Plier* et *ployer* s'emploient dans le sens de fléchir ; alors *plier* indique un effet plus grand, plus approchant du pli. L'homme foible *plie* sous le fardeau qui fait *ployer* un homme fort. *Plier* et *ployer* emportent une idée d'arrangement avec une destination particulière : on *plie* du linge afin de le conserver propre ; on le *ploye* pour le renfermer. Alors *plier* se dit des choses qui se mettent en plis par lits ; *ployer* convient à ce qui se met en paquets.

PLUS, DAVANTAGE. *Plus* établit une comparaison ; *davantage* en rappelle l'idée. On dira par une comparaison directe et explicite : l'aîné est *plus* riche que le cadet ; mais dans la comparaison inverse et implicite : le cadet est riche ; mais l'aîné l'est *davantage.*

DE PLUS, D'AILLEURS, OUTRE CELA. *De plus* ajoute une raison à ce qu'on a dit ; *d'ailleurs* joint une raison de différente espèce à celles qu'on vient de rapporter ; *outre cela* augmente par une nouvelle raison la force de celles qui suffisoient déjà, il sert à renchérir.

LE POINT DU JOUR, LA POINTE DU JOUR. Le *point du jour* est l'instant où le jour commence à poindre ; la *pointe du jour* est le temps où, n'étant plus nuit, il ne fait pas encore jour. Le *point du jour* est indivisible ; au moment où l'on dit qu'il existe, il n'existe déjà plus : la *pointe du jour* est divisible, son existence disparoît successivement.

POISON, VENIN. Le mot *poison* exprime une contexture propre à contenir le *venin ; venin* désigne le suc qui attaque les principes de la vie. *Poison* se dit des plantes ou des préparations dont l'usage est dangereux ; *venin* se dit spécialement de ce qui sort du corps de quelques animaux. La ciguë est un *poison*; son suc est le *venin*. Le sublimé est un *poison* violent. Tout *poison* produit son effet par le *venin* qu'il renferme : on dit le *venin* de la vipère.

POIGNANT, PIQUANT. *Piquant* s'applique à la chose qui pique; *poignant*, au mal que l'on éprouve. Un trait est *piquant*; le mal qu'il cause est *poignant*.

POLIS, POLICÉ. *Poli* ne suppose que des signes extérieurs, toujours équivoques de bienveillance; *policé* suppose des lois qui établissent les devoirs réciproques de bienveillance. Les hommes *policés* valent mieux que les hommes *polis*.

POLTRON, LACHE. On est *lâche* par caractère; on est *poltron* par la crainte. Le *lâche* est abattu par la vue du danger, il ne conçoit pas l'idée de la résistance; le *poltron* est inquiet sur les suites du danger; il est aux aguets pour le prévoir et s'y soustraire. Le *lâche* se laisse battre; le *poltron* ne se bat qu'à la dernière extrémité. La *poltronnerie* n'est qu'un défaut; la *lâcheté* est un vice.

PONTIFE, PRÉLAT, EVÊQUE. Le *pontife* l'est par la puissance et par la hauteur des fonctions qu'il exerce dans l'église; le *prélat*, par la dignité et par le rang qu'il occupe; l'*évêque*, par la consécration et par le gouvernement spirituel qu'il a dans un diocèse. Le *pontificat* est une domination; la *prélature*, une distinction; l'*épiscopat*, une charge.

PORTER, APPORTER, TRANSPORTER, EMPORTER. *Porter* n'a rapport qu'au fardeau; *apporter* y ajoute l'idée du lieu où on le porte; *transporter* ajoute encore l'idée de l'endroit où on le prend; *emporter* enchérit sur toutes ces idées par une attribution de propriété du fardeau. Les crocheteurs *portent* les fardeaux; les domestiques *apportent* ce qu'on leur envoie chercher; les voituriers *transportent* les marchandises; les voleurs *emportent* ce qu'ils ont pris.

POSTER, APOSTER. On *poste* pour observer ou pour défendre; on *aposte* pour faire un mauvais coup. La troupe est *postée*; l'assassin est *aposté*.

POSTURE, ATTITUDE. La *posture* est une manière de poser le corps relativement à l'habitude ordinaire; l'*attitude* est convenable à la circonstance présente. La *posture* de suppliant est une *attitude* fort contrainte. La *posture* marque la position, elle est mobile; l'*attitude* marque la contenance, elle est ferme. Les baladins font des *postures* ridicules; les acteurs prennent des *attitudes*. *Posture* est le terme vulgaire; *attitude* est un terme d'arts. La *posture* embrasse le corps entier; l'*attitude* n'est quelquefois que de certaine partie.

POUDRE, POUSSIÈRE. La *poudre* est la terre desséchée et réduite en molécules; la *poussière* est la *poudre* la plus fine qui s'envole : la *poussière* s'élève d'un corps réduit en *poudre*.

POUR, QUAND. *Pour* a meilleur grâce lorsqu'il s'agit de la personne ou de la chose qui régit le verbe; *quand* s'emploie lorsqu'il s'agit de ce qui est régi par le verbe. On dit : *pour moi*, je ne me mêle d'aucune affaire; *quand* à moi, tout m'est indifférent.

POUR, AFIN. Ces deux mots sont synonymes lorsqu'ils signifient qu'on fait une chose en vue d'une autre; mais *pour* marque une vue plus présente; *afin* en marque une plus éloignée. On se présente devant le prince *pour* lui faire sa cour; on lui fait sa cour, *afin* d'en obtenir des grâces.

POURTANT, CEPENDANT, NÉANMOINS, TOUTEFOIS. *Pourtant* a plus de force; *cependant* est moins ferme; *néanmoins* distingue des choses opposées, et il les soutient; *toutefois* se dit par exception.

POUVOIR, PUISSANCE, FACULTÉ. Ces mots dans le sens littéral signifient tous la capacité d'agir, mais le pouvoir vient des secours ou de la liberté d'agir; la *puissance* vient des forces; la *faculté* vient des propriétés naturelles. Le *pouvoir* diminue; la *puissance* s'affoiblit; la *faculté* se perd.

PRÉCIPICE, GOUFFRE, ABYME. On tombe dans le *précipice*; on est englouti par le *gouffre*; on se perd dans l'*abyme*. Le premier emporte l'idée d'un vide escarpé, d'où il est presque impossible de se retirer; le second absorbe, entraîne, fait disparoître tout ce qui en approche; le troisième emporte l'idée d'une profondeur immense. Le *précipice* a des bords glissans et dangereux pour ceux qui en approchent, et inaccessibles pour ceux qui sont dedans; le *gouffre* a des circuits dont on ne peut se dégager, l'on y est emporté malgré soi; l'*abyme* ne présente que des routes obscures et incertaines, sans issue.

PRÉCIS, SUCCINCT, CONCIS. *Précis* et *succinct* regardent ce qu'on dit; et *concis*, la manière dont on le dit. Les deux premiers ont la chose pour objet, et vont au fait; le troisième a pour but l'expression qu'il abrège. Le discours *précis* ne s'écarte pas du sujet; le discours *succint* ne choisit que les idées essentielles. L'opposé du *précis* est le prolixe; l'opposé du *succint* est l'étendu; l'opposé du *concis* est le diffus.

PRÉCISION, ABSTRACTION. La *précision* sépare les choses distinctes pour empêcher la confusion des idées; l'*abstraction* sépare les choses pour les considérer à part. Le but de la *précision* est de ne point sortir du sujet; celui de l'*abstraction* est de ne pas entrer dans toute l'étendue du sujet. La géométrie fait des *précisions* exactes; la métaphysique fait des *abstractions*. Les idées *précises* sont la voie la plus sûre pour aller au vrai; les idées *abstraites* souvent nous en éloignent.

PRÉDICATION, SERMON. L'un est la fonction du prédicateur; l'autre est son ouvrage. Les discours faits aux infidelles pour leur annoncer l'évangile, se nomment *prédications*; ceux qui sont faits aux chrétiens, pour nourrir leur piété, sont des *sermons*.

PREMIER, PRIMITIF. *Premier* se dit de plusieurs êtres distincts, mais envisagés dans la même suite; *primitif* se dit des états du même être. La langue d'Adam et Eve est la *première* des langues; elle est aussi le langage *primitif* du genre humain.

PRÉOCCUPATION, PRÉVENTION, PRÉJUGÉ. La *préoccupation* est l'état d'un esprit plein de certaines idées, et qui ne peut en entendre de contraires; la *prévention* fait pencher l'ame à juger favorablement ou défavorablement d'un objet; le *préjugé* est un jugement anticipé. La *préoccupation* absorbe l'esprit; la *prévention* ôte l'impartialité; le *préjugé* ôte le doute.

PRÉROGATIVE, PRIVILÉGE. La *prérogative* regarde les préférences personnelles, elle vient des relations entre les personnes; le *privilége* regarde quelque avantage, il vient des statuts de la société. La naissance donne les *prérogatives*; les charges donnent des *priviléges*.

PRÈS, PROCHE. *Proche* au propre et dans le langage ordinaire exprime une proximité de lieu ou de temps; *près* est usité dans tous les styles, et s'emploie selon diverses acceptions et dans une foule d'expressions figurées.

PRÉSOMPTION, CONJECTURE. La *présomption* est fondé sur des motifs de crédibilité, des faits certains, des vérités connues; la *conjecture*, sur de simples apparences, des interprétations, des suppositions : elle est idéale. La *présomption* est donnée par les choses; la *conjecture* est trouvée par l'imagination.

SOUS LE PRÉTEXTE, SUR LE PRÉTEXTE. On fonde ses desseins *sur un prétexte*; on les cache *sous un prétexte*. Le *prétexte* est une raison fausse : on cherche *un prétexte sur* quoi l'on s'appuie pour faire le mal; on imagine *un prétexte sous* lequel on fasse passer une action pour toute autre chose que ce qu'elle est.

PRÊTRISE, SACERDOCE. Le *sacerdoce* renferme plus de droits que la *prêtrise*. *Sacerdoce* est générique et s'applique à tous les prêtres chrétiens, juifs et païens; la *prêtrise* n'est à l'usage des prêtres que pour la religion catholique. *Prêtrise* est vulgaire; *sacerdoce* est noble.

PRIER, SUPPLIER. *Prier*, c'est demander avec respect et instance; *supplier*, c'est prier avec humilité, empressement et ardeur. On *prie* pour obtenir; on *supplie* pour intéresser et honorer. La *supplication* ajoute à la *prière* des signes qui supposent une distance au moins du moment entre celui qui prie et celui qu'il prie, ou des besoins, des désirs urgens.

PRIER DE DÎNER, PRIER A DÎNER, INVITER A DÎNER. *Prier de dîner* est un terme de rencontre ou d'occasion; *prier à dîner* marque un dessein prémédité : *prier* marque plus de familiarité; *inviter*; plus de considération. Quand on *prie de dîner*, c'est sans apprêts; quand on *prie à dîner*, l'apprêt doit être meilleur; mais quand on *invite à dîner*, il doit sentir la cérémonie.

PRINCIPE, ELÉMENT. Le *principe* est aux *élémens* ce que la cause est à l'effet : le *principe* peut exister sans effets. Dieu est *principe*; la bonté est un de ses *élémens*. Les *élémens* des sciences et des arts, sont les règles qui dérivent des *principes*.

PRIVÉ, APPRIVOISÉ. Les animaux *privés* le sont naturellement; les *apprivoisés* le sont par l'art. Les chiens sauvages ne sont pas *privés*; les oiseaux farouches ne sont pas *apprivoisés*.

PRIX, RÉCOMPENSE. Le *prix* est ce que la chose vaut; la *récompense* est ce que la chose mérite. Vous payez le *prix* de la chose; vous donnez une *récompense* pour un service. Le salaire est le *prix* du travail; une gratification sera la *récompense* de l'assiduité.

PROBLÉMATIQUE, DOUTEUX, INCERTAIN. Il n'y a point de raison de prononcer dans les choses *problématiques*; il n'y a pas de raisons pour se décider dans les choses *douteuses*; il n'y a pas assez de raisons de croire dans les choses *incertaines*. Une proposition aventurée est *problématique*; une vérité fortement combattue, paroît *douteuse*; une vérité croyable est encore *incertaine*.

PROCÉDER, PROVENIR, EMANER, DÉCOULER, DÉRIVER. *Procéder* indique le principe et un certain ordre; *provenir*, les moyens ou la manière de produire l'effet; *émaner*, la source et l'action de répandre; *découler*, la source, l'écoulement successif; *dériver*, la source et l'action d'en tirer la chose. Le mal *procède* d'un vice; une éclipse *provient* de l'interposition d'un corps opaque; la lumière *émane* du soleil; l'eau *découle* d'une fontaine; l'eau d'un canal est *dérivée* d'un ruisseau. *Procéder* et *provenir* ont plus de rapports ensemble : *provenir* est du discours ordinaire; *procéder*, du style savant. Ces mots ne se disent qu'au figuré : les autres s'emploient au figuré et au propre : *découler* s'applique à l'écoulement des liquides; *émaner* concerne les émissions des fluides subtils.

PROCHE, PROCHAIN, VOISIN. *Proche* annonce une proximité quelconque; *prochain*, une grande proximité de temps ou de lieu; *voisin*, une grande proximité locale.

PRODIGE, MIRACLE, MERVEILLE. Le *prodige* est un phénomène éclatant, hors du cours ordinaire des choses; le *miracle*, un événement contre l'ordre des choses; la *merveille*, une œuvre admirable qui efface toutes les autres. Le *prodige* surpasse les idées communes; le *miracle* surpasse notre intelligence; la *merveille* surpasse notre imagination.

PRODIGUE, DISSIPATEUR. Le premier s'écarte des règles de l'économie, ses dépenses peuvent être brillantes et bonnes, mais il y a excès; le second donne dans l'extrémité opposée à l'avarice, ses dépenses sont folles. Toute dépense inutile est *prodigalité*; toute dépense ruineuse est *dissipation*. *Dissipateur* se dit en mauvaise part; *prodigue* dépend de l'application.

PRODUCTION, OUVRAGE. La *production* est le fruit de la fécondité; l'*ouvrage*, celui du travail. On peut faire un *ouvrage* en employant les pensées d'autrui; pour donner ses *productions*, il faut créer.

PROFÉRER, ARTICULER, PRONONCER. *Proférer*, c'est prononcer à haute et intelligible voix; *articuler*, c'est marquer les syllabes; *prononcer*, c'est faire entendre par la voix. L'homme *profère* des paroles; quelques oiseaux *articulent* des syllabes, des mots; des étrangers ne peuvent pas *prononcer* notre langue.

PROIE, BUTIN. Le mot *proie* désigne ce que les animaux carnassiers ravissent et mangent à la chasse; le mot *butin* désigne les dépouilles prises sur l'ennemi. Le premier a une idée de destruction; le second, une idée de pillage. *Proie* est toujours odieux.

PROJET, DESSEIN. Le *projet* est un plan pour l'exécution d'un *dessein*; le *dessein* est ce qu'on veut exécuter. *Projet* et *dessein* se prennent aussi pour la chose qu'on veut exécuter, mais le *projet* est plus éloigné.

PROMENADE, PROMENOIR. Le lieu ou l'on peut se promener, est une *promenade*; il n'y a de *promenoir* que le lieu disposé pour qu'on s'y promène. Les Thuileries sont des *promenoirs* et des *promenades*; des bois sont des *promenades* et non des *promenoirs*.

PROMPTITUDE, CÉLÉRITÉ, VITESSE, DILIGENCE. La *promptitude* fait commencer aussitôt; la *célérité* fait agir sans interruption; la *vitesse* emploie tous les momens avec activité; la *diligence* choisit les voies les plus courtes.

PROPRE A, PROPRE POUR. *Propre à* désigne une aptitude, une capacité, une vocation, une destination. On est tout formé à l'égard de la chose *pour* laquelle on est *propre*; il faut se former à l'égard de la chose *à* laquelle on est *propre*. Si vous êtes *propre aux* armes, vous pourrez devenir guerrier; si vous êtes *propre pour* les armes, vous êtes guerrier ou prêt à l'être. Le fer est *propre à* divers usages; un couteau est *propre pour* couper.

PROSTERNATION, PROSTRATION. La *prosternation* n'indique qu'un acte de respect; la *prostration* marque une sorte de culte. Dans la *prosternation*, on s'incline profondément et on se relève; dans la *prostration*, on reste profondément incliné.

PUBLICAIN, FINANCIER, TRAITANT, PARTISAN, MALTÔTIER. Le *publicain* étoit le percepteur des revenus publics dans l'antiquité; le *financier* lève l'impôt en argent, il est ou fermier ou régisseur, ou entrepreneur; les *traitans* donnoient une somme pour un recouvrement : le mot *partisan* qui présente l'idée du soldat qui met à contribution le pays ennemi, est une dénomination odieuse donnée au *traitant* qui se charge d'une levée vexatoire.

PURETÉ, CHASTETÉ, PUDICITÉ, CONTINENCE. La *pureté* est l'état de l'ame pure; la *chasteté* est une vertu sévère qui dompte les appétits du corps, l'épure, et le tient dans un respect sacré de la loi. La *pudicité* met toujours la pudeur devant les désirs et les plaisirs, pour ménager la modestie; la *con*-

tinence fait résister à la soif des plaisirs par l'empire sur les sens. La *pureté* est l'excellence, la persévérance de la *chasteté*; la *chasteté* est une grande régularité de mœurs; la *pudicité* est le respect inviolable de la pudeur; la *continence* est l'observation rigoureuse d'une loi qui frustre la nature de ses droits.

PURGER, PURIFIER, EPURER. L'action de *purger* enlève ce qui ôtoit la pureté apparente; l'action de *purifier* rend la pureté perdue par le mélange ou la corruption; l'action d'*épurer* suppose déjà la *pureté* augmentée par des dépurations, des raffinemens.

Q

QUALITÉ, TALENT. Les *qualités* forment le caractère de la personne, elles sont naturelles; les *talens* en sont l'ornement, ils sont acquis. On se sert du mot *qualité* en bien ou en mal; *talent* ne se prend qu'en bonne part.

QUASI, PRESQUE. *Quasi* marque la ressemblance, c'est un terme de similitude; *presque* marque l'approximation, c'est un terme de mesure.

R

RACE, LIGNÉE, FAMILLE, MAISON. *Race* a trait à une extraction; *lignée*, à la filiation; *famille*, à une vie, à une existence communes; *maison*, à un berceau, à des titres communs. La *race* rappelle son auteur; la *lignée*, ses enfans; la *famille*, les chefs et les membres; la *maison*, l'origine et les ancêtres.

RADIANT, RADIEUX. *Radiant* se dit des corps qui reçoivent leur lumière d'un corps; *radieux* est lumineux par lui-même. Une glace est un corps *radiant*; le soleil, un corps *radieux*.

RADIEUX, RAYONNANT. L'effusion de la lumière rend le corps *radieux*; l'émission de plusieurs traits de lumière le rendent *rayonnant*. Le soleil est *radieux*; un diamant est *rayonnant*. Le soleil est *radieux* dans un ciel pur; il est *rayonnant* à travers des nuées transparentes. Les rayons émanent du corps *radieux*; ils environnent un corps *rayonnant*. Un point *radieux* jette de son sein une infinité de rayons; le cristal frappé d'une vive lumière est *rayonnant*. *Radieux* marque la qualité essentielle de la chose; *rayonnant*, une qualité accidentelle.

RALE, RALEMENT. *Râle* exprime le bruit fait en râlant, et *râlement*, la crise qui donne le *râle*. Un agonisant a le *râle*; l'expiration est troublée par le *râlement*.

RANCIDITÉ, RANCISSURE. La *rancidité* est la qualité du corps rance; la *rancissure* est l'effet éprouvé par le corps ranci. La *rancidité* est dans les principes qui vicient; la *rancissure* est dans les parties viciées. Il faut détruire la *rancidité* et ôter la *rancissure*.

RAPIÉCER, RAPIÉCETER, RAPETASSER. *Rapiécer*, c'est mettre des pièces; *rapiéceter*, c'est remettre sans cesse de nouvelles pièces, ou mettre beaucoup de petites pièces; *rapetasser*, c'est mettre et entasser grossièrement de grosses pièces.

RAPPORT A, RAPPORT AVEC. Une chose a *rappor à* une autre quand elle y conduit ou qu'elle en vient pour quelqu'autre raison: ainsi les effets ont rapport aux causes. Une chose a *rapport avec* une autre quand elle lui est proportionnée, conforme ou semblable. Une copie a *rapport avec* l'original, si elle lui ressemble; si elle est imparfaite, elle a *rapport à* l'original.

RASSURER, ASSURER. Vous *assurez* celui qui n'est pas ferme; vous *rassurez* celui qui s'abandonne à la crainte.

RAVAGER, DÉSOLER, DÉVASTER, SACCAGER. L'idée de *ravager* est de renverser, entraîner les biens par une action subite, impétueuse; celle de *désoler* est de détruire la population d'une contrée, de la réduire en un désert; celle de *dévaster* est de tout détruire dans un pays, de manière à n'y laisser aucunes traces de culture et d'habitans; celle de *saccager* est de livrer au carnage une ville, des lieux peuplés. Les *torrens* ravagent les campagnes; la guerre, la peste *désolent* un pays; ces fléaux *dévastent* un empire; des vainqueurs féroces *saccagent* une ville prise d'assaut.

RÉALISER, EFFECTUER, EXÉCUTER. *Réaliser*, c'est accomplir ce que des apparences ont donné lieu d'espérer; *effectuer*, c'est accomplir ce que des promesses formelles ont donné droit d'attendre; *exécuter*, c'est accomplir conformément au plan formé. *Réaliser* a rapport aux apparences; *effectuer*, à un engagement; *exécuter*, à un dessein.

REBELLE, INSURGENT. L'*insurgent* use de son droit, de sa liberté pour s'élever contre une entreprise; le *rebelle* abuse de ses moyens pour s'élever contre l'autorité légitime.

REBELLION, RÉVOLTE. *Rebellion* marque la désobéissance et le soulèvement; *révolte*, la défection et la perfidie. Le *rebelle* s'élève contre l'autorité qui le presse; le *révolté*, contre la société. La *rebellion* a un motif apparent, la contrainte; la *révolte* est l'effet d'une indiscipline effrénée. La *rebellion* marque l'action des personnes; *révolte*, l'état des choses. La *rebellion* est la levée de bouclier; la *révolte* est la guerre déclarée: la *rebellion* passe à la *révolte*. La *révolte* est toujours violente, terrible et funeste; la *rebellion* n'est quelquefois qu'une opposition sans troubles.

RECTITUDE, DROITURE. La *droiture* montre le but et la voie; la *rectitude* conduit au but en suivant constamment la voie. L'une dirige, l'autre exécute. La *droiture* est donc plutôt dans le dessein; la *rectitude*, dans l'action.

RECHIGNER, REFROGNER. *Rechigner* marque de la répugance, du dégoût par un air rude; *refrogner* ou *renfrogner*, c'est contracter son front de manière à marquer de la rêverie, de l'humeur, de la tristesse. Le *rechignement* et le *refrognement* marquent de la mauvaise humeur: le *rechignement* la témoigne; le *refrognement* la décèle en la concentrant.

RECHUTE, RÉCIDIVE. *Rechute* est un terme de médecine et de morale: un malade ou un pécheur fait une *rechute*; *récidive* est un terme de jurisprudence: un coupable fait une *récidive*. La *rechute* est une maladie funeste plus dangereuse que la première; la *récidive* est un second délit semblable au premier, et plus sévèrement puni. Ces mots désignent le retour de la même faute ou du même mal.

RÉCLAMER, REVENDIQUER. Vous *réclamez* à quelque titre que ce soit, l'indulgence, des secours, la justice; vous *revendiquez* à titre de propriété. La *réclamation* est une demande; la *revendication*, une poursuite. La *réclamation* conserve vos droits; la *revendication* poursuit la restitution.

RÉCOLTER, RECUEILLIR. *Récolter*, c'est *recueillir* suivant les procédés de l'économie rurale; on *recueille* des raretés, des suffrages, des nouvelles, des débris. On *récolte* ce qui se coupe, comme des grains; on *recueille* ce qui s'arrache, comme les fruits en général, les racines.

RECONNOISSANCE, GRATITUDE. La *reconnoissance* est le souvenir, l'aveu d'un bienfait; la *gratitude* est le retour qu'il inspire: la *reconnoissance* est dans la mémoire; la *gratitude* dans le cœur. La *reconnoissance* s'acquitte; la *gratitude* doit toujours.

RECUEIL, COLLECTION. *Recueil* est l'amas des choses recueillies; *collection* exprime l'action de rassembler. La *collection* forme le *recueil*; le *recueil* n'est pas une simple *collection*. Le *recueil* unit, lie, resserre plus étroitement les choses que la *collection*. On appelle *recueil* une petite *collection*; et *collection* un grand *recueil*. On donne un *recueil* de pièces fugitives, il doit être choisi; on donne la *collection* des historiens, elle doit être complète.

RECULER, RÉTROGRADER. *Reculer* suppose une direction opposée à la direction naturelle; *rétrograder* suppose un mouvement contraire. Le canon *recule*; des troupes *rétrogradent*.

RÉFORMATION, RÉFORME. La *réformation* est l'action de réformer; la *réforme* en est l'effet. Dans le temps de la *réformation* on met en règle, on remédie aux abus; dans le temps de la *réforme*, on est réglé, et les abus sont corrigés.

REGARDER, CONCERNER, TOUCHER. Lorsque nous prenons une légère part à la chose, elle nous *regarde*; il en faut prendre davantage pour qu'elle nous *concerne*; elle est plus personnelle lorsqu'elle nous *touche*.

RÉGIE, DIRECTION, ADMINISTRATION, CONDUITE, GOUVERNEMENT. La *régie* regarde des biens temporels confiés à quelqu'un, pour les faire valoir au profit du propriétaire auquel il doit rendre compte; la *direction* est pour certaines affaires de finances, ou des occupations auxquelles on est commis pour y maintenir l'ordre convenable; l'*administration* a pour objets la justice ou les finances d'un état, elle donne du pouvoir; la *conduite* désigne de l'habileté à l'égard des choses, et une subordination à l'égard des personnes; le *gouvernemente* indique une supériorité de place; il a rapport à la politique.

RÈGLE, MODÈLE. La *règle* prescrit ce qu'il faut faire; le *modèle* montre la chose toute faite. On suit l'une; on imite l'autre.

RÈGLE, RÈGLEMENT. La *règle* prescrit les choses qu'on doit faire; le *réglement*, la manière dont on les doit faire. L'équité, l'humanité doivent être les *règles* de la conduite; elles doivent déroger à tous les *réglemens* particuliers.

RÉGLÉMENT, RÉGULIÈREMENT. Ces deux adverbes se prennent indifféremment pour marquer la persévérance: on étudie *réglément* ou *régulièrement* huit heures par jour; mais il y a des circonstances où *réglément* veut dire d'une manière égale, et qui semble soumise à une *règle*; *régulièrement*, d'une manière conforme à une règle réelle.

RÉGLÉ, RANGÉ. On est *réglé* dans sa conduite; on est *rangé* dans ses affaires. L'homme *réglé* ménage sa réputation et sa personne; l'homme *rangé* ménage son temps et son bien.

RÉGLÉ, RÉGULIER. Ce qui est *réglé* est assujetti à une règle quelconque, uniforme ou variable, bonne ou mauvaise; ce qui est *régulier* est conforme à une règle uniforme et louable. Le mouvement de la lune est *réglé*; mais il n'est pas *régulier*, il n'est pas uniforme. Une vie *réglée* s'entend au physique et au moral; une vie *régulière* est conforme aux principes de la morale. Ce qui est *réglé* n'est soumis à une règle que par un choix libre; mais tout ce qui est *régulier* est conforme à la règle.

RELACHE, RELACHEMENT. Le *relâche* est une cessation de travail pour réparer les forces, il se prend en bonne part; le *relâchement* est une cessation de zèle, il se prend souvent en mauvaise part.

RELEVÉ, SUBLIME. Lorsque ces mots s'appliquent au discours, *relevé* a rapport à la science et à la nature des choses; *sublime* en a davantage à l'esprit et à la manière dont on traite les choses. L'*Entendement humain* de Locke est un ouvrage très-*relevé*; on trouve du *sublime* dans la *Bible*.

RELIGION, DÉVOTION, PIÉTÉ. Le mot de *religion* est pris dans un sens formel, qui marque une qualité de l'ame et une disposition du cœur à l'égard de Dieu, qui fait qu'on ne manque point à ce qu'on lui doit; la *piété* fait qu'on s'en acquitte avec plus de zèle; la *dévotion* y ajoute un extérieur plus composé. La *religion* est plus dans le cœur qu'elle ne paroît au-dehors; la *piété* est dans le cœur et paroît au-dehors; la *dévotion* paroît quelquefois au-dehors sans être dans le cœur.

REMARQUER, OBSERVER. On *remarque* les choses par attention, pour se ressouvenir; on les *observe* par l'examen, pour en juger. Le voyageur *remarque*; l'espion *observe*.

REMÈDE, MÉDICAMENT. Le *remède* est ce qui guérit; le *médicament* est ce qui est pris pour guérir. C'est comme *remède* que le *médicament* guérit. Tout ce qui contribue à guérir est *remède*; tout ce qui est préparé pour servir de *remède*, est *médicament*.

RÉMINISCENCE, RESSOUVENIR, SOUVENIR, MÉMOIRE. La *réminiscence* est le plus léger des *souvenirs*. Le *ressouvenir* est le *souvenir* renouvelé. Le *souvenir* est l'idée d'une chose qui redevient présente par la *mémoire*; la *mémoire* est un acte de la faculté qui nous rappelle les idées et les objets, et cette faculté même.

RÉMISSION, ABOLITION, ABSOLUTION, PARDON, GRACE. La *remision* décharge de la peine; l'*absolution* est l'acte d'un juge équitable ou propice; le *pardon* est un acte de clémence ou de générosité; la *grâce* est un acte d'affection ou de bonté. L'*abolition* soustrait le coupable à la justice; l'*absolution* rétablit le pénitent dans son innocence; le *pardon* ôte la division entre l'offenseur et l'offensé; la *grâce* remet le coupable en grâce.

RENAISSANCE, RÉGÉNÉRATION. *Renaissance* s'emploie au figuré, il se dit du renouvellement des choses; *régénération* se dit de la reproduction de la substance perdue: au figuré, consacré à la religion, il marque une nouvelle vie.

RENCONTRER, TROUVER. Vous *rencontrez* une chose dans votre chemin, et vous la *trouvez* à sa place, où elle est. Vous *trouvez* une personne chez elle; vous la *rencontrez* dans les rues.

RENDRE, REMETTRE, RESTITUER. Nous *rendons* un prêt, un don; nous *remettons* un gage, un dépôt; nous *restituons* un vol.

RENONCER, RENIER, ABJURER. On *renonce* à des maximes et à des usages ou des prétentions; on *renie* un maître, une religion; on *abjure* l'erreur. *Abjurer* se dit en bonne part; *renier*, en mauvaise part; *renoncer* est d'usage tantôt en bien, tantôt en mal.

RENONCIATION, RENONCEMENT. *Renonciation* est un terme de jurisprudence, c'est l'abandon des droits sur quelque chose; *renoncement*, un terme de spiritualité, c'est le détachement des choses de ce monde. La *renonciation* est extérieure; le *renoncement* est intérieur.

RENTE, REVENU. La *rente* est le prix annuel, l'intérêt d'un fond ou d'un capital aliéné ou cédé;

le *revenu* est ce qui revient annuellement de la propriété, des avances.

Réponse, Réplique, Repartie. La *réponse* se fait à une demande, à une question; la *réplique*, à une *réponse*, une remontrance; la *repartie*, à une raillerie, une offense. Le mot de *réponse* est plus étendu; *réplique* est plus restreint; *repartie* a une énergie particulière pour se défendre. La *réponse* doit être claire et juste; la *réplique*, forte et convaincante; la *repartie*, vive, prompte; l'esprit doit y dominer.

Représenter, Remontrer. *Représenter*, c'est exposer avec douceur des raisons pour faire changer d'opinion, de conduite; *remontrer*, c'est exposer avec plus de force les devoirs, détourner d'une faute, ramener d'une erreur. La *représentation* tend à éclairer, elle ne suppose qu'un mal à craindre; la *remontrance* tend à corriger, elle suppose un tort.

Réputation, Célébrité, Renommé, Considération. On obtient une *réputation* par les vertus sociales et la pratique constante de ses devoirs; l'esprit, les talens, le génie procurent la *célébrité*; c'est le premier pas vers la *renommée*, qui est plus étendue; la *considération* est un sentiment d'estime mêlé de respect inspiré à ses inférieurs, ses égaux, ses supérieurs, par la réunion du mérite, de la décence, par le pouvoir connu d'obliger, et par l'usage éclairé qu'on en fait.

Résidence, Domicile, Demeure. La *résidence* est la *demeure* habituelle et fixe; le *domicile*, la *demeure* reconnue par la loi; la *demeure*, le lieu où vous logez. *Résidence* se dit des personnes qui exercent un office, un ministère public; *domicile* est de pratique; la *demeure* se prend sous toutes sortes de rapports.

Respect, Egards, Considération, Déférence. Ces mots désignent l'attention dans les procédés: on a du *respect* pour l'autorité, des *égards* pour la foiblesse, de la *considération* pour la supériorité, de la *déférence* pour un avis. On se doit du *respect*, on doit des *égards* à ses égaux, de la *considération* à ses supérieurs, de la *déférence* à ses amis.

Respirer, Soupirer, Respirer après, Soupirer après. *Respirer* annonce un désir plus ardent; *soupirer*, un désir plus tendre. Les passions fougueuses ne *soupirent* pas; les passions douces et timides *soupirent* plutôt qu'elles ne *respirent*. *Respirer après* marque un désir plus vif; *soupirer après*, un désir plus affectueux ou un regret plus triste.

Ressemblance, Conformité. *Ressemblance* se dit des sujets corporels; *conformité*, des sujets intellectuels. Des facultés d'une seule et même qualité peuvent faire la *ressemblance* de deux sujets; il faut la présence de plusieurs qualités pour faire la *conformité*. La *conformité* est une *ressemblance* parfaite; la *ressemblance* est susceptible de plus et de moins.

Ressemblant, Semblable. *Ressemblant* indique qu'un objet ressemble à un autre; *semblable* indique la propriété de pouvoir être comparé. Deux objets *ressemblans* ont les mêmes rapports sensibles; deux objets *semblables* sont faits pour aller ensemble, à cause de leurs rapports communs. *Ressemblant* dit encore plus que *semblable*: il s'applique à des objets qui semblent jetés dans le même moule; le second indique seulement divers rapports sensibles. Un portrait qui est *ressemblant*, rend bien la figure; un homme quoique *semblable* à un autre, ne lui est pas toujours *ressemblant*.

Rétablir, Restaurer, Réparer. *Rétablir* signifie remettre en bon état; *restaurer*, remettre à neuf; *réparer*, racommoder, redonner la force, la première apparence. On *rétablit* ce qui est détruit; on *restaure* ce qui est dégradé; on *répare* ce qui est endommagé. Au figuré, on *rétablit* une loi abolie, un usage interrompu; on *restaure* les lettres tombées en décadence, et tout ce qui a perdu de sa force, de son éclat; on *répare* les torts, les dommages, tout ce qui a donné atteinte à la perfection, à l'ordre établi.

Retenu, Modeste. On est *retenu* dans ses paroles et dans ses actions; on est *modeste* dans ses désirs, dans ses airs, dans son habillement.

Rétif, Rebours, Revêche, Récalcitrant. Le *rétif* refuse d'obéir ou de céder; il est fantasque, indocile, têtu: le *rebours* hérissé ne donne aucune prise; il est farouche, morose, intraitable: le *revêche* repousse; il est aigre, difficile, entier, il se révolte: le *récalcitrant* se débat et se défend; il est volontaire, coléreux, indisciplinable. *Rétif* est du bon style; *rebours* est peu usité; *revêche* est de style modéré; *récalcitrant* est familier et plaisant.

Réussite, Succès, Issue. La *réussite* est le *succès* final et une *issue* prospère; il y a de bonnes et de mauvaises *issues*; de bons et de mauvais *succès*. La *réussite* est toujours heureuse; c'est le vrai *succès*; *issue* ne désigne pas la nature du dénouement, la *réussite* la désigne. L'*issue* est la fin de la chose; le *succès* est ou le moyen où la fin des personnes et de leurs actions; la *réussite* est la fin des choses et le but des personnes. L'*issue* est le terme relatif et opposé au commencement; le *succès* roule sur les oppositions; la *réussite* est le résultat de travail. *Réussite* est simple et modeste, il se dit des *succès* ordinaires; *Succès* s'applique à toutes sortes d'objets; *issue*, au figuré, sied dans le style noble, il ne désigne que le *succès* bon ou mauvais.

Rêve, Rêverie. La *rêverie* est un genre de *rêves* qui obsèdent l'esprit et sont dépourvus de raison. Les *rêves* du délire sont des *rêveries*; la *rêverie* est le résultat ou la suite du *rêve*. Un bon esprit fait des *rêves*; il ne les prend que pour des *rêveries*.

Rêve, Songe. Les *rêves*, plus vagues, plus étranger, plus désordonnés, n'ont aucune apparence de raison de suite; les *songes*, plus sentis, ont une apparence de raison, et laissent dans le cerveau des traces profondes. Le *rêve* passe avec le sommeil; le *songe* reste après lui. Au figuré, une chose ridicule, invraisemblable est un *rêve*; une chose fugitive, vaine, illusoire est un *songe*. Nos projets sont des *rêves*; la vie est un *songe*.

Revenir, Retourner. On *revient* au lieu d'où l'on étoit parti; on *retourne* où l'on étoit allé. On *revient* dans sa patrie; on *retourne* dans son exil.

Richissime, Très-riche. *Richissime* dit plus que *très-riche*, c'est le plus haut point de richesse.

Ridicule, Risible. Ce qui est *ridicule* doit exciter la risée, et l'excite; ce qui est *risible* est propre à exciter le rire, et l'excite. On rit de ce qui est *risible*; on se rit de ce qui est *ridicule*: il ne se prend qu'en mauvaise part. Un objet est *ridicule* par un contraste frappant entre la manière dont il est et celle dont il doit être; un objet est *risible* par quelque chose de plaisant et de piquant qui cause une joie assez vive pour se manifester. La chose *risible* peut faire rire; la chose *ridicule* fait rire.

Roc, Roche, Rocher. Le *roc* est une masse de pierre très-dure, enracinée, dans la terre et élevée au-dessus de sa surface; c'est le genre à l'égard de la *roche* et du *rocher*: la *roche* est un *roc* isolé, d'une grosseur et d'une grandeur considérable; c'est aussi un bloc détaché du *rocher*: le *rocher* est un *roc* très-élevé, très-escarpé, hérissé de pointes aiguës. *Roc* désigne la nature de la pierre très-dure; *rocher* exprime de grandes masses de pierres de matières très-différentes: l'idée de force est dominante dans le *rocher*, il est inébranlable; il se prend aussi pour un asile, un rempart. *Roc* au pluriel, perdroit son isolement, et les *rochers* prendroient sa place: *rocher* est le pluriel de *roc*; ce sont des masses entassées, immenses, ardues, dont l'œil ne saisit pas l'ensemble.

Rogue, Arrogant, Fier, Dédaigneux. On reconnoît l'homme *rogue* à sa hauteur, à sa roideur, à sa morgue; l'*arrogant*, à sa morgue, à ses manières hautaines, à ses prétentions hardies; le *fier*, à sa hauteur, à sa confiance dans ses forces; le *dédaigneux*, à sa hauteur, à son affectation de dignité, au grand mépris qu'il témoigne pour les autres.

Roide, Rigide, Rigoureux. Une personne *roide* resiste sans foiblir; une personne *rigide* ne sait point mollir; une personne *rigoureuse* ne se relâche pas. Le caractère, l'esprit sont *roides*; les principes, les mœurs sont *rigides*; la conduite, l'empire sont *rigoureux*.

Roideur, Rigidité, Rigueur. La *roideur* est un défaut qui fait qu'on n'a ni liant, ni égards, qu'on heurte, qu'on éloigne les autres; la *rigidité* est une rectitude d'ame, qui condamne sans adoucissemens notre foiblesse, nos imperfections, et notre impuissance; la *rigueur* est une *roideur* de jugement et de volonté, qui fait pousser le droit ou le pouvoir aussi loin qu'il peut aller; elle prend toujours le sens le plus strict et les peines les plus rudes; elle ne donne aucun accès à l'indulgence. L'indiscipline oblige à la *roideur*; le relâchement, à la *rigidité*; le débordement, à la *rigueur*.

Rondeur, Rotondité. *Rondeur* exprime l'idée abstraite d'une figure ronde; la *rotondité* est la figure d'un corps rond. *Rondeur* ne désigne que la figure; *rotondité* désigne la grosseur, la capacité. Une roue et une boule sont rondes, mais elles diffèrent dans leur *rondeur*. On dit la *rondeur* et la *rotondité* de la terre: la *rondeur* désigne sa figure; la *rotondité* désigne sa capacité.

Rôt, Rôti. Le *rôt* est le service des mets *rôtis*; le *rôti* est la viande *rôtie*. Les viandes cuites à la broche, sont du *rôti*; les différents plats de cette espèce composent le *rôt*.

Route, Voie, Chemin. La *route* est ordinaire et fréquentée; la *route* de Lyon: *voie* marque une conduite certaine vers le lieu; les souffrances sont la *voie* du ciel: on va à Rome par la *voie* de l'eau, ou par la *voie* de terre. *chemin* signifie le terrain qu'on suit et dans lequel on marche; on suit le *chemin* pavé, ou le *chemin* des terres. Au figuré, la bonne *route* conduit sûrement au but; la bonne *voie* y mène avec honneur; le bon *chemin* y mène facilement. *Route* et *chemin* désignent la marche; le premier, dans un sens absolu et général, sans idée de mesure: l'on dit, faire *route*; le second, dans un sens relatif à une quantité: on dit, faire beaucoup de *chemin*; *voie* désigne la voiture ou la façon dont on fait la marche: la *voie* de la poste, la *voie* du coche, la *voie* du messager.

Rustaud, Rustre. C'est faute d'éducation, d'usage qu'on est *rustaud*; on est *rustre* par humeur. Un gros paysan a l'air *rustaud*; un homme farouche a l'air *rustre*. Le *rustaud* est hardiment ce qu'il est; le *rustre* l'est rudement.

S

Sacrifier, Immoler. Dans le sens religieux, on *sacrifie* toutes sortes d'objets; on n'*immole* que des victimes, des être animés. L'objet *sacrifié* est voué à la divinité; l'objet *immolé* est détruit à l'honneur de la divinité. Dans le sens profane, ces deux mots ont cette différence: l'idée de *sacrifier* est plus vague et plus étendue; celle d'*immoler*, plus forte et plus restreinte. *Sacrifier* n'exprime qu'un renoncement; *immoler* exprime la destruction ou la dégradation de l'objet.

Sagacité, Perspicacité. La *sagacité* est l'excellence d'un discernement si clairvoyant, qu'il distingue sans peine ce qu'il y a de plus obscur; la *perspicacité* est la pénétration d'un esprit si subtil, qu'il acquiert la connoissance parfaite de ce qu'il y a de moins pénétrable. La *sagacité* est pénétrante, elle voit de loin, devine, prévoit; la *perspicacité* ne laisse rien à découvrir, elle voit à fond, met en évidence.

Sagesse, Prudence. La *sagesse* a pour objet la vérité, elle s'occupe des choses; la *prudence* veut le bonheur, elle s'occupe de nos intérêts, elle travaille sur l'homme pour le régler, et médite pour découvrir. La *sagesse* est la raison perfectionnée par l'éducation; la *prudence* est la droite raison naturelle appliquée à la conduite de la vie. La *sagesse* est en théorie; la *prudence*, en pratique.

Sagesse, Vertu. La *sagesse* suppose des lumières naturelles ou acquises pour diriger l'homme par les meilleures voies; la *vertu* suppose dans le cœur, par tempérament ou par réflexion, du penchant pour le bien, de l'éloignement pour le mal, elle soumet les passions aux lois. La *sagesse* rend attentif à ses véritables intérêts: la *vertu* a le bien de la société à cœur; elle lui sacrifie ses propres avantages.

Sain, Salubre, Salutaire. Ces trois mots sont appliqués à la santé: *salubre* ne se dit que dans le sens propre. Les choses *saines* ne nuisent point; les choses *salubres* font du bien; les choses *salutaires* sauvent du danger.

Salut, Salutation, Révérence. Le *salut* est une démonstration extérieure de civilité, d'amitié, de respects faite aux personnes qu'on rencontre, qu'on aborde, qu'on visite; la *salutation* est le *salut* particulier à telle occasion, avec des marques de respect ou d'empressement; la *révérence* est un salut de respect et d'honneur, on incline le corps ou on ploie les genoux, pour rendre un hommage particulier.

Satisfaction, Contentement. Le *contentement* tient plus au cœur; la *satisfaction* tient plus aux passions; elle suppose le désir; il exprime le plaisir de posséder. La *satisfaction* est d'obtenir; le *contentement* est de jouir.

Satisfait, Content. On est *satisfait* quand on a obtenu; on est *content* lorsque l'on ne souhaite plus. La possession doit rendre *satisfait*; le goût seul peut rendre *content*.

Savoureux, Succulent. Ce qui est *savoureux* a beaucoup de saveur; ce qui est *succulent* est plein de suc et très-nourrissant. Le premier exprime la propriété du corps relative au goût; le second, la nature de l'aliment et sa propriété nutritive. Un mets *succulent* est *savoureux*; mais il y a beaucoup de mets *savoureux* qui ne sont pas *succulens*.

Secourir, Aider, Assister. *Secourir* suppose un danger imminent; la célérité, le courage caractérisent cette action: *aider* suppose un partage de forces et de moyens, la force agissante *aide*; *assister* suppose le besoin, on lui tend une main bienfaisante. On *secourt* dans le danger; on *aide* à la foiblesse; on *assiste* dans le besoin.

Secrétement, En secret. *Secrétement* suppose l'intention de se cacher; *en secret* n'exprime que l'absence des témoins. Vous ne feriez pas publiquement ce que vous faites *secrétement*; vous feriez en public beaucoup de choses que vous faites *en secret*.

Séditieux, Tumultueux, Turbulent. L'action *séditieuse* attaque l'autorité légitime; l'action *turbulente* bannit le repos et bouleverse l'ordre; l'action *tumultueuse* produit une violente fermentation, et trouble la sécurité.

Séduire, Suborner, Corrompre. Induire au mal en imposant, en abusant, c'est *séduire*; engager à une mauvaise action, en y intéressant, c'est *suborner*; infecter de mauvais principes, c'est *corrompre*. On *séduit* l'innocence; on *suborne* les foibles; on *corrompt* la vertu.

Seing, Signature. *Seing* indique un écrit privé; *signature*, un acte authentique. Des promesses se font sous *seing* privé; un contrat se fait par la *signature*.

Selon, Suivant. *Selon* revient aux différentes manières de parler: *selon* le texte, *selon* la Vulgate; *suivant* signifie, en *suivant*, pour suivre; *suivant* la doctrine de Scot. *Selon* vous, à votre avis; *suivant* vous, pour suivre les conséquences de votre avis. *Selon* exprime quelque chose de plus absolu que *suivant*.

Sembler, Paroître. *Sembler* signifie *paroître* d'une belle manière. Un objet *semble* beau lorsqu'il *paroît* l'être. *Paroître* n'est synonyme de *sembler*, que quand il marque l'apparence d'être tel. Un objet *semble* et *paroît* beau. La *ressemblance* a rapport à la différence; l'*apparence* à la réalité. Ce qui vous *semble* pourroit bien n'être pas tel que vous le croyez; ce qui vous *paroît* pourroit bien ne pas être en effet ce que vous croyez. Un ouvrage *semble* bien fait, après quelque examen; il *paroissoit* bien fait au premier coup-d'œil.

Semer, Ensemencer. *Semer* a rapport au grain, on *sème* le blé; *ensemencer* a rapport à la terre, on *ensemence* le champ. Le premier a une signification plus vaste; on ne se sert du second qu'à l'égard des grandes pièces de terres. *Ensemencer* n'est employé que dans le sens littéral.

Sensible, Tendre. Un cœur *sensible* s'affecte de ce qui intéresse l'humanité; un cœur *tendre* éprouve les sentimens les plus affectueux. La *sensibilité* est passive, il faut l'exciter; la *tendresse* est active, elle excite. On s'attache un cœur *sensible*; un cœur *tendre* s'attache lui-même.

Sentiment, Avis, Opinion. Le *sentiment* est une croyance profonde; l'*avis* est un jugement que la prudence suggère, celui qui le donne le croit sage; l'*opinion* est une pensée adoptée comme par provision, elle n'est jamais que probable.

Sentiment, Sensation, Perfection. Le *sentiment* va au cœur, il étend son ressort jusqu'aux mœurs; la *sensation* s'arrête aux sens, elle ne va pas au-delà du physique; la *perception* s'adresse à l'esprit, elle renferme ce dont l'ame peut se former une image.

Serment, Jurement, Juron. Le *serment* se fait pour confirmer la sincérité d'une promesse; le *jurement*, pour confirmer la vérité d'un témoignage; le *juron* n'est employé que par le peuple pour donner à la conversation un ton assuré. *Jurement* exprime quelquefois de l'emportement.

Serment, Vœu. Ce sont deux actes religieux, faits sous les yeux de Dieu: par le *serment*, on prend Dieu à témoin, on se soumet à sa vengeance si on viole sa promesse: le *vœu* est un engagement volontaire envers Dieu, par lequel on s'impose la nécessité de faire certaines choses auxquelles on n'étoit pas tenu.

Serviable, Officieux, Obligeant. L'homme *serviable* est empressé à servir dans l'occasion, il se fait un plaisir d'être utile; l'homme *officieux* est affectueux et zélé, il peut être intéressé; l'homme *obligeant* est flatté de servir, il va au-devant de l'occasion, il ne considère que le plaisir de rendre heureux.

Servitude, Esclavage. L'*esclavage* est plus dur que la *servitude*. La *servitude* impose un joug; l'*esclavage*, un joug de fer. La *servitude* opprime la liberté, l'*esclavage* la détruit.

Sévérité, Rigueur. La *sévérité* se trouve dans la manière de penser et de juger; la *rigueur*, dans la manière de punir. On dit: la *sévérité* des mœurs; la *rigueur* de la saison.

Signalé, Insigne. *Signalé* marque l'éclat, le bruit, l'effet d'une chose; *insigne* n'en exprime que la qualité, le mérite, le prix. Ce qui frappe est *signalé*; ce qui excelle est *insigne*. Un *insigne* fripon n'est un fripon *signalé*, que lorsqu'il a donné des preuves éclatantes de friponnerie. On dit, un *insigne* fripon, on ne dira pas, un *insigne* héros, un *insigne* orateur; mais l'orateur, le coquin et le héros sont *signalés* par des actions. Ces deux mots désignent des choses très-remarquables par leur éclat ou par leur excellence; ils diffèrent de célèbre, fameux, renommé, qui ne marquent que la réputation des choses ou le bruit.

Signe, Signal. Le *signe* fait connoître; le *signal* avertit, il est de convention. Les mouvemens du visage sont les *signes* de ce qui se passe dans le cœur; le coup de cloche est le *signal*.

Silencieux, Taciturne. Le *silencieux* garde le silence, il ne parle pas quand il pourroit parler; le *taciturne* garde un silence opiniâtre, il ne parle pas, même quand il devroit parler. Le *silencieux* n'aime point à discourir; le *taciturne* y répugne. Le *silencieux* a l'air sérieux; le *taciturne* à l'air morne.

Similitude, Comparaison. La *similitude* n'exige que de la ressemblance entre les objets, il ne lui faut que des apparences semblables; la *comparaison* établit une sorte de parité entr'eux, il lui faut des qualités presque égales. La *similitude* est une *comparaison* qui se contente d'un rapport apparent; elle n'est ni aussi naturelle, ni aussi rigoureuse que la parfaite *comparaison* doit l'être.

Simplicité, Simplesse. *Simplicité* s'applique à une foule d'objets; la *simplesse* est propre à l'homme et à l'ame. La *simplicité* dans le sens moral est la vérité d'un caractère innocent et droit; la *simplesse* est l'ingénuité d'un caractère doux, qui ne connoît ni la finesse, ni le mal. La *simplicité* est naturelle, elle tient à une innocence pure; la *simplesse* est naïve, elle a une bonhomie charmante. La *simplesse* est la *simplicité* de la colombe.

Simulacre, Fantôme, Spectre. Le *simulacre* n'a qu'un caractère vague, il nous abuse; le *fantôme* est caractérisé par des formes, il nous obsède; le *spectre* représente des objets défigurés, il nous poursuit.

Singulier, Extraordinaire. Le *singulier* est d'un genre particulier; l'*extraordinaire* sort de la sphère à laquelle il appartient. Il y a quelque chose d'original dans le *singulier*, et quelque chose d'extrême dans l'*extraordinaire*. Des propriétés rares, des traits distincts forment le *singulier*; la grandeur ou la petitesse en tous sens caractérisent l'*extraordinaire*. *Singulier* exclut la comparaison; *extraordinaire* la suppose. Le *singulier* est une sorte de nouveauté; l'*extraordinaire* est une sorte d'extension de choses. Nous appelons *singulier* ce qui ne s'accorde point avec les modèles que nous avons dans l'esprit; nous appelons *extraordinaire*, ce qui n'est pas conforme aux mesures que nous avons dans l'esprit. Tout objet nouveau est *singulier* pour l'ignorance; toute action généreuse sera *extraordinaire* pour une ame sèche.

Sinueux, Tortueux. *Sinueux* indique la marche des choses; *tortueux*, leur forme. Le cours de la rivière est *sinueux*; la forme de la côte est *tortueuse*. On fait des replis *sinueux*, et on va par des voies *tortueuses*. On considère les enfoncemens dans la chose *sinueuse*; les obliquités dans la chose *tortueuse*. *Tortueux* se prend en mauvaise part et dans un sens de blâme.

Situation, Assiette. La *situation* embrasse les rapports locaux; l'*assiette* est bornée à la place, à l'objet sur lequel la chose pose. Une maison est dans une jolie *situation*; une citadelle est forte d'*assiette*, quand sa base est escarpée. Votre *situation* est l'état où vous êtes actuellement; votre *assiette* est l'état où vous êtes naturellement.

Situation, Position, Disposition. La *situation* est une manière générale d'être en place, elle désigne l'habitude entière du corps ou de l'objet; la *position* est une manière particulière d'être dans un sens, elle désigne l'attitude du corps et de l'objet; la *disposition* marque la *position* combinée de différentes parties qui concourent au même dessein. Une armée est dans telle *situation*; elle choisit une *position* pour attaquer; elle fait ses *dispositions*.

Situation, Etat. L'*état* est plus ferme que la *situation*; elle n'embrasse point, comme l'*état*, l'objet entier et toute sa manière d'être; elle est relative à la base de l'objet; l'*état* est relatif à sa manière d'être générale. La *situation* résulte de la position; l'*état* résulte des qualités. *Etat* se dit de la constitution présente des choses au physique ou au moral; l'*état* d'innocence, l'*état* de nature. La *situation* des affaires est le point où elles en sont; leur *état* est la disposition dans laquelle elles restent.

Sobre, Frugal, Tempérant. L'homme *frugal*, content de ce que la nature veut et lui offre, évite l'excès dans la qualité et dans la quantité. *Sobre* se dit du boire et même du manger: *frugal* ne se dit que dans le sens rigoureux: *tempérant* ne se dit que des appétits et des plaisirs physiques; mais la *tempérance* embrasse toutes les passions, toutes les actions.

Sociable, Aimable. L'homme *sociable* a les qualités propres de la société, c'est le vrai citoyen; l'homme *aimable*, indifférent sur le bien public, est ardent à plaire à toutes les sociétés et prêt à en sacrifier chaque particulier; il n'aime personne, n'est aimé de personne, plaît à tous, et souvent est méprisé et recherché par les mêmes gens.

Soi, Lui, Soi-même, Lui-même. *Lui* se place dans la proposition particulière, lorsqu'il s'agit d'une seule personne; *soi* se met dans la proposition générale, lorsqu'il est question d'un certain genre de personnes; *lui-même* et *soi-même* n'ajoutent à *lui* et à *soi*, qu'une force nouvelle de désignation, d'augmentation, d'affirmation. *Soi* et *soi-même* se disent quelquefois d'une personne déterminée, comme *lui* et *lui-même*; ces derniers ne s'appliquent jamais qu'à une personne désignée. On dira également, un héros qui tire son lustre de *soi-même* ou de *lui-même*. Lorsque vous dites qu'un héros emprunte de *lui* son lustre, vous ne désignez que le fait propre à ce héros; si vous dites qu'un héros emprunte de *soi* son lustre, vous indiquez un fait commun à tous les héros.

Soigneux, Curieux, Soigneusement, Curieusement. *Curieux* désigne l'idée de savoir, de voir, de posséder; *soigneux* désigne la manière de traiter les choses. L'homme *curieux* de sa parure veut se faire distinguer; l'homme *soigneux* de sa parure ne veut pas s'exposer à la critique. Un petit esprit est *curieux* dans ses ajustemens; un homme décent est *soigneux* dans son habillement. On garde *soigneusement* ce qui est utile; on garde *curieusement* ce qui est rare. On est *soigneux* dans ce qu'on doit faire; *curieux*, dans les choses qu'on se plaît à faire.

Soin, Souci, Sollicitude. Le *soin* est un embarras de l'esprit, causé par une situation critique ou pénible dont il s'agit de sortir ou qu'il faudroit adoucir; le *souci* est une inquiétude d'esprit causée par des accidens qui troublent l'ame; la *sollicitude* est une agitation vive, continuelle, causée par des intérêts particuliers. Tout embarras donne du *soin*; toute crainte donne du *souci*, toute charge donne de la *sollicitude*. Le *soin* pousse à l'action, il ôte la liberté d'esprit; le *souci* vous replie sur vous, il ôte la tranquillité; la *sollicitude* vous tient en éveil, elle ôte le repos de l'esprit, la liberté des actions, elle absorbe.

Solidité, Solide. *Solidité* a rapport à la durée; *solide*, à l'utilité. On donne de la *solidité* à ses ouvrages, et l'on cherche le *solide* dans ses desseins.

Soliloque, Monologue. Le *soliloque* est une conversation faite avec soi comme avec un second; le *monologue* est une espèce de dialogue dans lequel le personnage joue tour-à-la-fois son rôle et celui d'un confident.

Sombre, Morne. *Sombre* est plus noir, plus triste, plus austère, plus horrible que *morne*; il est synonyme de ténébreux. Le soleil est *morne* quand il est sans éclat; la nuit est *sombre* autant qu'elle est profonde. Le tyran est *sombre*; l'esclave est *morne*. On est *morne* dans le malheur; dans le crime, on est *sombre*.

Somme, Sommeil. Le *sommeil* exprime proprement l'état de l'animal dans l'assoupissement naturel de tous les sens; le *somme* signifie le temps que dure cet assoupissement, il ne se dit qu'en parlant de l'homme. On dit, faire un *somme*; on ne diroit pas faire un *sommeil*.

Sommet, Cime, Comble, Faîte. Le *sommet* suppose une grande élévation; la *cime*, la figure particulière du corps pointu; le *comble*, une accumulation de matériaux avec une sorte de courbure; le *faîte*, des degrés ou des rangs différens. Le *sommet* n'appartient qu'à ce qui a une certaine hauteur; la *cime* est propre aux objets menus par le haut, la *cime* d'un arbre, d'un rocher. On ne dit pas, le *comble* d'une montagne ou d'un corps naturel, parce qu'on ne peut considérer ces objets comme des amas de matériaux entassés; on dit, le *faîte* des honneurs, parce qu'il y a divers degrés. Au figuré, le *sommet* est toujours le plus haut point; le *faîte* est le plus haut rang; le *comble* est le plus haut période.

Son de voix, Ton de voix. Le *son de voix* est déterminé par la constitution physique de l'organe; le *ton de voix*, tour à tour élevé ou bas, triste ou gai, est déterminé par les affections intérieures.

Songer a, Penser a. *Penser* signifie avoir une chose dans l'esprit, y réfléchir; *songer* signifie rouler une idée dans son esprit, s'en occuper légèrement: à l'homme qu'il suffit d'avertir, vous dites, *songez-y*; à celui que vous voulez corriger, vous dites, *pensez-y bien*. *Songer* est préférable, lorsqu'il s'agit de choses légères: il n'y a qu'à *songer* aux petites choses; il faut *penser* aux grandes. On *songe* aux autres; on *pense* à soi.

Sot, Fat, Impertinent. *Sot* attaque plus l'esprit; *fat* et *impertinent*, les manières. Le *sot* est celui

qui

qui n'a pas ce qu'il faut d'esprit pour être un *fat* ; le *fat* est celui que les *sots* croyent un homme d'esprit ; l'*impertinent* est une espèce de *fat* enté sur la grossièreté.

Soudain, Subit. *Soudain* est ce qui arrive à l'instant même, en un instant ; *subit*, ce qui vient aussitôt après. *Soudain* est plus prompt que *subit* ; le premier suppose un préliminaire. L'événement *soudain* n'a pas pu être prévu ; l'événement *subit* a pu l'être, mais il n'a pas été indiqué suffisamment. *Soudain* a quelque chose de plus extraordinaire que *subit*. L'apparition de l'ennemi est *soudaine*, lorsqu'elle trompe la prévoyance ; elle est *subite*, lorsqu'elle trompe seulement l'attente. *Soudain* est réservé pour la poésie et le style relevé ; *subit* est dans l'ordre commun.

Soudoyer, Stipendier. *Stipendier*, moins usité que *soudoyer*, ne se dit que dans le style militaire ; *soudoyer* s'applique à tous les mercenaires. On dit *soudoyer* des agens, des espions, des brigands : on dit aussi *soudoyer* des puissances.

Souffrir, Endurer, Supporter. *Souffrir* se dit d'une manière absolue : on *souffre* le mal dont on ne se venge point ; *endurer* a rapport au temps : on *endure* le mal dont on diffère à se venger ; *supporter* regarde les défauts personnels : on *supporte* la mauvaise humeur de ses proches. On *souffre* avec patience ; on *endure* avec dissimulation ; on *supporte* avec douceur.

Soumettre, Subjuguer, Assujettir, Asservir. *Assujettir* et *soumettre* ôtent l'indépendance ; *subjuguer* et *asservir* ôtent la liberté. On est *soumis* à un prince ; *assujetti* à des devoirs ; *subjugué* par un ennemi ; *asservi* par la tyrannie. *Soumettre* est générique, il marque une certaine disposition de choses ; la *soumission* va depuis la déférence jusqu'à l'asservissement ; *assujettir* marque un état habituel ; la *sujétion* désigne une contrainte, une assiduité constante ; *subjuguer* exprime l'empire, l'ascendant, sans exiger, comme *asservir*, l'oppression ou l'abus : il y a un *joug* doux, un *joug* de fer ; un *joug* léger, un *joug* pesant ; *asservir* désigne une extrême contrainte d'un esclave, d'un homme enchaîné. *Soumettre* exige une dépendance vague ; *subjuguer* exige une force victorieuse, une grande dépendance ; *assujettir* exige une puissance ou un titre, un dévouement établi ; *asservir* exige une puissance irrésistible, un pouvoir tyrannique et une dure contrainte.

Soupçon, Suspicion. *Soupçon* est le terme vulgaire ; *suspicion* est un terme de palais. Le *soupçon* roule sur toutes sortes d'objets, il entre dans les esprits défians, et peut être sans fondement ; la *suspicion* tombe sur les délits, et dans le conseil des juges, elle doit avoir une raison apparente, et justifiée par des indices. La *suspicion* sera donc un *soupçon* légitime.

Souris, Sourire. On voit le *sourire*, il repose sur le visage ; on aperçoit le *souris*, il s'évanouit. Le *souris* prolongé devient *sourire*. Le *souris* est au *sourire*, ce que l'accent est à la voix ; ce n'est qu'un acte léger, un trait fugitif ; le *sourire* est une action suivie, un état. La peinture fixe le *sourire* ; elle esquisse le *souris*.

Souvent, Fréquemment. *Souvent* veut dire beaucoup de fois ; mainte fois ; *fréquemment* veut dire fort souvent, plus que de coutume. *Souvent* n'indique que la pluralité des actes ; *fréquemment* annonce une habitude formée. *Fréquemment* est particulièrement propre à désigner ce qui se fait ordinairement, mais plus *souvent* qu'à l'ordinaire.

Stabilité, Constance, Fermeté. La *stabilité* empêche de varier, elle tient de la préférence, et justifie le choix ; la *constance* empêche de changer, elle tient de la persévérance, et fait briller l'attachement ; la *fermeté* empêche de céder, elle tient de la résistance, et répand un éclat de victoire.

Stérile, Infertile. Le mot *stérile* indique un principe de *stérilité*, l'aridité, la sécheresse ; *infertile* n'indique que le fait sans désigner la cause. *Stérile* est opposé à *fécond* ; *infertile* est la négation de *fertile* ; or, *fécond* exprime la faculté de produire, et *fertile* a plus de rapport à l'effet produit. *Infertile* ne se dit au figuré que de l'esprit, ou d'une matière à traiter ; *stérile* y est au contraire d'un grand usage.

Stoïcien, Stoïque. *Stoïcien* signifie de la secte philosophique de Zénon, et *stoïque* veut dire conforme aux maximes de cette doctrine. Une vertu *stoïque* est courageuse, inébranlable ; une vertu *stoïcienne* pourroit n'être qu'un masque. Celui qui est plus attaché à la pratique qu'aux dogmes de la philosophie de Zénon, est plus *stoïque* que *stoïcien*.

Subreptice, Obreptice. Ces mots caractérisent des grâces obtenues par surprise : il y a *subreption*, lorsqu'on avance comme vraie une chose fausse ; il y a *obreption*, lorsqu'on supprime dans son exposé, une vérité qui empêcheroit l'effet de la demande. Un titre *obreptice* obtenu de bonne foi, ne donne pas de droit réel ; un titre *obreptice* et *subreptice* tout à-la-fois, a les caractères les plus certains de réprobations.

Subsistances, Denrées, Vivres. Les *subsistances* sont les productions de la terre qui forment la nourriture, l'entretien ; les *denrées* sont des espèces de *subsistances* qui se vendent en argent ; les *vivres* sont les *subsistances*, les *denrées* qui font *vivre*, qui alimentent chaque jour. Un pays est fertile en *subsistances* ; un marché est pourvu de *denrées* ; une place est approvisionnée de *vivres*. Les *subsistances* comme les *vivres*, ne se prennent qu'en gros : ces mots n'ont point de singulier ; on dit une *denrée*, parce que ce mot n'énonce originairement que la vente de détail. Il y a plusieurs espèces de *subsistances*, selon qu'elles servent à nourrir, à vêtir, à chauffer, à éclairer, à conserver ; les *denrées* se divisent en menues *denrées*, comme les fruits, et en grosses *denrées*, comme les blés.

Subsistance, Nourriture, Alimens. On fait des provisions pour les *subsistances* ; on apprête à manger pour la *nourriture* ; on choisit entre les mets, les *alimens* convenables. La *subsistance* est commise aux soins du pourvoyeur ; la *nourriture* se prépare à la cuisine ; sur les *alimens*, on consulte le goût ou le médecin. Le premier a rapport au besoin ; le second, à la satisfaction de ce besoin ; le troisième, à la manière de le satisfaire.

Subsistance, Substance. Le premier veut dire ce qui sert à nourrir, à subsister ; le second, ce qui est absolument nécessaire pour vivre. Les moines mendians trouvoient aisément leurs *subsistances* ; un grand nombre de pauvres consument dans la douleur leur *substance*. Des gens s'engraissent de la *substance* du peuple, et mangent en un jour la *subsistance* de cent familles.

Suffisant, Important, Arrogant. Le *suffisant* est celui en qui la pratique de certains détails honorés du nom d'affaires, est jointe à une grande médiocrité ; un grain d'esprit de plus en fait l'*important* ; dès que l'*important* cesse de faire rire, il donne lieu à des plaintes, il devient l'*arrogant*.

Suggestion, Inspiration, Insinuation, Instigation, Persuasion. La *suggestion* est une manière détournée d'occuper l'esprit de quelqu'un d'une idée qu'il n'auroit pas ; l'*inspiration* est un moyen insensible de faire naître dans l'esprit de quelqu'un des pensées, ou dans son cœur des sentimens qui semblent y être naturellement ; l'*insinuation* est une manière adroite de se glisser dans l'esprit de quelqu'un et de s'emparer de sa volonté sans qu'il s'en doute ; l'*instigation* est un moyen stimulant et pressant d'exciter secrètement quelqu'un à faire ce à quoi il répugne et résiste ; la *persuasion* est le moyen puissant et victorieux de faire croire fermement ou adopter entièrement à quelqu'un ce qu'on veut, malgré des préjugés ou des préventions contraires, et plus par le charme du discours ou de la chose qui intéresse, que par la force des raisons qui convainquent et subjuguent. On cède, on obéit à la *suggestion* ; on est saisi, agité par l'*inspiration* ; on se laisse aller à l'*insinuation* ; on se défend contre l'*instigation* ; on ne résiste point à la *persuasion*.

Suivant, Selon. *Suivant* signifie, en *suivant*, il exprime une suite, une conséquence ; *selon* revient à ces mots : ainsi que, comme, à ce que, etc. ; *selon* Aristote, ainsi que le dit Aristote. On dit, *selon* la Vulgate, lorsqu'il s'agit de citer le texte ; *suivant*, s'il s'agit de suivre l'un ou l'autre. On dit, *selon* saint Thomas, et *suivant* la doctrine de saint Thomas. *Selon* exprime quelque chose de plus absolu que *suivant*. On dit, *selon* la règle, et *suivant* les exemples.

Suivre les exemples, Imiter les exemples. On *suit les exemples* de celui qu'on prend pour guide, pour règle, afin de parvenir plus sûrement au but ; on *imite les exemples* de celui qu'on prend pour modèle, pour type, afin de lui ressembler et de se distinguer comme lui. La confiance fait qu'on *suit* ; l'émulation fait qu'on *imite*. On *suit* de près ou de loin ; on *imite* le mieux qu'on peut.

Superbe, Orgueil. L'*orgueilleux* est plein de soi ; le *superbe* en est tout bouffi. Le *superbe* est un *orgueilleux* arrogant, qui affecte sur les autres une supériorité humiliante. L'*orgueil* est une haute opinion de soi-même, qui fait qu'on n'estime que soi ; la *superbe* est l'ostentation de cet *orgueil*, qui fait que l'on témoigne ouvertement un grand dédain pour les autres.

Supposition, Hypothèse. L'*hypothèse* est une supposition purement idéale ; la *supposition* se prend pour une proposition ou vraie ou avouée. L'*hypothèse* est au moins précaire ; la *supposition* est gratuite. On combat une *hypothèse* comme insuffisante pour rendre raison des choses ; on nie une *supposition*. L'*hypothèse* se prend pour un assemblage de propositions ou de *suppositions* liées de manière à former un système. *Hypothèse* ne s'emploie qu'en matière de science ; *supposition* entre dans la conversation commune. Les grands mystères de la nature s'éclaircissent par des *hypothèses* ; les idées particulières, par des *suppositions* sensibles. *Hypothèse* n'a qu'un sens relatif à l'explication des choses ; *supposition* se prend dans une acception morale et en mauvaise part, il signifie chose feinte ou controuvée pour nuire.

Suppléer une chose, Suppléer a une chose. *Suppléer une chose*, c'est la fournir pour remplir le vide, la lacune, le déficit qui se trouve dans un objet incomplet ou imparfait : vous *suppléez* ce qui manque pour parfaire une somme ; *suppléer à une chose*, c'est mettre à sa place une autre chose qui en tient lieu : la valeur *supplée* au nombre. Deux objets du même genre, égaux, se *suppléent l'un l'autre* ; deux objets d'un genre différent, mais d'une valeur égale, *suppléent l'un à l'autre*. Un juge *supplée* un juge, s'il n'est question que du nombre ; mais en fait de capacité, il y a des juges auxquels on *supplée*, mais qu'on ne *supplée* pas. L'esprit ne *supplée* pas le cœur ; et il est rare qu'il y *supplée*.

Suprême, Souverain. L'idée de puissance forme l'idée caractéristique de *souverain* ; l'idée de la plus haute élévation est indiquée par le mot *suprême* : la chose *suprême* est ce qu'il y a de plus élevé. Ce qui peut tout, est *souverain* : il faut s'humilier devant ce qui est *suprême* ; il faut céder à ce qui est *souverain*.

Surface, Superficie. On dit *surface*, quand on ne parle que de ce qui est extérieur et visible ; on dit *superficie* de tout ce qui paroît au-dehors, mis en opposition avec ce qui ne paroît pas. Cette distinction passe au figuré : on dit des esprits légers, qu'ils ne voient que la *superficie* des choses.

Surprendre, Etonner. La *surprise* naît de la présence subite d'un objet imprévu ; l'*étonnement* naît du coup violent, frappé par un objet puissant, extraordinaire. La même chose *surprend*, comme inattendue, tandis qu'elle *étonne*, comme éclatante. Il y a des *surprises* agréables et légères ; mais l'*étonnement* n'a rien que de grand et de fort : enfin l'*étonnement* est une extrême *surprise* mêlée d'un sentiment distingué par un caractère de grandeur et de force. Le singulier *surprend* ; le merveilleux *étonne*. Un trait d'esprit *surprend* ; un coup de génie *étonne*.

Surprendre, Tromper, Leurrer, Duper. *Surprendre* marque quelque chose qui induit en erreur ; *tromper*, quelque chose qui blesse la probité ; *leurrer*, quelque chose qui attaque l'attente ou le désir ; *duper* a pour objet l'intérêt et le profit

Survivre a quelqu'un, Survivre quelqu'un. *Survivre*, vivre plus long-temps que... ; *survivre quelqu'un* est un terme de palais qui entre dans la conversation familière ; il désigne la *survie* de la personne dont l'existence avoit des rapports avec celle de la personne qui meurt la première. Une femme a *survécu* son mari ; selon l'ordre de la nature, les enfans doivent *survivre au père* ; par des événemens particuliers, le père *survit* les enfans.

T

Tact, Toucher, Attouchement. Le *tact* est le sens qui reçoit l'impression des objets, comme la vue, l'ouïe, le goût, l'odorat ; le *toucher* est l'exercice de toucher ; l'*attouchement* est l'acte de toucher, l'application de la main. C'est au *tact* que l'on attribue les qualités de l'organe, la finesse du *tact* ; c'est au *toucher* que vous reconnoissez la qualité des choses : un corps est doux au *toucher* ; c'est par l'*attouchement* que vous distinguez les circonstances particulières du toucher. Jésus guérissoit les malades par un simple *attouchement*. L'*attouchement* n'exprime qu'un *toucher* assez léger ; lorsqu'il s'agit de deux corps insensibles, on dit dogmatiquement *contact* : nous disons *tact* au figuré, pour exprimer un jugement de l'esprit prompt, subtil, juste. Au physique, nous disons le *toucher*, pour exprimer le sens du *tact* ; nous donnons à l'*attouchement* un sens moral et mauvais, relatif aux plaisirs charnels.

Taille, Stature. La *stature* indique la hauteur du corps ; la *taille* en exprime proprement la forme la coupe, la configuration. On est d'une *taille* ou d'une *stature*, haute, moyenne, ou petite ; mais la *taille* est noble ou fine, belle ou difforme, bien ou mal prise, svelte ou lourde, etc., ce qui ne peut se dire de la *stature*. Le premier mérite des valets pour la représentation, est une riche *taille* ; le premier mérite d'un soldat pour effrayer l'ennemi, est une haute *stature*.

Taire, Céler, Cacher. *Taire* marque le silence qu'on garde sur la chose ; *céler*, le secret qu'on en fait ; *cacher*, le mystère dans lequel on veut l'ensevelir. Pour *taire* une chose, il suffit de ne la pas dire; pour la *céler*, il faut une intention formelle de ne point la manifester; pour la *cacher*, on est obligé de la renfermer dans le fond de son cœur.

SE TAPIR, SE BLOTIR. *Se tapir*, c'est se cacher derrière quelque chose qui vous couvre, en prenant une posture raccourcie; *se blotir*, c'est se ramasser sur soi-même. On *se tapit* derrière un buisson, pour n'être point vu; on *se blotit* dans son lit, sans avoir le dessein de se cacher.

TAPISSERIE, TENTURE. La *tapisserie* est faite pour couvrir quelque chose; la *tenture*, pour être tendue sur quelque chose. La *tapisserie* est un tissu destiné à couvrir les murs; la *tenture* est un objet quelconque tendu sur les murs. La *tapisserie* est *tenture*, en tant qu'elle est étendue sur le mur; la *tenture* est *tapisserie*, en tant qu'elle revêt le mur.

TARDER, DIFFÉRER. L'idée propre de *tarder* est celle d'être long-temps à venir, à faire; l'idée de *différer* est de remettre à un temps plus éloigné, en sorte que ce qu'il y a à faire, ne se fait pas à propos. *Tarder* ne désigne que le fait; *différer* annonce une résolution. Ne *tardez* pas à cueillir le fruit s'il est mur; s'il ne l'est pas, *différez*. Celui qui ne se presse pas assez, *tarde*; celui qui renvoie au lendemain, *diffère*.

TAS, MONCEAU. *Tas* marque un amas fait exprès, afin que les choses occupent moins de place; *monceau* ne désigne quelquefois qu'une portion détachée d'une masse. On dit un *tas* de pierres préparées pour faire un bâtiment; un *monceau* de pierres, restes d'un édifice renversé.

TAUX, TAXE, TAXATION. Leur idée commune est celle de la détermination établie de quelque valeur pécuniaire: le *taux* est cette valeur même; la *taxe* est le réglement qui la détermine: les *taxations* sont certains droits fixes attribués à quelques officiers qui ont le maniement des deniers publics. On ne dit que *taux* quand il s'agit du denier auquel les intérêts de l'argent sont fixés par l'ordonnance de la loi. On dit assez indifféremment *taux* ou *taxe*, en parlant du prix établi pour la vente des denrées, ou de la somme fixée que doit payer un contribuable: si ce contribuable représente qu'il ne peut payer ce qu'on exige de lui, il doit dire que son *taux* est trop haut; qu'il n'est pas imposé dans la proportion des autres contribuables, il devroit dire que sa *taxe* est trop forte. On ne dit que *taxe* du réglement judiciaire des frais d'un procès ou d'une imposition en deniers; on dit *taxation* pour l'opération de la *taxe*.

TEL, PAREIL, SEMBLABLE. L'identité des choses marque la qualité, le caractère propre de *tel*; *pareil* désigne des choses qui peuvent être mises en parallèle, comme ne différant guère l'une de l'autre, comme pouvant se servir d'équivalent, de pendant; *semblable* n'indique pas une égalité ou une conformité parfaite. Les choses qui ne sont que *semblables*, ne soutiennent pas le parallèle que les choses *pareilles* comportent, et elles sont loin d'être *telles* ou les mêmes quant à leur nature, à leurs qualités distinctives. *Semblable* dit moins que *pareil*, et *pareil* moins que *tel*. Un objet *tel* qu'un autre, ne diffère pas de celui-ci; un objet *pareil* à un autre, ne le cède point à celui-ci; un objet *semblable* à un autre, s'assortit avec celui-ci.

TEMPLE, ÉGLISE. Ces mots signifient un édifice destiné à l'exercice public de la religion; *temple* est du style pompeux; *église*, du style ordinaire. A l'égard du paganisme et de la religion protestante, on se sert du mot *temple*, dans le style ordinaire, le *temple* de Janus, le *temple* de Charenton; l'*église* de saint Sulpice. *Temple* exprime quelque chose d'auguste; *église* marque quelque chose de plus commun, particulièrement un édifice fait pour l'assemblée des fidelles.

TÉNÈBRES, OBSCURITÉ, NUIT. Les *ténèbres* semblent signifier quelque chose de réel opposé à la lumière; l'*obscurité* est une privation de clarté; la *nuit* est le temps où le soleil n'éclaire plus.

TERMES, LIMITES, BORNES. Le *terme* est un point; les *limites* sont une ligne; les *bornes* un obstacle. Le *terme* est où l'on peut aller; les *limites* sont tout ce qu'on ne doit pas passer; les *bornes*, ce qui empêche de passer outre. Le *terme* et les *limites* finissent la chose; les *bornes* la contiennent dans sa sphère.

TERMES PROPRES, PROPRES TERMES. Les *termes propres* sont ceux que l'usage a consacrés pour rendre précisément les idées; les *propres termes* sont ceux mêmes qui ont été employés par la personne, par l'écrivain. La justesse dans le langage exige que l'on choisisse les *termes propres*; la confiance dans les citations dépend de la fidélité à rapporter les *propres termes*.

TERREUR, EPOUVANTE, EFFROI, FRAYEUR. La *terreur* est une violente peur qui abat le courage, et jette le corps dans un tremblement universel; l'*épouvante* est une grande peur qui donne les signes de l'étonnement et de l'aversion, et ne permet pas la délibération; l'*effroi* est une peur extrême, qui bouleverse également les sens et l'esprit; la *frayeur* est un violent accès de peur qui fait frissonner le corps et trouble nos pensées: *frayeur* n'exprime que l'effet sans être jamais appliqué à la cause: on ne dit pas qu'on tyran est la *frayeur* de ses peuples.

TÊTE, CHEF. Le second n'est d'usage dans le sens littéral, que lorsqu'on parle des reliques: le *chef* de saint Jean. Ils sont tous deux usités dans le sens figuré. *Tête* convient mieux, lorsqu'il est question de place; *chef*, lorsqu'il s'agit d'ordre ou de subordination. La *tête* d'un bataillon; le *chef* d'un parti. Etre à la *tête* d'une armée, et commander en *chef*. Il sied au *chef* de marcher à la *tête* de ses troupes.

TÊTU, ENTÊTÉ, OPINIATRE, OBSTINÉ. Une humeur capricieuse, un caractère entier, un goût d'indépendance, font le *têtu*; un petit esprit, une tête vaine, l'amour propre, font l'*entêté*; l'ignorance, la présomption, une mauvaise honte, font l'*opiniâtre*; l'inflexibilité du caractère, l'impatience de la contradiction, font l'*obstiné*. Le *têtu* veut ce qu'il veut, il ne se soucie pas de ce que vous dites; l'*entêté* croit ce qu'il croit, il n'écoute seulement pas; l'*opiniâtre* veut avoir raison contre toute raison, il ne se rendra jamais; l'*obstiné* veut malgré tout ce qu'on lui oppose, il s'irrite plutôt que de céder.

THERMOSCOPE, THERMOMÈTRE. Le premier signifie un instrument qui représente aux yeux les changemens de chaleur ou de froid; le second est un instrument fait pour mesurer ces changemens.

TIC, MANIE. Le *tic* regarde les habitudes du corps; la *manie*, les travers de l'esprit. Au figuré, le *tic* est une petite *manie*, plus pitoyable que digne d'une censure sérieuse. Le *tic* est plus bête; la *manie* plus folle, plus forte de passion. Les petits esprits ont des *tics*; les personnes ardentes ont des *manies*.

TISSU, TISSURE, TEXTURE, CONTEXTURE. Le *tissu* est formé par l'entrelacement de différens fils; la *tissure* est la qualité du *tissu*, la manière de lier les fils ensemble; le *tissu* comprend la matière et la façon; la *tissure* ne désigne que la qualité. Ces deux mots expriment le travail particulier de tisser, que la *texture* et la *contexture*, réduites à l'idée de l'union des parties d'un tout, avec l'apparence du *tissu*, n'exigent pas. La *texture* est l'ordonnance résultante de la disposition des parties; la *contexture* est l'ordonnance et la concordance des rapports que les parties ont les unes avec les autres, et avec le tout. *Tissu* se dit au figuré d'une suite d'actions, de discours, de choses enchaînées les unes avec les autres; *tissure* est peu usité, même au propre: on dit *texture* pour exprimer la liaison et l'arrangement des différentes parties d'un discours, et l'on dit *contexture* dans le même sens.

TOILES, TOILERIES. Par *toiles* on entend tous les tissus de lin ou de chanvre; et par *toileries*, tous les tissus de coton pur ou mélangé, toutes les étoffes de matières végétales, autres que de chanvre ou de lin pur.

TOLÉRER, SOUFFRIR, PERMETTRE. On *tolère* les choses, lorsque les connoissant et ayant le pouvoir en main, on ne les empêche pas; on les *souffre* lorsqu'on ne s'y oppose pas, faisant semblant de les ignorer, ou ne pouvant les empêcher; on les *permet*, lorsqu'on les autorise par un consentement formel. *Tolérer* et *souffrir* ne se disent que pour des choses mauvaises; *permettre* se dit et pour le bien et pour le mal.

TOMBE, TOMBEAU, SÉPULCRE, SÉPULTURE. La *tombe* et le *tombeau* sont des monumens élevés sur les *sépulcres* et au milieu des *sépultures*. La *tombe* est proprement la table élevée ou placée au-dessus de la fosse qui contient les ossemens des *morts*; le *tombeau* est un ouvrage de l'art érigé à l'honneur des morts; le *sépulcre* et la *sépulture* ne sont que des fosses creusées et des souterrains fermés pour cacher et consumer les restes des morts. La *sépulture* est le lieu consacré pour rendre les derniers devoirs aux morts qui y ont leur *sépulcre* qui est le caveau, la fosse qui reçoit leurs dépouilles. On ne se sert du mot *sépulcre* qu'au figuré, ou en parlant des *tombeaux* des anciens, des saints.

TOMBER PAR TERRE, TOMBER A TERRE. *Tomber par terre* se dit de ce qui, étant déjà à terre, *tombe* de sa hauteur; et *tomber à terre*, de ce qui, étant élevé au-dessus de terre, tombe de haut. Un arbre *tombe par terre*; les fruits de l'arbre *tombent à terre*.

TONNERRE, FOUDRE. Le *tonnerre* est un météore de l'air ou un effet naturel; la *foudre* est l'instrument d'une puissance terrible, dirigé par l'intelligence vers une fin morale. Le *tonnerre* frappe les corps, mais surtout les corps élevés; la *foudre* frappe les personnages, mais surtout les personnages élevés. Le *tonnerre* tue; la *foudre* punit.

TORS, TORTU, TORDU, TORTUÉ, TORTILLÉ. *Tors* indique la direction d'un corps tournant en long et de biais, sans marquer un défaut dans la chose *torse*: on dit cependant cou *tors*, jambe *torse* ou *torte*, pour exprimer un défaut; mais c'est le reste d'un ancien usage, qui faisoit employer *tors* pour *tortu*. *Tortu* emporte une idée de défaut ou de censure: un corps est *tortu*, quand il est de travers, mal tourné: il n'y a de *tordu*, que ce qu'on a *tordu* de force; *tortué* exprime de même un rapport à l'action de *tortuer*, et à l'événement de se *tortuer*, verbe qui signifie tourner en divers sens; *tortiller* signifie *tordre* à plusieurs tours plus ou moins serrés; ce mot n'emporte pas un défaut; au figuré, il signifie tourner autour de la chose, au lieu d'aller droit, chercher des détours, des délais.

TORT, PRÉJUDICE, DOMMAGE, DÉTRIMENT. Le *tort* blesse le droit de celui à qui on le fait; le *préjudice* nuit aux intérêts de celui à qui on le porte; le *dommage* cause une perte à celui qui le souffre; le *détriment* détériore la chose de celui qui le reçoit. L'auteur du *tort* fait son bien par le mal d'autrui; l'auteur du *préjudice* fait son affaire, d'où il résulte quelque mal pour autrui; l'auteur du *dommage* fait une action qui fait le mal d'autrui; l'auteur du *détriment* fait une chose qui devient un mal pour autrui. Le *tort* se fait principalement aux personnes; le *dommage* attaque directement les choses et réjaillit sur les personnes: l'idée de *préjudice* est plutôt morale, et celle de *détriment* est proprement physique; le *détriment* est une altération, une dégradation.

TORT, INJURE. Le *tort* regarde les biens et la réputation; l'*injure* regarde les qualités personnelles. Le premier nuit; la seconde offense.

TOUCHER, CONCERNER, REGARDER. Lorsque nous ne prenons qu'une légère part à la chose, nous pouvons dire qu'elle nous *regarde*; il en faut prendre davantage pour dire qu'elle nous *concerne*; et lorsqu'elle nous est personnelle, elle nous *touche*.

TOUCHER, MANIER. On *touche* plus légérement; on *manie* à pleine main: on *touche* une colonne; on *manie* une étoffe.

TOUCHER, EMOUVOIR. L'action de *toucher* fait une impression dans l'ame; l'action d'*émouvoir* lui cause une agitation: l'impression produit l'agitation. Ce qui *touche* excite la sensibilité; ce qui *émeut* excite une passion: on est *touché* de pitié; on est *ému* et non pas *touché* de colère.

TOUJOURS, CONTINUELLEMENT. Ce que l'on fait *toujours*, se fait en tout temps et en toutes occasions; ce qu'on fait *continuellement*, se fait sans interruption. Il faut *toujours* préférer son devoir à son plaisir; il est difficile d'être *continuellement* appliqué au travail.

TOUR, TOURNURE. *Tour* est un mot vague qui se prend de mille manières; *tournure* est un mot précis qui n'a qu'un sens déterminé. Un *tour* d'esprit, un *tour* d'adresse; la *tournure*, la manière particulière de penser d'une personne. Le *tour* donne la *tournure*; la chose reçoit la *tournure* donnée par le *tour*; et la *tournure* est la forme qui reste à la chose *tournée* ou changée par un certain *tour*. Vous direz un *tour* de phrase, et la *tournure* du style.

TOUR, CIRCONFÉRENCE, CIRCUIT. Le *tour* est la ligne qu'on décrit, en suivant la direction courbe des parties extérieures d'un corps ou d'une étendue, de manière à revenir au point d'où l'on étoit parti; la *circonférence* est la ligne courbe décrite ou formée par les parties d'un corps ou de l'espace, les plus éloignées du centre; le *circuit* est la ligne où le terme auquel aboutissent et dans lequel se renferment les parties d'un corps ou d'une étendue, en formant des *tours*, des détours, des retours. Vous faites le *tour* de la ville: le corps a sa *circonférence* marquée par l'extrémité de ses parties; la chose fait un *circuit*; vous tracez le *circuit* de son enceinte.

TOUT, CHAQUE. Ces deux mots désignent la totalité des individus de l'espèce: *tout* suppose l'uniformité dans le détail, et exclut les exceptions et les différences; *chaque* indique nécessairement les différences dans le détail. *Tout* homme a des passions; *chaque* homme a sa passion dominante.

TRADUCTION, VERSION. La *version* est plus littérale, plus attachée aux procédés de la langue originale; la *traduction* est plus occupée du fond des pensées, plus attentive à les présenter sous la forme qui peut leur convenir dans la langue nouvelle, et plus assujétie aux tours et aux idiômes de cette langue. La *version* ne doit être que fidelle et claire, donner le mot à mot; la *traduction* doit avoir les qualités conformes au génie du nouvel idiôme, et rendre la pensée.

Train, Equipage. Le *train* regarde la suite ; l'*équipage*, le service. On dit un grand *train*, et un bel *équipage*.

Traîner, Entraîner. *Traîner*, c'est tirer après soi ; *entraîner*, c'est *traîner* avec soi : on *traîne* à la suite ; on *entraîne* dans son cours. Des chevaux *traînent* un char, et quelquefois le char *entraîne* les chevaux.

Traite, Trajet, Trotte. La *traite* est l'étendue du chemin d'un lieu à un autre ; le *trajet* est le passage qu'il faut franchir pour aller d'un lieu à un autre : on dit *traite*, en parlant de la terre, et *trajet*, en parlant des eaux. On dit populairement *trotte* dans le sens de *traite* : elle est en petit, ce que la *traite* est en grand, et regarde particulièrement les gens à pied.

Traité, Marché. Le *traité* est une convention sur des affaires d'importance, sur un *marché* considérable ; le *marché* est le prix de la chose qu'on achète avec des conventions. L'idée dominante du *traité* est d'établir les stipulations respectives ; l'idée dominante du *marché* est celle de faire échange de valeurs.

Tranchant, Décisif, Péremptoire. Ce qui lève les difficultés, applanit les obstacles, est *tranchant* ; ce qui entraîne le jugement est *décisif* ; ce qui ne souffre plus d'opposition et interdit la replique, est *péremptoire*. *Tranchant* et *décisif* se disent des personnes : l'homme *tranchant* ne voit point de difficultés ; l'homme *décisif* n'a point de doute.

Tranquillité, Paix, Calme. Ces mots expriment une situation exempte d'agitation : celui de *tranquillité* ne regarde précisément que la situation en elle même et dans le temps présent ; celui de *paix* regarde cette situation par rapport aux ennemis qui pourroient y causer de l'altération ; celui de *calme* s'emploie comme succédant à une situation agitée, ou comme la précédant. On a la *tranquillité* en soi, la *paix* avec les autres, le *calme* après l'agitation.

Transcrire, Copier. *Transcrire* signifie écrire une seconde fois, transporter sur un autre papier, porter d'un livre dans un autre ; *copier*, c'est tirer un double ou des doubles, pour multiplier les exemplaires.

Travail, Labeur. Le *travail* est une application soigneuse ; le *labeur* est un travail pénible : le *travail* occupe nos forces ; le *labeur* exige des efforts soutenus. L'homme est né pour le *travail* ; le malheureux est condamné au *labeur*.

A travers, Au travers. *A travers* marque simplement l'action de passer par un milieu, et d'aller par-delà, ou d'un bout à l'autre ; *au travers* marque particulièrement l'action de pénétrer dans un milieu, et de le percer de part en part ou d'outre en outre. Le fil passe à *travers* et non *au travers* de l'aiguille ; l'aiguille passe *au travers* de l'étoffe qu'elle perce.

Trébucher, Broncher. On *trébuche*, lorsqu'on perd l'équilibre et qu'on va tomber ; on *bronche*, lorsqu'on fait un faux pas. Celui qui n'a pas le pied ferme est sujet à *trébucher* ; celui qui marche dans un mauvais chemin est sujet à *broncher*.

Trépas, Mort, Décès. *Trépas* est poëtique, et emporte dans son idée le passage d'une vie à l'autre ; *mort* est du style ordinaire, et signifie précisément la cessation de vivre ; *décès* est d'un style plus recherché, tenant un peu de l'usage du palais, et marque le retranchement du nombre des vivans.

Très, Fort, Bien. *Très* marque précisément et seulement le superlatif ; *fort* le marque moins précisément, avec une espèce d'affirmation ; *bien* exprime de plus un sentiment d'admiration.

Tromper, Décevoir, Abuser. On *trompe* en donnant pour vrai ce qui est faux, pour bon ce qui est mauvais ; on vous *déçoit*, en flattant vos goûts et en feignant d'adopter vos idées, vos opinions ; on vous *abuse*, en captivant votre esprit et vous livrant à la séduction. On *trompe* celui qui se laisse tromper ; on *déçoit* celui qui se laisse capter ; on *abuse* celui qui se laisse captiver.

Troupe, Bande, Compagnie. La *troupe* est simplement une multitude de gens rassemblés en un lieu ; la *bande* est une troupe de gens de la même sorte, liés par quelque chose de commun ; la *compagnie* est une association de gens formant un corps appliqué à un certain genre d'occupations. Ces trois mots se disent aussi des animaux : des *troupes* d'oies, des *bandes* d'étourneaux, des *compagnies* de perdrix. La *troupe* est nombreuse : la *bande* va par détachemens ; la *compagnie* vit ensemble, et forme une sorte de famille : *troupe* est un mot indifférent ; *troupe* de brigands, *troupe* céleste. *Bande*, dans le style ordinaire, est plutôt ignoble ou même injurieux : la *bande* joyeuse, la *bande* bachique, une *bande* de filoux ; *compagnie* est une appellation honorable.

Tube, Tuyau. Le *tube* est, en général, un corps d'une figure cylindrique et creux ; le *tuyau* est un ouvrage propre pour tel usage ; on dit : le *tube*, le cylindre d'un fusil ; un *tuyau* de poële. *Tube* est le mot primitif ; *tuyau* est un dérivé distingué par une modification.

Tumultuaire, Tumultueux. *Tumultueux* est à *tumultuaire*, à peu près comme la cause est à l'effet : *tumultuaire* est le résultat. Une discussion *tumultueuse* produit une décision *tumultuaire* ; dans une assemblée *tumultueuse*, on fait une élection *tumultuaire*.

Type, Modèle. Le *type* porte l'empreinte de l'objet ; le *modèle* en est la règle : le *type* vous représente ce que les objets sont aux yeux ; le *modèle* vous montre ce que les objets doivent être. Le *type* est tel que la chose ; le *modèle* est bon, il faut faire la chose d'après lui. Vous tirerez des copies du *type* par impression ; vous ferez des copies du *modèle* par imitation. L'imprimeur travaille sur des *types* ; le sculpteur, d'après des *modèles*.

U

Union, Jonction. L'*union* regarde deux choses différentes qui se trouvent ensemble ; la *jonction* regarde deux choses qui se rapprochent l'une de l'autre. Le mot d'*union* renferme une idée d'accord ou de convenance ; celui de *jonction* suppose un mouvement : on dit l'*union* des couleurs, et la *jonction* des armées. *Union* s'emploie au figuré : l'*union* fait la puissance des états.

Unique, Seul. Une chose est *unique*, lorsqu'il n'y en a point d'autre de la même espèce ; elle est *seule*, lorsqu'elle n'est pas accompagnée. Un enfant qui n'a ni frère ni sœur est *unique* ; un homme abandonné reste *seul*.

Usage, Coutume. L'*usage* semble être universel ; la *coutume* paroît locale et plus ancienne : ce que la plus grande partie des gens pratiquent, est en *usage* ; ce qui est pratiqué depuis long-temps, est une *coutume*.

User, Se servir, Employer. *User* exprime l'action de faire usage d'une chose, selon le droit ou la liberté qu'on a d'en disposer ; *se servir* exprime l'action de tirer un service de quelque chose, selon le pouvoir qu'on a de s'en aider ; *Employer* exprime l'action de faire une application particulière d'une chose, selon les propriétés qu'elle a, et le pouvoir que vous avez d'en régler la destination. On *use* de la chose à sa fantaisie ; on *se sert* d'un agent, d'un instrument, comme on le peut, comme on le sait ; on *emploie* les choses, les personnes, comme on le juge convenable, eu égard à l'objet qu'il s'agit de remplir.

Usurper, Envahir, S'emparer. *Usurper*, c'est prendre injustement, par voie d'autorité et de puissance ; *Envahir*, c'est prendre tout d'un coup, par voie de fait, sans prévenir par aucun acte d'hostilité ; *s'emparer*, c'est se rendre maître d'une chose, en prévenant tous ceux qui peuvent y prétendre avec plus de droit. Le mot d'*usurper* renferme quelquefois une idée de trahison ; celui d'*envahir* fait entendre qu'il y a de la violence ; celui de *s'emparer* emporte une idée d'adresse et de diligence.

Utilité, Profit, Avantage. L'*utilité* naît du service qu'on tire des choses ; le *profit*, du gain qu'elles produisent ; l'*avantage*, de l'honneur ou de la commodité qu'on y trouve. Un meuble a son *utilité* ; une terre apporte du *profit* ; une grande maison a son *avantage*.

V

Vacances, Vacations. Ces deux mots pluriels marquent le temps auquel cessent les exercices publics ; mais *vacances* se dit de la cessation des études publiques ; *vacations*, de la cessation des séances des gens de justice.

Vacarme, Tumulte. *Vacarme* emporte l'idée d'un plus grand bruit ; et *tumulte*, celle d'un désordre. Une seule personne fait du *vacarme* ; mais le *tumulte* suppose toujours qu'il y a un grand nombre de gens. *Vacarme* ne se dit qu'au propre ; *tumulte* se dit au figuré, du trouble et de l'agitation de l'ame.

Vaillant *et* Vaillance ; Valeureux *et* Valeur. La *vaillance* est la vertu ou la force courageuse qui constitue l'homme *vaillant* ; la *valeur* est cette même vertu qui se déploie avec éclat, et rend l'homme *valeureux* dans les combats. La *vaillance* annonce la grandeur du courage ; et la *valeur*, la grandeur des exploits : la *vaillance* ordonne, et la *valeur* exécute. Il faut que le général soit *vaillant*, et le soldat *valeureux*.

Vaincre, Surmonter. *Vaincre* suppose un combat contre un ennemi qui se défend ; *surmonter* suppose des efforts contre quelque chose qui fait de la résistance. On se sert du mot *vaincre* à l'égard des passions ; et de celui de *surmonter* pour les difficultés.

Vaincu, Battu, Défait. Une armée est *vaincue* quand elle perd le champ de bataille ; elle est *battue* quand elle le perd en laissant beaucoup de morts et de prisonniers ; elle est *défaite*, lorsque cet échec va au point que l'armée est dissipée, ou tellement affoiblie, qu'elle ne peut plus tenir la campagne. Plusieurs généraux ont été *vaincus*, sans avoir été *défaits* ; le lendemain de la perte d'une bataille, ils étoient en état d'en donner une nouvelle : *vaincu* et *défait* ne s'appliquent qu'à des armées ; on dit d'un détachement qu'il a été *battu*.

Vainement, En vain. On a travaillé *vainement* quand on l'a fait sans succès ; et *en vain*, quand on l'a fait sans fruit : l'ouvrage est manqué dans le premier cas ; l'objet est manqué dans le second. Si vous me parlez sans que je vous entende, vous parlez *vainement* ; si vous me parlez sans me persuader, vous parlez *en vain*.

Valétudinaire, Maladif, Infirme, Cacochyme. Le *valétudinaire* est d'une santé chancelante ; le *maladif* est sujet à être malade ; l'*infirme* est affligé de quelque dérangement d'organes ; le *cacochyme* est plein de mauvaises humeurs.

Valeur, Prix. Le mérite intrinsèque des choses en fait la *valeur* ; l'estimation en fait le *prix*. La *valeur* est la règle du *prix*, règle incertaine, qu'on ne suit pas toujours. Le mot de *prix* suppose quelques rapports à l'achat : ce n'est pas être connoisseur, que de ne juger de la *valeur* des choses que par le *prix* qu'elles coûtent.

Valeur, Courage. Le *valeureux* peut manquer de *courage* ; le *courageux* est toujours maître d'avoir de la *valeur*. La *valeur* sert au guerrier qui va combattre ; le *courage*, à tous les êtres sujets à des calamités. La *valeur* brave la mort ; le *courage* plus grand, brave la mort et supporte la vie.

Vallée, Vallon. *Vallée* signifie un espace plus étendu que *vallon*.

Se vanter, Se jacter. *Se vanter*, c'est se louer indiscrètement ; *se jacter* (*inusité*), c'est *se vanter* avec arrogance. La *vanité* n'est que du vent ; la *jactance* est le déchaînement de la *vanité*.

Vanter, Louer. On *vante* une personne pour lui procurer l'estime des autres ; on la *loue* pour lui applaudir. *Vanter*, c'est dire beaucoup de bien des gens ; *louer*, c'est approuver avec admiration ce qu'ils ont dit ou ce qu'ils ont fait, soit que cela le mérite ou non. Le mot *vanter* suppose que la personne dont on parle est différente de celle à qui on parle ; ce que *louer* ne suppose pas.

Variation, Variété. Les changemens successifs dans le même sujet font la *variation* ; la multitude des différens objets fait la *variété* : la *variation* du temps, la *variété* des couleurs.

Variation, Changement. La *variation* consiste à être tantôt d'une façon et tantôt d'une autre ; le *changement* consiste à cesser d'être le même.

Variété, Diversité, Différence. La *variété* consiste dans un assortiment de plusieurs choses différentes, de manière qu'il en résulte un ensemble agréable par leurs différences mêmes ; la *diversité* consiste dans des différences assez grandes entre plusieurs objets, de manière qu'ils semblent former différens ordres de choses ; la différence consiste dans la qualité ou la forme qui empêche de confondre ensemble les objets. La *variété* suppose plusieurs choses dissemblables et rassemblées sur un même fond ; la *diversité* exclut la conformité ; la *différence* exclut l'identité.

Vedette, Sentinelle. Une *vedette* est à cheval ; une *sentinelle* est à pied.

Veiller a, Veiller sur, Surveiller. On *veille à*, afin que, pour que : on *veille à* une chose, à son exécution, à sa conservation ; on *veille sur*, au-dessus, par-dessus : on *veille sur* ce qui se fait, *sur* les gens qui font la chose ; on *veille sur* les objets, *sur* les personnes, *sur* ce qu'on a dans sa dépendance, sous son inspection, en sa garde. On *surveille* d'en haut, d'office : on *surveille* à tout, sur tout ; on *surveille* les personnes. Vous *veillez à* vos affaires ; vous *veillez sur* vos enfans ; vous *surveillez* et vous réglez tout.

Vélocité, Vitesse, Rapidité. La *vélocité* est la qualité du mouvement fort et léger ; elle marque proprement la *vitesse* de ce qui s'élève dans les airs, de ce qui parcourt l'espace : la *vitesse* est la qualité du mouvement prompt et accéléré ; ce mot exprime la course prompte et accélérée : La *rapidité* est la qualité du mouvement impétueux et violent.

On dira la *vélocité* d'un oiseau, la *vitesse* d'un cheval, la *rapidité* d'un torrent.

VÉNAL, MERCENAIRE. La chose *vénale* est à vendre; le *mercenaire* est au plus offrant, aujourd'hui pour et demain contre. On dira qu'un tribunal est *vénal*, et non pas qu'il est *mercenaire*; on ne dira pas d'un écrivain qui se vend alternativement, qu'il est *vénal*, mais qu'il est *mercenaire*; mais on dira que sa plume est *vénale*, car elle aliène définitivement ce qu'elle émet.

VENDRE, ALIÉNER. *Vendre*, c'est donner pour un certain prix, une chose dont on a la libre disposition; *aliéner*, c'est transférer à un autre la propriété d'un bien dont on le rend maître. Tout ce qui s'apprécie en argent, se *vend*; on n'*aliène* que des fonds.

VÉNÉRATION, RÉVÉRENCE, RESPECT. La *vénération* est un profond *respect*; elle n'a au-dessus d'elle que l'adoration; la *révérence* est une crainte respectueuse; le *respect* est une distinction honorable; c'est le moindre degré d'honneur. Le *respect* consiste à se mettre au-dessous des autres; la *révérence*, à se tenir devant les autres dans la réserve d'une grande modestie; la *vénération*, à tomber aux pieds des autres ou à leurs genoux.

VÉRIFIER, AVÉRER. *Vérifier*, c'est employer les moyens de se convaincre, ou de convaincre quelqu'un d'une chose *véritable*; *avérer*, c'est prouver d'une manière convaincante qu'une chose est vraie ou réelle. On *vérifie* un rapport, une citation; on *vérifie* aussi les faits: la *vérification* est un moyen d'*avérer* les choses; on n'*avère* que les faits.

VERSER, RÉPANDRE. *Verser* ne se dit que des liquides; *répandre* se dit de divers objets solides et rassemblés, comme des liquides. On *verse* et on *répand* de l'eau; on *répand* et on ne *verse* pas des fleurs, des semences, des monnoies. On ne *verse* que ce qui coule; on *répand* tout ce qui s'éparpille. Les larmes qu'on *verse* sillonnent le visage; celles qu'on *répand* l'inondent. On dira mieux *verser* le sang d'un citoyen, et *répandre* le sang des peuples.

VESTIGE, TRACE. Le *vestige* est l'empreinte laissée par un corps sur l'endroit où il a posé; la *trace* est un trait de l'objet, imprimé sur un autre corps. Tout *vestige* est *trace*, car l'empreinte porte quelque forme de la chose; les *traces* ne sont pas toutes des *vestiges*, car les traits ne sont pas tous formés par l'impression seule du corps. Le *vestige* n'est jamais qu'une *trace* très-légère; la *trace* représente du moins le dessein du corps; ce mot sert à indiquer mille sortes d'empreintes; celui de *vestige* ne s'applique qu'à des objets qui marquent la place sur laquelle ils ont posé.

VÊTEMENT, HABILLEMENT, HABIT. *Vêtement* exprime tout ce qui sert à couvrir le corps; *habillement* renferme dans son idée un rapport à la forme, à la façon dont on est vêtu; il s'étend à la parure: l'on dit un *habillement* de cérémonie, de théâtre. *Habit* a un sens bien plus restreint; il ne signifie que ce qui est robe, ou ce qui tient de la robe: l'on ne s'en sert que pour marquer ce qui est l'ouvrage du tailleur ou de la couturière. Le gilet, la culotte, la robe, la jupe, le corset sont des *habits*; la chemise et la cravatte sont *vêtemens*; l'épée n'est ni *habit* ni *vêtement*, quoiqu'elle soit de l'*habillement*.

VÊTU, REVÊTU, AFFUBLÉ. *Vêtu* se dit des habits faits pour le besoin, la commodité, les ornemens de mode; *revêtu* s'applique aux habillemens qui distinguent les emplois, les honneurs et les dignités; *affublé* est d'un usage ironique pour les habillemens extraordinaires et de caprice.

VEXER, MOLESTER, TOURMENTER. Vous êtes *vexé* par la violence qui vous *tourmente* pour vous dépouiller; *molesté* par des charges, des poursuites; *tourmenté* par toutes sortes de peines dont la force et la continuité ne vous laissent point de repos.

VIANDE, CHAIR. Le mot de *viande* porte avec lui une idée de nourriture, que n'a pas celui de *chair*; mais ce dernier a avec la composition physique de l'animal un rapport que n'a pas le premier. Le poisson et les légumes sont *viandes* de carême; la perdrix a la *chair* courte et tendre. *Chair* ne se dit que des parties molles; *viande* se dit d'une portion de substance animale, mêlée de parties molles et de parties dures. *Viande* se prend d'une façon plus abstraite que *chair*: on dit de la *chair*, on ne dit pas de la *viande* de poulet, etc.

VIBRATION, OSCILLATION. *Vibration* indique tout mouvement alternatif ou réciproque sur lui-même, dont la cause réside dans l'élasticité; *oscillation* signifie tout mouvement alternatif ou réciproque sur lui-même, dont la cause réside uniquement dans la pesanteur ou gravitation. Les cloches font des *vibrations* et des *oscillations*: les premières dérivent du battant qui frappe la cloche, en vertu de son élasticité, ce qui produit des sons; les secondes sont déterminées par le mouvement total de la cloche.

VICE, DÉFAUT, IMPERFECTION. *Vice* marque une mauvaise qualité qui procède de la dépravation ou de la bassesse du cœur; *défaut* marque une mauvaise qualité de l'esprit, ou une mauvaise qualité purement extérieure; *imperfection* est le diminutif de *défaut*.

VICE, IMPERFECTION, DÉFAUT, DÉFECTUOSITÉ. L'*imperfection* fait que la chose n'a pas le degré de perfection qu'elle doit avoir, le *défaut* fait que la chose n'a pas toute l'intégrité; la *défectuosité* fait que la chose n'a pas tout le relief, tout l'effet qu'elle doit avoir. L'*imperfection* laisse quelque chose à désirer; le *défaut*, quelque chose à corriger; la *défectuosité*, quelque chose à réformer ou à suppléer. L'*imperfection* dégénère en *défaut*; la *défectuosité*, en difformité: le *vice* est un très-grand *défaut*.

VIDUITÉ, VEUVAGE. La *viduité* est l'état actuel du survivant des conjoints, qui n'a point passé un autre mariage; le *veuvage* est le temps que dure cet état.

VIOLE, VIOLEMENT, VIOLATION. Le *viol* est le crime de celui qui attente par force à la pudicité d'une fille ou d'une femme; *violement* ne se dit que de l'infraction de ce qu'on doit observer; *violation* se dit des choses sacrées, quand elles sont profanées.

VIOLENT, EMPORTÉ. Le *violent* va jusqu'à l'action; l'*emporté* s'arrête aux discours. Un homme *violent* frappe aussi-tôt qu'il menace; un homme *emporté* est prompt à dire des injures, il se fâche aisément.

VIEUX, ANCIEN, ANTIQUE. *Antique* enchérit sur *ancien*; *ancien* sur *vieux*. Une mode est *vielle*, lorsqu'elle cesse d'être en usage; elle est *ancienne*, lorsque l'usage en est entièrement passé; elle est *antique*, lorsqu'il y a déjà long-temps qu'elle est *ancienne*. Ce qui est récent, n'est pas *vieux*; ce qui est nouveau n'est pas *ancien*; ce qui est moderne n'est pas *antique*.

VIGOUREUX, FORT, ROBUSTE. Le *vigoureux* plus agile, doit beaucoup au courage; le *fort* plus ferme, doit beaucoup à la construction des muscles; le *robuste*, moins sujet aux infirmités, doit beaucoup à la nature. On est *vigoureux* par les mouvemens et par les efforts qu'on fait; on est *fort* par la solidité et par la résistance des membres; on est *robuste* par la bonne conformation des parties qui servent aux fonctions naturelles. Un homme *vigoureux* attaque avec violence; un homme *fort* porte d'un air aisé ce qui accableroit un autre; un homme *robuste* est à l'épreuve de la fatigue.

VIS-A-VIS, EN FACE, FACE A FACE. *Vis-à-vis* désigne le rapport de deux objets, en opposition directe; *en face* ne marque qu'un simple rapport de perspective; *face à face* marque un double rapport de réciprocité. Deux objets sont *face à face*, lorsque la *face* de l'un correspond à la *face* de l'autre; un arbre peut être *en face* d'une maison; deux arbres seront *vis-à-vis* l'un de l'autre.

VISCÈRE, INSTESTINS, ENTRAILLES. Les *viscères* sont des organes destinés à produire dans les alimens, dans les humeurs, des changemens utiles à la vie; le cœur, le foie, les poumons, les boyaux, etc., sont des *viscères*; les *intestins* sont des substances charnues qui servent à digérer, à distribuer le chyle, et à vider les excrémens; tout cela est renfermé dans les *entrailles*: elles ont pris un caractère morale, on dit des *entrailles* paternelles, les *entrailles* de la miséricorde.

VISION, APPARITION. La *vision* se passe dans les sens intérieurs, et ne suppose que l'action de l'imagination; l'*apparition* frappe de plus les sens extérieurs, et suppose un objet au-dehors. Les cerveaux échauffés et vides de nourriture croient souvent avoir des *visions*; les esprits timides et crédules prennent quelquefois pour des *apparitions* ce qui n'est rien, ou ce qui n'est qu'un jeu.

VISQUEUX, GLUANT. *Gluant* signifie ce qui est fait comme de la *glu*, ce qui a la qualité de s'attacher; *visqueux* signifie ce qui tient fort aux objets auxquels il s'attache.

VITE, TÔT, PROMPTEMENT. La mot *vite* exprime le mouvement, son opposé est *lentement*; le mot *tôt* regarde le moment de l'action, son opposé est *tard*; *promptement* a plus de rapport au temps qu'on emploie, son opposé est *long-temps*. Qui commence *tôt* et travaille *vite*, achève *promptement*.

VIVACITÉ, PROMPTITUDE. La *vivacité* tient de la sensibilité de l'esprit; l'homme *vif* sent d'abord ce qu'on lui dit, et réfléchit moins: la *promptitude* tient de l'humeur et de l'action; un homme *prompt* est expéditif au travail.

VOGUE, MODE. La *mode* est un usage régnant et passager, introduit par le goût, le caprice; la *vogue* est un concours excité par la réputation. Une marchandise est à la *mode*; le marchand qui la vend a la *vogue*. On prend le médecin qui a la *vogue*; on suit la *mode*.

VOIE, MOYEN. La *voie* est une carrière à parcourir par une suite d'actions; le *moyen* est la force mise en action pour obtenir. La *voie* trace la marche; le *moyen* agit et produit l'effet. La *voie* va au but; le *moyen* tend à la fin.

VOIR, REGARDER. On *voit* ce qui frappe la vue; on *regarde* où l'on jette un coup-d'œil. On *voit* ou distinctement ou confusément; on *regarde* ou de près ou de loin. Les yeux s'ouvrent pour *voir*; ils se tournent pour *regarder*.

VOIR, APERCEVOIR. Les objets qui se montrent sont *vus*; ceux qui fuient sont *aperçus*.

VOL, VOLÉE, ESSOR. Le *vol* est l'action de s'élever dans les airs, et de les parcourir; la *volée* est un *vol* soutenu et prolongé; l'*essor* est un *vol* hardi. Un oiseau prend son *vol*; on donne la *volée* à celui à qui on donne la liberté de s'enfuir; l'oiseau de proie prend un *essor*.

VOLONTÉ, INTENTION, DESSEIN. La *volonté* est une détermination fixe; l'*intention* est un mouvement qui fait tendre à quelque chose; le *dessein* est une idée adoptée qui suppose quelque chose de médité, et il faut chercher les moyens d'exécution. Les *volontés* sont précises; les *intentions* sont plus vagues; les *desseins* sont plus raisonnés.

VOLUME, TOME. La reliure sépare les *volumes*; et la division de l'ouvrage distingue les *tomes*.

VOLUPTÉ, DÉBAUCHE, CRAPULE. La *volupté* suppose beaucoup de choix dans les objets, et de la modération dans la jouissance; la *débauche* suppose le même choix, mais nulle modération; la *crapule* exclut l'un et l'autre.

VOUER, DÉVOUER, DÉDIER, CONSACRER. *Vouer*, c'est engager d'une manière irrévocable, par un désir très-ardent, et la volonté la plus ferme; *dévouer*, c'est livrer sans réserve, par le zèle le plus généreux et le plus brûlant; *dédier*, c'est mettre sous les auspices de l'objet à qui l'on dédie, par un hommage authentique; *consacrer*, c'est dévouer par un sacrifice, de manière à rendre la chose inviolable. Vous *vouez* par un lien sacré vos enfans à Dieu; les religieux se *dévouent* ou se *vouent* au service de Dieu; on *dédie* une église à quelque saint; on ne *consacre* qu'à Dieu. Dans le style profane, le *vœu* est un engagement inviolable; le *dévouement*, un abandon entier aux volontés d'autrui; la *dédicace*, le tribut d'honneur d'un client; la *consécration*, un dévouement absolu et sacré.

VOULOIR, AVOIR ENVIE, SOUHAITER, DÉSIRER, SOUPIRER, CONVOITER. Le dernier de ces mots est d'usage dans la théologie morale; il suppose un objet illicite: on *convoite* le bien d'autrui. Les autres sont d'un usage ordinaire: on *veut* un objet présent avec réflexion; on en *a envie* avec goût; on *souhaite* et on *désire* des choses éloignées; mais les *souhaits* sont plus vagues, et les *désirs* plus ardens; on *soupire* pour des choses plus touchantes. Nous *voulons* ce qui peut nous convenir; nous *avons envie* de ce qui nous plaît; nous *souhaitons* ce qui nous flatte; nous *désirons* ce que nous estimons; nous *soupirons* pour ce qui nous attire.

VRAI, VÉRITABLE. *Vrai* tombe sur la réalité de la chose, il signifie qu'elle est telle qu'on la dit; *véritable* se rapporte à l'exposition de la chose; et il signifie qu'on la dit telle qu'elle est.

VRAI, VÉRIDIQUE. *Vrai* se prend dans l'acception de *véridique*, qui dit la vérité, mais avec une grande différence. L'homme *véridique* dit *vrai*; l'homme *vrai* dit le *vrai*. L'homme *vrai* est *véridique* par caractère; l'homme *véridique* aime à dire la *vérité*. Dieu est *vrai* par essence; l'écrivain qui est inspiré par lui, est contraint d'être *véridique*.

Z

ZÉPHIR, ZÉPHIRE. Le *zéphir* est un vent doux et léger; le *zéphire* est le *zéphir* personnifié. *Zéphire* commande aux *zéphirs*.

FIN DU DICTIONNAIRE DES SYNONYMES.

TABLE

PRINCIPALES DIFFICULTÉS

DE LA LANGUE FRANÇOISE,

PAR ORDRE ALPHABÉTIQUE,

EXTRAITES DES AUTEURS LES PLUS ESTIMÉS.

N. B. L'exemple de plusieurs grammairiens célèbres qui parlent et écrivent très-mal une langue dont ils connoissent tous les principes, prouve évidemment qu'il n'y a qu'un moyen d'apprendre à bien parler le françois, comme il n'y en a qu'un d'apprendre à bien l'écrire; c'est de n'entendre que des personnes qui s'énoncent avec élégance et pureté; de ne lire que nos bons auteurs du dix-huitième siècle: le néologisme et la bizarrerie du style moderne annoncent un manque de bon sens ou de bonne éducation; et malgré la prétendue perfectibilité de l'esprit humain, et notre marche rapide dans une route qui doit élever notre espèce au rang des célestes intelligences, si Boileau disoit la vérité dans ce vers: *Ce que l'on conçoit bien s'énonce clairement*, il est permis de douter que nos esprits se perfectionnent, car la plupart des écrivains de nos jours s'énoncent très-obscurément; et par conséquent ils conçoivent mal.

A

ACHEVÉ, en parlant des choses, signifie *parfait*, *sans défaut*. *Un ouvrage* achevé, *une beauté* achevée. Mais en parlant des personnes, il se prend en bonne et en mauvaise part. *Un auteur* achevé, c'est un auteur sans défauts. *Un fou* achevé, c'est un très-grand fou. BOUHOURS. DICT. ACAD.

ACHEVER DE SE *peindre*, *s'achever de peindre*.

Achever de se peindre, se dit d'un homme qui achève de se ruiner de biens, de santé, etc. d'un homme qui, après avoir beaucoup bu, recommence à boire. On dit aussi d'un homme à qui il arrive un nouveau malheur: *Voilà qui l'achève de peindre*. (*expressions vieillies*. B.)

Achever de se peindre, c'est achever de faire son portrait. CORN. DICT. ACAD.

ADJECTIF, se dit de ce qui s'ajoute à autre chose. Il y a des noms adjectifs et des verbes adjectifs.

Un *verbe adjectif* est celui dans la signification duquel il y a un attribut, une action ajoutée à l'affirmation qui en fait l'essence: ainsi, tous les verbes sont adjectifs, excepté le verbe substantif *être*, qui est le seul qui ne marque et n'exprime que l'affirmation seule.

L'adjectif diffère du substantif en ce que le substantif dénomme un être, et l'adjectif ajoute à cette dénomination la propriété d'être tel. L'adjectif doit se conformer à son substantif quant au genre et au nombre.

La plupart des noms de professions et d'état, comme *roi*, *philosophe*, *peintre*, *soldat*, etc. ne se qualifient qu'au masculin, quoiqu'ils soient de vrais adjectifs, parce qu'ils n'ont été inventés que pour les hommes qui exercent ces professions. On peut dire: *Marie-Thérèse étoit un grand roi; cette femme est un peintre habile; elle fut dans sa jeunesse un soldat courageux*.

Parmi les adjectifs de nombre cardinal, *vingt* et *cent* prennent un *s* lorsqu'ils sont multipliés par un autre nombre qui les précède, et qu'ils sont immédiatement suivis par leur substantif. Ainsi l'on dit *quatre-vingts ans*, *trois cents hommes*, *six vingts chevaux*, *quatre cents livres*, etc. Quelques auteurs prétendent que *cent* s'écrie toujours *cents* ou *cent*. Leur autorité est assez grave pour justifier ceux qui le feront.

On dit *la feu reine*, comme *le feu roi*, *une demi-mesure*. Ces mots *feu* et *demi* sont considérés comme des demi-mots. On doit encore dire, *ils sont demeurés court*; mais *court* peut passer-là pour adverbe, ou pour ne faire qu'un mot avec *demeurer*.

Il n'y a pas une phrase dans toute la langue où il soit parfaitement égal de placer l'adjectif avant ou après le substantif. Il y a plusieurs adjectifs qui forment un sens très-différent. Quelquefois un substantif change de signification, selon qu'il a un adjectif ou un autre; ainsi, *misère humaine* s'entend des petitesses, des fautes, de la fragilité des hommes: *misère affreuse*, se dit d'une extrême pauvreté.

Toutes les fois que plusieurs adjectifs qualifient une même dénomination, s'ils en partagent entr'eux la totalité, l'article se répète devant chacun de ces adjectifs: *les belles et les laides femmes ont également envie de plaire*. Ces deux adjectifs ne qualifiant le mot *femmes* que par portion, on répète l'article avant chacun d'eux. Quand chacun des adjectifs convient à tous les individus de la dénomination, alors l'article ne se répète point: *les doux et tendres regards d'une coquette*.

Adjectif avec deux substantifs de différent genre.

Exemple: Ce peuple a le cœur et la bouche ouverte à vos louanges. On demande s'il faut dire *ouverte* ou *ouverts*.

Vaugelas décide qu'il faut dire ouverte, comme *on dit*, les pieds et la tête *nue*, et non pas les pieds et la tête nus.

L'Académie appuie cette décision, et la motive ainsi: Quand le verbe régit deux noms substantifs, dont le premier est masculin et le second féminin, il faut que *l'adjectif s'accorde* en genre avec le dernier, auquel seul l'esprit s'attache parce qu'il est le plus proche. C'est ce qui autorise à dire: *Il a le cœur et la bouche ouverte* à vos louanges.

Il n'en est pas de même, quand les deux noms substantifs servent de nominatif au verbe qui suit. Comme ces deux noms demandent le verbe au pluriel, il faut que l'adjectif qui s'y rapporte soit aussi au pluriel et au masculin, comme étant le genre le plus noble. *Le frère et la sœur sont aussi beaux l'un que l'autre*.

L'Académie dit ailleurs: Quand il y a deux noms substantifs au pluriel, dont le premier est masculin et le second féminin, il faut faire rapporter l'adjectif qui suit, à ce second substantif qui est féminin, et dire: *Il trouva les étangs et les rivières glacées*; et non pas les *étangs et les rivières glacés*.

Faut-il dire, *après six mois de temps écoulés*, ou *après six mois de temps écoulé?* On tient que l'un et l'autre est bon, mais que le premier est plus grammatical et le second plus élégant. VAUGELAS.

Selon l'Académie, il faut dire: après six mois de temps écoulés, et non pas *écoulé*; parce que l'adjectif qui suit ne se rapporte jamais au génitif, dans toutes les phrases de cette nature.

Ainsi il faut dire: *après trois heures du jour passées à la promenade; après deux jours de la semaine, passés en plaisirs*; et non pas: *après trois heures du jour passé à la promenade; après deux jours de la semaine passée en plaisirs*.

La phrase suivante exige une autre construction: Je n'ai fait que sortir de la chambre, et j'ai trouvé une partie du pain mangé. Faut-il dire *mangé* ou *mangée?* L'usage dit, une partie du pain *mangé*, es non pas *mangée*.

On dit de même: il a une partie du bras *cassé*, il a une partie de l'os *rompu*, il a une partie du bras *emporté*; et non pas *cassée*, *rompue*, ni *emportée*. VAUGELAS.

Il ne faut point chercher de raison dans une façon de parler reçue par l'usage, qui est plus fort que toutes les règles. Il est vrai que le pain entier n'est pas mangé, et qu'il n'y en a qu'une partie qui soit mangée; mais il est certain qu'il faut dire une partie du pain mangé et non mangée, de même qu'on dit au pluriel: *Il revint après un voyage de plus de vingt ans, et trouva une partie de ses enfans morts*, et non pas *une partie de ses enfans morte*. ACADEMIE.

Ce ne sont-là que des exceptions fondées sur l'usage qui, suivant Vaugelas, fait plusieurs choses sans raison et même contre la raison, auxquelles néanmoins il faut obéir en matière de langage.

Hors de ces cas-là il faut suivre la règle qui veut que l'adjectif s'accorde dans toutes les phrases de cette nature, non avec le génitif, mais avec le nominatif, par qui ce génitif est commandé.

Quand l'adjectif et le pronom sont immédiatement après deux substantifs de choses, ils s'accordent avec le dernier. *Cet acteur joue avec un goût et une noblesse charmante*.

L'adjectif, quand il vient d'un verbe qui peut avoir les personnes pour régime simple, s'applique bien aux personnes. Ainsi, parce qu'on dit *admirer quelqu'un*, *excuser quelqu'un*, etc, on dira bien *un homme admirable*, *une personne excusable*. Mais comme on ne dit point, *pardonner un homme*, *déplorer un homme*, on ne dira pas non plus, sur-tout en prose, *un homme pardonnable une femme déplorable*. Si Racine a dit:

> Vous voyez devant vous un prince *déplorable*. PHEDRE.
> *Déplorable héritier* de ces rois triomphant. ATHALIE.

Ce sont des licences qui ne sont permises qu'aux grands poëtes.

Il ne faut point donner un régime à un adjectif qui ne doit pas en avoir. Le P. Bouhours a repris Balzac d'avoir dit: *Ils connoissent la noblesse de leur naturel*, *qui est* impatient du joug et de la contrainte, c'est-à-dire, qui ne peut souffrir le joug ni la contrainte.

Impatient ne régit pas de substantif; il peut régir un verbe; et *l'on dit*: *impatient de se venger*.

Guillaume, prince d'Orange, étoit doux, affable, populaire, et en même temps ambitieux d'autorité. *Ambitieux* ne doit pas avoir de régime.

> Je cherche à l'arrêter parce qu'il m'est unique.

On ne dit pas, *il m'est unique*; cet ajectif *unique* s'emploie sans régime. VOLT.

C'est une faute de donner à un adjectif un autre régime que celui qui lui est assigné par le bon usage. Par exemple, l'adjectif *prêt*, (disposé) veut être suivi de la préposition *à*; comme *elle est prêt à partir*, *à bien faire*. ACAD. Ce seroit une faute de dire: *elle est prête de partir*, *de bien faire*. Plusieurs font cette faute. *Quelque chose*, *rien*, *quoi que ce soit*, veulent *de* avant l'adjectif qui les suit. *Il a fait quelque chose* de *beau*, de *bien noble*.

On ne doit pas dire, *quelque chose digne de*, *rien digne de*, *quoi que ce soit digne de*. A la vérité, *quelque chose de digne de*, *rien de digne de*, *quoi que ce soit de digne de*, seroient trop durs. On doit prendre un autre tour, et dire, par exemple: *Il l'exhortait à faire* quelque chose qui fût digne de *sa naissance*.

DIFFICULTÉS DE LA LANGUE FRANÇOISE.

Il faut que l'adjectif soit bien assorti au substantif ; alors il embellit la pensée, il lui donne de la force.

> Il est un *heureux* choix de mots *harmonieux* :
> Fuyez des *mauvais* sons le concours *odieux*.
> Le vers le mieux rempli, la plus noble pensée
> Ne peut plaire à l'esprit, quand l'oreille est blessée. BOILEAU.

Ce seroit une grande faute de dire : *Tous les peuples le pleuroient avec des larmes* inconsolables. *Je trouve en lui une admiration* intelligente *de votre vertu*. Ces deux adjectifs *inconsolables*, *intelligente*, ne peuvent se dire que des personnes ; ils ne conviennent point à des noms de choses, comme *larmes*, *admiration*.

Il faut que l'adjectif ajoute au sens du substantif. Ainsi dans : *Ils furent surpris tout-à-coup par une tempête* orageuse, cet adjectif *orageuse* n'est pas bon, parce qu'il n'ajoute rien au sens du mot *tempête*.

Plusieurs adjectifs placés avant le substantif, ont une signification différente de celle qu'ils ont, quand ils ne sont mis qu'après le substantif.

L'air grand. C'est une physionomie noble.

Le grand air. Ce sont les manières d'un grand seigneur.

L'air mauvais, l'extérieur redoutable.

Mauvais air, extérieur ignoble.

Un homme grand signifie *d'une grande taille*.

Cependant, si après *grand homme* on ajoute quelques qualités du corps, comme, *C'est* un grand homme *brun*, *et d'une belle physionomie* ; alors *grand homme* signifie *homme d'une grande taille*.

De même si après *homme grand*, on ajoute un modicatif qui ait rapport au moral, alors *grand* ne s'entend plus de la taille. Un homme grand dans ses projets.

Un homme brave, *de braves gens* ; un homme, des gens intrépides.

Un brave homme, *de braves gens* ; un homme de bien, des gens de probité.

Un enfant cruel, *un peuple cruel*, *une femme cruelle* ; enfant, peuple, femme, qui aiment à faire le mal.

Un cruel enfant, *un cruel peuple*, *une cruelle femme* ; enfant, peuple, femme insupportables.

On dit dans le sens propre, tirer, tracer, décrire une *ligne droite* ; et dans le figuré : la maison de Bourbon descend en *droite ligne* de Saint-Louis, c'est-à-dire, par une descendance non interrompue de mâle en mâle. BOUHOURS.

Du bois mort, ou séché sur pied.

Du mort-bois, de peu de valeur.

Une chose certaine, *une nouvelle* certaine, *une marque* certaine, etc. c'est une chose vraie, assurée ; une nouvelle, une marque vraie, véritable.

> La vertu d'un cœur noble est la marque certaine. BOILEAU.

Une certaine *chose*, *une* certaine *marque*, *une* certaine *nouvelle* ; c'est une chose indéterminée, c'est quelque marque, quelque nouvelle. *Certain* répond alors au *quidam* des Latins.

Une voix commune, c'est une voix ordinaire.

D'une commune *voix*, signifie unanimement.

Une fausse *corde*, qui n'est pas montée au ton qu'il faut.

Une corde fausse qui ne peut jamais s'accorder avec une autre. DICT. DE L'ACAD. 1762.

Un faux accord, qui choque l'oreille.

Un accord faux, celui dont les sons se trouvent mal accordés.

Un tableau est dans *un faux jour*, quand il est éclairé du sens contraire à celui que le peintre a supposé dans son objet.

Il y a *un jour faux* dans un tableau, quand une partie y est éclairée contre nature.

Une fausse clef, clef qu'on garde furtivement.

Une clef fausse, n'est pas propre à la serrure.

Une fausse porte, issue ménagée pour se dérober aux importuns sans être vu. En terme de guerre, porte peu apparente qui introduit dans un faubourg.

Une porte fausse, simulacre de porte.

Une eau morte, qui ne coule point.

La morte eau ; c'est l'eau de la mer, dans son bas flux et reflux.

La dernière année de la guerre, c'est celle après laquelle il n'y a plus de guerre.

L'année dernière est l'année qui précède immédiatement celle où l'on parle.

Un homme malin est un homme malicieux.

Le malin esprit ou l'*esprit malin*, signifie le démon.

Le Saint-Esprit, c'est la troisième personne de la Sainte-Trinité.

L'Esprit Saint, c'est l'esprit de Dieu, commun aux trois personnes de la Sainte-Trinité.

Ce qu'on ajoute à ces mots, l'*Esprit Saint*, peut y donner la signification de *Saint-Esprit* ; comme l'Esprit Saint *qui est descendu sur les apôtres* ; l'Esprit Saint *que le fils de Dieu a promis à ses apôtres*, *ne peut s'accorder avec l'esprit profane du monde*. BOUHOURS.

Une cruelle femme, c'est celle qui ne se laisse pas vaincre par les instances des hommes, ou celle qui tourmente par les instances les plus fortes.

Une femme cruelle, est celle qui cherche à faire du mal.

Une femme sage, c'est une femme vertueuse et prudente.

Une sage-femme, c'est une femme qui assiste celles qui sont en travail d'enfant.

Une femme grosse, c'est une femme enceinte.

Une grosse femme, c'est une femme grasse, qui a beaucoup d'embonpoint.

Un homme galant, est un homme qui cherche à plaire aux dames.

Un galant homme, est un homme poli, qui a des dons et des talens, et dont le commerce est sûr et agréable.

Un gentil-homme, est un homme d'extraction noble.

Un homme gentil est celui qui est gai, vif, joli.

Un habit neuf, est un habit qui n'a point, ou qui a peu servi. *Un habit nouveau*, est un habit d'une nouvelle mode. *Un nouvel habit*, est un habit différent d'un autre qu'on vient de quitter.

Le vin nouveau ; c'est le vin nouvellement fait.

Le nouveau vin ; c'est le vin nouvellemeut mis en perce ; du vin différent de celui qu'on buvoit précédemment.

C'est un pauvre homme, c'est *un pauvre auteur*, signifient un homme et un auteur qui ont peu de mérite.

Un homme pauvre, *un auteur pauvre*, signifient un homme, un auteur sans biens.

Le ton qu'on emploie détermine le sens du mot *pauvre*. Assister *une pauvre femme*, *un pauvre homme*, *un pauvre vieillard* ; c'est-à-dire sans biens.

Le pauvre prince, *la pauvre reine*, *les pauvres innocens*, expression de tendresse ou de compassion.

Un pauvre orateur, *de pauvre vin*, *une pauvre chère*, *une pauvre comédie*, expressions de mépris et de dédain.

Une langue pauvre, celle qui n'a pas tout ce qui seroit nécessaire à l'expression de nos pensées.

Une pauvre langue, celle qui, outre la disette des termes, n'a ni douceur dans ses mots, ni analogie dans ses procédés, ni aptitude à être écrite.

Un homme plaisant, est un homme gai, enjoué, qui fait rire.

Un plaisant homme, pour un homme ridicule, bizarre, singulier, etc.

Un personnage plaisant, dont le rôle est rempli de traits divertissans.

Un plaisant personnage, un impertinent méprisable.

Une comédie plaisante, pleine de sel, de saillies réjouissantes, etc.

Une plaisante comédie, celle qui pêche contre les règles.

Un conte plaisant, bien récréatif, fort agréable.

Un plaisant conte, récit sans vérité, ni vraisemblance, digne de mépris.

Le haut ton, manière de parler audacieuse, arrogante.

Le ton haut, degré supérieur d'élévation d'une voix chantante, ou du son d'un instrument.

Un honnête homme, qui a des mœurs, de la probité, etc.

Un homme honnête, poli, qui plaît par ses bonnes manières.

Les honnêtes gens d'une ville, sont ceux qui ont du bien, une réputation intègre, une naissance honnête, etc.

Des gens honnêtes, sont des gens polis, qui reçoivent bien ceux qui les visitent.

Furieux, placé après le substantif, comme, *un lion furieux*, *un taureau furieux*, signifie en fureur, transporté de colère.

Furieux, placé avant le substantif, signifie, dans le style familier, la même chose que très-grand, énorme ; il désigne l'excès.

Mortel, quand il signifie *qui est sujet à la mort*, ne peut se mettre qu'après le substantif. *Durant cette vie mortelle*.

Mortel, quand il précède le substantif, signifie grand, excessif.

Un vilain homme, *une vilaine femme*, désagréable, par la figure, par la malpropreté, ou par les manières et les vices.

Un homme bien, *fort vilain*, est un avare, qui épargne d'une manière sordide. On ne dit guère absolument, et sans modificatif, *un homme vilain*, *Une femme vilaine*. Cependant on dit c'est *un vilain*, c'est un avare.

Un homme vrai ; c'est un homme véridique. *Une nouvelle vraie*, c'est une nouvelle véritable ; mais quand on dit, *N. est un* vrai *charlatan* ; cela signifie *N. est* réellement *charlatan*. *Ce que vous dites est une* vraie fable ; cela veut dire ; *ce que vous dites est une* pure *fable*.

Seul, avant le nom, exclut les autres individus de la même espèce : *Un* seul *homme peut lever ce fardeau*, c'est-à-dire, aucun autre ne peut le lever. *Un* seul *lit*, *et non plusieurs*, *servoit à toute la famille*.

Seul, après le nom, exclut tout accompagnement : *Un homme* seul *peut sans aucun secours*, *emporter cette commode*. *Un lit* seul, *sans aucun autre meuble*, *étoit dans ce cabinet*. WAILLY.

Un *mot* peut être *bon*, sans être un *bon mot*. Celui-ci est toujours une saillie, une pointe, une pensée ingénieuse.

Des *belles sœurs* ne sont pas toujours des *sœurs belles*.

AIDER *quelqu'un*, *aider à quelqu'un*. *Aider à quelqu'un* n'est proprement d'usage que pour secourir un homme trop chargé. Aidez *un peu* à ce *pauvre homme*. DICT. ACAD.

Aider régit *à* quand il doit suivre un infinitif ou un nom de choses. *Les petites rentes* aident à vivre.

Aider à la lettre, proverbe. Suppléer à ce qui n'est pas exprimé.

Dans les autres cas, *aider* demande le régime simple de la personne ; et le nom de la chose dont on parle, est précédé de la préposition *de*. *Il faut aider les pauvres de ses biens*, *de son crédit*.

On dit aussi, *s'aider de quelque chose*, pour *s'en servir*. *Ce cavalier s'aide aussi bien* de la plume *que* de l'épée. (*expressions vieillies*. B.)

AIGLE, dans le propre, est masculin et féminin, et l'on dit égalemeut un grand aigle et une grande aigle. Dans le figuré il est féminin : l'aigle impériale, les aigles romaines. ACAD.

AIMER MIEUX, signifie tantôt préférer la chose qui flatte le plus notre goût, et tantôt préférer celle qui est la plus conforme à notre volonté.

Or, le premier de ces deux sens exige la suppression de la particule *de* ; *et* l'autre exige qu'on l'emploie.

Préférence de goût : *J'aime mieux dîner que souper* ; *j'aime mieux lire que jouer*.

Préférence de volonté : *J'aime mieux ne rien avoir*, *que d'avoir le bien d'autrui* ; *j'aime mieux mourir que de me deshonorer*. D'OLIV.

SE DONNER DES AIRS, *prendre des airs de savans*, *de bel esprit*. Affecter de passer pour savant, pour bel esprit, quoiqu'on ne le soit pas. *Prendre des airs*, *se donner des airs*, vouloir se distinguer par des manières plus recherchées. *Prendre l'air*, être dans un lieu où l'on respire un air plus pur. De Callières a condamné ces expressions, mais l'Académie les approuve.

ALENTOUR, AUTOUR. L'usage des écrivains modernes a établi de la différence entre ces deux mots.... *Autour* est une préposition, et *alentour* un adverbe. Il faut donc dire : la reine avoit toutes ses filles *autour* d'elle, et non pas *alentour* d'elle. Le roi étoit en un tel lieu, et tous ses gardes étoient *alentour*, et non pas *autour*.

ALLÉ (il est) *il a été*. Souvent on dit : *Il est allé* pour *il a été*, ce qui est une faute assez considérable ; combien de gens disent : *je suis allé le voir*, *je suis allé lui rendre visite*, pour *j'ai été le voir*, *j'ai été lui rendre visite*.

La règle qu'il y a à suivre en cela est que toutes les fois qu'on suppose le retour du lieu, il faut dire : *Il a été*, *j'ai été* ; et lorsqu'il n'y a point de retour, il faut dire : *Il est allé*.

Tous ceux qui *sont allés* à la guerre, n'en reviendront pas. Tous ceux qui *ont été* à Rome, n'en sont pas meilleurs. Céphise *est allée* à l'église, où elle sera moins occupée de Dieu que de son amant. Lucinde *a été* au sermon et n'en est pas devenue plus charitable pour sa voisine. GIRARD.

ALLER, VENIR. Quelqu'un qui est à Paris, dira : *Le courier* alla *de Paris à Rome en dix jours*, parce qu'*aller* c'est partir du lieu où est celui qui parle. *Venir*, c'est partir d'un lieu pour se rendre auprès de celui qui parle.

C'est dans le même sens que rencontrant un ami à la promenade, on lui dit : *Je vous prie de venir demain dîner chez moi*.

Si cependant le Monsieur qui invite ne devoit pas manger chez lui, il pourroit dire : *Je vous prie* d'aller *demain dîner chez moi*.

On dit aussi, *je partirai demain pour Rouen*, *voulez-vous y* venir *avec moi ?*

Aller et venir s'emploient quelquefois par élégance avec un infinitif. *Si votre père* alloit *apprendre cette nouvelle* ; c'est comme s'il y avoit simplement : *Si votre père* apprenoit.

L'indicatif présent et imparfait d'*aller*, suivi d'un infinitif, marque qu'on est ou qu'on étoit sur le point de faire une chose. *Je vais partir*, *il va sortir*. *Nous allions partir*, *vous alliez sortir*.

Je viens, avec un infinitif sans *de*, marque le motif de la venue. *Je viens*, *je venois vous chercher*, c'est-à-dire pour *vous chercher*.

DIFFICULTÉS DE LA LANGUE FRANÇOISE.

Au contraire, *je viens de chanter*, *je venois de rentrer*, signifient une action nouvellement passée. WAILLY.

AMOUR, masculin en prose, devient dans les vers ou dans la prose poétique, masculin ou féminin au gré de l'auteur.

Avant que dans son cœur cette amour fût formée. RAC.

Au pluriel sur-tout, le féminin paroît avoir de la grâce, *mes premières amours*, *d'éternelles amours*.

APPAROÎTRE, PAROÎTRE. *Apparoître* ne se dit que des substances spirituelles. *Le Seigneur apparut à Moïse*.

Paroître se dit de tout ce qui tombe sous la vue. *Les ennemis paroissoient. Il a paru une comète.*

Disparoître répond également à ces deux verbes. *L'ange a disparu.*

ART D'ÉCRIRE. Souvent on sent le défaut de ce qu'on écrit sans le corriger; souvent aussi on se contente d'une lueur de pensée, et on ne cherche pas à la rendre plus clairement; cependant la seule manière de bien écrire, est de ne laisser jamais, ni dans les détails, ni dans l'ensemble, la moindre tache qui blesse notre goût, et le moindre défaut, lors même que nous n'aurions fait que le soupçonner. Il faut faire, défaire et refaire jusqu'à ce que notre goût soit content sur tous les points et en tout sens; trop de négligences nous échapperont encore, et les autres trouveront assez à critiquer dans nos écrits; enfin, si nous n'avons pas le temps de travailler ainsi dans toutes les dimensions, il vaut mieux abandonner la plume, puisque personne n'est obligé de la tenir. Madame NECKER.

ARTICLE. L'article et l'adjectif placés avant un nom propre, ont quelquefois un sens différent de celui qu'ils ont, quand ils sont placés après.

Cette phrase, *j'ai vu le riche Lucull*e, signifie, *j'ai vu Luculle qui est riche.*

J'ai vu Luculle le riche, donne à entendre qu'il y a plus d'un Luculle, et que j'ai vu celui d'entre eux, qui est distingué des autres par ses richesses. DUCLOS.

Quelle est votre erreur? signifie ordinairement, *en quoi êtes-vous trompé?*

Quelle erreur est la vôtre! c'est-à-dire, *est-il possible que vous soyez tombé dans une telle erreur.* WAILLY.

On se sert dans les noms propres, de l'article *les* devant un *singulier*, pour marquer un grand homme; et devant un *pluriel*, pour marquer tous les hommes qui peuvent être assimilés à celui qu'on nomme. Quand on écrit les Boileau, on n'entend parler que du poëte appelé *Boileau*; mais, quand on écrit les Boileaux, on entend parler de tous les poëtes du même ordre. Devant les *substantifs* pris indifiniment, on se sert de la préposition *de*; *un* amas *de* richesses.

L'élégance permet de supprimer l'*article* devant les *substantifs*. Etrangers, ennemis, peuples, rois le révèrent. FLÉCHIER.

La suppression de l'*article* change quelquefois le sens d'une expression. Un *ouvrage de l'esprit* n'est pas un *ouvrage d'esprit.*

Tout *nom* qui n'a ni article, ni équivalent de l'article, ne peut avoir après soi un *pronom* qui s'y rapporte. Ainsi, cette phrase est fautive: *Quand je me fais justice, il faut qu'on se la fasse.* Cette autre phrase, au contraire, est exacte: *Il est chargé de dettes qui l'accablent, mais ils les acquittera toutes avec le temps.*

Un seul et même article ne peut servir à deux adjectifs, à deux conjonctions, qui voudroient chacun un complément différent. On ne diroit donc pas:

L'éléphant est *propre* et *susceptible* d'éducation. *Propre* veut *à* et *susceptible* veut *de*.

AU CAS, EN CAS. Quand il suit un *que*, l'on dit l'un et l'autre. *Au cas* ou *en cas qu'il meure.* Mais quand il doit suivre *de* et un substantif, il faut dire, *en cas de mort*, *de mariage*, etc. WAILLY.

AUCUN et NUL, quand on les met dans la signification négative de personne, n'ont jamais de pluriel, soit qu'on les emploie comme pronoms, en sous-entendant homme, soit qu'on les emploie comme adjectifs: *Nulle paix; aucun mal.*

Cette observation est d'autant plus nécessaire, que d'habiles écrivains ne l'ont pas toujours suivie. Ce qui les a trompés, c'est que ces mêmes mots ont un pluriel, mais dans un autre signification: car quelquefois *nul* signifie qui n'est d'aucune valeur; et alors on lui peut donner un pluriel: *Vos procédures sont nulles.*

Pour ce qui est d'*aucun*, il signifioit autrefois l'*aliquis* des Latins, (quelque) comme on le voit dans le dictionnaire de R. Etienne, qui cite cet exemple: *Aucuns hommes sont venus.* Mais en ce sens il n'est plus usité que dans quelques phrases de palais. D'OLIVET.

AUSSI et SI. On se trompe souvent dans l'usage de *si*, et *aussi*; on fait servir l'un, où l'autre a seul droit de figurer. Toutes les fois qu'on veut simplement marquer l'extension d'une qualité, sans en faire de comparaison, il faut prendre l'adverbe *si*; *il n'est pas si fin qu'on ne puisse encore lui donner le change sur bien des choses*; mais quand on veut faire comparaison entre deux adjectifs ou deux adverbes, tout le monde convient qu'il faut se servir d'*aussi* dans les phrases affirmatives; *il est aussi poli qu'il est brave*; mais si la phrase est négative, *Girard* prétend que, même dans le cas de comparaison, il faut employer *si*: *personne ne vous a servi si utilement que je l'ai fait.* Il est bien des personnes qui emploient alors presque indifféremment *si* ou *aussi*: *il ne sera pas aussi constant qu'il le dit. Il ne sera pas si constant qu'il le dit*, etc. La négation donne à la phrase une force exclusive qui semble demander dans ces cas un adverbe d'extension; la phrase d'ailleurs renferme une comparaison. C'est à la justesse de l'esprit à décider, dans les circonstances particulières, laquelle doit l'emporter, et par conséquent s'il faut employer *si* ou *aussi*: je crois qu'alors on trouvera bien peu de ces phrases négatives où *si* ne convienne mieux. FONTENAI.

AUTANT (d') et DAUTANT. *Girard* distingue deux *d'autant que*; l'un adverbe, composé de la particule *de* et de l'adverbe *autant*; l'autre conjonction, qui s'écrit en un seul mot sans apostrophe.

Il prodigue d'autant plus les éloges à son héros, que *celui-ci le comble de bienfaits.*

Il ne devoit pas si fort le louer, dautant qu'*il ne le connoissoit pas.* FONTENAI.

AUTOMNE, est *masculin* quand l'*adjectif* précède; *un* bel automne; et *féminin* quand l'*adjectif* suit; *une* automne *froide*. CAMINADE.

AUTOUR, A L'ENTOUR. On voit le plus grand nombre de ceux qui écrivent bien, se servir constamment de *autour* quand ils veulent joindre quelques autres mots, et réserver *à l'entour* pour les phrases où il est sans régime: *la vérité est comme placée dans un centre où mille rayons différens peuvent nous conduire; mais combien d'hommes prennent la circonférence pour les rayons, et ne font que courir autour du cercle! combien même, pour qui ce seroit un bonheur, de ne s'égarer qu'à l'entour.* FONTENAI.

AUTRE, des deux genres, et pouvant avoir un pluriel, sert à distinguer les personnes et les choses: il peut prendre l'article ou s'en passer dans certain cas.

De l'abord de Pompée elle espère autre issue. CORNEILLE.

Autre issue ne se dit que dans le style comique; il faut dans le style noble, une *autre* issue; on ne supprime les articles et les pronoms que dans ce familier qui approche du style marotique: sentir joie; faire mauvaise fin. VOLTAIRE.

AUTRUI présentant quelque chose d'interminé, on ne doit y faire rapporter ni *son*, *sa*, *ses*, ni *leur*, *leurs*, en régime simple.

Ainsi au lieu de dire avec Caillières, *La plupart des hommes s'attachent aux choses extérieures, et reprenent avec joie les moindres défauts* d'autrui, *sans se soucier d'examiner* leurs *bonnes qualités*, je dirois: *sans se soucier* d'en *examiner les bonnes qualités.*

Dans cette phrase: *Nous reprenons les défauts* d'autrui *sans faire attention* à ses *ou* à leurs *bonnes qualités.* WAILLY.

AUPARAVANT, ne doit jamais être suivi d'un régime, ni d'un *que.* On ne dit point; j'arriverai *auparavant que de* parler: mais *avant de parler*, ou *avant que de parler.* PANCKOUKE.

AVANT. On doit toujours dire en prose, *avant que de*: cependant les meilleurs écrivains même se permettent de dire en prose *avant de.*

Il faut toujours *avant que* devant un subjonctif; *avant que vous partiez.* Cet *avant que* est alors l'*antequam* des Latins.

Avant marque l'ordre antérieur, annonce une comparaison; ainsi il devroit être toujours suivi d'un *que.* Quant à la préposition *de*, elle est indispensable, parce qu'elle sert à marquer l'objet de *avant.*

Ah! devant qu'il expire. RACINE.

Il y a deux fautes dans cet hémistiche. *Devant* est relatif au lieu et non au temps. D'ailleurs il ne peut être suivi d'un *que*: il faudroit dire, *avant qu'il expire.* D'OLIVET.

AVANT, AUPARAVANT. Le premier est une conjonction, et par conséquent il se met toujours avant un mot qu'il lie. Le second est un surattribut, toujours sans complément, sans suite.

Ne dites donc pas: les Anglois arrivèrent *auparavant nous* à la Jamaïque. Dites, *avant nous.*

AVANT QUE. *Avant que tes regards ne contemplent la victoire*, est une faute.

Avant que ne souffre point la négative.

Vertueuse Zaïre, *avant que* l'hymenée
Joigne à jamais nos cœurs et notre destinée. VOLTAIRE.
Avant que la raison s'expliquant par ma voix,
Eût instruit les humains, eût enseigné les loix. DESPRÉAUX.
Vous que mon bras vengeoit dans Lesbos enflammée,
Avant que vous eussiez assemblé votre armée! RACINE.

AYANT et ÉTANT. *Etant* et *ayant* ne sont jamais participes; et par conséquent, ils n'ont point de pluriel, à l'exception d'*ayant* dans une manière de parler de pratique, que l'usage a consacrée, *ses hoirs et ayans cause.*

Hors de là, ces deux mots sont gérondifs et ne reçoivent point d'*s.* Il faut dire: je les ai trouvés *ayant*, et non pas *ayans* le verre à la main. Je les ai trouvés *mangeant* des confitures, *buvant* de la limonade; et non pas, *mangeans* des confitures, *buvans* de la limonade.

Il faut parler de la même sorte, si le relatif *les* se rapporte à des femmes. Je les trouvai *mangeant* des confitures et non pas *mangeantes* des confitures, quoiqu'on puisse dire, en parlant des femmes: je les ai trouvées bien *mangeantes* et bien *buvantes.* ACADÉMIE.

B

BARBARISME. On appelle barbarisme toute façon de s'exprimer qui est étrangère à la langue dans laquelle on parle. Ainsi un étranger qui diroit, *je suis chaud*, pour *j'ai chaud*, feroit un barbarisme.

On fait un barbarisme, 1°. quand on emploie un mot qui n'est pas du dictionnaire de la langue; comme *la crédulité* pour *la cruauté.*

2°. Quand on prend un mot de la langue dans un sens différent de celui qui lui est assigné par le bon usage. Par exemple, ce seroit un barbarisme que de dire: *Monsieur*, *vous avez pour moi* des boyaux *de père*, il faut *des entrailles de* père, c'est-à-dire, des sentimens de père.

Il y a, dit Voltaire, deux sortes de barbarismes, celui des mots et celui des phrases. *Egaliser les fortunes* pour *égaler les fortunes*: *au parfait*, au lieu de *parfaitement*; *éduquer*, pour donner de l'éducation, élever: voilà des barbarismes de mots. *Je crois de bien faire*, au lieu de: *je crois bien faire*: *Je vous aime tout ce qu'on peut aimer.* Voilà des barbarismes de phrases.

BEAUCOUP, dans le sens de *plusieurs*, ne s'emploie seul que quand il est précédé d'un pronom personnel ou du relatif *en.* On dit: *Nous sommes beaucoup; il y en a beaucoup.* Mais on ne dira point: *Beaucoup ont pensé.* Il faut: *Beaucoup de gens*, *de personnes*, etc. *ont pensé.*

Beaucoup est précédé de la préposition *de*, quand il est après un adjectif. Nous disons: *Il est beaucoup plus grand*, et *il est plus grand* de beaucoup. WAILLY.

BONNE GRACE signifie *agrément*, *ce qui plaît. Cette dame a bonne grâce.*

Bonnes grâces veut dire *bienveillance*, *faveur. Conservez-moi l'honneur de vos bonnes grâces*, c'est-à-dire, *de votre amitié.* WAILLY.

BRUIRE. Ce verbe n'est en usage qu'au présent de l'infinitif, *bruire*; et aux troisièmes personnes de l'imparfait de l'indicatif, *il bruyoit*, *ils bruyoient.*

Le participe actif présent, *bruyant* ou *bruissant*, n'est souvent qu'un simple adjectif. *Flots bruyants*, *trompette bruyante*, *voix bruyante.* FONTENAI.

BRUTS. Pluriel masculin de l'adjectif *brut.* Voltaire a dit, en parlant de Dieu:

Comment, sans liberté, serions-nous ses images?
Que lui reviendroit-il de ses *brutes* ouvrages?

Il falloit *ouvrages bruts* au masculin. Brutes est le féminin de cet ajectif, ou bien le pluriel du substantif *brute.* Exemple: la raison fait une différence essentielle entre les hommes et les *brutes.* LA HARPE.

C

CAPITAINE *des gardes*, est un officier des gardes du corps.

Capitaine aux gardes, est un officier des gardes-françoises. WAILLY.

CE. Quelques-uns répètent *ce* devant le verbe substantif, et d'autres ne le répètent pas. Par exemple: *Ce* qu'il y a de plus déplorable, *c'est*, etc.

D'autres disent: *Ce* qui est de plus déplorable, *est.*

Il est toujours plus élégant de répéter *ce*, quand même le premier *Ce* ne seroit pas beaucoup éloigné; comme en cet exemple: *ce* qu'il y a de fâcheux, *c'est* que.

On doit user de même quand on a mis un autre mot que *ce* auparavant, comme: *La difficulté que l'on y trouve*, *c'est*, et non pas *est*, qui ne seroit pas si bien à beaucoup près.

DIFFICULTÉS DE LA LANGUE FRANÇOISE.

En général, on doit toujours préférer, *c'est* à *est.* ACADÉMIE.

Si *ce*, avec *être*, sont suivis des pronoms *eux*, *elles*, ou d'un substantif pluriel, sans préposition, alors on met le verbe au pluriel. Ce sont *vos ancêtres qui vous rendent illustre : imitez-les si vous ne voulez pas dégénérer.*

Ainsi au lieu de dire avec Bossuet : *C'est eux qui ont bâti ce superbe labyrinthe*, je dirois : *Ce sont eux qui ont bâti ce superbe labyrinthe.* WAILLY.

C'EST ne souffre après lui de *préposition* ou de *particule* que devant un *pronom* et un *verbe*, comme *c'est à vous* à y réfléchir ; *c'est de quoi* il faudra vous occuper.

Racine a dit :

> C'est votre illustre mère à *qui* je veux parler.

S'il avoit dit, *c'est à* votre illustre mère *que* je veux parler, il auroit fait un *solécisme.* On lit dans *Fénélon* : *c'est vous seul, ô mon cher Narbal, pour qui* mon cœur s'attendrit. TÉLÉM. *liv. III.* CAMINADE.

C'EST EUX OU CE SONT EUX. On a dit que pour parler plus régulièrement, et surtout en écrivant, il faut : *Ce sont eux ;* mais dans le discours ordinaire, *c'est eux* peut s'excuser.

Faut-il dire : *C'est* ou *ce fut* dans cette vue que l'on résolut, etc.?

Il a semblé d'abord qu'il y avoit plus de régularité à *ce fut*, parce qu'il s'agit d'un temps passé, et que *c'est* est un temps présent. Mais on a trouvé néanmoins que *ce fut* est une espèce d'affectation, et qu'on dit toujours : *C'est lui qui a fait le coup ; c'étoit lui qui s'y opposa ; ce sont eux qui passèrent les premiers, qui ouvrirent un tel avis.* TALLEMANT, *sur l'Académie.*

C'ÉTOIT. La Mothe-le-Vayer condamne cette phrase de Vaugelas : *Si c'étoient nous qui eussions fait cela.* Chapelain la condamne comme lui, et dit qu'il faut dire : *Si c'étoit nous*, au singulier, comme on dit : *c'étoit dix heures qui sonnoient*, au singulier.

Ils ont raison l'un et l'autre. Le pluriel de l'impersonnel *c'est*, ne peut se mettre qu'avec des troisièmes personnes, et jamais avec *nous* et *vous*. Si l'on pouvoit dire à l'imparfait, *si c'étoient nous qui eussions été choisis*, on pourroit dire au présent : *Ce sont nous qu'on choisit ;* ce qui seroit une manière de parler insupportable.

On dit donc au singulier, en joignant *c'est* avec *nous* et avec *vous* : *C'est nous qui avons rétabli le calme ; C'est vous, généreux athlètes, qui avez combattu glorieusement.* Et au pluriel, avec la troisitme personne seulement : *Ce sont eux qui ont le plus contribué au gain de la bataille.*

On dit de même au pluriel en d'autres temps, comme au prétérit indéfini et au futur : *Ce furent ceux qui, le voyant sans défense, prirent son parti. Ce seront eux qui auront le soin des affaires de la ville.*

Ce qu'il y a de particulier, c'est qu'à l'imparfait, on met plutôt *c'étoit*, que *c'étoient* avec un pluriel, ainsi on dit : si *c'étoit eux qui eussent fait cela. Si l'on vouloit ne point se tromper, dans sa conduite, ce seroit d'habiles gens que l'on iroit consulter.* TH. CORN.

CHACUN. L'usage ne souffre plus qu'on dise *un chacun*, comme l'assurent plusieurs grammairiens : peut-être cependant pourroit-on excepter, à la rigueur, certaines phrases usitées dans la conversation familière.

On propose une difficulté de grammaire : *chacun* est suivi d'un nom qui a un rapport de possession avec celui auquel *chacun* appartient, ce rapport doit-il s'exprimer par *son*, *sa*, *ses*, ou par *leur*, *leurs ?* Par exemple, doit-on dire : les hommes ont beau demander conseil, ils en agissent toujours *chacun* selon *leur* fantaisie, ou *chacun* selon *sa* fantaisie.

Il est certain que dans les phrases où le nom pluriel dont le mot *chacun* est le distributif, n'est exprimé ni par lui-même, ni par un pronom personnel et mis au pluriel, *leur* ne peut avoir lieu en aucune façon : que *chacun* songe à ses affaires. Je donnerai à *chacun sa* récompense. Nous récompenserons *chacun* selon son mérite. Quand dans la même phrase *chacun* fait contraste avec un nom pluriel auquel il appartient, alors il faut bien examiner à qui des deux ou du pluriel ou du distributif singulier répond plus directement le rapport de possession qu'on veut exprimer par l'adjectif *son* ou *leur* : s'il répond au distributif, employez *son*, *sa*, *ses ;* s'il répond au nom pluriel, *leur*, *leurs*, doivent énoncer le rapport en question. FONTENAI.

Quand on a ainsi commencé sa phrase : *Chacun veut que le bonheur d'autrui ne trouble pas le sien*, il ne faut pas changer de tournure ensuite, en disant, *et que la paresse et la cupidité ne viennent point enlever le fruit de notre travail et de nos peines ;* mais il faut, et que la paresse et la cupidité ne viennent point *lui* envoyer les fruits de *son* travail et de ses peines. Madame NECKER.

CHANGER A, CHANGER EN. On dit : *changer une chose en une autre. Aux noces de Cana, le Sauveur changea l'eau en vin. La femme de Loth fut changée en une statue de sel.* Mais on ne diroit pas bien : *Le Sauveur changea l'eau au vin. La femme de Loth fut changée à une statue de sel.* Ainsi n'imitez pas Racine qui a dit :

> Peut-être avant la nuit l'heureuse Bérénice,
> Change le nom de Reine *au nom* d'impératrice.

On diroit en prose : *change le nom de Reine en celui d'impératrice.*

Cependant on dit : *Dans le Sacrement de l'Eucharistie, le pain est changé au corps de notre Seigneur.* Cet exemple est une phrase consacrée qui ne fait pas loi pour le langage commun. D'OLIVET.

CHOIR. On ne s'en sert jamais au présent ni à l'imparfait de l'indicatif. Au prétérit on peut quelquefois s'en servir à la troisième personne du singulier, *il chut*, et à la seconde du pluriel, *vous chûtes*, mais jamais aux autres.

On ne s'en sert jamais à la première ni à la seconde personne du singulier, parce que *j'eus chu, tu eus chu*, ne seroit pas supportable à l'oreille : mais on peut dire, *il eut chu ; nous eumes chu ; vous eûtes chu ; ils eurent chu.*

Il n'a jamais d'impératif : au subjonctif, il n'a que la troisième personne du singulier de l'imparfait, *qu'il chût ;* le prétérit *que j'aie chu, que tu ajes chu, qu'il ait chu, que nous ayons chu, que vous ayez chu, qu'ils aient chu ;* et dans le plus que parfait la troisième personne du singulier *qu'il eût chu.* FONTENAI.

CHOSE est féminin ; *une chose nouvelle et bien faite* Cependant *quelque chose* est masculin.

Au lieu de dire, *Voyez-vous sous le Ciel* quelque chose *qui soit* permanente : dites *quelque chose qui soit permanent*, ou *quelque chose de permanent.*

Mais *chose* est féminin, s'il y a un adjectif entre *quelque* et *chose. Il a reçu quelque bonne chose.* WAILLY.

On dit : a-t-il fait *quelque chose* que vous n'ayez pas *approuvé ?* Mais on ne dit pas comme *Molière*, *quelque chose approchant*, pour *quelque chose d'approchant :* le *de* est alors nécessaire. CAMINADE.

CI. Il faut dire : *Ce temps-ci, cette année-ci*, et non pas, *ce temps ici, cette année ici.* ACADÉMIE.

CI ET LA. *Ci* et *là* se suppriment quand ce qui suit marque suffisamment la présence de la chose, ou explique clairement celle dont on parle. Ainsi on ne dit pas :

Montrez-moi *ceci* ou *cela que vous avez dans la main.* Dites, montrez-moi *ce que.*

Cela, ce fil-là, qui est sur la table, m'appartient. Dites, *ce qui, ce fil qui.* GARNIER.

COLLECTIF. Quand le collectif partitif est suivi d'un singulier, l'adjectif, le pronom et le verbe s'accordent avec ce singulier. *La plupart* du monde est *également* facile *à recevoir des impressions*, et négligent *à s'en éclaircir.*

Les infidelles envahirent toute l'Espagne ; une multitude innombrable de peuple se refugia *dans les Asturies, et y* proclama *roi Pélage.*

Voilà une partie de votre temps fort mal employé.

Nota. Quand *la plupart* se dit absolument, il demande après lui le pluriel. *La plupart prétendent, sont d'avis*, etc.

Quoique le collectif général soit suivi d'un pluriel, l'adjectif, le pronom et le verbe s'accordent, non avec ce pluriel, mais simplement avec le collectif. *L'armée des infidelles* fut *entièrement défaite.*

La forêt des Ardennes est *au couchant du Luxembourg.*

La raison de cette différence, c'est que le collectif partitif et le pluriel qui le suit, ne sont qu'une expression ; au lieu que le collectif général présente une idée, indépendamment de ce qui peut suivre.

Une troupe de nymphes couronnées *de fleurs* nageoient *en foule derrière le char.* FÉNÉLON.

Mais on dira au singulier *la foule des voitures* retarda *notre marche. La multitude des chevaux qu'il y a dans Paris* rend *le foin fort cher.*

La quantité des grains de sable est *innombrable.*

Ici les collectifs présentent une idée indépendamment de celle qui les suit.

Dans les phrases suivantes, on fait accorder l'adjectif et le pronom avec le mot qui suit le collectif.

Il laissa la moitié de ses gens morts ou estropiés.

Le peu d'affection que *vous lui avez* témoignée, *lui a rendu le courage.*

Ici les mots *traces, gens, affection*, règlent l'accord, parce que les premiers mots ne signifient rien de complet sans le secours des seconds ; au contraire, si l'on supprime les premiers, on ne laissera pas de former un sens avec les seconds.

On dira au contraire : *Après* deux mois *de temps* écoulés *à parcourir la province, il faut revenir à la capitale.*

Après trois heures *du jour* employées *à la promenade, il est temps de vous occuper à l'étude.*

Ecoulés, employées sont au pluriel, parce que les mois *de temps, du jour*, ne contribuent en rien au sens : ce sont les deux mois qui sont écoulés, les deux heures qui ont été employées.

Quelquefois, par une figure de construction qui s'appelle *syllepse* ou *conception*, on met au singulier ce qui devroit être au pluriel ; ou au pluriel ce qui a rapport à un singulier

Dans Athalie, le grand-Prêtre dit au jeune roi Joas :

> Entre *le peuple* et vous, vous prendrez Dieu pour Juge,
> Vous souvenant, mon fils, que caché sous ce lin,
> Comme *eux* vous futes pauvre, et comme *eux* orphelin.

Dans cet exemple *eux*, se dit des singuliers, *le peuple, le pauvre.* Des écrivains ont fait rapporter les pronoms à leur idée et non aux substantifs singuliers. *Le peuple* est ici pour *les Israélites ; le pauvre* pour *les pauvres.* WAILLY.

COMMANDER QUELQU'UN OU A QUELQU'UN. Quand *commander* en matière de guerre, signifie être en chef, dominer, faire marcher des troupes, dominer sur, il demande un régime simple.

Quand *commander* signifie ordonner, avoir empire sur quelqu'un, il régit *à. Dieu commande à la mer et aux vents.*

Lorsque *commander* signifie donner charge de faire quelque chose, le nom de la chose est en régime simple ; et celui de la personne prend *à. Il a commandé une paire de souliers à son cordonnier.* WAILLY.

COMME, COMMENT. *Comme* a différentes significations.

1°. *Comme* signifie *ainsi que, de même que,*

> Vous aurez le destin
> De ces fleurs si fraîches, si belles ;
> Comme elles vous plaisez, vous passerez *comme* elles.

2°. *Comme* signifie *quand, dans le temps que. Il arriva* comme *nous sortions de table.*

3°. *Comme* se dit pour *en quelque sorte. Un véritable ami est* comme *un autre soi-même.*

4°. Il a la signification de *presque. Il est* comme *insensé.*

5°. Il signifie aussi *en qualité de. Le pape peut être considéré ou* comme *chef de l'Eglise, ou* comme *prince temporel.*

6°. *Comme* signifie *parce que, vu que.* Comme *l'estime publique est l'objet qui fait produire de grandes choses, c'est aussi par de grandes choses qu'il faut l'obtenir, ou du moins la mériter.* D'ALEMBERT.

7°. *Comme* signifiant *de quelle manière* peut s'employer pour *comment. Je vous raconterai* comme, *ou* comment *la chose s'est passée.*

Comme ne sauroit s'employer pour *comment*, quand on interroge. *Comment vous a-t-il reçu ? Comme* ne vaudroit rien.

Comme s'emploie mal pour *que.* WAILLY.

COMPARAISON. Quand on fait une comparaison, il faut ne pas se servir de terme qui ne convienne pas aux deux choses :

La plus petite est *plus vieille* que l'autre.
De deux *mauvais* partis,
L'un est *meilleur* que l'autre.
Dites : La plus petite est *plus âgée* que l'autre ;
L'un est *moins mauvais* que l'autre. GARNIER.

CONFIER. *Confier*, verbe actif, et *se confier*, verbe réciproque, ont des sens et des régimes très-différens.

L'actif signifie commettre quelque chose au soin, à la fidélité de quelqu'un, et il régit la préposition *à : confier un dépôt à son ami.*

Le réciproque signifie, s'assurer, prendre confiance, et il demande la préposition *en : se confier en ses forces, en ses amis.* D'OLIVET.

CONJONCTION. Il y a des conjonctions *composées*, c'est-à-dire, formées de plusieurs mots, comme, *à moins que, pourvu que, de sorte que, si ce n'est que, parce que, par conséquent.*

Ces conjonctions doivent être écrites de manière qu'elles ne fassent qu'un seul et même mot, sans cela elles ne seroient pas conjonctions, mais des noms régis par des prépositions.

Voici deux exemples, qui feront sentir cette nécessité.

L'eau débordée ne fait pas par tout les mêmes ravages, parcequ'elle ne trouve pas par tout les mêmes ouvertures.

Vous concevez, par ce que *je viens de vous démontrer, qu'il y a entre l'un et l'autre une très-grande différence.* GIRARD.

CONSÉQUENT. Expression vicieuse, dans le sens de *important, considérable.*

Marché *conséquent* pour dire important ; négociation *conséqnente*, pour dire, du plus grand intérêt ; somme *conséquente*, pour dire considérable, etc.

Ce sont autant de fautes contre la langue.

CONTRAINDRE, FORCER et OBLIGER prennent presque toujours *de* au passif. *Il fut* contraint de *se retirer ; Il* fut forcé de *se retirer*, de *décamper.*

Comme la religion nous oblige à révérer *les princes ; les princes* sont obligés de *révérer la religion.*

COUCHER. Racine a dit, dans les Plaideurs : Il y seroit *couché.*

DIFFICULTÉS DE LA LANGUE FRANÇOISE.

D'Olivet observe qu'il faudroit : *Il y auroit couché.*

Coucher, employé comme verbe actif ou neutre, ne prend que l'auxiliaire avoir : *Il a couché dans sa maison.*

Il ne peut s'ordonner avec l'auxiliaire *être*, que lorsqu'on s'en sert sous le rapport de verbe réciproque.

Racine le fils, pour excuser cette petite faute, en fait une simple faute typographique, et croit qu'il faut lire : *Il s'y seroit couché.* Mais il n'a pas fait réflexion que *se coucher* signifie simplement, se mettre au lit ou s'étendre sur quelque chose ; et ce n'est assurément point-là ce que Racine a voulu dire.

Coup, Tout-a-coup, Tout d'un coup. *Tout-à-coup* signifie *soudainement*, *en un moment. Il disparut tout-à-coup. Ce mal l'a pris tout-à-coup.*

Tout d'un coup signifie *tout d'une fois*, *en même-temps. Personne ne devient scélérat tout d'un coup. Il lui vint deux successions tout d'un coup* ; c'est-à-dire, *en même-temps.* Bouhours. Acad.

Tout-à-coup marque toujours que la chose se fait brusquement, et qu'il y a de la surprise, ce que ne marque pas toujours *tout d'un coup.*

Courir, se mouvoir avec vîtesse, etc. prend *avoir. Il a couru toute la journée.* Ainsi, on ne doit pas imiter Racine, qui a dit :

> Il en étoit sorti lorsque j'y *suis couru.*

Il falloit :

> Il en étoit sorti quand j'y *suis accouru.*

Couru. On dit indifféremment : *j'ai accouru*, *je suis accouru* ; mais *je suis couru* est une faute. d'Ol.

Craindre. Toutes les fois que *craindre* est suivi de la conjonction *que*, la particule *ne* doit se trouver, ou dans le premier ou dans le second membre de la phrase.

Dans le premier : *Je ne crains pas qu'il verse trop de larmes*, et ici cette particule est négative.

Dans le second : *Je crains qu'il ne verse trop de larmes*, et ici la même particule, quant au son, est prohibitive.

Racine lui-même nous donne un bel exemple de l'un et l'autre, en deux vers qui suivent et qui sont dits par Andromaque parlant de son fils à Pyrrhus :

> Hélas ! on ne craint point qu'il venge un jour son père,
> On craint qu'il n'essuyât les larmes de sa mère.

N. B. *On craint qu'il n'essuyât* n'est pas françois ; il faudroit : *Mais on craint qu'il n'essuie*, ou bien, *on craindroit qu'il n'essuyât.* B.

On distinguera bien aisément ces deux particules si l'on veut considérer que la prohibitive n'est jamais suivie de *pas* ou de *point*, comme la négative l'est ordinairement ; et que si l'on mettoit *pas* ou *point* après la prohibitive, il en résulteroit un contre-sens. Par exemple, si nous disions : On craint qu'il n'essuyât *pas* les larmes de sa mère, nous dirions précisément le contraire de ce que Racine a dit. d'Olivet.

Il faut dire la même chose pour ces mots : *Empêcher*, *prendre garde*, *de peur* et quelques autres.

Crainte de, *de crainte de* ou *que. Crainte de*, se dit bien avec un nom : *crainte d'accidens*, *crainte de pis.*

Mais s'il doit suivre un verbe, ou *que*, il faut *de crainte. De crainte de tomber*, *de crainte qu'on ne vous trompe.*

On dit toujours, *de peur de. De peur de tomber*, *de peur des voleurs*, *de peur qu'on ne vous vole.* Acad.

Il y a long-temps que l'on a dit et écrit : *crainte* pour *de crainte*, qui est une faute condamnée de tous ceux qui savent parler et écrire. Vaugelas.

Dans le discours familier, on dit fort bien : *Crainte de pis*, *crainte d'accident.* Il faut toujours mettre *de crainte*, quand l'infinitif est après : *de crainte d'être surpris.*

Cris *des animaux.* L'abeille *bourdonne*, l'âne *brait*, le bœuf *mugit* ou *meugle*, la brebis *bêle*, le chat *miaule*, le cheval *hennit*, le chien *aboie* ou *jappe*, le cochon *grogne*, le corbeau et la grenouille *coassent* ou *croassent*, le lion *rugit*, le loup *hurle*, le serpent *siffle*, l'aigle et la grue *glapissent* ou *trompettent*, les petits chiens et les renards *glapissent*, les pigeons *roucoulent*, la perdrix *cacabe*, la cigogne *craquette* ou *claquette*, le paon *braille* ou *triaille*, la poule d'Inde et le poulet *piaulent.*

Croître. Quoique ce verbe soit essentiellement neutre en prose, on doit, dit d'Olivet, laisser aux poëtes la liberté de le faire actif. L'élégant Racine a dit :

> Je ne prend point plaisir à *croître ma misère.* Bajazet.
> Tu verras que les Dieux n'ont dicté cet oracle,
> Que pour *croître à la fois sa gloire et mon tourment.*
> Que ce nouvel honneur va *croître son audace.* Esther.

C'est aussi le sentiment de Voltaire. Il approuve ce vers de Corneille dans le Cid :

> M'ordonner du repos, c'est *croître mes malheurs.*

Il me semble, dit-il, qu'il est permis de dire, *croître mes tourmens*, *mes ennuis*, *mes douleurs*, *mes peines*, *etc.*

D

Dans et en ne s'emploient pas indifféremment l'un pour l'autre ; on dit : la politesse règne plus *dans* la capitale que *dans* les provinces ; et il faut dire : il est *en* province, et il est *dans* la province de Normandie.

On ne dit pas indifféremment ; le monde qui est *à Paris* ; et le monde qui est *dans Paris* ; par le monde qui est *à Paris*, on entend celui qui s'y trouve pour le moment ; et par le monde qui est *dans Paris*, celui qui s'y trouve habituellement.

Davantage. Cet adverbe est le synonyme de *plus*, dont il partage la signification. Mais il y a entre eux cette différence essentielle, que *plus* veut ou admet un *que* à sa suite, et que *davantage* n'en reçoit jamais.

Bien des gens parlent mal lorsqu'ils disent : Je ne vous dois pas *davantage que* cent écus.

Il faut dire : Je ne vous dois plus que cent écus.

Davantage se met toujours absolument ; je n'en veux pas *davantage*, n'en demandez pas *davantage.* Acad.

Davantage, ne s'emploie bien que quand il est seul, et alors il n'est pas préposition ; mais adverbe. La science est estimable, mais la vertu l'est bien *davantage.*

Davantage ne souffre point les prépositions, on dit bien : *vous avez eu beaucoup de peines*, *et je crains que par la suite vous n'en ayez encore davantage* ; mais on ne peut dire, *je crains que vous n'ayez davantage de peines que vous n'en avez eues.*

De après un verbe :

> Et je puis dire enfin que jamais potentat
> N'eut à délibérer d'un si grand coup d'Etat. Corneille.

L'usage veut aujourd'hui que délibérer soit suivi de la préposition *sur* ; mais le *de* est aussi permis : *on délibéra du sort de Jacques II dans le conseil du prince d'Orange.* Mais je crois que la règle est de pouvoir employer le *de*, quand on spécifie les intérêts dont on parle. On *délibère* aujourd'hui *de* la nécessité ou *sur* la nécessité d'envoyer des secours en Allemagne. On délibère *sur* de grands intérêts, *sur* des points importans.

> Afin de la convaincre et détromper le roi. Corneille.

Il faut, pour l'exactitude, *et de détromper* ; mais cette licence est souvent très-excusable en vers. Il n'est pas permis de la prendre en prose. Volt.

L'emploi de la préposition *de*, dans le sens d'*avec* ou de *par*, étoit familier à Racine et à Despréaux.

> D'où vient que d'un soin si cruel,
> L'injuste Agamemnon m'arrache de l'autel ? Racine.

Au lieu de, *avec soin.*

> Vaincu du pouvoir de vos charmes. Racine.

Au lieu de *par le pouvoir.*

Cependant il y a des endroits où cela paroît, du moins aujourd'hui, avoir quelque chose de sauvage.

> Mais c'est pousser trop loin ses droits injurieux,
> Qu'y joindre le tourment que je souffre en ces lieux.

On diroit en prose, *que d'y joindre* ; en effet, il n'est pas indifférent d'employer ou de supprimer la préposition *de*, devant les infinitifs qui suivent la conjonction *que.* Ces deux phrases, *il ne fait que sortir*, et *il ne fait que de sortir*, présentent des sens tout différens. Plus on étudiera notre langue, plus on admirera l'usage qu'elle sait faire de ses prépositions, entre lesquelles distinguons-en deux, *à* et *de*, qui soutiennent presque tout l'édifice. D'Olivet.

Décesser. Ce mot employé pour *cesser*, signifie tout le contraire de ce qu'on lui fait dire, le *dé* étant un privatif. B.

Dedans.

> Va *dedans* les enfers plaindre ton Curiace. Corneille.

On ne se sert plus du mot de *dedans* ; et il fut toujours un solécisme, quand on lui donne un régime. On ne peut l'employer que dans un sens absolu : *Etes-vous hors du cabinet ? non je suis dedans.* Mais il est toujours mal de dire : *dedans ma chambre*, *dehors ma chambre.* Voltaire.

Délice est masculin au singulier, et féminin au pluriel : *c'est* un délice de boire frais en été ; vous ferez toujours mes plus chères délices.

Délivrer. Quand *délivrer* signifie *livrer*, il ne peut avoir deux régimes de personnes. On dit bien, *délivrer des marchandises à quelqu'un* ; mais on ne doit pas dire, *délivrer un prisonnier à quelqu'un.* Ainsi, au lieu de : *Voulez-vous que je vous délivre le roi des Juifs ? Délivrez-nous Barrabas.* Il falloit dire : *Voulez-vous que je vous renvoie ou relâche le roi des Juifs ? Relâchez-nous*, ou *renvoyez-nous Barrabas.* Bouhours.

Demeuré (il a ou il est) Il faut dire : *Il a demeuré vingt ans à Paris pour y prendre les manières du beau monde* ; et non pas : *Il est demeuré vingt ans à Paris*, *pour*, *etc.*, parce que cela fait entendre que celui qui a passé vingt ans à Paris, n'y demeure plus.

Au contraire, il faut dire : *Il est demeuré à Paris*, *pour y pousuivre un procès* ; et non pas, *il a demeuré*, parce que cela fait connoître que celui qui veut poursuivre le procès, est actuellement à Paris. Th. Corneille.

Demeurer, prend *avoir*, quand il signifie *faire sa demeure. Il a demeuré à Paris.*

Demeurer pour *rester*, prend *être. Il est demeuré deux mille hommes sur la place. Il est demeuré à Paris.* Ainsi ce vers de Racine n'est pas correct.

> Ma langue embarrassée
> Dans ma bouche vingt fois, *a demeuré glacée.*

Demi. Ce mot *demi* n'en fait qu'un avec le substantif auquel il est joint. Il y faut mettre une division et dire, avant un nom féminin, *une demi-heure*, et non pas *une demie heure* ; et devant un pluriel masculin : *ce sont des demi-héros*, et non pas *demis héros.*

Quand le nom substantif est mis avant *demi*, il faut dire *une heure et demie*, *un cent et demi.*

Depuis que. On ne sauroit employer *depuis que* avec un parfait défini. On dit bien : *Depuis que je l'ai mené chez vous*, *je ne l'ai point vu* ; mais on ne dira point : *Ils nous arriva hier plusieurs accidens* depuis que *nous vous* eûmes quitté. Dites, *après que nous vous eûmes quitté.*

Depuis.

> Votre ame *du depuis* ailleurs s'est engagée. Corneille.

Du depuis a toujours été une faute ; c'est une façon de parler provinciale. Il est clair que le *du* est de trop avec le *de.* Voltaire.

> Ah ! depuis qu'une femme a le don de se taire. Corneille.

Depuis ne peut être employé pour *quand*, pour *dès-là que*, *lorsque.* Ce mot *depuis*, dénote toujours un temps passé. Il n'y a point d'exception à cette règle. C'est principalement aux étrangers que j'adresse cette remarque. Corneille corrigea depuis, et mit :

> Monsieur, quand une femme a le don de se taire.

Voltaire.

Des et De. *Des* se met devant le substantif, et *de* ne s'emploie que dans le cas où l'adjectif est le premier : *De* superbes palais, *des* palais superbes ; *des* peintres excellens, *d'*excellens peintres, etc.

Cependant, on place *des* quelquefois devant l'adjectif.

Des est un article, il signifie *de les.*

La fonction de l'article étant de ramener les mots, de leur acception vague à un sens déterminé, il faut employer la particule *de*, quand le mot que l'adjectif précède est pris dans un sens large et vaste, et l'article *des*, lorsque la valeur du mot précédé par l'adjectif est plus rapprochée, plus déterminée.

Exemple : voilà *de* et non *de les* belles fleurs, *de* bons fruits. Mais on dira donnez-moi *des* ou *de ces* belles fleurs qui parent votre jardin, et *des* ou *de ces* bons fruits dont vous m'avez fait goûter.

Avec une négation, il faut employer l'article indéfini *de* : Je n'ai point *de* et non *de les* désirs.

De même avec les adverbes de quantité : j'ai infiniment *de* et non *de les* chagrins.

Exceptez cependant l'adverbe *bien*, qui commande toujours l'article *des* ; avec bien *des* pour *de les* dépenses, il a fait peu *de* réparations. Dict. des Homonymes.

Des *ou* Les. Doit-on dire : *C'est un des juges des plus habiles du Châtelet. C'est un des livres des mieux écrits*, etc.

Les adjectifs superlatifs, d'après les règles, se construisent comme les adjectifs positifs ; ainsi comme on ne diroit pas bien : *C'est un des juges* des *habiles du Châtelet* ; on ne doit pas non plus dire : *C'est un des juges des plus habiles du Châtelet.*

Il suffit de dire : *C'est un des plus habiles juges du Châtelet* ; ou *c'est un des juges les plus habiles du Châtelet. C'est un des livres les mieux écrits* ; ou *c'est un livre des mieux écrits.*

Quand nous disons, *c'est un des plus habiles juges du Châtelet*, ou *c'est un des juges les plus habiles du Châtelet*, nous marquons trois rapports, 1°. nous parlons d'un juge ; 2°. d'un juge du Châtelet ; 3°. d'un juge du Châtelet, parmi ceux que le plus d'habileté distingue des autres.

DIFFICULTÉS DE LA LANGUE FRANÇOISE.

Cette expression : *C'est un des juges* des *plus habiles du Châtelet*, n'exprime point d'autres rapports ; elle est mauvaise, parce qu'elle semble contraire à l'analogie. Ce qu'il y a de rapport extractif dans ces sortes de phrases, est assez marqué par *un des*, etc. sans qu'il soit besoin de répéter la préposition *de*, avant le superlatif. JOURNAL DE TRÉVOUX.

DÈS-QUE, DÈS-LA, DÈS-LA QUE. *Dès-que* marque le temps et signifie *aussitôt que*.

Dès-que j'ai su l'affront, j'ai prévu la vengeance.

Dès-que se prend aussi pour *puisque*. *Il n'y a plus de dispute, dès-que vous en tombez d'accord.* ACAD.

Dès-là et *dès-là que*, marquent la cause. *Lorsqu'un homme se laisse aller à l'oisiveté*, dès-là il est *perdu* : c'est-à-dire, par cela même.

Dès-là que dans ces exemples, signifie *par cela même*.

DÉSESPÉRER, SE DÉSESPÉRER. *Désespérer quelqu'un*, c'est le jeter dans le désespoir, l'affliger au dernier point. *Il ne faut pas désespérer un homme ; cela me désespère.*

Se désespérer, se tourmenter, s'agiter avec beaucoup de douleur. *Il vient d'apprendre la mort de son fils ; il se désespère.*

Désespérer de quelqu'un, c'est n'espérer pas qu'il se corrige.

Désespérer d'un malade, n'avoir pas d'espérance qu'il guérisse.

DÉSIRER. On dit : *Désirer faire quelque chose*, et *désirer de faire quelque chose.*

Mais dans ces sortes de phrases où *désirer* est mis devant un verbe à l'infinitif, l'usage le plus ordinaire est d'y joindre la particule *de*. ACAD.

Le *de* ne fait qu'allonger, par conséquent affoiblir. Le désir est trop vif pour être long à s'exprimer.

L'Académie ne fait suivre ce verbe de la préposition *de*, que lorsqu'il est à l'infinitif et suivi immédiatement d'un verbe à l'infinitif. *Désirer de faire.*

Pour les autres cas, employez le *que*, et ne dites pas : *désirer de le voir réussir* ; mais, *qu'il réussisse*. B.

DESSOUS.

Rome est *dessous* vos lois, par le droit de la guerre. CORN.

Cette licence est une faute : *Dessous* n'est pas comme *sous*, qui demande un régime ; *dessous* n'en veut pas.

Comme il faut des remarques grammaticales, surtout pour les étrangers, on est obligé d'avertir que *dessous* est adverbe et n'est point préposition. *Est-il dessus ? Est-il dessous ? Il est sous vous, il est sous lui.* VOLTAIRE.

DEVANT. Vaugelas permettoit de mettre ces deux prépositions *avant* et *devant* l'une pour l'autre.

Aujourd'hui l'usage est qu'on les distingue, soit en vers, soit en prose. *Avant* est relatif au temps ; *avant notre départ, avant que vous partiez.*

Mais, *devant* est relatif au lieu : *J'ai par devant le roi ; vous passerez devant ma porte.*

Ajoutons que *devant* ne sauroit être suivi d'un *que*. Par conséquent, il y a, selon l'usage présent, double faute dans, *devant qu'il expire*. D'OLIVET.

DÉVERSER. Ce verbe neutre signifie n'être pas d'à-plomb, surplomber : voilà un mur qui déverse.

On en fait une fort mauvaise application, lorsqu'on l'a pris dans l'acception de répandre en abondance. *Déverser* le mépris et la honte sur quelqu'un n'est pas françois. 1°. Le verbe n'est pas actif ; 2°. il n'est pas le synonyme de verser. ACADÉMIE.

DIEU SAIT. Quand on parle d'une chose future, *Dieu sait* emporte une espèce d'affirmation. *Dieu sait combien vous serez méprisé, si vous vous livrez à vos passions.*

Quand il suit un passé, *Dieu sait* emporte une espèce de négation. *Dieu sait si j'ai commis ce crime* ; c'est-à-dire, *je n'ai point commis ce crime, et j'en prends Dieu à témoin*. DICT. ACAD.

DIGNE se prend en bonne et en mauvaise part. *Il est digne de pardon. Il étoit digne de mort.*

Indigne se prend toujours en mauvaise part. *Il est indigne de vos bontés, de pardon.*

Mais on ne diroit pas bien : *Il est indigne de punition, de mort.*

DINER (prier à ou prier de). *Prier de dîner* est un terme de rencontre et d'occasion ; et *prier à dîner* marque un dessein prémédité.

Si quelqu'un, avec qui je puis prendre un ton familier, se trouve chez moi, à l'heure du dîner, et que je lui propose d'y rester pour faire ce repas, tel qu'il a été préparé pour moi, je le *prie de dîner*. Si je vais exprès, ou si j'envoie chez lui pour l'engager à venir dîner chez moi, alors je le *prie à dîner*.

Quand on *prie de dîner*, c'est sans apprêt. Quand on *prie à dîner*, l'apprêt ne doit être qu'un meilleur ordinaire ; mais quand on *invite à dîner*, l'apprêt doit sentir la cérémonie. BEAUZÉE.

DISCONVENANCE se dit des membres de phrases ou des termes qui ne doivent pas aller ensemble : par exemple, il y a *disconvenance* dans cette proposition : beaucoup de personnes sont venues *m'entretenir* et me *consulter* sur tout cela ; parce que *m'entretenir* régit *de*, et que *me consulter* régit *sur*. En général, tout *verbe* qui sous-entend son *régime* ; doit prendre celui du *verbe* qui suit pour que la phrase soit correcte.

Il y a également *disconvenance* dans ce vers de Malherbe :

Prends ta foudre, . . . et va *comme un lion*. . .

Parce que la *foudre* n'est pas un attribut du *lion* ; il falloit dire, et va *comme Jupiter*, si le vers l'eût permis.

Il y a aussi *disconvenance* dans ce vers de Racine,

Sa réponse est dictée, et même son silence.

Parce qu'en ces occasions, l'ellipse de l'*adjectif* n'est régulièrement soufferte qu'autant que l'*adjectif* exprimé est de tout *genre*.

Il y a encore *disconvenance* dans cette proposition d'un auteur moderne : *cette histoire achèvera de désabuser ceux qui méritent de l'être.*

Parce que le participe *désabusés* est sous-entendu dans le second membre ou *incise*, et que c'est l'infinitif *désabuser* qui est exprimé dans le premier. Il falloit dire, *ceux qui méritent d'être éclairés*.

Enfin, il y a *disconvenance* dans cette façon de parler, l'*homme qui a le plus vécu, n'est pas* celui qui a compté le plus d'années, *mais celui* qui a le plus senti la vie. (*J. J. Rouseau, Emile.*) parce que le *verbe* est pris d'abord dans un sens *négatif*, et ensuite dans un sens *affirmatif*. Cette *disconvenance* a pourtant cessé d'en être une depuis que nos meilleurs écrivains se sont avisé de varier ainsi le discours ; c'est même aujourd'hui un tour d'expression autorisé par l'usage. CAMINADE.

DONT, D'OU. Dans certaines occasions ce seroit une faute d'employer *d'où* pour *dont*.

Quand *maison* signifie *race*, il faut dire : la maison *dont* il est sorti ; mais si *maison* s'emploie au propre, on dira : la maison *d'où* il est sorti.

DOUTER.

Outre que le succès est encore à douter.

Le succès est à douter est un solécisme. On ne doute pas une chose ; elle n'est pas doutée. Le verbe douter exige toujours le génitif, c'est-à-dire la préposition *de*. VOLTAIRE.

DU, DES. On peut employer *du*, *des* avant un adjectif et un substantif, quand ces noms ne sont pas pris dans un sens partitif, comme : *je me suis servi* du grand et du petit papier, des beaux livres que vous m'avez donnés. Mais on supprime l'article quand le nom est pris dans un sens partitif. *Cela fait faire* de mauvais sang. ACAD.

Ainsi, Racine a fait une faute quand il a dit de Mithridate : *Qui sait si ce roi n'accuse point le ciel qui le laisse outrager, et* des *indignes fils* qui n'osent le venger. Il falloit, et d'*indignes fils*, ou, et d'*indignes enfans*.

Avec *pas* et *point*, on met quelquefois l'article avant le nom, c'est quand *pas* ou *point* ne tombe que sur le verbe, sans influer sur le régime. *Pourvu qu'on ne coupe point* des *mots inséparables, le substantif au vocatif se place où l'on veut.* D'OLIVET.

Je ne vous ferai point *des* reproches frivoles. RACINE.

Roxane fait des reproches à Bajazet dans toute la scène où est ce vers ; ainsi, elle ne veut pas dire qu'elle ne lui fera pas de reproches, mais qu'elle ne lui fera point de ces reproches qui ne sont que frivoles. Le même poëte a dit : *Je n'ai point des sentimens si bas.*

Si l'adjectif et le substantif ne forment qu'un sens indivisible, alors l'article est d'usage. *Cet homme a de l'esprit, des belles lettres*, c'est-à-dire *de la littérature*.

C'est ainsi que Boileau a dit d'Alexandre :

Heureux, si de son temps, pour de bonnes raisons,
La Macédoine eût eu *des Petites-Maisons*.

Parce qu'ici *Petites-maisons* signifient hôpital où l'on met les fous.

On dira de même : *Monsieur a* des *petits-fils*, des *petites-filles*, des *petits-neveux*, des *petites-nièces*, par rapport au grand père. *Il y a* des *petits-maîtres et des petites-maîtresses à la cour et ailleurs.*

Mais on ne doit pas dire : *Devenons comme* des petits enfans sans *orgueil, sans déguisement et sans malice*.

Il faut dire : *de petits-enfans*.

DUO, FOLIO, NUMÉRO. Tous les mots empruntés du latin s'écrivent au pluriel comme au singulier ; *factum* est excepté, on dit des *factums*.

E

ÉCHAPPÉ (être ou avoir échappé).

Etre échappé, a un sens bien différent de celui d'*avoir échappé*.

Le premier désigne une chose faite par inadvertance ; le second, une chose non faite, soit par inadvertance, soit par oubli.

Ce *mot m'est échappé*, c'est-à-dire, j'ai prononcé ce mot sans y prendre garde.

Ce que je voulois dire *m'a échappé*, c'est-à-dire ; j'ai oublié de vous le dire ; ou dans un autre sens, j'ai oublié ce que je voulois dire. ENCYCLOPÉDIE.

ECHAPPER, quand il signifie *éviter*, a un régime simple. *Echapper le danger, la côte, la potence.*

Echapper de, signifie *se sauver de*. *Echapper d'un danger, de la prison. Il s'est échappé des prisons.*

Echapper à signifie *n'être pas saisi, n'être pas aperçu. Le cerf a échappé aux chiens. Il y a des insectes si petits, qu'ils échappent à la vue.*

ECHAPPER ; RÉCHAPPER. On *échappe* d'un danger, de la prison, etc. On *réchappe* d'une maladie. *Il a une grande maladie, il n'en* réchappera *pas*. BOUHOURS. ACAD. *Réchapper* est du style familier. B.

EFFORCER (s') prend *à*, quand il signifie *employer toute sa force, ne pas assez ménager ses forces* en faisant quelque chose. *Ne vous* efforcez *point à crier. Il s'est* efforcé à *courir*. DICTION. ACAD.

S'efforcer se construit avec *de* quand il signifie *employer son industrie* pour parvenir à une fin. *Chacun doit* s'efforcer de *croître en sagesse*. WAILLY.

ELLE, LUI, EUX, LEUR, ne peuvent se dire à l'indéfini ; on dira bien, cette personne a des ajustemens de prix sur *elle* ; sur *soi* seroit une faute.

Après une interrogation, il n'est pas permis de se servir des mêmes *pronoms* : on les détourne par *le*, *la*, *les*, *en* ou *y*. Par exemple si l'on demande à quelqu'un : Est-ce là votre demeure ? non ce ne l'est pas. Que peut-on faire de cet enclos ? on n'*en* peut rien faire. Sont-ce là vos appartemens ? oui, ce *les* sont. Qu'ajouterez-vous à ces entre-sols ? j'*y* ajouterai deux étages. Ces réponses, non, ce n'est pas *elle* ; on ne peut rien faire *de lui* ; oui, ce sont *eux* ; je *leur* ajouterai deux étages, seroient autant de *solécismes de phrases*. CAMINADE.

EMPLIR, REMPLIR. Ces verbes signifient *rendre plein*. Ils se disent des choses matérielles ; mais avec cette différence, qu'*emplir* se dit communément des choses liquides. *Emplissez de vin ce tonneau. Emplissez d'eau la carafe. Remplir* se dit mieux des choses qui ne sont pas liquides. *Il a rempli ses coffres d'or et d'argent. Il a rempli de blé tous ses greniers.* On dit aussi, *remplir* pour *remplacer une liqueur* ou *une chose ôtée. Remplissez ce tonneau, ce sac.*

Au figuré, et quand il est question de choses immatérielles, *remplir* est le seul dont on doive se servir. *Il est très-digne de la place qu'il remplit. Il remplit toute la terre du bruit de son nom. Il a rempli son devoir, sa promesse.*

EN et Y. Les particules *en* et *y* se mettent toujours à la place des pronoms *son*, *sa*, *ses*, *leur* ou *leurs*, dans les phrases où *ces pronoms* cessent de marquer un rapport de propriété ou de possession : par exemple, en parlant de la *mer*, on dit bien, j'ai sondé *sa* profondeur à la côte ; ou à telle hauteur ; j'ai observé l'agitation de *ses* flots ; mais on ne dit pas, j'ai bravé *ses* dangers, j'ai vu *ses* vaisseaux, parce que les *dangers* ne sont pas plus des parties intégrantes de la mer que les *vaisseaux* ; il faut dire, j'*en* ai bravé les dangers ; j'*y* ai vu des vaisseaux.

On doit mettre *en* au lieu de *sa*, toutes les fois qu'en parlant de choses inanimées ou de bêtes, on ne se sert d'aucune expression qui convienne à des personnes ; dans ce proverbe, *quand on parle du loup, on en voit la queue*, on ne dit pas, on voit *sa* queue, quoiqu'assurément ce soit bien la sienne, parce que la phrase est construite de manière que rien n'y dénote la propriété ou la possession. CAMINADE.

ENTREPRENDRE. Ce verbe *entreprendre* est actif, et veut absolument un régime. On ne dit point *entreprendre* pour conspirer.

C'est parler très-bien que de dire : *Je sais méditer, entreprendre* et agir ; parce qu'alors *entreprendre, méditer* ont un sens indéfini.

Il en est de même de plusieurs verbes actifs, qu'on laisse alors sans régime. Il avoit une tête capable d'imaginer, un cœur fait pour sentir, un bras pour exécuter. Mais j'exécute contre vous, j'imagine contre vous, j'entreprends contre vous, n'est pas françois. Pourquoi ? parce que ce défini, *contre vous*, fait attendre la chose qu'on imagine, qu'on exécute et qu'on entreprend. Vous ne vous êtes pas expliqué clairement. VOLTAIRE.

ENVIER, PORTER ENVIE. *Envier* se dit surtout des choses. *Il ne faut pas envier le bien d'autrui.*

Porter envie, se dit des personnes et des choses. *Moi qui ne vous envie pas votre esprit, ni votre science, je vous porte envie de ce que vous avez été huit jours à Balzac.* VOITURE.

Au bonheur du prochain ne portez point envie,

DIFFICULTÉS DE LA LANGUE FRANÇOISE.

ENVOYER. *Envoyer* est suivi ou d'un infinitif seul, ou de *pour* et d'un infinitif. *Jesus-Christ a envoyé annoncer sa parole aux Gentils. Les ennemis envoyèrent un corps de troupes reconnoître la place.*

Il faut mettre *pour* avant l'infinitif, quand cet infinitif est séparé d'*envoyer* par plusieurs mots, comme dans le dernier exemple. WAILLY.

EPIDERME que Molière a cru féminin, est du genre masculin : sec épiderme, le simple épiderme, etc.

EPITHÈTES. Quand on joint une épithète, c'est-à-dire un adjectif à un substantif, il faut que cette épithète ajoute quelque chose au sens.

Ils furent surpris tout-à-coup par une tempête orageuse.

Cette épithète, *orageuse*, ne paroît ajouter rien au sens du mot *tempête*. On pourroit dire, *par une affreuse*, ou, *par une violente tempête*. WAILLY.

EQUIVOQUE se dit de tout mot qui peut aussi bien se prendre dans un sens que dans un autre : par exemple, il y a *équivoque* dans ces vers de *Racine*,

> Il l'aime. Mais enfin cette veuve inhumaine
> N'a payé jusqu'ici son amour que de haine ;
> Et chaque jour encore on *lui* voit tout tenter
> Pour fléchir sa captive . . . .

Le sens et la grammaire ne s'accordent point ; car le sens veut que ce *lui* du troisième vers soit rapporté à *Pyrrhus*, et la grammaire veut qu'il le soit à *cette veuve inhumaine*. Rien ne coûte tant que d'éviter toujours des *équivoques* qui naissent des *pronoms* mal placés ; mais où la nécessité se trouve, la difficulté n'excuse pas.

> Et *voyant* de son bras voler par tout l'*effroi*,
> L'Inde semble m'ouvrir un champ digne de moi.

Premièrement, on pourroit demander si *l'effroi de son bras* signifie l'effroi *qu'éprouve* son bras ; en second lieu, *voyant* se rapporte non pas à *l'Inde* qui est le *sujet* suivant, mais à la personne qui parle. Il se rapporteroit au sujet suivant, si la phrase étoit ainsi conçue :

> Et *voyant* de son bras voler par tout l'effroi,
> Je crus alors m'ouvrir . . . .

Voyant ne seroit en ce cas qu'une sorte d'*apposition* très-permise ; mais, de la manière dont il est placé, l'on diroit que c'est *l'Inde qui voyoit*, etc. D'OLIVET.

ESPÉRER. Ce verbe, devant un infinitif, prend la particule *de*, ou ne la prend pas ; et l'on dit : *J'espère gagner mon procès*, et *j'espère de gagner ma cause.*

Cependant le *de* paroît inutile ; il devoit être réservé pour cette locution : *J'espère mon pardon de la bonté de Dieu.*

Il s'est introduit une locution vicieuse, c'est de le joindre à un verbe placé au présent. Exemples : *J'espère que vous êtes content*, etc.

Il faut se servir d'un autre expression, ou placer au futur le verbe que l'on associe à *espérer*. J'ai lieu de croire que vous êtes content ; j'espère que vous resterez avec nous, etc.

L'Académie définit *espérer*, attendre un bien qu'on désire et que l'on croit qui arrivera.

Dès-lors ce mot ne se rapportant jamais qu'à l'avenir, il est absolument nécessaire de mettre au futur le verbe qu'il détermine ; par cette raison le *de* étant souvent employé au passé, il vient de faire, de dire, il paroît bizarre de dire, espérer de gagner.

L'Académie n'admet qu'un seul cas où il doive être suivi de la préposition *de*, c'est quand il est à l'infinitif et suivi d'un verbe également à l'infinitif.

Peut-on espérer de vous revoir.

Il ne faut donc pas imiter les écrivains modernes qui emploient le *de* dans tous les cas ; mais dire avec l'Académie : *j'espère que je vous verrai*, et non *j'espère de vous voir.*

Elle dit aussi : *Espérer en Dieu ; espérer de sa miséricorde.* B.

EST. On emploie *il n'est que*, pour *le meilleur est*. Il n'est que *de servir Dieu*. Il n'est que *d'avoir du courage*. VAUGELAS. CORNEILLE.

EST-CE QUE. Il ne faut jamais dire : *Est-ce que vous n'avez pas vu*, etc. ? *Est-ce que* est un solécisme, parce qu'il n'a point de nominatif ; il faut dire : *N'avez-vous point vu ?* Madame NECKER.

ET, NI, sont opposés entre eux ; cependant on met souvent l'un pour l'autre : c'est une faute en vers ; à plus forte raison en prose : *et* marque une affirmation ; *ni* marque une négation. Par exemple, quand on dit : je n'en connois point les effets *et* les causes, on parle très-mal ; il faut dire, je n'en connois *ni* les effets *ni* les causes. On reproche à Boileau d'avoir dit, en parlant du *Sonnet*, qu'Apollon

> Défendit qu'un vers foible y pût jamais entrer ;
> *Ni* qu'un mot déjà mis osât s'y remontrer.

au lieu de *ni* il devoit mettre *et* : mais ce n'est là qu'une inadvertance qu'on peut bien attribuer à l'imprimeur. CAMINADE.

ÊTRE *ou* AVOIR. On est souvent embarrassé de savoir quand il faut employer le verbe *être* ou le verbe *avoir*. Par exemple, doit-on dire la procession a *passé* ou est *passée* sous mes fenêtres ; voici la règle : le participe doit ordinairement se construire avec le verbe *avoir*, toutes les fois qu'il est suivi de son objet ou régime, et cette construction doit avoir toujours lieu, lorsqu'il exprime une action. Le participe, au contraire, doit se construire avec le verbe *être*, toutes les fois qu'il exprime un état.

Ainsi on dira : il *a* monté à cheval ; il *a* descendu les degrés ; la procession *a* passé sous mes fenêtres ; parce que le participe dans toutes ces phrases est suivi de son régime, et qu'il exprime une action. Mais on dit : il *est* monté, il *est* descendu : si on ne veut exprimer que l'état où l'on est après avoir monté. Il faut donc toujours considérer si on veut exprimer une action, ou si l'on veut exprimer un état ; et c'est d'après cette règle qu'on dit il *est sorti*, en parlant de quelqu'un qui n'est pas chez lui ; et il *a sorti*, en parlant de quelqu'un qui est rentré. PANCKOUKE. *Voyez* FUS (je).

Il semble que le verbe auxiliaire *être* s'applique surtout aux choses qui existent encore, et *avoir* à celles qui sont passées ; ainsi l'on répond à la question, où est-il ? *il est monté chez lui* ; mais l'on diroit : *il a monté chez lui avant de partir* ; *a* marque alors une action déjà passée. Si l'on veut fixer l'attention sur la chose principale, on doit se servir du verbe, *est*, etc. Madame NECKER.

ÊTRE D'HUMEUR marque l'inclination naturelle, ou habituelle. *Il n'est pas d'humeur à souffrir une insulte.*

Être en humeur de, dénote une disposition actuelle. *Etes-vous en humeur de vous aller promener ?* BOUHOURS. ACADÉMIE.

EXCELLENT. La langue françoise n'a proprement aucun terme qui, par lui-même, soit superlatif, si ce n'est *excellent*, qu'on peut regarder comme le plus haut degré de la qualité énoncée par l'adjectif *bon* ; *excellent* ne peut recevoir en sa compagnie aucun signe de comparaison plus élevée. On ne dit point *plus excellent*, *moins excellent*, etc. On ne parle pas ici de certains mots tirés des superlatifs latins ou italiens, qui sont encore de vrais superlatifs françois dans les occasions où l'usage les admet, comme *illustrissime*, *révérendissime*, *éminentissime*, *sérénissime*. Si l'on dit encore *excellentissime*, c'est une expression fausse en elle-même, puisqu'elle veut porter à un degré supérieur une qualité qui est déjà élevée à son plus haut point par le mot *excellent*. FONTENAI.

EXCUSE. (demander) *Demander excuse* est un vrai galimathias qui choque également et l'usage et la raison. Nous ne demandons à un autre, dans les règles de la grammaire, que ce qu'il peut nous accorder. On dit : *je vous demande pardon*, parce que celui à qui je parle peut me répondre, *je vous accorde le pardon que vous me demandez*. Selon ce principe, on ne peut pas dire, *je vous demande excuse*, parce que celui à qui je parle ne peut pas me répondre, *je vous l'accorde : accorder une* excuse étant barbare, et ne signifiant rien en notre langue. On dit bien, *faire excuse* ; *recevoir des excuses* : ainsi quand j'ai commis une faute envers quelqu'un, ou contre la civilité, ou contre la discrétion, je lui fais excuse de mon procédé peu honnête et peu discret ; et quand il est content de ma satisfaction, il reçoit mon excuse ; mais il ne m'accorde point excuse. Il faut donc dire toujours : *je vous demande pardon*, ou *je vous prie de m'excuser* ; et toutes les personnes raisonnables parlent de la sorte. BOUHOURS.

EXEMPLE. Il n'est pas permis de donner le genre féminin au mot *exemple*, si ce n'est quand il signifie un modèle d'écriture, comme dans cette phrase : Ce maître écrivain donne de belles exemples à ses écoliers. ACADÉMIE.

F

FAILLIR. Ce verbe n'est plus d'usage qu'au *présent* de *l'infinitif*, au *parfait simple* et aux *temps composés* tant de l'*indicatif* que du *subjonctif*. (*Je faillis*, *nous faillîmes* ; *j'ai failli* ; *j'avois failli* ; *j'eusse failli*.) D'Ablancourt a dit : *il faillit son coup*, pour *il manqua son coup* ; en ce sens, *il faillit* a vieilli. CAMINADE.

FAIRE ACCROIRE, c'est dire quelque chose à dessein de tromper ; faire croire ce qui n'est pas. WAILLY.

FAIRE AIMER A, FAIRE AIMER DE. On dit, *se faire aimer de quelqu'un. Ses belles qualités le font aimer de tout le monde.*

Mais après *aimer* on met *à*, quand le régime simple est un nom de choses. *On ne sauroit faire aimer la retraite aux gens du monde. C'est un grand talent que de savoir faire aimer la vérité aux méchans.* WAILLY.

FAIRE L'AMITIÉ, FAIRE DES AMITIÉS. *Faites-moi l'amitié de remettre ce livre à mon fils* ; c'est-à-dire, *faites-moi le plaisir. Il m'a fait mille amitiés*, c'est-à-dire, *mille caresses*, *mille civilités*. WAILLY.

FAIRE GRACE, FAIRE LA GRACE. *Le roi lui a fait grâce*, c'est-à-dire, le roi lui a pardonné.

Il a fait grâce de la moitié de la somme, c'est-à-dire, il lui a remis la moitié de la somme.

Faites-moi la grâce de m'avertir de mes défauts, c'est-à-dire, faites-moi le plaisir de m'avertir de mes défauts. WAILLY.

FASSE *ou* FERA. (croyez-vous qu'il le) Quand je dis, *croyez-vous qu'il le fera ?* je témoigne par-là, que je suis persuadé qu'il ne le fera pas. C'est comme si je disois : Est-il possible que vous soyez assez bon, pour croire qu'il le fera ?

Quand je dis, au contraire : *croyez-vous qu'il le fasse* : je marque par-là que je doute véritablement s'il le fera ; et c'est comme si je disois, je ne sais s'il le fera ; qu'en pensez-vous ? BEAUZÉE.

FAUT. (il s'en) Quand *il s'en faut*, *il s'en est fallu*, etc. est accompagné de *peu*, on met *ne* après le *que*. *Peu s'en faut que son ouvrage ne soit achevé. Peu s'en est fallu qu'il ne soit tombé.*

Quand ce verbe n'est accompagné d'aucun adverbe, ou qu'il est accompagné d'un autre adverbe que *peu*, les uns retranchent, les autres emploient le *ne*. *Il s'en faut beaucoup que je ne sois de son avis. Il s'en faut beaucoup que son poëme de Rolland l'amoureux ait été aussi estimé.*

Il s'en faut beaucoup que l'un soit du mérite de l'autre. DICT. ACAD.

Tant s'en faut qu'un chrétien doive haïr son ennemi, qu'au contraire il est obligé de le secourir. DICT. DE TRÉVOUX. *Vous dites qu'il s'en faut tant que la somme entière n'y soit ; il ne peut s'en falloir tant.* DICT. ACAD.

S'il est permis de dire ici son sentiment, il semble qu'on devroit toujours mettre *ne*, quand le verbe est accompagné de *peu* ou d'une négation. *Il ne s'en faut pas beaucoup*, ou *il ne s'en faut presque rien qu'il ne soit aussi grand que son frère.*

Au contraire, on retrancheroit *ne*, quand le verbe n'auroit ni *peu*, ni *négation*. WAILLY.

FÉCOND et STÉRILE. Ces mots ne se joignent point avec des verbes. La terre est *féconde*, un champ est *stérile* : mais la terre n'est point *féconde à former* des métaux dans ses entrailles ; un champ n'est point *stérile à produire* du blé. Tout au plus, la terre est *féconde en métaux* ; un champ est *stérile en blé*, etc. BOUHOURS.

FER DE CHEVAL, FER A CHEVAL. *Un fer de cheval* est un fer qu'on met au pied d'un cheval.

Un fer à cheval est un ouvrage en demi-cercle au-dehors d'une place. C'est encore un escalier en demi-cercle et à deux rampes. MÉNAGE. ACAD.

FEU, FEUE. FEU, placé avant l'article ou un adjectif pronominal, ne prend ni genre ni nombre. *Feu la reine*, *feu votre mère* ; mais on écrit, *la feue reine*, *votre feue mère*. WAILLY.

FIXER. Aucun auteur du bon siècle n'usa du mot de *fixer* que pour signifier arrêter, rendre stable, invariable :

> Et fixant de ses vœux l'inconstance fatale,
> Phèdre depuis long-temps ne craint plus de rivale. RACINE.

Quelques gascons hazardèrent de dire : J'*ai fixé* cette dame, pour, je l'ai regardée fixement ; j'*ai fixé* mes yeux sur elle. De-là est venu la mode de dire *fixer une personne*, alors vous ne savez point si on entend par ce mot, j'ai rendu cette personne moins incertaine, moins volage ; ou si on entend, je l'ai observée, j'ai fixé mes regards sur elle. Voilà une nouvelle source d'équivoques. VOLTAIRE.

FOND et FONDS. *Fond* sans *s* signifie non-seulement l'endroit le plus bas d'une chose creuse, comme *le fond d'un tonneau*, *le fond d'un puits* ; mais aussi ce qu'il y a de plus éloigné et de plus retiré du commerce, dans quelque pays, comme : *Le fond d'un bois*, *le fond d'un désert* ; *être dans le fond d'une province.*

Il s'emploie figurément en ce sens-là, dans plusieurs phrases : *Dieu connoît le fond des cœurs : le fond d'un procès* ; *le fond d'une question* ; *posséder une science à fond.*

Fonds avec un *s* signifie le sol d'une terre, d'un champ, d'un héritage, et se dit aussi d'une somme considérable d'argent : *Il faut faire un fonds pour telle chose. Il n'y a point de fonds. Le fonds n'est point encore fait.*

En examinant cette phrase : *Vendre le fonds et le très-fonds*, quelques-uns ont cru que *le fonds et le très-fonds*, dans le figuré, devoient s'écrire sans *s* : *Cet homme sait le fond et le très-fond de cette affaire.*

On n'y a point mis de différence, et l'on a conclu que le figuré suivoit le propre, c'est-à-dire qu'il faut l'écrire avec un *s*.

Quelqu'un a demandé ensuite, s'il falloit dire : *Faire fonds*, ou *faire fond sur quelqu'un.*

On a répondu qu'il falloit dire ; *Faire fonds* avec

un *s*; *fonds* devant être regardé, dans cette façon de parler, comme le sol d'un héritage. ACADÉMIE.

FOUDRE, féminin au physique, (la foudre est tombée) devient masculin au figuré : ce héros est un foudre de guerre. Jupiter est armé du foudre.

FUS. (je) *Voltaire* dit qu'on ne doit pas dire : je fus, tu fus, etc. pour j'allai, tu allas; etc. en conséquence, il blâme ce vers de *Corneille*, dans *Pompée*.

Il fut jusques à Rome implorer le Sénat.

Il fut implorer, c'étoit, dit-il, une licence qu'on prenoit autrefois : il y a même encore plusieurs personnes qui disent, *je fus le voir*, *je fus lui parler*; mais c'est une faute, par la raison qu'on *va* parler, qu'on *va* voir. On n'*est* point parler, on n'*est* point voir : il faut donc dire, j'allai le voir, j'allai lui parler, il alla l'implorer. Ceux qui tombent dans cette faute ne diroient pas, je *fus* lui remontrer, je *fus* lui faire apercevoir. FONTENAI. *Voyez* ÊTRE et AVOIR.

FUT, (il) pour il *alla*. On se sert fort communément du prétérit indéfini du verbe être, au lieu d'employer celui d'*aller*. Par exemple, on dit : *Il fut trouver son ami*, pour dire, *il alla trouver son ami*.

Quantité de gens très-délicats dans la langue, condamnent cela comme une faute, et soutiennent qu'il faut toujours dire : *Il alla* et jamais *il fut*. Je suis de ce sentiment. TH. CORNEILLE. *Voyez* FUS (je).

FUTURS. Les deux futurs, le conditionnel présent et le conditionnel passé, formés par *j'aurois* ou *je serois*, ne peuvent pas s'employer avec *si*. On emploie alors le présent, au lieu du futur simple; le parfait indéfini, au lieu du futur antérieur; l'imparfait, à la place du conditionnel présent, et le plusqueparfait, au lieu du conditionnel passé.

Ainsi au lieu de dire : *Les soldats feront bien leur devoir*, *s'ils seront bien* commandés.

Je serois content, *si je vous verrois appliqué à vos devoirs*.

Dites : *Les soldats feront bien leur devoir*, *s'ils sont bien* commandés.

Je serois content, si *je vous voyois*, etc.

Les étrangers font souvent cette faute; on y tombe aussi dans quelques provinces. WAILLY.

G

GALLICISMES. On donne ce nom à des constructions autorisées par l'usage de la langue françoise, quoiqu'elles paroissent contraires aux règles communes de la grammaire. En voici deux exemples tirés des tragédies de Racine.

Avez-vous pu penser qu'au sang d'Agamemnon,
Achille préférât une fille sans nom,
Qui de tout son destin ce qu'elle a pu comprendre,
C'est qu'elle sort d'un sang, *etc.* IPHIGÉNIE.

Voilà un *qui* dont le verbe ne paroît point.

Je ne sais qui m'arrête et retient mon courroux,
Que, par un prompt avis de tout ce qui se passe,
Je ne coure des Dieux divulguer la menace. *Ibidem.*

Je ne sais qui m'arrête que je coure. Voilà encore un gallicisme. Après l'exemple de Racine, douterons-nous que plusieurs de ces irrégularités ne puissent avoir place en toute sorte de style, puisqu'elles ne déparent point le tragique ? Je pense à ce sujet comme Vaugelas, qui disoit : *Tant s'en faut que ces phrases extraordinaires soient vicieuses; qu'au contraire elles ont d'autant plus de grâce, qu'elles sont particulières à chaque langue; tellement que lorsqu'une façon de parler est usitée à la cour et des bons auteurs, il ne faut pas s'amuser à en faire l'anatomie, ni pointiller dessus, comme font une infinité de gens; mais il faut se laisser aller au torrent, et parler comme les autres, sans daigner écouter ces éplucheurs de phrases.* D'OLIVET.

Fénélon a dit : Dans son désespoir, elle s'imagina qu'elle pouvoit faire passer Malachon pour l'étranger que le roi faisoit chercher, et qu'on disoit *qui étoit* venu avec Narbal. (*Télémaque liv.* 3). Au jour de ma mort, *qu'il* faudra bien enfin *qui* vienne. (*J. J. Rousseau.*) C'est encore un gallicisme, et tous les deux ne sont pas à imiter.

GENS est féminin quand son adjectif le précède, *de bonnes gens*; masculin, quand il est suivi de l'adjectif, *gens instruits*, *gens éclairés*.

Il n'y a qu'une seule exception en cet adjectif *tout*, qui étant mis devant *gens*, y est toujours masculin; comme : *Tous les gens de bien*, *tous les honnêtes gens* : jusques-là, que l'on ne dit point, *toutes les bonnes gens*, ce mot *toutes*, ne se pouvant accommoder devant gens, avec les autres adjectifs féminins qu'il demande. VAUGELAS.

Aucun nombre déterminé ne se joint au mot *gens*. On dit : il y a dix hommes, six hommes, et non pas *six gens*, *dix gens*.

Si l'on dit *mille gens*, le mot mille est pris comme un nombre indéfini : car suivant Bouhours, s'il y avoit numériquement *mille gens*, il faudroit dire mille personnes. BRET.

GÉRONDIF. Il ne faut pas employer deux gérondifs de suite sans les joindre par une conjonction. *Firme qui s'aperçut de quelque changement*, craignant *d'un côté d'être abandonné*, *et de l'autre* s'ennuyant *d'entretenir tant de troupes à ses dépens*, *se sauva dans les montagnes.*

Ne dites pas : *Les vainqueurs* ayant rencontré *la litière d'Auguste*, croyant *qu'il étoit dedans la faussèrent* : il falloit, *et croyant qu'il étoit*, *etc.*

Ne mettez pas le relatif *en* avant un gérondif. *Je vous ai mis mon fils entre les mains*, en voulant *faire quelque chose de bon.* Dites, *voulant en faire.* VAUGELAS.

Quand on joint des gérondifs passés, si le premier est sans négation, et que le second ait une négation; et réciproquement, si le premier a une négation, et que le second n'en ait point, il faut alors répéter *ayant* ou *étant* avant le second gérondif. On dira bien : *La ville* ayant *été prise et abandonnée au pillage*, *le soldat y fit un immense butin.*

Mais on ne peut pas dire avec un auteur moderne : *Les idées de la religion n'étant pas mises en œuvre*, *et reléguées dans un coin de l'ame*, *perdent de leur force et de leur éclat.*

Il falloit : *n'étant pas mises en œuvre*, *mais étant reléguées dans*, etc. Ou mieux, *les idées de la religion perdent de leur force et de leur éclat*, *lorsque*, *loin d'être mises en œuvre*, *elles sont reléguées dans un coin de l'ame.* WAILLY.

Le *gérondif* est une sorte de nom adverbial, formé du participe présent et actif des verbes; tel que, *en aimant les hommes*, *on n'est pas dispensé d'aimer Dieu*; *en aimant* est gérondif.

On peut encore définir le gérondif, une expression formée sur le participe présent actif, et servant à mettre l'idée du verbe duquel il dérive, en forme adverbiale. Ainsi dans cette phrase, c'est *en s'abaissant qu'on parvient à s'élever*; *en s'abaissant* marque la manière, le moyen de *s'élever*, et donne à l'action de ce verbe la modification adverbiale. Dans celle-ci : *en lui parlant*, *n'oubliez pas de lui dire*..... *en lui parlant*, marque la circonstance du temps, c'est-à-dire, *lorsque vous lui parlerez*, *tandis que vous lui parlerez.* C'est donc l'idée du verbe *parler*, mise en forme adverbiale, et modifiant le verbe *n'oubliez pas*, etc.

Pour pouvoir discerner si un mot semblable placé sans préposition, est un participe ou un gérondif, il faut voir s'il peut se tourner par *qui* ou *parce que*, *vu que*, et alors il est participe; ou s'il peut se tourner par *lorsque* ou admettre la préposition *en*, et alors il est gérondif; car celui-ci marque toujours le moyen, la manière ou le temps, comme nous l'avons dit, et le participe marque toujours la cause de l'action principale de la phrase, ou l'état de la chose ou de la personne à laquelle il se rapporte. On cite quelquefois pour phrase ambiguë celle-ci : *Je l'ai rencontré allant à la campagne*; mais elle ne peut l'être que pour ceux qui ne saisissent pas l'esprit de la construction françoise; car ce mot *allant* ne peut se rapporter qu'à celui que j'ai *rencontré*; et si l'on veut le faire rapporter à *je*, il faut dire, *je l'ai rencontré en allant à la campagne.*

Le gérondif sert à désigner une circonstance liée avec le verbe qui le régit, *vous me répondez en riant*; et par conséquent il ne peut se rapporter qu'au substantif, qui est le nominatif (le *subjectif*) de ce verbe, ou qui lui tient lieu de nominatif. J'ajoute *qui lui en tient lieu*, parce qu'en effet il y a des phrases comme celle-ci : *on ne voit guère les hommes plaisanter en mourant*, où d'abord il semble que le gérondif ne se rapporte pas à un nominatif. Mais c'est comme si l'on disoit : *on ne voit guère que les hommes plaisantent en mourant.* Ainsi la règle subsiste toujours, *que le gérondif doit se rapporter au substantif qui sert de nominatif au verbe*, *dont il exprime une circonstance.*

Fondés sur cette règle, examinons cette phrase de Racine dans Britannicus.

Mes soins en apparence épargnant ses douleurs,
De son fils en mourant lui cachèrent les pleurs.

Mettons-la dans son ordre naturel : *Mes soins en mourant lui cachèrent les pleurs de son fils.* Or, peut-on dire que des soins fassent quelque chose *en mourant* ?

Aussi n'est-ce pas-là ce que l'auteur nous a voulu dire; mais la construction de sa phrase le dit malgré lui. D'OLIVET.

D'après l'exemple même cité par d'Olivet, on voit que le gérondif ne se rapporte pas toujours au substantif ou nominatif, mais quelquefois à un nom ou pronom exprimé, et qui se trouve plus près de ce gérondif que le subjectif. Ainsi on voit dans la phrase de Racine, que le gérondif *en mourant* se rapporte au pronom *lui*, dont il est plus près, qu'au subjectif *soins*. FONTENAI.

GIROUETTE ne peut avoir en vers, que la valeur de trois syllabes. Avec quatre, il choque l'oreille. C'est le privilége de la poësie, de réduire dans ces sortes de mots, ces deux syllabes à la diphtongue, en faveur du nombre, si essentiel en vers. LA HARPE.

GLORIEUX. *Glorieux* joint à un nom de personne, se prend en bonne et en mauvaise part. *Il revient glorieux et triomphant.* Ici *glorieux* se prend en bonne part, et signifie *couvert de gloire.*

Mais quand on dit : *Il a du mérite*, *mais il est trop glorieux*; ce mot signifie, *il a trop de vanité.* *Les* glorieux *se font haïr*; c'est-à-dire, ceux qui ont de la vanité. Alors *glorieux* est pris en mauvaise part.

Glorieux joint à un nom de chose, se prend toujours en bonne part. *C'est une glorieuse action de délivrer sa patrie*; *il est bien* glorieux *d'être utile à sa patrie.* C'est comme s'il y avoit : *C'est une chose bien glorieuse*, etc.

GUÈRES. Pour dire *guères* simplement, il ne faut jamais dire *de guères*, comme par exemple : *Il ne s'en est de guères fallu*, ne vaut rien; on dit : *Il ne s'en est guères fallu.*

Mais quand il dénote une quantité comparée avec une autre, alors le *de* y est bon : comme si l'on mesure deux choses, et que l'une ne soit qu'un peu plus grande que l'autre, on dira fort bien, *qu'elle ne la passe de guères.* VAUGELAS.

H

HYMNE est masculin. Cependant l'Académie pense qu'il peut recevoir un adjectif féminin, lorsqu'il s'agit des hymnes chantées dans l'église.

I

IDÉE (*dans l'*) *dans la tête.* On a *dans l'idée* ce qu'on pense, on le croit. On a *dans la tête* ce qu'on veut; on y travaille; nos imaginations sont *dans l'idée*, et nos desseins *dans la tête.* GIRARD.

IL A DU CŒUR, *elle a du cœur*; il ou *elle a le cœur bon*, *bienfait.* — *Il a du cœur*, *c'est un homme de cœur*, signifient, il a du courage, c'est un homme courageux.

Elle a du cœur, c'est-à-dire, elle a des sentimens, et sait garder son rang.

Il ou elle a le cœur bon, *bien fait.* Il a de la bonté, il *ou* elle est d'une humeur bienfaisante. *C'est une personne de tout cœur.* C'est une personne très-généreuse.

IMAGINER. Ce verbe, suivi d'un infinitif ou d'un *que*, signifie *croire*, *se persuader.*

S'imaginer, suivi seulement d'un nom, signifie *concevoir*, *se représenter.*

On s'imagine d'ordinaire les choses tout autrement qu'elles ne sont. ACAD.

IMPARFAIT du subjonctif. Une des terminaisons les plus désagréables de la langue, est celle des imparfaits de nos subjonctifs. Par exemple :

Que j'aimasse, que tu aimasse, qu'il aimât; que nous aimassions, que vous aimassiez, qu'ils aimassent, etc.

Que j'allas, que je fis, que je voulus, etc. sont de vrais solécismes.

Des oreilles délicates ont beau repousser cette terminaison, elle est la seule que la grammaire avoue.

L'écrivain élégant doit chercher une tournure qui n'exige pas ces expressions déchirantes pour l'oreille.

La grammaire n'enseigne que la correction du langage; c'est le goût qui doit présider au choix des expressions. D'OLIVET.

INDICATIF. Quand on emploie, pour donner plus de vivacité et d'énergie à ce qu'on raconte, des présens pour des passés, il faut que les verbes qui ont rapport à ces présens soient aussi au présent. Les phrases suivantes ne sont pas correctes. *Le centurion envoyé par Mucien entre dans le port de Carthage*, *et dès qu'il* fut débarqué, *il élève la voix.* Il falloit *et dès qu'il est débarqué*, *il élève la voix.*

INFINITÉ (une). *Une infinité de personnes* régit le pluriel. Malherbe a dit : *J'ai eu cette consolation en mes ennuis*, *qu'une infinité de personnes ont pris la peine de me témoigner le déplaisir qu'ils en ont eu.*

Cela ne se fait pas, à cause que le mot *d'infinité* est collectif, et signifie beaucoup plus encore que la pluralité des personnes; mais parce que le génitif qui est au pluriel, en cet endroit, donne la loi au verbe, contre la règle ordinaire de la grammaire qui veut que ce soit le nominatif qui régisse le verbe. Car si vous dites : *une infinité de monde*, parce que ce génitif est au singulier, vous direz : *Une infinité de monde se jeta là-dedans*; et non pas *une infinité de monde se jettèrent*; ce qui est

DIFFICULTÉS DE LA LANGUE FRANÇOISE.

une preuve manifeste que c'est le génitif pluriel qui fait dire : *Une infinité de personnes ont pris la peine* ; et non pas la force collective du mot *infinité*.

INFINITIF. L'infinitif n'exige aucun accompagnement de conjonction ou de pronom, et il rend la diction plus vive. Exemple.

Pepin ne vécut pas assez long-temps pour mettre *la dernière main à tous ses projets.*

Il seroit mal de dire : *La vie de Pepin ne fut pas assez longue*, pour mettre *la dernière main à tous ses projets*. Dites, pour qu'il pût mettre la dernière main à, etc.

> Qu'ai-je fait *pour venir* accabler en ces lieux
> Un héros sur qui seul j'ai pu tourner les yeux!

Le sens et l'usage demandoient, *pour que vous veniez*. WAILLY.

Quand on a commencé une suite de phrases par l'infinitif, il faut bien se garder de mettre d'autres temps : ainsi, il ne faudroit pas dire, pour nuire, pour plaire, et pour l'acquit, mais pour *acquitter*. Madame NECKER.

INFORMER.

> Ne vous informez pas ce que je deviendrai. RACINE.

Il faudroit : ne vous informez point de ce que je deviendrai. Et pourquoi le faudroit-il ? Parce qu'aucun verbe ne peut avoir deux régimes simples.

Ne vous informez point *ce*, c'est-à-dire la chose que je deviendrai. Alors, *vous* et *ce* sont deux régimes simples, ou deux accusatifs, comme on parleroit en latin. Or, nous posons pour principe, qu'il n'y a point de verbes qui puissent avoir tout à-la-fois deux régimes simples.

Mais si je dis : *Ne me demandez pas ce que je deviendrai*, ma phrase est correcte, parce qu'il y a plusieurs verbes, du nombre desquels est *demander*, qui souffrent le régime simple et le particulé. Or, *me* est ici pour *à moi*, et, par conséquent régime particulé ; de sorte que *demander* n'a qu'un régime simple qui est *ce*. D'OLIVET.

INSTRUIRE.

> Je puis l'instruire au moins combien sa confidence, etc. BRITAN.

On ne peut donner ici à *instruire* que l'un de ces deux sens, ou *enseigner*, ou *informer*. Or, la phrase de Racine n'est françoise, à ce qu'il me semble, ni dans l'un, ni dans l'autre cas, puisqu'il faudroit qu'on pût dire : *je puis l'instruire telle* chose, *je puis l'instruire que*, pour pouvoir dire, *je puis l'instruire combien*.

Mais il ne faut pas toujours conclure de l'actif au passif. Quoiqu'on ne dise pas *instruire que*, je crois que cette même construction ne blessera personne dans les deux exemples suivans :

> Bérénice est instruite
> Que vous voulez ici la voir *seule* et *sans suite*. RACINE.
> Bientôt de Jézabel la fille meurtrière,
> Instruite que Joas voit encore la lumière. RACINE.

D'OLIVET.

î, û. Les compositeurs d'imprimerie et beaucoup d'écrivains se trompent souvent dans l'emploi de l'accent circonflexe sur les voyelles *î, û* dans les temps des verbes au singulier, en confondant l'indicatif présent avec l'impératif, et mettant *lorsqu'il fit, lorsqu'il fut, quoiqu'il fît, quoiqu'il fût* avec ou sans accens : pour éviter cette erreur, il suffit de voir si ces mêmes temps employés au pluriel, s'écriroient *firent*, *furent*, *fissent* ou *fussent*, l'accent ne devant se mettre que dans le deuxième cas ; ainsi on ne diroit pas *quoiqu'ils firent* ou *furent*, *lorsqu'ils fissent* ou *fussent* ; par conséquent il faut écrire : *lorsquil fit ou fut*, *quoiqu'il fît* ou *fût*.

J

JE après un verbe qui est au présent de l'indicatif.

Exemple : *Aimé-je sans être aimé?* Je dis qu'*aime*, première personne du présent de l'indicatif, en cette rencontre, ne s'écrit ni ne se prononce comme de coutume : car l'*e* qui est féminin, *aime*, se change en *é* masculin *aimé*, et se doit écrire et prononcer : *Aimé-je ?* VAUGELAS.

Il faut donc écrire, *aimé-je*, avec un *é* accentué sur la dernière syllabe d'*aimé* ; et non pas *aimai-je*, comme quantité de gens l'écrivent.

Le *sens-je me dévorer* de Malhesherbe n'a point plu. Il est grammatical, mais dur à l'oreille. Plusieurs ont dit que s'il falloit nécessairement choisir, entre *ments-je*, *perds-je*, *romps-je*, *dors-je* et *menté-je*, *perdé-je*, *rompé-je*, *dormé-je*, ils diroient plutôt le dernier contre la règle.

Cependant le plus sûr est de chercher un autre tour, comme : *Est-ce que je ments ?* et de ne pas dire ni *ments-je*, ni *menté-je*, et ainsi des autres verbes.

Les seuls verbes terminés au présent par un *e* muet doivent le transformer en *é* masculin, lorsque le pronom *je* les suit. *Aimé-je*, *chanté-je*, à qui *parlé-je ?*

Les autres ne peuvent subir aucun changement pareil, et il faut dire : *connois-je*, *puis-je*, *veux-je*, *prétends-je*, *etc.* ACADÉMIE.

JE NE SAIS QUOI. Cette expression a été souvent employée avec beaucoup de grâce par d'habiles écrivains, pour exprimer un charme ou quelque chose d'indéfinissable ; mais d'autres en ont abusé. Il ne faut s'en servir qu'avec beaucoup d'art et de discrétion, parce qu'elle a une sorte de vague qui fatigue l'esprit du lecteur et n'annonce dans l'écrivain que l'incapacité de rendre sa pensée.

La même observation porte sur les mots, *chose*, *espèce*, *sorte*, *nature*, et plusieurs autres expressions que les esprits faux ou superficiels emploient ordinairement dans les définitions et les discussions. B.

JOIE (se faire une). On dit j'ai de la joie *à* vous voir ; et je me fais une joie *de* vous voir.

D'OLIVET.

JOINT (ci). Cette locution est adjectif et adverbe.

Lorsqu'elle est précédée du substantif, à qui elle se rapporte, elle est adjectif : la lettre *ci-jointe* vous apprendra, etc.

En toute autre occasion, *ci-joint* s'emploie adverbialement : vous trouverez *ci-joint* les mémoires, les notes que vous m'avez demandées, etc.

JOUR (ce) pour *aujourd'hui*.

On ne dit pas, *ce jour je pars*, en parlant du jour présent ; on dit, *aujourd'hui je pars* ; et si l'on parle d'un autre jour, soit passé, soit à venir, il faut le désigner par une épithète ou par une particule : *Ce même jour, il m'arriva tel accident ; ce jour-là j'irai à Versailles.*

Ainsi, quoiqu'on dise adverbialement, *cette nuit*, *ce matin*, *ce soir*, on ne dit pas de même *ce jour* ; et pourquoi ? parce qu'aujour-d'hui l'*a* exclus du langage ordinaire où l'adverbe, *comme plus court*, est préféré à une phrase adverbiale qui ne diroit rien de plus. D'OLIVET.

L

LA pour LE. C'est une faute que font presque toutes les femmes de Paris et *de la cour*. Par exemple : Je dis à une femme, *quand je suis malade*, *j'aime à voir compagnie* ; elle me répond, *et moi quand je la suis*, *je suis bien aise de ne voir personne*. Je dis que c'est une faute, *quand je la suis* ; et qu'il faut dire, *quand je le suis.*

La raison de cela est, que ce *le*, qu'il faut dire ne se rapporte pas à la personne, car en ce cas-là il est certain qu'une femme auroit raison de parler ainsi ; mais il se rapporte à la chose ; et pour le faire mieux entendre, c'est que ce *le* vaut autant à dire que *cela* ; lequel *cela* n'est autre chose que *ce dont il s'agit*, qui est *malade* en l'exemple que j'ai proposé.

Et pour faire voir clairement que ce que je dis est vrai, et que ce *le* ne signifie autre chose que *cela*, ou *ce dont il s'agit*, proposons un autre exemple où ce soient plusieurs qui parlent, et non pas une femme. Je dis à deux de mes amis, *quand je suis malade*, *je fais telle chose*, et ils me répondent, *et nous quand nous le sommes nous ne faisons pas ainsi*. Qui ne voit que si la femme parloit bien en disant, *quand je la suis*, il faudroit aussi que ces deux hommes disent, *et nous quand nous les sommes ?* ce qui ne se dit point. VAUGELAS.

La règle que Vaugelas établit dans cette remarque, est appuyée sur de si fortes raisons, que personne ne doit se dispenser de la suivre.

Ainsi on ne peut trop s'opposer à l'abus que les femmes font de la particule *la*, quand elles l'emploient au lieu de *le* ; il faut dire absolument dans la phrase proposée, *et moi quand je le suis*, c'est-à-dire, quand je suis malade, en supposant que c'est une femme qui parle, et non pas *quand je la suis.* ACADÉMIE.

Qu'on demande à une fille : *êtes-vous mariée ?* elle doit répondre : *je ne le suis pas* ; comme pour dire, *je ne suis pas ce que vous dites*. Mais qu'on lui demande : *êtes-vous la nouvelle mariée ?* elle répondra, *je ne la suis pas*, comme pour dire : *je ne suis pas celle que vous dites*, *la nouvelle mariée.*

Il faut toujours *la* quand ce pronom se rapporte à un substantif précédé de son article. *Etes-vous la comtesse de Pimbesche ? oui*, *je* la *suis*, *la comtesse.*

Mais il faut *le*, quand il se rapporte à un adjectif. *Etes-vous plaideuse ? oui*, je le *suis.*

> Vous êtes satisfaite et je ne la suis pas.

On voit clairement qu'il faut : *je ne le suis pas*. Ce *le* est neutre ; êtes-vous satisfaites ? nous *le* sommes, et non pas, nous *les* sommes.

> Vous en êtes instruits, et je ne la suis pas.

Observez qu'il faut, et je ne *le* suis pas ; s'il y avoit là plusieurs reines, elles diroient : nous ne *le* sommes pas ; et non, nous ne *les* sommes pas. Ce *le* est neutre ; on a déjà fait cette remarque, mais on ne peut trop la répéter pour les étrangers. VOLTAIRE.

Une dame à qui on demande si elle est encore malade, enrhumée, etc. doit répondre : *Je le suis encore. Mesdames, êtes-vous contentes de ce discours ? Oui nous le sommes infiniment.*

Madame de Sévigné n'étoit pas de ce sentiment. *Ménage se plaignant d'être enrhumé, elle lui dit. Je la suis aussi. Il me semble, reprit Ménage, que les règles de notre langue, veulent je le suis aussi. Vous direz comme il vous plaira, répliqua madame de Sévigné, mais pour moi je croirois avoir de la barbe au menton, si je disois je le suis.*

On observe la même chose avec les substantifs employés adjectivement. *Madame, êtes-vous* mère ? *Oui, je le suis. Mesdames, êtes-vous* parentes ? *Oui, nous le sommes. Mademoiselle n'est pas* mariée *mais elle le sera bientôt.* Ici *mère*, *parentes*, *mariée*, sont employés adjectivement. Mais on dira : *Madame êtes-vous* la mère *de cet enfant* : *Oui je* la *suis. Mesdames, êtes-vous* les parentes *de Monsieur ? Oui nous* les *sommes. Madame êtes-vous* la mariée ? *Oui je* la *suis*, parce qu'ici *mère*, *parentes*, *mariée*, sont substantifs. WAILLY.

LE. La particule *le* ne peut être relative à l'infinitif d'un verbe ; exemple : *Cette femme est belle, et j'aurois un grand penchant à l'aimer, si ce qu'on m'a dit de son inconstance, ne la rendoit indigne de l'être.*

Je crois que c'est fort mal parler, et qu'il faut dire : *Si ce qu'on m'a dit de son inconstance, ne la rendoit indigne d'être aimée.*

La répétition de ce verbe, au participe, me semble nécessaire, parce qu'il n'y a que l'infinitif *aimer* exprimé auparavant, et non pas *aimée*.

De même, je crois qu'il ne faut pas dire : *Je le traiterai comme il mérite de l'être* ; mais *comme il mérite d'être traité.*

Si dans ces manières de parler, on veut se servir de la particule *le*, il faut que le participe ait été exprimé auparavant. Ainsi on dira fort bien : *il sera traité comme il mérite de l'être.* TH. CORNEILLE.

LE ne prend ni genre ni nombre, quand il se rapporte aux adjectifs ou aux verbes. *La même justesse d'esprit qui nous fait écrire de bonnes choses, nous fait appréhender qu'elles ne le soient pas assez pour mériter d'être lues.*

LE, LA, LES, considérés comme *pronoms substantifs*, ne se disent après le *verbe* que quand il est à *l'impératif* ; (avouez-*le*, vous *l'*aimez ;) ces *pronoms* même ne vont après d'autres que quand ils ne sont pas joints à *lui* ou à *leur* ; car, dans ce cas, il faut dire, je *le lui*, je *la lui* ou je *les lui* réserve ; et je *le leur*, je *la leur* ou je *les leur* réserve. Lisette, dans la comédie du *Méchant*, dit :

> Je ne suis point ingrate, et le *lui* rendrai bien.

Il falloit, et je *le lui* rendrai bien, à cause du verbe *rendre*, qui veut un *régime direct*. CAMINADE.

LE, LA, LES. Ce pronom répète les personnes et les choses. Vous connoissez votre *devoir*, faites-*le* (*le*, pour *votre devoir*).

Quand ce pronom doit répéter un adjectif ou un nom qui en fait la fonction, on dit *le* pour les deux genres et les deux nombres.

Eve, dit-on, fut *curieuse*, et ne *le* fut pas impunément. *Le*, pour *curieuse*.

Etes-vous *agens* du gouvernement ? oui, nous *le* sommes.

Si vous êtes si *pressés*, nous ne *le* sommes pas.

Si elle vouloit être ma *femme*, elle *la* seroit dès demain. GARNIER.

LEUR. Ne confondez pas *leur* joint au verbe, avec *leur* joint au nom. *Leur* joint au verbe ne prend jamais d'*s*. *Leur* joint au nom prend une *s*, quand le nom est pluriel. *Le pardon des ennemis ne consiste pas seulement à ne* leur *nuire ni dans* leur *réputation*, *ni dans* leurs *biens* ; *il faut encore les aimer véritablement*, *et* leur *faire plaisir si l'occasion s'en présente. Donnez-*leur *à manger*. WAILLY.

LUI est commun aux deux *genres* ; aussi se tourne-t-il par *à lui* ou *à elle*, soit devant, soit après un *verbe*. Dis à ton frère que je *lui* défends de sortir ; appelle ta sœur, dis-*lui* de venir. CAMINADE.

L'UN et L'AUTRE. Peut-on dire également ? *L'un et l'autre est bon* ; *l'un et l'autre sont bons*. Vaugelas, et l'Académie sur Vaugelas, croient qu'on peut se servir également du singulier ou du pluriel. Nous pensons avec Girard qu'il vaudroit mieux n'employer que le pluriel. Puisque nous disons : *Le menteur et le flateur* sont *également* méprisables, nous devons dire aussi : *L'un et l'autre font un très-mauvais usage du don précieux de la parole.* WAILLY.

DIFFICULTÉS DE LA LANGUE FRANÇOISE.

Lors de. Ce mot, pour signifier *dans le temps de*, etc., *à l'heure de*, etc., est de peu d'usage parmi les gens polis, et est uniquement du palais; *lors de la passation du contrat*. C'est le sentiment de Vaugelas et de l'Académie, que cette locution n'est guères en usage, qu'en quelques phrases de formule: *Lors de son élection*; *lors de son avènement au trône*; *lors de son mariage*.

M

Majesté. Faut-il dire en parlant d'un empereur ou d'un roi? *Sa Majesté est* maître, ou *est* maîtresse *de la Franche-Comté?* Les sentimens sont partagés. *Maître* paroît plus selon la raison. Nous disons: *Sa Majesté est le* père de *son peuple et le* protecteur *de la noblesse*. On doit dire de même: *Sa Majesté est* maître *de la Franche-Comté*. Bouhours.

Maltraiter, c'est offenser, outrager de paroles ou de coups. *Il le* maltraita *de paroles*.

Traiter mal signifie *en agir mal avec quelqu'un. Le maître qui* traite mal *ses valets, n'est pas le mieux servi*. *Maltraiter* dit plus que *traiter mal*.

On dit aussi au passif: *on est maltraité dans cette auberge*; pour, *on fait mauvaise chère*. (on écriroit plus correctement *mal traité*. B.)

On dit encore: *ce chirurgien le traite mal*: c'est-à-dire, *ne le panse pas bien*. Académie.

Manières de parler basses. Il faut éviter des locutions basses; notre langue ne peut les souffrir, surtout dans les discours graves et sérieux.

Vous, Seigneur, qui êtes tout à-la-fois et le Dieu des vengeances et le père des miséricordes, vous étiez à nos trousses, *comme un maître qui poursuivoit ses esclaves*.

Cette phrase, *vous étiez à nos trousses*, ne convient pas à la Majesté divine.

Ayant mis toute son adresse à lui tirer les vers du nez, *il ne put jamais tirer de lui que des réponses générales*. Cette expression *tirer les vers du nez*, se trouve dans la préface de l'histoire d'un concile; à peine seroit-elle supportable dans une pièce comique.

Tordre le nez *à la Poëtique d'Aristote. Le prince des poëtes italiens* avoit la langue bien pendue. *La disposition du Prince leur* met la puce à l'oreille. *Nous touchons à la victoire* du bout du doigt. *Faire* le dégoûté: toutes ces expressions doivent être bannies d'un discours grave et sérieux. Bouhours.

Mêmes (eux ou elles). Il faut dire, *eux-mêmes, elles-mêmes*, avec un *s*, parce que *mêmes* là est pronom, et non pas adverbe.

Quand il est adverbe, on est libre d'y mettre le *s* ou de ne l'y mettre pas. Mais quand il ne l'est pas, comme en ces mots: *eux-mêmes, elles-mêmes*, c'est un solécisme d'omettre le *s*. C'est pourquoi, un de nos meilleurs poëtes a failli, quand il a dit:

> Les immortels *eux-même* en sont persécutés.

Il n'y a point de licence poëtique qui puisse dispenser de mettre des *s* aux pluriels. Vaugelas.

On ne sauroit excuser le vers qui est rapporté dans cette remarque. *Les immortels eux-même*, est un vrai solécisme. Académie.

Il n'y a d'exception, que pour *vous-même*, et *nous-même*, quand il se rapporte à un seul individu et non à plusieurs:

> . . . . . Vous-même où seriez-vous,
> Si toujours à l'amour, Antiope opposée,
> D'une pudique ardeur n'eût brûlé pour Thésée. Racine.

Il fait dire de même à Roxane, dans Bajazet:

> Vas, mais nous-même allons, précipitons nos pas.

C'est que *nous* et *vous* ne sont point toujours des pluriels. (*Même* est là pour *aussi*. B.)

A l'égard de *vous*, y a-t-il rien de plus commun et de plus ordonné par l'usage, que de l'employer au lieu du singulier *toi*, en parlant au plus simple particulier?

Quant à *nous*, il n'est guères permis qu'à des personnes d'un certain rang d'écrire *nous soussigné*, et non pas soussignés. Nous *soussigné* évêque de, maréchal de France, etc. Voilà des exemples de *nous* reconnu pour l'équivalent d'un singulier.

Peut-être me trompé-je, mais il me semble qu'un homme qui voudroit, dans une crise, s'exhorter tacitement lui-même, se diroit: *soyons brave, soyons patient*; l'adjectif demeurant au singulier.

Roxane, si cela est, a donc pu dire:

> Vas, mais nous-même allons. D'Olivet.

Même s'emploie aussi pour donner plus de force et d'énergie au discours, et alors il se place après le substantif ou le pronom. *La force sans conseil se détruit* d'elle-même.

> Le bonheur peut conduire à la grandeur suprême;
> Mais pour y renoncer, il faut la vertu *même*.

Cet exemple est de P. Corneille; mais ce grand poëte a fait une faute, quand il a dit:

> Sais-tu que ce vieillard fut la *même* vertu.

Il falloit *la vertu même*, c'est-à-dire la vertu au souverain dégré. (la vertu en personne. B.)

Même prend une *s*, quand il se rapporte à un pluriel.

Mais quand *même* s'emploie dans le sens d'*aussi*, *de plus*, etc. alors il ne prend point d'*s*. *Nous ne devons pas fréquenter les impies; nous devons* même *les éviter comme des pestes publiques*. Wailly.

> Que ces prisonniers même avec lui conjurés. Corneille.

Remarquez que dans la règle il faut ces prisonniers *mêmes*; *Corneille* retranche presque toujours cet *s* et fait un adverbe de *même* au lieu de le décliner. Voltaire.

En général on peut faire *même* adverbe, et par conséquent indéclinable toutes les fois qu'on peut le traduire par l'*etiam* des Latins. Fontenai.

Même, (de) il en est de même. Quand la première partie d'une comparaison commence par *comme*, on met *de même* à la tête de la seconde.

Comme *une balle a moins de vitesse après qu'elle a été donner contre une muraille*; de même *la lumière s'affoiblit, lorsqu'elle a été réfléchie par quelques corps*. Fontenelle.

Mais ce seroit une faute que de dire, avec l'auteur de la Morale du Sage: Comme *un boiteux se glorifieroit en vain de la beauté de ses jambes, puisqu'il ne peut s'en servir sans découvrir son défaut*; il en est de même *de la science du fou qui ne sauroit parler sans faire voir son extravagance*. Il falloit dire: *De même un fou se glorifieroit en vain de sa science, puisqu'il ne sauroit parler sans faire voir son extravagance*. Wailly.

Matin *et* soir. On dit, *hier matin, demain matin*; mais pour parler correctement, il faut dire: *Hier au soir*, demain *au soir*.

Manquer accompagné d'une négation, se construit avec *de* et l'infinitif. *Les malheureux n'ont jamais* manqué de *se plaindre*.

Manquer, sans négation, se construit ordinairement avec *à*. J'ai manqué à *faire ce que je vous ai promis*. Wailly.

Mensonge. (dire ou faire un) Tout deux ont quelquefois le même sens, et se disent également: *J'ai dit un mensonge, j'ai fait un mensonge; il m'a dit cent mensonges, il m'a fait cent mensonges*.

Cependant il ne faut pas toujours les confondre; car, *dire des mensonges* peut signifier quelquefois rapporter des mensonges dont on n'est pas l'auteur; *il m'a conté toutes les nouvelles qui courent, il m'a dit mille mensonges*: au lieu que *faire des mensonges*, signifie toujours qu'on en est l'auteur. (Evitez cette équivoque. B.)

Un diseur de mensonges, tels que sont les faux bruits qui courent, ne ment pas en contant des nouvelles, à moins qu'il ne les ait inventées lui-même. *Un faiseur de mensonges* est proprement un menteur. Bouhours.

Métaphores. On doit, surtout dans l'usage des expressions métaphoriques, faire attention à ce précepte de Quintilien.

« Il doit y avoir dans les expressions métaphoriques, comme dans les tableaux, une espèce d'unité, de sorte que les mots différens dont elles sont composées ayent de la convenance entr'eux, et soient faits en quelque façon l'un pour l'autre. Rien n'est plus irrégulier que de joindre ensemble des termes qui donnent à l'esprit des idées ou diverses ou contraires, comme, *tempête* et *ruine*, *naufrage* et *incendie*. »

Suivant cette règle, fondée sur le bon sens et sur l'usage, les phrases suivantes ne valent rien.

Avant que de prêcher, il avoit soin de se renouveler toujours devant Dieu par des gémissemens secrets, et d'arroser *ses discours par de* ferventes *prières*.

Arroser par de ferventes prières, sont des termes opposés: *arroser* donne l'idée d'humidité, de rafraichissement; *ferventes* au contraire, fait concevoir de l'ardeur, des feux et des flammes. Il falloit dire, et d'échauffer *ses discours par de* ferventes *prières*.

L'Académie critique ce vers du Cid.

> Malgré des *feux* si beaux, qui *rompent* ma colère.

L'auteur passe mal d'une métaphore à une autre; et ce verbe *rompre* ne s'accomode pas avec *feux*.

> Et déjà les zéphirs de leurs chaudes haleines,
> Ont *fondu* l'écorce des eaux. Rousseau.

L'idée de *fondre* ne s'allie point avec celle d'*écorce*.

> Un trouble assez cruel m'agite et me dévore,
> Sans que des *pleurs* si chers me *déchirent* encore.

Le propre des pleurs, ce n'est pas de *déchirer*; c'est d'*attendrir*, d'*exciter la compassion*.

Voltaire sur ces vers de Corneille dans Polieucte:

> Sa faveur me couronne entrant dans la carrière;
> Du premier coup de vent, il me conduit au *port*,
> Et sortant du baptême il m'envoie à la *mort*.

fait la remarque suivante. Observez que voilà trois vers qui disent tous la même chose; c'est une carrière, c'est un port, c'est la mort. Cette superfluité fait languir une idée qu'une seule image fortifieroit.

Le déluge universel fut la lessive *du genre humain*.

Cette métaphore s'éloigne tout-à-fait du bon goût; l'idée en est basse de même que la suivante.

Les hommes sont des lampes *que le temps* allume, *et qu'*un souffle de vent *peut* éteindre *à tout moment*. Wailly.

Un auteur moderne a de même manqué de sens en faisant soupirer une romance dans une flûte.

Il faut en dire autant de ceux qui ont écrit ces phrases.

On est étonné de la quantité de larmes que contiennent les yeux des rois.

Le soleil est le grand pendule des siècles.

Les idées sont la *sécrétion* du cerveau, comme le chyle, les excrémens sont la sécrétion de l'estomac, (pensée qui n'est elle-même qu'une véritable sécrétion de l'athéisme.)

Ce galimathias n'en impose qu'aux sots. Il ne faut jamais en littérature comme dans les arts oublier ce précepte de Boileau: *Rien n'est beau que le* vrai, *le* vrai *seul est aimable*. B.

Mettre sa confiance, prendre confiance. On dit bien, *mettre sa confiance en quelqu'un* ou *en quelque chose*. *Quiconque* met sa confiance en *ses richesses, en éprouvera la fragilité par la ruine de sa maison et de sa fortune*.

On dit aussi *prendre confiance en quelqu'un*. *Il prend confiance en lui*.

Mais on ne dit point *prendre confiance en quelque chose*. Wailly.

Mieux. (des) Il n'y a rien de si commun que cette façon de parler: *Il danse des mieux, il chante des mieux*; pour dire, *il danse fort bien, il chante parfaitement bien*. Mais elle est très-basse, et nullement du langage de la cour, où l'on ne la peut souffrir. Vaugelas.

Il n'y a point de construction dans cette façon de parler: *Il danse des mieux*. C'est ce qui est cause qu'on ne la souffre que dans le style très-bas. Académ.

Mille prend une *s* au pluriel, quand il signifie une étendue de mille pas. *Deux* milles *d'Italie, vingt* milles *d'Allemagne*. Mais il faut écrire et prononcer sans *s*, *mille amitiés, dix mille écus*.

Lorsqu'il est question de dater les années, on écrit *mil*. *Le pain fut très-cher en* mil sept cent neuf.

Moi. Quand *moi* se rencontre avec *y*, on met *y* avant *moi*; ensorte qu'au lieu de dire, *mène-moi-y* ou *mène-m'y*, on dit, *mènes-y moi*, et alors c'est l'*y* qui prend le *trait d'union*: on dit de même, *menez-y moi*; l'*y* ne se met après le *pronom* que dans *menez-nous y, fiez-vous y*: *menez-y nous, fiez-y vous* ne sont point d'usage.

Me se met toujours *avant* le *verbe*, et *moi*, toujours *après*. (Ne venez pas *m'étourdir*, laissez-*moi*.) Caminade.

Moi, *suivi d'un* qui *et d'un subjonctif*.

Quelques-uns ont cru qu'il falloit dire: *Si c'étoit moi qui eût fait cela*; et prétendoient que ce fût une irrégularité de la langue, que l'usage autorisoit.

Le sentiment contraire l'a emporté. Il faut dire, au singulier: si c'étoit moi qui eusse fait, toi qui eusses fait, lui qui eût fait; au pluriel: si c'étoit nous qui eussions fait, vous qui eussiez fait, eux qui eussent fait. Académie.

Le *qui*, dans ces cas-là, devient une espèce de complément du nominatif, avec lequel il ne fait plus qu'un. *C'est moi qui a proposé, c'est toi qui a crié*, seroient des fautes impardonnables; on doit oublier ce *qui* relatif, pour ne voir que le pronom personnel, et dire: *C'est moi qui ai proposé, c'est toi qui as crié*, etc.

Moins. (à) *A moins que vous cessiez*, Molière dans les Femmes Savantes. L'exactitude demande, à moins que vous *ne* cessiez. Bret.

Monter a cheval, Monter un cheval. On dit, *les médecins lui ont ordonné de* monter à cheval.

On dit *monter un cheval*, quand on a égard à la qualité du cheval, et qu'on parle d'un cheval ou de plusieurs chevaux en particulier. *Il monte un cheval blanc. Je n'ai jamais monté de cheval plus rude. Les académistes montent des chevaux d'Espagne*, etc. Wailly.

N

Ne est particule prohibitive dans un sens, et particule négative dans un autre: la prohibitive ne prend ni *pas* ni *point* à sa suite; la négative, ou contraire, en est presque toujours suivie. En général, dit Voltaire, voici la règle: quand les Latins emploient le *ne*, nous l'employons aussi. (Vereor *ne* cadat; je crains qu'il *ne* tombe). Mais quand les Latins se servent d'*ut* ou d'*utrum*, nous supprimons ce *ne*. (Dubito *utrum* eas; *je doute que vous alliez*. Opto *ut* vivas; *je souhaite que vous viviez*). Quand *je doute* est accompagné d'une négation, on la redouble pour affirmer la chose. (Je *ne* doute pas que vous *ne* l'aimiez). Ici le *ne* du premier *verbe est particule négative*, et celui du second, *particule prohibitive*; si l'on mettoit *pas* ou *point* après cette dernière, on diroit précisément le contraire de ce qu'on veut exprimer. La suppression du *ne*, ajoute Voltaire, dans les cas où il est d'usage, est une licence qui n'est permise que quand la force de l'expression la fait pardonner. *Avant* se joint bien aux particules *que* ou *de*, mais il ne souffre jamais à sa suite la particule *ne*.

Avec les verbes *oser*, *cesser*, *pouvoir*, *savoir*, *craindre*, il ne faut jamais omettre le *ne*. Racine, dans Bérénice, a dit :

> Craignez-vous que mes yeux versent trop peu de larmes ?

Pour que la phrase fût bien régulière, il faudroit *ne versent trop peu de larmes ?*

Cette particule prohibitive paroît redondante en notre langue; mais elle y est de temps immémorial. Pourquoi ne respecterions-nous pas des usages si anciens? D'OLIVET.

NE LAISSER PAS DE *ou* QUE DE. Il ne faut pas de *que* dans cette expression. *Malgré ce qu'on put lui dire, il ne laissa pas de continuer. Il est pauvre, mais il ne laisse pas d'être honnête homme.* CORNEILLE.

NI. Quand les substantifs sont liés par *ni* répété, et qu'il n'y a qu'un des deux substantifs, qui fasse ou qui reçoive l'action, on met l'adjectif, le pronom et le verbe au singulier. *Ni l'une ni l'autre n'est ma mère.*

Ce ne sera ni M. le duc, ni M. le comte qui sera nommé *ambassadeur*. Ici, l'action ne tombe que sur l'un des deux substantifs, parce qu'on n'a qu'une mère, et qu'il ne doit y avoir qu'un ambassadeur.

Mais il faut le pluriel quand les deux substantifs font ou reçoivent en même-temps l'action. *Ni la douceur, ni la force n'y peuvent rien.* ACADÉMIE.

NOM COLLECTIF. Quand un terme collectif partitif est suivi d'un nom au pluriel, les attributs qui suivent s'accordent avec ce pluriel.

Une bande de voleurs sont entrés dans la ville.

Quoique le collectif partitif ne soit pas suivi d'un pluriel, on met cependant au pluriel les adjectifs qui suivent, s'ils se rapportent à un nom pluriel exprimé antérieurement.

Les ennemis prirent la fuite, *un grand nombre se noyèrent* dans le Rhône, et non *se noya*.

NOMINATIF. Deux nominatifs exigent toujours dans la prose que le verbe qui les suit soit au pluriel, et nos bons écrivains s'écartent rarement de cette règle.

Mais la poésie prend, à cet égard, une liberté que justifie l'autorité des grands maîtres.

> Moi qu'une humeur trop libre, un esprit peu soumis,
> De bonne heure a pourvu d'utiles ennemis. BOILEAU.
>
> Car, quel lion, quel tigre égale en cruauté, etc. *Le même.*
> . . . . . Forcez votre amour à se taire,
> Et d'un œil que la gloire et la raison éclaire,
> Contemplez mon devoir dans toute sa rigueur. RACINE.
> Ses menaces, sa voix, un ordre m'a troublé. *Le même.*
> Quelle étoit en secret ma honte et mes ennuis? *Le même.*

Racine pouvoit dire sans changer son vers : *Quels étoient en secret, etc.*

De même qu'au lieu de dire dans Iphigénie :

> Ce *héros* qu'armera l'amour et la raison.

Il pouvoit dire également : Ce héros qu'armeront l'amour, etc.

Il a donc trouvé l'autre façon meilleure.

Nous mettons à la fin d'une lettre, l'estime et l'amitié avec laquelle, et non pas avec lesquelles. Cette locution-ci ne seroit pourtant pas une faute. Ainsi, dans Mithridate, Racine a pu dire :

> Ephèse et l'Ionie
> A son heureux empire étoit alors unie. RACINE fils.

NOUS pour *moi* ou *je* se met dans les actes. Les auteurs l'emploient aussi parlant d'eux-mêmes. Cependant, il est bon de l'éviter, parce qu'elle est particulièrement réservée pour les actes émanés d'un chef suprême.

NUL suivi d'un nom, fait au féminin *nulle*, il est sans pluriel. *Nulle vérité dans ce tableau. Nulle de ces dames n'ira se promener.* On a repris le P. Bouhours d'avoir écrit au pluriel : *Nulle personnes ne s'affligent, ne violent leur foi avec plus d'ostentation* : et cet aimable grammairien est convenu de sa faute. Il falloit dire, *il n'y a point de gens qui s'affligent, qui violent leur foi avec plus d'ostentation.*

Nul a un pluriel quand il signifie, *qui n'est d'aucune valeur*. *Le marché est nul. Les traités sont nuls.*

NU ne prend ni genre ni nombre dans *nu-pieds*, *nu-jambes*; mais on diroit : *les pieds nus, la tête nue.*

O

OBLIGÉ (ÊTRE) Quand *être obligé* ne marque qu'un devoir moral, il ne se dit que des personnes, et jamais des choses. Ainsi quoiqu'on dise : *Un ami est obligé d'être constant*, on ne dira pas bien : *L'amitié est obligée d'être constante*. Dites : *l'amitié doit être constante.*

ON. Ce pronom, quoiqu'indéfini et collectif de sa nature, ne laisse pas de se mettre quelquefois à la place d'une personne seule : *on demande à vous parler*; et quoiqu'il n'appartienne proprement qu'à la troisième personne, il s'emploie quelquefois pour la première ou pour la seconde personne; car, à un homme que je n'aurai point vu depuis long-temps, et que je viens à rencontrer, je lui dirai : *Il y a long-temps qu'on ne vous a vu*; et à un malade : *Se porte-t-on mieux aujourd'hui?* Mais ces manières de parler ne peuvent guères sortir de la plus simple conversation. D'OLIVET.

Lorsque ce pronom suit un verbe que termine un *e* muet, il doit être séparé par la lettre *t* placée entre deux tirets : *Qu'en pense-t-on? M'aime-t-on?*

Après les monosyllabes *si*, *ou*, *et*, la lettre *l* doit précéder ce pronom, afin d'empêcher un *hiatus*, ou pour rompre la mesure d'un vers dans la prose : *Si l'on dit; le pays où l'on trouve; on y rit et l'on y pleure.*

Le *t* est une lettre intercalée pour sauver la cacophonie, et le *l* est un article qui précède le pronom, et doit recevoir alors l'apostrophe qui annonce la suppression de l'*e*, comme dans ces mots; *l'effroi, l'amour.*

Cet *l* se place encore dans ces phrases et autres semblables : *il faut que l'on sache*, quoique *l'on en dise*, etc.

Ce n'est pas qu'il y ait une faute à dire : *Il faut qu'on sache*; mais la locution seroit plus dure à l'oreille.

De même si en plaçant cet *l* après *si*, *ou*, *et*, on produit une autre cacophonie désagréable, il ne faut pas l'employer. On ne diroit pas si *l'on la* connoît bien, où *l'on la* rencontre, etc. Il faut préférer : *si on la* connoît bien; les lieux où *on la* rencontre. ACADÉMIE.

Hors ces cas, *on* reste seul; il est ridicule de commencer une phrase et même un alinéa par *l'on*, comme font beaucoup d'écrivains. B.

Le pronom *on* est susceptible d'un adjectif féminin, s'il s'applique évidemment à une femme. On n'est pas *maîtresse* de s'acoucher quand on voudroit. Quand on est *jolie* on ne l'ignore pas long-temps. DICT. DE L'ACADÉMIE.

ORGUE, est masculin au singulier (un orgue excellent); féminin au pluriel, (des belles orgues, des orgues parfaites).

ORTHOGRAPHE. La nouvelle orthographe fait perdre la trace de l'étymologie; il ne faut donc pas l'adopter, car l'idée accessoire que l'étymologie rappelle dispense souvent d'une circonlocution.

OÙ. Pour bien employer *où*, *d'où*, *par où*, il faut que les noms auxquels ils se rapportent, ou les verbes auxquels ils sont joints, marquent une sorte de mouvement ou de repos, du moins par métaphore.

Ainsi, *où* n'est pas bien employé dans ces vers de Racine :

> Faites qu'en ce moment je lui puisse annoncer
> Un bonheur *où* peut-être il n'ose plus penser.

PAMER DE JOIE. On ne dit pas, *pâmer*, *évanouir*. On dit : *se pâmer*, *s'évanouir*. VOLTAIRE.

PAR. Le *par* et les autres particules de ce genre doivent se répéter avant un substantif qui ne présente pas une idée analogue au substantif du membre précédent; on peut dire, *par sa fidélité et sa constance*. Mais il faut dire, *par son génie et par sa bonté*. Madame NECKER.

PARDONNABLE. Ce mot ne se dit que des choses. *Faute pardonnable*; et comme on ne dit point *pardonner un homme*, on ne dit pas non plus, *un homme pardonnable*. Il faut dire, *un homme excusable*, parce qu'on dit, *excuser une faute*, *excuser une personne*. VAUGELAS.

PARFAITS SIMPLES ET COMPOSÉS. On dit bien, *je fus malade l'année ou la décade dernière*, parce qu'il s'agit d'un temps qui n'est plus; mais on ne dit pas de même, *je fus malade cette année* ou *cette décade*, parce qu'il s'agit d'un temps qui dure encore; On dit aussi, *j'ai été malade*, sans autre désignation, ou *j'ai été malade cette année*, *cette décade*, parce qu'il s'agit d'un temps dont il reste quelque chose à écouler; d'où il suit qu'en disant, *l'année dernière il a succédé à son père*, on fait une faute, parce que le *parfait composé* ne peut s'allier à un temps passé que l'on désigne; il faut dire, *l'année dernière il succéda à son père*, ou *il y a un an qu'il lui a succédé.*

PARFAIT DÉFINI. On ne doit se servir du parfait défini qu'en parlant d'un temps absolument écoulé, et dont il ne reste plus rien.

Ainsi, Racine n'est pas correct, quand il fait dire à Théramène :

> Le flot qui l'apporta recule épouvanté.

Il auroit fallu *qui l'a apporté*, parce que l'action vient de se passer. WAILLY.

PARLER MAL OU MAL PARLER.

Mal parler tombe sur les choses que l'on dit; et *parler mal* sur la manière de les dire. Le premier est contre la *morale*; le second, contre la grammaire.

C'est *mal parler*, que de dire des paroles offensantes. *C'est parler mal*, que d'employer une expression hors d'usage, d'user de termes équivoques, de construire d'une manière embarrassée, obscure, ou à contre-sens, etc.

Il ne faut ni *mal parler* des absens, ni *parler mal* devant les savans. BEAUZÉE.

PARTICIPE. Dans les verbes actifs, réfléchis et réciproques, le participe, quand il est précédé de son régime simple, prend toujours le genre et le nombre de ce régime. *La gloire que nos ancêtres nous* ont laissée, *est un héritage dont le seul mérite peut nous donner la possession.*

> Toutes les dignités *que* tu m'as *demandées*,
> Je te *les* ai, sur l'heure et sans peine *accordées*. P. CORNEILLE.

Cet avis est fondé sur l'usage des bons auteurs. Phèdre, dans Racine, dit, de l'épée d'Hippolite :

> Je l'ai *rendue* horrible à ses yeux inhumains.

Le même auteur dit dans Britannicus :

> Ces yeux que n'ont *émus* ni soupirs, ni sanglots.

Avec le verbe *être*, le participe se décline toujours.

Ainsi, une femme doit dire : *Je suis allée me promener*, etc.; et au pluriel, des hommes diront : *Nous sommes sortis ce matin.*

Quand le pronom qui forme la réciprocité est simple, et se rapporte au participe, il faut décliner et dire : *Elle s'est faite religieuse.*

Mais si le pronom ne se rapporte pas au participe, celui-ci ne se décline point.

Elle s'est fait peindre, elle s'est fait saigner; par la raison que le *se* qui précède ne se rapporte pas à *fait*, mais à saigner et à peindre : elle a fait peindre soi, saigner soi.

On dira : Je l'ai *entendue chanter*, si l'on parle d'une musicienne; et alors chanter est pris neutrelement (c'est-à-dire comme verbe ne régissant rien). On dira : Je l'ai *entendu* chanter, si c'est d'une cantate qu'on veut parler; et alors chanter est actif, c'est-à-dire régissant le pronom *la* qui précède.

Ajoutons que l'infinitif est quelquefois sous-entendu, et que le participe doit alors demeurer indéclinable, comme dans ces phrases : Je lui ai fait toutes les caresses que j'ai *dû*. Il a eu de la cour toutes les grâces qu'il a *voulu*. On sous-entend *faire* et *avoir*, et c'est à ces verbes que le régime doit se rapporter. Ainsi, *dues* et *voulues* seroient des fautes grossières.

Il faut encore avertir qu'on ne décline point le participe de faire, devant un infinitif, quand *faire* est pris dans le sens d'*ordonner*, *être cause que*. Par exemple : Ces troupes que le général a fait marcher; et la raison de cela, est que *faire marcher* n'est regardé que comme un seul mot, ou du moins ce sont deux mots inséparables.

Il ne faut pas décliner non plus, si le pronom *nous*, *vous*, *moi*, *etc.* qui forme la réciprocité dans un verbe, n'est pas régime simple et direct.

Exemple : Cette femme *s'est mis* dans la tête; le *se* veut dire ici, à elle, à soi; il n'est donc plus pronom simple et direct, mais pronom particulé, c'est-à-dire, uni à une particule.

Nous nous sommes *dit* bien souvent qu'il falloit, etc. Nous avons dit à nous.

Elle *s'est proposé* d'aller; elle a proposé à soi. Des modernes se sont *imaginé* qu'ils surpassoient les anciens : ont imaginé en eux.

La preuve que cette distinction est fondée, c'est qu'en rendant simple le même régime, la déclinaison devient nécessaire.

Cette femme s'est *mise* à la tête des mécontens. Elle s'est *proposée* pour modèle.

Des modernes se sont *distingués* dans les sciences et dans les arts.

Le participe du présent ne se décline pas, le gérondif non plus.

Une femme dira donc : En descendant l'escalier, en assistant au spectacle, etc. voilà le gérondif que désigne la particule *en* exprimée ou sous-entendue.

Elle dira de même en se servant du participe du présent : J'ai trouvé ma sœur amusant ses enfans, dessinant des fleurs, attendant son mari, etc.

On ne décline que les adjectifs verbaux qui ressemblent au participe du présent, mais qu'il ne faut pas confondre avec lui.

La différence entre l'adjectif verbal et le participe, est facile à saisir. Si le mot a un régime simple et direct, il est participe : s'il n'en a pas, il est adjectif : Femme amusante, *adjectif* ; amusant ses enfans, *participe* ; je l'ai vue bien portante, *adjectif* ; je l'ai rencontrée portant son fils, *participe*. (Il faut éviter cette équivoque, est-ce moi ou elle qui portoit son fils ? B.)

Cette jeune personne est bien contrariante, *adjectif verbal* ; elle va contrariant tout le monde, *participe*.

On dira de même : Je l'ai laissée jouante au piquet, *adjectif verbal*.

Il seroit participe si l'on disoit : *jouant le piquet*, le trictrac, etc.

Mais cette locution, *jouante au piquet*, ne flattant pas l'oreille, on employe une autre tournure.

Quand le participe est joint au verbe *avoir*, ce participe ne se décline *pas*, s'il est suivi de son régime, ou s'il n'en a point.

On doit toujours dire également : j'ai trouvé votre fille bien grandie ; nous avons laissé chez vous les livres que vous désirez.

De même, quand le participe, joint au verbe *avoir* n'a point de régime.

On dira : elle m'a paru sensible à votre souvenir.

Une femme dira : j'ai oublié de vous dire ; je n'aurois jamais imaginé, etc.

Au pluriel : nous avions pensé que, etc.

Si le *que* nommé relatif, parce qu'il se rapporte ou se réfère à un nom quelconque, précède le participe, il le force à se décliner ou à devenir adjectif : ce qui est la même chose.

Mais il faut observer qu'il s'agit d'un régime direct, et non d'un régime indirect.

Par exemple : La cantate que j'ai *chantée*. *Que* étant ici régime direct, le participe est déclinable.

Mais si on disoit : Rousseau a fait plus de cantates qu'on n'en a *mises* en musique, on feroit une faute. Il faut qu'on n'en a *mis* en musique.

Quand Boileau dit de Louis XIV : Il a fait lui seul plus d'exploits que les autres n'en ont *lu* : il s'est exprimé correctement. C'eût été une faute que d'écrire *lus*.

Pour sentir en quoi la faute consiste, il ne faut que se rappeler notre règle générale, qui rend le participe déclinable, quand il est précédé, non de régime *particulé*, mais de son régime *simple*.

Or, le régime c'est *en*, particule relative et positive, laquelle suppose toujours dans son corrélatif, la préposition *de*, et par conséquent ne répond jamais au régime simple.

Restaut a pensé que le participe étoit indéclinable, lorsqu'il étoit suivi de son régisseur ou nominatif, quoique précédé de son régime.

Il condamne, par exemple, la construction de ce quatrain si connu :

> Pauvre Didon, où t'a *réduite*
> De tes époux le triste sort ?
> L'un, en mourant, cause ta fuite ;
> L'autre, en fuyant, cause ta mort.

Il croit qu'il auroit fallu *réduit*.

Il se trompe : que le régisseur suive ou précède, peu importe, c'est *le régime simple* qu'il faut seul considérer. Dès qu'il est placé avant le participe, ce participe doit se décliner.

Racine a dit :

> Ses yeux que n'ont *émus* ni soupirs ni terreur.

Malherbe a dit : La légion qu'avoit *eue* Fabius.

Boileau, dans la septième réflexion sur Longin : la langue qu'ont *écrite* Cicéron et Virgile.

Il n'existe qu'une exception à cette règle.

Elle est relative au verbe impersonnels : Les chaleurs *qu'il a fait* cet été ; les pluies *qu'il y a eu* cet hiver.

Faites et *eues* seroient des fautes.

Mais une exception de cette nature étant seule, n'est propre qu'à confirmer notre règle, et qu'à lui assurer de plus en plus le titre de règle générale, toujours la même, dans tous les cas imaginables où le participe des verbes actifs peut se placer.

On a fait ici deux objections qu'il est facile de résoudre.

De la façon que j'ai *dite*, feroit une faute. La vraie locution est : *de la façon que j'ai dit*. VAUGELAS.

Ces paroles, *de la façon que*, sont comme adverbiales, et c'est la même chose que si on disoit, *comme*.

Si elles avoient un autre sens, il faudroit qu'elles signifiassent : *de la façon laquelle j'ai dite* ; ce qui ne peut être, la particule *que* n'étant point relative en cette phrase.

Ainsi, il est hors de doute qu'il faut dire : *de la façon que j'ai dit*, et non pas *que j'ai dite*.

Le participe ne doit s'accorder avec le relatif, que lorsqu'il est précédé d'un relatif, et ici ce relatif n'existe point, puisque le *que*, n'en a point le caractère.

Il faut dire : *Le peu d'affection qu'il m'a témoigné*, et non pas, *qu'il m'a témoignée* : parce que le relatif *que*, et le participe qui suivent, ne peuvent se rapporter à un génitif dont l'article est indéfini, tel qu'*affection*, dans cette phrase.

Il en est de même dans toutes celles où le génitif est au singulier.

Le participe est censé se référer à l'adverbe *peu*, *beaucoup*, etc., qui régit ce génitif, plutôt qu'au génitif même.

Quand le génitif est au pluriel, le relatif *que*, et le participe s'y rapportent ; et il faut dire : *Le peu de pistoles que j'ai gagnées*. Ces mots *le peu*, signifient *le petit nombre de pistoles que j'ai gagnées*. Mais *le peu* dans cette phrase, *le peu d'affection qu'il m'a témoigné*, ne sauroit signifier *le petit nombre d'affections qu'il m'a témoigné*.

Il le voudroit dire, si le génitif étoit au pluriel. *Le peu d'occasions que j'ai eues de vous marquer ma reconnoissance*, veut dire : *Le petit nombre d'occasions que j'ai eues*. ACADÉMIE.

Les poëtes ont la liberté de faire accorder ou de ne pas faire accorder avec son régime simple le participe qui est suivi d'un nominatif ou d'un adjectif. Ainsi, ne regardons pas comme une faute *enduré* dans ses vers de Corneille :

> Les misères
> Que durant notre enfance ont *enduré* nos pères.

Ne condamnons pas plus *fait* dans l'Electre de Crébillon.

> Moi, l'esclave d'Egiste ! ah ! fille infortunée
> Qui m'a *fait* son esclave, et de qui suis-je née ?

S'il n'est pas permis à un poëte de se servir en ce cas du participe absolu, dit M. de Voltaire, il faut renoncer à faire des vers.

La Fontaine a dit :

> C'est à ce coup qu'il faut décamper mes enfans ;
> Et les petits, en même-temps,
> Voletans, se culebutans,
> Délogèrent tous sans trompettes.

Les participes sont de vrais adjectifs formés des verbes, de la nature desquels ils participent, en ce qu'ils signifient la même chose.

Si quelques-uns paroissent varier, ils cessent dès-lors d'être participes, et deviennent purement adjectifs. Ainsi, l'on dit bien *une femme obligeante*, *des femmes obligeantes*, etc. mais on ne peut dire *une femme obligeante tout le monde*, *des femmes obligeantes tout le monde*.

Mais il n'est pas de règles sans exception, en fait de langue sur-tout ; car on dit, *une pièce approchante de la vôtre* ; *les villages* ou *les maisons dépendantes de la seigneurie* ; *une requête tendante à la cassation d'un arrêt* ; *des filles usantes et jouissantes de leurs droits* ; *une façon de penser répugnante à la mienne* ; *la rendante compte*, et quelques autres en très-petit nombre, et que l'usage apprendra.

L'usage de ces participes présens est un des points de notre langue des plus difficiles à bien saisir ; il est mille circonstances où un participe offense des oreilles délicates. On sent que le bon usage n'admet point de pareilles phrases.

(Il n'y a donc dans ces circonstances, comme dans beaucoup d'autres que la lecture assidue des bons auteurs, qui puisse donner ce tact qui fait rejeter les locutions vicieuses, sans pouvoir en assigner clairement les motifs. B.)

Le dieu Mercure est un de ceux que les anciens ont le plus multipliés.

Quelques auteurs varient sur cet exemple, et Restaut veut que le participe soit indéclinable, d'autres déclinable ; mais il est évident que *dieu* qui précède le participe en est le régime : c'est comme s'il y avoit ce dieu est un des *dieux* qu'ils ont le plus multipliés. Cependant, on ne feroit point de faute en mettant ce participe au singulier, puisqu'il y a division sur cet objet entre les grammairiens.

Les participes passifs sont ordinairement indéclinables, quand ils sont précédés du verbe auxiliaire *avoir*, et ils sont toujours indéclinables quand le nom ou le pronom qui les précèdent n'en sont pas le régime direct.

La lettre dont je vous ai *parlé*.

Du pronom en, *précédé ou suivi du participe*.

Ce mot exige un article à part ; car quoiqu'il rentre dans les deux premières règles générales, comme sa petitesse semble le dérober aux regards, il est rare que même les meilleurs écrivains lui appliquent les règles des participes, et cependant il en est susceptible.

Exemple. Vous avez plus de richesse que je ne vous en ai *donné*. Ce seroit une faute d'écrire *données*, car *en* est le régime du verbe *donner*, il le précède ; c'est comme s'il y avoit : vous avez plus de richesses ; c'est pour éviter la répétition de *richesse*, qu'on met le mot ou pronom *en*.

En un mot les participes sont déclinables lorsqu'ils tiennent la place d'un adjectif nécessaire, c'est-à-dire qui détermine l'état du sujet.

PARTICIPER se construit avec *à* quand il signifie *avoir part*. *La communion des saints nous fait* participer à *toutes les prières des fidelles*.

C'est participer *en quelque sorte au crime que de ne le pas empêcher, quand on le peut.*

Participer, tenir de la nature de quelque chose, régit *de*. *Les pierres dont on tire l'alun* participent de *la nature du plomb*.

PAS et POINT. *Pas* énonce simplement la négative ; *point* appuie avec force et semble l'affermir. Le premier souvent ne nie la chose qu'en partie, ou avec modification ; le second la nie toujours absolument, totalement et sans réserve. On diroit donc n'être *pas* bien riche et n'avoir *pas* même le nécessaire. Mais si l'on vouloit se servir de *point*, il faudroit ôter les modifications, et dire : N'être *point* riche, n'avoir *point* le nécessaire. Il n'y a point de ressource dans une personne qui n'a *point* d'esprit. GIRARD.

Pas et *point* ont un sens bien différent : *pas* signifie *peu* ; *point* signifie *point du tout*. Ainsi, quand on dit, en parlant d'une femme, elle n'est *pas* jolie, on donne à entendre qu'elle est *peu* jolie ; et quand on dit : elle n'est *point* jolie, on donne à entendre qu'elle ne l'est *point du tout*. On dit encore *point* pour *non* ; mais on ne sauroit dire *non point* ; il faut alors se servir de *non pas*, ou de *point* tout court.

PASSÉ (il a, ou il est). On a vu des gens bien en peine de savoir lequel il faut dire. Quand *passer* a un régime, et qu'il a rapport ou aux lieux ou aux personnes, il faut dire *a passé*, soit dans le propre, soit dans le figuré. *Il a passé par le Pont-Neuf allant au Louvre* ; *le roi a passé par Compiègne* ; *l'armée a passé par la Picardie* ; *partout où l'armée a passé elle a fait de grands dégâts* ; *l'empire des Assyriens a passé aux Mèdes*, etc.

Quand *passer* n'a ni régime, ni relation, on dit *est passé*, et dans le figuré : *Le roi est passé* ; *l'empire des Romains est passé* ; *le bon temps est passé* ; *cette femme est passée*, pour dire qu'elle n'est plus ni belle ni jeune.

Au reste, il faut remarquer que *passer* se prend ici en sa signification naturelle. Car, quand *passer* a une autre signification, on met *a passé* en des endroits où il n'y a nul rapport ni aux lieux ni aux personnes. Par exemple : *Ce mot a passé*, pour dire, *ce mot a été reçu*. Car, il y a bien de la différence entre *ce mot est passé* et *ce mot a passé*. *Ce mot est passé* signifie qu'un mot est vieux, qu'il est aboli, qu'il n'est plus du tout en usage. *Ce mot a passé* signifie qu'un mot a été introduit, et qu'il a cours dans la langue. BOUHOURS.

PASSER, prend *avoir* quand il est suivi d'un régime. *Les troupes ont passé les Alpes*. *Charles-Quint a passé par la France*.

Ainsi, au lieu de dire avec Boileau :

> Savez-vous. . .
> . . . . . si leur sang tout pur, ainsi que leur noblesse,
> Est passé jusqu'à vous de Lucrèce en Lucrèce.

J'aurois dit *a passé*. D'OLIVET.

Passer, sans régime, prend *être*. *La procession est passée* ; *cette tapisserie est passée* ; *cette mode est passée*.

Passer, quoique sans régime, prend *avoir*, quand il signifie *être reçu*. *Ce mot a passé*.

Se passer à, *se passer de*, sont deux choses absolument différentes. *Se passer à* signifie se contenter de ce qu'on a ; *se passer de* signifie soutenir le besoin qu'on n'a pas. Exemple : Il a quatre équipages, on peut *se passer à moins*. Vous avez cent mille écus de rente et *je m'en passe*. VOLTAIRE.

PAUVRETÉ DE LA LANGUE FRANÇOISE. Rien de plus commun que d'entendre accuser notre langue de pauvreté, comme rien n'est moins rare que de rencontrer de mauvais ouvriers pour lesquels il n'y a jamais de bons outils. Mais peut-on dire que notre langue est pauvre, lorsque des écrivains, qui ont produit des chef-d'œuvres dans tous les genres, et fermé la carrière littéraire, ont, avec cette langue, exprimé tous les sentimens, peint toutes les images, rendu toutes les pensées ? Peut-on dire qu'une langue est pauvre lorsqu'elle possède un tiers de mots de plus que sa mère, la langue latine, fait qu'il est facile de constater, en parcourant ce dictionnaire dans

lequel

DIFFICULTÉS DE LA LANGUE FRANÇOISE.

lequel je n'ai mis le latin qu'aux mots françois qui ont leur équivalent dans cette langue.

Une autre preuve de sa richesse naît de la difficulté même de l'enrichir : elle rejette les haillons et l'oripeau dont plusieurs auteurs prétendent la couvrir. Voltaire, piqué de ses dédains, l'appeloit une *gueuse fière*. Mais il y avoit dans ce reproche plus d'ingratitude que de justesse, puisque lui-même s'en servit pour acquérir le titre d'*homme universel*. Cet auteur, dans lequel on retrouve pour ainsi dire tout un siècle, avoit la coupable et maladroite habitude de rabaisser sa nation aux yeux des étrangers, pour s'élever davantage; il oublioit ce vers,

À vaincre sans rivaux on triomphe sans gloire.

La langue françoise est une de celles qui méritent le plus d'être cultivées. Elle est utile et même nécessaire à tous ceux qui aiment la littérature ; elle est propre à traiter toute sorte de sujet ; elle est noble, modeste, majestueuse : elle est sérieuse sans l'être trop ; elle s'égaie, elle badine même quelquefois dans les matières les plus graves, mais il y a toujours de la sagesse dans son enjouement. En un mot, elle est la langue des sciences et des beaux-arts : et dans les petits, comme dans les grands ouvrages, elle sait donner aux choses un certain air qui leur est propre et qui en relève le mérite. Elle l'emporte sur la plupart des autres : elle est plus heureuse à rendre les pensées au naturel, elle peint mieux les objets, garde plus exactement les proportions, et ses tableaux sont plus ressemblans. Elle aime la propreté, mais elle ne hait rien tant que l'affectation, les ornemens excessifs : les parures recherchées lui sont insupportables; elle n'a point ces diminutifs fades, ni ces terminaisons doucereuses que la langue italienne aime tant. Elle a de la douceur, mais une douceur de la nature de celle qui sied bien, qui plaît, qui ressemble à celle de la langue grecque, et qui ne fut jamais une douceur efféminée. De plus, elle est riche en toute sorte de termes et de façons de parler : elle en a pour l'éloquence, elle en a pour la poésie, elle en a pour les arts, pour les sciences : elle en a pour la chaire, elle en a pour le barreau, pour le discours sérieux et burlesque, pour le sublime et pour le familier ; elle en a pour la guerre, pour les finances, pour la monnoie, pour la fauconnerie, pour la vénerie. Ce qui relève infiniment sa gloire, c'est qu'on la parle par-tout ; elle est la langue des princes. JOURNAL DE TRÉVOUX.

La langue françoise est élégante et nombreuse ; elle joint la précision à la clarté, les grâces à l'énergie ; elle se plie à tous les styles, à tous les tons ; elle sait tout exprimer et tout peindre ; elle suffit aux besoins de la raison, du génie et du sentiment. SAINTE-PALAYE.

La langue françoise est claire, nette, méthodique ; elle procède comme la pensée et l'observation, et on lui fait l'honneur de la chérir, de l'adopter, de la parler dans presque toutes les cours de l'Europe. WATELET.

PERDU. *C'est un homme perdu* ; c'est-à-dire, c'est un homme sans espoir, sans ressource.

C'est une femme perdue ; c'est-à-dire, une femme publique, et abandonnée. ACADÉMIE.

PHRASE. Quand on a fait deux membres d'une phrase, il faut que les deux autres soient parallèles ; ainsi, *tous les instans de ma vie peuvent nuire ou servir au bonheur de vingt mille hommes*, il ne faut pas ajouter *et préparer celui de la race future*, mais plutôt *et préparer la ruine ou la prospérité de la race future*.

Il ne faut pas se permettre dans la même phrase deux mots qui représentent la même idée, comme *monde* et *univers*. Madame NECKER.

PERSANS. En prose, on doit appeler Perses, les anciens habitans de cet empire, et Persans ceux d'aujourd'hui. RACINE le fils.

PERSONNE. Ce mot, qui est féminin de sa nature, peut prendre quelquefois le genre masculin. 1°. Quand il signifie *nul*, *quelqu'un* ; exemple : personne n'est *venu* me voir; *venue* seroit une faute. Il n'y a personne si peu *instruit* des affaires qui ne convienne ; y a-t-il personne assez *hardi* pour me le nier? Personne osera-t-*il* soutenir, etc.

2°. Quand il est joint à un adjectif des deux genres, comme considérable, aimable, célèbre, etc., et que la suite du discours annonce que cette expression se rapporte à des hommes ; exemple : Des personnes considérables par leur rang, ont bien voulu me témoigner la part qu'*ils* prenoient aux ennuis que j'ai éprouvés. VAUGELAS.

PEU. Le mot de *peu* ne convient point au mot *nom*. Un peu de gloire, un peu de renommée, de réputation, dans toutes les langues, et un *peu de nom* dans aucune. Il y a une grammaire commune à toutes les nations, qui ne permet pas que les adverbes de quantité se joignent à des choses qui n'ont pas de quantité. On peut avoir plus ou moins de gloire ou de puissance, mais non pas plus ou moins de nom. VOLTAIRE.

Cependant on peut dire plus ou moins de nom, quand *nom* se prend pour *renommée*, *réputation*.

PEUR DE. *Peur*, pour dire *de peur*, est insupportable ; et néanmoins je vois une infinité de gens qui le disent et quelques-uns déjà qui l'écrivent. VAUGELAS.

Il n'est pas permis de dire, par exemple : *peur de lui déplaire*, quoique la répétition de la particule *de*, paroisse blesser l'oreille. ACADÉMIE.

PEUX (je), JE PUIS. Plusieurs disent et écrivent *je peux*. Je ne pense pas qu'il le faille tout-à-fait condamner ; mais je sais bien que *je puis* est beaucoup mieux dit, et plus en usage.

On le conjugue ainsi : *Je puis*, *tu peux*, *il peut*. Il est de la beauté et de la richesse des langues, d'avoir ces diversités. VAUGELAS.

Je peux pour *je puis*, a été condamné, et même en poésie.

Corneille fait dire à César, qui voit les cendres de Pompée dans les mains de Cornélie :

Restes d'un demi-Dieu, dont à-peine *je puis*
Egaler le grand nom, tout vainqueur que j'en suis.

Racine a dit :

Hé! que *puis-je* au milieu de ce peuple abattu?

Boileau a dit :

Je me sauve à la nage, et j'aborde où *je puis*.

Marmontel :

Permettez que je vous aime, comme *je puis* et autant que *je puis*.

PLAINDRE. *Se plaindre que*, ou *de ce que*.

Se plaindre de ce que, suppose un sujet de plainte. *Se plaindre que*, n'en suppose point. Ainsi, vous direz à une personne que vous n'avez pas trompée : *Vous avez tort de vous plaindre que je vous ai trompé*. Si vous disiez : *Vous avez tort de vous plaindre de ce que je vous ai trompé*, ce seroit avouer que vous l'avez trompée.

PLAIRE. *Se plaire* veut *à* avant le nom ou l'infinitif qui le suit. *Il se plaît à la campagne. Malheur à celui qui ne se plaît qu'à faire du mal.*

Mais quand *plaire* est pris impersonnellement, il demande *que* ou *de* avant l'infinitif qui le suit. *Vous plaît-il que je vous dise mon sentiment ? Vous plaît-il de venir avec nous ? Il a plu à Dieu de nous affliger.*

Vaugelas dit, que quand on se sert de *plaire*, en terme de civilité et de respect, on supprime *de*. *Vous plaît-il me faire cet honneur. Il lui a plu m'honorer d'une visite.* En ce cas, il vaut mieux employer toujours *de*. Le dictionnaire de l'Académie ne le supprime point dans ces sortes de phrases.

Selon Ménage, il faut toujours dire, *que vous plaît-il* ? Cette décision n'est pas juste : dans le style familier, une personne qu'on appelle, répond : *plaît-il ?* ACADÉMIE.

PLAISIR. *Il y a plaisir à* ou *de*. On dit : *Il y a plaisir à*, quand il doit suivre une consonne. *Il y a plaisir à s'acquitter de ses devoirs.*

On dit : *Il y a plaisir de*, quand il doit suivre une voyelle. *Il y a plaisir*, dit Pascal, *d'être dans un vaisseau battu de l'orage, lorsqu'on est assuré qu'il ne périra point.* BOUHOURS.

PLAIT (ce qui te ou ce qu'il te). Il y a de la différence entre *ce qui te plaît*, et *ce qu'il te plaît* ; car le premier signifie *ce qui t'est agréable* ; mais le second, *ce que tu veux*. D'OLIVET.

PLÉONASME se dit de tout mot qui n'est que l'équivalent d'un autre : ainsi, quand on dit, *à la boule ronde*, *une tempête orageuse*, *des bornes et des limites*, les mots *ronde*, *orageuse*, et *limites* sont des pléonasmes, parce qu'ils n'ajoutent rien au sens.

PLUPART. Quand *la plupart* se dit sans un *substantif* à sa suite, le verbe se met toujours au pluriel : *la plupart* sont très-reconnoissans.

PLURIEL. Dans le cas de la réunion d'un adverbe ou d'une préposition, avec un substantif, c'est après celui-ci seulement que se met le *s* qui désigne le pluriel.

Des avant-coureurs, *des contre-danses*, *des entremets*, *des demi-dieux*, *des pour-parlers*, *des primevères*, *etc.*

On ne place de même le *s* qu'à la fin, quand le mot est composé d'un verbe et d'un nom; *des passe-ports*, *des perce-pierres*, *des chasse-marées*, *des garde-fous*, *des tire-bouchons*, *des hausse-cols*, *des tourne-broches*, *etc.*

Il n'y a d'exception que dans ces deux cas-ci : quand le mot qui termine, est adverbe ou préposition ; ainsi, il faut écrire des *passe-avant*, des *passe-partout*, etc.

Quand le dernier mot rejette évidemment le caractère du pluriel, comme dans cette expression *prié-dieu* ; vous direz : trois *prié-dieu* étoient placés dans le sanctuaire.

Quand le mot composé offre la réunion de deux substantifs, il ne prend de même le signe du pluriel qu'à la fin du second. *Des chef-lieux de canton*, *les chef-d'œuvres de Corneille*, *des croc-en-jambes*, *etc.*

Mais il ne faut pas confondre un simple rapprochement de mots, avec des mots composés. De ce dernier ordre ne sont pas, *tour du bâton*, *coup-d'œil*, *œil de bœuf* et autres de même nature.

Ce que l'on dit ici, n'est applicable qu'aux mots dont la composition n'en forme absolument qu'un seul.

Ces mots peuvent être le résultat d'un adjectif et d'un substantif. Alors, l'un et autre prennent le caractère du pluriel : *Ce sont deux belles-sœurs*, *des sages-femmes*, *des gentilhommes*.

La seule exception est pour l'adjectif *grand*, qui devient alors une sorte d'adverbe ; *nos grand'mères*, *deux ou trois grand'messes*, etc.

L'adjectif est pris adverbialement dans ces occasions-là ; au singulier même il n'admet pas l'*e* ; *ma grand'tante*, *la grand'salle*, *faire grand'chère*. etc. ACADÉMIE.

On peut mettre le singulier, quand les substantifs sont singuliers, et non liés par une conjonction. *La douceur*, *la bonté du grand Henri* a été célébrée *de mille louanges*. PÉLISSON.

Cette règle s'observe surtout, quand les substantifs sont presque synonymes ; elle a même lieu, quoiqu'ils soient unis par la conjonction, etc. *L'indifférence et la résignation dont nous venons de parler*, se doit *étendre à tous les emplois*, etc. RÉGNIER.

Racine a dit : *Quelle étoit* en secret ma honte et mes chagrins : ce qui est plus doux, mais moins régulier que s'il eût dit : *Quels étoient* en secret ma honte et mes chagrins ?

PLUS REDOUBLÉ. Deux *plus* corrélatifs ne peuvent souffrir de conjonction.

Ainsi, il faut dire : *Plus on lit Racine*, *plus on l'admire*.

Moins on étudie, plus on est ignorant ;
Plus on est sobre, mieux on se porte.

On parleroit incorrectement si l'on disoit, *et* plus on l'admire ; *et* plus on est ignorant; *et* mieux on se porte.

Remarquons que chacun de ces exemples renferme deux propositions simples : *on lit Racine*, *on l'admire*, lesquelles prises séparément, n'ont point encore de rapport ensemble. Pour les unir et n'en faire qu'une phrase, je n'ai qu'à dire : *On lit Racine et on l'admire.*

Mais si je veux faire entendre que l'une est à l'autre ce que la cause est à l'effet, ou l'antécédent au conséquent ; alors, il ne s'agit plus de les unir, il faut marquer le rapport qu'elles ont ensemble.

Or, c'est à quoi nous servent ces adverbes comparatifs dont un est toujours nécessaire à la tête de chaque proposition, sans pouvoir céder sa place, ni souffrir un autre mot devant lui.

Racine s'est donc permis une incorrection, lorsqu'il a dit dans les Plaideurs :

Plus je vous envisage,
Et moins je reconnois, monsieur, votre visage.

Il y cependant un cas où la conjonction *et* doit précéder l'adverbe comparatif : c'est lorsqu'au lieu d'une seule proposition simple, plusieurs sont réunies pour former ou l'antécédent ou le conséquent. Racine en fournit l'exemple suivant, qui mettra cette observation dans tout son jour.

Plus j'ai cherché, madame, et plus je cherche encor,
En quelles mains je dois confier ce trésor;
Plus je vois que César, etc.

Ici la conjonction porte, non sur la dernière proposition qui est corrélative, mais sur les deux premières qui sont copulatives.

Quant à l'autre phrase, il falloit : *Plus je vous envisage*, *moins je reconnois*, etc., ou si l'on mettoit une conjonction entre ces deux membres, il en falloit une troisième, comme si l'on avoit dit : *Plus je vous envisage*, *et moins je vous reconnois*, *plus je soupçonne que vous êtes un fourbe.* D'OLIVET.

PLUS, DAVANTAGE. *Davantage*, comme *terme de quantité*, ne peut être suivi d'un complément. Comme *comparatif*, il ne peut être le premier terme de la comparaison ; c'est *plus* qu'on emploie dans les deux cas. On ne diroit pas :

Souvent il y a *davantage d'esprit* à se taire qu'à parler. Dites, *plus d'esprit*. Un avare a beau être embarrassé de ses richesses, il *en* désire encore *plus*. Dites, *davantage* ou *plus qu'il n'en a*.

Nous en avons assez, nous n'*en* voulons pas *plus*. Dites, *davantage*. GARNIER.

PLUS, MIEUX. Quand on veut élever un adjectif ou un adverbe au degré comparatif ou superlatif, et qu'on balance entre *plus* et *mieux*, sans trop savoir lequel doit être préféré, il faut considérer quelle est la nature du qualificatif. Si la qualité qu'il exprime est susceptible de plus grande quantité, d'ampliation, si l'on peut s'exprimer ainsi, alors on doit employer *plus* ; mais si elle n'est point susceptible de cette sorte d'ampliation, mais seulement de perfection, qu'elle ne soit pas de nature à admettre du plus ou du moins, mais du bien ou du mal; enfin, que la comparaison tombe sur la manière de ce que ce qualificatif exprime, et non pas sur la quantité, alors il faut se servir de *mieux*.

Ainsi, on dit: *Cet homme est mieux fait que son frère*, parce que l'adjectif *fait* n'est susceptible que de bien ou de mal, que l'on ne peut pas être plus ou moins fait. Au contraire, on dit *plus aimable*, parce qu'il n'y a pas, à parler avec exactitude, une bonne et mauvaise amabilité, mais qu'il peut y avoir plus d'amabilité dans un *objet* que dans un autre.

Lorsque le second terme de la comparaison n'est pas exprimé, *plus* doit être immédiatement précédé de l'article, avec lequel il forme alors une espèce de superlatif.

D'après cette règle, d'Olivet blâme cette expression de Racine dans Bajazet.

> Déjà sur un vaisseau dans le port préparé,
> Chargeant de mon débris *les reliques plus chères*,
> Je méditois ma fuite, etc.

Il falloit, dit-il, *les plus chères reliques*, ou *les reliques les plus chères de mon débris*.

Voltaire excuse cependant ce vers de *Corneille* dans les Horaces.

> Que le parti *plus foible* obéisse au plus fort.

Il est à croire, dit-il, qu'on reproche à Corneille une petite faute de grammaire, puisque ce vers est ainsi dans d'autres éditions.

> *Que le foible parti obéisse au plus fort.*

On doit, dans l'exactitude scrupuleuse de la prose, dire: *que le parti* le plus foible *obéisse au plus fort*; mais si ces libertés ne sont pas permises aux poëtes, et surtout aux poëtes de génie, il ne faut point, dit-il, faire de vers. Racine a bien dit:

> Charger de mon débris les reliques plus chères.

au lieu de *reliques les plus chères*.

PLUS, MOINS. A l'occasion de *plus* et *moins* pris comme comparatifs, Girard demande s'il faut dire, *la bataille étoit plus d'à-demi perdue*, et non pas *étoit plus qu'à-demi perdue*? Il remarque que partout où il y a comparaison d'égalité entre deux objets, le second est uni au reste de la phrase par la conjonction *que*. *Il est aussi grand dans la paix que dans la guerre. Il a autant de modestie que de mérite.*

Si la comparaison est portée au superlatif, le second terme, quand il y en un d'exprimé, est lié à la phrase par la préposition *de*: *Vous voyez le plus insolent et le moins brave des spadassins.*

De ces exemples, ce grammairien décide qu'il faut dire, *la bataille étoit plus d'à-demi perdue*, et non pas *étoit plus qu'à-demi perdue*. FONTENAI.

PLUTÔT QUE. On a remarqué que ce *plutôt* amène nécessairement *de*, quand son régime est près de lui, comme: *Plutôt que de mourir; plutôt que de faire cette lâcheté; vous devez craindre sa justice, plutôt que d'espérer en sa miséricorde.* TALLEMANT.

> Qu'il est plus à propos qu'il vous dise pourquoi.

Voltaire, à l'occasion de ce vers de Corneille dans Polyeucte, fait la remarque suivante.

Ce vers ou cette ligne tient trop du bourgeois. C'est une règle assez générale, qu'un vers héroïque ne doit jamais finir par un adverbe, à moins que cet adverbe se fasse à peine remarquer comme adverbe; je ne le verrai *plus*. Je ne l'aimerai *jamais*. *Pourquoi*; pourroit être employé à la fin d'un vers, quand le sens est suspendu.

> Et comment, et *pourquoi*
> Voulez-vous que je vive?
> Quand vous ne vivez pas pour moi. QUINAULT.

Mais alors ce pourquoi lie la phrase. Vous ne trouverez jamais dans le *style noble*; *il m'a dit pourquoi*; *je sais pourquoi*. La nuance du simple et du familier est délicate; il faut la saisir.

POURTANT. *Pourtant* au commencement d'une phrase est de la plus vieille date de la poësie françoise, et de la bonne prose.

Il faut l'éviter, et mettre à la place, *toutefois* ou *cependant*; ou bien insérer *pourtant* dans le milieu du vers, ou après les premiers mots de la phrase.

> Boileau. . . . . .
> Qui mit, à tout blâmer, son étude et sa gloire,
> *Et pourtant* de ce roi, parla comme l'histoire.
>
> CLÉMENT.

POUVOIR avec *peut-être*, *possible*. C'est une négligence d'employer le verbe *pouvoir* avec *peut-être*, *possible*, *impossible*. *Peut-être avec le secours de ses amis* pourra-t-il *réussir*. Dites: *Peut-être réussira-t-il avec le secours de ses amis. Il est* impossible *qu'on puisse s'imaginer quelle douleur lui causa cette mort.* Dites: *on ne peut s'imaginer quelle douleur lui causa cette mort.*

PRÉPOSITIONS. Elles n'ont aucune des propriétés qui conviennent au nom. Elles sont de tout genre, de tout nombre. Elles ne sont ni du masculin, ni du féminin. Elles n'ont ni singulier, ni pluriel; la seule attention qu'elles exigent, c'est la manière de les employer avec leurs régimes; par exemple, ce seroit une faute d'écrire, regarder *au travers les* vitres, ou *à travers des* vitres; il faut dire *au travers* des vitres; ou *à travers* les vitres.

On dit encore: *Il est hors du royaume*; et cependant il faut dire et écrire: *Tous les juges furent du même avis, hors le président.*

Plusieurs de nos verbes ont à leur suite *à* et un infinitif. *Cherchez* à rendre *service*. *Aimez* à secourir *les malheureux*. *Travaillons* à *nous* former.

D'autres prennent *de*. *Je vous conseille* de partir. *Il a promis* de travailler *à votre ouvrage.*

D'autres enfin prennent *de* ou *à*, selon que l'oreille le demande. Tels sont:

A peine a-t-on commencé *à vivre*, *qu'il faut* songer *à mourir.*

Il avoit commencé d'*écrire sa lettre.*

Apolon sourit de la vision de ce poëte qui vouloit continuer à *lui débiter ses extravagances.*

Avec les verbes *commencer*, *continuer*, *engager*, *commander*, *exhorter*, *forcer*, *s'efforcer*, *manquer*, *obliger*, *tâcher*, on emploie *à*, surtout quand il s'agit d'éviter plusieurs *à*, ou la rencontre de plusieurs voyelles. Ainsi, on dira: *Il commence à sortir au jardin.*

La répétition des prépositions n'est nécessaire aux noms, que quand les substantifs ne sont pas synonymes. Exemple: *par les ruses et les artifices de mes ennemis. Ruses* et *artifices* sont synonymes; c'est pourquoi il ne faut point répéter la préposition *par*; mais si au lieu d'*artifices*, il y avoit *armes*, il faudroit dire: *Par les ruses et par les armes de mes ennemis.* Il en est ainsi de plusieurs autres prépositions, comme *pour*, *contre*, *avec*, *sur*, *sous* et leur semblables.

La préposition peut ne pas se répéter, lorsque les noms, sans être synonymes, sont *équipolens*: *Pour le bien et l'honneur de ses maîtres. Bien et honneur* ne sont pas synonymes; mais ils sont équipolens. VAUGELAS.

On tient la répétition des propositions nécessaire devant des substantifs équipolens. Ainsi, il faut dire: *Pour le bien et pour l'honneur de son maître*, et non pas, *pour l'honneur et le bien*, etc. ACADÉMIE.

Il faut remarquer que si une préposition est suivie de plusieurs complémens, elle doit se répéter à chacun d'eux; on ne dit pas: *j'ai travaillé pour vous et moi, contre elle et lui; je vais à Lyon et Avignon*; mais, *j'ai travaillé pour vous et pour moi, contre elle et contre lui: je vais à Lyon et à Avignon.* GIRARD.

PRÉSIDER. Ce verbe veut ordinairement la préposition *à*. *En France, le Chancelier, comme chef de la justice*, préside *à toutes les compagnies de judicature.*

On dit quelquefois sans préposition, *présider une compagnie. Celui qui* présidoit la compagnie, répondit: *je suis son ancien*, je le présiderai *toujours.*

PRÉTENDRE.

> Mais, connois Pulchérie et cesse de prétendre.

Ce verbe *prétendre* exige absolument un régime. Ce n'est point un verbe neutre. Ainsi, la phrase n'est point achevée.

On pourroit dire: *Cesser d'aimer et de haïr*, quoique ce soient des verbes actifs, parce qu'en ce cas, cela veut dire: *Cessez d'avoir des sentimens d'amour et de haine.* Mais on ne peut dire, *cessez de prétendre, de satisfaire, de concourir.* VOLTAIRE.

PRÉTÉRIT *simple et prétérit composé.* On ne peut indifféremment employer l'un pour l'autre, et dire, par exemple: *j'eus*, pour *j'ai eu*; *je fis*, pour *j'ai fait.*

Dans ce vers du Cid:

> Quand je lui fais l'affront, etc.

il auroit fallu dire: *je lui ai fait*, puisqu'il ne s'étoit point passé de nuit entre deux. ACADÉMIE.

Ce seroit pécher contre la langue, que de dire, *je reçus* de l'argent ce *matin*; *je rendis* mes comptes cette semaine; parce que ce matin, cette semaine font partie du jour et de la semaine où l'on est encore. On feroit également une faute si l'on disoit: *Nous vîmes de grands événemens dans* ce siècle, *dans* cette année, *dans* ce mois, *dans* cette semaine; parce que le siècle, l'année, le mois et la semaine dont on parle ne sont pas encore écoulés. Il faudroit dire: *Nous avons vu* de grands événemens, etc.

Notre langue est si exacte dans la propriété des expressions, qu'elle ne souffre aucune exception en ceci. Mais on peut indifféremment se servir du passé défini, quand le temps dont on parle est entièrement écoulé; ainsi, on peut dire, *j'ai écrit* ou *j'écrivis hier*; *j'ai été* ou *je fus* malade la semaine passée.

PRÉTEXTE (sous *ou* sur). Il faut mettre *sous* en la plupart des phrases: *Sous prétexte*; *sous ombre d'amitié*, *sous telles et telles conditions*, etc.

On a seulement remarqué à cet égard, que lorsqu'on y met un article, on dit quelquefois *sur*, comme *sur un si léger prétexte, il osa bien lui dire*, etc. TALLEMANT.

PRIER DE, PRIER A. On n'emploie *prier à* qu'avant *manger*, *dîner*, *souper*, quand par le mot *prier*, on veut marquer une prière de dessein prémédité et de cérémonie. *Je suis* prié à dîner *pour demain. Il m'a* prié à souper *pour vendredi.*

Dans les autres cas, *prier* régit *de*. Je vous prie de *le prendre sous votre protection. Il m'a* prié de *l'accompagner*: *on m'a* prié de *la noce.* ACADÉMIE.

PROMENER. C'est mal parler que de dire: *Allons promener, il est allé promener.* Il faut mettre le pronom possessif dans ces sortes de phrases: *allons nous promener* aux Tuileries, *il est allé se promener.*

Il est vrai qu'on dit: *Je l'envoyerai bien promener*; je l'ai *envoyé promener*; mais *promener* est neutre, passif dans ces façons de parler. ACADÉMIE.

PRONOM PERSONNEL. Ce pronom est absolument nécessaire dans certaines phrases.

> . . . . . Mon fils est enfin digne que la princesse
> Lui donne, avec sa main, l'estime et la tendresse. LAMOTTE.

Voilà un solécisme intolérable, ou plutôt un barbarisme. On ne donne point l'estime et la tendresse comme on donne le bonjour. Le pronom étoit absolument nécessaire; les esprits les plus grossiers sentent cette nécessité. Jamais le bourgeois le plus mal élevé n'a dit à sa maîtresse, accordez-moi l'estime; mais votre estime. La raison en est que tous nos sentimens nous appartiennent. Vous excitez *ma* colère, et non pas la colère; *mon* indignation, et non pas l'indignation; à moins qu'on n'entende l'indignation, la colère du public. On dit: *vous avez l'estime et l'amour du peuple*; *vous avez mon amour et mon estime.* Le vers de Lamotte n'est pas françois; et rien n'est peut-être plus rare (difficile), que de parler françois, dans notre poësie. VOLTAIRE.

PRONONCIATION. Toutes les règles sur la prononciation, toutes les tentatives faites pour l'exprimer par des signes, sont parfaitement inutiles; la prononciation ne peut être sentie que par l'oreille; il n'y a qu'une mère qui puisse, à cet égard, servir de maître à son enfant.

PROPRE A, PROPRE DE. *Propre*, quand il signifie convenable à, qui peut servir à, etc. régit *à* ou *pour*. *Un homme* propre à la guerre *ou* pour la guerre.

Quand le verbe qui doit suivre *propre* a une signification passive, il faut mettre *à*.

Un fruit mûr n'est pas propre à confire.

Propre (*proprius, a, um, peculiaris, e.*) Quand il exprime une qualité particulière et distinctive, il prend la préposition *de*. *La pudeur est une vertu* propre du *sexe*.

PURETÉ DE LA LANGUE. Songeons à conserver, dans sa pureté, la belle langue que l'on parloit dans le grand siècle de Louis XIV.

Ne commence-t-on pas à la corrompre? N'est-ce pas corrompre une langue, que de donner aux termes employés par les bons auteurs, une signification nouvelle? Qu'arriveroit-il, si vous changiez ainsi le sens de tous les mots? On ne vous entendroit ni vous, ni les bons écrivains du grand siècle.

. . . . Chaque langue a des mots désagréables que les hommes éloquens savent placer heureusement, et dont ils ornent la rusticité. C'est un grand art; c'est celui de nos bons auteurs. Il faut donc s'en tenir à l'usage qu'ils ont fait de la langue reçue.

Quelques auteurs qui ont parlé allobroge en françois, ont dit *élogier*, au lieu de louer ou faire un éloge; *par contre*, au lieu d'au contraire; *éduquer* pour élever, donner de l'éducation; *égaliser* les fortunes, pour égaler.

Si l'on continue, la langue françoise si polie, redeviendra barbare. Notre théâtre l'est déjà par des imitations abominables; notre langage le sera de même. Les solécismes, les barbarismes, le style boursoufflé, guindé, inintelligible, ont inondé la scène depuis Racine qui sembloit les avoir bannis pour jamais, par la pureté de sa diction, toujours élégante.

La prose n'est pas moins tombée. On voit dans des livres sérieux et faits pour instruire, une affectation qui indigne tout lecteur sensé.

Le défaut contraire à l'affectation, est le style négligé, lâche et rampant, l'emploi fréquent des expressions populaires et proverbiales.

Il s'est glissé dans la langue un autre vice, c'est d'employer des expressions poëtiques dans ce qui doit être écrit du style le plus simple. VOLTAIRE.

Que ne diroit-il pas aujourd'hui, s'il voyoit les livres nouveaux, hérissés de termes impropres, de locutions barbares, qui, depuis dix à douze années, infectent notre langue?

Elle les doit principalement aux parleurs, aux écrivassiers nombreux que la révolution a fait éclore, et qui, de tous les points de la France, nous ont apporté ces expressions et ces phrases de province, qu déparent aujourd'hui le langage des Racine, des *Buffon*, et choquent également l'oreille, la grammaire, et le bon sens.

Le mal ne peut qu'empirer par l'introduction presqu'inévitable des locutions allemandes, piémontaises, italiennes, etc.

C'est ainsi que les conquêtes des Romains perdirent la langue latine, par le mélange des langues barbares.

(*Il n'est qu'un seul moyen* d'éviter ces locutions barbares, c'est de lire et relire les bons écrivains de Louis XIV, et ceux du dernier siècle, jusques y compris Thomas, La Harpe, Palissot et Bernardin de St.-Pierre, qui lui-même, n'est pas toujours exempt de néologisme, et d'une profusion d'épithètes qui donnent à son style une teinte de charlatanisme, pour parler en néologue. Il n'est également qu'un moyen d'empêcher qu'on n'achève d'oublier le françois, c'est de remettre sans cesse sous yeux les règles de la grammaire.

Exemplaria græca.

Nocturna versate manu versate diurna.

N'oublions pas que si les mœurs forment la langue, la langue à son tour caractérise les mœurs; témoin ce mot nouveau, *démoraliser*. B.)

Q

QUAND. On ne peut employer *quand* pour *si*, *supposé que*, qu'avant l'un ou l'autre des conditionnels. *Quand elle voudroit*, *elle seroit* heureuse. Dites, *si elle vouloit*.

Quand il me parle, *je lui répondrai*. Dites, *s'il me parle*. GARNIER.

QUAND, LORSQUE, s'emploient souvent l'un pour l'autre; c'est une faute: on met *quand* pour signifier *dans le temps que*, *en supposant que*, *dans quel temps*. Quon est malheureux quand on est au-dessus du geste des hommes!

Quand le malheur ne seroit bon
Qu'à mettre un sot à la raison,
Toujours seroit-ce à juste cause
Qu'on le dit bon à quelque chose. LA FONTAINE.

Quand Dieu par plus d'effets montra-t-il son pouvoir? RACINE.

On met *lorsque* pour signifier *dans les occasions où*, *pour peu que*, *au moment où*. Lorsqu'on est assez heureux pour entrevoir une lueur de vérité, la droiture du cœur doit suppléer ce qui manque à l'évidence de la lumière.

QUE. Dans les phrases où la conjontion *que* et la préposition *de* sont suivies d'un infinitif, on ne sait souvent si on doit les mettre toutes les deux ensemble, ou si on ne doit en mettre qu'une, et laquelle.

Pour lever la difficulté, il faut examiner 1°. si dans la phrase il y a un sens de comparaison ou de restriction; alors la préposition *de* a besoin d'être accompagnée de *que*; elle ne peut s'en passer que dans le cas où celle-ci serviroit comme subséquente. 2°. Quand la conjonction *que* est comparative, il faut voir si elle est précédée de la préposition *de*, parce qu'alors elle l'exige aussi après. Exemple:

Il n'est rien de *si beau que* de *mourir pour sa patrie.*

Si elle n'est point précédée de la préposition *de*, il faut voir si la première des choses comparées est énoncée par un infinitif; parce qu'alors on peut admettre ou rejeter la préposition. Exemple:

J'aimerois mieux périr que *vous voir*, *ou* que de *vous voir entre les bras d'un autre.*

Si la première des choses comparées n'est pas énoncée par un infinitif, alors il faut admettre la préposition. Exemple:

Rien de si beau que de maîtriser ses passions.

3°. Quand la conjonction *que* est restrictive, il ne se trouve entr'elle et la préposition aucun rapport qui exige qu'elles soient ensemble, alors il faut consulter le régime du verbe ou l'influence des autres mots pour savoir s'il faut mettre *de* avant l'infinitif, ou ne le pas mettre. Exemples:

Il ne fait que jouer.
Il ne songe qu'à se divertir.
Il ne se soucie que d'augmenter son revenu.

Il est aisé de reconnoître dans ces exemples le régime des verbes. FONTENAI.

QUE en régime composé, s'emploie dans des phrases où il n'a aucun rapport à ce qui précède. *C'est ainsi* que *l'orgueil perdit les Anges.*

Despréaux et Bouhours ont fait des fautes en disant:

C'est à vous mon esprit, à *qui* je veux parler.

C'est à vous à qui il appartient de régler ces sortes d'affaires.

Il falloit, *C'est à vous* que *je veux parler. C'est à vous* qu'*il appartient de régler ces sortes d'affaires.*

Dans les vers de Crébillon:

Malgré les pleurs amères dont j'arrose ces lieux,
Ce n'est que du tyran *dont* je me plains aux Dieux.

Ce dernier *dont* est une faute; il falloit:

Ce n'est que du tyran *que* je me plains aux Dieux.

On dira bien: *Ce n'est que du tyran dont je me plains*, que *je veux tirer vengeance*; parce qu'alors *dont* sera relatif à *tyran*.

Etoit-ce dans mon ame
Où devoit s'allumer une coupable flamme?

Dites: *Étoit-ce dans mon ame que devoit s'allumer*, etc. Dans cette phrase *que* avec *être* forme un gallicisme. WAILLY.

QUEL et QUELLE, pour *quelque*. C'est une faute familière à toutes les provinces qui sont delà la Loire, de dire, par exemple: *Quel mérite que l'on ait*, *il faut être heureux*; au lieu de dire: *Quelque mérite que l'on ait*; et c'est une merveille, quand ceux qui parlent ainsi, s'en corrigent, *quelque* séjour *qu'ils* fassent à Paris ou à la cour. VAUGELAS.

QUELQUE ..... *que* signifie à peu près la même chose que *quoique*. Quand il y a un substantif entre *quelque* et *que*, on écrit *quelques*, si le substantif est au pluriel. Quelques *richesses que vous ayez*.

Quand il n'y a qu'un adjectif entre *quelque* et *que*, quoique joint à des pluriels, il ne prend point d's. Quelque *habiles*, quelque *éclairés que nous soyons*, etc.

Ainsi il y a faute dans cette phrase: *Tous les peuples de la terre* quelques différens *qu'ils soient*, etc.

Quand on veut placer le substantif après le *que* et le verbe, il faut se servir de *quel que*, *quelle que*, (en deux mots) qui désigne la qualité. Quelle que soit *votre naissance*, quelques que soient *vos dignités*.

Ainsi au lieu d'écrire: Quelque soit *la puissance d'un monarque*; écrivez: *Quelle que soit la puissance*, etc.

Ne confondez pas *tel*, *telle que*, avec *quelque* .... *que* ou *quel que*. *On craint de se voir* tel qu'on est, *parce qu'on n'est pas* tel qu'on devroit être. FLÉCHIER.

N'imitez pas l'Auteur qui a dit: *Un titre* tel qu'il soit, *n'est rien*. Il falloit dire, *quel qu'il soit*.

Au lieu de dire: A tel *dégré d'honneur* que *vous l'éleviez*, *il ne sera point content*: dites: *A quelque degré*, etc. WAILLY.

QUELQUE exprime une quantité, ou réelle, ou morale. Il me reste *quelque* argent, j'ai *quelque* crédit, je tiens de *quelques* bons militaires, etc.

Sous ce rapport, *quelque* est un pronom simple, masculin ou féminin, qui se décline et qui se joint à un adjectif ou à un substantif, à un singulier ou à un pluriel.

Il ne change pas de nature, quoique le substantif auquel il est joint soit suivi du *que* relatif; pourvu qu'il y soit immédiatement, *quelques* richesses que vous ayez acquises; de *quelques* contrées que nous revenions; à *quelques* beautés que vous adressiez votre hommage; là il est pronom.

Mais, si au lieu d'un substantif, c'est un adjectif qui sépare *quelque* du *que* auquel il correspond, alors *quelque* devient adverbe, et ne prend plus le *s* au pluriel: *quelque* grandes que soient ses possessions; *quelque* hardies que soient ses opinions.

Justes, ne craignez pas le vain pouvoir des hommes,
Quelque élevés qu'ils soient, ils sont ce que nous sommes.
ROUSSEAU.

Pour grands que soient les rois, ils sont ce que nous sommes.
CORNEILLE.

Dans ce vers on employe *pour* à la place de *quelque* adverbe qui ne peut prendre un *s*.

Quel que forme deux mots, dont le premier se décline lorsqu'il signifie: tels que, de telle nature que, etc., *quels que* soient vos secrets, je dois les respecter. *Quelle que* soit votre puissance, disoit Racine à Louis XIV, elle avoit encore besoin du secours de votre bonté. *Quelles qu'aient été* vos erreurs, votre repentir les efface.

Quelle que soit, Seigneur, la chaîne déplorable,
Où depuis si long-temps je languis arrêté;
Quel espoir ne doit point inspirer au coupable,
Votre immense bonté! ROUSSEAU.

Quels que soient les humains, il faut vivre avec eux.
Un homme difficile est toujours malheureux. GRESSET.

L'adjectif pronominal *quelque* se prend quelquefois pour *environ*; alors il est adverbe: *ils étoient à quelque trois cents pas de nous.*

Mais, comme nous le disons, ce n'est que dans le vieux style. FONTENAI.

QUELQUE sagesse *dont* on se vante; est une faute: il falloit dire, *de* quelque sagesse *qu*'on se vante. On ne dit pas *quelque* personne *à qui* l'on parle; il faut dire, *à quelque* personne *que* l'on parle.

Que est si nécessaire à la suite de *quelque* précédé d'une *particule*, qu'il n'est pas permis de dire: *en quelque* endroit *où* l'on vive; la syntaxe veut, *en quelque* endroit *que* l'on vive. CAMINADE.

QUI RELATIF sujet ne sauroit être séparé du substantif auquel il se rapporte. Ainsi n'imitez pas cet exemple de Racine:

Phénix même en répond, *qui* l'a conduit exprès
Dans un fort éloigné du Temple et du Palais.

Boileau a dit aussi:

Et d'un bras, à ces mots, *qui* peut tout ébranler;
Lui-même en se courbant s'apprête à le rouler.

Racine au lieu de *qui* pouvoit mettre *et*. Boileau pouvoit dire: A ces mots, *d'une main qui* peut tout ébranler, lui-même, etc.

Molière dit de l'avare: *Donner est un mot pour* qui *il a tant d'aversion*, *qu'il ne dit jamais*, *je vous donne*, *mais je vous prête le bon jour*. Il faut *pour lequel*.

Le *qui* relatif ne se rapporte pas bien à des verbos. *Les Gaulois se disent descendus de Pluton*, *qui est une tradition des Druïdes*. D'ABLANCOURT. Ce *qui* ne vaut rien ici: Dites: *Suivant une tradition des Druïdes*, *les Gaulois se disent descendus de Pluton*. WAILLY.

On dit, selon *Restaut*, la pluralité des Dieux est une chose qu'on ne peut s'imaginer *qui* ait été adoptée par des hommes de bon sens. Mais cette façon de parler est peu usitée; elle semble d'ailleurs tout-à-fait irrégulière; enfin, elle a un air de gêne qui choque l'oreille: il vaudroit mieux dire: qu'on ne peut s'imaginer avoir été adoptée par, etc.

Avertissons néanmoins que cette construction est employée par bien des auteurs:

C'est une douce erreur *que* je prétends *qui* cesse.
D'où vient donc cet ennui qu'on voit *qui* vous dévore? PIRON.

Il auroit mieux valu dire: *mais il faut*, ou *mais je veux qu'elle cesse*. FONTENAI.

On ne diroit pas: Je vous envoie *une chienne* par ma servante, *qui* a les oreilles coupées. *Par ma servante* n'est pas complément de *chienne*. Dites: je vous envoie, par ma servante, *une chienne qui*.

On trouve rarement dans les bons auteurs, le *qui* relatif précédé d'une des conjonctions *à*, *de*, *pour*, *avec*, etc. lorsqu'il se rapporte à des choses inanimées. On dit alors *lequel*, *laquelle*, *lesquels*, *lesquelles*, au lieu de *qui*.

Dont, se met pour *de qui*, *duquel*, *de laquelle*, *desquels* avec rapport aux choses comme aux personnes. GARNIER.

QUICONQUE est un pronom substantif qui ne se dit qu'au *singulier*: il est *masculin* quand il signifie, *celui* ou *ceux qui*; et *féminin*, quand il signifie *celle* ou *celles* qui. *Quiconque* de vous, mes amis, bravera le danger, sera *couvert* de gloire; *quiconque* de vous, mes filles, osera broncher, sera *punie*.

Après *quiconque*, on ne peut mettre *il* au dernier membre de la phrase, mais l'usage autorise *je*: en tournant *quiconque* par *celui qui*, il seroit ridicule de dire, *quiconque* ou *celui qui* me désobéira, *il* sera puni; il faut nécessairement dire: *quiconque* me désobéira, sera puni. L'Académie a dit: *quiconque* de vous sera assez hardie pour médire de moi, *je* l'en ferai repentir.

CAMINADE.

QUOI ne peut se rapporter qu'aux choses.

On se sert rarement de ce pronom avec le rapport à une chose bien déterminée.

Sont-ce *les ciseaux* avec *quoi* l'on tond les brebis? Sont-ce là les ciseaux *avec lesquels*. GARNIER.

QUOIQUE. Il ne faut pas confondre *quoique* conjonction, avec *quoi que* pronom; exemple: *Quoique* vous l'ayez offensé, il vous aime.... Je n'écouterai pas vos raisons, *quoi que* vous puissiez dire. *Quoique* conjonction s'écrit en un seul mot, *quoi que* pronom doit s'écrire en deux mots. FONTENAI.

R

RAILLERIE. (entendre raillerie ou la) *Entendre raillerie*, c'est prendre bien ce qu'on nous dit, c'est ne s'en point fâcher; c'est non-seulement savoir souffrir les railleries, mais aussi les détourner avec adresse et les repousser avec esprit.

Entendre la raillerie, c'est entendre l'art de railler; comme entendre la poësie, c'est entendre l'art et le génie des vers. ENCYCLOPÉDIE.

RAISONNER, RÉSONNER. On ne doit pas confondre ces deux verbes. *Raisonner*, c'est discourir, se servir de sa raison. *Il raisonne sur de faux principes.*

Résonner, c'est retentir, renvoyer le son.

Cette voûte résonne bien.

Faites la même observation pour *raisonnement*, faculté ou action de raisonner; et *résonnement*, retentissement, son renvoyé. WAILLY.

DIFFICULTÉS DE LA LANGUE FRANÇOISE.

Régime du Verbe. Il importe de bien connoître le régime du verbe, surtout de bien distinguer, lorsque deux verbes qui agissent sur le même objet ont des régimes différens, pour ne pas faire de fautes en écrivant : c'en seroit une grande de dire, *il a entendu et profité du sermon*, parce qu'on ne dit pas il a entendu du sermon ; il faut dire : il a entendu *le sermon* et en a profité ; de même on ne pourroit pas dire : les hommes sont toujours soumis et dépendans de Dieu, parce que *soumis* ne régit pas *de Dieu*, mais *à Dieu*. Ainsi il faudroit dire : *les* hommes sont toujours soumis à Dieu et en dépendent. On écriroit encore mal en disant : le maréchal d'Hocquincourt *attaqua et se rendit maître d'Angers* ; parce qu'on ne dit pas, attaquer d'une place, mais attaquer une place. Ainsi il faut écrire *attaqua Angers et s'en rendit maître*. Enfin, il faut donner aux verbes comme aux prépositions leurs véritables régimes. Panckouke.

Répandre, Verser. *Répandre* se dit d'une liqueur qu'on laisse tomber sans le vouloir. Ainsi on dit à un homme qui porte un vase plein de quelque liqueur : *Prenez garde de répandre*, et non pas *de verser*.

Verser, se dit d'une liqueur qu'on met à dessein dans un vase. *On a versé du vin dans votre verre ; il faut le boire. On a répandu du vin dans votre*, etc. ne vaudroit rien.

Néanmoins on dit également *verser* ou *répandre le sang : verser* ou *répandre des larmes*. Wailly.

Répétitions vicieuses. Tous les mots répétés dans une phrase, sous différens rapports, y jettent de l'obscurité, ou bien ils font une cacophonie désagréable à l'oreille et c'est ce qu'il faut éviter.

Vous ne seriez pas *sans* pain, *sans* la paresse qui vous tient toujours *sans* travailler. *Cacophonie*.

Pour éviter ces répétitions, on pourroit dire :

Vous ne seriez pas sans pain, si la paresse ne vous empêchoit pas de travailler. Garnier.

Ressembler. On connoît ce joli madrigal de Racan :

> Quand je revis ce que j'ai tant aimé,
> Peu s'en fallut que mon feu rallumé
> Ne fit l'amour en mon ame renaître,
> Et que mon cœur, autrefois son captif,
> Ne ressemblât l'esclave fugitif,
> A qui le sort fait retrouver son maître.

Il y a un solécisme. Il falloit dire à *l'esclave*. *Ressembler* gouverne toujours le datif, aussi bien en vers qu'en prose. Académie.

Ressentiment. Le P. Bouhours dit que ce mot se prend en bonne et mauvaise part pour *le souvenir qu'on garde des bienfaits et des injures*. Aujourd'hui il ne se dit guères, qu'en parlant des injures. *Il conserve un ressentiment de l'injure qu'il a reçue. Il ne put dissimuler son ressentiment. On doit sacrifier ses ressentimens au bien de l'Etat*.

Ainsi au lieu de : *Je n'ai pas perdu* le ressentiment *des bontés que vous m'avez témoignées* ; je dit, *Je n'ai pas perdu le souvenir des bontés que vous m'avez témoignées*. Wailly.

Ressentir, se prend en bonne et mauvaise part. *Je ressens les obligations que je vous ai. Elle ressent vivement cette injure*.

Se ressentir ne se prend qu'en mauvaise part. *Je me ressentirai de l'injure que vous m'avez faite*. On dit aussi : *Il m'a joué un mauvais tour, mais il s'en ressentira* ; pour, *mais il en sera puni*. On ne diroit pas bien : *Je me ressens du plaisir qu'il m'a fait* ; *je m'en ressentirai long-temps*. Bouhours. Académie.

Respirer pris figurément, signifie désirer avec ardeur. *Vous ne respirez que les plaisirs, vous ne respirez que la guerre*. Mais ce qui paroît une bizarrerie dans notre langue, il ne se dit guères qu'avec la négative ; car on ne diroit pas, à beaucoup près, aussi correctement ; *Vous respirez les plaisirs, vous respirez la guerre*.

Peut-être cela vient-il de ce que *respirer*, employé sans négative, a communément un autre sens. *Tout respire ici la piété*, signifie, non pas *tout désire* ici la piété ; mais que *tout donne ici des marques de* piété. d'Olivet.

Rester, voyez Demeurer.

Rien sans négation, signifie *quelque chose* ; en latin *quicquam*. *Rien flatte-t-il si délicieusement l'esprit et l'oreille qu'un discours sagement pensé et noblement exprimé ?* d'Olivet.

Rien moins. Cette expression a quelquefois deux acceptions opposées. Avec le verbe *être* elle signifie *point du tout*. *Il n'est* rien moins *que* sage, veut dire, il n'est point du tout sage. Elle a le même sens avec, *il n'y a*, *il n'y avoit*, etc. comme, *il n'y a*, *il n'y avoit* rien de moins vrai *que cette nouvelle*, c'est-à-dire, cette nouvelle n'est, n'étoit nullement vraie.

Avec les autres verbes le sens sera équivoque, s'il n'est déterminé par les mots qui précèdent. Exemple : *Vous le croyez votre concurrent, il a d'autres vues, il ne désire* rien moins, *il ne se propose* rien moins *que de vous supplanter, il n'aspire* à rien moins *qu'à vous supplanter* ; c'est-à-dire, qu'il n'est pas votre concurrent, qu'il ne veut pas vous supplanter.

Vous ne le regardez pas comme votre concurrent, cependant il ne désire rien moins, *il ne se propose* rien moins *que de vous supplanter*, c'est-à-dire, qu'il est votre concurrent. Dict. Académie.

Comme il y a des phrases où ce qui précède ne détermine pas le sens, on pourroit ôter l'équivoque, en plaçant *de* entre *rien* et *moins*. Par exemple, on diroit, *il n'aspire* à rien de moins *qu'à vous supplanter. Il ne souhaite* rien de moins *que de vous supplanter* ; pour, il aspire réellement à vous supplanter. Wailly.

S

Satisfaire. Ce mot est suivi de la préposition *à*, quand il signifie faire ce qu'on doit à l'égard de quelque chose. *Il faut* satisfaire à *son devoir*.

Satisfaire a un régime simple, quand il signifie *contenter*. *Tous les biens du monde ne sont pas capables de* satisfaire le cœur *humain*.

On dit aussi *satisfaire ses créanciers*, leur payer ce qui leur est dû. *Satisfaire un homme qu'on a offensé*, lui faire réparation.

Une chose satisfait *l'esprit*, *les sens*, *le goût*, *la vue*, *l'oreille* ; c'est-à-dire, plaît à l'esprit, aux sens, etc. *Satisfaire l'attente* de *quelqu'un*, c'est remplir l'attente de quelqu'un. Wailly.

Sauroit ; (on ne) On ne peut. *On ne sauroit* paroît plus propre pour marquer l'impuissance où l'on est de faire une chose. *On ne peut*, semble marquer plus précisément et avec plus d'énergie, l'impossibilité de la chose en elle-même....

Ce qu'*on ne sauroit* faire est trop difficile, ce qu'*on ne peut* pas faire est impossible. Girard.

Se, après plusieurs personnes nommées, peut faire équivoque, si on n'y ajoute ces mots, *réciproquement*, *mutuellement*, *l'un l'autre*, en cas que l'action soit réciproque, et *l'un et l'autre*, ou *eux-mêmes*, *elles-mêmes*, si elle ne l'est pas.

Ces deux femmes se trompent. Dites, *mutuellement*, ou *l'une l'autre*, si l'une trompe l'autre. Dites, se trompent *l'une et l'autre*, ou *elles-mêmes*, si chacune se trompe elle-même. Garnier.

Signaler. C'est un mot plus nouveau, qu'heureux, que *signaler* au lieu de *désigner*. On signale des qualités ; on désigne des objets. On ne signale pas même un homme, quoiqu'on en donne le signalement. Ainsi l'auteur, (Rivarol) désapprouvera lui-même cette façon de parler : *Tous ces mots, à plusieurs acceptions, seront exactement signalés dans ce Dictionnaire*. Clément.

Singulier. On met le singulier, malgré les pluriels qui précèdent, quand il y a une expression qui réunit en un les pluriels : comme *ce*, *chacun*, *personne*, *nul*, *tout*, *rien*, etc. *Perfidies*, *noirceurs*, *rapines*, *brigandages*, ce n'est *là qu'une foible esquisse de ce qui se passa en France sous le malheureux Charles VI*. *Biens*, *dignités*, *honneurs*, tout disparoît à *la mort*, *la vertu seule reste*.

Dans tous ces exemples on sous-entend le verbe après les pluriels ; comme, *Biens*, *dignités*, *honneurs* disparoissent, *tout disparoît à la mort*.

Ainsi cette phrase du P. Berruyer n'est pas exacte. *Les reptiles*, *les oiseaux*, *les bêtes de la campagne*, *les animaux domestiques*, *tout ce qui respiroit sur la terre et dans les airs* périrent *sans exception*. Il faut *périt*, à cause de *tout ce qui*, etc. Wailly.

Le singulier des noms communs s'emploie très-souvent pour le pluriel. Le Turc *est entré dans la Hongrie*.

L'officier *doit donner l'exemple* au soldat. Wailly.

Singulier et Pluriel *ant* et *ent*. Le *t* des mots qui se terminent en *ant* ou *ent*, se change en *s* dans les mots qui n'ont point de féminin, *enfant*, *moment* ; au pluriel, *enfans*, *momens* ; il n'y a d'exceptés que *dent* et *vent*, au pluriel, *dents*, *vents*.

Parmi les mots qui se terminent en *al* au singulier, il en est plusieurs qui n'ont point de pluriel, comme *carnaval*, ou qui n'ont qu'un pluriel féminin, comme *terres australes* ; *bal*, *régal* prennent seulement le *s* ; des *bals*, des *régals*. Saint-Lambert a dit :

> Fuyez, volez, instans *fatals* à mes désirs !

Bercail n'a point de pluriel.

Plusieurs mots ne se disent qu'au singulier comme *ambroisie*, *étain*, *foi*, *myrrhe* ; d'autres ne se disent qu'au pluriel, comme *ancêtres*, *gens*, *prémices*, *ténèbres*.

Les *métaux*, l'*or* et l'*argent* ; le *platine*, et le *mercure* ; les *aromates*, les *qualités distinctives*, ne se disent qu'au singulier ; le *fer*, le *cuivre*, etc. se disent également au pluriel, lorsqu'ils sont mis en œuvre.

Dans les mots qui prennent le *trait d'union*, appelés *composés*, la marque du pluriel se met ou ne se met pas suivant certaines règles.

Les exemples seront plus frappans.

abat-vents.	chauve-souris.	gorges-chaudes.
arcs-en-ciel ; (le *s* ne se pron. pas.)	chefs-d'œuvres.	gorges-de-pigeont.
	chefs-lieux.	hauts-de-chausse.
arrière-petit-fils.	chênes-verds.	hautes-contre.
arrière-pensées.	chiens-marins.	hautes-tailles.
aurores boréales.	choux-pille.	mains-levées.
basses-cours.	ciels-de-lit.	mal-entendus.
becs-de-corbin.	claires-voies.	pains-azymes.
belles-de-nuit.	co-héritiers.	passe-droits.
belles-filles.	contre-allées.	passe-ports.
belles-mères.	coqs-à-l'âne ; (le *s* ne se pron. pas.)	perce-oreilles.
biens fonds.		plates-bandes.
blancs-becs.	coupe-jarets.	porte-crayons.
blancs-seings.	coups-d'œil.	porte-faix.
boute-feux.	couvre-pieds.	porte-voix.
bouts-rimés.	crocs-en-jambe ;	réveille-matins.
brèches-dents.	(le *s* ne se pr. pas.)	revenants-bon.
brise-cous.	culs-de-sac.	rouges-gorges.
carêmes-prenans.	cure-dents.	serre-papiers.
casse-noisettes.	dames-jeanne.	serre-têtes.
cerfs-volans.	demi-lunes.	souffre-douleurs.
chape-chutes.	eaux-de-vie.	sous-baux.
chasse-marées.	entre-lignes.	sous-ordres.
chasse-cousins.	gardes-côtes.	taille-douces.
chats-huans.	garde-magasins.	têtes-à-têtes ; (le *s* ne se pr. pas.)
chats-pard.	gardes-marines.	
chausse-pieds.	(1)	tire-bouchons.
chausse-trapes.	gâte-métiers.	vice-consuls.

(1) *Garde s'écrit sans s, quand il est considéré comme verbe*, et avec *s*, quand il est considéré comme *nom*.

Caminade.

Soi, pour, *lui* ou *elle*. On peut considérer le pronom *soi* comme se rapportant, 1°. à des personnes ; 2°. à des choses ; 3°, à un singulier ; 4°. à un pluriel.

Premièrement donc, en parlant des personnes, on dit *soi* et *soi-même*, quand son antécédent présente un sens vague et indéfini : *Dans le péril, chacun pense à soi ; on ne doit guères parler de soi ; on aime à se tromper soi-même*. Hors delà, et toutes les fois que l'antécédent présente un sens déterminé, il faut dire : *Lui*, *elle*, *lui-même*, *elle-même*.

2°. *Soi*, quand il se rapporte aux choses, peut se mettre non-seulement avec l'indéfini, mais avec le défini ; et il convient à tous les genres : *La vertu est aimable de soi ; porte sa récompense. Ce remède est bon de soi, quoiqu'il vous ait incommodé*.

3°. *Soi*, rapporté à un singulier, ne renferme aucune difficulté qui ne soit résolue par ce qui vient d'être dit ; car, *soi* est un singulier.

4°. Peut-il se rapporter à un pluriel ? Tout le monde convient que non, s'il s'agit des personnes ; on ne dit qu'*eux*, et *elles*.

A l'égard des choses, l'Académie n'admet cette locution, que dans cette phrase-ci : *De soi ces choses sont indifférentes*.

Pour moi, si je n'étois retenu par le respect que je dois à l'Académie, je condamnerois même cette phrase, étant bien persuadé que *soi* qui est un singulier ne peut régulièrement se construire avec un pluriel. d'Olivet.

Ces remarques ne souffrent aucune exception pour la prose. Mais il faut être moins sévère pour les vers ; et l'on peut dire, avec Racine :

> Charmant, jeune, traînant tous les cœurs après soi

Avec Boileau :

> Mais souvent un auteur qui se flatte et qui s'aime,
> Méconnoît son génie et s'ignore soi-même.

Son feroit équivoque, s'il étoit employé de manière qu'on ne vît pas à quelle personne il a rapport.

Louise est allée chez Caroline, elle y a trouvé *son* amant, *sa* mère.

On ne sait si c'est *l'amant*, *la mère* de *Louise* ou de *Caroline*. Dites,

Louise a trouvé *son amant*, *sa mère*, chez Caroline, quand elle y est allée. Ou, Louise a trouvé chez Caroline *l'amant*, *la mère* de celle-ci. Garnier.

Le pronom *son*, appliqué aux choses inanimées, fait mal. Madame Necker.

Son, Sa, Ses, Leur. Il se présente à l'égard de ces pronoms possessifs, tels que *son*, *sa*, *ses*, *leur*, une petite difficulté dont il est bon de parler. On dit bien, remettez *ce livre en sa place* ; *tous les corps ont leurs dimensions*. La Seine a *sa* source en Bourgogne ; les arbres portent *leurs* fruits, chacun dans *leur* saison ; mais ce seroit une faute de dire, en parlant d'une maison, j'admire *son architecture*, *ses appartemens*, *sa situation* ; ni en parlant d'un arbre, *ses fruits sont excellens* ; il faut dire, *j'en admire l'architecture*, *les appartemens*, *la situation* ; *les fruits en sont excellens*. Tous les Grammairiens ne donnent

de

DIFFICULTÉS DE LA LANGUE FRANÇOISE.

de ces distinctions que des raisons abstraites et fort obscures. Voici, ce me semble, celle qu'on peut en donner, quoiqu'elle ne soit pas sans objection, à l'égard de quelques exemples particuliers. Les pronoms *son*, *sa*, *ses* indiquent la propriété; mais toute propriété ne convient qu'à ce qui est et respire. On ne peut pas dire que des *appartemens*, des *fleurs* soient la propriété d'une maison, d'une plante: on ne doit donc pas dire; voilà un bel arbre, j'admire *ses* fleurs, *ses* fruits; mais j'en admire *les* fleurs, *les* fruits, etc. PANCKOUKE.

Les *son sa ses*, quand ils sont près les uns des autres, et qu'ils se rapportent à deux personnes différentes, sont amphibologie; c'est là un des grands embarras de notre langue. Madame NECKER.

SONGER, s'emploie pour *penser*. Songez à *vos affaires*, *à ce que vous faites*.

Mais comme *songer* n'a pas de régime simple, on ne sauroit dire: *on songe de lui* mille choses *désavantageuses*; il faut, *on pense de lui* mille choses *désavantageuses*. WAILLY.

SORTE. (toute) On peut mettre indifféremment *toute sorte* et *toutes sortes*, avec un génitif pluriel; comme, *toute sorte de malheurs*, *toutes sortes d'animaux*.

Mais avec un génitif singulier, il faut mettre *toute sorte* au singulier. *Je vous souhaite toute sorte de bonheur*, et non pas, *toutes sortes de bonheur*.

On croit qu'avec le mot *autre*, il faut aussi mettre *toute sorte* au singulier et dire: *Toute autre sorte d'avantage*, l'eût bien moins flatté, plutôt que *toutes autres sortes d'avantages*. On dit naturellement: *Tout autre que vous l'auroit fâché*, *en lui parlant de la sorte*, et non pas *tous autres que vous l'auroient fâché*. ACADÉMIE.

SORTI. (il a ou il est) *Je suis sorti* est le prétérit parfait du verbe *sortir*. Mais quoiqu'on dise: *Je suis sorti ce matin pour telle affaire*, le père Bouhours observe, que l'on dit fort bien: *Il y a huit jours que je n'ai sorti*.

Il est certain que, si l'on demande *M. est-il au logis?* Il faut répondre, *Il est sorti*.

Cependant, comme le remarque M. Ménage, on doit dire: *M. a sorti ce matin*, et non pas, *est sorti*, pour faire entendre; qu'il est sorti et revenu. TH. CORNEILLE.

SORTIR. Ce verbe est neutre et non pas actif. C'est pourquoi, *sortez ce cheval*, pour dire, *faites sortir ce cheval*, ou, *tirez ce cheval*, est très-mal dit.

La conversation a rendu cette phrase si commune, *sortez-moi de cette affaire*, que l'on n'a pu la blâmer, quoiqu'elle soit contre l'usage ordinaire du verbe *sortir* qui est toujours neutre.

Il est certain que la plupart des gens qui ont des chevaux à faire voir, disent ordinairement, *sortez ce cheval de l'écurie*, pour dire, *tirez ce cheval*; mais on ne peut dire, *entrez ce cheval*, pour dire, *faites entrer ce cheval*.

On a condamné, *sortir le royaume*, au lieu de *sortir du royaume*.

Quant à ce qu'on dit en termes de palais, *la sentence sortira son plein et entier effet*; il n'est pas mal aisé de juger d'où elle vient, puisqu'elle n'a aucune irrégularité. Ce futur *sortira*, vient de *sortir*, verbe actif, qui veut dire *avoir*, *obtenir*, en latin *sortiri*; et non pas de *sortir*, neutre qui signifie passer du dedans au dehors, en latin *egredi*; et s'il se conjuguoit au présent, et à l'imparfait de l'indicatif, on diroit: je *sortis*, tu *sortis*; je *sortissois*, tu *sortissois*, et non pas, je *sors*, tu *sors*; je *sortois*, tu *sortois*.

On le voit par cette phrase où le verbe *sortir*, dans cette signification, est au subjonctif: *J'entends que cette clause sortisse son plein effet*. ACADÉMIE.

SOUVENIR. (faire) Il faut dire: *Afin de les faire souvenir*, et non pas, *afin de leur faire souvenir*. On dit au singulier: *Je l'ai fait souvenir de sa promesse*, et non pas, *je lui ai fait souvenir de sa promesse*; ce qui fait connoître que le *le* et *les* doit être toujours mis à l'accusatif. ACADÉMIE.

SUBSTANTIF MAL ASSORTI AU VERBE. *Je vous assure qu'il y a beaucoup de passion dans* l'affection que j'ai *de vous servir*. On ne dit point, *j'ai une grande affection de vous servir*. Dites, *dans l'envie que j'ai de vous servir*.

Rien ne peut diminuer l'estime et l'affection *que sa Sainteté a pour votre mérite*.

On dit bien, *avoir de l'estime pour le mérite de quelqu'un*; mais on ne dit pas, *avoir de l'affection pour le mérite de quelqu'un*. On a de l'affection pour la personne même.

Nous aimons mieux acquérir *des fluxions et des catharres*. Dites: *gagner des fluxions*.

On ne dit point, *gagner un combat*. L'Académie a approuvé la critique de Scudéri sur ce vers du Cid,

> Le prince pour essai de générosité:
> *Gagneroit des combats*, marchant à mon côté.

L'Académie dit sur ces vers du Cid.

> Vous *élève en un rang* qui n'étoit dû qu'à moi.

Cela n'est pas françois, il faut dire, *élever à un rang*; et par conséquent *élevé à un état*. On dira bien, *élever en honneur*, *en dignité*, parce qu'il n'y a rien entre *en* et le substantif; mais on doit dire, *élever à une haute dignité*, *à un grand honneur*.

Susanne levoit les yeux vers *le ciel*.. *Il éleva les yeux vers le ciel*. Dites, *leva les yeux au ciel*. Cette phrase *élever les yeux vers le ciel*, n'est point françoise. VAUGELAS.

Les écrivains modernes fourmillent de fautes que le bon sens et la réflexion peuvent faire éviter. On doit lire à ce sujet, le sentiment de l'Académie sur le Cid, les remarques de Vaugelas, de Bouhours, les réflexions sur la politesse du style de Bellegarde, le Dictionnaire Néologique, les agrémens du langage, etc. et surtout le P. Bouhours. WAILLY.

SUBSTANTIFS. Tous les substantifs topographiques et chorographiques ne prennent jamais de pluriel, s'ils ont un singulier, ni de singulier s'ils ont un pluriel. Ainsi l'on dit *l'ancienne Rome*; mais l'on ne peut jamais dire *les Romes*: de même *les Pyrénées*, *les Alpes*, ne peuvent varier leur nombre, ni leur terminaison. *Encens* ne souffre point de pluriel. Ainsi ce vers de *Corneille*, dans *Pompée*, est répréhensible.

> Mais quoique vos *encens* le traitent d'immortel.

On peut observer ici qu'en aucune langue les métaux, les minéraux, les aromates, n'ont jamais de pluriel. Ainsi chez toutes les nations on offre de l'*or*, de l'*encens*, de la *myrrhe*, et non des *ors*, des *encens*, des *myrrhes*.

Cependant Voltaire paroît avoir fait le pluriel *ors*, du moins en termes d'art, depuis que la mode est venue de faire des bijoux *à plusieurs ors*, qui sont l'or pâle, l'or rouge, l'or jaune, et l'or vert.

> Qui tour-à-tour dans l'air poussoient des harmonies. CORNEILLE.

Quoique ce substantif *harmonie* n'admette point de pluriel, non plus que *mélodie*, *musique*, *physique*; et presque tous les noms des sciences et des arts; cependant j'ose croire, dit-il, que dans cette occasion ces *harmonies* ne sont point une faute, parce que ce sont des concerts différens. On peut dire *les mélodies de Lully et de Rameau* sont différentes. FONTENAI.

SUPPLÉER a un régime simple, quand il signifie *ajouter ce qui manque*, *fournir ce qu'il faut de surplus*. *Ce sac doit être de mille francs*; *et ce qu'il y aura de moins*, *je le* suppléerai. On dit, *Suppléer ce qui manque à un Auteur*, pour *remplir les lacunes de son ouvrage*.

Suppléer prend à, quand il signifie *réparer le manquement*, *le défaut de quelque chose*. *Son mérite* supplée au défaut *de sa naissance*. *La valeur* suppléera au nombre. On ne dira pas bien: *Supplée le défaut*, *suppléera le nombre*. WAILLY.

SYNONYMES. On gâte une pensée, une phrase, une période, si l'on y ajoute mal-à-propos des synonymes, qui ne contribuent ni à la clarté de l'expression ni à l'ornement du discours, comme:

Les corps après la mort sont réduits en cendre et en poussière.

Mais on dira bien: *Longin entend par le sublime ce qui fait qu'un ouvrage* enlève, ravit, transporte. Ces trois verbes sont élégans, parce qu'ils enchérissent l'un sur l'autre. WAILLY.

T

TACHER prend à, quand il signifie *viser à*.

Vous tâchez à m'embarrasser. *Il tâche à me nuire*. DICTION. ACADÉMIE.

Tâcher prend *de*, quand il signifie *faire tous ses efforts*, pour parvenir à une fin.

Soyons sages aux dépens d'autrui; et tâchons *de ne rien faire par où personne puisse le devenir aux nôtres*. WAILLY.

TARDER, pris impersonnellement, veut toujours *de*. *Il lui tarde de partir*, *de jouer*.

TEL, TELLE QUE. Ne confondez pas *tel*, *telle que*, avec *quelque que* ou *quel que*. *On craint de se voir* tel qu'on est, *parce qu'on n'est pas* tel qu'on devroit être. N'imitez pas l'Auteur qui a dit: *Un titre* tel qu'il soit, *n'est rien si ceux qui le portent ne sont grands par eux-mêmes*. Il falloit dire: *quel qu'il soit*.

Au lieu de dire: A tel *degré d'honneur* que *vous l'éleviez*, dites: *A quelque degré*, etc.

TÉMOIN. Quand ce mot se prend pour monument, marque qui atteste quelque chose, il n'a point de pluriel, et s'employe adverbialement. Témoin, les victoires qu'il a remportées; témoin, les blessures qu'il a reçues. ACADÉMIE.

AVOIR DE LA TÊTE, TENIR TÊTE. *Il a de la tête*, en parlant d'un homme, signifie pour l'ordinaire, *il a du jugement*, *de la conduite*. *Ce général* a de la tête. *On dit que M. de....* n'a point de tête.

Avoir de la tête, signifie aussi *être opiniâtre*. *Cet enfant* a de la tête, c'est-à-dire, *est opiniâtre*.

Être homme de tête, *être femme de tête*, signifie *avoir du sens et de la conduite*.

Tenir tête à quelqu'un, c'est s'opposer à quelqu'un, lui résister, ne lui point céder en quelque chose. *Il trouvera des gens qui lui* tiendront tête.

On dit dans le propre, *tenir la tête à quelqu'un*.

TOMBÉ. J'ai souvent entendu dire: *Il a tombé*, j'ai *tombé*, ce sont des fautes.

La langue n'admet que *je suis tombé*, et *est tombé*.

Feu M. de Fontenelle apporta à l'Académie un de ses ouvrages qu'il venoit de publier. Quelqu'un des présens, à l'ouverture du livre, ayant lu ces mots: *La pluie* avoit *tombé*, feignit que des femmes l'avoient prié de mettre en question, *si j'ai tombé* ne pourroit pas se dire aussi bien que *je suis tombé*. On alla aux voix; et M. de Fontenelle prenant la parole, fronda merveilleusement ces sortes d'innovations. A peine finissoit-il, qu'on lui fit voir la page et la ligne où étoit la phrase que j'ai rapportée. Point de réponse à cela, si ce n'est celle d'un galant homme qui reconnoît ses fautes sans biaiser. D'OLIVET.

TOUT. Faut-il dire? *Non-seulement tous ces honneurs et toutes ses richesses*, *mais toute sa vertu s'évanouit*, *ou s'évanouirent*. Il faut *s'évanouit* au singulier, parce que *mais* fait sous-entendre *s'évanouirent* après *ses richesses*. VAUGELAS. Il faut ici le singulier à cause de *mais*, et non pas à cause de *tout*, comme l'a cru Vaugelas. En effet, ôtons *tous*, *toute* de la phrase, et nous ne laisserons pas de mettre le singulier: *Non-seulement ses honneurs et ses richesses*, *mais sa vertu s'évanouit*. Si au contraire, au lieu de *mais* nous mettons *et*, nous dirons alors: *Tous ses honnneurs*, *toutes ses richesses et toute sa vertu s'évanouirent*. ACAD. CORNEILLE.

C'est une faute que presque tout le monde fait, de dire *tous*, au lieu de *tout*. Par exemple, il faut dire: *Ils sons tout étonnés*, et non pas *tous étonnés*, parce que *tout*, en cet endroit, n'est pas un nom, mais un adverbe, et par conséquent indéclinable, qui veut dire *tout-à-fait*: *ils sont tout autres que vous ne les avez vus*; et non pas, *tous autres*.

Ce n'est pas qu'on ne puisse dire, *tous étonnés*, quand on veut dire que *tous le sont*. Mais nous ne parlons pas du nom; nous parlons de l'adverbe qui se joint aux adjectifs, ou pour l'ordinaire aux participes passifs; comme, *ils sont tout sales*, *ils sont tout rompus*. VAUGELAS.

Cet adverbe *tout* est de même indéclinable devant ceux-là seulement (adjectifs ou participes) qui commencent par une voyelle; car devant les autres, alors, il devient adjectif et se décline: cette femme vint *tout* éplorée, et s'en retourna *toute* consolée.

L'Académie a décidé à la pluralité des suffrages, qu'il faut dire et écrire: *Elles furent* tout *étonnées* et non pas *toutes étonnées*; quoiqu'on demeure d'accord qu'il faut mettre *toute* et *toutes*, devant des adjectifs qui commencent par une consonne; *cette femme est toute belle*, *ces étoffes sont toutes sales*; suivant cette règle, il faut dire: *Les dernières étoffes étoient tout autres que les premières*. ACADÉMIE.

La règle est la même dans les circonstances où *tout* signifie *quoique*, *encore que*, etc. *tout* habiles qu'ils sont, *toute* raisonnable qu'elle est, etc.

Tout, placé après plusieurs substantifs, exige le verbe au singulier. *Biens*, *dignités*, *honneurs*, *tout* disparoît à la mort. *Rien* exige la même chose. Jeux, conversations, spectacles, *rien* ne le tire de la solitude. PANCKOUCKE.

TRAVERS. (à *ou* au). On ne sauroit dire, *à travers de*, mais seulement *à travers le*, ou *à travers les*, comme *à travers les blés*.

On employe aussi *à travers*, sans qu'il suive aucun article; comme en cet exemple: *à travers champs*.

On met toujours un génitif, avec *au travers*, comme *il passa au travers du camp des ennemis*. ACAD.

TROUPE, TROUPES. *Troupes* au pluriel et sans régime, signifie *des gens de guerre*, *les corps militaires*.

Troupe se dit aussi en ce sens au singulier, pour *un petit corps de cavalerie*, ou *d'infanterie*. *Cet officier conduit bien* sa troupe, *il tient* sa troupe *en bon état*. ACADÉMIE.

Mais ne dites pas, avec quelques traducteurs du Nouveau-Testament: *Toutes les troupes étoient dans l'étonnement*; *toutes les troupes s'étonnoient*, pour exprimer *stupebant omnes turbæ*.

Dites, *toute la multitude*, *tout le peuple s'étonnoit*, etc. BOUHOURS.

TROUVER MAUVAIS, TROUVER BON. Dans ces expressions *bon* et *mauvais* ne prennent ni genre, ni nombre, quand elles signifient *approuver*, *consentir*, *désapprouver*, *ne pas consentir*.

Elle trouve mauvais *que vous sortiez souvent*: c'est-à-dire, elle n'approuve pas que, etc.

DIFFICULTÉS DE LA LANGUE FRANÇOISE.

Votre mère trouve bon *que vous achetiez des livres*; c'est-à-dire, approuve, consent que, etc.

Mais dans un autre sens, on dira avec M. le Maître : *Je* trouve bonne l'action *que vous trouvez mauvaise*. BOUHOURS.

SE MAL TROUVER, SE TROUVER MAL. *Se mal trouver* ne se dit qu'aux temps composés, et il marque un mauvais succès dans une affaire. *Il s'est mal trouvé de n'avoir pas suivi vos conseils.*

Se trouver mal, c'est ressentir une incommodité, tomber en foiblesse. *Je me suis trouvé mal ce matin.*

V

UN. Peut-on dire? *Hégésiochus fut un de ceux qui travailla le plus efficacement à la ruine de sa patrie.*

Restaut tâche de justifier cette phrase et plusieurs autres semblables, parce que, selon lui, *un* suivi d'un nom ou d'un pronom pluriel, est tantôt pris dans un sens distinctif, et tantôt dans un sens énumératif.

Un est distinctif, dit-il, quand il exclut toute idée d'égalité, ou que la chose qu'il exprime est mise au-dessus ou au-dessous de toutes les autres; et cette distinction est marquée par un superlatif : alors l'adjectif ou le relatif qui est après, doit être au singulier, parce que c'est *un* qui en est le substantif ou l'antécédent, et non pas le nom ou pronom pluriel au génitif; comme quand on dit : *C'est un des hommes de la cour* le mieux fait. *Ctésias est un des premiers* qui ait exécuté *cette entreprise.*

Par cette dernière phrase, selon Restaut, on entend non-seulement que personne n'avoit exécuté l'entreprise avant Ctésias, mais encore qu'il l'a exécutée avant tous les autres, et qu'il leur en a donné l'exemple.

Il semble que pour exprimer cette pensée, il est plus naturel et plus clair de dire : *Ctésias est celui qui a exécuté le premier cette entreprise.*

Hégésiochus fut celui qui travailla le plus efficacement à la ruine de sa patrie.

Ce fut la chose qui contribua le plus à les lier étroitement avec elle.

Dans cette dernière phrase, comme le rapporte Restaut, il n'y a point de superlatif : *Davantage* n'est pas un superlatif, c'est un comparatif.

En un mot dans les phrases rapportées par Restaut, *des premiers*, *de ceux*, sont au pluriel; donc en bonne grammaire comme en bonne logique, les relatifs qui s'y rapportent, qui en déterminent la signification, et sans lesquels ces mots ne formeroient pas de sens, doivent être au pluriel.

Si l'on suivoit la distinction de Restaut, il y auroit souvent équivoque, même pour ceux qui connoîtroient cette distinction. Par exemple, que j'entende dire : *C'est une des plus belles éditions que j'aye vue* ou *vues*. Comme je ne saurois distinguer à la prononciation, si celui qui parle dit *vue* ou *vues*, je ne puis pas non plus distinguer s'il veut dire que cette édition est la plus belle qu'il ait vue, ou si elle est seulement au nombre des plus belles.

On sera dans le même embarras pour les phrases suivantes : *C'est une des* meilleures *pièces qu'il ait* composée ou composées. *Une des plus belles actions qu'il ait* faite, ou faites. *Un des meilleurs mots qu'il ait* dit, ou dits, etc.

M. Roussel de Bréville pense que l'on doit écrire au singulier : *C'est une des choses qui a le plus contribué à mon bonheur. La probité est une des qualités* qui est la plus précieuse. Pourquoi, c'est que *le plus*, *la plus*, signes de comparaison, se trouvent joints aux verbes; et la construction pleine sera : *c'est la chose, de toutes celles qui a le plus contribué à mon bonheur. La probité est de toutes les qualités de l'homme celle qui est la plus précieuse.*

On doit, en parlant comme en écrivant, éviter toute ambiguïté. Or on ne peut bien connoître le sens de ces sortes de phrases, si l'on ignore la distinction imaginée ou rapportée par Restaut. Dans un grand nombre de ces phrases, il y aura encore équivoque, même pour ceux qui connoîtront cette distinction. Nous devons d'ailleurs exprimer notre pensée d'une façon claire et qui ne laisse point d'équivoque. WAILLY.

VAIS (je) JE VAS. Tous ceux qui savent écrire et qui ont étudié, disent : *je vais*, et disent fort bien, selon la grammaire qui conjuge ainsi ce verbe : *je vais, tu vas, il va*. Car, lorsque chaque personne est différente de l'autre, en matière de conjugaison, c'est la richesse et la beauté de la langue, parce qu'il y a moins d'équivoques, dont les langues pauvres abondent. VAUGELAS.

Clément appuye le sentiment de Vaugelas, comme le seul conforme au dictionnaire de l'Académie, qui conjugue ainsi le verbe *aller : Je vais, tu vas, il va.*

Voltaire a fait dire à l'homme qui cherche à se connoître :

> Que suis-je? où suis-je? où vais-je? et d'où suis-je tiré?

Je vais est le seul qui soit aujourd'hui autorisé par l'usage. *Je vas* a été rejeté; et d'une commune voix, on a condamné *je vas*. ACADÉMIE.

VALET, SERVITEUR. En terme de civilité et de compliment, on dit : *Je suis votre serviteur. Je suis votre valet*, ne se dit qu'en riant, quand on refuse de faire ou de croire quelque chose.

On dit aussi en ce sens : *Je suis votre serviteur*, ou simplement, *serviteur*. WAILLY.

VERBES SUIVIS D'UN SUBSTANTIF SANS ARTICLE. Quand nos verbes régissent un substantif qui n'a point d'article, ils doivent être suivis immédiatement de ce substantif, comme si l'un et l'autre ne composoient qu'un seul mot : *avoir faim, avoir chaud, avoir appétit, avoir envie, avoir dessein, avoir honte, etc. Donner avis, donner quittance, donner parole, se donner carrière, etc. Prendre garde, prendre jour, prendre patience, prendre médecine, etc. Faire grâce, faire face, faire mine, faire naufrage, etc.*

Jamais ces verbes, dis-je, ne souffrent la transposition de leur régime; et l'on ne peut jamais rien mettre entre le verbe et le régime, si ce n'est un pronom, *donnez-moi parole*; ou une particule, *ayez-en pitié*; ou enfin un adverbe, *donnez hardiment parole.*

Je ne crois donc pas qu'on puisse excuser la transposition de Racine :

> De mille autres secrets j'aurois compte à vous rendre.

Il faut nécessairement : *J'aurois à vous rendre compte.* D'OLIVET.

Un verbe actif ne peut avoir deux régimes simples; ainsi il y a une faute dans ce vers de Racine.

> Ne vous informez point ce que je deviendrai.

Parce que *vous* et *ce* sont régimes simples : il falloit : *Ne vous informez point de ce que je deviendrai*; ce qui auroit rompu la mesure du vers. Si Racine avoit mis : *Ne me demandez point ce que je deviendrai*, sa phrase eût été correcte, parce que *me* est ici pour *à moi*, régime composé. D'OLIVET.

VERBE PASSIF. Le verbe passif a pour régime *de* ou *par*.

On emploie *de* quand le verbe exprime une action à laquelle le corps n'a point de part, comme dans les premiers exemples. Et l'on met ordinairement *par*, quand le verbe exprime une action du corps, ou à laquelle le corps et l'ame ont part.

Votre conduite sera approuvée *d'une commune voix par les personnes sages et éclairées.*

N'employez jamais *par* avant *Dieu*. Dites : *Les Juifs ont été punis de Dieu.* WAILLY.

Un verbe se met souvent au pluriel, quoiqu'il soit précédé d'un nom au singulier : une infinité de gens *pensent* ainsi, et non *pense*. La plupart se *laissent* emporter par la coutume, et non *se laisse*; cependant on dit la plupart du monde se *laisse* tromper. Nous disons encore, *non-seulement tous ses honneurs et toutes ses richesses; mais toute sa vertu s'évanouit*, et non pas *s'évanouirent*. PANCKOUCKE.

VILLE, (à la) EN VILLE. On dit : Monsieur est *à la ville*, pour marquer qu'il n'est pas à la campagne; et l'on dit : Monsieur est *en ville*, pour marquer qu'il n'est pas au logis. BOUHOURS.

VINGT. Il est à remarquer, que dans la manière ordinaire de compter, on dit *quatre-vingts, six-vingts*; et même quelquefois *sept-vingts, huits-vingts*; mais qu'on ne dit jamais *deux-vingts, trois-vingts, cinq-vingts*, ni *dix-vingts*.

Il est encore à remarquer, que lorsque *vingt*, multiplié par un autre nombre, précède immédiatement un substantif, on ajoute toujours *s* à la fin de *vingt*. Ainsi on dit : *cent quatre-vingts* chevaux, *six-vingts* hommes, *quatre-vingts* ans.

Mais on ne l'ajoute point, quand il précède un nombre auquel il est joint. Ainsi on dit : *Quatre-vingt-deux, quatre-vingt-trois, quatre-vingt-quatre, quatre-vingt-dix*. ACADÉMIE.

VINGT-ET-UN demande-t-il un singulier ou un pluriel? Quand on dit : *Vingt-et-un siècle, vingt-et-une pistole*, l'oreille ne peut distinguer, si, *siècle* et *pistole* sont au singulier ou au pluriel. La question ne devient sensible, que quand on demande s'il faut dire : *Il a vingt-et-un cheval*, ou *vingt-et-un chevaux dans son écurie. Vingt-et-un cheval* blessa tellement, que presque tout d'une voix on a préféré, *vingt-et-un chevaux.*

Il est certain qu'on dit : *Vingt-et-un an*; et l'usage l'autorise.

Mais ce même usage veut que s'il suit un adjectif après *an*, on mette cet adjectif au pluriel : *Il a vingt-et-un ans accomplis*, et *vingt-et-un ans passés*; et non pas, *vingt-et-un ans accompli* ou *passé.*

On dit de même : *Ce mois à trente-et-un jour*, et non pas, *trente-et-un jours.*

Si l'on y joint un adjectif, il faut dire au pluriel : *Il y a trente-et-un jours passés qu'on n'a reçu de ses lettres.* ACADÉMIE.

VIS-A-VIS est l'abrégé de visage à visage; et c'est une expression qui ne s'employa jamais dans la poësie noble, ni dans le discours oratoire.

Aujourd'hui on commence à dire, *coupable vis-à-vis de nous; bienfaisant vis-à-vis de nous; difficile vis-à-vis de nous, mécontent vis-à-vis de nous*, au lieu de coupable, bienfaisant envers nous, difficile avec nous, mécontent de nous.

Vous me dites qu'un homme est bien disposé *vis-à-vis* de moi, qu'il a un ressentiment *vis-à-vis* de moi, que le roi veut se conduire en père *vis-à-vis* de la nation. Dites que cet homme est bien disposé pour moi, à mon égard, en ma faveur; qu'il a du ressentiment contre moi; que le roi veut se conduire en père du peuple, qu'il veut agir en père avec la nation, envers la nation : ou bien vous parlerez fort mal.

Presque jamais les *Pélisson*, les *Bossuet*, les *Fléchier*, les *Massillon*, les *Fénélon*, les *Racine*, les *Quinault*, les *Boileau*; *Molière* même, et *Lafontaine*, qui tous deux ont commis beaucoup de fautes contre la langue, ne se sont servi du terme *vis-à-vis*, que pour exprimer une position de lieu. On disoit : L'aîle droite de l'armée de Scipion vis-à-vis l'aîle gauche d'Annibal : quand Ptolomée fut vis-à-vis de César, il trembla.

Aujourd'hui que la langue semble commencer à se corrompre, et qu'on s'étudie à parler un jargon ridicule, on se sert du mot impropre *vis-à-vis*. Plusieurs gens de lettres ont été ingrats *vis-à-vis de moi*, au lieu *d'envers moi*. Cette compagnie s'est rendue difficile *vis-à-vis du roi*, au lieu, *d'envers le roi*, ou *avec le roi*. Vous ne trouverez le mot *vis-à-vis* employé en ce sens, dans aucun auteur classique du siècle de Louis XIV. VOLTAIRE.

VIVRE. On disoit autrefois au parfait défini, *je véquis*, etc. M. Mascaron a dit de la reine d'Angleterre : *La providence a voulu qu'elle survéquît à ses grandeurs.* Et M. Fléchier : *Les Chrétiens véquirent dans la terreur.* A présent *je vécus* est seul en usage. WAILLY.

VOISIN DE, VOISIN A. Ces vers sublimes de Lafontaine, le prince des poëtes françois,

> Celui de qui la tête au ciel étoit voisine
> Et dont les pieds touchoient à l'empire des morts.

sont aujourd'hui déparés par cette faute, *voisine au ciel*; il falloit voisine *du* ciel. Le datif dans le latin, *proxima cœlo*, n'autorise pas le voisin *à* dans le françois, mais il a pu tromper le poëte; d'ailleurs l'usage a peut-être changé depuis qu'il écrivoit.

VÔTRE. C'est une faute que de commencer une lettre par ces mots, *j'ai reçu la vôtre*; parce qu'on ne peut sous-entendre une chose dont on n'a pas encore parlé, et que, comme l'a très-bien dit *Vaugelas*, ces mots, *le mien*, *le tien*, *le sien* et autres semblables suppléent toujours un *nom* qui précède : il faut dire, *j'ai reçu votre lettre.*

Le mien, le tien, etc., ne peuvent se rapporter en même-temps à des *noms de choses* et à des *noms de personnes*; ainsi, on ne peut dire, à un excellent auteur : je ne connois pas de meilleure *plume que la vôtre*, pour je ne connois pas de meilleur écrivain que *vous*; ni à un bon maître d'armes : il n'y a pas de meilleure *épée que la vôtre*, pour il n'y a personne qui tire mieux des armes que *vous* : les premières façons de parler forment équivoque, et c'est ce qu'on doit toujours éviter. CAMINADE.

FIN DE LA SECONDE PARTIE.

DICTIONNAIRE DES RIMES,

CONSIDÉRABLEMENT AUGMENTÉ,

ET SUIVI D'UN TRAITÉ DE VERSIFICATION ET DE PONCTUATION.

Voyez le Dictionnaire pour le genre et la signification des mots.

A

Brouhaha
Cahin-caha
Ha! ha-ha!

ABE.

Abe
Arabe
Astrolabe
Cacabe
Cosmolabe
Crabe
Décasyllabe
Dissyllabe
Hendécasyllabe
Litholabe
Mésolabe
Monosyllabe
Mozarabe
Polysyllabe
Quadrisyllabe
Syllabe
Trabe
Trissyllabe

ABLE.

Abominable
Abordable
Acceptable
Accointable
Accommodable
Accordable
Accostable
Accusable
Acidifiable
Admirable
Adorable
Affable
Agréable
Aimable
Aliénable
Alliable
Altérable
Amendable
Amiable
Amortissable
Applicable
Attaquable
Balnéable
Bannissable
Bastonnable
Bernable
Blâmable
Brisable
Brûlable
Buvable
Câble
Calculable
Capable
Censurable
Charitable
Châtiable
Chérissable
Chevauchable
Chômable
Combattable
Commensurable
Commerçable
Communicable
Comparable
Comptable
Concevable
Conciliable
Condamnable
Confiscable
Congélable
Connétable
Considérable
Consolable
Contestable
Contraignable
Contribuable
Convenable
Conversable
Convertissable
Convoitable
Corvéable
Coupable
Courable
Critiquable
Croyable
Curable
Damnable
Décevable
Déchiffrable
Décimable
Déclinable
Défavorable
Défensable
Délectable
Démonstrable
Déplorable
Déraisonnable
Désagréable
Desirable
Destituable
Détestable
Développable
Diable
Dilatable
Disciplinable
Disconvenable
Disputable
Dissemblable
Diversifiable
Dommageable
Domptable
Durable
Ecartable
Echangeable
Effaçable
Effroyable
Electrisable
Emerveillable
Epouvantable
Epuisable
Equitable
Erable
Espérable
Etable
Evitable
Evocable
Excusable
Exécrable
Exorable
Explicable
Exploitable
Exprimable
Fable
Faisable
Favorable
Féable
Fériable
Flottable
Forgeable
Formidable
Friable
Friponnable
Graciable
Grondable
Guéable
Guérissable
Habitable
Hable
Haïssable
Honorable
Imaginable
Imitable
Immanquable
Immémorable
Immensurable
Immuable
Impalpable
Impardonnable
Impartable
Impartageable
Impayable
Impeccable
Impénétrable
Imperdable
Impérissable
Imperméable
Imperturbable
Impétrable
Impitoyable
Implacable
Imposable
Impraticable
Impréciable
Imprenable
Improbable
Inabordable
Inaccomodable
Inaccostable
Inaliénable
Inalliable
Inaltérable
Inappercevable
Inapplicable
Inappréciable
Inattaquable
Incahotable
Incalculable
Incapable
Incommensurable
Incommunicable.
Incommutable
Incomparable
Inconcevable
Inconciliable
Inconsolable
Incontestable
Inconvertissable
Incoupable
Incroyable
Inculpable
Incurable
Indéchiffrable
Indéclinable
Indécrottable
Indéfensable
Indéfinissable
Indisciplinable
Indispensable
Indisputable
Indomptable
Indubitable
Inébranlable
Ineffable
Ineffaçable
Inénarrable
Inépuisable
Inestimable
Inévitable
Inexcusable
Inexorable
Inexpiable
Inexplicable
Inexprimable
Inexpugnable
Inextirpable
Infaisable
Infatiguable
Inflammable
Infriponnable
Ingénérable
Ingouvernable
Inguérissable
Inhabitable
Inimaginable
Inimitable
Innavigable
Innombrable
Insatiable
Insaturable
Inséparable
Insociable
Insolvable
Insondable
Insoutenable
Incrustable
Instable
Insultable
Insupportable
Insurmontable
Intarissable
Interminable
Intestable
Intolérable
Intraitable
Introuvable
Invariable
Inversable
Inviolable
Invraisemblable
Invulnérable
Irraisonnable
Irramenable
Irrassasiable
Irrecevable
Irréconciliable
Irrécusable
Irréformable
Irréfragable
Irrémédiable
Irréparable
Irréprochable
Irrévocable
Irritable
Justiciable
Labourable
Lamentable
Logeable
Louable
Malléable
Manducable
Mangeable
Maniable
Mariable
Méconnoissable
Mémorable
Méprisable
Mesurable
Mettable
Misérable
Mortaillable
Muable
Multiplicable
Navigable
Négociable
Niable
Notable
Ouvrable
Palpable
Papable
Pardonnable
Passable
Patinable
Payable
Peccable
Pendable
Pénétrable
Perdurable
Périssable
Perméable
Pervertissable
Pitiable
Pitoyable
Plaidable
Plaidoyable
Pliable
Potable
Praticable
Préalable
Prédicable
Préférable
Préjudiciable
Prisable
Privable
Probable
Profitable
Proposable
Punissable
Rable
Rachetable
Raisonnable
Ramendable
Rapportable
Recevable
Recommandable
Réconciliable
Reconnoissable
Recouvrable
Récusable
Redevable
Redoutable
Réformable
Regrettable
Rejettable
Remarquable
Reniable
Réparable
Repoussable
Reprochable
Requérable
Respectable
Respirable
Responsable
Restituable
Révocable
Risquable
Rouable
Sable
Saisissable
Secourable
Semblable
Séparable
Serviable
Solvable
Sortable
Souhaitable
Soutenable
Stable
Supportable
Table
Taillable
Tarissable
Tenable
Tolérable
Traitable
Transmuable
Transpirable
Triturable
Tuable
Valable
Variable
Véable
Végétable
Vendable
Vénérable
Véritable
Viable
Viciable
Vocable
Vraisemblable
Vulnérable

Verbes.

Accable
Attable
Ensable
Entable
Hable
Sable
Table

ABRE.

Cabre
Candélabre
Cinnabre
Délabre
Fabre
Sabre

AC.

Ab hoc et ab hac
Almanach
Ammoniac
Bac
Bazac
Bissac
Bivouac *ou* Bivac
Boubak
Clac
Cornac
Cotignac
Crac
Cric-crac
Cul-de-sac
Estomac
Fric-Frac
Gaïac
Havresac
Lac
Micmac
Moyac
Orignac
Patac
Sac
Sangiac
Sumach
Tabac
Tac
Tic et tac
Tillac
Trac
Trictrac
Usquebac
Zigzac *ou* Zigzag

ACE et ASSE bref.

Agasse
Arcasse
Audace
Avalasse
Bagasse
Bécasse
Besace
Bonace
Bonasse
Brasse
Calebasse
Carapace
Carcasse
Casse
Chasse
Garde-chasse
Chiasse
Cocasse
Cognasse
Contre-face
Contumace.
Cordace
Coriace
Crasse
Crevasse
Cuirasse
Culasse
Dace
Dédicace
Efficace
Face
Fallace
Fasce
Fendace
Filace
Fouace
Galéace
Gallinasse
Glace
Grimace
Hommasse
Inefficace
Lavasse
Liasse
Limace
Masse
Matasse
Menace
Milliasse
Mollasse
Nouasse
Paillasse
Pancrace
Paonace
Paperasses
Parnasse
Passe-passe
Pétarasse
Pinasse
Place
Populace
Post-face
Potasse
Préface
Prouface
Race
Ramasse
Rapace
Rosace
Salace
Savantasse
Surface
Teignasse
Tenace
Terrasse
Térasse
Tirasse
Trace
Vedasse
Villace
Vivace
Volte-face
Vorace

Verbes.

Agace
Avocasse
Brasse
Cadenasse
Chasse
Contrefasse
Contumace
Crevasse
Croasse
Damasse
Débarrasse
Décrasse
Défasse
Délace
Déplace
Efface
Embarrasse
Embrasse
Encrasse
Enlace
Entrelace
Fasse
Fracasse
Fricasse
Glace
Grimace
Harasse
Lace
Masse
Menace
Place
Race
Refasse
Remplace
Révasse
Satisfasse
Surface
Terrasse
Tracasse
Trace
Verglace

ACE et ASSE dont l'a est long.

Basse
Main-basse
Casse
Châsse
Classe
Contre-basse
Disgrâce
Echasse
Echasses
Espace
Grâce
Bonne grâce
Grasse
Impasse
Lasse
Mace
Nasse
Outrepasse
Passe
Tasse

Verbes.

Amasse
Casse
Compasse
Concasse
Déchasse
Délasse
Enchâsse
Entasse
Espace
Lasse
Outrepasse
Passe
Ramasse
Rembrasse
Repasse
Replace
Sasse
Surpasse
Trépasse

Plus, divers temps des verbes en er; que j'aimasse, etc.

ACHE bref.

Ache
Attache
Bache
Bardache
Bourrache
Bravache
Cache
Escache
Estaches
Flache
Gamache
Ganache
Gavache
Gouache
H
Hache
Mordache
Moustache
Panache
Patache
Pistache
Plumache
Rache
Rondache
Saumache
Tache
Vache

Verbes.

Amourache
Arrache
Attache
Cache
Crache
Déharnache
Détache
Écache
Enharnache
Ensache
Entache
Hache
Harnache
Panache
Recrache
Rehache
Sache
Tache

ACHE ou ASCHE long.

Gâche
Lâche
Mâche
Relâche
Tâche

Verbes.

Défâche
Délâche
Fâche
Gâche
Lâche
Mâche
Relâche
Remâche
Tâche

ACLE.

Bernacle
Débâcle
Habitacle
Macle
Miracle
Obstacle
Oracle
Pinacle
Réceptacle
Spectacle.
Tabernacle.

Verbes.

Bâcle
Débâcle
Racle
Renacle

ACRE long.

Acre
Sâcre

ACRE bref.

Acre
Archidiacre
Diacre
Fiacre
Massacre
Nacre
Polacre
Pouacre
Quaker
Sacre
Simulacre

Verbes.

Consacre
Massacre
Sacre

ACT.

Abstract
Ambact
Compact
Contact
Exact
Inexact
Tact
Yacht

ACTE.

Acte
Cataracte
Compacte
Entr'acte
Epacte
Exacte
Pacte

Verbes.

Contracte
Détracte
Recontracte
Rétracte

ADE.

Accollade
Aiguade
Aiguillade
Aillade
Alcade
Algarade
Alidade
Amade
Ambassade
Ambréade
Anguillade
Annonciade
Anspessade
Arbolade
Arcade
Arlequinade
Arquebusade
Asclépiade
Aubade
Ballade
Balotade
Balustrade
Bambochade
Barbinade
Barricade
Bastonnade
Bigarade
Bonnetade
Bourade
Bourgade
Boutade
Brancades
Bravade
Brigade
Bronchade
Cacade *ou* Cagade
Camarade
Caméade
Camisade
Canade
Cannelade
Canonade
Cantonade
Capilotade
Capucinade
Carabinade
Carbonade
Caristade
Cartelade
Cascade
Cassade
Cassonade
Cavalcade
Chamade
Chapellade
Charade
Chiliade
Civade
Claquade
Colonnade
Condemnade
Couillade
Croisade
Croupade
Cruzade
Débandade
Décade
Désespérade
Dipsade
Disparade
Dorade
Dryade
Ebrillade
Ecaveçade
Embrassade
Embuscade
Enfilade
Escalade
Escapade
Escouade
Esplanade
Estacade
Estafilade
Estocade
Esrrade
Estrapade
Etouffade
Eubades
Euphrade
Façade
Fade
Fanfaronade
Flanconnade
Fougade
Franclade
Francinade
Gabionnade
Galopade
Gambade
Gasconade
Gaulade
Glissade
Goinfrade
Gourmade
Grade
Grenade
Griffade
Grillade
Hamadryade
Héliades
Hyade
Iliade
Incagade
Incartade
Jade
Jérémiade
Jurade
Laissade
Limonade
Lusiade
Mainade
Malade
Marinade
Marmelade
Mascarade
Matassinade
Maturinade
Maussade
Ménade
Milliade
Mocade
Monade
Mousquetade
Muscade
Myriade
Naïade
Noyades
Oblade
Œillade
Olympiade
Orangeade
Oréades
Orgeade
Ostade
Palissade
Panade
Pantalonade
Parade
Pariade
Pasquinade
Passade
Pastenade
Pavesade
Pelade
Pennade
Persillade
Pesade *ou* Posade
Pétarade
Peuplade
Pholade
Pimentade
Pintade
Planrade
Pléiade
Pointillade
Poivrade
Pommade
Promenade
Rade
Ramolade
Rasade
Rassade
Ratepenade
Rebufade
Reculade
Régalade
Rémolade
Remoulade
Retirade
Rétrograde
Revirade
Rhagades
Risade
Rodomontade
Roulade
Ruade
Sacade
Sade
Salade
Salnade
Sanglade
Satinade
Sérénade
Soubarbade
Soufflérade
Sthéniade
Taillade
Tirade
Tribade
Trivelinade
Turlupinade
Vade
Versade
Vertugade
Vinade
Vulsonade

Verbes.

Barricade
Dégrade
Dérade
Dissuade
Escalade
Estocade
Estrapade
Evade
Gambade
Palissade
Panade
Pennade
Persuade
Rétrograde
Taillade

ADRE.

Cadre
Encadre
Escadre
Ladre

AEL, *voyez* EL.

AF.

Raf

AFE *ou* APHE.

Agraffe
Anépigraphe
Apographe
Architectonographe
Arrestographe
Autographe
Baratafe
Bibliographe
Bibliotaphe
Biographe
Calligraphe
Carafe
Cénotaphe
Chalcographe
Chronographe
Cosmographe
Démonographe
Elégiographe
Epigraphe
Epitaphe
Escafe
Estafe
Géographe
Girafe
Glossographe
Hagiographe
Historiographe
Hydrographe
Hymnographe
Lexicographe
Mimographe
Naffe
Néographe
Olographe
Opisthographe
Orthographe
Pantographe
Parafe
Paragraphe
Patarafe
Piaffe
Polygraphe
Rhypographe
Scaphe
Tachygraphe
Télégraphe
Topographe
Typographe

Verbes.

Agraffe
Dégraffe
Parafe
Piaffe

AFLE.

Erâfle
Rafle

AFRE.

Affre
Bâfre
Balafre
Gouillafre
Safre

AFTE *ou* APHTE.

Aphte
Naphte

AGE.

Abattage
Abordage
Accastillage
Accommodage
Adage
Adjoutage
Affaitage
Affinage
Afforage
Affûtage
Age
Agiotage
Ajoutage
Ajustage
Albergeage
Alevinage
Alliage
Amarrage
Ambages
Amenage
Ancrage
Anthropophage
Apanage
Apprentissage
Arbitrage
Archimage
Aréopage
Arrière-panage
Arrimage
Arrivage
Arrosage
Assemblage
Attelage
Atterrage
Aubenage
Aunage
Avage
Avalage
Avantage
Avenage
Bachotage
Baclage
Badaudage
Badinage
Badoulage
Bagage
Bailliage
Balivage
Ballottage
Bandage
Baragouinage
Barandage
Barbouillage
Barguignage
Bariolage
Barnage
Barrage
Basnage
Bastage
Batelage
Battage
Baudouinage
Bavardage
Béguinage
Bichenage
Biffage
Billonnage
Binage
Bisage
Blanchissage
Blocage
Bocage
Bordage
Bornage
Bossage
Bosselage
Bottelage
Bourriage
Bousillage
Branchage
Brassage
Brebiage
Breuvage
Brigandage
Briquetage
Brise-image
Brunissage
Cabanage
Cabotage
Cage
Canotage
Cailloutage
Calfeutrage
Cambage
Cannage
Canonage
Cariage
Carnage
Carrelage
Cartelage
Cartilage
Cavalage
Chablage
Chambellage
Chariage
Charnage
Charonage
Chauffage
Chevage
Chipage
Cirage
Clabaudage
Clayonnage
Cloisonnage
Cochenillage
Cocuage
Colportage
Compérage
Concubinage
Contregage
Coquillage
Cordage
Corsage
Coulage
Courage
Courtage
Cousinage
Coûtage
Crépage
Criage
Crithophage
Curage
Cuvage
Cuvelage
Daphnéphage
Davantage
Débardage
Débatelage
Déchirage
Dégrossage
Délestage
Démariage
Dépucelage
Désavantage
Désemballage
Détallage
Dommage
Dorage
Dorophage
Doublage
Douillage
Echafaudage
Echevinage
Ecrénage
Ecurage
Ecuyage
Effleurage
Emballage
Embauchage
Embicherage
Empesage
Emplage
Enallage
Enclitage
Enfantillage
Enfonçage
Engallage
Engrenage
Entourage
Equipage
Esclavage
Etablage
Etage
Etalage
Etamage
Evolage
Fagotage
Fanage
Fascinage
Fauchage
Faudage
Fauxsaunage
Féage
Fenêtrage
Fermage
Ferrage
Feuillage
Feuilletage
Feutrage
Fillage
Finage
Flottage
Foiblage
Forçage
Formariage
Fouage
Foulage
Fourchage
Fournage
Fourrage
Fromage
Frottage
Fruitage
Fumage
Gabelage
Gage
Gagnage
Gambage
Garançage
Garantage
Gargotage
Garouage
Gaspillage
Géolage
Glanage
Grage
Grelouage
Gribouillage
Grifonage
Grimelinage
Guindage
Habillage
Havage
Herbage
Héritage
Hermitage
Hersage
Hommage
Homophage
Hontage
Hypallage
Ichthyophage
Image
Jalage
Jambage
Jardinage
Jaugeage
Labourage
Lainage
Lairage
Lamanage
Lambrissage
Laminage
Langage
Lantiponage
Lardage
Lavage
Lestage
Liage
Libage
Libertinage
Lignage
Limosinage
Lisérage
Lithophage
Lotissage
Lotophage
Louage
Maçonnage
Magasinage
Mage
Malerage
Manage
Manéage
Maquerellage
Maquignonage
Marcage
Maréage
Marécage
Mariage
Martelage
Matelotage
Ménage
Remue-ménage
Message
Mesurage
Contre-mesurage
Mésusage
Minage
Monnéage
Monnoyage
Montage
Mouillage
Moulage
Moulinage
Moutonnage
Mucilage
Naissage
Naufrage
Naulage
Non-âge
Non-usage
Nuage
Obliage
Octomage
Œsophage
Ombrage
Orage
Otage
Ouselage
Outrage
Ouvrage
Pacage
Page
Panage
Papillotage
Paquage
Parage
Parentage
Parquetage
Partage
Passage
Patelinage
Patissage
Patronage
Patrouillage
Pâturage
Pavage
Paysage
Péage
Pélage
Pélerinage
Pennage
Persifflage
Personnage
Pertuisage
Pillage
Pilotage
Placage
Plage
Plantage
Pliage
Plumage
Plumotage
Pointage
Pointillage
Pollage
Pondage
Pontage
Portage
Posage
Potage
Préage
Présage
Pressurage
Prêtrage
Pucelage
Puisage
Putage
Quayage
Quillage
Quintelage
Quiossage
Rabâchage
Rabbinage
Rabillage
Racages
Raccommodage
Racinage
Racolage
Radotage
Raffinage
Rage
Ramage
Rapatriage
Rapiécetage
Ravage
Ravaudage
Réarpentage
Recepage
Réchauffage
Reclusage
Reliage
Remplage
Remue-ménage
Rendage
Réparage
Replâtrage
Reportage
Ressuage
Ribordage
Ribotage
Rigolage
Rivage
Riverage
Rouage
Roulage
Sacquage
Sage
Salage
Salvage
Sarcophage
Sassenage
Saunage
Sautillage
Sauvage
Savonnage
Saxifrage
Sciage
Seigneuriage
Senage
Servage
Signage
Sillage
Soignantage
Sorissage
Soufflage
Soutirage
Stage
Suffrage
Tabarinage
Tabellionage
Tage
Taillage
Tangage
Tannage
Tapage
Tapinage
Tatillonnage
Taurophage
Tavernage
Témoignage
Terrage
Tirage
Tonage
Torage
Touage
Treillage
Triage
Tricotage
Trincage
Tripotage
Truage
Tuage
Tussilage
Usage
Valetage
Vallage
Vasselage
Veltage
Verblage
Vergeage
Veuvage
Village
Vinage
Visage
Vitrage
Voisinage
Volage
Voyage
Zoophage

Verbes.

Apanage
Arrérage
Avantage
Contregage
Décourage
Dédommage
Dégage
Déménage
Dévisage
Encage
Encourage
Endommage
Engage
Enrage
Envisage
Etage
Fourrage
Gage
Ménage
Nage
Ombrage
Outrage
Partage
Présage
Propage
Ramage
Ravage
Rencourage
Rengage
Saccage
Soulage
Surnage
Verbiage
Voyage

AGME.

Diaphragme
Drachme
Tétradrachme

AGNE *bref.*

Accompagne
Alpagne
Aragne
Bagne
Campagne
Cocagne
Compagne
Montagne
Musaragne
Pagne
Pistagne

AGNE *long.*

Gagne
Regagne

AGRE.

Chiragre
Clérâgre
Gonagre
Jagre
Méléagre
Podagre
Rhisagre

AGUE.

Archipélague
Bague
Brague
Bragues
Cague
Carague
Dague
Ecurague
Gragues
Gyrovague
Indrague
Madrague
Ossifrague
Pague
Vague

Verbes.

Brague
Dague
Divague
Drague
Elague
Extravague
Incague
Vague

AI *ou* EI, *monoss.*

Bai
Balai
Rubis-balai
Bey
Brai
Caravancerai
Courtrai
Déblai
Défrai
Délai
Dey
Ecofrai
Essai
Etai
Frai
Gai
Geai
Jai
Lai
Mai
Pagai
Papegai
Quai
Remblai
Tai-tai
Tokai
Vrai

AI *dissyl. ou* AÏ.

Adonaï
Ay
Spahi

Verbes.

Ebahi
Envahi
Haï
Trahi

AYA, *se prononçant* EÏA.

Voyez les verbes en aïer ou ayer.

AÏANT *ou* AYANT, *voyez* ANT

AID.

Laid
Plaid

AIDE.

Aide
Laide
Plaide

AÏE *mouillé et conservant le son de l'a.*

Aïe *ou* aye
Andaye

AIE *et* AYE, *monoss.*

Aunaie
Bambiaie
Boie
Boulaie
Braie
Châtaigneraie
Chênaie
Claie
Coudraie
Craie
Etaie *ou* Etai
Fougeraie
Foutelaie
Frênaie
Futaie
Gaie
Haie
Ivraie
Jonchaie
Laie
Lance-gaie
Morte-paie
Orfraie
Oseraie
Pagaie
Paie
Plaie
Pommeraie

Raie	Taie en l'œil
Saie	Tremblaie
Saussaie	Zagaie

AIE *foiblement mouillé et prenant le son de l'é.*

Paye	Aie

Et tous les verbes en ayer.

AÏÉ *ou* AYÉ.

Voyez les verbes en ayer ou aïer.

AÏER *ou* AYER.

Brayer	Désenrayer
Cahier	Drayer
Clayer	Effrayer
Métayer	Egayer
Ségrayer	Emayer
	Emblayer
Verbes.	Enrayer
Aigayer	Essayer
Balayer	Etayer
Bayer	Frayer
Bégayer	Grasseyer
Bordayer	Langayer
Brasseier	Layer
Brayer	Payer
Cartayer	Plancheyer
Déblayer	Rayer
Défrayer	Relayer
Délayer	Tutayer

AIGE, *voyez* ÉGE.

AIGLE, *voyez* ÈGLE.

AIGNE, *voyez* ÈGNE.

AIGRE *et* ÈGRE.

Aigre	Maigre
Alègre	Nègre
Bésaigre	Vaigres
Charnaigre	Vinaigre

AIL.

Aiguail *ou* Egail	Epouvantail
Ail	Eventail
Attirail	Gouvernail
Bail	Mail
Bercail	Plumail
Bétail	Poitrail
Borozail	Portail
Burail	Sérail
Camail	Sous-bail
Corail	Soupirail
Dail	Tramail
Détail	Travail
Email	Vantail
Encornail	Ventail

AILE.

Aile	Haile
Baile	

AILLA, *voyez* LA.

AILLE.

Accordailles	Grisaille
Antiquaille	Gueusaille
Aumailles	Haute-taille
Basse-taille	Jaque-de-mail-
Bataille	Limaille [les
Belitraille	Maille
Bigaille	Mangeaille
Blocaille	Maraudaille
Brossaille	Marmaille
Brouaille	Médaille
Caille	Menuaille
Canaille	Merdaille
Cisailles	Mitraille
Clinquaille	Moinaille
Contr'écaille	Morailles
Coquinaille	Moutonnaille
Courte-paille	Muraille
Crapaudaille	Noailles
Crevaille	Ouaille
Ecaille	Paille
Entaille	Passecaille
Entrailles	Peautraille
Entretaille	Pédentaille
Epousailles	Pénaille
Fagotaille	Pierraille
Faille	Pince-maille
Ferraille	Poissonnaille
Fiançailles	Pommaille
Fonçailles	Pretintaille
Funérailles	Racaille
Futaille	Relevailles
Gazaille	Répentailles
Gogaille	Repostailles
Grande-Ecaille	Représailles
Grenaille	Retailles
Rimaille	Débraille
Ripaille	Dépaille
Rocaille	Ecaille
Semaille	Emaille
Sonnaille	Empaille
Taille	s'Encanaille
Tauraille	s'Encornaille
Tenailles	Enfutaille
Tondaille	Entaille
Touaille	s'Entretaille
Traille	Eraille
Tripaille	Faille
Trouvaille	Ferraille
Truandaille	Fouaille
Vaillequevaille	Godaille
Valetaille	Grenaille
Victuailles	Grisaille
Viraille	Gueusaille
Volaille	Harpaille
Verbes.	Jouaille
Qu'il aille	Maille
Avitaille	Piaille
Bâille	Pretintaille
Baille	Quoaille
Bataille	Raille
Bretaille	Ravitaille
Braille	Rimaille
Caille	Sonnaille
Carcaille	Taille
Chamaille	Tenaille
Cisaille	Tiraille
Coaille	Travaille
Cornaille	Tressaille
Criaille	Vaille

AILLÉ, *voyez* LÉ.

AILS.

Camails	Gouvernails
Détails	Mails
Épouvantails	Portails
Éventails	Sérails

AIME, *voyez* ÈME.

AIM, AIN *et* EIN.

Abat-faim	Levain
Africain	Lointain
Airain	Lorrain
Alibi forain	Main
Américain	Sous-main
Antipuritain	Male-faim
Arrière-main	Malsain
Aubain	Massepain
Avant-main	Ménain
Avant-train	Merrain
Bain	Métropolitain
Baise-main	Mondain
Bonne-main	Nain
Boute-en-train	Néapolitain
Certain	Nonnain
Chanfrein	Pain
Chapelain	Parpain
Châtain	Parrain
Châtelain	Plein
Cheverain	Poulain
Cismontain	Primerain
Contemporain	Prochain
Couvain	Publicain
Cucurbitain	Puritain
Cumain	Putain
Daim	Quarantain
Dédain	Quatrain
Demain	Quinzain
Dessein	Rain
Diocésain	Refrain
Dixain	Regain
Douzain	Rein
Ecrivain	Républicain
Entremain	Riverain
Essaim	Romain
Estrain	Sacristain
Etain	Sain
Faim	Samaritain
Forain	Sein
Franciscain	Serein
Frein	Sixain
Fusain	Soudain
Gain	Sous-sacristain
Génovéfain	Souterrain
Germain	Souverain
Cousin-germain	Sur-lendemain
Issu de germain	Suzerain
Grain	Tain
Hautain	Tains
Huitain	Terrain
Humain	Terre-plein
Incertain	Tournemain
Inhumain	Train
Lavemain	Traversin
Lendemain	Trentrain
Trentin	Velours-plein
Treizain	Vilain
Ultramontain	Villicain
Vain	Zain
En vain	*Voyez* IN.

AINCRE.

Convaincre	Vaincre

AINC *et* AING.

Convainc	Vainc
Seing	*Voyez* AIN.

AIND *et* EIND, *voyez* AINT *et* EINT.

AINDRE, *voyez* INDRE.

AINE *et* EINE.

Aine	Plaine
Aubaine	Porcelaine
Aveine	Pretantaine
Baleine	Quarantaine
Bedaine	Quartaine
Bourdaine	Quatorzaine
Capitaine	Quinzaine
Centaine	Raine
Chaîne	Reine (*long*)
Cinquantaine	Rengaîne (*long*)
Dégaîne	Ribon-ribaine
Dixaine	Romaine
Domaine	Seine
Douzaine	Seizaine
Faine	Semaine
Fontaine	Soixantaine
Fredaine	Sursemaine
Furaine	Tiphaine
Gangrène *ou* Cangrène	Tirelaine
	Tiretaine
Garde-chaîne	Toute-saine
Graine	Treizaine
Gaîne	Trentaine
Haine	Triolaine
Haleine	Trudaine
Courte-haleine	Veine
Huitaine	Verveine
Laine	Vice-reine
Males-semaines	Vingtaine
Marjolaine	*Verbes.*
Marraine	Déchaîne
Métropolitaine	Dégaîne
Migraine	Désenchaîne
Misaine	Enchaîne
Mitaine	Engaîne
Miton mitaine	Entraîne
Neuvaine	Rengaîne
Peine	Traîne

AINS *et* EINS.

Alibi-forains	Parabolains
Baise-mains	Reins
Humains	Toussaints
Mondains	

AINS *ou* EINS, *dont l's se prononce fortement.*

Ains	Sciens
Ens	

AINT *et* EINT.

Atteint	Grand-teint
Déceint	Maint
Demiceint	Saint

AINTE *et* EINTE.

Atteinte	Etreinte
Complainte	Feinte
Contrainte	Mainte
Crainte	Plainte
Empreinte	Restrainte
Enceinte	Teinte
Epreinte	

AIR *dissyl. voyez* IR.

AIR, *monos.*

Air	Impair
Chair	Nompair
Clair	Pair
Eclair	Vair
Flair	

AIRE.

Abécédaire	Alvéolaire
Accurbitaire	Angulaire
Actionnaire	Anniversaire
Adjudicataire	Annonaire
Adversaire	Annulaire
Affaire	Antannaire
Agraire	Anticonstitutionnaire
Aire	
Aliaire	Antidosaire
Alimentaire	Antiphonaire
Antiquaire	Délétaire [re
Antitrinitaire	Demi-orbiculai-
Apocrisiaire	Démissionnaire
Apollinaire	Dénaire
Apothicaire	Dentaire
Aquilonaire	Dentelaire
Arbitraire	Dépositaire
Archivaire	Dévolutaire
Armillaire	Diamantaire
Articulaire	Dictionnaire
Atrabilaire	Dignitaire
Atramentaire	Dissimilaire
Attractionnaire	Diurnaire
Aululaire	Doctrinaire
Auriculaire	Domicellaire
Auxiliaire	Donataire
Axillaire	Douaire
Badelaire	Dromadaire
Basilaire	Ducenaire
Basilicaire	Eclaire
Bellonaire	Electuaire
Bénédictionnai-	Elémentaire
Bénéficiaire [re	Emissaire
Bibliothécaire	Epistolaire
Binaire	Exemplaire
Binoculaire	Expéditionnai-
Biviaire	re
Bolaire	Extrajudiciaire
Bréviaire	Extraordinaire
Brumaire	Factionnaire
Bullaire	Faussaire
Bustuaire	Savoir faire
Calaminaire	Falcaire
Calendaire	Fatuaire
Campanaire	Férentaire
Caniculaire	Feudataire
Capillaire	Fictionnaire
Capitulaire	Fidéicommis-
Capsulaire	saire
Cartulaire	Fiduciaire
Catilinaire	Fieffataire
Caudataire	Fluxionnaire
Cautionnaire	Fonctionnaire
Célibataire	Formulaire
Cellulaire	Fractionnaire
Censitaire	Frimaire
Centenaire	Funéraire
Céroféraire	Funiculaire
Césaire	Garnisonnaire
Cessionnaire	Glaire
Chaire	Glossaire
Chirographaire	Grabataire
Cicutaire	Grammaire
Ciliaire	Gynéciaire
Cinéraire	Hastaire
Circulaire	Haire
Claire	Hebdomadaire
Colégataire	Héréditaire
Collectaire	Herniaire
Colombaire	Honoraire
Commanditaire	Horaire
Commendatai-	Hypothécaire
re	Imaginaire
Commentaire	Immobiliaire
Commissaire	Incendiaire
Commission-	Incidentaire
naire [re	Indultaire
Complimentai-	Institutaire
Compromissai-	Insulaire
re [re	Inter-articulai-
Conceptionnai-	Intercalaire [re
Concessionnai-	Interlobulaire
re	Intermaxillaire
Concubinaire	Intermédiaire
Concussionnai-	Inventaire
re	Involontaire
Confidenciaire	Itinéraire
Congiaire	Janissaire
Congruaire	Joncaire
Constitution-	Jubilaire
naire [re	Judiciaire
Consuétudinai-	Jugulaire
Consulaire	Lactaire
Contraire [re	Laire lanlaire
Convulsionnai-	Lampadaire
Copropriétaire	Lapidaire
Corollaire	Laraire
Coronaire	Lecticaire
Corpusculaire	Lectionnaire
Corsaire	Légataire
Crotalaire	Légendaire
Crupellaire	Légionnaire
Cubiculaire	Légitimaire
Cucullaire	Lenticulaire
Cucurbitaire	Libitinaire
Dardanaire	Libraire
Dataire	Liminaire
Débonnaire	Linéaire
Décadaire	Littéraire
Décennaire	Locataire
Lombaire	Registraire
Luminaire	Relationnaire
Lunaire	Religionnaire
Luni-solaire	Reliquaire
Lupinaire	Reliquataire
Macaire	Repaire
Maire	Résignataire
Mandataire	Rétentionnaire
Manipulaire	Réticulaire
Matricaire	Revestiaire
Matriculaire	Révolutionnai-
Maxillaire	Rosaire [re
Médicamentai-	Rubricaire
Médullaire [re	Sabbataire
Mercenaire	Sacculaire
Mi-douaire	Sacraire
Miliaire	Sacramentaire
Militaire	Sacro-Lombai-
Millénaire	Sagittaire [re
Milliaire	Salaire
Millionnaire	Salicaire
Missionnaire	Salivaire
Mobiliaire	Salutaire
Molaire	Sanctuaire
Monétaire	Sanguinaire
Mortuaire	Satinaire
Mousquetaire	Scapulaire
Munitionnaire	Scriniaire
Musculaire	Scrofulaire
Naviculaire	Secondaire
Nécessaire	Secrétaire
Nobiliaire	Sectaire
Nominataire	Séculaire
Nonagénaire	Sédentaire
Notaire	Séminaire
Numéraire	Septénaire
Nummulaire	Septuagénaire
Nutricaire	Sermonaire
Obituaire	Serpentaire
Oblationnaire	Sexagénaire
Occasionnaire	Signandaire
Octavaire	Silentiaire
Octogénaire	Similaire
Oculaire	Solaire
Olivaire	Solidaire
Ollaire	Solitaire
Onéraire	Sommaire
Oraire	Somptuaire
Orbiculaire	Sous-bibliothécaire
Ordinaire	
Originaire	Soustylaire
Ovaire	Sous-ventrlaire
Ovalaire	Spathaire
Paire	Spéculaire
Pandectaire	Stationnaire
Papillaire	Statuaire
Parabolaire	Stellionataire
Paramonaire	Stipendiaire
Pariétaire	Suaire
Parlementaire	Sublunaire
Particulaire	Subsidiaire
Patibulaire	Suburbicaire
Pausaire	Surnuméraire
Pécuniaire	Syllabaire
Pensionnaire	Synaxaire
Pentécostaire	Tarquaire
Pérégrinaire	Téméraire
Péricardiaire	Temporaire
Perpendiculaire	Terminaire
Persicaire	Ternaire
Pessaire	Testamentaire
Pétitionnaire	Textuaire
Piaculaire	Thuriféraire
Piquenaire	Tierçaire
Pituitaire	Titulaire
Plagiaire	Tortionnaire
Planétaire	Traditionnaire
Plénipotentiai-	Triangulaire
Poitrinaire [re	Tributaire
Polaire	Tricenaire
Populaire	Trinitaire
Précaire	Triviaire
Préliminaire	Tubéraire
Primaire [re	Tumultuaire
Procommissai-	Tutélaire
Propriétaire	Ultramédiaire
Protonotaire	Unitaire
Provicaire	Universaire
Quadragénaire	Usufructuaire
Quadrangulai-	Usuraire
Quaternaire [re	Valétudinaire
Questionnaire	Vallaire
Quinaire [re	Valvulaire
Quinquagénai-	Vasculaire
Quodlibétaire	Vendémiaire
Récipiendaire	Vermiculaire
Récrédentiaire	Vestiaire
Réfectoriaire	Viaire
Référendaire	Vicaire
Réfractaire	Victimaire

Vimaire	Extraire
Visionnaire	Faire
Vocabulaire	Malfaire
Volontaire	Méfaire
Vulgaire	Parfaire
Vulnéraire	Plaire
Zédoaire	Raire
Verbes.	Refaire
Attraire	Rentraire
Braire	Retraire
Complaire	Satisfaire
Contrefaire	Soustraire
Défaire	Surfaire
Déplaire	Taire
Distraire	Traire

Voyez les rimes en ère.

AIRS, *voyez les noms en air et er rude, au pluriel.*

AÏS ou AYS, *se prononçant* ÉIS, *voyez* EIS.

AÏS, *où l'a conserve sa consonnance.*

Maïs *Voyez les noms et participes en aï ou ahi, au pluriel.*

AIS ou AIX, *ou* OIS *qui se prononce et s'écrit* AIS.

Ablais	Laquais
Ais	Mais
Anglois	Malais
Arrière-faix	Marais
Attraits	Mauvais
Biais	Niais
Dadais	Ouais
Dais	Paix
Désormais	juge-de-Paix
Ecossois	Palais
Engrais	Panais
Epais	Plaids
Exlaquais	Polonois
Faix	Portugais
porte-Faix	Punais
sur-Faix	Rabais
Frais	Rais
faux-Frais	Relais
François	Segrais
Grais	*Verbes.*
Grassais	Hais
Hollandois	Nais
Irlandois	Pais
Jais ou Jayet	

Jamais *Voyez le pluriel des noms en ai, ait, ès, ét, aist, etc. — Les rimes en ez, qui se prononcent comme* ais. — *Divers temps des verbes* aimois, aimerois, *ou* aimais, aimerais. — *Les verbes en* aire.

AISSE.

Abaisse	Décaisse
Baisse	Dégraisse
Caisse	Délaisse
Graisse	Engraisse
Verbes.	Graisse
Abaisse	Laisse
Affaisse	Rabaisse
Baisse	Rengraisse

Voyez ESSE *long.*

AIST, *voyez* ÈT *ou* EST.

AIT.

Abstrait	Méfait
Attrait	Parfait
Bienfait	Plaid
Contrefait	Portrait
Dehait	Retrait
Extrait	Souhait
Forfait	Stupéfait
Hait	Trait
Imparfait	*Verbes.*
Laid	Ait
Lait	Hait
Malfait	Sait

Voyez les verbes en aire et les rimes en et.

AITE *bref.*

Défaite	*Verbes.*
Entrefaites	Allaite
Laite	Maltraite
Retraite	Souhaite
Traite	Traite

Voyez les verbes en aire.

AITE *long.*

Faite *Voyez* ÊTE *long.*

AITRE ou AISTRE, *dont l's ne se prononce pas.*

Maître	Disparoître
petit-Maître	Méconnoître
grand-Maître	Naître
contre-Maître	Paître
Traître	Paroître
Verbes.	Reconnoître
Apparoître	Renaître
Comparoître	Repaître
Connoître	Reparoître

Voyez les rimes en être long.

AIVE, *voyez* ÈVE *long.*

AIZE et EIZE, ou AISE et EISE.

Aise	Punaise
Braise	Seise
Chaise	Treize
Cymaise	*Verbes.*
Déplaise	Appaise
Fadaise	Baise
Falaise	Biaise
Fournaise	Complaise
Fraise	Déniaise
Glaise	Déplaise
Malaise ou Mésaise	Fraise
	Niaise
Mortaise	Plaise
Nantaise	Taise

Voyez les rimes en èse et èze, et les féminins des adjectifs en ais.

AIT, *voyez* ET.

AL.

Abbatial	Chrismal
Adverbial	Cistoïdal
Allodial	Claustral
Amical	Clérical
Amiral	Coëgal
Vice-Amiral	Collatéral
Contre-Amiral	Collégial
Anévrismal	Colossal
Annal	Comitial
Anomal	Commensal
Antimonial	Comprovincial
Antinational	Comtal
Antipodal	Conchoïdal
Arbitral	Confessionnal
Archal	Conjectural
Archiépiscopal	Conjugal
Archi-Maréchal	Consistorial
Archipresbytéral	Contre-pal
Armorial	Contreval
Arrière-vassal	Cordial
Arsenal	Coronal
Arsenical	Corporal
Asséral	Corrival
Assessorial	Cortical
Astral	Costal
Austral	Crural
Automnal	Crystal
Aval	Cubital
Azimutal	Curial
Bal	Custodial
Bannal	Cycloïdal
Batismal	Décanal
Bénéficial	Décennal
Bestial	Décimal
Biennal	Déloyal
Bipédal	Delphinal
Bocal	Dénéral
Boréal	Diaconal
Brachial	Diagonal
Brumal	Diamétral
Brutal	Didascal
Buccal	Diurnal
Bursal	Doctoral
Cal	Doctrinal
Canal	Domanial
Canonial	Dorsal
Capital	Dossal
Caporal	Dotal
Captal	Ducal
Caramoussal	Egal
Cardinal	Electoral
Carotidal	Epactal
Causal	Episcopal
Cavial	Equinoxial
Cémétérial	Estival
Cendal	Etal ou Etau
Central	Expérimental
Centumviral	Exprovincial
Cérébral	Fanal
Cérémonial	Fatal
Cessoïdal	Féal
Chacal	Féodal
Chardonal	Férial
Cheptal	Festal
Cheval	Fieffal
Chirurgical	Filial
Final	Occipital
Fiscal	Occipito-frontal
Floréal	Octual
Fondamental	Official
Fortunal	Oral
Franc-réal	Ordinal
Frontal	Oriental
Frugal	Original
Fustal	Orignal
Général	Papal
Génital	Paradoxal
Géométral	Parial
Germinal	Pariétal
Glacial	Paroissial
Grammatical	Partial
Granal	Pascal
Grégal ou Grec	Pastoral
Gyral	Patriarchal
Hémorrhoïdal	Patrimonial
Historial	Patronal
Hivernal	Pectoral
Hôpital	Pénal
Horizontal	Pernicial
Huméral	Piédestal
Humoral	Pluvial
Idéal	Poitrinal
Illégal	Pontal
Illibéral	Pontifical
Immémorial	Prairial
Immoral	Préceptorial
Impartial	Prédial
Impérial	Présidental
Industrial	Présidial
Inégal	Prévôtal
Infernal	Prieural
Infinitésimal	Primatial
Inguinal	Primordial
Initial	Principal
Instrumental	Processional
Intercostal	Procès-verbal
Intestinal	Professoral
Janual	Pronominal
Jourdal	Proverbial
Jovial	Provincial
Labial	Pyramidal
Lacrymal	Quadragésimal
Latéral	Quadriennal
Légal	Quantal
Lexivial	Quartal
Libéral	Quintal
Lilial	Radial
Lingual	Radical
Littéral	Rational
Local	Réalgal
Lombical	Rectoral
Longitudinal	Régal
Loyal	Rival
Lustral	Royal
Machinal	Rural
Madrigal	Sandal
Maestral	Santal
Magistral	Seigneurial
Mal	Sénéchal
Haut-Mal	Septentrional
Maniacal	Sépulchral
Maréchal	Sidéral
Marginal	Signal
Martial	Social
Matrimonial	Solstitial
Matutinal	Sororal
Médical	Spécial
Médicinal	Spiral
Mémorial	Stational
Menstrual	Synodal
Mental	Théâtral
Méridional	Thériacal
Métal	Thermal
Minéral	Tibial
Mitral	Tical
Monacal	Total
Moral	Transcendental
Municipal	Transversal
Mural	Tribunal
Musical	Triennal
Narval	Triomphal
Nasal	Urinal
Natal	Val
National	Vassal
Natural	Vénal
Naval	Verbal
Némoral	Vertébral
Nerval	Vertical
Nopal	Vicarial
Novendial	Vicennal
Numéral	Victorial
Nundinal	Virginal
Nuptial	Visirial
Obital	Ytal
Obsidionnal	Zodiacal
Occidental	

ALC.

Talc ou Talque

ALCE.

Alce

ALE *bref.*

Abbatiale	Neptunales
Acéphale	Normale
Amygdale	Novale
Annale	Nudipédales
Antale	Numérale
Antinale	Nuptiale
Antisalle	Obsidionale
Arvale	Opâle
Astragale	Ovale
Atabale	Pagale
Augustale	Palatale
Autocéphale	Parentales
Bacchanale	Paroissiale
Bacchanales	Pastorales
Balle	Pédale
Bénéficiale	Pétale
Bubale	Pétéchiale
Buccale	Pharsale
Bucéphale	Philosophale
Cabale	Pinéale
Cale	Polygale
Cannibale	Polypétale
Capitale	Primatiale
Cardinale	Pluviale
Cathédrale	Puerpérale
Cavale	Quirinales
Centrale	Régale
Céphale	Régale
Cervicale	Risdale
Ciacale	Rostrale
Cigale	Sale
Colossale	Salle
Conjecturale	Sandale
Conjugale	Saturnales
Crotale	Scandale
Cymbale	Semale
Cynocéphale	Sépulchrale
Dalle	Spéciale
Décennale	Spirale
Décrétale	Stalle
Dédale	Succursale
Dentale	Synodale
Diagonale	Théologale
Didascale	Thériacale
Digitale	Thorale
Dominicale	Transversale
Ecale	Tricennale
Epiale	Tymbale
Equinoxiale	Umbilicale
Ethmoïdale	Vestale
Expérimentale	Vulcanales
Fécale	Vulpinales
Figale	*Verbes.*
Filiale	
Finale	Achale
Gale	Avale
Galle	Balle
Générale	Cabale
Génitales	Cale
Glaciale	Challe
Grammaticale	Déballe
Gutturale	Désemballe
Halle	Dessale
Hémérocale	Détale
Impériale	Dévale
Instrumentale	Ecale
Intervalle	Egale
Itale	Emballe
Lacrymale	Empale
Laurentinales	Etale
Lupercales	Exhale
Lustrale	Frigale
Magnale	Gale
Malle	Installe
Martiale	Intercale
Martingale	Ralle
Mensale	Ravale
Mercuriale	Recale
Modale	Régale
Monopétale	Sale
Murale	Signale

Voyez les féminins des noms en al.

ALE *long, ou* ASLE.

Hâle	Râle
Pâle	

ALGUE.

Algue

ALME.

Calme	Scalme
Palme	Spalme

ALPE.

Salpe

ALQUE.

Calque	Défalque
Catafalque	Talque ou Talc

ALS.

Bals	Navals
Bocals	Régals

ALSE.

Balse	Valse

ALT.

Cobalt	Malt

ALTE.

Alte ou Halte	Basalte
Asphalte	Exalte

ALVE.

Bivalve	Univalve
Multivalve	Valve
Salve	

AM.

Alpam	Dam
Champacam	Salam

Voyez les rimes en an.

AMANT, *voyez* MANT.

AMBE.

Ambe	Guambe
Arambe	Iambe
Coriambe	Ingambe
Dithyrambe	Jambe
Enjambe	Mimiambe
Flambe	

AMBLE *et* EMBLE.

Amble	Rassemble
Ensemble	Ressemble
Verbes.	Semble
Amble	Tremble
Assemble	

AMBRE *et* EMBRE.

Ambre	Démembre
Cambre	Gingembre
Chambre	Membre
grand'Chambre	Novembre
Antichambre	Septembre
Décembre	

AME *bref, et* EMME.

Amalgame	Octogamme
Anagramme	Oriflamme
Arrière-femme	Polygamme
Belle-dame	Programe
Bergame	Rame
Bigame	Réclame
Came	Sogredame
Centigramme	Tautogramme
Dame	Trame
Notre-Dame	Tredame
Décagramme	Trigame
Décigramme	Tripe-madame
Entame	Trou-madame
Epigramme	Vidame
Epithalame	*Verbes.*
Estame	
Etame	Affame
Famé	Amalgame
Femme	Anagramme
Folle-femme	Arame
Sage-femme	Brame
Game	Clame
Gramme	Déclame
Hectogramme	Dédame
Hippopotame	Diffame
Kilogramme	Entame
Lame	Proclame
Madame	Rame
Milligramme	Recame
Monogramme	Réclame
Myriagramme	Trame

AME *long, et* ASME.

Ame	Jusquiame
Blâme	Oriflamme
Dictame	*Verbes.*
Diffame	Blâme
Flamme	Enflamme
Infame	Pâme

AMNE *et* ANNE.

Condamne	Damne

Voyez âne.

AMP.

Camp	Maréchal de C.
Aide de Camp	Mestre de Camp
Lit de Camp	Champ

Voyez les rimes en ant.

AMPE et EMPE.

Crampe
Détrempe
Estampe
Hampe
Lampe
cul de Lampe
Rampe
Tempe
Trempe

Verbes.
Acclampe
Campe
Décampe
Détrempe
Lampe
Rampe
Retrempe
Trempe

AMPLE et EMPLE.

Ample
Contemple
Exemple
Temple

AMPRE.

Pampre

AMPS, *voyez* ENS.

ANS et ENS.

Voyez les noms en AMP, *dont le pluriel fait* amps, camps, champs, etc.

AN et EN, *dont l'e se prononce comme un* a.

Adragan
Ahan
Alan
Albran
Alcoran
Alderman
Alezan *ou* Alzan
Amman
An
Anglican
Antan [lan
Archi-chambel-
Armogan
Arrière-ban
Artisan
Auban
Autan
Balandran
Baltracan
Ban
Banjan
Bilan
Bocan
Bosseman
Boucan
Bougran
Bouracan
Bran
Brelan
Caban
Cabestan
Cadran
Caftan
Caimacan
Cajan
Cancan
Capelan
Capitan
Caplan
Carcan
Castillan
Catalan
Chalan
Chambellan
Chambrelan
Charlatan
Chenapan
Clan
Clocheman
Coletan
Cordouan
Cormoran
Courtisan
Cran
Dindan
Divan
Doliman
Drogueman
Ecran
Elan
Empan
Encan
Eperlan
Esquiman
Faisan
Fan-fan
Fan *ou* Faon
Flan
Foang
Forban

Gaban
Gallican
Guet-à-pan
Guet-appens
Halebran
Hauban
Iman
Jan
Jeitan *ou* Jestan
Jusan
Kan
Korban
Kouan
Mahométan
Mal de Siam
Maman
Merlan
Milan
Mirobolan
Mitan
Musulman
Océan
Oliban
Ortolan
Orviétan
Ottoman
Ouragan
Palan
Pan *ou* Paon
Parmesan
Partisan
Patapatapan
Paysan
Pélican
Pian
Plan
Polican
Portulan [dran
Quadran *ou* Ca-
Quamquam
Quanquan
Quartan
Quidam
Ramadan
Relant
Risban
Roman
Rouan
Ruban
Rubican
Safran
Satan
Schnapan
Soudan
Sultan
Talisman
Tan
Tan *ou* Taon
Toscan
Toucan
Trantran
Trapan
Trépan
Turban
Tympan
Tyran
Van
Vétéran
Volcan
Zian

ANC et ANG.

Arrang
Banc
Etang
Flanc
Franc
Hareng

Bang
Blanc
Orang-ourang
Rang
Sang

ANCE et ENCE, ANSE et ENSE.

Abondance
Absence
Abstinence
Accense
Accointance
Accoutumance
Adhérence
Adolescence
Advertance
Affluence
Agence
Aisance
Allégeance
Alliance
Alphitomance
Apparence
Appartenances
Appétence
Appropriance
Arrogance
Assistance
Assonance
Assurance
Attrempance
Audience
Avance
Balance
Bance
Bénéficence
Bienfaisance
Bienséance
Bienveillance
Bombance
Cadence
Castrence
Chance
Chéance
Chevance
Chiromance
Circonférence
Circonstance
Clairvoyance
Clémence
Coexistence
Collabescence
Compétence
Complaisance
Concomitance
Concordance
Concupiscence
Concurrence
Condescendan-ce
Condoléance
Conférence
Confiance
Confidence
Connoissance
Conscience
Conséquence
Considence
Consonance
Constance
Contenance
Continence
Contingence
Contredanse
Convalescence
Convenance
Convergence
Correspondan-
Corpulence [ce
Créance
Crédence
Croissance
Croyance
Dactyliomance
Danse
Décadence
Décence
Decevance
Déchéance
Défaillance
Défense
Défenses
Déférence
Défiance
Déliquescence
Délitescence
Délivrance
Démence
Demeurance
Dense
Dépendance

Dépense
Déplaisance
Dérogeance
Désaccoutu-mance
Descendance
Deshérence
Désinence
Desnience
Désobéissance
Différence
Diligence
Disconvenance
Discordance
Dispense
Dissemblance
Dissidence
Dissonance
Distance
Divergence
Doléance
Doutance
Echéance
Effervescence
Efflorescence
Ejouissance
Elégance
Eloquence
Eminence
Empirance
Enfance
Engeance
Equipollence
Equivalence
Espérance
Essence
Evidence
Excellence
Excrescence
Exigence
Existence
Expérience
Extravagance
Exubérance
Faïence
Féculence
Finance
Fréquence
Garance
Géomance
Gouvernance
Grevance
Gyromance
Héritance
Ignorance
Immense
Impatience
Impeccance
Impénitence
Impense
Impertinence
Importance
Imprudence
Impudence
Impuissance
Inadvertance
Inappétence
Incidence
Inclémence
Incompétence
Incomplaisance
Inconséquence
Inconsistance
Inconstance
Incontinence
Indécence
Indépendance
Indifférence
Indigence
Indolence
Indulgence
Inexpérience
Influence
Inhérence
Innocence
Inobservance
Inscience
Insolence
Insouciance
Instance
Insuffisance
Intelligence
Intempérance
Intendance

Intense
Intercadence
Intermittence
Intolérance
Intumescence
Irrévérence
Jactance
Jouissance
Jouvence
Jurisprudence
Laitance
Lance
Licence
Lieutenance
Ligence
Loquence
Luxuriance
Lychnomance
Magnificence
Malveillance
Manigance
Marance
Méconnoissan-
Mécréance [ce
Médisance
Méfiance
Mense
Mésalliance
Mésintelligence
Messéance
Mézance
Montance
Mouvance
Muance
Munificence
Naissance
Nécromance
Négligence
Nonchalance
Non-jouissance
Non-résidence
Nuance
Nuisance
Obédience
Obéissance
Observance
Obstance
Occurrence
Offense
Omniscience
Onomance
Opulence
Ordonnance
Oubliance
à Outrance
Outrecuidance
Panse
Patience
Penance
Pénitence
Permanence
Persévérance
Pestilence
Pétulance
Pitance
Potence
Précellence [ce
Préconnoissan-
Prééminence
Préexistence
Préférence
Prescience
Préséance
Présence
Présidence
Prestance
Prévoyance
Prévenance
Privance
Protubérance
Providence
Prudence
Puissance
Pyromance
Quance
Quintessence
Quittance
Rabdomance
Rance
Rarescence
Récompense

Reconnoissan- [ce
Recréance
Redevance
Redondance
Régence
Réjouissance
Remembrance
Réminiscence
Remontrance
Renaissance
Repentance
Répugnance
Résidence
Résipiscence
Résistance
Ressemblance
Réticence
Révérence
Romance
Sapience
Science
Séance
Sécance
Semence
Senéfiance
Sentence
Séquence
Signifiance
Silence
Sorcuidance
Soutenance
Souvenance
Stance
Subsistance
Substance
Suffisance
Surabondance
Surintendance
Surséance
Survenance
Survivance
Tempérance
Tendance
Tolérance
Toute-science
Traîne-potence
Transcendance
Transe
Transparence
Turbulence
Urgence
Usance
Vacance
Vaillance
Vantance
Véhémence
Vengeance
Vigilance
Violence
Visitance
Voisinance
Voulance

Verbes.
Agence
s'Agence
Avance
Balance
Cadence
Compense
Contrebalance
Danse
Décontenance
Dépense
Désagence
Devance
Dispense
Elance
Encense
Ensemence
Finance
Garance
Influence
Lance
Manigance
Nuance
Pance
Recense
Récompense
Relance
Rensemence
Tance

ANCHE.

Anche
Avenanche
Banche
Blanche
Branche
Dimanche
Eclanche
Ranche
Revanche
Tanche
Taranche
Tranche

Verbes.
Anche
Déclanche
Déhanche
Démanche

Etanche
Franche
Hanche
Manche
Palpanche
Pervenche
Planche
Ebranche
Eclanche
Emmanche
Endimanche
Epanche
Etanche
Penche
Retranche
Revanche
Tranche

ANCRE.

Ancre
Cancre
Chancre
Encre

Verbes.
Ancre
Désancre
Echancre

ANCS et ANGS, *voyez* ANC *et* ANG *au pluriel.*

AND et END.

Allemand
Armand
Brigand
Caimand
Chaland
Flamand
Friand
Galand
Gand

Gland
Grand
Marchand
Ordinand
Quand
Révérend
Tisserand
Truand

Voyez ant *et* ent *: le* d *se prononce comme un* t. — *Le présent et l'impératif des verbes en* endre.

ANDE et ENDE.

Allemande
Amande
Amende
Bande
Bende
Brande
Buvande
Calendes
Calmande
Commande
Commende
Componende
Contrebande
Demande
Dividende
Girande
Glande
Guirlande
Houppelande
Jurande
Lande
Lavande
Légende
Limande
Locande
Mérande
Multiplicande
Offrande
Platebande
Prébende
Propagande
Provende
Réintégrande
Réprimande
Safrande

Sarabande
Viande
Voyez les fémin. des adj. en and.

Verbes.
Achalande
Affriande
Amende
Appréhende
Bande
Brigande
Calmande
Commande
Contremande
Débande
Déchalande
Demande
Désachalande
Emende
Faisande
Gourmande
Hollande
Mande
Marande
Marchande
Rachalande
Ramende
Rebande
Recommande
Redemande
Remande
Remarchande
Réprimande
Truande
Viande

Voyez les verbes en endre.

ANDRE et ENDRE.

Belandre
Calemandre
Calendre
Cendre
Coriandre
Esclandre
Filandre
Gendre
Malandre
Méandre
Oléandre
Palixandre
Salamandre
Scolopendre
Solandre
Tendre

Verbes.
Appendre
Apprendre
Attendre
s'Attendre à
Comprendre
Condescendre
Contendre
Défendre
Dépendre
Désapprendre
Descendre
Détendre
Entendre
s'Entendre
Entreprendre
Epandre
Etendre
Fendre
se Méprendre
Mévendre
Offendre
Pendre
Pourfendre
Prendre
Prétendre
Rapprendre
Redescendre
Refendre
Rendre
Répandre
Reprendre
Retendre
Revendre
Sous-Entendre
Surprendre
Survendre
Suspendre
Tendre
Vendre

ANE *bref*, et ANNE.

Anglomane
Arcane
Artisanne
Badiane
Balzane
Banane
Banne
Barbacane
Basane
Bec-de-canne
Bibliomane
Cabane
Campane
Canne
Caouanne
Capitane
Caravane
Cartisane
Charlatane
Chicane
Courtisane
Dame-Jeanne
Diaphane
Filigrane
Frangipane
Gribane
Marrane
Membrane
Obsidiane
Océane
Olécrane
Organe
Pacane
Padouane
Panne
Papimane
Partisanne
Pavane
Paysanne
Pertuisane
Plane-Plane
Plane

Platane
Profane
Prytane
Rossane
Rostane
Rouanne
Sanes
Sarbacane
Soutane
Sultane
Suzanne
Tane
Tartane
Tisane
Tramontane
Transjurane

Verbes.
Ahane
Applane
Boucane
Cabane
Came
Canne
Charlatane
Chicane
Douane
Emane
Empanne
Enganne
Fane
Glane
Pane
Plane
Profane
Rejanne
Ricane
Rouanne
Sane
Suranne
Tane
Trépane
Vanne

ANE *long.*

Ane
Pas d'Ane
dos d'Ane
Bardane
Bracmane
Condamne
Crâne
Damne
Diane

Diaphane
Douane
Guide-âne
Mânes
Manne
Nicotiane
Péricrâne
Plane

ANFLE ou ENFLE.

Verbes.
Désenfle
Enfle
Renfle

ANFRE.

Canfre

ANG, *voyez* ANC.

ANGE.

Alfange
Ange
Archange
Arrière-Change
Barange
Change [ge
lettre-de-Chan-
Echange
Etrange
Fange
Fontange
Frange
Grange
Laidange
Lange
Lavange
Losange
Louange
Lozange
Mélange
Mésange
Orange
Parasange

Phalange
Rechange
Rotruhenge
Vendange
Vidange

Verbes.
Arrange
Change
Démange
Dérange
Echange
Entremange
Frange
Laidange
Louange
Mange
Range
Rechange
Remange
Tenange
Trechange
Vendange
Venge

ANGLE.

Acutangle
Angle
Obtusangle
Quadrangle
Récipiangle
Rectangle

Sangle
Triangle

Verbes.
Dessangle
Etrangle
Sangle

ANGUE.

Caquesangue
Harangue
Langue

ANLE.

Branle Ebranle
Chambranle

ANNE, *voyez* ANE.

ANQUE.

Banque Manque
Blanque Palanque
Débanque Quanque
Efflanque Saltinbanque
Flanque Vademanque
Franque

ANS *et* ENS.

Accens Elémens
Accidens Encens
Assistans Entretemps
Autans Flagellans
Bans Gens
Brisans Guet-à-pens
Céans Haubans
Cens Long-temps
Cinq-cents Parens
Concertans Sans
Contresens Sens
Contre-temps bon Sens
Dans Temps
Dedans Tenans
Dépens Tenans *et* abou-
Descendans tissans

Voyez les verbes en andre *et* endre, *et les pluriels des mots en* an, am, anc, and, ang, ant, eng *et* ent.

BANT.

Absorbant Flambant
Contre-flambant Regimbant
Enjambant Tombant

Voyez les part. des verbes en ber.

CANT, *voyez* QUANT.

ÇANT, *voyez* SANT.

CHANT.

Approchant Penchant
Attachant Perchant
Chant Sachant
Couchant Tâchant
Chien-couchant Tachant
Déchant Touchant
Méchant Tranchant

Voyez les part. des verbes en cher.

DANT.

Abondant Fendant
Accident Fondant
Accommodant Imprudent
Accordant Impudent
Adent Incident
Adjudant Indépendant
Aidant Intendant
Antécédent Intercadent
Ardent Mercadant
Ascendant Mordant
Attendant Occident
Brèche-dent Pédant
Cédant Pendant
Cependant Perdant
Chiendent Précédent
Claque-dent Président
Coïncident Prétendant
Commandant Prudent [dan
Concordant Redent *ou* Re-
Condescendant Redondant
Confident Regardant
Consolidant Rendant
Contendant Répondant
Contondant Rescindent
Correspondant Résidant
Coredent Résident
Dent Stapendant
Dépendant Surabondant
Descendant Surdent
Discordant Surintendant
Dissident Transcendant
Evident Trident
Excédant Vice-président

Voyez les part. des verbes en der *et* dre.

ÉANT.

Béant Mécréant
Bienséant Messéant *ou*
Créant Malséant
Echéant Néant
Fainéant Séant
Géant Vaut-Néant

Voyez les participes des verbes en éer ; agréant.

FANT.

Bouffant Fieffant
Eléphant Infant
Enfant Garde-Infant
Etouffant

Voyez les part. des verbes en fer.

GANT.

Adragant Inélégant
Arrogant Interrogant
Brigand Intrigant
Elégant Litigant
Extravagant Onguent
Fringant Suffragant
Gant Vagant

Voyez les part. des verbes en guer.

GENT.

Abstergent Emergent
Affligeant Emulgent
Agent Entregent
Argent Exigeant
vif-Argent Gent
Assiégeant Indigent
Astringent Indulgent
Changeant Intelligent
Constringent Négligent
Contingent Obligeant
Convergent Outrageant
Copartageant Partageant
Dérogeant Réfringent
Désobligeant Régent
Diligent Sergent
Divergent Urgent

Voyez les part. des verbes en ger.

GNANT.

Epargnant Répugnant
Joignant Résignant
Poignant Saignant

Voyez les participes des verbes en gner, aindre *et* eindre.

IANT *ou* IENT.

Ambiant Méfiant
Client Mendiant
Coefficient Mortifiant
Communiant Négociant
Conciliant Officiant
Confiant Orient
Criant Patient
Défiant Pliant
Edifiant Quotient
Efficient Raréfiant
Emollient Rassasiant
Escient Récipient
Etudiant Remollient
Expédient Riant
Falsifiant Sacrifiant
Impatient Signifiant
Inconvénient Sororiant
Ingrédient Souriant
Insouciant Stupéfiant
Justifiant Suppliant
Liant

Voyez les part. des verbes en ier.

LANT *et* LENT.

Accablant Lent
Allant Mal-talent
Ambulant Métalent
Appelant Moulant
Avalant Nonchalant
Beau-semblant Opulent
Cabalant Oriflant
Calmant Pantelant
Capitulant Parlant
Cerf-volant Passe-volant
Chancelant Pestilent
Circonvolant Pétulant
Circulant Plant
Complant Pont-volant
Consolant Postulant
Corpulent Prévalant
Coulant Régalant
Croulant Ressemblant
Découlant Roulant
Désolant Ruisselant
Dolent Salant
Equipollent Sanglant
Equivalent Sanguinolent
Etincelant Semblant
Excellent Succulent
Féculent Talent
Fiolant Tremblant
Foulant Truculent
Galant Turbulent
Trousse-galant Vacillant
Insolent Valant
Vigilant Volant
Violent Camp-volant
Virulant Voulant

Voyez les participes des verbes en ler.

ILLANT, *où les* ll *sont mouillées.*

Assaillant Grouillant
Bienveillant Malveillant
Bouillant Petillant
Brillant Saillant
Défaillant Semillant
Feuillant Surveillant
Fourmillant Taillant
Fretillant Vaillant

Voyez MANT *et* MENT.

NANT *et* NENT.

Abstinent Intervenant
Accoquinant Joignant
Appartenant Lieutenant
Assassinant Maintenant
Assonant Mal-sonnant
Attenant Manant
Avenant Menant
Badinant Moyennant
Carêmeprenant Permanent
Chagrinant Ponant
Concernant Prédéterminant
Contenant Prééminent
Continent Préopinant
Convenant Rayonnant
Covenant Réclinant
Déclinant Récriminant
Déponent Remenant
Déterminant Remponnant
Dissonant Résonnant
Dominant Sonnant [nant
Donnant Sous-Lieute-
Eminent Soutenant
Entreprenant Suréminent
Fulminant Surprenant
Gênant Survenant
Glutinant Tenant
Impertinent Tonnant
Inclinant Tournant
Incontinent Venant

Voyez les participes des verbes en rendre, nir, ner, *et leurs composés.*

OUANT.

Rouant *Voyez les participes des verbes en* ouer.

PANT *et* PENT.

Arpent Participant
Clopin clopant Pimpant
Clopinant Rampant
Jappant Serpent
Occupant

Voyez les participes des verbes en per *et* ompre, *et leurs composés. — Divers temps et personnes du verbe* pendre *et ses comp.* pend.

QUANT, QUENT *et* CANT.

Attaquant Inconséquent
Baucìant Inquant
Clinquant Marquant
Communiquant Mordicant
Confisquant Peccant
Conséquent Piquant
Convaincant Prédicant
Croquant Quand
Délinquant Quant
Eloquent Quant et quant
Flanquant Suffoquant
Formicant Trafiquant
Fréquent Vainquant

Voyez les part. des verbes en quer.

RANT *et* RENT.

Adhérent Déchirant
Altérant Déférant
Aorant Déférent
Apparent Délibérant
Aspirant Demeurant
Attirant Dévorant
Belligérant Différent
Cathédrant Enquérant
Célébrant Entrant
Colorant Errant
Concurrent Expectorant
Conquérant Garant
Consacrant Ignorant
Considérant Impétrant
Contre-remon- Incourant
trant Indifférent
Courant Inhérent
Intempérant Perforant
Intercurrent Persévérant
Intolérant Prépondérant
Intrant Récalcitrant
Irrévérend Récurrent
Mourant Réfrigérant
Nombrant Remontrant
Ocurrent Rentrant
Odorant Restaurant
Odoriférant Tempérant
Offrant Tirant
Ouvrant Tolérant
Parant Torrent
Parent Transparent
Pénétrant Vice-gérent

Voyez les part. des verbes en rer.

SANT, SENT *ou* CENT, *dont la prononciation est ferme.*

Aboutissant Impuissant
Absent Incrassant
Accent Indécent
Adjacent Innocent
Adolescent Intéressant
Adressant Issant
Affoiblissant Jacent
Agaçant Jaunissant
Agissant Jouissant
Appétissant Languissant
Assortissant Lassant
Assoupissant Méconnoissant
Assujettissant Naissant
Attendrissant Nourrissant
Avilissant Obéissant
Blanchissant Offensant
Blandissant Palissant
Chérissant Passant
Commerçant Pensant
Compatissant Perçant
Contre-passant Pressant
Croissant Puissant
Croupissant Rafraîchissant
Décent Ravissant
Demi-cent Récent
Désobéissant Reconnoissant
Divertissant Réjouissant
Eblouissant Resplandissant
Embarrassant Ressortissant
Embrassant Rugissant
Fleurissant Salissant
Florissant Tout-puissant
Glapissant Valissant
Glissant Versant

SANT *ou* SENT, *dont la prononciation est douce.*

Agonisant Incomplaisant
Amusant Insuffisant
Besant Luisant
Biendisant Malfaisant
Bienfaisant Malplaisant
Caprisant Médisant
Causant Méprisant
Cicatrisant Opposant
Complaisant Pesant
Composant Plaisant
Contredisant Présent
Déplaisant Proposant
Déposant Rasant
Duisant Rebaptisant
Episcopisant Reluisant
Exposant Satisfaisant
Gisant Séduisant
Hébraïsant Suffisant
Imposant

TANT *ou* TENT *et* TEND.

Acceptant Débitant
Arc-boutant Débutant
Assistant Dégoûtant
Attristant Dégouttant
Autant Distant
Battant Eclatant
Chantant Empiétant
Combattant Etant
Commettant Ex-assistant
Compétent Excitant
Comptant Exercitant
Concertant Existant
Concomitant Exorbitant
Consentant Exploitant
Consistant Fébricitant
Constant Flottant
Consultant Habitant
Content Humectant
Contestant Impénitent
Contractant Important
Contreboutant Impotent
Copermutant Incompétent
Coûtant Inconstant
Instant Pénitent
à l'instant Permutant
Intermittent Persécutant
Irritant Pourtant
Latent Protestant
Lutant Ragoûtant
Luttant Rebutant
Mal-content Remontant
Mécontent Repentant
Méritant Représentant
Montant Sous-traitant
Nécessitant Tant
Nonobstant Tentant
Octant Traitant
Palpitant Tremblotant
Partant Végétant
Patent Ventripotent

Voyez les participes des verbes en ter, atre, etre, *et d'une partie de ceux en* tir.

VANT *et* VENT.

Abat-vent Fervent
Abrivent Grevant
Aggravant Levant *ou* Orient
Au-devant Levent
Auparavant Paravent
Auvent Passavant
Avant Pruant
Avent Résolvant
Bravant Rêvant
Brise-vent Savant
Contrevent Servant
Convivant Soudivent
Couvent Souscrivant
Décevant Souvent
Devant Survend
Dissolvant Survivant
Dorénavant Taillevent
Engoulevent Vend
Estrivant Vent
Event Vivant

Plus les participes des verbes en voir, ire *et* ivre : pouvoir, concevoir, vivre, suivre, écrire, *et leurs composés, excepté* avoir.

UANT.

Affluent Constituant
Atténuant Gluant
Bruant Insinuant
Chat huant Puant
Concluant Remuant
Confluent Suant
Congruant Tuant

Voyez les part. des verbes en uer.

YANT.

Aboyant Fuyant
Attrayant faux-Fuyant
Bruyant Joyant
Clairvoyant Larmoyant
Croyant Ondoyant
Délayant Payant
Effrayant Prévoyant
Flamboyant Retrayant
Foudroyant Verdoyant

Voyez MANT *et* MENT : — *les verbes en* yer, *et les partic. d'une partie de ceux en* aire.

ANTE *et* ENTE.

Acanthe Edifiante
Adiante Ente
Alliquante Entente
Amaranthe Epouvante
Amiante Fichante
Amirante Fiente
Ante Forfante
Ardente Fringante
Aspirante Galante
Assiente Gouvernante
Attente Infante
Bacchante Innocente
Béante Intendante
Ceignante Intermittente
Cinquante Jaillissante
Conséquente Jante
Consonante Lente
Contre-fente Mante
Contre-pente Marquante
Corybantes Médiante
Courante Méllanthe
Croquante Mente
Dante Mévente
Descente Nonante
Détente Octante
Diligente Paraguante
Dominante Patente
Dorante Pédante

Pénitente
Pente
Plante
Postulante
Probante
Pulante *ou* Pullante
Quarante
Rente
Revente
Rossinante
Roulante
Sécante
Sente
Septante
Servante
Soixante
Soupente
Sous-entente
Sous-gouvernante
Sous-tangente
Sous-tendante
Suivante
Suppliante
Surintendante
Survente
Sycophante
Tangente
Tante
Tente
Térente
Tourmente
Trente
Trente et quarante
Variante
Vente
Voyez les fémin. des noms en ant *et* ent, *et les participes fémin. de presque tous les verbes.*

Verbes.

s'Absente
Accravante
Aimante
Argente
Argumente
Arpente
Attente
Augmente
Brillante
Brocante
Chante
Charpente
Cimente
Clinquante
Commente
Complante
Complimente
Consente
Décante
Déchante
Dégante
Démente
Déplante
Désenchante
Désoriente
Dévente
Diligente
Edente
Enchante
Enfante
Enrégimente
Ensanglante
Epouvante
Evente
Exempte
Expérimente
Fermente
Gante
Impatiente
Implante
Innocente
Instrumente
Invente
se Lamente
Mécontente
Médicamente
s'Oriente
Parlemente
Passemente
Patiente
Pédante
Plaisante
Plante
Présente
Pressente
Régente
Rehante
se Repente
Replante
Représente
Ressente
Retente
Serpente
Soixante
Supplante
Sustente
Tente
Tourmente
Vante
il Vente
Violente

ANTRE *et* ENTRE.

Antre
Centre
Chantre
Diantre
Entre
Sous-chantre
Ventre

Verbes.

Concentre
Entre
Eventre
Rentre

ANVRE *et* ENVRE.

Chanvre

A O.

Cacao

AON, *voyez* OM.

A P.

Cap
Drap
Hanap
Jalap
Jap
Sparadrap

A P E.

Agapes
Antipape
Attrape
Chape
Chausse-trape
Détrape
Etape
Etrape
Frappe
Grappe
Happe
Jappe
Mappe
Nappe
Pape
Râpe (*long*)
Sape
Satrape
Tape
Trape

Verbes.

Attrape
Décape
Détrape
Drape
Echappe
Egrappe
Estrape
Frappe
Happe
Jappe
Lape
Mappe
Râpe
Rattrape
Retape
Sape
Tape

A P R E.

Apre
Câpre
Diapre
Malapre

A P S.

Laps
Relaps

Voyez les noms en ap *au pluriel, en observant que l's ne se prononce pas.*

A P T.

Rapt.

A P T E.

Adapte
Apte
Baptes
Capte

A Q U E.

Abaque
Ablaque
Ammoniaque
Artériaque
Attaque
Baraque
Braque
Braques
Brucolaque
Caque
Caraque
Cardiaque
Casaque
Céliaque
Claque
Claques
Cloaque
Déliaque
Démoniaque
Dionysiaque
Elégiaque
Généthliaque
Héliaque
Hypocondriaque
Iconomaque
Jaque
Laque
Lausiaque
Macque
Maniaque
Opaque
Patraque
Plaque
Polaque
Riqueraque
Sandaraque
Simoniaque
Syriaque
Thériaque
Tombaque
Vieillaque
Zodiaque

Verbes.

Attaque
se Baraque
Braque
Claque
Craque
Détraque
Estomaque
Plaque
Traque
Vaque

A Q U E *long.*

Pâques

A R.

Angar
Antithénar
Barillar
Bazar
Bedégar
Braquemar
Calemar
Car
Char
Choncar
Coquemar
Czar
Hangar
Hospodar
Jaquemar
Nectar
Nénuphar
Par
Radar
Rasar
Timar

Voyez les mots en ard *et* art, *où le* d *et le* t *ne se prononcent point.*

A R B E.

Algarbe, *voyez* Algarve
Barbe
Sainte-Barbe
Ebarbe
Garbe
Jombarbe *ou* Joubarbe
Pantarbe
Rhubarbe
Soubarbe

A R B R E.

Arbre
Marbre

A R C.

Arc
Konismark
Marc
Parc

A R C E *et* A R S E.

Comparse
Darse
Eparse
Farce
Garce
Tarse

A R C H E.

Arche
Contre-marche
Démarche
Marche
Patriarche

A R D *et* A R T.

Aboyard
A part
Art
Avant-quart
Babillard
Bachelard
Bard
Bâtard
Bavard
Beccard
Bec-de-Lézard
Béquillard
Bernard
Bézoard
Billard
Binard
Blafard
Bocard
Bouard *et* Bouvard
Boulevart
Braillard
Brancard
Braquemart
Brassart
Brocard
Brocart
Broquart
Brouillard
Bussard
Cafard
Cagnard
Camard
Campagnard
Canard
Capivard
Chevrillard
Colin--Maillard
Coquart
Corbillard
Cornard
Conard
Criard
Cuissart
Culard
Dard
Demi-quart
Départ
Drossart
Ebuard
Ecart
Egard
Egrillard
Epaulard
Epinard
Etendard
Fard
Feuillard
Fingard
Flambart
Frétillard
Frocard
Fuyard
Gadouard
Gaillard
Goguenard
Goliard
Grenouillard
Guignard
Hagard
Hangard, *voyez* Hangar
Hanouard
Hansard
Hart
Hasard
Hédard
Hicard
Houssard
Jacard
Jasard
Javard
Jumart *ou* Gemart
Langart *ou* Langard
Lard
Léopard
Lézard
Liard
Mignard
Montagnard
Mouchard
Mouflard
Nard
Nasillard
Oreillard
Paillard
Pansard
Papelard
Part
Patart *ou* Petard
Penard
Pendard
Pétard
Piaulard
Pillard
Placard
Plantard
Pleurard
Plumard
Plupart
Poignard
Poupard
Puisard
Quart
Quillard
Quoquard
Raillard
Regard
Rempart
Renard
Repart
Retard
Richard
Riflard
Ringard
Sacard
Sard
Sart
Songeart
Sotard
Soudard
Souillard
Soulard
Surard
Tabard
Tard
Tollard
Toquart
Tranchelard
Traquenard
Tribard *ou* Tribart
Vétillard *ou* Vétilleur
Vieillard
Yard

A R D E.

Anacarde
Arrière-garde
Avant-garde
Barde
Bâtarde
Benarde
Bombarde
Boucharde
Bulliarde
Carde
Contre-garde
Corps-de-garde
Coustillarde
Echarde
Gaillarde
Garde
Guimbarde
Hallebarde
Hardes
Mansarde
Mégarde
Moutarde
Nazarde
Outarde
Péricarde
Poissarde
Poularde
Sarde
Sauve-garde
Surgarde

Verbes.

Accagnarde
Arde
Barde
Billarde
Bocarde
Bombarde
Brocarde
Carde
Débarde
Débillarde
Déharde
Farde
Garde
Hasarde
Regarde

A R D R E.

Ardre

A R E *et* A R R E.

Are
Arrhes
Avare
Bagarre
Barbare
Barre
Barres
Bécarre
Bizarre
Caemare
Camare
Carre
Cochemare
Contrebarre
Cromenare
Ecarre
Fanfare
Foare
Gabare
Gare
Guitare
Ignare
Lares
Marbre de Pare
Mare
Ovipare
Phare
Rare
Roumare
Simarre
Tantarare
Tare
Ténare
Tiare
Tintamarre
Vare
Vivipare

Verbes.

Accapare
Accare
Amarre
Bare
Bigarre
Billebarre
Carre
Chamarre
Compare
Contrecarre
Débarre
Déclare
Démarre
Dépare
Désempare
Effare
Egare
Empare
Fanfare
Gare
Hare
Narre
Pare
Rempare
Répare
Sépare
Tare
Tintamarre

A R G E.

Barge
Charge
Décharge
Large
Litharge
Marge
Recharge
Surcharge
Targe

Verbes.

Charge
Décharge
Emarge
Recharge
Surcharge

A R G N E.

Epargne
Hargne

A R G U E.

Argue
Boutargue
Cargue
Largue
Nargue
Subrécargue
Targue

A R L E.

Déparle
Parle

A R M E.

Alarme
Arme
Armes
Carme
Carmes
Catharmes
Champ-d'armes
Charme
Charmes
Gendarme
Héraut-d'armes
Larme
Vacarme

Verbes.

Alarme
Arme
Charme
Désarme
se Gendarme

A R N E.

Acerne
Acharne
Carne
Décharne
Incarne
Lucarne
Marne

A R P E.

Carpe
Contrescarpe
Echarpe
Escharpe
Harpe

Verbes.

Echarpe
Escarpe
Escharpe
Harpe

A R Q U E.

Alabarque
Alytarque
Anasarque
Aristarque
Arque
Asiarque
Axarque
Biarque
Cénobiarque
Contremarque
Exarque
Gymnasiarque
Hérésiarque
Marque
Monarque
Œdémosarque
Pagarque
Parque
Pentarque
Remarque
Xystarque

Verbes.

Débarque
Démarque
Désembarque
Embarque
Marque
Parque
Remarque
Rembarque

A R R E, *voyez* A R E.

A R S.

Ars
Epars
Epinards
Gars
Jars
Mars
Mars *ou* Fer

A R S E, *voyez* A R C E.

A R T, *voyez* A R D.

A R T E.

Carte
Charte
Fièvre quarte
Marte
Pancarte
Quarte
Tarte

Verbes.

Ecarte
Parte

A R T R E.

Chartre
Dartre
Mont-Martre
Tartre

A S.

Abas
Abdalas
Abraxas
Acomas
Altercas
Amas
Ambézas
Amyntas
Ananas
Appas
Aras
As
Atlas
Bacalas
Bacassas
Bacchas
Bafetas
Baradas
Bas
Bocas
Bourras *ou* Bure
Branle-bas
Bras
Brouas
Brouillas
Bunias
Cabas
Cadenas
Canevas
Cannelas
Caravanséras
Carondas
Cas
Cervelas
Chas
Chasselas
Choucas *ou* Chucas
Clas
Colas
Compas
Compte-pas
Contre-bas
Cordillas
Cossas
Coutelas
Damas
Ducas
Ebats
Echalas
Embarras
En-bas
Entrechas *ou* Entrechat
Entrepas
Faguenas
Fatras
Fier-à-bras
Frimas
Galetas
Galimatias
Ganzas
Gorgias
Gras
Haras
Haut-à-bas
Hélas
Hipocras
Incas
Jas
Judas
Lacs
Lampas
Las
Lépas
Lilas
Matelas
Matras
Pancréas
Pas
Pinchinas
Plâtras
Pourchas
Quatas
Ramas
Ras
Rebras
Repas
Sabrenas
Sas
Soulas
Stras
Taffetas
Tas
Trépas
Verglas
Xiphias

A S E, *voyez* A Z E.

A S M E.

Cataplasme
Enthousiasme
Métaplasme
Miasme
Pléonasme
Sarcasme
Spasme

A S N E, *voyez* A N E *long.*

A S P E.

Jaspe

A S P R E, *voyez* A P R E.

ASQUE, *dont l's ne se prononce pas*, voyez AQUE.

ASQUE *où l's se prononce.*

Basque
Bourrasque
Brasque
Casque
Fantasque
Fiasque *ou* bouteille
Flasque
Frasque
Masque

A S S E, *voyez* A C E.

A S T.

Balast

ASTE, *où l's ne se prononce point*, voyez ATE *long.*

ASTE *où l's se prononce.*

Antipaste
Baste
Caste
Chaste
Contraste
Dynaste
Encomiaste
Enthousiaste
Faste
Fastes
Gymnaste
Iconoclaste
Néfastes
Pancratiaste
Paraphraste
Pédéraste
Scholiaste
Vaste

Verbes.

Baste
Contraste
Dévaste

ASTRE, *où l's se prononce.*

Astre
Cadastre
Désastre
Hypogastre
Kiastre
Marrubiastre
Piastre
Pilastre

A T *long.*

Appât
Bat de mulet
Dégât
Mât

A T *bref.*

Abigéat
Ab intestat
Ablégat
Achat
Acolytat
Adéquat
Aiglat
Altercat
Antiquariat
Apostat
Apparat
Ararat
Archidiaconat
Archiépiscopat
Assassinat
Assignat
Attentat
Auvernat
Avocat
Baccalauréat
Bannat
Barat
Barbat
Bat
Béat
Bordat
Burat
Burgraviat
Cabat
Cadenat
Calfat
Califat
Camerlingat
Candidat
Canelat
Canonicat
Capitoulat
Carat
Cardinalat
Castrat
Cathécuménat
Cédrat
Célibat
Centumvirat
Cérat
Certificat
Chat
Cioutat
Citronat
Climat
Co-état
Cognat
Colzat
Combat
Commissariat
Comtat
Concordat
Consulat
Contrat
Crachat
Créat
Débat
Décanat
Délicat
Diaconat
Disparat
Doctorat
Dogat
Ducat
Duumvirat
Ebat
Eclat
Economat *ou* Œconomat
Electorat
Entrechat
Episcopat
Escarbillat
Esperlucat
Estropiat
Etat
Exarchat
Fat
Forçat
Format
Gardianat *ou* Gardiennat
Généralat
Goujat
Grabat
Grandat
Grat
Grenat
Hanafat
Immédiat
Incarnat
Infortifiat
Ingrat
Interrogat
Jurat
Lauréat
Légat
Louvat
Magistrat
Magnificat
Mandarinat
Mandat
Margajat
Margraviat
Marquisat
Mat
Méplat
Miélat
Ministériat
Mithridat
Mulat
Muscat
Nacarat
Nobilissimat
Nonnat
Notariat
Noviciat
Oblat *ou* Moine lai
Odorat
Œconomat *ou* Economat
Orgeat
Oxycrat
Papat
Passulat
Pastorat
Patrat
Patriarchat
Patriciat
Péculat
Perfectissimat
Personnat
Pissat
Plagiat
Plat
Pontificat
Potentat
Préachat
Préceptorat
Presbytérat
Primat
Primicériat
Priorat
Proconsulat
Professorat
Provincialat
Prytanat
Pugilat
Quadrat
Quartonat
Rabat
Rachat
Rat
Rectorat
Renégat
Résultat
Rosat
Sabbat
Scélérat
Sénat
Séringat
Soldat
Sous-diaconat
Spath
Stablat
Stadhoudérat
Stellionat
Syndicat
Tabourat
Transéat
Tribunat
Triennat
Triumvirat
Véniat
Verrat
Vicariat
Vice-consulat
Vice-légat
Victoriat
Vidomnat
Visirat *ou* Vizirat
Vivat

A T E.

Acousmate
Acrobate
Agate
Anate
Annate
Antidate
Antiphate
Antiprostate
Aristocrate
Aromate
Automate
Baratte
Batate *voyez* Patate
Batte
Biothanate
Casemate
Cate
Chanlatte
Chatte
Collégiate
Contredate
Copiate
Coupe-pâte
Cravate
Cul-de-jatte
Date
Datte
Démocrate
Disparate
Ecarlate
Encombomate
Frégate
Gagate
Gratte
Hyperbate
Ingrate
Jatte
Latte
Mithridate
Monochromate
Natte
Omoplate
Opiate *ou* Opiat
Ouate
Patate
Patte
Pénates
Pirate
Plate
Polymathe
Post-date
Prostates
Rate
Savate
Sonate
Stigmate
Stylobate
Vulgate

Verbes.

Antidate
Baratte
Batte
Calfate
Constate
Contredate
Contrelatte
Date
Dénatte
Dérate
Dilate
Eclate
Epate
Etate
Flatte
Gratte
Matte
Natte
Pirate
Postdate
Rate
Regratte

A T E *long.*

Bâte
Hâte
Pâte
Saumâte
Verbes.
Bâté
Démâte
Embâte
Gâte
Hâte
Mâte

A T R E *bref.*

Quatre
Verbes.
Abattre
Battre
Combattre
Débattre
s'Ebattre
Rabattre

ATRE *long, ou* ASTRE *dont l's ne se prononce point.*

Acariâtre
Albâtre
Amphithéâtre
Arcolâtre
Atre
Bellâtre
Blanchâtre
Bleuâtre
Douçâtre
Ecolâtre
Emplâtre
Fillâtre
Folâtre
Grisâtre
Iconolâtre
Idolâtre
Jaunâtre
Marâtre
Mulâtre
Noirâtre
Olivâtre
Opiniâtre
Parâtre
Pâtre
Plâtre
Rougeâtre
Roussâtre
Saumâtre
Théâtre
Verdâtre

Verbes.

Châtre
Flâtre
Folâtre
Idolâtre
Opiniâtre
Plâtre
Replâtre

A U.

Agneau
Aideau
Aloyau
Anneau
Appeau
Arbrisseau
Arceau
Arganeau
Attereau
A vau l'eau
Babau
Bacaliau
Baleineau
Baliveau
Bandeau
Banderau
Banquereau
Barbeau
Bardeau
Barreau
Bâtardeau
Bareau
Bau et maître-bau
Beau
Bécasseau
Bedeau
Berceau
Beveau *ou* Biveau
Bigarreau
Biseau
Blaireau
Blanc-Manteau
Bluteau
Boisseau
Bordereau
Botteau
Bouleau
Bourreau
Bourseau
Bouteau
Bouveau
Boyau
Brigandeau
Bulteau
Bureau
Burgau
Buveau
Cableau
Cadeau
Cailleteau
Caquetreau
Carpeau
Carreau
Casseau
Casse-museau
Caulacau
Caveau
Ceppeau
Cerceau
Cerneau
Cerveau
Chaîneau
Chalumeau
Chameau
Chanteau
Chapeau
Chapiteau
Chaponneau
Château
Chaudeau
Chêneau
Chéneteau
Cheveteau
Chevreau
Chinfréneau
Chopineau
Chrêmeau
Cigogneau
Ciseau
Citerneau
Claveau
Closeau
Combleau
Copeau
Coquardeau
Coquereau
Corbeau
Cordeau
Cornuau
Coteau
Couleur-d'eau
Couleuvreau
Coupeau
Couteau
Couverseau
Cremeau
Creneau
Creseau
Cuveau
Damoiseau
Diableteau
Dindonneau
Doubleau
Dragonneau
Drapeau
Eau
Echeveau
Ecriteau
Efourceau
Enclumeau
Enfaîteau
Enfanteau
Escabeau
Etau
Etourdeau
Etourneau
Etouteau
Faisandeau
Faisceau
Farceau
Fardeau
Fauconneau
Faux fourreau
Filardeau
Flambeau
Fléau
Fourneau
Fourreau
Fouteau
Frère-chapeau
Fricandeau
Friponneau
Fronteau
Fuseau
Gâteau
Gentilhommeau
Gluau
Gobeau
Godelureau
Godiveau
Gratteau
Gruau
Grumeau
Hameau
Hardeau
Haveneau
Hobereau
Hommeau
Houseau
Hoyau
Huyau
Jambonneau
Jargeau
Jouereau
Jouvenceau
Joyau
Jumeau
Lambeau
Lapereau
Larroneau
Liévreteau
Linteau
Lionceau
Liteau
Loquereau
Louveteau
Luseau
Manceau
Maniveau
Manteau
Maquereau
Marmenteau
Marteau
Mâtineau
Meneau
Mereau
Moineau
Monceau
Moquoiseau
Morceau
Moreau
Morte-eau
Muscau
cache-Museau
Nappe-d'eau
Naseau
Naveau
Niveau
Nouveau
Oiseau
Oripeau
Ormeau
Palesteau *ou* Palisseau
Panneau
Pannonceau
Paonneau
Passereau
Pastoureau
Peau
Perdreau
Perrau
Pétreau
Pié-de-veau
Pigeonneau
Pilau
Pinceau
Pineau
Pintereau
Pipeau
Plateau
Plumasseau
Poétereau
Poireau
Pommeau
Ponceau
Porreau *ou* Poireau
Portereau
Porte-drapeau
Porte-flambeau
Porte-manteau
Porteur-d'eau
Poteau
Poule-d'eau
Pourceau
Préau
Pruneau
Puceau
Pureau
Radeau
Rainceau
Rameau
Ramereau
Renardeau
Renouveau
Réseau
Rideau
Rinceau
Ris-de-veau
Rondeau
Rond-d'eau
Roseau
Rouleau
Ruisseau
Sarrau
Satteau
Saumonceau
Sautereau
Sceau
Seau
Sépeau
Serdeau
Serpenteau
Simbleau
Soliveau
Souriceau
Soursommeau
Sureau
Surpeau
Tableau
Taïau
Tapereau
Tasseau
Taureau
Tombeau
Tombereau
Tonneau
Tourteau
Traîneau
Treffau
Trémeau
Treteau
Trezeau
Trouble-eau
Troupeau
Trousseau
Truau
Trumeau
Tuileau
Tuyau
Tyranneau
Vaisseau
Vanneau
Veau
Vermisseau
Verseau
Vipéreau
Volereau

A U B E.

Aube
Daube

AUCE, *voyez* OSSE *dont la pénultième est longue.*

A U C H E.

Débauche
Ebauche
Fauche
Gauche

Verbes.

Chevauche
Débauche
Ebauche
Embauche
Fauche

AUD, *voyez* AUT.

A U D E.

Baguenaude
Béquenaude
Billebaude
Blaude
Chiquenaude
Emeraude
Fraude
Gringuenaude
Laudes
Main-chaude
Maraude
Plande
Bertaude
Clabaude
Courtaude
Ebertaude
Echafaude
Fraude
Galvaude
Grimaude
Jargaude
Marande
Miraude
Pelaude

Verbes.

Ravaude
Badaude
Sabrenaude
Baguenaude
Taraude

A U F E.

Chauffe
Echauffe
Réchauffe

A U F R E.

Gaufre

A U G E.

Auge
Bauge
Jauge
Parauge
Sauge

A U G U E.

Baugue

AULE, *voyez* OLE *long.*

AUME, *voyez* OME *long.*

AUNE, *voyez* ONE *long.*

A U P E.

Gaupe
Taupe

AURE, *voyez* ORE.

AUS, *voyez* AUX.

AUSE, *voyez* OZE.

AUSSE, *voyez* OSSE *long.*

A U T *et* A U D.

Artichaud
Assaut
Badaud
Bégault
Bertaud
Boucaut
Boursaut
Brifaut
Cabillaud
Chaud
Chicambaut
Clabaud
Contaud
Coupaut
Courtaud
Crapaud
Défaut
Echafaud
Faut
Fer chaud
Fiarnaud
Gerfaut
Goussaut
Grimaud
Gripe-minaud
Haut
Héraut
Levraut
Lourdaud
Maraud
Marguilleraut
Marjaut
Massicaut
Mauricault
Michaut
Miraut
Monaut
Nigaud
Noiraut
Panicaut
Pataud
Penaud
Petaud
Pitaut
Plarriaut
Plume-nigaud
Prévaut
Quartaud
Quinaud
Quinraud
Réchaud
Ribaud
Rougeaud
Rustaud
Saligaud
Saut
Serpaut *ou* Serpot
Soubresaut
Soulaud
Sourdaud
Sursaut
Surtaut
Taraud
Tayaut
Touillaud
Tressaut
Trigaud
Vaut
Verdaud

Voyez les rimes en ôt.

AUTE, *voyez* OTE.

AUTRE, *voyez* ÔTRE.

A U V E *et* O V E.

Alcove
Chauve
Fauve
Guimauve
Mauve
Quinquenove
Sauve

A U V R E.

Pauvre

A U X *et* A U S.

Apparaux *ou* agrès
Arts libéraux
Bestiaux
Bricoteaux
Caniveaux
Carteaux
Cerceaux
Champeaux
Chaux
Choreaux
Ciseaux
Claveaux
Dénéraux
Deniers Dotaux
Deschaux
Faulx
Faux
Féminaux
Glaux
Matériaux
Monts *et* Vaux
Naseaux
Nominaux
Nuptiaux
Pareaux
Pariétaux
Penaux
Pénitentiaux
Prévaux
Quadrisacramentaux
Signaux
Solaux
Surcostaux
Surtaux
Taux
Tousiaux
Truaux
Vanaux
Vantaux
Vaux
Veaux
Végétaux
Vitaux
Vitraux
Vocaux

AUZE, *voyez* OZE.

A V E.

Aggrave
Angusticlave
Architrave
Bave
Betterave
Brave
Burgrave
Cassave
Cave
Concave
Conclave
Contr'étrave
Enclave
Entrave
Epave
Esclave
Etrave
Grave
Have
Landgrave
Laticlave
Margrave
Octave
Rave
Réaggrave
Rhingrave
Suave

Verbes.

Aggrave
Bave
Brave
Cave
Déclave
Délave
Dépave
Déprave
Emblave
Enclave
s'Engrave
Entrave
Grave
Lave
Pave
Réaggrave
Repave

A V E N T.

ils Savent

Voyez les verbes en ave.

A V R E.

Cadavre
Havre
Navre

A X.

Anthrax
Borax
Climax
Contumax
Meningophylax
Philomirax
Smilax
Storax
Thorax

A X E.

Axe
Malaxe
Parallaxe
Surtaxe
Syntaxe
Taxe

AYE, *voyez* AIE.

AZ.

Gaz

AZE *et* ASE.

Antipéristase	Prostase
Antiphrase	Prorase
Antispase	Raquedenaze
Autonomase	Rase
Ase	Satyriase
Base	Stase
Case	Surcase
Catastase	Thyase
Chrysoprase	Topaze
Embase	Vase
Emphase	Viédase
Epicrase	*Verbes.*
Epitase	Arrase
Gaze	Base
Gymnase	Blase
Haze	Brase
Hypostase	Case
Idiocrase	Ecrasé
Métaphrase	Embrase
Métastase	Evase
Mydriase	Gaze
Occase	Jase
Paraphrase	Paraphrase
Périphrase	Phrase
Phrase	Rase

B

BA.

Camara-Cuba	Quera-iba
Galamba	Simarouba

Voyez les verbes en ber, *qui font au prétérit* ba.

BAC, *voyez* AC.

BAI, *voyez* AI *et* EI.

BAL, *voyez* AL.

BAN, *voyez* AN.

BANT, *voyez* ANT.

BAR, *voyez* AR.

BAS, *voyez* AS.

BAT, *voyez* AT.

BAU, *voyez* AU.

BÉ.

Abbé	Enjambé
B	Flambé
Calibé	Jubé
Escalier dérobé	à Jubé
Embarbé	Karabé

Voyez les verbes en ber, *qui font* bé *au prétérit.*

BEAU, *voyez* AU.

BÉE.

Abée	Flambée
Amébée	Gerbée
Dérobée	Scarabée
Enjambée	

BEL, *voyez* EL.

BENT, *voyez* ANT.

BER.

Absorber	Rourber
Adouber	Gerber
Arramber ou Ac-	Gober
crocher	Herber
Bomber	Hober
Cacaber	Imbiber
Courber	Jober
Dauber	Plomber
Dérober	Prohiber
Désembourber	Radouber
Ebarber	Rajamber
Embourber	Recourber
Engerber	Regimber
Englober	Retomber
Enherber	Succomber
Enjamber	Syllaber
Flamber	Tomber

BET, *voyez* ET.

BEU, *voyez* EU.

BI.

Alibi	Moussembi
Biribi	Rabbi
Ebaubi	Subie
Fourbi	Zimbi

BIE.

Amphibie	Lubie
Ebaubie	Macrobie
Fourbie	Rubie

BIN, *voyez* IN.

BIR, *voyez* IR.

BIS, *voyez* IS.

BIT, *voyez* IT.

BLI, *voyez* LI.

BLIR, *voyez* IR.

BLIS, *voyez* IS.

BO, *voyez* O.

BOIS, *voyez* OIS.

BOL, *voyez* OL.

BON.

Barbon	Bubon ou Poulain
Bon	
Bonbon	Charbon
Bourbon	Jambon

Voyez les rimes en ond *et* ont, *où le* d *et le* t *ne se prononcent pas.*

BOR, *voyez* OR.

BOS, *voyez* OS.

BOT, *voyez* OT.

BOU, *voyez* OU.

BRER, *voyez* RER.

BU.

Barbu	Fourbu
Bu	Herbu
Cabu	Imbu
chou-Cabu	Rasibu ou Rasibus
Embu	*Voyez* BEU.

C

CA.

Cascica	K
Caca	Manaca
Cerlaca	Marisca
Cilica	Milica ou Blé-
Circum-Circa	barbu
Coca	Salca
Crusca	Soulca
Falaca	Xaca
Inca	

Voyez les rimes en qua.

ÇA, *prononcez* sa; *voyez* SA.

CAL *ou* KAL, *voyez* AL.

CAN *ou* KAN, *voyez* AN.

CANT *et* CENT, *voyez* ANT.

CANT *et* QUANT, *voyez* ANT.

CAR, *voyez* AR.

CAS, *voyez* AS.

CAT *et* SAT, *voyez* AT.

CÉ, *voyez* SSÉ.

ÇEAU, *voyez* AU.

CÉE, *voyez* SÉE.

CENT, *voyez* ANT.

CER, *voyez* SER.

CET *et* SET, *voyez* ET.

CEU *et* SEU, *voyez* U.

CEUX *et* SEUX, *voyez* EUX.

CHA.

Bacha *Voyez le prétérit des verbes en* cher.

CHAT, *voyez* AT.

CHAIT, *voyez* AIT.

CHANT, *voyez* ANT.

CHÉ.

Archevêché	Gage touché
Archiduché	Marché
Débauché	Miché
Débouché	Panaché
Duché	Péché
Entiché	Poché
Evêché	

CHÉE.

Accouchée	Déhanchée
Archée	Fauchée
Béchée	Jonchée
Bouchée	Nichée
Brochée	Ruchée
Chevauchée	Tranchée
Couchée	Tranchées

Plus, les adjectifs et les participes féminins des verbes en cher.

CHER.

Archer	Embûcher
Boucher	Emmancher
Bûcher	Emoucher
Clocher	Empanacher
Cocher	Empêcher
Coucher	Empocher
Gaucher	Endimancher
Nocher	Enfourcher
Pêcher	Enharnacher
Plancher	Ensacher
Porcher	Entacher
Rocher	Enticher
Toucher	Entrevêcher
Ucher	Epancher
Vacher	Epinocher
	Eplucher
Verbes.	Escarmoucher
Aboucher	Essoucher
Accoucher	Etancher
Accrocher	Fâcher
Afficher	Faucher
Affourcher	Ficher
Allécher	Flécher
Amouracher	Fourcher
Ancher	Gâcher
Apercher	Guillocher
Approcher	Hacher
Arracher	Harnacher
Assécher	Hocher
Attacher	Hucher
Attoucher	Joncher
Bavocher	Jucher
Bêcher	Lâcher
Boucher	Lécher
Bracher	Locher
Brancher	Mâcher
Brocher	Marcher
Broncher	Mécher
Cacher	Moucher
Chercher	Nicher
Chevaucher	Panacher
Cocher	Pécher
Coquelucher	Pencher
Coucher	Percher
Cracher	Pinocher
Débaucher	Pinprelocher
Déboucher	Piocher
Débûcher	Pocher
Déclencher	Prêcher
Décocher	Rabâcher
Découcher	Raccrocher
Décrocher	Rapprocher
Défricher	Rattacher
Déhancher	Rebarder
Déharnacher	Reboucher
Déjucher	Rechercher
Démâcher	Recoucher
Démancher	Recracher
Démarcher	Redépêcher
Dénicher	Refaucher
Dépêcher	Rehacher
Dérocher	Relâcher
Désafourcher	Remâcher
Désancher	Rempocher
Dessécher	Repêcher
Détacher	Reprocher
Détrancher	Resécher
Doucher	Retoucher
Ébaucher	Retrancher
Ébrancher	Revancher
Ebrécher	Sécher
Ecacher	Tâcher
Eclancher	Tacher
Ecorcher	Teincher
Effaroucher	Torcher
Elocher	Toucher
Embaucher	Trancher
Emboucher	Trébucher
Embrocher	Tricher
Embruncher	Trucher

CHET, *voyez* ET.

CHEUX, *voyez* EUX.

CHI.

Affranchi	Letchi
Bostangi-Bachi	Odalchi
Odobachi	Enrichi
Verbes.	Fléchi
Affranchi	Franchi
Avachi	Gauchi
Blanchi	Rafraîchi
Dégauchi	Réfléchi

CHIE.

Anarchie	Lysimachie ou Souci
Batrachomyomachie	Monarchie
Chie	Monomachie
Entiléchie	Naumachie
Gigantomachie	Oligarchie
Hachie	Oplomachie
Hiérarchie	Pétéchies
Logomachie	

Voyez les participes féminins des verbes en chir.

CIER, *voyez* IER.

CHIER, *voyez* IER.

CHIR, *voyez* IR.

CHIT, *voyez* IT.

CHEU, *voyez* CHU.

CHON.

Bambochon	Cornichon
Barbichon	Fichon
Berrichon	Folichon
Bichon	Fourchon
Bouchon	Greluchon
Cabochon	Manchon
Cadichon	Michon
Califourchon	Mouchon
Capuchon	Ricochon
Cochon	Tire-bouchon
Cogueluchon	Torchon

CHONS.

Voyez les noms en chon *au pluriel, et les verbes en* cher *à la prem. pers. du plur. de l'indic. présent.*

CHU.

Branchu	Echu
Chu	Fichu
Crochu	Jean-Fichu
Déchu	Fourchu

CI, *voyez* SI.

CIE, *voyez* SIE.

CIN, *voyez* IN.

CION, *voyez* ION.

CIR, *voyez* IR.

CIS, *voyez* IS.

CIT, *voyez* IT.

CO, *voyez* O.

CON.

Balcon	Gascon
Basilicon	Hypéricon
Boucon	Lexicon
Catholicon	Macacon
Faucon	Montfaucon
Flacon	Trisson
Flocon	Zaccon

ÇON *qui se pron. comme* SON, *voyez* ON.

COR, *voyez* OR.

COU, *voyez* OU.

CRER, *voyez* RER.

CTION, *voyez* ION.

CU.

Acu	Invaincu
Clos-Cu	Paille-en-cu
Cocu	Pousse-cu
Convaincu	Q
Coupecu	Survécu
Cu	Tapecu
Curucucu	Torche-cu
Ecu	Vaincu
Gratte-cu	Vécu

D

DA.

Agenda	Calanda
Assa-Fœtida	Dà
Bredi-Breda	Dada
Hallebreda *ou* Halbreda	Nennidà
	Ouidà
Par Mananda	Sagda

Voyez le prét. des verbes en der.

DAI, *voyez* AI.

DAL, *voyez* AL.

DANT, *voyez* ANT.

DAR, DARD *et* DART, *voyez* AR, ARD *et* ART.

DAS, *voyez* AS.

DAT, *voyez* AT.

DAU, *voyez* AU.

DÉ.

Accordé	Echaudé
Affidé	Glandé
Amandé	Lodé
Bordé	Mondé
Caudé	Ondé
Concordé	Outrecuidé
D	Pléniprébendé
Dé	Ponandé
Débordé	Possédé
Dégingandé	Prébendé
Dévergondé	Procédé

Voyez les verbes en der.

DEAU, *voyez* AU.

DÉE.

Abordée	Débridée
Accordée	Glandée
Bandée	Idée
Bardées	Odée
Bordée	Ondée
Coudée	Soudée

Plus, les participes féminins des verbes en der.

DEL, *voyez* EL.

DENT, *voyez* ANT.

DER.

Abcéder	Débrider
Abonder	Décéder
Aborder	Déchalander *ou*
Acagnarder	Désachalander
Accéder	Décider
Accommoder	Déborder
Accorder	Dégrader
Accouder	Déharder
Achalander	Délarder
Affriander	Demander
Aider	Déposséder
Amander	Dépréder
Amignarder	Dérader
Appréhender	Dérider
Badauder	Désaccorder
Baguenauder	Dessouder
Bander	Dévergonder
Barder	Dévider
Barricader	Dilapider
Bertauder	Discorder
Blinder	Dissuader
Bocarder	Ebertauder
Bombarder	Echafauder
Border	Echauder
Bonder	Elider
Brelander	Eluder
Brider	Emender
Brigander	Emonder
Brocarder	Engarder
Broder	Enquadrupéder
Cagnarder	Enquinauder
Caimander	Entr'aider
Canarder	Entrelarder
Carder	Escalader
Céder	Esgarder
Clabauder	Estafilader
Collauder	Estocader
Commander	Estrapader
Concéder	Evader
Consolider	Evider
Contremander	Excéder
Contre-regarder	Exhéréder
	Exsuder
Corder	Faisander
Corroder	Farder
Couder	Fauder
Courtauder	Féconder
Cuider	Fonder
Darder	Frauder
Débander	Frouder
Débarder	Galvauder
Débillarder	Gambader
Débonder	Garder
Déborder	Gauder

Goder
Goguenarder
Gourmander
Grimauder
Gronder
Guéder
Guider
Guinder
Harder
Hasarder
Hollander
Homicider
Humider
Incommoder
Inféoder
Inonder
Intercéder
Intimider
Invalider
Lapider
Larder
Liquider
Mander
Marander
Marauder
Marchander
Mignarder
Mirauder
Nasarder
Nigauder
Œillarder
Outrecuider
Paillarder
Palissader
Panader
Pelauder
Pennader
Persuader
Pétarder
Placarder
Plaider
Poignarder
Pommader
Posséder
Précéder
Prédécéder
Préluder
Présider
Procéder
Raccommoder
Raccorder
Rachalander
Rader
Ramender
Ravauder
Rebander
Rebarder
Reborder
Rebroder
Recarder
Recéder
Recommander
Recorder
Redder
Redemander
Refonder
Regarder
Reguinder
Réincruder
Remarchander
Renarder
Réprimander
Rescinder
Résider
Ressouder
Retarder
Rétrograder
Retruder
Revalider
Rider
Sabrenauder
Seconder
Sonder
Souder
Succéder
Supercéder
Survider
Taillader
Talurer *ou* Taluder
Tarander
Tarder
Transsuder
Trigander
Truander
Valider
Viander
Vider
Vilipender
Vreder

DET, *voyez* ET.

DEU, *voyez* EU.

DI.

Assourdi
tout-Brandi
Cadédi *ou* Cadédis
Cadi
sucre Candi
Claudi
Décadi
Duodi
Effendi
Etourdi
Hardi
Hourdi
Jeudi
Kimdi
Lundi
Mardi
Mercredi
Midi
Nonidi
Octidi
Primidi
Quartidi
Quintidi
Rebaudi
Samedi
Sandi
Septidi
Sextidi
Toddi
Tridi
Assourdi
Attiédi
Baudi
Blandi
Blondi
Bondi
Brandi
Dégourdi
Déroidi
Désourdi
Ebaudi
Engourdi
Enhardi
Enlaidi
Etourdi
Froidi
Gaudi
Grandi
Laidi
Ourdi
Ragaillardi
Ragrandi
Rebandi
Refroidi
Renhardi
Resplendi
Reverdi
Roidi
Taudi
Tiédi
Verdi

Verbes.

Abasourdi
Abâtardi
Affadi
Agrandi
Applaudi
Arrondi

Plus, quelques mots du verbe dire *et de ses composés;*

Contredi
Di
Interdi

DIE.

Arthrodie
Callipédie
Comédie
Custodie
Encyclopédie
Etourdie
Etudie
Hardie
Hiraudie
Incendie
Inédie
Maladie
Mélodie
Palinodie
Parodie
Perfidie
Prosodie
Psalmodie
Rapsodie
Recoirdie
Récréandie
Ribaudie
Tragédie
Tragicomédie
Voidie

Verbes.

Amodie
Atrédie
Congédie
Dédie
Etudie
Mendie
Parodie
Psalmodie
Quidie
Remédie
Répudie
Tripudie

Plus, divers temps des verbes en dire, *et les féminins des adjectifs et des participes en* di.

DIN, *voyez* IN.

DIR, *voyez* IR.

DIS, *voyez* I

DIT, *voyez* IT.

DO, *voyez* O.

DOL, *voyez* OL.

DON.

Abandon
à l'Abandon
Amydon
Bedon
Bidon
Bondon
Bourdon
Brandon
Bridon
Calamédon *ou* Caulédon
Cardon
Catodon
Céladon
Chardon
Commandon
Cordon
Cotylédon
Craspédon
Croquelardon
Cupidon
Dindon
Don
Dondon
Edredon
Espadon
Faux-bourdon
Fredon
Gardon
Goddon
Guerdon
Guéridon
Guidon
Lardon
Lourpidon
Macandon
Myrmidon
Pardon
Rigodon
Sourdon
Tendon

DONS.

Voyez les pluriels des mots précédens, et les verbes en der.

DOR, *voyez* OR.

DOS, *voyez* OS.

DOT, *voyez* OT.

DOU, *voyez* OU.

DU.

Ardu
Assidu
Capendu
Dodu
Dû
Entendu
Eperdu
Inattendu
Indéfendu
Individu
Indu
Inétendu
Invendu
Mal-entendu
Portendu
Résidu
Entendu
Epandu
Etendu
Fendu
Fondu
Mévendu
Mordu
Morfondu
Obrondu
Pendu
Perdu
Pondu
Pourfendu
Prétendu
Redescendu
Redû
Refendu
Refondu
Rendu
Répandu
Reperdu
Répondu
Retendu
Rétendu
Retordu
Semondu
Sous-entendu
Survendu
Suspendu
Tendu
Tondu
Vendu

Verbes.

Appendu
Attendu
Condescendu
Confondu
Contendu
Correspondu
Défendu
Démordu
Dépendu
Descendu
Détendu
Détordu
Dû
Effondu

E

EA *dissyll.*

Déa. *Voyez les verbes en* éer.

EAL, *voyez* AL.

EANT, *voyez* ANT.

EAU, *voyez* AU.

EBE.

Ebe

EBLE.

Foible
Hièble
Tièble

EBRE.

Algèbre
Célèbre
Funèbre
Ténèbres
Vertèbre
Zèbre

EC.

Avant-bec
Avec
Bec
Blanc-bec
Caudebec
Echec
Crec
Martin-sec
Pec
Raisin sec
Rebec
Romestec
Salamalec
Sec
Vent grec

ECE, *voyez* ESSE.

ÊCHE *long, ou* **ESCHE.**

Avant-pêche
Bêche
Blêche *ou* Fourbe
Bobèche
Chevêche
Crêche
Dépêche
Fraîche
Grièche
Lebêche *ou* Garbin
Lèche
Pêche
Pie-grièche
Pimbêche
Prêche
Rêche
Revêche

Verbes.

Allèche
Bêche
Dépêche
Dessèche
Ebrêche
Empêche
Lèche
Pêche
Prêche
Repêche
Ressèche
Sèche

ECHE *bref.*

Blèche
Brèche
Calèche
Flammèche
Flèche
Mèche
Rose-sèche
Sèche

ECLE.

Siècle

ECQUE, *voyez* EQUE.

ECRE.

Exècre

ECS.

Echecs. *Voyez les pluriels des noms en* ec.

ECT.

Abject
Aspect
Circonspect
Correct
Direct
Indirect
Infect
Respect
Suspect

ECTE.

Architecte
Dialecte
Insecte
Lecte
Pandectes
Secte
Délecte
Humecte
Infecte
Injecte
Objecte
Respecte
Suspecte

Verbes.

Affecte

ECTRE.

Spectre

ED.

Lamed

EDE.

Bipède
Capripède
Intermède
Quadrupède
Remède
Tiède
Décède
Dépossède
Excède
Exhérède
Intercède
Possède
Précède
Recède
Succède

Verbes.

Cède

EDRE.

Cèdre
Dodécaèdre
Ennaèdre
Exaèdre
Exèdre
Octaèdre

Voyez les verbes en éer.

ÉER.

Abléer
Bléer
Créer
Désagréer
Embléer
Maugréer
Procréer
Récréer
Réer
Suppléer

EF *ou* **EPH.**

Aleph
Arrière-fief
Bref
Brief
Chef
Clef
Couvre-chef
Derechef
Effief
Fief
Grief
Méchef
Nef
Nœf
Relief
Soef

EFE *et* **EFFE.**

F
Greffe
Synalèphe

EFLE.

Beffle
Nefle
Trefle

EGE *et* **EIGE.**

Bandege
Barrége
Beige
Collége
Cortége
Liége
Manége
Neige
Perce-neige
Piége
Pleige
Sacrilége
Siége

Verbes.

Abrége
Agrége
Allége
Assiége
Carrége
Désassiége
Engrége
Liége
Neige
Pleige
Protége
Rengrége
Serpége

EGLE, EIGLE *et* **AIGLE.**

Aigle
Biseigle
Dérègle
Espiégle
Règle
Seigle

EGME.

Apophthegme
Eglegme
Elegme

EGNE, EIGNE *et* **AIGNE.**

Bréhaigne
Châtaigne
Douègne
Empeigne
Enseigne
Interrègne
Peigne
Reigne
Règne
Teigne
Dépeigne
Dessaigne
Déteigne
Enceigne
Enfraigne
Engaigne
Enseigne
Epreigne
Eteigne
Etreigne
Feigne
Freigne
Geigne
Impreigne
Maigne
Peigne
Plaigne
Regne
Restreigne
Saigne
Teigne

Verbes.

Atteigne
Aveigne
Baigne
Ceigne
Complaigne
Contraigne
Craigne
Daigne
Dédaigne

EGRE, *voyez* AIGRE.

EGS.

Legs

EGUE.

Bègue
Collègue
Fabrègue
Grègues

Verbes.

Allègue
Délègue
Lègue
Relègue
Subdélègue

EI *dissyll.*

Désobéi
Obéi

EIE.

Abbaye
Désobéie
Obéie

EIGE, *voyez* EGE.

EIGNE, *voyez* EGNE.

EIL.

Appareil
Conseil
Eveil
Negœil
Nompareil
Orteil
Pareil
Réveil
Soleil
Sommeil
Vermeil
Vieil

EIL, *qui se pron. comme* **EUIL**, *voyez* EUIL.

EILLA, *voyez* LA.

EILLE.

Abeille
Bouteille
Claque-oreille
Corbeille
Corneille
Cure-oreille
Escarbeille *ou* Escarbelle
Groseilles
Merveilles
Nompareille
Œille
Oreille
Oseille
Pareille
Salsepareille
Seille
Surveille
Teille
Treille
Veille
Vermeille
Vieille
Plume-vieille
Vide-bouteille

Verbes.

Appareille
Conseille
Emerveille
Eveille
Réveille
Sommeille
Veille

EILLÉ, *voyez* LÉ.

EIN, *voyez* AIN.

EINDRE, *voyez* INDRE.

EINT, *voyez* AINT.

EINTE, *voyez* AINTE.

ÉIR *dissyll.*

Désobéir
Obéir

ÉIS *dissyll.*

Désobéis
Obéis
Pays

EIT.

Désobéit
Obéit

EIZE, *voyez* AIZE.

EL.

Actuel
Additionnel
Anel
Annuel
Antipestilentiel
Apinel
Appel
Arc-en-ciel
Arrâtel
Artériel
Artificiel
Ascensionnel
Autel
devant-d'Autel
Becnel
Bordel
Bosel
Cacrel
Cancel *ou* Chancel
Carrousel
Cartel
Casuel
Célestiel
Charnel
Châtel
Cheptel *ou* Chaptel
Ciel
Coéternel
Colonel
Concordantiel
Conditionnel
Constitutionnel
Consubstantiel
Continuel
Contractuel
Contre-scel
Conventionnel
Conventuel
Corporel
Correctionnel
Criminel
Cruel
Damoisel
Dégel
Don mutuel
Droit annuel
Essentiel
Estrangel
Eternel
Eventuel
Excrémentiel
Exponentiel
Fiardel
Fiel
Fils naturel
Flamangel
Formel
Fraternel
Graduel
Hôtel
Hydromel
Immortel
Impersonnel
Inconstitutionnel
Individuel
Insurrectionnel
Intentionnel
Isuel
Jouvencel
Jurisdictionnel
Lambel
Lieutenant-Colonel
Lieutenant-Criminel
Lixiviel
Maître-d'Hôtel
Manuel
Martel
Matériel
Maternel
Méuestrel
Mérel
Miel
Minerie de sel
Ministériel
Missel
Mont-Carmel
Mont-Gibel
Mortel
Muel
Mutuel
Naturel
Noël
Obédientiel
Originel
Ormel
Otel
Pastel
Paternel
Pénitentiel
Personnel
Pestilentiel
Platel
Pluriel
Poncel
Ponctuel
Potentiel
Proportionnel
Quartel
Quel
Rationnel
Réel
Satyre
Scalpel
Scel *ou* Sceau
Sel
Sempiternel
Sensuel
Spirituel
Substantiel
Superficiel

Surnaturel
Tel
Temporel
Textuel
Tour de Babel
Transcendentel
Universel
Véniel
Virtuel
Visuel

ELCE, *voyez* ELSE.

ELE *long*.

Frêle
Grêle
Mêle
Pêle-mêle
Poële *ou* Poîle
Verbes.
Bêle
Entre-mêle
Fêle
Grêle
Mêle

ELE *bref*, *voyez* ELLE.

ELFE *ou* ELPH.

Guelfe

ELL.

Voyez les mots en el.

ELLE.

Aisselle
Alumelle
Ancelle
Andrapodoca- [pèle
Antiparallèle
Arondelle
Asphodèle
Bacelle
Bagatelle
Bancelle
Bardelle
Barravelle
Belle
Bigotelle *ou* Bigotère
Bourrelle
Boute-selle
Bretelle
Brocatelle
Broncocèle *ou* Bronchocèle
Bubonocèle
Cacozèle
Campanelle
Canamelle
Cannelle
Caramelle
Caravelle
Cartelle
Cautelle
Celle
Cervelle
Chalamelle
Chanterelle
Chapelle
Citadelle
Citronelle
Colombelle
Colonelle
Columelle
Cordelle
Coupelle
Courcelle
Crecelle
Crecerelle
Curatelle
Demoiselle
Dentelle
Donzelle
Echelle
Ecrouelles
Ecuelle
Elle
Entérocèle
Epiplocèle
Erysipèle
Escabelle
Escarcelle
Estelle
Etèles
Etincelle
Felle *ou* Fesle
Femelle
Fenestrelle
Ficelle
Fidèle
Fiducielle
Filoselle
Fiscelle
Flanelle
Fontanelle
Fricarelle
Gabelle
Gamelle
Gargamelle
Gonelle
Grattelle
Gravelle
Hardelle
Haridelle
Hydrentérocèle
Hydrocèle
Hydrophisocèle *ou* Hydropneumatocèle
Hystérocèle
Idiomèle
Immortelle
Infidèle
Isabelle
Jargonelle
Javelle
Jouvencelle
Jumelle
Kyrielle
L
Laquelle
Libelle
Lingarelle
Mademoiselle
Mamelle
Mameselle
Manivelle
Manselle
Manuelle
Maquerelle
Margelle *ou* Mardelle
Martinelle
Merelle *ou* Marelle
Mirabelle
Modèle
Moelle *ou* Mou- [elle
Mortadelle
Morelle
Muscadelle
Nacelle
Nielle
Nouvelle
Ombelle
Parallèle
Parcelle
Parentèle
Pastourelle
Pernelle
Peronelle
Perrelle
Pianelle
Pimprenelle
Pneumatocèle
Poutrelle
Prunelle
Pucelle
Quelle
Querelle
Quinquenelle
Rebelle
Révérentielle
Ridelle
Ritournelle
Rondelle
Rouelle
Ruelle
Salvatelle
Sarcelle
Sauterelle
Selle
Semelle
Senelle
Sequelle
Soldanelle
Soutanelle
Spargelle
Taparelle
Tarterelle
Tavelle
Tire-moelle
Tonnelle
Tourelle
Tournelle
Tourterelle
Trapelle
Truelle
Vaisselle
Variocèle
Venelle
Vergadelle
Vervelle
Vielle
Voyelle
Zèle
Plus, les fémin. des noms en el.
Verbes.
Amoncèle
Appâtelle
Appelle
Attèle
Bossèle
Botèle
Bourrèle
Bretèle
Cadèle
Cannèle
Cèle
Chancèle
Chapèle
Cisèle
Congèle
Cordèle
Coupèle
Crenèle
Créièle
Debelle
Décèle
Déchevèle
Dégèle
Démantèle
Dépucèle
Dérèle
Ecartèle
Echèle
Emmantèle
Emmielle
Encastèle
Enficèle
Engrumèle
Ensorcèle
Epelle
Etincelle
Excelle
Expelle
Flagelle
Gabèle
Gèle
Grenèle
Gripèle
Grivèle
Gromèle
Harcèle
Interpelle
Martèle
Morcèle
Nielle
Nivèle
Pèle
Querelle
Rebelle
Recèle
Renouvelle
Révèle
Scelle
Selle

ELME.

Feu saint Elme

ELQUE.

Quelque.

ELTE.

Svelte.

EM.

Hem
Item
Réquiem

EMBE, *voyez* AMBE.

EMBLE, *voyez* AMBLE.

EMBRE, *voyez* AMBRE.

EME *long*, ESME *et* AIME.

Abstême
Anathême
Apéchême
Apostême
Apozême
Baptême
Barême
Barosanême
Birême
Blasphême
Blême
Bohême
Brême
Carême
Chrême
Cinquième
Crême
Deuxième
Diadême
Dilemme
Emblême
Enéorême
Enthymême
Epichérême
Epithême
Extrême
Huitième
Indéfinitième
Lemme
Malacordême
Même
Millième
Pénultième
Poëme
Problême
Quantième
Quarantième
Quatrième
Sel gemme
Sême
Sixième
Stratagême
Suprême
Systême
Tantième
Ténême
Thême
Théorême
Trirême
Troisième

EME *bref*.

Aime
M
Sème

EMME, *voyez* AME.

EMPE, *voyez* AMPE.

EMPLE, *voyez* AMPLE.

EMS *et* AMS, *voyez* ANS.

EMPTE.

Exempte (*Le* p *ne se prononce point*); *voyez* ENTE.

EN.

Abdomen
Amen
Ammonéen
Cyclamen
Eden
Esséen *ou* Essé- [nien
Examen
Hymen

ENCE *et* ENSE, *voyez* ANCE *et* ANSE.

END, *voyez* AND.

ENDE, *voyez* ANDE.

ENDRE, *voyez* ANDRE.

ENFLE.

Désenfle
Enfle
Renfle

ENE *et* ENNE *bref*.

Alcaligène
Amphisbène
Andrienne
Antenne
Antienne
Bermudienne
Calvairienne
Carène
Cathécumène
Cène
Couenne
Courte-haleine
Damascène
Ebène
Egyptienne
Energumène
Epagomène
Epicène
Erétrienne
Errenne
Etrennes
Garenne
Gomène
Grégorienne
Guagatène
Hétérogène
Homogène
Hydrogène
Hyène
Hygiène
Indienne
Julienne
Magicienne
Melongène
Méridienne
Molybdène
Mordienne
Murène
N
Obscène
Oxygène
Paisanguienne
Paralipomènes
Parguienne
Parisienne
Parène
Phalène
Platène
Quenne
Quotidienne
Renne
Ribon-ribène
Saphène
Scalène
Scène
Sexagène
Silène
Sirène
Tungsthène
Varenne
Versenne
Vice-Reine
Verbes.
Abstienne
Aliène
Amène
Appartienne
Carène
Chanfreine
Chienne
Comprenne
Contienne
Contrevienne
Convienne
Démène
Désengrène
Détienne
Disconvienne
Egrène
Entretienne
Etrenne
Formène
Gangrène
Grène
Halène
Intervienne
Maintienne
Mal-mène
Mène
Mésavienne
Moyenne
Obtienne
Ocquisène
Parvienne
Peine
Pène
Prenne
Prévienne
Promène
Provienne
Ramène
Rasserène
Réfrène
Reprenne
Ressouvienne
Retienne
Soutienne
Souvienne
Surmène
Survienne
Tienne
Vienne

Voyez les féminins des noms en ain, ein, ien.

ENE *long*, *et* AINE.

Alène
Arène
Cadène
Chêne
Ciroène
Fêne
Frêne
Gêne
Pêne
Rênes
Troêne

ENRE.

Genre

ENS, *qui se prononce* ANS, *voyez* ANS.

ENS, *qui se prononce* IN.

Voyez les pluriels des noms en en, ain *et* in.

ENSE, *voyez* ANSE.

ENT *par é fermé*.

Verbes.
Abstient
Appartient
Contient
Contrevient
Convient
Détient
Disconvient
Entretient
Intervient
Maintient
Mésavient
Obtient
Parvient
Prévient
Provient
Ressouvient
Retient
Soutient
Souvient
Survient
Tient
Vient

ENTE, *voyez* ANTE.

ENTRE, *voyez* ANTRE.

EON *dissyll.*

Caméléon
Fléon
Mézéréon
Muséon
Odéon
Panthéon
Zylostéon

EON, *monos.*, *voyez* GEON, *qui se prononce comme* JON.

EP.

Ceps
Julep
Salep
Sep

EPE *long*.

Crèpe
Guêpe

EPRE *bref*.

Lèpre

EPRE *ou* ESPRE.

Vêpre
Vêpres

EPS.

Ceps
Juleps
Seps

EPSE.

Métalepse
Syllepse

EPT.

Seps. (*le* p *ne se prononce pas*)

EPTE.

Accepte
Adepte
Excepte
Inepte
Intercepte
Précepte

EPTRE.

Sceptre

EQUE *bref*, *et* EQUE.

Arèque
Avecque
Bibliothèque
Cercopithèque
Extrinsèque
Grecque
Hypothèque
Intrinsèque
Obsèques
Quinèque

EQUE *long ou* ESQUE.

Archevêque
Evêque

ER *dont l'r est rude, et qui se prononce comme* AIR.

Alfier
Amer
Autre-hier
Avant-hier
Basse-mer
Belvéder
Cancer
Cazlasquer
Cher
Enfer
Ether
Faber
Fer
Fier
Frater
Garniser
Gaster
Haute-mer
Hier
Hiver
Hydropiper
Jupiter
Kalender
Lucifer
Macer
Machefer
Magister
Mer
Messer
Outremer
Pater
Pet-en-l'air
Pleine mer
Stadhouder
Taler
Ver
Zer

ER *dont l'r est plus douce*.

Agréer
Créer
Désagréer
Maugréer
Procréer
Récréer

ERBE.

Acerbe
Adverbe
Engerbe
Gerbe
Herbe
Proverbe
Superbe
Verbe

ERC.

Clerc
Mauclerc
Merc

ERCE *et* ERSE.

Adverse
Commerce
Controverse
Converse
Diverse
Gerce
Herse
Inverse
Obverse
Perce
Perse
Perverse
Renverse
Terse
Tierce
Transverse
Traverse
à Verse
Herse
Malverse
Verbes.
Berce
Bouleverse
Converse
Déverse
Disperse
Exerce
Gerce
Perce
Renverse
Reverse
Tergiverse
Tierce
Transperce
Traverse
Verse

ERCHE.

Cherche
Perche
Recherche

ERCLE.

Cercle
demi-Cercle
Couvercle

ERD.

Perd
Verd *ou* Vert

Voyez les mots en ert.

ERDE.

Merde
Perde
Reperde

ERDRE.

Perdre
Reperdre

ERE.

Adultère
Amère
Anarifère
Archimonastère
Aristère
Artère
Atmosphère
Austère
Baccifère
Baptistère
Beau-père
Belle-mère
Bergère
Bonne-chère
Bouchère
Boulangère
Caractère
Cautère
Cerbère
Chère
Chimère
Chylifère
Clystère
Cochère
Colère
Commère
Compère
Confrère
Décastère
Décistère
Embarcadère
Enchère
Ephémère
Equilatère
Ere
Etrangère
Fougère
Frère
faux-Frère
Funère
Galère
Guère
Harengère
Haubère
Hémisphère
Hère
Horlogère
Ibère *ou* Espagnole
Ictère
Impropère
Impubère
Jachère
Jugère
Lactifère
Lanifère
Légère
Léthifère
Lingère
Magistère
Matrovère
Mégère
Ménagère
Mensongère
Mère
grand'Mère
dure-Mère *et* pie-Mère
mal de Mère
Mésentère
Messagère
Ministère
Misère
Mortifère
Naguère
Œillère
Pacifère
Panthère
Parère
Passagère
Père
grand-Père
Planisphère
Porchère
Postères
Presbytère
Prospère
Pubère
Quadrilatère
Rabouillère
Réverbère
Rotifère
Serpillière
Sévère
Somnifère
Soporifère
Sphère
Stère
Sudorifère
Thurifère *ou* Thuriféraire
Trembleterre
Vachère
Viagère
Vipère
Viscères
Vitupère
Ulcère
Uretère
Plus, les fémin. des noms en er.
Verbes.
Accélère
Acère
Adhère
Adultère
Aère
Altère
Arrière
Avère
Confère
Considère
Coopère
Défère
Dégénère
Délibère
Désespère
Diffère
Digère
Espère
Gère
Impropère
Infère
Ingère
Insère
Jachère
Libère
Lisère
Macère
Modère

Opère
Persévère
Préfère
Profère
Prospère
Récupère
Réfère
Régénère
Réitère
Rémunère
Réverbère
Révère
Tempère
Tolère
Transfère
Ulcère

Voyez les rimes en ière, erre, aire.

ERF.

Cerf
Corne de Cerf
Nerf
Serf

ERGE.

Absterge
Alberge
Asperge
Auberge
Berge
Berge ou Barge
Canneberge
Cierge
Cire vierge
Concierge
Converge
Diverge
Flamberge
Goberges
Héberge
Huile vierge
Ramberge
Serge
Submerge
Verge
Vierge

ERGNE.

Hergne ou Hernie

ERGUE.

Exergue
Vergue

ERLE.

Merle
Perle

ERME.

Angiosperme
Berme
Canterme
Derme
Epiderme ou Surpeau
Ferme
Germe
Sous-Ferme
Sperme
Termes
Thermes
Verbes.
Afferme
Désenferme
Enferme
Ferme
Germe
Referme
Renferme

ERN.

Bittern ou Eau-mère

ERNE.

Alterne
Averne
Balivergne
Baliverne
Berne
Caserne
Caverne
Cerne
Citerne
Eterne
Externe
Galerne
Interne
Lanterne
Luzerne
Malgouverne
Moderne
Poterne
Quaterne
Quaternes ou Carmes
Subalterne
Taverne
Terne
Verbes.
Alterne
Baliverne
Berne
Cerne
Concerne
Consterne
Décerne
Discerne
Gouverne
Hiverne
Lanterne
Prosterne

ERPE.

Serpe

ERQUE.

Steinkerque

ERRE.

Cabesterre
Cimeterre
Equerre
Erre
Erres
Fumeterre
Guerre
Lierre
Parterre
Perce-pierre
Pierre
Serre
Terre
Tonnerre
Verre
Verbes.
Atterre
Déferre
Desserre
Déterre
Enferre
Enterre
Epierre
Erre
Ferre
Serre

Voyez les rimes en ère et ière.

ERS, *dont l'e est fermé.*

Andouillers
Foyers
Volontiers

Voyez le pluriel des noms en er.

ERS *dont l'e est ouvert, et* AIRS.

A l'envers
Au travers
Convers
Devers
Divers
Envers
Perds
Pers
Pervers
Reperds
Revers
Sers
Tiers
Travers
Univers
Vers

Plus, le pluriel des noms en air, er et ert.

ERSE, *voyez* ERCE.

ERT.

Concert
Couvert
Déconcert
Découvert
Désert
Dessert
Disert
Expert
Haubert
saint-Hubert
Ouvert
Pivert
Sauce-Robert
Vert
Vin couvert
Verbes.
Acquiert
Appert
Conquiert
Couvert
Découvert
Dessert
Entr'ouvert
Offert
Ouvert
Perd
Reconquiert
Recouvert
Reperd
Requiert
Ressert
Rouvert
Sert
Souffert

ERTE.

Alerte
Certes
Concerte
Cotte-verte
Couverte
Déconcerte
Découverte
Offerte
Perte
Sauce-verte
Soufferte
Tête verte

Voyez les féminins des participes et des adjectifs en ert.

ERTRE.

Tertre

ERVE.

Conserve
Conserves
Réserve
Verve
Verbes.
Conserve
Desserve
Enerve
Nerve
Observe
Préserve
Réserve
Resserve
Serve

ES *ou* EZ *fermé.*

Assez
Facultés
Nez
cache-Nez
Saint-Nez
Senez
Sonnez ou Saunes

Voyez les noms en é masculin, dont le pluriel fait és, et divers temps de tous les verbes.

ÈS *ouvert.*

Abcès
Accès
Aloès
Après
Asodès
Aspergès
Auprès
Camestrès
Célarès
Congrès
Cyprès
Décès
Diabetès
Jeu d'échecs
Entremets
Es
Excès
Exprès
Florès
Honorès
Kermès
Mets
Jeu d'Osselets
Patrès
Près
Procès
Profès
Progrès
Regrès
Succès
Très
Verbes.
Admets
Commets
Démets
Entremets
Mets
Omets
Permets
Promets
Soumets

Voyez les autres verbes en mettre, les pluriels des noms en et et ait, et les rimes en ais.

ESE *dont l'e est ouvert, voyez* EZE.

ESLE, *voyez* ESE *long.*

ESME *ou* AIME, *voyez* EME *long.*

ESME *ou* EME, *voyez* EME *bref.*

EINE *ou* AINE, *voyez* ENE *long.*

ESPE, *voyez* EPE.

ESPRE, *voyez* EPRE.

ESQUE, *voyez* EQUE.

ESQUE, *dont l's se prononce.*

Arabesque
Barbaresque
Berniesque
Burlesque
Fresque
Gigantesque
Grotesque
Moresque
Pédantesque
Pictoresque ou Pittoresque
Presque
Romanesque
Soldatesque
Tudesque

ESSE *et* ECE.

Adresse
Ainesse
Alégresse
Altesse
Anesse
Archiduchesse
Atournaresse
Boëce ou grote-Boësse
Borgnesse
Caresse
Chanoinesse
Chasseresse
Comtesse
Contrefinesse
Défenderesse
Délicatesse
Demanderesse
Détresse
Devineresse
Diablesse
Dogesse
Drôlesse
Duchesse
Enchanteresse
Espèce
Esse
Etroitesse
Evêchesse
Fesse
Finesse
Foiblesse
Forteresse
Gentillesse
Gouvernesse
Grandesse
Grossesse
Hardiesse
Hautesse
Hôtesse
Ivresse
Ivrognesse
Jeunesse
Justesse
Karmesse
Ladresse
Largesse
Laronnesse
Lesse
Libraires
Liesse
Maîtresse
Mal-adresse
Messe
Misomesse
Moinesse
Mollesse
Mulâtresse
Nièce
Noblesse
Nuesse
Pairesse
Papesse
Paresse
Pécheresse
Petitesse
Pièce
Poëtesse
Politesse
Presse
Prestresse
Prêtresse
Princesse
Promesse
Prophétesse
Prouesses
Recommanderesse
Richesses
Rudesse
S
Sagesse
Saoulesse
Sauvagesse
Scélératesse
Sécheresse
Simplesse
Siresse
Souplesse
Soutillesse
Suissesse
Tendresse
Tigresse
Tresse
Tristesse
Vengeresse
Vesce
Vesse
Vicomtesse
Vieillesse
Vitesse
Verbes.
Acquiesce
Adresse
Apparesse
Blesse
Caresse
Dépèce
Dresse
Fesse
Intéresse
Redresse
Transgresse
Tresse

ESSE *long, qui se pron.* AISSE.

Abbesse.
Cesse
Compresse
Est-ce
Lesse ou Laisse
Presse
Professe
Qu'est-ce
Verbes.
Cesse
Confesse
Empresse
Oppresse
Presse
Professe

Voyez les rimes en aisse.

EST *ou* AIST, *voyez* ET *long, qui se prononce comme* AIT.

EST *où l's se prononce.*

Est
Lest
Ouest
Test
Zest

ESTE *dont l's se prononce.*

Agreste
Almageste
Anapeste
Armoneste
Breste
Céleste
Ceste
Conteste
Digeste
Funeste
Geste
Immodeste
Inceste
Indigeste
Leste
Malpeste !
Manifeste
Modeste
Peste
Polycreste
Preste
Reste
Sieste
Soubreveste
Zeste
Verbes.
Atteste
Conteste
Déleste
Déteste
Empeste
Infeste
Leste
Manifeste
Mareste
Moleste
Peste
Proteste
Reste
Teste

ESTRE *dont l's ne se prononce point, voyez* ETRE.

ESTRE *dont l's se prononce.*

Bourgmestre
Equestre
Limestre
Menestre
Orchestre
Palestre
Pédestre
Quartier-mestre
Semestre
Senestre
Séquestre
Terrestre
Trimestre
Vaguemestre

ET *long.*

Arrêt
Benêt
Forêt
Genêt
Intérêt
Perce-Forêt
Prêt
Protêt
Têt
Verbes.
Est
Naît
Paît
Renaît
Repaît

Voyez les rimes en ait.

ET *bref.*

Achmet
Acquet
Affiquet
Agnelet
Aguet
Aigret ou Aigrelet
Alphabet
Annelet
Aplets
Archelet
Archet
Argoulet
Arlet
Armet
Attifet
Auguet
Bagnolet
Ballet
Banderet
Banneret
Banquet
Baquet
Barbet
Barbuquet
Barillet
Bariquet
Baronet
Basset
Bassinet
Batelet
Baudet
Baudets
Bavolet
Bec-de-Perroquet
Béchet
Beignet
Berniquet
Beth ou Bed
Bidet
Bilboquet
Billet
Binet
Biquet
Biset
Bistoquet
Blanchet
Blet
Blochet
Bluet
Bochet
Bonnet
Bosquet
Bouchet
Boulet
Bouquet
Bourcet
Bourdonnet
Bourlet
Bourriquet
Bouvet
Bracelet
Bréchet
Brésillet
Brevet
Briquet
Brochet
Brouet
Brunet
Brusquin-Brusquet
Buffet
Buissonnet
Buret
Cabaret
Cabasset
Cabinet
Cachet
Camouflet
Canet
Caquet
Carrelet
Carret
Cerveler
Cet
Chalumet
Chapelet
Chardonneret
Châtelet
Chauderet
Chenet
Chevalet
Chevet
Chiquet à Chiquet
Clairet
Cochet
Cochonnet
Coffret
Coleret
Collifichet
Collifichets
Collet
Complet
Concret
Conquet
Coque-plumet
Coqueret
Coquet
Cordonnet
Cornet
Cornuet
Corselet
Corset
Cotret
Couet
Coupe-jaret
Couperet
Couplet
Courbet
Courcaillet
Coussinet
Couvet
Cramponnet
Creuset
Criquet
Crochet
Croquet
Cueilleret
Daguet
Dameret
Débet
Déchet
Décret
Dieutelet
Discret
Doublet
Doucet
Douillet
Droguet
Duret
Duvet
Echarguet
Ecouet
Effet
Elinguet
Equilboquet
Estaminet
Et
Fardet
Faret
Farfadet
Farinet
Fauchet
Faudet
Fausset
Fauvet
Feret
Ferets
Ferret
Feuillet
Fichet
Filet
Filets
Finet
Flamet
Flanchet
Flet
Fleuret
Fluet
Foliet
Follet
Foncet
Foret
Forjet
Fouet
Fourcheret
Fourchet
Freluquet
Fret
Furet
Fustet
Galet
Gantelet
Genet
Gibet
Gillet
Ginguet
Gobelet
Gobet
Godet
Goet ou Gouet
Goret
Gourmet
Gousset
Grandelet
Grasset
Grenouillet
Guéret
Guet
Guichet
Guilleret
Guinguet
Haquet
Hareng soret
Havet
Hochet
Houret
Huchet
Huet
Indiscret
Inquiet
Jacaret
Jalet
Jannet
Jardinet
Jarret
Jaunet
Jayet
Jet
Jeunet
Jodelet
Joliet
Jouet
Juillet
Laceret
Lacet
Laneret
Lansquenet
Lavaret
Lazaret
Liquet
Livret
Longuet
Loquet
Louchet
Louvet
Madrigalet
Maigret
Maillet
Mantelet
Mantonnet
Marjolet
Marmouset
Martelet
Martinet
Mascaret
Massoret
Menuet
Milleret
Millet
Minaret
Minet
Miquelet
Mollet
Mortalet
Moret
Mouet
Moulinet
Mousquet
Muet
Muguet
Mulet
Muscadet
Naquet
Navet
Net
Nichet
Niquet
Noguet
Nolet
Objet
Œillet
Ognonet
Onglet
Orgeolet
Osselet
Ourlet
Pacolet
Paillet
Palet
Paltoquet
Pamphlet
Paquet
Parapet
Parquet
Patronet
Pauvret
Pernet
Perroquet
Pet
Piquet
Pistolet
Placet
Plomet
Plumet
Poignet
Potron-jacquet
Poulet
Préfet
Prestolet
Projet
Propret
Quarrelet
Quignet
Quilboquet
Quinquet
Quolibet
Ravet
Récollet
Reflet
Réglet
Regret
Rejet
Replet
Ricochet
Rivet
Rochet
Roitelet
Rôlet
Rondelet
Roquet
Rossignolet
Rouet
Rouget
Rousselet
Sacret
Sadinet
Sansonnet
Sasset
Saupiquet
Savouret
Soulret
Secret

Sentelet

Sentelet	Touret
Sept	Tournefeuillet
Serpolet	Tourniquet
Seulet	Trajet
Sifflet	Tranchet
Signet	Traquet
Sillet	Trébuchet
Sobriquet	Triboulet
Sommet	Trinquet
Sonnet	Triolet
Sorbet	Uscet
Souchet	Valet
Soufflet	Varlet
Souhait	Verdelet
Stylet	Verset
Sujet	Violet
Sûret	Volet
Surjet	Ytet
Surmulet	Zoucet
Tabouret	*Verbes.*
Tacet	Admet
Tafilet	Commet
Tandelet	Compromet
Tantet, Tanti-	Démet
Tercet [net	Entrêmet
Tiercelet	Met
Tinet	Omet
Tiret	Permet
Tonnelet	Promet
Toquet	Remet
Torquet	Transmet
Toupet	Soumet

Voyez les verbes en aire.

ETE et ETTE *bref.*

Agonothète	Cachette
Aigrette	Cadenette
Aiguillete	Cadette
Allumette	Cahuette
Alouette	Caillette
Amassette	Campanette
Amourette	Camusette
Ampoulette	Canette
Amulette	Cantanettes
Amusette	Capètes
Anachorette	Carpette
Andouillette	Caserette
Archipoëte	Cassette
Ariette	Cassolette
Assiette	Castagnette
Athlète	Ceinturette
Aumelette	Centripète
Aveuglette	Chaînette
Axipète	Chambrette
Bachelette	Chansonnette
Bagnolette	Chaperonnette
Baguette	Chardonnette
Baïète	Charrette
Baïonnette	Chaufferette
Bandelette	Chaussette
Bannette	Chemisette
Banquette	Chevrette
Barbette	Chopinette
Barette	Chouette
Barquette	Ciboulette
Barrette	Civette
Bassette	Clairette
Bavette	Clavette
Belette	Cligne-mussette
Bergerette	ou Climussette
Bergeronnette	Cliquette
Bette	Conquette
Billette	Coquette
Binette	Cordelette
Birette	Cornette
Biscette	Corvette
Blanquette	Côtelette
Blette	Couchette
Bluette	Coudrette
Bonnette	Couette
Bonnettes	Courbette
Bossette	Courvette
Bouclette	Cousinette *ou*
Bouffette	Cousinotte
Bougette	Crevette
Boulette	Croisette
Bourcette	Crossette
Boursette	Croûtelette
Braguette	Cueillette
Brayette	Cuivrette
Brebiette	Cunette
Brette	Cuvette
Brochette	Damasquette
Broquette	Dariolette
Brouette	Dette
Brunette	Diabète
Büchette	Diète
Bunette	Dinette
Burette	Disette
Buvette	Docètes
Doublette	Muzette
Doucerette	Merlette
Doucette	Métrète
Douillette	Miette
Dunette	Mignonette
Echauguette	Minette *ou* Mi-
Echelette	non
Echette	Moinette
Ecolette	Mollette
Ecouvette	Montagnette
Empiète	Moquette
Emplette	Mosette
Epaulette	Mouchette
Epinette	Mouette
Epithète	Moufette *ou*
Epoussette	Mofette
Escarpolette	Mouflettes
Escopète	Mouillette
Espagnolette	Moulette
Estafette	Muette
Etincelette	Mulette
Etiquette	Musette
Facette	Naquette
Fanchette	Navette
Fauvette	Nicette
Faux-prophète	Noguette
Femmelette	Noisette
Ferrette	Nonnette
Feuillette	Olivettes
Fillette	Orcanette
Finette	Oreillette
Fiquette	Oubliettes
Flammette	Paillette
Fleurette	Palette
Follette	Palmette
Forcettes	Pâquerette
Fossette	Paulette
Fourchette	Pauvrette
Fournette	Pierrette
Fraisette	Pincette
Frette	Pipette
Frisquette	Piquette
Galette	Pirouette
Garcette	Planchette
Gargoulette	Planète
Gaulette	Plaquette
Gazette	Plumette
Genevrette	Pechette
Gimblette	Poète
Girouette	Pommette
Goguenette	Poudrette
Goguette	Poulette
Gorgerette	Poussette
Gourmette	Prophète
Gouttelette	Proxénète
Grainette	Psallette
Grassette	Purette
Gribouillette	Quasorette *ou*
Grisette	Caserette
Guette	Quenouillette
Guillemette	Quignette *ou*
Guinguette	Quinette
Héliocomète	Quillette
Herbette	Rangette
Herminette	Raquette
Historiette	Rascette *ou* Ra-
Hoguette	Recette [sette
Houlette	Recoupette
Interprète	Reginglette
Jambette	Réglette
Jaquette	Rénette *ou* Rei-
Jeannette	Replète [nette
Jeunette	Robette
Joliette	Roitelette
Juliette	Rondelette
Lacunette	Roquette
Lancette	Rosette
Larmette	Rossignolette
Lavette	Rouette
Layette	Roulette
Levrette	Royette
Libette	Rubète
Lisette	Ruellette
Logette	Safrette
Loquette	Sagette
Louchette	Sallette
Luette	Sapinette
Lunette	Sarriette
Maçuette	Secrète
Magdelonettes	Sellette
Maisonnette	Serfouette
Malaguette	Sergette
Mallette	Serinette
Manchette	Serpette
Maniette	Serviette
Maniguette	Seulette
Marinette	Signette
Marionnette	Silhouète
Marquette	Sœurette
Mauviette	Sonnette
Sornettes	Décachète
Soubrette	Décollète
Spinette	Décrète
Squélette	Défouette
Suette	Déjette
Suzette	Démette
Tablette	Dépaquète
Targette	Emiette
Tartelette	Empaquète
Tassette	Empiète
Tendrette	Encornette
Tenette	Endette
Tiennette	Entremette
Tinette	Epoussète
Toilette	Etiquette
Toinette	Facette
Torchette	Feuillette
Torquette	Forjette
Tournette	Fouette
Tringlette	Frète
Tripette	Furète
Trompette	Gobète
Vacquette	Gruppette
Vedette	Guette
Vergette	Halète
Vignette	Inquiète
Villette	Interjette
Vinaigrette	Interprète
Violette	Jarrète
Volettes	Jette
Voyez les fémin.	Lunette
des rimes en et	Maillette
et aite *bref.*	Marquète
Verbes.	Mette
Achète	Mouchète
Admette	Muguète
Aiguilète	Muguette
Appète	Naquète
Banquète	Omette
Baquète	Palète
Béquète	Parquète
Billète	Paulette
Biquète	Permette
Bonnète	Pirouette
Brète	Projette
Brevète	Promette
Briquète	Rachète
Brouette	Regrette
Buflète	Rejette
Cachète	Remette
Cadette	Répète
Canète	Saiète
Canquète	Savète
Caquète	Serfouette
Chuchète	Souflète
Collète	Soumette
Commette	Surjette
Complète	Tachète
Compromette	Tette
Contrepette	Transmette
Coquète	Trompète
Couplète	Valète
Courbette	Végète
Craquète	Vergète
Crochète	Volète

ETE *long.*

Apprête	Tête
Arbalête	Tire-tête
Arête	Trouble-Fête
Bête	*Verbes.*
Boëte *ou* Boite	Acquête
Casse-tête	Apprête
Conquête	Arrête
Coupe-tête	Conquête
Crête	Désentête
Déshonnête	Ecrête
Enquête	Enquête
contre-Enquête	Entête
Faîte	Etes
Fête	Etête
Honnête	Fête
Malebête	Hébête
Malhonnête	Prête
Prête	Quête
Quête	Refête
Requête	Revête
Serre-tête	Tempête
Tempête	Vête

Voyez AITE *long.*

ETRE et ETTRE *bref.*

Aéromètre	Décamètre
Anémomètre	Décimètre
Antigéomètre	Démettre
Aréomètre	Dépromettre
Baromètre	Diamètre
Calorimètre	Dimètre
Chronomètre	Electromettre
Commettre	Emettre
Entremettre	Omettre
Eudiomètre	Pantomètre
Géomètre	Paramètre
Glossopètre	Pentamètre
Graphomètre	Pénètre
Hexamètre	Permettre
Holomètre	Piètre
Hygromètre	Promettre
Ichtyopètre	Psychromètre
Impètre	Radiomètre
Lettres	Remettre
Mécomètre	Soumettre
Mètre	Tétramètre
Métromètre	Thermomètre
Mettre	Tramettre
Micromètre	Transmettre
Odomètre	Trimètre

ETRE *long, qui se prononce comme* AITRE.

Ancêtres	Fenêtre
Archiprêtre	Gouêtre *ou* Goî-
Bien-être	tre
Blanc-être	Guêtre
Champêtre	Hêtre
Chevêtre	Non-être
Dépêtre	Peut-être
Empêtre	Prêtre
Enchevêtre	Reître
Etre	Salpêtre

Voyez les rimes en aitre.

EST, *voyez* ES *qui se prononce comme* AIS.

EU, IEU.

Adieu	Filles-Dieu
Alleu	Franc-alleu
Arrière-neveu	Hébreu
Avant-pieu	Heu
Aveu	Hôtel-Dieu
Bleu	Jeu
Boute-feu	Lance à feu
Caïeu	Lieu
Camaïeu	Milieu
Cheveu	Morbleu
Concreu	Moyeu
Cordon-bleu	Neveu
Croix-de-Dieu	Palsembleu
Désaveu	Parbleu
Dieu	Peu
demi-Dieu	Pieu
Enjeu	Preu
Epieu	Queudeu
Essieu	Sembieu
Fesse-Matthieu	Têtebleu *et* Tu-
Fête-dieu	dieu
Feu	Ventrebleu
Feux	Verveu
Fieu	Vœu

EUBLE.

Démeuble	Immeuble
Esteuble	Meuble
Garde-meuble	

EUE, IEUE.

Banlieue	Hochequeue
Bleue	Lieue
Demie-Lieue	Queue

EUF.

Arrête-bœuf	Œuf
Bœuf	Pique-bœuf
Eteuf	Pont-neuf
Mœuf	Treuve *ou* Treuf
Neuf	Veuf
Œil-de-bœuf	

EUGLE.

Aveugle.	Beugle
Verbes.	Désaveugle
Aveugle	Meugle

EUIL.

Bouvreuil	Seuil
Cerfeuil	*Les mots suivans*
Chévrefeuil *ou*	*riment avec les*
Chevrefeuille	*précédens.*
Chevreuil	Accueil
Deuil	Cercueil
Ecureuil	Ecueil
Fauteuil	Œil
Linceuil	Orgueil
Réseuil	Recueil

EUILLE.

Accueille	Feuille
Chévrefeuille	Porte-feuille
Cueille	Recueille

EUL.

Aïeul	Glaïeul
Bailleul	Seul
Bisaïeul	Tilleul
Epagneul	Trisaïeul
Filleul	

EULE *bref.*

Aïeule	Gueule
Bégueule	Pet-en-gueule
Bisaïeule	Rieule
Epagneule	Seule
Eteule	Trisaïeule
Filleule	

EULE *long.*

Meule	Veule

EUME.

Neume

EUNE.

Déjeûne	Jeûne
Jeune	Villeune

EUPLE.

Dépeuple	Repeuple
Peuple	

EUQUE.

Octateuque	Phaleuque
Pentateuque	

EUR.

Abaisseur	Archiligueur
Abatteur	Arçonneur
Abducteur	Ardeur
Aboyeur	Argumentateur
Abréviateur	Armateur
Abuseur	Arpailleur
Accapareur	Arpenteur
Accélérateur	Arracheur
Accepteur	Artilleur
Acclamateur	Assaisonneur
Accompagna-	Assembleur
teur	Assentateur
Accoucheur	Asserteur
Accusateur	Assesseur
Acheteur	Assommeur
Acquéreur	Assureur
Acteur	Attiseur
Administrateur	Attrapeur
Admirateur	Auditeur
Admoniteur	Augmentateur
Adorateur	Auneur
Adoucisseur	Auteur
Adulateur	Avaleur
Aérostateur *ou*	Avant-Cœur
Aéronaute	Avant-coureur
Affaiteur	Avertisseur
Afficheur	Avictuailleur
Affineur	Avilisseur
Affréteur	Avitailleur
Affronteur	Bachoteur
Agioteur	Bâfreur
Agitateur	Baigneur
Agresseur	Bailleur
Aigreur	Bâilleur
Aiguiseur	Baiseur
Ajusteur	Balayeur
Allégateur	Baliseur
Allégoriseur	Baragouineur
Allumeur	Barboteur
Amasseur	Barbouilleur
Amateur	Bardeur
Ambassadeur	Barguigneur
Amineur	Barreur
Amodiateur	Basseur
Ampleur	Batailleur
Ampliateur	Bateleur
Amplificateur	Bâtisseur
Amuseur	Batteur
Annonceur	Baveur
Annotateur	Bayeur
Antécesseur	Belliqueur
Antérieur	Berneur
Anticœur	Bienfaiteur
Anti-versifica-	Billonneur
teur	Blancheur
Apaisanteur	Blanchisseur
Apostillateur	Blasonneur
Appareilleur	Blasphémateur
Appariteur	Bobelineur
Applaneur	Bonheur
Applanisseur	Bornoyeur
Applaudisseur	Boteleur
Appointeur	Boudeur
Appréciateur	Boueur
Apprêteur	Boulineur
Approbateur	Bouquineur
Arbitrateur	Bourdeur
Archicœur	Bousilleur

Brailleur
Branleur
Brasseur
Bredouilleur
Brétailleur
Bretteur
Brigueur
Briseur
Brocardeur
Brocheur
Brodeur
Brouetteur
Brûleur
Brunisseur
Buveur
Cabaleur
Caboteur
Cabrioleur
Caimandeur
Cajoleur
Calandreur
Calculateur
Calfateur
Calomniateur
Candeur
Captateur
Caqueteur
Carangueur
Cardeur
Carillonneur
Carreleur
Casseur
Censeur
Centuriateur
Cerquemaneur
Certificateur
Chaleur
Chamoiseur
Chanceleur
Changeur
Chanteur
Chargeur
Charmeur
Chasseur
Châtreur
Chauffeur
Chercheur
Chevaucheur
Chicaneur
Chiffreur
Chœur
Chroniqueur
Chuchoteur
Circonciseur
Circulateur
Ciseleur
Clabaudeur
Clameur
Cliqueur
Co-adjuteur
Co-décimateur
Cœur
Cogneur
Coiffeur
Collaborateur
Collateur
Collecteur
Colleteur
Colleur
Colporteur
Commandeur
Commentateur
Compartiteur
Compilateur
Complimenteur
Composeur
Compositeur
Composteur
Compotateur
Compteur
Compulseur
Conciliateur
Conducteur
Conduiseur
Confabulateur
Confesseur
Confiseur
Conjectureur
Conjurateur
Connoisseur
Conscripteur
Consécrateur
Conservateur
Consolateur
Consommateur
Conspirateur
Constricteur
Constructeur
Consulteur
Contemplateur

Contempteur
Conteur
Continuateur
Contradicteur
Contre-cœur
Contrefaiseur
Contre-mineur
Contre-porteur
Contre-poseur
Contrôleur
Convertisseur
Conzélateur
Coopérateur
Corailleur
Corneur
Correcteur
Corroyeur
Corrupteur
Co-tuteur
Coucheur
Couleur
Couleurs
Coupeur
Coureur
Couvreur
Co-vendeur
Cracheur
Craqueur
Crayonneur
Créateur
Crève-cœur
Criailleur
Crieur
Crocheteur
Croiseur
Croqueur
Crosseur
Cueilleur
Cultivateur
Curateur
Cureur
Curseur
Damasquineur
Danseur
Dardeur
Daubeur
Débacleur
Débagouleur
Débardeur
Débaucheur
Débiteur
Débrideur
Déchargeur
Déchiffreur
Décimateur
Déclamateur
Décolleur
Décorateur
Découpeur
Décrotteur
Dédaigneur *ou* Abducteur
Dédicateur
Défaveur
Défendeur
Défenseur
Définiteur
Défrayeur
Défricheur
Dégaîneur
Déglutinateur
Dégraisseur
Délateur
Délesteur
Délivreur
Demandeur
Démonstrateur
Déniaiseur
Dénicheur
Dénominateur
Dénonciateur
Dépendeur
Déprédateur
Désapprobateur
Déshonneur
Désolateur
Désorganisateur.
Dessinateur
Destructeur
Détacheur
Détailleur
Détenteur
Déterreur
Détracteur
Détrôneur
Détrousseur
Dévaliseur
Dévastateur

Dévideur
Devineur
Dévorateur
Dialogueur
Dictateur
Diffamateur
Dilaniateur
Dilatateur
Dîmeur
Dîneur
Directeur
Discoureur
Diseur
Dispensateur
Disputeur
Dissecteur *ou* Disséqueur
Dissertateur
Dissimulateur
Dissipateur
Distillateur
Distributeur
Diviseur
Docteur
Dogmatiseur
Dominateur
Dompteur
Donateur
Donneur
Doreur
Dormeur
Double-fleur
Doubleur
Douceur
Douleur
Dragueur
Drogueur
Dupeur
Ecacheur
Ecailleur
Eclaireur
Ecorcheur
Ecornifleur
Ecosseur
Ecouteur
Ecrivailleur
Ecumeur
Edificateur
Editeur
Ejaculateur
Electeur
Emailleur
Emballeur
Embaucheur
Emboiseur
Embrouilleur
Enjoleur
Emmancheur
Emmineur
Emoucheur
Emouleur
Empailleur
Empereur
Empeseur
Empoisonneur
Emprunteur
Emulateur
Encaveur
Encenseur
Enchanteur
Enchérisseur
Endormeur
Endosseur
Enfileur
Enfonceur
Enfouisseur
Enfourneur
Engrosseur
Enjoliveur
Enlumineur
Enquêteur
Enrôleur
Ensacheur
Enseigneur
Ensorceleur
Entendeur
Entremetteur
Entreparleurs
Entreposeur
Entrepreneur
Entreteneur
Enumérateur
Envahisseur
Envelopppeur
Epaisseur
Epilogueur
Eplucheur
Epoulleur
Epouseur
Equateur

Ergoteur
Erreur
Escamoteur
Escarmoucheur
Escrimeur
Escroqueur
Espadeur
Essayeur
Estateur
Estimateur
Etaleur
Etalonneur
Etameur
Etendeur
Eventeur
Exacteur
Exagérateur
Examinateur
Excitateur
Excubiteur
Ex-définiteur
Exécuteur
Existimateur
Ex-lecteur
Exploiteur
Explorateur
Ex-recteur
Extenseur
Extérieur
Exterminateur
Extirpateur
Fabricateur
Fabriqueur
Fabulateur
Facteur
Fagoteur
Faiseur
Falsificateur
Faneur
Farceur
Farcisseur
Fausse-fleur
Fauteur
Faveur
Fendeur
Ferrailleur
Ferveur
Fesseur
Ficheur
Fileur
Finasseur
Flageoleur
Flagorneur
Flaireur
Flatteur
Fléchisseur
Fleur
Flûteur
Fondateur
Fondeur
Fornicateur
Fortificateur
Fournisseur
Fossoyeur
Fouetteur
Fouleur
Fourbisseur
Fourrageur
Fourreur
Fraicheur
Frappeur
Fraudeur
Frayeur
Fréteur
Fricasseur
Froideur
Frondeur
Frotteur
Fumeur
Funeur
Fureteur
Fureur
Gabeleur
Gâcheur
Gageur
Gagneur
Gardeur
Garieur
Garnisseur
Gaspilleur
Gâteur
Gaudisseur
Gauffreur
Gausseur
Générateur
Géniteur
Génuflecteur
Gesticulateur
Giboyeur
Gladiateur

Glaneur
Glisseur
Gloseur
Glossateur
Gobeur
Goureur
Gouverneur
Grandeur
Grapilleur
Grasseyeur
Graveur
Greffeur
Greigneur
Griveleur
Grogneur
Grondeur
Grosseur
Guerdonneur
Guérisseur
Guerroyeur
Guetteur
Habilleur
Hableur
Haleur
Hannicheur *ou* Bourrelier
Harangueur
Harnacheur
Harponneur
Hâteur
Hauteur
Herseur
Heur
Hongroyeur
Honneur
Horreur
Hotteur
Humeur
Hurleur
Illuminateur
Imitateur
Imposteur *ou* Calomniateur
Imprimeur
Improbateur
Impudeur
Indicateur
Inférieur
Inflateur
Informateur
Infracteur
Ingénieur
Innovateur
Inoculateur
Inquisiteur
Inspecteur
Instigateur
Instituteur
Instructeur
Intercesseur
Intérieur
Interlocuteur
Interpolateur
Interrogateur
Interrupteur
Intrigueur
Introducteur
Inventeur
Investigateur
Jargonneur
Jaseur
Jongleur
Joueur
Joûteur
Jureur
Justificateur
Labeur
Laboureur
Laideur
Langueur
Langueyeur
Largeur
Latineur
Lecteur
Législateur
Lenteur
Leur
Lévretteur
Libérateur
Licteur
Lieur
Ligueur
Liqueur
Littérateur
Longueur
Louangueur
Loueur
Lourdeur
Lueur
Lustreur

Lutteur
Mâcheur
Machinateur
Maïeur
Maigreur
Majeur
Malfaiteur
Malheur
Mangeur
Manuducteur
Maquilleur
Maraudeur
Marbreur
Marchandeur
Marcheur
Marmoteur
Marqueur
Massacreur
Mâteur
Médiateur
Méhaigueur
Meilleur
Menaceur
Meneur
Menteur
Mesureur
Metteur
Mineur
Miniateur
Miseur
Modérateur
Moissonneur
Moiteur
Momeur
Moniteur
Monnoyeur
Monseigneur
Monsieur
Moqueur
Moraliseur
Morgueur
Moteur
Moucheur
Mouleur
Multiplicateur
Murmurateur
Nageur
Narrateur
Navigateur
Négateur
Négociateur
Niveleur
Noirceur
Noircisseur
Nomenclateur
Nominateur
Non-valeur
Noteur
Novateur
Numérateur
Observateur
Occiseur
Odeur
Offenseur
Oiseleur
Opérateur
Oppresseur
Orateur
Ordonnateur
Ostentateur
Ouvreur
Pacificateur
Pailleur
Pâleur
Pâlisseur
Parfumeur
Parieur
Parleur
Partiteur
Passeur
Pasteur
Patineur
Paveur
Payeur
Pêcheur
Pédicateur
Peloteur
Penseur
Perceur
Permuteur
Perquirateur
Persécuteur
Persiffleur
Perturbateur
Pervertisseur
Pesanteur
Pèse-liqueur
Peseur
Petteur
Peur

Phraseur
Piaffeur
Piailleur
Picoreur
Pilleur
Pindariseur
Pipeur
Piqueur
Pisseur
Plaideur
Plieur
Plombateur
Plongeur
Pointeur
Polisseur
Ponctuateur
Porteur
Poseur
Possesseur
Postérieur
Postulateur
Poteleur
Pourfendeur
Pourvoyeur
Pousseur
Précepteur
Prêcheur
Préconiseur
Prédécesseur
Prédicateur
Preneur
Présentateur
Presseur
Prestigiateur
Préteur
Prêteur
Prévaricateur
Prieur
Primeur
Priseur
Processionneur
Procurateur
Procureur
Producteur
Profanateur
Professeur
Profondeur
Prometteur
Promoteur
Pronateur
Prôneur
Pronostiqueur
Propagateur
Propréteur
Prosateur
Proscripteur
Protecteur
Protuteur
Provéditeur
Proviseur
Puanteur
Pudeur
Punisseur
Qualificateur
Quatriémeur
Querelleur
Questeur
Questionneur
Quêteur
Rabâcheur
Rabroueur
Raccommodeur
Raccoutreur
Racleur
Racoleur
Raconteur
Radeur
Radoteur
Raffineur
Railleur
Raisonneur
Ramasseur
Rameur
Ramonneur
Ramponneur
Rancœur
Rançonneur
Rapetasseur
Rapiéreur
Rapineur
Rapporteur
Rateleur
Ravaudeur
Ravisseur
Receleur
Rechasseur
Réclamateur
Recommenceur
Réconciliateur
Recordeur

Recruteur
Recteur
Recuiteur
Rédacteur
Rédempteur
Rediseur
Redresseur
Rééditeur
Réfléchisseur
Réformateur
Refuseur
Régaleur
Régisseur
Régistrateur
Relateur
Relieur
Remarqueur
Remouleur
Remueur
Rémunérateur
Renieur
Renifleur
Renoueur
Rentrayeur
Réparateur
Répétiteur
Repreneur
Restaurateur
Restituteur
Retendeur
Retordeur
Revancheur
Réveilleur
Rêveur
Réviseur
Rhéteur
Ricaneur
Rieur
Rigueur
Rimailleur
Rimasseur
Rimeur
Rocailleur
Rôdeur
Rogneur
Roideur
Rondeur
Ronfleur
Rongeur
Rôtisseur
Rougeur
Roupilleur
Rousseur
Rueur
Rumeur
Saboteur
Sacrificateur
Saigneur
Saleur
Sanctificateur
Sapeur
Sauteur
Sauveur
Saveur
Scarificateur
Scelleur
Scieur
Scripteur
Scrutateur
Sculpteur
Sectateur
Secteur
Séducteur
Seigneur
Semonceur
Semonneur
Sénateur
Sénieur
Senteur
Sermonneur
Serviteur
Sieur
Siffleur
Sœur
Solliciteur
Songeur
Sonneur
Sophistiqueur
Sorisseur
Soucheteur
Soucheveur
Souffleteur
Souffleur
Souhaiteur
Souleur
Soupireur
Souscripteur
Sous-gouverneur
Sous-précepteur

Sous-prieur
Souteneur
Soyeteur
Spectateur
Spéculateur
Splendeur
Stateur
Stucateur
Suborneur
Subrogateur
Subrogé-tuteur
Succenteur
Successeur
Suceur
Sueur
Supérieur
Supinateur
Supplantateur
Tailleur
Tambourineur
Tamiseur
Tanneur
Tapageur
Tâteur
Tâtonneur
Taxateur
Temporiseur
Teneur
Tentateur
Tergiversateur
Terrasseur
Terreur
Testateur
Thésauriseur
Tiédeur
Tierceur
Timbreur
Tiqueur
Tirailleur
Tireur
Tisonneur
Toiseur
Tondeur
Tonneleur
Tordeur
Torpeur
Tourneur
Tousseur
Traditeur
Traducteur
Trafiqueur
Traîne-malheur
Traîneur
Traiteur
Transgresseur

Translateur
Travailleur
Trécheur
Trembleur
Tremeur
Tresseur
Triacleur
Tricheur
Tricoteur
Triomphateur
Trompeur
Troqueur
Trotteur
Trucheur
Tueur
Tumeur
Tuteur
Tutoyeur
Ultérieur
Urinateur
Usurpateur
Vainqueur
Valeur
Vanteur
Vapeur
Vatteur
Vasseur
Vaticinateur
Vecteur
Veilleur
Vendangeur
Vendeur
Veneur
Vengeur
Ventilateur
Verbiageur
Verdeur
Vérificateur
Verseur
Versificateur
Versifieur
Vétilleur
Viateur
Victuailleur
Vidangeur
Viéleur
Vigueur
Violateur
Visiteur
Vogueur
Voleur
Voltigeur
Voyageur
Zélateur
Zéleur

EURE.

Demeure
Extérieure
Feurre
Hagleure
Heure
Inférieure
Intérieure
Majeure
Meilleure
Mineure
Postérieure

Supérieure

Verbes.

Défleure
Demeure
Effleure
Fleure
Meure
Pleure
Redemeure

EURE *qui se pron. comme* URE, *voyez* URE.

EURRE.

Beurre
Leurre

EURS.

Ailleurs
Choux-fleurs
Couleur
Ebourgeonneurss
Entreparleurs
Feurs
Mineurs

Messieurs
Meurs
Mœurs
Non-valeurs
Pâles-couleurs
Pleurs
Plusieurs
Vapeurs

EURT.

Heurt
Il Meurt.

EURTE.

je Heurte

EURTRE.

Meurtre

EUS., *voyez* EUX.

EUSE, *voyez* EUZE.

EUSSE *voyez* UCE.

EUT.

Emeut
Meut
Peut
Pleut
Veut

EUTE.

Emeute
Meute
Thérapeutes

EUTRE.

Calfeutre
Feutre
Maheutre
Neutre
Pleutre

EUVE.

Emeuve
Epreuve
Fleuve
Meuve
Neuve
Pleuve
Sémi-preuve
Treuve
Veuve

EUVRE ou ŒUVRE.

Chef-d'œuvre
Couleuvre
Manœuvre
Œuvre

EUX ou EUS.

Acéteux
Affreux
Alimenteux
Alumineux
Amoureux
Anfractueux
Angoisseux
Anguleux
Aqueux
Argenteux
Argilleux
Arsénieux
Avantageux
Aventureux
Avertineux
Aveux
Baragouineux
Baveux
Belliqueux
Bleux
Bœufs
Boiteux
Boueux
Bouleux
Bourbeux
Bouradeux
Boutonneux
Bout-saigneux
Breneux
Bulbeux [neux
Bulbo-Caver-
Butyreux
Cadavéreux
Cagneux
Cailleboteux
Calamiteux
Calculeux
Calleux
Capiteux
Carcinomateux
Cartilagineux
Caséeux
Castagneux
Catarreux
Catilleux
Cauteleux
Caverneux
Celluleux
Cendreux
Cerveau creux
Cérumineux
Ceux
Chaleureux
Chanceux
Chancreux
Charbonneux
Charneux
Chartreux
Chatouilleux
Cheveleux
Cheveux
Chyleux
Claporeux
Convoiteux
Cotonneux
Couenneux
Courageux
Coûteux
Crapuleux
Crasseux
Crayonneux
Creux
Cribleux
Croustilleux
Dangereux
Dartreux
Dédaigneux
Défectueux
Dépiteux
Désastreux
Désavantageux
Désaveux
Désireux
Deux
Difficultueux
Disetteux
Doucereux
Douloureux
Douteux
Drilleux
Ecailleux
Ecumeux
Enjeux
Entre-deux
Épineux
Érésipélateux
Érugineux
Éveux
Excrémenteux
Fâcheux
Fameux
Fangeux
Farcineux
Farineux
Fastueux
Ferreux
Feux
Fibreux
Fiévreux
Filandreux
Flatueux
Foireux
Fongueux
Fougueux
Frauduleux
Freux
Froidureux
Fromageux
Fructueux
Fuligineux
Fumeux
Gâcheux
Galeux
Gangreneux
Généreux
Glaceux
Glaireux
Glanduleux
Globuléux
Glutineux
Gommeux
Goutteux
Graisseux
Grappeux
Gratteleux
Graveleux
Grogneux
Grommeleux
Grouéreux
Grumeleux
Gueux
Gypseux
Haineux [reux
Haireux ou hé-
Hargneux
Hasardeux
Hébreux
Herbeux
Heureux
Hideux
Honteux
Hoquelleux ou Hocleux
Huileux
Ichoreux
Impétueux
Impiteux
Incestueux
Infructueux
Ireux [neux
Ischio-caver-
Jardineux
Jeux
Laineux
Laiteux
Landreux
Langoureux
Lanugineux
Lentilleux
Lépreux
Lévreux
Libidineux
Ligamenteux
Ligneux
Limeux
Limoneux
Linceux
Liquoreux
Lumineux
Lustreux
Majestueux
Malandreux
Malencontreux
Malheureux
Marécageux
Marmiteux
Matineux
Maupiteux
Médicamenteux
Membraneux
Merdeux
Merveilleux
Mielleux
Miraculeux
Moelleux
Monstrueux
Montagneux
Montueux
Morgueux
Morveux
Moucheux
Mousseux
Moyeux
Mucilagineux
Muqueux ou Mucilage
Musculeux
Nareux ou Né-
Nébuleux [reux
Nécessiteux
Neigeux
Nerveux
Neufs
Neveux
Nidoreux
Nitreux
Nœuds
Nombreux
Nouailleux
Noueux
Nuageux
Œufs
Oiseux
Oléagineux
Ombrageux
Onéreux
Orageux
Orgueilleux
Osseux
Outrageux
Pailleux
Paresseux
Pâteux
Péneux
Périlleux
Pétreux ou Pier-
Peureux [reux
Peux
Phlegmoneux
Phosphoreux
Pierreux
Piteux
Pituiteux
Plantureux
Plâtreux
Pleureux
Plumeux
Pointilleux
Poisonneux
Pompeux
Populeux
Poreux
Poudreux
Pouilleux
Présomptueux
Preux
Pyroligneux
Pyromuqueux
Pyrotartareux
Querelleux
Queux
Quinteux
Raboteux
Rameux
Rateleux
Renteux
Résineux
Respectueux
Rigoureux
Rioteux
Rogneux
Roupilleux
Ruineux
Sableux
Sablonneux
Saigneux
Saisugineux
Saut-périlleux
Savonneux
Savoureux
Scabreux
Scandaleux
Scrofuleux
Scrupuleux
Semilleux
Sempiterneux
Séreux
Séveux
Sinueux
Soigneux
Somptueux
Songe-creux
Soporeux
Souffreteux
Soupçonneux
Sourcilleux
Spiritueux
Squirreux
Substancieux
Sulfureux
Surépineux
Tartareux
Teigneux
Tempéreux
Tendineux
Ténébreux
Terreux
Tilleux
Tortueux
Tourbilleux
Tourmentueux
Tumultueux
Urineux
Valeureux
Vaniteux
Vaporeux
Variqueux
Vasculeux
Vaseux
Venimeux ou Vénéneux
Venteux
Verbeux
Véreux
Vergogneux
Vertigineux
Vertiqueux
Vertueux
Verveux
Vésiculeux
Vétilleux
Veux
Vigoureux
Vineux
Visqueux
Vœux
Volumineux
Voluptueux

Voyez les rimes en ieux et les pluriels des mots en eu.

EUZE et EUSE.

Angleuse
Anguilleuse
Appareilleuse
Apparieuse
Arracheuse
Baigneuse
Blanchisseuse
Bobineuse
Brodeuse
Chanteuse
Charmeuse
Chartreuse
Chatepeleuse
Clameuse
Coiffeuse
Coureuse
Dent creuse
Ebouqueuse
Emprunteuse
Entrepreneuse
Epontieuse
Fileuse
Grasséyeuse
Grondeuse
Gueuse
Heureuse
Jardineuse
Laveuse
Macreuse
Meneuse
Nopeuse
Paresseuse
Parties honteu-
Peureuse [ses
Pleureuses
Précieuse
Procureuse
Quêteuse
Raccrocheuse
Rapponeuse
Ravaudeuse
Remplisseuse
Remueuse
Retrécisseuse
Revendeuse
Rieuse
Scabieuse
Sirupeuse
Spineuse
Tailleuse
Tricoteuse
Trucheuse
Tubéreuse
Tueuse
Veilleuse
Vibreuse
Virgouleuse
Yeuse

Plus, les féminins des noms en eux et de quelques adjectifs en eur.

EVE long, et AIVE.

Endêve
Glaive
Rêve
Sève

EVÈ bref.

Brève
Elève
Fève
Grève
Griève
Lève
Semi-brève
Trève
Verbes.
Achève
Crève
Echève
Elève
Endève
Enlève
Grève
Lève
Parachève
Relève
Soulève

EVRE.

Bièvre
Chèvre
Fièvre
Genièvre
Lèvre
Lièvre
Mièvre
Orfèvre
Plèvre
Sèvre

EX.

Index
Perplex
Quiex

EXE.

Annexe
Circonflexe
Complexe
Connexe
Convexe
Perplexe
Sexe
Vexe

EXTE.

Bissexte
Prétexte
Sexte
Texte

EXTRE.

Adextre
Ambidextre
Dextre

EZE, ESE et EIZE.

Alèse
Antichrèse
Antithèse
Aphorèse
Apothèse
Catachrèse
Contrepèse
Diaphorèse
Diathèse
Dièse
Diocèse
Empèse
Epicyèse
Genèse
Gèze
Hypothèse
In-seize
Lèse
Manganèse
Méthatèse
Parénèse
Parenthèse
Pèse
Protaphérèse
Repèse
Seize
Soupèse
Syndérese
Synérèse
Thèse
Trapèze
Treize

Voyez les rimes en aize.

F

FA.

Caffa
Cucufa
Cucupha
Fa
Mustapha
Sopha

Voyez les verbes en fer.

FAI, *voyez* AI.

FAL, *voyez* AL.

FARD, *voyez* ARD.

FAT, *voyez* AT.

FÉ.

Café
Coquin-fieffé
Ebouriffé
Echauffé
Réchauffé

Voyez les verbes en fer, au partic.

FÉE.

Bouffée
Coquette-fieffée
Coryphée
Fée
Trophée

Voyez les participes féminins des verbes en fer.

FENT et FANT, *voyez* ANT.

FER et PHER.

Agraffer
Apostropher
Attifer
Biffer
Bouffer
Brifer
Chauffer
Coëfferou Coif-fer
Débiffer
Décoiffer
Dégraffer
Ebouffer
Echauffer
Eclaffer
Escaffer
Etoffer
Etouffer
Gaffer
Greffer
Grifter
Paranympher
Parapher
Philosopher
Piaffer
Pouffer
Ragraffer
Rebiffer
Réchauffer
Riffer
Triompher
Truffer

FET et FAIT, *voyez* ET et AIT.

FEU, *voyez* EU.

FEU, *voyez* EUX.

FI.

Bouffi
Confi
Déconfi
Défi
Fi
Pacfi ou Pafi
Pilot-bouffi
Salsifi
Sophi
Suffi

FIE.

Achthéographie
Angéologie
Atrophie
Bibliographie
Bouffie
Cacotrophie
Choregraphie
Chorographie
Chronographie
Cosmographie
Cryptographie
Gastrofaphie
Géographie
Glyptographie
Horographie
Ichnographie
Iconographie
Lithographie
Micrographie
Naumachie
Nécrographie
Orphie
Orthographie
Pasigraphie
Pédotrophie
Philosophie
Polographie
Polygraphie
Runographie
Scénographie
Sciagraphie
Sélénographie
Stéganographie
Sténographie
Stéréographie
Tachygraphie
Topographie
Typographie
Uranographie
Verbes.
Amplifie
Barbifie
Béatifie
Certifie
Clarifie
Confie
Corporifie
Crucifie
Défie
Déifie
Diversifie
Dulcifie
Édifie
Falsifie
se Fie
Fortifie
Frigéfie
Glorifie
Gratifie
Identifie
Justifie
Lapidifie
Lénifie
se Liquéfie
Lubrifie
Magnifie
se Méfie
Modifie
Mollifie
Mondéfie
Mortifie
Mystifie
Orthographie
s'Ossifie
Pacifie
Personnifie
Pétrifie
Purifie
se Putréfie
Qualifie
se Raméfie
Raréfie
Ratifie
Rectifie
Revivifie
Sacrifie
Sanctifie
Signifie
Spécifie
Stupéfie
Testifie
se Tuméfie
Vérifie
Versifie
Vitrifie
Vivifie

FIER, *voyez* IER.

FIN, *voyez* IN.

FIR, *voyez* IR.

FIS, *voyez* IS.

FIT, *voyez* IT.

FON et PHON.

Bouffon
Carafon
Chiffon
Griffon
Siphon

FRER, *voyez* RER.

FU.

Touffu

G

GA.

Aga
Caaponga
Daruga
Quadriga
Yga

Voyez les verbes en guer.

GANT et GUANT, *voyez* ANT.

GAT, *voyez* AT.

GEA *monoss.* et JA.

Déjà *Voyez les verbes en ger.*

GÉ.

Abrégé
Agé
Cangé
Clergé
Congé
Convergé
Dégagé
Enragé
G
Mal-jugé
Mitigé
Naufragé
Négligé
Obligé
Orangé
Préjugé

Voyez les verbes en ger.

GÉE.

Apogée
Cagée
Dragée
Escourgée
Gorgée
Orangée
Périgée
Protrygées
Rangée

Plus, les féminins des adjectifs et des participes en gé.

GEL, *voyez* EL.

GENT ou GEANT, *voyez* ANT.

GEON, *voyez* JON.

GER.

Barrager
Berger
Bocager
Boulanger
Chevau-léger
Danger
Etranger
Fromager
Garde-manger
Horloger
Imager
Lignager
Linger
Louager
Manger
blanc-Manger
Marager
Ménager
Mensonger
Messager
Oranger
Passager
Péager
Perager
Potager
Ranger
Songer
Verger
Viager
Verbes.
Abréger
Abroger
Absterger
Adjuger
Affliger
Agréger
Alléger
Alonger
Aménager
Apanager
Aréger
Arpéger
Arranger
Arrérager
s'Arroger
Asperger
Assiéger
Avantager
Bouger
Carréger
Changer
Charger
Colliger
Comparager
Contregager
Contre-pleiger
Converger
Corriger
Décager
Décharger
Décourager
Dédomager
Dégager
Dégorger
Déloger
Délonger
Démanger
Démenager
Départager
Déranger
Déroger
Désassiéger
Désavantager
Désenger
Désobliger
Déterger
Dévisager
Diriger
Diverger
Echanger
Egorger
Egruger
Elonger
Emarger
s'Emménager
Encager
Engager
Enger

Engorger
Engranger
Engréger
Enrager
s'Entr'égorger
s'Entre-manger
Enverger
Envisager
Eponger
Eriger
Etager
Etranger
Exiger
Figer
Fonger
Forger
Fourrager
Franger
Fustiger
Gager
se Goberger
Gorger
Grager
Gruger
Héberger
Hommager
s'Insurger
Interroger
Jauger
Juger
Laidanger
Liéger
Loger
Louanger
Manger
Mélanger
Ménager
Mitiger
Nager
Naviger
Negliger
Neiger
Obliger
Ombrager
Outrager
Ouvrager
Pacager
Partager
Pleiger
Plinger
Plonger
Préjuger
Présager
Prolonger
Propager
Proroger
Protéger
Purger
Ralonger
Ramager
Ranger
Ravager
Rechanger
Recharger
se Recolliger
Recorriger
Rédiger
Refiger
Reforger
Refranger
Regorger
Réinterroger
Reloger
Remanger
Rencourager
Rengager
se Rengorger
Rengréger
Replonger
Revoyager
Saccager
Ségréger
Serpeger
Singer
Songer
Soulager
Submerger
Subroger
Surcharger
Surnager
Targer *ou* Targier
Transiger
Tréchanger
Truanger
Vendanger
Venger
Verbiager
Voltiger
Voyager

GET *et* JET, *voyez* ET.

GEUX, *voyez* EUX.

GI.

Bostangi
Ziangi

Verbes.

Agi
Elargi
Mugi
Régi
Rougi
Rugi
Surgi

GIE.

Amphibologie
Analogie
Angiologie
Anthologie
Anthropologie
Anthropophagie
Antiologie
Apologie
Aranéologie
Archéologie
Arrugie
Astrologie
Batiologie
Bougie
Cardialgie
Céphalalgie
Céphalalogie
Chirologie
Chirurgie
Cholédologie
Chondrologie
Chronologie
Clergie
Cosmologie
Démagogie
Desmologie
Eccrinologie
Effigie
Elégie
Emménologie
Energie
Entérologie
Etiologie
Etymologie
Gamologie
Généalogie
Généthliologie
Hémorrhagie
Hymnologie
Iconologie
Ichthyologie
Léthargie
Liturgie
Magie
Métallurgie
Mimologie
Minéralogie
Myologie
Mythologie
Névrologie
Nosologie
Odontalgie
Orgie
Panagie
Pathologie
Pédagogie
Philologie
Physiologie
Psycologie
Pyrétologie
Rabdologie
Sarcologie
Scénopégie
Séméiologie
Somatologie
Spermatologie
Tabagie
Tautologie
Théologie
Théurgie
Vigie
Zoologie

Verbes.

Bougie
Effigie
Elargie
Réfugie
Régie
Rougie

GIER, *voyez* IER.

GIN, *voyez* IN.

GION, *voyez* ION.

GIR, *voyez* IR.

GIS, *voyez* IS.

GIT, *voyez* IT.

GNÉ.

Refrogné

Voyez les verbes en gner.

GNÉE.

Araignée
Cognée
Lignée
Poignée
Saignée

GNER.

Accompagner
Aligner
Assigner
Baigner
Barguigner
Besogner
Cligner
Consigner
Contresigner
Daigner
Dédaigner
Désigner
Dessaigner
Eborgner
Egratigner
Eloigner
Embesogner
Empoigner
Encogner
Enseigner
Epargner
Forligner
Gagner
Grogner
Guigner
Hogner
s'Imprégner
Impugner
s'Indigner
Ivrogner
Ligner
Ocaigner
Peigner
Provigner
Réassigner
Rechigner
Recogner
se Refrogner
Regagner
Répugner
Résigner
Ressaigner
Rogner
Saigner
Signer
Soussigner
Témoigner
Trépigner

GNIE.

Compagnie
Mégnie

GNON.

Brugnon
Champignon
Chignon
Compagnon
Grognon
Guignon
Lavignon
Lumignon
Maquignon
Mignon
Moignon
Ognon
Pignon
Porte-guignon
Rognon
Tignon
Trognon

GON.

Dragon
Estragon
Harpagon
Jargon
Martagon
Parangon
Patagon
Pregon
Sagon

GRER, *voyez* RER.

GRIN, *voyez* RIN.

GU.

Aigu
Ambigu
Bégu
Contigu
Exigu
Zagu

GUA, *voyez* GA.

GUE.

Délégué
Fringué
Gué
Langué
Pargué
Subdélégué
Tatigué

Voyez les verbes en guer *au part.*

GUÉE.

Voyez les participes féminins des verbes en guer.

GUER.

Affouguer
Alléguer
Arguer
Baguer
Biguer
Carguer
Conjuguer
Daguer
Déléguer
Dialoguer
Diguer
Distinguer
Divulguer
se Doguer
Draguer
Droguer
Elaguer
Enverguer
Epiloguer
Extravaguer
Fatiguer
Fringuer
Giguer
Ginguer
Goguer
Greguer
Haranguer
Homologuer
Incaguer
Instiguer
Intriguer
Larguer
Léguer
Liguer
Morguer
Préléguer
Prodiguer
Promulguer
Ralinguer
Reléguer
Seringuer
Subdéléguer
Subjuguer
se Targuer
Tinguer
Vaguer
Voguer

GUET, *voyez* ET.

GUI.

Gagui
Gui

GUIER, *voyez* IER.

GUIN, *voyez* IN.

GUIR, *voyez* IR.

GUIS, *voyez* IS.

GUIT, *voyez* IT.

GUT, *voyez* UT.

I

HI *et* PHI.

I
Spahi

Voyez les rimes en ai *dissyll.* bi, di, *etc.*

IA.

Acacia
Cochléaria
Dia
Filaria
Kaia
Popilia
Ratafia
Sophia
Spécia

Voy. les verbes en ier *au passé déf.*

IANT, *voyez* ANT.

IAT, *voyez* AT.

IB.

Abib

IBE.

Bribe
Exhibe
Ibibe
Scribe

Verbes.

Imbibe
Inhibe
Prohibe

IBLE.

Accessible
Admissible
Amovible
Bible
Cessible
Comestible
Compatible
Compréhensible
Compressible
Concupiscible
Contemptible
Conversible
Corruptible
Crible
Défensible
Déponible
Disponible
Divisible
Duisible
Eligible
Exigible
Extensible
Flexible
Fongible
Fusible
Horrible
Immarcessible
Impartible
Impassible
Impossible
Imprescriptible
Inaccessible
Inadmissible
Inamissible
Incessible
Incombustible
Incompatible
Incompréhensible
Inconvertible
Incorrigible
Incorruptible
Indéfectible
Indestructible
Indicible
Indisponible
Indivisible
Inéligible
Inextinguible
Infaillible
Inflexible
Infusible
Inintelligible
Innascible
Insensible
Intelligible
Intraduisible
Invincible
Invisible
Irascible
Irréductible
Irrémissible
Irrépréhensible
Irrésistible
Lisible
Loisible
Miscible
Nuisible
Ostensible
Paisible
Passible
Pénible
Perceptible
Persuasible
Plausible
Possible
Prescriptible
Réductible
Réflexible
Réfrangible
Rémissible
Répréhensible
Réversible
Risible
Sensible
Susceptible
Terrible
Transmissible
Visible

IBRE.

Calibre
Equilibre
Fibre
Libre

IC.

Agaric
Alambic
Arsenic
Aspic
Astic
Bachalic
Basilic
Cric
Fic
Mastic
Pic
Pronostic
Public
Ric-à-ric
Syndic
Tic
Trafic

ICE *et* ISSE.

Abscisse
Amande-lice
Appendice
Artifice
Aruspice
Auspice
Avarices
Basse-lice
Bénéfice
Bourre-lanice
Calice
Caprice
Céropisse
Chaude-pisse
Cicatrice
Cilice
Complice
Cotice
Coulisse
Délice
Dentifice
Desservice
Eclisse
Ecrevisse
Edifice
Epice
Esquisse
Exercice
Extispices
Factice
Frontispice
Genisse
Haute-lice
Hospice
Immondices
Indice
Injustice
Interstice
Jaunisse
Jectices
Jocrisse
Lanice
Lectrice
Législatrice
Lice
Linifice
Lisse
Maléfice
Malice
Manisse
Matrice
Mélisse
Métisse
Milice
Narcisse
Natalice
Nice
Notice
Notices
Nourrice
Novice
Obreptice
Office
Orifice
Patrice
Pelisse
Police
Précipice
Préjudice
Prémices
Profectrice
Propice
Réglisse
Sacrifice
Saucisse
Service
Solstice
Subreptice
Suisse
Supplice
Varice
Vénéfice
Vice

Voyez les mots en eur, *dont plusieurs font leurs féminins en* ice.

Verbes.

Apétisse
Assisse
Compisse
Crisse
Déplisse
Entrevisse
Epice
Esquisse
Glisse
Hisse
s'Immisce
Lambrisse
Lisse
Naquisse
Pâlisse
Pisse
Police
Prévisse
Puisse
Rassisse
Ratisse
Renaquisse
Revisse
Sursisse
Tapisse
Treillisse
Visse

Voyez les verbes en ir, *excepté* courir, mourir, tenir, venir, *et leurs composés. Ceux en* ettre *et les composés de* faire. *Ceux en* ire, *excepté* lire, relire, élire, suffire. *Enfin les verbes en* dre, *excepté ceux en* oudre.

ICHE.

Acrostiche
Affiche
Babiche
Biche
Botiche
Bouliche
Bourriche
Cadiche
Chiche
Corniche
Derviche
Fétiches
Fiche
Friche
Godiche
Hémistiche
Levriche
Macrostiche
Miche
Niche
Pentacrostiche
Pois-chiche
Postiche
Pouliche
Riche
Stocfiche

Verbes.

Affiche
Défriche
Déniche
Fiche
Niche
Triche

ICLE.

Article
Bernicle
Besicles
Cycle
Epicycle
Manicle
Sicle

ICT.

District
Strict

ICTE.

Dicte
Stricte
Vindicte

ID.

Cid
Nid

Voyez ni *et* nir.

IDE.

Abrotanoïde
Achilleïde
Acide
Aganippide
Amygdaloïde
Aride
Ascaride
Astéroïde
Avide
Bastide
Bride
Candide
Cantharide
Caraphyloïde
Cariatide
Carotides
Chrysalide
Cissoïde
Conchoïde
Condyloïde
Coralloïde
Coronoïde
Cupide
Cycloïde
Déicide
Devide
Druide
Egide
Elliptoïde
Enéide
Ephélides
Ephémérides
Epicycloïde
Epinyctide
Epomide
Euménides
Faïde
Féride
Fluide
Fratricide
Guide
Gynide
Hémorrhoïdes
Hibride
Hispide
Homicide
Humide
Hydaride
Hypoglottide
Ichoroïde
Ide
Ides
Infanticide
Insipide
Intrépide
Invalide
Limpide
Liquide
Livide
Lucide
Malacoïde
Molybdoïde
Néréide
Oxide
Paroride
Parricide
Perfide
Permesside
Pyramide
Rapide
Régicide
Rhomboïde
Ricinoïde
Ride
Rigide
Samoloïde
Sans-culottides
Sarronides
Sphénoïde
Sphéroïde
Sithinides
Solide
Sordide
Splendide
Stupide
Styloïde
Subside
Suicide
Sursolide
Timide
Torride
Trapézoïde
Tyrannicide
Upsiloïde
Valide
Vide

Verbes.

Bride
Consolide
Décide
se Déride
Dévide
Dilapide
Guide
Lapide
Préside
Réside
Revide
Ride
Survide
Valide
Vide

IDRE.

Cidre
Clepsydre
Hydre

IÉ *monoss.*

Allié
d'Arrache-pié
Chausse-pié
Chévre-pié
Cloche-pié
Couvre-pié
Délié
Disgracié
Domicilié
Emacié
Estropié
Excommunié
Fascié
Folié
Immortifié
Maléficié
Marche-pié
Marié
Mauvaistié
Moitié
Notarié
Passe-pié
Pié
Pitié
Pouce-pié
Privilégié
Rebourcié
Repoitié
Rogne-pié
Stibié
Strié
Tire-pié
Trépié

Voyez les partic. des verbes en ier.

IE.

Ebahie
Envahie
Haïe
Hie
Obéie
Trahie

IES.

Adonies
Agrionies
Aianties
Alibanies
Androgénies
Anomies
Antesphories
Anthestéries
Aparuries
Aphrodisies
Apollonies
Artémisies
Asclépies
Ascolies
Avalies
Bendidies
Buphonies
Chronies
Chthonies
Cissotomies
Cladentéries
Cotyties
Daphnéphories
Davisies
Délies
Diasies
Diipolies
Eiséréries
Elaphébolies
Elénophories
Eleuthéries
Emplocies
Encénies
Eories
Ephestrie
Epidémies
Epigies
Episcaphies
Erotidies, Erotiies
Euménidies

Fabaries
Furies
Galaxies
Halies
Harpies
Hécatésies
Hécatomphonies
Hellories
Hilaries
Hippocraties
Hirpies
Hyacinthies
Lagénophories
Lamies
Lampadophories
Lochies
Mégalésies
Néœnies
Obélies
Œnistéries
Oscophories
Pacalies
Paganalies
Palilies
Pammilies
Pelopéies
Periphallies
Phagésies
Pisanésies
Robigalies
Sabasies
Saronies
Sciéries
Strophies
Suovitaurilies
Tauries
Terminalies
Vulcanies

IED.

Marche-pied
Pied

il s'Assied
il Messied
il Sied

Voyez ié, *le* d *ne se pron. pas.*

IÉE *dissyll.*

Criée
Mariée

Répudiée

Voyez les participes féminins des verbes en ier *dissyllabe.*

IEL, *voyez* ÈL.

IEN *et* YEN *monosyl.* ou *dissyll.*

Académicien
Aérien
Aériens
Aétiens
Algérien
Ambrosien
Ancien
Ange-Gardien
Antesciens
Anti-chrétien
Antivénérien
Arien
Aristotélicien
Arithméticien
Artien
Augustinien
Basilien
Beryllien
Bien
Biscayen
Bohémien
Bonasien
Borbonien
Brachyscien
Britinien
Brizomancien
Capétien
Carchésien
Carlovingien
Cartésien
Cartouchien
Cassien
Cataphrygien
Célestien
Chien
Chiromancien
Chironien
Chirurgien
Chrétien
bon-Chrétien

Cicéronien
Citoyen
Coccygien
Cockien
Collégien
Collyridien
Colophonien
Combien
Comédien
Concitoyen
Constantinien
Crico-pharyngien
Cyrtien
Dialecticien
Doyen
Entretien
Eolien
Epicurien
Esophagien
Esséniens
Euclidien
Eunomiophronien
Eusébien
Exacountien
Fabricien
Fief régalien
Firmien
Galérien
Gardien
Gastroénémiens
Géomancien
Glosso-pharyngien
Goétien
Grammairien
Grégorien
Hérodien
Hétérosciens
Historien
Horatien

Ilien
Lien
Logicien
Luthérien
Magicien
Maintien
Mathématicien
Mécanicien
Méridien
Mérovingien
Métacarpien
Mien
Mitoyen
Monarchien
Moyen
Moyens
Musicien
Nécromancien
Népotien
Néronien
Nestorien
Newtonien
Nœud-Gordien
Opticien
Oratorien
Païen
Parnassien
Paroissien
Patricien
Péripatéricien
Périsciens
Persien

Pharisien
Pharmacien
Physicien
Platonicien
Praticien
Pupien
Pyrrhonien
Pythagoricien
Quotidien
Rhétoricien
Rien
Rufien
Saliens
Sardonien
Saturnien
Sien
Socinien
Sous-doyen
Soutien
Stoïcien
Stygien
Téléphien
Terrien
Tête-de-chien
Théologien
Tien
Tue-chien
Vaurien
Vénérien
Vent Etésien
Victorien
Virgilien

Voyez l'impératif des verbes ci-dessous.

IENE, *voyez* ENE.

IENS.

Verbes.
Abstiens
Appartiens
Contiens
Contreviens
Conviens
Détiens
Deviens
Disconviens
Entretiens
Interviens

Maintiens
Obtiens
Parviens
Préviens
Proviens
Retiens
Soutiens
Souviens
Surviens
Tiens
Viens

Voyez les noms en ien, *au plur.*

IENT, *qui se prononce* IINT.

il Mésavient

Voyez les troisièmes personnes des verbes ci-dessus.

IER *monoss.*

Abricotier
Acier
Aiguilletier
Aisselier
Albergier
Aliquier
Alizier
Altier
Amandier
Anier
Antiphonier
Arbousier
Arêtier
Argentier
Armarier
Armurier
Arquebusier
Artificier
Atelier
Aubier
Audiencier
Aumônier
Avant-dernier
Aventurier
Azerolier
Bachelier
Baguenadier
Baguier
Bahurier
Balancier
Balaustier
Balisier
Ballonnier
Bananier
Bandoulier
Banqueroutier
Banquier
Baquier
Barbier
Baricotier
Barrier
Basselissier
Batelier

Bâtier
Bâtonnier
Bavestier
Bedier
Bélier
Bénéficier
Bénitier
Besacier
Beurrier
Bezier
Bigarreautier
Bijoutier
Bimbelotier
Bistortier
Boisselier
Boîtier
Bombardier
Bonnetier
Bon-voilier
Bordelier
Bordier
Bossetier
Bottier
Boucanier
Boudinier
Boulinier
Bouquetier
Bouracanier
Bourbelier
Bourbier
Bourdelier
Bourdonnier
Bourrelier
Bourriers
Boursier
Bouteillier
Boutiquier
Boutonnier
Bouvier
Boyaudier
Boyau-entier
Braconnier
Brancardier

Brandevinier
Brasier
Brayer
Brelandier
Brelandinier
Brigadier
Briquetier
Brouettier
Brutier
Buandier
Buissonnier
Burettier
Buvetier
Cabaretier
Cabotier
Cachimentier
Caferier
Cafier
Cagier
Cahier
Cahimitier
Caissier
Calebassier
Caleçonnier
Calottier
Calvanier
Campanier
Cannelier
Canonnier
Cantinier
Câprier
Carabinier
Carambolier
Caravanier
Cardier
Carnassier
Carossier
Carottier
Caroubier
Carrier
Carrossier
Cartier
Cartonnier
Cartouchier
Casanier
Cassier
Cavalier
Ceinturier
Cellérier
Cellier
Censier
Centenier
Cerclier
Cerisier
Cervoisier *ou* Cervisier
Chaînetier
Chambrier
Chamelier
Chancelier
Chandelier
Chansonnier
Chantier
Chanvrier
Chapelier
Chapier
Charbonnier
Charcutier
Charnier
Charpentier
Charretier
Charrier
Chasublier
Châtaignier
Chaudronnier
Chaufournier
Chaussetier
Chevalier
Chévecier *ou* Chéfecier
Chévrier
Chicanier
Chifonier
Chipotier
Ciergier
Cimentier
Cimier
Cinquantenier
Cirier
Citronnier
Clapier
Clavier
Clincaillier *ou* Quinquaillier
Closier
Cloturier
Cloutier
Cochenillier
Cocotier
Cognassier

Cohier
Collerier
Collier
Colombier
Colombiers
Compressonniers
Conférencier
Confiturier
Contrebandier
Contre-espalier
Contre-hâtiers
Contre-sommier
Coquetier
Coquillier
Cordelier
Cordier
Cordonnier
Cormier
Cornier
Corniers
Courier
Coursier
Courtier
Coutelier
Coutier
Coutillier
Coutumier
Couturier
Couverturier
Crabier
Créancier
Crédencier
Crequier
Criblier
Crinier
Croulier
Croupier
Cuirassier
Culier
Cuvier
Daintier
Damier
Dattier
Davier
Demi-setier
Denier
Deniers
Dentier
Dépensier
Dernier
Détourbier
Devancier
Dimier
Dindonnier
Dizainier
Doigtier
Dominicalier
Dominotier
Dossier
Douairier
Douanier
Drapier
Droitier
Droiturier
Ebénier
Ecaillier
Echalier
Echiquier
Ecolier
Ecuyer
Encombrier
Engingnier
Entier
Eperonnier
Epervier
Epicier
Epiniers
Epistolier
Escalier
Espalier
Estafier
Etalier
Etapier
Etier
Evier
Fablier
Façonnier
Facturier
Faïencier
Faisandier
Familier
Fardelier
Farinier
Fauconnier
Faux-saunier
Fermier
Ferrandinier
Ferronnier

Fessier
Feutrier
Ficellier
Figuier
Filassier
Filotier
Financier
Finassier
Flibustier
Foncier
Fontenier
Forêtier
Foulonnier
Fournier
Fourrier
Fraisier
Framboisier
Fripier
Friponnier
Fruitier
Fumier
Fuselier
Fusilier
Gabarier
Gabier
Gagne-denier
Gaînier
Galefretier
Gantier
Gazetier
Geolier
Gésier
Gibier
Glaciers
Gommier
Gondolier
Gonfanonier
Gosier
Grand-bâtier
Grand-louvetier
Gravier
Greffier
Grenadier
Grenetier
Grenier
Grimacier
Groseillier
Grossier
Gruyer
Guêpier
Guerrier
Guichetier
Hallebardier
Hallier
Haquetier
Haut-Justicier
Hauturier
Heaumier
Hebdomadier
Herbier
Héritier
Héronnier
Hospitalier
Hôtelier
Houlier
Houppier
Houspaillier
Huilier
Huissier
Huîtrier
Hunier
Infirmier
Ingénier
Inhospitalier
Irrégulier
Ivoirier
Jambier
Janvier
Jardinier
Jarrésier
Jetonnier
Joaillier
Journalier
Justicier
Lainier
Laitier
Lamiers
Lancier
Landier
Lanier
Languier
Lanternier
Lardier
Larénier
Larmier
Latanier
Latinier
Laurier
Laurier-cerisier
Lavandier

Layetier
Levier
Levrier
Lignier
Limier
Limonadier
Limonier
Linier
Lodier
Loup cervier
Lourdier
Louvetier
Lunettier
Luthier
Macellier
Mâche-Laurier
Madrigalier
Maillier
Malingrier
Malletier
Mallier
Maltôtier
Mancenillier
Manufacturier
Marguillier
Marinier
Marmitier
Maroquinier
Marronnier
Marselier
Massier
Matelassier
Médaillier
Mégissier
Melonnier
Ménétrier
Menuisier
Mercier
Merisier
Messier
Métier
Métivier
Meûnier
Mi-denier
Millier
Milsoudier
Minaudier
Miroitier
Mobilier
Molinier
Mortier
Moutardier
Moutier *ou* Monstier
Moutonnier
Muletier
Mûrier
Nattier
Nautonnier
Neflier
Négrier
Nocier
Noisettier
Norrequier
Nourricier
Nouvellier
Obédiencier
Obier
Obusier
Officier
Oiselier
Olivier
Ordurier
Orier
Ornier
Osier
Oubier
Pacanier
Paillier
Palefrenier
Palier
Palmier
Palonnier
Paludier
Pancalier
Panetier
Panier
Pantoufier
Papefiguier
Papetier
Papier
Paraisonnier
Parcheminier
Parlier
Parsonnier
Particulier
Passementier
Patenôtier
Pâtissier
Paulier

Paumier
Péagier
Peaussier *ou* Peaucier
Peignier
Pelletier
Pénancier
Pénitencier
Périer
Perruquier
Perruisanier
Pétardier
Petit-mérier
Phrasier
Pierrier
Pigeonnier
Pilier
Pincellier
Pionnier
Piquier
Pistachier
Pistolier
Pitancier
Plombier
Plumassier
Pluvier
Poaillier
Poêlier
Poillier
Poirier
Poissonnier
Poivrier
Pommier
Pontanier
Pontonnier
Porte-panier
Portier
Potier
Poucier
Pouillier
Poupelinier
Poupetier
Pourpier
Poussier
Prébendier
Premier
Pressier
Primicier
Printanier
Prisonnier
Prumier
Prunier
Psautier
Putassier
Quarantinier
Quartanier
Quartenier
Quartier
Quayer
Quilier
Quincaillier
Quintessencier
Radier
Ramier
Rancunier
Rangier
Raquettier
Ratelier
Ratier
Recettier
Redevancier
Réfectorier
Regrattier
Régulier
Renardier
Rentier
Reverquier
Romancier
Rosier
Roturier
Roucoyer
Roulier
Routier
Rubanier
Sablonnier

Sabotier
Sacquatier
Safranier
Sainturier
Saladier
Sandalier
Sanglier
Santier
Saucier
Saucissier
Saunier
Savetier
Séculier
Sellier
Semainier
Sentier
Séraskier
Sergier
Serrurier
Setier
Singulier
Solier
Sommelier
Sommier
Sorcier
Sottisier
Souhaitier
Soulier
Soupier
Sous-brigadier
Sous-camérier
Sous-clavier
Sous-fermier
Sous-pénitencier
Sous-réfectorier
Sous-rentier
Stagier
Survivancier
Tabletier
Taillablier
Taillandier
Tapissier
Tarier
Taumier
Taupier
Tavernier
Teinturier
Tenancier
Terrassier
Terre-Neuvier
Terrier
Tiercier
Timballier
Timonnier
Tisonnier
Tissutier-rubanier
Toilier
Tombelier
Tonnelier
Tontinier
Tracassier
Traversier
Trésorier
Trevier
Tripier
Tripotier
Thuilier
Usufruitier
Usurier
Vannier
Verdier
Verdurier
Vergettier
Verrier
Vice-chancelier
Viguier
Violier
Vivandier
Vivier
Voiturier
Volontiers
Vrillier

IER *dissyll.*

Arbalétrier
Baudrier
Bouclier
Calendrier
Cendrier
Chambrier
Chartrier
Chasublier
Chevrier
Coudrier
Emplâtrier
Epinglier
Etrier

Feutrier
Février
Gaufrier
Genévrier
Gingembrier
Levrier
Manouvrier
Marbrier
Ménétrier
Meurtrier
Neflier
Négrier
Ouvrier

Patenôtrier
Peuplier
Plâtrier
Porc-sanglier
Poudrier
Sablier
Salpétrier
Sanglier
Sucrier
Tablier
Templier
Titrier
Vinaigrier
Vitrier

Verbes.

Abrier
Allier
Amodier
Amplifier
Apostasier
Apparier
Apprécier
Approprier
Appuyer
Associer
Attédier
Balbutier
Barbifier
Béatifier
Bonifier
Bougier
Bousquier
Branchier
Brutifier
Calomnier
Carier
Carnifier
Certifier
Charier
Châtier
Chier
Choyer
Circonstancier
Clarifier
Colorier
Communier
Confier
Congédier
Contrarier
Copier
Corporifier
Crier
Crucifier
Décrier
Dédier
Défier
Déifier
Délier
Démarier
Dénier
Déparier
Déplier
Déprier
Désennuyer
Désexcommunier
Différencier
Disgracier
Diversifier
Domicilier
Domifier
Dulcifier
Écrier
Edifier
Effigier
Efformier
Embronchier
Emier
Ennuyer
Envier
Epautier
Epier
Episodier
Essencier
Essonier
Essuyer
Estropier
Étudier
Excommunier
Excorier
Exfolier
Expatrier
Expédier
Expier
Extasier
Falsifier
Fantasier
Fier
Folier

Fortifier
Glorifier
Gratifier
Guier
Héroïfier
Historier
Humilier
Identifier
Industrier
Ingénier
Initier
Injurier
Inventorier
Justifier
Lapidifier
Licencier
Lier
Lignifier
Liquéfier
Lubrifier
Magnifier
Manier
Marescaucier
Marier
Méfier
Melancolier
Mendier
Mésallier
Métrifier
Modifier
Mollifier
Mondifier
Mortifier
Multiplier
Négocier
Nier
Noncier
Notifier
Obscurifier
Obvier
Ochier *ou* Ocier
Officier
Orthographier
Ortier
Ossifier
Oublier
Pacifier
Pallier
Papier
Parier
Parodier
Pépier
Personnifier
Pétrifier
Pilorier
Player
Plier
Poulier
Préjudicier
Présomptier
Prier
Privilégier
Psalmodier
Publier
Purifier
Putréfier
Qualifier
Quidier
Rallier
Ramifier
Rapatrier
Raréfier
Rassasier
Ratifier
Réconcilier
Récrier
Réfugier
Regracier
Relier
Remarier
Remédier
Remercier
Remucier
Renoyer
Renvier
Reprier
Répudier
Résilier
Retrahier
Rétudier
Sacrifier
Salarier
Sanctifier
Scarifier
Scier
Scorifier
Seigneurier
Sentencier
Signifier
Simplifier

Socier
Solacier
Solfier
Soucier
Spécifier
Spolier
Stipendier
Stupéfier
Supplicier
Supplier
Tartuffier
Tendrifier
Testifier
Torréfier

Toupier *ou* Toupiller
Transsubstancier
Trépudier
Trier
Tuméfier
Varier
Vérifier
Versifier
Vicarier
Vicier
Vitrifier
Vivifier

Voyez les rimes en aier, *ou* ayer *et* oyer.

IÈRE.

Acquière
Aiguière
Altière
Arbalétrière
Armurière
Arrière
Aumônière
Aussière
Avant-courière
Aventurière
Baissière
Bandière
Bannière
Banqueroutière
Banquière
Barrière
Bâtardière
Batelière
Belière
Bernardière
Beurrière
Bière
Bonnetière
Bordélière
Bouquetière
Bouvière
Braisière
Brassière
Brelandière
Bruyère
Busquère
Cabaretière
Cabotière
Cacaoyère
Cafetière
Canardière
Cantonnière
Caponnière
Carnassière
Carrière
Cellérière
Cervelière
Chacunière
Chambonnière
Chambrière
Champignonnière
Chancelière
Chandelière
Chapelière
Chaperonnière
Chaponnière
Charbonnière
Charcutière
Chardonnière
Charnière
Chartière
Chaumière
Chayère
Chenevière
Chevalière
Chocolatière
Cimetière
Civière
Clairière
Clouère
Clouvière *ou* Clourière
Confiturière
Connillière
Conquière
Coquillière
Cordelière
Cordière
Cordilières
Courière
Coursière
Courtillière
Cousinière
Coutelière
Coutumière
Couturière

Crapaudière
Créancière
Crémaillère *ou* Crémillière
Cressonnière
Crinière
Croisière
Croupière
Cuillère *ou* Cuiller
Damasquinière
Dépensière
Derrière
Devancière
Devantière
Dindonnière
Dossière
Douairière
Drapière
Ecole buissonnière
Empérière
Enquière
Epicière
Epinglière
Etrivières
Façonnière
Faîtière
Familière
Felunières
Fesse-chambrière
Fêtière
Feuillière
Feutrière
Fiere
Filandière
Filière
Filotière
Financière
Foncière
Fondrière
Fouquière
Fourmillière
Fourrière
Frippière
Frontière
Fruitière
Garçonnière
Gargotière
Genouillère
Gentilhommière
Gibecière
Glacière
Gouttière
Grenadière
Grénetière
Grenouillère
Grevière
Grimacière
Guépière
Hansière
Herbière
Héritière
Héronnière
Hospitalière
Houblonnière
Houssière
Indulgence plénière
Irrégulière
Jardinière
Jarretière
Laitière
Lavandière
Lierre
Limonadière
Lingotière
Linière
Lisière
Litière
Lumière

Lunettière
Luzernière
Mâchelière
Manière
Marbrière
Mareschière
Marnière
Matière
Marinière
Melonnière
Mentonnière
Menuisière
Meulière
Meûnière
Meurtrière
Minaudière
Minière
Miroitière
Mobilière
Molière
Moulière
Muselière
Navière
Obronière
Officière
Ognonnière
Ornière
Oulmière
Ouvrière
Panetière
Panrière
Papetière
Parcière
Par-derrière
Particulière
Passe-Pierre *ou* Perce-pierre
Paumière
Paupière
Pépinière
Perrière
Perruquière
Pétaudière
Pierre
Pissotière
Plâtrière
Plénière
Plombière
Poissonnière
Poivrière
Pontière
Porte-pierre
Portière
Poulinière
Poussière
Poussinière
Prière
Quartière
Rabouillère
Rapière
Rasière
Ratière
Ravière
Rayère
Recettière

Régulière
Renardière
Rentière
Requière
Rivière
Rizière
Robière
Rombalière
Rosière
Roturière
Rubanière
Rudanière
Sablière
Sablonnière
Safranière
Salière
Salpêtrière
Sanglière
Sapinière
Saucière
Saunière
Savetière
Séculière
Serpillière
Sommelière
Sorcière
Soupière
Souricière
Sous-clavière
Tabâtière
Talonnières
Tanière
Tapière
Tapissière
Tarière
Taupière
Taupinière
Teinturière
Tenancière
Terrière
Têtière
Tettonnière
Théière
Toillière
Tortionnière
Tourière
Tourtière
Tracassière
Traîne-Rapière
Trésorrière
Tripière
Tripotière
Trônière
Truffière
Tuffière
Tuyère
Usufruitière
Usurière
Verrière
Vilotière
Visière
Vitrière
Vivandière
Volière

Voyez les fémin. des adj. en ier.

IERGE, *voyez* ERGE.

IEZ *monos.*

Voyez les rimes en ié, ied, *dont le pluriel fait* iés; *et divers temps de tous les verbes* : aimiez, aimeriez, aimassiez, etc.

IÈZ *dissyll.*

Riez
Souriez

Viez

Plus, divers temps et diverses personnes des verbes en ier, *et le pluriel des noms en* ié *dissyllabe.*

IET *et* JET, *voyez* ET.

IEU *et* YEU, *voyez* EU.

IEUX *et* YEUX.

Aïeux
Ambitieux
Audacieux
Avant-pieux
Avaricieux
Bilieux
Bisaïeux
Caïeux
Calomnieux
Camaïeux
Capricieux
Captieux
Cérémonieux
Chassieux

Cieux
Consciencieux
Contagieux
Contentieux
Copieux
Curieux
Délicieux
Dévotieux
Dieux
Ennuyeux
Envieux
Essieux
Facétieux
Factieux

Fallacieux
Fastidieux
Furieux
Glorieux
Gracieux
Harmonieux
Ignominieux
Impérieux
Industrieux
Ingénieux
Injurieux
Irréligieux
Joyeux
Judicieux
Laborieux
Licencieux
Lieux
Litigieux
Luxurieux
Malgracieux
Malicieux
Mélodieux
Mieux
Miséricordieux
Mystérieux
Odieux
Officieux
Oublieux
Pécunieux

Pernicieux
Pestilentieux
Pieux
Pluvieux
Précieux
Prodigieux
Radieux
Religieux
Révérencieux
Roupieux
Rouvieux *ou* Rouxvieux
Scabieux
Séditieux
Sentencieux
Sérieux
Soucieux
Soyeux
Spacieux
Spécieux
Spongieux
Studieux
Substancieux
Superstitieux
Trisaïeux
Vicieux
Victorieux
Vieux
Yeux

Plus, le pluriel des noms en ieu.

IF.

Ablatif
Abortif
Abréviatif
Abstersif
Abstractif
Abusif
Accélératif
Accusatif
Actif
Adjectif
Adjudicatif
Administratif
Admiratif
Adoptif
Adoratif
Adulatif
Adventif
Adversatif
Affectif
Affirmatif
Afflictif
Agglutinatif
Altératif
Alternatif
Apéritif
Appellatif
Appréciatif
Appréhensif
Apprentif
Approbatif
Attentif
Atténuatif
Attractif
Auditif
Augmentatif
Baillif
Blémitif
Canif
Captif
Carminatif
Chérif
Chétif
Cicatrisatif
Coactif
Coagulatif
Coercitif
Collatif
Collectif
Colliquatif
Communicatif
Commutatif
Comparatif
Compositif
Confortatif
Conglutinatif
Conjonctif
Consécutif
Conservatif
Consolatif
Consomptif
Constitutif
Constructif
Contemplatif
Contentif
Convulsif
Copulatif
Correctif
Corrélatif

Corroboratif
Corrosif
Corruptif
Craintif
Cumulatif
Curatif
Datif
Déceptif
Décisif
Déclaratif
Défectif
Défensif
Définitif
Délibératif
Démonstratif
Dénominatif
Dépilatif
Déprécatif
Dérivatif
Désignatif
Désobstructif
Désolatif
Désopilatif
Dessiccatif
Destructif
Déterminatif
Détersif
Dévolutif
Diffusif
Digestif
Diminutif
Directif
Discursif
Discussif
Disjonctif
Dispensatif
Dispensif
Dispositif
Dissolutif
Distinctif
Distributif
Divisif
Dormitif
Dulcificatif
Effectif
Electif
Elémentatif
Enonciatif
Entensif
Eradicatif
Esquif
Estimatif
Etrif
Evacuatif
Evaporatif
Exagératif
Excessif
Excitatif
Exclamatif
Exécutif
Exfoliatif
Exhortatif
Expansif
Expéditif
Explétif
Explicatif
Expressif
Exprimitif

Expulsif
Exterminatif
Extinctif
Exulcératif
Factif
Facultatif
Fautif
Fédératif
Fermentatif
Fictif
Figuratif
Finitif
Fixatif
Fomentatif
Frustratif
Fugitif
Furtif
Géminatif
Génératif
Génitif
Germinatif
Gérondif
Glutinatif
Hâtif
If
Illatif
Illuminatif
Imaginatif
Immersif
Impératif
Impulsif
Imputatif
Incarnatif
Incisif
Inchoatif
Indicatif
Infinitif
Infirmatif
Informatif
Initiatif
Insinuatif
Instructif
Instrumentatif
Insuccessif
Intellectif
Interprétatif
Interrogatif
Intransitif
Introductif
Intuitif
Invectif
Inventif
Itératif
Juif
Justificatif
Lascif
Laxatif
Législatif
Lénitif
Limitatif
Locatif
Lucratif
Lustratif
Maladif
Massif
Méditatif
Mémoratif
Métif *ou* Métis
Minoratif
Mitigatif
Modificatif
Mondificatif
Morosif
Motif
Naïf
Narratif
Natif
Négatif
Noisif
Nominatif
Noncupatif
Nutritif
Objectif
Obstructif
Offensif
Oisif
Olfactif
Opératif
Opilatif
Optatif
Ostensif
Palliatif
Partitif
Passif
Pénétratif

Pensif
Perceptif
Perspectif
Pignoratif
Plaintif
Pontificatif
Portatif
Positif
Possessif
Poussif
Préparatif
Présomptif
Primitif
Privatif
Probatif
Processif
Productif
Profectif
Progressif
Prohibitif
Prorogatif
Pulsatif
Purgatif
Putréfactif
Quiétif
Raréfactif
Rationatif
Rébarbatif
Récif *ou* Ressif
Récitatif
Récréatif
Réductif
Réduplicatif
Réflexif
Réfrigératif
Réitératif
Relatif
Remémoratif
Rémolliatif
Rémollitif
Rémunératif
Répercussif
Répréhensif
Représentatif
Répulsif
Répurgatif
Résolutif
Respectif
Responsif
Restauratif
Restreintif
Restrictif
Rétentif
Rétif
Rétroactif
Révocatif
Révolutif
Révulsif
Roboratif
Sédatif
Sensitif
Séparatif
Shérif
Significatif
Solutif
Soporatif
Spéculatif
Sternutatif
Stupéfactif
Subjectif
Subjonctif
Subsécutif
Substantif
Subversif
Successif
Suif
Superlatif
Suppuratif
Suspensif
Tardif
Tarif
Tempestatif
Ténétif
Tentatif
Translatif
Transmutatif
Turbatif
Unitif
Végétatif
Vif
Vindicatif
Visif
Vocatif
Vomitif
Votif

IPHE *ou* IFE.

Agriffe
Apocryphe

Attiffe
Biffa

Brife	Griffe
Calife	Hiéroglyphe
Chiffe	Logogryphe
Débiffe	Pontife
Ditriglyphe	Triglyphe
Escogriffe	

IFLE.

Connifle	Ecornifle
Mornifle	Renifle
Verbes.	Siffle
Chifle	

IFFRE.

Chiffre	Fifre
Déchiffre	Piffre
Empiffre	

IGE.

Apophyge	Dirige
Lige	Erige
Litige	Exige
Prestige	Fige
Prodige	Fustige
Tige	Mitige
Vertige	Navige
Vestige	Néglige
Volige	Oblige
Verbes.	Récollige
Afflige	Rédige
Collige	Refige
Corrige	Transige
Désoblige	Voltige

Plus divers temps d'autres verbes, comme dis-je, fis-je, *etc.*

IGLE.

Bigle

IGME.

Borborigme	Paradigme
Enigme	Phénigme

IGNE.

Bénigne	Assigne
Condigne	Barguigne
Consigne	Cligne
Curviligne	Consigne
Cygne	Désigne
Digne	Egratigne
Guigne	Enligne
Indigne	Forligne
Insigne	Guigne
Interligne	Indigne
Ligne	Provigne
Maligne	Réassigne
Mixtiligne	Rechigne
Rectiligne	Résigne
Signe	Signe
Vigne	Souligne
Verbes.	Soussigne
Aligne	Trépigne

IGRE.

Décigre	Tigre

IGUE.

Bec-figue	Prodigue
Brigue	*Verbes.*
Digue	
Fatigue	Bigue
Figue	Brigue
Gigue	Fatigue
Intrigue	Intrigue
Ligue	Prodigue

IL.

Alguasil	Incivil
Anil	Ménil
Brésil	Mil
Bil *ou* Bill	Mirtil
Bissextil	Morfil *ou* Ivoire
Canabil	Partil
Chacril	Pistil
Chartil	Profil
Cil	Puéril
Civil	Sextil
Colinil	Sil
Douzil	Subtil
Exil	Tortil
Fil	Vil
Goupil	Viril
Grosil	Volatil
Il	

IL *dont l'l est mouillée et ne se prononce que très-peu.*

Avril	Chenil
Babil	Connil
Baril	Emeril *ou* Emeri
Béryl	Famil
Cabril	Fournil
Fusil	Outil
Gentil	Pénil
Gresil *ou* Grêle	Péril
Gril	Persil
Mil	Sourcil
Nombril	

ILE *et* ILLE *dont l'l ne se mouille pas.*

Agile	Scille *ou* Squille
Agropyle	Scissile
Anciles	Scurrile
Antifébriles	Sebille
Aquatille	Sectile
Arbalétrille	Sensile
Aréostyle	Servile
Argile	Sibile
Asyle	Sibylle
Atrabile	Sille
Bibliophile	Smille
Bile	Spartile
Calleville	Spondyles
Chyle	Squille
Civile	Stérile
Codicille	Style
Conchyle	Subtile
Concile	Tactile
Condyle	Textile
Cotyle	Tonalchile
Crocodile	Tordile
Croix-pile	Tranchefile
Dactyle	Tranquille
Débile	Trochile
Difficile	Ustensile
Docile	Utile
Domicile	Vaudeville
Edile	Versatile
Egagropyle	Vigile
Eolipyle	Vile
Evangile	Ville
Facile	Virile
Fertile	Volatile
Fibrille	Zoïle
File	*Verbes.*
Fluviatile	
Fossile	Affile
Fragile	Annihile
Gentile	Assimile
Gille	Compile
Habile	Défile
Imbécille	Désopile
Incivile	Distille
Indélébile	Effile
Indocile	Empile
Infertile	Enfile
Inhabile	Epile
Intactile	Exile
Inutile	Faufile
Logistille	File
Mal-habile	Huile
Mille	Jubile
Mobile	Mutile
Myrtile	Opile
Nautile	Oscille
Nubile	Pile
Pédophile	Profile
Péristyle	Repile
Pile	Smille
Psyles	Style
Puérile	Tranchefile
Pupille	Vacille
Reptile	Ventille

ILE *long.*

Huile	Presqu'île *ou* Péninsule
Ile	Tuile

ILLA, *voyez* LA.

ILLANT, *voyez* ANT.

ILLE *qui se mouille.*

Aiguille	Cantatille
Anguille	Cascarille
Aphronille	Caudille
Apostille	Cédille
Arbalestrille	Cevadille *ou* Sibadile
Armadille	Charmille
Bastille	Chenille
Béatilles	Chevilles
Belle-fille	Chondrille *ou* Condrille
Béquille	Choupille
Bérille	Cochenille
Bille	Codille
Bisbille	Coquille
Blanquille	Cordille
Brouilles	Coronille
Brusquembille	Courtille
Camomille	
Canetille	
Croustille	*Verbes.*
Dille	Apostille
Drille	Boursille
Ecrilles	Brandille
Effondrilles	Brille
Esquille	Cheville
Etrille	Cochenille
Famille	Connille
Faucille	Croustille
Fibrille	Décille
Fille	Dégobille
petite-Fille	Déshabille
belle-Fille	Détortille
Flottille	Drille
Fondrille	Escarquille
Frétille	Echenille
Gentille	Egosille
Golille	Encastille
Goupille	Entortille
Grille	Eparpille
Guenille	Estampille
Harille	Etrille
Jantilles	Eventille
Jonquille	Fourmille
Lentille	Fretille
Mandille	Fusille
Manille	Gambille
Mantille	Gaspille
Mascarille	Goupille
Morille	Gouspille
Nille	Gresille
Pacotille	Grille
Pastille	Guille
Peccadille	Habille
Pointille	Houspille
Pontilles	Hurtebille
Potentille	Jantille
Quadrille	Morbille
Quille	Nasille
Quintille	Pendille
Roquille	Pétille
Roupille	Pille
Simille	Pointille
Soudrille	Pontille
Souquenille	Quille
Spadille	Recoquille
Squille	Recroqueville
Strille	Rhabille
Tille	Roupille
Tormentille	Sautille
Torpille	Sille
Tourdille	Sourcille
Vanille	Tortille
Verticilles	Toupille
Vérille	Vermille
Vrille	Vétille
Vrilles	Vrille

ILPHE.

Silphe

ILTRE.

Filtre	Philtre

LVE.

Sylve

IM.

Intérim	Piatatim
Parnassim	

MBE.

Limbe	Nimbe
Limbes	Regimbe

MBRE.

Thymbre	Timbre

IM *long* ou ISME.

Abîme	Dîme

IME *bref.*

Amplissime	Estime
Anonyme	Excellentissime
Azyme	Faussissime
Bassissime	Fourbissime
Bellissime	Frime
Cacochyme	Généralissime
Callionyme	Ginglyme
Centime	Grandissime
Cime	Grime
Circonspectissime	Habilissime
Clarissime	Homonyme
Copronyme	Ignorantissime
Crime	Illégitime
Cryptonyme	Illustrissime
Décime	Infime
Eminentissime	Infinitésime
Engastronyme	Ingratissime
Epididyme	Intime
Epithyme	Légitime
Escrime	Lime
Longanime	*Verbes.*
Maritime	Anime
Maxime	Arrime
Millésime	Comprime
Millime	Décime
Mime	Déprime
Minime	Désenvenime
Monorime	Ecime
Nobilissime	Elime
Pantomime	Envenime
Parenchyme	Escrime
Piissime	Estime
Polyonyme	Exprime
Prime	Imprime
Pseudonyme	Intime
Pusillanime	Légitime
Quadragésime	Lime
Quinquagésime	Mésestime
Rarissime	Opprime
Régime	Périme
Révérendissime	Prime
Rime	Ranime
Savantissime	Rédime
Septuagésime	Réimprime
Sexagésime	Réprime
Simplicissime	Rime
Sublime	Sublime
Synonyme	Supprime
Unanime	Trime
Victime	

IMNE.

Hymne

IMPE.

Grimpe	Olympe
Guimpe	

IMPHE *ou* YMPHE.

Lymphe	Paranymphe
Nymphe	

IMPLE.

Simple

IN.

Adultérin	Bouchin
Afin	Boudin
Agnelins	Boulin
Aigrefin	Boulingrin
Aimantin *ou* Magnérique	Bouquetin
	Bouquin
Alevin	Bourdin
Alexandrin	Bousin
Alfonsin	Brandevin
Algonquin	Brassin
Alkalin	Bredindin
Ambresin	Bregin
Anodin	Bressin
Apocyn	Brigantin
Apostolin	Brigittin
Aquilin	Brin
Archipatelin	Brodequin
Argentin	Buccin
Argousin	Bufferin
Arlequin	Bulletin
Armoisin	Burin
Arsin	Butin
Assassin	Cadouin
Aubépin	Caisserin
Aubin	Caleborin
Avertin	Calepin
Avortin	Calfatin
Babouin	Calin
Badin	Callixtin
Baladin	Canepin
Baldaquin	Canequin
Balin	Canin
Ballarin	Canobin
Ballotin	Capolin
Balotin	Capucin
Bambin	Carabin
Bandins	Carlin
Banvin	Carmin
Baragouin	Casaquin
Basin	Caserin *ou* Cassetin
Bassin	Cassin
Bauquin	Catin
Bavardin	Cavin
Bec-de-corbin	Cazin
Béguin	Célerin
Bélédin	Célestin
Bénédictin	Chafouin
Benin	Chagrin
Bernardin	Chambourin
Berretin	Chapin
Bezestin	Chasse-coquin
Biscotin	Chasse-cousin
Blin	Chemin
Blondin	Chérubin
Bobelin	Chevrotin
Bombakin	Chicotin
Boucassin	Chien-marin
Christodin	*Gorgerin*
Chrysoprasin	Gossanpin *ou* Fromanger
Circonvoisin	
Cisalpin	Gourdin
Citadin	Gouspin
Citrin	Gradin
Clandestin	Grandolin
Clarenin	Grappin
Clavecin	Grassin
Clémentin	Grattin
Clopin	Gredin
Coffin	Grelin
Colin	Gribelin
Colletin	Grimelin
Colombin	Guilledin
Confins	Hutin
Conin	Ignorantin
Consanguin	Incarnadin
Contadin	Intestin
Coquin	Jacobin
Corallin	Jardin
Corbin	Jasmin
Courantin	Jenin
Cousin	Jobelin
Coussin	Juin
Crancelin	Kabin
Crapoussin	Lamantin
Craquelin	Lambin
Cremlin	Lambrequin
Crépin	Lapin
Crin	Larcin
Crispin	Latin
Cristallin	Lectrin
Crottin	Léonin
Cucurbitin	Libertin
Culottin	Limosin
Cumin	Lin
Dandin	Londrins
Dauphin	Lopin
Déclin	Lubin
Dessin	Lupin
Destin	Lutin
Devin	Lutrin
Diablotin	Luzin
Diamantin	Magasin
Divin	Maillotin
Doguin	Mal-engin
Doucin	*Malestrin*
Drelin	Malin
Ecarlatin	Mandarin
Echevin	Mandrin
Echin	Mannequin
Ecrin	Maraboutin
Enclin	Marasquin
Enfantin	Marcassin
Enfin	Marin
Engin	Maringouin
Entérin	Maroquin
Eparvin	Marouchin
Epoullin	Marsouin
Escarlin	Masculin
Escarpins	Marassins
Esterlin	Mathurin
Estrapontin	Mâtin
Fagotin	Matin
Fantassin	Mazarin
Faquin	Mazelin *ou* Mazerin
Farcin	
Feilin *ou* Ferlin	Médecin
Féminin	Médiastin
Férin	Menin
Festin	Merlin
Fin	Meschin
Flandrin	Mesquin
Flin	Miramolin
Florentin	Mont-Ferrin
Florin	Moulin
Flouin	Muscadin
Fortin	Mutin
Francolin	Nervin
Fretin	Observantin
Frontin	Obin
Frusquin	Orphelin
Funin	Orpin
Furin	Padelin
Fusin	Paladin
Galantin	Palanquin
Galopin	Palatin
Gamin	Pantin
Garbin	Papelin
Gazetin	Papin
Genetins	Parchemin
Gérondin *ou* Girondin	Pascalin
	Pasquin
Gibelin	Patelin
Gigantin	Patin
Gobelins	Pélerin
Gobin	Penguin *ou* Pangouin
Godin	
Gonin	Pepin

Pérégrin
Perlinpinpin
Picotin
Pin
Porc-marin
Potin
Poulevrin
Poupelin
Poupin
Poussin
Prin
Provin
Pulvérin
Pumicin
Purpurin
Quadrin
Rabbin
Raisin
Ramequin
Ravelin
Ravin
Repentin
Requin
Réveille-matin
Révolin
Robin
Romarin
Rondelin
Rondin
Rotin
Roussin
Sagouin
Saint-Augustin
Salin
Salvelin
Samequin
Sanguin
Sapin
Satin
Sauvagin
Scapin
Scopetin
Scrutin
Sebelin
Sequin
Séraphin
Serancolin
Serin
Serpentin
Sibyllin
Smectin
Songe-malin
Spadassin
Staphilin
Sterlin
Strapontin
Succin
Sultanin
Superfin
Supin
Tabarin
Talapoin
Tamarin
Tambourin
Tantin
Taquin
Tarin
Tâte-vin
Taumalin
Taupin
Terrin
Théatin
Thym
Tinrelintintin
Tintin
Tintouin
Tocsin
Tondin
Tournemin
Transmarin
Transpontin
Traversin
Tremplin
Trinquenin
Trinquetin
Trivelin
Trottin
Trousse-quin
Trusquin
Tubalcain
Turbotin
Turlupin
Turquin
Utérin
Vagin
Vélin
Venin
Vercoquin
Verin
Vertugadin
Victorin
Vilebrequin
Vin
Voisin
Vulpin
Zinzolin

I N C *et* I N Q.

Cinq
Zinc

I N C E *et* I N S E.

Emince
Evince
Grince
Mince
Pince
Province
Rince

Plus diverses personnes dans les verbes tenir, venir, *et leurs composés*, tinsse, vinsse, *etc.*

I N C H E.

Clinche

I N C T.

Distinct
Instinct
Succinct

I N C T E.

Distincte
Succincte

I N D E.

Blinde
Brinde
Coq d'Inde
Guinde
Olinde
Pinde
Poule d'Inde
Rescinde

I N D R E.

Cylindre
Graindre
Guindre
Enceindre
Enfreindre
Epreindre
Eteindre
Etreindre

Verbes.

Atteindre
Aveindre
Ceindre
Chanfreindre
Complaindre
Contraindre
Craindre
Dépeindre
Déteindre
Feindre
Freindre
Geindre
Maindre
Peindre
Plaindre
Restreindre
Teindre

I N E.

Agneline
Almantine
Albumine
Algonkine
Alkaline
Alphonsine
Alvine
Amaranthine
Androgyne
Angevine
Angine
Annotine
Apalachine
Ardassines
Argentine
Armeline
Aruspicine
Asine
Assassine
Aubépine
Auspicine
Aveline
Aventurine
Babine
Badine
Badines
Balancine
Baline
Balsamine
Barbotine
Bassine
Bécassine
Béguine
Bénédictine
Berline
Bernardine
Bobine
Bodine
Bottine
Boudine
Bouline
Bramine
Brigantine
Brigittine
Bruine
Buccine
Buratine
Burgandine
Cache-platine
Calamine
Cambraisine
Cambrasine
Cameline
Camelotine
Campine
Canine
Cantine
Capeline
Capucine
Carabine
Carbatine
Cardamine
Carline *ou* Caroline
Carmeline
Cassine
Castine
à la Célestine
Centrine
Cerasine
Chafouine
Chagrine
Chevaline
Chevrotine
Chopine
Circonvisine
Cisalpine
Citadine
Citrine
Clandestine
Clarine
Clémentine
Coffine
Concubine
Contre-hermine
Contremine
Coquine
Coralline
Cornachine
Cornaline
Cortine
Cotonine
Couleuvrine
Courtine
Cousine
Crapaudine
Crapoussine
Crépine
Cristalline
Cuine
Cuisine
Czarine
Dauphine
Devine
Discipline
Doctrine
Doguine
Doncine
Duracine
Ecarlatine
Echine
Eglantine
Egohine
Elatine
Enfantine
Epine
Erine
Ernestine
Esclavine
Esquine
Etamine
Extispicine
Famine
Farine
Jean-Farine
Fascine
Féminine
Ferrandine
Feuillantine
Fibrine
Forcine
Fouine
Fureur utérine
Gabatine
Galvardine
Gandine
Gélasines
Gélatine
Géline
Gésine
Gingrine
Gouine
Gourgandine
Gourmandine
Gradine
Guillotine
Hale-bouline
Herbeline
Hermine
Héroine
Hongreline
Houssine
Intestine
Javeline
Lambine
Landgravine
Latrines
Légatine
Lettrine
Libitine
Lustrine
Macémutine
Machine
Madouine
Maline
Mandoline
Manteline
Marine
garde-Marine
Marteline
Marine
Médecine
Menine
Mézeline
Mine
Moissine
Morgeline
Moscateline
Mousseline
Narine
Octavine
Origine
Orcheline
Palatine
Papeline
Pascaline
Pateline
Pinne-marine
Piscantine
Piscine
Platine
Pleurine
Poitrine
Popine
Poupine
Praline
Puine
Purpurine
Putine
Quine
Racine
Rapine
Ratine
Ravine
Résine
Rétine
Robertine
Rousseline
Routine
Rugine
Ruine
Sabbatine
Sabine
Sacristine
Saisine
Saline
Salines
Salveline
Sanguine
Santoline
Sapine
Sardine
Sauvagine
Scalvine
Scarlatine
Semencine *ou* Santonine
Sentine
Serine
Serpentine
Sourdeline
Sourdine
Squine
Taquine
Térébenthine
Termine
Terrine
Tettine
Tine
Tontine
Tourmentine
Tricline
Trine
Urine
Ursuline
Usine
Utérine
Vérine
Vermine
Verrines
Vipérine
Visitandine
Voisine
Zibeline

Voyez les fémin. des adj. en in.

Verbes.

Abomine
Acoquine
Achemine
Affine
Alevine
Assassine
Avoisine
Badine
Baragouine
Bassine
Bobine
Bouline
Bouquine
Bruine
Burine
Butine
Calcine
Caline
Chagrine
Chemine
Chopine
Clopine
se Coffine
Combine
Confine
Conglutine
Contamine
Contremine
Coqueline
Coquine
Cuisine
Culmine
Dandine
Décline
Déracine
Dessine
Destine
Détermine
Devine
Discipline
Domine
Ebouline
Echine
Efféminé
Embéguine
Enracine
Entérine
Examine
Extermine
Farine
Fascine
Festine
Fulmine
Gourdine
Grappine
Grimeline
Illumine
Imagine
Incline
Lutine
Machine
Magasine
Mariné
Matassine
Mâtine
Médecine
Mine
Obstine
Opine
Organsine
Pateline
Patine
Piétine
Prédestine
Prédomine
Préopine
Raffine
Rapine
Ruine
Rumine
Taquine
Termine
Turlupine
Urine
Voisine

I N E *long.*

il Dîne

I N G E.

Alinge
Comminge
Linge
Meninge
Plinge
Singe

I N G L E.

Cingle
Epingle
il Single
Tringle

I N G R E.

Malingre

I N G U E.

Bastingue
Boulingue
Camerlingue
Carlingue
Distingue
Elingue
Fringue
Ralingues
Ramingue
Seringue

I N Q, *voyez* I N C.

I N Q U E.

Chinque
Pinque
Trinque

I N S.

Voyez les noms en in, *dont le pluriel fait* ins. *Plus, divers temps et diverses personnes des verbes en* enir.

I N S E, *voyez* I N C E.

I N T.

Célarent
Quint
Quint et Re-quint
Succinct
Vingt

Verbes.

Abstint
Appartint
Contint
Contrevint
Convint
Détint
Disconvint
Entretint
Intervint
Maintint
il Mésavint
Obtint
Parvint
Prévint
Provint
Ressouvint
Retint
Revint
Soutint
Souvint
Survint
Tint
Vint

Voyez les rimes en aint *et* eint.

I N T E.

Absinthe
Coloquinte
Hyacinthe
Labyrinthe
Pinte
Plinthe
Quinte
Succincte
Térébinthe
Tinte

Voyez les rimes en ainte, einte; *et pour rimer au pluriel, voyez les prétérits des verbes* tenir, venir, *et de leurs composés.*

I N T R E.

Cintre
Peintre

I N X *et* Y N X.

Larynx
Lynx
Sphinx

I N Z E.

Demi-quinze
Quinze

I O N *dissyll.*

Abdication
Abellion
Aberration
Abjection
Abjuration
Ablution
Abnégation
Abolition
Abomination
Abrasion
Abréviation
Abrogation
Absolution
Absorption
Abstersion
Abstraction
Accélération
Acceptation
Acceptilation
Acception
Accession
Acclamation
Accumulation
Accusation
Acquisition
Acquit-à-caution
Action
Adaptation
Addition
Ademption
Adhésion
Adition
Adjection
Adjudication
Administration
Admiration
Admission
Admonition
Adnotations
Adoption
Adoration
Adrogation
Adulation
Adustion
Affabulation
Affectation
Affection
Affiliation
Affirmation
Affliction
Agglutination
Agitation
Agnation
Agrégation
Agression
Alcyon
Alérion
Aliénation
Allégation
Allocation
Allocution
Allusion
Altération
Altercation
Amalgamation
Ambition
Amélioration
Amodiation
Amphictyons
Ampliation
Amplification
Amputation
Animadversion
Animation
Annexion
Annihilation
Annonciation
Annotation
Annullation
Anticipation
Apparition
Appellation
Application
Apposition
Appréciation
Appréhension
Approbation
Appropriation
Approximation
Arbitration
Ardélion
Argumentation
Arrestation
Articulation
Ascension
Aspersion
Aspiration
Assation
Assection
Assertion
Assignation
Assimilation
Association
Assomption
Astriction
Attention
Atténuation
Attestation
Attraction
Attribution
Attrition
Audition
Augmentation
Autorisation
Aversion
Ballotation
Bastion
Béatification
Bénédiction
Bifurcation
Billion
Brimborions
Brutification
Calcination
Camion
Canonisation
Capitation
Capitulation
Caprification
Carnation
Carnification
Cassation
Castramétation
Castration
Cautérisation
Caution
Cavillation
Célébration
Centralisation
Centurion
Cération
Certification
Cessation
Cession
Chaménérion
Champion
Chrismation
Chylification
Cion
Cirsion
Circoncision
Circonlocution
Circonspection
Circonvallation
Circonvention
Circulation
Circumincession
Citation
Clarification
Classification
Claudication
Clayon
Coaction
Coagulation
Coalition
Cohésion
Cohobation
Co-indication
Coïon
Collation
Collection
Colliquation
Collision
Collocation
Collusion
Colorisation
Combustion
Comessation
Commémoration
Commination
Commisération
Commission
Commotion
Communication
Communion
Comparution
Compassion
Compensation
Compilation
Complexion
Componction
Composition
Compréhension
Compression
Computation
Concaténation
Concentration
Conception
Concession
Conciliation
Concion
Concision
Conclamation
Conclusion
Concoction
Concussion
Condamnation
Condensation
Condition
Confabulation
Confection
Confédération
Confession
Configuration
Confirmation
Confiscation
Conflagration
Conformation
Confortation
Confrontation
Confusion
Confutation
Congélation
Congestion
Conglobation
Conglutination
Congratulation
Congrégation
Conjonction
Conjuration
Connexion
Connotation
Conscription
Consécration
Consécution
Conservation
Considération
Consignation
Consolation
Consolidation
Consommation
Consomption
Conspiration
Constellation
Consternation
Constipation
Constitution
Constriction
Construction
Consubstantiation
Consultation
Contagion
Contamination
Contemplation
Contention
Contestation
Contignation
Continuation
Contorsion
Contraction
Contradiction
Contravention
Contrefaction
Contre-indication
Contreposition
Contre-révolution
Contrevallation
Contribution
Contrition
Contusion
Convention
Conversation
Conversion
Conviction
Convocation
Convulsion
Coopération
Cooptation
Copulation
Corporation
Corporification *ou* Corporisation
Correction
Corrélation
Corrosion
Corruption
Coruscation
Cotisation
Crayon
Création
Crispation
Cristallisation
Croupion
Crucifixion
Culmination
Cultellation
Cultivation
Curation
Damnation
Dation
Davéridion
Déalbation
Débilitation
Décantation
Décapitation
Déception
Décimation
Décision
Déclamation
Déclaration
Déclination
Décoction
Décollation

Décollation
Décomposition
Décoration
Décrépitation
Décurion
Décussation
Dédition
Déduction
Défalcation
Défécation
Défection
Définition
Déflagration
Déflegmation
Déflexion
Dégénération
Déglutition
Dégradation
Dégustation
Déification
Déjection
Délecration
Délégation
Délibation
Délibération
Délinéation
Démarcation
Démission
Démolition
Démonstration
Dénégation
Dénomination
Dénonciation
Dénotation
Dent-de-lion
Dentition
Dépilation
Dépopulation
Déportation
Déposition
Dépossession
Dépravation
Déprécation
Déprédation
Dépuration
Députation
Dérision
Dérivation
Dérogation
Descension
Désappropriation
Description
Désertion
Désignation
Désincamération
Désinfection
Désoccupation
Désolation
Désopilation
Désorganisation
Desponsation
Despumation
Desquamation
Dessiccation
Destination
Destitution
Destruction
Désunion
Détention
Détérioration
Détermination
Détestation
Détonation
Détraction
Dévastation
Déviation
Dévolution
Dévotion
Diction
Diffamation
Diffusion
Digestion
Digression
Dilacération
Dilapidation
Dilatation
Dilection
Dimension
Diminution
Direction
Disceptation
Discontinuation
Discrétion
Discursion
Disjonction
Dislocation
Disparution
Dispensation
Dispersion
Disposition
Disproportion
Disquisition
Dissection
Dissention
Dissertation
Dissimulation
Dissipation
Dissolution
Dissuassion
Distension
Distillation
Distinction
Distorsion
Distraction
Distribution
Diversion
Divination
Division
Divulgation
Divulsion
Domination
Donation
Dormition
Dotation
Dubitation
Duplication
Ebullition
Ectropion
Edification
Edition
Education
Edulcoration
Efféminatíon
Effraction
Effusion
Egalisation
Ejaculation
Ejection
Elaboration
Election
Elévation
Elision
Elixation
Elixiviation
Elocution
Elongation
Elucidation
Elucubration
Emanation
Emancipation
Embrocation
Embryon
Emendation
Emention
Emersion
Emigration
Emission
Emotion
Emplastration
Emulsion
Enervation
Enonciation
Entonation
Enumération
Equation
Equitation
Eradication
Erection
Eructation
Erudition
Eruption
Escoffion
Espion
Estimation
Evacuation
Evagation
Evaluation
Evaporation
Evasion
Eversion
Eviction
Evocation
Evolution
Evulsion
Exaction
Exagération
Exaltation
Examination
Exaspération
Excavation
Excédation
Exception
Excision
Excitation
Exclamation
Exclusion
Excommunication
Excoriation
Excrétion
Excusation
Excussion
Exécration
Exécution
Exemption
Exercitation
Exfoliation
Exhalation
Exhérédation
Exhibition
Exhortation
Exhumation
Expansion
Expatriation
Expectation
Expectoration
Expédition
Expiation
Expilation
Expiration
Explication
Exploitation
Explosion
Expolition
Exportation
Exposition
Expression
Expulsion
Expurgation
Exsiccation
Exsudation
Extension
Exténuation
Extermination
Extinction
Extirpation
Extorsion
Extraction
Extradiction
Extravagation
Extravasation
Extrême-onction
Exulcération
Exultation
Fabrication
Faction
Falsification
Fascination
Félicitation
Fécondation
Fermation
Fermentation
Ferrification
Fiction
Fidéjussion
Filiation
Filtration
Fixation
Flagellation
Flexion
Fluctuation
Fluxion
Fomentation
Fonction
Fondation
Forclusion
Formation
Fornication
Fortification
Fourmi-lion
Fraction
Fréquentation
Friction
Fruition
Fulmination
Fumigation
Fusion
Fustigation
Futurition
Gabion
Gavion
Génération
Génuflexion
Germination
Gestation
Gesticulation
Gestion
Glorification
Gradation
Graduation
Granulation
Gratification
Gravitation
Gustation
Habitation
Habituation
Herborisation
Histrion
Homologation
Horion
Humectation
Humiliation
Ilion
Illation
Illumination
Illusion
Illustration
Illutation
Imagination
Imbibition
Imitation
Immatriculation
Immédiation
Immersion
Immixtion
Immodération
Immolation
Immortification
Impanation
Impastation
Imperfection
Impétration
Implantation
Implication
Imploration
Importation
Imposition
Imprécation
Imprégnation
Impression
Improbation
Impulsion
Imputation
Inaction
Inanition
Inapplication
Inattention
Inauguration
Incamération
Incantation
Incarnation
Incération
Incession
Incinération
Incirconcision
Incision
Incitation
Inclination
Inconsidération
Incontradiction
Incorporation
Incorrection
Incorruption
Incrustation
Incubation
Inculpation
Incursion
Indécision
Indétermination
Indévotion
Indication
Indiction
Indigestion
Indignation
Indiscrétion
Indisposition
Indistinction
Induction
Inescation
Inexécution
Infamation
Infatuation
Infection
Inféodation
Infiltration
Inflammation
Inflexion
Infliction
Information
Infraction
Infusion
Ingression
Inhibition
Inhumation
Initiation
Injection
Injonction
Innovation
Inobservation
Inoculation
Inondation
Inquiétation
Inquisition
Inscription
Insémination
Insertion
Insession
Insinuation
Insolation
Inspection
Inspiration
Installation
Instauration
Instigation
Instillation
Institution
Instruction
Insurrection
Intégration
Intellection
Intension
Intention
Intercalation
Interception
Intercession
Interdiction
Interjection
Intermission
Interpellation
Interpolation
Interposition
Interprétation
Interrogation
Interruption
Intersection
Intervention
Interversion
Intimation
Intimidation
Intinction
Intitulation
Intonation
Introduction
Intromission
Intronisation
Intrusion
Intuition
Intussusception
Invasion
Invention
Inversion
Investigation
Invitation
Invocation
Involution
Irradiation
Irréligion
Irrésolution
Irrision
Irritation
Irroration
Irruption
Isthmion
Jectigation
Jonction
Jubilation
Jurisdiction
Jussion
Justification
Juxta-position
Lacération
Lamentation
Lampion
Lamproyon *ou* Lamprillon
Lapidation
Lapidification
Latinisation
Légalisation
Légation
Légion
Législation
Légitimation
Lésion
Lévigation
Libation
Libération
Libration
Licitation
Limitation
Lion
Liquation
Liquéfaction
Liquidation
Lixiviation
Location
Locution
Lotion
Lucubration
Lustration
Lutation
Luxation
Macération
Machination
Malédiction
Malversation
Manducation
Manicordion
Manifestation
Manipulation
Manumission
Manutention
Marion
Mastication
Matation
Maturation
Médiation
Méditation
Mélioration
Mention
Mercurification
Métopion
Migration
Million
Minéralisation
Mion
Mircolion
Mission
Mixtion
Modération
Modification
Modulation
Monition
Morion
Morpion
Mortification
Motion
Multiplication
Munition
Mutation
Mutilation
Mystification
Narration
Nation
Naturalisation
Navigation
Négation
Négociation
Neutralisation
Nomination
Nonciation
Notification
Notion
Novation
Noyon
Numération
Nutation
Nutrition
Objection
Objurgation
Oblation
Obligation
Obreption
Obsécration
Observation
Obsession
Obsidion
Obstination
Obstruction
Obtention
Obvention
Occasion
Occision
Occultation
Occupation
Ocquisition
Odoration
Omission
Onction
Ondulation
Opération
Opilation
Opinion
Opposition
Oppression
Option
Ordination
Organisation
Origination
Oscillation
Ossification
Ostentation
Ovation
Pacification
Paction
Palliation
Pallion
Palpitation
Participation
Partition
Passation
Passion
Pénétration
Pension
Péragration
Perception
Percussion
Perdition
Pérégrination
Péremption
Perfection
Perforation
Permission
Permutation
Perpétuation
Perquisition
Persécution
Perspiration
Persuasion
Perturbation
Perversion
Pétition
Pétrification
Pied-de-lion *ou* Alchimille
Pion
Plantation
Pleyon
Pluspétition
Pollion
Pollicitation
Pollution
Ponctuation
Population
Porphyrisation
Porrection
Porte-crayon
Portion
Position
Possession
Postulation
Potion
Précaution
Précession
Précipitation
Précision
Préconisation
Prédestination
Prédétermination
Prédication
Prédiction
Prédilection
Prédomination
Préfixion
Prélation
Préméditation
Prémotion
Prénotion
Préoccupation
Préparation
Préposition
Prescription
Présentation
Préservation
Présomption
Pression
Prestation
Présupposition
Prétention
Prétérition
Prétermission
Prévarication
Prévention
Prévision
Principion
Privation
Probation
Procession
Proclamation
Procréation
Procuration
Production
Profanation
Profection
Profession
Profusion
Progression
Prohibition
Projection
Prolation
Prolongation
Promission
Promotion
Promulgation
Pronation
Prononciation
Pronostication
Propagation
Propension
Propitiation
Proportion
Proposition
Prorogation
Proscription
Prostitution
Prostration
Protection
Protestation
Provision
Provocation
Psaltérion
Publication
Pulsation
Pulvérisation
Punition
Purgation
Purification
Putréfaction
Qualification
Question
Radiation
Ramification
Raréfaction
Ratification
Ratiocination
Ration
Rayon
Réaction
Réalisation
Réappréciation
Réassignation
Rebaptisation
Rébellion
Récapitulation
Réception
Récitation
Réclamation
Réclusion
Récognition
Récollection
Recommandation
Recomposition
Réconciliation
Réconduction
Réconfortation
Reconstruction
Reconvention
Récréation
Récrimination
Récupération
Récusation
Reddition
Rédemption
Redhibition
Redistribution
Réduction
Réduplication
Réédification
Réédition
Réfaction
Réfection
Réflexion
Réformation
Réfraction
Réfrigération
Réfutation
Régénération
Région
Régistration
Réhabilitation
Réimpression
Réitération
Rélation
Relaxation
Religion
Relocation
Rémission
Rénumération
Renonciation
Renovation
Réordination
Réparation
Reparition
Répartition
Répercussion
Répétition
Réplétion
Répréhension
Représentation
Réprobation
Reproduction
Répudiation
Répulsion
Réputation
Réquisition
Rescision
Rescription
Résignation
Résiliation
Résolution
Respiration
Responsion
Restauration
Restipulation
Restitution
Restriction
Résumption
Résurrection
Rétention
Retiration
Rétorsion
Rétractation
Rétraction
Rétribution
Rétroaction
Rétrocession
Rétrogradation
Réunion
Révélation
Revendication
Réverbération
Réversion
Révision
Revivification
Révocation
Révolution
Révulsion
Rhétorication
Rogations
Rotation
Rubification
Rudération
Rumination
Salification
Salivation
Salutation
Salvation
Sanctification
Sanction
Sanguification
Satisfaction
Satyrion
Sayon
Scarification
Scintillation
Scion
Scission
Scorification
Scorpion
Secrétion
Section
Sécularisation
Sédition
Séduction
Ségrégation
Sensation
Séparation
Septentrion
Séquestration
Session
Sidération
Signification
Situation
Solemnisation
Sollicitation
Solution
Sommation
Sophistication
Soumission
Souscription
Soustraction
Spécification
Spéculation
Spiration
Spiritualisation
Spoliation
Sputation
Stagnation
Station
Stipulation
Strangulation
Stratification
Stupéfaction
Subdélégation
Subdivision
Subhastation
Subjection
Sublimation
Submersion
Subordination
Subornation
Subreption
Subrogation
Substitution
Subtilisation
Subvention
Subversion
Succession
Succion
Suction
Suffocation
Suffumigation
Suffusion
Suggestion
Sugillation
Sujétion
Supération
Superfétation
Superposition
Superpurgation
Superstition
Supination
Supplantation
Supplication
Supposition
Suppression
Suppuration
Supputation
Surannation
Surérogation
Susception
Suscitation
Suscription
Suspension
Suspicion
Sustentation
Syllabisation
Tabellion
Taction
Talion
Tapion
Taudion
Taxation
Tayon
Tension
Tentation
Térébration
Titillation
Titubation
Torréfaction
Tractation
Tradition
Traduction
Transaction
Transcolation
Transcription
Transélémentation
Transfiguration
Transformation
Transfusion
Transgression
Transition
Translation
Transmigration
Transmission
Transmutation
Transpiration
Transplantation
Transposition
Transsubstantiation
Trayon
Tréméfaction
Trémion
Trépidation
Trillion
Trisection
Trituration
Troublation
Tuméfaction
Tution
Ulcération
Ultion
Union
Univocation
Ustion
Usucapion
Usurpation
Vacation
Vacillation
Validation
Variation
Vaticination
Végétation
Vendication
Vendition
Vénération
Ventilation
Verbération
Vérification
Versification
Version
Vésication
Vexation
Vibration
Vice-légation

Vindication
Violation
Vision
Visitation
Visorion
Vitrification
Vivification
Vocation
Volatilisation
Volition
Votation
Xiphion

IP.

Egip
Grip

IPE.

Antitype
Equipe
Fripe
Fripe-lippe
Gipe
Grippe
Guenipe
Lippe
Nippes
Participe
Pipe
Polype
Principe
Prototype
Tripe
Tulipe
Type

Verbes.
Accippe
Agrippe
Anticipe
Constipe
Chipe
Dissipe
Emancipe
Equipe
Etripe
Excipe
Fripe
Grippe
Guipe
Participe
Pipe

IPLE.

Disciple
Multiple
Triple

IPRE.

Cypre

IPSE.

Apocalypse
Eclipse
Ellipse
Gypse
Paralipse

IPTE.

Crypte

IQUE.

Académique
Acataleptique
Acétique
Achromatique
Achronique
Acoustique
Actiatique
Adonique
Aérostatique
Agiologique
Agnatique
Agonistique
Albique
Alcaïque
Alchimique
Algébrique
Allégorique
Amphibologique
Anacréontique
Anagogique
Analeptique
Analogique
Analytique
Anapestique
Anaplérétique
Anarchique
Anastomotique
Anatomique
Angélique
Anomalistique
Antarctique
Antéphialtique
Anthelmintique
Anthypnotique
Antiapoplectique
Antiarthritique
Antiasthmatique
Antidysentérique
Antiépileptique
Antiétique
Antihydropique
Antihystérique
Antimélancolique
Antinéphrétique
Antiparalytique
Antipathique
Antipéristaltique
Antipodagrique
Antipyrétique
Antiscorbutique
Antique
Antispasmodique
Antisparique
Antithétique
Antivérolique
Apathique
Aphoristique
Apocalyptique
Apocroustique
Apodacrytique
Apodictique
Apologétique
Aponévrotique
Apoplectique
Apostolique
Applique
Aquatique
Arabique
Archangélique
Arctique
Aréotecnotique
Aréotique
Argentifique
Aristocratique
Aristodémocratique
Arithmétique
Aromatique
Arrière-Boutique
Arsénique
Arthritique
Ascétique
Ascitique
Asthmatique
Astrologique
Astronomique
Asymptotique
Athlétique
Attique
Aulique
Aurifique
Authentique
Bacchique
Baléarique
Barique
Basilique
Béatifique
Béchique
Bédonique
Bellique
Benzoïque
Bombique
Boracique
Botanique
Bourrique
Boutique

Brachycataleptique
Brique
Bucolique
Cabalistique
Cabarétique
Cachectique
Cacique
Cagiologique
Caïque
Calastique
Calippique
Cambrique
Camphorique
Canonique
Cantique
Caractéristique
Carbonique
Cataleptique
Catéchistique
Catégorique
Cathartique
Cathédratique
Catholique
Catoptrique
Caustique
Cautérique
Célique
Cénobitique
Céphalique
Chaucique
Chimérique
Chique
Chirografique
Chirurgique
Chromatique
Chronique
Chronologique
Citrique
Civique
Classique
Climatérique
Clinique
Clique
Cognatique
Colchique
Colérique
Colique
Comique
Concentrique
Conique
Corolitique
Cosmétique
Cosmique
Cosmographique
Crique
Critique
Cryptographique
Crypto-portique
Cubique
Cyclique
Cynécocratique
Cynégétique
Cynique
Cysthépatique
Cystique
Dactylique
Dalmatique
Darique
Décasyllabique
Déifique
Démocratique
Despotique
Diabétique
Diabolique
Diacoustique
Diagnostique
Dialectique
Diaphorétique
Diaphragmatique
Diapnotique
Diasostique
Diatonique
Didactique
Diététique
Digastrique
Dioptrique
Diplomatique
Diptyques
Dissyllabique
Distique
Dithyrambique
Diurétique
Docismatique
Dogmatique
Domestique
Dorique
Dramatique
Drastique
Duplique
Dynamique
Dyssentérique
Ebolique
Eccathartique
Ecclésiastique
Eccoprotique
Eclectique
Ecliptique
Economique
Ecphractique
Elastique
Electrique
Elenchtique
Elliptique
Emétique
Emblématique
Eméto-cathartique
Emphatique
Emphratique
Empirique
Emphytéotique
Enclitique
Encyclopédique
Endémique
Energique
Enétique
Enharmonique
Enigmatique
Epicérastique
Epigastriqué
Epigrammatique
Epileptique
Epilotique
Epiploïque
Epique
Episodique
Epispastique
Erémitique
Erotique
Erratique
Escarotique
Ethique
Ethnique
Etique
Etymologique
Eucharistique
Euphonique
Euryalique
Evangélique
Excentrique
Exégétique
Exotérique
Exotique
Extatique
Ezotérique
Fabrique
Famélique
Fanatique
Fantastique
Fatidique
Fique
Flegmatique
Fluorique
Formique
Frigorique
Galliambique
Gallique
Garde-boutique
Gématrique
Généalogique
Générique
Géocentrique
Géodésique
Géographique
Géomantique
Géométrique
Géoponique
Géorgique
Gnomique
Gnomonique
Gothique
Graphique
Gymnastique
Gymnique
Harmonique
Hébraïque
Héliocentrique
Héliognostique
Helladoniques
Helvétique
Hémoptyque
Hémostatique
Hépatique
Héraldique
Hérétique
Héroïque

Héroï-comique
Hermétique
Hiérarchique
Hiéroglyphique
Hiéronique
Hippocratique
Historique
Homérique
Homocentrique
Honorifique
Hybristiques
Hydraugraphique
Hydraulique
Hydropique
Hydrostatique
Hydrotique
Hyperbolique
Hypercatalectique
Hypercritique
Hypnotique
Hypogastrique
Hypostatique
Hypothalattique
Hyporétique
Hystérique
Iambique
Itraleptique
Ichnographique
Iconographique
Ictérique
Identique
Idiopathique
Idolâtrique
Impudique
Ionique
Ironique
Ischurétique
Italique
Ithyphallique
Ixeutique
Jansénistique
Judaïque
Juridique
Laconique
Lactique
Laïque
Latreutique
Lévitique
Lexique
Lipogrammatique
Lithique
Liturgique
Logique
Logistique
Loxodromique
Lubrique
Lunatique
Lymphatique
Lyrique
Macaronique
Magique
Magnétique
Maléfique
Malique
Manique
Marganatique
Marotique
Massorétique
Mathématique
Mécanique
Mélancolique
Mésaraïque
Mésentérique
Métallique
Métallurgique
Métaphorique
Métaphysique
Météorologique
Méthodique
Métrique
Mimique
Mirlifique
Modique
Molybdique
Monarchique
Monastique
Monosyllabique
Morbifique
Mosaïque
Mozarabique
Muriatique
Musique
Mystique
Mythologique
Narcotique
Nautique
Néologique
Néphrétique
Névritique
Nique
Nitrique
Numérique
Numidique
Numismatique
Oblique
Odontalgique
Œcuménique
Œdipodique
Olygarchique
Olympiques
Onirocritique
Optique
Orckestrique
Organique
Oxalique
Pacifique
Palestrique
Pancréatique
Pandémique
Panégyrique
Panique
Papistique
Parabolique
Parallactique
Paralytique
Parasitique
Parénétique
Pathétique
Pathognomonique
Pathologique
Patriotique
Patronymique
Pédagogique
Pépastique *ou* Peptique
Péripathétique
Perrique
Persique
Pharisaïque
Pharmaceutique
Philarmonique
Philippiques
Philologique
Philosophique
Phlogistique
Phosphorique
Phthisique
Physique
Pique
Pique-nique
Plastique
Platonique
Pléthorique
Pleurétiqué
Plique
Pneumatique
Pneumonique
Poétique
Polémique
Politique
Polytechnique
Portique
Pragmatique
Pratique
Prismatique
Probatique
Problématique
Procéleusmatique
Prolifique
Prophétique
Prussique
Pseudo-catholique
Psorique
Ptarmique
Publique
Pudique
Pulmonique
Pycnotique
Pyrotechnique
Pyrotique
Pyrrique
Pythagorique
Pythiques
Quolibétique
Rabbinique
Rachitique
Relique
Réplique
République
Rhétorique
Rhopatique
Rhythmique
Rubrique
Runique
Rustique
Ryptique

Sabbatique
Saïque
Saphique
Sarcotique
Satirique
Scénique
Scénographique
Sceptique
Sciatérique
Schismatique
Scholastique
Sciatique
Scientifique
Scillitique
Sclérotique
Scorbutique
Sébacique
Sélénifique
Sélénographique
Séméiotique
Septique
Séraphique
Silique
Socratique
Sophistique
Sorbonique
Spargirique
Spasmodique
Spécifique
Spermatique
Sphérique
Sphéristique
Splénétique
Splénique
Spondaïque
Sporadique
Squillitique
Statique
Stéganographique
Stoïque
Stomachique
Styptique
Succinique
Sudorifique
Sulfurique
Supercatholique
Supplique
Syllabique
Syllogistique
Symbolique
Symbologique
Symmétrique
Sympathique
Symptomatique
Synallagmatique
Synodique
Synthétique
Systaltique
Systématique
Tabarinique
Tabifique
Tactique
Talismanique
Talmudique
Targumique
Tautologique
Technique
Tétrastique
Teutonique
Théandrique
Théocratique
Théologique
Théorique
Thérapeutique
Thermantique
Thorachique
Tonique
Toparchique
Topique
Topographique
Toxique
Tragi-comique
Tragique
Trigonométrique
Triplique
Trique
Triquenique
Trochaïque
Trochique
Tropique
Tropologique
Tunique
Tunstique
Typique
Typographique
Tyrannique
Unique
Vénéfique
Véridique
Vérolique
Vintique
Vitriolique
Vivifique
Vomique
Zétérique
Zoophorique

Verbes.
Alambique
Antique
Apique
Applique
Authentique
Communique
Complique
Coquerique
Démastique
Depique
Désapplique
Duplique
Explique
Fabrique
Implique
Indique
Mastique
Métaphysique
Pique
Politique
Pratique
Prévarique
Pronostique
Réplique
Revendique
Sophistique
Syndique
Trafique
Triplique
Vendique

IR.

Algenir
Comirs
Décemvirs
Déplaisir
Désir
Dormir
Duumvir
Elixir
Fakir
Loisir
Martyr
Nadir
Novemvir
Partir
Plaisir
Quatuorvir
Quindécemvirs
Quinquévir
Repentir
Saphir
Soupir
Souvenir
Triumvir
Vizir
Zéphyr

Verbes.
Abalourdir
Abasourdir
Abâtardir
Abêtir
Abolir
Abonnir
Aboutir
Abrutir
s'Abstenir
Accomplir
Accourcir
Accourir
s'Accroupir
Accueillir
Acquérir
Adoucir
Affadir
Affermir
Affoiblir
Affranchir
Agir
Agrandir
Aguérir
Ahurir
Aigrir
Alentir
Alourdir
Amatir
Amboutir
Amincir

Amoindrir
Amollir
Amortir
Anéantir
Anoblir
Apiétrir
Apoltronnir
Appartenir
Appauvrir
s'Appesantir
Applanir
Applatir
Applaudir
Arrondir
Assagir
Assaillir
Assainir
Asservir
Assortir
Assoupir
Assourdir
Assouvir
Assujettir
Attendrir
Attiédir
s'Avachir
Avertir
Avilir
Bannir
Bastir
Bâtir
Baudir
Bénir
Blanchir
Blandir
Blêmir
Blondir
se Blottir
Bondir
Bouffir
Bouillir
Brandir
Brunir
Candir
Catir
Chancir
Chauvir
Chérir
Chevir
Choisir
Compartif
Compatir
Concourir
se Conjouir
Conquérir
Consentir
Contenir
Contrevenir
Convenir
Convertir
Cotir
Courir
Crépir
Croupir
Cueillir
Débouillir
Débrutir
Décharpir
Dédormir
Dédurcir
Défaillir
Définir
Défleurir
Dégarnir
Dégauchir
Dégourdir
Dégrossir
Déguerpir
Démentir
Démolir
Démunir
Départir
Dépérir
Dépolir
Déprévenir
Déroidir
Dérougir
Désassortir
Désemplir
Désendormir
Désétourdir
Désobéir
Désourdir
Desservir
Désunir
Détenir
Devenir
se Dévêtir
Dormir
Durcir
s'Ebahir
Ebaudir
Eblouir
Ebouillir
Echampir
Eclaircir
Ecrouir
Effleurir
Ejouir
Elargir
Embellir
Embrunir
Emmaigrir
Emplir
Empuantir
Enchérir
s'Enclotir
Encourir
Endurcir
s'Enfiérir
Enforcir
Enfouir
s'Enfuir
Englouttir
Engourdir
s'Enhardir
Enhardir
Enlaidir
s'Enorgueillir
s'Enquérir
Enrichir
Ensevelir
s'Entr'avertir
s'Entre-haïr
s'Entre-secourir
Entretenir
Entr'ouir
Entr'ouvrir
Envahir
Epaissir
Epanouir
Esthuir
Estomir
Etablir
Etourdir
Etréçir
Evanouir
Faillir
Farcir
Férir
Feuillir
Finir
Flatir
Fléchir
Flétrir
Fleurir
Foiblir
Forbannir
Fouir
Foupir
Fourbir
Fournir
Franchir
Frémir
Froidir
Garantir
Garnir
Gauchir
Gaudir
Géhir
Gémir
Gésir
Glapir
Grandir
Gravir
Grossir
Guérir
Haïr
Havir
Hennir
Heudrir
Honnir
Impartir
Intervenir
Intervertir
Investir
Issir
Jaillir
Jaunir
Jouir
Laidir
Languir
Lotir
Maigrir
Mainburnir
Maintenir
Mattir
Mentir
Mésavenir
Mésoffrir

IRE *et* YRE. — IS — ISME — ISTE — ISTRE

Messervir
Meurtrir
Mipartir
Moisir
Mollir
Mourir
Mugir
Munir
Murdir
Mûrir
Mutir
Nantir
Noircir
Nourrir
Obéir
Obscurcir
Obtenir
Occursir
Offrir
Ouïr
Ourdir
Ouvrir
Pâlir
Parbouillir
Parcourir
Parfournir
Partir
Parvenir
Patir
Périr
Pervertir
Pétrir
Plévir
Polir
Pourrir
Préfinir
se Prémunir
Pressentir
Prévenir
Provenir
Punir
Quérir
Rabêtir
Rabonnir
Rabougrir
Raboutir
Raccourcir
Racornir
Radoucir
Raffermir
Raffolir
Rafraîchir
Ragaillardir
Rajeunir
Ralentir
Ramaigrir
Ramoitir
Ramollir
se Rancir
Rangourir
Rattendrir
Ravilir
Ravir
Réagir
Rebâtir
Rebaudir
Rebénir
Reblanchir
Rebondir
Rebouillir
Rebrunir
Rechampir
Reconquérir
Reconvenir
Recourir
Recouvrir
Récrépir
Recueillir
Redémolir
Redevenir
Redormir
Refaillir
Réfléchir
Refleurir
Refoilir
Refourbir
Refournir
Refroidir
Regarnir
Régir

Rejaillir
Rejaunir
Réjouir
Rejouvenir
Relanquir
Rélargir
Rembrunir
Remplir
Renchérir
Rendormir
Rendurcir
Renformir
se Renhardir
Renoircir
Renvahir
Répaissir
Répartir
Repartir
se Repentir
Repétrir
Requérir
Ressaisir
Rescampir
Resplendir
Ressentir
Ressortir
se Ressouvenir
Rétablir
Retenir
Retentir
Rétrécir
Réunir
Réussir
Revenir
Reverdir
Revêtir
Revomir
Roidir
Rôtir
Rougir
Rouir
Roussir
Rouvrir
Rugir
Saillir
Saisir
Salir
Sancir
Secourir
Seigneurir
Sentir
Sertir
Servir
Sévir
Sorbir
Sortir
Souffrir
Soutenir
se Souvenir
Subir
Subvenir
Subvertir
Surenchérir
Surgir
Survenir
Tapir
Tarir
Taudir
Tenir
Ternir
Terrir
Thouillir
Tiédir
Tollir
Trahir
Transgloutir
Transir
Travestir
Tressaillir
Tripolir
Unir
Venir
Verdir
Vernir
Vertir
Vessir
Vêtir
Vieillir
Vomir

IRE *et* YRE.

Antisatyre
Apyre
Cabires
Chauffe-cire
Cire
Collyre
Délire
Diospyre

Dire
Ouï-dire
Dires
Empire
Etire
Hégire
Ire
Lyre

Martyre
Mésire
Messire
Mire
Myrrhe
Navire
Ogire
Panégyre
Pire
Poncire
Porphyre
Riré
Satire
Satyre
Sbire
Sire
Sourire
Squirre
Tire
Tirelire
Tournevire
Vampire
Vire
Verbes au présent de l'infinit.
Bruire
Circoncire
Circonscrire
Confire
Contredire
Déconfire
Décrire
Dédire
Dire
Ecrire
Elire
Escondire
Frire
Inscrire
Interdire
Lire

Maudire
Médire
Occire
Prédire
Prescrire
Proscrire
Redire
Refrire
Relire
Rire
Sourire
Souscrire
Suffire
Suscrire
Transcrire
Verbes au présent de l'indicat.
Adire
Admire
Aspire
Attire
Chavire
Cire
Conspire
Déchire
Décire
Désire
Détire
Empire
Expire
Inspire
Mire
Recire
Respire
Retire
Revire
Soupire
Tire
Transpire
Trévire
Vire

IRME.

Infirme
Verbes.
Affirme

Confirme
Infirme

IRPE.

Extirpe

IRQUE.

Cirque

IRSE.

Thyrse

IRTE.

Myrte
Syrtes

IS.

Abatis
Abénévis
Adonis
Agâtis
Almoradis
Amadis
Ambre-gris
Anagallis
Anagiris
Anis
Anolis
Antillis
Apis
Appentis
Arrachis
Artémis
Assis
Avis
Bacchis
Barbouillis
Bardis
Bénaris
Berbéris
Bidoris
Bis
Brisis
Cacis *ou* Cassis
Cadis
Caillebotis
Calcis
Cambonis
Cauris
Chablis
Chalassis
Chamaillis
Chassis
Chenevis
Chervis
Circoncis
Clématis
Cliquetis
Clitoris
Coagis

Coccix
Cochevis
Coloris
Commis
Compromis
Concis
Convis
Coris
Coulis
Couris
Crucifix
Débris
Décis
Dégobillis
Dépris
De profundis
Dervis
Devis
Diésis
Dix
Eboulis
Empris
Encanthis
Envis
Exquis
Famis
Faux-lapis
Favoris
Fidéicommis
Fils
petit-Fils
Flanchis
Fleureris
Gâchis
Gaulis
Glacis
Gratis
Grenetis
Gris
Guillochis
Hachis
Hahalis
Hormis

Ibis
Indécis
Inpivis
Javaris
Lacis
Lambis
Lambris
Lapis
Larris
Lattis
Lavis
Levis
Libanotis
Lis
Lithiasis
Logis
Lombis
Lonchitis
Longis
Lychnis
Machicoulis
Macis
Maravédis
Margouillis
Marquis
Mauvis
Métis
Mi-bis
Mis
Myrrhis
Nolis
Occis
Ophris
Orbis
Orchis
Panaris
Paradis
Paraphimosis
Paréatis
Parisis
Passe-dix
Pâtis
Patrouillis
Pavis
Pays
Perdrix
Phimosis
Phyllitis
Pilotis
Pis
Plaquis
Plorcis
Poncis
Pouillis
Pourpris
Précis
Pressis
Prix
Propolis

Pubis
Rabougris
Rassis
Réavis
Recassis
Récits
Rémoris
Renformis
Reversis
Ris
Riz
Rossolis
Roulis
Rubis
Salmacis
Salmigondis
Salmis
Salsifix
Satiriasis
Semis
Sidéritis *ou* Crapaudine
Sis
Six
Soucis
Sourcils
Souris
chauve-Souris
Soutis
Splénitis
Stachis *ou* Epi fleuri
Surplis
Sursis
Tabis
Taillis
Tamaris
Tamis
Tandis
Tapis
Taudis
Teurtis *ou* Tor-
Torchis [tels
Torticolis
Tortis
Tourne-vis
Traictis
Tranchis
Treillis
Unguis
Vernis
Viandis
Vis
Vis-à-vis
Volubilis
Voutis
Yeldis
Zégris
Zimbis

Voyez le pluriel des noms et des participes en i *et en* it*; les verbes en* ir *(excepté* mourir, courir, tenir, vêtir, venir *et leurs composés), au présent de l'indicatif, au prétérit défini et au participe; les verbes en* attre *bref, au prétérit défini; ceux en* ettre, *au prétérit défini et au participe; ceux en* ire, *excepté* lire *et ses composés; ceux en* dre, *excepté* moudre, absoudre *et leurs composés, etc.*

ISC.

Fisc

ISE, *voyez* IZE.

ISME.

Accisme
Anabatisme
Anachronisme
Anagrammatisme
Analogisme
Anathématisme
Anatocisme
Anévrisme
Anglicisme
Antichristianisme
Apédeutisme
Aphorisme
Archaïsme
Arianisme
Arminianisme
Astérisme
Athéisme
Atticisme
Automatisme
Badaudisme
Baïanisme

Barbarisme
Bétonisme
Borborisme
Bourguignonisme
Brounisme
Cagotisme
Calvinisme
Caractérisme
Caraïsme
Cardinalisme
Cartésianisme
Cataclysme
Cataglotisme
Catéchisme
Cathétérisme
Catholicisme
Cénisme
Charlatanisme
Christianisme
Cilicisme
Civisme
Coccéianisme

Congruisme
Cynisme
Despotisme
Dialogisme
Donatisme
Druidisme
Emblématisme
Empirisme
Epicurisme
Eréthisme
Ergotisme
Euphémisme
Exhorcisme
Expertisme
Fanatisme
Fatalisme
Fatisme
Fatuisme
Fédéralisme
Fétichisme
Figurisme
Fleurisme
Galénisme
Gallicisme
Gargarisme
Gasconisme
Gentilisme
Germanisme
Grécisme
Hébraïsme
Hellénisme
Huguenotisme
Idiotisme
Incivisme
Indépendantisme
Intolérantisme
Italianisme
Jansénisme
Judaïsme
Kyphonisme
Laconisme
Latinisme
Luthéranisme
Macaronisme
Machiavélisme
Magisme
Magnétisme
Malebranchisme
Mahométisme
Métachronisme
Métacisme
Molinisme
Molinosisme
Monachisme
Monophysisme
Musulmanisme
Mutisme
Mycréisme
Naturalisme
Néographisme
Néologisme
Népotisme
Nestorianisme
Neutonianisme

Nominatisme
Optimisme
Origénisme
Ostracisme
Paganisme
Panégyrisme
Papisme
Parachronisme
Paradoxisme
Parallélisme
Paralogisme
Paroxisme
Particularisme
Pathétisme
Pédantisme
Pélagianisme
Péripatétisme
Pétalisme
Pharisaïsme
Philosophisme
Platonisme
Porisme
Priapisme
Prisme
Probalisme
Prosélitisme
Protestantisme
Ptyalisme
Purisme
Puritanisme
Puranisme
Pyrrhonisme
Pythagorisme
Quakérianisme
Quiétisme
Rabbinisme
Rhumathisme
Rigorisme
Ruffianisme
Sabaïsme *ou* Sabéisme
Saducéisme
Scepticisme
Schisme
Scotisme
Sémipélagianisme
Sinapisme
Socianisme *ou* Socinisme
Solécisme
Sophisme
Spinosisme
Stoïcisme
Strabisme
Syllogisme
Synchronisme
Syncrétisme
Terrorisme
Tétragonisme
Thomisme
Tolérantisme
Trithéisme
Vandalisme
Vulcanisme
Wicléfisme
Zuinglianisme

ISQUE.

Astérisque
Bisque
Brisque
Confisque
Disque
Frisque

Lentisque
Ménisque
Morisque
Obélisque
Risque
Trochisque

ISSE, *voyez* ICE.

IST.

Antechrist
Christ

ISTE.

Académiste
Adiaphoriste
Alarmiste
Algébriste
Allégoriste
Alpiste
Améthyste
Anabaptiste
Anagrammatiste
Analyste
Anarchiste
Anatomiste
Annaliste
Antagoniste
Apanagiste
Apollinariste
Apologiste
Archiviste
Armoriste
Arrêtiste
Artiste

Assientiste
Athéiste *ou* Athée
Atomiste
Baïaniste
Baliste
Batiste
Botaniste
Bouquiniste
Bulliste
Buraliste
Cabaliste
Calviniste
Cambiste
Caméiste
Canoniste
Capitaliste
Casuiste
Catharistes
Catéchiste
Chimiste

Chiste *ou* Kyste
Choriste
Chronologiste
Ciste
Coloriste
Communaliste
Computiste
Conclaviste
Conformaliste
Conformiste
Congréganiste
Congruiste
Controversiste
Copiste
Corpusculiste
Décrétiste
Dentiste
Détailliste
Dialogiste
Dictionnariste
Donatiste
Droguiste
Duelliste
Ebéniste
Eléadroniste
Elogiste
Engagiste
Epigrammatiste
Etuviste
Etymologiste
Eudiste
Evangéliste
Evantailliste
Exorciste
Fabuliste
Fataliste
Fatiste
Fédéraliste
Figuriste
Fleuriste
Flottiste
Formaliste
Formuliste
Gagiste
Galéniste
Galioniste
Gassendiste
Gomariste
Grammatiste
Gymnosophiste
Herboriste
Homériste
Humaniste
Humoriste
Hymniste
Immatérialiste
Impérialiste
Improviste
Janséniste
Journaliste
Juriste
Labbadiste
Laniste
Lanterniste
Latiniste
Légiste
Léoniste *ou* Lioniste
Liste
Lithotomiste
Liturgiste
Loyoliste
Lulliste
Lacaniste
Machiavéliste
Machiniste
Mahométiste
Malebranchiste
Maniériste
Médailliste
Mémorialiste
Métallurgiste
Modiste
Moliniste
Monarchiste
Monoculiste
Montaniste
Moraliste
Mythologiste
Naturaliste
Nouvelliste
Oariste

Oculiste
Opinioniste
Optimiste
Orangiste
Organiste
Origéniste
Ornithologiste
Orthographiste
Ovariste
Palmiste
Panégyriste
Papinianiste
Papiste
Paracelsiste
Paraphoniste
Parodiste
Partialiste
Particulariste
Paysagiste
Pépiniériste
Périodiste
Phalangiste
Philosophiste
Phlébotomiste
Phrontiste
Physionomiste
Piste
Pléniste
Probabilioriste
Probabiliste
Propagandiste
Psalmiste
Publiciste
Puriste
Pyroboliste
Quesnelliste
Quiétiste
Rabbaniste *ou* Rabbiniste
Ragouiste
Rapsodiste
Réaliste
Régaliste
Rigoriste
Ritualiste
Romaniste
Royaliste
Ruiste
Schiste
Scotiste
Séminariste
Séminoviste
Simpliciste
Sophistes
Sophoniste
Sorboniste
Sphéristes
Spinosistes
Squadroniste
Symphoniste
Synchroniste
Talmudiste
Targumiste
Terroriste
Tertullianiste
Théiste
Thomiste
Trismégiste
Triste
Trithéiste
Typographiste
Ubiquiste
Universaliste
Urbaniste
Vacuiste
Vocabuliste
Wicléfiste
Verbes.
Assiste
Attriste
Coexiste
Consiste
Contriste
Désiste
Existe
Insiste
Persiste
Préexiste
Résiste
Siste
Subsiste

ISTHME.

Isthme

ISTRE.

Cuistre
Ministre
Rapistre *ou* Raphanistre

Registre
Sinistre
Sistre

Verbes.	Enregistre
Administre	Registre
Calamistre	

IT.

Acabit	Gagne-petit
Accessit	Galactit
Aconit	Gambit
Acquit	Granit
Appétit	Habit
Bandit	Hanscrit
Bardit	Impérit
Bénit	Interdit
Biscapit	Introït
Chalit	Lit
Chauffe-lit	Manuscrit
Chienlit	Maudit
Coït	Nid
Condit	Obit
Confit	Perit
Conflit	Petit-à-petit
Contrit	Pissenlit
Crédit	Poscrit
Crit	Prétérit
Débit	Profit
Décrépit	Proscrit
Dédit	Prurit
Déficit	Quasi-délit
Délit	Récit
Dépit	Répit
Discrédit	Rescrit
Dit	Rit
Edit	Subit
Erudit	Transit
Escarbit	Turbith
Esprit	Zénith
Gabarit	

Voyez la troisième personne des verbes dont le présent ou le prétérit défini se terminent en is; *le participe du verbe* dire *et de ses composés, et de plusieurs autres verbes en* ire.

ITE.

Acolyte	Contre-visite
Adamite	Corucite
Ampélite	Cucurbite
Anthracite	Décrépite
Archimandrite	Démérite
Anthropomorphytes	Ebionite
	Echinite
Aréopagite	Elite
Argyrite	Emérite
Aromatite	Encéphalithe
Ascalonite	Epitrite
Ascite	Eutichite
Asphalite	Exercite
Astroïte	Explicite
Augite	Faillite
Azymite	Favorite
Baalite	Fléatite
Becchionites	Fongite
Barnabite	Fritte
Barthélemite	Galactite
Bathracite	Gammarolite
Bélemnite	Garamantite
Bénite	Guérite
Béthléémite	Hamnite
Bittes	Hélicite
Bolétite	Hématite
Bonite	Hémionite
Bostrychite	Hépatite
Botryte	Hermaphrodite
Brathite	Hermite
Cadrite	Hétéroclite
Calamite	Hippolithe
Calcite	Hoplite
Caraïte	Hypoglottite
Carmélite	Hypocrite
Castanite	Hyspurite
Catochite	Hystérolithe
Catorchite	Hystricite
Cédrite	Idolotite
Cellite	Illicite
Cénobite	Implicite
Censite	Insolite
Cessite	Israélite
Charites	Lagénite
Chattemite	Lapithe
Chirite	Lazarite
Chrysolithe	Léchefrite
Clématite	Leucographite
Cobite	Lévite
Colérite	Licite
Colorite	Limites
Comite	Lithophyte
Commandite	Lychnite
Composite	Malachite
Conchite	Marcassite

Marcionnite	Sunamite
Marguerite	Timorphyte
Marmite	Tonnites
Maronite	Tripartite
Matite	Triticite
Méconite	Trochite
Mélitite	Turbinite
Mérite	Tympanite
Mite	Typolithes
Morabite	Visite
Munasichite	Vite
Myrmécite	Zooglyphites
Myrtillite	Zoolithe
Narcissite	Zoophyte
Néophyte	*Verbes.*
Nérite	Accrédite
Opposite	Acquite
Orbite	Agite
Ornitholithe	Alité
Ostéolithes	Bitte
Ostracite	Cite
Otenchyte	Cohabite
Palmite	Cohérite
Parasite	Débilite
Petite	Décapite
Phalangite	Décrédite
Pissite	Dépite
Pite	Déshabite
Pitrepite	Déshérite
Plébiscite	Effrite
Porites	Evite
Pospolite	Excite
Préadamites	Facilite
Prosélyte	Félicite
Pyrite	Gite
Quitte	Gravite
Redite	Habilite
Réussite	Habite
Rhodite	Hérite
Rites	Hésite
Rizolithes	Imite
Sabinite	Incite
Salicite	Invite
Sarcite	Irrite
Satellite	Licite
Scélithe	Limite
Scénite	Lite
Scythe	Médite
Sélénite	Mérite
Servite	Milite
Sibarite	Nécessite
Sinaïte	Palpite
Site	Prémédite
Smectite	Profite
Sodomite	Quitte
Sofite	Récite
Sphondylolithe	Réhabilite
Splénite	Réinvite
Stalactite	Ressuscite
Stalagmite	Sollicite
Stéatite	Suscite
Stignite	Visite
Subite	

Voyez les participes féminins en ite: dite, écrite.

ITE *long.*

Bénite	Vite
Gite	

Pour rimer au pluriel, voyez le prétérit des verbes en ire, aire *et* endre: ouïtes, médîtes, prîtes, fîtes, *etc.*

ITHME.

Algorithme	Logarithmes
Arithme	Rythme

ITRE.

Aphronitre	Titre
Arbitre	Vitre
Bélitre	
Chapitre	*Verbes.*
Epitre	Arbitre
Huitre	Chapitre
Litre	Enregître
Mitre	Mitre
Nitre	Récalcitre
Pupitre	Titre
Regitre	Vitre

IVE.

Active	Conclusive
Adversative	Conjonctive
Affirmative	Consultative
Afflictive	Contemplative
Alternative	Convive
Avives	Craintive
Baillive	Défensives
Censive	Endive

Estimative	Végétative
Estive	Vive
Expectative	*Plus, les féminins des noms en*
Fugitive	if: naïf, naïve.
Gencive	
Générative	*Verbes.*
Grive	
Imaginative	Active
Instructive	Arrive
Intellective	Avive
Invective	Captive
Législative	Clive
Lessive	Cultive
Missive	Décrive
Narrative	Ecrive
Négative	Enjolive
Offensives	Esquive
Olive	Inscrive
Passive	Invective
Perspective	Lessive
Pive	Mésarrive
Positive	Poursuive
Prérogative	Prescrive
Qui-vive	Prive
Récidive	Proscrive
Rétive	Ravive
Rive	Rive
Salive	Salive
Sensitive	Souscrive
Solive	Suive
Spéculative	Survive
Tentative	Suscrive
Traditive	Transcrive
Unitive	Vive

IVRE.

Cuivre	Ensuivre
Ivre	Ivre
Livre	Livre
Vivre	Poursuivre
Verbes.	Redélivre
Délivre	Revivre
Désenivre	Survivre
Enivre	Vivre

IX.

Cocatrix	Onyx
Crucifix	Oryx
Erix	Phénix
Larix	Préfix
Natrix	Sandix

IXE.

Affixe	Préfixe
Fixe	Prolixe

IXTE.

Mixte	Sixte

ISE et IZE.

Accise	Galantise
Alise	Gourmandise
Ambrise	Grise
Ammochryse	Guise
Analyse	Hantise
Apolyse	Hypercrise
Apophyse	Maîtrise
Apprise	Marchandise
Assise	Marquise
Assises	Méprise
Balise	Mignardise
Balourdise	Mignotise
Bâtardise	Mise
Bêtise	Main-mise
Bise	Nazillardise
Bourre-lanise	Octrise
Brise	Paillardise
Cagnardise	Papelardise
Cerise	Payse
Chalandise	Pertise
Chemise	Prêtrise
Chise	Prise
Commise	Promise
Convoitise	Récise *ou* Be-
Couardise	noîte
Crise	Remise
Cyrise	Reprise
Devise	Rize
Eglise	Sise
Elise	Sottise
Emprise	Surprise
Entremise	Symphyse
Entreprise	Tournise
Epiphyse	Vaillantise
Etourdise	Valise
Fainéantise	*Verbes.*
Feintise	Adonise
Franchise	Agonise
Friandise	Algébrise
Frise	Allégorise
Gaillardise	Analyse

Anagrammatise	Indemnise
Anathématise	Intromise
Anise	Judaïse
Aromatise	Latinise
Arrise	Légalise
Attise	Maëstralise
Autorise	Maîtrise
Avise	Martyrise
Baptise	Matérialise
Barbarise	Méprise
Bise	Métallise
Brise	Monseigneurise
Canonise	Moralise
Caractérise	Naturalise
Catéchise	Neutralise
Cautérise	Nolise
Centralise	Organise
Cicatrise	Pactise
Civilise	Paralyse
Colaphise	Partialise
Cotise	Particularise
Courtise	Pasquinise
Criminalise	Pédantise
Débrutalise	Personnalise
Décanise	Phlébotomise
Défrise	Pindarise
Déguise	Poétise
Démarquise	Popularise
Démoralise	Porphyrise
Dépayse	Précise
Dépopularise	Préconise
Déprise	Prise
Déshumanise	Prophétise
Désorganise	Pulvérise
Détise	Ravise
Dévalise	Réalise
Dévise	Rebaptise
Dialogise	Rebouise
Divinise	Refrise
Divise	Régularise
Dogmatise	Remise
Economise	Reprise
Egrise	Revise
Electrise	Ridiculise
Episcopise	Rivalise
Eternise	Romanise
Evangélise	Satirise
Exorcise	Scandalise
Familiarise	Sécularise
Fanatise	Singularise
Favorise	Solemnise
Fédéralise	Spiritualise
Féminise	Stigmatise
Fertilise	Subdivise
Fleurdelise	Subtilise
Formalise	Symbolise
Francise	Symmétrise
Fraternise	Sympathise
Frise	Tabise
Galantise	Tamise
Gargarise	Tartarise
Généralise	Temporise
Grise	Tranquillise
Guitarise	Tympanise
Herborise	Tyrannise
Humanise	Verbalise
Immortalise	Vespérise
Impatronise	Vise
Incise	Volatilise

Voyez les fémin. des part. en is: admise; *et divers temps du subj. des verbes en* i dise.

J

JA, *voyez* GEA.

JANT, *voyez* ANT.

JAT, *voyez* AT.

JON et GEON.

Badigeon	Esturgeon
Bourgeon	Goujon
Dongeon *ou* Donjon	Pigeon
	Plongeon
Drageon	Sauvageon
Escourgeon	Lurgeon

L

LA.

Cela	La
Chou-là	Là
Delà	Par-ci par-là
Falbala	Voilà
Holà	

Voyez les prétér. des verbes en ler.

LANT, *voyez* ANT.

LAT, *voyez* AT.

LÉ.

Ailé	Inarticulé
Ampoulé	Intitulé
Anglé	Isolé
Barbelé	Jubilé
Blé *ou* Bled	Lé
Caablé	Légilé
Cablé	Maflé
Cannelé	Mérellé
Châtelé	Onglé
Chevelé	Particulé
Clé *ou* Clef	Pelé
Constellé	Perdiablé
Corallé	Perlé
Coulé	Pipolé
Défilé	Pommelé
Démêlé	Potelé
Dentelé	Recelé
Denticulé	Recerclé
Ecervelé	Recorvelé
Echauboulé	Ressarcelé
Echevelé	Rieulé
Effilé	Riflé
Endiablé	Riolé *ou* ripolé
Engrelé	Salé
Ensellé	Scellé
Esseulé	Sphacelé
Etoilé	Tourellé
Evolé	Treflé
Filé	Triboulé
Gringolé	Vermiculé
Grivelé	Vérolé
Immaculé	Vitriolé
Immatriculé	Zélé

Voyez les participes des verbes en lé, *et leurs prét. déf.* j'allai.

LLÉ *mouillé.*

Déguenillé	Entrebâillé
Déshabillé	Feuillé
Embarillé	Persillé
Entravaillé	Verticillé

LEAU, *voyez* AU.

LÉE.

Allée	Grivelée
Assemblée	Gueulée
Avalée *ou* Levée	Guilée
Batelée	Mausolée
Boisselée	Mêlée
Camelée	Miaulée
Céphalée	Onglée
Clavelée	Palée
Coulée	Pellée *ou* Pellevée
Culée	
Dentelée	Poêlée
Ecuellée	Ratelée
Emblée	Recelée
Etoilées	Reculée
Galée	Ruillée
Gallée	il Supplée
Gantelée	Tablée
Gelée	Tolée
Giboulée	Truellée
Giroflée	Vallée
Goulée	Veillée
Gravelée	Volée

Plus, les part. fem. des verbes en ler.

LLÉE *mouillé.*

Aiguillée	Feuillée
Anguillées	Fillée
Corbeillée	

LER.

Découpler	Annihiler
Hortagiler	Annuler
Parler	Appâteler
Pourparler	Appeler
Reculer	Articuler
Verbes.	Assabler
Accabler	Assembler
Accoller	Assimiler
Accoupler	Attabler
Acculer	Atteler
Accumuler	Avaler
Achaler	Aveugler
Affaler	Bacler
Affiler	Baculer
Affoler	Baller
Affrioler	Barioler
Affubler	Batifoler
Agneler	Beffler
Aller	Bêler
Ambler	Beugler
Amonceler	Bigler

Bosseler
Boteler
Boucler
Bourreler
Boursoufler
Branler
Bretteler
Bricoler
Brimbaler
Brûler
Cabaler
Cabler
Cabrioler
Cadeler
Cajoler
Calculer
Caler
Canneler
Capituler
Caracoler
Caracouler
Carneler
Carreler
Celer
Cercler
Chabler
Challer
Chanceler
Chapeler
Chauler
Chenaler
Chevaler
Cingler
Circuler
Ciseler
Coaguler
Coller
Combler
Compiler
Congeler
Congratuler
Consoler
Contempler
Contr'écarteler
Contre-sceller
Contrôler
Convoler
Cordeler
Couler
Coupeler
Coupler
Créneler
Crételer
Cribler
Croquignoler
Crouler
Culer
Cumuler
Débacler
Débagouler
Déballer
Débeller
Déboucler
Décarreler
Déceler
Décheveler
Décoller
Découler
Découpler
Décupler
Dédoubler
Déferler
Deffubler
Défiler
Dégeler
Dégringoler
Dégueuler
Déhâler
Démanteler
Démêler
Démeubler
Denteler
Déparler
Dépeupler
Dépiler
Dépuceler
Dérégler
Dérouler
Désassembler
Désaveugler
Desceller
Désemballer
Désenfler
Désenrôler
Désensorceler
Désoler
Désopiler
Dessaler
Dessangler
Desseller
Dessoler
Dessouler
Détaler
Dételer
Détripler
Dévaler
Dévoiler
Dissimuler
Distiller
Doler
Doubler
Ebouler
Ebranler
Ecaler
Ecarteler
Echeler
Ecornifler
Ecouler
s'Ecrouler
Eculer
Effaufiler
Effiler
Egaler
Egueuler
Emasculer
Emballer
Embler
Embuffler
Emmanteler
Emmieller
Emmitoufler
Emmuseler
Empaler
Empiler
s'Encasteler
Enchanteler
Enficeler
Enfieller
Enfiler
Enfler
Engaller
Engouler
Engrêler
s'Engrumeler
Enjabler [jaller
Enjauler *ou* En-
Enjaveler
Enjoler
Enrôler
Enrouler
Ensabler
Ensorceler
s'Entabler
Entoiler
s'Entr'appeler
Entremêler
s'Entre-querel- [ler
Envaler
Epauler
Epeler
Epiler
Epinceler
Equipoller
Erafler
Essoufler
Etabler
Etaler
Etinceler
Etioler
Etrangler
Eventiller
Exceller
Exhaler
Exiler
Expeller
Extoller
Faufiler
Fêler
Ferler
Ficeler
Fignoler
Filer
Fioler
Flageller
Formuler
Fouler
Frigaler
Frôler
Gabeler
Gauler
Geler
Gesticuler
Gonfler
Grabeler
Granuler
Graticuler
Grêler
Greneler
se Gripeler
Grisoller

Griveler
Grommeler
se Grumeler
Gueuler
Habler
Haller
Hâler
Haler
Harceler
Heuler
Huiler
Hurler
Immatriculer
Immoler
Inoculer
Insoler
Installer
Intabuler
Intercaler
Interpeller
Interpoler
Intituler
Jubiler
Maculer
Marler
Marteler
Mêler
Meubler
Meugler
Miauler
Monopoler
Morceler
Mouffler
Mouler
Mutiler
Nieller
Niveler
Oiseler
Oler
Oppiler
Osciller
Ourler
Paisseler
Paller
Panteler
Pantoufler
Parler
Paroler
Peler
Peupler
Pianler
Piler
Pioler
Pistaler
se Pommeler
Postuler
Préceller
Prêler
Profiler
Pulluler
Pupuler
Quadrupler
Quereller
se Quitteler
Raccoupler
Racler
Rafler
Raffoler
Râler
Raller
Rappeler
Rassembler
Rateler
Ravaler
Réateler
se Rebeller
Recaler
Récapituler
Recarreler
Receler
Récoler
Recoller
Recribler
Reculer
Redoubler
Refouler
Régaler
Regeler
Régler
Regonfler
Réinstaller
Remballer
Remêler
Rénâcler
Rendoubler
Renfler
Renifler
Reniveler
Renouveler
Rentoiler
Reparler
Repeupler
Repiler
Répulluler
Resseller
Ressembler
Ressemeler
Révéler
Revoler
Rifler
Rigoler
Rissoler
Rôler
Ronfler
Rossignoler
Roucouler
Rouler
Rueller
Ruiller
Ruisseler
Sabler
Sabouler
Saler
Sangler
Sarcler
Sauteler
Sceller
Seller
Sembler
Siffler
Signaler
Simuler
Smiller
Souffler
Souler
Spéculer
Stimuler
Stipuler
Styler
Tabler
Taveler
Tonneler
Tranchefiler
Tranler
Tréfler
Trembler
Tréseler
Tringler
Tripeler
Trôler
Troller
Troubler
Tuiler
Vaciller
Vêler
Ventiler
Violer
Virguler
Voiler
Voler

LLER *mouillé.*

s'Agenouiller
Aiguiller
Apostiller
Appareiller
Avitailler
Babiller
Bâiller
Bailler
Batailler
Béquiller
Biller
Boursiller
Bousiller
Brailler
Brandiller
Brasiller
Bredouiller
Brésilier
Bretailler
Briller
Brouiller
Cailler
Carcailler
Chamailler
Charbouiller
Chatouiller
Cheviller
Chocailler
Ciller
Cisailler
Coailler
Cochenillier
Conniller
Conseiller
Contremailler
Corailler
Cornailler
Criailler
Croustiller
Dardiller
Débarbouiller
Débiller
se Débrailler
Débredouiller
Débrouiller
Dégobiller
Dépareiller
Dépouiller
Dérouiller
Désappareiller
Désentortiller
Déshabiller
Dessiller *ou* Dé- [ciller
Détailler
Détortiller
Déverrouiller
Driller
Ecailler
Ecarbouiller
Ecarquiller
Echeniller
Echerpiller
Effeuiller
Egosiller
Emailler
Embrouiller
Emerveiller
Empailler
s'Encanailler
Encastiller
Enfutailler
Engueniller
Enrouiller
Entailler
Entortiller [ler
s'Entre-brouil-
s'Entre-chamailler
s'Entretailler
Eparpiller
Epouiller
Erailler
Essoriller
Estampiller
Etoupiller
Etriller
Eveiller
s'Eventiller
Farfouiller
Ferrailler
Feuiller
Fonailler
Fouiller
Fourmiller
Fretiller
Fusiller
Gambiller
Garçailler
Gargouiller
Gaspiller
Gazouiller
Godailler
Goupiller
Grapiller
Grenailler
Grenouiller
Grésiller
Gribouiller
Griller
Grisailler
Grouiller
Gueusailler
Guiller
Habiller
se Harpiller
Houspiller
Hurtebiller
Jantiller
Jouailler
Mailler
Mordiller
Mouiller
Nasiller
Patrouiller
Pendiller
Pétiller
Piller
Pointiller
Pontiller
Pouiller
Pretintailler
Quiller
Quoailler
Railler
Ramailler
Rappareiller
Ravitailler
Recoquiller
se Recroquevil- [ler
Refeuiller
Refouiller
Remouiller
Rempailler
Retailler
Retravailler
Rétriller
Réveiller
Rhabiller
Rimailler
Rouiller
Roupiller
Routailler
Sautiller
Siller
Sommeiller
Souiller
Sourciller
Surveiller
Tailler
Teiller
Tenailler
Tirailler
Tortiller
Toupiller
Travailler
Vantiller
Veiller
Vermiller
Verrouiller
Vétiller
Vriller

Noms.

Clinquailler
Conseiller
Cornouiller
Ecailler
Feuiller
Genouiller
Groseiller
Marguiller
Oreiller
Pallier
Pouiller
Poulailler

Voyez aux rimes en ier, les mots terminés en illier.

LET, *voyez* ET.

LEUX, *voyez* EUX.

LI.

Bali
Bouli
Caracoli
Carcapuli
Contrepoli
Etabli
Hallali
Joli
Néroly
Nulli
Oubli
Paroli
Pli
Poli
Repli
Torticoli
Tripoli
Vermicelli
Plis, l'impératif de lire et de ses composés, en retranchant l's.

Verbes.

Aboli
Accompli
Affoibli
Amoli
Anobli
Avili
Démoli
Dépoli
Désempli
Embelli
Enseveli
Etabli
Foibli
Molli
Pâli
Poli
Raffoli
Ramoli
Rempli
Rétabli
Sali
Tripoli

LLI *mouillé.*

Bailli
Bouilli
Failli
Vice-Bailli

Verbes.

Assailli
Bouilli
Cueilli
Débouilli
Enorgueilli
Envieilli
Failli
Jailli
Rebouilli
Recueilli
Rejailli
Sailli
Tressailli
Vieilli

LIE.

Ancholie
Anomalie
Aphélie
Avalies
Balie
Cacochylie
Cimolie
Complies
Connétablie
Dicélies
Erablie
Eutrapélie
Folie
Homélie
Jolie
Lie
Mélancolie
Paltélie
Parélie
Plie
Poulie
Scholie

Verbes.

Allie
Délie
Déplie
se Domicilie
Exfolie
Humilie
Lie
se Mésallie
Multiplie
Oublie
Pallie
Plie
Poulie
Publie
Rallie
Réconcilie
Relie
Résilie
Supplie

Voyez les participes des verbes en lir, au féminin.

LLIE *mouillé.*

Bouillie
Saillie

LIER, *voyez* IER.

LIN, *voyez* IN.

LION, *voyez* ION.

LIR, *voyez* IR.

LIS, *voyez* IS.

LO, *voyez* O.

LON.

Aiglon
Apollon
Aquilon
Ballon
Barcalon
Bellon
Boulon
Chalon
Colon
Coulon
Diachilon
Diaculum
Doublon
Echelon
Epulon
Escabellon
Etalon
Félon
Filon
Flonflon
Foulon
Frélon
Galon
Houblon
Jalon
Mamelon
Melon
Merlon
Moilon
Pantalon
Passe-filon
Phyllon
Pilon
Poilon *ou* Poêlon
Sablon
Salon
Scabellon
Selon
Talon
Telon
Vallon
Violon

LLON *mouillé.*

Aiguillon
Ardillon
Bâillon
Barbillon
Bataillon
Billon
Bohémillon
Boquillon
Bouillon
Carillon
Carpillon
Chocaillon
Corbillon
Cotillon
Court-bouillon
Croisillon
Durillon
Ecaillon
Echantillon
Echillon
Ecoutillon
Ecouvillon
Emérillon
Etavillon
Etranguillon
Etrésillon
Faraillon
Faucillon
Gerbillon
Goupillon
Graillon
Grapillon
Grillon
Guenillon
Haillon
Houspillon
Médaillon
Modillon
Moinillon
Moraillon
Morillon
Négrillon
Oreillons *ou* Orillons
Oisillon
Paillon
Papillon
Pavillon
Paumillon
Penaillon
Pendillon
Postillon
Ranguillon
Ratillon
Réveillon
Roidillon
Sillon
Souillon
Taillon
Tatillon
Taupe-grillon
Tenaillon
Tortillon
Touaillon
Toupillon
Tourbillon
Tourillon
Trompillon
Verdillon
Vermillon

LU.

Absolu
Bien-voulu
Chevelu
Cuveju
Dévolu
Dissolu
Elu
Glu
Goguelu
Goulu
Gourlu
Hurluberlu
Impollu
Irrésolu
Jouflu
Lanturlu
Maflu
Malvoulu
Mamelu
Patte-pelu
Poilu
Pollu
Quoquelu
Rablu
Résolu
Révolu
Superflu
Talu
Trelu
Trupelu
Velu
Vermolu

Verbes.

Elu
Lu
Moulu
Plu
Prévalu
Réélu
Relu
Remoulu
Rémoulu
Résolu
Tollu
Valu
Voulu

M

MA.

Alisma
Anhima
Brama
Lama

Voyez le prétérit défini des verbes en mer.

MANT, *voyez* MENT.

MAT, *voyez* AT.

MÉ.

Affamé
Bien-aimé
Bout-rimé
Consommé
Ecrémé
Elimé
Embrumé
Enthousiasmé
Famé
Gourmé
Innomé
Intimé
Lamé
Novissimé
Point nommé
Pois ramés
Pommé
Sublimé
Vidamé

Voyez le participe des verbes en mer.

MEAU, *voyez* AU.

MÉE.

à l'Accoutumée
Armée
Consommée
Fumée
Laitue pommée
Langue envenimée
Plumée
Pygmée
Ramée
Renommée

Voyez les féminins des noms en mé, et des participes des verbes en mer.

MENT *et* MANT.

Dément
Ment

Noms.

Abaissement
Abandonnement
Abâtardissement
Abatellement
Abattement
Aboiement
Abolissement
Abonnement
Abornement
Abouchement
Abouement
Aboutissement
Abrégement
Abrutissement
Accablement
Accaparement
Accoisement
Accommodement
Accompagnement
Accomplissement
Accouchement
Accouplement
Accourcissement
Accoutrement
Accrochement
Accroissement
Accroupissement
Acculement
Accensement
Acharnement
Achement
Acheminement
Achèvement
Achoppement

MENT

MENT MENT MENT MENT

Acquiescement
Acquittement
Adoucissement
Affadissement
Affaissement
Affaitement
Afféagement
Affinement
Affoiblissement
Affranchissement
Affrérement
Affublement
Agacement
Agencement
Agrandissement
Agrément
Aheurtement
Aiguisement
Aimant
Aisement
Ajournement
Ajustement
Alignement
Aliment
Allongement
Allégement
Alongement
Amaigrissement
Amant
Améliorissement
Amendement
Amenuisement
Ameublement
Ameublissement
Amollissement
Amortissement
Amusement
Anéantissement
Anoblissement
Anonnement
Appariement
Appartement
Appauvrissement
Appesantissement
Appetissement
Applatissement
Applaudissement
Appointement
Apprivoisement
Approfondissement
Approvisionnement
Apurement
Argument
Armement
Arpégement
Arrachement
Arrangement
Arrentement
Arrondissement
Arrosement
Aspersement
Assablement
Assaisonnement
Assasinement
Asservissement
Assortiment
Assoupissement
Assouvissement
Assujettissement
Assurement
Atermoiement
Atournement
Attachement
Attendrissement
Atterrissement
Attiédissement
Attouchement
Attroupement
Augment
Avancement
Avénement
Avertissement
Aveuglement
Avilissement
Avisement
Avitaillement
Avoisinement
Avortement
Bâillement
Baisement
Balancement
Balbutiement
Bannissement
Batélement
Bâtiment
Battement
Bégaiement
Bélement
Bernement
Beuglement
Biaisement
Billonnement
Binement
Blanchiment
Blasonnement
Bombardement
Bombement
Bondissement
Bordement
Bouclement
Bouffement
Bouillonnement
Bouleversement
Bourdonnement
Bouvement
Braiement
Brandillement
Branlement
Braquement
Bredouillement
Brisement
Broiement
Brouillement
Bruissement
Brûlement
Cachement
Caillement
Caimand
Calament
Calement
Calmant
Campement
Cantonnement
Capillament
Casernement
Cautionnement
Chancelement
Changement
Chargement
Charmant
Châtiment
Chatouillement
Chevissement
Choppement
Chuchotement
Cillement
Ciment
Claquement
Classement
Clément
Clignement
Clignotement
Clochement
Clossement
Coassement
Comblement
Commandement
Commencement
Compartiment
Compassement
Complément
Complétement
Compliment
Comportement
Connoissement
Consentement
Consumant
Contentement
Contre-mandement
Convertissement
Cornement
Coudrement
Coulement
Courbement
Couronnement
Crachement
Crachotement
Craquement
Craquètement
Crément
Creusement
Croassement
Croisement
Croulement
Crucifiment
Dandinement
Débandement
Débarquement
Débillardement
Déboîtement
Débordement
Débouchement
Débouquement
Déboursement
Débridement
Débrouillement
Débusquement
Décampement
Décélement
Déchaînement
Déchargement
Déchaussement
Déchiffrement
Déchirement
Décochement
Décollement
Découlement
Découragement
Décréditement
Décrochement
Décroissement
Décrûment
Décrusement
Dédommagement
Défiment
Défoncement
Défrichement
Dégagement
Dégauchissement
Dégorgement
Dégourdissement
Dégraissement
Dégravoîment
Déguerpissement
Déguisement
Déharnachement
Délabrement
Délaîment
Délaissement
Délardement
Délassement
Délogement
Démantélement
Démembrement
Déménagement
Démeublement
Déniaisement
Dénigrement
Dénombrement
Dénoûment
Dénûment
Département
Dépécement
Dépérissement
Dépeuplement
Déplacement
Déportement
Dépouillement
Déproprîment
Dépucellement
Déracinement
Dérangement
Déréglement
Déroulement
Désabusement
Désagrément
Désappropriment
Désarmement
Désassaisonnement
Désassiégement
Désembarquement
Désemparement
Désenchantement
Désenlacement
Désenrôlement
Désensorcellement
Désintéressement
Désistement
Désœuvrement
Dessaisissement
Desséchement
Détachement
Détournement
Détriment
Devancement
Développement
Dévétissement
Dévoilement
Dévoîment
Dévoûment
Diamant
Diffamant
Dirimant
Discernement
Divertissement
Document
Dormant
Doublement
Ébahissement
Ébatement
Ébaudissement
Éblouissement
Éboulement
Ébourgeonnement
Ébranchement
Ébranlement
Ébrasement
Écachement
Écarquillement
Écartement
Échalassement
Échappement
Échauffement
Échoûment
Éclaircissement
Écoulement
Écrouissement
Écroulement
Effondrement
Égalément
Égarement
Élancement
Élargissement
Élément
Élemens
Éloignement
Émargement
Embarquement
Embarrassement
Embasement
Embanmement
Embellissement
Emboîtement
Embouchement
Emboursement
Embrasement
Embrassement
Embrènement
Embrèvement
Embrouillement
Emmanchement
Emménagement
Emolument
Empalement
Empârement
Empatement
Empêchement
Empellement
Empilement
Emplacement
Empoisonnement
Empoissonnement
Emportement
Empressement
Emprisonnement
Empuantissement
Enharrement
Encaissement
Encastillement
Encastrement
Encavement
Encensement
Enchaînement
Enchantement
Enchérissement
Enchifrènement
Enclavement
Encochement
Encombrement
Encorbellement
Encouragement
Encuvement
Endommagement
Endormissement
Endossement
Endurcissement
Enfaîtement
Enfantement
Enfoncement
Enfourchement
Engagement
Engoncement
Engorgement
Engoûment
Engourdissement
Engraissement
Enharnachement
Enhortement
Enivrement
Enjambement
Enjolivement
Enjoûment
Enlacement
Enlèvement
Enregistrement
Enrichissement
Enrôlement
Enroulement
Enroûment
Ensablement
Ensaisinement
Enseignement
Ensemencement
Ensevelissement
Ensorcellement
Entablement
Entassement
Entement
Entendement
Entérinement
Enterrement
Entêtement
Entortillement
Entrelacement
Entretenement
Enveloppement
Envoûtement
Epaississement
Epamprement
Epanchement
Epanouissement
Epaulement
Epluchement
Epuisement
Epurgement
Equarrissement
Equipement
Eraillement
Ersemens
Escarpemens
Espacement
Espalement
Établissement
Étaîment
Étalonnement
Étanchement
Eternument
Etêtement
Étincellement
Etonnement
Etouffement
Etourdissement
Etranglement
Etrécissement
Etuvement
Evanouissement
Evénement
Exaucement
Excrément
Exhaussement
Fardement
Fermant
Ferment
Ferrement
Feutrement
Figement
Filament
Finiment
Finissement
Firmament
Flamant
Fléchissement
Flottement
Fondement
Forbannissement
Foudroîment
Fourmillement
Fourniment
Fournissement
Fourvoîment
Fragment
Fraisement
Frappement
Frémissement
Fretillement
Frissonnement
Froissement
Frôlement
Froment
Froncement
Frottement
Fumant
Gargouillement
Gariment *ou* Cariment
Garnement
Garniment
Gauchissement
Gazonnement
Gazouillement
Gémissement
Gisement
Glapissement
Glissement
Gloussement
Gonflement
Gourmand
Gouvernement
Graillement
Grésillement
Grincement
Grognement
Habillement
Harnachement
Haussement
Hennissement
Hochement
Honnissement
Hurlement
Incitement
Indigitament
Instrument
Intégument
Investissement
Jaillissement
Jappement
Jugement
Jument
Jurement
Lavement
Licenciment
Ligament
Linéament
Liniment
Logement
Lotissement
Mamant
Mandement
Maniment
Manquement
Martement
Mécontentement
Médicament
Ménagement
Meuglement
Miaulement
Moment
Monument
Mouvement
Mugissement
Nantissement
Naulisement
Nécromant *ou* Négromant
Nettoîment
Nivellement
Non-paîment
Normand
Noûment
Nutriment
Obscurcissement
Oignement
Ondoîment
Ordrement
Ornement
Orpiment *ou* Orpin
Ossemens
Paîment
Pansement
Pantoîment
Parachèvement
Parement
Parlement
Partement
Passement
Penchement
Pendement
Percement
Perfectionnement
Pétillement
Peuplement
Pilorîment
Piment
Pissement
Poliment
Portement
Prédicament
Pressement
Pressentiment
Prosternement
Rabaissement
Raccommodement
Raccordement
Raccourcissement
Raccoutrement
Radoucissement
Raffermissement
Raffinement
Rafraîchissement
Ragréement
Raisonnement
Rajeunissement
Rajustement
Râlement
Ralentissement
Ralliment
Rampement
Rançonnement
Rapaîrîment
Rapprochement
Rasement
Rassasîment
Ravalement
Ravestissement
Ravissement
Ravitaillement
Rayonnement
Réajournement
Rebatement
Reblandissement
Rebondissement
Rebouchement
Recèlement
Recensement
Récolement
Recommencement
Recoquillement
Recoupement
Recouvrement
Recrément
Recueillement
Reculement
Redoublement
Redressement
Réfléchissement
Refrognement
Refroidissement
Régalement
Régement
Regimbement
Régiment
Réglement
Regonflement
Regorgement
Rehaussement
Rejaillissement
Relâchement
Relèvement
Remanîment
Rembourrement
Remboursement
Rembrunissement
Rembûchement
Remercîment
Remparement
Remplacement
Remûment
Renchérissement
Rendormissement
Renflement
Renfoncement
Renforcement
Rengagement
Rengorgement
Rengrégement
Rengrénement
Reniflement
Renîment
Renoncement
Renoûment
Renouvellement
Renseignement
Renversement
Repeuplement
Repoussement
Résilîment
Résonnement
Resordement
Resplendissement
Ressentiment
Resserrement
Rétablissement
Retaillement
Retardement
Retentissement
Retirement
Retordement
Retranchement
Rétrécissement
Retroussement
Reverdissement
Revêtement
Revirement
Ricanement
Rompement
Ronflement
Rossignolement
Roulement
Rudiment
Rugissement
Saccagement
Sacrement
Saignement
Saisissement
Sarment
Sautillement
Sauvement
Savourement
Scellement
Secoûment
Sediment
Segment
Sentiment
Serment
Serrement
Sifflement
Signalement
Sillement
Soufflement
Soulagement
Soulèvement
Sous-bassement
Soutenement
Spacîment
Sucement
Suintement
Supplément
Surbaissement
Surhaussement
Tapissement
Tarissement
Tâtonnement
Tégument
Tempérament
Temporisement
Tenement
Tentement
Testament
Tiercement
Tintement
Tiraillement
Tortillement
Tourment
Tournoîment
Tracement
Tradiment
Trafiquement
Traitement
Transissement
Transplantement
Traversement
Travestissement
Trébuchement
Tremblement
Trémoussément
Trempement
Trépassement
Trepignement
Tressaillement
Triplement
Truchement *ou* Trucheman
Tutoîment
Vagissement
Vengement
Véhément
Verbalisement
Versement
Vêtement
Violement
Virement
Voltigement
Vomissement
Plus, les participes des verbes en mer.

Adverbes.

Abominablement
Abondamment
Absolument
Abstractivement
Abstraitement
Absurdement
Abusivement
Académiquement
Accidentellement
Accostement
Activement
Actuellement
Adjectivement
Admirablement
Adroitement
Adverbialement
Affablement
Affectionnément
Affectueusement
Affirmativement
Affreusement
Agilement
Agréablement
Aigrement
Aisément
Alègrement
Allégoriquement
Alternativement
Altiérement
Ambigement
Ambitieusement
Amiablement
Amicalement
Amoureusement
Amphibologiquement
Amplement
Analogiquement
Analytiquement
Anatomiquement
Anciennement
Angéliquement
Annuellement
Antécédemment
Antérieurement
Apertement
Apostoliquement
Apparemment
Aprement
Arbitrairement
Arbitralement
Ardemment
Aristocratiquement
Arithmétiquement
Arrogamment
Artificiellement
Assertivement
Assidûment
Assurément
Astronomiquement
Attentivement
Attiquement
Aucunement
Audacieusement
Augustement
Austèrement
Authentiquement
Autrement
Avantageusement
Avarement
Aveuglément
Avidement
Badinement
Barbarement
Bassement
Bellement
Bénignement
Bestialement
Bêtement
Bienséamment
Bizarrement
Blanchement
Bonnement
Bourgeoisément
Bravement
Brièvement
Brusquement
Brutalement
Bruyamment
Burlesquement
Cachément
Calomnieusement
Candidement
Canoniquement
Capitulairement
Capricieusement
Captieusement
Carrément
Casuellement
Cathégoriquement
Catholiquement
Cavalièrement
Cauteleusement
Censivement
Cérémonieusement
Certainement
Chagrinement
Charitablement
Charnellement
Chastement
Chaudement
Chèrement
Chétivement
Chichement
Chimériquement
Chrétiennement
Cinquièmement
Circulairement

MENT

Civilement
Clairement
Clandestine-
ment
Cléricalement
Cohéremment
Coiment
Collatérale-
ment
Collectivement
Collusoirément
Comiquement
Comment
Commodément
Communément
Communicati-
vement
Comparative-
ment
Compétem-
ment
Complaisam-
ment
Complètement
Concurrem-
ment
Condignement
Conditionnel-
lement
Confidemment
Conformément
Confusément
Congrument
Conjecturale-
ment
Conjointement
Conjugalement
Consciencieu-
sement
Consecutive-
ment
Conséquem-
ment
Considérable-
ment
Constamment
Consubstantiel-
lement
Consulaire-
ment
Contentieuse-
ment
Continuelle-
ment
Continûment
Contradictoire-
ment
Contumélieu-
sement
Convenable-
ment
Conventionnel-
lement
Conventuelle-
ment
Copieusement
Cordialement
Corporelle-
ment
Correctement
Coulamment
Courageuse-
ment
Couramment
Courtement
Courtoisement
Coutumière-
ment
Couvertement
Criminellement
Croustilleuse-
ment
Cruellement
Crûment
Cumulative-
ment
Curieusement
Damnablement
Dangereuse-
ment
Débilement
Débonnaire-
ment
Décidément
Décisivement
Dédaigneuse-
ment
Défavorable-
ment
Définitivement

Défectueuse-
ment
Délibérément
Délicatement
Délicieusement
Déloyalement
Démesurément
Démonstrative-
ment
Dépendam-
ment
Déplorable-
ment
Déraisonnable-
ment
Déraisonné-
ment
Déréglément
Dernièrement
Désagréable-
ment
Désavantageu-
sement
Désespérément
Déshonnête-
ment
Désobligeam-
ment
Désordonné-
ment
Despotique-
ment
Déterminément
Détestable-
ment
Dévotement
Dévotieuse-
ment
Deuxièmement
Dextrement
Diablement
Diabolique-
ment
Diagonalement
Dialectique-
ment
Diamétrale-
ment
Diatonique-
ment
Différemment
Difficilement
Diffusément
Dignement
Diligemment
Directement
Discrètement
Disertement
Disgracieuse-
ment
Dissemblable-
ment
Dissolument
Distinctement
Distributive-
ment
Diversement
Divinement
Dixièmement
Docilement
Doctement
Dogmatique-
ment
Dolemment
Dolentement
Domestique-
ment
Doublement
Doucement
Doucettement
Douillettement
Douloureuse-
ment
Droitement
Drôlement
Dubitative-
ment
Dûment
Durement
Eclésiastique-
ment
Echarsément
Economique-
ment
Ecuménique-
ment
Effectivement
Efficacement
Effrénément
Effrontément.

MENT

Effroyablement
Egalement
Elégamment
Eloquemment
Eminemment
Emphatique-
ment
Energiquement
Enigmatique-
ment
Ennuyeuse-
ment
Enormément
Enragement
Entièrement
Eperdûment
Epouvantable-
ment
Equitablement
Equivalemment
Errament
Erronément
Essentielle-
ment
Eternellement
Etonnamment
Etourdiment
Etrangement
Etroitement
Evangélique-
ment
Eventuellement
Evidemment
Exactement
Excellemment
Excessivement
Exclusivement
Exécrablement
Exemplaire-
ment
Exorbitamment
Explicitement
Expressément
Exquisement
Extérieurement
Extrajudiciaire-
ment
Extraordinaire-
ment
Extravagamment
Extrêmement
Facétieuse-
ment
Facilement
Fallacieuse-
ment
Falotement
Familièrement
Fantasquement
Fantastisque-
ment
Fastidieuse-
ment
Fastueusement
Fatalement
Faussement
Favorablement
Féodalement
Fermement
Fertilement
Fervemment
Fichument
Fidèlement
Fièrement
Figurativement
Figurément
Filialement
Finalement
Finement
Fixement
Flatteusement
Foiblement
Folâtrement
Follement
Foncièrement
Fondamentale-
ment
Formellement
Fortement
Fortuitement
Fraîchement
Franchement
Fraternelle-
ment
Frauduleuse-
ment
Fréquemment
Froidement
Fructueuse-
ment.

Frugalement
Funestement
Furieusement
Furtivement
Gaîment
Gaillardement
Galamment
Généralement
Généreuse-
ment
Gentîment
Géométrique-
ment
Glorieusement
Gloutonne-
ment
Goulument
Gracieusement
Grammaticale-
ment
Grandement
Graphiquement
Grassement
Gratuitement
Gravement
Grièvement
Grossièrement
Grotesquement
Habilement
Habituellement
Hardiment
Harmonieuse-
ment
Harmonique-
ment
Hasardeuse-
ment
Hâtivement
Hautainement
Hautement
Héréditaire-
ment
Hermétique-
ment
Héroïquement
Heureusement
Hideusement
Hiérarchique-
ment
Historiquement
Honnêtement
Honorable-
ment
Honteusement
Horizontale-
ment
Horriblement
Hostilement
Huitièmement
Humainement
Humblement
Humidement
Hyperbolique-
ment
Hypostatique-
ment
Hypothécaire-
ment
Hypothétique-
ment
Identiquement
Ignominieuse-
ment
Ignoramment
Illégalement
Illégitimement
Illicitement
Illusoirement
Imbécillement
Immanquable-
ment
Immatérielle-
ment
Immédiatement
Immensément
Immodérément
Immodeste-
ment
Immuablement
Imparfaitement
Impartialement
Impatiemment
Impénétrable-
ment
Impérative-
ment
Imperceptible-
ment
Impérieuse-
ment

MENT

Impersonnelle-
ment
Impertinem-
ment
Imperturbable-
ment
Impétueuse-
ment
Impitoyable-
ment
Implicitement
Impossiblément
Improbable-
ment
Improprement
Imprudemment
Impudemment
Impudiquement
Impunément
Incertainement
Incessamment
Incestueuse-
ment
Incidemment
Incivilement
Incommodé-
ment
Incommutable-
ment
Incomparable-
ment
Incompatible-
ment
Incompétem-
ment
Incompréhensi-
blement
Incongrûment
Inconsolable-
ment
Inconsidéré-
ment
Inconstamment
Incontestable-
ment
Incorrigible-
ment
Incroyablement
Indécemment
Indéfiniment
Indépendam-
ment
Indéterminé-
ment
Indévotement
Indifféremment
Indignement
Indirectement
Indiscrètement
Indispensable-
ment
Indissoluble-
ment
Indistincte-
ment
Individuelle-
ment
Indivisiblement
Indolemment
Indubitable-
ment
Indulgemment
Indûment
Industrieuse-
ment
Inébranlable-
ment
Inégalement
Inespérément
Inévitablement
Inexorable-
ment
Infailliblement
Infamement
Infatigable-
ment
Inférieurement
Infidèlement
Infiniment
Inflexiblement
Infructueuse-
ment
Ingénieuse-
ment
Ingénument
Ingratement
Inhumainement
Iniquement
Injurieusement
Injustement

Innocemment
Innombrable-
ment
Inopinément
Insatiablement
Insciemment
Insensiblement
Inséparable-
ment
Insidieusement
Insolemment
Instamment
Insuffisamment
Insupportable-
ment
Intégralement
Intelligemment
Intelligiblement
Intempéram-
ment
Intensivement
Intérieurement
Interprétative-
ment
Intimement
Intolérable-
ment
Intrépidement
Intrinséque-
ment
Intuitivement
Inutilement
Invalidement
Invariablement
Invinciblement
Inviolablement
Invisiblement
Involontaire-
ment
Ironiquement
Irréconcilia-
blement
Irrégulière-
ment
Irréligieuse-
ment
Irrémédiable-
ment
Irrémissible-
ment
Irréparable-
ment
Irrépréhensi-
blement
Irréprochable-
ment
Irrésistible-
ment
Irrésolument
Irrévéramment
Irrévocable-
ment
Isuellement
Isolément
Itérativement
Jeunement
Joliment
Journellement
Joyeusement
Judiciairement
Judicieusement
Juridiquement
Justement
Laborieuse-
ment
Lâchement
Laconique-
ment
Laidement
Lamentable-
ment
Langoureuse-
ment
Languissam-
ment
Largement
Lascivement
Latéralement
Légalement
Légèrement
Légitimement
Lentement
Lestement
Librement
Licencieuse-
ment
Licitement
Ligement
Liquidement
Lisiblement.

MENT

Littéralement
Longitudinale-
ment
Longuement
Louablement
Lourdement
Loyalement
Lubriquement
Lugubrement
Luxurieuse-
ment
Machinalement
Magistralement
Magnanime-
ment
Magnifique-
ment
Majestueuse-
ment
Maigrement
Mal-adroite-
ment
Mal-aisément
Malencontreu-
sement
Mal-gracieuse-
ment
Mal-habilement
Malheureuse-
ment
Mal-honnête-
ment
Malicieusement
Malignement
Mal-propre-
ment
Manifestement
Manuellement
Marchande-
ment
Maritalement
Massivement
Matériellement
Maternelle-
ment
Mathématique-
ment
Matinalement
Maussadement
Mécaniquement
Méchamment
Médiatement
Médiocrement
Mélancolique-
ment
Mélodieuse-
ment
Mêmement
Mentalement
Mercantillé-
ment
Mercenaire-
ment
Méritoirement
Merveilleuse-
ment
Mesquinement
Métaphorique-
ment
Métaphysique-
ment
Méthodique-
ment
Mignardement
Mignonement
Militairement
Miraculeuse-
ment
Misérablement
Miséricordieu-
sement
Modérément
Modestement
Modiquement
Mollement
Monacalement
Mondainement
Monstrueuse-
ment
Moralement
Mortellement
Moyennement
Mûrement
Musicalement
Mutuellement
Mystérieuse-
ment
Mystiquement
Naïvement
Naturellement.

Nécessaire-
ment
Négativement
Négligemment
Nettement
Neutralement
Neuttement
Neuvièmement
Niaisement
Noblement
Nocturnement
Nombreuse-
ment
Nominative-*
ment
Nommément
Non-seulement
Notablement
Notamment
Notoirement
Nouvellement
Nuitamment
Nullement
Numérique-
ment
Obligeamment
Obliquement
Obscurément
Obstinément
Obversement
Occasionnelle-
ment
Occultement
Oculairement
Odieusement
Offensivement
Officiellement
Officieusement
Oisivement
Onzièmement
Opiniatrément
Opportuné-
ment
Opulemment
Oratoirement
Orbiculaire-
ment
Ordinairement
Orgueilleuse-
ment
Originairement
Originellement
Orthogonale-
ment
Outrageuse-
ment
Outrément
Ouvertement
Ovent
Pacifiquement
Paillardement
Pairement
Paisiblement
Palpablement
Parabolique-
ment
Pareillement
Paresseuse-
ment
Parfaitement
Partialement
Particulière-.
ment
Passablement
Passionnément
Passivement
Pastoralement
Paternellement
Pathétiquement
Patiemment
Patriotique-
ment
Pauvrement
Pédantesque-
ment
Pédestrament
Péniblement
Péremptoire-
ment
Perfidement
Périlleusement
Périodiquement
Pernicieuse-
ment
Perpendiculai-
rement
Perpétuelle-
ment
Personnelle-
ment.

MENT

Pertinemment
Perversement
Pesamment
Petitement
Pétulamment
Philosophique-
ment
Physiquement
Piétrement
Pirement
Piteusement
Pitoyablement
Pittoresque-
ment
Plaintivement
Plaisamment
Plantureuse-
ment
Platement
Plausiblement
Pleinement
Poétiquement
Poliment
Politiquement
Pompeusement
Ponctuellement
Pontificalement
Populairement
Posément
Positivement
Possessoire-
ment
Postérieurement
Potentiellement
Préalablement
Précairement
Précédemment
Précieusement
Précipitamment
Précisément
Préférablement
Prématurément
Premièrement
Présentement
Pressément
Présidialement
Présomptueu-
sement
Pressamment
Prestement
Prévôtalement
Primitivement
Principalement
Privativement
Privément
Probablement
Problématique-
ment
Processionnel-
lement
Prochainement
Prodigalement
Prodigieuse-
ment
Proditoirement
Profanement
Profondément
Profusément
Proleptique-
ment
Prolixement
Promiscument
Promptement
Prophétique-
ment
Proportionnel-
lement
Proportionné-
ment
Proprement
Proverbiale-
ment
Provisionnelle-
ment
Provisoirement
Prudemment
Puamment
Publiquement
Pudiquement
Puérilement
Puissamment
Purement
Purativement
Quatorzième-
ment
Quatrième-
ment
Quellement
Quinzième-
ment

Quittement
Radicalement
Raisonnable-
ment
Rapidement
Rarement
Récemment
Réciproque-
ment
Récroyamment
Réellement
Réglément
Régulièrement
Relativement
Repostement
Résolument
Respective-
ment
Respectueuse-
ment
Révéremment
Révérencieuse-
ment
Richement
Ridiculement
Rigidement
Rigoureuse-
ment
Robustement
Roidement
Romanesque-
ment
Rondement
Roturièrement
Royalement
Rudement
Rustaudement
Rustiquement
Sacramentelle-
ment
Sacrilégement
Safrement
Sagement
Sainement
Saintement
Salement
Salopement
Salutairement
Satiriquement
Savamment
Savoureuse-
ment
Scandaleuse-
ment
Scholastique-
ment
Sciemment
Scientifique-
ment
Scrupuleuse-
ment
Scurrilement
Sèchement
Secondement
Secrètement
Séculièrement
Séditieusement
Seizièmement
Semblablement
Sensiblement
Sensuellement
Sentencieuse-
ment
Séparément
Septièmement
Sérieusement
Serrément
Serviablement
Servilement
Sévèrement
Seulement
Simplement
Sincèrement
Singulièrement
Sinistrement
Sixièment
Sobrement
Socialement
Soévement
Soigneusement
Solemnelle-
ment
Solidairement
Solidement
Solitairement
Sommairement
Somptueuse-
ment
Sonorement
Sordidement

Sottement
Soudainement
Souplement
Sourdement
Soutiment
Souverainement
Spacieusement
Spécialement
Spécieusement
Spécifiquement
Sphériquement
Spirituellement
Splendidement
Stérilement
Stoïquement
Strictement
Studieusement
Stupidement
Subitement
Sublimement
Subordonnément
Subrepticement
Subséquemment
Subsidiairement
Substantiellement
Substantivement
Subtilement
Successivement
Succinctement
Suffisamment
Superbement
Superficiellement
Supérieurement
Superlativement
Superstitieusement
Supportablement
Surabondamment
Sûrement
Surnaturellement
Symétriquement
Synodalement
Systématiquement
Tacitement
Taquinement
Tardivement
Tellement
Témérairement
Temporellement
Tendrement
Terriblement
Théologiquement
Théoriquement
Tièdement
Tiercement
Timidement
Tolérablement
Tortueusement
Totalement
Tragiquement
Traîtreusement
Tranquillement
Transversalement
Treizièmement
Trigonométriquement
Triomphalement
Triplement
Tristement
Trivialement
Troisièmement
Tumultuairement
Tumultueusement
Turbulemment
Tyranniquement
Unanimement
Uniformement
Unièmement
Uniment
Uniquement
Universellement
Usurairement
Utilement
Vaguement
Vaillamment
Vainement
Valablement
Valeureusement
Validement
Véhémentement
Vénalement
Vénérablement
Véniellement
Verbalement
Véritablement
Vertement
Verticalement
Vertueusement
Vicieusement
Victorieusement
Vieillement
Vigilamment
Vigoureusement
Vilainement
Vilement
Violemment
Virilement
Virtuellement
Visiblement
Vitement
Vivement
Vocalement
Voirement
Volontairement
Voluptueusement
Vraiment
Vraisemblablement
Vulgairement

MER.

Abimer
Accoutumer
Affamer
Affermer
Affirmer
Aimer
Alarmer
Allumer
Amalgamer
Anagrammer
Animer
Apostumer
Aramer
Armer
Arrimer
Assommer
Blâmer
Blasphémer
Boffumer
Bramer
Calmer
Chalumer
Charmer
Chaumer
Chômer
Chommer
Clamer
Comprimer
Confirmer
Conformer
Consommer
Consumer
Crêmer
Damer
Décharmer
Déchaumer
Décimer
Déclamer
Dédamer
Défermer
Déflegmer
Déformer
Déplumer
Déprimer [mer
Désaccoutumer
Désarmer
Désenrhumer
Désenvenimer
Désestimer
Despumer
Diffamer
Difformer
Dîmer
Écimer
Écrêmer
Écumer
Élimer
Embâmer
Embaumer
Empaumer
Enfermer
Enflammer
Enfumer
Enrhumer
Ensimer
Entamer
Enthousiasmer
Envenimer
Épitomer
Escrimer
Espalmer
Essaimer
Estimer
Étamer
Everdumer
Exclamer
Exfumer
Exhumer
Exprimer
Fermer
Former
Fumer
se Gendarmer
Germer
Gommer
Gourmer
Heaumer
Humer
Imprimer
Infirmer
Informer
Inhumer
Intimer
Légitimer
Limer
Mésestimer
Nommer
Opprimer
Pâmer
Paraimer
Parfumer
Parsemer
se Paumer
Périmer
Plumer
Présumer
Primer
Proclamer
Raccoutumer
Rallumer
Ramer
Ranimer
Recamer
Réclamer
Reconfirmer
Rédimer
Refermer
Réformer
Regermer
Regourmer
Réimprimer
Relimer
se Remplumer
Renfermer
Renommer
Renvenimer
Réprimer
Ressemer
Résumer
Rimer
Semer
Sommer
Spalmer
Sublimer
Supprimer
Surnommer
Tramer
Transformer
Trimer
Vidimer

MET, *voyez* ET.

MEUX, *voyez* EUX.

MI.

Ami
Ammi
Amomi
Demi
Endormi
Ennemi
Fami
Fourmi
Mi
Parmi
Queussi Queu- [mi
Salmi

Verbes.

Affermi
Blêmi
Dédormi
Désendormi
Dormi
Endormi
Frémi
Gémi
Raffermi
Redormi
Rendormi
Renformi
Revomi
Vomi

MIE.

Académie
Alchimie
Amie
Anatomie
Andratomie
Angiotomie
Anomie
Antinomie
Apobomies
Artériotomie
Astronomie
Autonomie
Bigamie
Bonhommie
Boulimie
Cacochymie
Chalémie
Chimie
Dactylonomie
Dichotomie
Echinophtalmie
Économie
il Emie
Ennemie
Epidémie
Exophtalmie
Infamie
Lagophtalmie
Lamie
Latomie
Lipothymie
Lithotomie
Loxodromie
Mamie
Ménotomie
Mie [mie
Momie *ou* Mu-
Myotomie
Nymphotomie
Onkotomie
Oxyregmie
Palindromie
Parémie
Phlébotomie
Physionomie
Polygamie
Prudhommie
Scotomie
Sodomie
Trémie
Trisramie
Vidamie

Plus, les participes féminins des verbes en mir : *affermie.*

MIER *monos. et dissyl.*, voyez IER *monos. et dissyl.*

MIN, *voyez* IN.

MION, *voyez* ION.

MIR, *voyez* IR.

MIS, *voyez* IS.

MIT, *voyez* IT.

MON.

Artimon
Démon
Goémon
Limon
Momon
Mon
Saumon
Sermon
Timon

MONS.

Voyez le pluriel des mots en mon, *et les verbes en* mer *à la première personne du pluriel du présent de l'indicatif.*

MU.

Emu
Mu
Promu

N

NA.

Ana
Misna
O benigna
Pinchina
Quinquina

Voyez les verbes en ner, *au parfait défini.*

NANT, *voyez* ANT.

NAT, *voyez* AT.

NE.

Accorné
Acheminé
Aîné
Albuginé
Alterné
Archidiaconé
Aviné
Bâillonné
Basané
Bastionné
Blé embruminé
Bois veiné
Capuchonné
Caserné
Chagriné
Chansonné
Chantourné
Chevronné
Citronné
Clariné
Cloisonné
Comminé
Complexionné
Contaminé
Cotonné
Cutané
Damasquiné
Déterminé
Dîné [né
Disproportion-
Donjonné
Doyenné
Elléboriné
Embâtonné
Embéguiné
Emérillonné
Emmanné
Emmariné
Encapuchonné
Enchifrené
Encorné
Endemené
Enfariné
Enguignonné
Envoisiné
Enrégioné
Forcené
Géminé
Goujonné
Indéterminé
Indiscipliné
Innominé
Instantané
Intentionné
Intercutané
Maisné
Mariné
Maronné
Mort-né
Mutiné
Né
Passionné
Pavillonné
Proportionné
Puîné
Raffiné
Raisiné
Rapponé
Satiné
Séné
Turbiné

Voyez les verbes en ner, *au participe et aux temps composés.*

NEAU, *voyez* AU.

NÉE.

Aînée
Animée
Année
Antipyrennées
Apnée
Araignée
Aumonée
Aunée
Basanée
Brachypnée
Biambonnées
Bulle fulminée
Carnées
Charbonnée
Chaudronnée
Cheminée
Cheronée
Chiennée
Citronnée
Destinée
Dînée
Donnée
Dulcinée
Echinée
Egrenée
Enfournée
Erronée
Fournée [née
Gueule enfari-
Graminée
Guinée
Halenée
Haquenée
Hyménée
Ignée
Journée
Licence effré-née
Macaronée
Maisonnée
Manée
Matinée
Menée
Momentanée
Mort-née
Mounée
Nécanées
Née
Pédanée
Périnée
Plume érenée
Poilonnée
Puînée
Randonnée
Succédanée
Safranée
Saugrenée
Semnée
Simultanée
Spontanée
Tannée
Taupinée
Terrinée
Tournée
Traînée
Truite saumon-née
Vinée

Plus, les participes féminins des verbes en ner.

NENT, *voyez* ANT.

NER.

Déjeûner
Dîner

Verbes.

Abandonner
Abominer
Abonner
Aborner
s'Accoquiner
Acertainer
Achaisonner
s'Acharner
s'Acheminer
Actionner
Additionner
s'Adonner
Affectionner
Affiner
Ahaner
Aiguillonner
Ajourner
Albrener
Aleviner
Aliéner
Alterner
Amariner
Ambitionner
Amener
Ameuloner
Amidonner
Annoner
Aplaner
Approvisionner
Arraisonner
Aréner
Assaisonner
Assassiner
Assener
Aumoner
Auner
Avillonner
s'Aviner
Avironner
Avoisiner
Babouiner
Badigeonner
Badiner
Bâillonner
Baliverner
Banner
Bassiner
Bâtonner
Baudouiner
Béliner
Berner
Bestourner
Bigorner
Billonner
Biner
Bistourner
Blasonner
Bobiner
Bondonner
Borner
Boucaner
Bouchonner
Bouffonner
Bouillonner
Bouquiner
Bourdonner
Bourgeonner
Boutonner
Braconner
Bruiner
Buriner
Butiner
Cabaner
Calciner
Caner
se Cangrener
Canner
Canonner
Cantonner
Caparaçonner
Carabiner
Carêner
Carillonner
Caserner
Cautionner
Cerner
Chagriner
Chanfreiner
Chansonner
Chantourner
Chaperonner
Chaponner
Charbonner
Chardonner
Charlataner
Cheminer
Chicaner
Chienner
Chiffonner
Chopiner
Citronner
Clopiner
Cochonner
Cogner
Cotonner
Combiner
Comminer
Complexionner
Concerner
Condamner
Conditionner
Confiner
Conglutiner
Consterner
Contaminer
Contemner
Contourner
Contreminer
Coqueliner
Cordonner
Corner
Cotonner
Couronner
Cousiner
Cramponner
Crayonner
Cuisiner
Culminer
Damasquiner
Damner
Dandiner
Débadiner
Débondonner
Déboutonner
Décerner
Déchagriner
Déchaîner
Déchaperonner
Décharner
Déclaver
Décliner
Définer
Défourner
Défuner
Dégaîner
Dégasconner
Dégrappiner
Déguignonner
Déjeûner
Démainer
Démener
Déraciner
Déraisonner
Désarçonner
Désempoisonner
Désenchaîner
Désengrener
Désétriner
Désordonner
Dessaisonner
Dessiner
Destiner
Déterminer
Détignonner
Détonner
Détourner
Détrôner
Dîner
Discerner
Discipliner
Disproportionner
Dodeliner
Dôdiner
Dominer
Donner
Douaner
Drageonner
Durillonner
Ebéner
Ebousiner
Ebrener
Echantillonner
Echardonner
Echarner
Echiner
Ecorner
Ecouaner
Ecouvillonner
Ecrener
Ecussonner
Effaner
Efféminer
Egrener
Emaner
Emariner
Embabouiner
Embâillonner
Embataillonner
Embâtonner
Embéguiner
Embobeliner
Embrener
Embriconner
Embruiner
Emmagasiner
Emmannequiner
Emmariner
Emmener
Empaner
Empanner
Empatroner
Empenner
Empoisonner
Empoissonner
Emprisonner
Emulsionner
Encapuchonner
Enchaîner
Enchaperonner
Enchifrener
Encliner
Encomédienner
Encorner
Encourtiner
Endoctriner
Enfariner
Enfourner
Engaîner
Enganner
Enginer
Engrener
Enluminer
s'Enraciner
Enrhuner
Ensafraner
Ensaisiner
Entériner
Entonner
Entourner
Entourtiner
Entraîner
Environner
Eperonner
Epoinçonner
s'Epoumonner
Errener
Escadronner
Escarner
Escarpiner
Espionner
Estramaçonner
Etalonner
Etançonner
Etonner
Etrenner
Etrésillonner
s'Evaltonner
Examiner
Exoiner
Exterminer
Façonner
Faner
Faonner
Fasciner
Fener
Festiner
Festonner
Flagorner
Fleuronner
Foisonner
Forcener
Formener
Fourgonner
Fredonner
Friponner
Frisonner
Frissonner
Fulminer
Gabionner
Galonner
Ganer
Gangrener
Garçonner
Gasconner
Gazonner
Gêner
Gironner
Glaner
Godronner
Goudronner
Goujonner
Goupillonner
Gourdiner
Gouverner
Grappiner
Grener
Griffonner
Grimeliner
Grisonner
Guerdonner
Guidonner
Guillotiner
Halbrener
Halener
Harponner
Hérissonner
Houssiner
Hiverner
Illuminer
Imaginer
Importuner
Impugner
Incarner
Incliner
Infortuner
Inquiner
Intentionner
Jalonner
Jardiner
Jargonner
Jaspiner
Jeûner
Lambiner
Laminer
Lanterner
Lantiponner
Lésiner
Liaisonner
Libertiner
Lutiner
Machiner
Mâchonner
Maisonner
Mal-mener
Maquignonner
Mariner
Marmitonner
Marmonner
Marner
Maroquiner
Marronner
Matassiner
Mâtiner
Médeciner
Médionner
Médonner
Mener
Mentionner
Merliner
Miner
Mitonner
Mixtionner
Moissonner
Morigéner
Moyenner
se Mutiner
Nasonner
Obstiner
Occasionner
Ocquisener
Œilletonner
Opiner

Ordonner

Ordonner	Rempoissonner
Organsiner	Rengainer
Orner	Rengrener
Paissonner	Rentonner
Paner	Rentrainer
Papillonner	Réordonner
Parangonner	Résonner
Passionner	Ressiner
Pateliner	Retourner
Patiner	Révolutionner
Patrociner	Ricaner
Patronner	Rognonner
se Pavaner	Rondiner
Peiner	Rouaner
Pelotonner	Routiner
Pener	Rubaner
Pensionner	Ruginer
Perfectionner	Ruiner
Petuner	Ruminer
Piétiner	Sablonner
Pigeonner	Safraner
Planer	Saner
se Plastronner	Sariner
Polissonner	Savonner
se Pomponner	Séjourner
Pouliner	Semonner
Précautionner	Séréner
Prédestiner	Sermonner
Prédominer	Sillonner
Préopiner	Sonner
Profaner	Sorner
Promener	Soupçonner
Proner	Strapassonner
Proportionner	Subordonner
se Prosterner	Suborner
Questionner	Suranner
Rabobeliner	Surmener
Raciner	Talonner
Raffiner	Tambouriner
Raisonner	Tamponner
Ramener	Tanner
Ramonner	Tatillonner
Ramponner	Tâtiner
Rancoliner	Tâtonner
Rançonner	Teignonner ou Tignonner
Rapiner	Terminer
Rasséréner	Testonner
Ratatonner	Tisonner
se Ratatiner	Tonner
Ratiociner	Tourbillonner
Rayonner	Tourner
Réajourner	Trainer
Rebiner	Trépaner
Rebourgeonner	Treforner
Reboutonner	Tronçonner
Récliner	Trotiner
Récriminer	Turlupiner
Redonner	Uriner
Refaçonner	Vagabonder
Réfectionner	Vanner
Refréner	Vaticiner
Rejanner	Vener
Rejetonner	Vermillonner
Remaçonner	Villoner
Remener	Voisiner
Remmener	

NET, *voyez* ET.

NEUX, *voyez* EUX.

NEZ *ou* NÉS.

Voyez les pluriels des noms en né et des participes des verbes en ner. Voyez aussi les mêmes verbes à la seconde personne du pluriel du présent de l'indicatif, ainsi que ceux en venir et tenir.

NI.

Aslani	Défini
Banni	Dégarni
Brouillamini	Démuni
Carimini	Désuni
Déni	Embruni
Gémini	Fini
Indéfini	Forbanni
Infini	Fourni
Mansfeni	Garni
Nenni *ou* Nani	Henni
Nid	Honni
Omni	Jauni
Repleni	Muni
Verbes.	Parfourni
Aboni	Préfini
Apoltronni	Prémuni
Applani	Puni
Assaini	Rabonni
Banni	Raccourci
Béni	Rajeuni
Bruni	Rebéni
Rebruni	Réuni
Refourni	Terni
Rejauni	Uni
Rembruni	Verni

NIE.

Acrimonie	Néoménie
Agonie	Neuranie
Aphonie	Nymphomanie
Astymonie	Odontotechnie
Atonie	Papimanie
Avanie	Parcimonie
Bannie	Pérégrinomanie
Bibliomanie	Péripneumonie
Cacophonie	Post-liminie
Calomnie	Prestimonie
Cérémonie	Pulmonie
Chanoinie	Pyrotechnie
Chapellenie	Quanie
Châtellenie	Quérimonie
Colonie	Sanie
Cosmogonie	Simonie
Démonomanie	Symphonie
Diaconie	Théogonie
Diaphénie	Ionie
Epiphanie	Tyrannie
Erotomanie	Vilenie
Félonie	Villonie
Gastromanie	Zizanie
Génie	*Verbes.*
Gloutonnie	Calomnie
Griffonnie	Communie
Harmonie	Dénie
Ignominie	Excommunie
Litanie	Manie
Manie	Nie
Métromanie	Remanie
Nénie	Renie

Voyez les participes féminins des verbes en nir, excepté tenir, venir et leurs composés.

NIER, *voyez* IER.

NIN, *voyez* IN.

NION, *voyez* ION.

NIR, *voyez* IR.

NIS, *voyez* IS.

NIT, *voyez* IT.

NOM *et* NON.

Anon	Linon
Attrape-minon	Minon
Cabanon	Nom
Canon	Nomocanon
Chainon	Non
Diacarcinon	Pennon
Droit Canon	Prête-nom
Empanon	Renom
Fanon	Sinon
Fanons	Sternon
Galbanon	Surnom
Gonfanon	Tenon
Grenon	Tympanon
Guenon	

NU.

	Verbes.
Bienvenu	Abstenu
Biscornu	Contenu
Charnu	Contrevenu
Chenu	Convenu
Connu	Détenu
Je Contenu	Devenu
Continu	Disconvenu
Cornu	Entretenu
Grenu	Intervenu
Inconnu	Maintenu
Ingénu	Obtenu
Méconnu	Obvenu
Menu	Parvenu
Nu	Provenu
Ponnu	Revenu
Provenu	Soutenu
Revenu	Souvenu
Saugrenu	Subvenu
Tenu	Survenu
Trotte-menu	Tenu
	Venu

O

A-poco	Cartero
Asso	Cicéro
Baroco	Coco
Bobo	Concedo
Bocardo	Conjungo
Cacao	Coquerico
Coraco	Indigo
Corbegeo	In-folio
Credo	In-octavo
Diaco	In-quarto
Dodo	Itérato
Domino	Memento
Ecce-homo	Numéro
Echo	O
Ergo	Oh!
Escampativo	In petto
Ex professo	Piano
Ex voto	Po
Fabago	Populo
Gano	Presto
Gerbo	Quiproquo
à Gogo	Solo
Halo	Supercargo
Haro	Vertigo
Hoho, ho!	Virago
Incognito	Zéro

OB.

Rob

OBE.

Dérobe	Gobe
Englobe	Lobe
Garde-robe	Robe
Globe	

OBLE.

Archinoble	Noble
Garde-noble	Vignoble
Ignoble	

OBRE.

Octobre	Sobre
Opprobre	

OC *et* OQ.

Astroc	Estoc
Bloc	Froc
Broc	Hoc
Choc *ou* Choq	Manioc
Coq	Roc
Crête de coq	Siroc
Croc	Soc
Crocs	Tic et toc
Défroc	Toc, toc
Escroc	Troc

OCE *et* OPCE, *voyez* OSSE.

OCHE.

Accroche	Poche
Anicroche	Proche
Approche	Reproche
Arroche	Roche
Baloche	Sacoche
Bamboche	Synecdoche
Bancroche	Taloche
Basoche	Tourne-broche
Bourroche	Zoroche
Brioche	*Verbes.*
Broche	Accroche
Caboche	Approche
Cloche	Broche
Coche	Cloche
Croche	Décoche
Double-croche	Embroche
Filoche	Empoche
Galloches	Guilloche
Glossocatoche	Hoche
Hoche	Loche
Loche	Pioche
Mail oche	Poche
Médianoche	Rapproche
Pioche	Reproche

OCLE.

Binocle	Tourne-bocle
Socle	

OCRE.

Médiocre — Ochre

OCTE.

Docte

OD.

Ephod

ODE.

Antipodes	Mode
Antispode	Ode
Code	Pagode
Commode	Période
Custode	Spode
Diacode	Synode
Episode	*Verbes.*
Epode	Accommode
Exode	Brode
Gaude	Incommode
Incommode	Inféode
Méthode	Raccommode

OÉ.

Aloé *ou* Aloès — Evoé

OÊTE.

Boëte *voyez* ÊTE.

OESNE, *voyez* ÈNE.

ŒUD, *où le d ne se prononce pas.*

Nœud *voyez* EU.

OF.

Lof

OFE *et* OPHE.

Antistrophe	Limitrophe
Apostrophe	Offe
Boustrophe	Philosophe
Catastrophe	Strophe
Etoffe	

OFLE.

Girofle

OFRE.

Coffre	Offre
Encoffre	Suroffre
Mésoffre	

OGE.

Allobroge	Nécrologe
Doge	Poge
Eloge	*Verbes.*
Epitoge	Abroge
Eucologe	Déloge
Horloge	Déroge
Loge	Loge
Martyrologe	Proroge
Ménologe	Subroge

Voyez les rimes en auge.

OGME.

Dogme

OGNE.

Alogne	Vigogne
Besogne	*Verbes.*
Bisogne	
Carogne	Besogne
Charogne	Cogne
Cigogne	Grogne
Ivrogne	Ivrogne
Rogne	Refrogne
Trogne	Renfrogne
Vergogne	Rogne

OGRE.

Ogre

OGUE.

Analogue	Minéralogue
Apologue	Monologue
Assogue	Mythologue
Astrologue	Néologue
Catalogue	Paléologue
Chronologue	Panchymago-gue
Décalogue	
Dialogue	Paradoxologue
Dogue	Pédagogue
Drogue	Philologue
Eglogue	Phlegmagogue
Emménagogue	Prologue
Epilogue	Ptyalagogue
Flegmagogue	Rogue
Gogue	Synagogue
Hérésiologue	Trialogue
Hogue	Vogue
Homologue	*Verbes.*
Hydragogue	
Lithologue	Dialogue
Matrologue	Epilogue
Mélanagogue	Homologue
Mimologue	Vogue

OI *et* OY.

Aboi	Noy
Aloi	Octroi
Arroi	j'Oi
Beffroi	Orfroi
Charoi	Palefroi
Coi	Paroi
Convoi	Pourquoi
Corroi	Pulefoi
Dénoi	Quoi
Désarroi	Remploi
se Doi	Renvoi
Effroi	Roi
Emoi	Ronceroi
Emploi	Soi
Envoi	Toi
Foi	Tournoi
Leveroy	Vaultroi
Loi	Verrugoi
Moi	Viceroi

Plus l'impér. des verbes en oire, oitre, et d'une partie de ceux en oir.

OIBLE.

Foible

OIA *et* OYA.

Oya

Voyez les verbes en oier *et* oyer.

OID, *voyez* OIT.

OIDE.

Froide — Roide

OIE *et* OYE.

Aboie	Ivroie
Anchoie	Lamproie
Arboie	Monnoie
Bivoie	Montjoie
Boie	Oie
Broie	Ormoie
Charmoie	Patissoie
Coie	Pou-de-soie
Courroie	Proie
Croye	Rabat-joie
Foie	Roie
Guingoie	Soie
Joie	Voie

Voyez les verbes en oier, au prés. de l'indic. et à l'impér., et le subj. de voir et de ses composés.

OIÉ *et* OYÉ.

Dévoyé	Plaidoyé
Envoyé	Ployé

Voyez les participes des verbes en oier et oyer.

OIER *et* OYER.

Caloyer	Noyer
Foyer	Plaidoyer
Loyer	Voyer
Monnoyer	

OIER *ou plutôt* OYER.

Aboyer	Grossoyer
Aloyer	Guerroyer
Atermoyer	Larmoyer
Broyer	Louvoyer
Charroyer	Monnoyer
Choyer	Moyer
Convoyer	Nettoyer
Corroyer	Noyer
Côtoyer	Octroyer
Coudoyer	Ondoyer
Déployer	Ployer
Dévoyer	Rebroyer
Emoyer	Rejointoyer
Emp oyer	Remployer
Ensoyer	Renettoyer
Esbanoyer	Renvoyer
Fétoyer	Rudoyer
Flamboyer	Soudoyer
Fossoyer	Tournoyer
Foudroyer	Tutoyer
Fourvoyer	Verdoyer
Giboyer	Versoyer

OIF.

Soif

OIFE.

Coiffe — Décoiffe

OIGNE.

Adjoigne	Joigne
Conjoigne	Oigne
Déjoigne	Poigne
Empoigne	Témoigne
Enjoigne	

OIL.

Contrepoil	Poil
Nigroil	Tire-poil
Passe-poil	

OILE.

Apostoile	Imbroille
Coille	Oille
Dévoile	Toile
Etoile	Voile

OILE *ou* OISLE, *pronon.* oéle.

Poile

OIN, OUIN, OIND *et* OING.

Aubifoin	Foin
Babouin	Groin
Baragouin	Jamboloin
Bédouin *ou* Bé-dun	Loin
	Marsouin
Besoin	Poing
Chafouin	Recoin
Choin	Sagouin
Coin	Sainfoin

Soin Tintouin
Talapoin Tire-foin
Témoin Vieux-oing
Plus l'impér. des verbes en oindre.

OINDRE.

Moindre Enjoindre
Verbes. Joindre
Adjoindre Oindre
Conjoindre Poindre
Déjoindre *ou* Rejoindre
Disjoindre *voyez* INDRE.

OINE.

Aigremoine Chélidoine
Antimoine Coine
Avoine Exoine
Bétoine Idoine
Bryoine *ou* Couleuvrée Limoine
Calcédoine Moine
Cassidoine Patrimoine
Chanoine Péritoine
Sardoine

OINS.

Adjoints Moins
Conjoints Néanmoins
Plus le pluriel des noms en oin; *divers temps et diverses personnes des verbes en* oindre.

OINT.

Acoint Oint
Adjoint Point
Appoint Pourpoint.
Arrière-point Rond-point
Coint Tire-point
Contrepoint Trepoint
Embonpoint Vieux-oint.
Joint
Voyez les verbes en oindre, *au part.*

OINTE.

Courte-pointe Contrepointe
Jointe Désapointe
Pointe Epointe
Trépointe Pointe
Verbes. *Voyez les verbes en* oindre, *au part. fémin.*
Appointe

OIR.

Abreuvoir Décognoir
Accordoir Décrochoir
Accotoir Dégorgeoir
Accoudoir Désespoir
Achevoir Dévidoir
Affinoir Devoir
Ajustoir Dévouloir
Alésoir Doroir
Alignoir Dortoir
Amusoir Douloir
Arrosoir Drageoir
Aspersoir Dressoir
Assommoir Ebarboir
Atisonnoir Ebauchoir
Attrapoir Echardonnoir
Aune-noir Echarnoir
Avoir Echaudoir
Baignoir Ecussonnoir
Battoir Effleuroir
Beau-revoir Egouttoir
Birloir Egrilloir
Blé-noir Egrisoir
Bouchoir Egrugeoir
Boudoir Embouchoir
Bougeoir Emouchoir
Bouilloir Encensoir
Bouloir Entoir
Boutoir Entonnoir
Brassoir Epanchoir
Brisoir Epinçoir
Brochoir Epissoir
Brodoir Epluchoir
Brunissoir Equarrissoir
Chargeoir Espoir
Chassoir Etreignoir
Chauffoir Etendoir
Cisoir Etouffoir
Clausoir Eventoir
Cognoir Fendoir
Comptoir Fermoir
Contre-lattoir Fichoir
Couchoir Fraisoir
Couloir Frisoir
Coupoir Frottoir
Couroir Germoir
Crachoir Grattoir
Cueilloir Gravoir
Curoir Greffoir
Greloir Semoir
Grenoir Soir
Heurtoir Soudoir
Hoir Tailloir *ou* Abaque
Houssoir Taquoir
Juchoir Terroir
Laminoir Tiroir
Lançoir Tortoir *ou* Garrot
Lavoir Tournoir
Linçoir Traçoir
Loir Tranchoir
Machinoir Trémoussoir
Manoir Tressoir
Mattoir Trottoir
Miroir Veilloir
Montoir Vendangeoir
Mouchoir Vouloir
Nageoir *Verbes.*
Nichoir Appercevoir
Noir Apparoir
Ostensoir Asseoir
Ouvertoir Avoir
Ouvroir Chaloir
Parloir Choir
Paroir Comparoir
Peloir Concevoir
Pendoir Condouloir
Perchoir Décevoir
Perçoir Déchoir
Pissoir Démouvoir
Plantoir Devoir
Plioir Echoir
Polissoir Emouvoir
Portoir Entrevoir
Pouvoir Equivaloir
Pressoir Falloir
Promenoir Mouvoir
Puisoir Ombroir *ou* Ombroyer
Racloir Percevoir
Rafraîchissoir Pleuvoir
Rasoir Pourvoir
Raspatoir Pouvoir
Ravoir Prévaloir
Rebattoir Prévoir
Reboursoir Promouvoir
Réchauffoir Remanoir
Recueilloir Ramentevoir
Redressoir Ravoir
Refouloir Recevoir
Regayoir Réchoir
Reposoir Revaloir
Repoussoir Revoir
Réservoir Revouloir
Retorsoir Savoir
Revoir Seoir
Rinçoir Souloir
Rochoir Surseoir
Rouloir Valoir
Saloir Voir
Sarcloir Vouloir
Sautoir
Savoir
Séchoir

OIRE.

Absolutoire Consolatoire
Accessoire Contradictoire
Accroire Correctoire
Adjutoire Couloire
Ambulatoire Croire
Apparitoire Débellatoire
Armoire Déboire
Atteloire Décisoire
Attentatoire Déclamatoire
Attrapoire Déclaratoire
Auditoire Déclinatoire
Avaloire Décroire
Avocatoire Décrottoire
Baignoire Dédicatoire
Bajoire Définitoire
Balançoire Délégatoire
Balladoire Dépilatoire
Baloire Dépuratoire
Bassinoire Dérogatoire
Blasphématoire Diffamatoire
Boire Dilatatoire
Brandilloire Dilatoire
Branloire Dimissoire
Brouilloire Dinotoire
Caquetoire Directoire
Ciboire Discrétoire
Circulatoire Distillatoire
Clifoire Doloire
Collusoire Dragoire
Combinatoire Echappatoire
Comminatoire Ecritoire
Commissoire Ecumoire
Compulsoire Egrainoire
Conservatoire Ejaculatoire
Consistoire Elévatoire
Emunctoire Oratoire
Estoire Paroire
Evocatoire Passoire
Eupatoire Péremptoire
Exécratoire Pétitoire
Exécutoire Poire
Expiatoire Polissoire
Expurgatoire Portoire
Foire Possessoire
Frottoire Préparatoire
Frustatoire Prétoire
Frustratoire Probatoire
Fumigatoire Professoire
Génitoires Promontoire
Glissoire Propitiatoire
Gloire Provisoire
Greloire Provoire
Grimoire Purgatoire
Histoire Purificatoire
Illusoire Racloire
Imprécatoire Radoire
Incisoire Ratissoire
Inflammatoire Reboire
Interlocutoire Recroire
Interrogatoire Réfectoire
Invitatoire Répertoire
Invocatoire Réquisitoire
Ivoire Rescisoire
Jabloire Résolutoire
Jaculatoire Révocatoire
Juratoire Rogatoire
Laboratoire Ruptoire
Lacrymatoire Sassoire
Lardoire Satisfactoire
Lédoire Secrétoire
Machicatoire Séparatoire
Mâchoire Soupatoire
Mangeoire Spéculatoire
Masticatoire Sternutatoire
Mécroire Suasoire
Mémoire Sublimatoire
Méritoire Suppositoire
Moire Suspensoire
Monitoire Territoire
Nageoire Transitoire
Noire Trémoire
Notoire Troussoire
Obligatoire Vésicatoire
Observatoire Victoire
Offertoire Voire
Oire Vomitoire
Olfactoire

OIRS.

Voyez les noms en oir, *au pluriel.*

OIS *et* OIX.

Abois Matois
Adénois Minois
Alénois Mois
Anchois Narquois
Auchois Noblois
Autrefois Noix
Autunois Occondrois
Bois Pantois
Bourgeois Patois
Carquois Pavois
Chamois Piois
Choix Poids
Co-Bourgeois Pois
Contrepoids Poix
Courtois Putois
Croix Quelquefois
Discourtois Sordois
Empois Souriquois
Ferrarois Sournois
Fois Tapinois
Garde-bois Terre-noix
Grand'croix Tournois
Gravois Toutefois
Grégeois Tramois
Grivois Tricois
Guingois Trois
Harnois Turcois
Hautbois Vaudois
Lectrois Villageois
Marnois Voix
Voyez le pluriel des noms en oi, oit *et* oid.

OISSE.

Angoisse Croisse
Paroisse Décroisse
Verbes. Encroisse
Froisse
Accroisse Poisse

OIT.

Accroit *ou* Croît Antoit
Adroit Détroit
Doigt Toit
Droit *Verbes.*
Endroit Accroît
Etroit Boit
Exploit Croît
Froid Croit
Pisse-Froid Mécroit
Mal-adroit Reboit
Passe-droit Recroît
Surcroît Recroit
Voyez les verbes en oir, *à la troisième pers. du prés. de l'indic.*

OITE.

Adroite Doite
Boite Droite
Boîte Emboîte
Coite Exploite
Convoite Moite

OITRE.

Cloître Croître
Verbes. Décroître
Accroître

OIVE.

Apperçoive Doive
Boive Perçoive
Conçoive Reçoive
Déçoive Redoive

OIVRE.

Poivre

OISE *et* OIZE.

Antoise Grivoise
Ardoise Matoise
Bavaroise Narquoise
Bourgeoise Noise
Cervoise Portugaloise
Courtoise Toise
Eloise Turquoise
Framboise Vandoise

OL.

Bémol Licol *ou* Licou
Bol Mol *ou* Mou
Capiscol Parasol
Caracol Pol
Col Rossignol
Dol Sol *ou* Soleil
Entresol Sol
Flageol Tournesol
Fol *ou* Fou Viol
G-ré-sol Vitriol
Girasol Vol
Hausse-col

OLDE.

Solde

OLE *bref.*

Acanthabole Echignole
Ancillarole Ecole
Apostole Entresole
Archiviole Etole
Aréole Etudiole
Artériole Faribole
Astropole Févérole
Atole Folle
Auréole Frivole
Azerole Furole
Babiole Fuserolle
Banderole Gingeole
Barbacole Girandole
Bénévole Gloriole
Bestiole Gondole
Boussole Grole
Bouterolle Hélépole
Bractéole Hyperbole
Bricole Hypocole
Cabriole *ou* Capriole Ichthyocolle
Camisole Idole
Canacopole Ignicole
Capitole Lauréole
Caracole Lithocolle
Cariole Malévole
Carmagnole Malléole
Casserole Mariole
Caulicole Mendole
Chantignole Mensole
Cocole Métropole
Colle Molle
Console Monopole
Coupole Moucherolle
Croquignole Muserole
Dariole Niole
Dévole Norole
Diastole Oniropole
Discobole Parabole
Echaudole Parole
Passe-parole
Pentapole Viole
Péribole Virevole
Pétrole Virole
Pharmacopole *Verbes.*
Phiole *ou* Fiole
Pistole Accolle
Pole Bricole
Profiterole Cabriole *ou* Capriole
Protocole Cajole
Régnicole Colle
Républicole Console
Rigole Décolle
Riole Désole
Rissole Dessole
Rocambole Dole
Rougeole Immole
Samole Monopole
Sole Rafolle
Symbole Récole
Systole Recolle
Tavaiolle Rigole
Vérole Viole
Victoriole Vole

OLE *long et* AULE.

Contrôle Saule
Drôle Tôle
Epaule
Garde-rôle *Verbes.*
Gaule Contrôle
Géole Enjolle
Mariaule Enrôle
Môle Epaule
Rôle Miaule

OLFE.

Golfe

OLTE.

Récolte Virevolte
Révolte Volte.

OM *et* OMB.

Nom Renom
Plomb Surnom
Pronom Tire-plomb
Voyez les rimes en on; *celles en* um, *qui se prononcent* omme, *sont à la lettre* U.

OMBE.

Bombe *Verbes.*
Catacombes Bombe
Colombe Plombe
Hécatombe Retombe
Lombes Succombe
Rhombe Tombe
Tombe

OMBLE.

Comble

OMBRE.

Concombre Nombre
Décombres Pénombre
Dénombre Sombre
Hombre

OMME.

Bon-homme Sclérome
Carcinome Somme
Cardamome Stadiodrome
Comme Syringotome
Gentilhomme Zygome
Gomme *Verbes.*
Hippodrome Assomme
Homme Chomme
Lépidosarcome Consomme
Lipome Dénomme
Lithotome Gomme
Pharyngotome Nomme
Pomme Renomme
Prud'homme Somme
Rogomme Surnomme

OME *long et* AUME.

Ancylotome Gnome
Arôme Heaume
Astronome Idiome
Atome Majordome
Axiome Mome
Baume Monome
Binome Paume
Chaume Polynome
Cinnamome Psaume
Dôme Royaume
Econome Symptome
Embaume Tome
Epitôme Trinome
Fantôme

OMNE, *voyez* ONNE.

OMPE.

Archipompe Pompe

Trômpe Interrompe
Verbes. Pompe
Corrompe Rompe
Détrompe Trompe

OMPHE.

Triomphe

OMPRE.

Corrompre Rompre
Interrompre

OMPS.

Voyez divers temps et diverses personnes du verbe rompre *et de ses composés, et les mots en* ons.

OMPTE et OMTE, *voy.* ONTE.

ON.

Méon *ou* Méum On
Voyez les rimes en bon.

ONC.

Adonc Onc
Donc

ONCE et ONSE.

Annonce *Verbes.*
Exponce Annonce
Internonce Défronce
Nonce Dénonce
Once Enonce
Pierre-ponce Enfonce
Quinconce *ou* Engonce
Quinconche Fonce
Raiponce Fronce
Renonce Ponce
Réponse Prononce
Ronce Renfonce
Semonce Renonce

ONCHE.

Bronche Ponche
Conche Quinconche
Jonche

ONCLE.

Furoncle, *ou* Oncle
Clou Péroncle

OND.

Blond Sond.
Bond *Verbes.*
Facond
Fécond Confond
Fond Correspond
Furibond Fond
Gond Morfond
Moribond Pond
Plafond Refond
Profond Répond
Rond Retond
Second Tond
Voyez les rimes en on.

ONDE.

Almonde Sonde
Aronde Tire-monde
Blonde
Bonde *Verbes.*
Faconde Abonde
Fronde Débonde
Immonde Emonde
Iraconde Fonde
Mappe-monde Fronde
Monde Gronde
Onde Inonde
Ronde Redonde
Rotonde Refonde
Seconde Seconde
Voyez les verbes en ondre, *au subjonctif.*

ONDRE.

Flondre Fondre
Hypocondre Morfondre
Londre Obtondre
Verbes. Pondre
Confondre Refondre
Correspondre Répondre
Effondre Semondre
Enfondre Tondre

ONE *bref* et ONNE.

Annone Bonne
Argémone Bouchonne
Autchothones Bouffonne
Automne Bretonne
Baronne Chaconne
Chiffonne Echantillonne
Chilone Echardonne
Colonne Ecouvillonne
Consonne Ecussonne
Couronne Embâillonne
Cretonne Embatillonne
Follichonne Embâtonne
Friponne Embriconne
Hérissonne Empatronne
Isochrone Empoisonne
Lionne Empoissonne
Madelonne Emprisonne
Mahonne Emulsionne
Mangone Encapuchonne
Microphone Enchaperonne
Mignone Entonne
Monotone Environne
Moutonne Eperonne
Nones Epoinçonne
Nonne s'Epoumonne
Paraphone Escadronne
Patrone Espionne
Patronne Estramaçonne
Personne Etalonne
Piétonne Etançonne
Poltronne Etonne
Pouponne Etrésillonne
Remponnes s'Evaltonne
Tardonne Façonne
Tonne Festonne
Vigneronne Fleuronne
Zone Foisonne
Verbes. Fourgonne
Abandonne Fredonne
Abonne Friponne
Achaisonne Frisonne
Actionne Frissonne
Additionne Gabionne
s'Adonne Galonne
Affectionne Garçonne
Aiguillonne Gasconne
Ambitionne Gazonne
Ameulonne Gironne
Amidonne Godronne
Anonne Goudronne
Approvisionne Goujonne
Arraisonne Goupillonne
Assaisonne Griffonne
Avillonne Grisonne
Avironne Guerdonne
Badigeonne Guidonne
Bâillonne Harponne
Bâtonne Hérissonne
Billonne Intentionne
Blasonne Jalonne
Blondonne Jargonne
Bouchonne Lantiponne
Bouffonne Liaisonne
Bouillonne Mâchonne
Bourdonne Maçonne
Bourgeonne Maisonne
Boutonne Maquignonne
Braconne Marmitonne
Canonne Marmonne
Cantonne Marronne
Caparaçonne Médione
Carillonne Médonne
Cautionne Mentionne
Chansonne Mitonne
Chaperonne Mixtionne
Chaponne Moissonne
Charbonne Nasonne
Chardonne Occasionne
Chiffonne Œilletonne
Citronne Ordonne
Cochonne Paissonne
Coïonne Papillonne
Complexionne Parangonne
Conditionne Passionne
Cordonne Patronne
Cotonne Pelotonne
Couronne Pensionne
Cramponne Perfectionne
Crayonne Piétonne
Débondonne Pigeonne
Déboutonne Plastronne
Déchaperonne Polissonne
Dégasconne Pomponne
Déguignonne Précautionne
Déraisonne Proportionne
Désarçonne Questionne
Désemprisonne Raisonne
Désordonne Ramonne
Dessaisonne Ramponne
Dérignonne Rançonne
Détonne Rataconne
Disproportion- Rayonne
Donne [ne Rebourgeonne
Drageonne Reboutonne
Durillonne Redonne
Refaçonné Soupçonne
Refectionne Strapassonne
Rejetonne Subordonne
Remaçonne Talonne
Rempoissonne Tamponne
Rentonne Tatillonne
Réordonne Tâtonne
Résonne Teignonne
Révolutionne Testonne
Rognonne Tisonne
Sablonne Tonne
Savonne Tourbillonne
Semonne Tronçonne
Sermonne Vagabonne
Sillonne Vermillonne
Sonne Villonne

ONE *long* et AUNE.

Amazone Matrone
Ambligone Octogone
Anémone Oxygone
Arcaune Pentagone
Architrône Polygone
Aumône Prône
Aune [jaune Trône
Béjaune *ou* Bec- Zone
Breaune *Verbes.*
Cône Aumône
Eptagone Aune
Hexagone Détrône
Jaune Prône

ONFE, *voyez* OMPHE.

ONFLE.

Gonfle Ronfle

ONGE.

Alonge Eponge
Axonge Plonge
Eponge Prolonge
Longe Ralonge
Mensonge Replonge
Songe Ronge
Verbes. Songe
Alonge

ONGLE.

Jongle Pétongle, *voyez*
Ongle Péroncle

ONGRE.

Congre Hongre

ONGUE.

Diphthongue Triphtongue
Longue Verte-longue
Oblongue

ONNE, *voyez* ONE.

ONQUE.

Conque Quiconque
Onque Spélonque
Quelconque Tronque

ONS.

Bas-fonds Reculons
Fonds Tâtons
Fonts Tire-fonds
Mons
Plus, les pluriels des noms en on *et* ont, *et divers temps de tous les verbes* : aimons, aimions.

ONSTRE.

Monstre

ONT.

Affront Pont
Amont Prompt
Contrement Répont
Entremont Rodomont
Front Rompt
Interrompt Rond
Mont Sont
Ont Surmont
Pudibond
Plus, divers temps de tous les verbes : font, morfond, mangeront, *etc., et les rimes en* ond, onc, *etc.*

ONTE et OMPTE.

Compte Mécompte
Comte Ponte
Conte Prompte
Décompte Refonte
Escompte Remonte
Fonte Tonte
Honte Vicomte
Verbes. Escompte
Affronte Mécompte
Compte Monte
Confronte Ponte
Conte Raconte
Décompte Recompte
Démonte Reconte
Domte Surmonte

ONTRE.

Basse-contre Malencontre
Contre Montre
Démontre Remontre
Haute-contre Rencontre
Ici-contre

ONZE.

Bonze Onze
Bronze

OP.

Galop Trop
Syrop

OPE.

Apocope Lycanthrope
Baroscope Métope
Chope Météroscope
Dévéloppe Microscope
Echoppe Misanthrope
Engyscope Niloscope
Enveloppe Nyctalope
Galope Philanthrope
Gaupe Salope
Héliotrope Syncope
Horoscope Télescope
Hyssope Varlope

OPE *long.*

Tôpe

OPLE.

Sinople

OPRE.

Amour-propre Mal-propre
Impropre Propre

OPTE.

Adopte [phte Opte
Copte *ou* Co-

OQ, *voyez* OC.

OQUE.

Baïoque Univoque
Baroque Ventriloque
Bicoque *Verbes.*
Broque Bloque
Colloque Choque
Coque Colloque
Défroque Croque
Engastriloque Défroque
Epoque Disloque
Equivoque Equivoque
Loque Escroque
Manoque Evoque
Pendeloque Invoque
Phoque Moque
Poque Provoque
Réciproque Révoque
Salicoque Roque
Soliloque Suffoque
Toque Troque

OR.

Aide-Major Messidor
Apprêtador Or
Butor Quacheor
Castor Restor
Condor Seignor *ou* Se-
Cor gnor
Corridor Sénior
Encor Sergent-Major
Essor Seror
Estor Similor
Etat-Major Tambor
For Thermidor
Fructidor Tierce-major
Labrador Traitor
Major Trésor
Matador Tricolor

ORBE.

Euphorbe Tuorbe
Orbe

ORC.

Porc

ORCE et ORSE.

Amorce Ecorce
Détorse Entorse
Divorce Force
Retorse Efforce
Verbes. Entorse
Force
Amorce Renforce

ORCHE.

Ecorche Torche
Porche

ORD.

Abord Rouge-bord
Accord Sabord
Bord Stribord
Débord Tapabord
Destribord *Verbes.*
Discord Démord
Lord Détord
Mylord Mord
Nord Remord
Ord Retord
Rebord Tord
Record *Voyez* ORT.

ORDE.

Concorde Borde
Corde Corde
Discorde Déborde
Eptacorde Décorde
Exorde Démorde
Horde Désaccorde
Miséricorde Détorde
Monocorde Discorde
Pentacorde Morde
Tétracorde Reborde
Verbes. Recorde
Aborde Retorde
Accorde Torde

ORDRE.

Désordre Détordre
Ordre Mordre
Verbes. Remordre
Retordre
Démordre Tordre

ORE et AURE.

Amphore Sonore
Aurore Store
Carabore Sycomore
Cistophore Tricolore
Dendrophore *Verbes.*
Ellébore Abhorre
Frelore Adore
Frondipore Améliore
Galactophore Arbore
Gorre Clorre
Iérophore Colore
Landore Corrobore
Madrépore Déclore
Mandore Décore
Mandragore Dédore
Massore Déflore
Matamore Déplore
Mésore Déshonore
Méraphore Dévore
Météore Dore
Minotaure Essore
More Evapore
Œnophore Fore
Oétophore Honore
Palaure Ignore
Pécore Implore
Phosphore Incorpore
Pléthore Méliore
Pores Odore
Pylore Redore
Remore Remémore
Restaure Surdore
Saure

ORGE.

Coupe-gorge Egorge
Forge Engorge
Gorge Forge
Orge Gorge
Rouge-gorge Reforge
Verbes. se Rengorge
Dégorge

ORGNE.

Borgne Lorgne
Eborgne

ORGUE.

Morgue Orgue

ORLE.

Orle

ORME.

Aériforme Difforme
Conforme Enorme
Corme Forme

Informe	Déforme
Mammiforme	Difforme
Orme	Dorme
Plate-forme	Endorme
Réforme	Forme
Rétiforme	Informe
Scutiforme	Réforme
Uniforme	se Rendorme
Verbes.	Transforme
Conforme	

ORNE.

Bigorne	Viorne
Capricorne	*Verbes.*
Corne	
Cromorne	Aborne
Ecorne	Borne
Licorne	Corne
Litorne	Ecorne
Malitorne	Encorne
Morne	Orne
Sorne	Suborne

ORPS, *voyez* ORS.

ORQUE.

Extorque	Remorque
Orque	Rétorque

ORRE.

Clorre	Forclorre
Eclorre	Enclorre

ORS *et* ORPS. *Le p est muet.*

Alors	Tors
Boute-hors	*Verbes.*
Corps	Démors
Dehors	Détors
Détors	Dors
Estors	Endors
Fors	Entors
Gabords	Mors
Hors	Remors
Justaucorps	Rendors
Lors	Ressors
Mors	Retors
Recors	Sors
Remors	Tors

Plus, le pluriel des noms en or, ord *et* ort.

ORSE, *voyez* ORCE.

ORT.

Accort	Raifort
Confort	Rapport
Déconfort	Réconfort
Dort	se Rendort
Effort	Renfort
Endort	Ressort
Fort	Sort
Mort	Tort
Passe-port	Transport
Port	

Voyez les rimes en ord.

ORTE.

Accorte	Avorte
Aorte	Comporte
Cloporte	Conforte
Cohorte	Déconforte
Colle-forte	Déporte
Escorte	Emporte
Fausse-porte	Exhorte
Feuille-morte	Exporte
Forte	Importe
Main-forte	Porte
Main-morte	Rapporte
Morte	Réconforte
Porte	Remporte
Redorte	Reporte
Sorte	Ressorte
Verbes.	Sorte
	Supporte
Apporte	Transporte

ORVE.

Morve

ORZE.

Quatorze

OS.

Adenos	Cocos *ou* Coco
Ados	Custodi nos
Albornoz	Dispos
Amnios	Dos
Andaillots	Eclos
Avant-propos	Enclos
Cachos	Forclos
Campos	Gros
Caros	Héros
Chégros	Impôts
Clos	Los
Nescio vos	Quocolos
Nos	Repos
Os	Rhinocéros
Pathos	Suros
Propos	Tarots
Quandros	

Voyez le pluriel des noms en o, ot, ost, *et les rimes en* aux.

OSE, *voyez* OZE.

OSME.

Macrocosme	Microcosme

OSMÉ *dont l's ne se prononce point*, voyez OME *long*.

OSNE, *voyez* ONE.

OSSE *bref*, *et* OCE.

Ankyloglosse	Féroce
Atroce	Génioglosse
Basioglosse	Hypoglosse
Bosse	Malebosse
Brosse	Négoce
Carrosse	Noces
Closse	Porte-crosse
Colosse	Précoce
Cosse	Quiosse
Crosse	Dosse
Cynoglosse	Sacerdoce
Ecosse	

OSSE *long*, AUCE *et* AUSSE.

Chausse	Dégrosse
Endosse	Désosse
Fausse	Endosse
Fosse	Engrosse
Grosse	Exauce
Hausse	Exhausse
Sauce	Fausse
Verbes.	se Gausse
Adosse	Hausse
Chausse	Rehausse
Déchausse	Sauce

OSTE *dont l's se prononce.*

Accoste	Hypocauste
Anachoste	Périoste
Anagnoste	Poste
Apposte	Riposte
Holocauste	

OT.

Abricot	Ergot
Algarot	Escarbot
Allioth	Escargot
Angelot	Fagot
Arbrot	Falot
Archerot	Flibot
Arcot	Flipot
Argot	Fouille-au-pot
Barberot	Garrot
Bardot	Gasparot
Baricot	Gigot
Bassicot	Godenot
Bergerot	Goulot
Berlingot	Grelot
Bigot	Guignot
Billot	Halot
Bimbot	Haricot
Bromot	Huguenot
Brûlot	Idiot
Cabillots	Ilot
Cablot	Indévot
Cachalot	Jabot
Cachot	Javelot
Cagot	Jovanot
Cahot	Larigot
Cailletot	Lingot
Caillot	Linot
Calot	Loriot
Callots	Lot
Camelot	Machicot
Canot	Magot
Capot	Mahot
Cavalot	Maillot
Chabot	Manchot
Chariot	Marigot
Chevillots	Marmot
Chicot	Massicot
Clergeot	Matelot
Complot	Mélilot
Contre-sanglot	Mercelot *ou*
Coquelicot	Mercerot
Cuissot	Mignot
Culot	Minot
Dévot	Miquelot
Diablezot	Mirlirot
Dot	Mot
Ecalot	Muchetampot
Ecot	Mulot
Nabot	Quillot
No	Rabot
Ost	Ragot
Paillot	Rot
Paletot	Rôt
Palinot *ou* Palinod	Sabot
	Salicot
Palot	Sanglot
Parpaillot	Sarrot *ou* Sarrau
Pavot	
Péridot	Sercot *ou* Secot
Pérot	
Persicot	Sibilot
Picot	Sot
Pied-bot	Stradiot
Pilot	Subrécot
Piot	Surot
Pirot	Syrop
Pivot	Tarot
Portelots	Tripot
Pot	Trot
Pouliot	Turbot
Poulot	Vieillot
Principot	Vitelots

OT *long*.

Aussitôt	Prévôt
Bientôt	Rôt
Dépôt	Suppôt
Entrepôt	Tantôt
Impôt	Tôt

Plus, quelques temps du verbe clorre *et ses composés; voyez aussi les rimes en* aut *et* aud.

OTE.

Agriotte	Patriote
Aliquote	Pelote
Amadote	Pentaglotte
Anecdote	Péotte
Antidote	Picote
Archibigote	Polyglotte
Ballote	Porte-culotte
Barbelote	Quenotte
Barbote	Ravigote
Bergamote	Redingote
Bergerotte	Riote
Bigote	Rote
Botte	Russiote
Bourguignote	Sans-culotte
Caillebotte	Scote
Calotte	Sotte
Candiote	Trotte
Capote	Véliotte
Carotte	Vieillotte
Chènevotte	
Compatriote	*Verbes.*
Compote	Amignote
Cote	Annote
Cotte	Argote
Crocote	Assote
Crotte	Balsotte
Culotte	Ballote
Décrotte	Barote
Dévote	Botte
Echalotte	Buvotte
Epiglotte	Cabote
Fiévrotte	Cahote
Flotte	Camelote
Galiote	Carotte
Gargote	Chevrote
Gavotte	Chicote
Gélinote	Chipote
Gibelotte	Chuchote
Griotte	Clignote
Grotte	Complote
Hotte	Cote
Hnguenotte	Crachote
Idiote	Crotte
Ilote	Débotte
Izelotte	Décrotte
Jotte	Dégote
Linotte	Délicote
Main-pote	Démaillote
Manchote	Dénote
Marcotte	Désergote
Marmotte	Dorlote
Marotte	Dote
Masselotte	Emmaillote
Matelote	Emmenote
Mélote	Envéliote
Menotte	Ergote
Mont-pagnote	Fagote
Motte	Flotte
Nabote	Frotte
Note	Garrotte
Oupelotte	Gigote
Pagnote	Glouglotte
Palotte	Grignote
Papillote	Gringotte
Marmotte	Riote
Mignote	Rotte
Note	Sabote
Numérote	Saignotte
Papillote	Sanglote
Pelote	Scote
Picote	Sirote
Pilote	Suote
Pissote	Tapote
Pivote	Tremblote
Rabote	Tricote
Radote	Tripote
Rassote	Trotte
Ravigote	Vivote

OTE *long*, *et* AUTE.

Aéronaute	Maltôte
Côte	Mi-côte
Côte-à-côte	Ote
Faute	Pentecote
Garde-côte	Ressaute
Haute	Saute
Hôte	

OTRE *long*, *et* AUTRE.

Apôtre	Peautres
Autre	Speautre
Epeautre	Vautre
Nôtre	Vôtre
Patenôtre	

OU.

Aboncouchou	Grigou
Acajou	Grippe-sou
Alpiou	Guilledou
Amadou	Hausse-cou
Bajou	Hibou
Bambou	Houhou
Bijou	Joujou
Bourdalou	Licou
Boutou	Loup
Brise-cou	Loup-garou
Brou	Marabou
Cachou	Matou
Cagou	Mou *ou* Mol
Caillou	Où
Calambou	Ou
Carcajou	Padou
Caribou	Pambou
Casse-cou	Pigou
Chou	Pou
Clou	Poù
Collinhou	Prou
Cou	Sapajou
Coucou	Sarquiou
Filou	Sou *ou* Soul
Fou *ou* Fol	Toutou
Garde-fou	Trou
Genou	Verrou
Glouglou	Zatou

Voyez les verbes en ouer, *au passé défini.*

OUBE.

Adoube	Radoube
Caroube	

OUBLE.

Dédouble	Trouble
Double	Semi-double

OUC *et* OUG.

Bouc	Coyenbouc
Chabouc	Joug

OUCE, *voyez* OUSSE.

OUCHE.

Abouche	Gargouche
Accouche	Louche
Babouche	Male-bouche
Bouche	Mouche
Cartouche	Mouille-bouche
Couche	Nitouche
Débouche	Rebouche
Découche	Retouche
Douche	Rouche
Escarmouche	Souche
Farouche	Touche

OUCLE.

Boucle	Escarboucle
Déboucle	

OUD, *voyez* OUT, *et les verbes en* oudre, *à la troisième personne du présent de l'indicatif.*

OUDE.

Coude	Boude
Soude	Dessoude
Verbes.	Ressoude
Accoude	Soude

OUDRE.

Dépoudre	Découdre
Foudre	Dissoudre
Poudre	Emoudre
Repoudre	Moudre
Verbes.	Remoudre
Absoudre	Résoudre
Coudre	Soudre

OUE *diphthongue.*

Aroue	Joue
Bachoue	Moue
Bajoue	Proue
Boue	Quoue
Ecroue	Roue
Cadoue	Toue
Houe	

Voyez les verbes en ouer, *au présent de l'indicatif, de l'impératif et du subjonctif.*

OUÉ.

Adoué	Engoué
Alloué	Enjoué
Coué	Enroué
Ecoué	Grélòué

Voyez les verbes en ouer, *au participe.*

OUÉE.

Bouée	Nouées
Brouée	Trouée
Fouée	

Voyez les participes féminins des verbes en ouer.

OUER.

Accouer	Engouer
Allouer	Enrouer
Amadouer	Frouer
Avouer	Houer
Bafouer	Jouer
Clouer	Louer
Déchouer	Nouer
Dénouer	Plâtrouer
Désavouer	Rabrouer
Désenclouer	Ramadouer
Dévouer	Renouer
Douer	Rouer
Ebrouer	Sarfouer
Echouer	Secouer
Ecrouer	Trouer
Effrouer	Vouer
Enclouer	

OUEUX, *voyez* EUX.

OUF.

Chouf	Pouf
Ouf	

OUFE.

Bouffe	Pouffe
Etouffe	Touffe

OUFLE.

Boursoufle	Moufle
Ecoufle	Pantoufle
Emmitoufle	Souffle
Maroufle	

OUFRE.

Engouffre	Soufre
Ensouffre	Souffre
Gouffre	

OUGE.

Bouge	Pouge
Gouge	Rouge

OUGUE.

Affougue	Pougue
Fougue	

OUI.

Inoui	Enfoui
Oui	Epanoui
Verbes.	Evanoui
	Foui
Conjoui	Joui
Ebaroui	Oui
Ebloui	Réjoui

OUIE.

Ouïe

Plus, les participes féminins des verbes en ouir.

OUIL.

Fenouil	Verrouil
Genouil	

OUILLE.

Andouille	Bredouille
	Brouille

Brouille | Débarbouille
Citrouille [le | Débredouille
Coquefredouil- | Débrouille
Cornouille | Dépouille
Dépouille | Dérouille
Douille | Déverrouille
Empouille | Ecarbouille
Favouille | Embrouille
Fouille | Enrouille
Gargouille | Entre-brouille
Grenouille | Epouille
Gribouille | Farfouille
Houille | Fouille
Niquedouille | Gargouille
Patrouille | Gazouille
Quenouille | Grenouille
Rouille | Gribouille
Verbes. | Mouille
| Patrouille
s'Agenouille | Pouille
Barbouille | Refouille
Bredouille | Remouille
Brouille | Rouille
Charbouille | Souille
Charouille | Verrouille

OUIN, *voyez* OIN.

OUIR, *voyez* IR.

OUIT, *voyez* IT.

OUL.

Capitoul | Mansoul

OULE *bref.*

Ampoule | *Verbes.*
Boule | Coule
Ciboule | Découle
Coule | Eboule
Foule | Ecoule
Houle *ou* Vague | Saboule
Poule

OULE *long.*

Moule | Engoule
Soule | Foule
Verbes. | Moule
| Roule
Croule | Refoule
Déroule | Soule
Ecroule

OUME.

Afioume

OULPE.

Coulpe | Poulpe

OUP.

Beaucoup | Houp
Contre-coup | Loup
Coup

OUPE.

Cataloupes | Soupe
Chaloupe | Troupe
Coupe | *Verbes.*
Croupe | Attroupe
Entrecoupe | Coupe
Etoupe | Découpe
Groupe | Etoupe
Houppe | Groupe
Loupe | Houppe
Poupe | Recoupe
Recoupe | Soupe

OUPLE.

Accouple | Découple
Couple | Souple

OUPS.

Coups | Loups

Voyez le pluriel des noms en ou.

OUQUE.

Abouque | Félouque
Bouque | Zambrelouque

OUR.

Abat-jour | Cavalcadour
Alentour | Chaufour
Amour | Clamour
Anticour | Contour
Arrière-cour | Cour
Atour | Détour
Autour | Engignour
Balourd | Entour
Bourg | Essour
Brandebourg | Fauxbourg
Calembour | Four
Cantecour | Gastadour
Carrefour | Jour
Labour | Retour
Pastour | Samour
Patour | Séjour
Pour | Tambour
Pourtour | Tour
Rambour | Vautour

OURBE.

Bourbe | Fourbe
Courbe | Recourbe
Désembourbe | Tourbe
Embourbe

OURCE *et* OURSE.

Bourse | Pource
Course | Rembourse
Débourse | Ressource
Embourse | Source
Ourse

OURCHE.

Affourche | Fourche

OURD *et* OURT.

Accourt | Lourd
Concourt | Parcourt
Court | Recourt
Discourt | Secourt
Encourt | Sourd
Lime-sourd

OURDE.

Balourde | Happelourde
Bourde | Lambourde
Cloucourde | Lourde
Falourde | Sourde
Gourde

OURDRE.

Sourdre

OURE *et* OURRE.

Aroure | Bourre
Bourre | Courre
Bravoure | Débourre
Goure | Discoure
Mâchemoure | Embourre
Mourre | Encoure
Pandoure | Fourre
Tire-bourre | Parcoure
Verbes. | Recoure
| Recourre
Accoure | Secoure

OURG, *voyez* OUR.

OURGE.

Courge

OURLE.

Ourle

OURME.

Chiourme | Gourme
Concourme

OURNE.

Retourne | Détourne
Verbes. | Enfourne
Ajourne | Retourne
Chantourne | Séjourne
Contourne | Tourne

OURPRE.

Empourpre | Pourpre

OURQUE.

Hourque

OURS.

Concours | *des noms en* our,
Cours | ourd *et* ourt.
Décours | *Verbes.*
Discours | Accours
Ours | Concours
Passe-velours | Cours
Rebours | Discours
Recours | Encours
Secours | Parcours
Toujours | Recours
Velours | Secours
Plus, le pluriel

OURSE, *voyez* OURCE.

OURT, *voyez* OURD.

OURTE.

Courte | Tourte
Ecourte

OUS *et* OUX.

Absous | Alquifoux
Aigre-doux | Assa-doux
Bernous | Poiloux
Chiaoux | Pouls
Corradoux | Poux
Courroux | Rendez-vous
Cous *ou* Coyer | Roux
Coux | Sain-doux
Dessous | Secous
Dissous | Sous
Doux | Topinanbous
Entrevoux | Tous
Epoux | Toux
Houx | Vertuchoux
Jaloux | Vigueroux
Nous | Vous
Poderoux

Voyez quelques temps des verbes en oudre, *et le pluriel des noms en* out *et* oup.

OUSCHE, *voyez* OUCHE.

OUSSE *et* OUCE.

Carousse | *Verbes.*
Douce | Courrouce
Gousse | Détrousse
Housse | Eclabousse
Mousse | Emousse
Pouce | Housse
Pousse | Pousse
Recousse | Rebrousse
Rousse | Repousse
Secousse | Retrousse
Taille-douce | Tousse
Trousse | Trémousse
Virevousses | Trousse

OUST, *voyez* OUT.

OUSTE, *voyez* OUTE.

OUT *et* OUST.

About | Goût
Août | Marabout
Arcassout | Moult
Atout | Passe-par-tout
Avant-goût | Prépatout
Bout | Ragoût
Brout | Rebout
Contrabout | Roupt
Coût | Surtout
Debout | Tout
Egout | Vatout
Glout

Voyez les verbes en oudre *à la troisième personne du singulier du présent de l'indicatif.*

OUTE *long.*

Croûte | Dégoute
Joûte | Déroute
Langoûte | Doute
Soute | Ecoute
Virevoutes | Ecroûte
Voûte | Encroûte
Verbes. | Floute
| Goûte
Ajoute | Goutte
Aoûte | Joûte
Coûte | Ragoûte
Cloute | Redoute
Déboute | Voûte

OUTE *bref.*

Absoute | Pergoute
Aspergoute | Redoute
Banqueroute | Route
Déroute | Toute
Dissoute | *Verbes.*
Ecoute | Arc-boute
Goutte | Broute
Mère-goutte | Dégoutte
Passe-route | Egoutte

OUTRE.

Accoutre | Outre
Coutre | Poutre
Loutre

OUVE.

Douve | Eprouve
Louve | Louve
Verbes. | Prouve
Approuve | Réprouve
Controuve | Retrouve
Désapprouve | Trouve

OUVRE.

Couvre | Ouvre
Découvre | Recouvre
Entr'ouvre | Rouvre

OUX, *voyez* OUS.

OUZE.

Arbouse | Pampelimouse
Belouze | Pelouse
Bouse | Recouse
Couse | Talmouse
Découse | Touze
Douze | Tricouse
Epouse | Tricouze
Flimouse | Triquehouse
Fouillouse | Ventouse
Jalouse

OVE, *voyez* AUVE.

OX.

Médianox

OXE.

Equinoxe | Orthodoxe
Hétérodoxe | Paradoxe

OY, *voyez* OI.

OYA, *voyez* OIA.

OYE, *voyez* OIE.

OZE, OSE *et* AUZE.

Alose | Perclose
Amaurose | Phlogose
Amphiarthrose | Pluviose
Anacéphaléose | Pneumatose
Anastomose | Pose
Ankylose | Prose
Anthracose | Ptilose
Antiptose | Rose
Aponévrose | Ventose
Apothéose | Virtuose
Baudose | *Verbes.*
Buglose *ou* Buglosse | s'Anastomose
Cause | Apothéose
Chlorose | Appose
Chose | Arrose
Chylose | Cause
Chymose | Compose
Clause | Couperose
Close | Dépose
Couperose | Dose
Dose | Expose
Eclose | Glose
Ecchymose | Impose
Emphytéose | Interpose
Epanorthrose | Métamorphose
Epiplérose | Oppose
Exostose | Ose
Glose | Pose
Hyperscariose | Postpose
Laurier-rose | Prépose
Métamorphose | Présuppose
Métempsycose | Propose
Nécrose | Prose
Nivose | Repose
Parcloses | Suppose
Pause | Transpose

P

PA.

Papa | Sapa

Voyez les verbes en per, *au prétérit défini.*

PAIS, *voyez* AIS.

PAT, *voyez* AT.

PÉ.

Accipé | Houppé
Canapé | Huppé
Coupé | P
Croupé | Rupé
Eclopé | Récipé
Escarpé | Ripopé

Voyez les verbes en per, *au participe et aux temps composés.*

PÉE.

Argyropée | Ethopée
Chrysopée | Lampée
Développée | Lippée
Echappée | Pharmacopée
Ecoupée | Pipée
Epée | Porte-épée
Epopée | Poupée
Equipée | Prosopopée

Voyez les participes féminins des verbes en per, *et les féminins des adjectifs en* pé.

PEL, *voyez* EL.

PER.

Acciper | Etriper
Agripper | Exciper
Agrouper | Extirper
Aguimper | Frapper
Anticiper | Fripper
Atremper *ou* Attremper | Galoper
| Grimper
Attraper | Griper
Attrouper | Grouper
Camper | Guimper
Chipper | Happer
Chopper | Harper
Constiper | Horoscoper
Couper | Houpper
Décamper | Hupper
Décaper | Incréper
Découper | Japper
Dépréoccuper | Jasper
Détraper | Lamper
Détremper | Laper
Détromper | Mapper
Développer | Noper
Disculper | Occuper
Dissiper | Participer
Draper | Piper
Duper | Pomper
Echapper | Préoccuper
Echarper | Ramper
Ecloper | Râper
Egrapper | Rattrapper
Ehoupper | Réchapper
Emanciper | Riper
Encoulper | Saper
Encréper | Serper
Entrecouper | Souper
Envelopper | Tôper
Equiper | Traper
Escarper | Tremper
Estamper | Treper
Estraper | Tromper
Etremper | Usurper

PET, *voyez* ET.

PEUX, *voyez* EUX.

PI.

Api | Crépi
Acoupi | Croupi
Crépi | Décharpi
Epi | Déguerpi
Pipi | Echampi
Porc-épi | Foupi
Thlaspi | Glapi
Verbes. | Guerpi
Accroupi | Rechampi
Assoupi | Recrépi

PIE.

Acoupie | Misanthropie
Amblyopie | Myopie
Apanthropie | Nyctalopie
Asclépies | Oniroscopie
Carpie | Pépie
Centroscopie | Philanthropie
Charpie | Pie
Copie | Roupie
Cynanthropie | Tératoscopie
Galéanthropie | Toupie
Géloscopie | *Verbes.*
Guerpie | Copie
Harpie | Epie
Impie | Estropie
Kéraunoscopie | Expie
Lycanthropie | Pépie
Métoposcopie | Toupie

Voyez les participes féminins des verbes en pir.

PIER, *voyez* IER.

PIN, *voyez* IN.

PION, *voyez* ION.

PIR, *voyez* IR.

PIS, *voyez* IS.

PIT, *voyez* IT.

PLI, *voyez* LI.

PLIE, *voyez* LIE.

PLIR, *voyez* LIR.

PON.

Chapon | Fripon
Correspond | Gipon
Coupon | Harpon
Crampon | Jupon
Crépon | Pompon

Pond
Poupon
Répond
Tampon
Tapon

PRER, *voyez* RER.

P U.

Chepu
Corrompu
Crépu
Interrompu
Lippu
Pu
Repu
Rompu
Trapu

Q

QUA *qui se prononce comme* KA.

Reliqua *Voyez* CA, *et les parfaits définis des verbes en* quer.

QUAND, QUANT *et* QUENT, *voyez* AND *et* ANT.

Q U A T, *voyez* A T.

Q U É.

Voyez les participes des verbes en quer.

Q U É E.

Authentiquée
Béquée
Flaquée
Mosquée
Pissipesquée
Requinquée

Q U E R.

Abdiquer
Abéquer
Abouquer
Alambiquer
Apiquer
Appliquer
Attaquer
Autentiquer
Baraquer
Bloquer
Bouquer
Braquer
Brusquer
Busquer
Cadilesquer
Calquer
Chinquer
Choquer
Chroniquer
Claquer
Colloquer
Communiquer
Compliquer
Confisquer
Contremarquer
Convoquer
Coqueriquer
Craquer
Croquer
Débanquer
Débarquer
Débouquer
Débusquer
Décalquer
Défalquer
Déféquer
Défroquer
Délinquer
Démarquer
Démasquer
Démastiquer
Dépiquer
Désembarquer
Détorquer
Détraquer
Domestiquer
Dupliquer
Efflanquer
Embarquer
Emberloquer
Emberlucoquer
Embusquer
Enfroquer
Entre-choquer
Equivoquer
Escroquer
Estomaquer
Evoquer
Extorquer
Fabriquer
Fantastiquer
Flanquer
Friquer
Hypothéquer
Impliquer
Inculquer
Indiquer
Interloquer
Invoquer
Manquer
Marquer
Masquer
Mastiquer
Métaphysiquer
Moquer
Musquer
Offusquer
Parquer
Piquer
Plaquer
Politiquer
Poquer
Pratiquer
Prévariquer
Pronostiquer
Provoquer
Rebéquer
Reliquer
Reluquer
Remarquer
Rembarquer
Remorquer
Renasquer
Répliquer
se Requinquer
Rétorquer
Revendiquer
Révoquer
Risquer
Roquer
Sophistiquer
Suffoquer
Syndiquer
Tanquer
Topioquer
Trafiquer
Traquer
Trinquer
Tronquer
Troquer
Vaquer
Vendiquer
Voquer

Q U E T, *voyez* E T.

Q U E U X, *voyez* E U X.

Q U I.

Qui

Q U I E.

Bousquie
Thalassarquie

Q U I E R, *voyez* I E R.

Q U I N, *voyez* I N.

Q U I S, *voyez* I S.

Q U I T, *voyez* I T.

Q U, *voyez* C U.

R

R A.

Abra
Alcantara
Anthora
Caachira
Dapifera
Et cætera
Non plus ultra
Opéra
Rémora
Samara

Voyez les verbes en rer, *au parfait défini.*

R A I T, *voyez* A I T.

R A L, *voyez* A L.

R A N T, *voyez* A N T.

R A T, *voyez* A T.

R E.

Acéré
Adextré
Affairé
Ambré
Archiprêtré
Assuré
Azuré
Beaupré
Bigarré
Billebarré
Cabré
Cambré
Cendré
Césaré
Confédéré
Conjuré
Concuré
Curé
Degré
Délabré
Dénaturé
Diapré
Doré
Effaré
Effondré
Emigré
Empourpré
Enamouré
Enlangouré
Ensépulturé
Evaporé
Fédéré
Gré
Illettré
Immodéré
Inconsidéré
Infiltré
Invétéré
Iré
Juré
Lettré
Liseré
Madré
Malgré
Maniéré
Marbré
Membré
Miséréré
Modéré
Moiré
Narré
Obéré
Obombré
Obré
Ouvré
Paré
Pestiféré
Poiré
Pourpré
Pré
Prématuré
Prémontré
Prieuré
Quarré
Ré
Référé
Réméré
Robillardé
Roturé
Sidéré
Soufré
Sulfuré
Taré
Tigré
Timbré
Titré
Vitré

Voyez les verbes en rer, *au participe.*

R E A U, *voyez* A U.

R É E.

Acérée
Airée
Ambrée
Beurrée
Bourrée
Camphrée
Cendrée
Centaurée
Césarée
Chambrée
Charrée
Chasse-marée
Chicorée
Chorée
Coulevrée
Courée
Cuillerée
Curée
Demourée
Denrée
Diarrhée
Dichorée *ou* Ditrochée
Durée
Echaufouré
Empyrée
Entrée
Estorée
Ethérée
Galimafrée
Gonorrhée
Hérées
Horée
Livrée
Marée
Mijaurée
Montrée
Panerée
Picorée
Plâtrée
Poirée
Purée
Rentrée
Septérée
Simagrée
Soirée
Stentorée
Sucrée
Timbrée
Timorée
Ventrée
Vitrée

Voyez les participes féminins des verbes en rer *; plus, divers temps et diverses personnes des verbes en* éer.

R E L, *voyez* E L.

R E N T, *voyez* A N T.

R E R.

Abhorer
Abjurer
Accaparer
Accarer
Accélérer
Accoutrer
Acérer
Acorer
Adhérer
Adinérer
Adirer
Adjurer
Administrer
Admirer
Adorer
Adultérer
Aérer
Affleurer
Airer
Alivrer
Altérer
Amarrer
Ambrer
Améliorer
Amestrer
Amesurer
Amurer
Ancrer
Apurer
Arbitrer
Arborer
Arrher
Arriérer
Aspirer
Assurer
Atterrer
Attirer
Attitrer
Augurer
Aventurer
Avérer
Azurer
Bâfrer
Balafrer
Barrer
Beurrer
Bigarrer
Billebarrer
Bourrer
Cabrer
Cadrer
Calamistrer
Calendrer
Calfeutrer
Calibrer
Cambrer
Cathédrer
Célébrer
Censurer
Chaffourrer
Chamarrer
Chambrer
Chapitrer
Châtrer
Chérer
Chiffrer
Cintrer
Cirer
Claquemurer
Coffrer
Colorer
Comparer
Concélébrer
Concentrer
Confédérer
Conférer
Conjecturer
Conjurer
Consacrer
Considérer
Conspirer
Contrecarrer
Contre-tirer
Coopérer
Corroborer
Curer
Cylindrer
Débarrer
Débourrer
Déchiffrer
Déchirer
Décintrer
Décirer
Déclarer
Décolorer
Décombrer
Décorer
Dédorer
Déférer
Déferrer
Défigurer
Déflorer
Dégénérer
Délabrer
Délibérer
Délivrer
Démarrer
Démembrer
Demeurer
Démontrer
Démourer
Démurer
Dénaturer
Dénigrer
Dénombrer
Déparer
Dépêtrer
Déplorer
Dépoudrer
Dépurer
Désaffleurer
Désairer
Désancrer
Désarborer
Désassurer
Désemparer
Désenivrer
Désespérer
Déshonorer
Désincorporer
Désirer
Desserrer
Détériorer
Déterrer
Détirer
Dévorer
Diaprer
Différer
Digérer
Dorer
Durer
Ecarter
Echancrer
Eclairer
Ecurer
Effarer
Effleurer
Effondrer
Egarer
Elaborer
Emigrer
Emparer
Empêtrer
Empifrer
Empirer
Empourprer
Encadrer
Enceinturer
s'Enchevêtrer
Encirer
Encloîtrer
Encoffrer
Endurer
Enferrer
Engendrer
Engouffrer
Enivrer
Enregistrer
Ensépulturer
Enserer
Ensoufrer
Enterrer
Entourer
Entrer
Epamprer
Epierrer
Epoudrer
Epurer
Errer
Espérer
Essorer
Etirer
Evaporer
Eventrer
Exécrer
Expectorer
Expirer
Exulcérer
Fanfarer
Fenêtrer
Férer
Ferrer
Feutrer
Figurer
Filtrer
Flairer
Flâtrer
Fleurer
Florer
Foirer
Folâtrer
Forer
Fourrer
Frustrer
Garer
Gauffrer
Gérer
Harer
Hongrer
Honorer
Idolâtrer
Ignorer
Illustrer
Impétrer
Implorer
Impropérer
Inaugurer
Incorporer
Inférer
Infiltrer
Ingérer
Insérer
Inspirer
Intégrer
Invétérer
Jachérer
Jurer
Labourer
Leurrer
Libérer
Lisérer
Livrer
Lustrer
Macérer
Machurer
Manœuvrer
Manufacturer
Marbrer
Martyrer
Massacrer
Méliorer
Mesurer
Mirer
Mitrer
Modérer
Montrer
Murer
Murmurer
Narrer
Navrer
Nombrer
Obérer
Obscurer
Obtempérer
Odorer
Oirrer
Ombrer
Opérer
Opiniâtrer
Orer
Oupurer
Outrer
Ouvrer
Parer
Persévérer
Plâtrer
Préférer
Procurer
Proférer
Prospérer
Quadrer
Quarrer
Raccoutrer
Rancuner
Rassurer
Raturer
Ravigourer *ou* Revigourer
Récalcitrer
Recirer
Recouvrer
Récupérer
Recurer
Redéclarer
Redélibérer
Redélivrer
Redorer
Réembrer
Réengendrer
Référer
Régénérer
Registrer
Regrer
Réintégrer
Réitérer
Relustrer
Remansurer
Rembarrer
Rembourrer
Remémorer
Remérer
Remesurer
Remontrer
Remparer
Rénumérer
Rencontrer
Renterrer
Rentrer
Repairer
Réparer
Replâtrer
Resacrer
Respirer
Resserrer
Restaurer
Retirer
Réverbérer
Révérer
Revirer
Sabrer
Sacrer
Saturer
Saupoudrer
Saurer
Savourer
Sayrer
Séparer
Séquestrer
Serrer
Sevrer
Sombrer
Soufrer
Soupirer
Soutirer
Suérer
Suggérer
Surdorer
Taborer
Tarer
Tempérer
Timbrer
Tintamarrer
Tirer
Titrer
Tolérer
Tonsurer
Torturer
Tournevirer
Transférer
Transfigurer
Transpirer
Triturer
Ulcérer
Vautrer
Veautrer
Virer
Vitrer
Voiturer

R E T, *voyez* E T.

R I *et* R Y.

Abri
Alangouri
Amphigouri
Ayri
Bari *ou* Baril
Bésideri
Bistouri
Bon-henri
Cabri
Céleri
Charivari
Colibri
Cri
Décri
Dépri
Désaigri
Emeri
Engri
Favori
Fleuri
Gri *ou* Gril
Gribouri
Guillery
Hourvari
Jury
Mari
Marri
Métarry
Pari
Pilori
Pot-pourri
Soury *ou* Tari

Verbes.

Aguerri
Alluri
Aigri
Amoindri
Appauvri
Appiétri
Attendri
Chéri
Défleuri
Démaigri
Dépéri
Effleuri
Emmaigri
Enchéri
Flétri
Fleuri
Guéri
Maigri
Mûri
Nourri
Péri
Pétri
Pourri
Rabougri
Ramaigri
Ramoindri
Rattendri
Refleuri
Renchéri
Repétri
Tari
Terri

R I E.

Achetrie
Aérométrie
Afféterie
Affronterie
Agrie
Allégorie
Altimétrie
Anerie
Angélolâtrie
Apaturies
Apothicairerie
Argenterie
Armoirie
Arquebuserie
Artillerie
Asymmétrie
Aumônerie
Autourserie
Avarie
Avocasserie
Avoinerie
Badauderie
Badinerie
Bain-marie
Barbarie
Barberie
Batterie
Bavarderie
Bélitrerie
Bellerie
Bergerie
Bigoterie
Bizarrerie
Blanchisserie
Bluterie
Bodinerie
Boiserie
Boucherie
Bouderie
Bouffonnerie
Boulangerie
Bouquinerie
Bouverie
Brasserie
Bravacherie
Braverie
Briqueterie
Broderie
Brouillerie
Brusquerie
Buanderie
Cafarderie
Cagnarderie
Cagoterie
Cajolerie
Capitainerie
Caqueterie
Carie
Catégorie
Causerie
Cavalerie
Chancellerie
Chantrerie
Charcuterie
Charlatanerie
Charpenterie
Chaudronnerie
Chaufferie
Chevalerie
Chévecerie *ou* Chéfecerie
Chicanerie
Chuchoterie
Closerie
Clouterie
Coadjutorerie
Cochonerie
Coïonnerie
Commanderie
Conciergerie
Confrérie
Contre-batterie
Coquetterie
Coquinerie
Corderie
Cordonnerie
Coterie
Couterie
Coutumerie
Craquerie
Crierie
Cuisinerie
Daterie
Décurie
Diablerie
Dîmerie
Disputaillerie
Doctorerie
Domerie
Draperie
Drolerie
Dyssenterie
Ebénisterie
Echansonnerie
Echarpillerie
Ecorcherie
Ecornifierie
Ecurie
Effronterie
Emprisonnerie
Enchanterie
Enragerie
Epicerie
Equiries
Ergoterie
Escopétrie
Escroquerie
Euphorie
Fâcherie
Façonnerie
Factorerie
Faligoterie
Fanfaronnerie
Faquinerie
Fauconnerie
Féérie
Fenderie
Férie
Ferronnerie
Figuerie
Filerie
Filouterie
Finasserie
Flagornerie
Flatterie
Folâtrerie
Fondrie
Forcénerie
Forfanterie
Foulerie
Fourberie
Frairie
Friperie
Friponnerie
Fromagerie
Fruiterie
Furie
Gagerie
Gagnerie
Galanterie
Galerie
Ganterie
Gardiennerie
Gausserie
Gématrie
Gendarmerie

Gentilhomme-rie
Géométrie
Gloutonnerie
Goguenarderie
Gresserie
Gredinerie
Grimacerie
Grimauderie
Grivelerie
Gronderie
Gruerie *ou* Grairie
Gueuserie
Guinderie
Hablerie
Hoirie
Hôtellerie
Huerie
Hydrie
Idolâtrie
Imprimerie
Incurie
Indigoterie
Industrie
Infanterie
Infirmerie
Intempérie
Ivrognerie
Joaillerie
Jonglerie
Jugerie
Juiverie
Ladrerie
Laiterie
Lamarie
Lanternerie
Latrie
Léproserie
Librairie
Lienterie
Lingerie
Lipyrie
Lorgnerie
Lormerie
Loterie
Lourderie
Louveterie
Macellerie
Maçonnerie
Mairie
Maladrerie
Mangerie
Marguillerie
Maroquinerie
Marqueterie
Marolserie
Maussaderie
Mécaniquerie
Mégisserie
Ménagerie
Menterie
Mercerie
Mesellerie
Mesquinerie
Messagerie
Messerie
Métairie
Mièvrerie
Minauderie
Minestrerie
Miroirerie
Mitonnerie
Mitoyerie
Moinerie
Momerie
Monnoierie
Moquerie
Moucherie
Mousqueterie
Mutinerie
Mystiquerie
Négrerie
Niaiserie
Nigauderie
Œillererie
Oisellerie
Orangerie
Orfévrerie
Oublierie
Pagnoterie
Pairie
Paneterie
Papeterie
Parangerie
Parcheminerie
Parlerie
Pâtisserie
Patrie
Pécherie
Pédanterie
Pelleterie
Penderie
Pénitencerie
Pénurie
Périphérie
Pesterie
Pétricherie
Piaillerie
Picoterie
Pierreries
Piéterie
Pillerie
Piperie
Piraterie
Pitancerie
Plaidoierie
Plaisanterie
Planimétrie
Plomberie
Pointillerie
Poissonnerie
Polissonnerie
Poltronnerie
Porcherie
Postiquerie
Poterie
Pouacrerie
Pouillerie
Prairie
Pruderie
Prudoterie
Purerie
Raffinerie
Raillerie
Rapinerie
Ravauderies
Regratterie
Renarderie
Renchérie
Reniflerie
Rêverie
Riaillerie
Robinerie
Rôtisserie
Rubanerie
Saveterie
Savonnerie
Scorie
Sécrétairerie
Ségrairie
Seigneurie
Sergenterie
Série
Singerie
Sirerie
Solerie
Sommellerie
Sonnerie
Sophistiquerie
Sorcellerie
Sorcerie
Soufflerie
Sous-pénitencerie
Spagirie
Stranguerie
Sucrerie
Suisserie
Supercherie
Symmétrie
Tabletterie
Tannerie
Tapisserie
Taquinerie
Tartufferie
Teignerie
Teinturerie
Témoignerie
Tenderie
Théorie
Thorie
Tousserie
Tracasserie
Trésorerie
Tricherie
Trigauderie
Trigonométrie
Tromperie
Tuerie
Tuilerie
Turquerie
Vacherie
Vannerie
Vanterie
Vénerie
Verrerie
Verroterie
Vespérie
Vétillerie
Vicairerie
Vieillerie
Viguerie
Vitrerie
Voierie *ou* Voirie
Volerie
Zahorie
Zoolâtrie

Verbes.

Abrie
Apparie
Approprie
Carie
Charie
Contrarie
Crie
Décrie
Démarie
Déparie
Déprie
s'Ecrie
Excorie
s'Expatrie
Historie
s'Industrie
Injurie
Inventorie
Marie
Parie
Pilorie
Prie
Rapatrie
se Récrie
Reprie
Rie
Salarie
Sourie
Trie
Varie

Voyez les part. en ri, *au fémin.*

RIOR, *voyez* IOR.

RION, *voyez* ION.

RIN, *voyez* IN.

RIS, *voyez* IS.

RIT, *voyez* IT.

RON.

Aileron
Aliboron
Ancyloblépharon
Assouron
Auberon
Aviron
Baron
Biberon
Bûcheron
Cabron
Capron
Caron
Catimaron
Cédron
Ceinturon
Chaperon
Carron
Chaudron
Chétron
Chevron
Ciron
Citron
Clairon
Coteron
le Décoron
Demi-fleuron
Diatessaron
Environ
Eperon
Escadron
Etron
Fanfaron
Ferron
Fleuron
Forgeron
Giron
Glouteron
Godron
Goudron
Héron
Juron
Laidron
Lampron
Larron
Levron
Liburon
Liron
Macaron
Marron
Mascaron
Mitron
Moucheron
Mousseron
Mouron
Natron *ou* Anatron
Paleron
Passe-Cicéron
Patron
Paturon
Pelleron
Perron
Piqueron
Plastron
Poltron
Potiron
Puceron
Quarteron
Quiqueron
Sacromaron
Sécheron
Tendron
Thalictron
Tiboron
Tierceron
Vairon
Vesceron
Vigneron

RU.

Avale-dru
Bécharu
Bourru
Congru
Crû
Ecrû
Féru
Incongru
Lustucru
Malôtru
Membru
Recru
Ru
Tru
Ventru

Verbes.

Accru
Apparu
Comparu
Cru
Crû
Disparu
Paru
Reparu

S

SA *qui se prononce comme* ZA, *voyez* ZA.

SA *et* ÇA.

Ça
Cabeça
Canapsa
Deça
Fersa
Orça
Par-deça
Piéça
Zopissa

Voyez les verbes en ser *et* cer, *au prétérit défini.*

SSANT *et* CENT, *voyez* ANT.

SAT, *voyez* AT.

SSÉ *et* CÉ.

C
A, B, C *ou* abécé
Avant-fossé
Balancé
Cadenassé
Cadencé
Chassé
Concassé
Contrebretessé
Controversé
Convulsé
Damassé
Déchaussé
Déplacé
Enossé
Essencé
Facé
Faïencé
Fiancé
Florencé
Fossé
Froncé
Glacé
Imbricé
Insensé
Intéressé
Leucé
Obicé
Obversé
In Pacé
Passé
Prononcé
Récépissé
Relaissé
Sensé
Strapassé
Trépassé
Trépensé
Troussé
Verglacé
Vernissé

Voyez les verbes en ser *et* cer, *au participe.*

SEAU, *voyez* AU.

SÉE *et* CÉE.

Brassée
Caducée
Cétacée
Chaussée
Fessée
Fiancée
Foncée
Fricassée
Gercée
Houssée
Laissées
Lycée
Maréchaussée
Panacée
Papyracée
Passée
Pensée
Percée
Perce-chaussée
Pincée
Rubiacée
Sénéchaussée
Tassée
Testacée
Traversée

Plus, les participes féminins des verbes en sser *et* cer.

SER *qui se prononce comme* ZER, *voyez* ZER.

SER *et* CER *dont la prononciation est fermé.*

Abaisser
Acquiescer
Adosser
Adresser
Affaisser
Agacer
Agencer
Amasser
Amorcer
Angoisser
Annoncer
Apetisser
Apiécer
s'Apparesser
Avancer
Avocasser
Baisser
Bercer
Blesser
Boësser *ou* Gratte-Boësser
Bouleverser
Brasser
Brosser
Cadasser
Cadenasser
Cadencer
Caresser
Casser
Cesser
Chausser
Clisser
Compasser
Compenser
Compisser
Compulser
Concasser
Contre-balancer
Confesser
Contumacer
Converser
Courroucer
Créancer
Crevasser
Crosser
Crosser
Damasser
Danser
Débosser
Débourser
Décaisser
Déchasser
Déchausser
Décontenancer
Décrasser
Défroncer
Dégraisser
Dégrosser
Délacer
Délaisser
Délasser
Dénoncer
Dépasser
Dépenser
Dépecer
Déplacer
Déplisser
Dépresser
Désagencer
Désembarrasser
Désenlacer
Désosser
Détresser
Détrousser
Devancer
Déverser
Dispenser
Disperser
Dresser
Eclabousser
Eclipser
Eclisser
Ecorcer
Ecosser
Effacer
Efforcer
Embourser
Embrasser
Emincer
Emplacer
Empoisser
s'Empresser
Encenser
Enchâsser
Enchausser
Enconvenancer
s'Encuirasser
Endosser
Enfoncer
Engoncer
Engraisser
Engrosser
Enlacer
s'Enoncer
Ensemencer
Entasser
Entrelacer
Entrepasser
Epicer
Epucer
Espacer
Esquisser
Estrapasser
Evincer
Exaucer
Exercer
Exhausser
Expulser
Facer
Farcer
Fausser
Fesser
Fiancer
Financer
Finasser
Foncer
Forcer
Forlancer
Forpasser
Fracasser
Fricasser
Froncer
Fuyasser
Garancer
se Gausser
Gercer
Glacer
Glisser
Glousser
Graisser
Grimacer
Harasser
Hausser
Herser
Housser
s'Immiscer
Incrasser
Intéresser
s'Intéresser
Lacer
Laisser
Lambrisser
Lancer
Lasser
Lisser
Luxer
Malverser
Manigancer
Masser
Matelasser
Menacer
Musser
Noncer
Nuancer
Offenser
Oppresser
Orser
Outrepasser
Palisser
Panser
Paperasser
Passer
Pâtisser
Penser
Percer
Pincer
Pisser
Placer
Poisser
Policer
Poncer
Pousser
se Prélasser
Préocacer
Presser
Professer
Prononcer
Putasser
Quiosser
Rabaisser
Ramasser
Rapetasser
Rapiécer
Ratisser
Rebrousser
Recasser
Recenser
Rechasser
Rechausser
Récompenser
Reconfesser
Redanser
Redresser
Rehausser
Relancer
Rembourser
Rembrasser
Remplacer
Rencorser
Renfoncer
Renforcer
Rengraisser
Renoncer
Rensemencer
Rentasser
Renverser
Repasser
Repercer
Replacer
Repousser
Resasser
Retracer
Retresser
Retrousser
Révasser
Rimasser
Rincer
Rosser
Sasser
Saucer
Strapasser
Sucer
Surpasser
Tancer
Tapisser
Tasser
Tergiverser
Terrasser
Terser
Tiercer
Tousser
Tracasser
Tracer
Transgresser
Transpercer
Traverser
Treillisser
se Trémousser
Trépasser
Tresser
Tripolisser
Trousser
Verglacer
Vernisser
Verser

SET *et* CET, *voyez* ET.

SEUX *et* CEUX, *voyez* EUX.

SI *et* CI.

Ainsi
Arsi
Aussi
Ceci
Chasnatarbassi
Ci
Coussi coussi
Ici
Merci
Murci
Raccourci
Résurrexi
Reversi
Revoici
Roussi
Si
Souci
Sourci *ou* Sourcil
Voici

Verbes.

Accourci
Adouci
Aminci
Arsi
Chanci
Dédurci
Dégrossi
Durci
Eclairci
Endurci
Enforci
Epaissi
Etréci
Farci
Grossi
Noirci
Obscurci
Raccourci
Radouci
Ranci
Rendurci
Renoirci
Répaissi
Rétréci
Réussi
Roussi
Sanci
Transi

SIE, TIE *et* CIE *que l'on prononce de même.*

Aéromancie
Alopécie
Anorexie
Apepsie
Apoplexie
Aristocratie
Asphyxie
Assie
Ataraxie
Ataxie
Autopsie
Bélomancie
Bradypepsie
Brizomancie
Calvitie
Catalepsie
Catopiromancie
Céromancie
Chassie
Chiromancie
Coursie
Cristallomancie
Critomancie
Cynécocratie
Démocratie
Enoptromancie
Epilepsie
Esquinancie
Facétie
Fiducie
Gastromancie
Géomancie
Goétie
Grenetie
Hydromancie
Hystérotomotocie
Impéritie
Inertie
Inorthodoxie
Lécanomancie
Leucophlegmatie
Lithomancie *ou* Lithomance
Libanomancie *ou* Libanomance
Messie
Minutie
Myomancie
Myrmécie
Ochlocratie
Onirocratie
Onirocritie
Onomancie
Onycomancie
Orthodoxie
Palintocie
Parsynancie
Pégomancie
Péripétie
Pharmacie
Phonascie
Primatie
Prophétie
Rabdomancie
Rapsodomancie
Romancie
Superficie
Suprématie
Théocratie
Thie
Turcie
Vessie

Verbes.

Apprécie
Associe
Balbutie
Différencie
Essencie
Licencie
Négocie
Officie
Préjudicie
Remercie
Scie
Sentencie
Soucie
Supplicie
Vicie

Voyez les participes des verbes en cir *et* sir, *au féminin.*

SIER, *voyez* IER.

SIN, *voyez* IN.

SION, *voyez* ION.

SIR, *voyez* IR.

SIS, *voyez* IS.

SIT, *voyez* IT.

SON *et* ÇON.

Arçon
Basson
Béniçon
Besson
Boisson
Bourson
Caisson
Caleçon
Caparaçon
Cavesson
Charanson
Chausson
Colimaçon
Contrefaçon
Cresson
Cuisson
Ecusson
Enfaçon
Estramaçon
Etançon
Façon
Frisson
Garçon
Glaçon
Hameçon
Hérisson
Lançon
Leçon
Limaçon
Maçon
Malfaçon
Maudisson
Moisson
Mousson
Nourrisson
Ourson
Paillasson
Paisson
Pellisson *ou* Plisson
Pinçon
Pinson
Poinçon
Poisson
Polisson
Rançon
Saucisson
Scarisson
Seneçon
Son
Suçon
Taisson
Tenson
Trenqueson
Tronçon
Unisson

SON *qui se pron. comme* ZON, *voyez* ZON.

SU *et* ÇU.

Bossu
Fessu
Insu
Issu

Moussu
Ossu
Pansu
Su
Tissu
Verbes.
Apperçu
Conçu
Déçu
Perçu
Reçu
Su
Tissu

T

T A.

Cataphracta
Duplicata
Encenquesta
Errata
Nota
Œpara
Podesta
au Prorata
Recta

TANT, *voyez* ANT.

TAT, *voyez* AT.

T É.

Abricoté
Absurdité
Acidité
Acreté
Activité
Adversité
Affinité
Agilité
Amabilité
Ambiguité
Aménité
Améré
Amirauté
Amissibilité
Amovibilité
Ancienneté
Anfractuosité
Animosité
Annuité
Antériorité
Antiquité
Anxiété
A-parté
Apparenté
Appéribilité
Appointé [té
Appréhensibili-
Apreté [nité
Archiconfrater-
Aridité
Aséité
Aspérité
Assiduité
Atrocité
Austérité
Authenticité
Autorité
Avidité
Baroté
Beauté
Bénédicité
Bénignité
Bestialité
Bonté
Brièveté
Briqueté
Brutalité
Cailleboté
Calamité
Callosité
Canonicité
Capacité
Captivité
Carnosité
Casualité
Catholicité
Causalité
Causticité
Cavernosité
Cavité
Cécité
Célébrité
Célérité
Charité
Charseté
Chasteté
Chauveté
Cherté
Ciceté
Chrétienté
Cité
Civilité
Clandestinité
Clarté
Coéternité
Comité [bilité
Commensura-
Commodité
Communauté
Communicabi-
lité
Compaternité
Compatibilité
Complicité
Compréhensi-
bilité
Compressibili-
Comté [té
Concavité
Condignité
Conformité
Confraternité
Congruité
Connexité
Consanguinité
Consubstantia-
lité
Contiguité
Continuité
Contrariété
Conventualité
Convexité
Cordialité
Corporalité
Corruptibilité
Côté
Crédibilité
Crédulité
Cruauté
Crudité
Cupidité
Curiosité
Curvité
Débilité
Débonnaireté
Décolleté
Déclivité
Décrépité
Défectuosité
Dégouté
Déhaité
Doité
Déloyauté
Densité
Denté
Dépuré
Dératé
Désorienté
Despoticité
Dextérité
Diapenté
Diaphanéité
Difficulté
Difformité
Dignité
Dilatabilité
Disparité
Dissolubilité
Diversité
Divinité
Docilité
Domesticité
Ductilité
Duplicité
Dureté
Ebriété
Echarseté
Ecourté
Edenté
Edilité
Efficacité
Effronté
Egalité
Eionté
Elasticité
Electricité
Eligibilité
Empeloté
Emporté
Encharboté
Encharté
Enkysté
Endenté
Enfermeté
Enforesté
Engarrotté
Enjarreté
Enormité
Eparé
Equité
Eraté
Ergoté
Esprité
Eté
Eternité
Eventé
Eviternité
Excentricité
Excepté
Exilité
Expansibilité
Expérimenté
Extensibilité
Extrémité
Facilité
Faculté
Faillibilité
Fatalité
Fatuité
Fatuosité
Fausseté
Féauté
Fécondité
Félicité
Féodalité
Fermeté
Férocité
Ferté
Fertilité
Feuilleté
Fidélité
Fierté
Fixité
Flatuosité
Fleureté
Flexibilité
Flotté
Fluidité
Flûté
Fondalité
Formalité
Fragilité
Fraternité
Frigidité
Frivolité
Frugalité
Fusibilité
Futé
Futilité
Gaieté
Gâté
Généralité
Générosité
Gentilité
Gesté
Gigotté
Gracieuseté
Gracilité
Gravité
Griéveté
Gringotté
Grossièreté
Habileté
Hâtiveté
Hébété
Hérédité
Héréticité
Héroïcité
Hilarité
Homogénéité
Honnêteté
Hospitalité
Hostilité
Humanité
Humidité
Humilité
Identité
Illégalité
Illégitimité
Illimité
Imbécillité
Immatérialité
Immensité
Immobilité
Immondicité
Immoralité
Immortalité
Immunité
Immutabilité
Impalpabilité
Impartialité
Impartibilité
Impassibilité
Impeccabilité
Impécuniosité
Imperturbabili-
Impétuosité [té
Importunité
Impossibilité
Imprescriptibi-
lité
Improbabilité
Impropreté
Impropriété
Impudicité
Impunité
Impureté
Inaccessibilité
Inaliénabilité
Inamissibilité
Inanité
Incapacité
Incivilité [té
Incombustibili-
Incommensura-
bilité
Incommodité
Incommutabili-
té
Incomparabili-
té
Incompatibilité
Incompréhensi-
bilité
Incongruité
Incontestabilité
Inconteste
Incorporalité
Incorrigibilité
Incorruptibilité
Incrédibilité
Incrédulité
Incurabilité
Indéfectibilité
Indemnité
Indestructibili-
Indignité [té
Indissolubilité
Indivisibilité
Indocilité
Indompté
Ineffabilité
Inefficacité
Inégalité
Inéligibilité
Inexpérimenté
Inextinguibilité
Infaillibilité
Infatigabilité
Infécondité
Infélicité
Infériorité
Infertilité
Infidélité
Infinité
Infirmité
Inflammabilité
Inflexibilité
Ingénuité
Inhabilité
Inhabité
Inhospitalité
Inhumanité
Inintelligibilité
Iniquité
Innascibilité
Inofficiosité
Insatiabilité
Insensibilité
Inséparabilité
Insermenté
Insipidité
Insociabilité
Insolvabilité
Instabilité
Intégrité
Intelligibilité
Intensité
Intimité
Intrépidité
Invalidité
Invariabilité
Invincibilité
Inviolabilité
Invisibilité
Invulnérabilité
Inusité
Inutilité
Irréformabilité
Irrégularité
Irrépréhensibi-
lité
Irrésistibilité
Irrévocabilité
Irritabilité
Jarreté
Jeté
Jointé
Joliveté
Joyeuseté
Lâcheté
Laité
Lasciveté
Latinité
Légalité
Légèreté
Lèse-antiquité
Libéralité
Liberté
Limpidité
Liquidité
Littéralité
Lividité
Longanimité
Locacité
Loyauté
Lubricité
Magnanimité
Majesté
Mal-habileté
Mal-honnêteté
Malignité
Mal-propreté
Masculinité
Massiveté
Matérialité
Maternité
Maturité
Mécanicité
Méchanceté
Médiocrité
Mendicité
Ménuité
Minorité
Mobilité
Modicité
Mondanité
Mondicité
Monstruosité
Moralité
Mordacité
Mortalité
Mucosité
Multiplicité
Mysticité
Naïveté
Nativité
Naturalité
Nébulosité
Nécessité
Netteté
Neutralité
Nobilité
Noireté
Nouveauté
Nouvelleté
Nudité
Nullité
Numéroté
Obliquité
Obscénité
Obscurité
Œcuménicité
Officialité
Oisiveté
Onctuosité
Opacité
Opiniâtreté
Opportunité
Originalité
Papauté
Parenté
Parité
Partialité
Particularité
Passibilité
Passiveté
Patavinité
Pâté
Paternité
Pauvreté
Pénalité
Pénétrabilité
Pérégrinité
Perpendiculari-
Perpétuité [té
Perplexité
Personnalité
Perspicacité
Perspicuité
Perversité
Picoté
Piété
Placité
Planté
Plantureté
Plausibilité
Plumeté
Pluralité
Poesté
Pommeté
Ponctualité
Ponté
Popularité
Porosité
Possibilité
Postérité
Postériorité
Poté
Préciosité
Précipité
Précocité
Prématurité
Prévoté
Primauté
Principalité
Principauté
Priorité
Privauté
Probabilité
Probité
Prodigalité
Prolixité
Propreté
Propriété
Prospérité
Proximité
Puberté
Publicité
Pudicité
Puérilité
Pupillarité
Pureté
Pusillanimité
Qualité
Quantité
Quaternité
Questalité
Quotité
Rancidité
Rapacité
Rapidité
Rareté
Raucité
Réalité
Réciprocité
Réflexibilité
Réfrangibilité
Régularité
Reinté
Répité
Responsabilité
Résumpté
Révolté
Ridiculité
Rigidité
Rigoureuseté
Risibilité
Rivalité
Rotondité
Royauté
Rubanté
Rusticité
Sagacité
Sagamité
Sainteté
Saleté
Salubrité
Santé
Scholarité
Scurrilité
Sécularité
Semblableté
Sensibilité
Sensualité
Sénérité
Sériosité
Sérosité
Sévérité
Siccité
Silliginosité
Simplicité
Sincérité
Singularité
Sinuosité
Sobriété
Solemnité
Solidité
Solvabilité
Sommité
Somptuosité
Sordidité
Soudaineté
Souffreté
Sous-traité
Souveraineté
Spécialité
Spéciosité
Sphéricité
Spiritualité
Spontanéité
Spumosité
Stabilité
Stérilité
Stoïcité
Stupidité
Suavité
Subtilité
Superficialité
Superfluité
Supériorité
Surdité
Surté
Taciturnité
Tardiveté
Taroté
Té
Témérité
Temporalité
Ténacité
Tendreté
Ténuité
Timidité
Tiqueté
Tortuosité
Totalité
Traité
Tranquillité
Triennalité
Trinité
Triplicité
Trivialité
Truité
Tubérosité
Ubiquité
Unanimité
Uniformité
Unité
Universalité
Université
Urbanité
Usité
Utilité
Vacuité
Validité
Vanité
Variabilité
Vélocité
Velouté
Vénalité
Ventosité
Vénusté
Véracité
Verbosité
Véridicité
Vérité
Verjuté
Verticalité
Verticité
Vétusté
Vice-Amirauté
Vice-royauté
Vicomté
Viduité
Vileté
Virginité
Virilité
Virtualité
Viscosité
Visibilité
Vivacité
Volatilité
Volonté
Volubilité
Volupté
Voracité

Voyez les verbes en ter, au participe.

TEAU, *voyez* AU.

T É E.

Abattée
Afférée
Assiettée
Athée
Battée
Cassetée
Charretée
Chattée
Cottée
Effrontée
Eventée
Frottée
Futée
Hébétée
Hottée
Indotée
Jattée
Jetée
Jointée
Lactée
Laitée
Montée
Nyctée
Nuitée
Panthée
Pâtée
Pelletée
Platée
Polythée
Portée
Potée
Protée
Révoltée
Tarotée

Plus, les participes féminins des verbes en ter.

TENT, *voyez* ANT.

T E R.

Abriter *ou*
Abrier
Absenter
Abuter
Accepter
Accointer
Accoter
Accravanter
Accréditer
Acheter
Accoster
Acouter
Acquêter
Acquitter
Adapter
Admonêter
Adopter
Affaiter
Affecter
Affréter
Affronter
Affûter
Agioter
Agiter
Aheurter
Aiguilleter
Aimanter
Ajouter
Ajuster
Alimenter
Aliter
Allaiter
Amateloter
Ameuter
Amignoter
Amputer
Annoter
Antidater
Antidoter
Anuiter
Aouter
Aplester
Aposter
Apparenter
Appâter
Appéter
Appointer
Apporter
Apprêter
Arbalêter
Arc-bouter
Argenter
Argoter
Argumenter
Arpenter
Arrenter
Arrêter
Assermenter
Assister
Assoter
Atinter
Attenter
Attester
Attrister
Augmenter
Avorter
Baisotter
Balotter
Banqueter
Baqueter
Baratter
Barboter
Baster
Bâter
Béqueter
Biqueter
Bluter
Boiter
Bonneter
Botter
Brillanter
Brimboter
Briqueter
Brocanter
Brouetter
Brouter
Buffeter
Buter
Buvotter
Caboter
Cacheter
Cadetter
Cahoter
Calfater
Caneter
Canqueter
Capter
Caqueter
Carotter
Cataracter
Champarter
Changeotter
Chanter
Charcuter
Charpenter
Chatter
Chenevrotter
Chevroter
Chicoter
Chipoter
Chucheter
Chuchoter
Cimenter
Citer
Claqueter
Clignoter
Clinquanter
Cliqueter
Clouter
Coexister
Cohabiter
Colleter
Colporter
Commenter
Compéter
Compléter
Comploter
Comporter
Compter
Concerter
Conforter
Confronter
Confuter
Conquêter
Consister
Constater
Consulter
Contenter
Conter
Contester
Contracter
Contraster
Contredater
Contre-latter
Contrepetter
Contrepointer
Contrister
Convoiter
Copter
Coopter
Coqueter
Coter
Coupletter
Courbetter
Coûter
Crachoter
Craqueter
Crocheter
Crotter
Culbuter
Culotter
Dater
Débâter
Débiliter
Débiter
Déboîter
Débotter
Débouter
Débuter
Décacheter
Décanter
Décapiter
Déchanter
Déchiqueter
Décolleter
Décompoter
Décompter
Déconcerter
Déconforter
Décréditer
Décrépiter
Décréter
Décrotter
Défouetter
Déganter
Dégoter
Dégoûter
Dégoutter
Déjeter
Délatter
Délecter
Délester
Délicater
Déliter
Déluter
Démaillotter
Démâter
Démériter
Démonter
Dénatter
Dénoter
Dépaqueter
Dépister
Dépiter
Déplanter
Déporter
Déposter
Dépoter
Députer
Dérater
Dérester
Dérouter
Désajuster
Désappointer
Désattrister
Désemporter
Désenchanter
Désentêter
Désergoter
Déshabiter
Déshériter
Désinfecter
Désister
Désorienter
Détester
Détracter
Dévaster
Dicter
Dilater
Diligenter
Discuter
Disputer
Disserter
Doigter
Dompter
Dorloter
Doter
Douter
Ecarter
Eclater
Ecourter
Ecouter
Ecrouter
Edenter
Efflotter
Effriter
Egoutter
Eguilleter
Embâter
Emboîter

Emietter Hériter
Emmaillotter Hésiter
Emmenotter Heurter
Emolumenter Holocauster
Emotter Humecter
Empaqueter Hutter
Empâter Imiter
Empester Impatienter
Empléter Implanter
Empointer Importer
Emporter Imputer
Empoter Incidenter
Emprunter Inciter
Enchanter Incruster
Encorneter Infecter
Encroûter Infester
Enhorter Injecter
Endenter Inquiéter
Endetter Insister
Enfaîter Instrumenter
Enquêter Insulter
Enrégimenter Intercepter
Ensanglanter Interjeter
Enter Interpréter
Entêter Inventer
Entre-heurter Inviter
Envélioter Irriter
Envoûter Jaboter
Epater Jarreter
Epointer Jeter
Epousseter Joûter
Epouvanter Lamenter
Ereinter Latter
Ergoter Lester
Escamoter Licter
Escompter Limiter
Escorter Lunetter
Essarter Luter
Etater Lutter
Etêter Machicoter
Eventer Maltraiter
Eviter Manifester
Exalter Marester
Excepter Marmoter
Exciter Marqueter
Exécuter Mâter
Exempter Matter
Exerciter Mécompter
Exhorter Mécontenter
Expérimenter Médicamenter
Exploiter Méditer
Exporter Mériter
Exulter Mignoter
Faciliter Minuter
Fagoter Molester
Fainéanter Monter
Féliciter Moucheter
Fermenter Muguetter
Féter Muloter
Feuilleter Naqueter
Fienter Natter
Filouter Nonanter
Flatter Nordester
Flotter Noter
Flûter Numéroter
Fomenter Objecter
Forjeter Opter
Fouetter Orienter
Frelater Oter
Fréquenter Oxycrater
Freter Paleter
Frigotter *ou* Palpiter
Fringotter Paneter
Frisotter Papilloter
Frotter Paqueter
Fureter Parlementer
Fuster Parqueter
Ganter Passementer
Garrotter Pâter
Gâter Patienter
Gigotter Pauletter
Giter Pédanter
Glouglotter Peloter
Gobelotter Péricliter
Gobeter Permuter
Goûter Persécuter
Grappeter Persister
Gratter Pester
Graviter Péter
Greloter Picoter
Grignoter Piéter
Gringoter Piloter
Guémanter Pincetter
Guetter Pinter
Habiter Pirater
Haleter Pirouetter
Halter Pissoter
Hanter Pistoletter
Hâter Pivoter
Hébéter Plaisanter

Planter Requéter
Pocheter Résister
Pointer Respecter
Ponter Ressauter
Porter Ressusciter
Post-dater Rester
Poster Retâter
Précipiter Rétracter
Précompter Retraiter
Préexister Révolter
Préméditer Rioter
Présenter Riposter
Prêter Rister
Prétexter Roster
Profiter Roter
Projeter Saboter
Protester Saignoter
Quêter Sangloter
Quinter Sauter
Quitter Saveter
Raboter Serfouetter
Racheter Sergenter
Raconter Serpenter
Racquitter Siroter
Radoter Sister
Ragoter Soixanter
Ragoûter Solliciter
Rajuster Souffleter
Rapiéceter Souhaiter
Rapporter Soutraiter
Rassoter Subsister
Rater Suçoter
Ravigoter Suinter
Rebâter Supplanter
Rebotter Supporter
Rebuter Supputer
Recacheter Surjeter
Rechaiter Surmonter
Rechanter Susciter
Réciter Sustenter
Recolter Tacheter
Récolter Taluter
Réconforter Tapoter
Reconsulter Tarabuster
Reconter Taroter
Recrotter Tâter
Recruter Tempêter
Redompter Tenter
Redouter Testamenter
Refêter Tester
Refiatter Tetter
Refléter Tinter
Refouetter Toster
Refrotter Tourmenter
Réfuter Traiter
Régenter Translater
Regratter Transplanter
Regretter Transporter
Réhabiliter Trembloter
Rehanter Tressauter
Reheurter Tricoter
Rejeter Tripoter
Relater Trompetter
Remboîter Trotter
Remmailloter Turluter
Remonter Valeter
Rempaqueter Vanter
Remporter Végéter
Remprunter Velouter
Renetter Venter
Renfaîter Vergetter
Renter Violenter
Répercuter Visiter
Répéter Vivoter
Replanter Voleter
Reporter Volter
Représenter Voluter
Réputer Voûter

TEUX, *voyez* EUX.

TI.

Apprenti Rôti
Bâti Roupeti
Cati *ou* Katti Vologueti
Coati *Verbes.*
Converti Abêti
Couti *ou* Coutil Abouti
Démenti Abrouti
Genti *ou* Gentil Abruti
Herti Alenti
Innominati Amatti
Locati Ambouti
Mal-bâti Amorti
Mi-parti Anéanti
Mufti Appesanti
Nanti Applati
Outi Assorti
Parti Assujetti
Repenti Averti

Basti Matti
Bâti Menti
Cati Mi-parti
Comparti Muti
Compâti Pati
Consenti Perverti
Converti Pressenti
Coti Rabêti
Débruti Rabouti
Démenti Ralenti
Départi Ramoiti
Désassorti Rebâti
Di erti Réparti
Empuanti Repenti
Encloti Ressenti
Englouti Retenti
Flati Rôti
Garanti Senti
Interverti Sorti
Investi Subverti
Loti Travesti

TIE.

Agrestie Pédérastie
Amnistie Philautie
Anthropopathie Polimathie
Antipathie Poutie
Apathie Repartie
Argutie Repenties
Départie Rôtie
Dynastie Sacristie
Eucharistie Sortie
Garantie Sotie
Hostie Sympathie
Immodestie Tutie
Modestie *Verbes.*
Ortie
Partie Catie
Parties Châtie

Voyez les participes en ti, au féminin.

TIÉ *qui se prononce comme* SIE, *voyez* SIE.

TIER, *voyez* IER.

TIF, *voyez* IF.

TIN, *voyez* IN.

TION, *voyez* ION.

TIR, *voyez* IR.

TIS, *voyez* IS.

TIT, *voyez* IT.

TO, *voyez* O.

TON.

Avorton Miroton
Banneton Miton
Baralipton Moineton
Bâton Molleton
Bouton Mouton
Brocheton Moutons
Caneton Œilleton
Capiton Panneton
Carton Pâton
Centon Peloton
Charton Péton
Chaton Pléton
Clocheton Piston
Coston Piton
Coton Ponton
Cotons Ranton
Creton Raqueton
Croûton Raton
Dicton Rejeton
Ducaton Repartons
Esponton Rogaton
Factoton Semi-ton
Fulapton Séton
Feston Sommeton
Fronton Taon
Glouton Tâtons
Hanneton Teston
Hoqueton Tetton
Jeton Thon
Laiton Ton
Laveton Tond
Liston Toton
Lithontripton Tourleton-ton-ton
Luiton Traiton
Marmiton Valeton

TRER, *voyez* RER.

TU.

Abattu Débattu
Battu Défructu
Cogne-fêtu Dévêtu
Combattu Embattu
Courbatu Fêtu
Forvêtu Revêtu
Francatu Sentu
Impromptu Têtu
Pointu Tortu
Rabattu Tu
Rebattu Vertu
Redébattu Vêtu

U

UA *dissyllabe.*

Voyez les verbes en uer, *au passé défini.*

UANT, *voyez* ANT.

UBE.

Cube Succube
Incube Tube
Jujube

UBLE.

Affuble Irrésoluble
Chasuble Orruble
Dissoluble Résoluble
Ensuble Ruble
Indissoluble Soluble
Insoluble

UBRE.

Lugubre Salubre

UC.

Aqueduc Heyduc
Archiduc Juc
Bonduc Mal caduc
Caduc Stuc
Duc

UCE *et* USSE.

Astuce Décrusse
Aumusse Déçusse
Prépuce Déplusse
Puce Discourusse
Verbes à la première personne de l'indicatif. Disparusse
Elusse
j'Eusse
Fusse
Epuce Imbusse
se Musse Lusse
Suce Méconnusse
Verbes à l'imparfait du subjonctif. Mourusse
Musse
Parcourusse
Parusse
Accrusse Perçusse
Accourusse Plusse
Apparusse Prévalusse
Apperçusse Pusse
Busse Rebusse
Chusse Reconnusse
Comparusse Recoususse
Complusse Reçusse
Concourusse Reparusse
Conçusse Résolusse
Connusse Secourusse
Courusse Susse
Crusse Tusse
Crûsse Valusse
Déchusse Voulusse

UCHE *long.*

Bûche *Verbes.*
Embûche Débûche
s'Embûche

UCHE *bref.*

Autruche Peluche
Coqueluche *Verbes.*
Cruche
Fanfreluche Epluche
Freluche Huche
Guenuche je Juche
Huche Trébuche

UCRE.

Lucre Sucre

UD.

Sud Talud
Talmud

UDE.

Amplitude Décrépitude
Aptitude Elude
Arctitude Etude
Attitude Exactitude
Béatitude Gratitude
Celsitude Habitude
Certitude Incertitude
Ingratitude Quiétude
Inquiétude Rectitude
Latitude Rude
Longitude Servitude
Mansuétude Similitude
Multitude Solitude
Plénitude Sollicitude
Prélude Turpitude
Promptitude Vicissitude
Prude

UE *dissyllabe.*

Gradué

Voyez les verbes en uer, *au participe.*

UE.

Abattue Poilue
Accrue Pointue
Anchue Pollue
Avenue Rablue
Barbue Révolue
Battue Saugrenue
Berlue Superflue
Besaiguë Ténue
Bévue Tortue
Charrue Touffue
Ciguë Velue
Continue Vermoulue
Cornue *Verbes.*
Crue
Déconvenue Abattue
Entrevue Accourue
Etendue Accrue
Feuillue Apparue
Grue Appendue
Issue Attendue
Laitue Avenue
Maintenue Battue
Massue Bue
Menstrue Chue
Morue Combattue
Nue Conclue
Pelue Connue
Perdue Contenue
Rabattue Convaincue
Recrue Convenue
Repue Courue
Retenue Cousue
Revenue Crue
Revue Débattue
Rue Déchue
Sangsue Défendue
Statue Dépendue
Tenue Descendue
Tortue Détendue
Touffue Détenue
Tue, tue Devenue
Venue Due
Verrue Echue
Vue Elue
Adjectifs fém. Emoulue
Absolue Entendue
Accrue Entretenue
Aiguë Epandue
Ambiguë Etendue
Ardue Fendue
Assidue Fondue
Barbue Interrompue
Bossue Intervenue
Branchue Lue
Charnue Maintenue
Chenue Mordue
Chevelue Morfondue
Contiguë Moulue
Continue Obtenue
Cornue Pendue
Crochue Pondue
Dévolue Pourfendue
Dissolue Prétendue
Dodue Promue
Eperdue Provenue
Exiguë Rabattue
Fourbue Rebattue
Goulue Rechue
Grenue Reconvenue
Herbue Recourue
Imbue Recousue
Inattendue Reçue
Inconnue Redébattue
Indéfendue Redescendue
Indue Redevenue
Inétendue Redue
Ingénue Réélue
Invaincue Refondue
Irrésolue Relue
Joufflue Remoulue
Mamelue Rémoulue
Méconnue Rendue
Menue Répandue
Nue Repue

Résolue Survendue
Retenue Survenue
Retondue Suspendue
Retordue Tendue
Revendue Tondue
Revenue Tordue
Revêtue Vaincue
Revue Vendue
Rompue Venue
Sous-entendue Vêtue
Soutenue Vue
Souvenue

Voyez les verbes en uer, *au présent de l'indicatif.*

UÉE *trissyllabe.*

Constituée Prostituée
Huée Suée
Nuée

Plus, les participes féminins des verbes en uer.

UER *dissyllabe.*

Abluer Huer
Accentuer Infatuer
Affluer Influer
Atténuer Insinuer
Attribuer Instituer
Bafouer Muer
Bossuer Nuer
Commuer Perpétuer
Conspuer Pertuer
Constituer Polluer
Continuer Ponctuer
Contribuer Prostituer
Décruer Rédarguer
Dégluer Redistribuer
Dénuer Refluer
se Déshabituer Réhabituer
Destituer Remuer
Diminuer Resaluer
Discontinuer Ressuer
Distribuer Restituer
Effectuer Ruer
Engluer Saluer
Eternuer Situer
Evacuer Statuer
Evaluer Substituer
s'Evertuer Suer
Exténuer Tortuer
Fluer Transmuer
Gluer Tuer
Habituer Tumultuer

UET, *voyez* ET.

UEUX, *voyez* EUX.

UF.

Tuf.

UFE.

Tartuffe Trufe *ou* Truffe

UFLE.

Buffle Mufle
Emboffle Panufle

UGE.

Axifuge Juge
Centrifuge *Verbes.*
Déluge Adjuge
Fébrifuge Gruge
Grabuge Juge.

UGNE.

Impugne Répugne

UGUE.

Conjugue Subjugue
Fugue

UI *diphthongue.*

Appui Glui
Aujourd'hui Hui
Autrui Lui
Celui Méshui
Ennui Mui *ou* Muid
Etui Refui

Voyez les verbes en uire, *à l'impératif, en retranchant l's finale* : fui, condui.

UIA *et* UYA.

Alléluya Désennuya
Verbes Ennuya
Appuya Essuya

Voyez les autres verbes en uyer.

UIE.

Buie Pluie
Fuie Suie
Parapluie Truie
Verbes. Ennuie
Appuie Essuie
Désennuie Fuie
s'Enfuie Refuie

UIÉ, *ou plutôt* UYÉ.

Appuyé Ennuyé
Désennuyé Essuyé

UIÉE, *ou plutôt* UYÉE.

Appuyée Ennuyée
Désennuyée Essuyée

UIER, *voyez* IER.

UIR.

s'Enfuir Refuir
Fuir

UIRE.

Buire Induire
Verbes. Instruire
Introduire
Bruire Luire
Conduire Nuire
Construire Produire
Cuire Reconduire
Décuire Recuire
Déduire Réduire
Détruire Reluire
Duire Renduire
Econduire Séduire
Enduire Traduire

UIS.

Buis *Verbes.*
Huis Poursuis
Pertuis je Puis
Puits Suis

Voyez les verbes en uire, *à la première personne de l'indicatif.*

UISE *ou* UIZE.

Epuise Puise

Voyez les verbes en uire, *au subjonctif présent.*

UISSE

Cuisse Puisse

UIT.

Conduit Nuit
s'Ensuit Poursuit
Muid Réduit
Minuit Suit

Voyez les verbes en uir *et* uire, *à la troisième personne du présent de l'indicatif, ou au participe.*

UITE.

s'Ensuite Fuite
Conduite Poursuite
Cuite Recuite
Ensuite Suite

Voyez les participes féminins des verbes actifs en uire.

UL.

Accul Lève-cul
Archiconsul Nul
Calcul Pousse-cul
Casse-cul Proconsul
Consul Reçul
Coupe-cul Tape-cul
Cul Vice-consul

ULBE.

Bulbe

ULCE *et* ULSE.

Compulse Expulse

ULCRE.

Sépulcre

ULGUE.

Divulgue Promulgue

ULE *long.*

il Brûle

ULE *bref.*

Acidule Canule
Adminicule Capsule
Animalcule Caroncule
Atrabule Cédule
Bacule Cellule
Bajule Cicatricule
Bascule Clavicule
Bulle Conciliabule
Camaldule Conventicule
Campanule Copule
Canicule Corpuscule
Crapule Pilule
Crédule Pinnule
Crépuscule Préambule
Curule Prostibule
Emule Pustule
Entitule Régule
Espatule Renoncule
Facule Ridicule
Fascicule Rotule
Fécule Scrupule
Férule Sénatule
Fistule Somnambule
Formule Spatule
Funambule Sympule
Galéricule Tarentule
Glandule Testicule
Globule Utricule
Gule Valvule
Indicule Véhicule
Immatricule Ventricule
Incrédule Vésicule
Lacrymule Vestibule
Lobule Virgule
Locules
Macule *Verbes.*
Majuscule Accule
Mandibule Accumule
Manipule Acidule
Matricule Annulle
Minuscule Articule
Module Bacule
Monocule Calcule
Monticule Capitule
Mule Coagule
Muscule Cumule
Noctambule Dissimule
Nodule Ecule
Nubécule Gesticule
Nulle Granule
Opuscule Immatricule
Panicule Intabule
Papules Intitule
Particule Macule
Patibule Postule
Pécule Pullule
Pédicule Recule
Pellicule Repullule
Pendule Simule
Péninsule Stimule
Perpendicule Stipule

ULTE.

Adulte Occulte
Catapulte Tumulte
Culte *Verbes.*
Inculte Consulte
Insulte Insulte
Jurisconsulte Résulte

UM.

Album Pensum
Arctium Quadrifolium
Balsamum Quinquennium
Coagulum Retentum
Gabellum Septum
Infundibulum Succinum
Laudanum Te Deum
Mandatum Vade mecum
Nutritum Veni mecum

UME.

Amertume Désenrhume
Aposthume Despume
Brume Ecume
Bitume Emplume
Coutume Enfume
Ecume Enrhume
Enclume Everdume
Légume Exfume
Plume Exhume
Posthume Fume
Rhume Hume
Tranche-plume Inhume
Verbes. Parfume
Plume
Accoutume Présume
Allume Raccoutume
Apostume Rallume
Consume Remplume
Déplume Résume

Pour rimer au pluriel, voyez les autres verbes qui font umes *au prétérit.*

UMBLE.

Humble

UN.

Alun Clair Brun
Aucun Chacun
Brun Commun
Importun Trente et un
à Jeun Tribun
Parfum Vert-brun
Quelqu'un Un

UNE.

Bétune Lagunes
Brune Lune
Commune pleine-Lune
Dune demi-Lune
Fortune Pécune
Hune Prune
Importune Rancune
Infortune Tribune
Lacune

Voyez les féminins des noms en un.

UNS.

Voyez le pluriel des noms en un.

UNT.

Défunt Emprunt

UNTE.

Défunte Emprunte

UPE.

Dupe *Verbes.*
Huppe Dupe
Jupe Occupe
Préoccupe

UPLE.

Centuple Quadruple
Décuple Quintuple
Octuple

UQ, *voyez* UC.

UQUE.

Buque Nuque
Caduque Perruque
Eunuque Reluque
Nocilluque

UR *et* EUR, *qui se prononçoit de même.*

Avant-mur Mur
Azur Obscur
Contre-mur clair Obscur
Dur Pur
Futur Sûr
Impur Sur
Mûr

URBE.

Turbe

URC.

Turc

URDE.

Absurde

URE *et* EURE *se pronon.* URE.

Abréviature Brûlure
Accollure Brunissure
Agriculture Bure
Aiglure Cadrature
Allure Calenture
Amures Cannelure
Ancrure Capture
Anguichure Carbure
Annelure Carrelure
Antestature Cassure
Archure Cature
Arcture Ceinture
Ardure Censure
Aridure Césure
Armure Champelure
Arrière-voussure Chancissure
Arrure Chantepleure
Aventure Chapelure
Augure Chargeure
Baisure Charnure
Balayure Chaussure
Bariolure Chevelure
Barrure Chevillure
Battures Chiure
Bavochure Ciselure
Bénéficiature Clôture
Bigarrure Coiffure
Blessure Colure
Boiture Commissure
Bordure Confiture
Bosselure Conjecture
Boucheture Conjoncture
Bourure Contexture
Bretture Coulure
Brisure Coupure
Brochure Courbature
Brodure Courbure
Brouissure Couture
Couverture Hure
Créature Imposture
Crépissure Imprimure
Criblure Impure
Croisure Infoliature
Cubature Injure
Culture Internonciature
Cure Investiture
Curvature Jointure
Damasquinure Laceure
Damassure Laçure
Déchaussure Laidure
Déchiqueture Lavure
Déconfiture Lecture
Découpure Levure
Décousure Ligature
Dentelure Limure
Denture Littérature
Dérayure Liture
Désenflure Luxure
Diaprure Maculature
Dictature Magistrature
Dioscures Malaventure
Dorure Mangeure
Doublure Manufacture
Droiture Masure
Dure Mâture
Ecartelure Mémarchure
Echancrure Membrure
Echauboulure Ménadure
Echauffure Mercure
Eclaboussure Mésaventure
Ecorchure Mésocure
Ecriture Mesure
Effaçure Meurtrissure
Effilure Mignature *ou* Miniature
Egratignure Moisissure
Elevure Monture
Emaillure Morfondure
Emboiture Moucheture
Embossure Mouchure
Embouchure Mouillure
Embrasure Morsure
Encastelure Mouture
Enchassure Mûre
Enchevauchure Murmure
Enclavure Nature
Enclouure Nervure
Encognure Noircissure
Encolure Nomenclature
Endenture Nonciature
Enflure Nourriture
Enfonçure Obscure
Enfourchure Ointure
Engelure Ordure
Engrêlure Ouverture
Enluminure Paissure
Entamure Panture
Entournure Parjure
Enture Parure
Envergure Pâture
Enverjure Peinture
Epure Penture
Erafure Phosphure
Eraillure Piqûre
Etamure Planure
Facture Plissure
Feiture Pointure
Fêlure Portraiture
Fermeture Posture
Ferrure Pourriture
Feuillure Préfecture
Figure Prélature
Filature Présure
Filure Prêture
Flétrissure Primogéniture
Floriture Procédure
Forfaiture Procure
Foulure Projecture
Fourbissure Pure
Fourbure Quadrature
Fourniture Quarrure *ou* Carrure
Fourrure Raclure
Fracture Rasure
Fressure Rature
Frisure Rayure
Friture Regardure
Froidure Réglure
Fronçure Reliure
Future Rentraiture
Gageure Rinçure
Garniture Rompure
Géniture Roture
Gerçure Rougissure
Germure Rouillure
Glanure Rudenture
Gravelure Ruinure
Gravure Rupture
Guipure
Hachure

Sacrificature Exclure
Salure Reclure
Sarclure Abjure
Sciure Adjure
Sculpture Amesure
Sellure Amure
Sépulture Apure
Serrure Assure
Sertissure Augure
Signature Aventure
Solbature Azure
Soudure Censure
Souillure Claquemure
Soupressure Conjecture
Stature Conjure
Structure Défigure
Sulfure Démure
Suppressure Dénature
Sûre Dépure
Suture Désassure
Tablature Dure
Tavelure Ecure
Teinture Embordure
Température Endure
Tenture Epure
Tenure Figure
Ternissure Inaugure
Terrure Jure
Texture Machure
Tissure Manufacture
Tolture Mesure
Tonsure Mure
Tonture Murmure
Torture Pressure
Turelure *ou* Turlure Procure
Rassure
Ure Rature
Usure Recure
Verdure Remesure
Vermoulure Sature
Vernissure Suppure
Verrure Tonsure
Vêture Torture
Voilure Transfigure
Voiture Triture
Voussure Voiture

Verbes.

Conclure

URGE.

Epurge Purge

URLE.

Hurle

URNE.

Cothurne Saturne
Diurne Taciturne
Nocturne Urne

URPE.

Usurpe

URS.

Voyez les pluriels des noms en ur.

US.

Abus Jus
Abstrus Mésus
Agnus Modius
Agnus-castus Motus
Angelus Nodus
Annus Obtus
Balanus Obus
Bibus Ochrus
Blanc-battus Ochus boccus
Bloçus Olibrius
Borgnibus Orémus
Bolus Palus
Chou cabus Pardessus
Calus Phœbus
Camus Plus
Carolus Pus
Chorus Quibus
Cocus Quittus
Coléra-morbus Radius
Committimus Rasibus
Confus Réatus
Corpus Rébus
Crocus Reclus
Debitoribus Reflux
Dessus Refus
Diffus Rhus
Ecus Rompus
Exclus Saluts
Flus *ou* Flux Surplus
Fœtus Sûs
Hiatus Talus
Humérus Us
Inclus Utérus
Infus Vénus
Intrus Vidimus
Jacobus Volvolus

Voyez le pluriel des noms en ut, *et en* bu, cu, du, *etc. Voyez aussi la rime en* u, *à laquelle on a ajouté les féminins des adjectifs et des participes en* u.

USC.

Busc Musc

USCLE.

Muscle

USÉ *ou* UZÉ.

Amuse Récluse
Arquebuse Ruse
Blamuse *ou* Plamuse *Plus, le féminin des adject. en* us.
Verbes.
Buse
Camuse Abuse
Céruse Accuse
Cornemuse Amuse
Ecluse Arquebuse
Excluse Désabuse
Incluse Excuse
Infuse Infuse
Muse Muse
Oluse Refuse
Percluse Ruse
Raguse Use

USLE, *voyez* ULE.

USQUE *dont l's se prononce.*

Brusque Musque
Embusque Offusque
Jusque

UST, *voyez* UT.

USTE *dont l's se prononce.*

Aduste Robuste
Arbuste *Verbes.*
Auguste Affuste
Buste Ajuste
Fruste Incruste
Injuste Rajuste
Juste Tarabuste

USTRE.

Balustre *Verbes.*
Illustre Frustre
Lustre Illustre
Rustre Lustre
Relustre

UT *long.*

Affût Fût

UT *bref.*

Acut But
Argut Comparut
Attribut Complut
Azimut Concourut
Bismuth Conçut
But Connut
Cajebut Courut
Chut Crut
Début Déplut
Ferragut Discourut
Institut Disparut
Luth Emoulut
Lut Encourut
Occiput Imbut
Préciput Méconnut
Rebut Moulut
Rut Mourut
Salut Parut
Scorbut Perçut
Sinciput Plut
Statut Pollut
Substitut Pourvut
Tabut Put
Talut Rebut
Tribut Reconnut
Turlut Reçut
Résolut

Verbes. Secourut
Accourut Survécut
Acrut Sut
Apparut Vécut
Apperçut Voulut

Ces verbes sont marqués de l'accent long à la troisième personne du singulier de l'imparfait du subjonctif : qu'il accourût, bût, courût, vécût, voulût, etc.

UTE *long.*

Flûte

UTE *bref.*

Butte Culbute
Brute Dispute
Chape-chute Emute
Chute Hutte
Institutes Exécute
Lutte Hutte
Minute Impute
Rebute Lutte
Saquebute Minute
Volute Permute

Verbes. Persécute
Rebute
Blute Recrute
Bute Réfute
Débute Répute
Députe Suppute
Discute Talute
Dispute Volute

UVE.

Cuve Etuve
Encuve

UX *où l'x ne se prononce point.*

Flux Reflux

UXE.

Luxe

UYA, *voyez* UIA.

V

VA.

Calatrava Il Va
Jéhova

Voyez les verbes en ver, *au passé défini.*

VANT, *voyez* ANT.

VAT, *voyez* AT.

VÉ.

Avé Pavé
Civé Privé
Dépravé Réprouvé
Douvé Salvé
Lessivé Sénevé
Levé Trouvé
Œuvé Vé

Voyez les verbes en ver, *au participe.*

VEAU, *voyez* AU.

VÉE.

Abat-chauvée Levée
Arrivée Main-levée
Cavée Navé
Corvée Privée
Couvée Relevée
Cuvée Travée
Etuvée Uvée
Havée

Voyez les participes féminins des verbes en ver.

VER.

Abreuver Estriver
Achever Etuver
Activer Graver
Aggraver Grever
Approuver Griéver
Arriver Improuver
Aviver Innover
Baver Invectiver
Braver Laver
Captiver Lessiver
Caver Lever
Conniver Mésarriver
Conserver Morver
Controuver Mouver
Crever Nerver
Cultiver Observer
Cuver Over
Déclaver Parachever
Délaver Paver
Dépaver Préserver
Dépraver Priver
Dériver Prouver
Désapprouver Réaggraver
Echever Récidiver
Elever Relever
Emblaver Repaver
Encaver Réprouver
Enclaver Réserver
Encuver Retrouver
Endéver Rétuver
Enerver Rêver
Engraver River
Enjoliver Saliver
Enlever Sauver
Entraver Soulever
Eprouver Suiver
Esquiver Trouver

VET, *voyez* ET.

VEUX, *voyez* EUX.

VI.

Allouvi Desservi
Chenevi Havi
Euvi Poursuivi
Ravi
Verbes. Servi
Asservi Sévi
Assouvi Suivi
Chauvi Survi
Chevi Vi

VIE.

Convie Pavie
Eau-de-vie Sauve-vie
Envie Silvie
Obvie Vie

Voyez les féminins des participes en vi.

VIER, *voyez* IER.

VIN, *voyez* IN.

VIR, *voyez* IR.

VIS, *voyez* IS.

VIT, *voyez* IT.

VOIR, *voyez* OIR.

VON.

Savon

VU.

Dépourvu Prévu
Entrevu Revu
Imprévu Vu
Pourvu

X

XA.

Voyez le passé défini des verbes en xer.

XANT, *voyez* ANT.

XÉ.

Voyez le participe masculin des verbes en xer.

XÉE.

Voyez le participe féminin des verbes en xer.

XER.

Annexer Surtaxer
Fixer Taxer
Luxer Vexer

XIE.

Apoplexie

Voyez les rimes en cie *et* ssie, *parmi lesquelles on en trouvera plusieurs en* xie.

XIN.

Tocsin *Voyez* IN.

XION, *voyez* ION.

Y

YANT, *voyez* ANT.

YAU, *voyez* AU.

YAUX, *voyez* AUX.

YEUX, *voyez* EUX.

Z

ZA *ou* SA.

Visa

Voyez les verbes en ser *et* zer, *au parfait défini.*

SANT *ou* ZANT, *voyez* ANT.

SÉ *ou* ZÉ.

Aisé Boisé
Alésé Carisé
Alisé Composé
Arrasé Couperosé
Avisé Déniaisé
Ebausé Mal-avisé
Emphasé Organisé
Epousé Rosé
Extravasé Rusé
Frisé Toisé
Mal-aisé

Voyez les verbes en zer *ou* ser, *au participe.*

ZEAU, *voyez* AU.

ZÉE *ou* SÉE.

Aisée Mal-aisée
Avisée Mal-avisé
Billevesée Musée
Brisée Pesée
Croisée Prisée
Damasée Reposée
Déhousée Risée
Déniaisée Rosée
Elysée Rusée
Epousée Visée
Fusée

Plus, les participes féminins des verbes en zer *ou* ser.

ZER, *ou* SER *qui se prononce de même.*

Baiser Déniaiser
Verbes. Dépayser
Abuser Dépédantiser
Accuser Dépopulariser
Agoniser Déposer
Aiguiser Dépriser
Alcaliser Désabuser
Ailéser Desautoriser
Allégoriser Déshumaniser
Amenuiser Désorganiser
Amuser Dévaliser
Anagrammatiser Deviser
Analyser Dialogiser
Anastomoser Diéser
Anathématiser Disposer
Antoiser Diviniser
Appaiser Diviser
Apposer Dogmatiser
Apothéoser Doser
Apprivoiser Economiser
Arquebuser Ecraser
Ariser Egoïser
Arraser Egriser
Arroser Electriser
Attiser Emboiser
Aviser Embraser
Autoriser s'Emmarquiser
Bacchanaliser Empéser
Baiser Episcopiser
Baptiser Epouser
Baser Epuiser
Biaiser Espagnoliser
Blaser Eterniser
Blouser Etymologiser
Boiser Evangéliser
Briser Excuser
Bronzer Exorciser
Canoniser Exposer
Caractériser Fabuliser
Cardinaliser Familiariser
Caser Fanatiser
Catéchiser Fataliser
Causer Favoriser
Cautériser Féminiser
Centraliser Fertiliser
Chanoiniser Fleurdeliser
Chimériser Formaliser
Christianiser Fraiser
Cicatriser Franciser
Civiliser Fraterniser
Colaphiser Friser
Coloniser Fuser
Composer Galantiser
Contrepeser Gargariser
Coriser Généraliser
Courtiser Gloser
Criminaliser Gracieuser
Croiser Grécaliser
Cruéliser Gréciser
Débourgeoiser Gueuser
Débrutaliser Guitariser
Décaniser Herboriser
Décanoniser Humaniser
Décardinaliser Immatérialiser
Décomposer Immortaliser
Défriser s'Impatroniser
Dégoiser Imposer
Déguiser Inciser
Déhouser Indemniser
Démarquiser Infuser
Dématérialiser Interposer
Démoraliser s'Introniser

Italianiser
Jalouser
Jaser
Judaïser
Jupitriser
Latiniser
Légaliser
Léser
Maîtriser
Marquiser
Martyriser
Matérialiser
Materniser
Menuiser
Mépriser
Mésuser [ser
Métamorpho-
Monseigneuri-
Moraliser [ser
Muser
Naturaliser
Nauliser
Neutriser
Niaiser
Organiser
Oser
Pactiser

Parloriser
Paraphraser
Partialiser
Particulariser
Pasquiniser
Paterniser
Pauser
Pavoiser
Pédantiser
Péremptoriser
Périphraser
Pertuiser
Peser
Pétrarquiser
Phlébotomiser
Phraser
Pindariser
Poétiser
Poiser
Porphyriser
Poser
Postposer
Préciser
Préconiser
Proposer
Présupposer
Priser

Prophériser
Proposer
Proser
Puiser
Pulvériser
Quinquinatiser
Racoiser
Rapprivoiser
Raser
Ratiser
Raviser
Réaliser
Rebaiser
Rebaptiser
Rebouiser
Recomposer
Récreuser
Recuser
Refriser
Refuser
Régulariser
Réimposer
Rembraser
Remiser
Repeser
Reposer
Repriser

Retoiser
Reviser
Ridiculiser
Romaniser
Ronsardiser
Ruser
Satiriser
Scandaliser
Séculariser
Singulariser
Socratiser
Solemniser
Soupeser
Sous-diviser ou
Subdiviser
Spiritualiser
Stigmatiser
Subtiliser
Supposer
Syllogiser
Symbolyser
Sympathiser
Tabiser
Tamiser
Tartariser
Temporiser
Théologiser

Thésauriser
Tituliser
Toiser
Trameser
Tranquilliser
Transposer
Treilliser
Tympaniser

Tyraniser
User
Utiliser
Ventouser
Verbaliser
Vespériser
Viser
Volatiliser

ZET, *voyez* ET.

ZEUX, *voyez* EUX.

ZI *et* SI.

Choisi
Cramoisi
Dessaisi
Glazi
Lazzi

Moisi
Puresi
Quasi
Ressaisi
Saisi

ZIE *et* SIE.

Ambroisie
Apostasie
Bourgeoisie
Courtoisie
Croisie
Discourtoisie
Etisie

Eucrasie
Fantaisie
Frénésie
Géodésie
Hémoptysie
Hérésie
Hydropisie

Hypocrisie
Hypophasie
Jalousie
Lithiasie
Magnésie
Métonomasie
Paralysie
Paranomasie
Philotésie
Phthisie

Pleurésie
Poésie
Punaisie
Saisie
Voyez les fémin. des adject. et des part. en zi ou si. Verbes.
Apostasie
Rassasie

ZIER *ou* SIER, *voyez* IER.

ZIN *ou* SIN, *voyez* IN.

ZION *ou* SION, *voyez* ION.

ZIR *ou* SIR, *voyez* IR.

ZIS *ou* SIS, *voyez* IS.

ZIT *ou* SIT, *voyez* IT.

ZON *et* SON.

Arrière-saison
Avalaison
Bison
Blason
Camuson
Cargaison

Cloison
Combinaison
Comparaison
Conjugaison
Contrepoison
Déclinaison

Démangeaison
Déraison
Diapazon
Echauffaison
Echauffoison
Exhalaison
Fauchaison
Fenaison
Ferison
Floraison
Flottaison
Foison
Fresison
Garnison
Gazon
Grenaison
Grison
Guérison
Harengeaison
Horizon
Inclinaison
Liaison
Livraison

Lunaison
Maison
Ochoison
Oison
Olivaison
Oraison
Pâmoison
Pendaison
Péroraison
Perprison
Peson
Poison
Prison
Raison
Réclinaison
Saison
Salaison
Tison
Toison
Trahison
Tremblaison
Zon, zon

Z U *ou* S U.

Cousu
Décousu

Recousu
Visum-visu

FIN DU DICTIONNAIRE DES RIMES.

TRAITÉ DE VERSIFICATION.

TRAITÉ COMPLET
DE
VERSIFICATION FRANÇOISE,
AVEC DES EXEMPLES TIRÉS DES MEILLEURS POËTES.

LA versification françoise est l'art de faire des vers françois, suivant certaines règles.

Les règles que l'on peut en donner regardent, ou la structure des vers, ou la rime, ou le mélange des vers les uns avec les autres.

ARTICLE PREMIER.
De la structure des vers.

LE *vers françois* diffère du *vers grec* ou *latin* en ce que ce dernier, au lieu de *rimes*, n'a que des *longues* et des *brèves*, et que le premier, au lieu de *brèves* et de *longues*, n'a que des *rimes* : toute leur ressemblance, si c'en est une, consiste en des paroles arrangées selon certaines règles qui leur sont particulières.

Le *vers françois* ne se mesure point par le nombre des *mots*; il ne se mesure que par le nombre des *syllabes*; on ne comprend pas même dans ce nombre la dernière *syllabe* quand elle est *féminine*, parce qu'alors elle est muette.

§. I. *Des différentes sortes de vers.*

On n'en compte communément que cinq sortes, savoir : de *douze*, de *dix*, de *huit*, de *sept* et de *six syllabes*; mais il y a aussi des vers de *cinq*, de *quatre*, de *trois* et même de *deux syllabes.*

Les vers de *douze syllabes* s'appellent *vers alexandrins* (1), *vers héroïques* (2), ou simplement *grands vers.*

Exemple des vers *de* douze syllabes.

Loin de rien décider sur cet Etre suprême,
Gardons, en l'adorant, un silence profond;
Sa nature est immense, et l'esprit s'y confond :
Pour savoir ce qu'il est, il faut être lui-même.

Exemple des vers *de* dix syllabes.

Chez les amis, tout s'excuse, tout passe;
Chez les amans, tout plaît, tout est parfait;
Chez les époux, tout ennuie et tout lasse.
Le devoir nuit : chacun est ainsi fait.

LA FONT. *Belphégor.*

Exemple des vers *de* huit syllabes.

Ne forçons point notre talent;
Nous ne ferions rien avec grâce :
Jamais un lourdaud, quoi qu'il fasse,
Ne sauroit passer pour galant.

Le même, *Liv.* IV, *Fab.* V.

Exemple des vers *de* sept syllabes.

La ruse la mieux ourdie
Peut nuire à son inventeur;
Et souvent la perfidie
Retombe sur son auteur.

Le même, *Liv.* IV, *Fab.* XI.

Exemple des vers *de* six syllabes.

A soi-même odieux,
Le sot de tout s'irrite;
En tous lieux il s'évite,
Et se trouve en tous lieux.

Les vers de chacune de ces espèces dont le dernier mot est terminé par un *e* muet, ou seul, comme dans *père*, *aime*, ou suivi, d'un *s*, comme dans le pluriel des noms, *les pères*, *les princes*, ou suivi des lettres *nt*, comme dans les pluriels des verbes, *ils aiment*, *ils reçoivent*, ont toujours une syllabe de plus : c'est-à-dire, que les vers de douze syllabes qui finissent par un *e* muet, en ont treize, comme on peut le voir dans ces trois vers :

La-foi-qui-n'agit-point, -est-ce-une-foi-sin-cè-re?
Dieu-tient-le-cœur-des-rois-en-tre-ses-mains-puis-san-tes.
De-leur-au-da-ce-en-vain-les-Chré-ti-ens-gé-mis-sent.

et que les vers de dix syllabes qui finissent par un *e* muet, en ont onze, comme dans ces vers :

Mau-di-te-soit-la-mon-dai-ne-ri-ches-se.
Pau-vres-bre-bis, -où-vous-a-bien-sé-dui-tes.
Dieu-gard-tous-ceux-qui-pour-la-Fran-ce-veil-lent.

Les vers de huit, de sept et de six syllabes ont également une syllabe de plus, quand ils sont terminés par un *e* muet.

Mais le son sourd de cette voyelle s'y fait entendre si foiblement, que la syllabe où elle se trouve est comptée pour rien.

Il ne faut pas mettre au nombre des *e* muets, celui qui se trouve suivi des lettres *nt* dans les troisièmes personnes du pluriel de l'imparfait de l'indicatif et du conditionnel présent des verbes, comme dans *ils aimoient*, *ils aimeroient*, parce que la terminaison *oient* y a entièrement le son de l'è fort ouvert.

Les vers dont le dernier mot est terminé par toute autre voyelle que l'*e* muet, n'ont point, comme les autres, de syllabe surabondante. Ainsi il n'y a précisément que douze syllabes dans chacun de ces trois vers :

L'i-gno-ran-ce-vaut-mieux-qu'un-savoir-af-fec-té.
Hâtons-nous : -le-temps-fuit, -et-nous-traî-ne-a-vec-soi.
Dieu-ne-fait-ja-mais-grâce-à-qui-ne-l'ai-me-point.

Les vers qui finissent par un *e* muet sont appelés *vers féminins*, et les autres sont appelés *vers masculins*; ce qui forme une nouvelle division des vers en masculins et féminins.

Ce n'est guère que dans des pièces libres et badines, ou destinées à être mises en musique, que l'on fait des vers qui ont moins de six syllabes.

Exemple des vers *de* cinq syllabes.

La lune sanglante
Recule d'horreur

J. BAPT. ROUSS. *Cantate de Circé.*

Exemple des vers *de* quatre syllabes.

Quand la perdrix
Voit ses petits.

LA FONT. *Liv* X, *Fab.* I.

Exemple des vers *de* trois syllabes.

La cygale, ayant chanté
Tout l'été.

Le même, *Liv.* I, *Fab.* I.

Exemple des vers *de* deux syllabes.

C'est promettre beaucoup; mais qu'en sort-il souvent?
Du vent.

Le même, *Liv.* V, *Fab.* X.

Les *petits* comme les *grands vers* entrent volontiers dans la composition des ouvrages en *vers libres*; cependant, il n'y a guère que la *poësie lyrique* ou la *fable* qui admette les vers de *deux* ou de *trois syllabes.*

Les vers qui ont le plus d'harmonie et de majesté, sont ceux de douze syllabes : aussi les emploie-t-on dans les poëmes héroïques, les tragédies, les comédies, les églogues, les élégies, et autres pièces sérieuses et de longue haleine.

§ II. *De l'e muet à la fin des mots.*

Quand, dans le corps des vers, la dernière syllabe d'un mot est terminée par un *e* muet seul, et que le mot qui suit commence par une voyelle ou par un *h* non aspiré, cette syllabe se mange et se confond dans la prononciation avec la première du mot suivant, comme dans ces deux vers :

Dieu sait, quand il lui plaît, faire éclater sa gloire,
Et son peuple est toujours présent à sa mémoire.

et dans celui-ci :

D'une secrète horreur je me sens frissonner.

Mais si le mot terminé par un *e* est suivi d'un mot qui commence par une consonne ou par un *h* aspiré, l'*e* muet fait sa syllabe et se prononce comme dans ces vers :

Quelle fausse pudeur à feindre vous oblige?
Dieu veut-il que l'on garde une haine implacable?

L'*e* muet final suivi dans le même mot d'un *s* ou des lettres *nt*, se prononce comme s'il étoit seul, quand le mot qui est après commence par une consonne, ou par un *h* aspiré, comme dans ces vers :

Tu crois, quoique je fasse,
Que mes propres périls t'assurent de ta grâce.
Traîne d'un dernier mot les syllabes honteuses.
Ma vie et mon amour tous deux courent hasard.

Quand l'*e* muet suivi d'un *s* ou des lettres *nt* est avant un mot qui commence par une voyelle ou par un *h* non aspiré, outre qu'il fait sa syllabe, le *s* et le *t* se prononcent comme s'ils faisoient partie du mot suivant. Ainsi dans ces vers :

Les prêtres arrosoient l'autel et l'assemblée.

Que les méchans apprennent aujourd'hui
A craindre sa colère.

il faut prononcer comme s'il y avoit : *Les prêtres z'arrosoient : apprennen-t'aujourd'hui.*

C'est à quoi il faut faire une attention particulière en lisant ou récitant les vers : car si dans ces occasions on manque de prononcer le *s* ou le *t* final, on confondra aisément l'*e* muet avec la voyelle qui commence le mot suivant, et par conséquent le vers aura une syllabe de moins : ce qui ne peut produire qu'un effet désagréable à l'oreille.

§. III. *Rencontre des voyelles.*

On doit éviter dans les vers la rencontre des voyelles qui ne se mangent point par la prononciation : c'est-à-dire, qu'un mot qui finit par une voyelle autre que l'*e* muet, ne peut jamais se trouver avant un mot qui commence aussi par une voyelle, ou par un *h* non aspiré : ce que M. Despréaux a très-bien exprimé par ces deux vers :

Gardez qu'une voyelle à courir trop hâtée,
Ne soit d'une voyelle en son chemin heurtée.

Ainsi on ne pourroit jamais faire entrer dans des vers, ces mots : *La loi évangélique*, *Dieu éternel*, *vérité immortelle*, *le vrai honneur*, *etc.*

Les anciens poëtes ne s'assujettissoient pas à cette règle : mais elle est devenue indispensable pour ceux d'aujourd'hui.

Quoique l'affirmation *oh* commence par une voyelle, on peut néanmoins la répéter avec grâce dans un vers, ou la mettre à la suite d'une interjection ter-

(1) Le mot *alexandrin* est emprunté d'un poëte nommé Alexandre, qui le premier, dit-on, a employé les *grands vers.*

(2) Le mot *héroïque* tire son origine du poëme de ce nom.

minée par une voyelle, comme dans ces vers :

> *Oui*, *oui*, si ton amour ne peut rien obtenir,
> Il m'en rendra coupable, et m'en voudra punir.
>
> *Hé ! oui*, tant pis, c'est-là ce qui m'afflige.

Le *h* aspiré étant regardé comme une véritable consonne, il en a toutes les propriétés dans la prononciation : c'est-à-dire, qu'il peut être précédé des *mêmes lettres*, et que celles qui se prononcent ou ne se prononcent pas avec les consonnes, se prononcent aussi ou ne se prononcent pas avant le *h* aspiré. Ainsi il peut se rencontrer à la suite de quelque voyelle que ce puisse être, comme dans ces vers :

> Chacun s'arme au *hasard* du livre qu'il rencontre.
> Dieu qui voyez ma *honte*, où me dois-je cacher ?
> Si je la *haïssois*, je ne la fuirois pas.

On appliquera dans la suite à l'*h* non aspiré, ce que nous pourrons dire des voyelles ; et à l'*h* aspiré, ce que nous dirons des consonnes.

Il faut donc distinguer deux sortes de *h* : l'un qui est aspiré et l'autre qui ne l'est pas. Le premier est une vraie consonne, et il en a toutes les propriétés, c'est-à-dire, que toutes les voyelles qui le précèdent, même l'*e* muet, ne se mangent point, et que les consonnes *ne se prononcent* point. On doit dire le contraire du *h* non aspiré. Exemple :

> Mais, quelques vains lauriers que promette la guerre,
> On peut être *héros sans ravager la terre*.
> Il est plus d'une gloire : en vain aux conquérans
> L'erreur parmi les rois donne les premiers rangs :
> Entre les grands *héros* ce sont les plus vulgaires.
> Chaque siècle est fécond en *heureux* téméraires....
> Mais un roi vraiment roi, qui, sage en ses projets,
> Sache en un calme *heureux* maintenir ses sujets,
> Qui du bonheur public ait cimenté sa gloire,
> Il faut, pour le trouver, courir toute l'histoire.
>
> DESPRÉAUX.

Si on veut savoir quels sont les mots qui ont le *h* aspiré ou non aspiré, la règle ordinaire est que ceux qui sont dérivés du latin, comme *habile*, *haleine*, *heureux*, *huile*, *huître*, *hiver*, qui viennent d'*habilis*, *halo*, *hora*, *oleum*, *ostreum*, *hyems*, n'ont point le *h* aspiré, excepté *héros*, *harpie*, *hennir*, et peut-être quelques autres qui tirent leur première origine du grec, ηρως, αρπυια, ἵππος, etc. Les autres mots qui ne viennent pas du latin ont le *h* aspiré. Voici une liste générale des mots les plus communs où le *h* est aspiré, aussi bien que leurs dérivés et leurs composés, par laquelle il sera facile de juger ceux où il ne l'est pas. Nous n'y mettrons pas les noms propres de villes, etc.

Habler,	Haquenée,	Hasard,	Hoquet,
Hacher,	Harangue,	Havre,	Hors,
Hagard,	Haras,	Hennir,	Hotte,
Haie,	Harceler,	Hérault,	Houlette,
Haillon,	Hardes,	Herce,	Houppe,
Haïr,	Hardi,	Hérisser,	Housse,
Haire,	Hareng,	Héros, et	Houssine,
Hâle,	Haricot,	non ses	Houx,
Halle,	Haridelle,	dérivés,	Huée,
Hallebarde,	Harnois,	Hêtre,	Huguenots,
Hameau,	Harpe,	Heurter,	Huit,
Hanche,	Harpie,	Hibou,	Hure,
Hanneton,	Hart,	Hideux,	Hurler,
Hanter,	Hâte,	Holà,	Hutte, etc.
Happer,	Haut,	Honte,	

Ceux qui voudront une liste plus étendue des h *aspirés peuvent consulter le Dictionnaire, où les mots qui commencent par un* h *aspiré sont marqués ainsi* :H

L'usage familier n'aspire point le *h* en certaines occasions particulières : ainsi on prononce *un'hallebarde*, du fromage *d'Hollande*, de l'eau de la reine *d'Hongrie*.

On ajoute une réflexion sur le mot *Henri*, que Ménage prétend devoir être aspiré. Il y a des occasions où on doit l'aspirer ; il y en a d'autres où l'on ne doit pas le faire. On n'en peut donner de règles sûres : c'est l'oreille qu'il faut consulter pour cela. Mademoiselle de Rohan a fort bien dit :

> Quoi ! faut-il que Henri, etc.

Cependant on dit fort bien aussi, *le règne d'Henri IV*, *la mort d'Henri IV*. Hubert de Montmaur n'a été blâmé de personne pour avoir aspiré le *h* du mot *Henri*, dans ce beau madrigal sur *la statue d'Henri IV*, *alors placée sur le Pont-neuf*, pas même de Ménage, qui l'a inséré lui-même dans l'ouvrage où il condamne cette liberté :

> Superbes monumens, que votre vanité
> Est inutile pour la gloire
> Des grands héros dont la mémoire
> Mérite l'immortalité !
> Que sert-il que Paris, au bord de son canal,
> Expose de nos rois ce grand original,
> Qui sut si bien régner, qui sut si bien combattre ?
> On ne parle point d'Henri-Quatre ;
> On ne parle que du cheval.

Les poëtes ne font pas difficulté d'aspirer quelques mots qui ne commencent pas par un *h*, comme *onze*, *onzième*. Il seroit d'autant plus injuste de leur refuser cette liberté, que l'usage l'a introduite dans la prose, où il est permis de dire *le onze du mois*, *du onze de ce mois*, *le onzième*, *etc.*

Ce concours vicieux de voyelles se connoît par la prononciation, et non par l'écriture.

Le *t* qui est renfermé dans la conjonction *et*, ne se prononçant jamais, on ne peut mettre dans les vers cette conjonction avant un mot qui commence par une voyelle. Ainsi ce vers ne vaudroit rien :

> Qui sert et aime Dieu, possède toutes choses.

On ne peut dire avec La Fontaine :

> Le juge prétendoit qu'à tort *et* à travers,
> On ne sauroit manquer condamnant un pervers.

Quoique des personnes prétendent que certains mots liés, tels que *peu-à-peu*, *pié-à-pié*, etc. n'en font qu'un, cependant il faut les éviter comme un écueil dans la poësie, à cause de l'*hiatus*.

Quoique l'*n* final de la négation *non*, ne se prononce pas plus que le *t* de la conjonction *et*, cependant les poëtes sont en possession de la mettre avant des mots qui commencent par une voyelle, comme dans ces vers :

> Non, *non*, un roi qui veut seulement qu'on le craigne,
> Est moins roi que celui qui sait se faire aimer.

Nous observerons, malgré cet usage, que la prononciation de *non* avant une voyelle, n'est pas moins désagréable que celle d'une voyelle avant une autre, et qu'il est toujours mieux de mettre cette négation avant une consonne, comme dans ce vers :

> *Non*, je ne puis souffrir un bonheur qui m'outrage.

On peut dire la même chose des autres mots qui sont terminés par une voyelle ou par une diphthongue nasale, dont l'*n ne se* prononce pas avant un mot qui commence par une voyelle. Ainsi quoiqu'on trouve souvent dans les poëtes ces mots avant d'autres qui commencent par une voyelle, la rencontre de la voyelle ou diphthongue nasale avec une autre, a toujours quelque chose de rude à l'oreille : comme on peut le reconnoître dans ce vers :

> Ah ! j'attendrai long-temps, la nuit est loin encore.

ou dans ceux-ci :

> La première fois qu'un renard
> Apperçut le lion, animal redoutable,
> Il eut une *peur effroyable*,
> Et s'enfuit bien *loin* à l'écart.

Cet usage étant établi et autorisé par les meilleurs poëtes, nous ne prétendons pas le condamner. Mais on conviendra au moins qu'une consonne, à la suite d'une voyelle ou diphthongue nasale dont l'*n* ne se prononce pas, rendroit le vers plus doux et plus coulant, comme dans ceux-ci :

> L'un paîtrit dans un coin l'embonpoint des chanoines,
> L'autre broie en riant le *vermillon* des moines.

M. l'abbé d'Olivet, après avoir rapporté dans son *Traité de la Prosodie françoise*, ce que M. l'abbé de Dangeau et M. l'abbé Régnier ont dit au sujet de la prononciation des voyelles nasales, ajoute qu'*il est à croire que l'observation* faite par ces auteurs qui mettent les voyelles nasales au rang des véritables voyelles, et qui en condamnent la rencontre avec d'autres voyelles dans les vers, *tiendra désormais lieu de précepte*, *du moins pour ceux de nos poëtes qui tendent à la perfection*.

Il observe cependant que cette rencontre peut absolument se souffrir, *quand la prononciation permet de pratiquer un repos*, *quelque court qu'il soit*, *entre le mot qui finit par un son nasal*, *et le mot qui commence par une voyelle* : et il dit que *ce seroit peut-être outrer la délicatesse que de blâmer ce vers d'Athalie* :

> Celui qui met un *frein* à la fureur des flots.

ou cet autre :

> Disperse tout son *camp* à l'aspect de Jéhu.

Les mots qui ont une voyelle avant l'*e* muet final, tels sont, *vie*, *envie*, *partie*, *vue*, *proie*, *joie*, *sacrée*, etc. ne peuvent pas entrer avec grâce dans le corps d'un vers, à moins qu'ils ne soient suivis d'un mot qui commence par une voyelle avec laquelle l'*e* se mange. Ainsi ces vers ne valent rien :

> Anselme, mon mignon, crie-t-elle à toute heure
> Ah ! n'aye point pour moi si grande indifférence.
> La bourse est criminelle et *paye* son délit.

Mais ceux-ci sont réguliers :

> C'est Vénus toute entière à sa proie attachée.
> J'ai pris la *vie* en haine, et ma flamme en horreur.
> Athènes par mon père *accrue* et protégée,
> Reconnut avec joie un roi si généreux.

Si dans le même mot l'*e* muet précédé d'une voyelle, est suivi d'un *s* ou des lettres *nt*, ce mot ne peut se mettre qu'à la fin du vers, comme dans ceux-ci :

> Je vois combien tes vœux sont loin de tes *pensées*.
> Aussitôt maint esprit fécond en *rêveries*,
> Inventa le blason avec les *armoiries*.
> Tandis que dans les airs mille cloches *émues*,
> D'un funèbre concert font retentir les *nues*.
> Au seul nom de Henri les François se *rallient* :
> La honte les enflamme, ils marchent, ils *s'écrient*.
> Souvent dans leurs projets les conquérans *échouent*.

Ainsi ces deux vers ne valent rien :

> Tu *payes* d'imposture et tu m'en as donné.
> Ce que *voyent* mes yeux, franchement je m'y fie.

On ne sauroit dire avec Scarron :

> Où l'on oit crier tue, tue.
> Ils se mirent à tue tête.

Mais Despréaux a fort bien dit :

> Qu'est devenu ce teint, dont la couleur fleurie
> Sembloit d'ortolans seuls et de bisques nourrie,
> Où la joie en son lustre attiroit les regards ? etc.

L'*e* muet au dedans d'un mot à la suite d'une autre voyelle, se supprime toujours et ne fait pas une syllabe particulière dans la prononciation : ce qui arrive le plus ordinairement dans les futurs des verbes. Ainsi *tuerai*, *crierons*, *louerez*, *sacrifiera*, *enjouement*, etc. se prononcent, *tûrai*, *crîrons*, *loûrez*, *sacrifîra*, *enjoûment*, comme dans ces vers :

> J'espère toutefois qu'un cœur si magnanime
> Ne *sacrifiera* point les pleurs des malheureux.....
> J'*avouerai* qu'autrefois au milieu d'une armée,
> Mon cœur ne soupiroit que pour la renommée.
>
> S'il vient, il *payera* cher un si sensible outrage.

sacrifiera ne fait que quatre syllabes, *j'avouerai* n'en fait que trois, et *paiera* n'en fait que deux.

On excepte *oient* et *aient*, parce qu'ils sont monosyllabiques. On excepte aussi les imparfaits et les conditionnels de la troisième personne du pluriel, *aimoient*, *charmeroient*, etc. Ces *oient* forment une rime masculine.

§. IV. *Des voyelles qui forment ou ne forment pas de diphthongues.*

Il est encore très-essentiel de savoir quand plusieurs voyelles forment dans les vers une diphthongue ou n'en forment pas, c'est-à-dire, quand elles doivent se prononcer en une ou en deux syllabes : sur quoi nous donnerons ici quelques règles particulières, en parcourant les différentes sortes de diphthongues, dont la plupart doivent se prononcer en deux syllabes, dans la poësie et dans le discours soutenu.

EAU n'est que d'une syllabe dans tous les mots dont l'*e* n'est pas accentué, comme dans *beaux*, *seau*.

EO n'est également que d'une syllabe dans *geolier* : dans *géographie*, *éo* est de deux syllabes, parce que l'*é* est accentué.

IA forme généralement deux syllabes, soit dans les noms, soit dans les verbes, comme dans *di-amant*, *di-adême*, *bi-ais*, *étudi-a*, *confi-a*, *oubli-a*, *mi-auler*, *vi-ager*, etc. excepté dans quelques mots qui se réduisent à-peu-près à ceux-ci, *diable*, *fiacre*, *bréviaire*, *galimathias*, *liard*, *familiarité*, *familiariser* :

> De peur de perdre un *liard* souffrir qu'on vous égorge.
> Sa familiarité jusque-là s'abandonne.
>
> Je hais..... ces gens.....
> Dont la fière grandeur d'un rien se formalise,
> De crainte qu'avec elle on ne familiarise.

IA est dissyllabe dans les gérondifs et les participes actifs, comme *li-ant oubli-ant*.

IE, avec l'*e* ouvert ou fermé, n'est ordinairement que d'une syllabe, de quelque consonne qu'il soit suivi, comme dans *ciel*, *troisiè-me*, *fiè-vre*, *piè-ce*, *bar-rière*, *pa-pier*, *pre-mier*, etc. de même dans les *substantifs* qui se terminent en *tié*, comme *amitié*, *moitié*, *pitié*.

TRAITÉ DE VERSIFICATION FRANÇOISE.

Il faut observer que dans les verbes en *ier* de la première conjugaison, *ie* forme deux syllabes à l'infinitif, à la seconde personne du pluriel du présent de l'indicatif, ou de l'impératif, et au participe passif, etc. Ainsi il faut prononcer, *étudi-er*, *confi-er*, *déli-er*, *mari-er*; *vous étudi-ez*, *vous confi-ez*, *vous déli-ez*, *vous mari-ez*, *vous oubli-ez*, *vous voudri-ez*; *étudi-é*, *confi-é*, *déli-é*, *mari-é*, *li-é*, *oubli-é*; excepté dans *vous vou-liez*, *vous di-siez*, *vous senti-riez*, et dans les mots où la lettre *e* est muette, comme dans *paie-ment*, *j'oublie-rai*, etc.

IEF est monosyllabe dans *fief*, *relief*; et dissyllabe dans *bri-ef*, *gri-ef*.

IEL est monosyllabe dans *ciel*, *fiel*, *miel*, *ministé-riel*; et dissyllabe dans *essenti-el*, *Gabri-el*, *matéri-el*, *substanti-el*.

IELLE est de deux syllabes dans *kiri-elle*.

IEN est de deux syllabes dans *comédi-en*, *gardi-en*, et dans les noms propres ou qualificatifs, comme dans *Quintili-en*, *Phrygi-en*, *grammairi-en*; hors delà *ien* n'est que d'une syllabe. Les bons auteurs font *ancien*, tantôt de deux et tantôt de trois syllabes.

IER est de deux syllabes dans les verbes, comme dans *humili-er*, *justifi-er*; dans les noms substantifs, il n'est que d'une syllabe, comme dans *cour-tier*, *frui-tier*. Après un *r* néanmoins, *ier* est de deux syllabes dans les noms comme dans les verbes, *meurtri-er*, *pri-er*.

IERRE n'est de deux syllabes que dans *li-erre*, encore a-t-on la liberté d'en faire une diphthongue, comme dans *pier-re*.

IÈTE est toujours monosyllabe : *assiète*, *diète*.

IEU, IEUX est monosyllabe dans les substantifs : *cieux*, *Dieu*, *lieu*, *vieux*, *yeux*; *lieu-tenant*, *mi-lieu*, *mieux*, *pieu*, *épieu*, *es-sieux*, et dissyllabe dans les adjectifs : *curi-eux*, *envi-eux*, *pi-eux*, *préci-eux*, *odi-eux*, *furi-eux*.

IÈVRE, est toujours monosyllabe : *fièvre*, *lièvre*.

IAI, dans la première personne du prétérit de ces verbes, se prononçant comme *ié*, forme aussi deux syllabes : *j'étudi-ai*, *je confi-ai*, *je déli-ai*, *je mari-ai*.

HIER s'emploie quelquefois en une seule syllabe, comme dans ce vers :

> *Hier* j'étois chez des gens de vertu singulière.

Mais on en fait plus communément deux syllabes, comme dans ce vers :

> Mais *hier* il m'aborde, et me serrant la main,
> Ah! Monsieur, m'a-t-il dit, je vous attends demain.

Il est d'une seule syllabe dans *avant-hier* :

> Le bruit court qu'*avant-hier* on vous assassina.

IO est communément de deux syllabes, comme dans *vi-olence*, *vi-olon*, *vi-ole*, *di-ocèse*. On pourroit en excepter *babio-le*, *fio-le* et *pio-che* :

> Prends la *fiole*. . . . .
> Une *pioche* à la main. . . . .

ION n'est que d'une syllabe dans les imparfaits des verbes qui ne se terminent pas à l'infinitif en *ier* : *nous disions*, *nous voulions*; hors delà, *ion* est toujours de deux syllabes.

OE ne fait qu'une syllabe, comme dans *boë-te*, *coë-fe*, *moel-le*, *meil-leur*, *moel-lon*; excepté dans *po-ésie*, *po-ëme*, *po-ëte*, *No-ël*.

OI, avec le son de l'*o* et de l'*e* ouvert, n'est jamais que d'une syllabe, comme dans *roi*, *loi*, *voi-là*, *emploi*, etc.

UE, avec l'*e* ouvert ou fermé, est toujours de deux syllabes, comme dans *du-el*, *tu-er*, *tu-é*, *attribu-er*, *attribu-é*, *su-er*, *su-é*; excepté dans les mots où l'*e* est muet, comme dans *en-joue-ment*, *je loue-rai*, etc.

UI ne forme qu'une syllabe, comme dans *lui*, *ce-lui*, *dédui-re*, *construi-re*, *fuir*, *fui*, *aiguiser*, etc. excepté dans *ru-ine*, *ru-iner*, *bru-ine*, *pitu-ite*.

UIS est toujours de deux syllabes.

IAI est de deux syllabes dans *ni-ais* : il est quelquefois de deux et quelquefois d'une seule syllabe dans *bi-ais*, *bi-aiser*, ou *biais*, *biai-ser*.

IAU est toujours de deux syllabes, comme dans *mi-auler*, *besti-aux*, *provinci-aux*, *impéri-aux*, etc.

OUE, avec l'*e* ouvert ou fermé, est de deux syllabes, comme dans *jou-et*, *lou-er*, *lou-é*, *avou-er*, *avou-é*; excepté dans *fouet* et *fouet-ter*.

OUI est de deux syllabes, comme dans *ou-ir*, *ou-i*, *jou-ir*, *jou-i*, *éblou-ir*, *éblou-i* : hors delà *oui* n'est que d'une syllabe, comme dans *bouis* et dans *oui*, marquant affirmation.

> Et deux fois de sa main le *bouis* tombe en morceaux.

IAN et IEN, avec le même son, forment deux syllabes, comme dans *étudi-ant*, *fortifi-ant*, *ri-ant*, *li-ant*, *cli-ent*, *pati-ent*, *impati-ence*, *expédi-ent*, *expéri-ence* : il faut seulement excepter *vian-de*.

> Autour de cet amas de viandes entassées,
> Régnoit un long cordon d'alouettes pressées.

IEN, avec un autre son qui approche de *in*, ne forme ordinairement qu'une seule syllabe, dans les noms substantifs, les pronoms possessifs, les verbes, et les adverbes, comme dans *bien*, *chien*, *rien*, *mien*, *tien*, *sien*, *je viens*, *je tiens*, *combien*, etc. excepté *li-en*, parce qu'il vient du verbe *lier*, de deux syllabes.

Ien est de deux syllabes, quand il termine un adjectif d'état, de profession ou de pays, comme dans *grammairi-en*, *comédi-en*, *musici-en*, *histori-en*, *gardi-en*, *magici-en* : excepté *chré-tien*.

ION n'est d'une syllabe que dans les premières personnes du pluriel de l'imparfait de l'indicatif, du conditionnel présent, du présent et de l'imparfait du subjonctif des verbes, quand il ne se trouve pas, avant la terminaison de ces personnes, un *r* précédé d'une autre consonne : *nous ai-mions*, *nous aime-rions*; *nous rom-pri-ons*. Il est de deux syllabes dans les premières personnes du pluriel de l'indicatif ou de l'impératif des verbes qui ont l'infinitif en *ier*, et dans quelque autre mot que ce puisse être, comme dans *nous étudi-ons*, *nous confi-ons*, *nous déli-ons*, *nous marions*, *nous ri-ons*, *lion*, *religi-on*, *uni-on*, *passi-on*, *visi-on*, *créati-on*, etc.

OIN n'est jamais que d'une syllabe, comme dans *coin*, *soin*, *besoin*, *apointement*, etc.

UA est ordinairement de deux syllabes; il n'y a guère que Racine qui ait varié à cet égard : dans ce vers,

> Vous le souhaitez trop, pour me le persuader.

ua n'est que d'une syllabe; mais dans cet autre vers,

> Il suffit de tes yeux pour t'en persuader.

ua est de deux syllabes.

UON est toujours de deux syllabes.

§. V. *Enjambement des vers.*

Les vers n'ont ni grâce, ni harmonie, quand ils enjambent les uns sur les autres, c'est-à-dire, quand le sens est demeuré suspendu à la fin d'un vers, et ne finit qu'au commencement du vers suivant : ce qui arrive principalement toutes les fois que le commencement d'un vers est régime ou dépendance nécessaire de ce qui se trouve à la fin du vers précédent, comme dans ceux-ci :

> C'est votre nourrice. Elle vous ramena,
> Suivit exactement l'ordre que lui donna
> Votre père, etc.

où l'on voit que *votre père* a une liaison nécessaire avec la fin du vers précédent, puisqu'il est le nominatif du verbe *donna*.

Cet enjambement est souffert dans trois cas : 1°. quand le sens est tout à coup suspendu, comme dans ces vers de Racine :

> Faut-il qu'en un moment un scrupule timide
> Perde?... mais quel bonheur nous envoie Atalide?
>
> *Baj. Act. II, Sc. IV.*

2°. Quand le sens finit par un mot entre une virgule et un point; comme dans ces autres vers de Racine :

> Je ne te vante point cette foible victoire,
> Titus. Ah! plut au ciel que sans blesser ta gloire....
>
> *Bérén. Act. II, Sc. V.*

3°. Et quand le sens ne finit que par un mot entre une virgule, et un point et une virgule, ou deux points, comme dans ces vers de Boileau :

> Sitôt que du nectar la troupe est abreuvée,
> On dessert; et soudain la nappe étant levée,
>
> *Le Lutrin, Chant I.*
>
> L'évangile au chrétien ne dit en aucun lien,
> Sois dévot : il nous dit, sois doux, simple, équitable.
>
> BOILEAU, *Sat. XI.*

« Dans *Ariadne* de Thomas Corneille, il y a, dit Voltaire, beaucoup de vers dignes de Racine, et entièrement dans son goût. Ceux-ci, par exemple :

> As-tu vu quelle joie a paru dans ses yeux?
> Combien il est sorti satisfait de ma haine?
> Que de mépris!

cette césure interrompue au second pied, c'est-à-dire, à la quatrième syllabe, fait un effet charmant sur l'oreille et sur le cœur : ces finesses de l'art furent introduites par Racine, et il n'y a que les connoisseurs qui en sentent tout le prix ».

La règle de l'enjambement ne concerne que les vers héroïques ou sérieux, la haute poësie, dans laquelle *il n'est pas permis de finir une période, ni un membre de période, avant la fin du vers, si la période ou son membre a commencé dès le vers précédent*. Cette règle est fondée sur ce que dans la lecture on est obligé de s'arrêter sensiblement à la fin de chaque période et de chaque membre de période. D'ailleurs la fin de chaque vers exige un petit repos pour faire sentir la rime; si ces deux pauses ne coïncident pas, celle qui se fera à la fin du vers semblera peu naturelle, parce que le sens n'y sera pas fini, et celle qui se fera avant la fin du vers sera peu harmonieuse, parce qu'elle ne sera pas à la place de la rime. Pour éviter cet inconvénient, on doit terminer le sens sur un mot qui serve de rime, et par ce moyen l'esprit et l'oreille seront également satisfaits. C'est-là une des plus grandes délicatesses et en même temps l'une des plus grandes difficultés de notre poësie. Il y a peu d'auteurs, même célèbres, qui ne se soient écartés de cette règle.

Exemple de l'enjambement.

> Mais de ce même front l'héroïque fierté
> Fait connoître Alexandre; et certes son visage
> Porte de sa grandeur l'infaillible présage.
>
> RACINE.

Il est bon de remarquer que, quand le sens ne finit pas avec le vers, il faut cependant que l'on puisse s'y arrêter naturellement : c'est ce qu'un exemple fera sentir. Racine a dit dans *ses Plaideurs* :

> Mais j'aperçois venir madame la comtesse
> De Pimbesche. Elle vient pour affaire qui presse.

Il est visible qu'il y a enjambement, non-seulement parce que le sens finit après les trois premières syllabes du second vers, mais encore parce qu'on ne peut s'arrêter à la fin du premier; car il ne laisseroit pas d'y avoir enjambement, quand même le sens ne finiroit qu'à la fin du second vers; et Racine n'auroit pas laissé de pécher contre la règle quand il auroit dit :

> Mais j'aperçois venir madame la comtesse
> De Pimbesche, qui vient pour affaire qui presse.

En un mot, lorsque le sens ne finit pas avec le vers, il faut qu'on puisse s'y arrêter aussi sensiblement qu'après la césure. Qui pourroit, par exemple, approuver ces deux vers faits exprès?

> A l'aspect de son roi, le vaillant capitaine
> Bayard, quoique blessé, combattoit dans la plaine.

Il n'y faudroit qu'un très-léger changement pour les rendre supportables.

> A l'aspect de son roi, ce vaillant capitaine,
> Bayard, quoique blessé, combattoit dans la plaine.

Où l'on voit qu'on peut s'arrêter après le premier vers; ce qu'on ne sauroit faire lorsqu'il est tourné de la première façon.

Si c'est une faute de terminer après le commencement du vers le sens qui a commencé au vers précédent, ce n'en est pas une de l'y interrompre, soit par la passion, comme dans les vers suivans :

> Le ciel te donne Achille et ma joie est extrême
> De t'entendre nommer... Mais le voici lui-même.
>
> RACINE.

Soit dans le dialogue, lorsque celui qui parloit est interrompu par quelqu'un, comme dans ces vers de l'*Andromaque* du même auteur :

> Je prolongeois pour lui ma vie et ma misère,
> Mais enfin sur ses pas j'irai revoir son père.
> Ainsi tous trois, seigneur, par vos soins réunis,
> Nous vous.....
>
> PYRRHUS.
>
> Allez, madame, allez voir votre fils.

Il faut cependant que le sens soit tout-à-fait suspendu à l'endroit où se fait l'interruption : car s'il n'étoit pas suffisamment déterminé, ni le changement soudain de discours, ni l'arrivée imprévue d'un acteur, ne sauveroient l'enjambement, comme si Racine eût mis ces paroles dans la bouche de Clytemnestre :

> Le ciel te donne Achille, et ma joie est extrême
> De le voir ton époux. Mais le voici lui-même.

Ou celles-ci dans la bouche d'Andromaque :

> Ainsi tous trois, seigneur, par vos soins réunis,
> Nous ne craindrons plus rien.
>
> PYRRHUS.
>
> Allez voir votre fils.

Dans la comédie, la fable, etc. l'enjambement anime le discours.

On l'emploie sur tout avec grâce dans les vers appelés marotiques, de Clément Marot, poëte célèbre du seizième siècle, dont on imite quelquefois le style naïf et agréable.

§. VI. *Transposition des mots.*

Quoique le langage de la poësie françoise ne soit pas différent de celui de la prose, et qu'on y emploie communément les mêmes mots, il est cependant permis d'y faire, dans la construction de la phrase, certaines transpositions que la prose n'admettroit pas, et qui contribuent beaucoup à l'harmonie et à la noblesse des vers. Mais il faut toujours faire ces transpositions avec esprit et avec goût, de manière qu'elles n'apportent ni dureté, ni obscurité dans les vers.

Elles consistent à changer l'ordre naturel des mots, ce qui peut se faire de plusieurs manières.

I. En mettant le nominatif après le verbe, comme on le met aussi en prose. Ainsi, dans ces vers :

Ce traitement, madame, a droit de vous surprendre;
Mais enfin, c'est ainsi que se venge Alexandre.

l'ordre naturel est, *c'est ainsi qu'Alexandre se venge.*

Je fuis : ainsi le veut la fortune ennemie.

L'ordre naturel seroit, *la fortune le veut ainsi.*

II. En mettant le régime absolu à l'accusatif avant le verbe qui le gouverne, ce qui ne doit pourtant se faire qu'avec beaucoup de réserve, comme dans ces vers :

Le sort vous y voulut l'une et l'autre amener,
Vous pour porter des fers, elle pour en donner.

Vous direz à celui qui vous a fait venir,
Que je ne lui saurois ma parole tenir.

L'ordre naturel et indispensable en prose, seroit : *le sort voulut vous y amener l'une et l'autre*, etc. *que je ne saurois lui tenir ma parole.*

Des biens des nations ravisseurs altérés.

On voit qu'en prose il faudroit dire, *ravisseurs altérés des biens des nations.*

Il y quelques remarques à faire sur la transposition de l'accusatif (du régime direct). « Si notre » langue, dit Vaugelas sur Corneille, souffre quelquefois la transposition du nominatif, elle ne » sauroit s'accomoder de celle del'accusatif, même » en poësie. Ainsi les vers qui ressembleroient à » celui-ci, ne seroient pas faits pour le plaisir de » l'oreille :

„ Il faut sans différer ses ennemis combattre „.

Racine par conséquent a fait une faute, en disant dans les *Frères ennemis* :

Et si quelque bonheur nos armes accompagne.

Tel est le sentiment de tous nos écrivains. « A » l'égard de nos accusatifs, dit un auteur moderne, » (l'abbé Desfontaines), comme ils ont la même » terminaison que nos nominatifs, il est impossible » de les transposer, parce que c'est leur place qui » les détermine. Ainsi on a eu raison d'en abolir » la transposition dans les vers, où elle étoit autrefois reçue ». Cette raison est-elle solide ? Ne s'ensuivroit-il pas de-là que la transposition du verbe régi par un autre pourroit être permise, puisque ce n'est pas sa position qui le détermine ?

Le vers suivant n'est-il pas assez intelligible ?

Si de cette maison approcher l'on vous voit.

Il est certain qu'il n'a aucune obscurité, et que la transposition ne laisse pas d'y être vicieuse. Il n'est pas vrai d'ailleurs que ce soit toujours leur position qui détermine les accusatifs ; car lorsque le verbe est dans un nombre différent du nominatif, alors c'est le verbe qui détermine l'un et l'autre, comme on le voit par le vers déjà cité :

Et si quelque succès nos armes accompagne.

C'est le verbe singulier *accompagne* qui détermine le nominatif et l'accusatif.

La transposition de l'accusatif n'est pas si généralement proscrite, qu'elle ne souffre quelquefois des exceptions. Il y a des cas où non-seulement elle est permise, mais où elle donne même de la force à la phrase : car outre les accusatifs monosyllabiques, *me*, *le*, *vous*, *les*, etc. qu'il faut nécessairement transposer en prose aussi bien qu'en vers, on transpose aussi les mots suivans, *rien*, *tous*, *tout*, *l'un l'autre*, *l'un et l'autre*, etc. Exemple :

Le sort vous y voulut *l'une et l'autre* amener.
L'un l'autre vainement ils semblent se haïr.

DESPRÉAUX.

A mes justes desseins je vois *tout* conspirer.
Le bruit de nos trésors les a *tous* attirés.

RACINE.

Cette transposition est aussi reçue en prose. Il a *tout* avoué, il n'a *rien* dit. Un homme capable de *tout* oser, de *tout* entreprendre. Cependant elle n'est guère reçue que dans les infinitifs et les participes. Ainsi l'on dit j'ose *tout*. Il entreprend *tout*. Le régime direct se peut aussi transposer, au moins en vers, lorsqu'il est précédé de *comme*. Exemple :

Oui, comme ces exploits, nous admirons vos coups.

Il y a encore des cas où l'on transpose nécessaire le régime, et en vers, et en prose. *Quel livre lisez-vous* ? Je ne sais *quelle pièce on joua hier*. Mais ceci regarde la grammaire, et non la poësie en particulier.

III. En mettant un nom au génitif avant celui dont il dépend, comme dans ces vers :

Celui qui met un frein à la fureur des flots,
Sait aussi des méchans arrêter les complots.

IV. En mettant le régime relatif au datif ou à l'ablatif, avant le verbe auquel il a rapport, comme dans ces vers :

Quels charmes ont pour vous des yeux infortunés
Qu'à des pleurs éternels vous avez condamnés.

au lieu de *que vous avez condamnés à des pleurs éternels.*

La Grèce en ma faveur est trop inquiétée;
De soins plus importans je l'ai crue agitée.

au lieu de dire, *je l'ai crue agitée de soins plus importans.*

V. En mettant entre le verbe et le participe, des mots qui ne s'y souffriroient pas en prose, comme dans ces vers :

Aujourd'hui même encore une voix trop fidelle
M'a d'un triste désastre apporté la nouvelle.

au lieu qu'il faudroit dire en prose, *m'a apporté la nouvelle d'un triste désastre.*

Le ciel enfin pour nous devenu plus propice,
A de mes ennemis confondu la malice.

au lieu de dire, *a confondu la malice de mes ennemis.*

VI. Enfin en mettant avant le verbe tout ce qui peut en dépendre, et qui devroit naturellement être mis après. Ce sont le plus communément les prépositions avec leurs régimes, comme on le reconnoîtra sans peine dans les vers suivans :

A ce discours, ces rivaux irrités,
L'un sur l'autre à-la-fois se sont précipités.

Pour la veuve d'Hector ses feux ont éclaté.

Contre mon ennemi laisse-moi m'assurer.

Si la foi *dans son cœur* retrouvoit quelque place.

Par de stériles vœux pensez-vous m'honorer ?

Peuple ingrat ! quoi ! toujours les plus grandes merveilles,
Sans ébranler ton cœur, frapperont tes oreilles !

Ne vous figurez pas que *de cette contrée*
Par d'éternels remparts Rome soit séparée.

Sur le tombeau des rois élever leur grandeur.

Mais l'Hydaspe, *malgré tant d'escadrons épars*,
Voit enfin *sur ses bords* flotter nos étendards.

Mais *pour vous* ce malheur est un moindre supplice.

Ainsi la Grèce *en vous* trouve un enfant rebelle.

Vous attendez le roi. Partez, et lui montrez
Contre le fils d'Hector tous les Grecs conjurés.

Et quel autre intérêt *contre lui* vous anime ?

Dans le sein de Priam n'a-t-on pu l'immoler ?
Sous tant de morts, *sous Troie*, il falloit l'accabler.
Tout étoit juste alors. La vieillesse et l'enfance
En vain sur leur foiblesse appuyoient leur défense.

RACINE.

Quoique la transposition des sujets et des régimes soit permise, il faut cependant en user avec discernement. C'est à l'oreille de juger si les transpositions n'ont rien de forcé ni d'obscur. Voici un exemple d'une mauvaise transposition du régime indirect :

Après avoir vaincu *de Ferdinand* l'armée.

Où l'on sent qu'il faudroit quelques mots entre *Ferdinand* et *l'armée*, etc.

L'inversion ménagée avec art donne au vers plus d'harmonie, sans nuire à la grâce qui le distingue de la prose.

Le P. du Cerceau, dans ses *Réflexions sur la poësie*, croit les transpositions si nécessaires, que sans elles il ne peut y avoir de vers françois. L'essence de notre poësie *consiste*, selon cet auteur, *dans le tour, qui met de la suspension dans la phrase par le moyen des inversions ou transpositions reçues dans la langue, et qui n'en forcent pas la construction.* Richelet paroît d'un sentiment diamétralement opposé à celui du P. du Cerceau. « Il faut, dit-il, que la construc» tion du vers soit naturelle et sans transposition. » On en souffre pourtant quelquefois dans la poësie » sublime, où il se faut exprimer d'un air noble et » vigoureux. On ne s'en doit point servir dans les » chansons, les madrigaux et autres pièces, qui » ne veulent pas un style élevé ». Ils ont tort l'un et l'autre : le P. du Cerceau, parce que nous avons de très-beaux vers sans transpositions; et Richelet, parce que les transpositions sont employées fréquemment par nos meilleurs poëtes. Despréaux en particulier en est tout rempli. Les inversions se souffrent aussi fort bien dans les madrigaux, les chansons, etc. Mais en quelque pièce qu'on les emploie, il faut que ce soit toujours avec grâce et avec discernement, de sorte qu'elles ne causent ni dureté, ni obscurité.

Il n'y a pas de règles bien fixes à donner en fait d'inversions; ce qui est mauvais porte avec soi un tel caractère de réprobation, que l'oreille la moins exercée le reconnoît toujours. Une inversion vraiment forcée est celle qui se trouve dans ces vers d'*Iphigénie* :

On accuse en secret cette jeune Ériphile
Que lui-même *captive* amena de Lesbos.

Act. I, Sc. I.

« Andromaque, dit d'Olivet, est une tragédie de Racine que lui-même *nouvelle* fit jouer en 1668 : une inversion si gothique dans la prose, ajoute-t-il, le seroit-elle moins en vers » ? Le même critique auroit bien pu reprendre aussi les deux vers qui suivent :

Je verrai les chemins encor tout parfumés
Des fleurs *dont sous ses pas on les avoit semés !*

Iphig. Act. IV, Sc. IV.

Dont sous ses pas on les avoit semés est une inversion d'autant plus forcée que le participe *semés* est amené par le pronom *les*, au lieu d'être régi par le pronom *que* ; car il falloit dire *que sous pas on avoit semées.*

§. VII. *Mots à éviter dans les vers.*

Comme un des principaux objets de la poësie est de flatter agréablement l'oreille, on doit en bannir tous les mots qui pourroient la choquer, ou parce qu'ils seroient trop rudes, ou parce qu'ils auroient quelque conformité de son avec d'autres mots déjà employés dans le même vers, ou parce que la répétition n'en seroit ni nécessaire ni agréable, ou enfin parce qu'ils seroient trop bas et qu'ils sentiroient trop la prose.

Il est un heureux choix de mots harmonieux.
Fuyez des mauvais sons le concours odieux.
Le vers le mieux rempli, la plus noble pensée,
Ne peut plaire à l'esprit, quand l'oreille est blessée.

Le goût et le discernement appuyés d'une lecture réfléchie des meilleurs poëtes, contribueront à faire éviter ces défauts, mieux que toutes les règles que l'on pourroit donner.

Nous indiquons ici quelques-uns des mots qui appartiennent à la prose, et que l'on ne doit faire entrer que très-rarement dans les vers, surtout dans ceux qui ont un peu de noblesse.

Ce sont les conjonctions : *C'est pourquoi*, *pourvu que*, *puis*, *ainsi*, *car*, *en effet*, *de sorte que*, *d'autant que*, *outre que*, *d'ailleurs*, etc. *Celui* et *celle*, quand ils sont relatifs à quelques noms précédens, *lequel*, *laquelle*, *lesquels*, etc.

Il y a aussi des termes peu sonores, rampans ou prosaïques, et des réunions de mots dont la prononciation choque l'oreille.

Quand Boileau a dit :

Mais il m'apprit enfin, *grâce à sa vanité*....

il ne s'est pas aperçu de ces sons, *grâce à sa va*, mais ce n'est-là qu'une négligence. Des-Yveteaux ayant critiqué ce vers de Malherbe,

Enfin cette beauté *m'a la place* rendue

à cause de ce *m'a la pla* : Malherbe s'en vengea en rappelant à son tour l'hémistiche où celui-ci avoit mis *comparable à ma flamme* ; c'est bien à Des-Yveteaux, s'écria-t-il, à critiquer ce *m'a la pla*, lui qui a dit, *parabla ma fla*.

Il y avoit dans la première édition des *Horaces*, de P. Corneille, au lieu de ce vers,

Je suis Romaine, hélas ! puisqu'Horace est Romain.

« Je suis Romaine, hélas ! *puisque mon époux l'est* » : Voltaire fit cette remarque. — « Pourquoi peut-on finir un vers par *je le suis*, et que *mon époux l'est* est prosaïque, foible et dur ? c'est que ces trois syllabes,

syllabes, *je le suis*, semblent ne composer qu'un mot; c'est que l'oreille n'est pas blessée; mais ce mot *l'est*, détaché et finissant la phrase, détruit toute harmonie : c'est cette attention qui rend la lecture des vers agréable ou rebutante : on doit l'avoir également en prose. Un ouvrage dont les phrases finiroient par des syllabes sèches et dures, ne pourroit être lu, quelque bon qu'il fût d'ailleurs ».

Les termes qui rendent principalement la poësie rampante sont, *vu que*, *afin que*, *tandis que*, *à moins que*, *car*, *c'est pourquoi*; cependant les bons auteurs ont su leur donner de la grâce.

Elle peint les festins, les grâces et les ris,
Vante un baiser cueilli sur les lèvres d'Iris
Qui mollement résiste, et par un doux caprice,
Quelquefois le refuse *afin qu*'on le ravisse.

BOILEAU.

Ne volez plus de place en place;
Demeurez au logis, ou changez de climat:
Imitez le canard, la grue et la bécasse.
Mais vous n'êtes pas en état
De passer comme nous les déserts et les ondes,
Ni d'aller chercher d'autres mondes;
C'est pourquoi vous n'avez qu'un parti qui soit sûr;
C'est de vous renfermer au trou de quelque mur.

LA FONT. *Liv. I, Fab. VIII.*

Un astrologue un jour se laissa choir
Au fond d'un puits; on lui dit, pauvre bête,
Tandis qu'à peine à tes pieds tu peux voir,
Penses-tu lire au-dessus de ta tête?

Le même, *Liv. II, Fab. XII.*

Un lièvre, en son gîte, songeoit,
Car, que faire en un gîte, à moins que l'on ne songe?

Le même, *Liv. II, Fab. XIV.*

Le charme de ces mots proscrits ailleurs, appartient tout entier à l'art de les employer.

§. VIII. *De la Césure.*

La *Césure* est un repos qui coupe le vers en deux parties, dont chacune s'appelle *Hémistiche*, c'est-à-dire, demi-vers. Et ce repos bien ménagé contribue beaucoup à la cadence et à l'harmonie des vers françois.

Les règles que l'on peut donner sur la césure sont renfermées dans ces trois vers de Despréaux :

Ayez pour la cadence une oreille sévère.
Que toujours dans vos vers le sens coupant les mots,
Suspende l'hémistiche, en marque le repos.

Il n'y a que les vers de douze syllabes et ceux de dix, qui ayent une césure : les autres, c'est-à-dire ceux de huit, de sept et de six syllabes, n'en ont point.

La césure des vers de douze syllabes ou des vers alexandrins, est à la sixième syllabe, en sorte qu'elle partage ces vers en deux parties égales, comme dans ceux-ci :

Justes, ne craignez point le vain pouvoir des hommes :
Quelque élevés qu'ils soient, ils sont ce que nous sommes.

La césure des vers de dix syllabes ou des vers communs, est à la quatrième syllabe, et elle coupe ces vers en deux parties inégales, dont la première est de quatre syllabes, et la dernière de six, comme dans ceux-ci :

L'esclave craint - le tyran qui l'outrage :
Mais des enfans - l'amour est le partage.

Quand on dit que la césure des vers alexandrins est à la sixième syllabe, et que la césure des vers communs est à la quatrième, on entend qu'après l'une ou l'autre de ces syllabes, il doit y avoir un repos naturel qui mette un intervalle entre le premier et le second hémistiche, en sorte qu'on puisse les distinguer en récitant les vers, sans forcer et sans obscurcir le sens de la phrase. Ainsi la césure est vicieuse, quand le mot qui la forme et qui termine le premier hémistiche, ne peut être séparé du mot suivant dans la prononciation.

Il n'est pas nécessaire, pour la régularité de la césure, que le sens finisse absolument après la sixième ou la quatrième syllabe, et qu'il n'y ait rien dans un hémistiche qui soit régime ou qui dépende de ce qui est dans l'autre. Il suffit que ce régime ou cette dépendance n'empêche pas le repos, et n'oblige pas à lier en prononçant, la dernière syllabe d'un hémistiche avec la première de l'autre. Ainsi quoiqu'en ce vers,

Tant de fiel entre-t-il dans l'ame des dévots!

dans l'ame des dévots, soit le régime du verbe *entre-t-il*, la césure en est régulière, parce que, sans forcer le sens de la phrase, on peut faire naturellement après *entre-t-il*, une pause qui distingue les deux hémistiches.

Il en est de même de ces deux vers :

Que de ton bras - la force les renverse.
Que de ton nom - la terreur les disperse.

où l'on peut se reposer après *de ton bras* et *de ton nom*, quoique ces deux génitifs soient régis par les mots suivans, *la force* et *la terreur*.

Nous nous contenterons d'observer ici les principales circonstances qui peuvent rendre la césure défectueuse.

I. Le repos étant, comme nous l'avons dit, essentiel à la césure, elle ne peut être formée que par une syllabe qui finit un mot : c'est-à-dire, que la sixième ou la quatrième syllabe d'un vers de douze ou de dix syllabes, doit toujours être la dernière d'un mot, afin que l'on puisse s'y reposer. Ainsi cette phrase quoique de douze syllabes,

Que peuvent tous les foi-bles humains devant Dieu?

ne seroit pas un vers, parce que la sixième syllabe est la première du mot *foibles*, et que l'on ne peut pas s'y reposer. Au lieu qu'en changeant l'ordre des mots, et en disant :

Que peuvent devant Dieu - tous les foibles humains?

on a un vers parfait, dont le repos tombe sur la sixième syllabe, formée par le mot *Dieu*.

Il suffit qu'on puisse s'y reposer, ce qu'on ne pourroit pas faire si la césure finissoit par des mots semblables à ceux-ci, *que*, *pour*, *mais*, *si*, etc. comme dans ces vers :

Amour, c'est comme si, - pour n'être pas connu.

Ballet des Amours déguisés.

Tu m'es bien cher; *mais si - tu combats ma tendresse.*

Mahomet II, par la Noue.

II. L'*e* muet ou féminin, seul ou suivi des lettres *s* ou *nt*, n'ayant qu'un son sourd et imparfait, ne peut jamais terminer la syllabe du repos.

Les vers suivans pèchent contre cette règle, ou plutôt ce ne sont pas des vers :

Dans l'eau d'Hipocrène - je n'ai jamais puisé.
Les grands talens blessent - les regards de l'Envie.
C'est la gloire - qui conduit Alexandre.

Mais lorsqu'un mot terminé par un *e* muet seul, est suivi d'un mot qui commence par une voyelle avec laquelle l'*e* muet se mange, alors la césure peut tomber sur la syllabe qui précède l'*e* muet, et qui, par l'élision de cet *e*, devient la dernière du mot. Par exemple *funeste*, qui a trois syllabes, quand il est suivi d'un mot qui commence par une consonne, comme quand on dit *funeste passion*, n'en a plus que deux, quand il est suivi d'un mot qui commence par une voyelle, comme dans *funeste ambition*; et c'est sur la seconde que peut tomber la césure, quand la dernière se mange avec le mot suivant. Ainsi dans ces deux vers :

Et qui seul sans minis-tre, à l'exemple des Dieux,
Soutiens tout par toi-mê-me, et vois tout par tes yeux.

la césure tombe sur la seconde syllabe de *ministre*, et sur la première de *même*, les dernières syllabes de ces deux mots se mangeant avec les voyelles suivantes.

III. Les articles, quels qu'ils soient, étant inséparables des noms, ne peuvent jamais former la césure d'un vers, et celle-ci ne vaudroit rien :

Vous devez vaincre le - penchant qui vous entraîne.

L'*e* est muet dans *le*; par conséquent il ne peut partager le vers, et on ne sauroit justifier cet hémistiche de Rotrou :

Allez, assurez-*le* - que sur ce peu d'appas, etc.

L'*e* de *le* est sujet à l'élision.

Un valet manque-t-il à rendre un verre net?
Condamnez-*le* à l'amende, ou, s'il le casse, au fouet.

RACINE.

Le ne doit pas se mettre à la fin du vers, et l'on ne sauroit dire avec Marot :

O roi françois, tant qu'il te plaira perds-*le*;
Mais si le perds, tu perdras une perle.

On ne doit se permettre l'élision de *le* qu'autant qu'elle ne blesse pas l'oreille, comme dans ce vers de Crébillon :

Forcez-*le* à vous défendre, ou fuyez avec lui.

Les mots *ce* et *je* peuvent être élidés, et par conséquent partager le vers, pourvu que l'hémistiche suivant commence par une voyelle. De-là vient qu'ils peuvent être mis à la fin du vers et faire la rime. Exemple :

A quoi me résoudrai-je? - il est temps que j'y pense.

LA FONTAINE.

Quelle fausse pudeur à feindre vous oblige?
Qu'avez-vous? Je n'ai rien. Mais... Je n'ai rien, vous dis-*je*.

DESPRÉAUX.

Il faut se garder seulement de faire rimer *je* avec lui-même, comme a fait Rousseau dans les vers suivans :

Hom, disoit l'un, jamais n'entonnerai-je
Un *Requiem* sur cet opérateur?
Dieu paternel, dit l'autre, quand pourrai-je?
A mon plaisir disséquer ce pasteur!

Par cette raison il ne peut faire une rime après les mots terminés en *ois*, parce qu'il n'y a pas d'autres rimes pour cette terminaison.

Voici un exemple où le mot *ce* élidé partage le vers, et un autre où il fait la rime :

Qu'est-*ce* enfin que César, s'il s'érige en tyran?
Spinola, dis-tu? Qu'est - *ce* au prix du grand Condé!
De quoi vous sert votre sagesse?
Moi l'emporter, et que seroit-*ce*?...

Mais il ne faut pas finir le vers par le mot *ce*, dans par*ce* que, ni dire avec Sarasin :

Qu'Archibouffon pourtant je ne dis, parce
Qu'Archibouffon est briguette à la farce.

Marot a fait rimer *pour ce* (démembré de *pour ce que*, qui se disoit autrefois au lieu de *parce que*) avec *rebourse*. Mais notre langue ne souffre pas ce partage de mots.

IV. La césure ne peut tomber sur un nom substantif suivi de son adjectif, comme dans ces vers :

Et pourrions par un *prompt-achat* de cette esclave,
Empêcher qu'un rival nous prévienne et nous brave.

C'est encore un plus *grand-sujet* de s'étonner.

Cependant si le substantif est suivi ou précédé de plusieurs adjectifs, il peut en être séparé par la césure. Ainsi ces vers sont bons :

Morbleu, c'est une *chose*, *indigne*, *lâche*, *infâme*,
De s'abaisser jusqu'à trahir son ame.
Vengez-moi d'une *ingra-te et perfide parente.*

Si l'adjectif ou le substantif qu'on a réservé pour le second hémistiche, le remplit tout entier, la césure est également bonne. Exemple :

Je chante cette guerre, - en cruautés féconde.

BRÉBEUF.

Horace, dans le cœur - puisant tout ce qu'il pense,
Par une gracieuse - et douce négligence.

L'abbé DU RESNEL, trad. de l'*Essai sur la critique.*

A l'abri d'une longue - et sûre indifférence.

Mad. DESHOULIÈRES.

Ses chanoines vermeils - et brillans de santé
S'engraissoient d'une sainte - et molle oisiveté.

DESPRÉAUX.

V. Les adverbes monosyllabes, comme, *plus*, *très*, *fort*, *bien*, *mal*, *mieux*, *trop*, etc. ne peuvent pas être séparés par la césure des adjectifs ou des verbes auxquels ils sont joints, comme dans ces vers :

Ce jargon n'est pas *fort - nécessaire*, me semble.
Si le chef n'est pas *bien - d'accord* avec la tête.
De grâce, *contez-moi - bien* tout en point.
Nous verrons qui *tiendra - mieux* parole des deux.
Vos yeux ne sont que *trop - assurés* de lui plaire.

VI. La césure ne peut pas séparer les pronoms personnels des verbes dont ils sont nominatifs, ni les pronoms conjonctifs, des verbes dont ils sont régimes, quand ils les précèdent ou les suivent immédiatement. Ainsi ces vers ne vaudroient rien :

Je me flatte que *vous* - me rendrez votre estime.
Songeons que la mort *nous* - surprendra quelque jour.

VII. Les pronoms *ce*, *cet*, *ces*; *ma*, *mes*; *que*; *qui*, *quel*, *quoi*, *dont*; *lequel*, *laquelle*, ne peuvent jamais former la césure d'un bon vers, comme dans ceux-ci :

Fuyons les vices *qui* - nous font perdre la grâce.
Tant mieux. Vous saurez *que* - depuis tantôt la belle
Sent toujours de son mal quelque crise nouvelle.

Celui, *celle* et *ceux*, s'y souffrent quelquefois, mais ils ont toujours quelque chose de languissant et de prosaïque, comme dans ces vers :

Il n'est fort entre *ceux* - que tu prends par centaines,
Qui ne puisse arrêter un rimeur six semaines.

VIII. Le verbe substantif *être*, suivi d'un nom adjectif, ne peut pas en être séparé par la césure, surtout quand il est à la troisième personne du singulier du présent de l'indicatif, comme dans ces vers :

On sait que la chair *est - fragile* quelquefois.
Si notre esprit n'*est - pas - sage* à toutes les heures,
Les plus courtes erreurs sont toujours meilleures

IX. Les verbes auxiliaires immédiatement suivis des participes, ne doivent pas en être séparés par la *césure*, surtout s'ils ne sont que d'une syllabe, comme dans ces vers :

Que vous serez toujours, quoique l'on se propose,
Tout ce que vous *avez - été* durant vos jours.

Et comme je vous *ai - rencontré* par hasard,
J'ai cru que *je devois* de tout vous faire part.

Je ne saurois souffrir, a-t-il dit hautement,
Qu'un honnête homme *soit - traîné* honteusement.

Ce qu'on vient de dire du verbe auxiliaire et de son participe, n'a lieu que quand ils se suivent immédiatement. Quand la césure ne tombe pas sur le verbe auxiliaire, le repos est bien plus naturel, comme on le voit dans les vers suivans :

La guerre avoit enfin - triomphé de son cœur.
Le crime étoit alors - accompagné de honte.

Au contraire, on diroit mal :

Enfin la guerre avoit - triomphé de son cœur.
Le crime alors étoit - accompagné de honte.

X. Quand deux verbes ou un verbe avec un nom font un sens indivisible, la césure ne doit pas les séparer, comme dans ces vers :

Mon père, quoiqu'il eût la tête des meilleures,
Ne m'a jamais rien *fait - apprendre* que mes heures
Car le ciel a trop *pris - plaisir* de m'affliger,
Pour me donner celui de me pouvoir venger.
Si bien que les *jugeant - morts* avant ce temps-là,
Il vint en cette ville, et prit le nom qu'il a.
Et qui sur cette jupe à maint rieur encor
Derrière elle *faisoit - dire*, *argumentabor*.

Racine avoit fait supprimer à Despréaux ce vers, ainsi que plusieurs autres qui ne valent pas mieux; mais ce dernier les fit reparoître après la mort de son ami.

XI. La césure ne peut pas se trouver entre un verbe et la négation *pas*, ou tout autre adverbe négatif, comme dans ces vers :

Non, je ne *souffrirai - pas* un pareil outrage.
Croyez que vous n'*aurez - jamais* cet avantage.

XII. La césure est encore mauvaise quand elle sépare une préposition de son régime, comme dans ces vers :

Peut-être encore qu'*avec* toute ma suffisance,
Votre esprit manquera dans quelque circonstance.

Par vos gestes *durant* - un moment de repos....

Si j'avois jamais fait cette bassesse insigne,
De vous revoir *après* - ce traitement indigne.

J'y suis encor, *malgré* - tes infidélités.

XIII. Les conjonctions composées de plusieurs mots dont le dernier est *de* ou *que*, comme *afin de*, *afin que*, *de peur de*, *de peur que*, *avant de*, *avant que*, *aussitôt que*, *tandis que*, *encore que*, etc. ne doivent pas être séparées par la césure. Ainsi ce vers seroit mauvais :

Quoi! vous fuyez *tandis - que* vos soldats combattent.

La conjonction *que* ne commence pas heureusement le second hémistiche, à moins qu'elle ne commence le sens, ou qu'il ne soit séparé de son verbe. Exemple :

Pour prendre Dôle, il *faut - que* Lille soit rendue;

Ne trouve en Chapelain, quoiqu'ait dit la satire,
Autre défaut, *sinon - qu'on* ne le sauroit lire.

DESPRÉAUX.

Quand le *que* est élidé, comme dans ce dernier vers, la césure est moins vicieuse.

Lorsque le sens continue après la césure, il faut qu'il aille au moins jusqu'à la fin du vers. Il ne doit pas être rompu, comme dans ces vers faits exprès :

Despréaux me paroît un poëte qui, sage,
Préféroit au brillant le bon sens d'un ouvrage.

Il ne peut pas plus y avoir de repos entre la préposition et son régime qu'entre la conjonction et le *que* qui suit : ainsi ces vers de Racine sont condamnables.

Pourquoi courir *après* - une gloire étrangère?
Embrasse tout *sitôt - qu'elle* commence à luire.

En voici d'autres de Boileau qui ne valent pas mieux :

Dans la rue en avoient - rendu grâces à Dieu.
Et tel mot pour avoir - réjoui le lecteur, ..

parce que les temps composés des verbes ne forment jamais un repos entr'eux. Il n'y a que l'adverbe qui marque bien l'hémistiche et la césure.

Il me promène *après* - de terrasse en terrasse.
Le secret est *d'abord* - de plaire et de toucher.
Marot bientôt *après* - fit fleurir les ballades.

BOILEAU.

Au reste, comme la césure est faite pour l'oreille, on peut donner pour règle générale et infaillible, qu'une césure est bonne, si elle satisfait l'oreille; et qu'elle est vicieuse, si l'oreille en est choquée, et que ce n'est que par la lecture des bons vers, qu'on peut se mettre en état d'en juger.

La rigueur de la règle ne s'étend pas jusqu'à mettre une virgule à chaque hémistiche ou césure; elle veut seulement qu'on marque le repos d'une manière assez sensible pour qu'il n'y ait point de liaison nécessaire entre les mots qu'on sépare : ces deux vers de la Fontaine sont défectueux :

Celui-ci ne voyoit - pas plus loin que son nez.
Sa peccadille fut - jugée un cas pendable.

Il n'y a point de césure à observer dans les vers qui ont moins de dix syllabes.

§. IX. *Des licences dans la Versification.*

On appelle *licences* certains mots, certaines locutions qui ne seroient pas reçus dans la prose commune, et qu'il est permis aux poëtes d'employer malgré la règle ou l'usage.

Les *licences* contre la *règle* consistent à écrire *je croi* pour *je crois*; *que je die* pour *que je dise*; *grâces à* pour *grâce à*; *fourmis* pour *fourmi*; *mêmes* pour *même*; *au* pour *dans*; *dont* pour *avec lequel*; *eux-même* pour *eux-mêmes*; *où* pour *auquel*; *est* pour *sont*; *voletans*, *se culbutans* pour *voletant*, *se culbutant*.

Exemple des *licences* contre la *règle*.

En les blâmant enfin, j'ai dit ce que j'en *croi*,
Et tel qui m'en reprend, en pense autant que moi.

BOIL. *sat. IX.*

Mais, quoique je craignisse, il faut que je le *die*,
Je n'en avois prévu que la moindre partie.

RAC. *Bérén. act. V, sc. VI.*

Grâces au ciel, mes mains ne sont point criminelles.

Le même, *Phed. Act. I, Sc. III.*

Quand sur l'eau se penchant, une *fourmis* y tombe.

LA FONT. *liv. II, fab. XII.*

Ici dispensez moi du récit des blasphêmes
Qu'ils ont vomi tous deux contre Jupiter *mêmes*.

CORN. *Polieucte, act. III, sc. II.*

Et les petits en même-temps
Voletans, *se culbutans*,
Délogèrent tous sans trompette.

LA FONT. *liv. IV, fab. XXII.*

Elles donnent encore aux poëtes la liberté de refuser l'accord à un *participe déclinable*, comme dans ce vers de Corneille :

. . . . Les misères
Que durant notre enfance ont *enduré* nos pères.

Corneille auroit dû mettre *endurées*; mais, dit Voltaire, s'il n'est pas permis à un poëte de se servir en ce cas du *participe absolu*, il faut renoncer à faire des vers. Ces *licences*, au contraire, s'étendent jusqu'à donner l'accord à un *participe indéclinable*.

Le seul amour de Rome a sa main *animée*.

Pour *a animée sa main*.

Les autres *licences* contre la *règle* consistent à retrancher *que* et *ne* dans certaines phrases : Boileau a dit :

Mais pour bien exprimer ces caprices heureux,
C'est peu d'être poëte, il faut être amoureux.
C'est peu d'être agréable et charmant dans un livre,
Il faut encor savoir et converser et vivre.

Racine a dit aussi:

Sais-je pas que Taxile est une ame incertaine?...
Sais-je pas que sans moi sa timide valeur?

mais ces sortes de *licences* ne sont permises qu'autant que le vers n'en a pas moins de grâce ou de douceur.

Enfin, les poëtes rendent quelquefois *actif* un *verbe neutre*.

Ce n'étoit pas jadis sur ce ton ridicule
Qu'amour dictoit les vers que *soupiroit* Tibule.
Je ne prends point plaisir à *croître* ma misère.

BOILEAU.

Tu verras que les dieux m'ont dicté cet oracle
Que pour *croître* à-la-fois sa gloire et mon tourment.

RACINE.

Aujourd'hui *croître*, dit d'Olivet, n'est que *verbe neutre*, soit en prose, soit en vers. Ce qui n'est pas précisément une *licence*, mais ce qu'on peut regarder comme une beauté, c'est l'emploi de certaines expressions que dicte le goût : Corneille a dit dans *Cinna*, (act. I, scène III :)

Avec la liberté, Rome *s'en va* renaître.

Racine a lui-même consacré cette expression dans *Iphigénie*.

Et ce triomphe heureux qui *s'en va* devenir
L'éternel entretien des siècles à venir.

Cet exemple, dit Voltaire, est un de ceux qui peuvent servir à distinguer le langage de la poësie de celui de la prose.

Les *licences* contre l'*usage* consistent à écrire *alors que* pour *lorsque*; *cependant que* pour *pendant que*; *encor* pour *encore*; *certe* pour *certes*, etc.

Les *licences* contre l'usage sont en si grand nombre qu'on n'en rapportera ici qu'un seul exemple. On lit dans la *Henriade* :

Il savoit captiver les grands qu'il haïssoit;
Terrible et sans retour *alors qu'il* offensoit.

Mais *alors que* est maintenant banni de la langue.

La plupart des mots admis dans la poësie sublime contre l'usage ont beaucoup plus de grâce et de noblesse que ceux dont on se sert ordinairement. Le nombre n'en est pas grand. Voici les principaux :

Les *humains* ou les *mortels* pour les *hommes*.

Mon cher fils, dit Louis, c'est de-là que la grâce
Fait sentir aux *humains* sa faveur efficace.
Plus sage en mon respect que ces hardis *mortels*,
Qui d'un indigne encens profanent tes autels.

Forfaits pour *crimes*.

O toi, de mon repos compagne aimable et sombre,
A de si noirs *forfaits* prêteras-tu ton ombre?

Coursier au lieu de *cheval*.

Les momens lui sont chers; il court dans tous les rangs,
Sur un *coursier* fougueux, plus léger que les vents.

Glaive pour *épée*.

Ils s'attaquent cent fois, et cent fois se repoussent.
Leur courage s'augmente, et leurs *glaives* s'émoussent.

Penser au masculin pour *pensée* au féminin.

Votre ame à ce *penser* de colère murmure.

Les *ondes* pour les *eaux*.

Le limon croupissant dans leurs grottes profondes,
S'élève en bouillonnant sur la face des *ondes*.

Flanc pour *sein*.

Les Dieux m'en sont témoins, ces Dieux qui dans mon *flanc*
Ont allumé le feu fatal à tout mon sang.

Antique pour *ancien*.

Suivez-moi, rappelez votre *antique* vertu.
C'est un usage antique et sacré parmi nous.

L'*Éternel* au lieu de *Dieu*.

L'*Éternel* en ses mains tient seul nos destinées:
Il sait, quand il lui plaît, veiller sur nos années.

Hymen ou *hymenée* pour *mariage*.

Crois-tu que d'une fille humble, honnête, charmante;
L'*hymen* n'ait jamais fait de femme extravagante?
A qui même en secret je m'étois destinée,
Avant qu'on eût conclu ce fatal *hymenée*?

Espoir a plus de noblesse qu'*espérance*.

D'un *espoir* renaissant le peuple est enivré.

Olympe pour *ciel*; *misère* pour *calamité*; *labeur* pour *travail*; *repentance* pour *repentir*; *Cocythe* pour *enfer*.

Hécube près d'Ulisse achève sa *misère*.
Peut-être je devrois, plus humble en ma *misère*, ...

Jadis pour *autrefois*.

Sermens *jadis* sacrés, nous brisons votre chaîne.

Soudain pour *aussitôt*.

Le salpêtre enfermé dans ces globes d'airain,
Part, s'échauffe, s'embrâse, et s'écarte *soudain*.

Alorsque pour *lorsque*.

Aveuglé par son zèle, il te désobéit,
Et pense te venger, *alors qu'il* te trahit.

N'aguère pour *il n'y a pas long-temps*.

Cette loi que *naguère* un saint zèle a dictée,
Du ciel en ta faveur y semble être apportée.

Il est très-ordinaire de supprimer l'*e* muet du mot *encore*, pour le faire de deux syllabes en écrivant *encor*.

> *Encor* si ta valeur à tout vaincre obstinée,
> Nous laissoit pour le moins respirer une année.

Encore de trois syllabes avec l'*e* muet a quelque chose de languissant dans le corps du vers, avant un mot qui commence par une consonne, et il est mieux de ne l'employer ainsi qu'à la fin du vers :

> Etudions enfin, il en est temps *encore*.

Il y a des mots qui sont si bas en vers, qu'il faut les éviter comme des écueils, excepté dans la poësie familière, qui n'est proprement que de la prose rimée. Tels sont les termes suivans : *vache*, *chien*, *cochon*, *très*, *fort* (synonyme de *très*), *c'est pourquoi*, *pourvu que*, *car*, *parce que*, *puisque*, *en effet*, *en vérité*, *à la vérité*, *de sorte que*, *outre que*, *or*, *d'ailleurs*, *tant s'en faut*, *à moins que*, *non-seulement*, *pour ainsi dire*, *lequel*, *laquelle*, *lesquelles*, *celui*, *ceux*, *celles*.

Ces trois derniers mots, qui rendent le vers languissant et prosaïque lorsqu'ils sont relatifs, sont fort nobles quand on les emploie absolument, c'est-à-dire, pour le nom de la personne, au commencement d'une période, comme dans les vers suivans :

> *Celui* qui met un frein à la fureur des flots,
> Sait aussi des méchans arrêter les complots.

On peut y joindre *à la fin*, *afin que*, etc. Cependant Despréaux a très-heureusement employé *afin que* dans les vers suivans, déjà cités, qui ont une grâce et une douceur extrême :

> Elle peint les festins, les danses et les ris,
> Vante un baiser cueilli sur les lèvres d'Iris,
> Qui mollement résiste, et, par un doux caprice,
> *Quelquefois le refuse afin qu'on le ravisse.*

On ne sauroit douter qu'un habile poëte, même dans le style le plus sublime, ne puisse de temps en temps employer avec succès la plupart de ces mots. Tout dépend de l'artifice de l'ouvrier; et l'on peut dire, en quelque façon, que le bon poëte est au-dessus des règles : car si quelques mots sont proscrits en poësie, ce n'est que par les poëtes médiocres qui ne savent pas les employer à propos. La meilleure preuve qu'on puisse en donner est dans les vers suivans :

> Dont leur Flaminius *marchandoit* Annibal, . . . CORNEILLE.
> Baisoit avec respect le *pavé* de ses temples. . . .
> Que ces *chiens* dévorans se disputoient entre eux. . . .

Alors que, pour *lorsque*, est peut-être encore quelquefois supportable : mais *dessus* et *dessous* pour *sur* et *sous*, ont entièrement vieilli; de sorte qu'on ne diroit plus aujourd'hui avec Des Barreaux dans son fameux sonnet :

> Mais *dessus* quel endroit tombera ton tonnerre ?

Ménage nous apprend, dans ses *Observations sur Malherbe*, que ce poëte lyrique se blâmoit lui-même d'avoir mis *dessus* au lieu de *sur*.

Il y a des verbes qui, étant neutres en prose, peuvent devenir actifs en vers; comme *soupirer*. Malherbe a dit :

> Tantôt vous *soupiriez* mes peines.

Et Despréaux.

> Ce n'étoit pas jadis sur ce ton ridicule
> Qu'Amour dictoit les vers que *soupiroit* Tibulle.

Les poëtes françois ont imité en cela l'exemple des poëtes latins, qui ont fait un verbe actif de *suspirare*.

> Qand si forte alios jam nunc *suspirat* amores. TIB. *Eleg. IV*, v. 3.

aussi bien que d'*ardeo* et de *corusco*.

> Formosum pastor Corydon *ardebat* Alexin. VIRG. *Eglog. II*, v. 1.
> Talia vociferans sequitur, strictumque *coruscat*.
> Mucronem. *Æneid. lib. X*, v. 651.

On tutoie en poësie les *rois*, et jusqu'à Dieu même.

> Jeune et vaillant héros, dont la haute sagesse
> *N'est point le fruit tardif d'une lente vieillesse :*
> Et qui seul, sans ministre, à l'exemple des dieux,
> *Soutiens* tout par *toi*-même, et *vois* tout par *tes* yeux.
> DESPRÉAUX, *Discours au roi.*

> Grand Dieu, *tes* jugemens sont remplis d'équité, DES BARREAUX.

Le terme de *monsieur* est exclus des ouvrages en vers écrit d'un style sérieux; il n'entre pas même dans la satire, si ce n'est dans les circonstances où le poëte, cessant de parler, introduit une personne qui parle, comme dans ces vers :

> Quand hier il m'aborde, et me serrant la main :
> Ah ! *monsieur*, m'a-t-il dit, je vous attends demain.
> De ce vers, direz-vous, l'expression est basse.
> Ah ! *monsieur*, pour ce vers je vous demande grâce. DESPR.

On doit donc appeler une personne par son nom ou par sa qualité. Exemple :

> D'où vient, cher *Le Vayer*, que l'homme le plus sage
> Croit toujours avoir seul la raison en partage ?
> La noblesse, *Dangeau*, n'est pas une chimère.
> Oui, je fuis, *Lamoignon*, le séjour de la ville.
> Que tu sais bien, *Racine*, à l'aide d'un acteur,
> Etonner, émouvoir, ravir le spectateur! DESPRÉAUX.
> *Reine*, l'excès des maux où la France est livrée. VOLTAIRE.

Quoique le terme de *monsieur* soit exclus du genre dramatique, et même du satirique, celui de *madame*, qui ne peut entrer dans le satirique, est reçu dans le dramatique. Les acteurs, obligés d'adresser la parole à des femmes, ne peuvent employer de termes plus élevé que celui de *madame*, qui se donnoit même en prose à la reine; au lieu que celui de *monsieur* se donnoit, pour ainsi dire, aux moindres personnes. « Le mot de *madame*, dit » Ménage sur Malherbe, n'est plus usité parmi nous » dans la belle poësie, si ce n'est dans les » poëmes dramatiques ».

ARTICLE II.

De la Rime.

LA *rime*, que les poëtes grecs et latins évitoient comme un défaut, est chez les modernes un des principaux ornemens de la poësie. Son origine est très-ancienne chez les Gaulois, et on l'a attribuée à Bardus, l'un de leurs rois, qui a donné son nom à leurs poëtes ou Bardes.

Octavien de Saint-Gelais, qui traduisit en vers, par l'ordre de ce prince, les épîtres d'Ovide, s'est attaché avec soin à cette régularité.

> Puisque tu es de retour paresseux,
> O Ulysse du cœur très-angoisseux,
> Pénélope cette épistre t'envoie,
> Afin que toost tu te mettes en voie.
> Ne m'écris rien, mais pense de venir;
> Seule à toi suis, aie à en souvenir.
> Troye gist bas et remise en foiblesse
> Tant haïe des pucelles de Grèce;
> Pas ne valoit, ni Priam son grand roi,
> Que tant de gens y tinssent leur arol.

La *rime* n'étant que pour l'oreille, et non pas pour les yeux, on doit plutôt en juger par le son que par l'orthographe. Ainsi, quoique les syllabes finales de deux mots s'écrivent différemment, il suffit ordinairement qu'elles produisent le même son, pour qu'elles riment ensemble, comme *repos* et *maux* dans ces deux vers :

> Tout conspire à-la-fois à troubler mon *repos*,
> Et je me plains ici du moindre de mes *maux*.

Par la même raison, si les syllabes finales de deux mots s'écrivent de la même manière, et qu'elles se prononcent différemment, elles ne peuvent rimer ensemble. Ainsi la rime des vers suivans est défectueuse.

> Ma colère revient, et je me *reconnois*:
> Immolons en partant trois ingrats à-la-*fois*.

La *rime* ne satisfait les yeux qu'aux dépens de l'oreille :

> Et dans les plus bas rangs, les noms les plus *abjects*
> Ont voulu s'annoblir par de si hauts *projets*. CORNEILLE.
> Ame de mes conseils, et qui seul tant de *fois*
> Du sceptre dans ma main as soulagé le *poids*. RACINE.
> La colère est superbe, et veut des mots *altiers* :
> L'abattement s'explique *en des termes moins fiers*.
> Que si sous Adam même, et bien avant *Noé*
> Le vice audacieux des hommes *avoué*. . . . .
> Et quand avec transport je pense m'*approcher*
> De tout ce que les dieux m'ont laissé de plus *cher*. . . .
> Mais sans examiner si dans les antres *sourds*,
> L'ours a peur du passant ou le passant de l'*ours*,
> La fourmi tous les ans traversant les *guérets*
> Grossit ses magasins des trésors de *Cérès*. . . .
> Attendant son destin d'un quatorze et d'un *sept*,
> Voit sa vie ou sa mort sortir de son *cornet*.
> Et souvent tel y vient qui sait pour tout *secret*
> Cinq et quatre font neuf; ôtez deux, reste *sept*. BOILEAU.

Le *p* non suivi de l'*s*, ne rime bien qu'avec lui-même : Lanoue a donc eu tort de dire dans *Mahomet II* :

> D'un triomphe pompeux l'appareil *imposant*,
> Hors de ces murs encor le retient dans son *camp*.
> Ton bras est suspendu : qui t'arrête? ose *tout*;
> Dans un cœur tout à toi laisse tomber le *coup*.

deux *ll*, mouillés ou secs, ne riment bien non plus qu'avec eux-mêmes; ainsi, *rappellé* et *émaillé* ne peuvent rimer ensemble.

> Par ton ami *rappellé*
> Sur ce rivage *émaillé*.

§. I. *De la rime masculine et féminine.*

La rime se divise en masculine et féminine; d'où les vers sont appelés *masculins* ou *féminins*, comme nous l'avons dit plus haut.

La *rime féminine* est celle qui se termine par des sons muets, finissant par un *e* simplement; comme dans ces vers :

> L'Eternel est son nom. Le monde est son *ouvrage*.
> Il entend les soupirs de l'humble qu'on *outrage*.

Exemples des *rimes féminines*.

> Quelque sujet qu'on traite, ou plaisant ou *sublime*,
> Que toujours le bon sens s'accorde avec la *rime*. . . .
> Lorsqu'à la bien chercher d'abord on s'*évertue*,
> L'esprit à la trouver aisément s'*habitue*.

ou par un *e* muet suivi d'un *s*, comme dans ceux-ci :

> Objet infortuné des vengeances *célestes*,
> Je m'abhorre encor plus que tu ne me *détestes*.

ou par un *e* muet suivi des lettres *nt*, comme dans ceux-ci :

> C'est lui-même. Il m'échauffe. Il parle. Mes yeux s'*ouvrent* :
> Et les siècles obscurs devant moi se *découvrent*.

> C'est peu qu'en un ouvrage où les fautes *fourmillent*,
> Des traits d'esprits semés de temps en temps *pétillent*.
> Le même.

La *rime masculine* est celle qui se termine par des sons pleins étant formée par toute autre terminaison que par un *e* muet, soit par une voyelle, comme dans ces vers :

Exemples des *rimes masculines*.

> Ciel! quel nombreux essaim d'immortelles *beautés*,
> S'offre à mes yeux en foule, et sort de tous *côtés* ?

> Misérables jouets de notre *vanité*,
> Faisons du moins l'aveu de notre *infirmité*.

soit par une consonne, comme dans ceux-ci :

> Le faux est toujours fade, ennuyeux, *languissant*;
> Mais la nature est vraie et d'abord on la *sent*.

> Puissent jusques au ciel vos soupirs *innocens*
> Monter comme l'odeur d'un agréable *encens*!

Les troisièmes personnes du pluriel de l'imparfait de l'indicatif et du conditionnel présent des verbes n'ont pas la rime féminine, quoique terminés en *oient*, parce que ces cinq lettres ont, comme nous l'avons dit, le son de l'*è* ouvert, et qu'ainsi elles forment une rime masculine, comme dans ces deux vers :

> Aux accords d'Amphion les pierres se *mouvoient*,
> Et sur les murs Thébains en ordre s'*élevoient*.

On ne considère presque jamais que le son de la dernière syllabe des mots pour la rime masculine. Ainsi *verité* rime avec *piété*; *raison* avec *maison*; *malheur* avec *douleur*; *succès* avec *procès*, etc.

Mais le son de la dernière syllabe des mots ne suffit pas pour la rime féminine, parce que la prononciation sourde et obscure de l'*e* muet empêche d'y apercevoir une convenance sensible. Ainsi quoique la dernière syllabe de *monde* soit semblable à la dernière de *demande*, cependant ces deux mots ne riment pas, non plus que *louange* avec *mensonge*, *fidèle* avec *scandale*.

Il faut donc encore prendre la convenance des sons, pour la rime féminine, de la pénultième syllabe des mots. Ainsi *monde* rimera fort bien avec *profonde*; *demande* avec *offrande*; *louange* avec *mélange*; *fidèle* avec *modèle*; *scandale* avec *morale*, etc.

§. II. *De ce qui suffit ou ne suffit pas pour la rime.*

La rime tant masculine que féminine est d'autant plus parfaite qu'il y a plus de ressemblance dans les sons qui la forment. Ainsi, quoique *plaisir* rime bien avec *soupir*, et *prudence* avec *récompense*, cependant *plaisir* rime encore mieux avec *désir*, et *prudence* avec *providence*, parce qu'outre la conformité des sons *ir* et *ence* essentielle à l'une et à l'autre rime, les consonnes *s* et *d* qui les précèdent sont encore les mêmes : ce qui ajoute un nouveau degré de perfection à la rime.

Quand les syllabes qui forment la rime, c'est-à-dire la dernière pour la rime masculine, et la pénultième pour la rime féminine, commencent par une voyelle, il est nécessaire, si elles ne sont pas les premières du mot, qu'elles soient précédées d'une autre voyelle, comme on peut le reconnoître dans les mots *li-en*, *na-tion*, *pré-cieux*, *artifici-elle*, *vertu-euse*, *sci-ence*, etc.

Or il faut, pour la plus grande perfection de la rime de ces syllabes, que non-seulement elles soient précédées des mêmes voyelles, mais encore que des consonnes qui précèdent ces voyelles soient les mêmes ou ayent le même son. Ainsi *lien*, qui rime avec *gardien*, rimera encore mieux avec *italien*; *nation*, qui rime avec *union*, rimera encore mieux avec *ambition*; *précieux*, qui rime avec *curieux*, rimera mieux avec *audacieux*; *artificielle*, qui rime avec *citadelle* et *maternelle*, rimera mieux avec *essentielle*; *vertueuse*, qui rime avec *fameuse* et *monstrueuse*, rimera mieux avec *impétueuse*; *science*, qui rime avec *espérance* et *confiance*, rimera beaucoup mieux avec *patience*, etc.

On appelle *rime riche* ou *heureuse*, celle qui est formée par la plus grande uniformité de sons; et *rime suffisante* ou *commune*, celle qui n'a rien de plus que les sons essentiels.

Il arrive même que des sons essentiels à la rime ne suffisent pas en bien des occasions, et qu'il faut encore y ajouter le son des consonnes ou des voyelles précédentes. Ainsi *liberté* ne rimeroit pas avec *aimé*, quoique l'*é* fermé soit le son final de l'un ou de l'autre mot; ni *créa* avec *allia*, quoiqu'ils aient tous les deux la voyelle *a* pour dernière syllabe.

Les sons essentiels à la rime ne suffisent pas, quand ils ne sont ni assez pleins ni assez marqués, ou qu'ils se trouvent à la fin d'un grand nombre de mots, parmi lesquels on peut aisément choisir ceux dont la rime a plus de convenance.

Les sons essentiels à la rime suffisent, quand ils sont pleins, ou qu'ils se trouvent dans des monosyllabes, ou qu'ils ne sont précédés des mêmes consonnes ou des mêmes voyelles, que dans un très-petit nombre de mots.

I. Les sons que l'on appelle pleins, sont ceux de l'*a* et de l'*o*, des *e* ouverts, des voyelles composées *ai*, *ei*, *oi*, *au*, *eau*, *eu*, et *ou*; des voyelles nazales *an*, *am*, *en*, *em*, *in*, *im*, *ain*, *ein*, *aim*, *on*, *om*, *un*, *um*, des voyelles longues, des diphtongues, *ie*, *oi*, *ui*, *ieu*, *ien*, *ion*, *oin*, et des voyelles suivies de plusieurs consonnes semblables ou différentes. Ainsi *combats* rimera avec *embarras*; *fatal* avec *inégal*, *repos* avec *héros*; *parole* avec *immole*; *progrès* avec *succès*; *mer* avec *enfer*; *ouvert* avec *offert*; *même* avec *extrême*; *jamais* avec *parfaits*; *maître* avec *paroître*; *reine* avec *peine*; *tableau* avec *fardeau*; *rigoureux* avec *cheveux*, *bonheur* avec *ardeur*; *courroux* avec *genoux*; *venin* avec *dessein*; *pardon* avec *leçon*; *commun* avec *importun*, *lumière* avec *carrière*; *vouloir* avec *savoir*; *ennui* avec *aujourd'hui*; *conduite* avec *poursuite*; *entretiens* avec *conviens*; *témoin* avec *besoin*; *horrible* avec *sensible*; *injure* avec *murmure*, etc.

Le son de l'*a* n'est plein et suffisant pour la rime, que quand il est dans la pénultième syllabe du mot, ou qu'étant dans la dernière, il est suivi de quelque consonne, comme dans *agréable*, *favorable*, *état*, *sénat*, *trépas*, *soldats*, *remparts*, *étendards*. Mais s'il est la dernière lettre du mot, comme dans toutes les troisièmes personnes du singulier du prétérit des verbes de la première conjugaison, il faut qu'il soit précédé de la même consonne ou de la même voyelle. Ainsi *condamna* rimeroit avec *donna*, mais non pas avec *tomba*, *marcha*, *confia*, ni avec d'autres où l'*a* ne seroit pas précédé d'un *n*.

Quoique le son de la rime en *ant* ou *ent*, soit plein, néanmoins à cause du grand nombre de mots où elle se trouve, on ne doit faire rimer ensemble que ceux où *ant* et *ent* sont précédés des mêmes consonnes ou des mêmes voyelles. Ainsi *diamant* ne rimeroit bien qu'avec un mot terminé en *mant* ou *ment*, comme *égarement*; et *suppliant* ne rimeroit bien qu'avec un mot terminé en *iant*, comme *griant*, etc.

Par la même raison, *eu* et *on*, précédés d'une consonne, ne riment pas bien avec *eu* et *on* précédés de la voyelle *i*. Ainsi *heureux* ne rime pas bien avec *ambitieux*, ni *moisson* avec *passion*; mais *heureux* rimera avec *courageux*; *moisson* avec *trahison*; *ambitieux* avec *furieux*; et *passion* avec *religion*.

Les voyelles qui n'ont pas un son plein, sont l'*é* fermé, ou seul, comme dans *beauté*, ou suivi des consonnes *s*, *z* et *r*, comme dans *beautés*, *aimez*, *aimer*; l'*i* et l'*u*, ou seuls, comme dans *ami*, *vertu*, ou suivis d'une consonne qui n'en alonge pas sensiblement le son, comme dans *amis*, *vertus*, *habit*, *tribut*, etc. Et ces voyelles ne pourront former de bonnes rimes masculines, qu'autant qu'elles seront précédées des mêmes consonnes ou des mêmes voyelles. Ainsi *beauté* rimera bien avec *divinité*; *beautés* avec *divinités*; *aimez* avec *animez*; *aimer* avec *animer*; *pitié* avec *amitié*; *ami* avec *endormi*; *vertu* avec *combattu*; *amis* avec *endormis*, etc.

On peut donner pour règle générale, que quand les rimes masculines sont bonnes ou suffisantes, elles sont encore meilleures en devenant féminines par l'addition de l'*e* muet; parce qu'outre la nouvelle conformité de son que l'*e* muet y ajoute, il oblige encore d'appuyer davantage sur la pénultième syllabe, et en rend par-là le son plus plein qu'il n'étoit auparavant. Par exemple, si *consacré* et *révéré*; *soupir* et *désir*; *sujet* et *indiscret*; *interdit* et *petit*, riment bien; *consacrée* et *révérée*; *soupire* et *désire*; *sujète* et *discrète*; *interdite et petite*, rimeront encore mieux.

Mais de ce que les rimes féminines sont bonnes, comme *puissante* et *chancelante*; *heureuse* et *furieuse*, il ne s'en suit pas que les rimes semblables masculines le soient aussi : car *puissant* rimeroit mal avec *chancelant*, et *heureux* avec *furieux*, comme nous l'avons observé plus haut.

II. On ne cherche pas une si grande conformité de sons, quand on fait rimer un monosyllabe avec un autre monosyllabe ou avec un mot de plusieurs syllabes. Il suffit que le son essentiel à la rime s'y trouve. Ainsi *loi* rimera avec *foi* et avec *effroi* : *pas* avec *bas* et avec *états*; *paix* avec *faix* et avec *jamais*; *mis* avec *pris* et avec *sortis*; *dit* avec *fit* et avec *esprit*; *vous* avec *loups* et avec *courroux*, etc. et par la même raison il n'y a rien d'irrégulier dans la rime de ces deux vers :

Lui que ta fis languit dans des tourmens honteux,
Lui dont l'aspect ici te fait baisser les yeux.

III. Quand il n'y a qu'un très-petit nombre de mots où les sons essentiels à la rime soient précédés des mêmes consonnes ou des mêmes voyelles, cette rareté dispense des règles que nous venons d'établir, et autorise à se contenter de rimes suffisantes. Ainsi parce qu'il n'y a que très-peu de mots terminés en *pir*, on fait rimer *soupir* avec *désir*; et on fait rimer *trahir* avec *obéir*, à cause du petit nombre de mots où *ir* est précédé des mêmes voyelles.

Cette licence ne peut regarder qu'un très-petit nombre de mots terminés en *u*, *us*, *ut*, *is*, *it*, *ir* : encore faut-il en user avec beaucoup de ménagement, et quand on y est absolument forcé par la disette de la rime.

Mais à l'égard des mots terminés en *é* fermé seul, ou suivis des lettres *u*, *z*, *r*, et *i* seul, le nombre en est si grand, qu'on ne doit jamais se dispenser de les faire rimer par les consonnes ou voyelles qui précédent l'*e* et l'*i*. Ainsi, quelque beaux que soient ces vers pour le sens, ils pêchent par la rime :

En juge incorruptible y rassemble à ses *pieds*
Ces immortels esprits que son souffle a *créés*.

Ayez pitié d'un cœur de soi-même *ennemi*,
Moins malheureux cent fois, quand vous l'avez *haï*.

La terminaison en *ai* des prétérits de l'indicatif des verbes de la première conjugaison, des futurs de tous les verbes, et du présent de l'indicatif du verbe *avoir*, ayant le son de l'*é* fermé, on peut fort bien la faire rimer avec un mot terminé en *é* fermé, comme dans ces vers.

Vaincu, chargé de fers, de regret consumé,
Brûlé de plus de feux que je n'en *allumai*. . . .
Mon oncle, soyez sûr que je ne *partirai*
Qu'après vous avoir vu bien cloué, bien muré.
Non, je ne prétends plus demeurer engagé,
Pour un cœur où je vois le peu de part que j'*ai*.

La rime féminine de l'*é* fermé ne doit pas être moins parfaite que la masculine, et il n'y a guère de poëtes qui n'observent les mêmes règles à l'égard de l'une et de l'autre. Ainsi *aimée* ne rimera bien qu'avec un mot terminé en *mée*, et *confiée* ne rimera bien qu'avec un mot terminé en *iée*.

Il n'en est pas de même des rimes féminines en *ie* et en *ue*, que l'on emploie quelquefois sans qu'elles soient précédées des mêmes consonnes, comme dans ces vers;

O Ciel, pourquoi faut-il que ta secrète envie
Ferme à de tels héros le chemin de l'*Asie*!
Polinice, Seigneur, demande une entrevue :
C'est ce que d'un héraut nous apprend la *venue*.

Les mots terminés en *ui*, *uie*, *uis*, *uit*, doivent toujours rimer avec des mots qui ayent la même terminaison, et le son de la diphtongue *ui* étant assez plein de lui-même, il n'est pas nécessaire qu'elle y soit précédée des mêmes consonnes.

De la *rime riche*.

Une *rime* est *riche* lorsque les sons qui la composent sont représentés par trois ou quatre lettres parfaitement semblables, comme dans ces vers de Boileau :

Il n'est point de serpent ni de monstre *odieux*
Qui, par l'art imité, ne puisse plaire aux *yeux* :
D'un pinceau délicat l'artifice *agréable*
Du plus affreux objet fait un objet *aimable*.
Ainsi, pour nous charmer, la tragédie en *pleurs*,
D'Œdipe tout sanglant fit parler les *douleurs*;
D'Oreste parricide exprima les *alarmes*,
Et pour nous divertir, nous arracha des *larmes*.

De la *rime suffisante*.

Une *rime* est *suffisante*, lorsque les sons, sans être représentés par les mêmes lettres, n'ont rien qui blesse l'oreille, comme dans ces vers de Racine et de Boileau :

Titus vous embrassa mourant entre ses *bras*,
Et tout le camp vainqueur pleura votre *trépas*.
Il n'avoit plus pour moi cette ardeur *assidue*,
Lorsqu'il passoit des jours attaché sur ma *vue*.
Vous connoissez, madame, et la lettre et le *seing*.
— Du cruel Amurat je reconnois la *main*.
C'est (pour l'en détourner j'ai fait ce que j'ai *pu*).
Cet enfant sans parens qu'elle dit qu'elle a *vu*.
Et sans lasser le ciel par des vœux *impuissans*,
Mettons-nous à l'abri des injures du *temps*.
Je ne puis rien nommer si ce n'est par son *nom* ;
J'appelle un chat un chat, et Rollet un *fripon*.
Et que le sort burlesque, en ce siècle de *fer*,
D'un pédant, quand il veut, sait faire un duc et *pair*.
Et la fièvre au retour terminant son *destin*,
Fit par avance en lui ce qu'auroit fait la *faim*.
Cependant mon hableur avec une voix *haute*,
Porte à mes compagnons la santé de notre *hôte*.
En vain à lever tout les valets sont fort *prompts*,
Et les ruisseaux de vin coulent aux *environs*.
Il compteroit plutôt combien dans un *printemps*,
Guénaud et l'antimoine ont fait mourir de *gens*.
Chacun suit dans le monde une route *incertaine*,
Selon que son erreur le joue et le *promène*.
Lui faisant voir ses vers et sans force et sans *grâces*,
Montés sur deux grands mots comme sur des *échasses*.
Je les estime fort; mais je trouve en *effet*
Que le plus fou souvent est le plus *satisfait*.
Vingt carrosses bientôt arrivent à la *file*,
Y sont en moins de rien suivis de plus de *mille*.
Et pour surcroît de maux un sort *malencontreux*,
Conduit en cet endroit un grand troupeau de *bœufs*. —
Que retiré chez lui, le paisible *marchand*,
Va revoir ses billets et compter son *argent*.
Bientôt quatre bandits lui serrant les *côtés*,
La bourse; il faut se rendre! ou bien non! *résistez*?
Dès que j'y veux rêver, ma verve est aux *abois*;
J'ai beau frotter mes yeux, j'ai beau mordre mes *doigts*...
Je pense être à la gêne, pour un tel *dessein*,
La plume et le papier résistent à la *main*.
Mais il faut les prouver en forme, j'y *consens* :
Réponds-moi donc, docteur, et mets-toi sur les *bancs*.
Ce qu'un jour il abhorre, en autre il le *souhaite* :
Moi, j'irois épouser une femme *coquette*!
Mais moi qui, dans le fond, sais bien ce que j'en *crois*,
Qui compte tous les jours vos défauts par mes *doigts*. —
Mais vous qui rafinez sur les écrits des *autres*,
De quel œil pensez-vous qu'on regarde les *vôtres*?
Voilà jouer d'adresse et médire avec *art*,
Et c'est avec respect enfoncer le *poignard*.
Laissons-là, croyez-moi, le monde tel qu'il *est*,
L'hymenée est un joug, et c'est ce qui m'en *plaît*.
Sans cesse vous brûlez de voir tous vos *parens*,
Engloutir, à la cour, charges, dignités, *rangs*.

La rime cesse d'être suffisante quand la conformité de sons a quelque chose qui blesse l'oreille, comme *temps* et *dans*; mais ce vice disparoît toutes les fois que *dans* est de deux syllabes.

C'est-là ce qui fait peur aux esprits de ce *temps*,
Qui tous blancs au-dehors, sont tous noirs au-*dedans*.

§. III. *En quelles occasions il faut faire accorder la rime avec l'orthographe.*

Quoique nous ayons dit plus haut qu'il n'étoit pas nécessaire, pour la validité de la rime, que les

TRAITÉ DE VERSIFICATION FRANÇOISE.

les dernières syllabes des mots s'écrivissent avec les mêmes lettres, et qu'il suffisoit qu'elles produisissent le même son; il y a néanmoins quelques occasions où l'orthographe doit s'accorder avec la rime.

I. Un mot terminé par un *s*, par un *x*, ou par un *z*, ne rimeroit pas avec un mot qui ne seroit pas terminé par l'une de ces trois lettres. Ainsi *aimable* ne rimeroit pas avec *fables*; ni *discours* avec *jour*; ni *vérité* avec *vanités* ou *méritez*; ni *genou* avec *vous* ou *courroux*; ni *cheveu* avec *heureux*, etc. Et la rime de ces deux vers est défectueuse.

> Oui, vraiment, ce visage est encor fort mettable :
> S'il n'est pas des plus beaux, il est des agréables.

Mais il n'est pas nécessaire que les mots dont la rime est terminée par l'une de ces trois lettres soient du nombre pluriel, ni que ce soit la même lettre qui les termine. Ainsi le *discours* rimera avec *les jours*; *célestes* avec *tu détestes*; *le nez* avec *vous donnez*; *vanités* avec *méritez*; *vous* avec *courroux*; *paix* avec *jamais*; *loix* avec *rois*, etc.

II. Quoique l'*r* ne se prononce pas à la fin des verbes dans les mots terminés en *er* avec l'*é* fermé, cependant ils ne doivent rimer qu'avec des mots également terminés en *er*, comme dans ces deux vers :

> Un ennemi si noble a su m'encourager :
> Je suis venu chercher la gloire et le danger.

III. On ne fait guère rimer une personne de verbe terminée en *ois* ou en *oit* ayant le son de l'*è* ouvert, avec un mot qui auroit le même son, mais qui s'écriroit différemment, comme *j'aimois* avec *jamais*; *manquoit* avec *banquet*. Il faut ordinairement recourir à une semblable personne d'un autre verbe, comme dans ces deux vers :

> Et sans trop s'enquérir d'où la laide venoit,
> Il sut, c'en fut assez, l'argent qu'on lui donnoit.

IV. Les troisièmes personnes du pluriel des verbes, terminées en *ent* ou en *oient*, ne doivent rimer qu'avec d'autres troisièmes personnes de verbes qui ayent les mêmes terminaisons. Ainsi *ils disent* ne rimeroit pas avec *marchandises*, ni *fassent* avec *surface* : mais *disent* rimeroit bien avec *lisent*, et *fassent* avec *effacent* :

V. Les mots terminés par *anc* et *ang*, ne riment ordinairement au singulier qu'avec des mots qui ayent l'une ou l'autre terminaison, comme dans ces deux vers :

> Remplissez les autels d'offrandes et de *sang*,
> Des victimes vous-même interrogez le *flanc*.

VI. Quand un mot est terminé par un *t*, il ne peut rimer qu'avec un mot qui soit aussi terminé par un *t* ou par un *d*. Ainsi *hasard* rimera avec *départ*; *verd* avec *couvert*; *nid* avec *finit*; *accord* avec *fort*; *sourd* avec *court*, etc. comme dans ces deux vers :

> Sur l'argent, c'est tout dire, on est déjà d'*accord*,
> Ton beau-père futur vide son coffre-*fort*.

et dans ceux-ci :

> Vous voyez quel effroi me trouble et me con*fond*;
> Il parle dans mes yeux, il est peint sur mon *front*.

VII. On fait rimer ensemble tous les mots dont la dernière syllabe a le son de la voyelle nasale *in*, de quelque manière qu'elle s'écrive. Ainsi *divin* rimera avec *humain*, *faim*, *dessein*, et chacun de ces mots rimera avec les autres, comme dans ces vers :

> Je n'y puis plus tenir, j'enrage; et mon dess*ein*
> Est de rompre en visière à tout le genre hum*ain*.
>
> Déjà d'un plomb mortel plus d'un brave est atteint;
> Sous ses fougueux coursiers, l'onde écume et se *plaint*.

VIII. Quand les mots sont terminés par un *s* ou par un *x*, la convenance des consonnes ou des voyelles précédentes ne s'exige plus avec la même sévérité : il suffit que les dernières syllabes ayent le même son. Ainsi *combats* rimera avec *trépas*; *rangs* avec *tyrans*; *effets* avec *satisfaits*; *héros* avec *travaux*; *balcons* avec *féconds*; *dehors* avec *accords*; *jours* avec *sourds* et *courts*, etc.

IX. Enfin, hors les circonstances que nous venons d'expliquer, on peut faire rimer ensemble toutes les consonnes et voyelles qui ont le même son, quelque différentes qu'elles puissent être par le caractère. Ainsi *être* rimera avec *connoître* et *maître*; *race* avec *terrasse*; *contraire* avec *frère*, *chose* avec *cause*, etc.

X. L'*l* mouillé ne peut jamais rimer avec l'*l* simple. Ainsi *travail* ne rimeroit pas avec *cheval*, ni *merveille* avec *nouvelle*, ni *famille* avec *tranquille*, etc.

§. IV. *Rime d'un mot avec lui-même.*

Un mot ne peut pas rimer avec lui-même, à moins qu'il ne soit pris dans des significations différentes. Ainsi la rime de ces deux vers est irrégulière.

> Les chefs et les soldats ne se connoissent *plus*.
> L'un ne peut commander, l'autre n'obéit *plus*.

au lieu qu'il n'y a rien de répréhensible dans les vers suivans :

> Prends-moi le bon parti. Laisse-là tous les *livres*.
> Cent francs au denier cinq; combien font-ils? vingt *livres*.
>
> Cependant par un sort que je ne conçois *pas*,
> Votre douleur redouble et croît à chaque *pas*.
> Quand notre hôte charmé, m'avisant sur ce *point*,
> Qu'avez-vous donc, dit-il, que vous ne mangez *point*?
>   Pour savoir où la belle est *allée*,
> Va-t-en chercher par-tout. J'attends dans cette *allée*.
>   Suffit, et j'en suis *quitte*.
> Après ce que j'ai dit, souffrez que je vous *quitte*.
> Il est vrai, cher Crispin; mais enfin tu sais *bien*
> Que cela ne fait pas presque le quart du *bien*.

§. V. *Rime d'un simple avec son composé.*

Un mot simple ne rime pas avec son composé, *écrire* avec *souscrire*; *voir* avec *prévoir*; *mettre* avec *remettre*; *faire* avec *défaire*, etc. ni un *primitif* avec son *dérivé* : ainsi, *jour* ne peut rimer avec *abat-jour*, ni *juste* avec *injuste*.

A l'égard des composés d'un même mot, on peut les faire rimer ensemble, lorsque leurs significations n'ont point de rapport, dans ces deux vers :

> Dieu punit les forfaits que leurs mains ont *commis*,
> Ceux qu'ils n'ont point vengés, et ceux qu'ils ont *permis*.

Ainsi il suffit qu'un de ces mots ait une autre signification que celle qui lui est propre pour que la règle ne soit pas enfreinte. C'est ce qui a fait dire, 1°. à *Racine*, dans *Bérénice*, (act. II, sc. IV) :

> Pour un ingrat, Seigneur! et le pouvez-vous *être*?
> Ainsi donc mes bontés vous fatiguent *peut-être*?

2°. A *Corneille*, dans *le Cid*, (act. I. sc. V) :

> Si Rodrigue est mon fils, il faut que l'amour *cède*,
> Et qu'une ardeur plus haute à ses flammes *succède*.

3°. Et à *Boileau*, dans sa Xe. *satyre* :

> Mais pour bien mettre ici leur crasse en tout son *lustre*,
> Il faut voir du logis sortir ce couple *illustre*.

On voit par-là que *front* peut très-bien rimer avec *affront*, *fait* avec *parfait*, *battre* avec *abbattre*, *garde* avec *regarde*, *jours* avec *toujours*, *temps* avec *printemps*; mais que *bonheur* ne rime point avec *malheur*, *ordre* avec *désordre*, *battre* avec *combattre*, *temps* avec *long-temps*.

Les mots qui sont opposés entr'eux, ne riment point ensemble.

> Je connois trop les grands; dans le malheur, *amis*,
> Ingrats dans la fortune, et bientôt *ennemis*.
>
> *Anonyme.*

tout mot rime donc avec lui-même quand il change de signification; les exemples de ces rimes ne laissent pas d'être fréquents; on en trouve dans presque tous les bons auteurs.

> A tous ces beaux discours j'étois comme une *pierre*,
> Ou comme la statue est au festin de *pierre*.

Elle est donc admise lorsqu'elle a reçu par l'usage des significations assez différentes, comme *garde*, *regarde*; *lustre*, *illustre*; *fait*, *parfait*; *front*, *affront*; *jours*, *toujours*; *temps*, *printemps*, et d'autres déjà cités. Aucun poëte ne fait difficulté de s'en servir.

> Je disois à la nuit sombre :
> O nuit, tu vas dans ton ombre
> M'ensevelir pour toujours!
> Je redisois à l'aurore :
> Le jour que tu fais éclore
> Est le dernier de mes jours.

§. VI. *Rime de l'é fermé avec l'è ouvert.*

L'*é* fermé ne rime pas avec l'*è* ouvert. Ainsi l'oreille est blessée de la rime des mots terminés en *er* avec l'*é* fermé, comme *aimer*, *triompher*, *mériter*, *chercher*, *confier*, etc. avec les mots terminés en *er* avec l'*è* ouvert, comme la *mer*, l'*enfer*, *Jupiter*, *cher*, *fier*, etc. Ce défaut se trouve dans les vers suivans :

> Hé bien, brave Acomat, si je lui suis si *cher*,
> Que des mains de Roxane ils viennent m'*arracher*.
> Attaquons dans leurs murs ces conquérans si *fiers* :
> Qu'ils tremblent à leur tour pour leurs propres *foyers*.

Jupitèr ne rime pas bien avec vant*er*, amèr avec aim*er*, enfèr avec échauff*er*, chèr avec appro*cher*, hièr avec gross*ier*. Ainsi la rime est défectueuse dans les vers suivans :

> Mes yeux en sont témoins, j'ai vu moi-même *hier*
> Entrer chez le prélat le chapelain Garn*ier*.
>
> DESPRÉAUX.
>
> Et quand avec transport je pense m'appro*cher*
> De tout ce que les dieux m'ont laissé de plus *cher*.
>
> RACINE.

Il y a encore quelques autres exemples de Racine; mais cette rime doit être proscrite, et il faut dire avec Fontenelle :

> Bergères, jouissez de mille vœux offerts :
> Dans l'absence d'Iris vos momens vous sont chers.

Et avec du Resnel :

> Sont-ils devenus grands, ces nourrissons si chers,
> Ils courent habiter les bois, les champs, les airs.
>
> *Traduction de l'Essai sur l'Homme, de Pope.*

Ménage, dans ses *Observations sur Malherbe*, dit que ce poëte, *sur la fin de ses jours, avoit conçu une si grande aversion pour ces rimes normandes, qu'il avoit dessein de les ôter toutes de ses poësies.*

Cette rime n'est pas même permise dans les vers féminins, où le son est plus soutenu, et où l'*è* est plus ouvert. Ainsi *terre* et *taire* (*tacere*) ne forment pas une rime suffisante. Cependant quelques poëtes modernes l'emploient assez communément; mais ils ne sont pas à imiter en cela. Despréaux ne l'a employée qu'une seule fois :

> Cotin, à ses sermons traînant toute la *terre*,
> Fend des flots d'auditeurs pour aller à sa *chaire*.

De même les oreilles délicates auront peine à accorder la rime de *terre* avec celle de *père*; quoiqu'en puisse dire l'auteur de ces deux vers :

> La main, la même main qui t'a rendu ton *père*,
> Dans ton sang odieux pourroit venger la *terre*.

non parce qu'il y a deux *rr* dans *terre*, et qu'il n'y en a qu'un dans *père*, mais parce que l'*e* est fort ouvert dans *terre*, et qu'il n'est qu'un peu ouvert dans *père*, ce qui fait deux sons différens.

En sorte que, par cette raison, *terre* ne rimera bien qu'avec des mots où l'*e* sera fort ouvert, tels que *guerre* ou *tonnerre*, comme dans les vers suivans du même auteur :

> Et ce peuple autrefois, vil fardeau de la *terre*,
> Semble apprendre de nous le grand art de la *guerre*.
>
> Ce peuple de vainqueurs armés de son *tonnerre*,
> A-t-il le droit affreux de dépeupler la *terre*?

Une seule lettre, quoiqu'elle fasse une syllabe, n'est pas suffisante pour la rime. *De sorte qu'il passe pour maxime*, dit le P. Mourgues, *que dans la poësie françoise il n'est point de rime à une seule lettre*. Ainsi *créé* ne rime pas avec *lié*, *joué*. *Crée* ne rime pas même avec *liée*, et *jouée*. Il n'est donc pas toujours vrai de dire que la rime féminine est riche lorsque les deux dernières syllabes sont les mêmes, puisque dans l'exemple que je viens de rapporter elle ne forment pas seulement une rime suffisante. Racine n'a pas observé cette règle lorsqu'il a dit :

> Depuis que sur ces bords les dieux ont envo*yé*
> La fille de Minos et de Pasipha*é*.

Ni Despréaux, dans sa dixième satire :

> Mais je vous dirai moi, sans alléguer la fable,
> Que si sous Adam même, et loin avant No*é*,
> Le vice audacieux, des hommes avou*é*, etc.

quoique cette rime paroisse supportable par rapport à l'espèce de conformité de l'*o* et de l'*ou* dans la pénultième syllabe.

La cause de cette exception est que dans les mots terminés en *aé*, *éé*, *ié*, *oé*, *ué*, le son se tire de la pénultième voyelle, soit qu'elle fasse une syllabe, comme dans *lier*, *lien*, *jouet*, etc. soit qu'elle ne fasse qu'une syllabe avec la dernière voyelle, comme dans *bien*, *pilier*, etc. De-là vient que, malgré le privilége des monosyllabes, où l'on n'exige pas une si grande conformité de son, *honteux* rime mal avec *yeux*, parce que dans *yeux* le son se tire de l'*y*, qui n'est pas dans *honteux*. Il en de même de *feu*, *lieu*; *jeu*, *milieu*; *sein*, *rien*, etc. Cette dernière rime est la plus mauvaise de toutes.

On excepte de cette règle les féminins de la terminaison en *ière*, dont les mots, sans être monosyllabiques, riment ensemble, sans doute à cause que le son est plus plein, quoique le nombre des mots qui ont cette terminaison soit fort grand. Tel est l'usage, peut-être mal établi, mais que l'on ne sauroit contester. Ainsi *sévère* rime avec *lumière*, *carrière*, etc. quoiqu'*estimer* ne rime pas avec *limiter*.

Cette règle, qu'il n'est point de rime à une seule lettre, n'est pas si généralement vraie qu'elle ne souffre des exceptions : *obéi*, par exemple, rime bien avec *trahi*.

Cessez de vous troubler, vous n'êtes point trahi :
Quand vous commanderez, vous serez obéi.

RACINE.

C'est en conséquence de cette même règle que le P. Mourgues condamne absolument la rime de *connu*, *conçu*, *imprévu*, *interrompu*, etc. mais sans aucune raison, puisque l'usage permet les unes et condamne les autres ; ne se trouvant presque aucun poëte qui n'emploie les premières, et qui ne rejette les dernières.

§. VII. *Rime des voyelles longues avec les voyelles brèves.*

Les voyelles longues, soit qu'elles se trouvent dans la dernière syllabe des vers masculins, ou dans la pénultième des vers féminins, riment mal avec les voyelles brèves, comme *mâle* avec *cabale* ; *intérêt* avec *objet* ; *prêt* avec *projet* ; *conquête* avec *coquette* ; *dépôt* avec *dévot* ; *côte* avec *grotte* ; *fantôme* avec *homme* ; *trône* avec *couronne*, *gîte* avec *visite*, etc. Ainsi la rime de ces vers n'est pas tout-à-fait exacte :

Je l'instruirai de tout ; je t'en donne *parole* ;
Mais songe seulement à bien jouer ton *rôle*.

Si ce n'est pas assez de vous céder un *trône*,
Prenez encor le mien ; et je vous l'*abandonne*.

Cependant une voyelle longue peut absolument rimer avec une longue, quand elle a de sa nature un son assez plein, et que la différence du bref au long n'étant pas trop sensible, elle peut être aidée et corrigée par la prononciation : ce qui regarde principalement les voyelles *a* et *ou*. Ainsi quoiqu'elles soient brèves dans les mots *préface* et *tout*, Despréaux a fait rimer ces mots avec *grâce* et *goût*, où elles sont longues, dans ces vers :

Un auteur à genoux dans une humble *préface*,
Au lecteur qu'il ennuie a beau demander *grâce*.
Aimez-vous la muscade ? on en a mis par *tout*.
Sans mentir, ces pigeons ont un merveilleux *goût*.

Au reste, c'est à l'oreille à juger si les voyelles longues et brèves peuvent ou ne peuvent pas former de bonnes rimes.

Les syllabes brèves qui riment avec les longues sont en très-petit nombre : *tache* ne rime point avec *lâche*, ni *favorable* avec *accable*, dans ces vers de Racine :

Son choix à votre nom n'imprime point de *taches* ;
Son amitié n'est point le partage des *lâches*.

Et sans doute elle attend le moment *favorable*
Pour disparoître aux yeux d'une cour qui l'*accable*.

Ces deux dernières rimes ne sont pourtant que douteuses ; car la poësie a par elle-même tant de difficultés qu'il faut bien se garder de les multiplier.

Observations diverses sur la rime.

Le son des lettres *c*, *g*, *q*, du *d* et du *t*, de l'*m* et de l'*n*, de l'*s* et de l'*x*, étant souvent le même, elles peuvent former une bonne rime. Exemple : *Flanc*, *sang*, *rang* ; *coq*, *roc*, *soc* ; *Armand*, *amant* ; *faim*, *humain* ; *nous*, *doux*, *courroux*, etc. La lettre *p* ne rime bien qu'avec elle-même : ainsi la rime des vers suivans n'est pas exacte :

D'un triomphe pompeux l'appareil imposant
Hors de ces murs encor le retient dans son *camp*. . . . .

Ton bras est suspendu ! Qui t'arrête ? Ose *tout* :
Dans un cœur tout à toi laisse tomber le *coup*.

Mahomet II, de la Noue.

La plupart de ces mots, lorsqu'ils sont au pluriel, riment fort bien avec d'autres pluriels qui n'ont pas les mêmes lettres. Exemple : *Grands*, *sens*, *flancs*, *rangs*, *différens*.

Il est sur l'Hélicon deux sommets *différens*,
Où chacun à l'envi brigue les premiers *rangs*.

L'abbé DU RESNEL, trad. de Pope *sur la Critique*.

Jougs, *courroux*, *nous* ; *corps*, *accords*, *efforts*, *essors* ; *écrits*, *mépris* etc. riment bien par cette raison.

Je n'ose de mes vers vanter ici le *prix* :
Toutefois si quelqu'un de mes foibles *écrits*
Des amans injurieux peut éviter l'outrage, etc.

DESPRÉAUX.

Il n'en est pas ainsi de la lettre *r*, quoiqu'elle ne se prononce pas quelquefois, comme en *dangers*, qui ne rime pas avec *outragés*.

Il y a une observation à faire sur une partie des mots terminés en *et*. Tous ceux qui sont brefs au singulier, comme *objet*, *décret*, *parfait*, deviennent longs au pluriel sans exception. Ainsi *discret* qui rime mal avec *prêt*, y rime bien quand ces mots sont au pluriel : *discrets*, *prêts*. Et ce qui paroîtra peut-être assez bizarre, c'est que ces mots, qui deviennent longs au pluriel masculin, demeurent brefs au pluriel féminin. *Discrètes*, *parfaites*, riment avec *prophètes* : *poëtes*, *trompettes*, et non pas avec *prêtes*, *fêtes*, *têtes*, *conquêtes*, etc.

Observation sur le mot êtes.

Ce mot, qui, suivant la plupart des auteurs, est toujours long en prose, peut devenir bref en vers, ou du moins rimer avec un autre mot dont la dernière voyelle est brève. Ainsi la rime des vers suivans est exacte :

Je me porte encor mieux que tous tant que vous *êtes* :
Je fais quatre repas, et je lis sans *lunettes*.

Voici des exemples où l'on fait ce mot bref :

Je ne vous tiendrez plus mes passions *secrètes*.
Je sais ce que je suis, je sais ce que vous *êtes*.

P. CORNEILLE.

Point d'époux qui m'abaisse au rang de ses *sujettes*.
Enfin je veux un roi : regardez si vous l'*êtes*.

T. CORNEILLE.

Toute pleine du feu de tant de saints *prophètes*,
Allez, osez au roi déclarer qui vous *êtes*.

RACINE.

Plusieurs auteurs l'ont cependant fait long, entre autres Malherbe :

Qu'il vive misérablement,
Confiné parmi ses *tempêtes* ;
Quant à nous, étant où vous *êtes*,
Nous sommes dans notre élément.

Et sur la fin de vos *tempêtes*,
Obligeant tous les beaux esprits,
Conservez au siècle où vous *êtes*
Ce que vous lui donnez de prix.

De la rime des monosyllabes.

Les monosyllabes, comme nous l'avons dit plus haut, riment fort librement entr'eux, même avec d'autres mots de plusieurs syllabes ; c'est-à-dire que l'oreille n'est pas si difficile sur la conformité du son. Par exemple, un mot terminé en *temps* rime mal avec un autre terminé en *dans* ; cependant si l'un des deux est monosyllabe, la rime est suffisante. Aussi Despréaux, très-scrupuleux sur la rime, n'a point fait difficulté de dire :

C'est-là ce qui fait peur aux esprits de ce *temps*,
Qui, tout blancs au dehors, sont tout noirs au *dedans*.

Et sans cesse en esclave à la suite des *grands*,
A des dieux sans vertu prodiguer mon *encens*.

Il y a, nous l'avons déjà dit, deux choses qui empêchent la bonté de la rime dans les monosyllabes. La première, si l'un des mots qui forment la rime étoit bref et l'autre long ; comme *tache*, *lâche* ; *mâle*, *cabale*, etc. La seconde, si le son étoit trop différent, comme *feu*, *milieu* ; *sein*, *bien*, etc.

Il est bon de répéter que les mots terminés en *ois*, *oit*, qui se prononcent *oa*, ne riment plus avec ceux également terminés en *ois*, *oit*, mais qui se prononcent *ais*, *ait*. Ainsi la rime de ces vers est défectueuse :

Ma colère revient, et je me *reconnois*.
Immolons en partant trois ingrats *à-la-fois*.
Tenez, voilà le cas qu'on fait de votre *exploit*.
Comment ! c'est un exploit que ma fille *lisoit* !

RACINE.

Il faut donc faire rimer ces verbes avec d'autres verbes qui ont la même consonnance, comme dans ces deux vers de Despréaux :

Aux accords d'Amphion les pierres se *mouvoient*,
Et sur les murs thébains en ordre s'*élevoient*.

Art Poëtique.

§. VIII. *Rime des hémistiches.*

Un vers est défectueux, quand le dernier hémistiche a une apparence de rime, une convenance de sons avec le second hémistiche, soit du même vers, soit du vers qui suit, ou du vers qui précède : ainsi, ces vers de Boileau ne sont pas à imiter.

Aux Saumaises *futurs* préparer des *tortures*.

Tant de fiel entre-t-il dans l'ame des *dévots* ?
Et toi, fameux *héros*, ...

Un *fiacre* me couvrant d'un déluge de boue,
Contre le mur *voisin* m'écrase de sa roue,
Et voulant me sauver, des porteurs *inhumains*
De leur maudit bâton me donnent dans les *reins*.

Il ne faut pas non plus imiter ceux-ci :

Il ne tiendra qu'à *toi* de partir avec *moi*.

Allez, vous êtes *fou* dans vos transports *jaloux*.

Je suis rustique et *fier*, et j'ai l'ame *grossière*.

Il en est que le ciel guida dans cet empire,
Moins pour nous *conquérir*, qu'afin de nous *instruire*.

ou quand le dernier hémistiche d'un vers rime avec le premier hémistiche du vers suivant, comme dans ceux-ci :

Il faut pour les avoir, employer notre *soin* ;
Ils sont à moi du *moins*, tout au moins qu'à mon frère.

ou quand les deux premiers hémistiches de deux vers qui se suivent riment ensemble, comme dans ceux-ci :

Sinon demain matin, si vous le trouvez bon,
Je mettrai de ma *main* le feu dans la maison.

J'eus un frère, *seigneur*, illustre et généreux,
Digne par sa *valeur* du sort le plus heureux.

Rhadamiste et Zénobie.

Cette règle s'applique, non-seulement aux finales de chaque hémistiche ou césure, mais encore aux mots qui riment ou qui ont l'air de rimer dans un même vers.

Mais son emploi n'est *pas* d'aller de place en *place*,
De mots sales et *bas* charmer la populace.

BOILEAU.

Du destin des Latins prononcer les oracles.

Le même.

Les *lois*, dans l'univers, sont au-dessus des *rois*.

Anonyme.

Mais c'est quelquefois une beauté, lorsque par figure on se sert ou des mêmes rimes, ou des mêmes mots avec la même signification dans les deux hémistiches, ou quand on répète même l'hémistiche, comme dans ces vers :

Tantôt la terre *ouvroit* ses entrailles profondes ;
Tantôt la mer *rompoit* la prison de ses ondes.

Là le corps immortel à notre ame obéit ;
Ici le corps mortel l'aveugle et le trahit.

Qui cherche *vraiment Dieu*, dans lui seul se *repose* ;
Et qui craint *vraiment Dieu*, ne craint rien autre chose.

XIPHARÈS.

Vous pourriez à *Colchos* vous expliquer ainsi.

PHARNACE.

Je le puis à *Colchos*, et je le puis ici.

Grand roi, poursuis toujours, assure leur repos :
Sans elles un *héros* n'est pas long-temps *héros*.

DESPRÉAUX.

Raphaël peint : *Vida* fait entendre sa voix ;
Cet immortel *Vida*, qui joignit à-la-fois
Le lierre du critique au laurier du poëte.

L'abbé DU RESNEL, trad. de l'*Essai de Pope sur la Critique*.

Le *mal* qu'on dit d'autrui ne produit que du *mal*.

LA FONTAINE.

Mais quelque grâce qu'ayent ces consonnances et ces répétitions, on ne doit les employer qu'avec beaucoup de réserve et de ménagement.

Des rimes en épithètes.

Les rimes en épithètes sont aux vers ce que les chevilles sont à la prose, ou plutôt, ce sont de véritables chevilles : on les appelle ainsi, parce qu'elles ne sont mises que pour la mesure, ou pour la rime. En voici quelques exemples tirés de Boileau, *Lutrin*, *Chant* I.

Ce prélat, sur le banc de son rival *altier*,
Deux fois le reportant, l'en couvrit tout *entier*.
Mais une église seule, à ses yeux *immobile*,
Garde au sein du tumulte une assiette *tranquille*.
Dans le réduit *obscur* d'une alcove *enfoncée*,
S'élève un lit de plume à grands frais *amassée*.
Vers cet endroit du chœur où le chantre *orgueilleux*
Montre, assis à ta gauche, un front si *sourcilleux*.

§. IX. *Retranchement de l's dans certains verbes.*

On retranche souvent dans les vers l'*s* finale de la première personne du singulier du présent de l'indicatif, et de la seconde de l'impératif de quelques verbes des trois dernières conjugaisons, principalement de ceux qui ont ces personnes terminées en *ois* et en *is*. Et cette licence servira à confirmer que l'usage d'écrire en prose quelques-unes de ces mêmes personnes sans *s*, avoit été vraisemblablement introduit par les poëtes qui y laissent ou re-

TRAITÉ DE VERSIFICATION FRANÇOISE.

tranchent l'*s* finale, selon qu'elle leur est nécessaire ou non, pour la liaison des mots ou pour la justesse de la rime.

Il semble qu'on ne peut mieux le prouver, qu'en faisant voir par des exemples, que pour observer des règles indispensables de la versification, un poëte emploie avec l'*s* final, un verbe qu'un autre emploie sans *s*, et que souvent le même auteur admet ou n'admet pas l'*s* dans le même verbe. Ainsi Despréaux qui écrit *dois* avec un *s*, pour le faire rimer avec *doigts*, dans ces deux vers :

> Mais moi qui, dans le fond, sais bien ce que j'en *crois*,
> Qui compte tous les jours vos défauts par mes *doigts*.

l'écrit sans *s*, dans ceux-ci, pour le faire rimer avec *moi* :

> En les blâmant enfin, j'ai dit ce que j'en *croi*,
> Et tel qui me reprend, en pense autant que moi.

Racine écrit *vois* avec un *s*, pour le faire rimer avec *fois*, dans ces deux vers :

> Depuis cinq ans entiers chaque jour je la *vois*,
> Et crois toujours la voir pour la première fois.

et sans *s* dans ceux-ci, pour le faire rimer avec *moi* :

> Vous ne répondez point? Perfide, je le *voi*.
> Tu comptes les momens que tu perds avec moi.

Molière écrit *je dis* avec un *s*, pour le lier avec la voyelle suivante dans ce vers :

> Je te le *dis* encor, je saurai m'en venger.

et sans *s* dans ceux-ci, pour le faire rimer avec *étourdi* :

> Un brouillon, une bête, un brusque, un étourdi ;
> Que sais-je? un.... cent fois plus encor que je ne *di*.

Je *sais* est employé avec un *s* dan les vers suivans, où il précède une voyelle :

> Je ne *sais* où je vais; je ne *sais* où je suis.
> RACINE.
>
> Je *sais* où je lui dois trouver des défenseurs.
> *Idem*.
>
> Je *sais* où gît le lièvre, et ne puis sans travail,
> Fournir en un moment d'hommes et d'attirail.
> MOLIÈRE.

Il est employé sans *s* dans ceux-ci, où il est suivi d'une consonne, et où il rime avec *blessé* :

> Monsieur, ce galant homme a le cerveau blessé.
> Ne le savez-vous pas?
> Je *sai* ce que je *sai*.
> MOLIÈRE.

Dois avec un *s* :

> Apprends-moi si je *dois* ou me taire ou parler.
> DESPRÉAUX.
>
> J'ignore, dites-vous, de quelle humeur il est,
> Et *dois* auparavant consulter, s'il vous plaît.
> MOLIÈRE.

Doi sans *s* :

> Sans parens, sans amis, sans espoir que sur moi,
> Je puis perdre son fils, peut-être je le *doi*.
> RACINE.
>
> *Celle-ci peut-être aura de quoi*
> Te plaire. Accepte-la pour celle que je *doi*.
> MOLIÈRE.

Reçois avec un *s* :

> Je *reçois* à ce prix l'amitié d'Alexandre.
> RACINE.

Reçoi sans *s* :

> Je ne puis t'exprimer l'aise que j'en *reçoi*.
> Et que me diriez-vous, Monsieur, si c'étoit moi?
> MOLIÈRE.

J'averti et *je frémi* sans *s* :

> Visir, songez à vous, je vous en *averti* ;
> Et sans compter sur moi, prenez votre parti.
> RACINE.
>
> Ah! bons Dieux, je *frémi* :
> Pandolfe qui revient! fut-il bien endormi!
> MOLIÈRE.

Molière a poussé la licence encore plus loin, puisqu'il a retranché l'*s* du prétérit *je vis* dans ces deux vers :

> *Hélas! si vous saviez comme il étoit ravi*,
> Comme il perdit son mal, sitôt que je le *vi*.

Il faut bien se garder de le retrancher à la seconde personne des présens singuliers de l'indicatif, et de dire avec l'auteur du sonnet de l'*Avorton* :

> Et du fond du néant où tu rentre aujourd'hui.

Ce peu d'exemples suffira pour donner lieu de juger que ce retranchement de l'*s* est une licence poëtique, et qu'il est régulier, comme nous avons dit, de ne pas l'admettre dans la prose.

Autrefois les poëtes avoient la liberté de dire *avecque*, et *avecques*, : aujourd'hui ce mot est rarement en usage. Racine et Despréaux ne l'ont employé chacun que deux fois; encore l'ont-ils changé une fois l'un et l'autre. Despréaux l'a conservé dans ce vers :

> Tous les jours je me couche *avecque* le soleil.

Dans sa première satire il avoit dit :

> Quittons donc pour jamais une ville importune
> Où l'honneur est en guerre *avecque* la fortune.

Il a depuis changé ce second vers, et a mis :

> Où l'honneur a toujours guerre avec la fortune.

En prose on dit assez communément : *C'est peu de faire*, etc. On a la liberté de retancher le *que* dans la poësie. C'est à l'oreille à juger dans quel endroit ce retranchement peut avoir de la grâce. Despréaux l'a sagement supprimé dans les vers suivans :

> Mais pour bien exprimer ces caprices heureux,
> C'est peu d'être poëte, il faut être amoureux.
> C'est peu d'être agréable et charmant dans un livre,
> Il faut encor savoir et converser et vivre.

Suivant quelques auteurs, on peut supprimer la particule *ne* dans l'interrogation : *Peut-on pas? pour ne peut-on pas? Sais-je pas? pour ne sais-je pas?*

> *Sais-je pas* que Taxile est une ame incertaine?....
> *Sais-je pas* que sans moi sa timide valeur?
> RACINE.

Mais l'abbé d'Olivet, dans ses remarques de grammaire sur Racine, a condamné ces exemples; et c'est avec d'autant plus de raison, que nos meilleurs poëtes n'ont pris cette licence que lorsqu'ils y ont été contraints par la mesure du vers. Il faudroit encore bien moins imiter Benserade, qui, sans y être obligé, a dit :

> Est-il pas naturel de prendre sa revanche?

Il est bon d'observer, avant de finir cet article, que la plupart des règles que nous venons d'établir, surtout de celles qui regardent la césure et la rime, ne sont que pour la grande perfection des vers, et qu'elles ne doivent pas toujours être prises à la rigueur. Outre qu'il est quelquefois permis d'en sacrifier quelques-unes à une belle pensée, les vers doivent être plus ou moins parfaits à proportion que le sujet que l'on traite est plus ou moins relevé. Ainsi dans les comédies, dans les satires, dans les fables, dans les contes, et autres pièces d'un style simple et familier, on ne doit pas exiger que les vers soient aussi harmonieux et aussi réguliers que dans les poëmes épiques, dans les tragédies, dans les épîtres et autres pièces d'un style noble et sérieux.

Des vieilles rimes.

Parmi les vieilles rimes qui étoient autrefois en usage, les plus connues sont la kirielle, la batelée, la fraternisée, la senée, la brisée, l'empérière, l'annexée, l'enchaînée, l'équivoque, la couronnée.

La rime kirielle consiste à répéter le même vers à la fin de chaque couplet.

> Qui voudra savoir le pratique
> De cette rime juridique,
> Je dis que, bien mise en effet,
> *La kirielle ainsi se fait.*
> De plats de syllabes huit
> Usez-en donc, si bien vous duit,
> Pour faire le couplet parfait :
> *La kirielle ainsi se fait.*
> *Poëtique de* GRAC. DUPONT.

On appelle rime *batelée*, lorsque le repos du vers qui suit rime avec le précédent.

> Quand Neptunus, puissant dieu de la *mer*,
> Cessa d'armer caraques et galées,
> Les Gallicans bien le deurent aimer
> Et réclamer ses grand's ondes salées.
> CL. MAROT.

Dans la rime *fraternisée*, le dernier mot du vers est répété en tout ou en partie au commencement du vers suivant, soit par équivoque, ou d'une autre manière.

> Mets voile au vent, cingle vers nous, *Caron*,
> *Car on* t'attend; et quand seras en *tente*,
> *Tant* et plus bois bonum vinum *carum*,
> *Qu'aurons* pour vrai. Donque, sur longue *attente*,
> *Tente* tes pieds à si décente *sente*
> *Sans te* fâcher; mais en sois content *tant*,
> Qu'en ce faisant nous le soyons autant.

La rime *senée* est une espèce d'acrostiche. Elle se fait lorsque tous les vers, ou tous les mots de chaque vers, commencent par une même lettre.

> Miroir mondain, madame magnifique,
> Ardent amour, adorable Angélique.

Dans la rime *brisée*, les vers sont coupés immédiatement après le *repos*; et à ne les lire que jusque-là, ils font un sens différent de celui qu'ils renferment, lorsqu'ils sont tout entiers. Exemple d'Octavien de Saint-Gelais :

> De cœur parfait Chassez toute douleur,
> Soyez soigneux N'usez de nulle feinte,
> Sans vilain fait Entretenez douceur;
> Vaillant et preux, Abandonnez la crainte,
> Par bon effet Montrez votre valeur,
> Soyez joyeux, Et bannissez la plainte.

La rime *empérière* est une rime où une partie de la dernière syllabe de l'antépénultième mot est répétée deux fois de suite.

> Prenez en gré mes imparfaits, *faits*, *faits*.
> Bénins lecteurs très-diligens; *gens*, *gens*....

La rime *annexée* est une rime où la dernière syllabe du vers qui précède, commence le vers suivant :

> Dieu gard' ma maîtresse et régente,
> *Gente* de corps et de façon,
> *Son* cœur tient le mien en sa tente
> *Tant* et plus d'un ardent frisson....
> CL. MAROT.

La rime *enchaînée* est une espèce de gradation.

> Dieu des amans, de mort me garde;
> Me gardant, donne-moi bonheur;
> En me le donnant, prends ta darde;
> En le prenant, navre son cœur.
> CL. MAROT.

Dans la rime *équivoque*, la dernière syllabe de chaque vers est reprise en une autre signification au commencement ou à la fin du vers qui suit.

> En m'ébattant je fais rondeau *en rime*,
> Et *en rimant*, bien souvent je m'*enrime* :
> Bref, c'est pitié entre nous *rimailleurs* ;
> Car vous trouvez assez de *rime ailleurs*,
> Et quand vous plaît, mieux que moi *rimassez*.
> Des biens avez et de la *rime assez*.
> CL. MAROT.

La rime *couronnée* se fait quand le mot qui fait la fin du vers, est une partie du mot qui le précède immédiatement dans le même vers.

> La blanche Colombelle *belle*
> Souvent je vais *priant criant*,
> Mais dessous la cordelle *d'elle*
> Me jette un œil *friant riant*
> En me *consommant* et *sommant*.
> CL. MAROT.

ARTICLE III.

Du mélange et de la combinaison des vers les uns avec les autres.

LE mélange des vers les uns avec les autres, peut se considérer par la *rime*, ou par le nombre des syllabes dont ils sont composés; c'est-à-dire, que dans les différens ouvrages de poësie, les rimes masculines sont mêlées avec les féminines, et souvent les grands avec les petits vers.

Il n'y a point d'ouvrage en vers où les rimes masculines ne soient mêlées avec les féminines, et qui par conséquent ne soit composé de vers masculins et de vers féminins.

Mais il n'est pas également nécessaire que les vers d'un ouvrage ou d'une pièce, soient toujours d'une même longueur ou d'un même nombre de syllabes.

On observe généralement aujourd'hui de mêler les rimes masculines et féminines, de manière que deux différentes rimes de même espèce ne se trouvent jamais ensemble dans une même suite de vers; c'est-à-dire, qu'une rime masculine ne peut être suivie que de la rime masculine qui y répond, ou d'une rime féminine : ce qui n'étoit point pratiqué par les anciens poëtes, qui mêloient toutes les rimes au hasard, et comme elles se présentoient, comme on le voit dans Marot.

Le mélange des vers, par rapport au nombre des syllabes, n'est pas réglé : il dépend ordinairement du goût et de la volonté du poëte.

Suivant les différentes manières dont on peut arranger les rimes masculines et féminines, on les divise en *rimes suivies* ou *plates*, et en *rimes entremêlées* ou *rimes croisées*.

Les rimes sont appelées *suivies*, lorsqu'après deux rimes masculines, il s'en trouve deux féminines, ensuite deux masculines, et ainsi de suite, comme dans ces vers :

On ne m'a jamais vu, surpassant mon pouvoir,
D'une indiscrète main profaner l'encensoir ;
Et périsse à jamais l'affreuse politique,
Qui prétend sur les cœurs un pouvoir despotique,
Qui veut, *le fer en main*, *convertir les mortels*,
Qui du sang hérétique arrose les autels,
Et suivant un faux zèle, ou l'intérêt pour guides,
Ne sert un dieu de paix que par des homicides.

Les rimes sont appelées *entremêlées*, lorsqu'une rime masculine est séparée de celle qui y répond, par une ou deux rimes féminines ; ou lorsqu'entre une rime féminine et sa semblable, il se trouve une ou deux rimes féminines, comme dans ces exemples :

Vous qui ne connoissez qu'une crainte servile,
Ingrats, un Dieu si bon ne peut-il vous charmer?
Est-il donc à vos cœurs si difficile
Et si pénible de l'aimer?

Dieu parle ; et nous voyons les trônes mis en poudre,
Les chefs aveuglés par l'erreur,
Les soldats consternés d'horreur,
Les vaisseaux submergés, ou brûlés par la foudre.

La tragédie de *Tancrède*, par Voltaire, est la seule qui soit en rimes croisées ou mêlées. Voici comme elle commence :

Généreux chevaliers, l'honneur de la Sicile,
Qui daignez par égard, au déclin de mes ans,
Vous assembler chez moi pour chasser nos tyrans,
Et fonder un état triomphant et tranquille,
Syracuse en nos murs a gémi trop long-temps
Des efforts avortés d'un courage inutile....

Dans les vers libres, les rimes sont mêlées au hasard ; mais quelque soit le genre de poësie qu'on adopte, on ne doit jamais placer plus de deux rimes semblables à côté l'une de l'autre ; encore en trouve-t-on peu d'exemples dans les bons auteurs.

Et puisque nous voici tombés sur ce sujet,
On avoit mis des gens au guet
Qui voyant sur les eaux de loin certain objet....

La Font. *Liv. IV, Fab. X.*

Lorsque les rimes sont suivies, les vers sont ordinairement du même nombre de syllabes. Ainsi *les vers* que l'on appelle *suivis*, sont ceux qui ont communémens le même nombre de syllabes, et dont les rimes sont suivies.

Lorsque les rimes sont entremêlées, les vers sont quelquefois du même nombre de syllabes ; mais le plus souvent ils ne le sont pas : et on appelle *vers entremêlés*, ceux qui sont de divers nombres de syllabes, et dont les rimes sont *entremêlées*.

On ne fait guère que quatres sortes de vers suivis ; savoir :

I. Les vers de douze syllabes ou alexandrins, que l'on emploie ordinairement dans les poëmes héroïques, dans les tragédies, les églogues, les élégies, les satires, etc.

II. Les vers de dix syllabes ou communs, qui sont en usage dans les ouvrages d'un style naïf et familier, tels que sont les Épîtres de Marot, les Épîtres et les Allégories de Rousseau.

III. On fait encore des vers suivis de huit syllabes : mais l'usage en est assez rare, et on ne s'en sert guère dans des sujets sérieux.

Si l'on fait quelquefois des vers suivis de sept, de six, ou d'un moindre nombre de syllabes, ce n'est que dans des pièces badines et de caprice.

IV. Une autre sorte de vers suivis, qui est fort belle, quoiqu'elle ne soit pas fort ordinaire, est de mettre alternativement un vers de six syllabes à la suite d'un grand vers, avec des *rimes suivies*.

Le principal défaut que l'on doit éviter dans les *vers suivis*, est de faire rimer deux vers masculins avec deux vers masculins, quand ils ne sont séparés que par deux vers féminins ; ou deux vers féminins avec deux vers féminins, quand ils ne sont séparés que par deux vers masculins : comme on voit dans ces six vers, les deux premiers féminins riment avec les deux derniers qui sont aussi féminins :

Par les mêmes sermens Britannicus se lie ;
La coupe dans ses mains par Narcisse est remplie ;
Mais ses lèvres à peine en ont touché les bords,
Le fer ne produit point de si puissans efforts ;
Madame, la lumière à ses yeux est ravie ;
Il tombe sur son lit sans chaleur et sans vie.

La consonnance ou la convenance des sons dans les rimes masculines et féminines qui se suivent, produit encore un effet désagréable à l'oreille, comme dans ces quatre vers :

Et toutes les vertus dont s'éblouit la terre,
Ne sont que faux brillans ; et que morceaux de verre.
Un injuste guerrier, terreur de l'univers,
Qui sans sujet courant chez cent peuples divers....

Ainsi ces vers de Voltaire sont un peu négligés :

Soudain Potier se lève et demande audience ;
Chacun à son aspect garde un profond *silence* :
Dans ces temps malheureux, par le crime infecté,
Potier fut toujours juste et pourtant respecté.
Souvent on l'avoit vu, *par sa mâle éloquence*,
De leurs emportemens réprimer la licence ;
Et conservant sur eux sa vieille autorité,
Leur montrer la justice avec impunité.
Tels des antres du nord, échappés sur la *terre*,
Précédés par les vents et suivis du *tonnerre*,
D'un tourbillon de poudre obscurcissant les *airs*,
Les orages fougueux parcourent l'*univers*.

Des vers ampoulés, obscurs *ou* entortillés.

On lit dans les remarques de Voltaire sur *Polyeucte* (Act. I, Sc. I), ces passages qui méritent d'être lus avec attention. « Toutes les fois, dit-il, qu'un mot présente une image ou basse, ou dégoûtante, ou comique, ennoblissez-la par des images accessoires ; mais aussi ne vous piquez pas de vouloir ajouter une grandeur vaine à ce qui est imposant par soi-même. Si vous voulez exprimer que le roi vient, dites : *Le roi vient*, et n'imitez pas ce poëte qui trouvant ces mots trop communs, dit :

Ce grand roi roule ici ses pas impérieux.

puis il ajoute, en citant ces deux vers de la même pièce :

D'obstacle sur obstacle, il va troubler le vôtre,
Aujourd'hui par des pleurs, chaque jour par *quelqu'autre*.

Il semble que ce soit *par quelqu'autre pleur* ; le sens est clair, mais la phrase ne l'est pas ».

Ici le sens me choque, et plus loin c'est la phrase.

Boileau.

A la suite de ces huit vers de *Mithridate* (Act. II, Sc. IV) :

Ah! pour tenter encor de nouvelles conquêtes,
Quand je ne verrois pas des routes toutes prêtes,
Quand le sort ennemi m'auroit jeté plus bas,
Vaincu, persécuté, sans secours, sans états,
Errant de mers en mers, et moins roi que pirate,
Conservant pour tout bien le nom de Mithridate,
Apprenez que suivi d'un nom si glorieux,
Par tout de l'univers j'attacherois les yeux ;

On *regrette que ces quatre autres soient échappés* à Racine :

Et qu'il n'est point de rois, s'ils sont dignes de l'être,
Qui, sur le trône assis, n'enviassent peut-être
Au-dessus de leur gloire, un naufrage élevé
Que Rome et quarante ans ont à peine achevé.

Des beaux *vers.*

Ce qu'on admire le plus dans la poësie, c'est une simplicité noble : « La pureté du langage, dit » Voltaire, doit être *rigoureusement observée* ; tous » les vers doivent être harmonieux, sans que cette » harmonie dérobe rien à la force des sentimens. Il » ne faut pas, ajoute-t-il, que les vers marchent » de deux en deux, mais que tantôt une pensée soit » exprimée en un vers, tantôt en deux ou en trois, » quelquefois en un seul hémistiche : on peut étendre » une image dans une phrase de cinq ou six vers ; » ensuite, en enfermer une autre dans un ou deux : » il faut souvent finir un sens par une rime, et » commencer un autre sens par la rime correspondante. Ce sont toutes ces règles, très-difficiles à » observer, qui donnent aux vers la grâce, l'énergie, l'harmonie dont la prose ne peut jamais approcher. C'est ce qui fait qu'on retient par cœur, » malgré soi, les *beaux vers*. Il y en a beaucoup » de cette espèce dans les belles tragédies de Corneille. Le lecteur judicieux fera aisément la comparaison de ces vers harmonieux, naturels et énergiques, avec ceux qui ont les défauts contraires, » et c'est par cette comparaison que le goût des » jeunes gens pourra se former aisément. Ce goût » juste est bien plus rare qu'on ne pense ; peu de » personnes savent bien leur langue ; peu distinguent » l'enflure de la dignité ; peu démêlent les convenances. On a applaudi pendant plusieurs années » à des pensées fausses et révoltantes ; on battoit » des mains lorsque Baron prononçoit ce vers :

Il est comme à la vie un terme à la vertu.

» On s'est récrié quelquefois d'admiration à des » maximes non moins fausses ; ce qu'il y a d'étrange, c'est qu'un peuple qui a pour modèle de » style les pièces de Racine, ait pu applaudir long-» temps des ouvrages où la langue et la raison sont » également blessées d'un bout à l'autre ».

Vers extraits du Cid, *des* Horaces *et de* Cinna.

Je suis Romaine, hélas! puisqu'Horace est Romain ;
J'en ai reçu le titre en recevant sa main ;
Mais ce nœud nous tiendroit en esclave enchaînée,
S'il m'empêchoit de voir en quels lieux je suis née.
Albe, où j'ai commencé de respirer le jour,
Albe, mon cher pays et mon premier amour,
Lorsqu'entre nous et toi je vois la guerre ouverte,
Je crains notre victoire autant que notre perte.
Rome, si tu te plains que c'est-là te trahir ;
Fais-toi des ennemis que je puisse haïr.

Rome, l'unique objet de mon ressentiment,
Rome à qui vient ton bras d'immoler mon amant
Rome qui t'a vu naître, et que ton cœur adore!
Rome enfin que je hais, parce qu'elle t'honore!
Puissent tous ses voisins ensemble conjurés,
Sapper ses fondemens encor mal assurés!
Et si ce n'est assez de toute l'Italie,
Que l'Orient contr'elle à l'Occident s'allie ;
Que cent peuples unis des bouts de l'univers,
Passent pour la détruire et les monts et les mers.
Puissé-je de mes yeux y voir tomber la foudre,
Voir ses maisons en cendre et ses lauriers en poudre,
Voir le dernier Romain à son dernier soupir,
Moi seul en être cause et mourir de plaisir!

Et monté sur le faîte, il aspire à descendre.

§. I. *Des Stances.*

Les rimes entremêlées s'emploient plus ordinairement dans les stances qu'ailleurs.

On appelle *Stance*, ou quelquefois *Strophe*, un certain nombre de vers après lesquels le sens est fini et complet.

Le nombre des vers qui peuvent composer une stance n'est pas fixe : mais il ne doit pas être moindre de quatre, et communément il ne s'y en trouve guère plus de dix.

La mesure des vers qui entrent dans une stance, n'est pas plus fixe que le nombre. Ils peuvent être tous d'une même sorte, c'est-à-dire, avoir un même nombre de syllabes, comme douze, dix, huit et sept ; ou l'on peut y mêler diverses sortes de vers par rapport au nombre des syllabes, sans autre règle que le goût et la volonté du poëte : ce qui fait qu'en considérant les stances par le mélange des rimes, par le nombre des vers, et par le nombre des syllabes de chaque vers, on peut les varier en une infinité de sortes, dont nous pourrions développer les combinaisons, sans entrer dans des calculs immenses, qui ne seroient d'aucune utilité au lecteur, et ne manqueroient pas de l'ennuyer.

Une stance n'est proprement appelée *Stance*, que quand elle est jointe à d'autres : mais si elle est seule, elle emprunte ordinairement son nom du nombre de vers dont elle es composée : en sorte qu'on l'appelle *Quatrin*, si elle est de quatre vers ; *Sixain*, si elle est de six ; et quelquefois, en la considérant par le sujet, on l'appelle *Epigramme* ou *Madrigal*.

On donne souvent le nom d'*Ode* à une suite de stances sur un même sujet.

Quand les stances d'un même ouvrage ont un même nombre de vers, un *même mélange de rimes*, et que le nombre des syllabes de chaque vers s'y trouve également distribué, on les appelle *Stances régulières*.

Exemples des stances régulières.

Dans ce charmant désert où les jeunes zéphirs
Content mille douceurs à la divine Flore,
Je forme d'innocens désirs
En songeant au berger que j'aime et qui m'adore :
Et je rêve à tous les Plaisirs
Que, s'il étoit ici, je goûterois encore.

Hélas! cent fois la nuit, hélas! cent fois le jour
Je m'imagine voir, dans ce bois solitaire,
Daphnis près d'expirer d'amour,
Me dire en soupirant : l'astre qui nous éclaire
Ne voit rien quand il fait son tour
Qu'on doive préférer au bonheur de vous plaire!

Anonyme.

Au lieu qu'elles sont appelées *irrégulières*, si elles sont différentes les unes des autres, ou par le mélange des rimes, ou par le nombre des syllabes de chaque vers.

Exemples des stances irrégulières.

Sous ce berceau qu'Amour exprès
Fit pour toucher quelqu'inhumaine,

Alcimédon un jour au frais,
Assis près de cette fontaine,
Le cœur percé de mille traits,
D'une main qu'il portoit à peine,
Grava ces vers sur un cyprès :
« Hélas! que l'on seroit heureux,
« Dans ces beaux lieux dignes d'envie,
« Si toujours aimé de Sylvie,
« On pouvoit, toujours amoureux,
« Avec elle passer sa vie!

Anonyme.

Il est encore nécessaire, pour la perfection des stances, que celles qui sont faites sur un même sujet, commencent et finissent par les mêmes rimes ; c'est-à-dire, que si la première stance commence par une rime féminine, et finit par une rime masculine, la seconde doit aussi commencer par une rime féminine, et finir par une rime masculine, et ainsi des autres. D'où il arrive que quand une stance commence et finit par une même rime, comme par une rime féminine, celle qui est après commençant aussi par une rime féminine, il se trouve deux différentes rimes de même espèce à la suite l'une de l'autre ; ce qui n'est pas contraire à la règle que nous avons établie plus haut, parce que chaque stance doit être considérée séparément, et comme détachée de celle dont elle est suivie.

Le dernier vers d'une stance ne doit jamais rimer avec le premier de la stance suivante.

Enfin c'est une règle indispensable que le sens finisse avec le dernier vers de chaque stance : en quoi les stances françoises sont plus parfaites que les stances latines, où le sens est très-souvent continué de l'une à l'autre.

Les *stances* considérées par le nombre des vers dont elles sont formées, peuvent se diviser en stances de nombre pair, et en stances de nombre impair.

Les *stances de nombre pair* sont celles qui sont composées de quatre, de six, de huit, ou de dix vers.

Les *stances de nombre impair* sont celles qui sont composées de cinq, de sept, ou de neuf vers.

Comme nous avons dit que le mélange des vers, par rapport au nombre des syllabes, étoit arbitraire dans les stances, les règles que nous allons donner pour chaque espèce de stances, regarderont principalement le mélange des rimes.

§. II. *Règles pour les stances de nombre pair.*

I. *Stances de quatre vers.*

Les rimes peuvent s'entremêler de deux manières dans les stances de quatre vers ou dans les quatrains.

1. On fait rimer le premier vers avec le troisième, et le second avec le quatrième, comme dans cette stance :

Combien avons-nous vu d'éloges unanimes,
Condamnés, démentis par un honteux retour!
Et combien de héros glorieux, magnanimes,
Ont vécu trop d'un jour!

2. On fait rimer le premier avec le quatrième, et le second avec le troisième, comme dans cette stance :

Insensés! notre ame se livre
A de tumultueux projets :
Nous mourons sans avoir jamais
Pu trouver le moment de vivre.

Stances de quatre vers, où il y en a de douze syllabes et deux de six.

La mort a des rigueurs à nulle autre pareilles :
On a beau la prier,
La cruelle qu'elle est se bouche les oreilles,
Et nous laisse crier.

Le pauvre en sa cabane, où le chaume le couvre,
Est sujet à ses lois,
Et la garde qui veille aux barrières du Louvre
N'en défend pas nos rois.

Malherbe.

Stances de quatre vers, où les vers de huit syllabes sont mêlées à ceux de douze.

L'AMITIÉ FAIT SON PORTRAIT.

J'ai le visage long et la mine naïve,
Je suis sans finesse et sans art;
Mon teint est fort uni, sa couleur assez vive,
Et je ne mets jamais de fard.

Mon abord est civil; j'ai la bouche riante,
Et mes yeux ont mille douceurs ;
Mais quoique je sois belle, agréable et charmante,
Je règne sur bien peu de cœurs.
On me proteste assez, et presque tous les hommes
Se vantent de suivre mes lois.
Mais que j'en connois peu, dans le siècle où nous sommes,
Dont le cœur réponde à ma voix!

Ceux que je fais aimer d'une flamme fidelle,
Me font l'objet de tous leurs soins ;
Et quoique je vieillisse, ils me trouvent fort belle,
Et ne m'en estiment pas moins.

On m'accuse souvent d'aimer trop à paroître
Où l'on voit la prospérité :
Cependant il est vrai qu'on ne peut me connoître
Qu'au milieu de l'adversité.

Perrault.

II. *Stances de six vers.*

Les stances de six vers, ou le sixain, n'est autre chose qu'un quatrain auquel on ajoute deux vers d'une même rime.

Ces deux vers d'une même rime se mettent pour l'ordinaire au commencement, et alors il doit y avoir un repos à la fin du troisième vers; c'est-à-dire, que l'on doit y finir de manière que l'oreille puisse s'y arrêter : ce qui donne beaucoup d'harmonie aux stances de dix vers.

Du reste on y entremêle les rimes des quatre derniers vers comme dans les quatrains : ce qu'on reconnoitra dans les deux stances suivantes :

Renonçons au stérile appui
Des grands qu'on adore aujourd'hui :
Ne fondons point sur eux une espérance folle ;
Leur pompe indigne de nos vœux,
N'est qu'un simulacre frivole,
Et les solides biens ne dépendent pas d'eux.

O Dieu! que ton pouvoir est grand et redoutable?
Qui pourra se cacher au trait inévitable,
Dont tu poursuis l'impie au jour de ta fureur?
A punir les méchans ta colère fidelle,
Fait marcher devant elle
La mort et la terreur.

Quelquefois les deux vers de même rime se mettent à la fin de la stance : alors le repos n'est pas nécessaire à la fin du troisième vers, et le mélange des rimes dans les quatre premiers vers, est le même que dans les quatre derniers des stances précédentes, comme dans celles-ci :

Seigneur dans ton temple adorable
Quel mortel est digne d'entrer?
Qui pourra, grand Dieu, penétrer
Dans ce séjour impénétrable,
Où tes saints inclinés, d'un œil respectueux :
Contemplent de ton front l'éclat majestueux?

Seigneur, de qui je tiens la couronne et la vie,
L'une et l'autre sans toi, par un fils inhumain,
Me va bientôt être ravie ;
Viens donc à mon secours, prends ma défense en main,
Entends mes tristes cris, vois ma peine excessive,
Et prête à ma prière une oreille attentive.

III. *Stances de huit vers.*

Les stances de huit vers ne sont ordinairement que deux quatrains joints ensemble, dans chacun desquels les vers sont entremêlés comme nous l'avons déjà dit : le repos doit s'y trouver à la fin du premier quatrain, comme dans cette stance :

Venez, nations arrogantes,
Peuples vains, et voisins jaloux,
Voir les merveilles éclatantes
Que sa main opère pour nous.
Que pourront vos ligues formées
Contre le bonheur de nos jours,
Quand le bras du Dieu des armées
S'armera pour *notre secours*?

On peut encore, dans les stances de huit vers, arranger les rimes de manière qu'elles commencent ou finissent par deux vers de même rime, et que des six qui restent, il y en ait trois sur une rime, et trois sur une autre : ce qu'un exemple fera mieux entendre.

Quelque misanthrope animal
Qui toujours piqué mord ou pince,
Dira que mon style est bien mince,
Et mon Pégase un franc cheval.
Mais il n'importe, bien ou mal,
Je dois remercier mon prince;
Et j'aime mieux passer pour rimeur languissant
Que pour rimeur méconnoissant.

Scarron.

IV. *Stances de dix vers.*

Les stances de dix vers ne sont proprement qu'un quatrain et un sixain joints ensemble, dans chacun desquels les rimes s'entremêlent comme nous venons de le dire.

Ce que ces stances ont de particulier, et ce qui en fait l'harmonie, ce sont deux repos, dont l'un doit être après le quatrième vers, et l'autre à la fin du septième, comme on le verra dans cette stance :

Montrez-nous, guerriers magnanimes,
Votre vertu dans tout son jour :
Voyons comme vos cœurs sublimes
Du sort soutiendront le retour.
Tant que sa faveur vous seconde,
Vous êtes les maîtres du monde :
Votre gloire nous éblouit :
Mais au moindre revers funeste,
Le masque tombe, l'homme reste,
Et le héros s'évanouit.

Des stances de douze vers.

Les stances de douze se composent en vers de huit ou de douze syllabes, ou en tout les deux ensemble. Elles ne sont proprement que des stances de dix, à la fin de chacune desquelles on ajoute deux vers qui sont quelquefois de même rime que ceux qui les précèdent. Exemple :

Vive image d'Achille,
Devant qui tout lâche le pied,
Qui ne se comptoit point pour mille
Comptoit trop peu de la moitié.
Il ignore que ton épée,
Dans une eau fatale trempée,
Porte l'horreur et le trépas ;
Que c'est elle qui sait résoudre
Les difficultés des combats,
Et qui, dans le sang et la *poudre*,
Fait voler des éclats de *foudre*
Par tout où s'avancent tes *pas*.

Tristan.

Des stances de quatorze vers.

Les stances de quatorze vers sont des stances de dix, à la fin de chacune desquelles on met quatre vers que l'on fait rimer, si l'on veut, avec ceux qui précèdent. Ces stances et celles de douze sont aujourd'hui hors d'usage.

§. III. *Règles pour les stances du nombre impair.*

Ces stances doivent nécessairement avoir trois vers sur la même rime ; et conformément à la règle que nous avons déjà donnée, on ne doit jamais les mettre de suite. Il faut qu'ils soient tous les trois séparés par des rimes différentes, ou qu'au moins il y en ait un séparé des deux autres.

I. *Stances de cinq vers.*

On n'observe dans ces stances que les règles générales que nous avons données pour le mélange des rimes. Le reste est au choix du poëte. En voici un exemple :

Je tâche d'étouffer ces flammes criminelles,
Qui m'ont fait mépriser votre juste courroux.
Je déclare la guerre à mes sens infidelles,
Et veux les élever aux choses éternelles :
Mais je ne puis, mon Dieu, les dompter que par vous.

II. *Stances de sept vers.*

Les stances de sept vers commencent par un quatrain à la fin duquel on observe ordinairement que le sens finit, comme dans la suivante :

L'hypocrite en fraudes fertile,
Dès l'enfance est paitri de fard ;
Il sait colorer avec art
Le fiel que sa bouche distille :
Et la morsure du serpent
Est moins aiguë et moins subtile
Que le venin caché que sa langue répand.

III. *Stances de neuf vers.*

La première partie de ces stances est un quatrain terminé par un repos ; et la seconde partie est une stance de cinq vers, comme dans celle-ci :

Homère adoucit mes mœurs
Par ses riantes images.
Sénèque aigrit mes humeurs
Par ses préceptes sauvages.
En vain d'un ton de rhéteur,
Epictète à son lecteur

Prêche le bonheur suprême :
J'y trouve un consolateur
Plus affligé que moi-même.

Les stances de treize vers sont aujourd'hui inusitées; en voici un exemple;

Oui, des Bêis et des Malherbes
Doivent mettre leurs vers au jour :
Mais que la ville et que la cour
Souffrent jamais ces mangeurs d'herbes,
Ces petits rimeurs déchaînés,
Qui depuis le blocus sont nés,
Par l'avarice des libraires :
Ah! par ma foi, c'est un abus;
Et si jamais monsieur Phébus
Donne quelque ordre à ses affaires,
Tous ces écrivains de bibus
Abjureront bientôt leur fausse poésie,
Qu'on tient sur l'Hélicon pire qu'une hérésie.

SCARRON.

§. IV. *De quelques ouvrages composés de stances.*

Les principaux de ces ouvrages après l'Ode, sont le Sonnet et le Rondeau, dont il est à propos de parler ici, parce que ce sont de petites pièces de poësie qui sont encore assez en usage, et qui ont des règles particulières.

I. *Du Sonnet.*

Nous n'avons rien de plus beau dans notre poësie que le sonnet, quand il est bien exécuté. Les pensées doivent y être nobles, relevées, les expressions vives et harmonieuses; et l'on n'y souffre rien qui n'ait un rapport essentiel à ce qui en fait le sujet. Mais il est assujetti à des règles si gênantes, qu'il est très-difficile d'y réussir, et que nous en avons fort peu de bons.

Il est composé de quatorze vers toujours de même longueur, et pour l'ordinaire de douze syllabes, quoiqu'on en fasse de dix, et même de huit et de sept; mais ils ont moins de beauté et d'harmonie.

Ces quatorze vers sont partagés en deux quatrains et un sixain.

Les deux quatrains doivent avoir les rimes masculines et féminines semblables, que l'on entremêle dans l'un de la même manière que dans l'autre.

Le sixain commence par deux rimes semblables, et il a, après le troisième vers, un repos qui le coupe en deux parties qu'on appelle *Tercets*, c'est-à-dire, stances de trois vers.

Il faut éviter, autant qu'il est possible, que le mélange des rimes dans les quatre derniers vers du sixain, soit le même dans les quatrains.

On observe encore de n'y pas répéter deux fois le même mot.

Despréaux exprime ainsi les règles du Sonnet :

On dit à ce propos, qu'un jour ce Dieu bizarre (Apollon),
Voulant pousser à bout tous les rimeurs françois,
Inventa du sonnet les rigoureuses lois,
Voulut qu'en deux quatrains de mesure pareille,
La rime avec deux sons frappât deux fois l'oreille,
Et qu'ensuite six vers artistement rangés
Fussent en deux tercets par le sens partagés.
Surtout de ce poëme il bannit la licence :
Lui-même en mesura le nombre et la cadence,
Défendit qu'un vers foible y pût jamais entrer,
Ni qu'un vers déjà mis osât s'y remontrer.
Du reste il l'enrichit d'une beauté suprême.
Un sonnet sans défauts vaut seul un long poëme.

Voici pour premier exemple un sonnet qui exprime la nature du sonnet même.

Doris qui sait qu'aux vers quelquefois je me plais,
Me demande un sonnet, et je m'en désespère.
Quatorze vers, grand Dieu, le moyen de les faire?
En voilà cependant déjà quatre de faits,

Je ne pouvois d'abord trouver de rime; mais
En faisant on apprend à se tirer d'affaire.
Poursuivons, les quatrains ne m'étonneront guère,
Si du premier tercet je puis faire les frais.

Je commence au hasard, et si je ne m'abuse,
Je n'ai pas commencé sans l'aveu de la muse;
Puisqu'en si peu de temps je m'en tire si net.

J'entame le second, et ma joie est extrême;
Car des vers commandés j'achève le treizième:
Comptez s'ils sont quatorze; et voilà le sonnet.

Il y a des sonnets dont les vers sont de dix syllabes, d'autres dont les vers n'en ont que huit, d'autres enfin qui sont composés de vers de sept syllabes.

Autre sonnet.

Job de mille tourmens atteint,
Vous donnera sa douleur connue,
Et raisonnablement il craint
Que vous n'en soyez pas émue.

Vous verrez sa misère nue;
Il est lui-même ici dépeint.
Accoutumez-vous à la vue
D'un homme qui souffre et se plaint.

Bien qu'il eût d'extrêmes souffrances,
On voit aller des patiences
Plus loin que la sienne n'alla :

Il souffroit des maux incroyables,
Il s'en plaignit, il en parla;
J'en connois de plus misérables.

BENSERADE.

Autre sonnet.

Plus Mars que Mars de la Thrace,
Mon père victorieux
Aux rois les plus glorieux
Ota la première place.

Ma mère vient d'une race
Si fertile en demi-dieux
Que son éclat radieux
Toutes les lumières efface.

Je suis poudre toutefois,
Tant la parque a fait ses lois
Egales et nécessaires.

Rien ne m'en a su parer :
Apprenez, ames vulgaires,
A mourir sans murmurer.

MALHERBE.

II. *Du Rondeau.*

Une ingénieuse simplicité fait le caractère propre du rondeau.

Le rondeau né gaulois a la naïveté.

DESPRÉAUX.

Le rondeau commun est composé de treize vers, qui sont ordinairement de dix syllabes.

Les rimes de ces treize vers doivent être semblables, huit masculines et cinq féminines, ou sept masculines et six féminines.

Après le huitième vers et à la fin du rondeau, il y a un refrain qui n'est autre chose que la répétition d'un ou de plusieurs des premiers mots du premier vers. Mais ce refrain doit être amené avec esprit, et faire un sens avec ce qui le précède.

Comme il ne doit y avoir que trois rimes féminines dans les huit premiers vers, on peut mettre de suite trois vers de rime masculine, qui sont le cinquième, le sixième et le septième : ce qu'on ne fait pas ordinairement dans les cinq derniers vers.

Le rondeau a deux repos nécessaires, un après le cinquième vers, et l'autre après le premier refrain.

Du Rondeau redoublé.

Il y a une sorte de rondeau qu'on appelle redoublé; mais il sort du genre épigrammatique. Il commence par un quatrain, auquel on en ajoute quatre autres, dont chacun finit par un vers du premier : de sorte que le second quatrain finit par le premier vers, et ainsi des autres. L'ouvrage est fermé par un quatrain où le mot du premier tombe naturellement comme dans le rondeau ordinaire. On le comprendra mieux par un exemple.

L'AMANT GUÉRI.

Epris d'amour pour la jeune Climène,
j'ai soupiré pour elle un jour ou deux :
Si l'insensible eût partagé ma peine,
J'aurois long-temps brûlé des mêmes feux.

Depuis l'instant qu'un dépit courageux
M'ôta du cœur cette passion vaine,
Je ne saurois que plaindre un langoureux
Epris d'amour pour la jeune Climène.

Elle croyoit me tenir dans sa chaîne;
Mais quelque sot! pourquoi perdre des vœux?
Je sais trop bien qu'elle est fière, inhumaine;
J'ai soupiré pour elle un jour ou deux.

Je ne dis pas que mon cœur amoureux
N'eût soupiré pour elle une semaine,
J'aurois nourri cet amour dangereux,
Si l'insensible eût partagé ma peine.

Divin Bacchus, ta liqueur souveraine
M'a garanti d'un incendie affreux,
Sans ton secours, élève de Silène,
J'aurois long-temps brûlé des mêmes feux.

Envoi.

Garder six mois une fièvre quartaine
Est, à mon sens, un mal moins rigoureux
Que d'adorer une fille hautaine
Qui de mépris relance un malheureux
Epris d'amour.

Du Triolet.

Le triolet est une petite pièce de vers qui sont ordinairement de huit syllabes, dont le troisième, quatrième, cinquième, septième riment ensemble, de même que le second, le sixième et le huitième. Après le second de ces vers, il y a un repos; après le quatrième un second repos, et un troisième à la fin. Enfin le quatrième vers n'est que le premier qu'on répète. Il en est de même du septième et du huitième, qui ne sont que la reprise ou la répétition du premier et du second. C'est à cause du premier vers répété trois fois que le triolet a été ainsi nommé.

Triolet.

Si je ne gagne mon procès,
Vous ne gagnerez pas le vôtre.
Vous n'aurez pas un bon succès,
Si je ne gagne mon procès.
Vous avez chez moi libre accès,
J'en demande chez vous un autre :
Si je ne gagne mon procès,
Vous ne gagnerez pas le vôtre.

III. *De l'Epigramme.*

L'épigramme est une petite pièce de vers qui doit être terminée par une pensée vive, ingénieuse et brillante, ou par un bon mot; ce que l'on appelle *la chute* ou *la pointe de l'épigramme*; et elle ne doit contenir qu'autant de vers qu'il en faut pour amener cette pensée. C'est pourquoi il n'y en entre guère plus de dix ou douze.

L'épigramme plus libre, en son tour plus borné,
N'est souvent qu'un bon mot de deux rimes orné.

Au reste, elle n'est assujettie à aucune règle particulière pour le mélange des rimes et pour la mesure des vers, qui dépendent de la volonté du poëte. En voici un exemple :

Epigramme sur Pradon.

Je te tiens, souris téméraire;
Un trébuchet me fait raison :
Tu me rongeois, coquine, un tome de *Voltaire*,
Tandis que j'avois là les œuvres de *Pradon*.

GUICHARD.

IV. *Du Madrigal.*

Le madrigal est une autre petite pièce de vers dont la chute moins vive et moins frappante que celle de l'épigramme, doit toujours avoir quelque-chose de fin et de délicat. Il n'a pas ordinairement moins de six vers, et il peut en avoir jusqu'à dix-sept, que l'on peut même quelquefois partager en stances, sans aucune règle particulière. En voici un fait à la louange de Louis XIV.

Les muses à l'envi travaillant pour la gloire
De Louis, le plus grand des rois,
Orneront de son nom le temple de mémoire :
Mais la grandeur de ses exploits,
Que l'esprit humain ne peut croire,
Fera que la postérité,
Lisant une si belle histoire,
Doutera de la vérité.

De l'Inscription.

L'inscription se dit de l'épigraphe, de l'épitaphe, et de tout ce qui s'écrit en style lapidaire sur le cuivre, le marbre, etc. L'inscription en vers plaît surtout par son laconisme. L'épigraphe diffère de l'épitaphe en ce que l'une se met sur un édifice, ou un livre, et l'autre, sur un tombeau.

Inscription mise au bas d'un portrait de femme.

L'amour sourit à ce portrait :
N'en devine-t-on pas la cause ?
C'est qu'il s'y voit peint trait pour trait,
Et qu'il est enchanté de sa métamorphose.

CAMINADE.

Du Distique.

Le distique en françois, comme en grec et en latin, est une pensée exprimée en deux vers qui servent aussi d'inscription.

Distique pour le portrait de la Fontaine.

Dans la fable et le conte il n'eut point de rivaux;
Il peignit la nature et garda ses pinceaux.

GUICHARD.

De l'Epitaphe et de l'Epigraphe.

L'épitaphe est, comme on l'a déjà dit, une inscription que l'on met sur un tombeau.

Epitaphe de Piron, faite par lui-même.

Ami passant, qui désires connoître
Ce que je fus; je ne voulus rien être :
Je vécus nul, et certes je fis bien;
Car, après tout, bien fou qui se propose,
De rien venant, et redevenant rien,
D'être ici bas, en passant, quelque chose.

TRAITÉ DE VERSIFICATION FRANÇOISE.

Tout le monde connoît l'épigraphe des quatre *P. P. P. P.* mis à l'entrée du cabinet de Pontchartrain; ces quatre *p* signifioient *premier président* du *parlement* de *Paris*. Un plaideur, en attendant le moment de l'audience, les interpréta ainsi: *pauvres plaideurs, prenez patience.*

De l'Impromptu.

L'impromptu consiste dans une saillie ou une répartie aussi fine que délicate, qui échappe comme par mégarde.

Impromptu de Saint-Aulaire, en jouant au secret chez une jolie femme.

La divinité qui s'amuse
A me demander mon secret,
Si j'étois Apollon, ne seroit pas ma muse;
Elle seroit Thétis, et le jour finiroit.

De l'Enigme.

L'énigme est la définition d'une chose en termes obscurs et métaphoriques.

Exemple.

Du repos des humains implacable ennemie,
J'ai rendu mille amans envieux de mon sort;
Je me repais de sang, et je trouve la vie
Dans les bras de celui qui recherche ma mort.
Le mot de cette énigme est la puce. BOILEAU.

Le logogriphe est aussi une sorte d'énigme; mais aujourd'hui ce genre de poësie est presque totalement réprouvé.

De la Fable.

La fable, dit Lamotte, est une philosophie déguisée, qui ne badine que pour instruire, et qui instruit d'autant mieux qu'elle amuse.

Le Corbeau et le Renard.

Maître Corbeau sur un arbre perché,
Tenoit en son bec un fromage:
Maître Renard, par l'odeur alléché,
Lui tint à peu près ce langage:
Hé bon jour, Monsieur du Corbeau!
Que vous êtes joli! Que vous me semblez beau!
Sans mentir, si votre ramage
Se rapporte à votre plumage,
Vous êtes le phénix des hôtes de ces bois.
A ces mots, le Corbeau ne se sent pas de joie:
Et, pour montrer sa belle voix,
Il ouvre un large bec, laisse tomber sa proie,
Le Renard s'en saisit, et dit: Mon bon Monsieur,
Apprenez que tout flatteur
Vit aux dépens de celui qui l'écoute:
Cette leçon vaut bien un fromage sans doute.
Le Corbeau honteux et confus
Jura, mais un peu tard, qu'on ne l'y prendroit plus.

De l'Idylle.

L'idylle est un petit poëme qui tient de la nature de l'églogue, en ce qu'il roule ordinairement sur un sujet amoureux ou moral: on se bornera à donner ici l'extrait d'une idylle de Mad. Deshoulières.

Lieux toujours opposés au bonheur de ma vie,
C'est ici qu'à l'amour je me vis asservie:
Ici j'ai vu l'ingrat qui me tient sous ses lois;
Ici j'ai soupiré pour la première fois!
Mais tandis que pour lui je craignois mes foiblesses,
Il appeloit son chien, l'accabloit de caresses:
Du désordre où j'étois loin de se prévaloir,
Le cruel ne vit rien, ou ne voulut rien voir.
Il loua mes moutons, mon habit, ma houlette;
Il m'offrit de chanter un air sur sa musette:
Il voulut m'enseigner quelle herbe va paissant,
Pour reprendre sa force un troupeau languissant,
Ce que fait le soleil des vapeurs qu'il attire....
N'avoit-il rien, hélas! de plus doux à me dire?

L'églogue, l'élégie, l'héroïde, etc. ont trop d'étendue pour qu'il soit possible d'en rapporter ici quelques exemples.

De la Ballade.

Les ballades sont de petits poëmes anciens qui ont ordinairement trois strophes et un envoi; et ces strophes sont tellement disposées, que le dernier vers de la première est le refrain, et vient prendre sa place à la fin de toutes les autres et de l'envoi.

Dans les ballades de Clément Marot, les strophes ont huit, dix, et même quelquefois douze vers, et les vers sont tantôt de huit, tantôt de dix syllabes: mais ils sont tous de la même mesure dans la même ballade.

Les ballades les plus exactes ont toujours un envoi de quatre vers, lorsque les strophes sont de huit; et de six, lorsqu'elles sont de douze, ce qui est rare. Cependant on en trouve deux de Voiture, qui n'ont point d'envoi: l'une a quatre strophes, chacune de huit vers, toutes quatre sur deux rimes en *eur* et en *age*: l'autre a cinq strophes, chacune de huit vers; mais le poëte ne s'y est géné que pour les quatre féminins, qui sont sous une même rime dans chaque strophe; les quatre masculins ont deux rimes différentes.

Il y a encore une espèce de ballade qui a deux refrains différens à chaque strophe, comme on peut le voir dans la suivante que Clément Marot fit sur le frère Lubin. Elle est composée de trois strophes, chacune de huit vers, avec un envoi de quatre, au nombre desquels se trouvent les deux refrains. Les vers sont de huit syllabes, et généralement tous les féminins sont sous deux rimes, l'une en *ile*, l'autre en *aire*, et tous les masculins en *ien*.

Pour courre en poste par la ville,
Vingt fois, cent fois, ne sais combien;
Pour faire quelque chose vile,
Frère Lubin le fera bien:
Mais d'avoir honnête entretien,
C'est à faire à un bon chrétien:
Frère Lubin ne le peut faire.

Pour mettre (comme un homme habile)
Le bien d'autrui avec le sien,
Et vous laisser sans croix ne pile,
Frère Lubin le fera bien.
On a beau dire, je te tien,
Et le presser de satisfaire;
Jamais ne vous en rendra rien;
Frère Lubin ne le peut faire.

Pour amuser par un doux style
Quelque fille de bon maintien,
Point ne faut de vieille subtile,
Frère Lubin le fera bien.
Il prêche en théologien;
Mais pour boire de belle eau claire,
Faites-la boire à votre chien,
Frère Lubin ne le peut faire.

Envoi.

Pour faire plutôt mal que bien,
Frère Lubin le fera bien:
Mais si c'est quelque bonne affaire,
Frère Lubin ne le peut faire.

Du Chant royal.

L'espèce de poësie connue sous le nom de *chant royal* est un poëme composé de cinq strophes, chacune le plus souvent d'onze vers, et tellement disposés, que le dernier de la première, qui est le refrain de toute la pièce, cadre avec la fin de tous les autres, et y revient prendre sa place, aussi bien qu'à la fin de l'envoi de cinq vers par où le poëme finit: en tout il y en a cinquante-cinq, qui, avec le refrain répété six fois, paroissent être soixante-un. L'envoi avoit quelquefois sept vers, et commençoit souvent par le mot *prince*, ce qui a donné le nom de *chant royal* à ce poëme. On en fait quelquefois en vers alexandrins. Voyez dans Clément Marot un *chant royal sur la Conception*, tome I de l'édition de la Haye, *in-12*, page 243.

Du Lai.

Le lai, dont le nom vient d'un vieux mot qui signifie *complainte, doléance*, est une espèce de petit poëme plaintif composé de couplets dont le nombre n'est pas fixe, non plus que celui des vers qu'ils renferment. On n'y emploie que de petits vers: ceux qui terminent chaque couplet sont encore plus petits que les autres, et laissent par conséquent un espace vide, qui a fait donner au lai le nom d'*arbre fourchu*: il n'y entroit que deux rimes différentes. En voici un:

La grandeur humaine
Est une ombre vaine
Qui fuit:
Une ame mondaine
A peine d'haleine
La suit,
Et, pour cette reine,
Trop souvent se gêne
Sans fruit.

Du Virelai.

Le virelai ancien, comme le vieux mot *vires* le marque, étoit un lai sur lequel le poëte retournoit par de semblables vers, sous les deux mêmes rimes, avec cette différence, que celle qui dominoit dans le lai, servoit à terminer les couplets dans le virelai, et l'autre prenoit le dessus: par exemple la rime *fuit, suit, fruit*, est ici, pour ainsi dire, la servante; et elle seroit devenue la maîtresse dans le virelai, où l'on ajoutoit autant de couplets que le lai en avoit.

Quant au virelai nouveau, voyez le *Traité de versification*, par Prépetit de Grammont, page 519. Il y a six virelais dans les poësies de l'abbé Regnier Desmarais.

De la Vilanelle.

La vilanelle est une chanson de bergers. En voici une de Jean Passerat:

J'ai perdu ma tourterelle:
Est-ce point elle que j'oi?
Je veux aller après elle.

Tu regrettes ta femelle:
Hélas! aussi fais-je moi,
J'ai perdu ma tourterelle.

Si ton amour est fidelle,
Aussi est ferme ma foi;
Je veux aller après elle.

Ta plainte se renouvelle:
Toujours plaindre je me doi;
J'ai perdu ma tourterelle.

En ne voyant plus la belle,
Plus rien de beau je ne voi:
Je veux aller après elle.

Mort, que tant de fois j'appelle,
Prends ce qui se donne à toi:
J'ai perdu ma tourterelle,
Je veux aller après elle.

Ce petit poëme est partagé en tercets, tous sous deux rimes en *elle* et en *oi*; et les deux mêmes se trouvant ensemble à la fin de la pièce, font un quatrain au lieu d'un tercet. On trouve encore des vilanelles dont les couplets sont de six vers.

§. V. *Des vers libres.*

On appelle *vers libres* ceux qui n'ont aucune uniformité ni pour le nombre des syllabes, ni pour le mélange des rimes, et qui ne sont point partagés en stances, c'est-à-dire, que dans les pièces en vers libres, un auteur peut entremêler les rimes à son choix, et donner à chaque vers tel nombre de syllabes qu'il juge à propos, sans suivre d'autres règles que les règles générales de la versification.

On met ordinairement en vers libres les sujets qui ne demandent qu'un *style simple et familier*, comme les fables, les contes, et même quelquefois les comédies, ou les poëmes destinés à être chantés, comme les opéra et les cantates.

Dans les vers libres, surtout dans ceux qui sont faits pour la musique, il est permis de mettre trois vers de suite sur la même rime masculine ou féminine.

Au reste, nous renvoyons à l'Art Poëtique de Despréaux, ceux qui voudront avoir une connoissance plus étendue de la poësie françoise.

FIN DU TRAITÉ DE VERSIFICATION.

TRAITÉ DE LA PONCTUATION;

ESSAI SUR L'USAGE DES LETTRES CAPITALES;

EXTRAITS DE DIVERS AUTEURS.

INTRODUCTION.

La *Ponctuation* est l'art d'indiquer dans l'écriture, par les signes reçus, la proportion des pauses que l'on doit faire en parlant.

Cet art est très-utile pour déterminer le sens. « Il est vrai, dit l'abbé Girard, que, par rapport » à la pureté du langage, à la netteté de la phrase, » à la beauté de l'expression, à la délicatesse et » à la solidité des pensées, la ponctuation n'est » que d'un mince mérite; mais la ponctuation sou- » lage et conduit le lecteur; elle lui indique les en- » droits où il faut se reposer, pour prendre sa res- » piration, et combien de temps il y doit mettre; » elle contribue à l'honneur de l'intelligence, en » dirigeant la lecture de manière que le stupide » paroisse, comme l'homme d'esprit, comprendre » ce qu'il lit; elle tient en règle l'attention de ceux » qui écoutent, et leur fixe les bornes du sens; » elle remédie aux obscurités qui viennent du » style ».

On va montrer ici, par quelques exemples, combien la ponctuation est utile pour remédier aux équivoques du discours. Chaque exemple sera ponctué de deux manières, pour faire mieux sentir la différence des sens qui en résulte.

Règne de crime en crime; enfin te voilà roi.

Règne; de crime en crime, enfin te voilà roi.

Suivant la première ponctuation, on exhorte celui à qui on parle à accumuler crime sur crime pendant son règne; suivant la seconde on fait entendre qu'à force de crimes, il est devenu roi.

Régnez en père, lorsque vous aurez vaincu; souvenez-vous que vous avez un maître dans le ciel.

Régnez en père: lorsque vous aurez vaincu, souvenez-vous que vous avez un maître dans le ciel.

Le sens de la première ponctuation est une exhortation à régner en père, après avoir vaincu; celui de la seconde est une exhortation à se souvenir de Dieu, quand on aura vaincu. On sent la différence.

Il viola toutes les lois; pour venir à bout de ses desseins, il ne respecta pas même la pudeur des dames.

Il viola toute les lois pour venir à bout de ses desseins; il ne respecta pas même la pudeur des dames.

Le sens que nous offre la première ponctuation, est qu'il outragea les dames pour venir à bout de ses desseins; celui qu'offre le second, est qu'après avoir violé toutes les lois pour venir à bout de ses desseins, il outragea même encore les dames.

Il propageoit sa religion; l'Alcoran d'une main et l'épée dans l'autre, il fut empoisonné.

Il propageoit sa religion, l'Alcoran d'une main et l'épée dans l'autre; il mourut empoisonné.

Suivant la première ponctuation, ces mots, *l'Alcoran d'une main et l'épée dans l'autre*, désignent la manière dont Mahomet mourut: suivant la seconde, ils désignent la manière dont Mahomet propageoit sa religion.

Ce prince, défenseur de Tarquin le Superbe, chassé de Rome, alla assiéger cette ville.

Ce prince, défenseur de Tarquin le Superbe chassé de Rome, alla assiéger cette ville.

La première ponctuation indique que *ce prince* avoit été chassé de Rome; la seconde que *Tarquin le Superbe* avoit souffert l'expulsion.

On ajoutera quelques exemples en faveur de ceux qui savent le latin; et pour abréger on ne les accompagnera d'autres éclaircissemens que celui de la double ponctuation, qui suffira.

Regem occidere nolite timere, bonum est: si omnes consentiunt, ego non; dissentio.

Regem occidere nolite timere, bonum est; si omnes consentiunt, ego non dissentio.

Telles sont les paroles qu'écrivit Fairfaix, sans ponctuation, au bas de la sentence de mort de Charles I: elle furent prises dans le sens que présente la seconde ponctuation; celui que présente la première, lui auroit fourni les moyens de se disculper en cas de besoin.

Porta patens esto nulli, claudatur honesto.

Porta patens esto, nulli claudatur honesto.

Un abbé qui avoit fait graver ces mots sur le portail de son abbaye, en fut privé par le pape, indigné du sens que lui offroit la première ponctuation, qu'un ouvrier maladroit avoit, par méprise, substituée à la seconde.

Hic jacet miles strenuus, parùm jactabundus, multùm vigil, numquam fugax, semper diligens, in mensâ parcus, in acie metuendus, amicis vitiis carens, virtute summâ.

Hic jacet miles strenuus parùm, jactabundus multùm, vigil numquam, fugax semper, diligens in mensâ, parcus in acie, metuendus amicis vitiis, carens virtute summâ.

Quelle différence n'y a-t-il pas dans le sens des vers suivans (Horace, Ode I du livre I), selon qu'on les ponctue de l'une ou de l'autre manière ci-dessous.

Sunt quos curriculo pulverem olympicum
Collegisse juvat; metaque fervidis
Evitata rotis, palmaque nobilis,
Terrarum dominos evehit ad Deos.
Hunc si nobilium turba Quiritium
Certat tergeminis tollere honoribus:
Illum si proprio condidit horreo, etc.

Sunt quos curriculo pulverem olympicum
Collegisse juvat; metaque fervidis
Evitata rotis, palmaque nobilis
Terrarum dominos evehit ad Deos
Hunc, si nobilium turba Quiritium
Certat tergiminis tollere honoribus;
Illum, si proprio condidit horreo
Quicquid de lybicis verritur areis.

Les signes reçus pour ponctuer sont la Virgule (,) qui marque la moindre de toutes les pauses, une pause presqu'insensible; un Point et une Virgule (;) par où l'on désigne une pause un peu plus grande; les deux Points (:) qui annoncent un repos encore un peu plus considérable; le Point soit absolu (.) soit interrogatif (?), soit exclamatif (!), qui caractérise une pause plus complète; et l'Alinéa qui fait recommencer le discours au commencement d'une autre ligne, afin d'indiquer la plus grande de toutes les pauses. On peut ajouter à ces signes les points suspensifs (...) qui désignent une interruption et par conséquent une distinction considérable, et les Guillemets (») qui se mettent au-devant de toutes les lignes d'un discours cité, afin de le distinguer du principal.

Le choix des ponctuations dépend de la proportion qu'il convient d'établir dans les pauses; et cette proportion dépend de la combinaison de trois principes fondamentaux: 1°. le besoin de respirer; 2°. la distinction des sens partiels qui constituent un discours: 3°. la différence des degrés de subordination qui conviennent à chacun de ces sens partiels dans l'ensemble du discours.

Il est d'une nécessité évidente de distinguer les sens partiels, de faire attention aux différens degrés de subordination qui doivent les réunir, de combiner ces deux points de vue vraiment analytiques avec les besoins naturels de la respiration, et de tenir compte du tout dans la ponctuation par une gradation proportionnée dans le choix des signes. En général on ne doit rompre l'unité du discours que le moins qu'il est possible, et qu'autant qu'il est exigé par l'un des trois principes précédens: il faut n'accorder à la foiblesse de l'organe ou de l'intelligence que ce qui est indispensablement nécessaire, et conserver, le plus scrupuleusement qu'on peut, la vérité et l'unité de la pensée dont la parole doit présenter l'image fidelle.

Ainsi la ponctuation la plus foible, la virgule, doit être employée seule par tout où l'on ne fait qu'une division des sens partiels, sans aucune sou-division subalterne: s'il y a dans un sens total deux divisions subordonnées, il faut employer les deux ponctuations les plus foibles, la virgule et le point avec une virgule: il faut ajouter les deux points, s'il y a trois divisions subordonnées, et ainsi de suite. Dans tous ces cas, la ponctuation la plus forte doit distinguer entr'elles les parties principales ou de la première division, et la ponctuation la moins forte distinguer les parties subalternes de la première soudivision; parce que les parties subalternes doivent d'abord être réunies, avant de constituer des *tous* qui deviennent parties d'un ordre supérieur, et que par conséquent elles ont entr'elles plus d'affinité par les parties principales, et doivent être moins désunies.

ARTICLE PREMIER.

Usages de la Virgule.

On réduit ici à sept règles les principaux usages de la virgule. Il seroit certainement très-facile d'en accumuler un plus grand nombre; mais il pourra suffire d'exposer les règles les plus générales et d'une nécessité plus commune; parce que quand on en aura compris le sens, la raison et le fondement, on n'aura plus aucune peine pour appliquer le principe aux cas particuliers qui ne sont point ici.

I. Règle.

Les parties similaires d'une même proposition composée doivent être séparées par des virgules, pourvu qu'il y en ait plus de deux et qu'aucune de ces parties ne soit soudivisée en d'autres parties subalternes.

Exemple pour plusieurs sujets.

La richesse, le plaisir, la santé, deviennent des maux pour qui ne sait pas en user.

Le regret du passé, le chagrin du présent, l'inquiétude sur l'avenir, sont les fléaux qui affligent le plus le genre humain.

Les sujets partiels sont distingués les uns des autres par la virgule, et le dernier est séparé de même de l'attribut; parce que l'attribut ne tombe pas plus sur le dernier que sur les autres, et ne doit pas avoir avec lui une liaison plus forte.

Exemple de plusieurs attributs réunis sur un même sujet.

Il alla dans cette caverne, trouva les instrumens, abattit les peupliers, et mit en un seul jour les vaisseaux en état de voguer.

Exemple de plusieurs complémens du même verbe.

Ainsi que d'autres encore plus anciens, qui enseignèrent à se nourrir de blé, à se vêtir, à se faire des habitations, à se procurer les besoins de la vie, à se précautionner contre les bêtes féroces.

Autre Exemple.

Je connois quelqu'un qui loue sans estimer, qui décide sans connoître, qui contredit sans avoir d'opinion, qui parle sans penser, et qui s'occupe sans rien faire.

II. Règle.

Lorsqu'il n'y a que deux parties similaires pour constituer un tout, il peut arriver deux cas qui font décider différemment de la ponctuation.

1°. Si les deux parties similaires ne sont que rapprochées sans conjonction, le besoin d'indiquer la diversité de ces parties exige, entre deux, une virgule dans l'orthographe et une pause dans la prononciation.

Exemple.

D'anciennes mœurs, un certain usage de la pauvreté, rendoient à Rome les fortunes à peu près égales.

2°. Si les deux parties similaires sont liées par une conjonction, et que les deux ensemble n'excèdent pas la portée commune de la respiration,

TRAITÉ DE LA PONCTUATION.

la conjection suffit pour marquer la diversité des parties, et la virgule romproit mal à propos l'unité du tout qu'elles constituent, puisque l'organe n'exige point de repos.

EXEMPLES.

L'imagination et le jugement ne sont pas toujours d'accord.

Il parle de ce qu'il ne sait point ou de ce qu'il sait mal.

3°. Mais si les deux parties similaires réunies par la conjonction ont une certaine étendue, qui empêche qu'on ne puisse aisément les prononcer de suite sans respirer; alors, nonobstant la conjonction qui marque la diversité, il faut faire usage de la virgule pour indiquer la pause : c'est le besoin seul de l'organe qui fait la loi.

EXEMPLES.

On a toujours reconnu le même Dieu, comme auteur, et le même Christ, comme sauveur du genre humain.

Les Macédoniens n'étoient pas en moindre souci, et passèrent toute la nuit comme s'il eût fallu combattre.

III. RÈGLE.

Ce qui vient d'être dit de deux parties similaires d'une proposition composée, doit encore se dire des membres d'une période qui n'en a que deux, lorsque ni l'un ni l'autre n'est subdivisé en parties subalternes dont la distinction exige la virgule.

EXEMPLES.

La certitude de nos connoissances ne suffit pas pour les rendre précieuses, c'est leur importance qui en fait prix.

On croit quelquefois haïr la flatterie, mais on ne hait que la manière de flatter.

Si nous n'avions point de défauts, nous ne prendrions pas tant de plaisir à en remarquer dans les autres.

IV. RÈGLE.

Dans le sens coupé, où un sens total est énoncé par plusieurs propositions qui se succèdent rapidement et dont chacune a un sens complet, la simple virgule suffit encore pour séparer ces deux propositions, si aucune d'elles n'est subdivisée en parties subalternes qui exigent la virgule.

EXEMPLE.

Les voilà comme deux bêtes cruelles qui cherchent à se déchirer; le feu brille dans leurs yeux, ils se raccourcissent, ils s'allongent, ils se baissent, ils se relèvent; ils s'élancent, ils sont altérés de sang.

AUTRE EXEMPLE.

Il vient une nouvelle, on en rapporte les circonstances les plus marquées, elle passe dans la bouche de tout le monde, ceux qui doivent en être les mieux instruits la croyent et la répandent, j'agis sur cela; je ne crois pas être blâmable. Toutes les parties de cette période ne sont que des circonstances ou des jours particuliers de cette proposition principale, *je ne crois pas être blamable*; c'est pour cela que je l'ai séparée du reste par une ponctuation plus forte.

V. RÈGLE.

Si une proposition est simple et sans hyperbate (1), et que l'étendue n'en excède pas la portée commune de la respiration, elle doit s'écrire de suite sans aucune ponctuation.

EXEMPLES.

L'homme injuste ne voit la mort que comme un fantôme affreux.

Il est plus honteux de se défier de ses amis que d'en être trompé.

Mais si l'étendue d'une proposition excède la portée ordinaire de la respiration, il faut y placer des repos par des virgules, placées de manière qu'elles servent à y distinguer quelques-unes des parties constitutives, comme le sujet logique (2), la totalité d'un complément (3), etc.

EXEMPLE où la virgule distingue le sujet logique.

La venue des faux christs et des faux prophètes, sembloit être un plus prochain acheminement à la dernière ruine.

EXEMPLE où la virgule sépare un complément circonstanciel.

Chaque connoissance ne se développe, qu'après qu'un certain nombre de connoissances précédentes se sont développées.

EXEMPLE où la virgule sépare l'un de l'autre deux différens complémens.

L'homme impatient est entraîné par ses désirs indomptés et farouches, dans un abyme de malheurs.

Lorsque l'ordre naturel d'une proposition simple est troublé par quelqu'hyperbate, la partie transposée doit être terminée par une virgule, si elle commence la proposition; elle doit être entre deux virgules, si elle est enclavée dans d'autres parties de la proposition.

EXEMPLE de la première espèce.

Toutes les vérités produites seulement par le calcul, on pourroit les traiter de vérités d'expérience. C'est le complément objectif qui se trouve ici à la tête de la proposition.

EXEMPLE de la seconde espèce.

La versification des Grecs et des Latins, par un ordre réglé de syllabes brèves et longues, donnoit à la mémoire une prise suffisante. Ici c'est un complément auxiliaire qui se trouve jeté entre le sujet logique et le verbe.

Il n'en est pas de même du complément déterminatif d'un nom appellatif : quoique l'hyperbate en dispose, comme il arrive fréquemment dans la poësie, on n'y emploie pas la virgule, à moins que le trop d'étendue de la phrase ne l'exige pour le soulagement de la poitrine.

Celui qui met un frein à la fureur des flots,
Sait aussi des *méchans arrêter les complots.*
Le juste est invulnérable;
De son bonheur immuable
Les anges sont *les garants.*

Il en est de même de tout complément déplacé par l'hyperbate, s'il est d'une petite étendue.

Cependant je rends grâce au zèle officieux
Qui *sur tous mes périls* vous fait ouvrir les yeux.

Remarquez encore que je n'indique l'usage de la virgule, que pour le cas où l'ordre naturel de la phrase est troublé par l'hyperbate : car s'il n'y avoit qu'inversion, la virgule n'y seroit nécessaire qu'autant qu'elle pourroit l'être dans le cas même où la construction seroit directe.

EXEMPLES.

De tant d'objets divers le bizarre assemblage.

Je ne sentis point devant lui le désordre où nous jette ordinairement la présence des grands hommes.

Les mots *de tant d'objets divers* touchent à ceux-ci *le bizarre assemblage*, dont ils dépendent; *et jette ordinairement* n'est point séparé de *la présence des grands hommes*, qui en est le sujet. On comprend par ceci que l'inversion n'est autre chose que le déplacement de quelques mots qu'on met après ceux qui en dépendent, sans en jeter d'autres entre deux.

VI. RÈGLE.

Il faut mettre entre deux virgules, toute proposition incidente explicative; et écrire de suite, sans virgule, toute proposition incidente déterminative.

Il faut donc écrire avec la virgule : *Les passions, qui sont les maladies de l'ame, ne viennent que de notre révolte contre la raison.* Il faut écrire sans virgule : *La gloire des grands hommes se doit toujours mesurer aux moyens dont ils se sont servis pour l'acquérir.*

Au reste, ce que l'on dit ici des propositions incidentes, amenées par des mots conjonctifs, doit s'entendre aussi de toute autre addition : c'est quelquefois un simple adjectif, ou un participe suivi de quelque complément, etc.

Ces additions sont explicatives et demandent la virgule, quand elles précèdent l'antécédent.

EXEMPLES.

Avides de plaisir, nous nous flattons d'en recevoir de tous les objets inconnus qui semblent nous en promettre.

Soumis avec respect à sa volonté sainte,
Je crains Dieu, cher Abner, et n'ai point d'autre crainte.

Elles sont encore explicatives et demandent la virgule, quoique l'antécédent précède, s'il se trouve quelque chose entre l'antécédent et l'addition.

Le fruit meurt en naissant, dans son germe infecté.

Si ces additions suivent immédiatement l'antécédent; on peut encore conclure qu'elles sont explicatives et qu'elles doivent être distinguées par la virgule, si on peut les retrancher sans altérer le sens de la proposition.

Daigne, daigne, mon Dieu, sur Mathan et sur elle
Répandre *cet esprit d'imprudence et d'erreur*,
De la chute des rois funeste avant-coureur.

VII. RÈGLE.

Toute addition mise à la tête ou dans le corps d'une phrase, et qui ne peut être regardée comme faisant partie de sa constitution grammaticale, doit être distinguée du reste par une virgule mise après, si l'addition est à la tête; et si elle est enclavée dans le corps de la phrase, elle doit être entre deux virgules.

EXEMPLES.

Contre une fille qui devient chaque jour plus insolente; qui me manque, à moi; qui vous manquera bientôt, à vous. Ces *à moi* et *à vous* n'ont été introduits dans la phrase que par énergie.

Non, non, bien loin d'être des demi-dieux, ce ne sont pas même des hommes.

La victoire fut d'autant plus glorieuse pour lui, que, de l'aveu de tous les officiers, elle fut due à la supériorité de son génie.

Je vous assure que, quoiqu'il raisonne, il n'en sait pas plus que vous et moi.

O mortels, l'espérance enivre.

Quand l'apostrophe est avant un verbe à la seconde personne, on ne doit pas l'en séparer par la virgule, parceque le sujet ne doit pas être séparé de son verbe, du moins quand les besoins de la respiration ne l'exigent pas.

Il faut donc écrire sans virgule : *Tribuns cédez aux Consuls.*

Mais on doit écrire avec la virgule : *Vous avez vaincu, Plébéiens.* Le sujet étant d'abord exprimé par *vous*, lequel est à sa place naturelle, le mot *Plébéiens* n'est plus qu'un hors-d'œuvre grammatical.

AUTRE EXEMPLE.

Pour Mademoiselle, elle paroît trop instruite de sa beauté. Il faut ici la virgule, parce que les mots *pour Mademoiselle* ne peuvent se lier grammaticalement à aucune partie de la proposition suivante.

Le troisième et le quatrième exemples font voir qu'un *que* qui précède un complément ou une proposition incidente qui n'en dépend pas, doit en être séparé par la ponctuation : on pourroit en dire autant de *qui* dans le même cas.

Par une suite de la règle précédente, lorsqu'on insère quelque chose dans le discours entre deux paranthèses, la ponctuation qui doit suivre ce qui précède la paranthèse, doit être mise après le dernier crochet, et non avant le premier.

EXEMPLES.

L'ardente passion de Grégoire de Nazianze pour la solitude (dit monsieur l'abbé Ludvocat), *le rendoit d'une humeur triste, chagrine, et un peu satirique.*

L'année suivante (1632), Gustave *donna la bataille du Lutzen.*

Mais la paranthèse n'amène pas la nécessité de mettre une ponctuation, là où celle-ci n'est pas nécessaire.

EXEMPLE.

Boyle lui ouvrit (dit Fontenelle) *tous les trésors de la physique expérimentale.*

La raison de cette ponctuation est que les paroles enfermées dans la paranthèse tiennent plus à ce qui la précède qu'à ce qui la suit, comme on le voit

(1) L'hyperbate se forme d'un ou plusieurs mots qui rompent la suite naturelle des paroles. Exemple : *Je croyois*, dit-il, *que vous veniez*. *Dit-il* fait une hyperbate, parce qu'il sépare les mots *je croyois* d'avec *vous veniez* qui en dépend.

(2) Le *sujet logique* consiste dans l'expression totale de ce qui constitue le sujet, ou, comme d'autres disent, le nominatif de la phrase. On dit le sujet logique par opposition au *sujet grammatical* qui ne consiste que dans un mot. Par exemple, dans cette phrase : *Le droit poussé à la rigueur est une extrême injustice*; *le droit* est le sujet grammatical, *le droit poussé à la rigueur* est le sujet logique.

(3) *Un complément* est une addition faite à quelque mot pour en mieux déterminer ou développer le sens. Dans la phrase ci-dessus, *poussé à la rigueur* est un complément du mot de *droit*. Le complément *objectif* est celui qui exprime l'objet, le complément *circonstanciel* exprime une circonstance; ainsi des autres. Par exemple, dans cette phrase, *Tout ce que vous savez, je le sais depuis long-temps*; *tout ce que vous savez* est un complément *objectif*, *depuis long-temps* est un complément *circonstanciel*. Ceci servira à l'intelligence de ce qui suit.

TRAITÉ DE LA PONCTUATION.

surtout par le second exemple : c'est donc à ce qui la précède plutôt qu'à ce qui la suit, qu'il faut la lier. La paranthèse est toujours une addition faite à la phrase ; et comme il est naturel que cette addition suive ce à quoi elle se rapporte, il s'ensuit que la paranthèse appartient à ce qui la précède, et ne doit point en être séparé par la ponctuation.

ARTICLE II.

Usages du Point avec la Virgule.

On ne doit rompre l'unité de la proposition entière que le moins qu'il est possible ; mais on doit préférer la netteté de l'énonciation orale ou écrite à la représentation trop scrupuleuse de l'unité du sens total, laquelle, après tout, subsiste toujours, tant qu'on ne la détruit pas par des repos trop considérables ou par des ponctuations trop fortes. Or la netteté de l'énonciation exige que la subordination respective des sens partiels y soit rendue sensible, ce qui ne peut se faire que par la différence marquée des repos et des caractères qui les représentent.

S'il n'y a donc dans un sens total que deux divisions subordonnées, il ne faut employer que deux sortes de ponctuations ; parce qu'on ne doit pas employer plus de signes qu'il n'y a de choses à signifier : il faut employer un point avec une virgule pour distinguer les parties principales ou de la première division ; et la simple virgule, pour distinguer entr'elles les parties subalternes de la soudivision. Ces deux ponctuations sont les plus foibles, afin de rompre le moins qu'il est possible l'unité du sens total ; et la plus foible des deux sépare les parties subalternes, parce qu'elles sont plus intimement liées entr'elles que les principales. Passons aux cas particuliers.

I. Règle.

Lorsque les parties similaires d'une proposition composée ou les membres d'une période, ont d'autres parties subalternes distinguées par la virgule, ces parties similaires ou ces membres doivent être séparés les uns des autres par un point et une virgule.

Exemple.

Quelle pensez-vous qu'ait été sa douleur, de quitter Rome, sans l'avoir réduite en cendres ; d'y laisser encore des citoyens, sans les avoir passés au fil de l'épée, de voir que nous lui avons arraché le fer d'entre les mains, avant qu'il l'ait teint de notre sang ? Les parties distinguées ici par un point et une virgule, sont des complémens déterminatifs du nom *douleur*.

Qu'un vieillard joue le rôle d'un jeune homme, lorsqu'un jeune homme jouera le rôle d'un vieillard ; que les décorations soient champêtres, quoique la scène soit dans un palais ; que les habillemens ne répondent point à la dignité des personnages : toutes ces discordances nous blesseront. C'est ici l'idée générale de *discordance* présentée sous trois aspects différens.

Quoique vous ayez de la naissance, que votre mérite soit connu, et que vous ne manquiez pas d'amis ; vos projets ne réussiront pourtant point sans l'aide de Plutus. C'est une période de deux membres, dont le premier est séparé du second par un point et une virgule ; parce qu'il est divisé en trois parties similaires, subordonnées à la même conjonction *quoique*, séparées entr'elles par des virgules.

II. Règle.

Lorsque plusieurs propositions incidentes sont accumulées sur le même antécédent, et que toutes ou quelques-unes d'entr'elles sont soudivisées par des virgules, qui y marquent des repos ou des distinctions, il faut les séparer les unes des autres par un point et une virgule. Si elles sont déterminées, la première tiendra immédiatement à l'antécédent ; si elles sont explicatives, la première sera séparée de l'antécédent par une virgule.

Exemple.

Politesse noble, qui sait éprouver sans fadeur, louer sans jalousie, railler sans aigreur ; qui saisit les ridicules avec plus de gaieté que de malice ; qui jette de l'agrément sur les choses les plus sérieuses, soit par le sel de l'ironie, soit par la finesse de l'expression ; qui passe légèrement du grave à l'enjoué, sait se faire entendre en se faisant deviner, montre de l'esprit sans en chercher, et donne à des sentimens vertueux le ton et les couleurs d'une joie douce. Ce sont ici des propositions incidentes explicatives, et c'est pour cela qu'il y a une virgule après l'antécédent *politesse noble*.

III. Règle.

Dans le style coupé, si quelqu'une des propositions détachées qui forment le sens total, est divisée, par quelque cause que ce soit, en parties subalternes et distinguées par des virgules ; il faut séparer par un point et une virgule les propositions partielles homologues du sens total, c'est-à-dire celles qui concourent de la même manière à l'intégrité de ce sens total.

Exemple.

Cette persuasion, sans l'évidence qui l'accompagne, n'auroit pas été si ferme et si durable ; elle n'auroit pas acquis de nouvelles forces en vieillissant ; elle n'auroit pu résister au torrent des années, et passer de siècle en siècle jusqu'à nous.

IV. Règle.

Dans l'énumération de plusieurs choses opposées ou seulement différentes que l'on compare deux à deux ; il faut séparer les uns des autres, par un point et une virgule, les membres de l'énumération qui renferment une comparaison ; et par une simple virgule, les parties subalternes de ces membres comparatifs.

Exemple.

Elle n'est point autre à Rome, autre à Athènes ; autre aujourd'hui, autre demain.

ARTICLE III.

Usages de deux Points.

La même proportion qui règle l'emploi respectif de la virgule, et du point avec une virgule, lorsqu'il y a division et soudivision de sens partiels, doit encore décider de l'usage des deux points, pour les cas où il y a trois divisions subordonnées l'une à l'autre.

I. Règle.

Si un membre de période renferme plusieurs incises soudivisées en parties subalternes, il faudra distinguer entr'elles par la virgule ces parties subalternes, les incises par un point et une virgule, et les membres principaux par les deux points.

Exemple.

Si vous ne trouvez aucune manière de gagner honteuse, vous qui êtes d'un rang pour lequel il n'y en a point d'honnête ; si tous les jours c'est quelque fourberie nouvelle, quelque traité frauduleux, quelque tour de fripon, quelque vol ; si vous pillez et les alliés et le trésor public ; si vous mendiez des testamens qui vous soient favorables, ou si même vous en fabriquez : premier membre avec quatre incises : dites-moi, sont-ce là des signes d'opulence ou d'indigence ? second membre.

II. Règle.

Si après une proposition qui a par elle-même un sens complet, et dont le tour ne donne pas lieu d'attendre autre chose, on ajoute une autre proposition qui serve d'explication ou d'extension à la première ; il faut séparer l'une de l'autre par une ponctuation plus forte d'un degré, que celle qui auroit distingué les parties de l'une ou de l'autre.

Si deux propositions sont simples et sans division, une virgule est suffisante entre deux.

Exemple.

La plupart des hommes s'exposent assez dans la guerre pour sauver leur honneur, mais peu veulent s'exposer autant qu'il est nécessaire pour faire réussir le dessein pour lequel ils s'exposent.

Si l'une des deux ou toutes les deux sont divisées par des virgules, soit pour les besoins de l'organe, soit pour la distinction des parties dont elles sont composées ; il faut distinguer l'une de l'autre par un point et une virgule.

Exemple.

Roscius est un si excellent acteur, qu'il paroît seul digne de monter sur le théâtre ; mais d'un autre côté il est si homme de bien, qu'il paroît seul digne de n'y monter jamais.

Si les divisions subalternes de l'une des deux propositions liées ou de toutes deux exigent un point et une virgule, il faut deux points entre les deux.

Exemple.

L'esprit, les talens, le génie, procurent la célébrité ; c'est le premier pas vers la renommée : mais les avantages n'en sont pas autant réels que ceux de la réputation d'honneur.

III. Règle.

Si une énumération est précédée d'une proposition détachée qui l'annonce, ou qui en montre l'objet sous un aspect général ; cette proposition doit être distinguée du détail par deux points, et le détail doit être ponctué comme il a été dit ci-devant, art. II, Reg. 4.

Exemple.

Il y a dans la nature de l'homme deux principes opposés : l'amour-propre, qui nous rappelle à nous ; et la bienveillance, qui nous répand.

IV. Règle.

Il me semble qu'un détail de maximes relatives à un point capital, de sentences adaptées à une même fin, si elles sont toutes construites à peu près de la même manière, peuvent et doivent être distinguées par les deux points. Chacune étant une proposition complète grammaticalement, et même indépendante des autres jusqu'à un certain point en ce qui concerne le sens ; elles doivent être séparées autant qu'il est possible : mais comme elles sont pourtant relatives à une même fin, à un même point capital ; il faut les rapprocher en ne les distinguant pas par la plus forte des ponctuations, et en employant les deux points.

Exemple.

L'heureuse conformation des organes s'annonce par un air de force ; celle des fluides, par un air de vivacité : un air fin est comme l'étincelle de l'esprit : un air doux promet des égards flatteurs : un air noble marque l'élévation des sentimens : un air tendre semble être le garant d'un retour d'amitié.

V. Règle.

C'est un usage universel et fondé en raison, de mettre les deux points après qu'on a annoncé un discours direct que l'on va rapporter, soit qu'on le cite comme ayant été dit ou écrit, soit qu'on le propose comme pouvant être dit ou par un autre, ou par soi-même. Ce discours tient, comme complément, à la proposition qui l'a annoncé ; et il y auroit une sorte d'inconséquence à l'en séparer par un point simple, qui marqueroit une indépendance entière : mais il est pourtant très-distingué, puisqu'il n'appartient pas à celui qui le rapporte, ou qu'il ne lui appartient qu'historiquement, et en effet il commence par une lettre capitale. Il est donc raisonnable de séparer le discours direct de l'annonce par la ponctuation la plus forte au-dessous du point, c'est-à-dire par les deux points : pour une distinction plus marquée, on place encore des guillemets (») au commencement de toutes les lignes de ce discours direct, ou bien on y employe un caractère différent.

Exemple.

Lorsque j'entendis les scènes du paysan dans les Faux-Généreux, je dis : Voilà qui plaira à toute la terre et dans tous les temps ; voilà qui fera fondre en larmes.

ARTICLE IV.

Du Point et de l'Alinéa.

Il y a trois sortes de Points : le Point simple, le Point interrogatif, et le Point exclamatif.

I. Le point simple est sujet à l'influence de la proportion qui jusqu'ici a réglé les autres signes de ponctuation ; ainsi il doit être mis après une période ou une proposition composée, dans laquelle on a fait usage de deux points en vertu de quelques-unes des règles précédentes. Mais on l'emploie encore après toutes les propositions qui ont un sens absolument terminé ; telle est, par exemple, la conclusion d'un raisonnement, quand elle est précédée des prémisses qui en constituent la preuve. En un mot, on le met à la fin de toutes les phrases indépendantes entièrement de ce qui suit ; ou du moins qui n'ont de liaison avec la suite, que par la convenance de la matière et l'analogie générale des pensées dirigées vers une même fin.

Je me dispenserai de rapporter ici des exemples exprès pour le point : on ne peut rien lire sans en rencontrer ; et les principes de proportion que l'on a appliqués ci-devant aux autres ponctuations, peuvent aisément s'appliquer à celle-ci, soit qu'on veuille juger si elle est employée avec intelligence dans les écrits qu'on a sous les yeux, soit qu'il s'agisse d'en faire usage et de l'employer à propos. Je me bornerai donc à dire qu'il me semble qu'on en multiplie trop l'usage.

II. Le point interrogatif se met à la fin de toute proposition qui interroge : soit qu'elle soit pleine ou elliptique ; soit qu'elle fasse partie du discours où elle se trouve, ou qu'elle y soit seulement rapportée comme prononcée directement par un autre.

ESSAI SUR L'USAGE DES LETTRES CAPITALES.

EXEMPLE.

En effet s'ils sont injustes et ambitieux (les voisins d'un roi juste) *que ne doivent-ils pas craindre de cette réputation universelle de probité, qui lui attire l'admiration de toute la terre, la confiance de ses alliés, l'amour de ses peuples, l'estime et l'affection de ses troupes? de quoi n'est pas capable une armée prévenue de cette opinion, et disciplinée sous les ordres d'un tel prince?* Après le premier point interrogatif il y a un petit *d*, parce que c'est seulement la seconde partie du second membre de la période, dont le premier membre est hypothétique: *En effet s'ils sont injustes et ambitieux.*

Si la phrase interrogative n'est pas directe, et que la forme en soit rendue dépendante de la construction grammaticale de la proposition expositive où elle est rapportée; on ne doit pas mettre le point interrogatif, et la ponctuation doit se régler sur la proposition principale, dans laquelle celle-ci n'est qu'incidente.

EXEMPLE.

Mentor demanda ensuite à Idomenée, quelle étoit la conduite de Protésilas dans ce changement des affaires.

III. La véritable place du point exclamatif est après toutes les phrases qui expriment la surprise, la terreur, la pitié, la tendresse, ou quelqu'autre sentiment affectueux que ce puisse être.

Admiration : *Que les sages sont en petit nombre! qu'il est rare d'en trouver!*

Pitié et horreur : *Oh! que les rois sont à plaindre! Oh! que ceux qui les servent sont dignes de compassion! s'ils sont méchans; combien font-ils souffrir les hommes, et quels tourmens leur sont réservés dans le noir Ténare! s'ils sont bons; quelles difficultés n'ont-ils pas à vaincre! quels piéges à éviter! que de maux à souffrir!*

IV. Ecrire *alinea* ou *à la ligne*, c'est abandonner la ligne où l'on vient de terminer une phrase, quoique cette ligne ne soit pas remplie; et recommencer la phrase qui suit au commencement de la ligne suivante; qui, pour devenir plus sensible, rentre un peu en dedans, comme on le voit au mot *Ecrire* qui commence cette définition et à tous les Alinéa de cet ouvrage.

On doit employer ce signe de distinction, pour différencier, par exemple, les diverses preuves d'une même vérité; les diverses considérations que l'on peut faire sur un même fait, sur un même projet; les différentes affaires dont on parle dans une lettre, dans un mémoire; en un mot, toutes les fois que l'on passe d'un point de vue dont l'exposition a eu une certaine étendue, à un autre point de vue qui permet de prendre entre deux un repos plus considérable que celui du point.

ESSAI SUR L'USAGE DES LETTRES CAPITALES.

On appelle *Lettres capitales*, ou *majuscules*, ou *grandes Lettres*, certaines lettres plus grandes que les autres et qui ont une figure particulière; on donne au contraire le nom de *minuscules* ou de *petites Lettres* à celles que leur petitesse et une certaine figure font distinguer des autres : ainsi (A) est une lettre majuscule, (a) en est une minuscule.

On se sert souvent des lettres capitales pour mettre à la tête de certains mots que l'on veut distinguer des autres et faire remarquer dans l'écriture, soit imprimée, soit manuscrite; mais on est fort peu d'accord sur la manière de se servir de ces lettres, et l'on trouve à cet égard bien des contrariétés entre les auteurs.

Comme cette matière a beaucoup de rapport à celle de la ponctuation, et que l'usage bien ou mal-entendu des lettres capitales n'est pas indifférent, j'ai cru qu'il ne seroit pas hors de propos de donner quelques règles à ce sujet. Si elles sont approuvées, elles serviront à bannir les doutes, la confusion, les contrariétés qui règnent à cet égard. Si on ne les goûte pas, elles donneront peut-être occasion à quelqu'un de plus entendu, d'en établir de meilleures. Dans l'un et l'autre cas, elles auront produit un bien.

On convient généralement que les lettres capitales ne font pas un bel effet dans l'impression. Il est d'ailleurs aisé de sentir qu'en multipliant beaucoup leur usage, on les rend inutiles au but de leur institution; elles ne serviront plus à aucune distinction, si elles reparoissent à tout moment dans l'écriture imprimée ou manuscrite. C'est sur quoi on fonde la règle suivante.

I. RÈGLE.

On doit borner, le plus qu'il est possible, l'usage des lettres capitales, et ne s'en servir que dans les occasions où elles sont d'une utilité manifeste. Servons-nous en pour indiquer au lecteur les noms propres et les mots qui en tiennent lieu, les êtres abstraits personnifiés, les noms de nations employés substantivement; pour lui faire distinguer les divers sens d'un même mot; pour lui rappeler le principal sujet du discours; et pour lui marquer, d'une manière plus frappante que par le point, les endroits où la fin du sens amène un repos nécessaire à son attention et à sa poitrine. Ce ne sera peut-être que trop de fonctions données à remplir aux lettres capitales : n'en exigeons du moins pas davantage; ne les rendons pas inutiles en les prodiguant sans besoin ni raison; et ne répandons pas, sur nos livres ou sur nos manuscrits, une bigarrure, qui, à des distinctions utiles, ne substitueroit que de la confusion.

II. RÈGLE.

Tout nom propre doit être écrit par une grande lettre.

EXEMPLES.

Là paroît *Miltiade*, *Alcibiade*, *Cimon*,
Paule-Emile, *Quintus*, *Fabius*, *Scipion*;
Plus loin le grand *Henri*, *Condé*, *Villars*, *Turenne*;
Là *Montécuculli*, *de Bade*, *Anhalt*, *Eugène*.

Le Rhin *sépare la* France *de l'*Allemagne.

Le Saint-Gothard *est une des plus hautes montagnes de l'Europe.*

*Le cheval d'*Alexandre *s'appeloit* Bucéphale.

Cette règle d'orthographe est universellement adoptée, et elle fournit, dans l'écriture, une distinction très-commode entre les noms propres et les noms appellatifs, que des personnes peu instruites seroient souvent tentées de prendre les uns pour les autres; la grande lettre qu'elles voient à la tête du nom propre, les avertit de sa nature et prévient une méprise.

Il peut arriver deux cas : ou le nom propre est employé comme tel et dans sa propre signification, pour marquer l'individu auquel il appartient; ou il est transformé par synecdoche en nom appellatif, pour le rendre significatif par l'idée de la qualité qui a distingué cet individu. Ainsi quand je dis :

Salomon *fut un roi distingué par sa sagesse.*

L'empereur Auguste *fut un grand protecteur des savans.*

Tite *étoit un excellent prince.*

Les noms de *Salomon*, d'*Auguste* et de *Tite* sont employés dans le sens propre pour désigner les individus qui les ont portés; mais lorsque je dis :

Frédéric II *est le* Salomon *du Nord*,
Louis XIV *fut l'*Auguste *de la France*,
Louis XVI *en est le* Tite;

Les noms de *Salomon*, d'*Auguste* et de *Tite* sont employés comme appellatifs pour faire entendre que *Frédéric II* et *Louis XVI* ont les qualités qui distinguèrent autrefois Salomon et Tite, et que *Louis XIV* fut, comme Auguste, un protecteur et un rémunérateur des savans.

Dans l'un et dans l'autre cas, l'orthographe doit être la même; parce que, dans l'un et dans l'autre, on doit épargner au lecteur la méprise où il tomberoit en prenant un nom propre pour un nom appellatif, et lui faire connoître sans équivoque la nature du nom qu'il a sous les yeux.

Ainsi j'écrirai également par un grand C.

Cicéron *fut le plus grand orateur de* Rome, *et les* Cicérons *sont rares dans notre barreau*;

par un grand H,

Homère *étoit un grand poëte grec*,
et Voltaire *est l'*Homère *des François*;

par un grand O,

*L'*Océan *sépare l'Europe de l'Amérique*,
et *le lac Léman a, comme un petit* Océan, *ses ports, sa navigation, ses tempêtes.*

J'écrirai encore par de grandes lettres :

*Sire, vous avez assez fait l'*Alexandre, *il est temps que vous fassiez le* César.

Un mot quelconque pris matériellement, c'est-à-dire considéré non quant à son sens, mais quant aux lettres et aux syllabes dont il est composé, doit commencer par une grande lettre; car ce mot pris ainsi doit être regardé comme un nom propre.

EXEMPLE.

Le mot Charité *est de trois syllabes.*

Dans l'usage des noms appellatifs, il peut arriver deux cas; ou le nom appellatif est pris dans toute l'étendue de sa signification, ou il ne désigne qu'un individu ou une partie des individus auxquels il est applicable : dans le second cas, cet individu ou ces individus sont nettement déterminés, ou non.

On va donner des règles sur ces différens cas.

III. RÈGLE.

Soit que le nom appellatif soit pris dans toute l'étendue de sa signification, ou qu'il ne désigne qu'un ou plusieurs individus indéterminés, je l'écris par une petite lettre initiale.

EXEMPLES *où le nom appellatif est pris dans toute l'étendue de sa signification.*

Dieu se plut à créer des animaux divers :
L'*aigle* au regard perçant, pour régner dans les airs;
Le *pan*, pour étaler l'iris de son plumage;
Le *coursier* pour servir; le *loup* pour le carnage;
Le *chien* fidelle et prompt; l'*âne* docile et lent;
Et le *taureau* farouche, et l'*animal bêlant*.

Les rois *meurent comme les autres* hommes.

Tous les hommes *sont frères.*

EXEMPLES *où le nom appellatif se rapporte à un ou plusieurs individus indéterminés.*

Vous qui tiendrez un jour, par le droit de naissance,
Le sceptre de nos rois, leur glaive, leur balance;
Vous le sang des *héros*, vous l'espoir de l'Etat:
Jeune *prince*, écoutez.

AUTRE EXEMPLE de même espèce.

Le Comte de Marsigli fut dès sa première jeunesse, en relation avec les plus illustres savans d'Italie; mathématiciens, anatomistes, physiciens, historiens, *et* voyageurs.

AUTRE EXEMPLE.

Je l'apporte en naissant, elle est écrite en moi,
Cette loi qui m'instruit de tout ce que je dois
A mon *père*, à mon *fils*, à ma *femme*, à moi-même:
A toute heure je lis, dans ce code suprême,
La loi qui me défend le vol, la trahison.

Les noms de *père*, de *fils*, de *femme* ne désignent ici aucun individu déterminé; et c'est parce qu'ils se prennent dans un sens général, que je les écris en petites lettres.

IV. RÈGLE.

Si le nom appellatif s'applique à un ou plusieurs individus déterminés, je l'écris encore par une petite lettre; lorsqu'il est précédé ou immédiatement suivi du nom propre, ou de quelque complément qui rend cette application bien manifeste.

EXEMPLE où le nom propre précède l'appellatif.

Aaron, grand-prêtre *des Juifs, donna l'exemple de l'idolâtrie.*

EXEMPLE où le nom propre suit immédiatement l'appellatif.

On a dit du roi Guillaume, *qu'il n'étoit que stathouder en Angleterre, et qu'il étoit roi en Hollande.*

EXEMPLE *où le nom appellatif est précédé d'un complément qui en manifeste l'application à un individu déterminé.*

Mon *père* mille fois m'a dit dans mon enfance
Qu'avec nous tu juras une sainte alliance.

De ce genre de complémens sont les mots *mon, ma; ton, ta; son, sa; notre, votre; ce, cet; le même.* Ainsi j'écrirai avec de petites lettres, mon *mari*, ma *sœur*, ton *frère*, ta *cousine*, son *chien*, sa *maison*, notre *ami*, votre *compagnon*, ce *soldat*, cet *habit*, le même *homme*, etc.

EXEMPLE où le nom appellatif est immédiatement suivi d'un complément qui marque un individu déterminé.

Le lac *de Genève, la* source *de l'Aar, la* tige *de cet arbre, la* banque *de Leipsic, la* citadelle *de Lille, la* place *des Victoires, l'*avoyer *d'Erlach, le* comte *de Bonneval*, etc.

Il me semble que les noms des mois, et des jours de la semaine, doivent être regardés comme des noms appellatifs; et, comme tels, écrits en petites lettres.

EXEMPLE.

*Un poisson d'*avril, *le mois de* juin, *en* octobre 1780, *il y a eu* jeudi *huit jours*, etc.

V. RÈGLE.

Si le nom appellatif n'est ni précédé ni immédiatement suivi, soit du nom propre, soit de quelque complément qui détermine l'individu ou les individus auxquels il s'applique, c'est-à-dire si la détermination du sens à l'individu ne peut être aperçue qu'en se rappelant la suite du texte, ou à l'aide de quelque réflexion, quoique cette réflexion soit facile à faire, pour lors j'écris le nom appellatif par une grande lettre initiale.

Cette attention soulage le lecteur et tend à lui épargner des méprises.

EXEMPLE.

Jeune prince, écoutez les leçons d'un *Soldat*, (Frédéric II.)
Qui, formé dans les camps, nourri dans les allarmes,
Vous appelle à la gloire et vous instruit aux armes.

Qui est ce soldat? On comprend bien que c'est Frédéric II, mais le grammatical de cet endroit n'en dit rien : il faut donc écrire *Soldat* par un grand S.

AUTRE EXEMPLE.

Le feu Roi étoit venu à bout d'éloigner les plus obstinés (des Vaudois), *qui s'étoient retirés en Suisse et en Allemagne : mais il les rappela pour s'en servir dans la guerre contre la France; et leur permit, dans les* Vallées, *le libre exercice de leur religion.*

Dans cet exemple on ne doit point entendre des *vallées* quelconques, ni même les *vallées* du Piémont en général, mais uniquement les quatre *vallées* des Vaudois, qui sont celles de Luzerne, de Pérouse, d'Angrogne et de Saint-Marin : c'est pour cela que j'ai écrit *Vallées* par un grand V.

AUTRE EXEMPLE.

Racine, après avoir parlé de la nation juive, dit :

Maintenant elle sert sous un *Maître* étranger;
Mais c'est peu d'être esclave, on la veut égorger.
Nos superbes *vainqueurs*, insultant à nos larmes,
Imputent à leurs *dieux* le bonheur de leurs armes;
Et veulent aujourd'hui qu'un même coup mortel
Abolisse ton *nom*, ton *peuple* et ton *autel*.
Ainsi donc un *Perfide*, après tant de miracles,
Pourroit anéantir la foi de tes oracles;
Raviroit aux mortels le plus cher de tes dons,
Le *Saint* que tu promets et que nous attendons!

Ce *Maître*, c'est *Darius*; ce *Perfide*, c'est *Aman*; ce *Saint*, c'est le *Messie* : mais ces noms ne sont accompagnés d'aucun complément déterminatif de l'individu auquel ils se rapportent. Voilà pourquoi je les écris tous par de grandes lettres. Au contraire j'écris *vainqueurs*, *dieux*, *nom*, *peuple*, *autel*, par de petites lettres; parce que ces noms, qui se rapportent, comme les autres, à des individus déterminés, sont accompagnés des complémens *nos*, *ton*, *leurs*, qui déterminent nettement ces individus. Il n'est pas besoin de dire que nos *vainqueurs* sont les *Persans*.

AUTRE EXEMPLE.

Et les Romains, enfans d'une impure *Déesse*,
En dépit de Vénus adorèrent Lucrèce.

Cette déesse est Vénus, qui est nommée dans les vers suivans : mais comme il faut, pour le savoir, se souvenir que les Romains en descendoient, j'ai écrit *Déesse* par un grand D.

AUTRE EXEMPLE.

Sa main, de la Discorde allumant le flambeau,
Marqua par cent combats son empire nouveau.
Elle arma le courroux de deux *Sectes* rivales :
Dreux, qui vit déployer leurs enseignes fatales,
Fut le théâtre affreux de leurs premiers exploits.

Ces *deux Sectes rivales* sont les *Catholiques* et les *Protestans*; mais comme le lecteur n'aperçoit ceci qu'à l'aide d'un peu de *réflexion*, j'écris *Sectes* par un grand S.

Par une suite de cette règle, lorsqu'un individu a déjà été nommé ou nettement désigné dans le discours, si on l'indique de nouveau par le moyen de l'article *le*, *la*, et d'un nom appellatif, ce nom doit commencer par une grande lettre.

EXEMPLE.

Voltaire après avoir parlé de Henri IV, dit :

Ce Dieu dont la sagesse ineffable et profonde
Forme, élève, détruit les empires du monde,
De son trône enflammé, qui luit au haut des Cieux,
Sur le *Héros* françois daigne baisser les yeux :

J'écris *Héros* par un grand H, parce que ce Héros est Henri IV.

AUTRES EXEMPLES.

Le Héros *quitta le* Philosophe, *fort content de ses réparties et de son esprit.*

*Il y a aujourd'hui un an que l'*Empereur *s'est démis de tous ses Etats. . . , Il y a aussi aujourd'hui un an qu'il s'en repent.*

Je pense que, si le roi mon maître veut me donner carte blanche, j'irai lire à la Haye l'original du Traité *avant la fin de l'année.*

EXEMPLE *qui réunit deux noms appellatifs, dont l'un se rapporte à un individu déterminé et déjà connu par ce qui précède, et l'autre à un individu vague et indéterminé.*

Le *Prince* à ces repas étoit accoutumé;
Souvent sous l'humble toit du *laboureur* charmé,
Fuyant le bruit des Cours et se cherchant lui-même,
Il avoit déposé l'orgueil du diadème.

Le *Prince*, c'est Henri IV; le *laboureur*, ce sont les *paysans* chez qui Henri IV avoit *souvent* mangé.

Par une suite du même principe, j'écrirai la *Porte*, pour dire la *Porte Ottomane*; la *Tour*, pour dire la *Tour de Londres*; le *Café*, pour désigner telle ou telle maison où l'on va boire du *café*; la *Maison*, pour désigner la maison de tel ou de tel : ainsi du reste.

En général, toutes les fois qu'un nom appellatif reçoit de l'ensemble du discours, de la manière dont il est employé, ou de certains usages, une détermination qui n'est pas grammaticalement manifeste, il doit commencer par une grande lettre. Quand un François dit, par exemple, *le Roi aime la paix*; ces mots *aime la paix* font connoître qu'il s'agit du roi qui règne actuellement en France, et restreignent à lui seul l'idée de roi : c'est pourquoi j'écris *Roi* par un grand R.

Cette règle doit s'étendre, dans l'occasion, aux adjectifs. Ainsi l'adjectif *septante*, qui doit généralement s'écrire par un petit *s*, sera écrit par un grand dans cette phrase, *l'auteur de la version des* Septantes *est inconnu*; parce que le mot *Septante* est ici tiré de sa signification générale, et borné par l'usage à certains individus.

Les noms appellatifs qui sont employés comme noms propres de certains livres, drames, tableaux, vaisseaux, doivent commencer par de grandes lettres.

EXEMPLES.

Adisson a eu beaucoup de part au Spectateur *et au* Babillard.

Cette mâle vigueur de ses Oraisons funèbres, *il la transporta dans son* Discours sur l'histoire universelle.

Voyez plus bas, règle VIII.

EXEMPLES pour les drames.

L'Orphelin *de la Chine est de Voltaire.*

Le Misanthrope *est un des chefs-d'œuvres de Molière.*

EXEMPLE pour des noms de tableaux.

Les chefs-d'œuvres de le Brun sont les Batailles d'Alexandre, *etc.*

EXEMPLE pour des vaisseaux.

*Monsieur de la Jonquière dit à Anson : Vous avez vaincu l'*Invincible, *et la* Gloire *vous suit.*

Les mots de *monseigneur*, *monsieur*, *madame*, *mademoiselle* doivent être regardés comme des noms appellatifs : ainsi ils doivent être écrits en petites lettres, toutes les fois qu'ils désignent des individus déterminés, ils sont précédés ou immédiatement suivis du nom propre ou de quelque complément qui détermine l'individu auquel ils se rapportent; mais ils doivent commencer par une grande lettre, toutes les fois que l'individu déterminé qu'ils désignent, n'est connu que par la suite du discours.

EXEMPLES où ces mots se rapportent à des individus déterminés.

Tout est plein de monseigneurs.
Il est entré plusieurs messieurs.

EXEMPLES *où ces mots se rapportant à quelque* individu déterminé, sont immédiatement suivis du nom propre ou de quelque complément qui détermine nettement l'individu auquel ils se rapportent.

La mort de monsieur de Voltaire.
Je parle de monsieur votre mari, de monseigneur l'avoyer régnant.

EXEMPLES où ces mots se rapportent à un individu déterminé qu'on ne connoît qu'en faisant attention à la suite du discours.

Croyez-vous que Monseigneur soit averti de cela?
J'en ai parlé à Monsieur.

On écrivoit de même *Monseigneur* par un grand M, lorsqu'on vouloit désigner, par ce seul mot, le Dauphin de France; et *Monsieur*, aussi par un grand M, lorsque ce mot seul signifioit le frère du roi de France.

Pour le cas où ces mots servent à désigner la personne à qui on parle, voyez la règle XIV.

VI. RÈGLE.

Les noms qui désignent des êtres abstraits, doivent être écrits par une grande lettre, lorsque êtres sont personnifiés. Ainsi j'écrirai :

Je t'implore aujourd'hui, sévère *Vérité*;
Répands sur mes écrits ta force et ta clarté.

Voyez-vous la *Morale* à l'air majestueux,
Qui chasse du parvis les cœurs présomptueux?

O bienfaisante *Paix*, et vous *Génie* heureux
Qui sur les Prussiens veillez du haut des cieux,

Détournez de nos champs, des cités, des frontières,
Ces ravages sanglans, ces fureurs meurtrières,
Ces illustres fléaux des malheureux humains.
Si nos vœux sont reçus au temple des *Destins*,
Consentez qu'à jamais ce florissant Empire
Goûte, sous votre abri, le repos qu'il désire.

Tant qu'on respire, on est quelquefois persécuté par la Fortune, *et souvent par l'*Envie; *quand on a payé le tribut à la* Nature, *les jalousies disparoissent, et la vertu par elle-même éclate de plus en plus.*

Mais on doit écrire par de petites lettres

Je parle selon la vérité.
Cherche la paix.

VII. RÈGLE.

Les noms de nations, servant à désigner des multitudes d'individus, sembleroient devoir être regardés comme des noms appellatifs, et suivre les règles d'orthographe prescrites pour ceux-ci. Mais l'usage général veut qu'on les écrive par de grandes lettres. En effet plusieurs de ces noms n'étant pas d'un usage bien commun, semblent par cela avoir besoin d'un signe d'orthographe qui les fasse remarquer : d'ailleurs il est bon que ces noms s'écrivent d'une autre manière lorsqu'ils se prennent adjectivement, ou lorsqu'ils signifient la langue d'une nation, que lorsqu'ils en marquent des individus. Dans ce dernier cas, je les écris par une grande initiale; dans les deux premiers, en petites lettres.

EXEMPLES *où des noms de nations désignent la totalité ou une partie des individus qui les composent.*

Pour la totalité :

Rome ainsi triompha du *Germain*, de l'*Ibère*,
De ce peuple farouche, habitant l'*Angleterre*,

De

De tous les arts des *Grecs*, des fins *Carthaginois*,
Des défenseurs du Pont, des grands corps des *Gaulois*,
Et de tous les Etats qui composoient le monde.

Pour une partie :

François, *Anglois*, *Lorrains*, que la fureur assemble,
Avançoient, combattoient, frappoient, mouroient ensemble.

Deux Allemands, *un* Italien, *un détachement de* Prussiens, *un corps* d'Autrichiens, etc.

EXEMPLES *où des noms de nations désignent la langue qu'elles parlent.*

D'Aguessau savoit la langue françoise par principes, *le* latin, *le* grec, *et l'*hébreu, *l'*arabe, *l'*italien, *l'*espagnol, l'anglois *et le* portugais.

Le françois *est la langue de l'Europe la plus répandue.*

EXEMPLE où des noms de nations se prennent adjectivement.

La monarchie françoise, *le héros* anglois, *le peuple* romain, *le génie* italien, *le phlegme* hollandois, *la valeur* suédoise, etc.

A regret dans leur sein j'enfonçois cette épée,
Qui du sang *espagnol* eût été mieux trempée.

Sa politesse égaloit l'urbanité grecque *et* romaine.

Les noms de religions, d'ordres monastiques etc., doivent suivre la règle des noms de nations. J'entends ici les noms qu'on appelle *concrets*, comme *Chrétien*, *Mahométan*, *Payen*, *Bénédictin*, *Chartreux*, *Dominicain*, *Jésuite*, etc.; et non les noms appelés abstraits, comme *christianisme*, *mahométisme*, *paganisme*, etc. Ces derniers doivent suivre la règle VIII sur les noms abstraits.

EXEMPLES.

O *Chrétien* je t'admire, et je reviens à toi :
L'un et l'autre Hémisphère est rempli de ta loi.

L'empereur Constantin se fit chrétien.

La religion mahométane *prescrit l'abstinence du vin.*

Le nombre des Payens *diminue chaque jour.*

Il existe encore plusieurs peuples payens.

St. Bruno fonda l'ordre des Chartreux.

Il voulut être chartreux.

VIII. RÈGLE.

Les noms abstraits de dignités, les noms d'arts, de sciences, et tous les noms des êtres abstraits, doivent commencer par une petite lettre. Ainsi j'écrirai *la* royauté, *le* consulat, *le* décanat, *le* blason, *la* grammaire, *la* philosophie, *la* théologie, etc.

Je ne vois pas en effet pourquoi ces noms auroient de grandes lettres. Si l'on me dit qu'ils doivent être regardés comme des noms propres, et que, comme tels, ils ont droit à la grande lettre; je demanderai à mon tour si *or*, *argent*, *cuivre*, *feu*, *air*, *eau*, ne sont pas les noms propres des espèces de métaux et des élémens qu'ils désignent? cependant on ne s'avise pas d'écrire *un vase d'*Or, *une montre d'*Argent, *un ustensile de* Cuivre, *boire de l'*Eau, *se chauffer au* Feu, *respirer l'*Air, etc. Les objets désignés par ces noms pourroient d'autant mieux prétendre à la grande lettre, qu'ils ont une existence physique dans la nature; tandis que les autres n'ont leur existence que dans l'esprit de l'homme. Je crois donc ne devoir accorder la grande lettre qu'aux noms des individus qui existent en eux-mêmes, comme disent les philosophes; et je crois devoir la refuser à tous les noms des êtres abstraits et idéaux, excepté dans le seul cas où il sont personnifiés.

J'écrirai donc par petites lettres :

*L'*histoire, *la* géographie, *le* blason, *la* musique, *la* grammaire, *sont des sciences et des arts qu'il convient aux dames d'étudier.*

Thompson se connoissoit en musique, *en* peinture, *en* sculpture, *en* architecture; *l'*histoire naturelle *et l'*antiquité *ne lui étoient pas moins connues.*

Cependant, lorsque les noms d'arts, de sciences, sont employés comme noms propres, je les écris par une grande lettre.

EXEMPLE.

La Théologie *de Stackhouse*, *la* Logique *de Crousaz*, *la* Grammaire *de Restaut*, *la* Philosophie *de Dagoumer*, etc.

IX. RÈGLE.

Les pronoms *je*, *me*, *moi*; *tu*, *te*, *toi*; *se*, *soi*; *il*, *elle*, *lui*, *leur*; doivent commencer par de petites lettres : c'est l'usage général, et il est fondé en raison. Ces pronoms désignent trop clairement des individus déterminés, pour qu'on puisse s'y tromper. D'ailleurs le nombre des grandes lettres s'accroîtroit à un point excessif, si on en donnoit à des mots d'un usage si fréquent.

X. RÈGLE.

Plusieurs noms appellatifs doivent commencer, tantôt par une grande, tantôt par une petite lettre, selon le sens où ils se prennent. Cette attention est propre à prévenir bien des équivoques, et à faciliter au lecteur l'intelligence de ce qu'il lit, en lui faisant apercevoir sans peine dans qu'elle acception il doit prendre les mots qu'il a sous les yeux.

Ainsi le mot *Ciel* sera écrit par un grand *C*, s'il signifie *Dieu*; et par un petit *c*, s'il signifie les *astres*, ou l'*air*, le *climat*, un *ciel de lit* : et l'on devra écrire *ô Ciel* par un grand *C*, parce que cette exclamation est une sorte d'invocation de Dieu.

Le *Ciel* reçut toujours nos vœux et notre encens.

Le mot *Ciel* signifie ici *Dieu*; c'est pourquoi je l'écris par un grand *C* : il en est de même dans le vers suivant :

Je me plais dans le rang où le *Ciel* m'a placé.

Dieu, par un grand *D*, est le nom propre de l'*Etre-Suprême*; *dieu*, par un petit *d*, est un nom appellatif qui ne peut convenir qu'aux faux dieux ou a quelque être à qui on le donne par métaphore.

EXEMPLE.

Si vaincre est d'un héros, pardonner est d'un *dieu*.

Le mot *Nature* s'écrira par un grand *N*, lorsqu'il signifiera *Dieu*; par un petit *n*, lorsqu'il signifiera *compléxion*, *tempérament*, *propriété*, *espèce* : on écrira, *La* Nature *nous condamne tous à mourir. Les meubles sont en* nature.

Père commencera par un petit *p*, quand il signifiera *celui qui a quelque enfant*; par un grand *P*, quand ce sera un *titre d'honneur* : *tu honoreras ton* père, Pères *conscripts*, Pères *du concile*, Pères *de l'Eglise*.

Seigneur, dans le sens de *Dieu*, aura un grand *S*; dans le sens de *maître d'un lieu féodal*, *d'homme revêtu de l'autorité publique*, il aura un petit *s* : *tu craindras le* Seigneur : *Le cens de ce* seigneur.

Ecriture commencera par un grand *E*, s'il signifie la *Bible*; par un petit *e*, s'il signifie *caractères formés avec la plume* : *il faut croire à l'*Ecriture. *Une belle* écriture.

Réformation commencera par un grand *R*, lorsque ce mot désignera la grande *révolution* qui arriva dans certains pays chrétiens, il y a environ deux siècles et demi; il commencera par un petit *r*, lorsqu'il signifiera *correction*, *changement en bien* : on écrira, *la* Réformation *occasionna d'horribles guerres. La* réformation *de certains abus est plus à souhaiter qu'à espérer.*

Le mot *Réformé* doit être soumis à la même distinction.

On écrira de même un *Chapeau*, pour dire un *Chapeau de Cardinal*; et un *chapeau* pour dire une *couverture*.

Une *cour* sera *la partie de la maison* qui est vide de bâtimens; une *Cour* sera la *demeure d'un Souverain*, une *compagnie de juges* : *la* cour *de la maison*, *la* Cour *du Parlement*, *la* Cour *de France*.

Le mot *Grandeur* prendra un grand *G*, lorsqu'il sera employé comme *titre de dignité*; un petit *g*, lorsqu'il signifiera *quantité*, *étendue*, *élevation importance*, *éclat*.

EXEMPLES.

Tout cela n'empêche pas, répondit Tallard, que Votre Grandeur *n'ait battu les plus braves troupes du monde. J'espère, repliqua Milord, que Votre* Grandeur *exceptera celles qui les ont battues.*

Les Prussiens se distinguent par la grandeur *de leur taille.*

Les mots *Sainteté*, *Eminence*, *Majesté*, doivent être soumis à une distinction toute semblable, comme on le verra dans les exemples suivans :

On traite le pape de Sainteté, *les cardinaux d'*Eminence, *et les rois de* Majesté.

Le Sauveur étoit la sainteté *même.*

Le terrain formoit une éminence.

Ce prince avoit un air de majesté.

La *justice*, par un petit *j*, signifie *ce qui est juste*, *la Justice*, par un grand *J*, est un *tribunal*.

EXEMPLES.

Il ne faut pas se faire justice *à soi-même.*

La Justice *a condamné cet accusé.*

Le mot *Etat* s'écrira par un grand *E*, s'il signifie une *souveraineté*; et par un petit *e*, lorsqu'il signifiera *disposition*, *manière*, *estime*, *dénombrement*, *inventaire*. On écrira *l'*Etat *et couronne de France*; *l'*état *de ce malade est fâcheux*. L'Etat *d'Avignon* désignera la souveraineté et le territoire d'Avignon; l'état *d'Avignon* désignera le plus ou le moins de félicité dont Avignon jouit; et l'on dira que l'*état* d'Avignon est incertain, parce que la souveraineté dont cette ville est la capitale est enclavée dans un autre *Etat*.

Puissance s'écrira par un grand *P*, lorsque ce mot sera employé pour désigner un *Etat*, un *Souverain*; et par un petit *p*, lorsqu'il signifiera *pouvoir*, *autorité*, *crédit*, *faculté* : on dira *la France est une des plus grandes* Puissances *de l'Europe*. La puissance *du glaive appartient au Souverain.*

Le mot *Conseil* aura un grand *C* pour lettre initiale, lorsqu'il sera pris pour une *assemblée de sénateurs ou de juges*; il aura un petit *c*, lorsqu'il signifiera *instruction*, *précepte* : le *Conseil d'Etat*, *les conseils évangéliques*.

Empire s'écrira par un grand *E*, lorsqu'il signifiera les *Etats d'un Empereur*; et par un petit *e*, lorsqu'il signifiera *pouvoir*, *autorité* : l'Empire *d'Allemagne*, *les princes de l'*Empire. L'empire *que prennent les ames fortes sur les foibles.*

Jeunesse aura un grand *J*, dans le sens de *jeunes gens*; un petit *j*, dans le sens d'*âge peu avancé*.

EXEMPLES.

La fleur de la *Jeunesse* en tout temps l'accompagne.
La *jeunesse* en sa fleur brille sur son visage.

La *noblesse*, par un petit *n*, est l'*avantage d'être noble*; la *Noblesse*, par un grand *N*, est le *corps des nobles*.

EXEMPLES.

La Noblesse *méprise la roture.*

La noblesse *n'est pas toujours le prix du mérite.*

Le *Monde*, par un grand *M*, est un *certain tout* que nous appelons ainsi; le *monde* par un petit *m*, signifie la *société humaine*.

EXEMPLES.

Dieu a créé le Monde.

Il n'est plus au monde.

La vie de ce monde *n'est qu'un voyage, qui se fait de gîte en gîte.*

Soleil par un grand *S*, signifiera un *corps lumineux* assez connu.

EXEMPLE.

Par quel ordre, ô *Soleil*, viens-tu du sein de l'onde
Nous rendre les rayons de ta clarté féconde?

Mais on écrira *soleil* par un petit *s*, lorsque ce mot sera employé pour désigner des *astres* peu connus de nous.

EXEMPLE.

Au-delà de leur cours, et loin dans cet espace
Où la matière nage et que Dieu seul embrasse;
Sont des *soleils* sans nombre et des mondes sans fin.

On écrira aussi, *le* soleil *de Justice*, pour dire le *Sauveur* : dans cet exemple, comme dans le précédent, *soleil* est un nom appellatif; c'est pourquoi on l'écrit en petites lettres.

La *Lune*, par un grand *L*, désignera le *principal luminaire de nos nuits*; *lune*, par un petit *l*, sera un nom appellatif : *les satellites de Jupiter et de Saturne sont autant de* lunes *qui éclairent ces planettes.*

La *Terre*, par un grand *T*, signifie le *globe de la Terre*, la planète que nous habitons; la *terre*, par un petit *t*, c'est une certaine matière, ou les *biens de ce monde*, la *société humaine*, etc.

EXEMPLES.

Répondez, Cieux et Mers; et vous *Terre* parlez.

Trop connu de la *terre*, on meurt sans se connoître.

Le *nord*, *l'orient*, *l'occident*, par des petites lettres, sont en général les *pays* plus au septentrion, à l'orient, à l'occident que le nôtre; le *Nord*, l'*Orient*, l'*Occident*, par de grandes lettres initiales, sont *certains pays* qu'on a coutume d'appeler ainsi.

EXEMPLES.

*Le Soleil se lève plutôt sur les contrées de l'*orient, *se couche plus tard sur celles de l'*occident, *et échauffe moins celles du* nord.

Tout le *Nord* est Chrétien, tout l'*Orient* encore
Est semé de Chrétiens, que ce grand titre honore.

Le nom de *Levant* doit être soumis à une distinction semblable : le *Levant* est une certaine partie de l'Empire turc, le *Levant* ne diffère pas de l'*orient*.

Enfin je crois que le mot *Etre*, substantif, doit être distingué, par un grand *E*, de l'infinitif du verbe *Je suis*. J'écrirai donc :

*Devant l'*Etre *éternel tous les peuples s'abaissent.*

Il y a une chaîne entre les Etres.

On doit être *humble devant ses supérieurs.*

Plusieurs noms appellatifs doivent commencer par une grande lettre, pour les distinguer des adjectifs auxquels ils ressemblent. J'en vais donner des exemples.

Cardinaux, adjectif.

Les vents cardinaux.

Cardinaux, substantif.

Le sacré-Collège est composé des Cardinaux.

Général, adjectif.

Le général *du monde.*

Général, substantif.

Frédéric est un grand Général.

Grand, adjectif.

Les grands *hommes ont leurs foiblesses.*

Grand, substantif.

Je connois trop les *Grands*, dans le malheur amis,
Ingrats dans la fortune, et bientôt ennemis.

Souverain, adjectif.

Ce remède est souverain.

Souverain, substantif.

Notre Souverain *est très-bon.*

Supérieur, adjectif.

Voltaire a été regardé comme un homme supérieur.

Supérieur, substantif.

Je suis votre Supérieur.

XI. Règle.

Tout adjectif, employé comme tel, doit être écrit en petites lettres.

Je ne vois aucune raison pour distinguer les adjectifs par de grandes lettres; c'est sur les noms propres ou appellatifs, que cette distinction doit uniquement tomber. L'adjectif est destiné à accompagner le substantif, et à ne paroître auprès de lui qu'en sous-ordre : chargez ce dernier des signes de distinction que la clarté du sens exige, vous n'aurez aucun besoin de les ajouter aussi à l'adjectif. Il semble que c'est trop multiplier l'usage des grandes lettres, et s'exposer d'autant plus à l'équivoque, que notre langue a beaucoup d'adjectifs qui s'écrivent par les mêmes lettres que les substantifs qui y sont analogues par le sens.

On écrira donc : *roi* très-chrétien, *majesté* catholique, *sceptre* royal, *couronne* ducale, *ville* impériale, *biens* ecclésiastiques, *ange* tutélaire, *résidence* papale, *opéra* comique, *bibliothèque* vaticane, *droit* seigneurial, *inscription* latine, etc.

Je ne ferai pas d'exception à cette règle, pour les adjectifs qui, pris substantivement, sont des noms de nations, et on écrira : *coutume* françoise, *mode* angloise, *comédie* italienne, *franchise* helvétique, *gravité* espagnole, etc.

Exemple *qui réunit deux noms de nations; l'un employé substantivement, l'autre adjectivement.*

Elle est plus libre encor que le vaillant *Bernois*,
Le noble de Venise, et l'esprit génevois.

Mais les adjectifs employés substantivement doivent suivre la même règle que les noms appellatifs : ils seront écrits en petites lettres, s'ils sont pris dans un sens général et sans application à aucun individu déterminé.

Exemples.

Ainsi parle l'*impie*, et lui-même est l'esclave
De la foi, de l'honneur, de la vertu, qu'il brave.
. . . .
Son juge est dans son cœur, tribunal où réside
Le censeur de l'*ingrat*, du *traître*, du *perfide*.

Les adjectifs *impie*, *ingrat*, *traître*, *perfide*, employés ici comme substantifs, se prennent dans un sens général, c'est pourquoi on les écrit par de petites lettres. Il en est de même de l'adjectif *justes* dans l'exemple suivant :

Après une vie sainte, elle mourut de la mort des justes.

L'adjectif, employé substantivement, doit encore être écrit en petites lettres, quoiqu'il se rapporte à un individu déterminé, s'il est précédé ou immédiatement suivi de quelque mot qui fasse connoître nettement qui est cet individu.

Exemple.

Ce scélérat *lui conseilla de couper la langue à ses ennemis.*

Le seul cas où les adjectifs, employés substantivement, doivent commencer par une grande lettre, c'est lorsqu'ils désignent un ou plusieurs individus déterminés, et que cette détermination ne peut être aperçue qu'en consultant la suite du discours, ou à l'aide d'un peu de réflexion.

Exemples.

Un autre Alcée d'Athènes, différent du Lyrique, *inventa la tragédie.*

Dieu parle, et d'un Mortel *vous craignez le courroux.*

Eternel, pris pour Dieu, aura un grand *E*, pris pour *qui dure toujours*, il aura un petit *é*.

Exemples.

L'*Eternel* est son nom, le monde est son ouvrage.

Et l'*éternel* pleureur assure que le feu.
De l'Univers naissant mit les ressorts en jeu.

En un mot l'adjectif employé substantivement doit suivre en tout les règles qu'on a données pour les noms appellatifs.

XII. Règle.

Les adjectifs *Saint*, *Grand*, et semblables doivent commencer par de grandes lettres, lorsqu'ils entrent dans la composition d'un nom propre et en font partie ; ils doivent au contraire être écrits en petites lettres, lorsqu'ils sont simplemens employés comme adjectifs.

Ainsi on écrira par de grandes lettres :

Saint-*Augustin*, Saint-*Bazile*; etc.

La ville de Saint-*Denis*.

La Terre-Sainte.

La ville de Grand-pré.

Henri le Grand, *Louis le* Grand, etc.

Les dix-sept provinces des Pays-Bas.

L'Isle de Terre-Neuve.

La Ligue-Grise *fait partie de la république des Grisons*

Mais on emploiera de petites lettres dans les phrases et expressions suivantes :

Nul n'est parfaitement saint.

Frédéric II est un grand *homme.*

La Hollande est un pays bas.

Cet habit est neuf, gris.

Par une suite du même principe, on écrira la *Grande-Chartreuse*, pour désigner une certaine maison de Chartreux ; la *grande Chartreuse*, pour désigner une Chartreuse plus grande que celle à qui on la compare. Les *belles lettres* seront des lettres bien peintes ; les *Belles-lettres* seront la connoissance des orateurs.

XIII. Règle.

Les noms qui expriment le principal sujet du discours, doivent être distingués des autres par une grande lettre.

Ainsi dans le précédent traité sur la ponctuation, ce dernier mot a dû être par tout marqué d'une grande lettre, parce que la ponctuation étoit l'objet de ce traité. Dans cet essai, le mot *Lettre* devroit toujours se présenter avec une grande *L*, parce qu'il en exprime le sujet. Dans un discours sur la charité, le mot *charité* devroit toujours paroître avec un grand *C*; ainsi du reste. Cela serviroit à soutenir l'attention du lecteur, en lui rappelant sans cesse le sujet de ce qu'il lit.

XIV. Règle.

Lorsqu'on adresse la parole à quelqu'un par un nom appellatif, l'emploi qu'on fait de ce nom pour désigner la personne à qui on parle, tient lieu d'un complément qui détermine nettement l'individu : ainsi ce nom doit être en petites lettres.

Exemples.

O *frère*, en qui je vois briller avant les ans
Toutes les qualités qu'ont les héros naissans.

Grand *roi*, cesse de vaincre, ou je cesse d'écrire.

C'est à vous, *ombre* illustre, à vous que je le dois.

Ah ! misérable, *que t'ai-je fait pour m'assassiner ainsi.*

On a dit plus haut que les mots de *monseigneur*, *monsieur*, *madame*, *mademoiselle*, doivent être regardés comme des noms appellatifs : ils doivent donc suivre la même règle, et être écrits en petites lettres, lorsqu'on s'en sert pour adresser la parole à quelqu'un en seconde personne.

Exemples.

A qui pouvois-je mieux qu'à vous, monseigneur, *offrir ce tribut de ma reconnoissance?*

Je ne vous parle, monsieur, *que papier sur table et preuve en main.*

Je lui dois tout, *madame*, il faut que je l'avoue.

Mais lorsqu'on s'en sert en troisième personne, quoique pour désigner la personne à qui on parle, ils doivent commencer par une grande lettre, conformément à la règle V.

Exemple.

Je prie Monseigneur *de me donner ses ordres.*

XV. Règle.

Tout mot précédé d'un point, doit commencer par une grande lettre.

Cette règle est conforme à l'usage général. Il est bon qu'un point, dont la petitesse peut échapper aux yeux, soit suivi d'un signe qui annonce plus manifestement le repos.

Remarquons qu'il ne faut entendre ici ni la virgule ponctuée (;), ni les deux points (:) : ces deux ponctuations n'exigent point de grandes lettres après elles.

Les points suspensifs (. . . . .) n'en exigent pas non plus; si ce n'est dans les cas, où, indépendamment de la suspension, il auroit fallu un point simple ou absolu.

Le point interrogant (?) et le point admiratif (!) n'exigent pas non plus une grande lettre après eux, excepté dans les cas où le *sens*, absolument terminé, auroit demandé un point indépendamment de l'interrogation ou de l'admiration. La langue françoise, n'ayant qu'un seul signe de l'interrogation et un seul de l'admiration, est contrainte de les employer toutes les fois que l'une ou l'autre se présente à marquer, soit que le sens soit achevé ou non ; la grande lettre au contraire ne doit être placée qu'après un sens absolument terminé.

Voici un exemple pour les points suspensifs.

Je chante ce héros. . . qui fut de ses sujets le vainqueur et le père.

En voici un qui réunit le point interrogant et le point admiratif :

En effet dès qu'elle parut : *Ah ! mademoiselle, comment se porte mon frère ? Madame, il se porte bien de sa blessure. Et mon fils ? On ne lui répondit rien. Ah, mademoiselle ! mon fils ! mon cher enfant ! Répondez-moi ; est-il mort sur le champ ? n'a-t-il pas eu un seul moment ? Ah, mon Dieu ! quel sacrifice !*

Comme les abréviations n'ont rien de commun avec la fin du sens, on ne doit pas mettre de grande lettre après le point qui les suit d'ordinaire.

Exemple.

S. M. C. est un prince très-religieux.

L'abréviation *S. M. C.* signifie *Sa Majesté Catholique* ou le Roi d'Espagne.

On doit commencer par une lettre capitale un discours direct que l'on a annoncé : ceci a déjà été dit à l'article des deux points ; en voici un nouvel exemple :

Dieu dit : Que la lumière soit.

On doit mettre une grande lettre au commencement de chaque vers.

Exemple.

De tout temps, disoit-il, la vérité sacrée
Chez les foibles humains fut d'erreurs entourée.

Fin du Traité de Ponctuation.

DICTIONNAIRE DES HOMONYMES.

Nota. Pour la signification des mots, voyez les Dictionnaires et la Table des Conjugaisons.

A

A, verbe. A article ou préposition.
Abaisse, verbe. Abbesse, s. f.
Accueil, s. m. Accueille, verbe.
Ache, s. m. Hache, s. f.
Acre, s. f. Acre, adj.
Admette, verbe. Admète, mythol.
Admis, p. A demi, adverbe.
Adresse, s. f. Adresse, s. f.
A faire, locut. Affaire, s. f.
Ah! excl. Ha! interj.
Ail, s. m. Aille, verbe.
Aile, s. f. Elle, pronom.
Aimant, p. adj. Aimant, s. m.
Aine, s. f. Aisne, géogr. Haine, s. f.
Air, s. m. Aire, s. f. Aire, géogr. Ere, s. f. Erre, v. Erre, s. f.
Ais, s. m. Ait et Est, verbes, Haie, s. f. Hait, v.
Allaiter, verbe actif. Haleter, verbe neutre.
Alène, s. f. Haleine, s. f.
Allée, s. f. Allée, p.
Amande, s. f. Amende, s. f.
Ami, s. m. Amict, s. m. Ammi, s. m.
An, s. m. En. préposition.
Anche, s. f. Hanche, s. f.
Ancre, s. f. Encre, s. f.
Antre, s. m. Entre, verbe. Entre, préposition.
Anvers, géogr. Envers, s. m. Envers, préposition.
Août, s. m. Houx, s. m. Houe, s. f. Ou, conjonc.
Appas, s. m. Appât, s. m.
Apprêt, s. m. Après, prép. et adv. particule.
Ara, s. m. Arras, géogr. Haras, s. m.
Arc, s. m. Arque, verbe. Arques, géogr.
Arrhes, s. f. Arrhes, verbe. Art, s. m. Hart, s. f.
Arranger, verbe. Harangère, s. f.
Até, mythol. Athée, s. 2 g. Hâté, p.
Avant, prép. adv. Avent, s. m.
Avenir, s. m. A venir, locution composée.
Au, art. Aulx, s. m. Eau, s. f. Haut, adj. O! excl. Oh! ho! interj. Os, s. m.
Aude, géogr. Ode, s. f.
Aune, s. f. Aune ou Aulne, s. f.
Auspice, s. m. Hospice, s. m.
Autan, s. m. Autant, adverbe.
Autel, s. m. Hôtel, s. m.
Auteur, s. m. Hauteur, s. f.

B

Bailler, verbe. Bâiller, verbe.
Bal, s. m. Balle, s. f. Bâle, géogr.
Balai, s. m. Balais, adj. Ballet, s. m.
Barbeau, s. m. Barbeau, s. m.
Bah! excl. Bas, s. m. Bas, adj. Bas, adv, Bât, s. m.
Bath, géogr. Bats, verbe.
Batte, s. f. et verbe. Bâte, verbe.
Baux, s. m. Beaux, adj.
Beauté, s. f. Botté, adj.
Bête, s. adj. f. Bette, s. f.
Bierre, s. f. Bière, s. f.
Bois, s. m. Bois, verbe.
Boite, verbe Boîte, s. f.
Bon, s. adj. et adv. Bond, s. m.
Bonace, s. f. Bonasse, adj.
Boue, s. f. Bout, verbe. Bout, s. m.
But, s. m. Butte, s. f. Bute, verbe.

C

Ça, art. Ça, particule. Ç'a, locut. Sa, pron. Sas, s. m.
Cadi, s. m. Cadis, s. f. Cadix, géogr.
Cadre, s. m. Quadre, verbe.
Cahot, s. m. Chaos, s. m.
Caisse, s. f. Qu'est-ce, locut.
Cal, s. m. Cale, s. f.
Camp, s. m. Quand, adv. Quant, prép. Caen, géog. Kan, s. m.
Canaux, s. m. pl. Canots, s. m. pl.
Car, conjonction. Quart, s. m.
Carte, s. f. Quarte, s. f.
Cartier, s. m. Quartier, s. m.
Castor, s. m. Castor, mythol.
Ce et Se, pron.
Céans, adv. Séant adj.
Ceint, p. Cinq, n. de nom. Sain, adj. Saint, s. adj. Sein, s. m. Seing, s. m.
Celle, pron. Sel, s. m. Selle, s. f. Selles, géogr.
Cellier, s. m. Sellier, s. m.
Cène, s. f. Saine, adj. Scène, s. f. Seine, géogr. s. f.
Cent, n. de nom. Sang, s. m. Sans, prép. S'en, pro. et art. Sens, s. m. Sens, géogr.
Cens, s. m. Cense, s. f. Sens, géogr.
Censé, adj. Sensé, adj.
Cep, s. m. Sept, n. de nombre.
Cerf, s. m. Serf, s. m. Sert, verbe. Serre, s. f. Serre, verbe.
Ces et Ses, pron.
C'est, locut. S'est, locut. Sait, verbe.
Chaîne, s. f. Chêne, s. m.
Chair, s. f. Cher, adj. s. Cher, géogr.
Chaire, s. f. Chère, s. f. Chère, adj.
Champ, s. m. Chant, s. m.
Charme, s. m. Charme, s. m.
Châsse, s. f. Chasse, s. f. Chasse, verbe.
Chaud, adj. Chaux, s. f.
Chaussée, s. f. Chaussée, p.
Chœur, s. m. Cœur, s. m.
Ci, adv. Si, conj. S'y, locut. Six, nombre.
Cire, s. f. Sire, s. m.
Clair, adj. Clerc, s. m.
Coi, adj. Quoi, pron.
Coin, s. m. Coin, s. m.
Col, s. m. Colle, s. f.
Comptant, p. adv. Content, adj.
Comte, s. m. Compte, s. m. Conte, s. m.
Coq, s. m. Coque, s. f.
Cor, s. m. Cor, s. m. Corps, s. m. Cors, s. m.
Côte, s. f. Cotte, s. f. Quote, adj.
Cou, s. m. Coud, verbe. Coup, s. m. Coût, s. m.
Cour, s. f. Cours, s. m. Court, verbe. Court, adj.
Craint, verbe. Crin, s. m.
Crète, s. f. Crète, géogr.
Cri, s. m. Cric, s. m.
Crois, verbe. Croix, s. f.
Crû, p. Crû, adj.
Cuir, s. m. Cuire, verbe.
Cycle, s. m. Sicle, s. m.
Cygne, s. m. Signe, s. m.

D

Dais, s. m. Des, article.
Dans, prép. Dent, s. f. D'en, locut.
Date, s. f. Datte, s. f.
Dé, s. m. Dès, prép. Dey, s. m.
Déçu, p. Dessus, adverbe,
Délacer, verbe. Délasser, verbe.
Derrière, prép. Derrière, s. m.
Dessein, s. m. Dessin, s. m.
Devant, verbe. Devant, s. m. Devant, prép.
Dis, verbe. Dix, nombre.
Doigt, s. m. Doit, verbe.
Dol, s. m. Dol et Dôle, géogr.
Dom ou Don, s. m. Don, s. m. géograph. Donc, particule. Dont, pron.
D'où, locut. Doubs, géogr. Doux, adj.
Du, art. Dû, s. m. Dû, p.

E

Echo, s. m. Ecot, s. m.
Eclair, s. m. Eclaire, verbe. Eclaire, s. f.
Effort, s. m. Ephore, s. m.
Eh! excl. Hé, interjection.
Elan, s. m. Elan, s. m.
Enté et Hanté, participes.
Envi, s. m. Envie, s. f.
Etaim, s. m. Etain, s. m. Eteint, p.
Etang, s. m. Etant, p. Etend, verbe.
Eté, p. Eté, s. m.
Etre, s. m. Etre, verbe. Hêtre, s. m.
Eux, pron. Œufs, s. m.
Eure, géogr. Eurent, verbe. Hure, s. f. Ur, géogr.
Exemple, s. m. Exemple, s. f.

F

Face, s. f. Fasse, verbe.
Faim, s. f. Feins, verbe. Fin, s. f. Fin, adj.
Faire, verbe. Fer, s. m.
Fais, verbe. Fait, s. m. et adj. Faix, s. m.
Faîte, s. m. Faites, verbe. Fête, s. f.
Faon, s. m. Fend, verbe.
Fard, s. m. Phare, s. m.
Fausse, verbe. Fausse, adj. Fosse, s. f.
Faut, verbe. Faux, s. f. Faux, adj. et s.
Fétu, s. m. Fœtus, s. m. Fais-tu, locut.
Feu, s. m. Feu, adj.
Fi, interj. Fils, s. m. Fit, verbe.
Fier, verbe. Fier, adj.
Fil, s. m. File, s. f. File, verbe.
Fléaux, s. m. Flots, s. m.
Foi, s. f. Foie, s. m. Fois, s. f. pl. Fouet, s. m.
Fond, s. m. Fond, verbe. Fonds, s. m. Font, verbe. Fonts, s. m.
Foret, s. m. Forêt, s. f.
For, s. m. Fors, prép. Fort, s. m. Fort, s. adv. adj.
Frai, s. m. Fraye, verbe. Frais, adj. Frais, s. m. pl.
Franc, s. m. Franc, adj.
François, s. m. François, nom propre.
Fume, verbe. Fûmes, verbe.
Fumée, p. adj. Fumée, s. f.

G

Gai, adj. Gué, s. m.
Gand, géogr. Gant, s. m.
Geai, s. m. J'ai, locut. Jais, s. m. Jet, s. m.
Gent, Gens, s. Jean, nom propre. J'en, locution.
Glace, s. f. Glace, verbe. Glace, s. f.
Goûte, verbe. Goutte, s. f.
Grâce, s. f. Grasse, adj. Grasse, géogr.
Grammaire, s. f. Grand-mère, s. f.
Graisse, s. f. Grèce, géogr.
Gray, géogr. Grais, s. m. Gré, s. m.
Gril, s. m. Gris, adj.
Guère, adv. Guerre, s. f.
Gypse, s. m. Gît, verbe. Gy. géogr.

H

Hâle, s. m. Halle, s. f.
Héraut, s. m. Héros, s. m. Héro, mythol.
Heur, s. m. Heure, s. f. Heurt, s. m.
Hombre, s. m. Ombre, s. f. Ombre, s. m.
Hors, prép. Or, s. m. Or, conj.
Hôte, s. m. Hotte, s. f. Ôte, verbe.
Hui, adv. Huis, s. m. Huit, n. de nombre.
Hune, s. f. Une, adj.

I

Ici, adv. Issy, géogr.
Il, pron. Ile, s. f.
Iris, mythol. Iris, s. m.

J

Jeûne, s. m. Jeune, adj.
J'eus, locut. Jus, s. m.
Joue, verbe. Joue, s. f.

L

La, s. m. La, art. Là, adv. Las! interj. Las, adj. Lacs, s. m.
Lac, s. m. Laque, s. 2 g.

DICTIONNAIRE DES HOMONYMES.

Laon, *géogr.* Lent, *adj.*
Lal, *s.* et *adj.* Laid, *adj.* Lait, *s. m.* Legs, *s. m.*
Laité, *adj.* Léthé, *mythol.*
Lard, *s. m.* Lare, Lares, *mythol.*
Lé, *s. m.* Les, *art.* Lez, *prép.*
Lest, *s. m.* Leste, *adj.* Leste, *verbe.*
Leur, *pron.* Leurre, *verbe.*
Lie, *verbe.* Lie, *s. f.*
Liége, *s. m.* Liége, *géogr.*
Lieu, *s. m.* Lieue, *s. f.*
Lice, *s. f.* Lisse, *adj.* Lisse, *s. f.*
Lion, *s. m.* Lions, *verbe.* Lyon, *géogr.*
Lire, *verbe.* Lyre, *s. f.*
Lit, *s. m.* Lit, *verbe.* Lis, *s. m.*
Livre, *s. m.* Livre, *s. f.*
Loch, *s. m.* Locke, *n. propre.* Lok, *s. m.* Loque, *s. f.*
Loche, *verbe.* Loche, *s. f.* Loches, *géogr.*
L'on, *locut.* Long, *adj.*
Lord, *s. m.* Lors, *adv.*
Louer et Louer, *verbes.*
Lourd, *adj.* Loure, *s. f.*
Lui, *pron.* Lui, *verbe.*
Lustre, *verbe.* Lustre, *s. m.*
Lutte, *s. f. verbe.* Lute, *s. m. verbe.* Lut, *s. m.*

M

Ma, *pron.* Mât, *s. m.* Mat, *adj.* Matte, *s. f.*
Mai, *s. m.* Mais, *conj.* Mes, *pron.* Mets, *s. m.* Met, *verbe.*
Messe, *s. f.* Metz, *géogr.*
Main, *s. f.* Maint, *adj.* Mein, *géogr.*
Maire, *s. m.* Mer, *s. f.* Mère, *s. f.*
Mal, *s. m.* Mâle, *s. m.* Malle, *s. f.*
Manche, *s. m.* Manche, *s. f.* Manche, *géogr.*
Manne, *s. f.* Manne, *s. f.* Manes, *s. f. pl. géogr.*
Mante, *s. f.* Mantes, *géogr.* Mente, *verbe.* Menthe, *s. f.*
Marc, *s. m.* Marc, *n. prop.* Mars, *mythol.* et *s. m.*
Marchand, *s. m.* Marchant, *verbe.*
Mari, *s. m.* Marri, *adj.* Marie, *verbe.*
Mâtin, *s. m.* Matin, *s. m.*
Maux, *s. m.* Méaux, *géogr.* Mots, *s. m. pl.*
Mêlons, *verbe.* Melon, *s. m.*
Mentons, *verbe.* Menton, *s. m.* Menton, *géogr.*
Mépris, *s. m.* Mépris, *p.*
Mètre, *s. m.* Mettre, *verbe.* Maître, *s. m.*
Meurs, *verbe.* Mœurs, *s. m.*
Mil, *s. m.* Mille, *nombre.*
Mine, *s. f.* Mine, *s. f.* Mine, *s. f.*
Moi, *pron.* Mois, *s. m.*
Mon, *pron.* Mont, *s. m.*
Mords, *verbe.* Mors, *s. m.* Mort, *s. f.* Maur, *nom propre.* Maure, *géogr.*
Mou, *s. m.* Mou, *adj.* Moût, *s. m.* Moud, *verbe.* Moue, *s. f.*
Mouche, *verbe.* Mouche, *s. f.*
Mousse, *s. m.* Mousse, *s. f.* Mousse, *verbe.*
Mue, *p.* Mue, *s. f.*
Mule, *s. f.* Mule, *s. f.*
Mur, *s. m.* Mûr, Mûre, *adj.* Mûre, *s. f.*

N

Naît, *verbe*, Net, *adj.*
Né, *p.* Nez, *s. m.*
Nette, *adj.* Nèthe, *géogr.*
Neuf, *adj.* Neuf, *nombre.*
Nid, *s. m.* Ni, *particule.* N'y, *locut.*
Noix, *s. f.* Noye, *verbe.*
Noyer, *s. m.* Noyer, *verbe.*
Non, *négation.* Nom, *s. m.*
Nue, *s. f.* Nue, *adj.*
Nuit, *s. f.* Nuit, *verbe.* Nuits, *géogr.*

O

On, *pron.* Ont, *verbe.*
Oubli, *s. m.* Oublie, *s. f.* Oublie, *verbe.*
Oui, *p.* Oui, *particule.*
Outre, *s. f.* Outre, *prép.*

P

Pain, *s. m.* Peint, *p.* Pin, *s. m.*
Paire, *s. f.* Père, *s. m.*
Palais, *s. m.* Palès, *mythol.* Palet, *s. m.*
Pal, *s. m.* Pale, *s. f.* Pâle, *adj.*
Pan, *mythol.* Pan, *s. m.* Paon, *s. m.*
Par, *prép.* Part, *s. f.* Part, *verbe.*
Parante, *adj.* Parente, *s. f.*
Pari, *s. m.* Pâris, *mythol.* Paris, *géogr.*
Pas, *s. m.* Pas, *particule.*
Pâte, *s. f.* Patte, *s. f.*
Paume, *s. f.* Pomme, *s. f.*
Pau, *géogr.* Peau, *s. f.* Pô, *géogr.* Pots, *s. m. pl.*
Pause, *s. f.* Pose, *verbe.*
Pécher, *verbe.* Péché, *s. m.* Pèche, *s. f.* Pêche, *v.* Pêche, *s. f.* Pêcher, *s. m.*
Pène, *s. m.* Peine, *s. f.*
Peinte, *p.* Pinte, *s. f.*
Penser, *verbe.* Panser, *verbe.*
Pensée, *s. f.* Pensée, *s. f.*
Perce, *verbe.* Pers, *adj.* Perse, *géogr.* Perse, *nom.*
Peu, *adv.* Peux, *verbe.*
Pic, *s. m.* Pique, *s. m.* et *f. verbe.*
Pie, *n. propre.* Pie, *adj.* Pie, *s. f.*
Pieu, *s. m.* Pieux, *adj.*
Plaid, *s. m.* Plaie, *s. f.* Plaît, *verbe.*
Plain, *adj.* Plaint, *verbe.* Plein, *adj.*
Plaine, *s. f.* Pleine, *adj.*
Plainte, *p.* Plainte, *s. f.* Plinthe, *s. f.*
Plan, *s. adj. m.* Plant, *s. m.*
Poële, *s. m.* Poële, *s. f.* Poil, *s. m.*
Poids, *s. m.* Pois, *s. m.* Poix, *s. f.*
Poing, *s. m.* Point, *s. m.* Point, *part.* Poind, *v.*
Pompe, *s. f.* Pompe, *verbe.*
Porc, *s. m.* Port, *s. m.*
Porte, *verbe.* Porte, *s. f.*
Pou, *s. m.* Pouls, *s. m.*
Pouce, *s. f.* Pousse, *verbe* et *s. f.*
Près, *prép.* Prêt, *s. m.* Prêt, *adj.*
Présent, *s. m.* Présent, *adj.*
Prête, *adj.* Prête, *verbe.*
Prêteur, *s. m.* Prêteur, *s. m.*
Priam, *n. pr.* Priant, *verbe.*
Prier, *verbe.* Prière, *s. f.*
Pris, *verbe.* Prix, *s. m.*
Puce, *s. f.* Pusse, *verbe.*
Puis, *verbe.* Puis, *adv.* Puits, *s. m.*

Q

Quelque, *pron.* et *adv.* Quelque, et Quellegue, *locut. comp.*

R

Raie, *s. f.* Raie, *verbe.* Rais, *s. m.*
Raisonner, *verbe.* Résonner, *verbe.*
Rang, *s. m.* Rend, *verbe.* Ran, *air.*
Ras, *adj.* Rats, *s. m. pl.*
Rauque, *adj.* Roc, *s. m.*
Récent, *ad.* Ressent, *verbe.*
Rein, *s. m.* Rhin, *géog.*
Reine, *s. f.* Rêne, *s. f.* Renne, *s. m.* Raine, *verbe.*
Rez, *prép.* Rets, *s. m.*
Rheims, *géog.* Rince, *verbe.*
Riom, *géog.* Rions, *verbe.*
Ris, *verbe.* Riz, *s. m.*
Roi, *s. m.* Roye, *géog.*
Róman, *s. m.* Romand et Romans, *géog.*
Romps, *verbe.* Rond, *adj.*
Roue, *s. f.* Roux, *adj.*
Rue, *s. f.* Rue, *s. f.* Rue, *verbe.* Rue, *geog.* Rut, *v.* Ruth, *nom propre.*

S

Sainte, *adj.* Xaintes, *géog.*
Sale, *adj.* Sale, *verbe.* Salle, *s. f.*
Savon, *s. f.* Savons, *verbe.*
Saur, *v.* Saure, *adj.* Sort, *myth.* Sorts, *s. m. pl.* Sort, *verbe.*
Saut, *s. m.* Sceau, *s. m.* Sceaux, *géog.* Seau, *s. m.* Sot, *adj.*
Sceller, *verbe.* Seller, *verbe.* Celer, *verbe.*
Serein, *adj.* Serin, *s. m.*
Simple, *s. f.* Simple, *adj.*
Soi, *pron.* Soie, *s. f.* Soit, *verbe.* Soit, *conj.*
Sol, *musique.* Sol, *s. m.* Sol *s. m.* Sole, *s. f.*
Somme, *s. m.* Somme, *s. f.* Somme, *géog.* Somme, *v.*
Son, *s. m.* Son, *s. m.* Son, *pron.* Sont, *verbe.*
Sonnet, *s. m.* Sonnoit, *verbe.*
Sonnez, *s. m.* Sonnez, *verbe.*
Souci, *s. m.* Souci, *s. f.* Soulci, *s. m.*
Soude, *verbe.* Soude, *s. f.*
Soufflet, *s. m.* Soufflet, *s. m.*
Souffleur, *s. m.* Souffleur, *s. m.*
Saoul, *adj.* Sou *s. m.* Sous, *prép.*
Souris, *s. m.* Souris, *s. f.* Souris, *verbe.*
Statue, *s. f.* Statut, *s. m.*
Suis, *v. aux.* Suit, *v. act.* Suie, *s. f.*
Sur, *prép.* Sûr, *adj.*

T

Ta, *pron.* Tas, *s. m.*
Tâche, *s. f.* Tache, *s. f.*
Taie, *s. f.* Taie, *s. f.* Tet, *s. m.*
Tain, *s. m.* Teint, *verbe.* Teint, *s. m.* Thym, *s. m.*
Taire, *verbe act.* Terre, *s. f.*
Tan, *s. m.* Tant, *adv.* Tems, *s. m.*
Taillon, *s. m.* Taillons, *verbe.* Talion, *s. m.*
Tante, *s. f.* Tente, *s. f.*
Taon, *s. m.* Thon, *s. m.* Ton, *s. m.* Ton, *pron.*
Tapis, *s. m.* Tapi, *part.*
Tapir, *verbe.* Tapir, *s. m.*
Tare, *s. f.* Tard, *verbe.*
Taupe, *s. f.* Tope, *verbe.*
Taux, *s. m.* Tot, *adv.*
Tendre, *verbe act.* Tendre, *adj.*
Terme, *s. m.* Terme, *div. myth.* Thermes, *s. m. pl.*
Tes, *pron.* Thé, *s. m.*
Tien, *pron.* Tient, *verbe.*
Toi, *pron.* Toit, *s. m.*
Toue, *s. f.* Toul, *géog.* Tout, *s. m. adj. adv.* Tout, *s. f.*
Tour, *s. f.* Tour, *s. m.* Tours, *géog.*
Traits, *s. m.* Très, *particule.*
Tribu, *s. f.* Tribut, *s. m.*
Troie, *v. act.* Troyes, *géog.* Trois, *nombre.*
Trop, *adv.* Trot, *s. m.*
Tu, *pron.* Tû, *participe.*

V

Vain, *adj.* Vin, *s. m.* Vingt, *nombre.* Vint, *v.*
Vaine, *adj.* Veine, *s. f.*
Van, *s. m.* Vent, *s. m.*
Vautre, *verbe.* Vôtre, Votre, *pron.*
Vaud, *géog.* Vaux, *s. m. pl.* Vaux, *verbe.* Veau, *s. m.*
Venus, *part.* Vénus, *myth.*
Ver, *s. m.* Verre, *s. m.* Vers, *s. m.* Vers, *prép.* Vert, *adj.*
Vesce, *s. f.* Vesse, *s. f.* Vesse, *verbe.*
Veux, *verbe.* Vœu, *s. m.*
Vice, *s. m.* Visse, *s. f.* Visse, *verbe.*
Vil, Vile, *adj.* Ville, *s. f.*
Voie, *s. f.* Voix, *s. f.* Voie, *verbe.*
Voile, *s. m.* Voile, *s. f.*
Voir, *verbe.* Voire, *adv.*
Vol, *s. m.* Vol, *s. m.*
Volant, *adj.* Volant, *s. m.*
Volée, *s. f.* Volé, *partic.* Volet, *s. m.* Volez, *verbe.*

FIN DE LA TROISIÈME PARTIE.

TABLE

DES CONJUGAISONS DES VERBES.

CE qui forme différentes conjugaisons par rapport à tous les verbes, ce sont les diverses terminaisons de toutes les parties du verbe, et principalement de l'infinitif. Or l'infinitif de nos verbes se termine en *er*, *ir*, *oir* et en *re*, comme *aimer*, *punir*, *devoir*, *lire*, etc., ce qui fait en général quatre conjugaisons. Cependant comme les verbes en *ir* et en *re* se conjuguent différemment aux mêmes temps et aux mêmes personnes, on peut distinguer jusqu'à onze conjugaisons.

Il y a dans notre langue deux verbes qui servent à conjuguer en grande partie tous les autres : ce sont *avoir* et *être*. Voilà pourquoi on les appelle *verbes auxiliaires*, du mot latin *Auxilium*, aide, secours.

Dans la table qui va suivre, nous conjuguerons en même-temps, *avoir*, *aimer*, *être*. Au verbe *avoir*, nous joindrons le substantif *soin*, afin que les jeunes gens voient que *j'ai*, avec un substantif, marque un présent; et qu'avec un participe, il marque un passé, etc. Après le verbe *être*, nous mettrons le participe *aimé*; par ce moyen, on aura le passif du verbe *aimer*, et l'on verra plus aisément l'emploi des verbes auxiliaires. v.

Ire. CONJUGAISON, en *er*.

INFINITIF.

Présent.

Avoir (soin)	Aimer	Être (aimé, ée.)
Participe.		
Eu, eue	Aimé, ée	Été
Parfait.		
Avoir *eu*	Avoir aimé	Avoir été.
Gérondif présent.		
Ay*ant*	Aim*ant*	Ét*ant*.
Gérondif passé.		
Ayant *eu*	Ayant aimé	Ayant été.
INDICATIF.		
Présent absolu.		
J'ai (soin)	J'aime	Je suis. (aimé)
Tu as	Tu aim*es*	Tu *es*.
Il, elle a	Il, elle aime	Il, elle est.
Nous av*ons*	Nous aim*ons*	Nous sommes.
Vous av*ez*	Vous aim*ez*	Vous êtes.
Ils, elles ont	Ils, elles aiment	Ils, elles sont.
Imparfait ou *Présent relatif.*		
J'avois*	J'aim*ois*	J'étois.
Tu av*ois*	Tu aim*ois*	Tu étois.
Il av*oit*	Il aim*oit*	Il étoit.
Nous av*ions*	Nous aim*ions*	Nous étions.
Vous av*iez*	Vous aim*iez*	Vous étiez.
Ils av*oient*	Ils aim*oient*.	Ils étoient.

* Voltaire écrit, j'*avais*, tu *avais*, il *avait*, ils *avaient*.

Parfait défini.		
J'eus (soin)	J'aim*ai*	Je fus. (aimé)
Tu eus	Tu aim*as*	Tu fus.
Il eut	Il aim*a*	Il fut.
Nous eû*mes*	Nous aim*âmes*	Nous fûmes.
Vous eû*tes*	Vous aim*âtes*	Vous fûtes.
Ils eu*rent*	Ils aim*èrent*	Ils furent.
Parfait indéfini.		
J'ai eu	J'ai aimé	J'ai été.
Tu as eu	Tu as aimé	Tu as été.
Il a eu	Il a aimé	Il a été.
Nous avons eu	Nous avons aimé	Nous avons été.
Vous avez eu	Vous avez aimé	Vous avez été.
Ils ont eu	Ils ont aimé	Ils ont été.
Parfait antérieur.		
J'eus eu	J'eus aimé	J'eus été.
Tu eus eu	Tu eus aimé	Tu eus été.
Il eut eu	Il eut aimé	Il eut été.
Nous eûmes eu	Nous eûmes aimé	Nous eûmes été.
Vous eûtes eu	Vous eûtes aimé	Vous eûtes été.
Ils eurent eu	Il eurent aimé	Ils eurent été.
Plusque-parfait.		
J'avois eu	J'avois aimé	J'avois été.
Tu avois eu	Tu avois aimé	Tu avois été.
Il avoit eu	Il avoit aimé	Il avoit été.
Nous avions eu	Nous avions aimé	Nous avions été.
Vous aviez eu	Vous aviez aimé	Vous aviez été.
Ils avoient eu	Il avoient aimé	Ils avoient été.
Futur simple ou *absolu.*		
J'aur*ai*	J'aimer*ai*	Je ser*ai*.
Tu aur*as*	Tu aimer*as*	Tu ser*as*.
Il aur*a*	Il aimer*a*	Il ser*a*.
Nous aur*ons*	Nous aimer*ons*	Nous ser*ons*.
Vous aur*ez*	Vous aimer*ez*	Vous ser*ez*.
Ils aur*ont*	Ils aimer*ont*	Ils ser*ont*.
Futur composé, antérieur ou *relatif.*		
J'aurai eu	J'aurai aimé	J'aurai été.
Tu auras eu	Tu auras aimé	Tu auras été.
Il aura eu	Il aura aimé	Il aura été.
Nous aurons eu	Nous aurons aimé	Nous aur. été.
Vous aurez eu	Vous aurez aimé	Vous aurez été.
Ils auront eu	Ils auront aimé	Ils auront été.
Conditionnel présent.		
J'aur*ois*	J'aimer*ois*	Je ser*ois*.
Tu aur*ois*	Tu aimer*ois*	Tu ser*ois*.
Il aur*oit*	Il aimer*oit*	Il ser*oit*.
Nous aur*ions*	Nous aimer*ions*	Nous ser*ions*.
Vous aur*iez*	Vous aimer*iez*	Vous ser*iez*.
Ils aur*oient*	Ils aimer*oient*	Ils ser*oient*.
Conditionnel passé.		
J'aurois eu	J'aurois aimé	J'aurois été.
Tu aurois eu	Tu aurois aimé	Tu aurois été.
Il auroit eu	Il auroit aimé	Il auroit été.
Nous aurions eu	Nous aur. aimé.	Nous aur. été.
Vous auriez eu	Vous auriez aimé	Vous auriez été.
Ils auroient eu	Ils auroient aimé	Ils auroient été.
Autrement.		
J'eusse eu	J'eusse aimé	J'eusse été.
Tu eusses eu	Tu eusses aimé	Tu eusses été.
Il eût eu	Il eût aimé	Il eût été.
Nous euss. eu	Nous eussions	Nous euss. été.
Vous eussiez eu	Vous eussiez	Vous euss. été.
Ils eussent eu	Ils eussent aimé	Ils eussent été.
IMPÉRATIF.		
Présent ou *Futur.*		
(Point de première personne).		
Aye	Aime	Sois.
Qu'il ait	Qu'il aime	Qu'il soit.
Ay*ons*	Aimons	Soyons.
Ay*ez*	Aimez	Soyez.
Qu'ils ay*ent*	Qu'ils aiment	Qu'ils soient.
SUBJONCTIF ou CONJONCTIF.		
Présent ou *Futur.*		
Que j'aye	Que j'aime	Que je sois.
Que tu ay*es*	Que tu aim*es*	Que tu sois.
Qu'il ait	Qu'il aime	Qu'il soit.
Que nous ay*ons*	Que nous aim*ions*	Que n. soyons.
Que vous ay*ez*	Que vous aim*iez*	Que vous soyez.
Qu'ils ay*ent*	Qu'ils aim*ent*	Qu'ils soyent.
Imparfait.		
Que j'eu*sse*	Que j'aim*asse*	Que je fusse.
Que tu eu*sses*	Que tu aim*asses*	Que tu fusses.
Qu'il eût.	Qu'il aim*ât*	Qu'il fût.
Que n. euss*ions*	Que n. aimass*ions*	Que n. fussions.
Que v. euss*iez*	Que v. aimass*iez*	Que v. fussiez.
Qu'ils eu*ssent*	Qu'ils aim*assent*	Qu'ils fussent.
Parfait.		
Que j'aye eu	Que j'aye aimé	Que j'aye été.
Que tu ayes eu	Que tu ayes aimé	Que tu ayes été.
Qu'il ait eu	Qu'il ait aimé	Qu'il ait été.
Que n. ayons eu	Que n. ayons aimé	Q. n. ayons été.
Que v. ayez eu	Que v. ayez aimé	Que v. ayez été.
Qu'ils ayent eu	Qu'ils ayent aimé	Qu'ils ayent été.
Plusque-parfait.		
Que j'eusse eu.	Que j'eusse aimé	Que j'eusse été.
Que tu eusses eu	Q. tu eusses aimé	Q. tu eusses été.
Qu'il eût eu	Qu'il eût aimé	Qu'il eût été.
Q. n. euss. eu	Q. n. eussions	Q. n. euss. été.
Q. v. eussiez eu	Q. v. eussiez aimé	Q. v. eussiez été.
Qu'ils euss. eu	Qu'ils eussent	Qu'ils euss. été.

IIe. CONJUGAISON, en *ir*.

INFINITIF.

Présent.

1 Finir	2 Sentir	3 Ouvrir	4 Tenir.
Participe.			
Fini	senti	ouvert	tenu.
Parfait.			
Avoir fini	Avoir senti	Avoir ouvert	Avoir tenu.
Gérondif présent.			
Finissant	sentant	ouvrant	tenant.
Gérondif passé.			
Ayant fini	Ayant senti	Ayant ouvert	Ayant tenu.

TABLE DES CONJUGAISONS DES VERBES.

INDICATIF.

Présent.

Je finis	sens	ouvre	tiens.
Tu finis	sens	ouvres	tiens.
Il finit	sent	ouvre	tient.
Nous finissons	sentons	ouvrons	tenons.
Vous finissez	sentez	ouvrez	tenez.
Ils finissent	sentent	ouvrent	tiennent.
Imparfait.			
Je finissois	sentois	ouvrois	tenois.
Parfait défini.			
Je finis	sentis	ouvris	tins.
Tu finis	sentis	ouvris	tins.
Il finit	sentit	ouvrit	tint.
Nous finîmes	sentîmes	ouvrîmes	tînmes.
Vous finîtes	sentîtes	ouvrîtes	tîntes.
Ils finirent	sentirent	ouvrirent	tinrent.
Parfait indéfini.			
J'ai fini	senti	ouvert	tenu.
Parfait antérieur.			
J'eus fini	senti	ouvert	tenu.
Plusque-parfait.			
J'avois fini	senti	ouvert	tenu.
Futur simple.			
Je finirai	sentirai	ouvrirai	tiendrai.
Futur composé.			
J'aurai fini	senti	ouvert	tenu.
Conditionnel présent.			
Je finirois	sentirois	ouvrirois	tiendrois.
Conditionnel passé.			
J'aurois fini	senti	ouvert	tenu.
Ou J'eusse fini	senti	ouvert	tenu.

IMPÉRATIF.

Finis	sens	ouvre	tiens.
Qu'il finisse	sente	ouvre	tienne.
finissons	sentons	ouvrons	tenons.
finissez	sentez	ouvrez	tenez.
Qu'ils finissent	sentent	ouvrent	tiennent.

SUBJONCTIF ou CONJONCTIF.

Présent.

Que je finisse	sente	ouvre	tienne.
Q. tu finisses	sentes	ouvres	tiennes.
Qu'il finisse	sente	ouvre	tienne.
Q. n. finissions	sentions	ouvrions	tenions.
Q. v. finissiez	sentiez	ouvriez	teniez.
Qu'ils finissent	sentent	ouvrent	tiennent.
Imparfait.			
Que je finisse	sentisse	ouvrisse	tinsse.
Q. tu finisses	sentisses	ouvrisses	tinsses.
Qu'il finît	sentît	ouvrît	tînt.
Q. n. finissions	sentissions	ouvrissions	tinssions.
Q. v. finissiez	sentissiez	ouvrissiez	tinssiez.
Qu'ils finissent	sentissent	ouvrissent	tinssent.
Parfait.			
Que j'aye fini	senti	ouvert	tenu.
Plusque-parfait.			
Que j'eusse fini	senti	ouvert	tenu.

IIIe. CONJUGAISON, en *oir*, et IVe. en *re*.

INFINITIF.

Présent.

1	2	3	
Devoir	Plaire	Paroître	Réduire.
Participe.			
Dû	plu	paru	réduit.
Parfait.			
Avoir dû	Avoir plu	Avoir paru	Avoir réduit.
Gérondif présent.			
Devant	plaisant	paroissant	réduisant.
Gérondif passé.			
Ayant dû	Ayant plu	Ayant paru	Ayant réduit.

INDICATIF.

Présent.

Je dois	plais	parois	réduis.
Tu dois	plais	parois	réduis.
Il doit	plaît	paroît	réduit.
Nous devons	plaisons	paroissons	réduisons.
Vous devez	plaisez	paroissez	réduisez.
Ils doivent	plaisent	paroissent	réduisent.
Imparfait.			
Je devois	plaisois	paroissois	réduisois.
Parfait défini.			
Je dus	plus	parus	réduisis.
Tu dus	plus	parus	réduisis.
Il dut	plut	parut	réduisit.
Nous dûmes	plûmes	parûmes	réduisîmes.
Vous dûtes	plûtes	parûtes	réduisîtes.
Ils durent	plurent	parurent	réduisirent.
Parfait indéfini.			
J'ai dû	plu	paru	réduit.
Parfait antérieur.			
J'eus dû	plu	paru	réduit.
Plusque-parfait.			
J'avois dû	plu	paru	réduit.
Futur simple.			
Je devrai	plairai	paroîtrai	réduirai.
Futur composé.			
J'aurai dû	plu	paru.	réduit.
Conditionnel présent.			
Je devrois	plairois	paroîtrois	réduirois.
Conditionnel passé.			
J'aurois dû	plu	paru	réduit.
Ou J'eusse dû	plu	paru	réduit.

IMPÉRATIF.

Dois	plais	parois	réduis.
Qu'il doive	plaise	paroisse	réduise.
devons	plaisons	paroissons	réduisons.
devez	plaisez	paroissez	réduisez.
Qu'ils doivent	plaisent	paroissent	réduisent.

SUBJONCTIF ou CONJONCTIF.

Présent.

Que je doive	plaise	paroisse	réduise.
Que tu doives	plaises	paroisses	réduises.
Qu'il doive	plaise	paroisse	réduise.
Q. n. devions	plaisions	paroissions	réduisions.
Que v. deviez	plaisiez	paroissiez	réduisiez.
Qu'ils doivent	plaisent	paroissent	réduisent.
Imparfait.			
Que je dusse	plusse	parusse	réduisisse.
Parfait.			
Que j'aye dû	plu	paru	réduit.
Plusque-parfait.			
Q. j'eusse dû	plu	paru	réduit.

VERBES PRONOMINAUX.

INFINITIF.

Présent.

3	4
Se plaindre	Se rendre.
Participe.	
Plaint	rendu.
Parfait.	
S'être plaint	s'être rendu.
Gérondif présent.	
Se plaignant	se rendant.
Gérondif passé.	
S'étant plaint	s'étant rendu.

INDICATIF.

Présent.

Je me plains	Je me rends.
Tu te plains	Tu te rends.
Il se plaint	Il se rend.
Nous nous plaignons	Nous nous rendons.
Vous vous plaignez	Vous vous rendez.
Ils se plaignent	Ils se rendent.
Imparfait.	
Je me plaignois	Je me rendois.
Parfait défini.	
Je me plaignis	Je me rendis.
Parfait indéfini.	
Je me suis plaint	Je me suis rendu.
Parfait antérieur.	
Je me fus plaint	Je me fus rendu.
Plusque-parfait.	
Je m'étois plaint	Je m'étois rendu.
Futur simple.	
Je me plaindrai	Je me rendrai.
Futur composé.	
Je me serai plaint	Je me serai rendu.
Conditionnel présent.	
Je me plaindrois	Je me rendrois.
Conditionnel passé.	
Je me serois plaint	Je me serois rendu.
Ou Je me fusse plaint	Je me fusse rendu.

IMPÉRATIF.

Plains-toi	rends-toi.
Qu'il se plaigne	qu'il se rende.
Plaignons-nous	rendons-nous.
Plaignez-vous	rendez-vous.
Qu'ils se plaignent	qu'ils se rendent.

SUBJONCTIF ou CONJONCTIF.

Présent.

Que je me plaigne	Que je me rende.
Imparfait.	
Que je me plaignisse	Que je me rendisse.
Parfait.	
Que je me sois plaint	Que je me sois rendu.
Plusque-parfait.	
Que je me fusse plaint	Que je me fusse rendu.

VERBE IMPERSONNEL.

Indicatif. *Présent.*	Il faut.
Imparfait.	Il falloit.
Parfait défini.	Il fallut.
Parfait indéfini.	Il a fallu.
Parfait antérieur.	Il eût fallu.
Plusque-parfait.	Il avoit fallu.
Futur simple.	Il faudra.
Futur composé.	Il aura fallu.
Conditionnel présent.	Il faudroit.
Conditionnel passé.	Il auroit, ou il eût fallu.
Subjonctif. *Présent.*	Qu'il faille.
Imparfait.	Qu'il fallût.
Parfait.	Qu'il ait fallu.
Plusque-parfait.	Qu'il eût fallu.
Gérondif passé.	Ayant fallu.

Les autres temps et l'impératif ne sont pas en usage.

TABLE DES CONJUGAISONS DES VERBES.

Verbes qui, sans être passifs ni pronominaux, prennent les verbes auxiliaires être *ou* avoir *aux temps composés.*

1 Accoucher prend *être* et *avoir*; — enfanter, *être*.
2 Accourir, *être* et *avoir*.
3 Accroître, *être* et *avoir*.
4 Aimer, *être* et *avoir*.
5 Aller, *être*.
6 Apparoître, *être* et *avoir*.
7 Arriver, *être*.
8 Cesser, *être* et *avoir*.
9 Choir, *être*.
10 Comparoître, *être* et *avoir*.
11 Contrevenir, *avoir*.
12 Convenir, être convenable, *avoir*; — demeurer d'accord, *être* et *avoir*.
13 Courir, *être*.
14 Croître, *être* et *avoir*.
15 Décéder, *être*.
16 Déchoir, *être*.
17 Décroître, *être* et *avoir*.
18 Demeurer, loger, *avoir*; — rester, *être*.
19 Descendre, *être* et *avoir*.
20 Devenir, *être*.
21 Disparoître, *être* et *avoir*.
22 Echapper, éviter, *avoir*; — n'être pas saisi, *être* et *avoir*.
23 Entrer, *être*.
24 Intervenir, *être*.
25 Monter, *être* et *avoir*.
26 Mourir, *être*.
27 Naître, *être*.
28 Parler, *être*.
29 Parvenir, *être*.
30 Passer, *être* et *avoir*.
31 Recroître, *être* et *avoir*.
32 Rester, *être*.
33 Revenir, *être* et *avoir*.
34 Sortir, *être* et *avoir*.
35 Subvenir, *être* et *avoir*.

OBSERVATIONS.

PREMIÈRE CONJUGAISON, en *er*.

Les verbes réguliers en *er* se conjuguent comme *aimer*.

Exceptions sur la première conjugaison, en er.

1 Aller. *Partic.* allé ou été. *Gérond.* allant, étant allé, ayant été. *Indic. prés.* je vais ou je vas, tu vas, il va; nous allons, vous allez, ils vont. *Imparf.* j'allois. *Parf. défini*, j'allai ou je fus. *Fut.* j'irai. *Condit. prés.* j'irois. *Impér.* va, qu'il aille; allons, allez, qu'ils aillent. *Subj. prés.* que j'aille, que tu ailles, qu'il aille; que nous allions, que vous alliez, qu'ils aillent. *Imparf.* que j'allasse. *Impér.* vas-y; va y donner.

S'en aller. Je m'en suis allé, je m'en étois allé; va-t-en, qu'il s'en aille; allons-nous-en, allez-vous-en, qu'ils s'en aillent; m'en irai-je, t'en-iras-tu, s'en ira-t-il; nous en irons-nous, etc.

2 Verbes en *ger*; le g est suivi d'un *e* muet : *exemple*, jugeant, etc. De même les verbes suivi d'un 2.

3 Verbes en *ier*, prier; *éer*, créer; *uer*, continuer; *er*, en poësie, se change en *rai*, *rois*, au futur conditionnel : *exemple*, prîrai, crêrois, continûrois. Verbes en *ier*; *Prés.* nous prions. *Imparf. de l'indic.* et *prés. du subj.* nous priions.* ou pryons. v. De même les verbes suivis d'un 3.

4 Verbes en *oyer*, employer; *ayer*, essayer. *Prés.* nous employons, vous employez. *Imparf. de l'indic.* et *prés. du subj.* nous employions, vous employiez; nous essayions, vous essayez. De même les verbes suivis d'un 4.

5 Envoyer, Renvoyer. *Futur* et *Conditionnel.* j'enverrai, j'enverrois.

6 Puer. *Prés. Indic.* je pus, tu pus, il put; nous puons, etc.

DEUXIÈME CONJUGAISON, en *ir*.

Première Branche.

1 Conjuguez comme *finir*, les verbes qui prennent *is* à la première personne singulier du prés. de l'indicatif.

2 Bénir, *Partic.* béni, bénie; bénit, bénite.

3 Haïr. *Prés. de l'indic.* je hais, tu hais, il hait. *Impér.* hais; haïssons, haïssez.

4 Fleurir, être en fleur. *Gérondif*, fleurissant. *Imparfait*, fleurissoit. *En parlant des arts*, florissant, florissoit.

Deuxième Branche.

5 Conjuguez comme *sentir* les verbes suivis d'un 5.

Verbes irréguliers.

6 Bouillir. *Prés. de l'indic.* Je bous, tu bous, il bout; nous bouillons, vous bouillez, ils bouillent. *Futur*, je bouillirai ou je bouillerai. *Cond.* je bouillirois ou je bouillerois, le reste est régulier. De même les verbes suivis d'un 6.

7 Courir et Courre. *Partic.* couru. *Parf. défini*, je courus. *Fut.* je courrai. *Cond.* je courrois. De même les dérivés suivis d'un 7.

8 Faillir, Défaillir, usités à l'infinitif. *Participe*, failli. *Gérond.* faillant, ayant failli. *Parf. défini*, je faillis. *Temps composés*, j'ai failli, j'avois failli.

9 Fuir. *Gérond.* fuyant. *Prés. indic.* je fuis, tu fuis, il fuit; nous fuyons, vous fuiez, ils fuyent; le reste est régulier.

10 Mourir. *Part.* mort. *Prés. ind.* je meurs, tu meurs, il meurt; nous mourons, vous mourez, ils meurent. *Parf. défini*, je mourus. *Fut.* je mourrai. *Condit.* je mourrois. Il prend *être* aux temps composés.

11 Ouir. *Partic.* ouï. *Parf. défini*, j'ouïs. *Imparf. du subj.* que j'ouïsse. *Temps composés*, ayant ouï, j'ai ouï, j'avois ouï; les autres temps inusités. De même les verbes suivis de 11.

12 Quérir; usité à l'infinitif avec les verbes *aller*, *envoyer*, *venir*: il va quérir, etc.

13 Acquérir. *Partic.* acquis. *Gérond.* acquérant. *Indicat. prés.* J'acquiers, tu acquiers, il acquiert; nous acquérons, vous acquerez, ils acquèrent. *Parfait défini*, j'acquis. *Futur*, j'acquerrai. *Condit.* j'acquerrois. De même les verbes suivis de 13.

14 Conquérir, usité à l'infinitif présent. *Part.* conquis. *Gérond.* conquérant, ayant conquis. *Parf. défini*, je conquis. *Imparf. du subj.* que je conquisse. *Temps composés*, j'ai conquis, etc.

15 Vêtir. *Partic.* vêtu. *Ind. prés. sing.* je vêts, tu vêts, il vêt; peut usité. De même les verbes suivis de 15.

Troisième Branche.

16 Ouvrir. Conjuguez de même les verbes suivis de 16.

Irréguliers.

17 Cueillir. *Part.* cueillis. *Fut.* je cueillerai. *Condition.* je cueillerois; le reste est régulier. De même les verbes suivis de 17.

18 Saillir, s'avancer; usité à l'infinitif et aux troisièmes personnes. *Gérond.* saillant. *Indic. prés.* il saille, ils saillent. *Imparf.* ils sailloient. *Fut.* il saillera. *Cond.* il sailleroit. *Subj.* qu'il saille. *Imparf.* qu'il saillît. *Saillir*, seulement, n'a que les troisièmes personnes; il se conjugue comme *finir*. De même les verbes suivis de 18. *Assaillir* sans singulier, au présent de l'indicatif.

Quatrième Branche.

19 Tenir. Conjuguez de même les verbes suivis de 19.

TROISIÈME CONJUGAISON, en *oir*.

1 Devoir. Conjuguez de même les verbes suivis d'un 1.

Irréguliers.

2 Choir. *Partic.* chu. Le reste inusité.

3 Déchoir. *Partic.* déchu. *Ind.* je déchois. *Plur.* nous déchoyons, vous déchoyez, ils déchoient; *ou* déchéons, déchéez, déchéent. *Parf. défini*, je déchus. *Fut.* je décherrai. *Cond.* je décherrois. Le gérondif présent et l'imparfait, inusités. Il prend *être* dans les temps composés: je suis déchu; que je sois déchu.

4 Echoir. *Part.* échu. *Gérond.* échéant. *Indic. prés.* Il échet; seul usité. *Parf.* j'échus. *Futur*, j'écherrai. *Condit.* j'écherrois. Il prend *être* aux composés.

5 Seoir, être convenable; usité aux troisièmes personnes. *Prés.* il sied, ils siéent. *Imparf.* il séioit, ils séioient. *Fut.* il siéra, ils siéront. *Condit.* il siéroit, ils siéroient. *Subj.* qu'il siée, qu'ils siéent. Point de temps composés.

6 S'asseoir. *Part.* assis. *Gérond.* s'asséiant. *Indicat. prés.* je m'assieds; nous nous asseions, vous vous asseiez, ils s'asseient. *Imparf.* je m'asséiois; nous nous asseyons, vous vous asseyez, ils s'asseioient. *Parf. déf.* je m'assis. *Fut.* je m'asseierai ou m'assiérai. *Imparf. du subj.* que je m'assisse, que tu t'assisse, qu'il s'assît; première et seconde personne du pluriel, inusitées; qu'il s'assissent. De même les verbes suivis d'un 6.

Seoir pour s'asseoir. *Infinitif*, être assis; le reste inusité. Il prend *aller*.

7 Voir. *Partic.* vu. *Gérond.* voyant. *Indic. prés.* je vois, etc.; nous voyons, vous voyez, ils voient. *Parf. défini*, je vis. *Fut.* je verrai; le reste est régulier. De même les verbes suivis d'un 7.

8 Pourvoir et Croire (4e.). *Parf. défini*, je pourvus, je crus. *Imparf. du subj.* que je pourvusse, crusse. *Fut.* pourvoirai, croirai. *Condit.* pourvoirois, croirois. Le reste comme 7.

9 Prévoir. *Fut.* prévoirai. *Condit.* prévoirois. Le reste comme 7.

10 Surseoir. *Partic.* sursis. *Fut.* surseoirai. *Cond.* surseoirois. Le reste comme 7.

11 Mouvoir, Emouvoir. *Partic.* mu. *Gérond.* mouvant. *Indic. prés.* je meus, etc.; nous mouvons, vous mouvez, ils meuvent. *Imparf.* je mouvois. *Parf. défini*, je mus. *Fut.* je mouvrai. *Subj.* que je meuve; que nous mouvions.

12 Pleuvoir. *Partic.* plu. *Gérond.* pleuvant. *Ind. prés.* il pleut. *Imparf.* il pleuvoit. *Parf. défini*, il plut. *Fut.* il pleuvra. *Condit.* il pleuvroit. *Subj. prés.* qu'il pleuve. *Imparf.* qu'il plût.

13 Pouvoir. *Partic.* pu. *Gérond.* pouvant. *Indic. prés.* je puis ou peux, tu peux, il peut; nous pouvons, vous pouvez, ils peuvent. *Parf. défini*, je pus. *Fut.* je pourrai. *Cond.* je pourrois. *Subj. prés.* que je puisse; que nous puissions. Le reste formé de ces temps.

14 Savoir ou Sçavoir. *Partic.* su. *Gérond.* sachant. *Ind. prés.* je sais, etc.; nous savons, vous savez, ils savent. *Parf. défini*, je sus. *Fut.* je saurai. *Imparf.* sache, qu'il sache; sachons, sachez, qu'ils sachent *Subjonctif prés.* que je sache; les autres formés de ceux-ci. *je ne sache point*, pour *je ne sais point*; *je ne saurois*, pour *je ne puis*.

15 Valoir. *Partic.* valu. *Gérond.* valant. *Présent indic.* je vaux, tu vaux, il vaut; nous valons, vous valez, ils valent. *Parf. défini*, je valus. *Fut.* je vaudrai. *Subj. prés.* que je vaille, que tu vailles, qu'il vaille; que nous vaillions, que vous valiez, qu'ils vaillent; les autres temps formés de ceux-ci. De même les verbes suivis de 15.

16 Prévaloir. *Présent du subj.* que je prévale; le reste comme 15. De même *Revaloir*, *Equivaloir*.

17 Vouloir. *Partic.* voulu. *Gérond.* voulant. *Indic. prés.* je veux, etc.; nous voulons, vous voulez, ils veulent. *Parf. défini*, je voulus. *Fut.* je voudrai. *Subj.* que je veuille; que nous voulions, que vous vouliez, qu'ils veuillent. Le reste formé de ces temps, ou comme *mouvoir*.

QUATRIÈME CONJUGAISON, en *re*.

Quatrième Branche.

Elle comprend les verbes en *aire*, comme 1. *Plaire*.

Irréguliers ou défectueux.

2 Braire. *Infinitif*, *troisièmes personnes du futur et de l'indicatif présent*, il brait, ils braient; il braira, ils brairont.

3 Faire. *Partic.* fait. *Gérond.* faisant. *Indic. prés.* je fais, etc.; nous faisons, vous faites, ils font. *Parf. défini*, je fis. *Fut.* je ferai. *Subj. prés.* que je fasse, etc.; le reste formé de ceux-ci. De même les verbes suivis d'un 3. * faisons *ou* fesons. C. G.

4 Traire. *Partic.* trait. *Gérond.* trayant. *Indicatif présent*, je trais, etc.; nous trayons, vous trayez, ils trayent. Point de parfait défini, ni d'imparfait du subjonctif; le reste régulier ou formé de ces temps. De même les verbes suivis d'un 4.

Deuxième Branche.

5 Les verbes en *aître*, *oître*, comme *paroître*. De même les verbes suivis d'un 5.

Irréguliers ou défectueux.

6 Naître et Renaître. *Partic.* né. *Parf. défini*, je naquis. *Temps composés* avec *être*; le reste régulier.

7 Paître et Repaître; réguliers sans parfait défini, ni imparfait du subjonctif. Les temps composés usités dans la fauconnerie. *Familier*; il a pu et repu.

Troisième Branche.

Elle comprend les verbes en *ire*, Réduire.

Irréguliers en ire.

8 Circoncire. *Parf. défini*, je circoncis; le reste régulier.

7 Dire et Redire. *Seconde personne plurielle du présent de l'indicatif*, vous dites, vous redites. *Parfait défini*, je dis, je redis. *Imparf. du subj.* que je disse, que je redisse; le reste est régulier ou formé de ces temps.

10 Dédire. *Deuxième personne plur. de l'indicat. present*, vous dédisez. *Parf. défini*, je dédis. De même les verbes suivis de 10.

11 Maudire. *Gérond.* maudissant. *Prés. indicat.* maudissons, maudissez, maudissent. *Parf. défini*, je maudis. Le reste formé de ces temps.

12 Confire. *Parf. défini*, je confis. *Imparf. du subj.* que je confisse.

13 Suffire. *Partic.* suffi. *Parf. défini*, je suffis. *Imparf. du subj.* que je suffise.

14 Lire, Elire, Relire. *Partic.* lu. *Parf. défini*, je lus. *Imparf. du subj.* que je lusse.

15 Rire, Sourire. *Partic.* ri. *Gérond.* riant. *Indic. prés. plur.* nous rions, vous riez, ils rient. *Parf. défini*, je ris. Le reste formé de ces temps.

16 Ecrire. *Gérond.* écrivant. *Prés. Indic. plur.* écrivons, écrivez, écrivent. *Parf. défini*, j'écrivis; *idem.* pour les temps composés de ceux-ci. De même les verbes suivis de 16.

17 Frire est régulier et n'a que le *futur* : je frirai. *Cond.* je frirois. *Temps composés*, j'ai frit, j'avois frit. *Seconde personne de l'impér.* fris; le reste comme *faire* : faisant frire, fais frire, faisois frire, etc.

Irréguliers en uire, oire, orre, urre.

18 Bruire. *Gérond.* bruyant. *Imparfait de l'indicatif*, ils bruyoient. Le reste inusité.

19 Luire, Nuire, Reluire. *Partic.* lui, nui, relui. *Temps composés*, j'ai, j'avois lui, nui, relui.

20 Boire, Reboire. *Partic.* bu. *Gérond.* buvant. *Indic. prés.* je bois, etc.; nous buvons, vous buvez, ils boivent. *Parf. défini*, je bus; les autres temps réguliers ou formés de ceux-ci.

21 Clorre *ou* Clore, Enclorre, Renclorre. *Indicat. prés.* je clos, tu clos, il clôt, sans pluriel. *Fut.* je clorai. *Condit.* je clorrois. *Temps composés*, j'ai clos, j'avois clos, etc. Les autres inusités.

22 Eclorre *ou* Eclore, *Troisièmes personnes de l'ind. prés.* il éclôt, ils éclosent. *Futur*, il éclorra, ils éclorront. *Cond.* il éclorroit, ils éclorroient. *Subj présent*, qu'il éclose, qu'ils éclosent. Les temps composés avec *être*: il est éclos, il sera éclos.

23 Conclure. *Partic.* conclu. *Gérond.* concluant. *Indic. prés.* je conclus, etc.; nous concluons, vous concluez, ils concluent. *Imparf.* je concluois; nous concluions, vous concluïez, ils concluoient. *Parf. défini*, je conclus. Les autres temps sont formés de ceux-ci.

Quatrième Branche.

Les verbes en *aindre*, *eindre*, *oindre*, comme *Plaindre*.

TABLE DES CONJUGAISONS DES VERBES.

Cinquième Branche. Irréguliers.

24 Prendre. *Partic.* pris. *Gérond.* prenant. *Indic. prés.* je prends, etc.; nous prenons, vous prenez, ils prennent. *Parf. défini*, je pris; le reste est régulier ou composé de ces temps. De même les verbes suivis de 24.

25 Coudre, Découdre, Résoudre. *Partic.* cousu. *Gérond.* cousant. *Indic. prés.* je couds, etc.; nous cousons, vous cousez, ils cousent. *Parfait défini*, je cousis; les autres réguliers ou formés de ceux-ci.

26 Mettre. *Partic.* mis. *Gérond.* mettant. *Parf. défini*, je mis; le reste régulier ou formé régulièrement de ces temps. De même les verbes suivis de 26.

27 Moudre, Emoudre, Remoudre. *Partic.* moulu. *Gér.* moulant. *Indic. prés.* je mouds, etc.; nous moulons, vous moulez, ils moulent. *Parf. défini*, je moulus; le reste régulier ou formé de ceux-ci.

28 Soudre; usité à l'infinitif.

29 Absoudre et Dissoudre. *Partic.* absous, te. *Gérondif*, absolvant. *Indic. prés.* j'absous, etc.; nous absolvons, vous absolvez, ils absolvent. *Parf. indéfini*, j'ai absous. *Parf. défini* et *imparf. du subj.* inusités; le reste régulier ou formé de ceux-ci.

30 Résoudre. *Partic.* résolu (décidé); résous (réduit). *Gérond.* résolvant. *Parf. défini*, je résolus. *Imparf. du subj.* que je résolusse. Le reste comme 29.

31 Suivre, S'ensuivre, Poursuivre. *Partic.* suivi. *Gér.* suivant. *Indic. prés.* je suis, tu suis, il suit; nous suivons, vous suivez, ils suivent. Le reste régulier ou formé de ceux-ci.

32 Vivre, Revivre, Survivre. *Partic.* vécu. *Gér.* vivant. *Ind. prés.* je vis, etc.; nous vivons, vous vivez, ils vivent. *Parf. défini*, je vécus; les autres temps réguliers ou formés de ceux-ci.

33 Vaincre et Convaincre. La lettre *c* se change en *qu* devant *a*, *e*, *i*, *o*: vainquant, vainque, vainquis, vainquons.

Verbes de la première Conjugaison, en er,

Nota. Les chiffres qui précèdent ou suivent les verbes se rapportent, pour chaque conjugaison, aux numéros des Observations ci-dessus.

Abdiquer 3
Abéquer 3
Abluer 3
Abouquer 3
Aboyer 4
Abréger 2
Abrier 3
Abroger 2
Absterger 2
Accentuer 3
1 Accoucher
Accouer 3
Adjuger 2
Affliger 2
Affiner 3
Affouguer 3
Aggréger 2
Agréer 3
4 Aimer
Alambiquer 3
Alléger 2
Alléguer 3
5 Aller
Allier 3
Allonger 2
Allouer 3
Aloyer 4
Amadouer 3
Aménager 2
Amodier 3
Amplifier 3
Apanager 2
Apiquer 3
Apostasier 3
Apparier 3
Appliquer 3
Apprécier 3
Approprier 3
Appuyer 3
Aréger 2
Arguer 3
Arpéger 2
Arranger 2
Arrérager 2
7 Arriver
Arroger 2
Asperger 2
Assiéger 2
Associer 3
Atermoyer 4
Attaquer 3
Attédier 3
Atténuer 3
Attribuer 3
Authentiquer 3
Avantager 2
Avouer 3

Baffouer 3
Bafouer 3
Baguer 3
Balayer 4
Balbutier 3
Baraquer 3
Barbifier 3
Bayer 4
Béatifier 3
Bégayer 4
Biguer 3
Bloquer 3
Bonifier 3
Bordayer 4
Bossuer 3
Bougier 3
Bouquer 3
Bousquier 3
Branchier 3
Braquer 3
Brayer 4
Briguer 3
Broyer 4
Brusquer 3
Brutifier 3
Busquer 3

Calomnier 3
Carguer 3
Carier 3
Carnifier 3
Carréger 2
Carrayer 4
Certifier 3
8 Cesser
Changer 2
Charger 2
Charier 3
Charroyer 4
Châtier 3
Chier 3
Choyer 4
Circonstancier 3
Clarifier 3
Colliger 2
Colorier 3
Commuer 3
Communier 3
Compartager 2
Confier 3
Congédier 3
Conjuguer 3
Conspuer 3
Constituer 3
Continuer 3
Contrarier 3
Contregager 2
Contre-pleiger 2
Converger 2
Convoyer 4
Copier 3
Corporifier 3
Corriger 2
Corroyer 4
Côtoyer 4
Coudoyer 4
Crier 3
Crucifier 3

Daguer 3
Débanquer 3
Débarquer 3
Déblayer 4
Débouquer 3
Débusquer 3
Décager 2
Décalquer 3
15 Décéder
Décharger 3
Déclouer 2
Décourager 2
Décrier 3
Décruer 3
Dédommager 2
Défalquer 3
Déféquer 3
Défier 3
Défrayer 4
Défroquer 3
Dégager 2
Dégluer 3
Dégorger 2
Déifier 3
Délayer 4
Déléguer 3
Délier 3
Délinquer 3
Déloger 2
Délonger 2
Démanger 2
Démarier 3
Démarquer 3
Démasquer 3
Démastiquer 3
Déménager 2
18 Demeurer
Dénier 3
Dénouer 3
Déparier 3
Départager 2
Dépiquer 3
Déplier 3
Déployer 4
Déprier 3
Déranger 2
Désagréer 3
Désavantager 2
Désavouer 3
Désembarquer 3
Désenclouer 3
Désenger 2
Désennuyer 3
Désenrayer 4
Désexcomunier 3
Destituer 3
Détorquer 3
Détraquer 3
Dévouer 3
Dévoyer 4
Désobliger 2
Désassiéger 2
Déterger 2
Dévisager 2
Dialoguer 3
Diguer 3
Diminuer 3
Diriger 2
Discontinuer 3
Disgracier 3
Distinguer 3
Distribuer 3
Diverger 2
Diversifier 3
Divulguer 3
Doguer 3
Domestiquer 3
Domicilier 3
Domifier 3
Douer 3
Draguer 3
Drayer 4
Dulcifier 3
Dupliquer 3

Echanger 2
22 Echapper
Ecrier 3
Edifier 3
Effectuer 3
Effigier 3
Efflanquer 3
Efformier 3
Effrayer 4
Effrouer 3
Egayer 4
Egorger 2
Egruger 2
Elaguer 3
Elonger 2
Emarger 2
Emayer 4
Embarquer 3
Emberloquer 3
Emberlucoquer 3
Emblayer 4
Embléer 3
Embronchier 3
Emier 3
Emménager 2
Emoyer 4
Employer 4
Encager 2
Encharger 2
Enclouer 3
Encourager 2
Endommager 2
Enfroquer 3
Engager 2
Enger 2
Engluer 3
Engorger 2
Engouer 3
Engranger 2
Engréger 2
Ennuyer 3
Enrager 2
Enrayer 4
Enrouer 3
Ensoyer 4
Entrechoquer 3
Entrégorger 2
Entremanger 2
23 Entrer
Enverger 2
Enverguer 3
Envisager 2
Envier 3
Envoyer 4
Epautier 3
Epier 3
Epiloguer 3
Episodier 3
Eponger 2
Equivoquer 3
Eriger 2
Esbanoyer 4
Escroquer 3
Essayer 4
Essencier 3
Essorier 3
Essuyer 3
Estomaquer 3
Estropier 3
Etager 2
Eternuer 3
Etranger 2
Etudier 3
Evacuer 3
Evaluer 3
Evertuer 3
Evoquer 3
Excommunier 3
Excorier 3
Exfolier 3
Exiger 2
Expatrier 3
Expédier 3
Extasier 3
Exténuer 3
Extorquer 3
Extravaguer 3

Fainguer 3
Falsifier 3
Fantasier 3
Fatiguer 3
Fier 3
Figer 2
Filoyer 4
Flamboyer 4
Folier 3
Fonger 2
Forger 2
Fortifier 3
Fossoyer 4
Foudroyer 4
Fourrager 2
Fourvoyer 4
Franger 2
Frayer 4
Fustiger 2

Gager 2
Giboyer 4
Giguer 3
Glorifier 3
Goberger 2
Gorger
Grager 2
Gratifier 3
Grayer
Gréer 3
Gréguer 3
Grossoyer 4
Guerroyer 4
Guier 3
Guoguer 3

Haranguer 3
Héberger 2
Héroïfier 3
Historier 3
Hommager 2
Homologuer 3
Humilier 3

Identifier 3
Impliquer 3
Incaguer 3
Inculquer 3
Indiquer 3
Industrier 3
Infatuer 3
Influer 3
Ingénier (s') 3
Initier 3
Injurier 3
Insinuer 3
Instiguer 3
Instituer 3
Insurger 2
Interloquer 3
Interroger 2
Intriguer 3
Inventorier 3
Invoquer 3

Jauger 2
Juger 2
Justifier 3

Laidanger 2
Langayer 4
Lapidifier 3
Larguer 3
Larmoyer 4
Layer 4
Léguer 3
Lénifier 3
Licencier 3
Liéger 2
Lier 3
Lignéfier 3
Liguer 3
Loger 2
Louanger 2
Louer 3
Louvoyer 4
Lubrifier 3

Manger 2
Magnifier 3
Manier 3
Manquer 3
Marescaucier 3
Marier 3
Marquer 3
Masquer 3
Mastiquer 3
Méfier 3
Mélancolier 3
Mélanger 2
Ménager 2
Mendier 3
Mésallier 3
Métaphysiquer 3
Métrifier 3
Mitiger 2
Modifier 3
Mollifier 3
Mondifier 3
Monnoyer 4
25 Monter
Moquer 3
Morguer 3
Mortifier 3
Moyer 4
Muer 3
Multiplier 3
Musquer 3

Nager 2
Naviger 2
Négocier 3
Neiger 2
Nettoyer 4
Nier 3
Noncier 2
Notifier 3
Nouer 3
Noyer 4
Nuer 3

Obliger 2
Obscurifier 3
Obvier 3
Ochier 3
Ochoyer 4
Officier 3
Offusquer 3
Ombrager 2
Ondoyer 4
Orthographier 3
Ortier 3
Ossifier 3
Oublier 3
Outrager 2
Ouvrager 2

Pacager 2
Pacifier 3
Pallier 3
Papier 3
Parier 3
28 Parler
Parodier 3
Parquer 3
Partager 2
30 Passer
Payer 4
Pépier 3
Perpétuer 3
Personnifier 3
Pertuer 3
Pétrifier 3
Pilorier 3
Plâtrouer 3
Player 4
Pleiger 2
Plier 3
Plinger 2
Plonger 2
Ployer 4
Politiquer 3
Polluer 3
Ponctuer 3
Poquer 3
Poulier 3
Pratiquer 3
Préjudicier 3
Préjuger 2
Préléguer 3
Présager 2
Présomptier 3
Prévariquer 3
Prier 3
Privilégier 3
Procréer 3
Prodiguer 3
Prolonger 2
Promulguer 3
Pronostiquer 3
Propager 2
Proroger 2
Prostituer 3
Protéger 2
Provoquer 3
Psalmodier 3
Publier 3
Puer 6
Purger 2
Purifier 3
Putréfier 3

Qualifier 3
Quidier 3

Rabrouer 3
Ralinguer 3
Rallier 3
Ralonger 2
Ramadouer 3
Ramager 2
Ramifier 3
Ranger 2
Rapatrier 3
Raréfier 3
Rassasier 3
Ravager 2
Rayer 4
Rebéquer 3
Rebroyer 4
Rechanger 2
Recharger 2
Récolliger 2
Réconcilier 3
Recorriger 2
Récréer 3
Récrier 3
Rectifier 3
Rédarguer 3
Rédiger 2
Redistribuer 3
Réer 3
Refiger 2
Refluer 3
Refugier 3
Regorger 2
Regracier 3
Réhabituer 3
Réinterroger 2
Rejointoyer 4
Relayer 4
Reléguer 3
Relier 3
Reloger 2
Remanger 2
Remarier 3
Remarquer 3
Rembarquer 3
Remédier 3
Remercier 3
Remorquer 3
Remployer 4
Remucier 3
Remuer 3
Rencourager 2
Renettoyer 4
Rengager 2
Rengorger 2
Rengréger 2
Renouer 3
Renvier 3
Renvoyer 5
Répliquer 3
Replonger 2
Reprier 3
Répudier 3
Requinquer 3
Resaluer 3
Résilier 3
Ressuer 3
32 Rester
Restituer 3
Rétorquer 3
Retrahier 3
Rétudier 3
Revendiquer 3
Révoquer 3
Revoyager 2
Risquer 3
Roquer 3
Rouer 3
Rudoyer 4
Ruer 3

Saccager 2
Sacrifier 3
Salarier 3
Saluer 3
Sanctifier 3
Sarfouer 3
Scier 3
Scorifier 3
Secouer 3
Segréger 2
Seigneurier 3
Sentencier 3
Seringuer 3
Serpéger 2
Signifier 3
Simplifier 3
Singer 2
Situer 3
Socier 3
Solacier 3
Solfier 3
Songer 2
Soucier 3
Soudoyer 4
Soulager 2
Spécifier 3
Spolier 3
Statuer 3
Stipendier 3
Stupéfier 3
Subdéléguer 3
Subjuguer 3
Submerger 2
Subroger 2
Substituer 3
Suer 3
Supplicier 3
Supplier 3
Surcharger 2
Surnager 2

Tanguer 3
Targer 2
Targuer 3
Tartuffier 3
Tatouer 3
Terrorifier 3
Testifier 3
Tinguer 3
Topioquer 3
Torréfier 3
Tortuer 3
Touer 3
Toupier 3
Tournoyer 4
Trafiquer 3
Transiger 2
Transubstancier 3
Traquer 3
Tréchanger 2
Trépendier 3
Trier 3
Tronquer 3
Troquer 3
Trouer 3
Truanger 2
Tumifier 3
Tutoyer 4

Vaguer 3
Vaquer 3
Varier 3
Vendanger 2
Vendiquer 3
Venger 2
Verbiager 2
Verdoyer 4
Vérifier 3
Verroyer 4
Versifier 3
Vicarier 3
Vicier 3
Vitrifier 3
Vivifier 3
Voguer 3
Voltiger 2
Voquer 3
Vouer 3
Voyager 2

Verbes de la seconde Conjugaison, en ir.

2 Accourir
Accueillir 17
Acquérir 13
Assaillir 18
Bénir 2
Bouillir 6
Concourir 7
Conquérir 14
Consentir 5
Contenir 19
11 Contrevenir 19
12 Convenir 19
13 Courir 7
Cueillir 17
Débouillir 6
Découvrir 16
Dédormir 5
Défaillir 8
Démentir 5
Déprévenir 19
Désendormir 19
Desservir 5
Détenir 19
20 Devenir 19
Dévêtir 15
Disconvenir 19
Discourir 7
Dormir 5
Ebouillir 6
Endormir 5
Enquérir 13
Entre-secourir 7
Entretenir 19
Entr'ouir 11
Entr'ouvrir 16
Faillir 8
Finir 1
Fleurir 4
Fuir 9
Haïr 3
24 Intervenir 19
Maintenir 19
Mentir 5
Mésavenir 19
Mésoffrir 16
26 Mourir 10
Obtenir 19
Offrir 16
Ouir 11
Ouvrir 16
Parbouillir 6
Parcourir 7
Partir 5
29 Parvenir 19
Pressentir 5
Prévenir 19
Provenir 19
Quérir 12
Rebouillir 6
Reconquérir 14
Reconvenir 19
Recourir 7
Recouvrir 16
Recueillir 17
Redevenir 19
Réfaillir 8
Rejouvenir 19
Repartir 5
Repentir 5
Requérir 13
Ressouvenir 19
Retenir 19
33 Revenir 19
Revêtir 15
Rouvrir 16
Saillir 18
Secourir 7
Sentir 5
Servir 5
34 Sortir 5
Souffrir 16
Soutenir 19
Souvenir 19
Subvenir 19
35 Survenir 19
Tenir 19
Thouillir 6
Tressaillir 18
Venir 19
Vêtir 15

Verbes de la troisième Conjugaison, en oir.

Apercevoir 1
9 Choir 2
Décevoir 1
26 Déchoir 3
Devoir 1
Echoir 4
Equivaloir 16
Entrevoir 7
Mouvoir 11
Percevoir 1
Pleuvoir 12
Pourvoir

Pouvoir

TABLE DES CONJUGAISONS DES VERBES.

Pouvoir 13	Revoir 7	Surseoir 10
Prévaloir 16	Redevoir 1	Valoir 15
Prévoir 9	S'assoir 6	Voir 7
Recevoir 1	Savoir 14	Vouloir 17
Revaloir 15	Seoir 5	

Verbes de la quatrième conjugaison, en re.

Absoudre 29	Eclorre 22	Refaire 3
3 Accroître 5	Ecrire 16	Refrire 17
Admettre 26	Elire 14	Relire 14
Apparoître 5	Emoudre 27	Reluire 19
Apprendre 24	Enclorre 21	Remoudre 27
Attraire 4	Faire 3	Renaître 6
Boire 20	Frire 17	Renclorre 21
Braire 2	Inscrire 16	Rentraire 4
Bruire 18	Interdire 10	Repaître 7
Circoncire 8	Lire 14	Reparoître 5
Clorre 21	Luire 19	Reprendre 24
Commettre 26	Malfaire 3	Retraire 4
10 Comparoître 5	Maudire 11	Résoudre 30
Conclurre 23	Médire 10	Revivre 32
Confire 12	Méfaire 3	Rire 14
Convaincre 33	Mettre 26	Satisfaire 3
Coudre 25	Moudre 27	S'ensuivre 31
14 Croître 5	27 Naître 6	Soudre 28
Déconfire 12	Nuire 19	Sourire 15
Découdre 25	Paître 7	Souscrire 16
Décrire 16	Parfaire 3	Soustraire 4
17 Décroître 5	Paroître 5	Suffire 4
Dédire 10	Permettre 26	Suivre 31
Défaire 3	Plaire 1	Surfaire 3
Démettre 26	Poursuivre 3	Survivre 32
Déprendre 24	Prendre 24	Suscrire 19
Désaprendre 24	Reboire 20	Suspendre 24
Dire 9	Recoudre 25	Traire 4
21 Disparoître 5	Récrire 16	Transcrire 19
Dissoudre 29	31 Recroître 5	Vaincre 33
Distraire 4	Redire 9	Vivre 32

CONJUGAISON

DES VERBES,

SUIVANT LE SYSTÈME DE RESTAUT,

Avec les variantes (Voyez les *Observat.*).

Nota. Voltaire met les *a* à la place des *o* aux imparfaits; *j'aimais*, *j'aimerais*, etc.

ABSOUDRE. J'absous, tu absous, il absout; nous absolvons, vous absolvez, ils absolvent. J'absolvois, etc. J'ai absous, etc. J'absoûdrai, etc. Absous, absolvez. Que j'absolve, etc. Absolvant. R.

Acheter. J'achète, tu achétes, il achéte; nous achetons, vous achetez, ils achétent. J'achéterai, tu acheteras, etc. J'achéterois, tu achéterois. *ou* J'achete, tu achetes, il achete; ils achetent. R.

Achever. J'achéve, tu achéves, il achéve; nous achevons, vous achevez, ils achévent. J'achéverai, tu achéveras, etc. J'achéverois, tu achéverois, etc. A. *ou* J'acheve, tu acheves, il acheve; ils achevent. R.

Acquérir. J'acquiers, tu acquiers, il acquiert; nous acquérons, vous acquérez, ils acquierent; *ou* J'acquiers, tu acquers, il acquiert; nous acquérons, vous acquérez, ils acquerent. J'acquérois, etc. J'ai acquis, etc. J'acquis, etc. J'acquerrai, etc. Acquiers (ou acquers), acquérez. Que j'acquiere, que tu acquieres, qu'il acquiere; que nous acquérions, que vous acquiériez, qu'ils acquerent; *ou* que j'acquere, que tu acqueres, qu'il acquere; que nous acquérions, que vous acquériez, qu'ils acquerent. J'acquerrois, etc. Que j'acquisse, etc. Acquérant.

Appeler. J'appelle, j'appelois, j'appelai, j'appellerai. A. J'appele, j'appelois, j'appelai, j'appélerai. R.

Apuier. J'apuie, tu apuies, il apuie; nous apuions, vous apuiez, ils apuient. J'apuiois, etc. Nous apuiions, etc. J'apuiai, etc. Que j'apuie, etc. Que nous apuiions.

Asseoir. J'assieds, tu assieds, il assied; nous asseyons, vous asseyez, ils asseyent. J'asseyois, etc. Nous asseyions, etc. J'assis, etc. J'asseierai *ou* j'assiérai; etc. J'asseierois *ou* j'assiérois, etc. Assied, asseyez. Que j'asseye, etc. Que nous asseyions, etc. Que j'assisse, etc. Asseyant. R. J'assiérai *ou* j'asseyerai, etc. J'assiérois *ou* j'asseyerois, etc. A. Je m'asseoyois, etc. Je m'asseoirai. G.

Assiéger. J'assiége, tu assiéges, il assiége; ils assiégent. Que j'assiége, que tu assiéges, qu'il assiége; qu'ils assiégent.

Batre. Je bats, tu bas, il bat; nous batons, vous batez, ils batent. Je batois, etc. Je batis, etc. J'ai batu, etc. Je batrai, etc. Je batrois, etc. Bats, batez. Que je bate, etc. Que je batisse, etc.

Bouillir. Je bous, tu bous, il bout; nous bouillons, vous bouillez, ils bouillent. Je bouillois, etc. Je bouillis, etc. J'ai bouilli, etc. Je bouillirai, etc. Je bouillirois, Bous, bouillez. Que je bouille, etc. Que je bouillisse, etc. Bouillant. R.

Clôre. Je clos, tu clos, il clôt. J'ai clos, etc. Je clôrai, tu clôras, il clôra, etc. Je clôrois, tu clôrois, il clôroit, etc. Clos. R.

Conclure. Je conclus, tu conclus, il conclud; nous concluons, vous concluez, ils concluent. Je concluois, etc. Nous concluions, vous concluiez, ils concluoient. J'ai conclu, etc. Je conclus, tu conclus, il conclut; nous conclûmes, vous conclûtes, ils conclurent. J'avois conclu, etc. Je conclurai, tu concluras, il conclura; nous conclurons, vous conclurez, ils concluront. Je conclurois, etc. Conclus, concluez. Que je conclue, que nous concluions, que vous concluiez, qu'ils concluent. Que je conclusse, que tu conclusses, qu'il conclût.

Confier. Je me confie, etc. nous nous confions, etc. Je me confiois, nous nous confiions. Je confiai, tu confias, il confia; nous confiâmes, vous confiâtes, ils confierent. Je confierai, etc. Je confierois, etc. Confie, confiez-vous. Que je confie, etc. Que nous confiions, etc. Que je confiasse, etc. Que nous confiassions. (*durs et à éviter.* R.) Confiant.

Coudre. Je couds, tu couds, il coud; nous cousons, vous cousez, ils cousent. Je cousois, etc. nous cousions; etc. J'ai cousu, etc. Je cousis, etc. J'avois cousu, etc. Je coudrai, etc. Je coudrois, etc. Couds, cousez. Que je couse, etc. Que je cousisse, que tu cousisses, qu'il cousît. Cousant.

Courir. Je cours, tu cours, il court; nous courons, vous courez, ils courent. Je courois, etc. Je courus, etc. J'ai couru, J'avois couru, etc. Je courrai; tu courras, il courra; nous courrons, vous courrez, ils courront. Je courrois, etc. Cours, courez. Que je courre, etc. Que je courusse, que tu courusses, qu'il courût; que nous courussions, que vous courussiez, qu'ils courussent. Courant. R.

Couvrir. Je coûvre, tu coûvre, il coûvre; nous couvrons, vous couvrez, ils coûvrent. Je couvrois, etc. Je couvris, etc., J'ai couvert, etc. J'avois couvert, etc. Je couvrirai, etc. Je couvrirois, etc. Couvre, couvrez. Que je coûvre, etc. Que je couvrisse, etc. que nous couvrissions, que vous couvrissiez, qu'ils couvrissent. Couvrant. R.

Crier. Je crie, tu cries, il crie; nous crions, vous criez, ils crient. Je criois, tu criois, il crioit; nous criions, etc. Je criai, etc. J'ai crié, etc. Je crierai, tu crieras, il criera; nous crierons, vous crierez, ils crieront. Je crierois, etc. Crie, criez. Que je crie, etc. Que je criasse. Criant. R.

Croire. Je crois, tu crois, il croit; nous croyons, vous croyez, ils croyent. Je croyois, etc. nous croyions, vous croyiez, ils croyoient. Je crus, etc. J'ai cru, etc. Je croirai, etc. Je croirois, etc. Crois, croyez. Que je croie, etc. que nous croyions, que vous croyiez, qu'ils croyent. Que je crusse, que tu crusses, qu'il crût; que nous crussions, etc. Croyant.

Croître. Je croîs, tu croîs, il croît; nous croissons, vous croissez, ils croissent. Je croissois, etc. Je crus, etc. J'ai crû, etc. Je croîtrai, etc. Je croîtrois, etc. Croîs, croissez. Que je croisse, etc. Que je crusses, que tu crusses, qu'il crût; que nous crussions, etc. Croissant.

Cueillir. Je cueille, tu cueilles, il cueille; nous cueillons, vous cueillez, ils cueillent. Je cueillois, etc. nous cueillions, vous cueilliez, ils cueilloient. Je cueillis, etc. J'ai cueilli, etc. Je cueillerai, etc. Je cueillerois, etc. Cueille, cueillez. Que je cueille, etc. Que nous cueillions, que vous cueilliez, qu'ils cueillent. Que je cueillisse, etc. Cueillant.

Décéler. Je décele, tu déceles, il décele; nous décelons, vous décelez, ils décelent. Je décelois, etc. Je décelerai, etc. Je decelerois, etc. R.

Déchoir. Je déchois, etc. nous déchoyons, vous déchoyez, ils déchoient. Je déchoyois, etc. nous déchoyions, vous déchoyiez, ils déchoyoient. Je déchus, etc. Je déchérai, etc. Je déchérois, etc. Que je déchoie, etc. Que nous déchoyions, que vous déchoyiez, qu'ils déchoient. Que je déchusse, R.

Dételer. Je détele, etc. J'ai dételé, etc. Je dételerai, etc. R.

Dissoudre. Je dissous, tu dissous, il disout; nous dissolvons, vous dissolvez, ils dissolvent. Je dissolvois, etc. J'ai dissous, etc. Je dissoudrai, etc. Je dissoudrois, etc. Dissous, dissolvez. Que je dissolve, etc. Que je dissolvisse, etc. Dissolvant.

Echoir. Il échoit, j'échus, j'écherai, j'échérois. Que j'échusse. Echéant.

Employer. J'emploie, tu emploie, il emploie; nous employons, vous employez, ils emploient. J'employois, etc. nous employions, vous employiez, ils employoient. J'ai employé, etc. J'employai, etc. J'emploirai, tu emploiras, etc. J'emploîrois, etc. Emploie, employez. Que j'emploie, etc. que nous employions. Que j'employasse. Employant.

Enjaveler. J'enjavelle, j'enjavellerai, j'enjavellerois, *ou* j'enjavele, j'enjavélerai, j'enjavélerois. R.

Envoyer. J'envoie, tu envoies, il envoie; nous envoyons, vous envoyez, ils envoient. J'envoyois, etc. nous envoyions, vous envoyiez, ils envoyoient. J'envoyai, etc. J'ai envoyé, etc. J'enverrai, etc. J'enverrois, etc. Envoie, envoyez. Que j'envoie, que tu envoie, qu'il envoie; que nous envoyions, que vous envoyiez, qu'ils envoient. Que j'envoyasse, que tu envoyasses, qu'il envoyât; que nous envoyassions, (*à éviter.*) etc. Envoyant.

Essuyer. J'essuie, tu essuies, il essuie; nous

TABLE DES CONJUGAISONS DES VERBES.

essuyons, vous essuyez, ils essuient. J'essuyois, etc. nous essuyions, vous essuyiez, ils essuyoient. J'essuyai, tu essuyas, il essuya, nous essuyâmes, vous essuyâtes, ils essuyèrent. J'ai essuyé, etc. J'essuirai, etc. J'essuirois, etc. Essuie, essuyez. Que j'essuie, que tu essuies, qu'il essuie; que nous essuyons, que vous essuyiez, qu'ils essuient. Que j'essuyasse, etc. que nous essuyassions, (*à éviter.*) etc. Essuyant, *ou* j'essuierai, etc. J'essuierois. R.

Extraire. J'extrais, tu extrais, il extrait; nous extrayons, vous extrayez, ils extrayent *ou* ils extraient. J'extrayois, etc. nous extrayions, etc. J'ai extrait, etc. J'extrairai, j'extrairois, etc. Extrais, extrayez. Que j'extraye, etc. Que j'aye extrait, etc. Extrayant; que j'extraie. R.

Faillir. Nous faillons, vous faillez, ils faillent. J'ai faillis, tu faillis, il faillit; nous faillîmes, vous faillîtes, ils faillirent. Je faillirai, etc. Je faillirois, etc. Que je faille, etc. que nous faillions, etc. Que je faillisse, que tu faillisses, qu'il faillît; que nous faillissions, (*dur, à éviter.*) que vous faillissiez, qu'ils faillissent. RICH. Faillant, je faux, tu faux, il faut. Je faudrai, tu faudras. A.

Faire. Je fais, tu fais, il fait; nous faisons, vous faites, ils font. Je faisois, etc. Je fis, tu fis, il fit; nous fîmes, vous fîtes, ils firent. J'ai fait, etc. Je ferai, etc. Je ferois, Fais, faites. Que je fasse, etc. Que je fisse, que tu fisses, qu'il fît; que nous fissions, que vous fissiez, qu'ils fissent. * R. Nous fesons, je fesois. C. G.

Ficeler. Je ficelerai, je ficelerois, etc. Je ficele. Que je ficele. R. *ou* je ficelle, je ficellerai, je ficellerois. Que je ficelle. R.

Fouiller. Je fouille, etc. Nous fouillons, etc. Je fouillois, etc. nous fouillions, etc. Je fouillai, etc. J'ai fouillé, etc. Je fouillerai, etc. Je fouillerois, etc Fouille, fouillez. Que je fouille, etc. Que nous fouillions, etc. Que nous fouillassions, (*à éviter.*) etc. Fouillant. R.

Fuir. Je fuis, tu fuis, il fuit; nous fuyons, vous fuyez, ils fuyent. Je fuyois, etc. nous fuyions, vous fuyiez, ils fuyoient. Je fuis, tu fuis, il fuit; nous fuîmes, vous fuîtes, ils fuirent. J'ai fui, etc. Je fuirai, etc. Je fuirois, etc. Fuis, fuyez. Que je fuie, que tu fuies, qu'il fuie; que nous fuyions, que vous fuyiez, qu'ils fuient. Que je fuisse, etc. Fuyant.

Haïr. Je hais, tu hais, il hait; nous haïssons, vous haïssez, ils haïssent. Je haïssois, tu haïssois, il haïssoit; nous haïssions, vous haïssiez, ils haïssoient. J'ai haï, etc. Je haïrai, etc. Je haïrois, etc. Hais, haïssez. Que je haïsse, etc. Que j'eusse haï, etc. Haïssant. R. Je hai *ou* je hais. A.

Jeter. Je jete, je jetois, etc. J'ai jeté, etc. Je jéterai, etc. Je jéterois. R. Je jette, je jettois, j'ai jetté, je jetterai, je jetterois. A.

Joindre. Je joins, tu joins, il joint; nous joignons, vous joignez, ils joignent. Je joignois, etc. Je joignis, etc. J'ai joint, etc. Je joindrai, etc. Je joindrois, etc. Joins, joignez. Que je joigne, etc. Que je joignisse, que tu joignisses, qu'il joignît; que nous joignissions, que vous joignissiez, qu'ils joignissent.

Languir. Je languis, tu languis, il languit; nous languissons, vous languissez, ils languissent. Je languissois, etc. J'ai langui, etc. Je languis, etc. nous languîmes, vous languîtes, ils languirent. Je languirai, etc. Je languirois, etc. Languissez. Que je languisse, etc.

Mettre. Je mets, tu mets, il met; nous mettons, vous mettez, ils mettent. Je mettois, etc. J'ai mis, etc. Je mis, etc. nous mîmes, vous mîtes, ils mirent. Je mettrai, etc. Je mettrois, etc. Mets, mettez. Que je mette, etc. Que je misse, que tu misses, qu'il mît; que nous missions, que vous missiez, qu'ils missent. Mettant. Mis.

Mordre. Je mords, tu mords, il mord; nous mordons, vous mordez, ils mordent. Je mordois, etc. J'ai mordu, etc. Je mordis, etc. Je mordrai, etc. Je mordrois, etc. Mords, mordez. Que je morde, etc. que nous mordions, etc. Que je mordisse, etc. que nous mordissions, (*à éviter.*) etc. Mordant.

Moudre. Je mouds, tu mouds, il moud; nous moulons, vous moulez, ils moulent. Je moulois, etc. Je moulus, etc. J'ai moulu, etc. Je moudrai, etc. Je moudrois, etc. Mouds, moulez, etc. Que je moule, etc. Que je moulusse, etc. Moulant, etc.

Mourir. Je meurs, tu meurs, il meurt; nous mourons, vous mourez, ils meurent. Je mourois, etc. Je mourus, etc. Je suis mort. Je mourrai, tu mourras, il mourra; nous mourrons, vous mourrez, ils mourront. Je mourrois, etc. Meurs, mourez. Que je meure; que nous mourions, que vous mouriez, qu'ils meurent. Que je mourusse, etc. Mourant.

Mouvoir. Je meus, tu meus, il meut; nous mouvons, vous mouvez, ils meuvent. Je mouvois, etc. Je mus, j'ai mu, je mouvrai, je mouvrois. Meus, mouvez. Que je meuve; que nous mouvions, que vous mouviez, qu'ils meuvent. Que je musse. Mouvant.

Naître. Je nais, tu nais, il naît; nous naissons, vous naissez, ils naissent. Je naissois, etc. nous naissions, etc. Je naquis, tu naquis, il naquit; nous naquîmes, vous naquîtes, ils naquirent. Je suis né, etc. Je naîtrai, tu naîtras, il naîtra; nous naîtrons, vous naîtrez, ils naîtront. Je naîtrois, etc. Nous naîtrions, etc. Que je naisse, etc. Que nous naissions, etc. Que je naquisse, que tu naquisses, qu'il naquît; que nous naquissions, que vous naquissiez, qu'ils naquissent. Naissant.

Nétoyer. Je nétoie, tu nétoies, il nétoie; nous nétoyons, vous nétoyez, ils nétoient. Je nétoyois, etc. Nous nétoyions, vous nétoyiez, ils nétoyoient. J'ai nétoyé. Je nétoyai, tu nétoyas, il nétoya; nous nétoyâmes, vous nétoyâtes, ils nétoyèrent. Je nétoierai, etc. Je nétoierois, etc. nous nétoierions, etc Nétoies, nétoyez. Que je nétoie, que tu nétoies, qu'il nétoie; que nous nétoyions, que vous nétoyiez, qu'ils nétoient. Que je nétoyasse, que tu nétoyasses, qu'il nétoyât; que nous nétoyassions, etc. Nétoyant. R.

Obéir. J'obéis, tu obéis, il obéit; nous obéissons, vous obéissez, ils obéissent. J'obéissois, etc. J'obéis, etc. J'ai obéi, etc. J'obéirai, etc. J'obéirois, etc. Obéis, obéissez. Que j'obéisse, que tu obéisses, qu'il obéisse; que nous obéissions, que vous obéissiez, qu'ils obéissent. Obéissant.

Oindre. J'oins, tu oins, il oint; nous oignons, vous oignez, ils oignent. J'oignois, etc. J'oignis, etc. J'ai oint, etc. J'oindrai, etc. J'oindrois, etc. Oins, oignez. Que j'oigne, etc. Que j'oignisse, etc. Oignant.

Ouir. J'ois, tu ois, il oit; nous oyons, vous oyez, ils oient. J'oyois, tu oyois, etc. J'ouis, etc. J'ai oui, etc. J'oirai, etc. J'oirois, etc. Que j'oie, etc. Que j'ouisse, etc. Ce verbe n'est guère usité qu'à l'infinitif, au prétérit, et dans les temps formés du verbe auxiliaire *Avoir* et du participe *Oui*. R.

Paroître. Je parois, tu parois, il paroît; nous paroissons, vous paroissez, ils paroissent. Je paroissois, etc. nous paroissions, etc. J'ai paru. Je parus, il parut; nous parûmes, vous parûtes, ils parurent. Je paroîtrai, etc. Je paroîtrois, etc. Parois, paroissez. Que je parusse, que tu parusses, qu'il parût; que nous parussions, que vous parussiez, qu'ils parussent. Paroissant.

Perdre. Je perds, tu perds, il perd; nous perdons, vous perdez, ils perdent. Je perdois, etc. Je perdis, tu perdis, il perdit; nous perdîmes, vous perdîtes, ils perdirent. J'ai perdu, etc. Je perdrai, etc. Je perdrois, etc. Perds, perdez. Que je perde, etc. Que je perdisse, que tu perdisses, qu'il perdît; que nous perdissions, que vous perdissiez, qu'ils perdissent.

Pourvoir. Je pourvus; nous pourvûmes. Je pourvoirai, tu pourvoiras, il pourvoira; nous pourvoirons, vous pourvoirez, il pourvoiront. Je pourvoirois, etc. nous pourvoirions, etc. Que je pourvusse, etc.

Pouvoir. Je puis *ou* je peux, tu peux, il peut; nous pouvons, vous pouvez, ils peuvent. Je pouvois, etc. nous pouvions, etc. Je pus, tu pus, il put; nous pûmes, ils purent. J'ai pu, etc. Je pourai, etc. Que je puisse, etc. que nous puissions, etc. Que je pusse, que tu pusses, qu'il pût; que nous pussions, etc. Pouvant. R. Je pourrai, je pourrois. A.

Prédire. Je prédis, tu prédis, il prédit; nous prédisons, vous prédisez, il prédisent.

Prendre. Que je prene, que tu prenes, qu'il prene; que nous prenions, que vous preniez, qu'ils prenent.

Prêter. Je prêtois, tu prêtois, il prêtoit, etc. Je prêterai, etc. Je prêterois. R.

Prier. Je prie, tu pries, il prie; nous prions, vous priez, ils prient. Je priois, tu priois, il prioit; nous priions, vous priiez, ils prioient. Je priai, tu prias, il pria; nous priâmes, vous priâtes, ils prierent. J'ai prié. etc. Je prierai, etc. Je prierois, etc. Prie, priez. Que je prie, que tu pries, qu'il prie, que nous priions, que vous priiez, qu'ils prient. Que je priasse, que tu priasses, qu'il priât; que nous priassions, que vous priassiez, qu'ils priassent. Priant.

Puer. Je pus, tu pus, il put; nous puons, vous puez, ils puent. Je puois, etc. nous puions, vous puiez, ils puoient. Je puerai, tu pueras, il puera; nous puerons, etc. Je puerois, etc. Que je pue, etc. Que j'eusse pué, etc. R.

Recevoir. Je reçois, tu reçois, il reçoit; nous recevons, vous recevez, ils reçoivent. Je recevois, etc. nous recevions, etc. Je reçus, tu reçus, il reçut; nous reçûmes, vous reçûtes, ils reçurent. J'ai reçu, etc. Je recevrai, tu recevras, il recevra; nous recevrons, vous recevrez, ils recevront. Je recevrois, tu recevrois, il recevroit; nous recevrions, vous recevriez, ils recevroient. Reçois, recevez. Que je reçoive, que tu reçoives, qu'il reçoive; que nous recevions, que vous receviez, qu'ils reçoivent. Que je reçusse, que tu reçusses, qu'il reçût, que nous reçussions, que vous reçussiez, qu'ils reçussent, (*à éviter.*) Recevant.

TABLE DES CONJUGAISONS DES VERBES.

Rejaillir. Il rejaillit, ils rejaillissent. Il rejaillissoit, ils rejaillissoient. Il rejaillit, ils rejaillirent. Il a, ils ont rejailli. Il rejaillira, ils rejailliront. Il rejailliroit, ils rejailliroient. Rejaillis, rejaillissez. Qu'il rejaillisse, qu'ils rejaillissent. Qu'il rejaillît, qu'ils rejaillissent. Qu'il eût, qu'ils eussent rejailli. Rejaillissant.

Rentraire. Je rentrais, tu rentrais, il rentrait; nous rentrayons, vous rentrayez, ils rentraient. Je rentrayois, etc. J'ai rentrait, etc. Je rentrairai, etc. Je rentrairois, etc. Rentrais, rentrayez. Que je rentraie. Rentrayant.

Repaître. Je repais, tu repais, il repaît; nous repaissons, etc. Je repaissois, etc. Je repus, etc. J'ai repu, etc. Je repaîtrai, etc. Je repaîtrois, etc. Qur je repaisse, etc. Repaissant.

Repentir. Je me repens, tu te repens, il se repent; nous nous repentons, vous vous repentez, ils se repentent. Je me repentois, etc. Je me repentis, etc. Je me suis repenti, etc. Je me repentirai, etc. Je me repentirois, etc. Repens-toi, repentez-vous. Que je me repente, etc. Que je me repentisse, que tu te repentisses, qu'il se repentît; que nous nous repentissions, etc. Repentant.

Requérir. Je requiers, tu requiers, il requiert; nous requérons, vous requérez, ils requierent. Je requérois, nous requérions, etc. Je requis, tu requis, il requit; nous requîmes; vous requîtes, ils requirent. J'ai requis, etc. Je requerrai, tu requerras, etc. Je requerrois, etc. Requiers, requérez. Que je requiere, etc. Que je requisse, que tu requisses, qu'il requît; que nous requissions, que vous requissiez, qu'ils requissent. Requérant. R.

Résoudre. Je résous, tu résous, il résout; nous résolvons, vous résolvez, ils résolvent. Je résolvois, etc. Je résolus, etc. J'ai résolu, etc. Je résoudrai, etc. Résous, résolvez. Que je résolve, etc. Que je résolusse, que tu résolusses, qu'il résolût; que nous résolussions, que vous résolussiez, qu'ils résolussent. Que je résolvisse.

Retordre. Je retords, tu retords, il retord; nous retordons, vous retordez, ils retordent. Je retordois, etc. Je retordis, J'ai retordu, etc. Je retordrai, etc. Je retordrois, etc. Retords, retordez. Que je retorde, etc. Que je retordisse, etc.

Réussir. Je réussis, tu réussis, il réussit; nous réussissons, vous réussissez, ils réussissent. Je reussissois, etc. Je réussis, tu réussis, il réussit; nous réussîmes, vous réussîtes, ils réussirent. J'ai réussi, etc. Je réussirai, etc. Je réussirois, etc. Que je réussisse, que tu réussisses, qu'il réussisse; que nous réussissions, etc. Que je réussisse, que tu réussisses, qu'il réussît; que nous réussissions, etc. Réussissant.

Revêtir. Je revêts, tu revêts, il revêt; nous revêtons, vous revêtez, ils revêtent. Je revêtois, etc. Je revêtis, etc. J'ai revêtu, etc. Je revêtirai, etc. Je revêtirois, etc. Revêts-toi, revêtez-vous. Que je revête, etc. Que je revêtisse, etc. Revêtant.

Rire. Je ris, tu ris, il rit; nous rions, vous riez, ils rient. Je riois, etc. nous riions, etc. Je ris, etc. nous rîmes, vous rîtes, ils rirent. J'ai ri, etc. Je rirai, etc. Je rirois, etc. Ris, riez. Que je rie, etc. Que je risse, que tu risses, qu'il rît; que nous rissions, que vous rissiez, qu'ils rissent, (*à éviter.*) Riant. R.

Rompre. Je romps, tu romps, il rompt; nous rompons, vous rompez, ils rompent. Je rompois, etc. J'ai rompu, etc. Je rompis, tu rompis, il rompit; nous rompîmes, vous rompîtes, ils rompirent. Je romprai, etc. Je romprois, etc. Romps, rompez. Que je rompe, etc. Que je rompisse, que tu rompisses, qu'il rompît; que nous rompissions, que vous rompissiez, qu'ils rompissent. Rompant.

Saillir. Je saillis, tu saillis, il saillit; nous saillissons, vous saillissez, ils saillissent. Je saillissois, etc. Je saillis, tu saillis, il saillit; nous saillîmes, vous saillîtes, ils saillirent. J'ai sailli, etc. Je saillirai, etc. Je saillirois, etc.

Saisir. Je saisis, tu saisis, il saisit; nous saisissons, vous saisissez, ils saisissent. Je saisissois, etc. nous saisissions, etc. Je saisis, tu saisis, il saisit; nous saisîmes, vous saisîtes, ils saisirent. J'ai saisi, etc. Je saisirai, etc. Je saisirois, etc. Saisis, saisissez. Que je saisisse, que tu saisisses, qu'il saisisse; que nous saisissions, etc. Que je saisisse, que tu saisisses, qu'il saisît; que nous saisissions, etc.

Savoir. Je sai *ou* je sais, tu sais, il sait; nous savons, vous savez, ils savent. Je savois, etc. Je sus, tu sus, il sut; nous sûmes, vous sûtes, ils surent. J'ai su, etc. Je saurai, etc. Que je sache, etc. Que je susse, que tu susses, qu'il sût; que nous sussions, que vous sussiez, qu'ils sussent. Sachant.

Secourir. Je secours, tu secours, il secourt; nous secourons, vous secourez, ils secourent. Je secourois, etc. Je secourus, tu secourus, il secourut; nous secourûmes, vous secourûtes, ils secoururent. J'ai secouru, etc. Je secourrai, etc. Secours, secourez. Qu'il secoure, etc. Que je secourusse, que tu secourusses, qu'il secourût; que nous secourussions, que vous secourussiez, qu'ils secourussent. Secourant. R.

Servir. Je sers, tu sers, il sert; nous servons, vous servez, ils servent. Je servois, etc. Je servis, tu servis, il servit; nous servîmes, vous servîtes, ils servirent. J'ai servi, etc. Je servirai, etc. Je servirois, etc. Sers, servez. Que je serve, etc. que nous servions, etc. Que je servisse, que tu servisses, qu'il servît; que nous servissions, que vous servissiez, qu'ils servissent. Servant.

Sortir. Je sors, tu sors, il sort; nous sortons, vous sortez, ils sortent. Je sortois, etc. nous sortions, vous sortiez, ils sortoient. Je sortis, tu sortis, il sortit; nous sortîmes, vous sortîtes, ils sortirent. J'ai sorti, etc. *ou* je suis sorti, etc. Je sortirai, etc. Je sortirois, etc. Sors, sortez. Que je sorte, que tu sortes, qu'il sorte, que nous sortions, que vous sortiez, qu'ils sortent. Que je sortisse, que tu sortisses, qu'il sortît, que nous sortissions, que vous sortissiez, qu'ils sortissent. Sortant.

Sortir. Je sortis, tu sortis, il sortit; nous sortissons, vous sortissez, ils sortissent. Je sortissois, etc.

Soufrir. Je soufre, etc. nous soufrons, etc. Je soufrois, etc. nous soufrions, etc. Je soufris, etc. nous soufrîmes, etc. J'ai soufert, etc. Je soufrirai, etc. Je soufrirois, etc. Soufre, soufrez. Que je soufre, etc. Que je soufrisse, que tu soufrisses, qu'il soufrît; que nous soufrissions, (*à éviter.*) Soufrant, R.

Soustraire. Je soustrais, tu soustrais, il soustrait; nous soustrayons, ils soustraient. Je soustrayois, etc. nous soustrayons, etc. J'ai soustrait, etc. Je soustrairai, etc. Je soustroirois, etc. Soustrais, soustrayez. Que je soustraie, etc. Que nous soustrayions, etc. Que j'aye soustrait, etc. Soustrayant.

Suivre. Je suis, tu suis, il suit; nous suivons, etc. Je suivois, etc. Je suivis, etc. nous suivîmes, etc. J'ai suivi, etc. Je suivrai, etc. Je suivrois, etc. Suis, suivez. Que je suive; que je suivisse, que tu suivisses, qu'il suivît; que nous suivissions, etc. Suivant.

Surseoir. Je surseois; nous sursoyons. Je sursoyois; nous sursoyions. Je sursis. Je surseoirai. Je surseoirois. Sursois, sursoyez. Que je sursoie; que nous sursoyons. Que je sursisse.

Taire. Je tais, tu tais, il tait; nous taisons, vous taisez, ils taisent. Je taisois, etc. nous taisions, etc. Je tus, etc. nous tûmes, etc. J'ai tu, etc. Je tairai, etc. Je tairois, etc. Tais, taisez. Que je taise, etc. que nous taisions, etc. Que je tusse, que tu tusses, qu'il tût; que nous tussions, etc. Taisant.

Teindre. Je teins, tu teins, il teint; nous teignons, vous teignez, ils teignent. Je teignois, etc. Je teignis, tu teignis, il teignit; nous teignîmes, vous teignîtes, ils teignirent. J'ai teint, etc. Je teindrai, etc. Je teindrois, etc. Teins, teignez. Que je teigne. Que je teignisse, que tu teignisses, qu'il teignît; que nous teignissions, que vous teignissiez, qu'ils teignissent. Teignant.

Tenir. Ils tienent. Que je tiene. R.

Tondre. Je tonds, tu tonds, il tond; nous tondons, vous tondez, ils tondent. Je tondois, etc. Je tondis, etc. nous tondîmes, etc. J'ai tondu, etc. Je tondrai, etc. Je tondrois, etc. Tonds, tondez. Que je tonde, etc. Que je tondisse, que tu tondisses, qu'il tondît; que nous tondissions, etc. Tondant.

Tordre. Je tords, tu tords, il tord; nous tordons, vous tordez, ils tordent. Je tordois, etc. Je tordis, etc. J'ai tordu, etc. Je tordrai, etc. Je tordrois, etc. Tords, tordez. Que je torde, etc. Que je tordisse, que tu tordisses, qu'il tordît; que nous tordissions, etc. Tordant.

Traduire. Je traduis, tu traduis, il traduit; nous traduisons, etc. Je traduisois, etc. Je traduisis, tu traduisis, il traduisit; nous traduisîmes, vous traduisîtes, ils traduisirent. J'ai traduit, etc. Je traduirois, etc. Traduis, traduisez. Que je traduise, etc. Que je traduisisse, etc. Que nous traduisissions, (*à éviter.*) etc. Traduisant.

Unir. J'unis, tu unis, il unit; nous unissons, vous unissez, ils unissent. J'unissois, etc. J'unis, etc. nous unîmes, vous unîtes, ils unirent. J'ai uni, J'unirai, etc. J'unirois, etc. Unis, unissez. Que j'unisse, que tu unisses, qu'il unisse, etc. Que j'unisse, que tu unisses, qu'il unît; que nous unissions, etc. Unissant.

Vaincre. Je vaincs, tu vaincs, il vainc; nous vainquons, vous vainquez, ils vainquent. Je vainquois, (*dur.*) etc. Je vainquis, tu vainquis, il vainquît; nous vainquîmes, vous vinquîtes, ils vainquirent. J'ai vaincu, etc. Je vaincrai, etc. Je vaincrois, etc. Que je vainque, etc. Que je vainquisse, que tu vainquisses; qu'il vainquît; que nous vainquissions, (*à éviter.*) etc. Vainquant.

Vêtir. Je vêts, tu vêts, il vêt; nous vêtons, vous vêtez, ils vêtent. Je vêtois, etc. nous vêtîmes, vous vêtîtes, ils vêtirent. J'ai vêtu, etc. Je vêtirai, etc. Je vêtirois, etc. Que je vête, etc. Que je vêtisse, que tu vêtisses, qu'il vêtît, etc. Vêtant.

Vivre. Je vis, tu vis, il vit; nous vivons, vous vivez, ils vivent. Je vivois, tu vivois, il vivoit; nous vivions, vous viviez, ils vi-

TABLE DES CONJUGAISONS DES VERBES.

voient. Je vécus, tu vécus, il vécut; nous vécûmes, vous vécûtes, ils vécurent; *ou* je véquis, tu véquis, il véquit; nous véquîmes, vous véquîtes, ils véquirent. J'ai vécu, etc. Je vivrai, tu vivras, il vivra; nous vivrons, vous vivrez, ils vivront. Je vivrois, etc. nous vivrions, etc. Vis, vivez. Que je vive, etc. que nous vivions, etc. Que je vécusse, que tu vécusses, qu'il vécût; que nous vécussions, que vous vécussiez, qu'ils vécussent. Vivant.

Voir. Je vois *ou* voi; nous voyons, vous voyez, ils voient *ou* ils voyent. Je voyois, etc. nous voyions, vous voyiez, ils voyoient. Je vis, tu vis, il vit; nous vîmes, vous vîtes, ils virent. J'ai vu, etc. Je verrai, tu verras, il verra; nous verrons, vous verrez, ils verront. Je verrois, etc. nous verrions, etc. Vois, voyez. Que je voie, que tu voies, qu'il voie; que nous voyons, que vous voyez, qu'ils voient. Que je visse, que tu visses, qu'il vît; que nous vissions, etc. Voyant.

Vouloir. Je veux, tu veux, il veut; nous voulons, etc. Je voulois, etc. nous voulions, etc. Je voulus, tu voulus, il voulut; nous voulûmes, vous voulûtes, ils voulurent. J'ai voulu, etc. Je voudrai, etc. nous voudrons, etc. Je voudrois, etc. nous voudrions, etc. Que je veuille, que tu veuilles, qu'il veuille; que nous voulions, que vous vouliez, qu'ils veulent; *ou* Que nous veuillions, que vous veuilliez, qu'ils veuillent. Que je voulusse, que tu voulusses, qu'il voulût; que nous voulussions, que vous voulussiez, qu'ils voulussent. Voulant. R.

FIN DE LA QUATRIÈME PARTIE.

DICTIONNAIRE

DICTIONNAIRE DE MYTHOLOGIE UNIVERSELLE,

ANCIENNE ET MODERNE,

ET D'ICONOLOGIE.

Aædé, muse.
Aain-el-Ginum, *ou* la fontaine des Idoles. Mahom.
Ab, onzième mois des Hébreux.
Ababil (Mah.), oiseau.
Abadir, dieux Carthaginois; Apollon.
Abantiades, Persée.
Abantias, Danaé et Atalante.
Abarbarée, naïade.
Abaris, grand-prêtre d'Apollon.
Abas, centaure; célèbre devin.
Abaster, cheval de Pluton.
Abatos, cheval de Pluton.
Abazées, fêtes établies par Denys.
Abba (Ind.), Etre suprême.
Abda (Arab.), idole madianite.
Abdérus, ami d'Hercule.
Abdest, ablution des Turcs.
Abeilles, nourrices de Jupiter.
Abel *et* Caïn, fils d'Adam.
Abellion, dieu des Gaulois.
Abéona *et* Adéona, divinités des voyageurs.
Abéridès, Saturne.
Aberrigènes, voyez Aborigènes.
Abesta (M. Pers.), commentaire de Zend et Pazend.
Abia, fille d'Hercule.
Abiens, peuples de Scythie.
Abilius, fils de Romulus.
Ablana, puissance céleste des Basilidiens.
Abondance, (Iconol.)
Aboubekre, beau-père de Mahomet.
Abou-Jahia (Mahom.), ange de la mort.
Aboulomri (Mahom.), oiseau fabuleux.
Abracalan, divinité syrienne.
Abracax, Abrasax, *ou* Araxas, divinité des Basilidiens.
Abraham *ou* Ibrahim (M. Mahom.), patriarche.
Abraiache, bon ange des Basilidiens.
Abrellénus, Jupiter.
Abrérie, nymphe.
Abrizan, Abrizghia, fête des anciens Persans.
Absée, géant.
Abstinence, (Iconol.).
Absyrthe, frère de Médée.
Abutto, idole japonoise.
Acacallis, fille de Minos.
Acacésius, Mercure.
Acacus, Mercure.
Académie, (Icon.).
Acadine, fontaine de Sicile.
Acaé, île de Circé.
Acale *ou* Perdix, neveu de Dédale.
Acamarchis, nymphe.
Acamas, fils de Thésée.
Acanthe, jeune homme métamorphosé en oiseau.
Acantho, mère du quatrième soleil.
Acara *ou* Alquibila, tour bâtie par Ismaël.
Acarnas *et* Amphotérus, fils d'Alcméon.
Acasis, fille de Minos.
Acaste, roi de Thessalie; Océanide.
Acca-Larentia, nourrice de Romulus.
Accalia, fêtes d'Acca.
Accendones, chefs des gladiateurs.
Accius Navius, augure.
Acélus, fils d'Hercule.
Acerre, autel auprès du lit d'un mort.
Acersecomes, Apollon.
Acésamenée, père de Péribée.
Acésidas, divinité grecque.
Acésius et Alexicacus, Apollon.
Aceste, roi de Sicile.
Acère, fils du Soleil.
Achæa, Cérès.
Achamanthys, filles de Danaüs.
Achar (M. Ind.), Etre souverain.
Achate, ami d'Enée.
Achéloïa, Callirhoé.
Achéloïdes, sirènes.
Achéloüs, fils de l'Océan.
Achémène, fils d'Egée.
Achéron, fleuve des enfers.
Achérontiens (livres), des Etrusques.
Achille, héros.
Achillées, fêtes d'Achille.
Achiroé, petite-fille de Mars.
Achlys, déesse des Ténèbres.
Achmé, livre des Druses.
Achor, dieu des mouches.
Achourers, tribu de géans.
Achtequedjams (M. Ind.), les huit éléphans qui soutiennent le monde.
Acidalie, Vénus.
Acis, amant de Galathée.
Acmènes, nymphes de Vénus.
Acmonide, cyclope.
Aconte, fils de Lycaon.
Acræa, Junon de Corinthe.
Acræus, Jupiter.
Acratophore, Bacchus.
Acratopote, Bacchus; héros de la Grèce.
Acratus, génie de la suite de Bacchus.
Acritas, Apollon.
Acrob (M. Pers.), chef des anges.
Actæa, Orithyie; néréide.
Actée, dieu Telchine.
Actéon, cheval du Soleil; grand chasseur.
Actiaques, fêtes d'Apollon.
Actias, Orithyie.
Actinus, habile astrologue,
Actor, fils de Neptune.
Actoridès, Patrocle.
Acus, fils de Vulcain.
Adad, roi de Syrie.
Adagoüs, divinité phrygienne.
Adam, premier homme.
Adamantée, nourrice de Jupiter.
Addi-Pouron, fête de Parvadi.
Adé, idole des Banians.
Adéone, voyez Abéone.
Adéphagie, la gourmandise.
Adès *ou* Haïdès, Pluton.
Adisséchen (M. Ind.), serpent qui soutient l'univers.
Adjariars, ministre de Wishnou.
Adjoints (Dieux), divinités subalternes.
Adma, nymphe.
Admète, roi de Phères; nymphe océanide.
Adod, Adad.
Adonéa, divinité des voyageurs.
Adonée, *ou* Adoneus, Jupiter, Bacchus, Pluton.
Adonies, fêtes d'Adonis.
Adonis, fils de Myrrha.
Adoption (Iconol.).
Adoration (Iconol.).
Adramelech, *et* Anamelech, divinité de Sepharvaïm.
Adramus, *ou* Adranus, dieu de Sicile.
Adraste, roi d'Argos.
Adrastée, *ou* Adrastie, furie; nymphe.
Adrénam, *ou* Andernam, *ou* Andernavedam, un des Védams.
Adréus, dieu qui présidoit à la maturité des grains.
Adveitam, philosophes indiens.
Æacidès, Achille.
Ææa, Circé. Voyez Ea.
Æetias, Médée.
Ægidès, Thésée.
Ællo, harpie; un des chiens d'Actéon.
Ælurus, chat, divinité des Egyptiens.
Ænéadès, Jule *ou* Ascagne.
Æolidès, Ulisse, *ou* Céphale, *ou* Athamas.
Æpytus, fils de Crésiphon.
Æres, Æs, *ou* Æsculanus, la divinité qui présidoit à la fabrique de la monnoie de cuivre.
Aérienne, Junon.
Ærob (M. Pers.), ange.
Æsar, dieu étrusque.
Æther, les cieux.
Æthiops, fils de Vulcain.
Aéton, cheval de Pluton.
Affabilité (Iconol.)
Affection (Iconol.)
Affliction (Iconol.)
Afriet, *ou* Ifriet, Méduse, Lamie.
Afrique (Iconol.).
Agamemnon, roi d'Argos
Aganippédes, *et* Aganippides, Muses.
Agathylius, Pluton.
Agathyrnus, fils d'Eole.
Agathyrse, fils d'Hercule.
Agavé, fille de Cadmus; Néréide; Amazone.
Agavus, fils de Priam.
Agdestis *ou* Agdistis, génie qui réunissoit les deux sexes.
Agélie, Minerve.
Agénor, fils de Neptune.
Agénoridès, Cadmus.
Agénorie, *ou* Agéronie, déesse de l'industrie.
Agérochus, fils de Nélée.
Agésandros, Pluton.
Agésilas, Pluton.
Agétès, Pluton.
Agétor, Jupiter.
Agétoreïa, Agétoreïon, fêtes grecques.
Aghnay (Ind.), Agni.
Agis, Lycien.
Aglaia, voyez Nirée; la plus jeune des Grâces.
Aglaopé, sirène.
Aglaopès, Esculape.
Aglaophane, sirène.
Aglibolus, dieu des Palmyréniens.
Agni (Ind.), dieu du feu.
Agnian, mauvais génie des Brasiliens.
Agnita, Agnitès, Esculape.
Agon, combat du corps ou de l'esprit.
Agonales, fêtes de Janus.
Agonaux, prêtres saliens.
Agonios, Mercure.
Agonius, Janus.
Agonothète, magistrat grec.
Agoræa, Diane.
Agoræus, Jupiter et Mercure.
Agranies, Agrianies, Agrionies, fête à Argos.
Agraule, Mercure; une des Grâces.
Agraulies, fête de Minerve.
Agrè, chien d'Actéon.
Agrestis, Pan.
Agrianies, fêtes en l'honneur des morts.
Agriculture (Iconol.).
Agriens, les titans.
Agriope, Eurydice, femme d'Orphée.
Agroletera *et* Agrotera, Diane.
Agrotès, divinité des Phéniciens; Titan; Dagon.
Agyel, obélisques consacrés à Apollon et à Bacchus.
Agyeus, *ou* Agyieus, Apollon.
Agyieus, Apollon.
Agyrtès, prêtres de Cybèle.
Ahalya (Ind.), déesse.
Ahariman, Aherman, *ou* Ahriman (Pers.), le mauvais principe.
Aïchééra, dieu arabe.
Aïdapoutché, *ou* Fête des armes (Ind.).
Aïdonée, Pluton.
Aimocharès, Mars.
Aïrapadam (Ind.), éléphant blanc.
Aïravat (Ind.), éléphant d'Indra.
Airéennes, *ou* Aloennes, fêtes de Cérès et de Bacchus.
Aïus Locutius, *ou* Aïus Loquens, dieu de la parole.
Aix, nourrice de Jupiter.
Ajax, roi des Locriens.
Ajaxtie, fête d'Ajax.
Akéchéioch, génie des Basilidiens.
Alabandus, fils de Callirhoé.
Alala, Bellone.
Alalcomède, nourricier de Minerve.
Alalcoménéis, Minerve.
Alastor, cheval de Pluton.
Alastores, génies malfaisans.
Albains, collége des Saliens.
Albanie, Junon.
Albion *et* Bergion, *ou* Brigion, géans, enfans de Neptune.
Al-Borak (M. Mah.), monture de Mahomet.
Albunée, sybille.
Alburnus, dieu de Lucanie.
Alcamène, mari de Niobé.
Alcathées, fête d'Alcathoüs.
Alcathoüs, fils de Pélops.
Alcé, chien d'Actéon.
Alchymius, Mercure.
Alcide, Hercule; Minerve; dieux Alcides.
Alcidème, Minerve.
Alcimédon, sculpteur.
Alcine, héros.
Alcinoé, nymphe.
Alcinoüs, roi des Phéaciens.
Alcion *ou* Alcyonée, géant.
Alcionée, géant.
Alciope, femme d'Hercule.
Alcippe, fille de Mars.
Alcithoé, fille de Minée.
Alcon, fils de Mars.
Aléa, Minerve.
Alecton, Furie.
Alectoriens, jeux à Athènes, à Pergame.
Aléennes *ou* Alées, fêtes de Minerve.
Alégresse (Iconol.).
Alémanus, l'Hercule des Germains.
Alémona, déesse des enfans.
Aléon, Dioscure.
Alétides, sacrifices aux mânes d'Erigone.
Alexicacus, Apollon; Neptune.
Alexirhoé, femme de Pan.
Alexothoé, nymphe.
Alfader, dieu scandinave.
Alfagnins, prêtres maures.
Alfheim (Scand.), ville céleste.
Algiausa (Arab.), constellation d'Orion.
Ali, *cousin et gendre de* Mahomet.
Alicon (Mah.), le septième ciel.
Alies, fêtes du Soleil.
Alilat (Arab.), la Nature.
Alitérius, Jupiter.
Alites, *oiseaux dont les* Romains consultoient le vol.
Allah, Dieu.
Allat, idole des Arabes.
Allégorie (Iconol.).
Allemagne (Iconol.).
Allocution (Iconol.).
Almon, fils de Tyrrhus.
Almops, géant.
Aloëus, *ou* Aloüs, fils de Titan.
Alogos, Typhon.
Aloïdes, géans, Otus et Ephialte.
Alope, Harpie.
Alorus (M. Syr.), premier homme.
Alotia, fête de Minerve.
Alouette, voyez Scylla.
Alphée, chasseur.
Alrunes, dieux pénates.
Aluus, voyez Aloéus, fils du Soleil.
Alyxothoé, nymphe.
Amalthée, nourrice de Jupiter; Sybille de Cumes.
Amanus, *ou* Omanus, le Soleil.
Amarasinha, livre des Brahmes.
Amaravati, séjour d'Indra.
Amathie, Néréide.
Amathontie, Amathuse, *ou* Amathusie, Vénus.
Amazones, femmes guerrières.
Amazonien, mois de Janvier.
Ambarvales, fêtes de Cérès; fête champêtre (Ind.)
Ambition, divinité des Romains.
Ambrosie, Hyade; fête en l'honneur de Bacchus.
Amburbales, Amburbiales, *ou* Amburbies, fêtes à Rome.
Ame (Iconol.), son image est le papillon.
Amenthès, Pluton.
Amerdad, bon génie des Parsis.
Amérique (Iconol.)
Ames (fête des), fête au Japon.
Amidas, idole Japonoise.
Amilcar, général carthaginois.
Amitié, divinité.
Ammon, *ou* Hammon, Jupiter.
Ammonious, *ou* Annonious (Arab.), inventeur de la chimie.
Ammothée, nymphe.

Amnisiades, *ou* Amnisides, nymphes.
Amolyta, génie des Basilidiens.
Amour, dieu.
Amourdavali (Ind.), fille de Wisnou.
Amourdon, *ou* Amourtam (Ind.), ambroisie.
Ampelle, Hamadryade.
Amphiaraüs, *ou* Amphiaras, fameux devin.
Amphiarées, fêtes d'Amphiaraüs.
Amphinome, néréide.
Amphion, fils de Jupiter; Argonaute.
Amphistrate, cocher d'Hercule.
Amphitrite, fille de Nérée épouse de Neptune.
Amphitryon, fils d'Alcée.
Amphitus, cocher de Castor et Pollux.
Amphorites, combat poëtique.
Amrdam (M. Ind.), nectar.
Amschaspands (M. Pers.), bons génies.
Amulette, préservatif.
Amyclæus, dieu particulier en Grèce.
Amymone, danaïde.
Amyntas, berger.
Anabates, écuyers aux jeux olympiques.
Anacées, fêtes de Castor et Pollux.
Anachis, dieux Lares chez les Egyptiens.
Anaclinopale, lutte sur le sable.
Anacton, fête en l'honneur des Dioscures.
Anadiomène, Vénus marine.
Anagogie, fête de Vénus.
Anaïtis, divinité des Lydiens.
Ananda-Vourdon (Ind.), fête en l'honneur de la Trinité.
Anandratus, divinité des Perses.
Anaphe, une des sporades.
Anaxabie, nymphe.
Anaxithée, Danaïde.
Anbertkend, livre des Brahmines.
Ancarie, déesse invoquée contre les incursions.
Ancharie, Némésis.
Anchise, père d'Enée.
Ancile, *ou* Anciliex, bouclier de Numa.
Andabates, gladiateurs à cheval.
Andaté, *ou* Andrasté (Celt.) la Victoire.
Andirine, Cybèle.
Andon (Ind.), le monde visible.
Andries, repas publics en Crète.
Androgée, fils de Minos.
Androgénies, fêtes d'Androgée.
Andromaque, femme d'Hector.
Andsham (Pers.), grand-prêtre du Feu.
Anémodromes, oiseaux fabuleux.
Anésidore, Cérès.
Angat, mauvais principe à Madagascar.
Angélique, danse parmi les bouteilles.
Angenone, déesse invoquée contre l'esquinancie.
Angerona, déesse du silence.
Angeronales, fête d'Angerona.
Anguaraguen (Ind.), planète de Mars.
Anguipèdes, monstres ressemblant aux serpens.
Anigrides, nymphe du fleuve Anyger.
Anne, sœur de Didon.
Annedots, divinités des Chaldéens.
Année (Iconol.)
Annon (Ind.), oiseau fabuleux.
Annona, déesse de l'abondance.
Anobreth, nymphe, femme de Saturne.
Antée, géant.
Anténor, prince Troyen.
Antevorta *et* Postvorta, déités romaines.
Anthédon, *nymphe*.
Anthême, danse populaire.
Anthesphories, *fêtes* de Proserpine.
Anthestéries, fêtes de Bacchus.
Anthesterion, mois athénien.
Anthorès, compagnon d'Hercule.
Anthracie, nymphe.
Antigone, fille d'Œdipe.
Antigonies, fêtes d'Antigonus, l'un des généraux d'Alexandre.
Antimachie, *fête à Cos.*
Antinoées, sacrifices en l'honneur d'Antinoüs.
Antinoüs, prétendant de Pénélope.
Antiope, reine des Amazones.
Antipathie (Iconol.)
Antiquité (Iconol.)
Antithées, génies malfaisans.
Anubis, roi des Egyptiens.
Anytus, Titan.
Aœdé, Muse.
Aonides, les Muses.
Aorasie, invisibilité.
Août, sixième mois.
Apanchomène, Diane.
Apaturie, Vénus.
Apaturies, fêtes de Minerve, de Vénus.
Apène, char où les images des dieux étoient portées.
Aphacite, Vénus.
Aphæa, *ou* Aphea, divinité des Eginètes et des Crétois.
Apharée, père de Lincée.
Aphésiens, ou Aphétériens, Castor et Pollux.
Aphétor, Apollon.
Aphrodisies, fêtes de Vénus.
Aphrodite, Vénus.
Apis, dieu en Egypte.
Apobomies, fêtes.
Apollinaire, jeux en l'honneur d'Apollon.
Apollon, dieu des arts qui présidoit aux Muses.
Apollonies, fêtes d'Apollon.
Apone, fontaine près de Padoue.
Apopemptiques, jours consacrés au départ des dieux.
Apopompée, victime que les Juifs chargeoient de malédictions.
Apotropéens, dieux qui détournoient les maux.
Apotropées, vers pour conjurer le courroux des dieux.
Appiades, divinités.
Apsara (Ind.), les Grâces.
Aptère, la *Victoire*.
Aquilon, vent furieux et froid.
Araf (Mah.), lieu entre le paradis et l'enfer.
Aratées, fêtes d'Aratus.
Archagète, Esculape.
Arché, la cause efficiente.
Archegenetès, Archegetès, *ou* Aigenetès, Apollon.
Archeptolème, conducteur du char d'Hector.
Archiérosyne, grand-prêtre.
Archigalle, chef des Galles.
Archimage, chef de la religion Perse.
Archiroé, nymphe.
Architecture (Iconol.)
Aréiens, fêtes de Mars.
Aréopage, tribunal d'Athènes.
Aréthuse, *nymphe*.
Argé, nymphe.
Argées, endroits de Rome consacrés aux dieux.
Argès, Cyclope.
Argienne, *ou* Argolique, Junon.
Argiope, nymphe.
Argiphonte, Mercure.
Argo, célèbre navire.
Argonautes, princes grecs.
Argyre, *nymphe*.
Ariane, fille de Minos.
Arianées, *fêtes* d'Ariane.
Arimane, dieu du mal.
Arion, poëte lyrique; cheval que Neptune fit sortir de la terre.
Aristée, fils d'Apollon.
Aristocratie (Iconol.)
Arithmétique (Iconol.)
Armilustre *ou* Armilustrie, fête chez les Romains.
Arnée, Irus; Centaure.
Arno, nourrice de Neptune.
Arot et Marot (M. Mah.), mauvais anges.
Arpa, *ou* Arpha, divinité romaine.
Arrachion, *ou* Arrichion, athlète.
Arrephorie, fête de Minerve.
Arriphé, nymphe.
Arrogance (Iconol.)
Arsch (Mah.), trône de Dieu.
Arsenothélées, dieux qui avoient les deux *sexes*.
Arsinoé, fille de Nicocréon.
Arsinoüs, roi de Ténédos.
Art (Iconol.)
Artéens, *les* Perses.
Artémis, Diane.
Artémise, reine de Carie.
Artémisies, fêtes de Diane.
Asaphins, interprêtes de songes.
Asbamée, fontaine de Cappadoce.
Ascagne, fils d'Enée.
Asclépies, fêtes d'Esculape.
Ascolies, fêtes de Bacchus.
Asie, *nymphe*. (Iconol.).
Asmodée, esprit malfaisant.
Asmoug, démon.
Asoors, mauvais génie.
Asphalion, *ou* Asphalius, Neptune.
Asrafil (Mah.), ange.
Assaf, idole des Arabes.
Assiduité (Iconol.)
Astacidès, chevrier de Crète.
Astaroth, esprit.
Astarothides, secte de Juifs.
Astarté, *ou* Astharté, Vénus; femme aimée de Jupiter.
Astérion, Argonaute.
Astérius, géant.
Astérope, Pléiade.
Astoïunnus, divinité gauloise.
Astragalomantie, divination avec des osselets.
Astratée, *Diane*.
Astrologie (Iconol.)
Astronomie (Iconol.)
Astrophe, Pléiade.
Astyanax, fils d'Hector.
Astyle, Centaure et devin fameux.
Astyris (Syr.), Minerve.
Asuman (M. Pers.), génie.
Asura (Ind.), Titans ou géans.
Asyléus, dieu du refuge.
Atalante, fille de Jasius; fille de Szhénée.
Até, fille de Jupiter.
Aterbabeth, traité de Brahma.
Atergata, Atargata, *ou* Atergatis, déesse des Ascalonites.
Athamas, fils d'Eole.
Atharid, dieux célestes.
Athéisme (Iconol.)
Athéna *ou* Athéné, Minerve.
Athénaïs, sybille d'Erythrée.
Athyr (Egypt.), la nuit, les ténèbres.
Athytes, sacrifices sans victimes.
Atlantiadès, Mercure.
Atlantides, les sept filles d'Atlas.
Atlanticus, Hermaphrodite; fils de Mercure.
Atlas, fils de Jupiter.
Atrée, *fils de Pélops*.
Atrides, Agamnon et Ménélas.
Atropos, parque.
Attin (Scand.), Neptune.
Atys, Attin, Attis, *ou* Atthys, Phrygien que Cybèle aima.
Audace (Iconol.)
Augure (Iconol.)
Aumône (Iconol.)
Aurad, *section du Qôran*.
Aurore, déesse.
Auster, vent extrêmement chaud.
Austérité (Iconol.)
Automate, Cyclade.
Automatie, déesse du hasard.
Automne (Iconol.)
Autonome, *néréide*.
Autorité (Iconol.)
Avadoutas, solitaires indiens.
Avarice (Iconol.)
Aventie, déesse des Gaulois.
Aventin, fils d'Hercule.
Averne, lac près de Bayes; entrée de l'Enfer.
Averruncus, *ou* Aruncus, dieu des Romains.
Avril (Iconol.)
Aveuglement (Iconol.)
Axitès, Bacchus.
Azaël (M. Hébr.), ange révolté.
Azazel, démon.
Azorus, Argonaute.
Azraïl (Mus.), ange de la mort.

BAJU

Baal, divinité.
Baal-Bérith, dieu des Carthaginois.
Baal-Péor, Baalphégor, *Béelphégor, Belphégor, ou* Phégor, divinité des Moabites.
Baal-Semen (Syr.), le Soleil.
Baal-Tséphon, idole d'Egypte.
Baal-*Tis*, déesse des Phéniciens.
Babactès, Bacchus.
Babia, déesse.
Bacchans, *hommes admis* aux Bacchanales.
Bacchantes, *femmes qui célébroient les mystères de Bacchus*.
Bacchis (M. Egypt.), taureau consacré au Soleil.
Bacchus, dieu des vendanges.
Bad (Pers.), ange.
Bag (Pers.), idole.
Baïniens, religieux indiens de Mariatala.
Baïnmadu (M. Ind.), idole de l'Indostan.
Baïram, fêtes musulmanes.
Baïva, idole des Lappons.
Bajurac, étendart de Mahomet.
Balance, *symbole de l'équité*.
Balder, fils d'Odin.
Balitsama (Ind.), monde souterrain.
Baite, nymphe.
Banire, divinité.
Baptes, prêtres de Cotytto.
Baracaques, religieux japonois.
Baratron, jeux à Thesprotie.
Barbéliotes, secte des Gnostiques.
Barbélo, divinité des Nicolaïtes.
Barbilléens, jeux de Barbillius.
Bardes, ministres et poëtes des Celtes.
Barhala-may-capal (Ind.), dieux.
Barlénus, divinité des Noriciens.
Barsak, purgatoire des musulmans.
Basiles, prêtres de Saturne.
Bassarides, Bacchantes.
Bassès, Apollon.
Bassesse (Iconol.).
Batala, idole des Philippines.
Bathydinès, Océan.
Batia, naïade.
Baucis, femme de Philémon.
Bauté *(M. Ind.)*, *secte*.
Bayadères, danseuses.
Bazend (M. Pers.), livre de Zoroastre.
Beauté (Allég.), Vénus.
Béelzébuth, dieu des Accaronites.
Behestht (Pers.), séjour des bienheureux.
Bel, dieu des Chaldéens.
Belbog, divinité des Slavons-Varaignes.
Belbuch *et* Zéomébuch (Slav.), le bon et le mauvais génie.
Bélia, idole des Sidoniens.
Bélides, danaïdes.
Bélisama *ou* Bélisana (Celt.) Minerve.
Bellérophon, fils de Glaucus.
Belli, divinité de Guinée.
Bellonaires, prêtres de Bellones.
Bellone, sœur ou femme de Mars.
Beltha, déesse des Zabiens.
Bélus, divinité des Babyloniens.
Bély, géant indien.
Bémilucius (Celt.), Jupiter.
Benan, Hascha, divinités arabes.
Bendidies, fêtes de Diane.
Bendis, Diane des Thraces.
Bénignité, (Iconol.).
Bensaïten (Jap.), déesse des richesses.
Ben-Semelé, Bacchus.
Benthamélion, diable.
Béotus, fils de Neptune.
Bérécynthe, *ou* Bérécynthie, mère des Dieux.
Bérénice, femme de Ptolémée Evergète.
Bergelmer (Celt.), géant.
Bérylistique, divination par les miroirs.
Besychides, prêtres des Furies.
Bétarmonies, Corybantes.
Béras, prêtresses nègres.
Beth, livre sacré indien.
Béti (Afric.), pontife du serpent.
Beyrevra, (Ind.), chef des ames.
Beywé, soleil des Lappons.
Beza (Egyp.), divinité.
Bhagavadam, livre sacré des indiens.
Bhavani (Ind.), femme de Shiva.
Bia, *ou* Violence, fille de Pallas.
Bibésie, *et* Edésie, déesses des banquets.
Biblis et Caunus, enfans de Cyanée.
Bicars, *pénitens* indiens.
Biceps, Bifrons, Janus.
Bidendal, *ou* Bidental, endroit où le tonnerre étoit tombé.
Bidentales, prêtres romains.
Bidi, Destin au Malabar.
Bienfait (Syr.), divinité.
Bienséance (Allégorie).
Bifrost (Celt.), pont qui va de la terre au ciel.
Bikunis, religieuses mandiantes au Japon.
Bilis, anges à Madagascar.
Billis, enchanteurs nègres.
Biothanates, morts d'une mort violente.
Birmah, *ou* Birmahâ (Ind.), anges.
Bisalpis, femme de Neptune.
Bisnaux, secte des Banians.
Bistnoo (Ind.), ange.
Bistnow, secte de Banians.
Bistonides, bacchantes.
Bithies, sorcières scythes.
Bithiniarques, pontife de Bithynie.
Bithynus, *fils* de Jupiter et de Thracé.
Bivia, déesse.
Blâme (Iconol.)
Blasphême, allégorie.
Bod, divinité indienne.
Boédromies, fêtes en mémoire de la guerre contre les Amazones.
Boédromion, mois athénien.
Bœufs, attributs de l'Agriculture.
Boéus, fils d'Hercule.
Boie, prêtre des Caraïbes.
Bolée (Ind.), géant.
Bolina, nymphe.
Bolomantie, divinatio mêlant des flèches.
Bonheur (Iconol.)
Bonne Déesse, divinité mystérieuse.
Bonté (Allégorie).
Bonzes, moines chinois.
Bonzesses, *religieuses chinoises*.
Bootès, *ou* Bouvier, constellation septentrionale.
Bore (Celt.), le père des dieux.
Boréades, descendans de Borée.
Boréasme, fête de Borée.
Borée, vent du nord.
Boroon, dieu de l'Océan.
Borsipennes, philosophes chaldéens.
Bossum, divinité des nègres.
Botanique (Iconol.)
Botanomantie, divination par les plantes.
Bouda (M. Ind.), planète de Mercure.
Bouders *ou* Boudons (Ind.), géans.
Boug, Bog (Slav.), fleuve adoré comme dieu.
Bouljanus (Celt.), idole à Nantes.
Boumidévi (Ind.), déesse de la terre.
Boussole, divinité.
Bout, secte du Tunquin.
Brabeutes, juges des jeux Olympiques.
Brachman, instituteur des Bruchmanes.
Brachmanes, philosophes indiens.
Brahma, Brama, Bramma, Bruma, Birmah, Birm, Brema, Brouma (M. Ind.), Etre suprême.
Brammon, fils du premier homme.
Branchides, prêtres d'Apollon.

Brauronie, Diane.
Brauronies, fêtes de Diane.
Briarée, titan; cyclope.
Bringhi, nymphe.
Briséis, fille de Brisès.
Brisès, grand-prêtre de Jupiter.
Britomarte *ou* Britomartis, fille de Jupiter.
Briton, fils de la Terre.
Brizo, déesse du sommeil.
Brontès, cyclope.
Brotéas, Lapithe.
Brothée, fils de Vulcain et de Minerve.
Bruin, dieu d'une secte de Banians.
Bruit (Iconol.)
Brumales, fêtes de Bacchus.
Brunon (Celt.), héros.
Buabin, idole tunquinoise.
Bubastès (Egypt.), Diane.
Bubona, déesse romaine.
Bucentaure, espèce de Centaure.
Buddou, *ou* Bodda, divinité des Siamois.
Buddu, idole de Ceylan.
Budée, Minerve.
Budha, Budsdo, Buds, *ou* Siaka, idole Japonoise.
Budsdoïsme, religion de Budsdo.
Buffinna, substitut de Wishnou.
Bugenès, Bacchus.
Bumicilis, secte mahométane.
Buphagus, fils de Japet; Hercule.
Buphone, prêtre de Jupiter.
Buphonie, Bouphonie, fêtes de Jupiter.
Bura, fille de Jupiter.
Buraïcus, Hercule.
Busiris, fils de Neptune.
Bustérichus, dieu germain.
Buto, *ou* Kobotus, dieu au Japon.
Buts, *prêtres du Malabar.*
Butzen, dieu des Indiens.
Bygoïs, nymphe.
Bysénus, fils de Neptune.

CALE

Caanthe, fils de l'Océan et de Théris.
Cabéréa, fille de Protée.
Cabira, fille de Vulcain.
Cabires, fils de Proserpine.
Cabrus, Caprus, *ou* Calabrus, dieu à Phasélis.
Cabyrides, filles de Vulcain.
Caca, sœur de Cacus.
Cacaus, *ou* Cacus, fils de Vulcain.
Cachi-Caoris, Pandarons.
Cacodémon, esprit de ténèbres.
Cadmus, fils d'Agénor.
Cæcias, vent du nord-est.
Cæculus, fils de Vulcain.
Cænéus, Lapithe.
Cahanbarha, *ou* Cahbarha (Ind.), Dieu.
Caïète, nourrice d'Enée.
Cailasa (Ind.), Olympe.
Calabrisme, danse ancienne.
Calaïs *et* Zéthès, fils de *Borée et d'Orithyie.*
Calamées, fêtes au mois de Calaméon.
Calamité (Iconol.)
Calaoïdies, fêtes de Diane.
Calathysme, danse ridicule chez les anciens.
Calatores, espèce de bédeaux.
Calaya (Ind.), le troisième des Paradis.
Calazophylaces, prêtres grecs.
Calcas, *ou* Calchas, devin.
Calé (Ind.), quatrième sycle.
Calégueïers (Ind.), tribu des géans.

Calénus, devin étrurien.
Cali (Ind.), le Temps.
Calice, *ou* Calyce, fille d'Eole.
Calis, *ou* Poudaris (M. Ind), protectrices des villes.
Calisto, nymphe de Diane.
Callabides, danse ridicule.
Callianasse *et* Callianire, nymphes ou néréides.
Calligénie, nymphe.
Calliope, Muse de l'éloquence.
Calliphaée, nymphe.
Callipyge, Vénus.
Callirhoé, fille de Calydon, aimée par Corésus.
Calliste, Diane.
Callistées, fêtes de Vénus ou de Junon.
Calliules, hymnes en l'honneur de Cérès et de Proserpine.
Calomnie, divinité.
Calybé, prêtresse de Junon.
Calynteries, fêtes athéniennes.
Calypso, fille de l'Océan et de Téthys.
Cama (Ind.), dieu de l'Hymen et de l'Amour.
Camadénou (Ind.), vache née de la mer de lait.
Camatlé, idole des Mexicains.
Camis (M. Jap.), demi-dieux.
Camule, divinité des Sabins.
Canacé, fille d'Eole.
Cancer, *ou* l'Ecrevisse, signe du zodiaque.
Canente, fille de Janus.
Cang-Y (Chin.), divinité
Canicule, constellation.
Can-ja, fête de l'agriculture au Tunquin.
Canon, Quanon, Quanwon, dieu japonois.
Canveten, dieu honoré sur les côtes de Malabar et de Coromandel.
Caous (M. Pers.), génies malfaisans.
Capacité, (Iconol.)
Caphyra, fille de l'Océan.
Capides, vases sacrés dans les sacrifices.
Capitolin, Jupiter.
Caprice, (Iconol.)
Capricorne, Pan.
Capripèdes, Pan, les Faunes et les Satyres.
Caprotine, Junon.
Caraïtes, secte de juifs modernes.
Carda, *ou* Cardia, divinité.
Caré-Patré-Pandaron, religieux Indien.
Carïquel Ancou (Bret.), brouette de la mort.
Carius, fils de Jupiter.
Carmenta, Carmentis, divinité romaine.
Carmentales, fêtes de Carmenta.
Carmentes, devineresses.
Carna, déesse des parties vitales.
Carnéa, déesse des enfans.
Carnéades, combats poétiques.
Carnéates, ministres dans les Carnées.
Carnéen, Apollon.
Carnéens, airs chantés dans les Carnées.
Carnées, fêtes d'Apollon.
Carpée, danse de Thessalie.
Carrubiun (Mah.), anges.
Carthage, fille de l'Hercule tyrien.
Carticeya (Ind.), divinité.
Carun (Rabb.), Corée.
Cassandre, fille de Priam.
Cassiope, *ou* Cassiopée, mère d'Andromède.
Cassotide, font. Castalie.
Castalides, les Muses.
Castalie, nymphe.

Castor et Pollux, fils de Léda.
Castoriennes, fêtes de Castor et Pollux.
Casyapa (Ind.), Uranus.
Catachthonien, pontife d'Opunte.
Catæbatès, Jupiter.
Catapacryme, fêtes du Pérou.
Catharies, divinités d'Arcadie.
Cathurmates, sacrifices d'hommes.
Catibe (Mah.), docteur de la loi.
Caurus, vent du nord-ouest.
Cautser (Mah.), fleuve du Paradis.
Ceb, Cébus, Cépus, *ou* Céphus, monstre adoré à Memphis.
Cébrion, géant.
Cécropes, auxiliaires de Jupiter contre les titans.
Cécropienne, Minerve.
Cécropiens, les Athéniens.
Céléno, pléiade; danaïde; harpie.
Célérité (Iconol.)
Céletes, divinité des Phéniciens; des Carthaginois.
Célibat, allégorie.
Celmis, nourricier de Jupiter.
Cenchroboles, nation imaginaire.
Centaures, monstres demi-hommes et demi-chevaux.
Céphale, fils d'Eole.
Céphyre, fille de l'Océan.
Cérame, fils de Bacchus et d'Ariane.
Céramiques, fêtes d'Athènes.
Céramynthe, Hercule.
Cerbère, chien à trois têtes.
Cercaphus, fils d'Eole.
Cercéis, nymphe.
Cercyon, brigand.
Céréate, Apollon.
Cérès, fille de Saturne, déesse de l'Agriculture.
Cernès, prêtre de Cybèle.
Cernunnos, divinité gauloise.
Cérus, dieu du temps favorable.
Céryces, crieurs publics.
Céryx, fils de Mercure.
Ceste, ceinture de Vénus.
Ceurawaths, secte de Banians.
Chabar, divinité Arabe.
Chacabout (Jap.), fameux solitaire.
Chæron, fils d'Apollon.
Chagrin (Iconol.)
Chalcées, fêtes de Minerve.
Chalciœcies, fêtes de Lacédémone.
Chalinite, Minerve.
Chalombe, *ou* Chalome (M. Afr.), chef des Gangas au Congo.
Chalybe, prêtresse de Junon.
Chamarim (Héb.), prêtres des idoles.
Chamos, *ou* Chamosh, idole des Cananéens.
Cham-Ti, dieu chinois.
Chamyne, Cérès.
Chandra (Ind.), la Lune.
Chang-Ko, déesse des Chinois.
Chaonie, fête des Chaoniens.
Chaor-Boos, idole d'Asem.
Chaos, matière première.
Charadrius, oiseau fabuleux.
Charaxus, Centaure.
Chariclo, fille d'Apollon.
Charidotès, Mercure.
Charilées, fête à Delphe.
Charis, femme de Vulcain.
Charisies, fêtes des Grâces.
Charistéries, fête à Athènes.

Charisties, fête de la concorde.
Charité (Iconol.).
Charmon, Jupiter.
Charmosyne, fête à Athèn.
Charon, divinité de l'enfer.
Chasdins, astrologues chaldéens.
Chasteté (Iconol.).
Chavarigis, sectaires mahométans.
Chécocke, divinité de Loango.
Chélone, nymphe.
Chémens (Amér.), génies.
Chésiade, Diane.
Chia, *ou* Chiaïs, secte de Mahométans.
Chiappen (M. Pers.), idole des sauvages de Tunis.
Chibados (Afr.), secte de sorciers.
Chicane (Iconol.).
Chidders (Ind.), cinquième tribu des esprits purs.
Chilon, athlète fameux.
Chimère, monstre né de Typhon.
Chim-Hoam (Chin.), idole des Chinois.
Chimie (Iconol.).
China, idole de Guinée.
Chines, idoles des Chinois.
Chin-Hoan (Chin.), génie.
Chio, nymphe.
Chion, idole des Juifs.
Chionée, fille de Deucalion.
Chiron, centaure.
Chiroponies, fêtes des Rhodiens.
Chirurgie (Iconol.).
Chitonies, fêtes de Diane.
Chius, fils d'Apollon et d'Anathrippe.
Chloïennes, fête à Athènes.
Chloréus, devin, prêtre de Cybèle.
Chloris, nymphe.
Choës, fête de Bacchus.
Cholas, fête en l'honneur de Bacchus.
Chon (M. Egypt.), Hercule.
Chondaravali, filles de Wishnou.
Chooporès, Bacchus.
Chorias, Ménade.
Chorographie (Iconol.).
Chouette, oiseau consacré à Minerve.
Choun, divinité du Pérou.
Chromis, fils d'Hercule; satyre.
Chronies, fêtes de Saturne.
Chrysame, prêtresse de Diane.
Chrysantis, nymphe.
Chrysès, prêtre d'Apollon; fils de Neptune.
Chrysippe, fils de Pélops.
Chrysis, prêtresse de Junon.
Chrysor, dieu des Phéniciens.
Chthonies, fête de Cérès.
Chthonius, centaure.
Chudmaï, génie supérieur des Basilidiens.
Chyndonax, chef des Druides.
Cicogne, oiseau consacré à Junon.
Ciel (Iconol.), Cœlus.
Cimméris, Cybèle.
Cindiade, Diane.
Cione, *ou* Kiones, idoles en Grèce.
Circé, fille du Soleil.
Cisa, divinité des Germains.
Cistophores, filles qui portoient des corbeilles.
Cithéronides, nymphes.
Cius, Argonaute.
Cladeuteries, fête de la taille des vignes.
Clanis, centaure.
Clarté (Iconol.).
Claudia, vestale.
Clémence, divinité.

Cléobis *et* Biton, frères célèbres par leur piété envers leur mère.
Cléodore, nymphe.
Cléodoxe, filles de Niobé.
Cléogène, fils de Silène.
Cléolas, fils d'Hercule.
Cléomède, athléte.
Cléopâtre, danaïde.
Cléta, grâce.
Climène, Minéide.
Clio, Muse; nymphe.
Cloacine, déesse des égouts.
Clodonas, bacchantes.
Clotho, Parque.
Cluacine, Vénus.
Clymène, fille de l'Océan; néréide; mère d'Homère.
Clymenus, Pluton; Héraclide.
Clytemnestre, fille de Jupiter.
Clytie, fille de l'Océan.
Clytius, géant; fils d'Eole.
Clytus, Argonaute; centaure.
Cnacalésie, solemnité en l'honneur de Diane.
Cneph (M. Egypt.), Etre suprême.
Cnéphagénète et Créphagénète (Egypt.), Cneph.
Coalémus, divinité de l'imprudence.
Cobales, génies malins de la suite de Bacchus.
Coboli (M. Slav.), démons des Sarmates.
Cocyte, fleuve de l'enfer; disciple de Chiron.
Cocyties, fêtes de Proserpine.
Cœlus, fils de l'Air et du Jour; titan.
Cœus, titan.
Colaxès, fils de Jupiter.
Colère (Iconol.).
Colérique (Iconol.).
Collastria, déesse des montagnes
Collatina, *ou* Collina, déesse des collines et des vallées.
Colombe, oiseau de Vénus.
Colonate, Bacchus.
Colosse de Rhodes, statue représentant Apollon.
Comasie, grâce.
Combadaxus, divinité japonoise.
Combats, fils de la Discorde.
Comédie (Iconol.).
Comète (Iconol.).
Comètès, Argonaute; centaure.
Commerce (Iconol.).
Commodères, divinités champêtres.
Commoties, nymphes.
Compassion (Iconol.).
Compernes, statues qui ont les pieds joints.
Complainte, fille de la Nuit.
Comus, dieu de la joie.
Concorde, divinité.
Conditor, dieu champêtre.
Conduite (Iconol.).
Condyléatis, Diane.
Confiance (Iconol.).
Connaissance (Iconol.).
Connidées, fête de Thésée.
Conscience (Iconol.).
Conseil (Iconol.).
Consentes, les douze grands dieux romains.
Conservation (Allég.).
Conservatrice, Junon.
Consevius, divinité romaine.
Considération (Allég.).
Constance, allégorie.
Consuales, fêtes de Neptune.
Consus, dieu du conseil.
Contagion (Iconol.).
Contentement (Iconol.).
Continence (Iconol.).
Contrariété (Iconol.).
Contubernales, divinités

adorées dans un même temple.
Conversation (Allég.).
Coq, symbole de la vigilance et de l'activité.
Coquetterie (Iconol.).
Coraïschite, gardien du temple de la Mecque.
Cordace, Diane.
Cordax, satyre.
Coriphe, nymphe.
Corneille, *symbole d'Apollon.*
Coronis, hyade; bacchante.
Coronus, Argonaute; fils d'Apollon.
Correction (Iconol.).
Corruption des Juges (Iconologie).
Cortina, peau du serpent Python.
Corybante, père d'Apollon.
Corybantes, prêtres de Cybèle.
Corybantique, fêtes des Corybantes.
Corycides, nymphes.
Corycie, nymphe.
Corynète, fils de Vulcain.
Coryphagène, *Minerve.*
Coryphée, Diane.
Corythaïx, Mars.
Corythalienne, Diane.
Corythe, Centaure.
Corythée, Cérès.
Cosmète, Jupiter.
Cottus, titan.
Cotyttées, fêtes de Cotytto.
Cotytis, *ou* Cotytto, déesse de la débauche.
Couberen (M. Ind.), dieu des richesses.
Coucou, oiseau consacré à Jupiter.
Coucoulambou (M. Afr.), anges.
Cour (Iconol.).
Courage (Iconol.).
Courma-Vataram (Ind.), Wishnou.
Crainte, divinité.
Crané, nymphe.
Cranéa, Minerve.
Cranus, fils de Janus.
Crapule (Iconol.).
Crapus, divinité.
Cratée, *ou* Crétée, fils de Minos.
Cratéis, déesse des sorciers.
Crédit (Iconol.).
Créius, fils du Ciel et de la Terre.
Crénée, Lapithe.
Crénées, naïades.
Créontiadès, fils d'Hercule.
Crepitus (Egypt.), divinité; le dieu Pet.
Crès, fils de Jupiter.
Creséis, nymphe.
Cresphonte, petit-fils d'Hercule.
Crésus, roi de Lydie.
Crétides, nymphes.
Créuse, fille de Priam et d'Hécube; nymphe.
Crime, allégorie.
Crinis, prêtre d'Apollon.
Crinó, danaïde.
Crioboïe, sacrifice expiatoire.
Criophore, Mercure.
Crishna (Ind.), dieu.
Crocéates, Jupiter.
Crocodile (Egypt.), animal sacré.
Croméruach, idole des Irlandais.
Cromis, Centaure.
Cromus, fils de Neptune.
Cronies, fêtes de Saturne.
Cronius, centaure.
Cronos, Saturne.
Croton, héros qu'Hercule tua.
Cruauté (Allég.).
Crésiphon, architecte grec.
Ctesippe, fils d'Hercule.
Cuba, divinité romaine.

Cunia, *ou* Cunina, déesse romaine.
Cuntur (M. Péruv.), oiseau de proie.
Cupai (Amér.), esprit malfaisant.
Cupidité (Iconol.).
Cupidon, fils du Chaos.
Cura, déesse de l'inquiétude.
Curètes, prêtres sous les titans.
Curion, chef et prêtre d'une curie.
Curionies, sacrifices par les curies.
Curiosité (Iconol.).
Curothallie, Diane.
Custiel, ange.
Cuvéra (Ind.), Plutus.
Cyane, nymphe.
Cyanée, fille de Méandre.
Cybébé, divinité.
Cybèle, *ou* Vesta.
Cybernésies, fête de Nausithée et de Phéax.
Cybistes, athlétes.
Cychrée, fils de Neptune.
Cyclopes, géans.
Cydippe, prêtresse de Junon; nymphe.
Cygne, oiseau consacré à Apollon.
Cyllarus, centaure.
Cymatologhé, nymphe.
Cymèle, centaure.
Cymo, néréide.
Cymodoce, nymphe.
Cymodocée, nymphe.
Cymopolie, fille de Neptune.
Cymothoé, néréide.
Cynocéphale, Anubis.
Cynophontis, fête à Argos.
Cynosargès, Hercule.
Cynosura, nymphe.
Cynthia, Diane.
Cyprine *ou* Cypris, Vénus.
Cyrène, nymphe.

D E D Y

Dabaiba, idole de Panama.
Dabis (Jap.), idole.
Daduches, prêtres de Cérès.
Dagon, dieu d'Azoth.
Dagoustans (Ind.), esprits.
Daica M. (Ind.), fête de l'eau.
Daïri, Daïro, *ou* Daïre, souv. pontife du Japon.
Dakkins, sorciers de Loango.
Dalai-Lama, *ou* Lama-Sem, Grand-Lama.
Damascène, Jupiter.
Damia, Bonne-déesse.
Damyse, géant.
Danaé, fille d'Acrisius.
Danaïdes, filles de Danaüs.
Danger (Iconol.).
Danouvandri, transformation de Wisnou.
Danse (Iconol.).
Danube, fleuve, divinité.
Daphné, fille du Pénée.
Daphnis, berger de Sicile.
Darariens, secte dans la Perse.
Dardanides, Troyens.
Dardanie, Troie.
Dardanus, fils de Jupiter.
Darma (Jap.), chef de la secte de Budsdo.
Darmadevé (M. Ind.), dieu de la vertu.
Darpenon (M. Ind.), cérémonie des morts.
Daulis, nymphe.
Dauphin, constellation.
Debis, idole japonoise.
Décatéphore, Apollon.
Décima, parque.
Découragement (Iconol.).
Dédale, fils d'Hymétion.
Dédalies, fête des Platéens.
Dédalion, fils de Lucifer.
Dédymnée, premier mois des Achéens.
Défense contre les maléfices (Iconol.).
Défiance (Iconol.).
Déicoon, fils d'Hercule.
Déiléon, compagnon d'Hercule.
Déilochus, fils d'Hercule.
Déion, fils d'Eole.
Déione, femme d'Apollon.
Déioppée, nymphe.
Déiphobe, sybille de Cumes.
Déiphon, fils de Triptolème.
Déipnus, dieu des festins.
Déjanire, fille d'Œné.
Délectation (Iconol.).
Déliades, prêtresses d'Apollon.
Délie, Diane.
Délies, fête d'Apollon.
Delphidiens, Druide.
Delphinies, fête d'Apollon.
Delphis, pythonisse; prêtresse du temple de Delphes.
Démence (Iconol.).
Démétries, fêtes de Cérès.
Demiurge, créateur de l'univers.
Démocratie (Iconol.).
Démogorgon, génie de la Terre.
Démoléon, Centaure.
Démophile, *ou* Hiérophie, sybilles de Cumes.
Démophon, *ou* Démophoon, héros.
Dénates, pénates.
Dendrophories, sacrifices à Bacchus.
Dercétis, Dercéto, *ou* Dircé, divinité des Syriens.
Dérision (Iconol.).
Désespoir (Iconol.).
Désir (Iconol.).
Désobéissance (Iconol.)
Despotisme (Iconol.).
Dessin (Iconol.).
Destin, Destinée, divinité aveugle.
Destour, Destouran, souverain pontife des Gaures.
Détraction (Iconol.).
Dettes (Iconol.).
Deutas (Ind.), bons génies.
Devandiren, *ou* Devendren (Ind.), roi des demi-dieux.
Deverra, déesse de la propreté.
Dévotion (Iconol.).
Dew (Pers.), mauvais genie.
Dexamène, néréide.
Dexithée, femme de Minos.
Dhu'l-Caffaïn, idole de l'Arabie.
Dhu'l-Khalasa (Arab.), idole.
Diamastigose, fête de la flagellation à Sparte.
Dianaste, nymphe.
Diane, fille de Jupiter, et de Proserpine.
Diantinies, fête de Sparte.
Diasies, fête d'Athènes.
Dicé, fille de Jupiter.
Dictynne, nymphe.
Dictynnie, fête de Sparte.
Dide, *ou* Dido, dieu adoré à Kiew.
Dies, femme du ciel.
Difformité (Iconol.).
Digestion (Iconol.).
Diligence (Iconol.).
Dindimène, Cybèle.
Dioclées, fête mégarienne.
Diomède, roi de Thrace.
Diomées, fêtes de Jupiter.
Dioné, néréide.
Dionée, Vénus.
Dionysiades, prêtresses de Bacchus.
Dionysiodore, Apollon.
Diopètes, statues de Jupiter.
Dioscures, Castor et Pollux.
Dioscuries, fêtes des Dioscures.
Diosie, idole chinoise.
Diospolites, rois d'Egypte.
Dioxippe, danaïde.
Diphués, Bacchus.
Dires, filles de l'Achéron et de la Nuit.
Discernement (Allég.).
Discorde, divinité malfaisante.
Discrétion (Iconol.).
Dispute (Iconol.).
Dissimulation (Iconol.).
Distraction (Iconol.).
Divales, fêtes d'Angérone.
Dives (Pers.), génies.
Divipotes, dieux des Samothraces.
Docilité (Iconol.).
Doctrine (Iconol.).
Dodon, fils de Jupiter.
Dodone, fille de Jupiter et d'Europe.
Dodonée, nymphe.
Dodonéen, Jupiter.
Dodonides, nymphes et nourrices de Bacchus.
Domaschnie Doughi, *ou* Domowye (Sl.), follets.
Domatitès, Neptune.
Domination (Iconol.).
Dommage (Iconol.).
Dondasch, géant des Orientaux.
Doninda (Celt.), divinité.
Dorcée, fontaine à Sparte; chien d'Actéon.
Doris, fille de l'Océan.
Doritide, Vénus.
Dorsanès (Ind.), Hercule.
Dosithée, nymphe.
Doto, nymphe.
Douceur (Iconol.).
Douleur, divinité.
Doute (Iconol.).
Doxo, nymphe.
Dryas, fille de Faune; centaure; fils de Mars.
Drymo, nymphe.
Dryope, aimée d'Apollon; nymphe.
Dsisoo (Jap.), divinité.
Duéitam, secte indienne.
Dusiens (Celt.), démons.
Dyasarès, divinité Arabe.
Dymon, dieu Lare.
Dynamène, nymphe.
Dyrrachus, fils de Neptune.
Dysarès, dieu des Arabes.
Dyser, déesses des Goths.
Dzohara, déesse arabe.
Dzohl, dieu des Arabes.

E D U C

Ea, nymphe.
Eacées, fêtes à Egine.
Eacide, Achille.
Eantide, Minerve.
Eaque, fils de Jupiter.
Easter, déesse des Saxons.
Eau, divinité.
Ebdome, fête grecque.
Eblis (Mah.), diable.
Ebrbuharis, religieux turc.
Ecdysies, fête de Latone.
Echéchiria, déesse des trèves.
Echéphron, fils d'Hercule.
Echetlé, héros athénien.
Echetus, roi d'Epire.
Echinades, *ou* Eschinades, nymphes.
Echion, fils de Mercure.
Echmagoras, fils d'Hercule.
Echo, fille de l'Air.
Ecriture (Iconol.).
Edda (Scand.), livre des dogmes.
Edesia, déesse du manger.
Edhem, religieux musulmans.
Edith, femme de Loth.
Edonides, bacchantes.
Edris (Mus.), Hénoch.
Educa, divinité de l'éducation.
Educa, Edulia, Edulica, Edusa, déesse des enfans.
Education (Iconol.).
Eéribée, belle-mère des géans Otus et Ephialte.
Effroi (Iconol.).
Effronterie (Iconol.).
Ega, nymphe.
Egalité (Iconol.).
Egea, reine des Amazones.
Egéon, fils de Titan.
Egérie, divinité des accouchemens; nymphe.
Eggarée, temple des Guèbres.
Egho, dieu des nègres de Guinée.
Egialée, roi de Sicyone.
Egibole, sacrifice à Cybèle.
Egide, bouclier sacré.
Egides, tribu de Sparte.
Egiès, monstre né de la Terre.
Egimius, roi des Doriens.
Eginètes, myrmidons d'Egine.
Egipans, divinités champêtres.
Egire, Hamadryade.
Egisthe, fruit de l'inceste de Thyeste avec Pélopée.
Eglé, Hespéride; fille d'Esculape; grâce; naïade.
Egletès, Apollon.
Egnatia, nymphe.
Egobole, Bacchus.
Egocéros, Pan.
Egon, roi des Argiens.
Egrégores, pères des géans.
Egypte (Iconol.).
Eidothée, fille de Protée.
Eilapinaste, Jupiter.
Eimarmené, fille d'Uranus; déesse de la Destinée.
Eionée, roi de Thrace.
Eira, déesse, médecin des dieux.
Eirène, *ou* la Paix, fille de Jupiter.
Eirénophore, Minerve.
Eisétéries, fêtes à Athènes.
Elagabale (Syr)., divinité.
Elahioun, philosophes musulmans.
Elaphébolies; fêtes de Diane.
El-Chot (Mus.), le premier homme.
Election (Iconol.).
Electre, Atlantide; fille de l'Océan; danaïde; fille d'Agamemnon.
Electryone, fille du Soleil.
Eléen, Jupiter.
Eléléen, Bacchus; le Soleil.
Eléléides, bacchantes.
Elénophories, fêtes.
Eléphant, symbole de la tempérance, de l'éternité, de la pitié, de la puissance souveraine, et des jeux publics.
Eleusine, Cérès.
Eleusinies, mystères de Cérès.
Eleusis, héros.
Eleuther, fils d'Apollon.
Eleuthère, Eleuthérien, Jupiter.
Eleutheria, la Liberté.
Eleuthéries, fête de Jupiter.
Eleutho, déesse des accouchemens.
Elissa, Didon.
Elisson, héros.
Ellops, fils de Jupiter.
Ellotès, *ou* Ellotide, Minerve.
Elloties, fêtes.
Eloïdes, nymphes de Bacchus.
Eloquence (Iconol.).
Elpe, fille de Polyphême.
Elysée, *ou* Champs Elysiens, séjours des ombres vertueuses.
Emaguinguillers (Ind.), géans.
Embûche (Iconol.).
Emilie, fille d'Enée.
Emmelie, danse grecque.
Emol, génie des Basilidiens.
Emononidès, prêtre d'Apollon.
Empenda, déesse protectrice des bourgs.
Emplocies, fête athénienne.
Empusa, spectre.
Emulation, enfant de la Nuit.
Emulation (Iconol.).
Encaddires, prêtres carthaginois.
Encelade, géant.
Encénies, fêtes à la dédicace d'un temple.
Endéer (Ind.), la Bonté.
Endéide, *ou* Endéis, fille de Chiron.
Endora, fille d'Atlas.
Endovellicus, divinité espagnole.
Endymaties, danses arcadiennes.
Endymion, petit-fils de Jupiter.
Enéadès, Ascagne.
Enée, fils d'Anchise.
Eneliaxis, fête de Mars.
Enfer, lieu de tourmens.
Engastrimandres, devins dont les ventres prononçaient des oracles.
Engastrimythes, prêtresse d'Apollon.
Enioche, nourrice de Médée
Enoïmis, prêtresse d'Apollon.
Entelle, athléte.
Enthousiasme (Iconol.).
Envie, dieu et déesse.
Enyo, Gorgone; fille de Mars; Bellone.
Eole, dieu des Vents.
Eon (Syr.), la première femme.
Eoom, génie des Basilidiens.
Eores, Eories, fêtes d'Erigone.
Eos, géant.
Eoüs, cheval du Soleil.
Epachthes, fête de Cérès.
Epaphus, fils de Jupiter.
Epaulies, lendemain des noces.
Ephestiens, Lares, Pénates.
Ephesties, fêtes de Vulcain.
Ephestion, favori d'Alexandre.
Ephestries, fêtes à Thèbes.
Ephialtes, Incubes.
Ephydatie, naïade.
Ephydriades, nymphes.
Ephyre, fille de l'Océan; nymphe.
Epicaste, fille d'Egée; Jocaste.
Epiclidie, fête de Cérès.
Epicréné, fête des fontaines.
Epidauries, fêtes d'Esculape.
Epidémies, fête de Junon.
Epidote, Jupiter; génie des Lacédémoniens.
Epidotes, dieu des enfans.
Epiès, Osiris.
Epigies, nymphes terrestres.
Epigones, princes grecs.
Epilénie, fête de Bacchus.
Epimélètes, ministres de Cérès.
Epimélidès, fondateur de Corone.
Epiméthée, frère de Prométhée.
Epimulie, chanson des meuniers.
Epinicies, fête pour une victoire.
Epinicion, hymne de triomphe.
Epione, femme d'Esculape.
Epiphanès, Jupiter.
Epiphanies, fêtes de l'apparition des dieux.
Epipyrgide, statue d'Hécate.
Episcaphies, fêtes des barques à Rhodes.
Episcénies, fêtes des tentes.
Epithalamitès, Mercure.
Epitricadies, fêtes d'Apollon.
Epopée, fils de Neptune.
Epopte, Neptune.
Epoptes, initiés aux grands mystères.
Epoptiques, les grands mystères.
Epouvante, fille de Mars.
Epulons, prêtres romains.
Epunda, déesse des choses exposées à l'air.
Equation (Iconol.).
Equiries, fête de Mars.
Equité, (Iconol.).
Erato, Muse qui préside à la poësie lyrique; nymphe; néréide.
Eratus, fils d'Hercule.
Erdavirah, mage persan.
Erèbe, fils du Chaos et de la Nuit.
Erèce, nymphe.
Ergastines, jeunes filles tissant la robe de Minerve.
Ergaties, fêtes d'Hercule.
Erichton, magicienne; furie.
Eridan, fils du Soleil.
Eris, discorde.
Eroconopes, peuple imaginaire.
Erocordaces, peuple imaginaire.
Eros, Cupidon.
Erostrate, *ou* Eratostrate, fanatique qui mit le feu au temple d'Ephèse.
Erotides, *ou* Erotidies, fêtes d'Eros.
Erreur (Iconol.).
Erse, fille de Jupiter.
Erycine, Vénus.
Erythéis, Hespéride.
Erythrée, (*mer*) rouge.
Erythréus, cheval du Soleil.
Erytus, Argonaute.
Eryx, fils de Vénus.
Esclavage (Iconol.)
Esculape, dieu de la médecine.
Esculapies, fêtes d'Esculape.
Eses, dieu des Tyrrhéniens.
Espagne (Iconol.)
Espérance (Iconol.)
Espion (Iconol.)
Esprits, génies.
Essédaires, gladiateurs sur des chars.
Estiées, sacrifices à Vesta.
Eswara, déité des Brahmes.
Esymnète, Bacchus.
Etablissement (Iconol.)
Eté, déesse.
Etéocle, fils d'Œdipe.
Etéoclées, les Grâces, filles d'Etéocle.
Eternité, divinité.
Etésipe, enfans d'Hercule.
Ethalidès, fils de Mercure.
Ether, les cieux.
Ethion, devin.
Ethiope, Diane.
Ethiops, fils de Vulcain.
Ethique, *ou* Philosophie morale (Iconol.)
Ethlius, fils de Jupiter; fils d'Eole.
Ethon, Erésichton.
Ethra, fille de Téthys.
Ethuse, fille de Neptune.
Etolienne, Diane.
Etude (Iconol.)
Eubages, prêtres celtes.
Eubée, nymphe.
Eubolie, déesse du bon conseil.
Eubotas, athléte.
Eubuléus, Dioscure.
Eucrate, néréide.
Eudémonie, déesse de la Félicité.

Eudore, néréide; océanide; hyade.
Eugénie, noblesse grecque.
Eugérie, déesse de la grossesse.
Eulimène, néréide.
Eumédon, fils de Bacchus et d'Ariane.
Eumée, serviteur d'Ulisse.
Eumélis, célèbre augure.
Euménès, *ou* le Héros pacifique, dieu de Chio.
Euménides, les Furies.
Euménidies, fêtes des Euménides.
Eumolpé, *néréide*.
Eumolpides, familles sacerdotales à Athènes.
Eunice, nymphe.
Eunomie, fille de Junon; de Jupiter; de l'Océan.
Eunostus, divinité de l'Achaïe.
Eunymos, éolide.
Euphémies, bénédictions.
Euphémus, fils de Neptune.
Euphradès, génie des festins.
Euphrone, déesse de la nuit.
Euphrosyne, grâce.
Euphyrus, fils de Niobé.
Europe, fille d'Agénor; océanide; Cérès.
Eurus, vent d'Orient.
Euryalée, gorgone; fille de Minos.
Eurybates, argonaute.
Eurybie, nymphe.
Euryclées, fête de Sparte.
Euryclès, devin fameux.
Eurydice, femme d'Orphée; danaïde.
Euryméduse, mère des Grâces.
Eurymène, nymphe.
Eurynome, dieu infernal.
Eurynomé, fille de l'Océan; fille d'Apollon; nymphe.
Eurynomies, fête d'Eurynome.
Euryte, nymphe.
Eurytion, argonaute; centaure.
Eurytionie, fête de Cérès.
Eurytomène, mère des Grâces.
Eurytus, argonaute; centaure; géant.
Eusébie, la Piété.
Euterpe, muse qui présidoit à la musique.
Euthénie, l'Abondance.
Evadné, fille de Mars.
Evagore, fils de Priam; néréide.
Evagre, Lapithe.
Evan, Bacchus.
Evandre, chef des Arcadiens, en Italie.
Evangélus, successeur de Branchus, oracle.
Evantes, bacchantes.
Evanthé, mère des Grâces.
Evarné, néréide.
Evates, druïdes.
Evémérions, héros Sicyoniens.
Evénus, fils de Mars.
Evérès, fils d'Hercule et de Parthénope.
Evippe, danaïde.
Eviterne, dieu *ou* génie au-dessus de Jupiter.
Evoé, Evohé, *ou* Evan, Bacchus.
Ex, chèvre, nourrice de Jupiter.
Exadius, Lapithe.
Exégètes, interprètes des lois.
Exercice (Iconol.)
Exitériès, prières et sacrifices des Grecs.
Expérience (Iconol.).
Extispices, augures par l'inspection des entrailles.
Extispicines, inspection des entrailles.
Ezourvédam, livres sacrés Indiens.

FLOR

Faal, recueil d'observations astrologiques.
Fabaries, sacrifices en l'honneur de Carna.
Fabiens, prêtres romains.
Fabius, fils d'Hercule.
Fable, fille du Sommeil et de la Nuit.
Fabulinus, divinité romaine.
Fachiman (Jap.), dieu de la guerre.
Fahfah (Mah.), fleuve du paradis.
Faim, divinité; fille de la Nuit.
Fakirs, moines de l'Indostan.
Falaces, dieu des Romains.
Famgams, prêtres de Golconde.
Famine, fille de la Discorde.
Fa-mit-tay (Ind.), dieu.
Fanatisme (Iconol.)
Faroguis, caste indienne.
Fas, Thémis *ou* la Justice.
Fascinus, divinité tutélaire de l'enfance.
Fatalité (Allég.)
Fatigue (Iconol.)
Fatuaires, prophètes.
Fatzman, *ou* Fatiman (Jap.), divinité.
Faula, femme d'Hercule.
Faunalies, fêtes de Faunus.
Faunes, dieux rustiques.
Fausseté (Iconol.)
Faustitas, divinité romaine.
Faustulus, berger.
Faveur, divinité allégorique.
Favonius, Zéphir.
Fébrua, Fébrualis, Fébruata, déesse des purifications.
Fébruales, Fébrues, fêtes de Junon et de Pluton.
Féciales, prêtres romains.
Fécondité, déesse.
Fées, divinités modernes.
Félicité *ou* Eudémonie, divinité allégorique.
Fellénius, divinité d'Aquilée.
Fenris (Celt.), loup monstrueux.
Férales, fêtes des tombeaux.
Férentine, déesse des Romains.
Féries, jours consacrés aux dieux.
Fermeté (Iconol.)
Férocité (Iconol.)
Fertilité (Iconol.)
Fessonie, *ou* Fessorie, déesse des voyageurs.
Fétiches, divinités des nègres.
Fétichisme, culte des fétiches.
Fétries, déesses des Romains.
Feu (Allég.)
Fidélité, divinité.
Fidius, dieu de la bonne *foi*.
Fin de toutes choses (Iconologie).
Finesse (Iconol.)
Fitrazars, sorciers du Cap-Verd.
Flamines, prêtres à Rome.
Flaminiques, femmes des flamines.
Flath-Innis, paradis des Gaulois.
Flatterie (Iconol.)
Fléau (Iconol.)
Flegmatique (Iconol.), tempérament.
Flins, idole des Vandales.
Florales, fêtes de Flore.
Flore, déesse des fleurs; nymphe.
Fluviales, nymphes des fleuves.
Fo, *ou* Foé, dieu des Chinois.
Foi chrétienne (Iconol.)
Foi conjugale (Iconol.)
Foïsme, religion de la Chine.
Folie (Iconol.)
Fontaines, filles de l'Océan.
Fontinales, fête des Fontaines.
Foquequio (Jap.), livre de *Budsdo*.
Foquexus, secte du Japon.
Force, divinité.
Fordicales, Fordicides, fêtes de Tellus.
Fornacales, fête de Fornax.
Fornax, déesse des fours.
Forsète (Celt.), dieu.
Fortune, divinité.
Fortunées (Iles), séjour des bienheureux.
Fortunes antiatines, prophétesses d'Antium.
Fotoques, divinités du Japon.
Fottei *ou* Miroku (Jap.), dieu de la santé.
Fougue (Iconol.)
Fragilité (Iconol.)
Fraude, divinité.
Fréa, *ou* Frigga (Jap.), la Terre.
Frey (Celt.), le plus doux des dieux.
Freya (Celt.), déesse de l'amour.
Frisco, dieu de la paix chez les Saxons.
Fructésa, Fructesca *ou* Fructésée, déesse des fruits.
Frugifer (Pers.), le Soleil.
Fudo (Jap.), idole.
Fugalies, fêtes romaines.
Fugia, déesse de la joie.
Fuite, divinité allégorique.
Fulgor, divinité des éclairs.
Fulgora, déesse des éclairs.
Fureur (Iconol.)
Furies, divinités infernales.
Furina, divinité romaine.
Furinales, fêtes de Furina.
Furines, les Furies.
Fylla (Celt.), *déesse vierge*.

GANI

Gabalus, divinité.
Gabkar (Orient.), ville fabuleuse.
Gabriel (Musul.), ange.
Gad, *ou* Baal-Gad (Syr.), divinité.
Gaieté (Iconol.), grâce.
Gailan (Arab.), démon des forêts.
Galanterie (Iconol.)
Galatarques, prêtres en Galatie.
Galatée, néréide.
Galatès, fils d'Hercule.
Galaxaure, océanide.
Galaxies, fête d'Apollon.
Galéancon, Mercure.
Galène, nymphe.
Galéotès, fils d'Apollon.
Galéotes, devins de Cicile.
Galinthiades, sacrifice à Thèbes.
Galles, prêtres de Cybèle.
Gallus, prêtre de Cybèle; fils de Polyphème.
Gamélies, fêtes de Junon.
Gamélius, Jupiter.
Ganesa (Ind.), dieu de la sagesse.
Ganga (Ind.), déesse des eaux.
Ganga-Gramma (Ind.), démon femelle.
Gangas, prêtres d'Angola, de Congo.
Gange, fleuve Indien.
Ganimède, échanson de Jupiter.
Ganna (Celt.), devineresse.
Gaothel, personnage fabuleux qui donna le nom de Scoria à l'Irlande.
Garamantide, nymphe de Libye.
Garaphie, vallée de Béotie.
Gargare, sommet du mont-Ida.
Gargittius, chien tué par Hercule.
Garuda (M. Ind.), oiseau fabuleux.
Gastrocnémie, pays imaginaire.
Gaudma, divinité d'Ava.
Gaule (Iconol.)
Gé, *ou* Géa, Tellus.
Géada, Géda, Géta (Celt.), divinité.
Géans, enfans du Ciel et de la Terre.
Gebel-Téir, montagne d'Egypte.
Gédi (M. Tar.), pierre merveilleuse.
Géfioné (Celt.), Diane.
Gégania, vestale.
Geinus *ou* Autochthone, trouva le secret de former des briques.
Gélanie, femme d'Hercule.
Gélasie, grâce.
Gélasinus, Gélasius, dieu des ris et de la joie.
Géloh, fils d'Hercule.
Gelon, fontaine d'Asie.
Gématre, deuxième partie du Thalmud.
Gémeaux, signe du zodiaque.
Générosité (Iconol.)
Genete-Alcoduz (Mah.), paradis.
Genethliologie, art de connoître l'avenir par les astres.
Génétylle, fête de Vénus.
Génétyllide, Vénus.
Génétyllides, mystères; déesses de la génération.
Géniales, dieux de la génération.
Génie, dieu de la nature.
Génie (Allég.)
Genita-Mana, déesse qui présidoit aux enfantemens.
Gennaïdes, Génétyllides.
Gennat-Adu (Mus.), jardin d'Eden.
Géographie (Iconol.)
Géométrie, Allégorie.
Géranée, ville de Thrace.
Géranice, montagne proche de Mégare.
Géréahs (Ind.), planètes peuplées de déités.
Gérestiès, fête de Neptune.
Géris, Gérys, Cérès *ou* la Terre.
Germanes, philosophes indiens.
Géronthrées, fêtes de Mars.
Géryon, fils de Callirhoé.
Gevher Abad (Orient.), ville fabuleuse.
Gimle, Vingolf (Celt.), paradis des déesses.
Ginnes (Pers.), génies femelles.
Ginnistan (Pers.), pays imaginaire.
Giourtasch (Mah.), pierre mystérieuse.
Giwon, divinité japonoise.
Gladheim (Celt.), séjour de la joie.
Glaphyres, ville de Thessalie.
Glaucé, fontaine de Corinthe; néréide; mère de Diane.
Glaucippe, danaïde.
Glauconome, néréide.
Glaucus, fils de Neptune.
Glisas *ou* Glissas, ville de Béotie.
Glitner (Celt.), ville céleste.
Gloire, divinité.
Gnomes, agens invisibles des Cabalistes.
Gnomides, femelles des Gnomes.
God-su-ten-oo, divinité japonoise.
Goétie, art d'évoquer les esprits malfaisans.
Gondula (Celt.), déesse.
Gones, prêtres de Ceilan.
Gongis, sectes des Banians.
Goniades, nymphes.
Gonnis, prêtres de Ceilan.
Gorgades, séjour des Gorgones.
Gorgé, danaïde.
Gorgone, Gorgonie, Gorgonienne, Minerve.
Gorgonnes, Sthéné, Euryale et *Méduse*, monstres, filles de Phorcus.
Gorgophore, danaïde.
Gortyne, ville de Crète.
Gortynius, fleuve d'Arcadie; Esculape.
Goul (Mah.), larve.
Gounja Tiqusa, dieu suprême des Hottentots.
Gourmandise (Iconol.)
Gourou (Ind.), ministres de Shiva.
Goût (Allég.)
Goutcheliers, Brahmes.
Gouvernement de la république (Iconol.)
Grâce (Allég.)
Grâce divine (Allég.)
Grâces, filles de Jupiter.
Grammaire (Allég.)
Grandouvers (Ind.), tribu des Deutas.
Grannus (Celt.), Apollon.
Gratitude (Iconol.)
Gravité (Iconol.)
Gravure (Iconol.)
Grenade, symbole de Proserpine.
Grenouilles, paysans que Latone métamorphosa en grenouilles.
Grisgris, fétiches des Mores, des Nègres.
Grue, symbole de la prudence et de la vigilance.
Grundiles, Grundules, dieux lares.
Grynée, ville d'Eolide.
Grynéus, centaure.
Gryphon, animal fabuleux.
Guèbres, Gaures, *ou* Parsis, mages perses.
Guérouders (Ind.), tribu des Deutas.
Guerre (Iconol.)
Gugner, l'épée d'Odin.
Guighimo (Afr.), Etre suprême.
Guinbourouders (Ind.), dieux du chant.
Guinérers (Ind.), dieu de la musique.
Guinguérers (Ind.), tribu de géans.
Gurme (Celt.), espèce de Cerbère.
Gyas, géant.
Gygès, titan.
Gynécie, la bonne déesse.
Gynécocratuméniens, les Scythes d'Europe.
Gynée, fils d'Hercule.

HALA

Haband, reine des Spectres.
Hada, déesse des Babyloniens.
Hadrianales, jeux d'Adrien.
Hafédah, idole des Adites.
Hagno, nymphe; fontaine du Lycée.
Haine (Iconol.)
Hairetis, sectaires mahom.
Halachores, secte d'Indiens.
Halcione, pléiade, fille d'Atlas.
Haléens, jeux en l'honneur de Minerve.
Halésus, Lapithe.
Halia, néréide.
Halies, fêtes du Soleil.
Halimède, néréide.
Hallirhoé, maîtresse de Neptune.
Halocrate, fille d'Hercule.
Halodsydne, Amphitrite.
Hamadryades, nymphes des arbres.
Hambéliens, sectes du mahométisme.
Hamull, anges des Guèbres.
Hanbalites, sectes chez les musulmans.
Hanifites (Mah.), secte orthodoxe.
Hanuca (Rabb.), fêtes des lumières.
Hanumat, Hanumon (Ind.), prince des Satyres.
Har (Ind.), seconde personne de la Trinité.
Haridi, serpent adoré à Achmim.
Harmonia, *ou* Hermione, fille de Mars.
Harpale, chien d'Actéon.
Harpalyce, amazone.
Harpé, amazone.
Harpédophore, Mercure.
Harpies, voyez Harpyies.
Harpocrate, dieu du silence.
Harpyée, chienne d'Actéon.
Harpyies, monstres.
Hasard (Iconol.)
Hauda (Ind.), la Lune.
Hauteur (Iconol.)
Hazazel, bouc émissaire.
Hebdomagène, Apollon.
Hébé, déesse de la Jeunesse, fille de Jupiter.
Hébon, dieu dans la Campanie.
Hèbre, fleuve de Thrace.
Hécaerge, fille de Borée.
Hécalésien, Hécalien, Jupiter.
Hécalésies, fêtes de Jupiter.
Hécate, la Lune, fille de Jupiter.
Hécatée, Diane.
Hécatées, apparitions dans les mystères d'Hécate.
Hécatésies, fêtes d'Hécate.
Hécatombe, sacrifices de cent bœufs.
Hécatombée, Jupiter.
Hécatombées, fêtes d'Apollon.
Hécatompédon, *temple* d'Athènes.
Hécatomphoneume, sacrifice de cent victimes, en l'honneur de Mars.
Hécatomphonies, fêtes des Messéniens.
Hécatompyle, ville de Libye; Thèbes d'Egypte.
Hécatonchires, les géans Cottus, Briarée, et Gygès.
Hécatos, Soleil.
Hector, fils de Priam.
Hécube, épouse de Priam.
Hégémaque, Diane.
Hégémone, grâce.
Hégémonies, fêtes de Diane.
Hégétorie, nymphe.
Heil, idole des Saxons.
Heimdall (Celt.), dieu.
Héla (Celt.), la Mort.
Hélène, fille de Jupiter et femme de Ménélas.
Hélénies, fête d'Hélène.
Hélénus, fils de Priam.
Héliades, filles du Soleil.
Héliaques, fêtes du Soleil.
Hélice, ville de l'Achaïe.
Hélicon, fleuve de Macédoine; montagne de Béotie dédiée aux Muses.
Héliconiades, les Muses.
Héliconius, Neptune.

Hélimus, centaure.
Hélignostiques, secte juive.
Héliopolis, ville de Syrie; ville de la basse Egypte.
Hellas, la Grèce.
Hellènes, les Grecs.
Hellenius, Jupiter.
Hellespont, détroit de la mer Egée.
Hellopie, Dodone.
Helops, centaure.
Hélories, jeux en Sicile.
Hémérobaptistes, sectaires juifs.
Hémiarites, secte d'Ali.
Hémithée, divinité de Carie.
Hémus, Emus, ou Enus, fils de Borée.
Hennil, idole des Vandales.
Hépatoscopie, inspection du foie.
Hera, Junon.
Héraclée, ville de la Phthiotide.
Héraclées, fêtes d'Hercule.
Héraclès, Hercule.
Héraclides, enfans d'Hercule.
Hératéléé, sacrifice à Junon.
Hercule, héros, demi-dieu.
Hercyne, compagne de Proserpine.
Hérées, fêtes de Junon.
Hérès, divinité des héritiers.
Hérésides, nymphes de Junon.
Hérésie (Iconol.)
Héribée, mère des astres.
Hermanubis, Mercure-Anubis.
Hermaphrodite, fils de Mercure.
Hermées, fêtes de Mercure.
Hermensul, dieu saxon.
Hermès, Mercure.
Hermione, fille de Ménélas et d'Hélène.
Hermochémie, l'Egypte.
Hermode, dieu du Nord.
Hermonthite, Jupiter.
Hermo-Pan, divinité.
Héro, prêtresse de Vénus.
Héroïque (poëme) (Icon.)
Hérophyle, sybille Erytréenne.
Héropythe, héros.
Hesper, Hespérus, fils de Japet; fils d'Atlas.
Hespérie, l'Italie et l'Espagne; l'Epire; nymphe.
Hésus, Mars, divinité des Gaulois.
Hésychiodes, prêtresses des Furies.
Heures, filles de Jupiter.
Heures du jour (Iconol.)
Hève, la première femme.
Hiéra, île Vulcanie.
Hiéracoboscoi, prêtres d'Egypte.
Hiérapolis, ville de Syrie.
Hiérocéryce, chef des hérauts dans les mystères de Cérès.
Hiérocoraces, ministres de Mithra.
Hiérocoraciques, les Mithriaques.
Hiérogrammates, interprètes sacrés.
Hiéromanties, divinations tirées des offrandes.
Hiéromnémons, gardiens des archives sacrées.
Hiérophante, prêtre de Cérès.
Hiérophantides, prêtresses de Cérès.
Hiérophile, la sybille de Cumes.
Hilarie, fête de Cybèle.
Hilarodes, poëtes grecs.
Himéra, déesse d'Himéra.
Himinborg (Celt.), ville céleste.
Hinda, idole des Madianites.
Hiphinoüs, centaure.
Hippalime, argonaute.
Hippason, centaure.
Hippé, fille de Chiron.
Hippéus, fils d'Hercule.
Hippocentaures, enfans des centaures.
Hippocraties, fêtes de Neptune.
Hippocrène, fontaine de l'Hélicon.
Hippocrènes, Hippocrénides, les Muses.
Hippodamé, suivante de Pénélope.
Hippolyte, géant; reine des amazones; fils de Thésée.
Hippomantie, divination des Celtes par les chevaux.
Hippoméduse, danaïde.
Hippomolgues, Scythes nomades.
Hippomyrmèces, peuple dans le globe du Soleil.
Hippona, Epona, déesse des chevaux, des écuries.
Hipponoé, néréide.
Hippophages, les Scythes.
Hippopodes, hommes fabuleux qui avoient des pieds de chevaux.
Hippopotame, cheval de fleuve, adoré en Egypte.
Hippotadès, Eole.
Hippothoé, néréide; danaïde; Amazone.
Hippothoon, fils de Neptune.
Hirie, nymphe d'Arcadie.
Histoire, fille de Saturne et d'Astrée.
Hiver, saison.
Hobal, idole des Arabes.
Hoder (Celt.), dieu aveugle.
Holmat (Orient.), fontaine de vie.
Homicide (Iconol.)
Homogyne, Jupiter.
Homolées, ou Omolées, fêtes de Jupiter.
Homolippus, fils d'Hercule et de Xanthis.
Homopatories, fête des Athéniens.
Honnêteté (Iconol.)
Honneur, vertu divinisée.
Honte (Iconol.)
Hoplomaques, gladiateurs armés de toutes pièces.
Hoplotes, athlètes armés.
Hora, fille d'Uranus.
Horchia, déesse d'Etrurie.
Hordicales, ou Hordicidies, fêtes de la Terre.
Horées, sacrifices aux heures et aux saisons.
Horey (Afr.), diable.
Horion, ou Horius, Apollon.
Hormé, chien de chasse.
Horographie, ou Gnomonique (Iconol.)
Horta, déesse de la jeunesse.
Hosies, prêtres de Delphes.
Hospitalité (Iconol.
Hostilina, déesse des Romains.
Houames, sectaires Mahométans.
Houris (Mah.), vierges merveilleuses.
Humanité (Iconol.)
Humilité (Iconol.)
Hyacinthies, fêtes d'Apollon.
Hyades, nymphes.
Hyale, nymphe de Diane.
Hyamides, prêtres de Jupiter.
Hyantes, peuples de Béotie.
Hyantides, les Muses.
Hyas, fils d'Atlas.
Hybla, montagne de Sicile.
Hyblæa, déesse.
Hybléens, peuples de Sicile.
Hybris, mère de Pan.
Hybristiques, fêtes des femmes à Argos.
Hydre de Lerne, monstre né de Typhon.
Hydrographie (Iconol.)
Hydromanthie, art de prédire par l'eau.
Hydrophories, cérémonies funèbres en mémoire du déluge.
Hyène, divinité des Egyptiens; animal.
Hyet, Bacchus.
Hygias, fils d'Esculape.
Hygiée, fille d'Esculape.
Hyla, ville de Béotie.
Hylacide, Castor, fils d'Hylax.
Hylactor, chien d'Actéon.
Hylax, père de Castor.
Hylé, centaure.
Hylée, centaure.
Hyllus, fils de la Terre; fils d'Hercule.
Hylobiens, philosophes indiens.
Hylonome, nymphe.
Hymen, ou Hyménée, divinité du Mariage.
Hymer (Celt.), géant.
Hymétie, montagne de l'Attique.
Hymnodes, chanteurs d'hymnes.
Hymnographe, compositeur d'hymne.
Hyone, mère de Triptolème.
Hyperboréen, Apollon.
Hyperésie, ville de l'Achaïe.
Hypérie, fontaine de Thessalie; ville de Sicile.
Hypérion, fils d'Uranus.
Hypermnestre, danaïde.
Hyperthure, hespéride.
Hyphialtes, divinités champêtres.
Hypocrisie (Iconol.)
Hypophètes, sous-interprètes.
Hyppa, nourrice de Bacchus.
Hyrmine, ville de l'Elide.

I D O M

Ia, fille d'Atlas.
Ialéme, fils de Calliope.
Ialisus, ville de Rhodes.
Iambe, fille de Pan et d'Echo.
Iamus, fils d'Apollon.
Ianasse, néréide; océanide.
Iapygie, contrée d'Italie.
Iapyx, fils de Dédale.
Iaribolus, divinité des Palmyréniens.
Iasis, nymphes Ionides.
Iassus, ville de Carie.
Iazdan, voyez Oromasde.
Ibis, oiseau d'Egypte.
Icades, fêtes d'Epicure.
Icadistes, les Epicuriens.
Icare, fils de Dédale.
Icarie, île de la mer Egée.
Icariens, jeux en l'honneur d'Erigone.
Icarius, père de Pénélope.
Icèle, fils du Sommeil.
Ichnée, Thémis et Némésis.
Ichneumon, rat consacré à Latone en Egypte.
Ichnobate, chien d'Actéon.
Iconologie (Iconol.)
Ida, montagne de l'Asie; montagne de Crète.
Idalie, ville de Chypre.
Idéa, nymphe; danaïde; ou Idée, Cybèle.
Idée (Iconol.); la Nature.
Idéen, Jupiter.
Idmon, argonaute.
Idolatrie (Iconol.)
Idolothytes, viandes offertes aux idoles.
Idoménée, roi de Crète.
Iduna (Celt.), femme de Brager.
Idyia, fille de l'Océan.
Iera, néréide.
Ifurin, enfer des Gaulois.
Ignicoles, les Parsis, adorateurs du feu.
Ignorance (Iconol.)
Ilissiades, Ilissides, les Muses.
Imagination (Iconol.)
Imamie, secte d'Ali.
Imaüms, prêtres musulmans.
Imbécillité (Iconol.)
Imbrasie, Junon.
Imbrée, centaure.
Imitation (Iconol.)
Immodestie (Iconol.)
Immunité (Iconol.)
Impartialité (Iconol.)
Impatience (Iconol.)
Imperfection (Iconol.)
Impétuosité (Iconol.)
Impiété (Iconol.)
Imprécations, divinités des Latins.
Imprimerie (Iconol.)
Imprudence (Iconol.)
Impudence (Iconol.)
Impureté (Iconol.)
Inachies, fête d'Ino.
Inachus, fleuve de l'Argolide.
Inarimé, île de la mer Tyrrhénienne.
Inattention (Iconol.)
Incertitude (Iconol.)
Inclination (Iconol.)
Inconnu, dieu inconnu.
Inconsidération (Iconol.)
Inconstance (Iconol.)
Incubes, esprits malfaisans.
Indigence, déesse.
Indiscrétion (Iconol.)
Indocilité (Iconol.)
Indra (Ind.), seigneur du firmament.
Indracitren (Ind.), géant.
Indulgence (Iconol.)
Industrie (Iconol.)
Inertie (Iconol.)
Infamie (Iconol.)
Inféries, sacrifices sur les tombeaux.
Infortune (Iconol.)
Infirmité (Iconol.)
Ingen, divinité japonoise.
Ingratitude (Iconol.)
Inimitié (Iconol.)
Iniquité (Iconol.)
Injure (Iconol.)
Injustice (Iconol.)
Innocence (Iconol.)
Ino, fille de Cadmus.
Inquiétude (Iconol.)
Instabilité (Iconol.)
Instinct (Iconol.)
Instruction (Iconol.)
Insurrection (Iconol.)
Intelligence (Iconol.)
Intempérance (Iconol.)
Intercidon, dieu de la coupe des bois.
Intérêt (Iconol.)
Intrépidité (Iconol.)
Invention (Iconol.)
Invitation (Iconol.)
Invocation (Iconol.)
Io, fille du fleuve Inachus.
Iobacchus, Bacchus.
Iobate, roi de Lycie.
Iodamé, mère de Deucalion.
Iodamie, prêtresse de Minerve.
Iolas, neveu d'Hercule; cousin d'Hercule.
Iolées, fêtes d'Hercule.
Ionides, nymphes.
Iopæan, cri de triomphe.
Iperphiale, mère des Centaures.
Iphate, fils de Priam.
Iphianasse, Iphigénie.
Iphigénie, fille d'Agamemnon; Diane.
Iphis, argonaute.
Irène, une des Saisons.
Iris, messagère de Junon.
Irishipatan (Ind.), bœuf, monture d'Ixora.
Irmensul ou Ermensul, dieu des Saxons.
Iroukouvédam (Ind.), livre sacré des Indiens.
Irrésolution (Iconol.)
Irri, le Soleil des Chingulais (Ceilan).
Irynge, fille de Pan et d'Echo.
Isania (M. Mah.), dieu protecteur.
Isées, fêtes d'Isis.
Isélastiques, jeux grecs.
Isfendiar (Mahom.), ange gardien de la chasteté.
Isiaque (la table), monument antique d'Isis.
Isiaques, prêtres d'Isis.
Ision, temple et simulacre d'Isis.
Isis, divinité des Egyptiens.
Isis ou Isites, (Mah.), sectaires musulmans.
Ismarus, fils de Mars.
Ismène, fille d'Œdipe.
Isménides, nymphes
Isménie, Minerve.
Isménien, Apollon.
Isménius, fils d'Apollon
Isménus, fontaine de Béotie.
Isoplès, centaure.
Isparetta (Ind.), dieu suprême du Malabar.
Italie (Iconol.)
Ithomate, Jupiter.
Ithome, nymphe.
Ithomées, fête de Jupiter.
Ithyphalle, Priape.
Ithyphallophores, ministres des orgies.
Itonia, Itonide, Minerve.
Itymonée, géant.
Iule, fils d'Enée.
Jules, hymnes en l'honneur de Cérès.
Ivrognerie (Iconol.)
Iwangis (Ind.), sorciers des Moluques.
Ixora (Ind.), dieu des Indiens.
Ized (M. Pers.), bons génies.
Izeschné (M. Pers.), ouvrage de Zoroastre.

J A Y M

Jabajahis (Mah.), hérétiques mahométans.
Jabaris ou Giabaris (Mah.), sectaires mahométans.
Jaca (Ind.), le diable à Ceilan.
Jactance (Iconol.)
Jacusi (Jap.), dieu de la médecine.
Jagarnat (Ind.), Wisnou.
Jagout ou Jaug, dieu arabe.
Jakusis (Jap.), esprits malins.
Jaldabaoth, divinité des Nicolaïtes.
Jalousie (Iconol.)
Jammabos (Jap.), hermites du Japon.
Jangu-Mon, dieu des nègres de la Côte d'Or.
Janhar, bon principe des Madécasses.
Janides, devins.
Janire, néréide; océanide.
Janiscus, fils d'Esculape et de Lampétie.
Jannanins (Afr.), esprits des morts.
Januales, fêtes de Janus.
Janus, divinité romaine.
Japet, fils d'Uranus.
Japhet, fils de Noé.
Jasion, fils de Jupiter et d'Electre.
Jaso, fille d'Esculape et d'Epione.
Jason, fils d'Eson et d'Alcimède.
Jaymo-Séjénon, fête au Pégu.
Jean-Gaut-Y-Tan, démon du Finistère. *Jean et son feu.*
Jebis ou Jebisu, divinité japonoise.
Jehovah, Dieu, chez les Hébreux.
Jehud ou Jehoud, fils de Saturne et de la nymphe Anobreth.
Jékire (Jap.), esprit malin.
Jène (Jap.), divinité.
Jeûne (Iconol.)
Jeunesse, Hébé.
Jezd, Jezdan, Ized (Pers.), dieu tout-puissant.
Jocaste, fille de Créon, femme de Laïus.
Jocastus, fils d'Eole.
Jocus, dieu de la raillerie.
Jodulte, idole des Saxons.
Joguis, moines indiens.
Joie, divinité des Romains.
Jol, fête dans le Nord.
Joppé, fille d'Eole.
Jord, (Celt.), la Terre.
Jorim-Assa, Hercule des Japonois.
Jos (Chin.), dieux pénates.
Jothun (Celt.), géans, génies.
Jou, Jupiter.
Jouanas, prêtres de la Floride.
Jour, fils de l'Erèbe et de la Nuit.
Jouvence, nymphe.
Judée (Iconol.)
Juge (Iconol.)
Jugement (Iconol.)
Juhles, esprits aériens des Lapons.
Juibas, prêtresses et devineresses de Formose.
Junon, femme de Jupiter.
Junons, génies des femmes.
Jupiter, le plus puissant des dieux.
Juridiction (Iconol.)
Justice, divinité allégoriq.
Juturne, divinité des Romains.
Juul, fête de Thor.

K O P P

Kadaris, sectaires mahométans.
Kadézadélites, secte de mahométans.
Kadris, religieux turcs.
Kalateurs, hérauts romains.
Kalifka, Kalki ou Kalli, déesse des Gentous.
Kanno, Etre suprême des nègres.
Kartik, divinité des Gentous.
Kéber, secte des Persans.
Kéramiens, sectaires mahométans.
Kéraon, dieu des Spartiates.
Kéraunoscopie, divination par la foudre.
Kessabiens, secte de mahométans.
Kharom, bon génie des Parsis.
Khoda, dieu tout-puissant des Perses.
Khordad, bon génie des Parsis.
Kiak Kiak, divinité du Pégu.
Kichtan (Amér.), Etre suprême.
Kikymora (Slav.), dieu de la nuit.
Kissen, dieu des Gentous.
Kistnerappan (Ind.), dieu de l'eau.
Kitchi-Manitou, déité du Canada.
Kiwasa, idole des sauvages de Virginie.
Kolada, Janus des Slaves.
Koppuhs, prêtres de Ceilan.

Kosé, divinité des Iduméens.
Kouan-In (Chin.), divi- des femmes.
Koupalo (Slav.), dieu des fruits.
Krono, idole des Germains.
Krusmann, dieu des peuples du Rhin.
Krutsanam, divinité des bords du Rhin.
Kuaser (Celt.), fils des dieux.
Kuges, ecclésiatiques du Japon.
Kuil-Kiapsri (Chin.), diviniré.
Kuon-In-Pu-Sa, divinité des Chinois.

LENT

Labda, fille d'Amphion.
Laideur (Iconol.)
Lallus, divinité des nourrices.
Lama, Dalaï-Lama.
Lamie, fille de Neptune.
Lamies, spectres à visage de femme.
Lampétie, Lampétuse, fille d'Apollon.
Lampéto, reine des Amazones.
Lamptéries, fête de Bacchus.
Lamus, fils de Neptune; fils de Priam.
Lanitro (Ind.), démon de l'air.
Lanthila (Ind.), Etre supérieur des Moluques.
Laocoon, argonaute; fils de Priam.
Laodocus, fils d'Apollon.
Laomédée, fille de Nérée.
Laothoé, fille d'Hercule.
Laphries, fête en l'honneur de Diane.
Laphystiennes, bacchantes.
Lapithe, fille d'Apollon.
Lapithès, fils d'Apollon; fils d'Eole.
Lara, naïade.
Lararies, fêtes des Lares.
Lardane, nymphe.
Lare, dieu domestique.
Larentales, fête de Jupiter.
Larentinales, larentales.
Lares, dieux domestiques.
Larissée, Minerve.
Larunda, mère des Lares.
Larves, ames des méchans.
Lasciveté (Iconol.)
Lassitude (Iconol.)
Lat, idole des Arabes.
Lath, l'Etre suprême des Arabes.
Latobius, dieu de la santé des Noriques.
Latoïdes, Apollon et Diane.
Latone, fille du titan Cœus.
Latrée, centaure.
Laurea, divinité.
Laverne, déesse des voleurs.
Laverniones, les dévots à Laverne.
Lavinie, fille de Latinus.
Laximi, femme de Wisnou.
Laxo, fille de Borée.
Léandre, jeune homme amoureux d'Héro.
Léchanomantie, sorte de divination.
Léchès, fils de Neptune.
Léchies (Slav.), dieux des bois.
Lécoris, une des Grâces.
Léda, femme de Tyndare; (Slav), dieu de la guerre.
Légéreté d'esprit (Iconol.)
Léhérenne, divinité.
Lélégéides, nymphes.
Lémures, génies malfaisans.
Lémures, Lémurales, fête des Lémures.
Lénées, fêtes de Bacchus.
Lenteur (Iconol.)
Léonidées, fêtes de Léonidas.
Léonthadome, nymphe.
Léontiade, fils d'Hercule.
Lerne, lac d'Argos.
Lernées, fêtes à Lerne.
Leschénore, Apollon.
Léthé, fleuve de Crète; de l'enfer.
Leucate, promontoire de Leucade.
Leucippe, océanide.
Leucophryne, Diane.
Leucosie, sirène.
Leucothée, Ino.
Leucyanite, Bacchus.
Levana, déesse à Rome.
Léviathan, poisson fabuleux.
Libéra, déesse, fille de Jupiter.
Libérales, fêtes de Bacchus.
Libéralité, allégorie.
Liberté, divinité des Grecs et des Romains.
Libertinage (Iconol.)
Libéthrides, nymphes; les Muses.
Libitine, *déesse des funérailles*.
Libre arbitre (Iconol.)
Licence (Iconol.)
Licnitès, Bacchus.
Licnophores, ceux qui portoient le van.
Ligée, nymphe.
Ligie, néréide; sirène.
Lilée, naïade.
Lilit (M. Rabb.), femme d'Adam.
Limes, divinité romaine.
Limnacides, Limnades, Limniades, Limnées, Limniaques, nymphes des lacs et des étangs.
Limnétidies, fêtes de Diane.
Limniace, nymphe.
Limnorie, néréide.
Limoniades, nymphes des prairies.
Lindienne, Minerve.
Lingam (Ind.), représentation du dieu Ixora.
Linus, fils d'Apollon.
Liriope, océanide.
Lochéate, Jupiter.
Loda, dieu de Scandinavie.
Lofna, déesse des Goths.
Logique (Iconol.)
Loke (Celt.), divinité malfaisante.
Loquacité (Allégor.)
Lotophages, peuples d'Afrique.
Lotos, fleur du lotus.
Louange, allégorie.
Loup, consacré à Mars.
Louquo (Ind.), *le premier homme*.
Louve, nourrice de Rémus et de Romulus.
Lovna (Celt.), déesse favorable.
Loyauté (Iconol.)
Lua, déesse des expiations.
Lubentéa, déesse du désir.
Lucaries *ou* Lucéries, fête romaine.
Lucifer, fils de Persé.
Lucine, déesse des accouchemens.
Lucrèce, femme de Numa.
Luctariens, jeux.
Lucullies, fêtes de Lucullus.
Luki (Ind.), *déesse des grains*.
Lune, divinité.
Lupercales, fêtes de Pan.
Luperques, prêtres de Pan.
Lustrales, fêtes à Rome.
Lustration, cérémonie.
Luxure (Iconol.)
Lycaon, roi d'Arcadie.
Lycées, fêtes d'Apollon.
Lyceste, nymphe.
Lycétus, centaure.
Lychas, valet d'Hercule.
Lycidas, Lapithe; *centaure*.
Lycigénète, Apollon.
Lycisca, chienne d'Actéon.
Lycius, fils d'Hercule.
Lycogène, Apollon.
Lycomède, fils d'Apollon.
Lycorias, nymphe.
Lycorus, fils d'Apollon.
Lycurgides, fête de Lycurgue.
Lycurgue, géant; fils de Jupiter.
Lycus, centaure.
Lydus, fils d'Hercule.
Lympha, divinité romaine.
Lyna (Celt.), déesse.
Lyncée, guerrier.
Lyndien, Hercule.
Lyre (Iconol.)
Lyrique (poëme) (Iconol).
Lysandries, fêtes de Junon.
Lysiades, nymphes.
Lyssa, la Rage.

MANI

Ma, femme chargée d'élever Bacchus.
Mab, reine des fées.
Maboia (Ind.), mauvais principe.
Macarée, fils d'Eole.
Macarie, fille d'Hercule.
Machaon, fils d'Esculape.
Machlyes, peuple d'Afrique.
Maciste, Hercule.
Macoche, Mocoche *ou* Mokosle, divinité de Kiew.
Macris, fille d'Aristée.
Macrobiens, peuple fabul.
Macrosiris, géant.
Mactrisme, danse ridicule.
Mæra, néréide.
Mærgetès, Jupiter.
Maglante, divinité des Philippines.
Magnanimité (Iconol.)
Magnès, fils d'Eole.
Magnificence (Iconol.)
Magodes, pantomimes.
Magophonie, fête des Perses.
Mahadeva (Ind.), Shiva.
Mahah Surgo (Ind.), le ciel.
Mahomet, prophète, législateur et souverain des Arabes.
Maïa, fille d'Atlas.
Main, symbole de la force, de la foi.
Mais, substitut de Wishnou.
Majesta, divinité romaine.
Majesté royale (Iconol.)
Majumes, fêtes de Flore.
Maladie (Iconol.)
Maladies, divinités des enfers.
Malaingha (*Afr.*), ange.
Maleatès, Apollon.
Malignité (Iconol.)
Mallophore, Cérès.
Malumigis, hérétiques mahométans.
Malvales, fêtes de Matula.
Mamaniva, idole des Banians.
Mambrès, magicien d'Egypte.
Mammon *ou* Mammona, dieu des Syriens.
Mana, déesse des Romains.
Manah, idole des anciens Arabes.
Manar-Suami (Ind.), divinité inconnue.
Manco-Capac, législateur et dieu des Péruviens.
Mandane, épouse de Cyrus.
Mandragore, diable familier.
Mane (Celt.), la Lune.
Mânes, fantômes.
Mânes, divinités.
Manès, fils de Jupiter.
Mangélies, fêtes des Romains.
Mania, déesse romaine.
Manies, les Furies.
Manipa, idole de Tartarie.
Manitou (Amér.), esprit.
Manmadin (Ind.), fils de Wishnou.
Mansuétude (Iconol.)
Manto, prophétesse.
Manturna, déesse des Romains.
Maozim, dieu de l'antiquité; Jupiter; Mars.
Marabouts, prêtres mahométans d'Afrique.
Maracas, idoles du Brésil.
Maramba, idole de Loango.
Marcia, nymphe.
Marcius, devin.
Mariage (Iconol.)
Mariatala (Ind.), déesse de la petite vérole.
Marica, nymphe.
Marnas, divinité de Gaza.
Maroutoukeis (Ind.), tribu des purs esprits.
Marpésie, reine des Amazones.
Mars, dieu de la guerre.
Marspiter, Mars.
Marsus, fils de Circé.
Marsyas, rival d'Apollon.
Martha, prophétesse syrienne.
Marthésie, reine des Amazones.
Martinet, Maître Martinet, démon familier.
Martyre (Iconol.)
Martzana, divinité de Kiew.
Massue, symbole d'Hercule.
Mastigophores, huissiers des Hellanodiques.
Matchi-Manitou (Amér.) esprit malfaisant.
Matchia-Vataram, Wisnou.
Matères, déesses en Sicile.
Mathan, prêtre de Baal.
Mathématiques (Iconol.)
Matin (Iconol.)
Matrales, fête d'Ino.
Matrones, les Parques.
Matta (Ind.), idole monstrueuse.
Maturne, déesse de la maturité.
Matura, Leucothée *ou* Ino.
Matzou, divinité chinoise.
Mausole, roi de Carie.
Mausolée, tombeau de Mausole.
Maya (Ind.), mère de la nature et des dieux.
Mayessoura (Ind.), l'air divinisé.
Mayrs (Celt.), divinités.
Mécanique (Iconol.)
Mécasphins, sorciers chaldéens.
Méchanceté (Iconol.)
Médecine (Iconol.)
Médée, amante de Jason.
Médiocrité (Iconol.)
Médioximes, dieux aériens.
Médisance (Iconol.)
Méditation (Iconol.)
Méditrinales, fêtes de Méditrine.
Méditrine, divinité des médicamens.
Médius *ou* Modius, fils de Mars.
Médon, centaure.
Médus, fils de Jason et de *Médée*.
Méduse, gorgone.
Mégabyzes, Mégalobyzes, prêtres de Diane.
Mégalarties, fêtes de Cérès.
Mégalasclépiades, fêtes d'Esculape.
Mégalé, Junon.
Mégalésiens, jeux.
Mégalésies, fête de Cybèle.
Mégareus, petit-fils d'Hercule; fils d'Apollon; fils de Neptune.
Mégarus, fils de Jupiter.
Mégère, furie.
Méhadu, divinité des brahmines.
Mélalippe, nymphe; fille d'Eole.
Mélampe, fils d'Atrée; compagnon d'Hercule.
Mélancolie (Iconol.)
Mélanée, centaure.
Mélanippus, fils de Mars.
Mélanpadam, paradis des Indiens.
Mélanthie, fille de Deucalion.
Mélantho, nymphe.
Mélas, argonaute.
Melcarthus, dieu des Tyriens.
Melchom, dieu des Ammonites.
Méléagre, fils d'Œnée.
Méléré, muse.
Méliades, Mélies, Mélides, Epimélides, nymphes des troupeaux.
Méliaste, Bacchus.
Mélibée, fille de l'Océan; fille de Niobé.
Mélicerte, Hercule.
Mélie, fille de *l'Océan*; nymphe.
Méligunis, fille de Vénus.
Mélisse, océanide.
Mélite, néréide; nymphe.
Mellone, divinité des abeilles.
Mélobosis, océanide.
Mélophore, Cérès.
Melpomène, muse de la tragédie.
Mélusine, fée.
Mémacte, Jupiter.
Mémactéries, fêtes de Jupiter.
Mémercus, fils de Jason.
Memnon, fils de Tithon.
Mémoire (Iconol.)
Memphis, fils de Jupiter.
Memrumus, dieu des Phéniciens.
Men, Lunus.
Mena *ou* Méné, divinité des infirmités des femmes.
Menace (Iconol.)
Ménades, Bacchantes.
Ménagyrtes, prêtres de Cybèle.
Menalipe, fille de Chiron.
Ménalippies, fête de Ménalippe.
Ménalque, berger.
Ménasinus, fils de Pollux.
Menat, divinité des Arabes.
Mendès, dieu égyptien.
Méné, déesse, la Lune.
Ménélaïes, fêtes de Ménélas.
Ménélas, frère d'Agamemnon.
Ménélée, centaure.
Ménès, législateur et roi d'Egypte.
Ménesthée, fils de Pelée.
Ménestho, océanide.
Ménippe, néréide; idole des Indiens; amazone.
Ménius, fils de Lycaon.
Menou, fils de Brahma.
Mens, la pensée, divinité.
Mensonge (Iconol.)
Menthe, fille du Cocyte.
Mentor, ami d'Ulysse.
Méonides, les Muses.
Méotides, les Amazones.
Méphitis, déesse de l'air *corrompu*.
Mépris (Iconol.)
Mer, grande divinité.
Méra, fille de Protée.
Mercédona, déesse des marchands.
Mercure, messager des dieux.
Mercuriales, fêtes de Cérès.
Meretrix, Vénus.
Mergian-Banou (Orient), fée.
Méridien, démon que les Russes *révèrent*.
Méridiens, gladiateurs.
Mérion, fils de Molus; fils de Jason.
Mérite (Iconol.)
Merméros, centaure.
Merméros, fils de Jason.
Mérope, mère de Dédale; pléiade.
Merops, géant.
Mésadéus, Bacchus.
Mésostrophonies, jours des sacrifices publics.
Messsape, fils de Neptune.
Messapée, Jupiter.
Messie, déesse des moissons.
Messou (Amér.), réparateur après le déluge.
Mestor, fils de Persée.
Mesure (Iconol.)
Métagitnies, fêtes d'Apollon.
Métagyrtes, ministres de Cybèle.
Métaphysique (Iconol.)
Métharme, fille de Pygmalion.
Méthée, cheval de Pluton.
Méthon, fils d'Orphée.
Méthyne, divinité du vin nouveau.
Metis, déesse, épouse de Jupiter.
Méroécies, sacrifice établi par Thésée.
Métra, aimée de Neptune.
Métragyrte, la mère des dieux.
Métragyrtes, prêtres de Cybèle.
Mévélévis, religieux turcs.
Mézence, roi d'Etrurie.
Mezzachuliens, philosophes mahométans.
Mias, temples des Japonois.
Michapous, l'Etre suprême dans l'Amérique septentrionale.
Midas, fils de Cybèle.
Midi (Iconol.)
Migonitis, Vénus.
Mihr *ou* Mihir, dieu des Perses.
Milanion, amant d'Atalante.
Milon de Crotone, athléte.
Miltiadées, sacrifices en l'honneur de Miltiade.
Mimallodes, Mimallonides, Bacchantes.
Mimâmsâ (Ind.), secte philosophique.
Mimas, géant.
Mimis (Celt.), dieu de la sagesse.
Mimon, dieu Telchine.
Mineias, fille de Minée.
Minervales, fêtes de Minerve.
Minerve, *déesse* de la sagesse.
Minétra, nymphe.
Minopéne, nymphe.
Minos, juge des enfers.
Minotaure, monstre moitié homme et moitié taureau.
Minutius, dieu des Romains.
Minytus, fils de Niobé.
Misène, fils d'Eole.
Misère, divinité.
Miséricorde (Iconol.)
Mithama, génie des Basilidiens.
Mithra, Mithras.
Mithras, divinité persane.
Mithriaques, fêtes de Mithras.
Mitra, Vénus Uranie.
Mitylénies, fête d'Apollon.
Mnasile, satyre.
Mnasinoüs, fils de Pollux.
Mnemé, muse
Mnémonides, les Muses.
Mnémosine, la Mémoire.
Mnésinoé, Léda.
Mnévis, taureau consacré au soleil.
Moatazalites, sectaires mahométans.
Mobeds, prêtres des Parsis.
Modestie (Iconol.)
Mogiassemioun, secte musulmane.
Mogon, déité du Northumberland.

Moïragète, Jupiter.
Moiragerès, Pluton.
Moïsasour (Ind.), chef des anges rebelles.
Moïse, législateur des Hébreux.
Mokissos, génies au royaume de Loango.
Molée, fête de Lycurgue.
Moles, déesse des meuniers.
Molesse (Iconol.)
Moloch, dieu des Ammonites.
Molongo, Être suprême du Monomotapa.
Molpadie, amazone.
Molus, enfant de Minos.
Momus, dieu de la raillerie.
Monarchie (Iconol.)
Monarchie universelle(Ic.)
Monde, dieu.
Monkir et Nekir (Mah.), anges.
Monts-joie, monceaux de pierres autour des statues de Mercure.
Monychus, centaure.
Mopse, sirène.
Mopsus, fils d'Apollon; Lapithe.
Moquerie (Iconol.)
Morale (Iconol.)
Mordad (Pers.), l'ange de la mort.
Morgion, grâce.
Morgites, secte du mahométisme.
Mormones, génies redoutables.
Morphée, le premier des Songes.
Mort, divinité.
Mortification (Iconol.)
Moschrara, Jupiter des Arabes.
Motazalites, sectaires mahométans.
Moudévi (Ind.), déesse de la discorde et de la misère.
Mouni ou Cateri (Ind.), esprits
Mouth (Syr.), dieu des morts.
Moyéni (Ind.), Wishnou.
Mucies, fêtes en l'honneur de Mutius Scévola.
Mulciber, Vulcain.
Mumbo-Jumbo, idole des Nègres.
Murasichites, philosophes turcs.
Munychies, fête de Diane.
Murcia, déesse, la Paresse.
Musagète, Apollon.
Musée, disciple d'Orphée.
Musées, fêtes des Muses.
Muserins, athées turcs.
Muses, déesses des sciences et des arts.
Muslmós (Afr.), fêtes des ames.
Musique (Iconol.)
Musucca (Afr.), le diable.
Mura, déesse du silence, Lara.
Mycale, magicienne.
Mycalessie, Cérès.
Mycène, fille d'Inachus.
Mycérinus, fils de Chéops.
Myiagrus, génie imaginaire.
Myiode, Myiagrus.
Mynitus, fils de Niobé.
Myoam, génie des Basilidiens.
Myomantie, divination par les rats.
Myrionyma, Isis.
Myrsus, Héraclide.
Myrte, consacré à Vénus.
Myrto, amazone.
Mysies, fêtes de Cérès.

NAAN

NAANG-PHRATHO-RANJ (Siam.), ange gardienne de la terre,
Nabo ou Nébo, divinité des Assyriens.
Nagates, astrologues de Ceilan.
Naïade, nymphe.
Naïades, nymphes.
Naïas, Naïs, naïade.
Naïbes (Mah.), docteurs de la loi.
Nairangie (Arab.), divination sur des phénomènes du soleil et de la lune.
Naïs, nymphe.
Nambouris, prêtres du Malabar.
Nandi (Ind.), déesse de la joie.
Nanée, déesse en Perse.
Napées, nymphes.
Narassima-Vataram, Wishnou.
Narayan (Ind.), l'esprit divin.
Narcée, fils de Bacchus.
Narcisse, fils du Céphise.
Nareda, fils de Brahma.
Naïfe (Celt.), fils de Loke.
Nasamon, fils de Diane.
Nascio ou Natio, déesse des Romains.
Nastrande, enfer des Scandinaves.
Natagaï (Ind.), dieu créateur.
Natalities, fêtes, jeux en l'honneur des dieux qui président à la naissance.
Natigay ou Stogay, dieux pénates des Tartares.
Nature, divinité.
Naucratis, ville d'Egypte.
Nauplius, fils de Neptune; argonaute.
Nausicaa, fille d'Alcinoüs.
Nausithoé, néréide.
Nausithoüs, fils de Neptune.
Navigation (Iconol.)
Nazaréat, état des Nazaréens.
Nebrodès, Bacchus.
Nécessité, déesse absolue.
Nécysies, fête des morts.
Néda, nourrice de Jupiter.
Nédymnus, centaure.
Néera, déesse aimée du Soleil; fille de Niobé.
Neges ou Canusis, prêtres du Japon.
Négligence (Iconol.)
Négores, secte japonoise.
Nehallenia, déesse en Zélande.
Néhémie, le Messie.
Neith, (Celt.), divinité des eaux.
Néléidies, fêtes de Diane.
Néléis, Diane.
Nélo, danaïde.
Nembroth, esprit.
Néméens, jeux institués par Hercule.
Nemertès, néréide.
Nemésées, fêtes de Némésis.
Némèses, divinités.
Némésis, fille d'Océan.
Nemestrinus, dieu des forêts.
Némétès, Jupiter Néméen.
Némorales, fêtes de Diane.
Nemrod, Saturne.
Nénie, déesse des funérailles.
Nénies, chants aux funérailles.
Néoénie, fête de Bacchus.
Néoménies, fêtes aux nouvelles lunes.
Néoméris, néréide.
Néoptolémées, fête de Néoptolème.
Néphalies, fête des gens sobres.
Néphélim, géans ou brigands.
Néphélocentaures, centaures nus.
Nephthé, femme de Typhon,
Nephthys, Vénus ou la Victoire.
Neptunales, fêtes de Neptune.
Neptune, divinité des mers.
Neptunes, certains génies semblables aux Faunes.
Nequam, prince des magiciens.
Nérée, dieu marin.
Néréides, filles de Nérée.
Nergel, divinité des Chutéens.
Nériène ou Nérion, femme de Mars.
Nérina, Nérita, Névérita, déesse du respect.
Néroniens, jeux littéraires.
Nésée, nymphe.
Nesroch, dieu des Assyriens.
Nessus, centaure.
Nésu, dieu des Arabes,
Neutralité (Iconol.)
Nia, Cérès des Sarmates.
Nia ou Niame (Slav.), roi des enfers.
Nibbas, Anubis.
Nibéchan, divinité des Hévéens.
Nicé, compagne de Jupiter.
Nicéa, naïade.
Nicéphore, Jupiter.
Nicétéries, fête en l'honneur de Minerve.
Nicken, dieu des morts en Danemarck.
Nicodrome, fils d'Hercule.
Nicon, fameux athléte.
Nicophore, Vénus; Diane.
Nicostrata, prophéresse.
Niflheim, enfer des Scandinaves.
Nil, dieu de l'Egypte; père de Mercure.
Ninifo, divinité chinoise, la Volupté.
Ninus, arrière-petit-fils d'Hercule.
Niobé, aimée de Jupiter.
Niord (Celt.), le troisième des dieux.
Niphé, nymphe de Diane.
Nireupan, paradis des Siamois.
Nirudy (Ind.), roi des démons.
Nisée, nymphe.
Niso, néréide.
Nisus, frère d'Egée.
Nitoès, démons des îles Moluques.
Nivarti (Ind.), vertus suréminentes.
Noblesse (Iconol.)
Nocca, Neptune des Goths.
Noctulius, dieu de la nuit.
Nocturninus, Nocturnus, dieu des ténèbres.
Nodinus, Nodotus, Nodutis, Nodutus, dieu des nœuds.
Noduterusa, divinité.
Nomius, fils d'Apollon.
Nona, parque; divinité romaine.
Nonacriatès, Mercure.
Nonchalance (Iconol.)
Nondina, déesse de la purification des enfans.
Nonius, cheval de Pluton.
Nor (Celt.), géant.
Nornes (Celt.), fées.
Nortia, déesse étrusque.
Nothus, fils de Deucalion.
Notus, vent du midi.
Novensiles, dieux des Romains.
Nudipédales, fête à Rome.
Nue, mère des centaures.
Nuit, déesse des ténèbres.
Numéria, déesse de l'arithmétique.
Nuptiales, dieux des noces.
Nyctée, fils de Neptune; cheval de Pluton.
Nyctélies, fêtes de Bacchus.
Nymphagère, Neptune.
Nymphes, divinités subalternes.
Nysa, nourrice de Bacchus.
Nyséides ou Nysiades, nymphe.
Nyso, nymphe.
Nyssie, femme de Candaule.

OPAL

OANNÈS, Oën, Oès, monstre, moitié homme et moitié poisson.
Oaxus, fils d'Apollon.
Obéissance (Iconol.)
Obodos, dieu des Arabes.
Obscurité (Iconol.)
Obstination, divinité, fille de la Nuit.
Oby (le vieillard de l'), idole des Tartares de l'Oby.
Occasion, divinité.
Occident (Iconol.)
Océan, dieu des eaux.
Océanides, Océanites, filles de l'Océan.
Ocypète ou Ocypode, harpyie.
Ocxroé, océanide.
Ocythoé, harpyie.
Odin, législateur du Nord.
Odite, centaure.
Odorat (Iconol.)
Odrysus, dieu des Thraces.
Œanthe, nymphe.
Œbotas, athléte.
Œclus, centaure.
Œdipe, fils de Laïus.
Oémé, danaïde.
Œnéis, nymphe.
Œnistéries, fête à Athènes.
Œnone, maîtresse de Jupiter.
Œnophories, fête des Egyptiens.
Œnoploh, fils de Thésée.
Œuvre parfaite (Iconol.)
Offense (Iconol.)
Ogénus, dieu des vieillards.
Ogias, géant.
Ogmion, Ogmios, Ogmius, Hercule gaulois.
Ogre, monstre antrophage.
Ogygès, premier roi de la Grèce.
Oiarou, objet du culte des Iroquois.
Oisiveté (Iconol.)
Oison, animal consacré à Junon.
Okée, idole des Virginiens
Okkisik (Amér.), esprits.
Olène, fils de Jupiter; fils de Vulcain.
Olèries; fêtes en l'honneur de Minerve.
Olivier, arbre consacré à Jupiter.
Olympien, Jupiter.
Olympus, satyre; fils d'Hercule.
Ombiasses, prêtres de Madagascar.
Omophagies, fêtes de Bacchus.
Omorca (Chald.), déesse souveraine de l'univers.
Omphale, reine de Lydie.
On (Egypt.), le soleil.
Oncéatès, Apollon.
Onchesties, fêtes de Neptune.
Oncus, fils d'Apollon.
Ondérah (Ind.), les enfers.
Onirocriticon, Mercure.
Onocentaure, monstre moitié homme et moitié âne.
Onochoïrités, Onochoétès, monstre moitié âne et moitié porc.
Onomate, fête d'Hercule.
Onsais, prêtres de la Cochinchine.
Onuava, divinité des Gaulois.
Onuphis, taureau consacré à Osiris.
Opalies, fêtes de la déesse Ops.
Opération (Iconol.)
Opertanéens, dieux.
Opertanées, sacrifices à Cybèle.
Ophiéus ou Ophionée, Pluton.
Ophionée, le chef des démons.
Ophites, branche des Gnostiques.
Ophthalmitis, Minerve.
Opinion (Iconol.)
Opis, Némésis; dieu du secours.
Oplitodromes, athlétes dans les jeux olympiques.
Ops, Cybèle, Rhéa, la Terre.
Optique (Iconol.)
Or ou Our, feu pur des Chaldéens.
Ora, nymphe.
Oraison (Iconol.)
Orbona, déesse.
Orciniens, esclaves affranchis.
Ordrysus, divinité des Thraces.
Oréades, nymphes des montagnes.
Oréas, fils d'Hercule et de Chryséis.
Orée, hamadryade.
Oreste, fils d'Agamemnon.
Orestiades, Oréades.
Orgiastes, prêtresses de Bacchus.
Orgies, fêtes de Bacchus.
Orgueil (Iconol.)
Orgya, petites idoles.
Orient (Iconol.)
Origine d'Amour (Iconol.)
Orion, dieu de la guerre des Parthes; fils de Neptune; Lapithe.
Orissa (Afr.), Être suprême.
Orithyie, néréide; fille d'Erichthée.
Ormusd ou Hormizda-Choda (Pers.), Oromazdes, premier principe.
Ornéate, Priape.
Ornées, fête de Priape.
Ornéus, Lapithe; centaure; Priape.
Oro, grand dieu des Otahitiens.
Orodemniades, Oréades.
Oromase (Pers.), principe du bien.
Oromédon, géant.
Orphée, fils d'Apollon, musicien célèbre.
Orphéotélestes, interprètes des mystères.
Orphiques, orgies de Bacchus.
Orséis, nymphe.
Orsi, l'Être suprême des Perses.
Orsiloché, Diane en Tauride.
Orthane, divinité des Athéniens.
Orthésie, Diane des Thraces.
Orrygie, Diane.
Oschophories, fête de Minerve et de Bacchus.
Oscilles, petites figures humaines.
Oscines, oiseaux dont on consultoit le chant.
Osiris, divinité des Egyptiens.
Oslade ou Ouslade, divinité de Kiew.
Osques, jeux scéniques.
Ossa-Polla-Maups (Ind.), l'Être suprême.
Ossilago, déesse des Romains.
Othin, Oden ou Woden, Odin.
Otkée (Amér.), Othon, le créateur du monde.
Otus, géant.
Ouahiche, démon des Iroquois,
Ouaracara, idole caraïbe.
Oubli (Iconol.)
Oubli (fleuve d'), Léthé.
Oubli d'Amour (Iconol.)
Ouïe (Iconol.)
Ounontio, Onontio, l'Être suprême des Iroquois.
Ouran ou Ouran-Soangue (Ind.), magiciens.
Ovissara (Afr.), l'Etre suprême.
Oxylus, fils de Mars

PARA

PACALIES, fêtes de la Paix.
Pachacamac (M. Péruv.), l'Etre suprême.
Pachacamama, déesse du Pérou.
Pacifère, Minerve.
Pactole, fleuve de Phrygie.
Pactolides, nymphes.
Paganales, fêtes des Romains.
Paix, divinité.
Palamnæus, démon lutteur.
Palatins, prêtres saliens.
Palatua, déesse à Rome.
Palémon, dieu marin; fils d'Hercule.
Palémonius, argonaute, fils de Vulcain.
Palès, déesse des bergers.
Palestines, les Furies.
Palestre, fille de Mercure.
Pâleur, dieu des Romains.
Palices, jumeaux mis au rang des dieux.
Palilies, fête de Palès.
Palinure, pilote d'Enée.
Palladium, statue de Minerve.
Pallas, déesse de la guerre; titan; père de Minerve; fils d'Hercule.
Palloriens, prêtres de la Pâleur.
Pambéoties, fêtes de Minerve.
Pamphila, fille d'Apollon.
Pamphyloge, femme de l'Océan.
Pamylies, fêtes d'Osiris.
Pan, dieu des bergers.
Panacée, fille d'Esculape.
Panachéenne, Cérès.
Panagée, Diane.
Panathénées, fêtes de Minerve.
Pancratès, Jupiter.
Pancratiastes, athlétes.
Panda, deux divinités des Romains.
Pandarons (Ind.), religieux.
Pandée, fille d'Hercule.
Pandème, Vénus.
Pandies, fête de Jupiter.
Pandion, fils de Cécrops.
Pandore, la première femme.
Panhellinon, Bacchus.
Panionies, fête de Neptune.
Panjacartaguel (Ind.), les cinq dieux.
Panjans, prêtres indiens.
Panomphée, Jupiter.
Panope, néréide; fille de Thésée.
Panopiès, Jupiter.
Panthée, prêtre d'Apollon.
Panthées, divinités.
Papillon, symbole de l'étourderie.
Pappée, Jupiter des Scythes.
Parabaravastu (M. Ind.), l'Etre suprême.
Parabolains, gladiateurs.
Parabrahma, dieu de l'Inde.
Paralos, vaisseau sacré d'Athènes.
Parasati (Ind.), Shiva.
Parashiva (Ind.), Shiva.
Parassourama (Ind.), Wishnou.
Paraxati, déesse, mère de Brahma.

Parcimonie (Iconol.)
Pardon (Iconol.)
Parèdres *ou* Synhodes, hommes mis au rang des dieux.
Parès, Palès.
Paresse, divinité.
Pâris, fils de Priam.
Parisies, fêtes des femmes enceintes.
Parmulaires, gladiateurs.
Parnasse, montagne consacrée à Apollon.
Parnassides, les Muses.
Parole, divinité des Romains.
Parques, divinités des enfers.
Parra, oiseau de mauvais augure.
Partes, deux déesses des femmes grosses.
Parthénie, Minerve; Junon; Diane.
Parthénies, hymnes.
Parthénis, Minerve.
Parthénope, sirène.
Partialité (Iconol.)
Partula, déesse de la grossesse.
Paruadi *ou* Parvati, l'épouse de Shiva.
Pasendas, secte des brahmines.
Pasiphaé, épouse de Minos 2; déesse dans la Laconie.
Pasithée, fille de Jupiter.
Pasithoé, *océanide.*
Pastophores, prêtres de Vénus.
Pataïques, divinités des Phéniciens.
Patala (Ind.), l'enfer.
Patalène *ou* Patelène, déesse des moissons.
Perella *ou* Patellana, divinité.
Patélo, divinité des Prussiens.
Patères, prêtres d'Apollon.
Patience (Iconol.)
Patragali (Ind.), déesse.
Patras, ville du Péloponèse.
Patriques, mystères mithriaques.
Patriumpho, *idole des Prussiens.*
Patrocle, roi des Locriens.
Pausus, dieu du repos.
Pauvreté, divinité.
Paventie, divinité romaine.
Pavor, divinité des Romains.
Pavoriens, prêtres de Mars.
Pavot, attribut du sommeil.
Péan, hymnes en l'honeur d'Apollon; Apollon.
Péché (Iconol.)
Pécunia, déesse de l'argent.
Pédophile, Cérès.
Pédothysie, sacrifice des enfans.
Pédotrophe, Diane.
Pégase, cheval ailé.
Pégasides, les Muses.
Pégées, nymphes.
Peinture (Iconol.)
Peïrum (Jap.), dieu.
Pélasgie, Junon.
Pélasgus, fils de la Terre; fils de Jupiter; fils de Neptune.
Pélée, père d'Achille.
Pélias, fils de Neptune.
Pélides, Achille.
Pellonia, déesse.
Pélopée, fille de Thyeste.
Pélopides, Atrée *et* Thyeste.
Pélopies, fête de Pélops.
Pélops, fils de Tantale.
Pélorien, Jupiter.
Péloris, *nymphe.*
Pénates, dieux domestiques.
Pénélée, argonaute.
Pénélope, femme d'Ulysse.
Pénétrale, lieu le plus secret de la maison.
Pénie, déesse de la pauvreté.
Pénitence (Iconol.)

Penser (Iconol.)
Pentathles, athlétes.
Penthée, roi de Thèbes.
Penthésilée, reine des Amazones.
Péon, médecin fameux.
Péonien, Apollon.
Pépénuth, idole des Saxons.
Pérasie, Diane.
Percunus, idole des anciens Prussiens.
Perdix, sœur de Dédale.
Perdoite, divinité des anciens peuples de la Prusse.
Perfection (Iconol.)
Perfica, divinité obscène.
Perfidie (Iconol.)
Pergée, Diane.
Pergubrios, idole des anciens peuples de la Prusse.
Péribasie, Vénus.
Péricylacisme, expiation.
Périégètes, *ministres* de Delphes.
Perierès, fils d'Eole.
Périgone, fille du géant Sinis.
Péril (Iconol.)
Pétimal (Ind.), divinité.
Périphas, Lapithe.
Périphétès, géant.
Péris, génies femelles des Persans.
Péristère, nymphe de Vénus.
Permesse, rivière consacrée aux Muses.
Permessides, les Muses.
Péroun, Perkoun (Slav.), première divinité.
Persa, Persée *ou* Perséis, fille de l'Océan.
Persée, fils de Jupiter.
Perséphone, Proserpine.
Persès, fils du Soleil.
Perséus, titan.
Persévérance (Iconol.)
Perspective (Iconol.)
Pertunda, divinité des mariages.
Péruno, la foudre, divinité des Prussiens.
Peste, divinité.
Péta, divinité romaine.
Pétrée, *océanide.*
Pétrous, dieux, enfans de Brahma.
Peuplier, arbre consacré à Hercule.
Peur, divinité.
Pez *et* Pischaros, divinités indiennes.
Phaenna, l'une des Grâces.
Phæo, hyade.
Phæsyle, hyade.
Phaéton, fils du Soleil; fils de l'Aurore.
Phaétuse, sœur de Phaéton.
Phagésies, Phagésiposies, fêtes de Bacchus.
Phaie, laie, mère du sanglier de Calydon.
Phalère, argonaute.
Phalès, divinité des Cylléniens.
Phalliques, fêtes de Bacchus.
Phallophores, ministres des orgies.
Phallus, figure scanduleuse du dieu des jardins.
Phaloé, nymphe.
Phanée, Apollon.
Phantase, fils du Sommeil.
Phanus, argonaute.
Phaon, aimé de Sapho.
Pharée, centaure.
Pharis, fils de Mercure.
Pharnace, femme d'Apollon.
Pharnak, dieu d'Ibérie.
Pharygée, *Junon.*
Phasiane, Cybèle.
Phasis, fils d'Apollon.
Phécasiens, divinités des Athéniens.
Phèdre, fille de Pasiphaé.
Phgéonée, Jupiter.
Phélo, dieu des Chinois.

Phélophanie, fête de Phélo.
Phémonoé, pythie de Delphes.
Phénice, mère de Protée.
Phenix, oiseau fabuleux.
Phéocome, centaure.
Phérala, mère d'Hécate.
Phéréenne, Diane.
Phéréphate, Proserpine.
Phéréphaties, fêtes de Proserpine.
Phérépole, la Fortune.
Phérès, fils de Jason et de Médée.
Phéruse, nymphe.
Phialé, nymphe.
Phidippe, petit-fils d'Hercule.
Phigalia, driade.
Phitammon, fils d'Apollon.
Philélie, chanson grecque en l'honneur d'Apollon.
Phileto, hyade.
Philia, l'Amitié.
Philobia, femme de Persée.
Philoctète, compagnon d'Hercule; argonaute.
Philoctus, fils de Vulcain.
Philogée, cheval du Soleil.
Philolaüs, fils de Minos.
Philomaque, fille d'Amphion.
Philomèle, frère de Plutus; sœur de Progné.
Philonomé, femme de Cycnus; compagne de Diane.
Philosophie (Iconol.)
Philotis, fille de la Nuit.
Philyre, fille de l'Océan.
Phlégéton, fleuve d'enfer.
Phlégon, cheval du Soleil.
Phlégyas, fils de Mars.
Phocus, fils de Neptune.
Phœbé, fille du Ciel; Diane ou la Lune; sœur de Phaéton.
Phœbus, Apollon.
Pholoé, nymphe.
Pholus, centaure.
Phonolénis, Lapithe.
Phorbas, Lapithe.
Phorcus *ou* Phorcys, dieu marin.
Phorcydes *ou* Phorcynides, Gorgones.
Phorcynis, Méduse.
Phoronée, fils d'Inachus.
Phosphore, Até; Diane; Lucifer.
Phosphories, fêtes en l'honneur de Lucifer.
Phra (Egyp.), le Soleil.
Phrasius, devin de Chypre.
Phrontis, argonaute.
Phrygiennes *ou* Phrygies, fêtes de Cybèle.
Phthas *ou* Aphtas, Vulcain.
Phthonos, l'Envie, dieu.
Phylacis *et* Phylandre, fils d'Apollon.
Phylactères, talismans juifs.
Phylandre, fils d'Apollon.
Phylas, petit-fils d'Hercule.
Phylax, Hécate.
Phyll[illegible], nymphe.
Phylobasiles, intendans des sacrifices à Athènes.
Physique (Iconol.)
Piayes, jongleurs de la Guiane.
Pichacha (Ind.), esprits follets.
Picollus, divinité de la *Prusse.*
Picumnus, fils de Jupiter.
Picus, fils de Saturne.
Piérides, filles de Piérus.
Piété, divinité.
Pilapiens, peuples sur les bords de la mer Glaciale.
Pimpléennes, Pimpléides, les Muses.
Pin, arbre de Cybèle.
Pinariens, prêtres d'Hercule.
Pindare, poëte grec.
Pinzen, secte au Pégu.
Pirithoüs, roi des Lapithes.
Piscatoriens, jeux romains.
Pisénor, *centaure.*

Pitho, la Persuasion, déesse; atlantide; grâce.
Pithyocampte, brigand.
Pitys, nymphe.
Pivert, oiseau de *Mars.*
Plaisir, divinité.
Pléiades, filles d'Atlas.
Pléione, mère des Pléiades.
Plestorus, divinité des Thraces.
Plexaris, hyade.
Plexaure, *océanide.*
Pluie (Iconol.)
Pluto, océanide.
Pluton, dieu des enfers.
Plutoniens, gouffres.
Plutus, dieu des richesses.
Plyntéries, fêtes de Minerve.
Podalire, fils d'Esculape.
Podarge, *harpyie.*
Poëme héroïque (Iconol.)
Poëme lyrique (Iconol.)
Poëme pastoral (Iconol.)
Poëme satirique (Iconol.)
Pœna, déesse de la punition.
Poësie (Iconol.)
Poliade, Minerve.
Pollées, *fête* d'Apollon.
Politique (Iconol.)
Polkan, centaure des Slavons.
Polléar, fils de Shiva.
Pollentia, déesse de la puissance.
Pollux, fils de Jupiter.
Poltronnerie (Iconol.)
Polyalus, *fils d'Hercule* et d'Eurybie.
Polybe, fils de Mercure.
Polybée, Cérès.
Polybotés, géant.
Polydora, nymphe.
Polydore, fils de Cadmus; fils de Priam.
Polygone, fils de Protée.
Polyhymno, hyade.
Polyide, devin.
Polymèle, fils d'Eole.
Polymnie, Polymnéie, Polyhymnie, muse.
Polynice, fils de Jocaste.
Polyphème, cyclope.
Polyphidée, fameux devin.
Polyxène, fille de Priam.
Polyxo, atlantide.
Pomone, nymphe; déesse des fruits.
Pontoporia, néréide.
Pontus, fils de Neptune.
Popes, ministres Romains.
Populifugies, fête romaine.
Populonia, déesse champêtre.
Porévith, *divinité des Germains.*
Porphyrion, géant.
Porus, dieu de l'abondance.
Posédon, Neptune.
Poséidonies, fêtes de Neptune.
Postverta, Postversa, Postvorta, divinité des accouchemens.
Poswide *ou* Poghwiste (Sl.), Eole.
Pota, Potica, Potina, déesse des enfans.
Potamides, nymphes.
Pothos, le Désir, divinité des Samothraces.
Potniades, déesses.
Poudreux, *Jupiter* à Mégare.
Poussa (Chin.), dieu de la porcelaine.
Præstites, dieux Lares.
Pratique (Iconol.)
Praxidice, déesse de la modération.
Praxidices, nourrices de Minerve.
Précocité (Iconol.)
Prédestination (Iconol.)
Préjugé (Iconol.)
Prema, déesse du mariage.
Prévention (Iconol.)
Prevoyance (Iconol.)
Priam, roi de Troie.

Priamides, la race de Priam.
Priape, dieu des jardins.
Priapées, *fêtes de* Priape.
Prima, fille de Romulus.
Printemps (Iconol.)
Proao, divinité des Germains.
Proarosies, sacrifices à Cérès.
Procharistéries, fête de Minerve.
Procyon, constellation.
Prodice, hyade.
Prodigalité (Iconol.)
Profera, déesse.
Profusion (Iconol.)
Progné, changée en hirondelle.
Prologies, fêtes avant la recolte.
Promachies, fêtes des Lacédémoniens.
Prométhée, fils de Japet; dieu égyptien.
Prométhées, fête de Prométhée.
Promylée, divinité des meules.
Prono *ou* Prowe, divinité des Slavons.
Pronoé, néreide.
Propthasie, fête à Cumes.
Prorsa, Porrima *ou* Prosa, divinité.
Proschaïrétéries, réjouissances le premier jour du mariage.
Proserpine, femme de Pluton.
Protée, dieu marin.
Protélies, sacrifices à Diane.
Protésilées, fêtes de Protésilas, héros grec.
Protrygées, fêtes de Bacchus et de Neptune.
Providence, déesse.
Prudence (Iconol.)
Pruderie (Iconol.)
Prymno, nymphe.
Psalacanthe, nymphe.
Psamathé, néréide.
Psaphon, dieu des Lybiens.
Psychagoges, prêtres des Mânes.
Psyché, aimée de l'Amour.
Ptéléc, hamadryade.
Pudas, dieu indien.
Pudeur, divinité.
Púdicité, déesse.
Punition (Iconol.)
Pureté (Iconol.)
Purpuréus, géant.
Purs (dieux), divinités.
Pusillanimité (Iconol.)
Püster, idole des Germains.
Puta, déesse romaine.
Puzza, divinité chinoise.
Pyanepsies, fêtes d'Apollon.
Pygée, ronide.
Pygmalion, fameux statuaire.
Pylade, ami d'Oreste.
Pylagore, *Cérès.*
Pylées, fête de Cérès.
Pyracmon, cyclope.
Pyrène, nymphe.
Pyrénée, Vénus.
Pyro, océanide.
Pyrodulie, culte du feu.
Pyrrhus, fils d'Achille.
Pythéus, fils d'Apollon.
Pythie, prêtresse d'Apollon.
Pythionice, Vénus.
Pythiques, jeux en l'honneur de Jupiter.
Pytho, hyade.
Pythonisses, devineresses.

QUEY

QUALIFICATION, (Iconologie.)
Quaute-Cong (Chin.), divinité.
Quénavadi, dieu indien.
Querquétulanes, nymphes.
Quey (Chin.), mauvais génies.

Quiay-Frigau, divinité des Tartares.
Quiay-Nivandel (Ind.), dieu des batailles.
Quiay-Pimpocau (Ind.), dieu des malades.
Quiay-Ponveday (Ind.), divinité.
Quiay-Poragray (Ind.), dieu.
Quichena, Wishnou.
Quies, déesse du repos.
Quiétude (Iconol.)
Quilla (Péruv.), la Lune.
Quinquatries, jeux en l'honneur de Minerve.
Quioccos, idole de la Virginie.
Quirinales, fête de Quirinus.
Quirinus, dieu des Sabins.
Quisango, divinité des Jugos.
Quitzalcoat (Mexic.), dieu du commerce.
Quonin (Chin.), divinité domestique.

RHET

RACHARDES (Ind.), tribu des géans.
Radegaste, idole des Slavons.
Radi (Ind.), épouse du dieu de l'amour.
Ragibourail, ange à Madagascar.
Ragini's (Ind.), nymphes.
Raison (Iconol.)
Raison chrétienne (Icon.)
Raison d'état (Iconol.)
Raisonnement (Iconol.)
Ram'a (Ind.), divinité.
Rameschné, bon génie des Parsis.
Ranail, ange des Madécasses.
Ranathytes, secte des Juifs.
Ranikail, ange des Madécasses.
Rapine (Iconol.)
Rasil, ange à Madagascar.
Rat (Égypt.), symbole de la destruction.
Ratia, fille de Protée.
Ratjasias (Ind.), esprits malfaisans.
Ravendiah (Mah.), secte d'impies.
Razecah, *idole des Arabes.*
Rébellion (Iconol.)
Récompense (Iconol.)
Réconciliation (Iconol.)
Reconnoissance (Iconol.)
Rediculus, dieu.
Réflexion (Iconol.)
Réformation (Iconol.)
Refuge (Iconol.)
Regret (Iconol.)
Religion (Iconol.)
Religion chrétienne (Icon.)
Religion erronée (Iconol.)
Religion judaïque (Iconol.)
Rembha (Ind.), déesse du plaisir.
Remords (Iconol.)
Rempham (Syr.), Hercule.
Rémus, frère de Romulus.
Renom (bon) (Iconol.)
Renom (mauvais) (Iconol.)
Renommée (Iconol.)
Repentir (Iconol.)
Repos (Iconol.)
Réprimande (Iconol.)
Réputation (Iconol.)
Résurrection (Iconol.)
Rhaboun (Ind.), chef des anges rebelles.
Rhadamanthe, fils de Jupiter, juge aux enfers.
Rhahaans, prêtres des Birmans.
Rhanis, nymphe.
Rhéa, femme de Saturne; Cybèle.
Rhéné, maîtresse de Mercure.
Rhétorique (Iconol.)

Rhiphéus, centaure.
Rhodé, nymphe ; filles de Neptune.
Rhodia, océanide.
Rhœcus, géant.
Richesse, divinité.
Rigueur (Iconol.)
Rimac (Péruv.), divinité.
Rimmon, idole de Syrie.
Rire (Iconol.)
Risus, dieu du *ris*.
Rivalité (Iconol.)
Robigalies, fêtes de Robigus.
Robigo *ou* Rubigo, déesse ; *ou* Robigus, dieu des blés.
Rodigast, divinité des Germains.
Romulus *et* Rémus, fils de Mars, 1ers. rois de Rome.
Rose, fleur consacrée à Vénus.
Rosée (Iconol.)
Rostam (Pers.), héros fabuleux.
Roudra (Ind.), le feu.
Roussalky (Slav.), nymphes.
Ruana, divinité romaine.
Rugner (Celt.), géant.
Rumeur (Iconol.)
Rumia, Rumilia, Rumina, *déesse des enfans*.
Runcina, déesse de la moisson.
Rurina, Rusina, déesse des champs.
Ruse (Icononl.)
Rymer (Scand.), géant.

SATI

Sabadius, dieu des Thraces.
Sabaoth, dieu des Gnostiques.
Sabasien, Bacchus.
Sabasies, fêtes de Bacchus.
Sabba, sybille.
Sacaras, anges des Madécasses.
Sacrilége (Iconol.)
Sadasiva (Ind.), le vent.
Sadiail, Sadiel (Mah.), ange.
Saga (Celt.), déesse.
Sagaritis, nymphe.
Sagesse (Iconol.)
Sagesse divine (Iconol.)
Sagesse évangélique (Icon.)
Sainteté (Iconol.)
Sakiah, divinité des Adites.
Sakuti (Jap.), divinité.
Salacia, femme de Neptune.
Salambo, divinité des Babyloniens.
Salemah, idole des Adites.
Salisateurs, devin.
Salmonée, fils d'Eole.
Salsabil (Mah.), fleuve du paradis.
Salsaïl (Mah.), ange.
Salus, Hygiée.
Salut du genre humain (Ic.)
Samaraths, secte de Banians.
Sambethon, sybille.
Sambian-Pongo (Afr.), Être suprême.
Sambaïl (Mah.), ange.
Samienne, Junon.
Sangaride, nymphe.
Sani (Ind.), Saturne.
Santé, divinité.
Sao, néréide.
Sapho, amante de Phaon.
Sapience (Iconol.)
Sarassouadi (Ind.), déesse des sciences.
Sardorne (Celt.), Saturne.
Sari-Harabrama (Ind.), Trinité indienne.
Sarpédon, fils de Jupiter ; fils de Neptune.
Saradévens (Ind.), caste religieuse.
Satialogam, paradis de Brahma.
Satibana (Chin.), *déesse*.
Satire (Iconol.)
Saturne, fils d'Uranus.
Satyres, divinités champêtres.
Scabelles ou Scabilles, castagnettes.
Scaldes, poëtes, prêtres Celtes.
Scamandre, rivière de Troie.
Scandale (Iconol.)
Scée, fille de Danaüs.
Scélératesse (Iconol.)
Scénopégie, fête des tabernacles
Schaamans (Tart.), prêtres jongleurs.
Schada-Schivaoun (Ind.), génie.
Schamaï (Orient.), Parques.
Scheithan (Arab.), diable.
Schenknak (Arab.), prince des démons.
Schiaïte ou Schite, partisans d'Ali.
Schisme (Iconol.)
Schoe-Madou, divinité de Pégu.
Science (Iconol.)
Scieries, fête de Bacchus.
Scire, dieu des Solymes.
Sciron, vent furieux.
Scirophories, Scires.
Scopélisme, espèce de sortilége.
Scorpion, signe du zodiaque.
Scrupule (Iconol.)
Sculpture (Iconol.)
Scylla, *monstre de la mer* de Sicile.
Scyron, fameux brigand.
Scytha *ou* Scythès, fils d'Hercule.
Seater, divinité saxonne.
Sébéthis, nymphe.
Sebhil *ou* Sebhael (Mah.), ange.
Sébuéens, sectaires juifs
Sébuaréens, rabbins juifs.
Séchana'ga (Ind.), *Pluton*.
Secours (Iconol.)
Secret (Iconol.)
Sécurité (Iconol.)
Sèdre, grand-prêtre des Persans.
Segetia, Segesta, divinité de la moisson.
Seia, divinité de blés.
Seine (Iconol.
Séjahs, moines mahométans.
Selamanès, Jupiter.
Sélasie, Diane.
Sélasphore, Diane.
Sélénitides, *femmes qui* pondoient des œufs d'où naissoient des géans.
Sellisternes, *festins donnés* aux déesses.
Semargle *ou* Simaergla, divinité de Kiew.
Sémélé, fille de Cadmus.
Semendoun (Pers.), dive ou géant.
Sémentines, féries de semailles à Rome.
Sémitales, dieux gardiens des chemins.
Sémnothées, Druides.
Semon, demon.
Semones, dieux infernaux.
Semosanctus, dieu romain.
Senes, Druidesses.
Sens (Iconol.)
Sensibilité (Iconol.)
Sentia, déesse de l'enfance.
Sentinos, dieu des *sens*.
Senuius, dieu de la vieillesse.
Sépharites, sectaires mahométans.
Septentrion (Iconol.)
Septeries, fête d'Apollon.
Sera, divinités des semailles.
Sérapis, grand dieu des Egyptiens.
Sérénité du jour (Iconol.)
Sérénité de la nuit (Icon.)
Serimner (Scand.), sanglier miraculeux.
Serosch (Pers.), génie de la terre.
Serpent, symbole du soleil, de la médecine, de la réflexion.
Serpentaire, constellation.
Serpenticoles, adorateurs des serpens.
Servitude (Iconol.)
Sessies, déesse des semailles.
Sévères, les Furies.
Sévérité (Iconol.)
Shakti (Ind.), déesse.
Shamavédam (Ind.), livres sacrés.
Shiis, Shiites ou Schiais, secte des mahométans.
Shiva (Ind.), une des trois personnes de la Trinité.
Shoucrin (Ind.), planète de Vénus.
Shourien (Ind.), planète du soleil.
Siba, Siva *ou* Seva, déesse des Slavons.
Sybilles, femmes qui connoissoient l'avenir.
Sicelides, Muses.
Siculus, fils de Neptune.
Side, femme d'Orion.
Siècle (Iconol.)
Siga, Minerve.
Sigalion (Egypt.), Harpocrate.
Sigéami, esprit chez les Birmans.
Sigée, promontoire sur lequel étoit le tombeau d'Achille.
Sigillaires, fêtes des Romains.
Silence (Iconol.)
Silène, *nourricier* de Bacchus.
Silènes, vieux satyres.
Simoïs, fleuve d'Asie.
Simonie (Iconol.)
Simplicité (Iconol.)
Sincérité (Iconol.)
Siôna (Celt.), déesse.
Sipylène, Cybèle.
Sirènes, filles de Calliope.
Sisyphe, fils d'Eole.
Sita, *femme de* Vishnou.
Sithnides, nymphes.
Sleipner, cheval d'Odin.
Smilax, nymphe.
Snotra (Scand.), *déesse*.
Sobriété (Iconol.)
Société (Iconol.)
Soin (Iconol.)
Soir (Iconol.)
Solanus, génie du vent de l'est.
Soleil, premier objet de l'idolâtrie.
Solitude (Iconol.)
Solstice d'Eté (Iconol.)
Solstice d'Hiver Iconol.)
Sommeil, fils de l'Ebère.
Sommona-Codom, principale divinité des Siamois.
Songes, enfans du Sommeil.
Souna *ou* Sunna, la loi orale des mahométans.
Sophatis *ou* Sophatites, sectaires mahométans.
Sophax, fils d'Hercule.
Soradeus, dieu des Indiens.
Sort *ou* Destin.
Sosipolis, dieu des Eléens.
Sostrate, ami d'Hercule.
Soteres, Castor et Pollux.
Sotéries, fêtes en action de grâces.
Sottise (Iconol.)
Souaa' *ou* Soüaa, idole des Arabes.
Soumenat, idole des Indiens.
Soupçon (Iconol.)
Souterrains, démons.
Souvenir (Iconol.)
Sova, diable des Nègres.
Spatale, nymphe.
Spectre, fantôme.
Spéculatrice, Diane.
Spélaïte, Hercule.
Sphinx, monstre fabuleux.
Sphragitides, nymphes.
Spio, nymphe.
Splanchnotomos, dieu en Chypre.
Splendeur (*Iconol.*)
Stabilité (Iconol.)
Staphylé, nymphe.
Stata, déesse des incendies.
Statanus, *Statilinus*, dieu des enfans.
Statina, déesse romaine.
Sténies, *fêtes* athéniennes.
Stéphanitès, exercice grec.
Stéphanophores, prêtres couronnés de lauriers.
Sterculius, Stercutius, Stercutus, Sterquilinus, divinités des engrais.
Stérilité (Iconol.)
Stérope, forgeron de Vulcain ; fille d'Atlas ; nymphe.
Stéropégérette, Jupiter.
Stésichore, poëte de Sicile.
Sthéniade, déesse de la force.
Sthénies, fêtes de Minerve.
Sthéno, gorgone.
Stilbé, fille du Pénée.
Stimula, déesse.
Stiphilus *ou* Stipheïus, centaure.
Stophée, Diane.
Stophies, fêtes de Diane.
Storjunkare, divinité des Lappons.
Stratagême (Iconol.)
Strenia, déesse des présens.
Strenua, déesse de la force.
Striba *ou* Striborg, divinité de Kiew.
Strymno, fille de Scamandre.
Stupidité, allégorie.
Style, fleuri, tendre *et* héroïque (Iconol.)
Style pur *et* châtié (Icon.)
Stymphalie, Diane.
Styracite, Apollon.
Styx, fontaine célèbre.
Suada, déesse du mariage.
Suadela, déesse de la persuasion.
Subdiales, temples découverts.
Subigus, dieu du mariage.
Subjugus, dieu du mariage.
Substance (Iconol.)
Subtilité de génie (Icon.)
Succès, divinité.
Sulèves, divinités champêtres.
Sulfi, divinités Gauloise.
Sumès, *Mercure*.
Suniade, Minerve.
Sunna (Celt.), Soleil.
Superbe (Iconol.)
Superstition (Iconol.)
Sura Devé (Ind.), déesse du vin.
Sureté (Iconol.)
Surkhrag, dive ou géant.
Surtuz (Celt.), génie.
Su'rya (Ind.), le disque du soleil.
Suwa (Jap.), dieu des chasseurs.
Swa'ha' (Ind.), femme d'Agni, dieu du feu.
Swerga (Ind.), premier ciel.
Swétowid, Swiatowid *et* Swiatowitsch (Sl.), dieu du soleil et de la guerre.
Syca, nymphe.
Sycée, titan.
Sycitès, Bacchus.
Syllis, nymphe.
Sylphe, génie de l'air.
Sylphides, Sylphes femelles
Sylvain, dieu des forêts.
Syma, nymphe.
Symmachie, Vénus.
Symmétrie (Iconol.)
Synallaxis, nymphe.
Synia (Celt.), déesse.
Synœcies, fête de Minerve.
Synthrône, dieu d'Egypte.
Syrienne, déesse syrienne.
Syrinx, nymphe.
Syrmées, jeux à Sparte.

TEUT

Taaut *ou* Taautus, Hermès Trismégiste.
Tacita, déesse du silence.
Tacouin (Mah.), fées.
Tænarus, fils d'Apollon.
Tagès, petit-fils de Jupiter.
Taivuddu (Afr.), chef des démons.
Tanagra, fille d'Eole.
Tanaïde, Vénus.
Tanfana, déesse des Germains.
Tangri (Mah.), dieu.
Tantale, fils de Jupiter.
Tantalides, Agamemnon et Ménélas.
Taphius, Taphus, fils de Neptune.
Tara, fils de Neptune.
Taran, Taranis *ou* Taramis (Celt.), Jupiter.
Taras, fils de Neptune.
Tardipes, Vulcain.
Tarpéiens, jeux en l'honneur de Jupiter.
Tartak, déité des Avites.
Tartare, lieu des enfers.
Taulay, Etre suprême des Moluques.
Taureau, signe du zodiaque.
Tauricorne, Bacchus.
Tauries, fêtes de Neptune.
Tauriforme, Bacchus.
Taurilies, jeux Romains.
Taurique, Diane.
Taurobole, expiation.
Taurobolie, Diane.
Taurocholies, fêtes de Neptune.
Tauromorphe, Tauriforme.
Taurophage, Bacchus.
Tauropolies, fêtes de Diane.
Taygète, pléiade.
Taygètus, fils de Jupiter.
Tégéen, Pan.
Telchines, nés du Soleil et de Minerve.
Télégone, géant.
Télémaque, fils d'Ulysse.
Télèphe, fils d'Hercule.
Télésins, talismans chez les Perses.
Télesphore, médecin célèbre.
Télesto, océanide.
Tellurus, dieu de la terre.
Tellus, déesse de la terre.
Telphisse, nymphe.
Temenitès, Apollon.
Témérité (Iconol.)
Temérus, brigand de Thessalie.
Tempé, vallée de Thessalie.
Tempérance (Iconol.)
Tempête (Iconol.)
Temps (Iconol.)
Ténacité (Iconol.)
Ténérus, fils d'Apollon.
Ténites, déesses des sorts.
Tentation (Iconol.)
Téphramancie, divination par la cendre des sacrifices.
Terambus, fils de Neptune.
Tératoscopie, divination par l'apparition des spectres.
Terme, dieu des bornes.
Terminales, fêtes du dieu Terme.
Terpsicore, muse de la danse.
Terre, divinité.
Terre (Iconol.)
Terreur (Iconol.)
Tescatilputza *ou* Tlaloch, divinité des Mexicains.
Téthys, fille du Ciel et de la Terre.
Tetratreyam, trinité indienne.
Teut, Teutatès, Taautès, Theut, Theuthus, Thot,
Thoys, Thoyt, Tis *ou* Tuis (Celt.), dieu suprême ; Mercure.
Tévacayohua, dieu de la terre des Mexicains.
Thalassa, la mer, divinité.
Thalassius, Thalassus, Hymen.
Thalie, une des Muses ; grâce ; *néréide ; nymphe*.
Thallo, heure ; divinité.
Thalysies, fête de la moisson et des vendanges.
Thamimasade, Neptune des Scythes.
Thammuz *ou* Thamuz, faux dieu, Adonis.
Thamno, divinité du Tunquin.
Thanatusies, fêtes des morts.
Thaon, géant.
Thargélies, fêtes d'Apollon et de Diane.
Thargélios, Soleil.
Tharops, aïeul d'Orphée.
Tharthac, idole des Syriens.
Thaumas, fils de la Terre.
Thea, océanide.
Théalie, nymphe.
Théatrica, déesse romaine.
Thébé, fille de Jupiter.
Théia, fille du Ciel et de la Terre, la Justice.
Thelxiope, sirène, muse.
Thémis, fille du Ciel et de la Terre, la Justice.
Thémistiades, nymphes de Thémis.
Thémisto, mère d'Homère.
Theœnies, fêtes de Bacchus.
Théogamies, fêtes de Proserpine.
Théologie (Iconol.)
Théonoé, fille de Protée.
Théophanies, fête d'Apollon.
Théorie (Iconol.)
Théoxénies, jeux en l'honneur d'Apollon.
Théraphim, Pénates des Chaldéens.
Thérapnaridies, fête lacédémonienne.
Thersite, bouffon de l'armée des Grecs.
Thésée, roi d'Athènes.
Théséennes, Théséies, *fêtes de Thésée*.
Théséides, Thésides, les Athéniens.
Thesmophore, Cérès.
Thesmophories, fêtes de Cérès.
Thespiades, les Muses ; fils d'Hercule.
Thespis, inventeur de la tragédie en Grèce.
Thessalus, fils d'Hercule.
Thesto, argonaute.
Thétis, fille de Nérée.
Theutat, Theutatès (Celt.), Mercure.
Theuth, dieu des Egyptiens.
Thévathat, frère de Sommona-Codom.
Thic-Ka, divinité des Tunquinois.
Thisoa, nymphe qui éleva Jupiter.
Thoé, nymphe, amazone.
Thonius, centaure.
Thoossa, nymphe.
Thoramis, Jupiter des Bretons.
Thoratès, Apollon.
Thrax, fils de Mars.
Thrésippe, fils d'Hercule.
Thries, nourrices d'Apollon.
Thusses (Celt.), Satyres.
Thya, maîtresse d'Apollon.
Thyella, harpyie.
Thyellies, fête de Vénus.
Thyeste, fils de Pélops.
Thyiades, Bacchantes.
Thyiases, danses des Bacchantes.
Thyies, fêtes de Bacchus.

Thymbris, maîtresse de Jupiter; mère de Pan.
Thymèles, chansons en l'honneur de Bacchus.
Thynnies, fêtes de Neptune.
Thyonæus, fils de Bacchus.
Thyoné, aïeule de Bacchus; Sémélé.
Tican (Chin.), Pluton.
Tiedebaik, divinité au Japon.
Tien (Chin.), le ciel suprême.
Tigasis, fils d'Hercule.
Tikquoa, l'Être suprême des Hottentots.
Timandra, fille de Léda.
Timidité (Iconol.)
Timor, dieu de la crainte.
Timorie, déesse des Lacédémoniens.
Tirésias, célèbre devin.
Tiroupacadel (Ind.), mer de lait.
Tisamène, célèbre devin.
Tisiphone, furie.
Titan, fils du Ciel et de Vesta.
Titanides, filles de Cœlus et de la Terre.
Titée, mère des Titans.
Titanies, fêtes des Titans.
Tithénidies, fêtes lacédémoniennes.
Tithorée, nymphe.
Tithrambo (Egyp.), Hécate.
Tithroné, Minerve.
Titie, déesse des Milésiens.
Tityus, fils de la Terre.
Tlalocatéutlhtli (Mex.), dieu de l'eau.
Tlépolème, fils d'Hercule.
Tlépolémies, jeux de Tlépolème, à Rhodes.
Tmolus, géant.
Toïa (Amér.), auteur du mal.
Tolérance (Iconol.)
Tonées, fêtes à Argos.
Tonnerre, dieu.
Topilzin, grand-prêtre mexicain.
Torone, femme de Protée.
Tortue, symbole de Mercure.
Tossitoku (Jap.), dieu de la prospérité.
Totam (Amér.), esprit favorable.
Toucher (Iconol.)
Toupan (Amér.), esprit qui préside au tonnerre.
Touquoa, divinité malfaisante des Hottentots.
Tour, divinité de Kiew.
Tourment d'esprit (Icon.)
Tourterelle, symbole de la fidélité.
Toxaridies, solemnité à Athènes.
Tozi (Mex.), divinité.
Tragédie (Iconol.)
Tragoscelès, Pan.
Trahison (Iconol.)
Tranquillité (Iconol.)
Travail, fils de l'Erèbe et de la Nuit.
Trépied (Iconol.)
Trestonie, déesse des voyages.
Trève (Iconol.)
Tribulation (Iconol.)
Tricéphale, Mercure; Diane.
Trictiries, Trictyes, fêtes de Mars.
Triétérides, Triétériques, Triennales, fêtes de Bacchus.
Trigla, Hécate des Vandales.
Triglantine, Hécate.
Triglova (Slav.), Diane.
Trigone, nourrice d'Esculape.
Trimurti, Tritvam, trinité des Indiens.
Triomphe (Iconol.)
Triops, fils de Neptune.
Triopus, fils du Soleil.
Triptolème, ministre de Cérès.
Trismégiste, Hermès, philosophe égyptien.
Tristesse (Iconol.)
Tritogénie, Pallas.
Triton, fils de Neptune.
Tritopatréus, Dioscure.
Trollen, esprits follets du Nord.
Tromperie (Iconol.)
Tschernobog ou Tschernoy-Bog (Slav.), divinité malfaisante.
Tschoudo-Morskoe (Sl.), monstre marin.
Tschour (Slav.), divinité.
Tubilustre, fête des Romains.
Tuccia, Tucia *ou* Tutia, vestale.
Tuiston (Celt.), dieu suprême.
Tumulte, dieu, fils de Mars.
Tusculus, fils d'Hercule.
Tutanus, dieu.
Tutélaires, dieux.
Tutèle (Iconol.)
Tutelina, Tutilina, Tutulina, Tutela, divinité des moissons.
Tyché, la Fortune; fille de l'Océan; hyade.
Tychis, dieu Lare.
Tychon, dieu de l'impureté.
Tyndarides, Castor et Pollux.
Types (Iconol.)
Typhée ou Typhoée, géant.
Typhis, fils de Neptune.
Typhon, géant.
Tyr (Celt.), divinité inférieure.
Tyrannie (Iconol.)
Tyrbé, fête de Bacchus.
Tyrien, Hercule.
Tyro, fille de Salmonée.
Tyrimnus, divinité de Lydie.

USOU

Uller (Scand.), onzième dieu.
Ulysse, roi d'Ithaque.
Union (Iconol.)
Uran, Uranbad, Ouranbad (Orient.), animal fabuleux.
Uranie, Vénus céleste; muse; océanide.
Uranies, nymphes célestes.
Uranus, premier roi des Atalantes.
Urotalt, le Soleil des Arabes.
Usage (Iconol.)
Usous, Neptune des Phéniciens.

VATE

Vaine gloire (Iconol.)
Vajra (Ind.), le tonnerre.
Vale (Scand.), fils de Loke.
Valentia, déesse de l'Italie.
Valeur (Iconol.)
Vamen, Wishnou.
Van, symbole de Bacchus.
Vanadis (Scand.), déesse de l'espérance.
Vanaprastas, solitaires indiens.
Vanité (Iconol.)
Vara (Scand.), déesse des sermens.
Varaguen, Wishnou.
Vartias (Ind.), religieux.
Varuna (Ind.), le génie des eaux.
Vassoukels (Ind.), tribu des esprits purs.
Vates, classe de Druides.
Vaticanus, dieu de Rome.
Vautour, oiseau consacré à Mars et à Junon.
Védams (Ind.), livres sacrés.
Védanti, philosophes indous.
Vedius, Vejovis, Vejupiter, le dieu méchant.
Velleda (Celt.), sibylle.
Vélocité (Iconol.)
Vengeance (Iconol.)
Venilie, nymphe.
Vents, divinités poétiques.
Vénus, déesse.
Verdoyante, Cérès.
Vergilies, Pléiades.
Vérité (Iconol.)
Vérité chrétienne (Icon.)
Verseau, signe du zodiaque.
Vertu (Iconol.)
Vertumnales, fêtes de Vertumne.
Vertumne, dieu des jardins et des vergers.
Vervactor, dieu des laboureurs.
Vesper, Hesper.
Vesta, femme d'Uranus.
Vestales, prêtresses de Vesta.
Vestalies, fête de Vesta.
Viales, dieux des chemins.
Vibisie, déesse des voyageurs.
Vica-Pota, déesse de la victoire.
Vice (Iconol.)
Vices, déifiés.
Victoire, divinité.
Vidar (Scand.), dieu.
Viduus, divinité romaine.
Vie humaine (Iconol.)
Vieille d'Or, déesse des peuples du fleuve Oby.
Vieillesse (Iconol.)
Viel-de-l'Oby, idole des Tartares.
Vierge, signe du zodiaque.
Vigilance (Iconol.)
Vigilance dans le péril (Ic.)
Villouna (Péruv.), grand pontife.
Vinaïaguien (Ind.), divinité.
Vinales, fêtes à Rome.
Vindémiale, fête de Bacchus.
Vindémiales, fêtes des vendanges.
Violence (Iconol.)
Viracocha (Pér.), divinité.
Virapatrin, fils de Shiva.
Virginité (Iconol.)
Virilité (Iconol.)
Viriplaca, déesse de la paix dans le ménage.
Viswacarman (Ind.), l'ouvrier divin.
Vitellia, déesse d'Italie.
Vitesse (Iconol.)
Vitrineus, déité de Northumberland.
Vittolfe (Celt.), sibylle.
Vitula, déesse de la réjouissance.
Vitumnus, Vitunus, dieu des Romains.
Vitzliputzi (Mex.), dieu.
Vol (Iconol.)
Vola (Scand.), prophétesse.
Volianus, dieu des Gaulois.
Volonté (Iconol.)
Voltumna, Voltunna, Vulturna, déesse des Etrusques.
Volturnales, fêtes du Volturnus.
Volumnus et Volumna, dieu des noces.
Volupia, déesse du plaisir.
Volupté (Iconol.)
Volutina, Volutrina, déesse des Romains.
Vora (Scand.), déesse.
Voracité (Iconol.)
Vréehaspatée (Ind.), gouverneur des bons génies.
Vroutarassourer (Ind.), géant.
Vulcain, fils de Jupiter.
Vulcanales, fêtes de Vulcain.
Vulgaire (Iconol.)
Vuoda, Mercure des Lombards.
Vuodd, dieu des Arabes.

WOLO

Walhalla, paradis d'Odin.
Walkyries (Scan.); déesses.
Watipa, démon des Américains.
Welesse *ou* Wolosse (Sl.), dieu des animaux.
Widzipudzili, l'Être suprême des Hurons.
Wirchu-Accha *ou* la Vieille de Livonie (Lap.), divinité.
Wishnou, dieu des Indiens.
Wodan *ou* Godan, dieu des Germains.
Woden, Odin.
Woloty (Slav.), monstres.

XINO

Xantho, océanide.
Xénismes, sacrifices aux Dioscures.
Xin (Jap.), bons génies.
Xiuhtécuhtli (Mex.), dieu du feu.
Xitragupren (Ind.), secrétaire du dieu des enfers.
Xudan, Mercure étrusque.
Xylolâtrie, culte des statues de bois.
Xynoécies, fêtes à Athènes.

YPHT

Yaga-Baba (Slav.), monstre.
Yagamons (Ind.), livres sacrés.
Yamalla *ou* Yomala, divinité des Tschoudes.
Yamuna' (Ind.), déesse des eaux.
Yen-Vang (Chin.), roi de l'enfer.
Yme (Celt.), géant.
Yphtime, nymphe.

ZYGI

Zagréus, fils de Jupiter.
Zamban-Pongo, dieu suprême des noirs de Congo, d'Angola, etc.
Zazarragnan, enfer des habitans des Mariannes.
Zeerneboch, dieu des Germains.
Zèle (Iconol.)
Zèmes, esprits malfaisans des Antilles.
Zend, bible des mages zoroastriens.
Zéomébuch, mauvais génie des Vandales.
Zéphyre, vent d'occident, fils d'Eole.
Zéphyrs, divinités.
Zérinthie, Vénus.
Zeuxé *ou* Zeuxo, nymphe.
Zeuxippe, fils d'Apollon.
Zewana *ou* Zewonia (Slav.), déesse, Diane.
Zolotaya-Baba (Slav.), déesse, mère des dieux.
Zoogonoi, dieux des animaux.
Zoolâtrie, adoration des animaux.
Zoroastre, réformateur de la religion des Perses.
Zygie, Junon.

FIN DU DICTIONNAIRE DE MYTHOLOGIE.

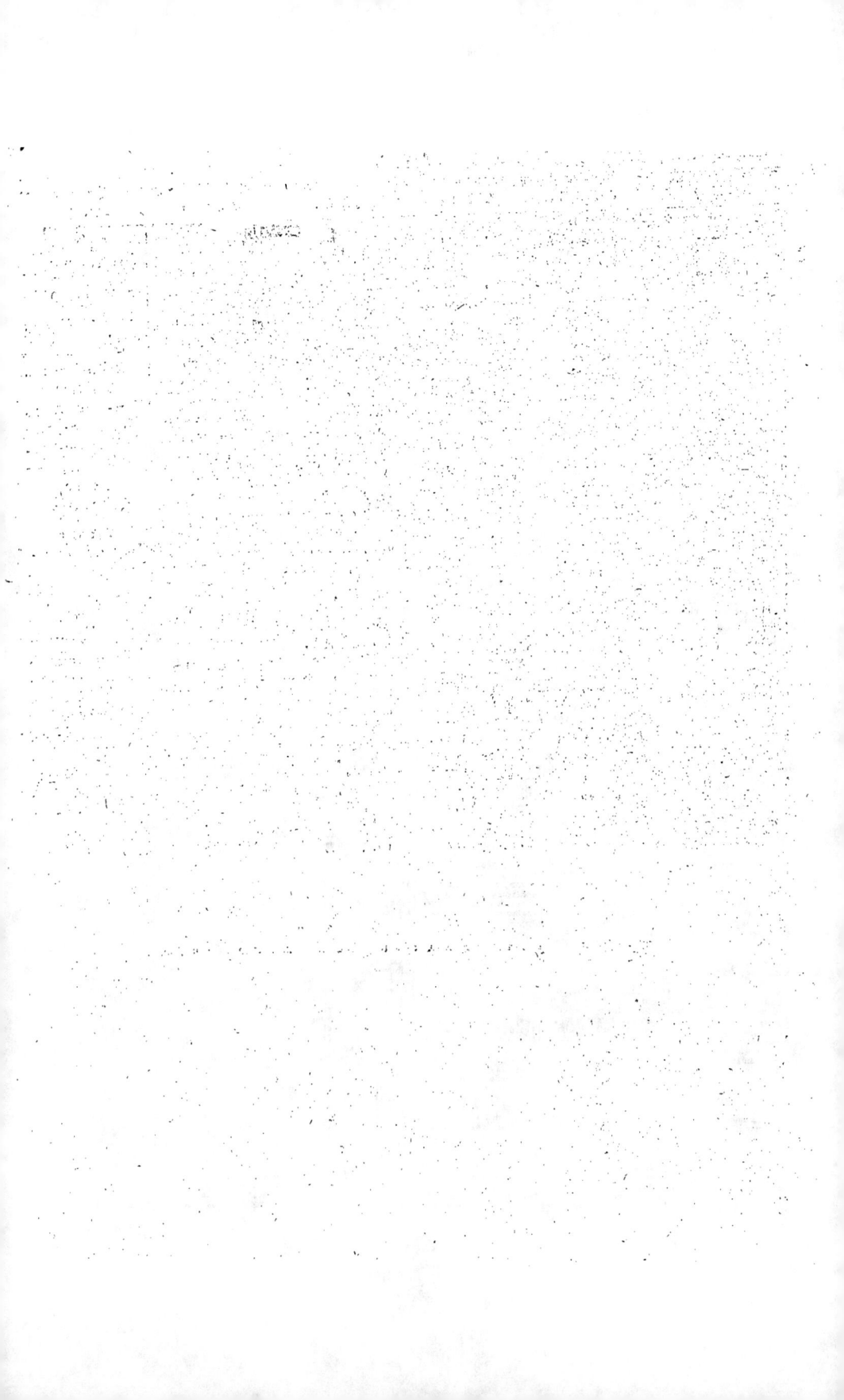

DICTIONNAIRE DES PERSONNAGES

CITÉS PAR LES HISTORIENS, LES CHRONOLOGISTES ET LES BIOGRAPHES,

DEPUIS LA CRÉATION JUSQU'A NOS JOURS.

AA, libraire hollandois.
Aagard (Nicolas), philos. (et Christian), poëte.
Aalst, peintre hollandois.
Aalst (Guillaume), *idem*.
Aaron, grand-prêtre juif.
Aaron (S.), mart. anglois.
Aaron-Raschid, *ou* Harroun-al-Raschild, 5ᵉ. calife Abasside.
Aaron, méd. du 7ᵉ. siècle.
Aaron, savant rabin.
Aaron, médecin juif.
Aaron, écrivain juif.
Aaron, auteur juif.
Aaron, écrivain juif.
Aaron, savant rabin.
Aarsens, seigneur holland.
Aarsens *ou* Aersens, peint. hollandois.
Aartgen *ou* Aertgen, peint. hollandois.
Aba, roi de Hongrie.
Abaris, philosophe.
Abas, I, II, rois de Perse.
Abasson, imposteur.
Abate, peintre italien.
Abausit, histor. françois.
Abbadie, théol. françois.
Abbas, calife.
Abbas, *ou* le Mage, méd. persan.
Abbassa, sœur d'Aaron-Raschild.
Abbiati, peintre italien.
Abbon, moine, poëte fr.
Abbon, sav. françois.
Abbot, archev. anglois.
Abbot, prédic. anglois.
Abbot, maire de Londres.
Abbot, écrivain anglois.
Abbot, écrivain allemand.
Abdalla-ben-Ali, calife.
Abdalla, père de Mahom.
Abdalmalek *ou* Abdelmelek, calife.
Abdalrahman, général sarrazin.
Abdas, évêque de Perse.
Abdemelek, Ethiopien.
Abdemelek, roi de Fez.
Abdenago, compagnon de Daniel.
Abderame, roi de Cordoue.
Abderame, gén. sarrazin.
Abderame, calife de Cordoue.
Abderame, souverain de Sasie.
Abdère, favori d'Hercule.
Abdias, prophète.
Abdias, auteur.
Abdissi *ou* Ebed-Jesu, auteur assyrien.
Abdolmuman *ou* Abdalmon, roi de Maroc.
Abdolonyme, roi de Sidon.
Abdon, juge d'Israël.
Abeille, academ. françois.
Abel, fils d'Adam.
Abel, médecin et poëte allemand.
Abel, roi de Danemarck.
Abel, musicien.
Abela, auteur italien.
Abell, chanteur anglois.
Abélard, auteur françois.
Abelli, écrivain françois.
Abendana, juif.
Aben-Ezra, écriv. juif.
Aben-Gnefil, méd. arabe.
Aben-Maller, rabin aut.
Abercromby, médecin et auteur écossois.
Abernethy, écrivain irlandois.
Abgare, roi d'Edesse.
Abiathar, prêtre juif.
Abildgaard, savant danois.
Able *ou* Abel, écriv. ang.
Abner, oncle de Saül.
Aboughebel, idolâtre arab.
Abou-Hanifah, écr. turc.
Abou-Rian, géog. et astrologue arabe.
Abrabanel, savant rabin.
Abraham, patriarche.
Abraham, savant jésuite.
Abraham, rabin et astrol. espagnol.
Abraham, juif portugais.
Abrosi, médecin italien.
Absalon, fils de David.
Abstemius, auteur italien.
Abucara, écrivain.
Abukeker, successeur de Mahomet.
Abulfarage, méd. armén.
Abulfeda, prince de Syrie.
Abulgasi, khan des Tartares.
Abulola-Ahmed, poëte ar.
Abu-Mozlem, gouverneur du Khorasan.
Abunowas, poëte arabe.
Abuteman, surn. Altavi, poëte arabe.
Abuthaber, chef des Karmatians.
Abydène, hist. chaldéen.
Acacius, biogr. de Césarée.
Acacius, évêque d'Amide.
Acacius, patriarche.
Acacius, évêque de Beroé.
Académus *ou* Ecadémus, philos. athénien.
Acca Laurentia, femme du berger Faustulus.
Accarisi, jurisc. italien.
Acciaoli, savant italien.
Acciaoli, traduct. italien.
Acciaoli, gén. florentin.
Accius, poëte trag. latin.
Accius, pr. des Volsques.
Accius, traducteur italien.
Accolti, écrivain italien.
Accolti, prin. des Légistes.
Accolti, écrivain italien.
Accolti, légiste italien.
Accords, auteur françois.
Accorro, jurisc. italien.
Accorro, sav. napolitain.
Acesius, év. grec.
Ach Van *ou* Achen, peint. allemand.
Achards, év. d'Avignon.
Achery, auteur françois.
Achillini, philosopho italien.
Achillini, écriv. italien.
Achillini, poëte italien.
Achmet, auteur arabe.
Acoluthus, écriv. allem.
Acontius, auteur anglois.
Acosta, théol. espagn.
Acosta, écrivain espagnol.
Acosta, secraire portug.
Acron, méd. italien.
Acron *ou* Acro, scholiaste.
Acropolite, aut. grec.
Acropolite, chanc. grec.
Actuarius, médecin grec.
Acuna, écrivain espagnol.
Adalard *ou* Adelard, aut. françois.
Adalberon, év. de Laon.
Adalbert, arch. de Prague.
Adam, premier homme.
Adam, biographe allem.
Adam, historien écossois.
Adam, sculpteur françois.
Adam, I, II, artistes fr.
Adam de Brême, écr. all.
Adam (Billaut), poëte françois.
Adam, archit. irlandois.
Adam, éditeur.
Adams, maire de Londres.
Adamson, auteur écossois.
Addison, écrivain anglois.
Addison, poëte anglois.
Adelard, traducteur latin.
Adelbot, histor. holland.
Adelgreift, fanatique all.
Adelmad, écriv. italien.
Adelphus, phil. platonic.
Ader, médecin françois.
Adhelme, roi des Saxons.
Adimari, écrivain italien.
Adimari, poëte italien.
Adlerfeld, hist. suédois.
Adlzritter, historien allemand.
Ado, écrivain allemand.
Adorne, écrivain génois.
Adrets, fanatique franç.
Adriani, histor. italien.
Adrichomia, trad.
Adrichomius, écriv. holl.
Adrien, auteur grec.
Adrien, écriv. allemand.
Adrien, empereur romain.
Adrien, I à VI, papes.
Adrien génois.
Adrien, cardinal.
Adson, auteur françois.
Aedesius, philos. platon.
Aegeates, écr. hist. grec.
Aeginète, médecin grec.
Æthérius, archit. grec.
Aétion, peintre grec.
Aétius, évêque arien.
Aétius, médecin grec.
Aétius, gouvern. romain.
Afer, orateur romain.
Afranius, aut. de com. lat.
Africanus, auteur histor.
Agapet I, II, papes.
Agapet, écr. de Constant.
Agapius, écrivain grec.
Agard, antiquaire anglois.
Agatharcides, écriv. grec.
Agatharcus, peintre grec.
Agathemur, auteur grec.
Agathias, historien grec.
Agathocle, tyran de Sicile.
Agathon, poëte trag. grec.
Agathon, pape.
Agelius, écrivain italien.
Agelnoth, arch. anglais.
Agésilas, roi de Sparte.
Aggas, peintre anglois.
Aggée, petit prophète.
Agilulf, roi des Lombards.
Agis III, IV, rois de Sparte.
Agnellas, écrivain italien.
Agobard, arch. de Lyon.
Agostino, musicien ital.
Agoult, poëte françois.
Agreda, biogr. françoise.
Agresti, peintre italien.
Agricola, général romain.
Agricola, trad. allemand.
Agrippa, auteur allemand.
Agrippa, astron. asiatique.
Agrippa I, II, princes juifs.
Agrippa, ami d'Auguste.
Agrippa, consul romain.
Agrippine, femme de Germanicus.
Agrippine, ép. de Claude.
Aguesseau, chancel. de Fr.
Aguillon, math. flamand.
Aguirre, compilat. espag.
Agylée *ou* Agyllæus, sav. gr.
Ahlwardt, sav. allemand.
Aikman, peintre écossois.
Ailly, écrivain françois.
Ailred, historien anglois.
Aimoin, histor. françois.
Ainsworth, théologien.
Ainsworth, lexicog. angl.
Airault, légiste françois.
Aiton, écrivain.
Aitzema, histor. anglois.
Ajala, écriv. de Valence.
Akakia, méd. trad. franç.
Akenside, poët. méd. angl.
Akiba, rabin juif.
Alabaster, théol anglois.
Alain, auteur danois.
Alain, théolog. françois.
Alain, aut. dramat. franç.
Alain, écrivain françois.
Alamanni, poëte italien.
Alamos, traducteur esp.
Alan, Allen *ou* Alleyn, cardinal anglais.
Aland, politique anglois.
Alard, théologien holl.
Alaric I, II, rois des Visig.
Alava, écrivain espagnol.
Alazeu, mathém. arabe.
Alban, martyr anglois.
Albane, peintres italiens.
Albane, jurisconsulte ital.
Albategnius, astron. arabe.
Albe, général espagnol.
Albemarle, fem. de Monck.
Albergot, juriscons. ital.
Albéric, historien franç.
Albéric, légiste italien.
Albéroni, cardinal.
Albert I, II, emp. d'Allem.
Albert, écrivain françois.
Albert, duc de Luynes.
Albert, écrivain allemand.
Albert, écrivain françois.
Albert, théol. allemand.
Albert, auteur françois
Albert, historien allemand.
Albert, arch. de Mayence.
Albert, natural. françois.
Alberti, mécanicien ital.
Alberti, écrivain latin.
Alberti, légiste allemand.
Alberti, historien italien.
Alberti, archit. écriv. ital.
Alberti, peintres.
Alberti, musicien italien.
Albertin, écrivain italien.
Albertinus, théolog. ital.
Albi, historien françois.
Albicus, écrivain bohêm.
Albinovanus, poëte latin.
Albinus, 3 médecins allem.
Albinus, 2 consuls rom.
Albinus, naturaliste.
Albinus, mathem. allem.
Albizzi *ou* Albizzis, écriv. italien.
Albon, général françois.
Alboni, roi des Lombards.
Albornos, arch. de Tolède.
Albricus, philosop. méd.
Albucasa *ou* Albucasis, médecin arabe.
Albuquerque Coelbo, écr. espagnol.
Albuquerque, écriv. portug.
Albuquerque, gén. portug.
Alcasar, écriv. espagnol.
Alcée, poëte lyriq. grec.
Alchabitius, mathématic.
Alchindus, astrol. arabe.
Alciat, légiste italien.
Alcibiade, général grec.
Alcidamas, philos. grec.
Alcime, grand-prêtre juif.
Alcime, historien.
Alcinoüs, philos. grec.
Alcman, poëte lyr. grec.
Alcmaon, écrivain grec.
Alcuin, théolog. anglois.
Alcyonius, écrivain ital.
Aldebert, Adelbert *ou* Adalbert, impost. franç.
Aldegraft, peintre allem.
Alderette, auteurs espag.
Aldhem *ou* Adelm (S.), poëte anglois.
Aldini, médecin italien.
Aldred, év. de Worcester.
Aldric, év. du Mans.
Aldrich, prélat anglois.
Aldrich, théolog. anglois.
Aldringer, général allem.
Aldrovandus, nat. italien.
Aldus *ou* Aldemanuce, imprimeur italien.
Aleander, cardinal allem.
Aleander, antiq. allemand.
Alegambe, histor. belge.
Alegrin, cardinal françois.
Aleman, cardinal françois.
Aleman, juriscons. franç.
Alembert, auteur françois.
Alen, peintre hollandois.
Alenio, écriv. vénitien.
Aleotti, architecte.
Alès *ou* Halès, sav. angl.
Alès, théolog. écossois.
Alessi, architec. françois.
Alessó, peint. grav. ital.
Aletino, philos. italien.
Alexandre-le-Grand, roi de Macédoine.
Alexandre Balas, impost.
Alexandre I à VIII, papes.
Alexandre, écriv. sicilien.
Alexandre, ev. d'Alexandr.
Alexandre d'Egée, philosophe grec.
Alexandre, comm. romain.
Alexandre, écriv. anglois.
Aléxandre ab Alexandro, jurisconsulte italien.
Alexandre, histor. franç.
Alexandre, emp. romain.
Alexandre, gramm. grec.
Alexandre (S.), acémète.
Alexandre, philos. médec.
Alexandre, poëte écossois.
Alexandre, arch. d'Amalfi.
Alexandre, poëte franç.
Alexandre, écr. françois.
Alexandre, méd. françois.
Alexandre Neuskoi (S.), grand-duc de Russie.
Alexis, poëte grec.
Alexis, aut. piémontois.
Alexis, czar de Russie.
Alexis, fils de Pierre-le-Gr.
Alexis, 2 emper. d'Orient.
Alexis IV, V, emp. d'Orient.
Aleyn, poëte anglois.
Alfenus Varus, écriv. ital.
Alford, auteur anglois.
Alfraganensis *ou* Alfraganius, astron. arabe.
Alfred-le-Grand, r. saxon.
Alfred, écrivain anglois.
Alfred, histor. anglois.
Algardi, sculpt. italien.
Algarotti, écrivain italien.
Algazali, écrivain arabe.
Ali, calife.
Ali-Bey, scheik égyptien.
Alimentus, hist. romain.
Alippe, géogr. asiatique.
Alkmaar, poëte allemand.
Allainval, poëte françois.
Allais, écrivain françois.
Allam, théolog. anglois.
Allard, auteur françois.
Allatius, profess. italien.
Allegrain, sculpt. françois.
Allegri, mus. italien.
Allegri, peintre italien.
Allen, voyageur anglois.
Allen, théologien anglois.
Allen, mathém. anglois.
Allestry *ou* Allestrée, théol. anglois.
Allestry, auteur anglois.
Alley, comment. anglois.
Alleyn, théologiens angl.
Alleyn, comédien anglois.
Allix, théolog. françois.
Alloisi, peintre italien.
Allory, peintre italien.
Almagre, conq. espagnol.
Almagre le jeune, espagn.
Almain, théolog. françois.
Almamon *ou* Adulha, calife.
Almanzor, calife.
Almanzor, astronome et médecin arabe.
Almeida, vice-roi de l'Inde.
Almeida, fils du précéd.
Almeida, écr. portugois.
Almeloveen, méd. holl.
Almeloveen, écriv. holl.
Almuyada, écrivain.
Aloadin, chef des Assassins.
Alp-Arslan, sultan.
Alphery, prince russe.
Alphesius, rabin juif.
Alphesius, poëte romain.
Alphonse I, IV, V, rois de Portugal.
Alphonse III (le Grand), roi des Asturies, écriv.
Alphonse X (le Sage), roi de Léon et de Castille.
Alphonse V, r. d'Aragon.
Alphonse, écriv. espagn.
Alphonse, théol. italien.
Alphtegin, roi de Gazna.
Alpini, méd. et bot. italien.
Alpinus, poëte latin.
Alsaharavius *ou* Abulcasem, médecin arabe.
Alsop, auteur anglois.
Alstedius, théol. allem.
Alston, médec. écossois.
Althamensis, théol. allem.
Althasius, écriv. allemand.
Althilius, poëte latin.

Alting, auteur allemand.
Alting, théol. allemand.
Alting, auteur allemand.
Alvarès, ambassadeur.
Alvarez de Luna ou Alvaro, favori de Jean II.
Alvarez, écriv. portugais.
Alvarez de Paz, écr. espag.
Alvarotto, jurisc. italien.
Alvattes, roi de Lydie.
Alviano, général vénitien.
Alxinger, poëte allemand.
Alype, philos. platonicien.
Alype, évêque chrétien.
Amadeddulat, génér. turc.
Amaia, jurisc. espagnol.
Amak ou Albunagib - al-Bohhari, poëte persan.
Amalasonthe, fille de Théodoric.
Amalec, fils d'Eliphaz.
Amalric ou Amaury, roi des Visigoths.
Amalric, histor. italien.
Amalthée, sibylle de Cumes.
Amalthée, arch. d'Athènes.
Amalthéo, 2 poëtes ital.
Amama, prof. d'hébreu.
Amand (S.), poëte franç.
Amaseus, trad. italien.
Amasis, roi d'Egypte.
Amat, médecin portugais.
Amauri I, roi de Jérusalem.
Amauri, sectaire françois.
Amazias, roi de Juda.
Amboise, écriv. françois.
Amboise, card. françois.
Amboise, écriv. françois.
Ambroise, év. de Milan.
Ambroise, traduc. italien.
Ambroise, ami d'Origène.
Ambroise de Lombez, écr.
Ambroise, théol. anglois.
Ambroise, comment. ital.
Ambroise, roi des Bretons.
Ambrosini, 2 bot. italiens.
Amédée V, VI, VIII, IX, comtes de Savoie.
Amédée, écr. portugais.
Amédée, év. de Lausanne.
Amélius, phil. platonicien.
Amelot de la Houssaie, écrivain françois.
Amelot, trad. françois.
Amerbach, impr. suisse.
Amès, théolog. anglois.
Amès, antiquaire anglois.
Amherst, général anglois.
Amhurst, écriv. anglois.
Amiconi, peintre vénitien.
Amilcar, père d'Annibal.
Amin, calife arabe.
Amman, médecin suisse.
Amman, méd. allemand.
Ammanati, sculp. florent.
Ammanati, poët. italienne.
Ammien, historien latin.
Ammirato ou Ammirati, écrivain italien.
Ammon, fils de Loth.
Ammonius, philos. grec.
Ammonius, gramm. grec.
Ammonius, sav. françois.
Ammonius, philos. grec.
Ammonius, chir. d'Alexand.
Ammonius, philos. grec.
Ammonius, sav. italien.
Amontons, phys. françois.
Amory, théolog. anglois.
Amory, historien anglois.
Amos, père d'Isaïe.
Amour (S.), 2 doct. franç.
Amphilochius, évêque d'Iconium.
Ampsyngius, méd. anglois.
Amrou-ben-al-As, gén. turc.
Amsdorf, év. de Nuremberg.
Amurat I à IV, sultans turcs.
Amy, avocat françois.
Amyot, traducteur fran.
Amyraut, théol. françois.
Amyrutes, philos. grec.
Anacharsis, philos. scythe.
Anaclet, évêque de Rome.
Anaclet, anti-pape.
Anacréon, poëte lyr. grec.
Anagnorta, historien grec.
Anapias et Annomus, mart. de la piété filiale.
Anastase I, II, emp. d'Or.
Anastase I, III, IV, papes.
Anastase, anti-pape.
Anastase, écrivain italien.
Anastase, écr. asiatique.
Anatolius (S.), math. égyp.
Anatolius, patriar. de Const.
Anaxagoras, philos. grec.
Anaxandrides, poëte de Rhodes.
Anaxarque, phil. d'Abdère.
Anaxilaus, philos. latin.
Anaximandre, phil. grec.
Anaximène, philos. grec.
Anaximène, histor. grec.
Ancharano, juris. italien.
Ancillon, 2 écr. françois.
Ancourt, acteur françois.
Ancus-Martius, roi de Rome.
Anderson, écr. écossois.
Anderson, math. écossois.
Anderson, impr. écossois.
Anderson, magist. écoss.
Anderson, avocat écossois.
Anderson, théol. écossois.
Anderson, histor. allemand.
Anderson, math. anglois.
Andler des Rochers, gr. fr.
Andocides, orat. athénien.
Andrada, théol. portug.
Andrada, écr. portugais.
Andrada, voy. portugais.
André (S.), apôtre.
André I à III, rois de Hongr.
André, roi de Naples.
André, comment. syrien.
André, savant italien.
André, histor. allemand.
André, év. de Samosate.
André, sculpteur italien.
André del Sarto, peint. ital.
André, histor. allemand.
André, jurisc. brabançon.
André, écrivain françois.
André, réform. allemand.
André, canoniste italien.
André, trad. mauresque.
André, théol. allemand.
André, antiqu. brabançon.
Andreæ, natur. hanovrien.
Andreini, actrice italienne.
Andrelinus, poëte italien.
Andrew ou Andrewe, colonel anglois.
Andrews, théol. anglois.
Andris, médec. françois.
Andriscus, imposteur.
Andromachus, méd. crétois.
Andronicus I à III, emp. gr.
Andronicus, astr. athén.
Andronicus, poëte latin.
Andronicus, phil. rhodien.
Andronicus, sav. grec.
Androuet du Cerceau, architecte françois.
Andry, méd. françois.
Ange de S. Joseph, traducteur françois.
Ange de Ste. Rosalie, écrivain françois.
Angeli, poëte latin mod.
Angeli, historien italien.
Angeli, médecin italien.
Angelico, peintre italien.
Angelis, poëte italien.
Angelo Buonaroti, peint. toscan.
Angelo, histor. sicilien.
Angeloni, histor. italien.
Angelus, auteur grec.
Angennes, év. du Mans.
Angennes, év. de Noyon.
Angennes, sav. françoise.
Angesisus, écr. françois.
Angilbert, marin françois.
Angioletto, hist. italien.
Anglicus, 2 méd. anglois.
Anglus, écrivain anglois.
Anguier, 2 sculp. françois.
Anguilliara, poëte italien.
Angusciola, pein. italienne.
Anicet, pape.
Anich, math. allemand.
Annand, théol. écossois.
Annat, auteur françois.
Anne Commène, historienne d'Orient.
Anne Ivanowna, impératrice de Russie.
Anne d'Autriche, reine de France.
Anne de Beau-Jeu, fille de Louis XI.
Anne de Bretagne, princesse françoise.
Annesley, théol. anglois.
Annesley, sav. anglois.
Annibal, général carthag.
Annius, écrivain italien.
Anscharius, év. d'Hambour.
Anselme, théol. anglois.
Anselme, hist. françois.
Anser, poëte latin.
Anson, voyag. anglois.
Anstis, 2 antiq. anglois.
Antagoras, poëte rhodien.
Antelmi, histor. françois.
Antesignan, gramm. fr.
Anthemius, emp. d'Occid.
Anthémius, architecte.
Anthony, empiriques angl.
Antigenides, mus. thébain.
Antigone, gén. macéd.
Antigone Caristins, phil. et historien grec.
Antigone Doson, roi de Macédoine.
Antigone Gonat, fils de Démétrius Poliorcètes.
Antigone Sochæus, fondateur des Saducéens.
Antimaque, poëte grec.
Antinaco, savant italien.
Antine, écr. liégeois.
Antiochus I à IV, pr. de Syrie.
Antiochus Eupator, prince de Syrie.
Antiochus Sidètes, prince de Syrie.
Antiochus, pr. de Syrie.
Antiochus, écr. syrien.
Antiochus, philos. stoïc.
Antipatre, ministre juif.
Antipatre, gouv. de Macéd.
Antipatre, histor. latin.
Antipatre, phil. de Sidon.
Antipatre, écriv. arabe.
Antiphon, orateur athén.
Antisthène, phil. athénien.
Antoine, 2 consuls rom.
Antoine, triumvir romain.
Antoine (S.), solit. égyp.
Antoine, écrivain italien.
Antoniano Sylvio, auteur italien.
Antonides Vander Goes, poëte hollandois.
Antonin le Pieux, emp. rom.
Antonin le Philosophe, empereur romain.
Antonio, peintre italien.
Antonio, hist. espagnol.
Antonius, écr. africain.
Antonius, écr. espagnol.
Antony, jurisc. italien.
Antony, danseur de corde.
Anvari, poëte persan.
Anville, géogr. françois.
Anysa, poëte grecque.
Anytus, rhéteur grec.
Apelles, peintre grec.
Apelles, sectaire syrien.
Apellicon, philos. grec.
Aper, orateur romain.
Aphtonius, rhéteur syrien.
Apicius, 3 gourmands rom.
Apien, astron. allemand.
Apien, écriv. allemand.
Apion, gramm égyptien.
Apollinaire, gram. carth.
Apollinaire, écr. phrygien.
Apollinarius, gram. syr.
Apollinarius, évêque de Laodicée.
Apollodore, gram. athén.
Apollodore, archit. syrien.
Apollodore, peintre ath.
Apollonie, martyre chrét.
Apollonius, poëte grec.
Apollonius, géom. égypt.
Apollonius, gram. égypt.
Apollonius, martyr chrét.
Apollonius, gram. latin.
Apollonius, 2 philos. grecs.
Apollonius Collatius, poët.
Apollos, orateur juif.
Apono, médecin italien.
Apostolius, savant grec.
Appian, histor. romain.
Apriès, roi d'Egypte.
Aprosio, savant italien.
Apulée, auteur africain.
Aqua Viva, écr. espagn.
Aquila, écrivain grec.
Aquilano, poëte italien.
Aquilanus, méd. italien.
Aquin (Thomas d'), doct.
Aquino, lexicogr. juif.
Arabschah, hist. syrien.
Aram, poëte anglois.
Arantius, médec. italien.
Aratus, poëte grec.
Aratus, chef de la ligue achéenne.
Arbogaste, général
Arbogast, mathém. franç.
Arbuckle, poëte écossois
Arbuthnot, théol. écoss.
Arbuthnot, méd. anglois.
Arcadius, emp. d'Orient.
Arcère, écrivain françois.
Arcésilas, philos. grec.
Archélaüs, roi des Juifs.
Archélaüs, roi de Macéd.
Archélaüs, philos. grec.
Archélaüs, trad. asiatique.
Archias, poëte romain.
Archidamus, roi de Sparte.
Archigènes, méd. grec.
Archiloque, satirique grec.
Archimède, math. pythag.
Archon, théologien fr.
Archytas, philos. pythag.
Arcq, écrivain françois.
Arcudius, écrivain grec.
Arculfhe, théol. françois.
Arden, conspirateur angl.
Areagathus, médec. grec.
Arena, poëte françois.
Arési, écrivain italien.
Areté, fille d'Aristippe.
Aretée, médecin grec.
Aréthas, comm. césaréen.
Arétin, jurisc. italien.
Aretin, musicien italien.
Aretin, historien italien.
Aretin, poëte obscène.
Argal, théolog. anglois.
Argens, écrivain françois.
Argenson, magist. franç.
Argentier, médecin italien.
Argentina, comment. fr.
Argenville, écriv. fran.
Argoli, mathém. italien.
Argoli, poëte italien.
Argonnne, écrivain franç.
Arguès, mathém. françois.
Argyrophyle, com. grec.
Ariarathe I à IX, rois de Cappadoce.
Arias Montanus, sav. esp.
Arieh, rab. d'Amsterdam.
Ariobarzane I à III, roi de Cappadoce.
Arioste, poëte italien.
Arioviste, roi des Germains.
Aristandre, devin grec.
Aristarque, philos. grec.
Aristarque, critique grec.
Aristarque, ami de S. Paul.
Aristéas, historien grec.
Aristéas, traducteur grec.
Aristée, mathémat. grec.
Aristenète, écrivain grec.
Aristide, général athénien.
Aristide, sophiste grec.
Aristide, peintre athénien.
Aristide, philosophe grec.
Aristippe, phil. de Cyrène.
Aristo, philosophe grec.
Aristo, juriscons. romain.
Aristobule I, II, rois des Juifs.
Aristobule, philos. juif.
Aristogiton, libér. d'Athèn.
Aristomène, gén. messén.
Aristophane, poëte athén.
Aristote, phil. macédonien.
Aristoxène, philos. grec.
Arius, chef des ariens.
Arkenholz, écriv. suédois.
Arkwright, manuf. angl.
Arlaud, peintre genevois.
Arlottes, bouffon italien.
Arminius, théol. holland.
Arminius, chevalier rom.
Armstrong, méd. anglois.
Armstrong, théol. écoss.
Arnald, théol. anglois.
Arnall, politique anglois.
Armand de Meyrveille ou de Mereuil, poët. prov.
Arnaud, auteur françois.
Arnauld de Villa-Nova, médecin françois.
Arnauld, juriscons. franç.
Arnauld d'Andilly, jurisc. françois.
Arnauld, écriv. françois.
Arnauld, év. d'Angers.
Arnauld, abbesse de Port-Royal.
Arndt, théol. allemand.
Arndt, théol. allemand.
Arne, musicien anglois.
Arngrim, sav. irlandois.
Arnisœus, médec. allem.
Arnobe, rhét. numide.
Arnobe, théol. gaulois.
Arnold, discip. d'Abélard.
Arnold, théol. allemand.
Arnold, écriv. allemand.
Arnold, histor. allemand.
Arnoul, historien françois.
Arntzenius, jurisc. holl.
Arnu, philos. françois.
Arnulf, emp. d'Allemagne.
Arnul ou Ernulf, écr. angl.
Arnulf, magicien égyptien.
Arnway, écrivain anglois.
Aron, écrivain italien.
Arpino, peintre italien.
Arragon, fem. de Colonne.
Arria, femme de Pœtus.
Arriaga, théol. espagnol.
Arrien, historien grec.
Arrow Smith, théol. angl.
Arsace I, II, rois des Parthes.
Arsace Tiranus, roi d'Armé.
Arsène, év. de Constant.
Arsène, fils de Théodose.
Arsène, écrivain grec.
Artaban I à IV, rois des Parth.
Artabase I, II, rois d'Armén.
Artalis, poëte italien.
Artaud, sav. françois.
Artaxercès I à III, rois de Pers.
Artaxercè Bebegan ou Ardshir, roi de Perse.
Artaxias I à III, rois d'Armén.
Arteaga, auteur espagnol.
Artedi, natural. suédois.
Artemas ou Artemon, sectateur.
Artemidore, 2 écriv. grec.
Artémise, 2 reines de Carie.
Arthur, roi d'Angleterre.
Arthur, duc de Bretagne.
Artigny, histor. françois.
Artusi, musicien italien.
Arundel, arch. de Cantorb.
Arundel, savante angloise.
Arvieux, écriv. françois.
Arviragus, roi breton.
Arzachel, astron. espagnol.
Asa, roi de Juda.
Asaph, music. hébreu.
Asaph (S.), écr. gallois.
Asar-Haddon, roi d'Assyr.
Ascelin, théol. françois.
Ascham, auteur anglois.
Aschari, chef d'une secte.
Asclépiade, philos. grec.
Asclépiade, médec. grec.
Asconius, gramm. italien.
Asdrubal, gén. carthag.
Asdrubal-Barca, gén. carth.
Aselli, professeur italien.
Asgill, écrivain anglois.
Ashe, théolog. françois.
Ashley, écriv. anglois.
Ashmole, auteur anglais.
Ashton, 2 théol. anglois.
Ashwell, théol. anglois.
Ashwood, théol. anglois.
Ashworth, écriv. anglois.
Aspasie, courtis. grecque.
Aspasie, maîtresse de Syrus.
Asselin, poëte françois.
Asselyn, peintre holland.
Asser ou Asserius Menevensis, 2 écriv. anglois.
Assheton, théol. anglois.
Assoucy, poëte françois.
Asteil, savante angloise.
Astérius, aut. asiatique.
Astérius, écr. asiatique.
Astérius Urbanus, prêtre asiatique.
Astronome (l'), écr. franç.
Astruc, médec. françois.
Astyage, roi des Mèdes.
Ataliba ou Atabalipa, roi de Quito.
Athalie, épouse de Joram.
Athanase (S.), écr. italien.
Athelstan, roi d'Angleter.
Athénagore, philos. athén.
Athénée, gramm. grec.
Athénée, mathém. grec.
Athénée, orat. romain.
Athénodore, philos. latin.
Athénodore Cordillon, philosophe stoïcien.
Athias, impr. hollandois.
Atkins, écrivain anglois.
Atkins, cél. juge anglois.
Atkins, écrivain anglois.
Atkins, auteur anglois.
Attale, I à 3, roi d'Asie.
Attale, martyr chrétien.
Atterbury, théol. anglois.
Atterbury, aut. anglois.
Atterbury, écriv. anglois.
Atticus, orat. athénien.
Atticus, chev. romain.
Atticus, patriar. arménien.
Attila, roi des Huns.
Aubert, avocat françois.
Aubertin, théol. françois.
Aubery, hist. françois.
Aubery, méd. françois.
Aubery, écriv. françois.
Aubespine, chanc. franç.
Aubespine, théol. franç.
Aubespine, sav. françoise.
Aubigné, auteur françois.
Aubrey, écrivain françois.
Aubriot, maire de Paris.
Aubusson, card. françois.
Audebert, poëte françois.
Audebert, hist. françois.
Audifret, géogr. françois.
Audiguier, écriv. françois.
Audius, sectaire juif.
Audran, graveur françois.
Audran, peintre françois.
Audran, 2 grav. françois.
Audran, peintre françois.
Auger, jés. françois.
Augurello, poëte italien.
Auguste, emper. romain.
Augustin, écriv. espagnol.
Augustin (S.), écr. afriq.
Augustin ou Austin (S.), missionnaire anglois.
Augustin ou Agostini, sav. siennois.
Augustule ou Romulus Augustus, emp. romain.
Auhadi Maragah, poë. pers.
Aulugelle, gramm. latin.
Aumont, général françois.
Aungerville, écr. anglois.
Aunoy, sav. françoise.
Aurélien, emp. romain.
Aurélius Victor, hist. rom.
Aurelli ou Arelli, poë. lat.
Aureng-Zeb, grand-mogol.
Auréolus, général romain.
Auria, auteur italien.
Aurificus, écriv.
Aurigny, poëte françois.
Aurispa, auteur sicilien.
Aurogallus, prof. bohém.
Ausone, poëte latin.
Authon, hist. françois.
Autreau, peintre françois.
Auvigny, écriv. françois.
Auzout, math. françois.
Avalos, aut. napolitain.
Avalos, parent du précéd.
Avantio, jurisc. italien.
Avenpage, philos. maure.
Aventin, hist. allemand.
Avenzoar, méd. espagnol.
Averani, écriv. italien.
Averani, mathém. italien.
Averdy, écriv. françois.
Averroès ou Aven-Rosch, philosophe arabe.
Averbury, histor. anglois.
Avicenne, médec. arabe.
Avienus, poëte latin.
Avila, hist. espagnol.
Avila, écriv. espagnol.
Aviler, archit. françois.
Aviron, juriscons. françois.
Avitus, emp. d'Occident.
Avitus, écriv. françois.
Axiophœa, sav. grecque.
Axtel, gouv. irlandois.

Aylett, écriv. anglois.
Aylmer, savant anglois.
Ayloffe, sav. anglois.
Aymar, imposteur franç.
Aymon, écr. piémontais.
Ayres, auteur françois.
Ayscough, cél. angloise.
Ayscough, écr. anglois.
Ayscue, amiral anglois.
Azarias ou Ozias, roi de Juda.
Azarias, hist. juif.
Azeredo, mis. portugais.
Azorius, écriv. espagnol.
Azpilcueta, juris. espagnol.
Azzo, jurisçons. italien.

BAJA

Baadin, doct. persan.
Baan, 2 peint. hollandois.
Baart, poëte flamand.
Baba, imposteur turc.
Babaconschi, aut. turc.
Babin, théol. françois.
Babington, sav. anglois.
Babœuf, écr. françois.
Babylas, év. et martyr.
Bacai, auteur arabe.
Bacalani, aut. arabe.
Baccalar y Sanna, écr. ital.
Baccali, écriv. musulman.
Bacchini, historien ital.
Bacchylides, poëte grec.
Bacchylus, év. corinthien.
Baccio, méd. italien.
Baccio, peintre italien.
Bach, musicien allemand.
Bachaumont, poëte fran.
Bachaumont, auteur fr.
Bache, aut. américain.
Bachelier, sculpteur franç.
Bacici, peintre italien.
Backer, peintre françois.
Backer, peintre allemand.
Backhuysen, peint. allem.
Bacon, math. anglois.
Bacon, jurisc. anglois.
Bacon, politique anglois.
Bacon, 2e. femme du préc. traduct. angl.
Bacon, philos. anglois.
Bacon, peintre anglois.
Bacon, théol. anglois.
Baconthorpe ou Bacon, écrivain anglois.
Bacque, poëte fr.
Bacquere, méd. allemand.
Bacquet, avocat françois.
Bacrishua, 2 médec. pers.
Badakschi, poëte persan.
Badasch, gramm. arabe.
Badcock, théol. anglois.
Badens, peintre françois.
Badile, peintre italien.
Baduel, théol. allemand.
Baerstrat, peint. holland.
Baf-Karkah ou Abu-Zoal, écrivain arabe.
Bagdedin, mathém. arabe.
Bagford, antiquaire angl.
Bagger, théol. danois.
Bagi-Zadeh, écr. mahom.
Baglioni, génér. vénit.
Baglivi, méd. ragusain.
Bagnioli, poëte italien.
Bagshaw, théol. anglois.
Baguri, écr. mahométan.
Baha-al-Haka u Aldin, saint mahométan.
Bahali, auteur arabe.
Bahar-al-Hefdh, écr. arab.
Bahier, poëte françois.
Bahram, général persan.
Bahrdt, écrivain allem.
Baier, médecin allemand.
Baïf, écrivain françois.
Baïf, poëte françois.
Baile, théol. françois.
Bailies, méd. prussien.
Baillet, écriv. françois.
Bailli, astrologue françois.
Baillie, théol. écossois.
Baillou, méd. françois.
Bailly, philosop. astron. hist. polit. fr.
Bainbridge, astr. anglois.
Baïus, théol. françois.
Bajazet I, II, sultans.
Baker, missionn. anglois.
Baker, naturaliste anglois.
Baker, écrivain anglois.
Baker, mathém. anglois.
Baker, sav. antiq. anglois.
Bakewel, fermier anglois.
Balaam, prophète.
Balamio, méd. sicilien.
Balassi, peintre italien.
Balati, auteur italien.
Balbi, écrivain génois.
Balbinus, empereur rom.
Balboa, voyag. castillan.
Balbuena, poëte espagnol.
Balderic, écrivain franç.
Balderic, auteur françois.
Baldi, savant italien.
Baldi de Ubaldi, jurisc. italien.
Baldi, poëte allemand.
Baldi, peintre italien.
Baldini, savant italien.
Baldinucci, artiste ital.
Baldock, écriv. anglois.
Bale, théolog. anglois.
Balechon, graveur franç.
Balen, 2 peintres flamands.
Balès, maître d'écr. angl.
Balestra, peintre italien.
Balguy, théolog. anglois.
Bali, écriv. mahométan.
Balkini, auteur mahomét.
Ball, théol. anglois.
Ballanden, théol. écossois.
Ballard, biographe anglois.
Ballerini, savant italien.
Ballexoerd, écriv. génois.
Balli, théolog. sicilien.
Balliani, écriv. génois.
Ballin, orfèvre françois.
Balsamor, savant syrien.
Balthasar, écrivain franç.
Balthazarini, mus. italien.
Baltus, savant françois.
Balue, cardinal françois.
Baluze, écrivain françois.
Balzac, historiog. franç.
Bamboche, peintre hollan.
Bambridge, ambass. angl.
Banchi, évêque françois.
Bancroft, arch. anglois.
Bandarra, fanatique port.
Bandello, écriv. milanois.
Bandinelli, sculpt. flor.
Banduri, savant ragusain.
Bangius, théolog. suédois.
Bangius, prof. danois.
Banier, écrivain françois.
Bank, jurisc. suédois.
Banks, jurisc. anglois.
Banks, 2 écrivains anglois.
Bannier, général suédois.
Bannister, 2 méd. anglois.
Baptiste, peintre flamand.
Baptistin, mus. florentin.
Barach, juge hébreu.
Baradée, chef jacobite.
Baranzano, phil. piémont.
Barathier, jurisc. italien.
Barathier, auteur flamand.
Barba, écrivain espagnol.
Barbadille, écrivain esp.
Barbadino, savant portug.
Barbaro, 4 savans vénit.
Barbaroux, républicain fr.
Barbasan, écrivain franç.
Barbatelli, peintre italien.
Barbeau de la Bruyère, écrivain françois.
Barberino, poëte italien.
Barberino, cardin. italien.
Barberousse, fam. pirate.
Barberousse, commandant turc.
Barbeu Dubourg, médecin françois.
Barbeyrac, méd. françois.
Barbeyrac, jurisc. françois.
Barbier d'Aucour, écrivain critique françois.
Barbier, aut. françoise.
Barbieri, 2 peintres ital.
Barbosa, auteur portug.
Barbosa, écrivain port.
Barbosa, 2 prof. portug.
Barbour, théol. écossois.
Barbud, mus. persan.
Barcali, 2 doct. mahomét.
Barclay, écrivain anglois.
Barclay, doct. écossois.
Barclay, poëte françois.
Barclay, quaker écossois.
Barcochebas ou Barcochab, imposteur juif.
Bard ou Mahomet-ben-Yezed, auteur arabe.
Bardas, patrice grec.
Bardas, général grec.
Bardesane, chef de secte.
Bardhadi ou Bazradi, aut. mahométan.
Bardin, écriv. françois.
Barent, peintre holland.
Baretti, aut. piémontois.
Bargrave, théol. anglois.
Baridah, auteur arabe.
Barini, écrivain arabe.
Barkham, antiquaire angl.
Barki, sheik arabe.
Barlaam, théol. grec.
Barland, écrivain holland.
Barlée, poëte allemand.
Barlée, prof. hollandois.
Barlowe, 2 écriv. anglois.
Barlowe, peintre anglois.
Barlowe, mécanicien.
Barnabas (S.), mart. grec.
Barnard, peintre holland.
Barnard, théol. anglois.
Barnard, lord-maire.
Barnave, constituant.
Barnès, savante françoise.
Barnès, théolog. anglois.
Barneveldt, polit. holl.
Baro, théol. françois.
Baroche, peintre italien.
Baron, auteur irlandois.
Baron, acteur françois.
Baron, méd. françois.
Baronius, écriv. napolit.
Barral, lexicograp. franç.
Barrelier, botan. françois.
Barrère, méd. françois.
Barrett, peintre irlandois.
Barrett, chirur. américain.
Barrington, pair d'Irlande.
Barros ou de Barros, sav. portugais.
Barrow, théol anglois.
Barry, acteur irlandois.
Barsuma ou Barsoma, écr. asiatique.
Bartan, poëte françois.
Barth, comm. marin franç.
Barthe, poëte françois.
Barthélemy (S.), apôtre.
Barthélemy, 2 écr. franç.
Barthélemy, antiq. franç.
Barthius, écrivain allem.
Bartholi, savant italien.
Bartholin, 2 médec. allem.
Bartlet, théol. anglois.
Bartolocci, écriv. napolit.
Barton, impost. angloise.
Baruch, prophète.
Barwick, théol. anglois.
Barwick, méd. anglois.
Barzerini ou Nahui Zadeh, auteur arabe.
Bas (le), graveur franç.
Basile (S.), aut. cappad.
Basile, chef de secte.
Basile, I, II, emp. turc.
Basile, impost. macédon.
Basilides, chef d'une secte.
Basiliowitz, emp. russe.
Basingstoke ou Bassinge, savant anglois.
Basire, sav. théol. anglois.
Baskerville, impr. anglois.
Baskerville, méd. anglois.
Basnage, 2 écrivains fran.
Bassan, 4 peintres italien.
Bassan, médecin italien.
Bassandine, imprim. ital.
Bassantin, mathém. écoss.
Basset, historien anglois.
Bassi, célèbre italienne.
Bassilh-al-Kalath, auteur mahométan.
Bassompierre, général fr.
Bassuel, chirurgien franç.
Bassus, poëte romain.
Basta, général italien.
Bastard, poëte anglois.
Baston, poëte anglois.
Bastwick, médecin angl.
Bate, docteur anglois.
Bate, medecin anglois.
Bate, théol. anglois.
Batecumbe, mathém. angl.
Bateman, théol. anglois.
Bathalmiusi, auteur arab.
Bathurst, médecin anglois.
Bathurst, mécène angl.
Batoni, peintre italien.
Batraglini, historien.
Battely, théologien angl.
Batteux, littérateur fran.
Bathyan, astron. saxon.
Battie, médecin anglois.
Battory, roi de Pologne.
Bauab, scribe arabe.
Baudeau, écrivain fran.
Baudelot de Dairval, écr. françois.
Baudet, graveur françois.
Baudier, historiog. fr.
Baudin, législateur fr.
Baudius, professeur fr.
Baudot de Juilly, hist. fr.
Baudouin I, II, empereurs d'Orient.
Baudouin, savant anglois.
Baudouin, théologien fr.
Baudouin, écrivain fran.
Baudrand, géographe fr.
Bauhin, médecin françois.
Bauhin, 2 médec. suisses.
Bauldri, profess. d'hist. fr.
Baulot ou Beaulieu, opérateur françois.
Baume, écrivain françois.
Baur, peintre françois.
Bausch, auteur mahomét.
Baussuri, auteur musulm.
Bautru, académicien fr.
Bauvin, auteur fr.
Baxter, théologien angl.
Baxter, auteur anglois.
Baxter, écrivain écossois.
Bayard, capitaine fr.
Bayard, écrivain fr.
Bayer, astronome allem.
Bayer, savant allemand.
Bayle, écrivain fr.
Bayly, écrivain anglois.
Bayly, catholique anglois.
Bayly, médecin anglois.
Baynes, jurisc. anglois.
Baynes, médecin anglois.
Bazzas, auteur mahom.
Bé, graveur et fondeur fr.
Beacon, théologien angl.
Beale, peint. angloise.
Beard, acteur anglois.
Beaton, cardinal écossois.
Beaton, arch. écossois.
Beau (le), 2 écriv. fr.
Beaucaire de Peguillon, théologien fr.
Beauchamp, général angl.
Beauchamps, écrivain fr.
Beauchateau, poëte fr.
Beaucousin, écrivain fr.
Beaufils, écrivain fr.
Beaufort, chancelier angl.
Beaufort, femme de Tudor.
Beaufort, écrivain fr.
Beaufort, capitaine fr.
Beaulieu, théologien fr.
Beaulieu, ingénieur fr.
Beaulieu, maître d'écr. fr.
Beaumarchais, auteur fr.
Beaumelle, littérateur fr.
Beaumont, pair fran.
Beaumont, poëte anglois.
Beaumont, auteur anglois.
Beaumont, théolog. fr.
Beaumont de Perefixe, écrivain françois.
Beaumont, archev. fr.
Beaumont, avocat fr.
Beaumont, romancière. fr.
Beaune, mathémat. fr.
Beaune, traducteur fr.
Beaurain, géographe fr.
Beaurieu, auteur fr.
Beausobre, théolog. fr.
Beausobre, écrivain fr.
Beau-Soleil, astrolog. fr.
Beauvais, histor. françois.
Beauvais, orateur françois.
Beauzée, acad. françois.
Beaver, écrivain anglois.
Bebelle, rhéteur allemand.
Beccadelli, écr. italien.
Becan, sav. brabançon.
Beccafumi, peint. italien.
Beccari, poëte italien.
Beccaria, écriv. italien.
Beccaria, méd. italien.
Beccaria, auteur italien.
Bechet, écriv. françois.
Becker, écriv. allemand.
Becker, méd. prussien.
Becket, archev. anglois.
Beckingham, poëte anglois.
Beckington, écr. anglois.
Becquet, écr. françois.
Becrash, écriv. musulman.
Bectoz, savante françoise.
Bède, théologien franç.
Bède, écriv. anglois.
Bedell, théol. anglois.
Bederic, écrivain franç.
Bedford, roi d'Angleterre.
Bedford, théol. anglois.
Bedfort, écrivain anglois.
Bedreddin, méd. syrien.
Bega, peintre hollandois.
Beger, écriv. allemand.
Begeyn, peint. hollandois.
Begon, savant françois.
Behaim, géogr. allemand.
Behn, savante angloise.
Beidhavi, juge persan.
Beierlink, écriv. flamand.
Beinaschi, peint. piémont.
Beisch, peintre allemand.
Beithar, écriv. africain.
Bek, peintre hollandois.
Bekker, théol. hollandois.
Bel, écrivain françois.
Belcamp, peint. holland.
Belchier, chirurg. anglois.
Bélésis, gouv. de Babylone.
Belhomme, écrivain fr.
Belidor, ingénieur fr.
Beling, écriv. irlandois.
Bélisaire, général romain.
Bélius, écriv. hongrois.
Bell, antiquaire anglois.
Bellarmin, écriv. toscan.
Bellay, 3 écrivains fr.
Bellay, poëte fr.
Belle, graveur italien.
Belle, peintre fr.
Belleau, poëte fr.
Belleforest, historien fr.
Bellegarde, écrivain fr.
Bellemont, comédien fr.
Bellenden, sav. écossois.
Bellenger, traducteur fr.
Beller, écrivain fr.
Bellièvre, chancelier fr.
Bellin, ingén.-géog. fr.
Bellini, 2 peintr. vénitiens.
Bellini, médecin italien.
Bellocq, écrivain fr.
Bellol, avocat fr.
Belloi, poëte fr.
Bellori, antiq. italien.
Bellotti, peintre italien.
Bellucci, peintre italien.
Belon, médecin fr.
Belot, auteur fr.
Belsunce, écrivain fr.
Bélus, roi d'Assyrie.
Bembo, écriv. vénitien.
Benavidio, écriv. italien.
Benbow, 2 amir. anglois.
Benda, music. allemand.
Bendlowes, écr. anglois.
Benedetto ou Benoît Castiglione, peintre italien.
Benefield, théol. anglois.
Benezech, h. d'état fr.
Benezet, négrophile.
Beni, écrivain italien.
Benjamin, fils de Jacob.
Benivieni, poëte italien.
Bennet, polit. anglois.
Bennet, médecin anglois.
Bennet, 2 théol. anglois.
Benoît (S.), fondateur.
Benoît, voyageur anglois.
Benoît I à XIV, papes.
Benoît, anatomiste italien.
Benoît, théologien fr.
Benserade, poëte fr.
Benson, écrivain fr.
Bent, peintre hollandois.
Bentham, théol. anglois.
Bentivoglio, écr. italien.
Bentivoglio, poëte italien.
Bentley, théol. anglois.
Bentley, écrivain anglois.
Benyouski, avent. hongrois.
Beolco, écriv. italien.
Béraut, écrivain fr.
Berchet, peintre fr.
Berchoire ou Bercheur, aut. françois.
Bercier, théologien fr.
Bérenger, anatomiste.
Bérenger I, emp. d'Orient.
Bérenger II, roi d'Italie.
Bérenger, théologien fr.
Bérénice, fem. d'Antiochus.
Bérénice, femme de Ptolémée Évergète.
Bérénice, fille de Ptolémée Aulètes.
Bérénice, fe. d'Aristobule.
Bérénice, l'une des femmes de Mithridate Eupator.
Bérénice, fille d'Agrippa.
Bérénicius, écr. hollandois.
Beretin, peintre italien.
Berg, peintre flamand.
Bergame, hist. italien.
Bergen, peint. hollandois.
Berghem, peint. hollandois.
Bergier, écr. françois.
Bergier, savant françois.
Bergman, chimiste suédois.
Bérigard, philosophe fr.
Bering, poëte danois.
Berkeley, théol. irlandois.
Berkeley, théol. anglois.
Berkenout, médecin angl.
Berkheyden, peint. holl.
Berkley, écriv. anglois.
Bernaert, peint. anglois.
Bernard (S.), écrivain fr.
Bernard, astron. anglois.
Bernard, écrivain fr.
Bernard, savante franç.
Bernard, fanatique.
Bernard, poëte franç.
Bernard, méd. anglois.
Bernard, théologien fr.
Bernard, peintre flamand.
Bernard, peintre fr.
Bernardi, artiste italien.
Bernardin (S.), toscan.
Bernardin, savant fr.
Bernazzano, peint. italien.
Bernia ou Berni, poë. tosc.
Bernier, voyageur fr.
Bernier, médecin fr.
Bernini ou le cavalier Bernin, sculpteur italien.
Bernon, Ier. abbé de Cluni.
Bernouilli, 2 math. suisses.
Bernouilli, philos. suisse.
Bernstorf, h. d'état dan.
Béroald, écriv. italien.
Béroald, poëte italien.
Berose, écriv. syrien.
Berquin, 2 écrivains fr.
Berriman, théol. anglois.
Berruyer, auteur fr.
Berry, capitaine anglois.
Bersman, savant allemand.
Bertaud, poëte fr.
Berthault, auteur fr.
Bertheau, théologien fr.
Berthet, auteur fr.
Berthier, savant fr.
Berti, écriv. toscan.
Bertier, écrivain fr.
Bertin (S.), fondateur.
Bertin, médecin fr.
Bertin, peintre fr.
Bertinazzi, Carlin, act. ital.
Bertius, écriv. flamand.
Bertram, écrivain fr.
Bertrand, médecin fr.
Berulle, écrivain fr.
Berylle, archev. arabe.
Besler, apothicaire allem.
Besly, antiquaire fr.
Besme ou Bème, assassin de Coligni.
Besogne, historien fr.
Besplas, écrivain. fr.
Bessarion, écriv. vénitien.
Bessel, écrivain fr.
Bétis, gouverneur de Gaza.
Betterton, acteur anglois.
Bettini, peintre italien.
Betts, médecin anglois.
Beveridge, aut. anglois.
Beverland, écriv. holland.
Beverwick, méd. holland.
Beuf, antiquaire fr.
Beurs, peintre hollandois.
Beuvelet, savant fr.

Bèze, savant fr.
Beziers, historien fr.
Bezout, mathémat. fr.
Bianchi, 2 peint. italiens.
Bianchini, savant italien.
Bianchini, écriv. italien.
Biard, sculpteur fr.
Bias, sage de la Grèce.
Bibiena, peintre italien.
Bibliander, théol. suisse.
Bicchierai, médec. italien.
Biddle, écrivain anglois.
Bidloo, anat. hollandois.
Bie, peintre fr.
Bielfield, écriv. holland.
Bienné, imprimeur fr.
Bièvre, écrivain fr.
Biezlingen, peintre holl.
Bifield, théolog. anglois.
Bigne, 2 auteurs fr.
Bignicourt, écrivain fr.
Bignon, écriv. biblio. fr.
Bilfinger, phil. allemand.
Billiguer, médecin suisse.
Billy, 2 écrivains fr.
Bilson, savant anglois.
Binet, minime.
Binet, écrivain fr.
Bingham, théol. anglois.
Bingham, écriv. anglois.
Binning, théol. écossois.
Bioernstahl, sav. suédois.
Bion, poëte grec.
Bion, philosophe grec.
Biondi, écrivain italien.
Birague, chancelier fr.
Birch, historien anglois.
Bird, musicien anglois.
Birkenhead, écriv. angl.
Biron, 3 mar. de France.
Biscaino, peintre génois.
Bishop, peintre holland.
Bishop, peintre flamand.
Bisi, peintre italien.
Bisset, médecin anglois.
Bito, mathématicien.
Bizelli, peintre italien.
Bizot, écrivain fr.
Black, écriv. écossois.
Blackall, savant anglois.
Blackbourn, archit. angl.
Blacklock, théol. écossois.
Blackmore, écriv. anglois.
Blackstone, écr. anglois.
Blackwell, théol. anglois.
Blackwell, écriv. anglois.
Blackwell, méd. écossois.
Blackwood, écr. anglois.
Bladen, écr. anglois.
Blaeu *ou* Janssen, géogr.
Blagrave, math. anglois.
Blagrave, astrol. anglois.
Blair, 2 théol. écossois.
Blair, 2 savans écossois.
Blake, amiral anglois.
Blake, botaniste anglois.
Blampain, savant fr.
Blanc (le), 3 écrivains fr.
Blanchard, peintre fr.
Blanche, reine de France.
Blanche, italienne, victime de l'amour conjugal.
Blanchet, peintre fr.
Blanchet, bibliothéc. fr.
Bland, savante angloise.
Blandrata, méd. italien.
Blankof, peint. holland.
Blavet, musicien fr.
Bleck, peintre anglois.
Blen, peintre belge.
Bletterie, écrivain fr.
Blezint *ou* Blethynt, poëte gallois.
Bloch, méd. nat. allemand.
Block, peintre allemand.
Blockland, peint. allem.
Bloemart, 3 peint. holl.
Bloemen, peint. flamand.
Blond, peintre fr.
Blondel, théologien fr.
Blondel, math. et arch. fr.
Blondel, architecte fr.
Blondel, médecin fr.
Blondus, écriv. italien.
Blood, aventurier anglois.
Bloot, peintre flamand.
Blosius *ou de* Blois, écriv. flamand.
Blount, 4 écriv. anglois.
Blow, musicien anglois,

Bluteau, théol. anglois.
Boate, méd. et bot. irland.
Bobart, botaniste anglois.
Boccace, *écriv. toscan.*
Boccaci *ou* Bocacino, peint. italien.
Boccage, poëte françoise.
Boccalini, satiriq. italien.
Boccamazza, aut. sicilien.
Bocchus, roi de Mauritanie.
Bocciardi, peint. génois.
Bocconi, écriv. sicilien.
Boccoris, roi d'Egypte.
Bochard, savant fran.
Bochart, théologien fr.
Bochius, poëte latin.
Bockhorst, peint. flamand.
Bocquillot, écrivain fr.
Bodesten, médecin allem.
Bodin, écrivain fr.
Bodley, célèbre anglois.
Boèce, écrivain romain.
Boèce, philos. écossois.
Boecler, historiogr. suéd.
Boehmen, écr. allemand.
Boel, peintre flamand.
Boerhaave, médecin holl.
Boethie, traducteur fr.
Boffrand, architecte fr.
Bogoris, roi bulgare.
Bohadin, historien arabe.
Bohn, médecin allemand.
Boiardo, poëte italien.
Boileau, traducteur fr.
Boileau, 2 écrivains fr.
Boileau-Despréaux, poëte.
Boindin, poëte dram. fr.
Bois, *ou Joannes a Bosco*, écrivain fr.
Bois, écrivain fr.
Bois (du), théologien fr.
Bois (du), ministre fr.
Boismond, academ. fr.
Bois-Morand (Chiron de), poëte satirique fr.
Bois-Robert, auteur fr.
Boissard, antiquaire fr.
Boissat, écrivain fr.
Boissi, écriv. comiq. fr.
Boivin, historien fr.
Boivin, écrivain fr.
Boizard, auteur fr.
Bokhari, docteur musulm.
Bol, peintre hollandois.
Bol, peintre allemand.
Bolanger, peintre italien.
Boleslas, roi de Pologne.
Boleyn, femme de Henri VIII.
Bollandus, écrivain allem.
Bolognese, peintre ital.
Bolsec, écrivain fr.
Bolswerd, graveur.
Bolton, 2 théolog. angl.
Bolton, antiquaire angl.
Bolyngbroke, écr. angl.
Bombelli, peintre italien.
Bomberg, peintre flam.
Bon, comment. anglois.
Bon S. Hilaire, écriv. fr.
Bona, écrivain piémont.
Bonanni, naturaliste rom.
Bonarelli, poëte italien.
Bonaventure (S.), écriv. toscan.
Bonaventure de Padoue, écrivain italien.
Bond, voyez Bon.
Bondt, médecin holland.
Bonefacio, peintre vénit.
Bonet, médecin génevois.
Bonfadio, écrivain italien.
Bonfinius, historien angl.
Bonfrerius, écrivain fr.
Bongars, écrivain fr.
Boniface (S.), écr. angl.
Boniface I à IX, papes.
Boniface, écrivain fr.
Bonifacio, savant vénit.
Bonjour, écrivain fr.
Bonne, guerrière suisse.
Bonnefons, poëte fr.
Bonner, prélat anglois.
Bonnet, écriv. nat. génev.
Bonneval, aventurier fr.
Bonose, évêq. de Naissus.
Bonrecueil, traduct. fr.
Bontekoe, médecin holl.
Bontems, trad. françoise.
Bontius, médecin holl,

Bonvicino, peintre italien.
Boodt, naturaliste holl.
Booker, astrologue angl.
Boon, peintre hollandois.
Boonen, peintre holland.
Booth, écrivain anglois.
Borda, savant fr.
Bordas, écrivain fr.
Borde, médecin anglois.
Bordenave, chirurg. fr.
Bordeu, médecin fr.
Bordingius, poëte danois.
Bordone, peintre italien.
Bore, femme de Luther.
Borel, écrivain fr.
Borelli, mathém. napolit.
Borgarutius, méd. italien.
Borghèse, poëte italien.
Borghini, auteur italien.
Borgia, arch. de Valence.
Borgiani, peintre romain.
Boris Gudenou, grand duc de Moscovie.
Borlase, médecin irland.
Borlase, ingénieur anglois.
Borri, avent. milanois.
Borrichius, médecin dan.
Borromée (S. Charles), arch. de Milan.
Borromée, card. milanois.
Borromini, archit. rom.
Borzoni, peintre italien.
Bos, écrivain françois.
Bos (du), peintre flamand.
Bos, écrivain.
Bos, peintre flamand.
Bosc, 3 écrivains fr.
Boscan, poëte espagnol.
Bosch, peintre flamand.
Bosch, peintre holland.
Boschaerts, peintre flam.
Boscoli, peintre italien.
Boscovich, math. ragusain.
Bosio, 2 écrivains ital.
Bosquet, écrivain fr.
Bosso, graveur fr.
Bossu, critique fr.
Bossuet, auteur hist. fr.
Boston, écrivain *écoss.*
Boswel, écrivain *écoss.*
Botal, médecin fr.
Botero, écrivain piémont.
Both, peintre flamand.
Bothlan, médecin turc.
Boticolle, peintre ital.
Bott, architecte fr.
Bouchardon, sculpt. fr.
Bouche, écrivain fr.
Boucher, jurisc. fr.
Boucher, peintre fr.
Boucher, docteur de Sorbonne.
Bouchet, écrivain fr.
Bouchet-la-Getière, inspecteur des haras, écr. fr.
Bouchier, archev. anglois.
Boudewins, médec. flam.
Boudon, auteur fr.
Boufiers, capitaine fr.
Bougainville, sav. voy. fr.
Bougarel, écrivain fr.
Bougeant, savant fr.
Bouguer, mathémat. fr.
Bounier, traducteur fr.
Bouhours, critique fr.
Bouilliard, écrivain fr.
Bouillaud, mathém. fr.
Boulai, historiograp. fr.
Boulainvilliers, écriv. fr.
Boulanger, philos. fr.
Boulanger *ou* Boullanger, philosophe fr.
Boulay, écrivain fr.
Boullier, théol. holland.
Boullogne, 2 peintres fr.
Boulter, prélat anglois.
Bouquet, écrivain fr.
Bourbon, famille royale en France.
Bourbon, poëte fr.
Bourbotte, conventionnel.
Bourdaloue, prédic. fr.
Bourdeilles, 2 écriv. fr.
Bourdelot, critique fr.
Bourdelot, écrivain fr.
Bourdigné, auteur fr.
Bourdon, peintre fr.
Bourdonnaye (Mahé de la), milit. admin. fr.
Bourette, poëte françoise.

Bourgelat, artist. vétérin.
Bourget, écrivain fr.
Bourguet, natur. fr.
Bourignon, aut. françoise.
Bourn, théolog. anglois.
Bourne, poëte anglois.
Bourotte, historien fr.
Boursault, auteur fr.
Boursier, 2 écrivains fr.
Bouvart, médecin fr.
Bovadilla *ou* Bobadilla, *gouverneur espagnol.*
Boverick, horloger angl.
Bovarius, écrivain italien.
Bower, écrivain anglois.
Bowle, théol. anglois.
Bowyer, imprimeur angl.
Boxhorn, profess. holl.
Boyce, musicien anglois.
Boyd, *théol. écossois.*
Boyd, poëte écossois.
Boyer, lexicographe fr.
Boyer, auteur dramat.
Boyer, médecin fr.
Boyer-Fonfrède, patriot. fr.
Boyle, irlandois.
Boyle, *écrivain irlandois.*
Boyle, physicien anglois.
Boyle, ambassadeur angl.
Boyle, écrivain anglois.
Boyse *ou* Bois, théol. angl.
Boyse, poëte anglois.
Boze, antiquaire fr.
Bracciolini dell Api, poëte italien.
Bracton, jurisc. anglois.
Bradbury, écrivain angl.
Bradfort, écrivain irland
Bradick, écrivain anglois.
Bradley, astronome angl.
Bradshaw, poëte anglois.
Bradshaw, anglois.
Bradwardin, théol. ang.
Brady, poëte et théol. irl.
Brady, historien anglois.
Brahé (Tycho), astr. dan.
Braillier, apothicaire fr.
Brakenburg, peint. holl.
Bramante d'Urbino, arch. romain.
Bramer, peintre holland.
Bramhall, écrivain irland.
Brancas de Villeneuve, géographe fr.
Brandel, peintre bohém.
Brandi, peintre italien.
Brandmuller, peint. suisse.
Brandt, écrivain flamand.
Brandt, théol. hollandois.
Brandt, jurisc. fr.
Brandt, chimiste allem.
Branker, mathém. anglois.
Brasa Vola, médecin ital.
Brasidas, général lacédém.
Braun, écrivain allemand.
Brawer, peintre flamand.
Bray, architecte anglois.
Bray, peintre hollandois.
Bray, écrivain anglois.
Brebœuf, traducteur fr.
Brecourt, acteur fr
Breda, peintre fr.
Breda, peintre flamand.
Breenberg, peintre flam.
Bregy, poëte françoise.
Brémont, traducteur fr.
Brennus, 2 génér. gaulois.
Brent, chevalier anglois.
Brentius, théol allem.
Brerevood, math. anglois.
Breton, poëte anglois.
Bretonneau, écrivain fr.
Breugel, 4 peintres holl.
Breul, écrivain fr.
Breval, écrivain anglois.
Brevint, *écrivain anglois.*
Breynius, botaniste angl.
Brianville, historien fr.
Brice, savant fr.
Brice, 2 peintres flamands.
Brienne, roi de Sicile.
Brienne, roi de Jérusalem.
Briet, écrivain fr.
Briggs, mathém. anglois.
Briggs, médecin anglois.
Brignon, traducteur fr.
Brindley, mécanic. angl.
Brinvilliers, empoisonneuse
Briseux, architecte fr.
Brisson, écrivain fr.

Brissot, médecin fr.
Brissot, écrivain fr.
Britannicus, fils de Claude.
Britannicus, *crit.* italien.
Brito, historien *port.*
Britton, musicien anglois.
Brizzio, peintre italien.
Brocard, enthousiaste vén.
Brocklesby, médec. holl.
Brodeau, critique fr.
Brock, peintre holland.
Brogny, cardinal fr.
Brokesby, histor. anglois.
Brome, théol. anglois.
Brome, traducteur angl.
Brome, écr. com. anglois.
Brompton, écrivain angl.
Bronchorst, peintre flam.
Bronchorst, 2 peintr. holl.
Bronzino, peintre italien.
Brooke, antiquaire angl.
Brooke, aut. angloise.
Brooke, écrivain angl.
Broome, poëte anglois.
Broschi, chanteur napol.
Brossard, musicien fr.
Brosse, botaniste fr.
Brosses, écrivain fr.
Brossette, écrivain fr.
Brossier, démoniaque fr.
Brotier, savant fr.
Broughton, 2 théol. angl.
Broukhurius, savant holl.
Brouncker, écrivain irl.
Brousson, théol. fr.
Brower, peintre holland.
Brown, chef d'une secte.
Brown, écrivain anglois.
Brown, théol. anglois.
Brown, écrivain irland.
Brown, peintre écossois.
Brown, médecin écossois.
Browne, arch. irlandois.
Browne, poëte anglois.
Browne, voyageur angl.
Browne, médecin anglois.
Browne, théol. anglois.
Browne, savant irlandois.
Browne, poëte anglois.
Browne, général allem.
Browne, écrivain anglois.
Browne, médecin anglois.
Browne, médecin irland.
Brownrig, écrivain angl.
Bruccioli, traduct. ital.
Bruce, voyageur anglois.
Brueys, amiral françois.
Brueys, écrivain fr.
Bruges, peintre flam.
Brugiantino, poëte ital.
Bruguières, savant fr.
Bruhier d'Ablaincourt, médecin fr.
Bruin, écrivain holland.
Brulefer, écrivain fr.
Brumoy, auteur fr.
Brun (le), peintre fr.
Brun (le), écrivain fr.
Brunehaud, femme de Sigebert.
Bruni, écrivain italien.
Bruni, poëte italien.
Bruno (S.), fondat. des chartreux.
Brunsfels, médecin.
Bruschius, savant bohém.
Brusoni, auteur.
Brusquet, courtisan fr.
Bruté, chronolog. fr.
Brutus, consul romain.
Brutus, patriote romain.
Brutus, histor. vénitien.
Bruyere (la), philos. fran.
Bruyn, peintre holland.
Bruys, historien françois.
Bruys, voyageur françois.
Bruzen de Martinière, lexic.
Bryenne, écriv. grec.
Buc, historien anglois.
Bucer, réformateur franç.
Buchan, visionn. irlandoise.
Buchanan, écr. écossois.
Buckeld *ou* Beucklin, pêcheur hollandois.
Buckingham, voy. Villiers.
Idem. voyez Sheffield.
Buckeridge, écr. anglois.
Buckhold, fanatique hong.
Bucquet, méd. françois.
Buddœus, philos. allemand.

Budée, auteur françois.
Budgell, auteur anglois.
Buffalmaer, peintre italien.
Buffier, écrivain polonois.
Buffon, natural. françois.
Bugiardini, peintre italien.
Bull, musicien anglois.
Bull, auteur anglois.
Bullet, théol. françois.
Bulleyn, méd. anglois.
Bulliard, naturaliste franç.
Bulliaud, astronome fran.
Bullinger, réform. suisse.
Bulreau, auteur françois.
Bulwer, écriv. anglois.
Bunel, peintre françois.
Bunel, sav. françois.
Bunnick, 2 peintres holl.
Buona Corsi *ou* Perrin del Vasa, peintre italien.
Buonamici, histor. italien.
Buonaparte, poëte italien.
Buonaroti, voyez Angelo.
Buon Figlio, écriv. italien.
Buon-Talenti, peint. ital.
Bupalus, sculpteur grec.
Burchiello, poëte italien.
Bure (de), bibliogr. fran.
Burgensis *ou* Bourgeois, méd. de François I.
Burger, poëte allemand.
Burgh, écrivain irlandois.
Burgh, auteur anglois.
Burgoyne, auteur dramat.
Buridan, savant françois.
Burigny (l'Evesque de), historien fr.
Burke, auteur irlandois.
Burkitt, théol. anglois.
Burlamaqui, jurisc. genev.
Burley, comment. anglois.
Burman, critique holland.
Burman, botan. holland.
Burn, juriscons anglois.
Burnet, théol. écossois.
Burnet, théolog. anglois.
Burnet, médec. écossois.
Burns, poëte écossois.
Burrhus, général rom.
Burton, antiquaire angl.
Burton, théol. anglois.
Burton, *savant* anglois.
Burton, médec. anglois.
Burzuie, médec. persan.
Busbec, voyageur hollan.
Buschetto da Dulichio, architecte italien.
Busching, géogr. allem.
Busembaum, écr. allem.
Bussières, auteur françois.
Bussy, écrivain françois.
Buris, médecin anglois.
Butler, médec. anglois.
Butler, écrivain anglois.
Butler, poëte anglois.
Butler, auteur anglois.
Butler, duc d'Ormond.
Butler, amiral anglois.
Butterfield, ingénieur.
Buxton, mathém. anglois.
Buxtorf, gramm. suisse.
Buxtorf, traduct. suisse.
Buxtorf, écrivain suisse.
Buy de Mornas, écriv. fr.
Bynæus, antiq. hollandois.
Byng, 2 amiraux anglois.
Byrge, ingénieur françois.
Byrom, poëte anglois.
Bzovius, savant polonois.

CAFF

Caab, écrivain juif.
Cab, poëte arabe.
Cabarillas, écrivain grec.
Cabassut, écrivain franç.
Cabel, peintre allemand.
Cabestan *ou* Cabestaing, troubadour françois.
Cabot, juriscons. françois.
Cabot, navigateur anglois.
Cadalous, év. de Parme.
Cadamosto, navigat. vén.
Cadet, pharmacien fr.
Cadière (la), voy. Girard.
Cæcilius, poëte latin.
Cællus, orateur romain.
Cœlius Aurelianus, méd. afr.
Caffiaux, histor. françois.

Caffieri,

Caffieri, sculpteur fr.
Cagliari, peintre italien.
Cagliostro, impost. ital.
Cagnacci, peintre italien
Cahagnes, méd. françois.
Cahusac, auteur françois.
Caïphe, grand-prêtre juif.
Caiet, écriv. françois.
Caille (la), mathémat. fr.
Cailly *ou* Aceilly, poëte fr.
Caïn, fils d'Adam.
Caïnan, fils d'Enoch.
Cairo, poëte italien.
Caïus (S.), év. de Rome.
Caïus *ou* Kayes, méd. angl.
Caïus, traducteur anglois.
Cajetan, écrivain italien.
Calaber, poëte grec.
Calabre, auteur françois.
Calabrois, peintre italien.
Calandrucci, peintre ital.
Calanus, bracmane indien.
Calas, négociant françois.
Calasio, sav. italien.
Calcagnini, critique ital.
Calceolari, natural. ital.
Calcar, peintre allemand.
Caldéron de la Barca, écr. espagnol.
Calderini, gramm. italien.
Calderwood, théol. écos.
Caldwall, méd. anglois.
Caleb, compag. de Josué.
Calendario, archit. italien.
Calentius, poëte italien.
Calepin, lexicogr. italien.
Caliaviri, peintre italien.
Calignon, historien fran.
Caligula, empereur rom.
Calixte I à III, papes.
Calixte, théol. allemand.
Callard, lexicogr. franç.
Calliach, auteur grec.
Callicrate, sculpteur grec.
Callières, historien fr.
Callimaque, poëte grec.
Callimaque, archit. corin.
Calliste, savant grec.
Callisthènes, phil. grec.
Callistrate, orateur grec.
Callot, graveur françois.
Calmet, auteur françois.
Calmo, auteur italien.
Calonne, écrivain fr.
Calprenède, romancier fr.
Calpurnie, fem. de César.
Calpurnius, poëte sicilien.
Calvart, peintre flamand.
Calvert, chevalier anglois.
Calvert, théol. anglois.
Calvin, réformat françois.
Calvisius, chronol. allem.
Calza, peintre italien.
Camargo, danseuse franç.
Camassey *ou* Camace, peintre italien.
Cambert, music. fr.
Camden, écriv. angl.
Camérarius, sav. allem.
Camérarius, médec. allem.
Cameron, prof. fr.
Camille, fille de Matabus.
Camille, dictat. rom.
Camille-Desmoulins, conventionnel, écrivain fr.
Camoens, poëte portugais.
Campanella, écr. napolit.
Campanus, écriv. italien.
Campbell, marquis écoss.
Campbell, arch. écossais
Campbell, sav. écossais.
Camper, médecin angl.
Camphuysen, peintre hol.
Campi, 2 peintres italiens.
Campi, écrivain fr.
Campian, écr. angl.
Campistron, écr. fr.
Campo, écriv. fr.
Campra, music. fr.
Campson - Gauri, sultan d'Egypte.
Camus, 2 écriv. fr.
Camusat, écriv. fr.
Cancah *ou* Canghah, écriv. indien.
Candaule, roi de Lydie.
Candito, peintre flamand.
Cange (du). voy. Fresne.
Canini, écr. italien.
Canini, consul romain.

Canisius, 2 écr. allem.
Canitz, poëte prussien.
Canius, poëte latin.
Cann, écr. anglois.
Cantacuzènes, aut. turc.
Cantarini, peintre italien.
Cantel, écriv. fr.
Cantemir, prince de la Moldavie.
Cantemir, écr. russe.
Canterus, critique hollan.
Canton, philos. anglois.
Cantwel, médecin irland.
Canuléius, tribun romain.
Canus, navig. portugais.
Canut, roi de Danemarck.
Canuti, peintre italien.
Capaccio, sav. italien.
Capecio, poëte latin.
Capel, célèbre anglois.
Capell, édit. anglois.
Capella, poëte espagnol.
Capelle, théolog. fr.
Capilupi, 2 écr. italiens.
Capistran, écrivain.
Capisucchi, général rom.
Capisucchi, vice-légat de Hongrie.
Capito, théol. allemand.
Capitolin, histor. latin.
Caporali, écr. italien.
Capperonnier, 2 écr. fr.
Caracalla, emp. romain.
Caraccio, écrivain. fr.
Caraccioli, connét. napol.
Carache, nom de trois célèb. peintres italiens.
Caractacus, roi breton.
Carafe, cardinal italien.
Carafi, docteur mahomét.
Caramuel de Lobkowitch, auteur espagnol.
Caranus, fondat. du roy. de Macédoine.
Caravaggio, peint. milan.
Carausius, général breton.
Carcavi, mathémat. fr.
Cardan, médecin milan.
Cardi, peintre italien.
Carel, écr. fr.
Carew, historien angl.
Carew, auteur angl.
Carew, écr. angl.
Carew, négociat. écoss.
Carew, célèbre mendiant.
Carey, poëte dram. angl.
Carisius, petit-fils de l'empereur Carus.
Carleton, homme d'état anglois.
Carleton, prélat anglois.
Carlini, artiste italien.
Carlin. voy. Bertinazzi.
Carlone, peintre génois.
Carlos, infant d'Espagne.
Carmath, impost. arabe.
Carmichael, théol. écoss.
Carmichael, auteur écoss.
Carnéade, africain.
Caroto, 2 peintres italiens.
Carpentier, mathémat. ir.
Carpentier, auteur irland.
Carpi, 2 peintres italiens.
Carpione, peintre vénit.
Carpocrate, hérétique d'Alexandrie.
Carpzovius, 5 auteurs alle.
Carr, favori de Jacques I.
Carranza, auteur espag.
Carré, mathémat. fr.
Carréra, écr. sicilien.
Carrier, conventionnel.
Carriéra, peintre vénitien.
Carrières, écrivain fr.
Carrouges, mécanic. ita.
Carstares, auteur angl.
Carsughi, aut. toscan.
Cartalo, prêtre d'Hercule.
Carte, hist. angl.
Carteil, offic. de mar. angl.
Carteletti, poëte italien.
Carter, écr. angl.
Cartier, navigat. fr.
Cartouche, bandit renom.
Cartwright, 2 écr. angl.
Cartwright, poëte angl.
Carvajal, écr. espagnol.
Carvalho, écr. portugais.
Carver, écr. américain.
Carvilius, capit. romain.

Carus, emper. romain.
Cary, 4 écr. angl.
Caryl, 2 théol. angl.
Casa, écr. italien.
Casali, auteur italien.
Casa-Nova, poëte latin.
Casa-Nova, archit. ital.
Casas, (las) écr. espag.
Casati, mathémat. ital.
Casaubon, 2 aut. genev.
Caschi, auteur turc.
Cashiri, écr. turc.
Caseneuve, écrivain fr.
Cases, peintre fr.
Casimir, I, III, V, rois de Pologne.
Casimir, poëte latin.
Caslon, fondeur anglois.
Casnodyn, poëte gallois.
Cassagnes, auteur fr.
Cassan, roi de Perse.
Cassana, 2 peintre vénit.
Cassandra-Fidèle, savante vénitienne.
Cassandre, roi de Macéd.
Cassandre, savant fr.
Cassandre, théol. brabaç.
Cassandre, fille de Priam.
Cassentino, peintre ital.
Cassibelan, roi des Trinobantes en Angleterre.
Cassien, auteur fr.
Cassien, hérésiarque.
Cassini, astronome piém.
Cassini, mathémat. fr.
Cassini de Thury, astr. fr.
Cassiodore, gouv. de Sicile.
Cassius, meurt. de César.
Castaglione, poëte italien.
Castaglione, 2 peintres ital.
Castagno, peintre italien.
Castaldi, poëte italien.
Castalion, savant fr.
Casteels, peintre d'Anvers.
Castel, écrivain fr.
Castel, théol. angl.
Castelli, 2 peintres gênois.
Castelnau, négociateur fr.
Castelnau, françoise célèb.
Castel-Vetro, critique ita.
Casti, poëte ital.
Castillo y Saavédra, peintr. espagnol.
Castruccio, général ital.
Cat, (le) célèb. chirur. fr.
Catel, auteur fr.
Catellan, aut. françoise.
Catesby, auteur anglois.
Catharin, théol. ital.
Catherine, femme de Henri V, roi d'Angl.
Catherine d'Arragon, fille de Ferdinand V.
Catherine Alexiewna, f. de Pierre-le-Grand.
Catherine II, impératrice de Russie.
Catilina, célèbre romain.
Catinat, général fr.
Caton, 2 célèbres romains.
Caton, poëte romain.
Catrou, écrivain fr.
Cattier, médecin fr.
Catz, poëte hollandois.
Cauliac, anatomiste fr.
Caurroy, musicien fr.
Caussin, savant fr.
Caux de Montelebert, auteur françois.
Cavallieri, mathémat. fr.
Cavalini, peintre italien.
Cave, théol. angl.
Cave, libraire angl.
Cavedonne, peintre ital.
Cavendish, navig. angl.
Cavendish, biograp. angl.
Cavendish, 2 écr. angl.
Cawton, auteur angl.
Caxton, imprimeur angl.
Caylus, 2 écrivains fr.
Cayot, sculpteur fr.
Cazali, antiquaire romain.
Ceba, écr. italien.
Cebès, auteur grec.
Cécrops, fond. d'Athènes.
Cedrenus, hist. grec.
Célesti, peintre vénitien.
Célestin, de I à V, papes.
Cellarius, savant d'Allem.
Cellini, sculpteur italien.

Celse, médecin romain.
Celse, philosophe épicur.
Celtes, poëte latin.
Cenaut *ou* Cenalis, aut. fr.
Censorin, sénateur rom.
Censorin, consul romain.
Censorin, gramm. rom.
Centlivre, aut. angloise.
Centorio, écr. italien.
Cerda, sav. espagnol.
Cerdon, sectateur.
Cerini, peintre italien.
Cerinthe, écr. hébreu.
Cérisiers, auteur fr.
Cerraldo, voyez Boccace.
Cérutti, auteur fr.
Cervantes, voyez Saavedra.
Cervetto, peintre génois.
Cervetto, musicien ital.
Césalpin, médecin italien.
César, empereur rom.
Cespedes, peintre espag.
Cethegus, patricien rom.
Chabrias, général athén.
Chabrit, avocat françois.
Chaduc, antiquaire franç.
Chaillou, médecin franç.
Chais, auteur fr.
Chaise, écrivain fr.
Chalcidius, écr. grec.
Chalcondyle, sav. grec.
Chalcondyle, hist. athén.
Chaloner, traduct. angl.
Chalotais, écrivain fr.
Chamberlayne, sav. angl.
Chamberlayne, trad. angl.
Chambers, auteur fr.
Chambers, dessinat. suéd.
Chambre, médecin fr.
Chamier, savant fr.
Chamillard, écrivain fr.
Chamousset, médecin fr.
Champagne, 2 peintres fr.
Champeau, auteur fr.
Champfort, académ. fr.
Champion, arithméricien.
Championnet, général fr.
Champlain, officier fr.
Champmeslé, actrice fr.
Champs, auteur fr.
Chandler, poëte angl.
Chantal, écr. françoise.
Chapelain, poëte fr.
Chapelle, écr. fr.
Chapman, poëte angl.
Chapman, théol. angl.
Chappe d'Auteroche astr. françois.
Chappel, écr. angl.
Charas, chimiste fr.
Chardin, écrivain fr.
Charès, statuaire allem.
Charlton, écrivain grec.
Charlemagne, empereur et roi de France.
Charles II à IX, rois de France.
Charles, empereur de Germanie.
Charles IV, empereur de Germanie.
Charles-Quint, empereur et roi d'Espagne.
Charles II, VI, rois d'Espagne.
Charles VII, emp. d'Allem.
Charles I, II, rois d'Angl.
Carles-Gustave X, roi de Suède.
Charles XI, XII, rois de Suède.
Charles de S. Paul, géogr. françois.
Charleton, médecin angl.
Charleval, écrivain fr.
Charlevoix, historien fr.
Charmis, médecin romain.
Charpentier, auteur fr.
Charrete, génér. vendéen.
Charron, écrivain fr.
Chartier, écrivain fr.
Chassé, acteur fr.
Chatel, fanatique fr.
Chatel, peintre flamand.
Chatelet, écrivain fr.
Chatelet, math. françoise.
Chatterton, auteur angl.
Chaucer, poëte anglois.
Chaulieu, poëte fr.
Chauncy, antiquaire angl.

Chaussé, écrivain romain.
Chauveau, 2 graveurs fr.
Chauvin, théologien fr.
Chazelles, mathém. fr.
Cheke, savant anglois.
Chemin, peint. françoise.
Cheminais, auteur fr.
Chemnitz, théol. allem.
Chénier, écrivain fr.
Cherile, poëte grec.
Cheron, peint. françoise
Cheron, peintre. fr.
Cheselden, chirurg. angl.
Chesne (du), médecin fr.
Chesne (du), historien fr.
Chetwode, écrivain fr.
Chevert, capitaine-génér. françois.
Chevilly, écrivain fr.
Chevreau, polit. suédois.
Chevrier, satirique fr.
Cheyne, médecin écoss.
Chezy, ingénieur fr.
Chiabrera, poëte italien.
Chiari, peintre romain.
Chiavistelli, peintre flor.
Chickely, arch. anglois.
Chicoyneau, médecin fr.
Chicoyneau, botan. fr.
Chifflet, médecin fr.
Childebert I à III, rois de France.
Childéric I à III, rois de France.
Chilmead, théol. anglois.
Chilon, sage grec.
Chine-Noung, empereur de la Chine.
Ching *ou* Chi-hoang-ti, empereur de la Chine.
Chirac, médecin fr.
Chishull, voyageur.
Choin, françoise.
Choiseul, admin. fr.
Choisi, écrivain fr.
Chomel, médecin fr.
Chompré, écrivain fr.
Chosroès I, II, rois de Perse.
Choul, écrivain fr.
Chrétien de Troyes, écr.
Chrétien, physicien fr.
Chrétien, écrivain fr.
Christie, gramm. écoss.
Christiern I à V, rois de Danemarck.
Christine, reine de Suède.
Chrystophe (S.), martyr.
Christopherson, théolog. anglois.
Chrodegand, év. de Metz.
Chrysippe, phil. de Tarse.
Chrysoloras, savant grec.
Chrysostôme, archev. de Constantinople.
Chubb, pers. anglois.
Chudleigh, aut. angloise.
Churchill, historien angl.
Churchill, duc de Marlborough, général anglois.
Churchill, poëte anglois.
Churchyard, poëte angl.
Giaconius, écrivain esp.
Ciaconius, critique espag.
Ciampini, savant italien.
Cibber, sculpteur angl.
Cibber, acteur anglois.
Cibber, actrice angloise.
Cicéron, phil. et or. rom.
Cicéron, consul romain.
Cienfuegos, écriv. esp.
Cignani, peintre italien.
Cimabue, peintre florent.
Cimon, général athén.
Cincinnatus, dictat. rom.
Cinna, consul romain.
Cinnames, histor. grec.
Cinq-Marc, courtisan fr.
Ciopani, critique italien.
Circignano, peintre ital.
Cirillo, historien romain.
Cirini, écrivain sicilien.
Ciro-Ferri, peintre ital.
Clagett, théolog. angl.
Clairault, mathém. fr.
Clairon, actrice fr.
Clancy, écrivain irland.
Clarke, savant anglois.
Clarke, auteur anglois.
Clarke, 2 théol. anglois.

Claude, écrivain fr.
Claude, 2 emper. rom.
Claudien, poëte latin.
Clavius, mathém. germain.
Clayton, savant irlandois.
Cléanthe, philos. grec.
Cleeve, peintre flamand.
Cleghorn, médecin écoss.
Cleland, consul anglois.
Clemangis *ou* Claminges, écrivain fr.
Cléméncet, écrivain fr.
Clément (S.), écr. romain.
Clément, auteur rom.
Clément II à XV, papes.
Clément, assas. d'Henri IV.
Clément, écrivain fr.
Clément, auteur génev.
Clénard, gramm. braban.
Cléobule, sage grec.
Cléombrote, 2 rois lacéd.
Cléomène, 3 rois spartes.
Cléon, général athénien.
Cléopâtre, reine d'Egypt.
Cléostrate, astron. grec.
Clerc, écrivain genevois.
Clerc (le), peintre fr.
Clerc (le), artiste fr.
Cleveland *ou* Cleiveland, poëte anglois.
Clifford, navigat. angloit.
Clinton, général anglois.
Cliquot-Blervache, aut. françois.
Clisson, connétable fr.
Clitus, ami d'Alexandre.
Clive, général anglois.
Clive, actrice angloise.
Clodius, sénateur rom.
Cloots, conventionnel.
Clopinel *ou* Jean de Mehun, poëte françois.
Closterman, peint. hanov.
Clotaire I, II, rois de France.
Clotaire III, roi de Bourgogne.
Clovio, peintre esclavon.
Clovis I à III, rois de Fr.
Cluentius, romain.
Cluverius *ou* Cluwer, géog. allemand.
Cobb, poëte anglois.
Cobden, théol. anglois.
Cocceius, archit. rom.
Cocceius, jurisc. allem.
Cocchi, médecin florent.
Cocchi, médecin italien.
Coccius, écrivain allem.
Cocher de S. Vallier, juric. françois.
Cochin, juriscons. fr.
Cochin, graveur fr.
Cochlée, écrivain allem.
Cochran, archit. écoss.
Cochran, peintre écoss.
Cockain, peintre anglois.
Cockburn, sav. angloise.
Coclès, devin allemand.
Codrington, capit. angl.
Codrus, roi d'Athènes.
Coeffereau, historien fr.
Cœur, marchand fr.
Coffin, écrivain fr.
Coffinhal, juge révolut. fr.
Coger, écrivain fr.
Coggeshalle, écriv. angl.
Cogolin, poëte fr.
Cohorn, ingénieur fr.
Coignet, peintre fr.
Coïnte, historien fr.
Coiter, anatom. allem.
Coislin, écrivain fr.
Coke, écrivain anglois.
Colardeau, 2 poëtes fr.
Colasse, musicien fr.
Colbert, 2 hommes d'état françois.
Cole, botaniste angl.
Coles, lexicographe angl.
Colet, théol. anglois.
Coligni, amiral françois.
Coligni, aut. françoise.
Collange, traducteur fr.
Collatin, mari de Lucrèce.
Collé, auteur fr.
Collet, auteur fr.
Colleter, écrivain fr.
Collier, historien angl.
Collins, mathém. anglois.

Collins, auteur anglois.
Collins, médecin anglois.
Collins, poëte anglois.
Collinson, botan. angl.
Collius, écrivain italien.
Collot, chirurgien fr.
Collot d'Herbois, coméd. françois, juge révolut.
Colman, écrivain ang.
Colomb, navigat. génois.
Colomb, cosmograp. gén.
Colomb, anatomiste ital.
Colomban, écriv. irland.
Colombière, écriv. fr.
Colomesius, savant fr.
Colona, botaniste napol.
Coloni, 2 peintres holl.
Colonia, écrivain fr.
Colonna, historien fr.
Colrane, auteur anglois.
Colston, philantr. angl.
Columelle, écrivain latin.
Columna, histor. sicilien.
Coluthus, poëte grec.
Colwil, *écrivain écossois*
Combolis, savant fr.
Comenius, gramm. allem.
Comiers, savant fr.
Comines, historien flam.
Comandin, math. italien.
Commelin, imprimeur fr
Commendon, écriv. vén.
Commerson, médecin fr.
Commire, poëte fr.
Commodi, peintre flor.
Commodianus, poëte lat.
Commode, emper. rom.
Compton, courageux angl.
Compton, évêque angl.
Comte (le), voyageur fr.
Conant, théologien angl.
Conca, peintre napolit.
Concanen, *écrivain* irl.
Concina, écrivain vénit
Concini, florentin.
Condamine, mathém. fr.
Condé, prince fr.
Condé, ministre fr.
Condé, général fr.
Condillac, *métaphys.* fr.
Condorcet, philos. fr.
Condren, écrivain fr.
Confucius *ou* Confutzé, philosophe chinois.
Congrève, poëte anglois.
Connor, méd. anglois.
Conon, général athénien.
Conon, astron. de Samos.
Conon, auteur grec.
Conrad I, II, roi de Germ.
Conrad *III*, duc de Franc.
Conrad IV, emp. de Germ.
Conradin *ou* Conrad, fils du précédent.
Conrard, écrivain fr.
Contrincius, hist. allemand.
Constance Chlore, père de Constantin-le-Grand.
Constance, second fils de Constantin-le-Grand.
Constance, min. siamois.
Constantin, sav. méd. fr.
Constantin-le-Grand, emp. romain.
Constantin II, fils du préc.
Constantin III, fils du préc.
Constantin IV, succéda à son père Léon l'*Isaurien*.
Constantin VII, fils de Léon le Sage.
Constantin, méd. africain.
Constantin, pape syrien.
Contant, architecte fr.
Contarini, peint. vénitien
Contarini, écr. italien.
Conte, peintre italien.
Contenson, écrivain fr.
Conti, *écrivain fr.*
Conti, poëte italien.
Conti, auteur vénitien.
Conto Pertana, poë. port.
Contzen, écr. allemand.
Conybrare, écr. anglois.
Cook, voyageur anglois.
Cooke, précepteur angl.
Cooke, poëte anglois.
Cooper, 2 comtes de Shaftesbury.
Cooper, trad. anglois.
Cooper, peintre anglois.

Cooper, auteur anglois.
Cooper, docteur anglois.
Coopmans, méd. anglois.
Coote, chevalier anglois.
Cootwich, aut. anglois.
Copernic, astron. prussien.
Coppa, peintre italien.
Coquelet, auteur fr.
Coqueley de Chaussepierre, poëte françois.
Coques, peint. flamand.
Coquillart, poëte fr.
Coquille, jur. hist. poëte fr.
Coram, capitaine fr.
Corbet, poëte anglois.
Corbière, anti-pape.
Corbin, auteur fr.
Corbulon, gén. romain.
Corday, françoise, a tué Marat.
Cordemoi, écrivain fr.
Cordier, auteur fr.
Cordus, méd. allemand.
Cordus, botan. allemand.
Corelli, *musicien italien.*
Corinne, savante grecque.
Corinus, poëte grec.
Corio, histor. italien.
Coriolan, illustre romain.
Cornara Piscopia, savante vénitienne.
Cornarius *ou* Haguenbot, médecin allemand.
Cornaro, céléb. vénitien.
Corneille (S.), pape.
Corneille, 2 tragiques fr.
Corneille, peintre fr.
Cornélie, dame romaine.
Cornelisz, 3 peint. holl.
Cornélius, centurion rom.
Coronelli, géog. vénitien.
Corradini de Sezza, écriv. italien.
Corradus, gram. italien.
Corregio, peint. italien.
Corrozet, écrivain fr.
Corsini, écrivain italien.
Cort, grav. hollandois.
Cortesi, 2 peintres fr.
Cortez, aventurier espag.
Cortezi, savant italien.
Coryate, voyageur angl.
Cosiers, peintre flamand.
Cosimo, 2 peintr. italiens.
Cosme, chirurgien fr.
Cossart, 2 poëtes fr.
Cossé (Brissac), génér. fr.
Cosson, auteur fr.
Costanzo, auteur italien.
Costard, théologien angl.
Coste, 2 écrivains fr.
Coster, peintre holland.
Costha, traducteur grec.
Cotelier, écrivain fr.
Coterel, traduct. anglois.
Cotes, mathém. anglois.
Cotes, peintre anglois.
Cotin, auteur fr.
Cotolendi, auteur fr.
Cotta, poëte latin.
Cotton, jésuite fr.
Cotton, antiq. anglois.
Cotton, écriv. anglois.
Cotys, 4 roi de Thrace.
Coucy, amant de Gabrielle de Vergi.
Coulanges, auteur fr.
Coulon, écrivain fr.
Couperin, 4 *musiciens fr.*
Couperin, musicienne fr.
Coupler, écrivain fr.
Cour, écrivain. fr.
Courayer, traducteur fr.
Courcelles, théol. génev.
Court de Gebelin, écr. fr.
Courtanvaux, savant fr.
Courten, nat. anglois.
Courtiez, écrivain fr.
Courtivron, écrivain fr.
Cousin, peintre fr.
Cousin, traducteur fr.
Cousin, mathémat. fr.
Coustant, savant fr.
Coustelier, écrivain fr.
Coustou, 3 *sculpteurs fr.*
Coutel, poëte fr.
Couturé, auteur fr.
Couturier, écrivain fr.
Couvreur, actrice fr.
Covel, écriv. anglois.

Coverdale, théol. anglois.
Coward, méd. anglois.
Cowel, écrivain anglois.
Cowley, poëte anglois.
Cowper, théol. anglois.
Cowper, médecin anglois.
Cox, anglois réformé.
Cox, écrivain anglois.
Cox, gramm. anglois.
Coxeter, critique anglois
Coxis, peintre flamand.
Coyer, auteur fr.
Coypel, 4 peintres fr.
Coysevox, sculpteur fr.
Coytier, médecin fr.
Cozza, peint. sicilien.
Cozzandus, auteur fr.
Craasbeck, peint. flamand.
Crab, prophète anglois.
Crabbe, écriv. flamand.
Cradock, théol. anglois.
Craddock, peint. anglois.
Craig, savant danois.
Craig, légiste écossois.
Craig, auteur écossois.
Crakanthorp, théol. angl.
Cramail, auteur fr.
Cramer, sav. allemand.
Cramer, mathém. génev.
Cramer, peintre flamand.
Cramoisy, imprimeur fr.
Cranaus, roi d'Athènes.
Crane, théol. anglois.
Cranius, 2 peint. allemands.
Cranmer, martyr protest.
Crantor, philos. grec.
Crapone, ingénieur fr.
Crashaw, poëte anglois.
Crasset, écrivain fr.
Crasso, auteur italien.
Crassus, prêtre romain.
Crassus, consul romain.
Cratès, 2 phil. athéniens.
Cratesipolis, reine de *Sicyone*.
Cratinus, poëte athénien.
Cratippe *ou* Cratippus, philosophe athénien.
Craton *ou* de Crafteim, médecin allemand.
Crawford, écr. écossois.
Crawford, théol. *écossois.*
Crayer, peint. flamand.
Crébillon, poëte trag. fr.
Crébillon, auteur fr.
Credi, peintre italien.
Creech, poëte anglois.
Creilius, écriv. allemand.
Cremonini, aut. italien.
Crenius, écriv. allemand.
Crépin *et* Crépinien, deux martyrs chrétiens.
Créqui, 2 cél. guerriers fr.
Crescens, philos.
Crescentius, écriv. agron.
Crescimbeni, poëte italien.
Crespet, écrivain fr.
Crespi, 2 peint. italiens.
Crespi, auteur anglois.
Crest, prophétesse fr.
Cresti, peintre italien.
Cretin, poëte fr.
Crevier, historien fr.
Crew, évêque d'Oxford.
Crichton, céléb. écossois.
Crillon, général françois.
Crimesius, théol. bohém.
Crinitus, écriv. italien.
Crispus, fils de Constantin-le-Grand.
Crispus, évêque d'Egine.
Crispus, théol. italien.
Critias, tyran d'Athènes.
Critobule, médecin turc.
Critolaüs, historien grec.
Critolaüs, gén. achéen.
Criton, discip. de Socrate.
Croese, théologien holl.
Crœsus, roi de Lydie.
Croft, écrivain anglois.
Croft, musicien anglois.
Croiset, auteur fr.
Croix du Maine, écr. fr.
Croix, savant fr.
Cromwel, ministre anglois.
Cromwel, dictateur angl.
Cronegk, poëte allemand.
Cross, peintre anglois.
Crozat, magistrat fr.
Croze, écrivain. fr.

Crouzas, philos. suisse.
Crowne, écriv. écossois.
Croxhall, théol. anglois.
Cruciger, écriv. anglois.
Cruden, compilat. angl.
Crusius *ou* Krantz, sav. all.
Ctésias, méd. grec.
Ctésibius, mathém. syrien.
Ctésiphon, athénien.
Ctésippe, fils de Chabrias.
Cudworth, écr. anglois.
Cuerenkert, graveur holl.
Cueva, ambassad. vénit.
Cuff, auteur anglois.
Cujas, légiste fr.
Cullen, sav. méd. écossois.
Cullum, théol. anglois.
Culpeper, astrolog. angl.
Cumberland, écr. anglois.
Cumberland, second fils de George II.
Cumberland, fils de Fréd.
Cuming, méd. écossois.
Cunæus, écr. hollandois.
Cunitz *ou* Cunitia, savante allemande.
Cuningham, *méd. anglois.*
Cunningham, écr. écossois.
Cunningham, poëte irland.
Cupé, auteur fr.
Cuper, écrivain fr.
Cutæus, méd. allemand.
Curce, historien latin.
Curion, orateur romain.
Curion, écriv. italien.
Curius *Dentatus*, consul ro.
Curl, libraire anglois.
Curopalate, auteur grec.
Curtius, chevalier romain.
Curtius, aut. romain.
Cusa, écriv. italien.
Cuspinien, méd. allemand.
Custines, général fr.
Cuthbert (S.), évêque.
Cutts, *général anglois.*
Cyaxares I, II, rois des Mèdes.
Cygne, savant fr.
Cynegyras, athén. courag.
Cynéas, philos. athénien.
Cypriani, peintre italien.
Cyprien, *écr. carthaginois.*
Cyrano de Bergerac, écr. fr.
Cyriades, tyran de Rome.
Cyrille (S.), 2 écr. syriens.
Cyrille-Lucar, écr. grec.
Cyrus, roi de Perse.
Cyrus le *jeune*, fils de Darius Nothus.
Cyrus, poëte latin.
Cyz, fondatrice holland.

DAMP

DAC, peintre allemand.
Dacier, écrivain fr.
Dacier, savante fr.
D'Agar, peintre fr.
Dagobert I, roi de France.
Dagoumer, philos. fr.
Daillé, savant fr.
Dain, ministre de France.
Daléchamps, médecin fr.
Dalen, graveur holland.
Dalens, peintre holland.
Dalh, peintre danois.
D'Alibrai, poëte fr.
Dalin, poëte suédois.
D'Allington, écr. anglois.
Dalmace, écr.
Dalrymple, juge écossois.
Dalton, écrivain fr.
Dalziel, général ecossois.
Damascène, écriv. syrien.
Damascius, phil. stoïcien.
Damase (S.), pape.
Damase II, pape.
D'Ambournay, écriv. fr.
Damien, écrivain fr.
Damien, ass. de Louis XV.
Damo, fille de Pythagore.
Damoclès, courtisan de Denys.
Damocrite, histor. grec.
Damon, philos. grec.
Dampier *ou* Dampierre, poëte françois.
Dampier, navigat. anglois.
Dampierre, général fr.

Dan, fils de Jacob.
Dancer, avare anglois.
Danchet, poëte françois.
D'Ancourt, acteur franç.
Dandini, philos. italien.
Dandini, 2 peintres ital.
Dandini, juriscons. ital.
Dandré-Bardon, peint. fr.
Dandrieu, musicien fran.
Daneau, écriv. françois.
Danès, év. de Lavaur.
Danet, auteur françois.
Dangeau, 2 écrivains fran.
Danhaver *ou* Danhawer, théologien allemand.
Danican, musicien franç.
Daniel, prophète juif.
Daniel, poëte provençal.
Daniel, savant françois.
Daniel, histor. anglois.
Daniel, historien franç.
Dante, 2 poëtes italiens.
Dante, 3 mathém. italiens.
Danton, conventionnel.
Dantz, théologien allem.
Dappers, médecin holland.
Darcet, *médecin françois.*
Darci, ingénieur irlandois.
Dargonne, écrivain fran.
Darius, roi de Perse.
Darius I à III, rois de Perse.
Darwin, savant anglois.
Dassier, médailliste genev.
D'Assouci, poëte franç.
Datames, général persan.
Dati, écrivain italien.
Dati, poëte italien.
Daubenton, écriv. franç.
Daubenton, natur. franç.
Daumius, savant allemand.
Daun, général allemand.
Daurat, poëte françois.
Dausquai, écrivain flam.
Daval, médecin françois.
Daval, avocat anglois.
D'Avanzati, auteur florent.
Davenant, écriv. angl.
Davenant, 2 poëtes angl.
Davenne *ou* Davesnes, fanatique françois.
Davenant, traduct. angl.
Davenport, écriv. angl.
David, roi d'Israël.
David (S.), prélat gallois.
David, philos. arménien.
David, matérialiste flam.
David Gants, histor. juif.
David, imposteur flamand.
David de Gwilym, poë. gal.
David d'Hirasuc, poë. gal.
David, emp. de Trébisonde.
David, médecin juif.
Davidis, écriv. françois.
Davies, poëte anglois.
Davies, savant gallois.
Davies, 2 théol. anglois.
Davies, acteur anglois.
Davila, hist. de Chypre.
Davila, naturaliste espag.
Davis, navigateur anglois.
Davis, écrivain anglois.
Davison, peintre françois.
Daviti, écrivain françois.
Dawes, 2 écrivains angl.
Day, imprimeur anglois.
Day, écrivain anglois.
Dazés, *écrivain françois.*
Deacon, musicien franç.
Deageant de S.-Marcellin, négociant françois.
Débonnaire, écrivain fr.
Déborah, prophétesse jui.
Dèce, empereur romain.
Dechales, mathémat. fr.
Decker *ou* Dekher, sav. all.
Decker, poëte anglois.
Decker, auteur anglois.
Decker de Walhorn, écr.
Decker, écriv. flamand.
Dedekind, écriv. allem.
Dée, mathémat. anglois.
Defesch, music. allemand.
Defoe, aut. de Robinson.
Deghuy, graveur françois.
Deidier, médec. françois.
Dejocès, roi des Mèdes.
Dejatorus, tétrarq. syr.
Delamot, écrivain franç.
Delany, théol. irlandois.
Delaudun, poëte françois.

Delfau, sav. françois.
Delft, peintre hollandois.
Delmont, peintre franç.
Delobel, peintre franç.
Delphinus, sav. camaldule.
Delrio, *théol.* françois.
Demades, orateur athén.
Demaugre, auteur franç.
Demeste, méd. liégeois.
Démétrius Poliorcète, général athénien.
Démétrius I à III, rois syr.
Démétrius, philos. athén.
Démétrius, philos. cyniq.
Démissy, théol. allemand.
Democède, médec. grec.
Démochare, orateur ath.
Démocrite, philos. grec.
Demoivre, mathém. fran.
Demon, gouv. à Athènes.
Démonax, philos. crétois.
Démosthènes, orat. ath.
Démosthènes, génér. ath.
Demoustier, poëte fran.
Demoustier, ingénieur fr.
Dempster, 2 écriv. écoss.
Denham, poëte irlandois.
Denisart, écrivain franç.
Denner, peintre allemand.
D'Entrecolles, écr. fr.
Denys I, II, tyrans de Syracuse.
Denys, poëte grec.
Denys d'Halicarnasse, hist.
Denys, tyran d'Héraclée.
Denys l'Aréopagite, écr. athénien.
Denys év. de Corinthe.
Denys, év. d'Alexandrie.
Denys (S.), év. de Rome.
Denys (S.), év. de Paris.
Denys, écrivain scythe.
Denys, *peintre françois.*
Dennys, critique anglois.
Dennys, chevalier angl.
Dercyllidas, génér. lacéd.
Derham, théol. anglois.
Deryke *ou* Derick, 2 peint. hollandois.
Desaguilliers, écr. franç.
Desaix, général françois.
Desault, chirurgien fr.
Desbarreaux, aut. fr.
Desbillons, poëte fr.
Desbois, auteur fr.
Descartes, mathémat. fr.
Desforges-Maillard, poëte françois.
Descabets, écr. fr.
Desgodets, archit. fr.
Desgrousis, auteur fr.
Deshayes, peintre fr.
Deshoulières, poëtesse fr.
Deslandes, écr. fr.
Deslauriers, aut. fr.
Deslyons, aut. fr.
Desmahis, aut. fr.
Desmaizeaux, écr. fr.
Desmares, aut. fr.
Desmarets, homme d'état françois.
Desmoulins, convention.
Despautère, gram. flam.
Desplaces, grav. fr.
Desportes, peintre fr.
Despruetis, auteur fr.
Destouches, musicien fr.
Destouches, poëte dra. fr.
Deusingius, medec. holl.
Devaux, chirurgien fr.
D'Evereux, officier angl.
D'Evereux, général angl.
D'Ewes, écr. angl.
De Wit, peintre holland.
De Wit, hom. d'état holl.
Deynum, peintre braban.
Deyster, peintre brabanç.
Dez, auteur fr.
Diaconius, hist. fr.
Diagoras, philos. athén.
Diaz, vict. de sa religion.
Dicéarque, mathém. sicil.
Dicenée, philos. égyptien.
Diceto, auteur angl.
Dick, médecin écossais.
Dickinson, médecin angl.
Dickson, aut. angl.
Dictys de Crète, hist.
Diderot, auteur fr.
Didyme, 2 auteurs égypt.

Diemerbrook, méd. holl.
Diest, peintre holland.
Dietry, peintre saxon.
Dieu, théol. hollandois.
Digby, 2 chevaliers angl.
Digby, traduct. angl.
Digges, mathém. anglois.
Digges, auteur angl.
Dillenius *ou* Dillen, botaniste allemand.
Dinarque, orateur athén.
Dinocrate *ou* Dioclès, architecte macédonien.
Dinostrate, mathém. fr.
Dinoth, écriv. fr.
Dinouart, auteur fr.
Dioclès, géom. grec.
Dioclétien, emper. rom.
Diocre, chanoine de Paris.
Diodati, théolog. italien.
Diodore, écr. sicilien.
Diodore, écr. syrien.
Diogène, philos. d'Athèn.
Diogène Laerce, philosophe cilicien.
Diogène, philos. crétois.
Diogenen, gram. romaine.
Diognète, philos. romain.
Dion de Syracuse.
Dion Cassius, historien natolien.
Dion Chrysostôme, écr. romain.
Dionis, chirurgien fr.
Dionis du Séjour, sav. fr.
Diophante, mathém. égyp.
Dioscoride, médec. rom.
Dippel, médecin allemand.
Dirois, auteur fr.
Dithmar, écr. allemand.
Ditton, mathém. anglois.
Divini, mécanicien.
D'jamy, poëte persan.
Djepenbeck, peintre brab.
Dlugoss, écr. polonois.
Dobson, peintre anglois.
Dodard, médecin fr.
Doddridge, théol. angl.
Dodoens *ou* Dodonæus, *botaniste brabançon.*
Dodsley, libraire angl.
Dodsworth, écr. angl.
Dodwell, aut. irlandois.
Does, 3 peintres holland.
Dogger, poëte dramat.
Doissin, poëte latin.
Dolabella, *consul romain.*
Dolce, peintre italien.
Dolce, écr. vénitien.
Dolet, savant fr.
Dolomieu, naturaliste fr.
Domat, juriscons. fr.
Domenichi, aut. italien.
Dominique, hermite.
Dominique, inquisit. fr.
Dominique, cél. act. fr.
Dominiquin, peintre ital.
Dominis, écr. italien.
Domitien, empereur rom.
Domitius, Domitianus, général romain.
Donat, chef de secte.
Donat, évêque carthagin.
Donat, grammairien fr.
Donato, archit. italien.
Donato, écriv. italien.
Donato, ambassad. vénit.
Donato, écr. italien.
Doncker, peintre holland.
Dondus *ou* Dedondis, médecin italien.
Doneau, écriv. fr.
Doni, auteur italien.
Doni d'Attichi, écr. fr.
Donne, théol. anglois.
Donne, mathémat.
Doppel Mayer, mathématicien franconien.
Dorat, poëte dramat. fr.
Dorbay, architecte fr.
Doré, auteur fr.
Dorfling, général pruss.
Doria, officier italien.
D'Origny, 2 graveurs fr.
Doring *ou* Dorink, écr. allemand.
Dornavius, médec. saxon.
Dorneval, écrivain fr.
Dorsanne, écrivain fr.
Dosches, fanatique.

Dosithée, hérésiarque de Samarie.
Doucin, auteur fr.
Douglas, poëte écossois.
Douglas, noble écossois.
Douglas, anatom. écoss.
Douglas, amiral écossois.
Dousa, savant hollandois.
Dove, écrivain anglois.
Dow, peintre hollandois.
Dowal, savant écossois.
Doweham, théol. angl.
Drabricius, fanatique holl.
Dracon, législateur athén.
Dragut-Rais, favori de Barberousse.
Drake, navigateur angl.
Drake, médecin anglois.
Drake, antiquaire angl.
Drake, 2 écrivains angl.
Drakenberg, centenaire norwégien.
Drakenborch, hist. holl.
Drap, chirurgien fr.
Draper, général anglois.
Draudius, écrivain allem.
Drayton, poëte anglois.
Drebel, philos. holland.
Drelincourt, théol. fr.
Dresser, écrivain allem.
Dreux du Radier, écr. fr.
Drevet, 3 graveurs fr.
Drexelius, écrivain allem.
Drinker, centenaire amér.
Drivere, médecin flam.
Drolinger, poëte allem.
Drouais, peintre fr.
Drouet, éditeur fr.
Drouin, écrivain fr.
Drummond, poëte écoss.
Drunœus *ou* Drunée, mat.
Drury, voyageur.
Drusille, fille de Germanicus et d'Agrippine.
Drusius, savant flamand.
Drusus, fils de Germanicus et d'Agrippine.
Drusus, tribun romain.
Drusus, général romain.
Drusus, consul romain.
Drutmart, écrivain fr.
Dryander, médecin allem.
Dryden, poëte anglois.
Duaren, savant fr.
Dubarry, courtisanne fr.
Dubayet, général fr.
Dubois, homme d'état fr.
Dubois, peintre flamand.
Dubos. voyez Bos.
Dubraw *ou* Dubrawius-Scala, histor. bohém.
Duc, éditeur fr.
Duc, peintre holland.
Ducarel, antiquaire angl.
Ducart, peintre holland.
Ducas, historien fr.
Ducerceau, auteur fr.
Duchange, graveur f.
Duchat, savant fr.
Duché, auteur fr.
Duché de Vaneq, aut. fr.
Duck, jurisconsulte angl.
Duck, poëte anglois.
Duclos, historiogr. fr.
Dudith, écrivain hongrois.
Dudley, ministre anglois.
Dudley, favori de Henri VIII.
Dudley, favori d'Elisabeth.
Dudley, savant anglois.
Dufalga, militaire fr.
Duffet, aut. dram. anglois.
Dugommier, général fr.
Dugard, maître d'école anglois.
Dugdale, antiquaire angl.
Duguet, savant fr.
Duhan, philosophe fr.
Duisbourg, écriv. pruss.
Dujardin, peintre holland.
Duke, poëte anglois.
Dulard, auteur fr.
Dullart, peintre holland.
Dumée, savante françoise.
Dumenil, actrice françoise.
Dumont, écrivain fr.
Dumourier, savant fr.
Dun, écrivain écossois.
Dunbar, poëte écossois.
Duncan, écrivain fr.

Duncan, médecin fr.
Duncan, traduct. anglois.
Duncombe, écriv. angl.
Duncombe, poëte angl.
Dungal, écrivain irland.
Dunlop, écrivain écoss.
Dunlop, gramm. améric.
Dunn, mathém. anglois.
Dunod de Charnage, hist. françois.
Dunod, écrivain fr.
Dunois, commandant fr.
Duns, écrivain anglois.
Dunstan (S.), archev. angl.
Dunton, auteur.
Dupaty, écrivain fr.
Dupin, auteur fr.
Dupin, écrivain fr.
Dupleix, historiogr. fr.
Dupleix, négociant fr.
Duport, prof. grec angl.
Duport du Tertre, histor. françois.
Duport du Tertre, minist. garde-des-sceaux fr.
Duppa, écrivain angl.
Duprat, ministre fr.
Dupré, 3 écrivains fr.
Dupré d'Aunay, écriv. fr.
Dupré de S. Maur, trad. françois.
Dupré, savante françoise.
Duquesnoy, sculpteur fr.
Du Puget, minéralog. fr.
Durand de S. Pourceau, écrivain fr.
Durand-Bedacier, aut. françoise.
Durand, 3 écrivains fr.
Durant, auteur fr.
Duranti, magistrat fr.
Durbach, savante allem.
Durell, écrivain anglois.
Durer, peintre fr.
Duret, médecin fr.
Durfey, écrivain anglois.
Durham, théol. écossois.
Duringer, profess. d'hist. suisse.
Dury, théol. écossois.
Dusaillant, militaire fr.
Dusart, peintre holland.
Dussaulx, écrivain fr.
Duval, géographe fr.
Duval, peintre holland.
Duval, bibliothécaire fr.
Duvenede, peintre flam.
Dyche, lexicographe angl.
Dyer, juriscons. anglois.
Dyer, auteur anglois.
Dyer, poëte anglois.
Dyname, rhétoricien fr.

EDWA

Eachard, écriv. angl.
Earle, anglois bienfaisant.
Ebert, savant allemand.
Ebion, chef d'une secte.
Ebroin, maire du palais de Clotaire III et Thierry II.
Eccard, historien allem.
Echellensis, trad. latin.
Eccles, musicien anglois.
Echard, écrivain fr.
Echard, historien anglois.
Eckel, auteur fr.
Eckius, écrivain allem.
Ecluse, botaniste holl.
Ecluse des Loges, écr. fr.
Edelink, graveur flam.
Edema, peintre holland.
Eder, juriscons. allemand.
Edgar, roi d'Angleterre.
Edgar, roi d'Ecosse.
Edmer *ou* Eadmer, écriv. anglois.
Edmond (S.), roi des Est-Angles.
Edmond I, roi d'Anglet.
Edmond, 3e fils du roi Ethelred.
Edmondes, écrivain angl.
Edmondes, traduct. angl.
Edouard, 3 rois d'Angl.
Edouard I à VI, rois d'Angleterre.
Edouard, roi d'Angleterre.
Edwards, archit. gallois.

Edwards, auteur angl.
Edwards, écrivain angl.
Edwards, natural. angl.
Edwards, savant anglois.
Edwards, théol. anglois.
Eeckhout, peintre flam.
Eeckhout, peintre holl.
Egbert I, roi d'Anglet.
Eggeling, écrivain allem.
Eginard *ou* Eginhard, écr. allemand.
Egmont, général allem.
Egmont, peintre holland.
Egnace, savant vénitien.
Ehrman, auteur fr.
Eisen, dessinateur fr.
Eisen, artiste belge.
Eisen Schmidt, math. all.
Elbée, général vendéen.
Elbène, écrivain florent.
Elbœuf, intrigant fr.
Elbrucht, peintre holland.
Eléonore, femme de Louis VII.
Eleuthère, pape.
Elich, écrivain allemand.
Elichman, médecin all.
Elie, prophète d'Israël.
Elie, peintre allemand.
Elie, écrivain juif.
Elien, historien italien.
Eliot, écrivain anglois.
Eliot, général anglois.
Elisabeth, reine d'Anglet.
Elisabet, femme de Charles IX, roi de France.
Elisabet, fille de Pierre-le-Grand.
Elizée, disciple d'Elie.
Elizée, prédicateur fr.
Eller de Brookhusen, méd. prussien.
Elliger, 2 peintres allem.
Ellis, 2 écrivains anglois.
Elmacin, auteur égyptien.
Elmenhorst, critique all.
Elmenhorst, auteur all.
Eloy (S.), évêque fr.
Elsheimar, peintre allem.
Elstor, théologien irland.
Elstor, savante irlandoise.
Elsynge, écrivain anglois.
Elwes, avare anglois.
Elxai *ou* Elxæus, fondat. d'une secte de juifs.
Elzévirs, 5 imprim. holl.
Emelraet, peintre flamand.
Emerson, mathém. angl.
Emery, écrivain fr.
Emiliani, noble vénitien.
Emiliano, philos. italien.
Emilien, empereur rom.
Emilius, général romain.
Emilius Paulus, hist. ital.
Emma, femme d'Ethelred.
Emmius, écrivain allem.
Empedocle, poëte sicilien.
Empereur, graveur fr.
Empereur, écrivain holl.
Empoli, peintre toscan.
Emporius, écrivain fr.
Empson, fav. de Henri VII.
Encolpius, auteur grec.
Enée, philos. platonicien.
Ende, auteur grec.
Enfield, écrivain anglois.
Engelbrecht, visionn. all.
Engelbrechtsen, peintre hollandois.
Enghelrams, peintre flam.
English, célèbre angloise.
Enjedim, savant hongrois.
Ennius, poëte latin.
Ennodius, savant italien.
Ensenada (de la), célèbre espagnol.
Ent, médecin anglois.
Enrick, écrivain fr.
Entinope, archit. italien.
Enzinas, écrivain espag.
Eobanus, poëte anglois.
Eon, fanatique.
Epaminondas, général thébain.
Epaphrodite, évêq. grec.
Epée (de l'), instituteur des sourds et muets.
Ephraïm, fils de Joseph.
Ephrem (S.), écriv. grec.
Epicharme, poëte grec.

Epicharis, romaine courageuse.
Epicier, graveur fr.
Epicrète, phil. phrygien.
Epicure, philosophe grec.
Epiménide, poëte crétois.
Epiphane (S.), écrivain.
Epiphane, hérésiarque.
Epiphane, traducteur.
Episcopius, écrivain fr.
Eppendorf, gentilhomme d'Allemagne.
Erasistrate, médecin grec.
Eprémenil (d'), constit.
Erasme, savant holland.
Eraste, médecin allem.
Eratosthène, écr. grec.
Erchembert, écr. lombard.
Erchinoald *ou* Archambaud, maire du palais.
Erckeen, écrivain allem.
Ercole, peintre italien.
Eremitta, écrivain flam.
Eric XIII, roi de Danemarck, de Suède et de Norwège.
Eric XIV, roi de Suède.
Erigène, savant écossois.
Erinna, grecque célèbre.
Erius, prêtre de Sébaste.
Erizzio, 2 frères vénitiens.
Erizzio, écrivain vénitien.
Erkivius de Steinbach, archit. allemandd.
Erlach, commandant fr.
Erostrate, fou d'Ephèse.
Erpenius *ou* d'Erp, écriv. hollandois.
Erskine, écrivain angl.
Eryceira, historien port.
Eryceira, écrivain portug.
Erythrophyle, aut. allem.
Es, peintre flamand.
Esaü, fils d'Isaac et de Rébecca.
Escale (de l'), souverain de Vérone.
Escalquens, capitoul de Toulouse.
Eschine, orateur grec.
Eschine, disciple de Socrate.
Eschyle, poëte grec.
Escobar, savant espagn.
Escobar (d'), fondatrice.
Escobar, théolog. espagn.
Escoubleau, 2 prélats fr.
Esdras, pontife juif.
Esope, fabuliste phrygien.
Esope, romancier grec.
Esope, acteur romain.
Espagnac (d'), génér. fr.
Espagnandel, sculpt. fr.
Espagnet, écr. françois.
Espagnolet, peintre esp.
Esparson, écriv. provenç.
Espeme, écrivain françois.
Espen, théol. hollandois.
Esperiente, sav. italien.
Espilli, écrivain fran.
Esprit, écriv. françois.
Essars, guerrier françois.
Essars, princesse françois.
Essars (des), coméd. fr.
Essex, architecte anglois.
Estaing, amiral françois.
Estampes, maîtresse de François I.
Estampes, arch. de Reims.
Estcourt, acteur écossois.
Esther, jeune juive.
Esther, maîtres. de Casimir.
Estius, théol. brabançon.
Estoile, 2 écrivains fr.
Estouteville, cardinal fr.
Estrées, ingénieur franç.
Estrées, 2 génér. franç.
Estrées, cardinal franç.
Estrées, maîtresse de Henri IV.
Estrées, amiral françois.
Estrées, général françois.
Esturmel, capitaine fr.
Esturmel, gentilhom. pic.
Ethelbert, 2 rois d'Angl.
Ethelred, roi d'Angleterre.
Ethelwolf, roi d'Angler.
Etheregou *ou* Etheridge, méd. anglois.
Etherège, auteur anglois.

Etienne, grammair. grec.
Etienne (S.), prem. martyr.
Etienne, roi d'Angleterr.
Etienne (S.), rois de Hongr.
Etienne I à IX, papes.
Etienne, 4 imprimeurs fr.
Etslager, écrivain.
Ettmuller, chirurg. allem.
Eubée, poëte de Pharos.
Eubulides, 2 phil. grecs.
Eubulus, poëte athénien.
Eubulus, philos. athénien.
Eucade, histor. latin.
Eucharius *ou* Houcharius, théologien françois.
Eucher (S.), écrivain fr.
Euclide de Mégare, disciple de Socrate.
Euclide, mathémat. grec.
Eudemon, auteur italien.
Eudes de Montreuil, architecte françois.
Eudes, prédicateur franç.
Eudorus, philosophe grec.
Eudoxe, patriar. de Constantinople.
Eudoxe de Cnide, astronome asiatique.
Eudoxie, sav. athénienne.
Eudoxie, impératr. rom.
Eudoxie, femme de Pierre-le-Grand.
Eugène, prince de Savoie.
Eugène I à IV, papes.
Eugène, rhéteur.
Eugippius, écrivain.
Eulalius, anti-pape.
Euler, mathémat. suisse.
Euloge, patriar. d'Alexand.
Euloge, arch. de Tolède.
Eumathius, écrivain grec.
Eumène, général macéd.
Eumène I, II, rois de Pergam.
Eumenius, orateur latin.
Eunapius *ou* Eunape, écr.
Eunome, sectaire syrien.
Euphémie, femme de Justin I.
Euphemius, patriar. de Constantinople.
Euphorion, poëte grec.
Euphranor, peintre ath.
Euphrate, sectaire.
Eupolis, poëte athénien.
Euripide, tragique grec.
Eurydice, fem. d'Amyntas II
Eurydice, fille d'Amyntas.
Eusden, poëte anglois.
Eusèbe, historien eccles.
Eusèbe, général grec.
Eusèbe, év. de Beryte.
Eusèbe, év. d'Emèse.
Eusèbe, év. de Verceille.
Eusèbe, év. de Samosate.
Eusebie, fem. de Constanc.
Eusebie, abbesse de S. Sauveur.
Eustache, méd. italien.
Eustathe, év. d'Antioche.
Eustathe, comment. grec.
Eustochium *ou* Eustochie, savante romaine.
Eustrate, comment. phil.
Euthycrate, sculpt. grec.
Euthyme, patriarche de Constantinople.
Euthyme, écrivain grec.
Eutocius, mathém. syrien.
Eutrope, historien latin.
Eutrope, minist. d'Acade.
Eutychès, sectaire grec.
Eutychien, pape.
Eutychius *ou* Eutyque, patriar. de Constantinop.
Eutychius, méd égyptien.
Euzoïus, év. d'Antioche.
Evagore I, II, rois de Chypre.
Evagore, écrivain grec.
Evagre, écrivain grec.
Evagre, patriar. d'Antioche.
Evagre, historien syrien.
Evagre, auteur grec.
Evangelista, écriv. franç.
Evans, astrolog. gallois.
Evans, imposteur anglois.
Evans, docteur anglois.
Evantius, poëte latin.
Evantius, év. de Vienne.
Evax, roi d'Arabie.
Eveillon, théol. françois.

Evelyn, voyageur anglois.
Evenson, écriv. suédois.
Everdenghen, 2 peint. hol.
Evremont (S.), auteur fr.
Expilli, magistrat franç.
Exupere (S.), év. franç.
Eyck, peintre hollandois.
Eykens, peintre françois.
Ezéchiel, prophète hébr.
Ezéchiel, tragique grec.
Ezzelin *ou* Ecelin, brigand italien.

FAVO

FABER, écrivain allemand.
Faber, sav. allemand.
Fabert, maréch. de France.
Fabien (S.), pape.
Fabien, écrivain anglois.
Fabius, 2 consuls romains.
Fabius, historien romain.
Fabre, auteur françois.
Fabre d'Églantine, aut. fr.
Fabretti, antiquaire ital.
Fabri, théologie françois.
Fabriano, peintre franç.
Fabricius, consul romain.
Fabricius, poëte allem.
Fabricius, médecin italien.
Fabricius, savant allem.
Fabricius, poëte latin.
Fabricius, écrivain allem.
Fabricius, peintre hollan.
Fabrot, jurisconsulte fr.
Facciolati, gramm. italien.
Fachetti, peintre italien.
Facini, peintre italien.
Facio, écrivain italien.
Facundus, év. d'Hermiane.
Faerne, poëte latin.
Fagan, aut. dramat. fran.
Fage, dessinateur franç.
Fagius, sav. allemand.
Fagon, médecin françois.
Fahrenheit, physicien all.
Faïel, homme cruel fr.
Faille, historien françois.
Fairfax, poëte anglois.
Faistenberger, peintre all.
Faithorne, peintre angl.
Falbaire de Quingey, auteur dramatique franç.
Falcandus, historien.
Falconberg, fem. de Thomas *Cromwel.*
Falconer, poëte écossois.
Falconet, médecin franç.
Falconet, sculpteur fr.
Falconia, hist. romaine.
Falda, graveur italien.
Faleti, poëte italien.
Falieri, 2 doges de Venise.
Falle, historien anglois.
Fallope, médecin italien.
Fals, graveur suédois.
Falster, savant suédois.
Fannius, 2 consuls romains.
Fannius, histor. romain.
Fannius, poëte latin.
Fannius, historien romain.
Fanshaw, traduct. angl.
Fardella, naturaliste ital.
Farel, savant françois.
Faret, écrivain françois.
Faria, auteur portugais.
Farinaccio, juriscons. ital.
Farinato, peintre italien.
Farmer, théolog. anglois.
Farmer, antiquaire angl.
Farnaby, grammair. angl.
Farnèse, 2 ducs de Parme.
Farneworth, traduc. angl.
Farquhar, poëte franç.
Fastolff, milit. angl.
Fauchet, écrivain franç.
Fauchet, conventionnel.
Faucheur (le), écriv. fr.
Faulkener, imprim. irlan.
Faure, magistrat franç.
Faure, ecclesiastique fr.
Faure, prédicateur franç.
Fausta, fem. de Constantin.
Fauste, écrivain anglois.
Faustine, 2 impératrices ro.
Favart, auteur françois.
Favart, actrice françoise.
Favolius, médecin holl.
Favorin, philos françois.
Favorin, disc. de Politien.
Favras, écrivain françois.
Favre, écrivain savoyard.
Fawkes, poëte anglois.
Fay, naturaliste françois.
Fay, prédicateur françois.
Faydit, troubadour prov.
Faydit, critique françois.
Faye (la), 2 académiciens fr.
Fayettre (la), fr. vertueuse.
Fayette (la), savante fr.
Fecht *ou* Fechtius, écr. all.
Feckenham, sav. anglois.
Feijoo, auteur espagnol.
Feithius, écrivain allem.
Felibien, 2 historiogr. fr.
Felibien, écrivain franç.
Felibien, historien franç.
Feliciani, év. de Foligno.
Félix, procons. de Judée.
Félix I à III, papes.
Fell, écrivain anglois.
Feller, écrivain allemand.
Fellon, écrivain françois.
Felton, anglois hardi.
Felton, fanatique anglois.
Fénélon, écrivain franç.
Fenestella, historien rom.
Fenouillot, auteur franç.
Fenton, écrivain anglois.
Fenton, poëte anglois.
Ferajuoli, peintre italien.
Ferdinand I à II, rois de Hongrie.
Ferdinand I à VI, rois de Castille.
Ferdinand I, rois de Naples.
Ferdinand de Cordoue, savant espagnol.
Ferdinand, écrivain esp.
Ferdinandi, médecin ital.
Ferdousi, poëte persan.
Ferg *ou* Fergire, peintre.
Fergus I, roi d'Ecosse.
Ferguson, mathématicien.
Ferguson, peintre écoss.
Fermat, poëte françois.
Fernand Cortez. voyez *Cortez*, capit. espagnol.
Fernel *ou* Fernelius, méd. fr.
Feron, écrivain françois.
Ferracino, inventeur ital.
Ferrand, médecin franç.
Ferrand, 2 magistrats fr.
Ferrand, peintre françois.
Ferrand, écriv. ecclesias
Ferrare, princesse courag.
Ferrari, fonda les barnabit.
Ferrari, 4 écrivains ital.
Ferrari, peintre italien.
Ferrariensis, écrivain.
Ferrars, historien anglois.
Ferrars, tragique anglois.
Ferrars, antiquaire angl.
Ferrein, chirurgien fran.
Ferreira, chirurgien esp.
Ferrera, auteur espagnol.
Ferreras, théol. espagnol.
Ferreti *ou* Ferretus de Vicence, historien ital.
Ferreti, 2 écrivains ital.
Ferri, peintre françois.
Ferrier, jurisconsulte fr.
Ferrier, écrivain françois.
Ferrier, jurisconsulte fr.
Ferrier, 2 écrivains fr.
Ferrier, poëte fr.
Ferrières, jurisc. fr.
Ferron, historien fr.
Ferté, général fr.
Ferus *ou* Sauvage, écr. all.
Festus, proconsul de Judée.
Festus, ancien gramm.
Fetti, peintre italien.
Feuillée, écrivain fr.
Feuillet, écrivain fr.
Feurry, poëte flamand.
Fevardentius *ou* Feu ardent, savant fr.
Fèvre, peintre fr.
Fèvre, savant fr.
Fèvre, 2 auteurs fr.
Fèvre, écriv. flamand.
Fèvre, savant fr.
Fèvre, peintre fr.
Fèvre, écrivain fr.
Fevret, écrivain fr.
Fevret de Fonterte, écr. fr.
Feydeau, auteur fr.
Feydeau de Brou, trad. fr.
Fiasella, peintre italien.
Fichard, célèb. avocat fr.
Ficin, philos. italien.
Ficoroni, antiq. romain.
Fiddes, ministre anglois.
Field, auteur anglois.
Fielding, écrivain anglois.
Fielding, savante angloise.
Fielding, juge-de-paix, angl.
Fienus, médecin flamand.
Fieschi, traître génois.
Figino, peintre italien.
Figreluis, savant suédois.
Filastre, auteur flamand.
Filesac, écrivain fr.
Filicaja, auteur italien.
Filmer, écrivain anglois.
Finch, 2 écriv. anglois.
Finé ou Finœus, écr. fr.
Fiourelli, acteur italien.
Firenzuola, poëte italien.
Firmicus Maternus, écriv. *chrétien.*
Firmilien, év. de Césarée.
Firmius, emper. syrien.
Fischet, écrivain fr.
Fisen, écriv. liégeois.
Fish, avocat anglois.
Fisher, écriv. anglois.
Fisher, quakeresse angl.
Fitz-Herbert, 3 sav. angl.
Fitz-James, maréc. de Fr.
Fitz-James, écrivain fr.
Fitz-Stephen, écr. angl.
Fizes, savant médecin fr.
Flaccourt, navigateur fr.
Flaccus, poëte latin.
Flacé, poëte françois.
Flameel, peint. liégeois.
Flamel, écrivain fr.
Flaminio, écrivain fr.
Flaminio *ou* Flaminius, général romain.
Flaminius, général rom.
Flaminius, consul rom.
Flamsteed, astron. angl.
Flandrin, écrivain fr.
Flassans, poëte provençal.
Flaman, poëte anglois.
Flaust, compilateur fr.
Flavien (S.), patriarche d'Antioche.
Flavien (S.), patriarche de Constantinople.
Flavigni, écrivain fr.
Flavitas, patriarche de Constantinople.
Fléchier, hist. provençal
Flecknoe, poëte anglois.
Fleetwood, avocat angl.
Fleetwood, théol. anglois.
Fleming, écriv. écossois.
Fletcher, év. de Bristol.
Fletcher, 4 auteurs angl.
Fleury, 2 écrivains fr.
Fleury, ministre fr.
Flinck, peint. hollandois.
Flodoart *ou* Frodoart, hist. françois.
Floquet, auteur fr.
Florentin, peintre italien.
Florian, écrivain, poëte, traducteur françois.
Florimond de Rémond, écrivain fr.
Florio, trad. anglois.
Floris, peintre flamand.
Florus, histor. latin.
Flud, auteur latin.
Foe. voyez de Foe.
Foglieta, écriv. génois.
Fo-hi, monarque chinois.
Foigni, auteur fr.
Foinard, écrivain fr.
Foix, général fr.
Folard, auteur fr.
Folenco, auteur fr.
Folkes, écrivain fr.
Foncemagne, écrivain fr.
Font, poëte fr.
Font, auteur fr.
Fontaine, 2 poëtes fr.
Fontaine, écrivain fr.
Fontaines, traducteur fr.
Fontana, archit. milanois.
Fontana, fille du précéd.
Fontanges, maîtresse de Louis XIV.
Fontanieu, écrivain fr.
Fontanini, écrivain italien.
Fonte-Moderata, poëte vénitienne.
Fontenay, peintre fr.
Fontenelle, écrivain fr.
Fontenu, écrivain fr.
Fontius, bibliothéc. italien.
Foote, aut. et act. anglois.
Forbes, 2 auteurs anglois.
Forbes, écriv. anglois.
Forbin, écrivain fr.
Forbonnois, auteur fr.
Forcadel, 2 écrivains fr.
Force, maréchal de France.
Force, fille du précédent.
Ford, poëte dramatique.
Fordun, hist. écossois.
Fordyce, 2 écriv. anglois.
Forest *ou* Forestus, méd. hollandois.
Forest, peintre fr.
Foresti ou Foresta, aut. fr.
Formey, aut. allemand.
Formose, év. de Porto.
Forster, écriv. allemand.
Forster, auteur anglois.
Forstner, écriv. allemand.
Fort, *ministre génevois.*
Fortescue, écriv. anglois.
Fortiguerra, poëte italien.
Fortius *ou* Fortis, écr. flam.
Foscari, doge de Venise.
Foscarini, hist. vénitien.
Fosse, peintre fr.
Fosse, écrivain fr.
Foster, math. anglois.
Foster, 2 théol. anglois.
Fothergill, méd. anglois.
Fothergill, quaker anglois.
Foucault, antiquaire fr.
Fouchier, peintre holland.
Fouchy, astronome fr.
Foucquet, surintendant des finances.
Foucquet, maréch. de Fr.
Fougeroux, écr. écossois.
Fouilloux, 2 auteurs fr.
Foulon, poëte latin.
Fountaine, sav. antiq. angl.
Fouquières, peint. flam.
Fourcroix, écrivain fr.
Fourmont, 3 auteurs fr.
Fournier, fondeur et grav. de caractères fr.
Fourny, écrivain fr.
Fourquevaux, écr. italien.
Fourrier de Mathincourt, réformateur fr.
Fowler, aut. anglois.
Fox, 3 écriv. anglois.
Fracastor, médec. italien.
Fracherta, écriv. italien.
Fraguier, écrivain fr.
Franc, auteur suisse.
Francesca, peintre italien.
Franceschini, peint. ital.
Franchi, peint. italien.
Francia, peintre italien.
Franckeinstein, écr. all.
Francklin, trad. anglois.
Franco, poëte satirique.
Franco, peint. vénitien.
François de Lorraine, emp. d'Allemagne.
François I, II, rois de Fr.
François, duc d'Alençon.
François de Lorraine, duc de Guise.
François d'Assise (S.), fonda un ordre.
François de Paule (S.), fonda les minimes.
François Sonnius, théol. flamand.
François Victoria, aut. esp.
François Xavier (S.), écr. missionn. espagnol.
François de Sales (S.), écrivain génevois.
François, auteur anglois.
François, auteur fr.
François, 2 peint. flamands.
François, peintre fr.
Françoise, fond. romaine.
Francowitz, théol. grec.
Francus, écriv. allemand.
Frank *ou* Franken, 2 peint. flamands.
Frank, médecin allemand.
Frank, théol. allemand.
Franklin, écr. américain.
Franks, 2 peint. flamands.
Frantzius, théol. allem.
Fra-Paolo, sav. vénitien.
Fratellini, peint. italienne.
Fratellini, peint. italien.
Frauwenlop, aut. allem.
Frédégaire, historien fr.
Frédégonde, femme de Chilperic, roi de France.
Frédéric I à IV, emp. d'All.
Frédéric I à V, rois de Danemarck.
Frédéric Auguste I, II, rois de Pologne.
Frédéric I, roi de Prusse.
Frédéric Guillaume II, roi de Prusse.
Frédéric III, roi de Prusse.
Frédéric, écr. espagnol.
Freeman, peint. anglois.
Fregoro, doge de Venise.
Freher, écr. allemand.
Freig ou Freigius, sav. all.
Freind, méd. anglois.
Freinshemius, écr. suisse.
Freire de Andrada, auteur portugais.
Freminet, peintre fr.
Frenicle, poëte fr.
Frenicle de Bessy, arith. fr.
Frères, peintre allemand.
Fréret, écrivain. fr.
Fréron, écrivain fr.
Fresnaye, poëte fr.
Fresne, célèbre fr.
Fresne, 2 auteurs fr.
Fresne, cél. acteur fr.
Fresnoy, peintre fr.
Fresny, poëte fr.
Fréteau, magistrat fr.
Frézier, écrivain fr.
Friart, architecte fr.
Frische, écrivain fr.
Freschlin, écriv. allem.
Friozn, auteur fr.
Frobenius, impr. de Bâle.
Frobisher, navig. anglois.
Froila I, II, rois d'Espag.
Froissard, écrivain fr.
Frontin, écrivain romain.
Fronto, auteur romain.
Frowde, poëte anglois.
Frugoni, poëte italien.
Frumence (S.), apôtre d'Ethiopie.
Fryth, auteur anglois.
Fuchsius *ou* Fuchs, *botan.* et médecin allemand.
Fugger, savant allemand.
Fulbert, écrivain fr.
Fulbert. voyez Abélard.
Fulgence (S.), écr. afric.
Fulginas, écrivain *rom.*
Fuller, savant anglois.
Fuller, écrivain anglois.
Fuller, peintre anglois.
Fullo, hérét. d'Antioche.
Fulvie, dame romaine.
Fulvie, femme de Marc-Antoine.
Funccius *ou* Funks, savant allemand.
Furetière, lexicograp. fr.
Furgault, auteur fr.
Furini, peintre florentin.
Furius, poëte latin.
Furst, libérat. des Suisses.
Fust *ou* Faust, orfèvre mayençois.
Fuzelier, poëte dram. fr.

GABR

GAAL, peintre holland.
Gabaro, navigateur vénit.
Gabriani, peintre florent.
Gabinius, théolog. grec.
Gabriel, savant maronite.
Gabriel, architecte fr.
Gabrielle de Bourbon, écriv. françoise.
Gabrielle d'Estrées, voy. Estrée.
Gabrielle de Vergi, femme de Faïel, amante de Couci.
Gabrino, voyez Rienzi.
Gabrino Fundulo, scélérat milanois.
Gabrino, chef d'une secte.
Gaburet, *chirurgien fr.*
Gacon, satirique fr.
Gaddesden, médecin angl.
Gaddi, 3 peintres italiens.
Gadrois, philosophe fr.
Gaelen, peintre holland.
Gaetan (S.), fondateur.
Gaetano, peintre florent.
Gaffarel, écrivain fr.
Gage, missionnaire irland.
Gagnier, *traducteur fr.*
Gaguin, écrivain fr.
Gaichiés, auteur fr.
Gail, juriscons. allemand.
Gaillard (de Lonjumeau), lexicographe fr.
Gaillard, prédicateur *fr.*
Gainas, général grec.
Gainsborough, peint. angl.
Gaiot de Pittaval. voyez *Gayot.*
Galadin, emp. du Mogol.
Galantini, peintre génois.
Galanus, écrivain fr.
Galas, général allemand.
Galatei Ferrari, méd. nap.
Galarin, savant allemand.
Galba, empereur romain.
Gale, chirurgien anglois.
Gale, écrivain anglois.
Gale, *savant anglois.*
Gale, antiquaire anglois.
Galeano, *médecin sicilien.*
Galen, théologien holl.
Galeoti, écrivain romain.
Galeoti, écrivain italien.
Galien, médecin grec.
Galigaï, fem. de Concini.
Galilée, astron. florent.
Galissonière (la), marin françois.
Galland, écrivain fr.
Galland, savant fr.
Gallet, auteur fr.
Gallien, empereur rom.
Gallitzin, noble russe.
Gallitzin, général russe.
Gallotche, peintre fr.
Gallois, savant fr.
Gallonius, écrivain rom.
Gallucci, Galluzzi *ou Galluccius* (Tarquin), écrivain italien.
Gallucci, astronome ital.
Gallucci, écrivain rom.
Gallus, capit. et poët. rom.
Gallus, empereur romain.
Gallus, *césar.*
Gally, auteur anglois.
Galvani, physicien italien.
Galvano, gouvern. indien.
Gam, officier anglois.
Gama, navigateur port.
Gamaches, auteur fr.
Gamaliel, disciple de Jésus.
Gambara, poëte latin.
Gambara, poët. italienne.
Gambold, écrivain angl.
Gandi, peintre holland.
Garamond, graveur et fondeur françois.
Garasse, écrivain fr.
Garbieri, peintre florent.
Garbo, peintre d'hist. flor.
Garcias II, roi de Navarre.
Garcilasso *ou* Garcias Lasso de la Véga, poëte amér.
Garde (Bridard de la), écrivain fr.
Gardiner, évêque anglois.
Gardiner, officier anglois.
Garengeot (Croissant de), chirurgien *fr.*
Garet, écrivain fr.
Garidel, médecin fr.
Garissoles, savant fr.
Garlande, grammair. fr.
Garnet, célèbre anglois.
Garnier, 4 poëtes fr.
Garnier, 2 écrivains fr.
Garofalo, peintre italien.
Garrard, peintre flamand.
Garrick, aut. et act. angl.
Garsault, écrivain fr.
Garth, poëte et méd. angl.
Garzy, peintre toscan.
Gascoigne, magistrat angl.
Gascoigne, poëte anglois.
Gasparini, auteur italien.
Gassendi, philosophe fr.

Gastaldi, médecin fr.
Gastaud, écrivain fr.
Gaston de Foix, génér. fr.
Gaston de France, intriguant françois.
Gastrell, écrivain fr.
Gatimosin, roi du Mexique.
Gaubil, écrivain fr.
Gaud, peint. et grav. holl.
Gauden, écrivain anglois.
Gaudence, écrivain ital.
Gaudentio, peintre milan.
Gaufridi, historien fr.
Gauli, peintre génois.
Gaulmin, écrivain fr.
Gauric, astrolog. suisse.
Gauthier, écrivain fr.
Gaveston, fav. d'Edouard II, roi d'Angleterre.
Gaviniez, musicien fr.
Gay, poëte anglois.
Gayot de Pitaval, écr. fr.
Gaza, savant grec.
Gazet, auteur fr.
Gazet, écrivain fr.
Gazola, médecin italien.
Gazon-Dourxigné, aut. fr.
Gazzoli, peintre fr.
Geber, méd. et astr. arabe.
Ged, artiste écossois.
Gedalah, fameux rabbin.
Geddes, écrivain écoss.
Gediccus, écrivain holl.
Gedoyn, traducteur fr.
Geinoz, écrivain suisse.
Gelais (S.) voyez Melin.
Gelase, traducteur grec.
Gelase, écrivain grec.
Gelase I, II, papes.
Geldenhaur, histor. holl.
Gelder, peintre holland.
Geldorp, peintre flamand.
Gelée, peintre fr.
Gelée, médecin fr.
Gelenius, traduct. allem.
Gellert, traducteur allem.
Gelli ou Gallo, aut. flor.
Gellibrand, astron. angl.
Gelon, tyran de Syracuse.
Gemignano, 2 peint. ital.
Gemigniani, music. ital.
Gemiste, philosop. grec.
Gemma, 2 mathém. holl.
Gendre, 2 écrivains fr.
Gendre, sculpteur fr.
Gendron, médecin fr.
Genebrard, auteur fr.
Genesius, auteur byzantin.
Genest, poëte fr.
Genêt, écrivain fr.
Genga, peintre italien.
Genga, architecte italien.
Gengis-Khan, empereur du mogol.
Gennade, écrivain grec.
Gennade, auteur fr.
Gennari, 2 peintres bolon.
Gennes, oratorien fr.
Genoels, peintre flamand.
Genseric, roi des Vandales.
Gensonné, républic. fr.
Gentil, historien fr.
Gentile, peintre flamand.
Gentileschi, peintre ital.
Gentileschi, peint. napolitaine.
Gentilis, médecin italien.
Gentilis, légiste italien.
Gentilis, napolitain.
Gentillet, écrivain génev.
Gentleman, act. et auteur dramatique anglois.
Geoffrin, fem. françoise.
Geoffroi, 2 écrivain fr.
Geoffroi, médecin fr.
George de Trébisonde. voyez Trébisonde.
George (S.), mart. chrét.
George, despote de Servie.
George, conspirat. angl.
George I, II, rois d'Angl.
Gérard, fondateur de S. Jean de Jérusalem.
Gérard, assassin de Guillaume I.
Gérard, savant allemand.
Gerardi, peintre italien.
Gerards, peintre flamand.
Geraud (S.), bibliogr. fr.
Gerbais, écrivain fr.
Gerbelius ou Gerbel jurisconsulte fr.
Gerberon, historien fr.
Gerbier, peintre flamand.
Gerbier, jurisconsulte fr.
Gerbillon, écrivain fr.
Gerhard, auteur allem.
Géring, imprimeur allem.
Germain, savant fr.
Germain, 2 orfèvres fr.
Germanicus, génér. rom.
Germyn, peintre holl.
Gerson, écrivain fr.
Gervais, écrivain anglois.
Gervaise, écrivain fr.
Gervaise, bibliogr. fr.
Gery, écrivain fr.
Gesner, médecin suisse.
Gesner, poëte suisse.
Gesner, critique allem.
Geta, fils de l'emp. Sévère.
Getiere (Boucher) inspecteur des haras.
Ghezzi, peintre romain.
Ghilini, auteur italien.
Ghirlandaio ou Ghirlandoni, peintre flor.
Ghisol, peintre milanois.
Giacomelli, traduct. ital.
Giannoni, histor. napolit.
Giattini, traduct. sicilien.
Gibbon, historien anglois.
Gibbs, architecte écoss.
Gibelin, chef de parti.
Gibert, écrivain fr.
Giberti, écrivain italien.
Gibson, traducteur angl.
Gibson, 2 peintres angl.
Gibson, mathém. anglois.
Giffen, crit. et jurisc. all.
Gigot d'Orcy, natur. fr.
Gibert, médecin anglois.
Gilbert, navigateur angl.
Gilbert, écrivain anglois.
Gilbert, poëte fr.
Gildas, écrivain breton.
Gildon, aut. dram. angl.
Gilimer ou Gelimer, usurpateur vandale.
Gilles, voyageur fr.
Gilles (S.), évêque fr.
Gilles d'Athènes, médec. grec.
Gilles de Colonne, écr. fr.
Gilles de Viterbe, écr. gr.
Gilles (S.), auteur fr.
Gilles, musicien fr.
Gilles, médecin fr.
Gillet, traducteur fr.
Gillot, 2 écrivains fr.
Gillot, savant fr.
Gillot, peintre et grav. fr.
Gioachino-Græco., fam. joueur d'échecs.
Gioia, pilote napolitain.
Giolito, imprimeur vénit.
Giordano, peintre napol.
Giorgione, peintre ital.
Giottino, peintre florent.
Giotto, peintre, sculpteur et architecte italien.
Giraldi, historien italien.
Giraldi, écrivain italien.
Giraldus, savant gallois.
Girard, prédicateur fr.
Girard, auteur fr.
Girard de Villethiéry, écrivain françois.
Girard, écrivain fr.
Giraudeau, écrivain fr.
Girardon, sculpteur fr.
Giron, vice-roi de Sicile et de Naples.
Giroust, prédicateur fr.
Giry, traducteur fr.
Gisbert, écrivain franç.
Giselinus, médec. flam.
Giulano, sculpteur. ital.
Giusti, peintre italien.
Glaber, poëte françois.
Glain, traducteur franç.
Glandorp, médecin allem.
Glanvil, écrivain anglois.
Glanville, juriscons. ang.
Glapthorne, poëte angl.
Glaphyre, fem. d'Archelaüs.
Glaser, apothicaire fran.
Glass, écrivain écossois.
Glauber, chimiste allem.
Glauber, 3 peintres holl.
Glen, imprimeur liégeois.
Glendower, cél. gallois.
Glicas ou Glycas, histor.
Glisson, médecin anglois.
Gloucester, poëte anglois.
Glover, poëte anglois.
Gluck, musicien allem.
Gmelin, 2 naturalis. allem.
Goadby, imprimeur angl.
Goar, savant françois.
Gobbo, 2 peintres ital.
Gobel, théol. suisse.
Gobelin, teinturier fran.
Gobien, écrivain. franç.
Gobinet, écrivain franç.
Gobrias, seigneur persan.
Goclenius, écrivain ang.
Goclenius, méd. allem.
Goclenius, écrivain alle.
Godard (S.), arc. de Rouen.
Goddard, méd. anglois.
Godeau, écrivain franç.
Godefroi de Bouillon, chef des croisés françois.
Godefroi, famille de sav.
Godescard, traduct. fran.
Godewick, peintre hollandoise.
Godin, mathématic. fran.
Godinot, théologien fr.
Godiva, femme généreuse.
Godwin, 2 auteurs angl.
Goérée, savant libraire.
Goertz, seigneur suédois.
Goes, peintre flamand.
Goesius, écrivain holland.
Goez, trad. portugais.
Goff, écrivain anglois.
Gogava, méd. allemand.
Goherry, mathématicien.
Goldast, juriscons. suisse.
Goldhagen, traduct. all.
Goldman, écrivain allem.
Goldoni, aut. dram. ital.
Goldsmith ou Gouldsmith, traducteur anglois.
Goldsmith, écriv. irland.
Golius, grammair. holland.
Golius, écrivain holland.
Goltzius, peintre allem.
Goltzius, antiquaire hol.
Golyddan, barde gaulois.
Gomar, théolog. holland.
Gombaud, poëte franç.
Gomberville, poëte fran.
Gomersal, poëte anglois.
Gomez de Ciudad-Réal, poëte latin, esp.
Gomez, auteur françoise.
Gondi, cardin. de Retz.
Gondrin, courtisan fran.
Gonet, théolohien franç.
Gongora, poëte espagn.
Gonnelli, sculpteur ital.
Gonsalva, capitaine esp.
Gonthier, 2 peintres fra.
Gonthier, poëte latin.
Gonzague, écr. italienne.
Gonzalès, écrivain espag.
Goodall, antiquaire irlan.
Goodwin, républic. ang.
Gool, peintre hollandois.
Gordien, 2 consuls rom.
Gordien, empereur rom.
Gordon, écrivain écoss.
Gordon, marin anglois.
Gordon, politique écoss.
Gordon, antiquaire écos.
Gordon, savant écossois.
Gore, auteur latin.
Gorelli, écrivain italien.
Gorgias, orateur sicilien.
Gorgias, célèbre grec.
Gorius ou Gorio, sav. ital.
Gorlée, antiquaire flam.
Gorlée, philosophe holl.
Goropius, méd. brabanç.
Gorrée, médecin.
Gosselin, natural. franç.
Gosselini, écriv. italien.
Gotescalc, théolog allem.
Gothofred, juriscons. fr.
Gothofred, écrivain fran.
Gottched, poëte allema.
Gotti, cardinal italien.
Gottleber, sav. critique.
Goudelin ou Goudouli, poëte gascon.
Goudimel, musicien fran.
Gouge, ministre anglois.
Gouge de Cessières, poët. françois.
Gouge, aut. françoise.
Goujet, auteur françois.
Goujon, sculpteur franç.
Goulart, réformateur fr.
Gould, poëte anglois.
Goulin, médecin françois.
Goulston, médecin angl.
Goulu, avocat françois.
Goupy, peintre françois.
Gourdan, écrivain franç.
Gournai, phil. françoise.
Gourville, écrivain fran.
Gousset, commentat. fr.
Gouthier. voyez Guthier.
Gouvest de Maubert, politique françois.
Gouye, mathémat. franç.
Govea, poëte latin.
Govea, 2 sav. espagnols.
Gower, poëte anglois.
Goyen, peintre holland.
Gozon, chev. de Malte.
Graaf, médecin hollandr.
Graaf, peintre hollandois.
Graaw, peintre holland.
Grabe, théologien pruss.
Gracchus, 2 patriot. rom.
Gracchus, victim. de Tibère.
Gracchus, poëte romain.
Graces (de), écr. irland.
Gracian, écrivain espag.
Gradenigo, doge de Venise.
Græme, poëte écossois.
Grævius. voyez Grevius.
Graffio, casuiste italien.
Graffigny (de), auteur françoise.
Grafton, historien angl.
Graham, mécanicien ang.
Graham, auteur angloise.
Grain, historien françois.
Grain d'Orge, manufact. françois.
Grain d'Orge, médec. fr.
Grainger, ministre angl.
Gramaye, historiog. hol.
Grammond, historien fr.
Grammont, 2 capit. fran.
Granby (de), génér. ang.
Grancolas, écrivain fr.
Grand, phil. carthésien.
Grand (le), politique fr.
Grand (le), poëte franç.
Grand (le), théolog. fr.
Grand (le), armateur fr.
Grand d'Aussy (le), bibliotécaire françois.
Grandet, biographe fran.
Grandier, prédicat. fran.
Grandin, théolog. franç.
Grandius, mathémat. ital.
Grandval, acteur franç.
Grandval, poëte françois.
Granet, écrivain proven.
Grange (la), aut. franç.
Grange (la), écrivain fr.
Granger ou Grainger, méd. écossois.
Grant, juriscons. anglois.
Granvelle, sav. françois.
Granville, écriv. anglois.
Grapaldus, écrivain. fr.
Grapheus, écrivain fran.
Gras, écr. françois.
Gras, avocat françois.
Grassis, écrivain franç.
Graswinkel, jurisc. holl.
Gratarole, médecin ital.
Gratian, écrivain italien.
Gratiani, 2 écr. italiens.
Gratiani, philos. italien.
Gratien, capitaine rom.
Gratien, 2 emp. romains.
Gratius, poëte latin.
Gratius, savant alleman.
Graunt, 2 aut. anglois.
Gravelot, graveur fr.
Graverol, jurisconsulte fr.
Gravesande, mathém. fr.
Graveson, savant fr.
Graville, auteur fr.
Gravina, poëte italien.
Gravina, jurisc. italien.
Gravius, écriv. holland.
Gravius, théol. flamand.
Gray, poëte anglois.
Grazzini, écriv. italien.
Greatrakes, charl. irland.
Greaves, math. anglois.
Greban, 2 poëtes fr.
Grecinus, sénateur rom.
Grécourt, écrivain fr.
Green, auteur anglois.
Greene, trad. anglois.
Greenhill, peint. anglois.
Grégoire I à XV (S.), papes.
Grégoire, écr. syrien.
Grégoire, aut. syrien.
Grégoire, évêque syrien.
Grégoire, écrivain fr.
Grégoire, écrivain fr.
Grégoire, auteur fr.
Grégoire, math. flamand.
Gregory, 2 math. écossois.
Gregory, 2 écr. écossois.
Grenade, auteur fr.
Grenan, poëte latin.
Gresham, fondateur angl.
Gresset, poëte fr.
Grevenbroeck, peint. flam.
Greville, aut. anglois.
Grevin, poëte fr.
Grevius ou Grævius, sav. critique latin.
Grew, médecin anglois.
Grey, savante angloise.
Grey, ministre anglois.
Grey, savant anglois.
Gribaldus, sav. juris. ital.
Gribner, aut. allemand.
Grierson, savante irland.
Griffet, auteur fr.
Griffier, peintre holland.
Griffin, prince de Galles.
Griffith, voy. Alford.
Grignan, savante fr.
Grignon, graveur fr.
Grimaldi, voy. Bolognèse.
Grimani, peint. holland.
Grimarest, auteur fr.
Grimmer, peint. flamand.
Grimoux, peintre fr.
Gringonneur, peintre fr.
Gringore, auteur fr.
Grissaunt, astron. angl.
Grive, cél. géogr. fr.
Grocyn, théol. anglois.
Groditius, aut. polonois.
Gronovius, histor. allem.
Gronovius, aut. allemand.
Gropper, écr. allemand.
Gros (le), sculpteur fr.
Gros (le), auteurs fr.
Gros de Besplas, théol. fr.
Grose, antiquaire anglois.
Grosley, écrivain fr.
Grosse-Tête, aut. anglois.
Grotius, aut. hollandois.
Grotius, sav. jurisc. holl.
Grouais, voy. Desgrouais.
Grouchi ou Grucchius, auteur fr.
Grove, auteur anglois.
Grudius, aut. flamand.
Grue, traduct. anglois.
Gruer, génevois.
Gruget, traducteur fr.
Gruner, théol. allemand.
Gruter, philologiste flam.
Gruter, médec. flamand.
Gryllus, fils de Xénophon.
Grynée, sav. allemand.
Gryphius, cél. imprim. all.
Gryphius, aut. dram. all.
Gryphius, aut. allemand.
Gua de Malves, math. fr.
Guadagnolo, écr. italien.
Guadet, républicain fr.
Guagnin, aut. vénitien.
Gualbert, fond. un monast.
Gualdo Priorato, hist. ital.
Gualterus, aut. suisse.
Gualther ou Gauthier de Chatillon, aut. latin.
Guarin, écrivain fr.
Guarini, sav. italien.
Guarini, poëte italien.
Guarini, archit. italien.
Guasco, auteur italien.
Guay-Trouin, marin fr.
Guazzi, auteur italien.
Guazzi, histor. italien.
Gudius, sav. crit. allem.
Gudius, auteur allemand.
Guédier de S. Aubin, éc. fr.
Guénébaud, médecin fr.
Guérard, savant fr.
Guercheville, dame d'honneur de Marie de Médicis.
Guerchin, peint. italien.
Gueret, écrivain fr.
Guérick, mécanicien pruss.
Guérin, traducteur fr.
Guérinière, écrivain fr.
Guerre, militaire fr.
Guesclin, connét. de Fr.
Guettard, médecin fr.
Gueudeville, écrivain fr.
Gueullette, auteur fr.
Guevara, hist. espagnol.
Guevara, poëte com. esp.
Guglielmini, math. italien.
Guibert, 2 écrivains fr.
Guichardin, 2 écriv. ital.
Guichard, historiographe de Savoie.
Guichenon, auteur fr.
Guidi, poëte italien.
Guido-Reni ou le Guide, peintre italien.
Guido, peintre italien.
Guidotti, peintre italien.
Guignard, théologien fr.
Guignes, savant hist. fr.
Guillain, sculpteur fr.
Guillandino, méd. italien.
Guillaume I à III, rois d'Angleterre.
Guillaume de Nangis, historien fr.
Guillemeau, sav. chirur. fr.
Guillemette, fondatrice d'une nouvelle secte.
Guillet, historiographe fr.
Guilleville, auteur fr.
Guillim, auteur anglois.
Guiscard, militaire fr.
Guiscard, écr. prussien.
Guise, 5 ducs de Lorraine.
Guise, ministre anglois.
Guiton, courageux rochell.
Guiton d'Arezzo, poë. ital.
Guldenstadt, voyag. russe.
Gundling, hist. allemand.
Gunter, mathém. anglois.
Gunther, poëte allemand.
Gurtler, sav. écr. suisse.
Gusman, hist. espagnol.
Gussenvillan, écrivain fr.
Gustave I, roi de Suède.
Gustave Adolphe, roi de Suède.
Guthier ou Gouthier, aut. fr.
Guthrie, géogr. écossois.
Guttelberg ou Guttemberg, l'un des inv. de l'imprim.
Guy, moine d'Arezzo. voy. Arérin.
Guyard de Berville, écr. fr.
Guyet, écrivain fr.
Guyet, auteur fr.
Guymond de la Touche, auteur fr.
Guyon, savante françoise.
Guyon, écrivain fr.
Guys, 2 auteurs fr.
Guzman, capit. espagnol.
Gwin, maîtr. de Charles II.
Gwinne, méd. anglois.
Gyzen, peintre flamand.

HAIL

Haambergen, peint. hol.
Haaz, imprimeur suisse.
Habacuc, prophète.
Habert, 2 écrivains fr.
Habert de Cerisi, aut. fr.
Habert, 3 auteurs fr.
Habert, savante françoise.
Habicot, chirurgien fr.
Habington, écriv. anglois.
Hachette, héroïne franç.
Hackaer, peint. holland.
Hacket, fanatique anglois.
Hacket, évêque anglois.
Hackspan, écr. allemand.
Haddon, amiral anglois.
Haen, écrivain allemand.
Haer, écrivain flamand.
Haerlem, peintre holland.
Hagedorn, poëte allemand.
Hagen, peintre allemand.
Haguenbot, éc. allemand.
Haguenier, poëte fr.
Haguenot, écrivain fr.
Hahn, historiogr. allem.
Haillan, auteur fr.

Hakcwill, écriv. anglois.
Hakem, calife persécuteur.
Hakluyt, écriv. anglois.
Halde, écrivain fr.
Hale, écrivain anglois.
Halès, voy. Alès.
Halès, écriv. anglois.
Halès, écriv. anglois.
Hali-Beigh, trad. turc.
Halket, sav. angloise.
Hall, écrivain anglois.
Hall, avocat anglois.
Hall, chirurgien anglois.
Hallé, avocat et poëte fr.
Hallé, écrivain fr.
Hallé, peintre fr.
Haller, méd. suisse.
Halley, astron. anglois.
Hallier, auteur fr.
Hallifax, écrivain anglois.
Hals, 2 peintres flamand.
Haly-Bey, bey d'Egypte.
Hamberger, math. allem.
Hamberger, écr. allemand.
Hamel, écrivain fr.
Hamel du Monceau, écr. fr.
Hamilton, écr. irlandois.
Hamilton, 2 ducs anglois.
Hamilton, poëte anglois.
Hamlet, écriv. danois.
Hammelmann, théol. all.
Hammond, ministre angl.
Hammond, 2 écr. anglois.
Hamon, maître d'écriture.
Hamon, écrivain fr.
Hampden, patriote angl.
Hamsa, écrivain arabe.
Hanckius, auteur silésien.
Handel, music. allemand.
Hangest, écrivain fr.
Hanmer, écrivain anglois.
Hanneken, 2 auteurs all.
Hanneman, peintre holl.
Hannibal, voy. Annibal.
Hannibalien, roi de Pont.
Hannon, général carthag.
Hannsachs, poëte allem.
Hanway, écr. américain.
Harbart, théol. prussien.
Hardime, 2 peintres flam.
Harding, auteur anglois.
Hardinge, poëte anglois.
Hardion, auteur fr.
Hardoin de la Reynerie, écrivain fr.
Hardouin, auteur fr.
Hardy, poëte dramatique.
Hariot, mathém. anglois.
Harlay, écrivain fr.
Harlay, archev. de Paris.
Harlay de Sancy, colonel des Cent-Suisses.
Harmer, écrivain fr.
Harmodius, v. Aristogiton.
Harold I, II, rois d'Anglet.
Harpalus, astron. grec.
Harpalus, capitaine d'Alexandre.
Harpocration, rhéteur grec.
Harrington, 2 écr. anglois.
Harris, méd. anglois.
Harris, 2 auteurs anglois.
Harrison, capitaine angl.
Harrison, aut. anglois.
Harrison, mécanicien angl.
Harteley, médec. anglois.
Harthe, poëte anglois.
Hartman, théol. allemand.
Hartzein, savant allem.
Hartsoeker, philos. holl.
Hartung, écr. allemand.
Harvey, 2 méd. anglois.
Harwood, écriv. anglois.
Hase, 2 sav. allemands.
Hasselquist, méd. suédois.
Hastings, dame charitable.
Hatton, chancelier angl.
Haudiquer de Blancourt, auteur françois.
Haudiquer, savant fr.
Haultin, auteur françois.
Haustead, aut. dram. angl.
Haute-Feuille, mécan. fr.
Haute-Roche, act. aut. fr.
Haute-Serre, écriv. fr.
Haute-Ville, écrivain fr.
Havercamp, sav. holland.
Havers, médecin anglois.
Hawke, chev. du Bain.
Hawkesworth, écr. anglois.
Hawkins, amiral anglois.
Hawkins, écriv. anglois.
Hawkwood, gén. anglois.
Hay, écrivain anglois.
Hay, fanatique françois.
Hay, écrivain écossois.
Haye, auteur françois.
Hayer, écriv. allemand.
Hayes, savant math. fr.
Hayton ou Ayton, écrivain arménien.
Hayward, hist. anglois.
Hazael, roi de Syrie.
Hazon, médecin fr.
Headley, écrivain anglois.
Hearne, antiquaire angl.
Heath, écriv. anglois.
Heath, jurisc. anglois.
Heath Cote, ministre angl.
Hebenstreit, méd. anglois.
Héber, fils de Salé.
Hébert, journaliste fr.
Hecht, écriv. allemand.
Heck, 2 peintres flamands.
Hecquet, médecin fr.
Hedelin, écrivain fr.
Hederich ou Hedericus, lexicographe allemand.
Hedlinger, écriv. suisse.
Heede, 2 peint. flamands.
Heem, peintre hollandois.
Heere, peintre flamand.
Hegesippe, hist. ecclésiast.
Heidegger, théol. suisse.
Heidman, profess. allem.
Heil, 3 peintres flamands.
Hein, marin hollandois.
Heineccius, jurisc. allem.
Heinecken, enfant merveil.
Heinsius, critique flamand.
Heinsius, poëte holland.
Heister, aut. allemand.
Hèle, écrivain anglois.
Hélène, mère de Constantin-le-Grand.
Héliogabale, emp. romain.
Hélisenne, sav. françoise.
Hellanicus, hist. grec.
Hellot, chimiste anglois.
Helmbreker, peintre holl.
Helmont, peintre flam.
Helmont, méd. flamand.
Héloïse, épouse d'Abélard.
Helsam, méd. irlandois.
Helst, peint. hollandois.
Helvétius, 2 médec. holl.
Helvétius, philosophe fr.
Helvicus, théol. allemand.
Helyot, auteur anglois.
Hemelar, écrivain holl.
Heméré, écrivain fr.
Hemmerlin, écriv. suisse.
Hemminhford, chron. angl.
Humskirk, 3 peintres holl.
Hemsterhuis ou Hemsterhusius, écrivain holland.
Hénaut ou Hesnaut, poëte françois.
Hénaut ou Hesnaut, écr. fr.
Henderson, acteur angl.
Henninges, histor. allem.
Hennuyer, év. de Lisieux.
Henri I à VII, emp. d'All.
Henri Raspon, emp. d'All.
Henri I à IV, rois de France.
Henri I à VIII, rois d'Angl.
Henri, théol. anglois.
Henri, théol. écossois.
Henri, imprimeur anglois.
Henrion, écrivain fr.
Henriot, révolutionn. fr.
Henriquez, aut. portugais.
Henry, savant françois.
Henrys, jurisconsulte fr.
Henschenius, savant flam.
Héraclite, philos. grec.
Héraclius, emp. de Rome.
Héraclius Constantin, fils du précédent.
Héraclius, patriarche de Jérusalem.
Hérault ou Hérauld, écr. fr.
Héraut de Séchelles, écr. fr.
Herbelot, écrivain fr.
Herberay des Essarts, traducteur françois.
Herbert, trad. angloise.
Herbert de Cherbury, aut. anglois.
Herbert, poëte anglois.
Herbert, écrivain anglois.
Herbinius, écr. allemand.
Hercylla-y-Zuniga, poëte espagnol.
Herdtrich, aut. flamand.
Hérentals, auteur fr.
Héresbach, auteur allem.
Héricourt, jurisconsulte fr.
Hérissant, 2 écrivains fr.
Héritier, poëte fr.
Héritier, poët. françoise.
Héritier de Brutelle (l'), naturaliste fr.
Herlicius, astrologue all.
Herman, écrivain allem.
Herman, botaniste allem.
Hermann, mathém. suisse.
Hermant, bibliog. fr.
Hermant, historien fr.
Hermas, écrivain romain.
Hermès, philosop. égyp.
Hermias, hérét. de Galatie.
Hermilly (d'), hist. fr.
Herminier (l'), écriv. fr.
Hermogène de Tarse, écr. asiatique.
Hermogène, hérét. afric.
Hernandez, médec. espag.
Hernandez, trad. espagn.
Hérode-le-Grand, roi de Galilée.
Hérode Antipas, roi de Galilée.
Hérodiade, épouse d'Hérode Antipas.
Hérodien, historien grec.
Hérodote, histor. grec.
Héroet ou Hérouet, poëte françois.
Hérophile, médecin de Chalcédoine.
Herrera Tordesilas, historiographe espagnol.
Herreras (de), poëte esp.
Hersent ou Hersan, écr. fr.
Hertius, juriscons. allem.
Hertzberg, écrivain all.
Hervey, poëte anglois.
Herwart ou Hervart, écr. allemand.
Heshusius, écriv. allem.
Hésiode, poëte grec.
Hesse (de), prince allem.
Hessels, théolog. allem.
Hesychius, gramm. syrien.
Heurnius, médecin holl.
Heusch, peintre holland.
Heuterus, écrivain holl.
Hevelius ou Heveik, astron. polonois.
Heyden, peintre holland.
Heylin ou Helleyn, écriv. anglois.
Heywood, auteur anglois.
Heywood, act. et poëte comique anglois.
Heywood, romancière angloise.
Hhafiz, poëte persan.
Hhargyry, écriv. persan.
Hicetas, phil. syracusain.
Hickes ou Hickesius, écr. anglois.
Hiéroclès, écriv. syrien.
Hiéron I, II, rois de Syracuse.
Hiéronime, tyran de Sicile.
Hiffernand, écrivain angl.
Higden, chroniqueur ang.
Higgins, théologien angl.
Higgons, 2 écrivains angl.
Highmore, peintre angl.
Highmore, anatomiste anglois.
Hilaire (S.), 2 écriv. fr.
Hilarion, fondateur syrien.
Hilarius, antiquaire all.
Hildebert de Lavardin, écrivain françois.
Hildebrand, voyez Grégoire VII.
Hill, 3 écrivains anglois.
Hill, savant anglois.
Hill, antiquaire anglois.
Hillel, savant juif.
Hillel, commentat. juif.
Hilliard, peintre écossois.
Himerius, sophiste grec.
Hinckley, écrivain angl.
Hincmar, écrivain fr.
Hipparchie, femme de Cratès.
Hipparque, tyran d'Athèn.
Hipparque, astron. grec.
Hippocrate, médec. grec.
Hipponax, poëte grec.
Hiram, roi de Tyr.
Hiram, archit. asiatique.
Hire (la), peintre fr.
Hire, mathématicien fr.
Hiscam ou Hisjam, calife.
Hoadly, prédicat. anglois.
Hoadly, médecin anglois.
Hoadly, auteur anglois.
Hobbes, athée anglois.
Hobbima, peintre flam.
Hoberg, écrivain allem.
Hoche, général fr.
Hocwart, écrivain allem.
Hoghstetter, écriv. allem.
Hodges, médecin angl.
Hody, savant anglois.
Hoe, luthérien allem.
Hoeck, 2 peintres holl.
Hoel, peintre hollandois.
Hoeltzlinus, éditeur all.
Hoeschelius, savant all.
Hofman, médecin fr.
Hofman, 2 médecins all.
Hofman, écrivain allem.
Hofman, écrivain suisse.
Hogarth, peintre anglois.
Holbach (d'), trad. pruss.
Holbein, peintre suisse.
Holberg, auteur danois.
Holden, théologien angl.
Holder, écrivain anglois.
Holdsworth, littérat. angl.
Holinshed, chron. angl.
Holl, écrivain allemand.
Holland, médecin.
Hollar, graveur bohém.
Holmes, éditeur.
Holstein, peintre holland.
Holstein ou Holstenius, écrivain allemand.
Holt, magistrat anglois.
Holwel, gouverneur du Bengale.
Holyday, traducteur angl.
Holyoake, 2 lexicogr. angl.
Holywood, mathém. angl.
Homberg, chimiste asiat.
Home, écrivain écossois.
Home, juge écossois.
Homère, poëte grec.
Hommel, auteur allem.
Hommey, écrivain fr.
Homond (l'), écriv. fr.
Honam, traduct. arabe.
Hondekoeter, 2 peintres hollandois.
Hondius, peintre holland.
Hondius, fond. de caract. et graveur allemand.
Hone, jurisconsulte all.
Honestis (de), écr. ital.
Honoré de Cannes, prédicateur françois.
Honorius, emper. d'Occid.
Honorius I à IV, papes.
Hontan (la), écr. impost. fr.
Hontheim, écrivain all.
Honthorst, 2 peint. holl.
Hooft, auteur hollandois.
Hoogeveen, savant holl.
Hoogestraeten, peintre fl.
Hoogstraten, écriv. holl.
Hoogue, graveur holland.
Hook, mathémat. anglois.
Hook, historien anglois.
Hooker, antiquaire angl.
Hooker, auteur anglois.
Hooper, évêque anglois.
Hooper, écrivain angl.
Hoornbeeck, savant holl.
Hopfner, juriscons. all.
Hôpital, voyez Hospital.
Hopkins, écrivain anglois.
Horace, poëte romain.
Horaces (les), 3 généreux frères romains.
Horapollo ou Horus-Apollo, grammair. égyptien.
Horati, savant romain.
Hormisdas (S.), pape.
Hormisdas III, roi de Perse.
Horne, écrivain anglois.
Hornius, historien holl.
Horrebow, astron. dan.
Horrox, astron. anglois.
Horsley, antiquaire angl.
Horstius, 2 médecins all.
Hortensius, orateur rom.
Hortensius, écrivain holl.
Hortensius, astron. holl.
Hosius, écriv. polonois.
Hoskius, peintre holland.
Hospinien, savant suisse.
Hospital (de l'), chancelier de France.
Hospital (de l'), mathém. françois.
Hossch, savant flamand.
Hoste, écrivain fr.
Hotman, juriscons. fr.
Hottincer, savant suisse.
Houbihant, hébraïsant fr.
Houbraken, peintre holl.
Houdard, voy. Motte (la).
Houdry, écrivain fr.
Houlières, voyez Desgoulières.
Houseman, 2 peintr. flam.
Houteville, écrivain fr.
Hoveden, historien angl.
Howard, amiral anglois.
Howard, écrivain angl.
Howard, historien angl.
Howard, philantrope ang.
Howe, théolog. anglois.
Howe, écrivain anglois.
Howe, amiral anglois.
Howel, historiograp. ang.
Hozier, généalogiste fr.
Huart, traducteur fr.
Huarte, traducteur fr.
Huber, 2 juriscons. holl.
Huber, peintre suisse.
Huber, savante génev.
Hubert (S.), évêq. holl.
Hubert, prédicateur fr.
Hubner, hist. et géog. all.
Hudson, navigateur angl.
Hudson, bibliothéc. angl.
Hudson, peintre anglois.
Huet, savant françois.
Hughes, poëte anglois.
Hughes, traducteur angl.
Hugo ou Hugon, savant fr.
Hugtenburgh, 2 peintres hollandois.
Hugues-le-Grand, fils de Robert, roi de France.
Hugues-Capet, roi de France.
Hugues de Cluny, écr. fr.
Hugues ou Hugo, écr. fr.
Hugues de Fleury ou de Ste.-Marie, écriv. fr.
Hugues de S. Victor, écr.
Hugues de S. Cher, écriv. françois.
Hugues, écrivain fr.
Hulsemann, savant all.
Hultz, peintre holland.
Hume, phil. et hist. écoss.
Humphrey, écrivain angl.
Huniades, général hongr.
Hunneric, roi des Vandales.
Hunnius, écrivain allem.
Hunnold, auteur allem.
Hunter, écrivain anglois.
Hunter, anatomiste angl.
Hunter, savant anglois.
Huntington, écrivain angl.
Hure, écrivain fr.
Hus, réformateur allem.
Huszty, écrivain allem.
Hutcheson, philos. écoss.
Hutchins, auteur écoss.
Hutchinson, savant angl.
Hutten (de), écriv. allem.
Hutten, fondat. d'une secte.
Hutter ou Hutterus, savant allemand.
Hutter, savant allemand.
Huyghens, mathém. holl.
Huysum, 4 peintres holl.
Hyacinthe (S.) voy. Saint-Hyacinthe.
Hyde, historien anglois.
Hyde, savant anglois.
Hygin, auteur latin.
Hygin (S.), pape.
Hyll, médecin gallois.
Hypacie ou Hygatie, femme grecque.
Hypérides, orateur athén.
Hypérius, théolog. allem.
Hypsicles d'Alexandrie, mathématicien grec.
Hyrcan, prince des Juifs.

IVET

IBARRA, imprim. espagn.
Ibas, évêque d'Edesse.
Ibycus, poëte grec.
Ictinus, architecte grec.
Idacius, auteur espagnol.
Ignace (S.), év. d'Antioc.
Ignace de Loyola (S.), voyez Loyola.
Ilive, imprim. anglois.
Illyricus, sav. allemand.
Imbert, avocat fr.
Imbert, peintre fr.
Imbert, poëte fr.
Imhoff, avocat allemand.
Imperiali, 2 médec. ital.
Imperiali, cardinal italien.
Inchofer, écrivain allem.
Ingenhouss, méd. anglois.
Inghen, peintre holland.
Inguimberti, écrivain fr.
Ingulfe, écrivain.
Innocent I à XIII, papes.
Intapherne, seign. persan.
Interian de Ayala, écr. esp.
Inyegès, écriv. sicilien.
Iphicrate, génér. athén.
Irène, impératr. grecque.
Irénée, év. de Lyon.
Ireton, général anglois.
Irevisa, traduct. anglois.
Irnerius, Wernerus ou Guarnerus, juriscons. allem.
Irurosque, écriv. navarr.
Isaac, fils d'Abraham.
Isaac, 2 empereurs grecs.
Isaac Karo, comm. esp.
Isabelle de Castille, reine d'Espagne.
Isaïe, prophète.
Isambert, commentat. fr.
Isaure, demois. de Toulous.
Isée, orateur grec.
Iselin, naturaliste suisse.
Isidore de Charax, aut.
Isidore de Cordoue, écr. espagnol.
Isidore (S.), écriv. syr.
Isidore de Séville, écr. esp.
Isidore Mercator ou Peccator, auteur espagnol.
Isidore de Isolami, écr. italien.
Ismaël, fils d'Abraham.
Ismael I, II, sophis de Perse.
Isocrate, orateur grec.
Israël, médecin juif.
Ittigius, théolog. allem.
Itruanfius, histor. hongr.
Ives ou Yves, écriv. fr.
Ives, antiquaire anglois.
Ivereaux, poëte fr.

JACQ

JAAPHAR EBN TOPHAÏL, philosophe arabe.
Jabelly, auteur fr.
Jablonski, théol. polon.
Jablonski, lexicogr. all.
Jablonski, écrivain pruss.
Jacetius, écrivain florent.
Jachaïa, rabbin portugois.
Jackson, écrivain angl.
Jackson, auteur anglois.
Jacob, patriarche hébreu.
Jacob, sav. juif.
Jacob, prédicat. hongr.
Jacob, écrivain rabbin.
Jacob, écrivain françois.
Jacob, juriscons. anglois.
Jacobeus, médec. danois.
Jacobs, peintre suisse.
Jacobus, sav. allemand.
Jacopone, poëte latin.
Jacquelot, écrivain fr.
Jacques (S.), 2 apôtres.
Jacques I à VI, rois d'Ecosse.
Jacques II, roi d'Anglet.
Jacques I, II, rois d'Arrag.
Jacques de Vitri, card. fr.

Jacques de Voragine, écr. françois.
Jacquet de la Guerre, musicienne françoise.
Jacquet, écrivain fr.
Jacquier, savant fr.
Jaeger, écrivain allem.
Jago, poëte anglois.
Jaillot, géographe fr.
Jamblique, 2 philos. grec.
James, théolog. anglois.
James, écrivain anglois.
James, médecin anglois.
Jamin, écrivain fr.
Jamyn, poëte fr.
Janiçon, auteur fr.
Jansénius, év. d'Ypres.
Jansénius, év de Gand.
Janssens, 3 peintres hol.
Janssens, écrivain flam.
Janvier, écrivain fr.
Japhet, fils de Noë.
Jarchas, philos. indien.
Jarchi, auteur rabbin.
Jardins (des), écr. françoise.
Jardyn (du), peintr. hol.
Jarrige, écrivain fr.
Jarry, maître d'écriture.
Jarry (du), poëte franç.
Jars, ingénieur françois.
Jatre, écrivain grec.
Jaucourt (de), aut. fran.
Javello, théol. italien.
Jauffroy, écrivain fr.
Jault, traducteur fr.
Jaure, auteur fran.
Jaussin, écrivain fr.
Jay, avocat fr.
Jay, écrivain fr.
Jean-Baptiste (S.), précurseur de Jésus.
Jean l'Evangéliste, apôtre.
Jean, discp. des apôtres.
Jean, secret. d'Honrias.
Jean I à VII, emp. d'Or.
Jean, roi d'Angleterre.
Jean, roi de France.
Jean III, roi de Suède.
Jean II, roi de Castille.
Jean II, roi de Navarre.
Jean, roi de Bohême.
Jean I à V, rois de Portug.
Jean I à XXIII, papes.
Jean Chrysostôme. voy. Chrysostôme.
Jean Climaque (S.), écr. syr.
Jean Damascène. voyez Damascène.
Jean de Matéra (S.), vertueux italien.
Jean de Matha (S.), fonda un ordre.
Jean de Salisbury, sav. ang.
Jean de Vicence, enthousiaste italien.
Jean de la Croix (S.), fonda les carmes-déchaussés.
Jeanne d'Arc, héroïne fr.
Jeanne, personnage fab.
Jeanne I, II, reines de Naples.
Jeannin, magistrat fran.
Jebb, médecin anglois.
Jechonias, roi de Juda.
Jeffery de Monmouth, écrivain anglois.
Jeffery, poëte anglois.
Jehu, roi d'Israël.
Jeniskius, écrivain flam.
Jenkin, théolog. anglois.
Jenkins, *homme extraord.*
Jénkins, écrivain anglois.
Jennens, musicien angl.
Jenson *ou* Janson, impr. vénitien.
Jenyns, poëte anglois.
Jérémie, prophète.
Jéroboam I, II, rois d'Isr.
Jérôme (S.), théol. ital.
Jérôme de Prague, réform. bohémien.
Jervas, peintre irlandois.
Jesua, écrivain espagnol.
Jétus, auteur syrien.
Jésus-Christ, dieu des chrét.
Jésus, prophète juif.
Jethro, roi des Madianites.
Jeune (le), prédicat. fr.
Jewel, écrivain anglois.
Joab, génér. de David.
Joachim, prophète.
Joas, roi de Juda.
Joas, roi d'Israël.
Job, patriarche
Jobert, antiquaire fran.
Jodelle, poëte fran.
Joel, prophète.
Johnson, 2 ministres ang.
Johnson, peintre anglois.
Johnson, auteur anglois.
Johnson, écrivain angl.
Johnston, méd. écossois.
Joinville (de), histor. fr.
Joly, 3 écrivains fr.
Joly de Fleury, magis. fr.
Joly, peintre fran.
Jonas, prophète.
Jonas, astron. irlandois.
Jonas, écrivain alleman.
Jonathas, fils de Saül.
Jonathas, général juif.
Jones, architecte anglois.
Jones, mathémat. grec.
Jones, traduct. anglois.
Jones, auteur anglois.
Jones, médecin anglois.
Jones, magistrat anglois.
Jones, poëte anglois.
Jones, éditeur anglois.
Jones, écrivain gallois.
Jones, capitaine écossois.
Jong, peintre hollandois.
Jonghe, théologien.
Jonin, poëte fr.
Jonsius, écriv. allemand.
Jonson, poëte anglois.
Jonston, médec. polon.
Joram, roi d'Israël.
Joram, roi de Juda.
Jordan, amiral anglois.
Jordan, écrivain alleman.
Jordan, auteur anglois.
Jordan, antiqu. bohémien.
Jordans, peintre flamand.
Jordans, peintre italien.
Jorden, médec. écossois.
Jornandès, écrivain goth.
Jortin, écrivain anglois.
Joseph, fils de Jacob.
Joseph, époux de Marie.
Joseph, disciple de Jésus.
Joseph I, II, emp. d'All.
Joseph, roi de Portugal.
Joseph, historien juif.
Joseph, courtisan fr.
Joseph, sectaire hongr.
Joseph Meir, écrivain fr.
Joseph, écrivain.
Josephe, historien juif.
Josepin. voyez Arpino.
Josias, roi de Juda.
Josselin de Vierzy, écr. fr.
Josué, succes. de Moïse.
Joubert, médecin fr.
Joubert, écrivain fr.
Joubert, lexicographe fr.
Joubert, général fr.
Jouenne, écrivain fr.
Jouin, poëte fr.
Jousse, jurisconsulte fr.
Jouvency, auteur fr.
Jouvenet, peintre fr.
Jove, historien italien.
Jove, poëte italien.
Jovien, empereur romain.
Jovinien, hérétique grec.
Joyeuse, amiral fr.
Joyeuse du Bouchage, capitaine françois.
Joyner, écrivain anglois.
Juan, écrivain espagnol.
Juba, roi de Mauritanie.
Juba, favori d'Auguste.
Juda, fils de Jacob.
Juda Ching, gram. rabbin.
Juda-Hakkadosh, rabbin.
Juda-Iscarioth, discip. de Jésus.
Judas-Machabée, guerrier juif.
Jude (S.), apôtre.
Judex, sav. allemand.
Juenin, théologien fr.
Juglaris, écrivain italien.
Jugurtha, roi Numide.
Jules I à III, papes.
Jules Pollux, gram. égyp.
Jules Romain. voy. Julio.
Julliard *ou* Juillard, prévôt de Toulouse.
Julie (Ste.), martyre.
Julie, fille de César.
Julie, fille d'Auguste.
Julie, fille de Titus.
Julie, fem. de Julius Sévère.
Julien, emper. romain.
Julien (S.), écriv. espag.
Julien, peintre fr.
Julienne, vision. liégeoise.
Julio, peintre italien.
Juncker, médaill. allem.
Jungerman, sav. allem.
Jungerman, botan. allem.
Junilius, écriv. africain.
Junius, médecin holland.
Junius, écrivain holland.
Junta, méd. vénitien.
Juntes, 2 imprim. suisses.
Juret, poëte fr.
Jurieu, écrivain fr.
Jurin, médec. anglois.
Jussieu, 2 botanistes fr.
Justel, 2 magistrats fr.
Justin I, II, emp. d'Orient.
Justin, historien.
Justin (S.), martyr.
Justiniani, patriarc. vénit.
Justiniani, 3 écr. italiens.
Justinien I, emper. rom.
Justinien II, emp. rom.
Juvara, archit sicilien.
Juvénal, satirique latin.
Juvénal de Carlencas, écr. fr.
Juvencus, poëte espagn.
Juxon, év. de Londres.

KIMB

Kahler, poëte allem.
Kain (le), acteur fr.
Kale, peintre holland.
Kalgréen, poëte suédois.
Kalraat, peintre holland.
Kalteysen, écriv. allem.
Kampen, peintre hollan.
Kaur, *fanatique allemand.*
Kay, peintre hollandois.
Keate, poëte anglois.
Keating, auteur anglois.
Keble, avocat anglois.
Keckerman, philos. all.
Keill, mathémat. écoss.
Keill, médec. écossois.
Keith, capit. écossois.
Keller *ou* Cellarius, écr. allemand.
Keller, fondeur suisse.
Kelley, alchimiste angl.
Kelly, auteur irlandois
Kemnitini. voy. Chemnitz.
Kempe, reformat. allem.
Kempe, médec. suédois.
Kempis (A), écriv. all.
Ken, prélat anglois.
Kennedy, médec. écoss.
Kennett, 2 écriv. anglois.
Kenneth II, roi d'Ecosse.
Kennicolt, théol. anglois.
Kenrick, littér. anglois.
Kent, peintre anglois.
Kepler, astron. allemand.
Kepler, médecin alleman.
Keppel, amiral anglois.
Kerckhove, peintre flam.
Kerckring, médecin all.
Kerguelen de Tremara, amiral françois.
Keri, histor. hongrois.
Kerkerdêre, sav. hollan.
Kersey, mathémat. angl.
Kervillars, écrivain fr.
Kesler, aut. allemand.
Kessel, 2 peint. holland.
Ketel, peintre hollandois.
Kett, taneur anglois.
Kettlewell *ou* Kettleville, théologien anglois.
Keulen, peintre anglois.
Keysler, antiquaire angl.
Kheraskof, poëte russe.
Khilkof, seigneur russe.
Kick, peintre hollandois.
Kidder, écrivain russe.
Kiering, peintre holland.
Kilian, écriv. brabançon.
Kilian, graveur alleman.
Killigrew, sav. angloise.
Killigrew, auteur anglois.
Killigrew, écriv. angloise.
Kimber, 2 écr. anglois.
Kimchi, comm. rabbin.
King, 5 écriv. anglois.
King, *écrivain irlandois.*
King, médecin anglois.
Kipping *ou* Kippengius, savant allemand.
Kippis, biogr. anglois.
Kirch, 2 astron. allemand.
Kircher, 2 sav. allemand.
Kirchman, sav. allemand.
Kirchman, physic. russe.
Kirchmayer. voyez Naogeorgus.
Kirchmayer, sav. allem.
Kirchmeyer, théol. all.
Kirkland, médec. écoss.
Kirstenius, 2 méd. suéd.
Kis, théolog. allemand.
Klauswitz, théol. allem.
Kléber, *général fr.*
Kleist, poëte prussien.
Klingstadt, peintre russe.
Klocker, peintre alleman.
Knapton, peintre anglois.
Kneller, peintre alleman.
Knigth, biogr. anglois.
Knolles, gramm. anglois.
Knorr, natural. alleman.
Knorr Von Rosenrot, sav. allemand.
Knott, théol. anglois.
Knowler, trad. anglois.
Knox, *réformat.* anglois.
Knox, libraire anglois.
Knupper, peintre allem.
Knutzen, philos. prussien.
Knuzen, athée allemand.
Kodde, 3 visionnaires.
Koeberger, peintre flam.
Kœmpfer, méd. alleman.
Kœnig, traduct. suisse.
Kœnig, juriscons. suisse.
Kœrthen, fem. artiste holl.
Koetz, peintre holland.
Konig, philos. allemand.
Konig, médec. *suisse.*
Kophtus, roi d'Egypte.
Kornmann, juriscons. al.
Kortholt, 2 théol. allem.
Kotter, visionn. allem.
Kouch, peintre holland.
Kouli-Khan, conq. pers.
Krantz, histor. allemand.
Krause, peintre alleman.
Krausen, grav. allemand.
Kromayer, prédicat. all.
Kromayer, théol. allem.
Kroust, théol. allemand.
Kruger, acteur allemand.
Kuhlman, visionn. allem.
Kuhnius, écriv. alleman.
Kuhnrat. voy. Kunraht.
Kuick, peintre hollandois.
Kulcinski, écr. polonois.
Kulpisius, jurisc. alleman.
Kunadus, théol. alleman.
Kunckel, chimiste allem.
Kunraht, chimiste allem.
Kupieski, peintre allem.
Kuster, écr. allemand.
Kuyp, peintre hollandois.
Kyd, auteur fran.
Kydermynster, écr. all.
Kynaston, écr. anglois.
Kyrle, angl. charitable.

LAET

Labadie, enthous. fr.
Labat, écrivain fr.
Labbe, philosophe fr.
Labbé, écriv. françoise.
Labeon, consul romain.
Laberius, *chevalier rom.*
Laberthonie, écrivain fr.
Laboureur, 2 auteurs fr.
Laboureur, poëte fr.
Laccarry, écrivain fr.
Lacombe, écrivain fr.
Lacombe de Pezel, écriv. françois.
Lactance, écriv. latin.
Lacy, poëte fr.
Lacyde, philosophe grec.
Ladvocat, lexicograp. fr.
Lælius, consul romain.
Laer *ou* Laor. voy. Bamboche.
Laet, auteur fr.
Lævinus Torrentinus *ou* Torrentius, poëte fr.
Lævius, poëte romain.
Lafare, poëte fr.
Lafitau, écrivain fr.
Lafitau, historien fr.
Lagerloof, *sav. suédois.*
Lagneau, philos. hermét.
Laguille, historien fr.
Laguna, méd. espagnol.
Lagus, théolog. alleman.
La Harpe, poëte, écriv. fr.
Lainez, écriv. espagnol.
Lainez, poëte fr.
Laire, écrivain fr.
Lairesse, peintre liégeois.
Lairuelz, écrivain fr.
Laïs, courtisanne grecque.
Laisné *ou* Lainas, rhét. ital.
La Lande, juriscons. fr.
La Lande, écrivain fr.
La Lande, musicien fr.
La Lanne, poëte fr.
Lallemant, écrivain fran.
Lallemant, écrivain fran.
Lallemant, écrivain fran.
Lalli, poëte italien.
Lalli, capitaine fr.
Lallouette, auteur fr.
La Manon, voyageur fr.
La Mare. voyez Mare.
Lambecius, écriv. allem.
Lambert, aut. françoise.
Lambert, capitaine angl.
Lambert, écrivain fr.
Lambert, peintre anglois.
Lambert, mathém. allem.
Lambertini. vo. Benoît XIV.
Lambin, savant fr.
Lambiardie, mathem. fr.
Lamet. voy. de la Met.
Lamétrie. voyez Métrie.
Lami, mathém. flamand.
Lami, écrivain fr.
Lami, éditeur italien.
Lamie, courtis. grecque.
Lamoignon, 2 avocats fr.
Lamoignon. voy. Malesherbes.
Lampe, théolog. allem.
Lampride, poëte latin.
Lampride, histor. rom.
Lampugnani, ass. de Sforce.
Lana, écriv. italien.
Lancastre, écriv. anglois.
Lancelot, jurisconsul. fr.
Lancelot, écrivain fr.
Lancisi, médec. italien.
Lancret, peintre fran.
Lancrinck, peintre flam.
Landa, sav. italienne.
Landais, trésorier anglois.
Landan, math. anglois.
Landini, sav. vénitien.
Lando, méd. italien.
Landri (S.), év. de Paris.
Lane, héroïne angloise.
Lanfranc, écriv. italien.
Lanfranco, peintre ital.
Langallerie, général fr.
Langbaine, théol. angl.
Lange, auteur suisse.
Lange, natural. suédois.
Lange, poëte allemand.
Langeland, poëte angl.
Langhorne, théol. angl.
Langius, médec. allem.
Langland, écriv. anglois.
Langley, archit. anglois.
Langlois, magistrat fran.
Langlois, historien angl.
Langton, archev. angl.
Languet, diplomate fr.
Languet, françois charitable et vertueux.
Languet, traducteur fr.
Lannoy (de), capit. esp.
Lansberghe, mathém. flam.
Lanzano, peintre italien.
Lapide, savant françois.
Lardner, écrivain anglois.
L'Argillière, peintre fr.
Laroon, peintre holland.
Larrey (de), histor. fr.
Larroque (de), écriv. fr.
Larroque, traducteur fr.
Lascaris, 2 savans grecs.
Lascéna, savant napolit.
Lasne, graveur fr.
Latimer, réformateur ang.
Lattaignant (de), poëte françois.
Laubrussel (de), écriv. fr.
Laud, archevêque angl.
Lauder, écrivain anglois.
Laudohn (de), génér. all.
Laugier, écrivain fr.
Launay, jurisconsulte fr.
Launay (Mlle). voyez Staal.
Launoy, critique fr.
Laure, peintre romain.
Laure (la belle), françoise, maîtrese de Pétrarque.
Laurent (du), médecin fr.
Laurent, traducteur fr.
Laurent, mécanicien fr.
Laurentio, tyran romain.
Laurès (de), auteur fr.
Lauri, peintre fr.
Laurière (de), jurisc. fr.
Lavater, théol. suisse.
Lavater, physion. suisse.
Lavaur, historien fr.
Lavirotte, médecin fr.
Lavoisier, savant chim. fr.
Law, fameux écossois.
Law, écrivain anglois.
Lawes, musicien anglois.
Lazarelli, poëte italien.
Lazius, savant allemand.
Leake, écrivain fr.
Léapor, poëte françoise.
Lebid, poëte arabe.
Leblanc, missionnaire fr.
Lebrija *ou* Lebrixa (de), savant espagnol.
Le Clerc, général fr.
Le Clerc, géographe fr.
Lectius, poëte genevois.
Ledyard, voyageur angl.
Ledran, chirurgien fr.
Lée, acteur anglois.
Léechman, écriv. écoss.
Leep, peintre flamand.
Leeuw, 2 *peintres holl.*
Leeuwen *ou* Leewius, jurisconsulte holland.
Legge, pair anglois.
Legouvé, juriscons. fr.
Léibnitz (de), philos. all.
Leich, savant allemand.
Leidenfrost, auteur angl.
Leidrade, écrivain fr.
Leigh, savant anglois.
Leigh, méd. et natur. angl.
Leighton, écrivain écoss.
Leisman, peintre allem.
Leland, *antiquaire angl.*
Leland, auteur anglois.
Leland, historien angl.
Lelong, savant fr.
Lely, peintre allemand.
Lemens, peintre flamand.
Lemery, chimiste fr.
Lemery, médecin fr.
Lemière, poëte dram. fr.
Lemnius, médecin holl.
Lemoine, peintre fr.
Lemon, lexicograp. angl.
Lemonnier, écrivain fr.
Lemonnier, *astronome fr.*
Lemonnier, médecin fr.
Lemonnier, traducteur fr.
Lenclos (Ninon de), courtisanne françoise.
Lenfant, historien fr.
Lenfant, prédicateur fr.
Lenglet-Dufresnoy, chronolohiste françois.
Lens, peintre anglois.
Lentulus, consul romain.
Léon I à XI, papes.
Léon I à VI, empereurs d'Orient.
Léon, littérateur grec.
Léon, profes. de grec flor.
Léon de Modène, rabbin vénitien.
Léon, géographe fr.
Léon, auteur espagnol.
Léon, voyageur espagn.
Léon l'Hébreu, écrivain.
Léon de S. Jean, écr. fr.
Léonard de Pise, savant italien.
Leone, peintre.
Leoni, architecte vénit.
Leonicenus, médecin ital.
Léonidas, roi de Sparte.

Léonius, poëte fr.
Léontium, courtisanne grecque.
Léontius Pilatus, savant italien.
Léopold I, II, empereurs d'Allemagne.
Leoraud, mathémat. fr.
Leowicz, astrol. bohém.
Lepaute, horloger fr.
L'Epicier, graveur fr.
Lépidus, triumvir rom.
Lequien. voyez Quien.
Lerac. voyez Carel.
Lernutius, poëte latin.
Lesbonax, philosophe de Mitylène.
Lescailles, savante holl.
L'Escalopier de Nourar, traducteur fr.
Lesley, écrivain anglois.
Leslie, 2 écrivains angl.
Lessius, savant flamand.
Lestrange, traduct. angl.
Leti, écrivain italien.
Leucippe, phil. d'Abdère.
Leunclavius, écriv. all.
Leupold, écrivain pruss.
Leusden, savant holland.
Leutinger, historien all.
Leuwenhock, médec. holl.
Lever, amat. d'hist. nat. anglois.
L'Evesque de Burigny, savant françois.
L'Evesque de Pouilly, savant françois.
L'Evesque de la Ravalière, écrivain françois.
Levi, fils de Jacob et de Lia.
Levingston, génér. angl.
Levret, chir. accouch. fr.
Lewis, historien fr.
Leybourn, mathém. angl.
Leydekker, théol. angl.
Leyden, peintre holland.
Leyssens, peintre flam.
Lezay. voyez Marnesia.
L'Homond. voy. Homond.
L'Huyd, antiquaire angl.
L'Hwid ou Lhuid, antiq.
Libanius, sophiste syrien.
Libère, pape.
Liberi, peintre italien.
Liceti ou Liceto, méd. ital.
Lichtenberg, prof. allem.
Licinius, poëte comiq. lat.
Licinius, orat. et poët. rom.
Licinius, tribun romain.
Licinius, empereur rom.
Liébaut, médecin fr.
Lieutaud, médecin fr.
Lievens, peintre holland.
Ligarius, proconsul afric.
Liger, auteur fr.
Lightfoot, savant angl.
Lignac (de), écriv. fr.
Ligny (de), écrivain fr.
Ligonier (de), gén. ang.
Lilienthal, écrivain pruss.
Lillo, écriv. dramat. angl.
Lilly, astrologue anglois.
Lily, grammairien angl.
Lily, écrivain anglois.
Limborch, écrivain holl.
Linacre, médecin angl.
Linant, poëte fr.
Lind, médecin anglois.
Lindanus, écrivain flam.
Lindenbruck, critique all.
Lindsay, écrivain anglois.
Lindsay, poëte écossois.
Lindsay, historien écoss.
Lingelback, peintre all.
Lingendes (de), écriv. fr.
Lingendes, poëte fr.
Linguet, écrivain orat. fr.
Linière (Pajot de), écriv. françois.
Linley, musicien anglois.
Linné, méd. nat. suédois.
Lint, peintre flamand.
Lintrusi, auteur danois.
Linus (S.), évêq. romain.
Liotard, peintre génev.
Lippi, peintre florent.
Lippi, peint. et poëte flor.
Lipse, critique flamand.
Liron, savant fr.
Lis, peintre hollandois.
Lisle (de), géographe fr.
Lisle (de), astron. fr.
Lisle de la Drevetière (de), auteur dramatique fr.
L'Isola (de), polit. fr.
Lissoir, écrivain fr.
Lister, 3 *médecins* angl
Littleton ou Lyttleton, jurisconsulte anglois.
Littleton, gramm. allem.
Littleton, poëte anglois.
Live, historien romain.
Livie, femme de Néron.
Livineïus, traduct. flam.
Livius, poëte com. rom.
Livoy (de), lexicogr. fr.
Lloyd, savant anglois.
Lloyd, poëte anglois.
Lobel, méd. et bot. angl.
Lobineau, historien fr.
Lobo, écrivain portugais.
Lobo, poëte portugais.
Loccénius, profess. allem.
Lockart, écrivain écoss.
Locke, philosophe angl.
Lockman, auteur fr.
Lockman. voy. Lokman.
Locres (de), écrivain fr.
Lodge, poëte anglois.
Lodroc, roi de Danem.
Loesel, écrivain allem.
Loewendal (de), capit. françois.
Logan, poëte écossois.
Loges, savante françoise.
Loghenstein, écriv. silés.
Loir, peintre fr.
Lobel, jurisconsulte fr.
Lokman, philos. indien.
Lollard, fondateur allem.
Lom, médecin holland.
Lomazzo, peintre italien.
Lombard, écr. lombard.
Lombard, peintre liégeois.
Loménie, écrivain fr.
Lomonozof, poëte russe.
Londe (de la), savant fr.
Long. voyez Lelong.
Long, astronome anglois.
Longbéard, séditieux angl.
Longe-Pierre (de), trad. françois.
Longin, célèbre athénien.
Longomontanus, astron. danois.
Longueil (de), lexic. holl.
Longueil (de), littér. flam.
Longuerue, savant fr.
Longuecue (de), écriv. fr.
Longueval, historien fr.
Longueville (de), célèbre françoise.
Longus, sophiste grec.
Loni, peintre italien.
Lonicérus, savant allem.
Lonicérus, médecin all.
Loon, peintre flamand.
Loos, écrivain allemand.
Lopin, écrivain fr.
Loredano, auteur vénit.
Lorens (de), satirique fr.
Lorenzetti, peintre ital.
Lorit, écrivain suisse.
Lorme (de), archit. fr.
Lorme (de), 2 médec. fr.
Lorrain. voyez Gelée.
Lorrain (le), sculpteur fr.
Lorraine (de), archev. fr.
Lorris. voyez Michaut.
Lorris (de), poëte fr.
Lorry, 2 jurisconsultes fr.
Loten, peintre suisse.
Loth, neveu d'Abraham.
Lothaire, emp. d'Allemah.
Lothaire II, roi de Germanie.
Lothaire, roi de France.
Lothaire, roi de Lorraine.
Lotichius, auteur allem.
Louis I à V, emp. d'All.
Louis I à XVI, rois de Fran.
Louis I, II, rois de Germanie.
Louis I, II, rois de Hongrie.
Louis, fils de Louis XIV.
Louis, fils de Louis XV.
Louis, chirurgien fr.
Louvencourt, éc. françoise.
Louvet, conv. écrivain fr.
Louvières, écrivain fr.
Love, théolog. anglois.
Love, comédien anglois.
Lovelace, poëte anglois.
Lovibond, poëte anglois.
Lower, médec. anglois.
Lower, auteur anglois.
Lowth, poëte anglois.
Loyola, *fonda les jésuites.*
Loyer, écrivain fr.
Loyseau, jurisconsul. fr.
Lubienetski, écr. polon.
Lubin, théolog. alleman.
Lubin, géographe fr.
Lubinetsky, peintre polon.
Luc (S.), évangéliste.
Lucain, poëte latin.
Lucas, écriv. espagnol.
Lucas de Bruges, théol. fr.
Lucas, auteur anglois.
Lucas, voyageur fr.
Lucas de Muyn, prémontré.
Lucena, médec. espagn.
Lucien, écrivain grec.
Lucifer, év. de Cagliari.
Lucilius, chevalier rom.
Lucius I à III, papes.
Lucrèce, chaste romaine.
Lucrèce, poëte latin.
Lucullus, général romain.
Ludlow, général anglois.
Ludolphe, gramm. allem.
Lugo, 2 théol. espagnols.
Lusino ou Lusini, écr. vén.
Lusinus, méd. vénitien.
Luitprand, hist. lombard.
Lulle, théol. espagnol.
Lulli, musicien italien.
Luneau de *Boisjermain*, auteur françois.
Lusignan. voy. Luzignan.
Lussan, aut. françoise.
Luther, réformat. allem.
Lutti, peintre italien.
Luxembourg, capitaine fr.
Luzignan, roi de Jérusal.
Lycophron, roi de Corinthe.
Lycophron, poëte grec.
Lycurgue, législ. de Sparte.
Lydgate, poëte anglois.
Lydiat, mathém. anglois.
Lye, antiquaire anglois.
Lyons, mathém. anglois.
Lysandre, génér. spartiat.
Lysérus, 2 écriv. allem.
Lysias, orateur athénien.
Lysimaque, général grec.
Lysippe, sculpteur grec.
Lyttelton, auteur anglois.
Lyttelton, sav. anglois.
Lyttelton, év. de Carlisle.

MAFF

Maas, peintre holland.
Mabillon, éditeur fr.
Mably, auteur fr.
Mabuse, peintre hongrois.
Macaire (S.), 2 anachorèt.
Macaulay, hist. angloise.
Macé, écrivain fr.
Macé, mucicien anglois.
Macédo, sav. portugais.
Macédonius, arien grec.
Macer, poëte latin.
Macer, pro-préteur d'Afr.
Machabées, martyrs chr.
Machau, poëte fr.
Machaut, jésuite fran.
Machiavel, politique ital.
Mackensie, écriv. écoss.
Macklin, acteur irlandois.
Maclaurin, mathém. écos.
Macpherson, écr. écoss.
Macquer, juriscons. fr.
Macquer, chimiste fr.
Macrien, général égypt.
Macrin, emper. romain.
Macrin, poëte latin.
Macrobe, écrivain latin
Macron, ass. de Tibère.
Madan, écriv. anglois.
Maddersteg, peintre holl.
Maddox, prélat anglois.
Madox, historiogr. angl.
Maès, peintre flamand.
Mæstlinus, astron. allem.
Maffei, poëte latin.
Maffei, sav. cardinal.
Maffei, biogr. italien.
Maffei, poëte italien.
Magalhaens, physic. angl
Magalhaens ou Magellan, navigateur espagnol.
Maganza, peintre italien.
Magius, sav. italien.
Magliabecchi, sav. ital.
Magnan, savant fr.
Magnence, soldat germ.
Magnon, poëte fr.
Magnus, 2 écriv. suédois.
Magon, frère d'Annibal.
Magon, auteur carthagin.
Mahomet ou Mohamed, célèbre imposteur.
Mahomet I à V, emp. turcs.
Maïer, alchimiste.
Maignan, philosophe fr.
Mailla, traducteur fr.
Maillard, théologien fr.
Maillebois, général fr.
Maillet, écrivain fr.
Maimbourg, écrivain fr.
Maimonides, méd. espag
Main-Ferme, écrivain fr.
Mainfroid. voy. Manfred.
Maintenon, aut. françoise.
Mairan, physicien fran.
Maire (le), poëte fr.
Mairet, poëte fr.
Maironis, savant fr.
Maisières, auteur fr.
Maistre (le), 2 avocats fr.
Maistre (le), traduct. fr.
Maitland, poëte écossois.
Maitland, écrivain écoss.
Maittaire, biogr. anglois.
Maïus ou Maïs, écr. all.
Major, théol. écossois.
Majoragius, comm. ital.
Majorien, emp. d'Occid.
Malachie, prophète.
Malagrida, ital. illuminé.
Malcias, sophiste syrien.
Malcolm IV, roi d'Ecosse.
Maldonat, philos. espag.
Malebranche, philos. fr.
Malesherbes, magistr. fr.
Malezieu, auteur fr.
Malherbe, poëte fr.
Malingre, historien fr.
Malleroy, sculpteur fr.
Mallet ou Malloc, poëte anglois.
Mallet, théologien fr.
Mallet du Pan, écriv. fr.
Mallinkrott, écriv. allem.
Malmignati, poëte italien.
Malouin, médecin fr.
Malpighi, anatom. italien.
Malvezzi, milit. italien.
Mambrun, poëte fr.
Man, peintre hollandois.
Manassès, fils de Joseph.
Manassès, roi de Juda.
Mancinelli, auteur italien.
Mancini. voy. Nivernois.
Mandeville, voyag. angl.
Mandeville, méd. hollan.
Manès, fonda une secte.
Manethon, histor. égypt.
Manetti, peintre italien.
Manfred, tyran de Sicile.
Manfredi, mathém. italien.
Manfredi, peintre hollan.
Mangeart, antiquaire fr.
Mangenot, poëte fr.
Manger, méd. genevois.
Mangey, éditeur anglois.
Manilius, poëte latin.
Manley, aut. angloise.
Manlius Torquatus, dict. romain.
Manlius, célèbre romain.
Mannozzi, peintre italien.
Mansard, archit. fran.
Mansfeld, guerr. anglois.
Mansfield. voy. Murray.
Manstein, officier russe.
Mantegna, peintre ital.
Mantouan (le), poëte it.
Manuce, imprim. vénit.
Manuel, 2 emp. d'Orient.
Manuel, conventionnel.
Manzuoli, peintre italien.
Maplet oft, sav. anglois.
Maps, poëte anglois.
Maracci, éditeur italien.
Maraldi, mathém. italien.
Marana, auteur italien.
Marat, phys. fr. convent.
Maratti, peintre italien.
Marbode ou Marbodæus, écrivain françois.
Marc (S.), évangéliste.
Marc (S.), pape.
Marca, prélat fr.
Marc-Aurèle. voy. Antonin.
Marcel I, II, papes.
Marcel, fr. audacieux.
Marcel, peintre alleman.
Marcel, écrivain fr.
Marcellin, hist. romain.
Marcellin (S.), pape.
Marcellus, méd. asiatique.
March, poëte espagnol.
Marchand, historien fr.
Marche, auteur fr.
Marchetti, méd. italien.
Marcile, sav. allemand.
Marcion, empereur.
Marcion, emp. d'Occident.
Marconville, auteur fr.
Mardochée, voy. Esther.
Mardonius, général grec.
Mare, 2 écrivains fr.
Mareschal, chirurgien fr.
Marets, auteur fr.
Marets, théologien fr.
Margaritone, peint. ital.
Margon, écrivain fr.
Marguerite, reine de Norwège.
Marguerite, reine d'Angl.
Marguerite, savante angl.
Marguerite, reine de Nav.
Marguerite de France, fille de Henri II.
Mariamne, femme d'Hérode-le-Grand.
Mariana, hist. espagnol.
Marie, reine d'Angleterre.
Marie-Stuart, reine d'Ecos.
Marie, reine d'Angleterre.
Marie-Thérèse, imp. d'All.
Marigny, int. des finances.
Marillac, mar. de France.
Marin, écrivain fr.
Marinasi, peint. italien.
Marinella, aut. vénitienne.
Marini, poëte italien.
Marioste, philosophe fr.
Marivaux, écrivain fr.
Marius, consul romain.
Markam, auteur anglois.
Markland, savant anglois.
Marlboroug, voy. Churchil.
Marloc, écr. dram. angl.
Marmon, poë. dram. angl.
Marmontel, auteur fr.
Marnesia, auteur fr.
Marolles, écrivain fr.
Marot, poëte fr.
Marot, traducteur fr.
Marrier, historien fr.
Marsais, grammairien fr.
Marsh, auteur irlandois.
Marshall, 2 *écrivains* angl.
Marsham, écriv. anglois.
Marsigli, auteur fr.
Marsolier, historien fr.
Marston, aut. dram. angl.
Marsy, écrivain fr.
Martel, chirurgien fr.
Martelli, poëte italien.
Martenne, savant fr.
Martial, écrivain fr.
Martial, poëte fr.
Martianay, savant fr.
Martignac, traducteur fr.
Martin I à IV, papes.
Martin, pape.
Martin, savant espagnol.
Martin, historien fr.
Martin, écrivain fr.
Martin, antiquaire anglois.
Martin, mathém. anglois.
Martin, auteur fran.
Martini, écrivain fr.
Martinière, voy. Bruzen.
Martinolli, peintre italien.
Martinusius, cardin. hong.
Martyr, écrivain italien.
Marucelli, peint. italien.
Marullus, poëte italien.
Marullus, savant grec.
Marvel, écrivain anglois.
Mas, philosophe fran.
Masaccio, peint. italien.
Mascardi, savant génois.
Mascaron, écrivain fr.
Mascheroni, écr. italien.
Masclef, écrivain fr.
Mascrier, écrivain fr.
Masénius, auteur allem.
Masius, savant flamand.
Maso, orfèvre italien.
Maso, écrivain anglois.
Massac, médecin fr.
Massac, peintre italien.
Massaniello ou Aniello, révolution. napolitain.
Massari, peint. italien.
Massaria, médecin italien.
Massieu, écrivain fr.
Massillon, prédicateur fr.
Massinger, poëte anglois.
Massinissa, roi numide.
Massolino, peintre italien.
Masson, écrivain fr.
Masson, historien fr.
Masson, 2 écrivains fr.
Massuet, savant fr.
Matany, médecin italien.
Maternus de Cilano, sav. fr.
Mather, savant anglois.
Mathias (S.), apôtre.
Mathias, emp. d'Allem.
Mathias Corvin, roi de Hongrie.
Mathoud, écrivain fr.
Matignon, général fr.
Matsys, peintre flamand.
Mattei, peintre italien.
Matthieu ou Lévi, fils d'Alphée.
Matthieu Cantacuzène, empereur d'Orient
Matthieu, hist. anglois.
Matthieu, historien fr.
Matthiole, médecin fr.
Matti, poëte espagnol.
Maturino, peintre italien.
Maty, méd. hollandois.
Maty, écriv. hollandois.
Mauchard, méd. allemand.
Maucroix, traduct. fr.
Mauduit, savant fr.
Maugin, écrivain fr.
Maupertuis, philos. fr.
Maur (S.), disciple de S. Benoît.
Maurepas, ministre d'état.
Mauriceau, chirurgien fr.
Maurolin, math. italien.
Maurus, poëte latin.
Maussac, écrivain fr.
Mautour, auteur fr.
Maxence, emp. romain.
Maxime, emp. espagnol.
Maxime, phil. platonicien.
Maximien, emp. romain.
Maximien, emp. d'Orient.
Maximilien I, archiduc d'Autriche.
Maximilien II, emp. d'All.
May, poëte anglois.
May, historien fr.
Mayenne, capitaine fr.
Mayer, écriv. allemand.
Mayer, astron. allemand.
Mayerne, méd. genevois.
Maynard, poëte fr.
Mayow, méd. anglois.
Mazarin, ministre fr.
Mazéas, savant fr.
Mazières, auteur fr.
Mazochi, antiquaire ital.
Mazzuchelli, écr. italien.
Mazzuchelli, peint. italien.
Mazzuoli, 2 peint. italiens.
Mead, médecin anglois.
Meadowcourt, théol. angl.
Mede, savant anglois.
Médicis, gouv. de Florence.
Médicis, écriv. italien.
Médicis, peint. italien.
Médina, peintre flamand.
Mehegan, historien fr.
Meibomius, méd. suédois.
Meibomius, écr. suédois.
Meibomius, sav. suédois.
Meïer, auteur allemand.
Mela, poëte latin.
Melanchton, réform. palat.
Melcthal, libérateur suisse.
Méléagre, aut. syrien.
Melece, fonda une secte.
Melin de S. Gelais, aut. fr.
Melin de S. Gelais, poë. fr.

Meliton, év. de Sardes.
Mélitus, poëte grec.
Mellan, graveur fr.
Melmoth, écriv. anglois.
Melmoth, trad. anglois.
Melot, savant fr.
Melvil, écriv. anglois.
Ménage, littérateur fr.
Ménandre, poëte grec.
Menandrino, jurisc. ital.
Ménard, antiquaire fr.
Ménard, auteur fr.
Ménard, historien fr.
Mencke, sav. allemand.
Mencke, aut. allemand.
Mendelssohn, sav. allem.
Mendès, poëte anglois.
Mendoza, trad. espagnol.
Mendoza, hist. espagnol.
Menedème, 2 phil. grecs.
Menestrier, antiquaire fr.
Menestrier, histor. fr.
Mengs, peint. bohémien.
Meninski ou Menin, écr. fr.
Menippé, philos. syrien.
Menot, auteur fr.
Mentel, écrivain allem.
Menzicoff, prince russe.
Menzini, écriv. italien.
Mercator, géog. flamand.
Mercator, math. allem.
Mercier, écrivain fr.
Mercier, bibliographe fr.
Mercurialis, méd. italien.
Meré, auteur fr.
Merian, peint. allemande.
Merlin, écrivain anglois.
Merlin, écrivain fr.
Merrick, théol. anglois.
Merry, poëte anglois.
Mersenne, savant fr.
Merula, 2 savans italiens.
Mervesin, auteur fr.
Merville, écrivain fr.
Mery, chirurgien fr.
Mesenguy, auteur fr.
Meslier, écrivain fr.
Mesnardière, poëte fr.
Mesnier, auteur fr.
Messier, écrivain fr.
Meston, poëte écossois.
Métastase, poëte italien.
Metel, écrivain fr.
Metelli, peintre italien.
Métellus, général romain.
Métius, savant hollandois.
Meton, math. athénien.
Métrodore, méd. grec.
Métrodore, philos. athén.
Mettrie (la), médecin fr.
Metzu, peintre hollandois.
Meursius, savant holland.
Meusnier, peintre fr.
Mey, méd. hollandois.
Mey, jurisconsulte fr.
Meyer, histor. flamand.
Meyer, peintre allemand.
Meyer, auteur flamand.
Mézeray (de), écriv. fr.
Meziriac (Bacher de), écrivain fr.
Michaëlis, écrivain fr.
Miché, prophète.
Michel I à VIII, empereurs d'Orient.
Michel, czar de Russie.
Micrelius, théolog. allem.
Middleton, auteur angl.
Middleton, écr. dram. angl.
Miel, peintre flamand.
Mieris, peintre flamand.
Mignard, 2 peintres fr.
Mignault, éditeur fr.
Mignon, peintre flamand.
Mignot, écrivain fr.
Mignot, historien fr.
Milieu, auteur fr.
Mill, éditeur fr.
Mill, ingénieur anglois.
Miller, écrivain.
Miller, lexicogr. écoss.
Miller, savante angloise.
Milles, antiquaire angl.
Millet, bibliographe fr.
Millet ou Milet, auteur et poëte françois.
Milletière (la), avocat fr.
Millot, historien fr.
Milly (de), savant all.
Milon, athlète de Crotone.

Milon, écrivain fr.
Miltiade, génér. athénien.
Milton, poëte anglois.
Mimnerme, poëte grec.
Minellius, gramm. holl.
Minot, poëte anglois.
Minutius Félix, orat. afric.
Mirabaud (de), trad. fr.
Mirabeau (de), auteur fr.
Mirabeau (de), constituant et auteur fr.
Mirandole (de la), 2 savans italiens.
Mire (le), écriv. flam.
Misson, auteur fr.
Mithridate, roi de Pont.
Mitchel, écr. dram. écos.
Modrevius, écriv. polon.
Moine (le), théol. holl.
Moine (le), poëte fr.
Moine (le), voyez le Moine.
Mola, 2 peintres suisses.
Molay ou Molé (de), grand-maître du Temple.
Molé, magistrat franç.
Molé, acteur fr.
Molesworth, envoyé irl.
Molière (Poquelin de), acteur et auteur com. fr.
Molières (Privat de), écrivain françois.
Molina, théolog. espagn.
Molinet, auteur allemand.
Molinet (du), antiq. fr.
Molinos, écrivain espag.
Moll, géographe anglois.
Moller, voyageur suisse.
Moller, écrivain danois.
Molloy, écr. dram. irland.
Molon, rhéteur grec.
Molsa, poëte italien.
Molsa, savante italienne.
Molyneux, mathém. irl.
Mombricius, écriv. milan.
Monaldeschi (de), écuyer françois.
Monamy, peintre anglois.
Monantheuil (de), math. françois.
Monardez, médecin esp.
Monceaux (de), écr. fr.
Monconys (de), voyageur françois.
Moncrif (Paradis de), écrivain fr.
Mondonville, music. fr.
Mongault (de), trad. fr.
Monk, brave anglois.
Monk, savante angloise.
Monnet, aut. françoise.
Monnier. vo. Lemonnier.
Monnoye (de la), poëte françois.
Monnoyer, peintre fr.
Monro, médecin écoss.
Monro, médecin anglois.
Monro, philosophe écoss.
Monsey, médecin anglois.
Monsignori, peintre ital.
Monson, amiral anglois.
Monstrelet (de), hist. fr.
Montague, écrivain angl.
Montague (de), savante angloise.
Montague, écrivain fr.
Montaigne (de), auteur philos. françois.
Montalbani, méd. italien.
Montalembert, ing. fr.
Montan, fondateur de la secte des montanites.
Montan, théolog. espag.
Montan ou Montanus, médecin italien.
Montarrago, écr. portug.
Montausier (Mad. de), voy. Angennes et Jarry.
Montazet (Malvin de), écrivain françois.
Montbelliard, natur. fr.
Monte, peintre italien.
Montécuculi (de), génér. italien.
Monte-Mayor (de), poëte castillan.
Montenault (d'Egly de), auteur françois.
Montespan (de), maîtresse de Louis XIV.

Montesquieu (de), écriv. fr.
Montesquiou, général fr.
Montézuma, empereur du Mexique.
Montfaucon (de), savant françois.
Montfleury, act. et aut. fr.
Montfort (de), général fr.
Montgaillard (de), ligueur françois.
Montgeron (de), jurisc. françois.
Montgolfier, inventeur fr.
Montgommery (de), célèbre françois.
Montgon, politique fr.
Monti, bot. et natur. ital.
Monticelli, peintre ital.
Montjossieu (de), auteur françois.
Mont-Maur (de), prof. fr.
Montmorency (de), 3 connétables de France.
Montmorency, capit. fr.
Montmorency de Damville (de), capit. et conn. fr.
Montmorency (de), 2 amiraux françois.
Montmouth (de), conspirateur anglois.
Montpensier (de), savante françoise.
Montpetit, inventeur fr.
Montrose ou Montross (de), général anglois.
Montucla (de), math. fr.
Moore, mathém. anglois.
Moore, poëte anglois.
Moore, mécanicien angl.
Mopinot, savant fr.
Morabin, savant fr.
Moralès, historiogr. esp.
Morand (de), écriv. fr.
Morand, chirurgien fr.
Morandi, peintre italien.
Morant, antiquaire angl.
Morata, célèbre italienne.
Mordaunt, célèbre angl.
More ou Morus, aut. angl.
More, philosophe angl.
More, 2 écrivains angl.
More, peintre hollandois.
Moreau, médecin fr.
Moreau, industrieux fr.
Moreau, auteur fr.
Moreelse, peintre holl.
Morel, 3 imprimeurs fr.
Morel, antiquaire suisse.
Morel, écrivain fr.
Morell, lexicographe.
Morelli, célèbre improvisatrice italienne.
Morelly, fav. de Henri VIII.
Moreri, lexicograp. fr.
Mores, écrivain anglois.
Morett, orfèvre anglois.
Morgagni, anatom. ital.
Morgan, prédicat. angl.
Morgues ou Mourgues (de), satirique françois.
Morhoff, savant allem.
Morice, secrét. d'état angl.
Morillo, peintre espagn.
Morin, astrologue fr.
Morin, savant fr.
Morin, françois illuminé.
Morin, savant fr.
Morin, médecin fr.
Morin, auteur fr.
Morinière (de la), écriv. françois.
Morison, médecin angl.
Morisot, écrivain fr.
Morland, ambassad. angl.
Morley, évêque anglois.
Morlin, auteur polonois.
Mornac, juriscons. fr.
Mornay (de), auteur protestant françois.
Mortimer, peintre angl.
Mortimer, écrivain fr.
Morto, peintre italien.
Morton, écrivain angl.
Morton (de), régent d'Ecosse.
Morton, archev. anglois.
Morus. voyez More.
Moschopulus, gram. grec.
Moschus et Bion, 2 poëtes grecs.

Moses, écrivain juif.
Moses, rabbin espagnol.
Mosheim, littérateur all.
Moss, auteur anglois.
Mossop, poëte trag. angl.
Mothe le Vayer (de la), auteur fr.
Mothe le Vayer de Boutigny (de la), aut. fr.
Motherby, médecin angl.
Motte (Houdart de la), écriv. fr.
Motteville (de), auteur françoise.
Motteux, traducteur fr.
Mottley, auteur anglois.
Moucheron, peintre holl.
Mouchi ou Monchi (de), écrivain fr.
Moufet, auteur anglois.
Moulin (du), jurisc. fr.
Moulin (du), savant fr.
Moulin (du), histor. fr.
Mountfort, auteur dram. et acteur anglois.
Mouret, musicien fr.
Mourgues. voy. Morgues.
Mourgues, auteur fr.
Moustiers. voyez Demoustiers.
Moyle, auteur anglois.
Moyse, législat. hébreu.
Moyse, page écossois.
Mozart, musicien allem.
Mudge, méd. et méc. angl.
Mudo, peintre espagnol.
Muet (le), architecte fr.
Muggleton, fanatiq. angl.
Muis, écrivain latin.
Muis (le), comment. fr.
Muller, astronome allem.
Muller, 2 graveurs allem.
Muller, savant allemand.
Mummius, consul rom.
Muncer, séditieux all.
Muncker, savant allem.
Mundinus, anatom. flor.
Munich, maréchal russe.
Munnick, auteur holl.
Munster, savant suisse.
Munting, botaniste holl.
Muratori, écrivain ital.
Muret, savant critique fr.
Murillo, peintre espagn.
Murinais, républicain fr.
Murner, institut. fr.
Murray, auteur écossois.
Murray, historien écoss.
Murray (de), régent d'Écosse.
Murray, chancelier angl.
Musa, médecin grec.
Muschenbroeck (de), physic. et mathém. holl.
Musculus, traducteur fr.
Musculus, théolog. allem.
Musée, poëte grec.
Musgrave, médecin angl.
Musius, savant holland.
Mussati, hist. et poëte ital.
Musso, écrivain italien.
Mustapha I à III, empereurs des Turcs.
Musurus, savant turc.
Mutiano, peintre italien.
Mutius, illustre romain.
Mutius, historien suisse.
Mydorge, mathémat. fr.
Myn, peintre hollandois.
Myrepsus, médecin grec.
Miron, sculpteur grec.
Myson, sage de la Grèce.
Myteus, peintre flamand.
Myteus, peintre suédois.

NANN

Nabonassar; roi de Babylone.
Nabuchodonosor I, II, rois de Babylone.
Nadal, auteur fr.
Naevius, poëte latin.
Nahum, prophète.
Nain. voyez Tillemont.
Nain (le), écrivain fr.
Nani, noble vénitien.
Nanni ou Nannius, savant hollandois.

Nanquier, poëte latin.
Nantëuil, graveur fr.
Nantigni (de), généalog.
Naogeorgus ou Kirchmaier, satirique allem.
Napier ou Néper, célèbre écossois.
Nares, musicien anglois.
Nash, auteur anglois.
Nasini, peintre italien.
Nathan, prophète.
Nathan, auteur rabbin.
Nattier, peintre fr.
Nattier, graveur vénitien.
Nauclerus, chroniq. all.
Naudé, médecin fr.
Naudé, écrivain fr.
Navagiero, écriv. vénit.
Navagiero, ambass. ital.
Navaretta ou Navarette, auteur espagnol.
Navier, fameux quaker.
Néal, historien anglois.
Néander, écrivain allem.
Néarque, l'un des capitaines d'Alexandre.
Nécho ou Néchao, roi d'Egypte.
Neck, peintre hollandois.
Neckam, poëte anglois.
Necker, médecin flam.
Nectaire, patriarche grec.
Needham, 2 écrivains angl.
Needler, auteur anglois.
Neefs, peintre flamand.
Neer, peintre holland.
Néhémie, célèbre juif.
Nelson, écrivain anglois.
Nelson, auteur anglois.
Némésianus, poëte latin.
Némésius, philosop. grec.
Némours (de), savante françoise.
Némours, général fran.
Nennius, écrivain angl.
Néper. voyez Napier.
Népos, historien latin.
Nepveu, auteur fr.
Néri (de), écrivain flor.
Néri (de), fondat. ital.
Néricault. vo. Destouches.
Néron, empereur romain.
Nerva, empereur romain.
Nesbit, antiquaire écoss.
Nesmond, écrivain fr.
Nestor, écrivain russe.
Nestorius, sectaire.
Netscher, peintre bohém.
Neuf-Germain, poëte fr.
Neuville, prédicateur fr.
Neuville, écrivain fr.
Nève, écrivain anglois.
Nevers, poëte fr.
Newcomb, poëte anglois.
Newland, poëte hollan.
Newton, mathém. angl.
Newton, philos. anglois.
Newton, éditeur anglois.
Newton, poëte anglois.
Newton, év. de Bristol.
Nicaise, antiquaire fr.
Nicandre de Colophon, médecin grec.
Nicausis, reine de Saba.
Nicéphore I à III, emp. d'Or.
Nicéphore, 2 hist. grecs.
Nicéphore, écr. asiatiq.
Nicéron, mathémat. fr.
Nicéron, prédicateur fr.
Nicétas, historien grec.
Nicétas, év. d'Héraclée.
Nicétas Achominates, historien grec.
Nichols, écriv. anglois.
Nichols, médec. anglois.
Nicias, général athénien.
Nicolai, écrivain bessois.
Nicolai, écrivain fr.
Nicolai, théologien fr.
Nicolas, diacre.
Nicolas I à V, papes.
Nicolas de Clairvaux, écr. françois.
Nicole, avocat fr.
Nicole, poëte fr.
Nicole, écrivain fr.
Nicole, mathémat. fr.
Nicolle de la Croix, écr. fr.
Nicolson, antiq. anglois.
Nicon, prélat russe.

Nicot, écrivain fr.
Nieuhoff, voyag. hollan.
Nieuwentit, phil. hollan.
Niger, emper. romain.
Nigidius Nigulus, savant romain.
Nithard, historien fr.
Ninus, fils de Belus.
Niphus, philos. italien.
Nisbet, avocat écossois.
Nivernois, auteur fr.
Nizolius, gramm. italien.
Noailles (de), prélat fr.
Noble (le), écrivain fr.
Noé, patriarche.
Noldius, théol. danois.
Nollet, physicien fr.
Nollet, peintre flamand.
Nollikins, peintre flaman.
Nonnius, grammairien.
Nonnius, médec. flaman.
Nonnius, mathém. port.
Nonnus, poëte grec.
Noodt, juriscons. hollan.
Norbert (S.), prédicateur allemand.
Norbert, écrivain fr.
Nordberg, biogr. suédois.
Norden, voyag. danois.
Norden, géogr. anglois.
Nores, philos. grec.
Norgate, enlumineur ang.
Norris, écrivain irlandois.
North, 2 écrivains angl.
North, orateur anglois.
North, antiquaire anglois.
Norton, jurisc. anglois.
Norton, écrivain anglois.
Nostradamus, astrolog. fr.
Nôtre ou Nostre (le), architecte, dessinateur fr.
Nourry, savant fr.
Noue (la), militaire fr.
Novat, chef de secte.
Novatien, chef de secte.
Nowel, écrivain anglois.
Noy, jurisons. anglois.
Noyer (du), écrivain fr.
Nuck, médec. hollandois.
Numa Pompilius, roi rom.
Numérien, emp. romain.
Nye, mathém. anglois.

OLYM

Oatès, infâme anglois.
Obadias ou Abdias, proph.
Obrecht, écriv. alleman.
Obsequens, auteur latin.
Occam ou Ockam, théo. ang.
Ocellus, philos. grec.
Ochin, écrivain italien.
Octavie, fem. d'Antoine.
Odazzi, peintre italien.
Odenat, pr. de Palmyre.
Odin, héros du Nord.
Odon (S.), écrivain fr.
Odon de Kent, écr. ang.
Odoran, écrivain fr.
Œcolampade, réform. alle.
Œcuménius, écriv. grec.
Offa, roi de Mercie.
Ogilby, éditeur écossois.
Oisel, juriscons. allem.
Okley, théol. anglois.
Okolski, histor. polonois.
Olaf, roi de Norwège.
Olatrus, écriv. allemand.
Olaüs Magnus, sav. suéd.
Old Castle, sectat. angl.
Oldenburgen, jurisc. ital.
Olderman, sav. alleman.
Oldfield, actrice angloise.
Oldham, poëte anglois.
Oldmixon, politique ang.
Oldys, antiquaire angl.
Oléarius, 3 sav. alleman.
Olen, poëte grec.
Oliva, sav. italien.
Olivia, écrivain italien.
Olivet (d'), auteur fr.
Olivier de Serres, voyez Serres.
Olivier, 2 peintres anglois.
Olivier de Malmesbury, essaya de voler en l'air.
Olivier, médec. anglois.
Olybrius, emp. d'Orient.
Olympéodurus, phil. grec.

Olzoffsky, prélat polon.
Omar I, II, califes musul.
Onkélos, écrivain juif.
Onomacrite, poëte grec.
Onosicrite, philos. cyn.
Onuphre, érivain italien.
Oort, peintre flamand.
Oost, peintre flamand.
Opérinhus, peintre allem.
Opitius, poëte latin.
Opitius, théol. allemand.
Oppède, magistrat fr.
Oppian, poëte grec.
Opsopée, critique allem.
Optat, écriv. africain.
Orcy (d'). voyez Gigot.
Orellana, voyag. espagn.
Oresme, auteur fr.
Organa, peintre italien.
Oribasius, médecin rom.
Origène, écrivain égypt.
Origny (d'), historien fr.
Origny (d'), 2 grav. fr.
Orlay, peintre flamand.
Orléans (d'), 3 princ. fr.
Orléans (d'), aut. flam.
Orléans de la Motte (d'), évêque d'Amiens.
Orobio, médec. espagn.
Orose, histor. espagnol.
Orphée, poëte grec.
Orsato, poëte italien.
Orsato, médecin italien.
Orsi, poëte italien.
Orsi, écrivain italien.
Ortelius, géogr. flamand.
Orville, savant holland.
Osborne, écriv. anglois.
Osée, prophète.
Osiandre, théolog. allem.
Osius, rhéteur italien.
Osman I, II, emp. turcs.
Osorio, 2 théolog. port.
Ossat (d'), cardinal fran.
Ossian, barde gaulois.
Ostade, peintre alleman.
Osterwald, théolog. fr.
Osterwick, pei. hollandoise
Oswald, roi de Northumb.
Osward, traduct. suisse.
Osymandrias, roi d'Egyp.
Otho, peintre hollandois.
Othon, emper. romain.
Othon I à IV, emp. d'All.
Ott, savant suisse.
Otter, savant suédois.
Otway, acteur anglois.
Oudenarde, peintre flam.
Oudin, 2 savans fr.
Oudinet, avocat fr.
Oudry, peintre fr.
Oughtred, mathem. angl.
Ouwaler, peintre hollan.
Ovide, poëte latin.
Owen, poëte latin.
Owen, républic. anglois.
Owen, écrivain anglois.
Owen, médec. anglois.
Owtram, écrivain anglois.
Ozanam, mathémaric. fr.
Ozell, écrivain anglois.

PALE

PAAW, médec. holland.
Pacatien, rom. séditieux.
Pachymère, histor. grec.
Pacificus, poëte latin.
Pacorus, roi des Parthes.
Pacuvius, poëte latin.
Paderna, peintre italien.
Paduanino, peintre italien.
Pagan, militaire fr.
Pagan *ou* Heide, poëte all.
Pagani, peintre italien.
Pagano, peintre italien.
Pagi, peintre italien.
Pagi, 2 historiens fr.
Pagi, écrivain fr.
Pagnin, savant italien.
Paige, écrivain fr.
Pajot, savant fr.
Palæfatus, philos. grec.
Palafox, écrivain espagn.
Palaprat, poëte fr.
Palati, historien latin.
Palaye, savant fr.
Palearius, poëte italien.
Palemon, poëte latin.
Paléologue, gouv. d'Asie.
Palfin, chirurgien fr.
Palingène, poëte italien.
Palissy, savant fr.
Palladini, peint. italienne.
Palladino, écriv. italien.
Palladio, archit. italien.
Palladius *ou* Pallade, historien syrien.
Palladius, écriv. latin.
Pallajuolo, 2 peintr. ital.
Pallas, affranc. de Claude.
Pallavicini, 2 cardin. ital.
Pallavicini, écriv. italien.
Palliot, imprimeur fr.
Palliser, amiral anglois.
Palme, 2 peintr. italiens.
Palsgrave, écrivain angl.
Pamèle *ou* Pamelius, écr. françois.
Pamphyle, peint. macéd.
Panagiotti, écriv. turc.
Panard, poëte fr.
Pancirolle, jurisc. italien.
Panetius, philos. stoïc.
Panini, peintre italien.
Panopion, rom. célèbre.
Panormita, poëte sicilien.
Pansa, consul romain.
Pantenus, philos. stoïcien.
Pantin, médecin flamand.
Panvini. voy. Onuphre.
Panzachia, peint. italienne.
Paoli, magistrat corse.
Paoluccio, doge de Venise.
Papias, écriv. phrygien.
Papillon, écrivain fr.
Papin, théologien fr.
Papinien, jurisc. romain.
Papire. voyez Masson.
Pappus, philos. grec.
Parabosco, écriv. italien.
Paracelse, médec. suisse.
Paradin, écrivain fr.
Paradis, sav. vénitien.
Paradis de Moncrif. voyez Moncrif.
Paramo, écrivain espagn.
Parasols, poëte fr.
Parcelles, peintre flamand.
Parcieux (de), 2 math. fr.
Pardios, savant fr.
Paré, chirurgien fr.
Paré, théologien fr.
Pareja, peintre espagnol.
Parennin, traducteur fr.
Parent, mathématic. fr.
Parfait, savant fr.
Parfre, aut. dram. anglois.
Paris, savant anglois.
Paris, pieux fr.
Parisot, écrivain fr.
Parisot. voyez Norbert.
Parker, prélat anglois.
Parker, baron anglois.
Parkhurst, lexicogr. ang.
Parkinson, botan. angl.
Parmenides, philos. grec.
Parménion, général grec.
Parmentier, navigat. fr.
Parmentier, peintre fr.
Parnell, poëte anglois.
Parodi, peintre italien.
Parr, femme de Henri VIII.
Parr, conspirateur angl.
Parr, célèbre anglois.
Parrhasius, peintre athén.
Parrhasius, écriv. italien.
Parrocel, 3 peintres fr.
Parsons, écriv. anglois.
Parsons, médec. irlandois.
Parthenay-Soubise, calviniste françois.
Parthenay, savante fr.
Parthenay, vertueuse fr.
Paruta, savant vénitien.
Pas, 2 capitaines fr.
Pascal, mathématicien fr.
Paschase Ratbert, écr. fr.
Pasor, théologien allem.
Pasqualino, peintre ital.
Pasquier, avocat fr.
Passemant, savant fr.
Passerat, savant fr.
Passeri, 2 peintres ital.
Passeri, antiquaire italien.
Passerotti, peintre italien.
Passionei, cardinal ital.
Patel, peintre fr.
Pater, mathém. allemand.
Paterculus, histor. rom.
Patin, médecin fr.
Patin, médailliste fr.
Patkul, courageux angl.
Patouillet, auteur fr.
Patrice (S.), patron de l'Irl.
Patrice, historien grec.
Patrice, savant anglois.
Patrix, poëte fr.
Patrizzi, év. de Gaëte.
Patru, jurisconsulte fr.
Pattison, poëte anglois.
Patu, auteur dramat. fr.
Paucton, mathématic. fr.
Paul (S.), apôtre.
Paul I à V, papes.
Paul de Samosate, prélat grec.
Paul, voyageur vénitien.
Paula, savante romaine.
Paulet, magistrat anglois.
Paulet. voy. Bolyngbroke.
Pauli, médecin danois.
Paulian, physicien fr.
Paulin, év. de Nole.
Paulmier de Grentemesnil, médecin françois.
Paulmier de Grentemesnil, savant françois.
Paulmy, ministre fr.
Pausanias, génér. lacéd.
Pausanias, historien grec.
Pausias, peintre grec.
Paute. voyez Lepaute.
Pauw, savant hollandois.
Pauw, écrivain hollandois.
Pavillon, év. d'Aleth.
Pavillon, poëte fr.
Payne, auteur anglois.
Payne, relieur anglois.
Pays, écrivain fr.
Peaps, écr. dramat. ang.
Pearce, écrivain anglois.
Pearson, écriv. anglois.
Péchantré, écrivain fr.
Pechmeja, littérateur fr.
Peck, écriv. anglois.
Pecquet, médecin fr.
Pecquet, savant fr.
Peelle, poëte dram. ang.
Peirest, savant fr.
Pelage I, II, papes.
Pelage, réformateur ang.
Peletier, magistrat fr.
Pelissier, savant fr.
Pelisson-Fontanier *ou* Pellisson, savant fr.
Pell, mathém. anglois.
Pellegrin, écrivain fr.
Pellegrini, peintre italien.
Pellegrino, peintre ital.
Pellerin, médailliste fr.
Pelletier, écrivain fr.
Pelletier, chimiste fr.
Pelloutier, savant allem.
Pélopidas, génér. thébain.
Pembroke, peintre angl.
Pembroke, trad. angloise
Penn, amiral anglois.
Penn, fond. des Etats-Unis.
Pennant, naturaliste ang.
Penni, 2 peintres ital.
Penry, écriv. anglois.
Pens, graveur allemand.
Pepin-le-Bref, roi de Fr.
Pepusch, music. prussien.
Perandu, peintre italien.
Perau, biographe fr.
Percy, capitaine anglois.
Perdiccas, génér. macéd.
Perefixe, écrivain fr.
Perez, écriv. espagnol.
Pergolèse, music. italien.
Périandre, tyran de Corinth.
Périclès, illustre athénien.
Périzonius, théolog. hol.
Pernetti, historiogr. fr.
Pernetti, écrivain fr.
Perot, savant fr.
Pérouse (la), navig. fr.
Perrault, architecte fr.
Perrault, auteur fr.
Perrenot. voy. Granvelle.
Perrier, peintre fr.
Perrier (du), poëte fr.
Perron (du), cardinal fr.
Perronet, ingénieur fr.
Perrot, savant fr.
Perry, ingénieur anglois.
Perse, poëte latin.
Persée, roi de Macédoine.
Pertinax, emper. romain.
Perugino, peintre italien.
Peruzzi, peintre italien.
Pesselier, poëte fr.
Petau, érudit astron. fr.
Peters, peintre holland.
Peters, 3 peintre flaman.
Peters, ministre anglois.
Pethion de Villeneuve, maire de Paris.
Petis de la Croix, savant françois.
Petit, docteur fr.
Petit, savant fr.
Petit, mathématicien fr.
Petit, 2 médecins fr.
Petit, chirurgien fr.
Petitot, peintre génevois.
Petiver, botaniste angl.
Pétrarque, poëte latin.
Pétrone, sénateur rom.
Pétrone, auteur latin.
Petty, médecin anglois.
Peucer, médec. allemand.
Peutinger, magistrat allem.
Peutman, peintre hollan.
Peyère, médecin allemand.
Peyrère, bibliothéc. fr.
Peyronie, chirurgien fr.
Pezay, écrivain fr.
Pézénas, physicien fr.
Pezron, écrivain fr.
Pfanner, archiviste allem.
Pfeffel, graveur holland.
Pfeffel, juriscons. allem.
Pfeffercorn, écriv. juif.
Pfeiffer, savant allemand.
Pfiffer, officier suisse.
Phalaris, tyran d'Agrigente.
Phédon, discip. de Socrate.
Phèdre, fabuliste latin.
Phidias, statuaire grec.
Philander, architecte fr.
Philelphe, rhéteur italien.
Philémon, comique grec.
Philétas, grammair. grec.
Philidor. voyez Danican.
Philippe II, V, rois de Macéd.
Philippe, empereur rom.
Philippe (S.), apôtre.
Philippe, gouvern. phryg.
Philippe, diacre.
Philippe, duc de Souabe.
Philippe I à VI, rois de Fr.
Philippe I à V, rois d'Esp.
Philippe de Bonne-Espérance *ou* Harveng, théologien africain.
Philips, traduc. angloise.
Philips, poëte anglois.
Philips, 2 auteurs anglois.
Philiste, écrivain grec.
Philolaüs, philos. pytha.
Philon, auteur juif.
Philon de Biblos, gramm.
Philon de Bizance, écriv.
Philopœmen, chef des Achéens.
Philopon, gramm. grec.
Philostorius, hist. syrien.
Philostrate, auteur grec.
Philoxène *ou* Polixène, poëte grec.
Phinée, grand-prêtre juif.
Phipps, navigat. anglois.
Phlégon, histor. romain.
Phocas, emper. d'Orient.
Phocilide, poëte grec.
Phocion, général athén.
Phormion, génér. athén.
Photin, év. de Sirmium.
Photius, prélat grec.
Phraate I à IV, rois des Parth.
Phraate, roi des Mèdes.
Phræas, médec. anglois.
Phryné, courtis. grecque.
Phrynis, musicien grec.
Pia, médecin fr.
Piales, jurisconsulte fr.
Pibrac. voyez Faur.
Pic. voyez Mirandol.
Picard, fanatique.
Picard, 2 écrivains fr.
Picard, astronome fr.
Picart, graveur fr.
Piccini, musicien italien.
Piccolomini, auteur ital.
Piccolomini, savant ital.
Pictet, historien génev.
Pie I à VI, papes.
Pierce, peintre anglois.
Pierce, théolog. anglois.
Pierino del Vaga, peintre toscan.
Pierre (S.), prince des apôtres.
Pierre l'Hermite, croisé françois.
Pierre III, roi d'Arragon.
Pierre le Cruel, roi de Castille.
Pierre I, czar ou empereur de Russie.
Pierre II, III, empereurs de Russie.
Pierre Chrysologue, écr.
Pierre Damien, écr. ital.
Pierre de Cluni, écr. fr.
Pierre Lombard. voyez Lombard.
Pierre de Celles, sav. fr.
Pierre Comestor, écr. fr.
Pierre le Chantre, sav. fr.
Pierre de Blois, écr. fr.
Pierre de Vaux de Cerney, écrivain fr.
Pierre de S. Romuald, écrivain fr.
Pierre de S. Louis, aut. fr.
Pierre (de la), théol. flam.
Pierquin, écrivain fr.
Pierson, peintre holland.
Pietro da Petri, peint. rom.
Pigal, sculpteur fr.
Piganiol de la Force, voyageur fr.
Pighius, antiquaire holl.
Pignoni, peintre florent.
Pignorius, savant italien.
Pilate (Ponce), gouverneur de Judée.
Pilatre de Rosier, phys. aéronaute françois.
Piles (de), peintre fr.
Pilkington, aut. angloise.
Pilpay, fabulist. bramine.
Pin (du). voyez Dupin.
Pinas, peintre holland.
Pinchesne (de), poëte fr.
Pindare, poëte grec.
Pineau, chirurgien fr.
Pinéda, savant espagnol.
Pinelli, célèbre napolit.
Pingolan *ou* Puyguillon (de), poëte provençal.
Pingré (Gui), astron. fr.
Pinon, auteur fr.
Pins (de), écrivain fr.
Pinturaccio, peintre ital.
Piper (le), peintre fr.
Piranesi, graveur vénit.
Piron, poëte dramat. fr.
Pisan, astronome bolon.
Pisan, célèbre vénitienne.
Pisistrate, célèbre athén.
Pison, nom d'une illustre famille de Rome.
Pitcairne, médecin holl.
Pithou, 2 savans fr.
Pitiscus, savant holland.
Pitt, poëte anglois.
Pitt, homme d'état angl.
Pittacus, sage grec.
Pitz *ou* Pitzeus, sav. angl.
Pix, aut. angloise.
Pizarre, conquérant esp.
Plaas, peintre holland.
Placcius, lexicogr. all.
Place (de la), traduct. fr.
Placentius, auteur allem.
Placette (de la), écr. fr.
Plantavit de la Pause, lexicographe fr.
Plantin, imprimeur fr.
Planudes, auteur grec.
Platel. voyez Norbert.
Platine, auteur italien.
Platon, philosophe grec.
Plaute, auteur italien.
Plelo (de), auteur polon.
Plessis (du). voyez Richelieu.
Plessis, jurisconsulte fr.
Plessis (du), historien fr.
Pline l'Ancien, nat. latin.
Pline le Jeune, aut. latin.
Plot, antiquaire anglois.
Plotin, philosophe égypt.
Pluche, écrivain fr.
Plukenet, botaniste angl.
Plumier, botaniste fr.
Pluquet, auteur fr.
Plutarque, hist. grec.
Pluvinel, établit les manéges en France.
Pococke, savant anglois.
Pococke, voyageur angl.
Poerson, peintre fr.
Poggio, savant italien.
Poilly, graveur fr.
Poinsinet, aut. dram. fr.
Poiret, aut. mystique fr.
Poirier, savant fr.
Pois, médecin fr.
Poisson, acteur et auteur dramatique fr.
Poissonnier, médecin fr.
Poivre, homme d'état fr.
Pole *ou* Polus, arch. angl.
Polemberg, peintre ital.
Polémon, jeune athénien.
Polidoro di Caravaggio, peintre italien.
Polignac (de), ambass. fr.
Polinière, physicien et chimiste françois.
Politi, célèbre florent.
Politien, savant toscan.
Pollux, auteur grec.
Polyænus, écr. macédon.
Polybe, historien grec.
Polycarpe (S.), év. grec.
Pombal (de), homme d'état portugais.
Pomet, écrivain françois.
Pomey, savant fr.
Pomfret, poëte anglois.
Pommeraye, écriv. fr.
Pompadour (de), maîtresse de Louis XV.
Pompée, triumvir romain.
Pompignan (de), littérat. françois.
Pompignan (de), écriv. fr.
Pomponace, célèbre ital.
Pomponius Lætus, savant littérateur italien.
Ponchard, savant fr.
Pontanus, écriv. espagn.
Pontanus *ou* du Pont, grammairien flamand.
Pontas, lexicographe fr.
Pont-Chasteau, écriv. fr.
Pontien, pape.
Pontoppidan, gram. dan.
Pontoppidan, hist. dan.
Poole, peint. hollandoise.
Poole, peintre holland.
Poole, théolog. anglois.
Pope, poëte anglois.
Popelinière (de la), hist. françois.
Popple, aut. dram. angl.
Porchères d'Arbaud (de), auteur françois.
Porcheron, éditeur fr.
Porée, savant fr.
Porphyre, philos. grec.
Porquet, écrivain fr.
Porrette, fanat. françoise.
Porsenna, roi d'Etrurie.
Porta, peintre italien.
Porta, savant italien.
Porte (de la), 2 écriv. fr.
Portes (des), poëte fr.
Porus, roi indien.
Possevin, écrivain ital.
Possidippus, poëte com.
Possidonius, philos. ital.
Possidonius, math. grec.
Posso, peintre italien.
Post, peintre holland.
Postel, savant fr.
Posthumius, génér. rom.
Postlethwaiste, lexic. ang.
Pote, libr. et impr. angl.
Potemkin (de), général russe.
Potemon, philos. grec.
Potenger, auteur anglois.
Pothier, jurisconsulte fr.
Pott, chirurgien anglois.
Potter *ou* Poter, peintre hollandois.
Potter, archev. anglois.
Pouftier, fondateur fr.
Pouget, écrivain fr.
Poulle, prédicateur fr.
Poulletier, médecin fr.

Pourbus, 2 peintres flam.
Poussin, 2 peintres fr.
Powal, antiquaire gallois.
Powel, acteur anglois.
Powel, cél. piéton angl.
Pownal, antiquaire angl.
Prades (de), écrivain fr.
Pradon, auteur fr.
Praxagore *ou* Praxagoras d'Athènes, écriv.
Praxitèle, sculpteur grec.
Prémontval (le Guay de), écrivain fr.
Préti, peintre italien.
Préville, comédien fr.
Prévôt d'Exiles, auteur fr.
Pricæus *ou* Price, antiq. ital.
Price, écriv. polit. gallois.
Prideaux, savant anglois.
Prideaux, écrivain angl.
Prieur (le), auteur fr.
Primaticcio, peintre hol.
Primerose, médecin fr.
Prince de Beaumont (le), savante françoise.
Pringle, médecin anglois.
Priolo, historien vénit.
Prior, poëte anglois.
Priscien, gramm. grec.
Priscillien, fondateur d'une secte de son nom.
Pritz, éditeur allemand.
Probus, empereur rom.
Procaccini, 2 peint. bolon.
Proclus, philos. grec.
Proclus (S.), patriarche grec.
Procope, empereur rom.
Procope de Césarée, hist. syrien.
Prodic, sophiste grec.
Pronapides, poëte grec.
Properce, poëte latin.
Prosper *ou* Tyro Prosper (S.), écrivain fr.
Protagoras, philos. grec.
Protogène, peintre grec.
Provenchère, médecin fr.
Provenzale, peintre ital.
Prudence, poëte espagn.
Prusias, roi de Bithynie.
Prynne, jurisc. anglois.
Przicovius, écriv. polon.
Psalmanasar, personnage extraordinaire fr.
Psamménite, roi d'Egypte.
Psammétique, roi d'Egypt.
Pseaume, écrivain fr.
Psellus, philosophe grec.
Ptolémée, roi d'Egypte.
Ptolémée Philadelphe, roi d'Egypte.
Ptolémée Evergètes, *id.*
Ptolémée Philopator, *id.*
Ptolémée Epiphane, *id.*
Ptolémée Philométor, *id.*
Ptolémée Physcon, *id.*
Ptolémée Lathyrus, *id.*
Ptolémée Aulètes, *id.*
Ptolémée Dionysius *ou* Bacchus, *id.*
Ptolémée, math. égyptien.
Publius Syrus, poë. syrien.
Puffendorf, jurisc. allem.
Puget, le Michel-Ange fr.
Puisieux, avocat fr.
Puisieux, savante franç.
Pujos, peintre fr.
Pulchérie, fille d'Arcadius.
Pulci, poëte italien.
Pulman *ou* Paelman, corr. allemand.
Bultney, comte de Bath.
Puntormo, peintre italien.
Purbach, écriv. allemand.
Purcell, comp. de musique.
Purchas, théol. anglois.
Pure, écrivain fr.
Purver, quaker anglois.
Puteanus, *ou* Van de Putte, *ou* Dupuy, littér. flam.
Putschius, gramm. flam.
Puy (du), voy. Puteanus.
Puy, auteur françois.
Puy-Herbault, auteur fr.
Puységur, 2 capitaines fr.
Pyle, auteur anglois.
Pynaker, peint. holland.
Pyrrhon, philos. grec.
Pyrrhus, roi d'Epire.
Pythagore, philos. grec.
Pythéas, phil. marseillois.
Pithéas, orateur athénien.

QUIS

Quadratus (S.), évêq. d'Athènes.
Quadrio, savant suisse.
Quaini, peintre italien.
Quarles, poëte anglois.
Quarré, savant françois.
Quatremaire, cél. bénédic.
Quellin, 2 peint. italiens.
Quensted, écriv. allemand.
Querenghi, poëte italien.
Querlon, écrivain fr.
Querno, écrivain italien.
Quesnay, médecin fr.
Quesne, marin fr.
Quesnel, écrivain fr.
Quesnoy, 2 sculpt. flam.
Quetif, auteur fran.
Queux, traducteur fr.
Quevedo, poëte espagnol.
Quien, écriv. italien.
Quien de la Neuf-Ville, auteur françois.
Quignon *ou* Quignones, écrivain fr.
Quillet, auteur fr.
Quin, acteur anglois.
Quinault, auteur fr.
Quincy, médecin anglois.
Quinzy, écrivain fr.
Quinte-Curce, voy. Curce.
Quintilien, rhétor. espag.
Quintillus, frère de l'emp. Claude II.
Quintinie, auteur fr.
Quirini, antiquaire vénit.
Quiqueran de Beaujeu, 2 auteurs fr.
Quiros, savant espagnol.
Quistorp, théol. allem.

RAUW

Raban Maur, sav. allem.
Rabelais, auteur fr.
Raband de S. Etienne, écriv. législateur fr.
Rabirius, poëte latin.
Rabirius, archit. romain.
Rabusson, écrivain fr.
Rabutin, voy. Bussy.
Racan, poëte fran.
Rachetti, peintre italien.
Racine, 2 poëtes fran.
Racine, historien fr.
Racle, architecte fr.
Raconis, philosophe fr.
Radcliffe, poëte anglois.
Radcliffe, aut. angloise.
Rademaker, 2 peint. holl.
Radier (du), voy. Dreux.
Radonvilliers, auteur fr.
Ragois, écrivain fr.
Raguenet, auteur fr.
Rainolds, auteur anglois.
Ralph, auteur anglois.
Ramazzini, médec. italien.
Rameau, musicien fr.
Ramelli, peintre italien.
Ramsay, auteur fr.
Ramsay, auteur écossois.
Ramsay, écrivain écossois.
Ramus, savant fr.
Ranc *ou* Rans, peint. fr.
Rancé, auteur fr.
Ranchin, auteur fr.
Ranconet, savant fr.
Randolph, auteur anglois.
Randolph, 2 poëtes angl.
Rannequin, machin. liég.
Rantzau, maréc. de France.
Raoul de Coucy, v. Coucy.
Raoux, peintre fr.
Raphael, peintre italien.
Raphael de Rhegio *ou* d'Arezzo, peintre italien.
Raphelenghien, aut. flam.
Rapin, 2 auteurs fr.
Rapin de Thoyras, hist. fr.
Rastal, imprimeur anglois.
Rastal, écrivain anglois.
Ratramne, auteur fr.
Raulin, auteur fr.
Raulin, médecin fr.
Rauwolf, méd. allemand.
Ravaillac, ass. d'Henri IV.
Ravennas, auteur fr.
Ravenscroft, aut. allem.
Ravesteyn, 3 peint. holl.
Rawlegh, voyageur angl.
Rawlins, aut. anglois.
Rawlinson, bibliom. angl.
Rawlinson, antiq. anglois.
Ray, cél. botaniste angl.
Ray, écrivain anglois.
Raymondis, auteur fr.
Raynal, historien fr.
Raynaud, oratorien fr.
Read, médecin anglois.
Réal, historien fr.
Réal, écrivain fr.
Réaumur, naturaliste fr.
Reboulet, auteur fr.
Rebuffe, jurisconsulte fr.
Records, méd. anglois.
Rède, math. anglois.
Redi, médecin toscan.
Redi, peintre italien.
Reginon, auteur fr.
Regio-Montan, astr. pruss.
Regis, philosophe fr.
Regius, savant allemand.
Regnard, poëte fr.
Regnault, auteur fr.
Regnier, poëte fr.
Regnier-des-Marais, tra. fr.
Regulus, consul romain.
Reid, auteur écossois.
Reineccius, hist. allemand.
Reinhold, savant saxon.
Reisk, médecin allemand.
Reland, savant holland.
Rembrandt, peint. holland.
Renaudie, conspirateur fr.
Renaudot, médecin fr.
Renaudot, historien fr.
René de France, *v. Ferrare.*
Resenius, écriv. danois.
Resnel, traducteur fr.
Ressius, savant flamand.
Restaut, grammairien fr.
Restout, 2 peintres fr.
Retz, voy. Gondi.
Reuchlin, savant allem.
Reuven, peintre holland.
Revely, archit. anglois.
Revet, auteur anglois.
Revillon, médecin fr.
Reyn, peintre fr.
Reyneau, auteur fr.
Reynolds, peintre anglois.
Reyrac, auteur fr.
Rhadamiste, fils de Charnasbane, roi d'Ibérie.
Rhazis, médecin arabe.
Rhenanus, sav. allemand.
Rhodiginus, crit. vénitien.
Rhodius, médec. danois.
Rhodoman, trad. allem.
Rhotenamer, peint. vénit.
Ribadeneyra, écr. espag.
Riballier, théologien fr.
Ribera, poëte espagnol.
Ricard, trad. poëte fr.
Ricaut *ou* Rycaut, tr. angl.
Riccati, math. italien.
Ricci, 2 peintres fr.
Ricci, 2 écriv. italiens.
Riccio, peintre italien.
Riccioli, astron. italien.
Riccoboni, 2 act. italiens.
Riccoboni, actr. italienne.
Riccoboni, aut. françoise.
Richard I à III, rois d'Angleterre.
Richard, avocat fr.
Richard, théologien fr.
Richards, auteur anglois.
Richardson, écrivain angl.
Richardson, aut. irlandois.
Richardson, peint. anglois.
Riche, médecin fr.
Richelet, lexicographe fr.
Richelieu, ministre fr.
Richelieu, maréc. de Fr.
Richeôme, écrivain fr.
Richer, théologien fr.
Richer, auteur fr.
Richer, mathém. fr.
Richer d'Aube, aut. fr.
Ricius, philosophe juif.
Ricoboni, écriv. italien.
Rider, auteur anglois.
Ridley, martyr anglois.
Ridley, auteur anglois.
Ridley, jurisc. anglois.
Ridolfi, peintre italien.
Riédésel, écr. prussien.
Riéley, médecin anglois.
Rienzi, sénateur romain.
Rigaud, peintre fr.
Rigault, écrivain fr.
Rigoley de Juvigny, écr. fr.
Rigord, Rigold *ou* Rigot, historiographe fr.
Riley, peintre anglois.
Riminaldi, peintre toscan.
Rinçon, peint. espagnol.
Rinuccini, auteur italien.
Rioland, 2 médecins fr.
Ripley, alchimiste angl.
Riquet *ou* Riquety, écr. fr.
Ritten-House, astron. amé.
Ritter-Huiz, jurisc. allem.
Rivalz, peintre fr.
Rivard, savant fr.
Rivarol, sav. écriv. fr.
Rive, écrivain fr.
Rizzio *ou* Ricci, music. ital.
Roberjot, diplom. fr.
Robert, roi de France.
Robert Bruce, roi d'Ecosse.
Robert, auteur fran.
Robert de Vaugondy, géographe françois.
Robertelli, philos. italien.
Robertson, peint. anglois.
Robertson, historiog. écos.
Roberval, écrivain fr.
Robespierre, conventionn.
Robins, mathém. fr.
Rochefort, auteur fr.
Rochefoucault, écr. fr.
Rochester, poëte anglois.
Rochon de Chabanne, auteur et poëte fr.
Rode, peint. prussien.
Rodney, amiral anglois.
Rodolphe d'Hapsbourg, empereur d'Allemagne.
Rodolphe II, roi des Rom.
Roe, ambassad. anglois.
Roemer, astron. danois.
Roepel, peintre holland.
Roestraeten, peint. holl.
Roger I, roi de Sicile.
Roger, écriv. écossois.
Rogers, capitaine anglois.
Roghman, peint. holland.
Rohan, écrivain fr.
Rohan, aut. françoise.
Rohault, philos. fr.
Roi, hist. allemand.
Roi, auteur françois.
Roland de la Platière, homme d'état françois.
Roland, sav. françoise.
Rollin, écrivain fr.
Rollius, philologue allem.
Rollon, chef norwégien.
Romain I à IV, emp. d'Or.
Romaine, théol. anglois.
Romanelli, 2 peintres ital.
Romanino, peint. italien.
Romano, peint. italien.
Rombouts, peint. flamand.
Romé de l'Isle, écr. fr.
Romilly, écr. génevois.
Romulus, fondat. de Rome.
Rondelet, médecin fr.
Rongalli, peintre italien.
Ronsard, poëte fr.
Roodseus, peint. holland.
Rooke, amiral anglois.
Rooke, astron. anglois.
Roome, auteur.
Roore, peintre flamand.
Roos, 2 peint. hollandois.
Rosalba, peint. vénitienne.
Rosamonde, maîtresse de Henri I.
Roscius, acteur gaulois.
Roscommon, écr. anglois.
Rosin, antiquaire anglois.
Ross, auteur écossois.
Rosset, écrivain fr.
Rosset, poëte fr.
Rosso, peintre italien.
Rotari, peintre italien.
Rothelin, écrivain fr.
Rothénamer, peint. allem.
Rotherham, méd. aut. fr.
Rothman, astron. allem.
Rotrou, poëte françois.
Roubillac, cél. statuaire.
Roubo, machin. fr.
Roucher, poëte françois.
Rouelle, chimiste franç.
Rouillard, littérateur fr.
Rouillé, écrivain fr.
Rouse, antiquaire angl.
Rousseau, peintre fr.
Rousseau, poëte fr.
Rousseau (J. J.), écriv. fr.
Roux, médecin fr.
Roux (Mr.), voy. Rosso.
Rowe, poëte anglois.
Rowe, célèbre angloise.
Rowley, 3 poëtes anglois.
Rowsing, mécanicien angl.
Roxane, captive d'Alexandre-le-Grand.
Roy, 2 écrivains fran.
Roy (le), horloger fr.
Royaumont, aut. supposé.
Royou, écrivain fr.
Rozée, peint. hollandois.
Rozier, théologien fr.
Rozoy, historiographe fr.
Rubens, peint. allemand.
Ruddiman, sav. écossois.
Rue, 2 auteurs fran.
Ruffhead, écriv. anglois.
Rugendas, peintre allem.
Ruggles, aut. anglois.
Ruhnkenius, littérateur hollandois.
Ruinart, écrivain fr.
Rule, médecin écossois.
Rulhière, académicien fr.
Rulland, méd. allemand.
Russel, duc de Bedford.
Russel, médecin anglois.
Ruth, femme moabite.
Rutilie, cél. dame romaine.
Rutilius Rufus, consul rom.
Ruysdall, 2 peintres holl.
Ruysh, anatomiste holl
Ruyter, amiral hollandois.
Ryckhaert, 2 peint. flam.
Ryer, savant françois.
Ryer, aut. dram. fr.
Rymer, antiquaire angl.
Rysbrack, peint. anglois.
Ryves, jurisc. anglois.
Ryves, écriv. anglois.
Ryves, aut. angloise.

SAIN

Saas, bibliographe fr.
Saavedra, écr. espagnol.
Sabas, fondat. d'une secte.
Sabathier, écrivain fr.
Sabellius, chef des Sabelliens.
Sabine, femme de l'emp. Adrien.
Sabinus, 2 poëtes latins.
Sabinus, écriv. latin.
Sablière, écrivain fr.
Sacchi, peintre italien.
Sacchini, mus. napolitain.
Sachtleven, peint. holland.
Sackville, écriv. anglois.
Sacrobosco, v. Holywood.
Sacy, voy. le Maître.
Sacy, cél. avocat fr.
Sadi, poëte persan.
Sadler, juriste anglois.
Sadler, écriv. anglois.
Sadoc, fonda une secte.
Sadolet, savant italien.
Sage, 2 auteurs fran.
Sagredo, hist. vénitien.
Saint-Aldegonde, écr. flam.
Saint-Amand, écriv. fr.
Saint-Aulaire, écr. fr.
Saint-Cyran, auteur flam.
St.-Evremont, v. Evremont.
Saint-Foix, auteur fr.
Saint-Gelais, voy. Melin.
Saint-Geniez, écriv. fr.
Saint-Germain, écriv. fr.
Saint-Hyacinthe, écr. fr.
Saint-Jean, écriv. anglois.
Saint-Just, conventionnel.
Saint-Lambert, poëte fr.
Saint-Pavin, poëte fr.
Saint-Pierre, notable de Calais.
Saint-Pierre, auteur fr.
Saint-Simon, écriv. fr.
Saint-Sorlin des Marets, voyez Marets.
Sainte-Beuve, savant fr.
Sainte-Marthe, auteur fr.
Saladin, sultan d'Egypte.
Salario, peint. milanais.
Salé, auteur fran.
Salier, auteur fran.
Salimboni, peint. italien.
Salisbury, hist. anglois.
Salisbury, grand trésorier d'Angleterre.
Sallengre, auteur holland.
Sallier, savant fran.
Sallo, écrivain fr.
Salluste, aut. espagnol.
Salmanazar, roi d'Assyrie.
Salmon, 2 méd. anglois.
Salmon, hist. anglois.
Salomon, roi d'Israël.
Salomon ben Virga, méd. espagnol.
Salomon ben Job Jalla, prince africain.
Salonine, femme de l'emp. Gallien.
Salvator Rosa, peint. ital.
Salvi, peintre italien.
Salvi, architecte italien.
Salviati, peintre florentin.
Salviati, peintre vénitien.
Salvien, écrivain fr.
Salvini, traduct. florentin.
Sambucus, méd. hongrois.
Sampson, écrivain anglois.
Samson, fils de Manué.
Samuel, proph. d'Israël.
Sanadon, rhétoricien fr.
Sanche, roi de Castille.
Sanchez, écriv. espagnol.
Sanchez, méd. portugais.
Sancho, écriv. nègre.
Sanchoniaton, ancien hist.
Sanctorius, méd. italien.
Sandby, archit. anglois.
Sanders, auteur anglois.
Sanders, professeur angl.
Sanderson, théol. anglois.
Sanderson, littérat. angl.
Sandius, écriv. prussien.
Sandrart, peint. allemand.
Sandrocottus, indien.
Sandys, prélat anglois.
Sandys, 2 écrivains angl.
Sanlecque, auteur fr.
Sannazar, poëte latin.
Sannyrion, poëte athénien.
Sanson, géographe fr.
Sansovino, sculpt. italien.
Santen, poëte hollandois.
Santerre, peintre fr.
Santeuil, auteur fr.
Santi di Titi, peintre ital.
Sanz, év. de Mauricastre.
Sapho, poëte grecque.
Sapor I à III, rois de Perse.
Sardanapale, roi assyrien.
Saron, mathématicien fr.
Sarpi, voy. Fra-Paolo.
Sarrasin, écrivain fr.
Sarto, peintre italien.
Saturnin, poëte romain.
Saturnin, fonda une secte.
Saturnin, proconsul rom.
Saturnin, emp. d'Alexand.
Saül, roi d'Israël.
Saulx, auteur françois.
Saumaise, historien fr.
Saunder, auteur anglois.
Saunder, écrivain anglois.
Saunders, juge anglois.
Saunderson, math. anglois.
Saurin, écriv. anglois.
Saurin, mathém. fr.
Saurin, avocat fr.
Saussay, auteur fr.
Saussaye, écrivain fr.
Saussure, natural. génev.
Sauvage, voy. Ferus.
Sauvage, physicien fr.
Sauval, avocat fr.
Sauveur, mathémat. fr.
Savage, écrivain anglois.
Savary, poëte latin.
Savary, auteur fran.
Savary des Brulons, 2 écr. françois.
Savary, traducteur fr.
Savery, peintre françois.
Saville, astron. anglois.
Saville, écriv. anglois.
Savonarole, prédicat. ital.

Savot, chirurgien fr.
Saxe, capitaine allemand.
Saxo, écrivain fr.
Say, poëte anglois.
Scala, écrivain italien.
Scaliger, littérat. italien.
Scaliger, savant franç.
Scamozzi, archit. italien.
Scanderberg *ou* Alexandre Seigneur, roi d'Albanie.
Scapula, savant holland.
Scarborough, méd. angl.
Scarron, poëte burlesque françois.
Schaap, professeur angl.
Schacht, professeur angl.
Schagen, peintre holl.
Schaleken, peintre holl.
Schaten, historien allem.
Scheffer, écrivain fr.
Scheckius, médecin all.
Scheiner, mathém. allem
Schellincks, 2 peint. holl.
Schiavone, peintre vénit.
Schickard, auteur allem.
Schidone, peintre ital.
Schilling, écrivain suisse.
Schlichtenius, écr. polon.
Schmidt, profess. all.
Schmidt, professeur fr.
Schmidt, graveur pruss.
Schoefflin, profess. all.
Schomberg (de), capit. fr.
Schoner, mathém. allem.
Schoonfield, peintre all.
Schoonjans, peintre flam.
Schorel, peintre holland.
Schottus, savant flam.
Schrevelius, critique holl.
Schroeder, savant holl.
Schulembourg (de), général polonois.
Schulrens, célèbre all.
Schurmann, célèbre allemande.
Schut, peintre flamand.
Schuur, peintre holland.
Schwartz, inventeur all.
Schwartz, peintre allem.
Schyndal, peintre holl.
Sciopius, auteur allem.
Scipion, consul romain.
Sclater, auteur anglois.
Scopas, architecte grec.
Scorza, peintre espagnol.
Scot, auteur anglois.
Scott. voyez Erigène,
Scott. voyez Duns.
Scott, savant anglois.
Scott, poëte anglois.
Scott, peintre anglois.
Scott, critique anglois.
Scott, historien anglois.
Scougal, écrivain écoss.
Scribonius, médec. rom.
Scriverius, auteur holl.
Scudery (de), auteur fr.
Scudery (de), romancière françoise.
Scyllax, géogr. et math. asiatique.
Seba, apothicaire holl.
Sébastien, roi de Portug.
Sébastien, peintre vénit.
Seckendorf (de), écr. all.
Secondat. voyez Montesquieu.
Secondus, poëte latin.
Secousse, écrivain fr.
Sécuris, médecin anglois.
Sedaine, auteur dram. fr.
Sedileau, savant fr.
Sedley, poëte anglois.
Sedulius, poëte latin.
Segaud, prédicateur fr.
Segers, 2 peintres flam.
Segla - Montégut (de), savante françoise.
Segrais (de), poëte fr.
Seguenot, traducteur fr.
Segui, prédicateur fr.
Seguier, écrivain fr.
Seguier, homme d'état fr.
Seguier, savant fr.
Seguier, jurisconsulte fr.
Séjan, favori de Tibère.
Séjour (du). voy. Dionis.
Selden, écrivain anglois.
Seleucus II à VI, rois de Syrie.
Seleucus, roi de Syrie.
Sélim I, II, empereurs turcs.
Sélis, écrivain fr.
Selle, médecin allemand.
Sellius, historien polon.
Sémiramis, reine d'Assyr.
Sempronia, dame rom.
Senac, médecin fr.
Sénault, écrivain fr.
Seneçay *ou* Senegré, poëte françois.
Sénèque, philos. romain.
Sennacherib, roi de Syrie.
Sennert, médecin allem.
Sennert, savant allem.
Sepher, traducteur fr.
Sepulvéda, écrivain esp.
Serapion, médecin arabe.
Serenus, médecin rom.
Sergius I à IV, papes.
Serment, savante françoise.
Serre (de la), auteur fr.
Serre (de la), écriv. fr.
Serres (de), auteur fr.
Serres (de), agronome fr.
Serry, écrivain italien.
Sertio, architecte bolon.
Sertorius, célèbre rom.
Servandoni, architecte et peintre florentin.
Servet, médecin espagn.
Serviez (de), écrivain fr.
Servius, gramm. latin.
Servius Tullius, roi des romains.
Sésostris, roi d'Egypte.
Sesto, peintre italien.
Seth, fils d'Adam.
Settle, poëte anglois.
Sévère, empereur rom.
Sévère II, césar romain.
Sévère III, emper. rom.
Sévère. voyez Sulpice Sévère.
Sévère, chef d'une secte.
Sévère, poëte latin.
Séverin, pape.
Sévigné (de), illustre françoise.
Sévigné (de), littérat. fr.
Sevin, écrivain fr.
Seward, écrivain fr.
Seward, savant anglois.
Sewel, chirurgien holl.
Sewel, poëte et méd. ang.
Sextus Empyricus, auteur grec.
Sextus, philos. grec.
Sextus, philos. romain.
Sforce, 2 ducs de Milan.
Shadwell, aut. dram. angl.
Shaftesbury. voy. Cooper.
Shakespeare, poëte tragique anglois.
Sharp, prédicateur angl.
Sharrock, jurisc. angl.
Shaw, 2 écrivains anglois.
Shaw, 2 auteurs anglois.
Shebbear, médecin angl.
Sheffield, poëte anglois.
Sheldon, archev. angl.
Shenstone, poëte anglois.
Shepreve, savant angl.
Sherburn, traduct. angl.
Sherebatof, savant russe.
Sheridan, ministre irland.
Sheridan, act. trag. angl.
Sheridan, aut. angloise.
Sherlock, savant anglois.
Sherlock, 2 écriv. angl.
Sherwin, graveur angl.
Shirley, aut. dram. angl.
Shore, célèbre angloise.
Shovel, amiral anglois.
Shrewsbury, irlandoise.
Shuckford, historien angl.
Sibbald, savant écoss.
Sibrechts, peintre flam.
Sibthorpe, natur. angl.
Sicart, écrivain françois.
Sicinus, tribun romain.
Sidney, 2 célèbres angl.
Sidonius, savant fr.
Sigebert, roi des Angles-Orientaux.
Sigismond de Luxembourg, empereur d'Allemagne.
Sigismond I à III, rois de Pologne.
Signorelli, peintre flor.
Sigonius, savant italien.
Silhon, lexicographe fr.
Silhouette (de), homme d'état françois.
Silius Italicus, poëte latin.
Silvère (S.), pape.
Silvestre I, II, papes.
Siméon, chef d'une tribu d'Israël.
Siméon, prophète.
Siméon Stylite, berger syr.
Simon I, II, grands-prêtres des Juifs.
Simon Machabée, grand-prêtre des Juifs.
Simon (S.), martyr chrét.
Simon, disciple de Jésus.
Simon le Magicien, juif.
Simon de Durham, écriv. anglois.
Simon, critique fr.
Simon, antiquaire fr.
Simoneau, graveur fr.
Simonide, poëte grec.
Simplicius, commentateur phrygien.
Simplicius (S.), pape.
Simpson, mathém. angl.
Simpson, théolog. écoss.
Simpson, mathém. écoss.
Sirani, peintre bolonois.
Sirani, peint. italienne.
Siret, grammairien fr.
Sirice, pape.
Siries, peint. italienne.
Sirmond, traducteur fr.
Sisara, général syrien.
Sisinnius, pape.
Sixte I à V, papes.
Skelton, poëte anglois.
Skinner, antiquaire angl.
Sleidan, historien allem.
Slingeland, peintre flam.
Sloane, médecin irland.
Sluys, peintre holland.
Smart, poëte latin.
Smeaton, mécanic. angl.
Smellie, accoucheur angl.
Smellie, imprimeur écoss.
Smerdis, fils de Dyrus.
Smites, peintre.
Smith, 2 écrivains angl.
Smith, savant anglois.
Smith, éditeur anglois.
Smith, poëte anglois.
Smith, graveur anglois.
Smith, 3 peintres angl.
Smith, écrivain écoss.
Smith, traducteur angl.
Smits, peintre holland.
Smollet, littérateur écos.
Snell, philosophe holl.
Snell, auteur holland.
Snorro, ministre d'état suédois.
Snyders, peintre flam.
Soanen, prédicateur fr.
Sobieski, roi de Pologne.
Sobrino, lexicogr. esp.
Socin, chef d'une secte.
Socin, écrivain italien.
Socrate, philos. athénien.
Socrate de Constantinople, historien.
Solander, natural. suéd.
Sole, 2 peintres italiens.
Soleysel (de), auteur fr.
Solignac (de), écriv. fr.
Soliman I à III, empereurs turcs.
Solimène, peintre napolit.
Solin, gramm. latin.
Solis, poëte espagnol.
Solon, sage de la Grèce.
Somerville, écriv. anglois.
Sommier, auteur fran.
Somner, antiq. anglois.
Sophocle, poë. trag. grec.
Soranus, médecin grec.
Sorbait, méd. allemand.
Sorbière, écrivain fr.
Sorbon, fonda la Sorbonne.
Sorel *ou* Soreau, maîtresse de Charles VII.
Sorel, historiographe fr.
Sorgh, peintre holland.
Sorri, peintre italien.
Sosigène, math. égyptien.
Sostrate, archit. grec.
Sotade, poëte thrace.
Sotère, pape.
Soto, savant espagnol.
Soubise, voy. Parthenay.
Soubise, capitaine fr.
Soubrany, conventionnel.
Souchai, auteur fr.
Souciet, bibliothéc. fr.
Souciet, auteur fr.
Soufflot, archit. fr.
South, théol. anglois.
Southern, aut. irlandois.
Souverain, auteur fr.
Sozomène, hist. syrien.
Sozomenus, jurisc. vénit.
Spagnoletto, peint. esp.
Spallanzani, sav. nat. ital.
Spanheim, théol. allem.
Spanheim, aut. génevois.
Spanheim, écr. génevois.
Spartacus, guerrier thrac.
Spartien, hist. romain.
Speed, antiquaire anglois.
Spelman, antiquaire angl.
Spence, auteur anglois.
Spencer, 2 aut. anglois.
Spener, fonda une secte.
Spenser, poëte anglois.
Sperling, méd. allemand.
Spérone, écriv. italien.
Speusippe d'Athènes, phil.
Spielman, méd. allemand.
Spierings, peint. flamand.
Spiers, peint. hollandois.
Spifame, év. de Nevers.
Spigélius, anat. flamand.
Spilberg, peint. allemand.
Spilberg, pein. hollandoise.
Spinello, 2 peintres ital.
Spinola, général espagnol.
Spinoza, aut. hollandois.
Spon, 2 médecins fr.
Sponde, 2 écrivains fr.
Spotswood, écr. anglois.
Spranghen, peint. flamand.
Sprat, écrivain anglois.
Squarcione, peintre ital.
Squire, auteur anglois.
Squire, mécanicien angl.
Staal, écriv. françoise.
Staben, peintre flamand.
Stace, poëte romain.
Stackhouse, théol. anglois.
Stadius, math. flamand.
Stahl, méd. chimiste allem.
Stahremberg, gouverneur de Vienne.
Stahremberg, génér. all.
Stalbempt, peint. flamand.
Stampart, peint. flamand.
Stanhope, écriv. anglois.
Stanhope, militaire angl.
Stanhope, écriv. anglois.
Stanislas Leczinki, roi de Pologne.
Stanislas Auguste Poniatowski, roi de Pologne.
Stanley, 2 auteurs anglois.
Stanley, music. anglois.
Stannina, peint. italien.
Stanyhurst, écriv. irland.
Stapleton, théol. anglois.
Stapylton, aut. anglois.
Statira, fem. d'Alexandre.
Staunton, méd. irlandois.
Staveley, auteur anglois.
Stedman, aut. écossois.
Steele, auteur anglois.
Steen, peintre hollandois.
Stéfaneschi, peint. italien.
Stéfano, peintre italien.
Stella, 2 peintres franç.
Stenon, anatom. danois.
Stenwick, 2 peint. irland.
Stephens, antiq. anglois.
Stephens, lexicogr. angl.
Stepney, poëte anglois.
Sterne, cél. écr. anglois.
Sternhold, poëte anglois.
Stésichore, poëte grec.
Stevens, auteur anglois.
Stevens, archit. anglois.
Stevers, peintre anglois.
Stevin, mathém. flamand.
Stewart, écrivain anglois.
Stifelius, théol. allemand.
Stillingfleet, prélat angl.
Stillingfleet, natural. angl.
Stilpon, philos. de Mégare.
Stobée, auteur grec.
Stock, littérat. anglois.
Stockade, peint. holland.
Stoffler, chef vendéen.
Stofler, math. allemand.
Stone, peintre anglois.
Stone, math. écossois.
Stone-House, théol. angl.
Storace, musicien anglois.
Storer, poëte latin.
Stork, peint. hollandois.
Stow, antiquaire anglois.
Strabon, géogr. grec.
Strada, auteur italien.
Strada, peintre flamand.
Straften, peint. holland.
Straight, aut. anglois.
Strange, grav. italien.
Streater, peint. anglois.
Streek, peintre holland.
Strong, mécanic. anglois.
Strozzi, 2 poëtes latins.
Strudel, peint. allemand.
Struensée, ministre de Danemarck.
Struvius, 2 savans allem.
Struys, voyageur holland.
Stuart, archit. anglois.
Stuart, auteur écossois.
Stubbs, écriv. anglois.
Studly, poëte anglois.
Stukely, antiquaire angl.
Stunica, savant espagnol.
Sturmius, savant allem.
Sturmius, philos. allem.
Stuven, peint. hollandois.
Suarez, théol. espagnol.
Subleyras, peintre fr.
Subtermans, peint. flam.
Suckling, poëte anglois.
Sue, 2 chirurgiens fr.
Suétone, hist. italien.
Sueur, traducteur fr.
Sueur, auteur françois.
Sueur, peintre françois.
Sueur, savant françois.
Suffren, auteur françois.
Suger, ministre d'état.
Suicer, théol. suisse.
Suidas, lexicographe.
Sully, homme d'état franç.
Sulpice Sévère, écriv. fr.
Sulpicia, poëte romaine.
Sulzer, philos. suisse.
Sumorokof, auteur russe.
Surenhuvius, savant holl.
Sutéliste, théol. anglois.
Sutton, fondateur anglois.
Sutton, inventeur anglois.
Suze, voy. Coligny.
Swammerdam, natur. holl.
Swanefeld, peint. flamand.
Swedenborg, philos. suéd.
Swift, 2 écriv. irlandois.
Swinden, théol. anglois.
Swinton, antiquaire angl.
Sybrecth, peintre flamand.
Sydenham, méd. anglois.
Sydenham, écriv. anglois.
Sylburg, savant allemand.
Sylla, militaire romain.
Sylvestre, trad. anglois.
Sylvius, voy. Pie II.
Sylvius *ou* Dubois, théol. fr.
Sylvius, médecin fran.
Symmaque, sénat. romain.
Synesius, écrivain africain.
Synge, écriv. irlandois.
Syphax, roi des Numides.
Syrus, auteur syrien.

TALI

Tabouet, écrivain fr.
Tabourot, écrivain fr.
Tabourot, voy. Accords.
Tachard, écrivain fr.
Tacite, historien romain.
Tacite, emper. romain.
Taconnet, écrivain fr.
Tacquet, math. flamand.
Taffi, peint. italien.
Tagereau, avocat fr.
Tahureau, auteur fr.
Taille, auteur franç.
Taille, militaire franç.
Taillepied, théol. fr.
Taix, écrivain franç.
Talbot, général anglois.
Talbot, auteur fr.
Talia Cocius *ou* Taglia Ciocci, médecin italien.
Taliessin, poëte gallois.
Tallart, maréc. de France.
Tallemant, 2 académ. fr.
Tallis, music. anglois.
Talon, 2 avocats-gén. fr.
Tamburini *ou* Tambourin, auteur françois.
Tamerlan, capit. persan.
Tancrède, roi de Naples et de Sicile.
Tanevot, écrivain fr.
Tanner, prélat anglois.
Tansillo, poëte italien.
Tarin, médecin franç.
Tarleton, acteur anglois.
Tarpa, critique romain.
Tarquin, 2 rois de Rome.
Tartini, musicien italien.
Taruffi, peintre italien.
Tarrantius, philos. rom.
Tartaglia, math. italien.
Tasse, poëte italien.
Tassin, auteur françois.
Tassoni, poëte italien.
Taste, écrivain franç.
Tate, poëte irlandois.
Tatien, écrivain syrien.
Tatisichef, auteur russe.
Tatius, roi des Sabins.
Tatius, écrivain syrien.
Taubman, critique allem.
Tauvri, médec. fr.
Tavarone, peintre génois.
Tavernier, voyageur fr.
Taylor, prélat anglois.
Taylor, poëte anglois.
Taylor, écriv. anglois.
Taylor, critique anglois.
Taylor, mathém. anglois.
Teissier, auteur fr.
Tell, libérat. de la Suisse.
Tellier (le), ministre fr.
Tellier, écrivain fr.
Tellius, savant grec.
Tello, ecclésiast. anglois.
Tempesta, peintre floren.
Temple, politique anglois.
Temple, ministre anglois.
Templeman, médec. ang.
Templeman, math. angl.
Tencin, archev. d'Embrun.
Tencin, auteur fr.
Teniers, 3 peintres flam.
Terburgh, peintre hollan.
Tercier, savant irlandois.
Térence, poëte romain.
Terpandre, poëte grec.
Terrasson, famille célèb.
Terrasson, 2 avocats fr.
Terray, magistrat fr.
Tertre (du), voyageur fr.
Tertre (du), écrivain fr.
Tertre (Duport du). voy. Duport.
Tertulien, écriv. africain.
Terwerton, peintre holl.
Testa, peintre italien.
Testu, écrivain fr.
Thaïs, courtisan. grecque.
Thalès, sage de la Grèce.
Thellusson, négociant fr.
Thémistius, philos. grec.
Thémistocle, génér. ath.
Théobald, aut. anglois.
Théocrite, poëte grec.
Théodore, roi de Corse.
Théodoret, écriv. syrien.
Théodoric, 2 rois des Goths.
Théodose, emp. romain.
Théodose II, emp. d'Occ.
Théodulphe, év. d'Orléans.
Théognis, poëte grec.
Théophane, histor. russe.
Théophile, écr. ecclés.
Théophile, écrivain fr.
Théophilacte, écr. eccl.
Théophraste, phil. grec.
Théramène, philos. ath.
Thérèse (Ste.), réforma les carmes.
Thespis, poëte grec.
Thevenot, voyageur fr.
Thevet, historiogr. fr.
Thibaut II, roi de France.
Thierry I, II, rois de Fr.
Thiers, auteur fr.
Thiout, horloger fr.
Thirlby, critique anglois.
Thielin, peintre flamand.
Thomas (S.), apôtre.

Thomas d'Aquin. voyez Aquin.
Thomas de Cantorbéry (S.) voyez Becquet.
Thomas, peintre alleman.
Thomas, év. de Worcester.
Thomas, théol. anglois.
Thomas, écriv. anglois.
Thomas, académicien fr.
Thomassin, théoloh. fr.
Thompson, poëte anglois.
Thoresby, antiquaire ang.
Thorius, médec. anglois.
Thorndike, théolog. angl.
Thornhill, peintre angl.
Thou (de), historien fr.
Thouret, jurisconsulte fr.
Thrasybule, général ath.
Thucydide, histor. grec.
Thuillier, écrivain fr.
Thurlow, écrivain angl.
Thysius, savant holland.
Tiarini, peintre italien.
Tibère, emper. romain.
Tibère, emper. d'Orient.
Tibulle, poëte latin.
Ticho-Brahé. voy. Brahé.
Tickell, traduct. anglois.
Tickell, poëte anglois.
Tideman, peintre allem.
Tiferne *ou* Tifernas, sav. italien.
Tigrane, roi d'Arménie.
Tillingius, médecin allem.
Tilladet, théologien fr.
Tillemans, peintre flaman.
Tillemont, historien fr.
Tilli (de), génér. flamand.
Tillotson, prélat anglois.
Timagène, rhéteur syrien.
Timoléon, génér. corintg.
Timoteo da Urbino, peintr. italien.
Timothée, disc. de S. Paul.
Timothée, poëte grec.
Tindal, 2 écriv. anglois.
Tinelli, peintre vénitien.
Tintoret, peintre italien.
Tiphaigne de la Roche, médecin françois.
Tiphaine, écrivain fr.
Tiraqueau *ou* Tiraquellus, jurisconsulte fr.
Tiraboschi, rhéteur ital.
Tissot, médec. suisse.
Tite, discip. de S. Paul.
Tite-Vespasien *ou* Titus, empereur romain.
Titien (le), peintre ital.
Titley, écriv. anglois.
Titon du Tillet, sav. fr.
Tixier, écrivain fr.
Toaldo, sav. italien.
Todd, théologien anglois.
Toland, écriv. irlandois.
Tollet, sav. angloise.
Tollius, médecin hollan.
Tollius rhéteur anglois.
Tollius, éditeur holland.
Tompion, horloger angl.
Tonstall, savant anglois.
Tooke, poëte anglois.
Tooke, géomét. anglois.
Toplady, écriv. anglois.
Torche, traducteur fr.
Tornæus, traduct. suédois.
Torrentius, écriv. flaman.
Torrentius, peintre holl.
Torricelli, mathém. ital.
Tory, imprimeur fr.
Totila, roi des Goths.
Touche (la) voy. Guymond.
Toup, critique anglois.
Tour-d'Auvergne-Corbat, militaire françois.
Tour-du-Pin (la), prédicateur françois.
Tournefort, botaniste fr.
Tournely, théologien fr.
Tournemine, savant fr.
Tourneur (le), traduc. fr.
Tourneux (le), écriv. fr.
Tourreil (de), traduc. fr.
Tourville, marin fr.
Toussaint, écrivain fr.
Toussaint-Louverture, général nègre.
Toustain, savant fr.
Towers, historien anglois.
Toyras. vo. Rapin de Toyras

Tozzetti, botaniste ital.
Tradescant, savant holl.
Trajan, emper. romain.
Trallien, médecin.
Trapp, théolog. anglois.
Travis, théolog. anglois.
Trebisonde, écriv. grec.
Tremellius, théol. italien.
Tremolière, peintre fr.
Trenchard, poëte anglois.
Tressan, écrivain fr.
Trevisani, peintre italien.
Trevisi, peintre italien.
Trew, botaniste alleman.
Trissin, poëte italien.
Tristan, court. de Louis XI.
Tristan, poëte fr.
Tristan, écrivain fr.
Trogue-Pompée, histor.
Trommius, théol. allem.
Tromp, amiral hollandois.
Tronchin, médec. suisse.
Tronçon du Condray, avocat françois.
Troost, peintre holland.
Trosne (le), avocat fr.
Troy (de), 2 peintres fr.
Troyen, peintre flamand.
Trublet, écrivain fr.
Trudaine, mathémat. fr.
Trumbull, ami de Pope.
Tryphiodore, poëte grec.
Tuchin, écriv. anglois.
Tucker, écriv. anglois.
Tucker, théol. anglois.
Tudela, écrivain rabbin.
Tull, cultivateur anglois.
Tullia, fille de Cicéron.
Tullius Hostilius, roi de Rome.
Tunstall, théol. anglois.
Turbido, peintre italien.
Turenne, capitaine fr.
Turgot, 2 magistrats fr.
Turnèbe, critique fr.
Turner, théol. anglois.
Turpin, arch. de Reims.
Turpin, historien fr.
Turretin, théolog. suisse.
Tye, musicien anglois.
Tyndale, réformat. angl.
Tyrannion, gramm. syrien.
Tyrtée, poëte grec.
Tyrwhitt, critique angl.
Tysilio, poëte gallois.
Tyssens, peintre flamand.
Tysler, auteur écossois.
Tzetzes, gramm. grec.

UTEN

Ubaldini, artiste italien.
Udino, peintre italien.
Ulfeld, célèbre danois.
Ulloa, voyageur espagn.
Ulug-Beig, prince persan.
Upton, théologien angl.
Upton, écrivain anglois.
Urbain I à VIII, papes.
Urbin (d'), architecte ital.
Urceus, savant italien.
Urfée (d'), écrivain fr.
Ursus, mathémat. all.
Usher *ou* Usserius, chronologiste irlandois.
Uspeg, écrivain allem.
Utenhove, critique all.

VALE

Vachères, troubad. fr.
Valdé, poëte fr.
Vaillant de Gueslis, aut. françois.
Vaillant, antiquaire fr.
Vaillant, 2 médecins fr.
Vaillant, peintre flamand.
Vaissette, savant fr.
Valady, républicain fr.
Valart, grammairien fr.
Valazé, républ. fr.
Valens, philos. arabe.
Valens, emper. romain.
Valentin, peintre fr.
Valentin, pape.
Valentin, chimiste angl.
Valentin, médecin fr.
Valentinien I à III, emp. d'Occident.

Valère Maxime, aut. latin.
Valérien, emp. romain.
Valérien, savant italien.
Valette-Parisot (la), grand-maître de Malte.
Valette (la), capit. fr.
Valette (la), amiral fr.
Valette (la), capitaine fr.
Valincourt, écrivain fr.
Valkenburgh, peintre holl.
Valla *ou* Valle, aut. ital.
Valla, médecin italien.
Vallier, poëte fr.
Valois (de), critique fr.
Valois (de), historiogr. fr.
Valsalva, médecin ital.
Valverda, anatom. ital.
Vanaken, peintre flam.
Vanbrugh, écr. dram. ang.
Van-Clève, sculpteur fr.
Vancouver, navigat. angl.
Van-Dale, savant holl.
Vander-Linden, théolog. anglois.
Vander-Linden, méd. hol.
Vander-Meer, peint. holl.
Vander-Meulen, peintre flamand.
Vandermonde, écr. chin.
Vandermonde, géom. fr.
Vander-Velde, 3 peintres hollandois.
Vander-Venne, peintre hollandois.
Van-Dyck, peintre flam.
Van-Dyck, peintre holl.
Vane, homme d'état angl.
Van-Espen. voy. Espen.
Vanière, poëte fr.
Vanini, athée italien.
Vanloo, 6 peintres fr.
Van-Mander, peintre fl.
Vanni, peintre italien.
Vanni, peintre florentin.
Van-Obstal, sculpt. flam.
Van-Oort, peintre flam.
Van-Orlay, peintre flam.
Van-Somer, peint. flam.
Van-Swieten, peint. holl.
Van-Tulden, peint. flam.
Van-Uden, peintre flam.
Varénius, médecin holl.
Vargas (de), peint. espag.
Varignon, mathém. fr.
Varillas, historien fr.
Varius, poëte trag. rom.
Varron, savant romain.
Varron, poëte latin.
Vasari, artiste biogr. ital.
Vascosan (de), imprimeur.
Vassor (de), écriv. fr.
Vatable, savant fr.
Vattel, publiciste suisse.
Vauban (de), ingénieur et capitaine fr.
Vaudreuil, marin fr.
Vaucanson, mécanic. fr.
Vaugelas (de), lexicogr. françois.
Vauge, écrivain fr.
Vaugondy. voyez Robert.
Vauvenargues (de), écr.
Vauvilliers, savant fr.
Vaux, poëte anglois.
Vauxelles, écrivain fr.
Vavasseur, écrivain fr.
Vega (de), poëte espag.
Végèce, écrivain latin.
Vell, 2 écrivains fr.
Veissière, écrivain fr.
Velasquez, peintre esp.
Velléius Paterculus. voyez Paterculus.
Velly, historien fr.
Velser, jurisconsulte all.
Venance Fortunat, auteur italien.
Vence (de), écrivain fr.
Vendôme (de), gouverneur françois.
Venel, médecin fr.
Vénéroni, lexicogr. fr.
Venetiano, peintre vénit.
Venette, médecin fr.
Venius *ou* Van-Veen, peintre hollandois.
Venner, médecin anglois.
Venner, fanatique angl.
Verdier, chirurgien fr.
Vère, général anglois.

Vère, vaillant anglois.
Verelst, peintre flamand.
Vergennes (de), ministre homme d'état françois.
Verger. voy. S. Cyran.
Vergi (Gabrielle de), épouse de Fayel.
Vergier, écrivain fr.
Vergniaud, républ. fr.
Vermeyen, méd. brabanç.
Vermeyen, peintre holl.
Verner, peintre fr.
Verney (du), anatom. fr.
Vernon, amiral anglois.
Véronèse. voy. Cagliari.
Verrochio, mathém. flor.
Verschurino, peint. holl.
Verskovis, sculpt. flam.
Verskovis, peintre flam.
Verstegen, antiq. angl.
Vertot d'Aubœuf (de), historiographe fr.
Vertue, ingén. grav. angl.
Verus, empereur romain.
Vesale, anatomiste flam.
Vespasien, emper. rom.
Vespuce, voyageur flor.
Viaud. voyez Théophile.
Vicary, écrivain anglois.
Vicence, fanatique ital.
Vicq-d'Azir, médecin fr.
Victor I à III, papes.
Victor-Amédée, roi de Sardaigne.
Victorius, médecin ital.
Victorius, savant flor.
Vida, poëte latin.
Vidus-Vidius, médecin et chirurgien florentin.
Vigand, théolog. allem.
Vigile, évêque africain.
Vigile, pape.
Vigne (de la), écr. fr.
Vigne (de la), savante françoise.
Vignes (des), écrivain.
Vignier, historiogr. fr.
Vignier, auteur fr.
Vignoles, architecte ital.
Vignoles (de), capit. fr.
Vignoles (de), écriv. fr.
Vigor, archevêque fr.
Vigor, écrivain fr.
Villalpande, auteur ital.
Villaret, historien fr.
Villars, capitaine fr.
Villedieu (Mad. de). voy. Jardins.
Villefore, biographe fr.
Villefroy, savant fr.
Ville-Hardouin, historien françois.
Villena (de), poëte esp.
Villeneuve (Barbot de), savante françoise.
Ville-Thiéry (de), auteur françois.
Villiers-de-l'Isle-Adam, grand-maître de Malte.
Villiers (de), favori de Jacques I.
Villiers, auteur anglois.
Villiers (de), écriv. fr.
Villon, poëte fr.
Vincent de Lérins, écriv. françois.
Vincent de Beauvais, aut.
Vincent de Paul (S.), françois charitable.
Vinci, peintre italien.
Viner, banquier anglois.
Vinnius, juriscons. holl.
Vintimille (de), archev. de Paris.
Viot. voyez Cajétan.
Viot, savante françoise.
Viret, écrivain fr.
Virgile, poëte latin.
Virgile, historien italien.
Virginie, fille du centurion Lucius Virginius.
Viscléde, académicien fr.
Visdelou, historien fr.
Visé, poëte françois.
Vitalien, pape.
Vitellio *ou* Vitellio, opticien polonois.
Vitellius Aulus, empereur romain.
Vitré, imprimeur fr.

Vitringa, savant.
Vitruve, architecte ital.
Vittement, professeur fr.
Vivarès, graveur fr.
Vives, écrivain espagn.
Viviani, mathém. flor.
Voet, théologien holl.
Voisenon, auteur fr.
Voisin, célèb. magistrat fr.
Voiture, écriv. françois.
Volkof, acteur russe.
Volmar, juriscons. all.
Voltaire (Arouet de), auteur et poëte fr.
Vonck, juriic. brabanç.
Vondel, poëte holland.
Vopiscus, histor. syracus.
Voragine. voyez Jacques.
Vorstius, théolog. all.
Vortigern, chef breton.
Vos, peintre flamand.
Vossius, écrivain allem.
Vossius, 2 écrivains holl.
Vossius, savant flamand.
Vouet, peintre fr.
Voyer. voyez Argenson et Paulmy.
Vroon, peintre holland.

WERF

Wading, écriv. irland.
Wagenseil, savant allem.
Wagner, médecin suisse.
Wake, écrivain anglois.
Wakefeld, profess. angl.
Wailly (de), gramm. fr.
Waldo, chef d'une secte.
Walker, peintre anglois.
Walker, biographe angl.
Wall, médecin anglois.
Wallace, vaillant écoss.
Waller, poëte anglois.
Wallis, mathém. anglois.
Walpole, homme d'état anglois.
Walpole, poëte anglois.
Walsh, crit. et poët. angl.
Walsingham, histor. angl.
Walsingham, ambass. ang.
Walton, écrivain angl.
Walton, écrivain angl.
Wanley, écrivain angl.
Wanley, bibliothéc. angl.
Wansler, savant allem.
Warburton, littérat. angl.
Ward, instituteur angl.
Ward, mathém. anglois.
Ward, rhét. anglois.
Ward, auteur anglois
Ware, auteur irlandois.
Wargentin, math. suédois.
Warham, archevêque de Cantorbery.
Waring, méd. anglois.
Warner, prédic. anglois.
Warner, théol. anglois.
Warner, auteur anglois.
Warton, poëte anglois.
Warwick, écrivain angl.
Washington, gén. améric.
Wasser, peintre suisse.
Watelet, académicien fr.
Waterland, écriv. anglois.
Waterloo, peint. holland.
Wats, ministre anglois.
Watson, écriv. anglois.
Watson, imprim. écossois.
Watson, théol. anglois.
Watson, critique écossois.
Watson, auteur anglois.
Watson, chirur. anglois.
Watteau, peintre fr.
Weaver, maître à danser.
Webb, célèbre antiquaire.
Webster, auteur anglois.
Wechel, 2 cél. imprim. fr.
Weever, auteur anglois.
Welles, théol. anglois.
Wells, professeur anglois.
Welsted, auteur anglois.
Welwood, méd. irland.
Wenceslas, empereur de Germanie.
Wentworth (Strafford), généreux anglois.
Wentworth, homme d'état anglois.
Werf, peint. hollandois.

Wesley, ministre anglois.
Wesselius, voyageur angl.
West, écrivain anglois.
West, écriv. écossoise.
West, auteur anglois.
West, écuyer anglois.
Westein, ministre suisse.
Wharton, sav. angloise.
Wharton, ministre angl.
Whately, auteur anglois.
Wheare, écriv. anglois.
Wheeler, ministre anglois.
Whiston, théol. anglois.
Whitby, théol. anglois.
White, écriv. anglois.
Whitefield, prédic. angl.
Whitehead, 2 poëtes angl.
Whitehurst, mécan. angl.
Whitelocke, aut. anglois.
Whitgift, écriv. anglois.
Whittington, aut. anglois.
Whittington, archit. angl.
Wibolde, savant allemand.
Wichmans, aut. flamand.
Wiclef, écriv. anglois.
Wicquefort, écriv. holl.
Wida, réformateur allem.
Wier, médecin franç.
Wild, traduct. anglois.
Wildens, peint. flamand.
Wildman, écriv. anglois.
Wilkes, auteur anglois.
Wilkes, écriv. anglois.
Wilkie, poëte écossois.
Wilkins, math. anglois.
Wilkins, antiquaire angl.
Williams, trad. galloise.
Williams, écriv. gallois
Willis, médecin anglois.
Willis, antiquaire anglois.
Willougby, natur. angl.
Wilson, hist. anglois.
Wilson, auteur anglois.
Wilson, écriv. écossois.
Wilson, peintre gallois.
Wimpina, théol. allemand.
Winchelsea, sav. angloise.
Wing, écriv. anglois.
Winkelman, antiq. allem.
Winschomb, fabricant ang.
Winsemius, historiog. all.
Winslow, anat. anglois.
Winstanley, écriv. angl.
Winston, méd. anglois.
Wintown *ou* Wyntown, histor. écossois.
Wintringham, méd. angl.
Winwood, écriv. anglois.
Wion, hist. flamand.
Wirley, écriv. anglois.
Wise, antiquaire angl.
Wischart, théol. écossois.
Wischeart, écr. irland.
Wissind, peint. holland.
Wissowatius, écrivain.
Witasse, théol. franç.
Withers, écriv. anglois.
Witiking, prince saxon.
Witsius, théol. holland.
Witt, voy. Dewit.
Witt, peintre hollandois.
Wittichius, mathématicien silésien.
Woffington, actrice irland.
Wolfart, phys. allemand.
Wolfe, capitaine anglois.
Wolff, savant allemand.
Wollaston, théol. anglois.
Wollebius, aut. suisse.
Wolodimir, duc de Russie.
Wolsey, gramm. anglois.
Wolters, pein. hollandoise.
Wood, hist. anglois.
Wood, auteur anglois.
Wood, écriv. anglois.
Woodall, chirur. anglois.
Woodcock, peint. angl.
Woodville, veuve de Sir John Grey.
Woodward, méd. anglois.
Woodward, acteur angl.
Woolston, écr. anglois.
Wooton, peintre anglois.
Wordsdale, peintre angl.
Worlidge, peintre angl.
Wormius, méd. danois.
Wortley, voy. Montague.
Wotton, méd. anglois.
Wotton, savant anglois.
Wotton, ministre anglois.

Wouters *ou* Wauter, peint. hollandois.
Wouwere, aut. flamand.
Wouwermans, peint. holl.
Wower *ou* Wouwers, écr. hollandois.
Wrangel, maréc. de Suède.
Wren, archit. anglois.
Wren, auteur anglois.
Wright, savant anglois.
Wright, voyageur anglois.
Wright, peintre anglois.
Wulson, auteur fr.
Wyatt, poëte anglois.
Wycherley, poëte anglois.
Wycke, 2 peint. holland.
Wynantz, peint. holland.
Wytman, peint. holland.

XANTIPPE, femme de Socrate.
Xantippe, géné. lacédém.
Xénocrate, phil. grec.
Xénophanes, philos. grec.
Xénophon, gén. athénien.
Xénophon, écriv. grec.
Xercès, roi de Perse.
Xi-Hoang-Ti, emper. de la Chine.
Ximenès, ministre espag.
Xylander, auteur allem.
Xyphilin, patriarche.

YALD

YALDEN, poëte anglois.
Yao *ou* Yu, emper. de la Chine.
Young, écriv. anglois.
Yryarte, auteur africain.
Yse (de), philantrope.
Yves, voy. Ives.
Yvon, protestant franç.

ZACH

ZABARELLA, aut. ital.
Zabathai-Scévi, imposteur asiatique.
Zacagni, littérateur ital.
Zacharie, prophète.
Zacharie de Lisieux, écriv. françois.
Zacutus, méd. portugais.
Zahn, écriv. allemand.
Zaleucus, législat. italien.
Zaluski, écriv. polonois.
Zamoski, aut. polonois.
Zanchius *ou* Zanchy, sav. italien.
Zannichelli, méd. italien.
Zannoni, méd. italien.
Zarate, aut. espagnol.
Zarlino, écriv. italien.
Zegedin, aut. hongrois.
Zeiller, écriv. allemand.
Zelotti, peint. italien.
Zénobie, reine de Palmyre.
Zénon d'Élée, phil. grec.
Zénon de Citrium *ou* de Chipre, philos. grec.
Zénon, emp. d'Orient.
Zéphirin (S.), pape.
Zeuxis d'Héraclée, peintre grec.
Ziegler, mathém. allem.
Ziegler, auteur allemand.
Zimmerman, théologien hongrois.
Zimmerman, méd. suisse.
Zincke, peintre allemand.
Zinzendorf, chef des Hernuthes.
Zisca *ou* Ziska, hussite.
Zizim, emp. des Turcs.
Zoé, femme de Léon VI.
Zoïle, critique thrace.
Zonaras *ou* Zonare, hist. grec.
Zonca, math. italien.
Zoppo, peintre italien.
Zopyre, fils de Mégabise.
Zoroastre *ou* Zerdusht, philosophe indien.
Zosime (S.), pape.
Zosime, hist. romain.
Zouch, auteur anglois.
Zuniga, voyez Hercylla.
Zucchero, 2 peintres italiens.
Zuingle, auteur suisse.
Zumbo, sculpteur sicilien.
Zur-Lauben, capit. suisse.
Zust, peintre allemand.
Zwinger, 2 méd. suisses.
Zyphæus *ou* Vanden Zyp, auteur flamand.

FIN DE LA CINQUIÈME PARTIE.

DICTIONNAIRE
DE
GÉOGRAPHIE UNIVERSELLE,

SUIVANT L'ANCIENNE ET LA NOUVELLE DIVISION DE LA FRANCE, DE L'ALLEMAGNE, DE L'ITALIE, etc.,

RÉDIGÉE D'APRÈS LES MEILLEURS AUTEURS ET LES ACTES PUBLIÉS PAR LE GOUVERNEMENT FRANÇOIS.

Aach *ou* Achs, *Aacha.* v. et r. du cercle de Souabe.

Aahus *ou* Ahaus, *Aahusium* v. de Westphalie.

Aar, île de Danemarck dans la mer Baltique.

Aas, *Ausa.* port de Norwège.

Aba *ou* Mont-Arménien, mont. de la grande Arménie.

Abach *ou* Abbach, *Abucum.* v. de la basse Bavière.

Abacoa, *Abacoa.* l'une des îles Lucaies.

Abano, *Aponus.* v. du Padouan.

Abanwiwar, c. de la h. Hongrie.

Abaraner, *Abaranum.* v. de la grande Arménie.

Abascie, *Abascia.* contrée de la Georgie.

Abbeville, *Abbatis Villa.* v. de Picardie. sous-préf. Somme.

Abensberg, *Abensperga.* v. de Bavière.

Aberdeen, *Aberdonia.* prov., v. et comté d'Ecosse.

Abergavenni, ville du comté de Montmouth.

Abergement (le grand), b. Ain.

Abernery, Aberdorn, *Abernethum*, v. d'Ecosse.

Aberystwith, *Aberystyvium.* v. de la province de Galles.

Abeskoun, île, r. et v. dans la mer Caspienne.

Abex (la côte d'), *Abecis ora.* contrée sur le bord occid. de la Mer-Rouge.

Abher, v. de l'Iraque Persienne.

Abiad, v. sur la côte d'Abex.

Abingdon, Abendon *ou* Abington, *Abindonia.* b. et comté d'Angleterre.

Abiscas, *Abisci.* peuple de l'Amérique méridionale.

Abissinie, *Abissinia.* grand pays et roy. d'Afrique.

Ablai, contr. de la gr. Tartarie.

Ablis, b. Seine-et-Oise.

Abnakis *ou* Abnaquis, *Abnaquii.* peuples du Canada.

Abo, *Aboa.* v. cap. de Finlande.

Aboera, v. sur la côte d'Or de Guinée.

Abondance, *Abundantia.* ville. Mont-Blanc.

Aboutige, Abutich *ou* Abouhibe, *Abydus.* v. de la haute Egypte.

Abramboe, Abrambou, petit pays et v. de la côte d'Or d'Afrique.

Abrantes, *Abrantus.* v. de l'Estramadure portugaise.

Abrets, b. Isère.

Abrobania, Abrucbania, *Autariarum.* v. de Transilvanie.

Abruzze, *Aprutium.* prov. du roy. de Naples.

Abs, *Alba Herviosum.* v. Ardèche.

Absperg, v. du marq. d'Anspach.

Abuyo, *Abuia.* l'une des îles Philippines.

Acadie, Accadie *ou* Nouvelle Ecosse, *Accadia.* presqu'île de l'Amérique septentrionale.

Acalziké, forteresse sur le mont Caucase.

Acambou, roy. sur la côte de Guinée.

Acanes, *Acana.* (le grand et le petit) villes de la côte de Guin.

Acapulco, *Acapulcum.* v. du Mexique.

Acara *ou* Acra, pays et vil. du roy. d'Acambou.

Acarnanie, prov. de l'Épire.

Acarai *ou* la Nativité, *Acaraia.* v. du Paraguay.

Acerno *ou* Acierno, *Acernum.* v. du roy. de Naples.

Acerra, *Acerræ.* v. du roy. de Naples.

Achel, b. canton. Meuse-Infér.

Achem *ou* Achen, *Achemum.* roy. et v. dans l'île de Sumatra.

Achéron, fleuves de la gr. Grèce et de Bithinie.

Acheux, vil. canton. Somme.

Achouri, *Achada* ou *Achonrita.* b. d'Irlande.

Achstett *ou* Akstett, *Acsteda.* v. du duché de Brême.

Achyr, Achiai, *Achyrum.* v. de l'Ukraine.

Ackren *ou* Achen, *Acona.* v. du duché de Magdebourg.

Acoma, *Acoma.* v. capitale du nouveau Méxique.

Açores, îles d'Afr.; il y en a 9.

Acous, vil. cant. B.-Pyrénées.

Acquapendente, *Acula.* v. de l'état Romain.

Acquaria, *Aquarium.* v. du duché de Modène.

Acquaviva, v. du royaume de Naples.

Acqui, *Aquæ Satiellæ.* ville du duché de Montferrat. évêché. sous-préf. Tanaro.

Acre (S. Jean d'), Acco *ou* Ptolémaïde, *Acra Ptolemaïs.* Colonia Claudia, v. de la Palestine.

Acron, petit roy. sur la côte d'Or de Guinée.

Acsarai, *Axara.* b. de la Cilicie.

Actamar *ou* Van, *Mantianus lacus.* lac et v. d'Arménie.

Actiar *ou* Sevastopol, port de la Crimée.

Acy, b. Aisne.

Ada, v. de Natolie.

Adam's pic *ou* Pic d'Adam, m. dans l'île de Ceylan.

Adana, Adena, *Adana.* v. de Natolie.

Adaous *ou* Quaqua, peuples du royaume de Saccoo.

Adda (l'), *Abduas*, *Abdua* ou *Aduas.* r. de Suisse et d'Italie.

Adel, *Azania.* roy. d'Afrique.

Adelberg, *Adelberga.* v. du duché de Wirtemberg.

Adelhoerz *ou* Adelhotz, vil. de la basse Bavière.

Adelsdorff, v. dans l'évêché de Bamberg.

Aden *ou* Adem, *Adenum.* v. de l'Arabie heureuse.

Adenbourg *ou* Aldenbourg, *Brannesia.* v. du duc. de Berg.

Aderbijan, *Aderbigiana.* prov. de Perse.

Aderborn, *Aderbona.* v. de la Poméranie prussienne.

Aderno, *Adranum* ou *Hadranum.* v. de Sicile.

Adiazzo, Addizze *ou* Ajaccio, voyez Ajaccio.

Adige, *Athesis.* r. d'Italie.

Adja *ou* Agga, v. de Guinée.

Adlersberg, *Postoina.* bourg et château de Carniole.

Admont, v. et abb. de la haute Stirie.

Adom *ou* Adon, contrée et espèce de république en Afrique.

Adra, *Abdra.* v. et château du royaume de Grenade.

Adria *ou* Hadria, *Atria.* v. de l'état de Venise.

Adrien (S.), v. Escaut.

Adrierer, b. Vienne.

Ædin *ou* Erding, b. de la basse Bavière.

Ægeri *ou* Egère, *Aque Regie*, *ad Aquas Regias.* lac et village du canton de Zug.

Ærschot, *Arschotium.* v. cant. Dyle.

Affenthal, vallée de l'Ortenau.

Affriand (S.), b. Creuse.

Affrique (S.), v. de Rouergue. sous-préf. Aveyron.

Afrique, *Africa.* l'une des quatre parties de la terre.

Afrique, port et v. du roy. de Tunis.

Agades, *Agades.* roy. et v. de la Nigritie.

Agata (Sta.), *Agathopolis.* v. du roy. de Naples.

Agay, *Agatennæ portus.* petit port près de Fréjus. Var.

Agde, *Agatha.* v. du bas Languedoc. cant. Hérault.

Agen, *Aginnum.* v. cap. de l'Agénois. évêc. préf. Lot-et-Gar.

Agénois, *Aginnensis tractus.* contrée de Fr. dans la Guienne. Lot-et-Garonne.

Agérenthal, *Ageranavallis.* vallée dans le haut Valais.

Aggerrhus, *Aggerhusia.* gouvernement et chât. de Norwège.

Agher, v. dans la prov. d'Ulter.

Aghuans, peuples du Candahar.

Agmat, Agmet, prov. v. et r. du roy. de Maroc.

Agmondeslaw, b. dans le c. de Buckingham.

Agnano, *Anianus lacus.* lac du roy. de Naples.

Agnestin, *Agnettinum.* v. de Transilvanie.

Agnona, b. canton. *Sésia.*

Agnone *ou* Anglone, v. de l'Abruzze.

Agobel, *Victoria.* ville de la province d'Hea.

Agon, petit port. Manche.

Agosta, *Augusta.* v. et port de Sicile.

Agra, *Agra.* province et ville de l'empire du Mogol.

Agréda, *Agreda.* v. de la vieille Castille.

Agreda, v. du roy. de Popaïan.

Agrève (S.), *Fanum S. Agripani.* v. canton. Ardèche.

Agria, *Abieta.* ville et r. de la haute Hongrie.

Agrigon, l'une des îles des Larrons *ou* Mariannes.

Agris, b. Charente.

Agspach, v. de la b. Autriche.

Aguas, peuple de l'Amérique m.

Aguatulco, *ou* Aquatulco, *ou* Guatulco, v. et port de la nouvelle Espagne.

Aguila *ou* Agle, v. du roy. de Fez.

Aguilar del Campo, *Juliobrica Aguilaria campestris.* v. de la vieille Castille.

Ahrveillher, v. Roër.

Ahuas, v. du Chursistan.

Ahun, *Agedunum.* ville, canton. Creuse.

Ahus *ou* Ahuis, *Ahusa.* v. et port de la Gothlande.

Aichach, Aich, Aicha, v. de la haute Bavière.

Aichheim, ville du comté de Rechberg.

Aichstat, Aichstaedt, *ou* Eichstett (l'évêché d'), *Aureatum, Alla marisca Aichstdium, Dryopolis.* petit état souverain et v. de Franconie. Bavière.

Aielo, *Thyella.* b. de l'Abruzze.

Aigle (l'), *Aquila*, *Aquilina.* ville de la haute Normandie. canton. Orne.

Aigle, *Aquila*, *Aquilegia.* bail. du canton de Berne.

Aignai-le-Duc *ou* Aignay, *Atanacum.* b. canton. Côte-d'Or.

Aignan (S.) *ou* S. Agnan, *Fanum S. Agnani.* v. c. Loir-et-Cher.

Aignan, v. canton. Gers.

Aignan (S.), b. c. Charente-Inf.

Aignan-sur-Roé (S.), b. canton. Mayenne.

Aigne, b. Sarthe.

Aigre, b. canton. Charente.

Aigrefeuille, b. cant. Loire-Inf.

Aigrefeuille, b. cant. Charente-Inférieure.

Aigremont, *Agrimontium.* ville. Haute-Marne.

Aiguebelle, *Aquabella.* ville de Savoie. canton. Mont-Blanc.

Aigue-Perse, *Aqua sparsa.* ville. canton. Puy-de-Dôme.

Aigue-Perse, bourg. Saône-et-Loire.

Aigues-Mortes, *Aquæ Mortuæ.* v. canton. Gard.

Aigues-Vives, *Aquæ Vivæ.* v. Gard.

Aiguille (l'), *Acus*, *Mons Inaccessus.* montagne dans le haut Dauphinée.

Aiguilles (le cap des), à l'extrémité méridionale d'Afrique.

Aiguilles, b. cant. Hautes-Alpes.

Aiguillon, *Acilio*, *Aiguillonum.* v. Lot-et-Garonne.

Aigurande, b. canton. Indre.

Ailah, *Ælana.* v. de l'Arabie pétrée.

Ailesbury, *Æglesburgum.* b. et comté d'Angleterre.

Aillant-sur-Tholon, b. canton. Yonne.

Ailly-le-Haut-Clocher, b. cant. Somme.

Ailly-sur-Noye, b. c. Somme.

Ain, 1er. département de France, formé dans la Bourgogne, la Bresse, le Bugey et le pays de Gex: il tire son nom d'une rivière ainsi nommée.

Ains et Fraignan, bourgs. Charente-Inférieure.

Air, prov. de l'Ecosse mér.

Air *ou* Ayr, *Æra.* v. et r. de la prov. d'Air.

Airagues, b. Vaucluse.

Airaine, b. Somme.

Aire, *Aturum*, *Vicus. Julius*, *Martianum.* v. cant. Landes.

Aire, *Æria.* v. de l'Artois. cant. Pas-de-Calais.

Airvault, *Aurea Vallis.* v. cant. Deux-Sèvres.

Aisay-le-Duc *ou* Aizey-le-Duc, b. et château. Cote-d'Or.

Ais-dam-Gilon, *Haia domini Gilonis.* b. Cher.

Aisey, b. Côte-d'Or.

Aisnai-le-Château, v. Cher.

Aisne, 2e. département de Fr., formé dans l'Isle-de-France et la Picardie.

Aix, *Aquæ Sextiæ.* v. cap. de la Provence. archev. sous-préf. Bouches-du-Rhône.

Aix, *Aqua gratiana.* v. canton. Mont-Blanc.

Aix, île près de la Rochelle.

Aix d'Angillon, b. cant. Cher.

Aix, v. cant. Haute-Vienne.

Aix-en-Othe, *Aqua*, b. c. Aube.

Aix-la-Chapelle, *Aquis Granum.* v. du duché de Juliers. évêché. préf. Roër.

Aizent *ou* Aizam, b. Cantal.

Ajaccio, v. de l'île de Corse. évêché. préf. Liamone.

Ajan, côte orientale d'Afrique.

Akissar *ou* Ak-Issar, *Thyatira.* v. de Natolie.

Aladulie, *Aladulia.* province de la Turquie asiatique.

Alagon, *Alba bona.* v. du roy. d'Aragon.

Alah, v. Haute-Garonne.

Alaigne, vil. canton. Aude.

Alais, *Alesia.* v. s.-préf. Gard.

Alan, v. du Turquestan.

Aland, *Alandia.* île de Suède, dans la mer Baltique.

Alanguer, *Alanguera.* ville de l'Estramadure portugaise.

Alassac, v. Corrèze.

Alatri, *Aletrium.* anc. v. de la Campagne de Rome.

Alava *ou* Alaba, *Alaba.* prov. d'Esp. dans la vieille Castille.

Alayrac, *Castrum Alarici.* b. Aude.

Alban, b. canton. Tarn.

Alban (S.), v. Gard.

Alban (S.), v. canton. Lozère.

Albanie, *Albania.* prov. de la Turquie européenne.

Albano, v. du roy. de Naples.

Albano, *Albanum*. v. et lac de la Campagne de Rome.
Albanopoli, *Albanopolis*. ville d'Albanie.
Albans (S.), b. et comté d'Angl.
Albany, v. et fort de l'état de New-Yorck.
Albarazin, *Lobetum* et *Albaracinum*. v. du roy. d'Aragon.
Albas et Anglas, b. Lot.
Albazin, *Albasinum*. v. de la gr. Tartarie.
Albe ou Alba, *Alba Pompeia*. ville du Montferrat. évêché. sous-préf. Tanaro.
Albe ou Aps, *Alba Helviorum*, ou *Alba Augusta*. b. Hérault.
Albe-Julie-Weissembourg ou Carlsbourg, *Alba-Julia*. v. de Transilvanie.
Albe-Royale ou Stul-Wesseimbourg, *Alba Regalis*. v. de la basse Hongrie.
Albeck, v., chât. et seigneurie de Souabe. Bavière.
Alben, *Monte del Carso*. montagne et bourg de la Carniole.
Albengue ou Albienca, *Albengaunum*. v. de la rép. ligurienne.
Albenque, b. Lot.
Albert, v. canton. Somme.
Albestroff, vil. canton. Meurthe.
Albi, *Albiga*. v. du haut Languedoc. préfec. Tarn.
Albiac, b. Lot.
Albiac, b. Haute-Garonne.
Albiac del Conte, b. Aveyron.
Albiac des Montagnes, b. Aveyr.
Albie, *Albia*. v. Mont-Blanc.
Albin (S.), v. canton. Aveyron.
Albinali, v. de l'Arabie heur.
Albinos, *Æthiopes Albicantes*. noms des Maures ou Nègres blancs.
Albion (nouvelle), côte d'Am.
Albis, *Albius*, *Albisus*. chaîne de montagnes de Suisse.
Albona, v. de l'Istrie.
Albourg, *Alburgum*. v. de Danemarck.
Albreda, comptoire français sur la rivière de Gambie.
Albret ou Labrit, *Leporetum*. v. canton. Landes.
Albufeira, *Balsa*. v. du royaume d'Algarve.
Albuquerque, *Albuquercum*. v. de l'Estramadure espagnole.
Albusème, *Albusama*. île sur la côte du roy. de Fez.
Albussac, b. Corrèze.
Alca, *Talca*, *Talga*. île dans la mer Caspienne.
Alcaçar Ceguer, ou Petit Palais, v. du roy. de Fez.
Alcaçar do Sal, *Salacia Alcariarum Salinarum*. v. et chât. dans l'Estramadure espagnole.
Alcaçar-Quivir ou Alcazar-Quivir, ou Grand Palais, v. du roy. de Fez.
Alcala de Guadaira, *Hienipa*. v. de l'Andalousie.
Alcala de Henarez, *Complutum*. v. de la nouvelle Castille.
Alcala la Réale, *Alcala Regalis*. v. et abb. de l'Andalousie.
Alcamo, *Alcamus*. v. dans la vallée de Mazara.
Alcantara, *Norba Casarea*. v. de l'Estramadure espagnole.
Alcaraz, *Alcaratium*. v. de la nouvelle Castille.
Alcken, *Præfectura Alkensis*. v. et château. Rhin-et-Moselle.
Alckhausen, v. de Souabe.
Alcmaer, *Alcmaria*. v. de la Hollande septentrionale.
Alcoi, v. et r. du roy. de Valence.
Aldborough, *Isurium*. b. du c. de Suffolck.
Aldborough, b. d'Angleterre.
Aldenau, *Aldenaria*. v. canton. Rhin-et-Moselle.
Aldennoven, v. Roer.
Alegrette, v. de l'Alentejo.
Alemparvé, v. sur la côte de Coromandel.
Alen, Aulen, ou Aalen, *Ala*, *Ola*, *Alina*. v. de Souabe.
Alen, v. de l'évêché de Munster. Prusse.
Alenc, b. Lozère.
Alençon, *Alentio*. v. de la basse Normandie. préf. Orne.
Alençon, v. Drôme.
Alentarie, prov. de l'Estonie.
Alentejo, *Provincia Transtagana*. prov. de Portugal.
Alep, *Alepum*. v. de Syrie.
Aleria, v. Golo.
Alesani, b. canton. Golo.
Alessano, *Alexanum*. v. du roy. de Naples.
Alessio, *Lissus*. v. d'Albanie.
Aleth, *Alecta*. v. Aude.
Aleth, v. Ille-et-Vilaine.
Aleutiennes (les îles), à l'est du Kamtchatka.
Alexandrette, Scanderoun, *Alexandria minor*. v. de Syrie.
Alexandrie, ou Scanderia, *Alexandria*. v. d'Egypte.
Alexandrie de la Paille, *Alexandria Statiellorum*. v. de Piémont. évêché. préf. Marengo.
Alexandrow, *Alexandrovium*, v. de la Wolhinie.
Alez, v. de Sardaigne.
Alfed, Alfelden, *Alfelda*. v. de l'évêché de Hildesheim.
Alfidena, *Aufidena*. v. de l'Abruzze.
Algaria (l') ou Alcarria, *Algaria*. prov. d'Espagne.
Algarve, *Algarbia*. pr. de Portug.
Alger, *Algerianum*. royaume de Barbarie.
Alger, *Ruscurrum*. v. capitale du royaume du même nom.
Algezire, *Algesira*, v. et port de l'Andalousie.
Alghier, Alger, *Algara*. v. sur les côtes de l'île de Sardaigne.
Algonquins, *Algonquii*. peuple du Canada.
Algow, *Algovia*. pays de Souabe.
Alguel, v. de la prov. d'Hea.
Alhama, *Artigis*. v. du roy. de Grenade.
Alicante, *Alonium*. v. du roy. de Valence.
Alicata, v. de Sicile.
Alife, v. du roy. de Naples.
Alignan-du-Vent, b. Hérault.
Alixan, ou Allisan, *Alexianum*. v. Drôme.
Allaire, vil. canton. Morbihan.
Allanches, v. canton. Cantal.
Allas-Champagne, b. Charente.
Allassac ou Allessad, b. Corrèze.
Allègre ou Alègre, v. canton. Haute-Loire.
Allemagne, *Germania*. gr. pays d'Europe, avec titre d'Empire.
Allendorf, *Allendorfium*. v. dans le landgraviat de Hesse-Cassel.
Allendorf, v. dans le landgraviat de Hesse-Darmstadt.
Allerton, v. de la prov. d'Yorck.
Allevard ou Allavard, *Alavardum*. b. canton. Isère.
Allexain, b. Mayenne.
Allier (l'), 3e. département de France, formé du Bourbonnois : il tire son nom d'une rivière ainsi nommée.
Allonne, b. Maine-et-Loire.
Allonne, b. Oise.
Allonne, b. Sarthe.
Allos, v. canton. Basses-Alpes.
Alloue, b. Charente.
Alluye, *Alloya*. b. Eure-et-Loire.
Almade, *Cetobrix*. b. de la vieille Castille.
Almanspach, v. de Souabe.
Almazan, ville de la nouvelle Castille.
Almanza, v. de la vieille Castille.
Almeda, *Alsena*. v. de l'Estramadure portugaise.
Almedine, v. du roy. de Maroc.
Almeide, *Almedia*. v. de Portug.
Almenesch, b. Orne.
Almerie, *Almeria*. v. du roy. de Grenade.
Almissa, *Alminium*. ville de la Dalmatie.
Almouchiquois, peuples qui habitent au Canada.
Almuneçar, *Manoba*. v. du roy. de Grenade.
Alost, *Alostum*. v. cant. Escaut.
Alpen ou Alphen, v. près de Wesel.
Alpes, *Alpes*. h. m. d'Europe.
Alpes (basses), 4e. dép. de Fr., formé dans la Provence.
Alpes (hautes), 5e. dép. de Fr., formé dans le Dauphiné.
Alpes maritimes, 6e. département de France, formé du comté de Nice.
Alpes de Souabe, *Alpes Suevicæ*. chaîne de montagnes.
Alp-Stein, *Alpi-Saxum*. chaîne de montagnes de Suisse.
Alpuxarras, *Alpuxarra*, montagnes dans le roy. de Grenade.
Alsace, *Alsatia*. prov. de France.
Alsen, *Alsa*. île de Danemarck, dans la mer Baltique.
Alsfeld, *Alsfelda*. v. du landgraviat de Hesse-Darmstadt.
Alta-Mura, *Altus-Murus*. v. du roy. de Naples.
Altea, *Altea*. ville du roy. de Valence.
Altena ou Altona, *Altenarium*. v. de la basse Saxe.
Altenau, *Altenavium*. v. de l'électorat d'Hanovre.
Altenberg, v. de Misnie.
Altenbourg, *Altenburgum*. v. et château de Transilvanie.
Altenbourg, *Aldenburgum*. v. de Misnie.
Altenbourg, v. de la b. Hongrie.
Altern, v. et château dans le comté de Mansfeld.
Althem ou Althan, b. de la haute Bavière.
Altin, *Altinium*. roy. et v. dans la grande Tartarie.
Altkirch, b. s.-préf. Haut-Rhin.
Altorf, *Altorfia*. v. dans le cercle de Franconie.
Altorf, b. de Suisse.
Altzey, *Altia*. v. canton. Mont-Tonnerre.
Alve de Tormes, *Alba*. v. du roy. de Léon.
Alvère (S.), b. cant. Dordogne.
Alzeim ou Adolzheim, v. Mont-Tonnerre.
Alzire, v. du roy. de Valence.
Alzleben ou Alschleben, v. du duché de Magdebourg.
Alzon, vil. canton. Gard.
Alzonne, b. canton. Aude.
Amadaba, *Amadabatum*. v. capitale du roy. de Guzarate.
Amadam, v. de Perse.
Amadie, *Amadia*. v. dans le Curdistan.
Amalfi, *Amalphis*. v. du roy. de Naples.
Amance, *Almantia*. b. Meurthe.
Amance, b. cant. Haute-Saône.
Amancey, b. canton. Doubs.
Amand (S.) Montrond, *Oppidum S. Amandi*. v. sous-préf. Cher.
Amand (S.), v. canton. Nièvre.
Amand (S.), *Oppidum Sancti Amandi*. v. canton. Nord.
Amand (S.), b. canton. Lozère.
Amand (S.), b. c. Loir-et-Cher.
Amand-de-Bouex (S.), b. cant. Charente.
Amans (S.), b. canton. Tarn.
Amans-des-Copts (S.), b. cant. Aveyron.
Amant-Roche-Savine (S.), b. canton. Puy-de-Dôme.
Amant-Tallende (S.), v. cant. Puy-de-Dôme.
Amarin (S.), b. cant. H.-Rhin.
Amasie, *Amasia*. ville de la Natolie.
Amatrice, v. de l'Abruzze.
Amazonnes (Rivière des), *Amazonum Fluvius*. grand fleuve de l'Amérique méridionale.
Ambazac, b. cant. H.-Vienne.
Amberg, *Amberga*. v. de Bavière.
Amberieux, b. canton. Ain.
Ambert, ville, sous-préfecture. Puy-de-Dôme.
Ambez, b. Gironde.
Ambierle, *Amberta*. v. Loire.
Ambleteuse, *Ambletosa*. v. Pas-de-Calais.
Amboine, *Amboina*. l'une des îles Moluques.
Amboise, *Ambacia*. v. canton. Indre-et-Loire.
Ambournay ou Ambronai, *Ambroniacum*. v. Ain.
Amboy, v. des Etats-Unis.
Ambres, v. Tarn.
Ambrières, v. cant. Mayenne.
Ambroix (S.), v. canton. Gard.
Ameland, île dans le Zuiderzée.
Amélia, *Ameria*. v. de l'état Rom.
Amérique, *America*. ou le nouveau Monde, *Novus Orbis*. l'une des quatre parties du monde connu.
Amersford, *Amisfortia*. ville de la prov. d'Utrecht.
Amiens, *Ambanium*. v. cap. de la Picardie. évêc. préf. Somme.
Amiénois, *Ambianensis Ager*. pet. pays dans la Picardie.
Amilly, b. Eure-et-Loire.
Ammerschvir ou Amerschivrier, b. Bas-Rhin.
Amol, v. du pays des Usbecs.
Amorgos, *Amorgus*. île de l'Archipel, l'une des Cyclades.
Amou, b. canton. Landes.
Amoulins, b. Arriége.
Amour (S.), v. canton. Jura.
Amour, *Amura*. gr. fleuve, mer, île et détroit en Asie.
Ampatres, *Ampatri*. peuple de l'île de Madagascar.
Ampaza, pays et v. sur la côte de Zanguebar.
Amplepuis, b. Haute-Loire.
Ampoigne, b. Mayenne.
Ampugnani, vil. canton. Golo.
Ampuis, b. Isère.
Ampurias, *Amporiæ*. v. et port de la Catalogne.
Ampurias, v. de l'île de Sardaig.
Amsterdam, *Amstelodamum*. v. capitale de Hollande.
Amsterdam, île de la mer du Sud.
Amur, fleuve de la Tartarie chin.
Ana, v. de l'Arabie déserte.
Anaboa, île du golfe de Guinée.
Anagni, v. de la Campagne de Rome.
Anbarède, b. cant. H.-Pyrénées.
Ancarano, *Ancaranum*. v. dans la Marche d'Ancône.
Ancenis, *Ancenesium*. v. s.-préf. Loire-Inférieure.
Ancerville, b. canton. Meuse.
Anchediva, v. sur la côte du roy. de Décan.
Anclame, *Anclamum*. ville de la Poméranie prussienne.
Ancober, roy. et riv. de la côte d'Or de Guinée.
Ancône, (la Marche d') prov. d'Italie dans l'état Romain.
Ancône, *Ancon*. ville de l'état Romain.
Ancre ou Encre, ou Albert, *Ancora*. v. Somme.
Anctoville, b. Manche.
Anctoville, b. Calvados.
Ancy-le-Franc, *Anciacum*. v. ou b. canton. Yonne.
Andalousie, *Andalusia Vandalitia*. prov. d'Espagne.
Andalousie (la nouv.), contrée de l'Amér. m. en Terre-Ferme.
Andamans (île des), île dans le golfe de Bengale.
Andance, v. Ardèche.
Andart, b. Mayenne.
Andaye, b. Basses-Pyrénées.
Andelot, *Andelous*. b. canton. Haute-Marne.
Andelys (les), *Andellacum*. v. sous-Préf. Eure.
Andenne, b. canton. Sambre-et-Meuse.
Andéol, (St.-) *Fanum Sancti Andeoli*. v. Ardèche.
Anderlecht, b. canton. Dyle.
Andernach, *Antenacum*. v. cant. Rhin-et-Moselle.
Andes (les), *Andes* ou *las Cordileras*. chaîne de mont. dans le Pérou, le Chili, etc.
Andlaw, b. Bas-Rhin.
Andolsheim, b. cant. H.-Rhin.
Andover, *Andoverum*. b. dans le Southampton.
Andouillé, b. Mayenne.
André (S.), groupe d'îles ou archipel entre l'Amér. s. et l'Asie.
André (S.), pet. port d'Espagne.
André (S.), ou Santander, *Sancti Andreæ Fanum*, v. d'Ecosse.
André (Côte de St.-), v. Isère.
André (S.), v. Hérault.
André (S.), b. Haute-Loire.
André (S.), b. canton. B.-Alpes.
André (S.), b. canton. Eure.
André-de-Cubsac (S.), b. cant. Gironde.
André (S.) d'Herbetot, b. Calv.
André (S.) de Valborgne, b. canton. Gard.
Andréas (S.), b. Gironde.
Andréasberg, ou Montagne de St.-André, v. de Saxe.
Andrézé, b. Maine-et-Loire.
Andria, *Netium*. v. du roy. de Naples.
Andrinople, *Adrianopolis*. v. de la Romanie.
Andro, *Andros*. île et v. de la Turquie eur. une des Cyclades.
Anduxar, *Illiturgis*. v. de l'Andalousie.
Anduze, *Andusia*. v. cant. Gard.
Anet ou Annet, *Anetum*. b. cant. Eure-et-Loire.
Ange (S.), *Angelopolis*. v. du roy. de Naples.
Angelos (la Puebla de los), *Angelopolis*. v. du Mexique.
Angen, v. de la b. Autriche.
Angerbourg, v. de Prusse.
Angermanie et Angermanland, *Angermania*. prov. de Suède.
Angermund, *Angeramunda*. v. de Brandebourg.
Angermund, v. de Courlande.
Angerost, v. Roer.
Angers, *Andegavum* ou *Andegavorum*. v. capitale de l'Anjou. évêché. préf. Maine-et-Loire.
Angerville, v. Seine-et-Oise.
Angerville-le-Martel, b. Seine-Inférieure.
Anghiera, *Anglera*. v. du Milanez.
Anglars, b. Cantal.
Angle, v. Vendée.
Angles, b. canton. Tarn.
Anglesey, *Mona*. île dans la prov. de Galles.
Anglesqueville, b. Seine-Infér.
Anglet, b. Basses-Pyrénées.
Angleterre, *Anglia*. grande île et roy. d'Europe.
Angleterre (la Nouvelle), l'un des 13 Etats-Unis de l'Amér. s.
Anglona, v. du roy. de Naples.
Anglure, *Angledura*. v. canton. Marne.
Angola, *Angola*. roy d'Afrique.
Angot, *Angotinum*. province de l'Abissinie.
Angoulême, *Engolisma*. v. cap. de l'Angoumois. évêché. préf. Charente.
Angoumois (l'), prov. de Fr.
Angoury, *Ancyra*. v. de Natolie.
Angra, *Angra*. v. dans l'île de Tercere, capitale des Açores.
Angrie, b. Maine-et-Loire.
Anguillara, v. de l'état Romain.
Anguillara, v. du Padouan.
Anguille (l'), *Anguis*. île, l'une des Antilles.
Angus, *Angusia*. prov. de l'Ecosse septentrionale.
Anhalt, *Principatus Anhaltinus*. princip. dans la haute Saxe.
Anholt, v. du comté de Zutphen.
Aniane ou S.-Benoît d'Aniane, *Aniana*. v. canton. Hérault.
Anizy-le-Château, b. cant. Aisne.
Anjaga, v. sur la côte du Malabar.
Anjoing, b. Loir-et-Cher.
Anjonga, établissement anglois sur la côte de Malabar.
Anjou, *Andegavia*. prov. de France.
Anjouan, une des îles de Comore.
Annaberg ou S.-Anneberg, v. du cercle de la haute Saxe.
Annamabou, v. de Guinée.

Annand, *Annandum.* v. chât. et r. dans la prov. de Dumfries.
Annapolis, v. cap. du Maryland.
Anne (Ste.), 3 îles du Brésil.
Anne (Ste.), île et port dans l'île du Cap Breton.
Anneau, b. cant. Eure-et-Loire.
Annebaut, b. Eure.
Annebon, *Annobona.* île sur la côte de Guinée.
Annecy, *Annesium.* v. de Savoie. sous-préf. Mont-Blanc.
Annonay, *Annoniacum.* v. du h. Languedoc. canton. Ardèche.
Annot, *Annotia.* v. c. B.-Alpes.
Annweiler, b. c. Mont-Tonn.
Anse, *Ansa.* v. canton. Rhône.
Ansico, *Anticanum.* roy. d'Afr.
Anslo, *ou* Christiania, *Anseola.* v. de Norvège.
Anspach, *ou* Ohnspach, *Anspachium.* margraviat et v. dans la Franconie.
Anstrutter, 2 villes d'Ecosse.
Antequera, *Antecaria.* v. du roy. de Grenade.
Antequera, v. de la n. Espagne.
Anthême (S.), b. canton. Puy-de-Dôme.
Antibes, *Antipolis.* v. cant. Var.
Antigné, b. Seine-et-Oise.
Antigny *ou* Antihny, b. Vienne.
Antigoa, *Antiqua.* île, l'une des Antilles angloises.
Antilles, *Antillæ.* 28 îles dans le golfe du Méxique.
Antioche *ou* Anthakia, *Antiochia.* v. de Syrie.
Antiocheta, *Antiochia.* v. de la Caramanie.
Antiparos, île de l'Archipel.
Antivari, *Antibarum.* v. de la Dalmatie.
Antoine (S.), *S. Antonius.* v. Isère.
Antoine (S.), l'une des îles du Cap-Vert.
Antoing, b. canton. Jemmape.
Antongil (la baie d'), baie de l'île de Madagascar.
Antonin (S.), *Oppidum Sancti Antonini.* v. canton. Aveyron.
Antonne, b. Dordogne.
Antraigues, vil. cant. Ardèche.
Antrain *ou* Entrains, *Interamnes.* v. Nièvre.
Antrain, v. cant. Ille-et-Vilaine.
Antrim, b. et comté d'Irlande.
Anvers, *Antuerpia.* v. des Pays-Bas. préf. Deux-Nèthes.
Anzerma, *Anzerma.* prov. et v. de l'Amériq. dans le Popayan.
Aomel *ou* Amal, v. de la Dalie.
Aosre, 2 bourgs. Drôme.
Aouste *ou* Aoste, *Augusta Prætoria.* v. de Piémont. évêché. sous-préfec. Doire.
Apalachie, *Apalatium.* roy. dans la Floride.
Apennin, *Apenninus mons.* chaîne de mont. qui sépare l'Italie.
Apenrade *ou* Apenrode, *Apenroda.* v. de Danemarck.
Apolda, v. du duc. de Weimar.
Appenzel, *Abbatis cella.* b. cap. du cant. du même nom. Suisse.
Appeville, b. Manche.
Appleby, *Aballaba.* b. d'Anglet.
Apremont *ou* Aspremont, bourg. Vendée.
Apres-lès-Veyne, b. canton. Hautes-Alpes.
Apt, *Apta Julia.* v. sous-préfect. Vaucluse.
Aqua, prov. sur la côte d'Or de Guinée.
Aqua-Negra, v. du Mantouan.
Aquigny, b. Eure.
Aquila, *Aquila.* ville de l'Abruzze.
Aquilée, *Aquileia.* v. du Frioul.
Aquino, *Aquinum.* v. du roy. de Naples.
Arabie, *Arabia.* gr. pays d'Asie, divisée en 3 parties: la Pétrée, la Déserte et l'Heureuse.
Aracan, roy. et v. des Indes.
Arad, comté et fort. de Hongrie.
Arafat *ou* Harafat, mont. près de la Mecque.
Aragon, *Aragonia.* roy. ou prov. d'Espagne.
Aral, gr. lac d'Asie.
Aramitz, vil. cant. B.-Pyrénées.
Aramont, *Aramuntium.* v. cant. Gard.
Aran, *Arania.* vallée des Pyrénées.
Aranda de Duero, *Randa.* v. dans la vieille Castille.
Ararath, h. mont. de l'Arménie.
Arassi, v. de l'état de Gênes.
Arauco, *Arauco.* forteresse du Chili.
Arava, *Arava.* comté et forteresse de la haute Hongrie.
Araw, *Aravia, Arovia, Araugia.* v. de l'Argow.
Arbe, *Arba.* île et v. près les côtes de la Dumatie.
Arberg, *Arolæ mons.* v. du canton de Berne.
Arboga, v. de la Westmanie.
Arbois, *Arborosa.* v. cant. Jura.
Arbon, *Arbor felix.* v. de la Turgowie.
Arbourg, *Arolæ Burgus.* v. du canton de Berne.
Arbresle, v. canton. Rhône.
Arc-en-Barrois, v. c. H.-Marne.
Arcadia (l'), *ou* Arcadie, golfe et v. de la Morée.
Arcate, v. dans l'Inde.
Arces, b. Charente-Inférieure.
Archangel, *Archangelopolis.* v. cap. de la prov. de Dwina.
Archiac, b. cant. Charente-Inf.
Archidona, v. de l'Andalousie.
Archingeal, b. Charente-Infér.
Archipel, *Archipelagus*, *Mare Ægeum*, partie de la Méditerranée, Europe et Asie.
Arcis, v. Yonne.
Arcis-sur-Aube, *Ariaca ad-Albam.* v. de Champagne. sous-préf. Aube.
Arco, *Arcus.* v. du Tyrol.
Arcos *ou* Arch, *Arcobriga.* v. de l'Andalousie.
Arcs, b. Var.
Ardagh, v. d'Irlande.
Ardebil, *Ardebila.* ville de l'Aderbijan.
Ardèche, 7ᵉ. départem. de Fr. formé dans le Vivarais et les Cévennes.
Ardenbourg, *Ardenburgum.* v. Escaut.
Ardenne, *Arduenna Sylva.* gr. forêt de France.
Ardennes, 8ᵉ. départem. de Fr. formé dans la Champagne.
Arder *ou* Ardra, *Ardra.* roy. de la Guinée.
Ardes *ou* Ardres, *Ardæa.* v. canton. Puy-de-Dôme.
Ardeslays, b. Vienne.
Ardfeard *ou* Artfeart, *Ardatum.* v. d'Irlande.
Ardin, b. Vienne.
Ardoye, b. canton. Lys.
Ardres, *Ardrea.* v. Pas-de-Calais.
Arecka, port sur la Mer-Rouge.
Aremberg, *Aremberga.* v. du cercle de Westphalie.
Arensberg, *Arensberga.* v. du cercle de Westphalie.
Arensbourg, *Arensburgum.* v. capitale de l'île d'Oësel.
Arensvalde, *Arensvalda.* v. dans la n. Marche de Brandebourg.
Arequipa *ou* Ariquipa, *Arequipa.* v. du Pérou.
Aresche, v. Jura.
Arévalo, v. de la viel. Castille.
Arezzo, *Aretium.* v. de Toscane.
Argelès, v. cant. Pyrénées-Or.
Argelès, b. sous-préf. Hautes-Pyrénées.
Argences, b. Calvados.
Argent, v. canton. Cher.
Argental, *Argentacum.* v. cant. Corrèze.
Argentan, *Argentonium*, *Argentanum.* v. sous-préf. Orne.
Argenteuil, *Argentolium.* b. cant. Seine-et-Oise.
Argenteuil, b. Yonne.
Argentière (l'), *Argenteria.* île de l'Archipel.
Argentière (l'), *Argenteria.* v. sous-préf. Ardèche.
Argentière (l'), v. Hautes-Alpes.
Argentine, b. Mont-Blanc.
Argenton, *Argentomagus*, *Argentonum.* v. canton. Indre.
Argenton-le-Château, v. cant. Deux-Sèvres.
Argentré, b. canton. Mayenne.
Argentré, vil. c. Ille-et-Vilaine.
Argilly, b. Côte-d'Or.
Argine, b. canton. Marengo.
Argone (l'), *Argona.* contrée en Champagne.
Argostoli, port de Céphalonie.
Argouges, b. Manche.
Argow (l'), *Argea*, *Argovia*, *Argrove.* contrée de Suisse.
Arguell, b. canton. Seine-Infér.
Arguin, *Arguinum.* île près la côte occid. de la Nigritie.
Argun, v. de la Tartarie orient.
Argy, b. Indre.
Argyle, *Argathelia.* prov. de l'Écosse méridionale.
Argyro (San Filippo d'), *Agyrium.* v. dans le val de Demona.
Arhus *ou* Arhusen, *Arhusia.* v. dans le Nord-Jutland.
Ariano, *Arianum.* v. du roy. de Naples.
Ariano, *Arianum.* b. dans le Ferrarois.
Arica, *Arica.* v. et port du Pérou.
Aricouri (les), peuple dans la Guianne.
Arinthod, v. canton. Jura.
Aripo, fort de l'île de Ceylan.
Arjussanx, v. canton. Landes.
Arlant, v. cant. Puy-de-Dôme.
Arlant-Bourg, b. Puy-de-Dôme.
Arles, *Arelate.* v. de Provence. canton. Bouches-du-Rhône.
Arles, *Arula.* v. du Roussillon. canton. Pyrennées-Orientales.
Arleshem, v. Haut-Rhin.
Arleuf, b. Nièvre.
Arleux, *Arlodium.* v. cant. Nord.
Arlon, *Orantaunum.* v. du duché de Luxembourg. cant. Forêts.
Armagh, *Armacha.* v. d'Irlande.
Armagnac, *Arminiacensis Tractus.* prov. de France. Gers.
Arménie, *Armenia.* grand pays d'Asie.
Armentières, *Armentaria.* ville. canton. Nord.
Armieu, v. Isère.
Armiro (l'), *Armirus.* golfe et v. de la Macédoine.
Armuyden, *Armuiada.* v. dans l'île de Walcheren.
Arnac-la-Porte, b. H.-Vienne.
Arnay-le-Duc, *ou* Arnay-sur-Arroux, *Arnetum.* v. de Bourgogne. canton. Côte-d'Or.
Arneberg, *Arneburgum.* v. de la vieil. Marche de Brandebourg.
Arnedo, *Arnedum.* v. du Pérou.
Arneval, b. canton. Sarre.
Arnheim, *Arnodi villa.* v. de Hollande.
Arno, *Arnus.* fleuve de Toscane.
Arnould (S.), *Oppidum S. Arnulphi.* v. Seine-et-Oise.
Arnsfort, v. de la b. Autriche.
Arnsheim, v. Mont-Tonnerre.
Arnstad, *Arnostadium ou Aristadium.* v. de la Thuringe.
Arnstein, v. de Franconie.
Arolsen, v. du cercle du h. Rhin.
Aronches, *Arunci.* v. de Portug.
Arone *ou* Arona, *Arona.* v. du duché de Milan.
Arool, *Arola.* v. de l'Ukraine.
Arosbay, v. de l'île de Madura.
Arouens (île des), à l'embouchure de la riv. des Amazones.
Arpajon, v. du Hurepoix. cant. Seine-et-Oise.
Arpajon *ou* Severac-le-Château, v. canton. Aveyron.
Arpino, *Arpinum.* v. du roy. de Naples.
Arqua, *Arqua.* v. du Padouan.
Arquenay, b. Mayenne.
Arques, *Archiæ.* v. Seine-Infér.
Arques, b. canton. Aude.
Arquian, v. Loiret.
Arrades, v. du roy. de Tunis.
Arran *ou* Arren, *Aria.* île d'Ecos.
Arrancy, b. Meuse.
Arras, *Atrebates.* v. cap. de l'Artois. évêc. préf. Pas-de-Calais.
Arreau, v. cant. H.-Pyrénées.
Arriége, *Aurigera.* 9ᵉ. départem. de France, formé dans les comtés de Foix et Couserans.
Arroé, *Aroa.* île de Danemarck.
Arrojo de S. Servan, v. de l'Estramadure espagnole.
Arrou, b. Eure-et-Loire.
Ars, b. Creuse.
Ars, b. de l'île de Rhé.
Arsamas, v. de Russie.
Arsay, b. Vienne.
Art, b. du canton de Schwitz.
Arta (l'), *Arta.* v. d'Albanie.
Artannes, b. Indre-et-Loire.
Artenac, b. Charente-Infér.
Artenai, *Arthæneum.* b. Loiret.
Artern, v. dans le cercle de Thuringe.
Arthès, b. canton. B.-Pyrénées.
Arthy, b. d'Irlande.
Artois, *Atrebatensis Comitatus.* prov. de Fr. dans les Pays-Bas.
Artonne, *Artona.* v. Puy-de-D.
Arts, île. Morbihan.
Artzfeld, b. canton. Forêts.
Aruba, île des Antilles.
Arudy, b. cant. Basses-Pyrénées.
Arundel *ou* Arondel, *Aruntina.* b. dans le Sussex.
Arweiller, b. canton. Rhin-et-Moselle.
Arzacq, b. cant. B.-Pyrénées.
Arzaneau, v. canton. Finistère.
Arzille, *Arzilla.* v. du roy. de Fez.
Arzingan *ou* Arzengan, v. de la Natolie.
Asad-Abad *ou* Ased-Abad, v. de l'Irac-Agemi.
Asaph (S.), v. du pays de Galles.
Ascain, b. Basses-Pyrénées.
Ascension (l'île de l'), *Ascensio.* entre l'Afrique et le Brésil.
Aschat, v. Dyle.
Aschaffenbourg, *Asciburgum.* v. et électorat d'Allemagne.
Aschères, b. Loiret.
Ascherleben, *Ascherleba.* v. de la principauté d'Anhalt.
Asecksund, v. de la Néricie.
Ascoli, *Asculum.* v. dans la Marche d'Ancône.
Ascoli de Satriano, *Asculum de Satriano.* v. du roy. de Naples.
Asfeld-la-Ville, vil. c. Ardennes.
Ashburton, b. d'Angleterre.
Asie, *Asia.* l'une des quatre parties de la terre.
Asinara, *Herculis Insula.* île près de la côte occ. de Sardaigne.
Askeaton, b. d'Irlande.
Asna, v. de la haute Égypte.
Asola, *Asola.* v. du Bressan.
Asolo, *Asulum.* v. du Trévisan.
Aspe, vallée du Béarn.
Aspect, b. canton. H.-Garonne.
Asperosa, *Abdera.* ville de la Romanie.
Aspiran, b. Hérault.
Aspremont, b. c. Alpes-Marit.
Aspre, b. Basses-Alpes.
Aspres (les), b. Eure.
Asprières, b. canton. Aveyron.
Assancalé, v. d'Arménie.
Assche, b. cant. Dyle.
Assé-le-Béranger, b. Sarthe.
Assé-le-Boisne, b. Sarthe.
Assé-le-Seboul, b. Sarthe.
Assenchif, v. dans le Diarbeck.
Assenède, b. canton. Escaut.
Assens, v. dans l'île de Fionie.
Assise, *Assisium.* ville de l'état Romain.
Assomption (île de l'), *Assumptio.* dans le golfe de S. Laurent.
Assomption, *Assumptio.* v. du Paraguay.
Asson, b. Basses-Pyrénées.
Assonne, b. Deux-Sèvres.
Assy, b. Oise.
Astabat, v. de l'Arménie.
Astafort, b. cant. Lot-et-Gar.
Astarac, *Astaracensis Ager.* pet. prov. de Fr. en Gascogne.
Asterabat *ou* Astrabal, *Asterabatia.* pays et v. de la Perse.
Asti, *Asta Colonia.* v. et comté de Piémont. év. préf. Tanaro.
Astier (S.), b. Dordogne.
Astille, b. Mayenne.
Astorga, *Asturica.* v. du roy. de Léon.
Astracan, gouv. et v. de l'empire de Russie, en Tartarie.
Astura, v. de l'état Romain.
Asturie, *Asturia.* prov. d'Espag.
Atacama, port du Pérou.
Atacames, gouvern. dépendant de l'audience de Quito.
Atlaya, v. de l'Estramadure p.
Atena, *Atena.* v. du roy. de Naples.
Ath, *Athum.* v. du Hainault autr. canton. Jemmappe.
Athbois, b. d'Irlande.
Athée, b. Indre-et-Loire.
Athènes, *Athenæ.* v. de Grèce, capitale de la Livadie.
Athenrey, *Athenria.* v. d'Irlande.
Atherdée, b. d'Irlande.
Athies, *Atheiæ.* v. Somme.
Athis, b. canton. Orne.
Athlone, *Athlona.* contrée d'Irlande.
Athol, *Atholia.* contrée de l'Ecosse septentrionale.
Athos, *Agios Oros*, ou *Monte Santo.* mont. de la Macédoine.
Atlas, *Atlas.* chaîne de montagnes d'Afrique.
Atock, *Atochium.* prov. et v. de l'Empire du Mogol.
Atri, *Adria.* v. de l'Abruzze.
Attendorf, v. dans le comté de Hesse-Cassel.
Atterdon, v. du duc. de Westph.
Atterndorn *ou* Otterndorf, v. du cercle de basse Saxe.
Attichi, *Attichiacum.* b. c. Oise.
Attigny, *Attiniacum.* b. canton. Ardennes.
Attinga, pays vers le cap Comorin.
Attisoherz *ou* Attiwald, le bois d'Attis, en Suisse.
Aub, v. de l'év. de Wurtzbourg.
Aubagne, *Albinia.* v. Bouches-du-Rhône.
Auban, b. canton. Var.
Aube, *Alba.* 10ᵉ. départ. de Fr. formé dans la Champagne.
Aubel, b. canton. Ourte.
Aubenas, *Albinutium.* v. du bas Vivarais, canton. Ardèche.
Aubenton, *Albantonium.* v. cant. Aisne.
Auberive, b. Marne.
Auberive, vil. cant. H.-Marne.
Aubeterre, *Albaterra.* v. canton. Charente.
Aubière, *Arviacum.* b. Puy-de-Dôme.
Aubiers (les), b. Deux-Sèvres.
Aubiet, b. Gers.
Aubignan, b. Vaucluse.
Aubigné, b. Sarthe.
Aubigny, *Albiniacum.* v. canton. Cher.
Aubigny, b. cant. Pas-de-Calais.
Aubin (S.), b. cant. Aveyron.
Aubin-d'Aubigné (S.), vil. cant. Ille-et-Vilaine.
Aubin-du-Cormier (S.), *Cornutius.* v. canton. Ille-et-Vilaine.
Aubin-Luigne (S.), b. Maine-et-Loire.
Aubin-Tergaste (S.), b. Manche.
Aubonne, *Albona.* v. du canton de Berne.
Aubusson, *Albutio.* ville de la Marche. sous-préf. Creuse.
Auçagurel, v. du roy d'Adel.
Auch, *Augusta Auscorum.* v. cap. de l'Armagnac. préf. Gers.
Auchy *ou* Oulchy, b. Aisne.
Aucun, b. canton. H.-Pyrénées.
Aude, *Atax.* 11ᵉ. départem. de Fr. formé dans le Languedoc.
Audenge, b. canton. Gironde.
Audenaerde, v. de Flandres. sous-préf. Escaut.
Audeux, b. canton. Doubs.
Audierne, b. Finistère.
Audincourt, b. cant. H.-Rhin.
Audruick, b. cant. Pas-de-Calais.
Audun-le-Roman, vil. c. Moselle.

Auffay, b. Seine-Inférieure.
Aufnau *ou* Ufnau, *Ufnaugia.* île du lac de Zurich.
Auge, *Algia.* petit pays en Normandie.
Augé, b. Deux-Sèvres.
Augusta, v. de la Géorgie.
Augustow, *Augustavia.* v. de Pologne.
Aulas, v. Gard.
Aulaye (S.), b. cant. Dordogne.
Aulnay, v. cant. Charente-Inf.
Aulonza, b. Corrèze.
Ault, b. canton. Somme.
Aumagne, b. Charente-Infér.
Aumale *ou* Albemarle, *Albamarla,* v. cant. Seine-Inf.
Aumont, b. canton. Lozère.
Aunaux, b. Sarthe.
Aunay, b. Loir-et-Cher.
Aunay, b. canton. Calvados.
Anneau, b. Eure-et-Loire.
Auneuil, b. canton. *Oise.*
Aunis (le pays d'), *Alnisium.* pet. prov. de France. Charente-Inf.
Aups, *Alpes.* v. cant. Var.
Aurach, *Auracum.* v. et château du duché de Wirtemberg.
Aurach-le-Duc *ou* Herzoq-Aurac, v. de l'évêché de Bamberg.
Auray, *Auraicum.* v. et port de la b. Bretag. cant. Morbihan.
Aure, vallée de l'Armagnac.
Aureillé, b. Maine-et-Loire.
Aurengabad, v. capitale du roy. de Décan.
Auriac, b. Haute-Garonne.
Aurick, *Auricum.* v. de l'Oost-Frise.
Aurignac, b. cant. H.-Garonne.
Aurigny, île sur les côtes de Normandie.
Aurillac, *Aureliacum.* v. de la h. Auvergne. préf. Cantal.
Aurilly, b. Eure.
Auriol, b. Bouches-du-Rhône.
Auros, vil. canton. Gironde.
Auroux, b. Lozère.
Ausbourg, *Augusta Vindelicorum.* v. capit. du cercle de Souabe.
Aussée, b. de la haute Stirie.
Aussig, *Austra.* v. de Bohême.
Ausson, b. Yonne.
Austerive, b. Drôme.
Austerlitz *ou* Slawkow, v. de la Moravie.
Auterive, v. cant. H.-Garonne.
Authon, b. Charente-Inférieure.
Authon, v. cant. Eure-et-Loire.
Authum et Emeu, *Hostedunum.* b. Drôme.
Autrey, b. cant. Haute-Saone.
Autriche, *Austria.* grande prov. d'Allemagne.
Autruy, *Altriacum.* v. Loiret.
Autun, *Bibracte, Augustodunum.* ville de Bourgogne. évêché. sous-préf. Saone-et-Loire.
Auvent (S.), b. Charente.
Auvergne, *Arvernia.* prov. de France.
Auvers, *Alvernum.* b. Seine-et-Oise.
Auvers-le-Amon, b. Sarthe.
Auvilliard, v. c. Lot-et-Garonne.
Auxerre, *Autissiodorum.* v. cap. de l'Auxerrois. préf. Yonne.
Auxois, *Pagus Alesiensis.* petite contrée en Bourgogne.
Auxonne, *Aussona.* v. canton. Côte-d'Or.
Auxy-la-Réunion, *Auxy-le-Château,* v. canton. Pas-de-Calais.
Auzances, v. canton. Creuse.
Auzat, b. Puy-de-Dôme.
Auzelle, b. Puy-de-Dôme.
Auzoir-le-Marché, v. canton. Loir-et-Cher.
Auzon *ou* Auxon, *Alsona.* v. Haute-Loire.
Ava, *Arisabium.* roy. et v. dans l'île de Niphon.
Ava, roy. et v. sur le golfe de Bengale.
Ava, roy. et v. dans une île entre celles de Niphon et de Bungo.
Availles, b. canton. Nièvre.
Avalon, *Abbalo.* v. de l'Auxois. sous-préf. Yonne.
Avathcha, golfe du Kamstchatka.
Aveiro, *Lavara Averium.* v. de Portugal.
Avelghen, b. canton. Lys.
Avellino, *Abellinum.* v. du roy. de Naples.
Avenay, v. Marne.
Avenche *ou* Avanche, *Aventicum.* v. de Suisse.
Avenières, b. Mayenne.
Avenières, *Avenerla.* b. Ain.
Avenne, b. canton. Ourte.
Averbach, v. du haut Palatinat de Bavière.
Averne *ou* Averno, lac du roy. de Naples.
Aversberg, b. de la Carniole.
Averse, *Aversa.* v. du roy. de Naples.
Aves (l'île d') *ou* des Oiseaux, *Avium insula.* île de l'Am. m.
Avesnes, *Avena.* v. du Hainaut. sous-préf. Nord.
Avesnes-le-Comte, v. canton. Pas-de-Calais.
Avesse, b. Sarthe.
Aveyron, 12e. département de France, formé dans la Guienne et le Rouergue.
Avignon, *Avenio.* petit état et v. de France. év. préf. Vaucluse.
Avignonet, b. Aude.
Avila, *Abula.* v. du Pérou.
Avila, *Abula.* v. de la vieille Castille.
Aviles, *Avila.* v. du roy. de Léon.
Avilliane, b. canton. Pô.
Avire, b. Maine-et-Loire.
Avis, *Avisium.* v. de l'Alentéjo.
Avize, b. canton. Marne.
Avoise, b. Sarthe.
Avold (S.), v. cant. Moselle.
Avranches, *Abrinca.* v. de Normandie. sous-préf. Manche.
Avrillé, b. Maine-et-Loire.
Awatcha, port du Kamstchatka.
Awlen, *Alena.* v. du cercle de Souabe.
Ax, v. canton. Arriége.
Axel, *Axela.* v. canton. Escaut.
Axime, petit pays sur la côte d'Or de Guinée.
Ay, *Ageium.* v. canton. Marne.
Ay (S.), b. Loiret.
Ayamonte, *Aymontium.* v. de l'Andalousie.
Ayen, v. canton. Corrèze.
Aymargue, *Armasanica.* v. Gard.
Aymeries, v. Nord.
Ayron, b. Vienne.
Aytré, b. Charente-Inférieure.
Azamor, *Azamurum.* v. du roy. de Maroc.
Azay, 2 bourgs. Deux-Sèvres.
Azay-le-Chétif, b. Indre-et-Loire.
Azay-le-Féron, b. Indre.
Azay-le-Rideau, *Asiacum.* ville. canton. Indre-et-Loire.
Azay-sur-Cher, b. Indre-et-Loire.
Azé, b. Mayenne.
Azem, Asem *ou* Acham, roy. dans les états du roi d'Ava.
Azenay, b. Vendée.
Azilhan, Azille *ou* Azilhan, v. Aude.
Azmer *ou* Bando, v. de la prov. d'Azmer, aux états du Mogol.
Azo *ou* Azoo, *Azoum.* v. du roy. d'Azem.
Azof *ou* Azow, v. de la petite Tartarie.

BACA

BA, v. de la Guinée.
Baar, v. Bas-Rhin.
Babel (S.), b. Puy-de-Dôme.
Babel (S.), b. Haute-Loire.
Babel-Mandel, *Babel-Mandelum fretum.* détroit qui joint la Mer rouge à l'Océan.
Baca, Baza, *Basti.* v. du roy. de Grenade.
Baçaim, *Bacanum.* v. et port du roy. de Visapour.
Baçar *ou* Bakar, *Bacara.* contrée du Mogol.
Baçaseray, *Baccasera.* v. capitale de la presqu'île de Crimée.
Baccarach, *Baccaracum.* v. cant. Rhin-et-Moselle.
Baccarat, v. canton. Meurthe.
Bachelery (la), b. Dordogne.
Bachian, *Bachianum.* l'une des îles Moluques.
Bachmut, v. sur le Don.
Bacilly, b. Manche.
Bacou, Backu *ou* Bakou, v. de Perse.
Bacqueville, b. Eure.
Bacqueville, b. cant. Seine-Inf.
Badajoz, *Badajosium.* v. de l'Estramadure espagnole.
Bade *ou* Baden, *Thermæ inferiores.* v. cap. du margraviat de même nom, dans le cercle de Souabe.
Bade *ou* Baden, *Thermæ superiores,* v. de Suisse.
Bade *ou* Baden, *Thermæ Austriacæ.* v. d'Autriche.
Badenweiler, v. du Brisgaw.
Badonvilliers, v. Meurthe.
Baeça, *Biatia, Vitia.* v. du roy. de Grenade.
Baffa, île, cap et v. dans l'île de Chypre.
Baffin's-Baie, *ou* Baie de Baffin, *Sinus Baffini.* gr. baie dans les terres arctiques.
Bagdad, *Bagdatum.* ville de l'Irac-Arabie.
Bagé-le-Châtel, v. canton. Ain.
Baglagna, prov. de l'Indostan.
Bagnagur *ou* Hyderabad, *ou* Golconde, *Golgonda.* v. du roy. de Golconde.
Bagnara, v. de la Calabre ultér.
Bagnarea, *Balneum Regis,* v. de l'état Romain.
Bagnères, *Aquæ Bigerronum.* v. sous-préf. Hautes-Pyrénées.
Bagnères-de-Luchon, *Aquæ Convenarum.* b. cant. H.-Garonne.
Bagnoles, *Balneolum.* v. du bas Languedoc. canton. Gard.
Bahama, *Bahama.* l'une des îles Lucaies.
Bahar, prov. de l'Indostan.
Bahlengen, v. du duc. de Wirt.
Bahrein *ou* Bahrein, prov. et île de l'Arabie heureuse.
Bahus, *Bahusium.* v. de Suède.
Baia, v. du roy. de Naples.
Baignes, vil. canton. Charente.
Baigneux *ou* Bagneux-les-Juifs, b. canton. Côte-d'Or.
Baigory, vallée de la b. Navarre.
Baikal, lac de la Tartarie russe.
Baill'eau-l'Evêque, b. Eure-et-Loire.
Baillée, b. Mayenne.
Bailleul *ou* Belle, *Ballionum.* v. canton. Nord.
Bailleul (le), b. Sarthe.
Bailleul-le-Soc, b. canton. *Oise.*
Bain, b. canton. Ille-et-Vilaine.
Bains, b. canton. *Vosges.*
Baix, b. Mayenne.
Baixas, b. Pyrénées-Orientales.
Bakan, v. du roy. d'Ava.
Bakow, v. de Walaquie.
Balackna, v. de la Russie europ.
Balagne (la), *Balania.* province de l'île de Corse. Golo.
Balaguate *ou* Balagate, *Balaguata.* prov. dans le Décan.
Balaguer, *Bellegarium.* v. de la Catalogne.
Balambangan, île sur la côte sept. de Bornéo.
Balambuan *ou* Palambuan, *Balambuanum.* v. de l'île de Java.
Balaruc, b. Hérault.
Balasore, v. des états du Nizam.
Balaton, lac de la h. Hongrie.
Balbastro, *Balbastrum.* v. du roy. d'Aragon.
Balbec, *Heliopolis.* v. de Syrie.
Balcke *ou* Balkhe, v. du pays des Usbecs.
Baldivia, port du Chili.
Bâle, *Basilea.* l'un des cantons et v. de Suisse.
Balegaut, chaîne de mont. qui traversent l'Inde.
Bali, *Balya.* île, roy. et v. des Indes.
Bali *ou* Dancali, roy. de l'Abiss.
Ballan, b. Indre-et-Loire.
Ballée, b. Indre-et-Loire.
Ballenstad, v. de la principauté d'Anhalt.
Balleroy, b. canton. Calvados.
Ballinekil, v. d'Irlande.
Ballinroab, v. d'Irlande.
Balli Shannon, b. d'Irlande.
Ballon, b. Charente-Inférieure.
Ballon, b. canton. *Sarthe.*
Ballots *ou* Balots, b. Mayenne.
Balmond, b. Rhône.
Balnalu *ou* S.-Jean, b. d'Irlande.
Balon, v. *Sarthe.*
Balowa, v. du roy. de Décan.
Baltimore, v. de Maryland.
Baltimore, v. d'Irlande.
Baltique (mer), gr. golfe entre l'Allemagne et la Pologne.
Baluclava *ou* Jambol, port et bourgade de la Crimée.
Balve, v. de Westphalie.
Balzac, b. Charente.
Bamba, *Bamba.* prov. du roy. de Congo.
Bamberg, *Gravionarium.* évêché et v. de Franconie.
Bamberg, v. de Bohême.
Bambouc *ou* Bambuck, roy. dans la Nigritie.
Bambury, *Bamburia.* b. de la prov. d'Oxford.
Bamff, v. d'Ecosse.
Banara *ou* Benares, *Banara.* v. du roy. de Bengale.
Banc, b. Ardèche.
Banca, *Bagca.* détroit, île et v. d'Asie.
Bancalis, v. du roy. d'Achem.
Bancok, *Bancocum.* fort du roy. de Siam.
Banda, *Banda.* sept îles d'Asie.
Bander-Apassi *ou* Gomron, v. de Perse.
Bander-Congo, v. de Perse.
Bandon Bridge, b. d'Irlande.
Bangor, *Bangoreum.* v. de la principauté de Galles.
Bangor, v. d'Irlande.
Banialuc *ou* Bagnaluc, *Banialucum.* v. cap. de la Bosnie.
Bannalec, b. canton. Finistère.
Bannes, b. Sarthe.
Bannoe, b. d'Irlande.
Banon, vil. cant. Basses-Alpes.
Bantam, *Bantanium.* roy. et v. dans l'île de Java.
Bantry, baie sur la côte occid. de l'Irlande.
Bapaume, *Bapalmæ.* v. de l'Artois. canton. Pas-de-Calais.
Bar, *Barium.* v. de Pologne.
Bar, vil. canton. Var.
Bar, b. Corrèze.
Bar (D. de), *ou* Barrois, pays entre la Lorraine et la Champ.
Bar-le-Duc, *Bar-sur-Ornain,* v. cap. du duché de Bar. préfect. Meuse.
Bar-sur-Aube, *Barum ad Albulam.* v. de Champagne. sous-préf. Aube.
Bar-sur-Seine, *Barum ad Sequanam.* v. de Bourgogne. sous-préf. Aude.
Baraba, lac dans la Tartarie.
Barabinsi *ou* Barabinskoi, peuple de la Tartarie, en Sibérie.
Baracé, b. Maine-et-Loire.
Baracoa, v. de l'île de Cuba.
Baranca de Malambo (la), v. de l'Amérique, en Terre-ferme.
Baraniwar, *Baranium.* v. de la b. Hongrie.
Baraton, vallée du Béarn.
Barbade, *Barbata.* île, l'une des Antilles.
Barbantane, b. Bouches-du-Rhône.
Barbara, île sur la côte du Brésil.
Barbarie, *Barbaria* grande cont. d'Afrique.
Barbastre, b. dans l'île de Noirmoutier. Vendée.
Barbato, v. de l'Andalousie.
Barberino, *Barberinum.* v. de Toscane.
Barbeyrac, v. Aude.
Barbezieux, *Barbesillum.* v. de Saintonge. s.-préf. Charente.
Barbonne, v. Marne.
Barbora, *Barbora.* v. du roy. d'Adel.
Barboude, *Barbuda.* île, l'une des Antilles.
Barbusinskoy, v. de la Russie as.
Barby, *Barbium.* v. de Saxe.
Barca, *Barce.* gr. cont. d'Afrique.
Barcelonne, *Barcino,* v. capitale de la Catalogne.
Barcelonne, v. Drôme.
Barcelonne, v. Gers.
Barcelonnette, *Barcilona.* vallée et v. du Dauphiné. sous-préf. Basses-Alpes.
Barcelonnette-de-Vitrolle, b. canton. Basses-Alpes.
Barcelos, *Barcelum.* v. sur la côte du Malabar.
Barcelos, *Barcelorum.* v. de Port.
Barckshire, *Barcheria.* province d'Angleterre.
Barde (île de), *Bordum.* île sur la côte de Malabar.
Bardi, v. du duché de Parme.
Bardonache, vallée du Dauph.
Bardonèche, b. canton. Pô.
Bardt, *Bardom.* v. du duché de Poméranie.
Bareith *ou* Bareuth, ville de Franconie.
Barentin, b. Seine-Inférieure.
Barenton, *Barentonium.* v. cant. Manche.
Barfleur, *Barofluctum.* v. de Normandie. Manche.
Barge, b. canton. Stura.
Bargemont, v. Var.
Bargeny, *Berigonium.* v. de l'Ecosse méridionale.
Bari, *Barium.* prov. et v. du roy. de Naples.
Barjac, v. canton. Gard.
Barjols, *Barjolium.* v. cant. Var.
Barkan, v. de Hongrie.
Barkley, v. de la province de Glocester.
Barlette, *Barolum.* v. du roy. de Naples.
Barneveldt, *Barnaveldi insula.* île dans le détroit de Magellan.
Barneville, b. canton. Manche.
Barneville, b. Seine-Inférieure.
Barnim (Haut et Bas), 2 cercles de Brandebourg.
Barnstable, *Barnastabula.* v. dans le Devonshire.
Baroche, *Barocha.* v. du roy. de Guzarate.
Baroche (la), b. Orne.
Baron, b. Oise.
Baronnies (les), *Baronia.* cont. dans le Dauphiné.
Barouse, vallée de l'Armagnac.
Barr, v. d'Alsace. sous-préf. Bas-Rhin.
Barra, l'une des îles Hébrides.
Barran, b. Gers.
Barraux, v. Isère.
Barre, b. Eure.
Barre, b. canton. Lozère.
Barrême, b. canton. B.-Alpes.
Barret, b. Charente.
Barsac, b. Gironde.
Barsun, b. Basses-Pyrénées.
Barteinstein, v. de Prusse.
Barthe (la), b. c. H.-Pyrénées.
Barthelemy (S.), v. Lot-et-Garonne.
Barthelemy (S.), île, l'une des Antilles.
Baruth, *Baruthum.* v. de Syrie.
Baruth, v. de l'élector. de Saxe.
Barwick *ou* Berwick, *Borcovicum.* v. d'Angleterre.
Bas, île. Finistère.
Bas en Basset, b. cant. H.-Loire.
Bascharage, b. canton. Forêts.
Bascon, b. Landes.
Basilicate (la), *Lucania.* prov. du roy. de Naples.
Basiligorod, *Basilopolis.* v. de la Tartarie russe.
Baskirie, contrée de la Tartarie.
Bass, *Bassa.* île d'Ecosse.
Bassac, b. Charente.
Bassano, *Bassanum.* v. de l'état de Venise.
Bassée (la), *Bassorum oppidum.* v. canton. Nord.
Bassempoy, v. Landes.

Bassignana, *Augusta Batienorum.* b. au duché de Milan.
Bassigny (le), *Bassiniacus Ager.* petit pays en Champagne.
Bassora *ou* Balsora, *Toredon.* v. de l'Iraque arabie.
Bassoue, b. Gers.
Bastia, *Bastia*, *Mantinum.* v. de l'île de Corse. préf. Golo.
Bastia, v. de l'Albanie.
Bastia, v. du duché de Modène.
Bastiano (San), b. c. Marengo.
Bastide (la), vil. canton. Lot.
Bastide (la) d'Armagnac, v. Gers.
Bastide-Clérence (la), v. cant. Basses-Pyrénées.
Bastide-Montfort (la), b. Tarn.
Bastide-Seron (la), v. canton. Arriége.
Bastimentos, île à l'embouchure de la baie du Nombre de Dios.
Bastion-de-France, place sur la côte de Barbarie.
Bastognack *ou* Bastogne, *Bastonia.* v. canton. Forêts.
Basville, *Bassivilla.* v. de la Martinique.
Bata, prov. et v. du roy. de Congo.
Batavia, *Batavia.* v. du roy. de Bantam.
Batavie *ou* République Batave, nom des Provinces-Unies de Hollande.
Batembourg, *Batavodorum.* v. du duché de Gueldre.
Bath, *Batonia.* v. dans le Sommersetshire.
Bath, v. de la Caroline septent.
Batha, Bath *ou* Bachia, *Balgia.* v. et comté de Hongrie.
Bathmonster, *Bathiense Monasterium.* v. de Hongrie.
Baticala, *Baticala.* roy. et ville sur la côte de Malabar.
Baticalo *ou* Maticalo, roy. et v. dans l'île de Ceylan.
Bâtie-la-Neuve, b. c. B.-Alpes.
Batilly, b. Loiret.
Batothine, v. de l'île de Gilolo.
Battle, b. dans le Sussex.
Batusaber, v. de la presqu'île de Malaca.
Baubray, b. Eure.
Baud, v. canton. Morbihan.
Baudouvillers, v. Meurthe.
Baufay, b. Sarthe.
Baugé *ou* Beaugé, *Balgiacium.* v. sous-préf. Maine-et-Loire.
Baugé, *Balgium.* v. Saône-et-Loire.
Baugenci, *Balgentiacum.* v. de l'Orléanois. canton. Loiret.
Baugy, b. canton. Cher.
Baulle, b. Loiret.
Baumes-les-Nones, *Balma.* v. sous-préf. Doubs.
Baumholder, b. canton. Sarre.
Bausk, *Bauskum.* v. de Courlande.
Bausset, b. canton. Var.
Bautzen *ou* Budissen, *Budissa.* v. cap. de la haute Lusace.
Baux, b. Bouches-du-Rhône.
Baux (les) de Breteuil, b. Eure.
Bavey *ou* Bavay, *Bagacum.* v. canton. Nord.
Bavière, *Bavaria.* état considér. et l'un des cercles d'Allemag.
Bayazet, v. d'Arménie.
Baye de Tous-les-Saints, baye sur la côte mérid. du Brésil.
Bayeux, *Bajoce.* v. cap. du Bessin. évêché. sous-préf. Calvados.
Bayon, v. canton. Meurthe.
Bayonne, v. de la Guienne. évêc. sous-préf. Basses-Pyrénées.
Bayonne, v. de la Galice.
Bays, b. ou pet. v. Loire-Infér.
Bays, b. canton. Mayenne.
Bazadois (le), *Vasatensis Ager.* pet. prov. dans la b. Guienne.
Bazas, *Vasatæ.* v. cap. du Bazadois. sous-préf. Gironde.
Bazeilles (Ste.), b. Lot-et-Gar.
Bazieges, *Budera.* v. H.-Garon.
Bazoche (la), *Basolcæ.* b. Eure-et-Loire.
Bazoches-les-Gallerandes, b. canton. Loiret.
Bazoches-sur-Hoësne, b. c. Orne.
Bazoges, b. Deux-Sèvres.
Bazoges, b. Vendée.
Bazoges, b. Sarthe.
Bazouges, b. Sarthe.
Bazouges, 3 bourgs. Mayenne.
Béarn, *Benearnia.* prov. de Fr.
Béat (S.), *Oppidum S. Beati.* v. canton. Haute-Garonne.
Beaucaire, v. du b. Languedoc. canton. Gard.
Beaucamps-le-Vieux, b. Somme.
Beauce, *Belsia.* prov. de France.
Beaudéduit, b. Somme.
Beaufort, *Bellofordia.* v. canton. Maine-et-Loire.
Beaufort, v. cant. Mont-Blanc.
Beaujeu, *Bello-Jocus.* ville du Beaujolois. canton. Rhône.
Beaujolois, pet. pays de France.
Beaulieu, *Bellus-Locus.* v. cant. Corrèze.
Beaulieu, v. Indre-et-Loire.
Beaulieu, b. Loiret.
Beaulieu, b. Vendée.
Beaulon, b. Ille-et-Vilaine.
Beaumarchais, v. Gers.
Beaumaris *ou* Beaumarish, *Bellomariscus.* v. capitale de l'île d'Anglesey.
Beaumes, *Balmæ.* b. canton. Vaucluse.
Beaumesnil, b. canton. Eure.
Beaumerz-les-Loges, vil. cant. Pas-de-Calais.
Beaumont, v. cant. Jemmape.
Beaumont, v. cant. Dordogne.
Beaumont, b. Puy-de-Dôme.
Beaumont, b. canton. Manche.
Beaumont-de-Lomagne, v. cant. Haute-Garonne.
Beaumont en Argone, v. Arden.
Beaumont-le-Roger, v. c. Eure.
Beaumont-le-Vicomte, *Beaumont-sur-Sarthe.* v. c. Sarthe.
Beaumont-sur-Oise, *Bellomontium.* v. Seine-et-Oise.
Beaune, *Belna.* v. de Bourgogne. sous-préf. Côte-d'Or.
Beaune, b. canton. Loiret.
Beaupréau, v. sous-préf. Maine-et-Loire.
Beauquesne, b. Somme.
Beauraing, b. canton. Sambre-et-Meuse.
Beauregard, b. Puy-de-Dôme.
Beauregard, Jaillans *et* Meymans, b. Isère.
Beauregard, v. Ain.
Beaurepaire, *Castrum Belliparii.* b. canton. Isère.
Beaurepaire, b. canton. Saone-et-Loire.
Beaurevoir, b. Nord.
Beaurieux, b. Aisne.
Beaussault, b. Seine-Inférieure.
Beauvais, *Bellovacum.* v. cap. du Beauvoisis. préf. Oise.
Beauvais, b. Charente-Infér.
Beauval, b. Somme.
Beauville, v. c. Lot-et-Garonne.
Beauvoir, b. Seine-Inférieure.
Beauvoir-sur-Mer, v. canton. Vendée.
Beauvoir-sur-Niort, b. canton. Deux-Sèvres.
Beauzée, b. Meuse.
Beauzely (S.), b. Aveyron.
Bebasar, v. de Natolie.
Bec (le), b. Eure.
Becherel, v. c. Ille-et-Vilaine.
Bechin, *Bechinum.* v. et cercle de Bohême.
Bechtheim, b. Mont-Tonnerre.
Beckem, v. de l'év. de Munster.
Becsancil, *Bithinia.* prov. de la Natolie.
Bedarieux *ou* Bec-d'Arieux, v. canton. Hérault.
Bedas, peuple sauvage dans l'île de Ceylan.
Beder, *Bathana.* v. du Mogol.
Bedfordshire, prov. d'Anglet.
Bedfort, *Lactodurum.* v. du Bedfordshire.
Bedis-Velez, v. du roy. de Fez.
Bédouin, b. Vaucluse.
Bédouins, *Beduini.* Arabes des déserts de l'Arabie, de la Syrie et de l'Asie.
Bedous, b. Basses-Pyrénées.
Bedouin (grand), b. d'Anglet.
Béeralston, b. d'Angleterre.
Béfort, *Befortium.* v. capit. du Sundgaw. sous-préf. H.-Rhin.
Bégard, b. cant. Côtes-du-Nord.
Begarme, roy. d'Afrique.
Begie *ou* Beggie, *Beggium.* v. du royaume de Tunis.
Beichlingen, v. de la Thuringe.
Beine, b. canton. Marne.
Beira, prov. de Portugal.
Beire *ou* Beyre-la-Ville, bourg. Côte-d'Or.
Béja, *Pax Julia.* v. de l'Alentejo.
Békia, Bécouya *ou* Békouya, *Bequia.* île, l'une des Antilles.
Belabre, v. Indre.
Belaye, b. Lot.
Belcaires, v. canton. Aude.
Belcastel, b. Aveyron.
Belcastro, *Bellicastrum.* v. de la Calabre.
Belchite, *Belia.* v. du royaume d'Aragon.
Belem, bourg et maison de plaisance du roi de Portugal.
Belem, b. du Brésil.
Belesme, v. canton. Orne.
Belestat, b. Aude.
Belfast, b. d'Irlande.
Belgorod, gouv. et v. de Russie.
Belgrade, *Alba græca.* v. cap. de la Servie.
Belgrade, v. de la Romanie.
Belgrado, v. dans le Frioul.
Belin, b. canton. Gironde.
Bellabre, v. canton. Indre.
Bellac, v. sous-préf. H.-Vienne.
Bellano, v. d'Italie.
Belle-Isle-sur-Mer, *Calonesus.* île. canton. Morbihan.
Belle-Isle-en-Terre, b. canton. Côtes-du-Nord.
Belle-Roche, b. Rhône.
Belledéfense, b. canton. Côte-d'Or.
Bellegarde, vil. cant. Loiret.
Bellegarde-Saint-Sylvain, ville. canton. Creuse.
Bellegarde, v. Pyrénées-Orient.
Bellencombre, b. cant. Seine-Inférieure.
Belleville, *Bella-Villa.* v. cant. Rhône.
Bellevue-les-bains, b. canton. Saone-et-Loire.
Belley *ou* Bellay, *Bellica.* v. sous-préfecture. Ain.
Bellinzona, *Bilitionum.* v. du duché de Milan.
Bellocq, v. Basses-Pyrénées.
Belluno, *Bullunum.* v. cap. du Bellunèze.
Belmont, b. canton. Aveyron.
Belmont, b. Loire.
Belpech, v. canton. Aude.
Belt, deux détroits en Dannemarck.
Beltubret, b d'Irlande.
Beltzic, v. de l'élect. de Saxe.
Belvédère, *Elis.* prov. et v. sur la côte occ. de la Morée.
Belvès *ou* Moucuq, b. canton. Dordogne.
Belz *ou* Belzko, *Belza.* v. et palatinat de Pologne.
Belz, b. canton. Morbihan.
Benaist, b. Vendée.
Benarès, v. du Bengale.
Benassais, b. Vienne.
Benavarri, *Benavarium.* v. du roy. d'Aragon.
Benavente, *Avitium.* v. du roy. de Léon.
Benauges, comté du Bordelois. Gironde.
Bendarmassen *ou* Benjarmasen. *Bendermassia.* v. dans l'île de Bornéo.
Bender *ou* Tekin, v. dans la Bessarabie.
Bene, *Bena.* v. canton. Stura.
Benedetto (S.), v. du Mantouan.
Benesouef, *Hermopolis.* ville d'Egypte.
Benest, b. Charente.
Benest, b. Deux-Sèvres.
Benevent, *Beneventum.* princip. et v. du royaume de Naples.
Benevent, v. canton. Creuse.
Benfelden, *Benefeldia.* v. cant. Bas-Rhin.
Bengale, roy. et golfe des Indes orientales.
Benguela, *Benguela.* roy. et villes d'Afrique.
Beniarax, *Bunobara.* v. du roy. d'Alger.
Bénigno, b. canton. Doire.
Benin, *Beninum.* roy. et ville sur le golfe de Guinée.
Benin-d'Azi, b. canton. Nièvre.
Bennington, v. de l'Amér. sept.
Benoît-Fleury (S.), b. Loiret.
Benoît-du-Sault (S.), *Benedictus de Saltu.* v. cant. Indre.
Bensheim, v. Mont-Tonnerre.
Bentheim, *Banthemum.* comté et v. du cer. de Westphalie.
Bentivoglio, *Bentivolium.* v. du Bolonois.
Beny-Bocage (le), b. canton. Calvados.
Benzeville, b. canton. Eure.
Béost-Bagest, b. H.-Pyrénées.
Bequiers (les) *ou* Aboukir, fort à l'embouchure du Nil.
Berar, *Berarium.* prov. du Bengale.
Beraun, *Berona.* v. de Bohême.
Berchtolsgaden, v. de l'arch. de Saltzbourg.
Berckein, v. Bas-Rhin.
Berdoa, désert de Barbarie.
Berdoe *ou* Berdoa. *Berdoa.* v. dans l'Arménie persienne.
Berebères *ou* Berbères, peuple d'Afrique.
Berezof, v. de Sibérie.
Berg (duché de), *Montensis Ducatus.* pays du cer. de Westp.
Berg-Op-Zoom, *Bergæ ad Zomam.* v. du Brabant holland.
Berg-Saint-Vinox, *Bergæ Sancti Vinoci.* v. s.-préfect. Nord.
Berg-Zabern, *Berna ad Tabernas.* b. canton. Bas-Rhin.
Bergamasque, prov. d'Italie.
Bergame, *Bergamum.* v. capitale du Bergamasque.
Bergas, *Bergula.* v. de la Romanie.
Bergbieten, v. Bas-Rhin.
Bergen, *Berga.* v. cap. de l'île de Rugen.
Bergen, v. de la basse Saxe.
Bergenhus, prov. de Norwège.
Bergerac, *Bergeracum.* v. sous-préfecture. Dordogne.
Bergheim, v. canton. Roer.
Berghen, *Berga.* v. de Norwège.
Bergstatt, v. dans l'Ober-Hats.
Bergstrass, v. du Palat. du Rhin.
Berks, comté d'Angleterre.
Berlas, v. Tarn.
Berlaymont, b. canton. Nord.
Berlin, v. cap. de l'élect. de Brandebourg.
Berlips, comté de la Hesse.
Bermudes (les), île de l'Amér. septentrionale.
Bernard (le grand S.), mont. de Suisse et de Savoie.
Bernaville, b. cant. Somme.
Bernaw, v. de l'électorat de Brandebourg.
Bernay, *Bernacum.* v. s.-préf. Eure.
Bernbourg, *Bernaburgum.* v. de la haute Saxe.
Berncastel, *Castellum. Tabernarum.* v. canton. Sarre.
Berne (le canton de), 2e. canton de la Suisse.
Berne, *Berna.* v. cap. du canton de même nom, en Suisse.
Berre *Berra.* v. canton. Bouches-du-Rhône.
Berri, *Bituriges.* prov. et duc. de France.
Berringen, b. cant. Meuse-Inf.
Bersello *ou* Bresello, *Brixellium.* v. dans le Modénois.
Bertenous (la), b. Sarthe.
Berthevin (S.), b. Mayenne.
Bertholsdore, b. de la h. Lusace.
Bertignat, b. Puy-de-Dôme.
Bertincourt, b. cant. Pas-de-Calais.
Bertinoro, *Bertinorium.* v. de la Romagne.
Bertrand-de-Comminges (S.), *Convenæ.* v. c. H.-Garonne.
Berus, b. Moselle.
Berwalt, pet. v. de la nouvelle Marche de Brandebourg.
Berzeto, *Beruetum.* v. du duché de Parme.
Besançon, *Vesontio.* v. cap. de la Franche-Comté. arch. préf. Doubs.
Bescon, b. Mayenne.
Besechow, v. de Prusse.
Besigheim, v. du duc. de Wirtem.
Bessan, petite v. Hérault.
Bessarabie *ou* Budziac, *Bessarabia.* pet. pays de la Turquie européenne.
Besse, b. cant. Puy-de-Dôme.
Besse, vil. cant. Var.
Besse, b. Sarthe.
Bessenay, b. Rhône.
Bessières, v. Haute-Garonne.
Bessin (le), *Bajocensis Tractus.* pays de Normandie. Calvados.
Bessines, b. cant. H.-Vienne.
Bestchau, v. de Bohême.
Betancos, *Flavium Brigantum.* v. de la Galice.
Betelfagui *ou* Batelfaki, v. de l'Arabie heureuse.
Bethines, b. Indre.
Bethisy, b. Oise.
Bethléem, vil. de la Palestine.
Béthune, v. de l'Artois. sous-préfecture. Pas-de-Calais.
Betlis, v. cap. du Curdistan.
Bettembourg, b. cant. Forêts.
Betuve *ou* Betaw (le), *Batavia.* contr. du duché de Gueldre.
Betz, b. cant. Oise.
Betzdorff, b. canton. Forêts.
Beu, b. Seine-et-Oise.
Beuil, b. Indre-et-Loire.
Beuil, b. cant. Alpes-Maritimes.
Beuthen (Neider), v. de la b. Silésie.
Beuzeville, gros b. Eure.
Beveland, îles en Zélande.
Beveren, b. canton. Escaut.
Bevergen, v. de Westphalie.
Beverley, *Petuaria.* v. de la prov. d'Yorck.
Bevern, v. du duc. de Brunswick.
Beverugen, v. du diocèse de Paderborn.
Bewdley, v. de la province de Worcester.
Beynat, b. Corrèze.
Beyssac *et* Segur, b. H.-Vienne.
Béziers, *Bitterræ.* v. du b. Lang. sous-préfecture. Hérault.
Biafar, roy. et v. de Nigritie.
Biafares, peuples de Guinée.
Bialogrod *ou* Akerman, *Arpis.* v. de Bessarabie.
Biana, *Biana.* v. du Mogol.
Biant, b. Basses-Pyrénées.
Biberach, *Bibracum.* v. dans l'Argow.
Bicaner *ou* Becaner, *Bardeatis.* v. cap. de la prov. de Baçar.
Bidache, *Bidassia.* v. canton. Basses-Pyrénées.
Bidassoa, *Vedassus.* r. qui sépare la France et l'Espagne.
Bieber, v. du comté de Hanau.
Biecz, *Becia.* v. du palat. de Cracovie.
Biedenkof, v. de la princ. de Hesse-Darmstat.
Biela, *Ebellanum.* prov. et v. de Russie.
Biela, v. du cer. de Boleslaw.
Biela Osero *ou* Belozero, v. et duché de Russie.
Biella, Biela *ou* Bielle, v. du Piémont. évêc. s.-préf. Sésia.
Bielsk *ou* Bielsko, *Bielca.* ville de Pologne.
Biennac, b. Haute-Vienne.
Bienne, *Bienna.* v. de Suisse.
Bienne, b. canton. Haut-Rhin.
Biernès, b. canton. Mayenne.
Bietigkheim, v. du duché de Wirtemberg.
Bigen, *Bigenum.* royaume et v. du Japon.
Bigorre (le), *Bigerrensis Ager.* prov. de France. H.-Pyrénées.
Bihacz, v. de la Croatie turq.

Bilbao, *Bilbaum.* v. cap. de la Biscaye.
Biledulgérid, partie mérid. du royaume de Tunis.
Bilefeld, *Bifeldia.* v. du cercle de Westphalie.
Biline, v. de Bohême.
Billom, *Biliomagus.* v. canton. Puy-de-Dôme.
Bilsen, *Bilsa.* v. c. Meuse-Inf.
Bimeliparan, comptoir hollan. sur la côte de Coromandel.
Bimini, *Biminia.* île, l'une des Lucaies.
Binaros, v. du roy. de Valence.
Binche, *Bintium.* v. c. Jemmape.
Bindon, *Bindonium.* b. dans la prov. de Dorcester.
Bingasy, v. du roy. de Tripoli.
Bingen, *Bingium.* v. caut. Mont-Tonnerre.
Bintan, île des Indes orient.
Bintane *ou* Vintan, contr. de l'île de Ceylan.
Biole (la), vil. c. Mont-Blanc.
Biollio, b. canton. Sésia.
Biornebourg, *Biorneburgum.* v. de la Finlande septentrionale.
Bir, *Birtha.* v. du Diarbeck.
Birkenfeld, *Bircofeldia.* v. sous-préfecture. Sarre.
Birmimgham, b. de la province de Warwick.
Biron, *Birontium.* b. Dordogne.
Birviesga, *Virovesca.* v. de la vieille Castille.
Bisaccia, *Bisaccia.* v. du roy. de Naples.
Bisagos, (îles des), îles proche la côte de Guinée.
Bisantagan, v. du royaume de Cambaie.
Biscara *ou* Pescara, v. du roy. d'Alger.
Biscaye (la), *Cantabria.* prov. d'Espagne.
Biscaye (la Nouvelle) prov. du Mexique.
Biscofsheim, v. de l'arch. de Mayence.
Bischofshein, v. de l'évêché de Wurtzbourg.
Bischofs-Werda, v. de la Misnie.
Bischofs-Zell, v. du Turgaw.
Bischwiller, v. cant. B.-Rhin.
Biseglia, *Vigiliæ.* v. de roy. de Naples.
Biserte, v. du roy. de Tunis.
Bishop's-Castle, *Episcopi-Castrum.* b. de la pro . de Shrop.
Bisignano, *Bisunianum.* v. du roy. de Naples.
Bisnagar, *Bisnagaria.* roy. et v. des Indes.
Bisseaux (île de), sur la côte de Nigritie.
Bisterfeld, v. du comté de la Lippe.
Bistricz, *Bistricia.* v. et comté de Transylvanie.
Bitbourg, *Beda.* v. du duc. de Luxembourg. s.-préf. Forêts.
Bitche *ou* Biche, *Bidiscum.* v. de Lorraine. cant. Moselle.
Bitetto, *Bitettum.* v. du roy. de Naples.
Bito, *Bitum.* roy. de la Nigritie.
Bitonto, *Bidruntum.* v. dans la Terre de Labour.
Bitterfeld, v. dans la Misnie.
Bivinco, b. canton. Golo.
Bivona, *Vibo.* v. de la Calabre.
Bivona, v. et duc. de Sicile.
Bizu, v. du roy. de Maroc.
Blain, b. can. Loire-Inférieure.
Blain (S.), vil. canton. Haut-Marne.
Blainville, v. Meurthe.
Blair, v. de la prov. d'Athol.
Blaisois (le), *Blescensis Ager.* prov. de France. Loir-et-Cher.
Blamont, *Albus-Mons.* v. cant. Meurthe.
Blamont, b. cant. Doubs.
Blanc (le), *Oblincum.* v. sous-préfecture. Indre.
Blanca (la), île de l'Amérique.
Blancat (S.), v. Garonne.
Blanckenberg, *Blancoberga.* v. du duché de Berg.

Blanckenbourg, b. et comté des états de Brunswick
Blanckenheim, b. cant. Sarre.
Blangy, b. canton. Calvados.
Blangy, b. cant. Seine-Infér.
Blanquefort, b. cant. Gironde.
Blanzac, *Blansiacum.* v. cant. Charente.
Blanzianzella, v. dans la princ. de Gotha.
Blaubeuern, *Aræ Flaviæ.* v. du duché de Wirtemberg.
Blaye *ou* Blaie, *Blavia.* v. du Bordelois. s.-préf. Gironde.
Blechinglai, b. de la prov. de Surrey.
Blekingie (la), prov. de Suède.
Blerd, *Bleta.* b. canton. Indre-et-Loire.
Blesle, b. cant. Haute-Loire.
Blesneau, *Blenavium.* b. cant. Yonne.
Bletterans, b. cant. Jura.
Bleymar, b. cant. Lozère.
Bliescastel, b. cant. Sarre.
Bligny-sur-Ouches, b. canton. Côte-d'Or.
Blois, *Blesæ.* v. cap. du Blaisois. préfecture. Loir-et-Cher.
Blokzil, *Blocqilia.* v. dans l'Over-Yssel.
Blot-l'Eglise *et* Blot-le-Rocher, b. Allier.
Bobenhauzen, v. dans la Vétéravie.
Bobio *ou* Bobbio, v. dans le Milanois. *évêché.* sous-préf. Marengo.
Bocage, petit pays de la basse Normandie. Calvados.
Bocherville, b. Seine-Inférieur.
Bocino, *Bucino.* v. du roy. de Naples.
Bockolt, v. de Westphalie.
Bodegnée, b. canton. Ourthe.
Bodman *ou* Bodmin, *Voliba.* b. du comté de Cornouailles.
Bodvar, (grand), v. et r. du duché de Wirtemberg.
Boën, v. canton. Loire.
Boerkos *ou* Boras, v. dans la Vestro-Gothie.
Bogdois (les), nation dans la Tartarie orientale.
Bogesund, *Bogesunda.* b. dans la Vestro-Gothie.
Boglio *ou* Beuil, *Boleum.* b. Mont-Blanc.
Bohain, b. canton. Aisne.
Bohême, *Bohemia.* grand pays et royaume d'Europe.
Boiano, *Bovianum.* v. du roy. de Naples.
Boinebourg, v. dans la basse Hesse.
Boinitz, ville de la haute Hongrie.
Bois-Commun, *Commeracum.* v. Loiret.
Bois-d'Oingt, v. cant. Rhône.
Bois-le-Duc, *Sylla-Ducis.* v. du Brabant hollandois.
Boisseson-Marviel, b. Tarn.
Boisset, b. Cantal.
Boissy-Saint-Léger, b. Seine-et-Oise.
Boitron, b. Orne.
Bojador, cap dans le désert de Sahara.
Bokara, *Bothara.* roy. et v. du pays des Usbecks.
Boke-Meale *ou* Bouke-Meale, prov. et v. d'Afrique.
Bolbec, b. canton. Seine-Infér.
Bolenberg, ville du duché de Mecklembourg.
Boleslaff *ou* Buntzlau *ou* Boleslau, *Boleslavia.* v. de Silésie.
Boleslaw, *Circulus Bolesiavensis.* cercle de Bohême.
Bolhorst, v. dans la principauté de Minden.
Bolkowits, v. de Silésie.
Bollehart, b. Seine-Inférieure.
Bollène, v. canton. Vaucluse.
Bollina de Valdelora, v. Alpes-Maritimes.
Bologne, *Bononia.* v. cap. du Bolonois.
Bolonois (le), prov. d'Italie.

Bolsena, *Vosinium.* v. de l'état de l'Église.
Bolswert, *Bolsverda.* v. de la Frise.
Bolton, *Borolnia.* duché de la prov. d'Yorck.
Boltzembourg, v. du duc. de Mecklembourg.
Bolzano *ou* Bostzen, *Bocenum.* v. du Tirol.
Bombay, île du roy. de Visapour.
Bombon, *Bombona.* province du Pérou.
Bommel, *Bommelia.* v. du duc. de Gueldre.
Bonair, *Bonus Aër.* île d'Amér.
Bonandrea, *Apollonia.* v. et port sur la côte de Barca.
Bonaventura, baie, port et fort du Popayan.
Bonavista, île du Cap-Vert.
Bonaye, b. cant. Loire-Infér.
Bonconvento, *Bonus Conventus.* v. dans le Siennois.
Bonelles, v. Seine-et-Oise.
Bongo, île au roy. du Japon.
Bonifacio, v. de Corse. cant. Liamone.
Bonn, *Bonna.* v. de l'élect. de Cologne. sous-préfec. Rhin-et-Moselle.
Bonnat, b. canton. Creuse.
Bonne, *Bonna.* v. du roy. d'Alger.
Bonne, v. Léman.
Bonnes, b. Vienne.
Bonnes, b. Charente.
Bonnestable, v. cant. Sarthe.
Bonnet (S.), b. cant. H.-Alpes.
Bonnet (S.), b. Rhône.
Bonnet-de-Joux (S.), b. cant. Saone-et-Loire.
Bonnet-le-Château (S.), ville. canton. Loire.
Bonneuil, b. Oise.
Bonneval, *Bona-Vallis.* v. cant. Eure-et-Loire.
Bonneval, comté de Limoges. Haute-Vienne.
Bonneville, v. s.-préf. Léman
Bonneville, v. de l'év. de Bâle.
Bonnières, b. cant. Seine-et-Oise.
Bonnieux, vil. cant. Vaucluse.
Bonny, v. Loiret.
Bonsmoulins, b. Orne.
Bopfingue *ou* Bopfingen, *Boffinga.* v. de Souabe.
Boom, b. cant. Deux-Nèthes.
Boos, b. cant. Seine-Inférieure.
Boppart, *Bodobriga.* v. de l'élec. de Trèves. c. Rhin-et-Moselle.
Borcette, b. canton. Roer.
Borckelo, *Borkeloa.* v. du comté de Zutphen.
Bord, v. Corrèze.
Bordeaux, *Burdigala.* v. capit. de la Guienne et du Bordelois. archev. préf. Gironde.
Bordeaux, b. Drôme.
Bordères, b. cant. H.-Pyrénées.
Borgo, *Borgus.* v. de la prov. de Nylande.
Borgo-Forte, v. du duché de Mantoue.
Borgo-San-Dalmazzo, b. cant. Stura.
Borgo-San-Donnino, *Fidentia.* v. du duché de Parme.
Borgo-di-San-Sepolcro, *Biturgia.* v. de Toscane.
Boria, *Belsinum.* v. du royaume d'Aragon.
Boriquen *ou* Borequem, *Boriquena.* île de l'Amér. septent.
Bormes, b. Var.
Bormio, *Bormium.* prov. et v. du pays des Grisons.
Bornéo, *Bornæ fortunæ.* l'une des trois îles de la Sonde.
Bornéo, v. capitale du roy. de même nom.
Bornholm, *Boringia.* île de la mer Baltique, en Danemarck.
Borno *ou* Bornou, *Bornum.* roy. dans la Nigritie.
Bornstad, ville du comté de Mansfeld.
Boroubridge, *Isurium.* v. dans la province d'Yorck.

Borow-Stowness, v. d'Ecosse.
Borromées (îles), dans le lac Majeur.
Bort, v. canton. Corrèze.
Bosa, *Bosa.* v. de Sardaigne.
Boschnia, v. de la pet. Pologne.
Boscho *ou* Boschi, *Mesia Sylva.* v. du Milanois. c. Marengo.
Bosnie (la), *Bosnia.* prov. de la Turquie européenne.
Bosphore de Thrace *ou* Canal de Constantinople, détroit qui joint la mer de Marmara à la mer Noire.
Bosse (la), b. Oise.
Bossines, b. de la province de Cornouailles.
Bossolin, b. canton. Pô.
Bost, v. cap. du Sablestan.
Boston, *Bostonium.* v. dans la prov. de Lincoln.
Boston, *Bostonium.* v. cap. de la nouvelle Angleterre.
Boswort, v. de la province de Leicester.
Botany (Baie), sur la côte or. de la nouvelle Hollande.
Bothnie, *Bothnia.* prov. de Suède.
Botoha, b. canton. Côtes-du-Nord.
Botzenbourg, v. du duché de Mecklenbourg.
Bova, *Bova.* v. de la Calabre.
Bouchain, *Succinum.* ville du Hainaut françois. cant. Nord.
Bouchard (l'île), *Insula Bocuardi.* Indre-et-Loire.
Bouchemaine, b. Maine-et-Loire.
Boucher, port de la prov. de Fars.
Bouches-du-Rhône, 13e. départ. de Fr. formé dans la Provence.
Bouchoux, b. canton. Jura.
Boudry, v. de la princip. de Neuchâtel.
Bouglon, b. cant. Lot-et-Gar.
Bouille (la), b. Seine-Inférieur.
Bouillon, *Bullio.* v. et duché dans le pays de Luxembourg. canton. Ardennes.
Bouilly, b. cant. Aube.
Bouin (l'île), au bas Poitou. Vienne.
Boulay *ou* Bolsheim, v. de Lor. canton. Moselle.
Boulène, v. Vaucluse.
Boulogne, *Bolonia.* v. cap. du Boulonn. s.-préf. Pas-de-Cal.
Boulogne, v. c. H.-Garonne.
Bouloire, v. canton. Sarthe.
Boulonnois (le), contr. de la Picardie. Pas-de-Calais.
Boulon (le), b. Pyrénées-Or.
Boulouère, v. Sarthe.
Boulteranes, b. Pyrénées-Or.
Bouper (le), b. B.-Pyrénées.
Bourbon (l'île de), voyez Mascareigne.
Bourbon-Lancy, *Borbonium Anselmum.* v. Saône-e Loire.
Bourbon-l'Archambaud *ou* Bourbon-les-Bains, *Burbo Archambaldi.* v. du Bourbonnois. Allier.
Bourbonne-les-Bains, b. dans le Bassigny. Haute-Marne.
Bourbonnois (le), prov. de Fr.
Bourbourg, *Broburgus.* v. cant. Nord.
Bourbriac, b. canton. Côtes-du-Nord.
Bourdeaux, b. cant. Drôme.
Bourdeilles, b. Drôme.
Bourg (le), b. Eure.
Bourg, cap. de l'île de Fremeren.
Bourg-Achard, *Burgum Achardi.* b. Eure.
Bourg-Argental, v. cant. Loire.
Bourg-Dault, b. Somme.
Bourg-de-Péage, b. c. Drôme.
Bourg-de-Viza, b. cant. Lot.
Bourg-d'Oisans, b. cant. Isère.
Bourg-en-Bresse, *Tamum-Burgus.* v. cap. de la Bresse. préf. Ain.
Bourg-Lartier, b. cant. Puy-de-Dôme.
Bourg-Maurice, b. cant. Mont-Blanc.
Bourg-Saint-Andéol, v. canton. Ardèche.

Bourg-sur-la-Gironde, v. cant. Gironde.
Bourganeuf, *Burgus Novus.* v. de la Marche. s.-préf. Creuse.
Bourges, *Biturigæ.* v. capit. du Berry. arch. préfect. Cher.
Bourget, v. Mont-Blanc.
Bourgneuf, v. cant. Loire-Inf.
Bourgogne (la), *Burgundia.* province et gouvern. de France.
Bourgogne-les-Rheims, vil. c. Marne.
Bourgoing, b. canton. Isère.
Bourgon, b. Mayenne.
Bourgthéroude, b. cant. Eure.
Bourguebus, b. cant. Calvados.
Bourmont, *Aunonis mons.* v. canton. Haute-Marne.
Bourneville, b. Eure.
Bournezeau, v. Vendée.
Bourniquel, b. Aveyron.
Boussac, *Bussacium.* v. s.-préf. Creuse.
Boussagnes, b. Hérault.
Boussière, b. cant. Doubs.
Boussille, b. Loire-Inférieure.
Boussu, b. cant. Jemmape.
Boutreville, b. Charente.
Bouxweiller, v. cant. Bas-Rhin.
Bouzonville, v. cant. Moselle.
Boves, b. canton. Stura.
Bovino, *Bovinum.* v. dans la Capitanate.
Boxtehune, *Buxtehuda.* v. du cercle de basse Saxe.
Boxtel, b. du Brabant holland.
Boynes, v. Loiret.
Bozolo, *Bozolum.* v. du Mantou.
Bozouls, b. canton. Aveyron.
Bozzolasco, b. canton. Tanaro.
Bra, b. canton. Tanaro.
Brabant (le), *Brachbantum.* gr. province des Pays-Bas.
Bracciano, *Bracennum.* v. dans l'état de l'Église.
Bracht, b. canton. Roer.
Bracieux, b. cant. Loir-et-Cher.
Bracklau, *Braclavia.* v. capitale du Palatinat de même nom en Pologne.
Bragance, *Brigantia.* v. et duc. de Portugal.
Brague, *Braga.* v. de Portugal.
Brahilow, v. de Valaquie.
Braidalbain *ou* Albanie, *Acbania.* province sept. d'Écosse.
Brain, b. Maine-et-Loire.
Braine, *Brennacum.* v. canton. Aisne.
Braine-l'Alleu, *Bronium.* v. du Brabant autrichien. Dyle.
Braine-le-Comte, *Brenna Comitis.* v. du Hainaut autr. Dyle.
Brakley, b. du Northampton.
Bramas (les), peuples d'Asie.
Bramper, b. de la prov. de Sussex.
Brampour, v. cap. du roy. de Candish.
Branca *ou* l'Ile-Blanche, dans l'Océan Atlantique.
Branchs (S.), b. Indre-et-Loire.
Brandebourg, *Brandeburgum.* v. du cercle de haute Saxe.
Brandebourg, v. de Prusse.
Brandebourg (la nouvelle), v. de la basse Saxe.
Brandebourg (electorat de), *ou* la Marche, pays d'Allem.
Brandels, v. de Bohême.
Brando, b. de Corse. Golo.
Branne, b. canton. Gironde.
Brantome, b. canton. Dordogne.
Brassac, b. canton. Tarn.
Brassaw, *Bratislavia.* v. dans la Lithuanie.
Brassou *ou* Cronstat, *Corona.* v. de Transylvanie.
Brauback, v. de la Hesse.
Braunaw, *Braunodunum.* v. de la basse Bavière.
Braunfelds, v. de la Vétéravie.
Braunfelds, *Brunonismons.* ville de Prusse.
Brava *ou* S.-Jean, *Brava.* une des îles du Cap-Verd.
Brava, v. sur la côte d'Ajan.
Bray, pays de la Normandie.
Bray-sur-Seine, ville. canton. Seine-et-Marne.

Bray-sur-Somme, *Brayum ad Suminam.* v. Somme.
Bréauté, b. Seine-Inférieure.
Brecé, b. canton. Manche.
Brechin, *Brechinium.* b. d'Ecosse.
Brecht, b. canton. Deux-Nèthes.
Brecknock, *Brechinia.* prov. et v. d'Angleterre.
Breda, *Breda.* ville du Brabant hollandois.
Brede (la), vil. cant. Gironde.
Brée, b. Mayenne.
Brée, b. canton. Meuse-Infér.
Brefort, v. du com. de Zutphen.
Bregentz, *Bregentium.* comté et v. dans le Tyrol.
Brehal, b. canton. Manche.
Brehemont, b. Indre-et-Loire.
Breme, *Brema.* duc. et v. de Saxe.
Bremerfurd, *Bremefurda.* v. du du duché de Brême.
Bremgarten, *Bremogartum.* v. de Suisse.
Bremont-la-Motte, b. Puy-de-Dôme.
Brenne (la), petit pays. Indre.
Brenod, b. canton. Ain.
Benta, r. de l'état de Venise.
Brésil; *Brasilia.* pays de l'Amér. méridionale, aux Portugais.
Breslaw, *Vratislavia.* v. capit. de la Silésie.
Bresle, b. Oise.
Bresle (la), v. Rhône.
Bressan (le), *Brixianus ager.* prov. dans l'état de Venise.
Bresse ou Brescia, v. cap. du Bressan.
Bresse (la), *Bressia.* prov. de Fr.
Bressieux, b. Isère.
Bressuire, b. cant. Deux-Sèvres.
Brest, *Brivates.* v. de la Bretagne. préfecture. Finistère.
Bretagne, *Britannia.* prov. de France, qui forme 5 départ.
Bretagne (la Nouvelle), pays et presqu'île du Canada.
Bretagne (la Grande), île de l'Océan, qui comprend l'Ecosse et l'Angleterre.
Breten, b. de Souabe.
Bretenoux, v. canton. Lot.
Breteuil, *Britolium.* v. canton. Eure.
Breteuil, b. canton. Oise.
Bretteville-sur-Laise, b. cant. Calvados.
Brèves, v. Nièvre.
Brey, v. Ourthe.
Brezé, b. Maine-et-Loire.
Brezolles, b. cant. Eure-et-Loir.
Briançon, *Brigantia.* v. capitale du Briançonnois. sous-préfec. Hautes-Alpes.
Briare, *Brivadurum.* v. canton. Loiret.
Briateste, v. Tarn.
Brice (S.), b. Seine-et-Oise.
Brice (S.) ou S.-Brix, b. Yonne.
Brice (S.), b. canton. Ille-et-Vilaine.
Bricheras, b. canton. Pô.
Bridgenorth, b. de la prov. de Shrop.
Bridgetown, v. dans la Barbade.
Bridgewater, duc. et b. du Sommerset.
Bridport, b. de la prov. de Dorest.
Brie, *Bria.* pays de France.
Brie-sur-Hières ou Brie-Comte-Robert, *Braya comitis Roberti.* v. cant. Seine-et-Marne.
Briec, b. canton. Finistère.
Brieg, *Brega.* prov. et v. de Silésie.
Briel, v. de Hollande.
Brienne-le-Château, *Breona.* v. de Champagne. canton. Aube.
Brieul-sur-Bar, b. Ardennes.
Brieux (S.), *Briocum.* v. de la h. Bretagne. évêché. préfecture. Côtes-du-Nord.
Briey, v. sous-préf. Moselle.
Briezen, v. de la moy. Marche de Brandebourg.
Briga, b. canton. Alpes-Marit.
Brignais, *Brisciniacum.* v. Rhône.
Brignolles, *Brinonia.* v. s.-préf. Var.
Brigstheimstone, v. du Sussex.
Brihuega, v. de la n. Castille.
Brillac, b. Charente.
Brille (la), *Briela.* v. capitale de l'île de Voorn.
Brindes ou Brindisi, *Brundusium.* v. du royaume de Naples.
Brinn, *Bruna.* v. cap. de la Moravie.
Brinon-l'Archevêque, v. cant. Yonne.
Brinon-les-Allemands, b. cant. Nièvre.
Briollay, b. cant. Maine-et-Loire.
Brionne, *Briona* v. cant. Eure.
Briou, b. Deux-Sèvres.
Brioude, *Brivas.* v. de la basse Auvergne. s.-préf. Haute-Loire.
Brioux, b. canton. Deux-Sèvres.
Briouze, b. canton. Orne.
Briquebec, b. canton. Manche.
Briqueras, b. de Piémont.
Brisach (le Vieux), *Brisacus.* v. du Brisgaw.
Brisach (le Neuf), v. d'Alsace. Haut-Rhin.
Brisgaw (le), *Brisgoia.* pays du cercle de Souabe.
Brissac, *Bracum saccum.* v. Maine-et-Loire.
Bristol, *Bristolium.* v. dans le Sommersetshire.
Bristol, v. dans la prov. de Massachuset's-Bay.
Brives-la-Gaillarde, *Briva Curetia.* v. sous-préf. Corrèze.
Brivesac, b. Corrèze.
Brix, b. Manche.
Brixen, *Brixinium.* v. du Tyrol.
Brizambourg, b. Chrente-Infér.
Broc (le), b. Puy-de-Dôme.
Brod (Deutsh et Boemich) v. de Bohême.
Brod (Ungarish), v. de Moravie.
Brodera ou Broudra, *Brodera.* v. du roy. de Guzarate.
Brodi, v. du Palat. de Lemberg.
Brodt ou Brod, *Broda.* v. de Hongrie.
Brohon, b. Côtes-du-Nord.
Bron (Nieder et Ober), deux villes de b. Alsace. Bas-Rhin.
Bron, b. canton. Eure-et-Loir.
Broni, b. canton. Marengo.
Bronno ou Bronn, v. du duché de Milan.
Broons, b. cant. Côtes-du-Nord.
Brossac, b. canton. Charente.
Brou-Saint-Romain, *Braicum.* b. Eure-et-Loir.
Brouage, *Broagium.* v. Charente-Inférieure.
Brouck, v. de l'Argow.
Brousse, b. Puy-de-Dôme.
Brouvelieures, b. cant. Vosges.
Bruc-de-Grignoles, b. Dordogne.
Bruch, b. Lot-et-Garonne.
Bruchsal, v. de l'évêc. de Spire.
Brudges, b. Basses-Pyrénées.
Bruges, *Brugæ.* v. de la Flandre. préfecture. Lys.
Brugneto, *Brunetum.* v. de l'état de Gênes.
Bruguière-du-Lac (la), v. cant. Tarn.
Bruguière (la), v. Haute-Gar.
Bruhl, b. canton. Roer.
Bruich ou Bruik, v. de Bohême.
Brulon, b. canton. Sarthe.
Brumath, b. canton. B.-Rin.
Brumpt, *Brucomagus.* b. Bas-Rhin.
Brunchamel, b. Aisne.
Bruniquel, v. Lot.
Brunswick, *Brunopolis.* v. cap. du duché de même nom.
Brunswick, v. de la Caroline.
Brunswick (les états de la maison de), renfermant les duc. de Zell, de Lunebourg et de Lawenbourg.
Brunswick (le duc. de), prov. d'Allemagne.
Brusque, v. Aveyron.
Bruxelles, *Bruxellæ.* v. cap. du Brabant. préfecture. Dyle.
Bruyères, v. cant. Vosges.
Bruyères, b. Aisne.
Bruyll, v. Roer.
Bry (S.), v. Yonne.
Brzescie, v. dans la Lithuanie.
Brzestie, v. et palat. de Pologne.
Bua, *Bubua.* île du golfe de Venise.
Buanes, v. Landes.
Buargas, v. de Portugal.
Bub, v. de Bohême.
Bucarie, v. de la Morlaquie autr.
Buch, pays de Gascog. Gironde.
Buchan, contrée d'Ecosse.
Bucharie (la grande), ou pays des Usbecks, *Bucharia.* pays de la Tartarie
Buchau, *Buchovium.* v. de Souabe.
Buchaw (le), pays du cercle du haut Rhin.
Bucherest ou Buchorest, *Bucheresta.* v. de la Valaquie.
Buchorn, *Buchornia.* v. de Souabe.
Buchy, b. canton. Seine-Infér.
Buckembourg, v. du c. de la Lippe.
Buckingam, prov. d'Angleterre.
Buckor, v. de l'Indoustan.
Bucy-le-Long, b. Aisne.
Bude ou Offen, *Buda.* v. cap. de la basse Hongrie.
Budeczet Budin, villes de Bohême.
Budelich, *b. canton. Sarre.*
Budingen, v. de la Véréravie.
Budoa, *Butua.* v. de Dalmatie.
Budweiss, *Budovecium.* v. dans la Bohême.
Buenos-Ayres ou Ciudad de la Trinidad, *Bonus Aer.* v. cap. du gouv. de Rio de la Plata.
Bugeat, b. canton. Corrèze.
Bugey (le), *Bugesia.* prov. de France. Ain.
Bugie, *Bugin.* v. du roy. d'Alger.
Bugnen, b. Basses-Pyrénées.
Bugo de Saint-Sirq, b. Dordogne.
Bugue (le), b. cant. Dordogne.
Buis (le), b. canton. Drôme.
Buisse (la), b. Isère.
Bulac, nom du port du Caire.
Bulam ou Boulam, île près la côte de Guinée.
Bulgarie (la grande), *Bulgaria.* prov. de la Tartarie russe.
Bulgarie (la petite), prov. de la Turquie européenne.
Bullegneville, b. cant. Vosges.
Bullenbrook, *Bullinbrochium.* v. dans la province de Lincoln.
Bulles, *Bubulæ.* v. Oise.
Bullos ou Bull, v. du canton de Fribourg.
Bully, b. Seine-Inférieure.
Buntzlau, *Boleslavia.* v. de Bohême.
Burckausen, *Burchusio.* v. de la basse Bavière.
Buren, *Bura.* v. de la Gueldre.
Buren, v. du cant. de Berne.
Buren, v. de l'év. de Paderborn.
Burfort, co. et v. du Oxfordshire.
Burgaw, *Burgovia.* marquis. et v. de Souabe.
Burgdorf ou Bertoud, v. du canton de Berne.
Burge-les-Bains, b. cant. Allier.
Burgel, v. de la Misnie.
Burgeo, île d'Amérique.
Burgos, *Bravum Burgi.* v. cap. de la vieille Castille.
Burhampoor, v. cap. de la prov. de Candish.
Burick, *Buruncum.* v. Roer.
Burie, b. cant. Charente-Inf.
Burlington ou Bridlington, *Brillendunum.* v. de la pr. d'Yorck.
Burlington, v. du New-Jersey.
Burnt-Island, b. d'Ecosse.
Buronzo, b. cant. Sésia.
Burro, île de la mer des Indes.
Burzet, b. canton. Ardèche.
Busca, b. canton. Stura.
Busseto, *Buxetum.* v. du duc. de Plaisance.
Bussière-Badil, b. c. Dordogne.
Bussière-Galande, b. Haute-Vienne.
Bussière-Poitevine, v. Haute-Vienne.
Bute, île d'Ecosse.
Butou, *Butavium.* ville de la Poméranie ultérieure.
Butrinto, *Buthrotum.* v. d'Albanie.
Burstaet, v. de la princip. de Weimar.
Butzaw, *Ebodurum.* v. du duché de Meckelbourg.
Butzbach, ville du duché de Darmstadt.
Buxy, b. cant. Saone-et-Loire.
Buzançois, *Busentiacum.* v. cant. Indre.
Buzancy, b. canton. Ardennes.
Buzet, *Buzetum.* v. H.-Garonne.
Bychow, *Bichovia.* v. dans la Lithuanie.

CALA

CAANA, v. d'Egypte.
Cabanes (les), b. cant. Arriége.
Cabeça de Vide, *Segobriga.* v. de l'Alentéjo.
Cabes ou Gabes, ville du roy. de Tunis.
Cabo-Corso, cap sur la côte de Guinée.
Cabra, v. du roy. de Tombut.
Cabra, *Ægarba.* b. d'Andalousie.
Cabul ou Caboul, *Arachotus.* v. cap. du Cabulistan.
Cabulistan ou Caboulistan, *Arachosia.* prov. du Mogol.
Caçaça, *Metagonium.* v. dans le royaume de Fez.
Caccia, b. canton. Golo.
Cacciorne, b. canton. Sésia.
Cacères, *Caceræ.* v. de l'Estramadure espagnole
Cacères de Camerinha, *Caceræ.* v. de l'île de Luçon.
Cachaco, v. de la Nigritie.
Cachan, *Cachanum.* v. de Perse.
Cachao, prov. et v. du Tonquin.
Cachemire, prov. des états du Mogol.
Cachemire, principauté et v. d'Asie.
Cacongo, roy. du Congo.
Cacorla, v. de l'Andalousie.
Cadalenc, b. canton. Tarn.
Cadan, v. de Bohême.
Cadée (Ligue de la), ou Maison-Dieu, nom de la 2e. ligue des Grisons.
Cadenet, v. cant. Vaucluse.
Cadequie, *Cadaquium.* port d'Espagne.
Caderousse, v. Vaucluse.
Cadillac, *Catelliacum.* v. cant. Gironde.
Cadix, *Gades.* v. et port de l'Andalousie.
Cadors, Pieva di Cadore, *Castrum Plebis Cadorinæ.* v. du Frioul vénitien.
Cadouin, *Cadunium.* b. cant. Dordogne.
Cadours, b. cant. H.-Garonne.
Caen, *Cadomum.* v. cap. de la b. Normandie. préf. Calvados.
Caffa ou Théodosia, *Theodosia.* v. cap. de la Tartarie-Crimée.
Cafrerie (la), *Cafreria.* grand pays d'Afrique.
Cafza, v du roy. de Tunis.
Cagean, pr. dans l'île ne Luçon.
Cagli, *Callium.* ville du duché d'Urbin.
Cagliari, *Caliaris.* v. cap. de l'île de Sardaigne.
Cahors, *Divona Cadurci.* v. cap. du Querci. évêc. préf. Lot.
Cahusac-sur-Verre, v. Tarn.
Caienne ou Cayenne, *Cayana.* v. r. et île de l'Amér. mer.
Cai-Fong, v. cap. de la prov. de Honan.
Cailar, b. canton. Hérault.
Caiman ou Ile des Lézards, îles du golfe du Mexique.
Caiques (les), îles d'Amériq.
Caire (le), *Cairus.* v. cap. de l'Egypte.
Cairo, b. canton. Stura.
Cai-Song-Fou, cap. du Honan.
Caithness, prov. sept. d'Ecosse.
Caix, b. Somme.
Cajanebourg, v. capitale de la Bothnie orientale.
Cajarc, b. canton. Lot.
Cajazzo, *Balatia.* v. du roy. de Naples.
Caket, roy. et v. du Gurgistan.
Cala, roy. et v. de Trémécen.
Calabre (la), *Calabria.* prov. du roy. de Naples.
Calahorra, *Calaguris.* v. de la vieille Castille.
Calais, *Catesium.* v. de la bas. Picardie. canton. Pas-de-Calais.
Calais (S.), *Carilesi oppidum.* v. sous-préfecture. Sarthe.
Calamata, *Theramne.* v. de la Morée.
Calamiane, *Calamiana.* île des Indes.
Calamo, Calamine, *Claros.* île de l'Archipel turc.
Calataud, *Bilbilis nova.* ville du roy. d'Aragon.
Calatrava, *Oretum.* v. de la nouvelle Castille.
Calau, *Calovia.* v. de la b. Lusace.
Cale ou Calw, v. de Souabe.
Calbary, pays du roy. de Benin.
Calbe, v. de la viel. marche de Brandebourg.
Calcar, *Calcarin.* v. cant. Roer.
Calcinato, v. dans le Bressan.
Calcutta, v. dans le Bengale.
Calédonie (nouv.), île de la mer du Sud.
Calenberg, prov. de l'électorat d'Hanovre.
Calf-de-Man, île entre l'Irlande et l'Angleterre.
Cali, v. du Popayan.
Calian, v. Var.
Calicut, roy. et v. sur la côte de Malabar.
Californie, *California.* presqu'île de l'Amérique septen.
Calinasse, île de l'océan Atlant.
Callac, b. cant. Côtes-du-Nord.
Callao, *Callaum.* v. du Pérou.
Callas, v. canton. Var.
Calla-Susung, v. cap. de l'île de Bouton.
Calle (la), comptoir françois en Afrique.
Callen, v. d'Irlande.
Callian, v. Var.
Callington, b. de la prov. de Cornouailles.
Calmaquie (la), prov. du pays des Calmoucks.
Calmar, *Calmaria.* ville de la Smaland.
Calmoucks (les), peuple de la grande Tartarie.
Calne, *Calna.* v. dans le Wiltshire.
Calnide, v. Dordogne.
Calsery, v. du roy. de Jamba.
Caluso, b. canton. Doire.
Calvados, 14e. départ de France, formé dans la Normandie.
Calvaire (le), ou Golgotha, montagne dans Jérusalem.
Calvi, *Calvium.* v. dans la Terre de Labour.
Calvi ou Calvesi, *Litus Casia.* v. de Corse. sous-préf. Golo.
Calvisson, v. Gard.
Calzada, *Calcida.* v. de la vieille Castille.
Camarana, *Cardamine.* île dans la mer Rouge.
Camares, b. canton. Aveyron.
Camargue (la), petit pays de France. Bouches-du-Rhône.
Cambaic, *Cambaia.* v. du roy. de Guzarate.
Camboye ou Camboce, *Camboia.* royaume d'Asie dans les Indes.
Cambrai, *Cameracum.* v. cap. du Cambrésis. évêché. sous-préfecture. Nord.
Cambremer, b. cant. Calvados.
Cambresis, province de France. Nord.
Cambridge, *Cantabrigia.* v. cap. du Cambridgeshire.
Cambridge (New), v. de la Nouvelle Angleterre.
Cambridgeshire, prov. d'Angleterre.
Cambrim, b. cant. Pas-de-Calais.
Camentz, *Camensia.* v. de la haute Lusace.
Camerines, contrée de l'île de Luçon.
Camerino, *Camerinum.* v. dans la Marche d'Ancône.

Caminha, v. de Portugal.
Cammin, *Caminum*. v. de la Poméranie prussienne.
Campagna, *Campania*. v. du royaume de Naples.
Campagnac, b. cant. Aveyron.
Campagne, v. Gers.
Campagne, b. c. Pas-de-Calais.
Campagne de Rome (la) *Campania*. prov. de l'État romain.
Campan, *Camponi*. b. H.-Pyrén.
Campeche *ou* S. Francisco. v. de la nouvelle Espagne.
Campen, *Campena*. v. dans l'Over-Issel.
Campine, *Campinia*. contrée des Pays-Bas.
Campion, v. cap. du roy. de Tonger.
Campli *ou* Campoli, *Camplum*. v. du roy. de Naples.
Campo-Formio. villag. du Frioul.
Campo-Major, v. de l'Alentejo.
Campoloro, b. canton. Golo.
Camprédon, v. de la Catalogne.
Camul, *Chaurana*. v. de Tartarie.
Cana *ou* Chinnah, v. de la haute Égypte.
Canada *ou* Nouvelle France, pays de l'Amér. septentrion.
Canal Royal *ou* Canal du Languedoc, joint la Méditerranée à l'Océan.
Canale, b. canton. Golo.
Canalle, b. canton. Tanaro.
Cananor, *Calligeris*. roy. et v. sur la côte de Malabar.
Canaples, v. Somme.
Canara, *Canara*. roy. d'Asie.
Canarie (la grande), *Canaria*. île de l'Océan.
Canarie *ou* Ciudad de Palmas (la ville des Palmes), v. cap. de la grande Canarie.
Canaries (les îles), *Canariæ fortunatæ*. îles de l'Océan, proche l'Afrique.
Cancalle, v. c. Ille-et-Vilaine.
Canchen, v. de Kiangsi.
Canchy, b. Somme.
Cancon, b. c. Lot-et-Garonne.
Candahar, *Ortospana* prov. et v. dans les Indes.
Candé, *Candate*. v. Indre-et-Loire.
Candé, v. c. Maine-et-Loire.
Candel, b. canton. Bas-Rhin.
Candel, b. canton. Sésia.
Candia, b. canton. Doire.
Candie, *Creta*. île et ville dans la Méditerranée.
Candish, province du Mogol.
Candy, *Candium*. roy. et ville dans l'île de Ceylan.
Canée (la), *Cydon*. v. de l'île de Candie.
Canelle (le pays de la), pays de l'île de Ceylan.
Canelli, b. canton. Tanaro.
Canet, b. Pyrénées-Orientales.
Caner, b. Aude.
Canetto, *Canetum*. v. du diocèse de Mantoue.
Canina, prov. et v. de l'Épire.
Canisy, b. canton. Manche.
Cannares, peuple du Pérou.
Cannat (S.) *Castrum de Santo Cannato*. v. Bouches-du-Rhône.
Canne, v. dans la terre de Bari.
Cannes, *Cannoæ*. v. Var.
Canney, île de l'Écosse, l'une des Westernes.
Cano *ou* Alcanem, *Canum*. roy. et v. d'Afriq. dans la Nigritie.
Canosa, v. de la prov. de Bari.
Canourgue (la) b. can. Lozère.
Canstat *ou* Canstadt, *Cantaropolis*. v. du du. de Wirtemberg.
Cantal, 15ᵉ. départem. de Franc. formé dans l'Auvergne.
Cantal, haute mont. d'Auverg.
Cantecroix, b. Deux-Nèthes.
Cantorbéry, *Cantuaria*. v. cap. du comté de Kent.
Cany, b. cant. Seine-Inférieure.
Caorle, *Caprulæ*. île du golfe de Venise.
Caours, v. Pô.
Cap-de-Bonne-Espérance (le) cap à l'extrémité de l'Afrique.
Cap-Breton, b. Basses-Pyrénées.
Cap-François (le), port et v. de Saint-Domingue.
Cap-Horn, cap de la terre de Feu.
Cap-Lizard, cap de la prov. de Cornwalis.
Cap-Nègre, au roy. de Tunis.
Cap-Nord, 3 caps, en Laponie, en Islande, dans la Guyane.
Cap-Vert (le), cap sur la côte d'Afrique.
Capaccio *ou* Capace, *Capus aqueum*. v. du roy. de Naples.
Capalita, v. de la province de Guaxaca.
Capdenac, v. Lot.
Capelle (la), *Capella*. v. cant. Aisne.
Capelle-Marival (la), b. c. Lot.
Capende *ou* Cappendu, *Canis suspensus*. v. canton. Aude.
Capergum, b. du comté de Waterford.
Capestang, *Capus stagni*. ville canton. Hérault.
Capitanate, *Capitanata*. provin. du roy. de Naples.
Capo-Bianco, b. canton. Golo.
Capo-d'Istria, *Caput Istriæ*. v. de l'Istrie vénitienne.
Capoue, *Capua*. v. de la Terre de Labour.
Capraia *ou* la Caprée, *Caprea*. île dans la mer de Toscane.
Caprée *ou* Capri, *Caprea*. île dans le golfe de Naples.
Capri, v. du roy. de Naples.
Caprick, b. canton. Escaut.
Capsir, pays du Roussillon.
Captieux, b. canton. Gironde.
Capui *ou* Capoul, *Capula*. une des Philippines.
Caracas, Caracos *ou* Saint-Jacques de Léon, v. d'Amér. dans la Terre-Ferme.
Caraïbes *ou* Cannibales, sauvages d'Amérique.
Caralio, b. canton. Stura.
Caraman, b. cant. H.-Garonne.
Caramanie, *Caramania*. provid. de la Natolie.
Caramanta, prov. et v. d'Amérique, dans la Terre-Ferme.
Carangues, peuple du Pérou.
Caransebes, v. de la h. Hongrie.
Caravaca *ou* Santa-Cruz de Caravaca, v. du roy. de Murcie.
Caravaggio, b. du Milanois.
Caravin, b. canton. Doire.
Carbini, b. canton Liamone.
Carbon-Blanc, b. c. Gironde.
Carbonne, vil. cant. H.-Garon.
Carcassonne, *Corcasso*. v. du b. Languedoc. év. préf. Aude.
Cardaillac, v. Lot.
Cardif *ou* Glamorgan, *Cardiffa*. v. cap. du Glamorganshire.
Cardigan, *Caterica*. prov. et v. d'Angleterre.
Cardiganshire, prov. dans la principauté de Galles.
Cardonne, *Cardonna*. v. dans la Catalogne.
Carduel (le), partie orientale de la Géorgie.
Carek, île dans le golfe Persiq.
Carelie, *Carelia*. provin. de la Finlande orientale.
Carelscroon *ou* Carlscroon, v. dans la Blékingie.
Carentan, *Carentonium*. v. de la b. Normand. c. Manche.
Carentoir, b. canton. Morbihan.
Carhaix, b. canton. Finistère.
Cariati, *Carianum*. ville de la Calabre citérieure.
Caribes, peuple de l'Amér. mér.
Carignan, *Carinianum*. v. du Piémont. canton. Pô.
Carignan, v. canton. Ardennes.
Carini, b. de Sicile.
Carinola, *Forum Claudii*. v. de la Terre de Labour.
Carinthie, *Carinthia*. prov. des états d'Autriche.
Cariorou, île des Grenadins.
Caripoux, peuple de l'Amériq.
Caristo, *Caristus*. v. de Grèce.
Carlat, v. Cantal
Carlat (le), v. Arriége.
Carlat, *Carilatum*. v. Arriége.
Carleton, v. du Yorckshire.
Carlile, *Carleolum*. v. capitale du Cumberland.
Carlingford, *Carlingfordia*. v. d'Irlande.
Carlo-Pago, port de Dalmatie.
Carlostad *ou* Carlstad, *Carlostadium*. v. de Suède.
Carlostad *ou* Carlowitz, *Carlostadium*. v. de la Croatie.
Carlotte (la), chef-lieu de peuplades dans l'Andalousie.
Carlowitz, v. de Hongrie.
Carlsbad, *Theumæ Carslinæ*. v. dans le cercle d'Ellenbogen.
Carlsbourg *ou* Albe-Julie, v. de Transilvanie.
Carlsham, v. dans la Blékengie.
Carlshaven, v. dans la b. Hesse.
Carlshaven, b. de Suède.
Carlsruhe *ou* Carlsrouhe, v. du bas marquisat de Bade.
Carlstadt, v. dans l'év. de Wurtz.
Carlux, b. canton. Dordogne.
Carmagnole, *Carmaniola*. v. c. Pô.
Carmaing, *Carmanum*. v. Haute-Garonne.
Carmarthen, v. cap. du Carmarthenshire.
Carmarthenshire, prov. dans le pays de Galles.
Carmel, *Carmelus*. montag. de la Palestine.
Carmone, *Carmo*. v. de l'Andalousie.
Carmons, v. du Frioul autr.
Carnavon, *Arvonia*. v. capitale du Carnarvonshire.
Carnarvonshire, prov. du pays de Galles.
Carnero, *Carnarius*. partie du golfe de Venise.
Carnew, b. d'Irlande.
Carnia (la), prov. de l'Albanie.
Carniole, *Carniola*. prov. des états de l'Autriche.
Caroline, contrée de l'Amé. sep.
Caroline (la), chef-l. des peuplades de la Sierra-Morena.
Carouges, b. canton. Orne.
Carouges, v. canton. Léman.
Carpenter-Land, *Carpentaria*. pays dans la nouv. Hollande.
Carpentras, *Carpentoracte*. v. capitale du comtat Venaissin. sous-préfecture. Vaucluse.
Carpi, *Carpum*. v. du Modénois.
Carpi, v. dans le Véronèse.
Carpio, v. et marq. d'Andalousie.
Carquefou, b. cant. Loire-Inf.
Carraveira *ou* Boor-Castoro, v. de la Macédoine.
Carru, b. canton. Stura.
Cars, *Carse*. v. de l'Arménie.
Carschi, v. de la Bucharie.
Cartama, *Cartamitanum*. v. du roy. de Grenade.
Cartasoura, v. capit. du roy. de Java.
Carthage (les ruines de), près de Tunis.
Carthagène, *Carthagonova*. v. du roy. de Murcie.
Carthagène, prov. et v. dans l'Amérique méridionale.
Carthago, v. du Mexique.
Carthago *ou* la Nouvelle Carthagène, v. de l'Amérique.
Carvin-Espigdoy, b. cant. Pas-de-Calais.
Carwar, v. de la côte de Canara.
Casaconi, v. canton. Golo.
Casal, *Casale*. v. cap. du Montferrat. évêc. s.-préf. Marengo.
Casal Maggiore, v. du duché de Milan.
Casalborgon, b. canton Pô.
Casan, *Casanum*. roy. et v. de l'empire de Russie.
Casba, v. du roy. de Tunis.
Casbin *ou* Caswin, *Casbinum*. v. dans l'Irac.
Cascaès, v. de Portugal.
Cascine, b. canton. Marengo.
Caselle, b. canton. Pô.
Caserta, *Caserta*. ville dans la Terre de Labour.
Casghar (le roy. de) *ou* pet. Bucharie, pays et ville de la Tartarie.
Cashel, *Cassilia*. v. d'Irlande.
Cashna, empire d'Afrique.
Casinca, b. canton. Golo.
Caslona, *Castulo*. v. d'Andalous.
Caspienne (la mer), *Caspium mare*. grande mer d'Asie.
Cassagne-Saint-Begoulies, v. c. Aveyron.
Cassano, *Cassanum*. v. du duc. de Milan.
Cassano *ou* Cossano, v. dans la Calabre citérieure.
Cassel, *Castellum Morinorum*. v. de Flandre. canton. Nord.
Cassel, *Cassella*. v. capitale du Landgrav. de Hesse-Cassel.
Cassel, bail. et v. d'Allemag.
Casseneuil, *Cassinoglium*. ville. Lot-et-Garonne.
Cassinogorod, v. du Russie.
Cassis, v. Bouches-du-Rhône.
Cassovie *ou* Caschau, *Cassovia*. v. de la haute Hongrie.
Cassubie (la), *Cassubia*. contr. de la Poméranie ultérieure.
Cassumbasar, v. du Bengale.
Castanet, v. canton. H.-Garon.
Casteggio, b. canton. Marengo.
Castel-Aragonèse, *Castellum Aragonense*. v. de Sardaigne.
Castel-Baldo, v. dans le Véronois.
Castel-Bolognère, *Castrum Bolonense*. v. du Bolonois.
Castel-Branco, *Castrum Album*. v. dans la prov. de Beïra.
Castel-de-Vide, v. de l'Alentéjo.
Castel-Foliit, place de l'état Romain.
Castel-Franco, b. du Bolonois.
Castel-Gandolfe, *Arx Gandulphi*. place dans la Catalogne.
Castel-Jaloux, *Castrum Gelasum*. v. canton. Lot-et-Garonne.
Castel-Mayron, v. Gers.
Castel-Moron, v. c. Lot-et-Gar.
Castel-Moron, v. Gironde.
Castel-Novo, *Castrum novum*. v. de Dalmatie.
Castel-Novo, b. cant. Tanaro.
Castel-Novo-de-Carfagnane, *Grafinianum*. v. du Modénois.
Castel-Novo-Scrivia, b. canton. Marengo.
Castel S. Joanne, v. du duc. de Plaisance.
Castel-Sacrat, v. Lot-et-Garonn.
Castel-Sarrazin, v. sous-préf. Haute-Garonne.
Castelamare, v. du royaume de Naples.
Castelaun, *Castellum Hunnorum*. v. du comté de Spanheim.
Castelbar, v. d'Irlande.
Castellamont, b. cant. Doire.
Castellane, *Castellana*. v. de Provence. sous-préf. B.-Alpes.
Castellanette, *Castania*. ville dans la Terre de Lecce.
Castellaun, b. c. Rhin-et-Moselle.
Castellazzo, *Gamundium*. ville canton. Marengo.
Castellon *ou* Castillon, *Castilio*. v. de Catalogne.
Castelnau-de-Barbarens, v. Gers.
Castelnau-de-Bonnefons, bourg. Tarn.
Castelnau-de-Brassac, v. Tarn.
Castelnau-de-Bretenous, v. Lot.
Castelnau-d'Estrefon, v. H.-Gar.
Castelnau-de-Magnoac, v. cant. Hautes-Pyrénées.
Castelnau-de-Médoc, b. cant. Gironde.
Castelnau-de-Montmirail, ville. Tarn.
Castelnau-de-Montartier, ville. canton. Lot.
Castelnau-de-Rivière-Basse, b. canton. Hautes-Pyrénées.
Castelnaudary, *Castrum novum Arrii*. v. sous-préfect. Aude.
Casters, b. canton. Landes.
Castiglione del Stivere, *Castilio Stiverorum*. v. du duc. de Mantoue.
Castille (la vieille *ou* l'anc.), *Castella vetus*. prov. ou roy. d'Espagne.
Castille-Neuve (la), *ou* la nouv. Castille, *ou* le roy. de Tolède, prov. d'Espagne.
Castille d'Or (la), pays d'Amérique dans la Terre-Ferme.
Castillon, *Castilio*. v. c. Girond.
Castillon, v. canton. Arriége.
Castillon de Médoc, v. Gironde.
Castillone, v. c. Lot-et-Garonne.
Castlebar, port d'Irlande.
Castlebar, b. d'Irlande.
Castle-Rising, v. du Norfolck.
Castres, *Castra*. ville du haut Languedoc. sous-préf. Tarn.
Castres, v. Gironde.
Castries, b. canton. Hérault.
Castro, *Castrimonium*. duché et v. de l'état de l'Église.
Castro, v. du roy. de Naples.
Castro, v. dans le Chili.
Castro, Catraldo, Cartaldo, *ou* Certaldo, v. du territoire de Sienne.
Castro de Urdiales, *Castrum Urdialæ*. v. de la Biscaye.
Castro-Darino, *Castrum Marinum*. v. dans l'Algarve.
Castro-Novo, *Castrum-novum*. v. dans la vallée de Mazare.
Castro-Verreyns, v. du Pérou.
Castrop, v. du com. de la Marck.
Catalogne (la), *Catalaunia*. pro. d'Espagne.
Catane, *Catana*. v. de Sicile.
Catanzaro, *Catantium*. v. cap. de la Calabre ultérieure.
Cateau-Cambrésis, *Castrum Cameracense*. v. canton. Nord.
Categat (le), *Sinus Codanus*. golfe entre la Suède et le Dannemarck.
Catelar, b. Pyrénées-Orientales.
Catelet (le), *Castelletum*. ville. Somme.
Catelet, b. canton. Aisne.
Caterlagh, v. et com. d'Irlande.
Cath, v. de la pr. de Khovarezm.
Catherine (S.), v. Lot-et-Garon.
Catherine (S.), île aux Portugais, sur la côte du Brésil.
Catherineberg, v. de Bohême.
Catherineberg, v. de Misnie.
Catherinebourg, v. de Sibérie.
Catherinoslaw, v. de Crimée.
Catherinovou, v. de Crimée.
Cattack, cap. de la pr. d'Orixa.
Cattaro, *Cathara*. v. de Dalmatie.
Cattay (le), *Serica*. 7 provinces de la Chine.
Cattelletto-d'Orba, b. canton. Tanaro.
Cattenom, b. cant. Moselle.
Catus, b. canton. Lot.
Catzenellenbogen, *Cattemelibosensis Comitatus*. comté et v. d'Allemagne.
Caub, v. du duc. de Simmeren.
Caucase (le), *Caucasus*. chaîne de montagnes d'Asie.
Caudebec, b. cant. Seine-Inf.
Caudecoste, v. Lot-et-Garonne.
Caudiez, *Coderia*. v. Pyrénées-Orientales.
Caumont, v. cant. Calvados.
Caunard, b. Landes.
Caune (la), v. canton. Tarn.
Caunes *ou* Cannes, v. Aude.
Caupenne, b. Landes.
Caurzim, cer. et v. de Bohême.
Caussade, v. canton. Lot.
Caux, *Caletensis Ager*. pays de Normandie.
Caux, v. Aude.
Cava *ou* Cave, *Cava*. ville du roy. de Naples
Cavaillon, *Cabellio*. v. canton. Vaucluse.
Cavalerie (la), v. Gard.
Cavalia, b. canton. Sésia.
Cavaller-Maggiore, b. canton. Stura.
Cavan *ou* Cavon, *Cavodium*. v. et comté d'Irlande.
Caveyrac, b. Gard.
Cavite *ou* Cavita, v. de l'île de Manille.
Cavitte, v. de l'île de Manille.
Cavour, b. canton. Pô.

Caxamalca, *Caxamalca.* pays et v. du Pérou.
Caxem ou Cayem, *Cane.* ville de l'Arabie heureuse.
Cayes-Saint-Louis, v. sur la côte mér. de Saint-Domingue.
Cayeux, *Cadocum.* b. Somme.
Caylar (le), v. Hérault.
Caylus, v. canton. Lot.
Cayres, b. canton. Haute-Loire.
Cazals, b. canton. Lot.
Cazaubon, v. canton. Gers.
Cazères, b. cant. H.-Garonne.
Cazimir ou Kazimierz, v. dans le Palatinat de Lublin.
Cazouls-les-Béziers, b. Hérault.
Ceaucé, b. Orne.
Ceaux, b. Vienne.
Cebassat, v. Puy-de-Dôme.
Cédogna, *Aquilonia.* v. du roy. de Naples.
Céfalonie ou Céphalonie, *Cephalonia.* île de la Grèce.
Cefalu ou Cefaledi, *Cephaledis.* v. de Sicile.
Ceilan, *Celanum.* grande île dans la mer des Indes.
Celreste, *Cæsarista.* b. H.-Alpes.
Celzeriat, b. canton. Ain.
Celano, *Celanum.* v. de l'Abruzze ultérieure.
Celavo, b. canton. Liamone.
Célèbes (îles) ou Macassar, *Sindarum.* île dans la mer des Indes.
Cellamare, duc. du roy. de Naples.
Celle ou Marien Celle, *Mariæ Cella.* b. de la haute Stirie.
Celle, b. canton. Deux-Sèvres.
Celle-sur-Thiers, b. Puy-de-Dôme.
Cellebrouin, b. Charente.
Cellerfeld, v. dans l'Ober-Hatz.
Celles, b. canton. Jemmape.
Ceneda, *Ceneta.* v. des états de Venise.
Cenis (les), peuples de la Louisiane.
Cénis (mont), montagne qui fait partie des Alpes.
Cental, b. canton. Stura.
Cento, v. dans le Bolonnois.
Centorbi, *Centuripa.* v. dans le val de Demona.
Ceram ou Ceiram, *Ceramum.* une des Moluques.
Cerdagne (la), *Cerdania.* prov. partie en Fr. partie en Espag.
Ceré (S.), b. canton. Lot.
Cerences, b. Manche.
Cerens, b. Sarthe.
Cerès, b. canton. Pô.
Ceret, *Ceretum.* v. sous-préfect. Pyrénées-Orientales.
Cérigo, autrefois *Cythère*, *Cythera.* île de l'Archipel.
Cérilly, b. canton. Allier.
Cerines, *Ceraunia.* v. de l'île de Chypre.
Cerisier, b. canton. Yonne.
Cerisy-la-Salle, b. c. Manche.
Cerizay, b. cant. Deux-Sèvres.
Cernay, v. cant. Haut-Rhin.
Cernay-en-Dormois, v. Marne.
Cernin (S.), v. Aveyron.
Cernin (S.), b. cant. Cantal.
Cerny, v. Seine-et-Oise.
Cervera, *Ceterræ.* v. de la Catalogne.
Cervia, *Cervia.* v. de la Romagne.
Cervione, v. Golo.
Cesane, b. canton. Pô.
Cesene, *Casana.* v. de la Romagne.
Cessenon, v. Hérault.
Ceton, b. Orne.
Cette, v. et port. cant. Hérault.
Ceuta, *Septa.* v. du roy. de Fez.
Ceva ou Ceve, *Ceba.* v. cant. Stura.
Ceyras, b. Hérault.
Cezy, b. Yonne.
Chaalons ou Châlons-sur-Marne, *Catalaunum.* v. de Champagne. préfecture. Marne.
Chabanois, v. cant. Charente.
Chabeuil, v. canton. Drôme.
Chablais (le), *Caballicus ager.* prov. et duché de Savoie.
Chablis, *Cabelium.* v. c. Yonne.

Chabres, *Carobriæ.* b. Loir-et-Cher.
Chader, île formée par le Tigre et l'Euphrate.
Chagny, b. c. Saone-et-Loire.
Chahaignes, b. Sarthe.
Chailan, b. cant. Mayenne.
Chaillard (le), b. c. Ardèche.
Chaillé-les-Marais, b. c. Vendée.
Chaillé-sous-les-Ormeaux, b. Vendée.
Chaillevette, b. Charente-Inf.
Chailloué, b. Orne.
Chaingy, b. Loiret.
Chaise-Dieu (la), *Casa Dei.* v. canton. Haute-Loire.
Chaise (la), v. Côtes-du-Nord.
Chalabre, v. cant. Aude.
Chalais, b. Charente.
Chalamont, v. canton. Ain.
Chalcédoine ou Calcédoine, v. de Bithynie.
Chalençon, v. Ardèche.
Chaligny, b. Meurthe.
Chalinargues, b. Cantal.
Challans, b. canton. Vendée.
Challin, b. Maine-et-Loire.
Chalonnes, *Calonna.* v. canton. Maine-et-Loire.
Châlons-sur-Saone, *Cabilloum.* v. de Bourgogne. sous-préf. Saone-et-Loire.
Chalosse (la), contr. de Gascogne. Landes.
Chalus, *Castra Lucii.* v. cant. Haute-Vienne.
Chamalières, b. Puy-de-Dôme.
Chamant (S.), b. Corrèze.
Chamas (S.), b. Isère.
Chamb ou Cham, *Chamum.* v. et comté de Bavière.
Chamberet, b. Corrèze.
Chambéry, *Camberiacum.* v. de Savoie. év. préf. Mont-Blanc.
Chambly, *Cameliacum.* v. Oise.
Chambon, v. canton. Creusé.
Chambon (le), b. cant. Loire.
Chambonas, b. Ardèche.
Chambose, b. Rhône.
Chamboulive, b. Corrèze.
Chamboy, b. Orne.
Chambrais, b. Eure.
Chambre (la), v. c. Mont-Blanc.
Chambrois, b. canton. Eure.
Chamdeniers, v. canton. Deux-Sèvres.
Chamond (S.), *Oppidum S. Annemundi.* v. canton. Loire.
Chamonix, vil. canton. Léman.
Champagnac, b. Dordogne.
Champagnat, b. Cantal.
Champagne, *Campania.* prov. de Fr. formant 4 départemens.
Champagne propre (la), l'une des 8 partis de la Champag.
Champagne, b. canton. Ain.
Champagne, b. Vendée.
Champagne-de-Belair, b. cant. Dordogne.
Champagne-Mouton, b. canton. Charente.
Champagney, b. c. H.-Saone.
Champagnole, b. canton. Jura.
Champdeniers, b. Charente.
Champdieu, b. Loire.
Champeaux, b. Seine-et-Marne.
Champeix, b. cant. Puy-de-Dôme.
Champignelles, b. Yonne.
Champigny, *Campiniacum.* v. Indre-et-Loire.
Champlain, lac du Canada.
Champlemy, v. Nièvre.
Champlitte, v. c. Haute-Saone.
Champs, b. canton. Cantal.
Champsaur, petit pays du Grésivaudan. Isère.
Champtoceaux, *Castrum celsum.* v. canton. Maine-et-Loire.
Chan-cheu ou Tcheou, *Changcheum.* v. de la prov. de Fokien.
Chan-Si, prov. de la Chine.
Chanac, v. canton. Lozère.
Chancelade, b. Dordogne.
Chancha, v. d'Egypte.
Chandernagor, v. du Bengale.
Chang-Tong, prov. de la Chine.
Changé, b. Sarthe.
Changé, b. Mayenne.
Changy, b. Loire.
Chanières, b. Gironde.

Chanonat, 2 b. Puy-de-Dôme.
Chantaunay, b. Vendée.
Chantel-le-Châtel, *Cactilia.* v. canton. Allier.
Chantilly, *Chantilliacum.* bourg. Oise.
Chantonnay, b. cant. Vendée.
Chantrigne, b. Mayenne.
Chany, b. canton. Yonne.
Chaource, *Chaorcium.* v. cant. Aube.
Chapelle-Aguon (la), b. Cantal.
Chapelle-d'Angillon (la), bourg. canton. Cher.
Chapelle-de-Guinchay (la), b. canton. Saone-et-Loire.
Chapelle-la-Reine (la), ou Chapelle-Egalité, bourg. canton. Seine-et-Marne.
Chapelle-en-Vercors (la), b. canton. Drôme.
Chapelle-sur-Erdre (la), bourg. canton. Loire-Inférieure.
Chappes, v. Aube.
Chaptes (S.), b. canton. Gard.
Charcas (les), *Charcæ.* prov. du Pérou.
Charente (la), *Carantonus.* 16e. départ. de France, formé dans l'Angoumois et la Saintonge.
Charente-Inférieure, 17e. dép. de Fr. formé dans l'Aunis et la Saintonge.
Charentenay, b. Yonne.
Charenton, *Carantonus.* b. cant. Seine.
Charenton, b. canton. Cher.
Charité (la), *Caritas.* v. Nièvre.
Charkow, gouvernement et v. de Russie.
Charlemont, *Carlomontium.* v. du comté d'Armargli.
Charlemont, v. des Pays-Bas. Ardennes.
Charleroy ou Charles-sur-Sambre, *Caroloregium.* ville du comté de Namur. sous-préfecture. Jemmape.
Charles-Town, *Carolopolis.* v. cap. de la Caroline méridion.
Charleval, b. Eure.
Charleville, b. du comté de Corke.
Charleville, *Carolopolis.* v. du Rhételois. préf. Ardennes.
Charlieu, *Carus locus.* v. cant. Loire.
Charlotte (îles de la Reine), de l'Amérique septentrionale.
Charly, b. Aisne.
Charmes, *ad Carpinos.* v. cant. Vosges.
Charnisay, b. Indre-et-Loire.
Charny, vil. canton. Meuse.
Charolles, *Quadrigellæ.* ville cap. du Charolois. sous-préf. Saone-et-Loire.
Charolois, comté de Bourgogne.
Charon, b. Charente-Inférieure.
Charost, *Carophium.* v. canton. Cher.
Charoux, *Carrofum.* v. Allier.
Charoux, *Carrofum.* v. canton. Vienne.
Charpey, b. Drôme.
Chartre (la), b. Sarthe.
Chartres, *Carnutes.* v. cap. du pays Chartrain. préfecture. Eure-et-Loire.
Chasselay, v. Rhône.
Chasselet, *Caffeletum.* ville Sambre-et-Meuse.
Chasseneuil, v. Charente.
Chassiers, b. Ardèche.
Chastans, b. Vendée.
Chatam, île de l'Océan mérid.
Château-Briant, *Castrum Brientii.* v. s.-préf. Loire-Inférieure.
Château-Châlons, *Castrum Carnonis.* v. Jura.
Château-Chinon, *Castrum Caninum.* v. sous-préf. Nièvre.
Château d'Oleron, b. canton. Charente-Inférieure.
Château-Double, b. Var.
Château-du-Loir, *Castrum-Lidi.* v. canton. Sarthe.
Château-Dun, Dun-sur-Loir, *Castello-Dunum.* v. capit. du Dunois. s.-préf. Eure-et-Loire.

Château-Gay, b. Puy-de-Dôme.
Château-Giron, v. canton. Ille-et-Vilaine.
Château-Gonthier, *Castrum Gonterii.* v. s.-préf. Mayenne.
Château-la-Vallière, v. canton. Indre-et-Loire.
Château-Landon, *Castrum Lantonis.* v. cant. Seine-et-Marne.
Château-Lin, v. sous-préfecture. Finistère.
Château-Meillant, *Castrum Mediolani.* b. canton. Cher.
Château-Neuf, *Castrum-novum.* v. canton. Charente.
Château-Neuf, v. canton. Cher.
Château-Neuf, v. cant. Maine-et-Loire.
Château-Neuf, v. Ain.
Château-Neuf, v. cant. Loiret.
Château-Neuf, v. cant. Eure-et-Loire.
Château-Neuf, b. cant. Ille-et-Vilaine.
Château-Neuf, b. cant. Haute-Vienne.
Château-Neuf-de-Faon, v. c. Finistère.
Château-Neuf-Randon, b. cant. Lozère.
Château-Ponsac, b. cant. Haute-Vienne.
Château-Porcien, *Castrum Porcianum.* v. canton. Ardennes.
Château-Renard, *Castrum Renardi.* v. canton. Loiret.
Château-Renard, b. canton. Bouches-du-Rhône.
Château-Renaud, *Castrum Reinaldi.* v. c. Indre-et-Loire.
Château-Renaud, b. Charente.
Château-Roux, *Castrum Radulfi.* v. du Berry. préfecture. Indre.
Château-Roux, b. Haut.-Alpes.
Château-Salins, v. sous-préf. Meurthe.
Château-Thierry, *Castrum Theodorici.* v. sous-préfect. Aisne.
Château-Villain, *Castrum Villanum.* v. Haute-Marne.
Château-Villain, b. Isère.
Châteaubourg, b. canton. Ille-et-Vilaine.
Châteigneraye (la), v. canton. Vendée.
Châtel ou Chaté, *Castellum in Vosago.* v. canton. Vosges.
Châtel-Aillon, *Castrum Alionis.* v. Charente-Inférieure.
Châtel-sur-Moselle, v. Vosges.
Chatelar, v. cant. Mont-Blanc.
Chatelaudren b. cant. Côtes-du-Nord.
Châteldon, v. c. Puy-de-Dôme.
Châtelet, b. canton. Cher.
Châtelet (le), v. canton. Seine-et-Marne.
Châtellerault, *Castrum Heraldi.* v. du Poitou. s.-préf. Vienne.
Châtelus, b. canton. Creuse.
Châtenois, b. cant. Vosges.
Chatignan, v. du roy. de Bengale.
Châtillon, b. canton. Doire.
Châtillon, b. canton. Drôme.
Châtillon-de-Michailles, bourg. canton. Ain.
Châtillon-en-Bazois, b. cant. Nièvre.
Châtillon-sur-Chalaronne, *Castellio.* b. canton. Ain.
Châtillon-sur-Indre, b. canton. Indre.
Châtillon-sur-Loing, b. canton. Loiret.
Châtillon-sur-Loire, b. canton. Loiret.
Châtillon-sur-Marne, b. cant. Marne.
Châtillon-sur-Saone, v. Vosges.
Châtillon-sur-Seine, v. sous-préfecture. Côte-d'Or.
Châtillon-sur-Sèvre ou Mauléon, v. canton. Deux-Sèvres.
Chatonnay, b. Isère.
Chatre (la), b. canton. Sarthe.
Châtre (la), *Castra.* v. sous-préfecture. Indre.
Châtres ou Arpajon, v. Seine-et-Oise.
Chaudes-Aigues, v. cant. Cantal.

Chaudron, b. Maine-et-Loire.
Chauffailles, b. canton. Saone-et-Loire.
Chaul, *Camane.* v. du roy. de Visapour.
Chaulne, *Calniacum.* b. canton. Somme.
Chaumergy, b. canton. Jura.
Chaumes, *Calamae.* v. Seine-et-Marne.
Chaumont, *Calvus Mons.* v. du Bassigny. préf. Haute-Marne.
Chaumont, v. canton. Oise.
Chaumont, b. cant. Ardennes.
Chaumont-sur-Tharonne, b. canton. Loir-et-Cher.
Chaumouzay, v. Vosges.
Chaumussay, b. Indre-et-Loire.
Chaunai, *Calnucum.* b. Vienne.
Chauny, *Calniacum.* v. canton. Aisne.
Chausey, îles de Fr. entre les côtes de Norm. et de Bretag.
Chaussin, v. canton. Jura.
Chauvigny, v. canton. Vienne.
Chaux, b. Charente.
Chavaignes, b. Maine-et-Loire.
Chavanay, v. Loire.
Chavanges, b. canton. Aube.
Chavez ou Chiavez, *Aquae Flaviae.* place de la prov. de Tras-los-Montes.
Chaylar (le), b. Ardèche.
Chazelles-sur-Lyon, v. canton. Loire.
Chebrechin, v. dans le Palatinat de Russie.
Checo ou Cecio, ou Tong-Tow, v. cap. du roy. de Tonquin.
Chécy, b. canton. Loiret.
Chef-Boutonne, bourg. canton. Deux-Sèvres.
Ché-Kiang ou Tché-Kieng, prov. orient. de la Chine.
Chelles, *Calae.* b. Seine-et-Marne.
Chelm, *Chelma.* palatinat et v. de la Russie rouge.
Chelmsfort, cap. du c. d'Essex.
Chely-d'Apcher (S.), v. canton. Lozère.
Chély (S.), b. cant. Aveyron.
Chemazé, b. Mayenne.
Chemillé, *Camiliacum.* v. cant. Maine-et-Loire.
Chemin, b. canton. Jura.
Cheminon, b. Marne.
Chemnitz, v. dans le cercle de Leutmaritz.
Chenay, b. cant. Deux-Sèvres.
Chêne (le), b. cant Ardennes.
Chenerailles, v. cant. Creuse.
Chenonceau, b. Indre-et-Loire.
Chensi, prov. de la Chine.
Cher (le), *Carus.* 18e. départ. de Fr. formé dans le Berry.
Cherag, b. Charente-Inférieure.
Cherasco ou Querasque, *Clarascum.* v. cap. de la contrée de même nom. cant. Stura.
Cherbourg, *Cæsaris Burgus.* v. de Normandie. cant. Manche.
Cheronnac, b. Charente.
Cheroy, v. Yonne.
Cherso ou Cherzo, *Crespa.* v. et île du golfe de Venise.
Cherves, b. Indre-et-Loire.
Chervinsko, v. du duché de Masovie.
Chesapeak, baie de la mer du Nord.
Cheshire, *Cestriensis Comitatus.* prov. maritime d'Angleterre.
Chesne-Thodeix, bourg. canton. Léman.
Chester, v. du Maryland.
Chester, *Cestria.* v. capit. du Cheshire.
Chester-Town, v. cap. du comté de Kent.
Chesterfield, *Cesterfida* v. et comté du Derbyshire.
Cheux, b. Calvados.
Chevagnes, b. canton. Allier.
Cheverny, b. Loir-et-Cher.
Cheviré, b. Maine-et-Loire.
Chevres, *Cervia.* b. Charentel.
Chevreuse, *Caprusium.* v. cant. Seine-et-Oise.
Chewillon, b. canton. Haute-Marne.

Chezery, v. et vallée. Ain.
Chezy-sur-Marne, b. c. Aisne.
Chiametlan, prov. du Mexique.
Chiapa, *Chiapa*. prov. et 2 villes du Mexique.
Chiapa de los Indios, v. de la prov. de Chiapa.
Chiapa-el Real, v. cap. de la prov. de Chiapa.
Chiari, v. d'Italie.
Chiaromonte, *Claromons*. v. de la vallée de Noto.
Chiavari, *Clavarum*. v. de la république de Gênes.
Chiavennes, *Clavenna*. v. du pays des Grisons.
Chiaveran, b. canton. Doire.
Chichester, *Cicestria*. v. capit. du Sussex.
Chielefa, place dans la Morée.
Chiemsée, *Chiemus* ou *Chiemium*. lac dans la haute Bavière.
Chiens (les), îles d'Amérique.
Chieti, *Teataea*. v. capit. de l'Abruzze citérieure.
Chièvres, b. canton. Jemmape.
Chignac (S.-Pierre de), b. c. Dordogne.
Chignan (S.), *Sancti Aniani Oppidum*. v. Hérault.
Chihiri, Port de Cheer, Sequire, v. de l'Arabie heureuse.
Chili (le), *Cile*. pays et roy. de l'Amérique méridionale.
Chiloé, *Chiloa*. île sur la côte du Chili.
Chimay, *Cimacum*. v. canton. Jemmape.
Chimera, *Chimera*. cont. et v. d'Albanie.
Chinay, Chiney ou Ciney, v. et comté des Pays-Bas. canton. Sambre-et-Meuse.
Chinca, vallée de la prov. de Lima.
Chine, *Sina*. gr. empire d'Asie.
Ching-Tou ou Tching-Toufou, v. de la prov. de Se-Tchuen.
Ching-Yang, *Chinchianum*, v. de la prov. de Kiang-Nan.
Chinian (S.), v. cant. Hérault.
Chinon, *Caino*. v. sous-préfecture. Indre-et-Loire.
Chiny, v. et comté du Luxembourg. Forêts.
Chenyang, cap. d'une prov. de la Tartarie chinoise.
Chiourlic, *Turullus*. v. de la Romanie.
Chiozza ou Chioggia, *Fossa Claudia*. v. de l'état de Venise.
Chippenham, b. du Wilt-Shire.
Chipping-Wycomb, b. de la prov. de Buckingham.
Chiquitos, peuples du gouvern. de Santa-Cruz de la Sierra.
Chirac, b. canton. Lozère.
Chirat, b. Charente.
Chirens, b. Isère.
Chitor, *Chitorium*. prov. et v. des états du Mogol.
Chitry, b. Yonne.
Chiusa (la), b. cant. Stura.
Chiusy, *Clusium*. v. de Toscane.
Chiutaye, *Cotyaeum*. v. cap. de la Natolie propre.
Chivas ou Chivaso, *Clavasium*. v. canton. Doire.
Chize, v. Deux-Sèvres.
Chlinow, évêc. dans la Tartarie russe.
Chlumecz, v. de Bohême.
Chnim, v. de la Bosnie.
Choczim, v. de la Moldavie.
Choiseul, *Cascolum*. v. Haute-Marne.
Choisy-Bellegrade, b. Loiret.
Cholet, v. cant. Maine-et-Loire.
Cholmogorod, v. dans le gouvernement d'Archangel.
Chomelis, b. Haute-Loire.
Chomérac, b. cant. Ardèche.
Chonard, *Cenadium*. v. et comté de la haute Hongrie.
Chorges, *Caturgiae*. v. canton. Hautes-Alpes.
Chouaquen, fort anglois sur le lac Ontario.
Choug ou Shogle, v. de la Syrie.
Chouzé, b. Maine-et-Loire.

Christ-Church, b. du Hantshire.
Christianopel, *Christianopolis*. v. dans la Blékengie.
Christiansand, v. de Norwège.
Christiansbourg, fort de Guinée.
Christianstadt, *Christianostadium*. v. dans la Schomen.
Christianstadt, v. de la b. Lusace.
Christiansund, v. de Norwège.
Christophe (S.), *Sanctus Christophorus*. île, l'une des Antilles.
Christophe (S.), b. cant. Indre-et-Loire.
Christophe (S.), b. canton. Indre.
Chrudim, v. de Bohême.
Chunckin, v. de la prov. de Se-Tchuen.
Churchill, fort anglois dans la baie d'Hudson.
Chusistan ou Kuristan, prov. de la Perse.
Cialis, *Cialium*. roy. dans la Tartarie indépendante.
Ciampa, *Ciampa*. roy. d'Asie dans les Indes.
Cibola, prov. du nouv. Mexique.
Ciers-la-Lande (S.), b. cant. Gironde.
Cilley ou Cilly, *Cilia*. v. dans la basse Stirie.
Cillian, b. canton. Sésia.
Cinaloa, prov. de l'Amérique méridionale.
Cinan ou Tsinan, *Cinanum*. v. de la prov. de Chan-Tong.
Cinarca, b. Liamone.
Cinefi, v. de Sicile.
Cinqmars, b. Indre-et-Loire.
Cintegabelle, b. canton. Haute-Garonne.
Ciotat (la), *Civitas*. v. canton. Bouches-du-Rhône.
Cipierres, b. Var.
Cir (S.), b. Rhône.
Cir du Bailleul (S.), b. Manche.
Cir-sur-Loire (S.), b. Indre-et-Loire.
Ciran (S.), *Sanctus Sigirannus*. b. Indre.
Circassie, *Cercetia*. pays d'Asie.
Circester ou Cirencester, *Corinium*. v. du Glocestershire.
Cirenza ou Acerenza, *Acherontia*. v. du roy. de Naples.
Cirié, b. canton. Pô.
Citadella, *Jamna*. v. cap. de l'île de Minorque.
Citta della Pieve, *Civitas Plebis*. v. du Pérousin.
Citta-di-Castello, *Tifernum*. v. et comté de l'Ombrie.
Citta-Nuova, v. de l'Istrie vénitienne.
Ciudad de las Palmas, *Civitas Palmarum*. v. capit. de l'île Canarie.
Ciudad de los Reyes, *Civitas Regis*. v. de la prov. de Sainte-Marthe.
Ciudad-Réal, *Philippopolis*. v. de la nouvelle Castille.
Ciudad-Rodrigo, *Mirobriga*. v. du roy. de Léon.
Civita-Castellana, *Faliscae*. v. de l'état de l'Eglise.
Civita-di-Friuli, *Forum Julii*. v. du Frioul vénitien.
Civita-Vecchia, *Centum Cellae*. v. de l'état de l'Eglise.
Civrac, v. Gironde.
Cize, vallée de la b. Navarre.
Clackmannan, prov. et v. d'Ecosse.
Clagenfurt, *Clagenfurtum*. ville capitale de la Carinthie.
Clair (S.), b. canton. Manche.
Claira, b. Pyrénées-Orientales.
Clairac, v. Lot-et-Garonne.
Claire, b. Seine-Inférieure.
Claire (Sainte), île de la mer du Sud.
Claire (Sainte), l'une des Canaries.
Clamecy, *Climiacum*. v. sous-préfecture. Nièvre.
Clamgkitty, b. du comté de Corck.
Clamni, b. du comté de Wexford.

Clar (S.), v. canton. Gers.
Clarac, b. canton. B.-Pyrénées.
Clare, *Clara*. comté, château et b. de la prov. de Munster.
Clare, b. et comté du Suffolck.
Clarence ou Chiarenza, *Clarentia*. duché et v. en Grèce.
Clarence, v. du Suffolck.
Clarendon, v. du comté de Wilt.
Claret, b. canton. Hérault.
Clary, b. canton. Nord.
Claude (S.), *Sanctus Claudius*. v. sous-préfecture. Jura.
Claude (S.), b. cant. Charente.
Claude (S.), b. Loir-et-Cher.
Clausen, v. de l'év. de Brixen.
Clausthal, v. de la principauté de Grubenhagen.
Claye, b. cant. Seine-et-Marne.
Clayette (la), b. cant. Saone-et-Loire.
Clecy, b. Calvados.
Clefmont, b. cant. H.-Marne.
Cleguerec, b. cant. Morbihan.
Clelles, b. canton. Isère.
Clément (S.), b. Corrèze.
Clémente (S.), v. de la nouv. Castille.
Clémont, b. Haute-Marne.
Clérac ou Clairac, *Clariacum*. v. Lot-et-Garonne.
Clères, b. cant. Seine-Inférieure.
Clermont, v. sous-préfecture. Oise.
Clermont, b. Isère.
Clermont-dessous, v. Lot-et-Garonne.
Clermont-en-Argonne, *Claromontium*. v. canton. Meuse.
Clermont-Ferrand, *Claromons*. v. cap. de l'Auvergne. évêc. préfecture. Puy-de-Dôme.
Clermont-Gallerande, b. Sarthe.
Clermont-Lodève, v. canton. Hérault.
Clerval, *Cloravallis*. v. canton. Doubs.
Clervaut, v. Vienne.
Clervaux, v. canton. Jura.
Clervaux, v. canton. Forêts.
Cléry (Notre-Dame de), ville. canton. Loiret.
Cléry-Créqui, b. Somme.
Cléveland, pays de la province d'Yorck.
Clèves, *Clivia*. ville et duché d'Allem. sous-préfect. Roer.
Clinchamps, b. Calvados.
Clingen, b. de la h. Saxe.
Clisson, *Clissonium*. v. canton. Loire-Inférieure.
Clithera, b. du Lancashire.
Clitow, b. du cercle de Pitsen.
Cloher, b. du comté de Tyronne.
Cloie, v. cant. Eure-et-Loire.
Clonegall, b. dans le comté de Wicklow.
Clonfort, v. du comté de Galloway.
Clonmel, *Clonmelium*. v. cap. du comté de Tipperari.
Cloppenbourg, v. de l'évêché de Munster.
Cloud (S.), *Sanctus Clodoaldus*. b. Seine-et-Oise.
Cloyne, v. du comté de Corck.
Cluny, *Cluniacum*. v. canton. Saone-et-Loire.
Cluse (la), *Clusa*. ville. Mont-Blanc.
Cluses, b. canton. Léman.
Cluys dessus *et* dessous, bourg. Indre.
Coasina, v. cant. Liamone.
Coblentz, *Confluentes*. v. dans l'électorat de Trèves. préfecture. Rhin-et-Moselle.
Cobourg, *Coburgum*. princip. de la Franconie.
Cocconato, b. canton. Tanaro.
Cocheim, *Cochima*. v. canton. Rhin-et-Moselle.
Cochercaw, contrée d'Allem.
Cochin, *Cochinum*. roy. et v. sur la côte de Malabar.
Cochinchine, *Cochinsina*. roy. d'Asie.
Codevilla, b. canton. Marengo.

Codogno, *Cotoneum*. bourg du duché de Milan.
Coesfeld, *Coefeldia*. v. de Westphalie.
Coethen, v. de la prov. d'Anhalt.
Coeuvre, v. Aisne.
Coevorden, *Covordia*. v. dans l'Over-Issel.
Cognac, *Conniacum*. v. de l'Angoumois. s.-préf. Charente.
Cognac, b. Charente.
Cogny, *Iconium*. v. dans la Caramanie.
Cogoreto ou Cogueretto, *Coguretum*. v. dans l'Etat de Gênes.
Coimbre, *Conimbrica*. v. capit. de la prov. de Beira.
Coincy, v. Aisne.
Coire, *Curia Rhœtorum*. ville cap. du pays des Grisons.
Coislans, comptoir hollandois sur la côte du Malabar.
Cokermout, *Novantum*. b. du Cumberland.
Col, *Cola*. île, l'une des Westernes.
Col-d'Agnelle, passage de Fr. en Italie, qui conduit de la Guillerre à Château-Dauphin.
Col d'Argentière (le), passage de France en Italie, entre le marquisat de Saluces et le comté de Nice.
Col de Limon, passage des Alpes.
Col de Tende (le), passage des Alpes, entre le Piémont et le comté de Nice.
Colberg, *Collobega*. v. dans la Poméranie ultérieure.
Colchester, *Procolitia*. v. cap. de la province d'Essex.
Colding, *Coldania*. v. dans le Nordjutland.
Coldingham, v. cap. de la prov. de Marche, en Ecosse.
Colditz, v. de Misnie.
Coleshei ou Coleche, v. du royaume de Travancor.
Colima, *Colima* v. du Mexique.
Colin, v. du cercle de Caurzim.
Colinée, b. canton. Côtes-du-Nord.
Colioure, *Cocolliberis*. ville. Pyrénées-Orientales.
Collato, b. dans la Marche trévisane.
Colle, *Collis*. v. du Florentin.
Colligny, b. canton. Ain.
Collobrières, b. canton. Var.
Collonge, b. canton. Léman.
Colmar, v. cap. de la haute Alsace. préfect. Haut-Rhin.
Colmars, *Collis Martis*. v. cant. Basses-Alpes.
Colmenar, b. de la v. Castille.
Colmogorod, v. de Russie.
Colo, vallée et rade du roy. d'Alger.
Colochina, v. de la Morée.
Colocza, *Colocia*. v. capitale du comté de Bath.
Cologne, *Colonia Agrippina*. v. de l'élec. de même nom. sous-préfecture. Roer.
Cologne (électorat de), état d'Allemagne.
Cologne, v. canton. Gers.
Colomay, *Coloma*. v. dans la Russie rouge.
Colombe (Ste.), *Sancta Columba*. v. canton. Rhône.
Colombeau-Fontaine, b. cant. Haute-Saone.
Colombey, b. cant. Meurthe.
Colombo, *Columbum*. v. sur la côte occidentale de Ceilan.
Colonna, b. de la Campagne de Rome.
Colorno, *Colornium*. ville du Parmesan.
Coloswar ou Clausenbourg, *Claudiopolis*. v. de Transilvanie.
Colouri, *Salamis*. île dans le golfe d'Engia.
Colraine, v. du comté de Londonderry.
Coluga, *Coluga*. v. du duché de Moscow.

Columna ou Colomna, v. du duché de Moscow.
Comachio, *Comacula*. ville du Ferrarois.
Comanie, voyez Daghestan.
Combles, b. canton. Somme.
Combourg, vil. canton. Ille-et-Vilaine.
Combraille, *Combralia*. pays du diocèse de Limoges. Creuse.
Combret, v. Aveyron.
Combronde, *Oppidum Candidobrinse*. b. cant. Puy-de-Dôme.
Comché, v. de Perse.
Come, *Comum*. v. du duché de Milan.
Comenolitari (le), contrée de la Grèce.
Comereau, Comedau, Chemodow ou Commoteau, *Commoda*. v. du cercle de Satz.
Comines, *Cominium*. v. Nord.
Commani, roy. sur la côte d'Or de Guinée.
Commequiers, v. Vendée.
Commercy, *Commerciacum*. v. sous-préfecture. Meuse.
Comminges, *Convenæ*. pays de France. Haute-Garonne.
Comorin (le cap), promontoire de l'Inde.
Comorre (îles de), cinq îles de la mer des Indes.
Comoru, *Crumenum*. v. et comté de la basse Hongrie.
Compeyre, b. Aveyron.
Compheda, v. de l'Arabie heur.
Compiégne, *Compendium*. ville de l'île de France. sous-préfecture. Oise.
Compostelle, *Brigantium*. ville capitale de la Galice.
Compostelle-la-Neuve, v. de la nouvelle Espagne.
Compreignac, b. Aveyron.
Comps, v. canton. Var.
Concarneau, *Concarneum*. ville. canton. Finistère.
Conception (la), *Conceptio*. v. du Chili.
Conception, v. de la nouvelle Espagne.
Concèze, b. Corrèze.
Conches, *Cocha*. v. cant. re.
Concordia, v. d'Italie.
Concordia, v. du Frioul.
Concressaut, *Concurcallum*. Loiret.
Condat, b. Cantal.
Condavera ou Condevire, v. du roy. de Carnate.
Condé, *Condate*. (Nord-Libre). v. du Hainaut. Nord.
Condé, vil. canton. Aisne.
Condé-sur-Ithon ou Condé-l'Evêque, b. Eure.
Condé-sur-Noireau, *Condate ad Nerallum*. v. c. Calvados.
Condelvai, v. et fort du roy. de Décan.
Condéon, b. Charente.
Condom, *Condomium*. v. cap. du Condomois. s.-préf. Gers.
Condore, îles de la mer des Indes.
Condrieu, *Condriacum*. ville. Rhône.
Condros (le), *Condrusi*. pays du cercle de Westphalie.
Conflans, pays du Roussillon.
Conflans, v. cant. Mont-Blanc.
Conflans en Jarnisi, *Confluentes*. v. canton. Moselle.
Conflans-Sainte-Honorine, b. Seine-et-Oise.
Confolens, *Confluentes*. v. sous-préfecture. Charente.
Congo, *Congum*. grand pays et roy. d'Afrique.
Coni, *Cuneum*. v. du Piémont. sous-préfecture. Stura.
Conlie, v. canton. Sarthe.
Conliége, b. canton. Jura.
Connaught, *Connacia*. contrée d'Irlande.
Connecticut, l'un des 13 Etats-Unis et r. d'Amérique.
Conneray, b. Sarthe.
Connor, *Conoria*. v. du comté d'Antrim.

Conques, b. canton. Aveyron.
Conques, b. canton. Aude.
Conquet (le), *Conquestus*. v. Finistère.
Conserans ou Couserans (le), *Consorani*. pays de Gascogne.
Constadt ou Cunstant, v. de Silésie.
Constance, *Constantia*. v. dans le cercle de Souabe.
Constance (le lac de), *Acronius Lacus*. grand lac de l'évêché de Constance.
Constantine, *Cirta*. v. du roy. d'Alger.
Constantine, *Constantina*. ville de l'Andalousie.
Constantinople, *Constantinopolis*. v. cap. de l'emp. Ottoman.
Constantinow, *Constantinovia*. v. de la Volhinie.
Contessa, v. de Macédoine.
Contres, b. cant. Loir-et-Cher.
Conty, *Conteium*. v. de la haute Picardie. canton. Somme.
Contz, b. canton. Sarre.
Conversano, *Cupersanum*. ville dans la terre de Bari.
Conza, *Consa*. v. du roy. de Naples.
Copenhague, *Codania*. v. cap. du Dannemarck.
Copenbrugg, château et bourg de l'électorat d'Hanovre.
Copiapo, *Copiapum*. v. et riv. du Chili.
Coporie, *Coporia*. v. de Russie.
Coquimbo ou la Séréna, v. du Chili.
Coravie, *Corbavia*. pays de Hongrie, dans la Croatie.
Corbach, *Curbacum*. v. cap. de la principauté de Valdeck.
Corbeil, *Corbolium*. v. de l'Ile-de-France. sous-préfecture. Seine-et-Oise.
Corbeny, b. Aisne.
Corbie, *Corbeia*. v. c. Somme.
Corbières (vallée de), en Languedoc.
Corbigny S. Léonard, *Corbiniacum*. v. canton Nièvre.
Corbon, b. et pays du Perche. Orne.
Corcan ou Arjorjaniyah, ville cap. de la Corasmie.
Corcieux, b. canton. Vosges.
Corck, *Corcahia*. comté et v. de la province de Munster.
Cordes, v. canton. Tarn.
Cordouan (la tour de), phare à l'embouch. de la Gironde.
Cordoue, *Corduba*. v. de l'Andalousie.
Cordone (la nouvelle), v. de l'Amérique méridionale.
Cordoven, v. cap. du pays de Drente.
Corée (la), *Corsa*. presqu'île entre la Chine et le Japon.
Corfe, v. du Dorsetshire.
Corfou, *Corcyra*. île à l'embouchure du golfe de Venise.
Corfou, v. cap. de l'île de même nom.
Cori, *Coria*. v. de la Campagne de Rome.
Coria, *Corium*. v. du roy. de Léon.
Corinthe, *Coranto* ou *Geremé*, *Corinthus*. v. de la Morée.
Corinthe (l'isthme de), langue de terre qui joint la Morée avec la Grèce.
Corio, b. canton. Pô.
Corlay, v. cant. Côtes-du-Nord.
Corlin, *Corlinum*. v. de la Poméranie ultérieure.
Corme-Royal, b. Charente-Inf.
Cormeilles, b. canton. Euré.
Cormery, *Cormeriacum*. v. Indre-et-Loire.
Cormicy, *Culmisciacum*. ville. Marne.
Cormolain, b. Manche.
Corné, b. Maine-et-Loire.
Corneillan, *Cornelianum*. bourg. Landes.
Corneto, *Cornuetum*. v. de l'Etat de l'Eglise.

Cornières, b. canton. Nord.
Cornimont, b. cant. Vosges.
Cornouaille, *Cornubl.* province d'Angleterre.
Cornouailles, *Cornu Galliæ*. contrée de Bretagne. Finistère.
Cornus, v. canton. Aveyron.
Corogne (la), *Coruna*. v. de la Galice.
Coromandel (la côte de), *Coromandela*. pays dans la presqu'île en deça du Gange.
Coron, *Corone*. v. de la prov. de Belvédère.
Coron, b. Maine-et-Loire.
Corps, b. canton. Isère.
Corregio ou Corrège, *Corregrum*. v. cap. de la prov. de même nom, au Modénois.
Corrèze, b. canton. Corrèze.
Corrèze, 19e. départ. de Fran. formé dans le Limousin.
Corse, *Corsica*. île de France dans la Méditerranée.
Corsé, b. Maine-et-Loire.
Corté, *Cenestum*. v. sous-préf. Golo.
Cortemiglia, b. cant. Tanaro.
Cortone, *Cortona*. v. dans le Florentin.
Corvey ou la nouv. Corbie, *Corbia*. v. de Westphalie.
Corvo (île de), l'une des Açores.
Cosaques (les), peuple de la Pologne, de la Russie, de la Tartarie et de la Turquie.
Cosein, v. de la Poméranie ultérieure.
Cosenza, *Cosentia*. v. cap. de la Calabre citérieure.
Cosme (S.), v. Aveyron.
Cosme-de-Vair (S.), b. Sarthe.
Cosnac, b. Charente-Inférieure.
Cosne, *Condate*. v. sous-préf. Nièvre.
Cossato, b. canton. Sésia.
Cossé-le-Vivien, bourg. cant. Mayenne.
Cossire, port d'Egypte sur la mer Rouge.
Costa Ricca, *Ora dives*. prov. de la nouvelle Espagne.
Costera, b. canton. Golo.
Costigliole, b. cant. Tanaro.
Costiglione, b. canton. Strura.
Cotati, v. du roy. de Travancor.
Cotatis ou Coutetis, place de la Géorgie.
Cotbus ou Cotwitz, *Cotbusium*. v. de la basse Lusace.
Côte de S. André (la), v. cant. Isère. voyez André.
Côte des Dents (la), pays de la Guinée.
Côte d'Or (la), contrée de la Guinée.
Côte-d'Or, 22e. départ. de Fr. formé dans la Bourgogne.
Côte-Rôtie, côte du Dauphiné.
Cotentin (le), contrée de la basse Normandie. Manche.
Côtes-du-Nord, 21e. départem. de Fr. formé en Bretagne.
Codguau, v. canton. Var.
Cotta, roy. de l'île de Ceilan.
Couco, *Coucum*. pays de la Barbarie.
Couches, b. canton. Saone-et-Loire.
Coucouron, b. cant. Ardèche.
Coucy-le-Château, *Codiciacum*, v. canton. Aisne.
Coudray-St.-Germer, b. canton. Oise.
Couhé, v. canton. Vienne.
Coulan, *Coulanum*. roy. de la côte de Malabar.
Coulanges-les-Vineuses, *Coloniae vinosae*. v. cant. Yonne.
Coulanges-sur-Yonne, b. cant. Yonne.
Coulans, *Villa Colonia*. bourg. Sarthe.
Coulibœuf, b. canton. Calvados.
Coulommiers, v. sous-préfect. Seine-et-Marne.
Coulonges, *Colonia*. v. canton. Deux-Sèvres.
Coulons, *Colomba*. b. Gers.
Couptrin, b. cant. Mayenne.

Courbeville, b. Mayenne.
Courcite, b. Mayenne.
Courçon, b. canton. Yonne.
Courgis, b. Yonne.
Courgné, b. canton. Doire.
Courie, b. Deux-Sèvres.
Courmonteral, v. Hérault.
Cournillon, b. Drôme.
Couronne (la), b. Charente.
Courourfa, roy. d'Afrique.
Courpierre, b. canton. Puy-de-Dôme.
Coursan, b. canton. Aude.
Coursegoules, b. canton. Var.
Courson, b. canton. Charente-Inférieure.
Courtanvaux, b. Sarthe.
Courtelary, b. c. Haut-Rhin.
Courtenay, *Curtiniacum*. v. c. Loiret.
Courteson, v. Vaucluse.
Courtine, b. canton. Creuse.
Courtison, b. Marne.
Courtohaa, lac de l'Abyssinie.
Courtomer b. canton. Orne.
Courtrai, *Corturiacum*. v. de la Flandre autr. s.-préf. Lys.
Courville, b. canton. Eure-et-Loire.
Courzieux, b. Rhône.
Cousange, b. canton. Jura.
Cousel, b. canton. Sarre.
Coussey, vil. canton. Vosges.
Coutances, *Constantia*. v. cap. du Cotentin. évêché. sous-préfecture. Manche.
Couterne, b. Orne.
Coutras, *Cortrate*. v. canton. Gironde.
Couvertoirade, v. Aveyron.
Couvins, v. canton. Ardennes.
Coventry, *Conventeria*. v. du comté de Warwick.
Cowe, port de l'île de Wigt.
Cowper, v. du comté de Fife.
Cozes, b. cant. Charente-Inf.
Cozumel, île sur la côte orientale d'Yucatan.
Cracovie, *Cracovia*. v. capitale de la Pologne.
Crail, v. de la prov. de Fife.
Craïnbourg, *Cranioburgum*. v. de la Carniole supérieure.
Crainfeld, v. de la h. Hesse.
Cranach, Cronach ou Goldcranach, v. de Franconie.
Cranenbourg, b. cant. Roer.
Cranganor, roy. sur la côte de Malabar.
Craon, v. canton. Mayenne.
Craonne, v. canton. Aisne.
Craponne, b. cant. H.-Loire.
Crato, ville de l'Estramadure portugaise.
Cravant, *Crevenum*. v. Yonne.
Créances, b. Manche.
Crécy en Ponthieu, *Creciacum in Pontivo*. b. cant. Somme.
Crécy, v. cant. Seine-et-Marne.
Crécy-sur-Serre, b. cant. Aisne.
Creichow ou Crichgaw, contr. d'Allemagne.
Creil, *Creolium*. v. cant. Oise.
Creivelt ou Crevelt, v. sous-préfecture. Roer.
Cremaux, b. Loire.
Creme, *Crema*. v. capitale du Crémasque, dans l'État vénit.
Cremenity, v. de la h. Hongrie.
Cremieu, *Cremiacum*. v. cant. Isère.
Crémone, *Cremona*. v. capitale du Crémonois.
Crémonois, pays du duché de Milan.
Cremsier, v. de Moravie.
Créon, b. canton. Gironde.
Crescentino, *Crescentinum*. v. canton. Sésia.
Cresilheim ou Kraishem, v. du marquisat d'Anspach.
Crespy, *Crispitiacum*. v. cap. du Valois. canton. Oise.
Crest (le), v. Puy-de-Dôme.
Crest (le), *Crista*. v. canton. Drôme.
Creuilly, b. cant. Calvados.
Creuse (la), 23e. départ. de Fr. formé dans la Marche et l'Auvergne.

Creusot ou Mont Cenis, bourg. Saone-et-Loire.
Creussen, v. de Bareuth.
Creutzberg ou Creutzbourg, v. de Silésie.
Creutznach, *Cruciniacum*. ville. canton. Rhin-et-Moselle.
Crevecœur, b. Nord.
Crevecœur, b. canton. Sésia.
Crevecœur, b. cant. Oise.
Crickdale, b. du Wiltshire.
Criel, b. Seine-Inférieure.
Crim ou Crimenda, v. de la petite Crimée.
Crimée, contrée de la Tartarie.
Criquetot-Lesneval, b. canton. Seine-Inférieure.
Croatie, *Croatia*. province de Hongrie.
Crocq, v. canton. Creuse.
Croia, *Croia*. v. de l'Albanie.
Croisic (le), v. cant. Loire-Inf.
Croisilles, b. canton. Pas-de-Calais.
Croix-S.-Leufroy (la), b. Eure.
Croix (Sainte), *Sancta-Crux*. île, l'une des Antilles.
Croix (Sainte), v. H.-Rhin.
Croix (Sainte), v. de Maroc.
Croix (Sainte), port de l'île de Ténériffe.
Croix (Sainte), b. c. Arriége.
Croix de Rochefort (Sainte), b. Maine-et-Loire.
Crolles, b. Isère.
Cromartry, v. de l'Ecosse sep.
Crombach, v. du comté de Nassau-Siegen.
Cromont, b. Somme.
Cronach, v. de l'évêché de Bamberg.
Cronenbourg, Cronberg ou Cronebourg, *Coronae-Burgum*. v. dans la Wétéravie.
Cronenbourg, b. cant. Ourthe.
Cronstadt, v. du golfe d'Ingrie.
Crosnière, île près de Noirmoutier.
Crossen, *Crossa*. v. et princ. de Silésie.
Crotone, *Croto*. v. sur le golfe de Tarente.
Crotoy (le), v. Somme.
Croupière, v. Puy-de-Dôme.
Crouy, *Croviacum*. v. Seine-et-Marne.
Crouzille, b. Haute-Vienne.
Croydon, b. du Surrey.
Crozet, v. Loire.
Crozon, b. canton. Finistère.
Cruïay, b. Eure.
Crusy, v. Hérault.
Cruys-Haurhem, b. cant. Escaut.
Cruzy, v. Yonne.
Cruzzini, b. canton. Liamone.
Cuba, *Cuba*. île à l'entrée du golfe du Mexique.
Cublanc, b. Corrèze.
Cucq, b. Tarn.
Cuença, *Concha*. v. cap. du pays de la Sierra.
Cuers, v. canton. Var.
Cufa, v. de l'Irac-Arabi.
Cuillé, b. Mayenne.
Cuiseaux, v. c. Saone-et-Loire.
Cuizery, b. c. Saone-et-Loire.
Cujavie, *Cujavia*. prov. de Pologne.
Culant, v. Cher.
Culembach ou Culmbach, *Culembachium*. v. et marquisat dans le cercle de Franconie.
Culembourg, *Culemburgum*. v. dans la Gueldre.
Culeyt et Muaydin, v. du roy. de Maroc.
Culhat, b. Puy-de-Dôme.
Culm, *Culmia*. v de Prusse.
Culmsée, *Colmensium*. v. du palatinat de Culm.
Culron, b. dans la baie de Forth.
Cumana (la), v. d'Amérique en Terre-Ferme.
Cumberland, *Cumbria*. province d'Angleterre.
Cumberland, comté de l'emp. de l'Ouest.
Cumberland Nouveau (comté de), côte de la Nouv.-Holl.
Cumiana, b. canton. Pô.

Cumières, b. Marne.
Cuncan, côte des Indes.
Cunéges, b. cant. Dordogne.
Cunlhat, b. c. Puy-de-Dôme.
Cupertino, v. de la terre d'Otrante.
Cuq-Toutza, b. cant. Tarn.
Curaçao, île aux Hollandois, dans la mer du Sud.
Curdes, *Curdi*. peuple de l'Arménie turque.
Curdistan, pays d'Asie.
Curia-Muria, île de l'Océan, sur la côte de l'Arabie heur.
Curlande (la) ou Courlande, *Curlandia*. pays et duché de la Livonie.
Cursa, b. canton. Golo.
Cursolaires (les), îles de la Grèce.
Curvat, b. Tarn.
Curupa, v. sur le bord de l'Amazone.
Curzay, b. Vienne.
Curzola, *Corcyra Nigra*. île du golfe de Venise.
Cusco, *Cuscum*. v. du Pérou.
Cussac, b. Haute-Vienne.
Cusset, *Cussetum*. v. canton. Allier.
Custrin, *Custrinum*. v. dans la nouv. Marche de Brandebourg.
Cuves, b. Manche.
Cuvilly, b. Somme.
Cuxhaven, port du duché de Brême.
Cuxzac, b. Aude.
Cuyck, b. du Brabant holland.
Cyclades, îles de l'Archipel.
Cypre ou Chypre, *Cypris*. île d'Asie, dans la Méditerranée.
Cyprien (S.), b. c. Dordogne.
Czackethurn, place de la basse Stirie.
Czaslau, *Czaslavia*. v. et cerc. de Bohême.
Czenstochow, *Chestocova*. v. du Palatinat de Cracovie.
Czermisses, *Czeremissi*. peuple tartare de Russie.
Czernikou, *Czerniconia*. v. et duché de Russie.
Czersko, *Czerschia*. v. de Mazovie.
Czircassi, *Czircassia*. v. du Palatinat de Kiovie.
Czirnits, b. et lac de Carniole.
Czongrad, v. et comté de la basse Hongrie.

DAM

Dabul-Rajuper, *Dunga*. v. du roy. de Visapour.
Daca, *Paropamisus*. v. du roy. de Bengale.
Dachperg, Dagsbourg ou Dabo, v. Bas-Rhin.
Dachstein, v. Bas-Rhin.
Dadivan, plaine de Perse.
Dafar ou Defar, v. de l'Arabie heureuse.
Dageler (île de), près de la Corée.
Daghestan, *Daghestama*. prov. d'Asie.
Dagho, *Dagoha*. île de la mer Baltique.
Dagno, *Termidava*. v. d'Albanie.
Dahn, b. canton. Bas-Rhin.
Dais-El-Kamar, capit. du pays des Druses.
Dalaca ou Dalhaka, île de la mer Rouge.
Dalécarlie, *Dalecarlia*. prov. de Suède.
Dalem, *Dalemum*. v. c. Ourthe.
Dalie, *Dalia*. prov. de Gothie.
Dalkeith, v. dans la Lothiane.
Dalmatie, *Dalmatia*. province d'Europe.
Dam, Damme, *Dammum*. ville de la Flandre autrich. Lys.
Dam, Damme, *Dammona*. v. de la seigneu. de Groningue.
Dam, v. de la Poméranie prus.
Dam, Dama ou Tham, v. de la principauté de Querfurt.

Daman, *Damanum.* v. à l'entrée du golfe de Cambaye.
Damar, *Leontopolis.* v. de l'Arabie heureuse.
Damas, *Damascus.* v. cap. de la Syrie.
Damasan, bourg. canton. Lot-et-Garonne.
Dambée, *Dambea.* prov. d'Abyssinie.
Dameraucour, b. Somme.
Damery, *Dameriacum.* b. Marne.
Damgarten, v. de la Poméranie.
Damian (S.), b. canton. Stura.
Damiano (San), *Sanctus Damianus.* v. canton. Tanaro.
Damiatte, b. Tarn.
Damiette, *Damietta.* v. d'Egypte.
Dammarie, b. Eure-et-Loire.
Dammartin, *Dominium Martini.* v. canton. Seine-et-Marne.
Dammartin-sur-Yevre, b. cant. Marne.
Dampierre, b. canton. Jura.
Dampierre, b. c. Haute-Saone.
Damville, *Damvilla.* b. c. Eure.
Damvilliers, *Damvillerium.* v. canton. Meuse.
Dancale *ou* Dancali, *Dancalum.* roy. d'Abyssinie.
Danda, *Danda.* v. du roy. de Décan.
Danemarck, *Dania.* royaume d'Europe.
Danemoine, v. Yonne.
Dangala, Dangola, v. capitale de la Nubie.
Dangé, b. canton. Vienne.
Dangeau, b. Eure-et-Loire.
Dangu, b. Eure.
Danneberg *ou* Dannebnerg, *Danorum Mons.* comté et v. du cercle de basse Saxe.
Dannemarie, b. cant. H.-Rhin.
Dantzick, *Dantiscum.* v. cap. de la Prusse polonoise.
Danube, *Danubius.* fleuve de l'Europe.
Darbi, Derby, *Darbia.* v. cap. du Derbyshire.
Dardanelles, *Dardanellæ.* détroit qui joint l'Archipel avec la mer de Marmara.
Darel-Hamara, *Prisciana,* v. du royaume de Fez.
Dargies, b. Somme.
Darha *ou* Dras, *Darhas.* prov. et r. du roy. de Maroc.
Darien (l'isthme) *ou* de Panama, qui joint les 2 Amériques.
Darmouth *ou* Dermouth, *Dermuta.* v. du Devonshire.
Darmstadt, *Darmstadium.* ville capitale du Landgraviat de Hesse-Darmstat.
Darneral, b. cant. Seine-Infér.
Darney, v. canton. Vosges.
Dassen-Eylande *ou* l'Ile des Daims, au nord du cap de Bonne-Espérance.
Dauhn *ou* Thaun, v. du cerc. du haut Rhin.
Dauhn, v. canton. Sarre.
Dauma, *Duama.* v. et roy. de Nigritie.
Daumazan, b. Arriége.
Dauphiné (le), *Delphinatus.* prov. de Fr. qui forme 3 dépar.
Dauphiné d'Auvergne, contrée de la basse Auvergne.
David (S.), *Menevia.* ville du pays de Galles.
Davis (détroit de), entre l'Ile James et le Groenland.
Dax *ou* Acqs, *Aquæ Tarbelleca.* v. cap. des Landes. sous-préf. Landes.
Debrezen, *Debrecinum.* v. de la haute Hongrie.
Decan, *Decanum.* roy. de la presqu'île en deçà du Gange.
Décise, *Decetia.* v. c. Nièvre.
Degnizeu, v. de la Natolie.
Dego, vil. canton. Tanaro.
Deinse, *Diensa.* v. Lys.
Dekendorf, v. de b. Bavière.
Delbruck, v. de l'év. de Paderborn.
Délébio, *Dalebium* ou *Alebium.* b. de la Valteline.
Délémont *ou* Delsperg, v. sous-préfecture. Haut-Rhin.
Delft, *Delphi.* v. de la Hollande méridionale.
Delhi, Déli, *Delliom.* v. de l'Indostan.
Delitsth *ou* Délitz, v. de Misnie.
Delle, v. canton. Haut-Rhin.
Delme, b. canton. Meurthe.
Delmenhorst, *Delmenhorstium.* v. de Westphalie.
Démétriade, v. de Thessalie.
Démetriowitz, *Demetrovia.* v. du duché de Smolensko.
Demeu, b. Gers.
Demmin, *Deminium.* v. du duc. de Sterid.
Demona, Val de Demone, *Vallis Nemorensis.* vallée de Sicile.
Demont *ou* Demona, b. cant. Stura.
Denat, v. Tarn.
Denbigh, *Denbiga.* v. cap. du Denbighshire.
Denbighshire, province de la principauté de Galles.
Dendermonde, Dermonde *ou* Tenermonde, *Teneræmunda.* v. sous-préfecture. Escaut.
Denée, b. Maine-et-Loire.
Déneuvre, v. Meurthe.
Denguin, b. Basses-Pyrénées.
Denia, *Dianium.* v. du roy. de Valence.
Dentiken, v. de Hollande.
Denys (S.), *Sanctus Dyonisius in Francia.* v. s.-préf. Seine.
Denys (S.), v. Aude.
Denys-d'Anjou (S.) *ou* de Gastines, b. Mayenne.
Denys-de-Jargeau (S.), b. Loiret.
Denys-le-Gast (S.), bourg. Manche.
Déols, *Vicus Dolensis.* b. Indre.
Départ, b. Basses-Pyrénées.
Deptfort, v. du Midlsex.
Deras, v. de Perse.
Derbent, *Derbentium.* v. de Perse.
Derbishire, prov. d'Angleterre.
Dernbach, v. de la h. Hesse.
Dernbourg, v. de la princip. d'Halberstadt.
Derne, v. du roy. de Barca.
Dernis, v. de Dalmatie.
Derote *ou* Deiroute, *Dereta.* v. d'Egypte.
Derpt, *Derpatum.* v. et palat. de la Livonie.
Dervad, b. cant. Loire-Infér.
Desertines, b. Mayenne.
Desirade (la), *Desiderata.* île, l'une des Antilles.
Désiré (cap), qui termine la Terre de Feu.
Desny, b. de Bohême.
Dessaw, *Dessavia.* ville de la principauté d'Anhalt.
Desvres *ou* Desurenes, v. cant. Pas-de-Calais.
Dethmold, *Detmoldia.* ville de Westphalie.
Deux-Ponts *ou* Zweybruc, *Bipontium.* v. sous-préfecture. Mont-Tonnerre.
Deva, port d'Espagne.
Develto *ou* Zucoria, v. de la Bulgarie.
Deventer, *Daventria.* v. capit. de l'Over-Issel.
Devèse (la), v. Gers.
Devizes, b. du comté de Wilton.
Devonshire, prov. d'Angleterre.
Deynse, b. canton. Escaut.
Dezaigne, b. Ardèche.
Dezize, *Decicia.* v. d'Egypte.
Dhaun, b. Sarre.
Dhuy, b. c. Sambre-et-Meuse.
Diamper, v. du roy. de Cochin.
Diano, v. de l'état de Gênes.
Diarbek, Diarbekir (le), *Mesopotamia.* prov. de la Turquie asiatique.
Diarbek, Diarbekir-Amed, *Amida.* v. cap. de la provin. de même nom.
Didier (S.) *et* la Séauve, v. canton. Haute-Loire.
Didier (S.), v. Rhône.
Die, *Dea Vocontiorum.* v. cap. du Diois. sous-préf. Drôme.
Dié (S.), *S. Deodatus.* v. de Lorraine. sous-préf. Vosges.
Dié (S.), b. cant. Puy-de-Dôme.
Dieckirch, v. sous-préf. Forêts.
Diego-Garcias *ou* Chagas, île de la mer des Indes.
Dielette, port sur les côtes de Normandie.
Diemen (terre de), côte de la nouvelle Hollande.
Dienne, b. Cantal.
Dienville, v. Aube.
Diepbourg, v. de l'élect. de Mayence.
Diephols, *Diepholdia.* v. et comté de Westphalie.
Dieppe, *Dieppa.* v. de la haute Normandie. s.-préf. Seine-Inf.
Dierstein, v. de la b. Autriche.
Diessenhofen, *Divodurum.* v. du canton de Schaffouse.
Diest, *Diesta.* v. canton. Dyle.
Dietrichstein, v. de la haute Carinthie.
Dietz, *Dietla.* v. et comté de la Véréravie.
Dieu (l'île) *ou* l'Ile-d'Yeu, île de la côte du Poitou.
Dieulefit, v. canton. Drôme.
Dieuse, *Decempagi.* v. canton. Meurthe.
Diges, b. Charente.
Dignac, b. Charente.
Dignant, v. de l'Istrie.
Digne, *Dinia.* v. de Provence. évêc. sous-préf. Basses-Alpes.
Digoin, b. cant. Saone-et-Loire.
Dijon, *Divio.* v. capit. de la Bourgogne et du Dijonnois. évêc. préfecture. Côte-d'Or.
Dilige, v. de l'île de Ceilan.
Dillenbourg, *Dillenburgum.* v. de la Véréravie.
Dillingue *ou* Dillingen, *Dillingia.* v. de l'évêc. d'Ausbourg.
Dimitri (S.), v. de la Russie as.
Dimotuc, *Didymothicos.* v. de la Romanie.
Dinan, *Dinantium.* v. de Bretagne. s.-préf. Côtes-du-Nord.
Dinant, *Deonantum.* v. des Pays-Bas. s.-préf. Sambre-et-Meuse.
Dingelfing, *Dingolvinga.* v. de la basse Bavière.
Dingle, *Dinglia.* b. d'Irlande.
Dingwal, v. du comté de Ross.
Dioco-War, b. et citadelle de l'Esclavonie.
Diois, *Diensis Tractus.* contrée du Dauphiné.
Dippodiswald, v. de Misnie.
Dirchau, *Dirchovia.* v. du palatinat de Culm.
Disimieu, v. Isère.
Disma, *Disma.* v. du Japon.
Dissay, b. Mayenne.
Dissen, v. de l'év. d'Osnabruck.
Dissenzano, v. de l'état vénit.
Ditzenn, b. de l'év. d'Osnabruck.
Diu, *Dium.* ville du roy. du Guzarate.
Divandurou, *Divanduræ Insulæ.* cinq îles d'Asie.
Divar, île de la mer des Indes.
Dive, b. canton. Calvados.
Divicoré, v. de la côte de Coromandel.
Dixmont, b. Yonne.
Dixmude, *Dicasmuta.* v. de la Flandre autric. canton. Lys.
Dizier (S.), *Sancti Desiderii Fanum.* v. canton. Haute-Marne.
Dobrzin, *Dobrinum.* v. et contrée de Mazovie.
Dockum, *Toccum.* v. de la Frise.
Doé *ou* Doué, *Theotvaldum.* v. Maine-et-Loire.
Doebein, ville du cercle de Leipsick.
Doesbourg, *Teutoburgum.* ville des Provinces-Unies.
Dogado *ou* Dogat, *Venetus Ducatus.* partie des états vénit.
Doire (la), 23ᵉ. départ. de Fr. formé dans le Piémont.
Dol, *Dola.* v. canton. Ille-et-Vilaine.
Dolce Aqua, v. du Piémont.
Dôle, *Dola Sequanorum.* v. de la Fr.-Comté. sous-préf. Jura.
Doliani, b. canton. Stura.
Dollart, lac de la prov. d'Oost-Frise.
Doltabat, v. dans le Décan.
Dolus, b. Charente-Inférieure.
Domaine, b. Isère.
Domaize, b. Puy-de-Dôme.
Domart, b. canton. Somme.
Domazlize, *Domazliza.* ville de Bohême.
Dombes, *Pagus Dombensis.* prov. de France.
Domêne, b. canton. Isère.
Domèvre, b. canton. Meurthe.
Domfront, *Domspontium.* ville. sous-préfecture. Orne.
Domingo (San), v. de l'île de Saint-Domingue.
Domingue (S.) *ou* l'Ile espagnole, grande île d'Amérique.
Dominique (la), *Dominica.* île, l'une des Antilles.
Domitz, *Domitium.* v. du duc de Meckelbourg.
Domme, *Mons Domæ.* v. canton. Dordogne.
Domo d'Oscella, *Oscella.* v. du duché de Milan.
Dompaire, vil. cant. Vosges.
Dompierre, b. canton. Allier.
Dompierre, b. Charente-Infér.
Don (le), *Tanais.* fleuve d'Europ.
Donat (S.), b. cant. Drôme.
Donawert, *Donaverda.* v. du cercle de Bavière.
Donaz, b. canton. Doire.
Donchery, *Doncheriacum.* ville. Ardennes.
Donemarie, b. canton. Seine-et-Marne.
Dongon, roy. d'Abyssinie.
Donjeux, b. cant. Haute-Marne.
Donjon (le), Val-Libre, b. canton. Allier.
Donna Maria de la Gorta, île de la mer Pacifique.
Donneraille, b. du comté de Corck.
Donnezan, pays du comté de de Foix.
Donzenac, v. cant. Corrèze.
Donzère, b. Drôme.
Donzy, *Domiciacum.* v. cant. Nièvre.
Donzy, v. Loire.
Dorat, *Doratum.* v. canton. Haute-Vienne.
Dorchester, *Durnovaria.* v. cap. de la prov. de Dorset.
Dordogne (la), *Dordonia.* 24ᵉ. département de Fr. formé du Périgord.
Dordrecht *ou* Dort, *Dordracum.* v. de Hollande.
Dore l'Eglise, b. Puy-de-Dôme.
Dorffen, b. de la b. Bavière.
Dormangen, b. canton. Roer.
Dormans, *Domnamenitum.* ville. canton. Marne.
Dorne, b. canton. Nièvre.
Dornebourg *ou* Dornbourg, v. de la haute Saxe.
Dornecy, b. Nièvre.
Dornoch, *Dorodunum.* v. cap. du comté de Sutherland.
Dorpt, v. de Livonie.
Dorsetshire, *Dorsetia.* prov. d'Angleterre.
Dorsten, *Dorsta.* v. de Westph.
Dortmund, *Tremonia.* v. dans le comté de la Marck.
Douadit, b. Indre.
Douarnenès, v. cant. Finistère.
Douay, *Duacum.* v. de la Flandre française. préfecture. Nord.
Douazit, b. Landes.
Doubs, 25ᵉ. départ. de France, formé dans la Franche-Comté.
Doudeville, b. cant. Seine-Inf.
Douglas, v. d'Ecosse.
Doué, b. cant. Maine-et-Loire.
Doulas *ou* Daoulas, vil. cant. Finistère.
Doulens *ou* Doullens, *Donincum.* v. sous-préf. Somme.
Doulevent, b. cant. H.-Marne.
Dour, b. canton. Jemmape.
Dourac, v. de Perse.
Dourdan, *Dordingum.* v. cant. Seine-et-Oise.
Dourgne, b. canton. Tarn.
Dourlach, *Durlacum.* v. et margraviat de Souabe.
Douvaines, vil. cant. Léman.
Douvres, Dover, *Dubris.* v. et port d'Angleterre.
Douvres, b. cant. Calvados.
Douze, b. Dordogne.
Douzy, b. Ardennes.
Down *ou* Downpatrick, *Ducum.* v. de l'Ulster.
Dowton, b. du Wiltshire.
Drack (île de), dans l'Océan Atlantique.
Drackembourg *ou* Drakembourg, v. du comté de Hove.
Draguignan, *Dracenum.* ville. sous-préfecture. Var.
Draheim, v. de la nouv. Marche.
Dramroug, v. de la no. Marche.
Drebach, v. de Saxe.
Drente (la), contrée des Provinces-Unies.
Dresde, *Dresda.* v. cap. de la Misnie.
Dreux, *Durocasses.* v. de l'Ile-de-France. Eure-et-Loire.
Driesen, *Driesa.* v. de la nouv. Marche de Brandebourg.
Drogheda, *Drogheda.* ville du comté de Louth.
Droitwich, b. du comté de Worcester.
Drôme, 26ᵉ. départ. de France, formé dans le Dauphiné.
Dromore, *Dromoria.* ville du comté de Down.
Dronero, *Draconerium.* v. canton. Stura.
Drontheim, *Nidrosia.* ville de Norwège.
Drontheim-Hus, prov. de Norwège.
Drosendorf, ville de la basse Autriche.
Drossen, v. de la nou. Marche.
Droué, b. cant. Loir-et-Cher.
Droux, b. Haute-Vienne.
Drulingen, b. cant. Bas-Rhin.
Drusenheim, v. Bas-Rhin.
Druses, *Drusi.* peuple de Syrie.
Duare, v. de la Dalmatie vén.
Duben, v. de Saxe.
Dublin, *Dublinum.* v. cap. de l'Irlande.
Ducé, b. canton. Manche.
Duclair, b. canton. Seine-Inf.
Dudeldorff, b. cant. Forêts.
Duderstadt, *Duderstadium.* v. du duché de Brunswick.
Duesme, b. Côte-d'Or.
Duffel, v. cant. Deux-Nèthes.
Dufferin, b. du comté de Down.
Duisbourg, *Duiburgum.* v. de Westphalie.
Dulcigno, Dolcigno, *Ulcinium.* v. de la haute Albanie.
Duleck, b. d'Irlande.
Dulmen, *Dulma.* v. de l'évêc. de Munsterr
Dumblain, *Dumblanum.* b. du duché de Mentheit.
Dumferling, *Fermeliodunum.* v. de la prov. de Fife.
Dumfries, *Dumfreia.* v. capit. de la prov. de même nom.
Dumfries, prov. de l'Ecosse mér.
Dun, *Dunum.* v. cant. Meuse.
Dun, b. canton. Creuse.
Dun-le-Roi *ou* Dun-sur-Auron, *Dunum Regis.* v. cant. Cher.
Dunbar, *Bara.* v. de la prov. de Lothian.
Dunbartom *ou* Dunbriton, *Dunbritonium.* v. du comté de Lenox.
Dundalk, *Dundalcum.* ville du comté de Louth.
Dundée, *Diedotum.* v. de la prov. d'Anghus.
Dunes, b. Lot-et-Garonne.
Dungannon, v. d'Irlande.
Dungarvan, *Dungarvanum*, v. du comté de Waterford.
Dungeanon *ou* Dungannon, *Duncanonium.* v. du Wexfort.
Dungola *ou* Dougala, roy. et v. sur le Nil.

Dunkel, *Duncheldinum.* b. du Pertshire.
Dunkerque, *Dunikerka.* v. de Flandres. canton. Nord.
Dunkespield, *Dunckelbula.* v. de Souabe.
Dunlacecastle, v. du comté d'Antrim.
Dunnegal *ou* Dunghal, *Dungalia.* v. et comté d'Irlande.
Dunois (le), *Dunensis Pagus.* pays et comté de la Beauce.
Duns, *Dunsum.* v. de l'Écosse méridionale.
Dunwice, b. du Suffolckshire.
Duquela, prov. du roy. de Maroc.
Durango, v. de la n. Biscaye.
Duras, *Duracium.* v. canton. Lot-et-Garonne.
Duravel, v. Lot.
Durazzo, *Dyrrachium.* v. de l'Albanie.
Durban, b. canton. Aude.
Durbu *ou* Durbuy, *Durbutum.* v. canton. Sambre-et-Meuse.
Durckeim, v. Mont-Tonnerre.
Dure, Doren, Duren, Dueren, *Duria.* v. cant. Roer.
Duretal, *Durôstallum.* v. cant. Maine-et-Loire.
Durfort, b. Aude.
Durfort, b. Gard.
Durfort, b. Arriége.
Durgout, v. de la Turquie as.
Durham, *Dunelmum.* v. et prov. d'Angleterre.
Dusseldorp *ou* Dusseldorf, *Dusseldropium.* v. cap. du duché de Berg.
Dutlinge, Dutlingen, *Dutlinga.* v. de Souabe.
Dwina (la), *Duina.* rivière de l'empire russe.
Dyle (la), 27e. dépar. de Fr. formé dans le Brabant.

EDEN

Earne, lac de l'Ulster.
East-Meast, comté du Linster.
Eatan ou Eton, *Etona.* b. d'Angl.
Eause, *Elusa.* v. canton. Gers.
Ebeleben, b. de haute Saxe.
Eberbach, *Eberbachium.* v. du Palatinat du Rhin.
Eberbach, v. Bas-Rhin.
Eberstein, comté dans la Forêt Noire.
Eberstein, comté d'Hanovre.
Eberswald, v. de l'électo. de Brandebourg.
Ebre (l'), *Iber.* fleuve d'Espag.
Ebreuil, *Ebrogilum.* v. canton. Allier.
Echanbroigne (les), b. Deux-Sèvres.
Echaufour, b. Orne.
Echebrune, b. Charente-Infér.
Echelles (les), *Scalæ,* v. cant. Mont-Blanc.
Echelsbelk, b. Nord.
Echteren, Epternach *ou* Echternach, *Epternacum.* v. cant. Forêts.
Ecija, *Astigis.* v. d'Andalousie.
Eckardsberg, ville du baillage de Thuringe.
Eckeren, vil. c. Deux-Nèthes.
Eckerenfort, port sur la mer Baltique.
Eclaron, b. Haute-Marne.
Ecluse (l') *ou* Sluis, *Slugæ.* v. sous-préfecture. Escaut.
Ecommoy, b. canton. Sarthe.
Ecos, b. canton. Eure.
Ecosse, *Scotia.* royaume, partie sept. de la Grande-Bretagne.
Ecosse (la nouvelle), voyez Acadie.
Ecouché, b. canton. Orne.
Ecouen, b. cant. Seine-et-Oise.
Ecouis, *Escovium.* b. Eure.
Ecueillé, b. canton. Indre.
Ecury-sur-Coole, b. canton. Marne.
Edam, v. de Hollande.
Edenkoben, b. canton. Mont-Tonnerre.
Edenton, v. cap. de la Caroline du Nord.
Edimbourg, *Aneda Edemburgum.* v. cap. de l'Ecosse et du comté de ce nom.
Edmonsbury (S.), *Sanctus Edmundus.* v. du Suffolck.
Eecloo, b. canton. Escaut.
Efferding, v. de la h. Autriche.
Egletons, v. canton. Corrèze.
Eglise (l'état de l'), pays d'Italie, possédé par le pape.
Eglise-Neuve-sur-Billon, bourg. Puy-de-Dôme.
Eglises (cinq), *Quinque Ecclesiæ.* v. de la basse Hongrie.
Eglisow *ou* Eglisau, *Eglisovia.* v. du canton de Zurich.
Egra, Egre *ou* Eger, *Egra.* v. de Bohême.
Egue-le-Cuingil, v. du roy. de Maroc.
Eguisheim, v. Haut-Rhin.
Eguzon, b. canton. Indre.
Egypte, *Egyptus.* grand pays d'Afrique.
Ehenhem, *Ehenhemium.* v. Bas-Rhin.
Ehingen, *Ehinga.* 2 v. de Souabe.
Eichsfeld, pays de l'élect. de Mayence.
Eiffel, *Estia.* contrée d'Allem.
Eimbeck, v. cap. de la princ. de Grubenhagen.
Eisenac, *Eisenacum.* v. et principauté de la Thuringe.
Eisfeld, v. de Franconie.
Eisgrub, v. de Moravie.
Eisleben, *Isleba.* v. du comté de Mansfeld.
Eitdever, v. du roy. de Maroc.
Ekelbeke, b. Nord.
Ekelenford *ou* Ekerenford, *Ekelenfordia.* v. du duc. de Sleswig.
Elbe, Elve, *Illua.* île sur la côte de Toscane. France.
Elbe, *Albis.* gr. fleuve d'Allem.
Elbe, b. Lot-et-Garonne.
Elbefeld *ou* Erverfeld, v. du duché de Berg.
Elbeuf, *Elbotum.* b. cant. Seine-Inférieure.
Elbing, *Elbenga.* v. de Prusse.
Elbingerode, b. de la prov. de Grabenhagen.
Elbourg, *Elburgum.* v. du duc. de Gueldre.
Elcatif, v. de l'Arabie heureuse.
Elche, *Illicum.* v. du roy. de Valence.
Eléphanta *ou* Ile de l'Eléphant, sur la côte de Malabar.
Eléphantine, île formée par le Nil dans la haute Egypte.
Elgin, *Elgia.* v. cap. de la prov. de Murray.
Elhamma, v. de la prov. de Tripoli propre.
Elisabethtown, v. du New-Jersey.
Ellerena, *Regiana.* v. de l'Estramadure de Léon.
Ellezelles, b. cant. Jemmape.
Elmedin, *Elmedina.* v. du roy. de Maroc.
Elmohascar, v. du roy. d'Alger.
Elnbogen *ou* Loket, *Locta.* v. de Bohême.
Elne, *Elna.* v. Pyrénées-Orient.
Elphin, *Elphina.* v. d'Irlande.
Elsen, b. canton. Roer.
Elseneur, v. et port de Danemarck.
Elsflet, b. du com. d'Oldembourg.
Elsleben, capit. du comté de Mansfeld.
Elteman, ville de l'évêché de Wurtzbourg.
Eltze, *Aulicæ.* v. de l'év. de Hildesheim.
Elvas, *Elya.* v. de l'Alentéjo.
Elven, b. canton. Morbihan.
Elverdinghe, b. canton. Lys.
Elwangen, *Elvanga.* v. de Souabe.
Ely, *Helia.* ville du comté de Cambridge.
Embden *ou* Emden, *Embda.* v. de Westphalie.
Embeck, v. de la principauté de Grubenhagen.
Emboli, *Amphibolis.* v. de la Macédoine.
Embrun *ou* Ambrun, *Ebrodunum.* v. du Dauphiné. sous-préfecture. Hautes-Alpes.
Emese *ou* Hems, *Emisa.* v. de Syrie.
Emile, b. cant. Seine-et-Oise.
Emilion (S.), b. Gironde.
Emmelly, *Emelia.* v. du comté de Tipperari.
Emmendingen, v. du baillage d'Hocheberg.
Emmerick, *Emmericum.* v. de Westphalie.
Emoui, port et île de la prov. de Fokien.
Empire de l'Ouest, forêts habitées de l'Amériq. septent.
Empoli, *Empolia.* v. de Toscane.
Ems, fleuve et v. de Souabe.
Enchuysen, *Enchusa.* v. de la Hollande septentrionale.
Ending, *Indinga.* v. du Brisgaw.
Engadine, vallée du pays des Grisons.
Enganho, île dans la mer des Indes.
Engern, *Engria.* b. du comté de Ravensberg.
Engetal, *Arcta Vallis.* vallée près de Bâle.
Enghien *ou* Enguien, *Engyum.* v. canton. Jemmape.
Engia, *Ægina.* v. de Grèce.
Englesqueville, b. Seine-Infér.
Enimie (Ste.), v. cant. Lozère.
Eniskilling, v. d'Irlande.
Ennezat, b. cant. Puy-de-Dôme.
Ennis, b. du comté de Clare.
Enniscorthi, b. du comté de Wexfort.
Ennisiéaque, b. du comté de Kilkenny.
Eno *ou* Enos, *Ænos.* v. de la Romanie.
Ens, *Ensia.* v. de la h. Autriche.
Ensisheim, *Ensishemum.* v. cant. Haut-Rhin.
Enskirken, v. de Westphalie.
Entraigues, *Inter aquas.* v. c. Aveyron.
Entraigues, b. canton. Isère.
Entrasme, b. Mayenne.
Entre-Duero-e-Minho, prov. de Portugal.
Entrevaux, *Inter valles.* ville. canton. Basses-Alpes.
Envermeu, *Envermodium.* b. c. Seine-Inférieure.
Eny (S.), b. Manche.
Epaigne, b. Eure.
Epargne, b. Charente-Inférieure.
Eparres, b. Isère.
Eperies, *Eperiæ.* v. cap. du comté de Saros.
Epernay, *Sparnacum.* v. de Champagne. sous-préfect. Marne.
Epernon, *Sparno.* v. Eure-et-Loire.
Epfich, b. Bas-Rhin.
Ephèse *ou* Aiasalouk, *Ephesus.* v. de la Natolie.
Epinac, b. c. Saone-et-Loire.
Epinal, *Spinalium.* v. de Lorraine. préfecture. Vosges.
Epinoi, b. Nord.
Epire, *Epirus.* province de la Turquie européenne.
Epoisses, b. Côte-d'Or.
Eppingen, v. du pal. du Rhin.
Epstein, v. et bail. de Vétéravie.
Erckelens, *Herculanum.* v. c. Roer.
Erekli *ou* Benderekli, ville de la Turquie asiatique.
Erekli, *Archelais.* bourg de la Caramanie.
Erezée, b. c. Sambre-et-Meuse.
Erfort *ou* Erfurt, *Erfurtum.* v. cap. de la haute Thuringe.
Erguel, per. pays et chât. de l'évêché de Bâle.
Erié, lac du Canada.
Erisso, *Acanthus.* v. de Macédoin.
Erivan *ou* Chirvan, *Erivanum.* v. cap. de l'Arménie persanne.
Erlach, v. et bail. du canton de Berne.
Erlang, v. de Franconie.
Ermeland, *Varmia.* pays du roy. de Prusse.
Ernée, *Ernacum.* v. c. Mayenne.
Erpach, *Erpachum.* v. de Francon.
Erstein, b. canton. Bas-Rhin.
Ertzeburge, l'un des cercles de l'électorat de Saxe.
Ervy, v. canton. Aube.
Erzeron, *Aziris.* v. de la Turquie asiatique.
Escalonne, v. et duché de la nouvelle Castille.
Escatalens, b. Lot.
Escaut, 28e. départ. de France, *formé dans la Flandre autr.*
Eschwegue, v. de la b. Hesse.
Eschweiller, b. canton. Roer.
Esclavonie (l'), la h. fait partie de la Croatie, et la b. dépend de la Hongrie.
Escoussans, b. Tarn.
Escure, prov. du roy. de Maroc.
Escuroles, *Scorialæ.* v. canton. Allier.
Esens, v. et bail. d'Oost-Frise.
Esfarain, v. de la province de Corazan.
Esgreville, b. Seine-et-Marne.
Eski-Hissar, v. de la province d'Andoli.
Eskimaux, peuple de la Terre de Labrador.
Eslingen, *Eslinga.* v. du duché de Wirtemberg.
Esmoutier, v. Haute-Vienne.
Espagnac, b. Lozère.
Espagne, *Hispania.* grand roy. d'Europe.
Espagne (nouvelle), voyez Mexique.
Espain (S.), b. Indre-et-Loire.
Espalion, b. s.-préf. Aveyron.
Espelette, b. cant. B.-Pyrénées.
Esperazan, b. Aude.
Espinosa, v. de Biscaye.
Espinosa, v. de la v. Castille.
Esplessières, b. Somme.
Espondeillan, b. Hérault.
Espoye, b. Basses-Pyrénées.
Esprit (S.), b. canton. Landes.
Essartz (les), v. cant. Vendée.
Essek, *Mursa.* v. de l'Esclavonie.
Essen, *Essendia.* v. de Westph.
Essen, b. de l'év. d'Osnabruch.
Essex, *Icenorum Regio.* prov. d'Angleterre.
Essommes, b. Aisne.
Essoye, b. canton. Aube.
Estagel, b. Pyrénées-Oriental.
Estagnac, b. Charente.
Estain, *Stagnum.* v. Meuse.
Estaing, vil. canton. Aveyron.
Estaire, v. Nord.
Estang, v. Gers.
Estapo, v. de la n. Espagne.
Estarke, *Starcum.* v. du Farsistan.
Estavayer, v. du can. de Fribourg.
Este, *Ateste.* v. du Padouan.
Estella *ou* l'Etoile, *Stella,* v. du roy. de Navarre.
Estepa, *Astapa.* v. d'Andalousie.
Esternay, b. canton. Marne.
Estevan de Gosmas (S.), v. de la vieille Castille.
Estissac, b. canton. Aube.
Estonie, *Estonia.* prov. de l'empire russe.
Estouteville, 2 b. Seine-Infér.
Estramadure Espagnole (l'), *Estramadura.* prov. d'Espagne.
Estramadure Portugaise (l'), *Estramadura Lusitanica.* provin. du Portugal.
Estreaupon *ou* Estrée-au-Pont, *Stratum ad pontem.* b. Aisne.
Estrechy, *Stripanecum.* v. Seine-et-Oise.
Estrées-S.-Denis, b. canton. Oise.
Estrehan, port de Normandie.
Estremos *ou* Extremos, *Extrema.* v. de l'Alentéjo.
Estrépagny, b. canton. Eure.
Estriché, b. Maine-et-Loire.
Estuque, prov. du Bilédulgérid.
Esvre, b. Indre.
Etables, v. Côtes-du-Nord.
Etalle, b. canton. Forêts.
Etampes, *Stampæ.* v. de Beauce. sous-préfect. Seine-et-Oise.
Etaples, *Stapulæ.* v. de Picardie. canton. Pas-de-Calais.
Etats (îles des), l'une dans la mer glaciale, l'autre vers le détroit de le Maire.
Etats-Unis de l'Amérique, gr. pays et république fédérative.
Etienne (S.), b. c. Alpes-Mar.
Etienne (S.), *Furania.* v. du Forez. sous-préfect. Loire.
Etienne d'Argenton (S.), v. Indre.
Etienne-de-Baigorry (S.), b. canton. Basses-Pyrénées.
Etienne-de-Cumes (S.), bourg. canton. Mont-Blanc.
Etienne-de-Ludgaris (S.), b. c. Ardèche.
Etienne-de-Montluc (S.), b. canton. Loire-Inférieure.
Etienne-de-S.-Geoire (S.), b. canton. Isère.
Etienne-en-Dévoluy (S.), b. canton. Hautes-Alpes.
Etienne-les-Ourgues (S.), b. canton. Basses-Alpes.
Etlingen, v. du marg. de Bade.
Etna, haute mont. de Sicile.
Etoile, *Stella.* b. Drôme.
Etschlond *ou* Pays d'Acide, *Athesinus Ager.* contr. du Tyrol.
Eu, *Auga.* v. cant. Seine-Inf.
Eupen, b. canton. Ourthe.
Euphrate, cant. et v. de Pensylvanie.
Euphrate (l'), *Euphrates.* fleuve d'Asie.
Eure, 29e. dép. de Fr. formé dans la Normandie.
Eure-et-Loire, 30e. dép. de Fr. formé dans l'Orléanois et la Beauce.
Europe, *Europa.* l'une des 4 parties du monde.
Eustache (l'île S.), *Insula S. Eustachii.* l'une des Antilles.
Eusugaguen, v. du royau. de Maroc.
Eutim *ou* Eutin, *Otigum.* v. du Holstein.
Evaux, v. canton. Creuse.
Evêchés (les 3), Metz, Toul et Verdun.
Evergem, b. canton. Escaut.
Evesham, v. du comté de Worcester.
Evian, *Aquianum.* v. c. Léman.
Evoly, v. et princ. du roy. de Naples.
Evora, *Ebora.* v. cap. de l'Alentéjo.
Evora de Monte, *Ebora alta.* v. de l'Alentéjo.
Evran, b. cant. Côtes-du-Nord.
Evrecy, b. cant. Calvados.
Evreux, *Ebroicæ.* v. de la h. Normandie. évê. préf. Eure.
Evron, *Aurio.* b. c. Mayenne.
Evroul (S.), *Sanctus Ebrulphus.* b. Orne.
Excester, *Exonia.* v. du Devonshire.
Exideuil, v. cant. Dordogne.
Exilles, *Ocelum.* v. Pô.
Exoudun, b. Deux-Sèvres.
Exupery (S.), b. Deux-Sèvres.
Eybaustock, v. d'Allemagne.
Eye, b. du Suffolckshire.
Eygnières, b. c. Bouches-du-Rhône.
Eygurande, b. cant. Corrèze.
Eymet, v. canton. Dordogne.
Eymoutiers, Ferrières, bourg. Dordogne.
Eyn-d'Hoven, v. du Brab. hol.
Eynezat *ou* Enezat, v. Puy-de-Dôme.
Ezaguen, v. du roy. de Fez.
Ezy, b. Eure.
Ezzab, prov. du roy. de Tripoli.

FAEN

Faarbourg, v. de Danemarck.
Fabregues, v. Hérault.
Fabrezan, b. Aude.
Fabriano, *Fabrianum.* v. de la Marche d'Ancône.
Facata, v. et port du Japon.
Faenza *ou* Faience, *Faventia,* v. de la Romagne.

Faisan (roy. du), état d'Afriq.
Faisans (île des), *Fasianorum Insula*. île de la r. de Bidassoa.
Falaise, *Falesia*. v. de la bas. Normandie. sous-préfecture. Calvados.
Falavières, b. Isère.
Falckenberg, v. du Halland.
Falckirc, b. de la province de Sterling.
Falkenbourg, *Carlovallum*. v. de la n. Marche de Brandebou.
Falkenstein, comté du b. Palat.
Falkland, b. du comté de Fife.
Falmouth, *Falmutum*. ville du pays de Cornouailles.
Falster, *Fastra*. île de la mer Baltique.
Faltchil, v. de la Moldavie.
Falun, v. de la Dalécarlie.
Famagouste *ou* Magosa, ville de Chypre.
Famié, *Apamea*. v. de Syrie.
Famine, contr. des Pays-Bas.
Fanfoué, île de l'Archipel.
Fanjaux, *Fanum Jovis*. v. cant. Aude.
Fano, *Fanum Fortunæ*. v. du duché d'Urbain.
Fantin, *Fantinum*. v. et roy. sur la côte d'Or de Guinée.
Faon (le), b. cant. Finistère.
Faouet (le), b. cant. Morbihan.
Farabo, v. de la gr. Tartarie.
Fare de Messine (le), *Fretum Siculum*. détroit entre la Sicile et la Calabre ultérieure.
Farellons (île de), en Afriq.
Fargeau (S.), *Sancti Fereoli Oppidum*. v. canton. Yonne.
Farmoutiers, *Farense monasterium*. v. Seine-et-Marne.
Faro, *Farus*. v. du roy d'Algarve.
Fars *ou* Farsistan, province de Perse.
Farsa *ou* Pharsale, v. de Thessalie.
Fartach, *Fartachium*. ville de l'Arabie heureuse.
Faucogney, v. cant. H.-Saone.
Faudoas, b. Gers.
Faulquemont, b. cant Moselle.
Fauquembergues, b. cant. Pas-de-Calais.
Fauquemont *ou* Valkenbourg, *Coriovallum*. v. Meuse-Infér.
Faussigny, *Funiacum*. pays de Savoie.
Fauville, b. Eure.
Fauville-en-Caux, bourg. cant. Seine-Inférieure.
Fauxvillers, b. cant. Forêts.
Favas, v. Var.
Faverges, b. canton. Isère.
Faverges, vil. c. Mont-Blanc.
Faverney, v. Haute-Saone.
Favognana, *Ægusa*. île d'Italie.
Fay-Billot (le), b. H.-Marne.
Fay-le-Froid, b. c. Haute-Loire.
Fayal, *Faialis*. île, l'une des Açores.
Faye, b. Maine-et-Loire.
Fayence, *Faventia*. v. canton. Var.
Fearnes *ou* Fernes, *Farna*. v. du comté de Wexford.
Feathate, bourg du comté de Wexford.
Feater, b. du comté de Tipperary.
Fedala, port du roy. de Fez.
Febrbalin, v. de la n. Marche.
Feldkirc, *Feldkirchia*. ville de Souabe.
Feldkirck *ou* Veldkirkm, ville de la basse Carinthie.
Felin, *Felinum*. v. de l'Estonie.
Félix (S.), b. c. H.-Garonne.
Félix-de-Caraman (S.), bourg. Haute-Garonne.
Felix-de-Quixolo, v. de Catalogne.
Felizzano, b. cant. Marengo.
Fellerin, v. canton. Creuse.
Feltri, *Feltria*. v. de la Marche trévisanne.
Femeren, *Fimbria*. île dans la mer Baltique.
Femmes (îles des), île de la Méditerranée.

Fenerie, v. cap. du roy. de Tsiompa.
Fenestrange *ou* Vinstringen *et* Vinstingen, *Vinstringium*. v. canton. Meurthe.
Fenestrelles, v. canton. Pô.
Fenouilledes (les), *Feniculetum* pays du bas Languedoc.
Fer (île de), la plus occid. des Canaries.
Ferabath, v. de Perse.
Ferden *ou* Verden, *Verda*. v. et duché de Westphalie.
Fère (la), *Fara*. v. cant. Aisne.
Fère-Champenoise, b. c. Marne.
Fère-en-Tardenois, b. c. Aisne.
Ferentino, *Ferentinum*. v. de la Campagne de Rome.
Feria, v. de l'Estramadure esp.
Feriole (Ste.), b. Corrèze.
Fermanagh, *Comitates Farmanagensis*. comté de l'Ulster.
Fermo *ou* Firmo, *Firmium*. v. de la Marche d'Ancône.
Fernando *ou* Fer Andez, (île de Jean), dans la mer du Sud.
Fernando Norona (île de), sur les côtes du Brésil.
Fernando-Pô, île dans le golfe de Guinée.
Fero, île entre les Orcades et les îles de Schetland.
Fero, Farre, *Glessaria*. îles de Danemarck.
Ferrandine, *Ferrandina*. v. de la Basilicate.
Ferrare, *Ferraria*. v. capit. du Ferrarois.
Ferrare (duché de) *ou* Ferrarols, prov. de l'état de l'Eglise.
Ferrette, v. canton. Haut-Rhin.
Ferrière (la), b. Allier.
Ferrière (la), b. Orne.
Ferrière (la), b. Eure.
Ferrières, *Ferrariæ*. v. c. Loiret.
Ferrières, b. canton. Ourthe.
Ferrières, v. Bouches-du-Rhône.
Ferrol, v. de la Galice.
Ferté-Alais (la), *Firmitas Adelahidis*. v. c. Seine-et-Oise.
Ferté Aucol, Aucour, *ou* Ferté-sous-Jouarre, Ferté-sur-Marne (la), *Firmitas Aucul-phi*. v. cant. Seine-et-Marne.
Ferté-Aurain (la), *Firmitas Aureni*. v. Loir-et-Cher.
Ferté-Bernard (la), *Firmitas Bernardi*. v. canton. Sarthe.
Ferté-Chaudron (la), v. Nièvre.
Ferté-Fresnel (la), b. canton. Orne.
Ferté-Gaucher (la), *Firmitas Gualtzeri*. v. c. Seine-et-Marne.
Ferté-Imbault, v. Loir-et-Cher.
Ferté-Louptière (la), *Firmitas Lupera*. v. Yonne.
Ferté-Macé (la), b. c. Orne.
Ferté-Milon (la), *Firmitas Milonis*. v. Aisne.
Ferté-S.-Aubin (la), b. canton. Loiret.
Ferté-Senneterre-Nabet *ou* Lovendhal, b. Loiret.
Ferté-sur-Amance (la), bourg. canton. Haute-Marne.
Ferté-sur-Aube (la), *Firmitas ad Albam*. v. Haute-Marne.
Ferté-Vidame (la), b. canton. Eure-et-Loire.
Fervaques, b. Calvados.
Fescamp, *Fiscamnum*. v. cant. Seine-Inférieure.
Fetipour, v. du Mogol.
Fetu, *Fetum*. roy. sur la côte d'Or de Guinée.
Feu (terre de), îles de l'Am. méridionale.
Feucht-Wangen, *Hydropolis*. v. de Franconie.
Feugerolles, b. Loire.
Feuquiers, b. Oise.
Feurs, *Forum Segusianorum*. v. canton. Loire.
Fez, *Fezzanum*. roy. sur la côte de Barbarie.
Fez, *Fezza*. v. cap. et prov. du roy. de même nom.
Fiac, b. Tarn.

Fiano, *Flanum*. v. de l'état de l'Eglise.
Fianone, *Flanona*. v. de l'Istrie.
Ficheruolo, v. du Ferrarois.
Fichtelberg, mont. de Franconie.
Fienviller, b. Somme.
Fiesoli, *Fesulæ*. v. du Florentin.
Fife, *Otholonia*. prov. d'Ecosse.
Figeac, *Figiacum*. v. du Quercy. sous-préfecture. Lot.
Figen *ou* Fiséen, prov. du Japon.
Filleck, *Filecum*. v. du comté de Novigrad.
Final, *Finarium*. v. et marquis. sur la côte occ. de Gênes.
Finale, *Finalium*. v. du duché de Modène.
Finham, b. Haute-Garonne.
Finistère, *Finis Terræ*. cap de la Galice.
Finistère, 31ᵉ. départ. de Fr. formé dans la Bretagne.
Finlande, *Finnonia*. prov. de Suède.
Finmarchie, prov. de la Laponie.
Finster-Walde *ou* Finster-Waldeau, v. et bail. du cercle de Misnie.
Fionda, *Phaselis*. v. de la Natolie.
Fiorenzo (San), v. Golo.
Fiorenzuola, *Florentiola*. v. du duché de Parme.
Firando, *Firandum*. roy. du Japon.
Firmin (S.), b. cant. H.-Alpes.
Fischausen, v. de Prusse.
Fischbac *ou* Visp, v. du bas Vallois.
Fismes, *ad Fines*. v. c. Marne.
Fissima, Fussimi *et* Fussigny, v. du Japon.
Firminy, b. Rhône-et-Loire.
Fistelle *ou* Fefza, *Fefza*. v. du roy. de Maroc.
Fitachi *ou* Fitetz, *Fitacum*. roy. du Japon.
Fium *ou* Fioum, *Flumium*. v. et prov. d'Egypte.
Flads, Flade (l'île de), l'une des Hébrides.
Flagy, b. Seine-et-Marne.
Flamanville, b. Manche.
Flandre (la), *Flandria*. provin. des Pays-Bas.
Flavacourt, b. Oise.
Flavignac, b. Haute-Vienne.
Flavigny, *Flaviniacum*. v. cant. Côtes-d'Or.
Flèche (la), *Flexia*. v. de l'Anjou. sous-préfecture. Sarthe.
Fleming, district du cerc. de Saxe.
Flensbourg, *Fleaburgum*. v. du Sleswigk.
Fléron, b. canton. Ourthe.
Flers, b. Orne.
Flesselles b. Somme.
Flessingue, *Ulissinga*. v. de la Zélande.
Fleurance, v. canton. Gers.
Fleury *ou* Pérignan, b. Aude.
Fleury, b. Loiret.
Fleury-en-Argonne, b. Meuse.
Flint, *Flintum*. v. du pays de Galles.
Flix, *Flixa*. b. et château de la Catalogne.
Flixcour, b. Somme.
Flize, b. canton. Ardennes.
Flocelière (la), b. Vendée.
Flogny, b. canton. Yonne.
Florac, *Floriacum*. v. du Gévaudan. sous-préfec. Lozère.
Florence, *Florentia*. v. capit. du duché de Toscane.
Florennes, *Florina*. v. canton. Sambre-et-Meuse.
Florensac, v. canton. Hérault.
Florent (S.), v. cant. Golo.
Florent (S.), b. cant. Maine-et-Loire.
Florentin (le), prov. de Tosc.
Florentin (S.), *Sancti Florentini Castrum*. v. canton. Yonne.
Florentin-le-Viel (S.) *ou* Montglone, v. Maine-et-Loire.
Florenville, b. canton. Forêts.
Flores, *Florum*. île, l'une des Açores.
Floride (la), *Florida*. pays de l'Amérique septentrionale.

Flotte (la), b. de l'île-de-Ré.
Flotz, *Flotta*. v. de la Valachie.
Flour (S.), *S. Flori Fanum*. v. de la h. Auvergne. évêch. sous-préfecture. Cantal.
Fochia Fova, v. de la Natolie.
Fodwar, *Fodovarium*. ville de Hongrie.
Foggia, v. de la Capitanate.
Foi (Ste.), v. Gironde.
Foix, *Fuxum*. comté et v. de France. préfecture. Arriége.
Fo-Kien, prov. de la Chine.
Foligy, *Fulginia*. v. de l'Ombrie.
Fondetes, b. Indre-et-Loire.
Fondi, *Fundi*. v. de la Terre de Labour.
Fongvillers, b. Pas-de-Calais.
Fontaine, b. cant. Haut-Rhin.
Fontaine-Françoise, b. canton. Côte-d'Or.
Fontaine-le-Dun, b. canton. Seine-Inférieure.
Fontaine-l'Evêque, *Fons Episcopi*. v. canton. Jemmape.
Fontaine-More, b. c. Doire.
Fontaine-sur-Somme, b. Somme.
Fontainebleau, *Fons Blaudi*. v. du Gâtinois. sous-préfecture. Seine-et-Marne.
Fontaines, b. Vendée.
Fontaines, *Fontes*. b. Loir-et-Cher.
Fontanges, v. Cantal.
Fontanieux *ou* Fontaines, b. Isère.
Fontarabie, *Fons rapidus*. v. de la prov. de Guipuscoa.
Fontenay-l'Abatu, bourg. cant. Deux-Sèvres.
Fontenay-le-Comte, Fontenay-le-Peuple, *Fontanetum-Comitis*. v. du b. Poitou. préf. Vendée.
Fontevrault, *Fons Ebraldi*. v. Maine-et-Loire.
Fontez, b. Hérault.
Forbach, b. canton. Moselle.
Forcalquier, *Forum Calcarium*. v. de Provence. sous-préfecture. Basses-Alpes.
Force (la), b. Dordogne.
Forchain *ou* Forcheim, *Forchemium*. v. et baill. de Francon.
Fore, 2 bourgs d'Irlande.
Fore *ou* Foehr, *Fara*. île de la mer d'Allemagne.
Forestières (villes), 4 villes de la Souabe autrichienne.
Forêt-Noire, *Marcianæ sylva*. gr. forêt de la Souabe.
Forêts, 32ᵉ. dép. de Fr. formé dans le duché de Luxembourg.
Forez (le), *Foresium*. prov. de France.
Forfarr, *Orrhea*. v. cap. de la prov. d'Angus.
Forges-les-Eaux, *Forgiæ*. bourg. canton. Seine-Inférieure.
Forli, *Forum Livii*. v. de la Romagne.
Formello, v. de l'état romain.
Formentera, île de la Méditer.
Formery, b. canton. Oise.
Formose, *Formosa*. île de la mer de Chine.
Fornove, *Forum novum*. b. du duché de Parme.
Forres, b. du comté de Murray.
Forst, *Forsto*. v. de la Lusace.
Fort (S.), b. Charente-Inférieur.
Fort et Port Dauphin, v. de l'île de Saint-Domingue.
Fort-Louis (le) *ou* Fort-Vauban, *Arx Ludovicia*. v. d'Alsace. Bas-Rhin.
Fortaventure, *Forteventura*. île d'Afrique, l'une des Canaries.
Fortunat (S.), b. Ardèche.
Forza-de-Agro, *Agri Fortalitium*. v. de la vallée de Demona.
Fos-di-Novo, *Fossa-Nova*. marquisat d'Italie.
Fossano, *Fossanum*. v. du Piémont. évêché. canton. Stura.
Fossat (le), b. cant. Arriége.
Fosseret, b. Haute-Garonne.
Fosses, b. c. Sambre-et-Meuse.
Fossombrone, *Forum Sempronii*. ville du duché d'Urbain.
Foucarmont, b. Seine-Inférieur.

Foucheu *ou* Fout-Cheou-Fou, *Focheum*. v. cap. de la prov. de Fo-Kien.
Foué, *Fuva*. v. de la b. Egypte.
Foesnant, b. canton. Finistère.
Fougerai, b. c. Ille-et-Vilaine.
Fougères, *Filiceriæ*. v. de Bretagne. s.-préf. Ille-et-Vilaine.
Fougeroles, b. Mayenne.
Fouillouse (la), b. Loire.
Foules, peuples d'Afrique.
Fouquevillers, b. Pas-de-Cal.
Fouras et S.-Laurent, b. Charente-Inférieure.
Fourche (montagne de la), mont. du Valais.
Fournels, b. canton. Lozère.
Fourquenauz, b. H.-Garonne.
Fours, b. canton. Nièvre.
Fousseret, v. c. H.-Garonne.
Fowey, v. de la province de Cornouailles.
Foy-la-Grande (Ste.), b. cant. Gironde.
Fraga, *Fraga*. v. du roy d'Aragon.
Fraize, b. canton. Vosges.
Française (la), v. canton. Lot.
Francastel, b. Oise.
France, *Francia*. gr. état de l'Europe.
France (île de), prov. de Fr.
France (île de), voy. Maurice.
Francescas, b. c. Lot-et-Gar.
Francfort, sur le Mein, *Francofordia*. v. de Franconie.
Francfort-sur-l'Oder, *Francofurtum ad Oderam*. v. de la moy. Marche de Brandebourg.
Franche-Comté *ou* Comté de Bourgogne, *Burgunciæ Comitatus*. prov. de France.
Francheville, b. Seine-Inférieur.
Franchimont, v. Ourthe.
Franckenberg, v. de h. Hesse.
Franckenberg, b. et baill. du cercle de haute Saxe.
Franckendal, *Francodalia*. v. des états de l'élect. palatin.
Franckenhause, v. de Thuringe.
Franckenstein, *Franckensteintum*. v. de Silésie.
Franckenstein, b. Deux-Sèvres.
Franckland, état de l'emp. de l'Ouest.
François (îles S.), îles du Canada.
Franconie, *Franconia*. cercle d'Allemagne.
Franconville, b. Seine-et-Oise.
Franeker, *Franequera*. v. de la Frise.
Frangy, vil. canton. Léman.
Frankenthal, v. canton. Mont-Tonnerre.
Franklin, district de Virginie.
Frascati, *Tusculum novum*. ville de l'état romain.
Frasnes, b. canton. Jemmape.
Fraustadt *ou* Fraventhal, *Fraustadium*. v. de Pologne.
Fravenberg, *Fravenburgum*. v. de Prusse.
Frawenfeld, v. cap. de la Turgovie.
Frawenstein, v. de b. Saxe.
Fredberg *ou* Freydeberg, *Friberga*. v. de Misnie.
Frederiksham, v. de Russie.
Freigné, b. Maine-et-Loire.
Freisach, *Friesacum*. v. de la basse Carinthie.
Freisgenn, Frisingen, Freysingen *ou* Frisingue, *Fruxinum*. évêc. et v. de la b. Bavière.
Fréjus, *Forum Julii*. v. de Provence. canton. Var.
Frenay-le-Vicomte, b. canton. Sarthe.
Fresnaye (la), b. cant. Sarthe.
Fresnaye (Notre-Dame de la), v. Orne.
Fresne-en-Wœvre, b. canton. Meuse.
Fresne et St.-Mamez, b. cant. Haute-Saone.
Fresnes, b. Calvados.
Fresnoy, b. Oise.
Fresseneville, b. Somme.
Frethung, b. Pas-de-Calais.
Fretteval, b. Loir-et-Cher.

Freudenberg, v. de Franconie.
Freudenberg, v. du comté de Nassau.
Freudenthal, v. de Silésie.
Freustadt ou Fredenstat, *Freudenstadium*. v. dans la Forêt-Noire.
Freydstadt, v. de la h. Autriche.
Freye-Æmnter, *Argovia libera*. 2 baillages de l'Argovie.
Freinwalde, v. de la moyenne Marche.
Freystadt, v. de la h. Hongrie.
Freystadt, 2 v. de Silésie.
Freystet ou Freystaett, v. du h. comté de Catzenellenbogen.
Freywalde, v. de Silésie.
Frias, v. de la vieille Castille.
Fribourg ou Freybourg, *Friburgum*. v. cap. du Brisgaw.
Fribourg, *Friburgum*. canton et v. de Suisse.
Fribourg ou Freibourg, v. de Thuringe.
Fridau, v. de la basse Stirie.
Fridberg, *Mons Frederici*. ville de la Vétéravie.
Fridberg ou Hohen-Friedberg, v. de Silésie.
Fridberg, *Fridberga*. v. de la h. Bavière.
Friderichs-Ode, *Fredericia*. v. du Jutland.
Friderickstadt, v. du Jutland.
Friderickstat ou Fridericks-Hall, *Frederico-Stadium*. v. de Norwège.
Friding, v. de la Souabe autr.
Fridland, v. de Bohême.
Friedberg, v. de Silésie.
Friedbourg, port du duché de Brême.
Frigento ou Frigenti, *Frequentum*. v. de la princip. ultér.
Frioul, *Forojuliensis tractus*. province d'Italie.
Frisch-Haff, golfe de la mer Baltique.
Frise, *Frisia*. l'une des Provinces-Unies.
Fritzlard, Frideslar ou Fritislard, *Frislaria*. v. de la b. Hesse.
Froissy, b. canton. Oise.
Froitzheim, b. canton. Roer.
Frolois, b. Côte-d'Or.
Frome, v. du Sommerset.
Fromeries, b. Somme.
Fronsac, *Frontiacum*. v. cant. Gironde.
Fronteira, v. de l'Alentéjo.
Frontenac, lac du Canada.
Frontignan, *Frontinianum*. ville du b. Langued. cant. Hérault.
Fronton, v. c. Haute-Garonne.
Frose, v. du duc. de Magdebourg.
Froulay-Tessé, b. Orne.
Frozes, b. Vienne.
Fruges, b. cant. Pas-de-Calais.
Fuchea ou Funai, v. cap. du roy. de Bongo.
Fuego ou Fuogo, ou l'Ile de Feu, ou l'Ile S.-Pierre, île du Cap-Vert.
Fuego ou Fogo (île de), île d'Asie, dans l'Océan orient.
Fuen-Cheu ou Font-Chéou, v. du Chansi.
Fuentes, *Arx Fontanensis*. ville du duché de Milan.
Fuessen ou Fussen *Faucena*. v. de Souabe.
Fugger, terre de Souabe.
Fulde, *Fulda*. v. du cercle de haut-Rhin.
Fulgent (S.), b. c. Vendée.
Fulneck, v. de Moravie.
Fumay, v. canton. Ardennes.
Fumel, b. c. Lot-et-Garonne.
Funchal ou Fonsalie, *Funchala*. v. cap. de l'île de Madère.
Fune, Funen ou Fionie, *Fionia*. île de la mer Baltique.
Fung-Yang, *Fungia*. v. du Kiang-nang.
Furnes, *Furnae*. v. de la Flandre autrichienne. sous-préfecture. Lys.
Furstemberg, *Furstembergensis Comitatus*. état et princip. en Souabe.
Furstemwald, v. de la moyen. Marche de Brandebourg.
Furstenberg, v. de la b. Lusace.
Furstenfeld, *Aquae*. v. et princ. de la basse Stirie.
Furstenwerder, v. de la Marche Ukraine de Brandebourg.
Furt, *Furtum*. ville de la basse Bavière.
Furth, b. de Franconie.

G A P

GABARET, *Gabarretum*. v. c. Landes.
Gabbiano, b. cant. Marengo.
Gabel, b. du cer. de Boleslau.
Gabin, *Gabinum*. v. du palat. de Rava.
Gacé, b. canton. Orne.
Gadebusch, *Lucus Dei*. v. du Mecklenbourg.
Gademes, peuple d'Afrique.
Gadersleben, v. et bail. de la principauté de Halberstadt.
Gago, *Gagum*. roy. d'Afrique.
Gaieté ou Gaeté, *Gaieta*. v. de la Terre de Labour.
Gallendorf ou Gailldorf, v. du comté de Limbourg.
Gaillac Toulza, b. H.-Garonne.
Gaillac, *Galliacum*. v. de l'Albigeois. sous-préfecture. Tarn.
Gaillon, *Gallio*. b. cant. Eure.
Galatche, v. de la Turq. eur.
Galgon, b. Gironde.
Galibis (les), peuples de la Guyane.
Galice, *Galicia*. prov. d'Espag.
Galice (la nouvelle) ou Guadalajara, contr. de la nouv. Espagne.
Galite, *Galata*. île sur les côtes du roy. de Tunis.
Gall (S.), *Fanum sancti Galli*. v. du haut Turgow.
Gallan, b. cant. H.-Pyrénées.
Gallapagos ou Galapes (les îles de), îles de la mer du Sud.
Gallardon, *Galardo*. v. Eure-et-Loire.
Gallargues (le grand), b. Gard.
Galles (les), *Galli*. peup. d'Afr.
Galles (le pays de), *Cambria*. prov. d'Angleterre.
Gallicie (le roy. de), partie orientale de la Pologne.
Gallipago, îles de la mer Pacifiq.
Gallipoli, *Gallipolis*. v. de la Terre d'Otrante.
Gallipoli, *Gallipolis*. v. de la Romanie.
Galloway, *Gallovivia*. prov. de l'Ecosse méridionale.
Galloway, comté et v. capit. du Connaught.
Galmier (S.), v. Loire.
Galoppe, b. canton. Meuse-Inf.
Gamaches, *Gamapium*. b. cant. Somme.
Gambais, b. Seine-et-Oise.
Gambie, *Gambea*. roy. de Nigrit.
Gammalamme, v. de l'île de Ternate.
Ganara, *Ganara*. roy. et v. de Nigritie.
Gand, *Gandavum*. v. cap. de la Flandre autr. év. préfect. Escaut.
Gandelu, b. Aisne.
Gandersheim, *Gandersum*. v. du cercle de basse Saxe.
Gandie, *Gandia*. v. du roy. de Valence.
Gandigot, v. du roy. de Carnate.
Ganesborough ou Gainsborough, v. du Lincolnshire.
Gangara, roy. de Nigritie.
Gange (le), *Ganges*. gr. fleuve de l'Inde.
Gangea ou Ganja, *Gangea*. v. de la Géorgie.
Ganges, v. canton. Hérault.
Gannat, *Gannatum*. v. sous-préfecture. Allier.
Gant, b. Basses-Pyrénées.
Gaoga, roy d'Afrique.
Gap, *Vapincum*. v. capit. du Gapençois, préfec. H.-Alpes.
Gapennes, b. Somme.
Garack, île du golfe Persique.
Gard (le), 33ᵉ. départ. de Fr. formé dans le Languedoc.
Gardanne, b. cant. Bouches-du-Rhône.
Garde (la), *Garda*. v. du Véronois.
Garde (la), b. Drôme.
Gardeleben, *Gardelebia*. v. de la v. Marche de Brandebourg.
Gardiole (la), v. Tarn.
Gardouch, b. Haute-Garonne.
Gared, v. du roy. de Maroc.
Garessio, b. canton. Stura.
Gareth ou Garth, *Gareta*. contrée du roy. de Fez.
Garganvillard, v. H.-Garonne.
Garlin, b. cant. Basses-Pyrén.
Garnache, b. Vendée.
Garnerans, b. Saone-et-Loire.
Garonne (Haute-), 34ᵉ. dép. de Fr. formé en Languedoc.
Garonne (la), fleuve de France.
Garris, b. Basses-Pyrénées.
Gartz, v. de l'île de Rugen.
Gartz, *Gartia*. v. de la Poméranie prussienne.
Gascogne (la), *Vasconia*. gr. province de France.
Gaspésie (la), *Gaspesia*. prov. de l'Amérique septentrionale.
Gassino, b. canton. Pô.
Gastinois (le), *Vastinium*. pays de France.
Gate (les monts de), chaîne de montagnes, en Asie.
Gatteville, b. Manche.
Gattinara, b. canton. Sésia.
Gatton, b. du Surrey.
Gaudens (S.), *Fanum S. Gaudentii*. v. sous-préfect. Haute-Garonne.
Gaujac, v. Landes.
Gauran, b. d'Irlande.
Gaures, Guèbres ou Parsis (les), *Persi*. peuple d'Asie.
Gauthier (S.), b. cant. Indre.
Gauzens (S.), b. Tarn.
Gavi, v. de l'état de Gênes.
Gavray, b. canton. Manche.
Gavre, b. et princ. du comté d'Alost.
Gaza, *Gaza*. v. de Palestine.
Gearon ou Jaron, v. du Farsistan.
Geaune, v. canton. Landes.
Gebweiler, v. Haut-Rhin.
Gedime, b. c, Sambre-et-Meuse.
Géfal, v. de l'élect. de Saxe.
Gegenbach ou Gengenbach, *Gegenbachium*. v. de l'Ortenau.
Geilenkirchen, b. cant. Roer.
Geislengen, v. de Souabe.
Geismar ou Haut-Geismar, v. du langrav. de Cassel.
Geispolsheim, b. c. B.-Rhin.
Geithen ou Geithaan, v. de Misnie.
Gelnhausen, *Gelnusa*. v. de la Vétéravie.
Gemaajedid, *Gontiana*. v. d'Afrique.
Gembloux, *Geminiacum*. v. c. Sambre-et-Meuse.
Gemildeau(san), b. du Florentin.
Gemmingen, *Gemminga*. v. du palatinat du Rhin.
Gemozac, b. c. Charente-Inf.
Gemund, v. de la h. Carinthie.
Gemunde, v. canton. Roer.
Gemunde, v. de l'évêché de Wurtzbourg.
Gemunde, v. de Souabe.
Genape, *Genapium*. v. cant. Dyle.
Gençay, b. canton. Vienne.
Gendrey, b. canton. Jura.
Genehoa, *Genoha*. pays de la Nigritie.
Geneix-Champerpé (S.), bourg. Puy-de-Dôme.
Genep ou Gennep, *Genepum*. v. Roer.
Générac, b. Gard.
Gênes, *Genua*. républ. et ville d'Italie.
Genest (S.), b. Vienne.
Genest-Mallefaux (S.), b. c. Loire.
Genève (le lac de), voy. Léman.
Genève, *Geneva*. républiq. et v. de Suisse. préfet. Léman
Geneviève (Ste.), b. c. Aveyron.
Gengoux-le-Royal (S.), *Gengulfinum Regale*. v. Saone-et-Loire.
Geniès (S.), b. c. Aveyron.
Geniez-de-Malgoires (S.), v. Gard.
Genillé, b. Indre-et-Loire.
Genis (S.), b. c. Charente-Inf.
Genis (S.), b. c. Mont-Blanc.
Genis-Laval (S.), v. c. Rhône.
Genite, b. Dordogne.
Genlis, b. Aisne.
Genlis, b. canton. Côte-d'Or.
Genneleville, b. Landes.
Gennes, b. c. Maine-et-Loire.
Genolhac, v. canton. Gard.
Genouillac, b. Creuse.
Genouillé, b. Charente-Infér.
Genouillé, b. Vienne.
Genping, v. de la prov. de Canton.
Genssac, b. Gironde.
Genthin, v. du duché de Magdebourg.
Gentioux et Pailler, b. canton. Creuse.
Géoire (S.), b. canton. Isère.
George III (île de), de l'Amérique septentrionale.
George (S.), île, l'une des Açores.
George (S.), l'une des Bermudes.
George (S.), île de l'état vénitien.
George (S.), b. de l'île de Ré.
George-de-Lévésac (S.), b. c. Lozère.
George de Luzensons (S.), v. Gard.
George-d'Espérance (S.), bourg. Isère.
George-du-Vièvre (S.), b. c. Eure.
George-en-Consans (S.), b. c. Loire.
George-les-Baillargeaux (S.), b. canton. Vienne.
George-sur-Loire (S.), b. cant. Maine-et-Loire.
Georges (S.), b. cant. Doire.
Georgie ou Gurgistan, *Georgia*. prov. d'Asie.
Georgie (la nouvelle), un des 13 États-Unis.
Georgie (golfe de), dans l'Amérique septentrionale.
Gepping ou Goepping, v. du duché de Wirtemberg.
Ger, b. Hautes-Pyrénées.
Ger, b. Manche.
Géra ou petite Leipsic, *Gera*. v. du cercle de la h. Saxe.
Geradmer, b. canton. Vosges.
Gérané-le-Puy, b. Allier.
Geraw (le), *Geravia*. pays du cercle du haut Rhin.
Gerberoy, *Gerboredum*, ville. Oise.
Gerbes (les), Gerbi ou Zerbi, *Girba*. île du roy. de Tunis.
Gerbevilliers, v. c. Meurthe.
Gerbslaedt, v. et baillage du comté de Mansfeld.
Gerenza, *Gerentia*. v. de la Calabre citérieure.
Gergenti, *Agrigentum*. v. de la Sicile.
Gergy, b. Saone-et-Loire.
Geriac, port et fort sur la côte de Malabar.
Geringswalda, v. de Misnie.
Germain (S.), v. Creuse.
Germain (S.) du Belair, b. c. Lot.
Germain-de-Bourgueil (S.), v. canton. Indre-et-Loire.
Germain-de-Calberti (S.), b. c Lozère.
Germain-de-Prinçay (S.), bourg. Vendée.
Germain-du-Bois (S.), b. c. Saone-et-Loire.
Germain-du-Plain (S.), b. c. Saone-et-Loire.
Germain-en-Laye (S.), *S. Germanus in Ledia*. v. c. Seine-et-Oise.
Germain-Lambron (S.), v. c. Puy-de-Dôme.
Germain-Laval (S.), v. cant. Loire.
Germain-les-Belles-Filles (S.), b. canton. Haute-Vienne.
Germain-l'Herm. (S.), b. c. Puy-de-Dôme.
Germano (S.), v. de la Terre de Labour.
Germans (S.), b. de Cornouailles.
Germer (S.), de Flaix, b. Oise.
Germersheim, *Germersheimum*. v. canton. Mont-Tonnerre.
Germigny, *Germiniacum*. ville. Yonne.
Germini, b. Meurthe.
Gernshein ou Geresheim, ville du landgr. de Darmstadt.
Gerodhofen, v. de Franconie.
Geroldseck, comté de Souabe.
Gerolstein, b. canton. Sarre.
Gerrensheim, v. Mont-Tonnerre.
Gers, 35ᵉ. départ. de France, formé dans la Guienne.
Gersaw, b. de Suisse.
Gertruidenberg, *Gertrudenberga*. v. du Brabant hollandois.
Gervais (S.), v. canton. Puy-de-Dôme.
Gervais-de-Messey (S.), b. c. Orne.
Gervais-la-Ville (S), b. cant. Hérault.
Géry (S.), b. canton. Lot.
Gerzat, b. Puy-de-Dôme.
Geste, b. Loire-Inférieure.
Gestricie, *Gestricia*. prov. de Suède.
Gesula, *Gesula*. prov. du roy. de Maroc.
Gevalie ou Gefle, *Gevelia*. v. cap. de la Gestricie.
Gevaudan (le), *Gaballicus pagus*. contrée de Languedoc.
Gevrey, b. cant. Côte-d'Or.
Gex, *Gesium*. v. cant. Léman.
Geyer, comté de Franconie.
Gezire, *Gezira*. v. du Diarbekir.
Ghela, *Ocelis*. port sur la côte de Babel-Mandel.
Ghilan ou Guilan, prov. de la Perse.
Ghistelles, b. canton. Lys.
Giac, b. Puy-de-Dôme.
Giaveno, b. canton. Pô.
Gibel (le mont), voyez Etna.
Gibraléon, v. d'Andalousie.
Gibraltar, *Gibraltaria*. v. de l'Andalousie. Angleterre.
Giczin, v. de Bohême.
Giech, comté de Franconie.
Gien, *Giemum*. v. de l'Orléanois. sous-préfecture. Loiret.
Giengen, *Gienga*. v. de Souabe.
Gienzor, *Gienzora*. v. du roy. de Tripoli.
Gierace, *Hieracium*. v. de la Calabre ultérieure.
Giesbuhel, monr. de Saxe.
Giessen, *Giessa*. v. de la h. Hesse.
Gifforn, *Gifhornia*. v. de la principauté de Zell.
Gigean, v. Hérault.
Gigeral, v. du roy. d'Alger.
Gigligen, v. du duché de Wirtemberg.
Giglio, *Ægilium*. île sur la côte de Toscane.
Gignac, v. canton. Hérault.
Gigny, v. Jura.
Gigondas, b. Vaucluse.
Gildas-des-Bois (S.), b. cant. Loire-Inférieure.
Gildenbourg, v. de Prusse.
Gilis (S.), b. canton. Escaut.
Gilles-les-Boucheries (S.), *S. Ægidii Villa*. v. cant. Gard.
Gilles-sur-Vie (S.), b. canton. Vendée.
Gilolo, *Gilola*. île et v. dans l'Archipel des Moluques.
Gilon, b. de l'Asturie.
Gimont, *Gimontum*. v. cant. Gers.
Ginasservis, b. canton. Var.
Ginestas, v. canton. Aude.
Gingi, *Gingis*. roy. et ville des Indes.
Gingiro, roy. de la Cafrerie.

Gioddah *ou* Gedda, v. et port d'Arabie.
Giovenazzo, *Juvenacium.* ville du roy. de Naples.
Giraissens, v. Tarn.
Giraulmer, lac des Vosges.
Gireft, *Girfra.* v. de Perse.
Girgé, *Girgium.* v. cap. de la haute Egypte.
Giromagny, b. c. Haut-Rhin.
Gironde, 36e. départ. de Fr. formé dans la Guienne.
Gironne, *Gerunda.* v. de Catalogne.
Girons (S.), *Sanctus Gerontius.* v. sous-préfecture. Arriége.
Gisors, *Gisortium.* v. canton. Eure.
Giula, *Julia.* v. de la h. Hongrie.
Giulia-Nova, v. de l'Abruzze ultérieure.
Giustandile *ou* Ochrida, *Justiniana.* v. de la Macédoine.
Givet, *Givetum.* v. des Pays-Bas. canton. Ardennes.
Givira, v. du Milanois.
Givors, b. canton. Rhône.
Givri, b. cant. Saone-et-Loire.
Gizy, b. Aisne.
Glabeck, b. canton. Dyle.
Gladbach, v. Roer.
Glamorganshire, *Glamorgania.* prov. de la princ. de Galles.
Glandeves, *Glannateva.* ville. Basses-Alpes.
Glaris, *Claronas.* canton et v. de Suisse.
Glascow, *Glascua.* v. du Clydesdail.
Glashutte, v. du cercle de Misnie.
Glastonbury, v. du Sommerset.
Glastow, v. de Bohême.
Glatz, *Glatium.* v. de la basse Silésie.
Glaucha, v. du duché de Magdebourg.
Glenan, îles en Bret. Finistère.
Gletscher *ou* les Glacières *et* Glaciers, montag. de Suisse.
Gleucheu, v. de Misnie.
Glewitz, v. de Silésie.
Glissoles, b. Haute-Loire.
Glocester, *Claudia Castra.* v. cap. du comté de même nom.
Glocestershire, prov. d'Angleterre.
Glogaw (le grand), *Glocavia.* duché et v. de Silésie.
Glogaw (le petit), v. de Silésie.
Glons, b. canton. Ourthe.
Glos, b. Orne.
Glucksbourg *ou* Luxbourg, *Glucksburgum.* v. de Danem.
Gluckstad, *Cluckstadium.* ville du duché de Holstein.
Glurens, v. du Tyrol.
Gmunden, v. de la h. Autriche.
Gnesne, *Gnesna.* v. cap. de la grande Pologne.
Gnieff *ou* Gniew, *Gnievum.* v. du palatinat de Pomérelie.
Goa, *Goa.* v. du roy. de Decan.
Goage, roy. d'Afrique.
Goave (grand *et* petit), bourgs et port de S. Domingue.
Goch, *Herenachium Gochum.* v. canton. Roer.
Gochsheim *ou* Gochülzheim, v. du duché de Wirtemberg.
Gociano, v. de Sardaigne.
Godah, v. de l'Indostan.
Goderville, b. c. Seine-Infér.
Goding, Golding *ou* Hodonin, v. de Moravie.
Gœldheim, b. c. Mont-Tonnerre.
Goerserke, ville du duché de Magdebourg.
Goes *ou* Terre Goes, *Goa.* v. de la Zélande.
Gogo, place sur la côte or. de Guzarate.
Goiama, *Goiamum.* roy d'Abys.
Goito, v. du duc. de Mantoue.
Golconde, *Golconda.* roy. de la presqu'île en-deça du Gange.
Goldeberg, v. et baill. de Mecklembourg.
Goldeberg, *Goldberga.* v. de Silésie.
Goldentraum, v. de la Lusace.
Goldingen, *Goldinga.* ville de Courlande.
Golnow *ou* Golnau, *Golnovia.* v. de la Poméranie prussien.
Golo, 37e. dép. de Fr. Corse.
Golo, b. canton. Golo.
Golsdorf, v. de Silésie.
Goltzen, v. de Lusace.
Gombroon, v. sur le golfe Pers.
Gomere, *Gomera.* l'une des îles Canaries.
Goncelin, b. canton. Isère.
Gondar, v. d'Abyssinie.
Gondelour, v. de la côte de Coromandel.
Gondom, b. Loiret.
Gondon *ou* Goudon, v. Hautes-Pyrénées.
Gondrecourt, *Gundulficuria.* v. canton. Meuse.
Gondrecourt, b. Meuse.
Gondreville, *Gundulfivilla.* b. Meurthe.
Gondrin, v. Gers.
Gonesse, *Gonessia.* b. canton. Seine-et-Oise.
Gonga, *Gannum.* v. de la Romanie.
Gongadi, v. de Nigritie.
Gonnord, b. Maine-et-Loire.
Gooderoo, lac d'Abyssinie.
Gor, roy. et v. du Mogol.
Gorcum, *Gorichenum.* v. de la Hollande méridionale.
Gordes, vil. cant. Vaucluse.
Gordon *ou* Gourdon, *Curto.* v. sous-préfecture. Lot.
Gorée, *Gorea.* île de la Hollande méridionale.
Gorée, île sur la côte d'Afr.
Gorgonne (la), *Gorgon.* île de la mer de Toscane.
Gorgonne, île de la mer du Sud.
Gorgue (la), v. Nord.
Gorice, Goertz *ou* Goritz, *Goritia.* comté et v. de Carniole.
Gorlitz, *Gorlitium.* v. de la haute Lusace.
Goron, b. canton. Mayenne.
Gorryon, b. du com. de Wexfort.
Gorze, v. canton. Moselle.
Goslar, *Goslaria.* v. de basse Saxe.
Gosport, port de la prov. de Hampshire.
Gosselies, b. cant. Jemmape.
Gostinen, *Gostinia.* v. du palat. de Rava.
Gotha, *Gotha.* v. de Thuringe.
Gothard (S.), v. de la basse Hongrie.
Gothard (le mont S.), *Adula.* haute mont. de Suisse.
Gothembourg *ou* Gothebourg, *Gotheburgum.* v. de la Westrogothie.
Gothie (la), *Gothia.* partie de la Suède.
Gothlande (île de), dans la mer Baltique.
Goto, *Gotum.* roy. du Japon.
Gottes-Gabe, v. de Bohême.
Gottingen, Goettingen *ou* Gottingue, v. de la principauté de Calemberg.
Gottleube, v. de Misnie.
Gottlieben, *Theophilia.* b. et chât. de l'év. de Constance.
Gottsberg, v. de Silésie.
Gottschée, v. de la Carniole.
Gouarec, b. c. Côtes-du-Nord.
Goude *ou* Tergow, *Goudæ.* v. de la Hollande méridionale.
Goudenberg *ou* Goedesberg, v. et bail. de la b. Hesse.
Gouelle (la), pet. pays. Seine-et-Marne.
Gouis, b. Sarthe.
Goulles, b. Corrèze.
Goura, Gura *ou* Calvaire, *Calvarius.* v. du pal. de Mazovie.
Gourge, b. Vienne.
Gourin, b. canton. Morbihan.
Gournay, v. cant. Seine-Infér.
Gourville, b. Deux-Sèvres.
Goussainville, b. Seine-et-Oise.
Gouzon, v. Creuse.
Governolo, ville du duché de Mantoue.
Gower (S.), *S. Gever ou S.* Goar, *S. Goaris villa.* v. cant. Rhin-et-Moselle.
Gozzi *ou* les Gozzes, îles de la Méditerranée.
Gozzo *ou* le Gose, *Gaulos.* île de la Mediterranée.
Grabow, *Grabovia.* v. du duc. de Meckelbourg.
Grabow, 2 v. de Pologne.
Graçay, v. canton. Cher.
Gracieuse (la), île, l'une des Açores.
Gradisca, *Gratiana.* v. de l'Esclavonie.
Gradisca, v. du comté de Goritz.
Gradlitz, b. de Bohême.
Grado, *Gradus.* v. et île du Frioul venitien.
Gradorf, v. de la h. Hesse.
Graefenthal, v. de Thuringe.
Grainville, b. canton. Eure.
Graisivaudan, *Pagus Gratianopolitanus.* pays du Dauphiné.
Graitz, v. de Misnie.
Grallia, b. canton. Sésia.
Gramat, b. canton. Lot.
Grammont, *Gerardi Mons.* v. canton. Escaut.
Grammont *ou* Grand Mont, *Grandimontium.* v. Creuse.
Grammont, v. Gers.
Gramsow, ville de la Marche Ukraine de Brandebourg.
Gran *ou* Strigonie, *Strigonium.* v. de la basse Hongrie.
Granard, b. d'Irlande.
Grancey-le-Châtel, *Granceium Castrum.* v. cant. Côte-d'Or.
Grand, b. Vosges.
Grand-Boire (la), b. Sarthe.
Grand-Bourg-Salagnac, b. cant. Creuse.
Grand-Couronne, b. canton. Seine-Inférieure.
Grand-Lucé (le), v. c. Sarthe.
Grand-Pré, v. cant. Ardennes.
Grand-Serre (le), b. c. Drôme.
Gradlieu, lac et vil. Loire-Inf.
Grandrieux, b. cant. Lozère.
Grandvilliers, b. canton. Oise.
Grane, b. Drôme.
Gransée, v. de la moy. Marche de Brandebourg.
Granson, v. et bail. du pays de Vaud.
Grantham, *Grantha.* v. du Lincolnshire.
Granville, *Grandisvilla.* v. c. Manche.
Grapound, b. de Cornouailles.
Grasse, *Grassa.* v. de Provence. sous-préfecture. Var.
Grasse (la), v. canton. Aude.
Gratz, *Graicum.* v. cap. de la basse Stirie.
Gratzen, v. de Bohême.
Graudentz, *Graudentium.* v. de Prusse.
Graulhet, v. canton. Tarn.
Graupen *ou* Grupna, v. de Bohêm.
Grave, *Gravia.* v. du Brabant hollandois.
Grave (la), b. cant. H.-Alpes.
Gravelines, *Gravelina.* v. de la Flandre fr. canton. Nord.
Gravelle (la), b. Mayenne.
Gravesende *ou* Gravesend, *Gravesinda.* v. de la prov. de Kent.
Graville, b. Seine-Inférieure.
Gravina, *Gravina.* v. dans la Terre de Bari.
Gravosa *ou* Santa-Croja, port de la rép. de Raguse.
Gray, *Gradicum.* v. sous-préf. Haute-Saone.
Grèce (la), *Græcia.* partie de l'Europe.
Greenwich, b. de la prov. de Kent.
Greiffenberg, v. de la Marche Ukraine de Brandebourg.
Greiffenhagen, *Viritium.* v. de la Poméranie prussienne.
Grein, *Greyna.* v. de la haute Autriche.
Gremonville, b. Seine-Infér.
Grenade, *Granata.* roy. et v. d'Espagne.
Grenade (la), île des Antilles.
Grenade, v. du nouv. Mexiq.
Grenade (la nouvelle), prov. d'Amérique en Terre-Ferme.
Grenade, v. cant H.-Garonne.
Grenade, v. canton. Landes.
Grenoble, *Gratinopolis.* v. cap. du Dauphiné. év. préf. Isère.
Gresse, b. Isère.
Grestein, b. Calvados.
Gretsyhl, Greht *ou* Greete, b. de Westphalie.
Greuten, v. de la principauté de Schwartzbourg.
Greveen, b. de l'év. de Munster.
Grevenbroich, v. Roer.
Grewenmacher, b. c. Forêts.
Grez, b. canton. Dyle.
Grez, b. Seine-et-Marne.
Grez-en-Bouère, b. canton. Mayenne.
Grieskirchem, v. de la haute Autriche.
Griffen, v. de la h. Carinthie.
Grignan, v. canton. Drôme.
Grignols, b. cant. Dordogne.
Grignols, b. canton. Gironde.
Grimaud, *Athenopolis.* v. cant. Var.
Grimberg *ou* Grimbourg, *Grimburgum.* v. Sarre.
Grimbergen, v. Dyle.
Grimm *ou* Grimma, *Grima.* v. de Misnie.
Grimmed, v. de la Poméranie.
Grimsby, b. de Lincolnshire.
Grinstedt (Est), b. du Sussex.
Gripswald, *Gripsvaldia.* v. de la Poméranie citérieure.
Grisons (les), *Rhœti.* peuple d'Italie, dans les Alpes.
Grizolles, v. c. Haute-Garon.
Groays *ou* Grois, île. Morbihan.
Grodesk, 4 v. de Pologne.
Grodno, *Grodna.* v. de Lithuanie.
Groenland (le), *Groenlendia.* gr. pays des terres arctiques.
Groll, *Grolla.* v. de la Gueldre hollandoise.
Grona *ou* Gruna, v. de l'évêc. de Hildesheim.
Gronde *ou* Grund, v. de la principauté de Calemberg.
Groningue, *Groninga.* prov. et v. des Provinces-Unies.
Grossa (Isola), île du golfe de Venise.
Grossen-Ehrich, v. de Thuringe.
Grosseto, *Rosetum.* v. de Toscane.
Grotkaw, *Grotkavia.* v. de Silésie.
Grotorf *ou* Grottorf, v. du duc. de Berg.
Gruissan, b. Aude.
Grumbach, b. canton. Sarre.
Grunberg, b. de la h. Hesse.
Grunberg, v. de Silésie.
Gruningen *ou* Groningen, *Gruninga.* v. du cant. de Zurich.
Gruningen *ou* Groeningen, v. de la princ. de Halberstadt.
Gruningen, ville du comté de Solms.
Grunsfeld, v. de Franconie.
Grunstadt, *Grunestadium.* ville. canton. Mont-Tonnerre.
Gruyères, v. de Suisse.
Guadalajara *ou* Guadalaxara, *Guadalaxara.* v. de la nouv. Castille.
Guadalajara, prov. et ville de la nouvelle Espagne.
Guadalajara de Buga, v. du Popayan.
Guadalquivir (le), *Bœtis.* gr. fleuve d'Espagne.
Guadarama, v. de la v. Castille.
Guadel, *Guadela.* v. de Perse.
Guadeloupe, *Aquæ Lupiæ.* ville de l'Estramadure espagnole.
Guadeloupe (la), île des Antilles françoises.
Guadiana (le), *Anas.* fleuve d'Espagne.
Guadix, *Acci.* v. du roy. de Grenade.
Guagocinco, v. de la nouvelle Espagne.
Guajida, *Lanigara.* v. du roy. de Trémecen.
Gualata, roy. de Nigritie.
Gualeor *ou* Gualor, *Galeora.* prov. et v. de l'Indostan.
Guam *ou* Guan, île des Larrons.
Guamanga, *Guamanga.* prov. et v. du Pérou.
Guanahani (île de) *ou* l'Ile de S.-Sauveur, l'une des Lucayes.
Guancavelica, v. du Pérou.
Guanuco, *Guanucum.* contrée et v. du Pérou.
Guardarfui, cap d'Afrique.
Guardia, Guarda, Guarde, *Guardia.* v. de la prov. de Beira.
Guardia, v. de la Galice.
Guardia Alferez, v. du roy. de Naples.
Guarene, b. canton. Tanaro.
Guargala, Guerguela, *Guargala.* roy. et v. du Bilédulgérid.
Guastalle, Guastalla, *Vastalla.* v. du duché de Mantoue.
Guasto, *Vastum.* v. de l'Abruzze citérieure.
Guatimala, *Guatimala.* gouvernem. et v. de la nouv. Espag.
Guaxaca, *Guaxaca.* prov. et v. de la nouvelle Espagne.
Guayquil *ou* Guyaquil, *Guaiaquilum.* prov. et v. du Pérou.
Guben, *Guba.* v. de la basse Lusace.
Guber, roy. de Nigritie.
Gubio *ou* Eugubio, *Eugubium.* v. du duché d'Urbain.
Gucheu, *Gucheum.* v. de la prov. de Quang-Si.
Guebwiller, b. cant. H.-Rhin.
Gueldre (la), *Gueldria.* contr. des Pays-Bas.
Gueldres, v. des Pays-Bas. c. Roer.
Gueménée, b. cant. Morbihan.
Guemonde, v. et baill. de la haute Hesse.
Guepie (la), *Guepia.* v. Tarn.
Guer, v. canton. Morbihan.
Guérande, *Gueranda.* v. cant. Loire-Inférieure.
Guerard, b. Seine-et-Marne.
Guerbigny, b. Somme.
Guerche (la) *ou* Guierche, v. canton. Cher.
Guerche (la), v. c. Ille-et-Vilaine.
Guercheville, b. Seine-et-Marne.
Guerchy, b. Nièvre.
Guèret, *Varactum.* v. cap. de la h. Marche. préf. Creuse.
Guernesey, île angloise dans la baie du mont Saint-Michel.
Guerville, *Guiardi Villa.* bourg. Seine-et-Oise.
Guesceard, b. Somme.
Guetaria, *Menosca.* v. de la prov. de Guipuscoa.
Guete, *Gleta.* v. de la nouv. Castille.
Gueugnon, b. c. Saone-et-Loire.
Guiane (la), *Guiana.* gr. pays de l'Amérique méridionale.
Guiche (la), b. cant. Saone-et-Loire.
Guichen, b. c. Ille-et-Vilaine.
Guienne (la), *Aquitania.* gr. gouvern. et prov. de France.
Guilford, *Guilfordium.* ville cap. du comté de Surrey.
Guillain (S.) *ou* St.-Ghislain, *Gisnelopolis.* v. Jemmape.
Guillaume, v. c. Alpes-Maritimes.
Guillestre, *Gallitæ.* b. canton. Hautes-Alpes.
Guillette, b. c. Alpes-Maritimes.
Guimaraens, *Virmaranum.* v. de la prov. d'Entre-Duero et Minho.
Guimenée *ou* Guémené, bourg. canton. Loire-Inférieure.
Guinée (la), *Guinea.* gr. pays d'Afrique.
Guinée (la nouvelle), île de l'Océan oriental.
Guines, *Gisna.* v. cant. Pas-de-Calais.
Guingamp, v. sous-préfecture. Côtes-du-Nord.
Guiolle (la), v. c. Aveyron.
Guipuscoa (le), *Guipuscoa.* prov. d'Espagne.

Guiscard, ou Magny, *Guiscardum*. b. canton. Oise.
Guise, *Guisia*. v. cant. Aisne.
Guistres, b. canton. Gironde.
Gulzow, v. de la Poméranie ultérieure.
Gumpols Kirchem, v. de la b. Autriche.
Gundelfingen, *Gundelfinga*. v. de Souabe.
Gundelfingen, v. du duché de Neubourg.
Gundelsheim, v. de Souabe.
Guntersblum, v. du comté de Linange.
Guntzbourg, v. de la Souabe aut.
Guntzenhausen, v. de Franconie.
Gurck, *Gurcum*. v. de la basse Carinthie.
Gurief, v. du roy. d'Astrakan.
Guriel, *Guria*. prov. dans la Mingrelie.
Gurmençon, b. Basses-Pyrénées.
Gustrow, *Gustrovium*. ville du duché de Meckelbourg.
Guttemberg, v. Bas-Rhin.
Guttenstein, v. de la b. Autriche.
Gutzkow, *Gutzkovia*. v. de la Poméranie suédoise.
Guzurate ou Guzarate, *Gauzarata*. prov. de l'Indostan.
Gy, b. canton. Haute-Saone.
Gye, b. Aube.

HALL

Haag, v. de la h. Bavière.
Habar, v. de l'Irac-Agémi.
Habelsverth, v. du comté de Glatz.
Habsheim, b. cant. Haut-Rhin.
Hacqueville, b. Eure.
Haczac, *Sarmisia vallis*. comté de Transilvanie.
Hadamar, *Hadamarium*. comté et v. de la Wétéravie sept.
Haddington, *Hadina*. comté et v. du Lothian.
Hadelle, *Hadelia*. pays d'Allem.
Hadequis, v. du roy. de Maroc.
Hadersleben, *Haderslebia*. ville du duché de Sleswick.
Hadhramut, *Hadramutum*. prov. et v. de l'Arabie heureuse.
Hadmersleben, v. et baill. du duché de Magdebourg.
Haegt, b. canton. Dyle.
Haeringhe, b. canton. Lys.
Haerlebecke, b. canton. Lys.
Hagenau, v. du co. de Schwerin.
Hagenbach, v. du b. Palatinat.
Hagetmau, v. canton. Landes.
Hagiar, v. d'Arabie.
Hagias, prov. d'Arabie.
Hague (la), pays de Normandie.
Haguenau, *Hagenoia*. v. d'Alsace. canton. Bas-Rhin.
Haigerloch, v. et c. de Souabe.
Hailbron ou Heilbronn, *Halisium*. v. de Souabe.
Haimbourg, *Hamburgum*. v. de la basse Autriche.
Hain, *Hayna*. v. de Misnie.
Hain, v. de Silésie.
Hainan, *Haina*. île d'Asie.
Hainaut (le), *Hannonia*. prov. des Pays-Bas.
Halabas, prov. et v. de l'Indostan.
Halbau, v. de la h. Lusace.
Halberstadt, *Halberstadium*. v. du cercle de basse Saxe.
Halde, v. du comté d'Aggerhus.
Haldensleben ou Haldersleben, v. du duché de Magdebourg.
Halen, *Hala*. v. Meuse-Infér.
Halitz, *Halitia*. pays et v. de la Russie rouge.
Hallancourt, b. cant. Somme.
Halland, *Hallandia*. contrée de la Gothie méridionale.
Halle, *Hala*. v. du Tyrol.
Halle, *Hala*. v. canton. Dyle.
Halle, *Hala Saxonum*. v. du duché de Magdebourg.
Halle ou Hall, *Hala Suevorum*. v. de Souabe.
Hallein, *Haliola*. v. de l'évêc. de Saltzbourg.
Hallifax, v. de l'Acadie.
Hallifax, *Olicana*. v. du Yorckshire.
Halpo, Halapo, *Halapum*. v. la nouvelle Espagne.
Hals, b. et comté d'Autriche.
Halsbrucke, v. de Misnie.
Halteren ou Haltern, v. de l'évêché de Munster.
Halva, *Halva*. v. du roy. de Fez.
Haly, v. de l'Arabie heureuse.
Ham, *Hammona*. v. capit. du comté de la Marck.
Ham, *Hammus*. v. c. Somme.
Ham, b. canton. Pas-de-Calais.
Ham, *Hemat*. v. de Syrie.
Hamamet, v. de Barbarie.
Hamar, *Hammaria*. v. du comté d'Aggerhus.
Hambers, b. Mayenne.
Hambourg, *Hamburgum*. v. du cercle de basse Saxe.
Hambye, b. Manche.
Hamelbourg, *Hamelburgum*. v. de Franconie.
Hamelen ou Hamelen, *Hamela*. v. du duché de Brunswick.
Hami, v. de la Tartarie indép.
Hamilton, *Hamiltonium*. v. de la province de Clydesdal.
Hamilton, district du pays de Tenessée.
Hamiz-Metacara, v. du roy. de Fez.
Hamme, b. canton. Escaut.
Hamont, *Hamontium*. v. Meuse-Inférieure.
Hampshire (New), prov. de la nouvelle Angleterre.
Hanau, *Hanovia*. v. de la Wétéravie.
Hanau, comté d'Alsace.
Hanches, b. Eure-et-Loire.
Han-Chong, *Hancheum*. v. de la prov. de Kensi.
Hangcheu ou Hang-Tcheou, v. de la prov. de Chekiang.
Hangest, b. Somme.
Hannonville, v. Meuse.
Hannuy, *Hannuium*. v. Dyle.
Hanover ou Hanovre, *Hannovera*. pays d'Allem. et v. cap. de l'électorat de Brunswick.
Han-Yang, v. du Huquang.
Hantshire, Hampshire ou Southampton, *Simenia*. province d'Angleterre.
Haon-le-Châtel (S.), b. cant. Loire.
Hapsal, *Hapselia*. v. de Livonie.
Harafera, peuple de Guinée et des Moluques.
Harbert, *Salamboria*. v. du Diarbeck.
Harbonnières, b. Somme.
Harbourg, *Harburgum*. baillage et v. de la princ. de Zell.
Harcourt, *Haretortis*. bourg. Calvados.
Hardecsen ou Hardeschen, v. de la princ. de Calenberg.
Hardenberg, v. et baillage du duché de Berg.
Harderwick, *Hardervicum*. ville de la Gueldre.
Harfleur, *Hareflorum*. ville de Normandie. Seine-Inférieure.
Harlebeck, *Harlebeca*. v. Lys.
Harlek, *Harlecum*. v. cap. du Merionetshire.
Harlem, *Harlemium*. v. de la Hollande.
Harlingen, *Harlinga*. v. de la Frise.
Haro, *Harum*. v. de la vieille Castille.
Harouë, b. canton. Meurthe.
Harran ou Haran, *Carrhæ*. v. de la Mésopotamie.
Hartberg, *Hortis mons*. v. de la basse Stirie.
Hartfort, *Hartfordia*. v. cap. du Connecticut.
Hartz (la), chaîne de mont. du duché de Brunswick.
Hartzgerode, *Hartzeroda*. v. de la princ. d'Anhalt-Bernbourg.
Hartzwald, *Hercynia Sylva*. montagne et forêt célèbres d'Allemagne.
Harwick, *Harvicum*. v. du comté d'Essex.
Hasbain, *Hasbania*. princip. de l'Etat de Liége.
Hasbat, Habal, l'Algarve, *Hasbata*. prov. du roy. de Fez.
Haselfeld, v. du duc. de Blanckenbourg.
Haselmere, b. du Surrey.
Haslach, v. de la principauté de Furstemberg.
Hasly (le pays d'), pays dans le canton de Berne.
Hasparan, b. cant. B.-Pyrénées.
Hasselt, *Hasselutum*. v. de l'Over-Yssel.
Hasselt, v. sous-préfecture. Meuse-Inférieure.
Hastings, *Astingua*. v. du Sussex.
Hastingues, b. Landes.
Haszfurth, v. de l'évêché de Wurtzbourg.
Hattem, *Hattemum*. v. du duc. de Gueldres.
Hatten, b. Bas-Rhin.
Hattengen ou Hattingen, *Hattinga*. v. du comté de la Marck.
Hatton-Châtel, v. Meuse.
Hatuan, *Haduanum*. v. de la h. Hongrie.
Haubervilliers ou N.-D. les Vertus, b. Seine.
Haubourdin, b. canton. Nord.
Haupoul Mazamet, v. Tarn.
Hautefort (S. Aignan de), b. canton. Dordogne.
Haute-Rive, *Altaripa*. v. Drôme.
Hauteville-la-Guichard, bourg. Manche.
Hauteville, b. canton. Ain.
Hautvilliers, *Altinvillare*. bourg. Marne.
Havane (la), *Havana*. ville de l'île de Cuba.
Havelange, b. cant. Sambre-et-Meuse.
Havelberg, *Havelberga*. ville de l'électorat de Brandebourg.
Haverfort West, b. du Pembrokshire.
Havre-de-Grâce (le), *Portus gratiæ*. v. du pays de Caux. sous-préfec. Seine-Inférieure.
Havre du Sud (le), port du Spitzberg.
Haye (la), *Haga comitis*. b. de Hollande.
Haye (la), *Haga*. b. canton. Indre-et-Loire.
Haye-du-Puits (la), b. canton. Manche.
Haye-Pesnel (la), b. canton. Manche.
Haynichen, v. de Misnie.
Hazebrouck, *Hazebroca*. v. de la Flandre fr. s.-préf. Nord.
Hea, *Hoa*. prov. du royaume de Maroc.
Hean, *Heana*. v. du Tonquin.
Héanc (S.), b. canton. Loire.
Heaton, v. du Yorckshire.
Hébrides, *Ebubæ*. îles à l'occident de l'Ecosse.
Hébrides (nouv.), îles de la mer du Sud.
Hechingen, *Echinga*. v. du comté de Hollenzollern.
Heckershausen, v. de la b. Hesse.
Hecstaedt, v. du comté de Maesfield.
Hédée, v. cant. Ille-et-Vilaine.
Hedemora, *Hedemora*. v. de la Dalécarlie.
Heerlem, b. c. Meuse-Inférieure.
Heideck, v. et seign. de Bavière.
Heidelberg, *Hedelberga*. v. cap. du bas Palatinat.
Heidelsheim, v. du b. Palatinat.
Heidenheim ou Heydenheim, *Aræ Flaviæ*. v. de Souabe.
Heila, Heel, *Hela*. v. de Prusse.
Heilige-Lande ou l'Ile-Sainte, *Insula Sancta*. île dans la mer d'Allemagne.
Heiligenbeil, v. de la prov. de Natangen.
Heiligen-Haven ou Heiligenhaven, v. et port de la Wagrie.
Heiligenstadt, *Heliginstadium*. v. cap. de l'Eichsfeld.
Heilsberg ou Alersberg, *Heisprega*. v. de l'Ermeland.
Heinsberg, b. canton. Roer.
Heiternheim ou Heyterschen, v. du Brisgaw.
Heitesbury, b. du Wiltshire.
Heiltz-le-Maurupt, b. c. Marne.
Helaverd, *Helaverda*. v. de Perse.
Heldbourg, v. et bail. de la principauté de Cobourg.
Helder (le), v. et fort de Hollande.
Heldrungen, v. et comté du cercle de haute Saxe.
Hélène (Sainte), *Insula Sanctæ Helenæ*. île de la mer atlantique.
Hella ou Helleh, v. de l'Irac-Arabi.
Helmershausen, v. de la basse Hesse.
Helmont, *Helmontium*. v. du Brabant hollandois.
Helmstadt ou Helmstaedt, *Helmestadium*. v. du duché de Brunswick.
Helmstadt, v. cap. de la prov. de Halland.
Helsimbourg, *Helsinburgum*. v. port et chât. de Suède.
Helsingford, *Holsinfordia*. v. de Finlande.
Helsingie, *Helsingia*. province de Suède.
Helsingor ou Elseneur, *Helsengora*. v. de Danemarck.
Helstog, b. d'Angleterre.
Helvétie, les 13 cant. Suisses.
Hem, b. Nord.
Hen-Cheu ou Hen-Tcheou, v. du Huquang.
Hénin-Liétard, b. Pas-de-Calais.
Henley, *Ancalitia*. v. du comté d'Oxford.
Henneberg, *Henneberga*. princ. de Franconie.
Hennebon, *Hannebonum*. ville. canton. Morbihan.
Henrichaw, v. de la b. Silésie.
Henrichemont ou Bois-Belle, b. canton. Cher.
Heppenheim, *Hapranum*. v. de l'électorat de Mayence.
Hérac, cap de l'Arabie pétrée.
Héraclée, Erecli ou Penderachi, *Heraclea*. v. de la Natolie.
Héraclée, v. de la Romanie.
Herat, Hera ou Heri, *Aria*. v. du Korasan.
Hérault, 38e départ. de France, formé dans le Languedoc
Herbault, b. c. Loir-et-Cher.
Herbemont, *Herbemontium*. v. Ardennes.
Herbiers (les), b. cant. Vendée.
Herbignac, b. c. Loire-Inférieure.
Herborn, *Herbona*. v. de la principaut. de Nassau Dillembourg.
Herbsheim, b. Bas-Rhin.
Herck, b. cant. Meuse-Infér.
Herefort ou Hertefort, *Herefordia*. v. cap. de l'Herefordshire.
Herefordshire, prov. d'Angleterr.
Herentals, b. c. Deux-Nèthes.
Herestal ou Héristall, *Heristallium*. v. de l'év. de Paderborn.
Herford, Herforden, Herwerden ou Hervorden, *Hervordia*. v. cap. du comté de Ravensberg.
Héricourt, v. c. Haute-Saone.
Héricy, b. Seine-et-Marne.
Héringen, v. chât. et baill. de Thuringe.
Hérinnes, b. canton. Dyle.
Hérisaw, *Eritio*. b. du canton d'Appenzel.
Hérisson, *Irritio*. v. c. Allier.
Herm (S. Michel en l'), bourg. Vendée.
Hermenault (l'), b. c. Vendée.
Hermenstad, Ceben, Zeben, *Cibinium*. v. cap de la Transilvanie.
Herment, b. c. Puy-de-Dôme.
Hermeskeil, b. canton. Sarre.
Hermine (Ste.), b. c. Vendée.
Hermitage (l'), *Eremus*. b. de la prov. de Liddesdale.
Herndal, *Herndalia*. pays et bourgade de Norwège.
Herngrund, v. de la h. Hongrie.
Hernhout, b. haute Lusace.
Hernosund, *Hernosandium*. v. de l'Angermanie.
Héron, b. canton. Ourthe.
Herrenberg, v. du duché de Wirtemberg.
Herrenberg (S.), v. du comté de Berg.
Herrenstadt, v. et baillage de Silésie.
Herry, b. Nièvre.
Herspruck ou Hertzbruck, v. de Franconie.
Herstein, b. canton. Sarre.
Hert, b. Bas-Rhin.
Hertford ou Harford, *Herfordia*. v. cap. du Hertfordshire.
Hertfordshire, prov. d'Anglet.
Hertfort, v. cap. du Connecticut.
Hertzberg, *Hertzberga*. v. de l'électorat de Saxe.
Hertzberg, v. de la principauté de Grubenhagen.
Hertzveld ou Hertverd, v. de l'évêché de Munster.
Herves, b. canton. Ourthe.
Herzegovine (l'), *Herzegovina*. contrée de la Dalmatie turq.
Herzile, b. canton. Escaut.
Hesdin, *Hesdinum*. v. de l'Artois. canton. Pas-de-Calais.
Hesse (la), *Hassia*. pays du cercle du haut Rhin.
Hesse, b. de la princ. de Halberstadt.
Heuchen, b. c. Pas-de-Calais.
Heukelum, *Hukelum*. v. de la Hollande.
Heusden, *Housdena*. v. de la Hollande. Meuse-Inférieure.
Heusdorf, v. et bail. de l'Osterland.
Hexan, *Axelodunum*. b. du Northumberland.
Heyrieu, b. canton. Isère.
Heyst-op-den-Berg, b. canton. Deux-Nèthes.
Hiersac, b. canton. Charente.
Hiesmes, Exmes, *Oximus*. b. canton. Orne.
Higam Ferrers, v. du Northamptonshire.
Hilaire (S.), b. canton. Aude.
Hilaire (S.), b. Charente-Infér.
Hilaire-du-Harcourt (S.), bourg. canton. Manche.
Hilaire-sur-l'Autise, b. canton. Vendée.
Hildesheim, *Hildesia*. v. de b. Saxe.
Hillburrough, b. du comté de Down.
Hilpershausen ou Hildburghausen, *Hilpershugia*. v. de Franconie.
Hilstain, v. de Silésie.
Hindelopen ou Hinlopen, *Hindelopia*. v. de la Frise.
Hindon, b. du comté de Wilton.
Hindoo, *Hindoa*. v. du Mogol.
Hinghoa, *Hingoa*. v. de la prov. de Fokien.
Hlo, v. de la Westrogothie.
Hippolyte (S.) ou Filt, *Sanctus Hippolytus*. v. Vosges.
Hippolyte (S.), v. c. Gard.
Hippolyte (S.), v. Doubs.
Hirsch-Horn, v. du b. Palatinat.
Hirschau, v. et baill. du haut palatinat de Bavière.
Hirschfeld, v. de la h. Lusace.
Hirschfeld, *Herofelda*. ville du cercle du haut Rhin.
Hirshberg ou Hirschber, *Cervimontium*. v. de Silésie.
Hirsingen, b. cant. Haut-Rhin.
Hirson, b. canton. Aisne.
Hith ou Hieth, *Hita*. v. de la prov. de Kent.
Hitzacker, *Hiddonis ager*. v. et baill. de la princip. de Zell.
Hoang-Tcheou, v. du Hoa-Qung.
Hochberg ou Hocheberg, *Hocberga*. marq. de Souabe.
Hochenau, v. de la b. Autriche.
Hochfelden, b. cant. Bas-Rhin.
Hochstet, Hochstadt ou Hoch-

tedt, *Hochsterum*. v. et chât. de Bavière.
Hockerland (l'), *Hokerlandia*. cercle de la Prusse royale.
Hoechst, v. de la Wétéravie.
Hoechtaedt, v. et baillage de Franconie.
Hoedic, île de l'Océan.France.
Hoeighen *ou* Hoei-Tcheou, v. de la prov. de Kiagnan.
Hoff, *Hoffa*. v. de Franconie.
Hoff, v. chât. et seign. de la basse Autriche.
Hohenberg, *Hohenberga*. comté et château de la Souabe autr.
Hohen-Lohe *ou* Holach, *Holachius*. comté de Franconie.
Hohennelbe, v. de Bohême.
Hoenstein *ou* Honstein, comté de Thuringe.
Hohenstein, v. de Misnie.
Holabrun (haut et bas), 2 v. de la b. Autriche.
Holland, v. du Hockerland.
Hollande, république d'Europe.
Hollande (le comté de), *Hollandia*. l'une des Prov.-Unies.
Hollande (la nouvelle) *ou* New-Yorck, île des terres australes.
Holognes-aux-Pierres, b. cant. Ourthe.
Holstein, *Holfatia*. pays d'All.
Holston, état de l'empire de l'Ouest.
Holtzmunden, v. de Westphalie.
Holy-Island *ou* Lindisfarne, île sur la côte de Northumberland.
Homara *ou* Homan, *Homara*. v. du roy. de Fez.
Homberg *ou* Hombourg, v. de la basse Hesse.
Homberg, v. chât. et bail. de haute Hesse.
Hombourg, *Homburgum*. ville, canton. Mont-Tonnerre.
Honan, *Honania*. prov. et v. de la Chine.
Hondtschoote, *Pleumosia*. v. canton. Nord.
Honduras, *Hondura*. prov. de la nouvelle Espagne.
Honfleur, *Honeflorium*. v. de la h. Normandie. c. Calvados.
Hongrie, *Hungaria*. roy. d'Eur.
Honiton, b. du Devonshire.
Honnecourt, b. Nord.
Honolstein, v. Sarre.
Hooglede, b. canton. Lys.
Hoogstrate, *Hogstratum*. ville. canton. Deux-Nèthes.
Hoorn *ou* Horn, *Horna*. v. de la Westfrise.
Hôpital (l'), v. Loire.
Hôpital (l'), b. c. Mont-Blanc.
Horasovitz *ou* Horadowitz, v. de Bohême.
Horbe, v. de Souabe.
Horeb, *Melani*. mont. de l'Arabie pétrée.
Horn, port sur le lac de Constance.
Horn, *Horna*. v. de la b. Autriche.
Horn, v. de Westphalie.
Hornbach *ou* Horrenbach, *Hornebachium*. v. Mont-Tonnerre.
Hornberg, *Horneberga*. ville du duché de Wirtemberg.
Hornebourg, v. chât. et bail. de la princ. d'Halberstadt.
Hornoy, *Hornaccus*. b. c. Somme.
Horp (le), b. cant. Mayenne.
Horsam, v. du Sussex.
Horsens, v. du Jutland.
Horst, b. canton. Roer.
Hortsmar, *Hortsmaria*. v. chât. et baill. de l'év. de Munster.
Hottentots (les), peuples de la Cafrerie.
Hou (cap de la), dans la haute Guinée.
Houat, *Horata*. île de Fr. Morbih.
Houdain, b. cant. Pas-de-Calais.
Houdan, b. c. Seine-et-Oise.
Houeilles, b. c. Lot-et-Garon.
Houffalize, b. canton. Forêts.
Houlme (le), *Hulmetius Pagus*. pet. pays de la b. Normandie.
Houquang, *Huquania*. prov. de la Chine.
Houssa, cap. du roy. de même nom, en Afrique.
Houtche, v. de la Moldavie.
Hoxter, *Huxaria*. v. de Westph.
Hoy (l'île d'), *Dumna*. l'une des Orcades.
Hoye, *Hoya*. v. et comté de Westphalie.
Hoyerswerda *ou* Hewerswerda, v. et seign. de la h. Lusace.
Hoym, comté et v. de la principauté d'Anhalt-Bernbourg.
Hradish, *Hradisca*. v. de Moravie.
Hubed, *Mniara*. v. du roy. de Tremecen.
Hubert (S.), *Sanctus Hubertus*. v. sous-préf. Sambre-et-Meuse.
Hucheou Houtcheou, *Hucheum*. v. de la prov. de Chekiang.
Hucquellières, vil. canton. Pas-de-Calais.
Hudisménil, b. Manche.
Hudson (la baie et le détroit de), *Hudsonii Sinus*. dans l'Amérique septentrionale.
Hudson, v. de l'état de New-Yorck.
Hudwichwald, *Hurewic-Waldium*. v. cap. de l'Helsingie.
Hue *ou* Kehué, *Sinoa*. v. cap. de la Cochinchine.
Huelgoat (le), b. cant. Finistère.
Huesca, *Faventia Osca*. v. du roy. d'Aragon.
Huescar, Guescar, *Osca*. v. du roy. de Grenade.
Huesne *ou* Huene, *Huena*. île dans le Sund.
Huffingen, v. et château de la province de Furstemberg.
Hui, Huy, *Hoium*. v. s.-préf. Ourthe.
Huis (l'), b. canton. Ain.
Huisseau, b. Loiret.
Hulfemberg, mont. du baillage d'Eiffel.
Hulin, *Hulinum*. v. de Moravie.
Hull *ou* Kinston-Uponhul, *Hultum*. v. du Yorckshire.
Hulpe (la), b. canton. Dyle.
Hulst, *Hulstum*. v. c. Escaut.
Hummelingen, pet. pas de l'év. de Munster.
Hundesruck, v. de l'évêché de Hildesheim.
Hundsfeld, b. de Silésie.
Hunds-Ruck, *Hunnorum Tractus*. pet. pays du bas Palatinat.
Hungen, v. du comté de Solms.
Huningue, *Huninga*. v. du Suntgaw. canton. Haut-Rhin.
Huntington, *Huntingtonia*. v. cap. du Huntingtonshire.
Huntingtonshire, prov. d'Angl.
Hupy, b. Somme.
Hurepoix (le), *Pagus Heripensis*. contrée de l'Ile-de-France.
Huriel, v. canton. Allier.
Hurons (les), *Hurones*. peuples de la nouvelle France.
Husinetz, v. de Bohême.
Husum, *Husamum*. v. du duché de Sleswick.
Hyères, *Area*. v. canton. Var.
Hyères (les îles d'), sur la côte de Provence.

IDAN

Iago de los Valles (Saint-), v. de l'audience de Mexico.
Iago del Estero (S.), ville du Fucuman.
Iaguana, Sancta Maria del Porto, *Fanum Sanctae Mariae ad Portum*. v. de l'île S.-Doming.
Iakoutes (les), peuples de la Sibérie.
Iakutsk, v. de Sibérie.
Iassy, v. cap. de la Moldavie.
Ibars (S.), v. Ardèche.
Iborg, Iburg, *Iburgum*. v. de l'évêché d'Osnabruck.
Ibos, v. Hautes-Pyrénées.
Ictershausen, v. de Thuringe.
Idanha-la-Gueva, v. de la prov. de Beira.
Idanha Velha, *Igadita*. v. de la prov. de Beira.
Idria, *Idria*. v. du Frioul autr.
Idstein, v. de la Wétéravie.
Iedo, Jedo *ou* Jendo, *Iendum*. v. cap. du Japon.
Ienping, *Jenpinga*. v. de la prov. de Fokien.
If, *Hypaea*. île de Provence.
Iglis, *Aemonia*. b. du pays des Grisons.
Iglaw, Gihlawa, *Iglavia*. v. de la Moravie.
Iglesias *ou* Villa de Chiesa, *Ecclesia*. v. de Sardaigne.
Igny, b. Marne.
Igrande, b. Allier.
Iholdy, b. c. Basses-Pyrénées.
Ihor, Johor, Jor, *Ihora*. roy. et v. d'Asie.
Ila, *Epidium*. île d'Ecosse.
Ilamba, province du royaume d'Angola.
Ilantz, *Ilantium*. v. des Grisons.
Ilchester, *Ischalis*. b. du Sommersetshire.
Ile (l'), v. canton. Vaucluse.
Ile (l'), v. Dordogne.
Ile, b. Gers.
Ile, b. Yonne.
Ile-Adam (l'), b. cant. Seine-et-Oise.
Ile-aux-Bœufs (l'), *Boum Insula*. dans la baie de Campêche.
Ile-Barbe, île de la Saone.
Ile-Belle, île de la Seine.
Ile Bourbon, voy. Mascareigne.
Ile de France, voyez Maurice.
Ile de France, voyez France.
Ile-Dieu (l'), b. cant. Vendée.
Ile-d'Ouessant (l'), île. canton. Finistère.
Ile-en-Dondon (l'), v. canton. Haute-Garonne.
Ile Grande, sur les côtes du Brésil.
Ile-Jourdain (l'), *Insula Jordanis*. v. canton. Gers.
Ile-Jourdain (l'), v. canton. Vienne.
Ile Longue, île de l'Amérique septentrionale.
Ile Rousse, sur la côte occid. de Corse.
Ile Royale *ou* Ile du Cap Breton, à l'entrée du golfe S. Laurent.
Ile-sur-le-Doubs (l'), b. cant. Doubs.
Ile-sur-le-Serein (l'), b. cant. Yonne.
Iles du Cap-Vert (les), dans l'Océan atlantique.
Ilesuguguen, Esuguguen, ville du roy. de Maroc.
Ilheos, *Insula*. v. du Brésil.
Iliastawia, v. de Pologne.
Ilimsck, v. de Sibérie.
Ilkulsch, Olkus, *Ileussum*. v. du palatinat de Cracovie.
Ille, *Insulae*. v. Pyrénées-Orient.
Ille-et-Vilaine, 39e. dép. de Fr. formé dans la Bretagne.
Ille-Bouchard, b. canton. Indre-et-Loire.
Illescas, v. de la nouv. Castille.
Illiers, b. cant. Eure-et-Loire.
Illifonso de los Zapotecas (San), v. de la nouvelle Espagne.
Illinois, *Illini*. peuples de la nouvelle France.
Illock, *Illoca*. v. de l'Esclavonie.
Ilm *ou* Stadt-Ilm, v. chât. et baillage de Thuringe.
Ilmen, lac de Russie.
Ilmenau, v. et baillage de la principauté de Henneberg.
Ilpize (S.), b. Haute-Loire.
Ilst, *Ilza*. v. de la Frise.
Ilstadt, *Ilstadium*. v. de Bavière.
Ilz, *Ilza*. v. du palatinat de Sandomir.
Imirette, roy. d'Asie.
Immenstadt, v. du comté de Konigseck.
Imola, *Forum Cornelii*. v. de la Romagne.
Impériale, *Imperialis*. ville du Chili.
Incassan, contrée sur la côte d'Or de Guinée.
Incisca, b. canton. Marengo.
Inde (l') *ou* Sinde, *Indus*. fleuve d'Asie.
Indes orientales (les), partie de l'Asie.
Indes occidental. (les), l'Amér.
Indiens, Indous *ou* Jentous, peuple d'Asie.
Indostan, *India citerior*. pays des Indes orientales.
Indre (l'), 40e. dépar. de Fr. formé du Berry.
Indre-et-Loire, 41e. dép. de Fr. formé de la Touraine.
Infantado, contrée de la vieil Castille.
Inferno, île des Canaries.
Ingelfingen, v. de Franconie.
Ingelheim, *Ingelheimum*. comté et v. du palatinat du Rhin.
Ingelmunster, b. canton. Lys.
Ingolstadt, *Ingolstadium*. v. de Bavière.
Ingouville, b. cant. Seine-Inf.
Ingrande, *Ingorandis*. v. Maine-et-Loire.
Ingrande, v. Vienne.
Ingré, b. canton. Loiret.
Ingrie, *Ingria*. prov. de Russie.
Inhambane, *Inhambanum*. roy. sur le golfe de Sofala.
Inisiowen, *Avalonia*. pet. pays du comté de Londonderri.
Inoladislow, Wladsilaw, Inoulogs, *Inniuladislavia*. v. cap. de la Cujavie.
Insbhkeith (l'île de), dans le golfe de Forth.
Inspruck, *Pons Œni*. v. cap. du Tyrol.
Instadt, *Aenopolis*. v. de la Bavière.
Inverbervy, b. d'Ecosse.
Inverkeithing, v. de la prov. de Fife.
Inverlochi, v. et fort. d'Ecosse.
Inverness, *Innernium*. prov. et v. d'Ecosse.
Inverrary, v. cap. de la prov. d'Argyle.
Iona, *Iona*. île d'Ecosse.
Ips *ou* Yps, v. de la b. Autr.
Ipsala, *Cypsella*. v de la Romanie.
Ipsera, île de l'Archipel.
Ipswich, *Usbium*. v cap de la prov. de Suffolck.
Irac, *Iraca*. gr. pays d'Asie.
Irac-Agémi (l') *ou* l'Iraque-Persienne, partie de l'Irac.
Irancy, b. Yonne.
Irigny, *Iriniacum*. b. Rhône.
Iris-sur-Tille, b. c. Côte-d'Or.
Irken, Jerken, Yarkan, *Irea*. v. cap. de la pet. Bucharie.
Irkoutsk, gouver. et v. de la Tartarie asiatique.
Irlande, *Hibernia*. l'une des îles britanniques.
Iroquois, *Iroquii*. nation de l'Amérique septentrionale.
Irwin, *Irva*. v. capitale de la prov. d'Air.
Isabelle, v. d'Amérique.
Isabelle (l'île de Ste.), dans la mer du Sud.
Isadacas *ou* Tagodass, *Tagodascum*. v. du roy. de Maroc.
Ischia, *Œnaria*. île du roy. de Naples.
Ischia, *Iscla*. v. capit. de l'île de même nom.
Iscure, b. Indre-et-Loire.
Iselstein, *Isselstadium*. v. des Pays-Bas.
Isenbourg, comté d'Allemagne.
Iseghien, *Isegemium*. b. Lys.
Isère, 42e. départ. de France, formé dans le Dauphiné.
Iserlohn *ou* Iserloch, v. de West.
Isernia, *Aesernia*. v. du roy. de Naples.
Isigni, *Isiniacum*. b. c. Calvados.
Isigni, b. canton. Manche.
Islande, *Islandia*. île du nord de l'Europe.
Ismailow, v. de Bessarabie.
Isne, Isny, *Eisnae*. v. de l'Algow.
Isnich, Isnica, *Nicea*. v. de la Natolie.
Isola, *Insula*. ville de la Calabre ultérieure.
Isona, *Aesona*. v. de la Catalogne.
Ispagnac, v. Lozère.
Ispahan, *Ispanum*. v. cap. de la Perse.
Issigeac, b. canton. Dordogne.
Issoire, *Issiodorum*. v. de la b. Auverg. s.-préf. Puy-de-Dôme.
Issoudun, *Issoldunum*. v. sous-préfecture. Indre.
Issoudun, b. Creuse.
Issy-l'Evêque, bourg. canton. Saone-et-Loire.
Istre, b. c. Bouches-du-Rhône.
Istrie (l'), *Istria*. presqu'île de l'Etat de Venise.
Italie, *Italia*. gr. presqu'île de l'Europe.
Itzehoe, *Itzehoa*. v. du duché de Holstein.
Iucatan, Yucatan, *Iucatonia*. prov. de la nouv. Espagne.
Iungchang, v. de la prov. de Yunnan.
Iveline, forêt de la Beauce.
Ivenack, *Ivenacum*. v. du duché de Mecklembourg.
Ivica, *Ebusus*. v. et île dans la Méditerranée.
Ivrée, *Ivoreia*. v. cap. du Canavez. év. préfecture. Doire.
Ivry, *Iberiacum*. b. Eure.
Ixar *ou* Hijar, *Ixarium*. v. de l'Aragon.
Ixdruc, port des Angrias.
Ixo, roy. de l'île de Niphon.
Izendick, b. canton. Escaut.
Izeron, v. Rhône.
Izery (S.), v. Aveyron.
Izieu, b. Loire.
Izquintinango, v. de la prov. de Chiapa.

JAOG

Jablonitz, v. de la Morlaquie.
Jac (S.), b. Corrèze.
Jacca, *Jacca*. v. du roy. d'Aragon.
Jaci d'Aquilla, *Acis*. v. de Sicile.
Jacmel, v. de l'île S.-Domingue.
Jacques d'Illiers (S.), b. Eure-et-Loire.
Jaen, *Gitnium*. v. de l'Andalousie.
Jafanapatan, *Jafanapatanum*. v. et roy. de l'île de Ceylan.
Jaffa, *Joppe*. v. de la Palestine.
Jagerndorf, *Carnovia*. duché et v. de Silésie.
Jago (S.), île du Cap-Vert.
Jago (S.), v. cap. du Chili.
Jago de Cuba (S.), v. de l'île de Cuba.
Jago de los Cavalleros (S.), v. de l'île Saint-Domingue.
Jagodna, Jagneiro, *Januaria*. v. de la Servie.
Jagos (les), peuples d'Afrique.
Jagrenat, v. des Indes.
Jalais, b. Maine-et-Loire.
Jaligny, b. canton. Allier.
Jama, *Jama*. v. de l'Ingrie.
Jamaïque (la), *Jamaica*. île de l'Amérique septentrionale.
Jamba, *Iamba*. roy. et v. de l'Indostan.
Jambi *ou* Jambis, *Iambum*. roy. et v. de l'île de Sumatra.
Jamboli (le), *Anemobria*. contr. de la Macédoine.
Jambourg, v. et chât. du gouv. de S. Pétersbourg.
James (S.), v. cant. Manche.
James-Town, v. d'Irlande.
James-Town *ou* Jacques-Ville, *Oppidum Sancti Jacobi*. v. de la Virginie.
Jamets, *Gemmatium*. v. Meuse.
Jammama, v. de l'Arab. heur.
Janna (la), contrée de la Macédoine.
Janna *ou* Jannina, *Cassiope*. v. de la prov. de même nom.
Jannowitz *ou* Jancowitz, ville du comté de Caurzim.
Janville, *Janviala*. v. canton. Eure-et-Loire.
Janzé, b. cant. Ille-et-Vilaine.
Jaogheu *ou* Iao-Tcheou, *Joacheum*. v. de la province de Kiangsi.

Japare, *Japara*. v. de l'île de Java.
Japon (le), *Japonia*. gr. emp. d'Asie.
Jequin, comptoir au roy. de Juda.
Jargeau ou Gergeau, *Gargogilum*. v. canton. Loiret.
Jarnac, *Jarnacum*. b. c. Charente.
Jarnach-Champagne, b. Charente-Inférieure.
Jarnage, v. canton. Creuse.
Jaromirz, *Jaromitia*. v. de Bohêm.
Jaroslaw, *Jaroslavia*. v. du palatinat de Russie.
Jarra, v. d'Afrique.
Jarrie (la), b. Isère.
Jarrie (la), b. c. Charente-Infér.
Jarzé, b. Maine-et-Loire.
Jasenitz, v. de la Poméranie.
Jansmund, presqu'île de la Poméranie suédoise.
Jasque, v. de Perse.
Jaude, v. Charente.
Jaudonnière (la), b. Vendée.
Jauernick, v. de la Silésie autr.
Jaulnac ou Jaujac, b. Ardèche.
Jaulnay, b. Vienne.
Java (l'île de), *Jaba*. 2 îles des Indes.
Javer ou Jawer, *Jaurla*. v. de la basse Silésie.
Javie (la), b. c. Basses-Alpes.
Javoulx, *Anderitum*. b. Lozère.
Jaycza ou Jaicza, *Gaitia*. v. de la Bosnie.
Jean (S.), *S. Joannis Fanum*. v. Moselle.
Jean-d'Angely (S.), *S. Joannes Angeriacus*. v. sous-préfecture. Charente-Inférieure.
Jean-d'Aulph (S.), b. c. Léman.
Jean-de-Bournai (S.), b. cant. Isère.
Jean-de-Breuil (S.), v. Lot.
Jean-de-Brevely (S.), b. cant. Morbihan.
Jean-de-Daye (S.), b. canton. Manche.
Jean-de-Gardonnenque (S.), b. canton. Gard.
Jean-de-Fos (S.), v. Hérault.
Jean-de-Laune ou Lône (S.), *Ladona*. v. Côte-d'Or.
Jean-de-Luz (S.), *Lucius Vicus*. v. canton. Basses-Pyrénées.
Jean-de-Lyboc (île de), dans la mer des Indes.
Jean-de-Maurienne (S.), *Mauriana*. v. s.-préf. Mont-Blanc.
Jean-de-Soleymieu (S.), bourg. canton. Loire.
Jean-d'Uluge (S.), île de la mer du Nord, en Amér.
Jean-en-Royans (S.), b. cant. Drôme.
Jean-Pied-de-Port (S.), *Sanctus Joannes de Portûs*. v. canton. Basses-Pyrénées.
Jeanne (l'île de Ste.), l'une des îles de Comorre.
Jefanapatam, v. de l'île de Ceilan.
Jegun, v. canton. Gers.
Jemgum, b. et bail. de la prov. d'Ost-Frise.
Jemmapes, 43e. départ. de Fr. composé du Hainaut autrich.
Jemterland, *Jempsia*. contrée de la Suède.
Jene, *Itna*. v. de Thuringe.
Jeneen, v. de la Palestine.
Jen-Gan, *Jenganum*. v. de la prov. de Chensi.
Jenisseik, *Jeniscea*. v. de Sibérie.
Jenizzar ou Janizzar, v. de la Macédoine.
Jenjapour, contrée et ville du Mogol.
Jenkopink, Jonekoping, *Janotcopia*. v. de Suède.
Jenné, v. du roy. de Bambara.
Jérémie, v. de l'île S.-Domingue.
Jerichau ou Jerichow, cerc. b. et bail. du duc. de Magdebourg.
Jéricho, v. de la Palestine.
Jeroslaw, Jaroslaw, Yeroslawle, *Ieroslavia*. v. de Russie.
Jersey, *Caesarea*, île dans la Manche.
Jérusalem, *Herosolyma*. v. de la Palestine.

Jerverland, *Jervia*. canton de l'Estonie.
Jesi, *Jesium*. v. de la Marche d'Ancône.
Jesnitz, v. du cerc. de h. Saxe.
Jeso, Jesdo, Yeso, île dans l'Océan oriental.
Jesselmere, *Jesselmera*. prov. et v. de l'Indostan.
Jessen, v. de l'élect. de Saxe.
Jesual, contrée de l'Indostan.
Jesupol, *Jesupolis*. v. de Pologne.
Jeverland (le), contr. de Westph.
Jevern ou Jever, *Jeveria*. v. de Westphalie.
Joachimsthal, v. et vallée du cercle d'Elnbogen.
Joachimsthal, v. de la moyen. Marche de Brandebourg.
Joag, v. d'Afrique.
Joal, compt. fr. au roy. de Sin.
Jocelin, Josselin, *Goselinum*. v. Morbihan.
Jodoigne, v. canton. Dyle.
Johann-Georgenstadt ou Georgen-Stadt, v. de Misnie.
Johansberg, Johansbourg, v. de la Sudavie.
Johnstown (S.), 2 v. d'Irlande.
Joigny, *Joviniacum*. v. de Champagne. sous-préfect. Yonne.
Joingt, v. Rhône.
Joinville, *Joanvilla*. v. canton. Haute-Marne.
Jonquère, *Joncaria*. v. de la Catalogne.
Jonquières, *Joncariae*. v. Vaucluse.
Jonzac ou Jonsac, v. sous-préfecture. Charente-Inférieure.
Josaphat (vallée de), dans la Palestine.
Josas (le), petite contrée de l'Ile de France. Seine-et-Oise.
Joseph (S.), île de l'Océan oriental.
Jouan-de-l'Ile (S.), b. canton. Côtes-du-Nord.
Jouarre, *Jotrum*. b. Seine-et-Marn.
Joue-du-Plaid, b. Orne.
Joué, *Jocondiacum*. b. Indre-et-Loire.
Jourdain (le), *Jordanis*. fleuve de la Palestine.
Joursac, b. Cantal.
Jouvence, b. c. Saone-et-Loire.
Jouy-le-Châtel, v. Seine-et-Marn.
Jouy-sur-Morin, *Gaudiacus*. v. Seine-et-Marne.
Joyeuse, *Gaudiosa*. v. canton. Ardèche.
Juan de Fernandez, île d'Amér.
Juan de la Frantera (San), v. du Chili.
Juan de Porto Ricco (San), Porto Ricco ou Porto Ric, *Portus dives*. île et ville des grandes Antilles.
Jublains ou Jublain, b. Mayenne.
Juda, roy. de Guinée.
Judée (la), *Judaea*. prov. d'Asie.
Judenbourg, *Judenburgum*. ville cap. de la haute Stirie.
Jugnac, b. Charente.
Jugon, *Jugo*. v. canton. Côtes-du-Nord.
Jugora ou Jugorie, prov. de la Moscovie.
Juigné, b. Sarthe.
Juillac, b. canton. Corrèze.
Juillac-le-Coq, b. Charente.
Juilly, *Juliacum*. b. Seine-et-Marne.
Juist, île de la princ. d'Ost-Frise.
Julien (S.), b. canton. Jura.
Julien (S.), b. cant. Léman.
Julien-de-Chapteuil (S.), bourg. canton. Haute-Loire.
Julien-de-Copel (S.), b. Puy-de-Dôme.
Julien-de-Jarets (S.), b. Loire.
Julien-de-Vouvantes (S.), b. canton. Loire-Inférieure.
Julien-du-Sault (S.), *Sanctus Julianus de Saltu*. v. Yonne.
Julien-l'Ars (S.), b. canton. Vienne.
Juliers (le duché de), petit pays de Westphalie.

Juliers, *Juliacum*. v. cap. du duché de même nom. c. Roer.
Jumeaux, b. cant. Puy-de-Dôme.
Jumiège, *Gemmiticum*. b. Seine-Inférieure.
Jumilhac (le grand), b. cant. Dordogne.
Juncalas, b. c. Haut.-Pyrénées.
Junien (S.), v. canton. Haute-Vienne.
Juniville, b. canton. Ardennes.
Junkseilon, île du golfe de Bengale.
Junsalam, port du roy. de Siam.
Jura, 44e. dép. de Fr. formé dans la Franche-Comté.
Jura (l'île de), *Jura*. île d'Écosse.
Jurançon, b. Basses-Pyrénées.
Jussey, v. cant. Haute-Saone.
Jussy, b. Yonne.
Just (S.), b. Charente-Infér.
Just (S.), b. canton. Oise.
Just (S.), b. Haute-Loire.
Just-en-Chevalet (S.), bourg. canton. Loire.
Juthia, Odio ou Siam, *Juthia*. v. cap. du roy. de Siam.
Jutland ou Nord-Jutland, *Jutia*. pays de Danemarck.
Jutterbock ou Guterbock, v. et baillage de Thuringe.
Juvigné, *Juviniacum*. b. Mayenne.
Juvigny, b. canton. Orne.
Juvigny, b. canton. Manche.
Juzennecourt, b. c. H.-Marne.

KAYS

Kaedinge (le pays de), contrée du duché de Brême.
Kaffungen ou Cafung, *Confugia*. v. de la Hesse.
Kafre-Chirin, v. de Perse.
Kaien, *Caiana*. v. de Perse.
Kairovan ou Kairvan, *Vicus Augusti*. gouv. et v. du roy. de Tunis.
Kaisarick, v. de la Caramanie.
Kaiserberg, *Kaiserberga*. v. c. Haut-Rhin.
Kaisersesch, b. canton. Rhin-et-Moselle.
Kaiserslautern, *Caesarea ad Lutram*. v. sous-préfect. Mont-Tonnerre.
Kala, v. de la haute Saxe.
Kalaa, v. du Ghilan.
Kalimbourg, Kallundborg, *Calumburgum*. ville de l'île de Séelande.
Kalis, v. de la nouv. Marche de Brandebourg.
Kalisch, *Calisia*. prov. de la basse Pologne.
Kalnick, ville du palatinat de Braclaw.
Kaluga, gouv. et v. de la Russie européenne.
Kamakura, île du Japon.
Kaminieck, *Camenecia*. v. cap. de la Podolie.
Kamtchatka, presqu'île d'Asie.
Kaniow, *Kaniovia*. v. de l'Ukraine.
Kaniska ou Canisa, *Canisa*. b. cap. du comté de Salawar.
Kan-Tcheou, v. du Kian-Si.
Kao-Tcheou, *Kaocheum*. v. de la prov. de Quang-Tong.
Karahissar-Aphion, v. de la Natolie.
Kargapol, *Cargapolia*. prov. et v. de Russie.
Karhaix, Carhais, Karahes, v. Finistère.
Karikal, comptoir fr. au roy. de Tanjaour.
Kariouacou, île des Antilles.
Karkof, v. cap. de la Slabode d'Ukraine.
Kasikermen, v. de Bessarabie.
Kasimow, v. de la Russie eur.
Kastamouni, v. de la Natolie.
Katscher, contrée et seign. de la Moravie.
Kauffbeuren ou Kaufbeuern, *Kaufoura*. v. de l'Algow.
Kayserswerd, Kayserswert, *Caesaris Verda*. v. du duché de Berg.

Kayserthul ou Kaiserroul, *Forum Tiberile*. v. du comté de Bade.
Keith, île de l'Écosse mérid.
Kelbra, v. et baill. du cercle de haute-Saxe.
Kelheim ou Kehlheim, v. de Bavière.
Kel ou Kehl (le fort de), *Kehler*. fort du marquisat de Bade.
Kelles, Kells, b. d'Irlande.
Kelli-Begs, b. d'Irlande.
Kellington, b. de Cornouailles.
Kelso, v. du comté de Marche.
Kemberg ou Kemmerick, ville du cer. électoral de Saxe.
Kemnat, v. du h. pal. de Bavière.
Kemnon, v. cap. du Kaarta.
Kempen, b. canton. Roer.
Kempten, *Campidona*. ville de l'Algow.
Kendale, *Concangium*. ville du West-Morland.
Kéné ou Kons, v. d'Égypte.
Kent, *Cantium*. prov. d'Angl.
Kentucky, prov. des États-Unis.
Kentzingue, v. du Brisgaw.
Kerk, v. de la Crimée.
Kerkisia, *Gircesium*. v. de Mésopotamie.
Kerman, *Carmania*. province et v. de Perse.
Kermen, *Germia*. v. de la Romanie.
Kerment, v. de Hongrie.
Kern (lac de), dans la moy. Égypte.
Kerpen, v. canton. Roer.
Kerri, *Kerriensis Comitatus*. comté de la prov. de Munster.
Kersova, port de Russie.
Kertz ou Kersdh, v. et port de la mer russe.
Kesmark, *Caesareo-Forum*. ville de la haute Hongrie.
Kesroan, chaîne de mont. sur la côte de Syrie.
Kesseldorff, v. de Saxe.
Kexhorm ou Carelogorod, *Kexholmia*. v. de la Carélie.
Keyhooka, v. de la n. Espagne.
Kherson, port de l'Ukraine.
Kherson (le vieux), port de Crimée.
Khotot ou Korolar, pays et v. de la Tartarie.
Khovagen-Ilgar, v. de la gr. Bucharie.
Khovarezem, pays de la grande Bucharie.
Kewrol, v. de la Russie eur.
Kiachta, v. de Sibérie.
Kia-Hing, v. de Che-Kiang.
Kiang (le) ou la Rivière bleue, *Caeruleus Fluvius*. gr. r. de la Chine.
Kiang-Nang, prov. de la Chine.
Kiang-Si, *Kiansia*. prov. de la Chine.
Kiankari, *Gangra*. ville de la Natolie.
Kibourg, *Kiburgum*. v. du cant. de Zurick.
Kidg, v. cap. du Mécran.
Kidwelli, v. du pays de Galles.
Kiell ou Kiel, *Chilonium*. v. cap. du duché de Holstein.
Kien-Tchang, v. de la prov. de Kiang-Si.
Kien-Ning, v. de la prov. de Fokien.
Kierdnow, v. de Lithuanie.
Kilburg, b. canton. Sarre.
Kildare, *Cella Quercus*. comté et v. de la prov. de Leicester.
Kilianova, *Callatia*. b. et fort. de la Bessarabie.
Kilistinons, Cristinaux ou Kriqs, peuples de la baie d'Hudson.
Kilkenny, *Kilkennia*. comté et v. de la prov. de Leinster.
Killala ou Killaloo, *Killalea*. b. d'Irlande.
Killaloe ou Cabu, v. d'Irlande.
Killin, v. de la Bessarabie.
Killinem, v. cap. de la prov. de Braid-Albin.
Killmalock, *Kilmalocum*. v. du comté de Limerick.
Killyheach, b. d'Irlande.

Kilmore, v. de la province de Knapdail.
Kilmore, v. du comté de Cavan.
Kilrenie, v. de la prov. de Fife.
Kimaroy, v. de la prov. de Lochquhabir.
Kimi, *Kimia*. prov. et v. de Suède.
Kimsri, v. du Tunguska.
Kindelbruch, v. de Thuringe.
Kinghorn, *Kinhornia*. v. de la prov. de Fife.
King-Ki-Tao, v. cap. de la Corée.
Kingsale, *Kinsalia*. v. du comté de Korck.
King'scounty ou Comté du Roi, *RegisComitatus*. com. d'Irland.
Kingston, v. du Surrey.
Kingstown ou Philipp'stown, *Regiopolis*. v. cap. du King's-county.
Kingstown, v. cap. de la Jamaïque.
King-Te-Tching, b. de la prov. de Kiang-Si.
King-Tong, v. de la province d'Yunnan.
Kinhoa, *Veneris flos*. v. de la prov. de Chekiang.
Kinross, comté et v. d'Écosse.
Kinstore, v. d'Écosse.
Kintzing (vallée de), en Souabe.
Kiow, Kiovie ou Kiff, *Kiovia*. pal. et v. cap. de l'Ukraine.
Kirchayn, v. et bail. de la Hesse.
Kirchberg, v. de Franconie.
Kirchberg, b. canton. Rhin-et-Moselle.
Kirchheim-Bohlanden, b. cant. Mont-Monnerre.
Kirchheim, v. de Souabe.
Kirguis, Tartares d'Asie.
Kirich, Kyrich, Kiritz ou Gorick, ville de la Marche de Priegnitz.
Kirkaldie, *Kirkaldia*. v. de la prov. de Fife.
Kirkesoun ou Cerisonte, v. du gouvern. de Trebizonde.
Kirkudbright, *Kirkembrigia*. v. de la prov. de Gallowai.
Kirkwal, *Careovitana*. v. cap. de l'île de Pomona.
Kirn, b. c. Rhin-et-Moselle.
Kislar, v. du roy. d'Astracan.
Kismich, Kisch ou Quesomo, île du golfe Persique.
Kissen, v. de l'Arabie heureuse.
Kissengen, v. et bail. de l'év. de Wurtzbourg.
Kitteva, v. du roy. de Tafilet.
Kitzingen, v. de Franconie.
Kiu-Feou-Hien, v. du Chan-Tong.
Kiun-Tcheou, v. du Quang-Tong.
Kleberg, v. Mont-Tonnerre.
Klettenberg ou Klingnau, ville de Suisse.
Klingenberg, v. de l'électorat de Mayence.
Kloppenbourg, v. de l'évêché de Munster.
Knittelfeld, v. de la h. Stirie.
Knockfergus ou Carrickfergus, *Rupes Fergusii*. v. d'Irlande.
Knocktopher, b. d'Irlande.
Kochersberg, *Concordia*. bourg. Bas-Rhin.
Koei-Théheou, province de la Chine.
Koei-Yang, v. cap. de la prov. de Koei-Théheou.
Koelleda ou Coelleda, v. du cercle de haute Saxe.
Koenigsée, v. de Thuringe.
Koenigstein, v. de l'élect. de Mayence.
Koevigswalde, v. de la nouv. Marche de Brandebourg.
Koennern, ville du duché de Magdebourg.
Koepenick ou Coepenick, v. de Brandebourg.
Koge, v. de l'île de Séelande.
Kokenhausen ou Kokenhuys, *Kokenslium*. v. de Livonie.
Kola, *Kola*. v. cap. de la Laponie moscovite.
Kolin, v. et baill. de la Poméranie ultérieure.

Kollomenske, *Kollomanska.* v. de Russie.
Kom, *Comum.* v. de l'Irac-Agémi.
Kongal *ou* Kongel, *Congella.* v. du comté de Bahus.
Kong-Tchang, v. du Kien-Si.
Konisberg, *Regiomons.* v. cap. du roy. de Prusse.
Konisberg, v. de l'évêché de Wurtzbourg.
Konigsberga, *Konisberga.* v. de Bohême.
Konigsgratz, *Reginæ Gradecium.* v. de Bohême.
Konigshofen, v. de Franconie.
Konigshofen, *Regiscuria.* v. de Franconie.
Konigslutter, *Luttera Regia.* v. d'Allemagne.
Konigstein, *Konigoteium.* v. de l'électorat de Saxe.
Konigswinter, v. Roer.
Konitz, *Conitia.* v. du roy. de Prusse.
Kopersberg, *Cuprimons.* mont. de Suède.
Koping, v. de la Westmanie.
Kopys, v. de Lithuanie.
Korasan, prov. de Perse.
Korsoe, Korsor *ou* Corseur, *Corsoa.* v. de l'île de Séelande.
Korsum, *Korsuma.* v. de l'Ukraine.
Kosel *ou* Kossel, v. de Silésie.
Kostromna, gouvern. et v. de la Russie d'Europe.
Kouriles *ou* Kurille, îles d'Asie.
Kour-Karrani, v. d'Afrique.
Kraibourg, *Carrudunum.* b de Bavière.
Krakow *ou* Grakow, v. de b. Saxe.
Kranighfeld, v. de la princip. de Saxe-Gotha.
Kranowitz, v. de la h. Silésie.
Krapach, *Charpathes.* mont. d'Allemagne.
Krappitz, v. de Silésie.
Krasnoiarsk, v. de Sibérie.
Krementchouk, v. de Russie.
Krempe, Krempen, *Crempa.* v. du Holstein.
Krems, *Cremisium.* v. de la b. Autriche.
Krigzow, v. de Lithuanie.
Krinock, b. d'Ecosse.
Kroepelin, ville du duché de Mecklenbourg.
Krumau *ou* Crumlow, ville de Moravie.
Kruswik, *Crusvicia.* v. et chât. de la Cujavie.
Kubaus, Koubans (les), *Cubani.* peuple tartare.
Kufstein, v. du Tyrol.
Kupferberg, v. du cerc. de Statz.
Kupferberg, v. et baill. de l'év. de Bamberg.
Kuppenheim, v. de Souabe.
Kurab, v. cap. de la prov. de Kesker.
Kusma-Demianski, ville de la Tartarie.
Kuttenberg, *Cuteberga.* ville de Bohême.
Kutzbuchl, v. du Tyrol.
Kutzenhausen, b. Bas-Rhin.
Kuwana *ou* Quano, ville du Japon.
Kylbourg, *Celbis Burgus.* v. Sarre.
Kyneton, v. du Warwickshire.

LABO

Laa, Laabo *ou* Laha, ville de la b. Autriche.
Laar *ou* Lar, *Lara.*, v. cap. de la prov. de Ghermès.
Laas, *Lassa.* v. de la Carniole.
Labadia, v. du Polésin.
Labatur, b. Landes.
Labia, *Labia.* v. de Servie.
Labian, v. cap. de la Nardie.
Labouer (S.), v. Landes.
Labour (la Terre de), *Terra Laboris.* prov. du roy. de Naples.
Labour (le), *Laupurdensis Tractus.* contrée du Béarn.
Labrador, *Estotilandia.* pays de l'Amérique septentrionale.
Labrit, b. canton. Landes.
Lac Majeur (le), *Lacus Major.* lac du duché de Milan.
Lac Supérieur (le), *Lacus Superior.* lac du Canada.
Lacheze, b. c. Côtes-du-Nord.
Ladack *ou* Ladick, v. capitale du Grand-Thibet.
Ladenbourg *ou* Ladebourg, *Ladeburgum.* v. de l'év. de Worms.
Ladoga, *Ladoga.* v. de l'Ingrie.
Laforce, b. canton. Dordogne.
Lagnieu, v. canton. Ain.
Lagny, *Latiniacum.* v. canton. Seine-et-Marne.
Lagor, b. cant. B.-Pyrénées.
Lagos, *Lacobrica.* v. du roy. d'Algarve.
Lagusne (la) *ou* San Christoval de la Laguna, v. de l'île de Ténériffe.
Laholm, *Laholmia.* v. de Suède.
Lahor, *Lahorium.* prov. et v. de l'Indostan.
Laignes, b. canton. Côte-d'Or.
Lailly *et* Mouzay, b. Loiret.
Laindry, b. Yonne.
Laino, *Laus.* v. de la Calabre citérieure.
Laissac, b. canton, Aveyron.
Lajazze, Laiazzo, v. de la Caramanie.
Laland, *Lalandia.* île du roy. de Danemarck.
Lalbenc, b. Isère.
Lalbenque, canton. Lot.
Lalinde, b. canton. Dordogne.
Lallain, b. Nord.
Lamballe, *Lambalium.* v. cant. Côtes-du-Nord.
Lambert (S.), b. cant. Loire.
Lambesc, *Lambesca.* v. canton. Bouches-du-Rhône.
Lambey, v. Basses-Pyrénées.
Lamégo, *Lamacum.* v. de la prov. de Beira.
Lamo, *Lamum.* roy. et île sur la côte de Mélinde.
Lamothe-Héraye, b. canton. Deux-Sèvres.
Lampedouse, *Lampedosa.* île de la mer d'Afrique.
Lampon, v. de l'île de Sumatra.
Lampsaque, v. de l'Asie mineure.
Lampspring, v. de l'évêché de Hildesheim.
Lancashire, *Lancastria.* prov. d'Angleterre.
Lancastre, *Lancastria.* v. cap. du Lancashire.
Lancerote, *Lancerotta.* île des Canaries.
Lanciano, *Auxanum.* v. de l'Abruzze citérieure.
Landaff, v du comté de Glamorgan.
Landau, *Landavia.* v. de la b. Alsace. cant. Bas-Rhin.
Landaw, a v. de la b. Bavière.
Landeck, v. de Silésie.
Lande-d'Airon (la), b. Manche.
Landelles, b. Calvados.
Landen, *Landinum.* v. canton. Ourthe.
Landerneau, *Landernacum.* v. canton. Finistère.
Landes (les), *Ager Syrticus.* pays de Gascogne. 45e. dépar. de Fr. formé dans la Guyenne.
Landevenech, b. Finistère.
Landivisiau, b. cant. Finistère.
Landivy, b. cant. Mayenne.
Landouzy, v. Aisne.
Landrecies, Landrecy, *Landericiacum.* v. du Hainaut. cant. Nord.
Landsberg, *Landsberga.* v. de Bavière.
Landsberg, v. de Prusse.
Landsberg, v. Mont-Tonnerre.
Landsberg, v. de Misnie.
Landsberg, v. de la b. Stirie.
Landscroon, port de la haute Alsace.
Landser, b. cant. Haut-Rhin.
Landshut, *Landshutum.* v. de la basse Bavière.
Landshut, v. de Silésie.
Landskroon, *Corona.* v. de Suède.
Landstrasse, v. de la Carniole.
Landsthul *ou* Nandstul, b. c. Mont-Tonnerre.
Lanerk, v. d'Ecosse.
Lanerk *ou* Clydesdale, prov. de l'Ecosse méridionale.
Langanico, bourgade de Morée.
Langeac, *Lengiacum.* v. cant. Haute-Loire.
Langeland, *Langelandia.* île de la mer Baltique.
Langenbourg, v. de Francon.
Langen-Salza, v. cap. du cer. de Thuringe.
Langenzeun, v. du marquisat d'Anspach.
Langet *ou* Langeais, *Langesium.* v. canton. Indre-et-Loire.
Langione, v. cap. du roy. de Lao.
Lango, île de l'Archipel.
Langogne, v. canton. Lozère.
Langon, *Alingonis Portus.* v. canton. Gironde.
Langres, *Lingones.* v. de Champagne. sous-préf. H.-Marne.
Langrune, b. Calvados.
Languedoc (le), *Occitania.* prov. de Fr. formant 8 départemens.
Langues (les), pays d'Italie.
Lanmeur, v. canton. Finistère.
Lanne, b. Landes.
Lannemazan, b. cant. Hautes-Pyrénées.
Lannepaz, v. Gers.
Lannion, ville, sous-préfecture. Côtes-du-Nord.
Lannoy, *Alnetum.* v. c. Nord.
Lannstroff, b. canton. Moselle.
Lanobre, b. Puy-de-Dôme.
Lanouaille, b. cant. Dordogne.
Lansarques, b. Hérault.
Lans-le-Bourg, b. cant. Mont-Blanc.
Lanta, v. cant. H.-Garonne.
Lan-Tcheou, v. du Ken-Si.
Lanvollon, b. canton. Côtes-du-Nord.
Lanzo, *Axima.* v. cant. Pô.
Lao, Laos, *Lavum.* roy. d'Asie.
Laon, *Laudunum.* v. du Soissonnois. préfecture. Aisne.
Laponie (la), *Laponia.* grand pays d'Europe.
Laquedivés, îles de la mer des Indes.
Larache, *Lixa.* v. du roy. de Fez.
Laragne, b. c. Hautes-Alpes.
Larchamps, b. Mayenne.
Larche, b. canton. Corrèze.
Laredo, *Laredum.* ville de la Biscaye.
Largaray, v. de l'Inde.
Largentière, b. c. Haut.-Alpes.
Larino, *Larinum.* ville du roy. de Naples.
Larisse, v. d'Idumée.
Larisse, *Larissa.* v. de Thessalie.
Laristan (le), contr. de la Perse.
Laroche, b. canton. Sambre-et-Meuse.
Laruns, b. cant. Basses-Pyrén.
Larwick, v. cap. de l'île de Mainland.
Lary (S.), b. Gers.
Larzicourt, v. Marne.
Lasbordes, b. Arriége.
Lassa, v. du Thibet.
Lassay, v. canton. Mayenne.
Lasseube, b. c. Bas.-Pyrénées.
Lassigny, b. canton. Oise.
Lastic, v. Cantal.
Lataquie, Latichez *ou* Laodicée, *Laodicea ad mare.* v. de Syrie.
Latrecey, v. Haute-Marne.
Lattes, b. Hérault.
Lattier (S.), b. Drôme.
Laubachou Laybach, *Laubachum.* v. cap. de la Carniole supér.
Laubach, v. de Wétéravie.
Lauban, *Laubuno.* v. de la h. Lusace.
Laubespine, b. Haute-Loire.
Laucha, v. de Thuringe.
Lauchstaedt, v. de la h. Saxe.
Lauda *ou* Lauden, *Lauda.* v. de l'évêché de Wurtzbourg.
Lauder, b. d'Ecosse.
Landerdale, vallée d'Ecosse.
Laudun, v. Gard.
Lauf, v. de Franconie.
Laufen, *Laviacum.* v. de l'év. de Bâle.
Lauffenbourg, *Lauffenburgum.* v. de la Souabe autrichienne.
Lauffon, b. cant. Haut-Rhin.
Laugeac, b. Haute-Loire.
Lauglin (old), b. d'Irlande.
Laun *ou* Launu, *Launa.* v. du cercle de Satz.
Launceston, v. de Cornouailles.
Lauraguais (le), *Lauriacensis ager.* contr. du h. Languedoc.
Laurent (S.), fleuve de l'Am. septentrionale.
Laurent d'Aygouse (S.), bourg. Hérault.
Laurent-de-Chamousset (S.), b. canton. Rhône.
Laurent de la Salance (S.), b. Pyrénées-Orientales.
Laurent-de-Médoc (S.), bourg. canton. Gironde.
Laurent-du-Pont (S.), b. cant. Isère.
Laurent-sur-Gorre (S.), b. c. Haute-Vienne.
Lauresse, b. Lot.
Laurière, b. canton. Haute-Vienne.
Lausanne, *Lausanna.* v. capit. du pays de Vaud.
Lautenbourg, v. du palatinat de Culm.
Lauterbaca, ville de la haute Hesse.
Lauterbourg, *Lutraburgum.* v. canton. Bas-Rhin.
Lauthental, v. de b. Saxe.
Lautrec, *Lautrecum.* v. canton. Tarn.
Lautreck, Lautereck *ou* Lauterekein, v. c. Mont-Tonnerre.
Lauzerte, v. canton. Lot.
Lauzès, b. canton. Lot.
Lauzet (le), b. c. Bas.-Alpes.
Lauzun, b. c. Lot-et-Garonne.
Lavagna, v. de l'Etat vénitien.
Laval, *Vallis Guidonis.* v. du bas-Maine. préf. Mayenne.
Lavamunde *ou* Lavantmynd *ou* S.-André, *Lavanmunda.* v. de la Carinthie.
Lavardac-sur-la-Baise, b. cant. Lot-et-Garonne.
Lavardens, v. Gers.
Lavardin, b. Sarthe.
Lavaur, *Vaurium.* v. du haut Languedoc. canton. Tarn.
Lavedan (le), *Levitania.* vallée en Bigorre.
Lavelanet, b. canton. Arriége.
Lavello, *Labellum.* ville de la Basilicate.
Lavestein, v. et bail. de Misnie.
Lavit-de-Lomagne, v. canton. Gers.
Lawenbourg *ou* Lavenbourg, *Leoburgum.* v. de b. Saxe.
Laxembourg *ou* Lacshendorf, *Laxemburgum.* v. d'Autriche.
Layrac, *Lauracum.* v. Lot-et-Garonne.
Léan, b. canton. Dyle.
Leaotunc, Leaoton, *Leaotounica.* gr. contrée d'Asie.
Leawava, v. et port d'Asie.
Lebach, b. canton. Sarre.
Lebeda, *Leptis.* v. du roy. de Tripoli.
Lebeguien *ou* Loebegin, v. du duché de Magdebourg.
Lebrixa, *Nebrissa.* v. de l'Andalousie.
Lebus, *Lebussa.* v. de la moy. Marche de Brandebourg.
Lecce, *Lupiæ.* v. de la Terre d'Otrante.
Lechnich, b. canton. Roer.
Lectoure *ou* Leitoure, *Lactara.* v. cap. de la Lomagne. sous-préfecture. Gers.
Ledergues, v. Aveyron.
Ledesma, *Bleitrisa.* v. du roy. de Léon.
Ledignan, b. canton. Gard.
Leeds, *Ledesia.* v. du Yorckshire.
Leerdam, *Lauri.* v. des Pays-Bas.
Léger (S.), v. canton. Loire-Inférieure.
Léger-sous-Beuvran (S.), b. c. Saone-et-Loire.
Legua, b. Charente-Inférieure.
Leguevin, b. canton. Haute-Garonne.
Leicester, *Licestria* v. cap. du Leicestershire.
Leicestershire, prov. d'Anglet.
Leichtenau, v. et baill. de la basse Hesse.
Leigné-sur-Usseau, b. canton. Vienne.
Leinster, *Lagenia.* prov. d'Irl.
Leipnick, v. de Moravie.
Leipsic, Leipsick *ou* Leipzic, *Lipsia.* v. de Misnie.
Leiria, *Leiria.* v. de l'Estramadure portug.
Leisnick *ou* Leisnic, ville de Misnie.
Leith *ou* Lith, v. de la prov. de Lothian.
Léman (le lac) *ou* le lac de Genève, *Lemanus Lacus.* lac de Suisse et de Savoie.
Léman, 46e. départ. de France, formé dans le ter. de Genève.
Lembach, v. et baill. du comté de Mansfeld.
Lemberg, Leonberg *et* Laewenberg, v. de Silésie.
Lembeye, bourg. canton. Bas.-Pyrénées.
Lembro *ou* Imbro, *Imbros.* île de l'Archipel.
Lemgow, *Lemgovia.* v. de Westphalie.
Lempde, b. Haute-Loire.
Lempde, b. Puy-de-Dôme.
Lemps (grand), b. cant. Isère.
Lemster *ou* Leomenster, *Leonis-Monasterium.* v. du Herfordshire.
Lencici *ou* Lencicza, *Lencicia.* palatinat et v. de Pologne.
Lencloistre, b. canton. Vienne.
Lennep, v. du duché de Berg.
Lennick-S.-Martin, b. canton. Dyle.
Lenoncourt, b. Meuse.
Lenoncourt, b. Meurthe.
Lenox, *Elgovia.* prov. de l'Ecosse méridionale.
Lens, b. canton. Jemmape.
Lens, *Lentium.* v. canton. Pas-de-Calais.
Lent, *Lentulum.* v. Ain.
Lenta, v. Haute-Garonne.
Lentillac, b. Lot.
Lentini, Léontini, *Leontium* v. de Sicile.
Lentzbourg, v. et bail. du canton de Bernel.
Leo (San), *Leonis Fanum.* v. de l'Etat de l'Eglise.
Léoben *ou* Leuben, *Leobum.* comté et v. de la h. Stirie.
Léogane, v. de l'île de Saint-Domingue.
Léon *ou* S. Pol-de-Léon, *Legio.* v. de b. Bret. Finistère.
Léon, roy. et v. d'Espagne.
Léon (le nouv. roy. de), dans la nouvelle Espagne.
Léon de Nicaragua, v. de la prov. de Nicaragua.
Léonard-des-Bois (S.), b. Orne.
Léonard-en-Vorts (S.), v. de la basse Autriche.
Léonard-le-Noblet (S.), *Nobiliacum.* v. c. Haute-Vienne.
Léonberg, v. du duché de Wirtemberg.
Leone, île de la mer du Sud.
Léopol *ou* Lemberg, *Leopolis.* v. cap. de la Russie rouge.
Léopoldstadt, *Leopoldistadium.* v. de la basse Hongrie.
Lépante, *Naupactus.* v. de la Livadie.
Lépaud, b. Creuse.
Léporie, *Leporia.* la Laponie russienne.
Léquios, îles de l'Océan orient.
Leray, b. canton. Cher.
Léri, b. Eure.

Lérice, *Erix*. v. de l'Etat de Gênes.
Lérida, *Ilerda*. v. de la Catalogne.
Lérin, *Lerina*. v. de la haute Navarre.
Lérins (les îles de) *Lerinæ Insulæ*. 2 îles de la Méditerranée.
Lerme, *Lerma*. v. de la vieil. Castille.
Lero, Leros, île, l'une des Sporades.
Leroux, v. Puy-de-Dôme.
Lescar, *Lascurra*. v. canton. Basses-Pyrénées.
Leschnitz, v. de Silésie.
Lescun, b. Basses-Pyrénées.
Lescure, v. Tarn.
Lesdiguières, b. Isère.
Lesgiens, habit. des vallées du mont Caucase.
Lesneven, v. cant. Finistère.
Lesnow, Lesna, *Lesnovia*. v. de la petite Pologne.
Lespare, v. du Bordelois. sous-préfecture. Gironde.
Lesquemin, île du Canada.
Lessac, b. Charente.
Lessay, *Exaquense oppidum*. b. canton. Manche.
Lessines, *Lessina*. v. canton. Jemmape.
Lestelles, b. Haute-Garonne.
Lestwithiel, *Uxella*. v. de la prov. de Cornouailles.
Leszono, v. de Lithuanie.
Letrim, *Letrumum*. comté et v. de la prov. de Connaught.
Lettere, *Letteranum*. v. du roy. de Naples.
Leu (S.), *S. Lupus*. b. Seine-et-Oise.
Leubus, *Leobulium*. v. de Silésie.
Leucate, *Leucata*. v. Pyrénées-Orientales.
Leutenberg ou Leutembourg, v. de Thuringe.
Leutenhausen, v. et bail. de la basse Hesse.
Leutkirch ou Leutkrik, v. de Souabe.
Leutmeritz ou Leutmaritz, *Litomerium*. cercle et v. de Bohême.
Leutsch, v. de la h. Hongrie.
Leux ou Leuck, b. du Valais.
Leuze, *Lutosa*. v. c. Jemmape.
Levanzo ou Levenzo, *Phorbantia Buccina*. île de la Méditerr.
Levet, b. canton. Cher.
Levier, b. canton. Doubs.
Levignac, *Leviniacum*. v. Haute-Garonne.
Levin (le lac de), *Levinus lacus*. lac de l'Ecosse méridionale.
Levinsmouth, v. de la prov. de Fife.
Levontina (vallée), *Lepontia vallis*. vallée du cant. d'Uri.
Levroux, *Leprosum*. v. canton. Indre.
Lewarde, *Leovardia*. v. cap. de la Frise.
Lewentz, *Leventium*. v. de la haute Hongrie.
Lewes, *Lesva*. v. du Sussex.
Lewes, *Leve Fanum*. v. Dyle.
Lewis, *Leuvissa*. île, l'une des Westernes.
Leyde, Leyden, *Lugdunum Batavorum*. v. cap. du Rhinland.
Leyrac, v. Gers.
Lezardieux, b. canton. Côtes-du-Nord.
Lezat, v. Arriége.
Lezignan, v. canton. Aude.
Lezoux, v. c. Puy-de-Dôme.
Liamone, 47e. départ. de Fr. formé dans l'île de Corse.
Liancourt, b. canton. Oise.
Liban (le), *Libanus*. montagne d'Asie.
Libau, *Liba*. place et port de Courlande.
Libourne, *Liburnum*. ville du Bordelois. s.-pref. Gironde.
Lich, v. de Wétéravie.
Lich-Field, *Lichfeldia*. ville du Staffordshire.

Lichstall, v. du canton de Bâle.
Lichtenau, v. de Franconie.
Lichtenbourg, v. de l'élector. de Saxe.
Lichtenfels, v. chât. et baill. de l'év. de Bamberg.
Lichtenstein, comté et v. de Misnie.
Lichtenstein, v. du Tockembourg.
Licostomo, *Scodusa*. v. de la prov. de Janna.
Licques, b. Pas-de-Calais.
Lida, *Lida*. v. de Lithuanie.
Lidkoping, *Lydæ forum*. v. du Westro-Gothland.
Liebenaw, v. et baill. du comté de Hoye.
Liebeneau, v. de la b. Hesse.
Liebenwald, v. de l'Ukermark.
Liebenwerda, v. du cer. électoral de Saxe.
Lieberose, v. de la b. Lusace.
Liebre, Lièvre ou Lébereau (vallée de), entre la Lorraine et la haute Alsace.
Liechtenaw, v. au comté d'Hanau.
Liége (l'év. de), pet. état du cercle de Westphalie.
Liége, *Leodium*. v. cap. de l'év. de même nom. év. préfect. Ourthe.
Lientz ou Luentz, *Leucium*. v. et château du Tyrol.
Lieou-Kieou, îles de l'Ocean or.
Liernais, b. cant. Côte-d'Or.
Liesina, île et v. de la Dalmatie vénitienne.
Liesse, *Nostra Domina de Lactitiâ*. b. Aisne.
Lieuray, b. Calvados.
Lieuvain (le), *Lexoviensis*. contrée de Normandie.
Lifford, b. d'Irlande.
Liffré, b. c. Ille-et-Vilaine.
Ligne, b. Jemmapes.
Ligné, b. canton. Loire-Infér.
Ligneville, b. Vosges.
Ligni, b. Pas-de-Calais.
Lignière-la-Doucelle, bourg. Mayenne.
Lignières, b. Charente.
Lignières, b. canton. Cher.
Lignitz, *Lignitium*. v. et principauté de Silésie.
Ligny, *Ligniacum*. v. canton. Meuse.
Ligny-le-Château, b. canton. Yonne.
Ligor, *Ligoria*. pet. pays et v. d'Asie.
Ligré, b. Indre-et-Loire.
Ligueil, v. canton. Indre-et-Loire.
Lihons, b. Somme.
Lille, *Insulæ*. ville cap. de la Flandre fr. sous-préfecture. Nord.
Lillebonne, *Juliobona*. v. canton. Seine-Inférieure.
Lillers, *Lillerium*. v. canton. Pas-de-Calais.
Lima, v. cap. du Pérou.
Lima (l'audience de), gr. prov. du Pérou.
Limay, b. c. Seine-et-Oise.
Limbœuf, b. Eure.
Limbourg, comté et v. de la Wétéravie.
Limbourg, *Limburgum*. duché et v. des Pays-Bas autr. c. Ourthe.
Limerick, *Limericum*. v. et com. d'Irlande.
Limeuille, *Limolium*. v. Dordogne.
Limisso, v. de l'île de Chypre.
Limoges, *Lemovices*. v. du Limousin. év. préf. H.-Vienne.
Limonest, b. canton. Rhône.
Limonhe, b. canton. Lot.
Limosin (le) ou le Limousin, *Lemovices* prov. de France.
Limours, v. canton. Seine-et-Oise.
Limoux, *Limosum*. v. du bas Langued. sous-préfec. Aude.
Limpourg, comté de Souabe.
Linais, b. Haute-Vienne.

Linange ou Leiningen, comté du bas Palatinat.
Linare, v. de la prov. de Beira.
Linas, b. Seine-et-Oise
Lincoln, *Lindecollinum*. v. capitale du Lincolnshire.
Lincolnshire, prov. d'Anglet.
Lincoping ou Lindkoping, *Lincopia*. v. cap. de l'Ostrogothie.
Lindau, *Lindavia*. v. de Souabe
Linde (la), v. Dordogne.
Lindelfels, v. du bas Palatinat.
Lingen, *Linga*. comté et v. de Westphalie.
Ling-Tao, *Linianum*. v. de la prov. de Xensi.
Linlitgow, *Lindum*. v. de la prov. de Lothian.
Linne, v. du duché de Berg.
Linnich, v. canton. Roer.
Lintz, *Lentia*. v. cap. de la h. Autriche.
Lintz, v. Rhin-et-Moselle.
Lion (le golfe), *Sinus Leonis*. dans la Méditerranée.
Lion-d'Angers (le), b. canton. Maine-et-Loire.
Lions, *Leones*. v. cant. Eure.
Lipari, 10 îles de la Méditerr.
Lipari, *Lipara*. l'une des îles de même nom.
Lipari, v. cap. de l'île de même nom.
Lippa, *Lippa*. v. de Hongrie.
Lippe, comté de Westphalie.
Lippehne, v. de la nouv. Marche de Brandebourg.
Lipperode, v. du comté de la Lippe-Buckenbourg.
Lippstadt ou Lippe, *Luppia*. v. cap. du comté de la Lippe.
Lips-Pring, v. de l'évêché de Paderborn.
Lire ou Lierre, *Lira*. v. cant. Deux-Nèthes.
Liré, b. Loire-Inférieure.
Lisbonne, *Olyssipo*. v. cap. du Portugal.
Lisbure ou Lisnagrave, bourg du comté d'Antrim.
Lisieux, *Lexovium*. v. de la h. Normandie. s.-préf. Calvados.
Liskerret, b. de Cornouailles.
Lisle, b. canton. Tarn.
Lismore, *Lismora*. v. du comté de Waterford.
Lispor, v. du roy. de Décan.
Lissa, île du golfe de Venise.
Lissa, v. de Bohême.
Lissa, b. de Silésie.
Lita, *Lete*. v. de Macédoine.
Lithuanie, *Lithuania*. gr. pays d'Europe, en Pologne.
Litry, b. Calvados.
Littau, v. de Moravie.
Livadie (la), *Achaia*. prov. de la Grèce.
Livadie, *Labadea*. ville de la prov. de même nom.
Livarot, b. canton. Calvados.
Liverdun, v. Meurthe.
Livernon, v. canton. Lot.
Liverpool, v. du Lancashire.
Livinière (la), v. Hérault.
Livonie (la), *Livonia*. prov. de l'Empire russe.
Livorno, b. canton. Sésia.
Livourne, *Ligurnus*. v. du Pisan.
Livrade (Ste.), *Sancta Liberata*. v. canton. Lot-et-Garonne.
Livron, b. Drôme.
Lizier (S.), *Sanctus Lycerius*. v. cap. du Couserans. cant. Arriége.
Lizy-sur-Ourcq, b. canton. Seine-et-Marne.
Llivia, v. de Catalogne.
Lô (S.), *Briovera*. v. de Normandie. préfecture. Manche.
Loanda, *Loanda*. île sur la côte d'Angola.
Loanda (S. Paul de), v. cap. du roy. d'Angola.
Loango, *Loangum*. roy. de la basse Guinée.
Lobda ou Lobeda, v. du cerc. de la haute Saxe.
Locana, b. canton. Doire.
Locarno, *Locarnum*. ville et baillage de Suisse.

Loochem, *Lochemum*. v. du comté de Zutphen.
Lochas, *Luccæ*. v. de Touraine. sous-préfect. Indre-et-Loire.
Lochau ou Luchau, v. de la principauté de Zell.
Lockeren, b. canton. Escaut.
Locmaria, b. Côtes-du-Nord.
Locmaria, b. Finistère.
Locmaria, b. Morbihan.
Locmaria, b. Charente-Infér.
Locminé, v. cant. Morbihan.
Locrenan, b. Finistère.
Lodésan (le), pays du duché de Milan.
Lodève, *Luteva*. ville du bas Languedoc. sous-préfecture. Hérault.
Lodi, *Laus Pompeia*. v. cap. du Lodesan.
Lodomerie (le roy. de), partie occid. de la Pologne.
Lodron, comté et b. de l'év. de Trente.
Loebau ou Liebe, *Lœbavia*. v. de la haute Lusace.
Loefingen, v. de Souabe.
Loerach, v. de Souabe.
Logrogne, *Juliobriga*. ville de la vieille Castille.
Logudoro, v. et contr. de l'île de Sardaigne.
Lohbourg, v. et baill. du duché de Magdebourg.
Loheac, b. Ille-et-Vilaine.
Lohmen, v. de Misnie.
Loiron, b. canton. Mayenne.
Loiowogorod, *Loiovogradum*. v. de la basse Volhinie.
Loir-et-Cher, 48e. départ. de Fr. formé dans l'Orléanois.
Loire (la), *Liger*. fleuve de Fr. 49e. dép. formé dans le Beaujolois et le Forez.
Loire (Haute-), 50e. départ. de Fr. formé dans le Vivarais.
Loire-Inférieure, 51e. départ. de Fr. formé dans la Bretag.
Loire, b. Loire.
Loire, b. Maine-et-Loire.
Loiret, 52e. départ. de France, formé dans l'Orléanois.
Loiseron, b. Mayenne.
Lomagne (la), *Leomania*. pet. pays du bas Armagnac.
Lombardie, *Longobardia*. partie sept. de l'Italie.
Lombers, b. Tarn.
Lombez, *Lombarium*. v. sous-préfecture. Gers.
Lommasch, v. de Misnie.
Lomnitz (Alt *et* Neu), b. du comté de Glats.
Lomond, *Lomundus*. gr. lac de la prov. de Lennox.
Lonado, v. de l'état vénitien.
Londinières, b. canton. Seine-Inférieure.
Londonderri ou (Ancien Derri), *Roboretum*. duché et ville de l'Ulster.
Londres, *Londinum*. v. cap. de la Grande-Bretagne.
Londres, v. du Tucuman.
Longanico, v. de la Morée.
Longeau, b. cant. Haute-Marne.
Longeville, *Longavilla*. b. Mosell.
Longford, *Longofordium*. comté et v. de la prov. de Leinster.
Longjumeau, b. c. Seine-et-Oise.
Long-Nang, v. du Sé-Tchuen.
Longny, b. canton. Orne.
Longué, b. canton. Maine-et-Loire.
Longueville, b. canton. Seine-Inférieure.
Longueville (la), b. Nord.
Longueville, b. Vendée.
Longuyon, b. cant. Moselle.
Longwy ou Longui, *Longus Vicus*. v. canton. Moselle.
Lonlay, *Longolotum*. b. Orne.
Lonsac, b. Charente.
Lons-le-Saulnier, *Ledo Salinarius*. v. du Dauphiné. préf. Jura.
Loo, b. Lys.
Loochristi, b. canton. Escaut.
Looz, v. canton. Meuse-Inf.

Lorbus, v. du roy. de Tunis.
Lorca, *Eliocrata*. v. du roy. de Murcie.
Lorette, *Lauretum*. ville de la Marche d'Ancône.
Lorgues, *Leonica*. v. canton. Var.
Lorient, port et v. de Bretagne. sous-préfecture. Morbihan.
Loriol, b. canton. Drôme.
Lorme, v. Nièvre.
Lorraine, *Lotharingia*. prov. de France.
Lorrès, b. canton. Seine-et-Marne.
Lorris, v. canton. Loiret.
Lorsquin, b. canton. Meurthe.
Loslau, v. de Silésie.
Lot, 53e. départ. de France, formé dans le Quercy.
Lot-et-Garonne, 54e. départ. de Fr. formé dans la Guienne et l'Agénois.
Lothian, *Laudania*. prov. d'Ecosse.
Loucoumis, peuples de Guinée.
Loudéac, b. sous-préfecture. Côtes-du-Nord.
Loudes, b. canton. H.-Loire.
Loudun, *Laudunum*. ville du Poitou. sous-préf. Vienne.
Loudun, b. Gard.
Loué, b. canton. Sarthe.
Louhans ou Loans, *Lovincum*. v. sous-préfecture. Saone-et-Loire.
Louin, b. Vendée.
Louisbourg, *Arx Ludoviciana*. v. du duché de Wirtemberg.
Louisiane, gr. contrée de l'Amérique septentrionale.
Loulay, b. canton. Charente-Inférieure.
Loup (S.), b. canton. Haute-Saone.
Loup (S.), b. canton. Deux-Sèvres.
Loupe (la), *Luppa*. b. canton. Eure-et-Loire.
Loupiac, b. Aveyron.
Loupian, v. Hérault.
Lourde, *Lapurdum*. v. canton. Hautes-Pyrénées.
Louroux-Béconnais (le), b. c. Maine-et-Loire.
Louroux-Bothereau, b. canton. Loire-Inférieure.
Louth, *Lutum*. comté et v. de la prov. de Leinster.
Louvain, *Lovanium*. v. du Brabant autr. sous-préfec. Dyle.
Louvegné, b. canton. Ourthe.
Louvernay, b. Mayenne.
Louviers, *Lupariæ*. v. de la h. Normandie. sous-préf. Eure.
Louvigné-du-Désert, b. cant. Ille-et-Vilaine.
Louvigner, b. Landes.
Louvigny, b. Mayenne.
Louvo, *Livo*. v. du roy. de Siam.
Louvres, b. Seine-et-Oise.
Low (Est et West), bourgs de Cornouailles.
Lowicz, *Lovicum*. v. du palatinat de Rava.
Lowositz, v. de Bohême.
Loxa ou Loia, *Loxa*. ville du roy. de Grenade.
Loxa, v. du Pérou.
Loytz, *Lutitia*. v. de la Poméranie citérieure.
Lozère, 55e. départem. de Fr. formé dans le Languedoc.
Lubbeke, *Lubecca*. v. de la principauté de Minden.
Lubben, *Lubbena*. v. cap de la basse Lusace.
Lubeck, *Lubecum*. v. cap. de la Vagrie.
Luben, v. de Silésie.
Lubersac, b. canton. Corrèze.
Lubitz ou Lups, v. et baill. de la princip. de Wenden.
Lublenitz, v. de Silésie.
Lublin, *Lublinum*. palatinat et v. de Pologne.
Lubschutz, v. de Silésie.
Luc, b. Var.
Luc-en-Diois, b. cant. Drôme.
Lucaie, l'une des Lucaies.

Lucaies (les), *Lucaiæ.* îles de la mer du Nord, en Amérique.

Lucar-de-Barameda (S.), ville de l'Andalousie.

Lucar-de-Guadiana (S.), ville de l'Andalousie.

Lucar-la-Mayor (Ste.), v. de l'Andalousie.

Lucay, b. Indre.

Lucay-le-Chétif, b. Indre.

Lucca, Luka, Lucka, v. de haute Saxe.

Luccau, v. capit. de la basse Lusace.

Lucé, *Luccium.* v. Sarthe.

Luceau, b. Sarthe.

Lucena, v. de l'Andalousie.

Lucera, *Luceria.* v. de la Capitanate.

Lucenay-l'Evêque, b. canton. Saone-et-Loire.

Lucerne, *Lucerna.* v. et l'un des 13 cantons de Suisse.

Lucerne, v. Pô

Luché, *b. Sarthe.*

Lucheux, b. Somme.

Luchy, b. Oise.

Lucie (Ste.) *ou* Sainte-Alousie île, l'une des Antilles.

Luckenwalde, v. du duché de Magdebourg.

Lucko, *Luscum.* v. cap. de la Volhinie.

Luçon, *Lucio.* v. cant. Vendée.

Luçon *ou* Manille, *Lucio.* île de l'Océan oriental.

Lucques, *Lucca.* v. cap. de la répub. de même nom.

Lucquois (le) *ou* la République de Lucques, pays d'Italie.

Lucy-le-Bois, b. cant. Yonne.

Luczara, v. de la Buckovine.

Lude (la), *Lusdum.* v. canton. Sarthe.

Lude *ou* Ludge, v. de l'évêc. de Paderborn.

Ludgarshall, b. du Wiltshire.

Luditz, v. de Bohême.

Ludlow, *Ludlovia.* v. du Shropshire.

Lugano, *Lucanum.* v. et baill. de Suisse.

Lugny, b. canton. Saone-et-Loire.

Lugo, *Locus Augusti.* v. de la Galice.

Luines *ou* Maillé, *Malliacum.* v. Indre-et-Loire.

Lumbin, b. Isère.

Lumbres, b. canton. Pas-de-Calais.

Lunas *et* Caunas, b. canton. *Hérault.*

Lunden, *Lundinum Scanorum.* v. cap. de la prov. de Schone.

Lunden, v. du duc. de Holstein.

Lunebourg, *Lunæburgum.* v. de la principauté de Zell.

Lunebourg, colonie allemande dans l'Acadie.

Lunegiane, per. pays d'Italie.

Lunel, *Lunato.* v. c. Hérault.

Lunéville, *Lunæ Villa.* v. de Lorraine. sous-préf. Meurthe.

Luntenbourg, v. de Moravie.

Lurcy-le-Sauvage, b. canton. Allier.

Lure, *Ludera.* b. sous-préfecture. Haute-Saone.

Luré, *Lutera.* b. Allier.

Lury, v. canton. Cher.

Lury, b. Golo.

Lusace (la), *Lusatia.* prov. de Saxe.

Lusignan, *Luziniacum.* vil. cant. Vienne.

Lusigny, b. canton. Aube.

Lussac, v. canton. Gironde.

Lussac, v. canton. Vienne.

Lussan, b. canton. Gard.

Lutanges, v. Moselle.

Lutenberg, bourgade de Stirie.

Lutkenborg, v. de la Wagrie danoise.

Lutter, *Lutra.* v. du duché de Brunswick-Wolfemburel.

Lutterwort, *Lactodurum.* b. du comté de Leicester.

Lutzelstein *ou* Petite Pierre, *Lutzelstenium.* v. et comté entre l'Alsace et la Lorraine.

Lutzen, *Lucena.* v. de l'évêc. de Mersebourg.

Luxembourg, *Luxemburgum.* v. cap. du duché de même nom. préfecture. Forêts.

Luxembourg (le duché de), prov. de Pays-Bas.

Luxeuil, *Luxovium.* v. canton. Haute-Saone.

Luynen, ville du comté de la Marck.

Luz, b. canton. Hautes-Pyrén.

Luzara, v. du duc. de Mantoue.

Luzarche, v. canton. Seine-et-Oise.

Luzerath, b. canton. Rhin-et-Moselle.

Luzeth, v. canton. Lot.

Luzy, v. canton. Nièvre.

Lyme *ou* Lyme-Regis, v. du Dorsetshire.

Lymington, b. du Hautshire.

Lyn-Regis, *Linum Regis.* v. du Norfolck.

Lyon, *Lugdunum.* v. cap. du Lyonnois. arch. préf. Rhône.

Lyonnois (le), prov. de Fr.

Lyre (vieil. *et* nouv.), 2 b. *Eure.*

Lys (la), 56e. départ. de Fr. formé dans la Flandre autr.

Lys (S.), b. canton. Haute-Garonne.

Lyssendorff, b. canton. Sarre.

MAGD

Macaçar, *Macasaria.* roy. et v. de l'île des Célèbes.

Macaire (S.), v. cant. Gironde.

Macao, *Amacaum.* ville de la prov. de Canton.

Macarska, *Macarska.* v. de la Dalmatie vénitienne.

Macclesfield, v. du Cheshire.

Macédoine (la), *Macedonia.* prov. de la Turquie europ.

Macerata, ville de la Marche d'Ancône.

Machault, vil. cant. Ardennes.

Machecoul, *Machecum.* v. cant. Loire-Inférieure.

Machian, *Machianum.* l'une des îles Moluques.

Macon, *Matisco.* v. capit. du Maconnois. préfect. Saone-et-Loire.

Maconnois (le), contr. de la Bourgogne.

Macredin, *b.* d'Irlande.

Macri, v. de la Natolie.

Madagascar, *Madagascaria.* gr. île sur les côtes or. d'Afriq.

Madain, v. de la Perse.

Madère, *Madera.* île de l'Océan atlantique.

Madia *ou* Magia, vallée de Suisse.

Madras *ou* Madrospaton, *Madraspatanum.* v. sur la côte de Coromandel.

Madrid, *Mantua Carpetanorum.* v. cap. de l'Espagne.

Madrigal, *Madrigala.* v. de la vieille Castille.

Madrogan *ou* Banamatapa, v. cap. du Monomotapa.

Madure, *Maduræ.* île de la mer des Indes.

Maduré, *Madura.* roy. et v. des Indes orientales.

Maël-Carhaix, b. cant. Côtes-du-Nord.

Maelstrandt, *Maelstrandia*, v. de Norwège.

Maesseyck, *Masacum.* v. canton. Meuse-Inférieure.

Magadoxo, *Magadoxa.* roy. et v. d'Afrique.

Magdebourg, *Magdeburgum.* v. capit. du cercle de basse Saxe.

Magdebourg (le duché de), pays du cercle de b. Saxe.

Magdelene (les îles de la), dans la Méditerranée.

Magdeln *ou* Magdalu, v. du cercle de h. Saxe.

Magellan (détroit de), dans l'Amérique méridionale.

Magellanique (la terre), pointe méridionale de l'Amérique.

Maghian, v. de l'Arabie heur.

Magliano, *Magliana.* v. de la Sabine.

Magnac, ville canton. Haute-Vienne.

Magnoac, vallée de l'Armagnac.

Magny, *Magniacum.* v. canton. Seine-et-Oise.

Magny, 2 b. Calvados.

Magra (la vallée de), *Vallis Macræ.* val. de la Toscane.

Mahaleu, v. de la b. Egypte.

Mahenatan, île de l'Amérique septentrionale.

Mahon *ou* Port-Mahon, *Portus Magonis.* v. et port de l'île de Minorque.

Mahrbourg, v. de la h. Stirie.

Maidstone, *Madus.* v. du pays de Kent.

Maignelay, b. canton. Oise.

Maillezais, *Malliacum.* v. c. Vendée.

Mailly, v. Yonne.

Maima (brazzo di), contr. de la Morée.

Maine, *Cenomanensis ager.* prov. de France.

Maine-et-Loire, 57e. dépar. de France, formé dans l'Anjou.

Mainland, *Mainlandia.* l'une des îles Orcades.

Maintenon, *Mesteno.* v. cant. Eure-et-Loire.

Mainungen, Mainingen, Meinungen, v. de Franconie.

Maisonnais, b. Haute-Vienne.

Maisse, b. Seine-et-Oise.

Maixent (S.), *Sanctus Maxentius.* v. cant. Deux-Sèvres.

Majorque, *Majorica.* île et v. de la Méditerranée.

Malabar (la côte de), *Malabaria.* partie occ. de la presqu'île en deça du Gange.

Malaca (détroit de), qui sépare l'île de Sumatra et la presqu'île orient. de l'Inde.

Malaca, *Malaca.* presqu'île, roy. et v. des Indes orient.

Malaga, *Malaca.* v. du roy. de Grenade.

Malaguette (la côte de), *Malaguetta.* pays de la Guinée.

Malais (les), peuples des îles de la Sonde.

Malatia, *Melitene.* v. cap. de la petite Arménie.

Malaucène, v. cant. Vaucluse.

Malaye, v. d'Asie dans l'île de Ternate, l'une des Moluques.

Malchin, v. du duché de Meckelbourg.

Malchow, *Malcuovia.* v. de la principauté de Wenden.

Maldives (les), *Maldivæ.* île des Indes orientales.

Maldon, *Maldena.* v. de la prov. d'Essex.

Male, île, l'une des Maldives.

Malesherbes, b. cant. Loiret.

Malestroit, v. cant. Morbihan.

Maleval, v. Loire.

Maliana *ou* Maniana, ville de Barbarie.

Malicorne, b. cant. Sarthe.

Malicut *ou* Malique, île des Indes.

Malines, *Melchinia.* v. des Pays-Bas. arch. préf. Deux-Nèthes.

Malmedi, *Malmundarium.* v. sous-préf. Ourthe.

Malmesburi, *Maldunum.* b. de Wiltshire.

Malma *ou* Malmmuyen, *Malmogia.* v. de la Scanie.

Malo (S.), *Macloviopolis.* v. de Bretagne. sous-préf. Ille-et-Vilaine.

Malo-de-la-Lande (S.) canton. Manche.

Malouines (îles), dans la mer du Sud.

Malte, *Melita.* île de la Méditerranée.

Malte *ou* la Cité Notable, *Melita.* v. cap. de l'île de Malte.

Malte *ou* la Cité Valette, v. de l'île de Malte.

Malton, b. du comté d'Yorck.

Malua, prov. du Mogol.

Malvasia, Malvoisie, *Epidaurus.* île et ville de la Grèce.

Malzieu (le), v. cant. Lozère.

Mamers, *Mamercia.* v. sous-préfect. Sarthe.

Mamet (S.), b. canton. Gard.

Mamet (S.), b. canton. Cantal.

Man, *Mona.* île de la mer d'Irlande.

Manachie, v. de la Natolie.

Manar, *Manaria.* île des Indes.

Manar, détroit qui sépare l'île de Ceilan de la presqu'île en deçà du Gange.

Manbonne, v. cap. du royaume de Sabie.

Mançanarès, v. de la nouvelle Castille.

Manche, 58e. dép. de Fr. formé dans la basse Normandie.

Manche (la), *Manica.* contrée de la nouvelle Castille.

Manche (la), *Oceanus Britannicus.* mer qui sépare l'Angleterre et la France.

Manchester, *Manducssedum.* v. du Lancashire.

Mancied, b. Gers.

Manderscheid, b. cant. Sarre.

Mandingues (les), peuple de la Nigritie.

Mandre, v. Meuse.

Mandy, v. de la Morée.

Manfredonia, *Monfredonia.* v. de la Capitanate.

Mangalor, *Mandagara.* v. du roy. de Canara.

Mangaseia *ou* Turugansko, v. de la prov. d'Ieniseisk.

Mangera, île de la mer du Sud.

Manheim, *Manhemium.* v. du bas Palatinat, au margrave de Bade.

Manica *ou* Magnica, roy. et v. de la Cafrerie.

Manicamp, b. Oise.

Manille, *Manilla.* v. capit. de l'île de Luçon.

Manincabo, royaume et ville de l'île de Sumatra.

Manlieu, *Magnus-locus.* b. Puy-de-Dôme.

Manoe, *Manoa.* île de Danemarck.

Manosque, *Manosca.* v. canton. Basses-Alpes.

Manot, b. Charente.

Manou, b. Eure-et-Loire.

Mans (le), *Cenomanum.* v. cap. du Maine. évêc. préf. Sarthe.

Mansfeld, *Mansfeldia.* comté et v. de Thuringe.

Mansigne, b. Sarthe.

Mansle, b. cant. Charente.

Mansoure, *Mansura.* v. d'Egypte.

Mantcheou *ou* Nyuches, peuples de la Tartarie chinoise.

Mantelan, b. Indre-et-Loire.

Mantes, *Medunta.* v. sous-préf. Seine-et-Oise.

Mantouan (le), pays d'Italie.

Mantoue, *Mantua.* v. capit. du Mantouan.

Maouna, île de la mer du Sud.

Mapungo, v. du roy. d'Angole.

Maquaire (S.), b. Maine-et-Loire.

Maqueda, *Maqueda.* v. de la nouvelle Castille.

Maracajo, v. du Paraguay.

Maracaybo, *Maracaibum.* v. cap. de la prov. de Vénézuela.

Maragnan, *Marananta.* prov. de l'Amérique méridionale.

Marano, v. du Frioul vénitien.

Marans, *Marantium.* v. canton. Charente-Inférieure.

Maraut, *Marantum.* v. de Perse, dans l'Aderbijan.

Marasch *ou* Merach, *Germanicia.* v. de la Turquie asiatique.

Marattes, peuple de la presqu'île de l'Inde.

Maravis, roy. de la Cafrerie.

Marbach, v. du duché de Wirtemberg.

Marbach, v. de la basse Autriche.

Marbagan, roy. et v. de Tipra.

Marbœuf, b. Eure.

Marc (S.), v. de l'île de Saint-Domingue.

Marc-Lajaille (S.) cant. Loire-Inférieure.

Marcana, v. de la Dalmatie.

Marceillan, v. Hérault.

Marcel (S.), b. Saône-et-Loire.

Marcel (S.), b. Bouches-du-Rhône.

Marcel (S.), v. Indre.

Marcellin (S.), *Sanctus Marcellinus.* v. sous-préf. Isère.

Marcenat, canton. Cantal.

Marchaux, canton. Doubs.

Marche (la), *Marchia.* prov. de France.

Marche (la), v. cant. Vosges.

Marche, v. *sous-préf.* Sambre-et-Meuse.

Marche (la) *ou* le Mers, prov. maritime de l'Ecosse mérid.

Marche-la-Cave, b. Somme.

Marche Trévisane (la), prov. de la républ. de Venise.

Marchegg, v. de la basse Autriche.

Marchena, *Marcia.* v. de l'Andalousie.

Marchenoir, b. cant. Loir-et-Cher.

Marchezieux, b. cant. Nord.

Marchiennes, b. cant. Nord.

Marchiennes-au-Pont, *Marchianæ.* v. des Pays-Bas. Jemmapes.

Marciac, v. canton. Gers.

Marcigny, *Marciniacum.* v. cant. Saône-et-Loire.

Marcillat, b. canton. Allier.

Marcille, b. Mayenne.

Marcilly-le-Hayer, b. c. Aube.

Marck, b. Pas-de-Calais.

Marck (la), *Marchia Comitatus.* comté et v. de la Westphalie.

Marck-Groeningen, v. du duché de Wirtemberg.

Marckolsheim, b. cant. Bas-Rhin.

Marclissa, v. de la haute Lusace.

Marco (San), v. de la Calabre.

Marco (San), v. de la Sicile.

Marcoing, b. canton. Nord.

Marcolles, b. Cantal.

Marcou (îles S.), îles de Fr. sur la côte de Normandie.

Marcoussis, b. Seine-et-Oise.

Mardick, v. Nord.

Mareillac, b. canton. Aveyron.

Maremmes de Sienne (les), pays de l'état de Sienne.

Marennes, *Marinae.* v. sous-préf. Charente-Inférieure.

Maretimo, *Maritima Insula.* île sur la côte occid. de Sicile.

Mareuil, b. canton. Dordogne.

Mareuil, b. cant. Vendée.

Margozza, v. du comté d'Anghiera.

Marguerite (la), *Margareta.* île de l'Amérique

Marguerites, b. canton. Gard.

Mariana, v. de l'île de Corse. canton. Golo.

Mariana, v. du Brésil.

Maria-Hoorebecke (Ste.), b. c Escaut.

Marianes (les îles), *ou* les îles des Larrons, *Marianae.* îles de la mer du Sud.

Marianople, v. de la mer d'Asoph.

Marie (Ste.), v. de l'île de Cuba.

Marie (Ste.), b. de l'île de Ré. Charente-Inférieure.

Marie (Ste.), v. de la province de Maryland.

Marie (Ste.), île de l'Am. sept. l'une des Açores.

Marie (Ste.), v. Basses-Pyrén.

Marie (Ste.), v. de l'Andalousie.

Marie (Ste.), île d'Angleterre, l'une des Sorlingues.

Marie (Ste.), *Sancta Maria.* île de l'Océan.

Marie (Ste.), v. de l'Amérique méridionale.

Marie-Galante *ou* Marie-Galande, *Marigalanta.* île de l'Am. sept. l'une des Antilles.

Marie-aux-Mines (Ste.), *ou* Marhick, v. cant. Haut-Rhin.

Marie de la Mer (Ste.), bourg. Pyrénées-Orientales.

Marie du Mont (Ste.), b. Manche.

Marie-d'Oloron (Ste.), b. cant. Basses-Pyrénées.

Marienberg, *Mariaeberga.* v. de l'électorat de Saxe.

Marienbourg, *Mariaeburgum.* palatinat et v. de Prusse.

Marienbourg, v. Ardennes.

Marienstadt, *Mariaestadium.* v. de la Westrogothie.

Marienthal *ou* Mergentheim, *Mergenthemum.* v. de la Franconie.

Marienwerder, v. de la Poméranie.

Maries (les Stes.), *ou* N.-D. de la Mer, b. cant. Bouches-du-Rhône.

Marignan, *Malignanum.* v. du duché de Milan.

Marigny, *Marennium.* b. cant. Manche.

Mariland, *Marilandia.* prov. de l'Amérique septentrionale.

Marines, canton. Seine-et-Oise.

Maringues, v. canton. Puy-de-Dôme.

Marin (S.), *Marinum.* petite république et v. d'Italie.

Maringo, 59e. département de Fr. formé dans le Piémont.

Marlborough, *Cunetio.* v. de Wiltshire.

Marle, *Marla.* v. cant. Aisne.

Marlheim, b. Bas-Rhin.

Marlow, b. de Buckingham.

Marlow *ou* Merlow, *Mellotum.* v. de Mecklembourg.

Marly, *Marliacum.* cant. Seine-et-Oise.

Marmagnac, b. Cantal.

Marmande, *Marmanda.* v. sous-préfect. Lot-et-Garonne.

Marmara (mer de), voyez Mer-Blanche.

Marmara *ou* Marmora, nom de quatre îles de la mer de Marmara.

Marmoutier *ou* Maurmunstier, *Mauri Monasterium.* v. cant. Bas-Rhin.

Marne, 60e. département de Fr. formé en Champagne.

Marne (Haute-), 61e. département de France, formé en Champagne.

Maroc, *Marocanum.* empire de de Barbarie.

Maroc, *Marochium.* v. cap. de l'empire du même nom.

Marogna, *Maronea.* v. de la Romanie.

Marolles-les-Braux, b. canton. Sarthe.

Marommes, b. c. Seine-Infér.

Marpourg, *ou* Marpurg, *Marpurgum.* v. cap. de la basse Hesse.

Marquefave, v. Haute-Garonne.

Marqueissannes, b. Pyrénées-Orientales.

Marquenterre (le), petit pays de Picardie.

Marquion, b. c. Pas-de-Calais.

Marquise, b. canton. Pas-de-Calais.

Marquises (les), îles de la mer du Sud.

Marr, comté de la province d'Aberden.

Marrat, b. Puy-de-Dôme.

Mars-Doutillé, b. Sarthe.

Marsa, *Maxula.* v. du royaume de Tunis.

Marsac, b. Puy-de-Dôme.

Marsai, b. Charente-Inférieure.

Marsal, *Marsallum.* v. Meurthe.

Marsalla, v. de Sicile, dans la vallée de Mazare.

Marsan (le), petit pays de la Chalosse.

Marsanne, b. canton. Drôme.

Marsaqui-vir, *ou* Marsal-qui-vir, v. du roy. de Tremecen.

Marseille, b. canton. Oise.

Marseille, *Massilia.* v. de Provence. préfect. Bouches-du-Rhône.

Marsico-Nuovo, *Marsicum.* v. du royaume de Naples.

Marsillac, b. Lot.

Marsillac, b. Charente.

Marsin, v. de l'Inde.

Marson, b. canton. Marne.

Martaban, *Martabanum.* prov. et v. du royaume de Siam.

Martel, *Martellum.* v. can. Lot.

Marthe (Ste.), l'une des îles Sorlingues.

Marthe (Ste.), *Sancta Martha.* province et v. de l'Amérique méridionale.

Marthe (Ste.), *ou* Sierra Névada, montag. de la nouv. Espagne.

Marthon, b. Charente.

Martigné-Briant, *Martiniacum.* b. Maine-et-Loire.

Martigné, b. Ille-et-Vilaine.

Martigné, b. Mayenne.

Martigues (les), *Maritima.* v. cant. Bouches-du-Rhône.

Martin (S.), b. canton. Doire.

Martin (S.), *Sanctus Martinus.* v. de l'île de Ré. canton. Charente-Inférieure.

Martin (S.), île de l'Amérique, l'une des Antilles.

Martin (S.), l'une des îles Sorlingues.

Martin-de-Londres (S.), b. canton. Hérault.

Martin-de-Tournon (S.), b. canton. Indre.

Martin-de-Valamas (S.), b. c. Ardèche.

Martin-de-Valgague (S.), b. canton. Gard.

Martin-en-Bresse (S.), b. cant. Saône-et-Loire.

Martin-le-Beau (S.), b. Indre-et-Loire.

Martin-sur-Loire (S.), b. Loiret.

Martinique (la), *Martinica.* île de l'Amérique septent. l'une des Antilles françoises.

Martinsberg (S.), v. de la basse Hongrie.

Martisai, b. Indre.

Martorano, *Martoranum.* v. de la Calabre.

Martorel, *Martorelium.* v. de la Catalogne.

Martory (S.), *ou* Calagoris, b. canton. Haute-Garonne.

Maru, prov. de la Cochinchine.

Marvejols *ou* Marvege, *Marengium.* v. sous-préf. Lozère.

Marville, b. Meuse.

Marzilla, v. du roy. de Navarre.

Mas-Cabardès (le), b. canton. Aude.

Mas-d'Agénois, b. canton. Lot-et-Garonne.

Mas-d'Asil, *Asilium Mansum.* v. canton. Arriége.

Mas-Garnier, *ou* Grenier (le), v. Haute-Garonne.

Mas-Sainte-Puelle, b. Landes.

Masbat, *Masbata.* île de la mer des Indes, l'une des Philippines.

Mascareigne Mascarin, *ou* Ile de Bourbon, *ou* de la Réunion, île d'Afrique dans l'Océan éthiopique.

Mascate, *Mascatum.* v. sur la côte de l'Arabie heureuse.

Maseube, b. canton. Gers.

Maslay, b. Yonne.

Masmunter, *Masonis Monasterium.* v. Haut-Rhin.

Masovie, *Masovia.* province de la Pologne.

Masox, *Misauca.* vallée du pays des Grisons.

Massa, *ou* Massa-Carrera, *Massa.* v. de la Toscane.

Massa-Lubrenze, *ou* Massa de Sorrento, v. de la Terre de Labour.

Massa-Veternensis, v. du Siennois.

Massachuset's Bay, l'une des quatre prov. de la nouvelle Angleterre.

Massafra, *Masafra.* v. de la Terre d'Otrante.

Massat, v. canton. Arriége.

Massay, *Maciacum.* b. Indre.

Masserand, *Massianum.* prov. et v. du Piémont. cant. Sésia.

Massiac, v. canton. Cantal.

Massilhargues, v Hérault.

Massisa, *Mopsuestia.* v. de l'Aladulie.

Massuguiez, b. Tarn.

Mastre (la), b. cant. Ardèche.

Mastricht, *Trajectum ad Mosam.* v. des Pays-Bas. préfecture. Meuse-Inférieure.

Masulipatan, *Masulipatanum.* v. des états du Mogol.

Masvaux, b. cant. Haut-Rhin.

Matadoni, *Magdalonum.* v. du royaume de Naples.

Matamba, pays d'Angola.

Matan *ou* Mactan, l'une des îles Philippines.

Matanchel, port du Mexique.

Mataram, *Mataramum.* v. cap. de l'empire de ce nom.

Mataram, empire de la partie orientale de l'île de Java.

Mataro, *Illuro.* v. de la Catalogne.

Matcowitz, v. du comté de Scepus.

Mateilles *ou* Matilles (les), v. canton. Hérault.

Matera, *Mateola.* v. de la Terre d'Otrante.

Matha, b. canton. Charente-Inférieure.

Matheo (S.), *Sanctus Mathaeus.* v. de l'Aragon.

Mathieu (S.), b. cant. Haute-Vienne.

Mathieu (S.), île d'Afrique.

Matignon, b. canton. Côtes-du-Nord.

Matour, b. c. Saône-et-Loire.

Matsumay, *Matsumaia.* principauté et v. capit. de la Terre d'Yesso.

Maubec, b. Isère.

Maubeuge, *Malbodium.* v. du Hainaut françois. cant. Nord.

Maubourguet, v. cant. Hautes-Pyrénées.

Mauguio *ou* Melguel, *Melgorium.* v. canton. Hérault.

Maule, b. Seine-et-Oise.

Mauléon *ou* Mauléon-de-Soule, *Malleo.* v. sous-préf. Basses-Pyrénées.

Mauléon, *Malleo.* v. Deux-Sèvres.

Mauléon-en-Barousse, v. cant. Hautes-Pyrénées.

Maulevrier, v. Maine-et-Loire.

Maumont, b. Corrèze.

Maupertuis, v. Seine-et-Marne.

Maur-des-Fossés, b. Seine.

Maure (Ste.), v. cant. Indre-et-Loire.

Maure (Ste.), *Leucas.* île du golfe de Venise.

Maure, village. canton. Ille-et-Vilaine.

Maurepas, b. Somme.

Maures (les), *Mauri.* peuples d'Afrique.

Mauriac, *Mauriacum.* v. sous-préfecture. Cantal.

Maurice (S.), *Agaunum.* b. de Suisse dans le Valais.

Maurice (l'île), *ou* l'Ile de France, *Mauritia.* île d'Afriq.

Maurice (port), v. de l'état de Gênes.

Maurice (S.), v. Mont-Blanc.

Maurienne, *Mauriana.* vallée de Savoie.

Maurin (S.), b. Lot-et-Garonne.

Mauron, b. canton. Morbihan.

Mauroux, v. Gers.

Maurs, v. canton. Cantal.

Mautern, v. de la basse Autriche.

Mauvesin, b. canton. Gers.

Mauzat, b. cant. Puy-de-Dôme.

Mauzé, b. cant. Deux-Sèvres.

Mavenat et Aubijoux, v. et comté. Puy-de-Dôme.

Mawaralnahar (le), nom qu'on donne au pays des Usbecks.

Maws, v. de la province de Cornouailles.

Maxi, v. de Natolie.

Maximin (S.), *Sancti Maximini Fanum.* v. canton. Var.

May, *Maia.* île d'Écosse.

May (le), b. Maine-et-Loire.

Mayaguana, île de l'Amérique septent. l'une des Lucaies.

Mayen, b. canton. Rhin-et-Moselle.

Mayence (l'électorat de), pays d'Allemagne.

Mayence (l'archevêché de), dans l'élector. de même nom.

Mayence, *Moguntia.* v. cap. de l'électorat de même nom. évê. préfect. Mont-Tonnerre.

Mayenne, 62e. département de Fr. formée dans l'Anjou.

Mayenne, *Meduana.* ville du Maine. sous-préf. Mayenne.

Mayet, b. canton. Sarthe.

Mayet-de-Montagne (le), b. canton. Allier.

Maynas, pays de l'audience de Quito.

Mayo *ou* l'Ile de May, *Maeia.* l'une des îles du cap Vert.

Mayo *ou* Mai, *Mayo.* comté et v. de la prov. de Connaught.

Mazagan, *Mazacanum.* place forte du royaume de Maroc.

Mazamet, v. canton. Tarn.

Mazanderan, *Mazanderanum.* prov. et v. de Perse.

Mazara, *Mazaris.* v. de Sicile.

Mazarino, *Mazarinum.* v. de Sicile.

Mazères, *Castrum Maseris.* v. Arriége.

Mazières, b. cant. Deux-Sèvres.

Mazzo *ou* Masino, v. de la Valteline.

Méaco, *Meacum.* v. de l'île de Niphon.

Méado, l'une des îles Moluques.

Méath (Est et West), deux comt. de la prov. de Leinster.

Meaux, *Meldae.* v. capitale de la Brie. évêché. sous-préfect. Seine-et-Marne.

Meched, v. de Corasan, en Perse.

Mechelen, b. canton. Meuse-Inférieure.

Mechet, b. Charente-Inférieure.

Mechoacan, prov. de l'Amér. s.

Meckelbourg *ou* Mecklenbourg, duché de la basse Saxe.

Meckenheim, v. Rhin-et-Mosell.

Meckmuhl, v. du duché de Wirtemberg.

Mecon, fleuve de la presqu'île au-delà du Gange.

Mecque (la), *Mecca.* v. de l'Arabie heureuse.

Mecran (le), prov. de Perse.

Medellin, *Metellinum.* ville de l'Estramadure espagnole.

Medelpadie, *Medelpadia.* prov. de Suède.

Medelsheim, b. canton. Mont-Tonnerre.

Medemblick, *Medemleca.* v. de la Westfrise.

Medina, v. cap. du royaume de Woully.

Medina-Celi, *Methymna Caelestis.* v. de la vieille Castille.

Medina-de-las-Torres, *Methymna Turrium.* v. de l'Estramadure espagnole.

Medina-del-Campo, *Methymna Campestris.* v. du roy. de Léon.

Medina-del-Rio-Seco, *Methymna fluvii sicci.* v. du roy. de Léon.

Medina Sidonia, *Assidonia.* v. de l'Andalousie.

Médine, *Methymna.* v. de l'Arabie heureuse.

Medinsfi, v. de Russie.

Méditerranée (la mer), *Mare Mediterraneum.* grande mer entre l'Europe et l'Afrique.

Méditerranée (septentrionale), mer de l'Amérique septentr.

Medniki, *Mednicia* ville de Pologne.

Médoc, *Medulicus Pagus.* fort et contrée de Fr. Gironde.

Médua *ou* Mara, *Medua.* v. du royaume d'Alger.

Medziboz, v. de Pologne.

Méen (S.), b. canton. Ille-et-Vilaine.

Méerssen, b. canton. Meuse-Inférieure.

Mées (les), b. canton. Basses-Alpes.

Mégare, *Megara.* v. de Grèce.

Mégary, place de la province d'Inverness.

Mégée, v. de la prov. de Garet.

Mégesvar, *Pirum.* comté et v. de Transilvanie.

Mégève, b. canton. Léman.

Mehedie, v. du r. de Tremecen.

Mehun-sur-Loire, *Magdunum.* v. canton. Loiret.

Mehun-sur-Yèvre, *Magdunum.* v. canton. Cher.

Meiche, b. canton. Doubs.

Meilhan, b. c. Lot-et-Garonne.

Meillards, b. Corrèze.

Meironnes, b. canton. Basses-Alpes.

Meisenheim, b. cant. Sarre.

Meissen *ou* Misne, *Misna.* v. de Saxe.

Meissenheim, *Meisenheimum.* v. de Deux-Ponts.

Melazzo, *Milasa.* ville de la Natolie.

Melck, *Medelcium.* v. de la basse Autriche.

Meldela *ou* Meldola (la), *Meldula.* place de la Romagne.

Meldorf *ou* Meldorp, *Meldorpium.* v. du Holstein.

Méléda *ou* Malte, *Melita.* île du golfe de Venise.

Melfi, *Melphis.* ville de la Basilicate.

Melgago, v. de Portugal.

Méliapour *ou* Méliapur, *Meliapora* v. du roy. de Carnate.

Mélille, *Melilla.* v. de la prov. de Garet.

Mélinde, *Melindum.* royaume d'Afrique.

Melinde, v. capit. du royaume de même nom.

Mellsey, b. cant. Haute-Saône.

Melle, v. de l'év. d'Osnabruck.

Melle, *Mellusum.* v. sous-préf. Deux-Sèvres.

Melleraud, b. Orne.

Melliand, b. Gers.

Mellingen, *Mellinga.* v. du bail. de Bade, en Suisse.

Melnick *ou* Mielnick, *Melnicum.* v. de Bohême.

Méloué *ou* Mélave, v. de la h. Égypte.

Melrischstadt *ou* Mellerstadt, *Melristadium.* v. de Franconie.

Melsungen, v. de la b. Hesse.

Melun, *Melodunum.* v. capit. du Hurepoix. préf. Seine-et-Marne.

Melzen, Meltzen, Hohen *ou* Meltzen, v. de la h. Saxe.

Memmel, *Memelium.* ville de Prusse.

Memmingen, *Memminga.* v. de l'Algow.

Menancaro, roy. et v. de l'île de Sumatra.

Menat, b. canton. Puy-de-Dôme.

Mende, *Mimate.* v. cap. du Gévaudan. évéc. préf. Lozère.

Mendoza, v. de la prov. de Chicuito.

Mendris, pet. pays d'Italie.

Menéhould (Ste.), *Sancta Menechildis Fanum.* ville de la Champagne. s.-préf. Marne.

Menelou-Salon, b. cant. Cher.

Meneton-sur-Cher, b. Cher.

Menetous, b. canton. Loir-et-Cher.

Mencen, v. de Souabe.

Mengerinshausen, v. du comté de Waldeck.

Menigoutte, b. canton. Deux-Sèvres.

Menil, b. Marne.

Menilles, b. Eure.

Menin, *Menina.* v. de la Flandre autr. canton. Lys.

Menoux (Ste.), b. Allier.
Mens, b. canton. Isère.
Mentese, *Mendes*, v. de la Natolie.
Menton, v. cant. Alpes-Marit.
Menzat, b. Creuse.
Meppen, *Meppa*. v. de l'évê. de Munster.
Mequela, v. d'Egypte.
Mequinença, *Mequinencia*. v. du roy. d'Aragon.
Mer ou Menars, v. canton. Loire-et-Cher.
Mer Adriatique (la), entre l'Italie et la Dalmatie.
Mer Arabique (la), sous le Tropique du Cancer.
Mer Blanche (la) : elle borde la Tartarie, au nord.
Mer Baltique ou Mer du Levant, voyez Baltique.
Mer du Nord (la), *Mare Germanicum*. partie de l'Océan.
Mer Glaciale, avoisine les pôles.
Mer Morte ou Lac Asphaltide, près Jérusalem.
Mer Pacifique ou du Sud, gr. océan à l'Ouest de l'Amériq.
Mer Rouge, golfe entre l'Arabie et l'Egypte.
Méral, b. Mayenne.
Méran, *Merania*. v. du Tyrol.
Merbes-le-Château, b. canton. Jemmape.
Mercœur, *Mercorium*. v. cant. Corrèze.
Mercuer, b. Haute-Loire.
Mercurio, b. canton. Golo.
Mercurol, b. Drôme.
Merdin, *Merde*. v. du Diarbeck.
Merdrignac, b. canton. Côtes-du-Nord.
Mère-Eglise (Ste.), b. canton. Manche.
Méré, b. Seine-et-Oise.
Merecz, *Meretium*. v. de la Lithuanie.
Méréville, b. cant. Seine-et-Oise.
Merguy, v. du roy. de Siam.
Merida, *Augusta Emerita*. v. de l'Estramadure espagnole.
Merida, v. de la prov. d'Yucatan.
Merida, v. du nouv. roy. de Grenade.
Mérignac, b. Charente.
Mérilles ou Mezilles, b. Yonne.
Merinville, b. Seine-et-Oise.
Merionetshire, *Mervinia*. prov. d'Angleterre.
Merlauge, v. Seine-et-Marne.
Merlerault, b. canton. Orne.
Merlou ou Mello, *Mellotum*. v. Oise.
Mero, l'un des 3 districts du Tenessé.
Mérou, v. du Korasan.
Merpins, b. Charente.
Mersbourg ou Mersburg, *Marisburgum*. v. de Misnie.
Mersburg, *Merseburgum*. v. de l'évêché de Constance.
Mersch, b. canton. Forêts.
Merzig, b. canton. Sarre.
Mertola, *Myrtillis*. v. de l'Alentéjo.
Mertzick, b. Moselle.
Méru, *Maruacum*. b. canton. Oise.
Merville, *Meraniacum*. v. cant. Nord.
Méry-sur-Seine, b. canton. Aube.
Meched ou Thus, *Antiochia Margianae*. v. du Korasan.
Meschede, v. de Westphalie.
Mesuré, b. Sarthe.
Meseritz, v. de Moravie.
Meseritz (gros), v. de Moravie.
Meskirchen ou Moerskirch, v. de la princ. de Furstemberg.
Meslat, b. Aisne.
Meslay, b. canton. Mayenne.
Mesle-sur-Sarthe, b. canton. Orne.
Mesmin (S.), b. Deux-Sèvres.
Messa, *Temesta*. v. du roy. de Maroc.
Messène ou Chader, île au confluent du Tigre et de l'Euphrate.
Messey, b. Orne.
Messin (le pays), prov. de Fr.
Messine, *Messana*. v. du val de Démone.
Messines, v. canton. Lys.
Mesvres, b. canton. Saone-et-Loire.
Metelin ou Lesbos, île de l'Archipel.
Metling ou Moetling, *Metulum*. v. et chât. de la Carniole.
Metrovisa, v. de Hongrie.
Metz, *Metae*. v. cap. du pays Messin. év. préf. Moselle.
Metzerwise, b. cant. Moselle.
Meulan, *Mellentum*. v. canton. Seine-et-Oise.
Meulebecke, b. canton. Lys.
Meur ou Murs, *Meursium*. v. du cercle de Westphalie.
Meursac, b. Charente-Inférieur.
Meursault ou Mursaut, bourg. Côte-d'Or.
Meurthe (la), 63ᵉ. dép. de Fr. formé dans la Lorraine.
Meuse (la), *Mosa*. fleuve de France.
Meuse, 64ᵉ. dép. de France, formé dans la Lorraine.
Meuse-Inférieure, 65ᵉ. dép. de Fr. formé dans la Gueldre et le pays de Liége.
Mewary, v. de l'île de Niphon.
Mexat-Aly, *Mexatum*. v. de l'Irac-Arabi.
Mexat-Ocem ou Rerbésa, v. de l'Irac-Arabi.
Mexico ou Mexique, *Mexicum*. v. cap. de la nouv. Espagne.
Meximieux, b. canton. Ain.
Mexique (l'empire du) ou la Nouvelle Espagne, gr. pays de l'Amérique septentrionale.
Mexique (nouveau), gr. pays de l'Amériq. septentrionale.
Mexique (golfe de), sur la côte or. de l'Amérique sep.
Meyenfeld ou Meyemberg, *Majavilla*. v. du pays des Grisons.
Meymat, v. Corrèze.
Meyn, Meyen ou Mayen, *Magaiacum*. v. Rhin-et-Moselle.
Meyne, b. Gard.
Meyniac, b. canton. Corrèze.
Meyrueix ou Mirveys, vil. c. Lozère.
Meyisse (la), b. Dordogne.
Meyssac, b. canton. Corrèze.
Meyzieu, b. canton. Isère.
Mezana, b. canton. Liamone.
Mezdaga, v. du roy. de Fez.
Mèze, v. canton. Hérault.
Mezères, b. Haute-Loire.
Mézidon, b. cant. Calvados.
Mézières, *Maceriae*. v. de Champagne. préfect. Ardennes.
Mézières, b. Eure-et-Loire.
Mézières, b. cant. H.-Vienne.
Mézières, v. canton. Indre.
Mezin, v. canton. Lot-et-Gar.
Mia ou Mijah, v. du Japon.
Miao-Tsée, peuple montagnard de la Chine.
Michaelove, v. de Moscovie.
Michaelstadt ou Michel-State, v. du comté d'Erpach.
Michel (S.), b. Gironde.
Michel (S.), v. Gers.
Michel (S.), b. de Cornouailles.
Michel (S.), v. de la nouv. Espagne.
Michel (S.), b. canton. Stura.
Michel (S.), b. cant. Mont-Blanc.
Michelau, v. de Silésie.
Micery, b. Yonne.
Middelbourg, *Middelburgum*. v. cap. de l'île de Walcheren.
Middelbourg, b. Lys.
Middelbourg, île de la mer du Sud.
Midhurst, v. de la prov. de Sussex.
Midlesex, *Midlesexia*. provin. d'Angleterre.
Midletown, b. du comté de Corke.
Miechau ou Miezava, v. de la Cujavie.
Mielan, b. canton. Gers.
Mies ou Mysa, v. de Bohême.
Migne ou Minho, *Minius*. fleuve d'Espagne.
Migné, b. Vienne.
Migron, b. Charente.
Miguel (S.), v. du Pérou.
Miguel (S.), v. de la province de Guatimala.
Miguel (l'île de S.), une des Açores.
Mihel (le quartier de), partie de la haute Autriche.
Mihiel (S.), ou S. Michel, *Sancti Michaelis Fanum*. v. canton. Meuse.
Mila, *Milevium*. v. du roy. de Tunis.
Milan, *Mediolanum*. v. capit. du duché de même nom.
Milanais (le) ou le duché de Milan, pays d'Italie.
Milazzo, *Milae*. v. du Val de Demone.
Milbournport, b. du Sommersetshire.
Milesimo, b. canton. Stura.
Mileto, *Miletus*. v. de la Calabre ultérieure.
Mileto, v. de la Natolie.
Miliane, *Manaeana*. v. du roy. de Trémecen.
Militsch, *Dynastia Militensis*. v. de Silésie.
Millac, b. Charente.
Millançay, v. Loir-et-Cher.
Millas, b. canton. Pyrénées-Orientales.
Millau, Milhaud, *Æmilianum*. v. sous-préfect. Aveyron.
Millau, b. Gard.
Millery, b. Rhône.
Millessow, mont. de Bohême.
Milly, *Miliacum*. v. canton. Seine-et-Oise.
Milo, *Melos*. île de l'Archipel.
Milsungen ou Melsungen, v. de la basse Hesse.
Miltenberg, v. de l'élect. de Mayence.
Mimizan, b. canton. Landes.
Minakuts, v. de l'île de Niphon.
Mindanao, *Mindanao*. gr. île, l'une des Philippines.
Mindelheim, *Mindelheimum*. v. de l'Algow.
Minden, *Minda*. prov. et v. du cercle de Westphalie.
Mindora, *Mindora*. île, une des Philippines.
Mines (les), contr. du Brésil.
Mingrela, b. du royaume de Visapour.
Mingrelie, *Mingrelia*. prov. de la Géorgie.
Minhead, b. du Sommersetshire.
Miniato (S.), v. du Florentin.
Minitic (le lac) ou le Lac des Bois, lac du Canada.
Minorbino, *Minorbinum*. v. de la Terre de Bari.
Minori, v. du roy. de Naples.
Minorque, *Minorca*. île espag. dans la Méditerranée.
Minsingen ou Munsingen, ville du duché de Wirtemberg.
Minski, *Minsca*. pal. et v. de Lithuanie.
Miolans, b. Basses-Alpes.
Miquelon, île du golfe Saint-Laurent.
Miquenez, *Miquenta*. ville du roy. de Fez.
Mirabel, v. Lot.
Miradoux, v. canton. Gers.
Mirambeau ou le Petit Niort, b. cant. Charente-Inférieure.
Miranda de Duero, *Contia Miranda Durii*. v. capit. de la prov. de Tra-los-Montes.
Miranda de Ebro, *Moranda Iberica*. v. de la v. Castille.
Mirande, *Miranda*. v. cap. du comté d'Astarac. sous-préf. Gers.
Mirandol, b. Tarn.
Mirandole (la), *Mirandula*. duché et v. d'Italie.
Mirebeau, *Mirabellum*. v. cant. Vienne.
Mirebeau, b. cant. Côte-d'Or.
Mirebel, b. Ain.
Mirecourt, *Mirecurtium*. v. de Lorraine. s.-préf. Vosges.
Mirefleur, b. Puy-de-Dôme.
Miremont, *Miremontium*. ville. Lot-et-Garonne.
Miremont, v. Landes.
Miremont, v. Puy-de-Dôme.
Miremont, v. Lot-et-Garonne.
Miremont, v. Haute-Garonne.
Miremont, v. Gers.
Mirepex, b. Basses-Pyrénées.
Mirepeysset, v. Aude.
Mirepoix, *Mirapicum*. v. cant. Arriége.
Mirevaux, *Mira Vallis*. ville. Hérault.
Mirevel, b. Isère.
Mirow, *Miravia*. v. du duché de Mecklenbourg.
Misitra, v. cap. de la Morée.
Misnie, *Misnia*. prov. d'All.
Missilimakinac, isthme de la nouvelle France.
Mississipi (le), *Mississipus Fluvius*. fleuve de la Louisiane.
Mistelbach, ville de la basse Autriche.
Mitry, b. Seine-et-Marne.
Mittau, *Mittavia*. v. cap. de la Sémigalle et de la Courlande.
Mittenwale, v. de la moyenne Marche de Brandebourg.
Mitweida, v. de Misnie.
Moab, v. cap. de l'Yemen.
Moca ou Moka, *Mocha*. v. de l'Arabie heureuse.
Modane, b. cant. Mont-Blanc.
Modène, *Mutina*. v. capit. du Modénois.
Modénois (le), pet. Etat d'Italie
Modica, *Motuca*. v. du Val de Noto.
Modon, *Metone*. v. de la Morée.
Modruss, v. de la Morlaquie.
Modzir, *Mozirca*. v. de la Lithuanie.
Moeckern, ville du duché de Magdebourg.
Moedling, *Medlingua*. v. de la basse Autriche.
Moelck, *Medlicum*. ville de la basse Autriche.
Moerincen, v. de la princip. de Calemberg.
Mœurs, b. canton. Roer.
Moffat, v. du comté de Fife.
Mogodor, île du roy. de Maroc.
Mogol (l'Empire du), *Mogolis Imperium*. dans les Indes.
Moguera, *Moguera*. v. de l'Andalousie.
Mohilow, *Mohilovia*. ville de la Lithuanie.
Moirans, b. Isère.
Moirans, b. canton. Jura.
Moisdon-Larivière, b. canton. Loire-Inférieure.
Moissac, *Mussiacum*. v. cant. Lot.
Mola, *Mola*. b. du roy. de Naples.
Molalia, l'une des îles de Comorre.
Moldau (le cercle de), contr. de Bohême.
Moldavie, *Moldavia*. contrée d'Europe.
Mole S. Nicolas, v. dans l'île de S. Domingue.
Molesme, *Molismus*. v. Côte-d'Or.
Molfetta, *Melfictum*. v. de la Terre de Bari.
Moliens, *Molinae*. a b. Somme.
Molières, v. canton. Lot.
Molina, *Melina*. v. de la n. Castille.
Molingar ou Mullingar, *Molingaria*. v. d'Irlande.
Molise (le comté de), *Molisus*. contrée du roy. Naples.
Moll, b. canton. Deux-Nèthes.
Mollen ou Molna, v. du duché de Lavenbourg.
Molliens-Vidame, b. canton. Somme.
Molsheim, *Molshemium*. v. c. Bas-Rhin.
Moluques (les), *Molucæ*. îles de la mer des Indes.
Momonie (la), ou le Munster, prov. d'Irlande.
Monaco, *Monachium*. v. d'Ital. sous-préf. Alpes-Maritimes.
Monagan, *Monaghanum*. v. de la prov. d'Ulster.
Monaster ou Monester, *Monasterium*. v. du roy. de Tunis.
Monastier, b. cant. H.-Loire.
Monbahus, b. Lot-et-Garonne.
Monbaze, *Monbacia*. île et v. sur la côte orient. d'Afrique.
Monbercelli, b. canton. Tanaro.
Monblanc, comté et v. de la Catalogne.
Moncallieu, b. canton. Pô.
Moncalvo, Moncal, v. canton. Marengo.
Monçaon ou Monçon, *Montio*. v. de la prov. d'entre Duero et Minho.
Monceau, b. Corrèze.
Monchaude, b. Charente-Infér.
Monclar, b. canton. Lot.
Monclar, b. cant. Lot-et-Gar.
Monçon, *Moncio*. v. du roy. d'Aragon.
Moncontour, *Mons Contorius*. v. canton. Vienne.
Moncontour, b. cant. Côtes-du-Nord.
Moncornet, *Mons Cernutus*. b. canton. Aisne.
Moncrabeau, b. Lot-et-Garon.
Moncuq, b. canton. Lot.
Mondeville, v. Calvados.
Mondonedo, *Mindon*. v. de la Galice.
Mondoubleau, *Mons Dubelli*. v. canton. Loir-et-Cher.
Mondovi, *Mons vice*. ville du Piémont. sous-préfec. Stura.
Mondragon, v. Vaucluse.
Mondragon, v. du Guipuscoa.
Mondragon, b. de la Terre de Labour.
Mone-Danoise, *Mona Danica*. île dans la mer Baltique.
Moneins, v. cant. B.-Pyrénées.
Monestier, b. cant. H.-Alpes.
Monestier-de-Clermont et S. Paul, b. canton. Isère.
Monesties, v. canton. Tarn.
Monfaucon, b. canton. Meuse.
Monfaucon, b. canton. Haute-Loire.
Monfaucon, *Mons Falconis*. v. canton. Maine-et-Loire.
Monflanquin, v. canton. Lot-et-Garonne.
Mongale, roy. de la Cafrerie.
Mongrande, b. canton. Sésia.
Monheim, *Monheimium*. v. du nouv. palat. de Donawert.
Monheurt, b. Lot-et-Garonne.
Monickendam, Munikendam, *Monacodamum*. v. de la Nort-Hollande.
Monistrol-de-Loire, *Monasterilum*. v. canton. Haute-Loire.
Monjaux, b. Aveyron.
Monmorillon, *Mons Maurilionis*. v. Vienne.
Monmouth, *Monumetia*. v. cap. du Monmouthshire.
Monmoutshire, prov. d'Angl.
Monnoye, b. Indre-et-Loire.
Monoemugi, roy. d'Afrique.
Monomotapa, royaume de la Cafrerie.
Monopoli, *Monopolis*. v. de la Terre de Bari.
Monpazier, v. cant. Dordogne.
Monpon, b. cant. Dordogne.
Monrevel, b. Gironde.
Monricoux, v. Lot.
Mons, *Mons Hannoniae*. ville cap. du Hainaut autr. préf. Jemmape.
Monsalvi, v. Cantal.
Monségur, v. canton. Gironde.
Monseurs, v. cant. Mayenne.
Monsterberg ou Munsterberg, *Munsterberga*. prov. et v. de la basse Silésie.
Mont (S.), v. Hautes-Pyrénées.

Montabour *ou* Montabaur, *Mons Tabor*. v. Rhin-et-Moselle.
Moutafra, b. canton. Tanaro.
Montagnac, *Montiniacum*. v. canton. Hérault.
Montagnac, b. cant. Dordogne.
Montagne Blanche, *Mons Albus*. montagne de Bohême.
Montagne des Géans, *Montes Cerconosii*. mont. de Bohême.
Montagut, *Mons Acutus*. ville. Lot-et-Garonne.
Montagrier, b. c. Dordogne.
Montagut, v. Haute-Garonne.
Montaigut, v. s.-préf. Vendée.
Montaigut, b. Manche.
Montaigut, b. canton. Lot-et-Garonne.
Montaigut-les-Combrailles, v. canton. Puy-de-Dôme.
Mont-Albán, *Mons Albanus*. v. du roy. d'Aragon.
Mont-Alcino, *Mons Alcinus*. v. de la Toscane.
Montalsat, b. Lot.
Montalto, *Mons Altus*. v. de la marche d'Ancône.
Montambœuf, b. cant. Charente.
Montan (S.), b. Ardèche.
Montaner, b. cant. B.-Pyrénées
Montania, *Montanea*. v. de la Natolie.
Montarcher, v. Loire.
Montargis, *Mons Argisus*. v. cap. du Gâtinois. sous-préf. Loiret.
Montastruc, v. canton. Haute-Garonne.
Montauban, *Mons Albanus*. v. du h. Langued. s.-préf. Lot.
Montauban, vil. canton. Ille-et-Vilaine.
Montaud, b. Loire.
Mouraut, v. Gers.
Montaut, v. Arriége.
Montbar, *Mons-Barus*. v. cant. Côte-d'Or.
Montbarrey, b. canton. Jura.
Montbaze, roy. et v. d'Afriq.
Montbazens, b. cant. Aveyron.
Montbazin, b. Hérault.
Montbazon, *Mons-Basonis*. v. canton. Indre-et-Loire.
Montbéllard, *Mons-Belligardus*. v. canton. Haut-Rhin.
Mont-Benoît, b. cant. Doubs.
Mont-Blanc, 66e. de Fr. formé de la Savoie.
Montboissier, b. Puy-de-Dôme.
Montbozon, b. canton. Haute-Saone.
Montbrisson, *Mons-Brisonis*. v. cap. du Forez. préf. Loire.
Montbron, *Mons-Berulfi*. v. c. Charente.
Montbrun, b. Drôme.
Montbrun, b. Arriége.
Montbrun, b. Deux-Sèvres.
Montbrun, v. Aude.
Mont-Cassin, *Mons Cassinus*. mont. du roy. de Naples.
Mont-Cenis, voyez Cenis.
Mont-Cenis, *Mons Cinissius*. v. canton. Saone-et-Loire.
Montchamp, b. Calvados.
Mont-Dauphin, *Mons Delphini*. v. Hautes-Alpes.
Mont-de-Marsan, v. capit. du comté de Marsan. préf. Landes.
Mont-Didier, *Mons Desiderii*. v. de Picardie. s.-préf. Somme.
Mont-d'Or, mont. d'Auvergne.
Montebourg, *Montanoburgum*. b. canton. Manche.
Montech, *Montegium*. v. cant. Haute-Garonne.
Montecheroux, b. Haut-Rhin.
Montechiaro, b. cant. Tanaro.
Montechio, v. du duché de Reggio.
Montecoulant, b. cant. Deux-Sèvres.
Montefalco, *Mons-Falconis*. v. du duché de Spolette.
Monte-Falcone, *Veruca*. v. du Frioul vénitien.
Monte-Fiascone, *Falisca*. ville de l'Etat de l'Eglise.
Monteforte-de-Lemos, v. de la Galice.
Monte-Fusculo, b. de la principauté ultérieure.
Montegresso, b. canton. Golo.
Montejan, b. Maine-et-Loire.
Monte-Leone, v. de la Calabre ultérieure.
Montelier, b. Drôme.
Montélimar, *Montilium Adhemari*. v. sous-préfect. Drôme.
Montemagno, b. c. Marengo.
Monte Marano, *Mons Maranus*. v. de la princip. ultérieure.
Monte-Mor-o-Novo *ou* Monte-Maior-el-Novo, v. de l'Alentéjo.
Monte-Mor-o-Velho *ou* Monte-Maior-el-Velho, v. de la prov. de Beira.
Montenay, b. Mayenne.
Montendre, b. cant. Charente-Inférieure.
Montenero, chaîne de mont. de la Dalmatie.
Monte-Peloso, *Mons Pelosus*. v. de la Basilicate.
Monte-Pulciano, *Mons Poltianus*. v. de la Toscane.
Montereau-Faut-Yonne, *Monasteriolum Senonum*. v. cant. Seine-et-Marne.
Montesa, v. du roy. de Valence.
Montesquiou, v. Lot.
Montesquiou, v. cant. Haute-Garonne.
Montesquiou, v. Haute-Garon.
Montesquiou, v. cant. Gers.
Montesquiou, v. Lot-et-Gar.
Montet, b. canton. Allier.
Monteux, v. Vancluse.
Monte-Verde, *Mons Viridis*. v. du roy. de Naples.
Montferrand, b. Gers.
Montferrand, b. canton. Puy-de-Dôme.
Mont-Ferrat, *Mons Ferratus*. prov. d'Italie.
Montferrat, l'une des Antilles.
Montfort, v. canton. Landes.
Montfort, v. Gers.
Montfort, v. canton. Sarthe.
Montfort, v. de la prov. d'Utrecht.
Montfort-la-Canne, *Mons Fortis*. v. de la haute Bretagne. sous-préfecture. Ille-et-Vilaine.
Montfort-l'Amaury, *Mons fortis Almarici*. v. cant. Seine-et-Oise.
Montfort-sur-Risle, b. canton. Eure.
Montgaillard, b. Arriége.
Montgaillard, b. Landes.
Montgatz, *Montgatium*. v. du comté de Pereczats.
Mont-Giscard, v. cant. Haute-Garonne.
Montgomery, *Mons Gomericus*. v. de la province de Galles.
Montguyon, b. cant. Charente-Inférieure.
Monthermé, b. cant. Ardennes.
Monthois, b. cant. Ardennes.
Monthoumet, b. canton. Aude.
Montier-sur-Saux, b. ca. Meuse.
Monticrender, b. canton. Haute-Marne.
Montiglio, b. canton. Marengo.
Montignac, v. cant. Dordogne.
Montignac, b. Charente.
Montigny, b. Eure-et-Loire.
Montigny, b. Somme.
Montigny-le-Roi, v. haute Marne.
Montigny-sur-la-Meuse, b. cant. Haute-Marne.
Montigny-sur-Aube, v. canton. Côte-d'Or.
Montils, b. Charente-Inférieure.
Montils, b. Loir-et-Cher.
Montirat, b. Tarn.
Montivilliers, *Monasterium vetus*. v. canton. Seine-Inférieure.
Montjoie, v. canton. Roer.
Mont-Joye, v. Lot-et-Garonne.
Mont-Jules *ou* Alpes Juliennes, chaîne de montagnes du pays des Grisons.
Mont-Laur, v. Haute-Garonne.
Montlesun, b. Gers.
Mont-Lheri, *Mons Lheteriei*. v. Seine-et-Oise.
Mont-lieu, b. canton. Charente-Inférieure.
Mont-Louis, *Ludovicum*. bourg. Indre-et-Loire.
Mont-Louis, *Mons Ludovici*. Mont-Libre. v. cant. Pyrénées-Orientales.
Mont-Luçon, *Mons-Luzzonis*. v. sous-préfect. Allier.
Mont-Luel, *Mons Lupelli*. ville. canton. Ain.
Montmarault, v. cant. Allier.
Montmartin, b. Manche.
Montmartin-sur-Mer, b. canton. Manche.
Montmaur, b. Hautes-Alpes.
Montmaur, b. Aude.
Montmaur, b. Marne.
Mont-Médi, *Mons-Medius*. v. du Luxembourg. sous-préfect. Meuse.
Montmélian, *Monmelianum*. v. de Savoie. cant. Mont-Blanc.
Mont-Merle, *Mons-Merulæ*. v. Ain.
Montmeyran, b. Drôme.
Mont-Mirail, *Mons Mirabilis*. v. canton. Sarthe.
Montmirail, b. canton. Marne.
Montmirail, (Castelnau-de-) b. canton. Tarn.
Montmiral, b. Drôme.
Montmirel, v. Marne.
Montmirey-le-Château, bourg. canton. Jura.
Montmoreau, b. Charente.
Montmorency, *Mons-Morentiacus*. v. Seine-et-Oise.
Montmorillon, v. sous-préfect. Vienne.
Montmorin, b. Puy-de-Dôme.
Montmorin, b. Hautes-Alpes.
Montmort, b. canton. Marne.
Montoire, v. canton. Loir-et-Cher.
Montolieu, b. Aude.
Montournois, b. Vendée.
Montpellier, *Mons-Pessulanus*. v. de Languedoc. évêché. préfecture. Hérault.
Montpeyroux, b. Hérault.
Montpezat, b. canton. Ardèche.
Montpezat, v. canton. Lot.
Montpinçon, b. Manche.
Montpont, b. canton. Saône-et-Loire.
Montpont, b. Dordogne.
Mont-Réal, *Mons-Regalis*. v. du roy. d'Aragon.
Mont-Réal (l'île de), dans le fleuve S. Laurent.
Mont-Réal, *Mons-Regalis*. ville. canton. Aude.
Mont-Réal, b Yonne.
Mont-Réal, v. canton. Gers.
Mont-Réal, v. du val de Mazare.
Mont-Redon, *Mons-Redonis*. v. canton. Tarn.
Montrejan, v. canton. Haute-Garonne.
Montrésor, b. canton. Indre-et-Loire.
Montret, b. canton. Saône-et-Loire.
Montrevaud, b. canton. Maine-et-Loire.
Montrevel, v. canton. Ain.
Montreuil, *Monasteriolum*. v. de Picardie. sous-préfecture. Pas-de-Calais.
Montreuil, b. Seine.
Montreuil-Bellay, *Monasteriolum Burlaii*. v. canton. Maine-et-Loire.
Montreuil-l'Argile, b. Eure.
Montrollier, b. Rhône.
Montrol-Savari, b. Charente.
Montroziers, v. Aveyron.
Monts, b. canton. Vienne.
Monts, b. Loir-et-Cher.
Monts, b. Indre-et-Loire.
Mont-Saint-Jean, b. Sarthe.
Mont-St.-Michel, *Mons S. Michaelis*. v. de Norm. Manche.
Mont-Saint-Vincent, b. canton. Saône-et-Loire.
Montsalvy, b. canton. Cantal.
Mont-Sauche, b. cant. Nièvre.
Montsaujon, *Mons Salionis*. v. Haute-Marne.
Mont-Serrat, *Mons Seratus*. haute mont. de la Catalogne.
Montsols, b. canton. Rhône.
Montsoreau, b. Maine-et-Loire.
Mont-Tonnerre, 67e. département de France, formé dans l'archevêché de Mayence et le duché de Deux-Ponts.
Mont-Trichard, *Mons Trichardi*. v. de Touraine. cant. Loir-et-Cher.
Montureux-sur-Saône. b. canton. Vosges.
Mont-Valérien (le), *Mons-Valeriani*. mont. près Paris.
Montville, b. Seine-Inférieure.
Monza, v. du duché de Milan.
Moorzeele, b. canton. Lys.
Morannes, b. Maine-et-Loire.
Moras, b. Drôme.
Morat, *Muratum*. v. de Suisse.
Moravie (la), *Moravia*. prov. annexée au roy. de Bohême.
Morbegno, *Morbontum*. b. de la Valteline.
Morbihan (le), 68e. départ. de Fr. formé dans la Bretagne.
Morduates (les), peuples de la Tartarie moscovite.
Morée, b. canton. Loir-et-Cher.
Morée (la), *Peloponnesus*. gr. presqu'île de la Grèce.
Morella, v. du roy. de Valence.
Moreste, b. Isère.
Moret, *Moretum*. v. cant. Seine-et-Marne.
Moretel, b. canton. Isère.
Moretta, b. canton. Stura.
Moreuil, *Morelium*. b. canton. Somme.
Morey, vil. canton. Jura.
Morges, *Morginum*. v. du canton. de Berne.
Morgny, b. Eure.
Morhange, *Morantiacum*. ville. Moselle.
Moriani, b. canton. Golo.
Morienval, b. Oise.
Morlaix, *Mons Relaxus*. v. de Bretagne. sous-préf. Finistère.
Morlaquie, *Morlachia*. contrée de la Croatie.
Morlas *ou* Morlac, v. canton. Basses-Pyrénées.
Morley, b. Meuse.
Mormant, b. canton. Seine-et-Marne.
Mornay, b. canton. Ain.
Mornsheim, v. de Franconie.
Moron, *Moronium*. ville de l'Andalousie.
Morpeth, *Corstopitum*. v. du Northumberland.
Morra, b. canton. Tanaro.
Mortagne, *Moritania*. v. Nord.
Mortagne, *Moritiana*. v. sous-préfect. Orne.
Mortagne, v. canton. Vendée.
Mortagne, v. Charente-Infér.
Mortain, *Moretonium*. v. sous-préfect. Manche.
Mortara, *Mortaria*. v. du duché de Milan.
Morteau, b. canton. Doubs.
Mortemar, *Mortuum Mare*. v. Haute-Vienne.
Mortemer, b. Vienne.
Mortrée, b. canton. Orne.
Moruca, roy. de la Cafrerie.
Morvan (le), *Morvium Pagus*. contrée de Bourgogne.
Morvedro, *Muri Veteres*. v. du roy. de Valence.
Morvilliers, b. Seine-Infér.
Mosbach, *Mosbaculum*. v. du Palatinat.
Mosbourg, *Mosburgum*. v. de Bavière.
Mosé, b. Maine-et-Loire.
Moselle (la), *Mosella*. 69e. dép. de Fr. formé dans la Lorraine.
Moskau *ou* Muska, v. de la haute Lusace.
Moskou, *Moscua*. v. de Russie.
Moskou (le duché de), prov. de Russie.
Mosquites (la Côte des), dans l'Amérique septentrionale.
Mosso-Sainte-Marie, b. canton. Sésia.
Mostacan, *Cartenna*. v. du roy. d'Alger.
Mostar, *Andetrium*. ville de l'Herzegovine.
Mosul, *Durbeta*, *Mausilum*. v. du Diarbeck.
Mothe (la), *Mota*. b. Deux-Sèvres.
Mothe (la), v. Haute-Marne.
Motir, *Mottira*. île, l'une des Moluques.
Motril, *Hexi*. v. du roy. de Grenade.
Motte-Achard (la), b. canton. Vendée.
Motte-Châlençon (la), b. cant. Drôme.
Motte-du-Caire (la), b. cant. Basses-Alpes.
Motula, *Motula*. v. du royaume de Naples.
Mouchamps, b. Vendée.
Mouckden, v. de Tartarie.
Moudon, *Minidunum*. v. du canton de Berne.
Mouilleron, v. Vendée.
Moulins, *Molinæ*. v. cap. du Bourbonnois. préfect. Allier.
Moulins, b. Orne.
Moulins-Engilbert, *Molinæ Angilbertorum*. v. cant. Nièvre.
Moulins-la-Marche, b. canton. Orne.
Moura, *Arucci Nova*. v. de l'Alentéjo.
Mourmoiron, b. cant. Vaucluse.
Mournand, b. canton. Rhône.
Mouron, b. Seine-et-Marne.
Moustiers, v. canton. Basses-Alpes.
Moustiers (les), b. Vendée.
Mouthe, b. canton. Doubs.
Moutier *ou* Monstier, *Monasterium*. v. sous-préf. Mont-Blanc.
Moutier, b. canton. Haut-Rhin.
Moutier-Grandval, vallée de l'évêché de Bâle.
Moutier-St.-Jean, b. Côte-d'Or.
Moutiers (trois), b. canton. Vienne.
Moutiers-les-Mauxfaits, b. cant. Vendée.
Moutier, b. Haute-Loire.
Mouy, v. Oise.
Mouzon, *Mosonum*. v. canton. Ardennes.
Moxudabat, v. de l'Indostan.
Moy, b. canton. Aisne.
Moyeuneville, b. cant. Somme.
Moyenvic, *Medianus vicus*. v. Meurthe.
Moyrazès, v. Aveyron.
Mozambique, *Mozambicum*. île et v. de la basse Ethiopie.
Mozambique (le canal de), détroit de la mer des Indes.
Mscizlau, *Mscislavia*. v. de Lithuanie.
Muchelm, Muggeln *ou* Migeln, v. de Thuringe.
Mueraw, *Muræla*. v. de la haute Styrie.
Mugelm *ou* Mechelem, v. de Misnie.
Muggia *ou* Muglia, *Mingua*. v. de l'Istrie vénitienne.
Mugliano, *Mullanum*. v. de la Toscane.
Mugron, v. canton. Landes.
Muhlberg, *Molyberga*. v. de Misnie.
Muhlberg, b. de Souabe.
Muhldorf, v. de la bas. Bavière.
Muhlstadt, dans la h. Carinthie.
Mula, v. du roy. de Murcie.
Mulac, roy. de la Cafrerie.
Mulazzan, b. canton. Stura.
Mulhausen, *Mulhusa*. v. du cercle de la haute Saxe.
Mulhausen, *Mulhusa*. v. de la haute Alsace. Haut-Rhin.
Mulheim, v. du duché de Berg.
Mull, île de la mer d'Ecosse.
Multan, *Multanum*. prov. et v. du Grand-Mogol.
Multzic, v. de la b. Alsace.
Munau, v. Ardennes.
Muncheberg, v. de la moyenne Marche de Brandebourg.
Munchsberg, v. de Franconie.

Munda, *Munda*. v. du roy. de Grenade.
Munden, Minden *ou* Munder, *Munda*. v. de Hanovre.
Munderkingen, v. de Souabe.
Munich, *Monachium*. v. capit. de la Bavière.
Munster (l'évêché de), petit état souverain du cerle de Westphalie ; la plus grande partie appartient à la Prusse.
Munster, *Monasterium*. v. cap. de l'évêchée de même nom.
Munster, *Momonia*. province d'Irlande.
Munster, v. cant. Haut-Rhin.
Munster, *Beronensis-Villa*. b. du canton de Lucerne.
Munsterberg *ou* Mœnsterberg, *Munsterberga*. v. de Silésie.
Munster-Eyffel, v. du duché de Juliers. c. Rhin-et-Moselle.
Mur, b. cant. Côtes-du-Nord.
Mur-de-Barez, v. can. Aveyron.
Murano, *Murana*. île et ville d'Italie.
Murat, *Muratum*. v. sous-préf. Cantal.
Murat, b. canton. Tarn.
Murcie, *Murcia*. roy. ou province d'Espagne.
Murcie, *Murcia*. v. cap. du roy. de Murcie.
Mure (la), *ou* la Meyrie, v. cant. Isère.
Meret, *Murellum*. v. sous-préf. Haute-Garonne.
Muro, *Murus*. ville du roy. de Naples.
Murray, province d'Ecosse.
Murrhat *ou* Mushard, v. du duché de Wirtemberg.
Mursædabad, v. des Indes.
Murviel, v canton. Hérault.
Muschel (haut), v. du duché de Deux-Ponts.
Musselburg, *Musselburgum*. b. d'Ecosse.
Mussidan, *Mulcedonum*. v. cant. Dordogne.
Mussi-l'Evêque, *Museium Episcopale*. v. canton. Aube.
Mutschen, v. de Misnie.
Mutterstadt, b. canton. Mont-Tonnerre.
Muy, v. Var.
Muyden, v. de Hollande.
Muzacra, *Murgie*. v. et port du royaume de Grenade.
Muzillac, b. cant. Morbihan.
Muzon, v. capit. du comté de même nom, en Hongrie.
Mycone *ou* Micouly, *Myconos*. île de l'Archipel, l'une des Cyclades.

NAMP

NAAS, v. du com. de Kildare.
Nacchisan *ou* Nassivan, *Naxuana*. v. cap. d'une prov. de même nom en Arménie.
Nachod, princip. du cercle de Koniggrats.
Nachshab *ou* Nasaph, v. de la grande Tartarie.
Naerden, *Narda*. v. de la Hollande.
Nafbourg, Nabpourg *ou* Napruck, v. et baill. du haut palatinat de Bavière.
Nagéra, Naxera, *Anagarum*. v. de la vieille Castille.
Nagol, v. de Souabe.
Nagpour, v. de la prov. de Berar.
Nagracut, *Nagracutum*. roy. et v. des Indes.
Nahar-Malek, v. de l'Irac-Arabi.
Naharvais, v. de l'Irac-Arabi.
Nailloux, b. c. Haute-Garonne.
Naillers, b. Vendée.
Naintré, b. Vienne.
Nairn, b. et comté d'Ecosse.
Najac, *Najacum*. v. canton. Aveyron.
Nakaceran, v. de Russie.
Nallieres, b. Vendée.
Nampwich, v. du comté de Chester.
Namslau, *Namslavia*. v. et bail. de Silésie.
Namur, *Namurcum*. v. cap. du comté de Namur. préfecture. Sambre-et-Meuse.
Namur (le comté de), prov. des Pays-Bas autrichiens.
Nançay, b. Cher.
Nanchan *ou* Nan-tchang, *Nancangum*. v. de la province de Kiansi.
Nancy, *Nanceium*. v. cap. de la Lorraine. évêché. préfecture. Meurthe.
Nandrin, b. canton. Ourthe.
Nanfio, *Anaphe*. île de l'Archipel.
Nangasacki, *Nangasacum*. v. de l'île de Ximo-Fisen.
Nangis, v. cant. Seine-et-Marne.
Nanhiung, v. de la province de Canton.
Nan-kin *ou* King-nin, *Nanquinum*. v. capit. de la province de Kiang-Nin.
Nans, b. canton. Aveyron.
Nanterre, *Neptodurum*. b. cant. Seine.
Nantes, *Nannetes*. v. de Bretagne. évêc. préf. Loire-Inférieure.
Nanteuil-le-Haudoin, *Nantogilum*. v. canton. Oise.
Nantial, b. cant. Haute-Vienne.
Nantua, *Nantuacum*. v. du Bugey. sous-préfect. Ain.
Nantwich, v. de Cheshire.
Nantz, v. Gard.
Naopura, v. du roy. de Décan.
Naours, b. Somme.
Naples, *Neapolis*. v. capit. du royaume de même nom.
Naples (le royaume de), pays d'Italie.
Naplouse, *Neapolis-Syriae*. v. de Palestine.
Napole, b. Var.
Napoli, *Nauplia*. v. de Grèce.
Nara, v. de l'île de Niphon.
Narbonne, *Narbo*. v. du bas Languedoc. sous-préf. Aude.
Nardo, *Neritum*. v. de la Terre d'Otrante.
Narenfa, *Narona*. v. de Dalmatie.
Narim, v. de Sibérie.
Narni, *Narnia*. v. du duché de Spolette.
Naro, *Nara*. ville du val de Mazare.
Narsapour, v. de la côte de Coromandel.
Narsingue *ou* Narsingapatan, v. dans le gouvern. de Bismagar.
Narva, Nerva, *Narva*. v. de l'Estonie.
Narvar, royaume et v. des états du grand Mogol.
Nasbinals, b. canton. Lozère.
Nassau, *Nassovia*. comté et v. d'Allemagne.
Nassogne, b. cant. Sambre-et-Meuse.
Natal, pays de la Cafrerie.
Natal-Los-Retes, v. cap. de la prov. de Rio-Grande.
Natangen, cercle du royaume de Prusse.
Natchez, peup. de la Louisiane.
Natchitoches, colonie françoise de la Louisiane.
Natolie, Anatolie *ou* Asie mineure, *Anatolie*. presqu'île entre la mer Méditerranée et la mer Noire.
Nattal, comptoir anglois dans l'île de Sumatra.
Naucelle, b. canton. Aveyron.
Naumbourg, *Neoburgum*. v. du cercle de la haute Saxe.
Navan, b. du com. d'Est-Meath.
Navarette, *Navaretta*. v. de la vieille Castille.
Navarin *ou* Zunchio, *Abarinus*. v. de Grèce, dans la Morée.
Navarre (la haute), *Navarra*. roy. ou prov. d'Espagne.
Navarre (la basse), prov. de France. Basses-Pyrénées.
Navarreins *ou* Navarrinx, *Navaresium*. v. cant. B.-Pyrénées.
Navels, b. Loir-et-Cher.
Naven, ville de la moyenne Marche de Brandebourg.
Naves, b. Corrèze.
Navigateurs (îles des), îles de la mer du Sud.
Naxhou, v. de l'île de Laland.
Naxos, Naxie, *Naxus*. île et v. de l'Archipel.
Nay, b. cant. Haute-Loire.
Nay, v. cant. Basses-Pyrénées.
Nays *ou* Nas, b. Meuse.
Nazaire (S.), *Sanctus Nazarius*. b. cant. Loire-Inférieure.
Nazareth, b. canton. Escaut.
Nazelles, *Navicellae*. b. Indre-et-Loire.
Neaufle-le-Vieux et Neaufle-le-Château, b. Seine-et-Oise.
Nebio *ou* Nebbio, v. de l'île de Corse.
Nebousan, *Nebusianus*. prov. de France. Haute-Garonne.
Nebstich, dans le cerc. de Brinn.
Necaus, *Vaga*. v. de la prov. de Bugie.
Necker, île de l'Océan mérid.
Neckers-Gemund, v. du palatinat du Rhin.
Neckers-Ulm, v. de Franconie.
Nederbarkel, b. cant. Escaut.
Nedercruchten, b. cant. Meuse-Inférieure.
Ned-Roma, *Celama*. v. du roy. de Trémecen.
Neersen, b. canton. Roer.
Nefta, v. de la prov. de Zeb.
Negapatan *ou* Nagapattenam, *Negapatanum*. v. du royaume de Tanjaour.
Négos *ou* l'Ile des Nègres, île, l'une des Philippines.
Négraille, île sur la côte de Pégu.
Négrepelisse, *Negrapelissa*. b. canton. Lot.
Négrepont, *Negrapontum*. île de Grèce, l'une de l'Archipel.
Négrepont, *Chalcis*. v. cap. de l'île de même nom.
Nehavend *ou* Nouhavend, v. de la prov. de Chusistan.
Neiffen, v. du duché de Wirtemberg.
Neim, v. du duc. de Westphalie.
Neissa, île dépendante de la ville d'Embden.
Neisse, *Nissa*. v. du duché de Grotkau.
Nellenhourg, *Nellimburgum*. v. et landgraviat d'Allemagne.
Nelson (le port), port de l'Amér. septentrionale.
Nemorow, *Nemoravia*. v. du duché de Meklembourg.
Nemours, *Nemosium*. v. du Gâtinois. Seine-et-Marne.
Nepi, *Nepeta*. v. du patrimoine de S. Pierre.
Néra, Néero et Banda, *Nera*. l'une des îles de Banda.
Nérac, *Neracum*. v. du Bazadois. sous-préf. Lot-et-Garonne.
Nerba, v. de Thuringe.
Nerestable, b. Loire.
Nericie, *Neritia*. province de Suède.
Neris, b. Allier.
Néronde, b. canton. Cher.
Néronde, v. Loire.
Nérone, b. canton. Loire.
Nertchinsk, v. de Sibérie.
Nervieux et Grenier, b. Loire.
Nesle, *Nigella*. v. cant. Somme.
Nestier, b. c. Hautes-Pyrénées.
Nèthes (deux), 70e. département de France, formé dans le Brabant.
Nettuno, *Neptunium*. v. de la Campagne de Rome.
Neubourg, v. de Bavière.
Neubourg, v. et baill. du haut palatinat de Bavière.
Neubourg, *Neoburgum*. duché et v. des états de l'électeur palatin.
Neubourg, v. du duché de Wirtemberg.
Neubourg, v. du Brisgaw.
Neubourg, v. de la b. Autriche.
Neubourg, b. canton. Eure.
Neubourg *ou* Nybourg, v. de Danemarck.
Neuchâtel, comté souverain de Suisse.
Neuchâtel, *Neocomum*. v. cap. de la souver. de même nom.
Neuerbourg, b. cant. Forêts.
Neufbrisack, v. c. Haut-Rhin.
Neufchâteau, *Neocastrum*. v. de Lorraine. sous-préfecture. Vosges.
Neufchâteau, b. cant. Forêts.
Neufchâtel-en-Bray, v. sous-préfect. Seine-Inférieure.
Neufchâtel, v. canton. Aisne.
Neufmarché, b. Eure.
Neugarten *ou* Neugarden, v. de la Poméranie ultérieure.
Neuhaus, *Neoselium*. ville du cercle de Béchin.
Neuhaus, v. du haut Palatinat.
Neuhausel, *Neoselium*. v. de la haute Hongrie.
Neuillé-Pont-de-Pierre, b. cant Indre-et-Loire.
Neuilly, b. canton. Seine.
Neuilly-en-Thel, b. cant. Oise.
Neuilly-le-Réal, b. c. Allier.
Neuilly-lès-Langres, b. canton. Haute-Marne.
Neuilly-St.-Front, b. canton. Aisne.
Neumaercki, v. de la Carniole.
Neumack, *Neomarchia*. v. de la principauté de Breslaw.
Neung-sur-Beuvron, b. canton. Loir-et-Cher.
Neurode, v. du comté de Glatz.
Neusaltz, v. du duc. de Glogau.
Neusaz, v. libre de Hongrie.
Neuss, b. canton. Roer.
Neustadt, b. canton. Mont-Tonnerre.
Neustadt, v. de Finlande
Neustadt, v. du cerc. d'Olmutz.
Neustadt, v. du haut Burgraviat
Neustadt, *Novostadium*. v. du duché de Wirtemberg.
Neustadt, v. du duc. d'Oppeln.
Neustadt, v. et baill. de la moy. Marche de Brandebonrg.
Neustadt, *Neostadium*. v. de la Thuringe.
Neustadt, *Neostadium*. v. de la Wagrie.
Neustadt, v. du duché de Meckelhourg.
Neustadt, v. de la b. Autriche.
Neustadt, v. de l'évêché de Wurtzbourg.
Neustadt, v. du pays d'Hanovvre.
Neustadt-Anderhart, *Neapolis*. v. du palatinat du Rhin.
Neustædel, v. de Misnie.
Neutrornbach, bourg. canton. Mont-Tonnerre.
Neuvich, v. canton. Corrèze.
Neuvich, b. canton. Dordogne.
Neuville, b. cant. Vienne.
Neuville, b. canton. Rhône.
Neuville-aux-Bois b. c. Loiret.
Neuville-les-Dames, b. Ain.
Neuviller, v. Bas-Rhin.
Neuviller, b. Meurthe.
Neuvy, *Noviacum*, b. Indre-et-Loire.
Neuvy-S.-Sépulcre, b. canton. Indre.
Neuwy, *Noviodunum*. b. Yonne.
Neu-Yorck, v. cap. de l'état de la Nouvelle-Yorck.
Nevele, b. canton. Escaut.
Nevencalen *ou* Nevenk-halen, v. du duché do Meckelbourg.
Neven-Closter, baill. de la pr. de Schwerin.
Neven-Dam, v. de la nouvelle Marche de Brandebourg.
Nevenstein, v. du comté de Hohenlohe.
Nevers, *Nivernum*. v. cap. du Nivernois. préfect. Nièvre.
Neville, b du pays de Caux. Seine-Inférieure.
Newarck, b. du comté de Nottingham.
New-Berne, v. de la Caroline septentrionale.
Newberty, v. du com. de Berck.
Newborow, b. du comté de Wexfort.
New-Brunswick, établissement anglois dans l'Acadie.
Newcastle, *Gabrosentum*. v. cap. du Northumberland.
Newcastle, b. du comté de Dublin.
Newcastle-sur-Line, b. du com. de Stalford.
Newcastle, v. de la province de Delaware.
Neweyer, b. de la principauté de Saarbruck.
New-Jersey, l'un des 13 Etats-Unis de l'Amérique.
Newmarket, v. de la prov. de Cambridge.
Newplimouth, *Novum Plimuthum*. v. et port de la nouvelle Angleterre.
Newport, *Neo-Portus*. b. de l'île de Wight.
Newport, v. cap. de l'île et état de Rhod-Island, l'un des 13 Etats-Unis d'Amérique.
Newport, v. d'Amérique.
Newrandor, b. de la princip. de Galles.
Newry, b. du comté de Down.
Newtoun, b. du comté de Lancastre.
Newtoun, b. de l'île de Wight.
Newtown, v. du co. de Down.
New-Zoll, v. de la h. Hongrie.
Nexon, b. cant. Haute-Vienne.
Neyttract, Naytra, *Nitria*. com. et village de la h. Hongrie.
Neyva, v. du Portugal.
Ngan-King, v. cap. du Kiang-Nan.
Ngan-Lo, v. du Houquang.
Nicaragua, prov. de la nouv. Espagne.
Nicaria *ou* Icaria, île de l'Archipel.
Nicastro, *Neocastrum*. v. de la Calabre ultérieure.
Nice (le comté de), contrée de Savoie.
Nice, *Nicea*. v. cap. du comté de même nom. évéc. préfect. Alpes-Maritimes.
Nice-de-la-Paille, v. c. Tanaro.
Nicey, b. Yonne.
Nichabourg, v. du Korasan.
Niclasbourg, v. du cercle de Brinn.
Nicobar, îles des Indes.
Nicolas (S.), b. cant. Haute-Garonne.
Nicolas (S.), b. cant. Escaut.
Nicolas (S.), île du Cap-Vert.
Nicolas (S.), Nicolasbourg *ou* Port, *Sanctus Nicolaus*. v. cant. Meurthe.
Nicolas-de-la-Chaume (S.), b. Vendée.
Nicolas-de-la-Taille (S.), b. Seine-Inférieure.
Nicolas-de-Rédon (S.), b. c. Loire-Inférieure.
Nicolo (S.), *Insula Sancti Nicolai*. île de Tremiti.
Nicolstadt, v. du du. de Lignitz.
Nicomédie, Comidia, Isnikmid, *Nicomedia*. v. du Becsangil.
Nicoping, v. capitale de la Sudermanie.
Nicopoli *ou* Nigepoli, *Nicopolis*. v. de la Bulgarie.
Nicopoli *ou* Gianich, *Nicopolis*. v. de l'Arménie.
Nicosia, v. de la Sicile.
Nicosie, *Leucoteon*. v. capit. de l'île de Chypre.
Nicotera, Nicodro, *Medama*. v. de la Calabre ultérieure.
Nicoya, v. de la province de Nicaragua.
Nicsara, *Neocaesara*. v. de la Natolie.
Nidau, Nidow, *Nidavia*. baill. et v. du canton de Berne.
Nidda, v. de la haute Hesse.
Nidek, *Nidacum*. v. du duché de Juliers.
Nidoiseau, b. Maine-et-Loire.
Niebla, *Elepha*. v. et comté de l'Andalousie.

Niedenstein, v. de la h. Hesse.
Niederbrom, b. c. Bas-Rhin.
Niéderolm, b. canton. Mont-Tonnerre.
Niemecz *ou* Timec, v. de Moldavie.
Nienbourg, *Novoburgum.* v. du duc. de Brunswick-Lunébourg.
Niénbourg, v. de l'évêché de Munster.
Niencheu *ou* Nien-tcheou, v. de la prov. de Chekiang.
Niéper (le), *Borysthenes.* fleuve d'Europe.
Niester (le), *Niestera.* fleuve de Pologne.
Nieuil, b. cant. Haute-Vienne.
Nieul, b. Charente-Inférieure.
Nieuport, *Novus-Portus.* v. canton. Lys.
Nieuport, v. de Hollande.
Nièves, *Nivium Insula.* île, l'une des Antilles.
Nièvre, 71e. département de Fr. formé dans le Nivernois.
Niger *ou* Rivière de Guinée, *Niger.* fleuve d'Afrique.
Nigritie, *Nigritia.* grand pays d'Afrique.
Nikoping, v. capit. de l'île de Falster.
Nil, *Nilus.* fleuve d'Egypte.
Nimbourg, v. du cercle de Kœniggratz.
Nimègue, *Noviomagus.* v. cap. de la Gueldre hollandoise.
Nimes, *Nemausus.* v. du Languedoc. évêc. préfect. Gard.
Nimirouf, v. de Pologne.
Nimptsch, v. de la principauté de Brieg.
Ning-po, v. du Che-King.
Ninive, *Ninive.* v. capitale de l'empire d'Assyrie.
Ninove, *Niniva.* v. c. Escaut.
Nio, île de l'Archipel.
Niort, *Niortum.* v. de Poitou. préfect. Deux-Sèvres.
Niphon, *Niphonia.* île de l'Océan oriental.
Nirtengen, v. du duc. de Wirtemberg.
Nisaro, *Nisyros.* île de l'Archipel.
Nisibe, Nesbin, *Nisibis.* ville d'Asie.
Nisitra, île du roy. de Naples.
Nisni, Novogorod *ou* le Novogorod intérieur, *Novagardia.* duché et v. de Russie.
Nissa, *Naissus.* v. de la Servie.
Nisyn, v. d'Ukraine.
Nitrie (le désert de), fameuse solitude de la basse Egypte.
Niulhan, roy. de la Tartarie orientale.
Nivelle, *Nivigella.* v. du Brabant. sous-préfecture. Dyle.
Nivernois (le), *Ducatus Nivernensis.* prov. de France.
Nivillé, b. canton. Oise.
Nixapa, v. de la nouv. Espagne.
Nizier (S.), b. cant. Rhône.
Noaillé, b. canton. Vienne.
Noailles, village. cant. Oise.
Nocé, b. canton. Orne.
Nocera, *Nucerta.* v. du duché de Spolete.
Nocera, v. du roy. de Naples.
Noé, v. Garonne.
Noemberg, v. de la nouvelle Marche de Brandebourg.
Nogais, Tartares des bords de la mer Caspienne.
Nogaro, v. canton. Gers.
Nogent-l'Artaut, b. Aisne.
Nogent-le-Roy *ou* Nogent Haute-Marne, *Novigentum Regis.* v. canton. Haute-Marne.
Nogent-Roullebois, v. canton. Eure-et-Loire.
Nogent-le-Rotrou, *Novigentum Petroci.* v. c. Eure-et-Loire.
Nogent-sur-Seine, v. de Champagne. sous-préfect. Aube.
Noire-Etable, b. cant. Loire.
Noirmoutier, *Nigrum Monasterium.* v. de l'île de même nom. canton. Vendée.
Noizai, *Nucetum.* b. Indre-et-Loire.

Nolay, b. cant. Côte-d'Or.
Nole, *Nola* v. du royaume de Naples.
Nole, *Nolum.* v. de l'Etat de Gênes.
Nom-de-Jésus, v. de l'île de Zébu, l'une des Philippines.
Nomeny, *Nomenium.* v. canton. Meurthe.
Nona, *Ænona.* v. de Dalmatie.
Nonancourt, b cant. Eure.
None, b. canton. Pô.
Nonette, b. Puy-de-Dôme.
Nontron, b. sous-pr. Dordogne.
Nootka (baie de), *ou* du roi Georges, sur la côte occid. de l'Amérique.
Norcia, *Narsia.* v. du duché de Spolete.
Nord, 72e. département de Fr. formé de la Frandre françoise, du Hainaut et du Cambresis.
Nord-Libre, v. canton. Nord. voyez Condé.
Nordelles, nom des prov. du nord de la Suède.
Norden, *Nordenum.* v. de la pr. d'Ost-Frise.
Norderney, île sur la côte d'Ost-Frise.
Nordhausen, *Northusa.* v. dans le cercle de la haute Saxe.
Nordlingen, Norling, *Nerolingua.* v. libre de la Souabe.
Nord-Nist, île d'Ecosse.
Nordstrand, île de Danemarck.
Norfolck, *Norfolcia.* province d'Angleterre.
Norkoping, *Norcopia.* ville de Suède.
Normandie, *Normannia.* prov. de France.
Noroy-le-Bourg, b. cant. Haute-Saône.
Norrent, b. c. Pas-de-Calais.
Nort, b. c. Loire-Inférieure.
Nortgaw, c'est le palatinat de Bavière.
Northampton, *Nortantonia.* v. cap. du Northamptonshire.
Northamptonshire, province d'Angleterre.
Northeim, *Northeimum.* v. du duché de Brunswich.
Northen, v. de l'électorat de Mayence.
Northumberland, *Northumbria.* province d'Angleterre.
Norwège, *Norvegium.* royaume dans la Scandinavie.
Norwich, *Nordovicum.* v. cap. de la prov. de Norfolck.
Nossen, ville de Misnie.
Noto, *Netum.* v. capit. du val de Noto.
Noto (val di), l'un des 3 vals qui partagent la Sicile.
Notre-Dame du Port, v. Lot-et-Garonne.
Notre-Dame du Til, b. Oise.
Nottingham, *Rhage.* v. cap. du Nottinghamshire.
Nottinghamshire, *Nottinghamia.* prov. d'Angleterre.
Nouan, b. Loiret.
Nouvion, b. canton. Somme.
Nouvion, b. canton. Aisne.
Nova-Usolde, v. de la prov. de Permski.
Novale, *Nobiliacum.* v. d'Italie.
Novare, *Novaria.* v. capit. du Novarese.
Novellare, *Novellara.* comté et ville d'Italie.
Noves, b. Bouches-du-Rhône.
Novi, v. de l'Etat de Gênes.
Novibasar *ou* Jeni Basar, v. de la Turquie européenne.
Novigrad, v. de la Dalmatie turque.
Novigrad, v. de la Servie.
Novigrade, *Novigradum.* comté et ville de la haute Hongrie.
Novion-Porcien, b. canton. Ardennes.
Novogorod-Velichi *ou* le grand Novogorod, *Novigordia.* duc. et v. de Russie.
Novogrodeck, v. cap. du palat. de même nom, en Russie.

Novogrod Severski, v. cap. d'un gouvernement de Russie.
Noyal-sur-Vilaine, b. Ille-et-Vilaine.
Noyant, b. c. Maine-et-Loire.
Noyen, b. Sarthe.
Noyer, *Nucetum.* v. Yonne.
Noyers, b. cant. Basses-Alpes.
Noyon, v. de l'Ile-de-France, canton. Oise.
Nozai, b. cant. Loire-Inférieure.
Nozeroy, Nozeret, *Nucillum.* v. canton. Jura.
Nubie, *Nubia.* roy. d'Afrique.
Nuestra Sennora de la Paz, v. de l'Amérique méridionale.
Nuestra Sennora de la Vittoria, v. du Mexique.
Nuillé, b. Mayenne.
Nuillé et Vandin, b. Mayenne.
Nuits, *Nutium.* v. cant. Côte-d'Or.
Numastiu, v. de l'île de Niphon.
Numbourg, v. de la basse Hesse.
Nurimberg, *Norimberga.* v. cap. de la Franconie.
Nurtingen, v. de Souabe.
Nusco, v. du roy. de Naples.
Nuys *ou* Neus, *Novesium.* v. de l'électorat de Cologne.
Nyland, *Nylandia.* prov. de Suède.
Nymbourg, *Novoburgum.* v. de Bohême.
Nyon, *Nevidunum.* v. du canton de Berne.
Nyons, b. sous-préf. Drôme.
Nyslot, v. de Finlande.
Nystadt, port de Finlande.

OFFR

O (St.-Martin d'), b. Orne.
Oaco, prov. du roy. d'Angola.
Obasine, b. Corrèze.
Obdora, prov. de la Tartarie moscovite.
Oberhausbergen, b. cant. Bas-Rhin.
Oberkirch, *Ypergræcia.* ville d'Alsace.
Oberingelheim, b. cant. Mont-Tonnerre.
Obermosche, b. cant. Mont-Tonnerre.
Obernai, b. canton. Bas-Rhin.
Obernberg *ou* Nobernberg, v. de la Bavière.
Oberndorf, v. de la Souabe autrichienne.
Obernezell, v. de Bavière.
Obollah, v. de l'Iraque pers
Obsfeld, v. du duché de Magdebourg.
Oby, *Obius.* gr. fleuve d'Asie.
Ocana, v. de la n. Castille.
Ochotsk, v. de Sibérie.
Ochsenfurt, *Bosporus.* v. de l'évêché de Wurtzbourg.
Ockham, v. d'Angleterre.
Octeville, b. canton. Manche.
Oczakow, *Axiace.* pays et v. de la Bessarabie.
Odenkirchen, b. canton. Roer.
Odensée, *Ottonium.* v. de l'île de Funen.
Oderberg, v. de la moyenne Marche de Brandebourg.
Odernheim, v. du duché de Deux-Ponts.
Odernheim, v. du Palatinat.
Odowara *ou* Darou, v. de l'île de Niphon.
Oeland (l'île d') *ou* l'Ile du Foin, *Oelandio.* dans la mer Baltique.
Oena, v. de la Grèce.
Oesel, *Osilia.* île de la mer Baltique.
Oetmarsen, v. de l'Over-Yssel.
Oetting, Oettingen *ou* Ottingen, *Oeni Pons.* v. de la h. Bavière.
Offembourg *ou* Offenbourg, *Offonis Burgum.* v. de Souabe.
Offenheim *ou* Uffingen, v. de Franconie.
Offranville, b. canton. Seine-Inférieure.

Ohio, territoire des Etats-Unis de l'Amérique.
Oibo, île sur la côte de Zanguebar.
Oignies, b. Sambre-et-Meuse.
Oingt, v. Rhône.
Oira, *Uria.* ville de la Terre d'Otrante.
Oirsbeck, b. canton. Meuse-Inférieure.
Oise, 73e. départ de France, formé dans l'Ile-de-France.
Oisemont, b. canton. Somme.
Oissau, b. Mayenne.
Oisy, b. Pas-de-Calais.
Okchampton, b. du Devonshire.
Okéam, v. cap. du comté de Rutland.
Okota *ou* Okotsck, port de la Russie asiatique.
Olargues, v. canton. Hérault.
Olaw, Ohlau *ou* Olnou, v. de Silésie.
Oldembourg, *Oldenburgum.* v. et comté de Westphalie.
Oldenbourg *ou* Altenbourg, v. de la Wagrie danoise.
Oldendorf, v. du cercle de b. Saxe.
Oldendorp *ou* Oldendorf, v. du cercle de Westphalie.
Oldenzel, *Salia vetus.* ville de l'Over-Yssel.
Oldesio, *Oldeslovia.* v. de la Wagrie danoise.
Oleron, *Olaria.* île et v. Charente-Inférieure.
Oléron, *Huro.* v. du Béarn. sous-préf. Basses-Pyrénées.
Olesko, v. du pal. de Volhinie.
Oletta, v. Golo.
Olette, b. Pyrénées-Orientales.
Oliergues, b. Puy-de-Dôme.
Olika, *Olica.* v. de la Volhinie.
Olimpe, mont. de la Grèce.
Olinde *ou* Pernambuca, *Olinda.* v. du Brésil.
Olioulles, v. canton. Var.
Olite, *Oliba.* v. de la Navarre.
Oliva, v. du roy. de Valence.
Olivarès, b. de la v. Castille.
Olivença, *Oliventia.* ville de l'Alentéjo.
Olivet, b. canton. Loiret.
Oliviers (la montagne des), dans la Palestine.
Olmedo, v. de la v. Castille.
Olmutz, *Olomutium.* ville de Moravie.
Olnitz, v. de l'Empire russe.
Olonne, *Olona.* île, b. et v. du bas Poitou. Vendée.
Olonzac, b. canton. Hérault.
Oiss *ou* Oels, *Olsa.* v. de Silésie.
Olren, *Olta.* v. du canton de Soleure.
Omagk, b. d'Irlande.
Omaguas, peuple de l'Amériq. méridionale.
Omer (S.), *Audoromaropolis.* v. de l'Artois, sous-préfect. Pas-de-Calais.
Omol, v. de la Dalie.
Omont, b. canton. Ardennes.
Omskoi, v. de Sibérie.
Omura, v. de la prov de Fisen.
Onate *ou* Ognate, ville de la Biscaye.
One, cap du roy. de Fez.
Onega, *Onega.* lac et riv. de Russie.
Oneille, Oneglia, *Onelia.* v. de l'Etat de Gênes.
Onor, v. de la presqu'île en deça du Gange.
Onzain, b. Loir-et-Cher.
Oosthourg, *Obstburgum.* ville. canton. Escaut.
Oosterzéele, b. canton. Escaut
Oost-Koosbecke, b. cant. Lys.
Oparo, île de la mer du Sud.
Opocen, v. du palat. de Sandomir.
Opoul, b. Pyrénées-Orientales.
Opoun, île de la mer du Sud.
Oppede, b. Vaucluse.
Oppelen *ou* Oppeln, *Oppolia.* duché et v. de Silésie.
Oppenau, v. de l'Ortenau.

Oppenheim, *Oppenhenium.* v. canton. Mont-Tonnerre.
Oppido, *Oppidum.* ville de la Calabre ultérieure.
Opportune (Ste.), b. Manche.
Opslo, v. du gouv. d'Aggerhus.
Orach, v. de Bosnie.
Oradour, b. Cantal.
Ouradourfanois, b. Charente.
Ouradour-sur-Glane, b. Haute-Vienne.
Ouradour-sur-Vairs, b. Haute-Vienne.
Oraison, b. Basses-Alpes.
Oran, v. du roy. de Trémecen.
Orange, *Arausio.* v. du Dauphiné. sous-préf. Vaucluse.
Oranien-Baum, v. de la principauté d'Anhalt-Dessau.
Oratava, port de l'île de Ténériffe.
Orbach, v. de Bosnie.
Orbais, b. Seine-et-Marne.
Orbassan, v. canton. Pô.
Orbe, *Urba.* v. du pays de Vaud.
Orbec, *Orbecum.* v. c. Calvados.
Orbitello, *Orbitellum.* v. de Toscane.
Orcades (les), *Orcades.* îles de l'Ecosse.
Orchies, *Origiacum.* v. cant. Nord.
Orchilla, île, une des Caraïbes.
Orci Nuovi, v. du Bressan.
Orcier, vil. canton. H.-Alpes.
Orcines, b. Puy-de-Dôme.
Orcino, b. canton. Liamone.
Orcival, b. Puy-de-Dôme.
Ordau, v. de Silésie.
Ordingen *ou* Urdingen, *Castra Ordeonii.* v. de l'electorat de Cologne.
Ordorf *ou* Orduf, ville de Thuringe.
Orduna, *Ordunia.* ville de la Biscaye.
Orebro, *Orebroa.* v. de la Néricie.
Oregrund, v. de l'Uplande.
Orel, mont. du Dauphiné.
Orel, v. de la Russie europ.
Orenbourg, v. de la Russie a.
Orense, *Auria.* v. de la Galice.
Oréo, v. de l'île de Négrepont.
Oresca, v. de la Carélie.
Oresmaux, b. Somme.
Orezzo, vil. canton. Golo.
Orfa, Ourfa, *Edessa.* ville du Diarbeck.
Orford, *Orfordia.* v. du Suffolck.
Orgaz, b. de la n. Castille.
Orgelet, v. canton. Jura.
Orgères, vil. canton. Eure-et-Loire.
Orgon, v. cant. Bouches-du-Rhône.
Origny-Ste.-Benoîte, b. Aisne.
Orihuella, *Orcelis.* v. du roy. de Valence.
Orio, b. d'Espagne.
Oriolo, v. du Patrimoine de S. Pierre.
Oriou, v. de Podolie.
Oristagni, *Usellis.* v. de l'île de Sardaigne.
Orixa, roy. de l'Indostan.
Orlamunde *ou* Orlemunde, v. de Thuringe.
Orlando, v. du val de Demone.
Orléanois (l'), prov. de Fr.
Orléans, *Aurelianum.* v. cap. de l'Orléanois. év. préfect. Loiret.
Orléans (la nouv.), v. capit. de la Louisiane.
Orléans, île du fleuve Saint-Laurent.
Orme (l'), b. canton. Nièvre.
Ormes (les), b. Indre-et-Loire.
Ormoas, b. de la Morée.
Ormond, duché de Momonie.
Ormus, *Armuzia.* golfe et île à l'entrée du golfe Persique.
Ornacieux, b. Isère.
Ornano, vil. cant. Liamone.
Ornans, v. canton. Doubs.
Orne (l'), 74e. départ. de Fr. formé dans la Normandie.
Oropesa, v. du Pérou.

Oropesa, *Oropesa.* v. de la v. Castille.
Oroste-Choux *ou* Roussi, v. de la Bulgarie.
Orosveg, *Orosvicum.* v. de la haute Hongrie.
Orpierre, b. canton. Hautes-Alpes.
Orsa, *Orsa.* v. de la Lithuanie.
Orse (S.), b. Dordogne.
Orsera, v. de l'Istrie.
Orsimarso, b. de la Calabre ultérieure.
Orsoy, *Orsoium.* v. du duché de Clèves.
Orta, v. du duché de Milan.
Ortegal, v. de Galice.
Ortenau (l'), contrée de Souabe.
Ortenbourg, b. de la b. Bavière.
Ortez, Ourtes, *Ortesium.* v. sous-préf. Basses-Pyrénées.
Orti, *Hortanum.* v. de l'Etat de l'Eglise.
Ortone, v. de l'Abruzze ultér.
Oruba, île, l'une des Antilles.
Orviette, *Urbiventum.* pays et v. de l'Etat de l'Eglise.
Osaca, v. de l'île de Niphon.
Oschaz, v. de Misnie.
Oschersleben *ou* Oscerleben, v. de la princ. de Halberstadt.
Osimo, *Auximum.* ville de la Marche d'Ancône.
Osnabruck, *Osnaburgum.* ville du cercle de Westphalie.
Osnabruck (l'év. d'), princip. du cercle de Westphalie.
Osorno, v. du Chili.
Osorno, b. de la v. Castille.
Osoro, *Asorus.* île et v. dans le golfe de Venise.
Osperen, b. canton. Forêts.
Ossaw, vallée du Béarn.
Ossery, contr. de la Lagénie.
Ossfeld, v. du cercle de basse Saxe.
Ossmiana, v. de Lithuanie.
Ossun, b. cant. B.-Pyrénées.
Ossuna, *Urso.* v. de l'Andalousie.
Ostabat, b. Basses-Pyrénées.
Ostalric, v. de la Catalogne.
Ostende, *Ostenda.* ville de la Flandre autr. canton. Lys.
Osterbourg, comté et v. de la v. Marche de Brandebourg.
Osterhoen, une des îles de Fero.
Osterhofen, v. de la b. Bavière
Osterland (l'), *Osterlandia.* contrée de l'élect. de Saxe.
Osterode, v. cap. de la princ. de Grubenhagen.
Osterwick, v. de la principauté d'Halberstadt.
Osterwick, b. du Brabant hol.
Oste-Stade (la Marche d'), *Oster-Stader Marsch.* contrée du duché de Brême.
Ost-Frise, pays des Provinces Unies.
Ostheim, v. de la principauté de Henneberg.
Ostiaques (les), peuples de la Sibérie.
Ostie, *Ostia.* v. de la Campagne de Rome.
Ostra, v. de Moravie.
Ostracine, v. d'Egypte.
Ostrog, duché et ville de la Volhinie.
Ostrovitz, b. de Morlaquie.
Ostuni, *Ostunium.* ville de la Terre d'Otrante.
Oswieczin, *Ovescimia.* v. du palatinat de Cracovie.
Oszurgheti, v. cap. du roy. de Guriel.
Othana, v. de l'île de Sardaigne.
Otrante, *Hydruntum.* v. du roy. de Naples.
Otrante (la terre d'), prov. du roy. de Naples.
Otrar, v. de la Tartarie indép.
Otricoli, v. du duché de Spolette.
Ottenwald, *Ottonia sylva.* pet. pays du palatinat du Rhin.
Ottersberg, b. canton. Mont-Tonnerre.
Ottesund, détroit du Jutland.
Ottoçnatz, v. de la Dalmatie.

Ottweiller, b. canton. Sarre.
Ouarville, b. Eure-et-Loire.
Ouche, pays de Normandie.
Oudenarde, *Aldenardum.* ville de la Flandre autr. Escaut.
Oudenbosc, b. du Brabant hol.
Oudenbourg, *Aldenburgus.* v. Lys.
Oudewater, *Aquæ Veteres.* v. de Hollande.
Ougly, v. de l'Indostan.
Oulchy-le-Château, b. canton. Aisne.
Oulx, b. canton. Pô.
Ourature, île à la pointe du Jefnapatan.
Ourcières, b. Hautes-Alpes.
Ourem, v. de l'Estramadure portugaise.
Ourique, *Ourica.* v. de l'Alentéjo.
Ouroux, v. Nièvre.
Ourthe, 75ᵉ. dép. de France, formé dans l'évé. de Liége.
Ourville, b. cant. Seine-Infér.
Ousson, b. Loiret.
Oust, v. canton. Arriége.
Oustioug, *Ustinga.* prov. et v. de Russie.
Outaouacs, nation sauvage de la nouvelle France.
Ou-Tcheou, v. du Quang-Si.
Ouveillan, b. Aude.
Ouzouer-sur-Loire, b. canton. Loiret.
Over-Yssel (l'), *Transilvana Provincia.* l'une des sept Provinces-Unies.
Oviédo, *Ovietum.* v. cap. de l'Asturie d'Oviédo.
Owerre *ou* Oveiro, roy. et b. d'Afrique.
O-Whi-He, une des îles Sandwick.
Oxford, *Oxonium.* prov. et v. d'Angleterre.
Oxfordshire, prov. d'Angleter.
Oxu, prin. de l'île de Niphon.
Oye, *Anseria.* v. Pas-de-Calais.
Oyonnax, b. canton. Ain.
Oyssel, b. Seine-Inférieure.
Ozillac (S. Michel d'), bourg. Charente-Inférieure.

PALA

Paçamores, Gualsongo *ou* Las Salinas, gouv. de l'aud. de Quito.
Pacaudière (la), b. cant. Loire.
Pacem, bourgade du royaume d'Achem.
Pachacamac, vallée du Pérou.
Pacy, *Paciacum.* v. cant. Eure.
Paderborn, *Paderborna.* v. cap. de la Westphalie.
Padouan (le), prov. de l'Etat de Venise.
Padoucas (les), l'un des peuples de la Louisiane.
Padoue, *Patavium.* v. capit. du Padouan.
Padron, *Iria Flavia.* v. de la Galice.
Padstow, b. du com. de Cornwal.
Paesana, b. canton. Stura.
Paffenhofeen, v. Bas-Rhin.
Pago, *Paganorum Insula.* île de la mer d'Istrie.
Pailhés, v. Arriège.
Paimbœuf, v. cant. Loire-Infér.
Paimpol, v. ca. Côtes-du-Nord.
Pairier (le), b. Vendée.
Paisley, v. d'Ecosse.
Paita, v. du Pérou.
Pal (S.), b. Haute-Loire.
Palacios, *Palatium.* ville de l'Andalousie.
Palais (le), *Palatium.* v. cap. de l'île de Belle-Isle. Morbihan.
Palais (S.), *Fanum Sancti Pelagii.* b. c. Basses-Pyrénées.
Palaiseaux, b. c. Seine-et-Oise.
Palamos, *Palamus.* ville de la Catalogne.
Palanka, v. de la h. Hongrie.
Palapoli, *Palapolis.* v. de la Caramanie.
Palatinat, (le haut et le bas), *Palatinatus.* gr. prov. d'Allem.

Palazzuolo, *Palatium.* v. du val de Noto.
Palencia, *Palencia.* v. du roy. de Léon.
Palerme, *Panormus.* v. du val de Mazarre.
Palesoli, v. de la côte de Cilicie.
Palestine, contrée de l'Asie-mineure.
Palestrine, *Prœneste.* v. de la Campagne de Rome.
Paliacàte *ou* Paliacat, v. du roy. de Carnate.
Palice (la), *Palicia.* v. sous-préfect. Allier.
Palicours, peuple de la Guyane.
Palinbua *ou* Palimban, *Palinbuanum.* roy. et v. dans l'île de Sumatra.
Palizeul, b. canton. Forêts.
Palkati, lac du pays des Eluths.
Pallant, v. du duché de Juliers.
Palliano, *Pallanium.* v. de la Campagne de Rome.
Pallinges, b. canton. Saône-et-Loire.
Pallu (la), b. Orne.
Palluau, b. canton. Vendée.
Palma *ou* Palma Nova, *Palma.* v. dans l'Etat de Venise.
Palme (la), b. Pyrénées-Orient.
Palme (l'île de), l'une des Canaries.
Palmela, v. de l'Estramadure portugaise.
Palmes (le cap des), dans la Guinée sept.
Palmyre *ou* Tadmor, ville de Syrie.
Palomera, *Palumbaria.* v. de l'île Majorque.
Palos, *Palus.* v. de l'Andalousie.
Palotta, *Paloda.* v. de la basse Hongrie.
Palsey, *Palseium.* v. de la prov. de Clyddesdale.
Paluau, *Paludellum.* b. Indre.
Paluau, b. Vendée.
Palude, *Palus.* v. du gouvern. d'Erzerom.
Palus Méotides (les), *ou* la mer de Zabache, *Palus Mœotis.* golfe entre l'Europe et l'Asie.
Pamiers *ou* Pamiez, *Apamiæ.* v. sous-préfect. Arriége.
Pampelonne, *Papelona.* v. cant Tarn.
Pampelune, *Pompelon.* v. capit. de la Navarre.
Pampelune, *Pompelon.* ville du roy. de Grenade.
Pamprou, *Pampro.* b. Deux-Sèvres.
Pan *ou* Pahan, v. de la presqu'île de Malaca.
Panama, *Panama.* v. et évêché de Lima.
Panane, v. du roy. de Calicut.
Panari, l'une des îles de Lipari.
Panarucan, *Panarucanum.* roy. et v. dans l'île de Java.
Panay, *Panaia.* grande île, l'une des Philippines.
Pancale, *Pancalerium.* ville du Piémont.
Pandataria, l'une des îles Ponce.
Panga, *Panga.* v. du roy. de Congo.
Pange, b. canton. Moselle.
Pango, province du royaume de Congo.
Paniane, comptoir holland. sur la côte de Malabar.
Panis (les), peuples de la Louisiane.
Panormo, *Panormus.* port de l'Epire.
Pantalarie, *Pantaluria.* île de la Méditerranée.
Pantin, village. canton. Seine.
Panuco, *Panuca.* prov. et v. de la nouv. Espagne.
Pao-King, *Paokinga.* v. de la prov. de Huquan.
Paoning, *Paoninga.* v. de la prov. de Suchuen.
Paotinn, *Paotinga.* ville de la prov. de Po-Tche-Li.
Papa, *Mogetiana Papa.* b. de la basse Hongrie.

Papoul (S.), *Sanctus Papulus.* ville. Aude.
Pappenheim, *Papenhemium.* v. de Franconie.
Paques, île de la mer du Sud.
Para, v. du Brésil.
Paragoya *ou* Parago. *Paragoia.* île de la mer des Indes.
Paraguay (le), *Paraquaia.* pays de l'Amérique méridionale.
Paraiba, *Pariba.* v. du Brésil.
Paramaribo, colonie holl. de la prov. de Surinam.
Paraso, b. canton. Golo.
Paray-le-Monial, *Paredium.* v. canton. Saône-et-Loire.
Parchim, *Parchinum* v. du cerc. de basse Saxe.
Pardoux (S.), b. Puy-de-Dôme.
Pardoux (S.), b. Deux-Sèvres.
Pardoux (S.), b. Creuse.
Pardoux-la-Rivière, b. canton. Dordogne.
Pardubitz, v. de Bohême.
Parentis-de-Born, b. canton. Landes.
Parenzo, *Parentium.* ville de l'Istrie.
Parégoire (S.), b. Hérault.
Parga, *Elecæ Portus.* ville de l'Albanie vénitienne.
Paria, contrée de la Guyane.
Parigné-l'évêque, b. canton. Sarthe.
Parilla *ou* Sancta Parilla, (la), v. du Pérou.
Paris, *Lutetia Parisiorum.* ville cap. de la France. archevêché. préfecture. Seine.
Parme, *Parma.* v. cap. du duché de même nom.
Parme (le duché de), province d'Italie.
Parnasse (le), *Parnassus.* mont. de la Livadie.
Parnau *ou* Pernau, *Pernavia.* v. de la Livonie.
Parney, b. Mayenne.
Paros, île de l'Archipel, l'une des Cyclades.
Paros, *Harium.* v. cap. de l'île de Paros.
Parthenay, *Partiniacum.* v. cant. Deux-Sèvres.
Pas-de-Calais, canal qui sépare la Manche de la mer du Nord. 76ᵉ. département de France, formé de la basse Picardie et de l'Artois.
Paslay, b. d'Ecosse.
Passage, v. du Guipuscoa.
Passais, b. canton. Orne.
Passarowitz, v. de Servie.
Passarvan, v. de l'île de Java.
Passavant, v. Marne.
Passavant, v. Maine-et-Loire.
Passaw, *Passavia.* v. de la basse Bavière.
Passchendaele, b. cant. Lys.
Passewalck, *Pasvalcum.* v. du cercle de la haute Saxe.
Passigniano, *Passignianum.* ville de l'Etat de l'Eglise.
Pasto *ou* S Juan de Pasto, ville du Popayan.
Pastrana, *Paterniana.* v. de la nouvelle Castille.
Patagons (les), *Patagones.* peuples de la Terre Magellanique
Patane *ou* Payani, *Perimulum.* roy. de la presqu'île de Malaca.
Patans, peuples des Etats du Grand-Mogol.
Patay, *Pataium.* v. cant. Loiret.
Patensen, v. de Hanovre.
Pater-Noster, île de la mer des Indes.
Pater (S.), b. Sarthe.
Paterne (S.), b. cant. Sarthe.
Pati, *Pactæ.* golfe et ville de Sicile.
Patmos, île de l'Archipel.
Patna, *Patna.* v. de la province de Bahar.
Patras, *Patræ.* v. cap. du duché de Clarence.
Patrimoine de Saint-Pietre (le), *Patrimonium Sancti-Petri.* province des Etats du pape.
Patro, b. canton. Golo.

Patschkau, ville du duché de Grotkau.
Paturages, b. cant. Jemmape.
Pau, *Palum.* v. cap. du Béarn. préfecture. Basses-Pyrénées.
Pauillal, b. canton. Gironde.
Paul (S.), Cap de Joux, b. canton. Tarn.
Paul, (S.), b. Haute-Vienne.
Paul, (S.), b. Gard.
Paul (S.), v. Var.
Paul (S.), *Sanctus Paulus.* v. du Brésil.
Paul-de-Fenouillèdes (S.), ville canton. Pyrénées-Orientale.
Paul-trois-Châteaux (S.) *Augusta Tricastinorum.* v. Drôme.
Paule, *Paula.* v. du royaume de Naples.
Paulhac, b. Cantal.
Paulhan, b. Hérault.
Paulien (S.), b. canton. Haute-Loire.
Paulihaguet, v. c. Haute-Loire.
Paulin, b. Tarn.
Paulmy, b. Indre-et-Loire.
Pausa, v. du Voigtland.
Pausilype, *Pausilypus.* montag. de la Terre de Labour.
Pautzks, *Putiscum.* v. de la Pomerellie.
Pavesin, b. Rhône.
Pavie, *Papia.* v. du duché de Milan.
Pavie, v. Gers.
Pavilly, b. canton. Seine-Infér.
Pavoasan, *Pavoasanum.* v. de l'île de S. Thomé.
Pavolosck, v. de Pologne.
Pawlouski, v. du gouvern. de Pétersbourg.
Payerne, *Patarniacus.* ville du canton de Berne.
Payrac, b. canton. Lot.
Pays-Bas (les), *Belgium.* grande contrée d'Europe, partie à la France, partie à la Hollande.
Payz, île de la mer des Indes.
Pé (S.), b. Basses-Pyrénées.
Pé (S.), b. Hautes-Pyrénées.
Péan, *Peanum.* v. capit. de la prov. de Péando.
Péando, prov. de la Corée.
Pec (le), b. Seine-et-Oise.
Pech, v. de la Servie.
Pechlarn, *Arlape.* v. de la basse Autriche.
Pedena, *Petina.* v. de l'Istrie autrichienne.
Pedir, *Pedira.* roy. et ville de l'île de Sumatra.
Pedraca de la Sierra, b. de la vieille Castille.
Pedro (S.), v. de la vieille Castille.
Péebles, prov. et v. de l'Ecosse méridionale.
Peer, v. cant. Meuse-Inférieure.
Pégau, v. de Misnie.
Pegnafiel, *Penafela.* ville de la vieille Castille.
Pegna-Flor, *Pena-flos.* ville de l'Andalousie.
Pegna-Maçor, v. de la prov. de Beira.
Pegnaranda, v. et duché de la vieille Castille.
Pegnitz, v. de Franconie.
Pegu, *Pegum.* roy. qui fait partie des Etats du roy. d'Ava.
Peine, Peina, *Poynum Castrum.* v. de l'évêché de Hildesheim.
Peire (S.), b. canton. Stura.
Peitz, v. de la basse Lusace.
Pékin *ou* Chun-Tien, *Peckinum.* v. capit. de la Chine.
Pélerin (le), b. canton. Loire-Inférieure.
Pelew (les îles), dans la mer Pacifique.
Pelissane, b. Bouches-du-Rhône.
Pellegrue, v. canton. Gironde.
Pellonaille, v. Maine-et-Loire.
Pelussin, b. canton. Loire.
Pelyss, *Pelyssa.* comté et v. de Hongrie.
Pemba *ou* Pembo, prov. et ville du royaume de Congo.
Pembroke, *Pembrochium.* v. cap. du Pembrokeshire.

Pembrokeshire, prov. d'Anglet.

Pena-Garcia, v. de la province de Bienne.

Penalva, v. de la province de Beira.

Penautier, v. Aude.

Peniche, v. de l'Estramadure portugaise.

Penick, *Penica*. v. de Misnie.

Péniscola, *Peninsula*. v. du roy. de Valence.

Penne, *Penna*. v. Aveyron.

Penne, b. can. Lot-et-Garonne.

Pennon-de-Velez, place d'Afr.

Penryn, *Bolerium*. b. de Cornouailles.

Pensa, gouv. et v. de Russie.

Pensylvanie, *Pensylvania*. prov. de l'Amérique septentrionale.

Penthièvre, comté de la Bretag.

Pequey, île de la province de Huquang.

Pequey *ou* Piquigny, *Pincinniacum*. v. Somme.

Peray (S.), b. cant. Ardèche.

Perche (le), *Perticum*. prov. de France.

Perche-Gouet, pays de l'Orléan.

Percy, b. canton. Manche.

Père (S.), b. Seine-et-Marne.

Père (S.), b. Manche.

Père-en-Retz (S.), b. canton. Loire-Inférieure.

Pereaslaw, *Pereaslavia*. v. du palatinat de Kiovie.

Pereczas, *Peregia*. v. cap. de la haute Hongrie.

Pereslawsoleskoy, *Pereslavia*. v. du duché de Rostlove.

Pereuil, b. Charente.

Pergame *ou* Pergamo, *Pergamum*. v. de la Natolie.

Pergell *ou* Pregell, *Pregellia*. vallée des Grisons.

Pérignac, b. Charente.

Périgné, b. Deux-Sèvres.

Périgord (le), *Ager Petrocoriensis*. prov. de France.

Périgueux, *Petrocorium*. v. cap. du Périgord. préf. Dordogne.

Périnaldo, village. canton. Alpes-Maritimes.

Perleberg, v. cap. de la Marche de Priegnitz.

Permski *ou* Perme, *Permia*. prov. et v. de Russie.

Pernes, v. canton. Vaucluse.

Pernes, *Prenæ*. v. Pas-de-Calais.

Péronne, *Perona*. v. capit. du Santerre. sous-préf. Somme.

Pérou (le), *Peruvia*. gr. pays de l'Amérique méridionale.

Pérouges, v. Ain.

Pérouse, *Perusia*. v. capit. du Pérugin.

Pérouse, v. ou b. canton. Pô.

Perpezat, b. Puy-de-Dôme.

Perpignan, *Elna*. v. capit. du Roussillon. préfec. Pyrénées-Orientales.

Perrero, b. canton. Pô.

Perreux (S.), v. canton. Loire.

Perrière (la), v. Orne.

Perriers, b. canton. Manche.

Perros-Guirec, b. cant. Côtes-du-Nord.

Persac, b. Vienne.

Perse, *Persis*. roy. d'Asie.

Persique (golfe), entre la Perse et l'Arabie.

Perth *ou* Saint-Johnstown, *Perthum*. v. et comté d'Ecosse.

Pertois (le), *Pagus Pertigus*. contrée de Champagne.

Pertuis, *Pertusium*. v. canton. Vaucluse.

Pérugin *ou* Péroussin, pays dans l'Etat de l'Eglise.

Péruwelz, b. cant. Jemmape.

Pervenchères, b. cant. Orne.

Perwez, b. canton. Dyle.

Pesaro, *Pisaurum*. v. capit. du duché d'Urbin.

Pescara, *Aternum*. v. du roy. de Naples.

Pescherie (la côte de la), pointe méridionale de la péniscule de l'Inde.

Peschiera *ou* Pesquaire, *Pescitra*. v. du Véronnois.

Pescia, v. de la Toscane.

Pesenas, *Pesenacum*. v. canton. Hérault.

Pesenick *ou* Bœsmeck, v. de Thuringe.

Pesmes, b. cant. Haute-Saône.

Pessan, b. Gers.

Pessec, b. canton. Gironde.

Pest, v. et comté de la haute Hongrie.

Pestd *ou* Pestum, v. du roy. de Naples.

Petaguey, pays du Brésil.

Petau, Petaw *ou* Pettau, *Petovia*. v. de la basse Stirie.

Pé-Tche-Li *ou* Tcheli, *ou* Li-Pa-Fou, *Pechinensis Provencia*. prov. sept. de la Chine.

Pétersbourg, *Petuaria*. ville du Northamptonshire.

Pétersbourg (S.), *Petropolis*. v. cap. de la Russie, dans l'Ingrie.

Pétersbourg, v. de Bohême.

Petersfield, b. du Hampshire.

Petershagen, v. de la princip. de Minden.

Petigliane, *Petiliana*. ville du Siennois.

Petite-Pierre (la), b. canton. Bas-Rhin.

Petites-Chiettes, b. cant. Jura.

Petra, v. de l'Arabie pétrée.

Petrinia, v. de la Croatie autrichienne.

Petri-Varadin *ou* Peter-Varadin, v. du duché de Surmium.

Petzora, prov. de la Moscovie.

Peyrac, b. canton. Aude.

Peyrat, v. Haute-Vienne.

Peyre, b. Vienne.

Peyrehorade, v. cant. Landes.

Peyrelau, b. cant. Aveyron.

Peyrillar, b. Haute-Vienne.

Peyrins, b. Drôme.

Peyrolles, b. canton. Bouches-du-Rhône.

Peyroux, b. Vienne.

Peyruse, *Petrocia*. v. Aveyron.

Pezenne (Ste.), b. Puy-de-Dôme.

Pezilla, b. Pyrénées-Orientales

Pfaffenhofen, v. et baillage dans la haute Bavière.

Pfaffenhofen, v. Bas-Rhin.

Pfalzel, b. canton. Sarre.

Pfederseim, v. Mont-Tonnerre.

Pfin, *Fines*. v. et baillage de Suisse.

Pfoerten, *Porta*. v. de la basse Lusace.

Pfortzheim, *Pforzemium*. v. dans la Souabe.

Pfreimdt, v. cap. du comté de Leuchtenberg.

Pfullendorff, *Bragadurum*. v. du cercle de Souabe.

Phalempin, v. Nord.

Phalsbourg *ou* Phalizbourg, *Phalseburgum*. v. c. Meurthe.

Phase (le) *ou* Fachs, *Phasis*. grand fleuve d'Asie.

Philadelphie *ou* Allachars, *Philadelphia*. v. de la Natolie.

Philadelphie, v. cap. de la Pensylvanie.

Philebert (S.), b. cant. Loire-Inférieure.

Philippe (S.), v. de la nouvelle Espagne.

Philippeville, *Philippopolis*. v. du Hainaut. canton. Ardennes.

Philippines (les), *Philippinae*. îles de la mer des Indes.

Philippines (les nouvelles), *ou* les îles Pelew, îles de la mer des Indes. voyez Pelew.

Philippopoli, *Philippopolis*. v. de la Romanie.

Philipstadt, *Philippopolis*. v. dans le Vermeland.

Philisbourg *ou* Philipsbourg, *Philippoburgum*. v. dans le cercle du haut Rhin.

Piat, b. Eure-et-Loire.

Piave (la), *Anassus*. fleuve d'Italie.

Pibrac, v. Haute-Garonne.

Picardie (la), *Picardia*. prov. de France.

Picauville, b. Manche.

Picherie, v. Aude.

Pico *ou* l'Ile du Pic, *Pica*. île de l'Océan.

Picquigny, b. cant. Somme.

Piémont, *Pedemontium*. contrée d'Italie formant actuellement 6 départemens de France.

Pienza, *Pientia*. v. dans le Siennois.

Pierre, b. cant. Saône-et-Loire.

Pierre-Buffière, b. canton. Haute-Vienne.

Pierre-Châtel, v. Ain.

Pierre-d'Albigny (S.), b. cant. Mont-Blanc.

Pierre (S.), d'Oléron, b. cant. Charente-Inférieure.

Pierre-Eglise (S.), b. canton. Manche.

Pierre-Fontaine, b. c. Doubs.

Pierre-Fonts, *Petri Fons*. ville Oise.

Pierre-Fort, b. cant. Cantal.

Pierre-Latte, b. cant. Drôme.

Pierre-de-Chignac (S.), *Sanctus Petrus*. village canton. Dordogne.

Pierre (île de S.), *Accipitrum Insulo*. île dépendante de celle de Sardaigne.

Pierre (île de S.), île du lac de Bienne.

Pierre (île de S.). île du golfe de S. Laurent.

Pierre de Moissac (S.), bourg. Puy-de-Dôme.

Pierre-le-Moutiers (S.), *Sancti Petri Monasterium*. v. canton. Nièvre.

Pierre-sur-Dive (S.), b. cant. Calvados.

Pierrefitte, b. canton. Meuse.

Pierreville (S.), b. canton. Ardèche.

Pietra-Pugno, b. canton. Golo.

Pietrikow *ou* Petrikow. *Petricovia*. v. du palatin. de Siradi

Pieux (les), b. cant. Manche.

Pignan, b. Hérault.

Pignans, v. Var.

Pigne, b. cant. Alpes-Maritimes.

Pignerol, v. du Piémont. évêc. sous-prefecture. Pô.

Pila, montagne de France.

Pilate, montagne de Suisse, près de Lucerne.

Pilau, v. de Prusse, sur la mer Baltique.

Pilgram, v. du cercle de Bechen.

Pilsen, *Pelsina*. v. cap. du cercle de Bohême.

Pilsna *ou* Pilsno, *Pilsna*. v. du palatinat de Sandomir.

Pilten *ou* Pyltyn, v. du duché de Courlande.

Pinel, b. Isère.

Piney, b. canton. Aube.

Piney-Luxembourg, b. Aube.

Ping-Iang, *Pingianum*. v. de la province de Chansi.

Ping-Léang, *Pingleanum*. v. de la province de Chansi.

Pinglo, *Pinglum*. v. de la prov. de Quang-Si.

Pinhel, *Pinellum*. contrée et v. de la prov. de Tra-los-Montes.

Pinna, v. de l'Abruzze ultérieure.

Pinnenberg *ou* Pinneberg, *Pinneberga*. b. et comté de la Stromartie.

Pino, b. de l'île de Corse. Golo

Pinols, b. canton. Haute-Loire.

Pinos, île de l'Amérique septentrionale.

Pinsko *ou* Pinsk, *Pinscum*. v. du palatinat de Brzescie.

Pioleng, b. Vaucluse.

Piombino, *Plumbinum*. v. cap. d'une princip. de même nom sur la côte de Toscane.

Pionsat, b. cant. Puy-de-Dôme.

Pipely, v. du roy. de Bengale.

Pipriac, b. cant. Ille-et-Vilaine.

Pique-La *ou* Mont-Vallier, haute montagne des Pyrénées.

Pirano, v. dans l'Istrie vénit.

Piremil, b. Sarthe.

Piri, contrée du roy. de Loango.

Pirmasens, b. canton. Mont-Tonnerre.

Pirna, v. de Misnie.

Pisan (le), pays en Toscane.

Pisany, b. Charente-Inférieure.

Piscadores *ou* Pesgadores, îles entre l'île Formose et la Chine.

Piscina, v. de l'Abruzze citér.

Pisco, *Piscum*. v. dans l'audience de Lima.

Pise, *Pisa*. v. capitale du Pisan.

Piseck, v. dans le cercle de Prachem.

Pissos, b. canton. Landes.

Pistoie, *Pistoia*. v. de la Toscane.

Pitan, province des états du Mogol.

Pithea *ou* Laponie de Pithea, prov. de la Laponie suédoise.

Pithiviers *ou* Pluviers, *Pituerium*. v. de la Beauce. sous-préfecture. Loiret.

Pitschen, *Pitsca*. v. de la prov. de Brieg.

Pitten, v. de la basse Autriche.

Pizzigitone, Picighithone, *Piseleo*. v. dans le Crémonois.

Plabennec, b. cant. Finistère.

Placé, b. Mayenne.

Placencia, *Placentia*. v. de l'Estramadure espagnole.

Placencia, *Placentia* v. de la province de Guipuscoa.

Plaine (la), *Plana*. b. Maine-et-Loire.

Plaisance, *Placentia*. duché et v. d'Italie.

Plaisance, *Placentia*. v. canton. Gers.

Plaisance, v. de l'Amérique.

Planay *ou* Plangy, v. Aube.

Planches, b. canton. Jura.

Plancoët, b. canton. Côtes-du-Nord.

Plane, île de la mer Méditerranée.

Planiez (l'île de), île de la mer Méditerranée.

Planouse (l'île de), île de la mer de Toscane.

Planzat *ou* Blanzat, b. Puy-de-Dôme.

Plassac, b. Charente-Inférieure.

Plata (la), *Argentea*. v. cap. de la prov. de Los-Charcas.

Plata (la), grande rivière de l'Amérique méridionale.

Platte, v. Moselle.

Plauen, v. de la moyenne Marche de Brandebourg.

Plauzat, b. Puy-de-Dôme.

Plave, Plage *ou* Plaven, v. du duché de Meckelbourg.

Plaven, *Plavia*. v. de l'électorat de Saxe.

Plawen, v. de Thuringe.

Pleau (la), b. cant. Corrèze.

Pleaux, b. canton. Cantal.

Pleiburg, v. de la Carinthie.

Pleinefougères, b. cant. Ille-et-Vilaine.

Plelan, b. canton. Côtes-du-Nord.

Plélan, b. cant. Ille-et-Vilaine.

Ples, Pless *ou* Plesse, v. de la haute Silésie.

Pleskow *ou* Pskow, *Plescovia*. v. et duché de Russie.

Plesse *ou* Plessen, comté dans la princ. de Grubenhagen.

Plestin, b. canton. Côtes-du-Nord.

Pleuneuf, b. canton. Côtes-du-Nord.

Pleurs, b. Marne.

Pleurtuit, b. canton. Ille-et-Vilaine.

Pleyben, b. canton. Finistère.

Pleybourg, v. de la Carinthie.

Pleystein *ou* Bleistain, v. dans le nouv. palatinat de Bavière.

Plocsko, *Plouscum*. v. et palat. de la grande Pologne.

Ploen, Plona. v. et principauté du duché de Holstein.

Ploërmel, v. de Bretagne. sous-préfecture. Morbihan.

Ploeuc, b. canton. Côtes-du-Nord.

Plogastel, b. cant. Finistère.

Plombières, *Plumbariæ*. ville canton. Vosges.

Plomion, b. Aisne.

Plouagat, b. canton. Côtes-du-Nord.

Plouaret, b. canton. Côtes-du-Nord.

Plouay, b. canton. Morbihan.

Ploubalay, b. canton. Côtes-du-Nord.

Ploudalmezeau, b. canton. Finistère.

Ploudiry, b. canton. Finistère.

Plouescat, b. cant. Finistère.

Plouguenast, b. canton. Côtes-du-Nord.

Plouguerneau, b. c. Finistère.

Plouha, b. canton. Côtes-du-Nord.

Plouzévedé, b. c. Finistère.

Pludentz, v. et comté de la Souabe autrichienne.

Plumartin, b. canton. Vienne.

Plume (la), v. canton. Lot-et-Garonne.

Pluvigner, b. cant. Morbihan.

Plymouth, *Plimuthum*. v. dans le Devonshire.

Plymton, b. dans le Devonshire.

Pô (le), *Padus*. grand fleuve d'Italie.

Pô, 77e. département de Fr. formé dans le Piémont.

Podensac, b. cant. Gironde.

Podewils, comté du duché de Cassubie.

Podiebrad, v. du cercle de Kœhiggrœtz.

Podlaquie, *Podlaquia*. palatinat et duché de Pologne.

Podolie, *Podolia*. palatinat de la petite Pologne.

Poelten (S.), *ou* St.-Hyppolite, *Fanum Sancti Hyppolyti*. v. de la basse Autriche.

Poggio, b. de Toscane.

Poilly, b. Loiret.

Poiré-sous-la-Roche, b. canton. Vendée.

Poirin, b. canton. Pô.

Poissy, *Pinciacum*. v. canton. Seine-et-Oise.

Poitiers, *Pictavi*. v. capitale du Poitou. évêc. préfecture. Vienne.

Poitou, *Pictaviensis*. province de France.

Poix, *Pisæ*. v. cant. Somme.

Poix (S.), b. cant. Manche.

Pokucie, *Pokucia*. contrée de la Pologne.

Pol (S.), v. de l'Artois. sous-préfecture. Pas-de-Calais.

Pol-de-Léon (S.), b. canton. Finistère.

Pola, *Pola*. v. de l'Istrie vénitienne.

Polana, v. dans le val de Démona.

Polch, b. c. Rhin-et-Moselle.

Polésie, nom que l'on donne au palatinat de Brzescie.

Polesine de Rovigo (la), prov. dans la république de Venise.

Policandro, *Philocandros*. île, l'une des Cyclades.

Policastro, *Palaeocastrum*. v. du royaume de Naples.

Polignac, b. Haute-Loire.

Polignano, *Polinianum*. v. de la Terre de Bari.

Poligny, *Polinianum*. v. de la Franche-Comté. sous-préf. Jura.

Politio, Polizzi, *Politium*. v. dans le val de Démona

Pollina, *Appollonia*. v. de l'Albanie.

Polna, v. dans le cercle d'Iglaw.

Pologne, *Polonia*. gr. royaume d'Europe.

Pololzk, *Polocium*. v. de la Lithuanie.

Poloski *ou* Poloczk, palatinat du duché de Lithuanie.

Pomard, b. Côte-d'Or.

Pomègue (la), *Pomponiana*. île de la Méditerranée.

Poméranie, *Pomerania*. prov. du cercle de la haute Saxe.

Pomérélie, *Pomerallia*. contrée de la Pologne.

Pomerols, b. Hérault.
Pomesanie, prov. du royaume de Prusse.
Pommarez, b. Landes.
Pommeraye (la), b. Maine-et-Loire.
Pommeraye (la), b. Deux-Sèvres.
Pompeia, v. d'Italie.
Ponces (les îles), *Pontia.* îles de la mer Méditerranée.
Pondichéry *ou* Pontichéry, *Ponticerium.* v. des Indes orient.
Pong-Hou, îles dans la prov. de Po-Kien.
Pons, *Pontes.* v. cant. Charente-Inférieure.
Pons (S.), b. canton. Hérault.
Pons de Tomiers (S.), *Sanctus Pontius.* v. du bas Languedoc. sous-préfecture. Hérault.
Pont, b. canton. Doire.
Pontac, v. Basses-Pyrénées.
Pont-à-Marcq, b. cant. Nord.
Pont-à-Mousson, b. canton. Meurthe.
Pontailler-sur-Saone, b. cant. Côte-d'Or.
Pontarion, b. cant. Creuse.
Pontarlier, *Pontarlum.* ville de Franche-Comté. sous-préfecture. Doubs.
Pont-Audemer, *Pons-Audomari.* v. sous-préfecture. Eure.
Pontaumer-Landogne, b. cant. Puy-de-Dôme.
Pont-à-Vendin, b. Nord.
Pontaven, b. cant. Finistère.
Pont-Charaud, b. Creuse.
Pontchâteau, b. canton. Loire-Inférieure.
Pontcin, v. cant. Ain.
Pont-Croix, b. cant. Finistère.
Pont-d'Ain, v. canton. Ain.
Pont-d'Amboise, b. Indre-et-Loire.
Pont-de-Beauvoisin, v. canton. Isère.
Pont-de-Beauvoisin, b. cant. Mont-Blanc.
Pont-de-Cé, *Pons Saii.* v. c. Maine-et-Loire.
Pont-de-l'Arche, *Pons Arcuensis.* v. canton. Eure.
Pont-de-Montvert, b. canton. Lozère.
Pont-de-Remy, *Pons Remigii.* v. Somme.
Pont-de-Roide, b. cant. Doubs.
Pont-de-Royans, b. cant. Isère.
Pont-de-Salars, bourg. canton. Aveyron.
Pont-de-Sorgues, b. Vaucluse.
Pont-de-Vaux, *Pons Vallensis.* v. canton. Ain.
Pont-de-Vesle, *Pons-Velius.* v. canton. Ain.
Pont-du-Château, *Pons Castelli.* v. Puy-de-Dôme.
Ponteba *ou* Ponte-Fella, *Ponteba.* v. de Carinthie.
Ponte-de-Lima, v. de la prov. d'entre Duero et Minho.
Ponte-Stura, *Pons Sturæ.* v. c. Marengo.
Ponte-Vedra, *Pons Vetus.* v. de la Galice.
Pont-Euxin *ou* Mer Noire, *Pontus Euxinus.* mer d'Asie.
Pont-Fract *ou* Pomeret, ville d'Angleterre.
Pont-Gibaut, v. canton. Puy-de-Dôme.
Pontgouin, b. Eure-et-Loire.
Ponthac, b. cant. B.-Pyrénées.
Ponthiamos, pet. état sur les côtes de Camboye.
Ponthieu, *Pagus Pontivus.* contrée de Picardie.
Pontigny, *Pontiniacum.* bourg. Yonne.
Pontivy, v. de Bretagne. sous-préfecture. Morbihan.
Pont-l'Abbé, v. cant. Finistère.
Pont-l'Evêque, *Pons Episcopi.* v. sous-préfect. Calvados.
Pont-le-Voy, b. Loir-et-Cher.
Pontoise, *Pontisara.* v. capit. du Vexin-François. sous-préfecture. Seine-et-Oise.

Pontous, b. Landes.
Pont-Orson, *Pons Ursonis.* v. canton. Manche.
Pontremoli, *Pons-Tremulus.* v. de la Toscane.
Pontrieux, b. canton. Côtes-du-Nord.
Pont-Saint-Esprit, *Pons Sancti-Spiritus.* v. canton. Gard.
Pont-Sainte-Maixence, *Pons Sanctæ Maxentiæ.* v. canton. Oise.
Pont-Saint-Pierre, b. Seine-Inférieure.
Pont-Scorf-Lesbein, b. canton. Morbihan.
Pont-sur-Allier, b. cant. Puy-de-Dôme.
Pont-sur-Seine, *Pons-ad-Sequanam.* v. Aube.
Pont-sur-Yonne, *Pons Icauna.* v. canton. Yonne.
Pontvalain, b. canton. Sarthe.
Poole, b. du Dorsetshire.
Popayan, *Popayana.* prov. du nouveau roy. de Grenade.
Poperingue, v. canton. Lys.
Porca, *Porca.* roy. et v. des Indes.
Porchaire (S.), b. canton. Charente-Inférieure.
Porentrui *ou* Bruntrout, *Pons Reintrudis.* v. de l'évêc. de Bâle. s.-préfect. Haut-Rhin.
Porhouet, b. Morbihan.
Porquerolle, une des îles d'Hyères.
Pornic, b. cant. Loire-Infér.
Porquier (S.), b. Haute-Garon.
Port-Alegre, *Portus Alacris.* v. de l'Alentéjo.
Portalington, bourg du Quens-Counti.
Port-au-Prince, v. de l'île de S. Domingue.
Port-au-Prince, v. de l'île de Cuba.
Port-aux-Prunes, contrée des côtes d'Afrique.
Port-Bail *et* Goucy, b. Manche.
Port Baltique *ou* Roger-Wich, v. de l'île de Roog.
Port-en-Bessin, b. Calvados.
Port-Croz, l'une des îles d'Hyères.
Port-Louis *ou* Port-Liberté, v. cant. Morbihan.
Porto, *Portus.* v. de la prov. d'entre Duero et Minho.
Porto, v. de l'état vénitien.
Porto, *Portus Romanus.* ville de la Campagne de Rome.
Porto-Belo, *Portus-Belus.* v. sur la côte de l'isthme de Panama.
Porto-Comaro, b. cant. Tanaro.
Porto-d'Ampugnani, v. Golo.
Port-de-Paix, v. de l'île de Saint-Domingue.
Porto-Escondedo *ou* Port Royal, port dans la baie de Campêche.
Porto-Farina, b. du roy. de Tunis.
Porto-Ferraio, *Portus Fertatus.* v. de l'île d'Elbe.
Porto-Fino, *Delphini Portus.* b. de l'État de Gênes.
Porto-Galette, v. de la Biscaye.
Porto-Gruaro, *Portus Romatinus.* v. du Frioul; vénitien.
Porto-Hercole, *Portus Herculis.* v. de la Toscane.
Porto-Longone, *Portus-Longus.* v. de l'île d'Elbe.
Porto-Novo, v. de la côte de Coromandel.
Porto-Pédro, port d'Espagne, dans la Méditerranée.
Porto-Sancto, *Portus-Sanctus.* île de l'Océan atlantique.
Porto-Seguro, *Portus-Securus.* gouv. et v. de l'Amér. mér.
Porto-Vecchio, v. c. Liamone.
Porto-Venere, *Portus Veneris.* v. sur la côte de Gênes.
Port-Patrick, v. d'Ecosse.
Port-Royal *ou* Annapolis, v. cap. de l'Acadie.
Port-Royal, v. de la Jamaïque.

Port-Ste.-Marie, b. canton. Lot-et-Garonne.
Portsland, île de la Manche.
Portsmouth, *Portus Magnus.* v. du Hantshire.
Portsmouth, v. des Etats-Unis.
Portsmouth, v. cap. du New-Hampshire.
Port-sur-Saone, b. canton. Haute-Saone.
Portugal, *Lusitania.* roy. d'Eur.
Port-Vendre, *Portus-Veneris.* port du Roussillon.
Pose, b. Eure.
Posega, *Basiana.* comté et v. de l'Esclavonie.
Posnanie *ou* Posen, *Posua.* v. de la grande Pologne.
Possidonia, v. du royaume de Naples.
Postdam, Postzteien *ou* Potzdam, ville de la moyenne Marche de Brandebourg.
Postomy, b. Aveyron.
Potenza, *Potentia.* ville de la Basilicate.
Potiers, b. Côte-d'Or.
Potosi, *Potosium.* v. du Pérou.
Pouancé, b. canton. Maine-et-Loire.
Pouch *ou* Bouch, v. de l'électorat de Saxe.
Pougues, vil. canton. Nièvre.
Pouguet (le), b. Hérault.
Pouilhon, b. canton. Landes.
Pouille (la), *Apulia.* prov. du roy. de Naples.
Pouilly, *Pauliacum.* v. canton. Nièvre.
Pouilly-en-Auxois, b. canton. Côte-d'Or.
Pouilly-les-Fleurs, v. Loire.
Poulaines, b. Indre.
Poulet *ou* Pauler, ville de la prov. de Sommerset.
Pouligny, *Polemniacum.* bourg. Indre.
Poulle, b. Rhône.
Pourçain (S.), *Castrum Sancti Portiani.* v. canton. Allier.
Poussan, b. Hérault.
Poussol, Pozzuolo, Puzzuolo, *Puteol.* v. de la Terre de Labour.
Pourou (le), b. cant. Finistère.
Poutroy (la), b. cant. Haut-Rhin.
Pouzauges-la-Ville, b. canton. Vendée.
Pouzin (le), v. Haute-Loire.
Pouzols, b. Hérault.
Poydarieux, b. Gers.
Prachen (le cercle de), en Bohême.
Prachwitz, b. de Silésie.
Pradas, v. de la Catalogne.
Pradelles, vil. cant. H.-Loire.
Prades, ville du Roussillon. sous-préf. Pyrénées-Oriental.
Pragelas, v. Pô.
Prague, *Praga.* cercle et v. cap. de la Bohême.
Prahec, b. cant. Deux-Sèvres.
Pralin (île de), une des Sechelles.
Prandnitz, v. de Bohême.
Prato, *Pratum.* v. du Florentin.
Prats-de-Molo, *Forcia de Pratis.* v. cant. Pyrénées-Orient.
Prauthoy, b. cant. H.-Marne.
Praya, v. de l'île de Saint-Jacques.
Prechac, b. cant. Gironde.
Precop, isthme qui joint la Crimée avec la pet. Tartart.
Précopia, *Precopias.* v. de la Servie.
Précy-sur-Tille, b. cant. Côte-d'Or.
Premery, *Premeriacum.* v. cant. Nièvre.
Prentzlow *ou* Prenslox, *Primislavia.* v. cap. de la Marche Ukraine de Brandebourg.
Preraw, cer. et v. de Moravie.
Presbourg *ou* Poson, *Posonium.* v. cap. de la haute Hongrie.
Presle, b. Aisne.
Pressas, b. canton. Lot-et-Garonne.
Pressigny, b. Sarthe.

Pressigny, *Pressiniacum.* ville. Vienne.
Pressigny, b. canton. Indre-et-Loire.
Prest (S.), b. Eure-et-Loire.
Preston, *Prestonium.* ville du Lancashire.
Prettot, b. Manche.
Preuilli, *Prulliacum.* v. cant. Indre-et-Loire.
Preuilli-la-Ville, b. Indre.
Prevesa (la), v. de l'Albanie.
Prez-en-Pail, b. cant. Mayenne.
Priesnitz (Fraven), v. de Thuringe.
Priest (S.), *Sanctus Præjetus.* v. Loire.
Prince (Ile-du-), île de la mer Atlantique.
Prince-Town, v. de la nouv. Jersey.
Prince William's Sound, baie de l'Amérique.
Principautés de Salerne (les deux), prov. du roy. de Naples.
Prisrene *ou* Prisren; *Ulpianum.* v. de la Turquie européenne.
Pristina, v. de la Servie.
Privas, *Privatum.* v. du Vivarais. préfecture. Ardèche.
Prix (S.), b. Seine-et-Oise.
Procita, *Prochyta.* v. du roy. de Naples.
Prostnitz, v. de Moravie.
Provence, *Provincia.* prov. de France.
Providence, île, une des Lucaies.
Providence, v. de l'Amér. sept.
Provins, *Provinum.* v. sous-préfecture. Seine-et-Marne.
Pruck, *Pons.* v. de la Hongrie.
Pruck, v. de Stirie.
Pruck, v. de Bavière.
Pruck, v. du h. pal. de Bavière.
Prum, v. sous-préfect. Sarre.
Pruse *ou* Burse, *Prusa.* v. de la Natolie.
Prusse, *Prussia.* pays et gr. roy. d'Europe.
Prybus, *Prybusium.* v. de Silésie.
Przeymisla *ou* Premysla, *Premislia.* v. de Pologne.
Pseddersheim, b. cant. Mont-Tonnerre.
Puants, *Putidi.* peuple de la nouvelle France.
Puebla (la), v. de l'Estramadure espagnole.
Puente de l'Arçobiste, *Pons Archiepiscopia.* v. de l'Estramadure espagnole.
Puers, b. canton. Deux-Nèthes.
Pugan, *Puganum.* v. de la prov. de Queicheu.
Puget-Theniers (le), v. cant. Alpes-Maritimes.
Puicely, b. Tarn.
Puissaye (la), petit pays du Nivernois.
Puiseaux, *Puteolus.* v. canton. Loiret.
Puissalicon, b. Aude.
Puisserguier, b. Hérault.
Pujols, b. canton. Gironde.
Pujols, v. Lot-et-Garenne.
Pulaon, île de la mer des Indes.
Pulica *ou* Pulha, v. de la b. Autriche.
Pulo-Canton, île de la mer des Indes.
Pulo Condor, îles de la mer des Indes.
Pulo-Dinding, île de la mer des Indes.
Pulo Lout *ou* Lande, île de la mer des Indes.
Pulo-Sapate, île de la mer des Indes.
Pulo Timon, île de la mer des Indes.
Pulo-Way, île de la mer des Indes.
Pulsnitz, v. de la h. Lusace.
Pultousx, v. du palat. de Mazovie.
Puna, île sur la côte du Pérou.
Punta del Guda. v. cap. de l'île de S. Michel.

Putanges, b. canton. Orne.
Putgerol, b. Haute-Saône.
Putlitz, v. dans la Marche de Priegnitz.
Puttelange, v. Moselle.
Puy (le), *Podium.* v. cap. du Velay. préfect. Haute-Loire.
Puy-Belliard, b. Vendée.
Puy-Casquier, v. Gers.
Puy-Cerda, *Podius Ceretanus.* v. cap. de la Cerdagne.
Puy-de-Dôme (le), *Duma* haute mont. d'Auvergne, 78e. départ. de Fr. formé en Auvergne.
Puy-en-Anjou *ou* Puy-Notre-Dame, *Podium Andegavenso.* v. Maine-et-Loire.
Puy-la-Garde, b. Aveyron.
Puy-la-Roque, v. Lot.
Puy-Laurens, *Podium Laurentium.* v. canton. Tarn.
Puy-l'Evêque, v. canton. Lot.
Puymirol, b. canton. Lot-et-Garonne.
Puyo, b. Landes.
Puy-Saint-Martin, b. Drôme.
Pyrénées, *Piranei.* chaîne de mont. qui séparent la France de l'Espagne.
Pyrénées (basses), 79e. départ. de France, formé dans le Béarn et la Navarre.
Pyrénées (hautes), 80e. départ. de France, formé dans le Bigorre et les 4 Vallées.
Pyrénées-Orientales, 81e. dép. de France formé dans le Roussillon.
Pyritz, ville de la Poméranie ultérieure.
Pyseck, v. du cercle de Prachen.

QUES

Quadra-Vaucouver, île sur la côte de l'Amérique septent.
Quahœ, pays de la Guinée.
Quakenbruck, *Quakenburgum.* v. du cercle de Westphalie.
Quang-Cheu, *Quanchæum.* ville cap. de la prov. du Quan-Tou.
Quang-Nang, *Quangnanum.* v. de la province d'Iunnan.
Quang-Si, *Quansia.* prov. mérid. de la Chine.
Quang-Ton *ou* Canton, *Quantonia*, prov. mér. de la Chine.
Quanto, *Quantoa.* pays de l'île de Niphon.
Quarre-les-Tombes, b. canton. Yonne.
Quatre-Vallées, pays de l'Armagnac. Hautes-Pyrénées.
Queaux, b. Vienne.
Quebec, *Quebecum.* v. cap. du Canada.
Queda, *Queda.* roy. de la presqu'île du Gange.
Quedlinbourg, *Quintilinoburgum.* v. du cercle de la h. Saxe.
Queenboroug, b. du Kentshire.
Queen's-County *ou* le Comté de la Reine, comté de la prov. de Leinster.
Queen's-Ferry, v. de la prov. de Lothian.
Quei-Cheu *ou* Kœi-Tcheou, province de la Chine.
Quei-Cheu *ou* Kœi-Tcheou, v. de la prov. de Sutchuen.
Quei-Ling, *Queilinum.* v. cap. de la prov. de Quang.
Quei-Yang, *Queiyanga.* v. cap. de la prov. de Quei-Cheu.
Quelaines, b. Mayenne.
Quentin (S.), *Augusta Veromanduorum.* v. cap. du Vermandois. sous-préfect. Aisne.
Quentin (S.), v. Charente.
Quentin (S.), b. canton. Isère.
Quercy (le), *Cadurcinus Largus.* province de France.
Querfurt, *Quernfurtum.* comté et v. du cercle de la haute Saxe.
Querigut, b. canton. Arriége.
Querquenez, *Cercina.* île sur la côte de Tripoli.
Quesnoy (le), *Casuetum.* ville. canton. Nord.

Quesnoy-sur-Dente, b. c. Nord.
Questehou, b. canton. Manche.
Questembert, bourg. canton. Morbihan.
Quetreville, b. Manche.
Quevaucamp, bourg. canton. Jemmappes.
Quevauvilliers, b. Somme.
Quevilly, b. Seine-Inférieure.
Queyras, b. Hautes-Alpes.
Quiberon, presqu'île. canton. Morbihan.
Quibo, île de la province de Veragua.
Quiebou, b. Manche.
Quiers *ou* Chieri, *Cherium.* v. canton. Pô.
Quillan, v. Aude.
Quillebœuf, *Quillebovium.* v. canton. Eure.
Quilmancy, v. du royaume de Melinde.
Quiloa, *Quiloa.* roy. sur la côte de Zanguebar.
Quimbaia, prov. du Popayan.
Quimper-Corentin *ou* Kimper, *Corisopitum.* v. de la basse Bretagne. évêc. préf. Finistère.
Quimperlay, *Quimperleum.* v. de Bretagne. sous-préf. Finistère.
Quincy, b. Seine-et-Marne.
Quingey *ou* Quingé, *Quingium.* Doubs.
Quintin, *Quintinium,* v. canton. Côtes-du-Nord.
Quinto, b. canton. Sésia.
Quir (la terre de), nom d'un pays des terres Australes.
Quirieu, v. Isère.
Quiremba, *Quiremba.* îles sur la côte de Zamguebar.
Quisama *ou* Chissama, prov. du roy. d'Angola.
Quissac, b. canton. Gard.
Quistello, v. du Mantouan.
Quitera, v. de la prov. de Dras.
Quito, *Quitoa.* audience, roy. ou gouv. du Pérou.
Quixos (los), *Quixi.* prov. du Pérou.
Quizina *ou* Teusin, chaîne de mont. de la prov. de Garet.
Quoja (le roy. de), pays sur la côte occid. de Guinée.

RAMA

Raab *ou* Javarin, *Jaurinum.* v. cap. du comté de Javarin.
Raarsa, l'une des îles de Westernes.
Rabasteens, *Castrum Rabastense.* v. canton. Tarn.
Rabesteens, v. canton. Hautes-Pyrénées.
Rabenstein, v. de la basse Autriche.
Raberg, v. du cercle de Misnie.
Rachkhasbourg *ou* Rackelsburg, *Paeluanum.* v. de la b. Stirie.
Raconi, v. du Piémont. canton. Stura.
Radebourg *ou* Radeberg, v. du cercle de Misnie.
Radegast, v. de la principauté d'Anhalt-Dessau.
Radicofani, *Radicofanum.* v. de la Toscane.
Radnor, *Rednoria.* v. capitale du Radnoshire.
Radom, *Radomia.* v. et comté du palat de Sandomir.
Ragemehale, v. dans les Etats du grand Mogol.
Ragun, v. de la principauté d'Anhalt-Dessau.
Ragusan, *ou* l'Etat de Raguse, petite républ. de la Dalmatie.
Raguse, *Ragusa.* v. cap. de la république de même nom.
Rain, *Raina.* v. de la haute Bavière.
Rajapour, *Rajapora.* v. du roy. de Visapour.
Rakonick, *Raconicum.* ville et cercle de Bohême.
Rama *ou* Ramlé, *Ramatha.* v. de la Palestine.
Ramada, *Ramada.* v. du nouv. royaume de Grenade.
Ramanancor, île sur la côte de la Pêcherie.
Rambert-le-Joug (S.), *Sanctus Ragnebertus.* v. canton. Ain.
Rambert (S.), v. Loire.
Rambervillers, *Rambervilleriæ.* b. canton. Vosges.
Rambouillet, *Rambolitum.* b. canton. Seine-et-Oise.
Rambures, b. Somme.
Ramburg, v. du cercle de Leutmaritz.
Ramerup, b. canton. Aube.
Rammelsberg *ou* Rammelberg, montagne de la principauté de Wolfenbutel.
Ramonchamp, b. cant. Vosges.
Rampano, port et bourgade de la Morée.
Rançon, *Ranco.* b. H.-Vienne.
Rancourt, b. canton. Ardennes.
Randan, *Randanum.* v. canton. Puy-de-Dôme.
Randerson *ou* Rande, *Rendrusium.* v. du Nort-Jutland.
Rangamati, v. des Etats du grand Mogol.
Rangeraid, v. du duché de Juliers.
Rangnitz, *Ragnitia.* v. du cercle de Smaland.
Rantzow, comté du duché de Holstein.
Raon-l'Etape, *Rado.* ville de Lorraine. Vosges.
Rapallo, *Rapallum.* ville dans l'Etat de Gênes.
Raperswil, *Rapersvilla.* v. des cantons de Berne et de Zurich.
Rapoe, *Rapa.* v. de la province d'Ulster.
Rapolestein *ou* Ribaupierre, *Rupes Raboldi.* v. Haut-Rhin.
Rapolla, v. du roy. de Naples.
Rasain, *Resaina.* v. de la Mésopotamie.
Rasciens, peuples de la Servie et de l'Esclavonie.
Raseborg, *Raseburgum.* ville de la province de Nylande.
Raspenbourg, Rasperg *ou* Raspenberg, v. de la principauté de Weimar.
Rastadt *ou* Rachstadt, ville de l'archevêché de Saltzbourg.
Rastadt *ou* Rastat, *Rastadium.* v. de la Souabe.
Ratenau, *Ratenovia.* ville de la moy. Marche de Brandebourg.
Ratenburg, Ratenberg *ou* Rotenberg, *Ratenburgum.* v. du Tirol.
Rathcomnek, b. du comté de Korke.
Rathmannsdorf, v. de la Carniole supérieure.
Rathoath, b. du comté d'Est-Meath.
Ratibor, *Ratibora.* v. et duché de la Silésie.
Ratingen, v. du déché de Berg.
Ratisbonne *ou* Regensbourg, *Ratisbona.* ville de la basse Bavière.
Rattolpszell *ou* Ratolfcelle, *Ratolsi-cella.* v. de la Souabe autrichienne.
Ratzbourg, Ratzebourg *ou* Racebourg, *Raceburgum.* v. et princip. du cercle de la b. Saxe.
Raumo, v. de la Finlande.
Rauracie *ou* l'Evêché de Bâle, pet. prov. d'All. actuellement du départ. du Haut-Rhin.
Rauschenberg, *Rausenbergum.* v. du Landgraviat de Hesse-Cassel.
Rava, *Rava.* v. et palat. de la grande Pologne.
Ravello, *Rabellum.* v. du roy. de Naples.
Ravenne, *Ravenna.* v. cap. de la Romagne.
Ravensberg, *Ravensbergensis Comitatus.* comté du roy. de Prusse.
Ravensbourg, *Ravensburgum.* v. du cercle de Souabe.
Ravesteyn *ou* Ravenstein, *Ravesteinum.* v. et comté du Brabant.
Ravières, *Rubariæ.* v. Yonne.
Razalgate, cap de l'Arabie heureuse.
Razat (cap), au désert de Barca.
Ré (l'île de), *Radis.* sur la côte d'Aunis. Charente-Inférieure.
Reading, *Pontes Radinga.* v. cap. du Berkshire.
Reading, v. de la Pensylvanie.
Réalmont, *Regalis Mons.* ville canton. Tarn.
Réalville, *Regalis villa.* ville Aveyron.
Réame, *Riphearma.* v. du roy. d'Adramut.
Reaumont, b. Drôme.
Reaumur, b. Vendée.
Reaux, b. Charente-Inférieure.
Rebais *ou* Rebetz, *Resbacum.* v. canton. Seine-et-Marne.
Reccanati, *Recinetum.* v. de la Marche d'Ancône.
Recey-sur-Ource, b. canton. Côte-d'Or.
Rechberg, comté de Souabe.
Rechenberg, ville du cercle d'Ertzeburge.
Rechicourt, b. cant. Meurthe.
Rechlingshausen, v. et comté de l'archev. de Cologne.
Reckheim *ou* Recken, comté du cercle de Westphalie.
Rédon, *Roto.* v. sous-préfect. Ille-et-Villaine.
Redondela, *Redondela.* v. de la Galice.
Redondo, *Retona.* v. de la province de Beira.
Rées, *Reesium.* v. du cercle de Westphalie.
Régensberg, v. du canton de Zurich.
Régentauf, v. du nouv. palat. de Bavière.
Régenwalde, v. de la Poméranie.
Reggio *ou* Reggio de Calabre, *Regium Julii.* v. de la Calabre.
Reggio, *Regium Lepidum.* duché et v. du Modénois
Regino, b. canton. Golo.
Réglisse, b. Somme.
Régny, b. Loire.
Reichenau *ou* Richenau, *Austria dives.* île du lac de Zell.
Reichenbach, v. du Woigtlang.
Reichenhall, v. de Bavière.
Reichenstein, v. de la Silésie.
Reichenweyer, Riquevird *ou* Riqueville, v. Haut-Rhin.
Reichersberg, v. de Bavière.
Reichshofen, v. Bas-Rhin.
Reifferscheid, v. canton. Sarre.
Reillanne, v. Var.
Reignier, b. canton. Léman.
Reims, *Remi.* v. de Champagne. sous-préfecture. Marne.
Reine (Ste.-) et Alise, bourg. Côte-d'Or.
Reineck, *Reinecum.* ville de Franconie.
Reinfrew, *Renfroana.* ville d'Ecosse.
Reinsberg, v. de la moyenne Marche de Brandebourg.
Reipersweiler, v. Haut-Rhin.
Rellingen, b. cant. Moselle.
Remagen, b. canton. Rhin-et-Moselle.
Remalard, b. canton. Orne.
Remich, b. canton. Forêts.
Remilly, b. Aube.
Remiremont, *Romarici mons.* v. sous-préfecture. Vosges.
Remo (San), ville et port de l'Etat de Gênes.
Remuzat, b. canton. Drôme.
Remy (S.), b. Maine-et-Loire.
Remy (S), *Fanum Sancti Remigii.* v. c. Bouches-du-Rhône.
Rémy, b. Oise.
Remy (S.), b. canton. Puy-de-Dôme.
Remy-en-Bouzemont (S.), b. canton. Marne.
Renaison, v. Loire.
Renaix, b. canton. Escaut.
Renan (S.), b. cant. Finistère.
Renard (îles aux), groupe d'îles de l'Amérique.
Rendsbourg, *Rendsburgum.* v. du duché de Holstein.
Renfrew, prov. d'Ecosse.
Rennes, *Redones.* v. capit. de la h. Bretag. évêch. préfect. Ille-et-Vilaine.
Rens, Rense *ou* Rées, ville. Rhin-et-Moselle.
Renti, *Rentica.* v. Pas-de-Calais.
Renwez, b. canton. Ardennes.
Réole (la), *Regula.* v. sous-préfecture. Gironde.
Requena, *Requena.* ville de la nouvelle Castille.
Rescht, *Rescha.* contr. et v. de Perse.
Resovie, Resow, *Resovia.* v. du palatinat de Russie.
Ressel, v. de Pologne.
Ressons, b. canton. Oise.
Restigné, b. Mayenne.
Retford, *Retfordeum.* b. d'Angl.
Rethel, *Registeste.* v. de Champagne. sous-préf. Ardennes.
Retiers, b. canton. Ille-et-Vilaine.
Retimo, *Rythimna.* v. de l'île de Candie.
Rètz, *Ratiate pagus.* pet. pays de Bretagne.
Reugny, b. Indre-et-Loire.
Reuilly, *Rodolium.* b. Indre.
Réunion (île de la), voyez Mascareigne.
Reussé *ou* Reussen, comté du Voigtland.
Reutlingen, *Reutlinga.* v. du cercle de Souabe.
Revel, b. Isère.
Revel, *Rebellum.* v. H.-Garon.
Revel, *Revalia.* v. capitale de l'Estonie.
Revello, b. canton. Stura.
Revigny, b. canton. Meuse.
Revin, *Revinum.* v. Ardennes.
Reygny, b. Loire.
Reyna, *Regena.* v. de l'Andalousie.
Rez, *Retza.* v. d'Autriche.
Rezan, *Rezania.* duché et v. de Russie.
Rhaunem, b. canton. Sarre.
Rheburg, v. de Hanovre.
Rheda, v. de Westphalie.
Rheinbach, b. canton. Rhin-et-Moselle.
Rheinberg, b. canton. Roer.
Rhena *ou* Rhen, v. du duché de Meckelbourg.
Rhenen, *Rhena.* v. de la prov. d'Utrecht.
Rhin, *Rhenus.* fleuve d'Europe.
Rhin (bas), 82e. dép. de Fr. formé de la basse Alsace.
Rhin (Haut-), 83e. dep. de Fr. formé de la haute Alsace et partie de l'évêc. de Bâle.
Rhin-et-Moselle, 84e. départ. de Fr. formé de l'archev. de Trèves.
Rhinau, b. Bas-Rhin.
Rhinberg, *Rhenoberga.* v. Roer.
Rhineck, v. cap. du Rhinthal.
Rhinfeld, v. de la Souabe autr.
Rhinland, partie de la Hollande.
Rhinmarck, île du Rhin.
Rhinthal (le), vallée de Suisse.
Rhinwal, *Rhnavallis.* vallée de la haute Ligue des Grisons.
Rhodes, *Rhodus.* île et v. sur la côte de Natolie.
Rhodes *ou* Rhoden, v. du comté de Waldeck.
Rhod-Island, île de l'Amériq. septentrionale.
Rhône, *Rhodanus.* gr. fleuve de France.
Rhône, 85e. départem. de Fr. formé dans le Lyonnois.
Riaillé, b. canton. Loire-Inf.
Rialexa *ou* Realejo, v. de la nouvelle Espagne.
Ribadavia, *Ripadavia.* comté et v. de la Galice.
Ribadeo, *Revadium.* v. de la Galice.
Ribagorce, comté de l'Aragon.
Ribas, *Riba.* v. de la nouvel. Castille.
Ribaudon, *Sturium.* une des îles d'Hyères.
Ribauvilliers, v. cant. H.-Rhin.
Ribecourt, b. canton. Oise.
Ribemont, *Ribodi mons.* v. c. Aisne.
Ribera-Grande, *Ripa Magna.* v. de l'île de S.-Iago.
Riberac, b. s.-préf. Dordogne.
Ribiers, b. canton. H.-Alpes.
Ribnitz, *Ribnetzium.* ville du duché de Meckelbourg.
Riceys (les), 3 b. cant. Aube.
Richelieu, *Ricolocus.* v. cant. Indre-et-Loire.
Richemont, *Rigodunum.* v. et duché du Yorckshire.
Rie (l'île), en Poitou.
Riedlingen, *Riedlinga.* v. de la Souabe autrichienne.
Riedunburg, *Riedenburgum.* v. et comté de la h. Bavière.
Rietberg, b. du cercle de Westphalie.
Rieti, *Reate.* v. du duché de Spolette.
Rieume, v. cant. Lot-et-Gar.
Rieupeiroux, b. cant. Aveyron.
Rieux, b. Morbihan.
Rieux, *Rivi.* v. Haute-Garon.
Rieux, v. Aude.
Riez, *Reii Apollonarii.* v. cant. Basses-Alpes.
Riga, *Riga.* v. cap. de la Livonie.
Rignag, b. Charente.
Rigniac, v. canton. Aveyron.
Rigny-le-Feron, b. Aube.
Rika, v. du Diarbekir.
Rille, v. Maine-et-Loire.
Rimini, *Areminum.* ville de la Romagne.
Rimmagen, *Rigomagum.* ville. Rhin-et-Moselle.
Ringsted, *Ringstadium.* ville de l'île de Zélande.
Rinkioping, v. du Nord-Jutland.
Rintlen, *Rintelia.* v. du cerc. de Westphalie.
Rio de la Hacha *ou* Neustra Senora de los Remedios, v. du nouv. roy. de Grenade.
Rio-des-Ilheos, capitainerie du Brésil.
Rio-Grande, *Fluvius-Magnus.* gr. r. de l'Amérique mérid.
Rio-Janeiro *ou* Rivière de Janvier, v. du Brésil.
Riom, *Ricomagus.* v. de la Limagne. s.-pref. Puy-de-Dôme.
Riom-des-Montagnes, b. cant. Cantal.
Rioms, *Reontium.* v. Gironde.
Rios, b. canton. Haute-Saone.
Rioux, b. Charente-Inférieure.
Rioxa *ou* Rioja, *Ruconia.* v. de la vieille Castille.
Ripa-Transonne, *Cupra Montana.* v. de la Marche d'Ancône.
Ripen *ou* Rypen, *Ripa.* v. du Jutland.
Rippon, *Uriponium.* v. du Yorckshire.
Riquier (S.), *Sancti Ricardi Fanum.* v. Somme.
Ris, b. Seine-et-Oise.
Ris, *Rivus.* v. Allier.
Riscle, v. canton. Gers.
Riva, *Riva.* v. du Trentin.
Riva-de-Quiers, b. canton. Pô.
Rivallo, v. de la Terre de Labour.
Rivara, b. canton. Doire.
Rivarol, b. canton. Doire.
Rivedegié, v. canton. Loire.
Rives, b. canton. Isère.
Rivesaltes, b. c. Pyrénées-Or.
Rivière, v. Loire.
Rivière-Rhiéouville, b. Eure.
Rivière-Verdun, pays du comté de Comminges.
Rivoli, *Ripulæ.* v. canton. Pô.
Roa, *Roa.* ville de la vieille Castille.
Rostan *ou* Ruatan, île de la baie de Honduras.
Roben-Eyland *ou* l'Ile-Robin, île d'Afrique.
Robeque, b. Pas-de-Calais.
Robil *ou* Rebil, *Rebellio.* ville du duché de Meckelbourg.
Roca d'Anfo, v. de l'Etat de Venise.

Roccavion, *b.* canton. Stura.
Rocca-d'Arazzo, b. canton. Tanaro.
Rocca-di-Baldi, b. cant. Stura.
Rocéabilière, b. canton. Alpes-Maritimes.
Roche (la), *Rupes-Ardennæ.* v. Forêts.
Roche (la), b. cant. Léman.
Roche-Bernard (la) *Rupes Bernardi.* (Roche-Sauveur), b. canton. Morbihan.
Roche-Caniliac (la), b. cant. Corrèze.
Roche-Chouart, *Rupes Cavardi.* v. sous-préf. Haute-Vienne.
Roche Derien (la), v. Côtes-du-Nord.
Roche Donezat, b. Puy-de-Dôme.
Roche-en-Reynier, b. Haute-Loire.
Rochefort, *Rupifortium.* v. du pays d'Aunis. sous-préfecture. Charente-Inférieure.
Rochefort, b. canton. Jura.
Rochefort, v. Seine-et-Oise.
Rochefort, v. Loire.
Rochefort, v. canton. Puy-de-Dôme.
Rochefort, v. cant. Morbihan.
Rochefort, *Rupifortium.* v. c. Sambre-et-Meuse.
Rochefort-S.-Ahon, b. Haute-Loire.
Rochefoucaud (la), *Rupes Fucaldi.* v. canton. Charente.
Rochelle (la), *Rupella.* v. cap. du pays d'Aunis. sous-préf. Charente-Inférieure.
Roche-Macheren, v. Forêts.
Rochemaure, b. cant. Ardèche.
Roche-Posay, *Rupes Poseli.* v. Indre-et-Loire
Roche-Servière (la), b. cant. Vendée.
Rochester, *Rossa.* v. du Kent-shire.
Roche-sur-Yon, *Rupes ad Yonem.* b. Vendée.
Rochette (la), b. cant. Mont-Blanc.
Rochlitz, v. du marq. de Misnie.
Rockenhausen, v. du b. Palatin.
Rockenweiler, b. cant. Mont-Tonnerre.
Rocroy, *Rupes Regia.* v. sous-préfecture. Ardennes.
Roda, ville de la principauté d'Altenbourg.
Rodach, v. de Franconie.
Rodesto *ou* Rodosto, *Rhædestum.* v. de la Romanie.
Rodez, *Rutheni.* v. capit. du Rouergue. préfect. Aveyron.
Rodolphstad, v. de Bohême.
Rodrigue, île de la mer des Indes.
Roe (la), b. Mayenne.
Roedelheim, v. du comté de Solms.
Roemhild, v. de la pricipauté de Henneberg.
Roer, 86e. dép. de France, formé du duché de Juliers, de la Gueldre prussienne et partie de lélect. de Cologne.
Rœux, v. canton. Jemmape.
Rogliano, v. Golo.
Roguins, b. Loire.
Rohaczow, *Rohaczovia.* v. du duché de Lithuanie.
Rohan, v. canton. Morbihan.
Roiselle, b. canton. Somme.
Rokisan, v. de Bohême.
Roland *ou* Ruland, v. de la basse Lusace.
Rolduc, *Rodia Ducis.* v. cant. Meuse-Inférieure.
Rom *ou* Roem, *Roma.* île sur la côte occid. du Sud-Jutland.
Rom, *Rosanum.* b. Vienne.
Romagnat, b. Puy-de-Dôme.
Romagne *ou* Romandiole, *Romandiola.* princ. de l'Etat rom.
Romagne (la), b. Mayenne.
Romagne (la), b. Vienne.
Romain (S.), 2 b. Charente.
Romain (S.), b. Seine-Infér.
Romain (S.), b. cant. Seine.
Romain (S.), cap de l'île de Madagascar.
Romain-le-Puy (S.), v. Loire.
Romain-Moutier, *Romanum Monasterium.* v. du pays de Romand.
Romand, pays de Suisse.
Romanie, Thrace *ou* Romelie, *Romania.* prov. de la Turq. européenne.
Romano, *Romanum.* ville du Bergamasque.
Romans, *Romanum.* v. cant. Drôme.
Rome, *Roma.* v. cap. de l'Italie.
Rome de Tarn (S.), v. cant. Aveyron.
Romilly, b. canton. Aube.
Romney *ou* New-Romney, b. du Kentshire.
Romont *ou* Rondmont, *Rotondus Mons.* v. du canton de Fribourg.
Romorantin, *Rivus Morentini.* v. de la Sologne. sous-préf. Loir-et-Cher.
Romoulins, b. canton. Gard.
Roncevaux, vallée du royaume de Navarre.
Ronchamp, b. Haute-Saône.
Ronciglione, *Ronciglio.* petit état et v. du Patrimoine de S. Pierre.
Ronda, *Arunda.* v. du royaume de Grenade.
Roneby *ou* Runeby, v. de Suède.
Ronné, v. de l'île de Bornolhm.
Ronnebourg, v. de la princip. d'Altembourg.
Ronesac, b. Charente.
Ronnow, comté de Bohême.
Ronsberg, v. du cerc. de Pisen.
Roque (la), b. Pyrénées-Orient.
Roque (la), *Rupes.* v. Var.
Roque (cap de la), montagne de Portugal.
Roquebroue (la), b. canton. Cantal.
Roquebrunasse (la), b. cant. Var.
Roquebrune, v. Alpes-Marit.
Roquecor, v. Lot-et-Garonne.
Roquecourbe, b. cant. Tarn.
Roquefeuil, b. Aube.
Roquefort-de-Marsan, v. cant. Landes.
Roquefort, b. canton. Aude.
Roquelaure, v. Gers.
Roquemadour, *Rupes-Amatoris.* v. Lot.
Roquemaure, *Rupes-Maura.* v. cant. Gard.
Roquesteron, b. cant. Alpes-Maritimes.
Roquetaimbaut, b. cant. Lot-et-Garonne.
Roque-Vaire, *Rupes-Varia.* v. Bouches-du-Rhône.
Rorbach, b. canton. Moselle.
Rosana, v. du palatinat de Novogradeck.
Bosay, b. Seine-et-Oise.
Roscac, *Rosacum.* b. de l'abbaye de St.-Gall.
Roschild, *Roschildia.* v. dans l'île de Zélande.
Roschinar, b. du comté d'Hermanstadt.
Roscoff, port de France en Bretagne. Ille-et-Vilaine.
Roscommon, *Roscommenum.* v. de la prov. de Connaught.
Rosenberg, v. du cercle de Bechin.
Rosenberg, v. de la province d'Oppelin.
Rosenfeld, *Rhiusiavia.* v. du duché de Wirtemberg.
Rosenhein, b. de la b. Bavière.
Roses, *Rhodia.* ville de la Catalogne.
Rosette, Rousset *ou* Raschid, *Rotetum.* v. d'Egypte.
Rosheim, b. cant. Bas-Rhin.
Rosienne, *Rosiena.* v. de la Samogitie.
Rosières, *Rosariae.* b. canton. Somme.
Rosières-aux-Salines, *Rosariae.* v. Meurthe.
Rosla *ou* Roslau, v. et baill. du cercle de haute Saxe.
Rosny, b. Seine-et-Oise.
Rosoy, b. Aisne.
Rosoy, *Roseum.* v. Seine-et-Marne.
Rosporden, v. cant. Finistère.
Ross, *Rossia.* prov. d'Ecosse.
Rossano, *Roscianum.* v. de la Calabre citérieure.
Rossignano, b. cant. Maringo.
Rostino, b. canton. Golo.
Rostrenen, b. canton. Côtes-du-Nord.
Roterdam, *Roterdamem.* v. de Hollande.
Roterdam, île de la mer du Sud.
Rothenbourg, v. du duché de Crossen.
Rotta, v. de la pr. d'Anspach.
Rottenbourg, b. de la basse Bavière.
Rotwil *ou* Rotweil, *Rubea Villa.* v. de Souabe.
Rouane *ou* Roanne, *Rodumna.* v. du bas Forez. sous-préfect. Loire.
Roubaix, b. canton. Nord.
Roucy, *Rauciacum.* v. Aisne.
Rouen, *Rothomagus.* v. capit. de la Normandie. archevêché. préfecture. Seine-Inférieure.
Rouergue (le), *Rutheni.* prov. de France.
Rouez, *Ruceium.* b. Sarthe.
Rouffach, b. cant. Haut-Rhin.
Rouge (la mer) *ou* le Golfe arabique, *Mare Rubrum.* golfe entre l'Afrique et l'Arabie.
Rougé, b. canton. Loire-Infér.
Rougemont, b. cant. Doubs.
Rougnat, b. canton. Creuse.
Rouillac, b. cant. Charente.
Rouillé, b. Vienne.
Roujan, b. cant. Hérault.
Rouland-l'Eglise, b. canton. Doubs.
Roulers, b. canton. Lys.
Roumagnez, b. Manche.
Roumieu (le), b. Gers.
Rufuveille, b. Manche.
Rugen, *Rugia.* île de la mer Baltique.
Roumois (le), *Rothomagensis ager.* pays de France.
Roupeiroux, v. Aveyron.
Rousselart, *Rossilaria.* v. Lys.
Roussillon, *Ruscinonensis.* prov. de France.
Roussillon, b. canton. Isère.
Routot, b. cant. Eure.
Rouvroy, b. Aisne.
Roveredo, *Reberetum,* ville du Tyrol.
Rovigno *ou* Rouvigne, *Arupinum.* v. de l'Istrie.
Rovigo, *Rhodigium.* v. cap. de la Polésine de Ravigo.
Royan, *Royanum.* v. Charente-Inférieure.
Royannès (le), contrée du Dauphiné.
Roybon, b. canton. Isère.
Roye, *Raga.* v. cant. Somme.
Royerre, b. canton. Creuze.
Rozans, b. cant. Hautes-Alpes.
Roziers (les), b. cant. Maine-et-Loire.
Rozoy, b. cant. Seine-et-Marne.
Rubembré, b. Somme.
Rubenach, b. canton. Rhin-et-Moselle.
Rubenick, v. du duc. de Ratibor.
Rubiera, *Herbaria.* v. du Modénois.
Ruckerswalda, v. du comté de Solms.
Rudelstadt, v. du comté de Schwartzbourg.
Ruden, *Ruda.* v. de Westphalie.
Rudesheim, v. de l'électorat de Mayence.
Rudolphsworth, Neustædel, *Rudolphiverda.* v. dans la Carniole.
Rue, *Rua.* v. canton. Somme.
Ruel, b. Seine.
Rufac, *Rubeacum.* v. Haut-Rhin.
Rufecq, *Rufiacum.* v. de l'Angoumois. sous-préf. Charente.
Ruffieux, b. cant. Mont-blanc.
Rufisque, comptoir françois en Afrique.
Rugenwalde, *Rugium.* v. de la Poméranie ultérieure.
Rugles, *Rugulae.* b. cant. Eure.
Ruines, b. canton. Cantal.
Rumigny, b. cant. Ardennes.
Rumigny, b. Aisne.
Rumilly *ou* Romilly-en-Albanois, *Rumiliacum.* v. cant. Mont-Blanc.
Rummelsbourg, v. de la Poméranie ultérieure.
Runckel, v. et comt. d'Allem.
Rupelmonde, *Rupelmunda.* v. Deux-Nèthes.
Rupin *ou* Rapin, *Rupinum.* v. dans la moyenne Marche de Brandebourg.
Ruremonde, *Ruremunda.* v. des Pays-Bas. sous-préf. Meuse-Inférieure.
Ruschel, v. du duc. de Deux-Ponts.
Rushin, v. de l'île de Man.
Russey, b. canton. Doubs.
Russie *ou* Moscovie, *Russia.* gr. empire, partie en Asie et partie en Europe.
Ruthetglen, v. et com. d'Ecosse.
Rutigliano, v. dans la Terre de Bari.
Rutkoping, v. de l'île de Langeland.
Rutland, *Rutlandia.* province d'Angleterre.
Ruvo, *Rabi.* v. de la Terre de Bari.
Ruysselede, b. canton. Lys.
Rye, *Ripa.* v. de la province de Sussex.
Ryegate, b. de la pr. de Surrey.
Ryes, b. canton. Calvados.
Rzeczyca, *Rzeczyca.* ville de la Lithuanie.
Rzeva, prov. et v. de Russie.

SAEN

Saadah, *Saada.* v. de l'Arabie heureuse.
Saal (le cercle de), dans la haute Saxe.
Saales, b. canton. Vosges.
Saar-Bochenheim *ou* Bouquenon, v. canton. Bas-Rhin.
Saarstaede, v. de l'évêché de Hildesheim.
Saba, *Saba.* v. de Perse.
Saba, *Saba.* île, l'une des Antilles.
Sabakzar, v. de Russie.
Sabia, royaume dans la Cafrerie orientale.
Sabine, *Sabina.* prov. de l'état de l'Eglise.
Sabioncello, *Hilly.* presqu'île de Dalmatie.
Sabionetta, *Sabuloneta.* v. et duché d'Italie.
Sablé, *Sablotium.* v. canton. Sarthe.
Sables d'Olonne (les), v. cap. de l'île d'Olonne, sous-préf. Vendée.
Sablestan *ou* Sablustan (le), *Sablestania.* prov. d'Asie.
Sabou, Saboe, roy. d'Afrique.
Sabres, b. canton. Landes.
Sabugal, v. de la prov. de Beira.
Sacanie, *Laconia.* nom d'une partie de la Morée.
Saccai, *Saccaia.* v. dans l'île de Niphon.
Sacé, b. Manche.
Sachsenberg, v. du comté de Valdeck.
Sachsenhagen, v. du comté de Schauenbourg.
Sacilé, *Sacilum.* v. dans la Marche Trévisane.
Sacrèment (S.), lac du Canada.
Sacrement (S.), colonie portugaise en Amérique.
Sadras, établissem. hollandois sur la côte de Coromandel.
Saëns (S.), b. canton. Seine-Inférieure.
Safie *ou* Afel, *Safia.* v. de la prov. de Duquéla.
Sagan, *Saganum.* v. de Silésie.
Sagone, v. de l'île de Corse.
Sagre, *Sacrum Promontorium.* v. dans l'Algarve.
Sagro, b. canton. Golo.
Saguenay, *Saguenea.* prov. de l'Amérique septentrionale.
Sahagun, *Sanctus Facundus.* v. du royaume de Léon.
Sahara *ou* Zara, *Sahara.* désert de Barbarie.
Saharatoga *ou* Saratoga, lieu de l'Amérique septentrionale.
Saïd, nom que l'on donne à la haute Egypte.
Saigne (le), b. Lot-et-Garonne.
Saigne-Legier, b. cant. Haut-Rhin.
Saignes, b. canton. Cantal.
Saignon, v Vaucluse.
Saillagouse, b. cant. Pyrénées-Orientales.
Saillans, *Salientes.* v. canton. Drôme.
Saillies, v. c. Haute-Garonne.
Sailly, b. canton. Haute-Marne.
Sain, *Sena.* île de France vis-à-vis la baie de Brest.
Sains, b. canton. Somme.
Sains, *Sena.* b. canton. Aisne.
Saint-Angel, b. Corrèze.
Saintes (les), nom de trois îles de l'Amérique.
Saintes *ou* Xaintes, *Santones.* v. cap. de la Saintonge. préf. Charente-Inférieure.
Saintonge (la), *Santonia.* prov. de France.
Saissac, v. canton. Aude.
Saivre, b. Deux-Sèvres.
Sal (Ilha do), Ile de sel, l'une des îles du Cap-Vert.
Sala *ou* Saal, *Lala.* v. dans le Westmanland.
Salagnac, b. Vienne.
Salamanque, *Salamantica.* v. du royaume de Léon.
Salanches, v. Mont-Blanc.
Salankemin, *Salancena.* v. de l'Esclavonie.
Sale, b. canton. Maringo.
Sale (la), b. canton. Doire.
Salé, *Sala.* v. du roy. de Fez.
Salebris, b. cant. Loir-et-Cher.
Salem, v. capit. d'un comté de même nom de l'état de New-Jersey.
Salerne, *Salernum.* v. capit. de la prin. cit. au roy. de Naples.
Salernes, v. canton. Var.
Salers, *Salernum.* ville. canton. Cantal.
Salès, b. canton. Aude.
Salfeld *ou* Zolfeld, v. de la basse Carinthie.
Salfeld, v. de Thuringe.
Salhberg, *Salberga.* v. dans la Westmanie.
Salicetto, b. canton. Stura.
Salies, b. cant. Basses-Pyrén.
Salignac, *Saliniacum.* v. canton. Dordogne.
Salins, *Salinae.* v. cant. Jura.
Salisbury *ou* Salesbury, *Serviodunum Sarisburia.* v. capit. du Wiltshire.
Sallanches, b. canton. Léman.
Sallartaine, b. Vendées
Salle (la), b. canton. Gard.
Salles, b. Puy-de-Dôme.
Sallescuran, b. cant. Aveyron.
Salm *ou* Salmes, *Salmona.* b. Vosges.
Salmiegh, v. Aveyron.
Salmunster, v. du cercle du haut Rhin.
Salo, *Sælodium.* v. du Bressan.
Salobrena, Salobregna, v. du royaume de Grenade.
Salomon (les îles de), îles de la mer du Sud.
Salon, *Salum.* v. cant. Bouches-du-Rhône.
Salone, *Amphissa.* v. dans la Livadie.
Salonicki, Salonique *ou* Thessalonique, *Thessalonica.* ville cap. de la Macédoine.

Salsette, *Salseta.* île de la mer des Indes.
Salta, *Salta.* v. du Tucuman.
Saltash, b. de la province de Cornouailles.
Salrza *ou* Saltze, v. du duché de Magdebourg.
Saltzbourg, *Salisburgum.* ville cap. de l'état de même nom, au cercle de Bavière.
Saltz-der-Helden, b. de la pr. de Grubenhagen.
Saltz-Hemmendort, v. d'Autr.
Salrzungen, v. de la princip. de Henneberg.
Saluces, *Salutiae.* v. du Piémont. évêché. sous-préfec. Stura.
Salvador *ou* Banza, v. capitale du Congo.
Salvador (S.), *Soteropolis.* v. capit. du Brésil.
Salvador (S.), b. cant. Alpes-Maritimes.
Salvages (les), nom de deux îles d'Afrique.
Salvagnac, v. canton. Tarn.
Salvaterra, *Salvaterra.* ville de l'Estramadure port.
Salvariera, v. de la province de Beira.
Salvarierra, v. de la Galice.
Salvarierra, v. de la pr. d'Alava.
Salvetat (la), b. cant. Hérault.
Salvetat (la), *Salvitas.* v. cant. Aveyron.
Salviac, b. canton. Lot.
Samadet, b. Landes.
Samana (le cap), cap de l'île S. Domingue.
Samar *ou* Tandaye, île, l'une des Philippines.
Samaran, v. de l'île de Java.
Samarcande, *Samarcanda.* ville cap. du roy. de même nom, au pays des Usbecks.
Sambales, îles d'Amérique.
Samblancey, b. Indre-et-Loire.
Sambre-et-Meuse, 87e. départ. de France, formé dans le comté de Namur.
Samer, b. cant. Pas-de-Calais.
Sammatan, *Sammatanum.* ville. canton. Gers.
Samoëns, b. canton Léman..
Samogitie, *Samogitia.* prov. de Pologne.
Samoiedes (les), *Samoiedi.* peuple de l'empire russe.
Samos, *Samos.* île de l'Archipel.
Samo-Thrace *ou* Samandrachi, *Samothracia.* île de l'Archipel.
Sampacha, v. d'Afrique.
Sampiero, b. canton. Liamone.
Sampigny, b. Meuse.
Samche, prov. de la Géorgie.
Samsoe, *Samus Danica.* île de la mer Baltique.
Samson (S.), b. Eure.
Samsoun, *Amisus.* v. de la Turquie asiatique.
Sanaa, *Sanaa.* v. de l'Arabie heureuse.
Sanaca, b. canton. Golo.
Sancergues, b. canton. Cher.
Sancerre, *Sincerra.* v. du Berry. sous-préfect. Cher.
Sancian *ou* Chang-Tchufn-Chan, île sur la côte de Canton.
Sancoins, *Tincontium.* v. cant. Cher.
Sandau, v. du duché de Magdebourg.
Sandecs, *Sandecium.* v. du pal. de Cracovie.
Sandillon, b. Loiret.
Sando, *Sandum.* île du Japon.
Sandoux (S.), b. Puy-de-Dôme.
Sandwich, *Sanduicus.* v. du comté de Kent.
Sandwick, groupes d'îles dans la mer pacifique.
Sangerhausen, v. de Thuringe.
Sanguehar, Seouquéhar, v. du comté de Domfries.
Sanguesa, *Sanguossa.* v. du royaume de Navarre.
Sanguin, *Sanguinum.* royaume dans l'île des Célèbes.

San-Pietro, b. canton. Golo.
San-Remo, v. de l'état de Gênes.
Sansac, b. Charente.
San-Salvadore, b. c. Marengo.
Sansay, b. Vienne.
San-Ta, v. de la Chine.
Santa-Cruz, *Santa-Crux,* v. de la prov. de Suse.
Santa-Cruz, île de la mer du Sud.
Santa-Cruz de la Sierra, v. cap. de la prov. de même nom, au Pérou.
Santa-Fé, v. du royaume de Grenade.
Santa-Fé, *Sanctae Fidei Fanum.* v. cap. du nouveau Mexique.
Santa-Fé de Bogota, v. cap. du nouv. roy. de Grenade.
Santa-Giulia, b. cant. Golo.
Sant-Angelo, b. canton. Golo.
Santarin, *Scalabis.* v. de l'Estramadure portugaise.
Santen, *Santena.* v. du duché de Clèves.
Santerre, *Sanguiterra.* petit pays de France.
Santhoven, b. canton. Deux-Nèthes.
Santia, v. du Piémont. sous-pr. Sésia.
Santillane, *Sanctae Julianae Fanum,* v. cap. de l'Asturie.
Santorini *ou* Saint-Erini, *Thera.* île de l'Archipel.
Saône (haute), 88e. départ. de France, formé dans la Franche-Comté.
Saône-et-Loire, 89e. départem. de France, formé dans la Bourgogne.
Saorgie, b. canton. Alpes-Maritimes.
Sap (le), b. Orne.
Saphet, v. de la Palestine.
Saragosse *ou* Saragoce, *Cæsar-Augusta.* v. capit. du royaume d'Aragon.
Saraio, Bosna-Serai *ou* Serai, *Seraium.* v. de la Bosnie.
Saralbe, v. canton. Moselle.
Saramon, *Cella-Medulfi.* ville. Gers.
Saratof *ou* Soratof, *Saratovia.* v. du roy. d'Astracan.
Saravi, prov. de l'Abyssinie.
Sarbourg, *Sarrae Castra.* v. de l'électorat de Trèves. canton. Sarre.
Sarbruck *ou* Kaufmans-sarbourg, *Pons Saravi.* v. sous-préfect. Meurthe.
Sarbruck, *Sarraepontium.* ville. Meurthe.
Sardaigne (la), *Sardinia.* île de la mer Méditerranée.
Sardes, *Sardes.* v. capitale du royaume de Crésus.
Saren, b. Loiret.
Sargans, *Sarunetes.* comté et v. de Suisse.
Sargel, *Canuccis.* v. de la prov. de Trémecen.
Sargnac, b. Gard.
Sarguemine, v. de la Lorraine allem. sous-préfect. Moselle.
Sarlat, *Sarlatum.* v. du Périgord. sous-préfect. Dordogne.
Sar-Louis (Sar-Libre), *Sarus Ludovici.* v. canton. Moselle.
Sarman, v. du roy. de Tripoli.
Sarno, *Sarnus.* v. dur. de Naples.
Saros, comté de Hongrie.
Sarrancolin, v. Basses-Pyrén.
Sarre, 90e. départ. de France, formé de l'arch. de Trèves et dans le duché de Deux-Ponts.
Sarre, b. Basses-Pyrénées.
Sarreal, v. de la Catalogne.
Sarrebruck, v. sous-préfecture. Sarre.
Sarsine, *Sarsina.* v. de la Romagne.
Sarstede, v. de l'évêché d'Hildesheim.
Sartene, v. de l'île de Corse. sous-préfect. Liamone.
Sarthe, 91e. départ. de France, formé du Maine et d'une partie de l'Anjou.

Sartilly, b. canton. Manche.
Sarwar, comté et v. de la basse Hongrie.
Sar-Werden, *Sar Verda.* ville, Bas-Rhin.
Sarwitza, *Servitia.* v. de la Macédoine.
Sarzane, *Sergianum.* v. d'Italie.
Sarzeau, b. canton. Morbihan.
Sarzene, v. Morbihan.
Sas-de-Gand, *Sassa.* v. de la Flandre hollandoise. Escaut.
Saseron, v. du roy. de Bengale.
Sasquesahanoxes, peuples sauvages de la Virginie.
Sassari, *Sassari.* v. de l'île de Sardaigne.
Sassehes *ou* Millenbach, comté et v. de la Transylvanie.
Sassenage, b. canton. Isère.
Sassuolo *ou* Sasseuil, *Saxulum.* v. de la princ. de Carpi.
Satalie, *Satalia.* v. de la petite Caramanie.
Satillien, b. canton. Ardèche.
Saturnin (S.), bourg. Puy-de-Dôme.
Saturnin (S.), b. Aveyron.
Satz *ou* Zadeck, cercle et ville de Bohême.
Saubernon. b. canton. Côte-d'Or.
Saucheri, b. Aisne.
Sauflieu (S.), b. Somme.
Sauge (S.), b. Nièvre.
Sauges, b. Maine-et-Loire.
Saugues, *Salgae.* v. Lozère.
Saugues, b. cant. Haute-Loire.
Saujon, b. canton. Charente-Inférieure.
Saulge (S.), b. cant. Nièvre.
Saulgen, v. du comté de Waldburg.
Saulgon, b. Charente.
Saulieu, *Sidolocum.* v. canton. Côte-d'Or.
Sault, *Saltus.* v. c. Vaucluse.
Saulx, b. cant. Haute-Saône.
Saumur, *Salmurium.* v. d'Anjou. sous-préf. Maine-et-Loire.
Saurat, b. Arriége.
Sauvagere (la), b. Orne.
Sauvant (S.) (Sauvant-la-Plaine), v. Vienne.
Sauvassanges, b. Puy-de-Dôme.
Sauve (S.), b. Puy-de-Dôme.
Sauves, *Salva.* b. cant. Gard.
Sauvetat (la), b. Puy-de-Dôme.
Sauvetat (la) de Caumont, b. Lot-et-Garonne.
Sauvetat (la) de Saveres, b. Lot-et-Garonne.
Sauveterre, b. Lot-et-Garonne.
Sauveterre, b. cant. Aveyron.
Sauveterre, *Salva-Terra.* ville. canton. Basses-Pyrénées.
Sauveterre, v. cant. Gironde.
Sauveur (S.), b. cant. Yonne.
Sauveur (S.) Landelin, b. cant. Manche.
Sauveur-le-Vicomte *ou* Sauveur-sur-Douves (S.), b. canton. Manche.
Sauxillanges, *Celsiniatus.* v. cant. Puy-de-Dôme.
Sauzay, v. Vienne.
Sauzay-le-Poiriers, b. canton. Cher.
Sauzé-Vaussay, b. cant. Deux-Sèvres.
Savanah, v. de la Géorgie.
Savatopoli *ou* Isagour, ville de la Mingrelie.
Savenay, b. sous-préf. Loire-Inférieure.
Savenières, b. Maine-et-Loire.
Saverdun, *Saverdunum.* v. cant. Arriége.
Saverne *ou* Zaberne, *Taberna.* v. de la basse Alsace. sous-pr. Bas-Rhin.
Savignac-les-Eglises, b. cant. Dordogne.
Savigné-l'Evêque, b. Sarthe.
Savigny, b. cant. Loir-et-Cher.
Savillan, Savillano, *Savilianum.* v. de Piémont. sous-préf. Stura.
Savin (S.), v. cant. Vienne.
Savin (S.), b. cant. Gironde.

Sayines, b. cant. Hautes-Alpes.
Savinien-du-Port (S.), b. cant. Charente-Inférieure.
Savoie, *Sabaudia.* duché souverain d'Europe, réuni à la France.
Savone, *Savona.* v. de l'Etat de Gênes.
Savonieres, *Saponariae.* bourg. Indre-et-Loire.
Saxe, *Saxonia.* grand pays d'Allemagne.
Saxenbourg, v. de la haute Carinthie.
Saxuma, île et roy. de l'Océan oriental.
Saycoch, *Saiçocum.* l'une des îles du Japon.
Sayda, v. du cerc. d'Ertzgeburge.
Sayn *ou* Sehn, comté et ville de l'électorat de Trèves.
Scaër, b. canton. Finistère.
Scala, *Scala.* v. de la princ. citérieure.
Scalanova, l'anc. Néapolis, v. de la Natolie.
Scalitz *ou* Scala, v. de la haute Hongrie.
Scamachie *ou* Chamahi, *Samachia.* v. cap. du Schirvan.
Scandinavie, *Scandia.* partie de l'Europe qui comprend le Danemarck, la Suède et la Norwège.
Scarbouroug, v. du comté d'Yorck.
Scardona, v. de la Dalmatie turq.
Scarem, b. cant. Alpes-Marit.
Scarlino, *Scarlinum.* v. de la princ. de Piombino.
Scaro, *Scaros.* v. de l'île de Santorin.
Scarpanto, *Carpathus.* île de l'Archipel.
Sceaux, b. sous-préf. Seine.
Scella, *Scella.* province de l'Abyssinie.
Scellières, b. canton. Jura.
Scey-sur-Saône, b. canton. Haute-Saône.
Schaerding, v. de la h. Bavière.
Schaffhouse, *Scaphusia.* canton et v. de Suisse.
Schalholt, v. cap. de l'Islande.
Schamaki, v. cap. du Schirvan.
Scharnitz, v. du Tyrol.
Schartzfeld, baillage de la pr. de Grubenhagen.
Schauenbourg, comté de la Westphalie.
Schaven *ou* Schacen, b. et cap du Jutland.
Schaven, v. de la Poméranie ultérieure.
Scheer, v. du bas comté de Walbourg.
Schelestat, *Seladistadium.* ville. canton. Bas-Rhin.
Schellenberg, b. de la prévôté de Berchtolsgaden.
Schemberg, v. de Souabe.
Schemnitz, *Scemnitium.* v. de la haute Hongrie.
Schenckendorff, v. de la basse Lusace.
Schening, *Scheningia.* ville de l'Ostrogothie.
Scheningen *ou* Scaningen, v. de la princip. de Wolfenbuttel.
Scher, v. de la Souabe.
Scherding, v. de la Bavière.
Schermbeck, v. du duché de Clèves.
Scheslitz, v. de Franconie.
Schetland (les îles de), *Æmodæ.* dans la mer d'Ecosse.
Schèves, v. du Nord-Jutland.
Schiefelbein, v. de la nouvelle Marche de Brandebourg.
Schiendam, v. de la Hollande.
Schilde, v. du cercle de Misnie.
Schintz, v. de la haute Hongrie.
Schiras, *Schirasium.* v. capit. du Farsistan.
Schirmeck, b. canton. Vosges.
Schirvan, Chiryan, Servan, *Servania.* prov. de Perse.
Schizar, *Larissa.* v. de Syrie.
Schlacken, v. de la principauté de Cobourg.

Schlackenwalde, v. du cercle d'Elnbogen.
Schlackenwerde, v. du cercle d'Elnbogen.
Schlaitz, v. du Voigtland.
Schleussingen, v. de la princip. de Henneberg.
Schleydin, b. canton. Ourthe.
Schmiedberg, *Schmideberga.* v. du duché de Jawer.
Schmiedeberg, v. du cercle élect. de Saxe.
Schmoellen, v. de la princip. d'Altembourg.
Schnackenbourg, v. de la princ. de Zell.
Schneberg *ou* Schnéeberg, v. du cercle d'Ertzgeburge.
Schoenau, v. du duc. de Jawer.
Schoenbeck, v. du duché de Magdebourg.
Schoenberg, b. de la h. Lusace.
Schoenberg, v. de la princip. de Ratzebourg.
Schoeneck, *Nosonacum.* ville. Sarre.
Schoenflies, v. de la nouvelle Marche de Brandebourg.
Schoeppenstaedt, v. de la princ. de Wolfenbuttel.
Scholasse (*Ste.*-), b. Orne.
Schomberg *ou* Schoenberg, v. Sarre.
Schoneck, v. Sarre.
Schonen *ou* Scanie, *Scandia.* province de Suède.
Schongaw *ou* Schonga, v. de la haute Bavière.
Schonrein, v. de l'évêché de Wurtzbourg.
Schonwalda, v. du cercle élect. de Saxe.
Schoonhove, v. de Hollande.
Schopfeim, v. de Souabe.
Schorndorfe, *Schorndorfium.* v. du duché de Wurtemberg.
Schotten, v. de la h. Hesse.
Schotzow, v. de Silésie.
Schouten (les 15 îles de), dans la mer du Sud.
Schowen, *Scalia.* île de la Zélande.
Schramberg, v. du comté de Hohenberg.
Schrapelau, v. du comté de Mansfeld.
Schrobenhausen, v. de la haute Bavière.
Schueniz *ou* Schweidnitz, *Suvinnia.* prov. et v. de la Silésie.
Schutt, île du palatinat de Presbourg.
Schwabach *ou* Schwobach, v. du marquisat d'Anspach.
Schwandorf, v. du nouveau palatinat de Bavière.
Schwartz *ou* Schwatz, *Sebatum.* v. du Tirol.
Schwartzack, v. de Franconie.
Schwartzenberg, v. de Misnie.
Schweich, b. canton. Sarre
Schweinfurt, *Schuvinfurtum.* v. de la Franconie.
Schweinitz, v. du cercle élect. de Saxe.
Schweinsberg, v. de la basse Hesse.
Schwerin, principauté et comté du Mecklenbourg.
Schwerin, *Suerinum.* v. du duché de Mecklenbourg.
Schwibusen, v. de Silésie.
Schwibusen *ou* Suinbourg, *Suinburgum.* v. de Danemarck.
Schwitz, Swiz, *Suitium.* canton de Suisse.
Schwœchat, v. de la basse Autriche.
Sciacca, v. du val de Mazarre.
Sciati, *Sciatius.* île de l'Archipel.
Scio, *Chios.* île de l'Archipel.
Scioto, pays de l'empire de l'Ouest.
Sciros, *Scyros.* île de l'Archipel.
Scœnberg, b. canton. Sarre.
Scopamène, b. cant. Liamone.
Scopelo, *Scopulus.* île de l'Archipel.
Scutari, *Scodra.* v. cap. de la haute Albanie.

Scutari, *Chrysopolis.* v. de la Natolie.
Sdiles *ou* Delos, île de l'Archipel.
Seaford, ville du Sussex.
Sébastien (S.), *Fanum Sancti Sebastiani.* v. de la province de Guipuscoa.
Sebenico, *Sebenicum.* v. et comté de la Dalmatie vénitienne.
Séchelles (îles), dans la mer des Indes.
Seckaw *ou* Seccau, *Secovia.* v. de la b. Stirie autrichienne.
Seckingen *ou* Secking, *Sanctio.* v. de la Souabe autrichienne.
Seclin, b. canton. Nord.
Secondigné, b. canton. Deux-Sèvres.
Sedan, *Sedanum.* v. de Champ. sous-préfecture. Ardennes.
Sederon, b. canton. Drôme.
Seehausen, ville de la vieille Marche de Brandebourg.
Séez *ou* Sais, *Sagium.* ville de Normandie. évêc. cant. Orne.
Segeberg, *Segeberga.* v. de la Wagrie.
Segedin, v. de Hongrie.
Segelmessa, v. d'Afrique.
Ségeswart *ou* Schesbourg, *Segethusa.* v. et comté de la Transylvanie.
Ségewold, Sewold, *Segewoldia.* v. de la Livonie.
Segni, *Signia.* v. de la Campagne de Rome.
Segni *ou* Segna, *Senia.* v. de la Morlaquie.
Sego, cap. du roy. de Bambara.
Ségonzac, b. cant. Charente.
Segorbe, *Segobriga.* v. du roy. de Valence.
Ségovie, *Segovia.* ville de la vieille Castille.
Ségovie (la nouvelle), *Segovia.* v. de l'audience de Guatimala.
Ségovie (la nouvelle), v. de l'île de Luçon.
Ségovie (la nouvelle), v. de la prov. de Venezuela.
Segré, *Secredum.* v. sous-préf. Maine-et-Loire.
Segrie, b. Sarthe.
Segur, b. Cantal.
Segura, *Secura.* v. de la prov. de Beira.
Segura de la Frontera, *Securitas Confinium.* v. de la nouvelle Espagne.
Seiches, b. canton. Maine-et-Loire.
Seiches, b. canton. Lot-et-Garonne.
Seidenberg, b. de la h. Lusace.
Seignelay, *Seilliniacum.* ville. Yonne.
Seilhac, b. canton. Corrèze.
Seine (la), *Sequana.* fleuve de France.
Seine, 92ᵉ. départ. de France, formé dans l'île de France.
Seine-Inférieure, 93ᵉ. dép. de Fr. formé dans la Normandie.
Seine-et-Marne, 94ᵉ. dép. de Fr. formé dans la Brie.
Seine-et-Oise, 95ᵉ. dép. de Fr. formé dans l'île de France.
Seine (la), v. Var.
Seine (Ste.), b. canton. Côte-d'Or.
Seinsheim, v. de Franconie.
Seissans, v. Gers.
Sel (le), b. canton. Ille-et-Vilaine.
Sélande *ou* Zélande, *Selandia.* île de la mer Baltique.
Sélincourt, *Selincurtis.* bourg. Somme.
Selinginsk, v. de la Sibérie.
Selingstadt, Selingenstadt *ou* Salingunstad, *Selingstadium.* v. de l'élect. de Mayence.
Sélivrée, *Selimbria.* v. de la Romanie.
Selkirck, prov. et b. d'Ecosse.
Sélile (la), *Cellula.* b. Cantal.
Selles *ou* Celles, *Cella.* v. Indre.
Selles-Saint-Denis, b. canton. Loir-et-Cher.
Selliers, b. Jura.
Selommes, b. ca. Loir-et-Cher.
Selongey, v. cant. Côte-d'Or.
Selovitz, v. de Moravie.
Selten, v. de l'élect. de Trèves.
Seltz-Benheim, *Saletia.* v. cant. Bas-Rhin.
Selve (la), vil. cant. Aveyron.
Semendriah, *Semendria.* v. de Servie.
Seminara, *Seminaria.* b. du roy. de Naples.
Sempach, *Sempachium.* ville du canton de Lucerne.
Sémur, *Sinemurum.* v. cap. de l'Auxois. so.-préf. Côte-d'Or.
Sémur en Brionnois, *Semurium.* v. canton. Saône-et-Loire.
Sénarpont, b. Somme.
Sendomir *ou* Sandomir, *Sendomiria.* v. du palat. de Pologne.
Séneffe, b. canton. Jemmape.
Sénéga *ou* Sénégal, contrée, île et fleuve d'Afrique.
Sénez, *Sanitium.* v. canton. Basses-Alpes.
Senftenberg, v. de la basse Autriche.
Senlis, *Silvanectes.* v. de l'île de France. sous-préfect. Oise.
Sennaa, v. de l'Arabie heureuse.
Sennar, royaume et v. de la Nubie.
Sennecey (grand), b. canton. Saône-et-Loire.
Sennegas et Trevisy, b. Tarn.
Sénonches, *Senones-Celsi.* b. Eure-et-Loire.
Sénones, *Senoniæ.* b. canton. Vosges.
Sénonois, *Senonensis Ager.* pays de France.
Sens, *Senones.* v. cap. du Sénonois. sous-préfecture. Yonne.
Sépaux, b. Yonne.
Septèmes, b. Isère.
Sepulveda, v. de la vieille Castille.
Séra, b. canton. Golo.
Séraing, b. canton. Ourthe.
Séraucourt, b. Aisne.
Sérégippe-del-Rey, *Seregippa.* gouv. et v. cap. du Brésil.
Serfo *ou* Serfante, *Seriphos.* île de l'Archipel.
Serginnes, b. canton. Yonne.
Sérignan, *Serignanum.* ville. Hérault.
Sérigni, v. de l'île de Java.
Sermaize, v. Marne.
Sermur, b. Creuse.
Sernin (S.), v. Aveyron.
Seronge, ville des Etats du Grand-Mogol.
Serpa, *Serpa.* v. de l'Alentéjo.
Serpaize, b. Isère.
Serpuchow, v. de Russie.
Serravalle, *Serravallis.* v. cant. Maringo.
Serre, *Serra.* v. Drôme.
Serres, v. cant. Hautes-Alpes.
Serres *ou* Cerfs, *Sernæ.* v. de la Macédoine.
Serrières, b. cant. Ardèches.
Serselly, v. de la province de Tenez.
Servant, (S.), b. canton. Ille-et-Vilaine.
Serverette, v. Lozère.
Servian, b. canton. Hérault.
Servie, *Servia.* province de la Turquie européenne.
Servières, b. canton. Corrèze.
Sesen *ou* Sesem, v. de la princ. de Wolfenbuttel.
Sésia, 96ᵉ. départ. de Fr. formé dans le Piémont.
Sessa, *Suessa.* v. du roy. de Naples.
Sessia, v. et vallée du duché de Milan.
Sesto, *Sextum.* v. du Milanais.
Sestola, v. du duc. de Modène.
Sestri di Levante, *Tigulia.* v. de l'Etat de Gênes.
Sestri di Ponente, *Sextum.* ville de l'Etat de Gênes.
Se-Tchuen, prov. occidentale de la Chine.
Setia, *Cythæum.* v. de Candie.
Settenil, v. du roy. de Grenade.
Settimo-Viltone. b. cant. Doire.
Sétubal, *Cætobris.* v. de l'Estramadure portugaise.
Seurre, b. canton. Côte-d'Or.
Sevenfuori, b. cant. Liamone.
Sevenne *ou* Cevennes, *Cebennæ.* montagnes du b. Langued.
Sever (S.), *Severopolis.* (Mont-Adour), v. Landes.
Sever de Rustan (S.), v. Tarn.
Séver de Rustan (S.), b. cant. Calvados.
Severac-le-Château, v. cant. Aveyron.
Sévère (Ste.), b. cant. Indre.
Severie, *Severia.* prov. de Russie.
Severin (S.), b. Gironde.
Severina (S.), *Siberina.* v. de la basse Calabre.
Severino (S.), v. de la Marche d'Ancône.
Severino (San), v. de la prin. citérieure.
Severo (S.), *Severopolis.* ville de la Capitanate.
Sevidentro, b. cant. Liamone.
Sevignac, b. Basses-Pyrénées.
Séville, *Hispalis.* v. cap. de l'Andalousie.
Sévres, b. cant. Seine-et-Oise.
Sèvres (Deux-), 97ᵉ. dép. de Fr. formé dans le Poitou.
Sewesk, v. de Russie.
Seyde *ou* Sayd, *Sidon.* v. de la Syrie.
Seyne, v. cant. Basses-Alpes.
Seyssel, v. canton. Ain.
Seyssuel, b. Isère.
Sezanne, *Sezanna.* v. canton. Marne.
Sezze, b. canton. Maringo.
Sfax, v. de la régence de Tunis.
Sfetigrado, *Sphaita.* v. de l'Albanie.
Shaftsbury *ou* Schaftsbury, *Septonia.* b. du Dorsetshire.
Shahar, v. de l'Arabie heur.
Shapins, l'une des îles Orcades.
Shapour, *Sapora.* v. du roy. de Bérar.
Shelburne, v. de l'Acadie.
Sheppy, *Convennoe.* île d'Angl.
Sherness, v. du comté de Kent.
Shoreham, b. du Sussex.
Shrewsbury, *Salopia.* prov. et v. d'Angleterre.
Siam, *Siamum.* roy. et v. des Indes.
Siang-Yang, *Sianganum.* v. de la prov. de Hu-Quang.
Siara, *Siara.* capitainerie et v. du Brésil.
Siba, prov. des états du Mogol.
Sibérie, *Siberia.* contrée sept. de la Russie asiatique.
Sibourre, b. Basses-Pyrénées.
Sibret, b. canton. Forêts.
Sicile, *Sicilia.* gr. île de la Méditerranée.
Sicli, v. du val de Noto.
Sidaye, *Sidaia.* v. de l'île de Java.
Siderocapsa, *Chrysites.* v. de la Macédoine.
Siebenlehn *ou* Siebeln, v. du cercle de Misnie.
Siegeberg, Siegbourg *ou* Sigberg, v. du duché de Berg.
Siegen, *Siega.* v. de la Wétéravie.
Sienne, *Sana.* v. cap. du Siennois.
Siennois, prov. de la Toscane.
Sierck, v. Moselle.
Sierra, partie orientale de la nouvelle Castille.
Sifanto, *Siphnos.* île de l'Archipel.
Sigean, v. canton. Aude.
Sigistan, *Sigistania.* prov. de Perse.
Sigmaringun, *Sigmaringa.* v. et comté de Souabe.
Signelay, b. canton. Yonne.
Signy-le-Grand, *Signiacum.* b. canton. Ardennes.
Signy-le-Petit, b. canton. Ardennes.
Sigtuna, *Sigtunia.* v. de l'Uplande.
Siguenza, *Segontia.* v. de la vieille Castille.
Sijan, v. Aude.
Sikino, île de l'Archipel.
Silberberg, v. de Silésie.
Silésie, *Silesia.* duché d'Allem.
Silistra *ou* Dorestro, *Dorostorum.* v. de la Bulgarie.
Sillé-le-Guillaume, v. canton. Sarthe.
Sillery, b. Marne.
Silvain (S.), b. Calvados.
Silvanez, *Silvanesium.* ville. Aveyron.
Silvano, b. canton. Maringo.
Silves, *Silva.* v. de l'Algarve.
Simmerin, v. Roer.
Simmern, v. sous-préf. Rhin-et-Moselle.
Simon (S.), b. canton. Aisne.
Simonthorna, v. de la basse Hongrie.
Simore, b. Gers.
Sin, Tsin, *Sina.* v. de la prov. de Hu-Quang.
Sinaï, *Sina.* mont. de l'Arabie pétrée.
Sinde *ou* Tatta, prov. des états du Grand-Mogol.
Sindringen, v. de Franconie.
Singan, *Siganum.* v. cap. de la prov. de Chensi.
Singo, *Singus.* v. de la Macédoine.
Singor, *Singora.* v. du roy. de Siam.
Sinigaglia, *Senogallia.* ville du duché d'Urbin.
Sinope, *Sinope.* v. de la Natolie.
Sintzeim *ou* Sinsheim, v. du cercle de Souabe.
Sion, mont. de la Judée.
Sion, v. cap. du Valais.
Sior, *Siorum.* v. cap. du roy. de Corée.
Siout, Siut, *Lycopolis.* v. de la haute Egypte.
Siradie, *Siradia.* palat. et v. de la grande Pologne.
Siran, v. Haute-Garonne.
Sirmich, *Sirmium.* v. de l'Esclavonie.
Sissac, v. du canton de Bâle.
Sisseg, *Segesta.* place de la Croatie.
Sissonne, b. canton. Aisne.
Sissopoli, *Apollonia.* v. de la Romanie.
Sisteron, *Secustero.* v. de Provence. sous-préf. B.-Alpes.
Siria, *Citeium.* v. de l'île de Candie.
Sittard, v. canton. Roer.
Siucheu, *Siucheum.* v. de la prov. de Se-Tchuen.
Sivas, *Sebastcia.* v. de la Natolie.
Sivershausen, b. du duché de Brunswick.
Sivrai, *Severiacum.* v. Vienne.
Sixfour, v. Var.
Sizun, île. canton. Finistère.
Skalice, v. de Bohême.
Skar, *Skara.* v. de la Westrogothie.
Skye, *Skia.* l'une des îles Westernes.
Slagel, *Slagella.* v. de l'île de Zélande.
Slaguen, v. de la Poméranie.
Slany *ou* Schlan, cercle et v. de Bohême.
Slaukau, *Slaukavia.* v. du palatinat de Cracovie.
Slego, *Slegum.* comté et v. de la prov. de Connaught.
Sleswick, *Slesvicum.* duché et v. de la prov. de Gottorp.
Slonin, *Slonina.* v. du duché de Lithuanie.
Slooten, *Slota.* v. de la Frise.
Sluczk, *Slucum.* duché et v. de la Lithuanie.
Slyt, île. de Danemarck.
Smaland *ou* Gothie méridionale, *Smalandia.* prov. de Suède.
Smalkalde, *Samalcalda.* v. cap. de la princip. de Henneberh.
Smolensko, *Smolancum.* duché, palatinat et v. de Russie.
Smyrne, *Smyrna.* v. de la Natolie.
Sneeck *ou* Snitz, v. de la Frise.
Snyatin, v. cap. de la Pokucie.
Soana *ou* Suane, *Suana.* ville du Siennois.
Sobernheim, canton. Rhin-et-Moselle.
Sobrarbre, princ. du royaume d'Aragon.
Sochaczow, v. du duché de Masovie.
So-Cheu *ou* So-Tcheou, v. du Xensi.
Société (les îles de la), dans la mer du Sud.
Socoa, port entre S.-Jean-de-Luz et Bayonne.
Soconusco, *Soconusca.* province de la nouv. Espagne.
Socotern, *Socotera.* île entre l'Arabie heur. et l'Afrique.
Soczowa, *Socsavia.* ville de la Moldavie.
Soest, Soust *ou* Zoest, *Susatum.* v. du comté de la Marck.
Sofala, Cefala, royaume de la Cafrerie.
Sofie *ou* Sophie, *Sophia.* v. cap. de la Bulgarie.
Sofroy, v. du roy. de Fez.
Sogno, prov. du roy. de Congo.
Soignies, *Sonegiæ.* v. canton. Jemmape.
Soissons, *Guesones.* v. cap. du Soissonois. évêché. sous-préf. Aisne.
Soldin, v. cap. de la nouvel. Marche de Brandebourg.
Soleme, b. canton. Nord.
Soleme, b. Sarthe.
Soleure, *Solodurum.* canton et v. de Suisse.
Solfatara, terrein près de Pouzzols.
Solignac-sur-Loire, b. Haute-Loire.
Solliés, b. Var.
Solms *ou* Hohen-Solms, *Solmæ.* comté et b. de Wétéravie.
Sologne, *Secalaunia.* pet. pays de l'Orléanois.
Solkamskoi, v. de Russie.
Solor, île. de la mer des Indes.
Solorico, v. de la prov. de Beira.
Solré-de-Château, b. canton. Nord.
Solsona *ou* Salsona, *Gelsona.* v. de la Catalogne.
Soltau, b. de la prin. de Zell.
Soltwedel, Saltswedel, *Heliopolis.* v. de la vieille Marche de Brandebourg.
Sombernon, b. Côte-d'Or.
Sombrero, île, l'une des Antilles.
Somerton, v. de la prov. de Sommerset.
Sommariva-del-Bosco, b. cant. Tanaro.
Somme, 98ᵉ. départem. de Fr. formé dans la Picardie.
Sommerda *ou* Grossen-Sæmmern, v. de Thuringe.
Sommereux, b. Oise.
Sommerfeld, v. de la basse Lusace.
Sommergem, b. canton. Escaut.
Sommersetshire, *Somersetia.* prov. d'Angleterre.
Sommershausen, b. de Franconie.
Sommery, b. Seine-Inférieure.
Sommières, *Sumerium.* v. cant. Gard.
Sompuies, b. canton. Marne.
Soncino, *Soncinum.* v. du Crémonois.
Sonde (les îles de la), dans dans la mer des Indes.
Sonderbourg, v. cap. de l'île d'Alsen.
Sondershausen, v. de Thuringe.
Sondrio, b. de la Valteline.
Songeons, b. canton. Oise.
Sonnerg, v. de la princip. de Cobourg.
Sonnebourg, v. de la nouv. Marche de Brandebourg.
Sonquas, peuple d'Afrique.

Sonsonate, port du Mexique.
Sontheim, ville du comté de Limbourg.
Sontra, v. de la basse Hesse.
Sonzay, b. Indre-et-Loire.
Sooloo, l'une des îles des Moluques.
Sophiana, *Sophia*. v. de l'Aderbijan.
Sophie, v. du gouvernem. de Pétersbourg.
Sophron *ou* Œdenbourg, *Simpronium*. comté et v. de la basse Hongrie.
Sora, *Sora*. v. de la Terre de Labour.
Sora, v. de l'île de Zélande.
Sora, v. de Silésie.
Soraw, *Soravia*. v. de la basse Lusace.
Sorba, b. canton. Golo.
Sorcy, b. Meuse.
Sordes, *Sordua*. b. Landes.
Sore, b. canton. Landes.
Soreze, *Sorcinium*. v. Tarn.
Soria, *Soria*. v. de la vieille Castille.
Soriasco, b. canton. Maringo.
Sorlin (S.), b. Ain.
Sorlingues, *Sillinæ*. île de la prov. de Cornouailles.
Sornac, b. canton. Corrèze.
Sornin (S.), b. Charente-Inf.
Sorock, place forte de Pologne.
Soroingoin, v. Liamone.
Soroinsu, v. canton. Liamone.
Sorr, b. du cercle de Kœniggrætz.
Sorrento, *Surrentum*. v. du roy. de Naples.
Sos, v. Lot-et-Garonne.
Sospello, *Sospitellum*. v. cant. Alpes-Maritimes.
Sotteghem, b. canton. Escaut.
Sottevast, b. Manche.
Sotteville, b. Seine-Inférieure.
Souabe, *Suevia*. gr. pays et cercle d'Allemagne.
Soubise, *Subisia*. v. Charente-Inférieure.
Soucy, b. Yonne.
Souene *ou* Assouan, v. de la haute Egypte.
Souillac, *Solliacum*. v. Lot.
Souilly, b. canton. Meuse.
Soulaines, b. canton. Aube.
Soule (Ste.), b. Aube.
Soullans, b. Vendée.
Soultz, b. canton. Haut-Rhin.
Soulz-sous-Forêts, b. canton. Bas-Rhin.
Soultzmach, b. Bas-Rhin.
Soumelpour, v. dans les Etats du Grand-Mogol.
Souprose, *Suprosa*. v. Landes.
Sour, *Tyrus*. v. de la Syrie.
Sourdeval, b. canton. Manche.
Soure, *Sourium*. v. de l'Estramadure portugaise.
Sournia, b. canton. Pyrénées-Orientales.
Souse *ou* Suse, *Susa*. prov. et v. du royaume de Tunis.
Sousel, *Susella*. v. de l'Alentéjo.
Sousthon, v. canton. Landes.
Souterraine (la), v. canton. Creuse.
Southampton, *Closentum*. v. du Hantshire.
Soutwarck *ou* Soudrick, b. de la province de Surrey.
Souvigny, *Salviniacum*. v. cant. Allier.
Soyon, v. Loire-Inférieure.
Spa, *Spadum*. b. Ourthe.
Spalatro, *Spalatum*. v. cap. de la Dalmatie.
Spandaw, *Spandavia*. v. de la moyenne Marche de Brandebourg.
Spangenberg, v. du bas landgr. de Hesse.
Spanheim *ou* Sponheim, comté du bas Palatinat.
Spanishtown, v. de l'île de la Jamaïque.
Spaver, comté du Tyrol.
Sperlinga, v. du val de Demona.
Spezze *ou* Spezzia, *Specium*. v. des Etats de Gênes.

Spezzia, golfe de la Médit. dans l'Etat de Gênes.
Spiegelberg, comté du cercle de Westphalie.
Spietz, v. du canton de Berne.
Spigno, b. canton. Tanaro.
Spincourt, b. canton. Meuse.
Spire, *Spira*. v. capitale du bas Palatinat. sous-préfect. Mont-Tonnerre.
Spiritu-Sancto, *Sanctus-Spiritus*. gouvern. et v. du Brésil.
Spirnack, b. Mont-Tonnerre.
Spiral, v. de la h. Carinthie.
Spitz, v. de la b. Autriche.
Spitzberg, *Spitzberga*. pays des terres Arctiques.
Spolette, *Spoletum*. ville dans l'Etat de l'Eglise.
Spremberg *ou* Sprehenberg, *Spremberga*. v. de la b. Lusace.
Sprottaw, *Sprotavia*. ville de Silésie.
Squillace, *Scylletitium*. v. de la Calabre ultérieure.
Stade, Stada *ou* Staden, *Statio*. v. du duché de Brême.
Stadhagen, v. du comté de Lippe.
Stadsberg, *Stadberga*. v. du cercle de Westphalie.
Stadt-Am-Hof, v. de Bavière.
Stadt-Loo, v. de l'évêché de Munster.
Staffa, l'une des îles Hébrides.
Staffarda, v. de Piémont.
Stafford, *Staffordia*. v. cap. du Staffordshire.
Staffordshire, prov. d'Anglet.
Stagno, *Stagnum*. v. de la rép. de Raguse.
Stain *ou* Stein, v. de la basse Autriche.
Stain *ou* Stein, v. de la Carniole supérieure.
Stainville, b. Meuse.
Stalimène *ou* Lemnos, île de l'Archipel.
Stampalie, *Astipalœa*. île de l'Archipel.
Stanchiou *ou* Stancou, *Cos*. une des meilleures îles de l'Archip.
Stanford, *Durobriva*. b. et comté du Lincolnshire.
Stantz, *Statio*. b. du canton d'Underwald.
Staraja-Russa, gouv. et v. de Novogord.
Stardkenberg, b. de l'élect. de Mayence.
Stargard, *Stargardia*. v. capit. de la Poméranie ultérieure.
Stasford, ville du duché de Magdebourg.
Stavanger, v. du gouvern. de Bergen.
Stavelo, Stablo, Stable, *Stabuletum*. v. cant. Ourthe.
Stavenhagen, v. de la province de Gustrow.
Stavenow, v. de la Marche de Priegnitz.
Staveren, *Staveren*. v. de la Frise.
Steenberg, *Stenoberga*. ville du Brabant hollandois.
Stéenvoorde, b. canton. Nord.
Steenwick, *Stenovicum*. v. de la prov. d'Over-Yssel.
Stefano-di-Bello (S.), b. canton. Tanaro.
Stegeborg, *Stegeburgum*. v. de l'Ostrogothie.
Stein, *Stenium*. v. du canton de Zurich.
Steinach, v. de l'évêché de Bamberg.
Steinau *ou* Steina, v. du duché de Wolau.
Steinbach, v. du margraviat de Bade.
Steinheim, v. de l'archevêché de Mayence.
Steinheim, v. de l'évêché de Paderborn.
Steinhude, b. du duché de Calenberg.
Steke, v. de l'île de Mone.
Stenay, *Stenacum*. v. canton. Meuse.

Stendal, *Stendalia*. v. cap. de la vieil. Marc. de Brandebourg.
Stenford, *Stenefordium*. comté et v. du cercle de Westphalie.
Sterling *ou* Stirling, *Sterlinga*. prov. et v. d'Ecosse.
Sternberg, *Sternberga*. v. de la principauté de Wenden.
Sternberg, v. de la nouvelle Marche de Brandebourg.
Stertzingen, v. du Tirol.
Stetin, *Stetinum*. v. cap. de la Poméranie.
Stetin(new), v. de la Poméranie.
Stevenswert, île de la Gueldre hollandoise.
Steyer *ou* Steyr, *Styru*. v. de la haute Autriche.
Steyregg, v. de la h. Autriche.
Stigliano, *Stiglianum*. v. du roy. de Naples.
Stirie, *Stiria*. prov. et duché du cercle d'Autriche.
Stochem, *Stochemum*. v. Meuse-Inférieure.
Stockak, v. de la Souabe.
Stockbridge, b. du Hantshire.
Stockholm, *Stocholmia*. v. cap. de la Suède.
Stolberg, comté et ville de Thuringe.
Stolberg, v. du cercle d'Ertzgeburge.
Stolhoffen, *Stolhoffa*. v. de la Souabe.
Stolpen *ou* Stolpe, *Stolpia*. v. de la Poméranie ultérieure.
Stolpen, v. du cercle de Misnie.
Storckau, v. de la b. Lusace.
Stormarie, *Stormaria*. pays du duché de Holstein.
Stradella (la), *Jella*. v. canton. Maringo.
Stralane, bourg du comté de Tyrone.
Stralen, *Stralenum*. v. du haut quartier de Gueldre.
Stralsund, *Stralsunda*. v. de la Poméranie suédoise.
Strambino, b. cant. Doire.
Stranrawer, v. du comté de Galloway.
Strasberg, v. du comté de Stolberg.
Strasbourg, *Strasburgum*. ville capit. de l'Alsace. archevêché. préfecture. Bas-Rhin.
Strasbourg, v. de la Marche uckraine de Brandebourg.
Strasnitz *ou* Straswitz, v. de la Moravie.
Stratford, b. du Warwickshire.
Straubing, *Strubinga*. v. de la Bavière.
Strausberg, v. de la moyenne Marche de Brandebourg.
Streilberg, v. du haut burgraviat de Nuremberg.
Strelin, v. du cercle de Misnie.
Strelin, v. de la principauté de Brieg.
Strelitz, *Strelitium*. v. du cercle de la basse Saxe.
Strelitz, v. de la Silésie.
Strengnes, *Stregnesia*. v. de la Sudermanie.
Strigau *ou* Striega, *Strigavia*. v. du duché de Schueniz.
Strivali, îles de la Grèce.
Stromberg, *Stromberga*. v. cant. Rhin-et-Moselle.
Stromberg, v. du bas Palatinat.
Stromboli, l'une des îles Lipari.
Stromgli, *Stronylum*. v. de la Calabre citérieure.
Stroppen, v. du duché d'Oels.
Stroppiana, v. canton. Sésia.
Stubn, v. de la h. Hongrie.
Stulingen, *Stulinga*. v. de la princip. de Furstemberg.
Stura (la), 99e. dép. de France, formé dans le Piémont.
Sture (la vallée de), dans le Piémont.
Stuttgard *ou* Stourgard, *Stutgardia*. v. cap. du duché de Wirtemberg.
Suanes, peuples d'Asie.
Suaquem, port de la haute Ethiopie.

Subbiaco, *Sublaqueum*. v. de la Campagne de Rome.
Subeyt, v. de la province de Duquela.
Su-Cheu *ou* Su-Tcheou, *Sucheum*. v. de la prov. de Kiangnan.
Sucguir *ou* Synchan, contrée et v. du roy. de Tangut.
Sudbury, *Colonia*. v. de Suffolck.
Sudercoping, *Suderkopia*. v. de l'Ostrogothie.
Sudermanie, *Sudermania*. prov. de Suède.
Suède, *Suecia*. roy. d'Europe.
Suen-Hoa, v. de la Chine.
Suet, v. de la Marche uckraine de Brandebourg.
Suez, *Suesium*. v. d'Egypte.
Suffolck, *Suffolcia*. prov. marit. d'Angleterre.
Sugelmèse *ou* Segelmèse, prov. de la Barbarie.
Suhla, v. de l'élect. de Saxe.
Suippes, *Suippia*. b. canton. Marne.
Suisse, *Helvetia*. grand pays et républ. fédérat. d'Europe.
Sulgen *ou* Sœulgen, v. du comté de Waldbourg.
Sulingen, v. de Westphalie.
Sully, *Sulliacum*. b. canton. Loiret.
Sulmona, *Sulmo*. v. del'Abruzze citérieure.
Sulpice (S.), *Sanctus Sulpitius*. v. Haute-Garonne.
Sulpice-les-Champs (S.), b. canton. Creuse.
Sulpice-les-Feuilles (S.), b. Haute-Vienne.
Sultanie, *Sultania*. v. de Perse.
Sulte *ou* Sultze, v. de la seign. de Rostock.
Sultz, b. et comté de Souabe.
Sultzbach, *Sulzbachium*. v. et princ. du haut Palatinat.
Sultzburg, *Sulzburgum*. v. du Brisgaw.
Sumatra, *Sumatra*. île de la mer des Indes.
Sumbi, prov. du roy. d'Angola.
Sumène, b. canton. Gard.
Sund, détroit d'Europe, la clef de la mer Baltique.
Sunderbourg, *Sunderburgum*. v. de l'île d'Alsen.
Sundi, prov. du Congo.
Sundswal, v. cap. de la Médalpie.
Sung-Kiang, *Sungkianum*. v. de la province de Kiangnan.
Suntgaw *ou* Sundgaw, *Suntgavia*. pays de France.
Supino, *Sœpinum*. v. du roy. de Naples.
Surate, *Surata*. v. du roy. de Guzarate.
Surgères, *Surgeriae*. b. canton. Charente-Inférieure.
Surgy, b. Nièvre.
Surin (S.), b. Gironde.
Surinam, *Surina*. pays de l'Am. dans la Guyanne.
Suringa, prov. et v. de l'île de Niphon.
Surrey, *Surrio*. prov. d'Anglet.
Sursée, v. du cant. de Lucerne.
Sury-le-Comtal, v. Loire.
Sus, roy. ou prov. du royaume de Maroc.
Susdal, *Susdala*. v. et duché de l'empire Russe.
Suse, *Segusium*. v. du Piémont. évêc. sous-préfect. Pô.
Suse (la), b. cant. Sarthe.
Suse, v. du royaume de Tunis.
Suse-la-Rousse, b. Drôme.
Suses *ou* Souster, *Susa*. v. cap. du Chusistan.
Sussat, b. Haute-Vienne.
Sussex, *Sussexia*. province d'Angleterre.
Susterin, *Sustera*. v. du duché de Juliers.
Sutherland, *Sutherlandia*. prov. de l'Ecosse septentrionale.
Sutri, *Sutrium*. v. dans l'Etat de l'Eglise.
Suzanne (Ste.), *Sancta Suzanna*. v. canton. Mayenne.
Swansey, v. du Glamorgan.

Swerte, ville du comté de la Mark.
Swors, b. du comté de Dublin.
Sydney-Cowe, établ. anglois dans la Nouvelle-Hollande.
Sylt, île de Danemarck.
Symé, île de la dépendance de Rhodes.
Symphorien (S.) d'Ozon, b. canton. Isère.
Symphorien (S.), b. canton. Gironde.
Symphorien-de-Lay (S.), b. canton. Loire.
Symphorien-le-Châtel *ou* Symphorien-sur-Coire (S.), ville. canton. Rhône.
Syracuse *ou* Syracossa, *Syracusa*. v. de la vallée de Noto.
Syriam, v. du roy. de Pégu.
Syrie, Souristan *ou* Cham, *Syria*. prov. de la Turq. asiatiq.
Syros, île, l'une des Cyclades.
Szugza, Chourza, v. du palat. de Culm.

TALM

Taata, *Taata*. v. de la haute Egypte.
Tabaco *ou* Tabago, *Tabacum*. île, l'une des Antilles.
Tabarca, île du roy. de Tunis.
Tabasco, *Tabasca*. île et prov. de la nouvelle Espagne.
Taboga, *Taboga*. île de la baie de Panama.
Tabor, montagne de Bohême.
Tabristan (le), *ou* le Masanderan, prov. de Perse.
Tacatalpo, *Tacatalpum*. v. du gouvernement de Tabasco.
Tacha, *Tacha*. v. du cercle de Pilsen.
Tachund, cap. du Turquestan.
Tadcaster, *Calatum*. v. de la province d'Yorck.
Tadousac, *Tadussacum*. établis. anglois dans la nouv. France.
Taensas, peuple de la nouvelle France.
Taettenbach, comté dans la regence de Munich.
Tafalla, *Alta Fuilla*. v. du roy. de Navarre.
Tafilet, *Tafiletanum*. royaume d'Afrique.
Tagaost, *Tagavostium*. v. du royaume de Maroc.
Tagasa, *Talhuda*. v. du royaume de Fez.
Tagaste, *Tagasta*. v. de la prov. de Constantine.
Tage (le), *Tagus*. fleuve d'Europe.
Tage, v. de l'Arabie heureuse.
Tagliacozzo, *Talicquitium*. v. du royaume de Naples.
Tagumaderet, v. du royaume de Tafilet.
Taif, *Taifa*. ville de l'Arabie heureuse.
Taillebourg, *Taleaburgus*. b. Charente-Inférieure.
Taine, *Taina*. v. du comté de Cromarty.
Taiping, *Taipinja*. v. de la prov. de Quang-Si.
Taiti, Otaiti, *ou* Ile du roi George, île de la mer pacifique.
Talaveira la Reina, *Elbora Talavera*. v. de la nouv. Castille.
Talavera la Réal, bourg de l'Estramadure espagnole.
Talavo, b. cant. Liamone.
Ta-li, *Talium*. v. de la prov. d'Iunnan.
Talichéri, v. des Indes, à la côte de Malabar.
Tallano, b. cant. Liamone.
Tallard, *Talartium*. v. canton. Hautes-Alpes.
Tallo, b. du com. de Waterford.
Talmas, b. Somme.
Talmay, b. Côte-d'Or.
Talmond, b. cant. Vendée.
Talmont, *Talemundum*. ville. Charente-Inférieure.

Tamalameque, *Tamalameca*. v. du gouvern. de Ste.-Marthe.
Taman, détroit qui sépare la mer Noire de celle d'Azof.
Tamara (les îles de), *ou* les Iles des Idoles, îles sur la côte de la h. Guinée.
Tamara, *Tamara*. v. de l'île de Socotra.
Tamaraca, *Tamaraca*. capitainie de l'Amér. mérid. au Brésil.
Tambow, gouvern. et v. cap. de la Russie européenne.
Tamerville, b. Manche.
Taming, *Taminga*. v. de la pr. de Pékin.
Tamise, b. cant. Escaut.
Tamise (la), *Tamesis*. fleuve d'Anglererre.
Tammesbruck, *Aggeripontum*. v. de Thuringe.
Tamworth, b. du comté de Stafford.
Tanaro, 100e. département de Fr. formé dans le Piémont.
Tancarville, b. Seine-Inférieure.
Tangarock, port de Russie, sur la mer Noire.
Tanger, *Tingis*. v. de la prov. d'Hasbat.
Tangermund *ou* Tangermunde, *Tangermunda*. v. de la vieille Marche de Brandebourg.
Tangut, *Tangutum*. roy. dans la Tartarie chinoise.
Tanjaor, *Tanjorium*. roy. et v. d'Asie, dans les Indes.
Taninge, b. canton. Léman.
Tannay, b. Nièvre.
Tannhausen, comté de Souabe.
Tanor, roy. et v. sur les côtes de Malabar.
Tanroda, Tanneroda *ou* Tanrode, v. de Thuringe.
Taormina, *Tauromenium*. v. de Sicile.
Tapacri, prov. de l'Amérique méridionale.
Tapacures, peuples de l'Amér. méridionale.
Tapanooli, comptoir anglois dans l'île de Sumatra.
Tapariga, îles de la côte du Brésil.
Taragale, *Taragalla*. v. du roy. de Tafilet.
Tarantaise (la), *Tarantasia*. province de Savoie.
Tarare, *Tararum*. b. canton. Rhône.
Tarascon, *Tarasco*. v. de Provence. sous-préfect. Bouches-du-Rhône.
Tarascon, b. cant. Arriége.
Taravo, b. canton. Liamone.
Tarazona, *Turiaso*. v. du roy. d'Aragon.
Tarbes, *Tarba*. v. de Gascogne. préfect. Hautes-Pyrénées.
Tardets, b. cant. Basses-Pyrén.
Tarente, *Tarentum*. v. dans la Terre d'Otrante.
Targa, *Targa*. v. du royaume de Fez.
Targon, b. cant. Gironde.
Targovisco *ou* Tarvis, *Targoviscum*. v. cap. de la Valaquie.
Tariffe, *Julia Traducta*. v. de l'Andalousie.
Tarku, *Tarcum*. v. capitale du Daghestan.
Tarn, 101e. départ. de France, formé dans le Languedoc.
Tarnowitz, v. du duc. d'Oppeln.
Taro *ou* Borgo-di-val-di-Taro, v. capit. de la prov. de Val-di-Taro.
Tarqui, lieu de l'Amér. au Pérou.
Tarraga, *Tarraga*. v. de la Catalogne.
Tarragone, *Taraco*. ville de la Catalogne.
Tarse, *Tarsus*. v. de la Caramanie.
Tartares, *Tartari*. peuples d'une grande partie de l'Asie et d'une partie de l'Europe.
Tartarie, *Tartaria*. grand pays d'Asie.
Tartarie petite *ou* la Tartarie précopite, prov. tributaire du Turc.
Tartas, *Tartesium*. v. canton. Landes.
Tarudan *ou* Sus, *Tarudantum*. v. cap. de la prov. de Sus.
Tarvis, v. de la Carinthie.
Tassing, *Tassinga*. île de Danemarck.
Tatihou, île près le cap la Hougue.
Tatta, *Tatta*. v. cap. de la pr. de Sinde, ou de Tarta.
Taucha, v. de Misnie.
Tauchel, v. de la Pomerelle.
Taugon-la-Ronde, b. Charente-Inférieure.
Taulé, b. canton. Finistère.
Taulignan, v. Drôme.
Taunton, *Tannedunum*. v. du Sommersetshire.
Taureau (l'île du), *Taurus*. île de la Bretagne.
Tauri, v. de Guinée.
Tauris, *Tauresium*. v. capit. de l'Aderbijan.
Taurus, chaîne de montagnes d'Asie.
Taussim, v. dans le cercle de Caurzim.
Tautenbourg, bail. de Thuringe.
Tauves, b. canton. Puy-de-Dôme.
Tavagna, b. canton. Golo.
Tavasthus *ou* Cronenbourg, *Tavastia*. v. cap. de la prov. de Tavastlund.
Tavernes, b. canton. Var.
Taverny, b. Seine-et-Marne.
Tavignano, b. canton. Golo.
Tavira *ou* Tavila, *Tavila*. v. cap. de la prov. d'Algarve.
Taviskoi, v. de la Tartar. russe.
Tavisrock, *Tamare*. v. du Devonshire.
Tay (le), *Tavus*. fleuve d'Ecosse.
Tay-Ouan, *Tayoanum*. v. cap. de l'île Formose.
Tay-Ycen, v. cap. de la prov. de Chan-Si.
Tchao-King, v. de la province de Quan-Tong.
Tchesmé, v. de la Natolie.
Tchilminar, v. du Farsistan.
Tebelbelt, prov. du Bilédulgérid.
Tebesta, *Tebesta*. v. du royaume de Tunis.
Tebza, prov. et v. du royaume de Maroc.
Teceut *ou* Techeit, v. de la prov. de Sus.
Tecklinbourg, *Tecelia*. comté et v. de Westphalie.
Tecoantepeque, v. du gouv. de Guaxaca.
Tecore, *Tisidis*. royaume et v. d'Afrique.
Teculet, v. de la province de Hea.
Tedlez, *Tedlesa*. prov. et ville du royaume d'Alger.
Tednest, v. cap. de la prov. de Hea.
Tedsi, *Tedsa*. v. de la prov. de Sus.
Tefezara, *Astacilicis*. v. du roy. de Trémecen.
Teflis *ou* Tiflis, *Tephlis*. v. cap. de la Géorgie.
Te-Gan, *Teganum*. v. de la pr. de Huquang.
Tegaza, *Tegaza*. ville et pays dans le désert de Barbarie.
Tegorarin, *Tegorarina Regio*. pays d'Afrique.
Tegteza, v. de la prov. d'Hea.
Tehama, contrée de l'Arabie heureuse.
Teilleul (le), *Telliolum*. b. canton. Manche.
Teischnitz, v. de l'évêché de Bamberg.
Tel, v. de la Valteline.
Telamone, *Telamona*. ville du royaume de Naples.
Teleze, v. dans la Terre de Labour.
Telgen, *Telga*. v. de la Sudermanie.
Telget *ou* Telligt, v. de l'évêc. de Munster.
Tellichery, établiss. anglois à la côte de Malabar.
Teltow, v. de la moy. Marche de Brandebourg.
Teltsch, v. de Moravie.
Temendefust *ou* Metafust, *Rustonium*. v. du roy. d'Alger.
Temesne, *Temesna*. prov. du royaume de Fez.
Temeswar, Temiswar, *Temesvaria*. comté et v. de la haute Hongrie.
Temian, *Temianum*. royaume d'Afrique, dans la Nigritie.
Temmelet, v. du roy. de Maroc.
Templeuve, b. canton. Nord.
Templeuve, b. canton. Jemmape.
Templin, v. de l'électorat de Brandebourg.
Tenacerim *ou* Tenesserim, *Tenasserimum*. province et v. du royaume de Siam.
Tence, b. cant. Haute-Loire.
Tende, *Tenda*. comté et v. dans le Piémont.
Tenedos, *Tenedos*. île de l'Archipel.
Ténériffe, *Nivaria*. île, l'une des Canaries.
Ténériffe, *Teneriffa*. v. du gouvernement de Ste.-Marthe.
Ténessée, territoire dans la nouvelle France.
Teneza, *Tenesa*. v. du royaume de Maroc.
Teneze, *Tenesa*. prov. et v. du royaume de Trémecen.
Teng-Cheu *ou* Ten-Tcheou, *Tencheum*. v. de la province de Chan-Tong.
Tenneberg, baill. de la princip. de Gotha.
Tennstoedt *ou* Taennstadt, v. de Thuringe.
Tenquin-Gros, b. c. Moselle.
Tenzegzer, v. du royaume de Trémecen.
Teolacha, v. du Bilédulgérid.
Teramo, *Interamna*. ville de l'Abruzze ultérieure.
Terasson, *Terasso*. v. canton. Dordogne.
Tercere, *Tertiaria*. île, l'une des Açores.
Terga, *Terga*. v. du roy. de Maroc.
Terki, *Terchium*. v. capit. de la Circassie moscovite.
Termini, *Thermæ Himerenses*. v. du val de Mazare.
Termoli, *Buba*. v. de la Capitanate.
Termonde, v. sous-préfecture. Escaut.
Termuiden, v. Escaut.
Ternate, *Ternata*, île des Moluques.
Terneuse, v. Escaut.
Terni, *Interamnum*, v. du duc. de Spolette.
Ternova, *Ternobum*. v. capit. du roy. de Bulgarie.
Terouane, *Tervana*. v. Pas-de-Calais.
Terracine, *Anxur*. ville de la Campagne de Rome.
Terra-Nuova, *Phausiana*. ville de l'île de Sardaigne.
Terra-Nuova, duché et v. du val de Noto.
Terre de la Compagnie (la), îles de la mer de Kamtschatka.
Terre-Ferme, contrée de l'Amérique méridionale.
Terre-Neuve, *Terra-Nova*. île de l'Océan.
Terres Antarctiques, Australes *ou* Méridionales, *Regiones Antarctæ*. terres vers le pôle méridional.
Teruel, *Terulium*. v. du roy. d'Aragon
Tervere, v. de l'île de Walcheren.
Teschen, *Teschina*. ville de la Silésie autrichienne.
Tesegdelt, v. de la prov. de Hea.
Tesset, *Tessela*. v. du Bilédulgérid.
Tessin, *Tessinum*. v. du duché de Mecklenbourg.
Tessoy (détroit de), sépare l'île de Jesso de la gr. Tartarie.
Tessy, b. canton. Manche.
Tête-de-Busch (la), b. cant. Gironde.
Teterow, v. de la principauté de Wenden.
Tetin, v. de Bohême.
Tetnang, v. de Souabe.
Tetschen *ou* Dieczin, v. du cercle de Leumeritz.
Tetuan, *Tetuanum*. v. du roy. de Fez.
Teupitz, v. de la moy. Marche de Brandebourg.
Teurert, v. du roy. de Fez.
Teurteville, b. Manche.
Teurschnitz, v. de l'évêc. de Bamberg.
Teuzar, *Tisuris*. ville du Bilédulgérid.
Tewksbury, *Tewkeburia*. b. du Glocestershire.
Texel, *Texelia*. île de la Nort-Hollande.
Tezar, *Tesara*. v. capit. de la prov. de Cutz.
Tezcuco, *Tezeucum*. v. de la nouvelle Espagne.
Tezela, *Arina*. v. du royaume de Trémecen.
Tezo, v. du roy. de Fez.
Thabor, montag. de la Judée.
Thain, v. cant. Drôme.
Thairé, b. Charente-Inférieure.
Tham, b. canton. Haut-Rhin.
Thanet, *Tanetos*. île de la prov. de Kent.
Thann, v. Haut-Rhin.
Thaso, *Thasus*. île de l'Archipel.
Thauré *et* le Champ, b. cant. Maine-et-Loire.
Thébaïde *ou* Sayde, *Thedais*. contrée de la haute Egypte.
Thèbes *ou* Thines, *Theba*. v. de la Livadie.
Thèbes d'Egypte *ou* Saïd, *Thebæ*. v de la haute Egypte.
Thegonec (S.), b. canton. Finistère.
Theil (le), b. canton. Orne.
Thenezay, b. c. Deux-Sèvres.
Thengen, comté et v. de Souabe.
Thenon, b. cant. Dordogne.
Theresianople, v. de Bohême.
Thermie, *Termia*. l'une des îles Cyclades.
Thermopyles, *Thermopilæ*. détroit du mont Oeta.
Thetford, *Sitomagus*. b. du comté de Norfolck.
Theus *et* Remolon, b. Isère.
Theux, b. canton. Ourthe.
Thezan, b. Hérault.
Theze, b. cant. B.-Pyrénées.
Thiaucourt, b. canton. Meurthe.
Thiberville, b. canton. Eure.
Thiébault (S.), v. Mont-Blanc.
Thiéblemont, b. cant. Marne.
Thielt, b. canton. Lys.
Thierache, *Theorassia*. pays de la Picardie.
Thiers *ou* Thiern, *Thierrium*. v. de la Limagne. sous-préf. Puy-de-Dôme.
Thiezac, b. Cantal.
Thigné, Thil, bourgs. Landes.
Thimerais, *Theodemerensis ager*. per. pays du Perche.
Thionville, *Theodonis villa*. v. du Luxembourg. sous-préfecture. Moselle.
Thirenstein, ville de la basse Autriche.
Thiron-de-Gardais, b. canton. Eure-et-Loire.
Thirsck, b. du comté d'Yorck.
Thiviers, v. cant. Dordogne.
Thizy, b. canton. Rhône.
Thoard, b. Basses-Alpes.
Thoiry, b. Léman.
Thoissey, *Tossiacus*. v. cant. Ain.
Tholey, b. canton. Moselle.
Thomas (S.), l'une des îles Vierges.
Thomas-Town, b. d'Irlande.
Thomé (San), *Insula Sancti-Thomae*. île de la mer atlant.
Thomé (S.), v. Ardèche.
Thonès, b. cant. Mont-Blanc.
Thonon, *Tunonium*. v. de Savoie. sous-préf. Léman.
Thor (le), v. Vaucluse.
Thoren, v. Meuse-Inférieure.
Thorigny, *Toriniacum*. v. Yonne.
Thorigny, v. canton. Manche.
Thorn, *Toruninum*. v. du pal. de Culm.
Thouars, *Toarcium*. ville du Poitou. s.-préf. Deux-Sèvres.
Thoun, *Thunium*. v. du cant. de Berne.
Thourout, b. canton. Lys.
Thueyts, b. canton. Ardèche.
Thuin, *Thudinum*. v. canton. Jemmape.
Thuir, b. canton. Pyrénées-Orientales.
Thuré, b. Vienne.
Thurgovie, *Turgovia*. bailliage de Suisse.
Thuringe, *Thuringia*. prov. du cercle de haute Saxe.
Thurnhout, b. canton. Deux-Nèthes.
Thury-Harcourt, b. canton. Calvados.
Tiano, *Teanum*. v. de la terre de Labour.
Tibériade *ou* Tabaria, *Tiberias*. v. de la Judée.
Tibériade (lac de) *ou* Génésareth, lac de la Palestine.
Tibre (le), *Tiberis*. fleuve d'Ital.
Ticinetto, b. cant. Maringo.
Tidor, *Tidora*. l'une des îles des Moluques.
Tiel, *Tellum*. v. de la Gueldre hollandoise.
Tien-Cin *ou* Tien-Tsing-Ouei, v. de la prov. de Pe-Tche-Li.
Tiffauges, v. Vendée.
Tigliole, b. canton. Tanaro.
Tigre *ou* Tigil (le), *Tigris*. fleuve d'Asie.
Tigre, *Tigrum*. roy. d'Abyssinie.
Tilbourg, *Tileburgum*. b. du pays d'Osterwick.
Tilbury, b. de la prov. d'Essex.
Tilliers *ou* Tillières, *Tegularia*. b. Eure.
Tilly-sur-Seulles, b. canton. Calvados.
Timan, contrée et v. du Popayan.
Timor, *Timora*. île de la mer des Indes.
Timorland, île des Moluques.
Tinchebray, b. canton. Orne.
Tine, *Tinia*. v. de Bosnie.
Tine, *Tenas*. une des îles Cyclades.
Tinian, une des îles Moluques.
Tinténiac, b. canton. Ille-et-Vilaine.
Tinzeda, v. du Bilédulgérid.
Tinzulin, v. du Bilédulgérid.
Tipperary, *Tiperariensis comitatus*. comté d'Irlande.
Tipra, roy. des Indes.
Tirano, *Tiranum*. gouv. et v. des Grisons.
Tirnau, *Tirnovia*. v. de la h. Hongrie.
Tirol (le), *Tirolis*. com. d'All.
Tiron, b. Eure-et-Loire.
Tirtemont, b. canton. Dyle.
Titan *ou* Cabaros, une des îles d'Hyères.
Titicaca, *Titicaca*. île du Pérou.
Titlis-Berg, mont. de Suisse.
Titmoning, v. de l'archevê. de Saltzbourg.
Titschein, v. de Moravie.
Titul, *Tibiscum*. v. de la haute Hongrie.
Tiverton, b. du Devonshire.
Tiviotdale, *Tiviotia*. province d'Ecosse.
Tivoli, *Tibur*. v. de la Campagne de Rome.
Tlascala, *Tlascala*. prov. et v. de la nouvelle Espagne.
Toam *ou* Tvam, *Tuvomontium*. b. du comté de Galloway.

Tobolsk,

Tobolsk, *Tobolium.* v. cap. de la Sibérie.

Tocat, *Tocata.* prov. et v. de la Natolie.

Tocayma, *Tocaiama.* v. du n. roy. de Grenade.

Tockenbourg, comté de Suisse.

Tocorte, roy. et v. du Bilédulgérid propre.

Todi, *Tudertum.* v. du duché de Spolette.

Tokai, *Tokeum.* b. de la h. Hongrie.

Tolède, *Toletum.* v. de la n. Castille.

Tolen ou Tertolen, *Tola.* île et v. de Zélande.

Tolentino, *Tolentinum.* v. de la Marche d'Ancône.

Tolna, *Altinum.* comté et v. de la basse Hongrie.

Toloza, *Iturissa.* v. capit. du Guipuscoa.

Toln, v. d'Amér. dans la Terre Ferme.

Tomar, *Tomara.* v. de l'Estramadure portugaise.

Tombut, *Tombutum.* roy. de la Nigritie.

Tomi, v. de Bulgarie.

Tomsk, v. de la Sibérie.

Tonderen ou Tundern, *Tundera.* v. du duché du Sleswick.

Tongous ou Tounguses, peup. tartares de la Sibérie.

Tongres, Tongre ou Tongeren, *Tungri.* v. cant. Meuse-Infér.

Tonnay, b. canton. Nièvre.

Tonnay-Boutonne, *Tauniacum ad Vultonam.* v. canton. Charente-Inférieure.

Tonnay-Charente, *Tauniacum ad Carantonum.* ville. canton. Charente-Inférieure.

Tonneins, *Tanesium.* v. cant. Lot-et-Garonne.

Tonnerre, *Tornodurum.* v. du Sénonois. sous-préf. Yonne.

Tonningen, *Tonninga.* v. du duché de Sleswick.

Topinambes (île des), au pays des Amazônes.

Toplitz ou Toeplitz, ville du cercle de Leumaritz.

Torbay, baie du comté de Devonshire.

Torcello, *Torcellum.* v. de la république de Venise.

Tordesilas, *Turris Sillana.* v. du roy. de Léon.

Torgau, *Torgovia.* v. du cerc. de Misnie.

Torigné, b. Sarthe.

Torna ou Tornaw, *Torna.* comté et v. de la h. Hongrie.

Tornea, *Torna.* v. de Bothinie.

Tornové, v. de Macédoine.

Toro, *Taurus.* v. du roy. de Léon.

Toroella de Mongris, v. de la Catalogne.

Torres-Novas, *Tor-Nova.* v. de l'Estramadure portugaise.

Torre-Vedras, *Tor-Vedra.* v. de l'Estramadure portugaise.

Torsil, *Torsilia.* v. de la Sudermanie.

Tortone, *Terdona.* v. du Milanais. év. s.-préf. Maringo.

Tortose, *Tertosa.* v. de la Catalogne.

Tortue (île de la), dans l'Amérique septentrionale.

Toscane, *Hetruria.* état souv. d'Italie.

Tostes, b. canton. Seine-Inf.

Torma, v. de Russie.

Totness, b. du Devonshire.

Touarcé, b. Maine-et-Loire.

Touchet, b. Manche.

Touci, *Tociacum.* v. canton. Yonne.

Touget, v. Gers.

Toul, *Tullum Leucorum.* ville de Lorraine. s.-préf. Meurthe.

Toulon, *Telo Martius.* v. de Provence. préfecture. Var.

Toulouse-sur-Arroux, v. cant. Saone-et-Loire.

Toulouse, *Tolosa.* v. du haut Langued. archev. préfecture. Haute-Garonne.

Touques, b. Calvados.

Tour, b. canton. Stura.

Tour (la), v. canton. Puy-de-Dôme.

Tour (la), b. canton. Pyrénées-Orientales.

Tour (la), b. canton. Pô.

Touraine, *Turonia.* prov. de France.

Tour-Blanche (la), v. Dordogne.

Tour-du-Pin (la), v. du Dauphiné. sous-préfecture. Isère.

Tour-la-Ville, b. Manche.

Tourmantine, bourg. Maine-et-Loire.

Tour-Maubourg (la), b. Haute-Loire.

Tournans, b. cant. Seine-et-Marne.

Tournay, *Tornacum.* v. de la Flandre aut. s.-préf. Jemmape.

Tournay, b. cant. H.-Pyrénées.

Tournecoupe, v. Gers.

Tournehem, b. canton. Pas-de-Calais.

Tournon, *Turno.* v. du Vivarais. sous-préfecture. Ardèche.

Tournon, b. canton. Lot-et-Garonne.

Tournus, *Trenorchium.* v. canton. Saone-et-Loire.

Tourny, b. Eure.

Tourouvre, b. Charente-Infér.

Tourouvre, b. canton. Orne.

Tours, *Turones.* v. cap. de la Touraine. archevêc. préfect. Indre-et-Loire.

Tours, b. Puy-de-Dôme.

Tourreron, b. cant. Ardennes.

Tourville, b. canton. Eure.

Toury, *Tauriacum.* b. Loiret.

Touséra, v. capit. du Bilédulgérid.

Touvet (le), b. canton. Isère.

Toxiguy, b. Indre.

Trarbourg, v. de la haute Carinthie.

Trachenberg, v. de la basse Silésie.

Trajanopoli, *Trajanopolis.* v. de la Romanie.

Trajetto, v. de la Terre de Labour.

Tralley, b. du comté de Kerry.

Tra-los-Montes, *Transmontana.* prov. de Portugal.

Tramayes, b. canton. Saone-et-Loire.

Tranchin, comté et v. de la haute Hongrie.

Trancosco, v. de la prov. de Tra-los-Montes.

Tranguebar, v. du royaume de Tanjaour.

Trani, *Tranum.* v. de la Terre de Bari.

Transilvanie, *Transilvania.* prov. d'Europe.

Traou, *Tragurium.* ville de la Dalmatie vénitienne.

Trapani, Trapano, *Trepanum.* v. du val de Mazare.

Trapor, v. du roy. de Cuncan.

Trarbach, v. canton. Rhin-et-Moselle.

Traussan, v. Aude.

Traustein, v. de la h. Bavière.

Trautenau, Trautenawa ou Trocznova, *Trutnovia.* v. de Bohême.

Travancor, *Travancorium.* roy. des Indes.

Traventhal, bailliage du cercle de basse Saxe.

Trebes, v. Aube.

Trebigna, *Tribulium.* v. de la Dalmatie ragusienne.

Trebin, v. de la moy. Marche de Brandebourg.

Trébisonde, *Trapezus.* ville de la Natolie.

Trebitz ou Trebnitz, *Trebisium.* v. de la Moravie.

Trebnitz, *Trebnitium.* v. de Silésie.

Trebur ou Tribur, *Triburia.* b. d'Allemagne.

Trefort, v. canton. Ain.

Trefurt ou Drefurt, *Drivordia.* v. de la basse Hesse.

Tregny, b. Yonne.

Tregony, b. de Cornouailles.

Tregnac, b. canton. Corrèze.

Tréguier, *Trecorium.* v. cant. Côtes-du-Nord.

Treis, b. c. Rhin-et-Moselle.

Trelon, b. canton. Nord.

Trelou, *Treluinum.* b. Marne.

Tremblade (la), b. Charente-Inférieure.

Trémecen, *Tenissa Provincia.* prov. du roy. d'Alger.

Tremiti (les îles de), *Diomedeæ Insulae.* dans le golfe de Venise.

Tremouille ou Trimouille, *Tremulium.* v. cant. Vienne.

Tremp, v. de la Catalogne.

Trenquedec, b. Côtes-du-Nord.

Trente, *Tridentium.* v. d'Ital.

Trenton, v. de la n. Jersey.

Tréport, b. Seine-Inférieure.

Treprow, *Treptovia.* v. de la Poméranie prussienne.

Treprow, v. de la Poméranie ultérieure.

Trerimirow ou Tchtimirow, v. de la basse Volhynie.

Trets, v. canton. Bouches-du-Rhône.

Trèves, *Augusta Trevirorum.* v. du cercle du bas Rhin. évec. préfecture. Sarre.

Trèves, v. Maine-et-Loire.

Trèves, b. canton. Gard.

Trévico, *Trerecum.* v. de la principauté ultérieure.

Trevières, b. cant. Calvados.

Trévigno, *Trevennum.* ville de Biscaye.

Tréviso, *Tarvisium.* v. de la République de Venise.

Trévoux, *Tivurtium.* v. capit. de la principauté de Dombes. sous-préfecture. Ain.

Treysa, v. cap. du comté de Ziegenhaim.

Trezzo, v. du Milanais.

Triangle, île du fleuve Orénoque.

Triaucourt, b. cant. Meuse.

Tribbesées ou Tribesées, *Tributum Caesaris.* v. de la Poméranie suédoise.

Tribel, b. de la b. Lusace.

Tricarico, v. de la Basilicate.

Trichenapali, v. de la côte de Coromandel.

Tricot, b. Oise.

Trié, b. canton. H.-Pyrénées.

Triel, *Triellum.* b. Seine-et-Oise.

Trieste, *Tergeste.* v. de l'Istrie.

Triguerre, b. Loiret.

Trim, v. d'Irlande.

Trimperg Trimberg, ville de l'évêché de Wurtzbourg.

Trinité ou Trinidad (la), v. du nouv. roy. de Grenade.

Trinité (la), b. c. Morbihan.

Trinité (île de la), *Insula Trinitatis.* dans la mer d'Amér.

Trino, *Tridinum.* v. du Montferrat. canton. Sésia.

Trinquemale, baie de l'île de Cellan.

Tripoli, *Tripolis.* répub. et v. de Barbarie.

Tripoli, *Tripolis.* v. de la Syrie.

Tripolizza, v. de la Morée.

Trist ou Tris, île de la nouv. Espagne.

Trivento, *Triventum.* ville du roy. de Naples.

Trivier de Cortoux (S.), v. canton. Ain.

Trivier-sur-Magnano (S.), v. canton. Ain.

Troarn, b. cant. Calvados.

Trochtelfingen, v. de Souabe.

Trois-Rivières (les), gouver. et v. du Canada.

Troja, *Troja.* v. de la Capitanate.

Troki, *Troca.* v. de la Lithuanie.

Tron (S.) ou Saint-Truyen, *Trudonopolis.* v. Meuse-Inf.

Tronquière (la), b. canton. Lot.

Tropea, *Trophaea.* ville de la Calabre ultérieure.

Tropès (S.), *Tropetopolis.* v. canton. Var.

Troppau ou Oppaw, *Troppavia.* v. de la Silésie.

Troyes, *Tricasses.* v. de Champagne. évêc. préfect. Aube.

Truchtersheim, b. cant. Bas-Rhin.

Trun, b. canton. Orne.

Truro, b. de Cornouailles.

Truxillo, *Turris Julia.* v. de l'Estramadure espagnole.

Truxillo, *Truxillum.* ville du Pérou.

Truxillo, *Truxillum.* v. de la nouvelle Espagne.

Truxillo, v. de l'Amér. dans la Terre-Ferme.

Tschernemble, v. de la Carniole.

Tschoppa, v. de Misnie.

Tschurtschi, peuples d'Asie.

Tsinan, v. cap. du Chan-tong.

Tsiompa ou Ciampa, royaume d'Asie.

Tson-Ming, île de la Chine.

Tuban, *Tubanum.* v. de l'île de Java.

Tuberi ou Tiberi (S.), ville. Hérault.

Tubingen, Tubinge ou Tubingue, *Tubinga.* v. du duc. de Wurtemberg.

Tuchan, b. canton. Aude.

Tucuman, *Tucumania.* prov. du Paraguay.

Tucuyo, *Tucutum.* v. du gouvernement de Vénézuela.

Tudela, *Tutela.* v. de la Navarre.

Tuda, b. canton. Golo.

Tuffé, b. canton. Sarthe.

Tula, gouv. et v. de Russie.

Tulle, *Tutela.* v. du bas Limosin. préfecture Corrèze.

Tullins, v. canton. Isère.

Tuln, *Tulna.* v. de la basse Autriche.

Tulsk, b. d'Irlande.

Tumbez, port du Pérou.

Tumen, *Tuma.* v. de Sibérie.

Tunbrige, v. de la prov. de Kent.

Tung-Chang ou Ton-Tchang, *Tungchanum.* v. de la prov. de Chan-tong.

Tung-Chuen, *Tunghuenum.* v. de Suchen.

Tung-Gin, *Tungginum.* v. de la prov. de Quei-cheu.

Tunia, *Tunja.* v. du nouveau roy. de Grenade.

Tunis, *Tunitum.* roy. et v. de Barbarie.

Tveré, *Tavera.* duché et ville de Russie.

Tunquin (le), *Tunquinum.* royaume d'Asie.

Turckheim, *Turichemum.* ville. Haut-Rhin.

Turckheim, v. du bas Palatinat.

Turcoin, b. canton. Nord.

Turcomans (les), ou Turkmanns, peuple d'Asie.

Turenne, *Torenna.* v. Corrèze.

Turin, *Augusta Taurinorum.* v. capitale du Piémont. archev. préfecture. Pô.

Turnhout, v. des Pays-Bas. sous-préfect. Deux-Nèthes.

Turquestan, *Turchestania.* pays dans la grande Tartarie.

Turquie, *Turcia.* grand empire qui s'étend en Europe, en Asie et en Afrique.

Turriers, b. canton. Basses-Alpes.

Tursan, *Turusalis.* petit pays de France.

Tursi, v. de la Basilicate.

Tutucurin, v. sur la côte de la Pêcherie.

Tuy, *ad Fines Tudae.* v. de la Galice.

Tycokzin, *Tycokzinum.* v. de la Podlaquie.

Tyronne, comté de la prov. d'Ulster.

Tzenogar, ville du royaume d'Astracan.

U S I N

Ubeda, *Ubedae.* v. du royaume de Jaen.

Uberlingen, *Uberlinga.* v. du cercle de Suabe.

Ubigau, v. du cercle de Saxe.

Uby, Pulo-Uby, île de la mer des Indes.

Ucele, b. canton. Dyle.

Uckermunde, v. de la princip. de Stetin.

Udine, *Utina.* v. de la républ. de Venise.

Uflen, v. du comté de la Lippe-Detmold.

Ugento, *Uxentum.* ville de la Terre d'Otrante.

Ugine, b. Mont-Blanc.

Ugocz, *Ugosa.* comté de la basse Hongrie.

Ugogna, v. du com. d'Anghiera.

Ukermunde, v. du duché de Stetin.

Ukraine, *Ukrania.* gr. contrée d'Europe.

Ulcami ou Ulouma, royaume d'Afrique.

Ulietea, une des îles de la Société.

Ulm, *Ulma.* v. du cercle de Souabe.

Ulm, bailliage de l'électorat de Mayence.

Ulmen, b. c. Rhin-et-Moselle.

Ulrichs-Kirchen, v. de la basse Autriche.

Ulrichstein, v. de la princip. de Hesse-Darmstadt.

Ulster, *Ultonia.* province d'Irlande.

Ultzen, *Ulisoca.* v. de la princ. de Zell.

Uma, *Uma.* v. de la Bothnie.

Umago, *Umagum.* v. de l'Istrie vénitienne.

Umana, v. de la Marche d'Ancône.

Umbriatico, *Umbriaticum.* v. de la Calabre citérieure.

Umegiague, prov. et v. du roy. de Maroc.

Ummenstadt, v. de la princip. de Cobourg.

Umstat, v. du comté de Catzenellenbogen.

Underswen ou Underseen, v. du canton de Berne.

Underwald, *Subsilvania.* canton de Suisse.

Unghwar, *Ungaria.* comté et v. de la basse Hongrie.

Unna, *Unha.* v. du cercle de Westphalie.

Unvers, b. Eure-et-Loire.

Upaix, b. Hautes-Alpes.

Upie, b. Drôme.

Uplande, *Uplandia.* province de Suède.

Upsal, *Upsale.* v. de l'Uplande.

Uraba, prov. du gouvernement de Carthagène.

Urbain (S.), b. Marne.

Urbanan, v. du duché d'Urbin.

Urbin, *Urbinum.* v. cap. du duc. de même nom, en Italie.

Urcise (S.), b. Cantal.

Urdingen, v. sous-préf. Roer.

Ureeden ou Ureden, v. de l'év. de Munster.

Urgel, *Orgellum.* ville de la Catalogne.

Urgons, v. Landes.

Uri, *Uriensis Pagus.* canton Suisse.

Ursane (Ste.) ou Sandersist, v. canton. Haut-Rhin.

Ursel, v. du comté de Koningstein.

Uscopia ou Scopia, *Scupi.* v. de la Servie.

Uscoques, peuples de la Croatie.

Usedom, *Usedomia.* île de la mer Baltique.

Usingen, comté et ville de Wétéravie.

Uslar, ville d'Allemagne.
Ussel, *Uselis.* v. du Limosin. sous-préfecture. Corrèze.
Usson, *Uxus.* v. Vienne.
Ustarits, b. cant. Basses-Pyrén.
Ustiano, *Ustianum.* v. du Crémonèse.
Ustica, île de Sicile.
Utelle, b. c. Alpes-Maritimes.
Utrecht, *Ultrajectum.* prov. et v. des Provinces-Unies.
Utznach, v. du cant. de Zurich.
Uzeda, v. de la nouv. Castille.
Uzel, *Uzella.* v. canton. Côtes-du-Nord.
Uzerche, *Uzercha.* v. Corrèze.
Uzès, *Usetia.* v. du bas-Languedoc. sous-préfect. Gard.

VALL

VAAS, b. Sarthe.
Vaast (S.), *Sanctus-Vedastus.* b. Manche.
Vabres, *Vabrincum.* v. canton. Tarn.
Vabres, b. Avéyron.
Vachieres, b. Haute-Loire.
Vado, *Vada.* port d'Italie.
Vaena, v. de l'Andalousie.
Vaigats, détroit de la mer du Nord.
Vaiges, b. Mayenne.
Vaillac, v. Lot.
Vailly, b. canton. Cher.
Vailly, *Valliacum.* v. c. Aisne.
Vaison, *Vasio.* v. c. Vaucluse.
Vaisseaux (île aux), île de l'Amérique septentrionale.
Valabregues, b. Gard.
Valangin, comté en Suisse.
Valaquie *ou* Valachie, *Valachia.* prov. d'Europe.
Valbonais, b. Isère.
Valdek, *Valdecium.* comté et v. d'Allemagne.
Valderies, b. canton. Tarn.
Valdern *ou* Vallendar, v. du comté de Sayn.
Valence, *Valentia.* province d'Espagne.
Valence, v. d'Espagne.
Valence, *Valentia.* v. capit. du Valentinois, évêché. préfect. Drôme.
Valence, v. cant. Tarn.
Valence, v. Gers.
Valence, v. Lot-et-Garonne.
Valence *ou* Valença d'Alcantara, v. de l'Estramadure espagnole.
Valence *ou* Valenço do Minho, v. de la prov. d'Entre-Minho-è-Douro.
Valence, *Valentia.* v. du duché de Milan.
Valence, v. Indre.
Valence, b. cant. Maringo.
Valenciennes, *Valentiniana.* v. cap. du Hainaut françois. cant. Nord.
Valensoles, b. canton. Basses-Alpes.
Valentine, *Valentina.* ville. Haute-Garonne.
Valentinois, *Valentinus ager.* pays de France.
Valérien, b. canton. Yonne.
Valéry (S.), *Sanctus Valaricus.* v. canton. Somme.
Valéry en Caux (S.), v. cant. Seine-Inférieure.
Valette (la) *ou* Villebois, *Valeta.* v. canton. Charente.
Valgorge, b. canton. Ardèche.
Valgrona, b. canton. Stura.
Valinco, b. cant. Liamone.
Valladolid, *Vallisoletum.* v. de la vieille Castille.
Valladolid, v. capit. du gouv. de Mechoacan.
Valladolid *ou* Comayagua, v. du gouv. de Honduras.
Valladolid, v. de l'Yucatan.
Vallage, pays de France.
Vallais, *Vallesia.* république en Suisse.
Vallançay, b. canton. Indre.
Vallemond, b. Seine-Inférieure.
Valleranque, v. canton. Gard.
Vallers, b. Indre-et-Loire.
Vallerustie, v. canton. Golo.
Valler, b. c. Loire-Inférieure.
Vallier (S.), v. cant. Drôme.
Vallier (S.), b. cant. Var.
Valliere (la), b. Indre-et-Loire.
Vallon, b. canton. Ardèche.
Valmont, b. c. Seine-Inférieure
Valogne, *Valonia.* ville de la basse Normandie. sous-préf. Manche.
Valois, *Valensis Pagus.* pays de France.
Valone, *Valona.* v. de la haute Albanie.
Valparaiso, v. du Chili.
Valpelline, b. canton. Doire.
Valréas *ou* Nauras, v. canton. Vaucluse.
Valromey, *Vallis Romana.* pays de France.
Vals, *Vallum.* b. Loire-Infér.
Valteline, *Vallis Telina.* vallée des Grisons.
Vulva, v. de l'Abruzze citér.
Valverde, *Vallis Viridis.* v. de l'audience de Lima.
Valverde, v. de l'Estramadure espagnole.
Vandœuvre, *Vandopera.* ville. canton. Aube.
Vandrille (S.), ancien. Fontenelle, b. Seine-Inférieure.
Vandy, b. Ardennes.
Vannes, *Veneti.* v. de la basse Bretagne. évêché. préfecture. Morbihan.
Vans (les), v. cant. Ardèche.
Vanteuil, b. Marne.
Vaour, b. canton. Tarn.
Varades, b. cant. Loire-Infér.
Var, *Varus.* fleuve de France.
Var, 102ᵉ. départ. de France, formé dans la Provence.
Varallo, capitale des vallées de la Sessia.
Varambon, v. Ain.
Varanguebec, b. Manche.
Varen, v. Aveyron.
Varende (S.), b. canton. Deux-Sèvres.
Varendorph, *Varendorpium.* v. du cercle de Westphalie.
Varennes, *Varennae.* v. canton. Allier.
Varennes, v. canton. Meuse.
Varennes, b. Maine-et-Loire.
Varennes, b. c. Haute-Marne.
Varent (S.), b. cant. Deux-Sèvres.
Varets, b. Corrèze.
Varilhes, v. cant. Arriége.
Varne, *Varna.* v. de la Bulgarie.
Varnoux, v. Ardèche.
Vars, b. Charente.
Varsovie, *Varsovia.* v. cap. de la Masovie.
Varzi, *Varciacum.* v. canton. Nièvre.
Varzi, b. canton. Maringo.
Vaslon, b. Sarthe.
Vasserbourg, *Vasserburgum.* v. du duché de Bavière.
Vassi, *Vassiacum.* v. de la Champagne. sous-préfecture. Haute-Marne.
Vassy, b. canton. Calvados.
Vatan, *Vatantum.* v. c. Indre.
Vatteville, b. Seine-Inférieure.
Vaubecourt, village. canton. Meuse.
Vaucluse, 103ᵉ. département de France, formé dans la Provence.
Vaucouleurs, *Vallis Color.* v. canton. Meuse.
Vaud (le pays de), *Vaudum.* contrée de Suisse.
Vaudables, *Vallis-Diaboli.* v. Puy-de-Dôme.
Vaudemont, *Vadani-Mons.* v. Meurthe.
Vaudrevange, v. Moselle.
Vaugneray, b. cant. Rhône.
Vauguyon (la), v. Haute-Vienne.
Vaury (S.) *ou* Vauzy, ville. canton. Creuze.
Vaussays, b. Vienne.
Vauvert, b. canton. Gard.
Vauville, b. Manche.
Vauvillers, b. canton. Haute-Saône.
Vaux, b. Rhône.
Vaux, b. Isère.
Vavincourt, b. cant. Meuse.
Vayrac, b. canton. Lot.
Vayres, b. Gironde.
Vebron, v. Lozère.
Vecchio, b. canton. Golo.
Vecht *ou* Vechte, v. de l'évêc. de Munster.
Vegesac, port du duché de Brême.
Veglia, *Vegia.* île du golfe de Venise.
Veignols, b. Corrèze.
Veillane, *Fines.* v. Pô.
Veiros, v. de l'Alentéjo.
Veit (S.), *Fanum Sancti Viti.* v. de la basse Carinthie.
Veit (S.), *Flume.* v. de l'Istrie autrichienne.
Vélay (le), *Velauni.* contrée de France.
Veldents *ou* Veldenz, comté et ville d'Allemagne.
Velez-de-Gomere, v. de la prov. d'Erif.
Velez-Malaga, *Hexi.* v. du roy. de Grenade.
Velines, b. cant. Dordogne.
Velletri *ou* Velitri, *Velitræ.* v. de la Campagne de Rome.
Velsbillich, *Velsbilicum.* v. de l'électorat de Trêves.
Venafre, *Venafrum.* v. dans la Terre de Labour.
Venaissin (le comtat), *Vindascensis Comitatus.* pays de France.
Venant (S.), *Sanctus Venantius.* v. Pas-de-Calais.
Venasca, b. canton. Stura.
Venasque, *Venasca.* v. du roy. d'Aragon.
Venasque, v. Vaucluse.
Vence, *Vincium.* v. cant. Var.
Vencheu *ou* Ouen-Cheu, *Vencheum.* v. de la province de Chekiang.
Vendée, 104ᵉ. département de France, formé dans le Poitou.
Vendemian, b. Hérault.
Vendeuvre, *Vendopera.* ville. Vienne.
Vendôme, *Vendocinum.* v. cap. du Vendomois. préfecture. Loir-et-Cher.
Vendres, b. Hérault.
Vendres (le port), port dans le Roussillon.
Vénéric, b. canton. Pô.
Venes et Chefons, b. Tarn.
Venezuela, *Venetiola.* prov. de l'Amér. méridion. espagnole.
Vengeons, b. Meurthe.
Venise, *Venetiae.* v. cap. de la république de même nom, en Italie, actuellement à la maison d'Autriche.
Venissieu, b. Rhône.
Venlo, *Venloa.* v. des Prov.-Unies, dans la Gueldre. cant. Meuse-Inférieure.
Venosa, Venuse, *Venusia.* v. de la Basilicate.
Venterol et Novezan, bourg. Drôme.
Ventie (la), b. canton. Pas-de-Calais.
Véra, *Virgi.* v. du royaume de Grenade.
Vera-Cruz (la), *Vera-Crux.* v. de la nouvelle Espagne.
Veragua, *Veragua.* prov. de la nouvelle Espagne.
Verapaz, *Vera Pax.* prov. de la nouvelle Espagne.
Verberie, *Verimbrea.* v. Oise.
Verceil, *Vercellae.* v. du Piémont. évêc. préfect. Sésia.
Vercel, b. canton. Doubs.
Verde, v. canton. Golo.
Verdier (le), v. Tarn.
Verdun, *Verodunum.* v. cap. du Verdunois. sous-préf. Meuse.
Verdun, *Viridium.* v. canton. Haute-Garonne.
Verdun-sur-le-Doubs, b. cant. Saône-et-Loire.
Verfeuil, *Viride Folium.* v. Haute-Garonne.
Vergt (S. Jean de), b. canton. Dordogne.
Vérines, b. Aisne.
Véringen, *Veringa.* comté de la princ. de Hohen-Zolerne.
Vermand, *Castrum Virmandi.* b canton. Aisne.
Vermandois, *Viromanduensis pagus.* pays de France. Aisne.
Vermanton, v. canton. Yonne.
Vermeland, *Vermelandia.* prov. de Suède.
Vermont, petit État de l'Amér. septentrionale.
Verneil, b. Maine-et-Loire.
Verneuil, *Vernolium.* v. canton. Eure.
Verneuil, v. Oise.
Verneuil, b. Haute-Vienne.
Vernie, b. Sarthe.
Vernon, *Vernonium.* v. canton. Eure.
Vernou, b. Indre-et-Loire.
Vernou, b. Vienne.
Vernoux, b. canton. Ardèche.
Verny, b. canton. Moselle.
Veroli, *Verulæ.* v. de la Camp. de Rome.
Véron, b. Yonne.
Vérone, *Verona.* v. cap. du Véronèse.
Verpillière (la), b. cant. Isère.
Verrez, b. canton. Doire.
Versailles, v. de l'île-de-France. évêc. préfect. Seine-et-Oise.
Versat, v. Haute-Vienne.
Verschoture, v. d'Asie.
Verseil, v. Haute-Garonne.
Versillac, *Versiliacum.* b. Indre.
Vertaison, b. canton. Puy-de-Dôme.
Verteillac, b. cant. Dordogne.
Verteuil, b. canton. Lot-et-Garonne.
Verteuil, v. Charente.
Vertou, b. canton. Loire-Inf.
Vertus, *Vertudum.* v. canton. Marne.
Vérue, *Verua.* v. du Piémont.
Verviers, v. cant. Ourthe.
Vervins, v. sous-préf. Aisne.
Verzols, v. Aveyron.
Verzuolo, b. canton. Stura.
Verzy, b. canton. Marne.
Véselise, *Veseliacum.* v. canton. Meurthe.
Vesly, v. Aisne.
Vesoul, *Vesullum.* v. de la Fr.-Comté. préf. Haut.-Saône.
Vesprin *ou* Weisbrun, *Vesprinium.* comté et v. de la basse Hongrie.
Vestchau, v. de la b. Lusace.
Vésuve, *Vesuvius.* montagne du roy. de Naples.
Véterés, peuples de la Guinée.
Vettéravie, *Weteravia.* province d'Allemagne.
Veudre, v. Allier.
Veules, b. Seine-Inférieure.
Vexin, *Pagus Velocasinus.* pays de France.
Veynes, v. Hautes-Alpes.
Veyre, b. cant. Puy-de-Dôme.
Vézelay, *Viceliacum.* v. canton. Yonne.
Vézenobre, b. canton. Gard.
Vezines, b. Yonne.
Vezins, b. canton. Aveyron.
Viadana, v. dans le Mantouan.
Viana, *Viana.* principauté et v. de la Navare.
Viana, v. de l'Alentéjo.
Viana de Fos de Lima, v. de la province d'Entre-Douéro-è-Minho.
Vianden, *Vianda.* v. canton. Forêts.
Viane, *Viana.* ville de la Hollande.
Viane, *Viana.* v. Gard.
Viaregio, port de la république de Lucques.
Vias, b. Hérault.
Viatka, v. et province de la Moskovie.
Vibraie, *Vicus-Braiæ.* v. cant. Sarthe.
Vic, *Vicus.* v. cant. Meurthe.
Vic *ou* Vich, *Vicus.* v. de la Catalogne.
Vic, b. Hautes-Pyrénées.
Vicbigorre, b. ca. H.-Pyrénées.
Vic-Dessos, b. canton. Arriége.
Vicegrad *ou* Vizegrade, *Vicus Sarina.* bourg de la basse Hongrie.
Vic en Carladès, *Vicus ad Cerem.* b. Cantal.
Vicence, *Vicentia.* v. capit. du Vicentin.
Vic-Fezensac, *Fidentia.* v. Gers.
Vichery, b. Vosges.
Vichi, *Vichium.* v. Allier.
Vici, b. canton. Pô.
Vic-le-Comte *ou* Vic-sur-Allier, *Vicus Comitis.* v. canton. Puy-de-Dôme.
Vico, b. canton. Doire.
Vico, b. de Corse. sous-préfect. Liamone.
Vico-Aquense *ou* Vico de Sorrento, *Vicus Aquensis.* v. du roy. de Naples.
Vicq, b. Indre.
Vic-sur-Aisne, b. cant. Aisne.
Vic-sur-Céré, b. cant. Cantal.
Vic-sur-Losse, b. cant. Gers.
Victor-en-Caux (S.), b. Seine-Inférieure.
Victurnien (S.), b. H.-Vienne.
Viden, *Bidena.* ville de la Bulgarie.
Viedenbruck *ou* Videnbrugge, *Videnburgum.* v. de Westphalie.
Vieil-Salm, b. canton Ourthe.
Vielle, b. cant. Hautes-Pyrénées.
Viel-Mur, v. canton. Tarn.
Vienne, 105ᵉ. départ. de Fr. formé dans le Poitou.
Vienne (Haute-), 106ᵉ. départ. de France, formé dans l'ancien Limosin.
Vienne, *Viennæ.* v. capit. de l'Autriche.
Vienne, *Vienna Allobrogum.* v. du h. Dauphiné. sous-préfect. Isère.
Vienne-le-Château, b. Marne.
Viennois, *Viennensis ager.* pays de France.
Vieraden, ville de la Marche uckraine de Brandebourg.
Vierges (les), îles de l'Amérique septentrionale.
Vierson, *Virsio.* v. cant. Cher.
Viessois, b. Calvados.
Viesti, *Bestia.* v. du roy. de Naples.
Vif, b. canton. Isère.
Vigan (le), v. s.-préf. Gard.
Vigean (le), b. Gers.
Vigeois, b. canton. Corrèze.
Vigevano *ou* Vigere, *Vigevanum.* v. du duché de Milan.
Vigneulle-les-Hatton-Châtel (le), b. canton. Meuse.
Vignori, *Vangio rivus.* b. cant. Haute-Marne.
Vigo, *Vigum.* v. de la Galice.
Vigon, b. canton. Pô.
Vigy, b. canton. Moselle.
Vihiers, *Vierium.* v. canton. Maine-et-Loire.
Vilaine, b. Côte-d'Or.
Villa de Condé, *Abobriga.* v. de la prov. d'Entre-Douéro-è-Minho.
Villa-del-Rey, *Villa regis.* v. de l'Estramadure espagnole.
Villa-de-Mose, v. de la nouv. Espagne.
Villa-d'Iglesias, v. de Sardaigne.
Villafans, b. Haute-Saône.
Villa-Flor, v. de la province de Tra-los-Montes.
Villa-Franca-de-Panadès, *Carthago vetus.* v. de la Catalogne.
Villa-Hermosa, v. du royaume de Valence.
Villa-Nova, v. de la province d'Entre-Douéro-è-Minho.
Villa-Réal, *Villa-Regalis.* v. de la prov. de Tra-los-Montes.
Villa-Rica, *Villa-Dives.* v. du Chili.

Villa-Savari, b. Aude.
Villa-Viciosa, *Villa-Viciosa.* v. de la prov. d'Alentéjo.
Villach, *Villacum.* v. de la haute Carinthie.
Villaine, b. Sarthe.
Villaine-en-Duémois, bourg Côte-d'Or.
Villaines-la-Ruhel, b. canton. Mayenne.
Villalpanda, v. du royaume de Léon.
Villanova, b. canton. Maringo.
Villanova-d'Asti, b. canton. Tanaro.
Villanovo-Alvernia, b. canton. Maringo.
Villard-d'Almesc, b. cant. Pô.
Villard-de-Lans, b. canton. Isère.
Villardonnel, v. Aude.
Villars, b. can. Alpes-Maritimes.
Villé, b. canton. Bas-Rhin.
Villebourg, *Viliobburgum.* bourg. Indre-et-Loire.
Villecomtal, v. Aveyron.
Villedagne, b. Aude.
Villefort, b. canton. Lozère.
Ville-Brumier, b. cant. Haute-Garonne.
Ville-Dieu, *Villa-Dei.* b. cant. Manche.
Ville-Dieu (la), b. canton Vienne.
Ville-en-Tardenois, b. canton. Marne.
Ville-Fagnan, b. cant. Charente.
Ville-Franche, *Villa-Franca.* v. cap. du Beaujolois. sous-préfecture. Rhône.
Ville-Franche, *Villa-Franca Confluentium.* v. Pyrénées-Or.
Ville-Franche, v. ca. Aveyron.
Villefranche, v. sous-préfect. Haute-Garonne.
Villefranche, b. canton. Tarn.
Villefranche, b. canton. Pô.
Villefranche, *Villa-Franca.* v. du comté de Nice. cant. Alpes-Maritimes.
Villefranche-de-Belvès, b. cant. Dordogne.
Villefranche-de-Lonchapt, b. canton. Dordogne.
Ville-Hardouin, v. Aube.
Ville-Juif, b. cant. Seine.
Ville-Mur, *Villa-Murum.* v. ca. Haute-Garonne.
Ville-sur-Aujon, b. cant. Haute-Marne.
Ville-sur-Tourbe, b. canton. Marne.
Villeloin, b. Indre-et-Loire.
Villemagne, b. Hérault.
Villemanoche, b. Yonne.
Villemort, b. Aube.
Villena, *Bigerra.* v. du roy. de Murcie.
Villeneuve, ville du Piémont.
Villeneuve, v. cant. Aveyron.
Villeneuve, b. canton. Landes.
Villeneuve, b. canton. Stura.
Villeneuve, b. canton. Doire.
Villeneuve-d'Agenois, v. sous-préfecture. Lot-et-Garonne.
Villeneuve-de-Berg, b. canton. Ardèche.
Villeneuve-la-Cremade, ville. Hérault.
Villeneuve-la-Guyard, b. Yonne.
Villeneuve-l'Archevêche, ville. Yonne.
Villeneuve-le-Comte, b. Seine-et-Marne.
Villeneuve-le-Roy (Villeneuve-sur-Yonne), v. cant. Yonne.
Villeneuve-lès-Avignon, v. can. Gard.
Villeneuve-lès-Maguelonne, b. Hérault.
Villeneuve-S.-George, b. Seine-et-Oise.
Villenoxe-la-Grande, v. cant. Aube.
Ville-sur-Vannes, b. canton. Yonne.
Villepinte, v. Aude.
Villepreux, b. Seine-et-Oise.
Villequier, b. Cher.
Villequier, b. Seine-Inférieure.
Villeréal, v. Lot-et-Garonne.
Villerouge, b. Aude.
Villers, b. Calvados.
Villers, b. Moselle.
Villers-Adam, b. Seine-et-Oise.
Villers-aux-Bocages, b. canton. Calvados.
Villers-Bocage, b. cant. Somme.
Villers-Cotterêts, b. canton. Aisne.
Villers-Farlay, b. canton. Jura.
Villers-sur-Secy, b. H.-Saône.
Villersexel, b. cant. Ha.-Saône.
Villevesque, b. Maine-et-Loire.
Villiers, b. Rhône.
Villiers-le-Bel, b. Seine-et-Oise.
Villingen *ou* Villengen, *Villinga.* v. du Brisgaw autrichien.
Vilryck, b. cant. Deux-Nèthes.
Vilseck, v. de l'év. de Bamberg.
Vilshofen, v. de la b. Bavière.
Vilvorde, *Vilvordia.* v. canton. Dyle.
Vimeu (le), *Vinnemacus Pagus.* contrée du Ponthieu.
Vimontier *ou* Vimoutier, *Vimonasterium.* b. cant. Orne.
Vimy, b. cant. Pas-de-Calais.
Vinai, b. canton. Stura.
Vinay, b. Isère.
Vinça, v. cant. Pyrénées-Or.
Vincennes, vil. cant. Seine.
Vincent (S.), *Sanctus Vincentius.* une des îles Antilles.
Vincent (S.), v. de la Castille.
Vincent (S.), cap de Portugal.
Vincent (S.), prov. du Brésil.
Vincent (S.), île du cap Vert.
Vincent-d'Ardentes, b. cant. Indre.
Vincent-de-Tirosse, b. canton. Landes.
Vindau, v. de Courlande.
Vindisch, *Vindonissa.* ville de Suisse.
Vinera *ou* Winera, ville de la Poméranie citérieure.
Vineuil, b. Loir-et-Cher.
Vinnemer (S.), b. cant. Yonne.
Vinnerherberg, v. d'Autriche.
Vinneufs, b. Yonne.
Vintimille, *Albintimilium.* ville de la République de Gênes.
Vire, *Vira.* v. de la b. Normandie. sous-préf. Calvados.
Virginie (la), *Virginia.* prov. des États-Unis.
Virieu, b. Isère.
Virieu-le-Grand, b. c. Ain.
Virnebourg, b. canton. Rhin-et-Moselle.
Virton, *Virtenium.* v. canton. Forêts.
Visapour *ou* Visapor, *Visapora.* royaume et v. de la presqu'île en deça du Gange.
Viseu, v. de la prov. de Beira.
Visone, b. canton. Tanaro.
Vissogorod, v. du palatin. de Moravie.
Vistour, b. canton. Doire.
Vistule (la), *Vistula.* gr. fleuve d'Europe.
Viterbe, *Viterbium.* v. cap. du patrimoine de S. Pierre.
Vith (S.), b. cant. Ourthe.
Vitré, *Vitreium.* v. de Bretag. sous-préfect. Ille-et-Vilaine.
Vitrey, b. cant. Haute-Saône.
Vitry, b. cant. Pas-de-Calais.
Vitry-le-François *ou* Vitry-sur-Marne, *Victoriacum-Franciscum.* v. sous-préf. Marne.
Vitteaux, v. cant. Côte-d'Or.
Vittefleur, b. Seine-Inférieure.
Vittel, b. canton. Vosges.
Vittoria, *Victoria.* v. cap. de la prov. d'Alava.
Viuz-en-Sallaz, bourg. canton. Léman.
Vivarais, *Vivarienses.* prov. du Languedoc.
Vivero, v. de la Galice.
Viverols, b. canton. Puy-de-Dôme.
Vivien, b. canton. Gironde.
Viviers, *Vivarium.* v. cap. du Vivarais. canton. Ardèche.
Viviers, b. Yonne.
Viviers-les-Montagnes, b. Tarn.
Vivone, v. canton. Vienne.
Vivy, *Bibiscum.* b. Maine-et-Loire.
Vix, b. Vendée.
Vizanapatag, v. de la côte de Coromandel.
Vize, *Bizia.* v. de la Romanie.
Vizille, b. canton. Isère.
Vlotho, v. du comté de Ravensberg.
Voelkenmarck, v. de la basse Carinthie.
Voerden, *Voerda.* ville de la Hollande.
Voerden, v. de Westphalie.
Voghera, *Vicus Iriæ.* v. du Piém. sous-préfecture. Maringo.
Vogué, v. Loire-Inférieure.
Vohbourg, v. de la h. Bavière.
Void, *Vodium.* b. cant. Meuse.
Voigtland, *Voigtia variscia.* pays de la haute Saxe.
Voiron, v. canton. Isère.
Voisines, b. Yonne.
Voiteur, b. canton. Jura.
Voltberg, v. de la b. Stirie.
Voleurs (pays des), contrée du roy. de Marava.
Volhinie, *Volhinia.* palat. de Pologne.
Vollenhove, *Vollenhovia.* v. de l'Over-Issel.
Vollore *et* Chignore, *Lovolautrium.* v. Puy-de-Dôme.
Volmunster, b. cant. Moselle.
Volo, *Pagasæ.* v. de la prov. de Janna.
Volonne, b. cant. B.-Alpes.
Volpedo, b. canton. Maringo.
Volterre, *Vollaterræ.* v. de la Toscane.
Voltorno (le), *Volturnus.* fleuve du roy. de Naples.
Volturara, *Vulutaria* v. de la Capitanate.
Voreppe, v. Isère.
Vorey, b. canton. H.-Loire.
Voroneje, gouv. et v. de Russie.
Vosges, 107ᵉ. départ. de Fr. formé dans la Lorraine.
Voues, b. Eure-et-Loire.
Vouillé, vil. canton. Vienne.
Vouneuil, b. canton. Vienne.
Voûte (la), b. cant. Ardèche.
Voûte-près-Chillac (la), b. c. Haute-Loire.
Voutezat, b. Corrèze.
Vouvant, b. Vendée.
Vouvray, *Volvraium.* b. cant. Indre-et-Loire.
Vouziers, b. sous-préfecture. Ardennes.
Vouzon, *Vosonnus.* b. Loir-et-Cher.
Voves, b. canton. Eure-et-Loire.
Vrigny, b. Orne.
Vrigny-aux-Bois, b. Loiret.

WATD

Waben, b. Pas-de-Calais.
Wachenheim, v. du b. Palat.
Wachtendoogk, v. de la Gueldre.
Wadern, b. canton. Sarre.
Wadstena, v. de l'Ostrogothie.
Waechtersbach, v. du cerc. du haut Rhin.
Waerschoot, b. cant. Escaut.
Waes (le pays des), contrée des Pays-Bas.
Wagrie, *Vagria.* pays du duc. de Holstein.
Wahlestadt *ou* Riva, ville de Suisse.
Wahrenberg, v. du cerc. élec. de Saxe.
Waiblingen, v. du duché de Wirtemberg.
Waidhofen, v. de la b. Autriche.
Wail, b. cant. Pas-de-Calais.
Walcheren, *Valacria.* île de la Zélande.
Walcourt *ou* Walencourt, v. canton. Sambre-et-Meuse.
Waldbourg, comté du cercle de Souabe.
Wald-Cappel, v. de la basse Hesse.
Waldemohr, b. cant. Sarre.
Waldenbourg, v. de Franconie.
Waldenbourg, v. de Misnie.
Waldfistchbach, b. cant. Mont-Tonnerre.
Waldhawsen, v. de la basse Autriche.
Waldheim, v. de Misnie.
Walditck, v. du Brisgaw autr.
Waldshut *ou* Waldshout, *Valdshusta.* v. de la Souabe autr.
Wallebourg, *Vallisburgum.* v. du canton de Bâle.
Wallingfort, b. du Berckshire.
Walpo, *Valpo.* v. de l'Esclavonie.
Walshausen *ou* Wallshausen, v. de la basse Hesse.
Walsrode, b. de la principauté de Zell.
Waltenbuch, v. de Souabe.
Waltershausen, v. de la principauté de Saxe-Gotha.
Wanckum, b. canton. Roer.
Wangen, *Vimania.* v. de Souabe.
Wangen, v. Bas-Rhin.
Wanger-Oeg, île dans la mer d'Allemagne.
Wansbek, v. du pays de Stormarie.
Wansen, v. de Silésie.
Wantsleben, v. du duché de Magdebourg.
Waradin (le gr.), *Varadinum.* comté et v. de la h. Hongrie.
Waranger, port de Norwège.
Warasdin, com. et v. de Croatie.
Warberg, *Varberga.* v. de la prov. de Halland.
Warberg, Warbourg, Warborg, v. de l'évêc. de Paderborn.
Warden, v. du Jutland.
Wardhus, *Vardhusium.* île et v. cap. de la Laponie danoise.
Ware, v. du comté d'Harfort.
Waremme, b. canton. Ourthe.
Waren, *Varenia.* v. du cercle de la b. Saxe.
Warendorf, v. de l'évêc. de Munster.
Warhan, b. du Dorsetshire.
Warington, *Rigodunum.* v. de la prov. de Lancastre.
Warneton, v. Lys.
Warra, v. du duc. de Mazovie.
Warta, v. de Pologne.
Wartenberg, v. de la basse Silésie.
Warwick, *Verovicum.* comté et v. d'Angleterre.
Warwick, b. Lys.
Wasa, v. de la Bothnie orient.
Wascow (le), pays de France.
Wasselone *ou* Wasenhein, v. canton. Bas-Rhin.
Wassertrudingen, v. de Francon.
Wassigny, b. canton. Aisne.
Wassungen, v. de Franconie.
Wassy, v. sous-préf. H.-Marne.
Waterford, *Vaterfordia.* comté et v. d'Irlande.
Wats, v. de Hongrie.
Watten, v. Nord.
Wavre, b. canton. Dyle.
Webley, b. du comté d'Herford.
Wecheterbac, v. de la Vétéravie.
Wedel, b. du comté de Pinneberg.
Weert, v. de l'év. de Munster.
Weert, v. cant. Meuse-Infér.
Wehner, b. de la principauté d'Ost-Frise.
Wehr, b. cant. Rhin-et-Moselle.
Weibstat, *Veibstadium.* v. de l'évêché de Spire.
Weichselbourg *ou* Weichselberg, v. de la Carniole inférieure.
Weickershein, v. du comté de Hohenlohe.
Weida, v. de Misnie.
Weiden, *Veida.* v. de Bavière.
Weidnau, v. de Silésie.
Weilbourg, v. du cerc. du h. Rhin.
Weilheim, v. de Souabe.
Weilheim, v. de la h. Bavière.
Weill *ou* Weil, v. du duché de Wirtemberg.
Weimar, *Veimaria.* v. cap. du duché de Saxe-Weimar.
Weingarten, v. du bas palat. du Rhin.
Weinheim, v. du bas palatin. du Rhin.
Weinsberg, v. du duché de Wirtemberg.
Weisenberg, b. de la haute Lusace.
Weisman, v. de Franconie.
Weissembourg, *Vissemburgum.* v. d'Alsace. sous-préfecture. Bas-Rhin.
Weissembourg, *Veissemburgum.* v. du cercle de Franconie.
Weissembourg, v. du duché de Saxe.
Weissenfelds, v. du cercle de la haute Saxe.
Weissenhorn, v. de la Souabe autrichienne.
Weissenstadt, v. de Franconie.
Weliki-Luki, v. du duché de Rzeva.
Wellin (S.), b. cant. Sambre-et-Meuse.
Wells, *Fontanensis Ecclesia,* v. du Sommersetshire.
Wels, v. de la haute Autriche.
Welsberg, comté de l'évêché de Brixen.
Wemdingen, v. de la haute Bavière.
Wendel (S.), b. cant. Sarre.
Wenden, v. de la Livonie.
Wendower, b. du Buckinghamshire.
Wenlock, b. du Shropshire.
Wensyssel, v. du Sud-Jutland.
Werben, *Verbena.* v. du cercle de la haute Saxe.
Werdohl, b. du comté de la Marck.
Werdt, v. du comté de Lichtemberg.
Werle, v. du duché de Westphalie.
Wermsdorf, b. du cercle de Leipsick.
Wern *ou* Werne, *Verna.* v. de l'évêché de Munster.
Wernigerode, comté et v. du cercle de basse Saxe.
Wert, b. Bas-Rhin.
Werten, v. du cerc. de Bavière.
Wertheim, v. de la Franconie.
Werther, v. du comté de Ravensberg.
Werthern, comté du cercle de haute Saxe.
Wervicq, b. canton. Lys.
Wesel, *Vesalia inferior.* v. du cercle de Westphalie.
Wesel (Ober), v. de l'électorat de Trèves.
Wesenberg, v. de l'Estonie.
Wesenberg, v. dans le duché de Mecklenbourg.
Weser, *Visurgis.* fleuve d'All.
Westbury, b. du comté de Wilthon.
Westeras, *Arosia.* v. cap. de la Westmanie.
Westerbourg, b. de la princ. de Halberstadt.
Westerloo, b. canton. Deux-Nèthes.
Westerwick, *Vestrovicum.* v. de la Smalande.
West-Hoep, v. Bas-Rhin.
West-Manie, prov. de Suède.
Westminster, v. d'Angleterre.
West-Morland, *Damnii Vestmaria,* province d'Angleterre.
Westphalie, *Vestphalia,* cercle d'Allemagne.
Wetteren, b. canton. Escaut.
Wettin, v. du duché de Magdebourg.
Wettingen, b. de Suisse.
Wetzlar, *Vetslaria.* ville de la Vetteravie.
Wexfort, *Vexfordia.* v. de la prov. de Leinster.
Wexio, *Vexio.* v. de la Gothie méridionale.
Weyden, b. canton. Roer.
Weymouth, *Vimutium.* v. du Dorsetshire.
Whitchurch, b. d'Hantshire.
Whithorn *ou* Whilcorn, *Can-*

Aida Casa. v. du comté de Galloway.
Wiborg, *Viburgum.* v. cap. de la Carélie Finoise.
Wibourg, *Viburgum.* v. cap. du Nord-Jutland.
Wick ou Wyck, v. du duché de Limbourg.
Wick, v. capit. de la province de Calthness.
Wicklow, com. et v. d'Irlande.
Wied ou Weed, comt. dépend. du cercle de Westphalie.
Wiehe ou Wihe, v. du comté de Beichlingen.
Wielun, *Vieluna.* v. du palat. de Siradie.
Wienervald (haut et bas), contrée de la basse Autriche.
Wiersen, b. canton. Roer.
Wieseloch, v. du b. Palatinat.
Wiesenbourg, v. du cercle d'Ertzburge.
Wiesenthal, ville du cercle d'Ertzburge.
Wigan, b. du comté de Lancastre.
Wighth, *Vectis.* île sur la côte méridionale d'Angleterre.
Wigtown, *Victo.* v. du comté de Galloway.
Wildemann, v. de la princip. de Grubenhagen.
Wildenfels, v. de Misnie.
Wildshausen ou Wildeshussen, v. du duché de Brême.
Wildtberg, v. du duc. de Wirtemberg.
Wildungen, v. du comté de Waldeck.
Wilkomir, *Vilkomeria.* v. du palatinat de Wilna.
Willemstadt, *Guillelmi Stadium.* v. du Brabant hollandois.
Williamsbourg, v. cap. de la Virginie.
Willibaldsbourg ou Wulpersbourg, v. de l'év. d'Aichstadt.
Willisau, v. du canton de Lucerne.
Wilmanstrued, v. de la Finlande.
Wilmington, v. de Pensilvanie.
Wilmington, v. de la Caroline septentrionale.
Wilna, *Vilna.* v. capit. de la Lithuanie.
Wilshoven, Wilshoffen, v. de la Bavière.
Wilsnach, v. de la Marche de Priegnitz.
Wilster, v. de Holstein.
Wilteberg, v. de la moyenne Marche de Brandebourg.
Wilton, v. du Wiltshire.
Wiltshire, *Viltonia.* province d'Angleterre.
Wiltz, b. canton. Forêts.
Wimpffen, *Cornelia Vimpina.* v. de la Souabe.
Winchelsey, v. du comté de Sussex.
Winchester, *Vitonia.* v. capit. du Hantshire.
Windau, *Vinda.* v. du duché de Courlande.
Windisch-Feystritz, *Bristicia.* v. de la basse Stirie.
Windischgraetz, ou Windisch-Gratz (comté de), dans le comté de Ciley.
Windlingen, v. du duché de Wirtemberg.
Windsor, *Vindejorium.* bourg du Berkshire.
Wingurla, v. du royaume de Visapour.
Winnicza, *Vinnicza.* v. du pal. de Braclaw.
Winschote, v. des Provinces-Unies.
Winsen, v. de la principauté de Zell.
Winsheim, *Venisima.* v. du cerc. de Franconie.
Winterberg, v. du comté de Spanheim.
Winterthur, *Vitodurum.* v. du canton de Zurich.
Wintsic ou Wintsing, ville du duché de Wolau.
Wintzenheim, b. cant. H.-Rhin.
Winweiler, b. canton. Mont-Tonnerre.
Wircsworth, b. du comté de Darbi.
Wisbad, v. et comté de la Vetteravie.
Wisby, *Visburgum.* v. cap. de l'île de Gothland.
Wiser, v. Meuse.
Wisloke, v. du bas palatinat du Rhin.
Wismar, *Vismaria.* v. du duché de Mecklenbourg.
Wissenstaig, Wiesensteig, v. de Souabe.
Witepski, *Vitepscia.* v. de la Lithuanie.
Witlich, *Vitelliacum.* v. canton. Sarre.
Witmund, *Vitmunda.* b. de la prov. d'Ost-Frise.
Wittstock, v. de la Marche de Priegnitz.
Wittemberg, *Vittemberga.* v. cap. du duché de Saxe.
Wittenberg, *Vittenburgum.* v. du duché de Mecklenbourg.
Wittigenau, v. du cercle de Béchin.
Wittow, presqu'île dans l'île de Rugen.
Witzehausen, v. de la b. Hesse.
Wlodzimier ou Wlodmiers, *Vlodimeria.* v. de la Volhinie.
Woerlitz, v. de la princip. de Dessau.
Woerth, b. cant. Bas-Rhin.
Wolaw, *Volavia.* v. et princip. d'Allemagne.
Wolckeinstein, v. du cercle d'Ertzgeburge.
Woldenberg, v. de la nouvelle Marche de Brandebourg.
Woldenstein, v. de l'évêché d'Hildesheim.
Wolfenbuttel, *Guelpherbitum.* v. du duché de Brunswick.
Wolfberg, *Luporum mons.* v. de la basse Carinthie.
Wolffersheim, b. du comté de Solms.
Woleshagen, v. de la b. Hesse.
Wolfstein, v. canton. Mont-Tonnerre.
Wolga (le), *Volga.* fleuve de l'empire de Russie.
Wolgast, *Volgastia.* v. du cercle de la haute Saxe.
Wollin, *Vollinum.* v. du cercle de la haute Saxe.
Wollstein, b. canton. Mont-Tonnerre.
Wolmar, *Volmaria.* ville de la Livonie.
Wolmerstaedt, v. du duché de Magdebourg.
Wolodimir, *Volodimiria.* v. et duché de l'empire de Russie.
Wologda, *Vologda.* v. et duché du gouvern. d'Archangel.
Woluwe-S.-Etienne, b. cant. Dyle.
Wolverthem, b. canton. Dyle.
Wonsiedel, v. de Franconie.
Woodbrige, b. de Suffolk.
Woodstok, b. d'Angleterre.
Wooton-Basset, b. du comté de Wilton.
Worcester, *Vigornia.* v. capit. de Worcestershire.
Woringen, *Buruncum.* v. Roer.
Wotkom, *Vorcumum.* v. de la Frise.
Worms, *Vormatia.* v. canton. Mont-Tonnerre.
Wormhoudt, b. cant. Nièvre.
Worstadt, b. canton. Mont-Tonnerre.
Wrietzld, v. de la moyenne Marche de Brandebourg.
Wuck-te-Duerstede, v. de la prov. d'Utrecht.
Wuisan ou Wuysen, b. Pas-de-Calais.
Wunnenberg, v. de l'évêché de Paderborn.
Wunstorf, v. du pays d'Hanovre.
Wurden (le pays de), fait partie du comt. d'Oldenbourg.
Wursten (le pays de), dans le duché de Brême.
Wurtemberg ou Wirtemberg, *Virtembergensis Ducatus.* duc. dans la Souabe.
Wurtzach, ville du cercle de Waldbourg.
Wurtzbourg (l'évêché de), pays du cercle de Franconie.
Wurtzbourg, *Herbipolis.* v. cap. de l'évêché de Wurtzbourg.
Wurtzen, *Vurtzena.* v. du cerc. de Leipzick.
Wusterhausen ou Deutsch Wusterhausen, v. de la nouvelle Marche de Brandebourg.
Wusterhausen, b. du cercle de Teltow.
Wyl, v. du territoire de St.-Gall.

XUIC

Xacca ou Sacca, *Termæ.* v. de Sicile.
Xagua, port d'Amérique.
Xandre (S.), b. Charente-Inf.
Xanten, b. canton. Roer.
Xaocheu ou Chao-Tcheou, *Xaocheum.* v. de la province de Quanton.
Xao-Hing ou Chao-Hing, v. de la Chine.
Xaoov, v. de la province de Foquien.
Xativa, *Saetabis.* v. de la prov. de Segura.
Xavier, v. de Guinée.
Xavier, b. de la Navarre espagnole.
Xegien ou Che-Tsien, *Xicienum.* v. de la province de Queicheu.
Xen-Si (le), province de la Chine.
Xeres de Los Cavaleros, *Xera Equitum.* v. de l'Estramadure espagnole.
Xeres de la Frontera, *Asta Regia.* v. de l'Andalousie.
Xertigny, village. cant. Vosges.
Xicoco, *Xicoca.* l'une des îles du Japon.
Xicona, *Sexiona.* v. du royaume de Valence.
Xilocastro, *Ægira.* b. du duché de Clarence.
Xincheo, *Xincheum.* v. de la prov. de Huquang.
Xucar (le), *Sucro.* fleuve d'Espagne.
Xudnogrod, v. de la Croatie turque.
Xuicheu, *Xuicheum.* ville de la prov. de Kiangsi.

YARM

Yale, province et v. de l'île de Ceilan.
Yambo, v. d'Arabie.
Yang-Cheu, *Yancheum.* v. de la prov. de Kiang-Nang.
Yanon, comptoir françois sur la côte de Malabar.
Yaogan, v. de la province de Iun-Nan.
Yarmouth, *Jarmutum.* v. de la prov. de Norfolck.
Yarmouth, b. de l'île de Wight.
Yazougda ou Iazougda, comptoir françois en Asie.
Ydausquerit, contrée dans le Bilédulgérid.
Yen-Cheu, v. de la province de Chan-Tong.
Yenne, b. cant. Mont-Blanc.
Yerville, b. c. Seine-Inférieure.
Yesd, *Yesda.* ville de l'Irac persienne.
Yeure-le-Châtel, b. Loiret.
Yocheu, v. de la province de Huquang.
Yolofs, peuple d'Afrique.
Yonne, 108e. département de France, formé dans la Bourgogne.
Yorck, *Eboracum.* prov. et v. d'Angleterre.
Yorck (la nouvelle), prov. de l'Amérique septentrionale.
Yorck, v. de l'Etat de Massachuset.
Yorck, v. de Pensilvanie.
Yorck-Town, v. de l'Etat de Virginie.
Yoriman (l'), province de la Guiane.
Youghal, *Jogalia.* v. du comté de Corck.
Ypres, *Ypra.* v. de la Flandre autrichienne. sous-préfecture. Lys.
Yriex de la Perche (S.), *Sanctus-Aredius.* v. du Limosin. sous-préfect. Haute-Vienne.
Ysendick, v. de la Flandre hollandoise.
Ysselbourg, *Isala Burgum.* v. des Pays-Bas.
Ysselmunde, île de Hollande.
Ysselstein, v. de Hollande.
Yssengeaux, v. du Vélai. sous-préfect. Haute-Loire.
Yun-Nan, *Iunnania.* prov. de la Chine.
Yupi, royaume dans la Tartarie orientale.
Yverdun, *Ebrodunum.* v. du pays de Vaud.
Yves (S.), b. de la province de Cornouailles.
Yvetot, *Yvetotium.* b. du pays de Caux. sous-préfecture. Seine-Inférieure.
Yvetot, b. Manche.
Yvoy, *Yvodium.* v. Ardennes.
Yvre-l'Evêque, b. Sarthe.

ZANT

Zabelstain, v. du duché de Wirtemberg.
Zabola, v. de la Transylvanie.
Zacatecas (los), province de la nouvelle Galice.
Zacatula, *Zacatula.* ville de la nouvelle Espagne.
Zafra, *Segeda.* v. de l'Estramadure espagnole.
Zagara ou Hélicon, montagne de la Livadie.
Zagrab, *Siscia.* v. de la Croatie autrichienne.
Zahara, v. de l'Andalousie.
Zaire (le), *Zairus.* fleuve d'Afrique.
Zamora, *Sentica.* v. du roy. de Léon.
Zamora, v. du Pérou.
Zamora, *Azama.* v. de la prov. de Bugie.
Zamoski, *Zamoscium.* ville du palatinat de Belz.
Zampango, v. de la nouvelle Espagne.
Zanfara, roy. de la Nigritie.
Zanguebar, *Zanguebaria.* contrée de la Cafrerie.
Zante, *Zacyntus.* île de la mer de Grèce.
Zanzibar, *Zanzibaria.* île de la mer des Indes.
Zapoteca, *Zapotoca.* prov. de la nouvelle Espagne.
Zara, *Jadera.* v. de la Dalmatie vénitienne.
Zarnate, v. de la Morée.
Zaruma, v. du Pérou.
Zaslaw, *Zaslavia.* v. du palat. de Volhinie.
Zatmar, *Zatmarium.* v. et comté de la haute Hongrie.
Zator, *Zatoria.* v. et duché du palatinat de Cracovie.
Zavattarello, b. cant. Maringo.
Zborow, v. du palatinat de Léopold.
Zeb, prov. de Bilédulgérid.
Zedenick, v. de la Marche ukraine de Brandebourg.
Zegzeg, roy. de la Nigritie.
Zeila, v. cap. du roy. d'Adel.
Zeithon, *Lamia.* v. de la prov. de Janna.
Zeits, *Zitia.* v. de l'électorat de Saxe.
Zélande, *Zelandia.* prov. de la républ. de Hollande.
Zélande (la nouvelle), îles de la mer du Sud.
Zele, b. canton. Escaut.
Zell, *Cella.* v. du cercle de Souabe.
Zell, v. de la princip. de Saxe-Gotha.
Zell, b. cant. Rhin-et-Moselle.
Zemble (nouvelle), île de l'Océan septentrionale.
Zemplin, v. et comté de la haute Hongrie.
Zerigan, v. de l'Iraque babylonienne.
Zia, *Cea.* une des îles Cyclades.
Ziegenheim ou Ziegenhayn, *Zigenhœmum.* v. et comté du cercle du haut Rhin.
Zirchnitzersée, lac de la basse Carniole.
Ziric-Zée, *Scaldia.* v. de la Zélande.
Zittraw ou Sittau, *Zittavia.* v. de la haute Lusace.
Znaim ou Snoym, *Znoimum.* v. de la Moravie.
Zoffengen, *Tobinium.* v. du cant. de Berne.
Zolnoch, *Solnocum.* comté et v. de la haute Hongrie.
Zons ou Sons, *Sontina.* v. de l'électorat de Cologne.
Zoques, prov. du gouvern. de Chiapa.
Zotenberg, *Zabothus.* mont. de la princip. de Schweidnitz.
Zucemantel, v. du duché de Grotkau.
Zug, *Pagus Tugiensis.* canton de la Suisse.
Zug (lac de), *Lacus Tugiensis.* en Suisse.
Zug, *Tugium.* v. capit. du cant. de même nom.
Zullichau ou Zullichaw, *Zullichavia.* ville du duché de Grossen.
Zulpha, v. de Perse.
Zulpich, b. canton. Roer.
Zulpigh ou Zulch, *Tolbiacum.* v. canton. Roer.
Zurich, *Tigurum.* canton et v. de Suisse.
Zurita, v. d'Espagne.
Zurzach, b. du comté de Bade.
Zutphen, *Zutphania.* v. de la Gueldre hollandaise.
Zuydersée, *Austrinus Sinus.* golfe de la mer du Nord.
Zwicow ou Zwickau, *Cignea.* v. dans l'élect. de Saxe.
Zwingenberg, v. du cercle du haut Rhin.
Zwol, *Zuvolla.* v. de la prov. d'Over-Yssel.

FIN.

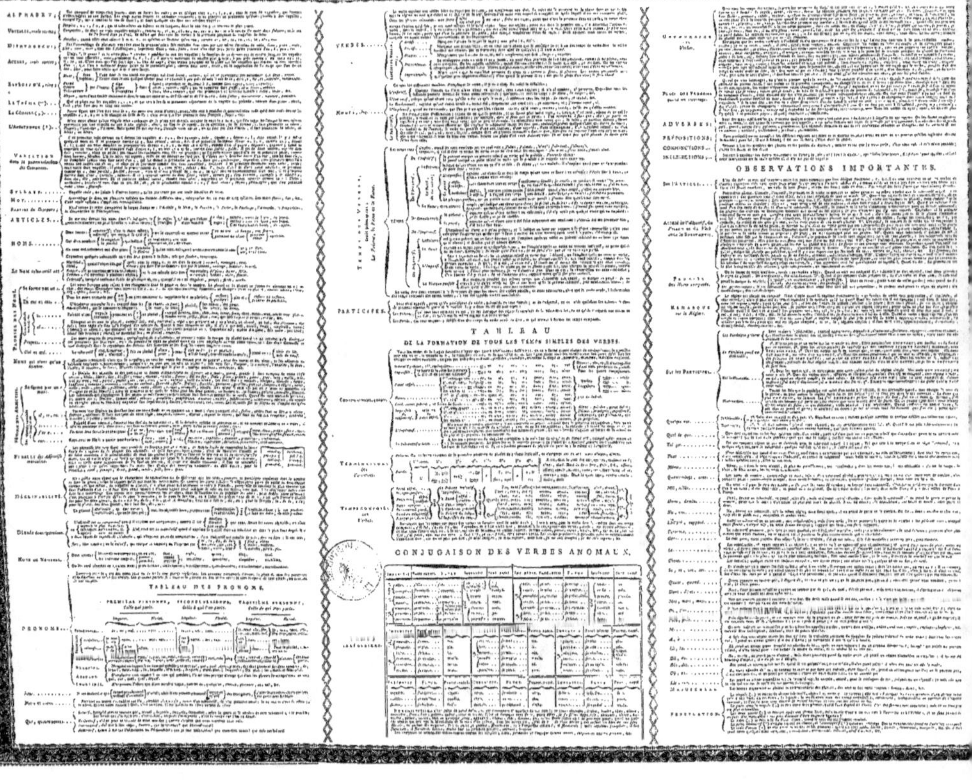

ABRÉGÉ DE LA GRAMMAIRE FRANÇOISE.

ALPHABET.

VERBES.

MODES.

PARTICIPES.

TABLEAU DE LA FORMATION DE TOUS LES TEMPS SIMPLES DES VERBES.

CONJUGAISON DES VERBES ANOMAUX.

TABLEAU DES PRONOMS.

PRONOMS.

ADVERBES; PRÉPOSITIONS; CONJONCTIONS; INTERJECTIONS.

OBSERVATIONS IMPORTANTES.

www.ingramcontent.com/pod-product-compliance
Lightning Source LLC
Chambersburg PA
CBHW071139270326
41929CB00012B/1810
* 9 7 8 2 0 1 2 5 3 9 1 0 5 *